FiDES FIDES Treuhand GmbH & Co. KG
Wirtschaftsprüfungsgesellschft
Steuerberatungsgesellschaft

Bibliothek 4. OG
Prüfung

Rechnungslegung und Prüfung nach dem Bilanzrechtsmodernisierungsgesetz

PRICEWATERHOUSECOOPERS

Rechnungslegung und Prüfung
nach dem
Bilanzrechtsmodernisierungsgesetz

Kommentar

von

WP RA Dr. Hans Friedrich Gelhausen

WP Dr. Gerd Fey

WP StB Prof. Dr. Georg Kämpfer

IDW VERLAG GMBH

Düsseldorf 2009

Bibliographische Information der Deutschen Bibliothek
Die Deutsche Bibliothek verzeichnet diese Publikation in der Deutschen Nationalbibliografie; detaillierte bibliografische Daten sind im Internet über http://dnb.ddb.de abrufbar.

ISBN 978-3-8021-1360-4

© 2009 IDW Verlag GmbH, Tersteegenstr. 14, 40474 Düsseldorf

Die IDW Verlag GmbH ist ein Unternehmen des Instituts der Wirtschaftsprüfer in Deutschland e.V. (IDW).

www.idw-verlag.de

Das Werk einschließlich aller seiner Teile ist urheberrechtlich geschützt. Jede Verwertung außerhalb der engen Grenzen des Urheberrechtsgesetzes ist ohne vorherige schriftliche Einwilligung des Verlages unzulässig und strafbar. Dies gilt insbesondere für Vervielfältigungen, Übersetzungen, Mikroverfilmungen und die Einspeicherung und Verbreitung in elektronischen Systemen. Es wird darauf hingewiesen, dass im Werk verwendete Markennamen und Produktbezeichnungen dem marken-, kennzeichen- oder urheberrechtlichen Schutz unterliegen.

Die Angaben in diesem Werk wurden sorgfältig erstellt und entsprechen dem Wissensstand bei Redaktionsschluss. Da Hinweise und Fakten jedoch dem Wandel der Rechtsprechung und der Gesetzgebung unterliegen, kann für die Richtigkeit und Vollständigkeit der Angaben in diesem Werk keine Haftung übernommen werden. Gleichfalls werden die in diesem Werk abgedruckten Texte und Abbildungen einer üblichen Kontrolle unterzogen; das Auftreten von Druckfehlern kann jedoch gleichwohl nicht völlig ausgeschlossen werden, so dass für aufgrund von Druckfehlern fehlerhafte Texte und Abbildungen ebenfalls keine Haftung übernommen werden kann.

Satz: Merlin Digital GmbH, Essen

Druck und Bindung: B.o.s.s Druck und Medien GmbH, Goch

Unter Mitwirkung von

WP Dr. Christopher Almeling

WP StB Dr. Frank Althoff

WP StB Jörg Beckert

RA Heike Buchenau

WP StB CPA Michael Deubert

RA Armin Fabricius

WP Peter Goldschmidt

Ass. Stephan Heinz

Dipl.-Kfm. Tim Hoffmann

Dipl.-Kfm. André Klöcker, M.B.A. (USA)

WP StB CPA Thomas Küster

WP StB Dr. Stefan Lewe

WP StB Ass. Dr. Angelika Meyding-Metzger

WP StB Norbert Ries

WP StB Dirk Rimmelspacher

WP StB Dirk Säufferer

WP StB Dr. Hendrik Suermann

WP StB Wolfgang Weigel

Vorwort

Wir freuen uns, Ihnen im Namen der PricewaterhouseCoopers AG WPG dieses Werk zur handelsrechtlichen Rechnungslegung und Prüfung nach dem Bilanzrechtsmodernisierungsgesetz (BilMoG) vorlegen zu können.

Das Ausmaß weißer Flecken auf einer Landkarte stellt sich oft erst dann heraus, wenn man ein neues Land tatsächlich betritt. Das vorliegende Werk ist das Ergebnis einer ersten Reise in das BilMoG. Der auch uns überraschende Umfang des vorliegenden „Reiseberichts" zeigt, dass der Gesetzgeber den Rechtsanwendern einigen Raum für Interpretationen gelassen hat. Uns ist bewusst, dass sich die Meinungsbildung zum neuen Rechtsstand derzeit noch im Anfangsstadium befindet und daher nicht sicher ist, ob sich unsere Auslegungsempfehlungen in allen Fällen durchsetzen werden. Wenn wir aber einen Beitrag zur praktikablen Lösung von Problemen bei der Anwendung der neuen Vorschriften und damit auch zur Gewinnung von Rechtssicherheit leisten konnten, ist der wesentliche Zweck unserer Arbeit erfüllt.

Die Kommentierung beschränkt sich - bis auf die Erwähnung der neuen Angabepflichten nach dem VorStAG - auf die Gesetzesänderungen durch das BilMoG. Die Gliederung des Buches orientiert sich grundsätzlich an der Gesetzessystematik. Durch die Zusammenfassung der Kommentierung verschiedener Vorschriften in 26 Abschnitten haben wir versucht, dem Leser das Verständnis der Gesetzesänderungen in einzelnen Themengebieten (z.B. bei den immateriellen Vermögensgegenständen oder im Eigenkapital) im Zusammenhang näher zu bringen.

Dem Engagement und der Sachkunde der auf dem Vorblatt genannten Autoren ist es zu verdanken, dass wir Ihnen dieses Werk zum jetzigen Zeitpunkt vorlegen können. Nicht nur den Verfassern, sondern auch den folgenden Kolleginnen und Kollegen danken wir sehr für ihre professionelle Unterstützung: Mehdi Afschar, Marianne Aufdemkamp, Kirsten Bolbach, Deliah Dalkmann, Anita Dietrich, Dr. Christian Feldmüller, Sonja Iris Gorholt, Roland Gosebruch, Thomas Grimm, Christian Klös, Dr. Rüdiger Loitz, Dr. Friedemann Lucius, Ingo Overmeyer, Thorsten Schneeweis, Mathias Schneider, Folker Trepte, Erik Trump.

Frankfurt am Main, im August 2009

Hans Friedrich Gelhausen   *Gerd Fey*   *Georg Kämpfer*

Inhaltsübersicht

	Seite
Vorwort	VII
Inhaltsübersicht	IX
Inhaltsverzeichnis	XI
Abkürzungsverzeichnis	XXXV
Abbildungsverzeichnis	XLVII

Buchführung

A. Erleichterung von Buchführungspflichten
(§§ 241a, 242 Abs. 4 HGB) 1

Jahresabschluss für alle Kaufleute

B. Wirtschaftliches Eigentum
(§ 246 Abs. 1 HGB) 7

C. Vermögensgegenstände des Deckungsvermögens für Altersversorgungsverpflichtungen
(§§ 246 Abs. 2, 253 Abs. 1 Satz 4, 255 Abs. 4, 266 Abs. 3 E. HGB) 13

D. Umgekehrte Maßgeblichkeit
(Aufhebung von §§ 247 Abs. 3, 254, 270 Abs. 1 Satz 2, 273, 279 Abs. 2, 280 Abs. 2, 281, 285 Satz 1 Nr. 5 HGB aF) 47

E. Immaterielle Vermögensgegenstände
(§§ 246 Abs. 1 Satz 4, § 248 Abs. 2, § 253, 255, 266 HGB) 59

F. Rückstellungen, RAP und Ingangsetzungsaufwendungen
(§§ 249, 250; Aufhebung der §§ 269, 282 HGB aF) 103

G. Ansatz- und Bewertungsstetigkeit
(§§ 246 Abs. 3, 252 Abs. 1 Nr. 6 HGB) 117

H. Bewertungseinheiten
(§ 254 HGB) 125

I. Bewertung von Schulden
(§§ 253 Abs. 1 Satz 2 und 3, Abs. 2, 277 Abs. 5 Satz 1 HGB, Art. 67 Abs. 1 EGHGB) 171

J. Sonstige Bewertungsvorschriften
(§§ 253 Abs. 3 bis 5, 255 Abs. 2, 256, 256a, 277 Abs. 3 und 5 HGB) 213

Jahresabschluss und Lagebericht der Kapitalgesellschaft

K. Bestandteile des Jahresabschlusses, Kapitalmarktorientierung, Größenklassen und Prüfungsausschuss (§§ 264, 264d, 267, 324 HGB) 243

L. Eigene Anteile/Eigenkapital
(§ 272 Abs. 1, Abs. 1a, Abs. 1b, Abs. 4 HGB) 279

M.	Latente Steuern (§§ 274, 274a Nr. 5 HGB)	299
N.	Ausschüttungssperre (§§ 172, 268 HGB, 301 AktG)	317
O.	Anhang/Lagebericht (§§ 285 bis 288, 289 HGB)	351
P.	Erklärung zur Unternehmensführung (§ 289a HGB)	447

Konzernabschluss und -lagebericht

Q.	Konzernabschluss (§§ 290 bis 312 HGB, §§ 1 und 2 KonBefrV)	463
R.	Konzernanhang und Konzernlagebericht (§§ 313, 314, 315 HGB)	607

Prüfung und Offenlegung

S.	Abschlussprüfung (§§ 317, 318, 320, 321 HGB, § 171 Abs. 1 Satz 2 und 3 AktG, § 51b Abs. 4 Satz 2 und Abs. 4a WPO)	635
T.	Unabhängigkeit des Abschlussprüfers (§§ 319a, 319b HGB)	661
U.	Offenlegung und Sanktionen (§§ 325, 325a, 327, 334 und 335 HGB)	709

Branchenspezifische Vorschriften

V.	Rechnungslegung von Kreditinstituten und Versicherungen (§§ 340a bis 341n HGB, §§ 7, 9, 13 bis 15, 20, 26, 29, 34, 35, 37 bis 39, Formblätter 1 und 3 RechKredV, §§ 6, 47, 51, 55, 59, 64 RechVersV)	723

Sonstige Gesetzesänderungen

W.	Übergangsvorschriften (Art. 66, 67 EGHGB)	829
X.	Publizitätsgesetz (§§ 5, 6, 7, 11, 13, 20 PublG)	845
Y.	AktG, GmbHG, SEAG (§§ 71, 100, 107, 124, 161, 171 AktG; § 33 GmbHG; §§ 27, 34 SEAG)	861
Z.	Wirtschaftsprüferordnung (§§ 40a, 43, 51b, 133a, 134 WPO)	893

Literaturverzeichnis ... 927

Stichwortverzeichnis ... 941

Inhaltsverzeichnis

Seite

Abschnitt A
Erleichterung von Buchführungspflichten (§§ 241a, 242 Abs. 4 HGB)

I.	Ziel und Anwendungsbereich der Vorschriften	1
II.	Größenmerkmale	3
III.	Zeitliche Voraussetzungen der Befreiung	3
IV.	Erstanwendungszeitpunkt und Übergangsvorschriften	5

Abschnitt B
Wirtschaftliches Eigentum (§ 246 Abs. 1 HGB)

I.	Grundlagen	7
II.	Zurechnung von Vermögensgegenständen nach wirtschaftlicher Betrachtungsweise (Abs. 1 Satz 2)	8
	1. Grundlagen	8
	2. Rechtliche Zuordnung als Ausgangspunkt	9
	3. Wirtschaftliches Eigentum (Abs. 1 Satz 2 zweiter Halbsatz)	10
III.	Bilanzierung von Schulden nach der rechtlichen Zuordnung (Abs. 1 Satz 3)	11
IV.	Erstanwendungszeitpunkt und Übergangsvorschriften	12

Abschnitt C
Vermögensgegenstände des Deckungsvermögens für Altersversorgungsverpflichtungen (§§ 246 Abs. 2, 253 Abs. 1 Satz 4, 255 Abs. 4, 266 Abs. 3 E. HGB)

I.	Grundlagen	18
II.	Voraussetzungen für das Verrechnungsgebot (§ 246 Abs. 2 Satz 2)	20
	1. Schulden aus Altersversorgungsverpflichtungen	20
	2. Handelsrechtliche Anforderungen an das Deckungsvermögen	22
	a. Allgemeines	22
	b. Vermögensgegenstände nach § 246 Abs. 1 HGB	23
	c. Sicherung des Deckungsvermögens vor dem Zugriff aller übrigen Gläubiger	24
	aa. Trennung des Deckungsvermögens von den übrigen Vermögensgegenständen des Unternehmens	24
	bb. Insolvenzfestigkeit des Deckungsvermögens	27
	d. Ausschließliches Dienen zur Erfüllung von Schulden aus Altersversorgungsverpflichtungen und ähnlichen Verpflichtungen	30
III.	Bilanzielle Folgen des § 246 Abs. 2 Satz 2 HGB	31
	1. Saldierung von Vermögensgegenständen und Schulden	31
	2. Bewertung des Deckungsvermögens und der dazugehörigen Verpflichtungen nach dem Grundsatz der Einzelbewertung	32
	a. Bewertung der Altersversorgungsverpflichtungen (§ 253 Abs. 1 Satz 2)	32
	b. Bewertung des Deckungsvermögens (§ 253 Abs. 1 Satz 4)	33
	c. Wertpapiergebundene Versorgungszusagen (§ 253 Abs. 1 Satz 3)	36
	3. Bewertungseinheiten und Sachleistungsverpflichtungen	37

XI

	4. Ausweis des Unterschiedsbetrages aus der Vermögensverrechnung	38
	5. Saldierung von Aufwendungen und Erträgen	39
	6. Ausschüttungs- und Abführungssperre	42
IV.	Latente Steuern	44
V.	Anhangangaben	44
VI.	Erstanwendung und Übergangsvorschriften	45

Abschnitt D
Umgekehrte Maßgeblichkeit (Aufhebung von §§ 247 Abs. 3, 254, 270 Abs. 1 Satz 2, 273, 279 Abs. 2, 280 Abs. 2, 281, 285 Satz 1 Nr. 5 HGB aF)

I.	Grundlagen	47
II.	Auswirkungen des Wegfalls der umgekehrten Maßgeblichkeit auf die handelsrechtliche Bilanzierung	48
	1. Unversteuerte Rücklagen	49
	2. Wertansätze von Vermögensgegenständen des Anlagevermögens	49
III.	Übergangsregeln	51
	1. Allgemeines	51
	a. Auflösung oder Zuschreibung	51
	b. Beibehaltung oder Fortführung	52
	2. Vor dem 1. Januar 2010 beginnendes Geschäftsjahr	53
	3. Degressive Abschreibungen als nur steuerlich zulässige Bewertungsmethode	55
	4. Übertragung beibehaltener unversteuerter Rücklagen in Folgejahren	56

Abschnitt E
Immaterielle Vermögensgegenstände
(§§ 246 Abs. 1 Satz 4, 248 Abs. 2, 253, 255, 266 HGB)

Geschäfts- oder Firmenwert (§§ 246 Abs. 1 Satz 4, 253 HGB)

I.	Grundlagen zur Bilanzierung des Geschäfts- oder Firmenwerts	60
II.	Ansatz (§ 246 Abs. 1 Satz 4 HGB)	62
III.	Bewertung (§§ 253 und 255 HGB)	63
	1. Zugangsbewertung	63
	2. Planmäßige Abschreibungen	64
	3. Außerplanmäßige Abschreibungen	66
	4. Wertaufholungsverbot (§ 255 Abs. 5 Satz 2 HGB)	67
IV.	Anhangangaben	68
V.	Erstanwendungszeitpunkt und Übergangsvorschriften	68

Immaterielle Vermögensgegenstände (§§ 248 Abs. 2, 253, 255, 266 HGB)

I.	Grundlagen zur Bilanzierung immaterieller Vermögensgegenstände des Anlagevermögens	73
II.	Ansatz (§ 248 Abs. 2 HGB)	74
	1. Allgemeines	74
	2. Ansatz selbst geschaffener immaterieller Vermögensgegenstände des Anlagevermögens (§ 248 Abs. 2 Satz 1 HGB)	75
	a. Überblick	75
	b. Eigene Herstellung	78
	c. Voraussetzungen der abstrakten Aktivierbarkeit	80
	aa. Einzelverwertbarkeit	80

		bb. Wahrscheinlichkeit des Entstehens eines immateriellen Vermögensgegenstands 82
		cc. Abgrenzbarkeit von Forschungs- und Entwicklungsphase 84
		d. Aktivierungsverbote (§ 248 Abs. 2 Satz 2 HGB) 86
		e. Dokumentation 87
	3.	Ansatz unentgeltlich erworbener immaterieller Vermögensgegenstände des Anlagevermögens 88
III.	Bewertung (§§ 253 und 255 HGB) 90	
	1.	Bewertung selbst geschaffener immaterieller Vermögensgegenstände des Anlagevermögens 90
		a. Zugangsbewertung (§ 255 Abs. 2 und 2a HGB) 90
		b. Folgebewertung 92
	2.	Bewertung unentgeltlich erworbener immaterieller Vermögensgegenstände des Anlagevermögens 97
IV.	Ausweis 97	
	1.	Bilanz (§ 266 Abs. 2 A. I. 1. HGB) 97
	2.	Gewinn- und Verlustrechnung 100
V.	Besonderheiten im Rahmen der Konzernrechnungslegung 100	
VI.	Anhangangaben 100	
VII.	Ausschüttungssperre (§ 268 Abs. 8 HGB) 100	
VIII.	Erstanwendungszeitpunkt und Übergangsvorschriften 101	

Abschnitt F
**Rückstellungen, RAP und Ingangsetzungsaufwendungen
(§§ 249, 250 HGB; Aufhebung der §§ 269, 282 HGB aF)**

Rückstellungen (§ 249 HGB)
I.	Ziel der Regelung und Anwendungsbereich 103
II.	Ansatzkriterien für Rückstellungen nach BilMoG 104
	1. Aufhebung von Ansatzwahlrechten 104
	2. Instandhaltungsrückstellungen 104
	3. Aufwandsrückstellungen 105
	a. Grundlagen 105
	b. Komponentenweise planmäßige Abschreibung von Sachanlagen 106
	c. Verhältnisse zum Übergangszeitpunkt 107
III.	Erstanwendungszeitpunkt und Übergangsvorschriften 108

Rechnungsabgrenzungsposten (§ 250 HGB)
I.	Ziel der Regelung und Anwendungsbereich 111
II.	Aufhebung der aktiven Abgrenzung von Zöllen und Verbrauchsteuern 112
III.	Aufhebung der aktiven Abgrenzung von als Aufwand berücksichtigten Umsatzsteuern 112
IV.	Erstanwendungszeitpunkt und Übergangsvorschriften 112

Ingangsetzungs- und Erweiterungsaufwendungen (§§ 269, 282 HGB aF)
I.	Ziel der Regelung und Anwendungsbereich 114
II.	Latente Steuern, Ausschüttungssperre und weitere Folgewirkungen der Wahlrechtsaufhebung 114
III.	Erstanwendungszeitpunkt und Übergangsvorschriften 115

Abschnitt G
Ansatz- und Bewertungsstetigkeit (§§ 246 Abs. 3, 252 Abs. 1 Nr. 6 HGB)

Ansatzstetigkeit (§ 246 Abs. 3 HGB)
- I. Grundlagen 117
- II. Ansatzstetigkeit 118

Bewertungsstetigkeit (§ 252 Abs. 1 Nr. 6 HGB)
- I. Bewertungsstetigkeit 121
  1. Umformulierung als Muss-Vorschrift 121
  2. Bewertungsmethoden 122
- II. Erstanwendungszeitpunkt und Übergangsvorschriften 123

Abschnitt H
Bewertungseinheiten (§ 254 HGB)

- I. Grundlagen 126
- II. Voraussetzungen für die Bildung von Bewertungseinheiten 126
  1. Überblick 126
  2. Grundgeschäfte 128
  3. Sicherungsinstrumente 131
  4. Sicherungsabsicht (Durchhalteabsicht) 136
  5. Wirksamkeit der Sicherungsbeziehung 139
     a. Grundlagen 139
     b. (Wert- und Zahlungsstromänderungs-)Risiken 139
     c. Vergleichbarkeit der Risiken 140
     d. Gegenläufigkeit der Wert- oder Zahlungsstromänderungen 146
     e. Verlässliche Messbarkeit der Wert- oder Zahlungsstromänderungen 147
     f. Makro- und Portfolio-Hedges 147
  6. Betragsidentität 148
  7. Fristenidentität 149
  8. Designation (Zusammenfassung von Grundgeschäft und Sicherungsinstrument) 149
- III. Bilanzielle Abbildung von Bewertungseinheiten 152
  1. Grundlagen 152
  2. Ermittlung der Ineffektivität 154
  3. „Einfrierungsmethode" 154
  4. „Durchbuchungsmethode" 159
  5. Bilanzierungsbeispiele 162
  6. Antizipative Bewertungseinheiten 164
  7. Makro- und Portfolio-Hedges 166
- IV. Beendigung des Sicherungszusammenhangs 166
- V. Latente Steuern 168
- VI. Besondere Anhangangaben 168
- VII. Erstanwendung und Übergangsvorschriften 168

Abschnitt I
Bewertung von Schulden (§§ 253 Abs. 1 Satz 2 und 3, Abs. 2, 277 Abs. 5 Satz 1 HGB, Art. 67 Abs. 1 EGHGB)

I. Grundlagen ... 175
II. Bewertung von Verbindlichkeiten (§ 253 Abs. 1 Satz 2) ... 177
III. Bewertung von Rückstellungen ... 179
   1. Erfüllungsbetrag (§ 253 Abs. 1 Satz 2) ... 179
      a. Grundlagen ... 179
      b. Grundsätze zur Ermittlung des Erfüllungsbetrages bei Rückstellungen für Sachleistungsverpflichtungen ... 181
      c. Auswirkungen der Bildung von Bewertungseinheiten (§ 254 HGB) auf den Erfüllungsbetrag von Rückstellungen ... 184
   2. Abzinsung von Rückstellungen (§ 253 Abs. 2) ... 186
      a. Restlaufzeit von mehr als einem Jahr ... 186
      b. Restlaufzeit bis zu einem Jahr ... 187
      c. Ermittlung des Abzinsungssatzes ... 187
      d. Ausweis der Auf- und Abzinsungen in der Gewinn- und Verlustrechnung (§ 277 Abs. 5 Satz 1) ... 190
IV. Bewertung von Altersversorgungsverpflichtungen und vergleichbaren langfristig fälligen Verpflichtungen ... 192
   1. Begriffsbestimmungen ... 192
   2. Unmittelbare Pensionsverpflichtungen ... 193
      a. Allgemeines ... 193
      b. Erfüllungsbetrag von Pensionsverpflichtungen (§ 253 Abs. 1 Satz 2) ... 193
        aa. Berücksichtigung zukunftsbezogener Bewertungsparameter ... 193
        bb. Bewertungsverfahren ... 196
      c. Abzinsung (§ 253 Abs. 2) ... 197
      d. Ausweis der Zuführung zu den Altersversorgungsrückstellungen in der Gewinn- und Verlustrechnung ... 199
      e. Versicherungsmathematische Gutachten ... 199
   3. Wertpapiergebundene Altersversorgungszusagen (§ 253 Abs. 1 Satz 3) ... 200
   4. Mittelbare Altersversorgungszusagen ... 204
V. Latente Steuern ... 205
VI. Anhangangaben ... 205
VII. Erstanwendungszeitpunkt und Übergangsvorschriften ... 206
   1. Allgemeines ... 206
   2. Übergangsregelungen für alle Rückstellungsarten (Art. 67 Abs. 1 Satz 2 EGHGB) ... 207
   3. Übergangsvorschriften für Pensionsrückstellungen (Art. 67 Abs. 1 Satz 1 EGHGB) ... 208
      a. Behandlung des Zuführungsbetrages aus der Erstanwendung ... 208
        aa. Allgemeines ... 208
        bb. Ermittlung des Zuführungsbetrages aus der Neubewertung ... 209
        cc. Verteilung der Rückstellungszuführung aus der Neubewertung ... 210
      b. Behandlung des Auflösungsbetrages aus der Erstanwendung ... 211

Abschnitt J
Sonstige Bewertungsvorschriften
(§§ 253 Abs. 3 bis 5, 255 Abs. 2 , 256, 256a, 277 Abs. 3 und 5 HGB)

Folgebewertung (§ 253 Abs. 3 bis 5 HGB)
I. Grundlagen 214
II. Folgebewertung von Vermögensgegenständen 215
  1. Planmäßige Abschreibungen von Vermögensgegenständen des Anlagevermögens 215
  2. Außerplanmäßige Abschreibungen von Vermögensgegenständen des Anlagevermögens 216
  3. Abschreibungen von Vermögensgegenständen des Umlaufvermögens 218
  4. Wertaufholungsgebot 219
III. Erstanwendungszeitpunkt und Übergangsvorschriften 221

Herstellungskosten (§ 255 Abs. 2 HGB)
I. Grundlagen 224
II. Herstellungskostenbegriff (Abs. 2 Satz 1) 225
III. Aktivierungspflichtige Herstellungskosten (Abs. 2 Satz 2) 225
IV. Aktivierbare Herstellungskosten (Abs. 2 Satz 3) 226
V. Nicht aktivierbare Herstellungskosten (Abs. 2 Satz 4) 226
VI. Maßgeblichkeit des handelsrechtlichen Wertansatzes für die Steuerbilanz 227
VII. Erstanwendungszeitpunkt und Übergangsvorschriften 227

Bewertungsvereinfachungsverfahren (§ 256 HGB)
I. Grundlagen 229
II. Einzelfragen zu Bewertungsvereinfachungsverfahren 229
III. Erstanwendungszeitpunkt und Übergangsvorschriften 230

Währungsumrechnung (§§ 256a, 277 Abs. 5 Satz 2 HGB)
I. Einleitung 232
II. Wechselkurse 233
III. Umrechnung von Fremdwährungsgeschäften 234
  1. Erstverbuchung 234
  2. Folgebewertung 235
  3. Erfolgswirksame Behandlung und Ausweis von Währungsgewinnen bzw. -verlusten 237
  4. Steuerabgrenzung 238
  5. Anhangangaben 238
IV. Ausländische Zweigniederlassungen 239
V. Erstanwendung 240

Abschnitt K
Bestandteile des Jahresabschlusses, Kapitalmarktorientierung, Größenklassen und Prüfungsausschuss (§§ 264, 264d, 267, 324 HGB)

Bestandteile des Jahresabschlusses (§ 264 HGB)
I. Ziel und Anwendungsbereich der geänderten Vorschriften 244
II. Aufbau von Kapitalflussrechnung, Eigenkapitalspiegel und Segmentberichterstattung 245
  1. Allgemeines 245

	2. Kapitalflussrechnung 246
	3. Eigenkapitalspiegel 248
	4. Segmentberichterstattung 250
III.	Erstanwendungszeitpunkt und Übergangsvorschriften 251

Kapitalmarktorientierte Kapitalgesellschaft (§ 264d HGB)

I.	Ziel der Regelung und Bedeutung der Vorschrift 253
II.	Voraussetzungen für das Vorliegen der Kapitalmarktorientierung 254
	1. Organisierter Markt iSd. § 2 Abs. 5 WpHG 254
	2. Wertpapiere iSd. § 2 Abs. 1 Satz 1 WpHG 255
	3. Inanspruchnahme durch eigene Wertpapiere bzw. Antrag auf Zulassung 257
III.	Übersicht der handelsrechtlichen Rechnungslegungsvorschriften für kapitalmarktorientierte Unternehmen 259
IV.	Erstanwendungszeitpunkt und Übergangsvorschriften 263

Umschreibung der Größenklassen (§ 267 HGB)

I.	Bedeutung der Änderungen 265
II.	Erstanwendungszeitpunkt und Übergangsvorschriften 267

Prüfungsausschuss (§ 324 HGB)

I.	Grundlagen 269
II.	Anwendungsbereich (Abs. 1 Satz 1 und 2) 270
	1. Erfasste Rechtsformen 270
	2. Spezielle Befreiungstatbestände 272
III.	Stellung, Aufgaben und Befugnisse des Prüfungsausschusses 273
	1. Stellung des Prüfungsausschusses 273
	2. Aufgaben des Prüfungsausschusses 274
	3. Befugnisse des Prüfungsausschusses 275
IV.	Wahl des Prüfungsausschusses (Abs. 2 Satz 1) 276
V.	Zusammensetzung und Organisation (Abs. 2 Satz 2 und 3) 276
VI.	Erstanwendungszeitpunkt und Übergangsvorschriften 278

Abschnitt L

Eigene Anteile/Eigenkapital (§ 272 Abs. 1, Abs. 1a, Abs. 1b, Abs. 4 HGB)

I.	Grundlagen 280
II.	Bewertung des gezeichneten Kapitals mit dem Nennbetrag (Abs. 1 Satz 2) 282
III.	Ausstehende Einlagen (Abs. 1 Satz 3) 282
IV.	Erwerb eigener Anteile (Abs. 1a) 283
	1. Bisherige Regelung: Brutto- oder Nettomethode 283
	2. Neuregelung durch das BilMoG: Nettomethode 284
	3. Anschaffung: Behandlung des Nennbetrags 284
	4. Behandlung des Unterschiedsbetrags 285
	5. Behandlung der Anschaffungsnebenkosten 287
V.	Veräußerung eigener Anteile (Abs. 1b) 287
	1. Grundlagen; Wegfall des Vorspaltenausweises 287
	2. Einstellung in frei verfügbare Rücklagen 289
	3. Einstellung in Kapitalrücklagen nach Abs. 2 Nr. 1 291
	4. Nebenkosten 292
VI.	Sonderfall: Erwerb und Veräußerung in demselben Geschäftsjahr 292
VII.	Nettoausweis und anschließende Einziehung 293

VIII. Rücklage für Anteile am herrschenden Unternehmen (Abs. 4) 294
IX. Erstanwendungszeitpunkt und Übergangsvorschriften 295

Abschnitt M
Latente Steuern (§§ 274, 274a Nr. 5 HGB)

I. Grundlagen 300
II. Ansatz latenter Steuern 301
    1. Klassifizierung von Differenzen (Abs. 1 Satz 1) 301
    2. Passivierungspflicht (Abs. 1 Satz 1) 303
    3. Aktivierungswahlrecht (Abs. 1 Satz 2) 303
    4. Erstmaliger Ansatz von Vermögensgegenständen und Schulden 304
    5. Ergänzungs- und Sonderbilanzen 306
    6. Aktive latente Steuern für Verlustvorträge und Zinsvorträge
       (Abs. 1 Satz 4) 307
    7. Latente Steuern in Organschaften 309
III. Bewertung latenter Steuern (Abs. 2 Satz 1) 311
IV. Ausweis latenter Steuern 312
    1. Saldierungswahlrecht (Abs. 1 Satz 3) 312
    2. Bilanz und GuV (Abs. 1 Satz 1 und 2, Abs. 2 Satz 2 und 3) 312
V. Steuerabgrenzung bei kleinen Kapitalgesellschaften und Personenhandelsgesellschaften iSv. § 264a HGB (§ 274a Nr. 5) 313
VI. Erstanwendungszeitpunkt und Übergangsvorschriften 314

Abschnitt N
Ausschüttungssperre (§§ 172, 268 HGB, 301 AktG)

Ausschüttungssperre (§ 268 Abs. 8 HGB)
I. Grundlagen 318
II. Die Ausschüttungssperre nach § 268 Abs. 8 HGB 319
    1. Überblick 319
    2. Der maximale Ausschüttungsbetrag ohne Berücksichtigung der
       Ausschüttungssperre 322
    3. Der gesperrte Betrag iSd. § 268 Abs. 8 HGB 323
       a. Allgemeines 323
       b. Die einzelnen nach § 268 Abs. 8 HGB ausschüttungsgesperrten
          Beträge 325
          aa. Gesperrte Beträge aus der Aktivierung selbst geschaffener
              immaterieller Vermögensgegenstände des Anlagevermögens ... 325
          bb. Gesperrte Beträge aus der Zeitwertbewertung von
              Deckungsvermögen 326
          cc. Für ausschüttungsgesperrte Beträge gebildete passive
              latente Steuern 329
          dd. Gesperrte Beträge aus der Aktivierung latenter Steuern 332
    4. Der maximal ausschüttbare Betrag 334
    5. Behandlung ausschüttungsgesperrter Beträge im Jahresabschluss ... 334

Abführungssperre (§ 301 AktG)
I. Die Abführungssperre nach § 301 AktG 336
    1. Überblick 336
    2. Der Gesamtbetrag der Beträge iSd. § 268 Abs. 8 HGB 338

	3.	Andere frei verfügbare Eigenkapitalkomponenten der abhängigen Gesellschaft 339
	4.	Der nach § 268 Abs. 8 HGB ausschüttungsgesperrte, nicht anderweitig gedeckte Betrag 341
	5.	Der Ausweis abführungsgesperrter Beträge im Eigenkapital 341
	6.	Besonderheiten bei Beendigung des Ergebnisabführungsvertrags 342
II.		Bei Vertragsbeginn bestehende Ausschüttungssperre 343

Auswirkungen auf die Kommanditgesellschaft (§ 172 Abs. 4 HGB)

I. Bedeutung des § 268 Abs. 8 HGB für die Kommanditgesellschaft............. 344
II. Anhangangaben 347
III. Erstanwendungszeitpunkt und Übergangsvorschriften 348

Abschnitt O
Anhang/Lagebericht (§§ 285 bis 288, 289 HGB)

Anhang (§ 285 HGB)

I. Vorbemerkungen 357
II. Angaben zu den Verbindlichkeiten (Nr. 2) 359
III. Nicht in der Bilanz enthaltene Geschäfte (Nr. 3 und Nr. 3a) 360
    1. Vorbemerkungen 360
    2. Angaben zu außerbilanziellen Geschäften (Nr. 3) 360
        a. Grundlagen 360
        b. Begriff des Geschäfts 360
        c. Nicht in der Bilanz enthaltene Geschäfte 362
        d. Erläuterungen zu den Angaben 365
            aa. Für die Beurteilung der Finanzlage notwendig 365
            bb. Zeitpunkt und Inhalt der Angaben 366
        e. Erstmalige Anwendung 368
    3. Gesamtbetrag der sonstigen finanziellen Verpflichtungen (Nr. 3a) 368
IV. Entfallen von Pflichtangaben, die im Zusammenhang mit der Anwendung steuerrechtlicher Vorschriften stehen (Nr. 5) 368
V. Leistungen an Vorstandsmitglieder für den Fall der Beendigung ihrer Tätigkeit (Nr. 9 lit. a Satz 6 HGB idF des VorstAG) 369
    1. Grundlagen 369
    2. Erläuterungen zu den Angaben 370
    3. Erstmalige Anwendung 371
VI. Nutzungsdauer des Geschäfts- oder Firmenwerts (Nr. 13) 371
    1. Grundlagen 371
    2. Erläuterungen zu den Angaben 372
    3. Erstmalige Anwendung 373
VII. Erklärung zum Deutschen *Corporate Governance* Kodex (Nr. 16) 373
    1. Grundlagen 373
    2. Erläuterungen zu den Angaben 373
    3. Erstmalige Anwendung 374
VIII. Honorar des Abschlussprüfers (Nr. 17) 374
    1. Grundlagen 374
    2. Erläuterungen zu den Angaben 375
    3. Befreiung von der Angabepflicht im Anhang 376
    4. Erstmalige Anwendung 378
IX. Finanzinstrumente (Nr. 18 bis 20) 378

	1. Vorbemerkungen und erstmalige Anwendung	378
	2. Angaben zu Finanzanlagen, bei denen eine außerplanmäßige Abschreibung unterblieben ist (Nr. 18)	378
	3. Angaben zu derivativen Finanzinstrumenten, die nicht zum beizulegenden Zeitwert bilanziert sind (Nr. 19)	379
	a. Grundlagen	379
	b. Erläuterungen zu den Angaben	381
	4. Angaben zu Finanzinstrumenten, die zum beizulegenden Zeitwert bilanziert sind (Nr. 20)	384
	a. Grundlagen	384
	b. Erläuterungen zu den Angaben	384
X.	Geschäfte mit nahe stehenden Unternehmen und Personen (Nr. 21)	386
	1. Grundlagen	386
	2. Größenabhängige Erleichterungen	387
	3. Nahe stehende Unternehmen und Personen	388
	4. Angabepflichtige Geschäfte	390
	5. Marktunübliche Bedingungen	391
	6. Wesentlichkeit von Geschäften	392
	7. Angaben zu den Geschäften (Nr. 21 erster Teilsatz)	393
	a. Art der Geschäfte	393
	b. Art der Beziehung	393
	c. Wert der Geschäfte	394
	d. Zusätzliche Angaben	394
	8. Befreiung von der Angabepflicht (Nr. 21 zweiter Teilsatz)	395
	9. Zusammenfassung nach Geschäftsarten (Nr. 21 dritter Teilsatz)	396
	10. Erstmalige Anwendung	396
XI.	Forschungs- und Entwicklungskosten (Nr. 22)	396
	1. Grundlagen	396
	2. Erläuterungen zu den Angaben	397
	3. Erstmalige Anwendung	398
XII.	Bewertungseinheiten (Nr. 23)	398
	1. Grundlagen	398
	2. Angaben nach § 285 Nr. 23 lit. a HGB	398
	3. Angaben nach § 285 Nr. 23 lit. b HGB	402
	4. Angaben nach § 285 Nr. 23 lit. c HGB	405
	5. Unterlassen von Angaben im Anhang	406
	6. Erstmalige Anwendung	407
XIII.	Pensionsrückstellungen und ähnliche Verpflichtungen (Nr. 24)	407
	1. Grundlagen	407
	2. Erläuterungen zu den Angaben	408
	3. Erstmalige Anwendung	409
XIV.	Verrechnung von Vermögensgegenständen des Deckungsvermögens und Schulden aus Altersversorgungsverpflichtungen (Nr. 25)	409
	1. Grundlagen	409
	2. Erläuterungen zu den Angaben	410
	3. Erstmalige Anwendung	411
XV.	Investmentvermögen (Nr. 26)	412
	1. Grundlagen	412
	2. Erläuterungen zu den Angaben	412
	3. Erstmalige Anwendung	414

XVI.	Einschätzung des Risikos der Inanspruchnahme aus Eventualverbindlichkeiten (Nr. 27)	414
	1. Grundlagen	414
	2. Erläuterungen zu den Angaben	415
	3. Erstmalige Anwendung	416
XVII.	Nach § 268 Abs. 8 HGB ausschüttungsgesperrte Beträge (Nr. 28)	417
	1. Grundlagen	417
	2. Erläuterungen zu den Angaben	417
	3. Erstmalige Anwendung	419
XVIII.	Angaben zu latenten Steuern (Nr. 29)	419
	1. Grundlagen	419
	2. Erläuterungen zu den Angaben	420
	3. Erstmalige Anwendung	421
XIX.	Aufhebung von § 285 Satz 2 bis 6 HGB	422
XX.	Erstanwendungszeitpunkte und Übergangsvorschriften	422

Unterlassen von Angaben (§ 286 HGB) 424
Aufstellung des Anteilsbesitzes (§ 287 HGB) 426
Größenabhängige Erleichterungen (§ 288 HGB) 427
Lagebericht (§ 289 HGB)

I.	Anwendungsbereich und Ziel der Änderungen	432
II.	Pflichtbestandteil des Lageberichts	433
III.	Begriff und Inhalt des internen Kontroll- und des internen Risikomanagementsystems (§ 289 Abs. 5)	433
	1. Internes Kontrollsystem	434
	2. Internes Risikomanagementsystem	436
	3. Merkmale eines rechnungslegungsbezogenen internen Kontroll- und Risikomanagementsystems	438
	4. Abgrenzung des internen Risikomanagementsystems zum Risikofrüherkennungs- und Überwachungssystem	441
IV.	Inhalt der Berichterstattung	441
V.	Zusammengefasste Berichterstattung in einem einheitlichen Teil des Risikoberichts	443
VI.	Negativberichterstattung	444
VII.	Anknüpfende aktienrechtliche Regelungen	444
VIII.	Erstanwendungszeitpunkt und Übergangsvorschriften	445

Abschnitt P
Erklärung zur Unternehmensführung (§ 289a HGB)

I.	Grundlagen	447
II.	Anwendungsbereich (Abs. 1 Satz 1)	448
III.	Form und Verfahren der Veröffentlichung (Abs. 1 Satz 1 und 2, Abs. 2 Nr. 3 zweiter Halbsatz)	450
	1. Ort der Veröffentlichung	450
	2. Pflicht zur Abgabe der Erklärung	452
	3. Zeitpunkt der Abgabe der Erklärung	453
	4. Prüfung der Erklärung im Rahmen der Abschlussprüfung	454
	5. Kritisches Lesen durch den Abschlussprüfer	456
IV.	Inhalt der Erklärung zur Unternehmensführung (Abs. 2)	457

Inhaltsverzeichnis

    1. Entsprechenserklärung zum Deutschen *Corporate Governance* Kodex (Abs. 2 Nr. 1) 457
    2. Angaben zu Unternehmensführungspraktiken 458
    3. Arbeitsweise und Zusammensetzung von Verwaltungsorganen und Ausschüssen 459
V. Erstanwendungszeitpunkt und Übergangsvorschriften 460

Abschnitt Q
Konzernabschluss (§§ 290 bis 312 HGB, §§ 1 und 2 KonBefrV)

Pflicht zur Aufstellung (§ 290 HGB)
I. Mutter-/Tochterverhältnis als Voraussetzung einer Konzernrechnungslegungspflicht 464
II. Mögliche Beherrschung als Tatbestandsvoraussetzung (Abs. 1 Satz 1) 466
    1. Grundlagen 466
    2. Begriffsmerkmale des „beherrschenden Einflusses" 467
        a. Bestimmung der Geschäfts- und Finanzpolitik 468
        b. Dauerhaftigkeit des beherrschenden Einflusses 468
        c. Nutzenziehung 469
    3. Ausübungsmöglichkeit 469
    4. Beherrschungsmöglichkeiten außerhalb der Typisierungstatbestände ... 470
        a. Präsenzmehrheit 470
        b. Kombinierte Beherrschung 472
        c. Potenzielle Stimmrechte 473
III. Unwiderlegbare Beherrschungsvermutungen (Abs. 2) 473
    1. Beibehaltung des „Control-Konzepts" (Abs. 2 Nr. 1 bis 3) 473
    2. Zweckgesellschaften (Abs. 2 Nr. 4) 476
        a. Grundlagen 476
        b. Begriff der Zweckgesellschaft 478
        c. Mehrheit der Risiken und Chancen 480
        d. Unternehmenseigenschaft der Zweckgesellschaft (Abs. 2 Nr. 4 Satz 2) 484
        e. Ausnahme für Spezial-Sondervermögen iSv. § 2 Abs. 3 InvG (Abs. 2 Nr. 4 Satz 2) 487
IV. Verkürzte Aufstellungsfrist bei kapitalmarktorientierten Mutterunternehmen (Abs. 1 Satz 2) 487
V. Befreiung von der Konzernrechnungslegungspflicht (Abs. 5) 488
VI. Vollkonsolidierung ohne Kapitalbeteiligung des Mutterunternehmens 489
VII. Erstanwendung und Übergangvorschriften 490

Befreiende Wirkung von EU/EWR-Konzernabschlüssen (§ 291 HGB)
I. Keine Befreiungsmöglichkeit für kapitalmarktorientierte untere Mutterunternehmen (Abs. 3 Nr. 1 HGB) 494
II. Geänderter Minderheitenschutz (Abs. 3 Nr. 2 HGB) 495
III. Erstanwendung 497

Rechtsverordnungsermächtigung für befreiende Konzernabschlüsse und Konzernlageberichte (§ 292 HGB, §§ 1 und 2 KonBefrV)
I. Überblick 501
II. Ergänzungen der Rechtsverordnungsermächtigung (§ 292 HGB) 502
    1. Aktualisierung eines Richtlinienverweises 502
    2. Besonderheiten für bestimmte Drittlandsabschlussprüfer 502

	3. Erstanwendung	503
III.	Änderungen der Konzernabschlussbefreiungsverordnung	504
	1. Prüfung des befreienden Konzernabschlusses	504
	2. Gleichwertige Befähigung von Abschlussprüfern übergeordneter Mutterunternehmen aus Drittländern, deren Wertpapiere an einem inländischen, geregelten Markt zugelassen sind	504
	3. Offenlegung zusätzlicher Unterlagen (§ 1 Satz 2 und 3 KonBefrV)	504
IV.	Erstanwendung	505

Größenabhängige Befreiungen (§ 293 HGB)

I.	Erhöhung der Schwellenwerte (Abs. 1)	508
II.	Besonderheiten bei Neugründung und Umwandlung (Abs. 4 Satz 2)	509
III.	Keine größenabhängige Erleichterung für kapitalmarktorientierte Konzerne (Abs. 5)	512
IV.	Erstanwendung	512

Vorjahreszahlen bzw. Angabe von Pro-Forma-Zahlen (§ 294 HGB)

I.	Allgemeines	513
II.	Möglichkeit zur Anpassung von Vorjahreszahlen bzw. Angabe von Pro-Forma-Zahlen	513

Konsolidierungsmethodenstetigkeit (§ 297 HGB) 515

Anzuwendende Vorschriften (§ 298 HGB) 517

Konsolidierungsgrundsätze, Vollständigkeitsgebot (§ 300 HGB)

I.	Allgemeines	518
II.	Nach dem Recht des Mutterunternehmens zulässige Bilanzierungswahlrechte im Rahmen der Übergangsvorschriften zum BilMoG	519

Kapitalkonsolidierung (§ 301 HGB)

I.	Grundlagen	523
II.	Neubewertung des Reinvermögens (Eigenkapitals) nach Abs. 1 Satz 2 und 3	523
	1. Anzusetzende Bilanzposten	524
	2. Bewertungsmaßstäbe	526
	a. Grundsatz: „beizulegender Zeitwert"	526
	b. Ausnahmen: Bewertung von Rückstellungen und latenten Steuern	528
III.	Konzeptionelle Konsequenzen für die Folgekonsolidierung	529
IV.	Vorläufige Erwerbsbilanzierung (Abs. 2 Satz 2)	531
V.	Erstkonsolidierungszeitpunkt (Abs. 2)	535
	1. Grundsatz (Satz 1)	535
	2. Vereinfachungsmöglichkeiten (Satz 3 und 4)	537
VI.	Ausweis verbleibender Unterschiedsbeträge (Abs. 3)	539
VII.	Rückbeteiligungen am oberen Mutterunternehmen (Abs. 4)	542
VIII.	Übergangsvorschriften	546

Interessenzusammenführungsmethode (§ 302 HGB aF) 548

Latente Steuern (§ 306 HGB)

I.	Grundlagen	550
II.	Anwendungsbereich	551
III.	Abgrenzung latenter Steuern aus Konsolidierungsmaßnahmen	554
	1. Ansatzpflicht (Satz 1)	554
	2. Ansatzverbote	558

XXIII

		a. Geschäfts- oder Firmenwert bzw. passiver Unterschiedsbetrag aus der Kapitalkonsolidierung (Satz 3)	558
		b. „Outside basis differences" (Satz 4)	559
	3.	Bewertung (Satz 5)	562
	4.	Ausweis (Satz 2 und Satz 6)	563
IV.	Erstanwendungszeitpunkt und Übergangsvorschriften		564
	1.	Grundsatz: Erfolgsneutrale Erfassung gegen die Konzern-Gewinnrücklagen	564
	2.	Sonderfall: Erfolgsneutrale Anpassung historischer Erstkonsolidierung	565

Anteile anderer Gesellschafter (§ 307 HGB) ... 567

Umrechnung von auf fremde Währung lautenden
Abschlüssen (§ 308a HGB)

I.	Grundlagen		569
II.	Anwendungsbereich		571
III.	Umrechnung von Fremdwährungsabschlüssen nach der modifizierten Stichtagskursmethode		572
	1.	Konzeptionelle Grundlagen	572
	2.	Umrechnung der Bilanz (Satz 1)	573
	3.	Umrechnung der Gewinn- und Verlustrechnung (Satz 2)	575
	4.	Erfolgsneutrale Behandlung von Umrechnungsdifferenzen (Satz 3)	576
	5.	Ausscheiden des Tochterunternehmens aus dem Vollkonsolidierungskreis sowie wirtschaftlich vergleichbare Vorgänge (Satz 4)	577
		a. Vollständige Anteilsveräußerung	577
		b. Übergangskonsolidierung	578
	6.	Konzernanhang	579
IV.	Einzelfragen bei Anwendung der modifizierten Stichtagskursmethode		580
	1.	Kapitalkonsolidierung	580
	2.	Schuldenkonsolidierung	581
V.	Erstanwendung und Übergang vom Konzept der funktionalen Währung zur Umrechnung nach der (modifizierten) Stichtagskursmethode		583

Behandlung des Unterschiedsbetrags (§ 309 HGB)

I.	Allgemeines		585
II.	Behandlung des Geschäfts- oder Firmenwertes im Rahmen der Folgekonsolidierung		586
	1.	Planmäßige Abschreibung	586
	2.	Vorläufige Erwerbsbilanzierung	588
	3.	Außerplanmäßige Abschreibung	589
	4.	Wertaufholungsverbot	592
III.	Übergangsvorschriften		593

Anteilmäßige Konsolidierung (§ 310 HGB) ... 595

Equity-Methode (§ 312 HGB)

I.	Verpflichtende Anwendung der Buchwertmethode (Abs. 1 Satz 1)		597
II.	Angabe eines Unterschiedsbetrags im Konzernanhang (Abs. 1 Satz 2)		598
III.	Anwendung der Equity-Methode (Abs. 2)		599
	1.	Aufdeckung von anteiligen stillen Reserven und Lasten in einer statistischen Nebenrechnung (Satz 1)	599
	2.	Bewertung von Rückstellungen und latenten Steuern (Satz 4)	601

	3.	Fortschreibung eines Unterschiedsbetrags in Folgejahren (Satz 2 und 3) 602
IV.		Bewertungsstichtag bei erstmaliger Anwendung der Equity-Methode (Abs. 3 Satz 1) 603
V.		Vorläufige Wertermittlung (Abs. 3 Satz 2) 605
VI.		Erstanwendung und Übergang von der Kapitalanteilsmethode auf die Buchwertmethode 605

Abschnitt R
Konzernanhang und Konzernlagebericht (§§ 313, 314, 315 HGB)

Allgemeine Angaben (§ 313 HGB)
I. Änderungen und Erstanwendungszeitpunkt 608

Sonstige Pflichtangaben (§ 314 HGB)
I.		Vorbemerkungen 614
II.		Nicht in der Konzernbilanz enthaltene Geschäfte (Abs. 1 Nr. 2 und Nr. 2a) 615
	1.	Grundlagen und erstmalige Anwendung 615
	2.	Angaben zu nicht in der Konzernbilanz enthaltenen Geschäften (Abs. 1 Nr. 2) 616
	3.	Gesamtbetrag der sonstigen finanziellen Verpflichtungen (Abs. 1 Nr. 2a) 617
III.		Leistungen an Vorstandsmitglieder für den Fall der Beendigung ihrer Tätigkeit (Abs. 1 Nr. 6 lit. a Satz 6 HGB idF des VorstAG) 617
IV.		Erklärung zum Deutschen *Corporate Governance* Kodex (Abs. 1 Nr. 8) 618
V.		Honorar des Abschlussprüfers (Abs. 1 Nr. 9) 618
VI.		Finanzinstrumente (Abs. 1 Nr. 10 bis 12) 620
	1.	Grundlagen 620
	2.	Angaben zu Finanzanlagen, bei denen eine außerplanmäßige Abschreibung unterblieben ist (Abs. 1 Nr. 10) 620
	3.	Angaben zu derivativen Finanzinstrumenten, die nicht zum beizulegenden Zeitwert bilanziert sind (Abs. 1 Nr. 11) 621
	4.	Angaben zu Finanzinstrumenten, die zum beizulegenden Zeitwert bilanziert sind (Abs. 1 Nr. 12) 622
VII.		Geschäfte mit nahe stehenden Unternehmen und Personen (Abs. 1 Nr. 13) 623
	1.	Grundlagen 623
	2.	Erläuterungen zu den Angaben 623
	3.	Erstmalige Anwendung 624
VIII.		Forschungs- und Entwicklungskosten (Abs. 1 Nr. 14) 624
IX.		Bewertungseinheiten (Abs. 1 Nr. 15) 625
X.		Pensionsrückstellungen und ähnliche Verpflichtungen (Abs. 1 Nr. 16) 626
XI.		Verrechnung von Vermögensgegenständen des Deckungsvermögens und Schulden aus Altersversorgungsverpflichtungen (Abs. 1 Nr. 17) 626
XII.		Investmentvermögen (Abs. 1 Nr. 18) 627
XIII.		Einschätzung des Risikos der Inanspruchnahme aus Eventualverbindlichkeiten (Abs. 1 Nr. 19) 628
XIV.		Nutzungsdauer des Geschäfts- oder Firmenwerts (Abs. 1 Nr. 20) 628
XV.		Angaben zur Ermittlung latenter Steuern (Abs. 1 Nr. 21) 629
XVI.		Überblick zu den Erstanwendungszeitpunkten 629

Konzernlagebericht (§ 315 HGB)
I. Anwendungsbereich und Ziel der Änderungen 632
II. Umfang der Berichterstattung 634
III. Erstanwendungszeitpunkt und Übergangsvorschriften 634

Abschnitt S
Abschlussprüfung (§§ 317, 318, 320, 321 HGB, § 171 Abs. 1 Satz 2 und 3 AktG, § 51b Abs. 4 Satz 2 und Abs. 4a WPO)
Gegenstand und Umfang der Prüfung (§ 317 HGB)
I. Grundlagen 636
II. Prüfungsgegenstand und -umfang 636
    1. Zusätzliche Rechnungslegungsbestandteile und erweiterte Angabepflichten 636
    2. Angaben zur Unternehmensführung (Abs. 2 Satz 3) 638
    3. Internationale Prüfungsstandards (Abs. 5 und 6) 639
    4. Konzernabschlussprüfung (Abs. 3 Satz 2) 643
III. Erstanwendungszeitpunkte 645
Abschlussprüferwechsel (§§ 318, 320 HGB)
I. Berichterstattung bei Abschlussprüferwechsel 648
    1. Unterrichtung der Wirtschaftsprüferkammer (§ 318 Abs. 8) 648
    2. Informationsrecht des neuen Abschlussprüfers (§ 320 Abs. 4) 649
II. Erstanwendungszeitpunkt 650
Prüfungsbericht (§ 321 HGB)
I. Bestätigungsvermerk und Prüfungsbericht 652
    1. Zusätzliche Rechnungslegungsbestandteile und erweiterte Angabepflichten 652
    2. Angaben zur Unternehmensführung 653
    3. Internationale Prüfungsstandards 654
    4. Unabhängigkeitsbestätigung 655
II. Erstanwendungszeitpunkt 656
Prüfung durch den Aufsichtsrat (§ 171 AktG)
I. Mündliche Berichterstattung 657
II. Erstanwendungszeitpunkt 658
Handakten (§ 51b WPO)
I. Arbeitspapiere 660
II. Erstanwendungszeitpunkt 660

Abschnitt T
Unabhängigkeit des Abschlussprüfers (§§ 319a, 319b HGB)
Besondere Ausschlussgründe bei Unternehmen von öffentlichem Interesse (§ 319a HGB)
I. Grundlagen 662
II. Anwendung auf kapitalmarktorientierte Unternehmen im Sinne des § 264d 663
III. Pflicht zur internen Rotation bei der Jahresabschlussprüfung 664
    1. Entstehungsgeschichte, Zweck der Norm 664

		2. Pflicht zur Rotation bei Einzelwirtschaftsprüfern (Abs. 1 Satz 1 Nr. 4) 664

       2. Pflicht zur Rotation bei Einzelwirtschaftsprüfern (Abs. 1 Satz 1 Nr. 4) 664
         a. Betroffener Personenkreis 664
         b. Sieben oder mehr Fälle 667
         c. Inhalt des Rotationsgebots 668
       3. Pflicht zur Rotation bei Prüfungsgesellschaften (Abs. 1 Satz 4 und 5).. 668
         a. Betroffener Personenkreis 668
         b. Sieben oder mehr Fälle 671
         c. Inhalt des Rotationsgebots 672
       4. Zweijährige Auszeit (*Time-out*-Periode) 673
  IV. Pflicht zur internen Rotation bei der Konzernabschlussprüfung 674
       1. Überblick – Erweiterung der bisherigen Regelung 674
       2. Bedeutende Tochterunternehmen 675
       3. Betroffener Personenkreis 677
       4. Sieben oder mehr Fälle 679
       5. Inhalt des Rotationsgebots 681
  V. Rechtsfolgen eines Verstoßes 683
  VI. Erstanwendungszeitpunkt 683

Netzwerk (§ 319b HGB)
  I. Grundlagen 686
       1. Vorgaben aus der Abschlussprüferrichtlinie 686
       2. Umsetzung in deutsches Recht durch § 319b HGB – Überblick 686
       3. Nicht von § 319b HGB erfasste Sachverhalte 688
       4. Verhältnis des § 319b HGB zu anderen Zurechnungsvorschriften 689
  II. Begriff des „Netzwerks" 689
       1. Rechtliche Ausgestaltung des Netzwerks 690
       2. Mitglieder des Netzwerks 691
       3. Zusammenwirken „bei ihrer Berufsausübung" 692
       4. Verfolgung gemeinsamer wirtschaftlicher Interessen 693
       5. Gewisse Dauer 693
  III. Zurechnung von Ausschlussgründen, die von einem Mitglied des Netzwerks verwirklicht werden 694
       1. Allgemeines 694
       2. Ausschlussgründe, die eine Einflussmöglichkeit auf das Ergebnis der Abschlussprüfung voraussetzen (Abs. 1 Satz 1) 694
         a. § 319 Abs. 2 HGB – Allgemeine Besorgnis der Befangenheit 695
         b. § 319 Abs. 3 Satz 1 Nr. 1 HGB – Anteilsbesitz sowie wesentliche finanzielle Interessen 696
         c. § 319 Abs. 3 Satz 1 Nr. 2 HGB – Personelle Verflechtungen 697
         d. § 319 Abs. 3 Satz 1 Nr. 4 HGB – Beschäftigung einer Person, die nicht Abschlussprüfer sein darf 697
         e. § 319 Abs. 3 Satz 2 HGB – Zurechnungstatbestände auf Seiten des anderen Netzwerkmitglieds 698
         f. § 319 Abs. 4 HGB – Befangenheitstatbestände für Prüfungsgesellschaften 699
         g. Einflussnahme auf das Ergebnis der Abschlussprüfung 701
       3. Ausschlussgründe, die eine Einflussmöglichkeit auf das Ergebnis der Abschlussprüfung nicht voraussetzen (Abs. 1 Satz 2) 703
         a. § 319 Abs. 3 Satz 1 Nr. 3 HGB – Mitwirkungsverbot 704
         b. § 319a Abs. 1 Satz 1 Nr. 2 HGB – Rechts- und Steuerberatung 705

c. § 319a Abs. 1 Satz 1 Nr. 2 HGB – Rechnungslegungs-
informationssysteme 705
IV. Anwendung auf den Konzernabschlussprüfer 706
V. Erstanwendungszeitpunkt 706

Abschnitt U
Offenlegung und Sanktionen (§§ 325 , 325a, 327, 334 und 335 HGB)

Offenlegung (§ 325 HGB) 709
Zweigniederlassungen von Kapitalgesellschaften mit Sitz im Ausland (§ 325a HGB)
I. Grundlagen 711
II. Bezugnahme auf § 329 Abs. 4 HGB (§ 325a Abs. 1 Satz 1 HGB) 711
Größenabhängige Erleichterungen für mittelgroße Kapitalgesellschaften bei der Offenlegung (§ 327 HGB)
I. Grundlagen 714
II. Veränderungen der gesondert anzugebenden Bilanzposten
(§ 327 Satz 1 Nr. 1 HGB) 714
    1. Selbst geschaffene immaterielle Vermögensgegenstände des
Anlagevermögens 714
    2. Eigene Anteile 714
III. Redaktionelle Änderung (§ 327 Satz 1 Nr. 2 HGB) 715
IV. Erstmalige Anwendung 715
Bußgeldvorschriften (§ 334 HGB) 716
Festsetzung von Ordnungsgeld (§ 335 HGB)
I. Grundlagen 720
II. Änderungen durch das FGG-RG 720
III. Änderungen durch das BilMoG 721
    1. Möglichkeiten der Änderung und Erweiterung der Zuständigkeit 721
    2. Abhilfe der Beschwerde durch das BfJ 721
    3. Elektronische Aktenführung und Kommunikation in
Beschwerdeverfahren (§ 335 Abs. 5a HGB) 722

Abschnitt V
Rechnungslegung von Kreditinstituten und Versicherungen
(§§ 340a bis 341n HGB, §§ 7, 9, 13 bis 15, 20, 26, 29, 34, 35, 37 bis 39,
Formblätter 1 und 3 RechKredV, §§ 6, 47, 51, 55, 59, 64 RechVersV)

Rechnungslegung von Kreditinstituten
Anzuwendende Vorschriften (§ 340a HGB)
I. Überblick der Besonderheiten bei Anwendung der allgemeinen
Rechnungslegungsvorschriften von Kreditinstituten 724
II. Besonderheiten der Bilanzierung von Sicherungsbeziehungen nach
§ 340a Abs. 1 iVm. § 254 HGB bei Kreditinstituten 725
    1. Überblick 725
    2. Arten von Bewertungseinheiten 725
    3. Dokumentation der Bewertungseinheiten 728
    4. Feststellung der Wirksamkeit von Bewertungseinheiten 730
    5. Darstellung in der Bilanz und der Gewinn- und Verlustrechnung 732

		6. Anhangangaben ... 736
		7. Anwendungsfälle von Bewertungseinheiten bei Kreditinstituten ... 737
		8. Rückstellung für verlustfreie Bewertung (Zinsänderungsrisiken) im Bankbuch ... 739
	III.	Besonderheiten der Bilanzierung von latenten Steuern nach § 340a Abs. 1 iVm. § 274 HGB bei Kreditinstituten ... 743
		1. Latente Steuern auf Reserven nach § 340f HGB ... 744
		2. Latente Steuern auf Reserven nach §§ 340g und 340e HGB ... 745
		3. Fonds zur bauspartechnischen Absicherung ... 745
	IV.	Erstanwendungszeitpunkt und Übergangsvorschriften ... 746

Vorschriften zur Gewinn- und Verlustrechnung und zum Anhang (§ 340c HGB)

	I.	Bedeutung der Änderung ... 747
	II.	Erstanwendungszeitpunkt und Übergangsvorschriften ... 747

Bewertung von Vermögensgegenständen (§ 340e HGB)

	I.	Grundlagen ... 750
	II.	Die Änderungen des § 340e HGB im Einzelnen ... 750
		1. Überblick ... 750
		2. Zielsetzung des Gesetzgebers ... 751
		3. Begriffsbestimmungen, Abgrenzung Handelsbestand – Anlagebestand und Zulässigkeit von Umwidmungen ... 751
		4. Bewertung – Bestimmung des beizulegenden Zeitwerts ... 754
		5. Bestimmung des Risikoabschlags ... 758
		6. Anhangangaben ... 759
		7. Steuerrechtliche Behandlung ... 760
	III.	Erstanwendungszeitpunkt und Übergangsvorschriften ... 760

Vorsorge für allgemeine Bankrisiken (§ 340f HGB)

	I.	Bedeutung der Änderungen ... 762
	II.	Erstanwendungszeitpunkt und Übergangsvorschriften ... 762

Sonderposten für allgemeine Bankrisiken (§ 340g HGB)

	I.	Bedeutung der Änderung ... 764
	II.	Erstanwendungszeitpunkt und Übergangsvorschriften ... 767

Währungsumrechnung (§ 340h HGB)

	I.	Besonderheiten der Währungsumrechnung nach § 340h iVm. § 256a HGB bei Kreditinstituten ... 768
		1. Überblick ... 768
		2. Die Vorschriften zur Währungsumrechnung von Kreditinstituten im Einzelnen ... 768
	II.	Erstanwendungszeitpunkt und Übergangsvorschriften ... 773

Prüfung (§ 340k HGB)

	I.	Bedeutung der Änderungen ... 775
	II.	Erstanwendungszeitpunkt und Übergangsvorschriften ... 775

Offenlegung (§ 340l HGB)

	I.	Bedeutung der Änderungen ... 777
	II.	Erstanwendungszeitpunkt und Übergangsvorschriften ... 778

Bußgeldvorschriften (§ 340n HGB)

	I.	Bedeutung der Änderungen ... 780
	II.	Erstanwendungszeitpunkt und Übergangsvorschriften ... 780

Inhaltsverzeichnis

Wertpapiere (§ 7 RechKredV)
I. Bedeutung der Änderung 781
II. Erstanwendungszeitpunkt und Übergangsvorschriften 781

Fristengliederung (§ 9 RechKredV)
I. Bedeutung der Änderung 782
II. Erstanwendungszeitpunkt und Übergangsvorschriften 783

Schuldtitel öffentlicher Stellen und Wechsel, die zur Refinanzierung bei Zentralnotenbanken zugelassen sind (§ 13 RechKredV)
I. Bedeutung der Änderung 784
II. Erstanwendungszeitpunkt und Übergangsvorschriften 784

Forderungen an Kreditinstitute (§ 14 RechKredV)
I. Bedeutung der Änderung 785
II. Erstanwendungszeitpunkt und Übergangsvorschriften 785

Forderungen an Kunden (§ 15 RechKredV)
I. Bedeutung der Änderung 786
II. Erstanwendungszeitpunkt und Übergangsvorschriften 787

Sonstige Vermögensgegenstände (§ 20 RechKredV)
I. Bedeutung der Änderung 788
II. Erstanwendungszeitpunkt und Übergangsvorschriften 788

Eventualverbindlichkeiten (§ 26 RechKredV)
I. Bedeutung der Änderung 789
II. Erstanwendungszeitpunkt und Übergangsvorschriften 789

Zinsaufwendungen (§ 29 RechKredV)
I. Bedeutung der Änderung 790
II. Erstanwendungszeitpunkt und Übergangsvorschriften 791

Zusätzliche Erläuterungen (§ 34 RechKredV)
I. Bedeutung der Änderungen 793
II. Erstanwendungszeitpunkt und Übergangsvorschriften 793

Zusätzliche Pflichtangaben (§ 35 RechKredV)
I. Bedeutung der Änderungen 797
II. Erstanwendungszeitpunkt und Übergangsvorschriften 798

Konzernrechnungslegung, Ordnungswidrigkeiten, Übergangsvorschriften (§§ 37, 38, 39 RechKredV)
I. Bedeutung der Änderungen 801
II. Erstanwendungszeitpunkt und Übergangsvorschriften 801

RechKredV Formblätter 1 und 3
I. Grundlagen 809
II. Neuer Aktivposten 6a. Handelsbestand (Handelsaktiva) 810
III. Neuer Passivposten 3a. Handelsbestand (Handelspassiva) 811
IV. Nettoaufwand oder Nettoertrag des Handelsbestands 811
V. Erstanwendungszeitpunkt und Übergangsvorschriften 813

Rechnungslegung von Versicherungen

Anzuwendende Vorschriften (§ 341a HGB)
I. Grundlagen 815
II. Branchenspezifische Anwendung geänderter Ansatz- und Bewertungsvorschriften 815
   1. Saldierungsgebot für Deckungsvermögen (§ 246 Abs. 2 HGB) 815

    2. Aktivierungswahlrecht für selbst geschaffene immaterielle Vermögensgegenstände des Anlagevermögens (§ 248 Abs. 2 HGB) 815
    3. Abzinsung von Rückstellungen (§ 253 Abs. 2 Satz 1 HGB) 815
    4. Bewertungseinheiten (§ 254 HGB) 815
    5. Anhangangaben zu Spezialfonds (§ 285 Nr. 26 HGB) 816
III. Erstanwendungszeitpunkt und Übergangsvorschriften 816

Bewertung von Vermögensgegenständen (§ 341b HGB)
I. Bedeutung der Änderungen 817
II. Erstanwendungszeitpunkt und Übergangsvorschriften 818

Allgemeine Bilanzierungsgrundsätze (§ 341e HGB)
I. Bedeutung der Änderung 819
II. Erstanwendungszeitpunkt und Übergangsvorschriften 820

Anzuwendende Vorschriften (§ 341j HGB)
I. Bedeutung der Änderung 821
II. Erstanwendungszeitpunkt und Übergangsvorschriften 821

Prüfung (§ 341k HGB)
I. Bedeutung der Änderung 822
II. Erstanwendungszeitpunkt und Übergangsvorschriften 822

Offenlegung (§ 341l HGB)
I. Bedeutung der Änderung 823
II. Erstanwendungszeitpunkt und Übergangsvorschriften 824

Bußgeldvorschriften (§ 341n HGB)
I. Bedeutung der Änderungen 826
II. Erstanwendungszeitpunkt und Übergangsvorschriften 826

RechVersV (§§ 6, 47, 51, 55, 59, 64 RechVersV) 827

Abschnitt W
Übergangsvorschriften (Art. 66, 67 EGHGB)

I. Zeitliche und inhaltliche Erstanwendung der Vorschriften des BilMoG 832
    1. Anwendungszeitpunkte 832
    2. Anwendungsbereich 833
II. Erfolgswirksamkeit des Übergangs 835
III. Vereinfachungen im Geschäftsjahr des Übergangs 836
IV. Veränderungen der beibehaltenen oder fortgeführten Bilanzposten 836
V. Umwandlungsvorgänge 837
VI. Übersicht der Erstanwendungszeitpunkte 838

Abschnitt X
Publizitätsgesetz (§§ 5, 6, 7, 11, 13, 20 PublG)

Aufstellung von Jahresabschluss und Lagebericht (§ 5 PublG)
I. Anwendungsbereich und Ziel der Änderungen 846
II. Anwendung der für kapitalmarktorientierte Unternehmen geltenden Vorschriften (Abs. 2a) 846
III. Erstanwendungszeitpunkt und Übergangsvorschriften 848

Prüfung durch die Abschlussprüfer (§ 6 PublG)
I. Anwendungsbereich und Ziel der Änderungen 849
II. Erstanwendungszeitpunkt und Übergangsvorschriften 850

Prüfung durch den Aufsichtsrat (§ 7 PublG)
I. Anwendungsbereich und Ziel der Änderungen 851
II. Erstanwendungszeitpunkt und Übergangsvorschriften 851

Zur Rechnungslegung verpflichtete Mutterunternehmen (§ 11 PublG)
I. Anwendungsbereich und Ziel der Änderungen 853
II. Erstanwendungszeitpunkt und Übergangsvorschriften 854

Aufstellung von Konzernabschluss und Konzernlagebericht (§ 13 PublG)
I. Anwendungsbereich und Ziel der Änderungen 855
II. Erstanwendungszeitpunkt und Übergangsvorschriften 856

Bußgeldvorschriften (§ 20 PublG)
I. Anwendungsbereich und Ziel der Änderungen 859
II. Erstanwendungszeitpunkt und Übergangsvorschriften 859

Abschnitt Y
AktG, GmbHG, SEAG
(§§ 71, 100, 107, 124, 161, 171 AktG; § 33 GmbHG; §§ 27, 34 SEAG)

Erwerb eigener Anteile (§ 71 AktG, § 33 GmbHG)
I. Erwerb eigener Anteile 863
II. Erstanwendung 865

Persönliche Voraussetzungen für Aufsichtsratsmitglieder/Mitglieder des Verwaltungsrats (§ 100 AktG, § 27 SEAG)
I. Unabhängiges sachverständiges Mitglied im Aufsichtsrat und im Verwaltungsrat 867
    1. Anwendungsbereich der Vorschrift 867
    2. Unabhängigkeit des Mitglieds 869
    3. Sachverstand 871
    4. Verfahrensfragen 872
II. Übergangsvorschriften 874

Innere Ordnung des Aufsichtsrats/Verwaltungsrats (§§ 107, 124 AktG, § 34 SEAG)
I. Bildung und Aufgaben eines Prüfungsausschusses 877
    1. Grundlagen, Anwendungsbereich 877
    2. Bestellung eines Prüfungsausschusses 879
    3. Aufgaben des Prüfungsausschusses im Einzelnen 880
    4. Zusammensetzung des Prüfungsausschusses 883
II. Übergangsvorschriften 884

Erklärung zum *Corporate Governance* Kodex (§ 161 AktG)
I. Erklärung zum *Corporate Governance* Kodex 885
    1. Erläuterung von Abweichungen 885
    2. Anwendungsbereich der Vorschrift 886
    3. Art und Weise der Zugänglichmachung 886
II. Übergangsregelungen 887

Prüfung durch den Aufsichtsrat (§ 171 AktG)
I. Prüfung des Jahresabschlusses durch den Aufsichtsrat 889
    1. Überblick 889
    2. Teilnahme- und Berichtspflicht gegenüber dem Prüfungsausschuss 889
    3. Berichterstattung über festgestellte wesentliche Schwächen des internen Kontroll- und Risikomanagementsystems (Abs. 1 Satz 2) 889

	4.	Berichterstattung über befangenheitsrelevante Umstände (Abs. 1 Satz 3) 890
II.		Übergangsregelungen 892

Abschnitt Z
Wirtschaftsprüferordnung (§§ 40a, 43, 51b, 133a, 134 WPO)

Register für genossenschaftliche Prüfungsverbände und Prüfungsstellen der Sparkassen- und Giroverbände (§ 40a WPO) 893

Allgemeine Berufspflichten (§ 43 WPO)

I.	Grundlagen	896
	1. Vorgaben aus der Abschlussprüferrichtlinie	896
	2. Umsetzung in deutsches Recht durch § 43 Abs. 3 WPO – Überblick ...	897
	3. Auswirkungen für die Prüfungsgesellschaft	898
	4. Eingriff in die Berufsfreiheit	899
II.	Persönlicher und sachlicher Anwendungsbereich	899
	1. Unternehmen iSd. § 319a Abs. 1 Satz 1 HGB	899
	2. Tätigkeit als Abschlussprüfer oder als verantwortlicher Prüfungspartner	900
III.	Vom Tätigkeitsverbot betroffene Unternehmen	901
IV.	Zweijährige *Cooling-off*-Periode	902
V.	Inhalt des Verbots	903
	1. Ausübung einer Tätigkeit für das Unternehmen	903
	2. Art der Tätigkeit – Wichtige Führungstätigkeit	904
VI.	Erstanwendungszeitpunkt	906

Handakten (§ 51b WPO)

I.	Dokumentation der Unabhängigkeitsprüfung, § 51b Abs. 4 WPO	909
	1. Grundlagen	909
	2. Anwendungsbereich	910
	3. Dokumentationspflichten	910
	4. Rechtsfolgen bei Verstoß gegen die Dokumentationspflicht ...	912
II.	Übergabe von Unterlagen von Drittstaatenprüfern an die WPK, § 51b Abs. 4a WPO	912
	1. Grundlagen	912
	2. Anwendungsbereich	912
III.	Erweiterung der Verweisung, § 51b Abs. 5 WPO	914

Unbefugte Ausübung einer Führungsposition bei dem geprüften Unternehmen (§ 133a WPO)

I.	Grundlagen	915
II.	Tatbestand	915
III.	Tatfolgen	916
IV.	Zuständigkeit	916

Anwendung von Vorschriften dieses Gesetzes auf Abschlussprüfer, Abschlussprüferinnen und Abschlussprüfungsgesellschaften aus Drittstaaten (§ 134 WPO)

I.	Grundlagen	918
II.	Sachstand bezüglich der Feststellung der Gleichwertigkeit ...	919
III.	Inhalt der EU-Kommissionsentscheidung	920
IV.	Wirkung der EU-Kommissionsentscheidung	921
V.	Änderungen durch das BilMoG	922

Inhaltsverzeichnis

VI. Erstanwendungszeitpunkt 924

Abkürzungsverzeichnis

aA	anderer Auffassung
Abänderungsrichtlinie	Richtlinie 2006/46/EG des Europäischen Parlaments und des Rates vom 14. Juni 2006 zur Änderung der Richtlinien des Rates 78/660/EWG, 83/349/EWG, 86/635/EWG und 91/674/EWG
Abb.	Abbildung
abgedr.	abgedruckt
ABl.	Amtsblatt
ABlEG	Amtsblatt der Europäischen Gemeinschaften
Abs.	Absatz
Abschlussprüferrichtlinie (AP-R)	Richtlinie 2006/43/EG des Europäischen Parlaments und des Rates vom 17. Mai 2006 über Abschlussprüfungen von Jahresabschlüssen und konsolidierten Abschlüssen, zur Änderung der Richtlinien 78/660/EWG und 83/349/EWG des Rates zur Aufhebung der Richtlinie 84/253/EWG des Rates
Abschn.	Abschnitt
Abt.	Abteilung
abzgl.	abzüglich
ADS	Adler/Düring/Schmaltz
aF	alte Fassung
AfA	Absetzung für Abnutzung
AG	Aktiengesellschaft; Zeitschrift „Die Aktiengesellschaft"; Application Guidance
AICPA	American Institute of Certified Public Accountants, New York
AK	Arbeitskreis
AktG	Aktiengesetz
allg.	allgemein
allgM	allgemeine Meinung
Alt.	Alternative
amend.	amended
Anm.	Anmerkung
AnSVG	Anlegerschutzverbesserungsgesetz
AO	Abgabenordnung
AP	Abschlussprüfer
APAG	Abschlussprüferaufsichtsgesetz

XXXV

Abkürzungsverzeichnis

APAK	Abschlussprüferaufsichtskommission
Art.	Artikel
ARUG	Gesetz zur Umsetzung der Aktionärsrechterichtlinie
ASB	britisches Accounting Standards Board, Auditing Standards Board des AICPA
AT	Allgemeiner Teil
ATZG	Altersteilzeitgesetz
Aufl.	Auflage
Az.	Aktenzeichen
BaFin	Bundesanstalt für Finanzdienstleistungsaufsicht
BAKred	Bundesaufsichtsamt für das Kreditwesen
BAnz.	Bundesanzeiger
BARefG	Berufsaufsichtsreformgesetz
BauSparkG	Gesetz über Bausparkassen
BC	Bilanzbuchhalter und Controller
BB	Der Betriebs-Berater (Zeitschrift)
BBG	Beitragsbemessungsgrenze
Bd.	Band
Begr.	Begründung
Beil.	Beilage
BetrAVG	Gesetz zur Verbesserung der betrieblichen Altersversorgung
BFA	Bankenfachausschuss des Instituts der Wirtschaftsprüfer in Deutschland
BFH	Bundesfinanzhof
BfJ	Bundesamt für Justiz
BFuP	Betriebliche Forschung und Praxis (Zeitschrift)
BGB	Bürgerliches Gesetzbuch
BGH	Bundesgerichtshof
BGBl.	Bundesgesetzblatt
BilKoG	Gesetz zur Kontrolle von Unternehmensabschlüssen (Bilanzkontrollgesetz)
Bil-Komm.	Bilanzkommentar
BilMoG	Bilanzrechtsmodernisierungsgesetz
BilReG	Bilanzrechtsreformgesetz
BiRiLiG	Bilanzrichtliniengesetz
BMF	Bundesminister der Finanzen

BMJ	Bundesminister der Justiz
BMWi	Bundesminister für Wirtschaft
BMWT	Bundesminister für Wirtschaft und Technologie
BoHdR	Bonner Handbuch Rechnungslegung
BörsenG	Börsengesetz
BRD	Bundesrepublik Deutschland
BR-Drucks.	Bundesrats-Drucksache
BRZ	Zeitschrift für Bilanzierung und Rechnungswesen
BS	Berufssatzung
BS WP/vBP	Berufssatzung der Wirtschaftsprüferkammer für Wirtschaftsprüfer/vereidigte Buchprüfer
Bsp.	Beispiel
bspw.	beispielsweise
BStBl.	Bundessteuerblatt
BT	Bundestag; Besonderer Teil
BT-Drucks.	Bundestags-Drucksache
Buchst.	Buchstabe
BV	Bestätigungsvermerk
bzgl.	bezüglich
bzw.	beziehungsweise
CoE	Code of Ethics
COSO	Committee of Sponsoring Organizations of the Treadway Commission
CTA	Contractual Trust Agreement
DAV	Deutscher Anwaltverein
DAX	Deutscher Aktienindex
DB	Der Betrieb (Zeitschrift)
DCF	Discounted Cash Flow
DCGK	Deutscher Corporate Governance Kodex
DepotG	Gesetz über die Verwahrung und Anschaffung von Wertpapieren (Depotgesetz)
dh.	das heißt
DPR	Deutsche Prüfstelle für Rechnungslegung
DrittelbG	Drittelbeteiligungsgesetz
DRS	Deutsche(r) Rechnungslegungsstandard(s) des DRSC
DRSC	Deutsches Rechnungslegungs Standards Committee
Drucks.	Drucksache

Abkürzungsverzeichnis

DSR	Deutscher Standardisierungsrat
DStR	Deutsches Steuerrecht (Zeitschrift)
EAV	Ergebnisabführungsvertrag
ebd.	ebenda
EDV	Elektronische Datenverarbeitung
EG	Einführungsgesetz; Europäische Gemeinschaften
EGAktG	Einführungsgesetz zum Aktiengesetz
EGHGB	Einführungsgesetz zum Handelsgesetzbuch
4. EG - Richtlinie	Vierte Richtlinie des Rates der Europäischen Gemeinschaften zur Koordinierung des Gesellschaftsrechts vom 25.07.1978 (78/660/EWG)
EGV	Vertrag zur Gründung der Europäischen Gemeinschaft (EG-Vertrag)
EHUG	Gesetz über elektronische Handelsregister und Genossenschaftsregister sowie das Unternehmensregister
einschl.	einschließlich
Entw.	Entwurf
Entw. Flexi II	Gesetzesentwurf zur Verbesserung der Rahmenbedingungen für die Absicherung flexibler Arbeitszeitregelungen
ErgBd.	Ergänzungsband
Erl.	Erlass; Erläuterung(en)
ERS	siehe IDW ERS
EStG	Einkommensteuergesetz
EStR	Einkommensteuer-Richtlinien
etc.	et cetera
EU	Europäische Union
EuGH	Europäischer Gerichtshof
EUR/ €	Euro(s)
eV	eingetragener Verein
evtl.	eventuell
EWG	Europäische Wirtschaftsgemeinschaft
EWR	Europäischer Wirtschaftsraum
EZB	Europäische Zentralbank
f., ff.	folgend, folgende
FamFG	Gesetz über das Verfahren in Familiensachen und in den Angelegenheiten der freiwilligen Gerichtsbarkeit
Fair Value-Richtlinie	Richtlinie 2001/65/EG des Europäischen Parlaments und des Rates vom 27. September 2001 zur Änderung der

	Richtlinien 78/660/EWG, 83/349/EWG und 86/635/EWG des Rates im Hinblick auf die im Jahresabschluss bzw. im konsolidierten Abschluss von Gesellschaften bestimmter Rechtsformen und von Banken und anderen Finanzinstituten zulässigen Wertansätzen
FAS	Financial Accounting Standard
FASB	Financial Accounting Standards Board
F&E	Forschung und Entwicklung
FGG	Gesetz über die Angelegenheiten der freiwilligen Gerichtsbarkeit
FGG-RG	Gesetz zur Reform des Verfahrens in Familiensachen und in den Angelegenheiten der freiwilligen Gerichtsbarkeit
Fifo	First in – first out
FN-IDW	Fachnachrichten des Instituts der Wirtschaftsprüfer in Deutschland (Zeitschrift)
Fn.	Fußnote
FR	Finanz-Rundschau (Zeitschrift)
FRUG	Finanzmarktrichtlinie-Umsetzungsgesetz
FS	Festschrift
FW	Fremdwährung
GE	Geldeinheiten
gem.	gemäß
GenG	Genossenschaftsgesetz
GG	Grundgesetz für die Bundesrepublik Deutschland; Grundgeschäft
ggf.	gegebenenfalls
GJ	Geschäftsjahr
glA	gleicher Auffassung
GmbH	Gesellschaft mit beschränkter Haftung
GmbHG	Gesetz betreffend die Gesellschaften mit beschränkter Haftung
GmbHR	GmbH-Rundschau (Zeitschrift)
GoB	Grundsatz ordnungsmäßiger Buchführung
grds.	grundsätzlich
Großkomm.	Großkommentar
GuV	Gewinn- und Verlustrechnung
HB	Handelsbilanz
HdJ	Handbuch des Jahresabschlusses

Abkürzungsverzeichnis

HdKR	Handbuch der Konzernrechnungslegung
HdR	Handbuch der Rechnungslegung
HFA	Hauptfachausschuss des Instituts der Wirtschaftsprüfer in Deutschland
Hifo	highest in – first out
HGB	Handelsgesetzbuch
HGB-E	Entwurf zur Änderung des Handelsgesetzbuchs
hM	herrschende Meinung
Hrsg.	Herausgeber
hrsg.	herausgegeben
HV	Hauptversammlung
IAASB	International Auditing and Assurance Standards Board
IAPS	International Auditing Practice Statements
IAS	International Accounting Standard
IASB	International Accounting Standards Board
IASC	International Accounting Standards Committee
ICAEW	Institute of Chartered Accountants in England and Wales
ICFR	Internal Control over Financial Reporting
idF	in der Fassung
idR	in der Regel
IDW	Institut der Wirtschaftsprüfer in Deutschland eV
IDW EPS	Entwurf eines IDW Prüfungsstandards
IDW ERS	Entwurf eines IDW Rechnungslegungsstandards
IDW PH	IDW Prüfungshinweis
IDW PS	IDW Prüfungsstandard
IDW RH	IDW Rechnungslegungshinweis
IDW RS	IDW Rechnungslegungsstandard
IDW S	IDW Standard
IDW St HFA	Stellungnahme des HFA des IDW
ieS	im engeren Sinne
IFAC	International Federation of Accountants
IFRIC	International Financial Reporting Interpretations Committee
IFRS	International Financial Reporting Standard
IG	Implementation Guidance
iHd.	in Höhe des

iHv.	in Höhe von
IKS	Internes Kontrollsystem
insb.	insbesondere
InsO	Insolvenzordnung
InvG	Investmentgesetz
IRZ	Zeitschrift für internationale Rechnungslegung
ISA	International Standards on Auditing der IFAC
ISAE	International Standards on Assurance Engagements
iS	im Sinne
iSd.	im Sinne des/der
ISRE	International Standards on Review Engagements
ISQC	International Standards on Quality Control
iSv.	im Sinne von
IT	Informationstechnologie
iVm.	in Verbindung mit
iwS	im weiteren Sinn
iZm.	im Zusammenhang mit
JA	Jahresabschluss
JAP	Jahresabschlussprüfung
KA	Konzernabschluss
KAP	Konzernabschlussprüfung
Kap.	Kapitel
KapCoGes	Personengesellschaft(en) im Sinne von § 264 a HGB (Kapitalgesellschaft(en) & Co.)
KapG	Kapitalgesellschaft
KG	Kommanditgesellschaft
KGaA	Kommanditgesellschaft auf Aktien
Kifo	Konzern in – first out
Kilo	Konzern in – last out
KOM	Kommission
KonBefrV	Konzernabschlussbefreiungsverordnung
KonTraG	Gesetz zur Kontrolle und Transparenz im Unternehmensbereich
KoR	Kapitalmarktorientierte Rechnungslegung (Zeitschrift)
KStG	Körperschaftsteuergesetz
KWG	Gesetz über das Kreditwesen

Lifo	Last in – first out
lit.	litera
Loifo	Lowest in - first out
lt.	laut
maW	mit anderen Worten
MaRisk	Mindestanforderungen an das Risikomanagement
MD&A	Management Discussion and Analysis
Mio.	Million(en)
MitbestG	Gesetz über die Mitbestimmung der Arbeitnehmer (Mitbestimmungsgesetz)
MünchKommBilR	Münchener Kommentar zum Bilanzrecht
mwN	mit weiteren Nachweisen
nF	neue Fassung
No.	Number
Nr.	Nummer
NZG	Neue Zeitschrift für Gesellschaftsrecht
o. V.	ohne Verfasser
oa.	oder andere
oä.	oder ähnlich
og.	oben genannt
OHG	offene Handelsgesellschaft
OLG	Oberlandesgericht
OWiG	Gesetz über Ordnungswidrigkeiten
p.	page
pa.	per annum
PCAOB	Public Company Accounting Oversight Board
PfandbriefG	Pfandbriefgesetz
PiR	Praxis der internationalen Rechnungslegung (Zeitschrift)
PublG	Gesetz über die Rechnungslegung von bestimmten Unternehmen und Konzernen (Publizitätsgesetz)
PwC	PricewaterhouseCoopers
R	Richtlinie(nabschnitt)
RAP	Rechnungsabgrenzungsposten
Rdn./Rdnr./Rn.	Randnummer(n)
RechKredV	Verordnung über die Rechnungslegung der Kreditinstitute und Finanzdienstleistungsinstitute

RechVersV	Verordnung über die Rechnungslegung von Versicherungsunternehmen
RefE	Referentenentwurf
RegE	Regierungsentwurf
rev.	revised
RH	Rechnungslegungshinweis
RS	Rechnungslegungsstandard
RückAbzinsV	Rückstellungsabzinsungsverordnung
Rz.	Randziffer(n)
s.	siehe
S.	Seite(n)
SAS	Statement(s) on Auditing Standards ASB der AICPA
SCE	Societas Cooperativa Europaea
SCEAG	Gesetz zur Ausführung der Verordnung (EG) Nr. 1435/2003 des Rates vom 22. Juli 2003 über das Statut der Europäischen Genossenschaft (SCE)
SE	Societas Europaea
SEAG	Gesetz zur Ausführung der Verordnung (EG) Nr. 2157/2001 des Rates vom 8. Oktober 2001 über das Statut der Europäischen Gesellschaft (SE)
SEC	Securities and Exchange Commission
SFAS	Statement(s) of Financial Accounting Standards des FASB
SG	Schmalenbach - Gesellschaft für Betriebswirtschaft e.V.
SGB	Sozialgesetzbuch
SIC	Standing Interpretations Committee des IASC
SIV	special investment vehicle
sog.	sogenannt(e)
SolvV	Verordnung über die angemessene Eigenmittelausstattung von Instituten, Institutsgruppen und Finanzholding-Gruppen
SORIE	Statement of recognized income and expense
SPE	special purpose entity
SPV	special purpose vehicle
SSAP	Statement of Standard Accounting Practice (Rechnungslegungsgrundsatz) des ICAEW
St.	Stellungnahme
StuB	Steuern und Bilanzen (Zeitschrift)

Abkürzungsverzeichnis

T	Tausend
TransPuG	Transparenz- und Publizitätsgesetz
Tz.	Textziffer
u.	und
ua.	unter anderem; und andere
uä.	und ähnliche(s)
uE	unseres Erachtens
UMAG	Gesetz zur Unternehmensintegrität und Modernisierung des Anfechtungsrechts
UmwG	Umwandlungsgesetz
UmwStG	Umwandlungssteuergesetz
UrhG	Gesetz über Urheberrecht und verwandte Schutzrechte (Urheberrechtsgesetz)
US	United States
USA	United States of America
USD	US-Dollar
US-GAAP	United States Generally Accepted Accounting Principles
usw.	und so weiter
uU	unter Umständen
v.	von; vom
va.	vor allem
VAG	Gesetz über die Beaufsichtigung der Versicherungsunternehmen (Versicherungsaufsichtsgesetz)
vBP	vereidigte(r) Buchprüfer
VFA	Versicherungsfachausschuss
VG	Vermögensgegenstand
vgl.	vergleiche
vH	vom Hundert
VMEBF	Vereinigung zur Mitwirkung an der Entwicklung des Bilanzrechts für Familiengesellschaften
VO	Verordnung
Vorb.	Vorbemerkung
VorstAG	Gesetz zur Angemessenheit der Vorstandsvergütung
VorstOG	Vorstandsvergütungs-Offenlegungsgesetz
WFA	Wohnungswirtschaftlicher Fachausschuss des Instituts der Wirtschaftsprüfer in Deutschland
WP	Wirtschaftsprüfer(in)

WPG	Wirtschaftsprüfungsgesellschaft
WPg	Die Wirtschaftsprüfung (Zeitschrift)
WPH	Wirtschaftsprüfer-Handbuch
WpHG	Gesetz über den Wertpapierhandel (Wertpapierhandelsgesetz)
WPK	Wirtschaftsprüferkammer
WPO	Wirtschaftsprüferordnung
zB	zum Beispiel
Ziff.	Ziffer
ZKW	Zeitschrift für das gesamte Kreditwesen
zT	zum Teil

Abbildungsverzeichnis

Abb. 1	Ermittlung des Unterschiedsbetrages aus der Neubewertung von Altersversorgungsverpflichtungen und Deckungsvermögen
Abb. 1a	Auswirkungen des BilMoG auf die Folgebewertung von Vermögensgegenständen
Abb. 2	Verwendung von Geld- oder Briefkurs
Abb. 3	Kapitalflussrechnung
Abb. 4	Eigenkapitalspiegel für Kapitalgesellschaften
Abb. 5	Eigenkapitalspiegel für Personenhandelsgesellschaften
Abb. 6	Anpassung der Größenklassen
Abb. 7	Abweichungen zwischen Handels- und Steuerbilanz
Abb. 8	Aufbau eines Verbindlichkeitsspiegels
Abb. 9	Beispiel für eine Anhangangabe zum Stichtag 31. Dezember 2010
Abb. 10	Ermittlung der ausschüttungsgesperrten Beträge
Abb. 11	Deckung der zur Ausschüttung gesperrten Beträge durch frei verfügbare Eigenkapitalbestandteile
Abb. 12	Überleitung auf den ausgewiesenen Ertragsteueraufwand
Abb. 13	Erstanwendung für GJ, die nach dem 31. Dezember 2008 beginnen
Abb. 14	Erstanwendung für GJ, die nach dem 31. Dezember 2009 beginnen
Abb. 15	Befreiungen und Erleichterungen nach § 288 HGB
Abb. 16	Regelungsbereiche des internen Kontrollsystems
Abb. 17	*Enterprise Risk Management - Integrated Framework*
Abb. 18	Erhöhte Schwellenwerte
Abb. 19	Erkenntnis über geänderten Zeitwert
Abb. 20	Anpassungsbuchung
Abb. 21	Wechsel vom *timing*-Konzept zum *temporary*-Konzept
Abb. 22	Ursachen der Steuerabgrenzung im handelsrechtlichen Konzernabschluss
Abb. 23	Erstanwendung für GJ, die nach dem 31. Dezember 2008 beginnen
Abb. 24	Erstanwendung für GJ, die nach dem 31. Dezember 2009 beginnen
Abb. 25	Bewertungseinheiten und Sicherungsbeziehungen nach HGB und IFRS (im Vergleich)
Abb. 26	Kompensatorische Bewertung bei der Absicherung des allgemeinen Zinsänderungsrisikos
Abb. 27	Absicherung des allgemeinen Zinsänderungsrisikos eines Wertpapiers

Abbildungsverzeichnis

Abb. 28	Anforderungen an die Bewertungskonvention
Abb. 29	Bewertungshierarchie nach HGB
Abb. 30	Bewertungshierarchie nach IAS 39
Abb. 31	Währungsumrechnung nach altem Recht
Abb. 32	Währungsumrechnung nach BilMoG
Abb. 33	Vorschriften zur Währungsumrechnung und Bewertung von bilanziellen und außerbilanziellen Geschäften in Fremdwährung
Abb. 34	Anwendungszeitpunkte
Abb. 35	Besondere Übergangsvorschriften

A. Erleichterung von Buchführungspflichten
(§§ 241a, 242 Abs. 4 HGB)

§ 241a HGB
Befreiung von der Pflicht zur Buchführung und Erstellung eines Inventars

¹Einzelkaufleute, die an den Abschlussstichtagen von zwei aufeinander folgenden Geschäftsjahren nicht mehr als 500 000 Euro Umsatzerlöse und 50 000 Euro Jahresüberschuss aufweisen, brauchen die §§ 238 bis 241 nicht anzuwenden. ²Im Fall der Neugründung treten die Rechtsfolgen schon ein, wenn die Werte des Satzes 1 am ersten Abschlussstichtag nach der Neugründung nicht überschritten werden.

§ 242 HGB
Pflicht zur Aufstellung

(1) ¹Der Kaufmann hat zu Beginn seines Handelsgewerbes und für den Schluß eines jeden Geschäftsjahrs einen das Verhältnis seines Vermögens und seiner Schulden darstellenden Abschluß (Eröffnungsbilanz, Bilanz) aufzustellen. ²Auf die Eröffnungsbilanz sind die für den Jahresabschluß geltenden Vorschriften entsprechend anzuwenden, soweit sie sich auf die Bilanz beziehen.

(2) Er hat für den Schluß eines jeden Geschäftsjahrs eine Gegenüberstellung der Aufwendungen und Erträge des Geschäftsjahrs (Gewinn- und Verlustrechnung) aufzustellen.

(3) Die Bilanz und die Gewinn- und Verlustrechnung bilden den Jahresabschluß.

(4) ¹Die Absätze 1 bis 3 sind auf Einzelkaufleute im Sinn des § 241a nicht anzuwenden. ²Im Fall der Neugründung treten die Rechtsfolgen nach Satz 1 schon ein, wenn die Werte des § 241a Satz 1 am ersten Abschlussstichtag nach der Neugründung nicht überschritten werden.

Inhaltsverzeichnis   Tz.
I. Ziel und Anwendungsbereich der Vorschriften .... 1 – 6
II. Größenmerkmale .... 7 – 10
III. Zeitliche Voraussetzungen der Befreiung .... 11 – 16
IV. Erstanwendungszeitpunkt und Übergangsvorschriften 17

I. Ziel und Anwendungsbereich der Vorschriften

Mit §§ 241a, 242 Abs. 4 HGB wird die bisher bestehende Verknüpfung zwischen der Kaufmannseigenschaft und der handelsrechtlichen Buchführungs- und Bilanzierungspflicht[1] teilweise aufgegeben, indem **Kleinbetriebe von Einzelkaufleuten** eine Befreiung von den Pflichten nach §§ 238 bis 241 HGB in Anspruch nehmen können. Auf die im Gesetzgebungsverfahren erwogene Einbeziehung von Personenhandelsgesellschaften in die Befreiung nach § 241a HGB wurde dagegen wegen der daraus resultierenden gesellschaftsrechtlichen Unsicherheiten verzichtet[2].

1

---

1   Vgl. *Merkt*, in Baumbach/Hopt, HGB³³, § 238 HGB Anm. 7.; kritisch hierzu: *Schulze-Osterloh*, DStR 2008, S. 71; *Richter*, FR 2009, S. 804 ff..
2   Vgl. Begr. RegE, BT-Drucks. 16/10067, S. 47; *Institut der Wirtschaftsprüfer*, WPg 2008, S. 474; *Schulze-Osterloh*, DStR 2008, S. 72; *Arbeitskreis Bilanzrecht der Hochschullehrer Rechtswissenschaft*, BB 2008, S. 155.

A   Erleichterung von Buchführungspflichten   §§ 241a, 242 Abs. 4 HGB

2   Mit den festgelegten Größen für Umsatzerlöse und Jahresüberschuss ist eine Angleichung an die **Schwellenwerte** des § 141 Abs. 1 Nr. 1 und Nr. 4 AO beabsichtigt, der hinsichtlich der Buchführungspflicht für gewerbliche Unternehmer entsprechende Merkmale für Umsatz und Gewinn vorsieht[3]. Allerdings knüpft § 141 AO die Buchführungspflicht an das Überschreiten eines der Größenkriterien. Nach § 241a HGB sind dagegen beide Merkmale kumulativ zu betrachten; wenn beide Merkmale unterschritten werden, besteht das Wahlrecht der Befreiung von den Buchführungspflichten.

3   Die Gesetzesänderung hat das Ziel, Einzelkaufleute von Verwaltungstätigkeiten zu entlasten[4, 5]. Sie geht damit in dieselbe Richtung wie ein aktueller Vorschlag der EU-Kommission zur **Ergänzung der 4. EU-Richtlinie**. Hiernach sollen durch einen neuen Artikel 1a die Mitgliedstaaten sog. Kleinstunternehmen von den Pflichten der 4. EG-Richtlinie befreien dürfen, die am Bilanzstichtag während zwei aufeinander folgender Geschäftsjahre zwei der drei Schwellenwerte Bilanzsumme von 500 000 Euro, Umsatzerlöse von 1 000 000 Euro und durchschnittliche Arbeitnehmeranzahl von 10 nicht überschreiten[6].

4   § 241a HGB regelt die Befreiung von **Buchführungspflichten** einschl. der Aufstellung des Inventars (§§ 238 bis 241 HGB). Nach § 242 Abs. 4 HGB sind Einzelkaufleute iSv. § 241a HGB außerdem von der Pflicht zur **Aufstellung** einer **Bilanz** und einer **Gewinn- und Verlustrechnung** (§ 242 HGB) befreit. Zugleich wird § 141 Abs. 1 Satz 2 AO angepasst (Art. 13 Abs. 9), um eine Bezugnahme auf § 241a HGB zu verhindern. Damit erstreckt sich die Befreiung nicht auf die steuerliche Buchführungspflicht.

5   Der Wortlaut des BilMoG lässt offen, wie der in kaufmännischer Weise eingerichtete Geschäftsbetrieb (§ 1 Abs. 2 HGB) eines Einzelkaufmanns ohne Beachtung der handelsrechtlichen Vorschriften der §§ 238 ff. HGB auszusehen hat. Aus dem Gesetzgebungsverfahren ergibt sich jedoch, dass die Rechnungslegung auch für handelsrechtliche Zwecke auf eine **Einnahmen-Überschuss-Rechnung** nach Maßgabe des § 4 Abs. 3 Satz 1 EStG beschränkt werden darf[7]. Die hiergegen eingewandten methodischen Bedenken wegen des Fehlens eines umfassenden Regelwerks[8] dürften angesichts des Adressatenkreises der §§ 241a, 242 Abs. 4 HGB überschaubare praktische Auswirkungen haben.

6   § 241a HGB ermöglicht einem Einzelkaufmann trotz seiner Kaufmannseigenschaft mangels Bestehens einer handelsrechtlichen Buchführungspflicht auch den Wechsel der **steuerlichen Gewinnermittlung** von dem Betriebsvermögensvergleich nach § 4 Abs. 1 iVm. § 5 EStG zur Einnahmen-Überschuss-Rechnung nach § 4 Abs. 3 EStG (§ 4 Abs. 3 Satz 1 EStG iVm. § 140 AO)[9]. Dieser Wechsel der steuerlichen Gewinnermittlung ist grds. auch noch nach Ablauf des betreffenden Wirtschaftsjahres zulässig[10].

---

3   Vgl. Begr. RegE, BT-Drucks. 16/10067, S. 46; *Herzig*, DB 2008, S. 2.
4   Vgl. Begr. RegE, BT-Drucks. 16/10067, S. 34.
5   Hinweis: Durch das Jahressteuergesetz 2009 wurde § 146 AO geändert. Nach § 146 Abs. 2a AO ist es unter restriktiven Voraussetzungen gestattet, eine EDV-gestützte Buchführung auf Antrag in das Ausland zu verlagern. Die in Papierform vorliegenden Rechnungen müssen jedoch in Deutschland verbleiben.
6   Vgl. Vorschlag für eine Richtlinie des Europäischen Parlamentes und des Rates zur Änderung der Richtlinie 78/660/EWG des Rates über den Jahresabschluss von Gesellschaften bestimmter Rechtsformen im Hinblick auf Kleinstunternehmen vom 26. Februar 2009, KOM/2009/0083 endg.
7   Vgl. Begr. RegE, BT-Drucks. 16/10067, S. 46; Begr. Beschlussempfehlung und Bericht des Rechtsausschusses, BT-Drucks. 16/12407, S. 84.
8   Vgl. *Institut der Wirtschaftsprüfer*; FN-IDW 2008, S. 206; *Deutscher Anwaltverein*, NZG 2008, S. 612; *Herzig* in Winkeljohann/Reuther, S. 132.
9   Vgl. *Heinicke*, in Schmidt, EStG[28], § 4 Anm. 3 u. 6.
10   Vgl. BFH 19.03.2009, DStR 2009, S. 1252.

Insofern wird auch der Anwendungsbereich der Einnahmen-Überschuss-Rechnung zur Ermittlung des steuerlichen Gewinns ausgeweitet.

II. Größenmerkmale

§ 241a HGB ist als Befreiungsvorschrift formuliert. Daher muss die Ermittlung der Schwellenwerte von 500 000 Euro **Umsatzerlöse** und 50 000 Euro **Jahresüberschuss** grds. auf der Grundlage der §§ 239 ff. HGB erfolgen, wobei die Definition diese Begriffe allerdings unter den ergänzenden Vorschriften für Kapitalgesellschaften und Personenhandelsgesellschaften iSd. § 264a HGB in den § 277 Abs. 1 HGB (Umsatzerlöse) bzw. §§ 252 Abs. 1 Nr. 5, 266 Abs. 3 A. V., 275 Abs. 2 Nr. 20 oder Abs. 3 Nr. 19 HGB (Jahresüberschuss) erfolgt. Laut Regierungsbegründung zum RegE soll es ausreichen, „wenn nach überschlägiger Ermittlung unter Berücksichtigung der handelsrechtlichen Vorschriften zum Jahresabschluss ein Überschreiten der Schwellenwerte nicht zu erwarten ist"[11]. Abweichend von §§ 267 und 293 HGB hat der Gesetzgeber entsprechend der Regelungen des § 141 AO auf das Merkmal Bilanzsumme verzichtet. Dies erscheint sachgerecht, da eine Einnahmen-Überschuss-Rechnung nicht die Führung von Bestandskonten verlangt. 7

Allerdings wird auch das ersatzweise herangezogene Kriterium des **Jahresüberschusses** bei einer Ergebnisrechnung nach § 4 Abs. 3 EStG regelmäßig von dem Ergebnis eines nach den handelsrechtlichen Bewertungsvorschriften aufzustellenden Jahresabschlusses abweichen. Darüber hinaus unterliegt ein Jahresüberschuss im Zeitablauf wesentlich größeren Schwankungen als die Bilanzsumme. Daher wird dem Kaufmann im Rahmen der Ermittlung des Jahresergebnisses eine jährliche Überleitungsrechnung zur Prüfung der Inanspruchnahme der Befreiungsmöglichkeit nicht erspart bleiben, sofern die Größenkriterien nicht offensichtlich unterschritten werden[12]. 8

Bei Vorliegen eines **Jahresfehlbetrags** wäre es nach Sinn und Zweck der Vorschrift sachgerecht, den in § 241a HGB für den Jahresüberschuss vorgegebenen Schwellenwert von 50 000 Euro analog anzuwenden, da nicht die Ermittlung eines bestimmten Gewinns, sondern eine Abgrenzung in Bezug auf den Umfang des Geschäftsbetriebs beabsichtigt ist. Dem steht jedoch der eindeutige Wortlaut des Gesetzes entgegen. Daher ist davon auszugehen, dass bei Jahresfehlbeträgen allein die Höhe der Umsatzerlöse die Möglichkeit der Inanspruchnahme der Befreiungsvorschriften der §§ 241a, 242 Abs. 4 HGB begrenzt. 9

Der Regierungsentwurf des BilMoG sah vor, unabhängig von den Größenkriterien Kleinbetriebe von Einzelkaufleuten, die iSv. § 264d HGB **kapitalmarktorientiert** sind, aus Gründen des Schutzes der Kapitalmärkte von der Befreiung auszunehmen[13]. Diese Vorschrift wurde in die Beschlussempfehlung des Rechtsausschusses nicht mehr übernommen, da sie als bedeutungslos angesehen wurde[14]. 10

III. Zeitliche Voraussetzungen der Befreiung

Der Gesetzeswortlaut des § 241a HGB lässt darauf schließen, dass hinsichtlich des Eintritts der Rechtsfolgen auf die Methodik der §§ 267 und 293 HGB zur Bestimmung der Größenklassen zurückgegriffen wird. Dh. um die Befreiung zu erreichen, dürfen 11

---

11 Vgl. Begr. RegE, BT-Drucks. 16/10067, S. 46.
12 Vgl. *Kessler/Leinen/Strickmann*, BilMoG, S. 43.
13 Vgl. Begr. RegE, BT-Drucks. 16/10067, S. 47.
14 Vgl. Begr. Beschlussempfehlung und Bericht des Rechtsausschusses, BT-Drucks. 16/12407, S. 84.

die im Gesetz genannten Schwellenwerte in dem **Geschäftsjahr**, für das der betreffende Abschluss ggf. aufzustellen ist, sowie im **Vorjahr** nicht überschritten werden[15].

12   Dieser Auslegung des Gesetzes wird entgegen gehalten[16], dass die betroffenen Kaufleute das Überschreiten der Schwellenwerte (vgl. Tz. 7) erst nach Ablauf des Bilanzstichtags durch eine Überleitungsrechnung erkennen können. Insofern könnte zumindest zeitweise gegen Buchführungspflichten verstoßen werden. Außerdem kann bei Unterschreiten der Schwellenwerte die vom Gesetzgeber angestrebte Erleichterung für das betreffende Geschäftsjahr naturgemäß nicht mehr rückwirkend erreicht werden, wenn die Buchführung nach §§ 238 bis 241 HGB erfolgt ist. Die insoweit bestehende Rechtsunsicherheit sowie auch die Tatsache, dass die steuerliche Buchführungspflicht nach § 141 Abs. 2 AO nach einer entsprechenden Mitteilung durch das Finanzamt erst für das Folgejahr eintritt, könnten gegen die Zulässigkeit einer **rückwirkenden Anwendung** des § 241a HGB sprechen. Dem steht jedoch die insoweit eindeutige Formulierung des Gesetzestextes entgegen. Im Übrigen wurde laut Regierungsbegründung des RegE eine Annäherung der Schwellenwerte der § 241a HGB und § 141 AO, nicht aber die vollständige Kongruenz beider Regelungen angestrebt[17].

13   Im Geschäftsjahr der „**Neugründung**" (Aufnahme der Geschäftstätigkeit) kann die Befreiung von den Pflichten zur handelsrechtlichen Buchführung und zur Aufstellung einer Bilanz und einer Gewinn- und Verlustrechnung bereits für dieses Jahr in Anspruch genommen werden (§§ 241a Satz 2 und 242 Abs. 4 Satz 2 HGB). Die Befreiung erstreckt sich somit auf den gesamten Zeitraum vom Beginn bis zum Ende des ersten Geschäftsjahres und umfasst infolgedessen auch die Verpflichtung zur Aufstellung einer Eröffnungsbilanz nach § 242 Abs. 1 Satz 1 HGB, denn auf die Eröffnungsbilanz sind nach § 242 Abs. 1 Satz 2 HGB die für den Jahresabschluss geltenden Vorschriften entsprechend anzuwenden[18].

14   Mit der Aufnahme der Geschäftstätigkeit erfolgt der Beginn des Handelsgewerbes durch den Kaufmann (§ 242 Abs. 1 Satz 1 HGB) durch Übernahme (zB Kauf, Pacht, Erbschaft, Schenkung) eines gewerblichen Unternehmens oder Neubeginn (bzw. Ausweitung) einer entsprechenden Tätigkeit[19]. Die Einschätzung, zu welchem Zeitpunkt die Voraussetzungen für die **Aufnahme eines kaufmännischen Gewerbes** erfüllt sind, liegt in der Verantwortung des Geschäftsinhabers (sowie ggf. beim Registergericht; § 14 HGB)[20]. Da sich dieser Zeitpunkt nicht immer zweifelsfrei bestimmen lässt, besteht in gewissen Grenzen ein Beurteilungsspielraum des Inhabers[21]. Aufgrund der Eintragungsoption (§ 2 HGB) hat darüber hinaus auch jeder kleingewerbliche Einzelunternehmer die Möglichkeit, den Status eines Kaufmannes zu erlangen (Kannkaufmann). In diesem Fall ist die Eintragung konstitutiv[22] und bestimmt daher den Zeitpunkt der Neugründung.

15   Auch bei einem Übergang des (Rein-)Vermögens einer Personengesellschaft auf einen Gesellschafter als Einzelkaufmann im Wege der **Anwachsung** treten die Rechtsfolgen von § 241a HGB ein, wenn beim übernehmenden Einzelkaufmann die Schwellenwerte

---

15   Vgl. *Winkeljohann/Lavall*, in Beck Bil-Komm.⁶, § 267 Anm. 14 ff.; *ADS*⁶, § 267 HGB Tz. 16 ff.
16   Vgl. *Deutscher Anwaltverein*, NZG 2008, S. 612.
17   Vgl. Begr. RegE, BT-Drucks. 16/10067, S. 46.
18   Vgl. *Förschle/Kropp/Schellhorn*, in Budde/Förschle/Winkeljohann, Sonderbilanzen⁴, D 114 analog.
19   Vgl. *Förschle/Kropp*, in Budde/Förschle/Winkeljohann, Sonderbilanzen⁴, B 30.
20   Vgl. *Förschle/Kropp*, in Budde/Förschle/Winkeljohann, Sonderbilanzen⁴, B 5; *Kögel*, DB 1998, S. 1802 f.
21   Vgl. *Förschle/Kropp*, in Budde/Förschle/Winkeljohann, Sonderbilanzen⁴, B 41; *Kögel*, DB 1998, S. 1802 ff.
22   Vgl. *Förschle/Kropp*, in Budde/Förschle/Winkeljohann, Sonderbilanzen⁴, B 4.

des § 241a Satz 1 HGB (vgl. Tz. 7) am ersten Abschlussstichtag nach der Anwachsung nicht überschritten werden, da die Personenhandelsgesellschaft ohne Abwicklung erlischt[23].

Sofern der Kaufmann sein Handelsgewerbe nicht zu Beginn eines Kalenderjahres eröffnet, wird er aus praktischen Gründen regelmäßig mit einem **Rumpfgeschäftsjahr** beginnen, da die steuerliche Einnahmen-Überschuss-Rechnung nach § 4 Abs. 3 EStG ein abweichendes Wirtschaftsjahr nicht vorsieht (§ 25 Abs. 1 EStG). In diesem Fall erscheint es sachgerecht, bei der Berechnung der Schwellenwerte einen Zeitraum von zwölf Monaten unter anteiliger Berücksichtigung der Umsatzerlöse und des Jahresüberschusses aus einer etwaigen Geschäftstätigkeit vor dem Tag des Beginns seines Handelsgewerbes zugrunde zu legen[24]. In gleicher Weise ist ggf. anteilig die Tätigkeit eines übernommenen Handelsgewerbes vor der Übernahme bzw. die Tätigkeit der erlöschenden Personengesellschaft vor einer Anwachsung zu berücksichtigen. 16

IV. Erstanwendungszeitpunkt und Übergangsvorschriften

Die neuen § 241a, 242 Abs. 4 HGB können erstmals auf Jahresabschlüsse für **nach dem 31. Dezember 2007** beginnende Geschäftsjahre angewendet werden (Art. 66 Abs. 1 EGHGB). Das erste, der Ermittlung der Befreiungsvoraussetzungen nach § 241a Satz 1 HGB zugrunde zu legende Geschäftsjahr muss somit nach dem 31. Dezember 2006 begonnen haben. Durch Inanspruchnahme der Befreiung von den Pflichten nach §§ 238 bis 241 HGB können die Berechtigten somit auch den Übergang auf die durch das BilMoG geänderten Bilanzierungsvorschriften vermeiden. 17

---

23 Vgl. *Förschle/Kropp*, in Budde/Förschle/Winkeljohann, Sonderbilanzen[4], B 36; *Förschle/Deubert*, in Budde/Förschle/Winkeljohann, Sonderbilanzen[4], S. 16.
24 Vgl. *Winkeljohann/Lawall*, in Beck Bil-Kom.[6], § 267 HGB Tz. 8 und Tz. 23 analog.

B. Wirtschaftliches Eigentum
(§ 246 Abs. 1 HGB)

§ 246 HGB
Vollständigkeit. Verrechnungsverbot

(1) ¹Der Jahresabschluss hat sämtliche Vermögensgegenstände, Schulden, Rechnungsabgrenzungsposten **sowie** Aufwendungen und Erträge zu enthalten, soweit gesetzlich nichts anderes bestimmt ist. ²Vermögensgegenstände sind in der Bilanz des **Eigentümers** aufzunehmen; **ist ein Vermögensgegenstand nicht dem Eigentümer, sondern einem anderen wirtschaftlich zuzurechnen, hat dieser ihn in seiner Bilanz auszuweisen.** ³Schulden sind in die Bilanz des Schuldners aufzunehmen. ⁴Der Unterschiedsbetrag, um den die für die Übernahme eines Unternehmens bewirkte Gegenleistung den Wert der einzelnen Vermögensgegenstände des Unternehmens abzüglich der Schulden im Zeitpunkt der Übernahme übersteigt (entgeltlich erworbener Geschäfts- oder Firmenwert), gilt als zeitlich begrenzt nutzbarer Vermögensgegenstand.

(2) ¹Posten der Aktivseite dürfen nicht mit Posten der Passivseite, Aufwendungen nicht mit Erträgen, Grundstücksrechte nicht mit Grundstückslasten verrechnet werden. ²Vermögensgegenstände, die dem Zugriff aller übrigen Gläubiger entzogen sind und ausschließlich der Erfüllung von Schulden aus Altersversorgungsverpflichtungen oder vergleichbaren langfristig fälligen Verpflichtungen dienen, sind mit diesen Schulden zu verrechnen; entsprechend ist mit den zugehörigen Aufwendungen und Erträgen aus der Abzinsung und aus dem zu verrechnenden Vermögen zu verfahren. ³Übersteigt der beizulegende Zeitwert der Vermögensgegenstände den Betrag der Schulden, ist der übersteigende Betrag unter einem gesonderten Posten zu aktivieren.

(3) ¹Die auf den vorhergehenden Jahresabschluss angewandten Ansatzmethoden sind beizubehalten. ²§ 252 Abs. 2 ist entsprechend anzuwenden.

Inhaltsverzeichnis

		Tz.
I.	Grundlagen	1 – 7
II.	Zurechnung von Vermögensgegenständen nach wirtschaftlicher Betrachtungsweise (Abs. 1 Satz 2)	
	1. Grundlagen	8 – 11
	2. Rechtliche Zuordnung als Ausgangspunkt	12 – 14
	3. Wirtschaftliches Eigentum (Abs. 1 Satz 2 zweiter Halbsatz)	15 – 19
III.	Bilanzierung von Schulden nach der rechtlichen Zuordnung (Abs. 1 Satz 3)	20 – 23
IV.	Erstanwendungszeitpunkt und Übergangsvorschriften	24 – 26

I. Grundlagen

§ 246 Abs. 1 HGB bildet die rechtliche Grundlage des für den handelsrechtlichen Jahresabschluss geltenden **Vollständigkeitsgebots** sowie des **Verrechnungsverbots**. Zugleich bestimmt er – wenn auch nach dem bisherigen Wortlaut ausdrücklich nur für bestimmte Anwendungsfälle – die **Zurechnung von Vermögensgegenständen** nach der **wirtschaftlichen Betrachtungsweise**. Für die Zurechnung von **Schulden** gilt dagegen die **rechtliche Betrachtungsweise**.

1

B Wirtschaftliches Eigentum § 246 Abs. 1 HGB

2 Vom Anwendungsbereich der durch das BilMoG neu gefassten Vorschrift sind wie schon bisher **alle Kaufleute** erfasst.

3 Die wesentlichen Änderungen des § 246 HGB durch das BilMoG betreffen zum einen die Regelung im neu gefassten § 246 Abs. 1 Satz 2 HGB, wonach **Vermögensgegenstände** grds. in der Bilanz des rechtlichen Eigentümers aufzunehmen sind, bei Auseinanderfallen von rechtlichem und wirtschaftlichem Eigentum jedoch bei demjenigen auszuweisen sind, dem sie wirtschaftlich zuzurechnen sind. Damit wird der Grundsatz der handelsbilanziellen Zurechnung von Vermögensgegenständen nach **wirtschaftlicher Betrachtungsweise** allgemeingültig im Gesetz verankert. Wohl als überflüssig gestrichen worden ist die ausdrückliche Regelung zur Behandlung von Eigentumsvorbehalt und Sicherungsübereignung (§ 246 Abs. 1 Satz 2 und 3 HGB aF).

4 In § 246 Abs. 1 Satz 3 HGB wird ausdrücklich klargestellt, dass **Schulden** immer von dem Schuldner zu passivieren sind; dies entspricht einer **rechtlichen Betrachtungsweise**, schließt eine Passivierung bei dem wirtschaftlich Verpflichteten aber nicht aus.

5 Der **Geschäfts- oder Firmenwert** ist in § 246 Abs. 1 Satz 4 HGB für handelsbilanzielle Zwecke durch eine gesetzliche Fiktion zum Vermögensgegenstand erklärt worden (vgl. Abschn. E Tz. 1 ff.).

6 Als Ausnahme vom allgemeinen Verrechnungsverbot wird in § 246 Abs. 2 Satz 2 und 3 HGB die **Verrechnung** von Vermögensgegenständen und Schulden in der Handelsbilanz vorgeschrieben, soweit die Vermögensgegenstände als sog. „**Planvermögen**" allein zur Erfüllung der Schulden dienen (vgl. Abschn. C Tz. 10 ff.).

7 Schließlich ist in § 246 **Abs. 3 HGB** das Gebot der **Ansatzstetigkeit** ergänzt worden (vgl. Abschn. G Tz. 6 ff.).

II. Zurechnung von Vermögensgegenständen nach wirtschaftlicher Betrachtungsweise (Abs. 1 Satz 2)

1. Grundlagen

8 Die Neufassung des § 246 Abs. 1 Satz 2 HGB dient der Klarstellung, dass es für Zwecke der Bilanzierung von Vermögensgegenständen im Zweifel auf die **wirtschaftliche Zurechnung** ankommt. Mit der Neuregelung wird dieses allgemeine Prinzip im Handelsbilanzrecht erstmals ausdrücklich gesetzlich verankert[1]. Im Steuerrecht ordnet § 39 AO die Zurechnung von Wirtschaftsgütern grds. nach dem rechtlichen Eigentum (§ 39 Abs. 1 AO), unter den Tatbestandsvoraussetzungen des § 39 Abs. 2 Nr. 1 AO aber überlagernd nach dem wirtschaftlichen Eigentum an. Das Handelsbilanzrecht stellt mit der nun Gesetz gewordenen, auf der Beschlussempfehlung des Rechtsausschusses beruhenden Formulierung ebenfalls die Bedeutung des rechtlichen Eigentums als primäres Zuordnungskriterium heraus[2], verwendet bei der Definition des überlagernden wirtschaftlichen Eigentums aber bewusst nicht die Kriterien des § 39 Abs. 2 AO. Gleichwohl sollen sich die Bestimmungen inhaltlich entsprechen[3].

---

1 Vgl. Begr. RegE, BT-Drucks. 16/10067, S. 47.
2 Vgl. Begr. Beschlussempfehlung und Bericht des Rechtsausschusses, BT-Drucks. 16/12407, S. 84; *Ernst/Seidler*, BB 2009, S. 766.
3 So ausdrücklich Begr. Beschlussempfehlung und Bericht des Rechtsausschusses, BT-Drucks. 16/12407, S. 84.

Bereits nach **bisheriger Rechtslage** war aus den in § 246 Abs. 1 HGB aF geregelten Einzelfällen zB des Eigentumsvorbehalts oder des Sicherungseigentums das allgemeine Prinzip des wirtschaftlichen Eigentums abgeleitet worden, das für die handelsrechtliche Rechnungslegung maßgeblich ist. Hiernach ist derjenige als wirtschaftlicher Eigentümer anzusehen, dem dauerhaft, also für die wirtschaftliche Nutzungsdauer, Besitz, Gefahr, Nutzungen und Lasten zustehen und über das Verwertungsrecht verfügt und der die Chancen und Risiken von Wertveränderungen innehat[4]. Besondere Bedeutung kommt dabei der Frage zu, wer die aus dem Vermögensgegenstand erwachsenden Risiken und Chancen trägt; ob im deutschen Rechtskreis tatsächlich eine Grenzlinie für die Zurechnung durch die Feststellung gezogen wird, wer die Mehrheit dieser Risiken und Chancen trägt[5], ist fraglich und bedarf weiterer Klärung durch Auslegung der Norm. 9

Nach der Regierungsbegründung ist mit der Neufassung des § 246 Abs. 1 HGB **keine Änderung** des bisherigen Rechtszustands beabsichtigt[6]. Allerdings enthält sie eine Klarstellung zur Bedeutung der rechtlichen Zuordnung als Ausgangsbasis für die Beurteilung und zur Verallgemeinerungsfähigkeit des Grundsatzes der wirtschaftlichen Zurechnung über die bisher geregelten Anwendungsfälle hinaus. Während die Reichweite des Grundsatzes der wirtschaftlichen Zurechnung in Grenzfällen bisher bezweifelt werden konnte, fordert dieser nunmehr strikte Beachtung. Die ausdrückliche Regelung im Gesetz bildet auch die Grundlage für die endgültige Inkraftsetzung der Abgrenzungsgrundsätze, wie sie in IDW ERS 13 nF[7] enthalten sind. 10

An anerkannten Zurechnungskonzepten wie der handelsrechtlichen Orientierung an den Steuererlassen zur bilanziellen Zurechnung von **Leasinggegenständen**[8] ändert sich durch die Neufassung des Gesetzes nichts[9]. 11

2. Rechtliche Zuordnung als Ausgangspunkt

Nach § 246 Abs. 1 Satz 2 erster Halbsatz HGB sind **Vermögensgegenstände** grds. in der Bilanz des Eigentümers aufzunehmen. Hierdurch wird klargestellt, dass für die bilanzrechtliche Zuordnung im Grundsatz auf das zivilrechtliche Eigentum abzustellen ist. Wer zivilrechtlicher Eigentümer (bei Sachen) oder Inhaber (bei Rechten) ist, muss nach den einschlägigen zivilrechtlichen Vorschriften festgestellt werden. Nach dem Abstraktionsprinzip kommt es dafür nicht auf den schuldrechtlichen Vertrag (zB Verkauf einer Sache durch Kaufvertrag, § 433 BGB) an, sondern auf die dingliche Übertragung nach den Regelungen des Sachenrechts (zB durch Einigung und Übergabe, § 929 BGB). 12

Die bilanzielle Zuordnung von Vermögensgegenständen nach dem rechtlichen Eigentum gilt aber nach § 246 Abs. 1 Satz 2 zweiter Halbsatz HGB nur mit der Einschränkung, dass die betreffenden Vermögensgegenstände dem bilanzierenden rechtlichen Eigentümer zugleich **wirtschaftlich zuzurechnen** sind. Die Zuordnung nach dem wirtschaftlichen Eigentum verdrängt also im Zweifelsfall diejenige nach dem rechtlichen Eigentum. Dies gilt bspw. bei den bisher im Gesetz geregelten Fällen des Eigen- 13

---

4 Vgl. IDW ERS 13 nF Tz. 7; *ADS*[6], § 246 HGB Tz. 263 mwN; *Förschle/Kroner*, in Beck Bil-Komm.[6], § 246 Anm. 7.
5 So *Ernst/Seidler*, BB 2009, 766.
6 So ausdrücklich Begr. RegE, BT-Drucks. 16/10067, S. 47.
7 Vgl. IDW ERS 13 nF Tz. 6 ff.; vgl. auch die Sitzungsberichterstattung HFA v. 4./5.12.2007, FN 2008, S. 64.
8 Vgl. dazu *ADS*[6], § 246 HGB Tz. 385 ff.; *WPH*[13], Bd. I, E Tz. 25 ff.
9 Vgl. Begr. RegE, BT-Drucks. 16/10067, S. 47.

tumsvorbehalts und der Sicherungsübereignung (§ 246 Abs. 1 Satz 2 und 3 HGB aF) (vgl. dazu unten Tz. 18)

14 In besonderen Fällen, vor allem im Zusammenhang mit der Entscheidung, ob ein Vermögensgegenstand durch Veräußerung aus der Bilanz des Veräußerers abgegangen ist, kann es allerdings dazu kommen, dass zwar einerseits ein Abgang beim bisherigen rechtlichen Eigentümer trotz Rechtsübergangs nicht eingetreten ist, weil er wesentliche Elemente des wirtschaftlichen Eigentums zurückbehalten hat, dass aber der Erwerber aufgrund seines rechtlichen Eigentums den Gegenstand gleichwohl bereits ausweist[10]. In diesen Ausnahmefällen kann es hingenommen werden, dass die Vermögensordnung nicht trennscharf verläuft und es auch zu einem vorübergehenden **Doppelausweis** sowohl im Abschluss des Veräußerers als auch des Erwerbers kommen kann.

3. Wirtschaftliches Eigentum (Abs. 1 Satz 2 zweiter Halbsatz)

15 Bereits nach bisheriger Rechtslage war die Fallkonstellation bekannt, dass der betreffende Vermögensgegenstand **nur im rechtlichen Eigentum** des bilanzierenden Kaufmanns, nicht aber auch in seinem wirtschaftlichen Eigentum steht. Ein Anwendungsfall hierfür sind Treuhandverhältnisse. In diesem Fall gilt, dass der Vermögensgegenstand nicht vom rechtlichen Eigentümer (Treuhänder) in seine Bilanz aufgenommen werden darf, sondern dort nur „unter dem Strich" oder im Anhang anzugeben ist[11]. Auf diese Weise wird dem Erfordernis Rechnung getragen, dass der Kaufmann in seiner Bilanz nur solche Vermögensgegenstände ausweist, die den Gläubigern als Schuldendeckungspotential dienen können[12].

16 Sind die Vermögensgegenstände einer anderen Person als dem zivilrechtlichen Eigentümer wirtschaftlich zuzurechnen, so sind sie in deren Bilanz, also beim **„wirtschaftlichen Eigentümer"** zu erfassen. (§ 246 Abs. 1 Satz 2 zweiter Halbsatz HGB). Dies gilt auch dann, wenn der bilanzierende Kaufmann - wie dies etwa bei Treuhandverhältnissen der Fall ist - nur das wirtschaftliche Eigentum an dem betreffenden Vermögensgegenstand innehat.

17 Der noch im RegE enthaltene Wortlaut des § 246 Abs. 1 Satz 2 HGB, wonach die Vermögensgegenstände dem Eigentümer „auch" wirtschaftlich zuzurechnen sein müssen, war in diesem Punkt missverständlich und warf die Frage auf, ob eine Aktivierung des Vermögensgegenstands **kumulativ** das Vorliegen des **rechtlichen und des wirtschaftlichen Eigentums** voraussetzt[13]. Als Reaktion auf den vom Bundesrat im Gesetzgebungsverfahren unterbreiteten Vorschlag[14] und die Kritik des Schrifttums[15] ist der Gesetzeswortlaut entsprechend klargestellt worden.

18 Als Beispiele für die Fallkonstellation, dass der bilanzierende Kaufmann nur über das wirtschaftliche Eigentum am Vermögensgegenstand verfügt, sind **Treuhandverhält-**

---

10 Vgl. dazu IDW ERS 13 nF Tz. 6.
11 Vgl. *ADS*[6], § 246 HGB Tz. 288 ff.
12 Begr. RegE, BT-Drucks. 16/10067, S. 47.
13 Hierzu ausführlich *Küting/Tesche*, GmbHR 2008, S. 953 = *Küting/Pfitzer/Weber*, S. 157 ff.; *IDW*, Stellungnahme zum Regierungsentwurf des BilMoG, FN 2008, S. 466.
14 Vgl. Stellungnahme des Bundesrats zum Regierungsentwurf des BilMoG, BR-Drucks. 344/08, S. 3.
15 Vgl. *Herzig*, DB 2008, S. 1343; *IDW*, Stellungnahme zum Regierungsentwurf des BilMoG, FN 2008, S. 466; *Küting/Tesche*, GmbHR 2008, S. 959 f. = *Küting/Pfitzer/Weber*, S. 177 f.; *Oser/Roß/Wader/Drögemöller*, WPg 2008, S. 676;

nisse[16], der **Eigentumsvorbehalt**[17] oder die **Sicherungsübereignung**[18] zu nennen. In allen diesen Fällen bleibt es bei dem Ausweis in der Bilanz des wirtschaftlichen Eigentümers. Die Streichung der bisherigen ausdrücklichen Regelung in § 246 Abs. 1 Satz 2 HGB aF hat damit keine materiellen Auswirkungen. Offenbar hielt der Gesetzgeber diese Einzelfallregelungen für überflüssig, nachdem er den allgemeinen Grundsatz ausdrücklich im Gesetz verankert hat19.

Die Beurteilung, wem ein Vermögensgegenstand wirtschaftlich zuzurechnen ist, ist nach der Begr. RegE im jeweiligen Einzelfall anhand der Verteilung von Chancen und Risiken zu treffen, die mit dem betreffenden Vermögensgegenstand zusammenhängen. Danach ist ein Vermögensgegenstand demjenigen wirtschaftlich zuzurechnen, dem im Rahmen einer wertenden Betrachtung die **wesentlichen Chancen und Risiken** zukommen[20]. Ob hierbei immer das graduelle Überwiegen maßgeblich ist, erscheint fraglich. Auch kann nur im Einzelfall entschieden werden, wie Chancen im Verhältnis zu Risiken zu werten sind und welche Gewichtung einzelnen Risiken beizulegen ist. Hier bleibt die weitere Diskussion zur Auslegung der Vorschrift abzuwarten. 19

III. Bilanzierung von Schulden nach der rechtlichen Zuordnung (Abs. 1 Satz 3)

Für Schulden bleibt es dagegen bei der Zuordnung nach rechtlichen Gesichtspunkten. Diese sind nach § 246 Abs. 1 Satz 3 HGB grds.[21] immer bei dem rechtlichen Schuldner auszuweisen. Ein Unternehmen ist hiernach zum Ausweis einer Verbindlichkeit oder Rückstellung verpflichtet, solange es im Außenverhältnis **rechtlich verpflichtet** ist[22]. 20

Diese Handhabung entspricht der bisherigen Rechtslage. Es war bereits bislang anerkannt, dass ein Kaufmann auch solche Verbindlichkeiten auszuweisen hat, die er **im eigenen Namen**, wenn auch **für fremde Rechnung** begründet hat. Dies gilt auch für Verbindlichkeiten, die ein Treuhänder im Rahmen seines Treuhandauftrags eingegangen ist, und zwar unbeschadet der Tatsache, dass ihm ein Freistellungsanspruch gegen den Treugeber zusteht[23]. Das Prinzip der wirtschaftlichen Zurechnung ist insoweit im Lichte des Vorsichtsprinzips einzuschränken. Dies beruht auf dem Umstand, dass der Kaufmann hinsichtlich der in seinem Namen begründeten Verbindlichkeiten von den Gläubigern in Anspruch genommen werden kann und hinsichtlich seines Freistellungsanspruchs gegen den „wirtschaftlichen Schuldner", für dessen Rechnung er handelt, das Bonitätsrisiko trägt. Unbeschadet der Passivierung bei dem rechtlichen Schuldner hat der wirtschaftliche Schuldner die Verpflichtung in seiner Bilanz zu passivieren[24]. 21

Von der Passivierungspflicht für Schulden unberührt bleibt die ausnahmsweise Möglichkeit der **Saldierung** bei Bestehen einer zivilrechtlichen Aufrechnungslage[25]. Unbe- 22

---

16 Vgl. *ADS*⁶, § 246 HGB Tz. 279 ff. mwN.
17 So noch ausdrücklich § 246 Abs. 1 Satz 2 erste Alternative HGB aF; dazu *ADS*⁶, § 246 HGB Tz. 267f.
18 So noch ausdrücklich § 246 Abs. 1 Satz 2 dritte Alternative HGB aF; dazu *ADS*⁶, § 246 HGB Tz. 270.
19 Vgl. Begr. RegE, BT-Drucks. 16/10067, S. 35.
20 Begr. RegE, BT-Drucks. 16/10067, S. 47; *Ernst/Seidler*, BB 2009, S. 766; vgl. zur Abgrenzung in Einzelfällen IDW ERS HFA 13 nF Tz. 7.
21 Zum Sonderfall bei Gesamtschuldverhältnissen vgl. *ADS*⁶, § 246 HGB Tz. 419 ff.
22 Vgl. Begr. RegE, BT-Drucks. 16/10067, S. 47.
23 Vgl. *ADS*⁶, § 246 HGB Tz. 294; *G. Fey* in Baetge/Kirsch (Hrsg.), S. 100.
24 Vgl. *DAV-Handelsrechtsausschuss*, NZG 2008, S. 613.
25 Vgl. dazu *ADS*⁶, § 246 HGB Tz. 266 f.

rührt bleibt auch die Berücksichtigung etwaiger Ausgleichs- oder Rückgriffsansprüche im Rahmen der **Bewertung** von Rückstellungen[26].

23 Trägt indes jemand anderes als der rechtliche Schuldner das wirtschaftliche Risiko aus der Verpflichtung, wie es etwa bei Treuhandverhältnissen der Fall ist, muss er hierfür Risikovorsorge durch Bildung einer Verbindlichkeitsrückstellung treffen. Im Ergebnis entspricht dies einer Zuordnung nach wirtschaftlicher Betrachtung (dh. bei dem wirtschaftlich Verpflichteten), allerdings mit dem Unterschied, dass der rechtlich Verpflichtete nicht entlastet wird. Der rechtlich Verpflichtete hat aber ggf. seinen Rückgriffs- oder Erstattungsanspruch zu aktivieren[27].

IV. Erstanwendungszeitpunkt und Übergangsvorschriften

24 Nach Art. 66 Abs. 3 Satz 1 EGHGB sind die dargestellten Änderungen des § 246 HGB **erstmals** auf Jahres- und Konzernabschlüsse für das **nach dem 31. Dezember 2009** beginnende Geschäftsjahr anzuwenden. Dies gilt auch für Rumpfgeschäftsjahre, die sich bei der Verlegung des Geschäftsjahrs ergeben. Maßgebend ist hierbei jeweils der Beginn des betreffenden Geschäftsjahrs. Sofern das Geschäftsjahr dem Kalenderjahr entspricht, werden die dargestellten Änderungen daher erstmals im Jahresabschluss zum 31. Dezember 2010 zu berücksichtigen sein. Werden die neuen Vorschriften des BilMoG insgesamt **früher angewendet**, wie dies in Art. 66 Abs. 3 Satz 6 EGHGB zugelassen wird, betrifft dies auch die Regelung in § 246 Abs. 1 HGB.

25 Nach Art. 66 Abs. 5 EGHGB ist § 246 Abs. 1 und 2 HGB in seiner bisher geltenden Fassung **letztmals** auf Jahresabschlüsse für das **vor dem 1. Januar 2010** beginnende Geschäftsjahr anzuwenden. Diese Regelung stellt sicher, dass für Abschlüsse für das Geschäftsjahr 2009, die ja in der Regel erst nach Inkrafttreten des BilMoG und daher der neuen Vorschriften aufgestellt werden, die bisherigen Vorschriften noch als weiter geltendes Recht anwendbar sind. Bei vorzeitiger Anwendung betrifft dies das vorhergehende Geschäftsjahr.

26 Für die Regelungen zum **wirtschaftlichen Eigentum** sind Übergangsprobleme nicht zu erwarten, da die Neuregelung im Wesentlichen klarstellende Bedeutung hat. Allerdings sind Abgrenzungen nach den neuen Vorschriften im Zweifel unter größerer Betonung der wirtschaftlichen Auswirkungen, insb. der Verteilung von Chancen und Risiken, vorzunehmen (vgl. auch Tz. 19).

---

26 Vgl. Begr. RegE, BT-Drucks. 16/10067, S. 47; vgl. zum bisherigen Recht *ADS*[6], § 246 HGB Tz. 469 mwN, § 253 HGB Tz. 207; IDW RS HFA 4 Tz. 19.
27 Vgl. zur Bilanzierung von Verbindlichkeiten bei Treuhandverhältnissen *ADS*[6], § 246 HGB Tz. 294, 414 f.

C. Vermögensgegenstände des Deckungsvermögens für Altersversorgungsverpflichtungen
(§§ 246 Abs. 2, 253 Abs. 1 Satz 4, 255 Abs. 4, 266 Abs. 3 E. HGB)

§ 246 HGB
Vollständigkeit. Verrechnungsverbot

(1) ¹Der Jahresabschluss hat sämtliche Vermögensgegenstände, Schulden, Rechungsabgrenzungsposten **sowie** Aufwendungen und Erträge zu enthalten, soweit gesetzlich nichts anderes bestimmt ist. ²Vermögensgegenstände sind in der Bilanz des **Eigentümers** aufzunehmen; **ist ein Vermögensgegenstand nicht dem Eigentümer, sondern einem anderen wirtschaftlich zuzurechnen, hat dieser ihn in seiner Bilanz auszuweisen.** ³**Schulden sind in die Bilanz des Schuldners aufzunehmen.** ⁴Der Unterschiedsbetrag, um den die für die Übernahme eines Unternehmens bewirkte Gegenleistung den Wert der einzelnen Vermögensgegenstände des Unternehmens abzüglich der Schulden im Zeitpunkt der Übernahme übersteigt (entgeltlich erworbener Geschäfts- oder Firmenwert), gilt als zeitlich begrenzt nutzbarer Vermögensgegenstand.

(2) ¹Posten der Aktivseite dürfen nicht mit Posten der Passivseite, Aufwendungen nicht mit Erträgen, Grundstücksrechte nicht mit Grundstückslasten verrechnet werden. ²Vermögensgegenstände, die dem Zugriff aller übrigen Gläubiger entzogen sind und ausschließlich der Erfüllung von Schulden aus Altersversorgungsverpflichtungen oder vergleichbaren langfristig fälligen Verpflichtungen dienen, sind mit diesen Schulden zu verrechnen; entsprechend ist mit den zugehörigen Aufwendungen und Erträgen aus der Abzinsung und aus dem zu verrechnenden Vermögen zu verfahren. ³Übersteigt der beizulegende Zeitwert der Vermögensgegenstände den Betrag der Schulden, ist der übersteigende Betrag unter einem gesonderten Posten zu aktivieren.

(3) ¹**Die auf den vorhergehenden Jahresabschluss angewandten Ansatzmethoden sind beizubehalten.** ²§ 252 Abs. 2 ist entsprechend anzuwenden.

§ 253 HGB
Zugangs- und Folgebewertung

(1) ¹Vermögensgegenstände sind höchstens mit den Anschaffungs- oder Herstellungskosten, vermindert um die Abschreibungen nach den Absätzen 3 bis 5, anzusetzen. ²Verbindlichkeiten sind zu ihrem Erfüllungsbetrag und Rückstellungen in Höhe des nach vernünftiger kaufmännischer Beurteilung notwendigen Erfüllungsbetrages anzusetzen. ³Soweit sich die Höhe von Altersversorgungsverpflichtungen ausschließlich nach dem beizulegenden Zeitwert von Wertpapieren im Sinn des § 266 Abs. 2 A.III.5 bestimmt, sind Rückstellungen hierfür zum beizulegenden Zeitwert dieser Wertpapiere anzusetzen, soweit er einen garantierten Mindestbetrag übersteigt. ⁴Nach § 246 Abs. 2 Satz 2 zu verrechnende Vermögensgegenstände sind mit ihrem beizulegenden Zeitwert zu bewerten.

(2) ¹Rückstellungen mit einer Restlaufzeit von mehr als einem Jahr sind mit dem ihrer Restlaufzeit entsprechenden durchschnittlichen Marktzinssatz der vergan-

genen sieben Geschäftsjahre abzuzinsen. ²Abweichend von Satz 1 dürfen Rückstellungen für Altersversorgungsverpflichtungen oder vergleichbare langfristig fällige Verpflichtungen pauschal mit dem durchschnittlichen Marktzinssatz abgezinst werden, der sich bei einer angenommenen Restlaufzeit von 15 Jahren ergibt. ³Die Sätze 1 und 2 gelten entsprechend für auf Rentenverpflichtungen beruhende Verbindlichkeiten, für die eine Gegenleistung nicht mehr zu erwarten ist. ⁴Der nach den Sätzen 1 und 2 anzuwendende Abzinsungszinssatz wird von der Deutschen Bundesbank nach Maßgabe einer Rechtsverordnung ermittelt und monatlich bekannt gegeben. ⁵In der Rechtsverordnung nach Satz 4, die nicht der Zustimmung des Bundesrates bedarf, bestimmt das Bundesministerium der Justiz im Benehmen mit der Deutschen Bundesbank das Nähere zur Ermittlung der Abzinsungszinssätze, insbesondere die Ermittlungsmethodik und deren Grundlagen, sowie die Form der Bekanntgabe.

(3) ¹Bei Vermögensgegenständen des Anlagevermögens, deren Nutzung zeitlich begrenzt ist, sind die Anschaffungs- oder Herstellungskosten um planmäßige Abschreibungen zu vermindern. ²Der Plan muss die Anschaffungs- oder Herstellungskosten auf die Geschäftsjahre verteilen, in denen der Vermögensgegenstand voraussichtlich genutzt werden kann. ³Ohne Rücksicht darauf, ob ihre Nutzung zeitlich begrenzt ist, **sind bei Vermögensgegenständen des Anlagevermögens bei voraussichtlich dauernder Wertminderung außerplanmäßige Abschreibungen vorzunehmen, um diese mit dem niedrigeren Wert anzusetzen, der ihnen am Abschlussstichtag beizulegen ist.** ⁴Bei Finanzanlagen können außerplanmäßige Abschreibungen auch bei voraussichtlich nicht dauernder Wertminderung vorgenommen werden.

(4) ¹Bei Vermögensgegenständen des Umlaufvermögens sind Abschreibungen vorzunehmen, um diese mit einem niedrigeren Wert anzusetzen, der sich aus einem Börsen- oder Marktpreis am Abschlussstichtag ergibt. ²Ist ein Börsen- oder Marktpreis nicht festzustellen und übersteigen die Anschaffungs- oder Herstellungskosten den Wert, der den Vermögensgegenständen am Abschlussstichtag beizulegen ist, so ist auf diesen Wert abzuschreiben.

(5) ¹Ein niedrigerer Wertansatz nach **Absatz 3 Satz 3 oder 4 und Absatz 4** darf **nicht** beibehalten werden, wenn die Gründe dafür nicht mehr bestehen. ²**Ein niedrigerer Wertansatz eines entgeltlich erworbenen Geschäfts- oder Firmenwertes ist beizubehalten.**

§ 255 HGB
Bewertungsmaßstäbe

(1)¹Anschaffungskosten sind die Aufwendungen, die geleistet werden, um einen Vermögensgegenstand zu erwerben und ihn in einen betriebsbereiten Zustand zu versetzen, soweit sie dem Vermögensgegenstand einzeln zugeordnet werden können. ²Zu den Anschaffungskosten gehören auch die Nebenkosten sowie die nachträglichen Anschaffungskosten. ³Anschaffungspreisminderungen sind abzusetzen.

(2) ¹Herstellungskosten sind die Aufwendungen, die durch den Verbrauch von Gütern und die Inanspruchnahme von Diensten für die Herstellung eines Vermögensgegenstands, seine Erweiterung oder für eine über seinen ursprünglichen Zustand hinausgehende wesentliche Verbesserung entstehen. ²Dazu gehören die Materialkosten, die Fertigungskosten und die Sonderkosten der Fertigung **sowie angemessene Teile der Materialgemeinkosten, der Fertigungsgemeinkosten und des Werteverzehrs des**

Anlagevermögens, soweit dieser durch die Fertigung veranlasst ist. ³Bei der Berechnung der Herstellungskosten dürfen angemessene Teile der Kosten der allgemeinen Verwaltung sowie angemessene Aufwendungen für soziale Einrichtungen des Betriebs, für freiwillige soziale Leistungen und für die betriebliche Altersversorgung einbezogen werden, soweit diese auf den Zeitraum der Herstellung entfallen. ⁴Forschungs- und Vertriebskosten dürfen nicht einbezogen werden.

(2a) ¹Herstellungskosten eines selbst geschaffenen immateriellen Vermögensgegenstands des Anlagevermögens sind die bei dessen Entwicklung anfallenden Aufwendungen nach Absatz 2. ²Entwicklung ist die Anwendung von Forschungsergebnissen oder von anderem Wissen für die Neuentwicklung von Gütern oder Verfahren oder die Weiterentwicklung von Gütern oder Verfahren mittels wesentlicher Änderungen. ³Forschung ist die eigenständige und planmäßige Suche nach neuen wissenschaftlichen oder technischen Erkenntnissen oder Erfahrungen allgemeiner Art, über deren technische Verwertbarkeit und wirtschaftliche Erfolgsaussichten grundsätzlich keine Aussagen gemacht werden können. ⁴Können Forschung und Entwicklung nicht verlässlich voneinander unterscheiden werden, ist eine Aktivierung ausgeschlossen.

(3) ¹Zinsen für Fremdkapital gehören nicht zu den Herstellungskosten. ²Zinsen für Fremdkapital, das zur Finanzierung der Herstellung eines Vermögensgegenstands verwendet wird, dürfen angesetzt werden, soweit sie auf den Zeitraum der Herstellung entfallen; in diesem Falle gelten sie als Herstellungskosten des Vermögensgegenstands.

(4) ¹Der beizulegende Zeitwert entspricht dem Marktpreis. ²Soweit kein aktiver Markt besteht, anhand dessen sich der Marktpreis ermitteln lässt, ist der beizulegende Zeitwert mit Hilfe allgemein anerkannter Bewertungsmethoden zu bestimmen. ³Lässt sich der beizulegende Zeitwert weder nach Satz 1 noch nach Satz 2 ermitteln, sind die Anschaffungs- oder Herstellungskosten gemäß § 253 Abs. 4 fortzuführen. ⁴Der zuletzt nach Satz 1 oder 2 ermittelte beizulegende Zeitwert gilt als Anschaffungs- oder Herstellungskosten im Sinn des Satzes 3.

§ 266 HGB
Gliederung der Bilanz

(1) ¹Die Bilanz ist in Kontoform aufzustellen. ²Dabei haben große und mittelgroße Kapitalgesellschaften (§267 Abs. 3, 2) auf der Aktivseite die in Absatz 2 und auf der Passivseite die in Absatz 3 bezeichneten Posten gesondert und in der vorgeschriebenen Reihenfolge auszuweisen. ³Kleine Kapitalgesellschaften (§267 Abs. 1) brauchen nur eine verkürzte Bilanz aufzustellen, in die nur die in den Absätzen 2 und 3 mit Buchstaben und römischen Zahlen bezeichneten Posten gesondert und in der vorgeschriebenen Reihenfolge aufgenommen werden.

(2) Aktivseite

A. Anlagevermögen:
   I. Immaterielle Vermögensgegenstände:
      1. **Selbst geschaffene gewerbliche Schutzrechte und ähnliche Rechte und Werte;**
      2. **entgeltlich erworbene** Konzessionen, gewerbliche Schutzrechte und ähnliche Rechte und Werte sowie Lizenzen an solchen Rechten und Werten;

3. Geschäfts- oder Firmenwert;
4. geleistete Anzahlungen;
II. Sachanlagen:
1. Grundstücke, grundstücksgleiche Rechte und Bauten einschließlich der Bauten auf fremden Grundstücken;
2. technische Anlagen und Maschinen;
3. andere Anlagen, Betriebs- und Geschäftsausstattung;
4. geleistete Anzahlungen und Anlagen im Bau;
III. Finanzanlagen:
1. Anteile an verbundenen Unternehmen;
2. Ausleihungen an verbundene Unternehmen;
3. Beteiligungen;
4. Ausleihungen an Unternehmen, mit denen ein Beteiligungsverhältnis besteht;
5. Wertpapiere des Anlagevermögens;
6. sonstige Ausleihungen.
B. Umlaufvermögen:
I. Vorräte:
1. Roh-, Hilfs- und Betriebsstoffe;
2. unfertige Erzeugnisse, unfertige Leistungen;
3. fertige Erzeugnisse und Waren;
4. geleistete Anzahlungen;
II. Forderungen und sonstige Vermögensgegenstände:
1. Forderungen aus Lieferungen und Leistungen;
2. Forderungen gegen verbundene Unternehmen;
3. Forderungen gegen Unternehmen, mit denen ein Beteiligungsverhältnis besteht;
4. sonstige Vermögensgegenstände;
III. Wertpapiere:
1. Anteile an verbundenen Unternehmen;
2. sonstige Wertpapiere;
IV. Kassenbestand, Bundesbankguthaben, Guthaben bei Kreditinstituten und Schecks.
C. Rechnungsabgrenzungsposten.
D. Aktive latente Steuern.
E. Aktiver Unterschiedsbetrag aus der Vermögensverrechnung.
(3) Passivseite
A. Eigenkapital:
I. Gezeichnetes Kapital;
II. Kapitalrücklage;

III. Gewinnrücklagen:
1. gesetzliche Rücklage;
2. Rücklage für **Anteile an einem herrschenden oder mehrheitlich beteiligten Unternehmen;**
3. satzungsmäßige Rücklagen;
4. andere Gewinnrücklagen;
IV. Gewinnvortrag/Verlustvortrag;
V. Jahresüberschuß/Jahresfehlbetrag.

B. Rückstellungen:
1. Rückstellungen für Pensionen und ähnliche Verpflichtungen;
2. Steuerrückstellungen;
3. sonstige Rückstellungen.

C. Verbindlichkeiten:
1. Anleihen,
davon konvertibel;
2. Verbindlichkeiten gegenüber Kreditinstituten;
3. erhaltene Anzahlungen auf Bestellungen;
4. Verbindlichkeiten aus Lieferungen und Leistungen;
5. Verbindlichkeiten aus der Annahme gezogener Wechsel und der Ausstellung eigener Wechsel;
6. Verbindlichkeiten gegenüber verbundenen Unternehmen;
7. Verbindlichkeiten gegenüber Unternehmen, mit denen ein Beteiligungsverhältnis besteht;
8. sonstige Verbindlichkeiten,
davon aus Steuern,
davon im Rahmen der sozialen Sicherheit.

D. Rechnungsabgrenzungsposten.

E. Passive latente Steuern.

Inhaltsverzeichnis

	Tz.
I. Grundlagen	1 – 9
II. Voraussetzung für das Verrechnungsgebot (§ 246 Abs. 2 Satz 2)	
1. Schulden aus Altersversorgungsverpflichtungen	10 – 17
2. Handelsrechtliche Anforderungen an das Deckungsvermögen	
a. Allgemeines	18 – 20
b. Vermögensgegenstände nach § 246 Abs. 1 HGB	21 – 22
c. Sicherung des Deckungsvermögens vor dem Zugriff aller übrigen Gläubiger	
aa. Trennung des Deckungsvermögens von den übrigen Vermögensgegenständen des Unternehmens	23 – 33
bb. Insolvenzfestigkeit des Deckungsvermögens	34 – 43
d. Ausschließliches Dienen zur Erfüllung von Schulden aus Altersversorgungsverpflichtungen und ähnlichen Verpflichtungen	44 – 46

C Vermögensgegenstände des Deckungsvermögens §§ 246, 253, 255, 266 HGB

III. Bilanzielle Folgen des § 246 Abs. 2 Satz 2 HGB
    1. Saldierung von Vermögensgegenständen und Schulden................... 47 – 51
    2. Bewertung des Deckungsvermögens und der dazugehörigen Verpflichtungen nach dem Grundsatz der Einzelbewertung
       a. Bewertung der Altersversorgungsverpflichtungen
         (§ 253 Abs. 1 Satz 2).. 52 – 53
       b. Bewertung des Deckungsvermögens (§ 253 Abs. 1 Satz 4)........... 54 – 64
       c. Wertpapiergebundene Versorgungszusagen
         (§ 253 Abs. 1 Satz 3).. 65 – 68
    3. Bewertungseinheiten und Sachleistungsverpflichtungen................... 69 – 72
    4. Ausweis des Unterschiedsbetrages aus der Vermögensverrechnung.. 73 – 77
    5. Saldierung von Aufwendungen und Erträgen..................................... 78 – 87
    6. Ausschüttungs- und Abführungssperre... 88 – 93
IV. Latente Steuern.. 94 – 96
V. Anhangangaben.. 97 – 99
VI. Erstanwendung und Übergangsvorschriften.. 100 – 101

I. Grundlagen

1 § 246 Abs. 2 Satz 2 HGB regelt für Unternehmen **aller Rechtsformen und Branchen** abweichend zu der bisherigen Rechtslage eine Ausnahme von dem grundsätzlichen Verbot der Saldierung von Aktiv- mit Passivposten sowie von Aufwendungen mit Erträgen (§ 246 Abs. 2 Satz 1 HGB). Das **Saldierungsgebot** umfasst neben Vermögensgegenständen und Schulden auch die Verrechnung der Aufwendungen und Erträge aus der Ab- bzw. Aufzinsung der Schulden (§ 277 Abs. 5 Satz 1 HGB) mit den Aufwendungen und Erträgen aus dem zu verrechnenden Vermögens innerhalb des Finanzergebnisses (zum Umfang der zu verrechnenden Aufwendungen und Erträge im Zusammenhang mit dem Deckungsvermögen vgl. Tz. 78 ff.).

2 Diese Ausnahmevorschrift betrifft nach § 246 Abs. 2 Satz 2 erster Halbsatz HGB den Ansatz und den Ausweis von Vermögensgegenständen, die dem Zugriff aller Gläubiger entzogen sind und ausschließlich der Erfüllung von Schulden aus Altersversorgungsverpflichtungen oder vergleichbaren langfristig fälligen Verpflichtungen gegenüber Mitarbeitern dienen (sog. **Deckungs-** bzw. **zweckgebundenes Vermögen**). Bei Vorliegen der genannten Voraussetzungen sind die zweckgebundenen Vermögensgegenstände verpflichtend mit den entsprechenden Schulden (Verbindlichkeiten oder Rückstellungen) zu verrechnen. Durch diese Verminderung des Passivpostens verkürzt sich die Bilanzsumme, was wiederum Auswirkungen auf bestimmte bilanzielle Kennzahlen hat.

3 Soweit der Zeitwert des zweckgebundenen Vermögens den Erfüllungsbetrag der Schulden übersteigt, ist dieser positive Saldo nach § 246 Abs. 2 Satz 3 HGB unter dem gesonderten Posten „**Aktiver Unterschiedsbetrag aus der Vermögensverrechnung**" zu aktivieren (§ 266 Abs. 2 E HGB)[1].

4 Sowohl die einzelnen Gegenstände des zweckgebundenen Vermögens als auch die Schulden sind nach § 252 Abs. 1 Nr. 3 HGB weiterhin einzeln zu bewerten. Eine Saldierung erfolgt nur hinsichtlich des Ausweises der beiden Posten. Die Vorschrift des § 246 Abs. 2 Satz 2 HGB wird ergänzt durch die Bewertungsvorschrift des § 253 Abs. 1 Satz 4 HGB, die eine Bewertung des zweckgebundenen (Deckungs-)Vermö-

---

1 Vgl. Begr. Beschlussempfehlung und Bericht des Rechtsausschusses, BT-Drucks. 16/12407, S. 85.

gens zum **beizulegenden Zeitwert** (§ 255 Abs. 4 HGB) vorschreibt. Lediglich in denjenigen Fällen, in denen der beizulegende Zeitwert nicht verlässlich ermittelt werden kann, hat die Bewertung zu fortgeführten Anschaffungs- oder Herstellungskosten unter Beachtung der für das Umlaufvermögen geltenden Bewertungsvorschriften zu erfolgen (§ 255 Abs. 4 Satz 3 und 4 iVm. § 253 Abs. 1 Satz 4 und Abs. 4 HGB).

Die sich im Rahmen der Zeitwertbewertung ergebenden Wertunterschiede sind ergebniswirksam zu erfassen. Die hierbei durch Überschreiten der historischen Anschaffungskosten ggf. „gehobenen" stillen Reserven unterliegen der **Ausschüttungs- und Abführungssperre** des § 268 Abs. 8 HGB (vgl. hierzu Tz. 88 ff. und Abschn. N). Übergangs- und Erleichterungsvorschriften im Zusammenhang mit der erstmaligen Bewertung des Deckungsvermögens zum beizulegenden Zeitwert hat der Gesetzgeber dem Bilanzierenden nicht eingeräumt.   5

Darüber hinaus sieht § 285 Nr. 25 HGB die Angabe der Anschaffungskosten und der beizulegenden Zeitwerte der verrechneten Vermögensgegenstände (einschl. der grundlegenden Annahmen zur Zeitwertbestimmung) sowie des Erfüllungsbetrages der dazugehörigen Schulden im **Anhang** des Unternehmens vor (vgl. hierzu Tz. 97 ff.). Die Angabepflicht gilt auch für die innerhalb des Finanzergebnisses in der Gewinn- und Verlustrechnung saldiert auszuweisenden Aufwendungen und Erträge aus der Bewertung des Deckungsvermögens und der Altersversorgungsverpflichtungen, die ebenfalls getrennt voneinander im Anhang zu nennen sind.   6

Das Verrechnungsgebot des § 246 Abs. 2 Satz 2 HGB steht bei erster Betrachtung nicht im Einklang mit der Vorschrift des Art. 7 der 4. EG-Richtlinie (**Bilanzrichtlinie**), nach der eine Verrechnung zwischen Aktiv- und Passivposten sowie zwischen Aufwands- und Ertragsposten unzulässig ist. Diese Durchbrechung des Saldierungsverbots wird jedoch nach der Gesetzesbegründung von der Zwecksetzung und dem Grundgedanken der Bilanzrichtlinie bestimmt, dem Abschlussadressaten ein den tatsächlichen Verhältnissen entsprechendes Bild der Vermögens-, Finanz- und Ertragslage des Unternehmens zu vermitteln (Art. 2 Abs. 3 und 5 der 4. EG-Richtlinie)[2]. Durch die vorgeschriebene Saldierung wird einerseits zum Ausdruck gebracht, dass durch die Entscheidung des Kaufmanns, bestimmte Vermögensgegenstände ausschließlich der Erfüllung von langfristigen Verpflichtungen gegenüber Arbeitnehmern zu widmen, diese nicht mehr zur freien Disposition des Kaufmanns stehen und somit der allgemeinen Haftungsmasse des Unternehmens entzogen sind[3]. Andererseits stellen durch die Zweckwidmung der Vermögensgegenstände die dazugehörigen Schulden keine wirtschaftliche Belastung mehr für das Unternehmen dar, so dass in Höhe dieses „gebundenen Vermögens" handelsrechtlich keine Verpflichtung mehr auszuweisen ist[4]. Die vorgeschriebene Verrechnung des § 246 Abs. 2 Satz 2 HGB gibt dem Bilanzleser – auch unter Berücksichtigung der zusätzlichen Anhangangaben nach § 285 Nr. 25 HGB – somit zusätzliche Informationen zur wirtschaftlichen und finanziellen Lage der Gesellschaft und erhöht die Klarheit und Transparenz des Jahresabschlusses.   7

Nach der Regierungsbegründung zum BilMoG ist die handelsrechtlich gebotene Verrechnung von Vermögensgegenständen mit bestimmten langfristigen Schulden gegenüber Mitarbeitern vergleichbar mit der Berücksichtigung von Planvermögen („*plan assets*") beim Ausweis von Pensionsrückstellungen nach den **internationalen Rech-**   8

---

2 Vgl. Begr. RegE, BT-Drucks. 16/10067, S. 48 f.
3 Vgl. Begr. RegE, BT-Drucks. 16/10067, S. 35.
4 Vgl. Begr. RegE, BT-Drucks. 16/10067, S. 48 f.

nungslegungsstandards[5]. Zwar sind die Voraussetzungen für das Vorliegen von Deckungsvermögen nach HGB und von Planvermögen nach IAS 19.7 und 19.102 ff. in wesentlichen Punkten identisch (zB erforderliche exklusive Zweckgebundenheit des Vermögens, Schutz der Vermögenswerte gegen einen Zugriff anderer Gläubiger bei Insolvenz oder Einzelvollstreckung), jedoch besteht ein wesentlicher Unterschied darin, dass IAS 19 – abweichend zu der handelsrechtlichen Regelung – zwingend die Übertragung des gebundenen Vermögens auf eine rechtlich selbständige Einheit voraussetzt[6]. Daher kann der Tatbestand gegeben sein, dass nach HGB die Voraussetzungen für das Vorliegen von Deckungsvermögen erfüllt sind, während eine Verrechnung nach IFRS – in Ermangelung der „*plan asset* – Eigenschaften" – unzulässig ist.

9   Obwohl die erforderliche Auslegung der Regelung des § 246 Abs. 2 Satz 2 HGB ausschließlich nach den **handelsrechtlichen Rechnungslegungsgrundsätzen** zu erfolgen hat[7], erscheint es sachgerecht, die nach IFRS anerkannte Interpretation und Verfahrensweise für handelsrechtliche Zwecke als Auslegungshilfe anzusehen, sofern beide Rechnungslegungssysteme die Verrechnung von den gleichen, gesetzlich nicht exakt definierten Rechtsbegriffen oder Voraussetzungen abhängig machen (zB Definition der Insolvenzsicherheit, Gestaltung der Auslagerung von Vermögenswerten)[8]. Dies gilt auch im Hinblick darauf, dass nach der Gesetzesbegründung bei der Bilanzierung des Deckungsvermögens eine Annäherung an die internationalen Rechnungslegungsstandards beabsichtigt ist[9].

II. Voraussetzungen für das Verrechnungsgebot (§ 246 Abs. 2 Satz 2)

1. Schulden aus Altersversorgungsverpflichtungen

10   Das Verrechnungsgebot setzt das Bestehen einer **Schuld gegenüber Mitarbeitern** eines Unternehmens voraus, die nicht zwingend Arbeitnehmer im arbeitsrechtlichen Sinn sein müssen[10]. Losgelöst von der jeweiligen Rechtsgrundlage ist ein Beschäfti-

---

5   Vgl. Begr. RegE, BT-Drucks. 16/10067, S. 48; zur Berücksichtigung von *plan assets* nach IFRS vgl. IAS 19.54 sowie IAS 19.102 – 107. Zu einem Vergleich der Regelung des § 246 Abs. 2 Satz 2 HGB mit der Behandlung von *plan assets* nach IAS 19 auf der Basis des Referentenentwurfs zum BilMoG vgl. *Hasenburg/Hausen*, DB 2008, Beil. 1, S. 31 f.
6   Zur Definition von *plan assets* vgl. IAS 19.7. Darüber hinaus ist zu beachten, dass – abweichend zu den Regelungen gem. IAS 19 – betriebsnotwendiges Vermögen idR nicht die Voraussetzungen für die Anerkennung als Deckungsvermögen iSd. § 246 Abs. 2 Satz 2 HGB erfüllen wird (vgl. Tz. 46).
7   Vgl. Begr. RegE, BT-Drucks. 16/10067, S. 34 f.
8   Vgl. zur Bilanzierung von „*plan assets*" gem. IAS 19: PricewaterhouseCoopers, IFRS *manual of accounting* 2009, S. 11039 ff.; *Mühlberger/Schwinger/Wildner* in Thiele/von Keitz/Brücks (Hrsg.), Internationales Bilanzrecht, IAS 19 Rz. 231 ff.; *MünchKommBilR*, Wielenberg/Blecher, IAS 19 Rn 52 ff.; *Passarge*, DB 2005, S. 2747 ff.; *Küppers/Louven/Schröder*, BB 2005, S. 763 ff.
9   Vgl. Begr. RegE, BT-Drucks. 16/10067, S. 35.
10 Abweichend zu der jetzigen Regelung beschränkte der Regierungsentwurf zum BilMoG die verrechnungsfähigen Altersversorgungsverpflichtungen und die vergleichbaren langfristig fälligen Verpflichtungen noch auf solche, die sich an Arbeitnehmer richteten (vgl. Begr. RegE, BT-Drucks. 16/10067, S. 48. Die Regelung des § 246 Abs. 2 Satz 2 HGB-E hatte folgenden Wortlaut: „...der Erfüllung von Schulden aus Altersversorgungsverpflichtungen und anderen langfristig fälligen Verpflichtungen dienen, **die gegenüber Arbeitnehmern eingegangen wurden**,..."). Zum arbeitsrechtlichen Begriff des Arbeitnehmers vgl. *Schaub*, Arbeitsrechts-Handbuch, 12. Aufl., § 8 Rz. 2 ff. sowie § 9 Rz. 1 ff.; danach sind Arbeitnehmer natürliche Personen, die aufgrund privatrechtlicher Verträge oder Vereinbarungen einem Dritten gegenüber zur Leistung fremdbestimmter Arbeit in persönlicher Abhängigkeit verpflichtet sind. Diese enge arbeitsrechtliche Sichtweise im Zusammenhang mit dem Anwendungsbereich des § 246 Abs. 2 Satz 2 HGB wurde auf Empfehlung des Rechtsausschusses des Deutschen Bundestages durch die Streichung des Einschubs „die gegenüber Arbeitnehmern eingegangen wurden" aufgehoben. Danach ist der Anwendungsbereich der Vorschrift des § 246 Abs. 2 Satz 2 HGB nicht auf bestimmte Schulden gegenüber Arbeitnehmern beschränkt, sondern umfasst nunmehr auch entsprechende Verpflichtungen gegenüber Mitarbeitern, die nicht Arbeitnehmer im engen arbeitsrechtlichen Sinne

gungs- oder Dienstverhältnis als ausreichend anzusehen, auf dessen Grundlage die Personen Leistungen für die Gesellschaft erbringen. Als Mitarbeiter in diesem Sinne sind bspw. auch gesetzliche Vertreter einer Kapitalgesellschaft (Vorstandsmitglieder oder Geschäftsführer), Mitglieder eines gesellschaftsrechtlichen Aufsichtsorgans (zB Aufsichtsrat, Beirat, Verwaltungsrat) sowie freie Mitarbeiter eines Unternehmens zu verstehen.

Gegenstand einer Verpflichtung können nach § 246 Abs. 2 erster Halbsatz HGB nur Schulden (Verbindlichkeiten und Rückstellungen) aus Altersversorgungsverpflichtungen oder aus vergleichbaren langfristigen Verpflichtungen sein. Diese aufgeführten Verpflichtungsarten definiert der Gesetzgeber aber nicht näher. Nach dem „Gesetz zur Verbesserung der betrieblichen Altersversorgung" (BetrAVG) gehört zum Merkmal einer **betrieblichen Altersversorgung** ein Versprechen bzw. eine Zusage des Arbeitgebers, dem Arbeitnehmer bzw. Mitarbeiter nach dessen Ausscheiden aus dem Beruf oder aus dem Erwerbsleben idR wiederkehrende Leistungen zu gewähren, die seiner Versorgung dienen sollen[11]. Der Versorgungsanspruch muss ferner von dem Eintritt eines biologischen Ereignisses des Mitarbeiters (zB Alter, Tod, Invalidität) abhängig sein und seine Ursache in dem Arbeitsverhältnis haben[12]. Altersversorgungsleistungen stellen ein zusätzliches Entgelt des Arbeitnehmers aus dem Arbeitsverhältnis dar, das auch seine Betriebstreue abgelten soll. **11**

Zu den **Altersversorgungsverpflichtungen** nach § 246 Abs. 2 Satz 2 HGB gehören danach grundsätzlich alle unmittelbaren oder mittelbaren Zusagen zur Gewährung von Leistungen der Alters-, Invaliditäts- und Hinterbliebenenversorgung iSd. § 1 Abs. 1 BetrAVG. Es ist davon auszugehen, dass für Zwecke der handelsrechtlichen Bilanzierung zwischen Altersversorgungs- und Pensionsverpflichtungen eine inhaltliche Übereinstimmung besteht[13]. **12**

Als Beispiele zu den **langfristigen Verpflichtungen,** die **vergleichbar** zu den Altersversorgungsverpflichtungen sind, werden in der Regierungsbegründung zum BilMoG Altersteilzeitverpflichtungen und Schulden aus Lebensarbeitszeitmodellen genannt[14]. Durch die Aufzählung dieser Beispiele wird ersichtlich, dass der Verpflichtungsinhalt nicht inhaltsgleich mit den „unmittel- und mittelbaren pensionsähnlichen Verpflichtungen" des Art. 28 EGHGB ist, für die – insb. im Hinblick auf das bestehende Passivierungswahlrecht – bislang keine unumstrittenen Anwendungsfälle bekannt sind[15]. **13**

Die vom Gesetzgeber genannten Beispiele für Verpflichtungen, die den aus Altersversorgungszusagen ähneln, zeichnen sich dadurch aus, dass der Leistungsfall idR nach Beendigung der aktiven Beschäftigungsphase eines Mitarbeiters eintritt und die Zahlungen seiner Versorgung bis zum Bezug der Altersrente dienen (**Versorgungscharakter**). Allein die Langfristigkeit von erteilten Leistungszusagen an Mitarbeiter reicht somit nicht aus, dass diese in den Anwendungsbereich des § 246 Abs. 2 Satz 2 HGB **14**

---

sind (vgl. Begr. Beschlussempfehlung und Bericht des Rechtsausschusses, BT-Drucks. 16/12407, S. 84).
11 Vgl. *Andresen/Förster/Rößler/Rühmann*, Arbeitsrecht der betrieblichen Altersversorgung, Teil 4a, Rz. 3 ff.
12 Vgl. *Förster/Rühmann/Cisch*, Betriebsrentengesetz, 11. Aufl., § 1 Rz. 10 ff.
13 Vgl. *Heger/Weppler* in HdJ, Abt. III/7 Rn. 8 ff.; zum Begriff der Pensionsverpflichtungen: *ADS*[6], § 249 HGB, Tz. 85 ff. Diese Auffassung wird auch in dem Rohentwurf der IDW Stellungnahme zur Rechnungslegung „Einzelfragen zur Bilanzierung von Altersversorgungsverpflichtungen nach den Vorschriften des HGB i.d.F. des Bilanzrechtsmodernisierungsgesetzes" (IDW ERS HFA 30) vertreten.
14 Vgl. Begr. RegE, BT-Drucks. 16/10067, S. 48.
15 Vgl. *ADS*[6], § 249 HGB, Tz. 114 ff.

fallen[16]. Auch die Leistungsverpflichtungen, die mit denen aus der Altersversorgung vergleichbar sind, sollten zumindest in einer Phase zur Auszahlung gelangen können, in denen der Mitarbeiter keine entsprechende Arbeitsleistung mehr erbringt und die Zahlungen der Versorgung des Arbeitnehmers dienen. IdR wird in diesen Fällen jedoch nicht die Versorgung des Mitarbeiters im Vordergrund stehen, sondern die Möglichkeit der Verkürzung der aktiven Beschäftigungsphase.

15 Der Umfang der vergleichbaren Verpflichtungen gegenüber Mitarbeitern nach § 246 Abs. 2 Satz 2 erster Halbsatz HGB ist somit umfassender, als der der **„pensionsähnlichen" Verpflichtungen** iSd. § 266 Abs. 3 B Nr. 1 HGB und nach Art. 28 Abs.1 Satz 2 EGHGB[17]. Neben den in der Gesetzesbegründung genannten o.a. Verpflichtungen können unter den Anwendungsbereich des § 246 Abs. 2 Satz 2 HGB auch Verpflichtungen zur Gewährung von Übergangs-, Überbrückungs- und Sterbegelder, Beihilfen im Krankheitsfall, pensionsähnliche Verpflichtungen[18] und Altersfreizeitvereinbarungen fallen[19]. Im Einzelfall kann die Abgrenzung zu Abfindungszahlungen im Rahmen der Beendigung eines Arbeitsverhältnisses fließend sein.

16 Ferner setzt das Verrechnungsgebot des § 246 Abs. 2 Satz 2 HGB voraus, dass das Unternehmen für die genannten Verpflichtungen gegenüber den Mitarbeitern dem Grunde nach, dh. vor Verrechnung mit etwaigem Deckungsvermögen, in seinem handelsrechtlichen Jahresabschluss nach § 246 Abs. 1 Satz 1 HGB bzw. § 249 Abs. 1 Satz 1 HGB im Zusammenhang mit Art. 28 EGHGB eine **Schuld** ansetzen müsste bzw. würde (Passivierung einer Verpflichtung).

17 Obwohl nach dem Gesetzeswortlaut das Verrechnungsgebot des § 246 Abs. 2 Satz 2 HGB sowohl Verbindlichkeiten als auch Rückstellungen (Oberbegriff „Schulden") betrifft, die gegenüber Mitarbeitern bestehen, wird die Vorschrift überwiegend für **Rückstellungen** von Bedeutung sein, da in der Praxis die schuldrechtliche oder gesetzliche insolvenzrechtliche Absicherung solcher ungewissen Verpflichtungen sowie deren langfristige externe Finanzierung (zB „*Funding*" bei unmittelbaren Versorgungszusagen) im Vordergrund stehen. Schuldrechtliche Verpflichtungen zur Insolvenzsicherung können sich zB aufgrund entsprechend getroffener Vereinbarungen im Zusammenhang mit der Gewährung von unmittelbaren Versorgungszusagen aus Gehaltsumwandlung ergeben; aus dem Gesetz resultieren entsprechende Verpflichtungen bspw. aus § 8a ATG (Sicherung von Wertguthaben aus Altersteilzeitvereinbarungen) oder aus § 7d SGB IV (Insolvenzsicherung von sonstigen Wertguthaben, zB aus Lebensarbeitszeit- oder Wertkonten.

2. Handelsrechtliche Anforderungen an das Deckungsvermögen

a. Allgemeines

18 Beim Deckungs- bzw. Zweckvermögen iSd. des § 246 Abs. 2 Satz 2 erster Halbsatz HGB muss es sich um **Vermögensgegenstände** handeln, die nach § 246 Abs. 1 HGB

---

16 Vgl. hierzu auch *Hasenburg/Hausen*, Zur Umsetzung der HGB-Modernisierung durch das BilMoG: Bilanzierung von Altersversorgungsverpflichtungen (insbesondere aus Pensionszusagen) und vergleichbaren langfristig fälligen Verpflichtungen unter Einbeziehung der Verrechnung mit Planvermögen, DB 2009, Beil. Nr. 5, S. 28; aA *Höfer/Rhiel/Veit*, DB 2009, S. 1606.
17 Zum Begriff der pensionsähnlichen Verpflichtungen vgl. *WPH*[13], Bd.I, E Tz. 172 mwN
18 Vgl. *ADS*[6], § 249 HGB, Tz. 114 ff.; pensionsähnliche Verpflichtungen fallen nur dann unter den Anwendungsbereich des § 246 Abs. 2 HGB, sofern diese auf der Grundlage des Art. 28 Abs. 1 Satz 2 EGHGB passiviert werden.
19 Vgl. *Hoffmann/Lüdenbach*, DStR 2008, Beiheft zu Heft 30, S. 57.

dem Grunde nach (dh. vor Verrechnung mit den dazugehörigen Schulden) in einem handelsrechtlichen Jahresabschluss anzusetzen sind[20].

Darüber hinaus müssen diese Vermögensgegenstände **dem Zugriff aller Gläubiger entzogen** sein. Dieses Kriterium erfordert, dass Gegenstände des Zweckvermögens zum einen von den übrigen Vermögensgegenständen des Unternehmens separiert bzw. getrennt sind[21]. Zum anderen muss die Vermögenstrennung so ausgestaltet sein, dass dieses zweckbestimmte Vermögen im Falle der Insolvenz des Unternehmens oder im Rahmen der Zwangsvollstreckung dem Zugriff aller Unternehmensgläubiger, die nicht Gläubiger der begünstigten Altersversorgungs- oder vergleichbarer langfristiger Verpflichtungen sind, entzogen ist (Vollstreckung- bzw. Insolvenzfestigkeit)[22]. 19

Ferner muss das zweckgebundene Vermögen **ausschließlich der Erfüllung von Schulden dienen** (Zweckexklusivität). Dieses Kriterium setzt voraus, dass die Vermögensgegenstände keiner anderen Zwecksetzung im Unternehmen zugeführt werden dürfen und jederzeit zur Erfüllung der Schulden verwertbar sind[23]. Die einzelnen genannten Kriterien, die Gegenstände des Deckungsvermögen erfüllen müssen, überschneiden sich teilweise (zB Separierung des Vermögens und Insolvenzfestigkeit), so dass der Inhalt dieser einzelnen Voraussetzungen nicht strikt voneinander getrennt werden kann. 20

b. Vermögensgegenstände nach § 246 Abs. 1 HGB

Eine Verrechnung nach § 246 Abs. 2 Satz 2 HGB setzt voraus, dass es sich beim Deckungsvermögen um **aktivierbare Vermögensgegenstände** handelt[24], die bei Anwendung des handelsrechtlichen Saldierungsverbots (dh. ohne Berücksichtigung der hier betrachteten Ausnahmevorschrift des § 246 Abs. 2 Satz 2 HGB) im handelsrechtlichen Jahresabschluss des Unternehmens nach § 246 Abs. 1 Satz 1 und 2 HGB angesetzt werden müssten (Ansatz dem Grunde nach). Die Vermögensgegenstände müssen sich somit im wirtschaftlichen Eigentum des Bilanzierenden befinden (vgl. hierzu Abschn. B), während das rechtliche Eigentum an dem Deckungsvermögen einem Dritten, zB einem Treuhänder im Rahmen einer rechtlichen Auslagerung von Vermögenswerten, zustehen kann. 21

§ 246 Abs. 2 Satz 2 HGB schreibt keine bestimmte **Anlage- bzw. Verwendungsform** des Deckungsvermögens vor. Die Vermögenswerte können daher sowohl in Form von finanziellen Vermögensgegenständen (Finanzinstrumente, wie zB Geld, Wertpapiere, Investmentfonds, Anleihen, Forderungen, Ansprüche aus Rückdeckungsversicherungen[25]), als auch in Form von Sachvermögen oder Immobilien (zB Gebäude, Maschinen, Anlagen) oder immateriellen Vermögensgegenständen (zB Rechte) bestehen. Eine Einschränkung hinsichtlich der Eignung der Vermögensgegenstände für das Deckungsvermögen kann im Einzelfall aus der notwendigen ausschließlichen Zweckbe- 22

---

20 Vgl. *Hasenburg/Hausen*, DB 2009, Beil. 5, S. 41 f.
21 Vgl. Begr. Beschlussempfehlung und Bericht des Rechtsausschusses, BT-Drucks. 16/12407, S. 84 f.
22 Vgl. Begr. Beschlussempfehlung und Bericht des Rechtsausschusses, BT-Drucks. 16/12407, S. 84 f.
23 Vgl. Begr. Beschlussempfehlung und Bericht des Rechtsausschusses, BT-Drucks. 16/12407, S. 84 f. sowie *Hasenburg/Hausen*, DB 2009, Beil. 5, S. 43.
24 Zu den Voraussetzungen für das Vorliegen eines Vermögensgegenstandes vgl. *ADS*[6], § 246 HGB, Tz. 9 ff.
25 Unter den Anwendungsbereich des § 246 Abs. 2 Satz 2 HGB können somit auch sog. *Qualifying Insurance Policies* gem. IAS 19.7 fallen. Hierunter sind insbesondere Versicherungen zu verstehen, die ein Arbeitgeber zur Rückdeckung von Verpflichtungen aus Betriebsrentenzusagen auf das Leben eines Mitarbeiters abgeschlossen hat, wobei die Ansprüche aus den Versicherungsverträgen an den begünstigten Arbeitnehmer verpfändet sind **(verpfändete Rückdeckungsversicherungen)**. Bezugsberechtigter aus den Rückdeckungsversicherungen ist idR der Arbeitgeber.

stimmung zur Erfüllung von bestimmten Schulden sowie aus dem Erfordernis der jederzeitigen Verwertbarkeit und Weiterveräußerbarkeit resultieren (vgl. Tz. 46).

c. Sicherung des Deckungsvermögens vor dem Zugriff aller übrigen Gläubiger

aa. Trennung des Deckungsvermögens von den übrigen Vermögensgegenständen des Unternehmens

23 Zur Sicherstellung der dauerhaften Zweckbestimmung des Deckungsvermögens zur Erfüllung von langfristigen Schulden gegenüber Mitarbeitern (Zweckexklusivität) iSv. § 246 Abs. 2 Satz 2 erster Halbsatz HGB muss der Kaufmann die dazugehörigen Vermögensgegenstände in geeigneter Art und Weise von seinem übrigen Vermögen separieren[26]. Die objektiv nachprüfbare **„Vermögenstrennung"** beinhaltet, dass der Bilanzierende diese zweckbestimmten Vermögensgegenstände durch seine eigene Entscheidung keiner anderen Nutzung bzw. Zweckbestimmung mehr zuführen darf, solange die dazugehörigen Schulden bestehen. Das Deckungsvermögen ist insoweit grundsätzlich der alleinigen Verfügungsmacht des Kaufmanns auf Dauer entzogen. Nur unter dieser Voraussetzung kann sichergestellt werden, dass die dazugehörigen Schulden keine wirtschaftliche Belastung mehr für das Unternehmen darstellen[27]. Darüber hinaus verlangt die geforderte Zweckexklusivität des zweckgebundenen Vermögens, dass auch die hieraus resultierenden Erträge (z.B. Zins-, Dividenden- und sonstige Erträge aus dem Deckungsvermögen) grundsätzlich der gleichen Zweckbestimmung unterliegen.

24 Genaue Vorgaben, wie diese Separation des Vermögens zu vollziehen ist, nennt der Gesetzgeber nicht. Im Zusammenhang mit der dieser Problematik eng verbundenen Fragestellung zur Gewährleistung eines **Vollstreckungs- und Insolvenzschutzes** zugunsten der berechtigten Mitarbeiter als weitere Voraussetzung für das Vorliegen von saldierungspflichtigem Deckungsvermögen nach § 246 Abs. 2 Satz 2 erster Halbsatz HGB (vgl. hierzu Tz. 34 ff.) führt der Rechtsausschuss aus, dass bei Vorliegen der Voraussetzungen des § 7e Abs. 2 des „Viertes Buchs des Sozialgesetzbuchs (SGB IV)" davon ausgegangen werden kann, dass die Vermögensgegenstände dem Zugriff aller übrigen Unternehmensgläubiger entzogen sind[28]. In diesem Fall wird ebenfalls von einer wirksamen Vermögensseparation und Zwecksicherung iSd. § 246 Abs. 2 Satz 2 HGB auszugehen sein[29]. Von den in § 7e Abs. 2 SGB IV aufgeführten Sicherungsvarianten können für Zwecke des § 246 Abs. 2 Satz 2 HGB grundsätzlich nur die Verfahren zur Anwendung gelangen, bei denen Realwerte zur Sicherung von Ansprüchen der Mitarbeiter herangezogen werden, da ansonsten keine gem. § 246 Abs. 1 HGB zu aktivierenden Vermögensgegenstände vorliegen.

---

26 Vgl. Begr. Beschlussempfehlung und Bericht des Rechtsausschusses, BT-Drucks. 16/12407, S. 84 f.
27 Vgl. Begr. RegE, BT-Drucks. 16/10067, S. 48 f.; zur Ausnahme der sog. „Entwidmung" von Vermögensgegenständen in Ausnahmefällen vgl. Tz.63 f.
28 Vgl. Begr. Beschlussempfehlung und Bericht des Rechtsausschusses, BT-Drucks. 16/12407, S. 84 f. Die Vorschrift des § 7e Abs. 2 SGB IV betrifft die Insolvenzsicherung von Wertguthaben der Arbeitnehmer, die im Rahmen von Arbeitszeitkontenmodellen aufgebaut wurden, und hat folgenden Wortlaut: „ Zur Erfüllung der Verpflichtung nach Absatz 1 sind Wertguthaben unter Ausschluss der Rückführung durch einen Dritten zu führen, der im Fall der Insolvenz des Arbeitgebers für die Erfüllung der Ansprüche aus den Wertguthaben für den Arbeitgeber einsteht, insbesondere in einem Treuhandverhältnis, das die unmittelbare Übertragung des Wertguthabens in das Vermögen des Dritten und die Anlage des Wertguthabens auf einem offenen Treuhandkonto oder in anderer geeigneter Weise sicherstellt. Die Vertragsparteien können in der Vereinbarung nach § 7b ein anderes, einem Treuhandmodell im Sinne des Satzes 1 gleichwertiges Sicherungsmittel vereinbaren, insbesondere ein Versicherungsmodell oder ein schuldrechtliches Verpfändungs- oder Bürgschaftsmodell mit ausreichender Sicherung gegen Kündigung."
29 Vgl. Begr. Beschlussempfehlung und Bericht des Rechtsausschusses, BT-Drucks. 16/12407, S. 84 f.

Danach kann eine solche dauerhafte Zweckbestimmung des Deckungsvermögens zum 25
einen durch die Übertragung von Vermögensgegenstände auf einen rechtlich selbständigen **Treuhänder** erreicht werden (Außenfinanzierung), der diese Mittel auf der Grundlage von getroffenen Treuhandvereinbarungen nur für die Erfüllung der begünstigten Verpflichtungen verwenden darf. Andererseits kann dieses Ziel auch durch die Verpfändung von Vermögensgegenständen an die berechtigten Mitarbeiter erreicht werden (**Verpfändungsmodell** im Rahmen einer Innenfinanzierung)[30].

Sollen Vermögensgegenstände nicht im Rahmen einer Außenfinanzierung auf einen 26
Treuhänder ausgelagert werden, so kann eine ausschließliche Zweckbestimmung von Vermögensgegenständen zur Erfüllung von Altersversorgungsverpflichtungen uä. dadurch erfolgen, dass dem jeweiligen Mitarbeiter durch individuelle Vereinbarungen ein vertragliches **Pfandrecht** an beweglichen Sachen (§ 1204 BGB), Forderungen (§ 1279 BGB) oder sonstigen übertragbaren Vermögensrechten (§ 1273 BGB) eingeräumt wird[31]. Die Vermögensgegenstände (einschl. Forderungen) verbleiben in diesem Fall im rechtlichen und wirtschaftlichen Eigentum des Kaufmanns (vgl. Abschn. B). Die Praktikabilität der Bestellung von Pfandrechten wird in der Praxis insb. dadurch eingeschränkt, dass einzelne Vermögensgegenstände (zB Wertpapiere, Depotkonten) einem bestimmten Mitarbeiter zugeordnet werden müssen und jeder Mitarbeiter bei der Pfandrechtsbestellung mitwirken muss.

Vereinbaren die Parteien bspw., dass gegenüber einem Mitarbeiter das Bezugsrecht aus 27
einer **Rückdeckungsversicherung** verpfändet wird, so kann das Unternehmen ohne Zustimmung des Begünstigten nicht mehr über die Leistungsansprüche aus der Versicherung verfügen[32]. Eine Einräumung des Pfandrechts an Inhaberpapieren (**Wertpapiere**), die sich in einem Bankdepot (Sammelstelle) und damit nur im mittelbaren Besitz des Unternehmens befinden, erfolgt nach § 1205 Abs. 2 BGB durch die Abtretung des nach den §§ 7 f. DepotG gegen die Sammelstelle bestehenden Herausgabeanspruchs des Unternehmens an den Pfandgläubiger[33].

Durch die wirksame Bestellung eines Pfandrechts kann somit erreicht werden, dass 28
Vermögensgegenstände – auch im Falle der Insolvenz des Unternehmens – ausschließlich zur Befriedigung der Ansprüche von Arbeitnehmer eingesetzt werden[34]. Dies setzt jedoch auch voraus, dass die Pfandrechtsbestellung durch den Arbeitgeber nicht gekündigt bzw. aufgehoben werden kann, solange die entsprechenden Schulden bestehen[35]; ggf. sind im Rahmen der Vereinbarung eines Pfandrechts ergänzende Vereinbarungen zu treffen, die die **Dauerhaftigkeit der Pfandrechtsbestellung** und damit die notwendige nachhaltige Zweckbestimmung dieser Vermögensgegenstände sicherstellen[36], damit die Voraussetzungen des § 246 Abs. 2 Satz 2 erster Halbsatz HGB erfüllt sind.

---

30 Vgl. Gesetzesentwurf zur Verbesserung der Rahmenbedingungen für die Absicherung flexibler Arbeitszeitregelungen (Entw. Flexi II), Drucksache 16/10289, S. 16 f.
31 Vgl. *Ganter* in Münchener Kommentar, Insolvenzordnung, Bd. 1, 2. Aufl., § 50, Rz. 4 ff.
32 Vgl. *Fischer/Thoms-Meyer*, DB 2000, S. 1862; *Uckermann*, BB 2008, S. 1284 f.
33 Vgl. auch *Mühlberger/Schwinger*, Betriebliche Altersversorgung und sonstige Leistungen an Arbeitnehmer nach IFRS, München 2006, S. 178 f.
34 Zu den Nachteilen der Verpfändung von Vermögensgegenständen an Mitarbeiter in der Praxis vgl. *Mühlberger/Schwinger*, Betriebliche Altersversorgung und sonstige Leistungen an Arbeitnehmer nach IFRS, München 2006, S. 179 f.; zur Insolvenzsicherung der Ansprüche eines Mitarbeiters durch Pfandrechtsbestellung vgl. *Bode/Bergt/Obenberger*, DB 2000, S. 1865 f. mwN.
35 Vgl. Gesetzesentwurf zur Verbesserung der Rahmenbedingungen für die Absicherung flexibler Arbeitszeitregelungen (Entw. Flexi II), Drucksache 16/10289, S. 16 f.
36 Vgl. Gesetzesentwurf zur Verbesserung der Rahmenbedingungen für die Absicherung flexibler Arbeitszeitregelungen (Entw. Flexi II), Drucksache 16/10289, S. 17.

29 Die erforderliche Verwendungsbeschränkung des Deckungsvermögens kann auch dadurch erreicht werden, dass auf der Rechtsgrundlage von Treuhandvereinbarungen Vermögensgegenstände mit rechtlicher Wirkung auf externe Dritte übertragen und der Verfügungsmacht des Unternehmens entzogen werden. So werden im Rahmen einer sog. **CTA-Konstruktion** (*Contractual Trust Agreement*) Vermögensgegenstände treuhänderisch auf einen selbständigen externen Träger (zB Pensionsfonds[37], Treuhänder) ausgelagert, der mit der Verwaltung und Anlage der ihm übertragenden Vermögenswerte beauftragt wird[38]. Hierbei ist der Pensionsfonds – idR in der Rechtsform eines eingetragenen Vereins oder einer GmbH – an die in der zwischen ihm und dem Unternehmen geschlossenen Treuhandvereinbarung festgelegte Auflage gebunden, diese Mittel ausschließlich für die Gewährung von bestimmten Leistungen an Arbeitnehmern zu verwenden und zu verwalten (Verwaltungstreuhand)[39]. Hierdurch wird die zweckentsprechende Verwendung des Deckungsvermögens sichergestellt. Der Pensionsfonds wird somit zwar juristischer Eigentümer der übertragenden Vermögensgegenstände, wirtschaftlich sind diese jedoch aufgrund der festgelegten Zweckbindung in der Treuhandvereinbarung unverändert dem Unternehmen zuzuordnen (§ 246 Abs. 1 Satz 2 HGB sowie Begr. RegE, BT-Drucks. 16/10067, S. 47)[40].

30 Hinsichtlich der detaillierten Gestaltung der CTA-Modelle bzw. der **Treuhandverhältnisse** findet man in der Praxis verschiedene Varianten vor, die sich zum einen hinsichtlich der Anzahl der eingeschalteten Treuhänder sowie darin unterscheiden, ob die Absicherung der Ansprüche der Arbeitnehmer im Rahmen von Verpfändungsvereinbarungen oder durch einen sogenannten Vertrag zu Gunsten Dritter (§ 328 BGB) erfolgt[41]. Gemeinsam ist allen Modellen die Zielsetzung, die ausschließliche Zweckbestimmung von Vermögensgegenständen zur Erfüllung von bestimmten Verpflichtungen gegenüber Arbeitnehmern durch ihre Separierung vom übrigen Vermögen des Unternehmens – auch im Falle der Insolvenz – zu gewährleisten.

31 Im Rahmen eines **einseitigen Treuhandmodells** übernimmt der Treuhänder nur die Verwaltungsfunktion (Verwaltungstreuhand)[42]. Die Sicherung der Ansprüche der Arbeitnehmer erfolgt je nach Vertragskonzeption entweder durch die Verpfändung des aus dem Treuhandvertrag im Insolvenzfall resultierenden Rückübertragungsanspruchs des Arbeitgebers gegenüber dem Treuhänder an die Mitarbeiter oder der Treuhänder verpfändet als rechtlicher Eigentümer das Treuhandvermögen anteilsmäßig an die ein-

---

37 Der Begriff des Pensionsfonds ist im Zusammenhang mit CTA-Konstruktionen weiter zu fassen als nach der Definition des § 112 VAG, nach der hierunter lediglich ein mittelbarer Versorgungsweg der betrieblichen Altersversorgung zu verstehen ist. Im Zusammenhang mit der Auslagerung von Pensionsverpflichtungen beschreibt der „Pensionsfonds" dagegen vom Trägerunternehmen rechtlich getrennte Einheit, auf die Vermögenswerte mit der ausschließlichen Zweckbestimmung übertragen werden, Pensionsverpflichtungen des Trägerunternehmens zu erfüllen (vgl. *Wielenberg/Blecher*, Münch. Komm. Bilanzrecht, Bd. 1 IFRS, IAS 19, Rz. 52 ff.
38 Vgl. *Sprick/Sartoris* in Kolvenbach/Sartoris, Bilanzielle Auslagerung von Pensionsverpflichtungen, Stuttgart 2004, S. 201 ff. mwN.
39 Vgl. *Fischer*, DB 2001, S. 21 f.
40 Vgl. *Klemm*, DStR 2005, S. 1291 mwN Da die Gegenstände des Treuhandvermögens bei entsprechender vertraglicher Ausgestaltung ausschließlich zur Erfüllung von Altersversorgungsverpflichtungen und vergleichbaren langfristig fälligen Verpflichtungen eingesetzt werden können, stehen dem Unternehmen unverändert alle wesentlichen Chancen und Risiken aus den Vermögensgegenständen zu. Daher steht das wirtschaftliche Eigentum an dem Treuhandvermögen unter den genannten Voraussetzungen unverändert dem Unternehmen zu (§ 246 Abs. 1 HGB).
41 Vgl. *Küppers/Louven/Schröder*, BB 2005, S. 763 ff.; *Küppers/Louven*, BB 2004, S. 337 ff.; *Mühlenberger/Schwinger*, Betriebliche Altersversorgung und sonstige Leistungen an Arbeitnehmer nach IFRS, München 2006, S. 176 ff.; *Sprick/Sartoris* in Kolvenbach/Sartoris, Bilanzielle Auslagerung von Pensionsverpflichtungen, Stuttgart 2004, S. 201 ff. mwN; zu den Gründen für eine Auslagerung von Pensionsverpflichtungen mittels einer CTA-Konstruktion vgl. *Küting/Keßler*, DB 2009, S. 1720 ff.
42 Vgl. *Sprick/Sartoris* in Kolvenbach/Sartoris, Bilanzielle Auslagerung von Pensionsverpflichtungen, Stuttgart 2004, S. 205 f.

zelnen Arbeitnehmer. Wegen der eingeschränkten Praktikabilität dieser Modelle im Zusammenhang mit der Pfandrechtsbestellung, der Zuordnung des Pfandguts auf die einzelnen Mitarbeiter sowie der Verwertung des Pfandguts im Insolvenzfall haben diese Gestaltungsvarianten nur eine eingeschränkte praktische Bedeutung[43].

Bei **doppelseitigen Treuhandschaften** erfolgt die Sicherung der Ansprüche der Arbeitnehmer idR auf Basis eines Vertrages zu Gunsten Dritter (§ 328 BGB), demzufolge der Treuhänder bzw. der Pensionsfonds zwei Funktionen wahrnimmt. Zum einen verwaltet der Pensionsfonds nach den Bestimmungen des Treuhandvertrages für das Unternehmen das Treugut (Verwaltungstreuhand), und zum anderen vereinbaren der Arbeitgeber und der Treuhänder, dass dieser gleichzeitig gegenüber den anspruchsberechtigten Arbeitnehmern (Begünstigten) die Stellung eines Sicherungstreuhänders innehat[44]. Die Sicherungstreuhand wird dabei idR so ausgestaltet, dass die Begünstigten ab Eintritt des Sicherungsfalls[45] eigenständige, gegen den Treuhänder gerichtete Leistungsrechte erwerben. Das Sicherungsverhältnis zwischen dem Treuhänder und dem Versorgungsberechtigten wird danach ohne Mitwirkung des einzelnen Mitarbeiters begründet. **32**

Bei Separierung des Deckungsvermögens durch Übertragung auf einen rechtlich selbständigen Treuhänder ist die ausschließliche Zweckbestimmung der Vermögensgegenstände für die Erfüllung von Altersversorgungsverpflichtungen iSv. § 246 Abs. 2 Satz 2 erster Halbsatz HGB nur dann gewährleistet, wenn die gewählte Treuhandkonstruktion eine **Rückübertragung des Deckungsvermögens** an das Unternehmen ausschließt, solange die dazugehörigen Verpflichtungen noch bestehen[46]. Andererseits erlischt die Zweckbestimmung dann, wenn das zweckgebundene Vermögen nicht mehr zur Erfüllung der dazugehörigen Verpflichtungen benötigt wird. Daher steht es der erforderlichen exklusiven Zweckbestimmung wohl nicht entgegen, wenn nach der Treuhandvereinbarung der Arbeitgeber zunächst die Versorgungsverpflichtungen aus freien Finanzmitteln unmittelbar erfüllt und sich anschließend die entsprechenden Beträge vom Treuhänder aus dem zweckgebundenen Vermögen erstatten lässt[47]. Auch sollte eine mögliche Rückzahlung von Treuhandvermögen an den Treugeber dann nicht eine Anerkennung von Deckungsvermögen iSv. § 246 Abs. 2 Satz 2 erster Halbsatz HGB ausschließen, wenn das verbleibende Vermögen ausreicht, um alle Leistungsverpflichtungen gegenüber den Arbeitnehmern, die mit diesen Vermögenswerten erfüllt werden sollen, zu befriedigen. **33**

bb. Insolvenzfestigkeit des Deckungsvermögens

Eng mit der nach § 246 Abs. 2 Satz 2 erster Halbsatz HGB erforderlichen Zweckgebundenheit des Deckungsvermögens ist die Voraussetzung verbunden, dass diese Vermögensgegenstände dem **Zugriff der übrigen Gläubiger** des bilanzierungspflichtigen Unternehmens – im Wege der Einzelvollstreckung oder bei Insolvenz – ebenso **entzo-** **34**

---

43 Vgl. *Mühlenberger/Schwinger*, Betriebliche Altersversorgung und sonstige Leistungen an Arbeitnehmer nach IFRS, München 2006, S. 179 ff.; *Bode/Bergt/Obenberger*, DB 2000, S. 1865 f.
44 Vgl. *Ganter* in Münchener Kommentar, Insolvenzordnung, Bd. I, 2. Aufl., § 47, Rz. 386; *Lwowski/Peter* in Münchener Kommentar, Insolvenzordnung, Bd. I, 2. Aufl., § 35, Tz. 126 ff.
45 Der Sicherungsfall, bei dessen Eintreten der Treuhänder dazu verpflichtet ist, das Treugut zur Erfüllung der gesicherten Arbeitnehmeransprüche zu verwerten, tritt gem. üblicher Definition im Treuhandvertrag ein, wenn ein Insolvenzverfahren gegen den Treugeber eröffnet wurde oder der Antrag auf Eröffnung eines Insolvenzverfahrens gestellt wurde.
46 Vgl. hierzu die gesetzliche Regelung des § 7e Abs.2 Satz 1 SGB IV, auf die der Rechtsausschuss des Bundestages in seiner Beschlussempfehlung und seinem Bericht zum BilMoG im Zusammenhang mit der Erfüllung der Voraussetzungen des § 246 Abs. 2 Satz 2 HGB verweist.
47 Vgl. *Cisch/Ulbrich*, BB 2009, S. 555.

gen sind (Insolvenzfestigkeit) wie dem Zugriff der Gläubiger eines von dem bilanzierungspflichtigen Unternehmen unabhängigen Rechtsträgers, auf den die Vermögensgegenstände ggf. übertragen wurden. Dieser enge Zusammenhang ist darin begründet, dass die Art und Weise der erforderlichen Vermögensseparierung durch das Erfordernis der Schaffung einer Insolvenzsicherung zugunsten der berechtigten Mitarbeiter beeinflusst wird.

35 Nach IAS 19.7 setzt die Anerkennung von Plan- bzw. Deckungsvermögen („*plan assets*") ebenfalls voraus, dass diese Vermögenswerte – auch im Fall des Insolvenzverfahrens des Arbeitgebers – nicht den Gläubigern des Unternehmens zur Verfügung stehen dürfen. Insoweit unterscheiden sich somit die Anforderungen der Rechnungslegungslegungsnormen gem. IFRS und HGB nicht, die an das saldierungspflichtige Deckungsvermögen gestellt werden. Im fachlichen Schrifttum ist umstritten, unter welchen Voraussetzungen Vermögensgegenstände nach dem deutschen Insolvenzrecht die geforderte Insolvenzsicherheit für Zwecke der **internationalen Rechnungslegung** erfüllen, damit diese Vermögenswerte auch im Falle der Insolvenz des Arbeitgebers bzw. des Treuhänders zur Zahlung oder Finanzierung von Leistungen an Arbeitnehmer zur Verfügung stehen[48]. In Ermangelung einer gesetzlichen Definition ist insb. nicht eindeutig geklärt, ob die Insolvenzfestigkeit nach IFRS ein Absonderungs- oder zwingend ein Aussonderungsrecht des Begünstigten an einem Vermögensgegenstand voraussetzt und unter welchen Voraussetzungen und Gestaltungen dem Sicherungstreuhänder bzw. dem begünstigten Arbeitnehmer im Rahmen der verschiedenen CTA-Konstruktionen ein Absonderungsrecht an den zweckgewidmeten Vermögenswerten zusteht[49].

36 Diese nach IFRS bestehende Rechtsunsicherheit wird durch die Regelung des § 246 Abs. 2 Satz 2 erster Halbsatz HGB nunmehr in das **Handelsbilanzrecht** übertragen. In der Regierungsbegründung zum BilMoG wird zur Insolvenzfestigkeit des Deckungsvermögens nur gesagt, dass der Bilanzierende in jedem Einzelfall gesondert feststellen muss, ob und wann diese Voraussetzung erfüllt ist[50]. Ergänzend hierzu führt der Rechtsausschuss des Bundestages lediglich aus, dass soweit die Voraussetzungen des § 7e Abs. 2 SGB IV vorliegen (vgl. Tz. 24), auch für die Zwecke des § 246 Abs. 2 Satz 2 HGB davon ausgegangen werden kann, dass die Vermögensgegenstände dem Zugriff der übrigen Gläubiger entzogen sind[51].

37 Danach wird grds. ein Insolvenzschutz von Wertguthaben im Zusammenhang mit der Führung von Arbeitszeitkonten gegeben sein, wenn Vermögensmittel unter Ausschluss der Rückführung auf einen Dritten übertragen werden, der im Falle der Insolvenz des Arbeitgebers für die Erfüllung der Ansprüche der Arbeitnehmer einsteht. Diese Vorgaben werden nach der Gesetzesbegründung insb. durch **Treuhandmodelle** gewährleistet, wobei dort aber nähere Ausführungen zu der Ausgestaltung der Treuhandlösungen unterbleiben[52]. Darüber hinaus kann nach § 7e Abs. 2 SGB IV ein Insolvenzschutz

---

48 Vgl. *Mühlenberger/Schwinger*, Betriebliche Altersversorgung und sonstige Leistungen an Arbeitnehmer nach IFRS, München 2006, S. 49 ff.; *Bode/Bergt/Obenberger*, DB 2000, S. 1865 ff.; *Klemm*, DStR 2205, S. 1291 ff.; *Küppers/Louven/Schröder*, BB 2005, S. 763 ff.; *Küppers/Louven*, BB 2004, S. 337 ff.; *Passarge*, DB 2005, S. 2746 ff.; *Bode/Bergt/Obenberger*, DB 2000, S. 1864 ff.; *Mühlenberger/Schwinger/Wildner* in Thiele ua., Internationales Bilanzrecht – Rechnungslegung nach IFRS, Bonn-Berlin 2008, IAS 19, Rz. 234.
49 Vgl. *Hasenburg/Hausen*, Betrieb 2008, Beil. 1, S. 33; *Oser/Roß/Wader/Drögemüller*, WPg 2008, S. 677 f.
50 Vgl. Begr. RegE, BT-Drucks. 16/10067, S. 48.
51 Vgl. Begr. Beschlussempfehlung und Bericht des Rechtsausschusses, BT-Drucks. 16/12407, S. 85.
52 Vgl. Gesetzesentwurf zur Verbesserung der Rahmenbedingungen für die Absicherung flexibler Arbeitszeitregelungen (Entw. Flexi II), Drucksache 16/10289, S. 17.

auch auf eine andere Art und Weise erreicht werden, zB durch versicherungs- und schuldrechtliche **Verpfändungsmodelle**, die eine ausreichend Sicherung gegen Kündigung vorsehen[53].

Die nach § 246 Abs. 2 Satz 2 erster Halbsatz HGB geforderte Insolvenzfestigkeit setzt somit nach dem Wortlaut des Gesetzes, der Regierungsbegründung und nach den Ausführungen des Rechtsausschusses des Bundestages nicht zwingend voraus, dass das Deckungsvermögen auf eine juristisch selbständige Rechtsperson (Treuhänder) übertragen werden muss. Entscheidend für das Vorliegen von handelsrechtlichem Deckungsvermögen ist, ob andere Verfahrensweisen – zB die Verpfändung von Rückdeckungsversicherungsansprüchen oder von Vermögenswerten – ebenfalls zu einer **Insolvenzsicherung der Ansprüche** der Arbeitnehmer führen. **38**

Nach dem deutschen Insolvenzrecht gelten Ansprüche der Mitarbeiter dem Zugriff aller Gläubiger entzogen (erforderlicher Vollstreckungs- und Insolvenzschutz iSd. § 246 Abs. 2 Satz 2 erster Halbsatz HGB), wenn den Arbeitnehmern in der Insolvenz des zur Erfüllung ihrer Ansprüche verpflichteten Unternehmens entweder ein Aussonderungs- (§ 47 InsO) oder ein Absonderungsrecht (§ 49 InsO) an Vermögensgegenständen zusteht, die zur Befriedigung der Ansprüche verwendet werden können, und die Arbeitnehmer insoweit nicht Insolvenzgläubiger nach § 38 InsO sind[54]. Nach § 47 InsO liegt der rechtliche Wirkungsmechanismus in der **Aussonderung** (§ 47 InsO) darin, dass aufgrund eines dinglichen oder persönlichen Rechts der Gegenstand gar nicht zur Insolvenzmasse gehört[55]. Der Aussonderungsberechtigte kann nach allgemeinen zivilrechtlichen Grundsätzen vom Insolvenzverwalter die Herausgabe desjenigen Gegenstands (Sache oder Recht) verlangen, an dem das Aussonderungsrecht besteht. Der Aussonderungsberechtigte ist somit selbst dafür verantwortlich und kann frei darüber entscheiden, ob und in welcher Weise er den Vermögensgegenstand verwertet. **39**

Die rechtliche Natur der **Absonderung** (§ 49 InsO) besteht darin, dass der Vermögensgegenstand zwar in die Verwaltungsbefugnis des Insolvenzverwalters fällt, dem begünstigten Gläubiger jedoch ein Recht zur abgesonderten Befriedigung zusteht; der Absonderungsberechtigte hat hiernach Anspruch auf den Erlös[56], den der Insolvenzverwalter aus der Verwertung des jeweiligen Gegenstandes erzielt, an dem das Absonderungsrecht besteht[57]. **40**

Das Deckungsvermögen iSd. § 246 Abs. 2 Satz 2 erster Halbsatz HGB soll gewährleisten, dass die Altersversorgungsansprüche sowie vergleichbare langfristige Ansprüche der Arbeitnehmer auch bei Insolvenz des Unternehmens erfüllt werden können. Dabei ist es nebensächlich, ob im Falle der Insolvenz des Arbeitgebers die **Vermögensgegenstände selbst** oder die **Erlöse aus ihrer Veräußerung/Verwertung** zur Begleichung der Arbeitnehmeransprüche eingesetzt werden. Entscheidend ist, dass nicht nur bei **41**

---

53 Vgl. Gesetzesentwurf zur Verbesserung der Rahmenbedingungen für die Absicherung flexibler Arbeitszeitregelungen (Entw. Flexi II), Drucksache 16/10289, S. 17.
54 Vgl. *WPH*[13], Bd. II, Abschn. L, Tz. 469 f.; *Küppers/Louven/Schröder*, BB 2005; S. 765 ff. mwN; *Ehricke* in Münchener Kommentar Insolvenzordnung, Bd. I, 2. Aufl., § 38. Rz. 6. Ein absonderungsberechtigter Gläubiger ist nur insoweit Insolvenzgläubiger, wie er aus dem zu seinen Gunsten verwertbaren Gegenstand nicht die volle Befriedigung erlangt.
55 Vgl. *Ganter* in Münchener Kommentar Insolvenzordnung, Bd. I, 2. Aufl., § 47, Rz. 6. Die **Aussonderung** bedeutet somit die haftungsrechtliche Trennung von der Insolvenzmasse. Veräußert der Aussonderungsberechtigte den betreffenden Vermögensgegenstand, kann der Insolvenzverwalter von dem Veräußerungserlös nichts zur Insolvenzmasse ziehen. Das **Absonderungsrecht** räumt dem Berechtigten im Vorzugsrecht an einem Vermögensgegenstand ein, obwohl dieser haftungsrechtlich der Insolvenzmasse zuzuordnen ist.
56 Gem. §§ 170 f. InsO nach Abzug der insolvenzrechtlichen Verwertungskosten.
57 Vgl. *WPH 2008*, Bd. II, 13. Aufl., Abschn. L, Tz. 516.

einem Aussonderungs-, sondern auch bei einem Absonderungsrecht nach §§ 49-52 InsO die Vermögensgegenstände bzw. ihr Gegenwert den Arbeitnehmern und nicht den sonstigen Insolvenzgläubigern zukommen. Somit spricht Vieles dafür, dass nicht nur ein Aussonderungs- sondern auch ein Absonderungsrecht zur Erfüllung des Kriteriums der Insolvenzfestigkeit iSd. § 246 Abs. 2 Satz 2 HGB als ausreichend angesehen werden kann[58].

42 Verpfändungen von Vermögensgegenständen einschl. Forderungen begründen grds. ein Absonderungsrecht[59]. Dies gilt nach der herrschenden Literaturmeinung auch für die Übertragung von Vermögensgegenständen auf einen rechtlich selbständigen Rechtsträger im Rahmen einer sog. doppelseitigen Treuhandlösung oder anderer Treuhandmodelle (auch „**CTA-Modelle**" genannt)[60]. Aufgrund der Vielzahl der unterschiedlichen Treuhand- und Verpfändungsmodelle ist jedoch die Beurteilung der Insolvenzfestigkeit in jedem Einzelfall erforderlich. Eine höchstrichterliche Rechtsprechung hinsichtlich der Gewährleistung eines Vollstreckungs- und Insolvenzschutzes im Rahmen von CTA-Modellen ist bislang noch nicht erfolgt. Daher kann nicht ausgeschlossen werden, dass die Treuhandmodelle in einem konkreten Einzelfall vom BGH abweichend zu der hier vertretenen Auffassung beurteilt werden und die angestrebte Insolvenzfestigkeit trotz Bestehens eines Absonderungsrechts nicht bestätigt wird[61].

43 Sofern bei Erklärungen einer **Erfüllungsübernahme** im Innenverhältnis oder eines **Schuldbeitritts** durch Dritte im Zusammenhang mit Pensionsverpflichtungen die Voraussetzungen für die Anerkennung von Deckungsvermögen nach § 246 Abs. 2 Satz 2 erster Halbsatz HGB nicht vorliegen, finden die bislang schon geltenden allgemeinen handelsrechtlichen Bilanzierungs- und Bewertungsgrundsätze weiterhin Anwendung[62].

d. Ausschließliches Dienen zur Erfüllung von Schulden aus Altersversorgungsverpflichtungen und ähnlichen Verpflichtungen

44 Zur erforderlichen dauerhaften Zweckexklusivität des Deckungsvermögens wird auf Tz. 23 ff. verwiesen. Da Gegenstände des saldierungspflichtigen Deckungsvermögens nur zur Begleichung der begünstigten Mitarbeiteransprüche zu verwenden sind, müssen diese jederzeit zur Zahlung oder Finanzierung von Versorgungsleistungen uä. an

---

58 Vgl. *Ganter* in Münchener Kommentar Insolvenzordnung, Bd. I, 2. Aufl., § 46, Tz. 389; *Hasenburg/Hausen*, DB 2009, Beil. 5, S. 42. Diese Auffassung wird von der herrschenden Meinung auch im Zusammenhang mit den Anforderungen an die Insolvenzfestigkeit von Treuhandmodellen uä. zur Anerkennung von *plan assets* gem. IAS 19.7. vertreten; vgl. hierzu *Mühlberger/Schwinger*, Betriebliche Altersversorgung und sonstige Leistungen an Arbeitnehmer nach IFRS, München 2006, S. 49 ff.; *Küppers/Louven/Schröder*, BB 2005, S. 763 ff.; *Küppers/Louven*, BB 2004, S. 337 ff.; *Passarge*, DB 2005, S. 2746 ff.; aA: für das Erfordernis eines Aussonderungsrechts im Rahmen von Treuhandkonstruktionen zur Gewährung der Insolvenzfestigkeit ua. *Bode/Bergt/Obenberger*, DB 2000, S. 1865 mwN. Auch im Rohentwurf der Stellungnahme des IDW zur Bilanzierung von Altersversorgungsverpflichtungen (IDW ERS HFA 30; vgl. Fußnote Nr. 13) wird die hier dargelegte Auffassung zur Insolvenzfestigkeit von Gegenständen des Deckungsvermögens vertreten.
59 Vgl. *Ganter* in Münchener Kommentar Insolvenzordnung, Bd. I, 2. Aufl., vor §§ 49-52, Tz. 16 ff.
60 Vgl. *Ganter* in Münchener Kommentar Insolvenzordnung, Bd. I, 2. Aufl., § 47, Rz. 386 ff.; vgl. hierzu auch *Mühlberger/Schwinger*, Betriebliche Altersversorgung und sonstige Leistungen an Arbeitnehmer nach IFRS, München 2006, S. 49 ff.; *Küppers/Louven/Schröder*, BB 2005, S. 763 ff.; *Küppers/Louven*, BB 2004, S. 337 ff.; *Passarge*, DB 2005, S. 2746 ff.
61 Vgl. *Hasenburg/Hausen*, DB 2008, Beil. 1, S. 33.
62 Vgl. *ADS*[6], § 246 HGB, Tz. 417 ff. mwN sowie HFA, FN-IDW 1996, S. 529. In dem Rohentwurf einer Stellungnahme des IDW zur Bilanzierung von Altersversorgungsverpflichtungen nach dem HGB idF des BilMoG wird weiterhin die Auffassung vertreten, dass die vom einem Unternehmen übernommene Freistellungsverpflichtung für Pensionsverpflichtungen eines anderen Unternehmens selbst keine Pensionsverpflichtung darstellt. Für Rückstellungen im Zusammenhang mit solchen Freistellungserklärungen gen findet somit die Vorschrift des § 246 Abs. 2 Satz 2 HGB keine Anwendung.

die berechtigten Mitarbeiter zur freien Verfügung stehen (**jederzeitige Verwertbarkeit**)[63]. Dies setzt voraus, dass die Vermögensgegenstände frei handel- und weiterveräußerbar[64] sind, deren Wert zuverlässig ermittelt werden kann und sie keinen Verfügungsbeschränkungen unterliegen, die die Verwendung der Vermögensgegenstände für die Erbringung von Leistungen an die Arbeitnehmer einschränken. Das Deckungsvermögen muss somit unbelastet von Rechten Dritter sein und bei Bedarf jederzeit in liquide Mittel umgewandelt werden können[65].

Die Möglichkeit einer jederzeitigen Verwertbarkeit von Vermögensgegenständen kann dann zweifelhaft sein, wenn die im Deckungsvermögen gehaltenen Vermögenswerte im Wesentlichen in **von dem Trägerunternehmen generierten Finanzinstrumenten** (zB Forderungen sowie Eigenkapital- und Fremdkapitalinstrumente) bestehen, da diese oftmals hinsichtlich ihrer freien Weiterveräußerbarkeit Beschränkungen unterliegen. 45

Kritisch ist es auch zu sehen, wenn im zweckgebundenen Vermögen vom Trägerunternehmen genutzte Vermögenswerte enthalten sind (zB auf einen Treuhänder rechtlich übertragene Gegenstände des Anlagevermögens, die vom Unternehmen weiter auf der Grundlage eines Miet- oder Leasingvertrages genutzt werden)[66], sofern diese zur Aufrechterhaltung des Geschäftsbetriebs benötigt werden. Durch die **Betriebsnotwendigkeit** der Vermögensgegenstände dienen diese nicht mehr ausschließlich der Erfüllung von bestimmten Verpflichtungen gegenüber Mitarbeitern, sondern auch dem laufenden Betrieb des Unternehmens. Diese mehrfache Zweckbestimmung führt dazu, dass unter der Prämisse der Unternehmensfortführung solche Vermögensgegenstände nicht mehr jederzeit zur Erfüllung von Schulden gegenüber Mitarbeitern zur Verfügung stehen. Beispielsweise wird dieser Tatbestand regelmäßig bei Vermögensgegenständen des betriebsnotwendigen Anlagevermögens gegeben sein, so dass diese grds. nicht zum Deckungsvermögen der Gesellschaft iSd. § 246 Abs. 2 Satz 2 erster Halbsatz HGB gehören können[67]. 46

III. Bilanzielle Folgen des § 246 Abs. 2 Satz 2 HGB

1. Saldierung von Vermögensgegenständen und Schulden

Bei Vorliegen sämtlicher Voraussetzungen des § 246 Abs. 2 Satz 2 erster Halbsatz HGB sind die zweckbestimmten Vermögensgegenstände nicht mehr auf der Aktivseite der Bilanz anzusetzen, sondern mit den Altersversorgungsverpflichtungen (einschl. der vergleichbaren langfristigen Verpflichtungen) zu saldieren, zu deren Erfüllung sie ausschließlich bestimmt sind. Für den Bilanzierenden besteht insoweit kein Saldierungswahlrecht, sondern die entsprechenden Bilanzposten sind zwingend zu verrechnen (**Saldierungsgebot**). Durch diesen saldierten Ausweis soll der Bilanzleser darüber informiert werden, in welcher Höhe die genannten langfristigen Verpflichtungen gegenüber Arbeitnehmern das Unternehmen zukünftig noch voraussichtlich wirtschaftlich belasten werden[68]. 47

---

63 Vgl. Begr. Beschlussempfehlung und Bericht des Rechtsausschusses, BT-Drucks. 16/12407, S. 84 f.
64 Vgl. hierzu auch IDW RS HFA 2, Tz.89
65 Vgl. *Passarge*, DB 2005, S. 2749.
66 Vgl. IDW RS HFA 2, Tz. 76 ff.; *Mittermaier/Böhme*, BB 2006, S. 204 ff.
67 Vgl. Begr. Beschlussempfehlung und Bericht des Rechtsausschusses, BT-Drucks. 16/12407, S. 85.
68 Vgl. *Küting/Kessler/Keßler*, WPg 2008, S. 752.

| C | Vermögensgegenstände des Deckungsvermögens | §§ 246, 253, 255, 266 HGB |

48 Diese vorgeschriebene Saldierung entspricht methodisch der schon bisher praktizierten Verfahrensweise bei der Ermittlung des handelsrechtlichen Fehlbetrages aus einer **mittelbaren Versorgungszusage,** für den nach Art. 28 Abs. 1 Satz 2 EGHGB ein handelsrechtliches Passivierungswahlrecht besteht (vgl. Tz. 90 f.)[69].

49 Nicht gesetzlich eindeutig geregelt ist, ob die Saldierung – in Analogie zum Einzelbewertungsgrundsatz – eine direkte Zuordnung von Vermögensgegenständen zu jeder einzelnen Verpflichtung gegenüber einem bestimmten Arbeitnehmer erfordert. Vor einer Verrechnung des Deckungsvermögens mit den dazugehörigen Schulden nach § 246 Abs. 2 Satz 2 erster Halbsatz HGB sind zunächst die einzelnen Schulden (idR personenbezogen) und die Vermögensgegenstände (idR sachbezogen) nach § 252 Abs. 1 Nr. 3 HGB (dh. brutto) auf der Grundlage des § 253 HGB **einzeln zu bewerten.** Weder aus dem Gesetzeswortlaut noch aus der Gesetzesbegründung ergibt sich ein Hinweis darauf, dass diese Bilanzierungs- und Bewertungsgrundsätze durch die Ausweisvorschrift des § 246 Abs. 2 Satz 2 HGB durchbrochen bzw. eingeschränkt werden sollten.

50 Darüber hinaus ist zu berücksichtigen, dass nicht immer eine exakte, objektive und willkürfreie **Zuordnung von einzelnen Vermögensgegenständen** des Deckungsvermögens zu den einzelnen mitarbeiterbezogenen Verpflichtungen möglich ist[70]. Auch der gesetzlich verankerte Grundgedanke der Saldierungsvorschrift des § 246 Abs. 2 Satz 2 HGB, dass Vermögen, das letztlich der Haftungsmasse des Unternehmens entzogen ist, nicht in der Bilanz ausgewiesen werden muss[71], bedingt keine Einzelzurechnung von zweckgebundenem Vermögen zu einer mitarbeiterbezogenen Verpflichtung. Eine Gesamtbetrachtung der Verpflichtungen mit den dazugehörigen Vermögensgegenständen erfüllt diese Zielsetzung in vollem Umfang[72] und ist als handelsrechtlich zulässig anzusehen.

51 Existieren in einem Unternehmen **mehrere Versorgungspläne,** die unterschiedlich finanziert werden (zB eine arbeitgeberfinanzierte und daneben eine durch Gehaltsumwandlung arbeitnehmerfinanzierte Leistungszusage, wobei nur die letztgenannte durch bestimmte, an die Mitarbeiter verpfändete Vermögensgegenstände (Deckungsvermögen) unterlegt ist), ist für die Festlegung des Saldierungsbereichs eine Zuordnung der zweckgebundenen Vermögensgegenstände zu den dazugehörigen Verpflichtungen auf der Grundlage einer Gesamtbetrachtung erforderlich. Pensionsverpflichtungen, die nicht in der erforderlichen kausalen Beziehung zum zweckgebundenen Vermögen stehen, dürfen nicht mit in den Saldierungsbereich einbezogen werden.

2. Bewertung des Deckungsvermögens und der dazugehörigen Verpflichtungen nach dem Grundsatz der Einzelbewertung

a. Bewertung der Altersversorgungsverpflichtungen (§ 253 Abs. 1 Satz 2)

52 Vor der Verrechnung des zweckgebundenen Vermögens mit den dazugehörigen Altersversorgungsverpflichtungen oder vergleichbaren langfristig fälligen Verpflichtungen sind die entsprechenden Aktiv- und Passivposten grds. getrennt voneinander nach dem Grundsatz der **Einzelbewertung** (§ 252 Abs. 1 Nr. 3 HGB) zu bewerten, da der Verpflichtungsumfang sich im Regelfall nicht nach dem Wert des Deckungsvermögens

---

69 Vgl. IDW St HFA 2/1988, Abschn. 5; *ADS*[6], § 253 HGB, Tz. 333.
70 Vgl. Begr. Beschlussempfehlung und Bericht des Rechtsausschusses, BT-Drucks. 16/12407. S. 84 f.
71 Vgl. Begr. RegE, BT-Drucks. 16/10067, S. 35.
72 Vgl. Begr. RegE, BT-Drucks. 16/10067, S. 48 f.

richtet[73]. Die Zweckbindung zwischen dem Deckungsvermögen und den dazugehörigen Verpflichtungen bezieht sich allein auf die ausschließliche Verwendung der Mittel zur Erfüllung von Altersversorgungs- oder ähnlichen Verpflichtungen. Durch die Regelung des § 246 Abs. 2 Satz 2 HGB wird dem Unternehmen nicht vorgeschrieben, in welchem Umfang und wie die Finanzierung und der Insolvenzschutz von Versorgungszusagen sicherzustellen und wie die Altersversorgungszusagen auszugestalten sind. Hierin ist das Unternehmen grundsätzlich frei.

Danach sind die Schulden vor der Verrechnung nach § 246 Abs. 2 Satz 2 HGB nach § 253 Abs. 1 Satz 2 HGB zum **Erfüllungsbetrag** zu bewerten (vgl. im einzelnen Abschn. I Tz. 70 ff.). Richtet sich die Höhe der Verpflichtungen aufgrund der getroffenen Vereinbarungen ausschließlich nach dem beizulegenden Zeitwert von Wertpapieren, so sind die Rückstellungen hierfür – soweit sie eine Mindestverpflichtung übersteigen – nach § 253 Abs. 1 Satz 3 HGB zum beizulegenden **Zeitwert dieser Wertpapiere** anzusetzen (zu dieser vereinfachten Ermittlung des Erfüllungsbetrages einer Schuld vgl. Abschn. I Tz. 95 ff.). 53

b. Bewertung des Deckungsvermögens (§ 253 Abs. 1 Satz 4)

Vermögensgegenstände, die dem Zugriff aller übrigen Gläubiger entzogen sind (vgl. Tz. 23 ff.) und ausschließlich der Erfüllung von Schulden aus Altersversorgungsverpflichtungen uä. dienen (vgl. Tz. 44 ff.), sind nach § 253 Abs. 1 Satz 4 HGB nach dem Grundsatz der Einzelbewertung mit ihrem **beizulegenden Zeitwert** anzusetzen. Eine Beschränkung des Wertansatzes des zweckgebundenen Vermögens auf den Buchwert der dazugehörigen Schulden – wie noch in dem Regierungsentwurf zum BilMoG vorgesehen[74] – sieht das Gesetz nun nicht mehr vor. Bei der Bewertung der Gegenstände des Deckungsvermögen zum Zeitwert ist der Grundsatz der Einzelbewertung (§ 252 Abs. 1 Nr. 3 HGB) zu beachten. 54

Der Begriff des **beizulegenden Zeitwertes** ist in § 255 Abs. 4 HGB definiert (vgl. auch die entsprechenden Ausführungen in Abschn. V). Danach entspricht der beizulegende Zeitwert grds. dem Marktpreis. Im Gegensatz zum (niedrigeren) beizulegenden Wert nach § 253 Abs. 3 und 4 HGB verkörpert der beizulegende Zeitwert einen Wertansatz, der keine unternehmensspezifischen Faktoren oder Synergieeffekte berücksichtigt[75], sondern grds. auf den Preis abstellt, der sich an einem Markt für einen bestimmten Vermögensgegenstand unter fremden Dritten bildet[76]. 55

Zur Ermittlung des beizulegenden Zeitwerts[77] sieht § 255 Abs. 4 Satz 1 bis 3 HGB ein abgestuftes Verfahren vor. Bei Vorliegen der Voraussetzungen (1. Stufe; § 255 Abs. 4 Satz 1 HGB) bestimmt sich der beizulegende Zeitwert eines Vermögensgegenstandes als **Preis auf einem aktiven Markt** (vgl. im Einzelnen Abschn. V). Ein aktiver Markt liegt dann vor, wenn der Marktpreis eines Vermögensgegenstandes an einer Börse, von einem Händler, von einem Broker, von einer Branchengruppe, von einem Preisberechnungsservice oder von einer Aufsichtsbehörde leicht und regelmäßig erhältlich ist und 56

---

73 Zur Bewertung von Altersversorgungsverpflichtungen im Zusammenhang mit Sachleistungsverpflichtungen oder Bewertungseinheiten vgl. Tz.69 ff.
74 Vgl. Begr. RegE, BT-Drucks. 16/10067, S. 54.
75 Vgl. zum Begriff des beizulegenden Wertes zB IDW RS HFA 10, Tz. 4 ff.; IDW S 1 idF 2008, Tz. 13 ff.; *ADS*⁶, § 253 HGB, Tz. 452 ff.
76 Vgl. IDW RH HFA 1.005, Tz. 7 ff.
77 Vgl. zur Ermittlung des beizulegenden Zeitwertes auch: IDW S1 idF 2008; IDW RS HFA 10; IDW RS HFA 1.005, Tz. 7 ff.; *Küting/ Trappmann/ Ranker*, Gegenüberstellung der Bewertungskonzeption von beizulegenden Wert und *Fair Value* im Sachanlagevermögen, DB 2007, S. 1709 -1716.

auf aktuellen und regelmäßig auftretenden Markttransaktionen zwischen unabhängigen Dritten beruht[78].

57 Besteht für einen Vermögensgegenstand kein aktiver Markt, so ist der Marktpreis näherungsweise mit Hilfe allgemein **anerkannter Bewertungsmethoden** zu bestimmen (2. Stufe; § 255 Abs. 4 Satz 2 HGB). In diesem Zusammenhang könnte auf Marktpreise zurückgegriffen werden, die sich in vergleichbaren Geschäftsvorfällen in der jüngsten Vergangenheit zwischen vertragswilligen und unabhängigen Geschäftspartnern ergeben haben; zum anderen können auch anerkannte wirtschaftliche Bewertungsmethoden (zB *Discounted Cash-Flow*-Verfahren, Optionspreismodelle) zur Wertermittlung herangezogen werden[79].

58 Kann mit Hilfe dieser anerkannten Bewertungsmethoden ein Marktpreis und damit ein beizulegende Zeitwert für Gegenstände des Deckungsvermögens nicht oder nicht mehr verlässlich bestimmt werden, so sind deren Anschaffungs- oder Herstellungskosten unter Beachtung des § 253 Abs. 4 HGB (sog. „strenges Niederstwertprinzip") fortzuführen (3. Stufe)[80]. Voraussetzung zur Anwendung der Bewertung nach § 255 Abs. 4 Satz 3 HGB ist somit nicht, dass sich der beizulegende Zeitwert überhaupt nicht nach § 255 Abs. 4 Satz 1 und 2 HGB bestimmen lässt, sondern dass eine **verlässliche Ermittlung des beizulegenden Zeitwertes** nach den genannten Vorschriften nicht möglich ist[81]. Durch diese Vorschrift soll unter Beachtung des Vorsichtsprinzips ausgeschlossen werden, dass Vermögensgegenstände des Deckungsvermögens auf der Grundlage nicht eindeutiger und damit unsicherer Bewertungsparameter zu Werten angesetzt werden, die deren (fortgeführte) Anschaffungs- oder Herstellungskosten überschreiten. Wann eine Wertermittlung nicht verlässlich ist, nennt die Regierungsbegründung nur beispielhaft, nämlich dann, wenn die angewandte Bewertungsmethode zu einer Bandbreite möglicher Werte führt, die Abweichung der Werte voneinander signifikant ist und eine Gewichtung der Werte nach Eintrittswahrscheinlichkeiten nicht sinnvoll möglich ist, dh. also deren Eintrittswahrscheinlichkeiten nicht verlässlich beurteilt werden können[82]. Ob die Voraussetzungen zur Anwendung des § 255 Abs. 4 Satz 3 HGB vorliegen, kann nicht generell vorgegeben werden, sondern ist im Einzelfall zu beurteilen.

59 Ausgangspunkt zur Ermittlung der Wertansätze für Vermögensgegenstände des Deckungsvermögens nach § 255 Abs. 4 Satz 3 HGB (3. Stufe) sind grundsätzlich deren **Anschaffungs- oder Herstellungskosten** nach § 255 Abs. 1 bzw. Abs. 2 HGB. Wurden die Vermögensgegenstände des zweckgebundenen Vermögens bereits an dem vergangenen Bilanzstichtag nach § 255 Abs. 4 Satz 1 oder 2 HGB bewertet, so gilt abweichend hierzu dieser zuletzt ermittelte Wertansatz als Anschaffungs- oder Herstellungskosten iSd. § 255 Abs. 4 Satz 3 HGB (§ 255 Abs. 4 Satz 4 HGB).

60 Im Rahmen der Folgebewertung sind die Gegenstände des Deckungsvermögens nach dem für das Umlaufvermögen geltenden **strengen Niederstwertprinzip** ggf. auf den niedrigeren beizulegenden Wert[83] abzuwerten (§ 255 Abs. 4 Satz 3 iVm. § 253 Abs. 4 HGB). Nach dem Gesetzeswortlaut gilt dies unabhängig davon, ob der Vermögensgegenstand im Umlaufvermögen oder im Anlagevermögen ausgewiesen wird. Das Wahl-

---

[78] Vgl. Begr. RegE, BT-Drucks. 16/10067, S. 61.
[79] Vgl. Begr. RegE, BT-Drucks. 16/10067, S. 61; hierzu auch IDW RH HFA 1.005, Tz. 19 f.
[80] Vgl. *Kessler* in Kessler/Leinen/Strickmann, Bilanzrechtsmodernisierungsgesetz, S. 225.
[81] Vgl. Begr. RegE, BT-Drucks. 16/10067, S. 61; vgl. zu dieser Problematik auch *IDW*, Positionspapier des IDW zu Bilanzierungs- und Bewertungsfragen im Zusammenhang mit der *Subprime*-Krise, Dezember 2007, veröffentlicht auf der IDW-Website.
[82] Vgl. Begr. RegE, BT-Drucks. 16/10067, S. 61.
[83] Zu diesem Wertbegriff vgl. *ADS*[6], § 253 HGB Tz. 482 ff.

recht nach § 253 Abs. 3 Satz 4 HGB, bei Finanzanlagen bei einer voraussichtlich vorübergehenden Wertminderung auf eine außerplanmäßige Abschreibung zu verzichten, gilt bei Gegenständen des Deckungsvermögens somit nicht. § 253 Abs. 1 Satz 4 HGB stellt vielmehr auch für den Fall eines nicht verlässlich ermittelbaren Zeitwerts eine spezielle Bewertungsvorschrift dar, die den allgemeinen Grundsätzen für die Bewertung von Finanzanlagen nach § 253 Abs. 1 Satz 1 iVm. Abs. 3 HGB vorgeht.

Auch wenn § 255 Abs. 4 Satz 3 HGB nur eine Bewertung nach § 253 Abs. 4 HGB verlangt, stellt die Regierungsbegründung klar, dass die Bewertung des Deckungsvermögens auf der Grundlage des § 255 Abs. 4 Satz 3 HGB nach **sämtlichen Regeln für das Umlaufvermögen** zu erfolgen hat (vgl. auch Abschn. J Tz. 20 ff.)[84].Fallen somit die Gründe für eine außerplanmäßige Abschreibung nach § 253 Abs. 4 HGB in späteren Geschäftsjahren weg, besteht nach § 253 Abs. 5 iVm. Abs. 1 Satz 1 HGB ein Wertaufholungsgebot bis höchstens zu den nach § 255 Abs. 4 Satz 3 und 4 HGB ermittelten Anschaffungs- bzw. Herstellungskosten des Gegenstandes des Deckungsvermögens. 61

Zählen **abnutzbare Gegenstände** des Sachanlagevermögens zum Deckungsvermögen, deren Wertansätze nach § 255 Abs. 4 Satz 3 iVm. § 253 Abs. 4 HGB fortzuführen sind, so sind nur außerplanmäßige Abschreibungen auf den niedrigeren beizulegenden Wert nach § 253 Abs. 4 HGB und keine planmäßigen Abschreibungen nach § 253 Abs. 3 Satz 1 HGB zu erfassen (vgl. Tz. 61). Existieren im Rahmen des Niederstwerttests nach § 253 Abs. 4 HGB bei diesen abnutzbaren Vermögensgegenständen keine konkreten Hinweise auf Wertsteigerungen, so kann aus Vereinfachungsgründen davon ausgegangen werden, dass der im Berichtsjahr eingetretenen außerplanmäßige Werteverzehr (Verminderung des beizulegenden Wertes des Gegenstandes des Deckungsvermögens) den ansonsten zu verrechnenden planmäßigen Abschreibungen entspricht. 62

Da die Zeitwertbewertung des § 253 Abs. 1 Satz 4 HGB auf Gegenstände des Deckungsvermögens für Altersversorgungsverpflichtungen uä. beschränkt ist, sind die Vermögensgegenstände nach dem Wortlaut der Gesetzesbegründung wieder zu den fortgeführten Anschaffungskosten (dh. auf der Grundlage der allgemeinen handelsrechtlichen Bewertungsgrundsätze) in die Bilanz aufzunehmen, sofern diese in begründeten Ausnahmefällen nicht mehr ausschließlich der Erfüllung von bestimmten langfristigen Schulden gegenüber Arbeitnehmern dienen (**Zweckänderung** bzw. „**Entwidmung**" der Vermögensgegenstände)[85]. 63

Da nach der Zweckänderung die Spezialvorschrift des § 253 Abs. 1 Satz 4 HGB keine Anwendung mehr findet, sind Gegenstände des Anlagevermögens somit wieder nach den allgemeinen Regelungen des §§ 253 Abs. 1 Satz 1 iVm. 255 Abs. 3 HGB zu bewerten (vgl. Tz. 63). Aus diesem Grund muss der Kaufmann in seinem Rechnungswesen Vorkehrungen treffen, dass er nicht nur die ursprünglichen Anschaffungskosten der einzelnen Gegenstände des Deckungsvermögens jederzeit nachvollziehen (vgl. auch §§ 285 Nr. 25 und 314 Abs. 1 Nr. 17 HGB), sondern ggf. auch deren Fortführung nach den allgemeinen handelsrechtlichen Grundsätzen gewährleisten kann (**Nebenrechnung**). Im Falle einer Zweckänderung des Deckungsvermögens hat die ggf. erforderliche Wertanpassung der einzelnen Vermögensgegenstände erfolgswirksam zu erfol- 64

---

84 Vgl. Begr. RegE, BT-Drucks. 16/10067, S. 61.
85 Vgl. Begr. Beschlussempfehlung und Bericht des Rechtsausschusses, BT-Drucks. 16/12407. S. 85. Schwer verständlich erscheint es, warum im diesem Fall (Entwidmung) nicht die deutlich praktikabelere Lösung des § 255 Abs. 4 Satz 4 HGB gelten soll, nach der die zuletzt ermittelten Zeitwerte die Grundlage für die Folgebewertung nach dem Anschaffungskostenprinzip bilden (vgl. auch Tz. 59).

gen. Dies gilt auch dann, wenn Vermögensgegenstände, die der Kaufmann in der Vergangenheit bereits für andere Zwecke genutzt hat, erstmals ausschließlich nachweislich zur Erfüllung von Altersversorgungsverpflichtungen uä. bestimmt werden und daher in zulässiger Durchbrechung des Grundsatzes der Bewertungsstetigkeit zum beizulegenden Zeitwert zu bewerten sind (vgl. §§ 252 Abs. 1 Nr. 6, 284 Abs. 2 Nr. 3 HGB).

c. Wertpapiergebundene Versorgungszusagen (§ 253 Abs. 1 Satz 3)

65 Während Gegenstände des Deckungsvermögens nach 253 Abs. 1 Satz 4 HGB einzeln zum **beizulegenden Zeitwert** bewertet werden müssen, sind für die Altersversorgungsverpflichtungen (einschl. der diesen vergleichbaren langfristigen Verpflichtungen) grundsätzlich zunächst die nach vernünftiger kaufmännischer Beurteilung notwendigen **Erfüllungsbeträge** zu ermitteln (§ 253 Abs. 1 Satz 2 HGB), die mit dem vorgegebenen Zinssatz nach § 253 Abs. 2 HGB abzuzinsen sind (vgl. auch Abschn. I Tz. 85 ff.)[86]. Beide voneinander unabhängigen Bewertungskonzeptionen führen grundsätzlich zu unterschiedlichen Wertansätzen für die betroffenen Vermögensgegenstände und Schulden.

66 Eine Ausnahme ergibt sich jedoch dann, wenn sich der Wert der Altersversorgungsverpflichtungen ausschließlich nach dem beizulegenden Zeitwert von Wertpapieren[87] im Sinn des § 266 Abs. 2 A. III. 5 HGB bestimmt und dieser einen ggf. garantierten Mindestbetrag überschreitet. Dies gilt auch, wenn sich die Wertpapiere im Deckungsvermögen des Unternehmens (§ 246 Abs. 2 Satz 2 HGB) befinden. In diesem Fall sind nach § 253 Abs. 1 Satz 3 HGB auch die **Rückstellungen zum beizulegenden Zeitwert der Wertpapiere** zu bewerten, so dass sich der Aktiv- und der Passivposten in gleicher Höhe gegenüber stehen und sich nach der vorgeschriebenen Saldierung für die Altersversorgungsverpflichtungen ein Wertansatz von „Null" ergibt.[88]

67 Das gleiche handelsbilanzrechtliche Ergebnis könnte auch dadurch erreicht werden, dass sowohl die Wertpapiere als auch die wertpapiergebundenen Altersversorgungszusagen – in Analogie zur Bewertung von **Sachleistungsverpflichtungen** (einschl. Geldwertschulden), bei denen sich der Gegenstand der Verpflichtung schon im wirtschaftlichen Eigentum des Unternehmens befindet[89] – für sich betrachtet zu den Anschaffungskosten bzw. zum **Buchwert** der im Bestand befindlichen Vermögensgegenstände bewertet werden. Diesen Weg ist der Gesetzgeber im Rahmen der Festlegung der Einzelbewertungsgrundsätze für wertpapiergebundene Altersversorgungszusagen uä. so-

---

86 Vgl. hierzu bei wertpapiergebundenen Versorgungszusagen: *Rhiel/Veit*, StuB 2008, S. 510 f.
87 Diese besondere Verfahrensweise sollte auch dann gelten, wenn sich der Wert der Altersversorgungszusagen allein nach dem Wert einer (kongruenten) Rückdeckungsversicherung richtet. Auch in diesen Fällen liegt ein objektivierter Zeitwert in Höhe des von dem Versicherungsunternehmen gemeldeten Aktivwert vor (vgl. *Rhiel/Hirsch/Veit*, StuB 2007, S. 333 ff.) sowie *Höfer/Rhiel/Veit*, DB 2009, S. 1609.
88 In diesem Fall bedarf es somit nicht der Bildung einer Bewertungseinheit gem. § 254 HGB bzw. des Grundsatzes zur Bewertung einer Sachleistungsverpflichtung (vgl. Tz. 69 ff.),, um eine gleichlautende Bewertung des Vermögensgegenstandes und der dazugehörigen Verpflichtung zu erreichen und damit die Auswirkungen dieses Sachverhalts auf die Darstellung der Vermögens-, Finanz- und Ertragslage der Gesellschaft sachgerecht abzubilden; vgl. auch Abschn. I Tz. 95 ff. Die gleichlautende Bewertung der Altersversorgungsverpflichtungen uä. und der dazugehörigen Vermögensgegenstände setzt voraus, dass mit der Hingabe bzw. dem Entgelt aus der Veräußerung aller dieser Vermögenswerte die dann bestehenden Verpflichtungen vollumfänglich erfüllt werden können. Der Verpflichtungsumfang aus den Altersversorgungszusagen uä. bestimmt sich somit nach einem bestimmten Bestand an Vermögensgegenständen bzw. nach dessen Wertentwicklung. Soweit diese Voraussetzungen nicht gegeben sind, finden die Grundsätze zur Bewertung von Sachleistungsverpflichtungen bzw. von Bewertungseinheiten keine Anwendung.
89 Vgl. *ADS*⁶, § 253 HGB, Tz. 118 ff.

wie für die Bewertung des Deckungsvermögens jedoch nicht gegangen, sondern hat sich allein für die Zeitwertbewertung entschieden.

In Ermangelung besonderer Bewertungsvorschriften war nach der **bisherigen Rechtslage** im handelsrechtlichen Jahresabschluss bei wertpapiergebundenen Altersversorgungszusagen eine gleichlaufende Bewertung von Rückstellungen und im Bestand befindlichen Vermögensgegenständen, die dem Zugriff aller Gläubiger – mit Ausnahme dem der begünstigten Mitarbeiter – entzogen und ausschließlich der Erfüllung von Altersversorgungsverpflichtungen bestimmt waren, auf Grundlage der Einzelbewertungsvorschriften (§ 253 Abs. 1 HGB aF) grundsätzlich nicht zulässig[90]. Etwas anderes galt nur dann, wenn bei Leistungszusagen des Unternehmens, die sich nach der Höhe von Wertpapieren und anderen Vermögensgegenständen richteten, die sich im wirtschaftlichen Eigentum des Bilanzierenden befanden, die Grundsätze ordnungsmäßiger Buchführung zur Bilanzierung von Sachleistungsverpflichtungen[91] bzw. zur Bildung von Bewertungseinheiten[92] zur Anwendung gelangten. 68

3. Bewertungseinheiten und Sachleistungsverpflichtungen

Ist vereinbart, dass sich die **Höhe von Altersversorgungsverpflichtungen** (einschl. der vergleichbaren langfristigen Verpflichtungen) nach **Vermögensgegenständen** richtet, die sich im wirtschaftlichen Eigentum des Unternehmens befinden, so können die Voraussetzungen zur Bilanzierung von Sachleistungs- bzw. Geldwertverpflichtungen (vgl. Abschn. I Tz. 25 ff. und 103 ff.)[93] und zur Bildung von Bewertungseinheiten nach § 254 HGB (vgl. Abschn. H Tz. 3 ff.) erfüllt sein (Ausnahmen vom Grundsatz der Einzelbewertung). Dies gilt gelöst davon, ob die Vermögenswerte die Voraussetzungen für die Qualifikation als Deckungsvermögen nach § 246 Abs. 2 Satz 2 HGB erfüllen oder nicht. Liegen die Voraussetzungen für die genannten besonderen Bewertungsverfahren bzw. Sicherungsbeziehungen[94] vor, so gelangen abweichend zu den Grundsätzen der Einzelbewertung – vorbehaltlich einschränkender Gesetzesvorschriften – besondere Methoden zur Wertermittlung zur Anwendung (vgl. Abschn. I Tz. 104 mwN). 69

Besteht zwischen einer Schuld als Grundgeschäft und einem Finanzinstrument als Sicherungsinstrument eine **Bewertungseinheit** nach § 254 HGB, so sind Wertänderungen, die sich auf abgesicherte Risiken beziehen, grundsätzlich entweder überhaupt nicht zu erfassen (sog. „Einfrierungsmethode"; vgl. Abschn. H Tz. 103 ff.) oder sämtliche positiven und negativen Wertänderungen abzubilden (sog. „Durchbuchungsmethode"; vgl. Abschn. H Tz. 121 ff.). Bei Bildung einer Bewertungseinheit werden somit die Verpflichtung und der dazugehörige Vermögensgegenstand in gleicher Höhe angesetzt, soweit sich die gegenläufigen Wertänderungen bzw. Zahlungsströme ausgleichen. 70

---

90 Das Ungleichgewicht zwischen den Wertansätzen ergab sich insbesondere dadurch, dass zB Altersversorgungsverpflichtungen auf der Grundlage des § 253 Abs. 1 Satz 2 HGB aF iVm. IDW St HFA 2/1988 im handelsrechtlichen Jahresabschluss zum steuerlichen Teilwert gem. § 6a EStG angesetzt werden konnten und somit zu einem Verpflichtungsbetrag führten, der unterhalb der Anschaffungskosten der dazugehörigen Vermögensgegenstände lag.
91 Vgl. *ADS*[6], § 253 HGB, Tz. 118 ff.
92 Durch das BilMoG wurden die Grundsätze zur Bildung von Bewertungseinheiten in § 254 HGB kodifiziert.
93 Vgl. *ADS*[6], § 253 HGB, Tz. 118 ff.
94 Während die Grundsätze zur Bewertung von Sachleistungsverpflichtungen keine besonderen Anforderungen an den Vermögensgegenstand stellt, der im Zusammenhang mit der Erfüllung der Verpflichtung steht, setzt die Bildung von Bewertungseinheiten einen finanziellen Vermögensgegenstand als Sicherungsinstrument für die bestehende Schuld (Grundgeschäft) voraus.

71 Fraglich erscheint aber, ob bei einer nach § 254 HGB gebildeten Bewertungseinheit die sog. „**Einfrierungsmethode**" Anwendung finden darf, wenn im Rahmen der Einzelbewertung für die Altersversorgungsverpflichtung uä. die Spezialvorschrift des § 253 Abs. 1 Satz 3 HGB (Bewertung von Rückstellungen zum beizulegenden Zeitwert der Wertpapiere; vgl. Tz. 65 ff.) gelten würde. Wegen der für wertpapiergebundene Versorgungszusagen spezialgesetzlich vorgeschriebenen Zeitwertbewertung der Verpflichtungen ist die „Einfrierungsmethode" bei der handelsbilanziellen Abbildung von Bewertungseinheiten zwischen Finanzinstrumenten und Altersversorgungsverpflichtungen nicht zulässig. Dasselbe gilt, wenn Vermögensgegenstände des Deckungsvermögens in eine Bewertungseinheit einbezogen werden, weil in diesem Fall § 253 Abs. 1 Satz 4 HGB die Bewertung der Aktiva zum Zeitwert spezialgesetzlich vorschreibt.

72 Befindet sich der zur Erfüllung von **Sachleistungs- bzw. Geldwertverpflichtungen** (hier: Altersversorgungsverpflichtungen uä.) erforderliche Vermögensgegenstand bereits im Vermögen des verpflichteten Unternehmens, so folgt die Bewertung des Schuldpostens grundsätzlich dem Wertansatz des entsprechenden Vermögensgegenstandes (Anschaffungskosten bzw. niedriger beizulegender Wert nach § 253 Abs. 3 oder 4 HGB)[95]. Auch hier fordern aber die Sondervorschriften des § 253 Abs. 1 Satz 3 und 4 HGB eine Bewertung von Sachleistungs- oder Geldwertverpflichtungen und den zugehörigen Vermögensgegenständen mit ihrem beizulegenden Zeitwert, wenn es sich um wertpapiergebundene Zusagen oder um Vermögensgegenstände des Deckungsvermögens handelt.

4. Ausweis des Unterschiedsbetrages aus der Vermögensverrechnung

73 Durch die Vorschrift des § 246 Abs. 2 HGB wird kein neuer Bilanzposten für die Fälle geschaffen, in denen der Gesamtwert des Deckungsvermögens den Buchwert der zugehörigen Schulden unterschreitet (Unterdeckung). Zur Verdeutlichung der gesetzlich vorgeschriebenen Saldierung sollte eine Anpassung der entsprechenden Bezeichnung des **Passivpostens** in der Handelsbilanz auf der Grundlage der § 265 Abs. 1 und 6 HGB erfolgen (statt „Rückstellungen für Pensionen und ähnliche Verpflichtungen" nach § 266 Abs. 3 lit. B Nr. 1 HGB könnte die Postenbezeichnung bspw. „Rückstellungen für Pensionen und ähnliche Verpflichtungen nach Verrechnung des Deckungsvermögens" lauten)[96]. Von dieser Änderung der Postenbezeichnung bleibt die geforderte Anhangangabe nach § 285 Nr. 25 HGB (vgl. Tz. 97) unberührt.

74 Soweit die Zeitwerte des Deckungsvermögens den Erfüllungsbetrag der dazugehörigen Schulden nach den Grundsätzen der Einzelbewertung übersteigen (Überdeckung)[97], ist dieser Betrag nach § 246 Abs. 2 Satz 3 iVm. § 266 Abs. 2 E. HGB unter einem gesonderten **Aktivposten** („Aktiver Unterschiedsbetrag aus der Vermögensverrechnung") auszuweisen. Die fehlende Begrenzung der Zeitwertbewertung durch den dazugehörigen Verpflichtungsumfang sowie der gesonderte Ausweis einer „Überdeckung" dienen der Verbesserung der Informationsfunktion des Jahresabschlusses. Da der vorstehend genannte Aktivposten handelsrechtlich „nicht realisierte Erträge" aus

---

95 Vgl. *ADS*⁶, § 253 HGB, Tz. 123; vgl. auch Fußnote 88.
96 Übersteigt der Bilanzwert des Deckungsvermögens den Wert der dazugehörigen Schulden, so ist dieser Differenzbetrag gem. § 246 Abs. 2 Satz 3 HGB gesondert als „Aktiver Unterschiedsbetrag aus der Vermögensverrechnung" auszuweisen.
97 Unterstellt wird, dass die Voraussetzungen einer Sachleistungsverpflichtung bzw. einer Bewertungseinheit zwischen dem Deckungsvermögen und den dazugehörigen Verpflichtungen nicht vorliegen.

der Zeitwertbewertung nach § 253 Abs. 1 Satz 4 HGB enthält[98], verkörpert er kein Schuldendeckungspotenzial im handelsrechtlichen Sinn; da dieser Posten ebenfalls nicht selbstständig verwertbar ist, fehlen ihm die Eigenschaften eines Vermögensgegenstandes nach den handelsrechtlichen Vorschriften[99]. Dieser Aktivposten stellt einen Verrechnungsposten eigener Art dar, der nach § 268 Abs. 8 HGB ausschüttungsgesperrt ist (vgl. Abschn. N Tz. 28 ff.)[100].

Insb. im Zusammenhang mit einer Überdeckung von Altersversorgungsverpflichtungen durch ein auf einen Treuhänder ausgelagertes Deckungsvermögen im Rahmen einer CTA-Konstruktion (§ 246 Abs. 2 Satz 2 HGB; vgl. Tz. 29 ff.) mit der bereits erfolgten Absicherung von Versorgungsverpflichtungen durch eine Rückdeckungsversicherung, die sich ein Mitarbeiter erst zukünftig noch erdienen muss, sowie mit der Abgeltung von wirtschaftlich erst in der Zukunft durch die Arbeitsleistung der Mitarbeiter zu verursachenden Altersversorgungsansprüche uä. im Rahmen eines **Betriebsübergangs** nach § 613a BGB kann sich die Konstellation ergeben, dass das zu Anschaffungskosten (§ 253 Abs. 1 Satz 1 iVm. § 255 Abs. 1 HGB) bewertete Deckungsvermögen die dazugehörigen Pensionsverpflichtungen nach § 253 Abs. 1 Satz 2 HGB übersteigt. Zwar ist auch in diesem Fall das zweckgebundene Vermögen im Rahmen der Saldierung zum beizulegenden Zeitwert zu bewerten (§ 253 Abs. 1 Satz 4 HGB), jedoch erscheint es in diesen Fällen nicht sachgerecht, die gesamte Überdeckung in den Verrechnungsposten nach § 266 Abs. 2 E HGB einzubeziehen.

75

Diese hier betrachtete **Überdeckung** ist nicht bzw. nicht ausschließlich durch die Realisierung stiller Reserven im Rahmen der Zeitwertbewertung, sondern durch einen tatsächlichen Vermögenszufluss bzw. eine Vermögensumschichtung entstanden. In Höhe des positiven Unterschiedsbetrages zwischen den Anschaffungskosten des Deckungsvermögens und dem Erfüllungsbetrag der Verpflichtung (§ 253 Abs. 1 Satz 2 HGB) verfügt ein Unternehmen in diesen Fällen zum jeweiligen Bilanzstichtag unter den genannten Voraussetzungen über Vermögen, das die Voraussetzungen des § 246 Abs. 1 Satz 1 HGB für eine Aktivierung als **Vermögensgegenstand** erfüllt. Auch entspricht es nicht dem Sinn und Zweck der Vorschrift des § 268 Abs. 8 HGB, diesen Betrag einer Ausschüttungssperre zu unterziehen, da er nicht aus unrealisierten Erträgen resultiert[101].

76

Zum aktiven Unterschiedsbetrag bei einer **Sachleistungsverpflichtung** bzw. bei Vorliegen einer **Bewertungseinheit** vgl. Tz. 69 ff.

77

5. Saldierung von Aufwendungen und Erträgen

In Analogie zur Saldierung von Altersversorgungs- und ähnlichen Verpflichtungen mit den dazugehörigen zweckgebundenen Vermögensgegenständen sind nach § 246 Abs. 2 Satz 2 zweiter Halbsatz HGB die Aufwendungen und Erträge aus der nach § 253 Abs. 2 HGB vorzunehmenden Auf- und Abzinsung der Schulden (vgl. Abschn. I Tz. 39 ff. und 85 ff.) mit den dazugehörigen Erträgen und Aufwendungen aus dem Deckungsvermögens zu verrechnen. Die einzelnen verrechneten Aufwendungen und Erträge sind nach § 285 Nr. 25 bzw. § 314 Abs. 1 Nr. 17 HGB im **Anhang** bzw. **Konzernanhang** anzugeben (vgl. Abschn. O Tz. 218 ff. und Abschn. R Tz. 62 ff.).

78

---

98 Vgl. Begr. Beschlussempfehlung und Bericht des Rechtsausschusses, BT-Drucks. 16/12407. S. 85.
99 Vgl. *ADS*⁶, § 246 HGB, Tz. 26 ff.; Begr. Beschlussempfehlung und Bericht des Rechtsausschusses, BT-Drucks. 16/12407. S. 85.
100 Vgl. Begr. Beschlussempfehlung und Bericht des Rechtsausschusses, BT-Drucks. 16/12407. S. 85.
101 Vgl. hierzu auch *Rhiel/Veit*, DB 2008, S. 1510.

79 Erträge aus der **Abzinsung von Rückstellungen** sind nach § 277 Abs. 5 Satz 1 HGB grds. (dh. vor einer gesetzlich geforderten Verrechnung) in der Gewinn- und Verlustrechnung gesondert unter dem Posten „Sonstige Zinsen und ähnliche Erträge" (§§ 275 Abs. 2 Nr. 11 bzw. Abs. 3 Nr. 10 HGB) und Aufwendungen aus der **Aufzinsung** gesondert unter dem Posten „Zinsen und ähnliche Aufwendungen" (§§ 275 Abs. 2 Nr. 13 bzw. Abs. 3 Nr. 12 HGB) – dh. innerhalb des Zins- bzw. Finanzergebnisses[102] – auszuweisen[103]. Im Zusammenhang mit dem Ansatz und der Bewertung von Altersversorgungsverpflichtungen uä. unterliegt nach dem Wortlaut des § 246 Abs. 2 Satz 2 zweiter Halbsatz HGB nur diese Zinskomponente dem genannten Verrechnungsgebot in der Gewinn- und Verlustrechnung.

80 Soweit im Zusammenhang mit den genannten Verpflichtungen **andere Aufwendungen und Erträge** anfallen (zB Personalaufwand aus Versorgungsansprüchen, die sich der Mitarbeiter im betrachteten Berichtszeitraum erdient hat (sog. „Dienstzeitaufwand"), Rentenzahlungen, Erträge aus der Auflösung von Pensionsrückstellungen, Altersversorgungsaufwendungen im Zusammenhang mit der Erhöhung der Leistungen aus Versorgungsplänen) sind diese nach dem Wortlaut des § 246 Abs. 2 Satz 2 zweiter Halbsatz HGB unter Beachtung des Saldierungsverbotes des § 246 Abs. 2 Satz 1 HGB unverändert in dem jeweiligen Posten der Gewinn- und Verlustrechnung – vornehmlich unter den „Aufwendungen für Altersversorgung" im Personalaufwand (§ 275 Abs. 2 Nr. 6 lit. b HGB) und den „sonstigen betrieblichen Erträgen" (§§ 275 Abs. 2 Nr. 4 bzw. Abs. 3 Nr. 6 HGB) – auszuweisen.

81 Eine korrespondierende Einschränkung hinsichtlich der Verrechnungsmöglichkeit der verschiedenen **Aufwendungen und Erträge** im Zusammenhang mit dem **Deckungsvermögen** ergibt sich aus dem Wortlaut des § 246 Abs. 2 Satz 2 zweiter Halbsatz HGB nicht. Besteht – wie dies idR in der Praxis der Fall sein wird – das zweckgebundene Vermögen aus Finanzinstrumenten (zB Wertpapiere und Ausleihungen des Finanzanlagevermögens, Fest- und Termingeldanlagen), so sind die dazugehörigen laufenden Einnahmen grds. (dh. vor einer gesetzlich geforderten Verrechnung) unter den „Erträgen aus anderen Wertpapieren und Ausleihungen des Finanzanlagevermögens" (§ 275 Abs. 2 Nr. 10 HGB)" oder unter den „sonstigen Zinsen und ähnlichen Erträgen" (§ 275 Abs. 2 Nr. 11 HGB), dh. innerhalb des Finanzergebnisses zu erfassen.

82 Resultiert aus der Zeitwertbewertung der Vermögensgegenstände des Deckungsvermögens nach § 253 Abs. 1 Satz 4 HGB ein **Buchverlust**, kommt in Abhängigkeit von der Art des Finanzinstruments entweder ein Ausweis unter den „Abschreibungen auf Finanzanlagen und auf Wertpapiere des Umlaufvermögens" oder unter den „Sonstigen betrieblichen Aufwendungen" in Betracht (§ 275 Abs. 2 Nr. 12 bzw. Nr. 8 HGB). Entsteht ein **Buchgewinn**, ist dieser im Regelfall – ebenso wie die Erträge aus einer Zeitwertbewertung – unter den „Sonstigen betrieblichen Erträgen" auszuweisen.

83 Selbst wenn das Deckungsvermögen ausschließlich aus Finanzinstrumenten besteht, können somit in diesem Zusammenhang auch Aufwendungen und Erträge anfallen, die nicht dem Finanzergebnis zuzuordnen sind. Dies gilt erst recht, wenn zum zweckgebundenen Vermögen Gegenstände des Sachanlagevermögens gehören. Nach Auffas-

---

102 Gem. *ADS*[6], § 275 HGB, Tz. 48 umfasst das Zinsergebnis nach dem Gesamtkostenverfahren die Posten § 275 Abs. 2 Nr. 10, 11 und 13 HGB und nach dem Umsatzkostenverfahren die Posten § 275 Abs. 3 Nr. 9, 10 und 12 HGB der Gewinn- und Verlustrechnung. Das Finanzergebnis beinhaltet die Posten § 275 Abs. 2 Nr. 9-13 HGB bzw. § 275 Abs. 3 Nr. 8 – 12 HGB der Gewinn- und Verlustrechnung. Das Zinsergebnis ist somit ein Teil des Finanzergebnisses.
103 Die Vorschrift des § 277 Abs. 5 Satz 1 HGB regelt ausschließlich den Ausweis von Erträgen bzw. Aufwendungen aus der Abzinsung bzw. Aufzinsung von Rückstellungen, vgl. Begr. Beschlussempfehlung und Bericht des Rechtsausschusses, BT-Drucks. 16/12407, S 87.

sung des Rechtsausschusses des Deutschen Bundestages ergibt sich aus der Gesetzesformulierung des § 246 Abs. 2 Satz 2 zweiter Halbsatz HGB sowie aus § 277 Abs. 5 Satz 1 HGB, „dass Aufwendungen und Erträge aus der Abzinsung und aus dem zu verrechnenden Vermögen **nur innerhalb des Finanzergebnisses zu verrechnen** sind (§ 246 Abs. 2 Satz 2 iVm. § 277 Abs. 5 HGB)"[104]. Durch die vom Gesetzgeber vorgesehene Beschränkung des Saldierungsgebots auf das Finanzergebnis liegt es somit zunächst nahe, dass nicht sämtliche Aufwendungen und Erträge aus dem zweckgebundenen Vermögen einer Saldierung zugänglich sind, sondern nur diejenigen, die bei isolierter Betrachtung nach § 275 HGB innerhalb des Finanzergebnis auszuweisen sind. Danach würden zB Buchgewinne und -verluste aus der Veräußerung von Gegenständen des Deckungsvermögens sowie Wertminderungen und -erhöhungen im Zusammenhang mit der Zeitwertbewertung des zweckgebundenen Vermögens nicht in den Saldierungsbereich fallen.

Durch die **Abzinsungspflicht von Rückstellungen** nach § 253 Abs. 2 HGB soll zum Ausdruck gebracht werden, dass die in den Rückstellungen gebundenen Finanzmittel im Unternehmen investiert und daraus Erträge realisiert werden können[105]. Diese unterstellten Zinserträge, die erst zukünftig anfallen werden, vermindern somit nach der Auffassung des Gesetzgebers die Belastung aus den eingegangenen Altersversorgungsverpflichtungen und führen zum Zeitpunkt der Entstehung dieser langfristigen Verpflichtungen zu einer Abzinsung und damit zu einer Verringerung der dazugehörigen Rückstellungen bzw. des Verpflichtungsumfangs[106]. Fallen in der Folgezeit (fiktive oder tatsächliche) Erträge aus den gebundenen Finanzmitteln an, so werden diese teilweise durch Aufwendungen aus der Aufzinsung der Rückstellungen kompensiert[107]. 84

In den Fällen des § 246 Abs. 2 Satz 2 HGB verkörpert das Deckungsvermögen die Finanzmittel, die durch die Rückstellungen für Altersversorgungsverpflichtungen uä. an das Unternehmen gebunden sind. Auf der Grundlage dieses unterstellten engen Kausalzusammenhangs zwischen den Aufwendungen und Erträgen aus der Rückstellungsabzinsung (Barwertansatz) und den Erträgen aus dem zweckgebunden Vermögen kann gefolgert werden, dass **sämtliche Aufwendungen und Erträge** – sowohl einmalige als auch laufende – die **im Zusammenhang mit dem Deckungsvermögen** stehen, unter betriebswirtschaftlichen Gesichtspunkten unbeschadet ihrer sonst vorgeschriebenen Erfassung innerhalb der Gewinn- und Verlustrechnung mit in den Saldierungsbereich nach § 246 Abs. 2 zweiter Halbsatz HGB einbezogen werden sollten[108]. Aus der Gesetzesbegründung allein kann nicht zwingend gefolgert werden, dass nur solche Aufwendungen und Erträge im Zusammenhang mit dem Deckungsvermögen in den Saldierungsbereich einbezogen werden dürfen, die für sich betrachtet innerhalb des Finanzergebnisses auszuweisen wären. 85

Für diese Auffassung spricht auch der Gesetzeswortlaut des § 246 Abs. 2 Satz 2 zweiter Halbsatz HGB, nach dem die „zugehörigen Aufwendungen und Erträge aus dem zu verrechnenden Deckungsvermögen" in den Saldierungsbereich einzubeziehen sind. 86

---

104 Vgl. Begr. Beschlussempfehlung und Bericht des Rechtsauschusses, BT-Drucks. 16/12407. S. 84; zur Definition des „Finanzergebnisses" vgl. Tz. 79.
105 Vgl. Begr. RegE, BT-Drucks. 16/10067, S. 54.
106 Vgl. *Küting* in Küting/Pfitzer/Weber, Das neue Bilanzrecht, 2. Aufl., S. 328 ff.
107 Bei wirtschaftlicher Betrachtungsweise stellen die Aufwendungen aus der Aufzinsung von Rückstellungen eine Stornierung der vorverrechneten Zinserträge dar. Die fiktiven zukünftigen Zinserträge, die zu einer Abzinsung der Rückstellung führten, werden durch die tatsächlichen Erträge aus der Anlage der gebundenen Finanzmittel in der betrachteten Periode ersetzt.
108 Vgl. *Sartoris/Nöcker*, Gestaltende Steuerberatung 2009, Sonderdruck "Auswirkungen des BilMoG auf Pensionsverpflichtungen", S. 17; *Lüdenbach/Hoffmann*, StuB 2009, S. 297 f.; *Hasenburg/Hausen*, DB 2009, Beil. 5, S. 44.

Dieser Argumentation folgend führt die Vorschrift des § 246 Abs. 2 Satz 2 zweiter Halbsatz HGB im Ergebnis zu einem geänderten GuV-Ausweis von bestimmten Aufwendungen und Erträgen (Aufwands- und Ertragsarten) aus dem Deckungsvermögen. Diese sind nunmehr als Folge der Saldierung **innerhalb des Finanzergebnisses** auszuweisen, obwohl die Aufwendungen und Erträge grundsätzlich entsprechend ihrer Kosten- bzw. Erlösart in einem anderen GuV-Posten zu erfassen wären.

87 Daher können sämtliche Aufwendungen und Erträge, die in den Saldierungsbereich des § 246 Abs. 2 Satz 2 zweiter Halbsatz HGB fallen (vgl. Tz. 80 ff.), zu einem **Gesamtbetrag** zusammengefasst werden. Dieser Saldo ist – in Abhängigkeit vom Vorzeichen – gesondert entweder unter den Zinsaufwendungen oder den Zinserträgen zu zeigen (zB **Vorspaltenausweis**) oder durch einen „**Davon-Vermerk**" kenntlich zu machen[109]. Darüber hinaus muss es auch als zulässig angesehen werden, den saldierten Betrag in einem **gesonderten Posten** im Finanzergebnis (zB „Erträge aus dem Deckungsvermögen abzüglich Zinszuführung zu den Altersversorgungsrückstellungen uä.") auszuweisen (§ 265 Abs. 5 HGB).

6. Ausschüttungs- und Abführungssperre

88 Durch die **Bewertung des Deckungsvermögens** zum beizulegenden Zeitwert (§ 253 Abs. 1 Satz 4 HGB; vgl. Tz. 54 ff.) kann es zum handelsrechtlichen Ausweis nicht realisierter Gewinne kommen (zB stille Reserven in Wertpapieren aus Kurssteigerungen oder aus erzielten Erträgen bei thesaurierenden Investmentfonds). Das handelsrechtliche Anschaffungswertprinzip (§ 253 Abs. 1 Satz 1 HGB)[110], das Realisationsprinzip (§ 252 Abs. 1 Nr. 4 HGB) sowie die allgemeinen Grundsätze zur imparitätischen Bewertung von Vermögensgegenständen zum niedrigen beizulegenden Wert nach §§ 252 Abs. 1 Nr. 4 und 253 Abs. 3 HGB werden hierdurch zugunsten der Informationsfunktion und der Aussagefähigkeit des Jahresabschlusses außer Kraft gesetzt bzw. modifiziert[111]. Im Rahmen der Folgebewertung bilden somit – eine entsprechende Wertentwicklung vorausgesetzt – die Anschaffungskosten eines zweckgebundenen Vermögensgegenstandes nicht mehr die handelsrechtliche Wertobergrenze. Gegenstände des Anlagevermögens sind unter den Voraussetzungen des § 246 Abs. 2 Satz 2 HGB nach § 253 Abs. 1 Satz 4 HGB auch dann verpflichtend mit dem niedrigeren beizulegenden Zeitwert zum Stichtag anzusetzen, wenn der Bilanzierende nur von einer voraussichtlich vorübergehenden Wertminderung ausgeht.

89 Zur Vermeidung der Ausschüttung von unrealisierten Gewinnen durch die Bewertung des Deckungsvermögens zum beizulegenden Zeitwert und damit für Zwecke des Gläubigerschutzes hat der Gesetzgeber in § 268 Abs. 8 HGB und § 301 Satz 1 AktG eine sog. **Ausschüttungs- und Abführungssperre** eingeführt (Einzelheiten zur Ausschüttungssperre werden in Abschn. N Tz. 29 ff. erläutert). Hiernach dürfen Gewinne nur dann ausgeschüttet bzw. abgeführt werden, wenn die nach der Ausschüttung frei verfügbaren Rücklagen zuzüglich eines Gewinnvortrages und abzüglich eines Verlustvortrages mindestens der Differenz zwischen dem beizulegenden Zeitwert und den ursprünglichen Anschaffungskosten des Deckungsvermögens – ggf. abzüglich hierfür gebildeter passiver latenter Steuern – entsprechen[112]. Der Ausschüttungssperre unterliegt nicht nur der Betrag, der bei Überdeckung in den Verrechnungsposten auf der

---

109 Vgl. Begr. Beschlussempfehlung und Bericht des Rechtsausschusses, BT-Drucks. 16/12407. S. 84; *Lüdenbach/Hoffmann*, StuB 2009, S. 297.
110 Vgl. *ADS*, 6. Aufl., § 253 HGB Tz. 32 ff.
111 Vgl. *Küting* in Küting/Pfitzer/Weber, Das neue Bilanzrecht, 2. Aufl., S. 355 ff.
112 Vgl. Begr. Beschlussempfehlung und Bericht des Rechtsausschusses, BT-Drucks. 16/12407. S. 87.

Aktivseite der Bilanz einzustellen ist[113], sondern der Gesamtbetrag der im Rahmen der Zeitwertbewertung gehobenen stillen Reserven (abzüglich hierauf entfallender latenter Steuern).

Die Saldierung des Deckungsvermögens mit den dazugehörigen unmittelbaren Pensionsverpflichtungen nach § 246 Abs. 2 Satz 2 erster Halbsatz HGB entspricht der Verfahrensweise bei der Ermittlung des **Fehlbetrages** aus einer **mittelbaren Versorgungszusage**[114] im Rahmen des Art. 28 Abs. 1 Satz 2 EGHGB. Aus der Sicht des Arbeitgebers ergibt sich diese Unterdeckung als Differenz aus der Pensionsverpflichtung und dem dazugehörigen (anteiligen) zweckgebundenen Vermögen der Versorgungseinrichtung, das zu Zeitwerten zu bewerten ist[115]. Das Unternehmen kann diese Unterdeckung in Ausübung des Wahlrechts des Art. 28 Abs. 1 Satz 2 iVm. Abs. 2 EGHGB weiterhin entweder als Rückstellung nach § 249 Abs. 1 Satz 1 HGB passivieren oder im (Konzern-)Anhang angeben. 90

Im Falle der **Passivierung des Unterdeckungsbetrages** resultiert der Wertansatz dieses Saldos aus einer Rückstellungsbewertung nach § 253 Abs. 1 Satz 2 HGB, die in Höhe des nach den vernünftigen kaufmännischer Beurteilung notwendigen Erfüllungsbetrages zu erfolgen hat. Unter Zugrundelegung der Verhältnisse zum jeweiligen Bilanzstichtag wird das Unternehmen (Arbeitgeber) in Höhe des anteiligen Zeitwertes des Vermögens der Versorgungseinrichtung voraussichtlich weder finanziell noch wirtschaftlich aus der mittelbaren Versorgungszusage belastet werden (mangelnde Inanspruchnahme), so dass dieser Vorteil bei der handelsrechtlichen Rückstellungsbewertung zu berücksichtigen ist[116]. 91

Bei Passivierung der Unterdeckung für eine mittelbare Versorgungszusage könnte fraglich sein, ob die nicht realisierten Erträge aus der Zeitwertbewertung des (anteiligen) Vermögens der Versorgungseinrichtung (Differenz zwischen den beizulegenden Zeitwerten und den Anschaffungskosten des jeweiligen Versorgungsvermögens) bei dem Unternehmen in analoger Anwendung des § 268 Abs. 8 HGB einer **Ausschüttungssperre** unterliegen. Die Vermögensgegenstände der Versorgungseinrichtung (zB Pensions-, Unterstützungskasse oder Pensionsfonds) befinden sich grds. nicht im rechtlichen und wirtschaftlichen Eigentum des einzelnen Mitgliedsunternehmens. Daher findet für den Arbeitgeber bzw. das Unternehmen weder die Vorschrift des § 246 Abs. 2 Satz 2 HGB, noch die Regelung des § 253 Abs. 1 Satz 4 HGB (Zeitwertbewertung des zweckgebundenen Vermögens) und damit ebenfalls nicht die Ausschüttungssperre des § 268 Abs. 8 HGB Anwendung. Obwohl sich die Finanzierung einer unmittelbaren Versorgungszusage durch zweckgebundenes Vermögen des Unternehmens bei wirtschaftlicher Betrachtungsweise nicht von der mittelbaren Finanzierung einer Altersversorgungszusage über einen externen rechtlich selbständigen Versorgungsträger unterscheidet, greift somit im Rahmen der Ermittlung der Unterdeckung aus der mittelbaren Versorgungszusage nach den gesetzlichen Regelungen nicht die Ausschüttungs- und Abführungssperre des § 268 Abs. 8 HGB ein. 92

Werden im Rahmen der sog. „Durchbuchungsmethode" im Rahmen einer **Bewertungseinheit** nach § 254 HGB (vgl. Abschn. H Tz. 70 f.) sowohl der Vermögens- als auch der Schuldposten zum beizulegenden Zeitwert des zweckgebundenen Vermögens bewertet, so findet auch die Ausschüttungs- bzw. Abführungssperre nach § 268 Abs. 8 93

---

113 Vgl. Begr. Beschlussempfehlung und Bericht des Rechtsausschusses, BT-Drucks. 16/12407. S. 85.
114 Zum Begriff der mittelbaren Versorgungszusage vgl. IDW St HFA 2/1988, Abschn. 2.
115 Vgl. IDW St HFA 2/1988, Abschn. 5.
116 Vgl. ADS⁶, 253 HGB, Tz. 187; IDW RS HFA 4, Tz. 19; *Küting/Kessler/Keßler*, WPg 2008, S. 501 f.

HGB wohl keine Anwendung, da unrealisierte Gewinne aus der Zeitwertbewertung des Vermögens durch die Zuführungen zu den Altersversorgungsverpflichtungen uä. neutralisiert werden. Es bedarf somit in diesen Fällen nicht einer Ausschüttungssperre, da das Jahresergebnis des Unternehmens durch die Hebung von stillen Reserven aus der Zeitwertbewertung des Zweckvermögens im Ergebnis nicht beeinflusst wird.

IV. Latente Steuern

94 Im Zuge der Änderung der handelsrechtlichen Vorschriften durch das BilMoG wird durch die neue Regelung des § 5 Abs. 1a Satz 1 EStG klargestellt, dass für Zwecke der Steuerbilanz Posten der Aktivseite nicht mit Posten der Passivseite verrechnet werden dürfen. Ausnahmen hiervon sind nicht geregelt. Insoweit entfaltet das **handelsrechtliche Verrechnungsgebot** des § 246 Abs. 2 Satz 2 HGB steuerrechtlich keine Auswirkung.

95 Steuerrechtlich hat auch die **Zeitwertbewertung** des Deckungsvermögens (§ 253 Abs. 1 Satz 4 HGB) keine Auswirkung. Die Übernahme des Wertmaßstabs des beizulegenden Zeitwertes für nach § 246 Abs. 2 Satz 2 HGB zweckgebundene Wirtschaftsgüter für Zwecke der Steuerbilanz scheitert an § 6 Abs. 1 und 2 EStG, da diese Vorschrift die steuerliche Bewertung auf die (fortgeführten) Anschaffungs- und Herstellungskosten beschränkt[117]. Dies wird häufig zu Differenzen zwischen den handelsrechtlichen und den steuerlichen Wertansätzen für Gegenstände des Deckungsvermögens und damit zu latenten Steuern nach § 274 Abs. 1 Satz 1 HGB führen. So sind bspw. im Fall eines über den ursprünglichen Anschaffungskosten liegenden beizulegenden Zeitwertes von Vermögensgegenständen des Deckungsvermögens passive latente Steuern zu bilden.

96 Da zum einen das Steuerrecht für **Pensionsrückstellungen** die Bewertung nach § 6a EStG vorschreibt und zum anderen § 6 Abs. 1 Nr. 3a lit. f EStG auf der Grundlage des Stichtagsprinzips steuerlich die Berücksichtigung von Preis- und Kostensteigerungen bei der Rückstellungsbewertung verbietet[118], werden auch bei den Rückstellungen für Altersversorgungsverpflichtungen und bei den **anderen langfristigen Rückstellungen** die handelsrechtlichen von den steuerlichen Wertansätzen abweichen, so dass auch hier im Regelfall latente Steuern nach § 274 HGB zu berücksichtigen sind.

V. Anhangangaben

97 Im Fall der Verrechnung von Vermögensgegenständen und Schulden nach § 246 Abs. 2 Satz 2 HGB sind im **Anhang** bzw. **Konzernanhang** nach § 285 Nr. 25 erster Halbsatz bzw. § 314 Abs. 1 Nr. 17 erster Halbsatz HGB

- die Anschaffungskosten (§ 255 Abs. 1 HGB),
- der beizulegende Zeitwert der verrechneten Vermögensgegenstände (§ 255 Abs. 4 HGB),
- der Erfüllungsbetrag der verrechneten Schulden (§ 253 Abs. 1 Satz 2 HGB) sowie

---

117 Lediglich die in den Anwendungsbereich von § 340 HGB fallenden Kreditinstitute und Finanzdienstleistungsunternehmen müssen die nach § 340e Abs. 3 HGB zu Zeitwerten abzüglich eines Risikoabschlags anzusetzenden zu Handelszwecken erworbenen Finanzinstrumente – vorbehaltlich der Bildung von Bewertungseinheiten gem. § 5 Abs. 1a Satz 2 EStG – auch für steuerliche Zwecke gem. § 6 Abs. 1 Nr. 2b EStG zu diesem Zeitwert ansetzen.
118 Vgl. Begr. RegE, BT-Drucks. 16/10067, S. 100.

- die saldierten Aufwendungen und Erträge (§ 246 Abs. 2 Satz 2 zweiter Halbsatz HGB)

zu nennen (vgl. Abschn. O Tz. 218 ff. und Abschn. R Tz. 65 ff.).

Wurde der **beizulegende Zeitwert** des Deckungsvermögens mit Hilfe **anerkannter Bewertungsmethoden** ermittelt (§ 255 Abs. 4 Satz 2 HGB; vgl. Tz. 57), muss eine Gesellschaft infolge des Gesetzesverweises im zweiten Halbsatz der genannten Anhangvorschriften darüber hinaus nach § 285 Nr. 20 lit. a bzw. § 314 Abs. 1 Nr. 12 lit. a HGB im Anhang bzw. Konzernanhang die grundlegenden Annahmen dieser Bewertungsmethode nennen. 98

Ferner ist im Anhang der Gesellschaft nach § 285 Nr. 28 HGB im Rahmen der notwendigen **Erläuterungen zur Ausschüttungssperre** der Betrag gesondert zu nennen, der durch die Bewertung der Vermögensgegenstände des Deckungsvermögens zum beizulegenden Zeitwert nach § 268 Abs. 8 Satz 3 HGB ausschüttungsgesperrt ist. Zu Einzelheiten verweisen wir auf die Ausführungen in Abschn. N Tz. 93 ff. 99

VI. Erstanwendung und Übergangsvorschriften

Nach Art. 66 Abs. 3 Satz 1 EGHGB ist die Verrechnungsvorschrift des § 246 Abs. 2 Satz 2 HGB sowie die Bewertung des Deckungsvermögens zum beizulegenden Zeitwert (§ 253 Abs. 1 Satz 4 HGB) und der Ansatz der dazugehörigen Schulden zum Erfüllungsbetrag (§ 253 Abs. 1 Satz 2 sowie Abs. 2 HGB) erstmals in dem **nach dem 31. Dezember 2009** beginnenden Geschäftsjahr anzuwenden. Eine freiwillige vorzeitige Anwendung in dem nach dem 31. Dezember 2008 beginnenden Geschäftsjahr ist zulässig, falls die neuen Vorschriften insgesamt vorzeitig angegeben werden; dies ist im (Konzern-) Anhang anzugeben (Art. 66 Abs. 3 Satz 6 EGHGB). 100

Nach Art. 67 Abs. 1 EGHGB werden den Unternehmen bestimmte **Erleichterungs- bzw. Übergangsvorschriften** eingeräumt, sofern sich aus der erstmaligen durch das BilMoG geänderten Bewertung der Rückstellungen für laufende Pensionen und für Anwartschaften auf Pensionen ein Zuführungsaufwand oder ein Auflösungsbetrag ergibt. Sofern Pensionsrückstellungen nach § 246 Abs. 2 Satz 2 erster Halbsatz HGB mit vorhandenem Deckungsvermögen zu verrechnen sind, beziehen sich diese Übergangsregelungen auf den Saldo aus dem Mehraufwand aus der Rückstellungsbewertung abzüglich des Betrages, um den das zu Zeitwerten nach neuem Recht bewertete Deckungsvermögen den Buchwert nach den bisherigen handelsrechtlichen Bewertungsvorschriften übersteigt. (vgl. hierzu Abschn. I Tz. 132 f.). 101

D. Umgekehrte Maßgeblichkeit
(Aufhebung von §§ 247 Abs. 3, 254, 270 Abs. 1 Satz 2, 273, 279 Abs. 2, 280 Abs. 2, 281, 285 Satz 1 Nr. 5 HGB aF)

Inhaltsverzeichnis Tz.

I. Grundlagen .... 1 – 5
II. Auswirkungen des Wegfalls der umgekehrten Maßgeblichkeit
auf die handelsrechtliche Bilanzierung 6
   1. Unversteuerte Rücklagen .... 7 – 9
   2. Wertansätze von Vermögensgegenständen des Anlagevermögens .... 10 – 18
III. Übergangsregeln
   1. Allgemeines
      a. Auflösung oder Zuschreibung .... 19 – 22
      b. Beibehaltung oder Fortführung .... 23 – 26
   2. Vor dem 1. Januar 2010 beginnendes Geschäftsjahr .... 27 – 30
   3. Degressive Abschreibungen als nur steuerlich zulässige
      Bewertungsmethode .... 31 – 33
   4. Übertragung beibehaltender unversteuerter Rücklagen in
      Folgejahren .... 34 – 40

I. Grundlagen

Der Begriff der sog. umgekehrten oder formellen Maßgeblichkeit bezieht sich auf die Vorschrift des § 5 Abs. 1 Satz 2 EStG aF[1], wonach bislang steuerrechtliche Wahlrechte bei der Gewinnermittlung in Übereinstimmung mit dem handelsrechtlichen Jahresabschluss auszuüben waren. Die handelsrechtlichen Öffnungsklauseln[2] der §§ 247 Abs. 3, 254 HGB aF ermöglichten bisher korrespondierend den Ansatz **unversteuerter Rücklagen** und die Übernahme von Wertansätzen, die auf **nur steuerrechtlich zulässigen Abschreibungen** beruhten, im bzw. in den handelsrechtlichen Jahresabschluss. 1

Für Kapitalgesellschaften und Personenhandelsgesellschaften nach § 264a HGB wurden die Öffnungsklauseln durch §§ 273, 279 Abs. 2, 280 Abs. 2 HGB aF auf Sachverhalte beschränkt, in denen eine übereinstimmende Bilanzierung in der Handelsbilanz Voraussetzung für ihre steuerliche Anerkennung war[3]. Insofern konnten steuerliche Bilanzierungsvergünstigungen nur in Anspruch genommen werden, wenn die Wertansätze auch in der Handelsbilanz entsprechend angesetzt wurden (sog. „**umgekehrte Maßgeblichkeit**" nach § 5 Abs. 1 Satz 2 EStG aF). Rechtlich war daher auch in diesen Fällen die Handelsbilanz für die Steuerbilanz maßgeblich, so dass es – genau genommen – eine „umgekehrte Maßgeblichkeit" schon bisher nicht gab[4]. 2

Durch das BilMoG wird diese Verknüpfung zwischen Handels- und Steuerbilanz aufgegeben, um die Informationsfunktion des handelsrechtlichen Jahresabschlusses aufzuwerten und insoweit Gleichwertigkeit mit den IFRS[5] herzustellen. Die in diesem Zusammenhang stehenden **handelsrechtlichen Vorschriften** (§§ 247 Abs. 3, 254, 270 Abs. 1 Satz 2, 273, 279 Abs. 2, 280 Abs. 2, 281, 285 Satz 1 Nr. 5 HGB aF) werden 3

---

1 Vgl. *Weber-Grellet*, in Schmidt, EStG[28], § 5 Rdn. 40.
2 Vgl. *Weber-Grellet*, in Schmidt, EStG[28], § 5 Rdn. 41.
3 Vgl. *ADS*[6], § 254 HGB Tz. 6 u. § 273 HGB Tz. 1; *Ellrott/Lorenz*, in Beck Bil-Komm.[6], § 254 Anm. 6 u. *Hoyos/Gutike*, in Beck Bil-Komm.[6], § 273 Anm. 1 f.
4 Vgl. *Förschle*, in Beck Bil-Komm.[6], § 243 Anm. 121.
5 Vgl. Begr. RegE, BT-Drucks. 16/10067, S. 34.

aufgehoben. Um die Steuerneutralität der Änderung zu gewährleisten, wird im Gegenzug § 5 Abs. 1 EStG geändert. § 5 Abs. 1 Satz 2 EStG sieht jetzt vor, dass steuerliche Wahlrechte in der Steuerbilanz unabhängig von dem handelsrechtlichen Wert ausgeübt werden dürfen. Voraussetzung dafür ist, dass ein gesondertes Verzeichnis zur Dokumentation und Fortschreibung der steuerlichen Werte geführt wird[6].

4 Der Wortlaut des § 5 Abs. 1 Satz 1 EStG lässt im Unklaren, ob diese Regelung die selbständige – dh. von den handelsrechtlichen Bilanzierungsvorschriften unabhängige – **Ausübung** sämtlicher **steuerrechtlichen Wahlrechte** gestattet. Die einleitenden Worte von § 5 Abs. 1 Satz 1, zweiter Halbsatz EStG „es sei denn" schließen nicht aus, dass insoweit auch der Grundsatz der (materiellen) Maßgeblichkeit der Handelsbilanz für die Steuerbilanz[7] (§ 5 Abs. 1 Satz 1 EStG) keine Anwendung mehr finden könnte[8]. Aus dem Gesetzgebungsverfahren lässt sich aber eindeutig ableiten, dass der Gesetzgeber nur beabsichtigte, im Einklang mit dem Handelsbilanzrecht die umgekehrte Maßgeblichkeit abzuschaffen, nicht jedoch eine von der Handelsbilanz unabhängige Ausübung sämtlicher steuerlichen Wahlrechte in der Steuerbilanz zuzulassen[9]. Dessen ungeachtet dürfte nach dem EStG idF des BilMoG die autonome Ausübung aller steuerlichen Wahlrechte möglich sein[10].

5 Der Gesetzgeber setzt mit der Aufhebung der umgekehrten Maßgeblichkeit eine vielfach erhobene Forderung um[11]. Der Einfluss steuerrechtlicher Bewertungsregeln auf den handelsrechtlichen Jahresabschluss habe „zu einer schon lange kritisch beurteilten **Verzerrung der Vermögens-, Finanz- und Ertragslage**" geführt[12]. Darüber hinaus fehlt es auch aus steuerrechtlicher Sicht an einer überzeugenden Begründung für die umgekehrte Maßgeblichkeit[13]. Eine mit der Einführung der umgekehrten Maßgeblichkeit vom Gesetzgeber beabsichtigte „faktische Ausschüttungssperre" zur Sicherung des Steueraufkommens wird im Übrigen bereits durch die verpflichtende Berücksichtigung passiver latenter Steuern gewährleistet[14].

II. Auswirkungen des Wegfalls der umgekehrten Maßgeblichkeit auf die handelsrechtliche Bilanzierung

6 Die Auswirkungen der umgekehrten Maßgeblichkeit betrafen bisher insb. den Ansatz unversteuerter Rücklagen in einem Sonderposten mit Rücklageanteil (§§ 247 Abs. 3, 273 HGB aF) und die Bewertung von Sachanlagen (§§ 254, 279 Abs. 2, 280 Abs. 2, 281 HGB aF)[15].

---

6 Vgl. *Weber-Grellet*, in Schmidt, EStG[28], § 5 Rdn. 40a.
7 Vgl. *ADS*[6], Vorb. §§ 252 – 256 HGB Tz. 5; *Förschle*, in Beck Bil-Komm.[6], § 243 Anm. 121; *Weber-Grellet*, in Schmidt, EStG[28], § 5 Rdn. 26 ff.
8 Vgl. *Institut der Wirtschaftsprüfer*, FN-IDW 7/2009, S. 334 f.; *Herzig/Briesemeister*, DB 2008, S. 929 f.
9 Vgl. Begr. RefE, S. 224 f.; Begr. RegE, BT-Drucks. 16/10067, S. 99 u. S. 124; *Institut der Wirtschaftsprüfer*, FN-IDW 7/2009, S. 335.
10 Vgl. *Institut der Wirtschaftsprüfer*, FN-IDW 7/2009, S. 334 f.; *Herzig/Briesemeister*, DB 2008, S. 929 f., *Dörfler/Adrian*, DB 2009, Beil. 5, S. 58, *Ortmann-Babel/Bolik/Gageur*, DStR 2009, S. 935.
11 Vgl. zB *Institut der Wirtschaftsprüfer*, FN-IDW 2008, S. 465; *Arbeitskreis Bilanzrecht der Hochschullehrer Rechtswissenschaft*, BB 2008, S. 154 mwN; *Herzig*, DB 2008, S. 3; *Theile/Hartmann*, DStR 2008, S. 2031; aA *Meurer*, FR 2009, S. 117 ff.; *Stobbe*, DStR 2008, S. 2432 ff..
12 Vgl. Begr. RegE, BT-Drucks. 16/10067, S. 49.
13 Vgl. *Wagner*, in Wagner/Schildbach/Schneider, Private und öffentliche Rechnungslegung, S. 387 ff.
14 Vgl. Begr. RegE, BT-Drucks. 16/10067, S. 49; *Arbeitskreis Bilanzrecht der Hochschullehrer Rechtswissenschaft*, BB 2008, S. 154.
15 Vgl. *Weber-Grellet*, in Schmidt, EStG[28], § 5 Rdn. 42.

§§ 247, 254, 270, 273, 279, 280, 281, 285 HGB aF   Umgekehrte Maßgeblichkeit   **D**

1. Unversteuerte Rücklagen

Nach geltendem Steuerrecht sind insb. folgende **steuerliche Sonderposten** betroffen[16]:

- Rücklage für Ersatzbeschaffung nach R 6.6 EStR 2008
- Reinvestitionsrücklage nach § 6b Abs. 3 EStG
- Rücklage für Zuschüsse nach R 6.5 Abs. 4 EStR 2008.
- Investitionsabzugsbeträge nach § 7g Abs. 1 EStG
- Kompensationsrücklage nach R 6.11 EStR 2008.

7

Aufgrund der Aufhebung von §§ 247 Abs. 3, 273 HGB aF dürfen alle Unternehmen für diese steuerlichen Sonderposten im handelsrechtlichen Jahresabschluss **keinen Sonderposten mit Rücklageanteil** mehr bilden. Sonderposten, die aufgrund handelsrechtlicher Vorschriften gebildet werden[17], z.B. Sonderposten für Investitionszulagen/-zuschüsse, resultieren demgegenüber nicht aus der umgekehrten Maßgeblichkeit und werden daher von den Änderungen durch das BilMoG nicht berührt[18].

8

Soweit die Posten in der Steuerbilanz nach § 5 Abs. 1 Satz 1 EStG gebildet werden, entsteht eine Differenz zu den Wertansätzen in der Handelsbilanz, die sich in späteren Geschäftsjahren voraussichtlich abbauen wird. Da die Wertansätze der Vermögensgegenstände in der Handelsbilanz höher sind als in der Steuerbilanz und es sich dabei um unversteuerte Rücklagen handelt, tragen diese Bewertungsunterschiede zu einer künftigen Steuerbelastung bei. Beim Ansatz der genannten Sonderposten in der Steuerbilanz entstehen aufgrund dessen in der Handelsbilanz **passive latente Steuern**, die nach § 285 Nr. 29 HGB im Anhang anzugeben (vgl. Abschn. O Tz. 259 ff.) und nach Maßgabe von § 274 Abs. 1 HGB ggf. im handelsrechtlichen Jahresabschluss anzusetzen sind (vgl. Abschn. M, Tz. 6 u. 12 f.).

9

2. Wertansätze von Vermögensgegenständen des Anlagevermögens

Die Bewertung von Anlagevermögen kann insb. durch die folgenden **steuerrechtlichen Vorschriften** berührt werden:

10

- erhöhte Absetzungen (zB Absetzungen bei Gebäuden in Sanierungsgebieten und städtebaulichen Entwicklungsbereichen oder bei Baudenkmalen nach § 7h bzw. § 7i EStG),
- Sonderabschreibungen (zB Sonderabschreibungen zur Förderung kleiner und mittlerer Betriebe nach § 7g EStG[19]),
- Abzüge von den Anschaffungs- oder Herstellungskosten (insb. durch die Übertragung der Reinvestitionsrücklage nach § 6b EStG sowie der Rücklage für Ersatzbeschaffungen),
- Bemessung der AfA in fallenden Jahresbeträgen (§ 7 Abs. 2 und 4 EStG).

Aufgrund der Aufhebung von §§ 254, 279 Abs. 2, § 281 HGB aF dürfen Unternehmen aller Rechtsformen aus der Vornahme steuerrechtlich begründeter Abschreibungen resultierende niedrigere Werte von Vermögensgegenständen im handelsrechtlichen Jah-

11

---

16 Vgl. *Memento*, Bilanzrecht für die Praxis 2009³, S. 830 f.
17 Vgl. St HFA 1/1984 idF 1990; St HFA 2/1996.
18 Vgl. dazu *Deubert/Vogel*, KoR 2004, S. 143.
19 Durch das Gesetz zur Umsetzung steuerrechtlicher Regelungen des Maßnahmenpakets „Beschäftigungssicherung durch Wachstumsstärkung" werden die Sonderabschreibungsmöglichkeiten für kleine und mittlere Unternehmen für den Zeitraum vom 1. Januar 2009 bis zum 31. Dezember 2010 ausgeweitet, indem die relevanten Betriebsvermögens- und Gewinngrenzen von 235.000 € auf 335.000 € bzw. von 100.000 € auf 200.000 € angehoben werden (§ 52 Abs. 23 EStG).

D Umgekehrte Maßgeblichkeit §§ 247, 254, 270, 273, 279, 280, 281, 285 HGB aF

resabschluss nicht mehr ansetzen. Soweit diese nur steuerlich zulässigen Abschreibungen in der Steuerbilanz vorgenommen werden, führt die resultierende Differenz zu den Wertansätzen in der Handelsbilanz zu **passiven latenten Steuern**, die nach § 285 Nr. 29 HGB im Anhang anzugeben (vgl. Abschn. O Tz. 259 ff.) und nach Maßgabe von § 274 Abs. 1 HGB ggf. im handelsrechtlichen Jahresabschluss anzusetzen sind (vgl. Abschn. M Tz 6 u. 12 f.).

12 In der Praxis stand außerdem die Bestimmung der Abschreibungsmethode für Zwecke der handelsrechtlichen Bilanzierung unter dem Einfluss der steuerlichen Regelungen. Vielfach orientierte sich die Methodenwahl bisher (§ 253 Abs. 2 Satz 2 HGB aF) an § 7 EStG. Für die Steuerbilanz schreibt § 7 Abs. 1 Satz 1 EStG die Absetzung für Abnutzung (AfA) in gleichen Jahresbeträgen vor (**lineare planmäßige Abschreibungen**).

13 Als Wahlrecht gestattete das Steuerrecht bis zum Inkrafttreten des Unternehmensteuerreformgesetzes 2008[20] für bewegliche Vermögensgegenstände des Anlagevermögens nach § 7 Abs. 2 und 4 EStG ein Abweichen von dieser Regel durch Bemessung der AfA in fallenden Jahresbeträgen (**degressive Abschreibungen**). Diese durften das Dreifache des bei Anwendung der linearen Abschreibung in Betracht kommenden Prozentsatzes und 30 % nicht überschreiten. Durch das Gesetz zur Umsetzung steuerrechtlicher Regelungen des Maßnahmenpakets „Beschäftigungssicherung durch Wachstumsstärkung" vom 21. Dezember 2008[21] erfolgte eine befristete Wiedereinführung des Wahlrechts der degressiven Abschreibung in der Steuerbilanz für zwischen dem 1. Januar 2009 und dem 31. Dezember 2010 angeschaffte oder hergestellte bewegliche Wirtschaftsgüter (§ 7 Abs. 2 Satz 1 EStG). Die degressive Abschreibung darf seither höchstens das Zweieinhalbfache des bei der linearen Abschreibung in Betracht kommenden Prozentsatzes, höchstens jedoch 25 % betragen (§ 7 Abs. 2 Satz 2 EStG). Die Bestimmung der Abschreibungsmethode erfolgt steuerrechtlich somit nach Maßgabe des Gesetzes und ggf. verfolgter steuerlicher Ziele. Der tatsächliche Entwertungsverlauf ist insoweit unbeachtlich[22].

14 **Handelsbilanzrechtlich** soll die **Abschreibungsmethode** dagegen nährungsweise den tatsächlichen Entwertungsverlauf der betreffenden Vermögensgegenstände abbilden[23]. Dabei wird der linearen Methode nicht von vornherein eine höhere Übereinstimmung mit den Grundsätzen ordnungsmäßiger Bilanzierung zugesprochen als einem degressiven Entwertungsverlauf (vgl. Abschn. J, Tz. 7)[24]. Die Angemessenheit der handelsrechtlichen Methode hängt vielmehr im Einzelfall von Art und Nutzung des jeweiligen Vermögensgegenstandes ab.

15 In der Literatur wurde allerdings teilweise die Auffassung vertreten, die **degressive Abschreibung zum steuerlichen Höchstsatz** sei grds. mit dem Handelsrecht vereinbar und daher keine steuerrechtliche Mehrabschreibung im Sinne der §§ 254, 279 Abs. 2 HGB aF[25]. Es erscheint jedoch fraglich, ob bspw. bei einer technischen Anlage

---

20 Vgl. BGBl. I S. 1912.
21 Vgl. BGBl. I S. 2896.
22 Zulässig ist ferner die in der Praxis seltene Leistungsabschreibung gemäß § 7 Abs. 1 Satz 6 EStG. Die Methode stellt eine Unterform der linearen Abschreibung dar (BFH IV 102/53 – 178/53U; vgl. *Kulosa*, in Schmidt, EStG[28], § 7 Rdn. 115). Die Leistungsabschreibung ist aber steuerrechtlich nur anerkannt, wenn sie nachweislich wirtschaftlich begründet ist (§ 7 Abs. 1 Satz 6 EStG) und stellt insofern kein Wahlrecht dar.
23 Vgl. *Hoyos/Schramm/M. Ring*, in Beck Bil-Komm.[6], § 253 Anm. 239.; *ADS*[6], § 253 HGB Tz. 384; *WPH*[13], Bd. I, E Tz. 297 ff.
24 Vgl. zB *Hoyos/Schramm/M. Ring*, in Beck Bil-Komm.[6], § 253 Anm. 242; *WPH*[13], Bd. I, E Tz. 299.
25 Vgl. *ADS*[6], § 254 HGB Tz. 13; *Baetge/Kirsch/Thiele*, Bilanzrecht, § 254 Rn. 95.

mit zehnjähriger Nutzungsdauer sowohl ein Werteverzehr in den ersten drei Jahren ihrer Nutzung von 30% bei Anwendung der linearen Methode als auch von 65% bei degressiver Abschreibung mit einem steuerlichen Höchstsatz von 30% pro Jahr nicht im Widerspruch zur Realität und dem Gebot der periodengerechten Gewinnverteilung (§ 252 Abs. 1 Nr. 5 HGB) stehen.

Soweit daher handelsrechtlich die degressive Abschreibung in Ausübung des steuerlichen Wahlrechts nach § 7 Abs. 2 EStG zur Anwendung kommt und mangels eines entsprechenden Entwertungsverlaufs der betreffenden Vermögensgegenstände nicht zulässig erscheint, ist der Betrag, der über die handelsrechtlich gebotene planmäßige Abschreibung nach § 253 Abs. 2 Satz 1 HGB aF hinausgeht, als eine **steuerrechtliche Mehrabschreibung** zu verstehen[26], die nach dem BilMoG nicht mehr vorgenommen werden darf. 16

Fraglich könnte schließlich sein, ob auch die Sofortabschreibung nach § 6 Abs. 2 EStG oder die Bildung des Sammelpostens nach § 6 Abs. 2a EStG für **geringwertige Wirtschaftsgüter** vom Wegfall der formellen Maßgeblichkeit betroffen sind. Die Sofortabschreibung nach § 6 Abs. 2 EStG ist jedoch als handelsrechtlich anerkannte Vereinfachungsregelung anzusehen[27]. Sie stellt deshalb keine speziell steuerrechtliche Abschreibung dar. Auch handelt es sich bei der Bildung des Sammelpostens nach § 6 Abs. 2a EStG nicht um ein steuerrechtliches Wahlrecht, so dass ebenfalls kein Sachverhalt des § 254 HGB aF vorliegt. Die Übernahme dieses Sammelpostens in die Handelsbilanz kommt deshalb unverändert nur in Betracht, wenn der Posten insgesamt von untergeordneter Bedeutung ist[28]. Aufgrund dessen ergeben sich für diese Regelungen durch das BilMoG keine Änderungen[29]. 17

Mit dem Wegfall der Möglichkeit einer Vornahme nur steuerrechtlich zulässiger Abschreibungen in der Handelsbilanz entfällt die Grundlage für eine **Zuschreibungspflicht** bei Wegfall der Gründe für diese Mehrabschreibung. § 280 Abs. 1 HGB aF wird aufgrund dessen durch das BilMoG ebenfalls aufgehoben. 18

III. Übergangsregeln

1. Allgemeines

a. Auflösung oder Zuschreibung

Die die umgekehrte Maßgeblichkeit betreffenden handelsrechtlichen Vorschriften sind nach Art. 66 Abs. 5 EGHGB grds. **letztmals auf vor dem 1. Januar 2010** beginnende Geschäftsjahre anzuwenden. Aus dem Wegfall der umgekehrten Maßgeblichkeit ergeben sich regelmäßig Auflösungen unversteuerter Rücklagen sowie Zuschreibungen auf niedrigere Wertansätze von Vermögensgegenständen (zu den Beibehaltungs- und Fortführungswahlrechten vgl. Tz. 23 ff.). Hieraus resultierende Beträge sind nach Art. 67 Abs. 3 Satz 2 bzw. Abs. 4 Satz 2 EGHGB grundsätzlich **unmittelbar in die Gewinnrücklagen** einzustellen, soweit die Bildung des Sonderpostens bzw. die Abschreibung in einem vor dem 1. Januar 2009 beginnenden Geschäftsjahr vorgenommen wurde. 19

---

26 Vgl. IDW RH 1.015; *Deubert/Vogel*, KoR 2004, S. 144; vgl. auch ADS^6, § 281 HGB Tz. 9 iVm. § 254 HGB Tz. 10, 13 u. § 308 HGB Tz., 57; *Ellrott*, in Beck Bil-Komm.[6], § 281 Anm. 8.
27 Vgl. *Hoyos/Schramm/M. Ring*, in Beck Bil-Kom.[6], § 253 HGB 275 ff.
28 Vgl. *Institut der Wirtschaftsprüfer*, FN-IDW 2007, S. 506.
29 Vgl. *Herzig/Briesemeister*, DB 2009, S. 2.

D	Umgekehrte Maßgeblichkeit	§§ 247, 254, 270, 273, 279, 280, 281, 285 HGB aF

20 Soweit nur steuerrechtlich zulässige Abschreibungen in dem letzten vor der Erstanwendung des BilMoG beginnenden Geschäftsjahr vorgenommen wurden (sog. **Sperrjahr**), sind sie nach Art. 67 Abs. 4 Satz 2 zweiter Halbsatz EGHGB grds. (vgl. zu einer Ausnahme Tz. 32) **ergebniswirksam** zuzuschreiben (vgl. auch Abschn. W Tz. 11 ff.). Die in diesen Fällen aus der Zuschreibung niedrigerer Wertansätze von Vermögensgegenständen entstehenden Erträge sowie die in diesem Zusammenhang ggf. anfallenden latenten Steueraufwendungen sind in der Gewinn- und Verlustrechnung nach Art. 67 Abs. 7 EGHGB als außerordentliche Erträge bzw. Aufwendungen auszuweisen[30]. Demgegenüber sieht Art. 67 Abs. 3 Satz 2 zweiter Halbsatz EGHGB für Sonderposten mit Rücklageanteil kein Sperrjahr vor.

21 Durch die Zuschreibung niedrigerer Wertansätze von Vermögensgegenständen sowie die Auflösung der Sonderposten mit Rücklageanteil in der Handelsbilanz entstehen vorübergehende Differenzen zu den steuerlichen Wertansätzen. Die betreffenden **passiven latenten Steuern** sind nach § 285 Nr. 29 HGB im Anhang anzugeben (vgl. Abschn. O Tz. 259 ff.) und nach Maßgabe von § 274 Abs. 1 HGB ggf. im handelsrechtlichen Jahresabschluss anzusetzen. Da diese Differenzen in einem direkten Zusammenhang mit den sie betreffenden Posten stehen, sind die resultierenden latenten Steueraufwendungen unmittelbar mit den Gewinnrücklagen zu verrechnen, soweit die Erträge durch Zuschreibung oder Auflösung von Sonderposten mit Rücklageanteil im Umstellungsjahr in die Gewinnrücklagen eingestellt werden (Art. 67 Abs. 6 Satz 2 EGHGB; vgl. Abschn. M, Tz. 62)[31]. Dies gilt unabhängig von der Ausübung oder Nichtausübung des Wahlrechts zum unsaldierten Ausweis der latenten Steuern nach § 274 Abs. 1 Satz 3 HGB, da dieses Ausweiswahlrecht den in der Gewinn- und Verlustrechnung ausgewiesenen latenten Steueraufwand oder -ertrag nicht beeinflusst[32]. Betrifft die Zuschreibung im Sperrjahr vorgenommene Abschreibungen, sind auch ggf. resultierende latente Steuern ergebniswirksam zu bilden. Dabei erscheint in entsprechender Anwendung des Art. 67 Abs. 7 EGHGB ein Ausweis dieser Steueraufwendungen im außerordentlichen Ergebnis sachgerecht.

22 Soweit sich die vorstehend genannten unmittelbar in die Gewinnrücklagen eingestellten Beträge allerdings aufgrund der **Nichtausübung des Aktivierungswahlrechts** nach § 274 Abs. 1 Satz 2 HGB nicht auf den latenten Steueraufwand oder -ertrag auswirken, kommt eine Verrechnung latenter Steuern mit den Gewinnrücklagen nicht in Betracht[33].

b. Beibehaltung oder Fortführung

23 Art. 67 Abs. 3 Satz 1 EGHGB gestattet alternativ zur Auflösung (vgl. Tz. 19), **Sonderposten mit Rücklageanteil** nach §§ 247 Abs. 3, 273 HGB aF, die vor dem Umstellungsjahr vorgenommen wurden, beizubehalten. Ebenso dürfen niedrigere Wertansätze von Vermögensgegenständen, die auf **nur steuerlich zulässigen Abschreibungen** nach §§ 254, 279 Abs. 2 HGB aF beruhen, die vor dem Umstellungsjahr vorgenommen wurden, fortgeführt werden (Art. 67 Abs. 4 Satz 1 EGHGB). Wird von diesen Wahlrechten Gebrauch gemacht, finden auf diese Posten die vor Inkrafttreten des BilMoG geltenden Vorschriften weiter Anwendung.

---

30 Vgl. IDW ERS HFA 28 Tz. 24.
31 Vgl. IDW ERS HFA 28 Tz. 48.
32 Vgl. IDW ERS HFA 28 Tz. 48.
33 Vgl. IDW ERS HFA 28 Tz. 48.

Im Zusammenhang mit der Beibehaltung bzw. Fortführung der Posten in Folgejahren entstehende Aufwendungen und Erträge stellen insofern keine durch den Übergang auf das neue Recht entstehenden Anpassungsbeträge[34] dar und sind daher in der Gewinn- und Verlustrechnung nicht als außerordentliche Ergebnisbeiträge (Art. 67 Abs. 7 EGHGB) auszuweisen. Außerdem sind weiterhin die **Angabepflichten** nach § 273 Satz 2 Halbsatz 2 HGB aF zur Rechtsgrundlage der Bildung eines Sonderpostens sowie nach § 281 Abs. 2 Satz 1 HGB aF zum Betrag der im Geschäftsjahr vorgenommenen steuerrechtlichen Mehrabschreibungen, und die Berichtspflicht nach § 285 Satz 1 Nr. 5 HGB aF über das Ausmaß, in dem das Jahresergebnis hierdurch beeinflusst wird, zu beachten (Art. 67 Abs. 4 Satz 1 EGHGB)[35]. 24

Nach § 281 Abs. 1 Satz 1 HGB aF durften ausschließlich auf steuerrechtlichen Bestimmungen beruhende Abschreibungen (§§ 254, 279 Abs. 2 HGB aF) handelsrechtlich auch als Wertberichtigungen in den **Sonderposten mit Rücklageanteil** eingestellt werden (**indirekte Ausweismethode**)[36]. Der Ansatz eines Sonderpostens mit Rücklageanteil iSd. § 281 Abs. 1 Satz 1 HGB aF ist nach Art. 66 Abs. 5 EGHGB letztmalig vor dem Umstellungsjahr zulässig. Eine Beibehaltung bestehender Posten ist nach Art. 67 Abs. 3 Satz 2 EGHGB nicht vorgesehen, so dass diese Posten im Umstellungsjahr ergebniswirksam aufzulösen wären (Art. 66 Abs. 5 EGHGB). Dies widerspricht aber dem anzunehmenden Grundgedanken des Art. 67 Abs. 4 EGHGB, die planmäßige Fortführung einer ursächlich mit dem Abgang eines Vermögensgegenstandes in der Vergangenheit begründeten Bilanzierungsweise nach den Regeln des Handelsrechts vor Inkrafttreten des BilMoG zuzulassen[37]. Insofern ist zu vermuten, dass § 281 Abs. 1 HGB aF aufgrund eines Redaktionsversehens nicht in Art. 67 Abs. 3 Satz 1 EGHGB genannt wird und daher davon ausgegangen werden kann, dass die Übergangsvorschrift analog Anwendung findet. 25

Das Wahlrecht nach Art. 67 Abs. 3 Satz 1 bzw. Abs. 4 Satz 1 EGHGB darf für einen betreffenden **Bilanzposten** nur **insgesamt** ausgeübt werden; eine teilweise Beibehaltung unversteuerter Rücklagen bzw. Fortführung niedrigerer Wertansätze ist unzulässig[38]. Hiernach dürfte es allerdings nicht zu beanstanden sein, wenn das Wahlrecht entweder nur für die Beibehaltung unversteuerter Rücklagen oder nur zur Fortführung rein steuerrechtlich begründeter niedrigerer Wertansätze in Anspruch genommen wird. Ebenfalls zulässig erscheint eine unterschiedliche Ausübung des Wahlrechts bei verschiedenen Posten des Anlagevermögens. Vertretbar erscheint bspw. die Beibehaltung steuerlicher Wertansätze von Gebäuden und die Zuschreibung auf rein handelsrechtlich begründete Restbuchwerte bei beweglichem Anlagevermögen[39]. 26

2. Vor dem 1. Januar 2010 beginnendes Geschäftsjahr

Das BilMoG enthält für die Änderung von § 5 Abs. 1 Satz 2 EStG keine Übergangsvorschrift. § 5 Abs. 1 Satz 2 EStG idF des BilMoG ist daher ab dem Zeitpunkt des Inkrafttretens des BilMoG, also ab dem 29. Mai 2009, zu beachten. Daraus folgt bei formaler Betrachtung, dass nach §§ 273, 279 Abs. 2 HGB aF für Kapitalgesellschaften und Personenhandelsgesellschaften iSd. § 264a HGB die umgekehrte Maßgeblichkeit 27

---

34 Vgl. IDW ERS HFA 28 Tz. 23
35 Vgl. IDW ERS HFA 28 Tz. 17.
36 Vgl. *Winkeljohann/Taetzner*, in Beck Bil-Komm.[6], § 281 Anm. 1 f.; *ADS*[6], § 281 HGB Tz. 3.
37 Vgl. *Kirsch*, DStR 2008, S. 1203.
38 Vgl. Begr. Beschlussempfehlung und Bericht des Rechtsausschusses, BT-Drucks. 16/12407, S. 96; IDW ERS HFA 28 Tz. 13.
39 Vgl. IDW ERS HFA 28 Tz. 13.

D Umgekehrte Maßgeblichkeit §§ 247, 254, 270, 273, 279, 280, 281, 285 HGB aF

bereits **für nach dem 28. Mai 2009 endende Geschäftsjahre** keine Anwendung mehr findet[40].

28 Eine solche formale Betrachtungsweise erscheint aber zumindest insoweit nicht angebracht, wie sie im Widerspruch zu den korrespondierenden handelsrechtlichen Übergangsvorschriften des Art. 67 Abs. 3 und 4 EGHGB steht. Hiernach sind die handelsrechtlichen Öffnungsklauseln (§§ 247 Abs. 3, 254 Satz 1, 273, 279 Abs. 2, 280 Abs. 2 und 3, 281 HGB aF) noch auf Abschlüsse für **Geschäftsjahre** anwendbar, die **vor dem 1. Januar 2010 beginnen** (Art. 66 Abs. 5 EGHGB), sofern von dem Wahlrecht der vorzeitigen Anwendung des BilMoG nach Art. 66 Abs. 3 Satz 6 EGHGB kein Gebrauch gemacht wird (vgl. Tz. 30)[41]. Würde die umgekehrte Maßgeblichkeit bereits für nach dem 28. Mai 2009 endende Geschäftsjahre keine Anwendung mehr finden, liefen nicht nur die genannten handelsrechtlichen Öffnungsklauseln, sondern auch die damit zusammenhängenden Übergangsvorschriften ins Leere. Es ist aber zu bezweifeln, dass dies vom Gesetzgeber beabsichtigt ist. Vielmehr ist zu vermuten, dass der Gesetzgeber mit Art. 67 Abs. 3 Satz 1 und Abs. 4 Satz 1 EGHGB die Möglichkeit eröffnen wollte, in der Vergangenheit nach steuerrechtlichen Vorschriften angesetzte oder bewertete Posten fortzuführen. Deshalb liegt die Vermutung nahe, dass das Fehlen einer entsprechenden steuerrechtlichen Übergangsregel für die umgekehrte Maßgeblichkeit einem Redaktionsversehen des Gesetzgebers geschuldet ist. Zumindest für solche Posten, die in einem vor dem 28. Mai 2009 endenden Geschäftsjahr nach steuerrechtlichen Vorschriften angesetzt oder bewertet worden sind („Altfälle"), dürfte daher in Abschlüssen für Geschäftsjahre, die vor dem 1. Januar 2010 beginnen, ein Rückgriff auf § 5 Abs. 1 Satz 2 EStG aF zulässig sein[42], wenn auf eine vorzeitige Anwendung des BilMoG verzichtet wird. Bedenken könnten allerdings dagegen bestehen, in einem nach dem 28. Mai 2009 endenden Geschäftsjahr erstmals einen Posten nach steuerrechtlichen Vorschriften anzusetzen oder zu bewerten („Neufälle"). Angesichts der fehlenden Übergangsvorschrift zu § 5 Abs. 1 Satz 2 EStG aF und unter Berücksichtigung der Tatsache, dass ein Bestandsschutz für erst nach dem Inkrafttreten des BilMoG gebildete Posten in Form von Übergangsregeln nicht erforderlich sein dürfte, erscheint dies zweifelhaft.

29 Werden die Vorschriften des BilMoG erstmals auf ein nach dem 31. Dezember 2009 beginnendes Geschäftsjahr angewandt (**„normaler" Erstanwendungszeitpunkt**), können die nach steuerrechtlichen Vorschriften angesetzten oder bewerteten Posten („Altfälle") angesichts der beschriebenen Rechtslage bereits im Geschäftsjahr vor der Erstanwendung entsprechend der handelsrechtlichen Öffnungsklauseln fortgeführt oder aufgrund des Wegfalls der umgekehrten Maßgeblichkeit aufgelöst werden. Fraglich ist aber, ob die Auflösung dieser Posten in diesem Geschäftsjahr erfolgswirksam (wie eine Auflösung nach bisherigem Recht, das nach dem Gesetzeswortlaut noch anzuwenden ist) oder erfolgsneutral (wie nach Art. 67 Abs. 3 Satz 2 und Abs. 4 Satz 2 EGHGB) zu erfolgen hat. Nach Sinn und Zweck der Übergangsvorschriften erscheint eine erfolgsneutrale Auflösung sachgerecht, weil der Gesetzgeber die bei Umstellung auf das BilMoG steuerunschädliche Auflösung insb. aus Kapitalerhaltungsgründen erfolgsneutral gestalten wollte.

30 Die neuen Vorschriften des BilMoG können freiwillig bereits auf nach dem 31. Dezember 2008 beginnende Geschäftsjahre angewendet werden (**vorzeitige Erstanwendung**), wenn sie in dem betreffenden Jahresabschluss insgesamt beachtet werden und

---

40 Vgl. IDW ERS HFA 28 Tz. 3; *Institut der Wirtschaftsprüfer*, FN-IDW 2009, S. 335.
41 Vgl. IDW ERS HFA 28 Tz. 3.
42 Vgl. IDW ERS HFA 28 Tz. 3.

darüber im Anhang berichtet wird (Art. 66 Abs. 3 Satz 6 EGHGB)[43]. Trotz des insoweit nicht eindeutigen Wortlauts des BilMoG ist davon auszugehen, dass bei Ausübung dieses Wahlrechts auch die bisherigen handelsrechtlichen Regelungen zur umgekehrten Maßgeblichkeit nach Art. 66 Abs. 5 EGHGB letztmalig für Jahresabschlüsse für das vor dem 1. Januar 2009 beginnende Geschäftsjahr zu beachten sind, da andernfalls insoweit ein Widerspruch zum Verbot der nur teilweisen vorzeitigen Anwendung des BilMoG nach Art. 66 Abs. 3 Satz 6 HGB bestünde. Bei freiwilliger vorzeitiger Erstanwendung ist im Umstellungsjahr Art. 67 Abs. 3 und Abs. 4 EGHGB anzuwenden. Danach besteht ein Wahlrecht zwischen einer grds. erfolgsneutralen Auflösung im Erstanwendungsjahr und einer späteren erfolgswirksamen Fortführung (vgl. Tz. 19 ff.).

3. Degressive Abschreibungen als nur steuerlich zulässige Bewertungsmethode

31 Soweit vor dem Umstellungsjahr handelsrechtlich die **degressive Abschreibungsmethode** als eine nur steuerlich begründete Bewertungsmethode angewandt wurde – dh. soweit die Anwendung der degressiven Abschreibung den tatsächlichen Werteverzehr der betreffenden Vermögensgegenstände iSd. § 253 Abs. 2 Satz 1 und 2 HGB aF nicht sachgerecht abgebildet hat – ist handelsrechtlich nach Art. 66 Abs. 5 EGHGB iVm. §§ 254 und 279 Abs. 2 HGB aF ein Wechsel der Abschreibungsmethode geboten, sofern nicht von dem Beibehaltungswahlrecht Gebrauch gemacht wird (vgl. Tz. 23 ff.)[44]. In diesem Fall ist für die betreffenden Vermögensgegenstände im Umstellungsjahr eine Zuschreibung auf die sich nach der geänderten (nun rein handelsrechtlich begründeten) Abschreibungsmethode ergebenden Restbuchwerte vorzunehmen. Der hieraus resultierende Betrag ist unmittelbar in die Gewinnrücklagen einzustellen.

32 Nach dem Wortlaut des Art. 67 Abs. 4 Satz 2 zweiter Halbsatz EGHGB müsste der betreffende Betrag **erfolgswirksam zugeschrieben** werden, soweit die Abschreibung im letzten vor dem Umstellungsjahr beginnenden Geschäftsjahr erfolgt ist und von dem Fortführungswahlrecht kein Gebrauch gemacht wird. Sinn und Zweck des zweiten Halbsatzes von Art. 67 Abs. 4 Satz 2 EGHGB ist jedoch, die Schaffung von Gewinnrücklagen in Kenntnis des BilMoG durch Bilanzpolitik im letzten Geschäftsjahr vor dem Umstellungsjahr zu verhindern[45]. Die stetige Vornahme degressiver Abschreibungen auf Vermögensgegenstände, die in einem vor dem 1. Januar 2009 endenden Geschäftsjahr angeschafft oder hergestellt worden sind, kann jedoch keine bilanzpolitische Maßnahme in diesem Sinne darstellen. Daher erscheint es in solchen Fällen entgegen dem Wortlaut von Art. 67 Abs. 4 Satz 2 zweiter Halbsatz EGHGB zulässig, die Zuschreibung insgesamt erfolgsneutral vorzunehmen, so dass die erfolgswirksame Zuschreibung nur bei Zugang in einem nach dem 31. Dezember 2008 beginnenden Geschäftsjahr zwingend vorzunehmen ist.

33 Wird von dem Fortführungswahlrecht nach Art. 67 Abs. 4 Satz 1 EGHGB Gebrauch gemacht, darf auch eine nur steuerlich zulässige degressive Abschreibung auf Vermögensgegenstände, die vor dem Umstellungsjahr angeschafft oder hergestellt wurden, fortgeführt werden[46]. War die bisherige Vornahme **degressiver Abschreibungen** dagegen **auch handelsrechtlich zulässig** (vgl. Tz. 12 ff.), erscheint ein Wechsel zur linearen Abschreibung im Umstellungsjahr auf der Grundlage von Art. 67 Abs. 8 Satz 1

---

43 Vgl. IDW ERS HFA 28 Tz. 5.
44 Vgl. IDW RH 1.015 Tz. 8;.
45 Vgl. Begr. Beschlussempfehlung und Bericht des Rechtsausschusses, BT-Drucks. 16/12407, S. 96.
46 Vgl. IDW RH 1.015 Tz. 8.

D Umgekehrte Maßgeblichkeit §§ 247, 254, 270, 273, 279, 280, 281, 285 HGB aF

EGHGB sachlich nicht gerechtfertigt (§ 252 Abs. 1 Nr. 6 HGB). Für ab dem Übergangsjahr neu angeschaffte oder hergestellte Vermögensgegenstände kann im Einzelfall allerdings eine Durchbrechung der Bewertungsstetigkeit zulässig sein, wenn der Methodenwechsel dazu beiträgt, ein besseres Bild der Vermögens-, Finanz- oder Ertragslage zu vermitteln[47]. Die Änderung der Bewertungsmethode ist in diesem Fall nach § 284 Abs. 2 Nr. 3 HGB im Anhang anzugeben und zu begründen[48].

4. Übertragung beibehaltener unversteuerter Rücklagen in Folgejahren

34 Sofern das Beibehaltungswahlrecht für **Sonderposten mit Rücklageanteil** (Art. 67 Abs. 3 Satz 1 EGHGB) in Anspruch genommen wird, stellt sich die Frage der handelsbilanziellen Konsequenzen zum Zeitpunkt der steuerrechtlichen Übertragung in einem dem Umstellungsjahr folgenden Geschäftsjahr auf ein anderes Wirtschaftsgut. Das BilMoG äußert sich nicht ausdrücklich dazu, ob „beibehalten" nach den Regeln des Handelsrechts vor Inkrafttreten des BilMoG iSd. Art. 67 Abs. 3 Satz 1 EGHGB auch die Übertragung einschließt. Unter die in Art. 67 Abs. 3 Satz 1 EGHGB aufgeführten Regelungen des §§ 247 Abs. 3, 273 HGB aF fallen unversteuerte Rücklagen nur bis zu ihrer Auflösung zum Zeitpunkt der Übertragung[49]. Außerdem lässt Art. 67 Abs. 4 Satz 1 EGHGB die Fortführung niedrigerer Wertansätze nach §§ 254, 279 Abs. 2 HGB aF nur für Vermögensgegenstände zu, die bereits in der Schlussbilanz vor dem Übergang auf das BilMoG angesetzt waren.

35 Voraussetzung für die Übertragung unversteuerter Rücklagen ist jedoch nicht die Fortführung bzw. Beibehaltung eines Postens, sondern die Anschaffung oder Herstellung eines Vermögensgegenstands. Insofern spricht der Wortlaut der Übergangsregelungen des Art. 67 Abs. 3 und Abs. 4 EGHGB zunächst gegen die Zulässigkeit einer handelsbilanziellen **Übertragung** der betreffenden unversteuerten Rücklagen nach §§ 247 Abs. 3, 273 HGB aF **auf einen anderen Vermögensgegenstand**, dh. die Rücklagen wären spätestens zu diesem Zeitpunkt ergebniswirksam aufzulösen[50]. Denkbar wäre, dass der Gesetzgeber die Übertragung nur im Wege des Ansatzes einer passivisch ausgewiesenen Wertberichtigung als Sonderposten mit Rücklageanteil nach § 281 Abs. 1 Satz 1 HGB aF (indirekte Ausweismethode) gestatten wollte. Bei diesem Ausweis würde der Sonderposten mit Rücklageanteil nach Übertragung der Rücklage bilanziell fortgeführt.

36 Dessen ungeachtet stellt dies aber keine Beibehaltung iSd. Art. 67 Abs. 3 Satz 1 dar, denn es handelt sich nach der Übertragung nicht um den Ansatz einer unversteuerten Rücklage auf der Rechtsgrundlage von §§ 247 Abs. 3, 273 HGB aF, sondern um eine Wertberichtigung von Vermögensgegenständen nach §§ 254, 279 Abs. 2 HGB aF, die in Ausübung des Wahlrechts nach § 281 Abs. 1 Satz 1 HGB aF passivisch ausgewiesen wird[51]. Zudem ist § 281 Abs. 1 Satz 1 HGB aF nach Art. 66 Abs. 5 EGHGB letztmalig vor dem Umstellungsjahr anwendbar; eine Beibehaltung bestehender Posten iSd. Art. 67 Abs. 3 Satz 2 EGHGB ist nicht vorgesehen. Insofern wurde im Schrifttum die Vermutung aufgestellt, der Gesetzgeber gewähre lediglich ein befristetes **Beibehal-**

---

47 Vgl. St HFA 3/1997, Abschn. 3.
48 Vgl. IDW RH 1.015 Tz. 8 iVm. Tz. 6.
49 Vgl. *Hoyos/Gutike*, in Beck Bil-Komm.[6], § 273 Anm. 3.
50 Vgl. *Kirsch*, DStR 2009, S.1052.
51 Vgl. *Hoyos/Gutike*, in Beck Bil-Komm.[6], § 273 Anm. 3.

tungswahlrecht bis zum Zeitpunkt der Übertragung auf die betreffenden neuen Wirtschaftsgüter in der Steuerbilanz[52].

Eine solche Auslegung der Übergangsregeln würde allerdings auch die Beibehaltung von Sonderposten mit Rücklageanteil nach § 281 Abs. 1 Satz 1 HGB aF ausschließen, die bereits vor dem Umstellungsjahr gebildet wurden. Dies widerspricht aber dem anzunehmenden Grundgedanken des Art. 67 Abs. 4 EGHGB (vgl. Tz. 25). Wenn die Beibehaltung eines bestehenden Sonderpostens nach § 281 Abs. 1 Satz 1 HGB aF für zulässig erachtet wird, dann sollte auch die im Rahmen einer Übertragung der steuerfreien Rücklage erfolgende **Bildung eines neuen Sonderpostens** nach § 281 Abs. 1 Satz 1 HGB aF als zwecksentsprechende Fortführung einer vor dem Umstellungsjahr nach §§ 247 Abs. 3, 273 HGB aF gebildeten unversteuerten Rücklage zulässig sein. 37

Demgegenüber könnte vermutet werden, dass die Übertragung unversteuerter Rücklagen durch **aktivische Absetzung** von den Anschaffungs- oder Herstellungskosten eines Vermögensgegenstandes dem anzunehmenden Grundgedanken des Gesetzgebers nicht gerecht wird. Zum einen entspricht nur der passiveise Ausweis der Wertberichtigung als Sonderposten der in Art. 67 Abs. 3 Satz 1 EGHGB geforderten Beschränkung auf die Beibehaltung bestehender Bilanzposten – wenn auch auf anderer Rechtsgrundlage (§ 281 Abs. 1 Satz 1 statt §§ 247 Abs. 3, 273 HGB aF). Zum anderen ist es die erklärte Absicht des Gesetzgebers, die Informationsfunktion des handelsrechtlichen Jahresabschlusses aufzuwerten[53]. Diesem Ziel wird der Ausweis in einem gesonderten Posten eher gerecht, denn die aus der umgekehrten Maßgeblichkeit resultierende Beschränkung des Einblicks in die Vermögens-, Finanz- und Ertragslage ist zumindest geringer[54]. 38

Allerdings wird auch die aktivische Wertberichtigung **nicht zu beanstanden** sein[55], weil die Informationen über ggf. vorgenommene, nur steuerlich zulässige Abschreibungen aufgrund der insoweit auch künftig noch zu beachtenden Angabepflicht nach § 285 Satz 1 Nr. 5 HGB aF zumindest aus dem Anhang ersichtlich sind[56]. Deshalb und nach den allgemeinen Ausführungen in der Begründung des Rechtsausschusses, wonach für beibehaltene Sonderposten mit Rücklageanteil die Vorschriften zur Übertragung und Auflösung fortgelten sollen, erscheint die aktivische Absetzung nicht unzulässig[57]. 39

Die **Auflösung** nach Art. 67 Abs. 3 Satz 1 EGHGB beibehaltener unversteuerter Rücklagen in einem der geplanten steuerlichen Übertragung vorangehenden Folgejahr stellt handelsrechtlich eine zulässige Durchbrechung der Bewertungsstetigkeit (§ 252 Abs. 1 Nr. 6 HGB) dar, da unter Beachtung der Grundsätze ordnungsmäßiger Bilanzierung ein besseres Bild der Vermögens-, Finanz- und Ertragslage vermittelt wird[58]. Die sich aus der Auflösung ergebenden Erträge sind als „außerordentliche Erträge" auszuweisen[59]. Soweit es sich hierbei auch um die Ausübung eines steuerlichen Wahlrechts iSd. § 5 Abs. 1 Satz 2 EStG aF handelt, wie etwa im Fall einer § 6b EStG-Rücklage[60] – könnte 40

---

52 Vgl. *Oser/Roß/Wader/Drögemüller*, WPg 2008, S. 678; *Kirsch*, DStR 2008, S. 1203; *Kirsch*, DStR 2009, S.1052.
53 Vgl. Begr. RegE, BT-Drucks. 16/10067, S. 1; Begr. Beschlussempfehlung und Bericht des Rechtsausschusses, BT-Drucks. 16/12407, S. 1 f.
54 Vgl. *Ellrott/Gutike*, in: Beck Bil-Komm.[6], § 281 Anm. 1; *ADS*[6], § 281 HGB Tz. 4 f. mwN. u. Tz. 17 ff.
55 AA *Kirsch*, DStR 2009, S.1052.
56 Vgl. IDW ERS HFA 28 Tz. 16.
57 Vgl. Begr. Beschlussempfehlung und Bericht des Rechtsausschusses, BT-Drucks. 16/12407, S. 96.
58 Vgl. IDW ERS HFA 28 Tz. 11; St HFA 3/1997, Abschn. 3; *ADS*[6], § 252 HGB Tz. 113.
59 Vgl. IDW ERS HFA 28 Tz. 11 u. 24.
60 Vgl. BFH 4.06.2008, DB 2008, S. 2113; *Glanegger*, in Schmidt, EStG[28], § 5 Rdn. 42.

D Umgekehrte Maßgeblichkeit §§ 247, 254, 270, 273, 279, 280, 281, 285 HGB aF

die Auflösung des Postens in der Handelsbilanz allerdings zu einer entsprechenden gewinnerhöhenden Auflösung in der Steuerbilanz verpflichten[61]. Wegen des Fehlens einer eigenständigen steuerlichen Übergangsregelung für § 5 Abs. 1 EStG (vgl. Tz. 27) ist nicht auszuschließen, dass die Finanzverwaltung die bisherige Folge der Zwangsauflösung auch auf die Altfälle weiter anwendet.

---

61 Vgl. BFH vom 4.06.2008, DB 2008, S. 2113.

E. Immaterielle Vermögensgegenstände
(§§ 246 Abs. 1 Satz 4, 248 Abs. 2, 253, 255, 266 HGB)

§ 246 HGB
Vollständigkeit. Verrechnungsverbot

(1) ¹Der Jahresabschluss hat sämtliche Vermögensgegenstände, Schulden, Rechnungsabgrenzungsposten sowie Aufwendungen und Erträge zu enthalten, soweit gesetzlich nichts anderes bestimmt ist. ²Vermögensgegenstände sind in der Bilanz des **Eigentümers** aufzunehmen; **ist ein Vermögensgegenstand nicht dem Eigentümer, sondern einem anderen wirtschaftlich zuzurechnen, hat dieser ihn in seiner Bilanz auszuweisen.** ³Schulden sind in die Bilanz des Schuldners aufzunehmen. ⁴Der Unterschiedsbetrag, um den die für die Übernahme eines Unternehmens bewirkte Gegenleistung den Wert der einzelnen Vermögensgegenstände des Unternehmens abzüglich der Schulden im Zeitpunkt der Übernahme übersteigt (entgeltlich erworbener Geschäfts- oder Firmenwert), gilt als zeitlich begrenzt nutzbarer Vermögensgegenstand.

(2) ¹Posten der Aktivseite dürfen nicht mit Posten der Passivseite, Aufwendungen nicht mit Erträgen, Grundstücksrechte nicht mit Grundstückslasten verrechnet werden. ²Vermögensgegenstände, die dem Zugriff aller übrigen Gläubiger entzogen sind und ausschließlich der Erfüllung von Schulden aus Altersversorgungsverpflichtungen oder vergleichbaren langfristig fälligen Verpflichtungen dienen, sind mit diesen Schulden zu verrechnen; entsprechend ist mit den zugehörigen Aufwendungen und Erträgen aus der Abzinsung und aus dem zu verrechnenden Vermögen zu verfahren. ³Übersteigt der beizulegende Zeitwert der Vermögensgegenstände den Betrag der Schulden, ist der übersteigende Betrag unter einem gesonderten Posten zu aktivieren.

(3) ¹Die auf den vorhergehenden Jahresabschluss angewandten Ansatzmethoden sind beizubehalten. ²§ 252 Abs. 2 ist entsprechend anzuwenden.

§ 253 HGB
Zugangs- und Folgebewertung

(1) ¹Vermögensgegenstände sind höchstens mit den Anschaffungs- oder Herstellungskosten, vermindert um die Abschreibungen nach den Absätzen 3 bis 5, anzusetzen. ²Verbindlichkeiten sind zu ihrem Erfüllungsbetrag und Rückstellungen in Höhe des nach vernünftiger kaufmännischer Beurteilung notwendigen Erfüllungsbetrages anzusetzen. ³Soweit sich die Höhe von Altersversorgungsverpflichtungen ausschließlich nach dem beizulegenden Zeitwert von Wertpapieren im Sinn des § 266 Abs. 2 A.III.5 bestimmt, sind Rückstellungen hierfür zum beizulegenden Zeitwert dieser Wertpapiere anzusetzen, soweit er einen garantierten Mindestbetrag übersteigt. ⁴Nach § 246 Abs. 2 Satz 2 zu verrechnende Vermögensgegenstände sind mit ihrem beizulegenden Zeitwert zu bewerten.

(2) ¹Rückstellungen mit einer Restlaufzeit von mehr als einem Jahr sind mit dem ihrer Restlaufzeit entsprechenden durchschnittlichen Marktzinssatz der vergangenen sieben Geschäftsjahre abzuzinsen. ²Abweichend von Satz 1 dürfen Rückstellungen für Altersversorgungsverpflichtungen oder vergleichbare langfristig fällige Verpflichtungen pauschal mit dem durchschnittlichen Marktzinssatz abge-

zinst werden, der sich bei einer angenommenen Restlaufzeit von 15 Jahren ergibt. ³Die Sätze 1 und 2 gelten entsprechend für auf Rentenverpflichtungen beruhende Verbindlichkeiten, für die eine Gegenleistung nicht mehr zu erwarten ist. ⁴Der nach den Sätzen 1 und 2 anzuwendende Abzinsungszinssatz wird von der Deutschen Bundesbank nach Maßgabe einer Rechtsverordnung ermittelt und monatlich bekannt gegeben. ⁵In der Rechtsverordnung nach Satz 4, die nicht der Zustimmung des Bundesrates bedarf, bestimmt das Bundesministerium der Justiz im Benehmen mit der Deutschen Bundesbank das Nähere zur Ermittlung der Abzinsungszinssätze, insbesondere die Ermittlungsmethodik und deren Grundlagen, sowie die Form der Bekanntgabe.

(3) ¹Bei Vermögensgegenständen des Anlagevermögens, deren Nutzung zeitlich begrenzt ist, sind die Anschaffungs- oder die Herstellungskosten um planmäßige Abschreibungen zu vermindern. ²Der Plan muss die Anschaffungs- oder Herstellungskosten auf die Geschäftsjahre verteilen, in denen der Vermögensgegenstand voraussichtlich genutzt werden kann. ³Ohne Rücksicht darauf, ob ihre Nutzung zeitlich begrenzt ist, sind bei Vermögensgegenständen des Anlagevermögens bei voraussichtlich dauernder Wertminderung außerplanmäßige Abschreibungen vorzunehmen, um diese mit dem niedrigeren Wert anzusetzen, der ihnen am Abschlussstichtag beizulegen ist. ⁴Bei Finanzanlagen können außerplanmäßige Abschreibungen auch bei voraussichtlich nicht dauernder Wertminderung vorgenommen werden.

(4) ¹Bei Vermögensgegenständen des Umlaufvermögens sind Abschreibungen vorzunehmen, um diese mit einem niedrigeren Wert anzusetzen, der sich aus einem Börsen- oder Marktpreis am Abschlussstichtag ergibt. ²Ist ein Börsen- oder Marktpreis nicht festzustellen und übersteigen die Anschaffungs- oder Herstellungskosten den Wert, der den Vermögensgegenständen am Abschlussstichtag beizulegen ist, so ist auf diesen Wert abzuschreiben.

(5) ¹Ein niedriger Wertansatz nach **Absatz 3 Satz 3 oder 4 und Absatz 4** darf **nicht** beibehalten werden, wenn die Gründe dafür nicht mehr bestehen. ²**Ein niedrigerer Wertansatz eines entgeltlich erworbenen Geschäfts- oder Firmenwertes ist beizubehalten.**

Inhaltsverzeichnis

		Tz.
I.	Grundlagen zur Bilanzierung des Geschäfts- oder Firmenwerts	1 – 6
II.	Ansatz (§ 246 Abs. 1 Satz 4 HGB)	7 – 10
III.	Bewertung (§§ 253 und 255 HGB)	
	1. Zugangsbewertung	11 – 13
	2. Planmäßige Abschreibungen	14 – 22
	3. Außerplanmäßige Abschreibungen	23 – 25
	4. Wertaufholungsverbot (§ 255 Abs. 5 Satz 2 HGB)	26 – 27
IV.	Anhangangaben	28
V.	Erstanwendungszeitpunkt und Übergangsvorschriften	29 – 32

I. Grundlagen zur Bilanzierung des Geschäfts- oder Firmenwerts

1 Ein bei der Übernahme eines Unternehmens im Wege eines *asset-deals* bzw. einer Vermögensübertragung (Einzel- oder Gesamtrechtsnachfolge) **erworbener Geschäftsoder Firmenwert** durfte bereits nach bisheriger Rechtslage im handelsrechtlichen

§ 246 Abs. 1 Satz 4 HGB   Geschäfts- oder Firmenwert   E

Jahresabschluss aktiviert werden[1]. Die Ansatz- und Bewertungsvorschriften für einen solchen sog. derivativen Geschäfts- oder Firmenwert waren bislang abschließend in § 255 Abs. 4 HGB aF geregelt. Die Regelungen zur Bilanzierung des entgeltlich erworbenen Geschäfts- oder Firmenwerts werden zwar auch nach dem BilMoG weiterhin unter die für alle Kaufleute geltenden Vorschriften im ersten Abschnitt des dritten Buchs des HGB gefasst. Durch das BilMoG finden jedoch die Ansatzvorschriften nunmehr Eingang in § 246 Abs. 1 Satz 4 HGB, während sich die Bewertungsregeln aus den allgemeinen Vorschriften in § 253 Abs. 3 HGB sowie aus einer gesonderten Bestimmung zur Wertaufholung in § 253 Abs. 5 Satz 2 HGB ergeben.

Neben dieser gesetzestechnischen Trennung der Vorschriften zu Ansatz und Bewertung zieht die Neuregelung der Bilanzierung des entgeltlich erworbenen Geschäfts- oder Firmenwerts im Jahresabschluss nach HGB auch inhaltliche Änderungen nach sich. So wird das bisher in § 255 Abs. 4 Satz 1 HGB aF verankerte Ansatzwahlrecht durch eine **Ansatzpflicht** ersetzt. 2

Der **originäre Geschäfts- oder Firmenwert** darf jedoch weiterhin nicht angesetzt werden, weil er nicht als Vermögensgegenstand iSv. § 246 Abs. 1 Satz 1 HGB anzusehen ist[2]. Die handelsrechtliche Bilanzierung eines sog. derivativen **negativen Geschäfts- oder Firmenwerts** wurde in der gesetzlichen Neuregelung und im Rahmen des Gesetzgebungsverfahrens nicht gesondert berücksichtigt, so dass insoweit nicht von einer Änderung der bisher in der Literatur vorgeschlagenen Erfassungsweise auszugehen ist[3]. 3

An den bisherigen Grundsätzen der Zugangsbewertung des entgeltlich erworbenen Geschäfts- oder Firmenwerts ändert sich durch die gesetzliche Neuregelung nichts. Die Folgebewertung wird hingegen durch den ersatzlosen Wegfall von § 255 Abs. 4 Satz 2 bis 3 HGB aF neu gestaltet. Mit dem Rückgriff auf die allgemeinen Bewertungsprinzipien des HGB ergibt sich nach § 253 Abs. 3 Satz 1 und 2 HGB die Pflicht der **planmäßigen Abschreibung** über die Nutzungsdauer des jeweiligen entgeltlich erworbenen Geschäfts- oder Firmenwerts. Eine pauschale Abschreibung des entgeltlich erworbenen Geschäfts- oder Firmenwerts ist mit der ersatzlosen Streichung des § 255 Abs. 4 Satz 2 HGB aF entfallen. 4

Ein nach § 253 Abs. 3 Satz 3 HGB angesetzter niedrigerer beizulegender Wert des Geschäfts- oder Firmenwerts (**außerplanmäßige Abschreibung**) ist aufgrund des Wertaufholungsverbots nach § 253 Abs. 5 Satz 2 HGB in Folgejahren beizubehalten. Einer ausschließlich an außerplanmäßigen Abschreibungen orientierten Folgebewertung des entgeltlich erworbenen Geschäfts- oder Firmenwerts – vergleichbar dem *Impairment-only-Approach* nach IFRS – hat die Bundesregierung in ihrer Stellungnahme zu einer entsprechenden Anregung des Bundesrats[4] eine eindeutige Absage erteilt[5]. Der *Impairment-only-Approach* für entgeltlich erworbene Geschäfts- oder Firmenwerte hat danach keinen Eingang in das BilMoG gefunden. 5

In Umsetzung des Art. 37 Abs. 2 Satz 2 der Bilanzrichtlinie ist in § 285 Nr. 13 HGB eine **Anhangangabe** zur Information der Jahresabschlussadressaten über die betriebli- 6

---

1   Vgl. zu den Aktivierungsvoraussetzungen *Hoyos/F. Huber*, in Beck Bil-Komm.[6], § 247 Anm. 420 ff.; *ADS*[6], § 255 HGB Tz. 258 ff.; *Thiele/Kahling*, in Bilanzrecht, § 255 HGB Rz 251 ff.
2   Im Ergebnis auch Begr. RegE, BT-Drucks. 16/10067, S. 47.
3   Vgl. hierzu *Hoyos/F. Huber*, in Beck Bil-Komm.[6], § 247 Anm. 407; *Ellrott/Brendt*, in Beck Bil-Komm.[6], § 255 Anm. 516; *ADS*[6], § 255 HGB Tz. 294 f.
4   Vgl. Begr. RegE, BT-Drucks. 16/10067, S. 117.
5   Vgl. Begr. RegE, BT-Drucks. 16/10067, S. 122.

che Nutzungsdauer eines entgeltlich erworbenen Geschäfts- oder Firmenwerts vorgesehen, wenn diese fünf Jahre übersteigt (vgl. Abschn. O Tz. 58 ff.).

II. Ansatz (§ 246 Abs. 1 Satz 4 HGB)

7 Die Definition des nach § 246 Abs. 1 Satz 4 HGB anzusetzenden Geschäfts- oder Firmenwerts ergibt sich unmittelbar aus dem Gesetzestext. Demnach ist ein **entgeltlich erworbener Geschäfts- oder Firmenwert** als der Unterschiedsbetrag bestimmt, um den die für die Übernahme eines Unternehmens bewirkte Gegenleistung den Wert der einzelnen Vermögensgegenstände im Zeitpunkt der Übernahme übersteigt. Diese Definition weist keine inhaltliche Änderung gegenüber der Begriffsbestimmung in § 255 Abs. 4 Satz 1 HGB aF[6] auf. Sie verlangt jedoch aufgrund des durch das BilMoG veränderten Rechtsrahmens eine gesonderte inhaltliche Abgrenzung gegenüber dem selbst geschaffenen bzw. dem unentgeltlich erworbenen Geschäfts- oder Firmenwert.

8 Fraglich ist, ob der **selbst geschaffene Geschäfts- oder Firmenwert** mit dem Entfall des Bilanzierungsverbots für nicht entgeltlich erworbene immaterielle Vermögensgegenstände des Anlagevermögens in § 248 Abs. 2 HGB aF nunmehr aufgrund der allgemeinen Ansatzpflichten nach § 246 Abs. 1 Satz 1 HGB aktivierungspflichtig ist. Der streitigen Frage der Einordnung des Geschäfts- oder Firmenwerts im handelsrechtlichen Jahresabschluss als (immaterieller) Vermögensgegenstand, Bilanzierungshilfe oder Wert eigener Art[7] begegnet das BilMoG pragmatisch. Indem es den entgeltlich erworbenen Geschäfts- oder Firmenwert nach § 246 Abs. 1 Satz 4 HGB als zeitlich begrenzt nutzbaren Vermögensgegenstand fingiert, wird einerseits der Rückgriff auf allgemeine Ansatz- und Bewertungsprinzipien des HGB ermöglicht. Andererseits erübrigt sich durch diese Fiktion jedoch auch die Ausweitung des handelsrechtlichen Begriffs des Vermögensgegenstands[8]. Hiermit unterstellt der Gesetzgeber zugleich, dass einem Geschäfts- oder Firmenwert grds. nicht die Eigenschaften eines handelsrechtlichen Vermögensgegenstands beizumessen sind[9]. Infolgedessen ist auch der selbst geschaffene (originäre) Geschäfts- oder Firmenwert kein Vermögensgegenstand iSd. § 246 Abs. 1 Satz 1 HGB und damit mangels entgeltlichen Erwerbs nicht aktivierbar[10].

9 Mit der Aufnahme des Klammerzusatzes in § 246 Abs. 1 Satz 4 HGB („entgeltlich erworbener Geschäfts- oder Firmenwert") als Ergänzung der bisherigen Legaldefinition wird eine eindeutige Abgrenzung gegenüber einem, zB im Rahmen von Sachzuzahlungen durch einen Gesellschafter auf eine Kapitalgesellschaft ohne Gewährung von Gesellschaftsanteilen[11], **unentgeltlich erworbenen Geschäfts- oder Firmenwert** vorgenommen. Wie bereits bisher[12] fällt daher auch diese Art von Geschäfts- oder Firmenwerten nicht unter die handelsrechtlichen Sondervorschriften nach §§ 246 Abs. 1 Satz 4, 253 Abs. 5 Satz 2 HGB. Auch sie sind mangels Eigenschaften eines handelsrechtlichen Vermögensgegenstands iSd. § 246 Abs.1 Satz 1 HGB ebenso wie der selbst geschaffene Geschäfts- oder Firmenwert nicht aktivierbar.

---

6 Vgl. *Hoyos/F. Huber*, in Beck Bil-Komm.[6], § 247 Anm. 405.
7 Zum Meinungsstreit vgl. *Hoyos/F. Huber*, in Beck Bil-Komm.[6], § 247 Anm. 400; *ADS*[6], § 255 HGB Tz. 271-272, jeweils mwN.
8 Vgl. auch Begr. RegE, BT-Drucks. 16/10067, S. 48.
9 So auch bereits *ADS*[6], § 255 HGB Tz. 271-272; aA: *Hoyos/F. Huber*, in Beck Bil-Komm.[6], § 247 Anm. 400.
10 Im Ergebnis auch Begr. RegE, BT-Drucks. 16/10067, S. 47.
11 Vgl. *Hoyos/F. Huber*, in Beck Bil-Komm.[6], § 247 Anm. 422; *ADS*[6], § 248 Tz. 21.
12 Vgl. *Hoyos/F. Huber*, in Beck Bil-Komm.[6], § 247 Anm. 422; *ADS*[6], § 248 Tz. 21; aA *Baetge/D. Fey/ C.-P. Weber*, in HdR[5], § 248 HGB Rn. 27.

Ein wesentlicher Unterschied zur bisherigen Rechtslage liegt jedoch in der neu eingeführten **Ansatzpflicht** für entgeltlich erworbene Geschäfts- oder Firmenwerte. Der Wortlaut des § 246 Abs. 1 Satz 4 HGB lässt das in § 255 Abs. 4 Satz 1 HGB aF formulierte Ansatzwahlrecht nicht mehr zu. Damit entfällt auch die Möglichkeit einer nur teilweisen Aktivierung[13]. Der Gesetzgeber beabsichtigt mit der Ansatzpflicht eine Verbesserung der Vergleichbarkeit der handelsrechtlichen Jahresabschlüsse sowie eine stärker an den tatsächlichen Verhältnissen orientierte Darstellung der Vermögens-, Finanz- und Ertragslage[14].

III. Bewertung (§§ 253 und 255 HGB)

1. Zugangsbewertung

Mit der Definition des entgeltlich erworbenen Geschäfts- oder Firmenwerts wird zugleich dessen Zugangsbewertung in Höhe des **Unterschiedsbetrags**, um den die für die Übernahme eines Unternehmens bewirkte Gegenleistung den Wert der einzelnen Vermögensgegenstände im Zeitpunkt der Übernahme übersteigt, vorgegeben. Da die Definition unverändert aus § 255 Abs. 4 Satz 1 HGB aF in § 246 Abs. 1 Satz 4 HGB übernommen wurde, ändert sich auch an der bisherigen Bewertung des Geschäfts- oder Firmenwerts bei Zugang[15] (Anschaffungskosten iSv. § 253 Abs. 1 Satz 1 HGB) nichts.

Für den handelsrechtlichen Konzernabschluss wird nach DRS 4.30 gefordert, einen im Rahmen der Erstkonsolidierung nach § 301 Abs. 3 Satz 1 HGB entstehenden Geschäfts- oder Firmenwert auf ggf. vorhandene (wesentliche) **Geschäftsfelder** des erworbenen Tochterunternehmens aufzuteilen und diese Teile gesondert planmäßig (DRS 4.32) und ggf. außerplanmäßig (DRS 4.35) abzuschreiben (vgl. Abschn. Q Tz. 413 f.). Eine solche Aufteilung könnte sich auch für die Abbildung des entgeltlich erworbenen Geschäfts- oder Firmenwerts im handelsrechtlichen Jahresabschluss anbieten, sofern das übernommene Unternehmen aus mehreren wesentlichen Geschäftsfeldern bzw. Segmenten (DRS 3) besteht[16].

Die der planmäßigen Abschreibung zugrunde liegenden Kriterien (vgl. Tz. 16 ff.) bzw. der Bedarf an außerplanmäßigen **Abschreibungen** (vgl. Tz. 23 ff.) in Folgejahren könnten dann anhand der Einzelbetrachtung der einzelnen Teile des Geschäfts- oder Firmenwerts ermittelt und im Rahmen der Folgebewertung berücksichtigt werden (vgl. hierzu Abschn. Q Tz. 413 f.). Hierdurch würde im Vergleich zu einheitlich für den Geschäfts- oder Firmenwert ermittelten Abschreibungsbeträgen eine verursachungsgerechtere Periodisierung des Aufwands aus der Folgebewertung des im Übrigen weiterhin einheitlich bilanzierten, entgeltlich erworbenen Geschäfts- oder Firmenwerts ermöglicht. Eine solche Aufteilungspflicht kann jedoch für den handelsrechtlichen Jahresabschluss nicht verlangt werden.

---

13 Vgl. für die bisherige Rechtslage *ADS*[6], § 255 HGB Tz. 274; *WPH*[13], Bd. I, E Tz. 371; *Ellrott/Brendt*, in Beck Bil-Komm.[6], § 255 Anm. 517.
14 Vgl. auch Begr. RegE, BT-Drucks. 16/10067, S. 48.
15 Vgl. ausführlich *Ellrott/Brendt*, in Beck Bil-Komm.[6], § 255 Anm. 512 ff.; *ADS*[6], § 255 HGB Tz. 263 ff.
16 Analog IDW RH HFA 1.016 zur komponentenweisen planmäßigen Abschreibung materieller Vermögensgegenstände.

2. Planmäßige Abschreibungen

14 Durch die fiktive Einordnung des entgeltlich erworbenen Geschäfts- oder Firmenwerts als zeitlich begrenzt nutzbarer Vermögensgegenstand in § 246 Abs. 1 Satz 4 HGB richtet sich dessen Folgebewertung unmittelbar nach den Bewertungsregeln des § 253 Abs. 3 HGB für Gegenstände des **Anlagevermögens** iSv. § 247 Abs. 2 HGB. Demnach ist der aktivierte Geschäfts- oder Firmenwert planmäßig über den Zeitraum, in dem er voraussichtlich genutzt wird, abzuschreiben. Gegenüber der bisherigen Rechtslage entfällt damit die als Wahlrecht formulierte Vorschrift in § 255 Abs. 4 Satz 2 HGB aF, den Geschäfts- oder Firmenwert im Rahmen der sog. Pauschalabschreibung in jedem auf die Ersterfassung folgenden Geschäftsjahr zu einem Viertel oder zu einem darüber liegenden Satz abzuschreiben[17].

15 Damit wird die bislang in § 255 Abs. 4 Satz 3 HGB aF lediglich wahlweise vorgesehene **planmäßige Abschreibung** des entgeltlich erworbenen Geschäfts- oder Firmenwerts zur Pflicht erhoben. Der Abschreibungsplan hat nach § 253 Abs. 3 Satz 3 HGB zum einen die Geschäftsjahre zu umfassen, in denen der Geschäfts- oder Firmenwert voraussichtlich genutzt werden kann (vgl. Tz. 16 ff.), und zum anderen die Abschreibungsmethode festzulegen, die geeignet ist, den tatsächlichen Entwertungsverlauf des Geschäfts- oder Firmenwerts abzubilden (vgl. Tz. 22). Die Fragen nach der geeigneten Abschreibungsmethode und der betriebsindividuellen Nutzungsdauer für einen Geschäfts- oder Firmenwert haben sich jedoch bereits bei Anwendung der Altregelung in § 255 Abs. 4 Satz 3 HGB aF gestellt, so dass ergänzend zu den folgenden Ausführungen auf den diesbezüglichen Diskussionsstand in der Literatur verwiesen werden kann[18].

16 Allerdings rücken die durch das BilMoG neu gefassten Regeln zum Geschäfts- oder Firmenwert das Thema der **betriebsindividuellen Nutzungsdauer** in mehrfacher Hinsicht verstärkt in den Blick. Zum einen verlangt § 285 Nr. 13 HGB die Begründung eines den Zeitraum von fünf Geschäftsjahren übersteigenden Abschreibungsplans (Abschn. O Tz. 58 ff.). Hierbei wird in Umsetzung der entsprechenden Bestimmungen der Bilanzrichtlinie (Art. 37 Abs. 2 Satz 2 iVm. Art. 34 Abs. 1 lit. a)) eine Regelnutzungsdauer von bis zu fünf Jahren unterstellt, oberhalb derer die genannte Begründungspflicht eintritt. Dies bedeutet, dass eine für den Geschäfts- oder Firmenwert betriebsindividuell ermittelte Nutzungsdauer von bis zu fünf Jahren vom Richtlinien- bzw. Gesetzgeber weitgehend als unproblematisch angesehen wird, während ein darüber hinausgehender Abschreibungszeitraum als ungewöhnlich und damit begründungspflichtig erachtet wird. Da dem entgeltlich erworbenen Geschäfts- oder Firmenwert nach dem Wortlaut des § 246 Abs. 1 Satz 4 HGB die Eigenschaften eines zeitlich begrenzt nutzbaren Vermögensgegenstands zugeordnet werden, ist ein Verzicht auf planmäßige Abschreibungen auch mit der Begründung einer nur mit erheblicher Unsicherheit schätzbaren (vgl. hierzu Tz. 21) oder gar unbegrenzten betriebsindividuellen Nutzungsdauer nicht zulässig.

17 Hierdurch wird der in der Praxis oft gesuchte Gleichlauf zwischen handelsrechtlicher und **steuerrechtlicher Abschreibung** des Geschäfts- oder Firmenwerts erschwert, da das Steuerrecht in § 7 Abs. 1 Satz 3 EStG die betriebsgewöhnliche Nutzungsdauer mit **15 Jahren** verpflichtend vorgibt. Wenngleich die Zulässigkeit einer unbegründeten

---

17 Im Zugangsjahr ist bislang eine Abschreibung nicht vorgesehen, aber zulässig. Vgl. ausführlich zur Pauschalabschreibung *Ellrott/Brendt*, in Beck Bil-Komm.[6], § 255 Anm. 519; *ADS*[6], § 255 HGB, Tz. 277-279.
18 Vgl. hierzu *Ellrott/Brendt*, in Beck Bil-Komm.[6], § 255 Anm. 520-523; *ADS*[6], § 255 HGB Tz. 280-284; für den Konzernabschluss DRS 4.31 ff.

§ 246 Abs. 1 Satz 4 HGB   Geschäfts- oder Firmenwert   **E**

Übernahme dieser steuerlichen Bestimmung für handelsrechtliche Zwecke bereits bisher in Zweifel gezogen wurde,[19] so ist dies nach der Einführung des BilMoG eindeutig unzulässig, zumal der bloße Hinweis auf die steuerrechtlich vorgegebene Nutzungsdauer zur Begründung eines entsprechend langen handelsrechtlichen Abschreibungsplans nicht genügen soll[20] (Abschn. O Tz. 62).

Ist eine identische Nutzungsdauer nach Steuer- und Handelsrecht nicht nachvollziehbar begründbar, so kann im Falle einer kürzeren handelsrechtlichen Nutzungsdauer der Ansatz **aktiver latenter Steuern** nach § 274 Abs. 1 Satz 2 HGB (Aktivierungswahlrecht für aktive latente Steuern) erfolgen. Lässt sich anderenfalls ein die steuerliche Vorgabe von 15 Jahren übersteigender Abschreibungsplan nachvollziehbar begründen, so ergeben sich entsprechend pflichtmäßig **zu passivierende latente Steuern** nach § 274 Abs. 1 Satz 1 HGB[21]. Bei Inanspruchnahme der Befreiung von der Steuerabgrenzung iSd. § 274 HGB nach § 274a Nr. 5 HGB wäre in diesem Fall die Bildung einer Rückstellung nach § 249 Abs. 1 Satz 1 HGB für zukünftige Steuerbelastungen erforderlich, da diesen passiven latenten Steuern für temporäre Differenzen zwischen Handels- und Steuerbilanz ein Rückstellungscharakter zukommt[22].   **18**

Eine besondere Betonung erfährt die Problematik der betriebsindividuell zu ermittelnden Nutzungsdauer für den Geschäfts- oder Firmenwert auch durch die Aufzählung von die Nutzungsdauer beeinflussenden Faktoren in der Begründung zum RegE[23]. Die dort genannten und im Folgenden wiedergegebenen **Anhaltspunkte** sind inhaltlich DRS 4.33 zur Bestimmung der Nutzungsdauer des Geschäfts- oder Firmenwertes auf **Konzernebene** entlehnt: **19**

a) die Art und die voraussichtliche Bestandsdauer des erworbenen Unternehmens,
b) die Stabilität und Bestandsdauer der Branche des erworbenen Unternehmens,
c) der Lebenszyklus der Produkte des erworbenen Unternehmens,
d) die Auswirkungen von Veränderungen der Absatz- und Beschaffungsmärkte sowie der wirtschaftlichen Rahmenbedingungen auf das erworbene Unternehmen,
e) der Umfang der Erhaltungsaufwendungen, die erforderlich sind, um den erwarteten ökonomischen Nutzen des erworbenen Unternehmens zu realisieren,
f) die Laufzeit wichtiger Absatz- oder Beschaffungsverträge des erworbenen Unternehmens,
g) die voraussichtliche Tätigkeit von wichtigen Mitarbeitern oder Mitarbeitergruppen für das erworbene Unternehmen,
h) das erwartete Verhalten potentieller Wettbewerber des erworbenen Unternehmens und
i) die voraussichtliche Dauer der Beherrschung des erworbenen Unternehmens.

Insb. die Aspekte zu a) und i) zeigen, dass die in der Regierungsbegründung aufgezählten Anhaltspunkte auf konzernrechtliche Überlegungen zurückzuführen sind. Sie sind daher lediglich in einer sinngemäßen Auslegung auf den Geschäfts- oder Firmenwert im **Jahresabschluss** anzuwenden, indem sie auf die Fortführung und Rahmenbedingungen des übernommenen Geschäftsgegenstands bzw. -bereichs im neuen gesellschaftsrechtlichen Umfeld bezogen werden. Die genannten Anhaltspunkte lassen jedoch deutlich werden, dass zur Bestimmung der Nutzungsdauer des entgeltlich erworbenen Geschäfts- oder Firmenwerts dessen Komponenten bzw. Bestimmungsfaktoren,   **20**

---

19 Vgl. *Ellrott/Brendt*, in Beck Bil-Komm.[6], § 255 Anm. 520-523; *ADS*[6], § 255 HGB Tz. 283.
20 Vgl. auch Begr. RegE, BT-Drucks. 16/10067, S. 70.
21 Vgl. hierzu auch *Winkeljohann/Ull*, in Winkeljohann/Reuther, S. 78.
22 Vgl. Begr. RegE, BT-Drucks. 16/10067, S. 67.
23 Vgl. Begr. RegE, BT-Drucks. 16/10067, S. 48.

wie auch Organisationsstrukturen in Beschaffung, Produktion und Vertrieb oder Ruf und Marktgeltung des übernommenen Unternehmens[24], zu analysieren und hinsichtlich ihres Einflusses auf die Nutzungsdauer des Geschäfts- oder Firmenwerts zu untersuchen sind.

21 Auch eine hiernach nur mit erheblicher **Unsicherheit** schätzbare betriebsindividuelle Nutzungsdauer des entgeltlich erworbenen Geschäfts- oder Firmenwerts entbindet nicht von dessen planmäßiger Abschreibung[25]. Der hohen Unsicherheit ist jedoch nach den allgemeinen handelsrechtlichen Regeln[26] vor dem Hintergrund des Grundsatzes der Vorsicht durch die stärkere Gewichtung ungünstiger Faktoren bei der Prognose der betriebsindividuellen Nutzungsdauer und damit durch eine kürzere Nutzungsdauer Rechnung zu tragen. Eine nach bisherigem Recht noch als vertretbar erachtete[27] und auch in Teilen der Literatur für die praktische Umsetzung der Neuregelung durch das BilMoG erwartete[28] Übernahme der steuerlichen Abschreibungsdauer von 15 Jahren ist jedoch zukünftig nur noch in begründeten Fällen zulässig (vgl. Tz. 17).

22 Neben der Nutzungsdauer hat auch die gewählte **Abschreibungsmethode** dem voraussichtlichen Entwertungsverlauf des erworbenen Geschäfts- oder Firmenwerts Rechnung zu tragen[29]. Im handelsrechtlichen Konzernabschluss soll nach DRS 4.31 eine andere als die lineare Abschreibungsmethode nur dann zulässig sein, wenn diese (andere) Methode den Abnutzungsverlauf zutreffend widerspiegelt (vgl. Abschn. Q Tz. 412). Eine degressive Abschreibungsmethode könnte jedoch zB entsprechend dem Meinungsstand in der Literatur zu § 255 Abs. 4 Satz 3 HGB aF[30] dann im handelsrechtlichen Jahresabschluss zulässig oder gar geboten sein, wenn einer im Rahmen der Kaufpreisfindung für das übernommene Unternehmen durchgeführten Unternehmensbewertung die Annahme von im Zeitablauf sinkenden finanziellen Überschüssen zugrunde lag. Gegenüber einer progressiven Abschreibung wird jedoch bereits bislang vor dem Hintergrund des handelsrechtlichen Vorsichtsprinzips der linearen Abschreibung der Vorzug gegeben[31].

3. Außerplanmäßige Abschreibungen

23 Nach § 253 Abs. 3 Satz 3 HGB ist ein entgeltlich erworbener Geschäfts- oder Firmenwert bei einer **voraussichtlich dauernden Wertminderung** außerplanmäßig auf den niedrigeren beizulegenden Wert am Abschlussstichtag abzuschreiben[32]. Die Feststellung des (niedrigeren) beizulegenden Werts sowie der voraussichtlich dauernden Wertminderung eines entgeltlich erworbenen Geschäftswerts ist jedoch unverändert zur bisherigen Rechtslage mit besonderen Schwierigkeiten behaftet[33]. Zu berücksichtigen sind hierbei auch neue Erkenntnisse, die den ursprünglich gezahlten Kaufpreis überhöht erscheinen lassen (Wertaufhellung nach § 252 Abs. 1 Nr. 4 HGB)[34].

---

24 Vgl. *Söffing*, in FS Döllerer, S. 594 f.
25 Vgl. auch *Arbeitskreis Bilanzrecht der Hochschullehrer Rechtswissenschaft*, BB 2008, S. 156.
26 Vgl. hierzu *Hoyos/Schramm/M. Ring*, in Beck Bil-Komm.[6], § 253 Anm. 229; *ADS*[6], § 253 HGB Tz. 378.
27 Vgl. *Ellrott/Brendt*, in Beck Bil-Komm.[6], § 255 Anm. 520-523; *ADS*[6], § 255 HGB Tz. 283.
28 Vgl. auch *Arbeitskreis Bilanzrecht der Hochschullehrer Rechtswissenschaft*, BB 2008, S. 156.
29 Vgl. *ADS*[6], § 255 HGB Tz. 281.
30 Vgl. *ADS*[6], § 255 HGB Tz. 282.
31 Vgl. *ADS*[6], § 255 HGB Tz. 282.
32 Vgl. Begr. RegE, BT-Drucks. 16/10067, S. 48; *Ellrott/Brendt*, in Beck Bil-Komm.[6], § 255 Anm. 524; *ADS*[6], § 255 HGB Tz. 285.
33 Vgl. hierzu *Ellrott/Brendt*, in Beck Bil-Komm.[6], § 255 Anm. 524; *ADS*[6], § 255 HGB Tz. 285.
34 Vgl. *ADS*[6], § 255 HGB Tz. 285; *Ellrott/Brendt*, in Beck Bil-Komm.[6], § 255 Anm. 524.

Allerdings kann die Betrachtung der **Anhaltspunkte** zur Bestimmung der betriebsindividuellen Nutzungsdauer (vgl. Tz. 19 f.) nicht nur die Notwendigkeit einer Verkürzung der Restnutzungsdauer, sondern auch die voraussichtlich dauernde Wertminderung iSd. § 253 Abs. 3 Satz 3 HGB eines entgeltlich erworbenen Geschäfts- oder Firmenwertes erkennbar werden lassen[35]. So kommt eine außerplanmäßige Abschreibung auf den entgeltlich erworbenen Geschäfts- oder Firmenwert insb. dann in Betracht, wenn dessen wesentliche wertbestimmende Faktoren des erworbenen Unternehmens entfallen[36]. Als Beispiel für die Pflicht zur Vornahme einer außerplanmäßigen Abschreibung können daher genannt werden: 24

- der Wegfall eines für den Erwerb maßgeblichen Umsatzes,
- der Rückgang der Effizienz der Vertriebsorganisation des übernommenen Unternehmens[37].

Ein Niederstwerttest für den handelsrechtlichen Geschäfts- oder Firmenwert nach den Grundsätzen der **internationalen Rechnungslegung** (IFRS 3.55 (2004) iVm. IAS 36.80 ff. (rev. 2004)) ist unter Verweis auf den Einzelbewertungsgrundsatz (§ 252 Abs. 1 Nr. 3 HGB) und das Saldierungsverbot (§ 246 Abs. 2 Satz 1 HGB) bereits für den handelsrechtlichen Konzernabschluss (vgl. hierzu ausführlich Abschn. Q Tz. 422 ff.) und damit auch für den handelsrechtlichen Jahresabschluss abzulehnen. 25

4. Wertaufholungsverbot (§ 255 Abs. 5 Satz 2 HGB)

Wurde bei Wegfall der Gründe für den niedrigeren Wertansatz bisher nach hM die Auffassung vertreten, dass Wertaufholungen beim Geschäfts- oder Firmenwert (für Kapitalgesellschaften und Personenhandelsgesellschaften iSd. § 264a HGB) nach § 280 Abs. 1 HGB aF „...nicht gefordert..."[38] werden können, mithin aber zulässig seien, hat der Gesetzgeber in § 253 Abs. 5 Satz 2 HGB nun eine diesbezüglich eindeutige Regelung getroffen. Demnach sind Zuschreibungen auf einen vorher außerplanmäßig abgeschriebenen, entgeltlich erworbenen Geschäfts- oder Firmenwert auch bei Wegfall des Grundes untersagt. Dieses **Wertaufholungsverbot** wird vom Gesetzgeber damit begründet, dass die Wertaufholung eines entgeltlich erworbenen Geschäfts- oder Firmenwerts regelmäßig auf die Geschäftstätigkeit des Unternehmenserwerbers und nicht auf den Entfall der Abschreibungsgründe zurückzuführen sei. Daher sei die Wertaufholung einem nicht aktivierbaren, selbst geschaffenen Geschäfts- oder Firmenwert zuzuordnen[39]. 26

Dieser dem Wertaufholungsverbot zugrunde liegende Gedanke der Trennung zwischen erworbenem und selbst geschaffenem Geschäfts- oder Firmenwert im Rahmen dessen Folgebewertung (vgl. Tz. 26) liegt auch der noch im RefE ausgeführten Ablehnung des deutschen Gesetzgebers gegenüber einem den IFRS nachempfundenen sog. *Impairment-only-Approach*[40] zugrunde. Dieser zwischenzeitlich in der Literatur[41] auf Basis des RefE diskutierte Bewertungsansatz, auf planmäßige Abschreibungen des Geschäfts- oder Firmenwerts zugunsten einer ausschließlich stichtagsorientierten Wertüberprüfung zu verzichten, wurde im RegE abgelehnt. Die Fiktion in § 246 Abs. 1 Satz 4 HGB weist dem Geschäfts- oder Firmenwert ausdrücklich die Eigenschaften 27

---

35 Vgl. *Ellrott/Brendt*, in Beck Bil-Komm.⁶, § 255 Anm. 524.
36 Vgl. *Ellrott/Brendt*, in Beck Bil-Komm.⁶, § 255 Anm. 524.
37 Vgl. *Ellrott/Brendt*, in Beck Bil-Komm.⁶, § 255 Anm. 524.
38 Vgl. *Ellrott/Brendt*, in Beck Bil-Komm.⁶, § 255 Anm. 524; *ADS*⁶, § 255 HGB Tz. 287.
39 Vgl. Begr. RegE, BT-Drucks. 16/10067, S. 57.
40 Vgl. RefE BilMoG, S. 94-95.
41 Vgl. *Fülbier/Gassen*, DB 2007, S. 2612.

eines zeitlich begrenzt nutzbaren Vermögensgegenstands zu. In der Stellungnahme des Bundesrats zum RegE wurde der Gedanke einer ausschließlich auf außerplanmäßigen Abschreibungen basierenden Folgebewertung jedoch unter Hinweis auf internationale Rechnungslegungs-Standards wieder aufgegriffen[42] und durch die Bundesregierung in ihrer Gegenäußerung zur Stellungnahme des Bundesrats abermals abgelehnt[43]. Letztlich hat der *Impairment-only-Approach* für entgeltlich erworbene Geschäfts- oder Firmenwerte keinen Eingang in das HGB gefunden.

IV. Anhangangaben

28 Die bisherige **den Geschäfts- oder Firmenwert betreffenden Angabepflicht** nach § 285 Satz 1 Nr. 13 HGB aF verlangte eine Begründung im Falle der planmäßigen Abschreibung des Geschäfts- oder Firmenwerts in den Geschäftsjahren, in denen er voraussichtlich genutzt wird (§ 255 Abs. 4 Satz 3 HGB aF). Diese Vorschrift wird im Zuge des BilMoG neu gefasst. § 285 Nr. 13 HGB verlangt nunmehr die Angabe der Gründe, welche die Annahme einer betrieblichen Nutzungsdauer eines entgeltlich erworbenen Geschäfts- oder Firmenwerts von mehr als fünf Jahren rechtfertigen (vgl. auch Tz. 16 sowie Abschn. O Tz. 58 ff.).

V. Erstanwendungszeitpunkt und Übergangsvorschriften

29 Die durch das BilMoG in § 246 Abs. 1 Satz 4, § 253 Abs. 3 Satz 1 bis 3 sowie § 253 Abs. 5 Satz 2 HGB vorgesehenen neuen Vorschriften für Ansatz und Abwertung von entgeltlich erworbenen Geschäfts- oder Firmenwerten sowie deren Wertaufholung sind prospektiv erstmals auf **Erwerbsvorgänge** anzuwenden, die in Geschäftsjahren erfolgt sind, die **nach dem 31. Dezember 2009** begonnen haben (Art. 66 Abs. 3 Satz 2 EGHGB). Ab diesem Zeitpunkt erstmals handelsbilanziell zu erfassende derivative Geschäfts- oder Firmenwerte aus Unternehmensübernahmen im Wege der Einzel- oder Gesamtrechtsnachfolge (vgl. Tz. 1) fallen unzweifelhaft unter die dargestellte Neuregelung. Die Ansatz- und Bewertungsvorschriften nach § 255 Abs. 4 HGB aF sind letztmals auf vor dem 1. Januar 2010 beginnende Geschäftsjahre anzuwenden (Art. 66 Abs. 5 EGHGB). Zur freiwilligen früheren Anwendung der Neuregelung der Bilanzierung des entgeltlich erworbenen Geschäfts- oder Firmenwerts nach dem BilMoG vgl. Tz. 32.

30 Für die Fälle eines zu Beginn des Erstanwendungsjahrs **bereits bestehenden Geschäfts- oder Firmenwerts,** der noch nicht vollständig nach § 255 Abs. 4 Satz 2 oder 3 HGB aF abgeschrieben wurde, sieht der RegE keine besondere gesetzliche Übergangsregelung vor[44]. Da die Neuregelungen zum entgeltlich erworbenen Geschäfts- oder Firmenwert jedoch prospektiv anzuwenden sind (vgl. Abschn. W Tz. 6), darf ein nach bisherigem Recht aktivierter, noch nicht vollständig abgeschriebener entgeltlich erworbener Geschäfts- oder Firmenwert weiterhin nach der bisherigen Methode abgeschrieben werden, so dass ein Übergang auf die planmäßige Abschreibung nach § 253 Abs. 3 Satz 1 HGB über die betriebsindividuelle Nutzungsdauer und eine damit verbundene Änderung des Abschreibungsplans nicht erforderlich ist[45]. Dies bedeutet insbesondere, dass eine bisher nach § 255 Abs. 4 Satz 2 HGB aF vorgenommene pauscha-

---

42 Vgl. Begr. RegE, BT-Drucks. 16/10067, S. 117.
43 Vgl. Begr. RegE, BT-Drucks. 16/10067, S. 122.
44 Vgl. *Kirsch,* DStR 2008, S. 1206.
45 Vgl. IDW ERS HFA 28 Tz. 29; *Petersen/Zwirner,* KoR 2009, Beihefter 1, S. 10; ähnlich *van Hall,* in Kessler/Leinen/Strickmann, S. 69; *Pfitzer/Oser/Orth,* S. 292.

le Abschreibung des Geschäfts- oder Firmenwerts nicht für nach dem 31. Dezember 2009 beginnende Geschäftsjahre auf die neu anzuwendenden Regeln zur planmäßigen Abschreibung umzustellen ist. Zum Erfordernis von Anhangangaben nach § 285 Nr. 13 HGB im Falle der Fortführung von nach bisherigem Recht aktivierten Geschäfts- oder Firmenwerten vgl. Abschn. O Tz. 65.

Die Übergangsregelung nach Art 66 Abs. 3 Satz 2 EGHGB (vgl. Tz. 29) bedeutet auch, dass in vergangenen Geschäftsjahren bereits vollständig pauschal abgeschriebene oder bereits bei Zugang als Aufwand erfasste Geschäfts- oder Firmenwerte mit noch verbleibender Restnutzungsdauer **nicht nachaktiviert** werden dürfen oder gar müssen. Dem steht neben praktischen Problemen der Informationsbeschaffung[46] entgegen, dass mit der letzten pauschalen Abschreibung die Folgebewertung des Geschäfts- oder Firmenwerts abgeschlossen wurde und dieser damit nicht mehr im Mengengerüst des erwerbenden Unternehmens enthalten ist. 31

Eine **frühere Anwendung** der neuen Vorschriften zum entgeltlich erworbenen Geschäfts- oder Firmenwert bereits für nach dem 31. Dezember 2008 beginnende Geschäftsjahre ist nach Art. 66 Abs. 3 Satz 6 EGHGB wahlweise im Rahmen des nur einheitlich für sämtliche durch das BilMoG eingeführten neuen Vorschriften möglich. Bei Ausübung dieses Wahlrechts wären die § 246 Abs. 1 Satz 4, § 253 Abs. 3 Satz 1 bis 3 sowie § 253 Abs. 5 Satz 2 HGB erstmals auf **Erwerbsvorgänge** anzuwenden, die in Geschäftsjahren erfolgt sind, die **nach dem 31. Dezember 2008** begonnen haben. Nach dem Sinn und Zweck einer früheren Anwendung der neuen Vorschriften des BilMoG wäre damit auch der Entfall der bisherigen Regelungen zur Bewertung eines entgeltlich erworbenen Geschäfts- oder Firmenwerts (vgl. Tz. 30 f.) um ein Jahr vorzuziehen, so dass die Regelung nach § 255 Abs. 4 Satz 2 und 3 HGB aF im Erstjahr der früheren Anwendung der neuen Vorschriften nicht mehr der Bilanzierung neu erworbener derivativer Geschäfts- oder Firmenwerte zugrunde gelegt werden darf. 32

---

46 Vgl. *Kirsch*, DStR 2008, S. 1206; Begr. Beschlussempfehlung und Bericht des Rechtsausschusses, BT-Drucks. 16/12407, S. 95.

§ 248 HGB
Bilanzierungsverbote und -wahlrechte

(1) In die Bilanz dürfen nicht als Aktivposten aufgenommen werden:
1. Aufwendungen für die Gründung eines Unternehmens,
2. Aufwendungen für die Beschaffung des Eigenkapitals und
3. Aufwendungen für den Abschluss von Versicherungsverträgen.

(2) ¹Selbst geschaffene immaterielle Vermögensgegenstände des Anlagevermögens können als Aktivposten in die Bilanz aufgenommen werden. ²Nicht aufgenommen werden dürfen selbst geschaffene Marken, Drucktitel, Verlagsrechte, Kundenlisten oder vergleichbare immaterielle Vermögensgegenstände des Anlagevermögens.

§ 255 HGB
Bewertungsmaßstäbe

(1) ¹Anschaffungskosten sind die Aufwendungen, die geleistet werden, um einen Vermögensgegenstand zu erwerben und ihn in einen betriebsbereiten Zustand zu versetzen, soweit sie dem Vermögensgegenstand einzeln zugeordnet werden können. ²Zu den Anschaffungskosten gehören auch die Nebenkosten sowie die nachträglichen Anschaffungskosten. ³Anschaffungspreisminderungen sind abzusetzen.

(2) ¹Herstellungskosten sind die Aufwendungen, die durch den Verbrauch von Gütern und die Inanspruchnahme von Diensten für die Herstellung eines Vermögensgegenstands, seine Erweiterung oder für eine über seinen ursprünglichen Zustand hinausgehende wesentliche Verbesserung entstehen. ²Dazu gehören die Materialkosten, die Fertigungskosten und die Sonderkosten der Fertigung **sowie angemessene Teile der Materialgemeinkosten, der Fertigungsgemeinkosten und des Werteverzehrs des Anlagevermögens, soweit dieser durch die Fertigung veranlasst ist.** ³Bei der Berechnung der Herstellungskosten dürfen angemessene Teile **der Kosten der allgemeinen Verwaltung sowie angemessene Aufwendungen für soziale Einrichtungen des Betriebs, für freiwillige soziale Leistungen und für die betriebliche Altersversorgung einbezogen werden, soweit diese auf den Zeitraum der Herstellung entfallen.** ⁴Forschungs- und Vertriebskosten dürfen nicht einbezogen werden.

(2a) ¹Herstellungskosten eines selbst geschaffenen immateriellen Vermögensgegenstands des Anlagevermögens sind die bei dessen Entwicklung anfallenden Aufwendungen nach Absatz 2. ²Entwicklung ist die Anwendung von Forschungsergebnissen oder von anderem Wissen für die Neuentwicklung von Gütern oder Verfahren oder die Weiterentwicklung von Gütern oder Verfahren mittels wesentlicher Änderungen. ³Forschung ist die eigenständige und planmäßige Suche nach neuen wissenschaftlichen oder technischen Erkenntnissen oder Erfahrungen allgemeiner Art, über deren technische Verwertbarkeit und wirtschaftliche Erfolgsaussichten grundsätzlich keine Aussagen gemacht werden können. ⁴Können Forschung und Entwicklung nicht verlässlich voneinander unterschieden werden, ist eine Aktivierung ausgeschlossen.

(3) ¹Zinsen für Fremdkapital gehören nicht zu den Herstellungskosten. ²Zinsen für Fremdkapital, das zur Finanzierung der Herstellung eines Vermögensgegenstands verwendet wird, dürfen angesetzt werden, soweit sie auf den Zeitraum der Herstellung entfallen; in diesem Falle gelten sie als Herstellungskosten des Vermögensgegenstands.

§ 248 Abs. 2 HGB — Immaterielle Vermögensgegenstände — E

(4) ¹Der beizulegende Zeitwert entspricht dem Marktpreis. ²Soweit kein aktiver Markt besteht, anhand dessen sich der Marktpreis ermitteln lässt, ist der beizulegende Zeitwert mit Hilfe allgemein anerkannter Bewertungsmethoden zu bestimmen. ³Lässt sich der beizulegende Zeitwert weder nach Satz 1 noch nach Satz 2 ermitteln, sind die Anschaffungs- oder Herstellungskosten gemäß § 253 Abs. 4 fortzuführen. ⁴Der zuletzt nach Satz 1 oder 2 ermittelte beizulegende Zeitwert gilt als Anschaffungs- oder Herstellungskosten im Sinn des Satzes 3.

§ 266 HGB
Gliederung der Bilanz

(1)¹Die Bilanz ist in Kontoform aufzustellen. ²Dabei haben große und mittelgroße Kapitalgesellschaften (§ 267 Abs. 3, 2) auf der Aktivseite die in Absatz 2 und auf der Passivseite die in Absatz 3 bezeichneten Posten gesondert und in der vorgeschriebenen Reihenfolge auszuweisen. ³Kleine Kapitalgesellschaften (§ 267 Abs. 1) brauchen nur eine verkürzte Bilanz aufzustellen, in die nur die in den Absätzen 2 und 3 mit Buchstaben und römischen Zahlen bezeichneten Posten gesondert und in der vorgeschriebenen Reihenfolge aufgenommen werden.

(2) Aktivseite

A. Anlagevermögen:
  I. Immaterielle Vermögensgegenstände:
    1. Selbst geschaffene gewerbliche Schutzrechte und ähnliche Rechte und Werte;
    2. entgeltlich erworbene Konzessionen, gewerbliche Schutzrechte und ähnliche Rechte und Werte sowie Lizenzen an solchen Rechten und Werten;
    3. Geschäfts- oder Firmenwert;
    4. geleistete Anzahlungen;
  II. Sachanlagen:
    1. Grundstücke, grundstücksgleiche Rechte und Bauten einschließlich der Bauten auf fremden Grundstücken;
    2. technische Anlagen und Maschinen;
    3. andere Anlagen, Betriebs- und Geschäftsausstattung;
    4. geleistete Anzahlungen und Anlagen im Bau;
  III. Finanzanlagen:
    1. Anteile an verbundenen Unternehmen;
    2. Ausleihungen an verbundene Unternehmen;
    3. Beteiligungen;
    4. Ausleihungen an Unternehmen, mit denen ein Beteiligungsverhältnis besteht;
    5. Wertpapiere des Anlagevermögens;
    6. sonstige Ausleihungen.

B. Umlaufvermögen:
  I. Vorräte:
    1. Roh-, Hilfs- und Betriebsstoffe;
    2. unfertige Erzeugnisse, unfertige Leistungen;

3. fertige Erzeugnisse und Waren;
4. geleistete Anzahlungen;
II. Forderungen und sonstige Vermögensgegenstände:
1. Forderungen aus Lieferungen und Leistungen;
2. Forderungen gegen verbundene Unternehmen;
3. Forderungen gegen Unternehmen, mit denen ein Beteiligungsverhältnis besteht;
4. sonstige Vermögensgegenstände;
III. Wertpapiere:
1. Anteile an verbundenen Unternehmen;
2. sonstige Wertpapiere;
IV. Kassenbestand, Bundesbankguthaben, Guthaben bei Kreditinstituten und Schecks.
C. Rechnungsabgrenzungsposten.
D. Aktive latente Steuern.
E. Aktiver Unterschiedsbetrag aus der Vermögensverrechnung.
(3) Passivseite
A. Eigenkapital:
I Gezeichnetes Kapital;
II. Kapitalrücklage;
III. Gewinnrücklagen:
1. gesetzliche Rücklage;
2. Rücklage für **Anteile an einem herrschenden oder mehrheitlich beteiligten Unternehmen;**
3. satzungsmäßige Rücklagen;
4. andere Gewinnrücklagen;
IV. Gewinnvortrag/Verlustvortrag;
V. Jahresüberschuss/Jahresfehlbetrag.
B. Rückstellungen:
1. Rückstellungen für Pensionen und ähnliche Verpflichtungen;
2. Steuerrückstellungen;
3. sonstige Rückstellungen.
C. Verbindlichkeiten:
1. Anleihen,
davon konvertibel;
2. Verbindlichkeiten gegenüber Kreditinstituten;
3. erhaltene Anzahlungen auf Bestellungen;
4. Verbindlichkeiten aus Lieferungen und Leistungen;
5. Verbindlichkeiten aus der Annahme gezogener Wechsel und der Ausstellung eigener Wechsel;
6. Verbindlichkeiten gegenüber verbundenen Unternehmen;

7. Verbindlichkeiten gegenüber Unternehmen, mit denen ein Beteiligungsverhältnis besteht;
8. sonstige Verbindlichkeiten,
davon aus Steuern,
davon im Rahmen der sozialen Sicherheit.

D. Rechnungsabgrenzungsposten.

E. Passive latente Steuern.

Inhaltsverzeichnis Tz.

I. Grundlagen zur Bilanzierung immaterieller Vermögensgegenstände des Anlagevermögens .... 33 – 34
II. Ansatz (§ 248 Abs. 2 HGB)
   1. Allgemeines .... 35 – 39
   2. Ansatz selbst geschaffener immaterieller Vermögensgegenstände des Anlagevermögens (§ 248 Abs. 2 Satz 1 HGB)
      a. Überblick .... 40 – 48
      b. Eigene Herstellung .... 49 – 57
      c. Voraussetzungen der abstrakten Aktivierbarkeit
         aa. Einzelverwertbarkeit .... 58 – 63
         bb. Wahrscheinlichkeit des Entstehens eines immateriellen Vermögensgegenstands .... 64 – 71
         cc. Abgrenzbarkeit von Forschungs- und Entwicklungsphase ...... 72 – 79
      d. Aktivierungsverbote (§ 248 Abs. 2 Satz 2 HGB) .... 80 – 84
      e. Dokumentation .... 85 – 88
   3. Ansatz unentgeltlich erworbener immaterieller Vermögensgegenstände des Anlagevermögens .... 89 – 92
III. Bewertung (§§ 253 und 255 HGB)
   1. Bewertung selbst geschaffener immaterieller Vermögensgegenstände des Anlagevermögens
      a. Zugangsbewertung (§ 255 Abs. 2 und 2a HGB) .... 93 – 100
      b. Folgebewertung .... 101 – 115
   2. Bewertung unentgeltlich erworbener immaterieller Vermögensgegenstände des Anlagevermögens .... 116 – 118
IV. Ausweis
   1. Bilanz (§ 266 Abs. 2 A. I. 1. HGB) .... 119 – 128
   2. Gewinn- und Verlustrechnung 129
V. Besonderheiten im Rahmen der Konzernrechnungslegung .... 130 – 131
VI. Anhangangaben .... 132 – 133
VII. Ausschüttungssperre (§ 268 Abs. 8 HGB) .... 134 – 135
VIII. Erstanwendungszeitpunkt und Übergangsvorschriften .... 136 – 138

I. Grundlagen zur Bilanzierung immaterieller Vermögensgegenstände des Anlagevermögens

Mit der Neuregelung der handelsrechtlichen Bilanzierung immaterieller Vermögensgegenstände des Anlagevermögens beabsichtigt der Gesetzgeber, eine Verbesserung der nationalen und internationalen Vergleichbarkeit des handelsrechtlichen Jahresabschlusses zu erreichen sowie der zunehmenden Bedeutung dieser Vermögensgegen-

33

stände im Wirtschaftsleben Rechnung zu tragen[47]. Dementsprechend werden **alle bilanzierungspflichtigen Kaufleute** durch die neuen Vorschriften erfasst.

34 Die durch das BilMoG vorgenommenen Änderungen betreffen im Wesentlichen die Bilanzierung **nicht entgeltlich erworbener immaterieller Vermögensgegenstände des Anlagevermögens**. Nach Aufhebung des bisher geltenden Aktivierungsverbots (§ 248 Abs. 2 HGB aF) in Übereinstimmung mit dem entsprechenden Mitgliedstaatenwahlrecht in Art. 9 der 4. EG-Richtlinie sind mit Ausnahme selbst geschaffener Marken und ähnlicher Vermögensgegenstände die selbst geschaffenen immateriellen Vermögensgegenstände des Anlagevermögens zur Aktivierung zugelassen (§ 248 Abs. 2 Satz 1 und 2 HGB). Unentgeltlich erworbene immaterielle Vermögensgegenstände des Anlagevermögens sind nach Sinn und Zweck der Vorschrift wie selbst geschaffene nach § 248 Abs. 2 Satz 1 HGB aktivierbar (vgl. Tz. 89 ff.)[48]. Für unentgeltlich erworbene immaterielle Vermögensgegenstände des Umlaufvermögens sowie für sämtliche entgeltlich erworbenen immateriellen Vermögensgegenstände sieht das BilMoG dagegen keine Änderung der bereits bislang bestehenden Aktivierungspflicht[49] vor. Vgl. zu den durch das BilMoG angepassten, allgemeinen Bewertungsvorschriften in § 253 HGB Abschn. J Tz. 1 ff.

II. Ansatz (§ 248 Abs. 2 HGB)

1. Allgemeines

35 Eine eindeutige **Definition** des immateriellen Vermögensgegenstands ist nach dem BilMoG weder dem geänderten Gesetzestext, noch der Begründung zum RegE zu entnehmen. Daher ist davon auszugehen, dass eine inhaltliche Änderung des Begriffs der bereits bislang unter § 246 Abs. 1 Satz 1 HGB aF zu fassenden immateriellen Vermögensgegenstände[50] nicht beabsichtigt ist. Weitere Anhaltspunkte für eine inhaltliche Konkretisierung ergeben sich aus der Regierungsbegründung des BilMoG zur Definition des Entwicklungsbegriffs in § 255 Abs. 2a Satz 2 HGB, die auf Güter und Verfahren Bezug nimmt (vgl. Tz. 75). Diese unbestimmten Begriffe sind jeweils in einem weiten Sinn zu verstehen[51], wodurch der Vielfalt immaterieller Vermögensgegenstände Rechnung getragen werden soll. So können nach den Ausführungen der Regierungsbegründung unter den Begriff des „**Guts**" Materialien, Produkte, geschützte Rechte oder auch ungeschütztes *Know-How* oder Dienstleistungen gefasst werden. Als Beispiele für „**Verfahren**" werden typische Produktions- und Herstellungsverfahren oder entwickelte Systeme angeführt[52].

36 Neben der nach § 246 Abs. 1 Satz 2 HGB für alle in der Bilanz anzusetzenden Vermögensgegenstände erforderlichen Zurechenbarkeit des rechtlichen bzw. wirtschaftlichen Eigentums (vgl. Abschn. B Tz. 8 ff.) stellt die Regierungsbegründung auch bei immateriellen Vermögensgegenständen auf deren Aktivierbarkeit nach § 246 Abs. 1 Satz 1 HGB ab[53]. Diese ist wie bisher bei **Einzelverwertbarkeit**[54] des zu beurteilenden Gegenstands gegeben, dh. wenn ein Recht oder Wert durch Veräußerung, Einräumung

---

47 Vgl. Begr. RegE, BT-Drucks. 16/10067, S. 49 und 50.
48 Vgl. ERS HFA 29; aA *Hüttche*, StuB 2008, S. 163.
49 Vgl. *Förschle*, in Beck Bil-Komm.[6], § 248 Anm. 7 f.; *ADS*[6], § 248 HGB Tz. 14 und 23.
50 Vgl. hierzu *ADS*[6], § 246 HGB Tz. 36 ff. und § 266 HGB Tz. 28; *Hoyos/F. Huber* in Beck Bil-Komm.[6], § 247 Anm. 372 ff.
51 Vgl. Begr. RegE, BT-Drucks. 16/10067, S. 60.
52 Vgl. Begr. RegE, BT-Drucks. 16/10067, S. 60.
53 Vgl. hierzu Begr. RegE, BT-Drucks. 16/10067, S. 50.
54 Vgl. hierzu Begr. RegE, BT-Drucks. 16/10067, S. 50.

von Nutzungsrechten, bedingten Verzicht oder im Wege der Zwangsvollstreckung in Geld transformiert werden kann[55]. Hierbei ist als entscheidendes Merkmal auf das Vorhandensein eines wirtschaftlich verwertbaren Potenzials zur Deckung der Schulden des Unternehmens abzustellen[56]. Eine notwendige, implizite Voraussetzung der Einzelverwertbarkeit stellt die Einzelbewertbarkeit dar[57].

Dem Kriterium der Einzelverwertbarkeit kommt bei selbst geschaffenen immateriellen Vermögensgegenständen des Anlagevermögens bereits während der **Entwicklungsphase** Bedeutung zu, da eine Aktivierung nicht erst nach der Fertigstellung, sondern schon während der Entwicklung dieser Vermögensgegenstände in Betracht kommt[58]. Dies erfordert sowohl den Beginn der von der Forschungsphase zu trennenden Entwicklungsphase (vgl. Tz. 104 ff.) als auch zum Abschlussstichtag die Wahrscheinlichkeit der tatsächlichen Entstehung eines einzeln verwertbaren Vermögensgegenstands (vgl. Tz. 96 ff.)[59]. **37**

Sofern hiernach die Eigenschaften eines Vermögensgegenstands zu bejahen sind, ergibt sich nach § 246 Abs. 1 Satz 1 HGB eine grundsätzliche Ansatzpflicht für immaterielle Vermögensgegenstände des Anlagevermögens (abstrakte Aktivierbarkeit), die kraft ausdrücklicher Bestimmung nach § 248 Abs. 2 Satz 1 HGB durch ein **Ansatzwahlrecht** ersetzt wird. Jedoch enthält § 248 Abs. 2 Satz 2 HGB ein auf bestimmte selbst geschaffene immaterielle Vermögensgegenstände beschränktes **Aktivierungsverbot** (konkrete Aktivierbarkeit). **38**

Von den neuen Regelungen zu selbst geschaffenen immaterieller Vermögensgegenständen des Anlagevermögens wird nach den Aktivierungsvoraussetzungen (vgl. Tz. 42) der **selbst geschaffene Geschäfts- oder Firmenwert** von Vorneherein ausgenommen. Dieser ist mangels Eigenschaften eines Vermögensgegenstands iSv. § 246 Abs. 1 Satz 1 HGB auch weiterhin nicht im handelsrechtlichen Jahresabschluss aktivierbar (vgl. Tz. 3, 8). **39**

2. Ansatz selbst geschaffener immaterieller Vermögensgegenstände des Anlagevermögens (§ 248 Abs. 2 Satz 1 HGB)

a. Überblick

Die bislang einem uneingeschränkten Ansatzverbot unterliegenden selbst geschaffenen immateriellen Vermögensgegenstände des Anlagevermögens werden durch das BilMoG einem grundsätzlichen **Ansatzwahlrecht** nach §§ 246 Abs. 1 Satz 1, 248 Abs. 2 Satz 1 HGB zugeführt. Die noch im RegE vorgesehene grundsätzliche Ansatzpflicht für selbst geschaffene immaterielle Vermögensgegenstände des Anlagevermögens hat damit nicht Eingang in das BilMoG gefunden[60]. **40**

Ansatzwahlrechte sind nach § 246 Abs. 3 HGB sachlich und zeitlich stetig, dh. für vergleichbare Sachverhalte einheitlich[61], auszuüben. Das Ansatzwahlrecht für selbst **41**

---

55 Vgl. *Baetge/Kirsch/Thiele*[9], S. 163.
56 Vgl. *ADS*[6], § 246 HGB Tz. 28.
57 Vgl. *ADS*[6], § 246 HGB Tz. 29.
58 Vgl. Begr. RegE, BT-Drucks. 16/10067, S. 60; IDW ERS HFA 29.
59 Vgl. Begr. RegE, BT-Drucks. 16/10067, S. 60.
60 Vgl. hierzu Begr. Beschlussempfehlung und Bericht des Rechtsausschusses, BT-Drucks. 16/12407, S. 84 und 85.
61 Vgl. IDW ERS HFA 29; *Küting/Ellmann*, in Das neue deutsche Bilanzrecht, S. 275; *Laubach/Kraus/Bornhofen*, DB 2009, Beilage 5, S. 23; aA *Mindermann/Brösel* in Bilanzrechtsmodernisierungsgesetz BilMoG, S. 393.

geschaffene immaterielle Vermögensgegenstände des Anlagevermögens unterliegt damit dem **Stetigkeitsgebot** nach § 246 Abs. 3 HGB (vgl. Abschn. G Tz. 6 f.)[62]. Der Stetigkeit unterliegen insb. unternehmens- und produktindividuell festgelegte Kriterien, ab wann die Voraussetzungen der Aktivierbarkeit vorliegen (vgl. hierzu Tz. 71 und 79)[63].

42 Die Ansatzregeln für selbst geschaffene immaterielle Vermögensgegenstände des Anlagevermögens setzen begrifflich voraus, dass die zu aktivierenden Ausgaben der eigenen Herstellung (vgl. Tz. 49 ff.) zugeordnet werden können. Das für diese Ausgaben vorgesehene Aktivierungswahlrecht gilt jedoch nicht uneingeschränkt. Nach den neuen Vorschriften ist eine Aktivierung selbst geschaffener immaterieller Vermögensgegenstände des Anlagevermögens nur zulässig, wenn folgende **Voraussetzungen**[64] erfüllt sind:

- Vorliegen eines einzeln verwertbaren immateriellen Vermögensgegenstands (vgl. Tz. 58 ff.) oder der Wahrscheinlichkeit des Entstehens eines einzeln verwertbaren immateriellen Vermögensgegenstands (vgl. Tz. 64 ff.) sowie
- Abgrenzbarkeit der Entwicklungsphase (vgl. Tz. 72 ff.).

43 Ein Aktivierungswahlrecht ist jedoch nur dann anzunehmen, wenn das ausdrückliche **Aktivierungsverbot** in § 248 Abs. 2 Satz 2 HGB (vgl. Tz. 80 ff.) nicht greift. Darüber hinaus wird in der Regierungsbegründung zu § 255 Abs. 2a HGB eine hinreichende Dokumentation im Rahmen der Aktivierung selbst geschaffener immaterieller Vermögensgegenstände des Anlagevermögens verlangt (vgl. Tz. 85 ff.).

44 Nach der Begründung des Gesetzgebers markiert der Übergang von der Forschungs- zur Entwicklungsphase den **Zugangszeitpunkt**[65]. Die Aktivierung eines immateriellen Vermögensgegenstands des Anlagevermögens am Abschlussstichtag setzt außerdem das Vorliegen einer hohen Wahrscheinlichkeit des Entstehens eines immateriellen Vermögensgegenstands (vgl. Tz. 64 ff.) voraus. Das Ansatzwahlrecht des § 248 Abs. 2 Satz 1 HGB ist demnach nur dann ausübbar, wenn beide Voraussetzungen erfüllt sind[66]. Zur Bedeutung dieser Ansatzkriterien für die Bestimmung des Umfangs der Herstellungskosten vgl. Tz. 96.

45 Die Frage der Aktivierbarkeit selbst geschaffener immaterieller Vermögensgegenstände des Anlagevermögens legt einen Vergleich mit den entsprechenden Vorschriften für die **internationale Rechnungslegung**[67] nahe, durch die diese geplante Gesetzesänderung ua. motiviert ist (vgl. Tz. 33). Gleichwohl lehnt der Gesetzgeber eine unmittelbare Anwendung der Voraussetzungen für die Aktivierung immaterieller Vermögenswerte nach IFRS auf die handelsrechtliche Rechnungslegung, insb. mit dem Verweis auf die Unterschiede zwischen dem Begriff des Vermögenswerts nach IFRS und dem des handelsrechtlichen Vermögensgegenstands, ausdrücklich ab[68].

46 Allerdings können die nach internationalen Rechnungslegungsvorschriften geltenden Aktivierungsvoraussetzungen durchaus als **Orientierungshilfe** für die Auslegung handelsrechtlicher Regelungen, hier der Voraussetzung der hohen Wahrscheinlichkeit des

---

62 Vgl. auch IDW ERS HFA 29.
63 So auch in Bezug auf Kriterien der Abgrenzung von Forschung und Entwicklung für Projekt- bzw. Produktgruppen *Schmalenbach-Gesellschaft für Betriebswirtschaft e.V., Arbeitskreis „Immaterielle Werte im Rechnungswesen"*, DB 2008, S. 1817.
64 Vgl. auch IDW ERS HFA 29.
65 Vgl. Begr. RegE, BT-Drucks. 16/10067, S. 60.
66 Vgl. *Kreher/Sailer/Rothenburger/Spang*, DB 2009, Beilage 5, S. 106.
67 Vgl. hierzu *ADS* Int., Abschn. 8 Tz. 95 ff.
68 Vgl. RefE, S. 122; allgemein Begr. RegE, BT-Drucks. 16/10067, S. 35 und 50.

Entstehens eines immateriellen Vermögensgegenstands, dienen[69]. IAS 38.57 nennt folgende Bedingungen für das Vorliegen eines erwarteten künftigen wirtschaftlichen Nutzens:

- die technische Realisierbarkeit der Fertigstellung des immateriellen Vermögenswerts, damit er zur Nutzung oder zum Verkauf zur Verfügung stehen wird;
- die Absicht des Unternehmens, den immateriellen Vermögenswert fertig zu stellen, sowie ihn zu nutzen oder zu verkaufen;
- die Fähigkeit des Unternehmens, den immateriellen Vermögenswert zu nutzen oder zu verkaufen;
- der Nachweis der Art des zukünftigen wirtschaftlichen Nutzens, zB der Existenz eines Marktes für die Produkte des immateriellen Vermögenswerts oder für den immateriellen Vermögenswert selbst oder Nachweis seines internen Nutzens;
- die Verfügbarkeit adäquater technischer, finanzieller und sonstiger Ressourcen, um die Entwicklung abschließen und den immateriellen Vermögenswert nutzen oder verkaufen zu können;
- die Fähigkeit des Unternehmens, die dem immateriellen Vermögenswert während seiner Entwicklung zurechenbaren Ausgaben verlässlich zu bewerten.

Auf diese noch im RefE genannten Merkmale[70] wird allerdings im RegE nicht mehr Bezug genommen. Aufgrund des nach dem RefE ohnehin nur indiziellen Charakters dieser Merkmale für die handelsrechtliche Aktivierbarkeit und der fortbestehenden Eigenständigkeit des handelsrechtlichen Begriffs des Vermögensgegenstands ist daher ein vollständiger **Gleichlauf der Aktivierung** immaterieller Vermögensgegenstände des Anlagevermögens **nach HGB** idF des BilMoG mit der Aktivierung immaterieller Vermögenswerte **nach IFRS** nicht zu erwarten[71]. Es ist aber anzunehmen, dass ein Vermögenswert, der die Aktivierungskriterien des IAS 38 erfüllt, regelmäßig auch nach §§ 246 Abs. 1 Satz 1, 248 Abs. 2 HGB aktiviert werden darf[72]. **47**

In Abweichung von den neuen handelsrechtlichen Regelungen erlaubt das deutsche Steuerrecht in § 5 Abs. 2 EStG die Aktivierung immaterieller Wirtschaftsgüter des Anlagevermögens nur, wenn diese entgeltlich erworben wurden. Werden daher selbst geschaffene immaterielle Vermögensgegenstände des Anlagevermögens in der Handelsbilanz aktiviert, so folgt hieraus gleichzeitig die Ansatzpflicht **passiver latenter Steuern** nach § 274 HGB (vgl. hierzu Abschn. M). Bei Inanspruchnahme der Befreiung von der Steuerabgrenzung iSd. § 274 HGB nach § 274a Nr. 5 HGB wäre die Bildung einer Rückstellung nach § 249 Abs. 1 Satz 1 HGB für zukünftige Steuerbelastungen erforderlich, da sich die durch den handelsrechtlichen Ansatz immaterieller Vermögensgegenstände des Anlagevermögens bedingte Differenz zwischen Handels- und Steuerbilanz durch Abschreibungen nach § 253 Abs. 3 HGB (vgl. Tz. 103 ff.) im Zeitablauf ausgleichen wird und passiven latenten Steuern für solche temporären Differenzen ein Rückstellungscharakter zukommt[73]. **48**

---

69 Vgl. auch *Schmalenbach-Gesellschaft für Betriebswirtschaft e.V., Arbeitskreis „Immaterielle Werte im Rechnungswesen"*, DB 2008, S. 1817.
70 Vgl. RefE, S. 122.
71 Vgl. auch *Dobler/Kurz*, KoR 2008, S. 489; *Schmalenbach-Gesellschaft für Betriebswirtschaft e.V., Arbeitskreis Externe Unternehmensrechnung*, BB 2008, S. 995; *Hennrichs*, DB 2008, S. 539 f.; *Schmalenbach-Gesellschaft für Betriebswirtschaft e.V., Arbeitskreis „Immaterielle Werte im Rechnungswesen"*, DB 2008, S. 1815 f.; *Bilanzrecht der Hochschullehrer Rechtswissenschaft*, BB 2008, S. 157 f.; *Groß*, Der Konzern 2008, S. 474 f.; *Dörner/Neubert*, IRZ 2008, S. 452 f.
72 So wohl auch *Schmalenbach-Gesellschaft für Betriebswirtschaft e.V., Arbeitskreis „Immaterielle Werte im Rechnungswesen"*, DB 2008, S. 1815 und 1821.
73 Vgl. Begr. RegE, BT-Drucks. 16/10067, S. 67.

E Immaterielle Vermögensgegenstände § 248 Abs. 2 HGB

b. Eigene Herstellung

49 Das Ansatzwahlrecht nach § 248 Abs. 2 Satz 1 HGB ist auf selbst geschaffene immaterielle Vermögensgegenstände des Anlagevermögens beschränkt (vgl. Tz. 42). Ein immaterieller Vermögensgegenstand des Anlagevermögens wird dann **selbst geschaffen**, wenn er im bilanzierenden Unternehmen hergestellt wird. Ebenso sind ausgelagerte Forschungs- und Entwicklungsarbeiten beim Auftraggeber als eigene Herstellung anzusehen, sofern die Arbeiten auf einem Dienstvertrag und nicht auf einem Werkvertrag beruhen und hierdurch das Herstellungsrisiko beim Auftraggeber liegt[74].

50 Im Falle des isolierten **Erwerbs laufender Forschungs- und Entwicklungsarbeiten** von Dritten (sog. *in-process research and development*) liegt aufgrund der mit dem Erwerb nachgewiesenen Einzelveräußerbarkeit ein einzelverwertbarer, entgeltlich erworbener Vermögensgegenstand vor, der nach § 246 Abs. 1 Satz 1 HGB zu aktivieren ist. Die hiermit verbundenen Ausgaben sind damit grds. von einer mit einem Ansatzwahlrecht verbundenen eigenen Herstellung abzugrenzen, es sei denn, der erworbene Vermögensgegenstand gehen als Vorprodukt in einen eigenen, handelsbilanziell gesondert zu würdigenden Herstellungsprozess des Erwerbers ein (vgl. hierzu Tz. 52).

51 Es erscheint sachgerecht, die Vorgehensweise bei Erwerb laufender Forschungs- und Entwicklungsarbeiten (vgl. Tz. 50) entsprechend auf **Unternehmenserwerbe** im Wege eines *asset-deals* bzw. einer Vermögensübertragung (Einzel- oder Gesamtrechtsnachfolge) anzuwenden. Stellen auf diese Weise in die Verfügungsmacht des Unternehmenserwerbers übergegangene (Zwischen-)Ergebnisse aus Forschungs- und Entwicklungsarbeiten einzelverwertbare immaterielle Vermögensgegenstände dar, sind sie beim Erwerber wie bisher unabhängig von ihrer Bilanzierung beim erworbenen Unternehmen nicht im derivativen Geschäfts- oder Firmenwert, sondern als eigenständige Vermögensgegenstände anzusetzen[75]. Werden diese entgeltlich erworbenen Vermögensgegenstände beim Erwerber verändert, so sind sie nach den Grundsätzen der Bilanzierung für die Weiterentwicklung, Erweiterung oder wesentliche Verbesserung von Vermögensgegenständen (vgl. Tz. 52 ff.) zu bilanzieren.

52 Soll ein entgeltlich erworbener Vermögensgegenstand als unfertiges Vorprodukt zu einem neuen immateriellen Vermögensgegenstand des Anlagevermögens weiterverarbeitet werden, so ist er zunächst zu aktivieren und dann diesem einheitlichen Herstellungsprozess insgesamt zuzuordnen[76]. In diesem Zusammenhang angefallene Ausgaben sind daher im Rahmen der Zugangsbewertung des selbst zu schaffenden immateriellen Vermögensgegenstands zu berücksichtigen (vgl. hierzu Tz. 93 ff.). Eine solche **Wesensänderung** des entgeltlich erworbenen Vermögensgegenstands iSv. § 255 Abs. 2 Satz 1 HGB führt dann zu einem eigenen Herstellungsvorgang, wenn das Herstellungsrisiko beim Erwerber liegt[77]. Dies kann zB angenommen werden, wenn der überwiegende Wertbestandteil des selbst zu schaffenden immateriellen Vermögensgegenstands auf die interne Entwicklung entfällt. Hinsichtlich der Abgrenzung von Entwicklungsausgaben für einen selbständigen immateriellen Vermögensgegenstand von nachträglichen Herstellungskosten kann auch auf einzelne, bereits nach § 248 HGB aF diskutierte Aspekte der Softwarebilanzierung zurückgegriffen werden. Demnach führt zB eine tief greifende Überarbeitung einer bisherigen Programmversion im Sinne eines Generationenwechsels zu einem neuen Vermögensgegenstand, der bei Vorliegen der

---

74 Vgl. *Förschle*, in Beck Bil-Komm.[6], § 248 Anm. 11; in Bezug auf Software IDW RS HFA 11 Tz. 9 ff.
75 Vgl. *Hoyos/F. Huber*, in Beck Bil-Komm.[6], § 247 Anm. 408; *ADS*[6], § 255 HGB Tz. 265.
76 Vgl. *Ellrott/Brendt*, in Beck Bil-Komm.[6], § 255 Anm. 37.
77 Vgl. in Bezug auf Software IDW RS HFA 11 Tz. 14 f.

| § 248 Abs. 2 HGB | Immaterielle Vermögensgegenstände | **E** |

Voraussetzungen gesondert aktiviert werden darf[78]. Die Bilanzierung der Forschungs- und Entwicklungskosten des Erwerbers richtet sich dann insgesamt nach den Ansatz- und Bewertungsgrundsätzen für selbst geschaffene immaterielle Vermögensgegenstände des Anlagevermögens (vgl. zum Ausweis Tz. 127).

Das Vorliegen einer **Erweiterung** iSv. § 255 Abs. 2 Satz 1 HGB wird bei immateriellen Vermögensgegenständen mangels physischer Substanz kaum anhand einer Substanzmehrung zu beurteilen sein. Es erscheint jedoch denkbar, dass, zB im Falle von erworbener Software, einem bestehenden immateriellen Vermögensgegenstand des Anlagevermögens neue Funktionen[79] hinzugefügt werden, für die Entwicklungsausgaben entstanden sind. **53**

Eine **wesentliche Verbesserung** eines bereits vorhandenen immateriellen Vermögensgegenstands iSv. § 255 Abs. 2 Satz 1 HGB ist dagegen anzunehmen, wenn dieser durch die Entwicklungsmaßnahmen einer anderen Gebrauchs- bzw. Verwendungsmöglichkeit zugeführt wird[80]. So könnte zB eine wesentliche Verbesserung anzunehmen sein, wenn eine Medikamentenrezeptur hinsichtlich nachgewiesener Nebenwirkungen angepasst wird. **54**

Im Gegensatz zur Wesensänderung entgeltlich erworbener Vermögensgegenstände führt deren Erweiterung (vgl. hierzu Tz. 53) bzw. wesentliche Verbesserung (vgl. hierzu Tz. 54) iSv. § 255 Abs. 2 Satz 1 HGB nach den bestehenden handelsrechtlichen Grundsätzen zur Abgrenzung von Herstellungsvorgängen[81] zu **nachträglichen Herstellungskosten**, sofern das Risiko einer erfolgreichen Erweiterung oder wesentlichen Verbesserung beim Bilanzierenden liegt[82]. Es spricht Vieles dafür, dass die handelsrechtliche Erfassung nachträglicher Herstellungskosten (§ 255 Abs. 2 HGB) von der Aktivierung des erweiterten oder verbesserten Vermögensgegenstands abhängt, da nachträgliche Herstellungskosten ausschließlich aufgrund der Bewertungsvorschrift nach § 255 Abs. 2 HGB erfasst werden, die kein Wahlrecht iSd. § 248 Abs. 2 Satz 1 HGB enthält. Danach führen Maßnahmen zur Erweiterung oder wesentlichen Verbesserung zu aktivierungspflichtigen nachträglichen Herstellungskosten, sofern der erweiterte oder verbesserte immaterielle Vermögensgegenstand aktiviert wurde (zum Umfang der Herstellungskosten bei Ausübung des Aktivierungswahlrechts vgl. auch Tz. 93 ff.). Wurde der erweiterte oder verbesserte Vermögensgegenstand hingegen aufgrund des Ansatzwahlrechts nach § 248 Abs. 2 Satz 1 HGB nicht aktiviert, so kommt auch eine Aktivierung der nachträglichen Herstellungskosten nicht in Betracht, da bereits vom Ansatzwahlrecht für den den nachträglichen Herstellungskosten zugrunde liegenden immateriellen Vermögensgegenstand kein Gebrauch gemacht wurde und durch die nachträgliche Maßnahme kein gesonderter Vermögensgegenstand iSd. §§ 246 Abs. 1 Satz 1, 248 Abs. 2 Satz 1 HGB entsteht. Nach der hier vertretenen Auffassung werden nachträgliche Herstellungskosten somit nicht einem eigenständigen Aktivierungswahlrecht nach § 248 Abs. 2 Satz 1 HGB zugeführt[83], sondern sie unterliegen dem Gebot der Ansatzstetigkeit für selbst geschaffene immaterielle Vermögensgegenstände des Anlagevermögens (vgl. Tz. 41). Zur Erfassung nachträglicher Herstellungskosten vgl. auch Tz. 102. Liegt das Risiko der erfolgreichen Erweiterung oder **55**

---

78 Vgl. auch IDW RS HFA 11 Tz. 21.
79 Vgl. auch *Ellrott/Brendt*, in Beck Bil-Komm.[6], § 255 Anm. 380. Auch der noch auf dem Bilanzierungsverbot in § 248 Abs. 2 HGB aF basierende IDW RS HFA 11 Tz. 14 stellt insoweit für Standardsoftware auf die Art der vorhandenen Funktionen ab.
80 Vgl. *ADS*[6], § 255 HGB Tz. 124 f.
81 Vgl. hierzu *ADS*[6], § 255 HGB Tz. 118 ff.; *Ellrott/Brendt*, in Beck Bil-Komm.[6], § 255 Anm. 380 ff.
82 Vgl. in Bezug auf Software IDW RS HFA 11 Tz. 16.
83 AA *Kreher/Sailer/Rothenburger/Spang*, DB 2009, Beilage 5, S. 106.

E | Immaterielle Vermögensgegenstände | § 248 Abs. 2 HGB

wesentlichen Verbesserung hingegen bei einem Dritten, liegen aktivierungspflichtige **nachträgliche Anschaffungskosten** (§ 255 Abs. 1 Satz 2 HGB) vor[84], die ebenfalls nicht einem Ansatzwahlrecht nach § 248 Abs. 2 Satz 1 HGB zugänglich sind.

56 Nach allgemeinen Grundsätzen[85] ist zu entscheiden, inwieweit Entwicklungsausgaben zu nicht aktivierbarem **Erhaltungsaufwand** für bestehende immaterielle Vermögensgegenstände des Anlagevermögens führen. Demnach ist Erhaltungsaufwand einzelfallbezogen insb. dann gegeben, wenn ein bestehender Vermögensgegenstand in Teilen erneuert bzw. modernisiert wird und hierdurch lediglich die Funktionsfähigkeit erhalten, mithin nicht geändert wird. Am Beispiel der Software können zB aktualisierte selbst geschaffene Versionen (*Updates*) bereits genutzter Programme dann als Erhaltungsaufwand zu erfassen sein, wenn sie lediglich deren Funktionsfähigkeit aufrecht erhalten sollen, während umfassende *Release*-Wechsel zu einem neuen Vermögensgegenstand führen[86].

57 Ferner ist es denkbar, dass im Rahmen von Vorarbeiten zur **Herstellung materieller Vermögensgegenstände** selbst geschaffene immaterielle Vermögensgegenstände entstehen. Die in diesem Zusammenhang entstandenen Aufwendungen konnten bislang im Einzelfall, zB im Rahmen der Auftragsfertigung, als Vorbereitungshandlungen in die Herstellung der materiellen Vermögensgegenstände einzubeziehen sein[87]. Durch die Neuregelung des Ansatzes selbst geschaffener immaterieller Vermögensgegenstände des Anlagevermögens im Rahmen des BilMoG ist nunmehr einzelfallbezogen zu prüfen, ob insoweit bereits ein nach § 248 Abs. 2 Satz 1 HGB zur Aktivierung zugelassener, selbst geschaffener immaterieller Vermögensgegenstand des Anlagevermögens entsteht, der dann nach § 255 Abs. 2 Satz 2 HGB in Höhe seines Werteverzehrs in die Herstellungskosten des materiellen Vermögensgegenstands eingeht. So könnten bspw. im Unternehmen geschaffene Produktionsverfahren aus Anlass eines in Aussicht gestellten Produktionsauftrags für spezielle Produkte nach § 248 Abs. 2 Satz 1 HGB gesondert aktivierbar sein.

c. Voraussetzungen der abstrakten Aktivierbarkeit

aa. Einzelverwertbarkeit

58 Die Einzelverwertbarkeit stellt wie bisher das entscheidende Kriterium für die Aktivierbarkeit eines **Vermögensgegenstands** nach § 246 Abs. 1 Satz 1 HGB und damit auch eines immateriellen Vermögensgegenstands dar (vgl. auch Tz. 36). Die Übertragung immaterieller Güter auf Dritte verlangt regelmäßig, dass die Existenz des immateriellen Guts, dem es definitionsgemäß an einer physischen Substanz mangelt, in einer nachvollziehbaren Weise dokumentierbar bzw. nachweisbar ist. Als Beispiele einer die Verwertbarkeit des Guts ermöglichenden Dokumentation kommen zB schriftlich oder elektronisch aufgezeichnete Rezepturen, Verfahrensbeschreibungen, Zeichnungen, Pläne, Anweisungen oä. in Betracht.

59 Die Erfüllung des Kriteriums der Einzelverwertbarkeit verlangt begrifflich eine einzelne, dh. **vom Unternehmen losgelöste Verwertbarkeit** von Gütern. Damit sind unternehmensspezifische Werte, die sich ausschließlich auf den originären Geschäfts- oder

---

84 Vgl. in Bezug auf Software IDW RS HFA 11 Tz. 16.
85 Vgl. hierzu *ADS*[6], § 255 HGB Tz. 122; *Ellrott/Brendt* in Beck Bil-Komm.[6], § 255 Anm. 390.
86 In entsprechender Anwendung der bereits bisherigen Bilanzierungsweise bei Anschaffungsvorgängen nach IDW RS HFA 11 Tz. 21.
87 Vgl. hierzu *ADS*[6], § 255 HGB Tz. 151; HFA 5/1991, Abschn. 2.1.

| § 248 Abs. 2 HGB | Immaterielle Vermögensgegenstände | E |

Firmenwert des Unternehmens auswirken, zB günstige Arbeitsverträge oder Mitarbeiterfähigkeiten, nicht einzeln verwertbar im Sinne dieser Aktivierungsvoraussetzung[88]. Zu ausschließlich intern nutzbaren immateriellen Gütern vgl. Tz. 60.

Unstrittig ist, dass ein zwar dem Anlagevermögen zuzuordnendes (§ 247 Abs. 2 HGB) und damit zur unternehmensinternen Verwendung bestimmtes, jedoch am Markt veräußerbares immaterielles Gut das Kriterium der Einzelverwertbarkeit erfüllt[89]. Fraglich ist allerdings, ob der Begriff der Einzelverwertbarkeit auch die **ausschließlich interne Nutzbarkeit** von immateriellen Gütern umfasst. Da die Einzelverwertbarkeit auch andere Möglichkeiten der monetären Transformation von Rechten und Werten als deren Einzelveräußerbarkeit umfasst (vgl. Tz. 36), kann bei der Beantwortung dieser Frage nicht allein auf die Veräußerbarkeit abgestellt werden[90]. Wenngleich die ausschließlich interne Nutzbarkeit von immateriellen Gütern die Vermutung nahe legt, dass keine einzelne Verwertbarkeit, sondern lediglich nicht separierbare Auswirkungen auf den originären Geschäfts- oder Firmenwert gegeben sind, so stellt sie kein generelles Ausschlusskriterium für die Annahme ihrer Einzelverwertbarkeit dar[91]. Es ist daher stets im Einzelfall zu entscheiden[92], ob ein immaterielles Gut außer in dem seine Entwicklung betreibenden Unternehmen keiner abstrakten, externen Verwendung zugeführt werden kann, bspw. ein ausschließlich auf die besonderen individuellen Unternehmensstrukturen abgestimmter Ablaufplan. 60

Der Begriff der Einzelverwertbarkeit bedeutet, dass bereits eine **abstrakte Verwertbarkeit** des selbst erstellten Guts genügt. Hierdurch wird die Möglichkeit einer gesonderten Verwertung unabhängig von der tatsächlichen späteren Verwendung des immateriellen Vermögensgegenstands umfasst. Auch hindert die bedingte Nutzbarkeit, zB ein dokumentierter Produktionsablaufprozess für einen bestimmten Serienauftrag, nicht die Annahme der Einzelverwertbarkeit, sofern ein Dritter bereit sein könnte, das Gut einzeln zu erwerben bzw. zu nutzen. Als Indiz für eine solch abstrakte Verwertbarkeit kann unter Bezugnahme auf IAS 38.57(d) die Existenz eines Marktes oder der nachweisbare interne Nutzen des immateriellen Vermögensgegenstands genannt werden. 61

Ein immaterielles Gut kann auch dann einzeln verwertbar und damit aktivierbar sein, wenn es nicht **durch ein Recht geschützt** ist, wie im Falle einer ungeschützten Erfindung[93]. Dieser Aspekt kann aber im Rahmen der Beurteilung der Werthaltigkeit eines aktivierten immateriellen Vermögensgegenstands Bedeutung erlangen. Sofern anderen Unternehmen die Nutzung des immateriellen Guts frei zugänglich ist, könnte der Vermögensgegenstand auf einen niedrigeren beizulegenden Wert abzuschreiben sein (§ 253 Abs. 3 Satz 3 HGB). 62

Bereits die Entwicklung von **Zwischenprodukten** kann zu einzelverwertbaren, selbst geschaffenen immateriellen Vermögensgegenständen führen, wenn diese die weiteren Voraussetzungen der Aktivierbarkeit (vgl. Tz. 64 ff.) erfüllen. Denkbar wäre zB die Entwicklung pharmazeutischer Wirkstoffkombinationen durch darauf spezialisierte F&E-Unternehmen, die nicht auf ein Endprodukt im Sinne eines Medikaments gerichtet ist, aber deren Ergebnisse trotzdem intern oder extern einzeln verwertbar sind. Es 63

---

88 Vgl. IDW ERS HFA 29.
89 Vgl. *Schmalenbach-Gesellschaft für Betriebswirtschaft e.V., Arbeitskreis "Immaterielle Werte im Rechnungswesen"*, DB 2001, S. 991 f.
90 So aber wohl *Schmalenbach-Gesellschaft für Betriebswirtschaft e.V., Arbeitskreis "Immaterielle Werte im Rechnungswesen"*, DB 2001, S. 991 f.
91 AA *Arbeitskreis Bilanzrecht der Hochschullehrer Rechtswissenschaft*, BB 2008, S. 157 f.
92 So auch allgemein Begr. RegE, BT-Drucks. 16/10067, S. 50.
93 Vgl. *ADS⁶*, § 246 HGB Tz. 40.

E Immaterielle Vermögensgegenstände § 248 Abs. 2 HGB

ist jedoch im Einzelfall zu prüfen, inwieweit solche Zwischenprodukte der Entwicklungsphase eines selbst zu schaffenden Endprodukts zugehörig und damit nicht als fertig gestellte immaterielle Vermögensgegenstände selbständig, sondern als Entwicklungskosten eines Endprodukts zu aktivieren und auszuweisen (vgl. zum Ausweis Tz. 119 ff.) sind.

bb. Wahrscheinlichkeit des Entstehens eines immateriellen Vermögensgegenstands

64 Die Aktivierung von Entwicklungskosten nach § 248 Abs. 2 Satz 1 HGB kommt nicht erst dann in Betracht, wenn der Herstellungsprozess des immateriellen Vermögensgegenstands des Anlagevermögens iSv. § 246 Abs. 1 Satz 1 HGB abgeschlossen ist, sondern bereits bei Vorliegen der übrigen Aktivierungsvoraussetzungen in der Entwicklungsphase[94]. Bei rechnungsperiodenübergreifenden Herstellungs- bzw. Entwicklungsphasen immaterieller Vermögensgegenstände des Anlagevermögens ist jedoch zum Abschlussstichtag eine prospektive Einschätzung des Bilanzierenden darüber erforderlich, ob nach Abschluss der Entwicklungsphase mit dem **Entstehen eines** einzeln verwertbaren **Vermögensgegenstandes** gerechnet werden kann. Dies ist nach der Regierungsbegründung dann zu bejahen, wenn „... mit hoher Wahrscheinlichkeit ..." davon ausgegangen werden kann „..., dass ein einzeln verwertbarer immaterieller Vermögensgegenstand des Anlagevermögens zur Entstehung gelangt"[95] bzw. wenn „... mit hinreichender Wahrscheinlichkeit von der Entstehung eines Vermögensgegenstands ausgegangen werden kann"[96].

65 Soll im Zugangsjahr das Aktivierungswahlrecht nach § 248 Abs. 2 Satz 1 HGB ausgeübt werden, ist aus der **Sicht des Abschlussstichtages** zu beurteilen, ob das Entstehen eines immateriellen Vermögensgegenstandes wahrscheinlich ist. Entwicklungskosten iSv. § 255 Abs. 2a HGB dürfen also nicht aktiviert werden, wenn zum Abschlussstichtag nicht mit einem solchen Entstehen zu rechnen ist. Dies gilt auch, wenn im Laufe des Geschäftsjahrs, zB bei Beginn der Entwicklungsphase, eine hohe Wahrscheinlichkeit bestanden hat. Umgekehrt darf eine Aktivierung sämtlicher Entwicklungskosten des Geschäftsjahres erfolgen, wenn zum Abschlussstichtag eine hohe Wahrscheinlichkeit des Entstehens eines immateriellen Vermögensgegenstandes vorliegt, auch wenn dies unterjährig noch nicht der Fall war. Zu den Auswirkungen auf die Folgebewertung, wenn ein ehemals zur Erfüllung der Aktivierungsvoraussetzungen als ausreichend beurteilter Wahrscheinlichkeitsgrad in Folgeperioden sinkt, vgl. Tz. 111 ff.

66 Das Aktivierungskriterium der **hohen Wahrscheinlichkeit** (vgl. Tz. 64 ff.) des künftigen Entstehens eines immateriellen Vermögensgegenstandes ist dem Wortlaut des § 248 Abs. 2 Satz 1 HGB lediglich mittelbar zu entnehmen und bezieht sich nach der zitierten Begründung im Regierungsentwurf sowohl auf

- die Einzelverwertbarkeit des angestrebten Entwicklungsergebnisses (vgl. Tz. 67) als auch auf
- den erfolgreichen Abschluss des Entwicklungsprozesses (vgl. Tz. 68).

67 Das für eine Aktivierung erforderliche erwartete Entstehen eines Vermögensgegenstandes setzt voraus, dass die **Einzelverwertbarkeit** des angestrebten Ergebnisses (vgl. auch Tz. 58 ff.) nach erfolgreichem Abschluss des Entwicklungsprozesses als

---

94 Vgl. Begr. RegE, BT-Drucks. 16/10067, S. 60; IDW ERS HFA 29.
95 Begr. RegE, BT-Drucks. 16/10067, S. 60.
96 Begr. RegE, BT-Drucks. 16/10067, S. 61.

sehr wahrscheinlich anzusehen ist. Hierbei ist der Grundsatz der Einzelbewertung (§ 252 Abs. 1 Nr. 3 HGB)[97] zu beachten. Dementsprechend ist auf das einzelne Entwicklungsprojekt und nicht auf die Erfolgsaussichten der gesamten Entwicklungstätigkeit des Unternehmens, die erwartete Erfolgsquote einzelner Sparten oder auf durchschnittliche Erfahrungswerte für ähnliche Produkte abzustellen. Ferner ist die Wahrscheinlichkeit auf das durch den Entwicklungsprozess jeweils angestrebte Ergebnis zu beziehen, mithin ggf. auch auf Zwischenprodukte (vgl. Tz. 63), wenn das Geschäftsmodell des bilanzierenden Unternehmens auf die Entwicklung und Verwertung solcher Produkte abzielt.

Eine Aktivierung von Entwicklungskosten für immaterielle Vermögensgegenstände des Anlagevermögens ist nur zulässig, wenn am Abschlussstichtag mit hoher Wahrscheinlichkeit von einem **erfolgreichen Abschluss des Entwicklungsprozesses** ausgegangen werden kann. In diesem Zusammenhang können aus IAS 38.57 Indizien hergeleitet werden (vgl. auch Tz. 45 ff.), die die Annahme dieser Voraussetzung rechtfertigen können. So erfordert ein erfolgreich abzuschließender Entwicklungsprozess zumindest die technische Realisierbarkeit der Fertigstellung (IAS 38.57(a)) und die Absicht des Unternehmens, den immateriellen Vermögensgegenstand des Anlagevermögens fertig zu stellen sowie ihn extern oder intern zu verwerten (IAS 38.57(b)). Ferner sollten ausreichende technische, finanzielle und sonstige Ressourcen im Unternehmen vorhanden sein, ohne die ein Abschluss des Entwicklungsprozesses nicht möglich wäre (IAS 38.57(e)). Ist das Entwicklungsprojekt zB nicht finanzierbar, so spricht dies gegen die Wahrscheinlichkeit, dass der Entwicklungsprozess erfolgreich abgeschlossen wird.

68

Im BilMoG erfolgt keine inhaltliche Bestimmung der **hohen bzw. hinreichenden Wahrscheinlichkeit** in Bezug auf das Entstehen eines immateriellen Vermögensgegenstands und seine Einzelverwertbarkeit. Der Begriff der „hohen Wahrscheinlichkeit" wird aber in der der Regierungsbegründung zu § 254 HGB (Bildung von Bewertungseinheiten) mit den Worten „so gut wie sicher"[98] umschrieben. Die Zulässigkeit einer unbesehenen Übernahme dieser Interpretation für die Auslegung der hier betrachteten Vorschriften erscheint allerdings zweifelhaft. Der Wortlaut der Regierungsbegründung lässt darauf schließen, dass am Abschlussstichtag deutlich mehr Gründe für als gegen das Entstehen eines immateriellen Vermögensgegenstands des Anlagevermögens sprechen müssen, um die Annahme eines im Entstehen befindlichen immateriellen Vermögensgegenstands des Anlagevermögens rechtfertigen zu können.

69

Eine allgemeingültige Regel für die inhaltliche Bestimmung des Begriffs der hohen bzw. hinreichenden Wahrscheinlichkeit wird sich jedoch kaum ermitteln lassen, da produkt- und betriebsspezifische Aspekte zu berücksichtigen sind[99]. Als **Anhaltspunkte** für das Vorliegen einer hohen bzw. hinreichenden Wahrscheinlichkeit können im Einzelfall zB dienen:

70

- behördliche Genehmigungen,
- bestimmte Testergebnisse (*milestones*),
- Veräußerungsgeschäfte für gleiche oder ähnliche Vermögensgegenstände[100].

---

97 Vgl. hierzu *Winkeljohann/Geißler* in Beck Bil-Komm.[6], § 252 Anm. 22 f.
98 Begr. RegE, BT-Drucks. 16/10067, S. 58.
99 Vgl. auch *Hüttche*, StuB 2008, S. 167.
100 Vgl. zum Nachweis eines künftigen wirtschaftlichen Nutzens nach IAS 38.22 f.: *ADS* Int., Abschn. 8 Tz. 81.

| E | Immaterielle Vermögensgegenstände | § 248 Abs. 2 HGB |

71　Die betriebs- bzw. produktindividuell festgelegten konkreten Kriterien für das Vorliegen einer hinreichenden Wahrscheinlichkeit (vgl. Tz. 70), sind als Bestandteil der Ansatzmethoden des Unternehmens aufzufassen. Sie unterliegen damit dem **Stetigkeitsgebot** in § 246 Abs. 3 HGB (vgl. hierzu Tz. 41; Abschn. G Tz. 6 f.). In diesem Zusammenhang sind auch entsprechende Dokumentationspflichten zu beachten (vgl. Tz. 85 ff.).

cc. Abgrenzbarkeit von Forschungs- und Entwicklungsphase

72　Nach § 255 Abs. 2 Satz 4 HGB dürfen Forschungskosten unabhängig vom Vorliegen der Einzelverwertbarkeit (vgl. Tz. 58 ff.) oder der hohen Wahrscheinlichkeit des Entstehens eines immateriellen Vermögensgegenstands (vgl. Tz. 64 ff.) nicht aktiviert werden (vgl. zur Bewertung Tz. 93 ff.). Können Forschungs- und Entwicklungsphase, mithin auch die Forschungs- und Entwicklungskosten, nicht verlässlich voneinander unterschieden werden, wie ggf. bei einem alternierenden oder sich überschneidenden Verlauf der beiden Phasen (vgl. Tz. 77), so folgt hieraus ein Ansatzverbot für sämtliche dem projektierten immateriellen Vermögensgegenstand zuordenbaren Kosten einschließlich solcher für die Entwicklung (§ 255 Abs. 2a Satz 4 HGB). Der Übergangszeitpunkt von Forschungs- zu Entwicklungsphase markiert aufgrund dieser Regelungen auch den frühest möglichen Zugangszeitpunkt von mit der Herstellung immaterieller Vermögensgegenstände des Anlagevermögens verbundenen Kosten (vgl. Tz. 44)[101]. Dies setzt jedoch vorab eine Trennung von Forschungs- und Entwicklungsphase voraus.

73　**Forschung** ist nach § 255 Abs. 2a Satz 3 HGB die eigenständige und planmäßige Suche

- nach neuen wissenschaftlichen oder technischen Erkenntnissen oder
- Erfahrungen allgemeiner Art,

über deren technische Verwertbarkeit und wirtschaftliche Erfolgsaussichten aber noch grds. keine Aussagen gemacht werden können.

74　Die Beispiele in IAS 38.56(a) und (c) für Forschungsaktivitäten sind nach der Regierungsbegründung auch auf die handelsrechtliche Abgrenzung von Forschung und Entwicklung anwendbar[102]. Demnach sind Beispiele für **Forschungsaktivitäten** nach IAS 38.56:

(a) Aktivitäten, die auf die Erlangung neuer Erkenntnisse ausgerichtet sind;
(c) die Suche nach Alternativen für Materialien, Vorrichtungen, Produkte, Verfahren, Systeme oder Dienstleistungen.

75　Nach der in § 255 Abs. 2a Satz 2 HGB enthaltenen Definition umfasst der Begriff der **Entwicklung**

- die Anwendung von Forschungsergebnissen oder von anderem Wissen für die Neuentwicklung von Gütern oder Verfahren oder
- die Weiterentwicklung von Gütern oder Verfahren mittels wesentlicher Änderungen.

Vgl. zu den in dieser Definition enthaltenen unbestimmten Begriffen des „Guts" und des „Verfahrens" Tz. 35. Die Begriffsbestimmung zur Forschung nach § 255 Abs. 2a Satz 3 HGB (vgl. Tz. 72) lässt im Umkehrschluss darauf schließen, dass bei Beginn der Entwicklungsphase fundierte Aussagen über die technische Verwertbarkeit und die wirtschaftlichen Erfolgsaussichten eines immateriellen Vermögensgegenstands des

---

101　Vgl. Begr. RegE, BT-Drucks. 16/10067, S. 60.
102　Vgl. die Beispiele in Begr. RegE, BT-Drucks. 16/10067, S. 60 f.

Anlagevermögens möglich sind. Dies bedeutet jedoch nicht zwangsläufig, dass bereits bei Beginn der Entwicklungsphase mit hoher Wahrscheinlichkeit das Entstehen eines einzelverwertbaren Vermögensgegenstands prognostiziert werden kann, so dass der Beginn der Entwicklungsphase nicht mit dem Eintritt der hohen Wahrscheinlichkeit zusammenfallen muss (vgl. hierzu Tz. 65).

Zur weiteren Konkretisierung der Abgrenzung zwischen Forschung und Entwicklung werden in der Regierungsbegründung sämtliche **Beispiele** zur Beschreibung von typischen **Entwicklungsaktivitäten** angeführt, die in IAS 38.59(a) - (d) genannt werden[103]. Die folgenden, in der Regierungsbegründung angeführten Beispiele für Entwicklungsaktivitäten, die bei Erfüllung der weiteren Voraussetzungen (vgl. Tz. 42) aktiviert werden können, ergeben sich aus IAS 38.59: 76

(a) der Entwurf, die Konstruktion und das Testen von Prototypen und Modellen vor Aufnahme der eigentlichen Produktion oder Nutzung;
(b) der Entwurf von Werkzeugen, Spannvorrichtungen, Prägestempeln und Gussformen unter Verwendung neuer Technologien;
(c) der Entwurf, die Konstruktion und der Betrieb einer Pilotanlage, die von ihrer Größe her für eine kommerzielle Produktion wirtschaftlich ungeeignet ist;
(d) der Entwurf, die Konstruktion und das Testen einer gewählten Alternative für neue oder verbesserte Materialien, Vorrichtungen, Produkte, Verfahren, Systeme oder Dienstleistungen.

Der Gesetzgeber weist in der Begründung des § 255 Abs. 2a HGB darauf hin, dass die Abgrenzungsfrage in jedem Einzelfall gesondert zu beurteilen sei. Grds. ist demnach „... der Zeitpunkt des Übergangs vom systematischen Suchen zum Erproben und Testen der gewonnenen Erkenntnisse oder Fertigkeiten als Übergang von der Forschung zur Entwicklung anzusehen"[104]. Anwendungsprobleme hinsichtlich der Trennbarkeit von Forschungs- und Entwicklungsphase sind bspw. dann zu erwarten, wenn kein sequentieller Ablauf von Forschung und Entwicklung, sondern ein sich **überschneidender** oder **alternierender Verlauf** praktiziert wird[105]. Die Maßgeblichkeit des Zeitpunkts des Übergangs auf die Entwicklungsphase für die Aktivierung erweist sich dann als problematisch. Der Gesetzgeber greift diesen Fall in der Regierungsbegründung auf[106], bietet jedoch hierfür keine eindeutige Lösung an. Es erscheint daher vertretbar, von einer rein zeitraumbezogenen Trennbarkeit der Phasen abzusehen, sofern zB durch Prozessablaufprotokolle „... hinreichend nachvollziehbar und plausibel dargelegt werden, ..."[107] kann, wie Forschungs- und Entwicklungsphase und die dabei jeweils anfallenden Kosten nachvollziehbar voneinander abgegrenzt werden können. 77

Grds. müssen nach § 238 Abs. 1 HGB – entsprechend den Anforderungen in IAS 38.57(f) – die **Kostenrechnungssysteme** mit vertretbarem Aufwand eine eindeutige Zuordnung der entstandenen Ausgaben zu den Phasen der Forschung und der Entwicklung erlauben. Gelingt dies mit vertretbarem Aufwand nicht vollständig, so ist aus § 255 Abs. 2a Satz 4 HGB nicht herleitbar, dass bereits die fehlende Zuordenbarkeit einiger Bestandteile der Herstellungskosten die Aktivierbarkeit sämtlicher Herstellungskosten verhindert. Ist jedoch eine Trennung der beiden Phasen objektiv möglich, kann sie aber wegen eines unzureichenden Rechnungswesens in Bezug auf die Herstellungskosten nicht nachvollzogen werden, so liegt hierin aus tatsächlichen Gründen ein 78

---

103 Vgl. die Beispiele in Begr. RegE, BT-Drucks. 16/10067, S. 60 f.
104 Begr. RegE, BT-Drucks. 16/10067, S. 61.
105 Vgl. Begr. RegE, BT-Drucks. 16/10067, S. 61.
106 Vgl. Begr. RegE, BT-Drucks. 16/10067, S. 61.
107 Begr. RegE, BT-Drucks. 16/10067, S. 61.

| E | Immaterielle Vermögensgegenstände | § 248 Abs. 2 HGB |

Anwendungsfall des § 255 Abs. 2a Satz 4 HGB, der der Ausübung des Aktivierungswahlrechts nach § 248 Abs. 2 Satz 1 HGB insgesamt entgegensteht.

79 Soweit der Abgrenzung von Forschung und Entwicklung betriebs- oder produktbezogen individuelle, konkrete Kriterien zugrunde gelegt werden[108], handelt es sich um Ansatzmethoden des Unternehmens im Hinblick auf den frühest möglichen Ansatzzeitpunkt für selbst geschaffene immaterielle Vermögensgegenstände des Anlagevermögens. Sie unterliegen damit dem **Stetigkeitsgebot** nach § 246 Abs. 3 HGB (vgl. Tz. 41; Abschn. G Tz. 6 f.)[109]. In diesem Zusammenhang sind auch entsprechende aus den §§ 238 f. HGB bzw. den GoB ableitbare Dokumentationspflichten zu beachten (vgl. Tz. 85 ff.).

d. Aktivierungsverbote (§ 248 Abs. 2 Satz 2 HGB)

80 Das Aktivierungswahlrecht nach § 248 Abs. 2 Satz 1 HGB für selbst geschaffene immaterielle Vermögensgegenstände des Anlagevermögens gilt nicht uneingeschränkt für alle bei ihrer Herstellung entstandenen Ausgaben. Zum einen wird mit den Ansatzvoraussetzungen (Einzelverwertbarkeit (vgl. Tz. 58) bzw. Wahrscheinlichkeit (vgl. Tz. 64) sowie Abgrenzbarkeit von Forschungs- und Entwicklungsphase (vgl. Tz. 72)) ein Rahmen geschaffen, außerhalb dessen eine Aktivierung nicht in Betracht kommt. Zum anderen enthält § 248 Abs. 2 Satz 2 HGB ein ausdrückliches **Ansatzverbot** für bestimmte, selbst geschaffene immaterielle Vermögensgegenstände des Anlagevermögens. Hierunter fallen ausdrücklich selbst geschaffene Marken, Drucktitel, Verlagsrechte, Kundenlisten oder vergleichbare immaterielle Vermögensgegenstände des Anlagevermögens.

81 Das Aktivierungsverbot gilt nach dem Wortlaut des § 248 Abs. 2 Satz 2 HGB nicht nur für die ausdrücklich genannten Beispiele, sondern auch für „**vergleichbare immaterielle Vermögensgegenstände** des Anlagevermögens". Die Regierungsbegründung bietet für diesen Begriff eine Auslegungshilfe an. Der Gesetzgeber begreift das explizite Bilanzierungsverbot als Ausprägung des handelsrechtlichen Vorsichtsprinzips, indem es sämtliche selbst geschaffenen immateriellen Vermögensgegenstände des Anlagevermögens umfassen soll, bei denen eine zweifelsfreie Abgrenzung der Herstellungskosten von auf den selbst geschaffenen Geschäfts- oder Firmenwert entfallenden Ausgaben nicht möglich ist[110]. Die für eine Aktivierung geforderte Abgrenzungsmöglichkeit vom selbst geschaffenen Geschäfts- oder Firmenwert ist hierbei nicht als technische Zuordenbarkeit im Sinne einer Kostenrechnung, sondern inhaltlich im Hinblick auf die Unterscheidung von Ausgaben für selbständig bewertbare Vermögensgegenständen gegenüber für die Entwicklung des Unternehmens in seiner Gesamtheit angefallenen ergebniswirksamen Aufwendungen zu verstehen[111].

82 Zur Erläuterung des Aktivierungsverbots werden in der Regierungsbegründung Ausgaben für Werbemaßnahmen angeführt, die sowohl einer Marke als auch dem selbst geschaffenen Geschäfts- oder Firmenwert zugeordnet werden können[112]. Nach diesem Verständnis sind auch andere Ausgaben für immaterielle Vermögensgegenstände des Anlagevermögens mit **Vertriebscharakter** nur schwer vom selbst geschaffenen Geschäfts- oder Firmenwert zu trennen und unterliegen deshalb dem Aktivierungsverbot des § 248 Abs. 2 Satz 2 HGB. Dies korrespondiert auch zur in § 255 Abs. 2 Satz 4 HGB

---

108 Vgl. zB. zur Abgrenzung bei selbst geschaffenen Spielerwerten *Rade/Stobbe*, DStR 2009, S. 1113 f.
109 Vgl. *Hennrichs*, DB 2008, S. 541; *Laubach/Kraus/Bornhofen* in DB 2009, Beilage 5, S. 23.
110 Vgl. Begr. RegE, BT-Drucks. 16/10067, S. 50; Begr. Beschlussempfehlung und Bericht des Rechtsausschusses, BT-Drucks. 16/12407, S. 85.
111 Vgl. Begr. RegE, BT-Drucks. 16/10067, S. 50.
112 Vgl. Begr. RegE, BT-Drucks. 16/10067, S. 50.

ausgedrückten Absicht des Gesetzgebers, Vertriebskosten nicht in die Herstellungskosten von aktivierten Vermögensgegenständen einzubeziehen (vgl. auch Tz. 95).

Eine negative Abgrenzung des Bilanzierungsverbots lässt sich hinsichtlich der selbst geschaffenen **gewerblichen Schutzrechte**[113] **und ähnlicher Rechte und Werte** vornehmen, da diese Vermögensgegenstände nach § 266 Abs. 2 A.I.1. HGB gesondert auszuweisen und damit zweifelsfrei aktivierbar sind[114]. Hiernach fallen bspw. Nutzungsrechte[115] an selbst geschaffenen Werken iSd. § 2 UrhG[116] (zB Film-, Buch- oder Musikrechte) regelmäßig nicht unter das Aktivierungsverbot nach § 248 Abs. 2 Satz 2 HGB. Die nicht aktivierbaren „vergleichbaren" immateriellen Vermögensgegenstände des Anlagevermögens werden damit jedoch nicht trennscharf umrissen, so dass letztlich keine allgemeingültigen Kriterien zur Abgrenzung des Bilanzierungsverbots aus dem deutschen Handelsrecht heraus vorgegeben werden. In Zweifelsfällen ist jedoch nach dem handelsrechtlichen Vorsichtsprinzip (§ 252 Abs. 1 Nr. 4 HGB) der Aufwandserfassung der Vorrang einzuräumen[117]. 83

Im Wortlaut des § 248 Abs. 2 Satz 2 HGB lehnt sich der deutsche Gesetzgeber an das inhaltlich nahezu identisch gefasste **Aktivierungsverbot in IAS 38.63** an. Dies könnte den Schluss zulassen, dass die Auslegung des handelsrechtlichen Verbots einen Rückgriff auf den entsprechenden Meinungsstand zur Rechnungslegung nach IFRS erlaubt. Abgesehen davon, dass die Abgrenzungsprobleme im Rahmen der IFRS ebenfalls nicht in allen Fällen eindeutig gelöst werden können[118], ist bei einer solchen Verfahrensweise jedoch stets der handelsrechtliche Begriff des Vermögensgegenstands zugrunde zu legen[119]. 84

e. Dokumentation

Die Einzelverwertbarkeit eines immateriellen Vermögensgegenstands setzt idR voraus, dass seine Existenz durch eine **Dokumentation** nachgewiesen werden kann (vgl. Tz. 58). In der Regierungsbegründung zu § 255 Abs. 2a HGB wird darüber hinaus darauf hingewiesen, dass insb. „... für Zwecke der Abschlussprüfung eine hinreichende Dokumentation erforderlich ist, aus der sich entnehmen lässt, aus welchen Gründen von der künftigen Entstehung eines selbst geschaffenen immateriellen Vermögensgegenstandes des Anlagevermögens ausgegangen werden muss[120]." Damit ist die Dokumentation zwar kein formales Aktivierungskriterium; in der Praxis wird das Ansatzwahlrecht für selbst geschaffene immaterielle Vermögensgegenstände des Anlagevermögens jedoch nur dann ausgeübt werden können, wenn deren Existenz entsprechend dokumentiert wurde und hierdurch nachgewiesen werden kann. 85

In Ergänzung der sich bereits aus den Pflichten nach § 238 f. HGB und den GoB ergebenden **Buchführungs- und Dokumentationspflichten** lassen sich die konkreten Anforderungen im Hinblick auf diese Zwecksetzung grds. unterteilen in die Dokumentation 86

---

113 Vgl. zur Bedeutung *Wandtke* in Praxiskommentar zum Urheberrecht, Einl., Rn. 49; Creifelds, Rechtswörterbuch, ‚Gewerblicher Rechtsschutz'.
114 Vgl. zum Inhalt dieses Bilanzpostens *ADS*[6], § 266 HGB, Tz. 28; *Hoyos/F. Huber* in Beck Bil-Komm.[6], § 247 Anm. 375 ff.
115 Vgl. *Wandtke/Grunert* in Praxiskommentar zum Urheberrecht, § 31 UrhG Rn. 2 f.
116 Vgl. *Bullinger* in Praxiskommentar zum Urheberrecht, § 2 UrhG Rn. 5 ff.
117 Vgl. Begr. RegE, BT-Drucks. 16/10067, S. 50.
118 Vgl. z.B. zur Herstellung von Katalogen *ADS* Int., Abschn. 8 Tz. 119.
119 Vgl. Begr. RegE, BT-Drucks. 16/10067, S. 35 und 50.
120 Begr. RegE, BT-Drucks. 16/10067, S. 60.

E Immaterielle Vermögensgegenstände § 248 Abs. 2 HGB

- der grundlegenden, unternehmens- oder produktspezifischen Ansatzregeln (vgl. Tz. 87) und
- des jeweiligen Forschungs- oder Entwicklungsprojekts (vgl. Tz. 88)[121].

87 Die Dokumentation unternehmens- oder produktspezifischer **Ansatzregeln** bezieht sich auf allgemeine Aktivierungskriterien für Entwicklungskosten, die auf gleiche oder vergleichbare Produkte eines Unternehmens anzuwenden sind (zum Gebot der Ansatzstetigkeit nach § 246 Abs. 3 HGB vgl. Tz. 41, 71 und 79). Damit betrifft diese Dokumentationspflicht insb. die intern definierten Kriterien für die Festlegung der Zeitpunkte

- des Übergangs von der Forschungs- zur Entwicklungsphase (vgl. Tz. 72 ff.) sowie
- des Eintritts einer hohen Wahrscheinlichkeit für das Entstehen eines immateriellen Vermögensgegenstands und dessen Einzelverwertbarkeit (vgl. Tz. 64 ff.)

soweit diese allgemein beschrieben werden können. Solche allgemeinen, dokumentierbaren Kriterien zur Festlegung der vorgenannten Zeitpunkte könnten sich bspw. aus vor der Markteinführung durchzuführenden Tests oder einzuholenden Genehmigungen, wie sie etwa in der chemischen und pharmazeutischen Industrie erforderlich sind, ergeben[122]. Damit wird das Unternehmen bei Ausübung des Ansatzwahlrechts nach § 248 Abs. 2 Satz 1 HGB auch in die Lage versetzt, dem Stetigkeitsgebot nach § 246 Abs. 3 HGB nachkommen zu können.

88 In Bezug auf das einzelne **Forschungs- und Entwicklungsprojekt** ist bei Inanspruchnahme des Wahlrechts nach § 248 Abs. 2 Satz 1 HGB das Vorliegen der Aktivierungsvoraussetzungen unter Einbezug der folgenden Aspekte nachweisbar zu dokumentieren:

- die Gründe für die zu erwartende Einzelverwertbarkeit des zu entwickelnden immateriellen Vermögensgegenstands (vgl. Tz. 58 ff.);
- der Eintrittszeitpunkt der hohen Wahrscheinlichkeit für das Entstehen eines immateriellen Vermögensgegenstands (vgl. Tz. 64 ff.) unter Bezugnahme auf die allgemeinen unternehmensinternen Kriterien (vgl. Tz. 87) sowie
- der Zeitpunkt des Übergangs von der Forschungs- zur Entwicklungsphase (vgl. Tz. 72 ff.) ebenfalls unter Bezugnahme auf die allgemeinen unternehmensinternen Kriterien (vgl. Tz. 87).

3. Ansatz unentgeltlich erworbener immaterieller Vermögensgegenstände des Anlagevermögens

89 Unter die dem bisherigen Bilanzierungsverbot nach § 248 Abs. 2 HGB aF unterliegenden, nicht entgeltlich erworbenen immateriellen Vermögensgegenstände des Anlagevermögens fallen neben den selbst geschaffenen auch ohne die Vereinbarung von Entgelt auf das bilanzierende Unternehmen übertragene immaterielle Vermögensgegenstände. Hierunter können zB Übertragungen immaterieller Vermögensgegenstände im

---

121 Vgl. auch *Schmalenbach-Gesellschaft für Betriebswirtschaft e.V.*, Arbeitskreis „Immaterielle Werte im Rechnungswesen", DB 2008, S. 1816.
122 Vgl. zu solchen Beispielen auch *ADS* Int., Abschn. 8 Tz. 106.

Rahmen von **Schenkungen**[123], **Sachzuschüssen**[124] oder **Sachzuzahlungen** nach § 272 Abs. 2 Nr. 4 HGB gefasst werden[125].

Die Frage der Entgeltlichkeit war in den Fällen, in denen es an einem ausdrücklich vereinbarten Entgelt mangelt, im Hinblick auf das Aktivierungsverbot nach § 248 Abs. 2 HGB aF nach **bisherigem Recht** teilweise umstritten[126]. Im Rahmen von Kapitalerhöhungen empfangene Sacheinlagen sind dagegen schon nach bisheriger Auffassung keine unentgeltlich erworbenen Vermögensgegenstände, da in diesen Fällen ein Entgelt in Form der Gewährung von Gesellschaftsanteilen gewährt wird[127]. Kaum verständlich war allerdings nach alter Rechtslage, warum eine im Vergleich zum Zeitwert des eingelegten immateriellen Vermögensgegenstandes geringe Erhöhung des gezeichneten Kapitals mit einem hohen Agio (§ 272 Abs. 2 Nr. 1 HGB) als entgeltlicher Erwerb zu behandeln war, während dies für eine reine Sachzuzahlung (§ 272 Abs. 2 Nr. 4 HGB) nicht gelten sollte.

90

Angesichts der Aufhebung des Bilanzierungsverbots nach § 248 Abs. 2 HGB aF für **nicht entgeltlich erworbene immaterielle Vermögensgegenstände** des Anlagevermögens und der Beschränkung des Bilanzierungsverbots nach § 248 Abs. 2 Satz 2 HGB auf bestimmte selbst geschaffene Vermögensgegenstände (vgl. Tz. 80 ff.) stellt sich die Frage, ob nunmehr nach § 246 Abs. 1 Satz 1 HGB eine Aktivierungspflicht für unentgeltlich auf das bilanzierende Unternehmen übertragene immaterielle Vermögensgegenstände des Anlagevermögens besteht[128]. Nach dem Wortlaut des § 248 Abs. 2 Satz 1 HGB bezieht sich das Aktivierungswahlrecht nur auf selbst geschaffene Vermögensgegenstände (vgl. Tz. 34). Da aber der Charakter selbst geschaffener und unentgeltlich erworbener immaterieller Vermögensgegenstände sehr ähnlich ist, insb. weil die Höhe ihrer Anschaffungs- oder Herstellungskosten nicht durch eine Markttransaktion bestätigt wurden, erscheint es sachgerecht, die Anwendung des **Aktivierungswahlrechts** analog für unentgeltlich erworbene Vermögensgegenstände zuzulassen (zur Bewertung vgl. Tz. 116 ff.)[129]. Bei Inanspruchnahme des Wahlrechts gilt auch § 268 Abs. 8 HGB entsprechend (vgl. Tz. 135).

91

Dieses Aktivierungswahlrecht gilt auch für die Aktivierung unentgeltlich auf das bilanzierende Unternehmen übertragener **Marken, Drucktitel, Verlagsrechte, Kundenlisten** oder vergleichbarer immaterieller Vermögensgegenstände des Anlagevermögens, deren Aktivierung nach § 248 Abs. 2 Satz 2 HGB verboten ist, wenn sie selbst geschaffen wurden (vgl. Tz. 91).

92

---

123 Vgl. *ADS*[6], § 248 HGB Tz. 19; *Förschle* in Beck Bil-Komm.[6], § 248 Anm. 13
124 Vgl. HFA 2/1996, Abschn. 1.
125 Vgl. *ADS*[6], § 248 HGB Tz. 21; aA *Baetge/Fey, D./Weber, C.-P.* in Küting/Weber, Handbuch der Rechnungslegung Einzelabschluss, § 248 HGB Rn. 27.
126 Vgl. hierzu zB *ADS*[6], § 248 HGB Tz. 19-21; *Förschle* in Beck Bil-Komm.[6], § 248 Anm. 12 f.
127 Vgl. hierzu *ADS*[6], § 248 HGB Tz. 21.
128 Vgl. *ADS*[6], § 255 HGB Tz. 83; *Ellrott/Brendt* in Beck Bil-Komm.[6], § 255 Anm. 99.
129 Vgl. ERS HFA 29.

III. Bewertung (§§ 253 und 255 HGB)

1. Bewertung selbst geschaffener immaterieller Vermögensgegenstände des Anlagevermögens

a. Zugangsbewertung (§ 255 Abs. 2 und 2a HGB)

93 Die Zugangsbewertung der bei Ausübung des Wahlrechts nach § 248 Abs. 2 Satz 1 HGB angesetzten selbst geschaffenen immateriellen Vermögensgegenstände des Anlagevermögens richtet sich gem. § 253 Abs. 1 Satz 1 iVm. § 255 Abs. 2a Satz 1 HGB nach den **Herstellungskosten** (vgl. Tz. 93 f.). Der Umfang der Herstellungskosten für selbst geschaffene immaterielle Vermögensgegenstände des Anlagevermögens wird durch § 255 Abs. 2 und Abs. 2a HGB konkretisiert (vgl. Tz. 95 ff.).

94 Zunächst sind nach dem Wortlaut des § 255 Abs. 2a Satz 1 HGB nach den allgemeinen Grundsätzen[130] die einzelnen **Bestandteile der Herstellungskosten** nach § 255 Abs. 2 HGB zu ermitteln, die durch den Verbrauch von Gütern und die Inanspruchnahme von Diensten entstehen. Hierbei sind die nach dem BilMoG pflichtmäßig in die Herstellungskosten einzubeziehenden angemessenen Teile der Materialgemeinkosten und der Fertigungsgemeinkosten einschließlich des nach § 255 Abs. 2 Satz 2 HGB zu berücksichtigenden, durch den Entwicklungsprozess veranlassten Werteverzehr von Vermögensgegenständen des Anlagevermögens zu erfassen. Hinsichtlich der allgemeinen Vorschriften zur Bestimmung der Herstellungskosten in dieser Stufe kann auf unsere Ausführungen in Abschn. J Tz. 33 ff. verwiesen werden.

95 Im Rahmen der Ermittlung der Herstellungskosten werden hinsichtlich des in § 255 Abs. 2 Satz 4 HGB enthaltenen Einbeziehungsverbots für **Vertriebskosten** aufgrund der Zuordnung der hier angesprochenen immateriellen Vermögensgegenstände zum Anlagevermögen regelmäßig keine unmittelbaren Abgrenzungsprobleme entstehen. Solche Abgrenzungsprobleme können sich jedoch in Einzelfällen ergeben, wenn bspw. im Rahmen der Entwicklung neuer Produkte laufend dem Vertrieb zuzuordnende Informationsbeschaffungskosten zur Ermittlung der Anforderungen potenzieller Kunden an die neuen Produkte entstehen. Nach dem handelsrechtlichen Vorsichtsprinzip (§ 252 Abs. 1 Nr. 4 HGB) hat in diesen Fällen die Einbeziehung der nicht eindeutig vom Vertrieb abgrenzbaren Ausgaben zu unterbleiben. Von dem Einbeziehungsverbot der Vertriebskosten zu trennen ist jedoch die Frage, ob selbst geschaffene immaterielle Vermögensgegenstände des Anlagevermögens mit Vertriebscharakter ggf. unter das Bilanzierungsverbot nach § 248 Abs. 2 Satz 2 HGB fallen (vgl. Tz. 82).

96 Im Falle der zulässigen Ausübung des Aktivierungswahlrechts nach § 248 Abs. 2 Satz 1 HGB sind sämtliche ab dem Zugangszeitpunkt angefallenen Herstellungskosten iSd. § 255 Abs. 2 HGB zu aktivieren[131]. Der Zugangszeitpunkt für (in der Entwicklung befindliche) selbst geschaffene immaterielle Vermögensgegenstände des Anlagevermögens ist der im Einzelfall zu bestimmende Zeitpunkt des Übergangs von der Forschungs- auf die Entwicklungsphase (vgl. Tz. 44). Erst **ab dem Zugangszeitpunkt entstandene Ausgaben** können überhaupt in die Zugangsbewertung des selbst geschaffenen immateriellen Vermögensgegenstands des Anlagevermögens einfließen. Dies schließt auch eine Nachaktivierung von bereits in Vorperioden ergebniswirksam

---

130 Vgl. *ADS⁶*, § 255 HGB Tz. 129 ff.; *Ellrott/Brendt* in Beck Bil-Komm.⁶, § 255 Anm. 330 ff.
131 Vgl. IDW ERS HFA 29.

§ 248 Abs. 2 HGB　　　　　　　　　　Immaterielle Vermögensgegenstände　　　E

erfassten Entwicklungskosten aus[132]. Als Vorperioden idS sind (Rumpf-)Geschäftsjahre isd. §§ 240 Abs. 2 Satz 2 und 242 Abs. 1 und 2 HGB zu verstehen. Die Herstellungskosten des Geschäftsjahrs iSd. § 255 Abs. 2 und 2a HGB sind daher bei zulässiger Ausübung des Ansatzwahlrechts nach § 248 Abs. 2 Satz 1 HGB, ch bei Vorliegen der Ansatzkriterien einschließlich der aus Sicht des Abschlussstichtages vorliegenden hohen Wahrscheinlichkeit des Entstehens eines immateriellen Vermögensgegenstandes (vgl. Tz. 64 ff.), zu aktivieren, soweit sie auf den Zeitraum nach dem Zugangszeitpunkt (Übergang von der Forschungs- auf die Entwicklungsphase) entfallen (vgl. auch Tz. 96). Vgl. zum Fall einer gesunkenen Wahrscheinlichkeit am Folgestichtag Tz. 11 ff.

Insb. durch das Verbot der Nachaktivierung (vgl. Tz. 96) erlangt die Festlegung des 97 Zugangszeitpunkts auch Bedeutung für die Zugangsbewertung für (in der Entwicklung befindliche) selbst geschaffene immaterielle Vermögensgegenstände des Anlagevermögens. Der hierdurch erforderlichen **zeitraumbezogenen Aufteilung** (vgl. jedoch Tz. 99) der Herstellungskosten (vgl. Tz. 93) in nicht aktivierbare und aktivierbare Kosten liegen damit die folgenden Zeitpunkte zugrunde:

- Übergang von Forschungs- zur Entwicklungsphase,
- Ende der Entwicklungsphase.

Aus zeitlicher Sicht kommen nach § 255 Abs. 2a Satz 1 HGB nur die **vom Beginn der** 98 **Entwicklungsarbeiten** angefallenen, dem betreffenden Vermögensgegenstand zurechenbaren Herstellungskosten für eine Aktivierung nach § 248 Abs. 2 Satz 1 HGB in Betracht. Hinsichtlich der Bestimmung des Zeitpunkts der Abgrenzung zwischen Forschungs- und Entwicklungsphase kann auf die entsprechenden Ausführungen zum Ansatz (vgl. Tz. 72 ff.) verwiesen werden. Aus der zeitlichen Bestimmung des Übergangs der Forschungs- auf die Entwicklungsphase können sich jedoch auch bewertungsspezifische Fragen ergeben (vgl. Tz. 97).

Der Gesetzgeber legt den Regelungen in § 255 Abs. 2 Satz 4 und Abs. 2a Satz 4 HGB 99 offenbar den **sequentiellen Ablauf** von Forschung und Entwicklung zugrunde[133]. Daher wird der in § 255 Abs. 2 Satz 4 HGB verwendete Begriff der Forschungskosten in der Regierungsbegründung als in der Forschungsphase angefallene Aufwendungen definiert[134]. Folglich können in diesen Fällen die Herstellungskosten selbst geschaffener immaterieller Vermögensgegenstände des Anlagevermögens durch eine rein zeitliche Aufteilung der Herstellungskosten iSd. § 255 Abs. 2 HGB (vgl. Tz. 93 ff.) ermittelt werden. Sofern ein zeitliches Aufeinanderfolgen von Forschungs- und Entwicklungsphase nicht gegeben ist, sondern sich diese Tätigkeiten zeitlich überschneiden oder abwechseln, dürfen nach § 255 Abs. 2 Satz 4 und Abs. 2a Satz 4 HGB lediglich solche Ausgaben ab dem Zugangszeitpunkt (vgl. Tz. 44) aktiviert werden, die durch die Kostenrechnungssysteme eindeutig der Entwicklungstätigkeit zugeordnet werden können (vgl. auch Tz. 78).

Da der Eintritt der hohen Wahrscheinlichkeit des künftigen Entstehens eines immateri- 100 ellen Vermögensgegenstandes nicht den Zugangszeitpunkt markiert, sondern ausschließlich ein Ansatzkriterium darstellt (vgl. Tz. 44), erscheint es nicht sachgerecht, in die Zugangsbewertung den dem Ansatz zugrunde gelegten **Grad der Wahrschein-**

---

132 Ebenso *Oser/Roß/Wader/Drögemüller*, WPg 2008, S. 680; *Hennrichs*, DB 2008, S. 540; aA zum RefE: Mindermann, WPg 2008, S. 275. Nach *Fülbier/Gassen*, DB 2007, S. 2609, ist der Gesetzesentwurf insoweit nicht eindeutig.
133 Vgl. Begr. RegE, BT-Drucks. 16/10067, S. 60 f.
134 Vgl. Begr. RegE, BT-Drucks. 16/10067, S. 60.

lichkeit einfließen zu lassen. Eine entsprechend anteilige Aktivierung ist nach dem insoweit eindeutigen Wortlaut des § 255 Abs. 2 und 2a HGB nicht zulässig.

b. Folgebewertung

101 Die Folgebewertung selbst geschaffener immaterieller Vermögensgegenstände des Anlagevermögens richtet sich nach den **allgemeinen Grundsätzen** des § 253 Abs. 3 Satz 1 bis 3 HGB (Abschn. J). Unter Beachtung des Entfalls des Abschreibungswahlrechts im Falle einer voraussichtlich nicht dauernden Wertminderung (§§ 253 Abs. 2 Satz 3 und 279 Abs. 1 Satz 2 HGB aF) für alle Unternehmen im Rahmen des BilMoG[135] kann auf den entsprechenden Literaturstand zu bereits nach bisherigem Handelsbilanzrecht ansatzpflichtigen, entgeltlich erworbenen immateriellen Vermögensgegenständen des Anlagevermögens Bezug genommen werden[136]. Daher soll im Folgenden lediglich auf ausgewählte Probleme zur Folgebewertung selbst geschaffener immaterieller Vermögensgegenstände des Anlagevermögens in Bezug auf nachträgliche Herstellungskosten (vgl. Tz. 102), planmäßige Abschreibungen (vgl. Tz. 103 ff.), außerplanmäßige Abschreibungen (vgl. Tz. 110 ff.) und Wertaufholungen (vgl. Tz. 115) eingegangen werden.

102 Sofern Erweiterungen oder wesentliche Verbesserungen bereits bestehender immaterieller Vermögensgegenstände zu **nachträglichen Herstellungskosten** iSv. § 255 Abs. 2 Satz 1 HGB führen, so spricht Vieles dafür, dass deren Aktivierung dem Ansatz des erweiterten oder wesentlich verbesserten immateriellen Vermögensgegenstands folgt (vgl. hierzu Tz. 53 ff.). Nachträgliche Herstellungskosten für einen aktivierten immateriellen Vermögensgegenstand des Anlagevermögens sind hiernach unter Beachtung des Gebots der Ansatzstetigkeit (§ 246 Abs. 3 HGB) zwingend nach § 255 Abs. 2 HGB zu erfassen. Für nicht aktivierte immaterielle Vermögensgegenstände des Anlagevermögens angefallene nachträgliche Herstellungskosten dürfen demzufolge nicht aktiviert werden, es sei denn, dass von dem Gebot der Ansatzstetigkeit nach § 246 Abs. 3 Satz 2 iVm. § 252 Abs. 2 HGB abgewichen werden darf.

103 Immaterielle Vermögensgegenstände unterliegen idR einer laufenden Wertminderung[137]. Während in der Literatur im Rahmen der Bewertung entgeltlich erworbener immaterieller Vermögensgegenstände des Anlagevermögens noch Beispiele für eine unbegrenzte betriebliche Nutzungsdauer angeführt werden[138], sind selbst geschaffene immaterielle Vermögensgegenstände des Anlagevermögens – abgesehen von seltenen Ausnahmefällen[139] – **planmäßig abzuschreiben** (§ 253 Abs. 3 Satz 1 und 2 HGB).

104 Hierzu bedarf es zunächst der Festlegung des **Abschreibungsbeginns**. Dieser lässt sich in Anlehnung an den entsprechenden Meinungsstand zur Bewertung materieller Vermögensgegenstände grds. mit dem Fertigstellungszeitpunkt bestimmen[140], der im Falle selbst geschaffener immaterieller Vermögensgegenstände mit dem Abschluss der Entwicklungsphase einhergeht. Das Ende der Entwicklungsphase kann analog zum Ende des Herstellungszeitraums materieller Vermögensgegenstände bestimmt werden. Demnach ist die Fertigstellung des Vermögensgegenstands maßgeblich, die mit der

---

135 Vgl. Begr. RegE, BT-Drucks. 16/10067, S. 56.
136 Vgl. zB *Hoyos/Schramm/M. Ring* in Beck Bil-Komm.[6], § 253 Anm. 320 ff.; *WPH*[13], Bd. I, E Tz. 368; vgl. auch für den handelsrechtlichen Konzernabschluss DRS 12.13-23.
137 Vgl. *WPH*[13], Bd. I, E Tz. 368.
138 Vgl. zB *Hoyos/Schramm/M. Ring* in Beck Bil-Komm.[6], § 253 Anm. 322. Nach DRS 2.20 sind (entgeltlich erworbene) immaterielle Vermögenswerte, deren Nutzung zeitlich nicht begrenzt ist, nicht planmäßig abzuschreiben.
139 Vgl. *HFA des IDW*, FN 10/2003, S. 524.
140 Vgl. *Hoyos/Schramm/M. Ring* in Beck Bil-Komm.[6], § 253 Anm. 224; *ADS*[6], § 253 HGB Tz. 439.

Möglichkeit der bestimmungsgemäßen Verwendung einhergeht[141]. Während bei der planmäßigen Abschreibung materieller Vermögensgegenstände stattdessen auch eine nur unwesentlich spätere Ingebrauchnahme als Abschreibungsbeginn gewählt werden darf[142], erscheint eine solche Verfahrensweise bei immateriellen Vermögensgegenständen lediglich in Einzelfällen vertretbar, wenn die Wertminderung im Wesentlichen durch die Nutzung und nicht bereits durch den Zeitablauf bestimmt wird. Vor Abschluss der Entwicklungsphase kommen planmäßige Abschreibungen auf aktivierte Entwicklungskosten – vergleichbar den materiellen Anlagen im Bau[143] – nicht in Betracht[144].

Den Wertverlust immaterieller Vermögensgegenstände beeinflussende Faktoren sind auch der Prognose der voraussichtlichen **Nutzungsdauer**[145] (nach § 253 Abs. 3 Satz 2 HGB „…die Geschäftsjahre …, in denen der Vermögensgegenstand voraussichtlich genutzt werden kann.") zugrunde zu legen. Beispiele für solche Faktoren können neben der Kommentarliteratur zum HGB aF[146] auch DRS 12.17 entnommen werden, dessen Vorschriften für den Jahresabschluss zur Anwendung empfohlen und nach § 342 Abs. 2 HGB als vermutete GoB der handelsrechtlichen Konzernrechnungslegung gelten:

- voraussichtliche Nutzung des Vermögensgegenstands durch das Unternehmen unter Berücksichtigung der betriebsindividuellen Gegebenheiten;
- Produktlebenszyklen vergleichbarer und ähnlich genutzter Vermögensgegenstände;
- technische, technologische oder andere Arten der Veralterung, zB im Falle des Ablaufs eines Patentschutzes und des damit verbunden Verlusts des Exklusivrechts;
- wirtschaftliche Stabilität der Branche, in der der Vermögensgegenstand zum Einsatz kommt;
- Abhängigkeit der Nutzungsdauer des Vermögensgegenstands von der Nutzungsdauer anderer Vermögensgegenstände des Unternehmens.

Diese Faktoren können auch im Rahmen der Bewertung selbst geschaffener immaterieller Vermögensgegenstände des Anlagevermögens im handelsrechtlichen **Jahresabschluss** zugrunde gelegt werden, da zum einen eine unterschiedliche Nutzungsdauer auf Konzern- und Jahresabschlussebene höchstens in Ausnahmefällen begründet werden kann. Zum anderen können für die Bestimmung der Nutzungsdauer selbst geschaffener Vermögensgegenstände keine anderen Grundsätze gelten als für die in DRS 12 behandelten entgeltlich erworbenen immateriellen Vermögensgegenstände des Anlagevermögens.

Wenngleich im Einzelfall die Schätzung der Nutzungsdauer eines selbst geschaffenen immateriellen Vermögensgegenstands des Anlagevermögens mit Schwierigkeiten verbunden sein kann, entbindet dies nicht von der Verrechnung planmäßiger Abschreibungen. Einer im Einzelfall hohen Unsicherheit bei der Schätzung der Nutzungsdauer ist

---

141 Vgl. HFA 5/1991, Abschn. 2.3.
142 Offenbar aA *Hüttche*, StuB 2008, S. 169.
143 Vgl. hierzu *Hoyos/Schramm/M. Ring* in Beck Bil-Komm.[6], § 253 Anm. 387; *ADS*[6], § 253 HGB Tz. 357.
144 Vgl. auch *Schmalenbach-Gesellschaft für Betriebswirtschaft e.V., Arbeitskreis „Immaterielle Werte im Rechnungswesen"*, DB 2008, S. 1819.
145 Vgl. *Hoyos/Schramm/M. Ring* in Beck Bil-Komm.[6], § 253 Anm. 229; für den handelsrechtlichen Konzernabschluss DRS 12.15.
146 Vgl. *Hoyos/Schramm/M. Ring* in Beck Bil-Komm.[6], § 253 Anm. 320 ff.; *ADS*[6]. § 253 HGB Tz. 366 ff.

E Immaterielle Vermögensgegenstände	§ 248 Abs. 2 HGB

nach den allgemeinen Regeln[147] vor dem Hintergrund des Grundsatzes der Vorsicht durch die stärkere Gewichtung ungünstiger Faktoren mit einer kürzeren Nutzungsdauer Rechnung zu tragen[148]. Ein *Impairment-only-Approach*, wie er nach IAS 38.88 iVm. IAS 38.107 f. für Vermögenswerte mit unbestimmbarer Nutzungsdauer vorgesehen ist[149], kann insoweit im deutschen Handelsrecht nicht zugrunde gelegt werden[150] und kommt daher lediglich in den seltenen Ausnahmefällen einer unbegrenzten Nutzungsdauer (vgl. Tz. 103) in Betracht[151].

107 Eine in diesem Zusammenhang denkbare, allgemeingültige **maximale Nutzungsdauer** für gesondert aktivierte immaterielle Vermögensgegenstände des Anlagevermögens ist nicht gesetzlich vorgegeben. In Teilen der Literatur wird sie jedoch – im Einzelfall widerlegbar – mit zehn Jahren[152] und für den handelsrechtlichen Konzernabschluss in DRS 12.18 mit 20 Jahren vorgeschlagen. In jedem Fall ist auch nach Inkrafttreten des BilMoG eine dem Vorsichtsprinzip genügende Nutzungsdauer zu bestimmen[153].

108 Nach den der Prognose jeweils zugrunde gelegten Faktoren ist auch zu beurteilen, ob sich die Nutzungsdauer in Folgejahren aufgrund von zu nachträglichen Herstellungskosten führenden **Erweiterungen** oder **wesentlichen Verbesserungen** iSv. § 255 Abs. 2 Satz 1 HGB (vgl. Tz. 102) ggf. verlängert hat[154]. Ferner ist denkbar, dass sich die betriebsindividuelle Nutzungsdauer in Folgejahren gegenüber dem ursprünglichen Plan als zu lang oder zu kurz erweist, wodurch nach allgemeinen Grundsätzen ebenfalls eine **Anpassung des Abschreibungsplans** und die Prüfung einer außerplanmäßigen Abschreibung nach § 253 Abs. 3 Satz 3 HGB (vgl. Tz. 110) geboten sein kann[155].

109 Die **Abschreibungsmethode** entgeltlich erworbener immaterieller Vermögensgegenstände hat den Verlauf des wirtschaftlichen Nutzens für das Unternehmen widerzuspiegeln[156]. Wenn dieser Verlauf nicht verlässlich geschätzt werden kann, ist im handelsrechtlichen Konzernabschluss nach DRS 12.19 für entgeltlich erworbene immaterielle Vermögensgegenstände die lineare Abschreibungsmethode zu wählen. Die hierin zum Ausdruck kommende Präferenz einer linearen Abschreibungsmethode im Konzernabschluss kann für die selbst geschaffenen immateriellen Vermögensgegenstände des Anlagevermögens im Jahresabschluss übernommen werden, da zum einen nicht allgemein ein unterschiedlicher Nutzenverlauf auf Konzern- und Jahresabschlussebene begründet werden kann. Zum anderen kann ein unterschiedlicher Nutzenverlauf nicht allgemein auf den in DRS 12 vorausgesetzten entgeltlichen Erwerb immaterieller Vermögensgegenständen des Anlagevermögens gestützt werden. Zur Änderung des Abschreibungsplans aufgrund einer unzutreffenden Abschreibungsmethode gelten die allgemeinen Grundsätze[157].

---

147 Vgl. hierzu Hoyos/Schramm/M. Ring in Beck Bil-Komm.⁶, § 253 Anm. 229; ADS⁶, § 253 HGB Tz. 378.
148 Vgl. auch *Schmalenbach-Gesellschaft für Betriebswirtschaft e.V., Arbeitskreis „Immaterielle Werte im Rechnungswesen"*, DB 2008, S. 1819 f.
149 Vgl. hierzu *ADS* Int., Abschn. 8 Tz. 197 f. und Tz. 219 f.
150 Vgl. *Hennrichs*, DB 2008, S. 541; *Fülbier/Gassen*, DB 2007, S. 2609.
151 Vgl. auch *Schmalenbach-Gesellschaft für Betriebswirtschaft e.V., Arbeitskreis „Immaterielle Werte im Rechnungswesen"*, DB 2008, S. 1820.
152 Vgl. *Hoyos/Schramm/M. Ring* in Beck Bil-Komm.⁶, § 253 Anm. 323.
153 Vgl. zum bisherigen Recht zB *Hoyos/Schramm/M. Ring* in Beck Bil-Komm.⁶, § 253 Anm. 320 ff.; *ADS*⁶, § 253 HGB Tz. 366 ff.
154 Vgl. *ADS*⁶, § 253 HGB Tz. 383.
155 Vgl. zum bisherigen Recht: *Hoyos/Schramm/M. Ring* in Beck Bil-Komm.⁶, § 253 Anm. 260 ff.; *ADS*⁶, § 253 HGB Tz. 423 ff.
156 Vgl. auch zum handelsrechtlichen Konzernabschluss DRS 12.19, für den nach § 342 Abs. 2 HGB die Vermutung als die Konzernrechnungslegung betreffender GoB gilt.
157 Vgl. zum bisherigen Recht: *Hoyos/Schramm/M. Ring* in Beck Bil-Komm.⁶, § 253 Anm. 260 ff.; *ADS*⁶, § 253 HGB Tz. 427 f.

Außerplanmäßige Abschreibungen auf den niedrigeren beizulegenden Wert sind nach den allgemeinen Vorschriften des § 253 Abs. 3 Satz 3 HGB bei voraussichtlich dauernder Wertminderung[158] vorzunehmen (vgl. zur Bestimmung der Höhe Tz. 114 f.). Obwohl der Gesetzeswortlaut zur Vornahme außerplanmäßiger Abschreibungen grds. einen Vermögensgegenstand voraussetzt und vor Ende der Entwicklungsphase aktivierte Kosten noch nicht in vollem Umfang die Kriterien eines Vermögensgegenstands erfüllen müssen (vgl. Tz. 64), ist § 253 Abs. 3 Satz 3 HGB – ebenso wie bei der Bewertung von Sachanlagen im Bau[159] – auch auf aktivierte Entwicklungskosten für noch nicht fertig gestellte immaterielle Vermögensgegenstände anzuwerden[160]. **110**

Fraglich ist, wie zu verfahren ist, wenn ein ehemals als für die Aktivierung ausreichend beurteilter **Wahrscheinlichkeitsgrad** des künftigen Entstehens eines immateriellen Vermögensgegenstandes und seiner Einzelverwertbarkeit (vgl. Tz. 64) **in Folgeperioden** so weit **sinkt**, dass eine Aktivierung der bis dahin angefallenen Entwicklungskosten im Nachhinein nicht mehr gerechtfertigt werden kann. Der bilanzielle Ansatz eines in Entwicklung befindlichen immateriellen Vermögensgegenstands des Anlagevermögens kommt in diesem Fall nicht mehr in Betracht. Als Bilanzierungsalternativen bieten sich zum einen die Ausbuchung der im letzten Jahresabschluss aktivierten Entwicklungskosten und zum anderen deren außerplanmäßige Abschreibung (§ 253 Abs. 3 Satz 3 HGB) an. Aufgrund der nach außerplanmäßigen Abschreibungen ggf. vorzunehmenden Wertaufholung (§ 253 Abs. 5 Satz 1 HGB) sind die beiden Alternativen nicht als gleichwertig einzustufen. Da der Gesetzgeber keine Lösung zu dieser Frage anbietet, erscheint es vertretbar, als Kriterium für die bilanzielle Behandlung den Grund für das Sinken der ehemals ausreichend hohen Wahrscheinlichkeit heranzuziehen. **111**

Falls die neue Einschätzung auf objektiven, voraussichtlich dauerhaft fortbestehenden Gründen beruht, erscheint die aufwandswirksame **Ausbuchung** der bisher aktivierten Entwicklungskosten sachgerecht, um den endgültigen Abgang zu erfassen. Dies wäre zB im Falle einer fehlenden technischen Realisierbarkeit des Projekts oder einer aus anderen Gründen endgültigen Einstellung des Projekts durch die Unternehmensleitung denkbar. **112**

Liegen die Gründe für das Sinken der Wahrscheinlichkeit hingegen im subjektiven (unternehmensinternen) Bereich, so dass unter günstigeren Bedingungen eine Realisierbarkeit des Projekts objektiv möglich wäre und die künftige Realisierung nicht ausgeschlossen ist, erscheint die **außerplanmäßige Abschreibung** (§ 253 Abs. 3 Satz 3 HGB) sachgerechter. Diese könnte zB im Falle eines von der Geschäftsleitung aus Kostengründen beschlossenen Entwicklungsabbruchs vorgenommen werden. Nimmt das Unternehmen die Entwicklung in Folgeperioden nach Eintritt verbesserter Rahmenbedingungen – entgegen der Erwartungen im Abschreibungsjahr – wieder auf, so wäre es ggf. zur Vornahme einer Wertaufholung nach § 253 Abs. 5 Satz 1 HGB (Tz. 115) verpflichtet. **113**

Der **niedrigere beizulegende Wert** iSd. § 253 Abs. 3 Satz 3 HGB ist – wie nach bisheriger Rechtslage – nicht zu verwechseln mit dem niedrigen beizulegenden Zeitwert, der einzig den durch Verkauf erzielbaren Betrag reflektiert, wobei Transaktions- **114**

---

158 Vgl. Begr. RegE, BT-Drucks. 16/10067, S. 56.
159 Vgl. hierzu z.B. *ADS*⁶, § 253 HGB Tz. 357.
160 Im Ergebnis ebenso *Dobler/Kurz*, KoR 2008, S. 490; so auch der Meinungsstand zur Bewertung von Anlagen im Bau: *Hoyos/Schramm/M. Ring* in Beck Bil-Komm.⁶, § 253 Anm. 388; *ADS*⁶, § 253 HGB Tz. 357.

kosten vernachlässigt werden[161]. Das gewählte Bewertungsverfahren zur Bestimmung des beizulegenden Werts unterliegt dem Stetigkeitsgebot nach § 252 Abs. 1 Nr. 6 HGB[162]. Bei der Bestimmung des niedrigeren beizulegenden Werts ist kein Grund für die Differenzierung zwischen selbst geschaffenen und entgeltlich erworbenen immateriellen Vermögensgegenständen des Anlagevermögens erkennbar. Wie bereits für die nach bisherigem Recht aktivierungspflichtigen entgeltlich erworbenen immateriellen Vermögensgegenstände des Anlagevermögens kann daher auch für selbst geschaffene immaterielle Vermögensgegenstände des Anlagevermögens die Ermittlung des beizulegenden Werts besonders problembehaftet sein, da diese zwar definitionsgemäß einzelverwertbar sind, für sie jedoch oftmals kein aktiver Markt besteht[163]. Dies erschwert die Ermittlung des beizulegenden Werts anhand des Beschaffungsmarkts bzw. ausnahmsweise, zB im Falle einer beabsichtigten baldigen Veräußerung einer Lizenz vor dem Ende der planmäßigen Nutzungsdauer, unter Zugrundelegung des Absatzmarktes[164].

115 Daher ist davon auszugehen, dass die hilfsweise Zugrundelegung eines etwaigen **Reproduktionswerts**[165] oder des bereits bislang für erworbene Patente, Lizenzen und ähnliche Rechte herangezogenen **Ertragswerts**[166] für die Folgebewertung selbst geschaffener immaterieller Vermögensgegenstände eine größere Bedeutung erlangt als bei materiellen Vermögensgegenständen. Allerdings wird die Ermittlung eines Ertragswerts im Falle der bei Vermögensgegenständen des Anlagevermögens regelmäßig anzunehmenden Eigennutzung lediglich in Ausnahmefällen, wie zB im Falle patentierter selbst geschaffener immaterieller Vermögensgegenstände, praktikabel sein, da eine solche Bewertung die eindeutige Zurechenbarkeit von Ertragsströmen zu dem immateriellen Vermögensgegenstand voraussetzt[167]. Die auf den erwarteten zukünftigen finanziellen Nutzen ausgerichtete Bewertungsgrundsätze nach IDW S 5 sind zudem wegen ihres derzeit auf betriebswirtschaftliche Bewertungsanlässe und die Bilanzierung nach IFRS gerichteten Anwendungsbereichs[168] (vgl. Tz. 42 und 84) nicht unbesehen anwendbar[169]. Die Frage der Bestimmung des beizulegenden Werts stellt sich auch für die auf eine außerplanmäßige Abschreibung folgenden Geschäftsjahre, da nach § 253 Abs. 5 Satz 1 HGB **Wertaufholungen**[170] verpflichtend vorzunehmen sind, wenn die Gründe für die Abschreibung nicht mehr bestehen. So führen zB in der Vergangenheit unterbrochene Entwicklungsprojekte, die eine außerplanmäßige Abschreibung nach § 253 Abs. 3 Satz 3 HGB erforderten (vgl. Tz. 113), nach ihrer Wiederaufnahme zu einer Wertaufholung. Wurden ehemals aktivierte Entwicklungskosten hingegen in Vorperioden ausgebucht (vgl. Tz. 112), so ist eine Wertaufholungsmöglichkeit nicht gegeben, da diese durch den ausdrücklichen Bezug auf § 253 Abs. 3 Satz 3 HGB eine außerplanmäßige Abschreibung in Vorjahren voraussetzt.

---

161 Vgl. zu dieser Unterscheidung IDW RH HFA 1.005 Tz. 7 ff.
162 Vgl. auch *Schmalenbach-Gesellschaft für Betriebswirtschaft e.V.*, Arbeitskreis „Immaterielle Werte im Rechnungswesen", DB 2008, S. 1820.
163 Vgl. auch *Hüttche*, StuB 2008, S. 169.
164 Vgl. *ADS*[6], § 253 HGB Tz. 457 ff. und 460 ff.; *Hoyos/Schramm/M. Ring* in Beck Bil-Komm.[6], § 253 Anm. 288 f.
165 Vgl. hierzu *Hoyos/Schramm/M. Ring* in Beck Bil-Komm.[6], § 253 Anm. 288.
166 Vgl. *ADS*[6], § 253 HGB Tz. 464; *Hoyos/Schramm/M. Ring* in Beck Bil-Komm.[6], § 253 Anm. 290.
167 Vgl. in Bezug auf entgeltlich erworbene Patente oder Lizenzen *ADS*[6], § 253 HGB Tz. 464.
168 Vgl. IDW S 5 Tz. 1 und 4 ff.; *Schmalenbach-Gesellschaft für Betriebswirtschaft e.V.*, Arbeitskreis „Immaterielle Werte im Rechnungswesen", DB 2008, S. 1820.
169 Nach *Schmalenbach-Gesellschaft für Betriebswirtschaft e.V.*, Arbeitskreis „Immaterielle Werte im Rechnungswesen", DB 2008, S. 1820 „... dürfte IDW S 5 dennoch eine grundsätzliche Hilfe für die HGB-Folgebewertung darstellen."
170 Vgl. zu Wertaufholungen nach bisherigem Recht *ADS*[6], § 253 HGB Tz. 602 ff.; *Hoyos/Schramm/M. Ring* in Beck Bil-Komm.[6], § 253 Anm. 652 ff.

2. Bewertung unentgeltlich erworbener immaterieller Vermögensgegenstände des Anlagevermögens

Die nicht selbst geschaffenen, aber gleichwohl unentgeltlich erworbenen immateriellen Vermögensgegenstände des Anlagevermögens sind nach dem Entfall des Verbots in § 248 Abs. 2 HGB aF in entsprechender Anwendung des § 248 Abs. 2 Satz 1 HGB aktivierbar (vgl. Tz. 91). Bei der **Zugangsbewertung** können die Bewertungsregeln des ausschließlich für selbst geschaffene immaterielle Vermögensgegenstände des Anlagevermögens anwendbaren § 255 Abs. 2a HGB nicht zugrunde gelegt werden. Hierzu bietet sich der Rückgriff auf die Bewertungsregeln bei unentgeltlichem Erwerb materieller Vermögensgegenstände an. Nach hM wird die erstmalige Erfassung solcher Vermögensgegenstände nach § 255 Abs. 1 HGB zu einem Anschaffungswert von Null Euro oder zum vorsichtig geschätzten Zeitwert (fiktive Anschaffungskosten) als zulässig erachtet[171].

116

Bei der Bestimmung der Wertobergrenze ist eine dem Vorsichtsprinzip genügende Wertermittlung geboten. Eine Zugangsbewertung zum **Zeitwert** scheint jedoch insb. dann sachgerecht, wenn die unentgeltliche Zuwendung des immateriellen Vermögensgegenstands mit der Zwecksetzung verbunden ist, eingetretene Verluste des Erwerbers ergebniswirksam abzudecken oder die Eigenkapitalausstattung des Erwerbers durch eine erfolgsneutrale Zuführung zur Kapitalrücklage nach § 272 Abs. 2 Nr. 4 HGB zu verbessern[172]. Der Zeitwert immaterieller Vermögensgegenstände des Anlagevermögens, die der Zuwendende selbst geschaffen hat, dürfte idR deren Buchwert nicht übersteigen.

117

Der den allgemeinen Bewertungsregeln des HGB gehorchenden **Folgebewertung** unentgeltlich erworbener immaterieller Vermögensgegenstände des Anlagevermögens dient der im Rahmen der Zugangsbewertung gewählte Wert (vgl. Tz. 116 f.) als Ausgangspunkt. Hinsichtlich der sich durch das BilMoG ergebenden Änderungen wird auf die entsprechenden Ausführungen zu § 253 HGB verwiesen (vgl. Abschn. J). Die hierbei zugrunde zu legende Nutzungsdauer und die Abschreibungsmethode lassen sich analog zu den Ausführungen für entgeltlich erworbene bzw. selbst geschaffene immaterielle Vermögensgegenstände des Anlagevermögens bestimmen (vgl. Tz. 105 ff.)

118

IV. Ausweis

1. Bilanz (§ 266 Abs. 2 A. I. 1. HGB)

Selbst geschaffene gewerbliche Schutzrechte und ähnliche Rechte und Werte[173] (vgl. auch Tz. 83) sind nach § 266 Abs. 2 A.I.1. HGB gesondert auszuweisen. Vom Gesetzeswortlaut nicht umfasst sind in Entwicklung befindliche (vgl. Tz 123 ff.) sowie unentgeltlich erworbene (vgl. Tz. 128) immaterielle Vermögensgegenstände des Anlagevermögens. Es ist mit Blick auf die Regierungsbegründung[174] aber davon auszugehen, dass der Gesetzgeber hiermit sämtliche aktivierten, nicht entgeltlich erworbenen immateriellen Vermögensgegenstände des Anlagevermögens erfasst sieht (vgl. Tz. 128).

119

Von den selbst geschaffenen immateriellen Vermögensgegenständen des Anlagevermögens getrennt sind die **entgeltlich erworbenen** Konzessionen, gewerblichen

120

---

171 Vgl. ADS⁶, § 255 HGB Tz. 83-84; *Ellrott/Brendt* in Beck Bil-Komm.⁶, § 255 Anm. 100-101.
172 Vgl. ADS⁶, § 255 HGB Tz. 84.
173 Vgl. zum Begriff ADS⁶, § 266 HGB Tz. 28; *Hoyos/F. Huber* in Beck Bil-Komm.⁶, § 247 Anm. 375 ff.; zu den Begriffen der ähnlichen Rechte und ähnlichen Werte auch BT-Drucks. 16/10803, S. 9.
174 Vgl. Begr. RegE, BT-Drucks. 16/10067, S. 63.

E Immaterielle Vermögensgegenstände § 248 Abs. 2 HGB

Schutzrechte und ähnliche Rechte und Werte sowie Lizenzen an solchen Rechten und Werten (§ 266 Abs. 2 A.I.2. HGB) und der entgeltlich **erworbene Geschäfts- oder Firmenwert** (§ 266 Abs. 2 A.I.3. HGB) auszuweisen. In entsprechender Weise wurden die branchenspezifischen Formblätter angepasst[175]. Diese Gliederung der immateriellen Vermögensgegenstände ist auch im Anlagespiegel nach § 268 Abs. 2 HGB nachzuvollziehen[176].

121 Mittelgroße Kapitalgesellschaften und Personenhandelsgesellschaften iSd. § 264a HGB (§ 267 Abs. 2 HGB) können wie bisher im Rahmen der **Offenlegung** ihrer Jahresabschlüsse die Bilanz in der für kleine Gesellschaften vorgeschriebenen, **verkürzten Form** (§ 266 Abs. 1 Satz 3 HGB) beim Betreiber des elektronischen Bundesanzeigers einreichen (§ 327 Nr. 1 Satz 1 HGB). Dies erlaubt grds. den Ausweis sämtlicher immaterieller Vermögensgegenstände des Anlagevermögens in einer Summe in der verkürzten Bilanz (§ 327 Nr. 1 Satz 1 iVm. § 266 Abs. 1 Satz 3 iVm. § 266 Abs. 2 A.I. HGB).

122 Mit dem Ziel einer höheren Transparenz[177] sind jedoch die in der aufgestellten Bilanz unter § 266 Abs. 2 A.I.1. HGB auszuweisenden **selbst geschaffenen** immateriellen Vermögensgegenstände des Anlagevermögens in der offen gelegten Version von Bilanz oder Anhang zusätzlich **gesondert** anzugeben (§ 327 Nr. 1 Satz 2 HGB).

123 Bereits vor Abschluss der Entwicklungsphase aktivierte Entwicklungskosten iSv. § 255 Abs. 2a Satz 1 HGB (zum Ansatz **in Entwicklung befindlicher immaterieller Vermögensgegenständen** des Anlagevermögens vgl. Tz. 64) sind – da diese Vermögensgegenstände noch nicht fertig gestellt sind – nicht vom Wortlaut des § 266 Abs. 2 A.I.1. HGB umfasst. Ein Ausweis in dem Bilanzposten für selbst geschaffene immaterielle Vermögensgegenstände (§ 266 Abs. 2 A.II.1. HGB) hat eine Vermengung mit bereits fertig gestellten Vermögensgegenständen zur Folge[178], die bei den materiellen Vermögensgegenständen durch den gesonderten Ausweis von Anlagen im Bau (§ 266 Abs. 2 A.II.4 HGB) vermieden wird. Der Gesetzgeber sieht für aktivierte Entwicklungskosten noch nicht fertig gestellter immaterieller Vermögensgegenstände jedoch keinen gesonderten Ausweis vor[179]. Es erscheint daher – auch im Hinblick auf die Angaben im Anhang nach § 285 Nr. 22 HGB (vgl. Tz. 132) – zulässig, die Beträge insgesamt im Posten nach § 266 Abs. 2 A.I.1. HGB auszuweisen[180]. Alternativ könnten die aktivierten Entwicklungskosten für noch nicht fertig gestellte Vermögensgegenstände in der Bilanz in einem gesonderten, neuen Posten aufgenommen werden (vgl. Tz. 124 f.), oder die im Gliederungsschema nach § 266 HGB vorgesehene Postenbezeichnungen könnte ergänzt werden (vgl. Tz. 126)[181].

124 Da geleistete Anzahlungen auf entgeltlich erworbene Vermögensgegenstände (§ 266 Abs. 2 A.I.4. und A.II.4. HGB) sowie Sachanlagen im Bau (§ 266 Abs. 2 A.II.4. HGB) gesondert in der Bilanz auszuweisen sind, empfiehlt sich in wesentlichen Fällen auch eine entsprechende Vorgehensweise für in der Entwicklung befindliche immaterielle Vermögensgegenstände des Anlagevermögens. Hierzu käme eine Erweiterung des gesetzlichen Gliederungsschemas um einen **neuen Posten** nach § 265 Abs. 5 Satz 2 HGB

---

175 Vgl. zu den einzelnen Formblättern die jeweiligen Änderungen gem. Artikel 11 BilMoG.
176 Vgl. *Ellrott/Krämer* in Beck Bil-Komm.⁶, § 268 Anm. 10.
177 Vgl. Begr. RegE, BT-Drucks. 16/10067, S. 94.
178 Vgl. *Dobler/Kurz*, KoR 2008, S. 490.
179 Vgl. auch *Hoffmann/Lüdenbach*, DStR 2008, S. 53.
180 So offenbar *Dobler/Kurz*, KoR 2008, S. 490 f.
181 Vgl. IDW ERS HFA 29.

§ 248 Abs. 2 HGB　　　　　　　　　　Immaterielle Vermögensgegenstände　　**E**

in Betracht, der zB als „Selbst geschaffene immaterielle Vermögensgegenstände, die sich noch in der Entwicklung befinden" bezeichnet werden könnte[182].

Alternativ zur Erweiterung des gesetzlichen Gliederungsschemas nach § 266 Abs. 2 HGB (vgl. Tz. 124) ist basierend auf § 265 Abs. 5 Satz 1 HGB ein **Davon-Vermerk** für selbst geschaffene immaterielle Vermögensgegenstände, die sich noch in der Entwicklung befinden, zulässig[183]. 　125

Sofern die Entwicklung von immateriellen Vermögensgegenständen des Anlagevermögens als branchenspezifisch einzustufen ist, bietet sich auch nach § 265 Abs. 6 HGB eine **Ergänzung der Postenbezeichnung** nach § 266 Abs. 2 A.I.4. HGB (Geleistete Anzahlungen) an. Da das Gliederungsschema keinen gesonderten Posten vorsieht und entsprechende Erweiterungen nicht gesetzlich vorgeschrieben oder vorgesehen sind, sind hierzu nach der Kommentarliteratur[184] die folgenden Bedingungen zu erfüllen:　126

- der Posten ist nicht von untergeordneter Bedeutung und
- der Sachverhalt steht in sachlicher Nähe zu einem vorgeschriebenen Gliederungsposten, so dass ein gesonderter Ausweis nicht geboten ist.

Während die Wesentlichkeit einzelfallbezogen zu beurteilen ist, ist die Bedingung der sachlichen Nähe zu den geleisteten Anzahlungen aufgrund des im Gesetz für die Sachanlagen entsprechend vorgesehenen Ausweises von Anlagen im Bau (§ 266 Abs. 2 A. II.4. HGB) als erfüllt anzusehen. Ein idS ergänzter Posten könnte zB als „4. geleistete Anzahlungen und immaterielle Vermögensgegenstände in Entwicklung" bezeichnet werden.

Fraglich ist ferner, wie im Rahmen der Entwicklung **erworbene laufende Forschungs- und Entwicklungsarbeiten** auszuweisen sind. Es erscheint sachgerecht, dass der Ausweis insoweit der Zuordnung der Ausgaben zu selbst geschaffenen (§ 266 Abs. 2 A.I.1. HGB) oder entgeltlich erworbenen (§ 266 Abs. 2 A.I.2. HGB) immateriellen Vermögensgegenständen im Rahmen des Ansatzwahlrechts folgt (vgl. Tz. 50 ff.).　127

Hinsichtlich des Ausweises der immateriellen Vermögensgegenstände des Anlagevermögens wird in § 266 Abs. 2 A.I.1 und A.I.2 HGB neben dem gesondert zu zeigenden Geschäfts- oder Firmenwert und den geleisteten Anzahlungen (§ 266 Abs. 2 A.I.3 und A.I.4 HGB) zwischen selbst geschaffenen und entgeltlich erworbenen Vermögensgegenständen unterschieden (vgl. Tz. 120)[185]. Ein gesonderter Ausweis der **unentgeltlich erworbenen** immateriellen Vermögensgegenstände des Anlagevermögens (vgl. Tz. 89 ff.) ist in § 266 Abs. 2 A.I. HGB jedoch nicht vorgesehen. Da solche Vermögensgegenstände weder selbst geschaffen, noch entgeltlich erworben wurden, kommt für sie bei formaler Betrachtung nach § 265 Abs. 5 Satz 2 HGB – bei wesentlichen Beträgen pflichtmäßig aufgrund des Grundsatzes der Klarheit und Übersichtlichkeit (§ 243 Abs. 2 HGB) bzw. des Einblicksgebots (§ 264 Abs. 2 Satz 1 HGB) – die Hinzufügung eines neuen Postens in Betracht[186], der zB als „2. unentgeltlich erworbene Konzessionen, gewerbliche Schutzrechte und ähnliche Rechte und Werte sowie Lizenzen an solchen Rechten und Werten" bezeichnet werden könnte. Alternativ kann auch eine auf § 265 Abs. 6 HGB gestützte Änderung der Postenbezeichnung in Betracht kommen, durch die bspw. der Posten nach § 266 Abs. 2 A.I.1. HGB als „selbst geschaffene　128

182　Vgl. IDW ERS HFA 29.
183　Vgl. IDW ERS HFA 29.
184　Vgl. *ADS*[6], § 265 HGB Tz. 77.
185　So auch Begr. RegE, BT-Drucks. 16/10067, S. 63.
186　Vgl. hierzu *ADS*[6], § 265 HGB Tz. 65 ff.; *Winkeljohann/Geißler* in Beck Bil-Komm.[6], § 265 Anm. 15.

| E | Immaterielle Vermögensgegenstände | § 248 Abs. 2 HGB |

sowie unentgeltlich erworbene gewerbliche Schutzrechte und ähnliche Rechte und Werte" bezeichnet wird.

2. Gewinn- und Verlustrechnung

129 Die im Geschäftsjahr **aktivierten Entwicklungskosten** werden nach dem Gesamtkostenverfahren unter den anderen aktivierten Eigenleistungen (§ 275 Abs. 2 Nr. 3 HGB) erfasst[187]. Im Umsatzkostenverfahren kommt neben einem Ausweis unter den sonstigen betrieblichen Erträgen (§ 275 Abs. 3 Nr. 6 HGB) vorzugsweise die direkte Umbuchung von den jeweiligen Aufwandsposten auf die Bestandskonten in Betracht[188]. Erfolgsauswirkungen der **Folgebewertung** aktivierter Entwicklungskosten bzw. immaterieller Vermögensgegenstände sind nach den allgemeinen Ausweisregeln des HGB zu behandeln[189].

V. Besonderheiten im Rahmen der Konzernrechnungslegung

130 Die mit dem BilMoG vorgesehenen Neuregelungen zur Bilanzierung unentgeltlich erworbener bzw. selbst geschaffener immaterieller Vermögensgegenstände des Anlagevermögens im Jahresabschluss gelten nach § 298 Abs. 1 HGB entsprechend für den handelsrechtlichen **Konzernabschluss**. Vgl. hierzu Abschn. Q (§ 301 HGB), Tz. 404 ff.

131 Bei **Anwendung des DRS 12**, für dessen Vorschriften nach § 342 Abs. 2 HGB die Vermutung als die Konzernrechnungslegung betreffende GoB gilt, ist zu beachten, dass dieser sich in seiner derzeitigen Fassung auf entgeltlich erworbene immaterielle Vermögenswerte bezieht.

VI. Anhangangaben

132 Ergänzende Erläuterungen in Bezug auf **selbst geschaffene immaterielle Vermögensgegenstände des Anlagevermögens** sind nach § 285 Nr. 22 HGB für Kapitalgesellschaften, Personenhandelsgesellschaften iSd. § 264a HGB und diesen gleich gestellte Unternehmen vorgesehen, soweit es sich nicht um kleine Gesellschaften iSd. § 267 Abs. 1 HGB handelt (§ 288 Abs. 1 HGB). Demnach sind im Anhang des Jahresabschlusses der Gesamtbetrag der Forschungs- und Entwicklungskosten des Geschäftsjahrs sowie der davon auf die selbst geschaffenen immateriellen Vermögensgegenstände des Anlagevermögens entfallende Betrag anzugeben (vgl. Abschn. O Tz. 164 ff.).

133 Eine dem entsprechende Angabepflicht findet sich für den **Anhang des Konzernabschlusses** in § 314 Abs. 1 Nr. 14 HGB in Bezug auf die in den Konzernabschluss einbezogenen Unternehmen (vgl. Abschn. R Tz. 54 ff.).

VII. Ausschüttungssperre (§ 268 Abs. 8 HGB)

134 Die Beträge aus der Aktivierung **selbst geschaffener** immaterieller Vermögensgegenstände des Anlagevermögens abzgl. der hierfür gebildeten passiven latenten Steuern fallen bei Kapitalgesellschaften unter die Ausschüttungssperre nach § 268 Abs. 8 Satz 1 HGB bzw. unter die Abführungssperre nach § 301 Satz 1 AktG. Für Kommanditgesellschaften ist eine entsprechende Erweiterung der Regelung zum Wiederaufle-

---

[187] Vgl. ADS⁶, § 275 HGB Tz. 242; *Küting/Ellmann*, in Das neue deutsche Bilanzrecht, S. 279 f.
[188] Vgl. ADS⁶, § 275 HGB Tz. 242; *Förschle* in Beck Bil-Komm.⁶, § 275 Anm. 300.
[189] Vgl. hierzu insb. *ADS*⁶, § 275 HGB Tz. 124 ff.; *Förschle* in Beck Bil-Komm.⁶, § 275 Anm. 140 ff.

ben der Außenhaftung des Kommanditisten vorgesehen in § 172 Abs. 4 Satz 3 HGB (vgl. zur Ausschüttungssperre Abschn. N).

Beträge aus der Aktivierung **unentgeltlich erworbener** immaterieller Vermögensgegenstände des Anlagevermögens sind nach dem Wortlaut des § 268 Abs. 8 Satz 1 HGB weder ausschüttungs- bzw. abführungsgesperrt. Dennoch erscheint es bei analoger Anwendung des § 248 Abs. 2 Satz 1 HGB (vgl. Tz. 91) sachgerecht, auch die Vorschriften zur Ausschüttungs- und Abführungssperre entsprechend anzuwenden.

135

VIII. Erstanwendungszeitpunkt und Übergangsvorschriften

Die Einführung eines Ansatzwahlrechts für selbst geschaffene immaterielle Vermögensgegenstände des Anlagevermögens (§§ 246 Abs. 1 Satz 1, 248 Abs. 2 Satz 1 HGB) und damit einhergehend die Neuregelung des Aktivierungsverbots für bestimmte selbst geschaffene immaterielle Vermögensgegenstände des Anlagevermögens (§ 248 Abs. 2 Satz 2 HGB) sind grundsätzlich erstmals auf Jahres- und Konzernabschlüsse für das **nach dem 31. Dezember 2009** beginnende Geschäftsjahr anzuwenden (Art. 66 Abs. 3 Satz 1 EGHGB). Ab dem gleichen Zeitpunkt sind danach auch die allgemeinen Regeln zur Zugangs- und Folgebewertung in § 253 HGB sowie die spezifischen Bewertungsmaßstäbe für selbst geschaffene immaterielle Vermögensgegenstände des Anlagevermögens in § 255 Abs. 2a HGB zu beachten. Entsprechend sind die einschlägigen bisherigen Vorschriften letztmals auf das vor dem 1. Januar 2010 beginnende Geschäftsjahr anzuwenden (Art. 66 Abs. 5 EGHGB).

136

Für die selbst geschaffenen immateriellen Vermögensgegenstände des Anlagevermögens wird diese Übergangsregelung zu den neuen Vorschriften weiter konkretisiert. Im Zusammenhang mit deren Entwicklung entstandene Ausgaben dürfen nur dann in der Bilanz als Herstellungskosten aktiviert werden, wenn der **Beginn der Entwicklung** in **nach dem 31. Dezember 2009** beginnende Geschäftsjahre fällt (Art. 66 Abs. 7 EGHGB). Nach der Auffassung des Rechtsausschusses des Bundestages spricht jedoch unter Berücksichtigung von Wesentlichkeitsgesichtspunkten nichts dagegen, eine Aktivierung nach dem neu eingeführten Ansatzwahlrecht des § 248 Abs. 2 Satz 1 HGB auch dann zuzulassen, wenn unwesentliche Teile der Entwicklung in dem vor dem 1. Januar 2010 beginnenden Geschäftsjahr erfolgten[190]. Auf in Vorjahren abgeschlossene oder begonnene Entwicklungsprojekte entfallende Ausgaben dürfen jedoch im ersten, nach dem 31. Dezember 2009 beginnenden Geschäftsjahr keinesfalls nachaktiviert werden[191]. Damit ist im Rahmen der Übergangsregelung entgegen der noch im RegE geäußerten Auffassung[192] auch eine nur teilweise Aktivierung der Entwicklungskosten beim Übergang auf die Neuregelung des BilMoG zulässig, sofern die wesentlichen Teile der Entwicklung in nach dem 31. Dezember 2009 beginnenden Geschäftsjahren vorgenommen werden und das Ansatzwahlrecht nach § 248 Abs. 2 Satz 1 HGB in Anspruch genommen wird. Zur Bestimmung des Beginns der Entwicklungsphase vgl. Tz. 72 ff.

137

Eine freiwillige **frühere Anwendung** des neuen Ansatzwahlrechts für selbst geschaffene immaterielle Vermögensgegenstände des Anlagevermögens nach § 248 Abs. 2 HGB und der Bewertungsregeln nach § 255 Abs. 2 und 2a HGB bereits für nach dem

138

---

190 Vgl. Begr. Beschlussempfehlung und Bericht des Rechtsausschusses, BT-Drucks. 16/12407, S. 95; IDW ERS HFA 28 Tz. 31.
191 Vgl. Begr. Beschlussempfehlung und Bericht des Rechtsausschusses, BT-Drucks. 16/12407, S. 95; IDW ERS HFA 28 Tz. 31.
192 Vgl. hierzu Begr. RegE, BT-Drucks. 16/10067, S. 98.

E Immaterielle Vermögensgegenstände   § 248 Abs. 2 HGB

31. Dezember 2008 beginnende Geschäftsjahre ist nach Art. 66 Abs. 3 Satz 6 EGHGB zulässig. Da dieses Wahlrecht nach Art. 66 Abs. 3 Satz 6 EGHGB nur einheitlich für sämtliche durch das BilMoG eingeführten neuen Vorschriften zulässig ist, greifen in diesem Fall auch die erweiterten Anhangangabepflichten nach § 285 Nr. 22 HGB (vgl. Tz. 132 f.), die Ausschüttungs- bzw. Abführungssperre nach § 268 Abs. 8 Satz 1 HGB und § 301 Satz 1 AktG sowie die Ergänzung des § 172 Abs. 4 HGB zum Wiederaufleben der Außenhaftung des Kommanditisten (vgl. Tz. 134 f.) früher als zu den in den Tz. 136 ff. genannten Anwendungszeitpunkten.

F. Rückstellungen, RAP und Ingangsetzungsaufwendungen (§§ 249, 250 HGB; Aufhebung der §§ 269, 282 HGB aF)

§ 249 HGB
Rückstellungen

(1) ¹Rückstellungen sind für ungewisse Verbindlichkeiten und für drohende Verluste aus schwebenden Geschäften zu bilden. ²Ferner sind Rückstellungen zu bilden für

1. im Geschäftsjahr unterlassene Aufwendungen für Instandhaltung, die im folgenden Geschäftsjahr innerhalb von drei Monaten, oder für Abraumbeseitigung, die im folgenden Geschäftsjahr nachgeholt werden,
2. Gewährleistungen, die ohne rechtliche Verpflichtung erbracht werden.

(2) ¹**Für andere als die in Absatz 1 bezeichneten Zwecke dürfen Rückstellungen nicht gebildet werden.** ²Rückstellungen dürfen nur aufgelöst werden, soweit der Grund hierfür entfallen ist.

Inhaltsverzeichnis Tz.
I. Ziel der Regelung und Anwendungsbereich .... 1 – 2
II. Ansatzkriterien für Rückstellungen nach BilMoG
   1. Aufhebung von Ansatzwahlrechten .... 3 – 5
   2. Instandhaltungsrückstellungen .... 6 – 7
   3. Aufwandsrückstellungen
     a. Grundlagen .... 8 – 9
     b. Komponentenweise planmäßige Abschreibung von Sachanlagen . 10 – 15
     c. Verhältnisse zum Übergangszeitpunkt .... 16 – 18
III. Erstanwendungszeitpunkt und Übergangsvorschriften .... 19 – 28

I. Ziel der Regelung und Anwendungsbereich

Mit der Aufhebung der bisherigen handelsrechtlichen Wahlrechte zur Passivierung von **Aufwandsrückstellungen** nach § 249 Abs. 1 Satz 3 und § 249 Abs. 2 HGB aF soll die Informationsfunktion des handelsrechtlichen Jahresabschlusses gestärkt werden und eine Annäherung der handelsrechtlichen Rechnungslegung an die internationale Rechnungslegung erfolgen[1]. Nach dem BilMoG gilt demnach ein **Ansatzverbot** für diese Posten. Hiermit erfolgt eine Annäherung an die Regelungen nach IAS 37, wonach derartige Rückstellungen mangels bestehender Drittverpflichtung ebenfalls nicht gebildet werden dürfen. Steuerrechtliche Folgewirkungen ergeben sich aus der Aufhebung der Ansatzwahlrechte nicht, da schon bislang handelsrechtliche Passivierungswahlrechte zu einem steuerlichen Passivierungsverbot führten[2]. 1

Von der Aufhebung der Passivierungswahlrechte sind **alle Kaufleute** mit Ausnahme der Kaufleute und Personenhandelsgesellschaften, die die Befreiungsvorschriften nach § 241a HGB in Anspruch nehmen (vgl. Abschn. A Tz. 1 ff.)[3], betroffen. 2

---

1 Vgl. Begr. RegE, BT-Drucks. 16/10067, S. 50.
2 Vgl. *ADS*⁶, § 249 HGB Tz. 186; *Drinhausen/Dehmel*, DB 2008, Beil. 1, S. 36; *Theile*, BilMoG, S. 37; *Schmidt*, in EStG²⁸, § 5 Rn. 31.
3 Vgl. Begr. Beschlussempfehlung und Bericht des Rechtsausschusses, BT-Drucks. 16/12407, S. 84

II. Ansatzkriterien für Rückstellungen nach BilMoG

1. Aufhebung von Ansatzwahlrechten

3 Die durch das BilMoG bewirkte Veränderung der Ansatzvorschriften für Rückstellungen berührt nicht das Verständnis zum bisherigen handelsrechtlichen **Schuldbegriff**[4], der sich nun aus § 246 Abs. 1 Satz 1 und 3 HGB ergibt, und die bestehende **Verpflichtung zum Ansatz von Rückstellungen** für ungewisse Verbindlichkeiten[5] und Rückstellungen für drohende Verluste aus schwebenden Geschäften, die im unveränderten § 249 Abs. 1 Satz 1 und 2 HGB verankert ist[6].

4 Die Änderung durch das BilMoG stellt vielmehr ausschließlich auf eine Eingrenzung der bisher geltenden Ansatzvorschriften für Rückstellungen ab. Dies betrifft die **Aufhebung** der bisher geltenden **Ansatzwahlrechte** für:

- Rückstellungen für unterlassene Aufwendungen für Instandhaltung, die nach Ablauf des dritten Monats im folgenden Geschäftsjahres nachgeholt werden (§ 249 Abs. 1 Satz 3 HGB aF) und
- Rückstellungen für ihrer Eigenart nach genau umschriebene, dem Geschäftsjahr oder einem früheren Geschäftsjahr zuzuordnende Aufwendungen, die am Abschlussstichtag sicher oder wahrscheinlich, hinsichtlich ihrer Höhe oder Zeitpunkt des Eintritts noch unbestimmt sind (§ 249 Abs. 2 HGB aF).

5 Die durch das BilMoG erfolgte Abschaffung der Ansatzwahlrechte für Aufwandsrückstellungen hat jedoch nicht dazu geführt, dass sämtliche bestehenden Ansatzwahlrechte zur Rückstellungsbildung beseitigt wurden. Die durch das BiRiLiG 1985[7] eingeräumten Wahlrechte zur Passivierung sog. **Altzusagen** (Erteilung vor dem 1. Januar 1987) und **mittelbarer Pensionsverpflichtungen** nach Art. 28 Abs. 1 Satz 1 und 2 EGHGB bleiben entgegen der Auffassung des Referentenentwurfes zum BilMoG[8] weiterhin bestehen.

2. Instandhaltungsrückstellungen

6 Das bisherige Ansatzwahlrecht für Rückstellungen für **im Geschäftsjahr nachzuholende unterlassene Instandhaltungen** nach § 249 Abs. 1 Satz 3 HGB aF hat dem Umstand Rechnung getragen, dass solche Verpflichtungen bei wirtschaftlicher Betrachtungsweise Innenverpflichtungen des Kaufmanns darstellen und die Rückstellungen deshalb eigentlich den Charakter von Rücklagen hatten. Hieraus folgt nach der Begründung zum RegE BilMoG die Abschaffung des Ansatzwahlrechtes, um zu vermeiden, dass es hierdurch zu „einer für die Abschlussadressaten irreführenden Darstellung der Vermögenslage"[9] kommt, wenn hierfür im handelsrechtlichen Jahresabschluss weiterhin im Rahmen der Ergebnisermittlung Schuldposten statt Gewinnrücklagen im

---

4 Vgl. *ADS*[6], § 246 HGB Tz. 102 ff.; *Hoyos/Ring*, in Beck Bil-Komm.[6], § 247 Anm. 201 ff.; *WPH*[13], Bd. I, F Tz. 344 mwN.
5 Vgl. *ADS*[6], § 249 HGB Tz. 42 ff.; *Hoyos/Ring*, in Beck Bil-Komm.[6], § 249 Anm. 24 ff.; *WPH*[13], Bd. I, F Tz. 87 ff.
6 Vgl. IDW RS HFA 4; *ADS*[6], § 249 HGB Tz. 135 ff.; *Hoyos/Ring*, in Beck Bil-Komm.[6], § 249 Anm. 51 ff.; *WPH*[13], Bd. I, F Tz. 87 ff.
7 Vgl. Bilanzrichtlinien-Gesetz vom 19.12.1985, BGBl. I 1985 s. 2355; zur bisherigen Bilanzierung siehe *ADS*[6], § 249 HGB Tz. 105 ff.; *Hoyos/Ring*, in Beck Bil-Komm.[6], § 249 Anm. 266 ff.; *WPH*[13], Bd. I, E Tz. 168 ff.
8 Vgl. *Hasenburg/Hausen*, DB 2009, Beil. 5, S. 39.
9 Begr. RegE, BT-Drucks. 16/10067, S. 50.

Rahmen der Ergebnisverwendung ausgewiesen werden[10]. Damit folgt aus der Aufhebung der Vorschrift eine – je nach bisheriger Inanspruchnahme – für den Abschlussadressaten „optisch" sichtbare Verbreiterung der Eigenkapitalbasis, die einer mit den handelsrechtlichen GoB konformen Schuldendarstellung iSv. § 246 Abs. 1 Satz 1 HGB entspricht.

Damit sind zukünftig grds. nur noch Außenverpflichtungen zu passivieren. In der Begründung zum RegE BilMoG wird allerdings ausgeführt, dass es sich auch bei den innerhalb der **Dreimonatsfrist** nach dem Abschlussstichtag **nachzuholenden Instandhaltungen** (§ 249 Abs. 1 Satz 2 Nr. 1 Alt. 1 HGB) und den Rückstellungen für **Abraumbeseitigung** (§ 249 Abs. 1 Satz 2 Nr. 1 Alt. 2 HGB) um Innenverpflichtungen handelt. Die weiterhin bestehende handelsrechtliche Passivierungspflicht wird aber wegen der steuerlichen Wirkung unverändert beibehalten[11].

3. Aufwandsrückstellungen

a. Grundlagen

Auch die Aufhebung des bisherigen Ansatzwahlrechtes für Aufwandsrückstellungen nach § 249 Abs. 2 HGB aF folgt den vorgenannten Begründungen im RegE BilMoG, da auch insoweit die gleichen Charakteristika (= Innenverpflichtungen und steuerliches Passivierungsverbot) vorliegen. Die in diesem Zusammenhang in der bisherigen Bilanzierungspraxis gebildeten Rückstellungen folgen – basierend auf der dynamischen Bilanzauffassung[12] – dem Gedanken der Verteilung künftiger Ausgaben auf die Perioden, in denen sie wirtschaftlich verursacht werden, und dienen damit der Selbstfinanzierung. Beispiele hierfür sind hauptsächlich **Großreparaturen** und in bestimmten Zeitabständen anfallende **Generalüberholungen**[13].

Die für Aufwandsrückstellungen durch den Gesetzgeber vorgesehene Annäherung an die Rechnungslegung nach IFRS[14] dürfte allerdings nicht ohne Weiteres zu einem vergleichbaren Bilanzbild führen, da nach dem **Komponentenansatz** des IAS 16 (*„components approach"*) Ausgaben für Großreparaturen oder Generalüberholungen regelmäßig bei Anfall als Komponente des betreffenden Vermögensgegenstandes aktiviert und abgeschrieben werden müssen[15]. Demgegenüber ist nach den handelsrechtlichen Vorschriften die für eine Aktivierung erforderliche Qualifizierung von Ausgaben als **Herstellungskosten** iSv. § 255 Abs. 2 Satz 1 HGB an eine wesentliche Erweiterung bzw. eine über den ursprünglichen Zustand hinausgehende wesentliche Verbesserung des Vermögensgegenstandes geknüpft (vgl. Abschn. J Tz. 38 ff.)[16]. Diese Voraussetzungen dürften für derartige Ausgaben jedoch häufig nicht erfüllt sein, da hier regelmäßig der Charakter von Erhaltungsaufwand überwiegen dürfte.

---

10 Vgl. *Drinhausen/Dehmel*, DB 2008, Beil. 1, S. 36; *Theile*, BilMoG, S. 35; *Petersen/Zwirner*, KoR 2008, Beil. 1, S. 9; *Künkele*, in Petersen/Zwirner, BilMoG, S. 395 f.; *Drinhausen/Ramsauer*, DB 2009, Beil. 5, S. 47.
11 Vgl. *ADS*[6], § 249 HGB Tz. 166 ff., 180 f.; *Theile/Stahnke*, DB 2008, S. 1757; *Drinhausen/Dehmel*, DB 2008, Beil. 1, S. 36; *Theile*, BilMoG, S. 37; *Drinhausen/Ramsauer*, DB 2009, Beil. 5, S. 48.
12 Vgl. *ADS*[6], § 249 HGB Tz. 20, 191.
13 Vgl. *ADS*[6], § 249 HGB Tz. 166 ff., 180 f.; *Drinhausen/Dehmel*, DB 2008, Beil. 1, S. 37; *Theile*, BilMoG, S. 36; *Drinhausen/Ramsauer*, DB 2009, Beil. 5, S. 48.
14 Vgl. Begr. RegE, BT-Drucks. 16/10067, S. 50 f.
15 Vgl. *ADS* International, Abschn.9 Tz. 79; *Lüdenbach/Hoffmann*[7], IFRS, § 8 Tz. 34 ff.; *Künkele*, in Petersen/Zwirner, BilMoG, S. 395 f.; IDW RH HFA 1.016 Tz. 2.
16 Vgl. *ADS*[6], § 255 HGB Tz. 122 ff.; *Ellrott/Brendt*, in Beck Bil-Komm.[6], § 255 Anm. 380 ff.; *WPH*[13], Bd. I, E Tz. 268 ff.; *Künkele*, in Petersen/Zwirner, BilMoG, S. 395 f.; *Weigl/Weber/Costa*, BB 2009, S. 1062 ff.

b. Komponentenweise planmäßige Abschreibung von Sachanlagen

10 Im Zusammenhang mit den vorgenannten Folgewirkungen auf zukünftige handelsrechtliche Abschlüsse wird in der Literatur teilweise diskutiert, ob aus handelsrechtlicher Sichtweise die Anwendung einer dem Komponentenansatz nach den IFRS vergleichbare Bewertungsmethode zulässig sein kann[17]. Für bestimmte Vermögensgegenstände (zB für Flugzeuge) war auch bislang anerkannt, dass bei der Bestimmung der Abschreibungsmethode iSv. § 253 Abs. 3 Satz 1 und 2 HGB **unterschiedliche Nutzungsdauern für einzelne Komponenten** eines einheitlichen Vermögensgegenstandes des Anlagevermögens festgelegt werden konnten, wenn sich die Lebensdauer der einzelnen Komponenten stark unterscheidet[18].

11 Der Grundsatz **der Einzelbewertung** nach § 252 Abs. 1 Nr. 3 HGB steht der Anwendbarkeit dieser differenzierteren Abschreibungsmethode nicht entgegen, da der nach § 253 Abs. 3 Satz 1 HGB in der jeweiligen Berichtsperiode planmäßig als Aufwand zu erfassende Wertverzehr des Vermögensgegenstandes durch die Summe der Abschreibungsbeträge der einzelnen Komponenten repräsentiert wird[19]. Auch gegen die Abgrenzung von Vermögensgegenständen nach dem Konzept des einheitlichen Nutzungs- und Funktionszusammenhangs wird nicht verstoßen, da der Ansatz des nach § 246 Abs. 1 Satz 1 HGB zu bilanzierenden Vermögensgegenstandes von einer veränderten (komponentenweisen) Abschreibungsmethode nicht berührt wird. Da diese Bewertungsmethode nicht gegen handelsrechtliche Rechnungslegungsvorschriften und -grundsätze verstößt und zu einer besseren Darstellung der Vermögens-, Finanz- und Ertragslage führt, ist sie grds. als zulässig anzusehen (IDW RH HFA 1.016)[20].

12 Hierbei ist allerdings zu fordern, dass die Anwendung des Komponentenansatzes nur für Vermögensgegenstände gelten kann, die sich aus physisch separierbaren und damit auch eindeutig **abgrenzbaren** sowie im Verhältnis zum jeweiligen Vermögensgegenstand **wesentlichen Komponenten** zusammensetzen. Nach dem Wortlaut des IDW RH HFA 1.016 müssen „physisch separierbare Komponenten ausgetauscht werden, die in Relation zum gesamten Sachanlagevermögensgegenstand wesentlich sind"[21]. Hierbei wird der Vermögensgegenstand gedanklich in seine wesentlichen Komponenten mit unterschiedlichen Nutzungsdauern zerlegt, um den Betrag der planmäßigen Periodenabschreibung zu ermitteln. Dies führt im Vergleich zur sonst üblichen Anwendung einer pauschalen Nutzungsdauer für den Vermögensgegenstand als Ganzem bei stark unterschiedlichen Nutzungsdauern der Einzelkomponenten zu einem abweichenden, jedoch verursachungsgerechteren Abschreibungsverlauf[22].

13 Ausgaben für den **Ersatz einer Komponente** sind damit bei Wahl dieser Abschreibungsmethode für den betreffenden Vermögensgegenstand grds. nicht erfolgswirksam im Zeitpunkt der Ausgabe als Erhaltungsaufwand zu erfassen, sondern als nachträgliche Anschaffungs- oder Herstellungskosten zu aktivieren (§ 255 Abs. 1 Satz 2 und Abs. 2 Satz 1 HGB) und wiederum über die Nutzungsdauer der betreffenden Komponente abzuschreiben. Bezogen auf die verbrauchte Komponente des Vermögensgegenstandes liegen insoweit aktivierbare Anschaffungs- oder Herstellungskosten für die

---

17 Vgl. *Husemann/Hofer*, DB 2008, S. 2661 ff.
18 Vgl. *ADS*⁶, § 253 HGB Tz. 381; *Hoyos/SchrammRing*, in Beck Bil-Komm.⁶, § 253 Anm. 236; *Mujkanovic/Raatz*, KoR 2008, S. 249; *Husemann/Hofer*, DB 2008, S. 2661 ff.; *Drinhausen/Ramsauer*, DB 2009, Beil. 5, S. 48; IDW RH HFA 1.016 Tz. 4 .
19 Vgl. *ADS*⁶, § 253 HGB Tz. 384 ff.; *Hoyos/Schramm/Ring*, in Beck Bil-Komm.⁶, § 253 Anm. 238 ff.; *Husemann/Hofer*, DB 2008, S. 2661 ff.; IDW RH HFA 1.016 Tz. 8.
20 Vgl. IDW RH HFA 1.016 Tz. 9.
21 Vgl. IDW RH HFA 1.016 Tz. 5.
22 Vgl. IDW RH HFA 1.016 Tz. 6.

Wiederherstellung vor, als die Ausgaben als Substanzmehrung des teilweise verbrauchten Vermögensgegenstandes qualifiziert werden können und sich diese Kosten auf eine wesentliche separierbare Komponente beziehen. Ausgaben für Generalüberholungen bzw. Großreparaturen bei denen keine wesentliche Komponente ausgetauscht wird, sind demgegenüber unverändert nicht aktivierbar[23].

Unabhängig von der gewählten Abschreibungsmethode ist allerdings weiterhin auf der Ebene des Vermögensgegenstandes insgesamt zu prüfen, ob nach § 253 Abs. 3 Satz 3 HGB eine **außerplanmäßige Abschreibung** auf den niedrigeren beizulegenden Wert wegen voraussichtlich dauerhafter Wertminderung vorzunehmen ist (vgl. Abschn. J Tz. 10 ff.)[24]. 14

Bei Anwendung der Methode der komponentenweisen planmäßiger Abschreibung von Sachanlagen besteht eine Angabe- und Erläuterungspflicht hinsichtlich der angewandten Bilanzierungs- und Bewertungsmetthoden nach § 284 Abs. 2 Nr. 1 HGB[25]. 15

c. Verhältnisse zum Übergangszeitpunkt

Im Zusammenhang mit der Streichung des § 249 Abs. 2 HGB aF kann sich in Einzelfällen die Zuordnung der Verpflichtungen zu **Verbindlichkeits- oder Aufwandsrückstellungen** schwierig gestalten, da sich die Ansatzvoraussetzungen (abgesehen von dem Erfordernis einer Außenverpflichtung) nur wenig unterscheiden und sie gemeinsam unter den „sonstigen Rückstellungen" auszuweisen waren (§ 266 Abs. 3 B. 3. HGB). Gemeinsames Ansatzkriterium ist dabei, dass die Rückstellungsbildung nur erfolgen kann, wenn „dem Geschäftsjahr oder einem früheren Geschäftsjahr zuzuordnende Aufwendungen" vorliegen[26]. Dabei ist allerdings zu beachten, dass Aufwandsrückstellungen neben den vorgenannten Großreparaturen auch für freiwillige Entsorgungsaufwendungen, Abbruchkosten ohne bestehende Abbruchverpflichtung und für Entsorgungs- und Umweltschutzverpflichtungen bei fehlender öffentlich rechtlicher Verpflichtung gebildet wurden[27]. 16

Der Übergang auf die neue Rechtslage nach dem BilMoG erfordert daher eine genaue Analyse der bisher gebildeten Aufwandsrückstellungen, inwieweit seit dem Zeitpunkt der ursprünglichen Rückstellungsbildung eine **Veränderung der tatsächlichen Verhältnisse** eingetreten ist. Dies wäre insb. dann der Fall, wenn zwischenzeitlich eine gesetzliche, privatrechtliche oder öffentlich-rechtliche Verpflichtung[28] oder auch eine faktische Verpflichtung[29], der sich der ordentliche Kaufmann auch ohne Rechtspflicht aus tatsächlichen oder wirtschaftlichen (wie auch sittlichen) Gründen nicht entziehen kann, entstanden ist. Maßgeblich sind hierbei die Verhältnisse zum Erstanwendungszeitpunkt des BilMoG. Zu diesem Zeitpunkt ist die Feststellung zu treffen, ob unverändert eine grds. nicht mehr passivierbare Aufwandsrückstellung vorliegt oder ob neue Tatsachen, gesetzliche oder sonstige Veränderungen ein Erstarken zur Verpflichtungs- 17

---

23 Vgl. *ADS*[6], § 255 HGB Tz. 121; *Ellrott/Brendt*, in Beck Bil-Komm.[6], § 255 Anm. 375 ff.; *Husemann/Hofer*, DB 2008, S. 2661 ff.; IDW RH HFA 1.016 Tz.7.
24 Vgl. IDW RH HFA 1.016 Tz. 10.
25 Vgl. *ADS*[6], § 284 HGB Tz. 53 ff.; *Ellrott*, in Beck Bil-Komm.[6], § 284 Anm. 85 ff.
26 Vgl. *ADS*[6], § 249 HGB Tz. 188 ff.; *Hoyos/Ring*, in Beck Bil-Komm.[6], § 249 Anm. 306 ff.; *Kaiser*, in Rückstellungsbilanzierung, S. 67.
27 Vgl. *Ballwieser*, in Fachtagung des IDW, S. 151; *Herzig*, BFuP 1987, S. 366; *Budde*, BFuP 1987, S. 365; *ADS*[6], § 249 HGB Tz. 51, sowie § 253 HGB Tz. 241; zur Bilanzierung bei schadstoffbelasteten Vermögensgegenständen vgl. auch Schreiben des IDW vom 26. März 1993, WPg 1993, S. 250 ff.; *WPH*[13], Bd. I, E Tz. 98, 157; *Gelhausen/Fey*, DB 1993, S. 593 ff.
28 Vgl. *ADS*[6], § 249 HGB Tz. 43 ff.; *Hoyos/Ring*, in Beck Bil-Komm.[6], § 249 Anm. 26 ff.
29 Vgl. *ADS*[6], § 249 HGB Tz. 52; *Hoyos/Ring*, in Beck Bil-Komm.[6], § 249 Anm. 31.

rückstellung eingetreten ist und damit eine Passivierungspflicht nach § 249 Abs. 1 Satz 1 HGB besteht[30].

18 Insgesamt wird durch die Aufhebung des Ansatzwahlrechtes für Aufwandsrückstellungen zwar einerseits eine Annäherung an die **Rechnungslegung nach IFRS** bezüglich des Rückstellungsverbotes für Innenverpflichtungen erreicht. Da jedoch andererseits eine generelle Anpassung der bisherigen Aktivierungskonzeption nicht vorgenommen wurde (vgl. Tz. 9), wird damit ein vergleichbarer Bilanz- und Erfolgsausweis nicht erreicht[31]. Da darüber hinaus der handelsrechtliche Jahresabschluss auch seine Ausschüttungsbemessungsfunktion weiterhin behält, kann dies im Einzelfall zu erheblichen Ergebnisschwankungen im Mehrjahresvergleich führen und – jährliche Vollausschüttung unterstellt – deutliche Liquiditätsbelastungen der Unternehmen bewirken.

III. Erstanwendungszeitpunkt und Übergangsvorschriften

19 Die nach dem BilMoG vorgesehene Abschaffung der Ansatzwahlrechte für die Bildung von Aufwandsrückstellungen nach § 249 Abs. 1 Satz 3 bzw. Abs. 2 HGB führt dazu, dass die Bildung von Aufwandsrückstellungen erstmals in einem **nach dem 31. Dezember 2009** beginnenden Geschäftsjahr nicht mehr zulässig ist (Art. 66 Abs. 3 Satz 1 EGHGB). Eine frühere freiwillige Erstanwendung der gesetzlichen Vorschriften nach dem BilMoG ist nach Art. 66 Abs. 3 Satz 6 EGHGB in nach dem 31. Dezember 2008 beginnenden Geschäftsjahren bereits zulässig, soweit die neuen Vorschriften vollständig angewendet werden und dies im Anhang des Jahresabschlusses angegeben wird[32] (vgl. Abschn. W Tz. 3).

20 Für die in dem letzten Jahresabschluss eines vor dem 1. Januar 2010 beginnenden Geschäftsjahres enthaltenen Rückstellungen nach § 249 Abs. 1 Satz 3 bzw. Abs. 2 HGB aF besteht nach Art. 67 Abs. 3 Satz 1 EGHGB ein **einmalig** ausübbares **Beibehaltungs- und Fortführungswahlrecht**. Allerdings ist zu beachten, dass für Beträge, die den Rückstellungen nach § 249 Abs. 1 Satz 3 bzw. Abs. 2 HGB erst im letzten vor dem 1. Januar 2010 beginnenden Geschäftsjahr zugeführt wurden, nach Art. 67 Abs. 3 Satz 2 zweiter Halbsatz EGHGB ausschließlich eine Beibehaltung und Fortführung zulässig ist. Damit soll verhindert werden, dass Aufwandsrückstellungen mit der Zielsetzung der Einstellung in die Gewinnrücklagen gebildet werden können[33]. Für diese zeitnah zum Inkrafttreten des BilMoG gebildeten Aufwandsrückstellungen kommt für den Fall, dass keine Beibehaltung und Fortführung der bestehenden Rückstellungen gewählt werden sollte, im Falle der Auflösung lediglich die erfolgswirksame Erfassung der aufgelösten Beträge in Betracht[34].

21 Nach Art. 67 Abs. 3 Satz 1 EGHGB kann das Beibehaltungs- und Fortführungswahlrecht auch „teilweise", dh. für **einzelne** zum Erstanwendungszeitpunkt bestehende **Rückstellungen** nach § 249 Abs. 1 Satz 3 bzw. Abs. 2 HGB aF, soweit deren Bildung nicht Beträge enthält, die in dem vor dem Erstanwendungszeitpunkt liegenden Geschäftsjahr zugeführt wurden, ausgeübt werden[35]. Ob nach dem Gesetzeswortlaut die

---

30 Vgl. *Weigl/Weber/Costa*, BB 2009, S. 1062 ff.
31 Vgl. so auch kritisch *Theile/Stahnke*, DB 2008, S. 1758; *Drinhausen/Dehmel*, DB 2008, Beil. 1, S. 37; *Theile*, BilMoG, S. 36; *Institut der Wirtschaftsprüfer*, IDW-FN 2008, S. 9 ff.; *Künkele*, in Petersen/Zwirner, BilMoG, S. 395 f.
32 Vgl. Begr. Beschlussempfehlung und Bericht des Rechtsausschusses, BT-Drucks. 16/12407, S. 94.
33 Vgl. Begr. Beschlussempfehlung und Bericht des Rechtsausschusses, BT-Drucks. 16/12407, S. 96; IDW ERS HFA 28 Tz. 8 ff.; *Drinhausen/Ramsauer*, DB 2009, Beil. 5, S. 47.
34 Vgl. IDW ERS HFA 28 Tz. 8.
35 Vgl. IDW ERS HFA 28 Tz. 13, 8.

"teilweise" eröffnete Ausübbarkeit des Wahlrechtes dahingehend zu interpretieren ist, dass das eingeräumte Wahlrecht für unter dem entsprechenden Bilanzposten enthaltene Einzelrückstellungen unterschiedlich ausgeübt werden kann oder vielmehr sogar für Teilbeträge dieser Rückstellungen eine unterschiedliche Wahlrechtsausübung ermöglicht werden soll, bleibt offen. Nach der Gesetzesbegründung ist erkennbar, dass für den Fall der gesetzlich gesondert geregelten Aufwandsrückstellungen eine einzelrückstellungsbezogene Wahlrechtsausübung als zulässig erachtet wird[35]. Diese Interpretation des Gesetzeswortlaut wird auch durch das IDW bestätigt, da nach der derzeitigen Fassung des IDW ERS HFA 28 in diesem Zusammenhang von einem "sachverhaltsbezogen" ausübbaren Wahlrecht ausgegangen wird[37].

Eine Anwendung des Wahlrechtes auf **Teilbeträge** steht nach der hier vertretenen Auffassung dem Gesetzeswortlaut allerdings nicht entgegen, da bereits eine bestehende Rückstellung, die sich aus Zuführungen des letzten vor der Erstanwendung der Vorschriften nach dem BilMoG und aus Zuführungen davor liegender Geschäftsjahre zusammensetzt, eine auf Teilbeträgen basierende Wahlrechtsausübung (Art. 67 Abs. 3 Satz 2 zweiter Halbsatz EGHGB) zur Folge hat. Mangels klarstellender Hinweise in der Gesetzesbegründung spricht angesichts bestehenden Übergangsregelungen viel dafür, dass im Sinne einer weiten Wahlrechtsinterpretation nicht nur eine einzelrückstellungsbezogene, sondern auch teilbetragsbezogene Wahlrechtsausübung für Aufwandsrückstellungen bei der erstmaligen BilMoG-Umstellung zulässig erscheint. 22

Die Ausübung des Beibehaltungs- und Fortführungswahlrechts hat zwingend zum Übergangsstichtag auf alle am Umstellungsstichtag (= Stichtag der Anfangsbilanz des auf den Erstanwendungszeitpunkt folgenden Geschäftsjahres) vorhandenen Rückstellungsposten (Altfälle)[38] zu erfolgen. Die Beibehaltung führt dazu, dass die zum Übergangszeitpunkt bestehenden Bestandswerte für Rückstellungen nach § 249 Abs. 1 Satz 3 bzw. Abs. 2 HGB aF in den **Folgejahren** zweckgerecht verbraucht oder bei Wegfall des Grundes bzw. gemindertem Schätzbetrag aufgelöst werden müssen. Rückstellungszuführungen sind demgegenüber mit der letztmaligen Anwendung des § 249 Abs. 1 Satz 3 bzw. Abs. 2 HGB aF in einem nach dem 1. Januar 2010 beginnenden Geschäftsjahr nach Art. 66 Abs. 5 Satz 1 EGHGB nicht mehr zulässig. Von dem Verbot späterer Zuführungen sind auch Ansammlungsrückstellungen betroffen, mit deren Ansammlung vor dem Inkrafttreten des BilMoG begonnen wurde, da durch den Wortlaut der Übergangsvorschrift nur eine Beibehaltung des Postens, jedoch nicht dessen Fortführung möglich ist (vgl. Art. 67 Abs. 3 Satz 1 EGHGB)[39]. 23

Auch eine Anpassung an die nach den Regelungen des BilMoG geltenden veränderten **Bewertungsvorschriften** (vgl. Abschn. I Tz. 1 ff.) hat in diesem Fall nicht zu erfolgen, da insoweit für diese Posten die bis zum Inkrafttreten des BilMoG geltenden Vorschriften anzuwenden sind. Damit ist bspw. auch keine Abzinsung langfristiger Rückstellungen nach § 253 Abs. 2 HGB vorzunehmen[40]. 24

Im Fall der Beibehaltung von Aufwandsrückstellungen kann eine Inanspruchnahme des Aktivierungswahlrechtes zur Abgrenzung **aktiver latenter Steuern** nach § 274 Abs. 1 Satz 1 und 2 HGB (vgl. Abschn. M Tz. 5 ff. u. 14 ff.) – vorausgesetzt, dass der Bilanzierende nicht bereits in der Vergangenheit von dem nach § 274 Abs. 2 HGB aF 25

---
36 Vgl. Begr. Beschlussempfehlung und Bericht des Rechtsausschusses, BT-Drucks. 16/12407, S. 96.
37 Vgl. IDW ERS HFA 28 Tz. 13.
38 Vgl. IDW ERS HFA 28 Tz. 4.
39 Vgl. IDW ERS HFA 28 Tz. 15.
40 Vgl. Begr. Beschlussempfehlung und Bericht des Rechtsausschusses, BT-Drucks. 16/12407, S. 96; IDW ERS HFA 28 Tz. 15.

F Rückstellungen § 249 HGB

bestehenden Aktivierungswahlrecht Gebrauch gemacht hat – erfolgen. Dabei ist zu beachten, dass Aufwendungen und Erträge aus der erstmaligen Anwendung der Vorschriften des § 274 HGB nach Art. 67 Abs. 6 EGHGB unmittelbar erfolgsneutral mit den Gewinnrücklagen zu verrechnen sind[41]. Soweit hingegen von dem Beibehaltungs- und Fortführungswahlrecht kein Gebrauch gemacht wird und nach bisheriger Rechtslage das Aktivierungswahlrecht nach § 274 Abs. 2 HGB aF in Anspruch genommen wurde, ist der in die Gewinnrücklage nach Art. 67 Abs. 3 Satz 2 EGHGB einzustellende Rückstellungsbetrag um den Betrag der aktiven Steuerabgrenzung nach Art. 67 Abs. 6 Satz 2 EGHGB zu mindern, da nur über den Saldo der beiden Beträge verfügt werden kann[42].

26 Wird von dem Beibehaltungswahlrecht des Art. 67 Abs. 3 Satz 1 EGHGB Gebrauch gemacht und werden in auf die Umstellung **folgenden Geschäftsjahren** diese Rückstellungsbeträge (zB bei Wegfall des Grundes der ursprünglichen Bildung) aufgelöst, kommt eine erfolgsneutrale Einstellung von Rückstellungsbeträgen in die Gewinnrücklagen in analoger Anwendung der Übergangsvorschrift des Art. 67 Abs. 3 Satz 2 EGHGB hingegen nicht mehr in Betracht, da aus dem Wortlaut der Übergangsvorschrift eine über den Übergangszeitpunkt hinausreichende Anwendbarkeit nicht geschlossen werden kann[43].

27 Wird das Wahlrecht des Art. 67 Abs. 3 Satz 1 EGHGB zur Beibehaltung und Fortführung bestehender Rückstellungsposten dagegen nicht ausgeübt, sind die entsprechenden Rückstellungsbeträge erfolgsneutral und unmittelbar, dh. ohne Berührung der GuV-Verlängerung, nach Art. 67 Abs. 3 Satz 2 EGHGB in die **Gewinnrücklagen** einzustellen. Für die Rechtsform der AG wird durch eine im Umstellungsjahr vorgenommene Wahlrechtsausübung des Vorstandes zur Umgliederung von Rückstellungen in die Gewinnrücklagen bewirkt, dass diese Beträge der Kompetenz der Aktionäre über die Verwendung des Jahresergebnisses dauerhaft entzogen sind[44]. Diese Folge scheint der Gesetzgeber aber bewusst in Kauf genommen zu haben.

28 Fraglich ist, welcher **Stichtag** für eine erfolgsneutrale Einstellung in die Gewinnrücklagen nach der Übergangsvorschrift des Art. 67 Abs. 3 Satz 2 EGHGB gelten soll, da der Wortlaut der Vorschrift auf den Rückstellungsbestand am 31. Dezember 2009 hindeutet[45], obwohl die Ausübung des Beibehaltungs- und Fortführungswahlrechtes erst in dem darauffolgenden Jahresabschluss vorgenommen werden kann. Nach der Gesetzesbegründung zu Art. 67 Abs. 3 EGHGB[46] wird gegenüber dem bislang im Regierungsentwurf BilMoG noch uneindeutig formulierten Art. 66 Abs. 1 Satz 1 EGHGB (idF des RegE) klargestellt, dass dem Gesetzeswortlaut folgend auf die im letzten Jahresabschluss enthaltenen Posten und gerade nicht auf die im Folgejahr ggf. fortgeschriebene Posten abzustellen ist. Der Stichtag für die Wahlrechtsausübung liegt damit zu Beginn des Geschäftsjahres der erstmaligen Anwendung der neuen Vorschriften in der Fassung des BilMoG also zum 1. Januar 2010 bzw. bei freiwilliger vorzeitiger Anwendung nach Art. 66 Abs. 3 Satz 6 EGHGB frühestens zum 1. Januar 2009.

---

41 Vgl. Begr. Beschlussempfehlung und Bericht des Rechtsausschusses, BT-Drucks. 16/12407, S. 96
42 Vgl. *Kirsch*, DStR 2008, S. 1203 f.
43 Vgl. IDW ERS HFA 28 Tz. 11.
44 Vgl. so auch bereits kritisch zum RefE BilMoG *Institut der Wirtschaftsprüfer*, IDW-FN 2008, S. 9 ff. zu Art. 2 Nr. 3.
45 Vgl. Wortlaut Art. 67 Abs. 3 Satz 1 EGHGB „Waren im Jahresabschluss für das letzte vor dem 1. Januar 2010 beginnende Geschäftsjahr Rückstellungen .... enthalten, können diese Posten...".
46 Vgl. Begr. Beschlussempfehlung und Bericht des Rechtsausschusses, BT-Drucks. 16/12407, S. 96.

§ 250 HGB
Rechnungsabgrenzungsposten

(1) Als Rechnungsabgrenzungsposten sind auf der Aktivseite Ausgaben vor dem Abschlussstichtag auszuweisen, soweit sie Aufwand für eine bestimmte Zeit nach diesem Tag darstellen.

(2) Auf der Passivseite sind als Rechnungsabgrenzungsposten Einnahmen vor dem Abschlussstichtag auszuweisen, soweit sie Ertrag für eine bestimmte Zeit nach diesem Tag darstellen.

(3) ¹Ist der **Erfüllungsbetrag** einer Verbindlichkeit höher als der Ausgabebetrag, so darf der Unterschiedsbetrag in den Rechnungsabgrenzungsposten auf der Aktivseite aufgenommen werden. ²Der Unterschiedsbetrag ist durch planmäßige jährliche Abschreibungen zu tilgen, die auf die gesamte Laufzeit der Verbindlichkeit verteilt werden können.

Inhaltsverzeichnis Tz.
I. Ziel der Regelung und Anwendungsbereich .... 29 – 31
II. Aufhebung der aktiven Abgrenzung von Zöllen und Verbrauchsteuern .... 32 – 33
III. Aufhebung der aktiven Abgrenzung von als Aufwand berücksichtigten Umsatzsteuern .... 34 – 35
IV. Erstanwendungszeitpunkt und Übergangsvorschriften .... 36 – 39

I. Ziel der Regelung und Anwendungsbereich

Die **Aufhebung** der bisherigen **Wahlrechte zur aktiven Abgrenzung** nach § 250 Abs. 1 Satz 2 Nr. 1 und 2 HGB aF – von als Aufwand berücksichtigten Zöllen und Verbrauchsteuern für Vorräte sowie von Umsatzsteueraufwand auf erhaltene Anzahlungen – dient der Verbesserung der Informationsfunktion des handelsrechtlichen Jahresabschlusses und der Annäherung der handelsrechtlichen Rechnungslegung an die internationale Rechnungslegung[47]. Die bisherige Regelung war vor dem Hintergrund der bestehenden steuerlichen Aktivierungspflicht nach § 5 Abs. 5 Satz 2 EStG im Sinne einer Übereinstimmung von Handels- und Steuerbilanz vom Gesetzgeber aufgenommen worden. Dies wurde bereits in der Vergangenheit im Schrifttum kritisiert, da die fiskalisch motivierte Übertragung steuerlicher Vorschriften dem Charakter eines aktiven Rechnungsabgrenzungspostens im „eigentlichen Sinne" nicht entspricht[48]. **29**

Vom künftigen Verbot der Abgrenzung dieser Posten sind **alle Kaufleute** betroffen. Eine Ausnahme bilden Kaufleute und Personenhandelsgesellschaften, die die Befreiungsvorschriften gem. § 241a HGB in Anspruch nehmen (vgl. Abschn. A Tz. 1 ff.)[49]. **30**

Darüber hinaus wurde in § 250 Abs. 3 HGB eine wörtliche Anpassung durch den Austausch des Wortes „Rückzahlungsbetrag" durch das Wort **„Erfüllungsbetrag"** vorgenommen (vgl. dazu Abschn. I Tz. 2 u. 7 ff.). Eine materielle Bedeutung ist der Anpassung in Bezug auf die Bemessung eines Disagios nach § 250 Abs. 3 HGB nicht beizumessen[50]. **31**

---
47 Vgl. Begr. RegE, BT-Drucks. 16/10067, S. 35 f. und 51.
48 Vgl. *ADS*⁶, § 250 HGB Tz. 57, 71 mwN; *Ellrott/Krämer*, in Beck Bil-Komm.⁶, § 250 Anm. 37; als (selbständigen) Aktivposten bezeichnend *Schmidt*, in EStG²⁸, § 5 Rn. 259.
49 Vgl. Begr. Beschlussempfehlung und Bericht des Rechtsausschusses, BT-Drucks. 16/12407, S. 85.
50 Vgl. *Brösel/Mindermann*, in Petersen/Zwirner, BilMoG, S. 397 f.

II. Aufhebung der aktiven Abgrenzung von Zöllen und Verbrauchsteuern

32 In der Begründung zum RegE BilMoG wird ausgeführt, dass durch das handelsrechtliche Aktivierungswahlrecht nach § 250 Abs. 1 Satz 2 Nr. 1 HGB aF die aufwandswirksame Erfassung von **Zöllen und Verbrauchsteuern** (Anwendung idR nur für Ausführzölle und Biersteuer[51]) zeitlich auf den Zeitpunkt der Veräußerung verlagert wurde bzw. Vertriebskosten bis zu diesem Zeitpunkt „geparkt" wurden[52]. Dies entspricht jedoch aus handelsrechtlicher Sichtweise nicht der „Systematik der Rechnungsabgrenzungsposten" und auch nicht den handelsrechtlichen Grundsätzen, da derartige Aufwendungen sofort aufwandswirksam zu erfassen sind.

33 Nach Streichung dieser Aktivierungswahlrechte durch das BilMoG gilt nunmehr ein **Ansatzverbot** für diese Posten. Die Streichung stützt damit auch die Informationsinteressen der Abschlussadressaten[53] im Hinblick auf die bessere Vergleichbarkeit der handelsrechtlichen Abschlüsse. Diese Zölle und Verbrauchssteuern sind demnach zukünftig – soweit eine Einbeziehung in die Herstellungskosten nach § 255 Abs. 2 HGB (vgl. Abschn. J Tz. 33 ff.) und eine damit verbundene Aktivierungspflicht unter den Vorräten[54] nicht in Betracht kommt – handelsrechtlich als **Aufwendungen** des Geschäftsjahres zu behandeln. Eine aufwandswirksame Behandlung ist insb. dann gegeben, wenn es sich dabei um nicht aktivierungsfähige Vertriebskosten handelt[55].

III. Aufhebung der aktiven Abgrenzung von als Aufwand berücksichtigten Umsatzsteuern

34 Auch bei dem bislang nach § 250 Abs. 1 Satz 2 Nr. 2 HGB aF bestehenden Aktivierungswahlrecht für als Aufwand berücksichtigte Umsatzsteuern auf am Abschlussstichtag auszuweisende oder von den Vorräten offen abgesetzte Anzahlungen (nur im Fall eines Bruttoausweis einschl. Umsatzsteuer) liegt nach der Gesetzessystematik weder ein transitorischer noch ein antizipativer Rechnungsabgrenzungsposten vor[56]. Nach dem BilMoG gilt demnach ein **Ansatzverbot** für diese Posten.

35 Der Abschaffung dieses Aktivierungswahlrechtes dürfte indes auch in der Praxis nur geringe Bedeutung zukommen, da auch nach bisheriger Literaturmeinung bei der Bilanzierung von derartigen erhaltenen Anzahlungen bereits die Anwendung der **Nettomethode** (keine aktive Abgrenzung) im Sinne der Bilanzklarheit der Vorrang gebührte[57] und das Ansatzwahlrecht auch nur wenig Anwendung fand[58].

IV. Erstanwendungszeitpunkt und Übergangsvorschriften

36 Die nach dem RegE BilMoG vorgesehene Abschaffung der Ansatzwahlrechte für die Bildung von aktiven Rechnungsabgrenzungsposten nach § 250 Abs. 1 Satz 2 Nr. 1 und

---

51 Vgl. Begr. RegE, BT-Drucks. 16/10067, S. 51; *ADS*[6], § 250 HGB Tz. 59.
52 Vgl. *Brösel/Mindermann*, in Petersen/Zwirner, BilMoG, S. 397 f.
53 Vgl. Begr. RegE, BT-Drucks. 16/10067, S. 51; *Theile*, BilMoG, S. 38; *Arbeitskreis Bilanzrecht der Hochschullehrer Rechtswissenschaft*, BB 2008, S. 210.
54 Vgl. *ADS*[6], § 255 HGB Tz. 153 mwN; *Ellrott/Krämer*, in Beck Bil-Komm.[6], § 250 Anm. 37.
55 Vgl. Begr. RegE, BT-Drucks. 16/10067, S. 51; aA *Ellrott/Krämer*, in Beck Bil-Komm.[6], § 250 Anm. 37.
56 Vgl. Begr. RegE, BT-Drucks. 16/10067, S. 51; *ADS*[6], § 250 HGB Tz. 72 mwN; *Brösel/Mindermann*, in Petersen/Zwirner, BilMoG, S. 397 f.
57 Vgl. *ADS*[6], § 250 HGB Tz. 77 ff. mwN, § 266 HGB Tz. 224 f.; *Ellrott/Krämer*, in Beck Bil-Komm.[6], § 250 Anm. 50 ff., § 266 Anm. 226.
58 Vgl. *Theile*, BilMoG, S. 38.

Nr. 2 HGB aF führt dazu, dass eine Wahlrechtsausübung erstmals in einem **nach dem 31. Dezember 2009** beginnenden Geschäftsjahr nicht mehr zulässig ist (Art. 66 Abs. 3 Satz 1 EGHGB). Eine frühere freiwillige Erstanwendung der gesetzlichen Vorschriften nach dem BilMoG ist nach Art. 66 Abs. 3 Satz 6 EGHGB in nach dem 31. Dezember 2008 beginnenden Geschäftsjahren bereits zulässig, soweit die neuen Vorschriften vollständig angewendet werden und dies im Anhang des Jahresabschlusses angegeben wird[59](vgl. Abschn. W Tz. 3).

Für die in dem letzten Jahresabschluss eines vor dem 1. Januar 2010 beginnenden Geschäftsjahres gebildeten aktiven Rechnungsabgrenzungsposten nach § 250 Abs. 1 Satz 2 HGB aF besteht nach Art. 67 Abs. 3 Satz 1 EGHGB ein **Beibehaltungs- und Fortführungswahlrecht**. Diesem Wahlrecht dürfte in der Praxis nur wenig Bedeutung beizumessen sein, da die der Abgrenzung zugrunde liegenden Geschäftsvorfälle eher kurzfristiger Natur sind und damit nur die im Folgejahr nicht realisierten Beträge betroffen sein werden[60]. 37

Wird dieses Wahlrecht nicht ausgeübt, sind die entsprechenden Abgrenzungsbeträge nach Art. 67 Abs. 3 Satz 2 EGHGB unmittelbar, dh. ohne Berührung der GuV-Verlängerung, zu Lasten der **Gewinnrücklagen** zu verrechnen[61]. Der Gesetzeswortlaut („einzustellen") ist für den Fall der Auflösung des RAP nicht zutreffend. Soweit eine Verrechnung mangels vorhandener Gewinnrücklagen nicht möglich ist, ist auch eine Verrechnung mit anderen frei verfügbaren Rücklagen möglich. Für eine derartige Möglichkeit zur Verrechnung mit weiteren frei verfügbaren Mitteln spricht, dass nach dem Sinn und Zweck der Übergangsregelung das Kriterium der Erfolgsneutralität im Vordergrund steht und der Gesetzgeber mit der Formulierung des Art. 67 Abs. 3 EGHGB keine Einengung der Verrechnungsmöglichkeiten regeln wollte. Für eine derartige Verrechnung kommt eine Verrechnung zu Lasten der Kapitalrücklage nach § 272 Abs. 2 Nr. 4 HGB oder auch eines ggf. vorhandener Gewinnvortrages in Frage, bei Gesellschaften in der Rechtsform der GmbH auch zu Lasten der Kapitalrücklagen nach § 272 Abs. 2 Nr. 1 bis 3 HGB. Soweit allerdings keine Möglichkeit zur Verrechnung mit frei verfügbaren Mitteln möglich ist, kommt nur eine aufwandswirksame Ausbuchung zu Lasten des Jahresergebnisses in Betracht. 38

Für den Fall der Ausübung des Wahlrechts im Hinblick auf die Beibehaltung der Rechnungsabgrenzungsposten nach § 250 Abs. 1 Satz 2 HGB aF kommt eine **Steuerabgrenzung** nicht in Betracht, da wegen der bestehenden Ansatzpflicht in der Steuerbilanz kein Bewertungsunterschied zwischen Handels- und Steuerbilanz iSv. § 274 Abs. 1 Satz 1 HGB besteht. Wird hingegen eine Verrechnung mit Gewinnrücklagen nach Art. 67 Abs. 3 Satz 2 EGHGB vorgenommen, führt dies zu einem temporären Bewertungsunterschied zwischen Steuer- und Handelsbilanz, der bei Inanspruchnahme des Aktivierungswahlrechtes als aktive latente Steuer nach § 274 Abs. 1 Satz 2 HGB abgegrenzt werden kann (vgl. Abschn. M Tz. 14 ff.). In diesem Fall ist der mit der Gewinnrücklage nach Art. 67 Abs. 3 Satz 2 EGHGB zu verrechnende Betrag um die aktive Steuerabgrenzung nach Art. 67 Abs. 6 Satz 2 EGHGB zu mindern[62]. 39

---

59 Vgl. Begr. Beschlussempfehlung und Bericht des Rechtsausschusses, BT-Drucks. 16/12407, S. 96.
60 Vgl. *Kirsch*, DStR 2008, S. 1204; IDW ERS HFA 28 Tz. 7.
61 Vgl. *Kirsch*, DStR 2008, S. 1204 f.
62 Vgl. *Kirsch*, DStR 2008, S. 1203 f.

Aufhebung der Vorschriften für Ingangsetzungs- und Erweiterungsaufwendungen (§§ 269, 282 HGB aF)

Inhaltsverzeichnis   Tz.
I.   Ziel der Regelung und Anwendungsbereich .... 40 – 41
II. Latente Steuern, Ausschüttungssperre und weitere Folgewirkungen
     der Wahlrechtsaufhebung .... 42 – 44
III. Erstanwendungszeitpunkt und Übergangsvorschriften .... 45 – 49

I. Ziel der Regelung und Anwendungsbereich

40 Nach dem RegE BilMoG wird das bisher geltende Aktivierungswahlrecht zum Ansatz einer **Bilanzierungshilfe** für Aufwendungen für die Ingangsetzung und Erweiterung des Geschäftsbetriebs nach § 269 HGB aF **aufgehoben**[63]. Gleichzeitig werden auch die mit diesem Posten zusammenhängenden Vorschriften in §§ 282 (Abschreibung der Bilanzierungshilfe), 268 Abs. 2 Satz 1 (Entwicklung des Anlagevermögens), 275 Abs. 2 Nr. 7 lit. a (Abschreibungen) und 274a Nr. 5 HGB aF (Erläuterungen im Anhang) aufgehoben.

41 Das damit zukünftig für alle Kaufleute geltende **Ansatzverbot** einer Bilanzierungshilfe für Aufwendungen für die Ingangsetzung und Erweiterung des Geschäftsbetriebs folgt der Absicht, den Spielraum für bilanzpolitische Gestaltungen einzuschränken. Damit soll die Vergleichbarkeit des handelsrechtlichen Jahresabschlusses verbessert werden[64].

II. Latente Steuern, Ausschüttungssperre und weitere Folgewirkungen der Wahlrechtsaufhebung

42 Soweit im Zusammenhang mit gebildeten Aktivposten für Aufwendungen aus der Ingangsetzung und Erweiterung des Geschäftsbetriebs eine **Rückstellung für latente Steuern** nach § 274 Abs. 1 HGB aF angesetzt war, sind die hierfür gebildeten Beträge zeitgleich mit der Auflösung der Bilanzierungshilfe bzw. bei Ausübung des Wahlrechtes zur Fortführung (vgl. Tz. 49) abschreibungskonform ertragswirksam aufzulösen[65].

43 Die bislang nach § 269 Satz 2 HGB aF bestehende **Ausschüttungssperre**, wonach die Ausschüttung von Gewinnen nur erfolgen durfte, soweit nach der Ausschüttung jederzeit auflösbare Gewinnrücklagen – zuzüglich eines Gewinn- und abzüglich eines Verlustvortrages – in einer Höhe verblieben, die mindestens dem noch aktivierten Betrag aus der Bilanzierungshilfe entsprachen, wird mit der Aufhebung des § 269 HGB aF grds. entfallen. Dies gilt allerdings nur insofern, als im Erstanwendungszeitpunkt eine vollständige Auflösung der Bilanzierungshilfe vorgenommen wird. Soweit hingegen das Wahlrecht zur Fortführung der Bilanzierungshilfe nach Art. 67 Abs. 5 Satz 1 EGHGB in Anspruch genommen wird (vgl. Tz. 49), ist die Ausschüttungssperre bis zur vollständigen Abschreibung der Bilanzierungshilfe in der bisherigen Form fortzuführen[66]. Dies gilt – schon wegen des Gläubigerschutzgedankens – auch ohne ausdrück-

---

63 Vgl. Begr. RegE, BT-Drucks. 16/10067, S. 43 und S. 64 f.
64 Vgl. Begr. RegE, BT-Drucks. 16/10067, S. 43 und S. 64 f.; nach der Begründung zum RefE BilMoG sollte eine den IFRS gleichwertige handelsrechtliche Rechnungslegung geschaffen werden.
65 Vgl. *ADS*[6], § 274 HGB Tz. 12, 38; *Winkeljohann/Lawall*, in Beck Bil-Komm.[6], § 269 Anm. 11, 14 mwN.
66 Vgl. IDW ERS HFA 28 Tz. 18.

liche Nennung dieser Ausschüttungssperre in dem neu gefassten § 268 Abs. 8 HGB oder in Art. 67 Abs. 5 Satz 1 EGHGB. Die Fortführung des Postens hat unter Beachtung sämtlicher bisher einschlägigen handelsrechtlichen Vorschriften[67] zu erfolgen, soweit nicht ausdrücklich etwas anderes bestimmt ist[68].

Wird im Erstanwendungszeitpunkt die Fortführung der Bilanzierungshilfe gewählt, ist zu beachten, dass ein Verstoß gegen die faktisch weiterhin geltende Ausschüttungssperre nach § 269 Satz 2 HGB aF zur **Nichtigkeit** eines gefassten **Gewinnausschüttungsbeschlusses** führt (§ 134 BGB; § 241 Nr. 3 AktG)[69]. **44**

III. Erstanwendungszeitpunkt und Übergangsvorschriften

Die nach dem BilMoG vorgesehene Aufhebung des Aktivierungswahlrechtes für Aufwendungen aus der Ingangsetzung und Erweiterung des Geschäftsbetriebs nach § 269 HGB aF führt dazu, dass eine Bilanzierungshilfe **letztmals** in einem Jahresabschluss für **vor dem 1. Januar 2010 beginnende Geschäftsjahre** gebildet werden kann (Art. 66 Abs. 5 Satz 1 EGHGB). In dem danach beginnenden Geschäftsjahr besteht nach Art. 67 Abs. 5 Satz 1 EGHGB das Wahlrecht, den bis zum Abschlussstichtag fortgeführten Restbuchwert bestehender Bilanzierungshilfen entweder vollständig aufwandswirksam auszubuchen oder in den Folgejahren fortzuführen[70]. **45**

Da gleichzeitig mit der Aufhebung des § 269 HGB aF nach Art 66 Abs. 5 Satz 1 EGHGB auch die Aufhebung des § 282 HGB aF einhergeht, erscheint es für den Fall, dass kein Gebrauch von dem Fortführungswahlrecht gemacht wird, fraglich, wie die **Ausbuchung** des zum Abschlussstichtag bestehenden Aktivpostens bilanziell abgebildet werden soll. Hierfür kommen eine vollständige Abschreibung des noch bestehenden Aktivpostens oder aber die sofortige Erfassung als Abgang in Frage. **46**

Beide Alternativen unterscheiden sich in ihrer buchungstechnischen Behandlung und in der Darstellung im Anlagespiegel (§ 268 Abs. 2 Satz 2 HGB). Dabei würden in Alternative 1 (**vollständige Abschreibung**) in der GuV (bei Anwendung des GKV) die vorzunehmenden Abschreibungen gemeinsam mit den Abschreibungen auf immaterielle VG des AV und Sachanlagen unter dem Posten Nr. 7a (§ 275 Abs. 2 HGB) ausgewiesen. Hierbei ist allerdings zu beachten, dass nach Art. 67 Abs. 7 EGHGB ein verpflichtender Ausweis dieser Aufwendungen unter den außerordentlichen Aufwendungen zu erfolgen hat. Die Abbildung im Anlagespiegel folgt hingegen der buchungstechnischen Abbildung als Vollabschreibung und nachfolgendem Ausweis des Abgangs (der Anschaffungskosten und der kumulierten Abschreibungen)[71]. **47**

Die Alternative 2 (**Abgang**) würde dazu führen, dass der noch nicht abgeschriebene Aktivposten (aktivierte Aufwendungen nach § 269 HGB aF abzüglich kumulierter Abschreibungen im Anlagespiegel nach § 268 Abs. 2 HGB aF) – analog zur Abgangsbuchung bei immateriellen Vermögensgegenständen des Anlagevermögens oder Sachanlagen – als Aufwand aus dem Abgang von Anlagevermögen unter den sonstigen **48**

---

67 Vgl. Begr. Beschlussempfehlung und Bericht des Rechtsausschusses, BT-Drucks. 16/12407, S. 96.
68 Vgl. *ADS*⁶, § 269 HGB Tz. 21 ff.; *Winkeljohann/Lawall*, in Beck Bil-Komm.⁶, § 269 Anm. 13 ff.; gilt analog für KapCoGes iSv. §264a HGB hinsichtlich eines gesonderten Posten „Eigenkapital" gem. § 264c Abs. 4 Satz 3 HGB aF.
69 Vgl. *ADS*⁶, § 269 HGB Tz. 24; *Winkeljohann/Lawall*, in Beck Bil-Komm.⁶, § 269 Anm. 17; IDW ERS HFA 28 Tz. 7, 18.
70 Vgl. Begr. RegE, BT-Drucks. 16/10067, S. 64 f.; Begr. Beschlussempfehlung und Bericht des Rechtsausschusses, BT-Drucks. 16/12407, S. 96; IDW ERS HFA 28 Tz. 10.
71 Bildung von Abgängen bei Vollabschreibung der Bilanzierungshilfe vgl. *ADS*⁶, § 268 HGB Tz. 71; *Hoyos/Huber*, in Beck Bil-Komm.⁶, § 268 Anm. 21.

F Ingangsetzungsaufwendungen §§ 269, 282 HGB aF

betrieblichen Aufwendungen (§ 275 Abs. 2 Nr. 8 HGB) erfasst würde. Es erscheint sachgerecht, die Auflösung des Postens als Abgang zu zeigen, da der Ausweis von Abschreibungen (bis zur Vollabschreibung des Postens[72]) entgegen Art. 66 Abs. 5 Satz 1 EGHGB eine Anwendbarkeit des § 282 HGB aF unterstellen würde. Auch bei Alternative 2 ist zu beachten, dass nach Art. 67 Abs. 7 EGHGB ein verpflichtender Ausweis der Aufwendungen unter den außerordentlichen Aufwendungen zu erfolgen hat.

49 Wenn hingegen das Wahlrecht zur **Fortführung der Bilanzierungshilfe** ausgeübt wird, sind nach Art. 67 Abs. 5 Satz 1 EGHGB in jedem folgenden Geschäftsjahr Abschreibungen in Höhe von mindestens einem Viertel vorzunehmen. In diesem Fall ist die bisherige Pauschalabschreibung in analoger Anwendung von § 282 HGB aF[73] auf der Grundlage der ursprünglich aktivierten Beträge im bisherigen Maximalzeitraum von vier Jahren fortzuführen, da nach Art 67 Abs. 5 Satz 1 Halbsatz 2 EGHGB ausdrücklich auf die Fortführung der der bislang geltenden Vorschriften abgestellt wird[74]. Dies gilt auch im Hinblick auf die übrigen, bislang im Zusammenhang mit der Aktivierung der Bilanzierungshilfe geltenden Vorschriften. Insoweit sind auch die Darstellung der Entwicklung des Anlagevermögens (§ 268 Abs. 2 Satz 1 HGB aF)[75] und die Erläuterungen des Postens im Anhang (§ 269 Satz 1 HGB aF, soweit nicht bislang eine Befreiung nach 274a Nr. 5 HGB aF[76] bestand) weiter anzuwenden.

---

[72] Analoge Abgangsbildung bei Aufgabe des der Bilanzierungshilfe zugehörigen Geschäftsbetriebs vgl. ADS⁶, § 268 HGB Tz. 71.
[73] Vgl. ADS⁶, § 282 HGB Tz. 4 ff. mwN,; *Winkeljohann/Lawall*, in Beck Bil-Komm.⁶, § 282 Anm. 3 f.
[74] Vgl. IDW ERS HFA 28 Tz. 18.
[75] Vgl. ADS⁶, § 268 HGB Tz. 69 ff.; *Hoyos/Huber*, in Beck Bil-Komm.⁶, § 268 Anm. 21.
[76] Vgl. IDW ERS HFA 28 Tz. 18; ADS⁶, § 269 Tz. 20, 274a HGB Tz. 11; *Winkeljohann/Lawall*, in Beck Bil-Komm.⁶, § 269 Anm. 12, 274a Anm. 6; gilt nach § 5 Abs. 1 S. 2 PublG auch für Unternehmen, die dem PublG unterworfen, soweit diese von der Aufstellung eines Anhangs nicht befreit sind.

G. Ansatz- und Bewertungsstetigkeit
(§§ 246 Abs. 3, 252 Abs. 1 Nr. 6 HGB)

§ 246 HGB
Vollständigkeit. Verrechnungsverbot

(1) ¹Der Jahresabschluß hat sämtliche Vermögensgegenstände, Schulden, Rechnungsabgrenzungsposten **sowie** Aufwendungen und Erträge zu enthalten, soweit gesetzlich nichts anderes bestimmt ist. ²Vermögensgegenstände sind in der Bilanz des **Eigentümers** aufzunehmen; **ist ein Vermögensgegenstand nicht dem Eigentümer, sondern einem anderen wirtschaftlich zuzurechnen, hat dieser ihn in seiner Bilanz auszuweisen.** ³Schulden sind in die Bilanz des Schuldners aufzunehmen. ⁴Der Unterschiedsbetrag, um den die für die Übernahme eines Unternehmens bewirkte Gegenleistung den Wert der einzelnen Vermögensgegenstände des Unternehmens abzüglich der Schulden im Zeitpunkt der Übernahme übersteigt (entgeltlich erworbener Geschäfts- oder Firmenwert), gilt als zeitlich begrenzt nutzbarer Vermögensgegenstand.

(2) ¹Posten der Aktivseite dürfen nicht mit Posten der Passivseite, Aufwendungen nicht mit Erträgen, Grundstücksrechte nicht mit Grundstückslasten verrechnet werden. ²Vermögensgegenstände, die dem Zugriff aller übrigen Gläubiger entzogen sind und ausschließlich der Erfüllung von Schulden aus Altersversorgungsverpflichtungen oder vergleichbaren langfristig fälligen Verpflichtungen dienen, sind mit diesen Schulden zu verrechnen; entsprechend ist mit den zugehörigen Aufwendungen und Erträgen aus der Abzinsung und aus dem zu verrechnenden Vermögen zu verfahren. ³Übersteigt der beizulegende Zeitwert der Vermögensgegenstände den Betrag der Schulden, ist der übersteigende Betrag unter einem gesonderten Posten zu aktivieren.

(3) ¹Die auf den vorhergehenden Jahresabschluss angewandten Ansatzmethoden sind beizubehalten. ²§ 252 Abs. 2 ist entsprechend anzuwenden.

Inhaltsverzeichnis Tz.
I. Grundlagen .... 1 – 5
II. Ansatzstetigkeit .... 6 – 12

I. Grundlagen

Der Stetigkeitsgrundsatz ist in den § 246 Abs. 3 HGB und § 252 Abs. 1 Nr. 6 HGB kodifiziert und verlangt die Beibehaltung der auf den vorherigen Jahresabschluss angewandten Ansatz- und Bewertungsmethoden. Das Stetigkeitsgebot umfasst neben der **zeitlich** stetigen Anwendung von Ansatz- und Bewertungsmethoden auf Geschäftsvorfälle in verschiedenen Geschäftsjahren auch die **sachlich** stetige Anwendung auf gleichartige Geschäftsvorfälle[1]. 1

Aus der Neufassung durch das BilMoG ergeben sich im Wesentlichen zwei Änderungen gegenüber der bisherigen Regelung. Zum einen wird der Anwendungsbereich des Stetigkeitsgrundsatzes ausgeweitet und umfasst künftig neben der Bewertungsstetigkeit (§ 252 Abs. 1 Nr. 6 HGB) die **Ansatzstetigkeit** (§ 246 Abs. 3 HGB). Zum an- 2

---
1 Vgl. St HFA 3/1997, Abschn. 3; *WPH*[13], Bd. I, E Tz. 235; *ADS*[6], § 252 HGB Tz. 107.

G Ansatzstetigkeit § 246 Abs. 3 HGB

deren wird die Formulierung der Vorschrift über die **Bewertungsstetigkeit** an die der übrigen allgemeinen Bewertungsgrundsätze des § 252 Abs. 1 HGB angepasst und die Soll-Vorschrift in eine Muss-Vorschrift umgewandelt.

3 Als allgemeine Ansatz- bzw. Bewertungsvorschrift ist das Stetigkeitsgebot von **allen Kaufleuten** anzuwenden, die nach § 242 HGB zur Aufstellung eines handelsrechtlichen Jahresabschlusses verpflichtet sind, sowie von Einzelkaufleuten iSd. § 241a HGB, die freiwillig einen handelsrechtlichen Jahresabschluss aufstellen.

4 Die vorgenommenen Änderungen stehen im Einklang mit Art. 31 Abs. 1 lit. b der **4. EU-Richtlinie**. Obwohl die deutsche Fassung der Richtlinie in Bezug auf Bewertungsmethoden von „soll Stetigkeit bestehen" spricht, enthält die englische Fassung ein „*must be applied*". Die Ausweitung des Stetigkeitsgrundsatzes auf Ansatzmethoden nach § 246 Abs. 3 Satz 1 HGB geht jedoch über die Regelung der Richtlinie hinaus. Die Neufassung des Stetigkeitsgrundsatzes dient in erster Linie der Stärkung der Informationsfunktion des handelsrechtlichen Jahresabschlusses durch eine verbesserte Vergleichbarkeit von Abschlüssen. Sie führt des Weiteren zu einer Annäherung an die entsprechende Regelung der IFRS. Nach IAS 8.13 sind einmal gewählte Rechnungslegungsmethoden grds. beizubehalten.

5 Kapitalgesellschaften und Personenhandelsgesellschaften iSd. § 264a HGB haben Änderungen von Bilanzierungs- und Bewertungsmethoden nach § 284 Abs. 2 Nr. 3 HGB in ihrem **Anhang** zu begründen und mit einer Darstellung der Auswirkungen auf die Vermögens-, Finanz- und Ertragslage zu erläutern (vgl. allerdings für die erstmalige Anwendung der durch das BilMoG geänderten Bilanzierungsmethoden Tz. 23)[2].

II. Ansatzstetigkeit

6 Der Stetigkeitsgrundsatz erfasst aufgrund der Einführung des § 246 Abs. 3 Satz 1 HGB erstmals auch Ansatzmethoden[3]. Der Begriff der **Ansatzmethode** wurde durch das BilMoG neu ins HGB eingeführt[4]. Eine Definition des Begriffs ist im Gesetz nicht enthalten. In Anlehnung an die gefestigte handelsrechtliche Auslegung des Begriffs Bewertungsmethode (vgl. hierzu Tz. 15) erscheint es sachgerecht, unter einer Ansatzmethode jedes planmäßige Vorgehen zu verstehen, um einen Posten in der Bilanz anzusetzen[5]. Entsprechend umfasst die Ansatzstetigkeit neben der Ausübung expliziter Ansatzwahlrechte die Ausübung von Ermessensspielräumen beim Ansatz von Vermögensgegenständen, Schulden und Rechnungsabgrenzungsposten, sofern diese nach einem bestimmten Verfahren bzw. einer bestimmten Systematik ausgeübt werden.

7 Als ausdrückliche **Ansatzwahlrechte** verbleiben nach Einführung des BilMoG:
   a. die Aktivierung eines Disagios nach § 250 Abs. 3 HGB,
   b. die Passivierung von unmittelbaren und mittelbaren Pensionsverpflichtungen nach Art. 28 Abs. 1 EGHGB (vgl. Abschn. F Tz. 5 und Abschn. I Tz. 67),
   c. die Aktivierung selbst geschaffener immaterieller Vermögensgegenstände des Anlagevermögens (§ 248 Abs. 2 HGB; vgl. Abschn. E Tz. 38 ff.) sowie

---

2 Vgl. St HFA 3/1997, Abschn. 6.
3 Vgl. zur bisherigen Rechtslage *ADS*[6], § 252 HGB Tz. 110 f.
4 In DRS 13.6 werden Ansatzmethoden als ein Bestandteil der Bilanzierungsgrundsätze aufgeführt.
5 Inhaltlich entspricht der Begriff der Ansatzmethode somit weitgehend der herrschenden Abgrenzung einer Bilanzierungsmethode. Vgl. zur Abgrenzung einer Bilanzierungsmethode *ADS*[6], § 284 HGB Tz. 55; *Ellrott*, in Beck Bil-Komm.[6], § 284 Anm. 86 ff.

§ 246 Abs. 3 HGB   Ansatzstetigkeit   G

d. für mittelgroße und große Kapitalgesellschaften und Personenhandelsgesellschaften iSd. § 264a HGB die Aktivierung latenter Steuern nach § 274 Abs. 1 Satz 2 HGB (vgl. Abschn. M Tz. 14 ff.).

Durchbrechungen der Ansatzstetigkeit sind nach § 246 Abs. 3 Satz 2 HGB nur unter den Voraussetzungen des § 252 Abs. 2 HGB möglich. Demnach müssen sachliche Gründe ein Abweichen von bisher angewandten Ansatzmethoden rechtfertigen (vgl. hierzu Tz. 14). 8

Fraglich könnte sein, inwiefern die Ansatzstetigkeit nach § 246 Abs. 3 Satz 1 HGB Unternehmen an ihre **Bilanzierungsweise vor Einführung des BilMoG** bindet. Wortlaut sowie Sinn und Zweck der Vorschrift sprechen für die Fortführung der bisherigen Wahlrechtsausübung, sofern diese systematisch, dh. einheitlich nach einer bestimmten Methode, stattgefunden hat. Unternehmen, die bspw.. in der Vergangenheit Unterschiedsbeträge zwischen Ausgabe- und höheren Rückzahlungsbeträgen von Verbindlichkeiten unmittelbar als Aufwand erfasst haben, sind durch das Stetigkeitsgebot grds. weiterhin an diese Vorgehensweise gebunden. Ein Abweichen von der angewandten Ansatzmethode ist lediglich unter den Voraussetzungen des § 246 Abs. 3 Satz 2 iVm. § 252 Abs. 2 HGB gestattet. Demnach ist bspw. ein Wechsel von der Nichtaktivierung eines Disagios bzw. Nichtpassivierung einer Pensionsverpflichtung zu einer Aktivierung bzw. Passivierung mit Hinweis auf die verbesserte Darstellung der Vermögenslage - im Gegensatz zu einem Wechsel in die andere Richtung - zulässig[6]. 9

Die im Referentenentwurf des BilMoG vorgesehene Streichung des Passivierungswahlrechts für **mittelbare Pensionsverpflichtungen** nach Art. 28 Abs. 1 Satz 2 EGHGB wurde aus Gründen der Rechtssicherheit nicht in das endgültige Gesetz übernommen[7]. Die praktischen Auswirkungen der Ansatzstetigkeit auf die Bilanzierung mittelbarer und unmittelbarer Pensionsverpflichtungen nach Art. 28 Abs. 1 EGHGB dürften gering sein. Bereits nach alter Rechtslage stand § 249 Abs. 3 Satz 2 HGB der Auflösung einer einmal gebildeten Rückstellung entgegen, sodass nach erfolgter Passivierung einer Pensionsverpflichtung nach Art. 28 Abs. 1 EGHGB die spätere Auflösung ohne entsprechenden Wegfall der Verpflichtung nicht zulässig ist[8]. 10

Dem Steuerabgrenzungskonzept nach § 274 HGB liegt eine Gesamtdifferenzenbetrachtung zugrunde (vgl. hierzu Abschn. M Tz. 12). Entsprechend bezieht sich das dem Stetigkeitsgrundsatz unterliegende Aktivierungswahlrecht des § 274 Abs. 1 Satz 2 HGB für **aktive latente Steuern** auf den Saldo (Abgrenzungsspitze) der voraussichtlichen künftigen Steuerbe- und -entlastungen und nicht auf einzelne, aktive latente Steuern auslösende Sachverhalte. 11

Neben den im Gesetz aufgeführten expliziten Ansatzwahlrechten ergeben sich für die Unternehmen bei der Auslegung von Vorschriften **Ermessensspielräume** beim Ansatz von Vermögensgegenständen, Schulden und Rechnungsabgrenzungsposten. Zu denken ist in diesem Zusammenhang bspw. an die für die Ermittlung der aktivierungspflichtigen Entwicklungskosten erforderliche Abgrenzung von Forschung und Entwicklung bzw. die hierbei erforderliche hohe Wahrscheinlichkeit des Entstehens eines Vermögensgegenstands oder an die Schätzung der Wahrscheinlichkeit der künftigen Inanspruchnahme bei der Passivierung von Verbindlichkeitsrückstellungen. Die Ausübung dieses Ermessens beim Ansatz unterliegt ebenfalls der Ansatzstetigkeit nach § 246 Abs. 3 HGB, sofern die inhaltliche Auslegung dieser Ermessensspielräume bzw. 12

---

6   Vgl. St HFA 3/1997, Abschn. 3.
7   Vgl. Begr. RegE, BT-Drucks. 16/10067, S. 38 f.
8   Vgl. *ADS*[6], § 249 HGB Tz. 252; *Ellrott/Rhiel,* in Beck Bil-Komm.[6], § 249 Anm. 262.

G Ansatzstetigkeit § 246 Abs. 3 HGB

Schätzungen einem in seinem Ablauf bestimmten Verfahren folgt[9]. Gleichartige Sachverhalte sind einheitlich im Jahresabschluss zu berücksichtigen. Bestimmt ein Unternehmen bspw. die Erfüllung des Kriteriums der hohen Wahrscheinlichkeit des Entstehens eines Vermögensgegenstands im Rahmen eines Entwicklungsprojekts anhand konkreter (produkt- oder unternehmensindividuell) festgelegter Indizien (zB dem Bestehen klinischer Tests bei neuen Medikamenten), ist diese Abgrenzung grds. auch bei gleichartigen Entwicklungsprojekten anzuwenden (vgl. hierzu auch Abschn. E Tz. 41).

---

9 Vgl. entsprechend für den Ansatz selbst geschaffener immaterieller Vermögenswerte IDW ERS HFA 29.

§ 252 HGB
Allgemeine Bewertungsgrundsätze

(1) Bei der Bewertung der im Jahresabschluß ausgewiesenen Vermögensgegenstände und Schulden gilt insbesondere folgendes:

1. Die Wertansätze in der Eröffnungsbilanz des Geschäftsjahrs müssen mit denen der Schlußbilanz des vorhergehenden Geschäftsjahrs übereinstimmen.
2. Bei der Bewertung ist von der Fortführung der Unternehmenstätigkeit auszugehen, sofern dem nicht tatsächliche oder rechtliche Gegebenheiten entgegenstehen.
3. Die Vermögensgegenstände und Schulden sind zum Abschlußstichtag einzeln zu bewerten.
4. Es ist vorsichtig zu bewerten, namentlich sind alle vorhersehbaren Risiken und Verluste, die bis zum Abschlußstichtag entstanden sind, zu berücksichtigen, selbst wenn diese erst zwischen dem Abschlußstichtag und dem Tag der Aufstellung des Jahresabschlusses bekanntgeworden sind; Gewinne sind nur zu berücksichtigen, wenn sie am Abschlußstichtag realisiert sind.
5. Aufwendungen und Erträge des Geschäftsjahrs sind unabhängig von den Zeitpunkten der entsprechenden Zahlungen im Jahresabschluß zu berücksichtigen.
6. Die auf den vorhergehenden Jahresabschluss angewandten Bewertungsmethoden **sind beizubehalten.**

(2) Von den Grundsätzen des Absatzes 1 darf nur in begründeten Ausnahmefällen abgewichen werden.

Inhaltsverzeichnis Tz.

I. Bewertungsstetigkeit
    1. Umformulierung als Muss-Vorschrift .... 13 – 14
    2. Bewertungsmethoden .... 15 – 21
II. Erstanwendungszeitpunkt und Übergangsvorschriften .... 22 – 24

I. Bewertungsstetigkeit

1. Umformulierung als Muss-Vorschrift

Die Neufassung des Grundsatzes der Bewertungsstetigkeit als **Muss-Vorschrift** führt zu keinen materiellen Änderungen gegenüber der alten Rechtslage und dient allein der Klarstellung[10]. § 252 Abs. 1 Nr. 6 HGB wurde bereits in seiner bisherigen Form in der handelsrechtlichen Literatur nach hM als Gebot interpretiert, von dem gem. § 252 Abs. 2 HGB lediglich in begründeten Ausnahmefällen abgewichen werden durfte[11].   **13**

Durchbrechungen des Stetigkeitsgebots sind demnach nur zulässig, wenn sachliche Gründe wie eine Änderung der rechtlichen Gegebenheiten oder die Anpassung an konzerneinheitliche Bilanzierungsrichtlinien beim erstmaligen Einbezug in den entsprechenden Konzernabschluss vorliegen oder die Abweichung unter Beachtung der GoB zu einer verbesserten Darstellung der Vermögens-, Finanz- und Ertragslage führt[12].   **14**

---

10 Vgl. Begr. RegE, BT-Drucks. 16/10067, S. 52.
11 Vgl. zur bisherigen Rechtslage *ADS*⁶, § 252 HGB Tz. 109 mwN; *Selchert*, in HdR⁵, § 252 HGB Rn. 160 f.
12 Vgl. St HFA 3/1997, Abschn. 3; zum handelsrechtlichen Konzernabschluss DRS 13.8.

G Bewertungsstetigkeit § 252 Abs. 1 Nr. 6 HGB

Andererseits kann sich ein Unternehmen nicht mit Hinweis auf den Gebotscharakter des § 252 Abs. 1 Nr. 6 HGB einer, bspw. aufgrund geänderter Vorschriften, zwingenden Abweichung von bisherigen Ansatz- und Bewertungsmethoden entziehen (vgl. zu den besonderen Übergangsvorschriften im Zeitpunkt der erstmaligen Anwendung der durch das BilMoG geänderten Ansatz- und Bewertungsvorschriften Tz. 22 ff.).

2. Bewertungsmethoden

15 Der **Begriff** der Bewertungsmethode beschreibt nach herrschender Auffassung jedes in seinem Ablauf bestimmte Verfahren der Wertermittlung. Somit erstreckt sich der Stetigkeitsgrundsatz im Bereich der Bewertung sowohl auf die Ausübung expliziter gesetzlicher Bewertungswahlrechte als auch auf die Auswahl von Bewertungsverfahren und die Ausübung von Ermessensentscheidungen bzw. Schätzungen, sofern diese nach einem bestimmten Verfahren vorgenommen werden[13]. Aus der Neuformulierung des § 252 Abs. 1 Nr. 6 HGB ergibt sich bei isolierter Betrachtung keine Abweichung gegenüber der alten Rechtslage. Jedoch verändert sich mit Einführung des BilMoG der Anwendungsbereich der Bewertungsstetigkeit, da insb. gesetzliche Wahlrechte abgeschafft sowie neue Verfahrenswahlrechte und Schätzungsspielräume geschaffen werden.

16 Zur Verbesserung der Informationsfunktion des handelsrechtlichen Jahres- bzw. Konzernabschlusses werden im Zuge des BilMoG eine Vielzahl gesetzlicher Wahlrechte abgeschafft. Als **explizite Bewertungswahlrechte**, die grds. dem Stetigkeitsgebot unterliegen, verbleiben insb.:

a. die Vornahme außerplanmäßiger Abschreibungen auf Finanzanlagen bei vorübergehender Wertminderung (§ 253 Abs. 3 Satz 4 HGB),
b. die Anwendung des LiFo- oder FiFo-Verfahrens zur Bewertung gleichartiger Vermögensgegenstände des Vorratsvermögens (§ 256 Satz 1 HGB),
c. die Bewertungsvereinfachungsverfahren (§ 240 Abs. 3 und 4 HGB iVm. § 256 Satz 2 HGB),
d. die Berücksichtigung angemessener Teile bestimmter Gemeinkosten bei der Ermittlung der Herstellungskosten (§ 255 Abs. 2 Satz 3 HGB),
e. die Übergangsvorschriften nach Art. 67 Abs. 4 EGHGB zur Fortführung niedrigerer Wertansätze von Vermögensgegenständen, die auf Abschreibungen nach vernünftiger kaufmännischer Beurteilung (§ 253 Abs. 3 Satz 3 und Abs. 4 HGB aF) oder auf steuerlichen Abschreibungen (§ 254 iVm. § 279 Abs. 2 HGB aF) beruhen[14].

17 Implizite **Verfahrenswahlrechte** ergeben sich, wenn das Gesetz kein konkretes Bewertungsverfahren zur Wertermittlung vorgibt. In diesen Fällen ist das gewählte Bewertungsverfahren stetig anzuwenden, sofern nicht die Voraussetzungen des § 252 Abs. 2 HGB vorliegen. Zu denken ist in diesem Zusammenhang bspw. an versicherungsmathematische Berechnungsverfahren (Teilwert- bzw. Anwartschaftsbarwertverfahren) zur Bewertung von Pensionsverpflichtungen (§ 253 Abs. 2 HGB),[15] an Abschreibungsmethoden zur Verteilung der Anschaffungs- bzw. Herstellungskosten über die voraussichtliche Nutzungsdauer von Vermögensgegenständen des Anlagevermö-

---

13 Vgl. IDW ERS HFA 29; St HFA 3/1997, Abschn. 2; *ADS*[6], § 252 HGB Tz. 105; *WPH*[13], Bd. I, E Tz. 234; *Naumann/Breker*, in HdJ, Abt I/7 Rn. 222; aA bzgl. Schätzungen wohl in Anlehnung an IFRS *Theile*, S. 40; hierzu auch *Fey*, in Ballwieser/Coenenberg/von Wysocki, HWRP[3], Sp. 26 ff.
14 Vgl. ausführlich zu den Übergangsvorschriften IDW ERS HFA 28 sowie Abschn. J Tz. 30 f.
15 Vgl. *WPH*[13], Bd. I, E Tz. 173.

gens (§ 253 Abs. 3 Satz 1 und 2 HGB) oder an Verfahren zur Ermittlung angemessener Zuschläge für Gemeinkosten bei der Herstellungskostenbestimmung (§ 255 Abs. 2 Satz 3 HGB).

Ebenfalls dem Stetigkeitsgebot unterliegen die angewandten, allgemein anerkannten Bewertungsverfahren (zB Analogieverfahren; DCF-Verfahren; Ertragswertverfahren) zur **Ermittlung des beizulegenden Zeitwerts**, soweit kein Marktpreis auf einem aktiven Markt vorliegt (§ 255 Abs. 4 Satz 2 HGB). Sofern ein Unternehmen ein bestimmtes Bewertungsverfahren methodisch zur Ermittlung des beizulegenden Zeitwerts eines Vermögensgegenstands anwendet, hat es dieses Verfahren – sofern die Bedingungen des § 252 Abs. 2 HGB nicht gegeben sind – stetig für diesen und für gleichartige Vermögensgegenstände anzuwenden. 18

Nicht dem Stetigkeitsgebot unterliegt hingegen der Wechsel des Ermittlungsverfahrens zur Bestimmung des beizulegenden Zeitwerts von einem anerkannten Bewertungsverfahren auf den Marktpreis auf einem aktiven Markt oder umgekehrt, sofern **erstmalig ein aktiver Markt** vorliegt oder wegfällt. In diesen Fällen schreibt § 255 Abs. 4 Satz 2 HGB den Wechsel der Ermittlungsmethodik des beizulegenden Zeitwerts vor. 19

Schätzspielräume bzw. **Ermessensentscheidungen** ergeben sich bei der Bestimmung einzelner Bewertungsfaktoren, wie der Nutzungsdauer von Vermögensgegenständen oder Annahmen im Rahmen eines versicherungsmathematischen Berechnungsverfahrens oder der Schätzung künftiger *Cash Flows* und des Zinssatzes zur Ermittlung des beizulegenden Zeitwerts (§ 255 Abs. 4 Satz 2 HGB) eines Vermögensgegenstands nach dem DCF-Verfahren. Eine Änderung dieser Faktoren aufgrund geänderter wirtschaftlicher Verhältnisse wird durch das Stetigkeitsgebot nicht begrenzt[16]. 20

Sofern einzelne Bewertungsfaktoren jedoch systematisch, dh. entweder nach einem **bestimmten Verfahren** oder auf Basis festgelegter normativer Vorgaben ermittelt werden, handelt es sich um Bewertungsmethoden, die dem Stetigkeitsgebot unterliegen[17]. Hat ein Unternehmen zB in der Vergangenheit bei der Berechnung von Pensionsverpflichtungen die allgemeinen Richttafeln von „K. Heubeck" ohne Anpassungen verwendet, stellt die erstmalige Vornahme unternehmensindividueller Zu- oder Abschläge eine Änderung der Bewertungsmethode dar, die nach § 252 Abs. 2 HGB zulässig ist, wenn dadurch eine bessere Darstellung des Verpflichtungsumfangs erreicht wird. Ein weiteres Beispiel für die Änderung einer Bewertungsmethode iSd. § 252 Abs. 1 Nr. 6 HGB ist die Umstellung von unternehmensindividuellen Vergangenheitswerten auf branchenübliche Erfahrungssätze zur Schätzung der voraussichtlichen Inanspruchnahme aus Gewährleistungsverpflichtungen. 21

II. Erstanwendungszeitpunkt und Übergangsvorschriften

Nach Art. 66 Abs. 3 Satz 1 EGHGB sind der neu eingefügte § 246 Abs. 3 HGB sowie der geänderte § 252 Abs. 1 Nr. 6 HGB erstmals auf Jahres- und Konzernabschlüsse für das **nach dem 31. Dezember 2009** beginnende Geschäftsjahr anzuwenden[18]. Gleiches gilt grds. für die übrigen durch das BilMoG geänderten Ansatz- und Bewertungsvorschriften. 22

---

16 Vgl. St HFA 3/1997, Abschn. 2.
17 Vgl. zur Änderung der Nutzungsdauer eines Vermögensgegenstands St HFA 3/1997, Abschn. 2 sowie zur Bestimmung der Einzelwertberichtigung einer Forderung *Selchert*, in HdR[5], § 252 HGB Rn. 143.
18 Vgl. zur Möglichkeit einer frühzeitigen Anwendung der neuen Vorschriften Art. 66 Abs. 3 Satz 6 EGHGB und Abschn. W.

G Bewertungsstetigkeit   § 252 Abs. 1 Nr. 6 HGB

23 Sofern sich durch die Neufassung von Bewertungsvorschriften im Rahmen des BilMoG bisher angewandte **Bewertungsmethoden** ändern, ist § 252 Abs. 1 Nr. 6 HGB im Jahr der erstmaligen Aufstellung eines Jahres- oder Konzernabschlusses nach den geänderten Vorschriften nicht einschlägig (Art. 67 Abs. 8 Satz 1 EGHGB). Durch diese Übergangsvorschrift stellt der Gesetzgeber klar, dass die neuen Bewertungsvorschriften – mit Ausnahme der im Gesetz aufgeführten speziellen Übergangsvorschriften – von den Bilanzierenden unabhängig von der bisherigen Bilanzierungsweise anzuwenden sind.

24 Art. 67 Abs. 1 Satz 2 und 3, Abs. 3 Satz 1, Abs. 4 Satz 1 und Abs. 5 EGHGB gewähren den Unternehmen für bestimmte Bilanzposten Wahlrechte zur **Beibehaltung bzw. Fortführung** dieser Posten nach den vor Einführung des BilMoG geltenden Vorschriften. Mit Ausnahme der Rückstellungen nach § 249 Abs. 1 Satz 3 und Abs. 2 HGB aF sind die einzelnen Wahlrechte dabei aufgrund des Stetigkeitsgrundsatzes jeweils einheitlich für den gesamten betroffenen Bilanzposten auszuüben[19]. Für die zuvor genannten Rückstellungen gewährt Art. 67 Abs. 3 Satz 1 EGHGB hingegen die Möglichkeit einer sachverhaltsbezogenen Wahlrechtsausübung (vgl. ausführlich zu den Übergangsvorschriften Abschn. W sowie die entsprechenden Abschnitte zu den betroffenen Bilanzposten).

---

19 Vgl. IDW ERS HFA 28 Tz. 13.

H. Bewertungseinheiten
(§ 254 HGB)

§ 254 HGB
Bildung von Bewertungseinheiten

¹Werden Vermögensgegenstände, Schulden, schwebende Geschäfte oder mit hoher Wahrscheinlichkeit erwartete Transaktionen zum Ausgleich gegenläufiger Wertänderungen oder Zahlungsströme aus dem Eintritt vergleichbarer Risiken mit Finanzinstrumenten zusammengefasst (Bewertungseinheit), sind § 249 Abs. 1, § 252 Abs. 1 Nr. 3 und 4, § 253 Abs. 1 Satz 1 und § 256a in dem Umfang und für den Zeitraum nicht anzuwenden, in dem die gegenläufigen Wertänderungen oder Zahlungsströme sich ausgleichen. ²Als Finanzinstrumente im Sinn des Satzes 1 gelten auch Termingeschäfte über den Erwerb oder die Veräußerung von Waren.

Inhaltsverzeichnis Tz.

I. Grundlagen .... 1 – 2
II. Voraussetzung für die Bildung von Bewertungseinheiten
    1. Überblick .... 3 – 9
    2. Grundgeschäfte .... 10 – 21
    3. Sicherungsinstrumente .... 22 – 39
    4. Sicherungsabsicht (Durchhalteabsicht) .... 40 – 49
    5. Wirksamkeit der Sicherungsbeziehung
       a. Grundlagen 50
       b. (Wert- und Zahlungsstromänderungs-)Risiken .... 51 – 53
       c. Vergleichbarkeit der Risiken .... 54 – 74
       d. Gegenläufigkeit der Wert- oder Zahlungsstromänderungen 75
       e. Verlässliche Messbarkeit der Wert- oder Zahlungsstromänderungen .... 76 – 78
       f. Makro- und Portfolio Hedges .... 79 – 81
    6. Betragsidentität .... 82 – 83
    7. Fristenidentität .... 84 – 85
    8. Designation (Zusammenfassung von Grundgeschäft und Sicherungsinstrument) .... 86 – 93
III. Bilanzielle Abbildung von Bewertungseinheiten
    1. Grundlagen .... 94 – 100
    2. Ermittlung der Ineffektivität .... 101 – 102
    3. „Einfrierungsmethode" .... 103 – 120
    4. „Durchbuchungsmethode" .... 121 – 128
    5. Bilanzierungsbeispiele .... 129 – 130
    6. Antizipative Bewertungseinheiten .... 131 – 136
    7. Makro- und Portfolio Hedges .... 137 – 139
IV. Beendigung des Sicherungszusammenhangs .... 140 – 145
V. Latente Steuern 146
VI. Besondere Anhangangaben 147
VII. Erstanwendung und Übergangsvorschriften .... 148 – 149

H Bewertungseinheiten § 254 HGB

I. Grundlagen

1 § 254 HGB regelt für **Kaufleute aller Rechtsformen und Branchen** die handelsbilanzielle Abbildung von Bewertungseinheiten. Sichert das Unternehmen konkrete Risiken, die Vermögensgegenständen, Schulden, schwebenden Geschäften oder mit hoher Wahrscheinlichkeit erwarteten Transaktionen innewohnen, mit Hilfe von Finanzinstrumenten ab, und bildet es für diesen Zweck eine Bewertungseinheit (*Hedge*), sind die allgemeinen Bilanzierungs- -und Bewertungsgrundsätze nach § 254 Satz 1 HGB auf diese Sicherungsbeziehung nicht anzuwenden, soweit sie effektiv ist, dh. soweit sich die gegenläufigen Wertänderungen und Zahlungsströme betragsmäßig und zeitlich ausgleichen. Dazu sind entweder die Buchwerte der betroffenen Bilanzposten „einzufrieren", dh. sich ausgleichende Wertänderungen überhaupt nicht zu erfassen, oder sämtliche sich ausgleichenden positiven oder negativen Wertänderungen erfolgswirksam „durchzubuchen". Insoweit werden bei der handelsrechtlichen Behandlung von Bewertungseinheiten iSd. § 254 HGB insb. der Grundsatz der Einzelbewertung sowie das Anschaffungskosten-, das Realisations- und das Imparitätsprinzip außer Kraft gesetzt. Der ineffektive Teil der Sicherungsbeziehung sowie andere, nicht abgesicherte Risiken unterliegen weiterhin den allgemeinen Bilanzierungs- und Bewertungsvorschriften.

2 § 254 HGB basiert auf Art. 2 Abs. 5 Satz 3 der **4. EG-Richtlinie**, der Ausnahmeregelungen gestattet, wenn die Anwendung einer Vorschrift der 4. EG-Richtlinie, hier insb. die Anwendung des Einzelbewertungsgrundsatzes (Art. 31 Abs. 1 lit. e der 4. EG-Richtlinie), zu einem nicht den tatsächlichen Verhältnissen des Unternehmens entsprechenden Bild der Vermögens-, Finanz- und Ertragslage des Unternehmens führt. Bei der handelsrechtlich gebotenen wirtschaftlichen Betrachtungsweise erscheint es nicht sachgerecht, Ergebnisse zu erfassen, die wegen bestehender Sicherungsbeziehungen nicht zu einer Vermögensmehrung oder -minderung führen werden.

II. Voraussetzungen für die Bildung von Bewertungseinheiten

1. Überblick

3 Nach § 254 Satz 1 HGB unterliegt die Bildung einer Bewertungseinheit folgenden, **kumulativ** zu erfüllenden **Voraussetzungen**:

- Vermögensgegenstände, Schulden, schwebende Geschäfte oder mit hoher Wahrscheinlichkeit erwartete Transaktionen als Grundgeschäft (vgl. Tz. 10 ff.),
- Finanzinstrumente als Sicherungsinstrument (vgl. Tz. 22 ff.),
- Sicherungsabsicht (einschl. Durchhalteabsicht)[1] (vgl. Tz. 40 ff.),
- Wirksamkeit der Sicherungsbeziehung (einschl. Vergleichbarkeit der Risiken und Gegenläufigkeit der Wert- oder Zahlungsstromänderungen (vgl. Tz. 50 ff.)),
- Betragsidentität (vgl. Tz. 82 f.),
- Fristenidentität (vgl. Tz. 84 f.)),
- Designation (Zusammenfassung von Grundgeschäft und Sicherungsinstrument (vgl. Tz. 86 ff.).

4 Damit die in § 254 Satz 1 HGB genannten Folgen für die handelsrechtliche Rechnungslegung eintreten, müssen die Voraussetzungen kumulativ erfüllt sein. Sind sie nicht alle erfüllt, sind Grundgeschäfte und/oder Sicherungsinstrumente nach den allge-

---

1 Die Begr. RegE, BT-Drucks. 16/10067, S. 59, stellt klar, dass sich diese Voraussetzung aus dem Wortlaut des § 254 Satz 1 HGB ergibt; vgl. auch IDW ERS HFA 35.

meinen Grundsätzen einzeln zu bewerten. Nicht unbedingt erforderlich ist, dass die Voraussetzungen schon im **Zeitpunkt des Erwerbs** des Grundgeschäfts oder des Sicherungsinstruments erfüllt sind. Die Bildung einer handelsrechtlichen Bewertungseinheit ist vielmehr jederzeit prospektiv ab dem Zeitpunkt, ab dem die Voraussetzungen erstmals kumulativ erfüllt sind, zulässig[2]. Die Entscheidung hierüber trifft das bilanzierende Unternehmen spätestens bei der Aufstellung seines Abschlusses. So kann ein ursprünglich aus spekulativen Gründen erworbenes Derivat zu einem späteren Zeitpunkt, an dem die Voraussetzungen nach § 254 Satz 1 HGB vorliegen, in eine Bewertungseinheit einbezogen werden. Bis zu diesem Zeitpunkt sind das Sicherungsinstrument wie auch das Grundgeschäft einzeln zu bewerten.

Sind die **Voraussetzungen** in Folgejahren (teilweise) **nicht mehr erfüllt**, weil bspw. die Durchführung einer mit hoher Wahrscheinlichkeit erwarteten Transaktion unwahrscheinlich wird, ist eine bestehende Bewertungseinheit aufzulösen (vgl. Tz. 143 f.). 5

Keine Voraussetzung für die Bildung einer Bewertungseinheit ist eine bestimmte **Art der Sicherungsbeziehung**, dh. die Absicherung mittels Mikro-, Makro- oder Portfolio-*Hedges*. Die Regierungsbegründung stellt klar, dass keine dieser Arten von der handelsbilanziellen Bildung einer Bewertungseinheit grds. ausgeschlossen ist[3]. Die Art der Bewertungseinheit ist stattdessen nach §§ 285 Nr. 23 lit. a, 314 Abs. 1 Nr. 15 lit. a HGB im (Konzern-)Anhang darzustellen, soweit die Angabe nicht im (Konzern-)Lagebericht gemacht wird (vgl. Abschn. O Tz. 181). Da bislang nach hM Makro-*Hedges* und bestimmte Portfolio-*Hedges* von Industrie- und Handelsunternehmen, im Gegensatz zu Kreditinstituten, für handelsbilanzielle Zwecke nicht gebildet werden durften[4], stellt dies eine erhebliche Änderung der bisher zulässigen Bilanzierungspraxis dar, auch wenn dies nach der Regierungsbegründung vom Gesetzgeber nicht bezweckt ist[5]. 6

Der Gesetzeswortlaut enthält keine Definitionen für die verschiedenen Arten von Sicherungsbeziehungen. Nach der Regierungsbegründung liegt ein **Mikro-*Hedge*** vor, wenn das Risiko eines einzelnen Grundgeschäfts durch ein einzelnes Sicherungsinstrument abgesichert wird[6]. Ein **Portfolio-*Hedge*** liegt dann vor, wenn die Risiken gleichartiger Grundgeschäfte durch ein oder mehrere Sicherungsinstrumente abgedeckt werden (zur Gleichartigkeit vgl. Tz. 73) und ein **Makro-*Hedge*** dann, wenn die risikokompensierende Wirkung ganzer Gruppen von Grundgeschäften zusammengefasst abgesichert wird[7]. 7

Greift man auf die Literatur zur bisherigen Rechtslage zurück, um diese **Abgrenzung der Arten** zu konkretisieren, wird der fließende Übergang der einzelnen Arten von Sicherungsbeziehungen deutlich, weshalb Abgrenzungen nicht immer zweifelsfrei möglich erscheinen. So umfasst der Begriff des Mikro-*Hedges* im Schrifttum auch diejenigen Fälle, in denen mehrere gleichartige Grundgeschäfte oder Sicherungsinstrumente zur Herstellung identischer Beträge zusammengefasst werden (bspw. die Absicherung mehrerer US-Dollar-Forderungen mit einem oder mehreren Devisentermingeschäften)[8]. Von einem Portfolio-*Hedge* wird gesprochen, wenn die (Netto-)Risikoposition eines Portfolios genau definierter, hinsichtlich des Risikos gleichartiger, ggf. auch 8

---

2 Dies entspricht der Vorgehensweise nach IFRS; vgl. IAS 39.IG F.3.9.
3 Vgl. Begr. RegE, BT-Drucks. 16/10067, S. 58.
4 Vgl. *WPH*[13], Bd. I, E Tz. 54 mwN.
5 Vgl. Begr. RegE, BT-Drucks. 16/10067, S. 57. Vgl. hierzu auch *Fey* in Baetge/Kirsch (Hrsg.), BilMoG und 7. WPO-Novelle, S. 108.
6 Vgl. Begr. RegE, BT-Drucks. 16/10067, S. 58.
7 Vgl. Begr. RegE, BT-Drucks. 16/10067, S. 58.
8 Vgl. *WPH*[13], Bd. I, E Tz. 54.

gegenläufiger Grundgeschäfte durch ein oder mehrere Sicherungsinstrumente abgesichert wird[9], bspw. das Netto-Währungsrisiko bestimmter US-Dollar-Forderungen und US-Dollar-Verbindlichkeiten mit einem oder mehreren Devisentermingeschäften. Erfolgt die Absicherung einer solchen Nettorisikoposition durch ein einzelnes Sicherungsinstrument, wird dies auch als sog. erweiterter Mikro-*Hedge* bezeichnet[10]. Von einem Makro-*Hedge* wird schließlich gesprochen, wenn die Nettorisikoposition in Bezug auf ein spezifisches Risiko, bspw. das Zinsänderungsrisiko, für eine ganze Gruppe von Grundgeschäften – und nicht nur für einzelne, genau bestimmte Grundgeschäfte – abgesichert wird[11].

9 Da alle drei Arten von Bewertungseinheiten nach § 254 Satz 1 HGB zulässig sind, ist ihre Abgrenzung für handelsbilanzielle Zwecke im Wesentlichen für Zwecke der **Anhangangabe** zur Art der Bewertungseinheiten (§§ 285 Nr. 23 lit. a, 314 Abs. 1 Nr. 15 lit. a HGB) von Bedeutung (vgl. Abschn. O Tz. 181). Die vom bilanzierenden Unternehmen vorgenommene Abgrenzung sollte deshalb sachgerechter Weise im Anhang erläutert werden. Des Weiteren setzt die Absicherung einer Vielzahl, ggf. einer ganzen Gruppe von Grundgeschäften, ein angemessenes und wirksames **Risikomanagementsystem** voraus. Ob ein solches erforderlich ist oder nicht, hängt aber nicht von der Bezeichnung der Art der Sicherungsbeziehung, sondern von ihrer tatsächlichen Ausgestaltung ab (vgl. Tz. 79 ff.).

2. Grundgeschäfte

10 Nach § 254 Satz 1 HGB kommen als **absicherbare Grundgeschäfte**

- Vermögensgegenstände,
- Schulden,
- schwebende Geschäfte und
- mit hoher Wahrscheinlichkeit erwartete Transaktionen

in Betracht. Damit soll die bisherige Bilanzierungspraxis nicht geändert, sondern lediglich gesetzlich verankert werden[12].

11 Die Bildung von Bewertungseinheiten im Fall der **Absicherung geplanter Transaktionen** (sog. antizipatives *Hedging*) war allerdings nach bisherigem Handelsrecht umstritten[13], da darin neben einem Verstoß gegen das Vollständigkeitsgebot (§ 246 Abs. 1 Satz 1 HGB)[14] insb. ein Verstoß gegen das Realisations- und das Imparitätsprinzip (§ 252 Abs. 1 Nr. 4 HGB) gesehen wurde. Die Einbeziehung derartiger Transaktionen in die absicherbaren Grundgeschäfte ist deshalb als Änderung der gegenwärtigen Rechtslage zu werten[15].

---

9   Vgl. *AK „Externe Unternehmensrechnung"* der SG, DB 1997, S. 638; *Krumnow/Sprißler* ua. (Hrsg.), Rechnungslegung der Kreditinstitute², § 340e HGB Tz. 146; *WPH*[13], Bd. I, E Tz. 54.
10 Vgl. *WPH*[13], Bd. I, E Tz. 54.
11 Vgl. *AK „Externe Unternehmensrechnung"* der SG, DB 1997, S. 638; *Scharpf/Luz*, Risikomanagement, Bilanzierung und Aufsicht von Finanzderivaten², S. 310.
12 Vgl. Begr. RegE, BT-Drucks. 16/10067, S. 57.
13 Gegen die Bildung antizipativer Bewertungseinheiten nach bisherigem Handelsrecht vgl. zB *WPH*[13], Bd. I, E Tz. 54; *PwC* (Hrsg.), Derivative Finanzinstrumente in Industrieunternehmen⁴, Tz. 451; BFA 2/1995, Abschn. D; aA (unter restriktiven Voraussetzungen schon nach geltendem Recht zulässig) *Löw*, WPg 2004, S. 1109 ff.; *Pfitzer/Scharpf/Schaber*, WPg 2007, S. 721 ff. (mit dem Wunsch einer gesetzgeberischen Klarstellung).
14 Das Vollständigkeitsgebot nach § 246 Abs. 1 Satz 1 HGB beschränkt die Bilanzierung von Vermögensgegenständen und Schulden auf die am Abschlussstichtag vorhandenen Posten.
15 Vgl. auch *Fey* in Baetge/Kirsch (Hrsg.), BilMoG und 7. WPO-Novelle, S. 108.

Nach dem Gesetzeswortlaut des § 254 Satz 1 HGB sind nicht nur einzelne, sondern **mehrere** Vermögensgegenstände, Schulden, schwebende Geschäfte und hochwahrscheinlich erwartete Transaktionen als absicherbare **Grundgeschäfte** zulässig. Fraglich könnte sein, ob auch ein **(betraglicher oder zeitlicher) Teil** eines der genannten Geschäfte ein absicherbares Grundgeschäft sein kann, bspw. von einer endfälligen Darlehensforderung über € 10 Mio. mit einer Laufzeit von 5 Jahren ein Teilbetrag von € 8 Mio. über 4 Jahre, auch wenn dieser Teil nicht der bilanzierte Vermögensgegenstand ist. Da das Gesetz die bilanziellen Folgen auf den Umfang und den Zeitraum beschränkt, in dem sich Wert- oder Zahlungsstromänderungen ausgleichen, erscheint es sachgerecht, auch einen solchen Teil als Grundgeschäft zuzulassen[16]. Voraussetzung ist allerdings, dass die gesetzlichen Voraussetzungen auch für den Bruchteil erfüllt sind, bspw. dass es sich auch bei dem Bruchteil (abstrakt) um einen Vermögensgegenstand handelt[17] und dass die Wert- oder Zahlungsstromänderungen auch für diesen Bruchteil verlässlich messbar sind.

12

Typische Beispiele für absicherbare **Vermögensgegenstände** sind Finanzinstrumente (vgl. Tz. 23) wie Fremdwährungsforderungen aus Lieferungen und Leistungen, fest oder variabel verzinsliche Wertpapiere oder Darlehen sowie Auslandsbeteiligungen außerhalb des Euro-Währungsraums[18]. Es ist aber nicht erforderlich, dass es sich um Finanzinstrumente handelt. So können bspw. auch Sachanlagen Grundgeschäfte nach § 254 Satz 1 HGB sein, die mittels Put-Optionen gegen Wertänderungsrisiken abgesichert werden.

13

Der **originäre Geschäfts- oder Firmenwert** ist kein Vermögensgegenstand iSd. § 246 Abs. 1 Satz 1 HGB (vgl. Abschn. E Tz. 3) und kann deshalb kein Grundgeschäft sein. Aus diesem Grund kommt die Bildung einer Bewertungseinheit mit dem Ziel der Absicherung allgemeiner Geschäftsrisiken nicht in Betracht (vgl. auch Tz. 53).

14

Der Begriff der **Schulden** iSd. § 246 Abs. 1 Satz 1 HGB umfasst sowohl Verbindlichkeiten wie auch Rückstellungen[19]. Neben Finanzinstrumenten wie Fremdwährungs- und (fest- oder variabel) verzinsliche Verbindlichkeiten gehören dazu auch nicht-finanzielle Posten wie der Höhe nach ungewisse Sachleistungsverpflichtungen, die bspw. mittels im Bestand befindlicher Finanzinstrumente gegen Wertänderungsrisiken abgesichert werden können.

15

Ein **schwebendes Geschäft** ist ein auf einen Leistungsaustausch gerichteter gegenseitiger Vertrag[20]. Dazu gehören typischerweise fest kontrahierte Beschaffungsgeschäfte über Roh-, Hilfs- und Betriebsstoffe, Waren oder Gegenstände des Anlagevermögens sowie Absatzgeschäfte über Fertigerzeugnisse und Waren, die gegen Preis- oder Währungsrisiken abgesichert werden können. Dazu gehören aber auch Derivate (vgl. Tz. 26) oder sonstige schwebende Geschäfte über nicht bilanzierbare Leistungen.

16

Mit § 254 Satz 1 HGB wird der Begriff der mit hoher Wahrscheinlichkeit **erwarteten Transaktion** neu in das Handelsbilanzrecht eingeführt. Wie schwebende Geschäfte

17

---

16 Ebenso *Schmidt*, BB 2009, S. 884.
17 Auch nach IFRS wird für derartige Bruchteile ergänzend vorausgesetzt, dass es sich um einen finanziellen Vermögenswert oder eine finanzielle Verbindlichkeit handelt; vgl. IAS 39.81 sowie IDW RS HFA 9 Tz. 314.
18 Nach IAS 39.9 wird die Nettoinvestition in einen ausländischen Geschäftsbetrieb (*net investment in a foreign operation*) gesondert als Grundgeschäft (*hedged item*) genannt. Eine derartige gesonderte Nennung ist handelsrechtlich nicht erforderlich, da eine Beteiligung ein Vermögensgegenstand ist. Zu Auslandsbeteiligungen als Grundgeschäft nach bisherigem Recht vgl. *Kämpfer/Fey* in FS Streim, Wiesbaden 2008, S. 187 ff.
19 Vgl. zB *ADS*[6], § 246 HGB Tz. 102.
20 Vgl. IDW RS HFA 4 Tz. 2.

handelt es sich auch bei Transaktionen iSd. § 254 Satz 1 HGB um Rechtsgeschäfte. Im Unterschied zu schwebenden Geschäften handelt es sich aber nicht um fest kontrahierte Rechtsgeschäfte, sondern um solche, deren verbindlicher Abschluss aus Stichtagssicht lediglich erwartet wird[21].

18 Da die Bildung einer Bewertungseinheit mit erwarteten Transaktionen (sog. antizipatives *Hedging*) ggf. die Passivierung einer Drohverlustrückstellung nach § 249 Abs. 1 Satz 1 HGB vermeidet, verlangt der Gesetzeswortlaut, dass der künftige Abschluss eines solchen Rechtsgeschäfts eine **hohe Wahrscheinlichkeit** hat, um als absicherbares Grundgeschäft iSd. § 254 Satz 1 HGB angesehen werden zu können. Nach der Regierungsbegründung setzt dies voraus, dass der Abschluss der künftigen Transaktion so gut wie sicher ist und ihm allenfalls noch außergewöhnliche Umstände entgegenstehen, die außerhalb des Einflussbereichs des Unternehmens liegen[22]. Eine Eintrittswahrscheinlichkeit von knapp mehr als 50 % reicht danach sicherlich nicht aus. Vielmehr deutet die Regierungsbegründung auf eine deutlich höhere Wahrscheinlichkeit hin, auch wenn, im Gegensatz zum Referentenentwurf[23], nicht mehr von „höchster Wahrscheinlichkeit" gesprochen wird.

19 Die Vorgabe einer quantitativen **Mindesteintrittswahrscheinlichkeit** erscheint nicht sinnvoll. Die Zulässigkeit einer Einbeziehung am Abschlussstichtag noch nicht kontrahierter Geschäfte in eine Bewertungseinheit ist vielmehr von der Beurteilung des jeweiligen Einzelfalls abhängig. Dabei ist zu beurteilen, ob die Bildung einer Bewertungseinheit noch im Einklang mit den handelsrechtlichen GoB, insb. mit dem Realisations- und dem Imparitätsprinzip (§ 252 Abs. 1 Nr. 4 HGB), steht[24]. Diese gelten zwar nicht für die Bilanzierung und Bewertung der einzelnen Bestandteile einer Bewertungseinheit. Sie sind aber für die Fragen, ob eine Bewertungseinheit überhaupt gebildet werden darf und wie diese insgesamt zu bilanzieren und zu bewerten ist, weiterhin gültig[25]. Entsprechend sind an den Begriff der hohen Wahrscheinlichkeit sehr hohe Anforderungen zu stellen.

20 Folgende beispielhafte **Indikatoren** können für die Beurteilung, ob eine **Transaktion mit hoher Wahrscheinlichkeit erwartet** wird, herangezogen werden[26]:
 – Art und Häufigkeit dieser oder gleichartiger Transaktionen in der Vergangenheit; so ist die Durchführung routinemäßiger Transaktionen wie der Abschluss von Beschaffungs- und Absatzgeschäften im Rahmen des üblichen Liefer- und Leistungsverkehrs des Unternehmens wahrscheinlicher als die Durchführung nicht routinemäßiger Transaktionen wie die Aufnahme eines Darlehens;
 – tatsächliche Durchführung derartiger geplanter Transaktionen in der Vergangenheit;
 – finanzielle und operative Situation des Unternehmens im jeweils erwarteten Umfeld als Voraussetzungen dafür, gleichartige Transaktionen auch in der Zukunft vornehmen zu können;
 – Vorliegen von Transaktions-Alternativen für das Unternehmen; so ist die Beschaffung von für die Produktion zwingend erforderlichen Rohstoffen wahr-

---

21 Vgl. Begr. RegE, BT-Drucks. 16/10067, S. 58.
22 Vgl. Begr. RegE, BT-Drucks. 16/10067, S. 58.
23 § 254 HGB idF des RefE verlangte „mit höchster Wahrscheinlichkeit vorgesehene Transaktionen".
24 Vgl. Begr. RegE, BT-Drucks. 16/10067, S. 58.
25 Insoweit ist die Regierungsbegründung ggf. missverständlich, die von einer Einschränkung des Imparitäts- und des Realisationsprinzips spricht; vgl. Begr. RegE, BT-Drucks. 16/10067, S. 58.
26 Zu den Indikatoren nach IFRS vgl. IAS 39.IG F.3.7. sowie IDW RS HFA 9 Tz. 322.

scheinlicher als die Durchführung einer bestimmten Kapitalbeschaffungsmaßnahme, wenn Kapital auch auf andere Art und Weise beschafft werden kann;
- Risiko des Unternehmens (Verlust, Produktionsunterbrechung etc.), wenn die Transaktion nicht durchgeführt wird;
- Volumen der abgesicherten Transaktionen in Relation zum erwarteten Gesamtvolumen derartiger Transaktionen; idR wird ein für den jeweiligen Einzelfall zu bestimmender „Sicherheitsabschlag" vom geplanten Gesamtvolumen erforderlich sein, damit der Abschluss sämtlicher abgesicherter Transaktionen mit hoher Wahrscheinlichkeit erwartet werden kann;
- Zeitraum bis zum erwarteten Abschluss des Rechtsgeschäfts; je länger dieser Zeitraum ist, desto schwieriger ist die hohe Wahrscheinlichkeit des tatsächlichen Abschlusses zu beurteilen;
- Umfang der bis zum Abschlussstichtag im Hinblick auf den Abschluss der Transaktionen getroffenen Maßnahmen; insb. bei nicht routinemäßigen Transaktionen (bspw. bei der Beschaffung neuer, in Fremdwährung zu bezahlender Produktionsanlagen) ist der Stand der Vertragsverhandlungen von Bedeutung;
- (vorzeitiger) Verkauf/Glattstellung von Sicherungsinstrumenten im Zusammenhang mit der Absicherung erwarteter Transaktionen in der Vergangenheit; je häufiger in der Vergangenheit Sicherungszusammenhänge aufgrund des Nichteintritts der erwarteten Transaktion vorzeitig beendet worden sind, desto eher wird in der Folgezeit der Eintritt der abgesicherten erwarteten Transaktionen als nicht hochwahrscheinlich einzuschätzen sein[27].

Zur besonderen Bedeutung der **Durchhalteabsicht** bei Bewertungseinheiten mit erwarteten Transaktionen vgl. Tz. 47. 21

3. Sicherungsinstrumente

Nach § 254 Satz 1 HGB kommen als **Sicherungsinstrumente** nur (originäre oder derivative) Finanzinstrumente in Betracht[28]. Andere Vermögensgegenstände, Schulden und schwebende Geschäfte sowie erwartete Transaktionen sind damit als Sicherungsinstrumente unzulässig, es sei denn, sie fallen unter § 254 Satz 2 HGB (vgl. Tz. 28 ff.). Keine Finanzinstrumente sind bspw. erwartete Transaktionen (da kein Vertrag vorliegt), Roh-, Hilfs- oder Betriebsstoffe (da es sich nicht um finanzielle Vermögensgegenstände handelt) oder Sachleistungsverpflichtungen (da es sich nicht um finanzielle Verbindlichkeiten handelt). 22

Weder das Gesetz noch die 4. EG-Richtlinie definiert den **Begriff des Finanzinstruments** für Zwecke der handelsrechtlichen Bilanzierung. Nach Sinn und Zweck der Vorschrift, solche Instrumente als Sicherungsinstrumente zuzulassen, die zur Absicherung von Risiken geeignet sind, erscheint es sachgerecht, den Begriff der Finanzinstrumente weit zu fassen und den Begriff deshalb in Übereinstimmung mit der bankrechtlichen Definition von Finanzinstrumenten nach § 1a Abs. 3 KWG[29] und mit IFRS (IAS 32.11)[30] abzugrenzen. Danach ist ein Finanzinstrument ein Vertrag, der für eine Ver- 23

---

27 Vgl. Begr. RegE, BT-Drucks. 16/10067, S. 58, wonach es für die Bildung von antizipativen Bewertungseinheiten entscheidend darauf ankommt, ob diese in der Vergangenheit tatsächlich durchgeführt worden sind.
28 Nach IAS 39.72 sind originäre Finanzinstrumente nur zur Sicherung von Fremdwährungsrisiken zulässig. Eine solche Einschränkung enthält § 254 Satz 1 HGB nicht.
29 Vgl. *Boos* in Boos/Fischer/Schulte-Mattler (Hrsg.), Kreditwesengesetz[3], § 1a Tz. 9.
30 Zum Begriff des Finanzinstruments, des finanziellen Vermögenswerts und der finanziellen Verbindlichkeit nach IFRS vgl. *PwC* (Hrsg.), IFRS für Banken[4], S. 283 f.; *PwC* (Hrsg.), IFRS Manual of Accounting 2009, Tz. 6.4.3 ff.

tragspartei zu einem finanziellen Vermögensgegenstand/Vermögenswert und für die andere Vertragspartei zu einer finanziellen Verbindlichkeit/Schuld oder zu einem Eigenkapitalinstrument führt.

24 Eine Beschränkung des Begriffs auf die engere Definition von Finanzinstrumenten nach dem **Kreditwesengesetz** (§ 1 Abs. 11 KWG) für die Frage der erlaubnispflichtigen Bankgeschäfte bzw. nach § 2 Abs. 2b WpHG erscheint nicht sachgerecht. Danach wären bspw. Wertpapiere wie Aktien als Sicherungsinstrumente geeignet, GmbH-Anteile dagegen nicht. Die in § 1 Abs. 11 KWG und § 2 Abs. 2b WpHG genannten Finanzinstrumente sind deshalb zwar Finanzinstrumente iSd. HGB, diese Vorschriften enthalten aber keine abschließenden Aufzählungen[31]. Ebenfalls nicht sachgerecht erscheint es, Eigenkapitalinstrumente beim Emittenten aus dem Begriff der Finanzinstrumente für Sicherungszwecke auszuklammern[32], da auch Eigenkapitalinstrumente beim Emittenten zu Sicherungszwecken eingesetzt werden können, bspw. eigene Anteile zur Absicherung von Verpflichtungen aus der Gewährung aktienbasierter Vergütungen[33].

25 **Beispiele** für derart abgegrenzte Finanzinstrumente sind insb.
   - die von § 1 Abs. 11 KWG bzw. § 2 Abs. 2b WpHG erfassten Instrumente, bspw. Aktien, Inhaberschuldverschreibungen, Commercial Papers, Devisen und Derivate,
   - Finanzanlagen iSd. § 266 Abs. 2 A. III. HGB,
   - Forderungen iSd. § 266 Abs. 2 B. II. Nr. 1-3 HGB,
   - Verbindlichkeiten iSd. § 266 Abs. 3 C. Nr. 1-2, Nr. 4-8 HGB,
   - eigene Anteile iSd. § 272 Abs. 1a HGB,
   - Versicherungsverträge, Finanzgarantien (bspw. Bürgschaften) oder Werthaltigkeitsgarantien.

26 Zu den Finanzinstrumenten gehören neben den originären Finanzinstrumenten auch **Derivate**, allerdings nur diejenigen, die nach der og. Definition Finanzinstrumente sind oder, im Fall von Termingeschäften über Waren, nach § 254 Satz 2 HGB als solche gelten (vgl. Tz. 28 ff.). Nach der Regierungsbegründung ist ein Derivat ein schwebender Vertrag, dessen Wert von einem Basiswert (*Underlying*) abhängt, bei dem Anschaffungskosten nicht oder nur in sehr geringem Umfang anfallen und der erst in Zukunft erfüllt wird[34]. Basiswerte sind bspw. Zinssätze, Wechselkurse, Rohstoffpreise, Bonitäten oder Indizes. Die Definition von Derivaten umfasst nicht nur freistehende (vertraglich selbständige), sondern auch eingebettete Derivate, also Derivate, die mit einem Basisinstrument (Vermögensgegenstand mit Forderungscharakter oder Verbindlichkeit) vertraglich zu einer Einheit, einem sog. strukturierten Finanzinstrument, verbunden sind[35].

27 **Beispiele** für Derivate sind unbedingte Termingeschäfte wie Devisentermingeschäfte, (Zins-, Währungs- und Zins-Währungs-)*Swaps*, *Forwards*, *Futures* und Kreditderivate (bspw. *Credit Default Swaps* oder *Total Return Swaps*[36]) oder Optionsgeschäfte wie Devisenoptionen oder *Swaptions*. Dazu zählen aber auch auf einen Barausgleich ge-

---

31 Vgl. auch *Böcking/Torabian*, BB 2008, S. 265.
32 Diese Einschränkung gilt nach IDW RH HFA 1.005 Tz. 4 für Zwecke der Angaben im Anhang nach § 285 Satz 1 Nr. 18 und Nr. 19 HGB aF und im Lagebericht nach § 289 Abs. 2 Nr. 2 HGB. Davon abgesehen ist die Definition von Finanzinstrumenten nach IDW RH HFA 1.005 Tz. 4 grds. deckungsgleich.
33 Vgl. *Gelhausen/Hönsch*, WPg 2001, S. 74.
34 Vgl. Begr. RegE, BT-Drucks. 16/10067, S. 53; dies entspricht der Definition eines Derivats nach IAS 39.9.
35 Vgl. IDW RS HFA 22 Tz. 2.
36 Zu Kreditderivaten vgl. IDW RS BFA 1 Tz. 1-6.

richtete Warentermingeschäfte (bspw. Strom-*Futures*) sowie auf eine physische Lieferung zu einem festen Preis gerichtete schwebende Beschaffungsgeschäfte, seien sie auf eine Ware oder auf einen anderen Basiswert gerichtet.

Nicht alle Derivate sind gleichzeitig derivative Finanzinstrumente. **Warentermingeschäfte** sind zwar Derivate, aber keine Finanzinstrumente iSd. § 254 Satz 1 HGB, da ihr Basiswert eine Ware (bspw. Metall oder Energie) und kein finanzieller Posten (finanzieller Vermögensgegenstand oder finanzielle Verbindlichkeit) ist[37]. Da aber Warentermingeschäfte wie Finanzinstrumente zur Risikoabsicherung (Sicherung von Preisrisiken aus dem Kauf oder Verkauf von Waren) genutzt werden können, enthält § 254 Satz 2 HGB für „Termingeschäfte über den Erwerb oder die Veräußerung von Waren" eine Sonderregelung. Danach gelten derartige Termingeschäfte als (derivative) Finanzinstrumente iSd. § 254 Satz 1 HGB und können in eine Bewertungseinheit einbezogen werden, wenn die übrigen Voraussetzungen des § 254 Satz 1 HGB erfüllt sind. 28

Der Begriff „**Termingeschäft**" nach § 254 Satz 2 HGB ist nach der Begründung des Rechtsausschusses iSd. § 1 Abs. 11 Satz 4 Nr. 1 KWG zu verstehen[38]. Danach sind Termingeschäfte als Kauf, Tausch oder anderweitig ausgestaltete Festgeschäfte oder Optionsgeschäfte anzusehen, die zeitlich verzögert zu erfüllen sind und deren Wert sich mittel- oder unmittelbar vom Preis oder Maß eines Basiswerts ableitet[39]. Unbeachtlich ist, ob es sich um ein börsliches (bspw. *Future*) oder um ein außerbörsliches Geschäft (bspw. *Forward*) handelt. Unbeachtlich ist außerdem, ob das Termingeschäft durch Barausgleich oder durch physische Lieferung erfüllt werden muss oder kann. Unter den weit gefassten Begriff des Termingeschäfts fallen deshalb neben den (typischerweise durch Barausgleich zu erfüllenden) Warentermingeschäften insb. auch sämtliche schwebenden Geschäfte, die auf eine physische Beschaffung oder eine physische Veräußerung zu einem fixen Preis gerichtet sind[40]. 29

Nach dem durch das BilMoG **gestrichenen § 285 Satz 2 HGB aF**, der Art. 42a Abs. 2 der 4. EG-Richtlinie umgesetzt hat, galten für Zwecke der Anhangangabe nach § 285 Nr. 19 HGB (vgl. Abschn. O Tz. 94 ff.) – bisher § 285 Satz 1 Nr. 18 HGB aF – nur solche Warentermingeschäfte als derivative Finanzinstrumente, die Finanzinstrumenten wirtschaftlich vergleichbar waren. Dies war dann der Fall, wenn sowohl der Erwerber wie auch der Veräußerer zur Abgeltung in bar oder durch ein anderes Finanzinstrument berechtigt waren, es sei denn, die Warentermingeschäfte wurden abgeschlossen, um einen physischen Bedarf (Erwerb, Veräußerung oder eigenen Gebrauch) des Unternehmens abzudecken. Allerdings musste diese Zweckwidmung dauerhaft sowohl bei Vertragsabschluss wie auch zum Bilanzierungszeitpunkt bestehen, ferner musste der Vertrag mit der Lieferung der Ware als erfüllt gelten. Diese Klassifizierung von Warentermingeschäften nach ihrem wirtschaftlichen Gehalt als Finanzinstrumente lehnte sich grds. an die Abgrenzung von Verträgen über den Kauf oder Verkauf von nicht-finanziellen Posten nach IAS 39 anhand der sog. *Own-Use*-Kriterien (IAS 39.5-.6)[41] an. 30

---

37 Vgl. Begr. Beschlussempfehlung und Bericht des Rechtsausschusses, BT-Drucks. 16/12407, S. 86; *Schmidt*, BB 2009, S. 884.
38 Vgl. Beschlussempfehlung und Bericht des Rechtsausschusses, BT-Drucks. 16/12407, S. 86.
39 Zum Begriff des Termingeschäfts nach § 1 Abs. 11 Satz 4 Nr. 1 KWG vgl. *Schäfer* in Boos/Fischer/Schulte-Mattler (Hrsg.), Kreditwesengesetz³, § 1 Tz. 223 ff.
40 So auch *Scharpf* in Küting ua., BilMoG², S. 209 („(normale) schwebende Wareneinkaufs- und Verkaufsgeschäfte").
41 Zu Einzelheiten zu den *Own-Use*-Kriterien nach IFRS vgl. IDW RS HFA 25.

31 Eine derartige Trennung der Warentermingeschäfte, die nicht immer eindeutig möglich ist, sieht der Wortlaut des § 254 Satz 2 HGB für Zwecke der Bildung von Bewertungseinheiten nicht vor. Sie ergibt sich auch weder aus der Begründung des Rechtsausschusses[42], noch kann sie aus der Regierungsbegründung zur Aufhebung von § 285 Satz 2 HGB aF abgeleitet werden[43]. Danach bedeutet die Aufhebung des § 285 Satz 2 HGB aF keine sachliche Änderung hinsichtlich der **Anhangangaben**, so dass nach § 285 Nr. 19 HGB Warentermingeschäfte weiterhin in solche, die Finanzinstrumenten vergleichbar sind, und solche für den Eigenbedarf zu trennen sind (vgl. Abschn. O Tz. 100 f.).

32 Dies hat aber keine Auswirkungen für die **Abgrenzung von Sicherungsinstrumenten**. Vielmehr führt § 254 Satz 2 HGB als lex specialis für die Bilanzierung von Bewertungseinheiten dazu, dass der Umfang der derivativen Finanzinstrumente iSd. § 254 Satz 1 HGB vom Umfang der derivativen Finanzinstrumente iSd. § 285 Nr. 19 HGB abweicht. Eine solch unterschiedliche Begriffsabgrenzung erscheint auch nach Sinn und Zweck beider Normen sachgerecht. Die Angabe nach § 285 Nr. 19 HGB beschränkt sich auf Angaben zu Derivaten, bei denen ein Barausgleich sicher oder zumindest wahrscheinlich ist und die sich deshalb eher (auch) zur Spekulation eignen als ausschließlich physisch zu erfüllende Derivate.

33 Die Bildung einer Bewertungseinheit kommt dagegen nur im Fall einer Sicherungsabsicht in Frage, wofür die Art der Erfüllung (Barausgleich oder physische Lieferung) zweitrangig ist[44]. Damit werden von § 254 Satz 2 HGB **alle Warentermingeschäfte** erfasst, einschl. der auf den Eigenbedarf gerichteten. Die Abgrenzung von Warentermingeschäften nach den *Own-Use*-Kriterien nach IAS 39.5-.6 ist deshalb für die Frage der handelsrechtlichen Zulässigkeit einer Bewertungseinheit unbeachtlich.

34 Nach § 254 Satz 2 HGB gelten nur Termingeschäfte über den Erwerb oder die Veräußerung von **Waren** als Finanzinstrumente iSd. § 254 Satz 1 HGB. Der Begriff der Waren umfasst in diesem Zusammenhang sachgerechter Weise sämtliche handelbaren (materiellen und immateriellen) Güter, unabhängig von der tatsächlichen Handelsabsicht des Unternehmens, da sich der Sicherungszweck derartiger Termingeschäfte auf den gesamten physischen Bedarf des Unternehmens (Erwerb, Veräußerung und Eigenbedarf) richten kann. Zu den Waren iSd. § 254 Satz 2 HGB zählen deshalb neben den Waren im handelsbilanziellen Sinne (§ 266 Abs. 2 B. I Nr. 3 HGB) bspw. auch Energie, Metalle und CO_2- Emissionsberechtigungen.

35 Beispiele für typischerweise zu Sicherungszwecken verwendete **originäre Finanzinstrumente** sind:
- Fremdwährungsforderungen und -verbindlichkeiten;
- eigene Aktien zur Absicherung von Zahlungsverpflichtungen aus virtuellen Aktienoptionsprogrammen oder zur Absicherung von Lieferverpflichtungen aus realen Aktienoptionsprogrammen[45].

36 Beispiele für typischerweise zu Sicherungszwecken verwendete Instrumente, die **derivative Finanzinstrumente** sind oder nach § 254 Satz 2 HGB als solche gelten, sind:

---

[42] Vgl. Begründung Beschlussempfehlung und Bericht des Rechtsausschusses, BT-Drucks. 16/12407, S. 186.
[43] Vgl. Begr. RegE, BT-Drucks. 16/10067, S. 75.
[44] Vgl. *Schmidt*, BB 2009, S. 884.
[45] Vgl. *Gelhausen/Hönsch*, WPg 2001, S. 74.

- (Zins-, Währungs- oder Zins-Währungs-)*Swaps*, (gekaufte) Optionen, *Futures* oder Devisentermingeschäfte;
- Warentermingeschäfte (insb. *Futures, Forwards* und Optionen);
- Festpreis-Beschaffungsgeschäfte;
- erhaltene Werthaltigkeitsgarantien für eigene Beteiligungen oder Forderungen[46]; bei derartigen Garantien handelt es sich um Finanzinstrumente, da der Basiswert des Derivats ein finanzieller Posten ist.

Geht ein Unternehmen eine **Stillhalterposition** durch Verkauf einer Option ein, liegt zwar ein Finanzinstrument vor. Eine solche Stillhalterposition kann aber grds. nicht als Sicherungsinstrument designiert werden. Zum einen hat das Unternehmen als Stillhalter die Absicherung nicht in der Hand, so dass es an der (zwingenden) Gegenläufigkeit von Wertänderungen oder Zahlungsströmen iSv. § 254 Satz 1 HGB fehlt[47]. Zum anderen ist die erforderliche Gegenläufigkeit auch deshalb nicht gegeben, weil der Verlust aus der Option den Gewinn aus dem Grundgeschäft erheblich übersteigen kann[48]. 37

Schon der Gesetzeswortlaut („Finanzinstrumente") lässt nicht nur ein einzelnes, sondern **mehrere Finanzinstrumente** als Sicherungsinstrumente zu. Fraglich könnte sein, ob auch nur ein Bruchteil eines Finanzinstruments als Sicherungsinstrument designiert werden kann (zu Grundgeschäften vgl. Tz. 12). 38

Da das Gesetz die bilanziellen Folgen einer Bewertungseinheit auf den Umfang und den Zeitraum beschränkt, in dem sich Wert- oder Zahlungsstromänderungen ausgleichen, erscheint es sachgerecht, auch einen **betraglichen, zeitlichen oder inhaltlichen Teil** des Finanzinstruments als Sicherungsinstrument zuzulassen, vorausgesetzt, es handelt sich auch bei diesem Bruchteil um ein Finanzinstrument, und die Wert- oder Zahlungsstromänderungen lassen sich auch für diesen Bruchteil verlässlich messen[49]. Zulässig können danach insb. folgende Aufteilungen sein: 39

- betraglicher Teil: Übersteigt das Nominalvolumen des Finanzinstruments das des Grundgeschäfts, kann ein betraglicher Anteil des Finanzinstruments als Sicherungsinstrument designiert werden[50].
- zeitlicher Teil: Übersteigt die Laufzeit des Finanzinstruments die des Grundgeschäfts bzw. den geplanten Sicherungszeitraum, kann das Finanzinstrument für einen Teil seiner Laufzeit als Sicherungsinstrument designiert werden[51].
- qualitativer (inhaltlicher) Teil: Es erscheint auch zulässig, bspw. lediglich die Kassakomponente (und nicht auch die *swap*-prämien-bedingte Zinskomponente) eines Termingeschäfts oder lediglich den inneren Wert (und nicht auch die Zeitwertkomponente) einer Option als Sicherungsinstrument zu designieren, um dadurch die Effektivität der Sicherungsbeziehung zu erhöhen[52], da in diesen Fällen die einzelnen Komponenten getrennt voneinander bewertet und damit gegenläufige Wert- oder Zahlungsstromänderungen verlässlich ermittelt werden können. Die nicht designierten Komponenten sind in diesen Fällen nach allgemeinen

---

46 Zu deren handelsrechtlichen Bilanzierung vgl. *Förschle/Heinz* in Budde/Förschle/Winkeljohann (Hrsg.), Sonderbilanzen⁴, Q Tz. 76.
47 So auch *Cassel* in Kessler/Leinen/Strickmann, S. 192 f. Vgl. zum bisherigen Recht *PwC* (Hrsg.), Derivative Finanzinstrumente in Industrieunternehmen⁴, Tz. 629.
48 Deshalb sind auch nach IAS 39.72 iVm. IAS 39.AG94 geschriebene Optionen als Sicherungsinstrumente grds. unzulässig.
49 Zur verlässlichen Messbarkeit als Voraussetzung vgl. Beschlussempfehlung und Bericht des Rechtsausschusses, BT-Drucks. 16/12407, S. 86.
50 Dies entspricht IFRS; vgl. IAS 39.75 und IDW RS HFA 9 Tz. 304.
51 So auch *Scharpf* in Küting ua., BilMoG², S. 217 im Hinblick auf sog. *part time hedges*.
52 Vgl. auch *Küting/Cassel*, KoR 2008, S. 771. So auch nach IFRS; vgl. IAS 39.74. Zur *Swap*prämie vgl. *PwC* (Hrsg.), Derivative Finanzinstrumente in Industrieunternehmen⁴, Tz. 330.

Grundsätzen imparitätisch zu bewerten. Eine zwingende Abspaltung und isolierte Bilanzierung und Bewertung einzelner Komponenten eines Finanzinstruments kann aber nur für strukturierte Finanzinstrumente iSd. IDW RS HFA 22 gefordert werden[53]; solche liegen bei üblichen Termingeschäften oder Optionen nicht vor. Handelsrechtlich ist es deshalb auch weiterhin zulässig, die Terminkomponente eines Termingeschäfts oder die Zeitwertkomponente eines Optionsgeschäfts in eine Bewertungseinheit einzubeziehen[54].

4. Sicherungsabsicht (Durchhalteabsicht)

40 Die bilanziellen Folgen einer Bewertungseinheit treten nach § 254 Satz 1 HGB nur ein, wenn Grundgeschäft und Sicherungsinstrument „zum Ausgleich" gegenläufiger Auswirkungen aus dem Eintritt vergleichbarer Risiken zusammengefasst werden. Der Gesetzeswortlaut könnte dahingehend verstanden werden, dass es sich dabei nicht um eine Voraussetzung für die Bildung von Bewertungseinheiten handeln soll, sondern dies lediglich eine (zwingende) bilanzielle Konsequenz der Bildung einer Bewertungseinheit darstellt. Die Regierungsbegründung stellt indes klar, dass damit die Voraussetzung einer Zwecksetzung zum Ausdruck gebracht werden soll, nämlich das Ziel einer Risikoabsicherung (**Sicherungsabsicht**)[55]. Dabei bleibt es dem Unternehmen überlassen, welche Sicherungsstrategie es nach vernünftiger kaufmännischer Beurteilung für sinnvoll erachtet und deshalb praktiziert[56].

41 Nach der Regierungsbegründung impliziert die in § 254 Satz 1 HGB geforderte Sicherungsabsicht auch eine **Durchhalteabsicht**, dh. die Absicht, die für diesen Zweck gebildete Bewertungseinheit aus Grundgeschäft und Sicherungsinstrument bis zum Erreichen des Sicherungszwecks beizubehalten[57]. Bislang war die Durchhalteabsicht als notwendige Voraussetzung für die Bildung von Bewertungseinheiten nicht uneingeschränkt anerkannt[58]. Die Forderung nach einer Durchhalteabsicht soll verhindern, dass am Abschlussstichtag unrealisierte Gewinne mit unrealisierten Verlusten allein für Zwecke der kurzfristigen Ergebnissteuerung (*earnings management*) verrechnet werden[59]. Nur wenn die Absicht besteht, Grundgeschäft und Sicherungsinstrument fortzuführen, ist mit einseitigen Verlusten aus Grundgeschäft oder Sicherungsinstrument nicht zu rechnen.

42 Der **Zeitraum**, für den die Durchhalteabsicht bestehen muss, ist vom Sicherungszweck abhängig. Im Regelfall, insb. bei Mikro-*Hedges*, wird die Absicht bestehen, die Bewertungseinheit mindestens bis zur Endfälligkeit des Sicherungsinstruments, wenn nicht sogar des Grundgeschäfts (falls dieses eine längere Laufzeit hat), durchzuhalten.

---

53 Ein strukturiertes Finanzinstrument ist nach IDW RS HFA 22 Tz. 2 ein Basisinstrument (Vermögensgegenstand mit Forderungscharakter oder Verbindlichkeit), das mit einem oder mehreren Derivaten vertraglich zu einer Einheit verbunden ist.
54 So auch *Patek*, KoR 2008, S. 368 sowie *Scharpf* in Küting ua., BilMoG[2], S. 218 f.
55 Vgl. Begr. RegE, BT-Drucks. 16/10067, S. 59. Mangels Begründung des Rechtsausschusses ist nicht davon auszugehen, dass die Änderung des Wortlauts des endgültigen Gesetzestextes („zum Ausgleich") im Vergleich zum Regierungsentwurf („zur Absicherung") mit einer inhaltlichen Änderung der Voraussetzung verbunden sein soll.
56 Vgl. *DRSC*, Stellungnahme zum Referentenentwurf des BilMoG vom 21.1.2008, S. 17.
57 Vgl. Begr. RegE, BT-Drucks. 16/10067, S. 59.
58 Für die Durchhalteabsicht als Voraussetzung vgl. zB *PwC* (Hrsg.), Derivative Finanzinstrumente in Industrieunternehmen[4], Tz. 627; *Prahl/Naumann* in HdJ, Abt. II/10, Rn. 187 f.; *Krumnow/Sprißler* ua. (Hrsg.), Rechnungslegung der Kreditinstitute[2], § 340e HGB Tz. 147; *AK „Externe Unternehmensrechnung" der SG*, DB 1997, S. 639; *Scharpf* in HdR[5], Kap. 6 Tz. 867. AA (keine explizite Erwähnung der Durchhalteabsicht als Voraussetzung) *ADS*[6], § 253 HGB Tz. 107 ff.; *WPH*[13], Bd. I, E Tz. 54.
59 Vgl. Begr. RegE, BT-Drucks. 16/10067, S. 59

Weichen Risikomanagementziele und -strategie[60] allerdings davon ab – besteht also ein anderer Sicherungszweck –, ist kein Durchhalten bis zur Endfälligkeit des Sicherungsinstruments erforderlich, sondern nur über den Abschlussstichtag hinaus für einen längeren, wirtschaftlich sinnvollen und mit der Sicherungsstrategie des Unternehmens übereinstimmenden Zeitraum (sog. *part time hedge*)[61].

Haben Grundgeschäft und Sicherungsinstrument unterschiedliche Laufzeiten (**Fristeninkongruenz**; vgl. auch Tz. 85), bezieht sich die Durchhalteabsicht nicht nur auf die bestehenden Grundgeschäfte und Sicherungsinstrumente, sondern auch auf die Absicht, zur Durchhaltung erforderliche Anschluss-Grundgeschäfte oder Anschluss-Sicherungsinstrumente abzuschließen, wenn dies der Sicherungsstrategie des Unternehmens entspricht. Zur Dokumentation vgl. Tz. 90 ff. 43

Die **Durchhaltefähigkeit** des bilanzierenden Unternehmens wird weder vom Gesetz noch von der Regierungsbegründung gefordert, erscheint aber notwendig, um die mit der Forderung nach Durchhalteabsicht verbundene Zielsetzung zu erreichen[62]. Dies bedeutet die voraussichtliche wirtschaftliche Fähigkeit des Unternehmens, Grundgeschäft und Sicherungsinstrument bis zur Erreichung des Sicherungszwecks durchzuhalten, im Fall einer Fristeninkongruenz des Weiteren, dass Anschlussgeschäfte objektiv möglich sind[63]. 44

Die Forderung nach Durchhalteabsicht und Durchhaltefähigkeit bedeutet nicht, dass die Auflösung einer Sicherungsbeziehung vor Eintritt des ursprünglichen Sicherungszwecks (**vorzeitige Auflösung**) rechtlich ausgeschlossen sein muss, da ansonsten die Bildung von Bewertungseinheiten in aller Regel unzulässig wäre. Die Auflösung darf aber nicht lediglich zur Steuerung des Jahresergebnisses (*earnings management*) vorgenommen werden. Dies würde gegen den Grundsatz der Bewertungsstetigkeit (§ 252 Abs. 1 Nr. 6 HGB) sowie gegen das Willkürverbot (§ 243 Abs. 1 HGB) verstoßen und keinen zutreffenden Einblick in die Vermögens-, Finanz- und Ertragslage des Unternehmens (§ 264 Abs. 2 HGB) vermitteln. Eine Auflösung setzt deshalb eine Änderung der tatsächlichen Verhältnisse voraus, dh. das Vorliegen plausibler wirtschaftlicher Gründe für eine Änderung der ursprünglichen Sicherungsstrategie des Unternehmens. Dazu gehören bspw. subjektiv gesunkene Wertänderungs- oder Zahlungsstromänderungsrisiken, gestiegene Sicherungskosten oder der Zugang anderweitiger („natürlicher") Absicherungen, weshalb ursprünglich abgeschlossene Sicherungsbeziehungen nicht mehr aufrechterhalten werden müssen[64]. Zu den grundsätzlichen bilanziellen Konsequenzen einer vorzeitigen Auflösung der Bewertungseinheit vgl. Tz. 143. 45

Wird eine Bewertungseinheit vorzeitig aufgelöst und stellt sich in diesem Zusammenhang nachträglich heraus, dass eine ursprünglich geäußerte Durchhalteabsicht im Zusammenhang mit dieser Bewertungseinheit oder mit anderen gleichartigen Bewertungseinheiten nicht bestand, ist ein solcher **Fehler** nach den allgemeinen Grundsätzen zu korrigieren[65]. Für die aufgelöste Bewertungseinheit kann dies ggf. die Pflicht zur (Rückwärts-)Änderung von Vorjahresabschlüssen bedeuten. Bei vergleichbaren Bewertungseinheiten ist zu beurteilen, ob ggf. die Pflicht zur Rückwärtsänderung oder zur Änderung in laufender Rechnung besteht. Ob tatsächlich ein Fehler vorliegt, ist 46

---

60 Zur Darstellung im Lagebericht nach § 289 Abs. 2 Nr. 2 HGB vgl. IDW RH HFA 1.005 Tz. 30 ff.
61 So auch *Scharpf* in Küting ua., BilMoG², S. 217.
62 Vgl. auch *Löw/Torabian*, ZKW 2008, S. 613.
63 Vgl. *Löw*, WPg 2004, S. 1112 sowie *Scharpf* in HdR⁵, Kap. 6 Rn. 867 und *Prahl/Naumann* in HdJ, Abt. I/10, Rn. 199, die einen liquiden Markt für (Anschluss-)Sicherungsinstrumente fordern.
64 Vgl. Begr. RegE, BT-Drucks. 16/10067, S. 59.
65 Zur Fehlerkorrektur vgl. IDW RS HFA 6 Tz. 15 ff.

nach den jeweiligen Umständen des Einzelfalls zu beurteilen. Eine generelle Pflicht zur Auflösung bestehender gleichartiger Bewertungseinheiten lässt sich ebenso wenig aus dem Gesetz ableiten wie ein Verbot zur Bildung künftiger Bewertungseinheiten[66].

47 Um bilanzielle Missbräuche zu verhindern, kommt der **Durchhalteabsicht bei antizipativen Bewertungseinheiten** (Bewertungseinheiten mit hochwahrscheinlich erwarteten Transaktionen, vgl. Tz. 17 ff.) besondere Bedeutung zu. Ist entgegen der ursprünglichen Annahme eine geplante Transaktion nicht mehr mit hoher Wahrscheinlichkeit zu erwarten, und wird deshalb bspw. ein vorhandenes Sicherungsinstrument glattgestellt, ist die gebildete Bewertungseinheit aufzulösen, da die Voraussetzungen des § 254 Satz 1 HGB zur Bildung einer Bewertungseinheit nicht mehr erfüllt sind. Dies gilt unabhängig davon, ob dadurch ein Gewinn aus dem Sicherungsinstrument realisiert wird oder nicht.

48 Finden aber in Folgejahren solche Abgänge an Sicherungsinstrumenten wegen des **Nicht-Zustandekommens** vorher erwarteter Transaktionen in wesentlichem Umfang statt, kann dies zum einen ein Indiz dafür sein, dass bei noch bestehenden Bewertungseinheiten die Annahme einer hohen Wahrscheinlichkeit gleichartiger erwarteter Transaktionen fehlerhaft war und ist. Außerdem sind derartige Abgänge an Sicherungsinstrumenten als (gegenteiliger) Indikator bei der Beurteilung künftiger hochwahrscheinlich erwarteter Transaktionen iSd. § 254 Satz 1 HGB, also bei der Beurteilung der Zulässigkeit einer künftigen Bildung antizipativer Bewertungseinheiten zu berücksichtigen (vgl. Tz. 20)[67]. Welcher Zeitraum für die Beurteilung der Wesentlichkeit solcher Abgänge zugrunde zu legen ist, und ob und für welchen Zeitraum sich darüber hinaus Konsequenzen für die künftige Bildung antizipativer Bewertungseinheiten ergeben, kann nicht allgemeingültig beurteilt werden, sondern hängt vom konkreten Einzelfall ab, bspw. von der Häufigkeit oder der Gleichartigkeit der vorgesehenen Transaktionen[68].

49 Bei **Makro-*Hedges*** können während des geplanten Sicherungszeitraums einzelne Grundgeschäfte und Sicherungsinstrumente laufend in die Sicherungsbeziehung aufgenommen werden oder wieder ausscheiden. Gleiches kann für **Portfolio-*Hedges*** gelten. In diesen Fällen kann sich die geforderte Durchhalteabsicht nicht auf die einzelnen Geschäfte beziehen, sondern betrifft die Grundsätze und organisatorischen Regelungen der Absicherung[69], insb. die Festlegung eines Verlustrisikolimits zur dauerhaften Risikobegrenzung (vgl. Tz. 79)[70].

---

66 Zur abweichenden Vorgehensweise nach IFRS vgl. IAS 39.9 u. .52; *PwC* (Hrsg.), IFRS für Banken[4], S. 311 f.
67 Vgl. auch Begr. RegE, BT-Drucks. 16/10067, S. 58, wonach es für die Bildung von antizipativen Bewertungseinheiten entscheidend darauf ankommt, ob diese in der Vergangenheit tatsächlich durchgeführt worden sind.
68 *Löw*, WPg 2004, S. 1122 sowie *Löw/Scharpf/Weigel*, WPg 2008, S. 1020 schlagen aus Objektivierungsgründen, in Anlehnung an die Kategorie „bis zur Endfälligkeit gehaltene Finanzinvestitionen" nach IAS 39.9, vor, in die Betrachtung der Abgänge das laufende Geschäftsjahr sowie das Vorjahr einzubeziehen und im Fall nicht nur marginaler Abgänge die Bildung antizipativer Bewertungseinheiten für die nächsten zwei Jahre zu verbieten.
69 Vgl. AK „*Externe Unternehmensrechnung*" der SG, DB 1997, S. 639 Fn. 10.
70 Zum Verlustrisikolimit als Ausfluss der Durchhalteabsicht vgl. *Prahl*, WPg 1996, S. 836.

5. Wirksamkeit der Sicherungsbeziehung

a. Grundlagen

Die bilanziellen Folgen einer Bewertungseinheit treten nach § 254 Satz 1 HGB nur in dem Umfang und für den Zeitraum ein, in dem sich gegenläufige Wertänderungen oder Zahlungsströme, die aus dem Eintritt vergleichbarer Risiken resultieren, ausgleichen, dh. soweit die Sicherungsbeziehung wirksam (effektiv) ist. **Voraussetzungen für die Wirksamkeit** einer Sicherungsbeziehung sind: 50

- Grundgeschäft und Sicherungsinstrument unterliegen (Wert- oder Zahlungsstromänderungs-)Risiken (vgl. Tz. 51 ff.), die
- vergleichbar sind (vgl. Tz. 54 ff.) und zu
- gegenläufigen Wert- oder Zahlungsstromänderungen führen (vgl. Tz. 75).

Ergänzend stellt die Begründung des Rechtsausschusses klar, dass die Wert- oder Zahlungsstromänderungen

- verlässlich messbar sein müssen, um den Umfang bestimmen zu können, in dem sie sich ausgleichen (vgl. Tz. 76 ff.)[71].

b. (Wert- und Zahlungsstromänderungs-)Risiken

Nach § 254 Satz 1 HGB muss der Eintritt des abgesicherten Risikos, dem das Grundgeschäft unterliegt, zu einer Wert- oder Zahlungsstromänderung bei diesem führen. Das **Wertänderungsrisiko** (*Fair Value*-Risiko) ist das Risiko, dass sich der beizulegende Zeitwert eines Grundgeschäfts über einen bestimmten Betrachtungszeitraum nachteilig ändert. Demgegenüber ist das **Zahlungsstromänderungsrisiko** (*Cash Flow*-Risiko) das Risiko, dass die tatsächliche Höhe künftiger Zahlungen aus einem Grundgeschäft von der ursprünglich erwarteten Höhe negativ abweicht[72]. Wertänderungsrisiken und Zahlungsstromänderungsrisiken können bei Vermögensgegenständen und Schulden sowie bei schwebenden Geschäften vorliegen, Zahlungsstromänderungsrisiken darüber hinaus auch bei hochwahrscheinlich erwarteten Transaktionen. 51

Zu den typischen (Wertänderungs- oder Zahlungsstromänderungs-)Risiken iSd. § 254 Satz 1 HGB, denen ein Grundgeschäft unterliegt und die abgesichert werden, zählen insb. folgende Risiken[73]: 52

- **Zins(änderungs)risiken** resultieren insb. aus verzinslichen Finanzinstrumenten, bspw. begebenen oder erworbenen Anleihen. Sie wohnen sowohl festverzinslichen Finanzinstrumenten (in Form des Wertänderungsrisikos) wie auch variabel verzinslichen Finanzinstrumenten (in Form des Zahlungsstromänderungsrisikos) inne. Typische derivative Sicherungsinstrumente zur Absicherung von Zinsrisiken sind Zins*swaps*, Zins-Währungs-*Swaps*, Zins*futures*, *Forward Rate Agreements*, Zinsoptionen, Zinsbegrenzungsvereinbarungen (*Caps*, *Floors* und *Collars*) sowie *Swaptions*[74].
- **Währungsrisiken** bestehen darin, dass der Wert eines Finanzinstruments (bspw. einer Fremdwährungsforderung oder -verbindlichkeit oder eines schwebenden Absatz- oder Beschaffungsgeschäftes in Fremdwährung) aufgrund von Wechsel-

---

71 Vgl. Beschlussempfehlung und Bericht des Rechtsausschusses, BT-Drucks. 16/12407, S. 86.
72 Vgl. *Patek*, KoR 2008, S. 364 mwN.
73 Vgl. allg. auch § 289 Abs. 2 Nr. 2 lit. b HGB sowie IDW RH HFA 1.005 Tz. 36.
74 Zu den genannten derivativen Finanzinstrumenten vgl. zB *PwC* (Hrsg.), Derivative Finanzinstrumente in Industrieunternehmen[4], Tz. 356 ff.

kursänderungen sinkt. Typische derivative Sicherungsinstrumente zur Absicherung derartiger Wertänderungsrisiken sind Devisentermingeschäfte, Zins-Währungs-*Swaps* sowie Devisenoptionen[75].

- Das **(Adressen-)Ausfallrisiko**, ein Wertänderungsrisiko, ist die Gefahr, dass der Vertragspartner bei einem Geschäft seinen Verpflichtungen nicht (vollständig) oder nicht fristgerecht nachkommen kann und dies beim bilanzierenden Unternehmen zu finanziellen Verlusten führt[76]. Typische Finanzinstrumente zur Absicherung von Ausfallrisiken sind Kreditderivate wie *Credit Default Swaps*, *Total Return Swaps*, *Credit Linked Notes* oder *Credit Spread Options*[77].
- **Preisänderungsrisiken** sind entweder Wertänderungsrisiken (bspw. im Fall von zu festen Preisen kontrahierten Beschaffungs- oder Absatzgeschäften) oder Zahlungsstromänderungsrisiken (bspw. im Fall noch nicht kontrahierter, aber hochwahrscheinlich erwarteter Beschaffungs- oder Absatzgeschäfte). Sie bestehen bspw. in Form von Warenpreisrisiken (bspw. Risiko der Änderung des Marktpreises von Kohle, Strom oder Edelmetall) oder in Form von Aktienkursrisiken (aufgrund von Schwankungen der Aktienkurse). Typische derivative Sicherungsinstrumente zur Absicherung von Warenpreisrisiken sind Warentermingeschäfte wie *Futures*, *Forwards* und Optionen. Zur Absicherung von Aktienkursrisiken dienen insb. Aktienoptionen sowie indexbezogene Geschäfte wie Aktienindex-Terminkontrakte oder Aktienindex-Optionen[78].

53 Nach der Begründung des Rechtsausschusses muss es sich bei den Risiken um spezifische, den Grundgeschäften und Sicherungsinstrumenten eindeutig zurechenbare Einzelrisiken handeln[79]. Allgemeine, von einzelnen Grundgeschäften und Sicherungsinstrumenten unabhängige Risiken, insb. das **allgemeine Geschäftsrisiko,** können zwar möglicherweise ökonomisch sinnvoll abgesichert werden, die Bildung einer Bewertungseinheit ist in diesen Fällen aber unzulässig. So führt bspw. der Abschluss eines Ergebnisabführungsvertrags oder die Abgabe einer Patronatserklärung für das abhängige bzw. begünstigte Unternehmen nicht dazu, auf eine Bewertung seines (Rein-)Vermögens verzichten zu dürfen.

c. Vergleichbarkeit der Risiken

54 Nach § 254 Satz 1 HGB müssen die **Risiken,** denen Grundgeschäfte und Sicherungsinstrumente unterliegen, **vergleichbar** sein. Nach der Begründung des Rechtsausschusses ist dies dann gegeben, wenn Grundgeschäfte und Sicherungsinstrumente demselben Risiko ausgesetzt sind[80]. Dies soll zum einen sicherstellen, dass die gegenläufigen Wert- oder Zahlungsstromänderungen überhaupt verlässlich messbar sind und damit zwischen dem sich ausgleichenden (effektiven) und dem sich nicht ausgleichenden (ineffektiven) Teil der Wert- oder Zahlungsstromänderungen aufgrund des abgesicherten Risikos getrennt werden kann. Zum anderen soll damit ausgeschlossen werden, dass die Bildung einer Bewertungseinheit mit einem zufälligen Ausgleich von

---

[75] Zu den genannten derivativen Finanzinstrumenten vgl. zB *PwC* (Hrsg.), Derivative Finanzinstrumente in Industrieunternehmen[4], Tz. 329 ff.
[76] Vgl. IDW RH HFA 1.005 Tz. 36 sowie DRS 5-10.9.
[77] Vgl. *Krumnow/Sprißler* ua. (Hrsg.), Rechnungslegung der Kreditinstitute[2], § 340e HGB Tz. 50 ff.; IDW RS BFA 1 Tz. 4 ff.
[78] Vgl. *Krumnow/Sprißler* ua. (Hrsg.), Rechnungslegung der Kreditinstitute[2], § 340e HGB Tz. 452 (Aktienoptionen), Tz. 472 ff. (Aktienindex-Terminkontrakte) und Tz. 478 ff. (Aktienindex-Optionen).
[79] Vgl. Beschlussempfehlung und Bericht des Rechtsausschusses, BT-Drucks. 16/12407, S. 86; zur entsprechenden Vorgehensweise nach IFRS vgl. IDW RS HFA 9 Tz. 316.
[80] Vgl. Beschlussempfehlung und Bericht des Rechtsausschusses, BT-Drucks. 16/12407, S. 86.

Wert- oder Zahlungsstromänderungen gerechtfertigt wird[81]. Wäre dies der Fall, wäre das Sicherungsinstrument nicht zur Absicherung von Risiken aus dem Grundgeschäft geeignet.

Diese Anforderungen werden dann erfüllt, wenn zum einen Grundgeschäfte und Sicherungsinstrumente demselben Basisrisiko, dh. **derselben Risikoart** (bspw. dem Zins- oder dem Währungsrisiko) unterliegen und zum anderen die wesentlichen, das Risiko und damit die Wert- oder Zahlungsstromänderungen bewirkenden **Ausstattungsmerkmale** (bspw. die variablen Zinssätze einer Darlehensverbindlichkeit und eines *Payer-Zinsswaps*[82] oder besondere Ausstattungsmerkmale wie eingebettete Optionen oder Parameter-Wechsel bei Erreichen von *Knock In-/Knock Out*-Grenzen) in einem solchen Maße übereinstimmen, dass sich die Wert- oder Zahlungsstromänderungen nicht zufällig ausgleichen. Ein „identisches Risiko" im Sinne einer Identität sämtlicher einzelner, die Werte oder Zahlungsströme von Grundgeschäft und Sicherungsinstrument beeinflussender Parameter, kann dagegen weder nach dem Wortlaut („vergleichbare Risiken"), noch nach Sinn und Zweck des § 254 Satz 1 HGB gefordert werden. 55

So erfolgt zwar im Idealfall die Absicherung von Währungsrisiken durch ein währungsidentisches Sicherungsinstrument oder die Absicherung von Zinsrisiken durch ein hinsichtlich des Zinssatzes und der Zinszahlungstermine identisches Sicherungsinstrument. Kann aber eine hinreichend **hohe gegenläufige Korrelation** der Wert- oder Zahlungsstromänderungen von Geschäften in unterschiedlichen Währungen (bspw. zwischen US- und kanadischem Dollar) oder mit unterschiedlichen Zinssätzen oder Zinszahlungsterminen nachgewiesen werden, sind die Risiken vergleichbar iSd. § 254 Satz 1 HGB[83]. Je unterschiedlicher die risikobestimmenden Ausstattungsmerkmale sind, desto geringer ist allerdings die Wirksamkeit der Sicherungsbeziehung und desto größer ist der ineffektive Teil der Sicherungsbeziehung (vgl. Tz. 101 ff. u. Tz. 111 ff.), deren Einzelbestandteile insoweit nach den allgemeinen Grundsätzen einzeln zu bewerten sind. Im Unterschied dazu ist es nach dem bisher geltenden Handelsrecht für zulässig erachtet worden, den ineffektiven Teil einer Sicherungsbeziehung gar nicht zu bilanzieren (sog. „vollständige Festbewertung"), dies allerdings nur unter der Voraussetzung, dass die Sicherungsbeziehung im Wesentlichen effektiv war (vgl. Tz. 104). 56

Das Maß, inwieweit sich Wert- oder Zahlungsstromänderungen des Grundgeschäfts aufgrund des abgesicherten Risikos durch Wert- oder Zahlungsstromänderungen des Sicherungsinstruments aufgrund dieses Risikos voraussichtlich ausgleichen werden, also inwieweit die Risiken von Grundgeschäft und Sicherungsinstrument vergleichbar sind und gegenläufig wirken, wird als *Hedge*-**Effektivität** bezeichnet. Sie kann sowohl durch das Verhältnis von Änderungen des Sicherungsinstruments zu Änderungen des Grundgeschäfts oder umgekehrt ermittelt werden. Beträgt bspw. der (erwartete künftige oder tatsächlich eingetretene) Gewinn aus einem Sicherungsinstrument 120 und der korrespondierende Verlust aus einem Grundgeschäft 105, kann die *Hedge*-Effektivität entweder anhand des Quotienten $120/105 = 114{,}3\,\%$ oder anhand des Quotienten $105/120 = 87{,}5\,\%$ gemessen werden[84]. 57

In vielen Fällen wird es an einem vollständigen Risikoausgleich (perfekter *Hedge*; **100%ige** *Hedge*-**Effektivität**) selbst bei Mikro-*Hedges* fehlen, bspw. aufgrund unter- 58

---
81 Vgl. Beschlussempfehlung und Bericht des Rechtsausschusses, BT-Drucks. 16/12407, S. 86.
82 Bei einem *Payer-Zinsswap* zahlt das Unternehmen fixe und erhält variable Zinsen.
83 So auch zum geltenden Recht *Prahl/Naumann* in HdJ, Abt. II/10, Rn. 194 ff. sowie *Löw*, WPg 2004, S. 1112.
84 Vgl. IDW RS HFA 9 Tz. 325.

schiedlicher Parameter (zB Zinssätze oder Fälligkeiten) oder unterschiedlicher Ausfallrisiken[85]. Da die Risiken von Grundgeschäft und Sicherungsinstrument nicht identisch, sondern lediglich vergleichbar sein müssen, wird dies auch nicht gefordert.

59 Aus der Anforderung an die Vergleichbarkeit der Risiken kann des Weiteren, im Gegensatz zu IFRS, keine **Mindest-*Hedge*-Effektivität** innerhalb einer bestimmten engen Bandbreite abgeleitet werden[86]. Eine solche hohe Mindest-*Hedge*-Effektivität ist auch nicht erforderlich, da *Hedge*-Ineffektivitäten, im Gegensatz zu IFRS, handelsrechtlich zwingend imparitätisch zu bilanzieren sind, unrealisierte Gewinne also nicht ergebniswirksam erfasst werden dürfen. Für die Bilanzierung einer Sicherungsbeziehung als Bewertungseinheit erscheint deshalb lediglich ein gewisses Mindestmaß an *Hedge*-Effektivität erforderlich, um eine Vergleichbarkeit der Risiken zu gewährleisten[87]. Jedenfalls dann, wenn die *Hedge*-Effektivität geringer als 50 % ist, erscheint zweifelhaft, ob die abgesicherten Risiken vergleichbar und damit die Wert- oder Zahlungsstromänderungen in ausreichendem Umfang gegenläufig sind, da sich in diesem Fall die Wert- oder Zahlungsstromänderungen von Grundgeschäft und Sicherungsinstrument in einem geringeren Umfang ausgleichen als sie das nicht tun.

60 Nach den Gesetzesbegründungen bleibt die Auswahl der **Methoden zur Feststellung der Wirksamkeit** der Sicherungsbeziehung – und damit der Vergleichbarkeit der Risiken – dem bilanzierenden Unternehmen überlassen[88]. Deshalb erscheint es sachgerecht, sämtliche Methoden, die unter Berücksichtigung der Risikomanagementziele und -strategie des Unternehmens, der Art der Sicherungsbeziehung (Mikro-, Makro- oder Portfolio-*Hedge*), der Art des abgesicherten Risikos und der Art des Sicherungsinstruments betriebswirtschaftlich sinnvoll sind, anzuerkennen, vorausgesetzt, sie werden im Zeitablauf grds. stetig angewendet (vgl. Tz. 68). Damit sind handelsrechtlich grds. zumindest die nach IAS 39 zulässigen Methoden anwendbar, ohne dass die Einschränkungen nach IAS 39 hinsichtlich der Zulässigkeit bestimmter Methoden zwingend bestehen[89]. Des Weiteren bietet sich die Anwendung einer für Zwecke des IFRS-Konzernabschlusses angewandten Methode für Zwecke des handelsrechtlichen Jahresabschlusses aus Praktikabilitätsgründen an, ohne aber zwingend zu sein, da der IFRS-Konzernabschluss keine Bindungswirkung für einen handelsrechtlichen Jahresabschluss hat.

61 Grds. kann die Wirksamkeit einer Sicherungsbeziehung zeitlich in **zwei Richtungen** ermittelt werden, prospektiv und retrospektiv. Bei einer prospektiven Ermittlung wird auf qualitative oder quantitative Weise festgestellt, ob und in welchem Umfang erwartet werden kann, dass eine Sicherungsbeziehung künftig über ihre geplante Dauer wirksam ist. Bei einer retrospektiven Ermittlung werden die tatsächlichen vergangenen Wert- oder Zahlungsstromänderungen des Grundgeschäfts und des Sicherungsinstruments miteinander verglichen, um zu ermitteln, inwieweit eine Sicherungsbeziehung in der Vergangenheit wirksam war. Nach IFRS setzt die Anwendung der Regeln zum *Hedge Accounting* nach IAS 39 sowohl den Nachweis einer hohen künftigen Effektivität mit Hilfe eines prospektiven Effektivitätstests (IAS 39.88(b)), wie auch den

---

85 Vgl. *PwC* (Hrsg.), Derivative Finanzinstrumente in Industrieunternehmen[4], Tz. 414.
86 Vgl. Beschlussempfehlung und Bericht des Rechtsausschusses, BT-Drucks. 16/12407, S. 86; nach IAS 39.AG105(b) ist eine *Hedge*-Effektivität zwischen 80 % und 125 % erforderlich.
87 So auch *Scharpf* in Küting ua., BilMoG[2], S. 216.
88 Vgl. Begr. RegE, BT-Drucks. 16/10067, S. 58 f.; Beschlussempfehlung und Bericht des Rechtsausschusses, BT-Drucks. 16/12407, S. 86.
89 So auch *Scharpf/Schaber*, KoR 2008, S. 537.

Nachweis einer tatsächlichen hohen Effektivität mit Hilfe eines retrospektiven Effektivitätstests (IAS 39.88(e)) voraus[90].

Aus dem Wortlaut des § 254 Satz 1 HGB ist nicht ausdrücklich ersichtlich, ob ein derartiger zweifacher Effektivitätstest auch die handelsrechtliche Voraussetzung für die bilanziellen Folgen einer Bewertungseinheit ist. Unstrittig erscheint, dass die Vergleichbarkeit der Risiken – und damit die **Wirksamkeit der Sicherungsbeziehung** – als Voraussetzung für die Bildung und die Fortführung einer Bewertungseinheit **prospektiv** nachzuweisen ist. Würde dieser Nachweis nicht prospektiv erbracht, wäre der erforderliche (zwangsläufige) künftige Ausgleich gegenläufiger Wert- oder Zahlungsstromänderungen nicht gewährleistet. Ein derartiger prospektiver Nachweis ist außerdem aufgrund der Anhangangaben zu Bewertungseinheiten nach § 285 Nr. 23 lit. b HGB erforderlich (vgl. Abschn. O Tz. 183). 62

Fraglich erscheint dagegen, ob ein **retrospektiver Effektivitätsnachweis** eine zwingende Voraussetzung für die Fortführung einer Bewertungseinheit darstellt. Eine Notwendigkeit dazu besteht – im Gegensatz zu IFRS – nicht, da die bilanziellen Folgen einer Bewertungseinheit („Einfrieren" oder „Durchbuchen", vgl. Tz. 94 ff.) nach § 254 Satz 1 HGB nur in dem Umfang und für den Zeitraum eintreten, in dem sich die gegenläufigen Wert- oder Zahlungsstromänderungen aus dem abgesicherten Risiko ausgleichen. Ineffektivitäten, also sich nicht ausgleichende Wert- oder Zahlungsstromänderungen aus dem abgesicherten Risiko, sind dagegen imparitätisch zu behandeln, dh. ein per Saldo verbleibender Aufwand ist zu berücksichtigen, während ein per Saldo verbleibender Gewinn nicht berücksichtigt werden darf (vgl. Tz. 111 ff.). Es erscheint deshalb sachgerecht, den retrospektiven Nachweis der Wirksamkeit einer Sicherungsbeziehung nicht als Voraussetzung für die Fortführung einer Bewertungseinheit zu sehen, sondern als zwingende Folge ihrer Bildung in der Vergangenheit, nämlich als die zwingende rechnerische Ermittlung der Ineffektivität der Sicherungsbeziehung (vgl. Tz. 101 ff.). 63

Zu den für die Beurteilung der Vergleichbarkeit der Risiken für handelsrechtliche Zwecke grds. zulässigen **Methoden einer prospektiven Effektivitätsmessung** zählen[91]: 64

- die in der Praxis bedeutsame qualitative *Critical Terms Match*-Methode (Vergleich aller bewertungsrelevanten Parameter von Grundgeschäft und Sicherungsinstrument miteinander),
- quantitative Sensitivitätsanalysen (Ermittlung der Sensitivität von Grundgeschäft und Sicherungsinstrument für den Fall einer hypothetischen Änderung der Basisvariablen, zB des abgesicherten Wechselkurses; hierbei können verschiedene Methoden zur Anwendung kommen, bspw. die *Basis Point Value*-Methode, die Marktdaten-*Shift*-Methode oder Durationen) oder
- der ebenfalls quantitative historische Abgleich (Vergleich von Wertänderungen bei Grundgeschäft und Sicherungsinstrument auf Basis historischer Daten).

Einen Sonderfall der Methoden zur prospektiven Effektivitätsmessung stellt die sog. ***Short Cut*-Methode** dar. Nach dieser – nach IFRS unzulässigen[92], nach US-GAAP dagegen zulässigen – Methode gilt eine Sicherungsbeziehung mit einem Zinsswap als Sicherungsinstrument als zu 100 % effektiv, wenn bestimmte Voraussetzungen kumu- 65

---

90 Vgl. auch IDW RS HFA 9 Tz. 322 u. Tz. 325 ff.
91 Zur grds. Zulässigkeit der Methoden nach IFRS vgl. IDW RS HFA 9 Tz. 328. Zu einer Darstellung der Methoden vgl. *PwC* (Hrsg.), IFRS Manual of Accounting 2009, Tz. 6.10.159 ff.; *PwC* (Hrsg.), IFRS für Banken[4], S. 560 f.; *PwC* (Hrsg.), Derivative Finanzinstrumente in Industrieunternehmen[4], Tz. 418 ff.
92 Vgl. IAS 39.IG F.4.7.

lativ erfüllt sind (zB identische Nominalbeträge, identische abgesicherte Zinssätze, identische Fälligkeiten)[93]. Im Unterschied zur *Critical Terms Match*-Methode kann aufgrund der Unterstellung einer 100%igen Effektivität auf spätere retrospektive Effektivitätsmessungen verzichtet werden; dies führt wegen IAS 39.88(e) zur Unzulässigkeit nach IFRS. Fraglich könnte sein, ob die *Short Cut*-Methode handelsrechtlich anwendbar ist.

66 Nach der Begründung des Rechtsausschusses bieten weder § 254 HGB, noch die allgemeinen handelsrechtlichen Bewertungsvorschriften eine Grundlage, von der Ermittlung des Umfangs, in dem sich die gegenläufigen Wert- oder Zahlungsstromänderungen einer Bewertungseinheit ausgleichen, abzusehen[94]. Darauf kann lediglich ggf. aus Wesentlichkeitsgründen verzichtet werden. Allerdings stellt die Regierungsbegründung im Fall sich entsprechender Parameter geringere Anforderungen an die zu dokumentierende Effektivitätsmessung[95]. Des Weiteren kann die Feststellung der Wirksamkeit einer Sicherungsbeziehung nach der Begründung des Rechtsausschusses auch auf der Grundlage eines angemessenen Risikomanagementsystems erfolgen[96]. Daher erscheint die Anwendung der *Short Cut*-Methode vertretbar, wenn die nach **US-GAAP** geltenden restriktiven **Voraussetzungen** erfüllt sind. In diesen Fällen ist der ineffektive Teil der Sicherungsbeziehung in aller Regel unwesentlich[97].

67 Zweck eines prospektiven Effektivitätstests ist die Beurteilung, ob Risiken vergleichbar sind und damit die Bildung oder Fortführung einer Bewertungseinheit zulässig ist. Nach der Begründung des Rechtsausschusses ist eine solche Ermittlung **zu jedem Abschlussstichtag** während der Sicherungsbeziehung vorzunehmen[98]. Eine prospektive Ermittlung schon zu Beginn der Sicherungsbeziehung kann danach nicht gefordert werden; sie kann auch nicht nach dem Wortlaut des § 254 HGB oder aufgrund der Anhangangaben (§ 285 Nr. 23, § 314 Abs. 1 Nr. 15 HGB) verlangt werden und ist auch für Dokumentationszwecke nicht zwingend erforderlich (vgl. Tz. 89).

68 Nach dem **Stetigkeitsgebot** für Bewertungsmethoden (§ 252 Abs. 1 Nr. 6 HGB; vgl. Abschn. G Tz. 13 ff.) ist es geboten, auch die Methoden zur Ermittlung der Wirksamkeit einer Sicherungsbeziehung sowohl sachlich, dh. für gleichartige Sachverhalte, wie auch zeitlich stetig anzuwenden. Ein Methodenwechsel erscheint allenfalls in begründeten Ausnahmefällen zulässig (§ 252 Abs. 2 HGB). Dazu zählt bspw. der Wechsel von einer einfacheren zu einer komplexeren Methode zum Zwecke einer verlässlicheren Messung der Wirksamkeit.

69 Nach dem Wortlaut des § 254 Satz 1 HGB („zum Ausgleich gegenläufiger Wertänderungen oder Zahlungsströme aus dem Eintritt vergleichbarer Risiken") ist die Wirksamkeit der Sicherungsbeziehung grds. nur anhand der Wert- oder Zahlungsstromänderungen der Geschäfte aufgrund des abgesicherten Risikos (bspw. aus einer Zinssatzänderung im Fall der Absicherung des Zinsrisikos) zu ermitteln (sog. **risikoinduzierte Bewertung**). Änderungen von Werten oder Zahlungsströmen aufgrund der Änderung anderer, nicht abgesicherter Parameter (im genannten Fall bspw. aufgrund der Änderung des Wechselkurses) dürfen dagegen bei der Effektivitätsermittlung nicht berücksichtigt werden. Dies gilt sowohl für die Grundgeschäfte wie auch für die Sicherungsinstrumente. Auf den vollen beizulegenden Zeitwert – unter Berücksichtigung der

---

[93] Zu den Voraussetzungen im Einzelnen vgl. FAS 133.68 ff.
[94] Vgl. Beschlussempfehlung und Bericht des Rechtsausschusses, BT-Drucks. 16/12407, S. 86.
[95] Vgl. Begr. RegE, BT-Drucks. 16/10067, S. 58.
[96] Vgl. Beschlussempfehlung und Bericht des Rechtsausschusses, BT-Drucks. 16/12407, S. 86.
[97] So auch *Löw/Scharpf/Weigel*, WPg 2008, S. 1018, *Scharpf/Schaber*, KoR 2008, S. 537.
[98] Vgl. Beschlussempfehlung und Bericht des Rechtsausschusses, BT-Drucks. 16/12407, S. 86.

Wertänderungen aufgrund sämtlicher Risiken, nicht nur des abgesicherten Risikos – darf deshalb nur abgestellt werden, wenn dies aus Wesentlichkeitsgründen zulässig ist. Das kann bspw. bei *Plain Vanilla*-Sicherungsinstrumenten mit nur einem (= der Absicherung dienenden) Basisrisiko und einem unwesentlichen Bonitätsrisiko des Vertragspartners der Fall sein[99].

Risiken werden häufig nur **teilweise abgesichert**. Dies liegt im Wesentlichen daran, dass die Sicherungsbeziehung idR nicht vollständig effektiv ist, weil die Risiken nicht identisch sind, sondern lediglich die Risikoart vergleichbar ist (vgl. Tz. 55). Es kann aber auch daran liegen, dass nur ein Teil des Grundgeschäfts, sei es in betraglicher oder in zeitlicher Hinsicht, abgesichert wird (vgl. Tz. 12) oder dass die Risikoart selbst nur teilweise abgesichert wird. So kann bspw. die Absicherung des Zinsrisikos einer Festzins-Verbindlichkeit das gesamte Festzinsrisiko, aber auch nur einen Teil umfassen (im Fall der Sicherung mit einem *Receiver*-Zinsswap mit abweichendem Festzins) oder im Fall einer variabel verzinslichen Verbindlichkeit nur der risikolose Zins abgesichert werden, während der Zuschlag für das Kreditrisiko (*credit spread*) ganz oder teilweise ungesichert bleibt. Entsprechend können bspw. Aktienkurs-, Währungs- oder Zinsänderungsrisiken durch Abschluss eines Festgeschäfts so abgesichert werden, dass gleichzeitig auch Chancen verhindert werden (Ausgleich der Wertänderungen in beide Richtungen) oder durch Abschluss eines Optionsgeschäfts nur gegen die Entwicklung über oder unter ein bestimmtes Niveau abgesichert werden. Die Absicherung nur gegen ein solches Teilrisiko hindert die Vergleichbarkeit des Risikos von Grundgeschäft und Sicherungsinstrument nicht, so dass die Bildung einer Bewertungseinheit nach § 254 Satz 1 HGB auch in diesen Fällen zulässig sein kann. Der nicht gesicherte Teil des Risikos unterliegt dann den allgemeinen Bewertungsvorschriften[100]. 70

Grundgeschäfte und Sicherungsinstrumente unterliegen regelmäßig **mehreren Risikoarten**. So unterliegen bspw. Fremdwährungsforderungen einem Währungs- und einem Ausfallrisiko, während verzinsliche Fremdwährungsverbindlichkeiten und Zins-Währungs-*Swaps* einem Zins- und einem Währungsrisiko unterliegen. In diesen Fällen ist es für die Bildung einer Bewertungseinheit nach § 254 HGB nicht erforderlich, dass Grundgeschäft und Sicherungsinstrument hinsichtlich aller Risikoarten vergleichbar sind, sondern nur hinsichtlich der jeweils abgesicherten Risikoart. So sind bspw. eine Beteiligung an einem Unternehmen in den USA und eine US-Dollar-Verbindlichkeit hinsichtlich des ggf. abgesicherten Währungsrisikos vergleichbar, auch wenn eine vollständige Risikoidentität (einschl. des Wertänderungsrisikos aufgrund einer Ertragswertänderung der Beteiligung) nur dann gegeben wäre, wenn die US-Dollar-Verbindlichkeit auch durch Hingabe der Beteiligung beglichen werden könnte (Ersetzungsbefugnis)[101]. 71

Werden nicht alle Risikoarten eines Grundgeschäfts abgesichert bzw. dienen nicht alle Risikoarten des Sicherungsinstruments der Absicherung des Grundgeschäfts, setzt dies allerdings eine eindeutige **Abgrenzbarkeit der abgesicherten Risikoart** in dem Sinne voraus, dass sie isoliert bewertbar sein muss, damit die gegenläufigen Wert- oder Zahlungsstromänderungen verlässlich messbar sind (vgl. Tz. 76 ff.) und damit die Wirksamkeit der Sicherungsbeziehung nachgewiesen werden kann[102]. So sind eine mit dem 72

---

99 Zur Vorgehensweise nach IFRS vgl. IDW RH HFA 2.001 Tz. 15 u. Tz. 20 (Bewertung des Grundgeschäfts zum sog. „*hedged fair value*" und Bewertung des Sicherungsinstruments zum sog. „*full fair value*").
100 Vgl. auch *Scharpf/Schaber*, KoR 2008, S. 533.
101 Zur Sicherung von Auslandsbeteiligungen vgl. auch *Kämpfer/Fey* in FS Streim, S. 187 ff.
102 Vgl. Beschlussempfehlung und Bericht des Rechtsausschusses, BT-Drucks. 16/12407, S. 86; so auch *Löw*, WPg 2004, S. 1112.

Euribor verzinsliche Darlehensverbindlichkeit und ein zur Sicherung abgeschlossener *Payer*-Zins*swap*, dessen variable Seite nicht nur vom Euribor, sondern ergänzend von der Kursentwicklung des US-Dollars formelmäßig abhängt, hinsichtlich des abgesicherten Zinsrisikos nicht vergleichbar, da sich das Zins- und das Währungsrisiko des Sicherungsinstruments nicht trennen lassen[103]. Soweit Risikoarten nicht abgesichert werden, ist § 254 Satz 1 HGB schon deshalb nicht einschlägig, da hinsichtlich der nicht abgesicherten Risiken gar keine Sicherungsabsicht (vgl. Tz. 40) besteht. Grundgeschäfte und Sicherungsinstrumente sind insoweit nach den allgemeinen Grundsätzen einzeln zu bewerten, bspw. eine währungs- aber nicht ausfallgesicherte Forderung isoliert hinsichtlich des Ausfallrisikos.

73   Sollen **mehrere Grundgeschäfte** mit einem Sicherungsinstrument zu einer Bewertungseinheit zusammengefasst werden (bspw. im Fall eines Portfolio-*Hedges*), ist eine Vergleichbarkeit der Risiken nur dann gegeben, wenn die den einzelnen Grundgeschäften innewohnenden abgesicherten Risiken miteinander vergleichbar sind. Dies ergibt sich aus der Regierungsbegründung, die zum einen eine Gleichartigkeit für die Zusammenfassung von Grundgeschäften zum Zwecke eines Portfolio-*Hedges* fordert, zum anderen die Bildung einer Bewertungseinheit für den Fall des nur zufälligen Ausgleichs von Wert- oder Zahlungsstromänderungen nicht zulässt[104].

74   Damit ist erforderlich, dass die einzelnen Grundgeschäfte nicht nur derselben Risikoart (bspw. Währungsrisiko) unterliegen, sondern auch, dass die **Wert- oder Zahlungsstromänderungen der Grundgeschäfte** miteinander hinreichend **hoch korreliert** sind (bspw. im Fall verschiedener Währungen; vgl. Tz. 55 f.). Die Absicherung von auf US- und kanadischem Dollar lautenden Forderungen mittels US-Dollar-Devisentermingeschäft erscheint danach zulässig, während die Absicherung eines heterogenen Aktienportfolios mittels eines Indexderivats im Allgemeinen unzulässig erscheint[105]. Ergänzend ist erforderlich, dass die abgesicherten Risiken der einzelnen Grundgeschäfte mit dem des Sicherungsinstruments vergleichbar iSv. § 254 Satz 1 HGB sind.

d. Gegenläufigkeit der Wert- oder Zahlungsstromänderungen

75   Nach § 254 Satz 1 HGB müssen die **Wert- oder Zahlungsstromänderungen** von Grundgeschäft und Sicherungsinstrument aufgrund des Eintritts der vergleichbaren Risiken **gegenläufig** sein. Im Fall der Absicherung gegen Wertänderungsrisiken muss damit der Risikoeintritt zu einer Wertminderung des einen und zu einer Wertsteigerung des anderen Instruments führen. Im Fall der Absicherung gegen Zahlungsstromänderungsrisiken muss der Risikoeintritt zu einem im Vergleich zur ursprünglichen Erwartung höheren Zahlungsmittelabfluss oder geringeren Zahlungsmittelzufluss des einen und zu einem geringeren Zahlungsmittelabfluss oder höheren Zahlungsmittelzufluss des anderen Instruments führen. So sind bspw. die Wertänderungen einer festverzinslichen Darlehensverbindlichkeit und eines *Receiver*-Zins*swaps*[106] gegenläufig: steigt der Marktzins, führt dies aufgrund der daraus resultierenden Unterverzinslichkeit der Darlehensverbindlichkeit zu deren Wertsteigerung, während der Wert des Zins*swaps* aufgrund des gestiegenen Netto-Zahlungsmittelabflusses sinkt.

---

103   Vgl. *Scharpf/Schaber*, KoR 2008, S. 535.
104   Vgl. Begr. RegE, BT-Drucks. 16/10067, S. 58.
105   So auch *Cassel* in Kessler/Leinen/Strickmann (Hrsg.), Handbuch BilMoG, S. 436. Zur (grds. vergleichbaren) Anforderung nach IFRS vgl. IAS 39.83 u. IAS 39.IG F.2.20.
106   Bei einem *Receiver*-Zins*swap* erhält das Unternehmen fixe und zahlt variable Zinsen.

e. Verlässliche Messbarkeit der Wert- oder Zahlungsstromänderungen

Wert- oder Zahlungsstromänderungen von Grundgeschäft und Sicherungsinstrument aufgrund des abgesicherten Risikos müssen **verlässlich messbar** sein. Ist dies nicht der Fall, kann zum einen weder festgestellt werden, ob sich Wert- oder Zahlungsstromänderungen ausgleichen, noch in welchem Umfang dies der Fall ist[107], und zum anderen ggf. nicht beurteilt werden, ob Risiken von Grundgeschäft und Sicherungsinstrument vergleichbar sind. Ob dies gegeben ist, hängt auch von der Art der Bewertungseinheit (Mikro-, Makro- oder Portfolio-*Hedge*) ab. So dient ein Makro-*Hedge* gerade nicht dem individualisierten Ausgleich von Wert- oder Zahlungsstromänderungen, so dass ein solcher Ausgleich auch nicht individualisiert messbar sein muss[108]. 76

In jedem Fall erforderlich erscheint allerdings, dass Wert- oder Zahlungsstromänderungen aufgrund des abgesicherten Risikos von **Wert- oder Zahlungsstromänderungen** aufgrund anderer, **nicht abgesicherter Risiken** abgegrenzt werden können. Ist dies nicht möglich, bspw. weil Interdependenzen mit anderen, nicht abgesicherten Risiken bestehen, fehlt es an einer verlässlichen Messbarkeit des abgesicherten Risikos. Ist dies von Anfang an der Fall, ist die Bildung einer Bewertungseinheit von Anfang an unzulässig. Tritt dies erst zu einem späteren Abschlussstichtag ein, ist eine bestehende Bewertungseinheit aufzulösen[109]. 77

Sowohl an einer verlässlichen Messbarkeit der Wirksamkeit der Sicherungsbeziehung wie auch an der (zwingenden) Gegenläufigkeit von Wert- oder Zahlungsstromänderungen aufgrund vergleichbarer Risiken iSv. § 254 Satz 1 HGB fehlt es auch, wenn das Grundgeschäft und/oder das Sicherungsinstrument einem erheblichen **Ausfallrisiko** unterliegen. Grund dafür ist, dass in einem solchen Fall nicht mit hinreichender Sicherheit davon ausgegangen werden kann, dass Gewinne aus dem einem Ausfallrisiko unterliegenden Geschäft tatsächlich realisiert werden können, um Verluste aus dem Gegengeschäft zu kompensieren. 78

f. Makro- und Portfolio-Hedges

Bei **Makro-** und ggf. bei **Portfolio-***Hedges* (vgl. Tz. 7 f.) erfolgt keine eindeutige Zuordnung einzelner Grundgeschäfte zu bestimmten Sicherungsinstrumenten, so dass die Wirksamkeit einer Sicherungsbeziehung nicht individualisiert (auf Mikro-Ebene) festgestellt werden kann. In diesen Fällen kommt die Bildung einer Bewertungseinheit nur dann in Betracht, wenn ein angemessenes und wirksames **Risikomanagementsystem** vorhanden ist (vgl. auch Abschn. V Tz. 60)[110]. Wann dies gegeben ist, kann nicht allgemeingültig vorgegeben werden, sondern hängt vom Einzelfall ab, insb. von der Art und dem Umfang der zu einer Bewertungseinheit zusammengefassten Grundgeschäfte und Sicherungsinstrumente sowie von der Art und dem Umfang der abgesicherten Risiken für das Unternehmen[111]. Zur Berichterstattung über das Risikomanagementsystem im Lagebericht vgl. Abschn. O Tz. 317 ff. 79

Um eine Wirksamkeit der Sicherungsbeziehung zu gewährleisten, setzt ein angemessenes und wirksames Risikomanagementsystem bestimmte aufbau- und ablauforgani- 80

---

107 Vgl. Beschlussempfehlung und Bericht des Rechtsausschusses, BT-Drucks. 16/12407, S. 86. Zu dieser Voraussetzung nach IFRS vgl. IAS 39.88 sowie IDW RS HFA 9 Tz. 322.
108 Vgl. Begr. RegE, BT-Drucks. 16/10067, S. 58.
109 Vgl. Beschlussempfehlung und Bericht des Rechtsausschusses, BT-Drucks. 16/12407, S. 86.
110 Vgl. Begr. RegE, BT-Drucks. 16/10067, S. 58.
111 Vgl. Begr. RegE, BT-Drucks. 16/10067, S. 58.

| H | Bewertungseinheiten | § 254 HGB |

satorische Mindestregelungen voraus[112]. Zu den **aufbauorganisatorischen (Mindest-) Regeln** gehören bspw. eine Funktionstrennung zwischen Geschäftsabschluss (Handel), Geschäftsabwicklung, Kontrolle und Buchhaltung, je nach Größe des Unternehmens und Bedeutung derartiger Geschäfte für das Unternehmen auch eine überschneidungsfreie Aufteilung der Zuständigkeiten für bestimmte Bestände (mit entsprechender ertrags- und risikomäßiger Verantwortung).

81 Hinsichtlich der **Ablauforganisation** ist neben Regelungen zur Erfassung offener Risikopositionen und deren Schließung insb. die Festlegung eines intersubjektiv nachvollziehbaren Verlustrisikolimits sachgerecht, das in einem festgelegten Zeitraum eingehalten werden muss, damit der Makro- bzw. Portfolio-*Hedge* als geschlossen gilt[113]. Ein geeignetes Risikomaß ist bspw. der *Value-at-Risk*, der die negative Marktwertänderung einer Makro-Einheit bzw. eines Portfolios angibt, welche bei deren unveränderter Zusammensetzung in einem gegebenen Zeithorizont (bspw. zehn Tage) mit einer bestimmten Wahrscheinlichkeit (bspw. 95 %) nicht überschritten werden darf. Würde ein solches Limit nicht festgelegt, wäre nicht sichergestellt, dass Wert- oder Zahlungsstromänderungen hinreichend gegenläufig iSv. § 254 Satz 1 HGB sind.

6. Betragsidentität

82 Nach § 254 Satz 1 HGB treten die Rechtsfolgen einer Bewertungseinheit nur in dem **Umfang** ein, in dem sich Wert- oder Zahlungsstromänderungen aufgrund vergleichbarer Risiken ausgleichen. Dies setzt voraus, dass die in eine Bewertungseinheit einbezogenen Nominalbeträge von Grundgeschäft und Sicherungsinstrument identisch in dem Sinne sind, dass sie zu sich ausgleichenden Wert- oder Zahlungsstromänderungen führen. Soweit die Beträge nicht in diesem Sinne identisch sind, resultieren Wert- oder Zahlungsstromänderungen aus unterschiedlichen Ursachen und gleichen sich deshalb allenfalls zufällig aus. Eine Betragsidentität in diesem Sinne ist bspw. gegeben, soweit Fremdwährungsbeträge einer Forderung und einer Verbindlichkeit übereinstimmen oder soweit der Darlehensbetrag und der Nominalbetrag eines Zins*swaps* übereinstimmen. Nicht erforderlich ist dagegen, dass Grundgeschäft und Sicherungsinstrument auf identische Mengen gerichtet sind (bspw. im Fall der Absicherung gegen Preisänderungsrisiken im *Commodity*-Bereich), da ggf. erst aufgrund des Mengenunterschieds eine perfekte Sicherung erreicht wird. Dies entspricht der bisherigen Rechtslage[114].

83 Die Anforderung des § 254 Satz 1 HGB an eine Betragsidentität bedeutet nicht, dass Bewertungseinheiten nur im Fall identischer Nominalbeträge gebildet werden dürfen, sondern lediglich, dass die Rechtsfolgen einer Bewertungseinheit nur für den betraglich übereinstimmenden Teil von Grundgeschäft und Sicherungsinstrument eintreten, während ein **übersteigender Betrag** von Grundgeschäft oder Sicherungsinstrument (offene Position) nach den allgemeinen Grundsätzen einzeln zu bewerten ist.

---

112 Teilweise wurden auch schon bisher Makro- und Portfolio-*Hedges* bei Industrieunternehmen für handelsrechtlich zulässig gehalten. Zu den dann geforderten aufbau- und ablauforganisatorischen Voraussetzungen vgl. AK „*Externe Unternehmensrechnung*" der SG, DB 1997, S. 639, *Förschle* in Beck Bil-Komm[6], § 246 Anm. 182; *Prahl/Naumann*, HdJ, Abt. II/10, Tz. 225 u. 240 f. Zu den Voraussetzungen für Kreditinstitute vgl. *Scharpf/Luz*, Risikomanagement, Bilanzierung und Aufsicht von Finanzderivaten[2], S. 310 ff. sowie *Krumnow/Sprißler* ua., Rechnungslegung der Kreditinstitute[2], § 340e HGB Rn. 140 ff. und Rn. 340 ff.
113 Vgl. ebenda
114 Zur Betragsidentität als Voraussetzung nach bisherigem Recht vgl. zB *ADS*[6], § 253 HGB Tz. 107; *WPH*[13], Bd. I, E Tz. 54.

7. Fristenidentität

Nach § 254 Satz 1 HGB treten die Rechtsfolgen einer Bewertungseinheit nur für den Zeitraum ein, für den sich Wert- oder Zahlungsstromänderungen aus vergleichbaren Risiken ausgleichen. Damit ist, wie nach bisherigem Recht[115], erforderlich, dass die Grundgeschäfte und Sicherungsinstrumente fristenidentisch sind bzw. eine solche Fristenidentität zumindest herstellbar ist. Andernfalls gleichen sich Wert- oder Zahlungsstromänderungen allenfalls zufällig aus. Etwaige Fristeninkongruenzen während der übereinstimmenden Laufzeiten von Grundgeschäft und Sicherungsinstrument (zB unterschiedliche Zinszahlungstermine einer Darlehensverbindlichkeit und eines Zinsswaps) sind für die Fristenidentität unbeachtlich; evtl. erforderliche Überbrückungsmaßnahmen (bspw. Geldaufnahmen, Ausleihungen oder Termingeschäfte) schlagen sich bei der Feststellung der Wirksamkeit der Sicherungsbeziehung nieder (vgl. Tz. 60 ff.).

84

Sind die Zeiträume von Grundgeschäft und Sicherungsinstrument nicht identisch, und soll die Bewertungseinheit nicht nur für den übereinstimmenden kürzeren, sondern für einen längeren Zeitraum (insb. bis zur Beendigung des Geschäfts mit der längeren Laufzeit) gebildet werden, so setzt die **Herstellbarkeit der Fristenidentität** in jedem Fall eine zeitlich entsprechende Sicherungsabsicht voraus (vgl. Tz. 40 ff.). Dazu gehört, dass der Abschluss von Anschlussgeschäften beabsichtigt und zum Zeitpunkt der Bildung der Bewertungseinheit auch objektiv möglich sein muss, damit die Sicherungsabsicht nicht ins Leere läuft. Darüber hinaus erscheint für den Fall, dass das Grundgeschäft eine kürzere Laufzeit als das Sicherungsinstrument hat, erforderlich, dass der Abschluss eines Anschluss-Grundgeschäfts mit hoher Wahrscheinlichkeit erwartet wird. Dabei sind an den Abschluss eines Anschluss-Grundgeschäfts dieselben Anforderungen wie an die Bildung einer antizipativen Bewertungseinheit, also an eine mit hoher Wahrscheinlichkeit erwartete Transaktion (vgl. Tz. 17 ff.), zu stellen. Andernfalls würden sich Wert- oder Zahlungsstromänderungen aus dem Zeitraum des Sicherungsinstruments, für den es am Abschlussstichtag noch kein Grundgeschäft gibt, nicht mit einer so hohen Wahrscheinlichkeit ausgleichen, dass ihre zusammengefasste Bewertung nach § 254 Satz 1 HGB gerechtfertigt wäre.

85

8. Designation (Zusammenfassung von Grundgeschäft und Sicherungsinstrument)

Die bilanziellen Folgen des § 254 Satz 1 HGB treten nur dann ein, wenn Grundgeschäfte und Sicherungsinstrumente „**zusammengefasst**", also einander für Zwecke der bilanziellen Abbildung zugeordnet werden (Designation, Widmung). Dies führt dazu, dass es sich bei der als zwingend formulierten Vorschrift („sind ... nicht anzuwenden") um ein faktisches Bewertungswahlrecht handelt[116], da das Unternehmen in seiner Entscheidung frei ist, eine derartige Widmung für bilanzielle Zwecke („werden ... zusammengefasst") vorzunehmen.

86

Dieses faktische Bewertungswahlrecht gilt auch in denjenigen Fällen von Mikro-*Hedges*, in denen es anhand der Umstände des Einzelfalls nahezu ausgeschlossen erscheint, dass der Erwerb eines Finanzinstruments zu anderen als zu Sicherungszwecken erfolgt. Dies ist dann der Fall, wenn Sicherungsinstrumente auf eindeutig identi-

87

---

115 Zur (Herstellbarkeit der) Fristenidentität als Voraussetzung nach bisherigem Recht vgl. zB *ADS*⁶, § 253 HGB Tz. 109; *WPH*¹³, Bd. I, E Tz. 54.
116 So auch *Löw/Torabian*, ZKW 2008, S. 613 sowie *Fey* in Baetge/Kirsch (Hrsg.), BilMoG und 7. WPO-Novelle, S. 107.

fizierbare Grundgeschäfte zugeschnitten sind („**maßgeschneiderte**" **Absicherung**) und hinsichtlich der wesentlichen Parameter übereinstimmen. Dies kann bspw. bei wesentlichen währungsgesicherten Auslandsbeteiligungen, bei Devisenterminverkäufen für erwartete Absatzgeschäfte oder bei zinsgesicherten Darlehensaufnahmen mit besonderen Ausgestaltungen der Fall sein. In derartigen Fällen wird das bilanzierende Unternehmen aber in aller Regel, dem Zweck der Sicherungsbeziehung entsprechend, Grundgeschäft und Sicherungsinstrument als Bewertungseinheit bilanzieren wollen. Dies entspricht auch der bisherigen Rechtslage, wonach die Bildung einer Bewertungseinheit idR als Ausnahme des 252 Abs. 2 HGB vom Grundsatz der Einzelbewertung (§ 252 Abs. 1 Nr. 3 HGB) gesehen wurde und eine solche Abkehr vom Einzelbewertungsgrundsatz nicht zwingend verlangt werden konnte[117].

88 § 254 Satz 1 HGB verlangt keine formale Willensäußerung zur Designation zu einem bestimmten Zeitpunkt. Ausreichend erscheint vielmehr die Zusammenfassung von Grundgeschäft und Sicherungsinstrument in Form der Bilanzierung als Bewertungseinheit am Abschlussstichtag. Dies bedeutet aber nicht, dass auf eine **Dokumentation des Sicherungszusammenhangs** verzichtet werden kann. Auch wenn eine Dokumentation nach der Begründung des Rechtsausschusses kein Tatbestandsmerkmal für die Bildung einer Bewertungseinheit ist[118], erfordert eine Bilanzierung als Bewertungseinheit schon aufgrund der allgemeinen Buchführungspflichten (§§ 238 f. HGB)[119] eine entsprechende Dokumentation. An der schon nach bisheriger Rechtslage notwendigen Pflicht zur Dokumentation der Sicherungsbeziehung ändert sich deshalb nichts[120].

89 Teilweise wird nach bisherigem Recht die Dokumentation des Sicherungszusammenhangs bereits für den Erwerb des Sicherungsinstruments, also von **Beginn der Sicherungsbeziehung** an, gefordert[121]. Ob dies nach BilMoG zwingend ist, erscheint zweifelhaft. Die Dokumentation ist kein Tatbestandsmerkmal zur Bildung einer Bewertungseinheit, sondern stellt einen Nachweis für die bilanzielle Behandlung dar. Wird eine Bewertungseinheit erstmals **zum Abschlussstichtag** als solche bilanziert, erscheint es auch nach der allgemeinen Anforderung an zeitgerechte Eintragungen und Aufzeichnungen (§ 239 Abs. 2 HGB)[122] ausreichend, wenn die Dokumentation der Bewertungseinheit in engem zeitlichen Zusammenhang mit ihrer erstmaligen Bilanzierung erfolgt und anschließend über die Laufzeit der Sicherungsbeziehung aktualisiert wird. Der Zeitpunkt der Dokumentation bestimmt also nicht (zwingend) den Beginn der Behandlung einer Sicherungsbeziehung als Bewertungseinheit iSv. § 254 HGB[123].

90 Die **Anforderungen an die Dokumentation** richten sich nach den allgemeinen GoB (§§ 238 Abs. 1 Satz 2 und 3, 239 Abs. 1 und 2 HGB)[124]. Berücksichtigt man die Voraussetzungen für die Bildung einer Bewertungseinheit und ergänzend die dazu erforderlichen Anhangangaben (§§ 285 Nr. 23, 314 Abs. 1 Nr. 15 HGB), erscheint, unge-

---

117 Für ein allgemeines Wahlrecht vgl. *ADS*[6], § 253 HGB Tz. 105; *WPH*[13], Bd. I, E Tz. 54; *PwC* (Hrsg.), Derivative Finanzinstrumente in Industrieunternehmen[4], Tz. 391. Für eine Pflicht für Mikro-*Hedges* schon nach bisheriger Rechtslage vgl. *AK „Externe Unternehmensrechnung" der SG*, DB 1997, S. 639; *Hoyos/Ring* in Beck Bil-Komm[6], § 249 Anm. 65.
118 Vgl. Beschlussempfehlung und Bericht des Rechtsausschusses, BT-Drucks. 16/12407, S. 86.
119 Ebenso *Schmidt*, BB 2009, S. 885.
120 Zur Dokumentationserfordernis nach bisherigem Recht vgl. BFA 2/1993, Abschn. C; BFA 2/1995, Abschn. D; *WPH*[13], Bd. I, E Tz. 54; *PwC* (Hrsg.), Derivative Finanzinstrumente in Industrieunternehmen[4], Tz. 627.
121 Vgl. zB *WPH*[13], Bd. I, E Tz. 54; *Scharpf*, in HdR[5], Kap. 6 Tz. 867, *Förschle* in Beck Bil-Komm[6], § 246 Anm. 162.
122 Vgl. zB *ADS*[6], § 239 HGB Tz. 24 ff.
123 AA *Scharpf/Schaber*, Handbuch Bankbilanz[3], S. 320.
124 Vgl. zB *ADS*[6], § 238 HGB Tz. 33 ff.; § 239 HGB Tz. 13 ff.

achtet der allgemeinen Anforderungen, bspw. im Fall eines Mikro-*Hedges* die Dokumentation folgender Aspekte sachgerecht:

- Risikomanagementziele und -strategie in Bezug auf das abgesicherte Risiko einschl. des geplanten Sicherungszeitraums (vgl. Tz. 42)[125], ggf. auch durch den Verweis auf ein anderes Dokument, zB eine Risikomanagementrichtlinie;
- Art der Sicherungsbeziehung (hier: Mikro-*Hedge*);
- Art des abgesicherten Risikos (zB Zins-, Währungs- oder Aktienkursrisiko);
- eindeutige Identifizierung[126] und ggf. Beschreibung des Grundgeschäfts (zB anhand einer Transaktionsnummer) unter besonderer Berücksichtigung noch nicht abgeschlossener, aber mit hoher Wahrscheinlichkeit erwarteter Geschäfte;
- eindeutige Identifizierung und ggf. Beschreibung des Sicherungsinstruments (zB anhand einer Transaktionsnummer);
- Angaben zum prospektiven Effektivitätstest; dazu gehören insb. die Nennung und Beschreibung der Testmethode sowie die Testergebnisse;
- Angaben zur (retrospektiven) Ermittlung der Ineffektivität der Sicherungsbeziehung (vgl. Tz. 101 f.).

Während die ersten vier Punkte in jedem Fall zu dokumentieren sind, hängt der Umfang der Dokumentation zur **Effektivität** der Sicherungsbeziehung vom konkreten Einzelfall ab. Sind bspw. die Voraussetzungen für die Anwendung der *Short Cut*-Methode erfüllt und wird diese auch angewendet (vgl. Tz. 65), oder wird bspw. anhand der *Critical Terms Match*-Methode nachgewiesen, dass der ineffektive Teil der Bewertungseinheit unwesentlich ist und deshalb nicht mehr zwingend rechnerisch ermittelt werden muss (vgl. Tz. 101), beschränken sich die zu dokumentierenden Angaben auf eine einmalige Beschreibung der Vorgehensweise und des Ergebnisses. In jedem Fall erforderlich ist, dass die Dokumentation für einen sachverständigen Dritten nachvollziehbar ist (§ 238 Abs. 1 Satz 2 HGB). 91

Da im Fall von **Makro-** und ggf. **Portfolio-***Hedges* die Ermittlung der Wirksamkeit der Sicherungsbeziehung idR nicht individualisiert, sondern für den *Hedge* insgesamt auf der Grundlage des Risikomanagementsystems erfolgt (vgl. Tz. 79 ff.), hat in diesem Fall die Dokumentation auch eine Beschreibung des Risikomanagementsystems zu enthalten, in der insb. die festgelegten Risikogrenzen sowie die Verfahren zu ihrer Einhaltung festhalten werden (vgl. auch Abschn. V Tz. 60). 92

Liegt eine Dokumentation des Sicherungszusammenhangs für Zwecke eines **IFRS-Konzernabschlusses** nach IAS 39.88(a) vor, werden in aller Regel auch die handelsrechtlichen Dokumentationsanforderungen in sachlicher Hinsicht erfüllt sein. In diesem Fall kann die für IFRS-Zwecke erstellte Dokumentation für handelsrechtliche Zwecke übernommen werden. Ob dagegen die Designation für IFRS-Zwecke zugleich zwingend eine Designation für handelsrechtliche Zwecke darstellt, erscheint zweifelhaft, da die Designation eine Entscheidung über die bilanzielle Behandlung ist und der IFRS-Abschluss keine Bindungswirkung für einen handelsrechtlichen Abschluss hat. 93

---

125 Zur Dokumentationspflicht des geplanten Sicherungszeitraums vgl. auch *Löw/Scharpf/Weigel*, WPg 2008, S. 1017.
126 Die eindeutige Identifizierung kann in Form einer getrennten Bestandsführung (Nebenbuchhaltung) erfolgen.

III. Bilanzielle Abbildung von Bewertungseinheiten

1. Grundlagen

94 § 254 HGB ist formal als zwingende Bewertungsvorschrift ausgestaltet[127]. Tatsächlich handelt es sich aber aufgrund der im Ermessen des Unternehmens liegenden, erforderlichen Designation um ein **faktisches Wahlrecht** (vgl. Tz. 86). Der Unterschied zur bisherigen Rechtslage, wonach die Bildung einer Bewertungseinheit für Industrie- und Handelsunternehmen im Regelfall auch für Mikro-*Hedges* nicht verlangt werden konnte, da es sich um eine freiwillige Inanspruchnahme einer Abweichung vom Grundsatz der Einzelbewertung (§ 252 Abs. 2 HGB) gehandelt hat (vgl. Tz. 87), ist deshalb nur formaler Natur.

95 Liegen die Voraussetzungen für die Bildung einer Bewertungseinheit vor (vgl. Tz. 3), sind §§ 249 Abs. 1, 252 Abs. 1 Nr. 3 und 4, 253 Abs. 1 Satz 1 und 256a HGB in dem Umfang und für den Zeitraum nicht anzuwenden, in dem die gegenläufigen Wertänderungen oder Zahlungsströme sich ausgleichen. Danach sind die in eine Bewertungseinheit einbezogenen Bestandteile (zu den zulässigen Grundgeschäften und Sicherungsinstrumenten vgl. Tz. 10 ff. u. Tz. 22 ff.) grds. nicht mehr für sich genommen zu bewerten, sondern die Bewertungseinheit selbst wird nach § 254 Satz 1 HGB zu einem neuen **eigenständigen Bewertungsobjekt**.

96 Ab dem Zeitpunkt, ab dem die Bewertungseinheit gebildet wurde, und in dem Umfang und für den Zeitraum, in dem der *Hedge* effektiv ist, bedeutet dies Folgendes:

- Für die einzelnen Bestandteile der Bewertungseinheit dürfen keine (neuen) **Rückstellungen für drohende Verluste** aus schwebenden Geschäften gebildet werden (§ 249 Abs. 1 Satz 1 HGB).
- Die einzelnen Bestandteile der Bewertungseinheit (Grundgeschäfte und Sicherungsinstrumente) sind nicht mehr **einzeln,** sondern im Hinblick auf das abgesicherte Risiko insgesamt als eigenständiges Bewertungsobjekt zu bewerten (§ 252 Abs. 1 Nr. 3 HGB).
- Das **Imparitätsprinzip**, also die Pflicht zur Berücksichtigung aller vorhersehbaren Risiken und Verluste, die bis zum Abschlussstichtag entstanden sind, und das **Realisationsprinzip**, also das Verbot der Berücksichtigung von am Abschlussstichtag nicht realisierten Gewinnen, werden für die einzelnen Bestandteile einer Bewertungseinheit außer Kraft gesetzt (§ 252 Abs. 1 Nr. 4 HGB).
- Sind in der Bewertungseinheit Vermögensgegenstände enthalten, gelten für diese weder die **Anschaffungskosten-Obergrenze**, noch die üblichen **Abschreibungsregeln**, insb. nicht die Regeln zu außerplanmäßigen Abschreibungen nach § 253 Abs. 3 Satz 3 und 4 HGB (für Vermögensgegenstände des Anlagevermögens) und nach § 253 Abs. 4 HGB (für Vermögensgegenstände des Umlaufvermögens) (§ 253 Abs. 1 Satz 1 HGB)[128].
- Schließlich sind die Regeln zur **Währungsumrechnung** für die einzelnen Bestandteile der Bewertungseinheit nicht anzuwenden (§ 256a HGB).

97 Dem Wortlaut nach ist mit der Nichtanwendung des § 252 Abs. 1 Nr. 3 HGB außerdem die Aufhebung des **Stichtagsprinzips**, dh. die Bewertung nach den Verhältnissen am Abschlussstichtag, verbunden. Dass dies aber tatsächlich beabsichtigt ist, erscheint

---

127 So *Löw/Scharpf/Weigel*, WPg 2008, S. 1016.
128 AA *Patek*, KoR 2008, S. 530, der aufgrund der Nichtanwendung des § 253 Abs. 1 Satz 1 HGB lediglich die Anschaffungskosten-Obergrenze als aufgehoben sieht. Da der Regelungsinhalt des § 253 Abs. 1 Satz 1 HGB aber darüber hinausgeht, ist eine derartige Einschränkung nicht ersichtlich.

ausgeschlossen, da nach § 254 Satz 1 HGB zu ermitteln ist, inwieweit sich Wert- oder Zahlungsstromänderungen ausgleichen und dies nach der Regierungsbegründung nach den Verhältnissen am Abschlussstichtag zu erfolgen hat[129]. Entsprechendes gilt für das dem Wortlaut nach mit § 252 Abs. 1 Nr. 4 HGB aufgehobene **Wertaufhellungsprinzip**. Auch hier ist aus der Besonderheit von Bewertungseinheiten heraus kein Grund ersichtlich, weshalb nach dem Abschlussstichtag bis zur Beendigung der Aufstellung des Jahresabschlusses erlangte Erkenntnisse über die Verhältnisse am Abschlussstichtag, wie schon bisher, nicht mehr zu berücksichtigen sein sollten[130].

Das Gesetz enthält keine Vorschriften, in welcher Art und Weise der **effektive Teil** der Bewertungseinheit, also die sich ausgleichenden Wert- oder Zahlungsstromänderungen aufgrund des abgesicherten Risikos, bilanziell abzubilden ist, wenn die genannten Vorschriften nicht angewendet werden. Nach der Regierungsbegründung erscheinen die folgenden beiden Bilanzierungsvarianten zulässig: **98**

– Die sog. „**Einfrierungsmethode**" (kompensatorische Bewertung), bei der die sich ausgleichenden gegenläufigen Wertänderungen (= Änderungen der beizulegenden Zeitwerte von Grundgeschäft und Sicherungsinstrument aufgrund des abgesicherten Risikos) in Bilanz und GuV unberücksichtigt bleiben (vgl. Tz. 103 ff.), und
– die sog. „**Durchbuchungsmethode**" (Bruttoausweis von Wertänderungen), bei der die sich ausgleichenden gegenläufigen Wertänderungen im Abschluss erfasst werden (vgl. Tz. 121 ff.).

Die beiden Bilanzierungsvarianten unterscheiden sich nicht hinsichtlich der Bewertung der Bewertungseinheit insgesamt, sondern nur hinsichtlich des (saldierten oder unsaldierten) Ansatzes von Wertänderungen in der Bilanz und ggf. in der GuV.

Das Methodenwahlrecht ist in sachlicher und zeitlicher Hinsicht **stetig** auszuüben (vgl. Abschn. G Tz. 6 ff. u. Tz. 13 ff.), es sei denn, es liegt ein begründeter Ausnahmefall vor (§§ 246 Abs. 3 u. 252 Abs. 1 Nr. 6 iVm. 252 Abs. 2 HGB)[131]. Welche Methode angewendet wird, ist nach § 284 Abs. 2 Nr. 1 HGB im **Anhang** anzugeben. **99**

Nur der **effektive Teil** der Sicherungsbeziehung, dh. der Umfang und der Zeitraum, in dem sich die gegenläufigen Wert- oder Zahlungsstromänderungen aufgrund des abgesicherten Risikos ausgleichen, ist nach § 254 Satz 1 HGB von der Anwendung der dort genannten Bilanzierungs- und Bewertungsvorschriften ausgenommen. Soweit sich Wert- oder Zahlungsstromänderungen aufgrund der **Ineffektivität** der Sicherungsbeziehung nicht ausgleichen, erscheint es sachgerecht, diese imparitätisch zu behandeln, dh. einen per Saldo verbleibender Verlust zwingend aufwandswirksam zu erfassen, sofern nicht aus Wesentlichkeitsgründen darauf verzichtet werden darf, während ein per Saldo verbleibender Gewinn nicht berücksichtigt werden darf (vgl. Tz. 111 f.). Soweit Wert- oder Zahlungsstromänderungen aus anderen als dem abgesicherten Risiko resultieren, sind sie weiterhin nach den allgemeinen – also auch nach den in § 254 Satz 1 HGB für den Ausnahmefall der Bewertungseinheit außer Kraft gesetzten – Bilanzierungs- und Bewertungsvorschriften abzubilden (vgl. Tz. 114 ff.). **100**

---

[129] Vgl. Begr. RegE, BT-Drucks. 16/10067, S. 58.
[130] So auch *Patek*, KoR 2008, S. 530.
[131] Zu begründeten Ausnahmen für eine Abweichung vom Stetigkeitsgrundsatz vgl. HFA 3/1997, Abschn. 3.

2. Ermittlung der Ineffektivität

101 Die bilanziellen Folgen einer Bewertungseinheit nach § 254 Satz 1 HGB treten nur in dem Umfang und für den Zeitraum ein, in dem die Sicherungsbeziehung wirksam (effektiv) ist. Aus diesem Grund ist zu jedem Abschlussstichtag (retrospektiv) zu ermitteln, inwieweit sich die Wert- oder Zahlungsstromänderungen von Grundgeschäft und Sicherungsinstrument aufgrund des abgesicherten Risikos am Abschlussstichtag nicht ausgleichen, inwieweit also die **Sicherungsbeziehung ineffektiv** ist. Um diese Ineffektivität bilanziell erfassen zu können, muss sie quantifiziert werden. Auf eine Quantifizierung – und damit auf eine Bilanzierung des ineffektiven Teils – kann nur bei zulässiger Anwendung der *Short Cut*-Methode (vgl. Tz. 65) verzichtet werden oder wenn anderweitig (bspw. anhand der *Critical Terms Match*-Methode) nachgewiesen wird, dass die Ineffektivität der Sicherungsbeziehung unwesentlich ist.

102 Wie im Fall des prospektiven Effektivitätsnachweises enthält § 254 Satz 1 HGB keine Vorgaben, nach welchen **Methoden** die Ineffektivität rechnerisch zu ermitteln ist (vgl. Tz. 60). Dazu bieten sich grds. die quantitativen *Dollar Offset*-Methoden an, die dadurch gekennzeichnet sind, dass die auf dem abgesicherten Risiko basierenden Wertänderungen von Grundgeschäft und Sicherungsinstrument ermittelt und einander gegenübergestellt werden. Zu den *Dollar Offset*-Methoden zählt die Hypothetische Derivate-Methode im Fall von *Cash Flow-Hedges*, bspw. die Absicherung hochwahrscheinlich erwarteter Transaktionen (antizipativer *Hedges*) oder die Zinssicherung variabel verzinslicher Darlehensverbindlichkeiten. Dabei wird anhand der bewertungsrelevanten Parameter des Grundgeschäfts ein hypothetisches Derivat modelliert und dessen hypothetische Wertänderungen mit den tatsächlichen Wertänderungen des Sicherungsinstruments verglichen[132]. Nach IAS 39 zulässige Methoden eines retrospektiven Effektivitätstests, mit denen zwar eine prozentuale *Hedge*-Effektivität ermittelt wird (bspw. die Regressionsanalyse, anhand der statistisch untersucht wird, wie stark die Wertänderung des Sicherungsinstruments mit der Wertänderung des Grundgeschäfts korreliert), nicht aber die Ineffektivität am Abschlussstichtag wertmäßig ermittelt wird, sind für die Erfüllung der handelsrechtliche Anforderungen an die bilanzielle Behandlung des ineffektiven Teils einer Bewertungseinheit nicht geeignet[133].

3. „Einfrierungsmethode"

103 Die „Einfrierungsmethode" ist die nach alter Rechtslage (idR unter der Bezeichnung „kompensatorische Bewertung") übliche und auch weiterhin zulässige[134] Methode der bilanziellen Abbildung von Bewertungseinheiten. Danach werden die Werte der Einzelbestandteile der Bewertungseinheit ab dem Zeitpunkt der Begründung der Bewertungseinheit „eingefroren". Anschließende, effektiv gesicherte **Wertänderungen** im Hinblick auf das abgesicherte Risiko werden also bilanziell und ergebnismäßig **nicht mehr erfasst**[135].

104 Nach bisherigem Recht wurde vielfach auch der ineffektive Teil eines *Hedges* nicht bilanziert (sog. „**vollständige Festbewertung**"), weil Bewertungseinheiten nur für Si-

---

132 Zu *Dollar Offset*-Methoden vgl. PwC (Hrsg.), IFRS Manual of Accounting 2009, Tz. 6.10.164 ff.; PwC (Hrsg.), IFRS für Banken⁴, S. 561 u. S. 566 ff.; PwC (Hrsg.), Derivative Finanzinstrumente in Industrieunternehmen⁴, Tz. 420.
133 Zur den grds. zulässigen Methoden nach IFRS vgl. IDW RS HFA 9 Tz. 328. Zu einer Darstellung dieser Methoden vgl. PwC (Hrsg.), IFRS Manual of Accounting 2009, Tz. 6.10.171 ff., PwC (Hrsg.), IFRS für Banken⁴, S. 561 ff.
134 Vgl. Begr. RegE, BT-Drucks. 16/10067, S. 58 (Verzicht auf die Berücksichtigung nicht realisierter Verluste) sowie explizit S. 95.
135 Vgl. auch Begr. RegE, BT-Drucks. 16/10067, S. 58 u. S. 95.

cherungsbeziehungen als zulässig angesehen wurden, die im Wesentlichen effektiv waren[136]. Nach neuer Rechtslage ist das „Einfrieren" dagegen grds. auf den effektiven Teil des *Hedges* zu beschränken, dh. auf den Umfang und auf den Zeitraum, in dem sich die gegenläufigen Wert- oder Zahlungsstromänderungen ausgleichen (§ 254 Satz 1 HGB). Eine vollständige Festbewertung hinsichtlich des abgesicherten Risikos ist allerdings bei Anwendung der *Short Cut*-Methode zulässig, wenn danach der Sicherungszusammenhang als vollständig effektiv gilt (vgl. Tz. 65)[137], oder aus Wesentlichkeitsgründen.

Fraglich könnte sein, ob die „Einfrierungsmethode" nach neuer Rechtslage auch dann zulässig ist, wenn **Schulden** als Grundgeschäft oder Sicherungsinstrument einen Bestandteil der Bewertungseinheit bilden[138]. Nach § 254 Satz 1 HGB ist § 253 Abs. 1 Satz 2 HGB aus dem Anwendungsbereich für Bewertungseinheiten nicht ausgenommen. Damit sind nach dem Gesetzeswortlaut Verbindlichkeiten weiterhin zu ihrem Erfüllungsbetrag und Rückstellungen in Höhe des nach vernünftiger kaufmännischer Beurteilung notwendigen Erfüllungsbetrages anzusetzen. **105**

Im Fall der **Währungssicherung** von Fremdwährungsschulden hindert § 253 Abs. 1 Satz 2 HGB die Anwendung der „Einfrierungsmethode" nicht, da keine Währungsumrechnung nach § 256a HGB (vgl. Abschn. J Tz. 73 ff.) vorzunehmen ist (§ 254 Satz 1 HGB) und sich deshalb der bisherige (geschätzte) Erfüllungsbetrag durch Wechselkursschwankungen nicht ändert. Auch im Fall der **Zinssicherung** verzinslicher Verbindlichkeiten steht die Anwendung des § 253 Abs. 1 Satz 2 HGB nicht im Widerspruch zur Anwendung der „Einfrierungsmethode", da sich eine durch die Zinssicherung ggf. entstehende Über- oder Unterverzinslichkeit der Verbindlichkeit nicht auf ihren Erfüllungsbetrag auswirkt[139] und für evtl. Mehrzinsen schon nach allgemeinen Grundsätzen keine Drohverlustrückstellung passiviert werden darf[140]. **106**

Werden dagegen **andere Risiken** gesichert, bspw. ungewisse Verpflichtungen gegen Preisänderungsrisiken, könnte nach dem Wortlaut des § 254 Satz 1 iVm. § 253 Abs. 1 Satz 2 HGB vermutet werden, dass im Fall von Preissteigerungen die Schuld mit ihrem höheren Erfüllungsbetrag anzusetzen ist, da Preis- und Kostensteigerungen bei der Ermittlung des Erfüllungsbetrags zu berücksichtigen sind (vgl. Abschn. I Tz. 17)[141]. Dies kann aber nicht beabsichtigt sein, weil die „Einfrierungsmethode" schon bisher die übliche Methode der Bilanzierung von Bewertungseinheiten war, unabhängig von der Art des Grundgeschäfts. Wäre sie nach dem Inkrafttreten des BilMoG dann unzulässig, wenn Schulden Bestandteil einer Bewertungseinheit wären, wäre dies eine deutliche Änderung der bisherigen Bilanzierungspraxis; dies wird aber mit § 254 HGB nicht bezweckt[142]. Aus diesem Grund ist die „Einfrierungsmethode" auch dann weiterhin anwendbar, wenn Schulden einen Bestandteil der Bewertungseinheit bilden. **107**

Werden **Wertänderungsrisiken** abgesichert (bspw. eine festverzinsliche Darlehensverbindlichkeit mittels *Receiver*-Zins*swaps*), führt die Anwendung der „Einfrierungsmethode" für den effektiven Teil des *Hedges* dazu, dass gegenläufige Änderungen der beizule- **108**

---

136 Zur vollständigen Festbewertung vgl. zB *PwC* (Hrsg.), Derivative Finanzinstrumente in Industrieunternehmen⁴, Tz. 392; *Scharpf/Luz*, Risikomanagement, Bilanzierung und Aufsicht von Finanzderivaten², S. 307 f.
137 So auch *Scharpf/Schaber*, KoR 2008, S. 540.
138 Zu Schulden als Bestandteil einer Bewertungseinheit allg. vgl. *Fey* in Baetge/Kirsch (Hrsg.), BilMoG und 7. WPO-Novelle, S. 107 ff.
139 Vgl. *ADS*⁶, § 253 HGB Tz. 78 u. 81.
140 Vgl. IDW RS HFA 4 Tz. 32; IDW RS HFA 22 Tz. 23, Fn. 17.
141 Vgl. Begr. RegE, BT-Drucks. 16/10067, S. 52.
142 Vgl. Begr. RegE, BT-Drucks. 16/10067, S. 57.

genden Zeitwerte von Grundgeschäft und Sicherungsinstrument bilanziell und ergebnismäßig nicht zu erfassen sind. Werden **Zahlungsstromänderungsrisiken** abgesichert, steht einer Änderung des beizulegenden Zeitwerts des Sicherungsinstruments auch im effektiven Teil des *Hedges* idR keine Änderung des beizulegenden Zeitwerts des Grundgeschäfts gegenüber. § 254 Satz 1 HGB ist in diesem Fall so zu verstehen, dass im Fall der Anwendung der „Einfrierungsmethode" Wertänderungen von Grundgeschäft und Sicherungsinstrument insoweit nicht im Abschluss zu erfassen sind, wie sie aus sich ausgleichenden Zahlungsstromänderungen resultieren. So ist im Fall der Absicherung einer zum (variablen) Marktzins verzinslichen Darlehensverbindlichkeit mittels *Payer-Zinsswaps* bei gesunkenem Marktzins nicht etwa eine Drohverlustrückstellung iHd. negativen beizulegenden Zeitwerts des Zins*swaps* zu passivieren, weil diesem keine positive Wertänderung der Darlehensverbindlichkeit gegenübersteht. Vielmehr ist der negative beizulegende Zeitwert des Zins*swaps* insoweit nicht im Abschluss zu erfassen, wie der aus dem gestiegenen Zinsaufwand resultierenden (negativen) Zeitwertänderung eine gegenläufige (positive) Zahlungsstromänderung der Darlehensverbindlichkeit in Form eines entsprechend geringeren Zinsaufwandes gegenübersteht.

109 Wert- oder Zahlungsstromänderungen gleichen sich erst ab dem **Beginn des Sicherungszusammenhangs** aus. Änderungen vor diesem Zeitraum aus dem einen Geschäft werden nicht durch gegenläufige Änderungen aus dem anderen Geschäft kompensiert und sind deshalb nach allgemeinen Grundsätzen zu bilanzieren, selbst wenn sie durch den Abschluss des Sicherungsinstruments festgeschrieben werden. Wird bspw. bei einem nach § 244 HGB in Euro bilanzierenden Unternehmen eine Forderung von USD 1,0 Mio. (Umrechnungskurs im Entstehungszeitpunkt von 1,5 USD/€) zu einem späteren Zeitpunkt durch ein Devisentermingeschäft mit einem Verkaufskurs von 1,4 USD/€ gesichert, darf der bis zum Beginn der Sicherungsbeziehung entstandene Gewinn von T€ 48 (1,0 Mio./1,4 – 1,0 Mio./1,5) nach § 252 Abs. 1 Nr. 4 HGB (Realisationsprinzip) und § 253 Abs. 1 Satz 1 HGB (Anschaffungskostenprinzip) nicht zu Beginn der Sicherungsbeziehung, sondern erst mit Abgang der Forderung realisiert werden[143].

110 § 254 Satz 1 HGB enthält keine ausdrückliche Regelung zur Bilanzierung der nicht gegenläufigen und der sich nicht ausgleichenden Wert- oder Zahlungsstromänderungen. Damit unterliegen diese grds. den **allgemeinen Bilanzierungs- und Bewertungsvorschriften**, insb. dem Einzelbewertungsgrundsatz (§ 252 Abs. 1 Nr. 3 HGB) und dem Vorsichtsprinzip (§§ 252 Abs. 1 Nr. 4, 253 Abs. 1 Satz 1 HGB)[144]. Hinsichtlich der bilanziellen Konsequenzen erscheint es sachgerecht, nach den Ursachen für den fehlenden Ausgleich von Wert- oder Zahlungsstromänderungen zu differenzieren, dh. danach, ob Wert- oder Zahlungsstromänderungen aus

- einer ineffektiven Risikoabsicherung (vgl. Tz. 111 f.) oder
- einem unterschiedlichen Nominalbetrag von Grundgeschäft und Sicherungsinstrument, einer unterschiedlichen Laufzeit von Grundgeschäft und Sicherungsinstrument oder einem gar nicht abgesicherten Risiko (vgl. Tz. 114 f.)

resultieren.

111 Ist ein Risiko trotz übereinstimmender Nominalbeträge und Laufzeiten von Grundgeschäft und Sicherungsinstrument **ineffektiv abgesichert** (aufgrund nicht vollständig übereinstimmender wertbestimmender Parameter (vgl. Tz. 55 ff.)), unterliegt die Bewertungseinheit zwar gegenläufigen Wert- oder Zahlungsstromänderungen iSv. § 254

---

[143] So auch *Patek*, KoR 2008, S. 368 zum Referentenentwurf; dies entspricht der Vorgehensweise nach bisherigem Recht; vgl. dazu *ADS*⁶, § 253 HGB Tz. 115.
[144] Vgl. Beschlussempfehlung und Bericht des Rechtsausschusses, BT-Drucks. 16/12407, S. 86

Satz 1 HGB, diese gleichen sich aber nicht (vollständig) aus. In diesem Fall könnte fraglich sein, ob die Anwendung allgemeiner Bilanzierungs- und Bewertungsvorschriften auf die sich nicht ausgleichenden Wert- oder Zahlungsstromänderungen abgesehen von einem Verzicht der Erfassung eines Verlustes aus Wesentlichkeitsgründen in jedem Fall zu einer aufwandswirksamen imparitätischen Erfassung eines per Saldo verbleibenden Verlustes führt oder nicht.

Wird bspw. eine festverzinsliche Darlehensaufnahme mittels *Receiver*-Zins*swaps* in vollem betraglichen und zeitlichen Umfang zinsgesichert, dies aber nicht zu 100 % effektiv (bspw. aufgrund unterschiedlicher Zinssätze und/oder unterschiedlicher Zinszahlungstermine), könnte die Auffassung vertreten werden, ein ggf. eingetretener **Verlustüberhang** der zinsbedingten Wertminderung der Darlehensverbindlichkeit über die positive Wertänderung des Zins*swaps* sei deshalb nicht zu bilanzieren, weil Verbindlichkeiten nicht zinsbedingt zu bewerten seien[145]. Eine solche Betrachtung würde aber im Widerspruch zur Behandlung einer Bewertungseinheit als neues Bewertungsobjekt im Hinblick auf das abgesicherte Risiko stehen (vgl. Tz. 95). Würde der Verlustüberhang aus dem Zins*swap* resultieren, wäre er zwingend aufwandswirksam zu erfassen, da er das bilanzierende Unternehmen tatsächlich wirtschaftlich zu belasten droht. Würde im Gegensatz dazu ein aus der Darlehensverbindlichkeit resultierender Verlustüberhang nicht bilanziert, wäre die aufwandswirksame Behandlung eines Verlustüberhangs innerhalb der Bewertungseinheit davon abhängig, aus welchem Einzelbestandteil der Bewertungseinheit dieser Verlustüberhang resultiert.

112

Dies wäre ein Ergebnis, das mit der bilanziellen Behandlung der **Bewertungseinheit** als eigenständiges Bewertungsobjekt nicht vereinbar erscheint. Des Weiteren nimmt das bilanzierende Unternehmen den durch die Bildung der Bewertungseinheit entstehenden möglichen Verlustüberhang bewusst in Kauf. Nach der hier vertretenen Auffassung sind deshalb Verlustüberhänge, die aus einem ineffektiv abgesicherten Risiko resultieren, nach § 254 Satz 1 iVm. § 252 Abs. 1 Nr. 4 HGB immer aufwandswirksam zu behandeln, während Gewinnüberhänge aufgrund des ineffektiv abgesicherten Risikos nicht ergebniswirksam erfasst werden dürfen.

113

Soweit die Nominalbeträge und/oder die Laufzeiten von Grundgeschäft und Sicherungsinstrument nicht übereinstimmen oder Grundgeschäft und/oder Sicherungsinstrument anderen als den abgesicherten Risiken unterliegen, fehlt es an gegenläufigen Wert- oder Zahlungsstromänderungen und damit insoweit an einer Bewertungseinheit iSv. § 254 Satz 1 HGB. Aus diesem Grund sind die in eine Bewertungseinheit einbezogenen Instrumente hinsichtlich **inkongruenter Beträge** und **Zeiträume** sowie gar **nicht abgesicherter Risiken** nach den allgemeinen Grundsätzen einzeln und imparitätisch zu bewerten. Im Gegensatz zur bilanziellen Behandlung des ineffektiven Teils der Bewertungseinheit (vgl. Tz. 111 ff.) ist aber nicht jede Wertminderung aufwandswirksam zu erfassen. Vielmehr ist dies davon abhängig, ob sie nach allgemeinen Grundsätzen aufwandswirksam zu erfassen ist bzw. erfasst werden kann oder nicht. So ist bspw. eine langfristige, lediglich zinsgesicherte Darlehensverbindlichkeit in Fremdwährung nach § 256a HGB währungsbedingt zu bewerten (vgl. Abschn. J Tz. 73 ff.) und auf einen dadurch höheren Erfüllungsbetrag zuzuschreiben. Im Unterschied dazu ist eine festverzinsliche Darlehensverbindlichkeit, die nur in Höhe eines Teilbetrags gegen das *Fair Value*-Risiko zinsgesichert wird, in Höhe des ungesicherten Teilbetrags auch dann nicht zinsbedingt zu bewerten (und dafür auch dann keine Drohverlustrückstellung zu

114

---

145 Vgl. IDW RS HFA 4 Tz. 32.

passivieren), wenn der Zeitwert des ungesicherten Teilbetrags aufgrund eines gesunkenen Marktzinses gestiegen ist[146].

115 Zu den nicht abgesicherten Risiken gehören nicht nur diejenigen Risiken, denen schon die Einzelbestandteile (Grundgeschäft und Sicherungsinstrument) vor ihrer Einbeziehung in eine Bewertungseinheit unterliegen, sondern auch diejenigen **Risiken, die erst durch die Absicherung** entstehen und denen nur die Bewertungseinheit als neues Bewertungsobjekt unterliegt. Wird bspw. ein kurzfristig gehaltenes, variabel verzinsliches Wertpapier mittels *Receiver*-Zins*swaps* gegen Zahlungsstromänderungsrisiken gesichert, unterliegt das dadurch entstehende (synthetische) festverzinsliche Wertpapier dem Risiko der Unterverzinslichkeit und ist ggf. nach § 253 Abs. 4 Satz 2 HGB auf den niedrigeren beizulegenden Wert abzuschreiben[147].

116 Die nach § 254 Satz 1 HGB erforderliche Bewertung der gesamten Bewertungseinheit gilt auch im Fall der Sicherung von **Beschaffungsgeschäften** über Vermögensgegenstände des Umlaufvermögens. Wird bspw. ein schwebendes Beschaffungsgeschäft über Rohstoffe zum Marktpreis im Lieferzeitpunkt mittels Warentermingeschäfts zu einem festen Preis gegen Zahlungsstromänderungsrisiken gesichert, unterliegt das dadurch entstehende (synthetische) schwebende Festpreis-Beschaffungsgeschäft dem Risiko günstigerer Beschaffungsmöglichkeiten. Ungeachtet der Absicherung gegen Zahlungsstromänderungsrisiken ist das dadurch entstehende Festpreis-Risiko (Wertänderungsrisiko) nicht abgesichert und deshalb zu erfassen.

117 Für dieses Festpreis-Risiko ist nach § 249 Abs. 1 Satz 1 HGB eine **Drohverlustrückstellung** dann zu passivieren, wenn für die Rohstoffe am Abschlussstichtag bei bereits erfolgter Lieferung eine Pflicht zur außerplanmäßigen Abschreibung bestünde[148]. Nach derzeit hM ist für die Beurteilung eines Abschreibungsbedarfs bei zur Herstellung erforderlichen Rohstoffen der Beschaffungsmarkt maßgeblich[149]. Für den Fall, dass für den Rohstoff Terminpreise existieren, erscheint es auch zulässig, den Betrag der Drohverlustrückstellung anhand des Stichtags-Terminpreises zu bestimmen, da insoweit das Beschaffungsgeschäft zum Abschlussstichtag günstiger hätte abgeschlossen werden können. In beiden Fällen muss für die Bewertungseinheit insgesamt bei gesunkenen Beschaffungskosten eine Drohverlustrückstellung gebildet werden.

118 Im Vergleich zu einer Einzelbewertung von Beschaffungsgeschäft und Warentermingeschäft erscheint das Ergebnis zunächst möglicherweise inkonsequent. Im Regelfall vermeidet die Bildung einer Bewertungseinheit die aufwandswirksame Erfassung von Wertminderungen, soweit ihnen korrespondierende Wertsteigerungen gegenüberstehen. Dies ist im vorliegenden Fall nicht gegeben. Bei einer isolierten Bewertung von Beschaffungsgeschäft und Warentermingeschäft wäre für das Letztgenannte im Fall sinkender Wiederbeschaffungskosten dessen negativer Marktwert aufwandswirksam zu erfassen und bei der Bildung einer Bewertungseinheit der negative Marktwert der Bewertungseinheit als eigenes Bewertungsobjekt. Vergleicht man die Bewertungseinheit dagegen mit einem von Anfang an zu einem Festpreis abgeschlossenen Beschaffungsgeschäft, ist das Ergebnis sachgerecht, da zwischen einem originären und einem synthetischen Festpreis-Beschaffungsgeschäft wirtschaftlich kein Unterschied besteht.

---

146 Vgl. IDW RS HFA 4 Tz. 32.
147 Vgl. *PwC* (Hrsg.), Derivative Finanzinstrumente in Industrieunternehmen⁴, Tz. 523. AA *Patek*, KoR 2008, S. 368, der es nach dem Wortlaut des § 254 HGB (idF des Referentenentwurfs, die insoweit identisch ist) für zulässig hält, auf eine solche Bewertung der Bewertungseinheit zu verzichten und deshalb die Anwendung des § 254 HGB im Fall derartiger *Cash Flow-Hedges* nur für (nicht zinsinduziert zu bewertende) Grundgeschäfte im Anlagevermögen fordert.
148 Vgl. IDW RS HFA 4 Tz. 30.
149 Vgl. *ADS*⁶, § 253 HGB Tz. 488; *WPH*¹³, E Tz. 339.

Nach dem Einzelbewertungsgrundsatz (§ 252 Abs. 1 Nr. 3 HGB), hier bezogen auf die **Bewertungseinheit als Bewertungsobjekt**, erscheint dieses Ergebnis unabdingbar, solange nach der hM eine beschaffungsmarktseitige Bewertung von Beschaffungsgeschäften für geboten erachtet wird, auch wenn dies zur Passivierung von entgangenen Gewinnen aus günstigeren Beschaffungsmöglichkeiten (Opportunitätsverlusten) führen kann[150].

Entsprechendes gilt, falls die Absicherung des Beschaffungsgeschäftes über Rohstoffe nicht gegen Preisrisiken, sondern gegen **Währungsrisiken** erfolgt, indem bspw. ein schwebendes Fremdwährungs-Festpreis-Beschaffungsgeschäft mittels Devisenterminkaufs gesichert wird. Auch hier ist für die Bewertungseinheit als neues Bewertungsobjekt (Festpreis-Beschaffungsgeschäft in Euro) am Abschlussstichtag eine Drohverlustrückstellung zu passivieren, wenn der Erwerb zu diesem Zeitpunkt günstiger hätte erfolgen können[151]. 119

Eine Orientierung der Bewertung am Absatzmarkt, dh. eine Passivierung nur der erwarteten tatsächlichen (pagatorischen) Verluste, erscheint in beiden Fällen nur dann zulässig, wenn das synthetische Festpreis-Beschaffungsgeschäft als Sicherungsinstrument wiederum mit einem schwebenden oder mit hoher Wahrscheinlichkeit erwarteten **Absatzgeschäft** (Grundgeschäft) zu einer Bewertungseinheit zusammengefasst wird. Dies ist bspw. dann der Fall, wenn das synthetische Festpreis-Beschaffungsgeschäft der Absicherung gegen Preisänderungsrisiken eines Festpreis-Absatzgeschäfts dient. Dass es sich bei dem Festpreis-Beschaffungsgeschäft nicht um ein Finanzinstrument handelt, ist zumindest dann für die Bildung einer Bewertungseinheit unschädlich, wenn es nach § 254 Satz 2 HGB als solches gilt (vgl. Tz. 28 ff.). 120

4. „Durchbuchungsmethode"

Nach der Regierungsbegründung im Zusammenhang mit der Streichung des § 340h HGB für Kreditinstitute ist es nach § 254 Satz 1 HGB als Alternative zur „Einfrierungsmethode" (vgl. Tz. 103 ff.) wie schon nach bisheriger Rechtslage zulässig, gegenläufige Wertänderungen bilanziell nicht „einzufrieren", sondern alternativ so zu erfassen, dass sie „durchgebucht" werden („**Durchbuchungsmethode**")[152]. Wird diese Bilanzierungsmethode angewendet, gelten für die einzelnen Bestandteile der Bewertungseinheiten insb. das Anschaffungskostenprinzip und das Realisationsprinzip nicht mehr. Sich ausgleichende positive Wertänderungen sind deshalb auch über die (ggf. fortgeführten) Anschaffungskosten hinaus ertragswirksam zu erfassen. 121

Mit dem Wortlaut des § 254 Satz 1 HGB ist eine solche „Durchbuchung" nur eingeschränkt vereinbar. So ist bei Anwendung dieser Methode bei der Bewertung von Bewertungseinheiten § 249 Abs. 1 Satz 1 HGB (Passivierungspflicht von Drohverlustrückstellungen) vollständig zu berücksichtigen sowie § 253 Abs. 1 Satz 1 HGB zumindest hinsichtlich der Wertminderungen von Vermögensgegenständen. Diese eingeschränkte Vereinbarkeit der „Durchbuchungsmethode" mit dem Wortlaut des § 254 Satz 1 HGB gilt allerdings auch für **Kreditinstitute**, ohne dass dies nach Ansicht des Gesetzgebers die Anwendbarkeit der Methode für Kreditinstitute zu hindern scheint (vgl. Abschn. V Tz. 38 f.). Es ist auch nicht ersichtlich, dass diese Methode künftig auf Kreditinstitute beschränkt werden soll, zumal sich an der bisherigen Bilanzierungspra- 122

---

150 Vgl. *Fey, D.*, Imparitätsprinzip und GoB-System im Bilanzrecht 1986, Berlin 1987, S. 117 f.
151 So auch *Cassel* in Kessler/Leinen/Strickmann, S. 199-201.
152 Vgl. Begr. RegE, BT-Drucks. 16/10067, S. 95.

xis ausdrücklich nichts ändern soll[153]. Des Weiteren sprechen andere Teile des Wortlauts des § 254 Satz 1 HGB, nämlich die Nichtanwendung des Realisationsprinzips (§ 252 Abs. 1 Nr. 4 HGB) und die Aufhebung der Anschaffungskosten-Obergrenze (§ 253 Abs. 1 Satz 1 HGB), gerade für die Anwendung der „Durchbuchungsmethode" zur Darstellung der Wertänderungen innerhalb von Bewertungseinheiten[154]. Deshalb ist davon auszugehen, dass die „Durchbuchungsmethode" weiterhin für **alle Kaufleute** zulässig ist[155].

123 Nach der Regierungsbegründung ist die „Durchbuchungsmethode" sowohl auf Maßnahmen zur Absicherung gegen Wertänderungsrisiken wie auch gegen Zahlungsstromänderungsrisiken anwendbar[156]. Soweit sich Wert- oder Zahlungsstromänderungen iSv. § 254 Satz 1 HGB ausgleichen, also der *Hedge* effektiv ist (vgl. Tz. 101 f.), führt diese Methode zu folgenden bilanziellen Konsequenzen:

– Im Fall der Absicherung von **Wertänderungsrisiken** steht der Wertänderung des Grundgeschäfts eine gegenläufige Wertänderung des Sicherungsinstruments gegenüber. Beide sind in der Bilanz und grds. auch in der GuV (vgl. aber Tz. 127) zu erfassen, also brutto abzubilden.

– Im Fall der Absicherung von **Zahlungsstromänderungsrisiken** steht der aus Zahlungsstromänderungen resultierenden Wertänderung des Sicherungsinstruments zwar eine gegenläufige Zahlungsstrom-, aber grds. keine Wertänderung des Grundgeschäfts gegenüber. In diesem Fall ist in der Bilanz und grds. auch in der GuV (vgl. Tz. 127) die Wertänderung des Sicherungsinstruments, soweit sie aus sich ausgleichenden Zahlungsstromänderungen resultiert, zu erfassen sowie eine gegenläufige Buchung (vgl. Tz. 126) vorzunehmen. Wird bspw. eine marktüblich variabel verzinsliche Darlehensverbindlichkeit mittels *Payer*-Zins*swaps* gegen Zahlungsstromänderungen abgesichert, und werden beide Instrumente zu einer Bewertungseinheit iSv. § 254 Satz 1 HGB zusammengefasst, führt ein gesunkener Marktzins zu einer aufwandswirksamen Passivierung des negativen beizulegenden Zeitwerts des Zins*swaps*, der sachgerechter Weise eine gegenläufige ertragswirksame „Abwertung" der Darlehensverbindlichkeit gegenüber zu stellen ist.

124 Im Schrifttum wird teilweise vorgeschlagen, die „Durchbuchung" auf ein Nebenbuch zu beschränken und im Abschluss lediglich einen ggf. **negativen Saldo** aufwandswirksam zu erfassen[157]. Für eine solche Beschränkung sind allerdings in § 254 HGB und den Gesetzesbegründungen keine Anhaltspunkte ersichtlich. Zum einen würde sich eine auf ein Nebenbuch beschränkte, also hinsichtlich des effektiven Teils nicht bilanzwirksame „Durchbuchung" von der „Einfrierungsmethode" nicht unterscheiden (vgl. Tz. 103 ff.). Zum anderen verstößt die „Durchbuchung" sich kompensierender Wertänderungen in Bilanz und GuV schon nach bisherigem Recht weder gegen das Anschaffungskosten- noch gegen das Realisationsprinzip, da bei zulässiger Bildung einer Bewertungseinheit nicht ihre einzelnen Bestandteile, sondern die Bewertungseinheit insgesamt das Bewertungsobjekt darstellt und deshalb nur für dieses insgesamt

---

153 Vgl. Begr. RegE, BT-Drucks. 16/10067, S. 57.
154 So auch *Küting/Cassel*, KoR 2008, S. 772.
155 AA *Wiechens/Helke*, DB 2008, S. 1337; offen *Patek*, KoR 2008, S. 529 f.; ebenso *Oser/Roß/Wader/Drögemüller*, WPg 2008, S. 685, wonach der Wortlaut des § 254 HGB zwar eine „Durchbuchung" abdeckt, sich daraus aber ein explizites Methodenwahlrecht nicht entnehmen lässt.
156 Vgl. Begr. RegE, BT-Drucks. 16/10067, S. 95.
157 So insb. *Scharpf* in Küting ua., BilMoG², S. 219 f., wonach die „Durchbuchung" in Bilanz und GuV weder bisher noch künftig mit dem HGB und den GoB vereinbar und deshalb lediglich als Erfassung in einer Nebenbuchhaltung zu verstehen ist. Vgl. auch *Löw/Scharpf/Weigel*, WPg 2008, S. 1019.

die handelsrechtlichen GoB zu beachten sind (vgl. Tz. 95)[158]. Da die GoB durch das BilMoG insoweit nicht geändert werden und § 254 HGB die bestehende Bilanzierungspraxis nicht ändern will, erscheint die bilanz- und GuV-wirksame „Durchbuchung" auch weiterhin zulässig.

In dem Umfang und für den Zeitraum, wie sich Wert- oder Zahlungsstromänderungen nicht ausgleichen, also der *Hedge* ineffektiv ist (vgl. Tz. 101 f.), darf eine „Durchbuchung" von Wertänderungen nach § 254 Satz 1 HGB nicht erfolgen. Eine **vollständige Durchbuchung** aller (dh. sich kompensierender und sich nicht kompensierender) Wert- oder Zahlungsstromänderungen von Grundgeschäft und Sicherungsinstrument ist deshalb, unabhängig davon, ob der Saldo dieser Änderungen positiv oder negativ ist, grds. unzulässig und allenfalls unter Wesentlichkeitsgesichtspunkten vertretbar. **125**

Erfolgt die Bilanzierung einer Bewertungseinheit iSv. § 254 Satz 1 HGB nach der „Durchbuchungsmethode", stellt sich zunächst die Frage des **Ausweises** der gegenläufigen Wertänderungen von in Bewertungseinheiten einbezogenen Bestandteilen in der **Bilanz**. Hier kann wie folgt differenziert werden (zu antizipativen Bewertungseinheiten vgl. Tz. 131): **126**

- Effektiv gesicherte positive und negative Wertänderungen von Vermögensgegenständen und Schulden sind durch Anpassung des jeweiligen Buchwerts ohne Beachtung der sonst geltenden Bewertungsgrundsätze zu berücksichtigen.
- Die negative Wertänderung eines schwebenden Geschäfts ist vorrangig durch eine außerplanmäßige Abschreibung eines damit zusammenhängenden Vermögensgegenstands zu berücksichtigen, ein darüber hinausgehender Anteil durch den Ansatz einer Drohverlustrückstellung[159].
- Eine positive Wertänderung eines schwebenden Geschäfts ist sachgerechter Weise als sonstiger Vermögensgegenstand auszuweisen[160]. Ggf. kommt auch eine Aufgliederung der sonstigen Vermögensgegenstände (§ 265 Abs. 5 Satz 1 HGB) oder die Hinzufügung eines neuen Postens (§ 265 Abs. 5 Satz 2 HGB), bspw. mit der Bezeichnung „Wertsteigerungen schwebender Geschäfte innerhalb von Bewertungseinheiten" in Betracht. Letztgenanntes kann nach dem Grundsatz der Klarheit und Übersichtlichkeit (§ 243 Abs. 2 HGB) im Einzelfall sogar geboten sein[161]. § 246 Abs. 1 Satz 1 HGB steht der Aktivierung aufgrund der Einzelverwertbarkeit des Vorteils nicht entgegen.

Ob bei Anwendung der „Durchbuchungsmethode" die sich ausgleichenden Wert- oder Zahlungsstromänderungen von Grundgeschäften und Sicherungsinstrumenten zwingend in der **GuV** zu erfassen sind, oder ob auch eine ausschließlich bilanzielle Erfassung zulässig ist, ist im Gesetz nicht geregelt. Dem Sinn und Zweck der „Durchbuchungsmethode" entsprechend wäre ein **Bruttoausweis** auch der sich ausgleichenden Aufwendungen und Erträge sachgerecht; dies würde auch dem Saldierungsverbot des § 246 Abs. 2 HGB entsprechen. Da aber eine ausdrückliche Ausgestaltung der „Durchbuchungsmethode" nicht gesetzlich vorgeschrieben ist, erscheint eine bilanzielle Er- **127**

---

158 Zur Zulässigkeit nach bisherigem Recht vgl. insb. *ADS*⁶, § 253 HGB Tz. 106 sowie *AK „Externe Unternehmensrechnung" der SG*, DB 1997, S. 641; aA *Oser/Roß/Wader/Drögemüller*, WPg 2008, S. 685 sowie *Scharpf* in Küting ua., BilMoG², S. 219.
159 Vgl. IDW RS HFA 4 Tz. 20.
160 So auch *Wiechens/Helke*, DB 2008, S. 1338; *AK „Externe Unternehmensrechnung" der SG*, DB 1997, S. 641.
161 Vgl. *ADS*⁶, § 265 HGB Tz. 55 ff. u. 65 ff.

H Bewertungseinheiten § 254 HGB

fassung ohne Berührung der GuV nicht völlig ausgeschlossen[162]. Werden Wertänderungen ergebniswirksam erfasst, erscheint ihr Ausweis als „sonstige betriebliche Erträge" bzw. „sonstige betriebliche Aufwendungen"[163] sachgerecht, wenn der Ausweis nicht in jeweils einem neuen Posten nach § 265 Abs. 5 Satz 2 HGB erfolgt.

128 Zur „Durchbuchungsmethode" bei **antizipativen Bewertungseinheiten** vgl. Tz. 131 ff.

5. Bilanzierungsbeispiele

129 *Beispiel 1*

Es wird eine Bewertungseinheit (Mikro-*Hedge*) aus einer langfristigen festverzinslichen Anleiheverbindlichkeit in Fremdwährung (als Grundgeschäft) und einem *Receiver*-Zins*swap* (als Sicherungsinstrument) zur Absicherung gegen zinsbedingte Wertänderungen im Zeitpunkt der Emission der Anleihe und des Erwerbs des Zins*swaps* gebildet. Die Laufzeiten der Anleihe und des Zins*swaps* sind identisch.

		Anleihe (T€)	*Swap* (T€)
Fall A	Anschaffungskosten	-100	0
	Beizulegender Zeitwert	-112	+10
	zinsbedingte Wertänderung	-11	+10
	währungsbedingte Wertänderung	-1	0
Fall B	Beizulegender Zeitwert	-88	-10
	zinsbedingte Wertänderung	+11	-10
	währungsbedingte Wertänderung	+1	0

Es ergeben sich die folgenden bilanziellen Konsequenzen:

						T€			T€
Fall A									
„Einfrieren"		per	Aufwand (sbA)	1	an	Anleiheverb.	1
		per	Zinsaufwand	1	an	Drohverlust-RSt	1
„Durchbuchung"		per	Aufwand (sbA)	11	an	Anleiheverb.	11
		per	Zinsaufwand	1	an	Drohverlust-RSt	1
		per	Sonst. VG	10	an	Ertrag (sbE)	10
Fall B							
„Einfrieren"		(keine Bilanzierung)					
„Durchbuchung"		per	Anleiheverb.	10	an	Ertrag (sbE)	10
			Aufwand (sbA)	10	an	Drohverlust-RSt	10

Soweit sich die zinsbedingten Wertänderungen ausgleichen, der *Hedge* also **effektiv** ist, ergeben sich bei Anwendung der „Einfrierungsmethode" keine bilanziellen Konsequenzen, während derartige Wertänderungen bei Anwendung der „Durchbuchungsmethode" brutto, per Saldo allerdings ergebnisneutral, erfasst werden.

Soweit sich die zinsbedingten Wertänderungen nicht ausgleichen, der *Hedge* also **ineffektiv** ist, erscheint es, unabhängig von der Bilanzierungsmethode, sachgerecht, die per Saldo negative Wertänderung (Fall A) aufwandswirksam zu erfassen (vgl. Tz. 111).

---

162 Zur Zulässigkeit nach bisherigem Recht, gegenläufige Wertänderungen im Zeitpunkt der Beendigung einer Sicherungsbeziehung ohne Berührung der GuV zu erfassen vgl. *Kämpfer/Fey* in FS Streim, S. 195.
163 So auch *Wiechens/Helke*, DB 2008, S. 1338 für den Fall der Zinssicherung.

Da die Wertänderung zinsbedingt ist, ist es sachgerecht, den Aufwand als Zinsaufwand auszuweisen. Da die Anleiheverbindlichkeit nach § 253 Abs. 1 Satz 2 HGB zum Erfüllungsbetrag anzusetzen ist, dieser sich aufgrund der zinsbedingten Wertänderungen aber nicht geändert hat, ist der Ansatz einer Drohverlustrückstellung sachgerecht. Eine zinsbedingte, per Saldo positive Wertänderung (Fall B) darf nach dem Realisationsprinzip nicht berücksichtigt werden.

Ebenfalls unabhängig von der Bilanzierungsmethode sind die **nicht abgesicherten Währungsverluste** (Fall A) nach § 256a HGB aufwandswirksam zu erfassen, während Währungsgewinne (Fall B) nach dem Realisationsprinzip nicht berücksichtigt werden dürfen.

Beispiel 2 130

Es wird eine Bewertungseinheit (Mikro-*Hedge*) aus einer für kurzfristige Zwecke erworbenen festverzinslichen Anleihe in Fremdwährung (als Grundgeschäft) und einem *Payer*-Zins*swap* (als Sicherungsinstrument) zur Absicherung gegen zinsbedingte Wertänderungen im Zeitpunkt des Erwerbs beider Geschäfte gebildet. Die Laufzeiten der Anleihe und des Zins*swaps* sind identisch.

		Anleihe (T€)	Swap (T€)
	Anschaffungskosten	+100	0
Fall C	Beizulegender Zeitwert	+88	+10
	zinsbedingte Wertänderung	-12	+10
	währungsbedingte Wertänderung	-1	0
Fall D	Beizulegender Zeitwert	+112	-10
	zinsbedingte Wertänderung	+11	-10
	währungsbedingte Wertänderung	+1	0

Es ergeben sich die folgenden bilanziellen Konsequenzen:

			T€			T€
Fall C						
„Einfrieren"	per	Abschreibung	2	an	Wertpapiere (UV)	2
„Durchbuchung"	per	Aufwand (sbA)	10	an	Wertpapiere (UV)	12
		Abschreibung	2			
	per	Sonst. VG	10	an	Ertrag (sbE)	10
Fall D						
„Einfrieren"		(keine Bilanzierung)				
„Durchbuchung"	per	Aufwand (sbA)	10	an	Drohverlust-RSt	10
		Wertpapiere (UV)	10	an	Ertrag (sbE)	10

Soweit sich die zinsbedingten Wertänderungen ausgleichen, der *Hedge* also **effektiv** ist, ergeben sich – wie im Fall der Absicherung von Verbindlichkeiten – bei Anwendung der „Einfrierungsmethode" keine bilanziellen Konsequenzen, während derartige Wertänderungen bei Anwendung der „Durchbuchungsmethode" brutto, per Saldo allerdings ergebnisneutral, erfasst werden.

Soweit sich die zinsbedingten Wertänderungen nicht ausgleichen, der *Hedge* also **ineffektiv** ist, sind daraus resultierende Wertminderungen (Fall C) nach § 253 Abs. 4 HGB methodenunabhängig außerplanmäßig abzuschreiben, während daraus resultierende Werterhöhungen (Fall D) nach dem Realisationsprinzip nicht berücksichtigt werden dürfen.

Die **nicht abgesicherten Währungsverluste** (Fall C) sind methodenunabhängig nach § 256a HGB aufwandswirksam zu erfassen, während Währungsgewinne (Fall D) nach dem Realisationsprinzip nicht berücksichtigt werden dürfen.

Wäre das Grundgeschäft eine im **Finanzanlagevermögen** ausgewiesene langfristige Anleihe, wäre es im Fall C sachgerecht, die zinsbedingte Wertminderung abzuschreiben (vgl. Tz. 111), während die Abschreibungspflicht hinsichtlich des Währungsverlustes davon abhinge, ob es sich um eine voraussichtlich dauernde oder voraussichtlich vorübergehende Wertminderung handelt (§ 253 Abs. 3 Satz 3 und 4 HGB).

6. Antizipative Bewertungseinheiten

131 § 254 Satz 1 HGB ist auch für die Bilanzierung antizipativer Bewertungseinheiten, also Bewertungseinheiten mit einer hochwahrscheinlich erwarteten Transaktion als Grundgeschäft, anzuwenden (vgl. Tz. 17 ff.). Derartige Bewertungseinheiten weisen einige, im Folgenden dargestellte Besonderheiten auf. Weder nach dem Wortlaut des § 254 Satz 1 HGB noch nach den Gesetzesbegründungen ist die **Anwendung der „Durchbuchungsmethode"** für den Ausweis des effektiven Teils des *Hedges* auf die Absicherung von Vermögensgegenständen, Schulden und schwebenden Geschäften beschränkt. Hat allerdings die mit hoher Wahrscheinlichkeit erwartete Transaktion eine positive Wertänderung, erscheint deren Aktivierung fraglich, da es ihr an der Einzelverwertbarkeit fehlt und es sich deshalb nicht um einen Vermögensgegenstand iSv. § 246 Abs. 1 Satz 1 HGB handelt.

132 Andererseits ist es schon bisher für zulässig erachtet worden, in bestimmten Fällen der Bilanzierung von Bewertungseinheiten, Aufwendungen und Erträge durch den Ansatz eines **aktiven oder passiven Ausgleichspostens** zu neutralisieren, auch wenn es sich dabei nicht um Vermögensgegenstände oder Schulden handelt[164]. Des Weiteren könnte der Grundsatz der Methodenstetigkeit (§§ 246 Abs. 3 u. 252 Abs. 1 Nr. 6 HGB; vgl. Tz. 99) für den Fall, dass die bilanzielle Abbildung von Bewertungseinheiten mit anderen Grundgeschäften nach der „Durchbuchungsmethode" erfolgt, dafür sprechen, dass diese Methode auch im Fall hochwahrscheinlich erwarteter Transaktionen anwendbar ist.

133 Aus diesem Grund erscheint die Anwendung der „Durchbuchungsmethode" auch im Fall antizipativer Bewertungseinheiten zwar nicht ausgeschlossen, aber zweifelhaft[165]. Wird sie dennoch angewendet, erscheint es sachgerecht, eine **negative Wertänderung** einer mit hoher Wahrscheinlichkeit erwarteten Transaktion wie die eines schwebenden Geschäfts zu behandeln (dh. außerplanmäßige Abschreibung oder Ansatz einer Drohverlustrückstellung; vgl. Tz. 126), während es für eine **positive Wertänderung** nach § 265 Abs. 5 Satz 2 HGB geboten erscheint, diese in einem eigenständigen neuen Posten auszuweisen, (bspw. mit der Bezeichnung „Wertsteigerungen erwarteter Transaktionen innerhalb von Bewertungseinheiten"), wenn der Betrag wesentlich ist. Eindeutig unzulässig ist die Bildung eines Ausgleichspostens im Eigenkapital; hierfür fehlt es an einer gesetzlichen Grundlage[166].

---

164 Dies galt für zeitliche Unterschiede in der Abwicklung von Grundgeschäften und Sicherungsinstrumenten. Vgl. AK „*Externe Unternehmensrechnung*" *der SG*, DB 1997, S. 642; *PwC* (Hrsg.), Derivative Finanzinstrumente in Industrieunternehmen⁴, Tz. 641; für Kreditinstitute *Scharpf/Luz*, Risikomanagement, Bilanzierung und Aufsicht von Finanzderivaten², S. 327.
165 So auch *Schmidt*, BB 2009, S. 886.
166 AA *Schmidt*, BB 2009, S. 886, der es für gesetzlich nicht ausgeschlossen hält, den Zeitwert des Sicherungsinstruments und seine Änderungen im Zeitablauf bis zum Eintritt der erwarteten Transaktion im Eigenkapital zu „parken".

Fraglich sind des Weiteren die bilanziellen Konsequenzen eines **drohenden Verlustes aus dem ineffektiven Teil** der Sicherung künftiger Transaktionen. Da die Bilanzierung des ineffektiven Teils der Bewertungseinheit nach § 254 Satz 1 HGB den allgemeinen Grundsätzen folgt, könnte argumentiert werden, dass ein verbleibender, aus dem am Abschlussstichtag noch nicht kontrahierten (Grund-)Geschäft resultierender drohender Verlust mangels rechtlicher oder wirtschaftlicher Verursachung im Berichtsjahr (= wegen eines fehlenden Bewertungsobjekts) nicht passivierungspflichtig sei und nur ein ggf. verbleibender, aus dem bereits abgeschlossenen Sicherungsinstrument drohender Verlust zu passivieren wäre[167]. Dies würde allerdings dem Grundgedanken einer Bewertungseinheit als einem eigenständigen Bewertungsobjekt widersprechen. Ein solches ist als Einheit zu bewerten, so dass es unerheblich ist, aus welchem Bestandteil dieser Einheit ein Verlust droht (vgl. auch Tz. 111)[168]. Daher sind auch Drohverluste wegen ineffektiv abgesicherter Risiken aus am Abschlussstichtag noch nicht abgeschlossenen Geschäften anzusetzen, wenn sie nach § 254 Satz 1 HGB Teil einer Bewertungseinheit sind.

134

Für die Sicherung hochwahrscheinlich **erwarteter Beschaffungsgeschäfte** über Vermögensgegenstände des Umlaufvermögens gilt das zu derartigen schwebenden Beschaffungsgeschäften Gesagte (vgl. Tz. 116 ff.). Auch bei der Absicherung erwarteter Beschaffungsgeschäfte mittels Warentermingeschäften kann auf die Passivierung einer Drohverlustrückstellung nicht mit dem Argument verzichtet werden, dass nach § 254 Satz 1 HGB die Anwendung des § 249 Abs. 1 HGB ausgeschlossen sei. Dies gilt nur für Wert- oder Zahlungsstromänderungen iZm. abgesicherten Risiken. Das aus der Bewertungseinheit resultierende Festpreis-Risiko (Wertänderungsrisiko) ist aber gerade nicht abgesichert[169].

135

Bei **Durchführung der erwarteten Transaktion** in einem Folgejahr hängt die Bilanzierung von der Art der abgesicherten erwarteten Transaktion ab. Wurde bspw. ein erwartetes Absatzgeschäft gegen Währungs- oder Preisrisiken abgesichert, ist es sachgerecht, das Grundgeschäft (Forderung) bei seinem Zugang zum Sicherungskurs oder -preis einzubuchen; dies entspricht der Bilanzierung zuvor schwebender gesicherter Geschäfte nach bisherigem Recht[170]. Im Fall der Absicherung eines erwarteten Beschaffungsgeschäfts als Grundgeschäft gegen Währungs- oder Preisrisiken ist es sachgerecht, die Bilanzierung entsprechend der Bilanzierung von Zugängen aus einem zuvor schwebenden Festpreis-Beschaffungsgeschäft (unter Berücksichtigung einer zuvor gebildeten Drohverlustrückstellung) vorzunehmen, da es einem solchen wirtschaftlich entspricht (vgl. Tz. 116 ff.). Wurde bspw. die erwartete Aufnahme eines variabel verzinslichen Darlehens mittels eines *Forward-Payer*-Zinsswaps gegen Zinsänderungsrisiken abgesichert, ist es sachgerecht, die Bewertungseinheit im Zeitpunkt der Darlehensaufnahme als eine zwischen der Verbindlichkeit und dem Zinsswap fortzuführen. Da eine solche Bewertungseinheit in Form einer synthetischen Festzins-Darlehensverbindlichkeit, entsprechend einer originär festverzinslichen Darlehensverbindlichkeit, nicht zinsbedingt zu bewerten ist[171], ergeben sich im Zeitpunkt der Darlehensaufnahme

136

---

167 Nach *Theile*, S. 70, ist der ineffektive Teil einer erwarteten Transaktion bilanziell überhaupt nicht abzubilden.
168 So im Ergebnis auch *Scharpf* in Küting ua., BilMoG², S. 222.
169 AA *Patek*, KoR 2008, S. 369, der in derartigen Fällen die Bildung einer Drohverlustrückstellung für ausgeschlossen hält und darin eine Änderung zu den derzeitigen GoB sieht. AA wohl auch *Scharpf/Schaber*, KoR 2008, S. 540, wonach sich nur für den ineffektiven *Hedge*-Teil eine Erfolgswirksamkeit ergibt. Beide ignorieren, dass für die Bewertungseinheit als neuem Bewertungsobjekt weiterhin die allgemeinen Bewertungsregeln gelten.
170 Vgl. *PwC* (Hrsg.), Derivative Finanzinstrumente in Industrieunternehmen⁴, Tz. 445.
171 Vgl. IDW RS HFA 4 Tz. 32; IDW RS HFA 22 Tz. 17.

keine bilanziellen Auswirkungen. Stattdessen sind die laufenden Zahlungsströme aus dem *Forward*-Zins*swap* laufend zu erfassen.

7. Makro- und Portfolio-*Hedges*

137 Für die Bilanzierung von Makro- oder Portfolio-*Hedges* (vgl. hierzu Tz. 7 ff.) enthält § 254 Satz 1 HGB keine eigenständigen Regelungen. Wie bei Mikro-*Hedges* kann deshalb der **effektive Teil** des *Hedges* grds. nach der „Einfrierungsmethode" oder nach der „Durchbuchungsmethode" erfasst werden. Demgegenüber ist der **ineffektive Teil** des *Hedges*, dh. der Gesamtsaldo der Wert- und Zahlungsstromänderungen aller Grundgeschäfte und Sicherungsinstrumente der Bewertungseinheit am Abschlussstichtag nach § 252 Abs. 1 Nr. 4 HGB imparitätisch zu behandeln, da sie sich insoweit nicht ausgleichen. Ein negativer Saldo ist ergebniswirksam zu erfassen, während ein positiver Saldo nach dem Realisationsprinzip nicht berücksichtigt werden darf.

138 Der aus dem ineffektiven Teil des *Hedges* resultierende Gesamtsaldo der Wert- und Zahlungsstromänderungen resultiert aus einer Vielzahl einzelner Grundgeschäfte und/oder Sicherungsinstrumente. Nach dem für den ineffektiven Teil des *Hedges* geltenden Grundsatz der Einzelbewertung ist der **negative Saldo** grds. auf die einzelnen Geschäfte der Bewertungseinheit **aufzuteilen**[172]. Danach sind bspw. Vermögensgegenstände anteilig außerplanmäßig abzuschreiben und ist für schwebende Geschäfte eine Drohverlustrückstellung zu passivieren. Ist die Aufteilung nicht mit vertretbarem Aufwand möglich, erscheint es allerdings weiterhin vertretbar, den negativen Gesamtsaldo als Gesamtbetrag aufwandswirksam zu erfassen, je nach Sachlage entweder als außerplanmäßige Abschreibung oder als Drohverlustrückstellung[173], ggf. auch nach § 265 Abs. 5 HGB gesondert ausgewiesen[174].

139 Entsprechendes gilt für den Fall, dass Makro- oder Portfolio-*Hedges* nach der „**Durchbuchungsmethode**" bilanziert werden. Ist die Wertänderung insgesamt positiv und kann sie den Geschäften und Instrumenten nicht mit vertretbarem Aufwand einzeln zugeordnet werden, erscheint es darüber hinaus geboten, diese Wertänderung mangels Vermögensgegenstandseigenschaft nach § 265 Abs. 5 Satz 2 HGB in einem gesonderten Posten auszuweisen[175], wenn ihre Anwendung in diesem Fall überhaupt für zulässig erachtet wird (vgl. Tz. 131 ff.).

IV. Beendigung des Sicherungszusammenhangs

140 Endet der Sicherungszusammenhang – und damit auch die Bilanzierung der Bewertungseinheit nach § 254 Satz 1 HGB – regulär mit einer **gleichzeitigen Beendigung** von Grundgeschäft und Sicherungsinstrument (bspw. Tilgung einer Darlehensverbindlichkeit und gleichzeitig Beendigung des zugehörigen Zins*swaps*), sind Grundgeschäft und Sicherungsinstrument sowie evtl. im Zusammenhang mit der Bewertungseinheit bilanzierte Posten (bspw. Drohverlustrückstellungen im Fall der Bilanzierung nach der „Durchbuchungsmethode"; vgl. Tz. 121 ff.) auszubuchen.

141 Werden Grundgeschäft und Sicherungsinstrument zu **unterschiedlichen Zeitpunkten** abgewickelt, erscheint es im Einklang mit den bisherigen GoB sachgerecht, erhaltene

---

172 AA *Scharpf/Schaber*, KoR 2008, S. 539 (immer als Rückstellung zu erfassen).
173 Für eine Drohverlustrückstellung *Löw/Scharpf/Weigel*, WPg 2008, S. 1019.
174 Für eine Abschreibung oder die Passivierung einer Drohverlustrückstellung vgl. auch *AK „Externe Unternehmensrechnung" der SG*, DB 1997, S. 640; *Prahl/Naumann* in HdJ, Abt. II/10, Tz. 228; für einen Ausweis als sonstige Rückstellung oder als gesonderter Posten vgl. *Patek*, KoR 2008, S. 370.
175 Für einen gesonderten Ausweis vgl. auch *Cassel* in Kessler/Leinen/Strickmann (Hrsg.), S. 196.

oder geleistete Ausgleichszahlungen vor Erreichen des Sicherungszwecks nicht ergebniswirksam zu erfassen, sondern bis zur Abwicklung des jeweils anderen Geschäfts insoweit abzugrenzen, wie sie auf den effektiven Teil des *Hedges* entfallen, da ansonsten der bilanzielle Zweck einer Bewertungseinheit – keine ergebniswirksame Berücksichtigung von Wert- oder Zahlungsstromänderungen – nicht erreicht würde[176].

142 Wird der Sicherungszusammenhang durch die (reguläre oder vorzeitige) Abwicklung des Sicherungsinstruments beendet, wird aber zeitgleich ein neues Sicherungsinstrument zur Absicherung desselben Risikos abgeschlossen, welches ebenfalls die Voraussetzungen für die Bildung einer Bewertungseinheit erfüllt (**Anschlusssicherungsinstrument**), ist es sachgerecht, die bestehende Bewertungseinheit unverändert weiterhin nach § 254 Satz 1 HGB zu bilanzieren. (Erhaltene oder geleistete) Ausgleichszahlungen aus der Abwicklung des bisherigen Sicherungsinstruments können als Teil der Anschaffungskosten des Anschlusssicherungsinstruments angesetzt werden und sind deshalb nicht zwingend ergebniswirksam zu erfassen[177]. Entsprechendes erscheint bei Abschluss eines Anschlussgrundgeschäfts zulässig, wenn ausnahmsweise Ausgleichszahlungen für das bisherige Grundgeschäft anfielen[178].

143 Die **vorzeitige Beendigung** eines bestehenden Sicherungszusammenhangs kann aus verschiedenen Gründen erfolgen (vgl. auch Tz. 45 ff.). Dazu zählen bspw. der Wegfall der Voraussetzungen für die Bildung einer Bewertungseinheit (zB aufgrund einer gesunkenen Wahrscheinlichkeit für die Durchführung einer geplanten Transaktion), die vorzeitige Beendigung des Sicherungsinstruments sowie die wirtschaftliche Glattstellung des Sicherungsinstruments durch Abschluss eines Gegengeschäfts. Wird eine Bewertungseinheit vorzeitig beendet, sind nach der Regierungsbegründung von diesem Zeitpunkt an die allgemeinen Vorschriften anzuwenden[179]. Dies bedeutet die letztmalige Anwendung des § 254 HGB unmittelbar vor dem Beendigungszeitpunkt, während anschließend die Bewertung der verbliebenen einzelnen Posten nach allgemeinen Grundsätzen durchzuführen ist[180]. Ob die Auflösung ergebniswirksam ist, hängt vom jeweiligen Einzelfall ab, insb. von der Art und dem Umfang der verbleibenden Geschäfte[181]. Unerheblich für die Ergebniswirkung ist, ob der effektive Teil des Hedges bislang nach der „Einfrierungsmethode" oder nach der „Durchbuchungsmethode" bilanziert worden ist.

144 Im Fall von **Makro- oder Portfolio-*Hedges*** hat die Frage der zeitlich unterschiedlichen Abwicklung von Grundgeschäften und Sicherungsinstrumenten, bspw. durch die Abwicklung eines Sicherungsinstruments oder durch eine Änderung in der Zusammensetzung der Grundgeschäfte, eine noch größere Bedeutung als im Fall von Mikro-*Hedges* (vgl. Tz. 140). Eine zwischenzeitliche Abgrenzung realisierter Ergebnisse aus der Absicherung von Nettorisiken erscheint dann sachgerecht, wenn die abzugrenzenden Beträge wirtschaftlich sinnvoll ermittelt werden können, bspw. unter Verwen-

---

176 Vgl. *AK „Externe Unternehmensrechnung" der SG*, DB 1997, S. 642; *PwC* (Hrsg.), Derivative Finanzinstrumente in Industrieunternehmen⁴, Tz. 641.
177 Vgl. BFA 2/1993 Abschn. D; *PwC* (Hrsg.), Derivative Finanzinstrumente in Industrieunternehmen⁴, Tz. 638.
178 Vgl. *PwC* (Hrsg.), Derivative Finanzinstrumente in Industrieunternehmen⁴, Tz. 640.
179 Vgl. Begr. RegE, BT-Drucks. 16/10067, S. 59.
180 So auch *Scharpf* in Küting ua., BilMoG², S. 221.
181 Zur vorzeitigen Auflösung von Bewertungseinheiten nach bisherigem Recht vgl. *PwC* (Hrsg.), Derivative Finanzinstrumente in Industrieunternehmen⁴, Tz. 634-643; BFA in IDW-Fachnachrichten 2004, S. 697 f. (*close-outs* von Zins*swaps*).

dung von Verbrauchsfolgefiktionen. Aus Vereinfachungsgründen wird es aber auch für zulässig erachtet, auf eine derartige erfolgsneutrale Abgrenzung zu verzichten[182].

145 Zur Beendigung von **antizipativen Bewertungseinheiten** vgl. Tz. 136.

V. Latente Steuern

146 Nach § 5 Abs. 1a Satz 2 EStG sind die Ergebnisse der in der handelsrechtlichen Rechnungslegung zur Absicherung finanzwirtschaftlicher Risiken gebildeten Bewertungseinheiten auch **für die steuerliche Gewinnermittlung maßgeblich**. In diesen Fällen gilt auch das steuerliche Passivierungsverbot für Drohverlustrückstellungen nicht (§ 5 Abs. 4a Satz 2 EStG)[183]. Weil sich insoweit keine Unterschiede zwischen handels- und steuerrechtlicher Bilanzierung ergeben, sind in diesen Fällen weder für den effektiven noch für den ineffektiven Teil der Sicherungsbeziehung latente Steuern nach § 274 HGB zu erfassen, unabhängig davon, ob die Bilanzierung nach der „Einfrierungsmethode" oder nach der „Durchbuchungsmethode" erfolgt[184].

VI. Besondere Anhangangaben

147 Werden **Bewertungseinheiten** gebildet, sind nach §§ 285 Nr. 23, 314 Abs. 1 Nr. 15 HGB im (Konzern-)Anhang umfangreiche Angaben erforderlich, soweit sie nicht im (Konzern-)Lagebericht gemacht werden. Zu näheren Ausführungen vgl. Abschn. O Tz. 170 ff. und Abschn. R Tz. 57 ff.

VII. Erstanwendung und Übergangsvorschriften

148 Nach Art. 66 Abs. 3 Satz 1 EGHGB ist die Neuregelung des § 254 HGB erstmals in dem **nach dem 31. Dezember 2009** beginnenden Geschäftsjahr anzuwenden. Eine freiwillige vorzeitige Anwendung im nach dem 31. Dezember 2008 beginnenden Geschäftsjahr ist zulässig, falls die neuen Vorschriften insgesamt vorzeitig angewendet werden; dies ist im (Konzern-)Anhang anzugeben (Art. 66 Abs. 3 Satz 6 EGHGB).

149 Besondere Übergangsvorschriften für die Bilanzierung von Bewertungseinheiten enthält das Gesetz nicht. Die bilanziellen Auswirkungen auf **„Altfälle"** können insb. wie folgt differenziert werden:

– Bisher zulässigerweise gebildete Bewertungseinheiten werden in aller Regel auch nach § 254 HGB zulässig sein. Ist dies der Fall, sind sie stetig fortzuführen.

– Sind bisher zulässigerweise gebildete Bewertungseinheiten künftig nach § 254 HGB unzulässig, sind sie im Geschäftsjahr der erstmaligen Anwendung des HGB idF des BilMoG ergebniswirksam aufzulösen (zur Beendigung von Bewertungseinheiten vgl. Tz. 140 ff.).

– Durch die Erweiterung des Anwendungsbereichs von Bewertungseinheiten (bspw. auf antizipative *Hedges*) waren in Einzelfällen nach altem Recht die Voraussetzungen für die Bildung einer Bewertungseinheit nicht erfüllt, während sie nach neuem Recht erfüllt sind. Wurde vor Inkrafttreten des BilMoG trotz Absicherung eines Grundgeschäfts eine Drohverlustrückstellung gebildet, ist die er-

---

[182] Vgl. AK *„Externe Unternehmensrechnung"* der SG, DB 1997, S. 642; *Prahl/Naumann* in HdJ, Abt. II/10, Tz. 232.
[183] Zu § 5 Abs. 1a EStG vgl. *Schmidt*, EStG-Kommentar[27], § 5 Tz. 70; *Herzig/Breckmeier*, DB 2006, S. 1451 ff.; *Schick/Indenkämpen* BB 2006, S. 650 ff.; *Prinz/Hick*, DStR 2006, S. 771 ff.
[184] So auch *Oser/Roß/Wader/Drögemüller*, WPg 2008, S. 685.

gebniswirksame Auflösung der Rückstellung mit der Begründung einer nachträglichen Dokumentation der Sicherungsbeziehung nicht möglich. Entsprechendes gilt für ggf. vorgenommene Abschreibungen[185].

---

185 Vgl. IDW ERS HFA 28 Tz. 44.

I. Bewertung von Schulden
(§§ 253 Abs. 1 Satz 2 und 3, Abs. 2, 277 Abs. 5
Satz 1 HGB, Art. 67 Abs. 1 EGHGB)

§ 253 HGB
Zugangs- und Folgebewertung

(1) ¹Vermögensgegenstände sind höchstens mit den Anschaffungs- oder Herstellungskosten, vermindert um die Abschreibungen nach den Absätzen 3 bis 5, anzusetzen. ²Verbindlichkeiten sind zu ihrem Erfüllungsbetrag und Rückstellungen in Höhe des nach vernünftiger kaufmännischer Beurteilung notwendigen Erfüllungsbetrages anzusetzen. ³Soweit sich die Höhe von Altersversorgungsverpflichtungen ausschließlich nach dem beizulegenden Zeitwert von Wertpapieren im Sinn des § 266 Abs. 2 A.III.5 bestimmt, sind Rückstellungen hierfür zum beizulegenden Zeitwert dieser Wertpapiere anzusetzen, soweit er einen garantierten Mindestbetrag übersteigt. ⁴Nach § 246 Abs. 2 Satz 2 zu verrechnende Vermögensgegenstände sind mit ihrem beizulegenden Zeitwert zu bewerten.

(2) ¹Rückstellungen mit einer Laufzeit von mehr als einem Jahr sind mit dem ihrer Restlaufzeit entsprechenden durchschnittlichen Marktzinssatz der vergangenen sieben Geschäftsjahre abzuzinsen. ²Abweichend von Satz 1 dürfen Rückstellungen für Altersversorgungsverpflichtungen oder vergleichbare langfristig fällige Verpflichtungen pauschal mit dem durchschnittlichen Marktzinssatz abgezinst werden, der sich bei einer angenommenen Restlaufzeit von 15 Jahren ergibt. ³Die Sätze 1 und 2 gelten entsprechend für auf Rentenverpflichtungen beruhende Verbindlichkeiten, für die eine Gegenleistung nicht mehr zu erwarten ist. ⁴Der nach den Sätzen 1 und 2 anzuwendende Abzinsungssatz wird von der Deutschen Bundesbank nach der Maßgabe einer Rechtsverordnung ermittelt und monatlich bekannt gegeben. ⁵In der Rechtsverordnung nach Satz 4, die nicht der Zustimmung des Bundesrates bedarf, bestimmt das Bundesministerium der Justiz im Benehmen mit der Deutschen Bundesbank das Nähere zur Ermittlung der Abzinsungssätze, insbesondere die Ermittlungsmethodik und deren Grundlage, sowie die Form der Bekanntgabe.

(3) ¹Bei Vermögensgegenständen des Anlagevermögens, deren Nutzung zeitlich begrenzt ist, sind die Anschaffungs- oder Herstellungskosten um planmäßige Abschreibungen zu vermindern. ²Der Plan muss die Anschaffungs- oder Herstellungskosten auf die Geschäftsjahre verteilen, in denen der Vermögensgegenstand voraussichtlich genutzt werden kann. ³Ohne Rücksicht darauf, ob ihre Nutzung zeitlich begrenzt ist, **sind bei Vermögensgegenständen des Anlagevermögens bei voraussichtlich dauernder Wertminderung außerplanmäßige Abschreibungen vorzunehmen, um diese mit dem niedrigeren Wert anzusetzen, der ihnen am Abschlussstichtag beizulegen ist.** ⁴Bei Finanzanlagen können außerplanmäßige Abschreibungen auch bei voraussichtlich nicht dauernder Wertminderung vorgenommen werden.

(4) ¹Bei Vermögensgegenständen des Umlaufvermögens sind Abschreibungen vorzunehmen, um diese mit einem niedrigeren Wert anzusetzen, der sich aus einem Börsen- oder Marktpreis am Abschlussstichtag ergibt. ²Ist ein Börsen- oder Marktpreis nicht festzustellen und übersteigen die Anschaffungs- oder Herstellungskosten den Wert, der den Vermögensgegenständen am Abschlussstichtag beizulegen ist, so ist auf diesen Wert abzuschreiben.

(5) ¹Ein niedrigerer Wertansatz nach **Absatz 3 Satz 3 oder 4 und Absatz 4** darf **nicht** beibehalten werden, wenn die Gründe dafür nicht mehr bestehen. ²**Ein niedrigerer Wertansatz eines entgeltlich erworbenen Geschäfts- oder Firmenwertes ist beizubehalten.**

§ 277 HGB
Vorschriften zu einzelnen Posten der Gewinn- und Verlustrechnung

(1) Als Umsatzerlöse sind die Erlöse aus dem Verkauf und der Vermietung oder Verpachtung von für die gewöhnliche Geschäftstätigkeit der Kapitalgesellschaft typischen Erzeugnissen und Waren sowie aus von für die gewöhnliche Geschäftstätigkeit der Kapitalgesellschaft typischen Dienstleistungen nach Abzug von Erlösschmälerungen und der Umsatzsteuer auszuweisen.

(2) Als Bestandsveränderung sind sowohl Änderungen der Menge als auch solche des Wertes zu berücksichtigen; Abschreibungen jedoch nur, soweit diese die in der Kapitalgesellschaft sonst üblichen Abschreibungen nicht überschreiten.

(3) ¹**Außerplanmäßige Abschreibungen nach § 253 Abs. 3 Satz 3 und 4 sind jeweils gesondert auszuweisen oder im Anhang anzugeben.** ²Erträge und Aufwendungen aus Verlustübernahme und auf Grund einer Gewinngemeinschaft, eines Gewinnabführungs- oder eines Teilgewinnabführungsvertrags erhaltene oder abgeführte Gewinne sind jeweils gesondert unter entsprechender Bezeichnung auszuweisen.

(4) ¹Unter den Posten „außerordentliche Erträge" und „außerordentliche Aufwendungen" sind Erträge und Aufwendungen auszuweisen, die außerhalb der gewöhnlichen Geschäftstätigkeit der Kapitalgesellschaft anfallen. ²Die Posten sind hinsichtlich ihres Betrags und ihrer Art im Anhang zu erläutern, soweit die ausgewiesenen Beträge für die Beurteilung der Ertragslage nicht von untergeordneter Bedeutung sind. ³**Satz 2 gilt entsprechend für alle Aufwendungen und Erträge, die einem anderen Geschäftjahr zuzurechnen sind.**

(5) ¹**Erträge aus der Abzinsung sind in der Gewinn- und Verlustrechnung gesondert unter dem Posten „Sonstige Zinsen und ähnliche Erträge" und Aufwendungen gesondert unter dem Posten „Zinsen und ähnliche Aufwendungen" auszuweisen.** ²Erträge aus der Währungsumrechnung sind in der Gewinn- und Verlustrechnung gesondert unter dem Posten „Sonstige betriebliche Erträge" und Aufwendungen aus der Währungsumrechnung gesondert unter dem Posten „Sonstige betriebliche Aufwendungen" auszuweisen.

Artikel 67 EGHGB
Übergangsvorschriften zum Bilanzrechtsmodernisierungsgesetz

(1) ¹Soweit auf Grund der geänderten Bewertung der laufenden Pensionen oder Anwartschaften auf Pensionen eine Zuführung zu den Rückstellungen erforderlich ist, ist dieser Betrag bis spätestens zum 31. Dezember 2024 in jedem Geschäftsjahr zu mindestens einem Fünfzehntel anzusammeln. ²Ist auf Grund der geänderten Bewertung von Verpflichtungen, die die Bildung einer Rückstellung erfordern, eine Auflösung der Rückstellungen erforderlich, dürfen diese beibehalten werden, soweit der aufzulösende Betrag bis spätestens zum 31. Dezember 2024 wieder zugeführt werden müsste. ³Wird von dem Wahlrecht nach Satz 2 kein Gebrauch gemacht, sind die aus der Auflösung resultierenden Beträge un-

mittelbar in die Gewinnrücklagen einzustellen. ⁴Wird von dem Wahlrecht nach Satz 2 Gebrauch gemacht, ist der Betrag der Überdeckung jeweils im Anhang und im Konzernanhang anzugeben.

(2) Bei Anwendung des Absatzes 1 müssen Kapitalgesellschaften, Kreditinstitute und Finanzdienstleistungsinstitute im Sinn des § 340 des Handelsgesetzbuchs, Versicherungsunternehmen und Pensionsfonds im Sinn des § 341 des Handelsgesetzbuchs, eingetragene Genossenschaften und Personenhandelsgesellschaften im Sinn des § 264a des Handelsgesetzbuchs die in der Bilanz nicht ausgewiesenen Rückstellungen für laufende Pensionen, Anwartschaften auf Pensionen und ähnliche Verpflichtungen jeweils im Anhang und im Konzernanhang angeben.

(3) ¹Waren im Jahresabschluss für das letzte vor dem 1. Januar 2010 beginnende Geschäftsjahr Rückstellungen nach § 249 Abs. 1 Satz 3, Abs. 2 des Handelsgesetzbuchs, Sonderposten mit Rücklageanteil nach § 247 Abs. 3, § 273 des Handelsgesetzbuchs oder Rechnungsabgrenzungsposten nach § 250 Abs. 1 Satz 2 des Handelsgesetzbuchs in der bis zum 28. Mai 2009 geltenden Fassung enthalten, können diese Posten unter Anwendung der für sie geltenden Vorschriften in der bis zum 28. Mai 2009 geltenden Fassung, Rückstellungen nach § 249 Abs. 1 Satz 3, Abs. 2 des Handelsgesetzbuchs auch teilweise, beibehalten werden. ²Wird von dem Wahlrecht nach Satz 1 kein Gebrauch gemacht, ist der Betrag unmittelbar in die Gewinnrücklagen einzustellen; dies gilt nicht für Beträge, die der Rückstellung nach § 249 Abs. 1 Satz 3, Abs. 2 des Handelsgesetzbuchs in der bis zum 28. Mai 2009 geltenden Fassung im letzten vor dem 1. Januar 2010 beginnenden Geschäftsjahr zugeführt wurden.

(4) ¹Niedrigere Wertansätze von Vermögensgegenständen, die auf Abschreibungen nach § 253 Abs. 3 Satz 3, § 253 Abs. 4 des Handelsgesetzbuchs oder nach den §§ 254, 279 Abs. 2 des Handelsgesetzbuchs in der bis zum 28. Mai 2009 geltenden Fassung beruhen, die in Geschäftsjahren vorgenommen wurden, die vor dem 1. Januar 2010 begonnen haben, können unter Anwendung der für sie geltenden Vorschriften in der bis zum 28. Mai 2009 geltenden Fassung fortgeführt werden. ²Wird von dem Wahlrecht nach Satz 1 kein Gebrauch gemacht, sind die aus der Zuschreibung resultierenden Beträge unmittelbar in die Gewinnrücklagen einzustellen; dies gilt nicht für Abschreibungen, die im letzten vor dem 1. Januar 2010 beginnenden Geschäftsjahr vorgenommen worden sind.

(5) ¹Ist im Jahresabschluss für ein vor dem 1. Januar 2010 beginnendes Geschäftsjahr eine Bilanzierungshilfe für Aufwendungen für die Ingangsetzung und Erweiterung des Geschäftsbetriebs nach § 269 des Handelsgesetzbuchs in der bis zum 28. Mai 2009 geltenden Fassung gebildet worden, so darf diese unter Anwendung der für sie geltenden Vorschriften in der bis zum 28. Mai 2009 geltenden Fassung fortgeführt werden. ²Ist im Konzernabschluss für ein vor dem 1. Januar 2010 beginnendes Geschäftsjahr eine Kapitalkonsolidierung gemäß § 302 des Handelsgesetzbuchs in der bis zum 28. Mai 2009 geltenden Fassung vorgenommen worden, so darf diese unter Anwendung der für sie geltenden Vorschriften in der bis zum 28. Mai 2009 geltenden Fassung beibehalten werden.

(6) ¹Aufwendungen oder Erträge aus der erstmaligen Anwendung der §§ 274, 306 des Handelsgesetzbuchs in der Fassung des Bilanzrechtsmodernisierungsgesetzes vom 25. Mai 2009 (BGBl. I S. 1102) sind unmittelbar mit den Gewinnrücklagen zu verrechnen. ²Werden Beträge nach Absatz 1 Satz 3, nach Absatz 3 Satz 2 oder nach Absatz 4 Satz 2 unmittelbar mit den Gewinnrücklagen verrechnet, sind da-

raus nach den §§ 274, 306 des Handelsgesetzbuchs in der Fassung des Bilanzrechtsmodernisierungsgesetzes entstehende Aufwendungen und Erträge ebenfalls unmittelbar mit den Gewinnrücklagen zu verrechnen.

(7) Aufwendungen aus der Anwendung des Artikels 66 sowie der Absätze 1 bis 5 sind in der Gewinn- und Verlustrechnung gesondert unter dem Posten „außerordentliche Aufwendungen" und Erträge hieraus gesondert unter dem Posten „außerordentliche Erträge" anzugeben.

(8) ¹Ändern sich bei der erstmaligen Anwendung der durch die Artikel 1 bis 11 des Bilanzrechtsmodernisierungsgesetzes vom 25. Mai 2009 (BGBl. I S. 1102) geänderten Vorschriften die bisherige Form der Darstellung oder die bisher angewandten Bewertungsmethoden, so sind § 252 Abs. 1 Nr. 6, § 265 Abs. 1, § 284 Abs. 2 Nr. 3 und § 313 Abs. 1 Nr. 3 des Handelsgesetzbuchs bei der erstmaligen Aufstellung eines Jahres- oder Konzernabschlusses nach den geänderten Vorschriften nicht anzuwenden. ²Außerdem brauchen die Vorjahreszahlen bei erstmaliger Anwendung nicht angepasst werden; hierauf ist im Anhang und Konzernanhang hinzuweisen.

Inhaltsverzeichnis Tz.
- I. Grundlagen .... 1 – 6
- II. Bewertung von Verbindlichkeiten (§ 253 Abs. 1 Satz 2) .... 7 – 15
- III. Bewertung von Rückstellungen
  1. Erfüllungsbetrag (§ 253 Abs. 1 Satz 2)
     - a. Grundlagen .... 16 – 24
     - b. Grundsätze zur Ermittlung des Erfüllungsbetrages bei Rückstellungen für Sachleistungsverpflichtungen .... 25 – 32
     - c. Auswirkungen der Bildung von Bewertungseinheiten (§ 254 HGB) auf den Erfüllungsbetrag von Rückstellungen .... 33 – 38
  2. Abzinsung von Rückstellungen (§ 253 Abs. 2)
     - a. Restlaufzeit von mehr als einem Jahr .... 39 – 43
     - b. Restlaufzeit bis zu einem Jahr .... 44 – 45
     - c. Ermittlung des Abzinsungssatzes .... 46 – 57
     - d. Ausweis der Auf- und Abzinsungen in der Gewinn- und Verlustrechnung (§ 277 Abs. 5 Satz 1) .... 58 – 64
- IV. Bewertung von Altersversorgungsverpflichtungen und vergleichbaren langfristig fälligen Verpflichtungen
  1. Begriffsbestimmungen .... 65 – 66
  2. Unmittelbare Pensionsverpflichtungen
     - a. Allgemeines .... 67 – 69
     - b. Erfüllungsbetrag von Pensionsverpflichtungen (§ 253 Abs. 1 Satz 2)
       - aa. Berücksichtigung zukunftsbezogener Bewertungsparameter .. 70 – 80
       - bb. Bewertungsverfahren .... 81 – 84
     - c. Abzinsung (§ 253 Abs. 2) .... 85 – 89
     - d. Ausweis der Zuführung zu den Altersversorgungsrückstellungen in der Gewinn- und Verlustrechnung .... 90 – 92
     - e. Versicherungsmathematische Gutachten .... 93 – 94
  3. Wertpapiergebundene Altersversorgungszusagen (§ 253 Abs. 1 Satz 3) .... 95 – 107
  4. Mittelbare Altersversorgungszusagen .... 108 – 111

V. Latente Steuern 112
VI. Anhangangaben .... 113 – 114
VII. Erstanwendungszeitpunkt und Übergangsvorschriften
  1. Allgemeines .... 115 – 119
  2. Übergangsregelungen für alle Rückstellungen
     (Art 67 Abs. 1 Satz 2 EGHGB) .... 120 – 126
  3. Übergangsvorschriften für Pensionsrückstellungen
     (Art 67 Abs. 1 Satz 1 EGHGB)
     a. Behandlung des Zuführungsbetrages aus der Erstanwendung
        aa. Allgemeines .... 127 – 128
        bb. Ermittlung des Zuführungsbetrages aus der Neubewertung 129 – 133
        cc. Verteilung der Rückstellungszuführung aus der
            Neubewertung .... 134 – 136
     b. Behandlung des Auflösungsbetrages aus der Erstanwendung 137

I. Grundlagen

§ 253 Abs. 1 Satz 2 und Abs. 2 HGB regeln für **alle Kaufleute** die Bewertung von Schulden[1], dh. von Verbindlichkeiten und Rückstellungen. Im Zusammenhang mit der geänderten Bewertung von Pensionsrückstellungen durch das BilMoG enthält Art. 67 Abs. 1 iVm. Abs. 2 EGHGB Übergangsregelungen zur Vermeidung von einmaligen erheblichen Ergebniswirkungen bei der erstmaligen Anwendung der neuen Bewertungsvorschriften, die insb. Rückstellungen für laufende Pensionen und Anwartschaften auf Pensionen, in Teilbereichen (Beibehaltung von bislang zulässigen höheren Wertansätzen für Rückstellungen bei Vorliegen bestimmter Voraussetzungen) aber auch alle Rückstellungsarten betreffen.

Hinsichtlich des Bewertungsmaßstabes für **Verbindlichkeiten** wurde der Begriff „Rückzahlungsbetrag" nach bisherigem Recht durch den Begriff „Erfüllungsbetrag" in § 253 Abs. 1 Satz 2 HGB ersetzt. Nach der Regierungsbegründung soll hierdurch lediglich eine Klarstellung erfolgen, dass mit dieser Bewertungsvorschrift nicht nur durch Geldfluss zu erfüllende Verbindlichkeiten, sondern auch Sachleistungsverpflichtungen uä. erfasst werden[2]. Ferner drückt der Begriff „Erfüllungsbetrag" aus, dass es sich hierbei um eine zukünftig zu erbringende Leistung handelt, die zum Erlöschen einer bestehenden Verbindlichkeit führt[3]. Auch unterverzinsliche oder niedrig verzinsliche langfristige Verbindlichkeiten sind handelsrechtlich – abweichend zur steuerlichen Regelung des § 6 Abs. 1 Nr. 3 EStG – zu ihrem Erfüllungsbetrag anzusetzen[4]. Eine Abzinsung würde gegen das Realisationsprinzip (§ 252 Abs. 1 Nr. 4 HGB) verstoßen und ist daher handelsrechtlich unzulässig (vgl. Tz. 13 f.).

Rückstellungen sind nach § 253 Abs. 1 Satz 2 HGB in Höhe des nach vernünftiger kaufmännischer Beurteilung notwendigen Erfüllungsbetrages anzusetzen. Nach der bisherigen herrschenden handelsrechtlichen Auffassung war bei der Rückstellungsbewertung im Hinblick auf das Stichtagsprinzip (§ 252 Abs. 1 Nr. 3 HGB) sowie im Hinblick auf eine Objektivierung der Wertansätze von den Wertverhältnissen am jewei-

---

[1] Zum handelsrechtlichen Begriff der „Schulden" vgl. *ADS*[6], § 246 HGB Tz. 102 ff. mwN.
[2] Vgl. Begr. RegE, BT-Drucks. 16/10067, S. 52; zum steuerlichen grundsätzlichen Abzinsungsgebot von unverzinslichen Verbindlichkeiten mit einer Laufzeit von mindestens 12 Monaten vgl. *Glanegger*, in Schmidt, EStG[28], § 6 Rz. 402.
[3] Vgl. Begr. RegE, BT-Drucks. 16/10067, S. 52.
[4] Vgl. *Oser/Roß/Wader/Drögemüller*, WPg 2008, S. 53.

ligen Bilanzstichtag auszugehen⁵. Mit der Pflicht zur Bewertung zum Erfüllungsbetrag wird zum Ausdruck gebracht, dass nach dem BilMoG durch ausreichende objektive Hinweise nachgewiesene zukünftige Preis- und Kostensteigerungen bei der Bewertung von Verbindlichkeitsrückstellungen sowie von Rückstellungen für drohende Verluste aus schwebenden Geschäften (§ 249 Abs. 1 Satz 1 HGB) und für Gewährleistungen, die ohne rechtliche Verpflichtung erbracht werden (§ 249 Abs. 1 Satz 2 Nr. 2 HGB), verpflichtend zu berücksichtigen sind⁶.

4 Die Berücksichtigung künftiger Preis- und Kostensteigerungen bei der Rückstellungsbewertung nach § 253 Abs. 1 Satz 2 HGB basiert auf Art. 31 Abs. 1a der **4. EG-Richtlinie** idF der Modernisierungsrichtlinie, wonach ein Mitgliedstaat Regelungen erlassen kann, durch die alle voraussehbaren Risiken und zu vermutenden Verluste bei der Rückstellungsbewertung berücksichtigt werden können, die in dem betreffenden oder einem früheren Geschäftsjahr durch die rechtliche oder wirtschaftliche Begründung der Verpflichtung entstanden bzw. verursacht sind⁷. Hierdurch wird zum jeweiligen Bilanzstichtag die Darstellung einer den tatsächlichen Verhältnissen entsprechenden Vermögens-, Finanz- und Ertragslage der Gesellschaft bezweckt.

5 Nach der Regierungsbegründung bedingt eine solche Abweichung vom Grundsatz der Bewertung eines Vermögens- bzw. Schuldpostens nach den Verhältnissen zum Bilanzstichtag eine Abzinsung von längerfristigen Rückstellungen⁸, deren Grundlage somit ebenfalls in Art. 31 Abs. 1a der 4. EG-Richtlinie gesehen wird. Durch § 253 Abs. 2 Satz 1 HGB wird eine generelle **Abzinsungspflicht** für Rückstellungen vorgeschrieben, soweit diese eine Restlaufzeit von mehr als einem Jahr aufweisen. Nach der bisherigen gesetzlichen Regelung waren dagegen Rückstellungen nur abzuzinsen, soweit die ihnen zugrundeliegende Verpflichtungen einen Zinsanteil enthielten. Die nach BilMoG anzuwendenden Abzinsungssätze, die grds. aus durchschnittlichen Marktzinssätzen der vergangenen sieben Jahre unter Berücksichtigung der Restlaufzeit der Verpflichtungen abzuleiten sind, sollen von der Deutschen Bundesbank nach Maßgabe einer Rechtsverordnung (Rückstellungsabzinsungsverordnung – RückAbzinsV) ermittelt und monatlich bekannt gegeben werden. Zur Ausnahmeregelung des § 253 Abs. 2 Satz 2 HGB, nach der Rückstellungen für Altersversorgungsverpflichtungen oder vergleichbare langfristig fällige Verpflichtungen pauschal mit einem durchschnittlichen Marktzins abgezinst werden können, der sich bei einer unterstellten Restlaufzeit von 15 Jahren ergibt (vgl. Tz. 85).

6 Soweit sich die Höhe von Altersversorgungsverpflichtungen oder vergleichbaren langfristig fälligen Verpflichtungen⁹ ausschließlich nach dem beizulegenden Zeitwert von Wertpapieren im Sinn des § 266 Abs. 2 A.III. 5 HGB bestimmt, sind die hierfür zu bildenden Rückstellungen aus Vereinfachungsregelungen zum beizulegenden Zeitwert dieser Wertpapiere anzusetzen (§ 253 Abs. 1 Satz 3 HGB). Sieht die **wertpapiergebundene Leistungszusage** einen garantierten Mindestbetrag vor, so darf dieser Betrag bei der Rückstellungsbewertung jedoch nicht unterschritten werden.

---

5 Vgl. *Mayer-Wegelin/Kessler/Höfer*, in HdR⁵, § 249 HGB Tz. 321 ff. mwN.
6 Vgl. Begr. RegE, BT-Drucks. 16/10067, S. 52.
7 Vgl. Begr. RegE, BT-Drucks. 16/10067, S. 52 und 56.
8 Vgl. Begr. RegE, BT-Drucks. 16/10067, S. 56.
9 Während nach dem Wortlaut des § 253 Abs. 1 Satz 3 HGB eine vereinfachte Ermittlung des Rückstellungsbetrages nur bei wertpapiergebundenen Altersversorgungsbegründung zulässig ist, wird in der Beschlussempfehlung des Deutschen Bundestages zum BilMoG der Anwendungsbereich dieser Vorschrift auch auf die vergleichbaren langfristig fälligen Verpflichtungen erweitert, deren Leistungsumfang sich ausschließlich nach dem beizulegenden Zeitwert von Wertpapieren iSd. § 266 Abs. 2 A. III.5 HGB bestimmt (vgl. Begr. Beschlussempfehlung und Bericht des Rechtsausschusses, BT-Drucks. 16/12407, S. 85).

II. Bewertung von Verbindlichkeiten (§ 253 Abs. 1 Satz 2)

§ 253 Abs. 1 Satz 2 HGB schreibt die Bewertung von Verbindlichkeiten iSv. §§ 246 Abs. 1 Satz 1 und 266 Abs. 3 C. HGB zum **Erfüllungsbetrag** vor. Hierunter ist der Betrag zu verstehen, der im Fälligkeitszeitpunkt zur Begleichung einer Verbindlichkeit durch den Bilanzierenden aufgebracht werden muss[10] und daher für ihn eine wirtschaftliche Belastung seines Vermögens darstellt. Der Erfüllungsbetrag einer Verpflichtung kann somit auch als „Abschaffungsbetrag" einer Verbindlichkeit interpretiert werden[11]. 7

Bei **Geldleistungsverpflichtungen** ist der Erfüllungsbetrag idR der Nennbetrag einer Verpflichtung. Ist der Rückzahlungsbetrag einer Verbindlichkeit höher als der Ausgabebetrag, so kann dieser Unterschiedsbetrag als Disagio auf der Grundlage des Aktivierungswahlrechts nach § 250 Abs. 3 HGB unverändert in einen aktiven Rechnungsabgrenzungsposten eingestellt werden (vgl. Abschn. F Tz. 31). An der Bewertung von Geldleistungsverpflichtungen hat sich somit im Vergleich zur bisherigen Rechtslage durch das BilMoG materiell nichts verändert[12]. 8

Sachleistungsverbindlichkeiten[13] enthalten Verpflichtungen des Unternehmens zur Erbringung von Sach- oder Dienstleistungen. Die Bewertung erfolgt in Höhe des Werteverzehrs bzw. des voraussichtlich aufzubringenden Geldbetrages, der zur Erfüllung der Verpflichtung bis zum Erfüllungszeitpunkt aufzuwenden ist und damit das Unternehmen wirtschaftlich belastet. Sachleistungsverbindlichkeiten lösen beim bilanzierenden Unternehmen idR einen Anschaffungs- oder Herstellungsvorgang aus, so dass der Ausgangspunkt zur Bewertung von Sachleistungsverbindlichkeiten im Regelfall die Bestimmung von Anschaffungs- bzw. Herstellungskosten nach § 255 Abs. 1 und 2 HGB der zu erbringenden Leistungen ist[14]. 9

Während der Umfang der Anschaffungskosten nach § 255 Abs. 1 HGB durch das BilMoG nicht berührt wurde, zählen durch die Aufhebung des Aktivierungswahlrechts zukünftig auch Material- und Fertigungsgemeinkosten sowie der Werteverzehr des Anlagevermögens, soweit er durch die Fertigung veranlasst ist, verpflichtend zu den **Herstellungskosten** eines Vermögensgegenstandes (vgl. Abschn. J Tz. 33 ff.). Insoweit hat sich die Untergrenze zur Bewertung von Sachleistungsverpflichtungen verändert, bei denen ein selbst hergestellter Vermögensgegenstand zur Erfüllung einer Verpflichtung benötigt wird[15]. 10

Wie Sachleistungsverbindlichkeiten sind auch Verbindlichkeiten zu bewerten, die zwar in Geld zu erfüllen sind, deren Höhe jedoch von den Preisen bestimmter Güter oder Leistungen abhängt (**Geldwertschulden**)[16]. 11

Bei Verbindlichkeiten (§ 266 Abs. 3 C. HGB) handelt es sich um am Abschlussstichtag dem Grunde und der Höhe nach feststehende Verpflichtungen, so dass sich die Frage hinsichtlich der Berücksichtigung erwarteter **Kosten- und Preiserhöhungen** bei der 12

---

10 Vgl. Begr. RegE, BT-Drucks. 16/10067, S. 52 sowie *Küting*, in Küting/Pfitzer/Weber, Das neue Bilanzrecht², S. 325 ff.
11 Vgl. *ADS⁶*, § 253 HGB Tz. 72; *WPH¹³*, Bd. I, E Tz. 448 ff.
12 Vgl. zu Einzelheiten der Bewertung von Verbindlichkeiten *ADS⁶*, § 253 HGB Tz. 72 ff.
13 Vgl. zum Begriff und zur Bewertung von Sachleistungsverbindlichkeiten *ADS⁶*, § 253 HGB Tz. 118 ff.
14 Zur grundsätzlichen Problematik zur Bewertung von Sachleistungsverpflichtungen vgl. *Mayer-Wegelin/Kessler/Höfer*, in HdR⁵, § 249 HGB Tz. 308 ff. mwN.
15 Für die Bewertung von Sachleistungsverpflichtungen auf Vollkostenbasis ebenfalls: *Kessler*, in Kessler/Leinen/Strickmann, Handbuch Bilanzrechtsmodernisierungsgesetz, S. 275 f.
16 Vgl. *ADS⁶*, § 253 HGB Tz. 118; zur Bewertung von Sachleistungsverpflichtungen vgl. im einzelnen *ADS⁶*, § 253 HGB Tz. 120 ff.

Verbindlichkeitsbewertung grds. nicht stellt. Dieser Fall kann sich idR nur dann ergeben, wenn der zur Erfüllung einer Sachleistungsverbindlichkeit erforderliche Gegenstand noch hergestellt bzw. beschafft werden muss oder Geldwertschulden vorliegen[17]. Hier ist jedoch fraglich, ob für die Bewertung dieser rechtlich oder wirtschaftlich entstandenen Verpflichtungen zum jeweiligen Bilanzstichtag die Grundsätze für die Bewertung von Verbindlichkeiten oder die von Rückstellungen anzuwenden sind. Bedeutung erlangt diese Unterscheidung, weil der Erfüllungsbetrag einer langfristigen Verbindlichkeit im Gegensatz zu dem einer langfristigen Rückstellung grds. nicht abzuzinsen ist[18], da sich das Abzinsungsgebot des § 253 Abs. 2 Satz 1 und 3 HGB nur auf Rückstellungen mit einer Restlaufzeit von mehr als einem Jahr sowie für auf Rentenverpflichtungen beruhende Verpflichtungen bezieht, für die eine Gegenleistung nicht mehr zu erwarten ist. Da der Geldabfluss und damit die wirtschaftliche Belastung eines Unternehmens aus diesen Verpflichtungen zum Bilanzstichtag idR noch endgültig nicht feststehen, sollten in diesen Fällen die Grundsätze zur Bewertung einer Rückstellung Anwendung finden (vgl. Tz. 16 ff.). Im Einzelfall kann sich die Abgrenzung einer der Höhe nach sicheren zu einer ungewissen Sachleistungsverpflichtung als schwierig und nicht eindeutig erweisen.

13 Verbindlichkeiten sind unabhängig von ihrer Restlaufzeit handelsrechtlich **nicht abzuzinsen**[19]. Dies gilt auch für unverzinsliche oder niedrig verzinsliche Verbindlichkeiten. Enthält zB. ein gestundeter Kaufpreis für einen Vermögensgegenstand verdeckte Zinsen, so sind zwar die Anschaffungskosten lediglich mit dem Barwert der Kaufpreisschuld anzusetzen, jedoch ist die Kaufpreisverbindlichkeit grds. mit dem vollen Erfüllungsbetrag anzusetzen[20].

14 Zu beachten ist jedoch, dass das Abzinsungsverbot keine Anwendung für auf **Rentenverpflichtungen** beruhende Verbindlichkeiten findet, für die eine Gegenleistung nicht mehr zu erwarten ist; diese Verbindlichkeiten unterliegen einer **Abzinsungspflicht** nach § 253 Abs. 2 Satz 3 HGB (vgl. Tz. 12). Rentenverpflichtungen sind auf die Erbringung von periodisch wiederkehrenden gleichmäßigen Leistungen in Geld, Geldeswert oder vertretbaren Sachen über einen bestimmten Zeitraum gerichtet und beruhen auf einem einheitlichen Rentenstammrecht[21]. Als Beispiele für Rentenverpflichtungen, für die eine Gegenleistung nicht mehr zu erbringen ist, können die gleichmäßige Zahlung von Altersversorgungsleistungen an ausgeschiedene Mitarbeiter aufgrund ihrer vorherigen Tätigkeit für das Unternehmen, aber auch die Ratenzahlungen nach dem Erwerb des wirtschaftlichen Eigentums an einem Vermögensgegenstand im Rahmen

---

17 Vgl. *ADS⁶*, § 253 HGB Tz. 120 ff.
18 Vgl. *ADS⁶*, § 253 HGB Tz. 78 ff.
19 Im Zusammenhang mit Abzinsungspflicht von Rückstellungen hatte das IDW vorgeschlagen, auch eine Abzinsung der Verbindlichkeiten zu fordern, deren Erfüllungsbetrag höher als der ursprünglich dem Unternehmen zur Verfügung gestellt Betrag ist (zB Darlehensverbindlichkeiten, bei denen der Auszahlungsbetrag niedriger als der Rückzahlungsbetrag ist oder unverzinsliche Kaufpreisverbindlichkeiten; vgl. *IDW*, FN-IDW 2008, S. 11). In diesen Fällen sollte die Verbindlichkeit zunächst zum Verfügungsbetrag (Auszahlungsbetrag oder Barwert) ausgewiesen werden; in den Folgejahren hätte auf der Grundlage der Effektivzinsmethode eine Zuschreibung der Verbindlichkeit bis zum Erfüllungsbetrag der Verpflichtung erfolgen müssen, so dass für die Aktivierung eines Disagios kein Raum mehr verblieben wäre (vgl. *IDW*, FN-IDW 2008, S. 11). Der Gesetzgeber ist diesem Vorschlag jedoch nicht gefolgt.
20 Vgl. *ADS⁶*, § 253 HGB Tz. 81 ff. Der Unterschiedsbetrag zwischen dem aktivierten Betrag und dem Erfüllungsbetrag der Schuld darf im Rahmen des § 250 Abs. 3 Satz 1 HGB als Zinsabgrenzung (aktiver Rechnungsabgrenzungsposten) ausgewiesen werden.
21 Vgl. *ADS⁶*, § 253 HGB Tz. 166.

eines Ratenkaufs genannt werden[22]. Im Rahmen eines Ratenkaufs hat das Unternehmen somit die Kaufpreisschuld grds. zum Barwert der Verpflichtung anzusetzen[23].

Zur Währungsumrechnung von **Fremdwährungsverbindlichkeiten** vgl. Abschn. J Tz. 69 ff. **15**

III. Bewertung von Rückstellungen

1. Erfüllungsbetrag (§ 253 Abs. 1 Satz 2)

a. Grundlagen

Rückstellungen (§§ 246 Abs. 1 Satz 1 und 266 Abs. 3 B. HGB) sind nach § 253 Abs. 1 Satz 2 HGB in Höhe des nach vernünftiger kaufmännischer Beurteilung notwendigen **Erfüllungsbetrages** anzusetzen. Die bisherige Bewertungsnorm, nach der Rückstellungen zum nach vernünftiger kaufmännischer Beurteilung notwendigen Betrag auszuweisen sind, wurde im handelsrechtlichen Schrifttum bislang schon als Ansatz zum Erfüllungsbetrag interpretiert[24]; unterschiedliche Auffassungen bestanden jedoch darüber, ob oder inwieweit die Berücksichtigung zukünftiger Kosten- und Preisänderungen bei der Rückstellungsbewertung mit dem Stichtagsprinzip (§ 252 Abs. 1 Nr. 3 HGB) vereinbar und damit zulässig war[25]. **16**

Nach der Gesetzesbegründung zum BilMoG dient die Verwendung des Begriffs „Erfüllungsbetrag" lediglich der Klarstellung[26], dass bei der Rückstellungsbewertung unter Beachtung des Stichtagsprinzips die Verhältnisse zu berücksichtigen sind, die zum Zeitpunkt der voraussichtlichen Begleichung der Verpflichtung erwartet werden[27]. Diese Forderung bedingt analog zu IAS 37 die Berücksichtigung künftiger **Preis- und Kostensteigerungen** bei der Rückstellungsbewertung. Betroffen sind hiervon – vorbehaltlich der Sonderregelung des § 253 Abs. 1 Satz 3 HGB – insb. langfristige Verpflichtungen, wie Rückbauverpflichtungen für noch genutzte Vermögensgegenstände, Verpflichtungen aus Wertguthaben und Altersteilzeitverpflichtungen, längerfristige Sozialplan- oder Rekultivierungsrückstellungen[28]. **17**

Rückstellungen sind nach § 253 Abs. 1 Satz 2 HGB weiterhin in Höhe des nach **vernünftiger kaufmännischer Beurteilung** notwendigen Betrages anzusetzen. Diese Forderung trägt dem Umstand Rechnung, dass die künftigen Entwicklungen, die letztlich den Erfüllungsbetrag einer Verpflichtung bestimmen, idR nur anhand von Schätzungen zu bestimmen sind. Der Beurteilungsrahmen des Bilanzierenden soll durch diese Bestimmung objektiviert werden, da als „vernünftig" nur eine Bewertung angesehen werden kann, die in sich schlüssig und aus den objektiven Umständen des jeweiligen Einzelfalls abgeleitet ist sowie von einem sachverständigen Dritten nachvollzo- **18**

---

22 Vgl. *ADS*[6], § 253 HGB Tz. 167.
23 Für ein handelsrechtliches Wahlrecht des Unternehmens, die Kaufpreisverbindlichkeit im Zusammenhang mit einem Ratenkauf entweder zum vollen Erfüllungsbetrag der Schuld oder zum Barwert anzusetzen: *ADS*[6], § 253 HGB Tz. 83.
24 Vgl. *Hoyos/Ring*, in Beck Bil-Komm.[6], § 253 Anm. 151 mwN; *ADS*[6], § 253 HGB Tz. 196.
25 Vgl. *Mayer-Wegelin/Kessler/Höfer*, in HdR[5], § 249 HGB Tz. 284 ff. und 321 ff. mwN.
26 Begr. RegE, BT-Drucks. 16/10067, S. 52.
27 Zur grundsätzlichen Bewertung der Rückstellungen zum Erfüllungsbetrag: *Hoyos/Ring*, in Beck Bil-Komm.[6], § 253 Anm. 151 ff.; *ADS*[6], § 253 HGB Tz. 188 ff.
28 Vgl. zur Diskussion, ob die Berücksichtigung von Preis- und Kostensteigerungen bei der Rückstellungsbewertung einen Verstoß gegen das handelsrechtliche Stichtagsprinzip des § 252 Abs. 1 Nr. 3 HGB darstellt: *Kessler*, in Kessler/Leinen/Strickmann, Handbuch Bilanzrechtsmodernisierungsgesetz, S. 275 ff.

gen werden kann. Daher können nur solche zukünftigen Annahmen bei der Rückstellungsbewertung berücksichtigt werden, für die am Abschlussstichtag objektive Hinweise vorliegen[29]. Zur Objektivierung können zB Veröffentlichungen des Bundesamts für Statistik oder der Deutschen Bundesbank über eingetretene oder erwartete Preissteigerungen (Preissteigerungsindex) dienen, aus denen Rückschlüsse auf die Inflationsentwicklung gezogen werden können[30].

19 IdR wird es sich um solche künftigen Preis- und Kostenänderungen handeln, die der Bilanzierende nicht durch eigene Entscheidungen beeinflussen, und denen er sich nicht entziehen kann (zB Preissteigerungen aufgrund inflationärer Kostensteigerungen oder aufgrund erwarteter gesetzlicher Auflagen zur Beseitigung von Umweltschäden). Kostensteigerungen, die der Bilanzierende durch **eigene Disposition** beeinflussen kann (zB Entscheidung für eine kostenintensivere, jedoch umweltfreundlichere Alternative zur Durchführung bestimmter Entsorgungsmaßnahmen, Beförderungen von Mitarbeitern im Zusammenhang mit der Bewertung von Personalrückstellungen) dürfen aus Objektivierungsgründen nur dann berücksichtigt werden, wenn konkrete Hinweise für die Belastung mit höheren Kosten vorliegen bzw. diese sich aus den bisherigen Erfahrungen ableiten lassen oder das Unternehmen in der Zukunft faktisch zur Durchführung solcher Maßnahmen verpflichtet sein wird, die zu Aufwandsmehrbelastungen führen werden[31].

20 Grundsätzlich sind nach § 253 Abs. 1 Satz 2 HGB nicht nur vorhersehbare Mehr-, sondern auch zukünftige Minderbelastungen bei der Bestimmung des Erfüllungsbetrages einer Verpflichtung zu berücksichtigen. **Kosten- und Preisermäßigungen** gehen jedoch nur dann in die Rückstellungsbewertung ein, wenn diese nachweislich so gut wie sicher eintreten werden. So dürfen Kostenermäßigungen nach dem Vorsichtsprinzip nur dann bei der Bewertung berücksichtigt werden, wenn mit einem nachhaltig niedrigeren Kostenniveau zu rechnen ist[32].

21 Fraglich ist, ob bei Rückstellungen für langfristige Verpflichtungen im Rahmen der Folgebewertung Verminderungen des Erfüllungsbetrages einer Verpflichtung aufgrund von zwischenzeitlich eingetretenen Entwicklungen (zB Kosten- und Preisermäßigungen, durch kostengünstigere Verfahren) auch dann berücksichtigt werden dürfen, sofern diese im Vergleich zum vorherigen Bilanzansatz zu einer **Rückstellungsauflösung** führen würden. Während für die Bewertung von Vermögensgegenständen das Niederstwertprinzip in § 253 Abs. 3 Satz 3 sowie Abs. 4 Satz 2 HGB gesetzlich geregelt ist, besteht für Schulden ein entsprechend gesetzlich normiertes Höchstwertprinzip in dieser Form nicht[33]. Allerdings kommt dem Vorsichtsprinzip (§ 252 Abs. 1 Nr. 4 HGB) bei der Beurteilung der Zulässigkeit einer im Vergleich zum Vorjahr niedrigeren Rückstellungsbewertung eine besondere Bedeutung zu.

22 Nach dem Wortlaut des § 253 Abs. 1 Satz 2 HGB ist der Wertansatz einer Rückstellung zu jedem Abschlussstichtag neu daraufhin zu überprüfen[34], ob und in welchem Umfang

---

29 Vgl. Begr. RegE, BT-Drucks. 16/10067, S. 52; *Küting/Cassel/Metz*, in Küting/Pfitzer/Weber, Das neue Bilanzrecht², S. 320 f.
30 Vgl. Vereinigung zur Mitwirkung an der Entwicklung des Bilanzrechts für Familiengesellschaften (VMEBF) e.V., KoR 2008, S. 360.
31 Vgl. *Kessler*, in Kessler/Leinen/Strickmann, in Handbuch Bilanzrechtsmodernisierungsgesetz, S. 276 f.
32 Vgl. *Theile*, DStR , Beihefter zu Heft 18/2009, S. 32 mwN.
33 Vgl. *ADS*⁶, § 253 HGB Tz. 62.
34 Zur Umrechnung von Rückstellungen für Fremdwährungsgeschäfte zum jeweiligen Bilanzstichtag zum dann gültigen Devisenkassakurs ohne Berücksichtigung der Restriktionen des § 235 Abs. 1 Nr. 4 HGB und des § 253. 1 Satz 1 HGB vgl. Begr. RegE, BT-Drucks 16/10067, S. 62 sowie Begr. Beschlussempfehlung und Bericht des Rechtsausschusses, BT-Drucks. 16/12407, S. 86.

sie für den vorgesehenen Zweck noch erforderlich ist. Nicht mehr benötigte Rückstellungsbeträge dürfen somit nicht fortgeführt werden. Dem steht auch das Auflösungsverbot des § 249 Abs. 2 Satz 2 HGB nicht entgegen, da dieses sich grundsätzlich auf den Ansatz von Rückstellungen bezieht. Ergibt sich somit durch tatsächlich eingetretene Preis-, Kosten-, Zins- oder Währungsänderungen ein **niedrigerer Erfüllungsbetrag** der Rückstellung im Vergleich zum vorjährigen Abschlussstichtag, so ist die vorgetragene Rückstellung insoweit entsprechend aufzulösen[35]. Ist der geringere Erfüllungsbetrag der Schuld auf eine Veränderung des Mengengerüsts der dazugehörigen Verpflichtung zurückzuführen, so ist insoweit der Verpflichtungsgrund entfallen, so dass hier ebenfalls eine Rückstellungsauflösung vorzunehmen ist.

Haben sich die Bewertungsparameter und das Mengengerüst dagegen nicht geändert und ergibt sich eine Verminderung des Erfüllungsbetrages durch die **Änderung der Ermittlungsmethode**, so ist zunächst zu beachten, dass eine solche Methodenänderung nur unter den allgemeinen Voraussetzungen für eine Durchbrechung der Bewertungsstetigkeit zulässig ist (§ 252 Abs. 1 Nr. 6 und Abs. 2 HGB)[36]. Eine Rückstellungsauflösung darf danach grundsätzlich nur dann vorgenommen werden, wenn die neue Bewertungsmethode und damit der niedrigere Wertansatz im Vergleich zum Vorjahr zu einem verbesserten Einblick in die Vermögens-, Finanz- und Ertragslage der Gesellschaft führt. Ist diese Voraussetzung nicht erfüllt, so darf bei unveränderten Bewertungsparametern und gleichem Mengengerüst der vorjährige Wertansatz der Verpflichtung nicht unterschritten werden. 23

Soweit eine Verpflichtung über mehrere Perioden wirtschaftlich verursacht wird (zB Rekultivierungs-, Rückbau-, Entsorgungs-, Stilllegungs- und Pachterneuerungsverpflichtungen), ist jährlich jeweils nur der Teil des Erfüllungsbetrages zurückzustellen, der auf die zurückliegenden Geschäftsjahre entfällt und somit in der Vergangenheit rechtlich oder wirtschaftlich verursacht wurde (sog. **Verteilungs- oder Ansammlungsrückstellungen**)[37]. In der Regierungsbegründung zum BilMoG wird klargestellt, dass dieser Grundsatz auch für solche Rekultivierungs-, Entsorgungs- oder ähnliche Verpflichtungen gilt, die bereits bei der Anschaffung oder Herstellung eines Vermögensgegenstandes rechtlich entstanden sind[38]. Eine Einbeziehung des Barwertes der voraussichtlichen Rekultivierungsverpflichtung uä. in die Anschaffungs- bzw. Herstellungskosten des Vermögensgegenstandes bei gleichzeitiger Dotierung einer Rückstellung in gleicher Höhe, wie dies internationale Rechnungslegungsstandards[39] fordern, steht danach nicht im Einklang mit den handelsrechtlichen Rechnungslegungsgrundsätzen, insb. nicht mit den Regelungen zur Bestimmung der Anschaffungs- und Herstellungskosten eines Vermögensgegenstandes (§ 255 Abs. 1 und 2 HGB). 24

b. Grundsätze zur Ermittlung des Erfüllungsbetrages bei Rückstellungen für Sachleistungsverpflichtungen

Die allgemeinen Regelungen zur handelsrechtlichen Bewertung von Rückstellungen für Sachleistungsverpflichtungen und Geldwertschulden sind nicht gesondert im HGB kodifiziert, sondern ergeben sich aus den Grundsätzen ordnungsmäßiger Buchführung[40]. In diesem Zusammenhang hat der Gesetzgeber mit Einführung des BilMoG 25

---

35 Vgl. ADS[6], § 253 HGB Tz. 180.
36 Vgl. IDW St HFA 3/1997 sowie DRS 13.
37 Vgl. ADS[6], § 253 HGB Tz. 209 ff.
38 Vgl. Begr. RegE, BT-Drucks 16/10067, S. 38.
39 Vgl. IAS 16.16c iVm. IAS 37.
40 Vgl. ADS[6], § 253 HGB Tz. 118 ff.

eine Spezialvorschrift in das HGB eingefügt (§ 253 Abs. 1 Satz 3 HGB), die die Bewertung von **wertpapiergebundenen Altersversorgungsverpflichtungen** uä. regelt. Diese besonderen Regelungen, die nur für Altersversorgungsverpflichtungen uä. Anwendung finden, entsprechen nicht vollumfänglich den allgemeinen Grundsätzen zur Bewertung von Sachleistungsverpflichtungen und Geldwertschulden und werden unter Tz. 95 ff. gesondert erörtert.

26 Bei ungewissen Verpflichtungen, die eine **Sachleistung** zum Gegenstand haben, ist hinsichtlich der Berücksichtigung von Kosten- und Preissteigerungen zu unterscheiden, ob der erforderliche Vermögensgegenstand zum Abschlussstichtag bereits in dem Unternehmen vorhanden ist oder noch hergestellt bzw. beschafft werden muss[41]. Müssen bei einer Dienst- oder Sachleistungsverpflichtung die erforderlichen **Leistungen bzw. Gegenstände noch beschafft** werden, so ist für die Bewertung der Verpflichtung der Betrag maßgebend, der für diese Beschaffungen – und damit für die Erfüllung der jeweiligen Verpflichtung – voraussichtlich noch aufzubringen ist[42]. Erwartete Kosten- und Preissteigerungen sind hier nach § 253 Abs. 1 Satz 2 HGB bei der Rückstellungsbewertung zu berücksichtigen. Auch hat bei einer Längerfristigkeit der ungewissen Verpflichtung nach § 253 Abs. 2 Satz 1 HGB eine Abzinsung zu erfolgen. Zur Regelung des § 253 Abs. 1 Satz 3 HGB, nach der bei Altersversorgungsverpflichtungen, deren Leistungsumfang sich ausschließlich nach dem beizulegenden Zeitwert von Wertpapieren bestimmt, die Rückstellung auf Basis des Grundsatzes der Einzelbewertung in Höhe des Zeitwertes dieser Wertpapiere zu einem bestimmten Bilanzstichtag anzusetzen ist, vgl. Tz. 95 ff.

27 Sind die zur Erfüllung einer voraussichtlichen Sachleistungsverpflichtung bestimmten **Gegenstände bereits vorhanden**, so hat – wie bereits nach der bisherigen Rechtslage – auch infolge des ggf. bestehenden vertraglichen und wirtschaftlichen Zusammenhangs zwischen den beiden Posten – die Ermittlung des Erfüllungsbetrages der Verbindlichkeit grds. nach dem Wertansatz des entsprechenden Vermögensgegenstandes zu erfolgen[43]. Beide Bilanzposten werden somit idR. in gleicher Höhe angesetzt. Durch den erfolgten Anschaffungs- oder Herstellungsvorgang des Vermögensgegenstandes ist bereits ein Geldabfluss bzw. eine Vermögensbelastung eingetreten. Soll dieser Vermögensgegenstand nachweislich zur Erfüllung der ungewissen Verpflichtung verwendet werden, so bestimmt bei wirtschaftlicher Betrachtungsweise der Aufwand bzw. die Vermögensminderung durch den Abgang des Vermögensgegenstandes und damit sein Buchwert den Erfüllungsbetrag der Schuld iSv. § 253 Abs. 1 Satz 2 HGB. Zukünftige Preissteigerungen belasten in diesem Fall das Unternehmen durch den tatsächlich bereits vollzogenen Anschaffungs- oder Herstellungsvorgang finanziell und damit aufwandsmäßig nicht mehr, sodass diese Wertzuwächse oder andere Wertsteigerungen nach vernünftiger kaufmännischer Beurteilung nicht mit in die Rückstellungsbewertung einzubeziehen sind[44] (zu Besonderheiten bei wertpapiergebundenen Altersversorgungsverpflichtungen uä. vgl. Tz. 95 ff.).

---

41 Vgl. *ADS⁶*, § 253 HGB Tz.118 ff.
42 Vgl. *ADS⁶*, § 253 HGB Tz.120 ff.
43 Vgl. *ADS⁶*, § 253 HGB Tz. 123; zur Bewertung von zweckgebundenem Deckungsvermögen gem. § 246 Abs. 2 Satz 2 HGB vgl. Abschn. C Tz. 54 ff.. Hier ist die Besonderheit zu beachten, dass im Zusammenhang mit dem Deckungsvermögen zur Erfüllung von Altersversorgungsverpflichtungen uä. wohl die Voraussetzungen für eine Sachleistungsverpflichtung oder Geldwertschuld vorliegen können, jedoch nicht verpflichtend gegeben sein müssen. Die Vorschrift des § 246 Abs. 2 Satz 2 HGB setzt nicht voraus, dass sich die Höhe der dazugehörigen Verpflichtungen zwingend nach dem Deckungsvermögen richtet. Darüber hinaus ist in diesen Fällen die Sonderregelung des § 253 Abs. 1 Satz 3 HGB zu beachten (vgl. auch Abschn. C Tz. 72).
44 Vgl. Begr. RegE, BT-Drucks. 16/10067, S. 52.

Umfasst die ungewisse **Sachleistungsverpflichtung** vereinbarungsgemäß **auch die** **Erträge**, die durch einen herauszugebenden Vermögensgegenstand – den die Gesellschaft zu einem Bilanzstichtag bereits angeschafft oder hergestellt hat – bis zum Fälligkeitstag noch erwirtschaftet werden, so wird durch diese „Verzinsung" der Verpflichtung die Vermögens-, Finanz- und Ertragslage des Unternehmens zunächst nicht belastet. Den zukünftigen Aufwendungen aus der Erfüllung der „verzinslichen" Verpflichtung stehen gleich hohe Erträge aus der Vermögensanlage gegenüber. Auch unter Berücksichtigung der Grundsätze nicht zu bilanzierender ausgeglichener schwebender Geschäfte und des Stichtagsprinzips erscheint es sachgerecht, diese zukünftigen Wertsteigerungen der Verpflichtung nicht bei der Rückstellungsbewertung zu berücksichtigen, wenn die Obergrenze für die Aktivwerte durch die Anschaffungs- bzw. Herstellungskosten bestimmt wird.

28

Nach vernünftiger kaufmännischer Beurteilung zählen zu dem Erfüllungsbetrag einer Rückstellung iSv. § 253 Abs. 1 Satz 2 HGB nur die Beträge, die unter Beachtung der handelsrechtlichen Vorschriften (zB Saldierungsverbot von rechtlich oder wirtschaftlich entstandenen Ausgleich- oder Regressansprüchen[45]) zu einer **Belastung der Vermögens-, Finanz- und Ertragslage** der Gesellschaft führen. Hat die Gesellschaft bereits Erträge aus einem Vermögensgegenstand erfolgswirksam vereinnahmt, der (einschl. dieser realisierten Erträge) vereinbarungsgemäß Gegenstand einer Sachleistungsverpflichtung ist, so ist die Schuld zu einem Bilanzstichtag um diesen Betrag zu erhöhen.

29

Bei ungewissen Sachleistungsverpflichtungen, bei denen sich die geschuldeten Vermögensgegenstände bereits im Eigentum des Unternehmens befinden (§ 246 Abs. 1 Satz 1 und 2 HGB), stellen die bilanzierten Schulden bei wirtschaftlicher Betrachtungsweise – in Analogie zu den Verpflichtungen, die im Zusammenhang mit dem Deckungsvermögen nach § 246 Abs. 2 Satz 1 HGB stehen – keine Belastung mehr für das Unternehmen dar[46]. Im Regelfall steht somit ebenfalls die wirtschaftliche Belastung des Unternehmens aus der Schuld der Höhe nach fest. Zweifelhaft ist, ob auch in diesen Fällen der Erfüllungsbetrag einer Rückstellung für eine Sachleistungsverpflichtung unter den Voraussetzungen des § 253 Abs. 2 HGB abzuzinsen ist, da hierdurch auf der Grundlage des Stichtagsprinzips die unter wirtschaftlichen Gesichtspunkten bereits eingetretene Belastung des Unternehmens aus der Verpflichtung zu niedrig dargestellt würde. Nach der Gesetzesbegründung zum § 253 Abs. 2 HGB[47] soll durch die **Abzinsung** von Rückstellungen mit einer Restlaufzeit von mehr als einem Jahr dem Tatbestand Rechnung getragen werden, dass durch die Rückstellungsbildung Finanzmittel im Unternehmen gebunden werden, die Ertrag bringend investiert werden können und somit die Belastung aus der Verpflichtung mindern.

30

Befinden sich die zur Erfüllung von Verpflichtungen bestimmten Vermögensgegenstände im Eigentum des verpflichteten Unternehmens, erscheint eine Rückstellungsabzinsung nur dann sachgerecht, wenn während des Verbleibens dieser Vermögensgegenstände im Unternehmen hieraus grundsätzlich direkt zurechenbare **Erträge** realisiert werden können, die aufgrund der getroffenen Vereinbarungen **nicht an den Gläubiger herausgegeben** werden müssen. Nur in diesen Fällen führen diese zukünftigen Erträge, die im kausalen Zusammenhang mit der Erfüllung der dazugehörigen Verpflichtung stehen, zu einer Verminderung der sich abzeichnenden Vermögensbelastung und sind pauschal durch eine Abzinsung nach § 253 Abs. 2 HGB bei der Rückstel-

31

---

45 Vgl. *ADS*⁶, § 246 HGB Tz. 469 mwN sowie IDW RS HFA 4 Tz. 25.
46 Vgl. Begr. RegE, BT-Drucks. 16/10067, S. 49.
47 Vgl. Begr. RegE, BT-Drucks. 16/10067, S. 54.

lungsbewertung zu berücksichtigen[48]. Wenn die Erträge aus den im Zusammenhang mit der Sachleistungsverpflichtung beschafften Vermögensgegenständen dagegen den Gläubigern zustehen, hat eine Abzinsung der dazugehörigen Rückstellungen gem. § 253 Abs. 2 HGB nicht zu erfolgen.

32 Für Rückstellungen, denen ungewisse **Geldwertschulden** (vgl. Tz. 11) zu Grunde liegen, finden die gleichen Bewertungsgrundsätze wie für Sachleistungsverpflichtungen Anwendung[49]. Dies gilt zB für den Fall, dass das Unternehmen die Vermögensgegenstände (zB materielle Vermögensgegenstände), nach denen sich der geschuldete Geldbetrag bemisst und mit deren Verwertung nachweislich die Verpflichtungen bei Fälligkeit beglichen werden sollen, in seinem Vermögen hält (zu den besonderen Regelungen im Zusammenhang mit wertpapiergebundenen Versorgungszusagen vgl. Tz. 95 ff.). Auch in diesen Fällen ist der Erfüllungsbetrag der Geldwertschuld in Höhe des Buchwertes der hierfür angeschafften oder hergestellten Vermögensgegenstände zuzüglich evtl. hieraus vereinnahmter (realisierter) Erträge anzusetzen, die ebenfalls Gegenstand der ungewissen Verpflichtung sind.

c. Auswirkungen der Bildung von Bewertungseinheiten (§ 254 HGB) auf den Erfüllungsbetrag von Rückstellungen

33 Der für die Bewertung von Sachleistungsverpflichtungen entscheidende **Kompensations- bzw. Sicherungsgedanke** (vgl. Tz. 27), der ebenfalls als Grundsatz ordnungsmäßiger Bilanzierung anzusehen ist[50], liegt auch der gesetzlich geregelten Bildung von Bewertungseinheiten[51] nach § 254 Satz 1 HGB zu Grunde (vgl. hierzu Abschn. H Tz. 1 ff.).

34 Die Bewertung einer Schuld nach § 254 Satz 1 HGB als Grundgeschäft im Rahmen einer Bewertungseinheit setzt ua. voraus, dass das Sicherungsinstrument ein **Finanzinstrument** ist. Zu den Finanzinstrumenten zählen auch sog. finanzielle Vermögensgegenstände (zB Finanzanlagen iSd. § 266 Abs. 2 A. III HGB einschl. Ansprüchen aus Rückdeckungsversicherungen oder Forderungen iSd. § 266 Abs. 2 B. II Nr. 1-3 HGB; vgl. Abschn. H Tz. 22 ff.), die Gegenstand einer Sachleistungsverpflichtung sein können bzw. die die Höhe einer Schuld (Geldwertschuld) bestimmen. Bildet die Übereignung eines Gegenstands des **Sachanlagevermögens** den Inhalt einer ungewissen Sachleistungsverpflichtung, ist § 254 Satz 1 HGB demnach nicht anwendbar.

35 Zu den einzelnen Voraussetzungen zur Anerkennung von **Bewertungseinheiten** nach § 254 Satz 1 HGB wird auf Abschn. H Tz. 3 ff. verwiesen. Sind diese zwischen einer Schuld und einem Finanzinstrument erfüllt, finden nach § 254 HGB die Vorschriften des § 249 Abs. 1 HGB (Passivierung von Rückstellungen für ungewisse Verpflichtungen und für drohende Verluste aus schwebenden Geschäften), § 252 Abs. 1 Nr. 3 und 4 HGB (Grundsatz der Einzelbewertung, Realisations-, Vorsichts- und Imparitätsprinzip), § 253 Abs. 1 Satz 1 HGB (Anschaffungskostenprinzip bei Vermögensgegenständen) und § 256a HGB (Währungsumrechnung) für den Zeitraum und in dem Umfang keine Anwendung, wie sich die gegenläufigen Wertänderungen oder Zahlungsströme ausgleichen (vgl. Abschn. H Tz. 94 ff.). Durch die Nichtanwendung dieser Vorschriften soll erreicht werden, dass das Grundgeschäft (hier: Schuld) und das „Si-

---

48 Vgl. *ADS*[6], § 253 HGB Tz. 207 sowie IDW RS HFA 4 Tz. 19.
49 Vgl. *ADS*[6], § 253 HGB Tz. 118.
50 Vgl. Begr. RegE, BT-Drucks. 16/10067, S. 57 f.
51 Zum Begriff der Bewertungseinheit vgl. *Langenbucher/Blaum*, in Küting/Weber, HdR[5], Kap. 6, Tz. 605 ff. sowie 867 ff.; *Hoyos/Ring*, in Beck Bil-Komm.[6], § 253 Anm. 77; *ADS*[6], § 253 HGB Tz. 103 ff.; *Wiechens/Helke*, DB 2008, S. 26; *Pfitzer/Scharpf/Schaber*, WPg 2007, S. 676 f.

cherungsinstrument" (hier: finanzieller Vermögensgegenstand) in gleicher Höhe in der Bilanz angesetzt werden können, soweit sich die Wertänderungen oder Zahlungsströme aus diesen Posten ausgleichen[52].

Die Art der bilanziellen Behandlung von Grundgeschäften und Sicherungsinstrumenten schreibt der Gesetzgeber nicht ausdrücklich vor. Nach der Regierungsbegründung zum BilMoG kann die Bewertungseinheit entweder nach der sog. „Einfrierungs-" oder nach der sog. „Durchbuchungsmethode" abgebildet werden[53]. Ein „**Einfrieren" der Wertansätze** bedeutet, dass aus dem abgesicherten Risiko resultierende gegenläufige Wertänderungen der Rückstellungen (Grundgeschäft) und der finanziellen Vermögensgegenstände (Sicherungsinstrument) im Rahmen einer Bewertungseinheit weder in der Bilanz noch in der Gewinn- und Verlustrechnung erfasst werden[54]. Zum Zeitpunkt der erstmaligen Bilanzierung einer Bewertungseinheit bestimmt danach grundsätzlich der Buchwert des vorhandenen finanziellen Vermögensgegenstandes den Erfüllungsbetrag der zu passivierenden Verpflichtung (vgl. auch Abschn. H Tz. 103 ff.)[55]. Solange die Sicherungsbeziehung weiterhin besteht, werden beide Bilanzposten auch an den kommenden Bilanzstichtagen zu diesem identischen Wert der Erstverbuchung fortgeführt (vgl. Tz. 35). Zur Einschränkung dieser „Einfrierungsmethode" durch Sondervorschriften im Zusammenhang mit der Bewertung von wertpapiergebundenen Altersversorgungsrückstellungen uä. und von Deckungsvermögen gem. § 246 Abs. 2 Satz 2 HGB (vgl. Abschn. C Tz. 71). **36**

Alternativ können die Wertänderungen des Grundgeschäfts und des Sicherungsinstruments auch **erfolgswirksam „durchgebucht"** werden[56]. In diesem Fall werden zu jedem Bilanzstichtag der Vermögensgegenstand zum beizulegenden Zeitwert und die Rückstellung in gleicher Höhe ausgewiesen. Durch Wertsteigerungen des Sicherungsinstruments verursachte zukünftige Erhöhungen des Erfüllungsbetrages der Schuld beeinflussen somit den Wertansatz der Schuld und des finanziellen Vermögensgegenstandes im gleichen Umfang (vgl. zu Einzelheiten Abschn. H Tz. 121 ff.). **37**

Sofern eine ungewisse Sachleistungsverpflichtung oder Geldwertschuld durch ein vorhandenes Finanzinstrument, das einen Vermögensgegenstand nach § 246 Abs. 1 Satz 1 HGB darstellt, zu erfüllen ist, können zugleich die Voraussetzungen für die Bilanzierung als **Sachleistungsverpflichtung** (vgl. Tz. 27 ff.) und die Voraussetzungen für die Bildung einer **Bewertungseinheit** nach § 254 Satz 1 HGB (vgl. Tz. 33 ff.) vorliegen. In diesem Fall sollte § 254 Satz 1 HGB als gesetzlich kodifizierte Spezialregelung (lex spezialis) bevorzugt Anwendung finden. Bildet das Unternehmen keine Bewertungs- **38**

---

52 Unrealisierte Verluste sind nur in dem Umfang nicht bilanziell zu erfassen, soweit ihnen nicht realisierte Gewinne gegenüberstehen (effektive Sicherungsbeziehung). Ein ineffektiver Teil der Sicherungsbeziehung ist nach den allgemeinen handelsrechtlichen Grundsätzen in der Bilanz und der Gewinn- und Verlustrechnung abzubilden.
53 Vgl. Begr. RegE, BT-Drucks. 16/10067, S. 95.
54 Vgl. Begr. RegE, BT-Drucks. 16/10067, S. 95; *Oser/Roß/Wader/Drögemüller*, WPg 2008, S. 685; *Wiechens/Helke*, DB 2008, S. 1337 f
55 Ist eine Schuld als Grundgeschäft Bestandteil einer Bewertungseinheit, so wäre diese nach wortgetreuen Auslegung des Gesetzes weiterhin – dh. nicht nur zum Zeitpunkt der Erstbewertung – zu ihrem (notwendigen) Erfüllungsbetrag anzusetzen, da der Anwendungsbereich des § 253 Abs. 1 Satz 2 HGB für Bewertungseinheiten nicht ausgeschlossen ist. Eine solche enge Auslegung des Gesetzeswortlautes würde jedoch die Unzulässigkeit der „Einfrierungsmethode" bedeuten, was der Gesetzgeber nach der Regierungsbegründung (vgl. Begr. RegE, BT-Drucks.16/10067, S. 95) jedoch nicht beabsichtigt hat. Daher erscheint eine Gesetzesauslegung sachgerecht, nach der im Rahmen der „Einfrierungsmethode" auf die Erfassung der unrealisierten Aufwendungen und Erträge verzichtet wird, die sich gegenseitig ausgleichen bzw. kompensieren (vgl. Abschn. H Tz. 107 sowie *Patek*, KoR 2008, S. 529 f.). Zur Einschränkung der „Einfrierungsmethode" im Zusammenhang mit wertpapiergebundenen Altersversorgungszusagen u.ä. vgl. Abschn. C Tz. 71.
56 Vgl. Begr. RegE, BT-Drucks. 16/10067, S. 95.

einheit zwischen einem Grundgeschäft und einem Finanzinstrument gem. § 254 HGB, so können gleichwohl in diesem Fall die Grundsätze zur Bewertung von Sachleistungsverpflichtungen zur Anwendung gelangen.

2. Abzinsung von Rückstellungen (§ 253 Abs. 2)

a. Restlaufzeit von mehr als einem Jahr

39 Mit der Neufassung des § 253 Abs. 2 Satz 1 HGB wird die verpflichtende Abzinsung aller Rückstellungen eingeführt, die zum Abschlussstichtag eine voraussichtliche Restlaufzeit von mehr als einem Jahr haben. Der Begriff „Restlaufzeit" passt eigentlich nur für Verpflichtungen, deren Fälligkeitszeitpunkt feststeht. Da dies bei Rückstellungen aber häufig nicht der Fall ist, kann der Gesetzgeber in diesem Zusammenhang nur den **Zeitpunkt der voraussichtlichen Inanspruchnahme** meinen[57].

40 Die **Abzinsungspflicht** betrifft nunmehr sämtliche längerfristigen Rückstellungen, dh. auch Sachleistungsverpflichtungen sowie Verbindlichkeitsrückstellungen, die keinen Zinsanteil enthalten. Nach der bisherigen Rechtslage waren Rückstellungen nach § 253 Abs. 1 Satz 2 zweiter Halbsatz HGB aF dagegen nur abzuzinsen, wenn die Ihnen zugrundeliegende Verbindlichkeiten einen Zinsanteil enthielten[58].

41 Nach der Bewertungskonzeption des BilMoG erfolgt die Bewertung von Rückstellungen für Verpflichtungen, mit deren Erfüllung aus der Sicht des Abschlussstichtages frühestens in einem Jahr gerechnet wird, in zwei Schritten. Zunächst ist nach § 253 Abs. 1 Satz 2 HGB der im Zeitpunkt der Inanspruchnahme voraussichtlich zur Erfüllung erforderliche Betrag zu ermitteln (vgl. Tz. 16 ff.). Dann ist dieser Betrag nach dem Verfahren des § 253 Abs. 2 Satz 2 HGB abzuzinsen (vgl. Tz. 5). Durch Bezugnahme auf dieses Verfahren hat der Gesetzgeber eine eindeutige Entscheidung darüber getroffen, dass er die Vergleichbarkeit **standardisierter Zinssätze** bei der Abzinsung von Rückstellungen für wichtiger hält als die mögliche Genauigkeit der Abbildung künftiger Vermögensbelastungen bei der bisher zulässigen Verwendung ermessensbehafteter individuell ermittelter Zinssätze.

42 Dies kann eine erhebliche Änderung im Vergleich zur bisherigen Rückstellungsbewertung bedeuten. Besonders sichtbar wird dies am Beispiel einzeln zu bewertender schwebender Geschäfte (zu Bewertungseinheiten vgl. Abschn. H Tz. 3 ff.). Wenn diese eine Restlaufzeit von über einem Jahr haben, darf ein **drohender Verlust** (§ 249 Abs. 1 Satz 1 HGB) nach dem insoweit eindeutigen Wortlaut des §253 Abs. 1 Satz 2 und Abs. 2 Satz 2 HGB weder in Höhe des Marktwerts des Kontraktes, noch in Höhe des unter Verwendung eines individuellen Zinssatzes ermittelten Werts angesetzt werden. Vielmehr ist nach § 253 Abs. 2 Satz 2 HGB eine Bewertung unter Verwendung des laufzeitadäquaten Siebenjahres-Durchschnittszinssatzes vorzunehmen (vgl. Tz. 46).

43 Überlegenswert erscheint aber, ob es nicht einer besseren Darstellung der Vermögens- und Ertragslage dient und daher weiterhin zulässig ist, zumindest bei der Bewertung drohender Verluste aus schwebenden **börsennotierten Derivaten** (zB *Futures* oder Optionen) den negativen Zeitwert am Abschlussstichtag iSv. § 255 Abs. 4 Satz 1 HGB anzusetzen. Ein solcher Ansatz von Marktwerten entspricht zwar nicht dem Gesetzeswortlaut, dient aber zum einen der Praktikabilität. Zum anderen würde die vom Ge-

---

57 Vgl. *Fey* in Baetge/Kirsch (Hrsg.), BilMoG und 7. WPO-Novelle, S. 102.
58 Vgl. zur bisherigen Rechtslage *ADS*⁶, § 253 HGB Tz. 197 ff.

setzgeber mit § 253 Abs. 2 Satz 2 HGB angestrebte Objektivierung der Rückstellungsbewertung mit dem Ansatz von Marktwerten ebenfalls oder sogar besser erreicht.

b. Restlaufzeit bis zu einem Jahr

Rückstellungen mit einer voraussichtlichen Inanspruchnahme zu einem Zeitpunkt, der **bis zu zwölf Monaten** nach dem Abschlussstichtag liegt, sind somit im Umkehrschluss nicht verpflichtend abzuzinsen[59]. Dies ist darauf zurückzuführen, dass die Abzinsung im Rahmen der Rückstellungsbewertung in den zuletzt genannten Fällen idR keine wesentlichen Auswirkungen auf die Darstellung der Vermögen-, Finanz- und Ertragslage eines Unternehmens haben wird. Obwohl der Gesetzgeber eine Abzinsungspflicht für kurzfristige Rückstellungen ausschließt, kann hieraus nicht auf ein Abzinsungsverbot geschlossen werden.

44

Daher ist davon auszugehen, dass für kurzfristige Rückstellungen (Restlaufzeit bis zu einem Jahr) ein **Abzinsungswahlrecht** besteht[60]. Dies Wahlrecht besteht auch dann, wenn eine ursprünglich langfristige Rückstellung, die in der Vergangenheit ab- bzw. aufgezinst wurde, zu einem Bilanzstichtag nur noch eine Restlaufzeit von bis zu einem Jahr aufweist. Obwohl nach dem Grundsatz der Bewertungsstetigkeit auch in diesem Fall der Erfüllungsbetrag der Schuld in Fortführung der bisherigen Bewertungsmethode um ein Jahr abgezinst ausgewiesen werden sollte (Ansatz zum Barwert), kann nach dem Wortlaut des § 253 Abs. 2 HGB nicht beanstandet werden, wenn das Unternehmen zu dem genannten Abschlussstichtag den unabgezinsten Erfüllungsbetrag der Schuld ansetzt.

45

c. Ermittlung des Abzinsungssatzes

Die Abzinsung der Rückstellungen hat nach § 253 Abs. 2 Satz 1 HGB grds. auf der Grundlage eines Marktzinssatzes zu erfolgen, der – unter Beachtung des voraussichtlichen Erfüllungszeitpunkts bzw. der individuellen Restlaufzeit der jeweiligen Verpflichtung – durch eine Durchschnittsbildung aus den jeweiligen **laufzeitadäquaten Zinssätzen der vergangenen sieben Geschäftsjahre** zu ermitteln ist[61].

46

Abweichend zu dieser grundsätzlichen Regelung dürfen Unternehmern in Durchbrechung des Grundsatzes der Einzelbewertung (§ 252 Abs. 1 Nr. 3 HGB) Rückstellungen für **Altersversorgungsverpflichtungen** oder für vergleichbare langfristig fällige Verpflichtungen (vgl. zur Begriffsdefinition Abschn. C Tz. 10 ff.). pauschal mit einem durchschnittlichen Marktzinssatz abzinsen, der sich bei angenommenen Restlaufzeit einer Verpflichtung von 15 Jahren ergibt (§ 253 Abs. 2 Satz 2 HGB)[62].

47

Die **Deutsche Bundesbank** wird die entsprechenden Zinssätze nach Maßgabe einer Rechtsverordnung (sog. Rückstellungsabzinsungsverordnung) – in dieser werden Einzelheiten zur Ermittlung und Bekanntgabe der Abzinsungssätze festgelegt – für ganzjährige Restlaufzeiten zwischen einem und 50 Jahren ermitteln und monatlich bekannt geben (§ 253 Abs. 2 Satz 4 HGB). Eine solche Vorgehensweise soll bewirken, dass die Vergleichbarkeit der handelsrechtlichen Jahres- und Konzernabschlüsse erhöht wird. Damit liegt die Wahl des Abzinsungssatzes außerhalb von bilanzpolitischen Gestaltungsmöglichkeiten des Bilanzierenden, da individuelle Bonitätsrisiken sowie unter-

48

---

59 Vgl. Begr. RegE, BT-Drucks. 16/10067, S.54.
60 GlA *Küting*, in Küting/Pfitzer/Weber, Das neue deutsche Bilanzrecht², S. 330 f.
61 Vgl. Begr. RegE, BT-Drucks. 16/10067, S.54.
62 Vgl. zu diesem Wahlrecht die Begr. Beschlussempfehlung und Bericht des Rechtsausschusses, BT-Drucks. 16/12407, S.85 f.

nehmensspezifische Besonderheiten bei der Zinsfestsetzung keine Berücksichtigung finden[63]. Die Anwendung anderer Marktzinssätze (zB Stichtagszinssatz nach IAS 19, Zinssätze, die auf der Basis eines kürzeren bzw. längeren Referenzzeitraums ermittelt wurden, oder steuerliche Abzinsungssätze) für Zwecke der Rückstellungsabzinsung ist aufgrund des verpflichtenden Wortlautes des § 253 Abs. 2 Satz 1 HGB („... sind mit ... abzuzinsen") handelsrechtlich im Regelfall nicht zulässig.

49 Etwas anderes kann nach der Gesetzesbegründung nur dann gelten, wenn eine Verpflichtung nicht in Euro, sondern in einer anderen Währung (Fremdwährung) zu erfüllen ist, und in diesem Fall die grds. zulässige Anwendung des durch die Deutsche Bundesbank ermittelten Abzinsungssatzes zu einer den tatsächlichen Verhältnissen nicht entsprechenden Darstellung der Vermögens-, Finanz- und Ertragslage führt[64]. In einem solchen Ausnahmefall ist der nach § 253 Abs. 2 Satz 1 HGB für die Abzinsung der Rückstellung anzuwendende Zinssatz auf der Grundlage von **währungskongruenten Zinssätzen** vom bilanzierenden Unternehmen selbst zu ermitteln oder von privaten Anbietern zu beziehen[65].

50 Durch die Anwendung eines **durchschnittlichen Markzinssatzes** der vergangenen sieben Jahre sollen die Auswirkungen von Zufallselementen in der Zinsentwicklung minimiert und somit eine Stabilität der Abzinsungswirkung erreicht werden[66]. Abweichend hierzu gelangen nach den internationalen Rechnungslegungsgrundsätzen grds. stichtagsbezogene Zinssätze zur Anwendung (vgl. zB IAS 19.78). Die hierdurch möglichen Ergebnisschwankungen werden durch besondere Rechnungslegungsvorschriften gemindert (zB durch die sog. „Korridormethode" und den „SORIE-Ansatz" bei Pensionsverpflichtungen gem. IAS 19). Durch die Ermittlung der Abzinsungssätze aus der durchschnittlichen Entwicklung in der Vergangenheit sieht der deutsche Gesetzgeber eine ausreichende Ergebnisglättung gewährleistet, so dass für weitere besondere Bewertungs- oder Ergebnisglättungsmethoden – in Analogie zu IFRS – keine Notwendigkeit gesehen wird[67].

51 Welche konkreten Zinsstrukturkurven seitens der Deutschen Bundesbank bei der Ermittlung der Abzinsungssätze zur Anwendung gelangen werden, ist aufgrund der noch ausstehenden Rechtsverordnung (vgl. Tz. 48) derzeit noch nicht abschließend geklärt. Im Referentenentwurf zum BilMoG war vorgesehen, dass die Marktzinssätze auf Basis **hochklassiger** (sog. „AA-Rating") – und nicht höchstklassiger (sog. *„Triple A"*)- **deutscher Industrieanleihen** ermittelt werden sollten[68]. Damit hätten sich hinsichtlich der notwendigen Bonitätsanforderungen der Finanzanlagen die gleichen Erfordernisse ergeben, wie diese zB. an die Ableitung der Zinssätze für die Abzinsung von Altersversorgungsverpflichtungen nach IFRS erfüllt sein müssen[69].

52 Aufgrund der engen Marktbasis von Industrieanleihen mit „AA-*Rating*" und deren geringen Laufzeiten sah der Regierungsentwurf zum BilMoG jedoch später vor, die Abdiskontierungsfaktoren wegen der besseren Verfügbarkeit für unterschiedliche Laufzeiten und der einfacheren Ermittlungsmethode auf der Basis einer sog. **Null-Koupon-Euro-Zinsswapkurve** zu erheben[70]. Diese Referenzanlagen weisen ein Kreditrisiko

---

63 Vgl. Begr. RegE, BT-Drucks. 16/10067, S.54 f.
64 Vgl. Begr. RegE, BT-Drucks. 16/10067, S.54.
65 Vgl. *Theile*, DStR, Beihefter zu Heft 18/2009, S. 32.
66 Vgl. Begr. RegE, BT-Drucks. 16/10067, S.55.
67 Vgl. Begr. RegE, BT-Drucks. 16/10067, S.55.
68 Vgl. RefE BilMoG, S. 108.
69 Vgl. *Wielenberg/Blecher*, in Münch Komm. Bilanzrecht, IFRS, Bd. 1, IAS 19, Rz. 42 mwN; *Rhiel/Veit*, DB 2008, S. 194.
70 Vgl. Begr. RegE, BT-Drucks. 16/10067, S. 54.

von fast „Null" auf und sind daher hinsichtlich ihrer Verzinsung mit Industrieanleihen einer Bonitätsbewertung mit *„Triple A"* vergleichbar. Daher liegen die aus einer Null-Koupon-Zinsswapkurve abgeleiteten Abzinsungssätze idR unter den Renditen für hochklassige Industrieanleihen („AA-*Rating*"), so dass sich nach den neuen handelsrechtlichen Vorschriften tendenziell höhere Rückstellungswerte im Vergleich zu den entsprechenden Wertansätzen nach IFRS ergeben würden[71]. Ob eine solche Abweichung von den internationalen Rechnungslegungsgrundsätzen tatsächlich vollzogen wird, bleibt abzuwarten. Denkbar wäre, dass die Bundesbank den auf der Grundlage einer Null-Koupon-Zinsswapkurve ermittelten Durchschnittszinssatz für eine bestimmte Restlaufzeit um einen empirisch ermittelten Zuschlag zu erhöhen hat, um das höhere Ausfallrisiko von hochrangigen Industrieanleihen abzubilden.

Die anzuwendenden Abzinsungssätze sollen nach § 253 Abs. 2 Satz 1 HGB zu einer **fristenkongruenten Rückstellungsabzinsung** führen. Fristenkongruenz bedeutet, dass der heranzuziehende, von der Bundesbank errechnete Abzinsungssatz auf der Grundlage solcher alternativen Finanzanlagen ermittelt wird, deren Laufzeit der Laufzeit der abzuzinsenden Rückstellungen entspricht (zu Besonderheiten hinsichtlich der Pensionsrückstellungen vgl. Tz. 85 ff.). Dabei ist nach § 253 Abs. 2 Satz 1 HGB nicht auf die ursprüngliche Laufzeit der Verpflichtung zum Zeitpunkt der erstmaligen Passivierung, sondern auf die jeweilige voraussichtliche Restlaufzeit der jeweiligen Verpflichtung abzustellen. Ist zB eine rückstellungsbegründende Verpflichtung voraussichtlich in zehn Jahren zu erfüllen, so muss der durchschnittliche Marktzinssatz bei der Abzinsung Anwendung finden, der sich aus einer zehn jährigen Kapitalanlage per annum ableitet. **53**

§ 253 Abs. 2 Satz 1 HGB sieht vor – zu Besonderheiten und Vereinfachungen hinsichtlich der Abzinsung von Pensionsverpflichtungen (vgl. Tz. 85 ff.) –, dass unter Berücksichtigung des Einzelbewertungsgrundsatzes (§ 252 Abs. 1 Nr. 3 HGB) jede Rückstellung mit einer Restlaufzeit von mehr als einem Jahr mit dem individuellen fristadäquaten Zinssatz verpflichtend abzuzinsen ist. Es ist daher erforderlich, zu jedem Abschlussstichtag die **voraussichtliche Restlaufzeit** jeder einzelnen Rückstellung zu bestimmen, auf deren Grundlage der jeweils dazugehörige Abzinsungssatz zu ermitteln ist. Unter der Prämisse einer normal verlaufenden Zinsstrukturkurve, bei der die Zinsen kurzer Laufzeiten niedriger sind als die Zinsen für lange Laufzeiten, werden sich bei langfristigen Rückstellungen im Zeitablauf nicht nur geringere Abzinsungszeiträume, sondern auch strukturbedingte Verringerungen des Abzinsungssatzes (= tendenziell höhere Rückstellungsbeträge) ergeben. **54**

Unter den gesetzlichen Voraussetzungen des § 240 Abs. 4 HGB ist es nach § 256 Satz 2 HGB als handelsrechtlich zulässig anzusehen, dass für eine Vielzahl von gleichartigen und in etwa gleichwertigen Verpflichtungen keine Einzel-, sondern eine **Gruppenbewertung** hinsichtlich der Rückstellungsbewertung durchgeführt wird. Eine solche Vorgehensweise kommt zB für Urlaubs- und Garantierückstellungen infrage[72]. Hinsichtlich der zu einer Gruppe zusammengefassten Verpflichtungen werden in diesen Fällen für bestimme Bewertungsparameter (zB restliche Garantiezeiträume, Durchschnittsvergütungen, Zahl der offenen Urlaubstage, Schadenshöhe bei Kleinfällen) jeweils identische Werte angesetzt[73]. Sind die Rahmenbedingungen für eine Gruppenbewertung für eine bestimmte Rückstellungsart erfüllt, so erscheint es handelsrechtlich zu- **55**

---

71 Vgl. *Meier*, BB 2009, S. 999.
72 Vgl. *ADS*[6], § 240 HGB Tz. 117a.
73 Vgl. *Winkeljohann/Philipps*, in Beck Bil-Komm.[6], § 240 Anm. 140.

lässig, auch für die Abzinsung eine mittlere Restlaufzeit und damit einen einheitlichen Zinssatz zu Grunde zu legen.

56 Darüber hinaus erscheinen in Anlehnung an die Sonderregelung des § 253 Abs. 2 Satz 2 HGB für Altersversorgungsverpflichtungen oder vergleichbare langfristig fällige Verpflichtungen (vgl. Abschn. C Tz. 10 ff.) bei den Annahmen über die voraussichtliche Restlaufzeit von Verpflichtungen auch in anderen Fällen **Vereinfachungen** handelsrechtlich zulässig, sofern sich hierdurch nicht wesentliche Verzerrungen der Vermögens-, Finanz- und Ertragslage des Unternehmens ergeben[74]. Ist zB eine Verpflichtung zukünftig ab einem bestimmten Stichtag über einen mehrjährigen Zeitraum in nahezu gleichen Jahresraten zu erfüllen (zB Wasserhaltungsmaßnahmen im Bergbau, Betriebskosten einer stillgelegten Deponie), so erscheint es – vorbehaltlich besonderer Umstände des Einzelfalls – aus Gründen der Wesentlichkeit vertretbar, von einer durchschnittlichen Restlaufzeit (Durchschnitt der Laufzeit von der voraussichtlich erstmaligen bis zur letztmaligen Inanspruchnahme der Verpflichtung) der Verpflichtung auszugehen. Darüber hinaus könnte unter den gleichen Voraussetzungen auch die Gesamtperiode, in der die Rückstellung verbraucht bzw. in Anspruch genommen wird, in Teilperioden eingeteilt werden, für die jeweils ein einheitlicher Zinssatz zur Anwendung gelangt.

57 Hat in Ausnahmefällen (zB bei Entsorgungsmaßnahmen bei atomaren Anlagen) die Verpflichtung eine voraussichtliche **Restlaufzeit von mehr als 50 Jahren**, und werden Zinssätze auf der Grundlage dieser langen Laufzeiten von der Bundesbank nicht zur Verfügung gestellt (vgl. Tz. 48), so sollte es auch als unter den o.a. Voraussetzungen als zulässig angesehen werden, der Rückstellungsabzinsung die veröffentlichten Zinssätze auf Basis der 50-jährigen Laufzeit zu Grunde zu legen.

d. Ausweis der Auf- und Abzinsungen in der Gewinn- und Verlustrechnung (§ 277 Abs. 5 Satz 1)

58 Mit Hilfe der Vorschrift § 277 Abs. 5 Satz 1 HGB soll der Bilanzadressat nach den Ausführungen des Rechtsausschusses des Deutschen Bundestages ersehen können, in welchem Umfang Aufwendungen und Erträge aus der vorgeschriebenen **Abzinsung der Rückstellungen** resultieren und das Jahresergebnis beeinflusst haben[75]. Obwohl der Wortlaut der o.a. Vorschrift nur allgemein von „Erträgen und Aufwendungen aus der Abzinsung" spricht, wird durch die Gesetzesbegründung klar gestellt, dass die hier angesprochenen Zinseffekte ausschließlich im Zusammenhang mit der Bewertung von Rückstellungen nach § 253 Abs. 2 HGB stehen müssen. Auf- und Abzinsungen von anderen Bilanzposten (zB Abzinsungen von niedrig- oder unverzinslichen Forderungen) werden somit von der Regelung des § 277 Abs. 5 Satz 1 HGB nicht erfasst.

59 Nach § 277 Abs. 5 Satz 1 HGB sind – unter Berücksichtigung der Ausführungen in der Gesetzesbegründung (vgl. Tz. 58) – Erträge aus der Abzinsung von Rückstellungen unter Beachtung des Saldierungsverbots (§ 246 Abs. 2 Satz 1 HGB) gesondert unter dem Posten „**Sonstige Zinsen und ähnliche Erträge**" und Aufwendungen aus der Aufzinsung unter dem Posten „**Zinsen und ähnliche Aufwendungen**" in der Gewinn- und Verlustrechnung zu erfassen. Die Zinseffekte sind damit nicht im Betriebsergeb-

---

74 Vgl. *Drinhausen/Dehmel*, DB 2008, Anlage 1 zu Heft 7 vom 15.2.2008, S.39.
75 Vgl. Begr. Beschlussempfehlung und Bericht des Rechtsausschusses, BT-Drucks. 16/12407, S. 87 sowie Begr. RegE, BT-Drucks. 16/10067, S.55.

nis, sondern getrennt von den übrigen Aufwendungen und Erträgen im Rahmen der Rückstellungsbewertung im Finanz- bzw. Zinsergebnis auszuweisen[76].

Der gesonderte Ausweis der Aufwendungen und Erträge aus der Rückstellungsabzinsung kann entweder durch einen „**Davon-Vermerk**" zu den „Zinsen und ähnliche Aufwendungen" bzw. „Sonstige Zinsen und ähnliche Erträge" oder durch eine **weitere Untergliederung** der genannten GuV-Posten in einer Vorspalte erfolgen. Darüber hinaus erscheint es auch zulässig, zur Verbesserung der Klarheit und Übersichtlichkeit der Gewinn- und Verlustrechnung diese Angaben zur Abzinsung von Rückstellungen in den Anhang aufzunehmen (§ 265 Abs. 7 Satz 2 HGB)[77]. 60

Fraglich erscheint, ob es zum **Zeitpunkt der erstmaligen Passivierung** einer langfristigen Rückstellung iSv. § 252 Abs. 2 Satz 1 HGB verpflichtend ist, in der Gewinn- und Verlustrechnung den gesamten Erfüllungsbetrag der Verpflichtung als Aufwand und die Rückstellungsabzinsung gesondert als Ertrag zu zeigen (**Bruttodarstellung**), oder ob es handelsrechtlich auch oder allein als zulässig anzusehen ist, nur den Barwert der Verpflichtung (= Rückstellungszuführung des Berichtsjahres) unter den jeweiligen Primäraufwendungen auszuweisen (Nettodarstellung)[78]. Die beiden genannten Bilanzierungsweisen können zu erheblichen Verschiebungen zwischen dem Betriebs- und dem Finanzergebnis einer Gesellschaft führen. Für eine Bruttodarstellung des gesamten Erfüllungsbetrages als Aufwand und des Aufzinsungsertrages in der Gewinn- und Verlustrechnung sprechen der Wortlaut des § 277 Abs. 5 Satz 4 HGB sowie der Zweck dieser Vorschrift, den Abzinsungseffekt für Informationszwecke gesondert zu zeigen[79]. Nur bei einem Bruttoausweis werden die Erträge aus der Abzinsung gesondert in Gewinn- und Verlustrechnung ausgewiesen; bei einer anderen Darstellungsform würde die Regelung des § 277 Abs. 5 Satz 1 erster Halbsatz HGB ins Leere gehen. 61

Dagegen wird durch den GuV-Ausweis der Rückstellungszuführung in Höhe des Barwertes einer Rückstellung (**Nettodarstellung**) die tatsächliche finanzielle und wirtschaftliche Belastung eines Unternehmens aus der Verpflichtung zum Ausdruck gebracht. Auch entspricht ein solcher „saldierter" Ausweis der Darstellung in der Bilanz, in der der Abzinsungsbetrag nicht durch den Ansatz eines (Korrektur-)Postens auf der Aktivseite, sondern direkt durch eine Verminderung der Schuld berücksichtigt wird. Da der Abzinsungsbetrag einer Rückstellung bei ihrer erstmaliger Erfassung, dh. die Differenz zwischen Barwert und Erfüllungsbetrag der Verpflichtung, den zukünftig noch zu erwirtschaftenden und damit unrealisierten Ertrag aus der Anlage der in den Rückstellungen gebundenen finanziellen Mittel zum Ausdruck bringt, könnte ein gesonderter Ausweis unter den Zinserträgen die Ertragslage der Gesellschaft verzerrt darstellen[80]. 62

Erst in den Folgejahren sollte der Aufwand aus der Aufzinsung einer Rückstellung, durch den die tatsächlich erzielten Erträge aus der Anlage der in der Rückstellungen gebundenen Mittel letztlich kompensiert werden sollten, im Finanzergebnis ausgewiesen werden (§ 277 Abs. 5 Satz 1 HGB). Aus den genannten Gründen erscheinen daher bei der erstmaligen Passivierung einer längerfristigen Rückstellung **sowohl ein Brut-** 63

---

76 Zur handelsrechtlichen Abgrenzung des Betriebs- vom Finanzergebnis vgl. ADS[6], § 275 HGB Tz. 25; zu weiteren Ausführungen zur Erfassung der Zinskomponente bei Rückstellungen im Zusammenhang mit dem Deckungsvermögen gem. § 246 Abs. 2 Satz 2 HGB vgl. Abschn. C Tz. 78 ff.
77 Vgl. *Lüdenbach/Hoffmann*, StuB 2009, S. 291.
78 Vgl. *Theile*, DStR, Beihefter zu Heft 18/2009, S. 32 f.
79 Vgl. *Küting/Cassel/Metz*, in Küting/Pfitzer/Weber, Das neue deutsche Bilanzrecht[2], S. 333.
80 Vgl. *Hoffmann/Lüdenbach*, DStR 2008, Beihefter zu Heft 30/2008, S. 56.

to- als auch ein **Nettoausweis** in der Gewinn- und Verlustrechnung vertretbar zu sein[81], wobei die Nettodarstellung aus den genannten Gründen zu bevorzugen ist.

64 Wird der Nettoausweis gewählt, so empfiehlt sich die zusätzliche Darstellung eines **Rückstellungsspiegels**, in dem die Auswirkungen aus der Ab- und Aufzinsung von Rückstellungen gesondert gezeigt werden. Zwar wird die Aufstellung eines Rückstellungsspiegels mit den Angaben zu den Effekten aus den Ab- und Aufzinsungen in der Regierungsbegründung nur empfohlen[82], jedoch wären ansonsten bei der sog. Nettoerfassung des Zuführungsbetrages die vom Gesetzgeber vorgeschriebenen Informationen zu den Auswirkungen des § 253 Abs. 2 HGB auf die Ertragslage des Unternehmens nicht vollumfänglich aus dem Jahresabschluss ersichtlich[83]. Bei Aufstellung eines Rückstellungsspiegels empfiehlt es sich, sowohl die Entwicklung der Erfüllungsbeträge der Rückstellungen (einschl. der Zugänge und Auflösungen des laufenden Jahres) als auch die der kumulierten Ab- bzw. Aufzinsungserträge in einem Geschäftsjahr gesondert zu zeigen, wobei der sich zu Beginn und zum Ende eines Geschäftsjahres ergebende Rückstellungsbuchwert durch entsprechende Differenzbildung zu ermitteln ist[84].

IV. Bewertung von Altersversorgungsverpflichtungen und vergleichbaren langfristig fälligen Verpflichtungen

1. Begriffsbestimmungen

65 Der in § 246 Abs. 2 Satz 2 HGB sowie § 253 Abs. 1 HGB verwendete Begriff der **Altersversorgungsverpflichtungen** wird im Gesetz nicht näher definiert. Es ist davon auszugehen, dass auch für Zwecke der handelsrechtlichen Bilanzierung zwischen Altersversorgungs- und Pensionsverpflichtungen eine inhaltliche Übereinstimmung besteht (vgl. zu näheren Erläuterungen Abschn. C Tz. 10 ff.)[85]. Hierzu gehören alle unmittelbaren oder mittelbaren Zusagen zur Gewährung von Leistungen der Alters-, Invaliditäts- und Hinterbliebenenversorgung iSd. § 1 Abs. 1 BetrAVG.

66 Allein das Kriterium der „Langfristigkeit" ist nicht ausschlaggebend zur Bestimmung des Begriffs der ebenfalls in § 253 Abs. 2 Satz 2 HGB erwähnten langfristig fälligen **Verpflichtungen, die den Altersversorgungsverpflichtungen vergleichbar** sind. Diese Verpflichtungen müssen ebenfalls Versorgungscharakter aufweisen und werden im Regelfall im Zusammenhang mit der Verkürzung der Lebensarbeitszeit der Arbeitnehmer bzw. Mitarbeiter begründet (vgl. Abschn. C Tz. 12 ff.). Als Beispiele hierzu werden vom Gesetzgeber Altersteilzeitverpflichtungen und langfristige Lebensarbeitszeitkontenmodelle genannt[86].

---

81 Vgl. *Weigl/Weber/Costa*, BB 2009, S. 1064 f mwN; *Theile/Stahnke*, DB 2008, S. 1760.
82 Vgl. Begr. RegE, BT-DruckS. 16/10067, S.55.
83 Vgl. § 277 Abs. 5 Satz 1 HGB iVm. Begr. RegE, BT-Drucks. 16/10067, S. 55.
84 Vgl. hierzu auch *Kessler*, in Kessler/Leinen/Strickmann, in Handbuch Bilanzrechtsmodernisierungsgesetz, S. 148 f.
85 Diese Auffassung wird auch in dem Rohentwurf der IDW Stellungnahme zur Rechnungslegung „Einzelfragen zur Bilanzierung von Altersversorgungsverpflichtungen nach den Vorschriften des HGB i.d.F. des Bilanzrechtsmodernisierungsgesetzes" (IDW ERS HFA 30) vertreten. Vgl. auch *Heger/Weppler*, in HdJ, Abt. III/7 Rn. 8 ff.; zum Begriff der Pensionsverpflichtungen vgl. *ADS*⁶, § 249 HGB Tz. 85 ff.
86 Vgl. Begr. RegE, BT-Drucks. 16/10067, S. 48. Entgegen der hier vertretenen Auffassung allein auf das Kriterium der Langfristigkeit bei der Definition der sog. „vergleichbaren langfristig fälligen Rückstellungen" iSd. § 246 Abs. 2 Satz 2 HGB abstellend: *Höfer/Rhiel/Veit*, DB 2009, S. 1606.

2. Unmittelbare Pensionsverpflichtungen

a. Allgemeines

Nach § 249 Abs. 1 Satz 1 HGB sind für Altersversorgungsverpflichtungen und für vergleichbare langfristig fällig Verpflichtungen[87] eine Rückstellung für **ungewisse Verbindlichkeiten** zu bilden. Für Versorgungszusagen, die vor dem 1.1.1987 erteilt wurden (sog. Altzusagen), besteht gem. Art 28 Abs. 1 Satz 1 EGHGB ein Passivierungswahlrecht. 67

Pensionsrückstellungen sind nach § 253 Abs. 1 Satz 2 HGB in Höhe des nach vernünftiger kaufmännischer Beurteilung notwendigen **Erfüllungsbetrages** anzusetzen (vgl. Tz. 16 ff. und Tz. 70 ff.), der nach den Vorschriften des § 253 Abs. 2 HGB abzuzinsen ist (vgl. Tz. 39 ff. und Tz. 85 ff.). Für Rentenverpflichtungen, für die eine Gegenleistung nicht mehr zu erwarten ist, sind dieselben Bewertungsvorschriften maßgeblich wie für Versorgungsanwartschaften aktiver Mitarbeiter (§ 253 Abs. 2 Satz 3 HGB). 68

Diese Gesetzesänderungen und die damit einhergehende Konkretisierung der handelsrechtlichen Wertansätze für Pensionsrückstellungen haben zur Folge, dass die Übernahme des nach § 6a EStG ermittelten **steuerlichen Wertes** in die Handelsbilanz grundsätzlich nicht mehr zulässig ist, da die steuerlichen Bewertungsparameter überwiegend (zB Lohn- und Gehaltsniveau zum Bilanzstichtag, fester Zinssatz von 6% pa.) nicht mehr den handelsrechtlichen Vorschriften entsprechen. Der steuerliche Teilwert kann somit auf der Grundlage der eindeutigen Gesetzesregelungen wohl nicht länger als handelsrechtlicher Mindestwertansatz für die Versorgungsverpflichtungen angesehen werden[88]. 69

b. Erfüllungsbetrag von Pensionsverpflichtungen (§ 253 Abs. 1 Satz 2)

aa. Berücksichtigung zukunftsbezogener Bewertungsparameter

Nach der bisherigen Rechtslage waren künftige Pensionsleistungen mit dem Betrag anzusetzen, der sich nach den **Verhältnissen des jeweiligen Abschlussstichtags** ergab[89]. Da nunmehr nach dem Gesetzeswortlaut auch Pensionsverpflichtungen zum Erfüllungsbetrag angesetzt werden müssen, sind bei der Rückstellungbewertung nach § 253 Abs. 1 Satz 2 HGB Annahmen über die künftige Entwicklung von Bewertungsparametern zu berücksichtigen, die im Leistungsfall die tatsächliche Höhe der Belastung des Unternehmens aus dem Teil der Versorgungszusagen bestimmen, den sich ein Mitarbeiter bis zu dem betrachteten Bilanzstichtag erdient hat[90]. Mit der Berufung auf das Stichtagsprinzip (§ 252 Abs. 1 Nr. 3 HGB) war eine solche Vorgehensweise nach dem bislang geltenden Recht nur beschränkt zulässig[91]. 70

Der Umfang der Berücksichtigung der Faktoren, die den **künftigen Erfüllungsbetrag der Pensionsverpflichtungen** beeinflussen, hängt wesentlich von der Art der Versorgungszusage und der darin vereinbarten Leistungsformel ab. Ist die Höhe der Versorgungsleistungen aus einem Leistungsbaustein, den sich der Mitarbeiter bis zu einem 71

---

87 Zur Definition von Pensions- bzw. Altersversorgungszusagen siehe Abschn. C Tz. 10 ff. Zur Bewertung von wertpapiergebundenen Altersversorgungszusagen vgl. Tz. 95 ff.
88 Vgl. Begr. RegE, BT-Drucks. 16/10067, S.56.; *Oser/Roß/Wader/Drögemüller*, WPg 2008, S. 682 f.
89 Vgl. IDW, St HFA 2/1988, Abschn. 4 (Bewertung).
90 Zu Besonderheiten bei der Bewertung von Versorgungsverpflichtungen oder vergleichbaren langfristig fälligen Verpflichtungen, deren Höhe sich ausschließlich nach dem beizulegenden Zeitwert von Wertpapieren im Sinne des § 266 Abs. 2 A.III.5 bestimmt, vgl. Tz. 95 ff.
91 Vgl. IDW St HFA 2/1988, Abschn. 4 (Bewertung).

Abschlussstichtag erdient hat, nicht mehr von seinen zukünftigen Arbeitsleistungen oder von seinem weiteren Verbleiben in dem Unternehmen abhängig, so wird die Auswirkung der zukunftsbezogenen Bewertungsfaktoren auf die Rückstellungshöhe relativ gering sein. Wird dagegen die Höhe der späteren Pensionszahlungen von dem Lohn- und Gehaltsniveau bei Eintritt des Leistungsfalls bestimmt, so können sich durch die nunmehr erforderliche Zukunftsbetrachtung erhebliche Steigerungen der Pensionsrückstellungen ergeben.

72 Da auch die Pensionsrückstellungen nur zu dem nach vernünftiger kaufmännischer Beurteilung notwendigen Erfüllungsbetrag angesetzt werden dürfen (§ 253 Abs. 1 Satz 2 HGB), müssen die zukunftsbezogenen Bewertungsannahmen durch ausreichende **objektive Hinweise** oder **begründete Erwartungen** belegt sein[92]. Sind solche objektivierbaren Hinweise nicht vorhanden (zB im Zusammenhang mit möglichen zukünftigen singulären Ereignissen (zB Gesetzesänderungen), die Auswirkungen auf die Höhe der erteilten Altersversorgungszusagen haben können), so sind diese Faktoren bei der Ermittlung des zukünftigen Erfüllungsbetrages einer Verpflichtung nicht zu berücksichtigen (vgl. hierzu auch die Erläuterungspflicht gem. § 285 Nr. 24 HGB). Zu Besonderheiten bei der Bewertung von Versorgungsverpflichtungen oder vergleichbaren langfristig fälligen Verpflichtungen, deren Höhe sich ausschließlich nach dem beizulegenden Zeitwert von Wertpapieren iSd. § 266 Abs. 2 A.III.5 bestimmt (vgl. Tz. 95 ff.).

73 **Lohn- und Gehaltsteigerungen** sind bei der Rückstellungsbewertung zu berücksichtigen, sofern die Höhe der zukünftigen Versorgungsleistungen vereinbarungsgemäß von dem künftigen Lohn- und Gehaltsniveau abhängig ist. Die erforderlichen Nachweise zur Objektivierung der bei der Rückstellungsbewertung berücksichtigten Lohn- und Gehaltstrends lassen sich aus der Personalkostenentwicklung der Vergangenheit, aus Verlautbarungen öffentlicher Stellen über erwartete Inflationsraten, die grds. mit der Gehalts- und Rentenentwicklung korrelieren, der Dauer der Zugehörigkeit der Mitarbeiter zum Unternehmen sowie aus der Angebots- und Nachfragestruktur auf dem Arbeitsmarkt nachweisen[93].

74 Das Erfordernis der Berücksichtigung einer **Rentendynamik** bei der Ermittlung der Rückstellungen für Rentenanwärter und Rentenempfänger ergibt sich aus den vertraglichen Zusagen (zB jährliche Rentensteigerung um 1% pa.) oder aus der Anpassungspflicht in Abhängigkeit von der Entwicklung des Verbraucherpreisindexes nach § 16 BetrAVG. Auch hier dienen festgestellte Entwicklungen der Vergangenheit oder Prognosen über zukünftige Steigerungen der Lebenshaltungskosten als Ausgangspunkt für die sachgerechte Schätzung von Rententrends.

75 Die Entwicklung der **Beitragsbemessungsgrenzen** (BBG) in der deutschen Rentenversicherung kann ebenfalls Auswirkungen auf den künftigen Erfüllungsbetrag von Altersversorgungsverpflichtungen haben. Dies ist bspw. dann der Fall, wenn bei gehaltsabhängigen Versorgungszusagen der Teil des Gehalts stärker gewichtet wird, der die BBG übersteigt. Hier bedarf es somit im Rahmen der Rückstellungsbewertung nach § 253 Abs. 1 Satz 2 HGB einer sachgerechten Prognose der zukünftigen Entwicklung der genannten Beitragsbemessungsgrenze (vgl. Tz. 72).

---

[92] Vgl. Begr. RegE, BT-Drucks. 16/10067, S. 52. Diese Auffassung wird auch in dem Rohentwurf des IDW ERS 30 vertreten; aA: *Höfer/Rhiel/Veit*, DB 2009, S. 1609, die sich aus Gründen der Maßgeblichkeit der Handels- für die Steuerbilanz für die handelsrechtliche Übernahme des Teilwertansatzes gem. § 6a EStG aussprechen, sofern dieser Wertansatz für Pensionsrückstellungen den nach der Vorschrift des § 253 Abs. 1 Satz 2 zweiter Halbsatz und Abs. 2 HGB ermittelten Wert übersteigt.
[93] Vgl. Vereinigung zur Mitwirkung an der Entwicklung des Bilanzrechts für Familiengesellschaften (VMEBF) e.V., KoR 2008, S. 361; Meyer-Schell/Zimmermann, StuB 2008, S. 21.

Während nach IAS 19.83 ff. auch künftig zu erwartende Beförderungen der Versorgungsberechtigten bei der Bemessung der Pensionsrückstellungen zu berücksichtigen sind, besteht derzeit handelsrechtlich keine abschließende Aussage darüber, ob bei der Bestimmung des Erfüllungsbetrages einer Versorgungsverpflichtung **Karrieretrends** einzurechnen sind[94]. Nach der bislang verlautbarten Auffassung des IDW sollen zukünftige Gehaltssteigerungen, die auf die Karriereentwicklung der jeweiligen Rentenanwartschaft zurückzuführen sind, nur dann mit in die Bewertung einfließen, wenn diese zum Bilanzstichtag feststehen. Begründet wird diese Auffassung damit, dass das Unternehmen sich diesen Kostensteigerungen durch eigene Entscheidungen entziehen kann[95]. Sofern jedoch im Einzelfall aus der Tarifstruktur bzw. aus der Vergangenheitsentwicklung ein objektiv nachweisbarer Karrieretrend erkennbar ist, muss dieser aufwandserhöhend bei der Bestimmung des voraussichtlichen Erfüllungsbetrages der Pensionsverpflichtung berücksichtigt werden[96].

76

Die Bewertung der Pensionsverpflichtung zum Erfüllungsbetrag iSv. § 253 Abs. 1 Satz 2 HGB bedingt auch, dass bei der Rückstellungsbewertung Annahmen darüber zu treffen sind, ob ein aktiver Anwärter vor Eintritt der Unverfallbarkeit aus dem Unternehmen ausscheidet und somit die aufschiebend bedingte Verpflichtung entfällt, sowie ob ein Mitarbeiter nach Eintritt der Unverfallbarkeit des Versorgungsanspruchs vor Erreichen der Pensionierungsgrenze aus dem Unternehmen ausscheidet (**Fluktuation**)[97]. Die Ermittlung der Fluktuationswahrscheinlichkeiten hat grds. für das einzelne Unternehmen zu erfolgen. Da eine solche individuelle Ermittlung insb. bei mittelständischen Unternehmen aufwändig und teilweise nicht mit vertretbarem Aufwand möglich ist, werden auch solche Fluktuationsannahmen berücksichtigt werden dürfen, die ihre Grundlagen in einer Erhebung bei vielen Unternehmen der gleichen Branche haben. Eine solche Verfahrensweise steht jedoch unter der Prämisse, dass die Darstellung der Vermögens-, Finanz- und Ertragslage der Gesellschaft nicht beeinträchtigt wird.

77

Im Rahmen des steuerlichen Teilwertverfahrens nach § 6a EStG wird die **Fluktuationswahrscheinlichkeit** dadurch **pauschal** berücksichtigt, dass die Bildung einer Pensionsverpflichtung nur für Pensionsberechtigte erfolgen darf, die das 30. Lebensjahr – bzw. 28. Lebensjahr bei Neuzusagen ab 2001 – zu einem bestimmten Stichtag des Geschäftsjahres vollendet haben. Obwohl die Übernahme der nach § 6a EStG ermittelten Wertansätze für Zwecke der Handelsbilanz mit dem BilMoG nicht mehr zulässig ist, wird in Teilen des Schrifttums die o.a. Vereinfachungsmethode zur Berücksichtigung der Fluktuation wohl auch handelsrechtlich zukünftig als vertretbar angesehen[98]. Für diese Auffassung könnte sprechen[99], dass für Zwecke der Ermittlung der Pensionsrückstellungen nach dem BilMoG nicht zwingend ein gesondertes versicherungsmathematisches Bewertungsgutachten erstellt werden muss, sondern eine Modifizierung des steuerlichen Gutachtens ausreichend ist. Hieraus kann geschlossen werden, dass der Personenkreis, der in die Rückstellungsbewertung einbezogen wird, unverändert bleibt. Dies würde für die Zulässigkeit der pauschalen Berücksichtigung der Fluktuation über die Bestimmung des begünstigten Mitarbeiterkreises in Abhängigkeit vom vollendeten Lebensalter sprechen.

78

---

94 Vgl. *Sartoris/Nöcker*, Gestaltende Steuerberatung, Sonderdruck 2009, S. 8.
95 Vgl. *IDW*, FN-IDW 2008, S. 11.
96 Vgl. *Rhiel/Veit*, DB 2008, S. 1509. Diese Auffassung wird nunmehr auch in dem Rohentwurf des IDW-Rechnungslegungsstandards zur Rechnungslegung von Altersversorgungsverpflichtungen nach dem BilMoG (IDW ERS HFA 30) vertreten.
97 Vgl. *Dernberger/Matthias*, Pensionsrückstellungen nach dem BilMoG: Diskussion der möglichen Bewertungsverfahren und Prämissen, BetrAV 2008, S. 577 f.
98 Vgl. *Sartoris/Nöcker*, Gestaltende Steuerberatung, Sonderdruck 2009, S. 9.
99 Vgl. Begr. RegE, BT-Drucks. 16/10067, S. 56.

79 Andererseits wird in diesem Zusammenhang auch ausgeführt, dass für handelsrechtliche Zwecke die Bewertungsgrundlagen gem. § 6a EStG modifiziert werden müssen. Dies kann auch für die Berücksichtigung der Fluktuation bei der Rückstellungsbewertung auf der Grundlage der konkreten Verhältnisse bei dem betrachteten Unternehmen sprechen. Da pauschale Annahmen zur Fluktuation durch die grundsätzliche Nichterfassung von Pensionsverpflichtungen bis zu einem bestimmten Lebensalter der Mitarbeiter dazu führen kann, dass der Einblick in die Vermögens-, Finanz- und Ertragslage eines Unternehmens wesentlich verzerrt dargestellt wird, erscheint die Anwendung dieses Verfahrens unter Beachtung von Wesentlichkeitsgesichtspunkten nur in **begründeten Ausnahmefällen** zulässig.

80 Der Ansatz der Pensionsrückstellungen zu ihrem voraussichtlichen Erfüllungsbetrag bedingt, dass auch die übrigen, einer versicherungsmathematischen Bewertungsmethode zu Grunde liegenden **Bewertungsparameter** (zB Sterbe- und Heiratswahrscheinlichkeiten, voraussichtliches Renteneintrittsalter, Invaliditätswahrscheinlichkeiten, Frühpensionierungsverhalten) einer Überprüfung hinsichtlich ihrer Aktualität zum jeweiligen Abschlussstichtag bedürfen, wobei grds. die unternehmensindividuellen Verhältnisse zu berücksichtigen sind. Die Sterbewahrscheinlichkeiten können allgemein anerkannten Tabellenwerken entnommen werden.

bb. Bewertungsverfahren

81 Ein bestimmtes versicherungsmathematisches Bewertungsverfahren ist für die Berechnung der Pensionsrückstellungen nach § 253 Abs. 1 Satz 2 HGB nicht vorgeschrieben[100]. Daher bleibt insbes. das versicherungsmathematische Teilwertverfahren – ein **Gleichverteilungsverfahren** – neben den nach IFRS und US-GAAP üblichen Anwartschaftsbarwertverfahren („*projected unit credit method*") – **Ansammlungsverfahren** – grds. handelsrechtlich weiterhin zulässig[101]. In der Wahl der versicherungsmathematischen Bewertungsmethode ist das Unternehmen jedoch nicht vollkommen frei. Auf der Grundlage des § 264 Abs. 2 Satz 1 HGB muss das Verfahren zur Anwendung gelangen, mit dem die Vermögens-, Finanz- und Ertragslage der Gesellschaft in einer Weise dargestellt wird, die den tatsächlichen Verhältnissen entspricht[102]. Von einer sachgerechten Darstellung der Vermögen-, Finanz- und Ertragslage kann dann ausgegangen werden, wenn in Abhängigkeit von der Art der Versorgungszusage das gewählte Bewertungsverfahren den Pensionsaufwand verursachungsgerecht über den Zeitraum verteilt, in dem der Mitarbeiter seine Gegenleistung erbringt.

---

100 Vgl. Begr. RegE, BT-Drucks. 16/10067, S.56.
101 Vgl. *Theile*, BilMoG, S. 51; *Oser/Wader/Drögemüller*, WpG 2008, S. 53; *Brösel/Mindermann*, in Petersen/Zwirner, BilMoG, S. 417; *Rhiel/Veit*, DB 2008, S. 193. Zu den einzelnen versicherungsmathematischen Bewertungsverfahren vgl. *Petersen*, Rechnungslegung für Pensionsverpflichtungen nach HGB, US-GAAP und IAS, S. 35 ff.; *Thoms-Meyer*, Grundsätze ordnungsmäßiger Bilanzierung für Pensionsrückstellungen, S. 137 ff. *Heger/Weppler*, in HdJ, Abt. II//, Tz. 71 ff. Beim **Teilwertverfahren** steht die gleichmäßige Verteilung des Pensionsaufwands über die aktive Dienstzeit des Mitarbeiters im Vordergrund. Die Rückstellungsbildung erfolgt danach grundsätzlich über konstante fiktive Prämien, deren Sparanteil zusammen mit dem Aufwand aus der Verzinsung der Vorjahresrückstellung (Zinskomponente) die jährliche Rückstellungszuführung bestimmen (vgl. *Dernberger/Matthias*, BetrAV 2008, S. 572). Dagegen stellt das **Anwartschaftsbarwertverfahren** auf die Ansammlung der Rückstellung entsprechend des Erwerbs der Versorgungsanwartschaft ab. Danach ergibt sich in diesem Fall die Rückstellung als Barwert der bis zum Bewertungsstichtag bereits erdienten Leistung (vgl. *Engbroks*, BetrAV 2008, S. 568 ff.).
102 Vgl. Begr. RegE, BT-Drucks. 16/10067, S.56. In diesem Zusammenhang sah der Referentenwurf zum BilMoG in Abweichung zu der verabschiedeten Fassung des BilMoG noch vor, dass die Gesellschaft im Anhang die Gründe für die Wahl der angewandten versicherungsmathematischen Berechnungsmethode nennen musste (vgl. RefE BilMoG, S. 109).

Bei **reinen Leistungszusagen**, die ratierlich über die Dauer der Beschäftigung erdient werden und deren Höhe sich nach dem Lohn- und Gehaltsniveau zum Zeitpunkt des Eintritts des Leistungsfalls richtet, führen sowohl das Teilwertverfahren als auch das Anwartschaftsbarwertverfahren zu sachgerechten Ergebnissen. Bei Versorgungszusagen, die auf einer **einmaligen Entgeltumwandlung** des Mitarbeiters beruhen, ist dagegen das Teilwertverfahren für Zwecke der handelsrechtlichen Bilanzierung idR nicht anwendbar. In diesem Fall sowie bei **beitragsorientierten Leistungszusagen**, bei denen sich der Arbeitnehmer pro Jahr der Betriebszugehörigkeit sog. „Versorgungsbausteine" erdient, bringt das Anwartschaftsbarwertverfahren verursachungsgerecht zum Ausdruck, welche Versorgungsleistungen der Mitarbeiter sich erdient hat und rechtlich beanspruchen kann. Darüber hinaus ist hinsichtlich der Wahl des versicherungsmathematischen Verfahrens der Grundsatz der Bewertungsstetigkeit zu beachten (vgl. § 252 Abs. 1 Nr. 6 HGB). 82

Die handelsrechtliche Zulässigkeit des Anwartschaftsbarwertverfahrens bedeutet nicht, dass nunmehr insgesamt die Bewertung von Pensionsrückstellungen nach HGB dem **Bewertungsverfahren nach IFRS** entspricht. Im Rahmen der Ermittlung der Rückstellung nach IAS 19 können bzw. sind bestimmte Glättungsmechanismen anzuwenden (zB Korridorregelung hinsichtlich der Erfassung von versicherungsmathematischen Gewinnen und Verlusten, erfolgsneutrale Rückstellungszuführungen (sog. „SORIE-Ansatz"), planmäßige Verteilung von bestimmten Aufwendungen im Zusammenhang mit der Änderung/Einführung von Versorgungsplänen), die nicht den handelsrechtlichen Rechnungslegungsgrundsätzen entsprechen. Das Gleiche gilt hinsichtlich der Begrenzung des Ausweises von Überdeckungen aus einem Pensionsplan als Vermögenswert („*asset ceiling*"; IAS 19.54). 83

Auch gelangen bei den beiden Rechnungslegungssystemen **Abzinsungssätze** zur Anwendung, die sich wesentlich unterscheiden können. Während nach § 253 Abs. 2 Satz 1 HGB die Abzinsung der Pensionsrückstellungen mit einem durchschnittlichen Marktzinssatz der vergangenen sieben Geschäftsjahre vorzunehmen ist (vgl. Tz. 85 ff.), bestimmt sich der Rechnungszinssatz nach IAS 19.78-82 nach einem Stichtagszins. Bei im Zeitablauf steigenden oder sinkenden Marktzinssätzen kann es daher allein aus diesem Grund zu erheblichen Abweichungen zwischen den Rückstellungswerten kommen, die auf der Grundlage der jeweiligen Bewertungsmethode ermittelt werden. Da abweichend zur bisherigen Rechtslage nach Inkrafttreten des BilMoG handelsrechtlich eigenständige Einzelvorschriften zur Ermittlung eines realitätsnahen Verpflichtungsumfangs aus den erteilten Pensionszusagen existieren, die verpflichtend zu beachten sind, dürfen die nach IAS 19 ermittelten Wertansätze für Pensionsrückstellungen – abweichend von der bisherigen Verfahrensweise[103] und vorbehaltlich von Wesentlichkeitsüberlegungen – künftig grds. nicht mehr in einem handelsrechtlichen Jahres- oder Konzernabschluss angesetzt werden[104]. 84

c. Abzinsung (§ 253 Abs. 2)

§ 253 Abs. 2 Satz 2 HGB räumt den Unternehmen bei der Bewertung der Rückstellungen für laufende Pensionen und für Anwartschaften ein stetig auszuübendes Wahlrecht ein, wonach anstelle der nach § 253 Abs. 2 Satz 1 HGB erforderlichen Ermittlung 85

---

103 Vgl. *IDW*, FN-IDW 1998, S. 292.
104 Diese Auffassung wird durch Ausführungen in der Begr. RegE, BT-Drucks. 16/10067, S. 55 f., gestützt, nach denen der handelsrechtliche Wert der Pensionsrückstellungen ausgehend von einem versicherungsmathematischen Pensionsgutachten, das den IFRS-Anforderungen entspricht, bei sonst gleichen Bewertungsparametern nur durch die Wahl eines HGB-konformen Rechnungszinssatzes ermittelt werden darf.

des individuellen fristadäquaten Abzinsungssatzes (vgl. Tz. 46 ff.) die Abzinsung mit einem durchschnittlichen Marktzinssatz erfolgen kann, der sich bei einer angenommenen **pauschalen Restlaufzeit von 15 Jahren** ergibt. Für diese Laufzeit ist dann der von der Bundesbank ermittelte „Sieben-Jahres-Durchschnittszinssatz" zu verwenden. Entgegen § 253 Abs. 2 Satz 1 HGB kann nach Satz 2 aus Vereinfachungs- und Praktikabilitätsgründen somit in Durchbrechung des Grundsatzes der Einzelbewertung davon abgesehen werden, für jede einzelne Versorgungszusage die voraussichtliche Restlaufzeit bis zum erwarteten Eintritt des Leistungsfalls zu ermitteln[105].

86 Nach dem Wortlaut des § 253 Abs. 2 Satz 2 HGB und den Ausführungen in der Gesetzesbegründung bezieht sich dieses Wahlrecht nicht ausschließlich auf Rückstellungen im Zusammenhang mit Verpflichtungen aus der betrieblichen Altersversorgung (laufende Pensionen und Anwartschaften auf Pensionen), sondern umfasst ebenfalls **vergleichbare langfristig fällige Verpflichtungen**, die gegenüber Mitarbeitern des Unternehmens bestehen[106]. Hierunter fallen zB Altersteilzeitverpflichtungen, Verpflichtungen aus Lebensarbeitszeitmodellen oder pensionsähnliche Verpflichtungen (vgl. Tz. 66).

87 In der Regierungsbegründung zum BilMoG wird ausdrücklich erwähnt, dass die Anwendung der Vereinfachungsregelung hinsichtlich der Abzinsung von Pensionsverpflichtungen und ähnlichen Verpflichtungen nach § 253 Abs. 2 Satz 2 HGB unter dem Vorbehalt steht, dass der Jahresabschluss unverändert ein den **tatsächlichen Verhältnissen entsprechendes Bild** von der Vermögens-, Finanz- und Ertragslage der Gesellschaft vermittelt[107]. Hiermit wird auf die für Kapitalgesellschaften geltende Vorschrift des § 264 Abs. 2 Satz 1 HGB verwiesen. Konflikte mit dieser Generalnorm können in diesem Zusammenhang insb. dann entstehen, wenn bei bereits geschlossenen Pensionsplänen die Pensionsrückstellungen weitaus kürzere Restlaufzeiten als 15 Jahre aufweisen oder ein neuer Versorgungsplan zu einem Bilanzstichtag lediglich Anwartschaften gegenüber jüngere Mitarbeitern enthält, bei denen der Leistungsfall voraussichtlich erst weit nach Ablauf von 15 Jahren eintreten wird. Wird bei der pauschalierten Ermittlung des Zinssatzes die Lage der Gesellschaft nicht mehr zutreffend dargestellt, so geht der Gesetzgeber davon aus, dass diese Vereinfachungsmethode auf der Grundlage des § 264 Abs. 2 Satz 1 HGB keine Anwendung finden kann[108]. Es wird daher nicht als ausreichend angesehen, dass in diesen Fällen allein zusätzliche Angaben im Anhang gem. § 264 Abs. 2 Satz 2 HGB gemacht werden, da hierdurch eine unzutreffende Bilanzierung und Bewertung von Bilanzposten nicht geheilt werden kann.

88 Zur **Ermittlung des Zinssatzes** nach § 253 Abs. 2 Satz 1 HGB wird im Übrigen auf Tz. 48 ff. verwiesen. Zu beachten ist, dass die Verwendung eines „Sieben-Jahres-Durchschnittszinssatzes" zinsbedingte Schwankungen der Pensionsrückstellungen im Vergleich zu der Verfahrensweise nach IFRS (Stichtagszins gem. IAS 19.78) zwar verringert, diese jedoch nicht gänzlich ausschließt. Da handelsrechtlich eine ergebnisglättende Verteilung der Effekte entsprechend der aus der internationalen Rechnungslegung bekannten Korridormethode (IAS 19.92) nicht zulässig ist (vgl. Tz. 83), werden die zinsbedingten Rückstellungsschwankungen in voller Höhe ergebniswirksam.

89 Die **Zugangsbewertung** einer Pensionsrückstellung hat vorzugsweise mit dem abgezinsten Wert (Barwert) des Erfüllungsbetrages der Verpflichtung zu erfolgen (vgl. zum Brutto- und Nettoansatz in der GuV Tz. 61 ff.).

---

105 Vgl. Begr. RegE, BT-Drucks. 16/10067, S.55.
106 Vgl. Begr. Beschlussempfehlung und Bericht des Rechtsausschusses, BT-Drucks. 16/12407, S. 84 und S. 86.
107 Vgl. Begr. RegE, BT-Drucks. 16/10067, S.55.
108 Vgl. Begr. RegE, BT-Drucks. 16/10067, S.55.

d. Ausweis der Zuführung zu den Altersversorgungsrückstellungen in der Gewinn- und Verlustrechnung

Die jährliche Zuführung zu der Pensionsrückstellung für die Verpflichtung gegenüber einem im Geschäftsjahr aktiven Betriebsrentenanwärter im Rahmen der Folgebewertung umfasst unverändert zum einen den eigentlichen Finanzierungsbetrag (**Personalaufwand**), den sich der Mitarbeiter im Berichtszeitraum erdient hat sowie den **Zinsaufwand** (§ 277 Abs. 5 Satz 1 HGB), der sich aus der Finanzierung der bereits in der Vergangenheit verursachten Pensionsansprüche ergibt („Aufzinsung des Anfangsbestands")[109]. Auch Rückstellungszuführungen aus der Änderung von versicherungsmathematischen Annahmen (zB künftiges Lohn- und Gehaltsniveau, Fluktuationsraten, Lebenserwartung der Mitarbeiter, Invalidisierungsraten, Familienstand) sind im Personalaufwand zu erfassen[110].

Während die jährliche Zinskomponente („Aufzinsung des Anfangsbestand") der Rückstellungszuführung gem. § 277 Abs. 5 Satz 1 HGB im Zinsergebnis zu erfassen ist, geht aus den gesetzlichen Vorschriften nicht eindeutig hervor, in welchem Posten der Gewinn- und Verlustrechnung Aufwendungen und Erträge aus der **Veränderung des Rechnungszinses** auszuweisen sind, die Vorjahre betreffen. Vermindert sich bspw. der Rechnungszinssatz gem. § 253 Abs. 2 HGB in einem Geschäftsjahr im Vergleich zum Vorjahr, so ergibt sich eine zusätzliche Aufwandsbelastung des Unternehmens dadurch, dass bereits in der Vergangenheit erdiente Pensionsansprüche (Prämienanteile) nunmehr geringer abgezinst werden und dies zu einem Anstieg der Pensionsrückstellungen führt. Zwar hat dieser Aufwand seine Ursache in der Zinssatzveränderung, jedoch stellt die nachträgliche Erhöhung der bereits in der Vergangenheit erdienten Prämienanteile und damit der Effekt aus der Verminderung des Rechnungszinssatzes Lohn- und Gehaltsaufwand dar und sollte daher auch im Personalaufwands erfasst werden[111]. Aus Vereinfachungs- und Wesentlichkeitsgesichtspunkten wird im Einzelfall auch eine Erfassung der Auswirkungen aus einer Zinssatzänderung im Zinsergebnis als vertretbar angesehen werden können.

In Analogie hierzu sollte bei einer **Erhöhung des Rechnungszinssatzes** – ebenfalls unter Berücksichtigung von Wesentlichkeitsgrundsätzen – die hierdurch verursachte Rückstellungsminderung grundsätzlich unter den „sonstigen betrieblichen Erträgen" und nicht unter den „Zinserträgen" ausgewiesen werden. Da unter wirtschaftlichen Gesichtspunkten durch eine Erhöhung des Zinssatzes bereits in der Vergangenheit als Aufwand verrechnete Prämienanteile – und damit auch Personalaufwendungen – vermindert werden, erscheint auch eine Verrechnung dieses Ertrages mit der laufenden Rückstellungszuführung des Berichtsjahres (sog. „Dienstzeitaufwand") innerhalb der Personalaufwendungen („Soziale Abgaben und Aufwendungen für Altersversorgung und Unterstützung" gem. § 275 Abs. 2 Nr. 6b HGB) als vertretbar.

e. Versicherungsmathematische Gutachten

Die Bewertung von Pensionsrückstellungen hat – vorbehaltlich der Anwendung des § 253 Abs. 1 Satz 3 HGB – nach den anerkannten Regeln der Versicherungsmathematik zu erfolgen, wobei diese Berechnungen nach dem Stichtagsprinzip grds. **zum Abschlussstichtag** durchzuführen sind (§ 252 Abs. 1 Nr. 3 HGB). Nach der Gesetzesbegründung ist es jedoch entsprechend der bisherigen Verfahrensweise grds. als zuläs-

---

109 Vgl. *Hegler/Weppler*, HdJ Abt. III/7, Tz. 152 sowie Tz. 84.
110 Vgl. *Hoffmann/Lüdenbach*, DStR 2008, S. 57.
111 Vgl. *Hoffmann/Lüdenbach*, DStR 2008, S. 57.

sig anzusehen, wenn Pensionsgutachten mit Blickrichtung auf den Bilanzstichtag bis zu drei Monate früher erstellt werden[112]. Treten jedoch in dem Zeitraum von der Erstellung des Pensionsgutachten bis zum Bilanzstichtag Änderungen hinsichtlich der angewandten Bewertungsparameter oder beim Mengengerüst der Versorgungsberechtigten ein, so ist bei wesentlichen Abweichungen insoweit eine Anpassung der Rückstellungsberechnung erforderlich. Aufgrund der Sieben-Jahres-Durchschnittsberechnung beim Rechnungszinssatz wird sich wegen des Abzinsungssatzes nur in den seltensten Fällen das Erfordernis einer Rückstellungsneuberechnung bei der vorgezogenen Einholung eines Pensionsgutachtens ergeben.

94 Im Zusammenhang mit der Erörterung einer zusätzlichen Kostenbelastung der Unternehmen mit Inkrafttreten des BilMoG durch eine versicherungsmathematische Berechnung der handelsrechtlichen Pensionsrückstellungen führt der Gesetzgeber aus, dass nicht in allen Fällen ein vollständiges gesondertes **handelsrechtliches Pensionsgutachten** erstellt werden muss. Durch Veränderungen der relevanten Bewertungsparameter könnten aus einem Pensionsgutachten, das für Zwecke der Besteuerung nach § 6a EStG oder für die Erstellung eines IFRS-Konzernabschlusses erstellt wurde, die handelsrechtlichen Wertansätze abgeleitet werden[113]. Was mit dem Verzicht auf ein vollständiges Pensionsgutachten in diesem Zusammenhang genau gemeint ist, wird nicht näher erläutert. Da jedoch weiterhin auf versicherungsmathematische Berechnungen abgestellt wird, erscheint die Schätzung der handelsrechtlichen Rückstellungswerte auf der Grundlage von Pensionsgutachten, denen eine abweichende Rechtsgrundlage zu Grunde liegt, nicht zulässig zu sein[114]. Die Dokumentation der durchgeführten versicherungsmathematischen Berechnung muss so ausführlich sein, dass unter Beachtung des Grundsatzes der Einzelbewertung die Bewertungsergebnisse durch einen sachverständigen Dritten nachvollzogen werden können.

3. Wertpapiergebundene Altersversorgungszusagen (§ 253 Abs. 1 Satz 3)

95 Abweichend zur grundsätzlichen Ermittlung des Erfüllungsbetrages einer ungewissen Verpflichtung nach § 253 Abs. 1 Satz 2 HGB sieht § 253 Abs. 1 Satz 3 HGB eine vereinfachende Bewertung einer Rückstellung für Altersversorgungsverpflichtungen vor, deren Leistungsumfang sich nach dem **beizulegenden Zeitwert von Wertpapieren** iSd. § 266 Abs. 2 A. III. 5 HGB bestimmt (wertpapiergebundene Versorgungszusage). In diesem Fall richtet sich auch die handelsrechtliche Rückstellungshöhe nach dem beizulegenden Zeitwert der der Pensionszusage zu Grunde liegenden Wertpapiere, der in § 255 Abs. 4 HGB definiert wird (vgl. Abschn. C Tz. 54 ff.). Gleichgültig ist dabei, ob die Wertpapiere von dem Unternehmen tatsächlich im wirtschaftlichen Eigentum gehalten werden oder nicht. Obwohl der Gesetzeswortlaut zunächst darauf abstellt, dass für die Höhe dieser vereinfachend zu bewertenden Pensionszusagen ausschließlich die Wertentwicklung von Wertpapieren maßgeblich sein muss, berücksichtigt die Regelung des § 253 Abs. 1 Satz 3 HGB auch den Fall, dass eine wertpapiergebundene Versorgungszusage zusätzlich einen bestimmten Mindestbetrag bzw. -leistung vorsieht.

96 Bei einer wertpapiergebundenen Versorgungszusage mit **Mindestgarantie** darf die Rückstellung den Erfüllungsbetrag der Verpflichtung nicht unterschreiten, der sich auf der Grundlage dieser Mindestzusage ergibt und in Ermangelung einer gesonderten ge-

---

112 Vgl. Begr. RegE, BT-Drucks. 16/10067, S.55.
113 Vgl. Begr. RegE, BT-Drucks. 16/10067, S.56.
114 Vgl. Begr. RegE, BT-Drucks. 16/10067, S.56.

setzlichen Regelung nach der allgemeinen Bewertungsmethodik des § 253 Abs. 1 Satz 2 HGB (Erfüllungsbetrag der Rückstellung) zu ermitteln ist[115]. So kann zB eine beitragsorientierte Leistungszusage (§ 1 Abs. 2 Nr. 1 BetrAVG) oder eine Beitragszusage mit Mindestleistung (§ 1 Abs. 2 Nr. 2 BetrAVG)[116] so ausgestaltet sein, dass die im Rahmen dieser Zusagen seitens des Unternehmens zu erbringenden Beiträge als Mindestkapital garantiert werden (evtl. zuzüglich einer garantierten Verzinsung dieser Beiträge von zB 3% pa.), jedoch dem Mitarbeiter grds. ein Versorgungsanspruch in Höhe der Zeitwertentwicklung von bestimmten Wertpapieren zusteht. In diesem Fall ist die Pensionsrückstellung nach § 253 Abs. 1 Satz 3 HGB im Regelfall in Höhe des beizulegenden Zeitwertes der Wertpapiere anzusetzen, wobei eine zusätzliche Überprüfung seitens des Unternehmens zu erfolgen hat, ob der Zeitwert der Wertpapiere den Gegenwert der garantierten Mindestleistung übersteigt. In Abhängigkeit von der Art der zugesagten Mindestleistung des Versorgungsumfangs ist diese grds. nach versicherungsmathematischen Grundsätzen (§ 253 Abs. 1 Satz 2 HGB) zu ermitteln und gem. § 253 Abs. 2 HGB abzuzinsen. Überschreitet der so ermittelte Erfüllungsbetrag der Verpflichtung den beizulegenden Zeitwert der Wertpapiere am Abschlussstichtag, so gelangt der höhere Mindestbetrag zum Ansatz.

Nach dem Wortlaut des § 253 Abs. 1 Satz 3 HGB ist diese Vereinfachungsvorschrift nur auf wertpapiergebundene Altersversorgungsverpflichtungen anzuwenden. Auf der Grundlage der Beschlussempfehlung und des Berichts des Rechtsausschusses des Deutschen Bundestages muss es darüber hinaus als zulässig angesehen werden, auch die Rückstellungen für **langfristig fällige Verpflichtungen, die mit den Altersversorgungsverpflichtungen vergleichbar** sind (zB Verpflichtungen aus Arbeitszeitkonten- oder Wertkontenmodelle; vgl. Tz. 66) und deren Höhe sich grd. nach dem beizulegenden Zeitwert von Wertpapieren richtet, nach der Regelung des § 253 Abs. 1 Satz 3 HGB zu bewerten[117]. **97**

Die vereinfachte Bewertung von Altersversorgungsverpflichtungen und vergleichbaren langfristig fälligen Verpflichtungen nach § 253 Abs. 1 Satz 3 HGB setzt grds. voraus, dass sich der Verpflichtungsumfang ausschließlich nach Wertpapieren im Sinn des § 266 Abs. 2 A.III.5 HGB bestimmt. Die Bezugnahme auf diese Vorschrift zielt nicht auf die hier nicht relevante Unterscheidung zwischen Anlage- und Umlaufvermögen, sondern einzig auf den **Wertpapierbegriff** des § 266 Abs. 2 A. III. 5 HGB ab[118]. Auch müssen diese Wertpapiere nicht tatsächlich vom Unternehmen gehalten werden. Als Wertpapiere kommen Inhaber- oder Orderpapiere in Betracht, die nach Art und Ausstattung übertragbar und im Bedarfsfall verwertbar sind[119]. Hierzu gehören zum einen festverzinsliche Kapitalmarktpapiere (zB Obligationen, öffentliche Anleihen, Pfandbriefe, Wandelschuldverschreibungen) und zum anderen auch Kapitalmarktpapiere mit **98**

---

115 Vgl. *Hasenburg/Hausen*, DB 2009, Beil. 5, S. 40.
116 Umstritten ist, ob die Beitragszusage mit Mindestleistung gem. § 1 Abs. 2 Nr. 2 BetrAVG nicht nur für versicherungsförmige Durchführungswege (Pensionsfonds, Pensionskasse, Direktversicherung) zulässig ist, sondern auch im Rahmen von unmittelbaren Versorgungszusagen gewählt werden kann (vgl. zur Diskussion: *Höfer*, Gesetz zur Verbesserung der betrieblichen Altersversorgung, Bd. I Arbeitsrecht, § 1 Rz. 2538 ff. oder *Bode* in Kemper/Kisters-Kölkes/Berenz/Bode/Pühler, BetrAVG, 2. Aufl., § 1 Rz. 394). Selbst bei Befürwortung der Ansicht, dass eine Beitragszusage mit Mindestleistung (zB Versorgungszusagen sehen neben einem garantierten Mindestbetrag Leistungen vor, die vom Wert bestimmter Wertpapiere zu einem festgelegten Zeitpunkt abhängen) nicht im Rahmen einer unmittelbaren Versorgungszusage erfolgen kann, lässt sich dem Gesetz diese Gestaltungsform im Regelfall über eine beitragsorientierte Leistungszusage im Ergebnis weitgehend abbilden (vgl. *Bode* in Kemper/Kisters-Kölkes/Berenz/Bode/Pühler, in BetrAVG, 2. Aufl., § 1 Rz. 395).
117 Vgl. Begr. Beschlussempfehlung und Bericht des Rechtsausschusses, BT-Drucks. 16/12407, S. 85.
118 Vgl. *Ernst/Seidler*, BB 2009, S. 767.
119 Vgl. *Hoyos/Gutike*, in Beck Bil-Komm.[6], § 266 Anm. 80; *ADS*[6], § 266 HGB Tz. 84 ff.

Gewinnbeteiligungsansprüchen (zB Aktien, Investmentanteile, Anteile an Immobilienfonds)[120]. Obwohl Rückdeckungsansprüche aus Lebensversicherungen nicht unter den Wertpapierbegriff des § 266 Abs. 2 A.III.5 HGB fallen, bildet der beizulegende Zeitwert eines Rückdeckungsversicherungsanspruchs den Verpflichtungsumfang aus einer Pensionszusage uä. realitätsnah ab, sofern diese hinsichtlich der Höhe ausschließlich von diesem Versicherungsanspruch bestimmt wird (Form einer kongruenten Rückdeckungsversicherung). Daher erscheint es auch in diesem Fall die Anwendung des § 253 Abs. 1 Satz 3 HGB vertretbar.

99 Die vom Gesetzgeber beabsichtigte Vereinfachung hinsichtlich der Rückstellungsbewertung nach § 253 Abs. 1 Satz 3 HGB zum beizulegenden Zeitwert der zugrundeliegenden Wertpapiere zum Bilanzstichtag besteht zunächst darin, dass voraussichtliche Erhöhungen des Verpflichtungsumfangs durch **zukünftige Wertsteigerungen der Wertpapiere** nicht berücksichtigt bzw. prognostiziert werden müssen. Unterstellt wird, dass der beizulegenden Zeitwert der Wertpapiere – dieser entspricht gem. § 255 Abs. 4 HGB grundsätzlich dem Marktpreis[121] – bereits zukünftige Gewinn- und Kurserwartungen der Marktteilnehmer enthält und somit den Erfüllungsbetrag der Verpflichtung zu einem Bilanzstichtag realitätsnah zum Ausdruck bringt.

100 Fraglich erscheint dagegen, ob die vereinfachende Rückstellungsbewertung von wertpapiergebundenen Altersversorgungszusagen uä. nach § 253 Abs. 1 Satz 3 HGB nicht nur Erleichterungen bei der Ermittlung des Erfüllungsbetrages einer Verpflichtung sondern auch den **Verzicht auf eine Rückstellungsabzinsung** nach § 253 Abs. 2 HGB bedeutet. Aus dem Gesetzeswortlaut und den Begründungen hierzu lässt sich zu dieser Fragestellung keine eindeutige und zweifelsfreie Lösung herleiten[122]. Für einen Barwertansatz der wertpapiergebundenen Verpflichtungen könnte sprechen, dass auch Sachleistungsverpflichtungen und Geldwertschulden grundsätzlich der Abzinsung nach § 253 Abs. 2 HGB unterliegen (vgl. Tz. 40). Andererseits wird sich im Regelfall der beizulegende Zeitwert der Wertpapiere aus Kursen auf (aktiven) Wertpapiermärkten ergeben, in denen nicht nur zukünftige Kurserwartungen sondern auch stichtagsbezogene Barwertermittlungen der Marktteilnehmer eingeflossen sind. Daher ist bei wertpapiergebundenen Altersversorgungszusagen (§ 253 Abs. 1 Satz 3 HGB) für die handelsrechtliche Bewertung der dazugehörigen Rückstellungen grundsätzlich davon ausgegangen werden, dass sofern ihre Höhe nach dem beizulegenden Zeitwert der Wertpapiere zu bestimmen ist[123], keine Abzinsung dieser Wertansätze gem. § 253 Abs. 2 vorzunehmen ist[124]. Für diese Auffassung spricht auch, dass nach Auffassung des Gesetzgebers in den Fällen des § 253 Abs. 1 Satz 3 HGB regelmäßig auf die Einholung eines versicherungsmathematischen Pensionsgutachtens verzichtet werden kann[125].

101 Abweichend zu der unter Tz. 100 dargelegten grundsätzlichen Verfahrensweise sollte bei wertpapiergebundenen Altersversorgungszusagen jedoch dann eine **Abzinsung** nach § 253 Abs. 2 HGB des Rückstellungsbetrages erfolgen, wenn das Unternehmen

---

120 Vgl. *WPH*[13], Bd. I, F Tz. 189.
121 Vgl. RegE, BT-Drucks. 16/10067, S. 61
122 Vgl. Begr. Beschlussempfehlung und Bericht des Rechtsausschusses, BT-Drucks. 16/12407, S. 85. Sowohl in Satz 2 als im Satz 3 der Vorschrift des § 253 Abs. 1 HGB wird ausgeführt, dass **Rückstellungen** „zum nach vernünftiger kaufmännischer Beurteilung notwendigen Erfüllungsbetrag" bzw. „zum beizulegenden Wertansatz dieser Wertpapiere" **anzusetzen** sind. Aus diesem Wortlaut lässt sich nicht ableiten, dass nur Rückstellungen nach § 253 Abs. 2 HGB abzuzinsen sind, deren Wert nach § 253 Abs. 1 Satz 2 HGB ermittelt worden ist.
123 Zu dem Fall, dass die wertpapiergebundene Altersversorgungszusage zusätzlich einen garantierten Mindestbetrag umfasst, vgl. Tz. 96.
124 Vgl. auch IDW RS HFA 23 Tz. 8 sowie *Hasenburg/Hausen*, DB 2009, Beil. 5, S. 40.
125 Vgl. Begr. Beschlussempfehlung und Bericht des Rechtsausschusses, BT-Drucks. 16/12407, S.85.

die dazugehörigen Wertpapiere bereits im wirtschaftlichen Eigentum hält und die zukünftigen Erträge aus den Wertpapieren nicht dem Versorgungsberechtigen, sondern dem Unternehmen zustehen (vgl. Tz. 31). Im Zusammenhang mit Altersversorgungszusagen oder langfristigen Arbeitszeitkontenmodellen werden so ausgestaltete Versorgungszusagen in der Praxis jedoch nicht häufig anzufinden sein.

102 Die Regelung des § 253 Abs. 1 Satz 3 HGB betrifft wie der Satz 2 der genannten Vorschrift die **Einzelbewertung von Rückstellungen** (§ 252 Abs. 1 Nr. 3 HGB) und ist unabhängig davon anzuwenden, ob die Wertpapiere, die die Höhe der Altersversorgungs- sowie der vergleichbaren langfristigen Verpflichtungen bestimmen, sich im Bestand des Unternehmens befinden oder nicht[126].

103 Ist das Unternehmen **nicht wirtschaftlicher Eigentümer der Wertpapiere**, so entspricht die Bewertung der dazugehörigen Rückstellung zum beizulegenden Zeitwert des sog. „Referenzaktivums" nach § 253 Abs. 1 Satz 3 HGB dem Grundsatz der Bewertung einer Sachleistungsverpflichtung, bei der der entsprechende Vermögensgegenstand noch zu beschaffen ist (vgl. Tz. 26).

104 Auf die Bewertung von Vermögensgegenständen hat die Regelung des § 253 Abs. 1 Satz 3 HGB nach ihrem Wortlaut keine Auswirkungen. Sofern ein Unternehmen die **Wertpapiere im Bestand** hält, die zur Erfüllung der Altersversorgungsverpflichtungen uä. bestimmt sind, wären diese auf der Grundlage der Einzelbewertung nach § 253 HGB – vorbehaltlich der Spezialvorschrift des § 253 Abs. 1 Satz 4 HGB (vgl. zur Bewertung des sog. „Deckungsvermögens" zum beizulegenden Zeitwert Abschn. C Tz. 54 ff.) – zu den Anschaffungskosten oder dem niedrigeren beizulegenden Wert, dh. nicht zum jeweiligen beizulegenden Zeitwert zum Abschlussstichtag anzusetzen. Die Bewertung der Rückstellungen für wertpapiergebundene Versorgungszusagen und der im Bestand befindlichen Wertpapiere, die zu ihrer Erfüllung bestimmt sind, hat aber nach Sinn und Zweck der Vorschrift des § 253 Abs. 1 Satz 3 HGB und den Grundsätzen ordnungsmäßiger Bilanzierung von Sachleistungsverpflichtungen (vgl. Tz. 27), bei denen die dazugehörigen Vermögensgegenstände schon beschafft sind, im Hinblick auf die zutreffende Darstellung der Vermögens-, Finanz- und Ertragslage des Unternehmens zwingend korrespondierend zu erfolgen.

105 Da der eindeutige Wortlaut des § 253 Abs. 1 Satz 3 HGB (*lex specialis* für die Bewertung wertpapiergebundener Versorgungszusagen) zwingend die Bewertung der Altersversorgungsverpflichtungen uä. **zum beizulegenden Zeitwert** der dazugehörigen Wertpapiere vorschreibt, sind auch diese finanziellen Vermögenswerte unter den genannten Voraussetzungen zum beizulegenden Zeitwert – dh. in gleicher Höhe – anzusetzen. Abweichend zu den allgemeinen Grundsätzen zur Bewertung von Sachleistungsverpflichtungen, bei denen die dazugehörigen Vermögensgegenstände schon beschafft sind, ist somit ein korrespondierender Ansatz des Vermögens- und des Schuldpostens bei wertpapiergebundenen Leistungszusagen iSd. § 253 Abs. 1 Satz 3 HGB in Höhe der ggf. fortgeführten Anschaffungskosten der sich im Bestand befindlichen Vermögensgegenstände nicht zulässig (vgl. Tz. 27 sowie Abschn. C Tz. 65 ff.). Ein korrespondierender Ansatz des Aktiv- und des Passivpostens bei wertpapiergebundenen Zusagen kommt nur dann in Betracht, wenn die Verpflichtung nicht auf der Grundlage eines höheren garantierten Mindestbetrages anzusetzen ist (vgl. Tz. 96).

106 Sind bei wertpapiergebundenen Altersversorgungszusagen uä. die Voraussetzungen für die Bildung von **Bewertungseinheiten** (§ 254 HGB) gegeben, so ist zu beachten, dass

---

126 Vgl. *Rhiel/Veit*, PiR 2009, S. 169.

die Sondervorschrift des § 253 Abs. 1 Satz 3 HGB zu den Altersversorgungsverpflichtungen uä. dazu führt, dass die sog. „Einfrierungsmethode" (vgl. Tz. 36) in diesen Fällen nicht angewandt werden darf. Die Bewertung hat somit nach der sog. „Durchbuchungsmethode" zu erfolgen.

107 Für den Fall, dass die im Bestand gehaltenen Wertpapiere bei einer wertpapiergebundenen Versorgungszusage auch **Deckungsvermögen** iSd. § 246 Abs. 2 Satz 2 HGB erfüllen, vgl. Abschn. C Tz. 47 ff.

4. Mittelbare Altersversorgungszusagen

108 Für mittelbare Versorgungszusagen[127] besteht – ebenso wie für die sog. „Altzusagen" im Zusammenhang mit der betrieblichen Altersversorgung[128] – unverändert das **Passivierungswahlrecht** nach Art. 28 Abs. 1 EGHGB. Auch hinsichtlich des Passivierungswahlrechts für die pensionsähnlichen unmittelbaren und mittelbaren Verpflichtungen[129] nach Art. 28 Abs. 1 Satz 2 EGHGB hat sich mit Inkrafttreten des BilMoG nichts geändert[130].

109 Das Passivierungswahlrecht beschränkt sich bei **mittelbaren Versorgungszusagen** nur auf den Verpflichtungsüberhang, der durch die Mittel des externen Versorgungsträgers nicht gedeckt ist. Eine solche Unterdeckung (auch „Fehlbetrag" genannt) ergibt sich nach hM aus der Differenz zwischen dem Wert der Pensionsverpflichtung und dem zum Verkehrswert bewerteten Vermögen der Versorgungseinrichtung[131]. Sofern ein etwaiger Differenzbetrag (Deckungslücke) zwischen den ermittelten Pensionsverpflichtungen und dem Vermögen des externen Versorgungsträgers nicht passiviert wird, muss dieser Fehlbetrag nach Art. 28 Abs. 2 EGHGB im Anhang angegeben werden.

110 Das Auftreten einer **Unterdeckung** hängt von der Ausgestaltung des Versorgungsweges sowie insb. von der Höhe der zugesagten Leistungen und des vorgehaltenen Vermögens der Versorgungseinrichtung (sog. „Kassenvermögen") ab. So wird bei Direktversicherungen und Pensionskassen, bei denen versicherungsrechtliche Auflagen zu beachten sind und bei denen insb. die Kapitaldeckung der Versicherungsleistungen und die Beitragserhebung im Rahmen der Überwachung des laufenden Geschäftsbetriebs der staatlichen Aufsicht durch die BaFin unterliegen, sich im Regelfall keine Unterdeckung ergeben, sofern das Unternehmen seinen Verpflichtungen zur Beitrags-

---

127 Mittelbare Pensionsverpflichtungen sind dadurch gekennzeichnet, dass die durch den Arbeitgeber zugesagten Versorgungsleistungen nicht direkt durch den Arbeitgeber, sondern durch einen anderen externen Rechtsträger erbracht werden. Als externe Rechtsträger kommen Direktversicherungen (Lebensversicherungen), Pensionskassen, Pensionsfonds und Unterstützungskassen in Frage. Während grundsätzlich der externe Versorgungsträger zur Erfüllung der Pensionsverpflichtungen verpflichtet ist, verbleibt die aus der gesetzlichen Einstandspflicht (§ 1a Satz 3 BetrAVG) resultierende Sekundärverpflichtung beim Arbeitgeber bzw. bei dem Unternehmen. Zur Begriffsbestimmung vgl. auch IDW St HFA 2/1988, Abschn. 2; *Lucius* in PricewaterhouseCoopers/Deutsche Rentenversicherung Bund (Hrsg.), Handbuch zur Altersvorsorge, 5 J Rz. 114 ff. Auch in dem Rohentwurf des IDW ERS HFA 30 wird ausführlich auf die Arten der mittelbaren Versorgungszusagen eingegangen.
128 Altverpflichtungen liegen vor, wenn der Pensionsberechtigte seinen Rechtsanspruch vor dem 1. Januar 1987 erworben hat oder sich ein vor diesem Zeitpunkt erworbener Rechtsanspruch nach dem 31.12.1986 erhöht.
129 Vgl. zur Begriffsbestimmung *ADS⁶*, § 249 HGB Tz. 114 ff. sowie IDW St HFA 2/1988, Abschn. 2; *Lucius* in PricewaterhouseCoopers/Deutsche Rentenversicherung Bund (Hrsg.), Handbuch zur Altersvorsorge, 5 J Rz. 114 ff.
130 Der Referentenwurf zum BilMoG sah durch die beabsichtigte Aufhebung des Art. 28 Abs. 1 Satz 2 EGHGB noch eine Passivierungspflicht für mittelbare Pensionszusagen und für pensionsähnliche Verpflichtungen vor (vgl. RefE BilMoG, S. 203). Aus Gründen der Rechtssicherheit wurde jedoch das Passivierungswahlrecht beibehalten (vgl. Begr. RegE, BT-Drucks. 16/10067, S. 39).
131 Vgl. IDW St HFA 2/1988, Abschn. 5.

zahlung regelmäßig nachkommt[132]. Bei einer nicht rückgedeckten Unterstützungskasse sowie bei einem Pensionsfonds, bei denen die zu gewährenden Versorgungsleistungen nicht oder nur teilweise versicherungsförmig garantiert werden, kann sich dagegen eher ein Fehlbetrag ergeben[133].

Nach der bisherigen Rechtslage wurden im Regelfall bei Berechnung des Fehlbetrages aus einer mittelbaren Versorgungszusage die Pensionsverpflichtungen nach der **steuerlichen Teilwertmethode** nach § 6a EStG mit einem Rechnungszinssatz von 6% pa. ermittelt, da dieser Wert grds. als handelsrechtlicher Mindestansatz angesehen wurde[134]. Da nach Inkrafttreten des BilMoG der steuerliche Teilwert handelsrechtlich nicht mehr als Mindestwert für Pensionsrückstellungen zulässig, sondern der Erfüllungsbetrag nach § 253 Abs. 1 Satz 2 HGB anzusetzen ist, kann sich zukünftig auch der Umfang der Unterdeckung entsprechend erhöhen. 111

V. Latente Steuern

Da die handelsrechtlichen Wertansätze für Pensionsrückstellungen insb. aufgrund der Berücksichtigung von erwarteten Gehalts- und Rentensteigerungen sowie des besonderen Zinssatzes regelmäßig von den steuerlichen Wertansätzen nach § 6a EStG abweichen werden, sind von mittelgroßen und großen Kapitalgesellschaften **latente Steuern** nach § 274 HGB zu berücksichtigen (vgl. Abschn. M Tz. 5 ff.). So stellt § 6 Abs. 1 Nr. 3a Buchst. f) EStG sicher, dass auf der Grundlage der Berücksichtigung der Wertverhältnisse am Bilanzstichtag künftige Preis- und Kostensteigerungen bei der steuerlichen Rückstellungsbewertung – abweichend zum Handelsrecht – nicht berücksichtigt werden dürfen. Auch scheidet steuerlich nach § 6 Abs. 1 Nr. 1 und 2 EStG eine Zeitwertbewertung von Deckungsvermögen aus. Überschreiten die handelsrechtlichen Wertansätze die steuerlichen Rückstellungswerte, so ergeben sich aktive latente Steuern; ergibt sich steuerrechtlich eine höhere Pensionsverpflichtung als in der Handelsbilanz, sind passive latente Steuern zu bilden (vgl. Abschn. M Tz. 12 f.). 112

VI. Anhangangaben

Die für Verbindlichkeiten und Rückstellungen angewandten Bilanzierungs- und Bewertungsmethoden sind wie bislang auf der Grundlage der Vorschrift des § 284 Abs. 2 Nr. 1 HGB (bzw. § 313 Abs. 1 Nr. 1 HGB für den Konzernabschluss) im Anhang der Gesellschaft anzugeben. Obwohl von dieser Vorschrift grds. auch die **Pensionsrückstellungen** erfasst werden, schreibt § 285 Nr. 24 HGB für den Jahresabschluss (§ 314 Abs. 1 Nr. 16 HGB für den Konzernabschluss) aus Gründen der Vereinheitlichung und Vergleichbarkeit vor, dass die Gesellschaften bestimmte Angaben im Anhang zu der Bewertung von Pensionsrückstellungen nennen müssen. 113

Hierunter fallen die Angabe der angewandten **versicherungsmathematischen Berechnungsmethode** sowie die Darlegung der grundlegenden **Berechnungsparameter**, wie Höhe des Zinssatzes, erwartete Lohn- und Gehaltssteigerungen, Rententrends und die angewandten Sterbetafeln (vgl. Abschn. O Tz. 204 ff.). Eine Begründung hinsichtlich der Auswahl der angewandten Bewertungsmethode sowie der Berechnungsparameter ist danach jedoch nicht erforderlich. Zu den Anhangangaben im Zusammenhang mit der Saldierung von insolvenzgesichertem Vermögen, das ausschließlich zur 114

---

132 Vgl. *Heger/Weppler*, in HdJ, Abt. III/7, Tz. 40 ff.
133 Vgl. *Rhiel/Veit*, DB 2008, S. 1512 f.
134 Vgl. *ADS⁶*, § 253 HGB Tz. 333; IDW St HFA 2/1988, Abschn. 4.

VII. Erstanwendungszeitpunkt und Übergangsvorschriften

1. Allgemeines

115 Die geänderte Bewertung der Verbindlichkeiten und der Rückstellungen ist nach Art. 66 Abs. 3 EGHGB erstmals auf das **nach dem 31.12.2009** beginnende Geschäftsjahr anzuwenden. Eine freiwillige vorzeitige Anwendung in dem nach dem 31.12.2008 beginnenden Geschäftsjahr ist zulässig, falls die in Art. 66 Abs. 3 EGHGB genannten neuen Vorschriften insgesamt vorzeitig angewendet werden; dies ist im (Konzern-)Anhang anzugeben (Art. 66 Abs. 3 Satz 6 EGHGB). Eine teilweise vorzeitige Anwendung der genannten Vorschriften ist danach ausgeschlossen.

116 **Rückstellungszuführungen und -auflösungen**, die sich aus der erstmaligen Anwendung der durch das BilMoG geänderten Bewertungsvorschriften ergeben, sind grundsätzlich sofort im Geschäftsjahr des Übergangs auf das neue Recht in der Gewinn- und Verlustrechnung unter den Posten „Außerordentliche Aufwendungen" und „Außerordentliche Erträge" zu erfassen (Art. 67 Abs. 7 EGHGB). Nach § 277 Abs. 4 Satz 2 HGB sind Kapitalgesellschaften und Personenhandelsgesellschaften iSd. § 264a Abs. 1 HGB verpflichtet, diese Beträge im Anhang zu erläutern, soweit diese für die Beurteilung der Ertragslage nicht von untergeordneter Bedeutung sind.

117 Abweichend zu diesem Grundsatz enthalten die Vorschriften des Art. 67 Abs. 1 und 2 EGHGB bestimmte Übergangsregelungen, die die zeitliche Verteilung von Mehraufwendungen aus der neuen Rückstellungsbewertung, die Beibehaltung der bisherigen höheren Wertansätze für Rückstellungen sowie die unmittelbare erfolgsneutrale Einstellung von Rückstellungsverminderungen in die Gewinnrücklagen in besonderen Fällen betreffen. Einzelne dieser **Erleichterungsvorschriften** gelten ausschließlich für die **Bewertung von Rückstellungen für laufende Pensionen und Pensionsanwartschaften**. Zu den für Aufwandsrückstellungen geltenden besonderen Übergangs- und Erleichterungsvorschriften vgl. Abschn. F Tz. 19 ff.

118 Die **Beibehaltungs- und Ansammlungswahlrechte** des Art. 67 Abs. 1 EGHGB beziehen sich bei der planmäßigen Erstanwendung des neuen HGB nach Art. 66 Abs. 3 Satz 1 EGHGB auf Rückstellungen, die in einem Jahres- oder Konzernabschluss für das letzte vor dem 1.1.2010 beginnende Geschäftsjahr erfasst waren, und können nur im Abschluss für das erste nach dem 31.12.2009 beginnende Geschäftsjahr ausgeübt werden. Daher dürfen auch nur in diesem Jahr (Geschäftsjahr der Erstanwendung des BilMoG) durch das neue Recht verursachte Verminderungen von Rückstellungen erfolgsneutral in die Gewinnrücklagen eingestellt werden[135]. Danach gelten die allgemeinen Bilanzierungsgrundsätze, nach denen eine unmittelbare Erfassung von Bewertungskonsequenzen im Eigenkapital unzulässig ist. Bei freiwilliger vorzeitiger Anwendung der Vorschriften des HGB in der Fassung des BilMoG (Art, 66 Abs. 3 Satz 6 EGHGB) beziehen sich die in Art. 67 Abs. 1 EGHGB enthaltenen Wahlrechte – einschl. der Möglichkeit einer erfolgsneutralen Behandlung von Rückstellungsauflösungen – auf Rückstellungen, die in einem Abschluss für das letzte vor dem 1.1.2009 beginnende Geschäftsjahr enthalten waren.

---

135 Vgl. IDW ERS HFA 28 Tz. 11.

119 Die sich aus dem Art. 67 Abs. 1 EGHGB ergebenden **Wahlrechte** zur Beibehaltung und Ansammlung von Rückstellungen dürfen nur **einheitlich** für den jeweiligen gesamten Posten (zB. Pensionsrückstellungen) **ausgeübt** werden[136]. Auch hinsichtlich der Übergangsvorschriften müssen auf der Grundlage der Ansatz- und Bewertungsstetigkeit gleichartige Sachverhalte auch gleich behandelt werden (vgl. auch Abschn. G Tz. 6 f. und 13 ff.).

2. Übergangsregelungen für alle Rückstellungsarten (Art. 67 Abs. 1 Satz 2 EGHGB)

120 Ergibt sich aus der geänderten Bewertung von Verpflichtungen unter Beachtung des Grundsatzes der Einzelbewertung (zu den Ausnahmen bei der Bewertung von Pensionsrückstellungen vgl. Tz. 137) eine Verminderung von Rückstellungen (Wertminderungsbetrag), so darf der **bisherige höhere Wertansatz** nach Art 67 Abs. 1 Satz 2 EGHGB **beibehalten** werden, soweit der aufzulösende Betrag bis spätestens zum 31. Dezember 2024 – dh. grundsätzlich innerhalb eines Zeitraums von längstens 15 Jahren – wieder zugeführt werden müsste (hypothetischer Zuführungsbetrag). Ein Wertminderungsbetrag aus der erstmaligen Rückstellungsbewertung nach neuem Recht dürfte hauptsächlich durch die zwingend vorgeschriebene Abzinsung von Rückstellungen mit einer Restlaufzeit von mehr als einem Jahr entstehen (§ 253 Abs. 2 HGB; vgl. dazu Tz. 85 ff.). Im Regierungsentwurf zum BilMoG war dieses Wahlrecht noch auf Rückstellungen für laufende Pensionen und Pensionsanwartschaften beschränkt, gilt jetzt jedoch nach dem Gesetzeswortlaut und der entsprechenden Begründung durch den Rechtsausschuss des Deutschen Bundestages für alle Rückstellungsarten[137].

121 Aufgrund des Abzinsungsgebots des § 253 Abs. 2 HGB umfassen die jährlichen **Zuführungsbeträge** zu den langfristigen Rückstellungen – insb. von Verteilungs- und Ansammlungsrückstellungen – neben den zeitanteilig bzw. verursachungsgerecht ermittelten regulären (fiktiven) jährlichen Aufstockungsbeträge auch die Auswirkungen aus der Aufzinsung von Rückstellungen[138]. So kann bei langfristigen, als Rückstellungen erfassten ungewissen Verpflichtungen, mit deren Erfüllung nicht bis zum 31.12.2024 gerechnet wird, allein die zukünftig erforderliche aufwandswirksame Rückstellungsaufzinsung das Beibehaltungswahlrecht des Art. 67 Abs. 1 Satz 2 EGHGB begründen.

122 Bei der Prüfung durch das Unternehmen, ob und inwieweit Auflösungsbeträge bis spätestens zum 31.12.2024 wieder rückstellungserhöhend erfasst werden müssten, ist der Grundsatz der **Einzelbewertung** zu berücksichtigen[139]. Daher ist grundsätzlich weder eine Gesamtbetrachtung eines Bilanzpostens (zB Gesamtbeurteilung der „sonstigen Rückstellungen" gem. § 266 Abs. 3 Buchstabe B Nr. 3 HGB) noch eine Saldierung innerhalb der verschiedenen Rückstellungsarten im Rahmen der Anwendung des Art. 67 Abs. 1 Satz 2 HGB zulässig (zur Ausnahme bei der Bewertung der Rückstellungen für laufende Pensionen oder Pensionsanwartschaften vgl. Tz. 137).

123 Werden die sich nach dem bisherigen Recht ergebenden höheren Rückstellungsbeträge in Ausübung des Wahlrechts des Art. 67 Abs. 1 Satz 2 EGHGB fortgeführt, ist der Betrag der Überdeckung im **(Konzern-)Anhang** anzugeben (Art. 57 Abs. 1 Satz 4

---

[136] Vgl. IDW ERS HFA 28 Tz. 13.
[137] Vgl. Begr. RegE, BT-Drucks. 16/10067, S. 19 (Art. 65 Abs. 1 EGHGB-E) und S. 98.
[138] Vgl. IDW ERS HFA 28 Tz. 33.
[139] Vgl. Begr. Beschlussempfehlung und Bericht des Rechtsausschusses, BT-Drucks. 16/12407, S. 95 f.

EGHGB). In den Folgejahren ist diese (Konzern-)Anhangangabe an den jeweiligen Stand der Überdeckung anzupassen.

124 Macht ein Unternehmen im Zusammenhang mit Rückstellungsverminderungen aufgrund der erstmaligen Bewertung nach dem BilMoG von dem Beibehaltungswahlrecht des Art. 67 Abs. 1 Satz 2 EGHGB keinen Gebrauch, so sind die aus der **Auflösung** resultierenden Beträge in vollem Umfang unmittelbar erfolgsneutral in die Gewinnrücklagen einzustellen (Art. 67 Abs. 1 Satz 3 EGHGB). Ergibt sich durch die Rückstellungsauflösung eine Verminderung der bislang berücksichtigten aktiven latenten Steuern, so ist dieser Betrag erfolgsneutral mit den Gewinnrücklagen zu verrechnen (vgl. Art. 67 Abs. 6 Satz 2 EGHGB).

125 Ist auf Grund der geänderten Bewertung von Verpflichtungen eine Auflösung der Rückstellungen erforderlich und ist der **aufzulösende Betrag** voraussichtlich **nicht bis zum 31. Dezember 2024 wieder zuzuführen**, sind die Voraussetzungen für die Inanspruchnahme des Beibehaltungswahlrechts nach Art. 67 Abs. 1 Satz 2 EGHGB insoweit nicht erfüllt. In diesen Fällen sind die entsprechenden Rückstellungsbeträge bei der erstmaligen Anwendung der Vorschriften des BilMoG erfolgswirksam aufzulösen und nach Art. 67 Abs. 7 EGHGB unter den „außerordentlichen Erträgen" auszuweisen.

126 Erhöht sich als Folge der geänderten Bewertung von **ungewissen Verpflichtungen** (vgl. hierzu Tz. 116) der Wertansatz der hierfür gebildeten Rückstellungen, ist dieser **Zuführungsbetrag** im Jahr der Erstanwendung der Vorschriften des BilMoG sofort **erfolgswirksam** zu erfassen. Eine Ausnahmevorschrift (Art. 67 Abs. 1 Satz 1 HGB) existiert allein für Rückstellungen für laufende Pensionen und Pensionsanwartschaften. Für andere gegenüber Mitarbeitern bestehende Verpflichtungen – dies gilt auch für andere langfristige Schulden, die vergleichbar zu den Altersversorgungsverpflichtungen sind (zB Altersteilzeitverpflichtungen, Verpflichtungen aus langfristigen Lebensarbeitszeitkonten, pensionsähnliche Verpflichtungen) – sowie für alle übrigen Rückstellungen, die nicht den Personalbereich betreffen, finden die Übergangserleichterungen des Art. 67 Abs. 1 Satz 1 EGHGB keine Anwendung.

3. Übergangsvorschriften für Pensionsrückstellungen (Art. 67 Abs. 1 Satz 1 EGHGB)

a. Behandlung des Zuführungsbetrages aus der Erstanwendung

aa. Allgemeines

127 Ist aufgrund der geänderten Bewertung der Rückstellungen für Pensionen oder Anwartschaften auf Pensionen (vgl. dazu Tz. 65 ff.) eine Zuführung erforderlich (**Unterdeckung**), so steht dem Unternehmen ein **Wahlrecht** zu, den aus der Neu- bzw. Umbewertung resultierenden Unterdeckungsbetrag im Geschäftsjahr der Erstanwendung des BilMoG in vollem Umfang aufwandswirksam zu erfassen, oder diesen Betrag bis spätestens zum 31. Dezember 2024 in jedem Geschäftsjahr zu mindestens einem Fünfzehntel anzusammeln (Art. 67 Abs. 1 Satz 1 EGHGB). Mit der vorgeschriebenen Mindestansammlung ist in diesem Umfang eine willkürliche Ansammlung und Verteilung des Unterdeckungsbetrages ausgeschlossen[140].

---

140 Vgl. Begr. Beschlussempfehlung und Bericht des Rechtsausschusses, BT-Drucks. 16/12407, S. 95.

Die in Art. 67 Abs. 2 EGHGB genannten Unternehmen haben die in der Bilanz auf der Grundlage Art. 67 Abs. 1 EGHGB nicht ausgewiesenen Rückstellungen für laufende Pensionen, Anwartschaften auf Pensionen und ähnliche Verpflichtungen jeweils im **Anhang** und im Konzernanhang anzugeben. **128**

bb. Ermittlung des Zuführungsbetrages aus der Neubewertung

Der Zuführungsbetrag aus der erstmaligen Bewertung der Pensionsrückstellungen nach den Vorschriften des BilMoG ist als Differenzbetrag zwischen dem **Rückstellungswert nach dem alten und dem nach dem neuen Recht** zu ermitteln[141]. Die Berechnung hat nach dem Wortlaut des Art 67 Abs. 1 Satz 1 EGHGB[142] einmalig auf der Grundlage des gesamten Postens der Pensionsrückstellungen (Rentner und Anwärter) im Umstellungsjahr zu erfolgen, so dass Zuführungen und Auflösungen aus den einzelnen personenbezogenen Versorgungsverpflichtungen für diesen Zweck saldiert zu betrachten sind[143]. **129**

Zur exakten Ermittlung des Zuführungsbetrages aus der geänderten Bewertung der Pensionsrückstellungen durch das BilMoG sollte dieser Betrag bei planmäßiger Erstanwendung dieser Vorschriften nach Art. 66 Abs. 3 Satz 1 EGHGB zu **Beginn** des ersten nach dem 31.12.2009 beginnenden **Geschäftsjahres** erfolgen[144]. Die Begründung zur Beschlussempfehlung des Rechtsausschusses hält alternativ auch eine Ermittlung zum **Ende** dieses Geschäftsjahres für zulässig[145]. Ein solches Vorgehen gewährleistet aber nicht, dass für das Geschäftsjahr der Umstellung in der Gewinn- und Verlustrechnung ein Periodenaufwand aus der Veränderung des Wertes der Pensionsrückstellungen erfasst wird, der ausschließlich durch die neuen Bewertungsvorschriften bestimmt wird. Unter dem Gesichtspunkt der eindeutigen Abgrenzung des nach Art. 67 Abs. 7 EGHGB im außerordentlichen Aufwand auszuweisenden Umstellungsaufwands erscheint daher die letztgenannte Vorgehensweise nicht empfehlenswert. **130**

In den Folgejahren hat eine aufwandswirksame **Ansammlung** des ursprünglich ermittelten Zuführungsbetrages unter Beachtung der Rahmenbedingungen der Übergangsvorschrift zu erfolgen (vgl. Tz. 127 ff.). Eine Anpassung der einmal ermittelten Unterdeckung an zukünftige Entwicklungen (zB Anpassung der Leistungen aus den Versorgungszusagen, Veränderungen im Bestand der begünstigten Mitarbeiter) erfolgt grundsätzlich nicht[146]. **131**

Nach § 246 Abs. 2 Satz 2 HGB sind im wirtschaftlichen Eigentum des bilanzierenden Unternehmens befindliche Vermögensgegenstände, die ausschließlich der Erfüllung von Altersversorgungsverpflichtungen dienen und dem Zugriff aller übrigen Gläubiger (insolvenzsicher) entzogen sind (**Deckungsvermögen**), mit den entsprechenden Rückstellungen zu verrechnen (vgl. Abschn. C Tz. 47 ff.). In Höhe des Wertes dieses Zweckvermögens stellen die aus den Versorgungszusagen resultierenden Schulden keine wirtschaftliche Belastung mehr für das Unternehmen dar, so dass der Rückstellungswert entsprechend zu mindern ist. **132**

---

141 Vgl. Begr. Beschlussempfehlung und Bericht des Rechtsausschusses, BT-Drucks. 16/12407, S. 95.
142 Der Art. 67 Abs. 1 Satz 1 EGHGB lautet: „Soweit auf Grund der geänderten Bewertung der laufenden Pensionen oder Anwartschaften auf Pensionen **eine** Zuführung zu den Rückstellungen erforderlich ist…"
143 Vgl. IDW ERS HFA 28 Tz. 38.
144 Vgl. IDW ERS HFA 28 Tz. 38.
145 Vgl. Begr. Beschlussempfehlung und Bericht des Rechtsausschusses, BT-Drucks. 16/12407, S. 95.
146 Vgl. IDW ERS HFA 28 Tz. 38; für eine individuelle Fortführung des Unterschiedsbetrages auf der Grundlage der Einzelbewertung einer Pensionsrückstellung vgl. *Höfer/Rhiel/Veit*, DB 2009, S. 1610 f.

133 Die Bewertung des Deckungsvermögens hat dabei verpflichtend zum beizulegenden Zeitwert zu erfolgen (§ 253 Abs. 1 Satz 4 iVm. § 255 Abs. 4 HGB), wobei die Differenz zwischen dem Buchwert der Vermögensgegenstände nach altem Recht und dem Zeitwert in voller Höhe ergebniswirksam zu erfassen ist. In Ermangelung von besonderen Übergangs- und Verteilungsvorschriften gilt eine solche zwingende Verfahrensweise auch für das Umstellungsjahr. Aus der verpflichtend anzuwendenden Ansatz- und Saldierungsvorschrift des § 246 Abs. 2 HGB folgt, dass bei der Ermittlung des ggf. nach Art. 67 Abs. 1 Satz 1 EGHGB zu verteilenden Zuführungsbetrages aus der Rückstellungsbewertung aufgedeckte stille Reserven aus der Bewertung des Deckungsvermögens zum beizulegenden Zeitwert zu verrechnen sind, da nur in Höhe des **saldierten Betrages** eine Ergebnisbelastung eingetreten ist[147].

Beispiel: Werte zum 1.1.2010

	HGB -alt-	HGB -neu-	Unterschied
Pensionsrückstellungen	100	120	20
Deckungsvermögen	90	125	35

(Abb. 1 Ermittlung des Unterschiedsbetrages aus der Neubewertung von Altersversorgungsverpflichtungen und Deckungsvermögen)

Aus der Neubewertung der Pensionsrückstellungen zum 1.1.2010 ergibt sich ein Zuführungsaufwand von 20 GE, der Ausgangspunkt für die Ermittlung des Verteilungsbetrages nach Art. 67 Abs. 1 Satz 1 EGHGB ist. Im Rahmen der erstmaligen Zeitwertbewertung des Planvermögens werden stille Reserven in Höhe von 35 GE gehoben, die bei der Bemessung der Rückstellungsunterdeckung zu berücksichtigen sind. Danach ergibt sich ein Zuführungsbetrag von „Null", so dass sich kein zu verteilender Aufwand ergibt. Eine Verteilung der **Überdeckung** von 15 GE ist in Ermangelung einer entsprechenden Erleichterungsvorschrift nicht zulässig.

cc. Verteilung der Rückstellungszuführung aus der Neubewertung

134 Der Bilanzierende darf den Zuführungsbetrag aus der Neubewertung von Pensionsrückstellungen nach Art. 67 Abs. 1 Satz 1 EGHGB bis spätestens zum 31.12.2024 in jedem Geschäftsjahr zu mindestens einem Fünfzehntel ansammeln. Dem Unternehmen wird durch die gesetzliche Bestimmung eines jährlichen **Mindestanpassungsbetrages** jedoch darüber hinaus auch die Möglichkeit eingeräumt, höhere Beträge zuzuführen, die zu einer schnelleren Ansammlung führen[148]. Da hinsichtlich dieser schnelleren Verteilungsmöglichkeit vom Gesetzgeber keine „Planmäßigkeit" vorgeschrieben ist, kann davon ausgegangen werden, dass das Verbot einer willkürlichen Ansammlung sich nur auf die vorgeschriebene Mindestzuführung bezieht und darüber hinaus sowohl lineare als auch nicht-lineare und damit unterschiedliche Zuführungen zulässig sind, die im Rahmen der genannten Grenzen der Übergangsvorschrift jährlich frei festgelegt werden können[149]. Dies gilt umso mehr, als im Hinblick auf die Darstellung der Vermögens- und Finanzlage der Gesellschaft jede über den Mindestbetrag hinausgehende Zuführung und damit eine Verminderung der nicht bilanziell erfassten stillen Lasten zu

---

147 Vgl. Begr. Beschlussempfehlung und Bericht des Rechtsausschusses, BT-Drucks. 16/12407, S. 95 sowie IDW ERS HFA 28 Tz. 43.
148 Vgl. Begr. Beschlussempfehlung und Bericht des Rechtsausschusses, BT-Drucks. 16/12407, S. 95; *Zwirner/Künkele*, DB 2009, S. 1083.
149 Vgl. IDW ERS HFA 28 Tz. 40; *Petersen/Zwirner*, KoR 2009, Beihefter 1, S. 14.

befürworten ist, und die jährlichen Zuführungsbeträge auch in den Folgejahren nach Art. 67 Abs. 7 EGHGB im außerordentlichen Aufwand zu erfassen sind[150]; dieser ist nach § 277 Abs. 4 HGB im Anhang zu erläutern[151].

Die **Rückstellungsermittlung** unter Berücksichtigung der Verteilung des Zuführungsbetrages aus der Erstanwendung des BilMoG hat in **Folgejahren** so zu erfolgen, dass zu jedem Abschlussstichtag des Anpassungszeitraums iSv. Art. 67 Abs. 1 Satz 1 EGHGB zunächst die Veränderung des Wertes der Pensionsrückstellungen im Geschäftsjahr auf der Grundlage des § 253 Abs. 1 Satz 2 sowie Abs. 2 HGB zu ermitteln ist (vgl. Tz. 65 ff.), wobei die Auswirkungen der Übergangsvorschriften nicht berücksichtigt werden. Die so ermittelte Rückstellungsveränderung – idR wird sich hier ein Zuführungsbetrag ergeben – wird erhöht um den anteiligen Verteilungsbetrag aus dem Erstanwendungszeitraum, dessen Höhe der Regelung des Art. 67 Abs. 1 Satz 2 EGHGB entsprechen muss. Nach Hinzurechnung des vorgetragenen Buchwertes der Pensionsrückstellungen zum Beginn des Geschäftsjahres ergibt sich somit der Bilanzansatz der Pensionsrückstellungen zum Ende des jeweiligen Geschäftsjahres. Die ergebnismäßige Verteilung des Zuführungsbetrages aus der Erstanwendung der Bewertungsvorschriften für Rückstellungen endet, sobald der so ermittelte Buchwert zu einem Bilanzstichtag den Verpflichtungswert erreicht, der sich allein unter Anwendung des § 253 Abs. 1 Satz 2 sowie Abs. 2 HGB ergibt[152]. **135**

Ergibt sich in dem Ansammlungs- bzw. Anpassungszeitraum durch Vergleich des Verpflichtungsumfangs aus den Pensionszusagen zu Beginn und zu Ende eines Geschäftsjahres grundsätzlich eine **Auflösung der Pensionsrückstellungen** (zB infolge eines im Vergleich zum Vorjahr gestiegenen Abzinsungssatzes), so kann das Unternehmen diese Auflösung ertragswirksam vornehmen und zugleich den auf das Geschäftsjahr entfallenden Zuführungsbetrag aus dem Umstellungsjahr (mindestens ein Fünfzehntel des Gesamtbetrages) aufwandsmäßig erfassen. Alternativ erscheint es ebenfalls zulässig, lediglich den zuletzt genannten Zuführungsbetrag aufwandsmäßig zu erfassen und der Betrag der eigentlich erforderlichen Rückstellungsauflösung mit dem Betrag aus der erstmaligen Neubewertung der Rückstellungen zu saldieren, der in den nächsten Perioden noch zur Verrechnung aussteht. Die zuletzt genannte Verfahrensweise steht unter der Voraussetzung, dass zum Ende des betrachteten Geschäftsjahres der sich allein nach § 253 Abs. 1 Satz 2 und Abs. 2 HGB ergebende Rückstellungsbetrag nicht überschritten wird. **136**

b. Behandlung des Auflösungsbetrages aus der Erstanwendung

Ergibt sich als Folge der geänderten Bewertung von Pensionsrückstellungen (vgl. Tz. 65 ff.) eine Auflösung (**Überdeckung**), so können die bisherigen höheren Rückstellungsbuchwerte nach Art. 67 Abs. 1 Satz 2 EGHGB beibehalten werden, soweit der aufzulösende Betrag bis spätestens zum 31.12.2024 wieder zugeführt werden müsste (vgl. Tz. 120). Obwohl sowohl hinsichtlich der Errechnung der Überdeckung bei Rückstellungen als auch hinsichtlich der Beurteilung des zukünftigen hypothetischen Zuführungsbetrages der Grundsatz der Einzelbewertung zu beachten ist (vgl. Tz. 122), ist bei Pensionsrückstellungen auf der Grundlage des Wortlauts des Art. 67 Abs. 1 Satz 1 EGHGB abweichend hierzu bei den genannten Ermittlungen eine Gesamtbetrachtung vorzunehmen[153]. Aus diesem Grund müssen die (fiktiven) Auflösungen und **137**

---
150 Vgl. IDW ERS HFA 28 Tz. 41.
151 Vgl. IDW ERS HFA 28 Tz. 40; *Hasenburg/Hausen*, DB 2009, Beil. 5, S. 45.
152 Vgl. IDW ERS HFA 28 Tz. 39.
153 Vgl. IDW ERS HFA 28 Tz. 42.

zukünftigen (fiktiven) Zuführungen sich nicht auf dieselbe Verpflichtung oder dieselbe Gruppe von Verpflichtungen (zB Rentenempfänger, Pensionsanwärter, Zusagen auf der Basis unterschiedlicher Versorgungszusagen) beziehen[154].

---

154   Vgl. IDW ERS HFA 28 Tz. 42.

J. Sonstige Bewertungsvorschriften
(§§ 253 Abs. 3 bis 5, 255 Abs. 2 , 256, 256a, 277 Abs. 3 und 5 HGB)

§ 253 HGB
Zugangs- und Folgebewertung

(1) [1]Vermögensgegenstände sind höchstens mit den Anschaffungs- oder Herstellungskosten, vermindert um die Abschreibungen nach den Absätzen 3 bis 5, anzusetzen. [2]**Verbindlichkeiten sind zu ihrem Erfüllungsbetrag und Rückstellungen in Höhe des nach vernünftiger kaufmännischer Beurteilung notwendigen Erfüllungsbetrages anzusetzen.** [3]Soweit sich die Höhe von Altersversorgungsverpflichtungen ausschließlich nach dem beizulegenden Zeitwert von Wertpapieren im Sinn des § 266 Abs. 2 A.III.5 bestimmt, sind Rückstellungen hierfür zum beizulegenden Zeitwert dieser Wertpapiere anzusetzen, soweit er einen garantierten Mindestbetrag übersteigt. [4]Nach § 246 Abs. 2 Satz 2 zu verrechnende Vermögensgegenstände sind mit ihrem beizulegenden Zeitwert zu bewerten.

(2) [1]Rückstellungen mit einer Restlaufzeit von mehr als einem Jahr sind mit dem ihrer Restlaufzeit entsprechenden durchschnittlichen Marktzinssatz der vergangenen sieben Geschäftsjahre abzuzinsen. [2]Abweichend von Satz 1 dürfen Rückstellungen für Altersversorgungsverpflichtungen oder vergleichbare langfristig fällige Verpflichtungen pauschal mit dem durchschnittlichen Marktzinssatz abgezinst werden, der sich bei einer angenommenen Restlaufzeit von 15 Jahren ergibt. [3]Die Sätze 1 und 2 gelten entsprechend für auf Rentenverpflichtungen beruhende Verbindlichkeiten, für die eine Gegenleistung nicht mehr zu erwarten ist. [4]Der nach den Sätzen 1 und 2 anzuwendende Abzinsungszinssatz wird von der Deutschen Bundesbank nach Maßgabe einer Rechtsverordnung ermittelt und monatlich bekannt gegeben. [5]In der Rechtsverordnung nach Satz 4, die nicht der Zustimmung des Bundesrates bedarf, bestimmt das Bundesministerium der Justiz im Benehmen mit der Deutschen Bundesbank das Nähere zur Ermittlung der Abzinsungssätze, insbesondere die Ermittlungsmethodik und deren Grundlagen, sowie die Form der Bekanntgabe.

(3) [1]Bei Vermögensgegenständen des Anlagevermögens, deren Nutzung zeitlich begrenzt ist, sind die Anschaffungs- oder die Herstellungskosten um planmäßige Abschreibungen zu vermindern. [2]Der Plan muss die Anschaffungs- oder Herstellungskosten auf die Geschäftsjahre verteilen, in denen der Vermögensgegenstand voraussichtlich genutzt werden kann. [3]Ohne Rücksicht darauf, ob ihre Nutzung zeitlich begrenzt ist, **sind bei Vermögensgegenständen des Anlagevermögens bei voraussichtlich dauernder Wertminderung außerplanmäßige Abschreibungen vorzunehmen, um diese mit dem niedrigeren Wert anzusetzen, der ihnen am Abschlussstichtag beizulegen ist.** [4]**Bei Finanzanlagen können außerplanmäßige Abschreibungen auch bei voraussichtlich nicht dauernder Wertminderung vorgenommen werden.**

(4) [1]Bei Vermögensgegenständen des Umlaufvermögens sind Abschreibungen vorzunehmen, um diese mit einem niedrigeren Wert anzusetzen, der sich aus einem Börsen- oder Marktpreis am Abschlussstichtag ergibt. [2]Ist ein Börsen- oder Marktpreis nicht festzustellen und übersteigen die Anschaffungs- oder Herstellungskosten den Wert, der den Vermögensgegenständen am Abschlussstichtag beizulegen ist, so ist auf diesen Wert abzuschreiben.

(5) ¹Ein niedrigerer Wertansatz nach **Absatz 3 Satz 3 oder 4 und Absatz 4** darf **nicht** beibehalten werden, wenn die Gründe dafür nicht mehr bestehen. ²**Ein niedrigerer Wertansatz eines entgeltlich erworbenen Geschäfts- oder Firmenwertes ist beizubehalten.**

Inhaltsverzeichnis Tz.

I. Grundlagen .... 1 – 5
II. Folgebewertung von Vermögensgegenständen
    1. Planmäßige Abschreibungen von Vermögensgegenständen
       des Anlagevermögens .... 6 – 9
    2. Außerplanmäßige Abschreibungen von Vermögensgegenständen
       des Anlagevermögens .... 10 – 19
    3. Abschreibungen von Vermögensgegenständen
       des Umlaufvermögens .... 20 – 23
    4. Wertaufholungsgebot .... 24 – 28
III. Erstanwendungszeitpunkt und Übergangsvorschriften .... 29 – 32

I. Grundlagen

1 Die neuen §§ 253 Abs. 3 bis 5 HGB enthalten die Grundsätze der Folgebewertung von Vermögensgegenständen. Diese Grundsätze bestimmen künftig umfassend die Folgebewertung für **alle Kaufleute,** mit Ausnahme von Einzelkaufleuten, welche die Befreiung nach § 241a HGB in Anspruch nehmen. Die bisherigen ergänzenden Bewertungsvorschriften für Kapitalgesellschaften (hier: §§ 279 Abs. 1 und 280 Abs. 1 HGB aF) werden durch das BilMoG aufgehoben. Die Gesetzesänderungen stehen im Einklang mit den Mitgliedsstaatenwahlrechten in Art. 35 (Anlagevermögen) und Art. 39 (Umlaufvermögen) der **4. EG-Richtlinie.**

2 Durch die Gesetzesänderungen werden die bislang bestehenden **Bewertungswahlrechte** mit Ausnahme des Wahlrechts, bei einer vorübergehenden Wertminderung von Vermögensgegenständen des Finanzanlagevermögens nach § 253 Abs. 3 Satz 4 HGB auf eine außerplanmäßige Abschreibung zu verzichten, aufgehoben.

3 § 253 Abs. 3 HGB regelt **planmäßige und außerplanmäßige Abschreibungen** von Vermögensgegenständen des Anlagevermögens, einschl. entgeltlich erworbener Geschäfts- und Firmenwerte sowie aktivierter selbstgeschaffener immaterieller Vermögensgegenstände (vgl. Abschn. E Tz. 101 ff.). § 253 Abs. 4 HGB schreibt vor, wann Abschreibungen bei Vermögensgegenständen des Umlaufvermögens vorzunehmen sind, während § 253 Abs. 5 HGB ein grundsätzliches **Wertaufholungsgebot** für Vermögensgegenstände des Anlagevermögens und ein Wertaufholungsverbot für entgeltlich erworbene Geschäfts- und Firmenwerte vorschreibt.

4 Die Neuregelung der Folgebewertung stellt für **Kapitalgesellschaften** und **Personenhandelsgesellschaften nach § 264a HGB** in erster Linie nur eine Änderung der Gesetzessystematik dar. Die aufgehobenen ergänzenden Bewertungsvorschriften der §§ 279 Abs. 1 und 280 Abs. 1 HGB aF wurden in die allgemeinen Bewertungsvorschriften der §§ 253 Abs. 3 bis 5 HGB übernommen, welche für alle Gesellschaften gelten.

5 Für **Gesellschaften anderer Rechtsformen** entfallen allerdings die bisher geltenden, weitergehenden Bewertungswahlrechte. Sie sind nun Kapitalgesellschaften und Personenhandelsgesellschaften nach § 264a HGB gleichgestellt. Der Gesetzgeber begründet

die Aufhebung der bisherigen Differenzierung bei den Vorschriften zur Folgebewertung zwischen Kapitalgesellschaften und Personenhandelsgesellschaften iSd. § 264a HGB einerseits und Gesellschaften anderer Rechtsformen – einschl. Personengesellschaften, die dem Publizitätsgesetz unterliegen (§ 5 Abs. 1 Satz 3 PublG) – andererseits damit, dass dies nicht von sachlichen Gründen getragen war[1]. Zudem wird darauf verwiesen, dass bspw. Kommanditisten einer KG, die an der Aufstellung eines Jahresabschlusses nicht beteiligt sind, durch Ergebnisglättung und Verminderung des ausschüttbaren Gewinns benachteiligt werden könnten[2]. Mit der Aufhebung der Wahlrechte wird angestrebt, dass Vorsorge für das allgemeine Unternehmensrisiko nicht bei Aufstellung des Jahresabschlusses, durch Bilanzierung nicht erkennbarer stiller Reserven, sondern im Wege der Bildung von Gewinnrücklagen durch Beschluss der Gesellschafter getroffen wird[3].

II. Folgebewertung von Vermögensgegenständen

1. Planmäßige Abschreibungen von Vermögensgegenständen des Anlagevermögens

Die bisherigen Vorschriften zu planmäßigen Abschreibungen von abnutzbaren Vermögensgegenständen des Anlagevermögens, dh. § 253 Abs. 2 Satz 1 und 2 HGB aF, werden **unverändert** in die neu gefassten § 253 Abs. 3 Satz 1 und 2 HGB übernommen. Insoweit haben die Änderungen nur redaktionellen Charakter. 6

Mittelbare Konsequenzen für die Bestimmung der Methode planmäßiger Abschreibungen können sich indes aus der Streichung des § 254 HGB aF (umgekehrte Maßgeblichkeit) ergeben. Die **handelsrechtliche Abschreibungsmethode** ist künftig nach § 253 Abs. 3 Satz 1 und 2 HGB unabhängig von steuerlichen Vorschriften so zu bestimmen, dass der Entwertungsverlauf des Vermögensgegenstandes sachgerecht abgebildet wird (vgl. Abschn. D Tz. 12 ff.)[4]. Dabei wird in der Regierungsbegründung ausdrücklich darauf hingewiesen, dass weiterhin jede Abschreibungsmethode als mit den Grundsätzen ordnungsmäßiger Buchführung vereinbar angesehen wird, die den tatsächlichen Verlauf des Werteverzehrs abbildet[5]. Auf ein Verbot der progressiven Abschreibungsmethode wurde daher verzichtet[6]. Dennoch wird diese Methode nur in wenigen Ausnahmefällen zulässig sein, da hierbei dem Vorsichtsprinzip (§ 252 Abs. 1 Nr. 4 HGB) widersprochen wird, sofern der wirtschaftliche Entwertungsverlauf des Vermögensgegenstandes nicht zutreffend abgebildet wird[7]. 7

Das IDW hat vor dem Hintergrund der Aufhebung des Ansatzwahlrechts für Aufwandrückstellungen nach § 249 Abs. 2 HGB aF durch das BilMoG (vgl. Abschn. F Tz. 8), die in der Praxis insb. für Großreparaturen gebildet wurden[8], in einem Rechnungslegungshinweis (IDW RH HFA 1.016) seine Auffassung zur handelsrechtlichen Zulässigkeit einer **komponentenweisen planmäßigen Abschreibung** von Sachanlagen dargestellt. Danach ist es handelsrechtlich wie bisher zulässig, für wesentliche, 8

---

1 Vgl. Begr. RegE, BT-Drucks. 16/10067, S. 57.
2 Vgl. Begr. RegE, BT-Drucks. 16/10067, S. 57.
3 Vgl. Begr. RegE, BT-Drucks. 16/10067, S. 57.
4 Vgl. IDW RH HFA 1.015; Begr. RegE, BT-Drucks. 16/10067, S. 56.
5 Vgl. Begr. RegE, BT-Drucks. 16/10067, S. 56; *Hoyos/Schramm/M. Ring*, in Beck Bil-Komm.[6], § 253 Anm. 238 ff.; *ADS*[6], § 253 HGB Tz. 384 ff.
6 Vgl. Begr. RegE, BT-Drucks. 16/10067, S. 56.
7 Vgl. *Hoyos/Schramm/M. Ring*, in Beck Bil-Komm.[6], § 253 Anm. 246; *ADS*[6], § 253 HGB Tz. 402.
8 Vgl. IDW RH HFA 1.016 Tz. 1.

physisch separierbare Komponenten eines abnutzbaren Vermögensgegenstandes des Sachanlagevermögens verschiedene Nutzungsdauern festzulegen (vgl. Abschn. F Tz. 10 ff.; zu außerplanmäßigen Abschreibungen vgl. Tz. 10 ff.)[9].

9 Der **Ersatz einer Komponente** stellt einen Teilzugang mit wesentlicher physischer Substanz dar, der als nachträgliche Anschaffungs- oder Herstellungskosten zu aktivieren und anschließend über die Nutzungsdauer der betreffenden Komponente abzuschreiben ist[10]. Ausgaben für Großreparaturen und Inspektionen sind im Unterschied zu IAS 16.14 ff. idR von der komponentenweisen Abschreibung ausgenommen, da insoweit kein separierbarer Bestandteil des Vermögensgegenstandes physisch ausgetauscht wird und deshalb regelmäßig keine Anschaffungs- oder Herstellungskosten iSv. § 255 HGB vorliegen[11] (vgl. hierzu auch Abschn. F Tz. 9).

2. Außerplanmäßige Abschreibungen von Vermögensgegenständen des Anlagevermögens

10 Die bilanziellen Folgen vorübergehender Wertminderungen von Vermögensgegenständen des Anlagevermögens werden in § 253 Abs. 3 Satz 4 HGB geregelt. Dort ist im Einklang mit Art. 35 Abs. 1 lit. c Bilanzrichtlinie ein **Abschreibungswahlrecht** rechtsformunabhängig nur noch für **Finanzanlagen** vorgesehen.

11 Für die **übrigen Posten des Anlagevermögens** wurde das gemilderte Niederstwertprinzip[12] dagegen aufgehoben, so dass das **Abwertungsverbot bei vorübergehender Wertminderung** des § 279 Abs. 1 Satz 2 HGB aF nach dem BilMoG (§ 253 Abs. 3 Satz 3 HGB) nicht nur für Kapitalgesellschaften und Personenhandelsgesellschaften nach § 264a HGB, sondern grds. für alle Kaufleute gilt. Im Unterschied zu Finanzanlagen werden solche materiellen und immateriellen Vermögensgegenstände idR bis zu ihrem völligen Wertverzehr im Unternehmen genutzt, so dass eine vorübergehende Wertminderung dieser Anlagegüter die Unternehmen im Allgemeinen wirtschaftlich nicht berührt. Daher wird das bei nur vorübergehenden Wertminderungen zugelassene Bewertungswahlrecht künftig auf Finanzanlagen beschränkt[13].

12 Hinsichtlich der Ermittlung des Wertes, dem Vermögensgegenstände am Abschlussstichtag beizulegen sind, ergeben sich darüber hinaus aus der Gesetzesänderung und auch aus der Gesetzesbegründung keine Veränderungen gegenüber den etablierten Grundsätzen ordnungsmäßiger Buchführung[14]. Der Referentenentwurf sah vor, den „beizulegenden Wert" durch eine allgemeine Begriffsbestimmung eines „**beizulegenden Zeitwertes**" in § 255 Abs. 4 HGB zu ersetzen (vgl. dazu Abschn. C Tz. 55 ff.). Dieser Zeitwert sollte auch bei der Bewertung nach § 253 Abs. 3 und 4 HGB zugrunde gelegt werden, wobei dort allerdings jeweils nur der niedrigere beizulegende Zeitwert zu berücksichtigen gewesen wäre. Wenngleich eine materielle Änderung des geltenden Rechts nicht beabsichtigt war[15], hätte eine Bewertung zum niedrigeren beizulegenden Zeitwert weitreichende Konsequenzen für die Bewertung außerplanmäßiger Abschreibungen auf abnutzbare Gegenstände des Anlagevermögens gehabt.

---

9 Vgl. IDW RH HFA 1.016 Tz. 4 f.
10 Vgl. IDW RH HFA 1.016 Tz. 6.
11 Vgl. IDW RH HFA 1.016 Tz. 8; *Husemann/Hofer*, DB 2008, S. 2665.
12 Vgl. zB *ADS*[6], § 253 HGB Anm. 449.
13 Vgl. *ADS*[6], § 279 HGB Anm. 11 f.
14 Vgl. zB *Hoyos/Schramm/M. Ring*, in Beck Bil-Komm.[6], § 253, Anm. 288 ff.; *ADS*[6], § 253 HGB Tz. 452 ff.
15 Vgl. Begr. RegE, BT-Drucks. 16/10067, S. 110 f.

In der endgültigen Fassung des BilMoG ist jedoch der Begriff des beizulegenden Zeitwertes in § 253 Abs. 3 HGB wieder durch den bisher verwendeten „**beizulegenden Wert**" ersetzt worden. Eine Bewertung unter Bezugnahme auf den beizulegenden Zeitwert nach § 254 Abs. 4 HGB wird in Abschlüssen von Industrie- und Handelsunternehmen nur für Vermögensgegenstände des Deckungsvermögens für Altersversorgungsverpflichtungen und andere Verpflichtungen nach § 253 Abs. 1 Satz 3 iVm. § 246 Abs. 2 Satz 2 HGB vorgeschrieben (vgl. Abschn. C Tz. 54 ff.; zur branchenspezifischen Bewertung von Finanzinstrumenten des Handelsbestands nach § 340e Abs. 3 Satz 1 HGB vgl. Abschn. V Tz. 81 ff.). 13

Im Referentenentwurf wurde für die Beurteilung der voraussichtlichen **Dauerhaftigkeit einer Wertminderung** eine zeitliche Abgrenzung getroffen, die der bislang hM widersprach[16]. Hiernach war unter Bezugnahme auf den für die Beurteilung der Unternehmensfortführung gängigen Prognosezeitraum[17] von einer voraussichtlich dauernden Wertminderung auszugehen, wenn die begründete Aussicht besteht, dass die Anhaltspunkte für die Wertminderung nicht innerhalb von zwölf Monaten wegfallen[18]. In der Literatur wurde demgegenüber eine voraussichtlich dauerhafte Wertminderung als ein „nachhaltiges Absinken des (…) beizulegenden Werts unter den Buchwert"[19] definiert. 14

Für **abnutzbare Anlagegegenstände** wird dies als gegeben angesehen, wenn der „jeweilige Stichtagswert voraussichtlich während eines erheblichen Teils der weiteren Nutzungsdauer unter dem planmäßigen Restbuchwert liegt"[20]. Als zeitlicher Grenzwert für den „erheblichen Teil" wird dabei die halbe Restnutzungsdauer zum Zeitpunkt der Wertminderung gesehen[21], wobei die für Wohngebäude bestehende Auslegung dieses Zeitraums auf drei bis fünf Jahre[22] die Obergrenze darstellen dürfte[23]. Da die Abgrenzung des Referentenentwurfs im Regierungsentwurf nicht mehr aufrecht erhalten wurde und sich diese auch aus dem Gesetz nicht ableiten lässt, ist davon auszugehen, dass die bisher anerkannten Grundsätze ordnungsmäßiger Buchführung unverändert zu beachten sind. Damit bleibt der bisherige Ermessensspielraum bei der Einschätzung der Dauerhaftigkeit einer Wertminderung erhalten. Aus Vorsichtsgründen wird sich jedoch im Zweifel eine außerplanmäßige Abschreibung empfehlen, insb. wenn im Einzelfall Unsicherheit besteht, ob eine Wertminderung dauerhaft ist oder nicht[24]. 15

Zur voraussichtlichen Dauerhaftigkeit von Wertminderungen **nicht abnutzbarer Vermögensgegenstände** vgl. auch IDW RS VFA 2 Tz. 14 ff[25]. 16

---

16 Vgl. *Institut der Wirtschaftsprüfer*, FN-IDW 2008, S. 12; *Beyhs/Melcher*, DB 2008, Beil. 1, S. 20.
17 Vgl. IDW PS 270 Tz. 8.
18 Vgl. Begr. RefE, S. 111.
19 Vgl. *ADS*⁶, § 253 HGB Tz. 476.
20 Vgl. *ADS*⁶, § 253 HGB Tz. 477.
21 Vgl. zB *Hoyos/Schramm/M. Ring*, in Beck Bil-Komm.⁶, § 253 Anm. 295 (mwN); BStBl. I 2000, S. 372.
22 Vgl. IDW RS WFA 1 Tz. 11.
23 Vgl. *Brösel/Mindermann*, in Petersen/Zwirner, BilMoG, S. 410.
24 Vgl. *ADS*⁶, § 253 HGB Tz. 472.
25 Vgl. auch *Fey/Mujkanovic*, WPg 2003, S. 212 ff.

17 Der Referentenentwurf sah ferner vor, dass **Vermögensgegenstände des Anlagevermögens**, die notwendigerweise **nur zusammen genutzt werden**, für Zwecke der Ermittlung einer voraussichtlich dauernden Wertminderung als ein Vermögensgegenstand gelten[26]. In Annährung an die Bewertung einer zahlungsmittelgenerierenden Einheit nach IAS 36.6 ff. iVm. IAS 36.65 ff. sollten Abschreibungen auf einzelne Vermögensgegenstände unterlassen werden, soweit andere Vermögensgegenstände, die notwendigerweise als Teil der gleichen wirtschaftlichen Einheit anzusehen sind, stille Reserven enthalten, die andernfalls auf Grund des Anschaffungskostenprinzips (§ 253 Abs. 1 Satz 1 HGB)[27] bei der Bewertung unberücksichtigt bleiben müssen[28].

18 Von der ursprünglich angestrebten **Ausnahme vom Grundsatz der Einzelbewertung** (§ 252 Abs. 1 Nr. 3 HGB), die vorrangig Grundstücke und aufstehende Gebäuden betroffen hätte[29] und in der Literatur insb. wegen bilanzrechtlicher Schwierigkeiten in Bezug auf die Bestimmung von notwendigerweise zusammenzufassenden Vermögensgegenständen kritisiert wurde[30], wurde jedoch im Regierungsentwurf und im endgültigen Gesetz Abstand genommen. Außerplanmäßige Abschreibungen auf eine Gruppe von zusammen genutzten Vermögensgegenständen sind somit weiterhin wegen Verstoßes gegen Anschaffungskostenprinzip und Einzelbewertungsgrundsatz grds. unzulässig[31].

19 Daraus folgt allerdings nicht, dass bei Anwendung der **komponentenweisen planmäßigen Abschreibung** (vgl. Tz. 8 f.) die dauerhafte Wertminderung einer Komponente unabhängig von dem Wert der übrigen Komponenten eine außerplanmäßige Abschreibung auf den Restbuchwert dieser Komponente begründet. Die komponentenweise Abschreibung stellt eine Abschreibungsmethode mit sachlich begründeten, differenzierten Restnutzungsdauern dar. Bewertungsobjekt bleibt aber der abnutzbare Vermögensgegenstand des Sachanlagevermögens iSv. § 246 Abs. 1 Satz 1 HGB[32]. Die Beurteilung, ob der betreffende Vermögensgegenstand nach § 253 Abs. 3 Satz 3 HGB außerplanmäßig auf den niedrigeren beizulegenden Wert abgeschrieben werden muss, ist daher für den Vermögensgegenstand insgesamt durchzuführen[33].

3. Abschreibungen von Vermögensgegenständen des Umlaufvermögens

20 Die bisherigen Vorschriften zur verpflichtenden Abschreibung von Vermögensgegenständen des Umlaufvermögens auf den **niedrigeren beizulegenden Wert** (strenges Niederstwertprinzip) wurden inhaltlich nicht verändert. Sie wurden lediglich von § 253 Abs. 3 HGB aF in § 253 Abs. 4 HGB verlagert.

21 Der bisherige § 253 Abs. 3 Satz 3 HGB aF wurde dagegen ersatzlos aufgehoben. Die Vorschrift – das Wahlrecht des sog. erweiterten Niederstwertprinzips – gestattete es bisher, unabhängig von der Rechtsformen eines Unternehmens, Abschreibungen bei Vermögensgegenständen des Umlaufvermögens vorzunehmen, soweit diese nach vernünftiger kaufmännischer Beurteilung notwendig waren, um zu verhindern, dass **in der nächsten Zukunft** der Wertansatz aufgrund von **Wertschwankungen** geändert

---

26 Vgl. Begr. RefE, S. 111 f.
27 Vgl. *ADS*⁶, § 253 HGB Tz. 32; *Zülch/Hoffmann*, StuB 2008, S. 2.
28 Vgl. Begr. RefE, S. 112.
29 Vgl. *Herzig*, DB 2008, S. 8; Begr. RefE, S. 112.
30 Vgl. *Arbeitskreis Bilanzrecht der Hochschullehrer Rechtswissenschaft*, BB 2008, S. 212; *DRSC*, Stellungnahme vom 08.11.2007, S. 15; *Lüdenbach/Hoffmann*, DStR 2007 Beihefter zu Heft 50, S. 10 f.; *Beyhs/Melcher*, DB 2008, Beil. 1, S. 21; *Mujkanovic*, DB 2008, S. 655; *Köster*, BB 2007, S. 2794.
31 Vgl. zu zulässigen Ausnahmen zB IDW RS WFA 1, Tz. 7 und 25; *ADS*⁶, § 252 HGB Tz. 57.
32 Vgl. IDW RH 1.016 Tz. 9.
33 Vgl. IDW RH 1.016 Tz. 11.

werden musste. Dieses Wahlrecht wurde aufgehoben, da die Möglichkeit, unter Durchbrechung des Stichtagsprinzips Abschreibungen auf erwartete Wertverluste bereits antizipativ vorzunehmen, mit dem Ziel einer den tatsächlichen Verhältnissen entsprechenden Darstellung der Vermögens-, Finanz- und Ertragslage nicht als vereinbar angesehen wird[34].

Der § 253 Abs. 4 HGB aF entfällt ebenfalls ersatzlos, um die Informationsfunktion des handelsrechtlichen Jahresabschlusses aufzuwerten[35]. Er eröffnete bisher Einzelkaufleuten und Personenhandelsgesellschaften ein Wahlrecht, sowohl bei Vermögensgegenständen des Anlage- als auch des Umlaufvermögens **Abschreibungen im Rahmen der vernünftigen kaufmännischen Beurteilung** vorzunehmen, um im handelsrechtlichen Jahresabschluss stille Reserven zu legen, soweit diese einer vernünftigen kaufmännischen Beurteilung entsprechen[36]. 22

Unverändert unterliegen Kapitalgesellschaften und Personenhandelsgesellschaften nach § 264a HGB sowie dem PublG unterliegende Unternehmen der Verpflichtung zum getrennten **Ausweis** von Abschreibungen auf Vermögensgegenstände des Umlaufvermögens, welche die üblichen Abschreibungen überschreiten, in der **Gewinn- und Verlustrechnung** (§ 275 Abs. 2 Nr. 7 lit. b) HGB), sofern diese die Gewinn- und Verlustrechnung nach dem Gesamtkostenverfahren aufstellen. Unternehmen, die das Umsatzkostenverfahren anwenden, brauchen ihre Abschreibungen dagegen nicht zu differenzieren[37]. 23

4. Wertaufholungsgebot

Mit der Neufassung des § 253 Abs. 5 Satz 1 HGB wird ein umfassendes und rechtsformunabhängiges **Wertaufholungsgebot** (Beibehaltungsverbot) vorgeschrieben. Gleichzeitig wird das Wertaufholungswahlrecht nach § 253 Abs. 5 HGB aF aufgehoben. Die Vorschrift entspricht inhaltlich dem bisher für Kapitalgesellschaften und Personenhandelsgesellschaften nach § 264a HGB geltenden Wertaufholungsgebot; § 280 Abs. 1 HGB aF wurde dementsprechend aufgehoben. 24

Ausgenommen von dem Wertaufholungsgebot sind nach § 253 Abs. 5 Satz 2 HGB entgeltlich erworbene **Geschäfts- oder Firmenwerte**, da in diesem Fall eine Wertaufholung wirtschaftlich der Aktivierung eines selbstgeschaffenen (originären) Geschäfts- oder Firmenwertes entspräche (vgl. Abschn. E Tz. 26 f.)[38]. Ein solcher erfüllt jedoch nicht die Kriterien an einen Vermögensgegenstand und ist daher nicht aktivierbar. Infolgedessen war es erforderlich, für den durch § 246 Abs. 1 Satz 4 HGB einem Vermögensgegenstand gleichgestellten entgeltlich erworbenen Geschäfts- oder Firmenwert in § 253 Abs. 5 Satz 2 HGB ein Beibehaltungsgebot (**Wertaufholungsverbot**) vorzuschreiben. 25

Die Aufhebung der Bewertungswahlrechte durch das BilMoG führen in diesem Bereich zu einer Annäherung an die **steuerlichen Bewertungsvorschriften**. Nach § 6 26

---

34 Vgl. Begr. RegE, BT-Drucks. 16/10067, S. 56 f.
35 Vgl. Begr. RegE, BT-Drucks. 16/10067, S. 36.
36 Gründe für die Bildung stiller Reserven durch Abschreibungen nach § 253 Abs. 4 HGB waren bspw. die Vorbereitung von Maßnahmen zur Sicherung des Fortbestandes des Unternehmens (Ansparen von Mitteln für Erbschaftsteuerzahlungen oder Abfindungen ausscheidender Gesellschafter), die Ansammlung von Mitteln für größere künftige Investitionen, die Förderung der Geschäftstätigkeit oder die Gewinnglättung infolge von Konjunkturschwankungen. Vgl. Begr. RegE, BT-Drucks. 16/10067, S. 57. Kritisch dazu *HdR*[5], § 243 HGB Anm. 34 ff.
37 Vgl. *ADS*[6], § 275 HGB Tz. 129.
38 Vgl. Begr. RegE, BT-Drucks. 16/10067, S. 57.

Abs. 1 Nr. 1 Satz 2 und Nr. 2 Satz 2 EStG sind auch Teilwertabschreibungen steuerlich nur zu berücksichtigen, wenn sie auf einer voraussichtlich dauerhaften Wertminderung beruhen[39]. Weitergehende Abschreibungsmöglichkeiten im Rahmen vernünftiger kaufmännischer Beurteilung waren steuerlich ebenfalls nicht anerkannt. Diese Verminderung der Bewertungsunterschiede zwischen Handels- und Steuerbilanz wird zu einer Reduzierung ggf. zu aktivierender latenter Steuern führen (vgl. Abschn. M Tz. 7).

27 Mit dem BilMoG hat der Gesetzgeber auch den Wortlaut zum Anlass für die Wertaufholung geändert. Bisher hieß es in § 280 Abs. 1 Satz 1 HGB aF: „...stellt sich in einem späteren Geschäftsjahr heraus, dass die Gründe nicht mehr bestehen,..." ist eine Wertaufholung vorzunehmen. Nach § 253 Abs. 5 Satz 1 HGB ist dagegen eine Wertaufholung vorzunehmen, „...wenn die Gründe dafür nicht mehr bestehen". Die Ausdrucksweise der neuen Vorschrift, die künftig nur den Wegfall des Grundes der vorausgegangenen außerplanmäßigen Abschreibung und nicht mehr die Feststellung des Wegfalls des Grundes voraussetzt, könnte eine Erhöhung der Anforderungen an die Beurteilung des Wertaufholungsbedarfs im Rahmen der Aufstellung des Jahresabschlusses bedeuten. Nach hM war jedoch auch bisher bereits von einer **Pflicht zur Beurteilung des Wegfalls der Gründe** für eine außerplanmäßige Abschreibung auszugehen[40]. Daher stellt der geänderte Wortlaut der Vorschrift lediglich eine einfachere Formulierung ohne inhaltliche Konsequenzen dar.

28 Die Auswirkungen der Gesetzesänderung auf die Folgebewertung von Vermögensgegenständen und die betreffenden Vorschriften sind in **der nachfolgenden Übersicht** zusammengestellt:

Wert-Minderung	Personenhandelsgesellschaften[1]		Kapitalgesellschaften	
	HGB aF	HGB	HGB aF	HGB
1. Immaterielle Vermögensgegenstände, Sachanlagen				
vorübergehend				
Abwertung	§ 253 Abs. 2 S. 3: Wahlrecht	Nicht geregelt: Verbot	§ 279 Abs. 1 S. 2: Verbot	Nicht geregelt: Verbot
Zuschreibung	§ 253 Abs. 5: Wahlrecht	Entfällt	Entfällt	Entfällt
Dauerhaft				
Abwertung	§ 253 Abs. 2 S. 3: Pflicht	§ 253 Abs. 3 S. 3: Pflicht	§ 253 Abs. 2 S. 3: Pflicht	§ 253 Abs. 3 S. 3: Pflicht
Zuschreibung	§ 253 Abs. 5: Wahlrecht	§ 253 Abs. 5 S. 1: Pflicht[2]	§ 280 Abs. 1 S. 1: Pflicht	§ 253 Abs. 5 S. 1: Pflicht[2]
2. Finanzanlagen				
vorübergehend				
Abwertung	§ 253 Abs. 2 S. 3: Wahlrecht	§ 253 Abs. 3 S. 4: Wahlrecht	§ 279 Abs. 1 S. 2: Wahlrecht	§ 253 Abs. 3 S. 4: Wahlrecht
Zuschreibung	§ 253 Abs. 5: Wahlrecht	§ 253 Abs. 5 S. 1: Pflicht	§ 280 Abs. 1 S. 1: Pflicht	§ 253 Abs. 5 S. 1: Pflicht
Dauerhaft				
Abwertung	§ 253 Abs. 2 S. 3: Pflicht	§ 253 Abs. 3 S. 3: Pflicht	§ 253 Abs. 2 S. 3: Pflicht	§ 253 Abs. 3 S. 3: Pflicht

---

39 Vgl. Begr. RegE, BT-Drucks. 16/10067, S. 56.
40 Vgl. *Winkeljohann/Taetzner*, in Beck Bil-Komm.[6], § 280 Anm. 10; *ADS*[6], § 280 HGB Tz. 18.

Wert-Minderung	Personenhandelsgesellschaften[1]		Kapitalgesellschaften	
	HGB aF	HGB	HGB aF	HGB
Zuschreibung	§ 253 Abs. 5: Wahlrecht	§ 253 Abs. 5 S. 1: Pflicht	§ 280 Abs. 1 S. 1: Pflicht	§ 253 Abs. 5 S. 1: Pflicht
3. Umlaufvermögen				
Eingetreten				
Abwertung	§ 253 Abs. 3 S. 1 f.: Pflicht	§ 253 Abs. 4 S. 1 Pflicht	§ 253 Abs. 3 S. 1 f.: Pflicht	§ 253 Abs. 4 S. 1 Pflicht
Zuschreibung	§ 253 Abs. 5: Wahlrecht	§ 253 Abs. 5 S. 1: Pflicht	§ 280 Abs. 1 S. 1: Pflicht	§ 253 Abs. 5 S. 1: Pflicht
Erwartet				
Abwertung	§ 253 Abs. 3 S. 3: Wahlrecht	Nicht geregelt: Verbot	§ 253 Abs. 3 S. 3: Wahlrecht	Nicht geregelt: Verbot
Zuschreibung	§ 253 Abs. 5: Wahlrecht	Entfällt	§ 280 Abs. 1 S. 1: Pflicht	Entfällt
4. Vernünftige kaufmännische Beurteilung (Anlage- und Umlaufvermögen)				
Abwertung	§ 253 Abs. 4: Wahlrecht	Nicht geregelt: Verbot	§ 279 Abs. 1 S. 1: Verbot	Nicht geregelt: Verbot
Zuschreibung	§ 253 Abs. 5: Wahlrecht	Entfällt	§ 280 Abs. 1 S. 2: Verbot	Entfällt

[1] Einschließlich Einzelkaufleute mit Ausnahme von Einzelkaufleuten, welche die Befreiung nach § 241a HGB in Anspruch nehmen
[2] Ausgenommen sind Geschäfts- oder Firmenwerte, für die § 253 Abs. 5 Satz 2 HGB ein Wertaufholungsverbot vorschreibt.

Abb. 1a Auswirkungen des BilMoG auf die Folgebewertung von Vermögensgegenständen

III. Erstanwendungszeitpunkt und Übergangsvorschriften

Die geänderten Vorschriften zur Folgebewertung sind nach Art. 66 Abs. 3 Satz 1 EGHGB erstmals auf Jahresabschlüsse für das **nach dem 31. Dezember 2009** beginnende Geschäftsjahr anzuwenden. Die neuen Vorschriften können freiwillig bereits auf nach dem 31. Dezember 2008 beginnende Geschäftsjahre angewendet werden, wenn sie in dem betreffenden Jahresabschluss insgesamt beachtet werden und darüber im Anhang berichtet wird (Art. 66 Abs. 3 Satz 6 EGHGB). Die bisherigen Regelungen sind letztmalig für Jahresabschlüsse für das vor dem 1. Januar 2010 beginnende Geschäftsjahr zu beachten (Art. 66 Abs. 5 EGHGB).

Niedrigere Wertansätze von Vermögensgegenständen, die auf **außerplanmäßigen Abschreibungen** im Rahmen der vernünftigen kaufmännischen Beurteilung nach §§ 253 Abs. 3 Satz 3 oder 253 Abs. 4 HGB aF beruhen, welche vor dem Umstellungsjahr vorgenommen wurden, dürfen jedoch **fortgeführt** werden (Art. 67 Abs. 4 Satz 1 EGHGB). Das Wahlrecht darf jedoch nur für einen betreffenden Bilanzposten insgesamt ausgeübt werden; eine „teilweise Beibehaltung" ist unzulässig[41]. Sofern von diesem Wahlrecht Gebrauch gemacht wird, finden auf diese Posten die vor Inkrafttreten des BilMoG geltenden Vorschriften weiter Anwendung. Dies schließt die Angabepflichten im Anhang nach § 285 Satz 1 Nr. 5 HGB aF ein[42].

---

41 Vgl. IDW RS HFA 28 Tz. 13.
42 Vgl. IDW RS HFA 28 Tz. 17.

J Zugangs- und Folgebewertung § 253 HGB

31 Wird von dem Wahlrecht der **Fortführung** im Umstellungsjahr **kein Gebrauch** gemacht[43], sind die aus der Zuschreibung dieser Wertansätze resultierenden Beträge nach Art. 67 Abs. 4 Satz 2 erster Halbsatz EGHGB unmittelbar in die Gewinnrücklagen einzustellen, soweit die Abschreibung vor dem Umstellungsjahr vorgenommen wurde. Nach Art. 67 Abs. 4 Satz 2 zweiter Halbsatz EGHGB sind hiervon abweichend im letzten vor dem 1. Januar 2010 beginnenden Geschäftsjahr vorgenommene Abschreibungen nach §§ 253 Abs. 3 Satz 3 oder 253 Abs. 4 HGB aF erfolgswirksam zuzuschreiben. Nach Sinn und Zweck des Art. 67 Abs. 4 Satz 2 zweiter Halbsatz EGHGB erscheint dies bei freiwilliger früherer Anwendung des BilMoG (Art. 66 Abs. 3 Satz 6 EGHGB) jedoch nicht zwingend, wenn der Abschluss bis zur Bekanntmachung der Beschlussempfehlung des Rechtsausschusses bereits festgestellt war.

32 Das EGHGB sieht keine Übergangsregel für **außerplanmäßige Abschreibungen** auf Vermögensgegenstände des Anlagevermögens **bei vorübergehender Wertminderung** nach § 253 Abs. 2 Satz 3 HGB aF vor. Daraus folgt nach Art. 66 Abs. 5 EGHGB, dass die betreffenden Vermögensgegenstände in dem Jahresabschluss des Umstellungsjahres ergebniswirksam auf die fortgeführten Anschaffungs- oder Herstellungskosten zuzuschreiben sind.

---

[43] Vgl. IDW RS HFA 28 Tz. 11.

§ 255 HGB
Bewertungsmaßstäbe

(1) ¹Anschaffungskosten sind die Aufwendungen, die geleistet werden, um einen Vermögensgegenstand zu erwerben und ihn in einen betriebsbereiten Zustand zu versetzen, soweit sie dem Vermögensgegenstand einzeln zugeordnet werden können. ²Zu den Anschaffungskosten gehören auch die Nebenkosten sowie die nachträglichen Anschaffungskosten. ³Anschaffungspreisminderungen sind abzusetzen.

(2) ¹Herstellungskosten sind die Aufwendungen, die durch den Verbrauch von Gütern und die Inanspruchnahme von Diensten für die Herstellung eines Vermögensgegenstands, seine Erweiterung oder für eine über seinen ursprünglichen Zustand hinausgehende wesentliche Verbesserung entstehen. ²Dazu gehören die Materialkosten, die Fertigungskosten und die Sonderkosten der Fertigung **sowie angemessene Teile der Materialgemeinkosten, der Fertigungsgemeinkosten und des Werteverzehrs des Anlagevermögens, soweit dieser durch die Fertigung veranlasst ist.** ³Bei der Berechnung der Herstellungskosten dürfen angemessene Teile **der Kosten der allgemeinen Verwaltung sowie angemessene Aufwendungen für soziale Einrichtungen des Betriebs, für freiwillige soziale Leistungen und für die betriebliche Altersversorgung einbezogen werden, soweit diese auf den Zeitraum der Herstellung entfallen.** ⁴Forschungs- und Vertriebskosten dürfen nicht einbezogen werden.

(2a) ¹**Herstellungskosten eines selbstgeschaffenen immateriellen Vermögensgegenstands des Anlagevermögens sind die bei dessen Entwicklung anfallenden Aufwendungen nach Absatz 2.** ²**Entwicklung ist die Anwendung von Forschungsergebnissen oder von anderem Wissen für die Neuentwicklung von Gütern oder Verfahren oder die Weiterentwicklung von Gütern oder Verfahren mittels wesentlicher Änderungen.** ³**Forschung ist die eigenständige und planmäßige Suche nach neuen wissenschaftlichen oder technischen Erkenntnissen oder Erfahrungen allgemeiner Art, über deren technische Verwertbarkeit und wirtschaftliche Erfolgsaussichten grundsätzlich keine Aussagen gemacht werden können.** ⁴**Können Forschung und Entwicklung nicht verlässlich voneinander unterschieden werden, ist eine Aktivierung ausgeschlossen.**

(3) ¹Zinsen für Fremdkapital gehören nicht zu den Herstellungskosten. ²Zinsen für Fremdkapital, das zur Finanzierung der Herstellung eines Vermögensgegenstands verwendet wird, dürfen angesetzt werden, soweit sie auf den Zeitraum der Herstellung entfallen; in diesem Falle gelten sie als Herstellungskosten des Vermögensgegenstands.

(4) ¹Der beizulegende Zeitwert entspricht dem Marktpreis. ²Soweit kein aktiver Markt besteht, anhand dessen sich der Marktpreis ermitteln lässt, ist der beizulegende Zeitwert mit Hilfe allgemein anerkannter Bewertungsmethoden zu bestimmen. ³Lässt sich der beizulegende Zeitwert weder nach Satz 1 noch nach Satz 2 ermitteln, sind die Anschaffungs- oder Herstellungskosten gemäß § 253 Abs. 4 fortzuführen. ⁴Der zuletzt nach Satz 1 oder 2 ermittelte beizulegende Zeitwert gilt als Anschaffungs- oder Herstellungskosten im Sinn des Satzes 3.

Inhaltsverzeichnis

		Tz.
I.	Grundlagen	33 – 37
II.	Herstellungskostenbegriff (Abs. 2 Satz 1)	38 – 40
III.	Aktivierungspflichtige Herstellungskosten (Abs. 2 Satz 2)	41 – 44

IV. Aktivierbare Herstellungskosten (Abs. 2 Satz 3) 45
V. Nicht aktivierbare Herstellungskosten (Abs. 2 Satz 4) .... 46 – 47
VI. Maßgeblichkeit des handelsrechtlichen Wertansatzes für die
    Steuerbilanz 48
VII. Erstanwendungszeitpunkt und Übergangsvorschriften .... 49 – 53

I. Grundlagen

33 Mit § 255 Abs. 2 HGB wird der **Umfang aktivierungspflichtiger und aktivierbarer Herstellungskosten** neu definiert. Die Neudefinition der handelsrechtlichen Herstellungskosten ist nicht durch eine Änderung der Bilanzrichtlinie veranlasst[44]. Die Änderung ist jedoch von Art. 35 Abs. 3 lit. a der Bilanzrichtlinie getragen[45]. Ziel der Neuregelung ist es, zum einen die handelsrechtliche Herstellungskostenuntergrenze an die steuerliche Herstellungskostenuntergrenze anzugleichen, zum anderen den handelsrechtlichen Herstellungskostenbegriff an den produktionsbezogenen Vollkostenbegriff nach IFRS anzunähern[46].

34 Nach Art. 35 Abs. 3 lit. a der Bilanzrichtlinie gehören dem einzelnen Erzeugnis unmittelbar zurechenbare Aufwendungen zu den aktivierungspflichtigen Herstellungskosten. Der Wortlaut dieser Vorschrift wurde im bisher geltenden Recht so verstanden, dass nur Einzelkosten unmittelbar zurechenbar sind. Nach BilMoG wird die Vorschrift nun dahingehend interpretiert, dass auch **variable Gemeinkosten** unmittelbar zurechenbar und folglich **aktivierungspflichtig** sind[47]. Mit der Neufassung des § 255 Abs. 2 Satz 2 HGB müssen daher angemessene Teile der Materialgemeinkosten, der Fertigungsgemeinkosten und des Werteverzehrs des Anlagevermögens, soweit dieser durch die Fertigung veranlasst ist, in die Herstellungskosten einbezogen werden. Nach bisher geltendem Recht galt für diese Gemeinkostenbestandteile ein Einbeziehungswahlrecht[48].

35 Das bereits bisher geltende **Aktivierungswahlrecht** für Kosten der allgemeinen Verwaltung sowie Aufwendungen für soziale Einrichtungen des Betriebs, für freiwillige soziale Leistungen und für betriebliche Altersversorgung bleibt nach § 255 Abs. 2 Satz 3 HGB unverändert bestehen[49].

36 Das **Aktivierungsverbot für Vertriebskosten** wird nach § 255 Abs. 2 Satz 4 HGB um ein Aktivierungsverbot für **Forschungskosten** erweitert. Dadurch wird klargestellt, dass die infolge des Wegfalls des § 248 Abs. 2 HGB aF zu aktivierenden Herstellungskosten für die Entwicklung eines selbst geschaffenen immateriellen Vermögensgegenstands des Anlagevermögens keine Forschungskosten enthalten dürfen (vgl. auch Abschn. E Tz. 72 ff.).

37 Die Neufassung des § 255 Abs. 2 HGB gilt für **alle Kaufleute**, soweit sie nicht nach § 241a iVm. § 242 Abs. 4 HGB von der Buchführung und Bilanzierung befreit sind (vgl. Abschn. A Tz. 1 ff.).

---

44 Vgl. Begr. RegE, BT-Drucks. 16/10067, S. 40 f.
45 Vgl. Richtlinie 78/660/EWG des Rates der Europäischen Gemeinschaften vom 25. Juli 1978, ABl. EU v. 25.7.1978, L 222, S. 11 ff. (25).
46 Vgl. Begr. RegE, BT-Drucks. 16/10067, S. 59 f.
47 Vgl. Begr. RegE, BT-Drucks. 16/10067, S. 59 f.; IDW ERS HFA 31 Tz. 13 ff.
48 Vgl. *ADS*⁶, § 255 HGB Tz. 155; *Ellrott/Brendt*, in Beck Bil-Komm.⁶, § 255 Anm. 340.
49 Vgl. Begr. RegE, BT-Drucks. 16/10067, S. 60.

II. Herstellungskostenbegriff (Abs. 2 Satz 1)

Unverändert gilt nach der Neufassung des § 255 Abs. 2 HGB das **finale Verständnis** der Herstellungskosten. Herstellungskosten sind danach alle Aufwendungen, die mit dem Ziel der Herstellung getätigt werden[50]. 38

Nach dem für alle Kaufleute geltenden § 249 Abs. 2 HGB aF durften Rückstellungen für ihrer Eigenart nach genau umschriebene, dem Geschäftsjahr oder einem früheren Geschäftsjahr zuzuordnende Aufwendungen gebildet werden, die am Abschlussstichtag wahrscheinlich oder sicher, aber hinsichtlich ihrer Höhe oder des Zeitpunkts ihres Eintritts unbestimmt waren (**Aufwandsrückstellungen**). Hauptanwendungsfall in der Praxis waren Rückstellungen für regelmäßige und in größeren zeitlichen Abständen anfallende Instandhaltungsmaßnahmen ohne rechtliche Verpflichtung bei Gegenständen des Sachanlagevermögens[51]. 39

Um auch nach Aufhebung des § 249 Abs. 2 HGB aF (vgl. Abschn. F Tz. 8 ff.) den Gesamtaufwand von Großreparaturen und Großinspektionen verursachungsgerecht auf die künftigen Geschäftsjahre verteilen zu können, steht den Unternehmen die bereits bislang handelsrechtlich unter bestimmten Voraussetzungen zulässige **komponentenweisen planmäßige Abschreibung** von Sachanlagen zur Verfügung[52]. Der klarstellende IDW RH HFA 1.016 zur handelsrechtlichen Zulässigkeit dieser komponentenweise Abschreibung ändert nichts am – durch das BilMoG unverändertem – Herstellungskostenbegriff und den danach geltenden Aktivierungskriterien. Demnach führt der Ersatz einer ausgetauschten Komponente lediglich dann als Teilzugang wesentlicher physischer Substanz[53] zu aktivierbaren Herstellungskosten, wenn – bezogen auf die Komponente – nach § 255 Abs. 2 Satz 1 HGB eine Herstellung, Erweiterung oder über den ursprünglichen Zustand der Komponente hinausgehende wesentliche Verbesserung gegeben ist. 40

III. Aktivierungspflichtige Herstellungskosten (Abs. 2 Satz 2)

Nach bisherigem Recht waren lediglich die Materialeinzelkosten, die Fertigungseinzelkosten und die Sondereinzelkosten der Fertigung aktivierungspflichtig[54]. Die Neufassung des § 255 Abs. 2 HGB unterwirft in Satz 2 nun auch 41

- Materialgemeinkosten,
- Fertigungsgemeinkosten[55] und
- den Werteverzehr des Anlagevermögens, soweit dieser durch die Fertigung veranlasst ist,

der **Aktivierungspflicht**. Für diese Herstellungskostenbestandteile galt bisher ein Aktivierungswahlrecht. Die handelsrechtliche Wertuntergrenze wird damit an die steuerliche Wertuntergrenze nach R 6.3 EStR 2008 angeglichen.

Die Aktivierungspflicht nach § 255 Abs. 2 Satz 2 HGB gilt – wie bisher das Aktivierungswahlrecht – für **angemessene Teile** der Material- und Fertigungsgemeinkosten. Die bisherige Gesetzesformulierung „angemessene Teile der notwendigen" Material- und Fertigungsgemeinkosten wurde in „angemessene Teile" geändert. Der Begriff 42

---

50 Vgl. ADS⁶, § 255 HGB Tz. 117; *Ellrott/Brendt*, in Beck Bil-Komm.⁶, § 255 Anm. 362.
51 Vgl. IDW RH HFA 1.016 Tz. 1.
52 Vgl. IDW RH HFA 1.016 Tz. 5 ff.
53 Vgl. IDW RH HFA 1.016 Tz. 6.
54 Vgl. ADS⁶, § 255 HGB Tz. 130.
55 Zur Art der infrage kommenden Gemeinkosten vgl. ADS⁶, § 255 HGB Tz. 172 ff.

„notwendig" wurde nicht beibehalten, da er mit dem Begriff „angemessen" als gleichbedeutend angesehen wird. Eine definitorische Änderung ist mit der Formulierungsänderung nicht verbunden[56]. Die Beschränkung auf angemessene Kosten bedeutet, dass „die Zurechnung der Gemeinkosten vernünftigen betriebswirtschaftlichen Kriterien entsprechen muss"[57]. Eine willkürliche Zurechnung von Gemeinkosten ist somit nicht zulässig[58].

43   Die Aktivierungspflicht nach § 255 Abs. 2 Satz 2 HGB gilt – wie bisher das Aktivierungswahlrecht – auch für angemessene Teile des **Werteverzehrs des Anlagevermögens**, soweit dieser durch die Fertigung veranlasst ist. Das Erfordernis der Angemessenheit bedeutet wie bisher, dass aktivierten Abschreibungen ein Wertzuwachs bei dem hergestellten Vermögensgegenstand entsprechen muss. Daraus folgt, dass durch die Fertigung veranlasste planmäßige Abschreibungen (§ 253 Abs. 3 Satz 1 und 2 HGB) vor ihrer Aktivierung auf Angemessenheit überprüft werden müssen. Nicht angemessene planmäßige Abschreibungen liegen zB bei Unterbeschäftigung vor[59]. Außerplanmäßige Abschreibungen sind keine Herstellungskosten[60]. Wird von dem Wahlrecht des § 248 Abs. 2 Satz 1 HGB Gebrauch gemacht, selbsterstellte immaterielle Vermögensgegenstände des Anlagevermögens zu aktivieren (vgl. Abschn. E Tz. 40 ff.), sind nach neuem Recht auch auf diese Vermögensgegenstände entfallende Abschreibungen einzubeziehen, soweit der Werteverzehr durch die Fertigung veranlasst ist[61].

44   Die sog. **unechten Gemeinkosten**, also Kosten, die zwar in der Kostenrechnung als Gemeinkosten behandelt werden, obgleich sie dem hergestellten Vermögensgegenstand direkt zugerechnet werden können, zählen wie bisher zu den aktivierungspflichtigen Einzelkosten[62]. Allerdings verliert nach neuem Recht der Begriff der unechten Gemeinkosten handelsbilanziell an Bedeutung, da diese Kosten aktivierungspflichtig sind, unabhängig davon, ob man sie zu den Einzelkosten oder zu den Material- bzw. Fertigungsgemeinkosten rechnet.

IV. Aktivierbare Herstellungskosten (Abs. 2 Satz 3)

45   Für Kosten der allgemeinen Verwaltung, Aufwendungen für soziale Einrichtungen des Betriebs, freiwillige soziale Leistungen und betriebliche Altersversorgung gilt nach § 255 Abs. 2 Satz 3 HGB unverändert ein **Aktivierungswahlrecht**. Voraussetzung für ihre Einbeziehung ist, dass sie angemessen sind und auf den Zeitraum der Herstellung entfallen.

V. Nicht aktivierbare Herstellungskosten (Abs. 2 Satz 4)

46   Das bisherige Aktivierungsverbot für **Vertriebskosten**[63] bleibt unverändert bestehen.

47   Wird von dem Wahlrecht des § 248 Abs. 2 Satz 1 HGB Gebrauch gemacht, selbst geschaffene immaterielle Vermögensgegenstände des Anlagevermögens zu aktivieren (vgl. Abschn. E Tz. 40 ff.), sind die bei der Entwicklung solcher Vermögensgegenstände anfallenden Herstellungskosten zu aktivieren[64]. Nach § 255 Abs. 2a Satz 1 HGB

---

56   Vgl. Begr. RegE, BT-Drucks. 16/10067, S. 60.
57   Vgl. *ADS*[6], § 255 HGB Tz. 157.
58   Vgl. *ADS*[6], § 255 HGB Tz. 157; *Künkele/Koss*, in Petersen/Zwirner, BilMoG, S. 437.
59   Vgl. *ADS*[6], § 255 HGB Tz. 183.
60   Vgl. *Ellrott/Brendt*, in Beck Bil-Komm.[6], § 255 Anm. 428.
61   Vgl. *Theile*, GmbHR 2007, S. 1296 ff.
62   Vgl. *ADS*[6], § 255 HGB Tz. 137; *Ellrott/Brendt*, in Beck Bil-Komm.[6], § 255 Anm. 346.
63   Vgl. *ADS*[6], § 255 HGB Tz. 211 ff.; *Ellrott/Brendt*, in Beck Bil-Komm.[6], § 255 Anm. 442 ff.
64   Vgl. § 255 Abs. 2a HGB; Begr. RegE, BT-Drucks. 16/10067, S. 60.

sind nur Entwicklungskosten zu aktivieren. **Forschungskosten** sind nach § 255 Abs. 2 Satz 4 HGB keine Herstellungskosten[65]. Ausweislich der Regierungsbegründung zum Gesetzentwurf stellt die Neufassung des § 255 Abs. 2 Satz 4 HGB lediglich klar[66], dass Forschungskosten nicht aktiviert werden dürfen.

VI. Maßgeblichkeit des handelsrechtlichen Wertansatzes für die Steuerbilanz

Steuerliche Regelungen zur Bestimmung der Herstellungskosten befinden sich in R 6.3 EStR 2008. Nach § 5 Abs. 1 EStG ist der handelsrechtliche Wertansatz unverändert maßgeblich für den steuerlichen Wertansatz. Infolge der Abschaffung der umgekehrten Maßgeblichkeit[67] ist es jedoch nicht mehr zulässig, steuerliche Wertansätze, die durch eine Übertragung steuerfreier Rücklagen entstanden sind, in den handelsrechtlichen Jahresabschluss zu übernehmen (vgl. Abschn. D Tz. 11)[68]. **48**

VII. Erstanwendungszeitpunkt und Übergangsvorschriften

Nach Art. 66 Abs. 3 Satz 1 EGHGB ist die Neufassung des § 255 Abs. 2 HGB erstmals auf Jahres- und Konzernabschlüsse für **nach dem 31. Dezember 2009** beginnende Geschäftsjahre anzuwenden. Art. 66 Abs. 5 EGHGB bestimmt, dass § 255 Abs. 2 HGB aF letztmals auf das vor dem 1. Januar 2010 beginnende Geschäftsjahr anzuwenden ist. **49**

Art. 66 Abs. 3 Satz 3 EGHGB präzisiert diese Vorschrift dahingehend, dass die Neufassung des § 255 Abs. 2 HGB nur auf **Herstellungsvorgänge** Anwendung findet, die im **nach dem 31. Dezember 2009** beginnenden Geschäftsjahr begonnen wurden. Aus dem finalen Verständnis der Herstellungskosten folgt, dass der Beginn der Herstellung vorliegt, wenn erstmals Ausgaben anfallen, die in sachlichem Zusammenhang mit der betrieblichen Leistungserstellung stehen. Der Beginn des Herstellungsvorgangs ist somit nicht zwingend mit dem Beginn des technischen Herstellungsprozesses gleichzusetzen. Auch Vorbereitungshandlungen gehören bereits zum Herstellungsprozess, sofern sie in einem engen wirtschaftlichen Zusammenhang mit dem herzustellenden Vermögensgegenstand stehen[69]. Eine nachträgliche Änderung der Bewertung von Vermögensgegenständen, deren Herstellung vor Beginn des nach dem 31. Dezember 2009 beginnenden Geschäftsjahrs bereits begonnen hat oder bereits abgeschlossen war, kommt nicht in Betracht. **50**

Die Neufassung des § 255 Abs. 2 HGB findet jedoch auf Herstellungskosten Anwendung, die bei der **Erweiterung oder wesentlichen Verbesserung** eines Vermögensgegenstands über seinen ursprünglichen Zustand hinaus anfallen[70], auch wenn mit der erstmaligen Herstellung in einem Geschäftsjahr begonnen wurde, das vor dem 1. Januar 2010 (in Fällen der freiwilligen Anwendung der neuen Vorschriften vor dem 1. Januar 2009, s. dazu Tz. 53) begonnen hat[71]. **51**

---

65 Vgl. Begr. RegE, BT-Drucks. 16/10067, S. 60.
66 Vgl. Begr. RegE, BT-Drucks. 16/10067, S. 60.
67 Vgl. Begr. RegE, BT-Drucks. 16/10067, S. 49.
68 Vgl. Begr. RegE, BT-Drucks. 16/10067, S. 49; *Theile/Hartmann*, DStR 2008, S. 2031 ff.
69 Vgl. IDW ERS HFA 31 Tz. 7 sowie *ADS*[6], § 255 HGB Tz. 166; hier sind auch Beispiele für Vorbereitungshandlungen aufgeführt.
70 Vgl. *ADS*[6], § 255 HGB Tz. 122 ff.; *Ellrott/Brendt*, in Beck Bil-Komm.[6], § 255 Anm. 380 ff.
71 Vgl. IDW ERS HFA 28 Tz. 50.

52 Für **unfertige Erzeugnisse** ist aus Praktikabilitätsgründen eine Anwendung der Neufassung des § 255 Abs. 2 HGB ab dem Geschäftsjahr, das nach dem 31. Dezember 2009 (in Fällen der freiwilligen Anwendung der neuen Vorschriften nach dem 31. Dezember 2008, s. dazu Tz. 53) begonnen hat, nicht zu beanstanden[72].

53 Nach Art. 66 Abs. 3 Satz 6 EGHGB ist eine freiwillige Anwendung der Neufassung des § 255 Abs. 2 HGB auf Jahres- und Konzernabschlüsse für **nach dem 31. Dezember 2008** beginnende Geschäftsjahre zulässig, wenn die neuen Vorschriften insgesamt angewandt werden und dies im Anhang bzw. Konzernanhang angegeben wird[73]. In diesem Fall findet die Neufassung auf Herstellungsvorgänge Anwendung, die im nach dem 31. Dezember 2008 beginnenden Geschäftsjahr begonnen wurden.

---

72 Vgl. IDW ERS HFA 28 Tz. 50.
73 Vgl. IDW ERS HFA 28 Tz. 5.

§ 256 HGB
Bewertungsvereinfachungsverfahren

[1]Soweit es den Grundsätzen ordnungsmäßiger Buchführung entspricht, kann für den Wertansatz gleichartiger Vermögensgegenstände des Vorratsvermögens unterstellt werden, daß die zuerst oder daß die zuletzt angeschafften oder hergestellten Vermögensgegenstände zuerst verbraucht oder veräußert worden sind. [2]§ 240 Abs. 3 und 4 ist auch auf den Jahresabschluß anwendbar.

Inhaltsverzeichnis   Tz.
I.   Grundlagen .... 54 – 55
II. Einzelfragen zu Bewertungsvereinfachungsverfahren .... 56 – 58
III. Erstanwendungszeitpunkt und Übergangsvorschriften .... 59 – 60

I. Grundlagen

Im Vergleich zum bisherigen Wortlaut wurden in § 256 Satz 1 HGB die Worte „**oder in einer sonstigen bestimmten Folge**" gestrichen. Infolge dieser Streichung sind nur noch das Lifo- und das Fifo-Verfahren zulässig. Nicht mehr zulässig sind zB das Hifo- und das Kifo-Verfahren[74]. Auch das Kifo- und das Kilo-Verfahren sind vom neuen Gesetzeswortlaut ausgeschlossen. Die Änderung dient der besseren Vergleichbarkeit der handelsrechtlichen Jahresabschlüsse[75]. Die Änderung ist nicht durch eine Änderung der Bilanzrichtlinie veranlasst[76], jedoch von Art. 40 Abs. 1 der Bilanzrichtlinie getragen[77]. 54

Die Neufassung des § 256 Abs. 1 HGB gilt für **alle Kaufleute**, soweit sie nicht nach § 241a iVm. § 242 Abs. 4 HGB von der Buchführung und Bilanzierung befreit sind (vgl. Abschn. A Tz. 1 ff.). 55

II. Einzelfragen zu Bewertungsvereinfachungsverfahren

§ 256 Satz 1 HGB regelt die Anwendbarkeit bestimmter Verbrauchsfolgeverfahren zur Bewertungsvereinfachung gleichartiger **Vermögensgegenstände des Vorratsvermögens**. Es handelt sich um eine gesetzlich normierte Ausnahme von dem in § 252 Abs. 1 Nr. 3 HGB kodifizierten Einzelbewertungsgrundsatz[78]. 56

Beim **Lifo**-Verfahren wird unterstellt, dass die zuletzt angeschafften oder hergestellten Bestände zuerst verbraucht oder veräußert werden[79]. Beim **Fifo**-Verfahren wird unterstellt, dass die zuerst angeschafften oder hergestellten Bestände zuerst verbraucht oder veräußert werden. Bei beiden Verfahren ist am Abschlussstichtag zu prüfen, ob Abwertungen im Vorratsvermögen nach dem Niederstwertprinzip (§ 253 Abs. 4 HGB) erforderlich werden[80]. 57

---

74 Vgl. Begr. RegE, BT-Drucks. 16/10067, S. 62.
75 Vgl. Begr. RegE, BT-Drucks. 16/10067, S. 62.
76 Vgl. Begr. RegE, BT-Drucks. 16/10067, S. 40 f.
77 Vgl. Begr. RegE, BT-Drucks. 16/10067, S. 62; Richtlinie 78/660/EWG des Rates der Europäischen Gemeinschaften vom 25. Juli 1978, ABl. EU v. 25.7.1978, L 222, S. 11 ff. (25).
78 Vgl. ADS^6, § 256 HGB Tz. 1.
79 Vgl. ADS^6, § 256 HGB Tz. 31.
80 Vgl. ADS^6, § 256 HGB Tz. 28 ff.

58 § 256 Satz 2 HGB bleibt unverändert. Damit bleiben die Regelungen zum Ansatz von **Festwerten** (§ 240 Abs. 3 HGB)[81] und zur **Gruppenbewertung**, bei der die Bewertung zum gewogenen Durchschnittswert erfolgt (§ 240 Abs. 4 HGB)[82], unverändert.

III. Erstanwendungszeitpunkt und Übergangsvorschriften

59 Nach Art. 66 Abs. 5 EGHGB ist § 256 Satz 1 HGB aF letztmals auf das vor dem 1. Januar 2010 beginnende Geschäftsjahr anzuwenden. Art. 66 Abs. 3 Satz 1 EGHGB bestimmt, dass die Neufassung des § 256 Satz 1 HGB erstmals auf Jahres- und Konzernabschlüsse für das **nach dem 31. Dezember 2009** beginnende Geschäftsjahr anzuwenden ist. Vermögensgegenstände des Vorratsvermögens, die bisher nach einem nun nicht mehr zulässigen Verfahren bewertet wurden (vgl. Tz. 1), sind mangels einer anders lautenden Übergangsvorschrift am Umstellungsstichtag erfolgswirksam umzubewerten.

60 Nach Art. 66 Abs. 3 Satz 6 EGHGB ist eine freiwillige Anwendung der Neufassung des § 256 Satz 1 HGB auf Jahres- und Konzernabschlüsse für **nach dem 31. Dezember 2008** beginnende Geschäftsjahre zulässig, wenn die in Art. 66 Abs. 3 EGHGB genannten neuen Vorschriften insgesamt angewandt werden und dies im Anhang bzw. Konzernanhang angegeben wird[83].

---

81 Vgl. *ADS*[6], § 240 HGB Tz. 73 ff.; *Ellrott/Brendt*, in Beck Bil-Komm.[6], § 240 Anm. 71 ff.
82 Vgl. *ADS*[6], § 240 HGB Tz. 111 ff.; *Ellrott/Brendt*, in Beck Bil-Komm.[6], § 240 Anm. 130 ff.
83 Vgl. IDW ERS HFA 28 Tz. 5.

§ 256a HGB
Währungsumrechnung

¹Auf fremde Währung lautende Vermögensgegenstände und Verbindlichkeiten sind zum Devisenkassamittelkurs am Abschlussstichtag umzurechnen. ²Bei einer Restlaufzeit von einem Jahr oder weniger sind § 253 Abs. 1 Satz 1 und § 252 Abs. 1 Nr. 4 Halbsatz 2 nicht anzuwenden.

§ 277 HGB
Vorschriften zu einzelnen Posten der Gewinn- und Verlustrechnung

(1) Als Umsatzerlöse sind die Erlöse aus dem Verkauf und der Vermietung oder Verpachtung von für die gewöhnliche Geschäftstätigkeit der Kapitalgesellschaft typischen Erzeugnissen und Waren sowie aus von für die gewöhnliche Geschäftstätigkeit der Kapitalgesellschaft typischen Dienstleistungen nach Abzug von Erlösschmälerungen und der Umsatzsteuer auszuweisen.

(2) Als Bestandsveränderung sind sowohl Änderungen der Menge als auch solche des Wertes zu berücksichtigen; Abschreibungen jedoch nur, soweit diese die in der Kapitalgesellschaft sonst üblichen Abschreibungen nicht überschreiten.

(3) ¹Außerplanmäßige Abschreibungen nach § 253 Abs. 3 Satz 3 und 4 sind jeweils gesondert auszuweisen oder im Anhang anzugeben. ²Erträge und Aufwendungen aus Verlustübernahme und auf Grund einer Gewinngemeinschaft, eines Gewinnabführungs- oder eines Teilgewinnabführungsvertrags erhaltene oder abgeführte Gewinne sind jeweils gesondert unter entsprechender Bezeichnung auszuweisen.

(4) ¹Unter den Posten „außerordentliche Erträge" und „außerordentliche Aufwendungen" sind Erträge und Aufwendungen auszuweisen, die außerhalb der gewöhnlichen Geschäftstätigkeit der Kapitalgesellschaft anfallen. ²Die Posten sind hinsichtlich ihres Betrags und ihrer Art im Anhang zu erläutern, soweit die ausgewiesenen Beträge für die Beurteilung der Ertragslage nicht von untergeordneter Bedeutung sind. ³Satz 2 gilt entsprechend für alle Aufwendungen und Erträge, die einem anderen Geschäftsjahr zuzurechnen sind.

(5) ¹Erträge aus der Abzinsung sind in der Gewinn- und Verlustrechnung gesondert unter dem Posten „Sonstige Zinsen und ähnliche Erträge" und Aufwendungen gesondert unter dem Posten „Zinsen und ähnliche Aufwendungen" auszuweisen. ²Erträge aus der Währungsumrechnung sind in der Gewinn- und Verlustrechnung gesondert unter dem Posten „Sonstige betriebliche Erträge" und Aufwendungen aus der Währungsumrechnung gesondert unter dem Posten „Sonstige betriebliche Aufwendungen" auszuweisen.

Inhaltsverzeichnis Tz.
I. Einleitung .... 61 – 64
II. Wechselkurse .... 65 – 68
III. Umrechnung von Fremdwährungsgeschäften
   1. Erstverbuchung .... 69 – 72
   2. Folgebewertung .... 73 – 82
   3. Erfolgswirksame Behandlung und Ausweis von Währungsgewinnen bzw. -verlusten .... 83 – 85
   4. Steuerabgrenzung .... 86 – 87

5. Anhangangaben .... 88 – 91
IV. Ausländische Zweigniederlassungen .... 92 – 98
V. Erstanwendung .... 99 – 100

I. Einleitung

61 Nach § 244 HGB ist der handelsrechtliche Jahresabschluss **in Euro** aufzustellen. Folglich ergibt sich dann die Notwendigkeit einer Währungsumrechnung, wenn aus Geschäftsvorfällen Vermögensgegenstände, Schulden, Rechnungsabgrenzungsposten oder Sonderposten sowie damit korrespondierende Erträge oder Aufwendungen resultieren, die nicht in Euro, sondern eine Fremdwährung lauten, oder eine Betriebsstätte des bilanzierenden Unternehmens (ausführlich vgl. Tz. 92 ff.) ihren Sitz in einem Staat außerhalb der Euro-Zone hat.

62 Bisher existierten keine eigenständigen Vorschriften zur Währungsumrechnung im handelsrechtlichen Jahresabschluss, weshalb auch bei der **Umrechnung von Fremdwährungsbeträgen** im Zugangszeitpunkt sowie an den darauf folgenden Abschlussstichtagen die allgemeinen Bewertungsgrundsätze, namentlich das Anschaffungskostenprinzip (§ 253 Abs. 1 Satz 1 HGB iVm. § 255 HGB) sowie das Realisations- und das Imparitätsprinzip (§ 252 Abs. 1 Nr. 4 HGB) zu beachten waren[84]. Die spezielle Bewertungsvorschrift des § 340h HGB war nur für den handelsrechtlichen Jahresabschluss von Kreditinstituten verbindlich[85]. Auch der im Rahmen des BilMoG geschaffene § 256a HGB enthält keine umfassende Regelung der Umrechnung von Fremdwährungsgeschäften. § 256a Satz 1 HGB bezieht sich ausdrücklich nur auf Umrechnung von auf fremde Währung lautenden Vermögensgegenständen und Verbindlichkeiten „... *am Abschlussstichtag* ... " und damit ausschließlich auf die Folgebewertung[86]. § 256a Satz 2 HGB stellt lediglich eine Ausnahmeregelung zu § 256a Satz 1 HGB dar. Für die Zugangsbewertung (vgl. Tz. 69) gelten somit weiterhin die allgemeinen Grundsätze[87].

63 Für Zwecke des handelsrechtlichen **Konzernabschlusses** wurden die allgemeinen Vorschriften zur Umrechnung von Fremdwährungsgeschäften und von Fremdwährungsabschlüssen bislang durch die Regelungen des DRS 14 „Währungsumrechnung" konkretisiert, der nach seiner Bekanntmachung im BAnz. am 4. Juni 2004 durch das BMJ nach § 342 Abs. 2 HGB die Vermutung eines Grundsatzes ordnungsmäßiger Konzernrechnungslegung für sich hat. Während die Grundsätze des DRS 14 für die Umrechnung von Fremdwährungsabschlüssen, die auf dem Konzept der funktionalen Währung beruhen, durch die Kodifizierung der (modifizierten) Stichtagskursmethode in § 308a HGB weitgehend außer Kraft gesetzt wurden (vgl. Abschn. Q Tz. 347), entspricht die Regelung in § 256a Satz 1 HGB im Wesentlichen den Grundsätzen des DRS 14.15 ff. zur Folgebewertung von Fremdwährungsgeschäften, deren entsprechende Anwendung auf den handelsrechtlichen Jahresabschluss von DRS 14.3 empfohlen wurde. Im Unterschied zu § 256a Satz 2 HGB waren nach DRS 14.15 das Realisations- und das Anschaffungskostenprinzip (§§ 252 Abs. 1 Satz 4 und 253 Abs. 1

---

[84] Vgl. *ADS*[6], § 253 HGB Tz. 90 ff. und § 255 HGB Tz. 63; *Ellrott/St. Ring*, in Beck Bil-Komm.[6], § 253 Anm. 604 f.; *Ellrott/Brendt*, in Beck Bil-Komm.[6], § 255 Anm. 52 ff.; *Gebhardt/Breker*, DB 1991, S. 1529 ff.; *Langenbucher/Blaum*, in HdR[5], Kap. 6 Rn. 518 ff.; *HFA*, WPg 1986, S. 664 ff.
[85] Vgl. BFA 3/1995, S. 99.
[86] GlA *Kessler*, in Kessler/Leinen/Strickmann, Handbuch Bilanzrechtsmodernisierungsgesetz, S. 415; *Küting/Mojadadr*, in Küting/Pfitzer/Weber, Das neue deutsche Bilanzrecht[2], S. 475 f.
[87] Vgl. zB *ADS*[6], § 253 HGB Tz. 95 f.; *HFA*, WPg 1986, S. 664.

HGB) bei der Umrechnung monetärer Posten unabhängig von deren Restlaufzeit zu beachten[88].

Besonderheiten bei der Umrechnung von Fremdwährungsbeträgen können sich nach § 254 HGB ergeben, wenn Geschäfte mit dem Ziel der **Absicherung gegen Währungsrisiken** abgeschlossen werden (geschlossene Positionen; vgl. dazu Abschn. H Tz. 10 ff.). 64

II. Wechselkurse

Der **Wechselkurs** bezeichnet den Preis, zu dem eine Währung in eine andere getauscht werden kann. Seit dem 1. Januar 1999 erfolgt in Deutschland bei Wechselkursen eine sog. Mengennotierung, die den Preis einer Einheit der inländischen Währung (Euro) in Einheiten der ausländischen Währung (zB US-$) angibt. Der Geldkurs (*Bid*-Kurs) gibt dabei an, wie viele Fremdwährungs(mengen)einheiten man bei Zahlung von einem Euro erhält. Umgekehrt gibt der Briefkurs (*Offer*-Kurs) an, wie viele Fremdwährungseinheiten man verkaufen muss, um einen Euro zu erhalten. 65

Bislang konnte im Rahmen der Währungsumrechnung statt des Geld- bzw. Briefkurses auch ein Mittelkurs, der als arithmetischer Durchschnitt aus Geld- und Briefkurs ermittelt wird, verwendet werden, sofern dadurch das Gesamtbild der wirtschaftlichen Verhältnisse nicht wesentlich beeinträchtigt wurde[89]. Nach § 256a Satz 1 HGB sind auf fremde Währung lautende Vermögensgegenstände und Verbindlichkeiten zum **Devisenkassamittelkurs** umzurechnen. Somit ist die Unterscheidung zwischen Geld- und Briefkurs ausschließlich für die Zugangsbewertung von auf fremde Währung lautenden Vermögensgegenständen und Schulden von Bedeutung (vgl. Tz. 70)[90]. 66

Der **Devisenkurs** ist der Wechselkurs für auf ausländische Währung lautende Forderungen (Guthaben bei Kreditinstituten, Schecks und Wechsel). Im Devisenhandel wird zwischen Kassa- und Termingeschäften unterschieden. Als Kassageschäft (*Spot*-Geschäft) bezeichnet man einen Vertragsabschluss über den Kauf oder Verkauf von Devisen, dessen Erfüllung sofort erfolgt, dh. üblicherweise am zweiten Bankarbeitstag nach dem Abschluss. 67

Der **Kassakurs** ist dementsprechend der (Wechsel-)Kurs, der zu dem Zeitpunkt gilt, zu dem ein Devisenkassageschäft abgeschlossen wird[91]. Der Devisenkassamittelkurs ist das arithmetischer Mittel aus Devisenkassageld- und -briefkurs. Der **Terminkurs** ist der Wechselkurs der für ein Erfüllungsgeschäft in der Zukunft maßgeblich ist. Der **historische Kurs** ist der Kurs, der im Zeitpunkt galt, zu dem ein Fremdwährungsposten nach den handelsrechtlichen Grundsätzen ordnungsmäßiger Buchführung bilanzierungsfähig oder -pflichtig war. Der **Stichtagskurs** ist der am Abschlussstichtag gültige Wechselkurs. 68

---

88 Im Anhang A.3 zu DRS 14 wurde allerdings de lege ferenda vorgeschlagen, bei der Bewertung monetärer Posten zum Stichtagskurs die Beschränkung durch das Realisationsprinzip und das Anschaffungskostenprinzip aufzuheben (vgl. zur Behandlung von Fremdwährungsgeschäften nach DRS 14 zB *Schmidbauer*, DStR 2004, S. 703; *Zimmermann*, StuB 2004, S. 767).
89 Vgl. Begr. RegE, BT-Drucks. 16/10067, S. 62; ebenso bereits bisher DRS 14.14.
90 AA *Zwirner/Künkele*, in BilMoG[2], S. 451: Verwendung des Devisenkassamittelkurses auch bei der Zugangsbewertung.
91 Vgl. *Langenbucher/Blaum*, in HdR[5], Kap. 6 Rn. 509.

III. Umrechnung von Fremdwährungsgeschäften

1. Erstverbuchung

69 § 256a HGB bezieht sich ausdrücklich nur auf die Folgebewertung (vgl. Tz. 62), so dass für die Erstverbuchung der auf Fremdwährung lautenden Posten die allgemeinen Bilanzierungs- und Bewertungsregeln gelten. Der **Zeitpunkt der Erstverbuchung** richtet sich dementsprechend danach, wann der zugrunde liegende Geschäftsvorfall nach den Grundsätzen ordnungsmäßiger Buchführung bilanzierungsfähig oder -pflichtig wird. Die bilanzielle Erfassung erfolgt somit für auf Fremdwährung lautende Bilanzposten im selben Zeitpunkt wie die Erfassung von auf inländische Währung lautenden Posten.

70 Die Zugangsbewertung von Vermögensgegenständen ist aufgrund des Anschaffungskostenprinzips (§ 253 Abs. 1 Satz 1 iVm. § 255 HGB) ein erfolgsneutraler Vorgang. Bei der Bestimmung des Kurses, mit dem die **Anschaffungs- oder Herstellungskosten** des Vermögensgegenstands umzurechnen sind, sind verschiedene Zahlungsmethoden zu unterscheiden. Wurde die Transaktion in bar abgewickelt, so stellt der tatsächlich bezahlte Betrag den Anschaffungspreis dar. Wurde die Transaktion dagegen auf Ziel vereinbart, so stellt der Kurs im Zeitpunkt der Lieferung des Vermögensgegenstands den Anschaffungspreis dar. Wurde eine Vorauszahlung bzw. eine Anzahlung vereinbart, so ist diese zum Zeitpunkt ihrer Zahlung mit dem gültigen Devisenkassakurs umzurechnen und geht in dieser Höhe in die Anschaffungskosten des Vermögensgegenstands ein[92].

71 Da § 256a Satz 1 HGB, der zur Umrechnung den Devisenkassamittelkurs vorschreibt, nur die Folgebewertung regelt, muss im Zeitpunkt des Zugangs des Vermögensgegenstandes oder der Schuld wie auch bisher[93] grds. nach **Geld- und Briefkurs** unterschieden werden, es sei denn, eine Unterscheidung ist für die Vermittlung eines den tatsächlichen Verhältnissen entsprechenden Bildes der wirtschaftlichen Lage des Unternehmens nicht notwendig. Ob der Geld- oder der Briefkurs zur Währungsumrechnung verwendet wird, richtet sich nach den einzelnen Bilanzposten bzw. Geschäftsvorfällen.

	Geldkurs	Briefkurs
Anlagevermögen		
Anschaffungskosten	x	
Wiederbeschaffungskosten	x	
Zeitwert		x
Forderungen*		x
Vorräte		
Anschaffungskosten	x	
Wiederbeschaffungskosten	x	
Zeitwert		x
Bankguthaben und Zahlungsmittel		x
Verbindlichkeiten* und Rückstellungen	x	

*) Restlaufzeit über ein Jahr im Zugangszeitpunkt.

Abb. 2 Verwendung von Geld- oder Briefkurs

---

92 Vgl. weiterführend: *Langenbucher/Blaum*, in HdR[5], Kap. 6 Rn. 536; *Ellrott/Brendt*, in Beck Bil-Komm.[6], § 255 Anm. 52 ff.
93 Vgl. *ADS*[6], § 253 HGB Tz. 90 ff.; *HFA* WPg 1986, S. 664.

Darüber hinaus ist es bei Vorliegen einer Vielzahl von Fremdwährungstransaktionen (zB Lieferforderungen) zulässig, bei der Erstverbuchung aus Vereinfachungsgründen idR **(Monats-)Durchschnittskurse** anstelle von tagesgenau ermittelten Kursen zu verwenden, wenn dies zu keinen wesentlichen Abweichungen führt[94]. Dies wird regelmäßig nur bei einem gleichmäßigen Geschäftsverlauf und bei sehr stabilen Wechselkursen der Fall sein.

72

2. Folgebewertung

Die Währungsumrechnung hat nur dann einen Einfluss auf die Folgebewertung von Vermögensgegenständen und Verbindlichkeiten, wenn diese **am Abschlussstichtag** noch **auf fremde Währung** lauten. Eine Maschine, die während des Geschäftsjahres in Fremdwährung angeschafft, geliefert und bezahlt wurde, ist am Bilanzstichtag in Euro in der Bilanz erfasst und somit sind deren fortgeführte (Euro-)Anschaffungskosten nicht mehr umzurechnen[95].

73

Die Währungsumrechnung betrifft für die Folgebewertung somit vor allem Finanzforderungen und -verbindlichkeiten, die zum Abschlussstichtag noch nicht beglichen sind, sowie Betriebsvermögen in einer ausländischen Betriebsstätte, das nach § 253 Abs. 3 und 4 HGB auf den niedrigen beizulegenden Wert überprüft werden muss. Gleiches gilt, wenn für die Bewertung von Vermögensgegenständen, zB Vorräten, die (Wieder-)Beschaffungspreise am Stichtag ausschließlich von einem ausländischen Markt abgeleitet werden können[96].

74

§ 256a Satz 1 HGB regelt nur die Fremdwährungsumrechnung im Rahmen der **Folgebewertung von Vermögensgegenständen und Verbindlichkeiten**. Somit werden Rechnungsabgrenzungsposten, latente Steuern und Rückstellungen nicht vom Wortlaut des § 256a HGB erfasst (vgl. Tz. 78 f.). Ein entgeltlich erworbener Geschäfts- oder Firmenwert einer ausländischen Zweigniederlassung ist demgegenüber unter den Anwendungsbereich des § 256a HGB zu subsumieren, da er nach § 246 Abs. 1 Satz 4 HGB für Zwecke der Bilanzierung als Vermögensgegenstand fingiert wird (vgl. Abschn. E Tz. 8)[97] und weder aus dem Gesetz noch aus der Gesetzesbegründung eine Einschränkung dieser Fiktion auf bestimmte Bereiche der Bilanzierung entnommen werden kann.

75

Im Umkehrschluss zu § 256a Satz 2 HGB ergibt sich für die Folgebewertung von auf fremde Währung lautenden Vermögensgegenständen und Verbindlichkeiten, die eine **Restlaufzeit** von **mehr als einem Jahr** haben, die Beachtung von §§ 252 Abs. 1 Nr. 4 und 253 Abs. 1 Satz 1 HGB. Demnach sind bei der Fortführung dieser Posten das Realisations- sowie das Anschaffungskostenprinzip zu beachten. Vermögensgegenstände dürfen somit maximal zu ihren (ggf. fortgeführten) Anschaffungs- oder Herstellungskosten bewertet werden und sind bei Vorliegen eines niedrigeren beizulegenden Zeitwerts abzuschreiben. Ob sich die Wertänderung aus einer Änderung des beizulegenden Zeitwerts des Vermögensgegenstands in fremder Währung oder aufgrund einer Veränderung des Wechselkurses ergibt, ist hierbei nicht maßgeblich. Für Verbindlichkeiten sind grds. ebenfalls die Zugangswerte, dh. der Rückzahlungsbetrag, der sich bei Umrechnung mit dem Geldkurs im Zugangszeitpunkt ergibt, fortzuführen, sofern sich

76

---

94 Vgl. zB *HFA*, WPg 1986, S. 664.
95 Vgl. *Küting/Mojadadr*, S. 1871.
96 Vgl. *Kessler*, in Haufe BilMoG, S. 233.
97 Vgl. *Hommel/Laas*, BB 2008, S. 1668.

zum Abschlussstichtag aufgrund von Wechselkursänderungen nicht ein höherer Zeitwert ergibt[98].

77 Besitzt der Vermögensgegenstand bzw. die Verbindlichkeit eine **Restlaufzeit, die geringer als ein Jahr** ist, so war bereits bislang als Ausnahme von den allgemeinen Grundsätzen der Währungsumrechnung anerkannt, dass kurzfristige Fremdwährungsforderungen und -verbindlichkeiten aus laufendem Lieferungs- und Leistungsverkehr jeweils mit dem Stichtagsmittelkurs umgerechnet werden durften, auch wenn dies gegenüber den Wertansätzen im Zugangszeitpunkt bei Forderungen zu höheren und bei Verbindlichkeiten zu niedrigeren Wertansätzen geführt hat[99]. Ausschlaggebend dafür war, dass bei den kurzfristigen Fremdwährungsforderungen und -verbindlichkeiten davon ausgegangen werden kann, dass aufgrund der (kurzfristig) bevorstehenden Realisierung aufgrund des Wechselkurses keine nennenswerten Wertänderungsrisiken mehr bestehen.

78 Diese bisherige Praxis wird nunmehr durch § 256a Satz 2 HGB festgeschrieben, der für Vermögensgegenstände und Verbindlichkeiten mit einer Restlaufzeit von weniger als einem Jahr bestimmt, dass diese ohne die Beachtung der §§ 252 Abs. 1 Nr. 4 und 253 Abs. 1 Satz 1 HGB (Realisations-, Imparitäts- und Anschaffungskostenprinzip) **generell zum Devisenkassamittelkurs** am Abschlussstichtag umzurechnen sind[100]. Die Umrechnung mit dem Devisenkassakurs am Abschlussstichtag knüpft ausschließlich an die Restlaufzeit der Fremdwährungsposten an. Es kommt zB nicht darauf an, dass die Fremdwährung relativ stabil ist und deshalb während der Restlaufzeit keine nennenswerten Kursänderungen zu erwarten sind. Auch spielt es keine Rolle, ob sich Aktiv- und Passivposten in derselben Währung ungefähr in gleicher Höhe gegenüber stehen. Die Umrechnung zum Devisenkassamittelkurs am Abschlussstichtag gilt auch für monetäre Posten (liquide Mittel, Forderungen und Verbindlichkeiten), die keine (Rest-)Laufzeit besitzen, sondern jederzeit verfügbar sind (zB Sichteinlagen auf ausländischen Konten).

79 Fraglich ist, wie bei der Folgebewertungen von **Rückstellungen** für in Fremdwährung zu erbringende Verpflichtungen sowie für drohende Verluste aus schwebenden Geschäften zu verfahren ist, da sie vom Wortlaut des § 256a Satz 1 HGB nicht erfasst werden. Auch § 256a Satz 2 HGB, der für kurzfristige Fremdwährungsposten die Beachtung des Realisationsprinzips (§ 252 Abs. 1 Nr. 4 Halbsatz 2 HGB) sowie die Beachtung des in § 253 Abs. 1 Satz 1 HGB geregelten Anschaffungskostenprinzips suspendiert, gilt nicht, weil beide Vorschriften bei der Bewertung von Rückstellungen nicht einschlägig sind. Für die Rückstellungen ergibt sich die Fremdwährungsumrechnung vielmehr bereits aus § 253 Abs. 1 Satz 2 iVm. Abs. 2 HGB, weshalb es der Erwähnung dieser Schuldposten in § 256a HGB nicht bedurfte.

80 Nach § 253 Abs. 1 Satz 2 und Abs. 2 HGB sind Rückstellungen zum **stichtagsbezogenen Erfüllungsbetrag** anzusetzen, dh. an jedem Abschlussstichtag neu zu bewerten (vgl. ausführlich Abschn. I Tz. 16 ff.). Bestimmt sich der Erfüllungsbetrag in fremder Währung, ist dieser Gegenwartswert in Fremdwährung bei der Rückstellungsbildung sowie bei der Folgebewertung am Abschlussstichtag mit dem jeweiligen Stichtagskurs,

---

98 Steuerlich vgl. BMF-Schreiben, v. 12.8.2002, BStBl. I 2002, S. 793: Währungskursbedingte Erhöhung einer Verbindlichkeit setzt eine dauerhafte Wechselkurserhöhung voraus.
99 Vgl. dazu *ADS*[6], § 253 HGB Tz. 94; *Ellrott/Brendt*, in Beck Bil-Komm.[6], § 255 Anm. 258; *Winnefeld*, Bilanzhandbuch[4], M Tz. 525; *Gebhardt/Breker*, DB 1991, S. 1533 f.; *HFA*, WPg 1998, S. 551; *Busse von Colbe/Ordelheide/Gebhardt/Pellens*, Konzernabschlüsse[8], S. 180.
100 AA *Kessler*, in Haufe BilMoG, S. 234.

dh. im Ergebnis dem Devisenkassakurs umzurechnen[101]. Dementsprechend sind auch Wertänderungen, die sich bei einem unveränderten Erfüllungsbetrag in Fremdwährung allein aufgrund von Wechselkursänderungen ergeben, stets erfolgswirksam zu erfassen, auch wenn dies bei einem Kursrückgang zu einer Verringerung des Wertansatzes der Rückstellung führt[102]. Insofern liegt auch kein Verstoß gegen das Verbot der Rückstellungsauflösung nach § 249 Abs. 2 Satz 2 HGB vor.

Eine Währungsumrechnung von **Rechnungsabgrenzungsposten** ist nicht notwendig, da die Ausgaben bzw. Einnahmen bereits geleistet und somit im Zeitpunkt ihres Anfalls in Euro umgerechnet wurden[103]. Sofern bei einer vorzeitigen Vertragsbeendigung Rückforderungsansprüche oder -verbindlichkeiten entstehen, sind die Rechnungsabgrenzungsposten wie Fremdwährungsforderungen und -verbindlichkeiten, dh. mit dem Stichtagsmittelkurs, zu bewerten[104]. Gleichzeitig hat eine Umgliederung in den Posten „Sonstige Vermögensgegenstände" (§ 266 Abs. 2 B.II.4. HGB) bzw. „Sonstige Verbindlichkeiten" (§ 266 Abs. 3 C.8. HGB) zu erfolgen. 81

Zur Umrechnung von **latenten Steuerposten**, die aus Bilanzierungs- und Bewertungsunterschieden im Reinvermögen einer ausländischen Betriebsstätte resultieren, vgl. Tz. 86. 82

3. Erfolgswirksame Behandlung und Ausweis von Währungsgewinnen bzw. -verlusten

Wertänderungen, die sich im Rahmen der Folgebewertung von Fremdwährungsposten nach § 256a HGB ergeben (vgl. Tz. 73 ff.), sind stets **erfolgswirksam** zu behandeln, da es im handelsrechtlichen Jahresabschluss keine § 308a Satz 3 HGB (vgl. Abschn. Q Tz. 370 ff.) entsprechende Vorschrift gibt, die eine erfolgsneutrale Behandlung von Währungskurseffekten gestatten würde. 83

Der Ausweis der Umrechnungsdifferenzen in der Gewinn- und Verlustrechnung hat nach § 277 Abs. 5 Satz 2 HGB gesondert unter den Posten „**sonstige betriebliche Erträge**" bzw. „**sonstige betriebliche Aufwendungen**" (§ 275 Abs. 2 Nr. 4 und 8 bzw. Abs. 3 Nr. 6 und 7 HGB) zu erfolgen. Der gesonderte Ausweis kann grundsätzlich durch einen „Davon-Vermerk" innerhalb der sonstigen betrieblichen Aufwendungen und Erträge oder eine Aufgliederung in der Vorspalte erfolgen. Im Hinblick auf die Klarheit und Übersichtlichkeit der Darstellung der Gewinn- und Verlustrechnung erscheint es jedoch nach § 265 Abs. 7 Nr. 2 HGB auch zulässig, die Erträge und Aufwendungen aus der Währungsumrechnung im Anhang anzugeben. 84

Außerplanmäßige Abschreibungen auf Sachanlagevermögen oder immaterielle Vermögensgegenstände nach § 253 Abs. 3 Satz 3 HGB sind, auch wenn sie währungsbedingt sind, ein integraler Bestandteil der Bewertung dieser Vermögensgegenstände, dh. die Wertminderung wird bei Anwendung des Gesamtkostenverfahrens als Abschreibung unter dem Posten § 275 Abs. 2 Nr. 7 a) bzw. Abs. 3 Nr. 2 HGB ausgewiesen. Gleiches gilt für Abwertungen aus Währungsverlusten bei Vorräten, die entweder im Posten „Bestandsveränderung" (§ 275 Abs. 2 Nr. 2 HGB) oder im Posten „Materialaufwand" (§ 275 Abs. 2 Nr. 5 HGB) bzw. bei Anwendung des Umsatzkostenverfahren idR im Posten im Posten „sonstige betriebliche Aufwendungen" § 275 Abs. 3 Nr. 7 85

---

101 Vgl. *Hommel/Laas*, BB 2008, S. 1669.
102 GlA *Winnefeld*, Bilanzhandbuch⁴, M Tz. 530.
103 Vgl. Begr. RegE, BT-Drucks. 16/10067, S. 62; *Langenbucher/Blaum*, in HdR⁵, Kap. 6 Rn. 565 f.; *Küting/Mojadadr*, DB 2008, S. 1870.
104 Vgl. *Kessler*, in Haufe BilMoG, S. 233; *Hommel/Laas*, BB 2008, S. 1669 f.

HGB zu erfassen sind[105]. Müssen auf fremde Währung lautende Forderungen wegen der mangelnden Bonität des Schuldners sowie aufgrund von Währungsverlusten abgewertet werden, erscheint es sachgerecht, die Abschreibung, sofern sie die im Unternehmen üblichen Abschreibungen überschreitet, insgesamt unter dem Posten § 275 Abs. 2 Nr. 7 lit. b) HGB auszuweisen und den Währungseffekt dann dort zB durch einen „Davon-Vermerk" anzugeben (§ 265 Abs. 3 Satz 1 HGB (analog)[106]).

4. Steuerabgrenzung

86   Wenn die nach den handelsrechtlichen Ansatz- und Bewertungsvorschriften ermittelten Wertansätze der Vermögensgegenstände und Schulden einer ausländischen Betriebsstätte von den für sie relevanten steuerlichen Wertansätzen abweichen (vgl. Tz. 92 ff.), dann sind diese auf fremde Währung lautenden Bilanzierungs- und Bewertungsunterschiede (*inside basis differences*) zu jedem Bilanzstichtag mit dem Stichtagsmittelkurs umzurechnen und nach allgemeinen Grundsätzen (vgl. Abschn. M Tz. 5 ff.) in die Steuerabgrenzung nach § 274 HGB im handelsrechtlichen Jahresabschluss der Hauptniederlassung einzubeziehen.

87   Zum Ansatzverbot für latente Steuern auf sog. *outside basis differences* vgl. Abschn. Q Tz. 311 ff..

5. Anhangangaben

88   Die **Grundlagen für die Umrechnung** in Euro sind wie bisher im Anhang anzugeben, soweit der handelsrechtliche Jahresabschluss Posten enthält, denen Beträge zugrunde liegen, die auf fremde Währung lauten oder ursprünglich lauteten (§ 284 Abs. 2 Nr. 2 HGB). Von der Angabepflicht betroffen sind damit zum einen Fremdwährungsforderungen und -verbindlichkeiten sowie die damit korrespondierenden Erträge und Aufwendungen, in Fremdwährung erworbene Vermögensgegenstände, zB Anlagegegenstände, ausländische Beteiligungen und Wertpapiere oder Vorräte, sowie die Vermögensgegenstände und Schulden, die zu einer ausländischen Betriebsstätte gehören (vgl. Tz. 61)[107].

89   Neben Posten der Bilanz und der Gewinn- und Verlustrechnung erstreckt sich die Angabepflicht auch auf die Umrechnung von Anhangangaben, die sich auf in Fremdwährung lautende Beträge beziehen. Zu nennen sind hier zB in Fremdwährung bestehende **Haftungsverhältnisse** (§§ 251 iVm. 268 Abs. 7 HGB) und **sonstige finanzielle Verpflichtungen** (§ 285 Nr. 3a HGB) sowie das (anteilige) Eigenkapital und Ergebnis bei **ausländischen Beteiligungen** (§ 285 Nr. 11 HGB)[108].

90   Die Fremdwährungsumrechnung ist für Zwecke des handelsrechtlichen Jahresabschlusses Teil der Bewertung der Vermögens- und Schuldposten sowie der damit korrespondierenden Erträge und Aufwendungen (vgl. Tz. 70)[109]. Die Angaben nach § 284 Abs. 2 Nr. 2 HGB ergänzen somit bezogen auf die Bestands- und Bewegungsgrößen, die aus Fremdwährungsgeschäften resultieren, die Erläuterung der Bewertungsmethoden nach § 284 Abs. 2 Nr. 1 HGB. Dementsprechend erstreckt sich die Angabepflicht auf die verbale Beschreibung der **Umrechnungsmethode(n)** wie sie sich aus § 256a HGB iVm. den allgemeinen Bewertungsvorschriften (§§ 252 Abs. 1 Nr. 4 und 253

---

105   Vgl. *Förschle*, in Beck Bil-Komm.[6], § 275 Anm. 148.
106   Vgl. zur grds. Zulässigkeit: *Winkeljohann/Geißler*, in Beck Bil-Komm.[6], § 265 Anm. 9.
107   Vgl. *WPH*[13], Bd. I, F Tz. 613.
108   Vgl. *ADS*[6], § 284 HGB Tz. 95; *Ellrott* in Beck Bil-Komm.[6], § 284 Anm. 136.
109   Vgl. *HFA*, WPg 1986, S. 664.

Abs. 1 HGB) ergibt, dh. wie Fremdwährungsbeträge in der Bilanz, in der GuV und im Anhang in Euro umgerechnet wurden.

Anzugeben ist nach § 284 Abs. 2 Nr. 2 HGB, welche **Wechselkurse** (historische Kurse am jeweiligen Transaktions-/Entstehungstag, Stichtagskurse (vgl. Tz. 75 ff.) oder ggf. Sicherungskurse) für die Umrechnung der monetären und nicht monetären Posten zur Anwendung kamen. Sofern im Rahmen der Zugangsbewertung aus Wesentlichkeitsgründen Mittelkurse an Stelle von differenzierten Geld- bzw. Briefkursen (vgl. Tz. 72) bzw. Durchschnittskurse anstelle der historischen Kurse im Zugangszeitpunkt der Vermögensgegenstände und Schulden verwendet wurden, ist auch dies im Anhang anzugeben. Zur Berichterstattung über die Maßnahmen zur Fremdwährungssicherung im Anhang nach § 285 Nr. 23 HGB vgl. Abschn. O Tz. 170 ff.[110]. 91

IV. Ausländische Zweigniederlassungen

Unterhält ein zur handelsrechtlichen Rechnungslegung verpflichtetes Unternehmen eine (rechtlich unselbständige) Zweigniederlassung im nicht zur Euro-Zone gehörenden Ausland, sind deren Vermögensgegenstände, Schulden und Rechnungsabgrenzungsposten nach § 246 Abs. 1 HGB (Vollständigkeitsgebot) im handelsrechtlichen **Jahresabschluss der Hauptniederlassung** zu erfassen. Aus Sicht des bilanzierenden Unternehmens besteht somit kein Unterschied zwischen auf fremde Währung lautenden Vermögensgegenständen und Schulden der Hauptniederlassung und dem (Rein-)Vermögen der ausländischen Betriebstätte. Deshalb gelten für die Bewertung der der Betriebstätte zugeordneten Vermögensgegenstände und Schulden ebenfalls § 252 Abs. 1 Nr. 4 (Imparitätsprinzip) sowie § 253 Abs. 1 Satz 1 HGB (Anschaffungskostenprinzip) jeweils iVm. § 256a HGB. 92

Vollkonsolidierte **Tochterunternehmen** werden aufgrund der Fiktion der rechtlichen Einheit des Konzerns (§ 297 Abs. 3 Satz 1 HGB) für Zwecke der Konzernrechnungslegung zwar auch wie unselbständige Betriebsstätten des Mutterunternehmens behandelt, die Umrechnung der Vermögensgegenstände und Schulden sowie der damit korrespondierenden Erträge und Aufwendungen von Tochterunternehmen mit Sitz in einem Staat außerhalb der Euro-Zone erfolgt jedoch nicht nach den vorgenannten Grundsätzen, sondern nach § 308a HGB nach der sog. modifizierten Stichtagskursmethode (vgl. Abschn. Q Tz. 356 ff.). 93

Führt die Zweigniederlassung keine eigenständigen Bücher, sondern erfolgt die Erfassung aller Geschäftsvorfälle in der **Buchführung der Hauptniederlassung**, ist sichergestellt, dass jeder Geschäftsvorfall direkt bei seiner Entstehung bereits in der Währung (Euro) der Hauptniederlassung erfasst, dh. unter Berücksichtigung der allgemeinen Umrechnungsgrundsätze (vgl. Tz. 69) bewertet wird. 94

Insb. aufgrund von steuerlichen Anforderungen müssen ausländische Zweigniederlassungen ihre **Bücher** jedoch oftmals eigenständig **in der Landeswährung** ihres Sitzlandes führen. Somit ergibt sich am Abschlussstichtag die Notwendigkeit, dass der in fremder Währung erstellte Abschluss der Zweigniederlassung in die Währung des Jahresabschlusses der Hauptniederlassung umgerechnet werden muss. Auch hierbei sind die einzelnen Geschäftsvorfälle grds. so umzurechnen, als wären sie direkt im Zeitpunkt, zu dem sie nach den handelsrechtlichen Vorschriften bilanzierungsfähig oder -pflichtig geworden sind, in Euro umgerechnet worden. Nur auf diese Weise kann sichergestellt werden, dass die oben genannten Bewertungsprinzipien (vgl. Tz. 69 ff.) 95

---

110 Vgl. *ADS*[6], § 284 HGB Tz. 96; *Ellrott* in Beck Bil-Komm.[6], § 284 Anm. 137.

eingehalten werden. Der Abschluss der ausländischen Zweigniederlassung muss demnach unter Anwendung der sog. Zeitbezugsmethode, dh. mit differenzierten Kursen umgerechnet werden. Wobei mit „Zeitbezug" gemeint ist, dass sich der Betrag in Fremdwährung und der zu seiner Umrechnung verwandte Kurs auf den gleichen Zeitpunkt beziehen müssen, dh. (ggf. fortgeführte) historische Anschaffungskosten mit historischen Kursen und beizulegende Stichtagswerte mit Stichtagskursen umgerechnet werden.

96 Diese Vorgehensweise entspricht auch den Anforderungen des **Steuerrechts**, da nach § 146 Abs. 2 Satz 3 AO die Ergebnisse der Buchführung der ausländischen Betriebsstätte[111] in die Buchführung der Hauptniederlassung übernommen werden müssen. Da es ausreichend ist, das „Ergebnis" der Buchführung zu übernehmen, ist eine Umrechnung des Abschlusses der ausländischen Zweigniederlassung ausreichend, dh. eine Nachbuchung aller umgerechneten Geschäftsvorfälle braucht nicht zu erfolgen[112]. In Bezug auf die Umrechnungsmethode vertreten der BFH[113] sowie die Finanzverwaltung[114] übereinstimmend die Auffassung, dass die Zeitbezugsmethode zur Umrechnung der Abschlüsse angewendet werden sollte.

97 Eine Umrechnung des Abschlusses einer ausländischen Zweigniederlassung zum **Stichtagskurs** wird aus Vereinfachungsgründen nur dann als zulässig angesehen, wenn keine großen Schwankungen zwischen den Währungen auftreten[115]. Die Verwendung des Stichtagskurses dürfte ebenfalls dann zulässig sein, wenn das Vermögen der Zweigniederlassung überwiegend aus kurzfristigen Nominalwerten, zB Forderungen aus Lieferungen und Leistungen, besteht, zB weil es sich ausschließlich um eine Vertriebsniederlassung handelt, die sonst nur über unbedeutende Sachwerte (Betriebs- und Geschäftsausstattung) verfügt.

98 **Umrechnungsdifferenzen**, die bei der Umrechnung des Abschlusses der Zweigniederlassung entstehen, sind aufgrund der Gültigkeit der allgemeinen Bewertungsmethoden, ebenso wie direkt bei der Hauptniederlassung auftretende Umrechnungsdifferenzen, im handelsrechtlichen Jahresabschluss der Hauptniederlassung sowie für steuerliche Zwecke immer **erfolgswirksam** in der GuV (vgl. Tz. 83) zu erfassen[116].

V. Erstanwendung

99 Nach Art. 66 Abs. 3 Satz 1 EGHGB ist § 256a HGB grds. erstmals auf Jahresabschlüsse für das **nach dem 31. Dezember 2009** beginnende Geschäftsjahr anzuwenden. Nach Art. 66 Abs. 3 Satz 6 EGHGB kann § 256a HGB zusammen mit allen übrigen, durch das BilMoG geänderten Jahresabschlussvorschriften freiwillig vorzeitig bereits auf Jahres- und Konzernabschlüsse für die nach dem 31. Dezember 2008 beginnenden Geschäftsjahre angewandt werden (vgl. Abschn. W Tz. 3).

100 Die Regelung gilt dabei für die Folgebewertung sämtlicher auf Fremdwährung lautender Posten, unabhängig davon, ob diese vor oder nach dem Inkrafttreten der durch das BilMoG geänderten Vorschriften entstanden sind. In Ermangelung besonderer

---

111 Nach § 12 Satz 2 Nr. 2 AO enthält der steuerrechtliche Begriff der Betriebsstätte auch Zweigniederlassungen.
112 Vgl. *Langenbucher/Blaum*, in HdR⁵, Kap. 6 Rn. 628; *Harnacke*, DB 1998, S. 1436.
113 Vgl. BFH, v. 16.2.1996, I R 43/95, BStBl. II 1997, S. 128; BFH, v. 13.9.1989, I R 117/87, BStBl. II 1990, S. 57; BFH, v. 9.8.1989, I B 118/88, BStBl. II 1990, S. 175.
114 Vgl. BMF, v. 24.12.1999, BStBl. I 1999, S. 1076 (Abschn. 2.8).
115 Vgl. *Langenbucher/Blaum*, in HdR⁵, Kap. 6 Rn. 635.
116 Vgl. *Langenbucher/Blaum*, in HdR⁵, Kap. 6 Rn. 628 mwN; BFH, v. 16.2.1996, I R 43/95, BStBl. II 1997, S. 128; BMF, v. 24.12.1999, BStBl. I 1999, S. 1076 (Abschn. 2.8 e).

Übergangsvorschriften sind Änderungen gegenüber den bisherigen Wertansätzen, die aus der Beachtung des § 256a HGB resultieren, **ergebniswirksam** in der Gewinn- und Verlustrechnung zu erfassen (vgl. Tz. 83 ff.).

K. Bestandteile des Jahresabschlusses, Kapitalmarktorientierung, Größenklassen und Prüfungsausschuss
(§§ 264, 264d, 267, 324 HGB)

§ 264 HGB
Pflicht zur Aufstellung

(1) ¹Die gesetzlichen Vertreter einer Kapitalgesellschaft haben den Jahresabschluß (§ 242) um einen Anhang zu erweitern, der mit der Bilanz und der Gewinn- und Verlustrechnung eine Einheit bildet, sowie einen Lagebericht aufzustellen. ²**Die gesetzlichen Vertreter einer kapitalmarktorientierten Kapitalgesellschaft, die nicht zur Aufstellung eines Konzernabschlusses verpflichtet ist, haben den Jahresabschluss um eine Kapitalflussrechnung und einen Eigenkapitalspiegel zu erweitern, die mit der Bilanz, Gewinn- und Verlustrechnung und dem Anhang eine Einheit bilden; sie können den Jahresabschluss um eine Segmentberichterstattung erweitern.** ³Der Jahresabschluß und der Lagebericht sind von den gesetzlichen Vertretern in den ersten drei Monaten des Geschäftsjahrs für das vergangene Geschäftsjahr aufzustellen. ⁴Kleine Kapitalgesellschaften (§ 267 Abs. 1) brauchen den Lagebericht nicht aufzustellen; sie dürfen den Jahresabschluß auch später aufstellen, wenn dies einem ordnungsgemäßen Geschäftsgang entspricht, jedoch innerhalb der ersten sechs Monate des Geschäftsjahres.

(2) ¹Der Jahresabschluß der Kapitalgesellschaft hat unter Beachtung der Grundsätze ordnungsmäßiger Buchführung ein den tatsächlichen Verhältnissen entsprechendes Bild der Vermögens-, Finanz- und Ertragslage der Kapitalgesellschaft zu vermitteln. ²Führen besondere Umstände dazu, daß der Jahresabschluß ein den tatsächlichen Verhältnissen entsprechendes Bild im Sinne des Satzes 1 nicht vermittelt, so sind im Anhang zusätzliche Angaben zu machen. ³Die gesetzlichen Vertreter einer Kapitalgesellschaft, die Inlandsemittent im Sinne des § 2 Abs. 7 des Wertpapierhandelsgesetzes und keine Kapitalgesellschaft im Sinne des § 327a ist, haben bei der Unterzeichnung schriftlich zu versichern, dass nach bestem Wissen der Jahresabschluss ein den tatsächlichen Verhältnissen entsprechendes Bild im Sinne des Satzes 1 vermittelt oder der Anhang Angaben nach Satz 2 enthält.

(3) Eine Kapitalgesellschaft, die Tochterunternehmen eines nach § 290 zur Aufstellung eines Konzernabschlusses verpflichteten Mutterunternehmens ist, braucht die Vorschriften dieses Unterabschnitts und des Dritten und Vierten Unterabschnitts dieses Abschnitt nicht anzuwenden, wenn

1. alle Gesellschafter des Tochterunternehmens der Befreiung für das jeweilige Geschäftsjahr zugestimmt haben und der Beschluß nach § 325 offengelegt worden ist,
2. das Mutterunternehmen zur Verlustübernahme nach § 302 des Aktiengesetzes verpflichtet ist oder eine solche Verpflichtung freiwillig übernommen hat und diese Erklärung nach § 325 offengelegt worden ist,
3. das Tochterunternehmen in den Konzernabschluß nach den Vorschriften dieses Abschnitts einbezogen worden ist und
4. die Befreiung des Tochterunternehmens

a) im Anhang des von dem Mutterunternehmen aufgestellten und nach § 325 durch Einreichung beim Betreiber des elektronischen Bundesanzeigers offen gelegten Konzernabschlusses angegeben und

b) zusätzlich im elektronischen Bundesanzeiger für das Tochterunternehmen unter Bezugnahme auf diese Vorschrift und unter Angabe des Mutterunternehmens mitgeteilt worden ist.

(4) Absatz 3 ist auf Kapitalgesellschaften, die Tochterunternehmen eines nach § 11 des Publizitätsgesetzes zur Aufstellung eines Konzernabschlusses verpflichteten Mutterunternehmens sind, entsprechend anzuwenden, soweit in diesem Konzernabschluss von dem Wahlrecht des § 13 Abs. 3 Satz 1 des Publizitätsgesetzes nicht Gebrauch gemacht worden ist.

Inhaltsverzeichnis Tz.
I. Ziel und Anwendungsbereich der geänderten Vorschriften................ 1 – 5
II. Aufbau von Kapitalflussrechnung, Eigenkapitalspiegel und Segmentberichterstattung
   1. Allgemeines .... 6 – 10
   2. Kapitalflussrechnung... 11 – 15
   3. Eigenkapitalspiegel .... 16 – 20
   4. Segmentberichterstattung .... 21 – 25
III. Erstanwendungszeitpunkt und Übergangsvorschriften .... 26 – 31

I. Ziel und Anwendungsbereich der geänderten Vorschriften

1 Kapitalmarktorientierte Kapitalgesellschaften iSv. § 264d HGB, die nicht zur Aufstellung eines Konzernabschlusses verpflichtet sind, haben ihren handelsrechtlichen Jahresabschluss nach § 264 Abs. 1 Satz 2 erster Halbsatz HGB um die eigenständigen Bestandteile einer **Kapitalflussrechnung** und eines **Eigenkapitalspiegels** zu ergänzen. Sie können den Jahresabschluss außerdem um eine **Segmentberichterstattung** erweitern (§ 264 Abs. 1 Satz 2 zweiter Halbsatz HGB)[1]. Alle in § 264 Abs. 1 HGB geforderten Bestandteile des handelsrechtlichen Jahresabschlusses bilden eine Einheit. Bei Fehlen eines geforderten Bestandteils ist der Jahresabschluss einer kapitalmarktorientierten Kapitalgesellschaft, die nicht konzernrechnungslegungspflichtig ist, unvollständig und die Aufstellungspflicht der gesetzlichen Vertreter nicht erfüllt[2]. Die Angabepflichten betreffend Bilanz, Gewinn- und Verlustrechnung sowie Anhang und Lagebericht werden von § 264 Abs. 1 Satz 2 HGB nicht berührt.

2 Die Gesetzesänderung verfolgt das Ziel, alle kapitalmarktorientierte Unternehmen unabhängig von der Aufstellungspflicht eines Konzernabschlusses hinsichtlich der Berichterstattungspflichten gleichzustellen[3] (§§ 297 Abs. 1 Satz 1 und 315a HGB)[4]. Allerdings müssen **konzernrechnungslegungspflichtige kapitalmarktorientierte Unternehmen** ihren Konzernabschluss gem. § 315a Abs. 1 HGB nach den IFRS aufstellen und sind daher auch zur Segmentberichterstattung nach IFRS 8 verpflichtet[5].

---
1 Vgl. *Förschle/Kroner*, in Beck Bil-Komm.⁶, § 297 Anm. 10 f.; ADS⁶, § 297 HGB nF Tz. 1 ff.
2 Vgl. *Förschle/Kroner*, in Beck Bil-Komm.⁶, § 297 Anm. 15; *ADS*⁶, § 264 HGB Tz. 15.
3 Vgl. Begr. RegE, BT-Drucks. 16/10067, S. 62.
4 Vgl. *Förschle/Kroner*, in Beck Bil-Komm.⁶, § 297 Anm. 10 ff. u. § 315a; *ADS*⁶, § 297 HGB nF.
5 Vgl. *Driesch*, in C.-C. Freidank/P. Altes (Hrsg.), S. 157 f. und S. 167.

Die Einführung des § 264 Abs. 1 Satz 2 HGB erfolgt auf der Grundlage von Artikel 2 Abs. 1 Unterabsatz 2 der **4. EG-Richtlinie**[6], die den Mitgliedstaaten gestattet, den Jahresabschluss neben Bilanz, Gewinn- und Verlustrechnung und Anhang um weitere Pflichtbestandteile zu erweitern.

3

Betroffen von der Vorschrift sind neben **Kapitalgesellschaften** auch **Personenhandelsgesellschaften iSv § 264a HGB**. Darüber hinaus ist § 264 Abs. 1 Satz 2 HGB aufgrund der Ergänzung des § 5 Abs. 2a Satz 2 PublG durch das BilMoG auf sonstige kapitalmarktorientierte Unternehmen, die dem Publizitätsgesetz unterliegen (vgl. Abschn. X Tz. 3 ff.), sinngemäß anzuwenden. Die sinngemäße Anwendung gestattet Abweichungen vom Wortlaut der Vorschriften, soweit dies erforderlich ist, um unter Berücksichtigung von Besonderheiten der sonstigen Unternehmen den Sinn der betreffenden Vorschrift zu erfüllen. Mögliche Abweichungen können sich bspw. durch den rechtsformspezifischen Ausweis von Eigenkapital ergeben[7].

4

Voraussetzungen für die Anwendung von § 264 Abs. 1 Satz 2 HGB sind, dass die Unternehmen **kapitalmarktorientiert** iSv § 264d HGB (vgl. Tz. 32 ff.) und nicht nach § 290 HGB oder § 11 Abs. 1 PublG zur Aufstellung eines **Konzernabschlusses** verpflichtet sind (vgl. Abschn. Q Tz. 1 ff.). Da für kapitalmarktorientierte Gesellschaften die Befreiungsvorschriften der § 291 HGB (befreiende Wirkung von EU/EWR-Konzernabschlüssen) und § 293 HGB (größenabhängige Befreiung) nicht anwendbar sind und diese daher zur Aufstellung eines Konzernabschlusses verpflichtet sind[8], umfasst der Kreis der betroffenen Unternehmen kapitalmarktorientierte Gesellschaften, die keine konsolidierungspflichtigen Tochtergesellschaften iSd. § 290 Abs. 1 Satz 1 HGB haben (vgl. Abschn. Q Tz. 3 ff.; dort auch zur Befreiung von der Aufstellungspflicht nach § 290 Abs. 5 HGB, wenn nur Tochtergesellschaften iSv. § 296 HGB vorhanden sind). Die Einbeziehung des Unternehmens in einen übergeordneten Konzernabschluss befreit nicht von den Aufstellungspflichten des § 264 Abs. 1 Satz 2 HGB[9]. In der Regierungsbegründung wird davon ausgegangen, „dass der Kreis der betroffenen Unternehmen marginal ist"[10].

5

II. Aufbau von Kapitalflussrechnung, Eigenkapitalspiegel und Segmentberichterstattung

1. Allgemeines

§ 264 Abs. 1 Satz 2 HGB macht keine Vorgaben zum Aufbau von Kapitalflussrechnung, Eigenkapitalspiegel und freiwilliger Segmentberichterstattung. Da mit der Einfügung des Satzes 2 die Gleichstellung aller kapitalmarktorientierten Unternehmen im Hinblick auf ihre Berichterstattungspflichten angestrebt wird, empfiehlt es sich, die **formale und inhaltliche Ausgestaltung** dieser Informationsinstrumente grds. entsprechend der vom BMJ bekannt gemachten Standards des DSR vorzunehmen (hier: DRS 2, 3 und 7 zur Auslegung von § 297 Abs. 1 HGB)[11]. Die Vorschriften der DRS in Bezug auf die Aufstellung von Kapitalflussrechnung, Eigenkapitalspiegel und Segmentberichterstattung

6

---

6 Richtlinie 2006/43/EG des Europäischen Parlaments und des Rates vom 18. Juni 2003, ABl. EU v. 17.7.2003, L 178, S. 16.
7 Vgl. ADS[6], § 5 PublG Tz.25.
8 Vgl. §§ 291 Abs. 3 Nr. 1 bzw. 293 Abs. 5 HGB.
9 Vgl. auch *Driesch*, in C.-C. Freidank/P. Altes (Hrsg.), S. 160 f.
10 Vgl. Begr. RegE, BT-Drucks. 16/10067, S. 43.
11 Vgl. *Oser/Roß/Wader/Drögemüller*, WPg 2008, S. 57; *Förschle/Kroner*, in Beck Bil-Komm.[6], § 297 Anm. 15; vgl. hierzu auch E-DRÄS 4.

sind jedoch nicht unbedingt bindend für die Auslegung des § 264 Abs. 1 Satz 2 HGB[12], da sich die Vermutung des Vorliegens von Grundsätzen ordnungsmäßiger Buchführung nach § 342 Abs. 2 HGB nur auf Konzernabschlüsse erstreckt.

7 Konzernabschlüsse kapitalmarktorientierter Unternehmen sind gem. § 315a HGB nach **IFRS** aufzustellen. Eine analoge Anwendung der IAS 7 bzw. IFRS 8 unter Berücksichtigung der deutschen handelsrechtlichen Vorschriften bei der Aufstellung einer Kapitalflussrechnung und einer Segmentberichterstattung im Rahmen des handelsrechtlichen Jahresabschlusses wird grds. nicht zu beanstanden sein. Demgegenüber wird der formale Aufbau eines Eigenkapitalspiegels nach § 264 Abs. 1 Satz 2 HGB im Unterschied zu einer Eigenkapitalveränderungsrechnung iSd. IAS 1.106 ff. zwingend nach dem Spaltenformat erfolgen müssen[13]. Außerdem sind Zeilen- und Spalteninhalte grds. bereits durch die handelsrechtlichen Postenbezeichnungen vorgegeben (vgl. Tz. 16 ff.).

8 Die Angabe von **Vorjahreszahlen** ist entgegen den Anforderungen der DRS[14] für die Berichterstattung nach § 264 Abs. 1 Satz 2 HGB nicht verpflichtend[15], weil das HGB Vorjahresangaben ausdrücklich nur für Bilanz und Gewinn- und Verlustrechnung vorschreibt (§ 265 Abs. 2 Satz 1 HGB)[16]. Dessen ungeachtet ist die Angabe von Vorjahresvergleichszahlen wünschenswert.

9 Bei der Aufstellung von Kapitalflussrechnung[17], Eigenkapitalspiegel und ggf. Segmentberichterstattung[18] als Bestandteile des Jahresabschlusses ist der Grundsatz der **Stetigkeit** zu beachten (§ 265 Abs. 1 HGB analog). Außerdem muss die Berichterstattung nach § 264 Abs. 1 Satz 2 HGB den Prinzipien der Klarheit und Übersichtlichkeit (§ 243 Abs. 2 HGB) entsprechen.

10 Für ein Verständnis der Abschlussbestandteile nach § 246 Abs. 1 Satz 2 HGB bedarf es regelmäßig einer Reihe weiterer **erläuternder Angaben**[19]. Ungeachtet der Tatsache, dass Kapitalflussrechnung, Eigenkapitalspiegel und ggf. Segmentberichterstattung eigene Bestandteile des Jahresabschlusses sind, ist es nicht zu beanstanden, wenn solche Erläuterungen innerhalb des **Anhangs** erfolgen[20]. Hinsichtlich Art und Umfang dieser Angaben empfiehlt sich wiederum eine Orientierung an den Vorgaben der DRS 2, 3 und 7 zur ergänzenden Berichterstattung.

2. Kapitalflussrechnung

11 Auf der Grundlage von DRS 2, IAS 7 und der im Zusammenhang mit der Verabschiedung des DRS 2 aufgehobenen Stellungnahme „HFA 1/1995: Die Kapitalflussrechnung als Ergänzung des Jahres- und Konzernabschlusses" bietet sich folgende **Mindestgliederung** einer Kapitalflussrechnung bei indirekter Ermittlung des Mittelzuflusses/-abflusses aus laufender Geschäftstätigkeit an (wobei eine direkte Ermittlung des Mittelzuflusses/-abflusses aus laufender Geschäftstätigkeit ebenfalls zulässig ist[21]):

---

12 Vgl. *Förschle*, in Beck Bil-Komm.⁶, § 342 Anm. 9.
13 Vgl. *Förschle/Kroner*, in Beck Bil-Komm.⁶, § 297 Anm. 240 ff., *ADS* Int., Abschn. 22 Tz. 192 ff.
14 Vgl. DRS 2.10; DRS 3.43.
15 Vgl. *Förschle*, in Beck Bil-Komm.⁶, § 342 Anm. 9.
16 AA *Förschle/Kroner*, in Beck Bil-Komm.⁶, § 297 Anm. 17.
17 Vgl. DRS 2.10.
18 Vgl. DRS 3.46 ff.
19 Vgl. *Förschle/Kroner*, in Beck Bil-Komm.⁶, § 297 Anm. 81, 120 ff. und 163 ff.
20 Vgl. *Förschle/Kroner*, in Beck Bil-Komm.⁶, § 297 Anm. 81.
21 Vgl. DRS 2.24; HFA 1/1995: Die Kapitalflussrechnung als Ergänzung des Jahres- und Konzernabschlusses; *ADS*⁶, § 297 HGB nF Anm. 18.

	Jahresüberschuss/-fehlbetrag
+/–	Abschreibungen/Zuschreibungen auf Gegenstände des Anlagevermögens
+/–	Zunahme/Abnahme der Rückstellungen
+/–	Sonstige zahlungsunwirksame Aufwendungen/Erträge
–/+	Gewinn/Verlust aus dem Abgang von Gegenständen des Anlagevermögens
–/+	Zunahme/Abnahme der Vorräte, der Forderungen aus Lieferungen und Leistungen sowie anderer Aktiva, die nicht der Investitions- oder Finanzierungstätigkeit zuzuordnen sind
+/–	Zunahme/Abnahme der Verbindlichkeiten aus Lieferungen und Leistungen sowie anderer Passiva, die nicht der Investitions- oder Finanzierungstätigkeit zuzuordnen sind
=	**Mittelzufluss/-abfluss aus laufender Geschäftstätigkeit**
	Einzahlungen aus Abgängen von Gegenständen des Sachanlagevermögens
–	Auszahlungen für Investitionen in das Sachanlagevermögen
+	Einzahlungen aus Abgängen von Gegenständen des immateriellen Anlagevermögens
–	Auszahlungen für Investitionen in das immaterielle Anlagevermögen
+	Einzahlungen aus Abgängen von Gegenständen des Finanzanlagevermögens
–	Auszahlungen für Investitionen in das Finanzanlagevermögen
+	Einzahlungen aufgrund von Finanzmittelanlagen im Rahmen der kurzfristigen Finanzdisposition
–	Auszahlungen aufgrund von Finanzmittelanlagen im Rahmen der kurzfristigen Finanzdisposition
=	**Mittelzufluss/-abfluss aus der Investitionstätigkeit**
	Einzahlungen aus Eigenkapitalzuführungen (Kapitalerhöhungen, Verkauf eigener Anteile etc.)
–	Auszahlungen an Gesellschafter (Dividenden, Erwerb eigener Anteile, Eigenkapitalrückzahlungen, andere Ausschüttungen)
+	Einzahlungen aus der Begebung von Anleihen und aus der Aufnahme von (Finanz-)Krediten
–	Auszahlungen aus der Tilgung von Anleihen und (Finanz-)Krediten
=	**Mittelzufluss/-abfluss aus der Finanzierungstätigkeit**
	Mittelzufluss/-abfluss aus laufender Geschäftstätigkeit, Investitions- und Finanzierungstätigkeit
+/–	Wechselkursbedingte und sonstige bewertungsbedingte Änderungen des Finanzmittelfonds
+	Finanzmittelfonds am Anfang der Periode
=	**Finanzmittelfonds am Ende der Periode**

Abb. 3 Kapitalflussrechnung

Für eine kapitalmarktorientierte Gesellschaft, die einem übergeordneten Konzernverbund angehört, können sich bei Aufstellung der Kapitalflussrechnung aus der finanziellen Eingliederung gegebenenfalls besondere Ausweisfragen ergeben, wenn diese in das konzerneinheitliche Liquiditätsmanagement (*„Cash-Pooling"*) einbezogen wird. Unternehmen, die am *Cash-Pooling* eines Konzernverbundes teilnehmen, sind verpflichtet, ihre Liquiditätsüberschüsse abzuführen. Liquiditätsunterdeckungen werden

		entsprechend ausgeglichen. Vertragspartner (Garant) des *Cash-Poolings* ist idR die Konzernobergesellschaft[22].
13		Fraglich ist, ob eine hieraus resultierende Forderung gegenüber dem Garanten als Bestandteil des **Finanzmittelfonds** anzusehen ist. Entscheidend für eine Zurechnung zu den Finanzmitteln ist, dass sie dem Unternehmen als Liquiditätsreserve dienen und jederzeit ohne wesentliche Wertabschläge in Zahlungsmittel umgewandelt werden können[23]. Bei Forderungen im Rahmen des *Cash-Poolings* wird indes stets ein Risiko bestehen, dass der Garant aufgrund eigener Liquiditätsprobleme zu einem Ausgleich wirtschaftlich nicht in der Lage ist. Da das Ausfallrisiko hierfür regelmäßig höher ist als bei Kassenbeständen oder Guthaben bei Kreditinstituten[24], wird sorgfältig zu prüfen sein, ob *Cash-Pooling*-Forderungen den Finanzmitteln zuzurechnen sind[25].
14		Im Rahmen der Kapitalflussrechnung als eigenständigem Bestandteil des handelsrechtlichen Jahresabschlusses oder im Anhang sind idR **ergänzende Angaben** zu machen, um die Informationen über Sachverhalte zu vermitteln, die aus der Kapitalflussrechnung nicht abgelesen werden können[26]. Zum Umfang dieser Berichterstattung wird im Einzelnen auf die Kommentierung zu § 297 Abs. 1 Satz 1 HGB verwiesen[27].
15		Die Darstellung der Finanzlage im **Lagebericht** nach § 289 Abs. 1 HGB muss im Einklang mit der Kapitalflussrechnung stehen. Es bietet sich an, bei der Berichterstattung über die Entwicklung des Finanzmittelfonds im Lagebericht auf die Kapitalflussrechnung Bezug zu nehmen[28].

3. Eigenkapitalspiegel

16 Kapitalmarktorientierte Kapitalgesellschaften, die nicht konzernrechnungslegungspflichtig sind, haben nach § 264 Abs. 1 Satz 2 HGB in ihrem Jahresabschluss auch einen Eigenkapitalspiegel aufzustellen. Der Eigenkapitalspiegel hat die Aufgabe, sämtliche **Eigenkapitalveränderungen** komprimiert und übersichtlich gegliedert darzustellen[29]. Für den handelsrechtlichen Jahresabschluss bestehen jedoch bereits eine Vielzahl von handelsrechtlichen und rechtsformspezifischen Vorschriften zur Berichterstattung über die Zusammensetzung des bilanziellen Eigenkapitals und dessen Veränderungen während eines Geschäftsjahres[30]. Daher wird der zusätzliche Informationsgehalt des Eigenkapitalspiegels als Bestandteil eines handelsrechtlichen Jahresabschlusses im Regelfall eher gering sein.

17 Im handelsrechtlichen Jahresabschluss ergeben sich Eigenkapitalveränderungen im Wesentlichen durch **Transaktionen mit Gesellschaftern** (Kapitaleinlagen, Kapital- und Gewinnentnahmen) sowie durch den erwirtschafteten **Jahresüberschuss bzw. -fehlbetrag**. Werdänderungen von Vermögens- oder Schuldposten werden ergebniswirksam abgebildet[31]. Sachverhalte, die zu ergebnisneutralen Buchungen im Eigenkapital führen und nicht auf Transaktionen mit Gesellschaftern beruhen, beschränken

---

22 Vgl. *Förschle/Kroner*, in Beck Bil-Komm.[6], § 297 Anm. 57.
23 Vgl. DRS 2.18; IAS 7.7.
24 Vgl. auch *Förschle/Kroner*, in Beck Bil-Komm.[6], § 297 Anm. 57.
25 Vgl. auch *Förschle/Kroner*, in Beck Bil-Komm.[6], § 297 Anm. 57; Freiberg, in *Lüdenbach/Hoffmann*, IFRS Komm.[7], § 3 Anm. 21.
26 Vgl. *ADS*[6], § 297 HGB nF Anm. 34, DRS 7.52, IAS 7; *Scheffler*, BB 2007, S. 2045 ff.
27 Vgl. z.B. *Förschle/Kroner*, in Beck Bil-Komm.[6], § 297 Anm. 50 – 69.
28 Vgl. DRS 15.71.
29 Vgl. *ADS Int.*, Abschn. 22 Tz. 6.
30 Vgl. *ADS Int.*, Abschn. 22 Tz. 192.
31 Ausnahmen können sich als Folge von Gesetzesänderungen ergeben. Vgl. Abschn. K Tz 28.

sich auf wenige Ausnahmen[32], bei denen es sich bei wirtschaftlicher Betrachtung um Ausprägungen der Kapitalüberlassung, insb. durch Zuzahlungen Dritter in die Kapitalrücklagen, und nicht um Wertänderungen vorhandener Vermögensgegenstände oder Schulden handelt[33].

Schon bisher ergaben sich Berichterstattungspflichten für Kapitalgesellschaften über **Zusammensetzung und Veränderungen des Eigenkapitals** während eines Geschäftsjahrs durch Transaktionen mit Gesellschaftern sowie durch den erwirtschafteten Jahresüberschuss bzw. -fehlbetrag aus §§ 266, 268 Abs. 1 und 3, 270, 272 HGB. Personenhandelsgesellschaften iSd. § 264a HGB haben zusätzlich § 264c HGB zu beachten. Von den rechtsformspezifischen Vorschriften sind insb. die §§ 150, 152 Abs. 2 und 3 AktG sowie 158 Abs. 1 und 160 AktG zu nennen[34]. Diese Vorschriften schreiben die Gliederung des Eigenkapitals, die Darstellung der Rücklagenbewegungen und für Aktiengesellschaften darüber hinaus eine Ergebnisverwendungsrechnung vor; nach § 265 Abs. 2 Satz 1 HGB sind dabei jeweils Vorjahresvergleichszahlen anzugeben. Darüber hinaus wird in der Literatur aus Gründen der Klarheit (§ 243 Abs. 2 HGB) auch bisher bereits die Aufstellung einer Ergebnisverwendungsrechnung für GmbH[35] und Personenhandelsgesellschaften empfohlen[36].

18

Die nachfolgende Darstellung zeigt beispielhaft den **Aufbau eines Eigenkapitalspiegels** als Teil des handelsrechtlichen Jahresabschlusses[37]:

19

	Gezeichnetes Kapital	Kapitalrücklage	Gewinn-Rücklagen*	Bilanzgewinn/ -verlust**	∑ Eigenkapital
Stand 31. Dezember 01					
Kapitalerhöhungen/ Veräußerung eigener Anteile					
Kapitalherabsetzungen/ Erwerb eigener Anteile					
Geleistete Ausschüttungen					
Übrige Veränderungen***					
Jahresergebnis 02					
Stand 31. Dezember					

* Zur Vereinfachung der Darstellung wurde auf die in § 266 Abs. 3 A. III. HGB mit römischen Zahlen bezeichneten Posten innerhalb der Gewinnrücklagen verzichtet.
** Ggf. Jahresergebnis (§ 268 Abs. 1 HGB)
*** Ggf. weitere Aufgliederung (zB Zuzahlungen nach § 272 Abs. 2 Nr. 4 HGB)

Abb. 4 Eigenkapitalspiegel für Kapitalgesellschaften

---

32 Vgl. *ADS Int.*, Abschn. 22 Tz. 193 und 201.
33 Vgl. *ADS*[6], § 272 HGB Anm. 133 mwN, ADS Int., Abschn. 22 Tz. 193; aA IDW St/HFA 2/1996 Tz. 20.
34 Vgl. *ADS Int.*, Abschn. 22 Tz. 192.
35 Vgl. *WPH*[13], Bd. I, F Tz. 508; *Förschle*, in Beck Bil-Komm.[6], § 275 Anm. 311; *ADS*[6], § 268 HGB Anm. 14.
36 Vgl. IDW RS HFA 7 Tz. 45.
37 Vgl. dazu auch DRS 7.

K Bestandteile des Jahresabschlusses § 264 HGB

Sofern wesentliche kapitalverändernde Vorgänge eines Berichtsjahres aus der vorstehenden Darstellung nicht erkennen lassen, empfiehlt es sich, weitere Zeilen einzufügen oder den Eigenkapitalspiegel durch erläuternde Angaben zu ergänzen.

20 Die Gewinnanteile persönlich haftender Gesellschafter einer **Personenhandelsgesellschaft iSd.** § 264a HGB sind zum Abschlussstichtag deren Kapitalanteilen zuzuschreiben, sofern keine abweichende gesellschaftsvertragliche Vereinbarung besteht. Zum Ausweis eines Jahresüberschusses oder von Ergebnisvorträgen in oder unter der Bilanz kommt es in diesen Fällen nicht. Die entsprechenden Spalten sind deshalb im Eigenkapitalspiegel nur erforderlich, wenn nach Gesellschaftsvertrag – abweichend vom gesetzlichen Regelstatut – eine Beschlussfassung über die Gewinnverwendung vorgesehen ist. In diesem Fall empfiehlt sich in Anlehnung an § 264c Abs. 2 Satz 1 HGB und IDW RS HFA 7 Tz. 45 folgender Aufbau des Eigenkapitalspiegels:

	Kapitalanteile	Rücklagen*	Gewinn-/Verlustvortrag	Jahresüberschuss/ Jahresfehlbetrag	Σ Eigenkapital
Stand 31. Dezember 01					
Entnahmen					
Einlagen					
Jahresergebnis 02					
Gutschrift/Belastung auf Kapitalkonten					
Gutschrift/Belastung auf Rücklagenkonten					
Gutschrift/Belastung auf Verbindlichkeitenkonten					
Stand 31. Dezember 02					

* Hierunter können auch zB sog. stehen gelassene Gewinne gehören, wenn sie die Eigenkapitalkriterien erfüllen (vgl. ADS6, § 247 HGB Tz. 64).

Abb. 5 Eigenkapitalspiegel für Personenhandelsgesellschaften

4. Segmentberichterstattung

21 Der Jahresabschluss einer kapitalmarktorientierten Kapitalgesellschaft kann darüber hinaus nach § 264 Abs. 1 Satz 2 zweiter Halbsatz HGB freiwillig um eine **Segmentberichterstattung** erweitert werden. Damit wurde entsprechend den Anforderungen des § 297 Abs. 1 Satz 2 HGB an die Aufstellung einer Segmentberichterstattung im Rahmen von Konzernabschlüssen nicht kapitalmarktorientierter Unternehmen ein Wahlrecht in das Gesetz aufgenommen.

22 Es empfiehlt sich, die **Ausgestaltung** der Segmentberichterstattung entsprechend DSR 3 vorzunehmen. Da der Gesetzgeber auf eine inhaltlich ausfüllende Norm verzichtet hat, wird jedoch insb. von einem Unternehmen, das bereits als Teil eines nach IFRS oder US GAAP bilanzierenden übergeordneten Konzerns eine Segmentierung vorneh-

men muss, nicht gefordert werden können, eine wegen unterschiedlicher methodischer Grundsätze abweichende Berichterstattung[38] nach DRS 3 für Zwecke des handelsrechtlichen Jahresabschlusses aufzustellen, sofern die Anforderungen nach IFRS 8 bzw. SFAS 131 erfüllt werden.

Im Rahmen der Segmentberichterstattung oder im Anhang sind die Segmente zu beschreiben und **Erläuterungen** zu der Segmentberichterstattung sowie eine Überleitungsrechnung der wesentlichen Posten der Segmentierung auf die Beträge der Bilanz und der Gewinn- und Verlustrechnung bereitzustellen. Im Einzelnen wird zu Aufbau und Umfang der Berichterstattung auf die Kommentierung zu § 297 HGB verwiesen[39]. 23

Zu beachten ist, dass das BilMoG für den handelsrechtlichen Jahresabschluss keine § 314 Abs. 2 Satz 1 HGB entsprechende Befreiung gewährt, so dass die Verpflichtung nach § 285 Nr. 4 HGB (§ 285 Satz 1 Nr. 4 HGB aF) zur **Aufgliederung der Umsatzerlöse** nach Tätigkeiten und Regionen im Anhang von der Aufstellung einer Segmentberichterstattung unberührt bleibt. Es wird jedoch nicht zu beanstanden sein, wenn § 314 Abs. 2 Satz 1 HGB in diesem Fall analog angewendet wird, sofern die Segmentberichterstattung die Angaben nach § 285 Nr. 4 HGB vollständig enthält. 24

Wird freiwillig eine Segmentberichterstattung aufgestellt, können im **Lagebericht** entsprechend der Anforderung in DRS 15.13 auch segmentbezogene Informationen bereitgestellt werden. Soweit über Geschäftsverlauf und Lage des Unternehmens segmentbezogen berichtet wird, müssen diese Angaben im Einklang mit der Segmentberichterstattung erfolgen. 25

III. Erstanwendungszeitpunkt und Übergangsvorschriften

Nicht konzernrechnungslegungspflichtige kapitalmarktorientierte Unternehmen sind erstmals für Geschäftsjahre, die **nach dem 31. Dezember 2009** beginnen, verpflichtet, eine Kapitalflussrechnung und einen Eigenkapitalspiegel als Bestandteil des handelsrechtlichen Jahresabschlusses aufzustellen (Art. 66 Abs. 3 Satz 1 EGHGB). Sofern allerdings die neuen Vorschriften nach Art. 66 Abs. 3 Satz 6 EGHGB insgesamt bereits auf nach dem 31. Dezember 2008 beginnende Geschäftsjahre angewandt werden, gilt dies auch für § 264 Abs. 1 Satz 2 HGB. 26

Die Aufstellung des **Eigenkapitalspiegels** erfordert **im Umstellungsjahr** ggf. die Darstellung ergebnisneutraler Anpassungsbuchungen, denn die Übergangsvorschriften des BilMoG sehen eine Auflösung insb. von Pensionsrückstellungen (Art. 67 Abs. 1 Satz 3 EGHGB), Aufwandsrückstellungen und Sonderposten mit Rücklageanteil (Art. 67 Abs. 3 Satz 2 EGHGB), Anpassung von Wertansätzen von Vermögensgegenständen (Art. 67 Abs. 4 Satz 2 EGHGB) sowie eine erstmalige Bildung latenter Steuern (Art. 67 Abs. 6 EGHGB) durch unmittelbares Einstellen in die Gewinnrücklagen vor. 27

Es empfiehlt sich, diese Sachverhalte insgesamt über eine **gesonderte Zeile des Eigenkapitalspiegels** in die Gewinnrücklagen einzustellen, die sinngemäß als „Einstellungen in die Gewinnrücklagen nach Art. 67 EGHGB" bezeichnet werden könnte. Hierfür spricht auch, dass der Gesetzgeber nach Art. 67 Abs. 7 EGHGB die gesonderte Angabe der aus den Übergangsvorschriften resultierenden Aufwendungen und Erträge in der Gewinn- und Verlustrechnung fordert. Eine Erläuterung dieses Postens ist dagegen nicht erforderlich (Art. 67 Abs. 8 Satz 1 EGHGB). 28

---

38 Vgl. *Kajüter/D. Barth*, BB 2007, S. 433.
39 Vgl. zB *Förschle/Kroner*, in Beck Bil-Komm.[6], § 297 Anm. 150–176.

29 Bei der Aufstellung einer **Kapitalflussrechnung** nach der indirekten Methode stellt sich **im Umstellungsjahr** die Frage, wie nicht zahlungswirksame Bewertungsänderungen innerhalb des Mittelzuflusses/-abflusses aus laufender Geschäftstätigkeit durch erstmalige Anwendung des BilMoG berücksichtigt werden sollten.

30 Ergebnisneutrale **Einstellungen in die Gewinnrücklagen** aufgrund der Übergangsvorschriften der Art. 67 Abs. 1, 3 und 4 EGHGB erhöhen nicht den Jahresüberschuss bzw. mindern nicht den Jahresfehlbetrag. Die zugrundeliegenden Bewertungsänderungen müssen dementsprechend aus den sie betreffenden getrennt auszuweisenden Positionen der Kapitalflussrechnung heraus gerechnet werden. Hiernach kann bspw. eine erfolgsneutrale Auflösung von Aufwandsrückstellungen nach Art. 67 Abs. 3 Satz 2 EGHGB nicht unter dem Posten „Zunahme/Abnahme der Rückstellungen" ausgewiesen werden.

31 **Ergebniswirksame Anpassungen** an die Bilanzierungs- und Bewertungsmethoden des BilMoG – bspw. die Abzinsung von Rückstellungen, die vor dem Umstellungsjahr gebildet wurden – sind in der Gewinn- und Verlustrechnung des Umstellungsjahres unter den außerordentlichen Aufwendungen und Erträgen gesondert auszuweisen (Art. 67 Abs. 7 EGHGB). In der Kapitalflussrechnung empfiehlt es sich, bei der Darstellung der Ermittlung des Mittelzuflusses/-abflusses aus laufender Geschäftstätigkeit nach der indirekten Methode, diese Buchungen entweder analog zum Ausweis in der Gewinn- und Verlustrechnung in einer separaten Zeile unmittelbar unter dem Jahresüberschuss bzw. -fehlbetrag vor dem Mittelzufluss/-abfluss aus laufender Geschäftstätigkeit auszuweisen oder den sonstigen zahlungsunwirksamen Aufwendungen/Erträgen hinzuzurechnen. Auf diese Weise können korrespondierend die zugrunde liegenden ergebniswirksamen Bewertungsänderungen durch erstmalige Anwendung des BilMoG aus den sie betreffenden Posten der Kapitalflussrechnung – bspw. die Zunahme/Abnahme der Rückstellungen – heraus gerechnet werden. Hierdurch ist gewährleistet, dass diese Posten innerhalb des Mittelzufluss/-abflusses aus laufender Geschäftstätigkeit von den Anpassungsmaßnahmen des BilMoG unberührt bleiben.

§ 264d HGB
Kapitalmarktorientierte Kapitalgesellschaft

Eine Kapitalgesellschaft ist kapitalmarktorientiert, wenn sie einen organisierten Markt im Sinn des § 2 Abs. 5 des Wertpapierhandelsgesetzes durch von ihr ausgegebene Wertpapiere im Sinn des § 2 Abs. 1 Satz 1 des Wertpapierhandelsgesetzes in Anspruch nimmt oder die Zulassung solcher Wertpapiere zum Handel an einem organisierten Markt beantragt hat.

Inhaltsverzeichnis Tz.
I. Ziel der Regelung und Bedeutung der Vorschrift .... 32 – 34
II. Voraussetzungen für das Vorliegen der Kapitalmarktorientierung 35
    1. Organisierter Markt iSd. § 2 Abs. 5 WpHG .... 36 – 41
    2. Wertpapiere iSd. § 2 Abs. 1 Satz 1 WpHG .... 42 – 52
    3. Inanspruchnahme durch eigene Wertpapiere bzw. Antrag auf Zulassung .... 53 – 58
III. Übersicht der handelsrechtlichen Rechnungslegungsvorschriften für kapitalmarktorientierte Unternehmen 59
IV. Erstanwendungszeitpunkt und Übergangsvorschriften 60

I. Ziel der Regelung und Bedeutung der Vorschrift

Der § 264d HGB enthält eine **Legaldefinition** für die „kapitalmarktorientierte Kapitalgesellschaft" im HGB. Die Einfügung des § 264d HGB dient nach der Begr. RegE dazu eine Reihe handelsrechtlicher Vorschriften zu verkürzen und ihre Lesbarkeit zu verbessern[40]. Mit § 264d HGB wird der Begriff der Kapitalmarktorientierung erstmals ins deutsche Recht aufgenommen. Bislang war der Begriff der kapitalmarktorientierten Kapitalgesellschaft lediglich in der Überschrift zu § 327a HGB aF, der Offenlegungserleichterungen für bestimmte Gesellschaften, deren Schuldtitel in einem organisierten Markt zugelassen sind, verwendet worden, ohne dass ihm dadurch aber eine eigenständige Bedeutung zugekommen wäre.

32

Mit Einführung des § 264d HGB kommt der Qualifizierung als kapitalmarktorientierte Kapitalgesellschaft nunmehr erhebliche Bedeutung zu, da kapitalmarktorientierte Gesellschaften einer Vielzahl von **Sondervorschriften** unterliegen. Zu beachten ist allerdings, dass einige dieser Vorschriften (bspw. § 324 HGB) nur für bestimmte kapitalmarktorientierte Kapitalgesellschaften gelten, während andere Vorschriften des HGB nicht an die Kapitalmarktorientierung iSd § 264d HGB, sondern sonstige kapitalmarktrechtlich relevante Begriffe, wie den Begriff des Inlandsemittenten nach § 2 Abs. 7 WpHG, anknüpfen (vgl. dazu bspw. die Pflicht zur Abgabe des sog. Bilanzeids nach §§ 264, 289, 297, 315 HGB). Über die Vorschrift des § 264a Abs. 1 HGB gilt § 264d HGB auch für **Personenhandelsgesellschaften iSv. § 264a HGB.**

33

Über das HGB hinaus kommt § 264d HGB, bzw. der darin enthaltenen Definition der Kapitalmarktorientierung, auch Bedeutung für **weitere Gesetze** zu. Dies gilt insbesondere für die Aufstellungspflichten von Unternehmen iSd PublG (vgl. § 5 Abs. 2a PublG, § 13 Abs. 1 Satz 2 und Abs. 3 Satz 2 PublG) sowie die besonderen Anforderungen an Mitglieder von Aufsichts- oder Verwaltungsgremien nach dem AktG, SEAG, GenG und SECAG. (Zur Liste der Normen, die auf § 246d HGB Bezug nehmen, sowie zu

34

---

40 Vgl. Begr. RegE, BT-Drucks. 16/10067, S. 63.

sonstigen handelsrechtlichen Vorschriften für Unternehmen, die den Kapitalmarkt in Anspruch nehmen, siehe unten Tz. 28)

II. Voraussetzungen für das Vorliegen der Kapitalmarktorientierung

35 Nach § 264d HGB ist eine Kapitalgesellschaft kapitalmarktorientiert, wenn sie einen **organisierten Markt** iSd. § 2 Abs. 5 WpHG durch **Wertpapiere** iSd. § 2 Abs. 1 Satz 1 WpHG, die von ihr ausgegeben wurden, in Anspruch nimmt oder einen Zulassungsantrag auf Handel solcher Wertpapiere an einem organisierten Markt gestellt hat.

1. Organisierter Markt iSd. § 2 Abs. 5 WpHG

36 Nach § 2 Abs. 5 WpHG ist ein **organisierter Markt** ein im Inland, in einem anderen Mitgliedstaat der Europäischen Union oder einem anderen Vertragsstaat des Abkommens über den Europäischen Wirtschaftsraum betriebenes oder verwaltetes, durch staatliche Stellen genehmigtes, geregeltes und überwachtes multilaterales System, das die Interessen einer Vielzahl von Personen am Kauf und Verkauf von dort zum Handel zugelassenen Finanzinstrumenten innerhalb des Systems und nach festgelegten Bestimmungen in einer Weise zusammenbringt oder das Zusammenbringen fördert, die zu einem Vertrag über den Kauf dieser Finanzinstrumente führt.

37 Nach der Begründung zum Gesetzentwurf des Finanzmarktrichtlinie-Umsetzungsgesetzes vom 16. Juli 2007 (FRUG)[41] wurde der Wortlaut des § 2 Abs. 5 WpHG an die Definition des „**geregelten Marktes**" nach Art. 4 Abs. 1 Nr. 14 der EU-Richtlinie über Märkte für Finanzdienstleistungen 2004/39/EG (Finanzmarktrichtlinie)[42] angepasst[43]. Bei der Anpassung wurde zwar ein gegenüber der Finanzmarktrichtlinie abweichender Wortlaut verwendet, jedoch kann davon ausgegangen werden, dass der Inhalt im Interesse der vom Gesetzgeber beabsichtigten „1:1-Umsetzung" unverändert übernommen werden sollte. Daher sind geregelte Märkte iSd. Art. 4 Abs. 1 Nr. 14 der Finanzmarktrichtlinie zugleich als organisierte Märkte iSv. § 2 Abs. 5 WpHG anzusehen, was insbesondere die Einordnung ausländischer Märkte erheblich vereinfacht.

38 Wesentliches Abgrenzungsmerkmal des organisierten Marktes iSd. § 2 Abs. 5 WpHG von anderen Märkten ist das Erfordernis, dass das betreffende multilaterale Handelssystem der **staatlichen Genehmigung, Regelung und Überwachung** unterliegen muss. Hierdurch wird der organisierte Markt von anderen, rein privatrechtlich betriebenen Handelsplattformen abgegrenzt. Zudem ist Voraussetzung für die Annahme eines organisierten Marktes, dass er im Inland, in einem Mitgliedstaat der EU oder einem anderen Vertragsstaat des Abkommens über den EWR[44] betrieben oder verwaltet werden muss.

39 Im **Deutschland** umfasst der organisierte Markt iSv. § 2 Abs. 5 WpHG derzeit allein den regulierten Markt iSv. § 32 BörsenG, der am 1. November 2007 an die Stelle des amtlichen Marktes und des geregelten Marktes getreten ist. Nicht zum organisierten Markt gehört dagegen der Freiverkehr, einschließlich der an deutschen Börsen gebil-

---

41 Vgl. Finanzmarktrichtlinie-Umsetzungsgesetz vom 16. Juli 2007, BGBl. 2007 I 1330.
42 Vgl. Richtlinie 2004/39/EG des Europäischen Parlaments und des Rates vom 21. April 2004 über Märkte für Finanzinstrumente, zur Änderung der Richtlinien 85/611/EWG und 93/6/EWG des Rates und der Richtlinie 2000/12/EG des Europäischen Parlaments und des Rates und zur Aufhebung der Richtlinie 93/22/EWG des Rates (ABl. L 145 vom 30.4.2004); *Versteegen*, in Hirte/Möllers, Kölner Komm. WpHG, § 2 Tz. 179 f.
43 Vgl. Begr. RegE zum Finanzmarktrichtlinie-Umsetzungsgesetz, BT-Drucks. 16/4028, S. 52 f.
44 Abkommen über den Europäischen Wirtschaftsraum (EWR-Staaten: Island, Norwegen, Liechtenstein, jedoch zB nicht Schweiz).

deten Teilbereiche, wie der „*Entry Standard*" der Frankfurter Wertpapierbörse, da dieser anders als der regulierte Markt rein privatrechtlich organisiert ist[45].

Welche Märkte in den **Mitgliedstaaten der EU** und den **Vertragsstaaten des EWR** die Voraussetzungen des § 2 Abs. 5 WpHG erfüllen, ist in Abhängigkeit von der jeweiligen Organisationsform zu beurteilen. Für die Praxis sehr hilfreich ist in diesem Zusammenhang die jährlich von der EU Kommission herausgegebene und laufend aktualisierte Übersicht über die geregelten Märkte iSd. Art. 4 Abs. 1 Nr. 14 der Finanzmarktrichtlinie[46]. Märkte, die in dieser Übersicht verzeichnet sind, erfüllen zugleich die Anforderungen an einen organisierten Markt iSd § 2 Abs. 5 WpHG. **40**

Nicht zu den organisierten Märkten gehören die Märkte in **Drittstaaten**, wie USA, Japan oder Schweiz. Unternehmen, deren Wertpapiere ausschließlich zum Handel in einem dieser Staaten zugelassen sind, sind daher keine kapitalmarktorientierten Kapitalgesellschaften iSd § 264d HGB. **41**

2. Wertpapiere iSd. § 2 Abs. 1 Satz 1 WpHG

Von § 264d HGB umfasst sind allein **Wertpapiere** iSd. § 2 Abs. 1 Satz 1 WpHG. Rechte, die nicht in solchen Wertpapieren verbrieft sind, führen selbst dann nicht zu einer Kapitalmarktorientierung, wenn sie an einem organisierten Markt gehandelt werden. In § 2 Abs. 1 Satz 1 WpHG wird der Begriff „Wertpapier" – in Umsetzung von Art. 4 Nr. 18 der Finanzmarktrichtlinie – folgendermaßen definiert: **42**

„*Wertpapiere im Sinne dieses Gesetzes sind, auch wenn keine Urkunden über sie ausgestellt sind, alle Gattungen von übertragbaren Wertpapieren mit Ausnahme von Zahlungsinstrumenten, die ihrer Art nach auf den Finanzmärkten handelbar sind, insbesondere*

1) *Aktien,*
2) *andere Anteile an in- oder ausländischen juristischen Personen, Personengesellschaften und sonstigen Unternehmen, soweit sie Aktien vergleichbar sind, sowie Zertifikate, die Aktien vertreten,*
3) *Schuldtitel,*
   a) *insbesondere Genussscheine und Inhaberschuldverschreibungen und Orderschuldverschreibungen sowie Zertifikate, die Schuldtitel vertreten,*
   b) *sonstige Wertpapiere, die zum Erwerb oder zur Veräußerung von Wertpapieren nach den Nummern 1 und 2 berechtigen oder zu einer Barzahlung führen, die in Abhängigkeit von Wertpapieren, von Währungen, Zinssätzen oder anderen Erträgen, von Waren, Indices oder Messgrößen bestimmt wird.*"

Nicht von § 264d HGB umfasst sind damit die nach § 2 Abs. 1 Satz 1 WpHG ausgenommen Zahlungsinstrumente (Bargeld, Schecks oder andere liquide Mittel, die üblicherweise als Zahlungsmittel verwendet werden) sowie die in § 2 Abs. 1 Satz 2 WpHG genannten Anteile an Investmentvermögen, die von einer Kapitalanlagegesellschaft oder einer ausländischen Investmentgesellschaft ausgegeben werden. **43**

Ob Wertpapiere die Anforderungen aus § 2 Abs. 1 S. 1 WpHG erfüllen, ist anhand der Ausgestaltung der Wertpapiere im Einzelfall festzustellen. Maßgebliche **Kriterien** sind die **44**

---

45 Vgl. *Versteegen*, in Hirte/Möllers, Kölner Komm. zum WpHG, § 2 Tz. 181; *WPH*[13], Bd. I, N Tz. 4; *Petersen/Zwirner*, KoR 2008, Beil. 1, S. 13 f.; *Assmann*, in Assmann/Schneider, WpHG[5], § 2 Tz. 161.
46 Das jährliche Verzeichnis sowie die fortlaufend aktualisierte Fassung ist auf der Internetseite der EU-Kommission zugänglich.

- gattungsmäßige Ausgestaltung,
- Übertragbarkeit und
- Handelbarkeit der Papiere.

Nur Papiere, die diese Kriterien erfüllen, sind Wertpapiere iSd § 2 Abs. 1 S. 1 WpHG[47].

45 Die Anforderungen, die sich aus diesen Kriterien ergeben, sind allerdings nicht besonders streng. Das Kriterium der gattungsmäßigen Ausgestaltung stellt allein darauf ab, dass eine **standardisierte Ausgestaltung** der Wertpapiere gegeben sein muss, das Papier also nicht nach individuellen Anlegerwünschen – bspw. über Volumen und Laufzeit – ausgestaltet sein darf. Die Kriterien der **Übertragbarkeit** und **Handelbarkeit** sind bereits erfüllt, wenn das Papier im Rahmen eines Verkehrsgeschäfts nach Art und Stückzahl bestimmbar und übertragbar ist[48].

46 Eine hilfreiche Konkretisierung des Begriffs des Wertpapiers erfolgt durch die beispielhafte **Auflistung** erfasster **Beteiligungs- und Anlagetitel** in § 2 Abs. 1 Satz 1 Nr. 1 bis Nr. 3 WpHG. Dieser Katalog wurde durch das FRUG an die Anforderungen des Art. 4 Nr. 18 der Finanzmarktrichtline angeglichen, ohne jedoch dessen Wortlaut 1:1 zu übernehmen. Aufgrund der Komplexität der Ausgestaltung von Wertpapieren soll im Folgenden allein ein kurzer Überblick über die wesentlichen Wertpapiertypen gegeben werden.

47 Nach § 2 Abs. 1 Satz 1 Nr. 1 und Nr. 2 WpHG gehören zu den Wertpapieren insb.
- Aktien (Nr. 1),
- andere Anteile an in- oder ausländischen juristischen Personen, Personengesellschaften und sonstigen Unternehmen, soweit sie mit Aktien vergleichbar sind (§ 2 Abs. 1 Satz 1 Nr. 2 erste Alt. WpHG), sowie
- Zertifikate, die Aktien vertreten (§ 2 Abs. 1 Satz 1 Nr. 2 zweite Alt. WpHG).

48 **Anteile an anderen Unternehmen als Aktiengesellschaften** oder deutschen SE sind nach der Begr. RegE von § 2 Abs. 1 Satz 1 Nr. 2 Alt. 1 WpHG erfasst, wenn sie nicht nur die Kriterien der Standardisierung, Übertragbarkeit und Handelbarkeit erfüllen, sondern zudem vergleichbar einer Aktie in einer Art und Weise verkörpert sind, dass eine Anwendung der Vorschriften über den gutgläubigen Erwerb möglich ist.[49] Wegen ihrer besonderen Formerfordernisse bei der Übertragung ausgeschlossen sind daher Anteile an einer deutschen GmbH oder KG. Für Anteile an **ausländischen Unternehmen** ist eine Vergleichbarkeit mit Aktien im Einzelfall zu prüfen, wobei eine solche idR aber anzunehmen sein dürfte, wenn die Anteile zum Handel in einem organisierten Markt zugelassen sind. Nicht zu den Wertpapieren nach § 2 Abs. 1 WpHG gehören Anteile an geschlossenen Fonds, da es ihnen an der Vergleichbarkeit zu Aktien und an der gebotenen Standardisierung mangelt und sie in der Regel nicht geeignet sind, am Kapitalmarkt gehandelt zu werden[50]. Als Aktien vergleichbare Anteile werden dagegen Zwischenscheine nach deutschem Recht (§ 8 Abs. 6 AktG) angesehen[51], wenngleich wohl eher mehr dafür spricht, sie als Aktien vertretende Zertifikate zu beurteilen.

---

47 Vgl. Begr. RegE zum Finanzmarktrichtlinie-Umsetzungsgesetz, BT-Drucks. 16/4028, S. 53 f.; *Assmann*, in Assmann/Schneider, WpHG[5], § 2 Tz. 7 f.
48 Vgl. Begr. RegE zum Finanzmarktrichtlinie-Umsetzungsgesetz, BT-Drucks. 16/4028, S. 6 sowie zu § 2 Abs. 1 WpHG S. 53 ff.; *Assmann*, in Assmann/Schneider, WpHG[5], § 2 Tz. 10.
49 Vgl. Begr. RegE zum Finanzmarktrichtlinie-Umsetzungsgesetz, BT-Drucks. 16/4028, S. 54.
50 Vgl. Begr. RegE zum Finanzmarktrichtlinie-Umsetzungsgesetz, BT-Drucks. 16/4028, S. 54 f.; aA *Assmann*, in Assmann/Schneider, WpHG[5], § 2 Tz. 15 ff.
51 Vgl. *Assmann*, in Assmann/Schneider, WpHG[5], § 2 Tz. 18; zweifelnd *Versteegen*, in Hirte/Möllers, Kölner Komm. zum WpHG, § 2 Tz. 28, wonach Zwischenscheine zu Aktien zu zählen sind.

Als als **Aktien vertretende Zertifikate** kommen Zertifikate in Betracht, die zur Erleichterung der Handelbarkeit von Rechten aus Aktien ausgestellt werden. Diese Zertifikate können auf eine Vielzahl oder einen Bruchteil der bei einer Depotbank hinterlegten Aktien lauten. Eine Beispiel hierfür sind die sog. *American Depositary Receipts*, die mittlerweile auch an europäischen Märkten gehandelt werden. 49

Eine für die Praxis wichtige Gruppe der Wertpapiere iSd WpHG bilden die **Schuldtitel** nach § 2 Abs. 1 Satz 1 Nr. 3 WpHG. Auch für die Schuldtitel gelten die allgemeinen Anforderungen an Wertpapiere, wonach eine hinreichende Standardisierung, Übertragbarkeit und Handelbarkeit gegeben sein muss. Wegen der sehr flexiblen Gestaltungsmöglichkeiten von Schuldtiteln dürfte in jedem Einzelfall anhand der vorgenannten Kriterien sorgfältig zu prüfen sein, ob ein konkretes Papier den Begriff des Wertpapiers erfüllt. 50

Zu den Schuldtiteln gehören nach § 2 Abs. 1 Satz 1 Nr. 3 lit. a WpHG insbesondere Genussscheine, Inhaber- und Orderschuldverschreibungen sowie Schuldtitel vertretende Zertifikate. **Genussscheine** stellen schuldrechtliche Vereinbarungen mit einem Unternehmen dar, die je nach ihrer vertraglichen Ausgestaltung (ohne die Gewährung von Mitgliedschaftsrechten) einem Gesellschafter oder auch einem Fremdkapitalgeber ähnliche Rechte (sog. *hybride* oder *mezzanine* Finanzierungen)[52] beinhalten können. Die Ausgestaltung der Genussscheine obliegt den Vertragsparteien und kann vielfältige Formen annehmen (bspw. Options- und Wandelgenussscheine). **Inhaberschuldverschreibungen** stellen die klassische Form der Anleihe[53] dar, wonach der Aussteller zur Leistung an den Inhaber der Urkunde verpflichtet ist. Zu den Inhaberschuldverschreibungen zählen zB Wandel- und Gewinnschuldverschreibungen (§ 221 AktG), Nullkuponanleihen, Optionsanleihen und Pfandbriefe[54]. Die **Orderschuldverschreibung**[55] unterscheidet sich gegenüber der Inhaberschuldverschreibung dadurch, dass der Aussteller die versprochene Leistung an eine in der Urkunde benannte Person oder deren Order zu erbringen hat. Über die vorgenannten Papiere hinaus gehören auch **Schuldtitel vertretende Zertifikate**, wie Hinterlegungsscheine[56], zu den Wertpapieren iSd. WpHG. 51

Nach § 2 Abs. 1 Satz 1 Nr. 3 lit. b WpHG gehören zu den Schuldtiteln desweiteren **Optionsscheine**, dh. sonstige Wertpapiere, die zum Erwerb oder zur Veräußerung von Wertpapieren nach den Nummern 1 und 2 berechtigen oder zu einer Barzahlung führen, die in Abhängigkeit von Wertpapieren, von Währungen, Zinssätzen oder anderen Erträgen, von Waren, Indices oder Messgrößen bestimmt wird[57]. 52

3. Inanspruchnahme durch eigene Wertpapiere bzw. Antrag auf Zulassung

Der Begriff der „Inanspruchnahme" ist in § 264d HGB nicht definiert. Aus dem Sachzusammenhang ergibt sich aber, dass eine Inanspruchnahme iSd. § 264d HGB (nur dann) vorliegt, wenn Wertpapiere iSd. § 2 Abs. 1 Satz 1 WpHG **zum Handel** in einem organisierten Markt iSd. § 2 Abs. 5 WpHG **zugelassen** sind. 53

---

52 Vgl. zB *Hüffer*, AktG[8], § 221 Anm. 22 ff. mwN; *ADS*[6], § 246 HGB Tz. 87 ff., § 266 HGB Tz. 190 ff.; *Hoyos/M. Ring*, in Beck Bil-Komm.[6], § 247 Anm. 227 ff., § 266 Anm. 186; *WPH*[13], Bd. I, F Tz. 277 mwN; *Kraus/Schneider*, in Bösl/Sommer, Mezzanine Finanzierung, S.188 ff.
53 Vgl. zB *ADS*[6], § 246 HGB Tz. 364 ff., § 266 HGB Tz. 218 ff.; *Hoyos/M. Ring*, in Beck Bil-Komm.[6], § 266 Anm. 212 ff.; *WPH*[13], Bd. I, F Tz. 350 ff. mwN.
54 Vgl. *Assmann*, in Assmann/Schneider, WpHG[5], § 2 Tz. 25.
55 Vgl. *Assmann*, in Assmann/Schneider, WpHG[5], § 2 Tz. 26 f.
56 Vgl. Art. 4 Abs. 1 Nr. 18 lit. b Finanzmarktrichtlinie.
57 Vgl. Begr. RegE zum Finanzmarktrichtlinie-Umsetzungsgesetz, BT-Drucks. 16/4028, S. 54; *Assmann*, in Assmann/Schneider, WpHG[5], § 2 Tz. 20 ff.

54 Nach § 264d HGB muss die Inanspruchnahme durch Wertpapiere erfolgen, die von der Gesellschaft ausgegeben wurden. Dies bedeutet, dass die Ausgabe von Wertpapieren durch ein **Tochterunternehmen** nicht ausreichend ist, die Kapitalmarktorientierung eines Mutterunternehmens nach § 264d HGB zu begründen. Dies gilt selbst dann, wenn das Mutterunternehmen in Bezug auf die begebenen Wertpapiere eine **Garantenstellung** übernimmt, da auch in diesem Fall der Kapitalmarkt nicht durch von ihr ausgegebene Wertpapiere in Anspruch genommen wird. Zu beachten ist allerdings, dass bereits die Kapitalmarktorientierung eines in den Konzernabschluss einbezogenen Tochterunternehmens erweiterte Pflichten des Mutterunternehmens (bspw. Angabepflichten im Konzernlagebericht nach § 315 Abs. 2 Nr. 5 HGB) auslösen kann.

55 In § 264d HGB nicht geregelt ist der Zeitpunkt, mit dem die Inanspruchnahme des Kapitalmarkts und damit die Eigenschaft als kapitalmarktorientierte Kapitalgesellschaft beginnt und endet. Nach Sinn und Zweck der Definition wird man davon ausgehen müssen, dass die Kapitalmarktorientierung spätestens mit Zulassung der Wertpapiere zum Handel in einem organisierten Markt beginnt. Fraglich ist, ob auch schon die vorbereitende Billigung eines Wertpapierprospekts ausreicht, eine Kapitalmarktorientierung zu begründen. Hiergegen spricht, dass die Billigung eines Wertpapierprospekts weder eine Pflicht noch einen Anspruch auf Zulassung der Wertpapiere zum Handel in einem organisierten Markt begründet und somit als reine Vorbereitungshandlung noch keine Inanspruchnahme darstellt. Nach § 264d HGB ausreichend ist allerdings die **Stellung des Zulassungsantrags**. Diese Vorverlagerung der Qualifizierung eines Unternehmens als kapitalmarktorientiert folgt aus der hergebrachten deutschen Haltung, nach der bereits mit Stellung des Zulassungsantrags die besonderen Vorschriften für Unternehmen, deren Wertpapiere an einem regulierten Markt gehandelt werden sollen, gelten. Eine europarechtliche Veranlassung für diese Vorverlagerung besteht nicht.

56 Die Qualifizierung als kapitalmarktorientierte Gesellschaft endet – bei vorheriger Notierung im regulierten Markt in Deutschland – mit **Widerruf der Zulassung**. Entsprechendes gilt in Abhängigkeit der Regelungen des ausländischen Rechts für die Beendigung der Zulassung zum Handel von Wertpapieren an organisierten Märkten in anderen Mitgliedstaaten der EU bzw. in Staaten des EWR.

57 Von der Frage nach dem **Beginn** oder der **Beendigung einer Kapitalmarktorientierung** iSd. § 264d HGB zu unterscheiden ist die Frage nach dem maßgeblichen materiell-rechtlichen Anknüpfungszeitpunkt einer Vorschrift, die auf § 264d HGB Bezug nimmt. Die Beantwortung dieser Frage hängt allein von der jeweiligen materiellen Regelung ab, so dass anhand von Sinn und Zweck der jeweiligen Vorschrift zu beurteilen ist, welche Rechtsfolgen sich aus einer Kapitalmarktorientierung iSd. § 264d HGB ergeben.

58 Wie die Formulierung in § 264d HGB zeigt, muss die Inanspruchnahme des Kapitalmarkts durch das Unternehmen und damit auf dessen Veranlassung hin erfolgen. Eine Einbeziehung in den Handel auf **Antrag eines Handelsteilnehmers** oder **von Amts wegen** (§ 33 BörsenG) reicht nicht aus, eine Kapitalmarktorientierung iSd § 264d HGB zu begründen. Eine gegenteilige Auffassung würde dazu führen, dass Handlungen Dritter die das Unternehmen treffenden Pflichten erweiterten, ohne dass das Unternehmen hierauf Einfluss nehmen könnte. Letzteres scheint aber nach der börsengesetzlichen Einbeziehungsvorschrift nicht gewollt, da das BörsG die weiteren Folgepflichten einer Einbeziehung allein dem Antragsteller, nicht aber dem Unternehmen auferlegt. Relevanz besitzt diese Abgrenzung allerdings nur für Unternehmen, deren Wertpapiere in einem Drittstaat zugelassen sind und die allein durch die Einbeziehung

§ 264d HGB Kapitalmarktorientierte Kapitalgesellschaft K

in den regulierten Markt den erweiterten handelsrechtlichen Pflichten unterworfen würden. Unternehmen, deren Wertpapiere bereits zum Handel in einem organisierten Markt iSd. § 2 Abs. 5 WpHG zugelassen sind, unterliegen bereits ohne die weitere Einbeziehung nach § 33 BörsenG den für kapitalmarktorientierte Kapitalgesellschaften geltenden Vorschriften.

III. Übersicht der handelsrechtlichen Rechnungslegungsvorschriften für kapitalmarktorientierte Unternehmen

Die nachfolgenden Tabellen geben einen Überblick über 59

(a) die wesentlichen handelsrechtlichen Rechnungslegungsvorschriften, die auf § 264d HGB Bezug nehmen,
(b) die sonstigen wesentlichen handelsrechtlichen Rechnungslegungsvorschriften für Unternehmen, die den Kapitalmarkt in Anspruch nehmen,
(c) die diesbezüglichen Sondervorschriften für Kapitalgesellschaften iSd. § 327a HGB sowie
(d) die Rechtsnormen außerhalb des HGB, die auf § 246d HGB Bezug nehmen.

Vorschriften mit Bezugnahme auf § 264d HGB

Vorschrift	Regelungsinhalt	anwendbar auf
§ 264 Abs. 1 S. 2 HGB	Pflicht zur Erweiterung des Jahresabschlusses um eine Kapitalflussrechnung und einen Eigenkapitalspiegel; Wahlrecht zur Erweiterung um eine Segmentberichterstattung	Kapitalmarktorientierte Kapitalgesellschaften, die nicht zur Konzernrechnungslegung verpflichtet sind
§ 267 Abs. 3 S. 2 HGB	Kapitalmarktorientierte Kapitalgesellschaften gelten stets als große Kapitalgesellschaften	Kapitalmarktorientierte Kapitalgesellschaften
§ 286 Abs. 3 S. 3 HGB	Keine Unterlassen von Angaben nach § 285 S. 1 Nr. 11 und 11a HGB, wenn Gesellschaft oder eines ihrer Tochterunternehmen kapitalmarktorientiert ist	Kapitalgesellschaften, die selbst oder deren Tochterunternehmen (§ 290 Abs. 1 und 2 HGB) kapitalmarktorientiert sind
§ 289 Abs. 5 HGB	Erweiterung der Lageberichterstattung um die Beschreibung des rechnungslegungsbezogenen internen Kontroll- und Risikomanagementsystems	Kapitalmarktorientierte Kapitalgesellschaften
§ 290 Abs. 1 S. 2 HGB	Verkürzte Frist zur Aufstellung des Konzernabschlusses für Mutterunternehmen, die eine Kapitalgesellschaft iSd. § 325 Abs. 4 S. 1 HGB sind	Kapitalmarktorientierte Kapitalgesellschaften
§ 293 Abs. 5 HGB	Keine Befreiung von der Pflicht zur Aufstellung eines Konzernabschlusses, wenn Mutterunternehmen oder ein einbezogenes Tochterunternehmen kapitalmarktorientiert ist	Kapitalgesellschaften, die selbst oder deren Tochterunternehmen kapitalmarktorientiert sind
§ 313 Abs. 3 S. 3 HGB	Kein Unterlassen von Angaben im Konzernanhang nach § 313 Abs. 2 HGB	Kapitalgesellschaften, die selbst oder deren Tochterunternehmen kapitalmarktorientiert sind
§ 315 Abs. 2 Nr. 5 HGB	Erweiterung der Konzernlageberichterstattung um die Beschreibung des rechnungslegungsbezogenen internen Kontroll- und Risikomanagementsystems	Kapitalgesellschaften, die selbst oder deren Tochterunternehmen kapitalmarktorientiert sind

K Kapitalmarktorientierte Kapitalgesellschaft § 264d HGB

§ 319a Abs. 1 S. 1 HGB	Besondere Ausschlussgründe für Wirtschaftsprüfer bei Unternehmen von öffentlichem Interesse	Kapitalmarktorientierte Unternehmen
§ 324 Abs. 1 HGB	Vorschriften zur Bildung eines Prüfungsausschusses	Kapitalmarktorientierte Kapitalgesellschaften
§ 325 Abs. 4 S. 1 HGB	Verkürzte Offenlegungsfristen	Kapitalmarktorientierte Kapitalgesellschaften
§ 340k Abs. 5 HGB	Vorschriften zur Bildung eines Prüfungsausschusses iSd § 324 HGB	Kapitalmarktorientierte Kreditinstitute
§ 341k Abs. 4 HGB	Vorschriften zur Bildung eines Prüfungsausschusses iSd § 324 HGB	Kapitalmarktorientierte Versicherungsunternehmen

Sonstige besondere Vorschriften im HGB für Unternehmen, die den Kapitalmarkt in Anspruch nehmen

Vorschrift	Regelungsinhalt	anwendbar auf
§ 264 Abs. 2 S. 3; § 289 Abs. 1 S. 5; § 325 Abs. 2a S. 3 HGB	Pflicht zur Abgabe von Entsprechenserklärung zu Jahresabschluss, Lagebericht und Einzelabschluss durch die gesetzlichen Vertreter	Inlandsemittenten iSd. § 2 Abs. 7 WpHG
§ 285 Nr. 9a HGB	Erweiterte Angabepflicht zu Bezügen	börsennotierte Aktiengesellschaften
§ 285 Nr. 10 HGB	Erweiterte Angabepflicht zur Mitgliedschaften in Aufsichtsräten oder anderen Kontrollgremien	börsennotierte Gesellschaften
§ 285 Nr. 11 HGB	Erweiterte Angabepflicht zu Beteiligungen	börsennotierte Kapitalgesellschaften
§ 285 Nr. 16 HGB	Angabe zur Erklärung nach § 161 AktG	börsennotierte Aktiengesellschaften
§ 286 Abs. 4 HGB	Keine Befreiung von den Angabepflichten nach § 285 Nr. 9 a und Nr. 9b HGB	börsennotierte Aktiengesellschaften
§ 289 Abs. 2 Nr. 5 HGB	Angaben zum Vergütungssystem	börsennotierte Aktiengesellschaften
§ 289 Abs. 4 HGB	Übernahmerechtliche Angaben im Lagebericht	Aktiengesellschaften und Kommanditgesellschaften auf Aktien, die einen organisierten Markt iSd. § 2 Abs. 7 WpÜG durch von ihnen ausgegebene stimmberechtigte Aktien in Anspruch nehmen

§ 289a HGB	Aufnahme der Erklärung zur Unternehmensführung in den Lagebericht oder Angabe der Internetseite der Gesellschaft, auf der die Erklärung zugänglich gemacht wurde	Börsennotierte Aktiengesellschaften, sowie Aktiengesellschaften, die ausschließlich andere Wertpapiere als Aktien zum Handel an einem organisierten Markt iSd. § 2 Abs. 5 WpHG ausgegeben haben und deren ausgegebene Aktien auf eigene Veranlassung über ein multilaterales Handelssystem iSd. § 2 Abs.3 S. 1 Nr. 8 WpHG gehandelt werden
§ 291 Abs. 3 Nr. 1 HGB	Keine Befreiung nach § 291 HGB	Mutterunternehmen, die einen organisierten Markt iSd. § 2 Abs. 5 WpHG durch von ihnen ausgegebene Wertpapiere iSd. § 2 Abs. 1 S. 1 WpHG in Anspruch nehmen
§ 297 Abs. 2 S. 4; § 315a Abs. 1; § 315 Abs. 1 S. 6 HGB	Abgabe der Entsprechenserklärung zu Konzernabschluss und Konzernlagebericht durch die gesetzlichen Vertreter beim Konzernabschluss	Inlandsemittenten iSd. § 2 Abs. 7 WpHG
§ 313 Abs. 2 Nr. 4 HGB	Erweiterte Angabepflicht zu Beteiligungen	Mutterunternehmen, die selbst oder deren Tochterunternehmen börsennotiert sind oder wenn Anteile von einem für Rechnung dieser Unternehmen handelnden Personen gehalten werden
§ 314 Abs. 1 Nr.6a HGB	Erweiterte Angabepflicht zu Bezügen	börsennotierte Aktiengesellschaften
§ 314 Abs. 1 Nr. 8 HGB	Angabe zur Erklärung nach § 161 AktG für jeden in den Konzernabschluss einbezogene Unternehmen	konzernrechnungspflichtige Unternehmen
§ 315 Abs. 2 Nr. 4 HGB	Erweiterte Angabepflicht zu Vergütungssystem	börsennotierte Aktiengesellschaften
§ 315 Abs. 4 HGB	Übernahmerechtliche Angaben im Konzernlagebericht	Aktiengesellschaften und Kommanditgesellschaften auf Aktien, die einen organisierten Markt iSd. § 2 Abs. 7 WpÜG durch von ihnen ausgegebene stimmberechtigte Aktien in Anspruch nehmen
§ 315a Abs. 1 HGB	Pflicht zur ergänzenden Beachtung der handelsrechtlichen Vorschriften für Unternehmen, die gem. EU-VO 1606/2002 zur Aufstellung eines Konzernabschlusses nach den EU-IFRS verpflichtet sind	Mutterunternehmen, die nach §§ 290ff HGB einen Konzernabschluss aufzustellen haben und bei Aufstellung dieses Konzernabschlusses gem. Art. 4 IAS-Verordnung (EG Nr. 1606/2002), die EU-IFRS anzuwenden haben

K Kapitalmarktorientierte Kapitalgesellschaft § 264d HGB

§ 315a Abs. 2 HGB	Pflicht zur Aufstellung eines Konzernabschlusses nach den EU-IFRS	Mutterunternehmen, die nicht unter § 315a Abs. 1 fallen, wenn für sie bis zum jeweiligen Bilanzstichtag die Zulassung eines Wertpapiers iSd. § 2 Abs. 1 S. 1 WpHG zum Handel an einem organisierten Markt iSd. § 2 Abs. 5 WpHG im Inland beantragt worden ist
§ 317 Abs. 4 HGB	Prüfung des Risikofrüherkennungssystems nach § 91 Abs. 2 AktG	börsennotierte Aktiengesellschaften
§ 323 Abs. 2 S. 2 HGB	Erhöhung der gesetzlichen Haftungsbegrenzung	Aktiengesellschaften, deren Aktien zum Handel im regulierten Markt zugelassen sind
§ 342b HGB	Adressat des Prüfung durch die Prüfstelle für Rechnungslegung	Unternehmen, deren Wertpapiere iSd. § 2 Abs. 1 S. 1 WpHG an einer inländischen Börse zum Handel im regulierten Markt zugelassen sind

Ausnahmevorschriften für Gesellschaften iSd. § 327a HGB

Vorschrift	Regelungsinhalt
§ 264 Abs. 2 S. 3; § 289 Abs. 1 S. 5; § 325 Abs. 2a S. 3 HGB; § 297 Abs. 2 S. 4; § 315a Abs. 1; § 315 Abs. 1 S. 6 HGB	Befreiung von der Pflicht zur Abgabe von Entsprechenserklärungen
§ 325 Abs. 4 S. 1 HGB	Befreiung von verkürzten Offenlegungsfristen für kapitalmarktorientierte Kapitalgesellschaften
§ 341a Abs. 1 HGB; §341i Abs. 3 HGB; § 341l Abs. 1 HGB	Befreiung von verkürzten Aufstellungs- und Offenlegungsfristen für bestimmte kapitalmarktorientierte Versicherungsunternehmen

Vorschriften in anderen Gesetzen, die auf § 246d HGB Bezug nehmen

Vorschrift	Regelungsinhalt
§ 5 Abs. 2a PublG	Unternehmen iSd. § 264d HGB haben unabhängig von ihrer Rechtsform den Jahresabschluss um einen Anhang nach § 5 Abs. 2 PublG zu ergänzen. § 264 Abs. 1 S. 2 HGB ist sinngemäß anzuwenden.
§ 13 Abs. 1 S. 2 PublG	Ist das Mutterunternehmen kapitalmarktorientiert iSd. § 264d HGB, sind der Konzernabschluss sowie der Konzernlagebericht in den ersten vier Monaten des Konzerngeschäftsjahrs für das vergangene Konzerngeschäftsjahr aufzustellen; dies gilt nicht, wenn es ausschließlich zum Handel an einem organisierten Markt zugelassene Schuldtitel iSd. § 2 Abs. 1 S. 1 Nr. 3 WpHG mit einer Mindeststückelung von 50 000 Euro oder dem am Ausgabetag entsprechenden Gegenwert einer anderen Währung begibt.
§ 13 Abs. 3 S. 2 PublG	Ist das Mutterunternehmen eine Personenhandelsgesellschaft oder ein Einzelkaufmann, so gilt § 5 Abs. 4, 5 PublG für den Konzernabschluss sinngemäß; dieser braucht Kapitalflussrechnung und Eigenkapitalspiegel nicht zu umfassen, soweit das Mutterunternehmen nicht kapitalmarktorientiert iSd. § 264d HGB ist.
§ 100 Abs. 5 AktG	Bei Gesellschaften iSd. § 264d HGB muss mindestens ein unabhängiges Mitglied des Aufsichtsrats über Sachverstand auf den Gebieten Rechnungslegung oder Abschlussprüfung verfügen.

§ 107 Abs. 4 AktG	Richtet der Aufsichtsrat einer Gesellschaft iSd. § 264d HGB einen Prüfungsausschuss iSd. § 107 Abs. 3 S. 2 ein, so muss mindestens ein Mitglied die Voraussetzungen des § 100 Abs. 5 AktG erfüllen.
§ 124 Abs. 3 S. 2 AktG	Bei Gesellschaften iSd. § 264d HGB ist der Vorschlag des Aufsichtsrats zur Wahl des Abschlussprüfers auf die Empfehlung des Prüfungsausschusses zu stützen.
§ 27 Abs. 1 S. 4 SEAG	Bei einer SE iSd. § 264d HGB muss mindestens ein Mitglied des Verwaltungsrats die Voraussetzungen des § 100 Abs. 5 AktG erfüllen.
§ 34 Abs. 4 S. 6 SEAG	Richtet der Verwaltungsrat einer SE iSd. § 264d HGB einen Prüfungsausschuss ein, muss mindestens ein Mitglied des Prüfungsausschusses die Voraussetzungen des § 100 Abs. 5 AktG erfüllen und darf der Vorsitzende des Prüfungsausschusses nicht geschäftsführender Direktor sein.
§ 36 Abs. 4 GenG	Bei einer Genossenschaft, die kapitalmarktorientiert iSd. § 264d HGB ist, muss mindestens ein unabhängiges Mitglied des Aufsichtsrats über Sachverstand in Rechnungslegung oder Abschlussprüfung verfügen.
§ 38 Abs. 1a GenG	Der Aufsichtsrat kann einen Prüfungsausschuss bestellen, der sich mit der Überwachung des Rechnungslegungsprozesses sowie der Wirksamkeit des internen Kontrollsystems, des Risikomanagementsystems und des internen Revisionssystems befasst. Richtet der Aufsichtsrat einer Genossenschaft, die kapitalmarktorientiert iSd. § 264d HGB ist, einen Prüfungsausschuss ein, so muss diesem mindestens ein Mitglied angehören, welches die Voraussetzungen des § 36 Abs. 4 GenG erfüllt
§ 53 Abs. 3 GenG	Für Genossenschaften, die kapitalmarktorientiert iSd. § 264d HGB sind und keinen Aufsichtsrat haben, gilt § 324 HGB entsprechend.
§ 55 Abs. 4 GenG	Führt ein Prüfungsverband die gesetzlich vorgeschriebene Abschlussprüfung bei einem Unternehmen durch, das kapitalmarktorientiert iSd. § 264d HGB ist, hat er einen Transparenzbericht zu veröffentlichen. § 55c WPO gilt entsprechend."
§ 63h GenG	Führt ein Prüfungsverband die gesetzlich vorgeschriebene Abschlussprüfung bei einem Unternehmen durch, das kapitalmarktorientiert iSd. § 264d HGB ist, können bei diesem Prüfungsverband Sonderuntersuchungen in entsprechender Anwendung des § 61a S. 2 Nr. 2, § 62b WPO stichprobenartig ohne besonderen Anlass durchgeführt werden. § 57e Abs. 6 Satz 2, § 62 Abs. 4, § 66a Abs. 1 Satz 1, Abs. 3, 5 Satz 1, Abs. 6 Satz 5, Abs. 8, 9, 10 und 11 und § 65b der Wirtschaftsprüferordnung gelten entsprechend. Die Wirtschaftsprüferkammer hat der Aufsichtsbehörde das Ergebnis der Sonderuntersuchung mitzuteilen.
§ 19 Abs. 1 S. 3 SCEAG	Bei einer Europäischen Genossenschaft, die kapitalmarktorientiert iSd. § 264d HGB ist, muss mindestens ein unabhängiges Mitglied des Verwaltungsrats über Sachverstand in Rechnungslegung oder Abschlussprüfung verfügen.
§ 19 Abs. 4 SCEAG	Der Verwaltungsrat kann einen Prüfungsausschuss bestellen, der sich mit der Überwachung des Rechnungslegungsprozesses sowie der Wirksamkeit des internen Kontrollsystems, des Risikomanagementsystems und des internen Revisionssystems befasst. Er muss mehrheitlich mit nicht geschäftsführenden Mitgliedern besetzt werden. Richtet der Verwaltungsrat einer Europäischen Genossenschaft, die kapitalmarktorientiert iSd. § 264d HGB ist, einen Prüfungsausschuss ein, so muss diesem mindestens ein Mitglied angehören, welches die Voraussetzungen nach § 19 Abs. 1 S. 2 SCEAG erfüllt, und darf der Vorsitzende des Prüfungsausschusses kein geschäftsführender Direktor sein.

IV. Erstanwendungszeitpunkt und Übergangsvorschriften

§ 264d HGB ist erstmals in einem **nach dem 31. Dezember 2009** beginnenden Geschäftsjahr anzuwenden (Art. 66 Abs. 3 Satz 1 EGHGB). Eine frühere freiwillige Erstanwendung der gesetzlichen Vorschriften nach dem BilMoG ist nach Art. 66 Abs. 3 Satz 6 EGHGB in nach dem 31. Dezember 2008 beginnenden Geschäftsjahren bereits

60

zulässig, wenn die neuen Vorschriften vollständig angewendet werden und dies im Anhang des Jahresabschlusses angegeben wird[58]. Dem Erstanwendungszeitpunkt wie auch der früheren Anwendungsmöglichkeit kommt in Bezug auf § 264d HGB allerdings keine praktische Bedeutung zu, da diese Vorschrift lediglich eine Legaldefinition enthält, sich die materiellen Folgen aber erst aus den übrigen Vorschriften des HGB bzw. der sonstigen Gesetze, die auf § 264d HGB Bezug nehmen, ergeben.

---

58 Vgl. Begr. Beschlussempfehlung und Bericht des Rechtsausschusses, BT-Drucks. 16/12407, S. 94.

§ 267 HGB
Umschreibung der Größenklassen

(1) Kleine Kapitalgesellschaften sind solche, die mindestens zwei der drei nachstehenden Merkmale nicht überschreiten:

1. **4 840 000 Euro** Bilanzsumme nach Abzug eines auf der Aktivseite ausgewiesenen Fehlbetrags (§ 268 Abs. 3).
2. **9 680 000 Euro** Umsatzerlöse in den zwölf Monaten vor dem Abschlußstichtag.
3. Im Jahresdurchschnitt fünfzig Arbeitnehmer.

(2) Mittelgroße Kapitalgesellschaften sind solche, die mindestens zwei der drei in Absatz 1 bezeichneten Merkmale überschreiten und jeweils mindestens zwei der drei nachstehenden Merkmale nicht überschreiten:

1. **19 250 000 Euro** Bilanzsumme nach Abzug eines auf der Aktivseite ausgewiesenen Fehlbetrags (§ 268 Abs. 3).
2. **38 500 000 Euro** Umsatzerlöse in den zwölf Monaten vor dem Abschlußstichtag.
3. Im Jahresdurchschnitt zweihundertfünfzig Arbeitnehmer.

(3) ¹Große Kapitalgesellschaften sind solche, die mindestens zwei der drei in Absatz 2 bezeichneten Merkmale überschreiten. ²**Eine Kapitalgesellschaft im Sinn des § 264d gilt stets als große.**

(4) ¹Die Rechtsfolgen der Merkmale nach den Absätzen 1 bis 3 Satz 1 treten nur ein, wenn sie an den Abschlußstichtagen von zwei aufeinanderfolgenden Geschäftsjahren über- oder unterschritten werden. ²Im Falle der Umwandlung oder Neugründung treten die Rechtsfolgen schon ein, wenn die Voraussetzungen des Absatzes 1, 2 oder 3 am ersten Abschlußstichtag nach der Umwandlung oder Neugründung vorliegen.

(5) Als durchschnittliche Zahl der Arbeitnehmer gilt der vierte Teil der Summe aus den Zahlen der jeweils am 31. März, 30. Juni, 30. September und 31. Dezember beschäftigten Arbeitnehmer einschließlich der im Ausland beschäftigten Arbeitnehmer, jedoch ohne die zu ihrer Berufsausbildung Beschäftigten.

(6) Informations- und Auskunftsrechte der Arbeitnehmervertretungen nach anderen Gesetzen bleiben unberührt.

Inhaltsverzeichnis Tz.

I. Bedeutung der Änderungen .... 61 – 67
II. Erstanwendungszeitpunkt und Übergangsvorschriften .... 68 – 72

I. Bedeutung der Änderungen

Mit der Anhebung der Schwellenwerte der § 267 Abs. 1 und 2 HGB wird die Richtlinie 2006/46/EG[59] in nationales Recht umgesetzt. Die Gewährung größenabhängiger Erleichterungen beruht auf den Mitgliedstaatenwahlrechten in Art. 11 bzw. 27 iVm. Art. 12 der **EU-Bilanzrichtline**. Wie bei der letzten Erhöhung der Schwellenwerte

61

---

59 Vgl. Richtlinie 2006/46/EG des Europäischen Parlaments und des Rates vom 14. Juni 2006, ABl. EU v. 16.8.2006, L 224, S. 1 ff.

durch das BilReG für nach dem 31. Dezember 2004 beginnende Geschäftsjahre[60] ist von der in Art. 12 Abs. 2 der Bilanzrichtlinie eingeräumten Möglichkeit einer weiteren Erhöhung um 10 % Gebrauch gemacht worden (sog. Toleranzspanne[61]), die allerdings nach dem Wortlaut der Bilanzrichtlinie Ländern vorbehalten ist, die den Euro derzeit noch nicht als Währung eingeführt haben. Begründet wird die Inanspruchnahme vom deutschen Gesetzgeber mit einer Gleichbehandlung Deutschlands mit diesen Ländern[62].

62   Die Abs. 1 bis 3 des § 267 HGB definieren die Größenklassen der Kapitalgesellschaften sowie der Personenhandelsgesellschaften nach § 264a HGB, die insb. für die **größenabhängigen Erleichterungen** maßgebend sind, die diesen Unternehmen hinsichtlich der Gliederung von Bilanz (§§ 266 Abs. 1 Satz 3, 274a HGB) und Gewinn- und Verlustrechnung (§ 276 HGB), der Angabepflichten im Anhang (§ 288 HGB), der Aufstellungsfrist für den Jahresabschluss und der Pflicht zur Aufstellung eines Lageberichts (§ 264 Abs. 1 Satz 3 HGB) sowie der Jahresabschlussprüfung (§ 316 Abs. 1 HGB) und Offenlegung (§§ 325 ff. HGB) gewährt werden[63].

63   Die Erleichterungen betreffen nach § 288 HGB auch durch das BilMoG geänderte oder neu eingeführte **Angabepflichten** bei Vorliegen außerbilanzieller Geschäfte (§ 285 Nr. 3 HGB) und im Fall der Aktivierung von Forschungs- und Entwicklungsaufwendungen bzw. latenter Steuern (§ 285 Nr. 22 bzw. Nr. 29 HGB) sowie zu Geschäften mit nahe stehenden Personen (§ 285 Nr. 21 HGB) und zur Angabe von Honoraren für Abschlussprüfer (§ 285 Nr. 17 HGB; vgl. Abschn. O Tz. 278 ff.).

64   Die Anpassung entspricht einer Erhöhung der Größenkriterien für Umsatzerlöse und Bilanzsumme um etwa 20 % für kleine und mittelgroße Kapitalgesellschaften und Personenhandelsgesellschaften nach § 264a HGB. Das dritte Merkmal – die jahresdurchschnittliche **Anzahl der Mitarbeiter** – ist von der Änderung nicht betroffen.

Anpassung Merkmal durch BilMoG		Kapitalgesellschaft, Personenhandelsgesellschaft nach § 264a HGB	
		Schwellenwert „klein"	Schwellenwert „mittelgroß"
Bilanzsumme	von	4 015 000 Euro	16 060 000 Euro
	auf	4 840 000 Euro	19 250 000 Euro
Umsatzerlöse	von	8 030 000 Euro	32 120 000 Euro
	auf	9 680 000 Euro	38 500 000 Euro
Mitarbeiter		50	250

Abb. 6 Anpassung der Größenklassen

65   Ggf. kann außerdem die Änderung der Bilanzierungsvorschriften des BilMoG das Merkmal „**Bilanzsumme**" beeinflussen. Zu nennen sind in diesem Zusammenhang insb. die Pflicht der Saldierung von Pensionsrückstellungen mit Deckungsvermögen (§ 246 Abs. 2 Satz 2 HGB; vgl. Abschn. C Tz. 10 ff.) und die Änderung von § 272 HGB, wonach ausstehende Einlagen auf das gezeichnete Kapital (§ 272 Abs. 1 Satz 2 HGB aF) oder erworbene eigene Anteile künftig zwingend innerhalb des Eigenkapitals offen

---

60   Gesetz zur Einführung internationaler Rechnungslegungsstandards und zur Sicherung der Qualität der Abschlussprüfung (Bilanzrechtsreformgesetz – BilReG, BGBl. I 2004, S. 3166. Die Anpassung der Größenklassen erfolgte in Umsetzung der – sog. Schwellenwertrichtlinie; vgl. Richtlinie 2003/38/EG des Europäischen Parlaments und des Rates vom 13. Mai 2003, ABl. EU v. 15.5.2003, L 120, S. 22 ff.
61   Vgl. ADS[6], § 293 HGB Tz. 3.
62   Vgl. Begr. RegE, BT-Drucks. 16/10067, S. 63. Zur Frage, ob die Anhebung der Schwellenwerte mit EU-Recht vereinbar ist vgl. *Winkeljohann/Lawall*, in Beck Bil-Komm.[6], § 267 Anm. 1 mwN.
63   Vgl. hierzu im Einzelnen zB ADS[6], § 267 HGB Tz. 28 ff.

abzusetzen sind (§ 272 Abs. 1 bzw. 1a HGB; vgl. Abschn. L Tz. 12 u. 18). Während diese Regelungen im Vergleich zum bisherigen Recht zu einer Minderung der Bilanzsumme führen, kann die Ausübung der neu eingeführten Wahlrechte der Aktivierung selbst geschaffener immaterieller Vermögensgegenstände des Anlagevermögens (§ 248 Abs. 2 HGB, vgl. Abschn. E Tz. 40 ff.) sowie des Ansatzes aktiver latenter Steuern (§ 274 Abs. 1 Satz 2 HGB, vgl. Abschn. M Tz. 14 ff.) eine Erhöhung der Bilanzsumme bewirken.

Kapitalmarktorientierte Kapitalgesellschaften sind weiterhin von der Inanspruchnahme größenabhängiger Erleichterungen ausgeschlossen, da sie nach § 267 Abs. 3 Satz 2 HGB stets als große Kapitalgesellschaften gelten. Nachdem in dem neu eingefügten § 264d HGB der Begriff des kapitalmarktorientierten Unternehmens definiert wird (vgl. Tz. 32 ff.), kann in § 267 Abs. 3 Satz 2 HGB hierauf verwiesen werden. Die Änderung des Gesetzestextes stellt daher nur eine redaktionelle Anpassung dar. 66

In Fällen der **Neugründung** oder **Umwandlung** (§ 267 Abs. 4 Satz 1 HGB) gelten weiterhin die in der Literatur entwickelten Anwendungsgrundsätze[64]. 67

II. Erstanwendungszeitpunkt und Übergangsvorschriften

Die durch das BilMoG erhöhten **Schwellenwerte** sind erstmals für die Einstufung der Größenklasse für **nach dem 31. Dezember 2007** beginnende Geschäftsjahre anzuwenden (Art. 66 Abs. 1 EGHGB). Die geänderten Schwellenwerte sind zum Erstanwendungszeitpunkt des § 267 HGB auch für die Einstufung des jeweiligen Vorjahres maßgeblich. Hierdurch kann bspw. der Jahresabschluss des Vorjahres, der nach dem bisherigen § 267 HGB die Größenkriterien einer mittelgroßen Kapitalgesellschaft oder Personenhandelsgesellschaft nach § 264a HGB erfüllte, als Vergleichsjahr bei Unterschreiten der erhöhten Schwellenwerte bereits die Einstufung als kleine Gesellschaft begründen[65]. Somit können die Rechtsfolgen aus dem Unterschreiten von Schwellenwerten bereits bei Erstanwendung des geänderten § 267 HGB in Anspruch genommen werden. Dabei sind die Merkmale „Bilanzsumme" und „Umsatzerlöse" dem der Beurteilung der Größenkriterien zugrunde zu legenden Abschluss für das Vergleichsjahr zu entnehmen[66]. 68

Die Gesetzesänderung tritt nach Art. 15 des BilMoG[67] am Tag nach der Verkündung **(29. Mai 2009)** in Kraft. Kapitalgesellschaften und Personenhandelsgesellschaften nach § 264a HGB, die bis zu diesem Tag ihren handelsrechtlichen Jahresabschluss für das nach dem 31. Dezember 2007 beginnende Geschäftsjahr noch nicht aufgestellt haben, können bei der **Aufstellung** die größenabhängigen Erleichterungen noch in Anspruch nehmen. 69

Die Änderung des **festgestellten** fehlerfreien Jahresabschlusses käme demgegenüber nur in Betracht, wenn gewichtige rechtliche, wirtschaftliche oder steuerrechtliche Gründe vorliegen[68]. Sofern der Jahresabschluss bis zum 29. Mai 2009 noch nicht nach § 325 ff. HGB offengelegt wurde, besteht aber ggf. die Möglichkeit, die größenabhän- 70

---

64 Vgl. *Winkeljohann/Lawall*, in Beck Bil-Komm.⁶, § 267 Anm. 21 ff.; *ADS*⁶, § 267 HGB Tz. 28 ff.
65 Vgl. *Winkeljohann/Lawall*, in Beck Bil-Komm.⁶, § 267 Anm. 1; *WPH*¹³, Bd. 1, F Tz. 62 (Fn. 75).
66 Vgl. *ADS*⁶, § 267 HGB Tz. 1.
67 Vgl. Begr. Beschlussempfehlung und Bericht des Rechtsausschusses, BT-Drucks. 16/12407, S. 78.
68 Vgl. IDW RS HFA 6 Tz. 9; vgl. auch WPg 2009, S. 254 f.

gigen Erleichterungen für kleine Kapitalgesellschaften noch bei der **Offenlegung** (§ 326 HGB) anzuwenden[69].

71 Abweichend zu § 267 Abs. 1 HGB sind die geänderten **Bilanzierungsvorschriften** des BilMoG erstmals auf Jahresabschlüsse für das **nach dem 31. Dezember 2009** beginnende Geschäftsjahr anzuwenden (Art. 66 Abs. 3 Satz 1 EGHGB), sofern die neuen Vorschriften nach Art. 66 Abs. 3 Satz 6 EGHGB nicht freiwillig bereits auf nach dem 31. Dezember 2008 beginnende Geschäftsjahre angewendet werden. Die sich hieraus ergebenen Konsequenzen auf das Merkmal „Bilanzsumme" (vgl. Tz. 65) werden sich daher möglicherweise erst auf den handelsrechtlichen Jahresabschluss des Folgejahres des Umstellungsjahres – in der Regel das Geschäftsjahr 2011 – auswirken.

72 Aus gesetzestechnischen Gründen ist der geänderte Wortlaut des § 267 Abs. 3 Satz 2 HGB zusammen mit dem neuen § 264d HGB, der übergreifend den Begriff eines **kapitalmarktorientierten Unternehmens** definiert (vgl. Tz. 32 ff.), ebenfalls erstmals auf Jahresabschlüsse für das nach dem 31. Dezember 2009 beginnende Geschäftsjahr anzuwenden. Werden die neuen Bilanzierungsvorschriften allerdings vorzeitig angewendet (Art. 66 Abs. 3 Satz 6 EGHGB), trifft dies auch auf die §§ 267 Abs. 3 Satz 2, 264d HGB zu.

---

[69] Vgl. zu möglichen Auswirkungen des Zeitpunkts des Inkrafttretens der Änderungen von § 267 HGB auf die Jahresabschlussprüfung WPG 2009, S. 254 f.

§ 324 HGB
Prüfungsausschuss

(1) ¹Kapitalgesellschaften im Sinn des § 264d, die keinen Aufsichts- oder Verwaltungsrat haben, der die Voraussetzungen des § 100 Abs. 5 des Aktiengesetzes erfüllen muss, sind verpflichtet, einen Prüfungsausschuss im Sinn des Absatzes 2 einzurichten, der sich insbesondere mit den in § 107 Abs. 3 Satz 2 des Aktiengesetzes beschriebenen Aufgaben befasst. ²Dies gilt nicht für

1. Kapitalgesellschaften im Sinn des Satzes 1, deren ausschließlicher Zweck in der Ausgabe von Wertpapieren im Sinn des § 2 Abs. 1 Satz 1 des Wertpapierhandelsgesetzes besteht, die durch Vermögensgegenstände besichert sind; im Anhang ist darzulegen, weshalb ein Prüfungsausschuss nicht eingerichtet wird;
2. Kreditinstitute im Sinn des § 340 Abs. 1, die einen organisierten Markt im Sinn des § 2 Abs. 5 des Wertpapierhandelsgesetzes nur durch die Ausgabe von Schuldtiteln im Sinn des § 2 Abs. 1 Satz 1 Nr. 3 Buchstabe a des Wertpapierhandelsgesetzes in Anspruch nehmen, soweit deren Nominalwert 100 Millionen Euro nicht übersteigt und keine Verpflichtung zur Veröffentlichung eines Prospekts nach dem Wertpapierprospektgesetz besteht.

(2) ¹Die Mitglieder des Prüfungsausschusses sind von den Gesellschaftern zu wählen. ²Mindestens ein Mitglied muss die Voraussetzungen des § 100 Abs. 5 des Aktiengesetzes erfüllen. ³Der Vorsitzende des Prüfungsausschusses darf nicht mit der Geschäftsführung betraut sein. ⁴§ 124 Abs. 3 Satz 2 und § 171 Abs. 1 Satz 2 und 3 des Aktiengesetzes sind entsprechend anzuwenden.

Inhaltsverzeichnis Tz.

I. Grundlagen .... 73 – 77
II. Anwendungsbereich (Abs. 1 Satz 1 und 2) 78
    1. Erfasste Rechtsformen .... 79 – 87
    2. Spezielle Befreiungstatbestände .... 88 – 91
III. Stellung, Aufgaben und Befugnisse des Prüfungsausschusses
    1. Stellung des Prüfungsausschusses .... 92 – 97
    2. Aufgaben des Prüfungsausschusses .... 98 – 103
    3. Befugnisse des Prüfungsausschusses .... 104 – 106
IV. Wahl des Prüfungsausschusses (Abs. 2 Satz 1) .... 107 – 108
V. Zusammensetzung und Organisation (Abs. 2 Satz 2 und 3) .... 109 – 114
VI. Erstanwendungszeitpunkt und Übergangsvorschriften .... 115 – 117

I. Grundlagen

Der **bisherige § 324 HGB**, der Meinungsverschiedenheiten zwischen Kapitalgesellschaft und Abschlussprüfer zum Gegenstand hatte, ist durch das BilMoG mit der Begründung ersatzlos **gestrichen** worden, ihm komme keine praktische Bedeutung zu[70]. Gemessen an der geringen Zahl praktischer Anwendungsfälle in der Vergangenheit trifft dies sicherlich zu. Gerade in letzter Zeit kommt es allerdings häufiger zu Diskussionen über die inhaltliche Richtigkeit von Abschlüssen, sei es im Rahmen der Tätigkeit der Deutschen Prüfstelle für Rechnungslegung (§ 342b HGB), oder im Rahmen

73

---
[70] So Begr. RegE, BT-Drucks. 16/10067, S. 91.

der Berufsaufsicht über WP/vBP und den hierzu neu eingeführten Sonderuntersuchungen (§ 62b WPO). Dies hätte es für die Unternehmen und ihre Abschlussprüfer nahe legen können, erkannte Zweifelsfragen durch ein Gericht vorab klären zu lassen. Dies wäre nach dem alten § 324 HGB in einem Verfahren der freiwilligen Gerichtsbarkeit möglich gewesen. Ein solches Vorgehen hätte auch mittelbar Ausstrahlungswirkung auf die Beurteilung durch die DPR entwickeln und so den Mangel eines Vorklärungsverfahrens bei der DPR[71] ausgleichen können.

74 Nachdem Meinungsäußerungen berufsständische Gremien keine rechtliche Bindungswirkung entfalten, bleibt insoweit letztlich nur noch der **ordentliche Rechtsweg** zu den Zivilgerichten[72]. Insbesondere wegen der zu erwartenden Verfahrensdauer dürfte dieser Weg in der Praxis jedoch ausscheiden. Auch könnte fraglich sein, welche Anforderungen vor Abschluss der Prüfung an das Rechtsschutzbedürfnis für eine Feststellungsklage zu stellen sind.

75 Die hiernach frei gewordene Paragraphenbezeichnung ist mit einer Neuregelung belegt worden, die die **Bildung eines Prüfungsausschusses** für bestimmte Unternehmen verbindlich vorschreibt. § 324 HGB dient der Umsetzung des Art. 41 Abs. 1 Satz 1 der Abschlussprüferrichtlinie[73].

76 Der **Ort der Regelung** im dritten Unterabschnitt des zweiten Abschnitts des Dritten Buches des HGB überrascht, weil hier ansonsten nur Vorschriften über die (externe) Abschlussprüfung enthalten sind. Regelungen zur internen Prüfung durch Gremien der bilanzierenden Gesellschaft finden sich in den rechtsformspezifischen gesellschaftsrechtlichen Vorschriften (§ 171 AktG, § 52 GmbHG), so dass die Regelung eher dort zu erwarten gewesen wäre. Der Grund für die Aufnahme der Regelung in § 324 HGB dürfte darin zu sehen sein, dass es sich um eine rechtsformübergreifende Vorschrift handelt, die lediglich Regelungslücken der speziellen Gesetze ausfüllen soll.

77 Die neu geschaffene Regelung hat damit die Funktion eines **Auffangtatbestands** für Ausnahmefälle[74]. Durch sie soll erreicht werden, dass auch solche kapitalmarktorientierten Unternehmen einen **Prüfungsausschuss** bilden, die rechtsformbedingt keinen Aufsichtsrat oder Verwaltungsrat aufweisen, der die Vorgaben des § 100 Abs. 5 AktG erfüllen muss.

II. Anwendungsbereich (Abs. 1 Satz 1 und 2)

78 Die gesetzliche Regelung zum Anwendungsbereich ist kompliziert und durch diverse Ausnahmen und Rückausnahmen geprägt. Diese ergeben sich aus der Ausnutzung der in Art. 41 Abs. 6 der Abschlussprüferrichtlinie vorgesehenen **Befreiungswahlrechte**.

1. Erfasste Rechtsformen

79 Das Gesetz nennt in Abs. 1 Satz 1 als grundsätzlichen Normadressaten **kapitalmarktorientierte Kapitalgesellschaften** iSd. § 264d HGB (vgl. Tz. 32 ff.). Hierdurch wird Art. 41 Abs. 1 Satz 1 der Abschlussprüferrichtlinie Rechnung getragen, demzufolge jedes Unternehmen von „öffentlichem Interesse" einen Prüfungsausschuss zu bilden hat. Aus der Anknüpfung an das Tatbestandsmerkmal der Kapitalmarktorientierung

---

71 Vgl. dazu Jahresbericht 2008 der Deutsche Prüfstelle für Rechnungslegung (DPR) unter A.2.
72 Vgl. Begr. RegE, BT-Drucks. 16/10067, S. 91.
73 Richtlinie 2006/43/EG des Europäischen Parlaments und des Rates vom 17. Mai 2006, EU-Amtsblatt v. 9.6.2006, L 157, S. 87 ff.
74 Vgl. Begr. RegE, BT-Drucks. 16/10067, S. 92; *Gruber*, NZG 2008, 14; *Habersack*, AG 2008, 100 f.

folgt zugleich, dass nicht kapitalmarktorientierte Kreditinstitute und Versicherungsunternehmen, die nach Art. 2 Nr. 13 der Abschlussprüferrichtlinie an sich als Unternehmen von öffentlichem Interesse zu qualifizieren sind, nicht zur Errichtung eines Prüfungsausschusses verpflichtet sind[75]. Dies entspricht der allgemeinen Definitionsentscheidung des deutschen Gesetzgebers für die Umsetzung der Richtlinienvorschriften für *public interest entities*, wie sie in § 264d HGB getroffen worden ist.

80 Weitere Anwendungsvoraussetzung negativer Art ist nach Abs. 1 Satz 1, dass die Gesellschaft **nicht** über einen **Aufsichts- oder Verwaltungsrat** verfügt, der die Voraussetzungen des § 100 Abs. 5 AktG erfüllen muss. Nach § 100 Abs. 5 AktG muss bei Aktiengesellschaften, die kapitalmarktorientierte Gesellschaften iSd. § 264d HGB sind, mindestens ein unabhängiges Mitglied des Aufsichtsrats über Sachverstand auf den Gebieten Rechnungslegung oder Abschlussprüfung verfügen (vgl. Abschn. Y Tz. 17 ff.)[76].

81 Kraft gesetzlicher Verweisungen ist § 100 Abs. 5 AktG auch auf
- die KGaA (§ 278 Abs. 3 AktG),
- die dualistisch verfasste SE (Art. 9 Abs. 1 lit. c ii VO Statut SE),
- die mitbestimmte GmbH (§ 25 Abs. 1 Satz 1 Nr. 2 MitbestG, § 1 Abs. 1 Nr. 3 DrittelbG), und
- die als GmbH verfasste Kapitalanlagegesellschaft (§ 6 Abs. 2 Satz 2 InvG)

anzuwenden.

82 Parallelvorschriften zu § 100 Abs. 5 AktG sind im BilMoG für die **Genossenschaft** (§ 36 Abs. 4 GenG), die **Europäische Genossenschaft** (§ 19 Abs. 1 Satz 1 SCEAG) und die **monistisch verfasste SE** (§ 27 Abs. 1 Satz 2 SEAG) vorgesehen.

83 Für alle genannten Unternehmen gilt, dass diese über einen **Aufsichtsrat** verfügen müssen, der dann, wenn die Gesellschaft kapitalmarktorientiert im Sinne des § 264d HGB ist, die Anforderungen des § 100 Abs. 5 AktG erfüllen muss. In diesen Fällen werden die Vorgaben der Prüferrichtlinie bereits durch den Aufsichtsrat erfüllt, so dass für einen gesonderten **Prüfungsausschuss** kein Bedarf besteht[77]. Natürlich ist es dem Aufsichtsrat unbenommen – und entspricht guter Praxis bei großen Gesellschaften –, für die Aufgaben des § 107 Abs. 3 Satz 2 AktG einen besonderen Ausschuss (Prüfungsausschuss) zu bestellen[78]. Dieser ist dann jedoch Teil der Aufsichtsratsorganisation und steht nicht gesondert neben dieser.

84 Für alle in Tz. 80 bis 82 genannten Unternehmen ist **§ 324 HGB** daher **nicht anwendbar**. Ein gesonderter Prüfungsausschuss muss daher in diesen Fällen nicht gebildet werden. Die Bildung eines solchen gesonderten Prüfungsausschusses, der die Aufgaben etwa anstelle des Aufsichtsrats übernimmt, wäre darüber hinaus – schon im Hinblick auf die Umgehung mitbestimmungsrechtlicher Anforderungen – sogar unzulässig[79]. § 324 HGB begründet für diese Fälle kein Gestaltungswahlrecht.

85 Dagegen kommt es nicht darauf an, ob in diesen Fällen ein Aufsichtsrat tatsächlich gebildet worden ist. Hier ist davon auszugehen, dass die gesetzlichen Vorschriften die

---

75 Hierdurch wird vom Ausnahmewahlrecht des Art. 39 der Abschlussprüferrichtlinie Gebrauch gemacht, vgl. Begr. RegE, BT-Drucks. 16/10067, S. 92.
76 Zu Einzelheiten *Gruber*, NZG 2008, 12; *Erchinger/Melcher*, DB 2009, Beil. 5, S. 97 f.; vgl. im Übrigen die Kommentierung zu § 100 Abs. 5 AktG..
77 Zur Vereinbarkeit mit Art. 41 Abs. 1 der Abschlussprüferrichtlinie vgl. Begr. RegE, BT-Drucks. 16/10067, S. 92; vgl. auch *Habersack*, AG 2008, 101 f.
78 Vgl. dazu Erl. zu § 107 AktG.
79 So ausdrücklich Begr. RegE, BT-Drucks. 16/10067, S. 92.

Bildung hinreichend absichern. Dass entgegen der gesetzlichen Vorgabe tatsächlich kein **Aufsichtsratsmitglied** bestellt worden ist, das über die genannten **Qualifikationen** verfügt, führt ebenfalls nicht zur Verpflichtung, einen eigenständigen Prüfungsausschuss zu bilden[80], sondern löst nur die Pflicht zur Ergänzung aus. Da aus einem vollzählig besetzten Aufsichtsrat nicht ohne Weiteres eines der bereits bestellten Aufsichtsratsmitglieder abberufen werden kann[81], kommt eine Neubestellung des unabhängigen Finanzexperten idR erst im Rahmen der nächsten turnusmäßigen Wahlen zum Aufsichtsrat in Betracht[82].

86 Wenn Unternehmen, die nicht in Tz. 80 bis 82 genannt sind, **freiwillig** einen Aufsichtsrat bilden und diesem – ebenfalls freiwillig – eine Person angehört, die die Anforderungen des § 100 Abs. 5 AktG erfüllt, führt auch dies zur Befreiung von der Pflicht, einen Prüfungsausschuss bilden zu müssen. Ob die Satzung dies vorschreibt, ist dabei unerheblich.

87 In den **Anwendungsbereich** des § 324 Abs. 1 Satz 1 HGB fallen demnach insb. die Unternehmen folgender Rechtsformen, sofern sie kapitalmarktorientiert sind[83]:

- die mitbestimmungsfreie GmbH, wenn in deren Gesellschaftsvertrag die Verweisung des § 52 GmbHG auf die § 100 Abs. 5 AktG ausgeschlossen wurde,
- OHG und KG im Sinn des § 264a HGB
- Kreditinstitute in der Rechtsform einer Personenhandelsgesellschaft
- Versicherungsverein auf Gegenseitigkeit.

Diese Unternehmen sind grds. verpflichtet, einen **Prüfungsausschuss** einzurichten[84].

2. Spezielle Befreiungstatbestände

88 Durch die Regelung in Abs. 1 Satz 2 werden **bestimmte Unternehmen** von der Verpflichtung zur Einrichtung eines Prüfungsausschusses wieder **befreit**. Diese Einschränkungen erfolgen in Ausnutzung der in Art. 41 Abs. 6 lit. c und d der Abschlussprüferrichtlinie vorgesehenen Befreiungsmöglichkeit.

89 Von den in Art. 41 Abs. 6 lit. a und b vorgesehenen **weiteren Befreiungsmöglichkeiten** hat der deutsche Gesetzgeber dagegen keinen Gebrauch gemacht, da die Befreiung durch einen Aufsichts- oder Verwaltungsrat auf Konzernebene (lit. a) als nicht sinnvoll angesehen wird und eine Befreiung von Investmentfonds (lit. b) nicht erforderlich ist, da diese keine Kapitalgesellschaften sind und damit nicht vom Anwendungsbereich des § 324 Abs. 1 Satz 1 HGB erfasst werden[85]. Investmentaktiengesellschaften (§ 96 ff. InvG) haben dagegen einen Aufsichtsrat, der die Aufgaben eines Prüfungsausschusses wahrnehmen kann, so dass es bei der Ausnahme des Abs. 1 Satz 1 verbleibt.

90 Nach § 324 Abs. 1 Satz 2 **Nr. 1** HGB sind solche Gesellschaften befreit, deren ausschließlicher Zweck in der Ausgabe von Wertpapieren iSd. § 2 Abs. 1 Satz 1 WpHG besteht, die durch Vermögensgegenstände besichert sind. Erfasst werden damit die **Emittenten** sog. „*asset backed securities*", die Forderungen oder ggf. andere Vermögensgegenstände kaufen und diesen Erwerb durch die Ausgabe von Wertpapieren –

---

80 Vgl. *Gruber*, NZG 2008, 14.
81 Vgl. *Gruber*, NZG 2008, 14.
82 Hiervon geht auch die Übergangsvorschrift des § 12 Abs. 4 EGAktG aus.
83 Vgl. Begr. RegE, BT-Drucks. 16/10067, S. 92.
84 Vgl. *Füser/Wader/Fischer*, in Küting/Pfitzer/Weber, Das neue deutsche Bilanzrecht², S. 616 ff.
85 Vgl. Begr. RegE, BT-Drucks. 16/10067, S. 93 f.

insbesondere durch Schuldverschreibungen – am Kapitalmarkt refinanzieren[86]. Wird von dieser Befreiung Gebrauch gemacht, so haben die Gesellschaften in ihrem **Anhang** die Gründe dafür anzugeben, warum sie es nicht für erforderlich halten, einen Prüfungsausschuss einzurichten. Diese Angabepflicht bedeutet nicht, dass an die Gründe besondere inhaltliche Anforderungen zu stellen sind, maW dass sie ausreichen, um die Nichtbildung eines Prüfungsausschusses oder Aufsichtsrats sachlich zu rechtfertigen. Vielmehr geht es nur um den Hinweis auf das Fehlen und die Nennung der etwaigen Gründe. Im Zweifel werden hier Kosten-/ Nutzenerwägungen im Vordergrund stehen.

Nach § 324 Abs. 1 Satz 2 Nr. 2 HGB sind **Kreditinstitute** iSd. § 1 Abs. 1 KWG befreit, die einen geregelten Markt im Sinn des § 2 Abs. 5 WpHG nur durch die Ausgabe von **Schuldtiteln** im Sinn des § 2 Abs. 1 Satz 1 Nr. 3 lit. a WpHG in Anspruch nehmen, soweit der Nominalwert dieser Schuldtitel den Betrag von 100 Mio. Euro nicht übersteigt und keine Verpflichtung zur Veröffentlichung eines Prospekts nach dem Wertpapierprospektgesetz besteht. Maßgeblich ist dabei der Gesamtnominalbetrag der am Abschlussstichtag in Umlauf befindlichen Schuldtitel[87]. Da Kreditinstitute regelmäßig einen Aufsichtsrat oder Verwaltungsrat aufweisen, dürfte der praktische Anwendungsbereich dieser Ausnahmevorschrift gering sein[88].

91

III. Stellung, Aufgaben und Befugnisse des Prüfungsausschusses

1. Stellung des Prüfungsausschusses

Der nach § 324 HGB zu bildende eigenständige Prüfungsausschuss übt eine **Kontroll- und Überwachungsfunktion** aus. Die Aufgabenstellung ist die gleiche, die bei Bestehen eines aktienrechtlichen Aufsichtsrats dem innerhalb dieses Gremiums zu bildenden Prüfungsausschuss obliegt. Aus der Verweisung in Abs. 1 Satz 1 auf § 107 Abs. 3 Satz 2 AktG folgt, dass sich der Prüfungsausschuss mit der Überwachung des Rechnungslegungsprozesses, der Wirksamkeit des internen Kontrollsystems, des internen Risikomanagementsystems und des internen Revisionssystems sowie mit der Abschlussprüfung befasst[89].

92

Durch die Einrichtung des eigenständigen Prüfungsausschusses wird bei solchen Gesellschaften, die kraft Rechtsform keinen Aufsichts- oder Verwaltungsrat haben, ein weiteres gesetzlich vorgeschriebenes **Gesellschaftsorgan** geschaffen[90].

93

Besonderheiten können sich bei mitbestimmungsfreien Gesellschaften (zB GmbH) ergeben, die zwar auf der Grundlage gesellschaftsvertraglicher Regelungen „freiwillig" einen Aufsichtsrat errichtet haben, zugleich aber die Anwendbarkeit der §§ 100 Abs. 5, 107 Abs. 3 AktG im Gesellschaftsvertrag abbedungen haben. Wenn in diesem Fall dem Aufsichtsrat kein Mitglied angehört, das die Voraussetzungen des § 100 Abs. 5 AktG erfüllt, kommt § 324 HGB mit der Folge zur Anwendung, dass **neben dem bereits existierenden Aufsichtsrat** ein Prüfungsausschuss errichtet werden muss, dem dann die unabhängige sachkundige Person anzugehören hat[91]. Da diese Person nicht zugleich Mitglied des Aufsichtsrats ist, kann der Prüfungsausschuss in diesen Fällen

94

---

86 Vgl. Begr. RegE, BT-Drucks. 16/10067, S. 93.
87 Vgl. Begr. RegE, BT-Drucks. 10/10067, S. 93; vgl. *Erchinger/Melcher*, DB 2008, Beil. 1, S. 58.
88 So Begr. RegE, BT-Drucks. 10/10067, S. 93.
89 Vgl. zu Einzelheiten die Kommentierung zu § 107 AktG.
90 Vgl. *Habersack*, AG 2008, 100.
91 Vgl. *Habersack*, AG 2008, 103.

nicht als unselbständige Untergliederung („Ausschuss") des bestehenden Aufsichtsrats etabliert werden. Die Zuoptierung einer solchen Person, die nicht dem Aufsichtsrat angehört, in einen Ausschuss, kommt dagegen nicht in Betracht, weil die Ausschussbildung innerhalb eines Aufsichtsrats nach § 107 Abs. 3 Satz 1 AktG „aus seiner Mitte" zu erfolgen hat und somit der autonomen Beschlussfassung der Aufsichtsratsmitglieder unterliegt[92]. In diesem Fall muss daher der Prüfungsausschuss insgesamt als zusätzliches Gremium nach § 324 HGB von den Gesellschaftern bestellt werden.

95 Wenn dagegen trotz der Nichtanwendung des § 100 Abs. 5 AktG dem Aufsichtsrat ein unabhängiger Finanzexperte angehört und wenn der Aufsichtsrat die Aufgaben nach § 107 Abs. 3 Satz 2 AktG tatsächlich wahrnimmt, sind die Anforderungen an die **Befreiung** nach § 324 Abs. 1 HGB erfüllt, so dass in diesen Fällen der Aufsichtsrat die Prüfungsfunktion ausüben kann und ein zusätzlicher Prüfungsausschuss nach § 324 HGB nicht bestellt werden muss[93].

96 Verfügt die Gesellschaft über einen von den Gesellschaftern gewählten **Beirat** oder ein ähnliches Überwachungsorgan, befreit dieser von der Bildung eines gesonderten Prüfungsausschusses nach § 324 HGB, wenn auch die übrigen Anforderungen des § 324 HGB erfüllt sind[94]. Das setzt neben der Mitgliedschaft eines unabhängigen Finanzexperten voraus, dass ihm die Aufgaben im Sinne des § 107 Abs. 3 AktG übertragen sind.

97 Die Übertragung der Funktionen des Prüfungsausschusses auf die **Gesellschafterversammlung** ist dagegen unzulässig[95]. Die Einflussmöglichkeiten der Gesellschafterversammlung sind durch das Gesetz darauf beschränkt, die Mitglieder des Prüfungsausschusses zu wählen. Eine solche Funktionsübertragung würde auch den Gesetzeszweck vereiteln, bei kapitalmarktorientierten Unternehmen ein weiteres unabhängiges Überwachungsgremium zu schaffen.

2. Aufgaben des Prüfungsausschusses

98 Eine zwingende **Aufgabenzuweisung** enthält § 324 Abs. 1 Satz 1 HGB durch die Verweisung auf die in § 107 Abs. 3 Satz 2 AktG beschriebenen Aufgaben (vgl. Tz. 92 und Abschn. Y Tz. 66 ff.). Wie sich aus der Formulierung „insbesondere" entnehmen lässt, können dem gesonderten Prüfungsausschuss auch andere Aufgaben übertragen werden. Dabei muss es sich aber immer um Überwachungsaufgaben handeln, weil sonst – etwa bei Übernahme von Managementaufgaben – seine Eigenständigkeit als Voraussetzung für eine wirksame Ausübung der Überwachungsfunktion gefährdet wäre.

99 Ergänzend verweist § 324 Abs. 2 Satz 4 HGB auf die Vorschriften der §§ 124 Abs. 3 Satz 2, 171 Abs. 1 Satz 2 und 3 AktG. Diese Regelungen betreffen bestimmte **weitere Aufgaben des Aufsichtsrats**, die durch die Verweisung dem Prüfungsausschuss im Sinne des § 324 HGB zugewiesen werden.

100 Aus der Verweisung auf § 124 Abs. 3 Satz 2 AktG folgt, dass der Prüfungsausschuss eine Empfehlung zur **Wahl des Abschlussprüfers** abzugeben hat. Während diese Empfehlung bei Aktiengesellschaften an den Aufsichtsrat zu richten ist, der sich bei dem ihm allein obliegenden Beschlussvorschlag an die Hauptversammlung hierauf

---

92 Vgl. *Hüffer*, AktG[8], § 107 Rz. 16; *Habersack*, in Münchener Komm. AktG[3], § 107 Rz. 116 f.
93 Wohl aA *Habersack*, AG 2008, 103, der streng nach dem Wortlaut des § 324 Abs. 1 Satz 1 („... der Voraussetzungen des § 100 Abs. 5 des Aktiengesetzes erfüllen *muss*...") nur auf die in diesem Fall nicht zwingend vorgeschriebene Anwendung des § 100 Abs. 5 AktG abstellt.
94 Vgl. *Habersack*, AG 2008, 103.
95 Vgl. Begr. RegE, BT-Drucks. 16/10067, S. 94.

stützt (vgl. Abschn. Y Tz. 74), fehlt bei Einrichtung eines „isolierten" Prüfungsausschusses nach § 324 HGB ein solches Gremium. Daher richtet sich die Empfehlung des Prüfungsausschusses direkt an das für die Prüferwahl zuständige Unternehmensorgan. Eine Bindungswirkung kommt der Empfehlung dabei nicht zu, wie sich bereits aus der Formulierung „Empfehlung" entnehmen lässt.

Durch die Verweisung auf § 171 Abs. 1 Satz 2 und 3 AktG wird klargestellt, dass der Prüfungsausschuss bei seiner eigenen **Prüfung des Jahresabschlusses** bzw. des Konzernabschlusses den Abschlussprüfer hinzuziehen sollte, wenn diese Abschlüsse der Prüfung unterlegen haben. Der Abschlussprüfer ist verpflichtet, an den betreffenden Verhandlungen des Prüfungsausschusses teilzunehmen, um diesen über die wesentlichen Ergebnisse seiner Prüfung sowie wesentliche Schwächen des auf die Rechnungslegung bezogenen internen Kontroll- und Risikomanagementsystems zu informieren. Um dem Prüfungsausschuss eine bessere Beurteilung zu ermöglichen, ob in der Person des Abschlussprüfers Gründe für die Besorgnis der Befangenheit vorliegen, hat der Prüfer den Prüfungsausschuss über etwaige befangenheitsauslösende Umstände sowie über Leistungen zu informieren, die er über die Abschlussprüferleistungen hinaus erbracht hat (vgl. Abschn. Y Tz. 72). **101**

Dem Prüfungsausschuss obliegt aufgrund der Verweisung in § 324 Abs. 1 Satz 1 HGB auf § 107 Abs. 3 Satz 2 AktG zwar die Prüfung des Jahres- und ggf. des Konzernabschlusses. Die Kompetenz zur **Feststellung** bzw. **Billigung** des Jahres- oder Konzernabschlusses hat, wie sie dem Aufsichtsrat einer AG zusteht, der Prüfungsausschuss dagegen nicht. Auf die entsprechende aktienrechtliche Vorschrift in § 172 AktG wird in § 324 HGB gerade nicht verwiesen. Auch kann die Befugnis zur Feststellung oder Billigung eines Abschlusses nicht als Annexkompetenz zu dessen Prüfung verstanden werden. Insoweit bleibt es daher bei den gesellschaftsrechtlich bestimmten Zuständigkeiten[96]. **102**

Allerdings fehlt auch eine Verweisung auf § 171 Abs. 2 AktG, wonach der Aufsichtsrat über das **Ergebnis seiner Prüfung** an die Hauptversammlung zu berichten hat. Auch ohne ausdrückliche Verweisung wird man es jedoch als selbstverständliche Folgepflicht anzusehen haben, dass der Prüfungsausschuss demjenigen Gremium der Gesellschaft, das nach der jeweiligen Rechtsform über die Feststellung des Jahresabschlusses oder die Billigung des Konzernabschlusses beschließt, über das Ergebnis seiner Prüfung zu berichten und einen Beschlussvorschlag zu unterbreiten hat. In dem Bericht ist ggf. auch zu dem Ergebnis der Prüfung durch den Abschlussprüfer Stellung zu nehmen und zu erklären, ob Einwendungen zu erheben sind. Auch wenn eine Form für die Berichterstattung nicht vorgeschrieben ist, empfiehlt sich aus Dokumentationsgründen die schriftliche Berichterstattung. **103**

3. Befugnisse des Prüfungsausschusses

Das Gesetz lässt offen, welche Befugnisse der Prüfungsausschuss zur Wahrnehmung seiner Aufgaben hat. Die Begründung zum Regierungsentwurf des BilMoG[97] weist darauf hin, dass die grundlegenden Regelungen über die Zusammensetzung, die Wahl, die Dauer der Mitgliedschaft, aber auch über Informations- und sonstige Rechte und Pflichten der Mitglieder des Prüfungsausschusses in der **Satzung** bzw. im **Gesell-** **104**

---

96 Vgl. zur gesellschaftsrechtlichen Kompetenzordnung bei einer KG mit Beirat *Baumbach/Hopt*, HGB[33], § 163 Rz. 14; *Weipert*, in Ebenroth/Boujong/Joost/Strohn, HGB[2], § 163 Rz. 12.
97 Vgl. Begr. RegE, BT-Drucks. 16/10067, S. 94.

schaftsvertrag zu treffen sind. Zur Ausfüllung von Regelungslücken können die aktienrechtlichen Regelungen für den Aufsichtsrat herangezogen werden.

105 Im Hinblick auf die klare Aufgabenstellung des Prüfungsausschusses wird davon auszugehen sein, dass ihm die grundlegenden **Informationsrechte** eines Aufsichtsrats, wie sie in § 111 Abs. 2 Satz 1 und 2 AktG enthalten sind, auch bei Fehlen einer ausdrücklichen Satzungsbestimmung zustehen müssen. Die Berichtspflicht des Vorstands an den Aufsichtsrat gem. § 90 AktG betrifft dagegen in erster Linie die allgemeine Überwachung der Geschäftsführung, die dem Prüfungsausschuss nach § 324 HGB nicht zugewiesen ist.

106 Das Recht, den **Prüfungsauftrag** an den Abschlussprüfer zu erteilen, setzt allerdings eine ausdrückliche Zuweisung an den Prüfungsausschuss voraus, da ihm sonst die notwendige Rechtsmacht zur Vertretung der Gesellschaft fehlt. Im Hinblick auf die Überwachungsaufgabe des Ausschusses, die in enger Zusammenarbeit mit dem Abschlussprüfer wahrzunehmen ist, erscheint die Einräumung dieser Kompetenz sachgerecht. Fehlt sie, hat der Prüfungsausschuss auf die Auftragsvereinbarung durch das Management Einfluss zu nehmen. Die Kompetenz zur **Wahl des Abschlussprüfers** verbleibt dagegen bei den dazu berufenen Gesellschaftsorganen; der Prüfungsausschuss hat hier lediglich ein Vorschlagsrecht (vgl. Tz. 100).

IV. Wahl des Prüfungsausschusses (Abs. 2 Satz 1)

107 Die Mitglieder des Prüfungsausschusses sind nach § 324 Abs. 2 Satz 1 HGB von der **Gesellschafterversammlung** zu wählen[98]. Das HGB stellt dabei keine besonderen Mehrheitserfordernisse auf, so dass für den Wahlbeschluss im Zweifel die einfache Mehrheit ausreicht. Weitergehende Regelungen zum Ablauf der Wahl oder zur Dauer der Amtsperiode oder zur Abberufung von Mitgliedern enthält § 324 HGB nicht.

108 Hinsichtlich der Förmlichkeiten des **Wahlverfahrens** gelten zunächst die für die jeweilige Rechtsform anwendbaren gesetzlichen Vorschriften. Fehlen solche gesetzlichen Vorgaben oder sind diese lückenhaft, sind die Gesellschaften gehalten, ergänzende Regelungen zum Wahlverfahren sowie zur Wahlperiode und zur Beendigung der Mitgliedschaft im Prüfungsausschuss im Gesellschaftsvertrag zu treffen[99]. Auch hinsichtlich der Informations- und sonstigen Rechte sowie der zu beachtenden (Sorgfalts-)Pflichten der Mitglieder des Prüfungsausschusses und ihrer Verantwortlichkeit sind entsprechende gesellschaftsvertragliche Regelungen erforderlich[100]. Zur Schließung hiernach verbleibender Regelungslücken können die aktienrechtlichen Vorschriften zum Aufsichtsrat zur entsprechenden Anwendung herangezogen werden[101].

V. Zusammensetzung und Organisation (Abs. 2 Satz 2 und 3)

109 Das Gesetz enthält zur personellen Zusammensetzung des Prüfungsausschusses nur rudimentäre Regelungen. Nach § 324 Abs. 2 Satz 2 HGB muss mindestens ein Mitglied des Prüfungsausschusses die Voraussetzungen des § 100 Abs. 5 AktG erfüllen. Es muss sich hiernach um eine Person handeln, die **unabhängig** ist und über **Sachverstand** auf den Gebieten Rechnungslegung oder Abschlussprüfung verfügt[102].

---

98 Vgl. Begr. RegE, BT-Drucks. 16/10067, S. 94.
99 Vgl. *Habersack*, AG 2008, 100.
100 Vgl. Begr. RegE, BT-Drucks. 16/10067, S. 94.
101 Vgl. Begr. RegE, BT-Drucks. 16/10067, S. 94.
102 Zu Einzelheiten vgl. Kommentierung zu § 100 AktG.

Weitere Vorgaben zur Unabhängigkeit und fachlichen Qualifikation der anderen Mitglieder des Prüfungsausschusses enthält das Gesetz nicht[103]. Auch werden in § 324 HGB keine **persönlichen Anforderungen** genannt, die an die Mitglieder des Prüfungsausschusses zu stellen sind. Entsprechend der aktienrechtlichen Vorschrift des § 100 Abs. 1 AktG ist davon auszugehen, dass Mitglied des Prüfungsausschusses nur eine natürliche, unbeschränkt geschäftsfähige Person sein kann, die nicht der Betreuung nach § 1903 BGB unterliegt. Regelungen über eine Beteiligung von Arbeitnehmern bestehen nicht.

110

Nach § 324 Abs. 2 Satz 3 HGB darf der **Vorsitzende des Prüfungsausschusses** nicht mit der Geschäftsführung betraut sein. Hierdurch – und durch die Pflichtmitgliedschaft des unabhängigen sachkundigen Mitglieds (Tz. 109) – wird sichergestellt, dass sich der Prüfungsausschuss nicht allein aus Mitgliedern der Geschäftsführung zusammensetzt[104]. Auch wenn es in Anbetracht der Überwachungsaufgabe in Bezug auf die Rechnungslegung eher überrascht, dass dem Prüfungsausschuss – anders als in § 105 Abs. 1 AktG für den Aufsichtsrat vorgeschrieben – überhaupt Mitglieder der Geschäftsführung angehören dürfen, entspricht dies dem klaren Wortlaut des Gesetzes, denn sonst wäre die Regelung in § 324 Abs. 2 Satz 3 HGB nicht erforderlich. Diese Regelung dürfte auf Gesellschaften mit *one-tier-System* zugeschnitten sein; für Gesellschafen mit einem unabhängigen Überwachungsorgan nach dem *two-tier-System* wäre es folgerichtig, auch den Prüfungsausschuss nicht mit Mitgliedern des Managements zu besetzen. Nachdem die Aufstellung des Jahres- und des Konzernabschlusses in der Regel den Mitgliedern der Geschäftsführung obliegt und eine Selbstüberwachung wenn nicht unmöglich, so doch zumindest nicht unter allen Umständen als effizient zu beurteilen ist, sollte in der Praxis angestrebt werden, in den Prüfungsausschuss **kein Mitglied der Geschäftsführung** sowie nach dem Grundgedanken des § 105 Abs. 1 AktG auch keinen Mitarbeiter mit leitenden Funktionen zu wählen.

111

Zu der Frage, ob das **unabhängige sachkundige Mitglied** des Prüfungsausschusses zugleich dessen **Vorsitzender** sein kann, trifft das Gesetz keine Aussagen. Zwar würde in diesem Fall nur ein Mitglied zwingend von dem Management unabhängig sein. Um der herausgehobenen Stellung des nach § 100 Abs. 5 AktG zu bestellenden sachverständigen Mitglieds Rechnung zu tragen, könnte dies aber hinnehmbar sein und sich sogar empfehlen. Dies gilt erst recht, wenn dem Prüfungsausschuss ansonsten nur oder in der Mehrzahl Personen angehören, die nicht mit der Geschäftsführung betraut sind.

112

Das Gesetz enthält keine Vorgaben zu **Anzahl der Mitglieder** im Prüfungsausschuss. Aus dem im Gesetzeswortlaut verwendeten Plural („die Mitglieder") ist jedenfalls abzuleiten, dass der Prüfungsausschuss aus mehr als einem Mitglied bestehen muss. In entsprechender Anwendung der Regelung in § 95 Satz 1 AktG zur Zahl der Aufsichtsratsmitglieder dürfte zu fordern sein, dass der Prüfungsausschuss aus mindestens drei Mitgliedern bestehen muss, um seine Überwachungsfunktion in geeigneter Weise ausfüllen zu können. Eine höhere Anzahl von Mitgliedern ist zulässig und kann durch den Gesellschaftsvertrag oder den Wahlbeschluss der Gesellschafter festgelegt werden. Abweichend von § 95 Satz 3 AktG, der vor dem Hintergrund des DrittelbG eine Teilbarkeit der Anzahl der Aufsichtsratsmitglieder durch drei zwingend vorsieht[105], erscheint für Zwecke des Prüfungsausschusses nach § 324 HGB auch eine andere Mitgliederzahl zulässig.

113

---

103 Vgl. *Habersack*, AG 2008, 100.
104 Vgl. Begr. RegE, BT-Drucks. 16/10067, S. 94.
105 Vgl. hierzu *Habersack*, in Münchener Komm. AktG³, § 95 Rz. 11.

114 Zur Festlegung der gesetzlich nicht vorgegebenen inneren Ordnung und Organisation des Prüfungsausschusses dürfte sich nach aktienrechtlichem Vorbild empfehlen, wesentliche Regelungen in der Satzung oder dem Gesellschaftsvertrag zu treffen, im Übrigen aber eine **Geschäftsordnung** für den Prüfungsausschuss aufzustellen, die die internen Verfahrensabläufe und die Aufgabenverteilung bestimmt. Wenn diese Geschäftsordnung nicht von der Gesellschafterversammlung vorgegeben wird, kann sie auch vom Prüfungsausschuss selbst beschlossen werden. Regelungen in der Satzung, dem Gesellschaftsvertrag oder einer von der Gesellschafterversammlung vorgegebenen Geschäftsordnung dürfen allerdings keinen Inhalt haben, der die Wahrnehmung der Überwachungsaufgabe des Prüfungsausschusses behindert.

VI. Erstanwendungszeitpunkt und Übergangsvorschriften

115 Nach Art. 66 Abs. 4 erster Halbsatz EGHGB ist die geänderte Vorschrift des § 324 HGB erstmals **ab dem 1. Januar 2010** anzuwenden. Für die zeitgerechte Anwendung dieser Vorschrift dürfte es jedenfalls ausreichen, wenn die Rechtsgrundlagen für die Einrichtung des Prüfungsausschusses (Ergänzung der Satzung oder des Gesellschaftsvertrags; Erlass einer Geschäftsordnung) und die Wahl der Mitglieder im Verlauf des Jahres 2009 durchgeführt werden, so dass das Gremium am 1. Januar 2010 handlungsfähig ist. Ausreichend dürfte es auch sein, wenn die Handlungsfähigkeit zu dem Zeitpunkt hergestellt wird, zu dem die Prüfung des aktuellen Jahres- oder Konzernabschlusses (bei Geschäftsjahren, die dem Kalenderjahr entsprechen: dem für das Geschäftsjahr 2009) ansteht.

116 Art. 66 Abs. 4 zweiter Halbsatz EGHGB ordnet die entsprechende Anwendung des § 12 Abs. 4 EGAktG an. Danach finden § 100 Abs. 5 und § 107 Abs. 4 AktG noch keine Anwendung, solange **alle Mitglieder** des Aufsichtsrats und des Prüfungsausschusses **vor dem Inkrafttreten bestellt** worden sind. Dies trägt dem Umstand Rechnung, dass bestellte Mitglieder des Aufsichtsrats oder Prüfungsausschusses nicht einfach abberufen werden können, um den Platz für ein sachkundiges Mitglied frei zu machen. In Fällen, in denen ein isolierter Prüfungsausschuss nach Inkrafttreten des Gesetzes erstmals zu errichten ist, geht diese Regelung ins Leere. Der erste Prüfungsausschuss muss sogleich das unabhängige sachkundige Mitglied haben.

117 Bedeutung hat sie dagegen in den Fällen des § 340k Abs. 5 HGB und des § 341k Abs. 4 HGB, wenn ein **Kreditinstitut** in der Rechtsform einer Personenhandelsgesellschaft oder ein **Versicherungsunternehmen** in der Rechtsform eines Versicherungsvereins auf Gegenseitigkeit bereits ein Aufsichtsorgan hat, das um das unabhängige sachkundige Mitglied ergänzt werden muss. Für diese Fälle wird dann die Übergangserleichterung gewährt, wonach das unabhängige sachkundige Mitglied erst bei der ersten Vakanz, im Zweifel also bei der nächsten turnusmäßigen Wahl, bestellt werden muss[106].

---

[106] Vgl. Begr. Beschlussempfehlung und Bericht des Rechtsausschusses, BT-Drucks. 16/12407, S. 95.

L. Eigene Anteile/Eigenkapital
(§ 272 Abs. 1, Abs. 1a, Abs. 1b, Abs. 4 HGB)

§ 272 HGB
Eigenkapital

(1) ¹Gezeichnetes Kapital ist das Kapital, auf das die Haftung der Gesellschafter für die Verbindlichkeiten der Kapitalgesellschaft gegenüber den Gläubigern beschränkt ist. ²Es ist mit dem Nennbetrag anzusetzen. ³Die nicht eingeforderten ausstehenden Einlagen auf das gezeichnete Kapital sind von dem Posten „Gezeichnetes Kapital" offen abzusetzen; der verbleibende Betrag ist als Posten „Eingefordertes Kapital" in der Hauptspalte der Passivseite auszuweisen; der eingeforderte, aber noch nicht eingezahlte Betrag ist unter den Forderungen gesondert auszuweisen und entsprechend zu bezeichnen.

(1a) ¹Der Nennbetrag oder, falls ein solcher nicht vorhanden ist, der rechnerische Wert von erworbenen eigenen Anteilen ist in der Vorspalte offen von dem Posten „Gezeichnetes Kapital" abzusetzen. ²Der Unterschiedsbetrag zwischen dem Nennbetrag oder dem rechnerischen Wert und den Anschaffungskosten der eigenen Anteile ist mit den frei verfügbaren Rücklagen zu verrechnen. ³Aufwendungen, die Anschaffungsnebenkosten sind, sind Aufwand des Geschäftsjahrs.

(1b) ¹Nach der Veräußerung der eigenen Anteile entfällt der Ausweis nach Absatz 1a Satz 1. ²Ein den Nennbetrag oder den rechnerischen Wert übersteigender Differenzbetrag aus dem Veräußerungserlös ist bis zur Höhe des mit den frei verfügbaren Rücklagen verrechneten Betrages in die jeweiligen Rücklagen einzustellen. ³Ein darüber hinausgehender Differenzbetrag ist in die Kapitalrücklage gemäß Absatz 2 Nr. 1 einzustellen. ⁴Die Nebenkosten der Veräußerung sind Aufwand des Geschäftsjahres.

(2) Als Kapitalrücklage sind auszuweisen

1. der Betrag, der bei der Ausgabe von Anteilen einschließlich von Bezugsanteilen über den Nennbetrag oder, falls ein Nennbetrag nicht vorhanden ist, über den rechnerischen Wert hinaus erzielt wird;
2. der Betrag, der bei der Ausgabe von Schuldverschreibungen für Wandlungsrechte und Optionsrechte zum Erwerb von Anteilen erzielt wird;
3. der Betrag von Zuzahlungen, die Gesellschafter gegen Gewährung eines Vorzugs für ihre Anteile leisten;
4. der Betrag von anderen Zuzahlungen, die Gesellschafter in das Eigenkapital leisten.

(3) ¹Als Gewinnrücklagen dürfen nur Beträge ausgewiesen werden, die im Geschäftsjahr oder in einem früheren Geschäftsjahr aus dem Ergebnis gebildet worden sind. ²Dazu gehören aus dem Ergebnis zu bildende gesetzliche oder auf Gesellschaftsvertrag oder Satzung beruhende Rücklagen und andere Gewinnrücklagen.

(4) ¹Für Anteile an einem herrschenden oder mit Mehrheit beteiligten Unternehmen ist eine Rücklage zu bilden. ²In die Rücklage ist ein Betrag einzustellen, der dem auf der Aktivseite der Bilanz für die Anteile an dem herrschenden oder mit Mehrheit beteiligten Unternehmen angesetzten Betrag entspricht. ³Die Rücklage, die bereits bei der Aufstellung der Bilanz zu bilden ist, darf aus vorhandenen frei

verfügbaren Rücklagen gebildet werden. [4]Die Rücklage ist aufzulösen, soweit die Anteile an dem herrschenden oder mit Mehrheit beteiligten Unternehmen veräußert, ausgegeben oder eingezogen werden oder auf der Aktivseite ein niedrigerer Betrag angesetzt wird.

Inhaltsverzeichnis Tz.

		Tz.
I.	Grundlagen	1 – 8
II.	Bewertung des gezeichneten Kapitals mit dem Nennbetrag (Abs. 1 Satz 2)	9 – 11
III.	Ausstehende Einlagen (Abs. 1 Satz 3)	12 – 15
IV.	Erwerb eigener Anteile (Abs. 1a)	
	1. Bisherige Regelung: Brutto- oder Nettomethode	16 – 17
	2. Neuregelung durch das BilMoG: Nettomethode	18 – 19
	3. Anschaffung: Behandlung des Nennbetrags	20 – 24
	4. Behandlung des Unterschiedsbetrags	25 – 33
	5. Behandlung der Anschaffungsnebenkosten	34
V.	Veräußerung eigener Anteile (Abs. 1b)	
	1. Grundlagen; Wegfall des Vorspaltenausweises	35 – 41
	2. Einstellung in frei verfügbare Rücklagen	42 – 48
	3. Einstellung in Kapitalrücklagen nach Abs. 2 Nr. 1	49 – 50
	4. Nebenkosten	51
VI.	Sonderfall: Erwerb und Veräußerung in demselben Geschäftsjahr	52 – 54a
VII.	Nettoausweis und anschließende Einziehung	55 – 57
VIII.	Rücklage für Anteile am herrschenden Unternehmen (Abs. 4)	58 – 62
IX.	Erstanwendungszeitpunkt und Übergangsvorschriften	63 – 70

I. Grundlagen

1 Der Anwendungsbereich der neu gefassten Vorschrift des § 272 HGB umfasst **alle Kapitalgesellschaften**, also AG, KGaA und GmbH. Die Vorschrift ist aufgrund der Verweisung in § 264a Abs. 1 HGB grds. auch auf **Personenhandelsgesellschaften** (OHG, KG) iSd. **§ 264a HGB** (KapCoGes) anzuwenden, doch gehen wegen der Besonderheiten einer Personenhandelsgesellschaft einige Regelungsinhalte ins Leere. Da Personenhandelsgesellschaften gesellschaftsrechtlich keine eigenen Anteile erwerben können[1], sind die § 272 Abs. 1a und 1b HGB für diese unbeachtlich; auch ist für KapCoGes eine Unterscheidung zwischen Kapitalrücklagen (§ 272 Abs. 2 HGB) und Gewinnrücklagen (§ 272 Abs. 3 HGB) in § 264c Abs. 2 Satz 1 HGB, wo nur der Begriff „Rücklagen" verwendet wird, nicht vorgesehen und wäre auch nicht sinnvoll[2].

2 Der neu eingefügte § 272 Abs. 1 Satz 2 HGB enthält die Klarstellung, dass das **gezeichnete Kapital** mit dem Nennbetrag anzusetzen ist. Diese Regelung war bisher in § 283 HGB aF enthalten, der durch das BilMoG aufgehoben wird.

3 Materielle Änderungen enthält der durch das BilMoG neu gefasste § 272 Abs. 1 Satz 3 HGB, der den Ausweis von **ausstehenden Einlagen** betrifft. Ausstehende Einlagen, die nicht eingefordert sind, dürfen nicht mehr auf der Aktivseite ausgewiesen werden, sondern sind zwingend auf der Passivseite der Bilanz von der Summe des gezeichneten Kapitals in einer Vorspalte abzusetzen. Damit entfällt das bisher bestehende Ausweis-

---

1 Allgemeine Meinung, vgl. *Baumbach/Hopt*, HGB[32], § 105 Anm. 30; *K. Schmidt*, in Münchener Komm., HGB[2], § 105 Anm. 93 mwN; *Ulmer*, in Großkomm., HGB[4], § 105 Anm. 95.
2 Vgl. *ADS*[6] (ErgBd.), § 264c HGB Tz. 26; *WPH*[13], Bd. I, F Tz. 291.

wahlrecht (§ 272 Abs. 1 Satz 2 und 3 HGB aF). Für eingeforderte, aber noch nicht eingezahlte Beträge bleibt es bei der Aktivierung; hier ist ein Sonderausweis unter den Forderungen vorgeschrieben.

Die Behandlung der von der Gesellschaft erworbenen **eigenen Anteile**, die bisher in § 272 Abs. 1 Satz 4 bis 6 sowie in Abs. 4 HGB aF geregelt war, ist jetzt in § 272 Abs. 1a und Abs. 1b HGB enthalten. Die neu gefasste Regelung in § 272 Abs. 1a HGB rückt von dem traditionellen Prinzip des Bruttoausweises ab (Aufhebung des § 265 Abs. 3 Satz 2 HGB aF) und schreibt den **Nettoausweis** generell vor, der bisher nur für bestimmte Erwerbsfälle in § 272 Abs. 1 Satz 4 bis 6 HGB aF vorgesehen war. Der Nennbetrag bzw. der rechnerische Wert eigener Anteile muss danach immer auf der Passivseite vom „gezeichneten Kapital" offen abgesetzt werden (§ 272 Abs. 1a Satz 1 HGB). Der Differenzbetrag zu den Anschaffungskosten ist mit frei verfügbaren Rücklagen zu verrechnen (§ 272 Abs. 1a Satz 2 HGB). Etwaige Anschaffungsnebenkosten sind als Aufwand zu behandeln (§ 272 Abs. 1a Satz 3 HGB). 4

Mit der neuen Vorschrift zum Nettoausweis wird der Anwendungsbereich der durch das **KonTraG** im Jahr 1998 eingeführten Regelung, die bisher nur für Aktien galt, die nach § 71 Abs. 1 Nr. 6 oder 8 AktG zur Einziehung erworben worden waren oder deren Weiterveräußerung von einem Beschluss der HV abhängig gemacht worden war, auf sämtliche eigenen Anteile erweitert. Die bisherige Ausnahme wird damit zur Regel. 5

Die Pflicht zum Nettoausweis gilt nicht mehr nur für AG und KGaA für die zurückerworbenen eigenen Aktien oder Kommanditaktien, sondern **rechtsformunabhängig** auch für eigene Anteile bei GmbH. 6

Der neu eingeführte § 272 Abs. 1b HGB regelt die bilanzielle Abbildung der späteren **Veräußerung eigener Anteile**. Er schreibt vor, dass die Absetzung in der Vorspalte entfällt (§ 272 Abs. 1b Satz 1 HGB), der bei Anschaffung mit den frei verfügbaren Rücklagen verrechnete Betrag wieder diesen Rücklagen zuzuführen (§ 272 Abs. 1b Satz 2 HGB) und ein etwaiger Mehrbetrag in die Kapitalrücklage nach § 272 Abs. 2 Nr. 1 HGB einzustellen ist (§ 272 Abs. 1b Satz 3 HGB). Dem liegt die Vorstellung zugrunde, dass die spätere Veräußerung einen **actus contrarius zum Rückerwerb** darstellt, so dass die Behandlung nach § 272 Abs. 1a HGB rückgängig gemacht werden muss. Beträge, die nach § 272 Abs. 1a HGB bei Erwerb mit frei verfügbaren Rücklagen verrechnet worden sind, sind diesen ergebnisneutral wieder zuzuführen. Mit der Pflicht, den darüber hinaus gehenden Mehrbetrag wie ein Ausgabeagio in die Kapitalrücklage nach § 272 Abs. 2 Nr. 1 HGB einzustellen, die bei AG einer besonderen Kapitalbindung unterliegt (§ 150 Abs. 3 und 4 AktG), stellt der Gesetzgeber die Veräußerung durchgehandelter eigener Anteile dann jedoch einer Neubegebung gleich. Ob dies sachlich zwingend ist, bleibt fraglich, führt aber auch steuerrechtlich zu einer erfolgsneutralen Behandlung[3]. 7

Nachdem der frühere Bruttoausweis eigener Anteile nicht mehr zulässig ist, entfällt auch die Pflicht zur Bildung einer Rücklage für eigene Anteile, die bisher in § 272 Abs. 4 Satz 1 bis 3 HGB aF geregelt war. Es bleibt aber bei der Pflicht, eine solche **Rücklage für Anteile an einem herrschenden oder mit Mehrheit beteiligten Unternehmen** in Höhe des Betrags zu bilden, mit dem diese Anteile aktiviert sind (§ 272 Abs. 4 HGB). Für diese Fallgestaltung bleibt es im Wesentlichen bei den bisherigen Regelungen[4]. 8

---

3 Vgl. dazu *Herzig*, DB 2008, S. 1342.
4 Vgl. dazu *ADS*[6], § 272 HGB Tz. 204 f.

II. Bewertung des gezeichneten Kapitals mit dem Nennbetrag (Abs. 1 Satz 2)

9 Die Bestimmung des § 272 Abs. 1 Satz 2 HGB, dass das gezeichnete Kapital immer mit dem Nennbetrag anzusetzen ist, wurde **unverändert** aus § 283 HGB aF übernommen. Sie verhindert zum einen, dass durch eine niedrigere Bewertung Beträge zur Ausschüttung gelangen können, ohne dass die gesellschaftsrechtlichen Regelungen zur Kapitalherabsetzung mit den daran anknüpfenden Schutzmechanismen beachtet werden. Zum anderen verhindert sie auch eine höhere Bewertung des Kapitals, die jedenfalls nach dem Gewinnverwendungskonzept des Aktienrechts zu einer verstärkten Kapitalbindung führen würde, ohne dass die hierfür vorgesehenen gesellschaftsrechtlichen Beschlussverfahren eingehalten werden.

10 Dem nunmehr von § 272 Abs. 1 Satz 3 bzw. Abs. 1a Satz 1 HGB zwingend vorgeschriebenen **Nettoausweis** von ausstehenden, nicht eingeforderten Einlagen (dazu Tz. 13) und von eigenen Anteilen (Tz. 18) steht die Vorschrift nicht entgegen, ohne dass hierfür der Grundsatz der Spezialität der Regelung herangezogen werden müsste. Zwar wird das gezeichnete Kapital nach diesen Regelungen in der Hauptspalte der Bilanz nicht mehr mit seinem (vollen) Nennbetrag ausgewiesen, sondern mit einem niedrigeren Betrag. Dabei handelt es sich jedoch nicht um eine abweichende Bewertung des gezeichneten Kapitals, sondern um eine in der Vorspalte durchzuführende Korrekturrechnung. Für den Ausgangsbetrag, das gezeichnete Kapital, bleibt es bei dem Grundsatz, dass dieses immer mit dem Nennbetrag anzusetzen ist.

11 Folgerichtig ist anzunehmen, dass auch die in der **Vorspalte** abzusetzenden Beträge zwingend mit ihrem Nennbetrag anzusetzen sind. Dies gilt zum einen für die nicht eingeforderten ausstehenden Einlagen und zum anderen für den in der Vorspalte abzusetzenden Betrag bei eigenen Anteilen. Dort spricht das Gesetz auch ausdrücklich von dem Nennbetrag oder dem rechnerischen Wert der Anteile und bezieht sich so auf die gesellschaftsrechtlich festgelegte Ziffer, die dem Nennbetrag entspricht.

III. Ausstehende Einlagen (Abs. 1 Satz 3)

12 Nach **bisheriger Rechtslage** waren ausstehende Einlagen grds. als Korrekturposten zum gezeichneten Kapital auf der Aktivseite vor dem Anlagevermögen gesondert auszuweisen; der eingeforderte Betrag, dem Forderungscharakter zukommt, war dabei zu vermerken. Für nicht eingeforderte ausstehende Einlagen bestand ein Wahlrecht, diese statt des Bruttoausweises offen von dem Posten „Gezeichnetes Kapital" abzusetzen; eingeforderte Beträge waren dann als Forderung zu zeigen. Mit der Neufassung des § 272 Abs. 1 Satz 3 HGB wird dieses Ausweiswahlrecht beseitigt und der Nettoausweis zwingend vorgeschrieben[5]. Durch diese Änderung soll eine Vereinheitlichung und Vereinfachung der bilanziellen Abbildung erreicht werden und im Interesse der Informationsfunktion des Jahresabschlusses ein den tatsächlichen wirtschaftlichen Verhältnissen entsprechendes Bild der Vermögens-, Finanz- und Ertragslage erzeugt werden[6].

13 Der **nicht eingeforderte Teil ausstehender Einlagen** hat überwiegend Korrekturcharakter zum gezeichneten Kapital; ob und wann es zu einer Einforderung und damit zu einem Mittelzufluss bei der Gesellschaft kommt, ist ungewiss. Dies legt es nahe, den ausgewiesenen Betrag des gezeichneten Kapitals entsprechend zu kürzen. Die nicht

---

[5] Vgl. Begr. RegE, BT-Drucks. 16/10067, S. 65.
[6] Begr. RegE, BT-Drucks. 16/10067, S. 65.

eingeforderte ausstehende Einlage stellt wirtschaftlich eine Haftungsübernahme durch die Gesellschafter dar. Der Nettoausweis anstelle des bisherigen Bruttoausweises führt zu einer Verminderung der Bilanzsumme, was etwa für die Größenmerkmale des § 267 HGB Bedeutung hat. Da die noch nicht eingeforderten ausstehenden Einlagen nur noch den Charakter eines Korrekturpostens zum Eigenkapital haben, ist eine Wertberichtigung dieses Postens – zB im Hinblick auf die Bonität des Einlageschuldners – nicht mehr zulässig[7]. Es bleibt stets beim Ausweis mit dem **Nennbetrag** (vgl. Tz. 10).

Nach der neuen Regelung des § 272 Abs. 1 Satz 3 erster Teilsatz HGB sind der Posten „Gezeichnetes Kapital" und der Posten „Nicht eingeforderte ausstehende Einlagen" auf der Passivseite der Bilanz in der Vorspalte zu zeigen. Der sich nach Saldierung dieser Posten ergebende Betrag ist nach § 272 Abs. 1 Satz 3 zweiter Teilsatz HGB unter dem Posten „**Eingefordertes Kapital**" in der Hauptspalte auszuweisen[8]. **14**

Ein **eingeforderter, aber noch nicht eingezahlter Betrag** ist nach § 272 Abs. 1 Satz 3 dritter Teilsatz HGB gesondert unter den Forderungen mit entsprechender Bezeichnung zu aktivieren[9]. Dies trägt dem Umstand Rechnung, dass eingeforderte ausstehende Einlagen Forderungscharakter haben, und entspricht der bereits nach bisheriger Rechtslage gebotenen Handhabung[10]. An welcher Stelle diese Forderung auszuweisen ist, bestimmt das Gesetz nicht. Handelt es sich um Forderungen gegen verbundene Unternehmen oder Unternehmen, mit denen ein Beteiligungsverhältnis besteht, sollte der Sonderausweis dieser Forderungen Vorrang haben und der Charakter als ausstehende Einlageforderung durch Bildung einer Untergruppe oder durch einen davon-Vermerk gekennzeichnet werden. Sonst empfiehlt sich ein Ausweis vor den Sonstigen Vermögensgegenständen (§ 266 Abs. 2 B.II.4 HGB). Da der Forderungscharakter im Vordergrund steht, ist die Forderung nach den allgemeinen Grundsätzen zu bewerten und etwa bei mangelnder Bonität nach § 253 Abs. 3 HGB abzuschreiben. **15**

IV. Erwerb eigener Anteile (Abs. 1a)

1. Bisherige Regelung: Brutto- oder Nettomethode

Nach bisheriger Rechtslage waren eigene Anteile grds. zu Anschaffungskosten zu aktivieren und nach § 265 Abs. 3 Satz 2 iVm. § 266 Abs. 2 A. 2. III. HGB aF im Umlaufvermögen auszuweisen; in gleicher Höhe war nach § 272 Abs. 4 HGB aF eine Rücklage für eigene Anteile zu bilden. Dieser Ausweis nach der **Bruttomethode** trug dem Umstand Rechnung, dass diese Anteile grds. jederzeit wieder veräußert werden konnten. Zwar stellt der Erwerb eigener Anteile wirtschaftlich eine Kapitalrückzahlung an die Aktionäre dar. Wegen der Handelbarkeit der Aktien können sie aber auch als Vermögensgegenstand interpretiert werden, was für eine Aktivierung spricht. Um die Kapitalbindungsvorschriften nicht zu unterlaufen, musste der Gegenwert der eigenen Anteile durch eine gebundene Rücklage für eigene Anteile gedeckt sein, die aus verfügbarem Vermögen zu bilden war. **16**

Ausnahmsweise war bereits nach § 272 Abs. 1 Satz 4 und 5 HGB aF in bestimmten Fällen der Nennbetrag bzw. der rechnerische Wert eigener Anteile in der Vorspalte offen von dem Posten „Gezeichnetes Kapital" abzusetzen (**Nettomethode**). Dies betraf den Aktienerwerb zum Zwecke der Einziehung sowie den Fall, dass im Beschluss über **17**

---

7 Vgl. Begr. RegE, BT-Drucks. 16/10067, S. 65.
8 Begr. RegE, BT-Drucks. 16/10067, S. 65.
9 Vgl. Begr. RegE, BT-Drucks. 16/10067, S. 65.
10 Vgl. *ADS*[6], § 272 HGB Tz. 61 f.; *Förschle/Hoffmann*, in Beck Bil-Komm.[6], § 272 Anm. 15.

den Aktienrückkauf gem. § 71 Abs. 1 Nr. 8 AktG die spätere Veräußerung von einem Hauptversammlungsbeschluss abhängig gemacht wurde.

2. Neuregelung durch das BilMoG: Nettomethode

18 Der durch das BilMoG neu eingefügte § 272 Abs. 1a HGB sieht nunmehr vor, dass erworbene eigene Anteile immer in der Vorspalte **offen vom gezeichneten Kapital abgesetzt** werden müssen. Auf diese Weise soll eine einheitliche und rechtsformunabhängige handelsbilanzielle Erfassung des Vorgangs erreicht werden, die dem wirtschaftlichen Gehalt des Rückkaufs eigener Anteile als eine Auskehrung freier Rücklagen an die Anteilseigner durch eine entsprechende Abbildung auf der Passivseite Rechnung trägt[11]. Die **Nettomethode** gilt damit für alle eigenen Anteile. Bei Aktien kommt es auf den Erwerbsgrund nicht mehr an. Erfasst wird auch der Rückerwerb von eigenen Anteilen bei GmbH.

19 Der Betrag des **gezeichneten Kapitals** (§ 272 Abs. 1 Satz 2 HGB) bleibt bei der Absetzung der eigenen Anteile in der Vorspalte (§ 272 Abs. 1a Satz 1 HGB) unverändert und ist auch aus der Bilanz ersichtlich (§ 266 Abs. 3 A. I. HGB). Gesellschaftsrechtlich handelt es sich gerade nicht um einen Fall der Kapitalherabsetzung. Die noch im RegE vorgesehene, in der Beschlussempfehlung des Rechtsausschusses[12] aber gestrichene Gesetzesformulierung (Absetzung „als Kapitalrückzahlung") beschreibt die Motivlage für die offene Absetzung. Die eigenen Anteile werden weniger als zur Wiederveräußerung bestimmte Vermögensgegenstände, sondern vielmehr als Ergebnis einer – zulässigen – Rückzahlung von Einlagen an die Gesellschafter verstanden, was zu der bilanziellen Konsequenz führt, dass der Nennbetrag das gezeichnete Kapital mindert und der Differenzbetrag zum gezahlten Kaufpreis als Verwendung von Eigenkapitalbestandteilen zu zeigen ist[13].

3. Anschaffung: Behandlung des Nennbetrags

20 Vom gezeichneten Kapital abzusetzen ist nach § 272 Abs. 1a Satz 1 HGB der **Nennbetrag** der eigenen Anteile oder, falls ein solcher nicht vorhanden ist, deren **rechnerischer Wert**, dh. der Teilbetrag des Gezeichneten Kapitals, der – zB bei Stückaktien – auf die Anteile entsprechend ihrer Anzahl entfällt[14]. Der Betrag unterliegt nicht der Bewertung, sondern ist immer mit dem Nennbetrag anzusetzen (vgl. Tz. 10).

21 Durch die offene Absetzung vom gezeichneten Kapital wird der Nennbetrag bzw. rechnerische Wert der eigenen Anteile in der Bilanz **erfolgsneutral eliminiert**. Hieraus ergibt sich ein besonderes Problem unter dem Gesichtspunkt der Kapitalerhaltung. Während der Differenzbetrag zu dem gezahlten Kaufpreis nach § 272 Abs. 1a Satz 2 HGB mit frei verfügbaren Rücklagen zu verrechnen ist, so dass sicher gestellt ist, dass nur nicht gebundenes Vermögen verwendet wird, das auch auf andere Weise an die Gesellschafter ausgezahlt werden könnte, ergibt sich hinsichtlich des mit dem gezeichneten Kapital verrechneten Betrags eine solche Sperre nicht. Auf den ersten Blick könnte man hieraus folgern, dass das Gesellschaftsvermögen um den Betrag des anteiligen Nennbetrags oder rechnerischen Werts auch zu Lasten gebundener Eigenkapital-

---

11 Begr. RegE, BT-Drucks. 16/10067, S. 65.
12 Vgl. Begr. Beschlussempfehlung und Bericht des Rechtsausschusses, BT-Drucks. 16/12407, S. 12, sowie die Begr. dazu, S. 87.
13 Zur Frage, ob der Vorgang steuerrechtlich als Teilliquidation zu verstehen ist *Herzig*, DB 2008, S. 1342.
14 Vgl. *ADS*[6] (ErgBd.), § 272 HGB Tz. 10.

teile (des gezeichneten Kapitals) vermindert werden kann. Dies wäre unter dem Gesichtspunkt der Kapitalerhaltung und des Gläubigerschutzes nicht unbedenklich. Zu berücksichtigen ist jedoch, dass eigene Aktien nach § 71 Abs. 2 Satz 2 AktG nur dann erworben werden dürfen, wenn „die Gesellschaft im Zeitpunkt des Erwerbs eine Rücklage in Höhe der Aufwendungen für den Erwerb bilden könnte, ohne das Grundkapital oder eine nach Gesetz oder Satzung zu bildende Rücklage zu mindern, die nicht zur Zahlung an die Aktionäre verwendet werden darf." Entsprechendes gilt für GmbH-Anteile nach der Regelung in § 33 Abs. 2 Satz 1 GmbHG. Durch diese **Erwerbsvoraussetzung** ist sichergestellt, dass bei Erwerb der gesamte Kaufpreis durch verwendbares Kapital gedeckt ist.

Dies führt jedoch nicht zu einem durchgängigen **Schutz der Gläubiger**. Durch die Bilanzierungsregelung - offene Absetzung vom gezeichneten Kapital in der Vorspalte nach § 272 Abs. 1a Satz 1 HGB - wird ein entsprechender Teil der bei Erwerb vorhandenen frei verwendbaren Rücklage bilanziell nicht verbraucht. Dies hat zur Folge, dass er jederzeit ausgeschüttet werden kann. Bei **GmbH** ergibt sich allerdings eine entsprechende Schutzwirkung daraus, dass für die Auszahlungsbegrenzung nach § 30 GmbHG auf das unverminderte Stammkapital und nicht auf den Betrag abzustellen ist, der in der Bilanz nach Absetzung der eigenen Anteile in der Hauptspalte verbleibt[15].

Bei **AG** besteht dieser Schutz nicht, weil dort allein auf das Vorhandensein eines Bilanzgewinns abzustellen ist und dieser durch die nicht erfolgswirksame Absetzung vom gezeichneten Kapital erhöht bzw. nicht vermindert wird. Hier kommt jedoch hinzu, dass bei einer späteren Einziehung der Aktien im vereinfachten Verfahren eine **Kapitalrücklage** dotiert werden muss, die gegen Ausschüttung geschützt ist (§ 237 Abs. 5 AktG). Streitig ist, ob diese Rücklage bereits bei Vornahme des Nettoausweises dotiert werden muss[16]. Vertritt man diesen Standpunkt, wäre die Kapitalbindung durchgehend gesichert.

4. Behandlung des Unterschiedsbetrags

Die Differenz („Unterschiedsbetrag") zwischen den Anschaffungskosten und dem Nennbetrag oder dem rechnerischen Wert ist nach § 272 Abs. 1a Satz 2 HGB mit den **frei verfügbaren Rücklagen** zu verrechnen. Hierdurch soll dem Gesichtspunkt der Kapitalerhaltung Rechnung getragen werden[17]. Die sonst für Auszahlungen an die Gesellschafter verwendbaren Rücklagen werden durch diese Bilanzierung verbraucht, die Kapitalbindung wird sichergestellt. Dass diese Bilanzierung erst im nächsten Jahresabschluss nach dem Erwerb vorzunehmen ist, führt bei AG nicht zu Problemen, weil hier eine Ausschüttung nur aus einem Bilanzgewinn zulässig ist (§ 57 Abs. 3 AktG) und daher nicht vor bilanzieller Verrechnung möglich ist. Bei GmbH könnte sich hier auch eine Lücke dadurch ergeben, dass hier auch unterjährige Entnahmen ohne Ausweis eines Bilanzgewinns möglich sind. Zu beachten ist jedoch die Auszahlungsbegrenzung aus § 30 GmbHG. Für die Anwendung dieser Vorschrift ist davon auszugehen, dass die eigenen Aktien bei Ermittlung des freien Vermögens nicht aktiviert werden dürfen, sondern dass der Mehrbetrag (gedanklich) mit den Rücklagen verrechnet werden muss.

Nach der bisherigen Formulierung in § 272 Abs. 1 Satz 6 HGB aF war unklar, ob der Mehrbetrag auch mit anderen Kapitalbestandteilen als den dort genannten anderen Ge-

---
15 Zweifelnd *Rodewald/Pohl*, GmbHR 2009, S. 34.
16 Vgl. *Gelhausen* in Festschrift Baetge, S. 210 mwN.
17 Begr. RegE, BT-Drucks. 16/10067, S. 66.

winnrücklagen verrechnet werden durfte[18]. Durch den geänderten Gesetzeswortlaut des § 272 Abs. 1a Satz 2 HGB wird jetzt klargestellt, dass zu den **verwendbaren Rücklagen** bei der AG und KGaA neben den anderen Gewinnrücklagen (§ 266 Abs. 3 A. III. Nr. 4 HGB) auch die Kapitalrücklagen aus anderen Zuzahlungen (§ 272 Abs. 2 Nr. 4 HGB) gehören[19]. Bei Gesellschaften in der Rechtsform der GmbH, für die die Verwendungsbeschränkungen des § 150 AktG nicht gelten, sind auch die Kapitalrücklagen nach § 272 Abs. 2 Nr. 1 bis 3 HGB als frei verfügbar anzusehen[20]. Daneben kann auch das laufende Ergebnis des Geschäftsjahrs herangezogen werden, soweit es nach § 58 Abs. 2 AktG durch die Verwaltung oder nach § 58 Abs. 1 AktG aufgrund einer Satzungsermächtigung thesauriert werden kann. Darüber hinaus darf der Jahresüberschuss grds. nicht durch Verwendung zur Verrechnung geschmälert werden[21].

27 Welcher der hiernach zur Verfügung stehenden Posten zur Deckung verwendet wird und in welcher **Reihenfolge** dies zu geschehen hat, schreibt das Gesetz nicht vor. Der Bilanzierende ist daher in seiner Entscheidung frei (zur Wiederdotierung desselben Postens bei späterer Veräußerung vgl. unten Tz. 46).

28 Reichen die verfügbaren Beträge bei Aufstellung der Bilanz allerdings nicht aus, muss die Verrechnung ggf. auch zu Lasten eines **Bilanzverlustes** vorgenommen werden[22].

29 Für Gesellschaften in der Rechtsform der AG und KGaA stellt sich die Frage, ob die Verrechnung mit den frei verfügbaren Rücklagen in der **Verlängerungsrechnung zur GuV** nach § 158 AktG ausgewiesen werden muss. Hierfür spricht, dass nach § 158 Abs. 1 Satz 1 Nr. 2 und 3 AktG Entnahmen aus der Kapitalrücklage sowie aus der Gewinnrücklage in der Verlängerungsrechung darzustellen sind. Der Verrechnungsvorgang stellt eine Verwendung der genannten Rücklagen dar. Es erscheint daher naheliegend, zur nach § 272 Abs. 1a Satz 2 HGB erforderlichen Verrechnung mit dem Unterschiedsbetrag die entsprechende Rücklage in der erforderlichen Höhe aufzulösen und diese **Entnahme** in der GuV-Verlängerungsrechnung auszuweisen. In diesem Fall wäre die Verwendung der Entnahme zur Deckung des Unterschiedsbetrags ebenfalls in der Verlängerungsrechnung auszuweisen[23], zB unter der Bezeichnung „Verrechnung mit dem Unterschiedsbetrag aus dem Erwerb eigener Anteile".

30 Allerdings erscheint nach dem Gesetzeswortlaut in § 272 Abs. 1a Satz 2 HGB („Verrechnung") auch eine direkte **Saldierung mit den Rücklagen** ohne Berührung der Verlängerungsrechnung zur GuV zulässig[24]. Hierbei empfiehlt sich die Darstellung der Entwicklung der Rücklage in der Vorspalte.

31 In Ausnahmefällen – zB bei Sanierungen – ist denkbar, dass der Erwerbspreis für die eigenen Anteile niedriger ist als der Nennbetrag bzw. rechnerische Wert. Auch bei einem solchen **Erwerb unter pari** ist eine ungeschmälerte offene Absetzung des Nennbetrags bzw. rechnerischen Werts vorzunehmen, weil die offene Absetzung zu-

---

18 Zum Meinungsstand *ADS*⁶(ErgBd.), § 272 HGB nF Tz. 12 ff., 22.
19 Begr. RegE, BT-Drucks. 16/10067, S. 66; *Küting/Reuter*, StuB 2008, S. 496; so bereits die hM zum bisherigen Recht, zB *ADS*⁶, § 272 HGB Tz. 191; *Förschle/Hoffmann*, in Beck Bil-Komm.⁶, § 272 Anm. 119 mwN.
20 *Förschle/Hoffmann*, in Beck Bil-Komm.⁶, § 272 Anm. 119.
21 So auch *ADS*⁶(ErgBd.), § 272 HGB nF Tz. 13 f.; *Küting/Kessler/Hayn*, in HdR⁵, § 272 HGB Anm. 53.
22 Vgl. *ADS*⁶(ErgBd.), § 272 HGB Tz. 21; *WPH*¹³, Bd. I, F Tz. 251 mwN; *Gelhausen* in Festschrift Baetge, S. 205.
23 So für „eingefrorene" Aktien nach altem Recht *Gelhausen*, in Festschrift Baetge, S. 206; *Förschle/Hoffmann*, in Beck Bil-Komm.⁶, § 272 Anm. 9; ebenso schon zu § 272 Abs. 1 Satz 4 bis 6 HGB aF *ADS*⁶(ErgBd.), § 272 HGB Tz. 15 mit Beispiel in Tz. 16.
24 So schon zum bisherigen Recht *Gelhausen*, in Festschrift Baetge, S. 206; *ADS*⁶ (ErgBd.), § 272 HGB Tz. 17.

mindest auch Korrekturfunktion hat und dem Ausweis des in Händen der Gesellschaft befindlichen Anteils am gezeichneten Kapital dient[25].

Die bilanzielle Erfassung eines **negativen Unterschiedsbetrags** (zwischen Nennbetrag und niedrigerem Erwerbspreis) ist fraglich. Wirtschaftlich nimmt er den Ertrag vorweg, der sich ergibt, wenn die eigenen Anteile eingezogen werden und damit das entsprechende Kapital ohne Gegenleistung für diesen Teil frei wird. Im Schrifttum, das sich allerdings bislang nur mit den Fällen des § 272 Abs. 1 S. 4 bis 6 HGB aF befasst hat, ist diese Frage umstritten. Zum einen wird vertreten, der Differenzbetrag sei in die Gewinnrücklage einzustellen[26]. Allerdings ist zweifelhaft, ob in dem hier vorliegenden Gewinnfall eine Parallele zur Verrechnung eines negativen Unterschiedsbetrags nach § 272 Abs. 1a Satz 2 HGB berechtigt ist. Nach anderer Ansicht soll dieser Betrag, da er nicht durch geschäftliche Tätigkeit erzielt und die Vollwertigkeit des Kapitals zweifelhaft ist, gegen eine Ausschüttung gesperrt und daher in die Kapitalrücklage eingestellt werden[27]. Allerdings liegt keiner der Einstellungssachverhalte nach § 272 Abs. 2 Nr. 1 bis 3 HGB vor. 32

Vorzugswürdig erscheint es, die mit dem verbilligten Erwerb verbundene Vermögensmehrung so zu behandeln, wie es sich aus dem Erwerbsgeschäft ergibt, und bspw. einen Sanierungsbeitrag je nach getroffener Vereinbarung als **Ertragszuschuss** zu vereinnahmen oder in **Kapitalrücklagen** nach § 272 Abs. 2 Nr. 4 HGB einzustellen[28]. Hiervon unberührt stellt sich die Frage, ob in Höhe des in der Vorspalte abgesetzten Betrags in Analogie zu § 237 Abs. 5 AktG eine gebundene Kapitalrücklage zu bilden ist (vgl. oben Tz. 24). 33

5. Behandlung der Anschaffungsnebenkosten

Ausgaben für den Erwerb eigener Anteile, die nach § 255 Abs. 1 Satz 2 HGB als **Anschaffungsnebenkosten** anzusehen sind, müssen nach § 272 Abs. 1a Satz 3 HGB zwingend als **Aufwand** des laufenden Geschäftsjahrs berücksichtigt werden[29]. Betroffen sind bspw. Provisionen, die im Zusammenhang mit dem Erwerb gezahlt worden sind. 34

V. Veräußerung eigener Anteile (Abs. 1b)

1. Grundlagen; Wegfall des Vorspaltenausweises

Die neu eingefügte Regelung des § 272 Abs. 1b HGB befasst sich mit der bilanziellen Abbildung der **Veräußerung** eigener Anteile. Ziel dieser Neuregelung ist es, den wirtschaftlichen Gehalt der Veräußerung eigener Anteile in der Handelsbilanz entsprechend den tatsächlichen wirtschaftlichen Verhältnissen darzustellen. Auch bisher stellte sich die Frage, wie „eingefrorene" Aktien bei ihrer Wiederveräußerung zu behandeln sind[30]. Sie betraf allerdings nur Ausnahmefälle, da die Nettomethode nur dann anwendbar war, wenn die Aktien zur Einziehung bestimmt waren oder ihre Wiederveräu- 35

---

25 Vgl. so zur bisherigen Rechtslage *WPH*[13], Bd. I, F Tz. 251; *Bordt*, in HdJ Abt. III/1 Anm. 229; *Gelhausen*, in Festschrift Baetge, S. 204.
26 *Förschle/Hoffmann*, in Beck Bil-Komm.[6], § 272 Anm. 9.
27 So für die AG zB *Kropff*, in Münchener Komm. AktG[2], § 272 HGB Anm. 37 mwN; *WPH*[13], Bd. I, F Tz. 251.
28 Vgl. zur Bilanzierung von Gesellschafterzuschüssen *ADS*[6], § 272 HGB Tz. 137; *Förschle/Heinz*, in Sonderbilanzen[4], Q Anm. 121.
29 Begr. RegE, BT-Drucks. 16/10067, S. 66.
30 Vgl. *ADS*[6] (ErgBd.), § 272 HGB Tz. 29 ff.

ßerung von einem Beschluss der HV abhing. Nachdem nun die Nettomethode für alle Erwerbsvorgänge vorgeschrieben ist, gewinnt die Frage nach der Behandlung von Veräußerungsvorgängen an Bedeutung, so dass eine Regelung im Gesetz angezeigt erschien.

36 Werden eigene Anteile wieder veräußert, **entfällt** der **Vorspaltenausweis** (§ 272 Abs. 1b Satz 1 HGB). Der noch im RegE verwendete missverständliche Begriff der „Rückgängigmachung" ist auf Vorschlag des Rechtsausschusses[31] gestrichen worden. Dies trägt dem Umstand Rechnung, dass der Vorspaltenausweis nach § 272 Abs. 1a Satz 1 HGB nach der Veräußerung der eigenen Anteile bei der künftigen Bilanzierung entfällt und nicht etwa rückwirkend geändert werden muss.

37 Nach der Formulierung des RegE war der bisherige Vorspaltenausweis „als **Kapitalerhöhung**" rückgängig zu machen. Diese Wortwahl war irreführend, da eine förmliche Kapitalerhöhung iSd. §§ 182 ff. AktG, 55 ff. GmbHG nicht stattfindet. Wirtschaftlich kann man den Vorgang allerdings schon als Kapitalerhöhung ansprechen, weil dem Unternehmen Mittel gegen Gewährung von Anteilen zufließen. Dass es sich dabei nicht um neu entstehende Anteile, sondern um solche aus dem eigenen Bestand handelt, hat vorrangig gesellschaftsrechtliche Bedeutung, weil die Voraussetzungen und Anforderungen an die Durchführung von Kapitalerhöhungen nicht eingehalten werden müssen. Insbesondere spielt es keine Rolle, ob die Veräußerung der eigenen Anteile gegen Barmittel (= Barkapitalerhöhung) oder im Tausch gegen andere Vermögensgegenstände (= Sachkapitalerhöhung) erfolgt.

38 Hinsichtlich der **Auswahl des Erwerbers** der eigenen Anteile können gesellschaftsrechtliche Bindungen bestehen. Hier sind vorrangig etwa bestehende Rückabwicklungsverpflichtungen[32] zu erfüllen und Vorgaben zu berücksichtigen, die ggf. die Haupt- oder Gesellschafterversammlung für die Wiederveräußerung aufgestellt haben[33]. Im Übrigen hat das Geschäftsführungsorgan bei der Veräußerung an Gesellschafter das Gleichbehandlungsgebot zu wahren und ist nach pflichtgemäßem Ermessen gehalten, vorrangig den bestmöglichen Veräußerungspreis anzustreben[34].

39 Die Vorschrift des § 272 Abs. 1b Satz 1 HGB stellt klar, dass infolge der Mittelzuführung gegen Gewährung von Anteilen aus dem Bestand der **Ausweis des gezeichneten Kapitals** wieder **in der Hauptspalte** zu erfolgen hat. Die Absetzung des Nennbetrags in der Vorspalte unterbleibt ex nunc. Maßgeblicher Zeitpunkt ist der Abgang der eigenen Anteile; dieser Zeitpunkt ist nach den allgemeinen Vorschriften zu bestimmen[35]. Wird vereinbart, dass die Gegenleistung (der Kaufpreis oder die Sachleistung) erst zu einem späteren Zeitpunkt fällig wird, ist der Vorspaltenausweis gleichwohl zu beenden und das gezeichnete Kapital in der unverminderten Höhe auszuweisen, weil die Anteile wieder begeben sind. Es handelt sich um ein Liefergeschäft, dessen Realisation sich nach den allgemeinen Vorschriften bestimmt. Die besonderen Grundsätze für die Ausgabe von neuen Anteilen (insb. zum Zugangszeitpunkt und zur Behandlung ausstehender Einlagen[36]) gelten in diesem Fall nicht. Vielmehr ist die gestundete Kaufpreisforderung nach den allgemeinen Grundsätzen zu aktivieren und ggf. zu bewerten (Bonitätsrisiken, Verzinsung).

---

31 Vgl. Begr. Beschlussempfehlung und Bericht des Rechtsausschusses, BT-Drucks. 16/12407, S. 87.
32 So für den Fall eines unzulässigen Erwerbs *Oechsler*, in Münchener Komm. AktG[3], § 71c Anm. 16; *Hüffer*, AktG[8], § 71c Anm. 7.
33 *Bezzenberger*, in K. Schmidt/Lutter, AktG, § 71 c Anm. 10.
34 *Hüffer*, AktG[8], § 71c Anm. 7; vgl. *Oechsler*, in Münchener Komm. AktG[3], § 71c Anm. 20.
35 Vgl. *ADS*[6], § 246 HGB Tz. 186 ff.
36 Vgl. *ADS*[6], § 272 HGB Tz. 18 ff.; *Förschle/Hoffmann*, in Beck Bil-Komm.[6], § 272 Anm. 19 f.

Handelt es sich bei der Veräußerung der eigenen Anteile um einen **Tauschvorgang**, ist fraglich, ob die allgemeinen Grundsätze für die Bewertung des erhaltenen Gegenstands[37] angewendet werden können. Gegen eine erfolgsneutrale Aktivierung des erworbenen Gegenstandes mit dem Buchwert des hingegebenen Gegenstands spricht, dass die eigenen Anteile nach § 272 Abs. 1a HGB eben nicht mehr mit ihren Anschaffungskosten angesetzt waren. Außerdem würde die Pflicht zur Einstellung des bei Erwerb verrechneten Betrags in die frei verfügbaren Rücklagen bzw. des Mehrbetrags in die Kapitalrücklage nach § 272 Abs. 2 Nr. 1 HGB (dazu unten Tz. 42 ff., 49 ff.) unterlaufen. Daher ist davon auszugehen, dass der zugehende Gegenstand in diesem Fall mit seinem Zeitwert angesetzt werden muss. **40**

In welcher **Höhe** der Vorspaltenausweis zu unterbleiben hat (§ 272 Abs. 1b Satz 1 HGB), ergibt sich aus dem Nennbetrag oder dem anteiligen rechnerischen Wert der veräußerten und abgegangenen Anteile. **41**

2. Einstellung in frei verfügbare Rücklagen

Nach § 272 Abs. 1b Satz 2 HGB ist der den Nennbetrag bzw. rechnerischen Wert übersteigende Differenzbetrag aus dem Veräußerungserlös bis zur Höhe des zuvor nach § 272 Abs. 1a Satz 2 HGB mit den frei verfügbaren Rücklagen verrechneten Betrags in die jeweiligen Rücklagen einzustellen. Vorgeschrieben ist damit eine Dotierung der **frei verfügbaren Rücklagen** (vgl. Tz. 26) in Höhe des ursprünglich verrechneten Betrags, höchstens aber in Höhe des bei der Veräußerung erzielten Differenzbetrags. Durch die erfolgsneutrale Rückführung in die Rücklagen sollen die im Rahmen des Kaufpreises wieder zugeführten Mittel, die zuvor beim Erwerb der eigenen Anteile zu Lasten der frei verfügbaren Rücklagen gedeckt worden sind, wieder der Gesellschaft zur Verfügung gestellt werden[38]. **42**

Der Dotierungspflicht nach § 272 Abs. 1b Satz 2 HGB unterliegt nicht der gesamte Mehrbetrag, um den der Verkaufspreis den Nennbetrag oder den rechnerischen Wert der veräußerten Anteile übersteigt. Nach dem Wortlaut des § 272 Abs. 1b Satz 2 HGB ist der **Umfang der Dotierung** beschränkt auf einen den Nennbetrag bzw. rechnerischen Betrag übersteigenden Differenzbetrag „bis zur Höhe" des ursprünglich mit den frei verfügbaren Rücklagen verrechneten Betrags. Danach soll nur der Betrag als actus contrarius wieder den freien Rücklagen zugeführt werden, um den diese bei Erwerb durch Verrechnung (§ 272 Abs. 1a Satz 2 HGB) belastet worden sind (dazu oben Tz. 26 f.). Zur Behandlung eines die ursprünglichen Anschaffungskosten der Anteile übersteigenden Betrages nach § 272 Abs. 1b Satz 3 HGB vgl. Tz. 49 **43**

Bei einem **unter den ursprünglichen Anschaffungskosten** der eigenen Anteile **liegenden Veräußerungserlös** mindert sich der Umfang der Dotierung der frei verfügbaren Rücklagen entsprechend. Dies folgt aus dem Wortlaut des § 272 Abs. 1b Satz 2 HGB, der auf einen Differenzbetrag „aus dem Veräußerungserlös" abstellt. Damit legt der tatsächlich erzielte Veräußerungserlös die Obergrenze der Rücklagendotierung fest. Diese Regelung berücksichtigt, dass die eigenen Anteile bei Anwendung der Nettomethode gerade nicht mit den (fortgeführten) Anschaffungskosten aktiviert sind, sondern in Höhe des Nennbetrags vom gezeichneten Kapital abgesetzt worden sind und in Höhe der Differenz zu den Anschaffungskosten durch Verrechnung mit frei verfügbaren Rücklagen gedeckt sind. Bilanziell sind die eigenen Anteile damit schon „vernichtet", so dass ein Veräußerungsverlust nicht eintreten kann. Ein Zwang zur **44**

---

37 Vgl. dazu *ADS*[6], § 255 HGB Tz. 89 ff.; *Ellrott/Brendt*, in Beck Bil-Komm.[6], § 255 Anm. 131.
38 Vgl. Begr. RegE, BT-Drucks. 16/10067, S. 66.

vollen Wiederauffüllung der ursprünglich durch Verrechnung verbrauchten Rücklagen bei Veräußerung zu einem niedrigeren Preis wäre auch nicht sachgerecht, weil es in diesem Fall ja gerade bei der Vermögensminderung bleibt. Daher ist folgerichtig, dass bei einem unter den ursprünglichen Anschaffungskosten liegenden Verkaufserlös nur ein entsprechend geminderter Differenzbetrag – nämlich der Differenzbetrag zwischen Nennbetrag bzw. rechnerischem Wert und dem Verkaufserlös – wieder in die frei verfügbaren Rücklagen einzustellen ist.

45 Besonderheiten ergeben sich dann, wenn die eigenen Anteile zu einem **Preis** veräußert werden, der **unter dem Nennbetrag** bzw. rechnerischem Wert liegt (unter „pari"). Da sich kein positiver Differenzbetrag zwischen Nennbetrag bzw. rechnerischem Wert und dem Verkaufserlös ergeben hat, kommt eine Zuführung in die frei verfügbaren Rücklagen nicht in Betracht. Dagegen steht außer Frage, dass auch in diesem Fall die Absetzung des Nennbetrages in der Vorspalte in vollem Umfang beendet werden muss. Hieraus ergibt sich ein Veräußerungsverlust. Die Absetzung in der Vorspalte führt wirtschaftlich eben noch nicht zu einer endgültigen Deckung wie die Verrechnung mit den Rücklagen, sondern entspricht einer Aktivierung mit dem Nennbetrag bei gleichzeitigem Ausweis des gezeichneten Kapitals. Daher führt die Veräußerung zu einem niedrigeren Verkaufspreis zu einem Verlust. Zu diskutieren bleibt, ob dieser Verlust in der GuV aufwandswirksam wird oder ob er – in entsprechender Anwendung des § 272 Abs. 1a Satz 2 HGB – mit den frei verfügbaren Rücklagen verrechnet werden kann. Gegen eine aufwandswirksame Behandlung dürften jedenfalls keine Bedenken bestehen.

46 Nach dem Wortlaut des § 272 Abs. 1b Satz 2 HGB sind die durch Veräußerung erlösten Beträge in die „**jeweiligen Rücklagen**" einzustellen. Hieraus ist abzuleiten, dass die jeweiligen Beträge wieder denselben Rücklagen zugeführt werden müssen, zu deren Lasten beim Erwerb der eigenen Anteile die Verrechnung nach § 272 Abs. 1a HGB vorgenommen wurde (vgl. Tz. 26 f.)[39]. Diese Sichtweise trägt der in § 272 Abs. 2 und 3 HGB verankerten Unterscheidung zwischen Kapital- und Gewinnrücklagen sowie dem Gedanken Rechnung, dass die Rücklagendotierung als actus contrarius die bei Erwerb vorgenommene Verrechnung wieder rückgängig machen soll. Bei GmbH schließt dies auch die Wiederauffüllung von Rücklagen nach § 272 Abs. 2 Nr. 1 bis 3 HGB ein. Diese gesetzliche Vorgabe ist auch dann zu beachten, wenn der Veräußerungserlös die ursprünglichen Anschaffungskosten nicht erreicht und daher nur ein geminderter Differenzbetrag in die frei verfügbaren Rücklagen einzustellen ist, der unter dem Betrag der bei Erwerb vorgenommenen Verrechung liegt. Es ist daher davon auszugehen, dass dieser geminderte Differenzbetrag quotal auf die jeweiligen bei Erwerb zur Verrechung herangezogenen Rücklagen aufzuteilen ist.

47 Wenn die ursprüngliche **Verrechnung zu Lasten des Jahresergebnisses** oder sogar eines **Bilanzverlustes** erfolgt ist (vgl. Tz. 26, 28), erscheint die Vornahme eines actus contrarius problematisch. Nachdem es sich nach der Konzeption des Gesetzes nicht um einen Veräußerungsgewinn handelt, ist kein Weg erkennbar, wie der Betrag unmittelbar dem laufenden Ergebnis zugeführt werden könnte. Am Nächsten liegt hier die Dotierung der anderen Gewinnrücklagen. Diese können dann – ggf. sogar in derselben Bilanz – wieder aufgelöst werden, so dass sich ein ausschüttbarer Bilanzgewinn ergibt. Wurde die Verrechnung teilweise zu Lasten vorhandener Rücklagen und teilweise zu Lasten des Jahresergebnisses vorgenommen, ist diese Aufteilung auch bei der Einstel-

---

39 AA *Blumenberg/Roßner*, GmbHR 2008, S. 1081, die nach dem abweichenden Wortlaut des RegE noch von einem Wahlrecht ausgehen.

lung in die Rücklagen nach Veräußerung zu beachten. Dies gilt entsprechend auch für eine quotale Aufteilung in dem Fall, dass der Veräußerungserlös die ursprünglichen Anschaffungskosten unterschreitet.

Auch bei Gesellschaften in der Rechtsform der AG oder KGaA ist diese Einstellung in Rücklagen ohne Berührung der **Verlängerungsrechnung zur GuV** zu zeigen. Einstellungen in Kapitalrücklagen sind nach den allgemeinen Grundsätzen ohne Ausweis in der Verlängerungsrechnung zur GuV unmittelbar in der Bilanz vorzunehmen[40]. Nichts anderes sollte für die Wiederauffüllung der Kapitalrücklagen gelten. Auch die Rückführung in die anderen Gewinnrücklagen ist nicht im Rahmen des § 158 Abs. 1 Satz 1 Nr. 4 AktG zu erfassen, da es sich nicht um eine Rücklagenzuführung aus dem Jahresergebnis durch die Verwaltung im Rahmen der Bilanzaufstellung handelt[41]. Dass die Entnahme in der Verlängerungsrechnung gezeigt worden ist, spricht nicht zwingend für ein gleiches Vorgehen bei der erneuten Dotierung.

48

3. Einstellung in Kapitalrücklagen nach Abs. 2 Nr. 1

Soweit der Veräußerungserlös die ursprünglichen Anschaffungskosten der Anteile, dh. den Nennbetrag bzw. rechnerischen Wert sowie den Betrag übersteigt, bis zu dessen Höhe bei Erwerb die Verrechnung mit frei verfügbaren Rücklagen vorgenommen wurde, ist dieser **darüber hinausgehende Differenzbetrag** in die Kapitalrücklagen nach § 272 Abs. 2 Nr. 1 HGB einzustellen (§ 272 Abs. 1b Satz 3 HGB). Die Einstellung in die Kapitalrücklage nach § 272 Abs. 2 Nr. 1 HGB, die den Fall eines erzielten Mehrbetrags bei der Ausgabe von Anteilen („Agio") erfasst, entspricht der Deutung des Vorgangs als wirtschaftliche Kapitalerhöhung, wie sie noch dem Wortlaut des RegE zu Grunde lag[42]. Gesetzessystematisch erscheint diese Regelung nicht zwingend, denn es werden keine neuen Anteile ausgegeben; eine förmliche Kapitalerhöhung findet nicht statt. Wie auch in sonstigen Fällen eines Veräußerungsgeschäfts wäre es naheliegend, den über die Anschaffungskosten hinaus erzielten Mehrerlös bilanziell als sonstigen betrieblichen Ertrag zu erfassen[43]. Allerdings dürfte angesichts des eindeutigen Gesetzeswortlauts und der nach § 256 Abs. 1 Nr. 4 AktG drohenden Nichtigkeitsfolge für den Jahresabschluss eine Einstellung in die Kapitalrücklage nach § 272 Abs. 2 Nr. 1 HGB unumgänglich sein, zumal sie auch steuerlich die erfolgsneutrale Behandlung erlaubt[44]. Bei GmbH hat dies wegen der fehlenden Bindungsvorschriften für die Kapitalrücklage allerdings keine Bedeutung[45].

49

Der nach § 272 Abs. 1b Satz 3 HGB in die Kapitalrücklagen nach § 272 Abs. 2 Nr. 1 HGB **einzustellende Betrag** ist hiernach wie folgt zu ermitteln:

50

> Veräußerungserlös
> ./. Nennbetrag oder rechnerischer Wert der veräußerten Anteile
> ./. in die frei verfügbaren Rücklagen einzustellender Betrag
> (= der ursprünglich mit diesen Rücklagen verrechnete Teilbetrag der Anschaffungskosten).

Nach der Grundentscheidung des Gesetzes, die Veräußerung eigener Anteile insoweit einer Kapitalerhöhung gleichzustellen, erfolgt die Einstellung ohne Berührung der

---

40 *Förschle*, in Beck Bil-Komm.[6], § 275 Anm. 311.
41 So auch für die Dotierung von Gewinnrücklagen durch die Hauptversammlung *ADS*[6], § 158 AktG Tz. 17 mwN; *Kleindiek*, in K. Schmidt/Lutter, AktG, § 158 Anm. 7.
42 Vgl. Begr. RegE, BT-Drucks. 16/10067, S. 66.
43 So zur bisherige Rechtslage *ADS*[6] (ErgBd.), § 272 HGB Tz. 33.
44 Vgl. *Herzig*, DB 2008, S. 1342.
45 Vgl. zur Kapitalrücklage bei GmbH *ADS*[6], § 272 HGB Tz. 79.

Verlängerungsrechnung zur **GuV** direkt in die Kapitalrücklage nach § 272 Abs. 2 Nr. 1 HGB[46].

4. Nebenkosten

51 Die Nebenkosten der Veräußerung sind als **Aufwand** des jeweiligen Geschäftsjahres zu erfassen (§ 272 Abs. 1b Satz 4 HGB)[47]. Sie werden damit auf die gleiche Weise behandelt wie die Anschaffungsnebenkosten beim vorangegangenen Erwerb der eigenen Anteile. Zu diesen Nebenkosten der Veräußerung zählen Bankspesen oder sonstige Transaktionskosten.

VI. Sonderfall: Erwerb und Veräußerung in demselben Geschäftsjahr

52 Werden eigene Anteile in demselben Geschäftsjahr wieder veräußert, sind am Abschlussstichtag keine eigenen Anteile mehr vorhanden, die nach § 272 Abs. 1a und Abs. 1b HGB zu bilanzieren wären. Dies könnte dafür sprechen, dass die oben dargestellten Bilanzierungsfolgen insgesamt entfallen. Wenn **Anschaffungskosten und Veräußerungserlös** zufällig **dieselbe Höhe** aufweisen, ist dies auch sachgerecht. Die Nebenkosten bei Anschaffung und Veräußerung werden erfolgswirksam in der GuV erfasst.

53 Wenn der **Veräußerungserlös** dagegen **höher oder niedriger** ist als die Anschaffungskosten, fragt sich, ob die Differenz zwischen Kaufpreis und Veräußerungserlös als Ertrag bzw. Aufwand in laufender Rechnung zu erfassen ist. Hierfür könnte sprechen, dass bei einem kurzen Zeitraum zwischen Erwerb und Veräußerung umso eher davon ausgegangen werden kann, dass das Unternehmen mit seinen eigenen Anteilen gehandelt hat, auch wenn die Voraussetzungen für eine Einordnung als unzulässiges Geschäft zu Handelszwecken (§ 71 Abs. 1 Nr. 8 Satz 2 AktG) ggf. nicht erfüllt sind. Nach der wirtschaftlichen Grundentscheidung des Gesetzgebers, die Veräußerung wie eine Kapitalerhöhung zu behandeln, dürfte es aber auch in diesem Fall zwingend sein, den Mehrerlös nach § 272 Abs. 1b Satz 3 HGB in die Kapitalrücklage nach § 272 Abs. 2 Nr. 1 HGB einzustellen. Ein Mindererlös ist dagegen nach § 272 Abs. 1a Satz 2 HGB mit den frei verfügbaren Rücklagen zu verrechnen, da es sich um den Teil des aufgewendeten Kaufpreises handelt, der durch den Veräußerungserlös nicht gedeckt worden ist.

54 Im Übrigen dürfte bei Erwerb und Veräußerung im selben Geschäftsjahr von den **weiteren Buchungen** (Absetzung des Nennbetrags in der Vorspalte; Verrechnung mit frei verfügbaren Rücklagen und Wiederdotierung) abgesehen werden können. Handelt es sich bei der Gesellschaft um eine AG, so sind allerdings auch bei Erwerb und Veräußerung der eigenen Aktien in demselben Geschäftsjahr nach § 160 Abs. 1 Satz 1 Nr. 2 AktG Angaben im **Anhang** zu machen[48].

54a Kreditinstitute, Finanzdienstleistungsinstitute und Finanzunternehmen dürfen auf Grund eines entsprechenden Hauptversammlungsbeschlusses eigene Aktien zum Zwecke des **Wertpapierhandels** erwerben (§ 71 Abs. 1 Nr. 7 AktG). Der Handelsbestand

---

46 Vgl. zur Einstellung bei Kapitalerhöhungen *ADS*[6], § 272 HGB Tz. 90 ff. mwN.
47 Begr. RegE, BT-Drucks. 16/10067, S. 66.
48 *ADS*[6], § 160 AktG Tz. 33; *Euler/Wirth* in Spindler/Stilz, AktG, § 160 Anm. 13; *Brönner*, in Großkomm. AktG[4], § 160 Anm. 14.

verändert sich idR laufend durch eine Vielzahl täglicher Aktienkäufe und -verkäufe. Zwar wäre es auch in diesem Fall zulässig, die einzelnen Erwerbs- und Veräußerungsvorgänge mit den individuelle Einstands- und Verkaufspreisen zu buchen. Diese Buchungsmethode würde aber dem Zweck einer Handelsaktivität, die keine dauerhafte Kapitalrückzahlung an die Aktionäre bewirken soll, nicht gerecht und hätte zudem den wirtschaftlichen Nachteil, dass jeder Mehrerlös in Kapitalrücklagen gebunden würde, während Minderererlöse zu einer dauerhaften Schmälerung der frei verfügbaren Rücklagen führen würden. Es erscheint zulässig, für die Bestimmung der Anschaffungskosten der am Ende der zu definierenden Handelsperiode (Tag, Monat, ggf. Geschäftsjahr) verbliebenen eigenen Aktien zum Zwecke der Verrechnung nach § 272 Abs. 1a HGB auf die **vereinfachenden Bewertungsmethoden** zurückzugreifen, die nach § 256 Satz 2 iVm. § 240 Abs. 4 HGB bei Massengeschäften erlaubt sind. Neben der Durchschnittsbewertung dürfte bei Wertpapieren im Handelsbestand auch das Lifo- oder Fifo-Verfahren anwendbar sein.

Besteht daneben auch eine Ermächtigung nach § 71 Abs. 1 Nr. 8 AktG, ist es zulässig, laufende Erwerbe bis zur 5%-Grenze des § 71 Abs. 1 Nr. 7 Satz 2 AktG zunächst dem Handelsbestand zuzuordnen und nach den vorstehenden Grundsätzen zu verfahren. Wenn eigene Aktien aus bestimmten Erwerbsgeschäften, als Restbestand nach einer zu definierenden Handelsperiode oder bei Überschreiten der 5%-Grenze dem **Eigenbestand** nach § 71 Abs. 1 Nr. 8 AktG zugeordnet werden, sind die nach § 272 Abs. 1a HGB zu verrechnenden Anschaffungskosten ebenfalls nach diesen Grundsätzen zu ermitteln.

VII. Nettoausweis und anschließende Einziehung

Nicht von der gesetzlichen Neuregelung umfasst ist die durchaus praxisrelevante **Einziehung eigener Anteile** nach § 237 AktG. Werden eigene Aktien, die im vorangegangen Jahresabschluss in der Vorspalte offen vom Grundkapital abgesetzt wurden, im Folgejahr eingezogen, so entfällt der Vorspaltenausweis mit der Folge, dass das durch die Einziehung geminderte Grundkapital unmittelbar in dem reduzierten Umfang auszuweisen ist[49]; eine Berührung der Verlängerung der Gewinn- und Verlustrechnung ist insoweit zulässig, aber nicht zwingend erforderlich[50]. Gleiches gilt für die Einziehung erworbener eigener Anteile bei GmbH[51]. 55

Liegt der Fall einer „**vereinfachten Einziehung**" iSd. § 237 Abs. 3 Nr. 1 und 2 AktG vor, so ist nach § 237 Abs. 5 AktG ein dem Nennbetrag bzw. rechnerischen Wert entsprechender Betrag in eine Kapitalrücklage einzustellen, die den Verwendungsbindungen des § 150 Abs. 3 und 4 AktG unterliegt[52]. Damit wird der Vorspaltenausweis (vgl. Tz. 20 ff.) zu Gunsten einer Dotierung dieser Kapitalrücklage wieder rückgängig gemacht[53]. Die Deckung ergibt sich aus dem Jahresergebnis oder aus einer in der Verlängerungsrechnung zur GuV auszuweisenden Auflösung verwendbarer Rücklagen[54]. Wird die Einziehung selbst netto ausgewiesen, sind in der Verlängerungsrechnung zur GuV nur diese beiden Posten zu zeigen, bei einer Brutto-Darstellung sind zusätzlich 56

---

49 *Förschle/Heinz*, in Sonderbilanzen[4], Q Anm. 96; *ADS*[6] (ErgBd.), § 272 HGB Tz. 26.
50 *Gelhausen*, in Festschrift Baetge, S. 207 mwN.
51 Vgl. zu den Folgen der Einziehung bei GmbH *Hueck/Fastrich* in Baumbach/Hueck, GmbHG[18], § 34 Rdnr. 19 ff.
52 *Hüffer*, AktG[8], § 237 Anm. 38 f.; *Marsch-Barner*, in Spindler/Stilz, AktG, § 237 Anm. 39.
53 *ADS*[6] (ErgBd.), § 272 HGB Tz. 27; *Förschle/Heinz*, in Sonderbilanzen[4], Q Anm. 96.
54 *Gelhausen*, in Festschrift Baetge, S. 209.

die Posten „Ertrag aus Kapitalherabsetzung" (§ 240 AktG) und „Aufwand aus der vereinfachten Kapitalherabsetzung durch Einziehung von Aktien" auszuweisen[55].

57 Erfolgen **Erwerb und Einziehung** der eigenen Anteile noch **im selben Geschäftsjahr**, kommt eine offene Absetzung vom gezeichneten Kapital nicht in Betracht. In der Bilanz sind das infolge Einziehung herabgesetzte Grundkapital und die Verminderung der frei verfügbaren Rücklagen zu zeigen, zu deren Lasten die Einziehung erfolgte. In der Verlängerungsrechnung zur Gewinn- und Verlustrechnung sind der Ertrag aus der Kapitalherabsetzung nach § 240 AktG, im Falle der vereinfachten Einziehung die Einstellung in die Kapitalrücklagen nach § 237 Abs. 5 AktG, die Entnahme aus den frei verfügbaren Rücklagen sowie als Aufwand der für den Erwerb der Anteile aufgebrachte Gesamtbetrag zu erfassen[56].

VIII. Rücklage für Anteile am herrschenden Unternehmen (Abs. 4)

58 Nachdem der Bruttoausweis eigener Anteile nicht mehr zulässig ist, entfällt auch die Bildung einer **Rücklage für eigene Anteile**, wie sie bisher in § 272 Abs. 4 Satz 1 bis 3 HGB aF vorgeschrieben war. Die Kapitalbindung wird durch Verrechnung mit den frei verwendbaren Rücklagen bewirkt. Für den Nennbetrag der Anteile ergibt sich allerdings eine Lücke im Kapitalschutz (dazu bereits in Tz. 23).

59 Nicht entfallen sind dagegen die Gründe für die Bildung einer **Rücklage für Anteile an einem herrschenden oder mit Mehrheit beteiligten Unternehmen**, wie es bisher in § 272 Abs. 4 Satz 4 HGB aF vorgeschrieben war. Da diese Regelung im Wesentlichen auf die Vorschriften über die Bildung der Rücklage für eigene Anteile Bezug nahm, mussten diese Regelungen in § 272 Abs. 4 Satz 1 bis 4 HGB jetzt entsprechend umformuliert werden. Materielle Änderungen haben sich dabei nicht ergeben.

60 Aus Sicht des bilanzierenden Unternehmens stellen diese Anteile Vermögensgegenstände dar, die zu Anschaffungskosten zu aktivieren sind. Wirtschaftlich repräsentieren sie jedoch mittelbar auch eine Beteiligung am eigenen Unternehmen, so dass ohne Bildung der Rücklage die Kapitalerhaltung gefährdet wäre[57]. In Höhe des Betrages, zu dem die Anteile am herrschenden bzw. mit Mehrheit beteiligten Unternehmen aktiviert sind, ist bei Aufstellung des nächsten Jahresabschlusses in der Bilanz zwingend eine **Rücklage** zu bilden (§ 272 Abs. 4 Satz 1 und 2 HGB).

61 Die Rücklage darf aus vorhandenen **frei verfügbaren Rücklagen** gebildet werden (§ 272 Abs. 4 Satz 3 HGB); dies sind die gleichen Rücklagen wie in § 272 Abs. 1a Satz 3 HGB (siehe oben Tz. 26). Die Dotierung der Rücklage darf darüber hinaus zu Lasten des laufenden **Jahresergebnisses** oder eines vorhandenen **Gewinnvortrags** erfolgen[58]. Sofern die genannten Dotierungsquellen für die erforderliche Rücklagenbildung nicht ausreichen, muss die Rücklage gleichwohl in voller Höhe des aktivierten Betrages gebildet werden, auch wenn dies zum Ausweis bzw. zur Erhöhung eines **Bilanzverlusts** führt[59].

62 Die **Auflösung** dieser Rücklage ist nur insoweit zulässig, als die betreffenden Anteile wieder ausgegeben, veräußert oder eingezogen werden (§ 272 Abs. 4 Satz 4 HGB); gleiches gilt, wenn für die aktivierten Anteile zB wegen einer eingetreten Wertminde-

---

55 *Gelhausen*, in Festschrift Baetge, S. 209.
56 *Gelhausen*, in Festschrift Baetge, S. 212 mwN.
57 Vgl. dazu *Kropff*, in Münchener Komm. AktG², § 272 HGB Anm. 120 f.; *Küting/Reuter* in Küting ua., BilMoG, S. 296.
58 Zum bisherigen Recht *WPH*[13], Bd. I, F Tz. 304; *ADS*[6], § 272 HGB Tz. 190, 195.
59 So hM zum bisherigen Recht, zB *ADS*[6], § 272 HGB Tz. 197 mwN; *WPH*[13], Bd. I, F Tz. 304.

rung ein niedrigerer Betrag angesetzt worden ist. Damit handelt es sich um eine gebundene Rücklage.

IX. Erstanwendungszeitpunkt und Übergangsvorschriften

Nach Art. 66 Abs. 3 Satz 1 EGHGB sind die dargestellten Änderungen des § 272 HGB erstmals auf Jahresabschlüsse für das **nach dem 31. Dezember 2009** beginnende Geschäftsjahr anzuwenden. Für vor dem 1. Januar 2010 beginnende Geschäftsjahre ist § 272 HGB noch in der alten Fassung anzuwenden. Dies gilt auch für Rumpfgeschäftsjahre, die sich bei der Verlegung des Geschäftsjahrs ergeben. Maßgebend ist hierbei jeweils der Beginn des betreffenden Geschäftsjahrs. Sonstige gesetzliche Übergangsvorschriften bestehen nicht. Wird von dem Wahlrecht zur früheren Anwendung der geänderten Vorschriften aus Art. 66 Abs. 3 Satz 6 EGHGB Gebrauch gemacht, betrifft dies auch die Behandlung eigener Anteile. 63

Die neuen Regelungen gelten danach ohne weiteres für eigene Anteile, die im Verlauf des Geschäftsjahrs der Erstanwendung **neu erworben** werden. Hat eine Gesellschaft bei der erstmaligen Anwendung der Neuregelung bereits eigene Anteile in ihrem **Bestand**, gelten die neuen Vorschriften mangels einer Ausnahme bei den Übergangsvorschriften auch für diese (Art. 66 Abs. 5 EGHGB iVm. § 272 Abs. 1 und 4 HGB aF). Da § 272 Abs. 1a HGB sich mit dem „Erwerb" eigener Anteile befasst, könnte zwar bezweifelt werden, ob die neuen Bilanzierungsregeln auch auf bereits im Bestand befindliche eigene Aktien angewendet werden müssen. Die Regierungsbegründung geht jedoch davon aus, dass der Bilanzausweis zu ändern ist und bislang aktivierte eigene Anteile nunmehr offen vom gezeichneten Kapital abgesetzt werden müssen[60]. Dies ist auch vom Wortlaut des § 272 Abs. 1a Satz 1 HGB gedeckt, der von „erworbenen" eigenen Anteilen spricht und damit nicht nur den Erwerbsvorgang, sondern auch die Behandlung nach Erwerb regelt. 64

Wurden die eigenen Anteile in Anwendung der **Nettomethode** des § 272 Abs. 1 Satz 4 und 5 HGB aF bereits bisher offen in der Vorspalte vom gezeichneten Kapital abgesetzt, ergeben sich aus der gesetzlichen Neuregelung, die nunmehr für alle Fälle eine offene Absetzung vorsieht, naturgemäß keine Auswirkungen. Die Folgen einer Veräußerung ergeben sich aus § 272 Abs. 1b HGB. 65

Komplizierter ist die Lage, wenn die eigenen Anteile bislang in der Bilanz nach der **Bruttomethode** zu den Anschaffungskosten – ggf. einschließlich Anschaffungsnebenkosten – aktiviert wurden und in entsprechender Höhe eine Rücklage für eigene Anteile besteht (§ 272 Abs. 4 HGB aF). In Umsetzung der geänderten Vorschriften sind die bislang aktivierten eigenen Anteile auszubuchen[61]; dies entspräche einer Kaufpreiszahlung bei Erwerb. Der Nennbetrag bzw. rechnerische Wert ist in der Vorspalte offen vom gezeichneten Kapital abzusetzen. In Höhe dieses Betrages ergibt sich eine erfolgsneutrale Bilanzverkürzung. 66

Der **Unterschiedsbetrag** des Nennbetrages bzw. rechnerischen Werts zu dem Betrag, mit welchem die eigenen Anteile zuletzt aktiviert wurden (fortgeschriebene Anschaffungskosten), ist in entsprechender Anwendung des § 272 Abs. 1a Satz 2 HGB mit frei verfügbaren Rücklagen zu verrechnen. Auf die ursprünglichen Anschaffungskosten zurück zu greifen und ggf. zwischenzeitlich vorgenommene Abschreibungen erfolgs- 67

---

60 Begr. RegE, BT-Drucks. 16/10067, S. 66.
61 Vgl. bereits zur bisherigen Regelung *ADS*⁶, § 272 HGB Tz. 202; diese Pflicht gilt umso mehr, als jetzt der Rücklagetatbestand entfallen ist.

wirksam rückgängig zu machen, wäre durch Sinn und Zweck der neuen Vorschriften nicht gedeckt.

68 Zu den frei verfügbaren Rücklagen zählt nunmehr auch die bislang nach § 272 Abs. 4 HGB aF passivierte **Rücklage für eigene Anteile**, die aufzulösen ist, weil die eigenen Anteile ausgebucht werden und zudem die Rechtsgrundlage für ihre Beibehaltung durch die Gesetzesänderung entfallen ist. Dabei ist die Rücklage für eigene Anteile vorrangig vor anderen frei verfügbaren Rücklagen zur Verrechnung zu nutzen, weil die Deckung der eigenen Anteile deren Bestimmung entspricht. Für den Ausweis ist davon auszugehen, dass die Verrechnung mit der bisherigen Rücklage für eigene Anteile in Höhe des Unterschiedsbetrages zwischen Buchwert und Nennbetrag auch bei AG und KGaA unmittelbar ohne Berührung der Verlängerungsrechnung zur GuV erfolgen kann (siehe oben Tz. 30).

69 **In Höhe des Nennbetrags** wird die Rücklage für eigene Anteile **frei**; sie ist bei AG und KGaA über die Verlängerungsrechnung zur GuV aufzulösen, soweit der Betrag nicht erforderlich ist, um die Rücklage nach § 237 Abs. 5 AktG analog zu bilden (vgl. dazu oben Tz. 24). Eine Beibehaltung der Rücklage ist nicht zulässig. Zwar regelt § 158 Abs. 1 Satz 1 Nr. 3 lit. b AktG idF des BilMoG noch die Entnahme aus der „Rücklage für Anteile an einem herrschenden oder mehrheitlich beteiligten Unternehmen". Auch wenn der bisherige Tatbestand – Entnahme aus der Rücklage für eigene Anteile – durch das BilMoG entfällt und die Übergangsvorschriften insoweit keine nachwirkende Anwendung regeln, ist es im Rahmen der Bilanzierungsänderung bei AG und KGaA sachgerecht, den entsprechenden Betrag in der Verlängerungsrechnung zu erfassen. Sofern die Bildung der Rücklage für eigene Anteile unmittelbar zu Lasten einer frei verfügbaren anderen Rücklage erfolgte, können die entsprechenden Beträge allerdings auch ohne Berührung der Verlängerungsrechnung zur GuV wieder in diese Rücklage zurückgeführt werden[62].

70 Nach § 272 Abs. 1a Satz 3 HGB sind im Erwerbsfall die **Anschaffungsnebenkosten** als Aufwand des Geschäftsjahrs zu behandeln. Wenn in dem Betrag, mit dem der Bestand an eigenen Anteilen zuletzt angesetzt wurde, auch Anschaffungsnebenkosten nach § 255 Abs. 1 Satz 2 HGB aktiviert waren, stellt sich die Frage, ob die durch Anwendung der Neuregelungen gebotene Bilanzierungsänderung zu einer aufwandswirksamen Erfassung dieses Teilbetrages führen muss. Hiergegen spricht zunächst, dass das Geschäftsjahr, in dem der Erwerb stattfand, bereits abgelaufen ist, so dass eine Erfassung im Jahr der Bilanzierungsänderung zu einer nicht periodengerechten Aufwandserfassung führen würde. Hinzu kommen Praktikabilitätsgründe, da die nachträgliche Ermittlung von Anschaffungsnebenkosten jedenfalls dann, wenn die eigenen Anteile bereits länger im Bestand gehalten wurden, mit erheblichen Schwierigkeiten verbunden und deren Höhe regelmäßig nicht wesentlich sein dürfte. Schließlich ist zu beachten, dass sich im Falle einer aufwandswirksamen Erfassung der Anschaffungsnebenkosten der Unterschiedsbetrag, der mit der bisherigen Rücklage für eigene Anteile zu verrechnen wäre (siehe oben Tz. 68), vermindern würde. Da die bisherige Rücklage für eigene Anteile in Höhe der Anschaffungskosten einschließlich dieser Nebenkosten zu bilden war, stünde dem fraglichen Aufwandsposten in gleicher Höhe ein Betrag aus der Auflösung der frei gewordenen Rücklage gegenüber, so dass sich letztlich nur eine ergebnisneutrale Aufblähung der GuV nebst Verlängerungsrechnung ergeben würde. Im Ergebnis ist es daher sachgerecht, im Rahmen des Übergangs auf die geänderten

---

[62] *Förschle/Hoffmann*, in Beck Bil-Komm.[6], § 272 Anm. 125 mwN; *Förschle/Heinz*, in Sonderbilanzen[4], Q Anm. 96.

Vorschriften auf eine Ermittlung und aufwandswirksame Erfassung der Anschaffungsnebenkosten zu verzichten.

M. Latente Steuern
(§§ 274, 274a Nr. 5 HGB)

§ 274 HGB
Latente Steuern

(1) ¹Bestehen zwischen den handelsrechtlichen Wertansätzen von Vermögensgegenständen, Schulden und Rechnungsabgrenzungsposten und ihren steuerlichen Wertansätzen Differenzen, die sich in späteren Geschäftsjahren voraussichtlich abbauen, so ist eine sich daraus insgesamt ergebende Steuerbelastung als passive latente Steuern (§ 266 Abs. 3 E.) in der Bilanz anzusetzen. ²Eine sich daraus insgesamt ergebende Steuerentlastung kann als aktive latente Steuern (§ 266 Abs. 2 D.) in der Bilanz angesetzt werden. ³Die sich ergebende Steuerbe- und die sich ergebende Steuerentlastung können auch unverrechnet angesetzt werden. ⁴Steuerliche Verlustvorträge sind bei der Berechnung aktiver latenter Steuern in Höhe der innerhalb der nächsten fünf Jahre zu erwartenden Verlustverrechnung zu berücksichtigen.

(2) ¹Die Beträge der sich ergebenden Steuerbe- und -entlastung sind mit den unternehmensindividuellen Steuersätzen im Zeitpunkt des Abbaus der Differenzen zu bewerten und nicht abzuzinsen. ²Die ausgewiesenen Posten sind aufzulösen, sobald die Steuerbe- oder -entlastung eintritt oder mit ihr nicht mehr zu rechnen ist. ³Der Aufwand oder Ertrag aus der Veränderung bilanzierter latenter Steuern ist in der Gewinn- und Verlustrechnung gesondert unter dem Posten „Steuern vom Einkommen und vom Ertrag" auszuweisen.

§ 274a HGB
Größenabhängige Erleichterungen

Kleine Kapitalgesellschaften sind von der Anwendung der folgenden Vorschriften befreit:

1. § 268 Abs. 2 über die Aufstellung eines Anlagengitters,
2. § 268 Abs. 4 Satz 2 über die Pflicht zur Erläuterung bestimmter Forderungen im Anhang,
3. § 268 Abs. 5 Satz 3 über die Erläuterung bestimmter Verbindlichkeiten im Anhang,
4. § 268 Abs. 6 über den Rechnungsabgrenzungsposten nach § 250 Abs. 3,
5. **§ 274 über die Steuerabgrenzung.**

Inhaltsverzeichnis

		Tz.
I.	Grundlagen	1 – 4
II.	Ansatz latenter Steuern	
	1. Klassifizierung von Differenzen (Abs. 1 Satz 1)	5 – 11
	2. Passivierungspflicht (Abs. 1 Satz 1)	12 – 13
	3. Aktivierungswahlrecht (Abs. 1 Satz 2)	14 – 17
	4. Erstmaliger Ansatz von Vermögensgegenständen und Schulden	18 – 25
	5. Ergänzungs- und Sonderbilanzen	26 – 27

6. Aktive latente Steuern für Verlustvorträge und Zinsvorträge
   (Abs. 1 Satz 4) .... 28 – 37
7. Latente Steuern in Organschaften .... 38 – 42
III. Bewertung latenter Steuern (Abs. 2 Satz 1) .... 43 – 47
IV. Ausweis latenter Steuern
   1. Saldierungswahlrecht (Abs. 1 Satz 3) .... 48 – 50
   2. Bilanz und GuV (Abs. 1 Satz 1 und 2, Abs. 2 Satz 2 und 3) .... 51 – 52
V. Steuerabgrenzung bei kleinen Kapitalgesellschaften und Personenhandelsgesellschaften iSv. § 264a HGB (§ 274a Nr. 5) .... 53 – 59
VI. Erstanwendungszeitpunkt und Übergangsvorschriften .... 60 – 63

I. Grundlagen

1 § 274 HGB wurde durch das BilMoG vollständig neu gefasst. Der Ansatz von latenten Steuern folgt künftig dem auch international üblichen[1] **bilanzorientierten (*temporary*) Konzept**. Während nach den bisherigen Vorschriften des HGB auf Differenzen zwischen dem handelsrechtlichen und steuerlichen Ergebnis abgestellt wurde und damit eine GuV-basierte Sichtweise bei der Steuerabgrenzung im Vordergrund stand, erfasst die Neuregelung Bilanzdifferenzen aus Ansatz- und Bewertungsunterschieden zwischen den Vermögensgegenständen, Schulden und Rechnungsabgrenzungsposten im handelsrechtlichen Jahresabschluss und in der Steuerbilanz (vgl. dazu auch Abschn. Q Tz. 277 f.)[2].

2 Das BilMoG hebt die **umgekehrte Maßgeblichkeit** (§ 5 Abs. 1 Satz 2 EStG aF), wonach steuerliche Wahlrechte bei der Gewinnermittlung, zB die Bildung unversteuerter Rücklagen oder die Vornahme nur steuerlich motivierter Abschreibungen, die in Übereinstimmung mit dem handelsrechtlichen Jahresabschluss auszuüben sind, sowie die damit in Zusammenhang stehenden handelsrechtlichen Öffnungsklauseln (§§ 247 Abs. 3, 254, 273, 279 Abs. 2, 280 Abs. 2, 281 HGB)[3] zur Vornahme der steuerlich motivierten Bewertungen auf (vgl. Abschn. D Tz. 3)[4]. Da ausschließlich steuerlich motivierte Bewertungen damit künftig nicht mehr in den handelsrechtlichen Jahresabschluss übernommen werden dürfen, wird sich der Umfang der bilanziellen Differenzen in Zukunft deutlich erhöhen und zusammen mit der konzeptionellen Ausweitung der in die Steuerabgrenzung einzubeziehenden Differenzen (vgl. Tz. 5 ff.), dazu führen, dass die Bedeutung der Abgrenzung latenter Steuern im handelsrechtlichen Jahresabschluss erheblich zunehmen wird[5].

3 Trotz der zunehmenden praktischen Bedeutung werden latente Steuern im HGB nicht als Vermögensgegenstand bzw. als Schuld eingestuft, sondern bilden „Sonderposten eigener Art"[6]. Damit gelten die allgemeinen handelsrechtlichen Ansatz- und Bewertungsvorschriften hierfür nicht. Stattdessen sind die **besonderen Ansatz- und Bewertungsvorschriften** nach § 274 HGB für die Bilanzierung latenter Steuern maßgeblich.

4 Nach § 268 Abs. 8 HGB unterliegen aktive latente Steuern – ebenso wie nach bisherigem Recht (§ 274 Abs. 2 Satz 3 HGB aF) – einer **Ausschüttungssperre** (vgl. ausführlich dazu Abschn. N Tz. 4 ff.). Soweit aktive und passive latente Steuern nach

---

1 Vgl. *ADS International*, Abschn. 20, Tz. 57 und 50.
2 Vgl. Begr. RegE, BT-Drucks. 16/10067, S. 67; *Petersen/Zwirner*, in BilMoG, S. 479 ff.; *Küting/Seel*, in K. Küting/N. Pfitzer/C.-P. Weber², S. 502 f.
3 Vgl. IDW ERS HFA 28, Tz. 3 f., 9; IDW RH HFA 1.015, Tz. 3 f.
4 Vgl. *Ortmann-Babel/Bolik/Gageur*, DStR 2009, S. 934; *Dörfler/Adrian*, DB 2009, Beil. 5, S. 58 f.
5 Vgl. *Herzig/Vossel*, BB 2009, S. 1175.
6 Vgl. Begr. Beschlussempfehlung und Bericht des Rechtsausschusses, BT-Drucks. 16/12407, S. 86 f.

§ 274 Abs. 1 Satz 3 HGB unsaldiert ausgewiesen werden (vgl. Tz. 14 ff.), unterliegt lediglich die „Abgrenzungsspitze" der aktiven latenten Steuer über die passive latente Steuer der Ausschüttungssperre (vgl. Abschn. N Tz. 46 ff.). Passive latente Steuern auf Bilanzierungsunterschiede aufgrund von selbst geschaffenen immateriellen Vermögensgegenständen des Anlagevermögens und der Bewertung des Deckungsvermögens nach § 246 Abs. 2 Satz 2 HGB zum beizulegenden Zeitwert dürfen nicht doppelt, dh. nicht auch bei der Ausschüttungssperre für aktive latente Steuern, berücksichtigt werden (vgl. dazu Abschn. N Tz. 53)[7].

II. Ansatz latenter Steuern

1. Klassifizierung von Differenzen (Abs. 1 Satz 1)

Latente Steuern sind grds. anzusetzen, wenn sich die **Differenzen zwischen den handels- und den steuerrechtlichen Wertansätzen** der Vermögensgegenstände, Schulden und Rechnungsabgrenzungsposten in der Zukunft ausgleichen werden und dies zu einer Steuerbe- oder -entlastung führt. Die Differenzen zwischen den handels- und steuerrechtlichen Wertansätzen können dabei aus Bewertungs- und Ansatzunterschieden, zB bei Drohverlustrückstellungen, resultieren[8]. Darüber hinaus sind bei der Berechnung von aktiven latenten Steuern auch steuerliche Verlustvorträge zu berücksichtigen (vgl. Tz. 28 ff.).

Passive latente Steuern sind nach § 274 Abs. 1 Satz 1 HGB in einem handelsrechtlichen Jahresabschluss anzusetzen, wenn:

– Differenzen zwischen den handelsrechtlichen Wertansätzen von Vermögensgegenständen, Schulden oder Rechnungsabgrenzungsposten und deren steuerlichen Wertansätzen bestehen,
– diese Differenzen sich in späteren Jahren voraussichtlich abbauen und
– sich hieraus insgesamt eine künftige Steuerbelastung ergibt[9].

Aktive latente Steuern dürfen nach § 274 Abs. 1 Satz 2 iVm. Satz 1 HGB in einem Jahresabschluss angesetzt werden, wenn:

– Differenzen zwischen den handelsrechtlichen Wertansätzen von Vermögensgegenständen, Schulden oder Rechnungsabgrenzungsposten und deren steuerlichen Wertansätzen bestehen,
– diese Differenzen sich in späteren Jahren voraussichtlich abbauen und
– sich hieraus insgesamt eine künftige Steuerentlastung ergibt[10].

Voraussetzung für eine Steuerabgrenzung ist, dass sich Differenzen zwischen den Wertansätzen in der Zukunft durch Nutzung oder Abgang des zugrunde liegenden Vermögens- oder Schuldpostens abbauen (temporäre Differenz). Die temporären Differenzen umfassen auch die **quasi-permanenten Differenzen**, dh. Bilanzierungs- und Bewertungsunterschiede bei Vermögensgegenständen und Schulden, deren Umkehrzeitpunkt noch nicht exakt feststeht, sondern von einer Disposition des Unternehmens, zB dem Verkauf des betreffenden Vermögensgegenstands, abhängig ist oder sonst spätestens bei der Liquidation des gesamten Unternehmen eintritt.

---

7   Vgl. Begr. Beschlussempfehlung und Bericht des Rechtsausschusses, BT-Drucks. 16/12407, S. 87; IDW ERS HFA 27, Tz. 34.
8   Vgl. IDW ERS HFA 27, Tz. 4.
9   Vgl. IDW ERS HFA 27, Tz. 3.
10 Vgl. IDW ERS HFA 27, Tz. 3.

9 Für Effekte, die sich nicht umkehren (zB nicht abzugsfähige Betriebsausgaben (§ 4 Abs. 5 EStG) oder nach § 8b KStG nicht steuerrelevante Wertdifferenzen für von einer Kapitalgesellschaft gehaltene Beteiligungen an Kapitalgesellschaften)[11], sind – wie nach bisherigem Recht[12] – keine latenten Steuern zu bilden (**permanente Differenzen**)[13].

Mögliche Differenzen zwischen Handels- und Steuerbilanz		
temporäre Differenzen		**permanente Differenzen**
zeitlich begrenzt	quasi permanent	
Steuerwirksame Umkehr der Differenz in absehbarer Zeit. Bsp.: Unterschiedlicher Wertansatz bei einem Gebäude, der auf unterschiedlich Abschreibungsmethoden oder Nutzungsdauern in Handels- und Steuerbilanz resultiert.	Steuerwirksame Umkehr der Differenz nicht absehbar, nur bei unternehmerischer Disposition zB Verkauf oder Liquidation. Bsp.: Unterschiedlicher Wertansatz bei Grund und Boden in Handels- und Steuerbilanz.	Keine steuerwirksame Umkehr der Differenz in der Zukunft. Bsp.: Unterschiedlicher Wertansatz bei Beteiligungen an Kapitalgesellschaften soweit diese Differenz (95%) nach § 8b KStG steuerlich nicht abzugsfähig ist.
Abgrenzung latenter Steuern nach § 274 HGB		keine Abgrenzung

Abb. 7 Abweichungen zwischen Handels- und Steuerbilanz

10 Die Beurteilung, ob eine temporäre Differenz bei ihrer Umkehr zu einer künftigen Steuerent- oder -belastung führt, findet anhand von **Wahrscheinlichkeitsüberlegungen** hinsichtlich der Realisierbarkeit statt, wobei das handelsrechtliche Vorsichtsprinzip (§ 252 Abs. 1 Nr. 4 HGB) zu beachten ist[14]. Dh. ebenso wie nach bisherigem Recht[15] hat sich an die rechnerische Ermittlung der temporären Ansatz- und Bewertungsdifferenzen eine Prognose anzuschließen, ob sich die daraus resultierenden latenten Steuern (Steuermehr- und -minderzahlungen) auch realisieren lassen (vgl. auch Abschn. Q Tz. 301 ff.). Für den Ansatz aktiver latenter Steuern bedeutet dies, dass eine Berücksichtigung nur erfolgen darf, wenn sich passive temporäre Differenzen voraussichtlich in der gleichen Periode umkehren wie aktive temporäre Differenzen[16] oder ausreichend steuerpflichtige Gewinne erwartet werden.

11 Der Nachweis hinreichender steuerpflichtiger Gewinne hat grds. durch eine **Unternehmensplanung** zu erfolgen. Anders als bei der Berücksichtigung von steuerlichen Verlustvorträgen nach § 274 Abs. 1 Satz 4 HGB (vgl. Tz. 28 ff.) ist dafür aber kein bestimmter Planungszeitraum vorgeschrieben[17]. Die Anforderungen an die Länge des Planungszeitraums und die Detailliertheit der Planungsrechnung steigen, wenn ein Unternehmen in der Vergangenheit Verluste erlitten bzw. nicht ausreichend hohe Gewinne erwirtschaftet hat[18]. Ferner ist zu berücksichtigen, über welchen Zeitraum sich die temporären Differenzen voraussichtlich umkehren werden[19].

---

11 Vgl. *Herzig/Vossel*, BB 2009, S. 1175; *Wendholt/Wesemann*, DB 2009, Beil. 5, S. 66.
12 Vgl. *ADS*⁶, § 274 HGB Tz. 16.
13 Vgl. IDW ERS HFA 27, Tz. 5.
14 Vgl. IDW ERS HFA 27, Tz. 6.
15 Vgl. *ADS*⁶, § 274 HGB Tz. 34.
16 Vgl. *Küting/Seel*, in K. Küting/N. Pfitzer/C.-P. Weber², S. 507; IDW ERS HFA 27, Tz. 7.
17 GlA *Wendholt/Wesemann*, DB 2009, Beil. 5, S. 67.
18 Vgl. IDW ERS HFA 27, Tz. 6 f.
19 Vgl. *Hoyos/Fischer*, in Beck Bil-Komm.⁶, § 274 Anm. 64.

2. Passivierungspflicht (Abs. 1 Satz 1)

§ 274 Abs. 1 Satz 1 HGB stellt auf die sich insgesamt ergebende Steuerbelastung bzw. Steuerentlastung ab (**Gesamtdifferenzenbetrachtung**)[20]. Passive latente Steuern werden in einem ersten Schritt mit aktiven latenten Steuern verrechnet. Eine sich daraus ergebende Steuerbelastung (Passivüberhang) muss angesetzt werden, eine Steuerentlastung (Aktivüberhang) hingegen darf angesetzt werden (zum Ausweiswahlrecht vgl. Tz. 48 f.). Soweit eine Steuererstattung nicht hinreichend sicher ist, darf das Unternehmen einen aktiven Überhang von latenten Steuern nicht bilanzieren[21]. 12

Ergibt sich aus dem Vergleich der Gesamtdifferenz der bilanzpostenbezogenen aktiven und passiven latenten Steuern und der aktiven latenten Steuern für Verlustvorträge sowie ggf. Zinsvorträge ein **Passivüberhang**, besteht hierfür nach § 274 Abs. 1 Satz 1 HGB eine Passivierungspflicht. Hinsichtlich der Passivierungspflicht für kleine Kapitalgesellschaften und denen gleichgestellten kleine haftungsbeschränkte Personenhandelsgesellschaften vgl. Tz. 53 ff. 13

3. Aktivierungswahlrecht (Abs. 1 Satz 2)

Ergibt sich aus dem Vergleich der Gesamtdifferenz der bilanzpostenbezogenen aktiven und passiven latenten Steuern und der aktiven latenten Steuern für Verlustvorträge sowie ggf. Zinsvorträge (vgl. Tz. 28 ff.) ein **Aktivüberhang** (Abgrenzungsspitze), besteht hierfür nach § 274 Abs. 1 Satz 2 HGB ein Ansatzwahlrecht. Wird davon Gebrauch gemacht, ist § 268 Abs. 8 HGB zu beachten. Danach besteht für die Abgrenzungsspitze eine **Ausschüttungssperre** (zu Einzelheiten bei ihrer Berechnung vgl. Tz. 4 sowie Abschn. N Tz. 46 ff.). 14

Bei einem Aktivüberhang ist fraglich, ob dieser nur vollständig oder auch teilweise angesetzt werden darf. Für einen **teilweisen Ansatz** könnte sprechen, dass durch Übernahme des Aktivierungswahlrechts weitgehend die Regelung des § 274 Abs. 2 Satz 1 HGB aF beibehalten werden soll[22] und nach bisherigem Recht Bilanzierungshilfen auch teilweise in Anspruch genommen werden durften[23]. Zudem erfordert die Klassifizierung als „Sonderposten eigener Art" nicht den Zwang zur vollständigen Bilanzierung, der für Vermögensgegenstände und Schulden nach § 246 HGB gilt. Gegen eine Teilaktivierung spricht aber, dass nach dem Wortlaut des § 274 Abs. 1 Satz 1 HGB zunächst grds. eine gesonderte Ermittlung der temporären Differenzen zwischen den handelsrechtlichen Wertansätzen für alle Vermögensgegenstände, Schulden und Rechnungsabgrenzungsposten und ihren steuerlichen Wertansätzen notwendig ist[24]. Gegenstand des Aktivierungswahlrechts iSv. § 274 Abs. 1 Satz 2 HGB ist die sich dabei ggf. insgesamt ergebende Abgrenzungsspitze, deshalb ist davon auszugehen, dass eine Teilaktivierung eines Überhangs aktiver latenter Steuern nicht zulässig ist[25]. 15

Die Ausübung des Aktivierungswahlrechts für latente Steuern unterliegt dem **Stetigkeitsgebot** nach § 246 Abs. 3 Satz 1 HGB. Durchbrechungen sind nur in begründeten Ausnahmefällen nach § 246 Abs. 3 Satz 2 iVm. § 252 Abs. 2 HGB zulässig (vgl. auch 16

---

20 Vgl. *Petersen/Zwirner*, in BilMoG, S. 482.
21 Vgl. Begr. Beschlussempfehlung und Bericht des Rechtsausschusses, BT-Drucks. 16/12407, S. 82.
22 Vgl. Begr. Beschlussempfehlung und Bericht des Rechtsausschusses, BT-Drucks. 16/12407, S. 87.
23 Vgl. *ADS*⁶, § 269 HGB Tz. 11.
24 Vgl. *Loitz*, DB 2009, S. 914 f.; *Herzig/Vossel*, BB 2009, S. 1176.
25 GlA IDW ERS HFA 27, Tz. 11; *Wendholt/Wesemann*, DB 2009, Beil. 5, S. 67; *Prinz/Ruberg*, Der Konzern 2009, S. 347.

Abschn. G Tz. 14). Hierfür kommt zB ein Wechsel der Konzernzugehörigkeit in Betracht[26].

17 Wird das Aktivierungswahlrecht ausgeübt und unterbleibt deshalb ein Ansatz in der Bilanz, fordert der Gesetzgeber in § 285 Nr. 29 HGB dennoch Angaben im **Anhang** (vgl. dazu Abschn. O Tz. 259 ff.)[27.]

4. Erstmaliger Ansatz von Vermögensgegenständen und Schulden

18 In die Steuerabgrenzung nach § 274 Abs. 1 Satz 1 und 2 HGB sind sämtliche temporären Bilanzierungs- und Bewertungsdifferenzen einzubeziehen und zwar auch dann, wenn sie erfolgsneutral entstehen[28]. Ursachen für die erfolgsneutrale Entstehung von temporären Differenzen sind insb. (Rein-)Vermögensübergänge im Rahmen von **Umwandlungsvorgängen** oder **Sacheinlagen**, bei denen aufgrund von besonderen Regelungen des UmwStG durch eine (Buch)Wertverknüpfung die Besteuerung von in der Handelsbilanz des Übernehmers aufgedeckten Lasten und Reserven hinausgezögert werden kann[29]. Die Erfassung der latenten Steuern auf die temporären Differenzen, die im Zuge der Erwerbs-/Übernahmebilanzierung entstehen, ist Teil dieser Bilanzierung, dh. die latenten Steuern sind als Teil des zugehenden Reinvermögens zu erfassen[30]. Nach dem bisherigen Recht ergab sich die Steuerabgrenzung in den handelsrechtlichen Jahresabschlüssen der Erwerber/Übernehmer in derartigen Fällen nicht aus § 274 HGB aF, sondern aus der Anwendung allgemeiner Grundsätze für die Erwerbsbilanzierung (vgl. dazu auch Abschn. Q Tz. 291 f.)[31].

19 Temporäre Differenzen können iZm. (erfolgsneutralen) Anschaffungsvorgängen, zB Unternehmenserwerben im Wege eines *asset deals*, aber auch dadurch entstehen, dass die Gesamtanschaffungskosten in der Steuerbilanz, aufgrund besonderer steuerlicher Ansatz- oder Bewertungsvorschriften, zB wegen des Ansatzverbots für Drohverlustrückstellungen nach § 5 Abs. 4a Satz 1 EStG, anders als in der Handelsbilanz auf die erworbenen Vermögensgegenstände und Schulden verteilt werden. Bei identischen Gesamtanschaffungskosten in Handels- und Steuerbilanz führt dies im Zugangszeitpunkt zu einer Wertdifferenz beim dem ggf. nach der Kaufpreisallokation verbleibenden Geschäfts- oder Firmenwert.

20 Ein ausdrückliches Ansatzverbot besteht nach § 306 Satz 3 HGB nur für latente Steuern aus dem erstmaligen Ansatz eines **Geschäfts- oder Firmenwertes** aus der Kapitalkonsolidierung nach § 301 Abs. 3 Satz 1 HGB (vgl. ausführlich dazu Abschn. Q Tz. 306 ff.). Fraglich ist deshalb, ob im handelsrechtlichen Jahresabschluss auch auf die Wertdifferenz eines Geschäfts- oder Firmenwerts eine Steuerabgrenzung zu erfassen ist. Dies hätte ein aufwändiges Iterationsverfahren zur Folge, weil sich im Fall der Berücksichtigung einer passiven Steuerabgrenzung der Geschäfts- oder Firmenwert wieder erhöht, was wiederum zu einer Erhöhung der Steuerabgrenzung führt usw. Die Iteration kann allerdings durch folgende Formel abgekürzt werden:

---

26 Vgl. zB *ADS*[6], § 252 HGB 113; HFA 3/1997, Abschn. 3.
27 Vgl. IDW ERS HFA 27, Tz. 36.
28 Vgl. IDW ERS HFA 27, Tz. 18 iVm. Tz. 33.
29 Vgl. ausführlich zur Besteuerung der übernehmenden Rechtsträger bei Umwandlungen: *Klingberg*, in Sonderbilanzen[4], K Anm. 110 ff.
30 Ebenso *Wendholt/Wesemann*, DB 2009, Beil. 5, S. 72.
31 Vgl. zur Abgrenzung von latenten Steuern, wenn das iZm. Umwandlungs-/Einlagevorgängen erworbene (Rein-)Vermögen in der Handelsbilanz zu Zeitwerten und in der Steuerbilanz zu Buchwerten bewertet wurde: *Förschle/Hoffmann*, in Sonderbilanzen[4], K Anm. 37, *WPH*, 13. Aufl., Bd. I, F Tz. 342.

$$+ \text{GFW} = \Delta \text{GFW} \times \frac{s}{(1 - s)}$$

GFW	=	Geschäfts- oder Firmenwert
+ GFW	=	Erhöhung des GFW durch die Steuerabgrenzung
Δ GFW	=	Differenz der GFW in Handels- und Steuerbilanz vor Berücksichtigung von latenten Steuern auf den GFW
s	=	Ertragsteuersatz

21 Für die Berücksichtigung einer Steuerabgrenzung auf eine Differenz zwischen dem Geschäfts- und Firmenwert im handelsrechtlichen Jahresabschluss und dem in der Steuerbilanz dafür angesetzten Wert könnte sprechen, dass der Geschäfts- oder Firmenwert durch § 246 Abs. 1 Satz 4 HGB als ein zeitlich begrenzt nutzbarer Vermögensgegenstand fingiert (vgl. Abschn. E Tz. 14 ff.) und damit vom Wortlaut des § 274 Abs. 1 Satz 1 HGB erfasst wird[32]. Dagegen spricht jedoch, dass der Geschäfts- oder Firmenwert eine **Saldogröße** sämtlicher mit dem erworbenen Unternehmen verbundenen, nicht einzeln bilanzierbaren und –pflichtigen Vorteile und Nachteile ist. Aufgrund dessen gilt das Verrechnungsverbot des § 246 Abs. 2 HGB für den Geschäfts- oder Firmenwert nicht, weshalb die geschäftswertbildenden Vor- und Nachteile mit den jeweils gegenläufigen Steuereffekten saldiert werden (vgl. dazu auch Abschn. Q Tz. 307).

22 Wenn man von zeitlichen Differenzen absieht, die zusätzlich zB durch unterschiedliche handels- und steuerrechtliche Nutzungsdauern des Geschäfts- oder Firmenwerts (vgl. dazu Tz. 23) entstehen können, werden letztlich über die Totalperiode in Handels- und Steuerbilanz die gleichen Gesamtanschaffungskosten periodisiert und wirken sich entsprechend auf das zu versteuernde Einkommen aus. Erfolgt in dieser Konstellation eine Abgrenzung von latenten Steuern auf den Geschäfts- oder Firmenwert, führt diese zusätzliche Abgrenzung nur dazu, dass ein „erklärbarer" Zusammenhang zwischen dem handelsrechtlichen Ergebnis (nach Geschäftswertabschreibung) und dem steuerlichen Ergebnis hergestellt wird. Dies entspricht zwar der Zielsetzung der bisherigen GuV-orientierten Steuerabgrenzungskonzeption, nicht aber der des *temporary*-Konzept iSv. § 274 HGB, das demgegenüber auf einen zutreffenden Vermögensausweis abzielt (vgl. Tz. 1). Etwaige Verzerrungen der Steuerquote werden bei Anwendung des temporary- Konzepts durch Angaben im Rahmen der Erläuterungen nach § 285 Nr. 29 HGB im Anhang kompensiert (vgl. Abschn. O Tz. 260 f.). Im Hinblick darauf sowie auf den besonderen Charakter des Geschäfts- oder Firmenwerts als Saldogröße erscheint es deshalb vertretbar, wenn in derartigen Fällen eine Differenz zwischen dem Geschäfts- und Firmenwert im handelsrechtlichen Jahresabschluss und dem in der Steuerbilanz dafür angesetzten Wert **nicht in die Steuerabgrenzung** nach § 274 HGB **einbezogen** wird[33].

23 Sofern nach dem Zugangszeitpunkt für den (Teil-)Betrag des Geschäfts- oder Firmenwerts, der sowohl im handelsrechtlichen Jahresabschluss als auch in der Steuerbilanz angesetzt wurde, temporäre Differenzen entstehen, zB weil die handelsrechtliche Nutzungsdauer von der typisierten steuerlichen **Nutzungsdauer** von 15 Jahren (§ 7 Abs. 1 Satz 3 EStG) abweicht, sind diese nach den allgemeinen Grundsätzen des § 274 HGB

---

32 So IDW ERS HFA 27, Tz. 17.
33 GlA *Wendholt/Wesemann*, DB 2009, Beil. 5, S. 72; aA IDW ERS HFA 27, Tz. 17.

in die Steuerabgrenzung einzubeziehen[34] (zur Steuerabgrenzung iZm. dem Erwerb einer Tochterpersonengesellschaft im handelsrechtlichen Konzernabschluss vgl. Abschn. Q Tz. 293).

24 Steuerabgrenzungen, die sich aus dem erstmaligen Ansatz von Vermögensgegenständen ergeben, sind jedoch nicht nur erfolgsneutral sondern uU auch erfolgswirksam im handelsrechtlichen Jahresabschluss zu erfassen. Wird dem Unternehmen iZm. dem Erwerb eines Anlagegegenstands eine steuerfreie **Investitionszulage** gewährt, kann diese in der Handelsbilanz entweder als Anschaffungskostenminderung bei der Ermittlung der Anschaffungskosten des bezuschussten Vermögensgegenstands abgesetzt werden (Nettoausweis), sie kann aber auch in einen gesonderten Passivposten eingestellt werden (Bruttoausweis), der über die Abschreibungsdauer des erworbenen Gegenstandes, der dann zu unverminderten Anschaffungskosten angesetzt wird, vereinnahmt werden. Wird der Bruttoausweis gewählt, ist der (gesonderte) Passivposten entsprechend zu bezeichnen (zB „Sonderposten für Investitionszuschüsse zum Anlagevermögen")[35]. Da die Bildung dieses Postens rein handelsrechtlicher Natur ist, bleibt er auch nach dem Wegfall der umgekehrten Maßgeblichkeit durch das BilMoG (vgl. Tz. 2) im handelsrechtlichen Jahresabschluss bestehen[36]. Für steuerliche Zwecke wird der handelsrechtliche Ausweis nicht nachvollzogen, sondern erfolgt die sofortige (steuerfreie) Vereinnahmung.

25 Dadurch entsteht entweder bezogen auf den ausgewiesenen Vermögensgegenstand oder den Sonderposten für Investitionszulagen eine Wertdifferenz, die sich über die Nutzungsdauer des Vermögensgegenstands umkehrt, dh. es entsteht eine temporäre Differenz, die – vorbehaltlich des Ansatzwahlrechts nach § 274 Abs. 1 Satz 2 HGB (vgl. Tz. 14) – zum Ausweis von **aktiven latenten Steuern** führt[37]. Mangels einer besonderen Regelung kann die Erfassung der latenten Steuer in diesem Fall nur **ergebniswirksam** erfolgen. Dies entspricht dem Gedanken, dass zusammen mit der Investitionszulage zusätzlich noch ein steuerlicher Vorteil gewährt wurde, der darin besteht, dass für steuerliche Zwecke die vollen Anschaffungskosten und nicht nur der um die Zulage verminderte Betrag geltend gemacht werden können. Dieser Vorteil wird künftig nach dem *temporary*-Konzept im Jahr der Gewährung sofort realisiert und nicht erst in den folgenden Perioden durch die aufgrund der aus den höheren steuerlichen Abschreibungen resultierenden Steuerentlastung.

5. Ergänzungs- und Sonderbilanzen

26 **Ergänzungsbilanzen** enthalten Korrekturen zu den Wertansätzen der Vermögensgegenstände der Gesamthandsbilanz in der Steuerbilanz der Personenhandelsgesellschaft, die nicht alle Gesellschafter gleichermaßen treffen. Ergänzungsbilanzen sind Teil der Steuerbilanz der Personenhandelsgesellschaft[38]. Da die Höhe der Gewerbesteuer auf der Ebene der Personenhandelsgesellschaft durch die vorhandenen Ergänzungsbilanzen beeinflusst wird, sind die durch Ergänzungsbilanzen verursachten temporären Differenzen für gewerbesteuerliche Zwecke in die Abgrenzung latenter Steuern einzubeziehen[39].

---

34 Vgl. IDW ERS HFA 27, Tz. 17; *Küting/Seel*, in K. Küting/N. Pfitzer/C.-P. Weber², S. 512 f.
35 Vgl. dazu *WPH¹³*, Bd. I, E Tz. 253 ff.; HFA 1/1984, Abschn. d1).
36 GlA *Wendholt/Wesemann*, DB 2009, Beil. 5, S. 68.
37 AA *Küting/Seel*, in K. Küting/N. Pfitzer/C.-P. Weber², S. 507 f.: erfolgsneutrale Erfassung gegen Gewinnrücklagen, um die Erfolgsneutralität des Anschaffungsvorgangs zu wahren.
38 Vgl. zum Begriff zB *Hoyos/St. Ring*, in Beck Bil-Komm.⁶, § 247 Anm. 759 ff.
39 GlA IDW ERS HFA 27, Tz. 10.

Sonderbilanzen enthalten Vermögensgegenstände, die zwar dem Betrieb der Personenhandelsgesellschaft dienen, die aber außerhalb der Gesamthand stehen und einzelnen Gesellschaftern zuzuordnen sind. Hierzu gehören zB einem Gesellschafter gehörende Grundstücke oder Maschinen, die der Personenhandelsgesellschaft (entgeltlich oder unentgeltlich) zur Nutzung überlassen werden, ohne dass diese (wirtschaftliches) Eigentum daran erlangt[40]. Die Wertansätze in Sonderbilanzen sind für die gewerbesteuerliche Positionen der Personenhandelsgesellschaft relevant. Dies könnte dafür sprechen, dass temporäre Differenzen in die Steuerabgrenzung in der Gesamthandsbilanz einzubeziehen sind. Anders als Ergänzungsbilanzen haben Sonderbilanzen aber keine Korrekturfunktion zur Steuerbilanz der Personenhandelsgesellschaft. Ferner ist zu berücksichtigen, dass die Vermögensgegenstände und Schulden aus den Sonderbilanzen nicht Teil des Gesamthandvermögens der Personenhandelsgesellschaft sind[41], sondern im Eigentum des jeweiligen Gesellschafters stehen und deshalb der Verfügungsmacht der Gesamthand aller Gesellschafter entzogen sind. Angesichts dessen ist eine Einbeziehung der Wertunterschiede aus der Sonderbilanz in die Steuerabgrenzung auf Ebene der Personenhandelsgesellschaft deshalb nicht zulässig[42].

27

6. Aktive latente Steuern für Verlustvorträge und Zinsvorträge (Abs. 1 Satz 4)

Nach § 274 Abs. 1 Satz 4 HGB sind bei der Berechnung aktiver latenter Steuern auch steuerliche Verlustvorträge, sofern die daraus resultierenden Vorteile innerhalb der nächsten fünf Jahre voraussichtlich auch realisiert werden (vgl. Tz. 29 ff.). Nach **bisheriger Rechtslage** (§ 274 Abs. 2 HGB aF) war der Ansatz von latenten Steuern auf steuerliche Verlustvorträge nach hM[43] ausgeschlossen, weil es sich bei der damit verbundenen Steuerersparnis nicht um einen Vermögensgegenstand handelte. Allerdings waren Verlustvorträge auch bisher insoweit im Rahmen der Steuerabgrenzung zu berücksichtigen, als sonst aus einer Gesamtdifferenzenbetrachtung ein passiver Überhang entstanden wäre[44].

28

Ferner schreibt DRS 10.11 f. bereits bisher eine Berücksichtigung von Verlustvorträgen bei der Steuerabgrenzung für Zwecke des handelsrechtlichen **Konzernabschlusses** vor, wenn der damit verbundene Steuervorteil mit hinreichender Wahrscheinlichkeit realisiert werden kann (vgl. zur Steuerabgrenzung auf Verlustvorträge in der Handelsbilanz II für Konzernzwecke Abschn. Q Tz. 303 f.). Dies ist der Fall, wenn eine der nachfolgenden Voraussetzungen gegeben ist:

29

- Es sind ausreichend zu versteuernde zeitliche Differenzen derselben Steuerart gegenüber demselben Steuerschuldner/-gläubiger vorhanden, die sich in den entsprechenden Geschäftsjahren voraussichtlich auflösen werden.
- Es ist wahrscheinlich, dass in den entsprechenden Geschäftsjahren gegenüber demselben Steuerschuldner/-gläubiger ausreichend zu versteuernde Gewinne anfallen werden. Diese Gewinne können auch durch steuerliche Gestaltungsmaßnahmen anfallen (vgl. dazu Abschn. Q Tz. 305).

Diese Ansatzvoraussetzungen für Verlustvorträge stellen aufgrund der Bekanntmachung des DRS 10 im BAnz. Konzern-GoB nach § 342 Abs. 2 HGB dar und sind damit

30

---

40 Vgl. dazu ausführlich: *Hoyos/St. Ring*, in Beck Bil-Komm.[6], § 247 Anm. 792 ff.
41 Vgl. *ADS*[6], § 246 HGB Tz. 432, 436.
42 GlA IDW ERS HFA 27, Tz. 10; *Wendholt/Wesemann*, DB 2009, Beil. 5, S. 71.
43 Vgl. *ADS*[6], § 274 HGB Tz. 28; *Eberhartinger*, in Bilanzrecht, § 274 Rz. 96 ff.; *IDW*, FN-IDW 2001, S. 89 f.; *Rainer*, in Münchener Komm. HGB[2], § 274 RdNr. 27 f.
44 Vgl. zB *ADS*[6], § 274 HGB Tz. 26 ff.

künftig (vgl. zur Erstanwendung der durch das BilMoG geänderten Steuerabgrenzungskonzeption Tz. 60 f.) spätestens bei der Aufstellung der Handelsbilanz II für die in den handelsrechtlichen Konzernabschluss einzubeziehenden (Mutter- und Tochter-)Unternehmen zu beachten (§ 274 Abs. 1 Satz 4 iVm. § 298 Abs. 1 HGB). Da zwischen dem Steuerabgrenzungskonzept im handelsrechtlichen Jahres- und Konzernabschluss keine Unterschiede bestehen (vgl. Abschn. Q Tz. 276), ergibt sich künftig[45] aus DRS 10.11 f. eine Ausstrahlungswirkung für die Voraussetzungen der Berücksichtigung steuerlicher Verlustvorträge bei der Steuerabgrenzung im handelsrechtlichen **Jahresabschluss**[46].

31 Nach § 274 Abs. 1 Satz 4 HGB sind die steuerlichen Verlustvorträge zwingend bei der Berechnung der **aktiven latenten Steuern** im Rahmen der Gesamtdifferenzenbetrachtung einzubeziehen. Der Gesetzgeber schreibt damit vor, dass aktive latente Steuern für temporäre Bilanzdifferenzen sowie für Verlustvorträge zu aggregieren sind.

32 Der Ansatz von latenten Steuern auf Verlustvorträge ist nach § 274 Abs.1 Satz 4 HGB auf die Beträge beschränkt, die innerhalb eines pauschalen **Zeitraums von fünf Jahren** genutzt werden können. Damit soll die Nachprüfbarkeit der Aktivierung latenter Steuern auf Verlustvorträge gewährleistet werden und zugleich auch praktikabel bleiben[47]. Im Übrigen wird durch die Begrenzung dem Vorsichtsprinzip (§ 252 Abs. 1 Nr. 4 HGB) Rechnung getragen. Die unternehmensindividuelle Planungsdauer hat für die Wahrscheinlichkeitsbeurteilung eintretender Ergebnisse keine Bedeutung, dh. auch wenn sich die unternehmensindividuelle Ergebnisplanung ansonsten nur auf einen kürzeren Zeitraum als fünf Jahre erstreckt, muss bei der Ermittlung der aktivierbaren Steuerminderungen aus den Verlustvorträgen auf einen Zeitraum von fünf Jahren abgestellt werden. Die Beträge sind ggf. im Wege einer vorsichtigen Extrapolation zu ermitteln[48].

33 Fraglich ist, ob die Begrenzung der Verlustberücksichtigung auf fünf Jahre auch dann gilt, wenn sich beim bilanzierenden Unternehmen zugleich temporäre Differenzen ergeben, die zu **passiven latenten Steuern** führen, und sich erst **nach** dem Zeithorizont von **fünf Jahren umkehren**. Ausweislich der Gesetzesmaterialien soll dies nicht zulässig sein[49]. Dies würde dann aber dazu führen, dass passive latente Steuern ausgewiesen würden, die aufgrund der Verlustvorträge (außerhalb des Fünf-Jahres-Zeitraums) nie zu einer entsprechenden Steuerzahlung führen würden bzw. nur dann, wenn sich die Verlustvorträge vorher durch entsprechende operative (steuerpflichtige) Ergebnisse verbrauchen würden. Mit Rücksicht auf den Wortlaut des § 274 Abs. 1 Satz 1 HGB, wonach eine passive Steuerabgrenzung für eine „... sich ... ergebende Steuerbelastung ..." zu bilden ist, wird es deshalb für vertretbar gehalten, wenn in dieser besonderen Konstellation auch Verlustvorträge außerhalb der Fünf-Jahres-Zeitraums nach § 274 Abs. 1 Satz 4 HGB im Rahmen der Steuerabgrenzung berücksichtigt werden[50].

34 Die Beurteilung der Zulässigkeit des Ansatzes aktiver latenter Steuern auf Verlustvorträge findet anhand von **Wahrscheinlichkeitsüberlegungen** statt, wobei das handelsrechtliche Vorsichtsprinzip zu beachten ist[51] (vgl. auch Tz. 10 f.). An die Wahrscheinlichkeit des Entstehens künftiger Steuerminderungen aus Verlustvorträgen sind hohe

---

45 GlA *Wendholt/Wesemann*, DB 2009, Beil. 5, S. 70.
46 Bereits bisher dafür: *Hoyos/Fischer*, in Beck Bil-Komm.⁶, § 274 Anm. 19 mwN; aA IDW, FN-IDW 2003, S. 22.
47 Vgl. Begr. RegE, BT-Drucks. 16/10067, S. 67.
48 Vgl. IDW ERS HFA 27, Tz. 13.
49 Vgl. Begr. Beschlussempfehlung und Bericht des Rechtsausschusses, BT-Drucks. 16/12407, S. 87.
50 Vgl. IDW ERS HFA 27, Tz. 14; *Wendholt/Wesemann*, DB 2009, Beil. 5, S. 70.
51 Vgl. Begr. RegE BilMoG, BT-Drucks. 16/10067, S. 67; IDW ERS HFA 27, Tz. 6.

Anforderungen zu stellen. Insb. ist eine genaue Analyse der erwarteten künftigen Ergebnisse erforderlich. Bisherige negative hohe Plan-Ist-Abweichungen geben Anlass zu Bedenken bei der Aktivierung. Einmal-Effekte sind auf ihre „Einmaligkeit" in der Historie des Unternehmens zu analysieren. Erste Restrukturierungserfolge können ein Hinweis auf eine mögliche Aktivierung sein.

Eine sog. „**Verlusthistorie**" des bilanzierenden Unternehmens ist bei der Beurteilung der Zulässigkeit des Ansatzes aktiver latenter Steuern auf Verlustvorträge einzubeziehen. Aus den internationalen Rechnungslegungsvorschriften hat sich ein Zeitraum von kumuliert drei Jahren für die Berechnung der Verlusthistorie als Ausgangspunkt für die Analysen herauskristallisiert[52]. Dabei ist so vorzugehen, dass die Ergebnisse der vergangenen drei Jahre addiert werden. Soweit hieraus ein negativer Betrag entsteht, würde ein Ansatz aktiver latenter Steuern in der Regel nicht erfolgen. Der Zeitraum von drei Jahren kann auch für die Beurteilung latenter Steuern für Verlustvorträge nach dem HGB grds. als sachgerecht angesehen werden, soweit nicht im Einzelfall Anlass zu einer Abwandlung gegeben ist, zB weil es sich um ein *start-up* Unternehmen handelt, das noch keine drei Jahre besteht.

35

Neben der zeitlichen Beschränkung bei der Aktivierung von latenten Steuern auf Verlustvorträge sind die Beschränkungen des Verlustabzugs nach § 10d EStG (sog. **Mindestbesteuerung**) sowie **Verlustabzugsbeschränkungen** nach § 8c KStG[53] zu berücksichtigen[54]. Nach § 8c KStG können steuerliche Verlustvorträge und Zinsvorträge (vgl. Tz. 37) einer Kapitalgesellschaft bei einer Übertragung von mehr als 50% der Anteile oder Stimmrechte an dieser Gesellschaft ganz und bei Anteils- oder Stimmrechtsübertragungen von mehr als 25 % bis zu 50 %, die mittelbar oder unmittelbar innerhalb eines Zeitraums von fünf Jahren an einem Erwerber oder diesem nahe stehende Person übertragen werden, anteilig untergehen[55]. Die Konsequenzen aus einer iSv. § 8c KStG schädlichen Anteilsveräußerung sind bei der Steuerabgrenzung nach § 274 Abs. 1 HGB auf Ebene der davon betroffenen Kapitalgesellschaft (spätestens) zu berücksichtigen, wenn ein wirksamer schuldrechtlicher Kaufvertrag vorliegt. Dabei sind auch aufschiebende Bedingungen, zB Gremienvorbehalte[56], zu beachten.

36

Die Grundsätze zur Berücksichtigung von Verlustvorträgen bei der Steuerabgrenzung nach § 274 Abs. 1 Satz 4 HGB (vgl. Tz. 28 ff.) gelten entsprechend für die Berücksichtigung von aktiven latenten Steuern auf **Zinsvorträge** iSv. § 4h EStG iVm. § 8a KStG.

37

7. Latente Steuern in Organschaften

Nach den §§ 14, 15 KStG ermitteln die Organgesellschaften weiterhin separat ihren steuerlichen Gewinn nach den allgemeinen bilanzsteuerrechtlichen Regelungen. Das Einkommen der Organgesellschaft wird dem Organträger zugerechnet, so dass die Organgesellschaft – abgesehen von nach § 16 KStG selbst zu versteuernden eventuellen Ausgleichszahlungen nach § 304 AktG – keine direkten steuerlichen Belastungen treffen. Fraglich ist in diesem Zusammenhang, auf welcher Ebene (**Organgesellschaft** oder **Organträger**) die Steuerabgrenzung für temporäre Ansatz- und Bewertungsdiffe-

38

---

52 Vgl. zB *ADS International*, Abschn. 20, Tz. 96.
53 Vgl. zu den Verlustabzugsbeschränkungen nach § 8c KStG: *BMF*, vom 4.7.2008, Der Konzern, 2008, S. 455 ff.; dazu auch *Sistermann/Brinkmann*, BB 2008, S. 1928 ff.
54 Vgl. IDW ERS HFA 27, Tz. 13.
55 Vgl. *Küting/Seel*, in K. Küting/N. Pfitzer/C.-P. Weber[2], S. 510.
56 Vgl. *ADS*[6], § 246 HGB Tz. 245 f.

renzen in den Vermögensgegenständen, Schulden und Rechnungsabgrenzungsposten der Organgesellschaft zu erfolgen hat[57].

39 Überwiegend[58] wird dabei die Auffassung vertreten, dass die temporären Differenzen der Organgesellschaft mit in die Steuerabgrenzung des **Organträgers** einbezogen werden, mit der Folge, dass im handelsrechtlichen Jahresabschluss der Organgesellschaft keine latenten Steuern gebildet werden. Lediglich für den Fall, dass eine Beendigung der Organschaft zu erwarten ist (vgl. Tz. 42), ist (spätestens) im handelsrechtlichen Abschluss für das letzte vertragliche (Rumpf-)Geschäftsjahr für alle temporären Differenzen, die sich danach umkehren, auf Ebene der Organgesellschaft eine Steuerabgrenzung zu Gunsten/Lasten der Ergebnisabführung (§ 277 Abs. 3 Satz 2 HGB) zu bilden[59]. Diese Grundsätze sollen auch dann gelten, wenn der Organträger Steuerumlagen erhebt[60].

40 Ausschlaggebend für eine Steuerabgrenzung auf Ebene des **Organträgers** sind insb. folgende Gesichtspunkte:
   – Steuersubjekt und Steuerschuldner ist der Organträger.
   – Die künftige Steuerbe- bzw. -entlastung wird ausschließlich auf Ebene des Organträgers zahlungswirksam.
   – Dem Organträger sind steuerrechtlich ebenso wie das Einkommen der Organgesellschaft auch die Vermögens- und Schuldposten und die bei diesen bestehenden Differenzen zwischen handelsrechtlichen und steuerlichen Wertansätzen zuzurechnen.
   – Die ermittelten temporären Differenzen bei der Organgesellschaft bilden nur die Grundlage für die Berechnung der anfallenden künftigen Steuerbe- und -entlastungen beim Organträger.
   – Bei Existenz profitabler Organgesellschaften einerseits und zugleich defizitärer Organgesellschaften andererseits könnte bei den Organgesellschaften zum Ansatz aktiver bzw. passiver latenter Steuern führen, obwohl sich beim Organträger, aufgrund der Verrechnung per Saldo keine künftige Steuerbe- oder -entlastung ergibt.

41 Teilweise[61] wird jedoch, insb. bei gleichzeitigem Bestehen von **Steuerumlagevereinbarungen**, auch eine Abgrenzung latenter Steuern auf Ebene des handelsrechtlichen Jahresabschlusses der Organgesellschaft befürwortet. Dadurch soll der „Steuerausweis" aufgrund der Umlagevereinbarung im handelsrechtlichen Jahresabschluss der Organgesellschaft letztlich an denjenigen Ausweis anzugleichen sein, der sich ergeben würde, wenn diese selbst Steuersubjekt wäre[62]. Dafür spricht, dass die temporären Differenzen, die in die Steuerabgrenzung einzubeziehen sind, letztlich untrennbar mit den Vermögens- und Schuldposten der Organgesellschaft verbunden sind und sich nur so ein zutreffender (Rein-)Vermögensausweis in deren jeweiligem Jahresabschluss erreichen lässt. Allerdings handelt es sich in diesen Fällen nicht um eine originäre Abgrenzung von latenten Steuern aufgrund von § 274 HGB, sondern die Abbildung erwarteter künftiger Be- oder ggf. Entlastungen der Organgesellschaft aus dem Umlagevertrag mit dem

---

57 Vgl. dazu zB *Loitz/Klevermann*, DB 2009, S. 409 ff.
58 Vgl. IDW ERS HFA 27, Tz. 21; *Wendholt/Wesemann*, DB 2009, Beil. 5, S. 70 f.; Dahlke, BB 2009, S. 78 f. Dies entspricht auch der bereits bisher geltenden hM vgl. zB: *ADS*[6], § 274 HGB Tz. 31 f.; *Hoyos/Fischer*, in Beck Bil-Komm.[6], § 274 Anm. 75; HdR[5], § 274 HGB Rn. 26.
59 Vgl. IDW ERS HFA 27, Tz. 22.
60 Vgl. IDW ERS HFA 27, Tz. 24.
61 Vgl. *Loitz/Klevermann*, DB 2009, S. 414 ff. mwN.
62 Vgl. *Loitz/Klevermann*, DB 2009, S. 415 f.; aA IDW ERS HFA 27, Tz. 24.

Organträger[63], was auch entsprechend im Ausweis derartiger Abgrenzungsposten in der Handelsbilanz der Organgesellschaft zum Ausdruck gebracht werden muss[64].

Voraussetzung für die steuerliche Anerkennung einer körperschaftsteuerlichen Organschaft ist nach § 14 Abs. 1 KStG das Bestehen eines **Gewinnabführungs- und Beherrschungsvertrags** (EAV), der auf einen Zeitraum von mindestens fünf Jahren abgeschlossen sein muss. Bei der Frist von fünf Jahren handelt es sich um eine Mindest- und nicht um eine Höchstlaufzeit. Regelmäßig sieht der EAV vor, dass sich seine Laufzeit, nach Ablauf der Mindestlaufzeit von fünf Jahren, um ein weiteres Jahr verlängert, wenn er nicht gekündigt wird. Dh. bei Abschluss des EAV steht dessen tatsächliche Gesamtlaufzeit noch nicht fest, so dass aus Sicht des abhängigen Unternehmens (Organgesellschaft) zunächst grds. von einer unbefristeten Laufzeit ausgegangen werden muss. Hinsichtlich der Frage, ob sich die Laufzeit des EAV verlängert, dh. keine Kündigung erfolgt, ist die Planung des Organträgers maßgeblich, weil dieser faktisch über eine Verlängerung bzw. Kündigung entscheiden kann[65]. Künftige Steuerwirkungen, deren Eintritt nach **Beendigung der Organschaft** erwartet werden, sind nicht beim Organträger, sondern bei der Organgesellschaft selbst zu bilanzieren[66]. 42

III. Bewertung latenter Steuern (Abs. 2 Satz 1)

Nach § 274 Abs. 2 Satz 1 HGB hat die Bewertung der künftig gegenüber dem Fiskus entstehenden Steueransprüche und -verpflichtungen entsprechend dem bilanzorientierten, auf einen zutreffenden Vermögensausweis ausgerichteten Steuerabgrenzungskonzept (vgl. Tz. 1) mit dem **„unternehmensindividuellen" Steuersatz „im Zeitpunkt des Abbaus der Differenzen"** zu erfolgen, um so den Betrag der künftig entstehenden Steuerent- oder -belastung zutreffend zu erfassen[67]. 43

Ferner ist grds. eine Unterscheidung zwischen den **verschiedenen Steuerarten** zu treffen. Bspw. sind gewerbesteuerliche Verlustvorträge nur mit dem Gewerbesteuersatz und körperschaftsteuerliche Verlustvorträge mit dem Körperschaftsteuersatz zu bewerten. Gelten für Vermögensgegenstände einer ausländischen Betriebsstätte ggf. in Abhängigkeit von der Einkunftsart unterschiedliche Steuersätze, zB für Veräußerungsgewinne, so ist auch dies zu berücksichtigen. 44

Änderungen der Steuersätze sind erst ab dem Zeitpunkt zu berücksichtigen, zu dem die maßgebende gesetzliche Körperschaft (in Deutschland der Bundesrat) dem Steuergesetz zugestimmt hat[68]. Bis zu diesem Zeitpunkt werden – vorbehaltlich bereits beschlossener Steuersatzänderungen – bei der Berechnung latenter Steuern die Steuersätze zugrunde gelegt, die auch für die laufende Besteuerung gelten[69]. Die Effekte aus Steuersatzänderungen sind ergebniswirksam zu erfassen (vgl. auch Tz. 52)[70]. 45

Latente Steuern sind nach § 274 Abs. 2 Satz 1 HGB aufgrund der Schwierigkeit und Komplexität der Bestimmung des exakten Abbauzeitpunkts **nicht abzuzinsen**[71]. 46

---

63 So auch *Wendholt/Wesemann*, DB 2009, Beil. 5, S. 71.
64 Vgl. *Dahlke*, BB 2009, S. 879.
65 Vgl. IDW ERS HFA 27, Tz. 23.
66 Vgl. *Wendhold/Wesemann*, DB 2009, Beil. 5, S. 70.
67 Vgl. *Küting/Seel*, in K. Küting/N. Pfitzer/C.-P. Weber², S. 517.
68 Vgl. Begr. RegE, BT-Drucks. 16/10067, S. 68.
69 Vgl. *Petersen/Zwirner*, in Petersen/Zwirner BilMoG, S. 482.
70 Vgl. IDW ERS HFA 27, Tz. 33.
71 Vgl. IDW ERS HFA 27, Tz. 26; Begr. RegE, BT-Drucks. 16/10067, S. 68: Keine Abzinsung, weil Sonderposten eigener Art.

47 Damit ist die Realisierbarkeit bilanzierter Steuerabgrenzungsposten, insb. der dabei berücksichtigten latenten Steuerminderungsansprüche, an jedem Abschlussstichtag unter Berücksichtigung der unternehmensindividuellen Ergebnisplanung etc. (vgl. Tz. 10 f.) zu überprüfen. Nach § 274 Abs. 2 Satz 2 HGB sind latente Steuerposten ergebniswirksam **aufzulösen**, soweit die Steuerbe- oder -entlastung eintritt oder mit ihr nicht mehr zu rechnen ist.

IV. Ausweis latenter Steuern

1. Saldierungswahlrecht (Abs. 1 Satz 3)

48 Hinsichtlich des Ausweises der Steuerabgrenzung (Gesamtdifferenz; vgl. Tz. 12) im handelsrechtlichen Jahresabschluss wird durch § 274 Abs. 1 Satz 3 HGB ein Wahlrecht eröffnet. Zum einen kann die sich insgesamt ergebende Steuerbelastung oder Steuerentlastung, dh. der unter Berücksichtigung des Aktivierungswahlrechts nach § 274 Abs. 1 Satz 2 HGB (vgl. Tz. 14) ermittelte Gesamtsaldo der Steuerabgrenzung, ausgewiesen werden (**Nettoausweis**), was im Ergebnis der Darstellung nach § 274 HGB aF entspricht[72]. Zum anderen können die aktiven und passiven latenten Steuern im Sinne einer besseren Information der Abschlussadressaten über die Vermögenslage auch unsaldiert ausgewiesen werden (**Bruttoausweis**)[73]. Auch bei einem unsaldierten Ausweis ist die Inanspruchnahme des Aktivierungswahlrechts für eine Abgrenzungsspitze nach § 274 Abs. 1 Satz 2 HGB nicht ausgeschlossen[74].

49 Im Fall eines **unsaldierten Ausweises** wird es für ausreichend erachtet, die aktiven und passiven latenten Steuern auf Bilanzpostenebene zu ermitteln, mit der Folge, dass temporäre Differenzen innerhalb eines Bilanzpostens saldiert werden[75]. Ob der damit bezweckte Vereinfachungseffekt erreicht werden kann, erscheint fraglich, weil für die dem Ausweis vorangehende Frage der Bilanzierbarkeit latenter Steuern die Realisierbarkeit der künftigen Steuerentlastung bzw. -belastung beurteilt werden muss, was regelmäßig nur auf Ebene einzelner Transaktionen erfolgen kann. Die Einzeldifferenzenbetrachtung ergibt sich im Übrigen auch aus dem Wortlaut des § 274 Abs. 1 Satz 1 HGB, wonach temporäre Differenzen bei Vermögensgegenständen, Schulden und Rechnungsabgrenzungsposten und nicht bei Vermögens- und Schuldposten in die Steuerabgrenzung einzubeziehen sind.

50 Die Ausübung des Wahlrechts unterliegt dem Gebot der **Ausweisstetigkeit** nach § 265 Abs. 1 Satz 1 HGB[76]. Ein Wechsel vom saldierten zum unsaldierten Ausweis sollte aber idR zulässig sein, da hierdurch der Einblick in die Vermögenslage verbessert wird.

2. Bilanz und GuV (Abs. 1 Satz 1 und 2, Abs. 2 Satz 2 und 3)

51 Eine sich ergebende positive oder negative Gesamtdifferenz latenter Steuern ist im handelsrechtlichen Jahresabschluss in der **Bilanz** unter der Bezeichnung „Aktive latente Steuern" (§ 266 Abs. 2 lit. D. HGB) bzw. „Passive latente Steuern" (§ 266 Abs. 3

---

72 Vgl. dazu *ADS*⁶, § 274 HGB Tz. 48 ff.
73 Vgl. Begr. Beschlussempfehlung und Bericht des Rechtsausschusses, BT-Drucks. 16/12407, S. 87.
74 GlA *Wendholt/Wesemann*, DB 2009, Beil. 5, S. 67; *Herzig/Vossel*, BB 2009, S. 1177; aA *Küting/Seel*, in K. Küting/N. Pfitzer/C.-P. Weber², S. 518: weil der Wortlaut des § 274 Abs. 1 Satz 1 HGB auf den Aktivüberhang abstellt.
75 Vgl. IDW ERS HFA 27, Tz. 30; *Wendholt/Wesemann*, DB 2009, Beil. 5, S. 67.
76 Vgl. dazu *ADS*⁶, § 265 HGB Tz. 7 ff.; IDW ERS HFA 27, Tz. 31.

lit. E. HGB) auszuweisen (§ 274 Abs. 1 Satz 1 und 2 HGB). Wird von der Möglichkeit des unsaldierten Ausweises (vgl. Tz. 48) Gebrauch gemacht, sind dementsprechend beide Posten auszuweisen. Zur Zusammenfassung mit latenten Steuern aus Konsolidierungsmaßnahmen nach § 306 Satz 6 HGB im Konzernabschluss vgl. Abschn. Q Tz. 327.

Nach § 274 Abs. 2 Satz 3 HGB sind latente Steueraufwendungen und -erträge in der Gewinn- und Verlustrechnung unter den „Steuern vom Einkommen und Ertrag" (§ 275 Abs. 2 Nr. 18 bzw. Abs. 3 Nr. 17 HGB) gesondert auszuweisen. Dies kann durch Einfügen einer gesonderten Zeile, durch eine Vorspaltenangabe oder einen „Davon-Vermerk" erfolgen.[77] **52**

V. Steuerabgrenzung bei kleinen Kapitalgesellschaften und Personenhandelsgesellschaften iSv. § 264a HGB (§ 274a Nr. 5)

Nach § 274a Nr. 5 HGB sind kleine Kapitalgesellschaften und denen nach § 264a HGB gleichgestellte, kleine haftungsbeschränkte Personenhandelsgesellschaften von der Anwendung des § 274 HGB befreit. Der sachliche (Pflicht-)Anwendungsbereich des *temporary*-Konzepts nach § 274 HGB wird dadurch im Ergebnis grds. auf mittelgroße und große Kapitalgesellschaften bzw. haftungsbeschränkte Personenhandelsgesellschaften beschränkt. Eine **freiwillige Anwendung** des *temporary*-Konzepts durch kleine Gesellschaften ist jedoch zulässig. Sofern Personenhandelsgesellschaften, die nicht dem PublG unterliegen, freiwillig die Regelungen des § 274 HGB beachten, setzt dies keine umfassende Beachtung der übrigen für Kapitalgesellschaften geltenden Bestimmungen (§§ 264 ff. HGB) voraus[78]. **53**

Für die kleinen Gesellschaften im Anwendungsbereich des § 274a Nr. 5 HGB richtet sich somit die Bilanzierung latenter Steuern **unverändert** nach dem bisherigen *timing*-Konzept[79]. Danach sind nur solche Bilanzierung- und Bewertungsunterschiede in die Steuerabgrenzung einzubeziehen, deren Entstehung und Umkehr zu einer zeitlichen Ergebnisdifferenz zwischen Handels- und Steuerbilanz führt[80]. Dabei sind quasi-permanente Bilanzierungs- oder Bewertungsdifferenzen, dh. zeitliche Differenzen, deren Umkehr von einer künftigen unternehmerischen Disposition, zB dem Verkauf eines Vermögensgegenstands, abhängt bzw., die sich sonst erst bei Liquidation des Unternehmens umkehren, nicht in die Steuerabgrenzung einzubeziehen (vgl. Tz. 8). **54**

Sofern kleine Gesellschaften nicht freiwillig die Vorschrift des § 274 HGB anwenden, haben diese demnach nur unter den Voraussetzungen des § 249 Abs. 1 Satz 1 HGB **Rückstellungen für passive latente Steuern** zu bilden, soweit aufgrund von zeitlich begrenzten Differenzen mit einer zukünftigen Steuerbelastung zu rechnen ist[81]. Bei der Rückstellungsermittlung sind – entsprechend dem bisher geltenden Steuerabgrenzungskonzept – aktive latente Steuern aus zeitlichen Differenzen sowie steuerliche Verlustvorträge[82] entsprechend zu berücksichtigen. **55**

Nach § 253 Abs. 1 Satz 2 HGB sind Rückstellungen zum Erfüllungsbetrag zu bewerten (ausführlich dazu vgl. Abschn. I Tz. 16 ff.). Dies spricht dafür im Anwendungsbereich **56**

---

77 Vgl. IDW ERS HFA 27, Tz. 33.
78 Vgl. IDW ERS HFA 27, Tz. 19.
79 Vgl. IDW ERS HFA 27, Tz. 20.
80 Vgl. ausführlich: *ADS*[6], § 274 HGB Tz. 16.
81 Vgl. Begr. RegE, BT-Drucks. 16/10067, S. 37; IDW ERS HFA 27, Tz. 20; so auch *Wendhold/Wesemann*, DB 2009, Beil. 5, S. 72 f.
82 Vgl. zur Vorgehensweise nach bisherigen Recht: *ADS*[6], § 274 HGB Tz. 26 ff.

des § 274a Nr. 5 HGB bei der Bewertung der Rückstellungen ebenfalls den unternehmensindividuellen **Steuersatz im Zeitpunkt der Umkehr** der zeitlichen Differenzen zugrunde zu legen. Mit Rücksicht auf die Schwierigkeit und Komplexität der Bestimmung des Umkehrzeitpunkts der zeitlichen Differenzen erscheint es, entgegen der Regelung in § 253 Abs. 2 Satz 1 HGB (vgl. ausführlich Abschn. I Tz. 39 ff.), sachgerecht, auch bei langfristigen Rückstellungen für passive latente Steuern auf eine **Abzinsung** zu verzichten[83].

57 Der Ausweis der Steuerabgrenzung bei kleinen Gesellschaften hat – ebenso wie bisher[84] – im Fall eines **passiven Gesamtsaldos** entweder gesondert unter dem Posten Rückstellungen (§ 266 Abs. 3 lit. B. HGB iVm. § 265 Abs. 5 HGB) oder durch eine Einbeziehung in den Posten Steuerrückstellungen (§ 266 Abs. 3 lit. B. Nr. 2 HGB) zu erfolgen, wobei dann der Anteil latenter Steuern durch einen „Davon-Vermerk" kenntlich zu machen bzw. im Anhang anzugeben ist. Soll ein Ausweis nach § 266 Abs. 3 lit. E. HGB erfolgen (vgl. Tz. 51), ist die Postenbezeichnung anzupassen, zB „Rückstellungen für passive latente Steuern", damit deutlich wird, dass der Posten im Gegensatz zu diesem Sonderposten nicht die passiven latenten Steuern iSv. § 274 HGB enthält.

58 Gegen einen Ausweis einer **aktiven Gesamtdifferenz** unter der Posten „aktive latente Steuern" nach § 266 Abs. 2 lit. D HGB bestehen dagegen keine Bedenken, weil bereits nach § 274 Abs. 2 HGB aF[85] in diesen Fällen ein gesonderter Ausweis unter entsprechender Bezeichnung, zB „Steuerabgrenzungsposten", vor oder nach den Rechnungsabgrenzungsposten zu erfolgen hatte.

59 Ein **unsaldierter Ausweis** analog § 274 Abs. 1 Satz 3 HGB (vgl. dazu Tz. 48), kommt nicht in Betracht.

VI. Erstanwendungszeitpunkt und Übergangsvorschriften

60 Nach Art. 66 Abs. 3 Satz 1 EGHGB sind die im Zuge des BilMoG geänderten Vorschriften zur Steuerabgrenzung nach § 274 HGB (spätestens) auf Jahresabschlüsse für Geschäftsjahre anzuwenden, die **nach dem 31. Dezember 2009** beginnen. Erfolgt eine vorzeitige Erstanwendung aller durch das BilMoG geänderten Vorschriften nach Art. 66 Abs. 3 Satz 6 EGHGB, gilt § 274 erstmals für Jahresabschlüsse für Geschäftsjahre, die nach dem 31. Dezember 2008 beginnen (vgl. dazu auch Abschn. W Tz. 3).

61 Die Ermittlung der temporären Bilanzierungs- und Bewertungsunterschiede, die in die Steuerabgrenzung nach § 274 HGB einbezogen werden, erfolgt im Wege eines Vermögensvergleichs. In Ermangelung abweichender Übergangsvorschriften gelten die durch das BilMoG geänderten Steuerabgrenzungsvorschriften (§ 274 HGB) für sämtliche im Zeitpunkt der Erstanwendung (vgl. Tz. 60) bestehenden bilanziellen Differenzen in Vermögensgegenständen, Schulden und Rechnungsabgrenzungsposten sowie vorhandene Verlustvorträge und Zinsvorträge, unabhängig von deren Entstehungszeitpunkt (**retrospektive Anwendung**).

62 Nach Art. 67 Abs. 6 Satz 1 EGHGB sind die Erträge und Aufwendungen, die aus der erstmaligen Anwendung des § 274 HGB resultieren, unmittelbar in **Gewinnrücklagen** einzustellen bzw. mit diesen zu verrechnen[86]. Die Ermittlung der erfolgsneutral zu er-

---

83 GlA IDW ERS HFA 27, Tz. 27; *Wendhold/Wesemann*, DB 2009, Beil. 5, S. 72.
84 Vgl. *ADS*[6], § 274 HGB Tz. 48 ff.
85 Vgl. *ADS*[6], § 274 HGB Tz. 50.
86 Vgl. IDW ERS HFA 28, Tz. 44 ff.

fassenden Beträge hat bezogen auf den Beginn des Geschäftsjahrs der erstmaligen Anwendung (vgl. Tz. 60) zu erfolgen. Dies kann zB durch Erstellung einer „Eröffnungsbilanz nach BilMoG" geschehen. Zulässig ist es aber auch, dass der erfolgsneutral gegen die Gewinnrücklagen zu erfassende Betrag durch Rückrechnung aus den Differenzen zum Bilanzstichtag des Erstjahrs ermittelt wird. Zu Besonderheiten bei der erstmaligen Erfassung einer Steuerabgrenzung nach § 274 HGB auf temporäre Differenzen, die vor Inkrafttreten der Änderungen durch das BilMoG iZm. erfolgsneutralen Anschaffungsvorgängen, zB Umwandlungen oder Sacheinlagen, entstanden sind, vgl. Abschn. Q Tz. 335 ff.

Eine Anpassung der **Vorjahreszahlen** ist nach Art. 67 Abs. 8 Satz 2 EGHGB bei der erstmaligen Anwendung der Vorschriften nicht erforderlich. Allerdings ist hierauf im Anhang hinzuweisen (vgl. Abschn. W Tz. 17)[87].

63

---

87 Vgl. Begr. Beschlussempfehlung und Bericht des Rechtsausschusses, BT-Drucks. 16/12407, S. 96.

N. Ausschüttungssperre
(§§ 172, 268 HGB, 301 AktG)

§ 268 HGB
Vorschriften zu einzelnen Posten der Bilanz. Bilanzvermerke

(1) ¹Die Bilanz darf auch unter Berücksichtigung der vollständigen oder teilweisen Verwendung des Jahresergebnisses aufgestellt werden. ²Wird die Bilanz unter Berücksichtigung der teilweisen Verwendung des Jahresergebnisses aufgestellt, so tritt an die Stelle der Posten „Jahresüberschuß/Jahresfehlbetrag" und „Gewinnvortrag/Verlustvortrag" der Posten „Bilanzgewinn/Bilanzverlust"; ein vorhandener Gewinn- oder Verlustvortrag ist in den Posten „Bilanzgewinn/Bilanzverlust" einzubeziehen und in der Bilanz oder im Anhang gesondert anzugeben.

(2) ¹In der Bilanz oder im Anhang ist die Entwicklung der einzelnen Posten des Anlagevermögens darzustellen. ²Dabei sind, ausgehend von den gesamten Anschaffungs- und Herstellungskosten, die Zugänge, Abgänge, Umbuchungen und Zuschreibungen des Geschäftsjahrs sowie die Abschreibungen in ihrer gesamten Höhe gesondert aufzuführen. ³Die Abschreibungen des Geschäftsjahrs sind entweder in der Bilanz bei dem betreffenden Posten zu vermerken oder im Anhang in einer der Gliederungen des Anlagevermögens entsprechenden Aufgliederung anzugeben.

(3) ¹Ist das Eigenkapital durch Verluste aufgebraucht und ergibt sich ein Überschuß der Passivposten über die Aktivposten, so ist dieser Betrag am Schluß der Bilanz auf der Aktivseite gesondert unter der Bezeichnung „Nicht durch Eigenkapital gedeckter Fehlbetrag" auszuweisen.

(4) ¹Der Betrag der Forderungen mit einer Restlaufzeit von mehr als einem Jahr ist bei jedem gesondert ausgewiesenen Posten zu vermerken. ²Werden unter dem Posten „sonstige Vermögensgegenstände" Beträge für Vermögensgegenstände ausgewiesen, die erst nach dem Abschlußstichtag rechtlich entstehen, so müssen Beträge, die einen größeren Umfang haben, im Anhang erläutert werden.

(5) ¹Der Betrag der Verbindlichkeiten mit einer Restlaufzeit bis zu einem Jahr ist bei jedem gesondert ausgewiesenen Posten zu vermerken. ²Erhaltene Anzahlungen auf Bestellungen sind, soweit Anzahlungen auf Vorräte nicht von dem Posten „Vorräte" offen abgesetzt werden, unter den Verbindlichkeiten gesondert auszuweisen. ³Sind unter dem Posten „Verbindlichkeiten" Beträge für Verbindlichkeiten ausgewiesen, die erst nach dem Abschlußstichtag rechtlich entstehen, so müssen Beträge, die einen größeren Umfang haben, im Anhang erläutert werden.

(6) Ein nach § 250 Abs. 3 in den Rechnungsabgrenzungsposten auf der Aktivseite aufgenommener Unterschiedsbetrag ist in der Bilanz gesondert auszuweisen oder im Anhang anzugeben.

(7) Die in § 251 bezeichneten Haftungsverhältnisse sind jeweils gesondert unter der Bilanz oder im Anhang unter Angabe der gewährten Pfandrechte und sonstigen Sicherheiten anzugeben; bestehen solche Verpflichtungen gegenüber verbundenen Unternehmen, so sind sie gesondert anzugeben.

(8) ¹Werden selbst geschaffene immaterielle Vermögensgegenstände des Anlagevermögens in der Bilanz ausgewiesen, so dürfen Gewinne nur ausgeschüttet werden, wenn die nach der Ausschüttung verbleibenden frei verfügbaren Rücklagen zuzüglich eines Gewinnvortrags und abzüglich eines Verlustvortrags mindestens

den insgesamt angesetzten Beträgen abzüglich der hierfür gebildeten passiven latenten Steuern entsprechen. ²Werden aktive latente Steuern in der Bilanz ausgewiesen, ist Satz 1 auf den Betrag anzuwenden, um den die aktiven latenten Steuern die passiven latenten Steuern übersteigen. ³Bei Vermögensgegenständen im Sinn des § 246 Abs. 2 Satz 2 ist Satz 1 auf den Betrag abzüglich der hierfür gebildeten passiven latenten Steuern anzuwenden, der die Anschaffungskosten übersteigt.

Inhaltsverzeichnis Tz.

I. Grundlagen .... 1 – 3
II. Die Ausschüttungssperre nach § 268 Abs. 8 HGB
   1. Überblick .... 4 – 10
   2. Der maximale Ausschüttungsbetrag ohne Berücksichtigung
      der Ausschüttungssperre .... 11 – 16
   3. Der gesperrte Betrag iSd. § 268 Abs. 8 HGB
      a. Allgemeines .... 17 – 22
      b. Die einzelnen nach § 268 Abs. 8 HGB ausschüttungs-
         gesperrten Beträge 23
         aa. Gesperrte Beträge aus der Aktivierung selbst geschaffener
            immaterieller Vermögensgegenstände des Anlagevermögens .. 24 – 27
         bb. Gesperrte Beträge aus der Zeitwertbewertung von
            Deckungsvermögen .... 28 – 37
         cc. Für ausschüttungsgesperrte Beträge gebildete
            passive latente Steuern .... 38 – 45
         dd. Gesperrte Beträge aus der Aktivierung latenter Steuern .... 46 – 53
   4. Der maximal ausschüttbare Betrag 54
   5. Behandlung ausschüttungsgesperrter Beträge im Jahresabschluss .... 55 – 59

I. Grundlagen

1 Mit dem BilMoG finden Ansatz- und Bewertungsvorschriften Eingang in das deutsche Handelsrecht, die nach Einschätzung des Gesetzgebers mit besonderen Unsicherheiten behaftet sind und deshalb zu Wertansätzen führen, die nur schwer objektivierbar sind[1]. Für die in diesem Zusammenhang genannten

- **Aktivierungswahlrechte** für selbst geschaffene immaterielle Vermögensgegenstände (§§ 246 Abs. 1 Satz 1, 248 Abs. 2 HGB) und latente Steuern (§ 274 Abs. 1 Satz 2 HGB) sowie
- die **Bewertung** von Gegenständen des Deckungsvermögens iSd. § 246 Abs. 2 Satz 2 iVm. § 253 Abs. 1 Satz 4 HGB **zum beizulegenden Zeitwert**

hält es der Gesetzgeber mit dem Zweck des Gläubigerschutzes für unvereinbar, wenig objektivierte bzw. nicht realisierte Ergebnisbestandteile zu einer Auskehrung an die Gesellschafter zuzulassen[2].

2 Aus diesem Grund wird in § 268 Abs. 8 HGB für Kapitalgesellschaften für diese Ergebniskomponenten eine **Ausschüttungssperre** eingeführt, die auch im Rahmen der Bestimmung des maximal abführbaren Betrags nach § 301 AktG aus Unternehmensverträgen zu berücksichtigen ist **(Abführungssperre)**. Für eine aus einem Gewinnab-

---

1 Vgl. Begr. RegE, BT-Drucks. 16/10067, S. 64.
2 Vgl. Begr. RegE, BT-Drucks. 16/10067, S. 64.

führungsvertrag verpflichtete GmbH gilt § 301 AktG nach der hM entsprechend, sofern die Anwendung der Vorschrift nicht ohnehin aus steuerrechtlichen Gründen ausdrücklich vereinbart wurde[3], so dass die Abführungssperre nach § 301 Satz 1 AktG auch bei der abhängigen GmbH zu beachten ist. Für Einzelkaufleute und Personenhandelsgesellschaften ist aufgrund der unbeschränkten persönlichen Haftung des Kaufmanns bzw. der Gesellschafter keine entsprechende Entnahmesperre vorgesehen[4]. Jedoch wird die Vorschrift zum Wiederaufleben der **Kommanditistenhaftung** in § 172 Abs. 4 HGB hinsichtlich der Beträge iSd. § 268 Abs. 8 HGB modifiziert, indem diese von der Berechnung der Kapitalanteile der Kommanditisten nach § 172 Abs. 4 Satz 2 HGB ausgenommen werden (§ 172 Abs. 4 Satz 3 HGB).

Die **bisherigen Ausschüttungssperren** nach § 269 Satz 2 HGB aF aufgrund der Aktivierung von Aufwendungen für die Ingangsetzung und Erweiterung des Geschäftsbetriebs sowie nach § 274 Abs. 2 Satz 3 HGB aF aufgrund der Aktivierung latenter Steuern sind mit der Streichung des § 269 HGB aF, der die Aktivierung von Ingangsetzungskosten zuließ, und der Neufassung des § 274 HGB aF zu latenten Steuern entfallen (vgl. jedoch zur Übergangsregelung Tz. 101). Ebenso ist die bisher für Personenhandelsgesellschaften iSd. § 264a HGB geltende Vorschrift des § 264c Abs. 4 Satz 3 HGB nicht mehr im HGB idF des BilMoG enthalten (vgl. zur Übergangsregelung Tz. 103). Der hiernach in Höhe der aktivierten Bilanzierungshilfen nach den §§ 269 und 274 Abs. 2 HGB aF zulasten der Kapitalanteile zu bildende Sonderposten nach dem Posten „Eigenkapital" sollte zumindest für die Kommanditisten die Funktion einer Entnahmesperre erfüllen[5].

II. Die Ausschüttungssperre nach § 268 Abs. 8 HGB

1. Überblick

Der Anwendungsbereich der Ausschüttungssperre nach § 268 Abs. 8 HGB soll sich nach der Gesetzesbegründung ausschließlich auf **Kapitalgesellschaften** erstrecken (vgl. Tz. 2). Nach ihrem Wortlaut ist diese Vorschrift jedoch auch für Personenhandelsgesellschaften iSd. § 264a HGB einschlägig, da der Verweis in § 264a Abs. 1 HGB auf die Vorschriften zum Jahresabschluss der Kapitalgesellschaft zukünftig auch § 268 Abs. 8 HGB zur Ausschüttungssperre umfasst. Der Gesetzesbegründung sind Ausführungen zur Anwendbarkeit der Vorschrift auf Personenhandelsgesellschaften iSd. § 264a HGB nicht zu entnehmen. Ginge man von einer Anwendbarkeit aus, bliebe die technische Umsetzung der Ausschüttungssperre unklar, weil diese Gesellschaften grundsätzlich nicht über freie Rücklagen verfügen[6]. Vor allem aber ginge die Ausschüttungssperre des § 268 Abs. 8 HGB bei nach dem gesetzlichen Normalstatut (§§ 105 ff., 161 ff. HGB) organisierten Personenhandelsgesellschaften ins Leere, da bei diesen kein Gewinnverwendungsbeschluss erforderlich ist und der Gewinnanteil den Gesellschaftern automatisch zusteht sowie nach den Entnahmevorschriften entnommen werden kann[7]. Bei Personenhandelsgesellschaften bestehen darüber hinaus vor dem Hin-

---

3 Vgl. *Emmerich*[10], GmbHG (Hrsg. Scholz), Anhang § 13, Rdnr. 203 f.
4 Vgl. Begr. RegE, BT-Drucks. 16/10067, S. 64; kritisch hierzu *Funnemann/Graf Kerssenbrock*, BB 2008, S. 2677.
5 Vgl. hierzu *ADS*[6], § 264c HGB nF Tz. 31; *Förschle/Hoffmann* in Beck Bil-Komm.[3], § 264c Anm. 95 ff.; *WPH*[13], Bd. I, F Tz. 330 ff.
6 Vgl. auch § 264c Abs. 2 Satz 8 HGB.
7 Vgl. zur entsprechenden Begründung des Sonderpostens nach § 264c Abs. 4 Satz 3 iVm. §§ 269 Satz 2, 274 Abs. 2 Satz 3 HGB aF: *ADS*[6], § 264c HGB nF Tz. 31; *WPH*[13], Bd. I, F Tz. 331; vgl. zur Gewinnverteilung und –entnahme auch IDW RS HFA 7 Tz. 36 und 42 sowie IDW RS HFA 18 Tz. 14.

tergrund der unbeschränkten Haftung mindestens eines Gesellschafters keine Entnahmegrenzen, so dass die Einführung einer Entnahmesperre entsprechend den Regelungen des § 268 Abs. 8 HGB bzw. § 301 Satz 1 AktG nicht systemgerecht wäre. Damit ist davon auszugehen, dass § 268 Abs. 8 HGB für Personenhandelsgesellschaften iSd. § 264a HGB nicht anzuwenden ist[8].

5 Dies ergibt sich im Umkehrschluss auch aus der Regelung in § 172 Abs. 4 Satz 3 HGB, nach der Beträge iSd. § 268 Abs. 8 HGB bei der Berechnung des Kapitalanteils im Rahmen des Wiederauflebens der Außenhaftung des Kommanditisten nicht zu berücksichtigen sind (vgl. Tz. 82 ff.). Dies setzt die Möglichkeit einer Ausschüttung oder Entnahme dieser Beträge und damit die Nichtanwendung der Ausschüttungssperre implizit voraus, wenngleich dies die Außenhaftung des Kommanditisten wieder aufleben lassen kann. Da eine **haftungsbeschränkte KG** iSd. § 264a HGB eine Sonderform der KG darstellt, gilt auch für diese die in § 172 Abs. 4 Satz 3 HGB modifizierte Vorschrift zum Wiederaufleben der Kommanditistenhaftung.

6 Unter den kumulativ zu erfüllenden Voraussetzungen des § 264 Abs. 3 und 4 HGB brauchen Kapitalgesellschaften, die **Tochterunternehmen eines zur Aufstellung eines Konzernabschlusses** nach § 290 HGB bzw. § 11 PublG **verpflichteten Mutterunternehmens** sind, neben den Vorschriften zur Prüfung (§§ 316 ff. HGB) und zur Offenlegung (§§ 325 ff. HGB) auch die §§ 264 bis 289a HGB zum Jahresabschluss und Lagebericht der Kapitalgesellschaften nicht anzuwenden.[9] Damit ist für diese Gesellschaften nach dem Wortlaut des § 264 Abs. 3 HGB auch die neue Vorschrift zur Ausschüttungssperre nach § 268 Abs. 8 HGB von der verpflichtenden Anwendung ausgenommen. Diese Ausnahme gilt vor dem Hintergrund der Voraussetzung des § 264 Abs. 3 Nr. 2 HGB zur Verlustübernahme jedoch nicht für solche Gesellschaften, die durch einen Gewinnabführungsvertrag (§ 291 Abs. 1 Satz 1 AktG) verpflichtet sind. Solche Gesellschaften haben die Abführungssperre nach § 301 Satz 1 AktG iVm. § 268 Abs. 8 HGB als unmittelbare Spezialregelung zu beachten.

7 Für die nicht dem Anwendungsbereich des § 301 AktG unterliegenden Gesellschaften iSd. § 264 Abs. 3 HGB, deren Mutterunternehmen sich bspw. zur Verlustübernahme aufgrund eines reinen Beherrschungsvertrags (§ 291 Abs. 1 Satz 1 HGB) oder freiwillig aufgrund einer § 302 AktG nachgebildeten Haftung verpflichtet haben[10], ist jedoch nach dem Sinn und Zweck der Ausschüttungssperre nicht einzusehen, weshalb ihnen die Auskehrung der für andere Kapitalgesellschaften grundsätzlich gesperrten Beträge unbegrenzt erlaubt sein soll. Vielmehr ist zu berücksichtigen, dass der Gesetzgeber die Erleichterung nach § 264 Abs. 3 HGB allein deshalb gestattet hat, weil kein Bedürfnis für die Anwendung der **Rechnungslegungsvorschriften** bestehe, wenn die Kapitalgesellschaft in den Konzernabschluss des Mutterunternehmens einbezogen wird und ihre Verluste von dem Mutterunternehmen übernommen werden.[11]

8 Die Ausschüttungssperre nach § 268 Abs. 8 HGB stellt jedoch eine **gesellschaftsrechtliche Kapitalerhaltungsvorschrift** und keine Rechnungslegungsvorschrift dar, die aus Gläubigersicht nicht durch die Informationen aus dem Konzernabschluss des Mutterunternehmens und durch eine Verlustübernahmepflicht des Mutterunternehmens ersetzt werden kann. Nach dem Sinn und Zweck der Ausschüttungssperre nach § 268

---

8 AA *Wehrheim/Rupp*, DB 2009, S. 358; *Arbeitskreis Bilanzrecht der Hochschullehrer Rechtswissenschaft*, BB 2008, S. 157 und 158; kritisch *Funnemann/Graf Kerssenbrock*, BB 2008, S. 2677.
9 Vgl. *ADS*[6], § 264 HGB nF Tz. 2 f.; *Förschle/Deubert* in Beck Bil-Komm.[6], § 264 Anm. 65 ff.
10 Vgl. zur Verlustübernahmepflicht iSd. § 264 Abs. 3 Nr. 2 HGB: *ADS*[6], § 264 HGB nF Tz. 46 ff.; *Förschle/Deubert* in Beck Bil-Komm.[6], § 264, Anm. 86 ff.
11 Vgl. *ADS*[6], § 264 HGB nF Tz. 1.

Abs. 8 HGB und der Befreiungsmöglichkeit des § 264 Abs. 3 und 4 HGB haben daher auch Kapitalgesellschaften iSd. § 264 Abs. 3 HGB – sofern sie nicht bereits dem Regelungsbereich des § 301 Satz 1 AktG iVm. § 268 Abs. 8 HGB unterliegen – die Ausschüttungssperre nach § 268 Abs. 8 HGB zu beachten.

Die Formulierung der Ausschüttungssperre in § 268 Abs. 8 HGB ist im Kern derjenigen für die nach dem BilMoG nicht mehr vorgesehene Bilanzierungshilfe nach § 269 Satz 2 HGB aF sowie für aktive latente Steuern nach § 274 Abs. 2 Satz 3 HGB aF nachgebildet. Demnach soll die Ausschüttungssperre keine höheren Ausschüttungen zulassen, als möglich wären, wenn die vom Gesetzgeber als unsicher betrachteten Beträge nicht aktiviert würden[12]. Im Gegensatz zu den bisherigen Regelungen zur Ausschüttungssperre in § 269 Satz 2 HGB aF[13] werden bei der Bestimmung des ausschüttbaren Betrags nach § 268 Abs. 8 HGB jedoch nunmehr auch die zugehörigen **passiven Steuerabgrenzungen** nach § 274 HGB entlastend berücksichtigt. 9

Das **Berechnungsschema** zur Ermittlung des maximalen Ausschüttungsbetrags ergibt sich demnach grundsätzlich wie folgt: 10

+	Jahresergebnis lt. Gewinn- und Verlustrechung (§ 275 Abs. 2 Nr. 20 oder Abs. 3 Nr. 19 HGB; § 266 Abs. 3 V. HGB)	(Tz. 11)
+	frei verfügbare Rücklagen (§ 266 Abs. 3 A.II. (teilweise), A.III.3. und ggf. A.III.4. HGB)	(Tz. 12 ff.)
–	pflichtmäßige Einstellung aus dem Gewinn des laufenden Jahres in gebundene Rücklagen (§ 266 Abs. 3 A.III. 1., 2., und ggf. 3. HGB)	(Tz. 12)
+	Gewinnvortrag (§ 266 Abs. 3 IV. HGB)	(Tz. 14)
–	Verlustvortrag (§ 266 Abs. 3 IV. HGB)	(Tz. 14)
=	**maximaler Ausschüttungsbetrag ohne Ausschüttungssperre** iSd. § 268 Abs. 8 HGB	(Tz. 11 ff.)
–	**Gesperrter Betrag** iSd. § 268 Abs. 8 HGB als Saldo aus:	(Tz. 17 ff.)
	Betrag aus der Aktivierung selbst geschaffener immaterieller Vermögensgegenstände des Anlagevermögens (§§ 246 Abs. 1 Satz 1, 248 Abs. 2, 255 Abs. 2 Satz 4 und Abs. 2a HGB)	(Tz. 24 ff.)
+	Gesamtbetrag aus der Bewertung von Gegenständen des Deckungsvermögens zum beizulegenden Zeitwert (§ 246 Abs. 2 Satz 2 iVm. § 253 Abs. 1 Satz 4 HGB)	(Tz. 28 ff.)
–	Betrag der für die Tatbestände der Ausschüttungssperre iSd. § 268 Abs. 8 HGB gebildeten passiven latenten Steuern (§ 274 Abs. 1 Satz 1 HGB)	(Tz. 38 ff.)
+	Betrag aus der Aktivierung latenter Steuern (§ 274 Abs. 1 Satz 1 und 3 HGB) nach Abzug sonstiger passiver latenter Steuern	(Tz. 46 ff.)
=	**maximal ausschüttbarer Betrag unter Berücksichtigung der Ausschüttungssperre** iSd. § 268 Abs. 8 HGB	(Tz. 54)

---

12 Vgl. in Bezug auf § 269 Satz 2 HGB aF: *Winkeljohann/Lawall* in Beck Bil-Komm.[6], § 269, Anm. 13.
13 Vgl. hierzu *Winkeljohann/Lawall* in Beck Bil-Komm.[6], § 269, Anm. 14; *ADS*[6], § 269 HGB Tz. 23.

2. Der maximale Ausschüttungsbetrag ohne Berücksichtigung der Ausschüttungssperre

11 Die Vorschrift des § 268 Abs. 8 HGB verlangt vorab die Ermittlung des maximalen Ausschüttungsbetrags ohne Berücksichtigung der Ausschüttungssperre (vgl. Tz. 10). Dieser Betrag enthält zunächst den **Jahresüberschuss bzw. Jahresfehlbetrag gemäß GuV** (§ 275 Abs. 2 Nr. 20 oder Abs. 3 Nr. 19 HGB), in den auch die einzelnen ausschüttungsgesperrten Beträge aus Maßnahmen iSd. § 268 Abs. 8 HGB aus dem abgelaufenen Geschäftsjahr eingegangen sind. Hierin sind auch die ergebniswirksamen Effekte aus der Folgebewertung der ausschüttungsgesperrten Beträge, zB aus der planmäßigen oder außerplanmäßigen Abschreibung von selbst geschaffenen immateriellen Vermögensgegenständen des Anlagevermögens sowie deren Wertaufholung (§ 253 Abs. 2 Sätze 2 bis 3 und Abs. 5 Satz 1 HGB), enthalten. Zwar wird durch Abschreibungen bereits aufgrund der Berücksichtigung im Jahresergebnis eine Minderung des Ausschüttungspotenzials erreicht, dies wird jedoch auch im Rahmen der Ermittlung der ausschüttungsgesperrten Beträge (vgl. Tz. 21) ausgleichend berücksichtigt.

12 Unter die nach Tz. 10 zur Deckung der Beträge iSd. § 268 Abs. 8 HGB zur Verfügung stehenden **frei verfügbaren Rücklagen** fallen zunächst solche Gewinnrücklagen, deren Ausschüttung weder gesetzliche noch satzungsmäßige bzw. gesellschaftsvertragliche Vorschriften entgegenstehen[14]. Dies sind die anderen Gewinnrücklagen (§ 266 Abs. 3 A.III.3. HGB) und die satzungsmäßigen Rücklagen (§ 266 Abs. 3 A.III.4. HGB), soweit diese nach den Bestimmungen der Satzung oder des Gesellschaftsvertrags zur Ausschüttung verwendet werden dürfen, nicht jedoch die gesetzliche Rücklage nach § 150 Abs. 1 AktG bzw. § 5a Abs. 3 GmbHG und die Rücklage für Anteile an einem herrschenden oder mehrheitlich beteiligten Unternehmen (§ 266 Abs. 3 A.III.1. und 2. HGB). Dementsprechend sind bei der Ermittlung des maximal ausschüttbaren Betrags vom Jahresüberschuss auch die pflichtgemäßen Einstellungen des laufenden Jahres in die gesetzliche Rücklage (§ 150 AktG bzw. § 5a Abs. 3 GmbHG) und in eine nicht ausschüttbare satzungsmäßige Rücklage abzusetzen[15].

13 Ferner sind – wie in der Gesetzesbegründung[16] ausdrücklich klargestellt wird – auch frei verfügbare **Kapitalrücklagen** zur Deckung von Beträgen iSd. § 268 Abs. 8 HGB zu berücksichtigen, wodurch der bereits bislang zur Auslegung der §§ 269 Satz 2 und 274 Abs. 2 Satz 3 HGB aF vertretenen Ansicht entsprochen wird[17]. Frei verfügbare Kapitalrücklagen sind bei Kapitalgesellschaften generell solche aus anderen Zuzahlungen nach § 272 Abs. 2 Nr. 4 HGB, die Gesellschafter in das Eigenkapital geleistet haben, und bei der GmbH auch alle anderen Kapitalrücklagen nach § 272 Abs. 2 Nr. 1 bis 3 HGB[18].

14 Sofern nach § 268 Abs. 8 HGB ausschüttungsgesperrte Beträge in Vorjahren oder für das abgelaufene Geschäftsjahr den **Gewinnrücklagen** der Gesellschaft zugeführt wurden (vgl. Tz. 55 ff.), stehen auch diese Rücklagen der Gesellschaft dem Grunde nach zur Deckung von Beträgen iSd. § 268 Abs. 8 HGB zur Verfügung. Diese Rücklagenbestandteile erhöhen damit im ersten Schritt die maximal ausschüttbaren Beträge ohne

---

14 Vgl. zur bisherigen Rechtslage *ADS*[6], § 269 HGB Tz. 21; *Winkeljohann/Lawall* in Beck Bil-Komm.[6], § 269 Anm. 13.
15 Vgl. das Vorgehen im Rahmen der Ausschüttungssperre nach § 269 HGB: *ADS*[6], § 269 HGB Tz. 21.
16 Vgl. Begr. RegE, BT-Drucks. 16/10067, S. 64.
17 Vgl. in Bezug auf die Ausschüttungssperre nach § 269 Satz 2 HGB aF: *Winkeljohann/Lawall* in Beck Bil-Komm.[6], § 269 Anm. 13; in Bezug auf die Ausschüttungssperre nach § 274 Abs. 2 Satz 3 HGB aF: *ADS*[6], § 269 HGB Tz. 191.
18 Vgl. in Bezug auf die Ausschüttungssperre nach § 269 Satz 2 HGB aF: *Winkeljohann/Lawall* in Beck Bil-Komm.[6], § 269 Anm. 13.

Ausschüttungssperre (vgl. Tz. 10 ff.); sie werden jedoch im zweiten Schritt bei der Ermittlung des ausschüttbaren Betrags nach Ausschüttungssperre durch den Abzug der Beträge iSd. § 268 Abs. 8 HGB (vgl. Tz. 10 und 17 ff.) von der Ausschüttung ausgenommen. In entsprechender Weise sind aus Vorjahren stammende, ausschüttungsgesperrte Beträge zu berücksichtigen, die in den **Gewinn- bzw. Verlustvortrag** eingegangen sind. Diese Ergebnisvorträge beeinflussen nach der gesetzlichen Regelungssystematik (§ 158 Abs. 1 Satz 1 AktG, § 29 Abs. 1 Satz 1 GmbHG) ebenfalls den maximal ausschüttbaren Betrag vor Berücksichtigung der Ausschüttungssperre nach § 268 Abs. 8 HGB.

Sofern bereits der nach og. Grundsätzen ermittelte **maximal ausschüttbare Betrag** ohne Berücksichtigung der Ausschüttungssperre iSd. § 268 Abs. 8 HGB (vgl. Tz. 10) **nicht positiv** ist, zB weil der Jahresfehlbetrag die frei verfügbaren Rücklagen und Ergebnisvorträge übersteigt, kann auch die Ausschüttungssperre nach § 268 Abs. 8 HGB nicht greifen. Eine Ausschüttung kommt dann für das jeweilige Geschäftsjahr ohnehin nicht in Betracht[19]. 15

Jedoch können die in einem solchen Verlustjahr aktivierten Beträge iSd. § 268 Abs. 8 HGB in **Folgejahren**, in denen sich ein entsprechend positiver maximal ausschüttbarer Betrag ergibt, die Höhe des maximalen Ausschüttungsbetrags beeinflussen (vgl. Tz. 20). 16

3. Der gesperrte Betrag iSd. § 268 Abs. 8 HGB

a. Allgemeines

§ 268 Abs. 8 HGB verlangt als Voraussetzung für eine zulässige Ausschüttung, dass die nach der Ausschüttung verbleibenden frei verfügbaren Rücklagen zuzüglich eines Gewinnvortrags und abzüglich eines Verlustvortrags mindestens dem angesetzten Betrag unter Berücksichtigung passiver latenter Steuern entsprechen müssen (vgl. auch Tz. 10). Nach dem Wortlaut dieser Regelung umfasst der **Begriff des „angesetzten Betrags"** inhaltlich alle diejenigen Beträge, die dem Grunde nach eine Ausschüttungssperre auslösen. Hierbei ist nach dem Sinnzusammenhang der Vorschrift unerheblich, ob die Beträge iSd. § 268 Abs. 8 HGB in der Bilanz verrechnet werden (§ 246 Abs. 2 Satz 2 HGB), in der GuV des Berichtsjahres als Ertrag ausgewiesen werden oder den Aufwand mindern bzw. verrechnet werden oder ob sie ergebnisneutral aktiviert werden. Vielmehr umfasst die Ausschüttungssperre am jeweiligen Abschlussstichtag sämtliche Effekte, auf die in § 268 Abs. 8 HGB Bezug genommen wird[20]. 17

Die Effekte iSd. § 268 Abs. 8 HGB (vgl. Tz. 17) stellen sich im Rahmen der ergebniswirksamen Aktivierung im Geschäftsjahr angefallener Entwicklungskosten (§§ 246 Abs. 1 Satz 1, 248 Abs. 2 HGB) in der **GuV** nach dem Gesamtkostenverfahren als andere aktivierte Eigenleistungen (§ 275 Abs. 2 Nr. 3 HGB)[21] und nach dem Umsatzkostenverfahren entweder als sonstige betriebliche Erträge (§ 275 Abs. 3 Nr. 6 HGB) oder durch die direkte Minderung der jeweiligen Aufwandsposten zugunsten der Bestandskonten dar[22, 23]. Änderungen von Zeitwerten der Gegenstände des Deckungsvermögens werden nach § 246 Abs. 2 Satz 2, 2. Halbsatz HGB mit den aufwandswirk- 18

---

19 So auch *Hoffmann/Lüdenbach,* DStR 2008, S. 62.
20 Vgl. *Hoffmann/Lüdenbach,* DStR 2008, S. 62.
21 Vgl. *ADS⁶,* § 275 HGB Tz. 242; *Küting/Ellmann,* in Das neue deutsche Bilanzrecht, S. 279 f.
22 Vgl. *ADS⁶,* § 275 HGB Tz. 242; *Förschle* in Beck Bil-Komm.⁶, § 275 Anm. 300.
23 Vgl. auch *Haaker,* DStR 2008, S. 1752.

samen Zuführungen zu den gedeckten Verpflichtungen verrechnet. Beträge aus der Aktivierung latenter Steuern nach § 274 Abs. 1 Satz 2 HGB werden bei Ergebniswirksamkeit in der GuV saldiert ausgewiesen, indem sie die Steuern vom Einkommen und vom Ertrag (§ 275 Abs. 2 Nr. 18 bzw. Abs. 3 Nr. 17 HGB) mindern[24], oder im Rahmen der Übergangsregelung nach Art. 67 Abs. 6 EGHGB ergebnisneutral mit den Gewinnrücklagen verrechnen. In der Bilanz können aktive und passive latente Steuern wahlweise miteinander verrechnet oder gesondert ausgewiesen werden (§ 274 Abs. 1 Satz 3 HGB).

19 Aus zeitlicher Sicht fallen unter die angesetzten Beträge iSd. § 268 Abs. 8 HGB nicht ausschließlich solche, die das Ergebnis im laufenden Geschäftsjahr beeinflusst haben, wie noch die Bezugnahme des Wortlauts des § 268 Abs. 8 HGB-E idF des RegE auf den Begriff der „Erträge" vermuten ließ[25]. Vielmehr soll durch die Bezugnahme in § 268 Abs. 8 HGB auf den „angesetzten Betrag" die Ausschüttungssperre in **Höhe des jeweiligen Bilanzansatzes** greifen[26]. Damit setzt sich der „angesetzte Betrag" iSd. § 268 Abs. 8 HGB aus den kumulierten und saldierten, ergebniswirksamen und ergebnisneutralen Effekten des Berichtsjahres und der Vorjahre zusammen[27].

20 Aus der zeitlichen Auslegung des Begriffs der angesetzten Beträge (vgl. Tz. 19) ergibt sich, dass die Ausschüttungssperre nicht nur im Geschäftsjahr der Aktivierung dieser Beträge zu beachten ist, sondern der gesperrte Betrag in den **Folgejahren** in einer **Nebenrechnung** fortzuführen ist[28]. Setzt sich zB das Jahresergebnis des Jahres 01 iHv. TEUR 100 aus ausschüttungsgesperrten Beträgen iSd. § 268 Abs. 8 HGB iHv. 150 und gegenläufigen Ergebniseffekten iHv. TEUR -50 zusammen, so steht das Jahresergebnis von TEUR 100 ohne vorhandene freie Rücklagen nicht zur Ausschüttung zur Verfügung und ist in voller Höhe zu thesaurieren (vgl. hierzu auch Tz. 55 ff.). Besteht die Ausschüttungssperre von TEUR 150 ceteris paribus im Folgejahr fort, so sind aufgrund der pflichtgemäßen Thesaurierung des Vorjahres freie Rücklagen iSd. § 268 Abs. 8 HGB bzw. ein Gewinnvortrag nur iHv. TEUR 100 vorhanden; TEUR 50 sind noch ungedeckt. Daher wäre ein Jahresergebnis im Folgejahr, auch wenn es keine (weiteren) Erträge aus Maßnahmen iSd. § 268 Abs. 8 HGB enthält, iHv. TEUR 50 ausschüttungsgesperrt.

21 Werden Beträge iSd. § 268 Abs. 8 HGB in Folgejahren durch Abwertungen bzw. Abschreibungen ergebniswirksam kompensiert oder durch Veräußerungen am Markt realisiert, so mindert sich der ausschüttungsgesperrte Betrag entsprechend, da insoweit angesichts des bereits um die Abschreibung geminderten bzw. um den Veräußerungserfolg beeinflussten Jahresergebnisses eine Fortführung der Ausschüttungssperre nicht nur nicht mehr erforderlich ist, sondern sogar sachwidrig wäre, weil es dann zu einer dauerhaften Sperre käme. Die Ermittlung des ausschüttbaren Betrages zum jeweiligen Abschlussstichtag verlangt daher im Rahmen der Nebenrechnung zur Ermittlung ausschüttungsgesperrter Beträge (vgl. Tz. 20) eine **Bestandsfortschreibung der ausschüttungsgesperrten Beträge des Vorjahres**, wie sie bereits nach § 269 Satz 2 HGB aF und nach § 274 Abs. 2 Satz 3 HGB aF erforderlich war. Während diese Vorschriften des HGB aF noch uneingeschränkt auf den „angesetzten Betrag" in der Bilanz Bezug nehmen konnten, so ist dies zumindest hinsichtlich der nach § 268 Abs. 8 HGB aus-

---

24 Vgl. *ADS*[6], § 275 HGB Tz. 190; *Förschle* in Beck Bil-Komm.[6], § 275 Anm. 245.
25 AA *Arbeitskreis „Steuern und Revision" im Bund der Wirtschaftsakademiker e.V.*, DStR 2008, S. 1299-1300.
26 Vgl. Begr. Beschlussempfehlung und Bericht des Rechtsausschusses BT-Drucks. 16/12407, S. 86.
27 So bereits für § 268 Abs. 8 HGB-E idF des RegE des BilMoG: *Hoffmann/Lüdenbach*, DStR 2008, S. 61; *Haaker*, DStR 2008, S. 1752.
28 So auch *Funnemann/Graf Kerssenbrock*, BB 2008, S. 2677.

schüttungsgesperrten Beträge aus der Zeitwertbewertung nicht zweckgerecht, da die Buchwerte von Vermögensgegenständen des Deckungsvermögens iSd. § 246 Abs. 2 Satz 2 HGB lediglich in Höhe des die historischen Anschaffungskosten übersteigenden Betrags der Ausschüttungssperre unterliegen (vgl. Tz. 33 ff.)[29]. Daher ist hinsichtlich der zu Zeitwerten bewerteten Vermögensgegenstände zusätzlich zur bilanziellen Fortführung der (gesamten) Buchwerte eine differenzierte Bestandsfortführung der ausschüttungsgesperrten Beträge im Rahmen der Nebenrechnung erforderlich.

Für Geschäftsjahre, in denen das Jahresergebnis aufgrund gegenläufiger Ergebniseffekte nicht die Höhe der angesetzten Beträge iSd. § 268 Abs. 8 HGB erreicht bzw. ein **Jahresfehlbetrag** erwirtschaftet wurde, vgl. Tz. 20.

b. Die einzelnen nach § 268 Abs. 8 HGB ausschüttungsgesperrten Beträge

Die Ausschüttungssperre nach § 268 Abs. 8 HGB enthält eine abschließende Aufzählung der ihr unterliegenden Beträge (vgl. Tz. 17 f.). Erfasst werden die folgenden **Vorgänge** (zur Aufgliederung im Anhang vgl. Abschn. O Tz. 249 ff.):

- nach § 268 Abs. 8 Satz 1 HGB der Betrag aus der ergebniswirksam vorzunehmenden Aktivierung selbst geschaffener immaterieller Vermögensgegenstände des Anlagevermögens (vgl. Tz. 24 ff.);
- nach § 268 Abs. 8 Satz 3 iVm. Satz 1 HGB der Betrag aus der Bewertung der Vermögensgegenstände des Deckungsvermögens iSd. § 246 Abs. 2 Satz 2 HGB zu ihrem beizulegenden Zeitwert, sofern dieser die Anschaffungskosten der jeweiligen Vermögensgegenstände übersteigt (vgl. Tz. 28 ff.);
- nach § 268 Abs. 8 Satz 2 iVm. Satz 1 HGB der Betrag aus der Aktivierung latenter Steuern (§ 274 Abs. 1 Satz 2 HGB), soweit diese die passiven latenten Steuern übersteigen, ungeachtet ihrer ergebniswirksamen oder ergebnisneutralen Erfassung (vgl. Tz. 46 ff.).

Von diesen Beträgen sind nach § 268 Abs. 8 Satz 1 und 3 HGB **passive latente Steuern** abzusetzen, soweit sie unmittelbar auf diese Vorgänge zurückzuführen sind (vgl. Tz. 38 ff.) und im Übrigen nach § 268 Abs. 8 Satz 2 HGB, soweit sie nicht die aktiven latenten Steuern übersteigen (vgl. Tz. 49 ff.).

aa. Gesperrte Beträge aus der Aktivierung selbst geschaffener immaterieller Vermögensgegenstände des Anlagevermögens

Unter die ausschüttungsgesperrten Beträge aus der Aktivierung selbst geschaffener immaterieller Vermögensgegenstände des Anlagevermögens nach §§ 246 Abs. 1 Satz 1, 248 Abs. 2 HGB fallen nach dem Wortlaut des § 268 Abs. 8 Satz 1 HGB die insgesamt angesetzten Beträge, mithin der **Buchwert dieser Vermögensgegenstände** abzüglich der hierfür gebildeten **passiven latenten Steuern** (vgl. Tz. 38 ff.). Der angesetzte Betrag iSd. § 268 Abs. 8 Satz 1 HGB umfasst damit insbesondere auch angesetzte Beträge aus der Aktivierung von Entwicklungskosten, wenn die immateriellen Vermögensgegenständen zum Bilanzstichtag noch nicht fertig gestellt sind.

Sofern **Forschungs- und Entwicklungsarbeiten entgeltlich erworben** werden, ist es sachgerecht, die Ausschüttungssperre entsprechend der bilanziellen Behandlung der hierfür aufgewendeten Beträge (vgl. Abschn. E Tz. 50 ff.) zu beurteilen. Ist demnach ein gesonderter, entgeltlich erworbener Vermögensgegenstand zu aktivieren und bilan-

---

[29] So auch *Haaker*, DStR 2008, S. 1753.

ziell fortzuführen, greift § 268 Abs. 8 Satz 1 HGB nicht, da insoweit ein entgeltlicher Erwerb vorliegt. Geht der entgeltlich erworbene Vermögensgegenstand jedoch als unfertiges Vorprodukt in den laufenden Entwicklungsprozess des Erwerbers ein[30], zB weil auf die interne Entwicklung der überwiegende Wertbestandteil des selbst zu schaffenden immateriellen Vermögensgegenstands entfällt, so werden auch die Anschaffungskosten des Vorprodukts von der Ausschüttungssperre erfasst, wenngleich der Wortlaut von § 268 Abs. 8 Satz 1 HGB lediglich Beträge in Bezug auf vollständig selbst geschaffene und aktivierte immaterielle Vermögensgegenstände des Anlagevermögens erfasst. Es entspricht jedoch dem mit der Ausschüttungssperre bezweckten Gläubigerschutz, den gesamten, nicht am Markt objektivierten Buchwert aus der Aktivierung immaterieller Vermögensgegenstände des Anlagevermögens durch freie Rücklagen zu decken, bevor eine Ausschüttung vorgenommen werden kann, sofern ein entgeltlich erworbener Vermögensgegenstand im Herstellungsprozess untergeht.

26 **Planmäßige und außerplanmäßige Abschreibungen** eines immateriellen Vermögensgegenstands (§ 253 Abs. 3 Sätze 1 bis 3 HGB) mindern den Buchwert und damit die aktivierten, wenig objektivierten Beträge iSd. § 268 Abs. 8 Satz 1 HGB, so dass der Bedarf einer Ausschüttungssperre zum Zwecke des Gläubigerschutzes insoweit entfällt. Demgegenüber führen **Wertaufholungen** nach § 253 Abs. 5 Satz 1 HGB zu einer Erhöhung von Beträgen iSd. § 268 Abs. 8 Satz 1 HGB und daher auch zu einem Wiederaufleben der Ausschüttungssperre. Somit folgt die Höhe des aus der Aktivierung immaterieller Vermögensgegenstände des Anlagevermögens resultierenden gesperrten Betrags dem jeweiligen bilanziellen Buchwert der Vermögensgegenstände zum Abschlussstichtag[31].

27 Durch den **Abgang** selbst geschaffener immaterieller Vermögensgegenstände des Anlagevermögens aus dem handelsrechtlichen Vermögen des Herstellers in Folgejahren, zB durch Veräußerung, wird ein Ertrag bzw. Aufwand realisiert. Einer Ausschüttungssperre aufgrund wenig objektivierter Beträge aus der Aktivierung dieser Vermögensgegenstände bedarf es daher dann nicht mehr, so dass sich der gesperrte Betrag iSd. § 268 Abs. 8 HGB um den Buchwert des abgegangenen Vermögensgegenstands mindert.

bb. Gesperrte Beträge aus der Zeitwertbewertung von Deckungsvermögen

28 Aus der Zeitwertbewertung von Gegenständen des Deckungsvermögens iSd. § 246 Abs. 2 Satz 2 HGB iVm. § 253 Abs. 1 Satz 4 HGB (vgl. Abschn. C Tz. 54 ff.) resultierende unsichere Beträge unterliegen nach § 268 Abs. 8 Satz 3 HGB der Ausschüttungssperre, soweit die am Stichtag beizulegenden **Zeitwerte** (vgl. Tz. 29) die **Anschaffungskosten** (vgl. Tz. 33 ff.) **übersteigen**. Hierfür gebildete **passive latente Steuern** (vgl. Tz. 38 ff.) sind vom Sperrbetrag abzusetzen. Die gesperrten Beträge beziehen sich auf handelsbilanzielle Werte, so dass sie nicht nur ertragswirksame Auswirkungen aus der Zeitwertbewertung des abgelaufenen Geschäftsjahrs einbeziehen, sondern entsprechend der handelsbilanziellen Behandlung in den Folgejahren fortzuführen sind (vgl. Tz. 21, 37).

29 Die **Ausgangsgröße** zur Bestimmung des gesperrten Betrags aufgrund der Zeitwertbewertung des Deckungsvermögens iSd. § 246 Abs. 2 Satz 2 HGB bildet nach der Beschlussempfehlung des Rechtsausschusses des Bundestages die „... Höhe des jeweils am Bilanzstichtag beizulegenden Zeitwert[s][32]." Fraglich ist, ob hiernach auf den han-

---

30 Vgl. *Ellrott/Brendt* in Beck Bil-Komm.[6], § 255 Anm. 37.
31 So auch *Haaker*, DStR 2008, S. 1752.
32 Begr. Beschlussempfehlung und Bericht des Rechtsausschusses BT-Drucks. 16/12407, S. 86.

delsbilanziellen Ausweis des Deckungsvermögens nach dessen Verrechnung mit den zugehörigen Schulden (§ 246 Abs. 2 Satz 2 erster Halbsatz HGB) Bezug zu nehmen ist und ob für Zwecke der Bestimmung des gesperrten Betrags innerhalb des Deckungsvermögens Anschaffungskostenüber- und -unterschreitungen kompensierend zu berücksichtigen sind.

Durch die Bezugnahme des Rechtsausschusses des Bundestages auf den beizulegenden Zeitwert der Vermögensgegenstände des Deckungsvermögens (vgl. Tz. 29) wird klargestellt, dass eine **Verrechnung des Zeitwerts** des Deckungsvermögens mit der zugehörigen Schuld (Altersversorgungsverpflichtungen) entgegen dem in § 246 Abs. 2 Satz 2, 1. Halbsatz HGB geforderten verrechneten Ausweis in der Bilanz bei der Ermittlung des gesperrten Betrags nach § 268 Abs. 8 Satz 3 HGB nicht in Betracht kommt. Dies widerspräche auch dem Sinn und Zweck der neuen Vorschrift (vgl. Tz. 1 f.), unsichere Beträge in der Handelsbilanz von der Ausschüttungsmöglichkeit auszunehmen, denn allein die Tatsache, dass diese Beträge für Zwecke des Ausweises in der Handelsbilanz mit nach anderen Vorschriften zu erfassenden Verpflichtungen zu verrechnen sind, verhindert nicht, dass die handelsrechtliche Vermögenslage – hier über geminderte Verpflichtungen – durch unsichere Beträge iSd. § 268 Abs. 8 HGB positiv beeinflusst werden. Folglich stimmt der gesperrte Betrag iSd. § 268 Abs. 8 Satz 3 HGB auch nicht mit dem nach § 246 Abs. 2 Satz 3 HGB unter einem gesonderten Posten zu aktivierenden Betrag überein, um den die Zeitwerte des Deckungsvermögens die zugehörigen Verpflichtungen übersteigen. Maßgeblich ist vielmehr der Mehrbetrag (Zeitwert ./. Anschaffungskosten) bezogen auf das gesamte Deckungsvermögen (vgl. Tz. 28).

Fraglich ist, ob für Zwecke der Ermittlung des gesperrten Betrags nach § 268 Abs. 8 Satz 3 HGB für einzelne Vermögensgegenstände des Deckungsvermögens sich ergebende, die Anschaffungskosten übersteigende Zeitwerte mit für andere Vermögensgegenstände iSd. § 246 Abs. 2 Satz 2 HGB sich ergebenden negativen Beträgen aufgrund unter den Anschaffungskosten liegender beizulegender Zeitwerte **zu verrechnen** sind.

Beispiel:

Aus Vereinfachungsgründen wird unterstellt, dass latente Steuern nicht anfallen.

	VG 1	VG 2	Summe
Beizulegender Zeitwert des Deckungsvermögens	90	160	250
Historische Anschaffungskosten	100	150	250
Unsicherer Betrag	(-10)	10	0

Eine eindeutige Antwort auf diese Frage findet sich in den Gesetzesmaterialien nicht. Jedoch bezieht sich der Wortlaut des § 268 Abs. 8 Satz 3 HGB auf die **einzelnen Vermögensgegenstände** iSd. § 246 Abs. 2 Satz 2 HGB und nicht auf deren Gesamtheit („Bei Vermögensgegenständen…"). Ferner ist nach der Beschlussempfehlung des Rechtsausschusses des Bundestages (vgl. Tz. 29) der Umfang der Ausschüttungssperre allein nach der Höhe des „… jeweils …" beizulegenden Zeitwerts und damit entsprechend dem Einzelbewertungsgrundsatz (§ 252 Abs. 1 Nr. 3 HGB) zu bemessen. Dies spricht dafür, dass vom Gesetzgeber eine kompensatorische Berücksichtigung positiver und negativer Differenzen zwischen Zeitwerten und Anschaffungskosten einzelner Vermögensgegenstände für Zwecke der Bestimmung des gesperrten Betrags iSd. § 268 Abs. 8 Satz 3 HGB nicht vorgesehen ist. Demnach setzt sich der gesperrte Betrag iSd. § 268 Abs. 8 Satz 3 HGB ausschließlich aus den positiven Differenzen zwischen beizulegendem Zeitwert und Anschaffungskosten der einzelnen Vermögensgegenstände des Deckungsvermögens zusammen. Dies erfordert eine Nebenrechnung zur Bestimmung positiver Unterschiedsbeträge auf der Ebene der einzelnen Vermögensgegenstände (vgl. Tz. 37).

33 Bei abnutzbaren Gegenständen des Anlagevermögens fragt sich, ob der Betrag der Ausschüttungssperre als Differenz zum jeweiligen hypothetischen Buchwert zu ermitteln ist, der sich ohne die Pflicht zur Zeitbewertung ergeben hätte (**fortgeführte Anschaffungs- oder Herstellungskosten**), oder ob für die Berechnung an die historischen Anschaffungskosten anzuknüpfen ist (vgl. Tz. 28). Zur Vermeidung der Ausschüttung von unsicheren Beträgen, die aus der ergebniswirksamen Zeitwertbewertung von Vermögensgegenständen resultieren, wäre es sachgerecht, denjenigen Betrag von einer Ausschüttungsmöglichkeit auszunehmen, der nicht hätte vereinnahmt werden können, wenn für die Vermögensgegenstände die Zeitwertbewertung nicht vorgesehen wäre. Dies entspräche der Systematik der Ausschüttungssperre für den Ansatz selbst geschaffener immaterieller Vermögensgegenstände des Anlagevermögens (vgl. Tz. 24), durch die derjenige Betrag ausschüttungsgesperrt wird, der bei einer Entscheidung des Bilanzierenden gegen die Ausübung des Wahlrechts nach § 248 Abs. 2 HGB nicht aktiviert worden wäre. Aus der Zeitwertbewertung der Vermögensgegenstände des Deckungsvermögens ergäbe sich ein nach dieser Systematik zu bestimmender Sperrbetrag in Höhe der Differenz zwischen einem nach § 253 Abs. 1 Satz 4 HGB beizulegenden Zeitwert und einem außerhalb der Zeitwertbewertung hypothetisch im Rahmen einer Nebenrechnung um Abschreibungen und Wertaufholungen fortgeführten Wert nach § 253 Abs. 3 HGB.

34 Durch die Begrenzung der Ausschüttungssperre für das zum beizulegenden Zeitwert bewertete Deckungsvermögen iSd. § 246 Abs. 2 Satz 2 HGB auf die Differenz zwischen dem beizulegenden Zeitwert und den Anschaffungskosten soll jedoch nach der Beschlussempfehlung des Rechtsausschusses des Bundestages eine „...Berücksichtigung hypothetisch vorzunehmender planmäßiger Abschreibungen..."[33] und damit offenbar eine Nebenrechnung im vorgenannten Sinne vermieden werden. Hierdurch kommt zum Ausdruck dass als Vergleichswert zur Ermittlung des Sperrbetrags offensichtlich die **historischen Anschaffungskosten** der Vermögensgegenstände des Deckungsvermögens iSd. § 248 Abs. 2 HGB und nicht deren fortgeführte Anschaffungskosten herangezogen werden sollen. Durch diese Auslegung des Gesetzestextes wird zulasten einer systemgerechten Lösung eine erhebliche Erleichterung bei der Ermittlung des gesperrten Betrags iSd. § 268 Abs. 8 HGB aufgrund der Zeitwertbewertung von Vermögensgegenständen erreicht. Zur Berücksichtigung außerplanmäßiger Abschreibungen nach § 253 Abs. 3 Satz 3 und 4 HGB vgl. Tz. 35.

35 In seiner Beschlussempfehlung zum RegE des BilMoG bezieht sich der Rechtsausschuss des Bundestages ausschließlich auf die Vermeidung hypothetischer planmäßiger Abschreibungen (vgl. Tz. 34). Fraglich ist, ob bereits allein durch den Verzicht auf **hypothetische planmäßige Abschreibungen** nach § 253 Abs. 3 Satz 1 und 2 HGB eine Vereinfachung der Berechnung des gesperrten Betrags erreicht werden kann, da ein beizulegender Zeitwert iSd. § 253 Abs. 1 Satz 4 HGB den niedrigeren beizulegenden Wert eines Vermögensgegenstands im Rahmen einer **außerplanmäßigen Ab-**

---

33 Begr. Beschlussempfehlung und Bericht des Rechtsausschusses BT-Drucks. 16/12407, S. 87.

schreibung nach § 253 Abs. 3 Satz 3 HGB übersteigen kann[34]. In Höhe der Differenz zwischen den beiden Wertmaßstäben könnte ebenfalls ein unsicherer Betrag iSd. § 268 Abs. 8 Satz 3 HGB bestehen, der allein auf die Zeitwertbewertung zurückzuführen ist.

Beispiel:
Aus Vereinfachungsgründen wird unterstellt, dass latente Steuern nicht anfallen.

	Jahr 00	Jahr 01	Fall a) Jahr 02	Fall b) Jahr 02
Beizulegender Zeitwert/Buchwert	100	120	80	90
Nebenrechnung: (zur Ermittlung des Vergleichswertes nach Anschaffungskostenprinzip)				
Zugangswert	100	100		
Niedrigerer beizulegender Wert (**dauernde** Wertminderung)	-	-	80	80
Unsicherer Betrag	0	20	0	10

Es wird jedoch davon auszugehen sein, dass die Berücksichtigung einer solchen Differenzierung zwischen **beizulegendem Zeitwert** und **beizulegendem Wert** eines Vermögensgegenstands bei der Ermittlung des gesperrten Betrags der offenkundigen Vereinfachungsabsicht des Rechtsausschuss des Bundestages (vgl. Tz. 34) zuwider laufen würde. Auf dieser Grundlage sind daher bei der Bestimmung des gesperrten Betrags iSd. § 268 Abs. 8 Satz 3 HGB weder hypothetische planmäßige Abschreibungen (vgl. Tz. 34) noch hypothetische außerplanmäßige Abschreibungen auf den niedrigeren beizulegenden Wert zu berücksichtigen. 36

Im Rahmen der Fortführung ausschüttungsgesperrter Beträge iSd. § 268 Abs. 8 Satz 3 HGB in Folgejahren sind **veräußerte Vermögensgegenstände** nicht mehr zu berücksichtigen, da insoweit keine unsicheren Beträge mehr bestehen. Sie wurden vielmehr am Markt realisiert. Zum anderen ist in der Nebenrechnung zur Bestimmung positiver Differenzen zwischen beizulegenden Zeitwerten und historischen Anschaffungskosten (vgl. Tz. 28 ff.) die Entwicklung der Differenz zwischen dem jeweils beizulegenden Zeitwert und den historischen Anschaffungskosten der einzelnen Vermögensgegenstände des Deckungsvermögens nachzuvollziehen. **Gestiegene Zeitwerte** erhöhen den gesperrten Betrag lediglich insoweit, wie sie die jeweiligen historischen Anschaffungskosten übersteigen, da lediglich insoweit Beträge entstehen, für die die Sperre nach § 268 Abs. 8 Satz 3 HGB greift. Nach **Zeitwertminderungen** einzelner Gegenstände des Deckungsvermögens verbleiben ausschüttungsgesperrte Beträge iSd. § 268 Abs. 8 Satz 3 HGB aus diesen im Zeitwert gesunkenen Vermögensgegenständen nur, soweit die beizulegenden Zeitwerte noch die historischen Anschaffungskosten übersteigen. 37

cc. Für ausschüttungsgesperrte Beträge gebildete passive latente Steuern

Die auf die ausschüttungsgesperrten Beträge nach § 268 Abs. 8 Satz 1 und 3 HGB entfallenden **passiven latenten Steuern** stellen im System der Ausschüttungssperre 38

---

34 Vgl. zum Unterschied zwischen dem beizulegenden Wert und dem beizulegenden Zeitwert bereits IDW RH HFA 1.005 Tz. 7 ff.

des § 268 Abs. 8 HGB einen Korrekturposten dar[35]. Beträge iSd. § 268 Abs. 8 Satz 1 und 3 HGB resultieren aus einer Aktivierung oder Bewertung von Bilanzposten, die steuerrechtlich zum Teil nicht nachvollzogen wird. Eine durch diese nach Handels- und Steuerrecht unterschiedlichen Verfahrensweisen ausgelöste Abgrenzung passiver latenter Steuern nach § 274 Abs. 1 Satz 1 HGB mindert das handelsrechtliche Jahresergebnis (vgl. Abschn. M Tz. 52). Um den Betrag der hierdurch bewirkten Minderung des Ausschüttungspotenzials nicht nochmals über die Ausschüttungssperre nach § 268 Abs. 8 HGB ausschüttungsmindernd zu erfassen, erfolgt nach dem Gesetzeswortlaut eine Korrektur der Sperre in Höhe der durch die Beträge jeweils bedingten passiven latenten Steuern[36].

39 So dürfen **immaterielle Wirtschaftsgüter des Anlagevermögens** nach § 5 Abs. 2 EStG anders als nach den neuen handelsrechtlichen Vorschriften (§§ 246 Abs. 1 Satz 1, 248 Abs. 2 HGB) nur bei entgeltlichem Erwerb angesetzt werden. Die hierdurch bedingte Differenz zwischen dem angesetzten Wert der immateriellen Vermögensgegenstände nach Handels- und Steuerrecht baut sich in späteren Geschäftsjahren durch handelsrechtliche Abschreibungen (§ 253 Abs. 3 HGB) oder bei dem Abgang des aktivierten Vermögensgegenstands voraussichtlich wieder ab, so dass im Jahr der Aktivierung eines immateriellen Vermögensgegenstands des Anlagevermögens in der Handelsbilanz nach § 274 Abs. 1 Satz 1 HGB passive latente Steuern anzusetzen sind. Diese sind bei der Bestimmung des gesperrten Betrags nach § 268 Abs. 8 Satz 1 HGB vom Zugangswert der aktivierten immateriellen Vermögensgegenstände des Anlagevermögens und in den Folgejahren von dessen Buchwert (vgl. Tz. 45) abzuziehen.

40 Die Bewertungsobergrenze von Wirtschaftsgütern ist im Steuerrecht auf die Anschaffungs- oder Herstellungskosten begrenzt (§ 6 Abs. 1 Nr. 1 und 2 EStG), so dass eine **Zeitwertbewertung von Vermögensgegenständen des Deckungsvermögens** steuerlich nicht zulässig ist. Die Differenz zwischen dem für diese Vermögensgegenstände handelsrechtlich anzusetzenden beizulegenden Zeitwert (§§ 253 Abs. 1 Satz 4 iVm. 246 Abs. 2 Satz 2 HGB) und den steuerlich um außerplanmäßige Abschreibungen auf den niedrigeren Teilwert und ggf. planmäßige Absetzungen für Abnutzung (§ 6 Abs. 1 Nr. 1 und 2, § 7 EStG) fortgeführten steuerlichen Buchwert gleicht sich in späteren Geschäftsjahren durch Abschreibungen oder den Abgang der Vermögensgegenstände wieder aus, so dass in der Handelsbilanz nach § 274 Abs. 1 Satz 1 HGB passive latente Steuern anzusetzen sind. Diese passiven latenten Steuern sind grundsätzlich bei der Ermittlung des gesperrten Betrags nach § 268 Abs. 8 Satz 3 HGB abzusetzen.

41 Da sich diese passiven latenten Steuern anhand der Differenz zwischen dem handelsrechtlich beizulegenden Zeitwert und dem steuerlichen Buchwert berechnen, der gesperrte Betrag iSd. § 268 Abs. 8 Satz 3 HGB sich jedoch auf die Differenz zwischen dem beizulegenden Zeitwert und den historischen Anschaffungskosten bezieht (vgl. Tz. 34), stimmen die Bezugsgrößen für die Ermittlung der latenten Steuern und des gesperrten Betrags nicht überein. Es stellt sich daher die Frage, ob die aufgrund der handelsrechtlichen Zeitwertbewertung des Deckungsvermögens gebildeten passiven latenten Steuern bei der Ermittlung des gesperrten Betrags nach § 268 Abs. 8 Satz 3 HGB lediglich insoweit abzusetzen sind, wie sie auf die Differenz zwischen handelsrechtlichem Zeitwert und den historischen Anschaffungskosten entfallen. Durch den **Abzug passiver latenter Steuern von gesperrten Beträgen** soll lediglich vermieden werden, dass nicht zusätzlich zum gesperrten Betrag ein durch dessen Ansatz bedingter

---

35 Vgl. auch Begr. RegE, BT-Drucks. 16/10067, S. 64.
36 Vgl. Begr. RegE, BT-Drucks. 16/10067, S. 64; hierzu auch *Haaker*, DStR 2008, S. 1752.

Aufwand für latente Steuern zu einer weiteren Minderung des Ausschüttungspotenzials führt (Doppelberücksichtigung)[37].

Daher erscheint es in Bezug auf zum beizulegenden Zeitwert bewertete Vermögensgegenstände des Deckungsvermögens sachgerecht, passive latente Steuern nur insoweit zum Abzug zuzulassen, wie sie auf den gesperrten Betrag entfallen. Dem darüber ggf. hinausgehenden Teil der passiven latenten Steuern stehen ausschüttbare Erträge in Höhe der Differenz zwischen historischen Anschaffungskosten und einem hypothetisch fortgeführten Buchwert gegenüber, so dass insoweit keine **Doppelberücksichtigung** im Rahmen der Ausschüttungsbemessung droht. 42

Die aufgrund der handelsrechtlichen Zeitwertbewertung gebildeten passiven latenten Steuern sind daher im vorgenannten Sinne aufzuteilen. Es erscheint daher sachgerecht – in Übereinstimmung mit dem Gesetzeswortlaut nach § 268 Abs. 8 Satz 3 HGB – den **gesperrten Betrag aus der Zeitwertbewertung des Deckungsvermögens** wie folgt zu berechnen: 43

	Beizulegender Zeitwert des jeweiligen Vermögensgegenstands (§ 253 Abs. 1 Satz 4, § 246 Abs. 2 Satz 2 HGB)
./.	historische Anschaffungskosten (§ 255 Abs. 1 HGB)
=	Zwischensumme (gesperrter Betrag vor Abzug passiver latenter Steuern)
./.	auf diese Zwischensumme entfallende, aufgrund der handelsrechtlichen Zeitwertbewertung des jeweiligen Vermögensgegenstands gebildete passive latente Steuern (§ 274 Abs. 1 Satz 1 HGB)
=	gesperrter Betrag aus der Zeitwertbewertung des jeweiligen Vermögensgegenstands (§ 268 Abs. 8 Satz 3 HGB)

Da sich durch Veränderungen des handelsrechtlich beizulegenden Zeitwerts und des steuerlichen Buchwerts die passiven latenten Steuern nach § 274 Abs. 1 Satz 1 HGB verändern, sind diese in den **Folgejahren** fortzuschreiben (vgl. Tz. 45). Soweit passive latente Steuern nicht den gesperrten Betrag nach § 268 Abs. 8 Satz 3 HGB gemindert haben, können sie den gesperrten Betrag aufgrund der Aktivierung latenter Steuern mindern (vgl. Tz. 46 ff.). 44

Die für die ausschüttungsgesperrten Beträge iSd. § 268 Abs. 8 Satz 1 und 3 HGB im Jahr deren Entstehens ergebniswirksam gebildeten **passiven latenten Steuern** haben die Ausschüttungssperre gemindert (vgl. Tz. 38 ff.). Soweit sich in Folgejahren die den passiven latenten Steuern zugrunde liegenden Bilanzwerte, zB durch planmäßige Abschreibungen verändern und sich hierdurch die Differenz zwischen handelsrechtlichem und steuerlich maßgeblichen Wert ändert, sind die passiven latenten Steuern nach dem bilanzorientierten *temporary*-Konzept des § 274 HGB entsprechend anzupassen. Auch für die Berechnung der gesperrten Beträge iSd. § 268 Abs. 8 Satz 1 und 3 HGB ist diese Änderung der zu verrechnenden passiven latenten Steuern nachzuvollziehen. So mindern zB planmäßige Abschreibungen auf selbst erstellte immaterielle Vermögensgegenstände den Sperrbetrag zwar (vgl. Tz. 26); gleichzeitig verringert sich jedoch auch die Bestandsdifferenz zum steuerbilanziellen Wert um diesen Betrag, so dass sich die aufgrund der aktivierten immateriellen Vermögensgegenstände gebildeten passiven 45

---

37 Vgl. Begr. RegE, BT-Drucks. 16/10067, S. 64.

latenten Steuern ebenfalls mindern. Hierdurch verringert sich wiederum der von dem gesperrten Betrag iSd. § 268 Abs. 8 Satz 1 HGB abzuziehende Betrag passiver latenter Steuern[38].

dd. Gesperrte Beträge aus der Aktivierung latenter Steuern

46 Beträge aus der **Aktivierung** von nach § 274 Abs. 1 Satz 3 HGB wahlweise brutto oder unter Verrechnung mit passiven latenten Steuern netto auszuweisenden **latenten Steuern** (vgl. Abschn. M Tz. 48 ff.) sind nach der Auffassung des Gesetzgebers ebenfalls unsicher, so dass nach § 268 Abs. 8 Satz 2 HGB eine Ausschüttung auch insoweit nicht zulässig ist[39]. Fraglich ist, ob neben den ergebniswirksamen auch ergebnisneutral aktivierte latente Steuern ausschüttungsgesperrt sind und inwieweit bei der Bestimmung des gesperrten Betrags eine Verrechnung mit passiven latenten Steuern erfolgt. Die nach der Verrechnung mit passiven latenten Steuern aktivierten Beträge sind in den Folgejahren fortzuführen.

47 Aktive latente Steuern nach § 274 Abs. 1 Satz 2 HGB werden idR ergebniswirksam gebildet. Nach Art. 67 Abs. 6 Satz 1 EGHGB sind jedoch Aufwendungen und Erträge aus der erstmaligen Anwendung des § 274 HGB idF des BilMoG sowie in Zusammenhang mit bestimmten ergebnisneutral vorgenommenen Bilanzierungsanpassungen an neue Vorschriften des BilMoG (vgl. Art. 67 Abs. 6 Satz 2 EGHGB) entstandenen und angesetzten Steuerlatenzen unmittelbar mit den Gewinnrücklagen zu verrechnen und damit letztlich **ergebnisneutral** zu erfassen. Der Gesetzeswortlaut nach § 268 Abs. 8 Satz 2 HGB unterscheidet bei der Bestimmung der Ausschüttungssperre jedoch nicht nach ergebniswirksam und ergebnisneutral gebildeten aktiven und passiven latenten Steuern, sondern stellt auf den Ansatz in der Handelsbilanz ab[40], so dass aktivierte latente Steuern ungeachtet ihrer Ergebniswirksamkeit der Ausschüttungssperre unterliegen.

48 Dies erscheint systemgerecht, da die ergebnisneutral gebildeten aktiven latenten Steuern zwar im Jahr ihrer Bildung im Rahmen der Übergangsregelung nach Art. 67 Abs. 6 EGHGB pflichtmäßig durch die hierfür zu bildenden Gewinnrücklagen gedeckt werden. Die im Rahmen dieser Übergangsvorschrift erhöhten Gewinnrücklagen stehen jedoch nach Auflösung wieder zur Ausschüttung an die Gesellschafter zur Verfügung, so dass ergebnisneutral gebildete aktive latente Steuern zwar ebenso unsicher und wenig objektiviert sind wie ergebniswirksam gebildete Beträge iSd. § 268 Abs. 8 Satz 2 HGB, anders als diese jedoch zeitnah zur Ausschüttung gelangen könnten. Diese Ungleichbehandlung wird in Übereinstimmung mit dem Gesetzeswortlaut vermieden, indem **sämtliche angesetzten aktiven Steuerlatenzen unter die Ausschüttungssperre** nach § 268 Abs. 8 Satz 2 HGB gefasst werden.

49 Fraglich ist, ob die Beträge aus der Aktivierung latenter Steuern generell entsprechend ihrem wahlweisen Ausweis in der Bilanz nach § 274 Abs. 1 Satz 3 HGB für Zwecke der Ausschüttungssperre **mit passiven latenten Steuern verrechnet** werden dürfen[41]. Der Gesetzeswortlaut nach § 268 Abs. 8 Satz 2 HGB ist insoweit eindeutig, indem er ausdrücklich auf den Betrag abstellt „..., um den die aktiven latenten Steuern die passiven latenten Steuern übersteigen". Dies entspricht auch Sinn und Zweck der Vorschrift, weil nur insoweit unsichere aktivierte Beträge Eingang in die Handelsbilanz

---

38 Vgl. auch *Haaker*, DStR 2008, S. 1754.
39 Vgl. Begr. RegE, BT-Drucks. 16/10067, S. 64.
40 Vgl. Begr. Beschlussempfehlung und Bericht des Rechtsausschusses BT-Drucks. 16/12407, S. 87.
41 Vgl. auch IDW ERS HFA 27 Tz. 34.

finden. Bereits nach bisherigem Recht wurde es in der Literatur als zulässig erachtet, die Ausschüttungssperre nach § 274 Abs. 2 Satz 3 HGB aF auf den Betrag zu begrenzen, um den die aktiven latenten Steuern die passiven latenten Steuern übersteigen[42]. Zum Umfang der Verrechnung nach § 268 Abs. 8 Satz 2 HGB vgl. Tz. 50).

Der **Umfang einer Verrechnung** passiver latenter Steuern mit Beträgen aus der Aktivierung latenter Steuern für Zwecke der Ausschüttungssperre ist zum einen auf passive latente Steuern beschränkt, die nicht bereits den unsicheren Beträgen iSd. § 268 Abs. 8 Satz 1 und 3 HGB unmittelbar zuzuordnen und bei der Bestimmung der gesperrten Beträge ausschließlich mit diesen zu verrechnen sind (vgl. Tz. 38 ff.)[43]. Die hiernach verbleibenden sonstigen passiven latenten Steuern sind unabhängig vom handelsbilanziellen Ausweis in Höhe des Aktivbetrags mit diesem zu verrechnen. Die Minderung der aus anderen Gründen erforderlichen Ausschüttungssperre um einen Passivüberhang der sonstigen latenten Steuern ist hingegen weder durch den Gesetzeswortlaut gedeckt, noch entspricht sie dem Sinn und Zweck der Ausschüttungssperre, unsichere Beträge nicht zur Ausschüttung zuzulassen. Die Ausschüttungssperre nach § 268 Abs. 8 HGB entfällt dann hinsichtlich der Beträge aus der Aktivierung latenter Steuern ausschließlich auf den nicht durch sonstige passive latente Steuern gedeckten Spitzenbetrag[44]. 50

Die in **Folgejahren** vorzunehmende **Fortführung des ausschüttungsgesperrten Betrags** iSd. § 268 Abs. 8 HGB, soweit dieser aus der Aktivierung latenter Steuern resultiert, vollzieht sich auf zwei Ebenen. Zum einen ist eine postenspezifische Fortschreibung der aktiven Steuerlatenzen erforderlich (vgl. Tz. 52). Zum anderen ist der für Zwecke der Ausschüttungssperre mit den Beträgen aus der Aktivierung latenter Steuern verrechnete Betrag der sonstigen passiven latenten Steuern (vgl. Tz. 49 f.) fortzuführen (vgl. Tz. 53). 51

Der gesperrte Betrag aus der Aktivierung latenter Steuern ist – dem bilanzorientierten *temporary*-Konzept folgend – entsprechend dem jeweils zugrunde liegenden Sachverhalt in Folgejahren fortzuführen. So entfallen zB **aktive latente Steuern** aufgrund der handelsrechtlich gebotenen (§ 249 Abs. 1 Satz 1 HGB) und steuerlich untersagten (§ 5 Abs. 4a EStG) Bildung einer Drohverlustrückstellung bei deren Verbrauch oder Auflösung. Es ist ebenfalls denkbar, dass die handelsrechtliche Abschreibungsdauer für einen Geschäfts- oder Firmenwert (§ 246 Abs. 1 Satz 4 iVm. § 253 Abs. 3 Sätze 1-2 HGB) geringer ist als die nach § 7 Abs. 1 Satz 3 EStG vorgeschriebene betriebsgewöhnliche Nutzungsdauer von 15 Jahren, so dass während des handelsrechtlich zulässigen Abschreibungszeitraums aktive latente Steuern entstehen bzw. sich erhöhen. 52

Soweit **passive latente Steuern** für Zwecke der Ausschüttungssperre mit Beträgen aus der Aktivierung latenter Steuern verrechnet wurden (vgl. Tz. 49 f.), mindern diese in Folgejahren mit ihren jeweils aktuellen Werten nach § 274 HGB den aus der Aktivierung latenter Steuern resultierenden gesperrten Betrag iSd. § 268 Abs. 8 Satz 2 HGB. Es spricht nichts dagegen, dass auch in Folgejahren erstmals entstehende, passive latente Steuern mit dem fortgeführten Betrag iSd. § 268 Abs. 8 HGB aus der in vergangenen Perioden vorgenommenen erstmaligen Aktivierung latenter Steuern verrechnet werden. Eine Verrechnung mit ausschüttungsgesperrten Beträgen aus der Aktivierung latenter Steuern ist jedoch nur insoweit zulässig, wie die passiven latenten Steuern nicht bereits andere ausschüttungsgesperrte Beträge (§ 268 Abs. 8 Satz 1 und 3 HGB) 53

---

42 Vgl. *Hoyos/Fischer* in Beck Bil-Komm.[6], § 274 Anm. 13.
43 Vgl. *Dahlke*, BB 2009, S. 880.
44 Vgl. IDW ERS HFA 27 Tz. 34.

bei deren Ermittlung gemindert haben (vgl. bereits Tz. 50). Nach dem Sinn und Zweck der Vorschrift, unsichere Beträge nicht zur Ausschüttung zuzulassen, erscheint auch eine Begrenzung der Verrechnung auf den Betrag der ausschüttungsgesperrten aktiven Steuerlatenz geboten (vgl. bereits Tz. 50).

4. Der maximal ausschüttbare Betrag

54 Der maximal ausschüttbare Betrag versteht sich in dem verwendeten Berechnungsschema (vgl. Tz. 10) als bloße **Saldogröße** aus dem frei verfügbaren Eigenkapital und den gesperrten Beträgen zum jeweiligen Abschlussstichtag. Diese Größe steht nicht ohne weiteres zur Ausschüttung zur Verfügung, weil in ihr auch die freien Rücklagen berücksichtigt sind (vgl. Tz. 12 ff.), die zum Zwecke einer Ausschüttung erst aufgelöst werden müssten.

5. Behandlung ausschüttungsgesperrter Beträge im Jahresabschluss

55 Sofern im handelsrechtlichen Jahresabschluss ein Jahresüberschuss bzw. ein Bilanzgewinn ausgewiesen wird, der aufgrund der Ausschüttungssperre nach § 268 Abs. 8 HGB nicht in voller Höhe ausgeschüttet werden darf, stellt sich die Frage, wie der gesperrte Betrag bei der Aufstellung des Abschlusses zu behandeln ist. Der Ansatz einer Ausschüttungsverbindlichkeit kommt nicht nur deshalb nicht in Betracht, weil der Gewinnverwendungsbeschluss noch nicht gefasst ist, sondern auch deshalb nicht, weil ein die Ausschüttung vorsehender Gewinnverwendungsbeschluss gegen gesetzliche Vorschriften zum Gläubigerschutz verstieße und daher zumindest insoweit nach § 241 Nr. 3 AktG nichtig wäre[45]. Fest steht danach, dass in Höhe des gesperrten Betrags ein Ausschüttungsverbot besteht. Der Betrag muss in der Gesellschaft festgehalten (thesauriert) werden. Ob der somit verbleibende, nicht zur Ausschüttung verwendete Betrag in **Rücklagen** eingestellt (vgl. Tz. 56 f.) oder als **Gewinnvortrag** auf neue Rechnung vorgetragen (vgl. Tz. 59) wird, ist nicht gesetzlich geregelt und kann danach grundsätzlich frei entschieden werden.

56 Die Frage, ob in diesen Fällen die Gewinnrücklage bereits im Rahmen der **Auf- und Feststellung des Jahresabschlusses**[46] dotiert werden darf, ist nach den allgemeinen Vorschriften zu den Thesaurierungsmöglichkeiten der für die Auf- bzw. Feststellung zuständigen Organe der **AG** nach § 58 Abs. 2, 2a AktG zu beantworten[47]. Da eine Rücklagenzuweisung ausschüttungsgesperrter Beträge gesetzlich gerade nicht vorgeschrieben ist, kann auch eine Erweiterung der Kompetenzen des Aufstellungsorgans und damit eine Rücklagendotierung gesperrter Beträge bereits bei Auf- und Feststellung des Jahresabschlusses außerhalb der Möglichkeiten des § 58 AktG nicht hergeleitet werden. Da die Geschäftsführer einer **GmbH** einen Beschluss der Gesellschafterversammlung zur Dotierung von Rücklagen nach § 29 Abs. 2 GmbHG im Jahresabschluss der GmbH antizipieren können[48], erscheint es zweckmäßig, bereits bei der Aufstellung des Jahresabschlusses der GmbH ausschüttungsgesperrte Beträge in die Rücklagen einzustellen.

---

45 Vgl. *ADS*[6], § 269 HGB Tz. 24; *Winkeljohann/Lawall* in Beck Bil-Komm.[6], § 269 Anm. 17; *Funnemann/Graf Kerssenbrock*, BB 2008, S. 2678; analog für die GmbH: *Zöllner* in Baumbach/Hueck[18], Anhang § 47, Rn 51.
46 So wohl *Funnemann/Graf Kerssenbrock*, BB 2008, S.2678.
47 Zur Bestimmung der Höhe der maximalen Rücklagendotierung nach § 58 Abs. 2 und 2a AktG bei gleichzeitigem Bestehen gesperrter Beträge iSd. § 268 Abs. 8 HGB vgl. Gelhausen/Althoff, WPg 2009, S. 589 f.
48 Vgl. *Müller*, GmbHG (Hrsg. Ulmer), § 29, Rn. 26.

Demnach wäre ein ausschüttungsgesperrter Teil des Bilanzgewinns erst im Rahmen des Gewinnverwendungsvorschlags bzw. -beschlusses von der Ausschüttung auszunehmen und entweder zur Einstellung in die Gewinnrücklagen oder zum Vortrag auf neue Rechnung vorzusehen. Wird hiernach der ausschüttungsgesperrte Teil des Bilanzgewinns in die **anderen Gewinnrücklagen** eingestellt, ist die Dotierung nach den allgemeinen Grundsätzen erst im Abschluss des Folgejahres auszuweisen, da in der Handelsbilanz des abgelaufenen Geschäftsjahrs lediglich der Jahresüberschuss bzw. Bilanzgewinn ausgewiesen wird (§§ 268 Abs. 1, 270 Abs. 2 HGB), über den die Gesellschafter noch nicht beschlossen haben. 57

Nach der **aktienrechtlichen Kompetenzverteilung** für die Gewinnverwendung fragt sich jedoch in den Folgejahren, ob frei gewordene, ehemals ausschüttungsgesperrte Beträge (vgl. Tz. 21) wieder in die Verwendungshoheit der Aktionäre zu überführen sind. Aus dem AktG lässt sich allerdings weder eine Entnahmekompetenz der Aktionäre noch deren Einflussnahme auf den Aufstellungsprozess oder gar eine Auflösungspflicht der Aufstellungsorgane hinsichtlich der frei gewordenen Beträge herleiten. Damit steht bei der AG die Kompetenz, aufgrund von nach § 268 Abs. 8 HGB ausschüttungsgesperrten Beträgen gebildete Gewinnrücklagen bei Freiwerden der Beträge aufzulösen, den für die Auf- und Feststellung des Jahresabschlusses zuständigen Organen zu. Bei Gesellschaften in der Rechtsform der **GmbH** stellt sich diese Frage der Auflösung wegen des abweichenden Kapitalschutzsystems nicht; hier können die Gesellschafter ggf. durch Entnahmebeschluss (vorbehaltlich § 30 GmbHG) auch auf die in Vorjahren gebildeten, frei gewordenen Rücklagen zugreifen. 58

Werden ausschüttungsgesperrte Beträge nach dem Gewinnverwendungsbeschluss als **Gewinnvortrag** auf neue Rechnung vorgetragen, so ist dieser Betrag im Entstehungsjahr der gesperrten Ergebnisbeiträge im Bilanzgewinn des Jahresabschlusses enthalten und ist in der Bilanz des Folgejahrs nach den allgemeinen Regeln (§§ 266 Abs. 3 A. IV., 268 Abs. 1 Satz 2 HGB) auszuweisen sowie in die Ergebnisverwendungsrechnung (§ 158 Abs. 1 Satz 1 Nr. 1 AktG) aufzunehmen. Zur Ausschüttung frei gewordene Beträge stehen damit im Folgejahr als Teil des neuen Bilanzgewinns[49] automatisch zur Disposition der Gesellschafter bei ihrem Gewinnverwendungsbeschluss (§ 174 AktG bzw. § 29 GmbHG) unter Beachtung des nach § 268 Abs. 8 HGB fortgeführten, gesperrten Betrags. Hierdurch haben die Gesellschafter ohne weiteres Zugriff auf frei gewordene, ehemals gesperrte Beträge. 59

---

49 Vgl. § 158 Abs. 1 Satz 1 Nr. 1 AktG.

§ 301 AktG
Höchstbetrag der Gewinnabführung

¹Eine Gesellschaft kann, gleichgültig welche Vereinbarungen über die Berechnung des abzuführenden Gewinns getroffen worden sind, als ihren Gewinn höchstens den ohne die Gewinnabführung entstehenden Jahresüberschuss, vermindert um einen Verlustvortrag aus dem Vorjahr, um den Betrag, der nach § 300 in die gesetzlichen Rücklagen einzustellen ist, und den nach § 268 Abs. 8 des Handelsgesetzbuchs ausschüttungsgesperrten Betrag, abführen. ²Sind während der Dauer des Vertrags Beträge in andere Gewinnrücklagen eingestellt worden, so können diese Beträge den anderen Gewinnrücklagen entnommen und als Gewinn abgeführt werden.

Inhaltsverzeichnis
Tz.
- I. Die Abführungssperre nach § 301 AktG
    1. Überblick .... 60 – 64
    2. Der Gesamtbetrag der Beträge iSd. § 268 Abs. 8 HGB .... 65 – 67
    3. Andere frei verfügbare Eigenkapitalkomponenten der abhängigen Gesellschaft .... 68 – 72
    4. Der nach § 268 Abs. 8 HGB ausschüttungsgesperrte, nicht anderweitig gedeckte Betrag 73
    5. Der Ausweis abführungsgesperrter Beträge im Eigenkapital .... 74 – 77
    6. Besonderheiten bei Beendigung des Ergebnisabführungsvertrags 78
- II. Bei Vertragsbeginn bestehende Ausschüttungssperre .... 79 – 81

I. Die Abführungssperre nach § 301 AktG

1. Überblick

60 Entsprechend der Ausschüttungssperre des § 268 Abs. 8 HGB soll auch die Abführung unsicherer Beträge durch eine abhängige Gesellschaft an ihre Muttergesellschaft im Rahmen von **Unternehmensverträgen** verhindert werden (vgl. zu den Übergangsregelungen Tz. 99)[50]. Hierzu nimmt die durch das BilMoG modifizierte Regelung des Höchstbetrags der Gewinnabführung in § 301 Satz 1 AktG unmittelbar auf die nach § 268 Abs. 8 HGB ausschüttungsgesperrten Beträge Bezug, die demzufolge auch nicht abgeführt werden dürfen. Eine aus einem Gewinnabführungsvertrag verpflichtete GmbH hat § 301 AktG nach der hM entsprechend zu beachten, sofern die Anwendung der Vorschrift nicht ohnehin aus steuerrechtlichen Gründen ausdrücklich vereinbart wurde[51]. Daher findet auch die Abführungssperre nach § 301 Satz 1 AktG bei der Bestimmung des Höchstbetrags der Gewinnabführung einer GmbH Anwendung, wobei die Kapitalerhaltungsvorschrift nach § 30 GmbHG gem. § 30 Abs. 1 Satz 2 GmbHG nicht zu beachten ist.

61 Die Regelung zur **Verlustübernahme** nach § 302 AktG wurde dagegen im Hinblick auf nach § 268 Abs. 8 HGB ausschüttungsgesperrte Beträge nicht modifiziert. Der durch den Vertragspartner zu übernehmende Jahresfehlbetrag ist demnach nicht um

---

50 Die Berücksichtigung handelsrechtlicher Ausschüttungssperren im Rahmen der Bestimmung des Höchstbetrags der Gewinnabführung nach § 301 AktG war bislang umstritten; zustimmend: *ADS*⁶, § 269 HGB Tz. 22a; aA *Winkeljohann/Lawall* in Beck Bil-Komm.⁶, § 269 Anm. 15.
51 Vgl. *Emmerich*¹⁰, GmbHG (Hrsg. Scholz), Anhang § 13, Rdnr. 203-204.

positive Ergebnisbeiträge iSd. § 268 Abs. 8 HGB zu erhöhen. Eine solche Regelung erscheint nach dem Sachzusammenhang auch nicht erforderlich, weil der Schutz des § 302 AktG dann greift, wenn der aktivierte Betrag abgeschrieben oder ausgebucht wird, ohne dass entsprechende Erträge zur Deckung des Aufwands zur Verfügung stehen. Nach Gewinnjahren steht wegen der Abführungssperre des § 301 AktG außerdem ein Deckungspuffer bei der abhängigen Gesellschaft selbst zur Verfügung.

Der **Höchstbetrag der Gewinnabführung** iSd. § 301 AktG ergibt sich nach folgendem Schema (zu dessen Anpassung bei Vorhandensein nicht abführbarer frei verfügbarer Rücklagen oder eines vorvertraglichen Gewinnvortrags vgl. Tz. 64): 62

	Jahresüberschuss lt. GuV (§ 275 Abs. 2 Nr. 20 oder Abs. 3 Nr. 19 HGB) **der abhängigen Gesellschaft vor Gewinnabführung**[52]	
–	Verlustvortrag aus dem Vorjahr (§ 301 Satz 1 AktG)	(Tz. 63)
–	pflichtgemäße Einstellung in die gesetzliche Rücklage (§ 300 AktG)	(Tz. 63)
+	während der Vertragsdauer eingestellte Gewinnrücklagen (§ 301 Satz 2 AktG)[53]	(Tz. 63)
+	während der Vertragsdauer vorgetragener Gewinn (analog § 301 Satz 2 AktG)[54]	(Tz. 63)
=	**maximaler Abführungsbetrag ohne Abführungssperre iSd. § 268 Abs. 8 HGB**	
–	nach § 268 Abs. 8 HGB ausschüttungsgesperrter Betrag	(Tz. 64 ff.)
=	**unter Berücksichtigung der Abführungssperre maximal abführbarer Betrag iSd. § 301 AktG**	

Zur Erläuterung der im Rahmen der Berechnung des Höchstbetrags bereits **nach bisherigem Recht** zu berücksichtigenden Posten kann auf die einschlägige Kommentarliteratur verwiesen werden[55]. Die Änderung gegenüber dem bisherigen Recht betrifft allein den nach § 268 Abs. 8 HGB ausschüttungsgesperrten Betrag. 63

Bei der Ermittlung des nach § 268 Abs. 8 HGB gesperrten Betrags stehen wie im Rahmen der Ausschüttungssperre (vgl. Tz. 10) frei verfügbare Rücklagen der abhängigen Gesellschaft zur Deckung zur Verfügung. Zu diesen freien Rücklagen zählen auch Kapitalrücklagen nach § 272 Abs. 2 Nr. 4 AktG sowie vorvertragliche Gewinnrücklagen und Gewinnvorträge (zur Begründung vgl. Tz. 68 ff.). Diese Eigenkapitalkomponenten stehen jedoch nicht für eine Gewinnabführung zur Verfügung (vgl. hierzu Tz. 68 ff.). Die **Ermittlung des Höchstbetrags der Gewinnabführung** (Tz. 62) verlangt aufgrund dieser Unterschiede zwischen den nach § 301 AktG abführbaren Eigenkapitalbestandteilen (vgl. Tz. 62) und den Eigenkapitalbestandteilen, die die unsicheren Beträge iSd. § 268 Abs. 8 HGB abdecken sollen (vgl. Tz. 12 ff., 68 ff.), eine Ergänzung des in Tz. 62 dargestellten Schemas: 64

---

52 Das Jahresergebnis vor Gewinnabführung entspricht idR dem in der GuV vor dem Jahresergebnis auszuweisenden abgeführten Gewinn der abhängigen AG; vgl. ADS6, § 277 HGB Tz. 65; *WPH*[13], Bd. I, F Tz. 386.
53 Vgl. *Hüffer*, AktG[8], § 301 AktG Rn. 7.
54 Vgl. *Hüffer*, AktG[8], § 301 AktG Rn. 7.
55 Vgl. zB *Hüffer*, AktG[8], § 301 AktG Rn. 3 ff.

N Ausschüttungssperre § 301 AktG

   Jahresüberschuss lt. GuV (§ 275 Abs. 2 Nr. 20 oder Abs. 3 Nr. 19 HGB) **der abhängigen Gesellschaft vor Gewinnabführung**
   − Verlustvortrag aus dem Vorjahr (§ 301 Satz 1 AktG)
   − pflichtgemäße Einstellung in die gesetzliche Rücklage (§ 300 AktG)
   + während der Vertragsdauer gebildete Gewinnrücklagen (§ 301 Satz 2 AktG)[56]
   + während der Vertragsdauer vorgetragener Gewinn (analog § 301 Satz 2 AktG)[57]
   = **maximaler Abführungsbetrag ohne Abführungssperre iSd. § 268 Abs. 8 HGB**
   − nach § 268 Abs. 8 HGB ausschüttungsgesperrter, nicht anderweitig gedeckter Betrag in Höhe des positiven Saldos aus (Tz. 73)
         Gesamtbetrag der Beträge iSd. § 268 Abs. 8 HGB (Tz. 65 f.)
         + Betrag aus der Aktivierung selbst geschaffener immaterieller Vermögensgegenstände des Anlagevermögens (§§ 246 Abs. 1 Satz 1, 248 Abs. 2, 255 Abs. 2 Satz 4 und Abs. 2a HGB)
         + Betrag aus der Bewertung von Gegenständen des Deckungsvermögens zum beizulegenden Zeitwert (§ 246 Abs. 2 Satz 2 iVm. § 253 Abs. 1 Satz 4 HGB)
         − Betrag der für die Tatbestände der Ausschüttungssperre iSd. § 68 Abs. 8 HGB gebildeten passiven latenten Steuern (§ 274 Abs. 1 Satz 1 HGB) (Tz. 66)
         + Betrag aus der Aktivierung latenter Steuern (§ 274 Abs. 1 Satz 1 und 3 HGB) nach Abzug sonstiger passiver latenter Steuern (Tz. 66 f.)
   − andere frei verfügbare Eigenkapitalkomponenten der abhängigen Gesellschaft (Tz. 68 ff.)
         + Kapitalrücklagen iSd. § 272 Abs. 2 Nr. 4 HGB (Tz. 68 f.)
         + vorvertragliche Gewinnrücklagen (Tz. 70)
         + satzungsmäßige Gewinnrücklagen (Tz. 71)
         + Gewinnvortrag (§ 266 Abs. 3 IV. HGB) (Tz. 71 f.)
   = **unter Berücksichtigung der Abführungssperre maximal abführbarer Betrag iSd. § 301 AktG**

2. Der Gesamtbetrag der Beträge iSd. § 268 Abs. 8 HGB

65 Der **Gesamtbetrag der Beträge iSd. § 268 Abs. 8 HGB** (vgl. Tz. 64) ermittelt sich analog zum gesperrten Betrag im Rahmen der Nebenrechnung zur Ausschüttungssperre (vgl. Tz. 17 ff.). Insbesondere stehen abführungsgesperrte Beträge nach dem Sinn und Zweck der Sperrvorschrift nicht automatisch bereits im auf ihre Entstehung folgenden Geschäftsjahr zur Abführung an den Vertragspartner bereit, sondern sind in den **Folgejahren** fortzuführen und insoweit weiterhin abführungsgesperrt (vgl. hierzu Tz. 19 ff.). Besonderheiten ergeben sich jedoch hinsichtlich der Beträge aus dem An-

---

56 Vgl. *Hüffer*, AktG[8], § 301 AktG Rn. 7
57 Vgl. *Hüffer*, AktG[8], § 301 AktG Rn. 7

satz latenter Steuern (vgl. Tz. 66 f.) aufgrund der ertragsteuerlichen Regelungen zur Organschaft.

Ein über einen Mindestzeitraum von fünf Jahren abgeschlossener und tatsächlich durchgeführter Gewinnabführungsvertrag stellt nach § 14 Abs. 1 Satz 1 Nr. 3 KStG eine wesentliche Voraussetzung für die Anerkennung einer **ertragsteuerlichen Organschaft** dar. Entsprechend der hM zum bisherigen Konzept der Steuerabgrenzung in § 274 HGB aF[58] ist davon auszugehen, dass im Falle einer ertragsteuerlichen Organschaft die Organgesellschaft in ihrem Jahresabschluss keine Steuerabgrenzungsposten auszuweisen hat, sondern Steuerlatenzen der Organgesellschaft in die Steuerabgrenzungsrechnung des Organträgers Eingang finden[59]. Da auch durch den Organträger an die Organgesellschaft **weiterbelastete latente Steuern** nicht im handelsrechtlichen Jahresabschluss der abhängigen Gesellschaft als latente Steuern iSd. § 274 HGB anzusetzen sind[60], haben auch Steuerumlagen keinen Einfluss auf die Höhe der Abführungssperre[61]. 66

Latente Steuern für künftige Steuerbe- bzw. -entlastungen in **Perioden nach Beendigung des Ergebnisabführungsvertrags** sind hingegen bei der Organgesellschaft anzusetzen (vgl. Abschn. M Tz. 42)[62]. Die in diesen Fällen auf Ebene der Organgesellschaft zu erfassenden passiven und ggf. angesetzten aktiven Steuerlatenzen iSd. § 274 HGB sind für die Zwecke der Abführungssperre nach § 301 Satz 1 AktG in die Berechnung des Betrags der nach § 268 Abs. 8 HGB ausschüttungsgesperrten Beträge (vgl. Tz. 38 ff.) einzubeziehen. 67

3. Andere frei verfügbare Eigenkapitalkomponenten der abhängigen Gesellschaft

Kapitalrücklagen aus anderen Zuzahlungen nach § 272 Abs. 2 Nr. 4 HGB sind nach hM unter Verweis auf den Wortlaut des § 301 Satz 2 AktG von der Gewinnabführung ausgeschlossen und daher nicht im Rahmen der Berechnung des Höchstbetrags nach § 301 AktG (vgl. Tz. 62, 64) anzusetzen[63]. Durch den eindeutigen Verweis des § 301 Satz 1 AktG auf § 268 Abs. 8 HGB stehen jedoch Kapitalrücklagen iSd. § 272 Abs. 2 Nr. 4 HGB gleichwohl als **frei verfügbare Rücklagen**[64] für die Deckung gesperrter Beträge im Rahmen der Bestimmung des Gesamtbetrags der Beträge iSd § 268 Abs. 8 HGB zur Verfügung (vgl. Tz. 13). 68

Dies erscheint auch folgerichtig, weil die Nichtberücksichtigung bei dem Höchstbetrag der Gewinnabführung darauf zurückzuführen ist, dass diese Beträge den Gesellschaftern der abhängigen Gesellschaft im Rahmen der Gewinnverwendung und nicht dem anderen Vertragsteil zustehen, während die Ausschüttungs- bzw. Abführungssperre das Verhältnis zu den Gläubigern der abhängigen Gesellschaft betrifft. In diesem Verhältnis stehen die **Kapitalrücklagen aus sonstigen Zuzahlungen** aber ohne weiteres zur Deckung etwaiger Risiken aus Sachverhalten iSd. § 268 Abs. 8 HGB zur Verfügung. Daher können Kapitalrücklagen aus (anderen) Zuzahlungen den Höchstbetrag der Ge- 69

---

58 Vgl. *ADS*[6], § 274 HGB Tz. 31; *Hoyos/Fischer* in Beck Bil-Komm.[6], § 274 Anm. 75.
59 Vgl. IDW ERS HFA 27 Tz. 21 ff.; *Dahlke*, BB 2009, S. 878.
60 Vgl. IDW ERS HFA 27 Tz. 24.
61 AA *Dahlke*, BB 2009, S. 880.
62 Vgl. IDW ERS HFA 27 Tz. 22; *Dahlke*, BB 2009, S. 879.
63 Vgl. *Hüffer*, AktG[8], § 301 AktG Rn. 8-9; *ADS*[6], § 174 AktG, Tz. 8; *Emmerich* in Aktien- und GmbH-Konzernrecht[5] (Hrsg. Emmerich/Habersack) § 301 AktG, Rdnr. 17-18; *Stephan* in Aktiengesetz Kommentar (Hrsg. Schmidt/Lutter), II. Bd., § 301, Rz. 26; *Veil* in Kommentar zum Aktiengesetz (Hrsg. Spindler/Stilz), Bd. 2, § 302, Rn. 17.
64 Vgl. Begr. RegE, BT-Drucks. 16/10067, S. 64.

winnabführung nach § 301 AktG zwar nicht unmittelbar erhöhen, jedoch mittelbar, indem sie den nach § 268 Abs. 8 HGB ausschüttungsgesperrten Betrag mindern. Für den Fall einer parallel zur Gewinnabführung vorgesehenen Ausschüttung der Kapitalrücklage vgl. Tz. 72.

70 Fraglich könnte sein, ob in dem obigen Berechnungsschema (vgl. Tz. 64) nicht nur während der Laufzeit des Unternehmensvertrags gebildete Gewinnrücklagen, sondern auch **vorvertragliche Gewinnrücklagen** als Beträge zur Deckung des Gesamtbetrags der Beträge iSd. § 268 Abs. 8 HGB angesetzt werden können. Zwar können vorvertragliche Gewinnrücklagen nach dem Wortlaut des § 301 Satz 2 AktG und nach dem Sinn und Zweck dieser Vorschrift nicht den Höchstbetrag der Gewinnabführung erhöhen[65], da jedoch der Zweck der Abführungssperre im Gläubigerschutz besteht und es aus Sicht der Gläubiger ohne Bedeutung ist, ob und wie sich die Gewinnrücklagen einer Gesellschaft aus vor- und nachvertraglichen Komponenten zusammensetzen, erscheint für Zwecke der Ermittlung des nach § 268 Abs. 8 HGB ausschüttungsgesperrten Betrags eine Differenzierung der frei verfügbaren Gewinnrücklagen nicht erforderlich. Im Rahmen der für Zwecke des § 301 Satz 1 AktG vorzunehmenden Berechnung des maximal abführbaren Betrags ist es damit trotz fehlender gesetzlicher Regelung entsprechend der bisherigen Vorgehensweise in Bezug auf die aus § 269 Satz 2 HGB aF abgeleitete Abführungssperre[66] zutreffend, sowohl die vor- als auch die nachvertraglichen Gewinnrücklagen als frei verfügbare Rücklagen zu berücksichtigen. Demnach mindern auch vorvertragliche Gewinnrücklagen den für Zwecke des § 301 AktG ermittelten nach § 268 Abs. 8 HGB ausschüttungsgesperrten Betrag (Tz. 64) und damit auch die Abführungssperre.

71 Vorvertragliche Gewinnrücklagen (vgl. Tz. 70) sind in derselben Weise wie nicht abführbare **satzungsmäßige Gewinnrücklagen** der abhängigen Gesellschaft bei der Berechnung des nach § 301 AktG maximal abführbaren Betrags zu berücksichtigen. Auch **Gewinnvorträge** aus der Zeit **vor Abschluss des Unternehmensvertrags** dürfen nicht in die Gewinnabführung an den Vertragspartner einfließen[67]. Es erscheint jedoch zweckgerecht, diese Gewinnvorträge ebenso wie vorvertragliche Gewinnrücklagen (zur Begründung vgl. Tz. 70) als Beträge zur Deckung der Abführungssperre iSd. § 301 Satz 1 AktG iVm. § 268 Abs. 8 HGB anzusetzen. Hierdurch wird ebenfalls der für Zwecke des § 301 AktG ermittelte nach § 268 Abs. 8 HGB ausschüttungsgesperrte Betrag (Tz. 64) gemindert. Für den Fall einer parallel zur Gewinnabführung vorgesehenen Ausschüttung des vorvertraglichen Gewinnvortrags vgl. Tz. 72.

72 Fraglich erscheint, wie der Ausschüttungssperrbetrag nach § 268 Abs. 8 HGB bzw. der Abführungssperrbetrag nach § 301 Satz 1 AktG iVm. § 268 Abs. 8 HGB zu ermitteln ist, wenn parallel zur Gewinnabführung die Ausschüttung einer Kapitalrücklage nach § 272 Abs. 2 Nr. 4 HGB oder vorvertraglicher Rücklagen bzw. Gewinnvorträge beschlossen wird[68]. So stehen zB bei **Freiwerden von aus vorvertraglicher Zeit stammenden ausschüttungsgesperrten Beträgen** für diese Beträge gebildete vorvertragliche Gewinnrücklagen bzw. ein vorvertraglicher Ergebnisvortrag für Ausschüttungen zur Verfügung (vgl. Tz. 79). Diese frei verfügbaren Rücklagen werden grundsätzlich im Rahmen der Bestimmung des Höchstbetrags der Gewinnabführung (§ 301 AktG) zur Deckung des Betrags der nach § 268 Abs. 8 HGB ausschüttungsgesperrten Erträge

---

65 Vgl. *Hüffer*, AktG[8], § 301 AktG Rn. 6.
66 Vgl. hierzu *ADS*[6], § 269 HGB Tz. 22a.
67 Vgl. *Hüffer*, AktG[8], § 301 AktG Rn. 7.
68 Vgl. zur Ausschüttung der während der Vertragszeit entstandenen Kapitalrücklage *ADS*[6], § 174 AktG Tz. 8.

berücksichtigt (vgl. Tz. 68 ff.). Daher erscheint ihre nochmalige entlastende Berücksichtigung bei der Bestimmung des maximal ausschüttbaren Betrags iSd. § 268 Abs. 8 HGB (vgl. Tz. 10) im Rahmen einer parallel zur Gewinnabführung durchgeführten Ausschüttung nicht mit dem Gläubigerschutz vereinbar. Sofern solche Beträge aus vorvertraglicher Zeit zur Ausschüttung durch Gewinnverwendungsbeschluss für das vergangene Geschäftsjahr vorgesehen sind, können sich daher nicht (mehr) entlastend auf die Abführungssperre nach § 301 Satz 1 iVm. § 268 Abs. 8 HGB auswirken.

Beispiel:

	Fall a)	Fall b)
vorvertragliche andere Gewinnrücklage	100	100
Jahresüberschuss	80	80
(davon Erträge iSd. § 268 Abs. 8 HGB)	(30)	(80)
zur Ausschüttung vorgesehener Betrag neben der Gewinnabführung	20	30
Höchstbetrag der Gewinnabführung nach § 301 AktG	80	70

4. Der nach § 268 Abs. 8 HGB ausschüttungsgesperrte, nicht anderweitig gedeckte Betrag

Der nach § 268 Abs. 8 HGB ausschüttungsgesperrte, nicht anderweitig durch Kapitalrücklagen iSd. § 272 Abs. 2 Nr. 4 HGB, vorvertragliche Gewinnrücklagen oder Gewinnvorträge sowie nicht abführbare satzungsmäßige Gewinnrücklagen gedeckte Betrag (vgl. Tz. 64) ist vom abführbaren Betrag nach § 301 AktG abzusetzen. Dieser Betrag ist durch nach § 301 AktG abführbare Eigenkapitalkomponenten zu decken, bevor eine Abführung erfolgen darf. Ein im obigen Berechnungsschema (vgl. Tz. 64) rechnerisch **negativer** nach § 268 Abs. 8 HGB ausschüttungsgesperrter, nicht anderweitig gedeckter **Betrag** entsteht, sofern der gesperrte Betrag bereits durch (nicht nach § 301 AktG abführbare) Eigenkapitalkomponenten gedeckt ist. Ein solch negativer Betrag enthält damit nicht nach § 301 AktG abführbare Eigenkapitalkomponenten und ist daher nicht bei der Ermittlung des unter Berücksichtigung der Abführungssperre maximal abführbaren Betrags anzusetzen.

73

5. Der Ausweis abführungsgesperrter Beträge im Eigenkapital

Darf der Jahresüberschuss vor Gewinnabführung einer aus einem Ergebnisabführungsvertrag verpflichteten Gesellschaft aufgrund von gesperrten Beträgen iSd. § 268 Abs. 8 HGB nicht oder nicht vollständig abgeführt werden, so werden diese Teile des Ergebnisses nach § 301 Satz 1 AktG nicht Bestandteil der Ergebnisabführungsverpflichtung. Die gesperrten Beträge gehen somit nicht in die zulasten des Jahresergebnisses zu bildende **Abführungsverbindlichkeit** der abhängigen Gesellschaft ein. Auch die Bildung einer **Rückstellung für ungewisse Verbindlichkeiten** nach § 249 Abs. 1 Satz 1 HGB für die gesperrten Beträge kommt nicht in Betracht, da die Verpflichtung durch das zukünftige Freiwerden der unsicheren Ergebnisbestandteile iSd. § 268 Abs. 8 HGB aufschiebend bedingt ist. Damit entsteht vor dem Eintritt dieser Bedingung keine Belastung des gegenwärtigen Vermögens der Gesellschaft[69]. Entscheidend ist jedoch,

74

---

69 Vgl. zu diesem Gesichtspunkt im Zusammenhang mit der Passivierung von Verpflichtungen aufgrund eines Besserungsscheins *ADS*[6], § 246 HGB Tz. 150; *Hoyos/M. Ring* in Beck Bil-Komm.[6], § 247 Anm. 237.

75 Mangels gesetzlicher Regelung stellt sich damit die Frage, ob der verbleibende, nicht zur Abführung an den Vertragspartner verwendete Betrag in **Gewinnrücklagen** der abhängigen Gesellschaft einzustellen oder als Gewinn vorzutragen ist. Ungeachtet der Vereinbarung einer Thesaurierungsklausel, bestehen gegen eine Rücklagenzuführung bereits bei Aufstellung des Abschlusses – anders als bei der Ausschüttungssperre (vgl. Tz. 56) – keine Bedenken, da die Thesaurierung bereits auf vertraglicher Ebene in § 301 Satz 1 AktG verpflichtend ist und insoweit kein Gestaltungsspielraum im Rahmen der Gewinnverwendung besteht. Eine durch die Abführungssperre veranlasste Rücklagendotierung wäre dann nach § 270 Abs. 2 HGB bereits im aufgestellten Jahresabschluss zu berücksichtigen. Für in Folgejahren frei gewordene, ehemals abführungsgesperrte Beträge kann dann die Abführung der in Gewinnrücklagen enthaltenen Beträge nach § 301 Satz 2 AktG verlangt werden. Zur Vermeidung steuerlicher Risiken aus der Anerkennung eines tatsächlich durchgeführten Gewinnabführungsvertrags empfiehlt sich die frühestmögliche Abführung solch frei gewordener Beträge[70].

76 Wird der abführungsgesperrte Betrag nicht schon bei der Aufstellung des Jahresabschlusses in andere Gewinnrücklagen eingestellt (vgl. Tz. 75), ergibt sich ausweistechnisch ein **Bilanzgewinn**. Aus formalen Gründen bedarf es in diesem Fall eines Gewinnverwendungsbeschlusses. Da für die Verwendung des Bilanzgewinns in solchen Fällen ohnehin kein Gestaltungsspielraum besteht, sollte die damit eigentlich systemwidrige, nur aus formalen Gründen erforderliche Beschlussfassung vermieden werden, indem der Betrag bereits bei Aufstellung des Abschlusses den Gewinnrücklagen zugeführt wird (vgl. Tz. 75).

77 Wird dieser Weg nicht gewählt, kann der gesperrte Bilanzgewinn durch Gewinnverwendungsbeschluss in **andere Gewinnrücklagen** eingestellt oder als **Gewinnvortrag** vorgetragen werden. Die Erhöhung der anderen Gewinnrücklagen ist in diesem Fall erst im Jahresabschluss des folgenden Geschäftsjahrs auszuweisen, da in der Handelsbilanz des abgelaufenen Geschäftsjahrs lediglich der Jahresüberschuss bzw. Bilanzgewinn ausgewiesen wird (§§ 268 Abs. 1, 270 Abs. 2 HGB), über den die Gesellschafter noch nicht beschlossen haben. Ein Gewinnvortrag wäre in der Bilanz des Folgejahrs nach den allgemeinen Regeln (§§ 266 Abs. 3 A. IV., 268 Abs. 1 Satz 2 HGB) auszuweisen und in die Ergebnisverwendungsrechnung (§ 158 Abs. 1 Satz 1 Nr. 1 AktG) aufzunehmen. Hinsichtlich in Folgejahren frei werdender Beträge, kann deren Abführung aus Gewinnrücklagen nach § 301 Satz 2 AktG verlangt werden (vgl. Tz. 75). Gleiches gilt für im Gewinnvortrag enthaltene Beträge, die unter analoger Anwendung des § 301 Satz 2 AktG[71] an den Vertragspartner abgeführt werden können.

6. Besonderheiten bei Beendigung des Ergebnisabführungsvertrags

78 Abführungsgesperrte Beträge iSd. § 301 Satz 1 AktG iVm. § 268 Abs. 8 HGB stehen bei ihrem Freiwerden grundsätzlich dem Vertragspartner zu (vgl. Tz 75 f.). Endet der Ergebnisabführungsvertrag, dürfen noch nicht abgeführte, nach § 268 Abs. 8 HGB **weiterhin gesperrte Beträge** – anders als sonstige vertraglich vereinbarte Thesaurierungen – nicht aufgelöst und abgeführt werden. Diese Beträge gehen damit der Abführung endgültig verloren. Eine andere Frage ist, ob dies durch die ausdrückliche Verein-

---

70 Vgl. *Gelhausen/Althoff*, WPg 2009, S. 634.
71 Vgl. *Hüffer*, AktG[8], § 301 Rn. 7.

barung einer nachlaufenden Verpflichtung im Ergebnisabführungsvertrag vermieden werden könnte. Da sich diese Verpflichtung erst nach Beendigung des Ergebnisabführungsvertrags auswirkt, dürften Bedenken im Hinblick auf das steuerrechtliche Erfordernis der Durchführung des Gewinnabführungsvertrags (§ 14 Abs. 1 Satz 1 Nr. 3 KStG) nicht bestehen. Damit entsteht durch die Beendigung des Ergebnisabführungsvertrags jedoch keine als bilanzielle Verbindlichkeit bzw. Rückstellung zu erfassende (vgl. Tz. 74) Verpflichtung der ehemals abhängigen Gesellschaft hinsichtlich der weiterhin abführungsgesperrten Beträge. Eine Verbindlichkeit bzw. Rückstellung ist erst dann zu erfassen, falls in der nachvertraglichen Zeit die unsicheren Ergebnisbestandteile iSd. § 268 Abs. 8 HGB frei werden (vgl. Tz. 74) und aufgrund gesonderter vertraglicher Vereinbarung nachträglich abzuführen sind.

II. Bei Vertragsbeginn bestehende Ausschüttungssperre

Fraglich ist, ob bereits vor Vertragsbeginn bestehende, ausschüttungsgesperrte Beträge allen Gesellschaftern der abhängigen Gesellschaft zustehen oder bei ihrem **Freiwerden während der Vertragslaufzeit** im Rahmen des Unternehmensvertrags abzuführen sind, denn bei Gesellschaften mit Minderheitsanteilen sind die Interessen zwischen Vertragspartnern und Gesellschaftern nicht deckungsgleich. Zur Abgrenzung der Vermögenssphären bestimmt § 301 AktG in Umkehrschluss, dass Beträge aus der Auflösung vorvertraglicher (Gewinn-)Rücklagen oder aus einem vorvertraglichen Gewinnvortrag nicht an den anderen Vertragsteil abgeführt werden dürfen. Sie unterliegen weiterhin den allgemeinen Regelungen der Gewinnausschüttung und können daher ggf. aufgelöst und ausgeschüttet werden. Dabei partizipieren die Minderheitsaktionäre nach Maßgabe der Gewinnverteilungsregeln[72]. Damit dürfen gesperrte Beträge aus vorvertraglicher Zeit, die in Gewinnrücklagen eingestellt oder als Gewinn vorgetragen worden sind (vgl. Tz. 55 ff.), nach § 301 Satz 2 AktG nicht an den Vertragspartner abgeführt werden. Diese vorvertraglichen Beträge werden ohne weiteres frei und stehen dann ggf. zur Ausschüttung (nicht zur Abführung) zur Verfügung, wenn die Sperrwirkung zB durch Abschreibung oder Veräußerung während der Vertragslaufzeit endet. 79

Die vor Vertragsbeginn entstandenen Ausschüttungssperrbeträge sind demnach über den Vertragsbeginn hinaus weiterhin in einer **Nebenrechnung** (vgl. Tz. 17 ff.) zu erfassen. Zusätzlich zu dieser aus der vorvertraglichen Zeit resultierenden Nebenrechnung sind nach Abschluss des Vertrags entstandene Beträge iSd. § 268 Abs. 8 HGB im Rahmen der Ermittlung des Höchstbetrags der Gewinnabführung iSd. § 301 AktG iVm. § 268 Abs. 8 HGB zu berücksichtigen (vgl. Tz. 65 ff.). 80

Zur **Einbeziehung vorvertraglicher Rücklagen und Gewinnvorträge** in die Ermittlung des maximal abführbaren Betrags nach § 301 AktG iVm. § 268 Abs. 8 HGB vgl. Tz. 70 f. 81

---

72 Vgl. *Hüffer*, AktG[8], § 301 Rn. 8 f.

§ 172 HGB
Wirkung der Eintragung; Umfang

(1) Im Verhältnisse zu den Gläubigern der Gesellschaft wird nach der Eintragung in das Handelsregister die Einlage eines Kommanditisten durch den in der Eintragung angegebenen Betrag bestimmt.

(2) Auf eine nicht eingetragene Erhöhung der aus dem Handelsregister ersichtlichen Einlage können sich die Gläubiger nur berufen, wenn die Erhöhung in handelsüblicher Weise kundgemacht oder ihnen in anderer Weise von der Gesellschaft mitgeteilt worden ist.

(3) Eine Vereinbarung der Gesellschafter, durch die einem Kommanditisten die Einlage erlassen oder gestundet wird, ist den Gläubigern gegenüber unwirksam.

(4) ¹Soweit die Einlage eines Kommanditisten zurückbezahlt wird, gilt sie den Gläubigern gegenüber als nicht geleistet. ²Das gleiche gilt, soweit ein Kommanditist Gewinnanteile entnimmt, während sein Kapitalanteil durch Verlust unter den Betrag der geleisteten Einlage herabgemindert ist, oder soweit durch die Entnahme der Kapitalanteil unter den bezeichneten Betrag herabgemindert wird. ³**Bei der Berechnung des Kapitalanteils nach Satz 2 sind Beträge im Sinn des § 268 Abs. 8 nicht zu berücksichtigen.**

(5) Was ein Kommanditist aufgrund einer in gutem Glaube errichteten Bilanz in gutem Glaube als Gewinn bezieht, ist er in keinem Falle zurückzuzahlen verpflichtet.

(6) ¹Gegenüber den Gläubigern einer Gesellschaft, bei der kein persönlich haftender Gesellschafter eine natürliche Person ist, gilt die Einlage eines Kommanditisten als nicht geleistet, soweit sie in Anteilen an den persönlich haftenden Gesellschaftern bewirkt ist. ²Dies gilt nicht wenn zu den persönlich haftenden Gesellschaftern eine offene Handelsgesellschaft oder Kommanditgesellschaft gehört, bei der ein persönlich haftender Gesellschafter eine natürliche Person ist.

Inhaltsverzeichnis Tz.
I. Bedeutung des § 268 Abs. 8 HGB für die Kommanditgesellschaft .... 82 – 92
II. Anhangangaben .... 93 – 97
III. Erstanwendungszeitpunkt und Übergangsvorschriften .... 98 – 105

I. Bedeutung des § 268 Abs. 8 HGB für die Kommanditgesellschaft

82 Auch in die handelsrechtlichen Jahresabschlüsse von Personenhandelsgesellschaften können unsichere Beträge iSd. § 268 Abs. 8 HGB Eingang finden, wenn zB selbst geschaffene immaterielle Vermögensgegenstände des Anlagevermögens nach §§ 246 Abs. 1 Satz 1, 248 Abs. 2 HGB aktiviert werden[73]. Gleichwohl ist die **Ausschüttungssperre** nach § 268 Abs. 8 HGB für Personenhandelsgesellschaften allgemein (vgl. Tz. 2) und für haftungsbeschränkte Personenhandelsgesellschaften iSd. § 264a HGB im Besonderen (vgl. Tz. 4 f.) vor dem Hintergrund fehlender Entnahmebeschränkungen bzw. -verbote nicht anzuwenden[74].

---

[73] Vgl. zB in Bezug auf die Anwendbarkeit des § 274 HGB IDW ERS HFA 27 Tz. 9; *Hoffmann/Lüdenbach*, DStR 2008, S. 62.
[74] Vgl. auch Begr. RegE, BT-Drucks. 16/10067, S. 64.

Allerdings führt die Entnahme von Gewinnanteilen durch den Kommanditisten nach § 172 Abs. 4 Satz 2 HGB zu einem **Wiederaufleben der Außenhaftung**, wenn sein Kapitalanteil durch Verlust unter den Betrag der geleisteten Einlage herabgemindert ist oder durch die Entnahme unter diesen Betrag herabgemindert würde. In diesem Regelungszusammenhang hat der Gesetzgeber eine Ergänzung im Hinblick auf unsichere bzw. nur schwer objektivierbare Beträge (vgl. Tz. 1) iSd. § 268 Abs. 8 HGB vorgenommen und in § 172 Abs. 4 Satz 3 HGB bestimmt, dass solche Beträge bei der Berechnung des Kapitalanteils nicht zu berücksichtigen sind. 83

Die zunächst nur das gesellschaftsrechtliche Haftungsstatut betreffende Regelung des § 172 Abs. 4 HGB kann jedoch mittelbar auch Bedeutung für den handelsrechtlichen Jahresabschluss von Kommanditgesellschaften iSd. § 264a HGB haben, weil nach § 264c Abs. 2 Satz 7 zweiter Halbsatz HGB die Aktivierung von **Einlageforderungen** gegen Kommanditisten mit den Voraussetzungen für das Wiederaufleben der Kommanditistenhaftung verknüpft ist (vgl. dazu Tz. 89) und sich Auswirkungen für die **Anhangangabe** nach § 264c Abs. 2 Satz 9 HGB ergeben können (vgl. dazu Tz. 91, 97). 84

Die Ergänzung des § 172 Abs. 4 HGB um den neuen Satz 3 trägt der Tatsache Rechnung, dass Beträge aus Maßnahmen iSd. § 268 Abs. 8 HGB aus Sicht des Gesetzgebers mit besonderen Unwägbarkeiten und Risiken behaftet sind. Diese Risiken sollen nicht von den Gläubigern der Gesellschaft getragen werden, sondern – bei Kapitalgesellschaften – durch einen Risikopuffer abgedeckt werden, der durch die Ausschüttungssperre gebildet wird. Weil bei Personenhandelsgesellschaften eine Entnahmebeschränkung nicht systemgerecht darstellbar ist, sondern an die Stelle des gebundenen Kapitals die **persönliche Haftung** tritt, wird dieser Weg auch für Beträge beschritten, die bei Kapitalgesellschaften nach § 268 Abs. 8 HGB ausschüttungsgesperrt wären. 85

Nach der unverändert gebliebenen Regelung in § 172 Abs. 4 Satz 2 HGB lebt die Haftung wieder auf, wenn ein Kommanditist Gewinnanteile entnimmt, während sein Kapitalanteil durch Verlust unter den Betrag der geleisteten Einlagen herabgemindert ist, oder soweit er durch die Entnahme unter den bezeichneten Betrag herabgemindert würde. Der Kapitalanteil ist nun aber durch Gewinne und Verluste beeinflusst worden. **Maßnahmen iSd. § 268 Abs. 8 HGB** (Aktivierung selbst geschaffener Vermögensgegenstände des Anlagevermögens, Ausweis aktiver latenter Steuern, Bewertung des Deckungsvermögens zu Pensionsverpflichtungen mit dem höheren Zeitwert) führen damit bei ihrer Bildung zu einer Erhöhung des Kapitalanteils. Um diesen Betrag ist nun der **Kapitalanteil** nach § 172 Abs. 4 Satz 3 HGB **rechnerisch zu vermindern**, wenn festzustellen ist, ob die Entnahme von Gewinnanteilen zum Wiederaufleben der Haftung führt. 86

Nach dem Wortlaut des § 172 Abs. 4 Satz 3 HGB ist davon auszugehen, dass durch die Verweisung – entsprechend der Vorgehensweise im Rahmen der Ermittlung der Ausschüttungssperre – auf die zB um Abschreibungen oder Abgänge fortgeschriebenen Beträge iSd. § 268 Abs. 8 HGB (Tz. 19 ff.) Bezug genommen wird. Maßgeblich ist daher nicht, in welchem Umfang in den Jahren der Zuschreibung zu den Kapitalanteilen in dem zugewiesenen Gewinn Beträge aus Maßnahmen iSd. § 268 Abs. 8 HGB enthalten waren. Festzustellen ist vielmehr, ob und in welchem Umfang zum **Zeitpunkt der Beurteilung einer Gewinnentnahme** nach § 172 Abs. 4 Satz 2 HGB bei dem Unternehmen noch fortgeschriebene Beträge iSd. § 268 Abs. 8 HGB vorhanden sind. Sind solche Beträge vorhanden, führen sie dann zu einem Wiederaufleben der Haftung, wenn der Kapitalanteil des jeweiligen Kommanditisten unter Abzug dieser 87

Beträge den Betrag der geleisteten Einlage nicht erreicht oder unter ihn herabgemindert wird.

88 Nach dem Wortlaut kann fraglich sein, ob dem jeweiligen Kommanditisten der Gesamtbetrag der Sperrbeträge zuzurechnen ist. Nachdem für die Berechnung auf den individuellen Kapitalanteil abzustellen ist und dabei eine Minderung durch Verlust auch nicht in Höhe der Verluste aller Gesellschafter, sondern nur des auf den jeweiligen Kommanditisten entfallenden, ihm zugewiesenen Verlustes zu berücksichtigen ist, kann dies bei der einer Verlustberücksichtigung entsprechenden Minderung um den Betrag iSd. § 268 Abs. 8 HGB nicht anders sein. Daher muss ermittelt werden, welcher **Teilbetrag** des Betrags iSd. § 268 Abs. 8 HGB auf den **einzelnen Kommanditisten** entfällt. Hierzu wird der gesellschaftsrechtlich vereinbarte Schlüssel für die Verlustbeteiligung zugrunde zu legen sein.

89 Die Regelung in § 172 Abs. 4 HGB hat zunächst nur Bedeutung für die Haftung des Kommanditisten und berührt die **Bilanzierung** der Kommanditgesellschaft nicht unmittelbar. Ob und welche Auswirkungen die wiederaufgelebte Haftung des Kommanditisten auf dessen Bilanzierung hat, ist nach allgemeinen Grundsätzen zu entscheiden[75]. Für die Kommanditgesellschaft selbst hat das Wiederaufleben der Kommanditistenhaftung nach § 172 Abs. 4 HGB Bedeutung für den Ausweis eines **negativen Kapitalkontos**. Für haftungsbeschränkte Kommanditgesellschaften iSd. § 264a HGB bestimmt § 264c Abs. 2 Satz 7 zweiter Halbsatz HGB, dass negative Kapitalkonten von Kommanditisten als **Forderung** auszuweisen sind, wenn der Kommanditist Gewinnanteile entnimmt, während sein Kapitalanteil verlustbedingt unter den Betrag der geleisteten Einlage gesunken ist, oder soweit der Kapitalanteil durch die Entnahme unter die geleistete Einlage herabgemindert wird[76]. Mit dieser Regelung wird im Wortlaut die Vorschrift zum Wiederaufleben der Außenhaftung des Kommanditisten in § 172 Abs. 4 Satz 2 HGB aufgenommen[77].

90 Im Rahmen des BilMoG ist diese Regelung nicht um die in § 172 Abs. 4 Satz 3 HGB enthaltene **Berechnungsvorschrift** ergänzt worden. Da die Ausweisvorschrift inhaltlich aber an die wieder auflebende Außenhaftung des Kommanditisten anknüpft, liegt hier eine unbeabsichtigte Regelungslücke vor, die durch entsprechende Anwendung der Berechnungsvorschrift des § 172 Abs. 4 Satz 3 HGB zu füllen ist. Die Norm hat daher ggf. auch Konsequenzen für den Ausweis negativer Kapitalkonten bei der Kommanditgesellschaft selbst.

91 Die Höhe der Außenhaftung des Kommanditisten kann bei Personenhandelsgesellschaften iSd. § 264a HGB auch für die **Anhangangabe** nach § 264c Abs. 2 Satz 9 HGB bedeutsam sein (vgl. Tz. 97).

92 Mit der Einführung des § 172 Abs. 4 Satz 3 HGB geht auch die **Aufhebung des § 264c Abs. 4 Satz 3 HGB aF** einher. Diese Vorschrift sah die Bildung eines Sonderpostens vor, sofern der Jahresabschluss der KG Bilanzierungshilfen nach den §§ 269, 274 Abs. 2 HGB aF enthielt (vgl. auch Tz. 3). Da die Bildung dieses Sonderpostens mit einer entsprechenden Verminderung der Kapitalkonten verbunden war, entsprach die Wirkung weitgehend der jetzigen Regelung in § 172 Abs. 4 Satz 3 HGB. Danach konn-

---

75 Zur Frage, ob für gesetzliche Haftungsrisiken ein Vermerk nach § 251 HGB geboten ist, vgl. einerseits *ADS*[6], § 251 HGB Tz. 10 mwN sowie andererseits *Kleindiek* in Großkomm. HGB[4] (Hrsg. Canaris u.a.), § 251 Rdnr. 15; bei akutem Risiko der Inanspruchnahme aus der Haftung ist die Bildung einer Rückstellung geboten.

76 Vgl. hierzu *WPH*[13], Bd. I, F Tz. 216; ADS[6], § 264c HGB nF Tz. 21, in dessen Zusammenhang ist allerdings die Änderung des § 272 Abs. 1 HGB aF durch das BilMoG zu beachten.

77 Vgl. auch *WPH*[13], Bd. I, F Tz. 216.

ten Kommanditisten, ohne das Wiederaufleben ihrer Außenhaftung in Kauf zu nehmen, lediglich Entnahmen in der Höhe tätigen, die auch ohne Ansatz der Bilanzierungshilfen möglich gewesen wären[78].

II. Anhangangaben

Die **ausschüttungsgesperrten Beträge** sind nach § 285 Nr. 28 HGB im Anhang anzugeben (vgl. auch Abschn. O Tz. 249 ff.). Anzugeben ist hiernach der Gesamtbetrag der Beträge iSd. § 268 Abs. 8 HGB, aufgegliedert in Beträge aus

- der Aktivierung selbst geschaffener immaterieller Vermögensgegenstände des Anlagevermögens,
- der Aktivierung latenter Steuern und
- der Bewertung von Vermögensgegenständen zum beizulegenden Zeitwert.

93

Empfehlenswert erscheint es, die Anhangangaben über die gesetzlichen Anforderungen hinaus um eine Erläuterung zu den zur Deckung vorhandenen frei verfügbaren Eigenkapitalbestandteilen zu ergänzen **(Deckungsrechnung)**; vgl. dazu Abschn. O Tz. 255 f.

94

Auch wenn dies im Wortlaut nicht unmittelbar zum Ausdruck kommt, besteht die Angabepflicht auch bei Unternehmen, die vertraglich zur Gewinnabführung verpflichtet sind, und bezieht sich in diesen Fällen auf die nach § 301 Satz 1 AktG iVm. § 268 Abs. 8 HGB **abführungsgesperrte Beträge**; vgl. Abschn. O Tz. 254.

95

Grundsätzlich haben auch **Personenhandelsgesellschaften im Sinne des § 264a HGB** die Angabepflichten aus § 285 HGB zu beachten. Da die Ausschüttungssperre nach § 268 Abs. 8 HGB in diesen Fällen jedoch nicht anwendbar ist (vgl. Tz. 2, 4 f.) könnte fraglich sein, ob diese Unternehmen in ihren Jahresabschlüssen ausschüttungsgesperrte Beträge iSd. § 285 Nr. 28 HGB angeben und aufschlüsseln müssen oder ob die Angabepflicht in diesen Fällen entfällt. Nach der Gesetzesbegründung dient die Anhangangabe der Kenntlichmachung des ausschüttbaren und nicht des entnehmbaren Jahresergebnisses[79]. Auch wenn dieser Zweck bei Personenhandelsgesellschaften nicht erfüllt werden kann, ist die Information über die Höhe von unsicheren Beträgen iSd. § 268 Abs. 8 HGB auch bei diesen Unternehmen von Interesse; auch können Dritte nur aufgrund solcher Informationen erkennen, ob ein Wiederaufleben der Kommanditistenhaftung nach § 172 Abs. 4 Satz 2 und 3 HGB in Betracht kommt. Im Ergebnis ist daher davon auszugehen, dass die Angabepflicht aus § 285 Nr. 28 HGB auch bei Personenhandelsgesellschaften besteht.

96

Kommanditgesellschaften iSd. § 264a HGB haben nach § 264c Abs. 2 Satz 9 HGB in ihrem Anhang den Betrag der im Handelsregister gemäß § 172 Abs. 1 HGB eingetragenen Einlagen anzugeben, soweit diese nicht geleistet sind. Im Schrifttum ist nicht unstreitig, worauf sich die Angabe nach § 264c Abs. 2 Satz 9 HGB bezieht. Nach der einen Auffassung ist der Betrag anzugeben, mit dem die Kommanditisten noch persönlich für die Schulden der KG haften. Dies soll Beträge aus dem Wiederaufleben der Außenhaftung nach § 172 Abs. 4 HGB einschließen[80]. Bei dieser Auslegung wirkt sich die in § 172 Abs. 4 Satz 3 HGB vorgeschriebene Berücksichtigung von Beträgen iSd. § 268 Abs. 8 HGB bei der Ermittlung des Wiederauflebens auf die Höhe des anzuge-

97

---

78 Vgl. *Förschle/Hoffmann* in Beck Bil-Komm.[6], § 264c Anm. 95 ff.; ADS[6], § 264c HGB nF Tz. 31; *WPH*[13], Bd. I, F Tz. 330 ff.
79 Vgl. auch Begr. RegE, BT-Drucks. 16/10067, S. 75.
80 Vgl. *Förschle/Hoffmann* in Beck Bil-Komm.[6], § 264c Anm. 60; IDW RS HFA 7 Tz. 28.

benden Betrags aus. Ob und in welcher Höhe sich solche Beträge ausgewirkt haben, ist dabei jedoch nicht gesondert anzugeben. Nach anderer Auffassung[81] bezieht sich die Angabepflicht lediglich auf die Differenz zwischen (höherer) Hafteinlage und Pflichteinlage. Bei dieser Auslegung hat das Wiederaufleben der Außenhaftung des Kommanditisten nach § 172 Abs. 4 HGB und damit auch die Neuregelung in dessen Satz 3 iVm. § 268 Abs. 8 HGB keine Auswirkung für die Anhangangabe nach § 264c Abs. 2 Satz 9 HGB.

III. Erstanwendungszeitpunkt und Übergangsvorschriften

98 Die **Ausschüttungssperre** nach § 268 Abs. 8 HGB ist erstmals auf Jahresabschlüsse für das **nach dem 31. Dezember 2009** beginnende Geschäftsjahr anzuwenden (Art. 66 Abs. 3 Satz 1 EGHGB). Dieser Erstanwendungszeitpunkt stimmt mit dem Zeitpunkt der erstmaligen Anwendung der neuen, die Ausschüttungssperre auslösenden Vorschriften überein (vgl. Abschn. E Tz. 136 ff.; Abschn. C Tz. 100 f., Abschn. M Tz. 60 ff.).

99 Für die **Abführungssperre** nach § 301 AktG besteht keine ausdrückliche Übergangsvorschrift, so dass davon auszugehen ist, dass sie erstmals für nach dem Inkrafttreten des BilMoG entstehende Abführungsverpflichtungen Anwendung findet. Da die Ausschüttungssperre für Beträge iSd. § 268 Abs. 8 HGB jedoch erst in nach dem 31. Dezember 2009 beginnenden Geschäftsjahren erstmals greift (vgl. Tz. 98), ist davon auszugehen, dass auch die Abführungssperre nach § 301 Satz 1 AktG iVm. § 268 Abs. 8 HGB erstmals für **nach dem 31. Dezember 2009** beginnende Geschäftsjahre anzuwenden ist.

100 Die Ergänzung der Vorschrift zum Wiederaufleben der **Kommanditistenhaftung** nach § 172 Abs. 4 Satz 3 HGB ist erstmals auf Jahresabschlüsse für das **nach dem 31. Dezember 2009** beginnende Geschäftsjahr anzuwenden (Art. 66 Abs. 3 Satz 1 EGHGB). Erfasst wird damit die Entnahme von Gewinnanteilen, die Kommanditisten auf der Grundlage des Jahresabschlusses für dieses Geschäftsjahr entnehmen, wenn dieser Abschluss Beträge iSd. § 268 Abs. 8 HGB enthält, ohne dass es darauf ankommt, ob die Gewinnanteile den Kommanditisten in diesem Geschäftsjahr oder in früheren Jahren zugewiesen worden sind.

101 Nach Art. 66 Abs. 5 EGHGB darf eine aktivierte Bilanzierungshilfe für die **Ingangsetzung oder Erweiterung des Geschäftsbetriebs** nach § 269 HGB aF letztmals in dem **vor dem 1. Januar 2010** beginnenden Geschäftsjahr gebildet werden. Eine nach altem Recht gebildete Bilanzierungshilfe darf nach Art. 67 Abs. 5 Satz 1 EGHGB **fortgeführt** werden, allerdings nur „unter Anwendung der für sie geltenden Vorschriften in der bis zum 28. Mai 2009 geltenden Fassung". Danach ist auch die hierfür nach § 269 Satz 2 HGB aF vorgeschriebene Ausschüttungssperre weiterhin zu beachten[82]. In ihrer Wirkung entspricht die Regelung der in § 268 Abs. 8 HGB angeordneten Sperre, so dass der Betrag in den Gesamtbetrag der Sperre einzubeziehen ist. Bei der Berechnung des Sperrbetrags für Bilanzierungshilfen sind jedoch nach der bisherigen Auslegung dieser Vorschrift[83] hierfür ggf. gebildete **passive latente Steuern** nicht abzuziehen (vgl. auch Tz. 9). Allerdings können diese passiven latenten Steuern bei der Berechnung des gesperrten Betrags nach § 268 Abs. 8 Satz 2 HGB aufgrund der Aktivierung latenter Steuern entlastend berücksichtigt werden (vgl. hierzu Tz. 49 ff.).

---

81 Vgl. *ADS*[6], § 264c HGB nF Tz. 17.
82 Vgl. auch IDW ERS HFA 28 Tz. 18.
83 Vgl. hierzu *Winkeljohann/Lawall* in Beck Bil-Komm.[6], § 269 Anm. 14; *ADS*[6], § 269 HGB Tz. 23.

Die **Angabepflicht** des § 285 Nr. 28 HGB umfasst auch solche Beträge. Ferner ist davon auszugehen, dass wegen der Aktivierung von Ingangsetzungskosten gegen Ausschüttung gesperrte Beträge auch der Abführungssperre des § 301 Satz 1 AktG unterliegen. **102**

Die Regelung des § 264c Abs. 4 Satz 3 HGB, nach der Personenhandelsgesellschaften iSd. § 264a HGB bei Aktivierung von Bilanzierungshilfen nach § 269 HGB aF oder § 274 HGB aF einen **passivischen Sonderposten** in Höhe der aktivierten Bilanzierungshilfe bilden mussten (vgl. Tz. 92), ist letztmals für **vor dem 1. Januar 2010** beginnende Geschäftsjahre beachtlich (Art. 66 Abs. 5 EGHGB). Wird die Bilanzierungshilfe in Ausübung des Wahlrechts aus Art. 67 Abs. 5 Satz 1 EGHGB beibehalten, müssen hierauf die alten Vorschriften angewendet werden, so dass auch die Fortführung eines hiernach gebildeten Sonderpostens geboten ist (vgl. auch Tz. 101). Da dies zu einer Minderung des Kapitalanteils der Kommanditisten geführt hat (vgl. dazu oben Tz. 92), bedarf es einer zusätzlichen Einbeziehung in das Berechnungsschema nach § 172 Abs. 4 Satz 3 HGB nicht. **103**

Eine freiwillige **frühere Anwendung** der neuen Vorschriften über Maßnahmen iSd. § 268 Abs. 8 HGB (Aktivierung selbst geschaffener immaterieller Vermögensgegenstände des Anlagevermögens, Aktivierung latenter Steuern, Zeitwertbewertung des Deckungsvermögens) bereits für **nach dem 31. Dezember 2008** beginnende Geschäftsjahre ist nach Art. 66 Abs. 3 Satz 6 EGHGB möglich. Da dieses Wahlrecht nach dem Wortlaut des Art. 66 Abs. 3 Satz 6 EGHGB nur einheitlich für sämtliche durch das BilMoG eingeführten neuen Vorschriften iSd. Art. 66 Abs. 3 EGHGB zulässig ist, greifen in diesem Fall auch die Ausschüttungssperre (§ 268 Abs. 8 HGB) und die Angabepflicht im Anhang (§ 285 Nr. 28 HGB) zu dem früheren Zeitpunkt. **104**

Nach dem Sachzusammenhang wird davon auszugehen sein, dass zugleich auch die **Abführungssperre** (§ 301 Satz 1 AktG iVm. § 268 Abs. 8 HGB) und die Ergänzung der Vorschrift zum Wiederaufleben der Außenhaftung des **Kommanditisten** (§ 172 Abs. 4 Satz 3 iVm. § 268 Abs. 8 HGB) anzuwenden sind, auch wenn dies im Wortlaut des Art. 66 Abs. 3 Satz 6 EGHGB nicht klar zum Ausdruck kommt. Nach dem Sinn und Zweck wären darüber hinaus auch der Entfall der Möglichkeit zur Aktivierung einer **Bilanzierungshilfe** nach § 269 HGB aF (vgl. Tz. 101) und der Pflicht zur Bildung des **Sonderpostens** nach § 264c Abs. 4 Satz 3 HGB aF (vgl. Tz. 103) um ein Jahr vorzuziehen mit der Folge, dass auch das Beibehaltungswahlrecht zu dem früheren Stichtag greift. **105**

O. Anhang/Lagebericht
(§§ 285 bis 288, 289 HGB)

§ 285 HGB
Sonstige Pflichtangaben

Ferner sind im Anhang anzugeben:

1. zu den in der Bilanz ausgewiesenen Verbindlichkeiten

    a) der Gesamtbetrag der Verbindlichkeiten mit einer Restlaufzeit von mehr als fünf Jahren,

    b) der Gesamtbetrag der Verbindlichkeiten, die durch Pfandrechte oder ähnliche Rechte gesichert sind, unter Angabe von Art und Form der Sicherheiten;

2. die Aufgliederung der in Nummer 1 verlangten Angaben für jeden Posten der Verbindlichkeiten nach dem vorgeschriebenen Gliederungsschema;

3. **Art und Zweck sowie Risiken und Vorteile von nicht in der Bilanz enthaltenen Geschäften, soweit dies für die Beurteilung der Finanzlage notwendig ist;**

3a. der Gesamtbetrag der sonstigen finanziellen Verpflichtungen, die nicht in der Bilanz **enthalten und nicht nach § 251 oder Nummer 3 anzugeben sind,** sofern diese Angabe für die Beurteilung der Finanzlage von Bedeutung ist; davon sind Verpflichtungen gegenüber verbundenen Unternehmen gesondert anzugeben;

4. die Aufgliederung der Umsatzerlöse nach Tätigkeitsbereichen sowie nach geographisch bestimmten Märkten, soweit sich, unter Berücksichtigung der Organisation des Verkaufs von für die gewöhnliche Geschäftstätigkeit der Kapitalgesellschaft typischen Erzeugnissen und der für die gewöhnliche Geschäftstätigkeit der Kapitalgesellschaft typischen Dienstleistungen, die Tätigkeitsbereiche und geographisch bestimmten Märkte untereinander erheblich unterscheiden;

5. *(aufgehoben)*

6. in welchem Umfang die Steuern vom Einkommen und vom Ertrag das Ergebnis der gewöhnlichen Geschäftstätigkeit und das außerordentliche Ergebnis belasten;

7. die durchschnittliche Zahl der während des Geschäftsjahrs beschäftigten Arbeitnehmer getrennt nach Gruppen;

8. bei Anwendung des Umsatzkostenverfahrens (§ 275 Abs. 3)

    a) der Materialaufwand des Geschäftsjahrs, gegliedert nach § 275 Abs. 2 Nr. 5,

    b) der Personalaufwand des Geschäftsjahrs, gegliedert nach § 275 Abs. 2 Nr. 6;

9. für die Mitglieder des Geschäftsführungsorgans, eines Aufsichtsrats, eines Beirats oder einer ähnlichen Einrichtung jeweils für jede Personengruppe

    a) die für die Tätigkeit im Geschäftsjahr gewährten Gesamtbezüge (Gehälter, Gewinnbeteiligungen, Bezugsrechte und sonstige aktienbasierte Vergütungen, Aufwandsentschädigungen, Versicherungsentgelte, Provisionen und Nebenleistungen jeder Art). ²In die Gesamtbezüge sind auch Bezüge einzurechnen, die nicht ausgezahlt, sondern in Ansprüche anderer Art umgewandelt oder zur Erhöhung anderer Ansprüche verwendet werden. ³Außer den Bezügen für das Geschäftsjahr sind die weiteren Bezüge anzugeben, die im Geschäftsjahr gewährt, bisher aber in keinem Jahresabschluss angegeben worden sind. ⁴Bezugsrechte und sonstige aktienbasierte Vergütungen sind mit ihrer Anzahl und dem beizulegenden Zeitwert zum Zeitpunkt ihrer Gewährung anzugeben; spätere Wertveränderungen, die auf einer Änderung der Ausübungsbedingungen beruhen, sind zu berücksichtigen. ⁵Bei einer börsennotierten Aktiengesellschaft sind zusätzlich unter Namensnennung die Bezüge jedes einzelnen Vorstandsmitglieds, aufgeteilt nach erfolgsunabhängigen und erfolgsbezogenen Komponenten sowie Komponenten mit langfristiger Anreizwirkung, gesondert anzugeben. ⁶**Dies gilt auch für:**

aa) **Leistungen, die dem Vorstandsmitglied für den Fall einer vorzeitigen Beendigung seiner Tätigkeit zugesagt worden sind;**

bb) **Leistungen, die dem Vorstandsmitglied für den Fall der regulären Beendigung seiner Tätigkeit zugesagt worden sind, mit ihrem Barwert, sowie den von der Gesellschaft während des Geschäftsjahres hierfür aufgewandten oder zurückgestellten Betrag;**

cc) **während des Geschäftsjahres vereinbarte Änderungen dieser Zusagen;**

dd) **Leistungen, die einem früheren Vorstandsmitglied, das seine Tätigkeit im Laufe des Geschäftsjahres beendet hat, in diesem Zusammenhang zugesagt und im Laufe des Geschäftsjahres gewährt worden sind.***

⁷Leistungen, die dem einzelnen Vorstandsmitglied von einem Dritten im Hinblick auf seine Tätigkeit als Vorstandsmitglied zugesagt oder im Geschäftsjahr gewährt worden sind, sind ebenfalls anzugeben. ⁸Enthält der Jahresabschluss weitergehende Angaben zu bestimmten Bezügen, sind auch diese zusätzlich einzeln anzugeben;

b) die Gesamtbezüge (Abfindungen, Ruhegehälter, Hinterbliebenenbezüge und Leistungen verwandter Art) der früheren Mitglieder der bezeichneten Organe und ihrer Hinterbliebenen. ²Buchstabe a Satz 2 und 3 ist entsprechend anzuwenden. ³Ferner ist der Betrag der für diese Personengruppe gebildeten Rückstellungen für laufende Pensionen und Anwartschaften auf Pensionen und der Betrag der für diese Verpflichtungen nicht gebildeten Rückstellungen anzugeben;

c) die gewährten Vorschüsse und Kredite unter Angabe der Zinssätze, der wesentlichen Bedingungen und der gegebenfalls im Geschäftsjahr zurückgezahlten Beträge sowie die zugunsten dieser Personen eingegangenen Haftungsverhältnisse;

10. alle Mitglieder des Geschäftsführungsorgans und eines Aufsichtsrats, auch wenn sie im Geschäftsjahr oder später ausgeschieden sind, mit dem Familiennamen und mindestens einem ausgeschriebenen Vornamen, einschließlich des ausgeübten Berufs und bei börsennotierten Gesellschaften auch der Mitgliedschaft in Aufsichtsräten und anderen Kontrollgremien im Sinne des § 125 Abs. 1 Satz 3 des Aktiengesetzes. ²Der Vorsitzende eines Aufsichtsrats, seine Stellvertreter und ein etwaiger Vorsitzender des Geschäftsführungsorgans sind als solche zu bezeichnen;

§ 285 HGB — Anhang

11. Name und Sitz anderer Unternehmen, von denen die Kapitalgesellschaft oder eine für Rechnung der Kapitalgesellschaft handelnde Person mindestens den fünften Teil der Anteile besitzt; außerdem sind die Höhe des Anteils am Kapital, des Eigenkapital und das Ergebnis des letzten Geschäftsjahrs dieser Unternehmen anzugeben, für das ein Jahresabschluß vorliegt; auf die Berechnung der Anteile ist § 16 Abs. 2 und 4 des Aktiengesetzes entsprechend anzuwenden; ferner sind von börsennotierten Kapitalgesellschaften zusätzlich alle Beteiligungen an großen Kapitalgesellschaften anzugeben, die fünf vom Hundert der Stimmrechte überschreiten;

11a. Name, Sitz und Rechtsform der Unternehmen, deren unbeschränkt haftender Gesellschafter die Kapitalgesellschaft ist;

12. Rückstellungen, die in der Bilanz unter dem Posten „sonstige Rückstellungen" nicht gesondert ausgewiesen werden, sind zu erläutern, wenn sie einen nicht unerheblichen Umfang haben;

13. **die Gründe, welche die Annahme einer betrieblichen Nutzungsdauer eines entgeltlich erworbenen Geschäfts- oder Firmenwertes von mehr als fünf Jahren rechtfertigen;**

14. Name und Sitz des Mutterunternehmens der Kapitalgesellschaft, das den Konzernabschluß für den größten Kreis von Unternehmen aufstellt, und ihres Mutterunternehmens, das den Konzernabschluß für den kleinsten Kreis von Unternehmen aufstellt, sowie im Falle der Offenlegung der von diesen Mutterunternehmen aufgestellten Konzernabschlüsse der Ort, wo diese erhältlich sind;

15. soweit es sich um den Anhang des Jahresabschlusses einer Personenhandelsgesellschaft im Sinne des § 264a Abs. 1 handelt, Name und Sitz der Gesellschaften, die persönlich haftende Gesellschafter sind, sowie deren gezeichnetes Kapital;

16. dass die nach § 161 des Aktiengesetzes vorgeschriebene Erklärung abgegeben und **wo sie öffentlich** zugänglich gemacht worden ist;

17. **das von dem Abschlussprüfer für das Geschäftsjahr berechnete Gesamthonorar, aufgeschlüsselt in das Honorar für**

    a) **die Abschlussprüfungsleistungen,**

    b) **andere Bestätigungsleistungen,**

    c) Steuerberatungsleistungen,

    d) sonstige Leistungen,

    soweit die Angaben nicht in einem das Unternehmen einbeziehenden Konzernabschluss enthalten sind;

18. für zu den Finanzanlagen (§ 266 Abs. 2. A. III.) gehörende Finanzinstrumente, die über ihrem beizulegenden Zeitwert ausgewiesen werden, da eine außerplanmäßige Abschreibung nach § 253 Abs. 3 Satz 4 unterblieben ist,

    a) der Buchwert und der beizulegende Zeitwert der einzelnen Vermögensgegenstände oder angemessener Gruppierungen sowie

    b) die Gründe für das Unterlassen der Abschreibung einschließlich der Anhaltspunkte, die darauf hindeuten, dass die Wertminderung voraussichtlich nicht von Dauer ist;

19. für jede Kategorie nicht zum beizulegenden Zeitwert bilanzierter derivativer Finanzinstrumente
    a) deren Art und Umfang,
    b) deren beizulegender Zeitwert, soweit er sich nach § 255 Abs. 4 verlässlich ermitteln lässt, unter Angabe der angewandten Bewertungsmethode,
    c) deren Buchwert und der Bilanzposten, in welchem der Buchwert, soweit vorhanden, erfasst ist, sowie
    d) die Gründe dafür, warum der beizulegende Zeitwert nicht bestimmt werden kann;

20. für gemäß § 340e Abs. 3 Satz 1 mit dem beizulegenden Zeitwert bewertete Finanzinstrumente
    a) die grundlegenden Annahmen, die der Bestimmung des beizulegenden Zeitwertes mit Hilfe allgemein anerkannter Bewertungsmethoden zugrunde gelegt wurden, sowie
    b) Umfang und Art jeder Kategorie derivativer Finanzinstrumente einschließlich der wesentlichen Bedingungen, welche die Höhe, den Zeitpunkt und die Sicherheit künftiger Zahlungsströme beeinflussen können;

21. zumindest die nicht zu marktüblichen Bedingungen zustande gekommenen Geschäfte, soweit sie wesentlich sind, mit nahe stehenden Unternehmen und Personen, einschließlich Angaben zur Art der Beziehung, zum Wert der Geschäfte sowie weiterer Angaben, die für die Beurteilung der Finanzlage notwendig sind; ausgenommen sind Geschäfte mit und zwischen mittel- oder unmittelbar in 100-prozentigem Anteilsbesitz stehenden in einen Konzernabschluss einbezogenen Unternehmen; Angaben über Geschäfte können nach Geschäftsarten zusammengefasst werden, sofern die getrennte Angabe für die Beurteilung der Auswirkungen auf die Finanzlage nicht notwendig ist;

22. im Fall der Aktivierung nach § 248 Abs. 2 der Gesamtbetrag der Forschungs- und Entwicklungskosten des Geschäftsjahrs sowie der davon auf die selbst geschaffenen immateriellen Vermögensgegenstände des Anlagevermögens entfallende Betrag;

23. bei Anwendung des § 254,
    a) mit welchem Betrag jeweils Vermögensgegenstände, Schulden, schwebende Geschäfte und mit hoher Wahrscheinlichkeit vorgesehene Transaktionen zur Absicherung welcher Risiken in welche Arten von Bewertungseinheiten einbezogen sind sowie die Höhe der mit Bewertungseinheiten abgesicherten Risiken,
    b) für die jeweils abgesicherten Risiken, warum, in welchem Umfang und für welchen Zeitraum sich die gegenläufigen Wertänderungen oder Zahlungsströme künftig voraussichtlich ausgleichen einschließlich der Methode der Ermittlung,
    c) eine Erläuterung der mit hoher Wahrscheinlichkeit erwarteten Transaktionen, die in Bewertungseinheiten einbezogen wurden,

soweit die Angaben nicht im Lagebericht gemacht werden:

24. zu den Rückstellungen für Pensionen und ähnliche Verpflichtungen das angewandte versicherungsmathematische Berechnungsverfahren sowie die grundlegenden Annahmen der Berechnung, wie Zinssatz, erwartete Lohn- und Gehaltssteigerungen und zugrunde gelegte Sterbetafeln;

25. im Fall der Verrechnung von Vermögensgegenständen und Schulden nach § 246 Abs. 2 Satz 2 die Anschaffungskosten und der beizulegende Zeitwert der verrechneten Vermögensgegenstände, der Erfüllungsbetrag der verrechneten Schulden sowie die verrechneten Aufwendungen und Erträge; Nummer 20 Buchstabe a ist entsprechend anzuwenden;

26. zu Anteilen oder Anlageaktien an inländischen Investmentvermögen im Sinn des § 1 des Investmentgesetzes oder vergleichbaren ausländischen Investmentanteilen im Sinn des § 2 Abs. 9 des Investmentgesetzes von mehr als dem zehnten Teil, aufgegliedert nach Anlagezielen, deren Wert im Sinn des § 36 des Investmentgesetzes oder vergleichbarer ausländischer Vorschriften über die Ermittlung des Marktwertes, die Differenz zum Buchwert und die für das Geschäftsjahr erfolgte Ausschüttung sowie Beschränkungen in der Möglichkeit der täglichen Rückgabe; darüber hinaus die Gründe dafür, dass eine Abschreibung gemäß § 253 Abs. 3 Satz 4 unterblieben ist, einschließlich der Anhaltspunkte, die darauf hindeuten, dass die Wertminderung voraussichtlich nicht von Dauer ist; Nummer 18 ist insoweit nicht anzuwenden;

27. für nach § 251 unter der Bilanz oder nach § 268 Abs. 7 Halbsatz 1 im Anhang ausgewiesene Verbindlichkeiten und Haftungsverhältnisse die Gründe der Einschätzung des Risikos der Inanspruchnahme;

28. der Gesamtbetrag der Beträge im Sinn des § 268 Abs. 8, aufgegliedert in Beträge aus der Aktivierung selbst geschaffener immaterieller Vermögensgegenstände des Anlagevermögens, Beträge aus der Aktivierung latenter Steuern und aus der Aktivierung von Vermögensgegenständen zum beizulegenden Zeitwert;

29. auf welchen Differenzen oder steuerlichen Verlustvorträgen die latenten Steuern beruhen und mit welchen Steuersätzen die Bewertung erfolgt ist.

* *Änderungen durch das VorstAG*

Inhaltsverzeichnis   Tz.

I. Vorbemerkungen .... 1 – 7
II. Angaben zu den Verbindlichkeiten (Nr. 2) .... 8 – 10
III. Nicht in der Bilanz enthaltene Geschäfte (Nr. 3 und Nr. 3a)
    1. Vorbemerkungen 11
    2. Angaben zu außerbilanziellen Geschäften (Nr. 3)
        a. Grundlagen .... 12 – 13
        b. Begriff des Geschäfts .... 14 – 19
        c. Nicht in der Bilanz enthaltene Geschäfte .... 20 – 34
        d. Erläuterungen zu den Angaben
            aa. Für die Beurteilung der Finanzlage notwendig ..... 35 – 37
            bb. Zeitpunkt und Inhalt der Angaben .... 38 – 43
        e. Erstmalige Anwendung 44
    3. Gesamtbetrag der sonstigen finanziellen Verpflichtungen (Nr. 3a) .... 45 – 46

IV.	Entfallen von Pflichtangaben, die im Zusammenhang mit der Anwendung steuerrechtlicher Vorschriften stehen (Nr. 5)	47 – 49
V.	Leistungen an Vorstandsmitglieder für den Fall der Beendigung ihrer Tätigkeit (Nr. 9 lit. a Satz 6 HGB idF des VorstAG)	
	1. Grundlagen	50 – 51
	2. Erläuterungen zu den Angaben	52 – 56
	3. Erstmalige Anwendung	57
VI.	Nutzungsdauer des Geschäfts- oder Firmenwerts (Nr. 13)	
	1. Grundlagen	58 – 59
	2. Erläuterungen zu den Angaben	60 – 64
	3. Erstmalige Anwendung	65
VII.	Erklärung zum Deutschen *Corporate Governance* Kodex (Nr. 16)	
	1. Grundlagen	66
	2. Erläuterungen zu den Angaben	67 – 69
	3. Erstmalige Anwendung	70
VIII.	Honorar des Abschlussprüfers (Nr. 17)	
	1. Grundlagen	71 – 75
	2. Erläuterungen zu den Angaben	76 – 81
	3. Befreiung von der Angabepflicht im Anhang	82 – 87
	4. Erstmalige Anwendung	88
IX.	Finanzinstrumente (Nr. 18 bis 20)	
	1. Vorbemerkungen und erstmalige Anwendung	89 – 90
	2. Angaben zu Finanzanlagen, bei denen eine außerplanmäßige Abschreibung unterblieben ist (Nr. 18)	91 – 93
	3. Angaben zu derivativen Finanzinstrumenten, die nicht zum beizulegenden Zeitwert bilanziert sind (Nr. 19)	
	a. Grundlagen	94 – 98
	b. Erläuterungen zu den Angaben	99 – 114
	4. Angaben zu Finanzinstrumenten die zum beizulegenden Zeitwert bilanziert sind (Nr. 20)	
	a. Grundlagen	115 – 116
	b. Erläuterungen zu den Angaben	117 – 121
X.	Geschäfte mit nahe stehenden Unternehmen und Personen (Nr. 21)	
	1. Grundlagen	122 – 126
	2. Größenabhängige Erleichterungen	127 – 130
	3. Nahe stehende Unternehmen und Personen	131 – 136
	4. Angabepflichtige Geschäfte	137 – 142
	5. Marktunübliche Bedingungen	143 – 146
	6. Wesentlichkeit von Geschäften	147 – 148
	7. Angaben zu den Geschäften (Nr. 21 erster Teilsatz)	
	a. Art der Geschäfte	149
	b. Art der Beziehung	150
	c. Wert der Geschäfte	151 – 154
	d. Zusätzliche Angaben	155 – 156
	8. Befreiung von der Angabepflicht (Nr. 21 zweiter Teilsatz)	157 – 159
	9. Zusammenfassung nach Geschäftsarten (Nr. 21 dritter Teilsatz)	160 – 162
	10. Erstmalige Anwendung	163
XI.	Forschungs- und Entwicklungskosten (Nr. 22)	
	1. Grundlagen	164
	2. Erläuterungen zu den Angaben	165 – 168

3. Erstmalige Anwendung 69
XII. Bewertungseinheiten (Nr. 23)
　　　1. Grundlagen .... 170 – 171
　　　2. Angaben nach § 285 Nr. 23 lit. a HGB .... 172 – 182
　　　3. Angaben nach § 285 Nr. 23 lit. b HGB .... 182a – 193
　　　4. Angaben nach § 285 Nr. 23 lit. c HGB .... 194 – 197
　　　5. Unterlassen von Angaben im Anhang .... 198 – 202
　　　6. Erstmalige Anwendung 203
XIII. Pensionsrückstellungen und ähnliche Verpflichtungen (Nr. 24)
　　　1. Grundlagen .... 204 – 206
　　　2. Erläuterungen zu den Angaben .... 207 – 216
　　　3. Erstmalige Anwendung 217
XIV. Verrechnung von Vermögensgegenständen des Deckungsvermögens und Schulden aus Altersversorgungsverpflichtungen (Nr. 25)
　　　1. Grundlagen .... 218 – 220
　　　2. Erläuterungen zu den Angaben .... 221 – 226
　　　3. Erstmalige Anwendung 227
XV. Investmentvermögen (Nr. 26)
　　　1. Grundlagen .... 228 – 230
　　　2. Erläuterungen zu den Angaben .... 231 – 237
　　　3. Erstmalige Anwendung 238
XVI. Einschätzung des Risikos der Inanspruchnahme aus Eventualverbindlichkeiten (Nr. 27)
　　　1. Grundlagen .... 239 – 240
　　　2. Erläuterungen zu den Angaben .... 241 – 247
　　　3. Erstmalige Anwendung 248
XVII. Nach § 268 Abs. 8 HGB ausschüttungsgesperrte Beträge (Nr. 28)
　　　1. Grundlagen .... 249 – 250
　　　2. Erläuterungen zu den Angaben .... 251 – 257
　　　3. Erstmalige Anwendung 258
XVIII. Angaben zu latenten Steuern (Nr. 29)
　　　1. Grundlagen 259
　　　2. Erläuterungen zu den Angaben .... 260 – 265
　　　3. Erstmalige Anwendung 266
XIX. Aufhebung von § 285 Satz 2 bis 6 HGB 267
XX. Erstanwendungszeitpunkte und Übergangsvorschriften .... 268 – 271

I. Vorbemerkungen

Das BilMoG führt zu einem deutlich erweiterten Umfang der nach § 285 HGB im Anhang angabepflichtigen Tatbestände[1]. Die Ergänzungen und Erweiterungen der bisherigen **Angabepflichten** – insb. durch die Nummern 16 bis 29 idF des BilMoG – resultieren im Wesentlichen aus der Umsetzung von EU-Richtlinien[2], sind Folge geänderter handelsrechtlicher Ansatz- und Bewertungsvorschriften oder zielen laut Regierungsbegründung allgemein darauf ab, das Informationsniveau des handelsrechtlichen Jahresabschlusses anzuheben[3].

1

1　Vgl. Beschlussempfehlung und Bericht des Rechtsausschusses, BT-Drucks. 16/12407, 14 ff.
2　Vgl. Begr. RegE, BT-Drucks. 16/10067, S. 39 ff.
3　Vgl. Begr. RegE, BT-Drucks. 16/10067, S. 34.

2 Die Umsetzung von Vorgaben der Bilanzrichtlinie idF der **Abänderungsrichtlinie**[4] betreffen Angaben

- zu Art und Zweck sowie Risiken und Vorteilen von nicht in der Bilanz enthaltenen Geschäften (§ 285 Nr. 3 HGB; vgl. Tz.11 ff.),
- zur Entsprechenserklärung nach § 161 AktG (§ 285 Nr. 16 HGB; vgl. Tz. 66 ff.) sowie
- zu den Geschäften mit nahe stehenden Unternehmen und Personen (§ 285 Nr. 21 HGB; vgl. Tz. 122 ff.).

3 Die Umsetzung sonstiger Vorgaben der Bilanzrichtlinie (ua. idF der **Abschlussprüferrichtlinie**[5] und idF der *Fair Value*-**Richtlinie**[6]) betreffen Angaben zu

- den Gründen, die eine betriebliche Nutzungsdauer eines entgeltlich erworbenen Firmenwerts von mehr als fünf Jahren rechtfertigen (§ 285 Nr. 13 HGB; vgl. Tz. 58 ff.),
- dem Honorar des Abschlussprüfers (§ 285 Nr. 17 HGB; vgl. Tz. 71 ff.) sowie
- den nach § 340e Abs. 3 Satz 1 HGB mit dem beizulegenden Zeitwert bewerteten Finanzinstrumenten des Handelsbestands (§ 285 Nr. 20 HGB; vgl. Tz. 115 ff.).

4 Im Zusammenhang mit **geänderten Ansatz- und Bewertungsvorschriften** sind künftig Angaben im Anhang erforderlich zu

- nicht zum beizulegenden Zeitwert bilanzierten derivativen Finanzinstrumenten (§ 285 Nr. 19 HGB; vgl. Tz. 94 ff.),
- dem Gesamtbetrag der Forschungs- und Entwicklungskosten des Geschäftsjahres (§ 285 Nr. 22 HGB; vgl. Tz. 164 ff.),
- Bewertungseinheiten bei Anwendung des § 254 HGB (§ 285 Nr. 23 HGB; vgl. Tz. 170 ff.),
- den nach § 246 Abs. 2 Satz 2 HGB verrechneten Vermögensgegenständen und Schulden sowie den verrechneten Aufwendungen und Erträgen (§ 285 Nr. 25 HGB; vgl. Tz. 218 ff.) und
- den nach § 268 Abs. 8 HGB ausschüttungsgesperrten Beträgen (§ 285 Nr. 28 HGB; vgl. Tz. 249 ff.).

5 Zur Erhöhung des **Informationsniveaus** des handelsrechtlichen Jahresabschlusses sind künftig Anhangangaben erforderlich zu

- Anteilen oder Anlageaktien an inländischen Investmentvermögen iSd. § 1 des InvG oder vergleichbaren ausländischen Investmentanteilen iSd. § 2 Abs. 9 des InvG (§ 285 Nr. 26 HGB; vgl. Tz. 228 ff.),
- den Gründen der Einschätzung des Risikos der Inanspruchnahme aus nach § 251 HGB unter der Bilanz oder nach § 268 Abs. 7 erster Halbsatz HGB im Anhang ausgewiesenen Verbindlichkeiten und Haftungsverhältnissen (§ 285 Nr. 27 HGB; vgl. Tz. 239 ff.) und
- den Differenzen oder steuerlichen Verlustvorträgen, auf denen die latenten Steuern beruhen sowie den Steuersätzen, mit denen die Bewertung erfolgt ist (§ 285 Nr. 29 HGB; vgl. Tz. 259 ff.).

---

4   Vgl. Richtlinie 2006/46/EG des Europäischen Parlaments und des Rates vom 14. Juni 2006, ABl. EU v. 16.8.2006, L 224, S. 1 ff.
5   Vgl. Richtlinie 2006/43/EG des Europäischen Parlaments und des Rates vom 17. Mai 2006, ABl. EU v. 9.6.2006, L 157, S. 87 ff.
6   Vgl. Richtlinie 2001/65/EG des Europäischen Parlaments und des Rates vom 27. September 2001, ABl. EU Nr. L 283 S. 28 ff.

Mit **Abschaffung der umgekehrten Maßgeblichkeit** (vgl. Abschn. D Tz. 1 ff.) entfallen durch die Streichung des § 285 Satz 1 Nr. 5 HGB aF künftig Angabepflichten zu handelsrechtlichen Auswirkungen, die auf rein steuerlichen Wertansätzen beruhen.

Der Geltungsbereich der neuen bzw. geänderten Angabepflichten nach § 285 HGB umfasst grds. **Kapitalgesellschaften** und **Personenhandelsgesellschaften iSv. § 264a HGB**. Betroffen von den Änderungen sind auch Unternehmen, die nach dem PublG rechnungslegungspflichtig sind und ihren Jahresabschluss nach § 5 Abs. 2 Satz 1 PublG um einen Anhang zu erweitern haben (§ 5 Abs. 2 Satz 2 PublG). Größenabhängige Erleichterungen sieht § 288 HGB für kleine Kapitalgesellschaften (§ 267 Abs. 1 HGB) und für mittelgroße Kapitalgesellschaften (§ 267 Abs. 2 HGB) vor. Diese Erleichterungen gelten nach § 264a Abs. 1 iVm. § 288 HGB in gleicher Weise für Personenhandelsgesellschaften iSv. § 264a HGB. Kreditinstitute und Versicherungsunternehmen haben stets einen Anhang wie große Kapitalgesellschaften aufzustellen (§ 340a Abs. 1 bzw. § 341a Abs. 1 HGB)[7].

II. Angaben zu den Verbindlichkeiten (Nr. 2)

Mit der Streichung des § 285 Satz 1 Nr. 2 zweiter Halbsatz HGB aF entfällt das Wahlrecht, nach dem mittelgroße (§ 267 Abs. 2 HGB) und große (§ 267 Abs. 3 HGB) Kapitalgesellschaften und Personenhandelsgesellschaften iSv. § 264a HGB den Gesamtbetrag der Verbindlichkeiten mit einer Restlaufzeit von mehr als fünf Jahren sowie den Gesamtbetrag der Verbindlichkeiten, die durch Pfandrechte oder ähnliche Rechte gesichert sind, unter Angabe von Art und Form der Sicherheiten, entweder in der Bilanz oder im Anhang auf jeden Posten der Verbindlichkeiten iSd. § 266 Abs. 3 C. HGB aufzugliedern hatten[8]. Nach § 285 Nr. 2 HGB sind diese Angaben nunmehr **im Anhang** zusammenzufassen, wodurch die Übersichtlichkeit des Jahresabschlusses verbessert wird[9].

Es empfiehlt sich, die Anhangangaben zu den Verbindlichkeiten in einem **Verbindlichkeitenspiegel**[10] zusammenzufassen:

	Restlaufzeit			Summe	davon durch Pfandrechte oder ähnliche Rechte gesichert	Art und Form der Sicherheit
	bis zu einem Jahr	von mehr als einem Jahr bis zu fünf Jahren	von mehr als fünf Jahren			
	€	€	€	€	€	€
einzelne Verbindlichkeitsposten	...	...	...	...	...	...
	...	...	...	...	...	...
Summe	...	...	...	...	...	...

Abb. 8: Aufbau eines Verbindlichkeitenspiegels

Nach Art. 66 Abs. 5 EGHGB ist § 285 Satz 1 Nr. 2 HGB aF **letztmals** auf Jahresabschlüsse für das **vor dem 1. Januar 2010** beginnende Geschäftsjahr anzuwenden.

---

7   Vgl. *Ellrott*, in Beck Bil-Komm.[6], § 285 Anm. 1.
8   Vgl. ADS[6], § 285 HGB Tz. 23; *Ellrott*, in Beck Bil-Komm.[6], § 285 Anm. 16.
9   Vgl. Begr. RegE, BT-Drucks. 16/10067, S. 68; ADS[6], § 268 HGB Tz. 113.
10 Vgl. ADS[6], § 285 HGB Tz. 26 f.; *Ellrott*, in Beck Bil-Komm.[6], § 285 Anm. 18.

Dies gilt auch im Fall der freiwilligen früheren Anwendung der neuen Vorschriften nach Art. 66 Abs. 3 Satz 6 HGB, weil § 285 Nr. 2 HGB nicht als neue Vorschrift in Art. 66 Abs. 3 EGHGB genannt ist[11].

III. Nicht in der Bilanz enthaltene Geschäfte (Nr. 3 und Nr. 3a)

1. Vorbemerkungen

11 Die neu gefasste Nummer 3 dient der Umsetzung des Artikels 43 Abs. 1 Nr. 7a der Bilanzrichtlinie idF der **Abänderungsrichtlinie**[12], nach dem bestimmte Angaben zu nicht in der Bilanz enthaltenen Geschäften (sog. *off-balance sheet transactions*) der Gesellschaft zu machen sind, vorausgesetzt, dass Risiken und Vorteile aus diesen Geschäften wesentlich sind und die Angabe derartiger Risiken und Vorteile für die Beurteilung der Finanzlage der Gesellschaft notwendig ist[13]. Damit soll offensichtlich ein verbesserter Einblick in die Finanzlage des berichtenden Unternehmens gewährt werden. Da sich die Angabepflichten nach § 285 Nr. 3 HGB teilweise mit den Angaben nach der bisherigen Nummer 3 überschneiden, findet sich diese Vorschrift nunmehr nach der spezielleren Vorschrift der neuen Nummer 3 (lex specialis) als Auffangtatbestand in § 285 Nr. 3a HGB.

2. Angaben zu außerbilanziellen Geschäften (Nr. 3)

a. Grundlagen

12 Nach § 285 Nr. 3 HGB haben **Kapitalgesellschaften** und **Personenhandelsgesellschaften iSv. § 264a HGB**, die keine größenabhängigen Erleichterungen iSd. § 288 HGB in Anspruch nehmen können, im Anhang Art und Zweck sowie Risiken und Vorteile von nicht in der Bilanz enthaltenen (sog. außerbilanziellen) Geschäften anzugeben. Der Anwendungsbereich der neuen Vorschrift wird aber dadurch beschränkt, dass die Angaben nur zu machen sind, soweit es sich um unübliche Geschäfte handelt und die Angabe für die Beurteilung der Finanzlage notwendig ist.

13 **Kleine Kapitalgesellschaften** (§ 267 Abs. 1 HGB) brauchen nach § 288 Abs. 1 HGB diese Angaben nicht zu machen. **Mittelgroße Kapitalgesellschaften** (§ 267 Abs. 2 HGB) brauchen nach § 288 Abs. 2 HGB die Risiken und Vorteile nicht darzustellen. Im Weiteren ist die Vorschrift von dem PublG unterliegenden Körperschaften (§ 5 Abs. 2 Satz 2 PublG), eingetragenen Genossenschaften (§ 336 Abs. 2 Satz 1 HGB), Kreditinstituten (§ 340a Abs. 1 HGB) und Versicherungsunternehmen (§ 341 Abs. 1 HGB) zu erfüllen.

b. Begriff des Geschäfts

14 Der Begriff des „**Geschäfts**" iSd. § 285 Nr. 3 HGB ist laut Regierungsbegründung in einem weiten, funktionalen Sinn zu verstehen[14]. Er umfasst Transaktionen und Vereinbarungen zwischen dem Bilanzierenden und Dritten, wobei der Gesetzgeber unter Verweis auf den Erwägungsgrund 9 der Abänderungsrichtlinie davon ausgeht, dass es sich

---

11 Vgl. hierzu IDW ERS HFA 28 Tz. 5.
12 Vgl. Begr. RegE, BT-Drucks. 16/10067, S. 69.
13 Vgl. Richtlinie 2006/46/EG des Europäischen Parlaments und des Rates vom 14. Juni 2006, ABl. EU v. 16.8.2006, L 224, S. 4.
14 Vgl. ebenda.

regelmäßig um rechtsgeschäftliche Vereinbarungen handelt[15]. Es erscheint sachgerecht, sich bei der Auslegung grds. an den im Schrifttum zu § 312 Abs. 1 AktG entwickelten Kriterien zu orientieren. Geschäfte iSd. § 285 Nr. 3 HGB können danach neben Rechtsgeschäften grds. auch Maßnahmen sein. Allerdings fallen nach dem Wortlaut des § 285 Nr. 3 HGB unterlassene Rechtsgeschäfte und Maßnahmen nicht unter die Angabepflicht. Dies entspricht dem Begriff des Geschäfts iSd. § 285 Nr. 21 HGB (vgl. Tz. 137 ff.).

Rechtsgeschäftliche Vereinbarungen regeln von einer oder mehreren Willenserklärungen getragene Tatbestände, an deren Verwirklichung die Rechtsordnung den Eintritt des gewollten Erfolgs knüpft[16]. Ein Vertrag muss nicht vorliegen, da auch zB die Kündigung eines den Bilanzierenden berechtigenden Vertrags einen Einfluss auf dessen Finanzlage haben kann[17]. Nicht zu berichten ist über bloße Erfüllungsgeschäfte, wie über eine Lieferung aufgrund eines früher geschlossenen Vertrags, weil sich daraus kein Einfluss auf die Finanzlage ergeben kann, der nicht schon im Verpflichtungsgeschäft angelegt wäre[18]. Über einen Rahmenvertrag ist zunächst selbst zu berichten; das ggf. zur Konkretisierung noch erforderliche Verpflichtungsgeschäft stellt ggf. einen weiteren berichtspflichtigen Vorgang dar (vgl. Tz. 141)[19]. 15

Aufgrund der Übereinstimmungen der Begriffe „Rechtsgeschäfte" und **„andere Maßnahmen"** in der Regierungsbegründung zu § 285 Nr. 21 HGB mit den im Abhängigkeitsbericht nach § 312 AktG verwendeten Begriffen erscheint es sachgerecht, zur Abgrenzung des Begriffs der „anderen Maßnahmen" auf die für den Abhängigkeitsbericht entwickelten Grundsätze zurückzugreifen. Danach handelt es sich bei den anderen Maßnahmen um alle Dispositionen, die sich auf die Vermögens- oder Ertragslage der berichtenden Gesellschaft auswirken können, ohne rechtsgeschäftlichen Charakter zu haben[20]. Umfasst werden damit alle Handlungen, die mit Wirkung gegenüber Dritten oder gegen das berichtende Unternehmen selbst vorgenommen werden und für das berichtende Unternehmen einen Vorteil oder Nachteil haben können. 16

Für die Angabepflicht von Geschäften und damit auch von anderen Maßnahmen nach § 285 Nr. 3 HGB ist es allerdings, anders als bei den Vorschriften zum Abhängigkeitsbericht unbeachtlich, ob eine Maßnahme **vorteilhaft oder nachteilig** ist[21]. Da § 285 Nr. 3 HGB Angaben zu Geschäften insgesamt verlangt, ist eine gesonderte Angabe von Rechtsgeschäften und anderen Maßnahmen nicht erforderlich. 17

Nach dem Sinn und Zweck des § 285 Nr. 3 HGB fallen Geschäfte, die im Rahmen des **üblichen Geschäftsverkehrs**[22] getätigt werden, nicht unter die Angabepflicht. Auch die Regierungsbegründung weist ausdrücklich darauf hin, dass keinesfalls alle am Abschlussstichtag „kurzfristig in der Schwebe befindlichen Lieferungen und Leistungen des gewöhnlichen Geschäftsbetriebes" anzugeben sind[23]. Beispiele für übliche Geschäfte sind die Beschaffung von Sachanlagen oder Vorräten, die Anmietung von Geschäfts- oder Lagerräumen sowie Kreditaufnahme oder –gewährungen im Rahmen der gewöhnlichen Geschäftstätigkeit[24]. 18

---

15 Vgl. ebenda.
16 Vgl. hierzu *Hüffer*, AktG⁸, § 312 Rn. 13; *ADS*⁶, § 312 AktG Tz. 41.
17 Vgl. hierzu *Hüffer*, AktG⁸, § 312 Rn. 13.
18 Vgl. hierzu *Hüffer*, AktG⁸, § 312 Rn. 14; *ADS*⁶, § 312 AktG Tz. 55.
19 Vgl. hierzu *Hüffer*, AktG⁸, § 312 Rn. 14.
20 Vgl. *Hüffer*, AktG⁸, § 312 Rn. 23.
21 Vgl. Begr. RegE, BT-Drucks. 16/10067, S. 72.
22 Vgl. dazu auch *ADS*⁶, § 251 HGB Tz. 62 und § 277 HGB Tz. 6.
23 Vgl. Begr. RegE, BT-Drucks. 16/10067, S. 69.
24 Vgl. hierzu IDW ERS HFA 32.

19 Für die Beurteilung der Angabepflicht nach § 285 Nr. 3 HGB spielt es keine Rolle, welche wirtschaftlichen, rechtlichen, steuerlichen oder bilanziellen Ziele im Einzelnen mit einem Geschäft verfolgt werden. Kein Tatbestandsmerkmal für die Angabepflicht ist daher bspw., ob bestimmte Geschäfte als **sachverhaltsgestaltende Maßnahme** iSv. § 321 Abs. 2 Satz 4 HGB[25] anzusehen sind, obwohl ein Teil der angabepflichtigen Geschäfte auch unter diese Kategorie fallen wird.

c. Nicht in der Bilanz enthaltene Geschäfte

20 Nach dem Wortlaut des § 285 Nr. 3 HGB sind Angaben zu sämtlichen (wesentlichen) „nicht in der Bilanz enthaltenen Geschäften" erforderlich. In dieser Hinsicht besteht inhaltlich eine weitgehende Übereinstimmung mit den sog. außerbilanziellen Geschäften iSd. § 19 Abs. 1 Satz 1 und Satz 3 Nr. 1 bis 15 KWG, die dort als Kredite definiert werden[26]. Der Anwendungsbereich des § 285 Nr. 3 HGB könnte daher insb. folgende **Fallgruppen** bilanziell grds. nicht zu erfassender Geschäfte betreffen:

- schwebende einseitig verpflichtende Geschäfte,
- schwebende gegenseitig verpflichtende Geschäfte,
- Geschäfte über Vermögensgegenstände oder Schulden, aus denen dem Bilanzierenden trotz fehlenden rechtlichen oder wirtschaftlichen Eigentums Risiken und Vorteile zuzuordnen sind.

21 Angabepflichten zu den ersten beiden Fallgruppen nicht in der Bilanz enthalteter Geschäfte ergeben sich aber bereits

- für **Haftungsverhältnisse** oder Eventualverbindlichkeiten nach §§ 251, 268 Abs. 7 und § 285 Nr. 27 HGB,
- für **finanzielle Verpflichtungen** aus anderen schwebenden Geschäften nach § 285 Nr. 3a HGB.

Es erscheint daher fraglich, in welchem Verhältnis die neuen Angabepflichten zu **außerbilanziellen Geschäften** (§ 285 Nr. 3 HGB) zu den Vorschriften für Haftungsverhältnisse (§ 268 Abs. 7 iVm. § 251 HGB) und für andere schwebende Geschäfte (§ 285 Nr. 3a HGB) stehen.

22 Es kann – vorbehaltlich der weiteren Diskussion in Schrifttum und Berufsstand – angenommen werden, dass es sich bei den §§ 268 Abs. 7 und § 285 Nr. 3 HGB jeweils um **Spezialvorschriften** handelt, mit deren Anwendung die Angabepflichten für die jeweilige Fallgruppe (vgl. Tz. 20) grds. erfüllt sind. Für eine solche Zuordnung spricht im Zusammenhang mit den neuen Angaben zu außerbilanziellen Geschäften auch, dass sich die Beispiele der Regierungsbegründung zu den Angabepflichten nach § 285 Nr. 3 HGB unter Bezug auf Erwägungsgrund 9 der Abänderungsrichtline auf Geschäfte über Vermögensgegenstände und Schulden beschränken, aus denen das berichtende Unternehmen trotz fehlenden rechtlichen oder wirtschaftlichen Eigentums Risiken oder Vorteile hat[27]. Durch eine fallgruppenbezogene Anwendung der Angabevorschriften werden außerdem Doppelangaben vermieden[28].

23 Angabepflichten nach **anderen Vorschriften**, deren Sinn und Zweck nicht in erster Linie in der Darstellung möglicher Auswirkungen nicht bilanzierter schwebender Ge-

---
25 Vgl. IDW PS 450 Tz. 94 f.
26 Vgl. *Bock*, in Boos/Fischer/Schulte-Mattler[3], KWG, § 19 Anm. 39 ff.
27 Vgl. Begr. RegE, BT-Drucks. 16/10067, S. 69; Erwägungsgrund 9 der Richtlinie 2006/46/EG des Europäischen Parlaments und des Rates vom 14. Juni 2006, ABl. EU v. 16.8.2006, L 224, S. 2; IDW ERS HFA 2.
28 Vgl. Begr. RegE, BT-Drucks. 16/10067, S.70.

schäfte auf die Finanzlage des berichtenden Unternehmens liegen, bleiben dagegen unberührt, auch wenn sich Überschneidungen mit den Angaben nach § 285 Nr. 3 HGB ergeben. Hierzu zählen zB Angaben zu Geschäften mit Organmitgliedern (§ 285 Nr. 9 lit. c HGB), zu derivativen Finanzinstrumenten (285 Nr. 19; vgl. Tz. 94 ff.) oder zu Geschäften mit nahe stehenden Unternehmen und Personen (§ 285 Nr. 21 HGB; vgl. Tz. 122 ff.).

Obwohl sich also nach dem Gesetzeswortlaut inhaltliche Überschneidungen ergeben, erscheint es sachgerecht, den Anwendungsbereich der Anhangsvorschriften nach den drei genannten Fallgruppen (vgl. Tz. 20) aufzuteilen. Die Regierungsbegründung erklärt hierzu ausdrücklich, dass § 285 Nr. 3a HGB – wie bisher schon § 285 Satz 1 Nr. 3 HGB aF im Verhältnis zu den Angaben zu Haftungsverhältnissen – einen **Auffangtatbestand** im Verhältnis zu den neuen Angaben nach § 285 Nr. 3 HGB darstellt[29]. Damit ist nur klargestellt, dass diese Geschäfte nicht zugleich nach mehreren Vorschriften angegeben werden sollen. Unklar bleibt aber, unter welche der Kategorien bestimmte Geschäfte fallen. **24**

Nicht in der Bilanz enthaltene Geschäfte iSv. § 285 Nr. 3 HGB sind nach der Regierungsbegründung[30] Transaktionen des bilanzierenden Unternehmens, bei denen **25**

- entweder die betreffenden Vermögensgegenstände oder Schulden von vornherein **dauerhaft keinen Eingang** in die Handelsbilanz finden
- oder ein **dauerhafter Abgang** von (bereits bilanzierten) Vermögensgegenständen oder Schulden aus der Handelsbilanz zu erfassen ist.

Nach Sinn und Zweck des § 285 Nr. 3 HGB sowie den in der Regierungsbegründung[31] und in § 19 Abs. 1 Satz 3 Nr. 8 bis 15 KWG im Zusammenhang mit der Definition des Kreditbegriffs genannten Beispielen[32] für außerbilanzielle Geschäfte sollen unter die Angabepflicht insb. Geschäfte fallen, bei denen die betroffenen Vermögensgegenstände oder Schulden wegen **fehlenden wirtschaftlichen Eigentums** nicht zu bilanzieren sind, dem berichtenden Unternehmen aber dennoch Risiken und Vorteile daraus erwachsen. Bei dieser Beurteilung ist auf die allgemeinen Grundsätze für die Zurechnung des wirtschaftlichen Eigentums abzustellen (vgl. dazu auch Abschn. B Tz. 10). **26**

Wirtschaftlicher Eigentümer iSd. § 246 Abs. 1 Satz 2 HGB ist derjenige, dem dauerhaft Besitz, Gefahr, Nutzungen und Lasten zustehen[33]. Der wirtschaftliche Eigentümer hat regelmäßig die tatsächliche Sachherrschaft über den Vermögensgegenstand, verfügt über das Verwertungsrecht, kommt in den Genuss von Wertsteigerungen und trägt das Risiko der Wertminderung bzw. des Verlustes[34]. Dabei muss im Einzelfall nicht jedes der genannten Kriterien erfüllt sein; entscheidend für die personelle Zuordnung von Vermögensgegenständen ist letztlich, wem nach dem Gesamtbild der Verhältnisse die wesentlichen Chancen und Risiken zuzurechnen sind[35]. Ein nicht in der Bilanz enthaltenes Geschäft iSd. § 285 Nr. 3 HGB ist somit dadurch gekennzeichnet, dass die wesentlichen Merkmale des wirtschaftlichen Eigentums nicht dem Bilanzierenden, sondern einem fremden Dritten zuzurechnen sind. **27**

---

29 Vgl. Begr. RegE, BT-Drucks. 16/10067, S. 69 f.
30 Vgl. Begr. RegE, BT-Drucks. 16/10067, S. 69.
31 Vgl. ebenda.
32 Vgl. *Bock*, in Boos/Fischer/Schulte-Mattler[3], KWG, § 19 Rn. 53 ff.
33 Vgl. *Förschle/Kroner*, in Beck Bil-Komm.[6], § 246 Anm. 5.
34 Vgl. *ADS*[6], § 246 HGB Tz. 263.
35 Vgl. *Förschle/Kroner*, in Beck Bil-Komm.[6], § 246 Anm. 7; *ADS*[6], § 246 HGB Tz. 263; IDW ERS HFA 13 nF Tz. 7.

O Anhang § 285 HGB

28 Die Angabepflicht nach § 285 Nr. 3 HGB betrifft nur diejenigen Geschäfte, mit denen trotz der fehlenden bilanziellen Erfassung der zugrundeliegenden **Vermögensgegenstände oder Schulden** Risiken oder Vorteile für das Unternehmen verbunden sind. So löst bspw. der dauerhafte Abgang einer Beteiligung anlässlich der Veräußerung derselben keine Berichtspflicht nach dieser Vorschrift aus, wenn weder Risiken noch Vorteile zurückbehalten werden. Schon aus dem Wortlaut des § 285 Nr. 3 HGB geht hervor, dass die ggf. angabepflichtigen Risiken und Vorteile aus nicht in der Bilanz enthaltenen Geschäften sich auf die Finanzlage des Unternehmens auswirken können.

29 Danach sind schwebende **Beschaffungsgeschäfte** grds. nicht nach § 285 Nr. 3 HGB anzugeben, weil die beschafften Vermögensgegenstände Eingang in die Handelsbilanz finden sollen. Sie fallen daher weiterhin unter die Kategorie der sonstigen finanziellen Verpflichtungen (§ 285 Nr. 3a HGB). Dagegen wären bei wörtlicher Anwendung der in der Regierungsbegründung genannten Kriterien (vgl. Tz. 25) schwebende **Absatzgeschäfte** grds. nach § 285 Nr. 3 HGB anzugeben, weil sie zu einem dauerhaften Abgang von Vermögensgegenständen führen. Dies trifft jedoch nicht generell zu, weil nach Sinn und Zweck der Vorschrift nur solche Geschäfte anzugeben sind, bei denen das berichtende Unternehmen trotz des Abgangs von Vermögensgegenständen wesentliche Chancen und Risiken zurückbehält (vgl. zu Beispielen Tz. 32 ff.).

30 Schwieriger stellt sich die Beurteilung dagegen bei **Dauerschuldverhältnissen** dar. Bspw. führen schwebende Miet- oder Leasingverträge beim Mieter bzw. Leasingnehmer dauerhaft nicht zu einem Zugang des angemieteten Vermögensgegenstandes und würden damit auf den ersten Blick das Kriterium der Regierungsbegründung für eine Angabepflicht nach § 285 Nr. 3 HGB (vgl. Tz. 25) erfüllen. Selbst wenn solche Mietverträge wesentlich und unüblich sind, erscheint eine Angabe nach § 285 Nr. 3 HGB aber nur dann sachgerecht, wenn der Mieter neben den Risiken und Vorteilen aus der normalen Leistungsbeziehung (Mietverhältnis) Risiken oder Vorteile aus dem Mietobjekt selbst trägt (bspw. eine Beteiligung am Veräußerungserlös oder die Stillhalterposition hinsichtlich eines Andienungsrechts des Vermieters). Wenn das Mietobjekt in der Bilanz des Vermieters enthalten ist, besteht schon nach dem Wortlaut des § 285 Nr. 3 HGB keine Angabepflicht. Bilanziert dagegen der Mieter wegen wirtschaftlichen Eigentums nach § 246 Abs. 1 Satz 2 zweiter Halbsatz HGB das Mietobjekt, hat der Vermieter nach § 285 Nr. 3 HGB über die ihm verbliebenen Risiken und Vorteile zu berichten.

31 Die Regierungsbegründung zu § 285 Nr. 3 HGB bezieht sich nicht nur auf Angaben zu Geschäften über nicht bilanzierte Vermögensgegenstände, sondern auch über **nicht bilanzierte Schulden**[36]. Da Schulden nach § 246 Abs. 1 Satz 3 HGB regelmäßig beim Schuldner zu bilanzieren sind, kann die Angabepflicht nur Ausnahmefälle betreffen. So ist bspw. eine Ausbuchung von Schulden beim rechtlich Primärverpflichteten zulässig, wenn ein Dritter der Schuld mit Erfüllungsübernahme im Innenverhältnis beitritt und die Inanspruchnahme des Hauptschuldners so gut wie ausgeschlossen ist[37]. Auch im Fall des Betriebsübergangs nach § 613a BGB ist bei der Übernahme von Pensionsverpflichtungen durch den Erwerber unter den genannten Voraussetzungen in der Bilanz des früheren Betriebsinhabers ein Abgang der Schulden zu erfassen. In diesen Fällen verbleibt dem ursprünglichen Schuldner trotz des dauerhaften Abgangs der Schuld das Risiko einer Inanspruchnahme. Bisher war dies unter den Haftungsverhältnissen anzu-

---

36 Vgl. Begr. RegE, BT-Drucks. 16/10067, S. 69.
37 Vgl. ADS[6], § 246 HGB Tz. 422.

geben[38], während nun auch eine Angabe nach § 285 Nr. 3 HGB zulässig erscheint. In diesen Fällen wäre ein Mitzugehörigkeitsvermerk zu empfehlen.

Beispiele für nicht in der Bilanz enthaltene Geschäfte iSd. § 285 Nr. 3 HGB sind laut Regierungsbegründung[39]

- *Factoring*-Geschäfte
- Pensionsgeschäfte,
- Forderungsverbriefungen über gesonderte Gesellschaften oder nicht rechtsfähige Einrichtungen,
- Leasingverträge und
- die Errichtung oder Nutzung von Zweckgesellschaften.

Angabepflichten nach § 285 Nr. 3 HGB ergeben sich nur dann, wenn ein Geschäft nicht in der Bilanz enthalten ist, also das bilanzierende Unternehmen nicht als wirtschaftlicher Eigentümer der zugrunde liegenden Vermögensgegenstände oder Schulden anzusehen ist, es aber dennoch daraus Risiken oder Vorteile hat (vgl. Tz. 28)[40]. Dies kann aus der Sicht des Verkäufers bspw. bei unechtem *Factoring* mit offener Zession[41] und unechten Pensionsgeschäften[42] der Fall sein. Bei ABS-Transaktionen kommt es nur zu einem Abgang der veräußerten Forderungen, wenn der Veräußerer keine Bonitätsrisiken zurückbehält; unter die Angabepflicht könnten aber bspw. zurückbehaltene sonstige Risiken (zB aus Wechselkursänderungen) und Chancen (zB aus einem den vereinbarten Abschlag übersteigenden Forderungseingang) fallen[43].

Auch bei Verrechnung von Gegenständen des sog. Deckungsvermögens (vgl. Abschn. C Tz. 47 ff.) mit Schulden aus Altersversorgungsverpflichtungen oder vergleichbar langfristig fälligen Verpflichtungen gem. § 246 Abs. 2 Satz 2 HGB sind die einzelnen zweckgebundenen Vermögensgegenstände sowie die unsaldierte Höhe der Verpflichtungen nicht aus der Bilanz des Unternehmens ersichtlich. Hierbei handelt es sich aber nicht um einen Anwendungsfall des § 285 Nr. 3 HGB, da die Verrechnungsvorschrift des § 246 Abs. 2 Satz 2 HGB dem Grunde nach die Aktivierung eines Vermögensgegenstands bzw. die Passivierung einer Verpflichtung voraussetzt (§ 246 Abs. 2 Satz 2 HGB), die nur in saldierter Form auszuweisen sind. Die Nennung der Einzelbeträge der in diesem Zusammenhang verrechneten Beträge der Bilanz und der Gewinn- und Verlustrechnung ergibt sich aus § 285 Nr. 25 HGB (vgl Tz. 219).

d. Erläuterungen zu den Angaben

aa. Für die Beurteilung der Finanzlage notwendig

Die Angaben zu den nicht in der Bilanz enthaltenen Geschäften sind nach § 285 Nr. 3 HGB nur zu machen, soweit dies für die Beurteilung der Finanzlage notwendig ist. Die **Finanzlage** eines Unternehmens ist durch dessen Liquidität und dessen Fähigkeit gekennzeichnet, vorhandenen Verpflichtungen in der überschaubaren Zukunft voraussichtlich nachkommen zu können[44]. Für die Beurteilung der Finanzlage sind daher Informationen über diejenigen Risiken und Vorteile notwendig, die erwarten lassen, dass

---

38 Vgl. *ADS*[6], § 251 HGB Tz. 66; HFA, FN-IDW 1996, S. 528 f.
39 Vgl. Erwägungsgrund 9 Richtlinie 2006/46/EG des Europäischen Parlaments und des Rates vom 14. Juni 2006, ABl. EU v. 16.8.2006, L 224, S. 2; Begr. RegE, BT-Drucks. 16/10067, S. 69.
40 Vgl. dazu IDW ERS HFA 13 nF Tz. 6 ff.; IDW RS HFA 8 Tz. 4 f.
41 Vgl. *WPH*[13], Bd. I, E Tz. 45.
42 Vgl. IDW ERS HFA 13 nF Tz. 22 ff.
43 Vgl. IDW RS HFA 8 Tz. 7 ff. und 25 ff.
44 Vgl. *Winkeljohann/Schellhorn*, in Beck Bil-Komm.[6], § 264 Anm. 37.

sich durch sie die Liquiditätslage künftig wesentlich verschlechtert oder verbessert, oder durch die das Unternehmen künftig wesentlich besser oder schlechter in der Lage sein wird, seine bestehenden Verpflichtungen zu erfüllen[45]. Ob die Angaben für die Beurteilung der Finanzlage notwendig sind, ist in jedem Einzelfall gesondert zu beurteilen und von den finanziellen Auswirkungen des jeweiligen Geschäfts abhängig[46].

36 Der Begriff „**notwendig**" ist enger zu interpretieren als der Begriff „von Bedeutung", der in § 285 Nr. 3a HGB Verwendung findet[47]. Demnach besteht die Angabepflicht nach § 285 Nr. 3 HGB nur, wenn die beim Bilanzierenden – nach der Zurechnung von eigentümertypischen Chancen und Risiken zum wirtschaftlichen Eigentümer – verbleibenden oder zugegangenen Vorteile und Risiken aus den nicht in der Bilanz enthaltenen Geschäften zur Beurteilung der Finanzlage des berichtenden Unternehmens unbedingt erforderlich sind[48]. Es erscheint sachgerecht, hier einen ähnlich hohen Maßstab für die Angabepflicht anzulegen wie nach § 264 Abs. 2 Satz 2 HGB[49].

37 Von einer Berichtspflicht ist auch dann auszugehen, wenn einzelne **gleichartige Geschäfte** zwar für sich unwesentlich sind, die potentiellen Auswirkungen der Geschäfte insgesamt aber zur Beurteilung der Finanzlage notwendig sind. Bei der Beurteilung der Gleichartigkeit von Geschäften ist auch auf die Gleichartigkeit der den Geschäften immanenten Risiken abzustellen.

bb. Zeitpunkt und Inhalt der Angaben

38 Die Angaben nach § 285 Nr. 3 HGB sind nicht nur im Geschäftsjahr des Geschäftsabschlusses, sondern auch in **Folgejahren** zu machen, bis aus dem jeweiligen Geschäft für das berichtende Unternehmen keine Risiken oder Vorteile mehr bestehen[50].

39 Angabepflichtig sind nach § 285 Nr. 3 HGB Art und Zweck der nicht in der Bilanz enthaltenen Geschäfte. Die mit der Angabe der **Art** verbundene Klassifizierung kann von der Art ihres Gegenstandes her erfolgen, bspw. Forderungsverbriefungen, Leasinggeschäfte, Pensionsgeschäfte usw. Dies erleichtert auch die zulässige Zusammenfassung von gleichartigen Geschäften im Rahmen einer Portfolio- oder Gruppenbetrachtung[51]. Mit dem **Zweck** sind die Gründe für das Eingehen des nicht in der Bilanz enthaltenen Geschäfts anzugeben[52]. Dient bspw. ein *Sale-and-Lease-back*-Geschäft der Beschaffung liquider Mittel und der Verkürzung der Bilanz und damit der rechnerischen Verbesserung der Eigenkapitalquote, sind diese Gründe anzugeben[53].

40 Fraglich könnte sein, welche Gründe im Zusammenhang mit der Errichtung oder dem Bestehen von **Zweckgesellschaften** nach § 285 Nr. 3 HGB angabepflichtig sind. Gründe für das Eingehen des nicht in der Bilanz erscheinenden Geschäfts (hier: Errichtung oder Nutzung einer Zweckgesellschaft) können demnach in der Finanzierung, der Haftungsabschirmung und der Insolvenzabsicherung bestehen. Weitere Gründe können zB in der Erweiterung der Investorenbasis, Risikodiversifikation, aufsichtsrechtlichen Arbitrage[54] oder Verbesserung von Bilanzrelationen liegen. Zu unterscheiden vom Zweck

---

45 Vgl. Begr. RegE, BT-Drucks. 16/10067, S. 69.
46 Vgl. hierzu Begr. RegE, BT-Drucks. 16/10067, S. 69.
47 Vgl. Begr. RegE, BT-Drucks. 16/10067, S. 69; vgl. zum bisherigen Recht *ADS*⁶, § 285 HGB Tz. 73.
48 Vgl. Begr. RegE, BT-Drucks. 16/10067, S. 69; analog § 160 Abs. 1 AktG.
49 Vgl. *ADS*⁶, § 264 HGB Tz. 70 ff.
50 Vgl. hierzu Begr. RegE, BT-Drucks. 16/10067, S. 69.
51 Vgl. Begr. RegE, BT-Drucks. 16/10067, S. 69.
52 Vgl. Begr. RegE, BT-Drucks. 16/10067, S. 69.
53 Vgl. *Lüdenbach/Hoffmann*, StuB 2009, S. 310; *Hoffmann*, BRZ 2009, S. 263.
54 Die aufsichtsrechtliche Arbitrage bezeichnet die Auslagerung von aufsichtsrechtlich überwachten Geschäftsaktivitäten aus dem Inland in Länder mit minder strenger Beaufsichtigung.

der Errichtung einer Zweckgesellschaft ist deren Gesellschaftszweck, der nicht unter die Angabepflicht fällt. Steht die Verbriefung von Forderungen zur Finanzierung im Vordergrund, kann diese Angabe – als wesentlicher, für die Errichtung einer Zweckgesellschaft maßgeblicher Grund – genügen. Erfolgt die Errichtung zB jedoch erstmalig mit dem Zweck, Verbindlichkeiten gegenüber Kreditinstituten zurückzuführen und ist die damit einhergehende Bilanzverkürzung durch das Bestreben des Bilanzierenden veranlasst, eine vertragliche Nebenpflicht aus einem Kreditvertrag (Kreditklausel oder *Covenant,* bspw. eine Mindesteigenkapitalquote) einzuhalten, ist grds. auch die Bilanzverkürzung, mit dem Ziel, diese vertragliche Nebenpflicht einzuhalten, als Grund für das Eingehen des Geschäfts anzugeben[55].

Nach § 285 Nr. 3 HGB sind grds. auch die **Risiken und Vorteile** von nicht in der Bilanz enthaltenen Geschäften anzugeben. Was unter Risiken und Vorteilen zu verstehen ist, geht aus dem BilMoG nicht ausdrücklich hervor. § 285 Nr. 3 HGB regelt eindeutig, dass die Angabepflicht von Risiken und Vorteilen nicht in der Bilanz enthaltener Geschäfte nur diejenigen Angaben umfasst, die zur Beurteilung der Finanzlage notwendig sind[56]. Über Risiken und Vorteile ist getrennt zu berichten; eine kompensatorische Betrachtung damit nicht zulässig.[57] Somit darf auch keine Saldierung von quantifizierbaren, konkreten oder potentiellen Auswirkungen auf die Finanzlage vorgenommen werden. Nach § 285 Nr. 3 HGB sind die Angaben zu Risiken aus nicht in der Bilanz enthaltenen Geschäften nicht ausdrücklich zu quantifizieren, dh. zu beziffern. Auch die Angabe der Eintrittswahrscheinlichkeiten erscheint nicht zwingend erforderlich. Somit sind die Risiken aus dem Geschäft zumindest der Höhe nach verbal so darzustellen, dass sie aus der Beschreibung heraus verständlich sind[58]. **41**

Unter einem **Risiko** ist die Möglichkeit von negativen künftigen Entwicklungen der Finanzlage der Gesellschaft in Form von potentiellen Zahlungsmittelabflüssen zu verstehen[59]. Folglich ist über Risiken nur soweit zu berichten, als diese nicht bereits am Bilanzstichtag bilanziell zB durch Rückstellungen abgebildet werden oder auf Dritte übertragen worden sind[60]. Derartige Risiken können auch nach § 289 Abs. 2 Nr. 2 lit. b HGB im Lagebericht angabepflichtig sein, sofern sie für die Beurteilung der Lage oder der voraussichtlichen Entwicklung der Gesellschaft von Belang sind[61]. Somit können sich im Einzelfall Doppelangaben im Anhang und im Lagebericht ergeben, zB wenn im Rahmen von ABS-Transaktionen Preisänderungsrisiken zurückbehalten wurden, diese zur Beurteilung der Vermögens- und Finanzlage notwendig und für die Beurteilung der Lage oder voraussichtlichen Entwicklung der Gesellschaft von Belang, dh. wesentlich sind. Angaben im Lagebericht entbinden jedoch nicht von der Verpflichtung, die Angaben nach § 285 Nr. 3 HGB im Anhang zu machen[62]. Dies ergibt sich auch daraus, dass der Gesetzgeber die Angabepflichten nach Nummer 3 im Gegensatz zu § 285 Nr. 23 HGB nicht ausdrücklich auf die Fälle beschränkt, in denen die Angaben nicht im Lagebericht gemacht werden (vgl. dazu Tz. 198). **42**

Nach § 285 Nr. 3 HGB sind grds. auch die **Vorteile** von nicht in der Bilanz enthaltenen Geschäften anzugeben. Fraglich ist, was unter dem Begriff des „Vorteils" zu verstehen **43**

---

55 Vgl. *Lüdenbach/Hoffmann,* DStR 2007, Beihefter zu Heft 50, S. 15.
56 Vgl. Begr. RegE, BT-Drucks. 16/10067, S. 69.
57 Vgl. Begr. RegE, BT-Drucks. 16/10067, S. 69.
58 Vgl. auch analog *Ellrott,* in Beck Bil-Komm.[6], § 289 Anm. 48; analog DRS 5.18.
59 Vgl. analog DRS 15.8; *Mujkanovic,* StuB 2008, S. 141.
60 Vgl. Begr. RegE, BT-Drucks. 16/10067, S. 69. Die Darstellung und Erläuterung beschränkt sich in diesem Fall auf das ‚Restrisiko' (vgl. analog DRS 5.21).
61 Vgl. *Ellrott,* in Beck Bil-Komm.[6], § 289 Anm. 66 f.
62 Vgl. auch IDW PS 345 Tz. 19a.

ist, da die inhaltliche Abgrenzung eines Vorteils im wörtlichen Sinne stets einen Vergleich zu einem hypothetischen Sachverhalt als Vergleichsmaßstab bedingt. Bei der Bestimmung eines Vorteils ergibt sich häufig die Schwierigkeit, dass beim Abschluss und der Ausgestaltung von Geschäften regelmäßig zahlreiche verschiedene unternehmerische Alternativentscheidungen möglich sind[63]. Die Vorteile aus dem Geschäft sind verbal derart darzustellen, dass sie aus der Beschreibung heraus verständlich sind.

e. Erstmalige Anwendung

44 Nach Art. 66 Abs. 2 Satz 1 EGHGB ist § 285 Nr. 3 HGB **erstmals** auf Jahresabschlüsse für das **nach dem 31. Dezember 2008** beginnende Geschäftsjahr anzuwenden.

3. Gesamtbetrag der sonstigen finanziellen Verpflichtungen (Nr. 3a)

45 Im Anhang ist nach § 285 Nr. 3a HGB der Gesamtbetrag der sonstigen finanziellen Verpflichtungen anzugeben, die nicht in der Bilanz erscheinen und nicht nach § 251 HGB oder Nummer 3 anzugeben sind, sofern diese Angabe für die Beurteilung der Finanzlage von Bedeutung ist; davon sind Verpflichtungen gegenüber verbundenen Unternehmen gesondert anzugeben. Der Wortlaut der bisherigen Nummer 3 wird nahezu unverändert in der neuen Nummer 3a fortgeführt. Die wesentliche **Änderung** besteht darin, dass der Auffangtatbestand der Vorschrift nunmehr erst dann zum Tragen kommt, wenn die Angaben nicht bereits nach Nummer 3 zu machen sind[64].

46 Nach Art. 66 Abs. 2 Satz 1 EGHGB ist § 285 Nr. 3a HGB **erstmals** auf Jahresabschlüsse für das **nach dem 31. Dezember 2008** beginnende Geschäftsjahr anzuwenden. Entsprechend ist § 285 Satz 1 Nr. 3 HGB aF nach Art. 66 Abs. 2 Satz 2 EGHGB letztmals auf Jahresabschlüsse für vor dem 1. Januar 2009 beginnende Geschäftsjahre anzuwenden.

IV. Entfallen von Pflichtangaben, die im Zusammenhang mit der Anwendung steuerrechtlicher Vorschriften stehen (Nr. 5)

47 Mit der **Aufhebung der umgekehrten Maßgeblichkeit** entfalten steuerliche Wertansätze grds. keine Wirkung mehr für die handelsrechtliche Rechnungslegung (vgl. Abschn. D Tz. 7 ff.). Nach § 285 Satz 1 Nr. 5 HGB aF war das Ausmaß anzugeben, in dem das Jahresergebnis dadurch beeinflusst wurde, dass Abschreibungen nach § 254 HGB aF anlässlich nur steuerrechtlich zulässiger Abschreibungen vorgenommen wurden, niedrigere Wertansätze nach 280 Abs. 2 HGB aF aufgrund von steuerrechtlich niedrigeren Wertansätzen beibehalten wurden oder ein Sonderposten mit Rücklageanteil nach § 273 HGB aF gebildet wurde; ferner das Ausmaß erheblicher künftiger Belastungen, die sich aus einer solchen Bewertung ergeben haben.

48 Im Zusammenhang mit der **Aufhebung der Vorschriften** des

- § 247 Abs. 3 HGB aF (steuerliche Sonderposten)
- § 254 HGB aF (steuerrechtliche Abschreibungen)
- § 273 HGB aF (Sonderposten mit Rücklageanteil)
- § 279 Abs. 2 HGB aF (Vornahme steuerrechtlicher Abschreibungen)

---

63 Vgl. *ADS*[6], § 311 AktG Tz. 45; *WPH*[13], Bd. I, F Tz. 972 ff.
64 Vgl. Begr. RegE, BT-Drucks. 16/10067, S. 70. Zur Auslegung des Begriffs der sonstigen finanziellen Verpflichtungen (§ 285 Satz 1 Nr. 3 HGB aF) vgl. *Ellrott*, in Beck Bil-Komm.[6], § 285 Anm. 22; zum Verhältnis der Normen § 285 Satz 1 Nr. 3 HGB aF und § 251 HGB vgl. *Fey*, in Küting/Weber, HdR[5], § 251 HGB Rn. 52 ff.

- § 280 Abs. 2 HGB aF (steuerrechtlich unterlassene Zuschreibungen)
- § 281 HGB aF (steuerliche Vorschriften)

ist auch § 285 Satz 1 Nr. 5 HGB aF entfallen[65].

Nach Art. 66 Abs. 5 EGHGB ist § 285 Satz 1 Nr. 5 HGB aF letztmals auf Jahresabschlüsse für das vor dem 1. Januar 2010 beginnende Geschäftsjahr anzuwenden. Waren im Jahresabschluss für das letzte vor dem 1. Januar 2010 beginnende Geschäftsjahr **Sonderposten mit Rücklageanteil** nach den §§ 247 Abs. 3 bzw. 273 HGB aF enthalten, können diese Posten nach Art. 67 Abs. 3 Satz 1 EGHGB unter Anwendung der für sie geltenden Vorschriften des HGB idF vor Inkrafttreten des BilMoG beibehalten werden. **Niedrigere Wertansätze** von Vermögensgegenständen, die auf Abschreibungen nach den §§ 254 bzw. 279 Abs. 2 HGB aF beruhen, die in Geschäftsjahren vorgenommen wurden, die vor dem 1. Januar 2010 begonnen haben, können nach Art. 67 Abs. 4 Satz 1 EGHGB unter Anwendung der für sie geltenden Vorschriften des HGB idF vor Inkrafttreten des BilMoG fortgeführt werden (vgl. auch Abschn. W Tz. 20). Wird von diesen Wahlrechten Gebrauch gemacht, ist § 285 Satz 1 Nr. 5 HGB aF weiter anzuwenden, solange die Sonderposten mit Rücklageanteil beibehalten bzw. die niedrigeren Wertansätze fortgeführt werden[66].

V. Leistungen an Vorstandsmitglieder für den Fall der Beendigung ihrer Tätigkeit (Nr. 9 lit. a Satz 6 HGB idF des VorstAG)

1. Grundlagen

Mit dem Gesetz zur Angemessenheit der Vorstandsvergütung vom 31. Juli 2009 (VorstAG) werden die individualisierten Angabepflichten des § 285 Satz 1 Nr. 9 lit. a Satz 6 und 7 HGB aF im Anhang **börsennotierter Aktiengesellschaften** klargestellt und erweitert (zur Erstanwendung vgl. Tz. 57)[67]. Die an diese Stelle tretende Vorschrift des § 285 Nr. 9 lit. a Satz 6 HGB verlangt detaillierte Angaben zu Leistungen für den Fall einer vorzeitigen wie einer regulären Beendigung der Vorstandstätigkeit[68]. Die Möglichkeit, nach § 286 Abs. 5 HGB durch Hauptversammlungsbeschluss mit Dreiviertelmehrheit auf die Angaben nach § 285 Nr. 9 lit. a Satz 5 bis 8 HGB zu verzichten (sog. *Opting-Out*), besteht weiterhin[69].

Nach § 285 Nr. 9 lit. a Satz 6 HGB idF des VorstAG sind folgende dem Vorstandsmitglied zugesagte Leistungen angabepflichtig:

- Leistungen, die dem Vorstandsmitglied für den Fall einer **vorzeitigen Beendigung** seiner Tätigkeit zugesagt worden sind (§ 285 Nr. 9 lit. a Satz 6 lit. aa HGB);
- Leistungen, die dem Vorstandsmitglied für den Fall der **regulären Beendigung** seiner Tätigkeit zugesagt worden sind, mit ihrem Barwert, sowie der von der Gesellschaft während des Geschäftsjahres hierfür aufgewandte oder zurückgestellte Betrag (§ 285 Nr. 9 lit. a Satz 6 lit. bb HGB);
- während des Geschäftsjahres vereinbarte **Änderungen dieser Zusagen** (§ 285 Nr. 9 lit. a Satz 6 lit. cc HGB);

---

65 Vgl. *Petersen/Zwirner*, KoR 2008, Beil. 3, S. 6.
66 Vgl. hierzu IDW ERS HFA 28 Tz. 29.
67 Vgl. BGBl. 2009 I, S. 2510.
68 Vgl. auch Begr. VorstAG, BT-Drucks. 16/12278, S. 8 f.
69 Vgl. *van Kann/Keiluweit*, DStR 2009, S. 1591.

- Leistungen, die einem früheren Vorstandsmitglied, das seine Tätigkeit **im Laufe des Geschäftsjahres beendet** hat, in diesem Zusammenhang zugesagt und im Laufe des Geschäftsjahres gewährt worden sind (§ 285 Nr. 9 lit. a Satz 6 lit. dd HGB).

2. Erläuterungen zu den Angaben

52 Die Angaben sind nach § 285 Nr. 9 HGB jeweils für die dem Vorstand angehörende Personengruppe zu machen. Darüber hinaus verlangt § 285 Nr. 9 lit. a Satz 6 iVm. Satz 5 HGB bei börsennotierten Aktiengesellschaften zusätzlich unter Namensnennung die gesonderte Angabe der **jedem einzelnen Vorstandsmitglied** zugesagten Leistungen, aufgeteilt nach erfolgsunabhängigen und erfolgsbezogenen Komponenten sowie Komponenten mit langfristiger Anreizwirkung[70].

53 Im Fall der **vorzeitigen Beendigung** eines Vertrags (zB Amtsniederlegung, Abberufung, Dienstunfähigkeit, Beendigung der Vorstandstätigkeit infolge eines Kontrollwechsels nach einem Übernahmeangebot) ist nach § 285 Nr. 9 lit. a Satz 6 lit. aa HGB anzugeben,

- in welchem Umfang die Vergütung aus dem bestehenden Vertragsverhältnis weiterzuzahlen ist,
- ob noch bestehende Ansprüche abgezinst werden,
- ob anderweitiger Verdienst anzurechnen ist,
- wie mit den entgehenden Boni zu verfahren ist, etc.[71].

Nach der Begründung zum Gesetzentwurf soll erforderlichenfalls nach den einzelnen **Beendigungsgründen** zu differenzieren sein[72]. Eine solche Angabe ist aber nicht gesetzlich gefordert.

54 Mit ihrem Barwert[73] anzugeben sind darüber hinaus nach § 285 Nr. 9 lit. a Satz 6 lit. bb HGB alle Leistungen, die dem noch tätigen Mitglied für den Fall der **regulären Beendigung** seiner Vorstandstätigkeit zugesagt worden sind. Hierzu zählen Ruhegehalts- und Hinterbliebenenbezüge und sonstige Leistungen (zB Weiternutzung eines Büros, Dienstwagens etc.)[74]. Ferner ist die Angabe der hierfür im Geschäftsjahr an entsprechende Einrichtungen (zB Pensionskassen, Pensionsfonds, usw.) geleisteten oder zurückgestellten Beträge erforderlich.

55 Ist während des Geschäftsjahres eine **Änderung der Zusagen** über Leistungen für den Fall einer vorzeitigen oder regulären Beendigung der Vorstandstätigkeit vereinbart worden, so ist diese Änderung nach § 285 Nr. 9 lit. a Satz 6 lit. cc HGB anzugeben, damit ein Anleger die Bedeutung dieser Änderung für die Gesellschaft und ihren Wert vor und nach dieser Änderung für das Vorstandsmitglied erkennen kann[75].

56 Ferner sind nach § 285 Nr. 9 lit. a Satz 6 lit. dd HGB die einem **während des Geschäftsjahres ausgeschiedenen Vorstandsmitglied** in diesem Zusammenhang zugesagten und gewährten Leistungen[76] ebenfalls individuell anzugeben. Waren diese Leistungen bislang unter den Gesamtbezügen für die Personengruppe früherer Vor-

---

70 Vgl. zu den individualisierten Zusatzangaben für börsennotierte Aktiengesellschaften DRS 17.40 ff.
71 Vgl. Begr. VorstAG, BT-Drucks. 16/12278, S. 8 f.
72 Vgl. hierzu Begr. VorstAG, BT-Drucks. 16/12278, S. 9.
73 Vgl. zur Ermittlung *Thüsing*, AG 2009, S. 528.
74 Vgl. Begr. VorstAG, BT-Drucks. 16/12278, S. 9; vgl. hierzu auch DRS 17.49.
75 Vgl. Begr. VorstAG, BT-Drucks. 16/12278, S. 9.
76 Vgl. hierzu DRS 17.56 u. 17.A43.

standsmitglieder nach § 285 Satz 1 Nr. 9 lit. b HGB aF anzugeben[77], führt die neue Vorschrift zur individualisierten Angabe der Leistungen, so dass diese nicht zugleich unter den Gesamtbezügen früherer Vorstandsmitglieder anzugeben sind. Nach der Begründung zum Gesetzentwurf könnte man zu dem Ergebnis gelangen, dass diese Angaben zugleich individualisiert nach § 285 Nr. 9 lit. a Satz 6 lit. dd HGB und für die Personengruppe früherer Vorstandsmitglieder nach § 285 Nr. 9 lit. b HGB zu machen ist[78]. Hiergegen spricht aber, dass der Gesetzgeber eine Regelung trifft, nach der die Angabe unter den **Aktivenbezügen** zu machen sind und es anderenfalls zu Doppelangaben und damit nach neuem Recht zu einer unzutreffenden Angabe der Ehemaligenbezüge käme.

3. Erstmalige Anwendung

Die Vorschriften des § 285 Nr. 9 HGB idF des Gesetzes zur Angemessenheit der Vorstandsvergütung (VorstAG) sind erstmals auf Jahresabschlüsse für das **nach dem 31. Dezember 2009** beginnende Geschäftsjahr anzuwenden (Art. 68 Satz 1 EGHGB). Entsprechend ist § 285 Nr. 9 HGB idF des BilMoG letztmals auf Jahresabschlüsse für das vor dem 1. Januar 2010 beginnende Geschäftsjahr anzuwenden (Art. 68 Satz 2 EGHGB).

57

VI. Nutzungsdauer des Geschäfts- oder Firmenwerts (Nr. 13)

1. Grundlagen

Nach dem neu gefassten § 285 Nr. 13 HGB haben **Kapitalgesellschaften** und **Personenhandelsgesellschaften iSv. § 264a HGB** im Anhang die Gründe anzugeben, welche die Annahme einer betrieblichen Nutzungsdauer (§ 253 Abs. 3 Satz 2 HGB) eines entgeltlich erworbenen Geschäfts- oder Firmenwertes von mehr als fünf Jahren rechtfertigen (vgl. dazu Abschn. E Tz. 16). Außerdem ist die Vorschrift von dem PublG unterliegenden Körperschaften (§ 5 Abs. 2 Satz 2 PublG), eingetragenen Genossenschaften (§ 336 Abs. 2 Satz 1 HGB), Kreditinstituten (§ 340 a Abs. 1 HGB) und Versicherungsunternehmen (§ 341 Abs. 1 HGB) zu erfüllen.

58

Die Neufassung der Vorschrift zur Anhangangabe steht im Zusammenhang mit der Ersetzung des § 255 Abs. 4 HGB aF durch § 246 Abs. 1 Satz 4 HGB und dient der Umsetzung von Artikel 37 Abs. 2 Satz 2 der **Bilanzrichtlinie**[79]. Zwar sieht Artikel 34 Abs. 1 lit. a der Bilanzrichtlinie vor, dass ein entgeltlich erworbener Geschäfts- oder Firmenwert grds. innerhalb von fünf Jahren abzuschreiben ist. Die planmäßige Abschreibung des derivativen Geschäfts- oder Firmenwerts über einen darüber hinausgehenden Zeitraum kann aber von den Mitgliedstaaten nach Artikel 37 Abs. 2 Satz 2 der Bilanzrichtlinie gestattet werden, sofern die individuelle betriebliche Nutzungsdauer nicht überschritten und dies im Anhang – zu diesem Zweck wird § 285 Nr. 13 HGB neu gefasst – angegeben und nachvollziehbar begründet wird[80].

59

---

77 Vgl. *Ellrott*, in Beck Bil-Komm.⁶, § 285 Anm. 181; Begr. VorstAG, BT-Drucks. 16/12278, S. 9.
78 Vgl. Begr. VorstAG, BT-Drucks. 16/12278, S. 9.
79 Vgl. Begr. RegE, BT-Drucks. 16/10067, S. 70.
80 Vgl. Begr. RegE, BT-Drucks. 16/10067, S. 48 u. 70.

2. Erläuterungen zu den Angaben

60 Der Angabepflicht des § 285 Nr. 13 HGB liegt die Vorstellung einer typischen **Nutzungsdauer** von derivativen Geschäfts- oder Firmenwerten von **höchstens fünf Jahren** zu Grunde, die als unproblematisch angesehen wird und daher keiner Begründung bedarf (vgl. dazu Abschn. E Tz. 16). Erst wenn zB rechtliche, wirtschaftliche und/oder technische Rahmenbedingungen eines erworbenen Unternehmens dazu führen, dass zulässiger Weise von einer betrieblichen Nutzungsdauer eines entgeltlich erworbenen Geschäfts- oder Firmenwertes (§ 246 Abs. 1 Satz 4 HGB) von mehr als fünf Jahren auszugehen ist[81], sind die Gründe hierfür im Anhang anzugeben.

61 Wurde ein Geschäfts- oder Firmenwert in Ausübung des Wahlrechts nach der **bislang geltenden Vorschrift** des § 255 Abs. 4 Satz 3 HGB aF nicht pauschal (§ 255 Abs. 4 Satz 2 HGB aF), sondern planmäßig über die Geschäftsjahre abgeschrieben, in denen er voraussichtlich genutzt wird, waren nach § 285 Satz 1 Nr. 13 HGB aF lediglich die Gründe für die planmäßige Abschreibung anzugeben, die sich in der Angabe der voraussichtlichen Nutzungsdauer und der Abschreibungsmethode erschöpften[82].

62 Nach § 285 Nr. 13 HGB sind nunmehr auch die **Gründe** zur Rechtfertigung individuell ermittelter Nutzungsdauern von Geschäfts- oder Firmenwerten iSv. § 246 Abs. 1 Satz 4 HGB von **über fünf Jahren** anzugeben. Dabei erscheint bei Vorliegen ähnlicher Sachverhalte eine zusammenfassende Angabe zulässig, sofern der Grundsatz der Klarheit und Übersichtlichkeit (§ 243 Abs. 2 HGB) beachtet wird. Entgegen der bisher verbreiteten Praxis genügt ein Hinweis auf die in § 7 Abs. 1 Satz 3 EStG bestimmte steuerliche Nutzungsdauer von 15 Jahren nicht, um eine entsprechende Nutzungsdauer auch handelsrechtlich zu rechtfertigen[83]. Die Annahme der steuerlichen Nutzungsdauer von 15 Jahren ist indessen auch für die Handelsbilanz zulässig, wenn sie innerhalb einer geschätzten Bandbreite möglicher Nutzungsdauern iSd. § 253 Abs. 3 Satz 2 HGB liegt[84].

63 Die im Anhang genannten Gründe müssen für den Abschlussadressaten nachvollziehbar dargestellt werden und dürfen sich nicht auf eine aussagelose Tautologie beschränken, nach der sich zB „die planmäßige Abschreibung des Geschäfts- oder Firmenwerts nach der geschätzten Nutzungsdauer richtet"[85]. Damit die Nachvollziehbarkeit gewährleistet ist, sind mit der Angabe der Gründe für die Annahme einer betrieblichen Nutzungsdauer von mehr als fünf Jahren auch die wesentlichen **wertbestimmenden Faktoren** zu erläutern, die der Schätzung der Nutzungsdauer des derivativen Geschäfts- oder Firmenwerts zugrunde liegen.

64 Als **Anhaltspunkte für die Schätzung** können zB die Art und die voraussichtliche Bestandsdauer, der Lebenszyklus der Produkte oder die Laufzeit wichtiger Absatz- und Beschaffungsverträge des erworbenen Unternehmens oder einzelner Segmente verwendet werden (vgl. Abschn. E Tz. 19 f.). Eine Nutzungsdauer eines erworbenen Geschäfts- oder Firmenwerts von bspw. acht Jahren könnte gesetzeskonform zB damit begründet werden, dass der Geschäfts- oder Firmenwert im Wesentlichen auf Geschäftsbeziehungen mit zwei Vertragspartnern beruht, mit denen langfristige Rahmenverträge abgeschlossen wurden, die in acht Jahren enden. Die Angabepflicht nach

---

81 Vgl. Begr. RegE, BT-Drucks. 16/10067, S. 48.
82 Vgl. hierzu *Ellrott*, in Beck Bil-Komm.⁶, § 285 Anm. 245.
83 Vgl. Begr. RegE, BT-Drucks. 16/10067, S. 70. Stimmte die Nutzungsdauer mit der in § 7 Abs. 1 Satz 3 EStG fingierten von 15 Jahren überein, wurde die Angabepflicht bislang durch einen Hinweis auf die steuerrechtlichen Vorschriften erfüllt, da das zur Bilanzaufstellung zuständige Unternehmensorgan damit zum Ausdruck brachte, dass eine so lange Nutzung dieses immateriellen Wertes vertretbar war (vgl. *Ellrott*, in Beck Bil-Komm.⁶, § 285 Anm. 245; *ADS⁶*, § 285 HGB Tz. 245).
84 Vgl. IDW ERS HFA 34.
85 Vgl. *Hoffmann/Lüdenbach,* DStR 2008, Beihefter zu Heft 30, S. 66.

§ 285 Nr. 13 HGB besteht so lange fort, bis der jeweilige Geschäfts- oder Firmenwert vollständig abgeschrieben ist.

3. Erstmalige Anwendung

Nach Art. 66 Abs. 3 Satz 1 EGHGB ist § 285 Nr. 13 HGB erstmals auf Jahresabschlüsse für das **nach dem 31. Dezember 2009** beginnende Geschäftsjahr anzuwenden. Eine einschränkende Übergangsregelung, nach der – entsprechend Art. 66 Abs. 3 Satz 2 EGHGB – nur Geschäfts- oder Firmenwerte in den Anwendungsbereich des § 285 Nr. 13 HGB fallen, die erst nach einem bestimmten Stichtag entgeltlich erworben wurden, ist im Gesetz nicht enthalten. Deshalb fallen auch im Erstanwendungsjahr des BilMoG noch nicht vollständig abgeschriebene Geschäfts- oder Firmenwerte, die über einen Zeitraum von insgesamt mehr als fünf Jahren abgeschrieben werden, unter die Angabepflicht des § 285 Nr. 13 HGB[86]. Eine frühere Anwendung der Vorschrift bereits für nach dem 31. Dezember 2008 beginnende Geschäftsjahre ist nach Art. 66 Abs. 3 Satz 6 EGHGB wahlweise, jedoch nur bei Anwendung sämtlicher durch das BilMoG neu eingeführten Vorschriften und Angabe der früheren Anwendung im Anhang, zulässig.

65

VII. Erklärung zum Deutschen *Corporate Governance* Kodex (Nr. 16)

1. Grundlagen

Börsennotierte Gesellschaften (§ 3 Abs. 2 AktG) sowie Gesellschaften, die ausschließlich andere Wertpapiere als Aktien zum Handel an einem **organisierten Markt** iSd. § 2 Abs. 5 WpHG ausgegeben haben und deren ausgegebene Aktien auf eigene Veranlassung über ein **multilaterales Handelssystem** iSd. § 2 Abs. 3 Satz 1 Nr. 8 WpHG gehandelt werden[87], sind nach § 161 Abs. 1 AktG verpflichtet, eine Erklärung zum Deutschen *Corporate Governance* Kodex (DCGK)[88] abzugeben[89].

66

2. Erläuterungen zu den Angaben

Diese Gesellschaften haben nach § 285 Nr. 16 HGB im Anhang anzugeben, dass die Erklärung abgegeben und wo sie öffentlich zugänglich gemacht worden ist. Nach der neuen Vorschrift des § 161 Abs. 2 AktG ist die Erklärung zum DCGK auf der Internetseite der Gesellschaft dauerhaft öffentlich zugänglich zu machen (vgl. Abschn. Y Tz. 93), so dass die bisherige Beschränkung – wonach die Erklärung nur den Aktionären zur Verfügung zu stellen war – nach Maßgabe des Artikels 46a der Bilanzrichtlinie idF der **Abänderungsrichtlinie** aufgehoben und der Adressatenkreis der Erklärung zum DCGK auch auf potentielle Aktionäre ausgedehnt wird[90].

67

Anzugeben ist nach § 285 Nr. 16 HGB, **an welcher Stelle** die Erklärung zum DCGK öffentlich zugänglich ist. Dabei ist der Begriff der öffentlichen Zugänglichkeit iSd. § 161 Abs. 2 AktG zu verstehen, wonach die Erklärung auf der Internetseite der Gesellschaft **öffentlich zugänglich** zu machen ist. Die Anhangangabe muss die Internet-

68

---

86 Vgl. IDW ERS HFA 28 Tz. 30.
87 Vgl. *Assmann*, in Assmann/Schneider, WpHG[5], § 2 Rz. 107 ff.
88 Vgl. https://www.ebundesanzeiger.de, Bundesministerium der Justiz, Bekanntmachung des „Deutschen *Corporate Governance* Kodex" (in der Fassung vom 6. Juni 2008) vom 8. August 2008.
89 Vgl. *Hüffer*, in AktG[8], § 161 Rn. 1 ff.; *Ringleb*, in Ringleb/Kremer/Lutter/v. Werder, Kommentar zum DCGK[3], Rz. 46 ff.
90 Vgl. Begr. RegE, BT-Drucks. 16/10067, S. 70.

adresse[91], dh. den genauen Pfad enthalten, unter dem die Erklärung zugänglich ist. Es genügt nicht, wenn lediglich eine Seite angegeben wird, von der aus erst noch eine weitere Suche des Dokuments erforderlich ist. Der Zugang zur Internetadresse muss öffentlich, dh. jedem Interessierten per Internet möglich sein.

69 Da die Erklärung nach § 161 Abs. 2 AktG ausdrücklich auf der **Internetseite der Gesellschaft** zugänglich zu machen ist, genügt es nicht, im Anhang einen Verweis auf den elektronischen Bundesanzeiger anzugeben, wo die Erklärung zum DCGK nach § 325 Abs. 1 und 2 HGB offen zu legen ist.

3. Erstmalige Anwendung

70 Die Vorschrift des § 285 Nr. 16 HGB ist nach Art. 66 Abs. 2 Satz 1 EGHGB erstmals auf Jahresabschlusse für das **nach dem 31. Dezember 2008** beginnende Geschäftsjahr anzuwenden. Entsprechend ist § 285 Satz 1 Nr. 16 HGB aF nach Art. 66 Abs. 2 Satz 2 EGHGB letztmals auf Jahresabschlüsse für vor dem 1. Januar 2009 beginnende Geschäftsjahre anzuwenden.

VIII. Honorar des Abschlussprüfers (Nr. 17)

1. Grundlagen

71 Nach § 285 Nr. 17 lit. a bis d HGB sind **Kapitalgesellschaften** und **Personenhandelsgesellschaften iSv. § 264a HGB**, die keine größenabhängigen Erleichterungen iSd. § 288 HGB in Anspruch nehmen können, dazu verpflichtet, im Anhang „das von dem Abschlussprüfer für das Geschäftsjahr berechnete Gesamthonorar" anzugeben. Außerdem ist § 285 Nr. 17 HGB von dem PublG unterliegenden Körperschaften (§§ 3 Abs. 1 Nr. 3 bis 5, 5 Abs. 2 Satz 2 PublG), Kreditinstituten (§ 340a Abs. 1 HGB) und Versicherungsunternehmen (§ 341a Abs. 1 HGB) und für den Anhang eines nach § 325 Abs. 2a HGB freiwillig offen gelegten IFRS-Einzelabschlusses zu beachten. Nachdem die Beschränkung des § 285 Satz 1 Nr. 17 HGB aF auf kapitalmarktorientierte Unternehmen entfallen ist, ist § 285 Abs. 17 HGB in den genannten Grenzen von allen Unternehmen anzuwenden[92].

72 **Kleine Kapitalgesellschaften** (§ 267 Abs. 1 HGB) brauchen die Angaben zu den Honoraren des Abschlussprüfers nach § 288 Abs. 1 HGB nicht zu machen. Soweit **mittelgroße Kapitalgesellschaften** (§ 267 Abs. 2 HGB) die Angaben nach § 285 Nr. 17 HGB nicht machen, sind sie verpflichtet, diese der Wirtschaftsprüferkammer auf deren schriftliche Anforderung zu übermitteln (§ 288 Abs. 2 Satz 3 HGB).

73 Das Gesamthonorar ist gem. § 285 Nr. 17 HGB im Anhang nach folgenden Leistungen aufzuschlüsseln:

- die Abschlussprüfungsleistungen (§ 285 Nr. 17 lit. a HGB),
- andere Bestätigungsleistungen (§ 285 Nr. 17 lit. b HGB),
- Steuerberatungsleistungen (§ 285 Nr. 17 lit. c HGB) und
- sonstige Leistungen (§ 285 Nr. 17 lit. d HGB),

soweit die Angaben nicht in einem das Unternehmen einbeziehenden Konzernabschluss enthalten sind (§ 285 Nr. 17 dritter Teilsatz HGB).

---

91 Vgl. auch § 37v Abs. 1 Satz 2 WpHG.
92 Vgl. Begr. RegE, BT-Drucks. 16/10067, S. 70.

Mit der Neufassung des § 285 Nr. 17 HGB wird eine Anpassung an den Wortlaut des Artikels 43 Abs.1 Nr. 15 der Bilanzrichtlinie idF der **Abschlussprüferrichtlinie** bezweckt[93]. In diesem Zusammenhang sah der Regierungsentwurf in § 285 Nr. 17 HGB zunächst die Angabe des vom Abschlussprüfer „für im Geschäftsjahr erbrachte Leistungen berechnete[n]" Honorars vor[94]. Nach dem Wortlaut der Vorschrift wäre das dem Abschlussprüfer im vergangenen Geschäftsjahr zugeflossene oder noch zufließende, für im Geschäftsjahr erbrachte Leistungen berechnete Gesamthonorar, dh. der „leistungszeitgleiche Betrag", anzugeben gewesen[95]. 74

Mit dem Begriff des **Abschlussprüfers** ist der Abschlussprüfer iSv. § 318 HGB gemeint, dh. die (bestellte) WP-Praxis, wie sie in der VO 1/2006 definiert wird[96]. Der Begriff umfasst nach Sinn und Zweck des Gesetzes auch die verbundenen Unternehmen des Abschlussprüfers iSv. § 271 Abs. 2 HGB[97], nicht aber den gesamten internationalen Verbund, in dem eine WPG organisiert ist (§ 319b Abs. 1 Satz 3 HGB), so dass Angaben zu solchen Verbünden oder sog. „Netzwerken" grds. nicht erforderlich sind[98]. Werden sie dennoch – freiwillig – gemacht, ist eine entsprechende Davon-Angabe, bezogen auf den Abschlussprüfer, erforderlich[99]. 75

2. Erläuterungen zu den Angaben

Nach der endgültigen Fassung des § 285 Nr. 17 HGB ist nun das von dem Abschlussprüfer „für das Geschäftsjahr berechnete Gesamthonorar" anzugeben (zur Befreiung bei Angabe im Konzernanhang vgl. Tz. 82 ff.)[100]. Eine grundlegende Änderung der bisherigen Praxis bei der Ermittlung der anzugebenden Honorare ist nach der Begründung der Beschlussempfehlung des Rechtsausschusses mit der Anpassung des Wortlauts nicht verbunden[101]. Unter **Gesamthonorar** ist somit trotz des Gesetzeswortlauts nicht der bis zum Abschlussstichtag in Rechnung gestellte Betrag zu verstehen, sondern wie bisher die Gesamtvergütung für die Tätigkeit des Abschlussprüfers für die berichtende Gesellschaft, soweit diese im Geschäftsjahr in der Gewinn- und Verlustrechnung der zu prüfenden Gesellschaft als Aufwand erfasst ist[102]. Das Honorar iSd. § 285 Nr. 17 HGB schließt auch den Auslagenersatz für Tage- und Übernachtungsgelder, Fahrt- und Nebenkosten, Berichts- und Schreibkosten sowie sonstige Auslagen ein, nicht jedoch die als Vorsteuer abzugsfähige Umsatzsteuer[103]. 76

Somit ist neben den bereits abgegoltenen Honoraransprüchen für das Geschäftsjahr der in der **Rückstellung** für die Abschlussprüfungsleistung des Berichtsjahres enthaltene Honoraranteil in die Angabepflicht einzubeziehen[104]. Aufwendungen oder Erträge als Folge einer über- oder unterdotierten Rückstellung für das Abschlussprüferhonorar 77

---

93 Vgl. Begr. Beschlussempfehlung und Bericht des Rechtsausschusses, BT-Drucks. 16/12407, S. 88; Begr. RegE, BT-Drucks. 16/10067, S. 70.
94 Vgl. RegE, BT-Drucks. 16/10067, S. 9.
95 Vgl. Begr. RegE, BT-Drucks. 16/10067, S. 70; auch *Ellrott*, in Beck Bil-Komm.⁶, § 285 Anm. 267 zu § 285 Satz 1 Nr. 17 HGB aF.
96 Vgl. IDW ERS HFA 36 Tz. 5; Gemeinsame Stellungnahme der WPK und des IDW: Anforderungen an die Qualitätssicherung in der Wirtschaftsprüferpraxis (VO 1/2006), WPg 2006, S. 629.
97 Vgl. IDW ERS HFA 36 Tz. 7.
98 Vgl. IDW ERS HFA 36 Tz. 6.
99 Vgl. ebenda.
100 Vgl. Beschlussempfehlung des Rechtsausschusses, BT-Drucks. 16/12407, S. 14.
101 Vgl. Begr. Beschlussempfehlung und Bericht des Rechtsausschusses, BT-Drucks. 16/12407, S. 88.
102 Vgl. IDW ERS HFA 36 Tz. 8.
103 Vgl. *WPH*¹³, Bd. I, F Tz. 812; IDW ERS HFA 36 Tz. 10.
104 Vgl. *Lüdenbach/Hoffmann*, StuB 2009, S. 314.

sind im Abschluss des folgenden Geschäftsjahres zu berücksichtigen[105]. Sind diese Beträge wesentlich, empfiehlt sich ein Davon-Vermerk („davon für das Vorjahr")[106].

78 Das Gesamthonorar ist nach den in § 285 Nr. 17 lit. a bis d HGB genannten Kategorien gesondert anzugeben. Sind für das Berichtsjahr Leistungen nicht erbracht worden, ist keine Fehlanzeige erforderlich. Zu den **Abschlussprüfungsleistungen** (§ 285 Nr. 17 lit. a HGB) gehören insb. die gesetzliche Abschlussprüfung von Jahresabschlüssen, ggf. einschl. der Nachtragsprüfung nach § 316 Abs. 3 HGB, der Prüfung eines offenzulegenden IFRS-Einzelabschlusses und der gesetzlichen Prüfung des Risikofrüherkennungssystems iSv. § 317 Abs. 4 HGB sowie der Prüfung iSv. § 53 HGrG[107]. Honorare für sonstige dem gesetzlichen Abschlussprüfer obliegende Prüfungen (zB Prüfung des Abhängigkeitsberichts nach § 313 AktG, Prüfung nach § 29 Abs. 2 KWG) sind ebenfalls unter dieser Kategorie anzugeben, soweit diese in der Gewinn- und Verlustrechnung der zu prüfenden Gesellschaft als Aufwand erfasst sind[108].

79 Ist der Prüfer des Jahresabschlusses eines Mutterunternehmens auch **Prüfer des Konzernabschlusses**, ist im Anhang zum Jahresabschluss nur das für die Jahresabschlussprüfung zu leistende Honorar unter § 285 Nr. 17 lit. a HGB anzugeben (zur Befreiung bei Angabe im Konzernanhang vgl. Tz. 82 ff.). Werden vom Abschlussprüfer auch sog. „Konzern-*Packages*" (zB nach IFRS oder US-GAAP) geprüft und bestätigt, sind hierfür gewährte Honorare ebenfalls unter der Kategorie a) auszuweisen[109].

80 Die **anderen Bestätigungsleistungen** (§ 285 Nr. 13 lit. b HGB) umfassen vor allem andere berufstypische Prüfungsleistungen außerhalb der Jahresabschlussprüfung (§ 2 Abs. 1 WPO), wie Gründungs-, Verschmelzungs-, Spaltungsprüfungen, alle Arten von betriebswirtschaftlichen Prüfungen, Kreditwürdigkeits- und Unterschlagungsprüfungen[110]. Die **Steuerberatungsleistungen** (§ 285 Nr. lit. c HGB) betreffen zB Beratung im Zusammenhang mit der Abgabe von Steuererklärungen, das Aufzeigen von Gestaltungsalternativen und situationsbedingte Auskünfte zu bestimmten Sachverhalten.

81 Schließlich handelt es sich bei den **sonstigen Leistungen** (§ 285 Nr. 13 lit. d HGB) um einen Auffangtatbestand für alle weiteren zulässigen Leistungen des Abschlussprüfers, wie die prüfungsnahe Beratung oder zulässiger Weise erbrachte Bewertungsleistungen (vgl. auch Abschn. T Tz. 196 f.)[111].

3. Befreiung von der Angabepflicht im Anhang

82 Eine Befreiung von der Angabepflicht im Anhang zum Jahresabschluss erfolgt nach § 285 Nr. 17 HGB, wenn im Konzernanhang eine zusammenfassende Angabe aller Honorare der in den Konzernabschluss einbezogenen, dh. iSd. §§ 300 ff. HGB voll konsolidierten oder nach § 310 HGB im Wege der Quotenkonsolidierung einbezogenen Unternehmen - aufgeschlüsselt nach den vier Kategorien – erfolgt (sog. **Konzernklausel**)[112]. Für die Inanspruchnahme der Befreiungsklausel durch ein Gemein-

---

105 Vg. IDW ERS HFA 36 Tz. 9.
106 Vg. IDW ERS HFA 36 Tz. 9.
107 Vgl. *Ellrott*, in Beck Bil-Komm.⁶, § 285 Anm. 271.
108 Vgl. IDW ERS HFA 36 Tz. 12.
109 Vgl. IDW ERS HFA 36 Tz. 12.
110 Vgl. *Ellrott*, in Beck Bil-Komm.⁶, § 285 Anm. 272; IDW ERS HFA 36 Tz. 13.
111 Vgl. *Ellrott*, in Beck Bil-Komm.⁶, § 285 Anm. 274; IDW ERS HFA 36 Tz. 14.
112 Da der Wortlaut von Art. 43 Abs. 1 Nr. 15 Unterabsatz 2 der Bilanzrichtlinie idF der Abschlussprüferrichtlinie nur fordert, dass die Angaben im Konzernabschluss enthalten sein müssen, ist eine auf die Kategorien bezogene zusammengefasste Angabe ausreichend. Vgl. Begr. RegE, BT-Drucks. 16/10067, S. 71.

schaftsunternehmen ist nach dem Wortlaut der Vorschrift ausreichend, wenn die Honorare in einem (quotal) einbeziehenden Konzernabschluss vollständig angegeben sind. Wird ein Tochterunternehmen nach § 296 Abs. 1 HGB nicht in den Konzernabschluss einbezogen, hat es demnach die Angaben nach § 285 Nr. 17 HGB im Anhang zu machen.

Die Honorare brauchen nach § 285 Nr. 17 HGB nicht angegeben zu werden, soweit sie in einem das Unternehmen einbeziehenden Konzernabschluss enthalten sind. Nach dem Wortlaut („soweit") könnte das **Abschlussprüferhonorar eines (Tochter-)Unternehmens** auch nur anteilig im Konzernabschluss angegeben werden, so dass im Jahresabschluss die verbleibenden Differenzbeträge zwischen den jeweiligen Gesamthonoraren und den im Konzernabschluss angegebenen Beträgen anzugeben wären. Nach Art. 43 Abs. 1 Nr. 15 Unterabsatz 2 der Bilanzrichtlinie idF der Abschlussprüferrichtlinie ist indessen Voraussetzung für die Inanspruchnahme der Befreiung, dass „eine derartige Information" im konsolidierten Abschluss enthalten ist[113]. Daher ist davon auszugehen, dass die Befreiung nach § 285 Nr. 17 HGB nur dann in Anspruch genommen werden kann, wenn die Honorare des Tochterunternehmens **vollständig** im Konzernanhang angegeben werden. **83**

Nach der Begründung des Rechtsausschusses ist die Inanspruchnahme der Konzernklausel des § 285 Nr. 17 HGB nur zulässig, wenn die **Prüferhonorare für alle** in den Konzernabschluss **einbezogenen Unternehmen** im Konzernanhang angegeben werden[114]. Eine Angabe nur für einen Teil der einbezogenen Konzernunternehmen im Rahmen der Angaben für den Gesamtkonzern (§ 314 Abs. 1 Nr. 9 HGB) ist zwar wenig aussagekräftig, eine derart strenge Befreiungsvoraussetzung kann aber nach dem Geseztzeswortlaut nicht gefordert werden[115]. **84**

Sofern Jahresabschlüsse von in den Konzernabschluss einbezogener Tochter- oder Gemeinschaftsunternehmen, dh. iSd. §§ 300 ff. HGB voll konsolidierte oder nach § 310 HGB im Wege der Quotenkonsolidierung einbezogene Unternehmen nicht vom Konzernabschlussprüfer, sondern von anderen Prüfern geprüft werden, fallen diese **Honorare für andere Abschlussprüfer** nicht unter die Angabepflicht des § 314 Abs. 1 Nr. 9 HGB, da diese Regelung nur auf den Konzernabschlussprüfer Bezug nimmt (vgl. Abschn. R Tz. 28). Um in diesem Fall auf der Ebene eines einbezogenen Unternehmens eine nach der Konzernklausel des § 285 Nr. 17 HGB zulässige Befreiung zu erreichen, sind die Honorare für die anderen Abschlussprüfer daher im Konzernanhang gesondert darzustellen. Werden mehrere Tochter- oder Gemeinschaftsunternehmen nicht vom Konzernabschlussprüfer geprüft, genügt die zusammengefasste Angabe der Leistungen der anderen Abschlussprüfer, jeweils für die einzelnen Kategorien (vgl. Tz. 73). **85**

Einen **Hinweis im Anhang** zum Jahresabschluss sieht das Gesetz für den Fall, dass von der befreienden Konzernklausel des § 285 Nr. 17 HGB Gebrauch gemacht wird, nicht vor. Aus Gründen der Klarheit kann unter Bezugnahme auf diese Vorschrift jedoch im Anhang darauf hingewiesen werden, dass auf die Angabe des Abschlussprüferhonorars verzichtet wird, weil dieses im Konzernabschluss des einbeziehenden Mutterunternehmens enthalten ist. **86**

---

113 Vgl. Richtlinie 2006/43/EG des Europäischen Parlaments und des Rates vom 17. Mai 2006, ABl. EU v. 9.6.2006, L 157, S. 87 ff. (106 f.).
114 Vgl. Begr. Beschlussempfehlung und Bericht des Rechtsausschusses, BT-Drucks. 16/12407, S. 88.
115 Vgl. hierzu IDW ERS HFA 36 Tz. 19.

87 Soweit eine Beurteilung von Befreiungsvoraussetzungen nach den Verhältnissen bis zur Beendigung der **Abschlussprüfung** möglich ist, hat der Abschlussprüfer auch die Rechtmäßigkeit der Inanspruchnahme der Erleichterungen zu beurteilen[116].

4. Erstmalige Anwendung

88 Nach Art. 66 Abs. 2 Satz 1 EGHGB ist § 285 Nr. 17 HGB erstmals auf Jahresabschlüsse für **das nach dem 31. Dezember 2008** beginnende Geschäftsjahr anzuwenden. Entsprechend ist § 285 Satz 1 Nr. 17 HGB aF nach Art. 66 Abs. 2 Satz 2 EGHGB letztmals auf Jahresabschlüsse für vor dem 1. Januar 2009 beginnende Geschäftsjahre anzuwenden.

IX. Finanzinstrumente (Nr. 18 bis 20)

1. Vorbemerkungen und erstmalige Anwendung

89 Im Zusammenhang mit der Einfügung von § 285 Nr. 20 HGB, wonach Kreditinstitute Anhangangaben zu den nach § 340e Abs. 3 Satz 1 HGB mit dem beizulegenden Zeitwert bewerteten Finanzinstrumenten des Handelsbestands zu machen haben (vgl. auch Abschn. V Tz. 100 ff.), wurden die Vorschriften über die **Angabepflichten zu den Finanzinstrumenten** in § 285 Nr. 18 bis 20 HGB folgendermaßen **neu geordnet**[117]:

- die neue Nr. 18 regelt die Angabepflichten der Nr. 19 aF für zu den Finanzanlagen (§ 266 Abs. 2 A. III HGB) gehörende Finanzinstrumente, die über ihrem beizulegenden Zeitwert ausgewiesen werden.
- die neue Nr. 19 regelt die Angabepflichten der Nr. 18 aF zu derivativen Finanzinstrumenten, die sich nunmehr auf Angaben zu solchen beschränken, die nicht zum beizulegenden Zeitwert bilanziert werden.
- die neuen Vorschrift des § 285 Nr. 20 HGB regelt die Angabepflichten zu den bei Kreditinstituten zum beizulegenden Zeitwert bilanzierten Finanzinstrumenten.

90 Die Anhangangaben zu Finanzinstrumenten nach § 285 Nr. 18 bis 20 HGB sind nach Art. 66 Abs. 3 Satz 1 EGHGB erstmals auf Jahresabschlüsse für das **nach dem 31. Dezember 2009** beginnende Geschäftsjahr anzuwenden. Entsprechend sind § 285 Satz 1 Nr. 18 und Nr. 19 HGB aF sowie die mit der Neuformulierung der Anhangangaben zu Finanzinstrumenten im Zusammenhang stehenden § 285 Satz 2 bis 6 HGB aF letztmals auf Jahresabschlüsse für das vor dem 1. Januar 2010 beginnende Geschäftsjahr anzuwenden. Eine frühere Anwendung der neuen Vorschriften bereits für nach dem 31. Dezember 2008 beginnende Geschäftsjahre ist nach Art. 66 Abs. 3 Satz 6 EGHGB wahlweise, jedoch nur bei Anwendung der in Art. 66 Abs. 3 EGHGB genannten neu eingeführten Vorschriften und unter Angabe der früheren Anwendung im Anhang möglich.

2. Angaben zu Finanzanlagen, bei denen eine außerplanmäßige Abschreibung unterblieben ist (Nr. 18)

91 § 285 Nr. 18 HGB regelt unter Berücksichtigung der Neufassung des § 253 HGB die bisherigen Angabepflichten nach § 285 Nr. 19 HGB aF[118]. Unverändert zur bisherigen

---

116 Vgl. zur Befreiung nach § 264 Abs. 3 HGB *Förschle/Deubert*, in Beck Bil-Komm.⁶, § 264 Anm. 121; IDW PH 9.200.1 Tz. 5.
117 Vgl. Begr. RegE, BT-Drucks. 16/10067, S. 71.
118 Vgl. Begr. RegE, BT-Drucks. 16/10067, S. 71.

§ 285 HGB   Anhang   O

Rechtslage sind von **Kapitalgesellschaften** und **Personenhandelsgesellschaften** iSv. § **264a HGB** nunmehr nach § 285 Nr. 18 HGB Angaben zu machen für Finanzanlagen iSd. § 266 Abs. 2 A. III. HGB[119], die über ihrem beizulegenden Zeitwert (§ 255 Abs. 4 HGB) ausgewiesen werden, da eine außerplanmäßige Abschreibung nach § 253 Abs. 3 Satz 4 HGB aufgrund einer voraussichtlich nicht dauernden Wertminderung unterblieben ist (vgl. Abschn. J Tz. 10 f.). Die Angabepflicht betrifft zudem unter das PublG fallende Unternehmen, soweit sie einen Anhang erstellen müssen (§ 5 Abs. 2 Satz 2 PublG), eingetragene Genossenschaften (§ 336 Abs. 2 HGB), Kreditinstitute (§ 340a Abs. 1 HGB) und Versicherungsunternehmen (§ 341a Abs. 1 HGB) und ist für den Anhang eines nach § 325 Abs. 2a HGB freiwillig offen gelegten IFRS-Einzelabschlusses zu beachten.

Im Anhang ist anzugeben: 92

- der **Buchwert** und der beizulegende **Zeitwert** der einzelnen Vermögensgegenstände oder angemessener Gruppierungen (§ 285 Nr. 18 lit. a HGB) sowie
- die **Gründe für das Unterlassen der Abschreibung** einschl. der Anhaltspunkte, die darauf hindeuten, dass die Wertminderung voraussichtlich nicht von Dauer ist (§ 285 Nr. 18 lit. b HGB)[120].

Die Angabepflichten nach § 285 Nr. 18 HGB stimmen mit den Angabepflichten nach   93
§ 285 Satz 1 Nr. 19 HGB aF überein[121]. Auch weiterhin erscheinen deshalb Angaben dann nicht erforderlich, wenn Finanzanlagen zwar **über ihrem beizulegenden Zeitwert** nach § 255 Abs. 4 HGB, nicht aber über dem beizulegenden Wert nach § 253 Abs. 3 Satz 3 HGB ausgewiesen werden, da in diesem Fall keine außerplanmäßige Abschreibung nach § 253 Abs. 3 Satz 4 HGB unterblieben ist[122].

3. Angaben zu derivativen Finanzinstrumenten, die nicht zum beizulegenden Zeitwert bilanziert sind (Nr. 19)

a. Grundlagen

Die Vorschrift des § 285 Nr. 19 HGB entspricht inhaltlich grds. der Nummer 18 aF. Sie   94
wurde lediglich um bislang nach § 285 Satz 6 HGB aF erforderliche Angaben erweitert (§ 285 Nr. 19 lit. d HGB) und aufgrund der Einführung des 340e Abs. 3 Satz 1 HGB (vgl. Abschn. V Tz. 101 ff.) auf Angaben zu **nicht zum beizulegenden Zeitwert bilanzierten derivativen Finanzinstrumenten** beschränkt. Für Nicht-Kreditinstitute ergibt sich aus dieser Beschränkung keine materielle Änderung, weil diese Unternehmen wie bisher sämtliche Derivate nicht zum beizulegenden Zeitwert (§ 255 Abs. 4 HGB), sondern imparitätisch nach dem Anschaffungskostenprinzip zu bewerten haben. Ausnahmen hiervon ergeben sich, wenn Derivate bei Einbeziehung in Bewertungseinheiten (§ 254 HGB) nach der sog. Durchbuchungsmethode bewertet werden (vgl. Abschn. H Tz. 121 ff.) oder als Deckungsvermögen (§ 246 Abs. 2 Satz 2 HGB) zum beizulegenden Zeitwert bewertet werden (vgl. Abschn. C Tz. 54 ff.). Auch die

---

119 Die Angabepflicht umfasst alle Finanzanlagen iSd. § 266 Abs. 2 A. III. HGB, da sie alle unter die Definition der Finanzinstrumente fallen; vgl. IDW RH HFA 1.005 Tz. 24.
120 Vgl. zum bisherigen Recht IDW RH HFA 1.005 Tz. 22 ff.; *Ellrott*, in Beck Bil-Komm.[6], § 285 Anm. 302 ff. zu § 285 Satz 1 Nr. 19 aF HGB; *WPH*[13], Bd. I, F Tz. 686 ff. zu § 285 Satz 1 Nr. 19 HGB aF.
121 Vgl. zum bisherigen Recht IDW RH HFA 1.005 Tz. 4; *Ellrott*, in Beck Bil-Komm.[6], § 285 Anm. 300 ff. zu § 285 Satz 1 Nr. 19 HGB aF; *WPH*[13], Bd. I, K Tz. 123 ff.
122 Vgl. zum bisherigen Recht IDW RH HFA 1.005 Tz. 24.

379

übrigen Änderungen des Gesetzeswortlauts im Vergleich zur bisherigen Fassung sind im Wesentlichen nicht von praktischer Bedeutung, sondern ergeben sich aus der (inhaltlich unveränderten) Neufassung des § 255 Abs. 4 Satz 1 und 2 HGB im Zusammenhang mit der Aufhebung von § 285 Satz 3 bis 5 HGB aF (Ermittlung des beizulegenden Zeitwerts).

95 Große und mittelgroße **Kapitalgesellschaften** und **Personenhandelsgesellschaften iSv. § 264a HGB** haben nach § 285 Nr. 19 HGB im Anhang Angaben zu nicht zum beizulegenden Zeitwert bilanzierten derivativen Finanzinstrumenten zu machen. Wie nach bisherigem Recht sind kleine Kapitalgesellschaften nach § 288 Abs. 1 HGB von der Angabepflicht befreit. Die Angaben sind des Weiteren von den unter das PublG fallenden Unternehmen, soweit sie einen Anhang erstellen müssen (§ 5 Abs. 2 Satz 2 PublG), eingetragenen Genossenschaften (§ 336 Abs. 2 HGB), Kreditinstituten (§ 340a Abs. 1 HGB) sowie Versicherungsunternehmen (§ 341a Abs. 1 HGB) zu machen.

96 Im Anhang sind **für jede Kategorie**[123] nicht zum beizulegenden Zeitwert bilanzierter derivativer Finanzinstrumente anzugeben:
- deren Art und Umfang (§ 285 Nr. 19 lit. a HGB),
- deren beizulegender Zeitwert, soweit er sich nach § 255 Abs. 4 HGB verlässlich ermitteln lässt, unter Angabe der angewandten Bewertungsmethode (§ 285 Nr. 19 lit. b HGB)
- deren Buchwert und der Bilanzposten, in welchem der Buchwert, soweit vorhanden, erfasst ist (§ 285 Nr. 19 lit. c HGB) sowie
- die Gründe dafür, warum der beizulegende Zeitwert ggf. nicht bestimmt werden kann (§ 285 Nr. 19 lit. d HGB).

97 Fraglich könnte sein, ob die Angaben nach § 285 Nr. 19 HGB auch für solche nicht zum beizulegenden Zeitwert bilanzierte derivative Finanzinstrumente zu machen sind, die in eine **Bewertungseinheit** nach § 254 Satz 1 HGB einbezogen und nach der Einfrierungsmethode bewertet worden sind (vgl. Abschn. H Tz. 103 ff.). Dies wäre der Fall, wenn § 285 Nr. 23 HGB, der bei Anwendung des § 254 HGB bestimmte Angaben fordert (vgl. Tz. 170 ff.), als lex specialis anzusehen wäre und die parallele Anwendung der Nr. 19 und 23 zu Doppelangaben führte. Für eine unabhängig von einer Einbeziehung in eine Bewertungseinheit bestehende Angabepflicht nach § 285 Nr. 19 HGB spricht aber zum einen, dass der Wortlaut des § 285 Nr. 19 HGB keine Befreiung für den Fall einer Einbeziehung in eine Bewertungseinheit vorsieht. Die Einbeziehung eines Geschäfts in eine Bewertungseinheit führt zum anderen – trotz der Bewertung der Bewertungseinheit als neues, einheitliches Bewertungsobjekt – nicht dazu, dass das Geschäft seine Eigenschaft als derivatives Finanzinstrument verliert.

98 Die Angaben nach § 285 Nr. 19 und nach Nr. 23 HGB enthalten idR auch keine Überschneidungen, führen also nicht zu (unnötigen) Doppelangaben, da es sich bei derivativen Finanzinstrumenten im Fall ihrer Einbeziehung in Bewertungseinheiten idR um **Sicherungsinstrumente** handelt, § 285 Nr. 23 HGB aber insb. Angaben zu den Grundgeschäften (§ 285 Nr. 23 lit. a und lit. c HGB; vgl. Tz. 172 ff. und Tz. 194 ff.) sowie Angaben zur Bewertungseinheit insgesamt (§ 285 Nr. 23 lit b HGB; vgl. Tz. 182a ff.), nicht aber zu den Sicherungsinstrumenten fordert. Aus diesen Gründen erscheint es sachgerecht, die Angaben zu derivativen Finanzinstrumenten nach § 285 Nr. 19 HGB unabhängig davon zu verlangen, ob sie in eine Bewertungseinheit nach § 254 Satz 1 HGB einbezogen werden oder nicht.

---

123 Vgl. zum bisherigen Recht IDW RH HFA 1.005 Tz. 12 f.

b. Erläuterungen zu den Angaben

Derivative Finanzinstrumente iSd. § 285 Nr. 19 HGB sind als Fest- oder Optionsgeschäfte ausgestaltete Termingeschäfte, deren Wert von einer Basisvariablen (zB Marktpreis, Zinssatz, Devisenkurs oder Aktienindex) abhängt und deren Erfüllung – brutto oder netto – auf eine Geldzahlung oder den Zu- bzw. Abgang von Finanzinstrumenten gerichtet ist[124]. Die Regierungsbegründung stellt darüber hinaus klar, dass trotz der ersatzlosen Aufhebung des § 285 Satz 2 HGB aF auch weiterhin Warentermingeschäfte, die mit Finanzinstrumenten wirtschaftlich vergleichbar sind, als derivative Finanzinstrumente gelten – und deshalb auch für sie die Angabepflichten nach § 285 Nr. 19 HGB bestehen –, auch wenn sie keine Finanzinstrumente sind[125]. 99

Eine solche wirtschaftliche Vergleichbarkeit liegt bei **Warentermingeschäften** dann vor, wenn sowohl der Veräußerer als auch der Erwerber zur Abgeltung in bar oder durch ein anderes Finanzinstrument berechtigt sind, es sei denn, die Warentermingeschäfte wurden abgeschlossen, um einen physischen Bedarf (Erwerb, Veräußerung oder eigener Gebrauch) des Unternehmens abzudecken. Diese Zweckwidmung muss dauerhaft sowohl bei Vertragsabschluss als auch zum Bilanzierungszeitpunkt bestehen, ferner muss der Vertrag mit der Lieferung der Ware als erfüllt gelten[126]. 100

Damit sind auch weiterhin nur die Derivate nach § 285 Nr. 19 HGB angabepflichtig, die nicht auf physische Lieferung, sondern auf **Barausgleich** gerichtet sind (zB EEX-Terminkontrakte ohne physische Lieferung)[127]. Die Neuregelung des § 254 Satz 2 HGB, wonach als Finanzinstrumente iSd. § 254 Satz 1 HGB alle Termingeschäfte über den Erwerb oder die Veräußerung von Waren gelten, einschließlich der auf den Eigenbedarf gerichteten (vgl. Abschn. H Tz. 33), ändert an der für Zwecke der Angabepflicht nach § 285 Nr. 19 HGB vorzunehmenden Differenzierung nichts. 101

Die Angabepflichten nach § 285 Nr. 19 HGB bestehen nur für **nicht zum beizulegenden Zeitwert bilanzierte** derivative Finanzinstrumente. Die Regierungsbegründung stellt klar, dass diese neu ins Gesetz aufgenommene Beschränkung auf nicht zum beizulegenden Zeitwert bilanzierte Finanzinstrumente aus der Pflicht für Kreditinstitute zur Bilanzierung von Finanzinstrumenten des Handelsbestands zum beizulegenden Zeitwert nach § 255 Abs. 4 HGB resultiert (§ 340e Abs. 3 Satz 1 HGB), um für derartige Finanzinstrumente die Doppelangabe des beizulegenden Zeitwerts in Bilanz und Anhang zu vermeiden[128]. Die Absicht einer weitergehenden Einschränkung der Angabepflichten im Vergleich zur bisherigen Rechtslage ist nicht ersichtlich. Die Angabepflicht entfällt deshalb nur für derivative Finanzinstrumente, die nach § 255 Abs. 4 HGB zum beizulegenden Zeitwert bewertet werden. 102

Werden Finanzinstrumente dagegen nach anderen Vorschriften bewertet, bestehen die bisherigen Angabepflichten unverändert fort, auch dann, wenn der Wert nach den anderen Vorschriften dem beizulegenden Zeitwert nach § 255 Abs. 4 HGB entspricht. Die Angabepflichten bestehen danach bspw. weiterhin für aktivierte Optionsprämien, die nach § 253 Abs. 4 HGB auf den **niedrigeren beizulegenden Wert** am Abschlussstichtag abgeschrieben worden sind oder für isoliert zu bewertende Zinsswaps, für die nach § 249 Abs. 1 Satz 1 HGB eine Drohverlustrückstellung iHd. des **negativen Marktwerts** (§ 253 Abs. 1 Satz 2 HGB) passiviert worden ist. 103

---

124 Vgl. *WPH*[13], Bd. I, F Tz. 676; zum bisherigen Recht IDW RH HFA 1.005 Tz. 5; bzgl. der Definition des Finanzinstruments nach bisherigem Recht siehe IDW RH HFA 1.005 Tz. 4.
125 Vgl. Begr. RegE, BT-Drucks. 16/10067, S. 75.
126 Vgl. zum bisherigen Recht IDW RH HFA 1.005 Tz. 6.
127 Vgl. hierzu zum bisherigen Recht IDW RH HFA 1.005 Tz. 6.
128 Vgl. Begr. RegE, BT-Drucks. 16/10067, S. 71.

104 § 285 Nr. 19 HGB fordert, dass die Angaben nach lit. a bis d nicht für einzelne derivative Finanzinstrumente, sondern zusammengefasst in **Kategorien** erfolgen. Maßgebend für die Bildung und Abgrenzung einer Kategorie derivativer Finanzinstrumente ist die Gleichartigkeit der ihnen zugrunde liegenden Risiken. Danach sind die derivativen Finanzinstrumente zumindest in zinsbezogene Geschäfte, währungsbezogene Geschäfte, aktien-/indexbezogene Geschäfte und sonstige Geschäfte zu untergliedern[129]. Sind derivative Finanzinstrumente mehreren Kategorien zuzuordnen (zB *cross-currency*-Zinsswaps), sind sie entweder unter einer eigenständigen Kategorie oder gesondert unter den sonstigen Geschäften zu erfassen[130].

105 Nach § 285 Nr. 19 lit. a HGB sind pro Kategorie Art und Umfang der nicht zum beizulegenden Zeitwert bewerteten derivativen Finanzinstrumente anzugeben. Zu den **Arten** derivativer Finanzinstrumente zählen insb. Optionen, *Futures*, *Swaps* und *Forwards* sowie deren Variationen (zB *Swaptions*)[131]. Die Angabe des **Umfangs** der derivativen Finanzinstrumente erfordert zumindest die Nennung der Nominalwerte[132]. Abhängig von der Art der Finanzinstrumente können weitere Angaben sachgerecht sein. So empfiehlt es sich zB bei einem Zinsswap, neben dem Nominalbetrag auch die getauschten Zinssätze anzugeben[133]. Unterschiede im Vergleich zur bisherigen Auslegung von § 285 Satz 1 Nr. 18 lit. a HGB aF ergeben sich nicht.

106 Der **beizulegende Zeitwert**[134] (vgl. Abschn. C Tz. 55) der derivativen Finanzinstrumente ist, soweit er sich nach § 255 Abs. 4 HGB verlässlich ermitteln lässt (vgl. Abschn. C Tz. 58), nach § 285 Nr. 19 lit. b HGB für jede Kategorie unter Angabe der angewandten Bewertungsmethode anzugeben. Die Vorschriften zur Ermittlung des beizulegenden Zeitwerts nach § 255 Abs. 4 Satz 1 und 2 HGB entsprechen inhaltlich grds. denjenigen nach § 285 Satz 3 und 4 HGB aF für Zwecke der bisherigen Anhangangabe nach § 285 Satz 1 Nr. 18 lit. b HGB aF.

107 Der beizulegende Zeitwert nach § 255 Abs. 4 HGB entspricht dem **Marktpreis**, wenn ein solcher verlässlich feststellbar ist, dh. ein aktiver Markt besteht, so zB grds. bei börsengehandelten Optionen oder bei *Futures*[135]. Soweit kein aktiver Markt besteht, anhand dessen sich der Marktpreis ermitteln lässt, ist der beizulegende Zeitwert - sofern möglich - nach § 255 Abs. 4 Satz 2 HGB mit Hilfe allgemein **anerkannter Bewertungsmethoden** zu bestimmen. Dazu zählen zB das *Black-Scholes*-Optionspreismodell oder das Binomialmodell[136].

108 Die in § 255 Abs. 4 Satz 1 bis 3 HGB für Zwecke der bilanziellen Bewertung festgelegte **Reihenfolge der Wertermittlung** besteht auch für Zwecke der Ermittlung der Anhangangabe nach § 285 Nr. 19 lit. b HGB, da sie der bisherigen Ermittlung der Anhangangabe nach § 285 Satz 3 und 4 HGB aF entspricht und aus den Gesetzesbegründungen nicht ersichtlich ist, dass sich an dieser bisherigen Ermittlungsreihenfolge etwas ändern soll[137]. Besteht deshalb ein aktiver Markt für angabepflichtige derivative Finanzinstrumente, ist deren Marktpreis und nicht ein anhand allgemein anerkannter Bewertungsmethoden ermittelter Wert anzugeben.

---

[129] Vgl. zum bisherigen Recht IDW RH HFA 1.005 Anm. 12.
[130] Vgl. zum bisherigen Recht IDW RH HFA 1.005 Anm. 13.
[131] Vgl. *Ellrott*, in Beck Bil-Komm.⁶, § 285 Anm. 286; zum bisherigen Recht IDW RH HFA 1.005 Tz. 14; *WPH*[13], Bd. I, F Tz. 678.
[132] Vgl. zum bisherigen Recht IDW RH HFA 1.005 Anm. 15; Begr. RegE, BT-Drucks. 16/10067, S. 71.
[133] Vgl. *WPH*[13], Bd. I, F Tz. 678.
[134] Vgl. zum bisherigen Recht IDW RH HFA 1.005 Tz. 7 ff.
[135] Vgl. *WPH*[13], Bd. I, F Tz. 680.
[136] Vgl. *WPH*[13], Bd. I, F Tz. 681.
[137] Vgl. Begr. RegE, BT-Drucks. 16/10067, S. 75.

§ 285 Nr. 19 lit. b HGB verlangt die Angabe der angewandten Bewertungsmethode. **109** Gibt es einen aktiven Markt und ist deshalb der **Marktpreis** nach § 255 Abs. 4 Satz 1 HGB anzugeben, wird der beizulegende Zeitwert nicht anhand einer Bewertungsmethode iSd. § 255 Abs. 4 Satz 2 HGB ermittelt, so dass die Angabe der angewandten Bewertungsmethode entfällt. In diesem Fall ist es empfehlenswert darauf hinzuweisen, dass es sich bei dem angegebenen Wert um einen Marktpreis handelt.

Gibt es keinen aktiven Markt und wird deshalb eine Bewertungsmethode angewandt, **110** verlangt § 285 Nr. 19 lit. b HGB lediglich die Angabe der **Bewertungsmethode**. Im Unterschied dazu war nach bisherigem Recht im Fall der Anwendung allgemein anerkannter Bewertungsmodelle und –methoden die Angabe der tragenden Annahmen dieser Modelle und Methoden angabepflichtig (§ 285 Satz 5 HGB aF). Dazu gehörte neben der Nennung des angewandten Modells auch die Nennung der wichtigsten Einflussgrößen, bspw. die Berücksichtigung marktgerechter Zinsstrukturkurven oder die einbezogenen Volatilitäten[138].

Eine Pflicht zur künftigen Nennung derartiger Einflussgrößen kann dem Wortlaut des **111** § 285 Nr. 19 lit. b HGB, im Gegensatz zu den Angaben zu für bilanzielle Zwecke zum beizulegenden Zeitwert bewerteten Vermögensgegenständen und Schulden (§ 285 Nr. 20 lit a und Nr. 25 HGB) nicht entnommen werden. Eine solche Pflicht besteht auch nicht nach dem § 285 Nr. 19 HGB zugrunde liegenden Art. 43 Nr. 14 lit a der Bilanzrichtlinie. Die Nennung tragender Modellannahmen kann deshalb nicht verlangt werden. Die Angabe der angewandten Bewertungsmethode verlangt vielmehr nur die **Nennung des benutzten Modells** (zB. *Black-Scholes*).

Die Vorschrift des § 285 Nr. 19 lit. c HGB verlangt für jede Kategorie die Angabe eines **112** ggf. vorhandenen **Buchwerts**, mit dem das derivative Finanzinstrument zum Bilanzstichtag bilanziert ist, und des **Bilanzpostens**, in welchem der Buchwert erfasst ist. Unterschiede im Vergleich zur bisherigen Auslegung von § 285 Satz 1 Nr. 18 lit a HGB aF[139] ergeben sich nicht.

Kann der **beizulegende Zeitwert** iSd. § 255 Abs. 4 HGB **nicht bestimmt werden**, **113** sind nach § 285 Nr. 19 lit. d HGB die Gründe dafür anzugeben. Die Bestimmung des beizulegenden Zeitwerts iSd. § 255 Abs. 4 ist nicht möglich, wenn ein Marktpreis iSv. § 255 Abs. 4 Satz 1 HGB für derivative Finanzinstrumente nicht vorliegt und auch die in allgemein anerkannte Bewertungsmodelle (§ 255 Abs. 4 Satz 2 HGB) einfließenden Daten nicht verlässlich ermittelt werden können[140].

Bei der Frage, ob der beizulegende Zeitwert bestimmt werden kann, kommt es nicht **114** auf eine Bestimmbarkeit überhaupt, sondern auf eine **verlässliche Bestimmbarkeit** an. Dazu kann auf die Überlegungen zu § 255 Abs. 4 Satz 3 HGB zurückgegriffen werden (vgl. Abschn. V Tz. 104). Für das Fehlen einer verlässlichen Wertermittlung nennt die Regierungsbegründung zu § 255 Abs. 4 HGB folgende Kriterien:

- Die angewandte Bewertungsmethode führt zu einer Bandbreite möglicher Werte,
- die Abweichung der Werte voneinander ist signifikant und
- eine Gewichtung der Werte nach Eintrittswahrscheinlichkeiten ist nicht sinnvoll möglich, weil deren Eintrittswahrscheinlichkeiten nicht verlässlich beurteilt werden können[141].

---

138 Vgl. IDW RH HFA 1.005 Tz. 19; *WPH*[13], Bd. I, F Tz. 681.
139 Vgl. *Ellrott*, in Beck Bil-Komm.[6], § 285 Anm. 294.
140 Vgl. IDW RH HFA 1.005 Tz. 21.
141 Vgl. Begr. RegE, BT-Drucks. 16/10067, S. 61.

Dies entspricht den Anforderungen an die verlässliche Bestimmbarkeit des beizulegenden Zeitwerts von Eigenkapitalinstrumenten nach IFRS, die keinen auf einem aktiven Markt notierten Marktpreis haben (IAS 39.AG80 f.). Wann die Wertunterschiede signifikant sind und wann die Eintrittswahrscheinlichkeiten nicht verlässlich beurteilt werden können, kann nicht generell vorgegeben werden, sondern ist im Einzelfall zu beurteilen. Unterschiede im Vergleich zur bisherigen Auslegung von § 285 Satz 6 HGB aF ergeben sich durch § 285 Nr. 19 lit. b HGB nicht[142].

4. Angaben zu Finanzinstrumenten, die zum beizulegenden Zeitwert bilanziert sind (Nr. 20)

a. Grundlagen

115 Die Vorschrift des § 285 Nr. 20 HGB basiert auf Art. 42d der Bilanzrichtlinie idF der **Fair-Value-Richtlinie**[143]. Danach sind Angaben zu gem. § 340e Abs. 3 Satz 1 HGB mit dem beizulegenden Zeitwert bewerteten Finanzinstrumenten (vgl. Abschn. V Tz. 101 ff.) zu machen. Damit erstreckt sich der Anwendungsbereich der Vorschrift, trotz ihrer Einordnung in die Vorschriften für alle Kapitalgesellschaften und Personenhandelsgesellschaften iSd. § 264a HGB, auf Kreditinstitute iSd. § 340 Abs. 1 HGB. Dies gilt aufgrund des eindeutigen Gesetzeswortlautes auch dann, wenn Nicht-Kreditinstitute Finanzinstrumente, die Deckungsvermögen iSd. § 246 Abs. 2 Satz 2 HGB sind, nach § 253 Abs. 1 Satz 4 HGB zum beizulegenden Zeitwert bewerten müssen (vgl. Abschn. C Tz. 54). Die Angabepflichten dazu ergeben sich statt dessen aus § 285 Nr. 25 HGB (vgl. Tz. 218).

116 Angabepflichten ergeben sich nur für Finanzinstrumente, die nach § 340e Abs. 3 Satz 1 HGB zum beizulegenden Zeitwert nach § 255 Abs. 4 HGB bewertet werden müssen, also für **Finanzinstrumente des Handelsbestands** bei Kreditinstituten. Zum Begriff des (derivativen) Finanzinstruments des Handelsbestands nach § 340e Abs. 3 Satz 1 HGB vgl. Abschn. V Tz. 87. Werden Finanzinstrumente von Kreditinstituten nach anderen Vorschriften als nach § 340e Abs. 3 Satz 1 HGB bewertet, führt dies deshalb auch dann nicht zu einer Angabepflicht nach § 285 Nr. 20 HGB, wenn dieser andere Wert (zufällig) dem beizulegenden Zeitwert nach § 255 Abs. 4 HGB entspricht (vgl. auch Tz. 93).

b. Erläuterungen zu den Angaben

117 Nach § 285 Nr. 20 HGB haben Kreditinstitute für gemäß § 340e Abs. 3 Satz 1 HGB mit dem beizulegenden Zeitwert bewertete Finanzinstrumente des Handelsbestands im Anhang anzugeben:

- die grundlegenden **Annahmen**, die der Bestimmung des beizulegenden Zeitwertes der Finanzinstrumente mit Hilfe allgemein anerkannter Bewertungsmethoden zugrunde gelegt wurden (§ 285 Nr. 20 lit. a HGB), sowie
- **Umfang** und **Art** jeder Kategorie derivativer Finanzinstrumente einschl. der wesentlichen **Bedingungen**, welche die Höhe, den Zeitpunkt und die Sicherheit künftiger Zahlungsströme beeinflussen können (§ 285 Nr. 20 lit. b HGB).

---

[142] Vgl. zum bisherigen Recht IDW RH 1.005 Tz. 10 f.; zu den Angabepflichten im Einzelnen vgl. *Ellrott*, in Beck Bil-Komm.[6], zu § 285 Satz 6 HGB aF Anm. 294.
[143] Vgl. Richtlinie 2001/65/EG des Europäischen Parlaments und des Rates vom 27. September 2001 (Fair Value Richtlinie).

§ 285 HGB   Anhang   O

Die Angaben nach § 285 Nr. 20 lit. a HGB sind nicht nur für derivative Finanzinstru- **118**
mente, sondern für alle nach § 340e Abs. 3 Satz 1 HGB bewerteten Finanzinstrumente
erforderlich, deren beizulegender Zeitwert nicht unmittelbar auf einem Marktpreis iSv.
§ 255 Abs. 4 Satz 1 HGB basiert, sondern nach § 255 Abs. 4 Satz 2 HGB mit Hilfe
allgemein anerkannter Bewertungsmethoden ermittelt wird[144]. In diesen Fällen sind
als grundlegende Annahmen zum einen die angewandten Bewertungsmethoden zu
nennen (zB *Black-Scholes*), zum anderen die den angewandten Methoden zugrunde
liegenden wesentlichen objektiv nachvollziehbaren Parameter[145]. Hierzu gehören zB
bei Anwendung des *Black-Scholes*-Optionspreismodells die Restlaufzeit, der Preis des
Basiswerts (zB der Aktie), der risikoadäquate Zinssatz und die Volatilität[146]. Basiert der
beizulegende Zeitwert unmittelbar auf einem Marktpreis (§ 255 Abs. 4 Satz 1 HGB),
sind keine Angaben erforderlich, da die Wertermittlung nicht mittels Bewertungsverfahren erfolgt. In diesem Fall ist es empfehlenswert, darauf hinzuweisen, dass es sich
bei dem angegebenen Wert um einen Marktpreis handelt.

Nach § 285 Nr. 20 lit b HGB sind **Art und Umfang** jeder Kategorie zum beizule- **119**
genden Zeitwert ermittelter derivativer Finanzinstrumente anzugeben. Die Regierungsbegründung stellt klar, dass die Kategorisierung derartiger derivativer Finanzinstrumente nach den ihnen zugrunde liegenden Basiswerten bzw. abgesicherten Risiken
erfolgt (bspw. Unterscheidung nach zinsbezogenen, währungsbezogenen, aktienkurs-
bezogenen und sonstigen marktpreisbezogenen Geschäften), also der Kategorisierung
nach § 285 Nr. 19 HGB entspricht (vgl. Tz. 104)[147]. Entsprechendes gilt für die Angaben zu Umfang und Art jeder Kategorie derivativer Finanzinstrumente, die den nach
§ 285 Nr. 19 HGB geforderten Angaben zu Art und Umfang entsprechen (vgl.
Tz. 105)[148].

Für jede Kategorie derivativer Finanzinstrumente sind außerdem die wesentlichen Be- **120**
dingungen anzugeben, welche die Höhe, den Zeitpunkt und die Sicherheit künftiger
Zahlungsströme beeinflussen können (§ 285 Nr. 20 lit. b HGB). Mithin ist also darzustellen, welchen Chancen und Risiken die jeweilige Kategorie derivativer Finanzinstrumente ausgesetzt ist[149]. Da Preisänderungs-, Ausfall- und Liquiditätsrisiken sowie
Risiken aus Zahlungsstromschwankungen nach § 289 Abs. 2 Nr. 2 lit. b HGB auch im
Lagebericht angabepflichtig sind – dort jedoch in Bezug auf die Verwendung von Fi-
nanzinstrumenten durch die Gesellschaft, sofern dies für die Beurteilung der Lage oder
der voraussichtlichen Entwicklung der Gesellschaft von Belang ist[150] – können sich im
Einzelfall Doppelangaben im Anhang und im Lagebericht ergeben. Dies ist bspw. der
Fall, wenn die Ausfallrisiken der in einer Kategorie enthaltenen derivativen Finanzinstrumente für die Beurteilung der Lage der Gesellschaft wesentlich sind. Angaben im
Lagebericht entbinden jedoch nicht von der Verpflichtung, die Angaben nach § 285
Nr. 20 lit. b HGB im Anhang zu machen[151]. Dies ergibt sich auch daraus, dass der Gesetzgeber die Angabepflichten im Anhang nach § 285 Nr. 20 lit b HGB, im Gegensatz
zu denen nach § 285 Nr. 23 HGB, nicht ausdrücklich auf die Fälle beschränkt, in denen
die Angaben nicht im Lagebericht gemacht werden (vgl. dazu Tz. 198).

---

144 Vgl. Begr. RegE, BT-Drucks. 16/10067, S. 71.
145 Vgl. Begr. RegE, BT-Drucks. 16/10067, S. 71. Zur Nennung der Methode iZm. mit Angabepflichten zu
     tragenden Modellannahmen nach § 285 Satz 5 HGB aF vgl. IDW RH HFA 1.005 Tz. 19.
146 Vgl. *Ellrott*, in Beck Bil-Komm.[6], § 285 Anm. 310 zu § 285 Satz 5 HGB aF.
147 Vgl. Begr. RegE, BT-Drucks. 16/10067, S. 71.
148 Vgl. Begr. RegE, BT-Drucks. 16/10067, S. 71.
149 Vgl. Begr. RegE, BT-Drucks. 16/10067, S. 71.
150 Vgl. IDW RH HFA 1.005 Tz. 36 f.; *Ellrott*, in Beck Bil-Komm.[6], § 289 Anm. 67.
151 Vgl. hierzu auch IDW PS 345 Tz. 19a.

O Anhang § 285 HGB

121 Die nach § 285 Nr. 20 lit. b HGB anzugebenden **wesentlichen Bedingungen**, welche die Höhe, den Zeitpunkt und die Sicherheit künftiger Zahlungsströme beeinflussen können, sind abhängig von den in der jeweiligen Kategorie enthaltenen derivativen Finanzinstrumenten, den diesen zugrunde liegenden Basiswerten bzw. den abgesicherten Risiken sowie den im Einzelfall getroffenen Vereinbarungen. Künftige Zahlungsströme im Sinne der Vorschrift können sowohl Aus- als auch Einzahlungen sein. Für die Kategorie zinsbezogener derivativer Finanzinstrumente könnte sich bspw. die Änderung des Marktzinssatzes auf die Höhe sowie eventuelle Ausfallrisiken auf die Sicherheit künftiger Zahlungsströme wesentlich auswirken und deshalb angabepflichtig sein. Im Unterschied dazu könnte für die Kategorie währungsbezogener derivativer Finanzinstrumente im Fall wesentlicher Devisenoptionen angabepflichtig sein, ob diese lediglich endfällig (europäische Optionen) oder während eines festgelegten Ausübungszeitraums (amerikanische Optionen) ausübbar sind, da dies Auswirkungen auf den Zeitpunkt künftiger Zahlungsströme haben kann.

X. Geschäfte mit nahe stehenden Unternehmen und Personen (Nr. 21)

1. Grundlagen

122 Nach § 285 Nr. 21 HGB haben **Kapitalgesellschaften** und **Personenhandelsgesellschaften iSv. § 264a HGB**, die nicht von den größenabhängigen Erleichterungen (§ 288 HGB) Gebrauch machen dürfen (vgl. Tz. 127 ff.), im Anhang „zumindest die nicht zu marktüblichen Bedingungen zustande gekommenen Geschäfte, soweit sie wesentlich sind, mit nahe stehenden Unternehmen und Personen" anzugeben. Bei Vorliegen marktunüblicher Geschäfte haben die Unternehmen danach ein Wahlrecht, entweder nur Angaben zu diesen Geschäften oder aber zu sämtlichen mit nahe stehenden Unternehmen und Personen abgeschlossenen Geschäfte zu machen. § 285 Nr. 21 HGB ist auch von dem PublG unterliegenden Körperschaften (§ 5 Abs. 2 Satz 2 PublG), eingetragenen Genossenschaften (§ 336 Abs. 2 Satz 1 HGB), Kreditinstituten (§ 340a Abs. 1 HGB) und Versicherungsunternehmen (§ 341a Abs. 1 HGB) zu beachten. Die Regelungen des § 285 Nr. 21 HGB beruhen auf der Umsetzung von Art. 43 Abs. 1 Nr. 7b der Bilanzrichtlinie idF der Abänderungsrichtlinie in nationales Recht.

123 § 285 Nr. 21 erster Teilsatz HGB verlangt neben der Angabe zumindest der nicht zu marktüblichen Bedingungen zustande gekommenen Geschäfte Angaben

- zur **Art der Beziehung** zu nahe stehenden Unternehmen und Personen,
- zum **Wert der Geschäfte** sowie
- weitere Angaben, die für die **Beurteilung der Finanzlage** notwendig sind.

Sinn und Zweck dieser Angaben bleiben letztlich unklar. Es ist zu vermuten, dass dem Abschlussleser die Beurteilung der Abhängigkeit des berichtenden Unternehmens von bestimmten Einflüssen erleichtert werden soll, indem der Gesamtwert von Geschäften, bei deren Abschluss kein echter Interessengegensatz zwischen den Parteien bestanden hat, sowie die Qualität des Einflusses des Geschäftspartners angegeben werden.

124 Geschäfte mit und zwischen mittel- oder unmittelbar **in hundertprozentigem Anteilsbesitz** stehenden und in einen Konzernabschluss einbezogenen Unternehmen brauchen nicht angegeben zu werden (§ 285 Nr. 21 zweiter Teilsatz HGB). Angaben zu Geschäften können nach **Geschäftsarten** zusammengefasst werden, sofern die getrennte An-

gabe für die Beurteilung der Auswirkungen auf die Finanzlage nicht notwendig ist (§ 285 Nr. 21 dritter Teilsatz HGB).

Auch wenn sich zahlreiche Überschneidungen der nach § 285 Nr. 21 HGB geforderten Angaben mit den bereits bisher erforderlichen **Ausweis- und Angabepflichten nach anderen Vorschriften** (zB hinsichtlich verbundenen Unternehmen, Gesellschaftern oder Organmitgliedern) ergeben können, ist aus dem Gesetz nicht ersichtlich, dass auf Angaben verzichtet darf, um Doppelangaben zu vermeiden. Hierfür spricht auch, dass die Angaben oder Sonderausweise jeweils in einem anderen Zusammenhang stehen und deshalb einen unterschiedlichen Aussagegehalt haben. **125**

Vor Einführung des § 285 Nr. 21 HGB bestanden nach dem deutschen Handelsbilanzrecht keine mit dieser Vorschrift vergleichbaren gesetzlichen Angabepflichten zu Geschäften mit nahe stehenden Unternehmen und Personen. Nach Auffassung des DRSC ist über die handelsrechtlichen Angabepflichten hinaus bereits nach DRS 11 über Beziehungen zu nahe stehenden Personen (sog. *related parties*) im **Konzernanhang** zu berichten[152]. Die Regelung des § 285 Nr. 21 HGB unterscheidet sich von den Angabepflichten nach DRS 11.11 und auch von denen nach den internationalen Rechnungslegungsvorschriften (IAS 24.17) insb. dadurch, dass diese Vorschriften Angaben zu sämtlichen (wesentlichen) Geschäften mit nahe stehenden Unternehmen und Personen verlangen[153] und insofern nicht zwischen marktüblichen und -unüblichen Geschäften unterscheiden. **126**

2. Größenabhängige Erleichterungen

Die größenabhängigen Erleichterungen nach Art. 43 Abs. 1 Nr. 7b Unterabsatz 2 der Bilanzrichtlinie idF der Abänderungsrichtlinie werden durch § 288 HGB umgesetzt. **Kleine Kapitalgesellschaften** brauchen nach § 288 Abs. 1 HGB die Angaben nach § 285 Nr. 21 HGB nicht zu machen. **127**

Mittelgroße Kapitalgesellschaften brauchen die Angaben nach § 285 Nr. 21 HGB nur zu machen, wenn sie die Rechtsform der Aktiengesellschaft aufweisen (§ 288 Abs. 2 Satz 4 erster Halbsatz HGB). Die Angabe kann in diesem Fall auf Geschäfte beschränkt werden, die direkt oder indirekt mit dem Hauptgesellschafter oder Mitgliedern des Geschäftsführungs-, Aufsichts- oder Verwaltungsorgans abgeschlossen wurden (§ 288 Abs. 2 Satz 4 zweiter Halbsatz HGB). **128**

Der Begriff des **Hauptgesellschafters** ist nach der Regierungsbegründung funktional zu verstehen. Nach Sinn und Zweck des § 285 Nr. 21 HGB ist diejenige natürliche oder juristische Person oder Personengesellschaft Hauptgesellschafter, die die Möglichkeit hat, die Finanz- und Geschäftspolitik des berichtenden Unternehmens zu bestimmen, und die daher den Abschluss eines marktunüblichen Geschäfts zum eigenen Nutzen durchsetzen kann[154]. Regelmäßig ist dies bei einem Gesellschafter der Fall, der auf das berichtende Unternehmen unmittelbar oder mittelbar einen beherrschenden Einfluss ausüben kann (§ 290 Abs. 1 Satz 1 HGB), während ein nur maßgeblicher Einfluss (§ 311 Abs. 1 HGB) oder eine gemeinsame Führung (§ 310 Abs. 1 HGB) hierfür in aller Regel nicht ausreichend sind. **129**

---

[152] Vgl. DRS 11; *WPH*[13], Bd. I, M Tz. 721 f.; zu den Folgen von über das Gesetz hinausgehenden Anforderungen der DRS vgl. *Förschle*, in Beck Bil-Komm.[6], § 342 Anm. 9.
[153] Vgl. *ADS* International, Abschn. 27 Tz. 104 u. 123; *PwC*, IFRS Manual of Accounting 2009, Tz. 29.21.
[154] Vgl. IDW ERS HFA 33; zu § 288 HGB vgl. Begr. RegE, BT-Drucks. 16/10067, S. 76.

130 Für mittelgroße Aktiengesellschaften beschränkt § 288 Abs. 2 Satz 4 zweiter Halbsatz HGB die Angabepflichten nach § 285 Nr. 21 HGB auf Geschäfte, die direkt oder indirekt mit dem Hauptgesellschafter oder Organmitgliedern abgeschlossen wurden. Bei **direkten Geschäften** sind die genannten Personen unmittelbar Vertragspartner des berichtenden Unternehmens. Hierzu zählen aber auch Verträge, die dem Hauptgesellschafter oder Organmitglied wirtschaftlich zuzurechnen sind, weil der Vertragspartner für Rechnung der genannten Personen handelt (treuhandähnliche Gestaltungen). Die Regierungsbegründung enthält keine Hinweise darüber, was unter **indirekten Geschäften** zu verstehen ist. Sieht man den Sinn und Zweck der Regelung darin, die Umgehung von Angabepflichten zu vermeiden, sind darunter insb. Geschäfte des berichtenden Unternehmens zu verstehen, die mit Vertragspartnern abgeschlossen werden, auf die der Hauptgesellschafter oder das Organmitglied beherrschenden Einfluss ausüben kann (zB Tochtergesellschaften)[155].

3. Nahe stehende Unternehmen und Personen

131 Der Begriff der nahe stehenden Unternehmen und Personen bestimmt sich nach Art. 43 Abs. 1 Nr. 7b der Bilanzrichtlinie idF der Abänderungsrichtlinie iSd. gem. der IAS-Verordnung in der jeweils von der EU übernommenen Fassung der **internationalen Rechnungslegungsstandards** (IFRS). Somit ist die Abgrenzung des Kreises der nahe stehenden Unternehmen und Personen in Anwendung der Kriterien des IAS 24 in der jeweils geltenden Fassung vorzunehmen. Daher ist der betroffene Kreis Nahestehender derzeit iSd. in IAS 24.9 verwendeten Begriffs zu verstehen[156]. Für die Einschätzung, ob Unternehmen oder Personen zueinander nahe stehend sind, ist nach IAS 24.10 und wegen der Anwendung des IFRS-Begriffs der nahe stehenden Unternehmen und Personen auch für handelsrechtliche Zwecke grds. der wirtschaftliche Gehalt und nicht die rechtliche Form entscheidend[157].

132 Das IASB hat Ende des Jahres 2008 einen überarbeiteten *Exposure Draft* zur Änderung des IAS 24 veröffentlicht, der auch eine **Änderung des Begriffs** der **nahe stehenden Unternehmen und Personen** im Vergleich zum gegenwärtigen IAS 24 enthält[158]. Da der Begriff der nahe stehenden Unternehmen und Personen nach der Regierungsbegründung demjenigen des von der EU übernommenen IAS 24 entspricht, setzt die handelsrechtliche Anwendung des geänderten Begriffs die Übernahme des geänderten IAS 24 durch die EU (*Endorsement*) voraus. Liegt dies vor, gilt der neue Begriff ab dem Zeitpunkt der verpflichtenden Erstanwendung des geänderten IAS 24 (bzw. ab dem ggf. späteren Zeitpunkt des *Endorsements*). Wird eine frühere Anwendung empfohlen, ist diese nach erfolgtem *Endorsement* auch für handelsrechtliche Zwecke zulässig, wobei ein Hinweis auf die frühere Anwendung im Anhang erfolgen sollte.

133 Folgende **Unternehmen und natürliche Personen** sind zu einem berichtspflichtigen Unternehmen **nahe stehend** iSd. IAS 24.9[159]:

- Unternehmen und natürliche Personen, die das berichtspflichtige Unternehmen direkt oder indirekt über Zwischenstufen **beherrschen** (*control*) (IAS 24.9(a)(i)), bspw. das direkte sowie alle übergeordneten Mutterunternehmen;

---

155 Vgl. IDW ERS HFA 33.
156 Vgl. IAS 24; Begr. RegE, BT-Drucks. 16/10067, S. 72.
157 Zu IAS 24.10 vgl. *ADS International*, Abschn. 27 Tz. 11.
158 Vgl. IASB, *Exposure Draft*, Relationships with the State (Proposed Amendments to IAS 24), Dezember 2008.
159 Vgl. auch IDW ERS HFA 33; zur Abgrenzung nach IFRS ausführlich *ADS International*, Abschn. 27 Tz. 26-87.

- Unternehmen, die von dem berichtspflichtigen Unternehmen direkt oder indirekt **beherrscht werden** (IAS 24.9(a)(i)), maßgeblich beeinflusst werden (IAS 24.9(b)) oder gemeinschaftlich geführt werden (IAS 24.9(c)), dh. (unmittelbare und mittelbare) Tochterunternehmen, assoziierte Unternehmen und Gemeinschaftsunternehmen iSd. §§ 290, 310 und 311 HGB;
- Unternehmen, die direkt oder indirekt **unter derselben Beherrschung** (*common control*) wie das berichtende Unternehmen stehen (IAS 24.9(a)(i)), dh. (direkte und indirekte) Schwesterunternehmen. Gemeinschaftsunternehmen unter derselben gemeinschaftlichen Führung oder assoziierte Unternehmen unter demselben maßgeblichen Einfluss sind dagegen nach der gegenwärtigen Auslegung des IAS 24 genauso wenig zueinander nahe stehend wie Tochterunternehmen zu Gemeinschaftsunternehmen und zu assoziierten Unternehmen oder Gemeinschaftsunternehmen zu assoziierten Unternehmen[160];
- Unternehmen und natürliche Personen, die einen **maßgeblichen Einfluss** (*significant influence*) auf das berichtspflichtige Unternehmen ausüben (IAS 24.9(a)(ii)) oder das berichtspflichtige Unternehmen gemeinschaftlich führen (*joint control*) (IAS 24.9(a)(iii));
- Mitglieder des **Managements in Schlüsselpositionen** (*key management personnel*), dh. der obersten Führungs- und Überwachungsebene, des berichtenden Unternehmens sowie des direkten Mutterunternehmens des berichtenden Unternehmens (IAS 24.9(d)); dazu zählen insb. Mitglieder des Geschäftsführungs- und eines Aufsichtsorgans, bspw. des Aufsichtsrats[161];
- **nahe Familienangehörige** (*close family members*) einer natürlichen Person, die das berichtende Unternehmen beherrscht, gemeinschaftlich führt oder maßgeblich beeinflusst (IAS 24.9(e) iVm. .9(a)); zu den nahen Familienangehörigen zählen bspw. Ehepartner oder in einer eheähnlichen Gemeinschaft lebende Personen und Kinder[162];
- **nahe Familienangehörige** eines Mitglieds des Managements in Schlüsselpositionen des berichtenden Unternehmens sowie dessen direkten Mutterunternehmens (IAS 24.9(e) iVm. .9(d));
- **Unternehmen**, die von einem **Mitglied des Managements** in Schlüsselpositionen (des berichtenden Unternehmens oder dessen direkten Mutterunternehmens) – oder von einem nahen Familienangehörigen einer solchen natürlichen Person – **beherrscht, gemeinschaftlich geführt, maßgeblich beeinflusst** oder mittels wesentlichem Stimmrechtsanteil (*significant voting power*)[163] beeinflusst werden[164] (IAS 24.9(f) iVm. .9(d) und .9(e); bspw. ein Unternehmen, an dem ein Aufsichtsratsmitglied oder dessen Ehefrau 30 % der Stimmrechte inne hat;
- **Unternehmen**, die von einem **nahen Familienangehörigen** einer das berichtspflichtige Unternehmen beherrschenden, gemeinschaftlich führenden oder maßgeblich beeinflussenden natürlichen Person **beherrscht, gemeinschaftlich geführt, maßgeblich beeinflusst** oder mittels wesentlichem Stimmrechtsanteil beeinflusst werden (IAS 24.9(f) iVm. .9(e) und .9(a)); bspw. ein Unternehmen, das die Ehefrau des Mehrheitsgesellschafters des berichtenden Unternehmens durch entsprechenden Stimmrechtsanteil maßgeblich beeinflusst;

---

160 Vgl. *ADS International*, Abschn. 27 Tz. 41.
161 Zu weitergehenden Ausführungen vgl. *ADS* International, Abschn. 27 Tz. 54-63.
162 Zu weitergehenden Ausführungen vgl. *ADS* International, Abschn. 27 Tz. 69-75.
163 Zum Begriff des wesentlichen Stimmrechtsanteils vgl. *ADS* International, Abschn. 27 Tz. 79.
164 *PwC*, IFRS Manual of Accounting 2009, Tz. 29.78.2.

- **Versorgungskassen für Leistungen** nach Beendigung des Arbeitsverhältnisses an Arbeitnehmer des berichtenden Unternehmens oder an Arbeitnehmer eines dem berichtenden Unternehmen nahe stehenden Unternehmens (*post-employment benefit plans*; IAS 24.9(g)).

134 Nahe stehend iSd. IAS 24.9 können nicht nur einzelne natürliche Personen oder Unternehmen, sondern auch **Zusammenschlüsse natürlicher Personen** oder Unternehmen sein, wenn die Möglichkeit der gemeinsamen Einflussnahme – bspw. in Form einer Stimmrechtsvereinbarung – gewährleistet ist[165].

135 Ob **Beherrschung** (*control*), **gemeinschaftliche Führung** (*joint control*) oder **maßgeblicher Einfluss** (*significant influence*) vorliegt und Personen deshalb zueinander nahe stehend sind, ergibt sich für Zwecke des handelsrechtlichen Jahresabschlusses sachgerechterweise aus den im HGB verwendeten Begriffen der Beherrschung iSv. § 290 Abs. 1 und Abs. 2 HGB, der gemeinschaftlichen Führung iSv. § 310 Abs. 1 HGB und dem maßgeblichen Einfluss iSv. § 311 Abs. 1 HGB.[166]

136 Weder der Gesetzeswortlaut noch die Regierungsbegründung enthalten Vorgaben, zu welchem **Zeitpunkt** Unternehmen bzw. Personen zueinander nahe stehend sein müssen, um die Angabepflichten nach § 285 Nr. 21 HGB auszulösen. Da die ggf. marktunüblichen Bedingungen im Zeitpunkt des Abschlusses des Verpflichtungsgeschäfts während des Geschäftsjahres vereinbart werden, ist die Angabepflicht dem Grunde nach davon abhängig zu machen, ob die Unternehmen und Personen zu diesem Zeitpunkt zueinander nahe stehend waren (vgl. Tz. 133).

4. Angabepflichtige Geschäfte

137 Der Begriff des „Geschäfts" iSd. § 285 Nr. 21 erster Teilsatz HGB ist im weitesten funktionalen Sinn zu verstehen[167]. Bei der Begriffsbestimmung kann auf § 312 AktG zurückgegriffen werden[168]. Danach sind im Abhängigkeitsbericht neben **Rechtsgeschäften** auch andere getroffene **Maßnahmen** anzugeben, die typischerweise eine entgeltliche oder unentgeltliche Übertragung oder Nutzung von Vermögensgegenständen oder Schulden zum Gegenstand haben (vgl. zu diesen Begriffen Tz. 14 ff.). Beispiele für Maßnahmen sind Produktionsverlagerungen und -änderungen, Stilllegungen von Betriebsteilen, Investitions- oder Forschungstätigkeiten oder Abstimmungen im Einkauf oder Verkauf, die zB auf Weisung einer übergeordneten Konzerngesellschaft vorgenommen werden.

138 Der Begriff „Geschäft" bezieht alle Transaktionen rechtlicher oder wirtschaftlicher Art ein, die sich auf die Finanzlage eines Unternehmens auswirken können. Da der Wortlaut des § 285 Nr. 21 erster Teilsatz HGB auf „zustande gekommene" Geschäfte abstellt, sind **unterlassene Rechtsgeschäfte** und **unterlassene Maßnahmen** nicht angabepflichtig[169].

139 Laut der Regierungsbegründung sind solche Geschäfte nach § 285 Nr. 21 HGB angabepflichtig, die sich auf die Finanzlage des Unternehmens auswirken können. Ursache einer Auswirkung auf die (künftige) Finanzlage des Unternehmens sind regelmäßig **Verpflichtungsgeschäfte**, während Verfügungsgeschäfte lediglich der Erfüllung der

---

165 Vgl. *ADS International*, Abschn. 27 Tz. 27; *Niehus*, DB 2008, S. 2497.
166 Zu einer Begriffsauslegung in Übereinstimmung mit den jeweils angewandten Rechnungslegungsgrundsätzen vgl. IDW RH HFA 1.006 Tz. 14.
167 Vgl. Begr. RegE, BT-Drucks. 16/10067, S. 72.
168 Vgl. IDW ERS HFA 33.
169 Vgl. Begr. RegE, BT-Drucks. 16/10067, S. 72, hierzu auch IDW ERS HFA 33.

Verpflichtungsgeschäfte dienen. Fraglich könnte sein, ob nach § 285 Nr. 21 HGB über ein Geschäft in dem Geschäftsjahr zu berichten ist, in das der Abschluss des Verpflichtungsgeschäfts fällt, oder in demjenigen, in den das Erfüllungsgeschäft fällt. Während bei Geschäften mit einmaligen Leistungszeitpunkten beide Zeitpunkte (Verpflichtung und Erfüllung) vielfach in demselben Berichtsjahr liegen werden, ergeben sich zeitliche Unterschiede insb. bei langfristigen Verträgen, bspw. bei Sukzessivlieferverträgen oder bei Dauerschuldverhältnissen.

Entsprechend dem Zeitpunkt der Berichterstattungspflicht beim Abhängigkeitsbericht (§ 312 AktG) erscheint es sachgerecht, über die **im Berichtsjahr abgeschlossenen Verpflichtungsgeschäfte** zu berichten[170], und zwar auch dann, wenn diese bis zum Abschlussstichtag erfüllt worden sind. Dabei ist es unerheblich, ob der Abschluss eines Verpflichtungsgeschäfts bereits eine Buchungs- oder Bilanzierungspflicht ausgelöst hat[171]. Sachgerecht erscheint es darüber hinaus, in Folgejahren über in früheren Jahren vereinbarte Dauerschuldverhältnisse zu berichten, wenn der Vertragspartner am Abschlussstichtag noch als nahe stehend anzusehen ist. 140

Rahmenverträge sind Rechtsgeschäfte, die später durch einzelne Rechtsgeschäfte konkretisiert werden. Werden in ihnen bereits Bedingungen für die späteren Verpflichtungsgeschäfte festgelegt (bspw. Beschaffungs- oder Absatzpreise), können sie sich indirekt auf die (künftige) Finanzlage des Unternehmens auswirken. Im Hinblick auf die angestrebte weite Begriffsfassung (vgl. Tz. 137) erscheint es in diesem Fall sachgerecht, eine Berichtspflicht schon für Rahmenverträge zu verlangen, grds. ergänzt um eine Berichtspflicht für die späteren einzelnen Rechtsgeschäfte. 141

Bei Anstellungsverträgen mit **Organmitgliedern** könnte die Angabepflicht nach § 285 Nr. 21 HGB zu Überschneidungen mit den Anhangangaben nach § 285 Nr. 9 lit. a HGB führen[172], da diese als in Schlüsselpositionen tätige Personen anzusehen sind (vgl. Tz. 133). Da die Organmitglieder den jeweils zuständigen Organen des berichtenden Unternehmens aber hinsichtlich der Vereinbarung ihrer Tätigkeitsvergütung regelmäßig als fremde Dritte gegenübertreten, erscheint es sachgerecht, diese Tätigkeit nicht zu den nach § 285 Nr. 21 HGB angabepflichtigen Geschäften zu zählen. Die Tätigkeit als Gesellschaftsorgan führt aus der Sicht des berichtenden Unternehmens erst zur Begründung des Status als nahe stehende Person, ist aber noch nicht ein Geschäft mit einer solchen Person. Ausnahmen hiervon könnten sich bei Organmitgliedern ergeben, die zugleich in wesentlichem Umfang Anteile an der berichtenden Gesellschaft halten. Dagegen können bspw. Geschäfte nach § 285 Nr. 9 lit. c HGB (Vorschüsse, Kredite, Haftungsverhältnisse) grds. unter die Angabepflicht nach § 285 Nr. 21 HGB fallen, wenn sie marktunüblich und wesentlich sind. 142

5. Marktunübliche Bedingungen

Die Vorschrift des § 285 Nr. 21 erster Teilsatz HGB sieht Angaben zu Geschäften mit nahe stehenden Unternehmen und Personen verpflichtend nur dann vor, wenn diese nicht zu marktüblichen Bedingungen zustande gekommen sind („zumindest die nicht zu marktüblichen Bedingungen zustande gekommenen Geschäfte"). Liegen **keine derartigen Geschäfte** vor, können die Angaben nach § 285 Nr. 21 HGB daher ganz 143

---

170 Vgl. zum Abhängigkeitsbericht *ADS*[6], § 312 AktG Tz. 55.
171 Vgl. ebenda.
172 Vgl. *ADS*[6], § 285 HGB Tz. 157 ff.; *Ellrott*, in Beck Bil-Komm.[6], § 285 Anm. 160 ff.

unterbleiben. § 285 Nr. 21 HGB verlangt in diesen Fällen keine Fehlanzeige[173]. Es braucht daher im Anhang keine Negativerklärung darüber zu erfolgen, dass keine Angaben gemacht werden, weil im Geschäftsjahr keine wesentlichen zu marktunüblichen Bedingungen zustande gekommenen Geschäfte mit nahe stehenden Unternehmen und Personen vorgelegen haben.

144 Liegen dagegen wesentliche, zu **marktunüblichen Bedingungen** zustande gekommenen Geschäfte mit nahe stehenden Unternehmen und Personen vor, haben Unternehmen die Wahl,

- entweder **nur die** (wesentlichen) **marktunüblichen Geschäfte** anzugeben oder aber
- über **alle Geschäfte** mit nahe stehenden Unternehmen und Personen zu berichten[174].

Eine Rechtsgrundlage für eine stetige Ausübung dieses Wahlrechts ist nicht ersichtlich.

145 Ob ein Geschäft zu **marktunüblichen Bedingungen** abgeschlossen wurde, ist im Wege eines Drittvergleichs festzustellen[175]. Marktübliche Bedingungen sind anzunehmen, wenn die dem Geschäft zugrunde liegenden Konditionen mit einem unabhängigen fremden Dritten (*at arm's length*) nicht zu erreichen gewesen wären, zB das Geschäft zu anderen Beträgen als zwischen fremden Dritten abgewickelt wird[176].

146 Wurden Geschäfte zu marktunüblichen Bedingungen abgeschlossen und hat das Unternehmen von der Möglichkeit des § 285 Nr. 21 erster Teilsatz HGB Gebrauch gemacht, **alle Geschäfte** mit nahe stehenden Unternehmen und Personen anzugeben, ist eine Untergliederung in zu marktüblichen und zu marktunüblichen Bedingungen zustande gekommenen Geschäften nicht erforderlich, weil der Gesetzeswortlaut dies nicht vorsieht[177]. Im Falle der Angabe aller Geschäfte mit Nahestehenden gelten die allgemeinen Wesentlichkeitsüberlegungen.

6. Wesentlichkeit von Geschäften

147 Nach § 285 Nr. 21 erster Teilsatz HGB sind nur die wesentlichen Geschäfte angabepflichtig. Nach der Regierungsbegründung sind dies solche Geschäfte, die für die **Beurteilung der Finanzlage** des Unternehmens erforderlich sind[178]. Quantitative Wesentlichkeitsgrenzen können nicht allgemein vorgegeben werden[179]. Ob eine Angabepflicht besteht oder nicht, ist vielmehr in Abhängigkeit vom jeweiligen Geschäft und der jeweiligen Lage des Unternehmens im Einzelfall zu beurteilen. Die Schwelle für die Angabepflicht liegt hier jedenfalls noch höher als bei den sonstigen finanziellen Verpflichtungen, da eine „notwendige" Information eindeutig mehr Gewicht hat als eine, die „von Bedeutung" ist[180].

---

173 Vgl. IDW ERS HFA 33; *Hoffmann*, BRZ 2009, S. 264; zu Fehlanzeigen im Anhang vgl. *ADS⁶*, § 284 HGB Tz. 21.
174 Vgl. IDW ERS HFA 33s.
175 Zur Ermittlung der Angemessenheit von (steuerlichen) Verrechnungspreisen bzw. des Drittvergleichspreises vgl. zB *Frotscher*, in Frotscher/Maas, KStG, Anhang zu § 8 KStG Rz. 278c. Zur Beurteilung der Angemessenheit von Leistung und Gegenleistung im Zusammenhang mit dem Abhängigkeitsbericht nach § 312 AktG vgl. *WPH¹³*, Bd. I, F 972 ff.
176 Vgl. Begr. RegE, BT-Drucks. 16/10067, S. 72; IAS 24.06.
177 Vgl. Begr. RegE, BT-Drucks. 16/10067, S. 72.
178 Vgl. Begr. RegE, BT-Drucks. 16/10067, S. 72.
179 Vgl. *ADS⁶*, § 252 HGB Tz. 128.
180 Vgl. auch *ADS⁶*, § 285 HGB Tz. 73.

Der Wortlaut des § 285 Nr. 21 erster Teilsatz HGB lässt offen, ob die Angabepflicht nur **für jedes einzelne wesentliche marktunübliche Geschäft** gilt oder auch für Gruppen oder sogar für die Gesamtheit im Einzelnen unwesentlicher, aber insgesamt wesentlicher Geschäfte. Im Unterschied zu handelsrechtlichen Vorschriften, nach denen eine Gesamtbetrachtung für Zwecke der Wesentlichkeit anzustellen ist (zB § 285 Nr. 3a HGB, § 296 Abs. 2 Satz 2 HGB), kann deshalb eine Angabepflicht für nur in der Gesamtheit wesentliche Geschäfte grds. nicht zwingend gefordert werden. Liegt dagegen eine Vielzahl gleichartiger Geschäfte vor, die einzeln unwesentlich, aber insgesamt wesentlich sind, erscheint deren Angabe erforderlich. 148

7. Angaben zu den Geschäften (Nr. 21 erster Teilsatz)

a. Art der Geschäfte

Da die Angabepflichten nach dem Wortlaut des § 285 Nr. 21 HGB an das Zustandekommen von Geschäften anknüpfen, sind Angaben nur erforderlich, wenn (Verpflichtungs- und/oder Erfüllungs-)Geschäfte im Geschäftsjahr stattgefunden haben (vgl. Tz. 139 f.), seien es marktunübliche (im Fall der Angabe nur dieser Geschäfte) oder marktübliche (im Fall der freiwilligen Angabe sämtlicher Geschäfte). Wenngleich § 285 Nr. 21 erster Teilsatz HGB die Angabe der **Geschäftsart** bzw. die Beschreibung des Geschäftsvorfalls (bspw. Kauf/Verkauf oder Leasing von Immobilien, Erbringen/Bezug von Forschungs- und Entwicklungsleistungen oder Darlehensaufnahme/-gewährung) nicht ausdrücklich fordert, ist im Hinblick auf den Klarheitsgrundsatz (§ 243 Abs. 2 HGB) und angesichts der Möglichkeit der Zusammenfassung von Geschäften nach Geschäftsarten (§ 285 Nr. 21 dritter Teilsatz HGB; vgl. Tz. 160 ff.) davon auszugehen, dass die Angabe der Geschäfte, ggf. zusammengefasst in Kategorien, auch diese Informationen enthalten muss[181]. 149

b. Art der Beziehung

Die Berichterstattung nach § 285 Nr. 21 HGB über nahe stehende Unternehmen und Personen und die **Art ihrer Beziehung** zum berichtenden Unternehmen erfordert eine Kategorisierung zB in 150

- Mutterunternehmen,
- Tochterunternehmen,
- Gemeinschaftsunternehmen,
- assoziierte Unternehmen,
- Mitglieder des Managements in Schlüsselpositionen des Unternehmens oder seines Mutterunternehmens sowie
- sonstige nahe stehende Unternehmen und Personen (vgl. Tz. 133)[182].

Ausreichend ist die Angabe, dass es sich bspw. um ein assoziiertes Unternehmen oder um einen nahen Familienangehörigen eines Geschäftsführers handelt. Die genaue Beteiligungsquote, das genaue Verwandtschaftsverhältnis oder der Name der nahe stehenden Person müssen dagegen nicht angegeben werden[183].

---

181 Vgl. IDW ERS HFA 33.
182 Vgl. IAS 24.18; hierzu auch IDW ERS HFA 33.
183 Vgl. IDW ERS HFA 33.

c. Wert der Geschäfte

151 Fraglich ist, ob der Wert der Geschäfte iSd. § 285 Nr. 21 erster Teilsatz HGB zwingend in **absoluten Beträgen** anzugeben ist oder ob die Angabe prozentualer Werte ausreicht, bspw. die Angabe des prozentualen Anteils vom Umsatz, wie es gegenwärtig DRS 11.12 b) zulässt. Gegen eine prozentuale Angabe spricht aber zum einen der Wortlaut („Wert" im Gegensatz zum Begriff „Umfang", den DRS 11.12 verwendet), des Weiteren die internationalen Anforderungen nach IAS 24.17(a) („*amount*") im Gegensatz zur älteren Fassung des IAS 24, welche mit „*volume*" beide Angaben alternativ zugelassen hat (zur Anwendbarkeit von IAS 24 vgl. Tz. 131 f.). Sachgerecht erscheint es deshalb, die Angabe absoluter Beträge zu verlangen.

152 Angabepflichtig ist jeweils das zwischen den Parteien vereinbarte **Gesamtentgelt** für das Geschäft bzw. die Geschäftsart (Nominalvolumen)[184]. Die Angabe des Marktwerts des Geschäfts oder gar der Abweichungen zwischen vereinbartem Entgelt und Marktwert kann weder nach dem Wortlaut des Gesetzes noch nach der Regierungsbegründung gefordert werden und entspricht auch nicht den internationalen Regelungen[185]. Was als Wert angabepflichtig ist, hängt von der Geschäftsart und von den jeweils getroffenen Vereinbarungen ab; dabei ist ergänzend zu berücksichtigen, welche Wertangaben ein Abschlussadressat zur Beurteilung der Finanzlage des Unternehmens benötigt.

153 So erscheint im Fall eines zu unüblichen Bedingungen zustande gekommenen **Dauerschuldverhältnisses** mit nahe stehenden Unternehmen oder Personen nicht nur die Angabe des auf die Berichtsperiode entfallenden Entgelts erforderlich, sondern auch der Betrag für die Restlaufzeit des Geschäfts[186]. Wird ein Rechtsgeschäft unentgeltlich durchgeführt, ist der angabepflichtige Wert des Geschäfts Null.

154 Kann der **Wert** eines wesentlichen Geschäfts **nicht beziffert** werden, ist das Geschäft nach § 285 Nr. 21 erster Teilsatz HGB so ausführlich zu erläutern, dass die Auswirkungen auf die Finanzlage des Unternehmens ersichtlich sind.

d. Zusätzliche Angaben

155 Die Vorschrift des § 285 Nr. 21 erster Teilsatz HGB verlangt über die Geschäftsart, die Art der Beziehung und den Wert der Geschäfte hinaus zusätzliche Angaben zu wesentlichen marktunüblichen Geschäften, die **für die Beurteilung der Finanzlage notwendig** sind (vgl. Tz. 35 ff.). Welche dies sind, ist für den Einzelfall zu beurteilen unter Berücksichtigung insb. der Wesentlichkeit des Geschäfts für das Unternehmen und der Marktunüblichkeit bzw. Ungewöhnlichkeit seiner Ausgestaltung (zB wirtschaftlicher Hintergrund, Abwicklung, Volumen des Geschäfts)[187]. Beispiele können Laufzeiten oder Optionsvereinbarungen sein, die in gleicher Weise mit fremden Dritten nicht vereinbart würden. Es könnten auch verbale Erläuterungen zu Geschäften erforderlich sein, deren Wert nicht bezifferbar ist. Anhaltspunkte für den Maßstab solcher Angabepflichten können der handelsrechtlichen Literatur zu § 264 Abs. 2 Satz 2 HGB entnommen werden (Zusatzangaben für den Fall, dass der Jahresabschluss nicht ein den

---

[184] Vgl. IDW ERS HFA 33.
[185] Vgl. *ADS* International, Abschn. 27 Tz. 136; so auch *PwC*, IFRS Manual of Accounting 2009, Tz. 29.144, wonach bei wesentlich von marktüblichen Transaktionen abweichenden Transaktionen lediglich die Tatsache als solche angabepflichtig ist, ohne dass der Unterschied zwingend zu quantifizieren ist.
[186] Vgl. auch *ADS*[6], § 285 HGB Tz. 76.
[187] Vgl. IDW ERS HFA 33.

tatsächlichen Verhältnissen entsprechendes Bild der Vermögens-, Finanz- und Ertragslage vermittelt)[188].

Auch wenn mit den zu marktunüblichen freiwillig auch die zu marktüblichen Bedingungen zustande gekommenen Geschäfte angegeben werden (vgl. Tz. 144), braucht laut Regierungsbegründung eine Untergliederung in zu **marktüblichen** und zu **marktunüblichen** Bedingungen zustande gekommene Geschäfte nicht zu erfolgen[189]. Der Gesetzgeber hat damit klargestellt, dass diese Untergliederung auch nicht als Zusatzangabe iSd. § 285 Nr. 21 erster Teilsatz HGB gefordert werden kann.

156

8. Befreiung von der Angabepflicht (Nr. 21 zweiter Teilsatz)

Ausdrücklich ausgenommen von der Angabepflicht sind Geschäfte des berichtenden Unternehmens mit und zwischen mittel- oder unmittelbar **in hundertprozentigem Anteilsbesitz stehenden Unternehmen** (dh. Tochter-, Enkelgesellschaften usw.), sofern diese in einen Konzernabschluss einbezogen werden. Die Regelung des § 285 Nr. 21 zweiter Teilsatz HGB weicht insoweit vom Regelungsgehalt des § 312 AktG zum Abhängigkeitsbericht ab, der die Berichtspflicht auch bei hundertprozentiger Beteiligung vorsieht[190]. Die Freistellung von der Angabepflicht bezweckt die Entlastung von hoch integrierten Konzernen mit komplexen internen Leistungsbeziehungen von umfangreichen Angabepflichten[191]. Die Ausnahme von der Angabepflicht wird auf Geschäfte mit Unternehmen beschränkt, die in einen Konzernabschluss einbezogen werden, um eine Umgehung (zB durch die Verlagerung von angabepflichtigen Geschäften auf nach § 296 HGB nicht konsolidierungspflichtige, aber in hundertprozentigem Anteilsbesitz stehende Unternehmen) auszuschließen[192].

157

Aus der Regierungsbegründung ergibt sich zwar, dass solche Transaktionen nicht angabepflichtig sind, die mit einem im hundertprozentigen Anteilsbesitz des berichtenden Unternehmens stehenden Unternehmen (*downstream*) getätigt werden (im Folgenden wird immer unterstellt, dass das Tochterunternehmen auch in den Konzernabschluss einbezogen wird). Danach wäre aber die Transaktion eines 100%igen Tochterunternehmens mit seinem Mutterunternehmen (*upstream*) oder einer Schwestergesellschaft, die ebenfalls 100%iges Tochterunternehmen ist (*sidestream*), im handelsrechtlichen Jahresabschluss des Tochterunternehmens angabepflichtig.

158

Eine solche Einschränkung ergibt sich aber nicht aus dem Gesetzeswortlaut (§ 285 Nr. 21 zweiter Teilsatz HGB). Nach diesem kommt es nur auf einen mittelbaren oder unmittelbaren **100%igen Anteilsbesitz** an, unabhängig davon, wer die Anteile an wem hält. Noch deutlicher ist der der Vorschrift zugrunde liegende Art. 43 Abs. 1 Nr. 7b der 4. EG-Richtlinie. Danach können Mitgliedstaaten Geschäfte zwischen zwei oder mehr Mitgliedern derselben Unternehmensgruppe von der Angabepflicht ausnehmen, sofern die an dem Geschäft beteiligten Tochterunternehmen 100%ige Tochtergesellschaften sind. Auch eine Angabepflicht einer Transaktion eines 100%igen Tochterunternehmens mit seinem Großmutterunternehmen kann nicht verlangt werden.

159

---

188 Vgl. *ADS*[6], § 264 HGB Tz. 70 ff.
189 Vgl. Begr. RegE, BT-Drucks. 16/10067, S. 72.
190 Vgl. *Lüdenbach/Hoffmann*, DStR 2007, Beihefter zu Heft 50, S. 16.
191 Vgl. Begr. RegE, BT-Drucks. 16/10067, S. 72.
192 Vgl. Begr. RegE, BT-Drucks. 16/10067, S. 72.

9. Zusammenfassung nach Geschäftsarten (Nr. 21 dritter Teilsatz)

160 Nach § 285 Nr. 21 dritter Teilsatz HGB können die Angaben über Geschäfte iSd. ersten Teilsatzes nach Geschäftsarten **zusammengefasst** werden, sofern die getrennte Angabe für die Beurteilung der Finanzlage nicht notwendig ist. Dies erscheint schon aus Gründen der Klarheit und Übersichtlichkeit der Anhangangaben sachgerecht, wenn eine Vielzahl von Geschäften angegeben wird[193].

161 Das Gesetz enthält keine ausdrücklichen Vorgaben für die Abgrenzung von **Geschäftsarten**, für die Angaben zusammengefasst werden können. Eine Zusammenfassung erscheint nur dann zulässig, wenn die Geschäfte hinreichend gleichartig sind, damit trotz zusammenfassender Angaben die Auswirkungen der Geschäfte auf die Finanzlage beurteilt werden können. Anhaltspunkte für mögliche Geschäftsarten enthalten die Regierungsbegründung sowie IAS 24.20. Dazu gehören bspw. Käufe oder Verkäufe von (un)fertigen Erzeugnissen und Waren, der Bezug oder das Erbringen von Dienstleistungen oder der Erhalt oder die Gewährung von Sicherheiten von oder an nahe stehende Unternehmen oder Personen. Alternativ erscheint auch eine Zusammenfassung von Geschäften nach ihrer Zugehörigkeit zu einem betriebswirtschaftlichen Funktionsbereich zulässig (zB nach Beschaffungs-, Produktions-, Absatz- und Finanzierungsgeschäften). Im Gegensatz zu den häufig gleichartigen Rechtsgeschäften (bspw. Verkauf von Fertigerzeugnissen) sind Maßnahmen vielfach so unterschiedlich (bspw. Produktionsverlagerung oder Betriebsstilllegung im Interesse eines Nahestehenden), dass eine Zusammenfassung mehrerer Maßnahmen ggf. unzulässig sein kann.

162 Werden gleichartige, aber **gegenläufige Geschäfte** durchgeführt (bspw. Anmietung und Vermietung von Immobilien; Kauf und Verkauf von Gegenständen des Vorratsvermögens), vermitteln saldierte Angaben einen unzutreffenden Einblick in den Umfang der Geschäfte mit nahe stehenden Unternehmen und Personen. Sachgerecht erscheint deshalb, über gegenläufige Geschäfte getrennt zu berichten.

10. Erstmalige Anwendung

163 Nach Art. 66 Abs. 2 Satz 1 EGHGB ist § 285 Nr. 21 HGB erstmals auf Jahresabschlüsse für das **nach dem 31. Dezember 2008** beginnende Geschäftsjahr anzuwenden.

XI. Forschungs- und Entwicklungskosten (Nr. 22)

1. Grundlagen

164 Nach § 285 Nr. 22 HGB haben alle **großen** und **mittelgroßen Kapitalgesellschaften** und **Personenhandelsgesellschaften iSv. § 264a HGB** im Fall der Aktivierung selbst geschaffener immaterieller Vermögensgegenstände des Anlagevermögens nach § 248 Abs. 2 Satz 1 HGB (vgl. Abschn. E Tz. 40 ff.) im Anhang den Gesamtbetrag der Forschungs- und Entwicklungskosten des Geschäftsjahres sowie den davon auf die selbst geschaffenen immateriellen Vermögensgegenstände des Anlagevermögens entfallenden Betrag anzugeben. **Kleine Kapitalgesellschaften** (§ 267 Abs. 1 HGB) brauchen diese Angaben nach § 288 Abs. 1 HGB nicht zu machen[194]. Die Angaben nach § 285 Nr. 22 HGB sind außerdem von Unternehmen, die unter das PublG fallen (§ 5

---

[193] Vgl. § 243 Abs. 2 HGB.
[194] Mit der Befreiung wird der Tatsache Rechnung getragen, dass die Vor- und Nachteile der erweiterten Angaben aus der Sicht mittelständischer kleiner Kapitalgesellschaften in einem kritischen Verhältnis stehen können. Vgl. Begr. RegE, BT-Drucks. 16/10067, S. 75.

Abs. 2 Satz 2 PublG), Kreditinstituten (§ 340a Abs. 1 HGB), Versicherungsunternehmen (§ 341a Abs. 1 HGB) sowie eingetragenen Genossenschaften (§ 336 Abs. 2 HGB) zu machen.

2. Erläuterungen zu den Angaben

Angaben sind nach § 285 Nr. 22 HGB nur „im Fall der Aktivierung" zu machen, dh. nur dann, wenn am Abschlussstichtag selbst geschaffene gewerbliche Schutzrechte und ähnliche Rechte und Werte (§ 266 Abs. 2 Posten A. I. 1 HGB) im Anlagevermögen ausgewiesen werden, weil im laufenden oder in vorangegangenen Geschäftsjahren vom Wahlrecht des § 248 Abs. 2 HGB Gebrauch gemacht worden ist und die fortgeführten Herstellungskosten (§ 255 Abs. 2a HGB) einen Restbuchwert größer als Null aufweisen[195]. 165

Anzugeben ist nach § 285 Nr. 22 HGB zunächst der **Gesamtbetrag der Forschungs- und Entwicklungskosten des Geschäftsjahres**, der folgende Ausgaben enthält: 166

- Forschungskosten, für die nach § 255 Abs. 2 Satz 4 HGB ein Aktivierungsverbot besteht,
- Entwicklungskosten, die nicht aktivierbar sind, weil zum Abschlussstichtag noch keine hohe Wahrscheinlichkeit gegeben ist, dass ein einzeln verwertbarer Vermögensgegenstand iSd. § 246 Abs. 1 Satz 1 HGB entstehen wird (vgl. Abschn. E Tz. 65)[196],
- Entwicklungskosten, die – unter Berücksichtigung der sachlichen Stetigkeit[197] – in Ausübung des Wahlrechts nach § 248 Abs. 2 Satz 1 HGB nicht aktiviert werden (vgl. Abschn. E Tz. 41),
- Entwicklungskosten für selbst geschaffene Marken, Drucktitel, Verlagsrechte, Kundenlisten oder vergleichbare immaterielle Vermögensgegenstände des Anlagevermögens, die nach § 248 Abs. 2 Satz 2 HGB nicht als Aktivposten in die Bilanz aufgenommen werden dürfen (vgl. Abschn. E Tz. 80 ff.). sowie
- im Geschäftsjahr aktivierte Entwicklungskosten für selbst geschaffene immaterielle Vermögensgegenstände des Anlagevermögens (vgl. Abschnitt E Tz. 42).

Nicht unter den Gesamtbetrag fallen **Vertriebskosten** iSd. § 255 Abs. 2 Satz 4 HGB (zB Ausgaben für Werbung), weil diese nicht zu den Forschungs- und Entwicklungskosten gehören. Können Ausgaben nicht eindeutig dem Vertrieb oder der Entwicklung zugerechnet werden, sind diese Kosten nicht in die Angabe einzubeziehen, da im Zweifel davon auszugehen ist, dass es sich um Vertriebskosten handelt[198]. 167

Zusätzlich zum Gesamtbetrag der Forschungs- und Entwicklungskosten des Geschäftsjahres (vgl. Tz. 166 f.) ist nach § 285 Nr. 22 HGB der davon auf die selbst geschaffenen immateriellen Vermögensgegenstände des Anlagevermögens entfallende Betrag anzugeben. Der Wortlaut der Vorschrift lässt offen, ob hierunter auch Ausgaben des Geschäftsjahres fallen, die wegen der Nichtausübung des Aktivierungswahlrechts oder wegen des Aktivierungsverbots nach § 248 Abs. 2 Satz 1 und 2 HGB nicht aktiviert wurden. Obwohl der **Zugangsbetrag des Geschäftsjahres** auf aktivierte selbst geschaffene immaterielle Vermögensgegenstände des Anlagevermögens bereits aus § 268 Abs. 2 Satz 1 und 2 iVm. § 266 Abs. 2 A. I. 1. HGB zu ersehen ist, erscheint es angesichts des unklaren Gesetzeswortlauts vertretbar, lediglich die im Geschäftsjahr nach 168

---
195 Vgl. IDW ERS HFA 29.
196 Vgl. ebd.
197 Vgl. ebd.
198 Vgl. ebd.

§ 248 Abs. 2 Satz 1 iVm. § 255 Abs. 2a Satz 2 HGB aktivierten Entwicklungskosten anzugeben (vgl. dazu Abschn. E Tz. 75)[199]. Sachgerecht ist es aber, in die Davon-Angabe auch die **Forschungskosten** iSv. § 255 Abs. 2 Satz 2 und Abs. 2a Satz 3 HGB einzubeziehen, die ggf. für im Geschäftsjahr erstmalig aktivierte Entwicklungsprojekte angefallen sind.

3. Erstmalige Anwendung

169 Nach Art. 66 Abs. 3 Satz 1 EGHGB ist § 285 Nr. 22 HGB erstmals auf Jahresabschlüsse für das **nach dem 31. Dezember 2009** beginnende Geschäftsjahr anzuwenden. Eine freiwillige vorzeitige Erstanwendung auf Jahresabschlüsse, die nach dem 31. Dezember 2008 beginnen, ist zulässig (Art. 66 Abs. 3 Satz 6 EGHGB), wenn die neuen Vorschriften insgesamt angewandt werden und dies im Anhang angegeben wird.

XII. Bewertungseinheiten (Nr. 23)

1. Grundlagen

170 Die Vorschrift des § 285 Nr. 23 HGB verlangt von **Kapitalgesellschaften** und **Personenhandelsgesellschaften iSd § 264a HGB** größen- und branchenunabhängig für den Fall der Anwendung des § 254 HGB, dh. der Bildung von Bewertungseinheiten (vgl. dazu Abschn. H Tz. 94 ff.), umfangreiche Angaben, um für den Abschlussadressaten eine hinreichende Transparenz über die bilanziellen Folgen der Abkehr vom Grundsatz der Einzelbewertung zu erreichen.

171 Nach der Begründung des Rechtsausschusses sollen sich die Angaben an einer Stichtagsbetrachtung orientieren, so dass nur über **am Abschlussstichtag bestehende Bewertungseinheiten** zu berichten ist und nicht über solche, die während der Berichtsperiode bestanden haben, aber vor dem Abschlussstichtag aufgelöst worden sind[200]. Bestehen am Abschlussstichtag keine Bewertungseinheiten und wurde deshalb § 254 HGB nicht angewendet, erscheint eine Negativerklärung nicht erforderlich.

2. Angaben nach § 285 Nr. 23 lit. a HGB

172 Nach § 285 Nr. 23 lit. a HGB ist jeweils für Vermögensgegenstände, Schulden, schwebende Geschäfte und mit hoher Wahrscheinlichkeit erwartete[201] Transaktionen anzugeben,

- mit welchem **Betrag** (vgl. Tz. 175 ff.) sie
- zur Absicherung welcher **Risiken** (vgl. Tz. 179 f.)
- in welche **Arten von Bewertungseinheiten** (vgl. Tz. 181)

einbezogen sind.

173 Vermögensgegenstände, Schulden, schwebende Geschäfte und mit hoher Wahrscheinlichkeit erwartete Transaktionen können nach § 254 Satz 1 HGB sowohl **Grundgeschäfte** wie auch, mit Ausnahme von mit hoher Wahrscheinlichkeit erwarteten Transaktionen (vgl. Abschn. H Tz. 17) Sicherungsinstrumente sein. Fraglich könnte deshalb

---

199 Vgl. IDW ERS HFA 29.
200 Vgl. Begr. Beschlussempfehlung und Bericht des Rechtsausschusses, BT-Drucks. 16/12407, S. 115.
201 § 285 Nr. 23 lit. a HGB spricht von „vorgesehenen" statt von „erwarteten" Transaktionen. Am 29. Mai 2009 hat der Deutsche Bundestag das Gesetz zur Umsetzung der Aktionärsrechterichtlinie (ARUG) verabschiedet, welches dieses redaktionelle Versehen beseitigt (Art. 14 Nr. 2 lit. b ARUG).

zunächst sein, ob die Angaben sowohl für Grundgeschäfte wie auch für Sicherungsinstrumente erforderlich sind. Gegen eine zwingende Angabe auch für Sicherungsinstrumente sprechen allerdings mehrere Gründe. Zum einen entspricht die in § 285 Nr. 23 lit. a HGB gewählte Formulierung „Vermögensgegenstände, Schulden, schwebende Geschäfte und mit hoher Wahrscheinlichkeit erwartete Transaktionen" der in § 254 Satz 1 HGB gewählten Formulierung für die Abgrenzung von Grundgeschäften, während Sicherungsinstrumente in § 254 Satz 1 HGB mit dem Begriff „Finanzinstrumente" abgegrenzt werden, einem Begriff, der in § 285 Nr. 23 lit. a HGB nicht verwendet wird. Dies deutet darauf hin, dass Angaben zu Sicherungsinstrumenten weder gewollt noch erforderlich sind.

Des Weiteren würde eine Angabe der Informationen sowohl für Grundgeschäfte wie auch für **Sicherungsinstrumente** zu einer Doppelangabe führen. Diese würde entweder – ohne eine Trennung der Angaben zu Grundgeschäften und zu Sicherungsinstrumenten – den Abschlussadressaten über den tatsächlichen Umfang gebildeter Bewertungseinheiten täuschen oder – mit einer Trennung der Angaben zu Grundgeschäften und zu Sicherungsinstrumenten – aufgrund der erforderlichen Betragsidentität von Grundgeschäften und Sicherungsinstrumenten (vgl. Abschn. H Tz. 82 f.) zu keinerlei Mehrinformationen, sondern lediglich zu Wiederholungen führen. Schließlich enthält auch die Begründung des Rechtsausschusses keinen Hinweis auf Angaben zu Sicherungsinstrumenten iRd. Angaben zu § 285 Nr. 23 lit. a HGB. Es erscheint deshalb sachgerecht, die nach § 285 Nr. 23 lit. a HGB geforderten Angaben auf solche zu Grundgeschäften zu beschränken. **174**

Die gesetzliche Vorschrift enthält keine Anhaltspunkte dazu, was der angabepflichtige **Betrag** eines Grundgeschäftes ist. Sachgerecht erscheint, dies abhängig von der Art des Grundgeschäfts wie folgt zu konkretisieren: **175**

- Im Fall eines **Vermögensgegenstandes** oder einer **Schuld** ist es sachgerecht, den Betrag des abgesicherten Buchwerts am Abschlussstichtag in die Angabe einzubeziehen[202], auch wenn im Einzelfall nicht der Buchwert, sondern der (höhere) beizulegende Zeitwert abgesichert wird[203], da sich die Bildung einer bilanziellen Bewertungseinheit höchstens auf den Buchwert erstrecken kann[204]. Wird nicht der gesamte Buchwert eines Vermögensgegenstands oder einer Schuld, sondern nur ein Teilbetrag gesichert, ist auch nur dieser Teilbetrag angabepflichtig, da nur dieser Teilbetrag zur Risikoabsicherung in eine Bewertungseinheit einbezogen wird (zur Absicherung von Teilbeträgen vgl. Abschn. H Tz. 12).
- Im Fall eines **schwebenden Geschäfts** oder einer **mit hoher Wahrscheinlichkeit erwarteten Transaktion** erscheint es sachgerecht, den vertraglich vereinbarten bzw. hochwahrscheinlich erwarteten betragsmäßigen Umfang des Geschäfts, soweit er in eine Bewertungseinheit einbezogen ist, in die Angabe einzubeziehen.[205] Ist das abgesicherte schwebende oder hochwahrscheinlich erwartete Geschäft in Fremdwährung zu erfüllen, ist der Betrag in Euro umzurechnen (§ 244 HGB). Da das Gesetz keine Vorgaben zur Umrechnung von in fremder Währung lautenden

---

202 So auch *Scharpf*, in Küting/Pfitzer/Weber, Das neue deutsche Bilanzrecht², S. 225.
203 Zur Absicherung des Zeitwerts einer Auslandsbeteiligung gegen Währungsrisiken vgl. *PwC*, Derivative Finanzinstrumente in Industrieunternehmen⁴, Tz. 459.
204 Im Fall der „Durchbuchungsmethode" (vgl. Abschn. H Tz. 121 ff.) kann der Buchwert dem über den ursprünglichen Anschaffungskosten des Grundgeschäfts liegenden Zeitwert entsprechen.
205 Vgl. Begr. Beschlussempfehlung und Bericht des Rechtsausschusses, BT-Drucks. 16/12407, S. 88, die von „betragsmäßigem Umfang" und „Größenordnung" spricht.

derartigen Geschäften für Zwecke von Anhangangaben macht,[206] ist es empfehlenswert anzugeben, mit welchem Kurs (bspw. Devisenkassakurs am Abschlussstichtag oder Devisenterminkurs zum geplanten Zeitpunkt der Durchführung der erwarteten Transaktion) die Umrechnung vorgenommen wurde. Im Fall eines währungsgesicherten schwebenden Festpreis-Absatzgeschäfts über Vorräte wäre danach bspw. die erwartete Fremdwährungsforderung, umgerechnet in Euro, in die Angabe einzubeziehen. Im Fall einer geplanten Darlehensaufnahme (= hochwahrscheinlich erwartete Transaktion), die schon zum Abschlussstichtag zinsgesichert wird, erscheint es danach sachgerecht, den Nominalwert des Darlehens, der mit hoher Wahrscheinlichkeit der Ermittlung der abgesicherten Zinsen zugrunde liegen wird (idR der künftige Erfüllungsbetrag iSv. § 253 Abs. 1 Satz 2 HGB) in die Angabe einzubeziehen.

176 Nach dem Wortlaut des § 285 Nr. 23 lit. a HGB („jeweils") ist der Betrag der gesicherten Grundgeschäfte nicht insgesamt anzugeben, sondern nach den in § 254 Satz 1 HGB genannten vier **Arten von Grundgeschäften**

- Vermögensgegenstände,
- Schulden,
- schwebende Geschäfte,
- mit hoher Wahrscheinlichkeit erwartete Transaktionen

aufzugliedern, dh. es sind vier Teilbeträge anzugeben[207].

177 Alternative **Aufgliederungen**, bspw. **nach der Art des abgesicherten Risikos**, nach der Art der Bewertungseinheit oder gar pro gebildeter Bewertungseinheit erscheinen als alleinige Aufgliederungen, ohne die Art des Grundgeschäfts zu berücksichtigen, weder nach dem Gesetzeswortlaut zulässig, noch ergibt sich ihre Zulässigkeit aus der Begründung des Rechtsausschusses zu dieser Anhangangabe[208]. Sie kommen deshalb lediglich als ergänzende Aufgliederungen, insb. innerhalb der einzelnen Arten von Grundgeschäften, in Betracht. Solche freiwilligen Zusatzangaben sind insb. dann empfehlenswert, wenn mehrere Risikoarten (vgl. Tz. 180) abgesichert werden und/oder mehrere Arten von Bewertungseinheiten (vgl. Tz. 181) gebildet werden.

178 In einer Bewertungseinheit können **mehrere Arten von Grundgeschäften** zusammengefasst werden, sowohl gleichgerichtete (bspw. Forderungen und schwebende Absatzgeschäfte) wie auch gegenläufige (bspw. Forderungen und Verbindlichkeiten im Fall der Absicherung einer Nettorisikoposition). Da die betragliche Aufgliederung nach der Art der Grundgeschäfte zu erfolgen hat und sich an dieser Art durch ihre Zusammenfassung oder Saldierung im Rahmen einer Bewertungseinheit nichts ändert, sind die in einer Bewertungseinheit zusammengefassten Beträge nach § 285 Nr. 23 lit. a HGB auf die einzelnen Arten von Grundgeschäften aufzugliedern und dort jeweils unsaldiert anzugeben.

179 Nach § 285 Nr. 23 lit. a HGB ist außerdem anzugeben, zur **Absicherung welcher Risiken** jeweils Vermögensgegenstände, Schulden, schwebende Geschäfte und mit hoher Wahrscheinlichkeit erwartete Transaktionen in Bewertungseinheiten einbezogen sind.

---

206 § 256a HGB regelt nur die Umrechnung von auf fremde Währung lautenden Vermögensgegenständen und Verbindlichkeiten.
207 So auch die Begr. Beschlussempfehlung und Bericht des Rechtsausschusses, BT-Drucks. 16/12407, S. 88, wonach „der betragsmäßige Umfang – die Größenordnung – anzugeben [ist], in dem jeweils Vermögensgegenstände, Schulden, schwebende Geschäfte oder wahrscheinlich vorgesehene Transaktionen zur Absicherung von Risiken in eine Bewertungseinheit einbezogen worden sind."
208 Vgl. Begr. Beschlussempfehlung und Bericht des Rechtsausschusses, BT-Drucks. 16/12407, S. 88.

Nach der Regierungsbegründung und der Begründung des Rechtsausschusses sind danach die abgesicherten Risikoarten wie Zinsrisiken, Währungsrisiken, Ausfallrisiken (Bonitätsrisiken) oder Preisänderungsrisiken (bspw. Warenpreisrisiken oder Aktienkursrisiken) anzugeben[209] (zur Vermeidung von Doppelangaben in Anhang und Lagebericht vgl. Tz. 198). Nicht gemeint ist die Angabe, ob es sich bei der jeweils abgesicherten Risikoart um ein Wertänderungsrisiko (*Fair Value*-Risiko) oder um ein Zahlungsstromrisiko (*Cash Flow*-Risiko) handelt. Die letztgenannte Angabe ist allerdings insb. dann empfehlenswert, wenn beides möglich ist, bspw. im Fall der Absicherung gegen Zinsrisiken. Zu den Risikoarten vgl. Abschn. H Tz. 71, zum Wertänderungs- und zum Zahlungsstromänderungsrisiko vgl. Abschn. H Tz. 51.

Aus § 285 Nr. 23 lit. a HGB ergibt sich nicht eindeutig, ob jeder der pro Art von Grundgeschäften anzugebenden Beträge (vgl. Tz. 176) weiter betragsmäßig nach den abgesicherten Risiken aufzugliedern ist, oder ob die Angabe eines Betrages pro Art von Grundgeschäften ausreichend ist und zu jedem dieser Beträge die **abgesicherten Risikoarten** lediglich **verbal zu nennen** sind. Nach dem Wortlaut des § 285 Nr. 23 lit. a HGB, der von dem jeweiligen „Betrag" und nicht von den jeweiligen „Beträgen" spricht, kann eine weitergehende betragsmäßige Aufgliederung nicht zwingend verlangt werden.

180

Des Weiteren ist nach § 285 Nr. 23 lit. a HGB für die in § 254 Satz 1 HGB genannten Vermögensgegenstände, Schulden, schwebende Geschäfte und mit hoher Wahrscheinlichkeit erwartete Transaktionen jeweils anzugeben, in welche **Arten von Bewertungseinheiten** sie einbezogen sind. Die Begründung des Rechtsausschusses stellt dazu klar, dass es auch in diesem Fall nicht ausreichend ist, lediglich anzugeben, ob es sich um Bewertungseinheiten zur Absicherung gegen Wert- oder gegen Zahlungsstromänderungsrisiken handelt. Es ist danach vielmehr anzugeben, ob die Absicherung mittels Mikro-*Hedge*, Makro-*Hedge* oder Portfolio-*Hedge* vorgenommen wird[210]. Zur Begriffsabgrenzung vgl. Abschn. H Tz. 7 f. Aufgrund der fließenden Übergänge zwischen einem (erweiterten) Mikro- und einem Portfolio-*Hedge* sowie zwischen einem Portfolio- und einem Makro-*Hedge* wird eine Abgrenzung nicht immer zweifelsfrei möglich sein, so dass die bloße Begriffsnennung in wesentlichen Zweifelsfällen sachgerechter Weise um eine verbale Erläuterung zu ergänzen sein kann. Zur Aufgliederung der Beträge gilt das in Tz. 180 Gesagte, dh. auch eine weitere betragsmäßige Aufgliederung der pro Art von Grundgeschäften anzugebenden Beträge (vgl. Tz. 178) nach Arten der Bewertungseinheiten kann nicht zwingend gefordert werden.

181

Neben den Angaben pro Art der Grundgeschäfte ist nach § 285 Nr 23 lit. a HGB die **Höhe der mit Bewertungseinheiten abgesicherten Risiken** angabepflichtig. Nach der Begründung des Rechtsauschusses ist darunter das Gesamtvolumen der mit den am Abschlussstichtag bestehenden Bewertungseinheiten abgesicherten Risiken zu verstehen, über das zu berichten ist[211]. Dies stellt klar, dass die Angabe als **Gesamtbetrag** zu erfolgen hat und damit eine Aufgliederung nach der Art der Grundgeschäfte nicht erforderlich ist. Weder das Gesetz noch die Begründung des Rechtsausschusses enthalten allerdings weitergehende Anhaltspunkte dazu, was unter der „Höhe" bzw. dem „Gesamtvolumen" der mit Bewertungseinheiten abgesicherten Risiken zu verstehen ist. Ob damit nur die Summe der vier Einzelbeträge (vgl. Tz. 176) gemeint ist, bleibt der Klärung in der Literatur und im Berufsstand überlassen.

182

---

209 Vgl. Begr. RegE, BT-Drucks. 16/10067, S. 73; Begr. Beschlussempfehlung und Bericht des Rechtsausschusses, BT-Drucks. 16/12407, S. 88.
210 Vgl. Begr. Beschlussempfehlung und Bericht des Rechtsausschusses, BT-Drucks. 16/12407, S. 115.
211 Vgl. Begr. Beschlussempfehlung und Bericht des Rechtsausschusses, BT-Drucks. 16/12407, S. 115.

3. Angaben nach § 285 Nr. 23 lit. b HGB

182a Nach § 285 Nr. 23 lit. b HGB sind für die jeweils abgesicherten Risiken (vgl. Tz. 184) Angaben dazu erforderlich, warum, in welchem **Umfang** und für welchen **Zeitraum** sich die gegenläufigen Wertänderungen oder Zahlungsströme künftig voraussichtlich ausgleichen. Darüber hinaus ist die **Methode** der Ermittlung des voraussichtlichen Ausgleichs, dh. der Wirksamkeit der Sicherungsbeziehung, zu erläutern.

183 Aus dem Gesetzeswortlaut („sich [...] künftig voraussichtlich ausgleichen") könnte der Schluss gezogen werden, dass nach § 285 Nr. 23 lit. b HGB nur Angaben zur prospektiven (künftigen) **Wirksamkeit von Sicherungsbeziehungen** erforderlich sind (vgl. Abschn. H Tz. 61 ff.), während über den im Geschäftsjahr tatsächlich erfolgten Ausgleich von Wert- oder Zahlungsstromänderungen innerhalb von Bewertungseinheiten rückblickend nicht zu berichten ist. Die Begründung des Rechtsausschusses stellt allerdings klar, dass eine derartige Beschränkung auf Angaben zur prospektiven Effektivität nicht gemeint ist[212]. Zu den Bewertungseinheiten iSv. § 254 HGB sind nach der Begründung des Rechtsausschusses vielmehr folgende **Angaben** erforderlich[213]:

- aus welchen Gründen und in welchem Umfang sich gegenläufige Wertänderungen oder Zahlungsströme bis zum Abschlussstichtag ausgeglichen haben,
- aus welchen Gründen und in welchem Umfang sich gegenläufige Wertänderungen oder Zahlungsströme künftig, dh. bis zum vorgesehenen Ende der Bewertungseinheit, voraussichtlich ausgleichen werden, sowie nach dem Gesetzeswortlaut darüber hinaus,
- für welchen Zeitraum dieser Ausgleich voraussichtlich erfolgen wird, sowie
- die Methoden zur Ermittlung der Wirksamkeit der Sicherungsbeziehungen.

184 Die nach § 285 Nr. 23 lit. b HGB geforderten Angaben sind „**für die jeweils abgesicherten Risiken**" zu machen. Nach dem Wortlaut erscheint es zulässig, die Angaben getrennt nach den gem. § 285 Nr. 23 lit. a HGB anzugebenden Risiken, also aufgegliedert je Risikoart (vgl. Tz. 179) zu machen. Aus der Begründung des Rechtsausschusses, wonach § 285 Nr. 23 lit. b HGB zu „Angaben bezüglich der Wirksamkeit der einzelnen am Bilanzstichtag bestehenden Bewertungseinheiten" verpflichtet, könnte dagegen gefolgert werden, die Angabepflicht bestünde für jede einzelne Bewertungseinheit[214]. Ob eine solche, nicht durch den Wortlaut des § 285 Nr. 23 lit. b HGB gedeckte Aufgliederung tatsächlich verlangt werden kann, erscheint fraglich.

185 Es erscheint schon aus Gründen der Klarheit und Übersichtlichkeit zulässig, Angaben zu mehreren gebildeten Bewertungseinheiten, die der Absicherung der **gleichen Risikoart** (bspw. Zins-, Währungs- oder Preisänderungsrisiko) dienen, **zusammenzufassen**, und weitere Angaben innerhalb der einzelnen Risikoarten nur insoweit zu verlangen, wie die nach § 285 Nr. 23 lit. b HGB geforderten Angaben sonst nicht möglich sind, bspw. durch die Angaben von Bandbreiten für den Umfang des Risikoausgleichs oder für den künftigen Sicherungszeitraum[215].

186 Nach § 285 Nr. 23 lit. b HGB ist für die jeweils abgesicherten Risiken (vgl. Tz. 184) anzugeben, aus welchen **Gründen** sich die gegenläufigen Wert- oder Zahlungsstrom-

---

212 Vgl. Begr. Beschlussempfehlung und Bericht des Rechtsausschusses, BT-Drucks. 16/12407, S. 88.
213 Vgl. Begr. Beschlussempfehlung und Bericht des Rechtsausschusses, BT-Drucks. 16/12407, S. 88.
214 Vgl. Begr. Beschlussempfehlung und Bericht des Rechtsausschusses, BT-Drucks. 16/12407, S. 88.
215 AA *Scharpf*, in Küting/Pfitzer/Weber, Das neue deutsche Bilanzrecht², S. 226, wonach die Begründung des Rechtsausschusses („Wirksamkeit der einzelnen [...] Bewertungseinheiten") nur so verstanden werden kann, dass die Angaben nach den Arten von Bewertungseinheiten iSd. § 285 Nr. 23 lit a HGB, dh. nach Mikro-, Makro- und Portfolio-Hedges aufzugliedern sind.

änderungen am Abschlussstichtag ausgeglichen haben und künftig (vgl. Tz. 190 f.) voraussichtlich ausgleichen werden. Die Ursachen für einen solchen Ausgleich liegen insb. in der negativen Korrelation des abgesicherten, bei Grundgeschäft und Sicherungsinstrument vergleichbaren Risikos sowie – hinsichtlich des künftigen voraussichtlichen Ausgleichs – in der Durchhalteabsicht, dh. der Absicht, die Bewertungseinheit bis zur Erreichung des Sicherungszwecks beizubehalten (vgl. dazu Abschn. H Tz. 40 ff.).

Erforderlich erscheint daher eine Begründung, warum die **Risiken** bei Grundgeschäften und Sicherungsinstrumenten **vergleichbar** sind. Der Umfang der nach § 285 Nr. 23 lit. b HGB erforderlichen Erläuterungen hängt insb. von der Art der Bewertungseinheit (Mikro-, Makro- oder Portfolio-*Hedge*), sowie davon ab, in welchem Umfang die risikobestimmenden Parameter von Grundgeschäften und Sicherungsinstrumenten übereinstimmen und dadurch die Wert- oder Zahlungsstromänderungen negativ korreliert sind (vgl. Abschn. H Tz. 75). Im Fall von Mikro-*Hedges* kann bei Übereinstimmung der wesentlichen risikobestimmenden Parameter eine Angabe der Risikoart und ein Hinweis auf die (weitgehende) Risikoidentität ausreichend sein (zu Makro- und Portfolio-*Hedges* vgl. Tz. 193). **187**

Nach § 285 Nr. 23 lit. b HGB ist für die jeweils abgesicherten Risiken außerdem anzugeben, in welchem **Umfang** sich die gegenläufigen Wert- oder Zahlungsstromänderungen am Abschlussstichtag ausgeglichen haben und künftig (bis zum vorgesehenen Ende der Bewertungseinheit; vgl. Tz. 190 f.) voraussichtlich ausgleichen werden. Eine bestimmte Art der Darstellung ist damit nicht vorgeschrieben, so dass eine betragsmäßige (absolute oder prozentuale) Angabe nicht gefordert werden kann, sondern eine verbale, qualitative Berichterstattung (bspw. „vollständig", „weitgehend" oder „weitestgehend") ausreicht[216]. Damit besteht in vielen Fällen keine Notwendigkeit, allein für Zwecke der Anhangangabe die Effektivität mittels quantitativer Methoden festzustellen. Auch dafür können qualitative Methoden ausreichend sein, für Mikro-*Hedges* bspw. die *Critical Terms Match*-Methode (Vergleich aller bewertungsrelevanten Parameter von Grundgeschäft und Sicherungsinstrument miteinander; zu den Methoden vgl. Abschn. H Tz. 64 ff.). Da die Angaben zum Grund und zum Umfang des Ausgleichs gegenläufiger Wert- oder Zahlungsstromänderungen nicht überschneidungsfrei sind, erscheint idR eine zusammengefasste, beide Aspekte abdeckende Erläuterung sachgerecht. **188**

Hinsichtlich der prospektiven Wirksamkeit ist nach dem Wortlaut des § 285 Nr. 23 lit. b HGB anzugeben, für welchen **Zeitraum** sich die gegenläufigen Wert- oder Zahlungsstromänderungen künftig voraussichtlich ausgleichen werden. Die Begründung des Rechtsausschusses enthält keine Erläuterungen zu dieser Angabepflicht, sondern lediglich die Aussage, dass anzugeben ist, warum und in welchem Umfang sich die gegenläufigen Wert- oder Zahlungsstromänderungen künftig, bis zum vorgesehenen Ende der Bewertungseinheit, voraussichtlich ausgleichen werden. Daraus aber zu folgern, es bestünde gar keine Angabepflicht bezüglich des Zeitraums[217], erscheint angesichts des eindeutigen Gesetzeswortlauts unzulässig. **189**

Die Dauer des Zeitraums, für welchen sich die gegenläufigen Wert- oder Zahlungsstromänderungen künftig voraussichtlich ausgleichen, ist anhand des vorgesehenen **190**

---

216 Ebenso zur Angabe des Umfangs der Ergebnisbelastung durch Steuern nach § 285 Satz 1 Nr. 6 HGB aF *ADS*⁶, § 285 HGB Tz. 129.
217 So wohl *Scharpf*, in Küting/Pfitzer/Weber, Das neue deutsche Bilanzrecht², S. 226, der nach § 285 Nr. 23 lit. b HGB lediglich Angaben zu den Gründen und dem Umfang der Wirksamkeit sowie zu den Methoden zur Ermittlung dieser Feststellungen verlangt.

Endes der Bewertungseinheit[218], also in Abhängigkeit von der individuellen Sicherungsabsicht des Unternehmens, zu ermitteln. Der Zeitraum kann deshalb mit der Laufzeit (bzw. der Dauer bis zum Zeitpunkt der Fälligkeit) von Grundgeschäft und Sicherungsinstrument zusammenfallen, kann aber auch kürzer (im Fall eines sog. *part time hedge*) oder länger (im Fall einer rollierenden Sicherungsabsicht, die den Abschluss von Anschlussgeschäften vorsieht) als die Laufzeit der am Abschlussstichtag in eine Bewertungseinheit einbezogenen Grundgeschäfte und Sicherungsinstrumente sein (vgl. Abschn. H Tz. 42 f.). Insb. in denjenigen Fällen, in denen der geplante Sicherungszeitraum vor oder nach dem Fälligkeitszeitpunkt des Sicherungsinstruments endet, können ergänzende verbale Erläuterungen zum Zeitraum sachgerecht sein.

191 Kann im Einzelfall das zeitliche Ende einer Bewertungseinheit nicht genau bestimmt werden, oder besteht die Sicherungsabsicht für einen **unbegrenzten Zeitraum**, erscheint eine (ergänzende) verbale Erläuterung erforderlich. Dies kann bspw. bei der Absicherung von Vermögensgegenständen ohne feste Laufzeit in Form einer rollierenden Sicherungsstrategie (bspw. die Währungssicherung einer Auslandsbeteiligung mittels zeitlich aufeinanderfolgender Währungsderivate) oder bei Makro- oder Portfolio-*Hedges* der Fall sein.

192 Schließlich sind nach § 285 Nr. 23 lit. b HGB für die jeweils abgesicherten Risiken die Methoden anzugeben, mit denen ermittelt wird, warum und in welchem Umfang sich die gegenläufigen Wert- oder Zahlungsstromänderungen am Abschlussstichtag ausgleichen und künftig voraussichtlich ausgleichen werden, dh. die **Methode der Ermittlung der Effektivität** der Sicherungsbeziehung im Hinblick auf das abgesicherte Risiko am Abschlussstichtag und die Methode der prospektiven Effektivitätsmessung. Welche Methoden angewendet werden, bleibt dem Unternehmen überlassen, vorausgesetzt, sie sind für eine verlässliche Ermittlung geeignet (zu einer Übersicht über die Methoden vgl. Abschn. H Tz. 64 ff.). Wird für Zwecke der prospektiven Effektivitätsmessung die qualitative *Critical Terms Match*-Methode angewendet (vgl. Tz. 188), erscheint die Angabe dieser Bezeichnung ausreichend. Im Fall der Anwendung quantitativer Methoden können weitergehende Erläuterungen, bspw. zu den tragenden Annahmen iRd. Anwendung dieser Methoden, erforderlich sein.

193 Erfolgt die Feststellung der Wirksamkeit der Sicherungsbeziehung bei **Makro-** und ggf. **Portfolio-*Hedges*** auf der Grundlage eines angemessenen und wirksamen Risikomanagementsystems (vgl. Abschn. H Tz. 79 ff.), ist dieses Risikomanagementsystem so ausführlich zu erläutern, dass der Abschlussadressat Informationen insb. darüber erhält, wie offene Risikopositionen erfasst und geschlossen werden, wie Risiken gemessen werden und welche Verlustrisikolimits festgelegt worden sind, die eingehalten werden müssen, damit der Makro- bzw. Portfolio-*Hedge* als geschlossen gilt[219]. Da die Angabepflichten nach § 285 Nr. 23 lit. b HGB von der Art der gebildeten Bewertungseinheit unabhängig sind, muss aus den Erläuterungen des Risikomanagementsystems ersichtlich werden, warum, in welchem Umfang und für welchen Zeitraum sich Wert- oder Zahlungsstromänderungen voraussichtlich künftig ausgleichen werden. Soweit diese Angaben bereits nach § 289 Abs. 2 Nr. 2 und Nr. 5 HGB im Lagebericht gemacht werden, dürfen sie im Anhang unterlassen werden (vgl. Tz. 198 ff.).

---

218 Vgl. Begr. Beschlussempfehlung und Bericht des Rechtsausschusses, BT-Drucks. 16/12407, S. 88.
219 Vgl. auch Begr. RegE, BT-Drucks. 16/10067, S. 73.

4. Angaben nach § 285 Nr. 23 lit. c HGB

Über die für alle Bewertungseinheiten verlangten Angaben hinaus fordert § 285 Nr. 23 lit. c HGB besondere Angaben zu sog. **antizipativen Bewertungseinheiten**, also Sicherungsbeziehungen nach § 254 Satz 1 HGB mit am Abschlussstichtag noch nicht fest kontrahierten, sondern lediglich mit hoher Wahrscheinlichkeit erwarteten Transaktionen als Grundgeschäfte (vgl. Abschn. H Tz. 131 ff.). Im Zusammenhang mit derartigen Grundgeschäften ist nach der Begründung des Rechtsausschusses zu erläutern, warum am Abschlussstichtag von einer hohen Wahrscheinlichkeit des Abschlusses der Transaktionen auszugehen ist[220]. Sinn und Zweck dieser Anhangangabe ist es, für einen Dritten nachvollziehbar zu machen, warum es aller Voraussicht nach zu einem Ausgleich gegenläufiger Zahlungsstromänderungen kommt und deshalb die Bildung von Bewertungseinheiten zulässig ist.

Gründe für eine hohe Eintrittswahrscheinlichkeit einer erwarteten Transaktion können bspw. die routinemäßige tatsächliche Durchführung derartiger Transaktionen in der Vergangenheit, ein deutlich unter dem geplanten Gesamtvolumen derartiger Transaktionen liegendes Volumen der abgesicherten Transaktionen, fehlende alternative Handlungsmöglichkeiten für das Unternehmen oder am Abschlussstichtag nahezu abgeschlossene Vertragsverhandlungen sein (vgl. auch Abschn. H Tz. 18 ff.). Der Umfang der Begründung ist vom jeweiligen Einzelfall abhängig, insb. von der Art der erwarteten Transaktion, dem vorgenommenen Sicherungsumfang, dem beizulegenden Zeitwert des Sicherungsinstruments sowie der erwarteten Eintrittswahrscheinlichkeit. So werden an die Begründung im Fall von erwarteten Transaktionen, die routinemäßig bereits in der Vergangenheit durchgeführt worden sind, bspw. Abschluss von Beschaffungs- und Absatzgeschäften im Rahmen der Durchführung des üblichen Liefer- und Leistungsverkehrs des Unternehmens, geringere Anforderungen zu stellen sein als bei unregelmäßiger durchgeführten Transaktionen, bspw. einer geplanten Beschaffung von Gegenständen des Anlagevermögens oder einer geplanten Fremdkapitalaufnahme.

Aus dem Gesetzeswortlaut des § 285 Nr. 23 lit. c HGB kann nicht abgeleitet werden, dass die erwarteten Transaktionen für jede antizipative Bewertungseinheit getrennt zu erläutern sind. Zulässig erscheint schon aus Gründen der Klarheit und Übersichtlichkeit zumindest die **Zusammenfassung von Erläuterungen** für gleichartige erwartete Transaktionen, wenn die Begründungen der hohen Eintrittswahrscheinlichkeit vergleichbar sind. Eine solche zusammenfassende Begründung ist insb. dann sachgerecht, wenn eine Vielzahl erwarteter Transaktionen abgesichert wird, bspw. künftige Rohstoff-Beschaffungsgeschäfte auf Monatsbasis über einen längerfristigen Zeitraum.

Für den Fall, dass die erwartete Transaktion mit einem **derivativen Finanzinstrument** gesichert wird und dessen beizulegender Zeitwert unter seinen Anschaffungskosten liegt, fordert die Begründung des Rechtsausschusses eine gesonderte Angabe dieses Umstands sowie eine Erläuterung, weshalb aus der erwarteten Transaktion ein kompensierender Ertrag zu erwarten ist[221]. Das Gesetz fordert eine solche Angabe weder nach § 285 Nr. 23 lit. c HGB, noch nach einer anderen Vorschrift (bspw. auch nicht nach § 285 Nr. 19 HGB), so dass sie auch nicht verlangt, sondern lediglich empfohlen werden kann. Des Weiteren erscheint es in wesentlichen Fällen empfehlenswert, die antizipativen Bewertungseinheiten getrennt nach solchen mit am Abschlussstichtag aus den Sicherungsinstrumenten resultierenden (drohenden) Aufwendungen und sol-

---

220 Vgl. Begr. Beschlussempfehlung und Bericht des Rechtsausschusses, BT-Drucks. 16/12407, S. 88.
221 Vgl. Begr. Beschlussempfehlung und Bericht des Rechtsausschusses, BT-Drucks. 16/12407, S. 88.

chen mit aus den Sicherungsinstrumenten resultierenden (unrealisierten) Erträgen zu erläutern.

5. Unterlassen von Angaben im Anhang

198 Die nach § 285 Nr. 23 HGB erforderlichen Angaben sind nach dieser Vorschrift nicht im Anhang anzugeben, soweit sie im **Lagebericht** gemacht werden. Zielsetzung dieser Erleichterung ist zum einen die Vermeidung von Doppelangaben, zum anderen die Möglichkeit, inhaltlich vergleichbare Informationen (teilweise) an einer Stelle zusammenzufassen. Umgekehrt ist eine Unterlassung von Angaben im Lagebericht zu Finanzinstrumenten, soweit die Angaben im Anhang gemacht werden, unzulässig[222].

199 Im Lagebericht sind nach § 289 Abs. 2 Nr. 2 lit. a und lit. b HGB die **Risikomanagementziele und -methoden** des Unternehmens einschl. der Methoden zur Absicherung aller wichtigen Transaktionen, die im Rahmen der Bilanzierung von Sicherungsinstrumenten verwendet werden, sowie die Preisänderungs-, Zahlungsstromänderungs-, Ausfall- und Liquiditätsrisiken, denen das Unternehmen ausgesetzt ist, in Bezug auf die Verwendung von Finanzinstrumenten durch das Unternehmen angabepflichtig, sofern dies für die Beurteilung der Lage oder die künftige Entwicklung des Unternehmens von Bedeutung ist[223]. Nach der Regierungsbegründung erfordert dies ua. Angaben zur Art der gesicherten Grundgeschäfte und der Sicherungsinstrumente, zur Art der Risiken und zum Ausmaß der Wirksamkeit[224]. Damit ergeben sich Überschneidungen mit den nach § 285 Nr. 23 HGB geforderten Angaben (vgl. auch Tz. 304).

200 Des Weiteren müssen kapitalmarktorientierte Unternehmen iSd. § 264d HGB in ihrem Lagebericht nach § 289 Abs. 5 HGB die wesentlichen Merkmale des **internen Kontroll- und des Risikomanagementsystems** im Hinblick auf den Rechnungslegungsprozess beschreiben (vgl. Tz. 284 ff.). Dabei kommt dem Risikomanagementsystem nach der Regierungsbegründung insb. dann eine Bedeutung zu, wenn das Unternehmen Risikoabsicherungen betreibt, die als Bewertungseinheiten nach § 254 HGB abgebildet werden. In diesem Fall ist im Lagebericht zu beschreiben, wie diese Bewertungseinheiten überwacht und gesteuert werden[225]. Auch hier können sich Überschneidungen mit den nach § 285 Nr. 23 HGB geforderten Angaben ergeben, bspw. warum sich die gegenläufigen Wertänderungen oder Zahlungsströme künftig voraussichtlich ausgleichen werden und mit welcher Methode dies ermittelt wird (§ 285 Nr. 23 lit. b HGB).

201 Da der Umfang der Angaben im Lagebericht zu Bewertungseinheiten nicht begrenzt ist, ist es zulässig, sämtliche, nach § 285 Nr. 23 HGB verlangten Angaben im Lagebericht zu machen. Dies ermöglicht den Unternehmen, die nach §§ 285 Nr. 23, 289 Abs. 2 Nr. 2 und Nr. 5 HGB geforderte Berichterstattung in einem einheitlichen „Risikobericht" in Bezug auf die **Verwendung von Finanzinstrumenten** zusammenzufassen[226]. Dies geschieht sachgerechter Weise im Rahmen eines gesonderten Abschnitts der (Gesamt-)Risikoberichterstattung[227].

202 Eine **Verlagerung aller Anhangangaben** zu Finanzinstrumenten in den Lagebericht ist indes nicht zulässig, sondern auf die Angaben nach § 285 Nr. 23 HGB beschränkt.

---

222 Vgl. auch IDW PS 345 Tz. 19a.
223 Vgl. zum bisherigen Recht IDW RH HFA 1.005 Tz. 30 ff.
224 Vgl. Begr. RegE, BT-Drucks. 16/10067, S. 73.
225 Vgl. Begr. RegE, BT-Drucks. 16/10067, S. 77.
226 Vgl. Begr. RegE, BT-Drucks. 16/10067, S. 73 u. S. 77.
227 Zur Risikoberichterstattung allg. vgl. DRS 5.

Insb. die Angaben zu den nicht zum beizulegenden Zeitwert bilanzierten derivativen Finanzinstrumenten nach § 285 Nr. 19 HGB (vgl. Tz. 94 ff.) sind weiterhin im Anhang zu machen.

6. Erstmalige Anwendung

Die Vorschrift des § 285 Nr. 23 HGB ist erstmals auf Jahresabschlüsse für **nach dem 31. Dezember 2009** beginnende Geschäftsjahre anzuwenden (Art. 66 Abs. 3 Satz 1 EGHGB). Eine freiwillige vorzeitige Erstanwendung auf Jahresabschlüsse, die nach dem 31. Dezember 2008 beginnen, ist zulässig, wenn die in Art. 66 Abs. 3 EGHGB genannten neuen Vorschriften insgesamt angewandt werden und dies im Anhang angegeben wird (Art. 66 Abs. 3 Satz 6 EGHGB).

203

XIII. Pensionsrückstellungen und ähnliche Verpflichtungen (Nr. 24)

1. Grundlagen

Mit der neuen Vorschrift des § 285 Nr. 24 HGB beabsichtigt der Gesetzgeber eine Vereinheitlichung und Vergleichbarkeit von Angaben im Anhang, ohne dass hiermit eine grundsätzliche Neuerung verbunden sein soll[228]. Während Kapitalgesellschaften und Personenhandelsgesellschaften iSv. § 264a HGB bereits bislang nach § 284 Abs. 2 Nr. 1 HGB die auf die Posten der Bilanz – und damit die auf die Rückstellungen für Pensionen und ähnliche Verpflichtungen (§ 266 Abs. 3 B. 1. HGB) – angewandten **Bilanzierungs- und Bewertungsmethoden** im Anhang anzugeben haben[229], konkretisiert § 285 Nr. 24 HGB die Angabepflichten zur Bewertung dieses Bilanzpostens nach § 253 Abs. 1 Satz 2 und Abs. 2 HGB (vgl. Abschn. I Tz. 70 ff.)[230].

204

Die Vorschrift ist von **Kapitalgesellschaften** und **Personenhandelsgesellschaften** iSv. § 264a HGB sowie von dem PublG unterliegenden Körperschaften (§ 5 Abs. 2 Satz 2 PublG), eingetragenen Genossenschaften (§ 336 Abs. 2 Satz 1 HGB), Kreditinstituten (§ 340a Abs. 1 HGB) und Versicherungsunternehmen (§ 341a Abs. 1 HGB) zu beachten.

205

Nach § 285 Nr. 24 HGB sind zu den Rückstellungen für Pensionen und ähnlichen Verpflichtungen

206

- das angewandte versicherungsmathematische **Berechnungsverfahren** sowie
- die grundlegenden **Annahmen** der Berechnung, wie
- der verwendete Zinssatz (§ 253 Abs. 2 HGB),
- die erwarteten Lohn- und Gehaltssteigerungen (§ 253 Abs. 1 Satz 2 HGB) sowie
- die zugrunde gelegten Sterbetafeln

anzugeben.

---

228 Vgl. Begr. RegE, BT-Drucks. 16/10067, S. 73.
229 Vgl. *Ellrott*, in Beck Bil-Komm.⁶, § 284 Anm. 87 u. 127 f.; *ADS*⁶, § 284 HGB Tz. 100 ff.
230 Vgl. Beispiele für ähnliche Verpflichtungen können entgegen den in der Literatur gelegentlich geäußerten Meinungen nicht genannt werden. Vgl. *Ellrott/Rhiel*, in Beck Bil-Komm.⁶, § 249 Anm. 268 u. 162 f.; *ADS*⁶, § 249 HGB Tz. 117. AA *WPH*¹³, Bd. I, E Tz. 172.

2. Erläuterungen zu den Angaben

207 Das versicherungsmathematische Berechnungsverfahren[231] bestimmt grds. die Vorgehensweise bei der **Ermittlung des Erfüllungsbetrages** für Pensionsverpflichtungen iSv. § 253 Abs. 1 Satz 2 HGB (vgl. Abschn. I Tz. 81 ff.). Der Gesetzgeber schreibt weder ein bestimmtes Berechnungsverfahren, noch die konkrete Höhe der einzelnen versicherungsmathematischen Parameter vor. Die angewandte Methode muss jedoch sicherstellen, dass

- laufende Rentenverpflichtungen sowie Altersversorgungsverpflichtungen gegenüber ausgeschiedenen Anwärtern zum Barwert angesetzt werden und
- die Mittelansammlung für Pensionsanwartschaften aktiver Mitarbeiter grds. über ihre jeweilige Dienstzeit erfolgt.

208 Als versicherungsmathematische Berechnungsverfahren kommen grds. das **Teilwert- oder das Anwartschaftsbarwertverfahren** in Betracht (vgl. Abschn. I Tz. 81). Eine vereinfachte Ermittlung des Wertansatzes für Pensionsrückstellungen schreibt der Gesetzgeber nach § 253 Abs. 1 Satz 3 HGB für Altersversorgungsverpflichtungen vor, deren Höhe sich ausschließlich nach dem beizulegenden Zeitwert von Wertpapieren iSd. § 266 Abs. 2 A. III. 5 HGB bestimmt. In diesen Fällen sind die Rückstellungen zum beizulegenden Zeitwert der Wertpapiere anzusetzen, soweit dieser Wert einen zugesagten Mindestbetrag überschreitet (vgl. Abschn. I Tz. 95 ff.).

209 Im Weiteren sind nach § 285 Nr. 24 HGB die grundlegenden **Annahmen der Berechnung** der Rückstellungsbeträge für Pensionen und ähnliche Verpflichtungen anzugeben, insb.

- der verwendete Zinssatz,
- erwartete Lohn- und Gehaltssteigerungen sowie
- die zugrunde gelegten Sterbetafeln.

210 Im Zusammenhang mit der Angabe des nach § 253 Abs. 2 HGB verwendeten **Zinssatzes** ist von Bedeutung, ob jede Pensionsrückstellung unter Verwendung der individuellen Restlaufzeit der jeweiligen Verpflichtung abgezinst wurde (§ 253 Abs. 2 Satz 1 HGB) oder ob sämtliche Rückstellungen unter Verwendung des pauschalen durchschnittlichen Marktzinssatzes, der sich bei einer angenommenen Restlaufzeit von 15 Jahren ergibt, ermittelt wurden (§ 253 Abs. 2 Satz 2 HGB).

211 Da im ersten Fall (**individuelle Restlaufzeiten**) aufgrund von unterschiedlichen Restlaufzeiten der einzelnen Pensionsverpflichtungen mehrere unterschiedliche Zinssätze Anwendung finden, erscheint es sachgerecht, die Angaben auf die Nennung der Bandbreite der verwendeten Zinssätze zu beschränken. So könnte die Angabe zB lauten: „Die Rückstellungen für Pensionen und ähnliche Verpflichtungen wurden unter Berücksichtigung der sich aufgrund ihrer jeweiligen Restlaufzeit ergebenden, von der Deutschen Bundesbank im Monat November 2009 veröffentlichten durchschnittlichen Marktzinsätze der vergangenen sieben Geschäftsjahre (§ 253 Abs. 2 Satz 1 HGB) berechnet. Bei Restlaufzeiten von fünf bis zu 30 Jahren liegen die verwendeten Zinssätze im Bereich von 4,5% bis 5,1%."

212 Im zweiten Fall (Annahme einer **pauschalen Restlaufzeit** von 15 Jahren) wird nur ein Zinssatz verwendet, wobei die Anwendung der Vereinfachungsvorschrift des § 253 Abs. 2 Satz 2 HGB nicht zu einer unzutreffenden Darstellung der Vermögens-, Finanz-

---

231 Vgl. St. HFA 2/1988, WPg 1988, S. 403 ff., Abschn. 4.

und Ertragslage führen darf²³². So könnte die Angabe in diesem Fall lauten: „Die Rückstellungen für Pensionen und ähnliche Verpflichtungen wurden pauschal mit dem von der Deutschen Bundesbank im Monat Januar 2010 veröffentlichten durchschnittlichen Marktzinssatz der vergangenen sieben Jahre abgezinst, der sich bei einer angenommenen Restlaufzeit von 15 Jahren ergibt (§ 253 Abs. 2 Satz 2 HGB). Dieser Zinssatz beträgt 4,7%."

Außerdem sind nach § 285 Nr. 24 HGB erwartete **Lohn- und Gehaltssteigerungen** anzugeben, die nach § 253 Abs. 1 Satz 2 HGB als Determinanten des notwendigen Erfüllungsbetrags in die Ermittlung des Wertansatzes von Rückstellungen einzubeziehen sind (vgl. hierzu Abschn. I Tz. 73). In gleicher Weise ist auch der erwartete **Rententrend** (vgl. Abschnitt I Tz. 74) anzugeben, da dieser eine grundlegende Annahme bezüglich des Erfüllungsbetrags der Pensionsverpflichtungen gegenüber den Rentnern darstellt. Beispielhaft könnte die Angabe lauten: „Bei der Ermittlung der Rückstellungen für Pensionen und ähnliche Verpflichtungen wurden jährliche Lohn- und Gehaltssteigerungen von 2,5% und Rentensteigerungen von jährlich 1.0% unterstellt". 213

Des Weiteren sind die der Berechnung der Pensionsrückstellungen zugrunde gelegten **Sterbetafeln** anzugeben, die auf biometrischen Rechnungsgrundlagen (zB Invaliditäts- und Sterbewahrscheinlichkeiten) basieren. In der Praxis werden derzeit überwiegend die „Richttafeln 2005 G von Klaus Heubeck" aus dem Jahr 2005 (Generationentafeln) verwendet. Erfordern unternehmensspezifische Rechnungsgrundlagen eine Modifikation der verwendeten Sterbetafeln, sind die vorgenommenen Änderungen zu erläutern und zu begründen. 214

Stellt die **Fluktuation** der Arbeitnehmer eine wesentliche Bewertungsannahme dar, zB weil diese im Branchenvergleich äußerst hoch oder besonders gering ist, ist auch diese als grundlegende Annahme der Berechnung nach § 285 Nr. 14 HGB angabepflichtig. 215

Zu den Anhangangaben nach Art. 67 Abs. 1 Satz 4 und Abs. 2 EGHGB (Angaben im Zusammenhang mit der **Ansammlung** von Rückstellungen auf Grund der nach BilMoG geänderten Bewertung der laufenden Pensionen oder Anwartschaften auf Pensionen) vgl. Abschn. I Tz. 123 u. 128. 216

3. Erstmalige Anwendung

Erstmals ist § 285 Nr. 24 HGB auf Jahresabschlüsse für das **nach dem 31. Dezember 2009** beginnende Geschäftsjahr anzuwenden (Art. 66 Abs. 3 Satz 1 EGHGB). Eine frühere Anwendung der Vorschrift bereits für nach dem 31. Dezember 2008 beginnende Geschäftsjahre ist nach Art. 66 Abs. 3 Satz 6 EGHGB wahlweise, jedoch nur bei Anwendung der durch das BilMoG neu eingeführten Vorschriften insgesamt und Angabe der früheren Anwendung im Anhang, möglich. 217

XIV. Verrechnung von Vermögensgegenständen des Deckungsvermögens und Schulden aus Altersversorgungsverpflichtungen (Nr. 25)

1. Grundlagen

Nach § 285 Nr. 25 HGB haben **Kapitalgesellschaften** und **Personenhandelsgesellschaften** iSv. **§ 264a HGB** im Fall der Verrechnung von Vermögensgegenständen und 218

---

232 Vgl. Begr. RegE, BT-Drucks. 16/10067, S. 55.

Schulden nach § 246 Abs. 2 Satz 2 erster Halbsatz HGB (vgl. dazu Abschn. C Tz. 47 ff.) bestimmte Angaben zu machen. Zweck dieser Angaben ist es, diejenigen Angaben, die aufgrund der Verrechnung nicht mehr aus der Bilanz und der Gewinn- und Verlustrechnung ersichtlich werden, nunmehr im Anhang zu zeigen.[233] Außerdem ist § 285 Nr. 25 HGB von dem PublG unterliegenden Körperschaften (§ 5 Abs. 2 Satz 2 PublG), eingetragenen Genossenschaften (§ 336 Abs. 2 Satz 1 HGB), Kredit- und Finanzdienstleistungsinstituten (§ 340a Abs. 1 HGB) und Versicherungsunternehmen (§ 341 Abs. 1 HGB) zu beachten.

219 Nach § 285 Nr. 25 erster Halbsatz HGB sind

- die **Anschaffungskosten** der verrechneten Vermögensgegenstände (§ 255 Abs. 1 HGB),
- der **beizulegende Zeitwert** der verrechneten Vermögensgegenstände (§ 253 Abs. 1 Satz 4 iVm. § 255 Abs. 4 HGB),
- der **Erfüllungsbetrag** der verrechneten Schulden (§ 253 Abs. 1 Satz 2 und Abs. 2 HGB) und
- die im Berichtsjahr in der Gewinn- und Verlustrechnung **verrechneten Aufwendungen und Erträge**, die aus den verrechneten Vermögensgegenständen und Schulden resultieren (§ 246 Abs. 2 Satz 2 zweiter Halbsatz HGB),

im Anhang anzugeben.

220 Darüber hinaus sind nach § 285 Nr. 25 zweiter Halbsatz iVm. Nr. 20 lit. a HGB ggf. die **grundlegenden Annahmen** im Anhang anzugeben, die der Bestimmung des beizulegenden Zeitwertes mit Hilfe allgemein anerkannter Bewertungsmethoden (§ 255 Abs. 4 Satz 2 HGB) zugrunde gelegt wurden (vgl. Tz. 118).

2. Erläuterungen zu den Angaben

221 Nach § 285 Nr. 25 erster Halbsatz HGB sind die **Anschaffungskosten** der nach § 246 Abs. 2 Satz 2 erster Halbsatz HGB verrechneten Vermögensgegenstände anzugeben. Vermögensgegenstände, die ausschließlich der Erfüllung von Altersversorgungsverpflichtungen dienen (vgl. Abschn. C Tz. 44 ff.), sind mit dem beizulegenden Zeitwert zu bewerten (§ 253 Abs. 1 Satz 4 iVm. § 255 Abs. 4 HGB). Eine parallele Bewertung des Deckungsvermögens zu fortgeführten Anschaffungskosten ist nicht vorgeschrieben, so dass eine Berücksichtigung hypothetisch vorzunehmender planmäßiger Abschreibungen auch für die Angabe der Anschaffungskosten im Anhang nicht in Betracht kommt[234]. Anzugeben sind daher die historischen Anschaffungskosten iSv. § 255 Abs. 1 HGB, wobei nach dem Wortlaut des § 285 Nr. 25 erster Halbsatz HGB die Angabe eines Gesamtbetrags ausreichend ist.

222 Wenngleich danach fortgeführte Anschaffungskosten nicht anzugeben sind, werden diese Informationen jedoch nach Ansicht des Rechtsausschusses[235] im Fall einer evtl. späteren **Auflösung des Zusammenhangs** zwischen Deckungsvermögen und Schulden für die Ermittlung fortgeführter Anschaffungskosten gebraucht (vgl. zur sog. Entwidmung Abschn. C Tz. 63). Allerdings erscheint es schwer verständlich, warum in diesem Fall nicht die deutlich praktikablere Lösung des § 255 Abs. 4 Satz 4 HGB gel-

---

[233] Vgl. Begr. RegE, BT-Drucks. 16/10067, S. 73.
[234] Vgl. hierzu auch Begr. Beschlussempfehlung und Bericht des Rechtsausschusses, BT-Drucks. 16/12407, S. 87.
[235] Vgl. ebenda, S. 85; hierzu auch ERS HFA 30.

ten soll, nach der die zuletzt ermittelten Zeitwerte die Grundlage für die Folgebewertung nach dem Anschaffungskostenprinzip bilden.

Nach § 285 Nr. 25 erster Halbsatz HGB ist der **beizulegende Zeitwert** (§ 253 Abs. 1 Satz 4 iVm. § 255 Abs. 4 HGB) der nach § 246 Abs. 2 Satz 2 erster Halbsatz HGB verrechneten Vermögensgegenstände anzugeben. Sinn und Zweck der Vorschrift ist es, dem Abschlussadressaten deutlich zu machen, welche Aktiv- und Passivposten der Bilanz in welcher Höhe miteinander verrechnet wurden[236]. Auch wenn der Gesetzeswortlaut dies nicht ausdrücklich verlangt, erscheint es daher sachgerecht, die beizulegenden Zeitwerte der verrechneten Vermögensgegenstände entsprechend den nach § 266 HGB vorgesehenen Posten gesondert anzugeben. Danach wären bspw. die beizulegenden Zeitwerte für Wertpapiere des Anlagevermögens (§ 266 Abs. 2 A. III. Nr. 5 HGB) und für sonstige Ausleihungen (§ 266 Abs. 2 A. III. Nr. 6 HGB) gesondert anzugeben. 223

Nach § 285 Nr. 25 erster Halbsatz HGB ist der **Erfüllungsbetrag** der nach § 246 Abs. 2 Satz 2 erster Halbsatz HGB verrechneten Schulden im Anhang anzugeben (vgl. Abschn. I Tz. 70 ff.). Der Wortlaut der Vorschrift könnte vermuten lassen, dass der voraussichtliche Erfüllungsbetrag iSv. § 253 Abs. 1 Satz 2 HGB, dh. vor Berücksichtigung der Abzinsung nach § 253 Abs. 2 HGB, anzugeben wäre. Da sich die Saldierungsvorschrift des § 246 Abs. 2 Satz 2 HGB aber auf die nach den für sie geltenden Bewertungsvorschriften anzusetzenden Beträge der Aktiv- und Passivposten bezieht (vgl. Abschn. C Tz. 4), kann hier nur der abgezinste Erfüllungsbetrag gemeint sein. 224

Auch wenn der Gesetzeswortlaut dies nicht ausdrücklich verlangt, erscheint es nach Sinn und Zweck der Vorschrift sachgerecht, den Erfüllungsbetrag der verrechneten Schulden entsprechend den nach § 266 HGB vorgesehenen **Posten gesondert** anzugeben (vgl. für die Aktivseite Tz. 223). Neben der Angabe des Erfüllungsbetrags für die Rückstellungen für Pensionen und ähnliche Verpflichtungen (§ 266 Abs. 3 B. 1. HGB) kommt zB auch der Ausweis von Rückstellungen für langfristige Lebensarbeitszeitkontenmodelle unter den sonstigen Rückstellungen (§ 266 Abs. 3 B. 3. HGB) in Betracht. 225

Nach § 285 Nr. 25 erster Halbsatz HGB sind die nach § 246 Abs. 2 Satz 2 zweiter Halbsatz HGB verrechneten **Aufwendungen und Erträge** im Anhang unsaldiert anzugeben. Als im Berichtsjahr in der Gewinn- und Verlustrechnung verrechnete Aufwendungen und Erträge sind die Erträge aus dem Deckungsvermögen (zB Zinsen, Dividenden, Mieteinnahmen, Wertsteigerungen) und die Aufwendungen aus der Aufzinsung von Pensionsverpflichtungen anzugeben (vgl. Abschn. C Tz. 78). Nach Sinn und Zweck des § 285 Nr. 25 erster Halbsatz HGB erscheint es sachgerecht, die Angaben entsprechend den nach § 275 HGB vorgesehenen Posten gesondert zu machen (vgl. beispielhaft zu den betreffenden Posten Abschn. C Tz. 79 ff.). 226

3. Erstmalige Anwendung

Nach Art. 66 Abs. 3 Satz 1 EGHGB ist § 285 Nr. 25 HGB erstmals auf Jahresabschlüsse für das **nach dem 31. Dezember 2009** beginnende Geschäftsjahr anzuwenden. Eine frühere Anwendung der Vorschrift bereits für nach dem 31. Dezember 2008 beginnende Geschäftsjahre ist nach Art. 66 Abs. 3 Satz 6 EGHGB wahlweise, jedoch nur bei Anwendung sämtlicher durch das BilMoG neu eingeführten Vorschriften und Angabe der früheren Anwendung im Anhang, möglich. 227

---

236 Vgl. Begr. RegE, BT-Drucks. 16/10067, S. 73.

XV. Investmentvermögen (Nr. 26)

1. Grundlagen

228 Nach § 285 Nr. 26 HGB haben **Kapitalgesellschaften** und **Personenhandelsgesellschaften iSd.** § 264a HGB im Anhang zu Anteilen oder Anlageaktien an inländischen Investmentvermögen iSd. § 1 des Investmentgesetzes (InvG) oder vergleichbaren ausländischen Investmentanteilen iSd. § 2 Abs. 9 des InvG bestimmte Angaben zu machen (zu möglichen Konsolidierungspflichten vgl. Abschn. Q Tz. 85). Die neu eingefügte Anhangangabe für den Jahresabschluss, die bei Überschreitung eines Schwellenwerts beim Anteilsbesitz von 10 % zu machen ist, dient der verbesserten Information des Abschlussadressaten. Durch die Angabe der Marktwerte, der Differenz zum Buchwert sowie der für das Geschäftsjahr erfolgten Ausschüttungen unter Aufgliederung nach Anlagezielen sollen der Einblick in die Vermögens-, Finanz- und Ertragslage[237] sowie das Risikoprofil verbessert werden. Außerdem ist § 285 Nr. 26 HGB von dem PublG unterliegenden Körperschaften (§ 5 Abs. 2 Satz 2 PublG), eingetragenen Genossenschaften (§ 336 Abs. 2 HGB) Kredit- und Finanzdienstleistungsinstituten (§ 340a Abs. 1 HGB) sowie Versicherungsunternehmen (§ 341a Abs. 1 HGB) zu beachten.

229 Zu solchen Anteilen oder Anlageaktien sind nach § 285 Nr. 26 erster Teilsatz HGB, folgende **Angaben**, aufgegliedert nach Anlagezielen[238], zu machen, wenn das berichtende Unternehmen mindestens zehn Prozent der Anteile hält:

- deren Wert iSd. § 36 des InvG oder im Sinne vergleichbarer ausländischer Vorschriften über die Ermittlung des Marktwertes,
- die Differenz zum Buchwert,
- die für das Geschäftsjahr erfolgte Ausschüttung sowie
- Beschränkungen in der Möglichkeit der täglichen Rückgabe.

230 Darüber hinaus sind nach § 285 Nr. 26 zweiter Teilsatz HGB die Gründe dafür, dass eine **Abschreibung** nach § 253 Abs. 3 Satz 4 HGB **unterblieben** ist, einschl. der Anhaltspunkte, die darauf hindeuten, dass die Wertminderung voraussichtlich nicht von Dauer ist, anzugeben (vgl. auch Abschn. J Tz. 10). § 285 Nr. 18 HGB ist insoweit nicht anzuwenden (§ 285 Nr. 26 dritter Teilsatz HGB).

2. Erläuterungen zu den Angaben

231 Die Angaben nach § 285 Nr. 26 HGB sind von allen Unternehmen zu machen, die **mehr als zehn Prozent der Anteile oder Anlageaktien** an inländischen Investmentvermögen im Sinn von § 1 des Investmentgesetzes[239] (InvG) oder vergleichbaren ausländischen Investmentanteilen im Sinn von § 2 Abs. 9 InvG[240] besitzen. Mit Anlageaktien sollen nur (stimmrechtslose) Aktien im Sinn des § 96 Abs. 1c InvG in die Angabepflichten des § 285 Nr. 26 HGB einbezogen werden, während bei (stimmberechtigten) Unternehmensaktien die allgemeinen Anhangangaben des § 285 Nr. 18 HGB vorran-

---

[237] Bei Kreditinstituten erfolgt hierdurch häufig eine Steuerung des Zinsergebnisses durch die Wahl der Ausschüttungszeitpunkte.
[238] Dies erfordert eine sinnvolle risikoadäquate Zusammenfassung der Investitionsfonds – nicht zwingend eine Einzelaufstellung.
[239] Zu inländischem Investmentvermögen im Sinn von § 1 InvG vgl. *Kempf*, Novellierung des Investmentrechts 2007, S. 288.
[240] Zu vergleichbaren ausländischen Investmentanteilen vgl. Rundschreiben der BaFin 14/2008(WA) v. 22.12.2008 sowie *Helios/Schmies*, BB 2009, S. 1500.

gig sind. Gleiches soll nach der Gesetzesbegründung auch für vergleichbare ausländische Investmentanteile gelten[241].

Die nach § 285 Nr. 26 erster Teilsatz HGB erforderliche Aufteilung in **Anlageziele** – die Gesetzesbegründung nennt hierfür beispielhaft Aktienfonds, Rentenfonds, Immobilienfonds, Mischfonds, *Hedgefonds* – soll den Abschlussadressaten eine „überschlägige Einschätzung des Anlagerisikos"[242] ermöglichen. Dem gleichen Ziel dient mit dem Schwerpunkt Liquiditätsrisiko die Angabe von **Beschränkungen** in der Möglichkeit der **täglichen Rückgabe**[243]. 232

Nach § 285 Nr. 26 erster Teilsatz HGB ist außerdem der **Wert der Anteile iSd. § 36 InvG** anzugeben. Sinn und Zweck der Vorschrift ist es ua., die in den Anteilen enthaltenen stillen Reserven und stillen Lasten im Anhang darzustellen[244]. Daher ist es sachgerecht, den Wert je Fonds anzugeben (vgl. Tz. 237). Die Wertermittlung basiert auf einer Einzahlungs-/Auszahlungs-Rechnung, wobei die einzelnen Vermögenswerte mit ihrem beizulegenden Zeitwert angesetzt sind. Welche Anforderungen an eine vergleichbare Wertermittlung nach ausländischen Vorschriften zu stellen sind, lässt die Gesetzesbegründung[245] offen. 233

Die nach § 285 Nr. 26 erster Teilsatz HGB erforderliche Angabe der **Differenz zwischen Marktwert** und höherem oder niedrigerem **Buchwert** soll dazu dienen, dem Adressaten eine größere Transparenz zu vermitteln. Sachgerecht ist es, die Differenz jeweils für einzelne Fonds anzugeben (vgl. Tz. 237). 234

Unter den **Ausschüttungen** iSd. § 285 Nr. 26 erster Teilsatz HGB sind nur die Ertragsausschüttungen und nicht zusätzlich auch sog. Substanzausschüttungen (Ausschüttungen mit Kapitalentnahmecharakter) zu erfassen, da Substanzausschüttungen als Kapitalrückzahlung zu behandeln sind und daher zu einem Abgang bei den aktivierten Anteilen führen. Die Gesetzesbegründung führt aus, dass „Ausschüttungen mit Kapitalentnahmecharakter, die stille Lasten begründen oder erhöhen, [.] zwingend zu einer Abschreibung auf die Buchwerte der Anteile oder Anlageaktien [führen]"[246]. Dies ist bei Substanzausschüttungen nicht zutreffend, da es sich bei einer Kapitalentnahme um einen Aktivtausch handelt, der im Gegensatz zu der Abschreibung auf Anteile keine Auswirkung auf die GuV hat. Substanzausschüttungen würden bei einer Einbeziehung in die Anhangangabe doppelt dargestellt: zum einen in der Bilanz durch einen geringeren Buchwert infolge des Abgangs des Anteils, zum anderen bei der Anhangangabe zu den Ausschüttungen. 235

Im Hinblick auf die Gründe für **unterbliebene Abschreibungen** nach § 253 Abs. 3 Satz 4 HGB ist § 285 Satz 1 Nr. 26 zweiter und dritter Teilsatz HGB lex specialis zur Angabepflicht von Finanzanlagen (§ 285 Nr. 18 lit. b HGB; vgl. dazu Tz. 91 f.). 236

---

241 Vgl. Begr. RegE, BT-Drucks. 16/10067, S. 74.
242 Vgl. Begr. RegE, BT-Drucks. 16/10067, S. 74.
243 Vgl. Begr. RegE, BT-Drucks. 16/10067, S. 74.
244 Vgl. Begr. RegE, BT-Drucks. 16/10067, S. 74.
245 Vgl. Begr. RegE, BT-Drucks. 16/10067, S. 74.
246 Vgl. Begr. RegE, BT-Drucks. 16/10067, S. 74.

237 Die folgende Tabelle enthält **beispielhaft** die Anhangangaben zu den Investmentanteilen iSd. § 285 Nr. 26 HGB:

	Buchwert (BW) 31.12.2010	Marktwert (MW) 31.12.2010	Δ (MW–BW)	Ausschüttung 2010*	Tägl. Rückgabe möglich*	Unterlassene Abschreibungen*
Aktienfonds						
Aktienfonds I	100	95	–5	...	Ja	Ja
Aktienfonds II	100	120	20	...	Nein	Nein
Aktienfonds III	...	...	...	...	...	...
Rentenfonds						
Rentenfonds I	...	...	...	...	...	...
Rentenfonds II	...	...	...	...	...	...

* Weitere Erläuterungen erforderlich über:
- Beschränkungen der Möglichkeit der täglichen Rückgabe
- Gründe für die Unterlassung der Abschreibung gemäß § 253 Abs. 3 S. 4 HGB
- Gründe für die Annahme einer nicht dauerhaften Wertminderung
- Erläuterung zur Art der Ausschüttung (Substanz- und/oder Ertragsausschüttung)

Abb. 9: Beispiel für eine Anhangangabe zum Stichtag 31. Dezember 2010

3. Erstmalige Anwendung

238 Die Vorschrift des § 285 Nr. 26 HGB ist erstmals auf Jahresabschlüsse für das **nach dem 31. Dezember 2009** beginnende Geschäftsjahr anzuwenden (Art. 66 Abs. 3 Satz 1 EGHGB). Eine freiwillige frühere Anwendung der Vorschrift bereits für nach dem 31. Dezember 2008 beginnende Geschäftsjahre ist nach Art. 66 Abs. 3 Satz 6 EGHGB wahlweise, jedoch nur bei Anwendung der neuen durch das BilMoG eingeführten Vorschriften insgesamt und der Angabe der früheren Anwendung im Anhang, möglich (Art. 66 Abs. 3 Satz 6 EGHGB).

XVI. Einschätzung des Risikos der Inanspruchnahme aus Eventualverbindlichkeiten (Nr. 27)

1. Grundlagen

239 Nach § 285 Nr. 27 HGB haben **Kapitalgesellschaften** und **Personenhandelsgesellschaften iSv. § 264a HGB** für nach § 251 HGB unter der Bilanz ausgewiesene oder nach § 268 Abs. 7 Halbsatz 1 HGB im Anhang angegebene Verbindlichkeiten und Haftungsverhältnisse[247] „die Gründe der Einschätzung des Risikos der Inanspruchnahme" anzugeben. Außerdem ist die Vorschrift von dem PublG unterliegenden Körperschaften (§ 5 Abs. 2 Satz 2 PublG), eingetragenen Genossenschaften (§ 336 Abs. 2 Satz 1 HGB), Kreditinstituten (§ 340a Abs. 1 HGB) und Versicherungsunternehmen (§ 341a Abs. 1 HGB) zu beachten.

240 Nach § 251 iVm. § 268 Abs. 7 erster Halbsatz HGB sind wie bisher die Beträge folgender **Haftungsverhältnisse** im Anhang gesondert anzugeben[248]:

---

247 Vgl. *ADS*[6], § 251 HGB Tz. 1 ff.; *Ellrott*, in Beck Bil-Komm.[6], § 251 Anm. 1 f.; IDW RH HFA 1.013 Tz. 5; *Fey*, in HdR[5], § 250 Rn. 13 ff.
248 Vgl. *ADS*[6], § 268 HGB Tz. 124.

- Verbindlichkeiten aus der Begebung und Übertragung von Wechseln,
- Verbindlichkeiten aus Bürgschaften, Wechsel- und Scheckbürgschaften,
- Verbindlichkeiten aus Gewährleistungsverträgen sowie
- Haftungsverhältnisse aus der Bestellung von Sicherheiten für fremde Verbindlichkeiten.

Bestehen solche Verpflichtungen gegenüber verbundenen Unternehmen, so sind sie gesondert anzugeben (§ 268 Abs. 7 zweiter Halbsatz HGB).

2. Erläuterungen zu den Angaben

Die Bandbreite, innerhalb derer das **Risiko der Inanspruchnahme** des bilanzierenden Unternehmens aus angabepflichtigen Haftungsverhältnissen liegen kann, lässt sich aus § 251 iVm. § 249 Abs. 1 HGB herleiten, wonach unter der Bilanz nur diejenigen Haftungsverhältnisse anzugeben sind, die nicht auf der Passivseite der Bilanz anzusetzen sind. Voraussetzung für die Angabe von Haftungsverhältnissen ist demnach einerseits das Bestehen einer auf vertraglicher Grundlage beruhenden, rechtlich möglichen Inanspruchnahme des Unternehmens, mit deren Eintritt am Abschlussstichtag aber nicht konkret zu rechnen ist[249]. Andererseits entfällt die Vermerkpflicht jedoch, soweit eine Schuld auf der Passivseite der Bilanz anzusetzen ist[250].   241

So setzt die Passivierung einer Rückstellung für ungewisse Verbindlichkeiten (§ 249 Abs. 1 Satz 1 HGB) voraus, dass eine Verpflichtung gegenüber Dritten besteht und stichhaltige Gründe dafür sprechen, dass das Unternehmen voraussichtlich in Anspruch genommen wird[251]. Für die Passivierung der Rückstellung und dem damit verbundenen Entfallen der Vermerkpflicht ist wegen des Vorsichtsprinzips (§ 252 Abs. 1 Nr. 4 HGB) nicht erforderlich, dass die Inanspruchnahme „wahrscheinlicher" als die Nichtinanspruchnahme sein muss, wobei eine prozentuale Erfassung der Wahrscheinlichkeit einer möglichen Inanspruchnahme regelmäßig an der Komplexität der zu beurteilenden Sachverhalte scheitert[252]. Das Risiko der Inanspruchnahme aus einer Eventualverpflichtung liegt daher stets in einer **Bandbreite** von „gering" bis zu der durch die Passivierungspflicht für ungewisse Verbindlichkeiten nach § 249 Abs. 1 Satz 1 HGB vorgegebenen Grenze.   242

Als „**Gründe der Einschätzung**" des Risikos der Inanspruchnahme aus den Haftungsverhältnissen sind im Anhang nach § 285 Nr. 27 HGB die Erwägungen darzustellen, wonach das Unternehmen davon ausgeht, dass die Wahrscheinlichkeit der Inanspruchnahme derart gering ist, dass die Eventualverbindlichkeiten unter der Bilanz oder im Anhang anzugeben und nicht auf der Passivseite der Bilanz anzusetzen sind[253]. Nach dem Wortlaut der Vorschrift wird eine Quantifizierung von Eintrittswahrscheinlichkeiten, ggf. als Bandbreite, nicht verlangt. Die Gründe der Einschätzung des Risikos der Inanspruchnahme sind unter Würdigung der bekannten Risiken darzustellen. Nicht ausreichend ist eine Aussage etwa derart, dass keine sicheren Anhaltspunkte für Inanspruchnahmen aus ggf. näher bezeichneten Eventualverpflichtungen bestehen. Die Würdigung der bekannten Risiken setzt vielmehr voraus, dass diese benannt und eingeschätzt werden. Grundlage für die Einschätzung wird häufig die Bonität des Primärverpflichteten sein.   243

---

249 Vgl. *ADS*⁶, § 251 HGB Tz. 1; *Ellrott*, in Beck Bil-Komm.⁶, § 251 Anm. 2; *Fey*, in HdR⁵, § 251 HGB Rn. 1.
250 Vgl. *ADS*⁶, § 251 HGB Tz. 5.
251 Vgl. *ADS*⁶, § 249 HGB Tz. 43 u. 75.
252 Vgl. *ADS*⁶, § 249 HGB Tz. 75.
253 Vgl. Begr. RegE, BT-Drucks. 16/10067, S. 74 f.; *Budde*, in Kessler/Leinen/Strickmann, BilMoG, S. 277.

244 Obgleich der Wortlaut der Vorschrift die Angabepflicht nicht auf das Risiko einer Inanspruchnahme aus **wesentlichen Verpflichtungen** beschränkt, kann davon ausgegangen werden, dass die Angabe der Gründe ausreichend ist, die der Einschätzung des Risikos der Inanspruchnahme aus den für die Vermögens-, Finanz- und Ertragslage bedeutsamen, dh. wesentlichen, Eventualverbindlichkeiten zugrunde liegen[254]. Ob eine Eventualverbindlichkeit als wesentlich anzusehen ist, ist in jedem Einzelfall gesondert zu beurteilen und vorrangig von den finanziellen Auswirkungen, dh. einer potentiellen vollen Inanspruchnahme des Bilanzierenden abhängig[255].

245 Bei einer Vielzahl ähnlicher Eventualverpflichtungen, wie bei Garantien oder dem Wechselobligo, erscheint es sachgerecht, bei der Angabe dieser Erwägungen jeweils auf die **Gruppe der Verpflichtungen** als Gesamtheit abzustellen. Danach kann aber eine weitere Differenzierung der darzustellenden Erwägungen innerhalb der vier Gruppen oder bezogen auf einzelne Eventualverpflichtungen erforderlich sein, wenn dies von wesentlicher Bedeutung für die Vermögens-, Finanz- und Ertragslage der Gesellschaft ist.

246 Ein **Formulierungsbeispiel** zur Begründung des Risikos der Inanspruchnahme aus Eventualverbindlichkeiten könnte lauten: „Die zugunsten verbundener Unternehmen eingegangenen Verpflichtungen aus Gewährleistungsverträgen gegenüber Dritten waren nicht zu passivieren, da die zugrunde liegenden Verbindlichkeiten durch die verbundenen Unternehmen voraussichtlich erfüllt werden können und daher mit einer Inanspruchnahme nicht zu rechnen ist." Im Übrigen können auch detailliertere Angaben zur Erläuterung der Risiken erforderlich sein. So könnte ein weiteres Formulierungsbeispiel lauten[256]: „In den Eventualverbindlichkeiten sind unwiderrufliche Kreditzusagen über … Mrd. € an eine Zweckgesellschaft enthalten, die nur in dem Geschäftsfeld der Schiffsfinanzierung tätig ist. Bei einer nennenswerten Verschlechterung der Frachtraten der von dieser Zweckgesellschaft finanzierten Schiffe könnte daher die Inanspruchnahme mit wesentlichen Auswirkungen für die Finanzlage der Gesellschaft erfolgen. Derzeit wird von einem solchen Szenario indes nicht ausgegangen."

247 Die Angaben nach § 285 Nr. 27 HGB sind auch dann im Anhang zu machen, wenn über die Risikoeinschätzung bereits innerhalb der im **Lagebericht** nach § 289 Abs. 1 Satz 4 HGB enthaltenen Risikoberichterstattung informiert wurde[257].

3. Erstmalige Anwendung

248 Erstmals ist § 285 Nr. 27 HGB auf Jahresabschlüsse für das **nach dem 31. Dezember 2009** beginnende Geschäftsjahr anzuwenden (Art. 66 Abs. 3 EGHGB). Eine freiwillige frühere Anwendung der Vorschrift bereits für nach dem 31. Dezember 2008 beginnende Geschäftsjahre ist wahlweise, jedoch nur bei Anwendung der neuen Vorschriften insgesamt und Angabe der früheren Anwendung im Anhang, möglich (Art. 66 Abs. 3 Satz 6 EGHGB).

---

[254] Vgl. Begr. RegE, BT-Drucks. 16/10067, S. 74.
[255] Vgl. zu § 285 Nr. 3 HGB Begr. RegE, BT-Drucks. 16/10067, S. 69; *Ellrott*, in Beck Bil-Komm.⁶, § 285 Anm. 26 zu § 285 Nr. 3 HGB aF.
[256] Vgl. hierzu *Lüdenbach/Hoffmann*, DStR 2007, Beihefter zu Heft 50, S. 15.
[257] Vgl. Begr. RegE, BT-Drucks. 16/10067, S. 75; *Küting/Boecker*, in Küting/Pfitzer/Weber, Das neue deutsche Bilanzrecht², S. 552.

XVII. Nach § 268 Abs. 8 HGB ausschüttungsgesperrte Beträge (Nr. 28)

1. Grundlagen

Nach § 285 Nr. 28 HGB haben alle **Kapitalgesellschaften** und **Personenhandelsgesellschaften iSd.** § 264a HGB den Gesamtbetrag der ausschüttungsgesperrten Beträge iSd. § 268 Abs. 8 HGB (vgl. Abschn. N Tz. 96) im Anhang anzugeben[258]. Außerdem ist § 285 Nr. 28 HGB von dem PublG unterliegenden Körperschaften (§ 5 Abs. 2 Satz 2 PublG), eingetragenen Genossenschaften (§ 336 Abs. 2 Satz 1 HGB), Kreditinstituten (§ 340a Abs. 1 HGB) und Versicherungsunternehmen (§ 341a Abs. 1 HGB) zu beachten.

249

Der **Gesamtbetrag der ausschüttungsgesperrten Beträge** ist aufzugliedern in

250

- Beträge aus der Aktivierung selbst geschaffener immaterieller Vermögensgegenstände des Anlagevermögens (§§ 246 Abs. 2 Satz 1 und 255 Abs. 2a HGB)
- Beträge aus der Aktivierung latenter Steuern (§ 274 Abs. 1 HGB) und
- Beträge aus der Aktivierung von Vermögensgegenständen zum beizulegenden Zeitwert (§ 253 Abs. 1 Satz 4 iVm. § 255 Abs. 4 HGB).

2. Erläuterungen zu den Angaben

Die Pflicht zur Angabe des **Gesamtbetrags** der ausschüttungsgesperrten Beträge nach § 285 Nr. 28 HGB soll Transparenz darüber schaffen, in welchem Umfang im Jahresergebnis Beträge enthalten sind, die nicht ausgeschüttet werden dürfen, soweit nicht in zumindest derselben Höhe jederzeit frei verfügbare Rücklagen zuzüglich eines Gewinnvortrags und abzüglich eines Verlustvortrags mindestens den insgesamt nach § 268 Abs. 8 HGB angesetzten Beträgen abzüglich der hierfür gebildeten passiven latenten Steuern entsprechen (vgl. Abschn. N Tz. 10).[259] Der Abschlussadressat soll nachvollziehen können, ob die Ausschüttungssperre beachtet worden ist[260].

251

Bei der Ermittlung der Höhe der ausschüttungsgesperrten Beträge sind nach § 268 Abs. 8 HGB im Rahmen der Gesamtdifferenzenbetrachtung ggf. bilanzierte **passive latente Steuern** zu berücksichtigen. Nach § 285 Nr. 28 HGB sind somit Beträge aus der Aktivierung selbst geschaffener immaterieller Vermögensgegenstände des Anlagevermögens (vgl. Abschn. E Tz. 134 f.), Beträge aus der Bewertung von Vermögensgegenständen zum beizulegenden Zeitwert oberhalb der Anschaffungs- oder Herstellungskosten (vgl. Abschn. C Tz. 88 f.) sowie aktive latente Steuern (vgl. Abschn. M Tz. 4) nur in Höhe der nicht durch passive latente Steuern gedeckten Spitze anzugeben[261]:

252

---

[258] Kommanditgesellschaften iSd. § 264a HGB haben außerdem ggf. nach § 264c Abs. 2 Satz 9 HGB in ihrem Anhang den Betrag der Hafteinlage von Kommanditisten laut Handelsregistereintragung (§ 172 Abs. 1 HGB) anzugeben, soweit dieser nicht geleistet ist (vgl. Abschn. N Tz. 97); *ADS*[6], § 264c HGB nF Tz. 17; *Förschle/Hoffmann*, in Beck Bil-Komm.[6], § 264c Anm. 60; IDW RS HFA 7 Tz. 28).
[259] Vgl. Begr. RegE, BT-Drucks. 16/10067, S. 75.
[260] Vgl. Begr. RegE, BT-Drucks. 16/10067, S. 64.
[261] Vgl. IDW ERS HFA 27 Tz. 34.

Aktiva	Passiva
Selbst geschaffene immaterielle Vermögensgegenstände des Anlagevermögens	Passive latente Steuern
Ertrag aus der Bewertung von Vermögensgegenständen zum beizulegenden Zeitwert oberhalb der Anschaffungs- oder Herstellungskosten	Passive latente Steuern
Aktive latente Steuern	Sonstige passive latente Steuern
= Angabepflichtige (Teil-)Beträge	

Abb. 10: Ermittlung der ausschüttungsgesperrten Beträge

253 Soweit bei der Aufgliederung der ausschüttungsgesperrten Beträge iSd. § 268 Abs. 8 HGB die angegebenen ausschüttungsgesperrten Beträge aus der **Aktivierung latenter Steuern** um passive latente Steuern gemindert sind, empfiehlt es sich, den ermittelten Betrag entsprechend zu erläutern, um eine Abstimmung mit den Angaben nach § 285 Nr. 29 HGB zu den latenten Steuern (vgl. Tz. 259 ff.) zu erleichtern[262].

254 Auch bei Vorliegen eines Gewinnabführungsvertrags sind von einer abhängigen AG oder GmbH die Angaben nach § 285 Nr. 28 HGB zu machen, weil sich § 301 Satz 1 AktG hinsichtlich des **abführungsgesperrten Betrags** unmittelbar auf den Betrag der nach § 268 Abs. 8 HGB ausschüttungsgesperrten Erträge bezieht (vgl. Abschn. N Tz. 60 ff.).

255 Aus einer Gegenüberstellung des Gesamtbetrags iSd. § 285 Nr. 28 HGB abzüglich der darauf entfallenden passiven latenten Steuern und der Summe der **frei verwendbaren Eigenkapitalbestandteile** lässt sich ableiten, ob der ausgewiesene Bilanzgewinn ganz oder teilweise ausschüttungsgesperrt ist und ob die Ausschüttungssperre beachtet wurde[263]. Eine solche Gegenüberstellung würde jedoch voraussetzen, dass der Betrag der frei verwendbaren Eigenkapitalbestandteile aus dem Jahresabschluss ersichtlich ist. Wenn jedoch die Kapitalrücklagen (§ 266 Abs. 3 A. II. HGB) nicht aufgegliedert werden[264], wird bei AG ein hierin enthaltener frei verwendbarer Teilbetrag aus Kapitalzuzahlung (§ 272 Abs. 2 Nr. 4 HGB) nicht erkennbar. Auch wenn es gesetzlich nicht vorgeschrieben ist, empfiehlt sich zumindest in Fällen, in denen im Anhang ein Gesamtbetrag der Ausschüttungssperre angegeben wird (§ 285 Nr. 28 HGB), eine Erläuterung zu den zur Deckung vorhandenen frei verfügbaren Eigenkapitalbestandteilen anzugeben.

---

262 Vgl. IDW ERS HFA 27 Tz. 38.
263 Vgl. *Gelhausen/Althoff*, WPg 2009, S. 591.
264 Vgl. *ADS*[6], § 272 HGB Tz. 85 f.; WPH[13], Bd. I, F Tz. 281.

In diesem Sinn wäre zB die folgende **Darstellung zur Ergänzung** der in § 285 Nr. 28 HGB vorgesehenen Angabepflichten sachgerecht[265]:

Gesamtbetrag der gegen Ausschüttung gesperrten Beträge iSd. § 268 Abs. 8 HGB (§ 285 Nr. 28 HGB)		120
Zur Deckung der Beträge iSd. § 268 Abs. 8 HGB zur Verfügung stehende Eigenkapitalteile		
- Kapitalrücklagen iSd. § 272 Abs. 2 Nr. 4 HGB	30	
- Andere Gewinnrücklagen	20	
- Gewinnvortrag aus dem Vorjahr	10	
- Jahresüberschuss des abgelaufenen Geschäftsjahres	25	-85
Nicht durch frei verfügbare Eigenkapitalteile gedeckter Gesamtbetrag der gegen Ausschüttung gesperrten Beträge iSd. § 268 Abs. 8 HGB		35

Abb. 11: Deckung der zur Ausschüttung gesperrten Beträge durch frei verfügbare Eigenkapitalbestandteile

Kann nach § 268 Abs. 8 HGB ein Teil des ausgewiesenen Bilanzgewinns nicht zur Ausschüttung verwendet werden, ist dies in dem konkreten **Gewinnverwendungsvorschlag** für das jeweilige Geschäftsjahr zu berücksichtigen (vgl. Abschn. N Tz. 55 ff.). Außerdem sollte dies im Anhang – etwa bei Angabe des Gesamtbetrags nach § 285 Nr. 28 HGB – erläutert werden. Erst recht erscheint eine Erläuterung zweckmäßig, wenn der Gesamtbetrag der Ausschüttungssperre zum Stichtag nicht durch frei verfügbares Eigenkapital gedeckt ist, um so zu verdeutlichen, inwieweit die Möglichkeit für **Ausschüttungen** auch **im Folgejahr eingeschränkt** ist. Gesetzlich vorgeschrieben sind diese Angaben allerdings nicht.

3. Erstmalige Anwendung

Die Vorschrift des § 285 Nr. 28 HGB ist erstmals auf Jahresabschlüsse für das **nach dem 31. Dezember 2009** beginnende Geschäftsjahr anzuwenden (Art. 66 Abs. 3 EGHGB). Eine freiwillige frühere Anwendung der Vorschrift bereits für nach dem 31. Dezember 2008 beginnende Geschäftsjahre ist nach Art. 66 Abs. 3 Satz 6 EGHGB wahlweise, jedoch nur bei Anwendung sämtlicher durch das BilMoG neu eingeführten Vorschriften und Angabe der früheren Anwendung im Anhang, möglich.

XVIII. Angaben zu latenten Steuern (Nr. 29)

1. Grundlagen

Nach § 285 Nr. 29 HGB haben **große Kapitalgesellschaften** und **Personenhandelsgesellschaften iSd. § 264a HGB** im Anhang anzugeben, auf welchen Differenzen oder steuerlichen Verlustvorträgen die latenten Steuern (§ 274 Abs. 1 HGB) beruhen und mit welchen Steuersätzen die Bewertung erfolgt ist (vgl. hierzu Abschn. M Tz. 5 ff. u. 43 ff.). Anzugeben ist nach § 285 Nr. 29 HGB auch, inwieweit Steuergutschriften und Zinsvorträge bei der Berechnung der latenten Steuern berücksichtigt wurden[266]. Kleine Kapitalgesellschaften sind nach § 288 Abs. 1 HGB, mittelgroße Kapitalgesellschaften nach § 288

---

265 Vgl. *Gelhausen/Althoff*, WPg 2009, S. 591.
266 Vgl. Begr. RegE, BT-Drucks. 16/10067, S. 68; IDW ERS HFA 27 Tz. 15 u. 35.

Abs. 2 Satz 2 HGB von der Angabepflicht nach § 285 Nr. 29 HGB befreit. Außerdem ist § 285 Nr. 29 HGB von dem PublG unterliegenden Körperschaften (§ 5 Abs. 2 Satz 2 PublG), eingetragenen Genossenschaften (§ 336 Abs. 2 Satz 1 HGB), Kreditinstituten (§ 340a Abs. 1 HGB) und Versicherungsunternehmen (§ 341a Abs. 1 HGB) zu erfüllen.

2. Erläuterungen zu den Angaben

260 Zur Information der Abschlussadressaten ist es nach der Begründung zum Regierungsentwurf des BilMoG für eine umfassende Information der Abschlussadressaten erforderlich, den ausgewiesenen Steueraufwand/-ertrag in einer gesonderten **Überleitungsrechnung** auf den erwarteten Steueraufwand/-ertrag überzuleiten, um ein Verständnis für die in der Bilanz ausgewiesenen Posten zu erzeugen[267]. Da sich eine Verpflichtung zu einer derartigen Überleitungsrechnung dem Gesetzeswortlaut indes nicht entnehmen lässt, erscheint es zulässig, auch durch andere sachgerechte Erläuterungen ein hinreichendes Verständnis für die ausgewiesenen latenten Steuern zu erreichen[268]. Häufig wird es sich aber aus Praktikabilitätsgründen empfehlen, eine tabellarische Überleitungsrechnung anzugeben[269]. In der Praxis werden insb. zB Abweichungen von den Steuersätzen (zB bei ausländischen Betriebsstätten), steuerfreie Erträge, nicht abzugsfähige außerplanmäßige Abschreibungen bzw. sonstige Aufwendungen und periodenfremde Steuern in den Überleitungsrechnungen angeführt.

261 **Beispielhaft** stellt sich eine Überleitungsrechnung vom erwarteten zum ausgewiesenen Ertragsteueraufwand wie folgt dar:

Angaben in Mio. €	GJ 2008	GJ 2007
Ergebnis vor Ertragsteuern	200	150
Erwarteter Ertragsteueraufwand (Steuersatz 30,0%; Vorjahr 30,0%)	60	45
Überleitung:		
Abweichende ausländische Steuerbelastung	-18	-22
Steueranteil für:		
Steuerfreie Erträge	-15	-13
Steuerlich nicht abzugsfähige Aufwendungen	25	30
Temporäre Differenzen und Verluste, für die keine latenten Steuern erfasst wurden	12	27
Steuergutschriften	-6	-20
Periodenfremde tatsächliche Steuern	-3	-2
Effekte aus Steuersatzänderungen	1	-2
Sonstige Steuereffekte	-1	-1
Ausgewiesener Ertragsteueraufwand	55	42
Effektiver Steuersatz (%)	27,5	28

Abb. 12: Überleitung auf den ausgewiesenen Ertragsteueraufwand

---

267 Vgl. Begr. RegE, BT-Drucks. 16/10067, S. 68.
268 Vgl. IDW ERS HFA 27 Tz. 35.
269 Vgl. auch *ADS* International, Abschn. 20 Tz. 237.

Die Angabe nach § 285 Nr. 29 HGB, auf welchen temporären **Differenzen** oder steuerlichen **Verlustvorträgen** die latenten Steuern beruhen, ist unabhängig davon zu machen, ob in der Bilanz latente Steuern ausgewiesen werden[270]. Gerade wenn dies aufgrund der Gesamtdifferenzenbetrachtung[271] nicht der Fall ist, ist anzugeben, aufgrund welcher Differenzen oder steuerlicher Verlustvorträge per Saldo ein Ausweis unterbleibt[272]. Da die Vorschrift des § 285 Nr. 29 HGB quantitative, dh. betragsmäßige Angaben nicht ausdrücklich verlangt, sind qualitative Angaben zu den bestehenden Differenzen bzw. steuerlichen Verlustvorträgen stets ausreichend, um die Erläuterungspflichten zu erfüllen[273]. Es sind mindestens Angaben zu sämtlichen passiven Latenzen sowie den in den Saldierungsbereich einbezogenen aktiven Latenzen zu machen. Über den Saldierungsbereich hinausgehende Latenzen, die zu aktiven latenten Steuern führen würden, aber in Ausübung des Wahlrechts des § 274 Abs. 1 Satz 2 HGB nicht aktiviert werden, bedürfen keiner Erläuterung[274].

262

Unterbleibt per Saldo ein Ausweis latenter Steuern, könnte die **Anhangangabe** nach § 285 Nr. 29 HGB wie folgt lauten: „Passive latente Steuern aus dem nur steuerlich zulässigen Ansatz von Rücklagen nach § 6b EStG sowie nur steuerlich zulässigen Sonderabschreibungen nach § 7g EStG wurden mit aktiven latenten Steuern auf die handels- und steuerrechtlich voneinander abweichenden Wertansätze der Pensionsrückstellungen verrechnet. Über den Saldierungsbereich hinausgehende aktive Steuerlatenzen werden in Ausübung des Wahlrechts des § 274 Abs. 1 Satz 2 HGB nicht aktiviert."

263

Nach § 285 Nr. 28 HGB sind die **ausschüttungsgesperrten Beträge** iSd. § 268 Abs. 8 HGB aufzugliedern (vgl. Tz. 253). Soweit die hierbei angegebenen ausschüttungsgesperrten Beträge aus der Aktivierung latenter Steuern um passive latente Steuern gemindert sind, empfiehlt es sich, den ermittelten Betrag entsprechend zu erläutern, um eine Abstimmung zu erleichtern[275].

264

Besteht eine steuerliche **Organschaft**, sind die latenten Steuern grds. dem Organträger zuzurechnen. Im Jahr des Entstehens der Organschaft sind die bei der Organgesellschaft bestehenden Steuerlatenzen ergebniswirksam aufzulösen und bei dem Organträger ergebniswirksam zu erfassen. Bei Bestehen einer steuerlichen Organschaft sind somit im Anhang der Tochtergesellschaft keine Angaben nach § 285 Nr. 29 HGB zu machen.

265

3. Erstmalige Anwendung

Nach Art. 66 Abs. 3 Satz 1 EGHGB ist § 285 Nr. 29 HGB erstmals auf Jahresabschlüsse für das **nach dem 31. Dezember 2009** beginnende Geschäftsjahr anzuwenden. Eine freiwillige frühere Anwendung der Vorschrift bereits für nach dem 31. Dezember 2008 beginnende Geschäftsjahre ist nach Art. 66 Abs. 3 Satz 6 EGHGB wahlweise, jedoch nur bei Anwendung der durch das BilMoG neu eingeführten Vorschriften und Angabe der früheren Anwendung im Anhang, möglich.

266

---

270 Vgl. IDW ERS HFA 27 Tz. 36.
271 Vgl. IDW ERS HFA 27 Tz. 29.
272 Vgl. Begr. Beschlussempfehlung und Bericht des Rechtsausschusses, BT-Drucks. 16/12407, S. 88; IDW ERS HFA 27 Tz. 36.
273 Vgl. hierzu IDW ERS HFA 27 Tz. 36.
274 Vgl. IDW ERS HFA 27 Tz. 36.
275 Vgl. IDW ERS HFA 27 Tz. 38.

XIX. Aufhebung von § 285 Satz 2 bis 6 HGB

267 Die Aufhebung des Satzes 2 begründet keine sachliche Änderung (vgl. Tz. 99). Die Aufhebung der Sätze 3 bis 5 folgt aus der Ergänzung des § 255 Abs. 4 HGB um die Vorschriften zur **Ermittlung des beizulegenden Zeitwertes** (vgl. dazu Abschn. C Tz. 55 ff.); die Aufhebung des § 285 Satz 6 HGB beruht auf der Aufnahme dieser Vorschrift in § 285 Nr. 19 HGB (vgl. Tz. 113)[276].

XX. Erstanwendungszeitpunkte und Übergangsvorschriften

268 Nach Art. 66 Abs. 2 EGHGB ist § 285 Nr. 3, 3a, 16, 17 und 21 HGB erstmals auf Jahresabschlüsse für das **nach dem 31. Dezember 2008** beginnende Geschäftsjahr anzuwenden (vgl. Abb. 13). Entsprechend sind § 285 Satz 1 Nr. 3, 16 und 17 HGB aF letztmals auf Jahresabschlüsse für vor dem 1. Januar 2009 beginnende Geschäftsjahre anzuwenden.

§ 285 HGB	Angabepflichten	Vgl.
Nr. 3	Nicht in der Bilanz enthaltene Geschäfte	Tz. 12 ff.
Nr. 3a	Sonstige finanzielle Verpflichtungen	Tz. 45 ff.
Nr. 16	Erklärung zur Corporate Governance	Tz. 66 ff.
Nr. 17	Gesamthonorar des Abschlussprüfers	Tz. 71 ff.
Nr. 21	Zumindest die nicht zu marktüblichen Bedingungen zustande gekommenen Geschäfte	Tz. 122 ff.

Abb. 13: Erstanwendung für GJ, die nach dem 31. Dezember 2008 beginnen

---

276 Vgl. Begr. RegE, BT-Drucks. 16/10067, S. 75.

Nach Art. 66 Abs. 3 EGHGB ist § 285 Nr. 13, 18 bis 20, 22 bis 29 HGB erstmals auf Jahresabschlüsse für das **nach dem 31. Dezember 2009** beginnende Geschäftsjahr anzuwenden (vgl. Abb. 14). 269

§ 285 HGB	Angabepflichten	Vgl.
Nr. 13	Nutzungsdauer des Geschäfts- oder Firmenwertes	Tz. 58 ff.
Nr. 18	Finanzanlagen, bei denen eine außerplanmäßige Abschreibung unterblieben ist	Tz. 91 ff.
Nr. 19	nicht zum beizulegenden Zeitwert bilanzierte Finanzinstrumente	Tz. 94 ff.
Nr. 20	Finanzinstrumente, die zum beizulegenden Zeitwert bilanziert sind	Tz. 115 ff.
Nr. 22	Forschungs- und Entwicklungskosten	Tz. 164 ff.
Nr. 23	Bewertungseinheiten	Tz. 170 ff.
Nr. 24	Pensionsrückstellungen und ähnliche Verpflichtungen	Tz. 204 ff.
Nr. 25	Verrechnung von Vermögensgegenständen des Deckungsvermögens und Schulden aus Altersversorgungsverpflichtungen	Tz. 218 ff.
Nr. 26	Investmentvermögen	Tz. 228 ff.
Nr. 27	Risiko der Inanspruchnahme bei Eventualverbindlichkeiten	Tz. 239 ff.
Nr. 28	Aufschlüsselung der ausschüttungsgesperrten Beträge	Tz. 249 ff.
Nr. 29	Latente Steuern	Tz. 259 ff.

Abb. 14: Erstanwendung für GJ, die nach dem 31. Dezember 2009 beginnen

Die neuen Vorschriften können bereits freiwillig auf **nach dem 31. Dezember 2008** beginnende Geschäftsjahre angewandt werden, dies jedoch nur insgesamt und wenn dies ist im Anhang angegeben wird (Art. 66 Abs. 3 EGHGB). 270

Ändern sich bei der erstmaligen Anwendung der durch das BilMoG geänderten Vorschriften die bisherige **Form der Darstellung** oder die bisher angewandten **Bewertungsmethoden**, ist § 284 Abs. 2 Nr. 3 HGB bei der erstmaligen Aufstellung eines Jahresabschlusses nach den geänderten Vorschriften nach Art. 67 Abs. 8 Satz 1 EGHGB nicht anzuwenden. Aus Vereinfachungsgründen brauchen die Vorjahreszahlen bei erstmaliger Anwendung nicht nach § 265 Abs. 2 Satz 2 und 3 HGB angepasst zu werden; hierauf ist im Anhang hinzuweisen (Art. 67 Abs. 8 Satz 2 EGHGB). Die Vorjahreszahlen sind zwar nach § 265 Abs. 2 Satz 1 HGB anzugeben, aber bei der erstmaligen Anwendung der neuen Vorschriften nicht anzupassen oder im Anhang zu erläutern[277]. 271

---

277 Vgl. IDW ERS HFA 28 Tz. 27; Beschlussempfehlung und Bericht des Rechtsausschusses, BT-Drucks. 16/12407, S. 96.

§ 286 HGB
Unterlassen von Angaben

(1) Die Berichterstattung hat insoweit zu unterbleiben, als es für das Wohl der Bundesrepublik Deutschland oder eines ihrer Länder erforderlich ist.

(2) Die Aufgliederung der Umsatzerlöse nach § 285 Nr. 4 kann unterbleiben, soweit die Aufgliederung nach vernünftiger kaufmännischer Beurteilung geeignet ist, der Kapitalgesellschaft oder einem Unternehmen, von dem die Kapitalgesellschaft mindestens den fünften Teil der Anteile besitzt, einen erheblichen Nachteil zuzufügen.

(3) ^{1}Die Angaben nach § 285 Nr. 11 und 11a können unterbleiben, soweit sie

1. für die Darstellung der Vermögens-, Finanz- und Ertragslage der Kapitalgesellschaft nach § 264 Abs. 2 von untergeordneter Bedeutung sind oder
2. nach vernünftiger kaufmännischer Beurteilung geeignet sind, der Kapitalgesellschaft oder dem anderen Unternehmen einen erheblichen Nachteil zuzufügen.

^{2}Die Angabe des Eigenkapitals und des Jahresergebnisses kann unterbleiben, wenn das Unternehmen, über das zu berichten ist, seinen Jahresabschluß nicht offenzulegen hat und die berichtende Kapitalgesellschaft weniger als die Hälfte der Anteile besitzt. ^{3}**Satz 1 Nr. 2 ist nicht anzuwenden, wenn die Kapitalgesellschaft oder eines ihrer Tochterunternehmen (§ 290 Abs. 1 und 2) am Abschlussstichtag kapitalmarktorientiert im Sinn des § 264d ist.** ^{4}Im Übrigen ist die Anwendung der Ausnahmeregelung nach Satz 1 Nr. 2 im Anhang anzugeben.

(4) Bei Gesellschaften, die keine börsennotierten Aktiengesellschaften sind, können die in § 285 Nr. 9 Buchstabe a und b verlangten Angaben über die Gesamtbezüge der dort bezeichneten Personen unterbleiben, wenn sich anhand dieser Angaben die Bezüge eines Mitglieds dieser Organe feststellen lassen.

(5) ^{1}Die in § 285 Nr. 9 Buchstabe a **Satz 5 bis 8*** verlangten Angaben unterbleiben, wenn die Hauptversammlung dies beschlossen hat. ^{2}Ein Beschluss, der höchstens für fünf Jahre gefasst werden kann, bedarf einer Mehrheit, die mindestens drei Viertel des bei der Beschlussfassung vertretenen Grundkapitals umfasst. ^{3}§ 136 Abs. 1 des Aktiengesetzes gilt für einen Aktionär, dessen Bezüge als Vorstandsmitglied von der Beschlussfassung betroffen sind, entsprechend.

*Änderung durch das VorstAG

Inhaltsverzeichnis	**Tz.**
Bedeutung der Änderung	272 – 273a

Bedeutung der Änderung

272 Die Änderung des § 286 Abs. 3 Satz 3 HGB resultiert aus der Definition des Begriffs „**kapitalmarktorientiert**" in § 264d HGB und bezweckt eine Verkürzung und bessere Lesbarkeit der Vorschrift[278].

273 Nach Art. 66 Abs. 3 Satz 1 HGB ist § 286 Abs. 3 Satz 3 HGB erstmals auf Jahresabschlüsse für das **nach dem 31. Dezember 2009** beginnende Geschäftsjahr anzuwenden.

---

278 Vgl. Begr. RegE, BT-Drucks. 16/10067, S. 75.

§ 286 HGB | Anhang | **O**

273a Die Änderung des § 286 Abs. 5 Satz 1 HGB resultiert aus dem **VorstAG**. Es handelt sich um eine redaktionelle Folgeänderung aufgrund der Änderung des § 285 Nr. 9 lit a HGB.

§ 287 HGB
Aufstellung des Anteilsbesitzes
[§ 287 wird aufgehoben]

Inhaltsverzeichnis Tz.

Bedeutung der Änderung .... 274 – 277

Bedeutung der Änderung

274 Bislang hatten Unternehmen nach § 287 HGB aF die Möglichkeit, die in § 285 Satz 1 Nr. 11 und 11a HGB geforderten Angaben statt im Anhang in einer sog. **Anteilsbesitzliste** zu machen. Die Angaben nach § 285 Satz 1 Nr. 11 HGB umfassen Name und Sitz anderer Unternehmen, von denen die Kapitalgesellschaft oder eine für Rechnung der Gesellschaft handelnde Person mindestens 20 Prozent der Anteile besitzt; außerdem die Höhe des Anteils am Kapital, das Eigenkapital und das Ergebnis des letzten Geschäftsjahrs dieser Unternehmen, für das ein Jahresabschluss vorliegt; ferner bei börsennotierten Kapitalgesellschaften zusätzlich alle Beteiligungen an großen Kapitalgesellschaften, die fünf Prozent der Stimmrechte überschreiten. Nach § 285 Satz 1 Nr. 11a HGB sind Name, Sitz und Rechtsform der Unternehmen anzugeben, deren unbeschränkt haftender Gesellschafter die Kapitalgesellschaft ist.

275 Nach der inzwischen **aufgehobenen Regelung** des § 325 Abs. 2 Satz 2 HGB aF brauchte die Aufstellung des Anteilsbesitzes durch große Kapitalgesellschaften nicht im Bundesanzeiger bekannt gemacht zu werden[279], so dass die Aufstellung einer gesonderten Anteilsbesitzliste mit Kostenvorteilen für große Kapitalgesellschaften verbunden war[280]. Große Kapitalgesellschaften konnten ihren Jahresabschluss nebst weiteren Unterlagen und einem Hinweis auf den Ort der Hinterlegung der Anteilsbesitzliste zunächst im Bundesanzeiger bekannt machen und die Bekanntmachung nebst Jahresabschluss und weiteren Unterlagen dann zum Handelsregister einreichen[281].

276 Nach Maßgabe des § 325 HGB idF des EHUG sind nunmehr alle Jahresabschlüsse einschließlich der Anteilsliste zentral beim Betreiber des **elektronischen Bundesanzeigers** einzureichen und dort bekannt zu machen. Da die gesonderte Aufstellung der Anteilsbesitzliste keine Kostenvorteile mehr begründet und § 287 HGB ein Wahlrecht begründet, das der Absicht des BilMoG, Wahlrechte zu beseitigen entgegensteht, wird die Vorschrift aufgehoben. Damit wird die Rechtsanwendung vereinfacht und die Vergleichbarkeit der handelsrechtlichen Jahresabschlüsse verbessert[282].

277 Die Vorschrift des § 287 HGB aF ist **letztmals** auf Jahresabschlüsse für das **vor dem 1. Januar 2010** beginnende Geschäftsjahr anzuwenden (Art. 66 Abs. 5 EGHGB).

---

279 Die Aufhebung erfolgte mit dem Gesetz über elektronische Handelsregister und Genossenschaftsregister sowie das Unternehmensregister (EHUG) vom 10. November 2006, BGBl. I, S. 2553.
280 Vgl. Begr. RegE, BT-Drucks. 16/10067, S. 75; *Ellrott*, in Beck Bil-Komm.[6], § 288 Anm. 5.
281 Vgl. Begr. RegE, BT-Drucks. 16/10067, S. 75.
282 Vgl. Begr. RegE, BT-Drucks. 16/10067, S. 75.

§ 288 HGB
Größenabhängige Erleichterungen

(1) Kleine Kapitalgesellschaften (§ 267 Abs. 1) brauchen die Angaben nach § 284 Abs. 2 Nr. 4, § 285 Nr. 2 bis 8 Buchstabe a, Nr. 9 Buchstabe a und b sowie Nr. 12, 17, 19, 21, 22 und 29 nicht zu machen.

(2) ¹Mittelgroße Kapitalgesellschaften (§ 267 Abs. 2) brauchen bei der Angabe nach § 285 Nr. 3 die Risiken und Vorteile nicht darzustellen. ²Sie brauchen die Angaben nach § 285 Nr. 4 und 29 nicht zu machen. ³Soweit sie die Angaben nach § 285 Nr. 17 nicht machen, sind sie verpflichtet, diese der Wirtschaftsprüferkammer auf deren schriftliche Anforderung zu übermitteln. ⁴Sie brauchen die Angaben nach § 285 Nr. 21 nur zu machen, soweit sie Aktiengesellschaft sind; die Angabe kann auf Geschäfte beschränkt werden, die direkt oder indirekt mit dem Hauptgesellschafter oder Mitgliedern des Geschäftsführungs-, Aufsichts- oder Verwaltungsorgans abgeschlossen wurden.

Inhaltsverzeichnis Tz.

Bedeutung der Änderung .... 278 – 283

Bedeutung der Änderung

In Folge der zusätzlichen Angabepflichten des § 285 HGB sieht auch § 288 HGB weitere bestimmte Befreiungen für **kleine** und **mittelgroße Kapitalgesellschaften** und Personenhandelsgesellschaften iSd. § 264a HGB vor. Damit berücksichtigt der Gesetzgeber, dass die einzelnen Vor- und Nachteile einer umfassenden Anhangberichterstattung gerade bei kleineren mittelständischen Gesellschaften in einem kritischen Verhältnis stehen können[283]. **278**

---

283 Vgl. *Petersen/Zwirner*, StuB 2007, S. 894.

279 Zu den durch das BilMoG neu eingeführten Anhangangaben iSd. § 285 HGB sieht § 288 HGB folgende **Befreiungen** bzw. **Erleichterungen** vor:

§ 285 HGB	Angabepflichten	Kapitalgesellschaften iSd. § 267 Abs. 1 und 2 HGB		Vgl.
		klein	mittelgroß	
Nr. 2	Restlaufzeiten und Sicherheiten für jeden Posten der Verbindlichkeiten	Befreiung	Pflicht	Tz. 8 ff.
Nr. 3	Nicht in der Bilanz enthaltene Geschäfte	Befreiung	Erleichterung (siehe Tz. 280)	Tz. 12 ff.
Nr. 3a	Sonstige finanzielle Verpflichtungen	Befreiung	Pflicht	Tz. 45 f.
Nr. 17	Gesamthonorar des Abschlussprüfers	Befreiung	Erleichterung (siehe Tz. 280)	Tz. 71 ff.
Nr. 19	Finanzinstrumente des Finanzanlagevermögens, die über ihrem beizulegenden Zeitwert ausgewiesen werden	Befreiung	Pflicht	Tz. 94 ff.
Nr. 21	Zumindest die nicht zu marktüblichen Bedingungen zustande gekommene Geschäfte	Befreiung	Erleichterung (siehe Tz. 280)	Tz. 122 ff.
Nr. 22	Forschungs- und Entwicklungskosten	Befreiung	Erleichterung (siehe Tz. 280)	Tz. 164 ff.
Nr. 29	Latente Steuern	Befreiung	Befreiung	Tz. 259 ff.

Abb. 15: Befreiungen und Erleichterungen nach § 288 HGB

280 **Mittelgroße Kapitalgesellschaften** iSd. § 267 Abs. 2 HGB brauchen bei der Angabe nach § 285 Nr. 3 HGB die Risiken und Vorteile der nicht in der Bilanz enthaltenen Geschäfte nicht darzustellen, so dass lediglich über Art und Zweck dieser Geschäfte zu berichten ist (vgl. Tz. 39). Soweit sie die Angaben nach § 285 Nr. 17 HGB zum Honorar des Abschlussprüfers nicht machen, sind sie verpflichtet, diese der Wirtschaftsprüferkammer auf deren schriftliche Anforderung zu übermitteln (vgl. Tz. 72). Sind die Honorarangaben eines in einen Konzernabschluss einbezogenen Tochterunternehmens im Konzernanhang enthalten, kann das Tochterunternehmen die Befreiung nach § 285 Nr. 17 zweiter Halbsatz HGB (vgl. Tz. 82 ff.) im Hinblick auf eine mögliche Anforderung durch die WPK entsprechend in Anspruch nehmen. Sie brauchen die Angaben nach § 285 Nr. 21 HGB nur zu machen, wenn sie Aktiengesellschaft sind; die Angabe kann in diesem Fall auf Geschäfte beschränkt werden, die direkt oder indirekt mit dem Hauptgesellschafter oder Mitgliedern des Geschäftsführungs-, Aufsichts- oder Verwaltungsorgans abgeschlossen wurden (vgl. Tz. 128 ff.).

281 Die Vorschrift des § 288 HGB ist, soweit auf § 285 Nr. 3, 3a, 17 und 21 HGB Bezug genommen wird, erstmals auf Jahresabschlüsse für das **nach dem 31. Dezember 2008** beginnende Geschäftsjahr anzuwenden. Entsprechend ist § 288 HGB, soweit auf § 285

§ 288 HGB — Anhang O

Satz 1 Nr. 3 und 17 HGB aF Bezug genommen wird, letztmals auf Jahresabschlüsse für vor dem 1. Januar 2009 beginnende Geschäftsjahre anzuwenden.

Soweit auf § 285 Nr. 19, 22 und 29 HGB Bezug genommen wird, ist § 288 HGB erstmals auf Jahresabschlüsse für das **nach dem 31. Dezember 2009** beginnende Geschäftsjahr anzuwenden. **282**

Schließlich ist § 288 HGB, soweit auf § 285 Satz 1 Nr. 2, 5 und 18 HGB aF Bezug genommen wird, letztmals auf Jahresabschlüsse für das **vor dem 1. Januar 2010** beginnende Geschäftsjahr anzuwenden. **283**

§ 289 HGB
Lagebericht

(1) ¹Im Lagebericht sind der Geschäftsverlauf einschließlich des Geschäftsergebnisses und die Lage der Kapitalgesellschaft so darzustellen, dass ein den tatsächlichen Verhältnissen entsprechendes Bild vermittelt wird. ²Er hat eine ausgewogene und umfassende, dem Umfang und der Komplexität der Geschäftstätigkeit entsprechende Analyse des Geschäftsverlaufs und der Lage der Gesellschaft zu enthalten. ³In die Analyse sind die für die Geschäftstätigkeit bedeutsamsten finanziellen Leistungsindikatoren einzubeziehen und unter Bezugnahme auf die im Jahresabschluss ausgewiesenen Beträge und Angaben zu erläutern. ⁴Ferner ist im Lagebericht die voraussichtliche Entwicklung mit ihren wesentlichen Chancen und Risiken zu beurteilen und zu erläutern; zugrunde liegende Annahmen sind anzugeben. ⁵Die gesetzlichen Vertreter einer Kapitalgesellschaft im Sinne des § 264 Abs. 2 Satz 3 haben zu versichern, dass nach bestem Wissen im Lagebericht der Geschäftsverlauf einschließlich des Geschäftsergebnisses und die Lage der Kapitalgesellschaft so dargestellt sind, dass ein den tatsächlichen Verhältnissen entsprechendes Bild vermittelt wird, und dass die wesentlichen Chancen und Risiken im Sinne des Satzes 4 beschrieben sind.

(2) Der Lagebericht soll auch eingehen auf:
1. Vorgänge von besonderer Bedeutung, die nach dem Schluß des Geschäftsjahrs eingetreten sind;
2. a) die Risikomanagementziele und -methoden der Gesellschaft einschließlich ihrer Methoden zur Absicherung aller wichtigen Arten von Transaktionen, die im Rahmen der Bilanzierung von Sicherungsgeschäften erfasst werden, sowie

   b) die Preisänderungs-, Ausfall- und Liquiditätsrisiken sowie die Risiken aus Zahlungsstromschwankungen, denen die Gesellschaft ausgesetzt ist,

   jeweils in Bezug auf die Verwendung von Finanzinstrumenten durch die Gesellschaft und sofern dies für die Beurteilung der Lage oder der voraussichtlichen Entwicklung von Belang ist;
3. den Bereich Forschung und Entwicklung;
4. bestehende Zweigniederlassungen der Gesellschaft;
5. die Grundzüge des Vergütungssystems der Gesellschaft für die in § 285 Nr. 9 genannten Gesamtbezüge, soweit es sich um eine börsennotierte Aktiengesellschaft handelt. ²Werden dabei auch Angaben entsprechend § 285 Nr. 9 Buchstabe a **Satz 5 bis 8*** gemacht, können diese im Anhang unterbleiben.

(3) Bei einer großen Kapitalgesellschaft (§ 267 Abs. 3) gilt Absatz 1 Satz 3 entsprechend für nichtfinanzielle Leistungsindikatoren, wie Informationen über Umwelt- und Arbeitnehmerbelange, soweit sie für das Verständnis des Geschäftsverlaufs oder der Lage von Bedeutung sind.

(4) ¹Aktiengesellschaften und Kommanditgesellschaften auf Aktien, die einen organisierten Markt im Sinne des § 2 Abs. 7 des Wertpapiererwerbs- und Übernahmegesetzes durch von ihnen ausgegebene stimmberechtigte Aktien in Anspruch nehmen, haben im Lagebericht anzugeben:
1. die Zusammensetzung des gezeichneten Kapitals; bei verschiedenen Aktiengattungen sind für jede Gattung die damit verbundenen Rechte und Pflichten und der

Anteil am Gesellschaftskapital anzugeben, **soweit die Angaben nicht im Anhang zu machen sind;**

2. Beschränkungen, die Stimmrechte oder die Übertragung von Aktien betreffen, auch wenn sie sich aus Vereinbarungen zwischen Gesellschaftern ergeben können, soweit sie dem Vorstand der Gesellschaft bekannt sind;
3. direkte oder indirekte Beteiligungen am Kapital, die 10 vom Hundert der Stimmrechte überschreiten, **soweit die Angaben nicht im Anhang zu machen sind;**
4. die Inhaber von Aktien mit Sonderrechten, die Kontrollbefugnisse verleihen; die Sonderrechte sind zu beschreiben;
5. die Art der Stimmrechtskontrolle, wenn Arbeitnehmer am Kapital beteiligt sind und ihre Kontrollrechte nicht unmittelbar ausüben;
6. die gesetzlichen Vorschriften und Bestimmungen der Satzung über die Ernennung und Abberufung der Mitglieder des Vorstands und über die Änderung der Satzung;
7. die Befugnisse des Vorstands insbesondere hinsichtlich der Möglichkeit, Aktien auszugeben oder zurückzukaufen;
8. wesentliche Vereinbarungen der Gesellschaft, die unter der Bedingung eines Kontrollwechsels infolge eines Übernahmeangebots stehen, und die hieraus folgenden Wirkungen; die Angabe kann unterbleiben, soweit sie geeignet ist, der Gesellschaft einen erheblichen Nachteil zuzufügen; die Angabepflicht nach anderen gesetzlichen Vorschriften bleibt unberührt;
9. Entschädigungsvereinbarungen der Gesellschaft, die für den Fall eines Übernahmeangebots mit den Mitgliedern des Vorstands oder Arbeitnehmern getroffen sind, **soweit die Angaben nicht im Anhang zu machen sind.**

²Sind Angaben nach Satz 1 im Anhang zu machen, ist im Lagebericht darauf zu verweisen.

(5) Kapitalgesellschaften im Sinn des § 264d haben im Lagebericht die wesentlichen Merkmale des internen Kontroll- und des Risikomanagementsystems im Hinblick auf den Rechnungslegungsprozess zu beschreiben.

* Änderung durch das VorstAG

Inhaltsverzeichnis Tz.

I. Anwendungsbereich und Ziel der Änderungen	284 – 287
II. Pflichtbestandteil des Lageberichts	288 – 289
III. Begriff und Inhalt des internen Kontroll- und des internen Risikomanagementsystems (§ 289 Abs. 5)	290 – 291
1. Internes Kontrollsystem	292 – 296
2. Internes Risikomanagementsystem	297 – 305
3. Merkmale eines rechnungslegungsbezogenen internen Kontroll- und Risikomanagementsystems	306 – 314
4. Abgrenzung des internen Risikomanagementsystems zum Risikofrüherkennungs- und Überwachungssystem	315 – 316
IV. Inhalt der Berichterstattung	317 – 323
V. Zusammengefasste Berichterstattung in einem einheitlichen Teil des Risikoberichts	324 – 326

VI. Negativberichterstattung.. 327
VII. Anknüpfende aktienrechtliche Regelungen... 328 – 331
VIII. Erstanwendungszeitpunkt und Übergangsvorschriften .... 332 – 333

I. Anwendungsbereich und Ziel der Änderungen

284 In Umsetzung von Art. 46a Abs. 1 Buchst. c der Bilanzrichtlinie idF. der Abänderungs-Richtlinie[284] sieht das BilMoG vor, dem § 289 HGB einen Abs. 5 hinzuzufügen. Danach haben kapitalmarktorientierte Kapitalgesellschaften im Sinne des § 264d HGB (vgl. Abschn. K Tz. 32 ff.) bei der Berichterstattung im Lagebericht die wesentlichen Merkmale des **internen Kontroll- und des internen Risikomanagementsystems** im Hinblick auf den Rechnungslegungsprozess zu beschreiben[285]. § 315 Abs. 2 Nr. 5 HGB enthält diese Berichterstattungspflicht analog für die Lageberichterstattung zum Konzernabschluss (vgl. Abschn. R Tz. 87 ff.).

285 Bereits bislang waren bestimmte Unternehmen, die den US-amerikanischen Kapitalmarkt in Anspruch nehmen, nach dem *Sarbanes-Oxley Act* zur Einrichtung eines internen Kontrollsystems zur Finanzberichterstattung („*Internal Control over Financial Reporting*", ICFR) verpflichtet[286]. Die nach § 289 Abs. 5 HGB vorgesehenen Anforderungen betreffen aber nur die Berichterstattung über das interne Kontroll- und Risikomanagementsystem und sind deshalb mit den an die Unternehmen durch den *Sarbanes-Oxley Act* gestellten Forderungen (zB Verpflichtung zur Einrichtung und der Überprüfung der Effizienz durch die Unternehmensleitung) nicht vergleichbar[287]. Folglich ist auch die teilweise diskutierte Einführung eines sog. „Euro-SOX" im Sinne einer Übertragung der ICFR auf deutsche kapitalmarktorientierte Unternehmen nicht erfolgt.

286 Nach dem Gesetzeswortlaut sind zwar von der Erweiterung der Lageberichterstattung nach § 289 Abs. 5 HGB nur **kapitalmarktorientierte Kapitalgesellschaften** iSv. § 264d HGB erfasst (vgl. Abschn. K Tz. 32 ff.). Die Vorschrift ist jedoch über Verweise auch auf die den Kapitalgesellschaften gleichgestellten Personenhandelsgesellschaften iSv. § 264a HGB[288] sowie weitere kapitalmarktorientierte und zur Erstellung eines Lageberichts verpflichteten Unternehmen (vgl. § 5 Abs. 2 PublG; Abschn. X Tz. 2) anzuwenden.

287 Die weiteren Änderungen des § 289 Abs. 4 Satz 1 Nr. 1, 3 und 9 HGB dienen der **Vermeidung von Doppelangaben** im Lagebericht (gilt analog für Änderungen des § 315 Abs. 4 HGB für den Konzernlagebericht; vgl. Abschn. Q Tz. 1 ff.). Davon betroffen sind insb. Angaben bezüglich

1. der Aktiengattung (§ 160 Nr. 3 AktG)
2. der wechselseitigen und mitteilungspflichtigen Beteiligungen (§ 160 Nr. 7 und Nr. 8 AktG) und
3. etwaiger Entschädigungsvereinbarungen, die für den Fall eines Übernahmeangebots mit Mitgliedern des Vorstands bestehen (§ 285 Nr. 9a Satz 6 HGB),

---

284 Vgl. Richtlinie 2006/46/EG des Europäischen Parlaments und des Rates vom 14. Juni 2006, ABl. EU v. 16.8.2006, L 224, S. 4 f.
285 Vgl. hierzu *Withus*, KoR 2009, S. 440
286 Vgl. „*Sarbanes-Oxley Act of 2002*" Section 404.
287 Vgl. *Wolf*, DStR 2009, S. 920 ff.
288 Vgl. *Melcher/Mattheus*, DB 2008, Beil. 1, S. 52; *Melcher/Mattheus*, DB 2009, Beil. 5, S. 78.

die bei (börsennotierten) Aktiengesellschaften bereits als Anhangangabe gefordert werden[289]. Hierzu soll nach der Begründung des RegE BilMoG einer Anhangangabe der Vorrang gebühren und hierauf nach § 289 Abs. 4 Satz 2 HGB im Lagebericht verwiesen werden.

II. Pflichtbestandteil des Lageberichts

Nach Art. 46a Abs. 2 der Bilanzrichtlinie idF der Abänderungsrichtlinie besteht ein **Mitgliedstaatenwahlrechts**, wonach gestattet werden kann, dass die Angaben zum internen Kontroll- und Risikomanagementsystem im Hinblick auf den Rechnungslegungsprozess anstatt im (Konzern-)Lagebericht auch in einem gesonderten Bericht gemacht werden können. Dieser Bericht wäre auf der Internetseite des Unternehmens zu veröffentlichen. 288

Von diesem Wahlrecht wurde nach dem RegE BilMoG aus rechtssystematischen Gründen kein Gebrauch gemacht, da die Angaben nach § 289 Abs. 4 und 5 HGB nach Maßgabe der für den Lagebericht geltenden Vorschriften (§ 316 Abs. 1 Satz 1 HGB) zu prüfen sind (Artikel 46a Abs. 3 Satz 3 der Bilanzrichtlinie idF der Abänderungsrichtlinie) und dies sonst zur Folge hätte, dass die Lageberichtsprüfung auch auf den im Internet veröffentlichten gesonderten Bericht zu erstrecken wäre (vgl. Abschn. S Tz. 6)[290]. Damit stellt die Beschreibung des Kontroll- und Risikomanagementsystems nach § 289 Abs. 5 HGB eine **Pflichtangabe** im Lagebericht kapitalmarktorientierter Unternehmen dar. 289

III. Begriff und Inhalt des internen Kontroll- und des internen Risikomanagementsystems (§ 289 Abs. 5)

Die nach § 289 Abs. 5 HGB für kapitalmarktorientierte Gesellschaften vorgesehene Beschreibung der wesentlichen Merkmale des internen Kontroll- und Risikomanagementsystems enthält weder eine **begriffliche Abgrenzung**, noch werden Angaben über Mindestbestandteile des internen Kontroll- und Risikomanagementsystems im Hinblick auf den Rechnungslegungsprozess genannt. Inhaltlich stellt das interne Kontroll- und Risikomanagementsystem keine Neuerung dar. 290

Aus der Begründung zum RegE BilMoG geht hervor, dass durch den Gesetzgeber im Zusammenhang mit der Angabe bewusst keine begriffliche und inhaltliche Abgrenzung geregelt werden sollte, da die Vorschrift nicht auf eine verpflichtende Einrichtung oder inhaltliche Ausgestaltung eines internen Kontroll- und des internen Risikomanagementsystems abstellt[291]. Vielmehr soll die **Verantwortung der geschäftsführenden Organe**, denen die Einrichtung des internen Kontroll- und Risikomanagementsystems nach den vorhandenen Bedürfnissen unter Berücksichtigung der Unternehmensstrategie, des Geschäftsumfangs und anderer wichtiger Wirtschaftlichkeits- und Effizienzgesichtspunkte obliegt, nicht berührt werden[292]. 291

---

289 Vgl. Begr. RegE, BT-Drucks. 16/10067, S. 77; IDW RH HFA 1.008 Tz. 6; *Waschbusch*, in Petersen/Zwirner, BilMoG, S. 517 f.
290 Vgl. Begr. RegE, BT-Drucks. 16/10067, S. 77; *Ernst/Seidler*, Der Konzern 2007, S. 830.
291 Vgl. Begr. RegE, BT-Drucks. 16/10067, S. 76 f.; *Ernst/Seidler*, Der Konzern 2007, S. 83.
292 Vgl. Begr. RegE, BT-Drucks. 16/10067, S. 76 f.; zur Verantwortung des Vorstands nach §§ 76 Abs. 1, 91 und 93 Abs. 1 AktG vgl. *WPH*[13], Bd. I, R Tz. 25; *Hüffer*, in AktG[8], § 91 Rdnr. 1 ff.; *Wich*, Internes Kontrollsystem und Management-Informationssystem, S. 39 ff.

1. Internes Kontrollsystem

292 Da eine gesetzliche Konkretisierung nicht erfolgt ist, muss für Abgrenzungszwecke auf die im Schrifttum niedergelegten Auffassungen abgestellt werden. Unter einem **internen Kontrollsystem** werden nach den in IDW PS 261 dargelegten Grundsätzen „die von dem Management im Unternehmen eingeführten Grundsätze, Verfahren und Maßnahmen (Regelungen) verstanden, die auf die organisatorische Umsetzung der Entscheidungen des Managements

- zur Sicherung der Wirksamkeit und Wirtschaftlichkeit der Geschäftstätigkeit (hierzu gehört auch der Schutz des Vermögens, einschl. der Verhinderung und Aufdeckung von Vermögensschädigungen),
- zur Ordnungsmäßigkeit und Verlässlichkeit der internen und externen Rechnungslegung sowie
- zur Einhaltung der für das Unternehmen maßgeblichen rechtlichen Vorschriften"[293]

gerichtet sind.

293 Es besteht dabei insb. aus Regelungen zur Steuerung der Unternehmensaktivitäten (**internes Steuerungssystem**) und Regelungen zur Überwachung der Einhaltung dieser Regelungen (**internes Überwachungssystem**). Das interne Überwachungssystem enthält dabei prozessintegrierte (organisatorische Sicherungsmaßnahmen, Kontrollen) und prozessunabhängige Überwachungsmaßnahmen, die vor allem von der Internen Revision durchgeführt werden[294].

294 Nach § 289 Abs. 5 HGB ist allerdings im Lagebericht nur eine Beschreibung der Strukturen und Verfahren des Rechnungslegungsprozesses gefordert[295]. Damit stehen die auf die **Sicherung der Ordnungsmäßigkeit** und **Verlässlichkeit der Rechnungslegung** (Buchführung, Jahresabschluss und Lagebericht) gerichteten Teile des internen Kontrollsystems im Vordergrund. Eine Beschreibung der Organisation der internen Rechnungslegung wird folglich nicht Gegenstand der Beschreibung nach § 289 Abs. 5 HGB sein.

---

293 IDW PS 261 Tz. 19.
294 Vgl. IDW PS 261 Tz. 20.
295 Vgl. Begr. RegE, BT-Drucks. 16/10067, S. 76 f.

§ 289 HGB   Lagebericht   **O**

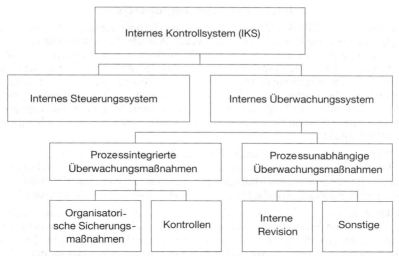

Abb. 16: Regelungsbereiche des internen Kontrollsystems

Von den vorgenannten Teilbereichen des Internen Kontrollsystems sind im Hinblick **295**
auf den Rechnungslegungsprozess insb. die auf die externe Rechnungslegung bezogenen **prozessintegrierten Überwachungsmaßnahmen** für die Lageberichterstattung von Bedeutung, soweit hierdurch

- die Organisation der Geschäftsvorfälle in Übereinstimmung mit den gesetzlichen Vorschriften sowie ergänzenden gesellschaftsvertraglichen und unternehmensinternen Regelungen (zB vollständige, zeitnahe, richtige und periodengerechte Erfassung) erfasst, verarbeitet und dokumentiert wird,
- die Vollständigkeit und Richtigkeit der Buchführungsunterlagen gewährleistet wird,
- Inventuren ordnungsgemäß durchgeführt und bei festgestellten Inventurdifferenzen geeignete Maßnahmen eingeleitet werden,
- die Vermögensgegenstände und Schulden im Jahresabschluss zutreffend angesetzt, ausgewiesen und bewertet werden,
- verlässliche und relevante Informationen zeitnah und vollständig bereitgestellt werden sowie
- die Einhaltung sonstiger gesetzlicher Vorschriften mit Rückwirkungen auf den Jahresabschluss und Lagebericht gewährleistet wird[296].

Das Interne Kontrollsystem umfasst dabei grds. auch das Risikomanagementsystem. **296**
Demgegenüber ist allerdings zu beachten, dass das interne Überwachungssystem nach § 91 Abs. 2 AktG und das hiernach einzurichtende **Risikofrüherkennungssystem** auch nicht rechnungslegungsbezogene Prozesse und Risiken sowie Maßnahmen der Risikoerkennung und -bewältigung zu erfassen hat[297]. Die außerhalb des Rechnungslegungsprozesses liegenden Teile des Risikomanagementsystems sind jedoch nicht Gegenstand der nach § 289 Abs. 5 HGB geforderten Beschreibung (vgl. Tz. 306 ff.).

---

296 Vgl. IDW PS 261 Tz. 22 f.
297 Vgl. IDW PS 261 Tz. 24; IDW PS 340 Tz. 3 ff.; *ADS*[6], § 317 HGB Tz. 224 ff.; *Förschle/Küster*, in Beck Bil-Komm.[6], § 317 Anm. 76; *WPH*[13], Bd. I, R Tz. 25; *Hüffer*, in AktG[8], § 91 Rn. 6 ff.

435

2. Internes Risikomanagementsystem

297 Nach dem RegE BilMoG werden im Hinblick auf die unternehmensindividuelle Ausgestaltung auch keine Hinweise gegeben, welche Aufgaben und Bestandteile über das interne Kontrollsystem hinaus dem internen Risikomanagementsystem zuzuordnen sind[298]. Hierzu finden sich indes Hinweise im DRS 5 „Risikoberichterstattung". Danach ist **Risikomanagement** definiert als nachvollziehbares, alle Unternehmensaktivitäten umfassendes System, das auf Basis einer definierten Risikostrategie ein systematisches und permanentes Vorgehen bei der Identifikation, Analyse, Bewertung, Steuerung, Dokumentation und Kommunikation von Risiken sowie der Überwachung dieser Aktivitäten enthält[299].

298 Das Risikomanagement muss dabei integraler Bestandteil der Geschäftsprozesse sowie der Planungs- und Kontrollprozesse sein. Das zu seiner Umsetzung erforderliche System soll mit vorhandenen **Managementsystemen** verknüpft und durch die Unternehmensplanung, das Controlling und die Interne Revision unterstützt werden[300].

299 Aus der Begründung zum RegE BilMoG[301] wird jedoch deutlich, dass aus Sicht des Gesetzgebers dem internen Risikomanagementsystem kein eigenständiger und vom internen Kontrollsystem getrennter Systemaufbau zugeordnet werden soll. Diese Betrachtungsweise deckt sich im Wesentlichen mit der bisherigen Auffassung des IDW, da das Risikomanagementsystem bereits nach IDW PS 261 als **Teilbereich des internen Kontrollsystems** zu verstehen war[302]. Danach kann davon ausgegangen werden, dass ein internes Risikomanagementsystem auch weiterhin als integrierter Bestandteil des internen Kontrollsystems anzusehen ist, der insb. im Hinblick auf die Risikofrüherkennung (Identifizierung, Analyse und Bewertung), die Steuerung von Risikovermeidung und -bewältigung und die Risikoüberwachung ergänzende Funktionen aufweist.

300 Die Einrichtung eines angemessenen Risikomanagementsystems stellt auch nach bisheriger Rechtslage eine originäre Aufgabe der Unternehmensleitung dar. Auch wenn zB nach dem **Deutschen *Corporate Governance* Kodex**[303] dem Vorstand keine konkreten organisatorischen Vorgaben über die Ausgestaltung der hierfür erforderlichen Kontrollfunktionen gegeben werden, so obliegt ihm gleichwohl die sachgerechte Ausgestaltung[304].

301 Nach der Begründung zum RegE BilMoG wird ausgeführt, dass dem internen Risikomanagementsystem **im Hinblick auf den Rechnungslegungsprozess** im Vergleich zum internen Kontrollsystem eine eher untergeordnete Bedeutung zukommt und insoweit zu einer Angabepflicht führt, wie Unternehmen Risikoabsicherungen betreiben, die eine handelsbilanzielle Abbildung finden[305]. Insoweit wird erwartet, dass sich die Beschreibung des rechnungslegungsbezogenen internen Risikomanagementsystems vorwiegend auf die Steuerung und Überwachung der in der Rechnungslegung abzubildenden Bewertungseinheiten beschränkt (vgl. hierzu Abschn. H Tz. 147, Abschn. O Tz. 170 ff. u. Abschn. R Tz. 57 ff.).

---

298 Vgl. *Melcher/Mattheus*, DB 2008, Beil. 1, S. 53.
299 Vgl. DRS 5.9.
300 Vgl. DRS 5.9; so auch beschreibend *Hornung/Albrecht/Janke*, Der Aufsichtsrat 2008, S. 53.
301 Vgl. Begr. RegE, BT-Drucks. 16/10067, S. 77.
302 Vgl. IDW PS 261 Tz. 24.
303 Vgl. Deutscher *Corporate Governance* Kodex Kap. 4.1.4. idF vom 6. Juni 2008.
304 Vgl. *WPH*[13], Bd. II, Q Tz. 64 ff.; *Ringleb*, in Ringleb/Kremer, DCGK 4.1.4., Tz. 639 ff.
305 Vgl. Begr. RegE, BT-Drucks. 16/10067, S. 77; zum RefE BilMoG *Institut der Wirtschaftsprüfer*, FN-IDW 2008, S. 9 ff. zu Art. 2 Nr. 33.

302 Hierzu sind bereits nach bisheriger Rechtslage nach § 289 Abs. 2 Nr. 2 HGB in Bezug auf die **Verwendung von Finanzinstrumenten** die Risikomanagementziele und -methoden der Gesellschaft einschließlich ihrer Methoden zur Absicherung aller wichtigen Arten von Transaktionen, die im Rahmen der Bilanzierung von Sicherungsgeschäften verwendet werden, sowie die Preisänderungs-, Zahlungsstromänderungs-, Ausfall- und Liquiditätsrisiken, denen das Unternehmen in Bezug auf die Verwendung von Finanzinstrumenten ausgesetzt ist, soweit diese finanziellen Risiken für die Beurteilung der Lage oder der künftigen Entwicklung des Unternehmens bedeutsam sind, im Lagebericht anzugeben[306].

303 Hierbei werden im Hinblick auf die **Risikomanagementziele und -methoden** nach dem IDW RH HFA 1.005 grundsätzliche Aussagen zur Risikobereitschaft des Unternehmens, eine Darstellung der Sicherungsziele, die Beschreibung der gesicherten Grundgeschäfte sowie sonstige Angaben (zB Angaben über antizipatives *„hedging")* gefordert[307]. Hinsichtlich der finanziellen Risiken ist insb. auf wertbeeinflussende Risiken der Finanzinstrumente (zB Marktpreis-, Wechselkursschwankungen etc.), Risiken der Vertragserfüllung durch den Vertragspartner, Risiken aus der Beschaffung ausreichender Finanzmittel bzw. der kurzfristigen Veräußerbarkeit eines Vermögensgegenstandes zum beizulegenden Zeitwert sowie Risiken aus Schwankungen der zukünftig erwarteten Zahlungsströme aus Finanzinstrumenten einzugehen[308].

304 Darüber hinaus sind im Zusammenhang mit **Bewertungseinheiten** nach § 254 HGB umfassende Anhangangaben nach § 285 Nr. 23 HGB erforderlich (vgl. hierzu Tz. 170 ff.). Bereits zwischen diesen Anhangangaben nach § 285 Nr. 23 HGB und den Angaben zum Risikomanagement und den finanziellen Risiken im Lagebericht nach § 289 Abs. 2 Nr. 2 HGB kommt es regelmäßig zu Überschneidungen, die zu unerwünschten Doppelangaben führen können. Um derartige Doppelangaben zu vermeiden, ist nach § 285 Nr. 23 HGB eine Angabe nur insoweit verpflichtend, als diese Angabe nicht bereits im Lagebericht enthalten ist (Vorrang der Lageberichtangabe; vgl. hierzu Tz. 198 ff.).

305 Obwohl vor dem Hintergrund der insoweit sehr umfassenden Anhangs- und Lageberichtsangaben nach der Begründung des RegE BilMoG erwartet wird, dass sich die Beschreibung des rechnungslegungsbezogenen internen Risikomanagementsystems vorwiegend auf die Steuerung und Überwachung der in der Rechnungslegung abzubildenden Bewertungseinheiten konzentrieren wird, ist dies im Einzelfall nicht ohne Weiteres zutreffend. Die von der Berichtspflicht erfasste Beschreibung der wesentlichen Bereiche des rechnungslegungsbezogenen internen Risikomanagementsystems ist demgegenüber inhaltlich nicht auf den Bereich der Bewertungseinheiten beschränkt. Damit sind **weitere** branchen- und unternehmensindividuell vorhandene wesentliche **Risikobereiche** einzubeziehen, wenn nicht sämtliche rechnungslegungsbezogenen Risiken durch Finanzinstrumente und Bewertungseinheiten abgebildet werden.

---

306 Vgl. IDW RH HFA 1.005 Tz. 33 ff.; *Ellrott*, in Beck Bil-Komm.⁶, § 289 Anm. 65 ff.; *WPH*[13], Bd. I, F Tz. 890 ff.
307 Vgl. IDW RH HFA 1.005 Tz. 33 ff.; *Ellrott*, in Beck Bil-Komm.⁶, § 289 Anm. 70 ff.; *WPH*[13], Bd. I, F Tz. 892 ff.
308 Vgl. IDW RH HFA 1.005 Tz. 36 ff.; *Ellrott*, in Beck Bil-Komm.⁶, § 289 Anm. 77 ff.; *WPH*[13], Bd. I, F Tz. 894 f.

3. Merkmale eines rechnungslegungsbezogenen internen Kontroll- und Risikomanagementsystems

306 Nach § 289 Abs. 5 HGB ist die Beschreibung der wesentlichen Merkmale des internen Kontroll- und Risikomanagementsystems auf den „rechnungslegungsbezogenen" Teil beschränkt worden, um nicht durch Angaben zu dem übrigen Teil des internen Risikomanagements berechtigte, schutzwürdige Interessen der Unternehmen zu gefährden[309]. Diese Beschränkung führt folglich dazu, dass die auf die **externe Rechnungslegung** gerichteten Teile des internen Kontroll- und des Risikomanagementsystems Gegenstand der Beschreibung im Lagebericht sind, soweit nicht zusätzlich auch auf Teilbereiche der internen Rechnungslegung (zB Nutzung der Kostenrechnung zur Ermittlung von Herstellungskosten für Vorräte etc.) zurückgegriffen werden muss. Dabei spricht viel dafür, eine eher „weite" Auslegung des Begriffs „Rechnungslegungsprozess" vorzunehmen.

307 Als Gegenstand der Beschreibung kommen die Teilbereiche des internen Kontroll- und Risikomanagementsystems in Betracht, die die **Grundsätze, Verfahren und Maßnahmen**

1. zur Sicherung der Wirksamkeit und Wirtschaftlichkeit der Rechnungslegung,
2. zur Sicherung der Ordnungsmäßigkeit der Rechnungslegung und der Einhaltung der maßgeblichen rechnungslegungsbezogenen rechtlichen Vorschriften (*Compliance*) sowie
3. des Internen Revisionssystems, soweit es sich auf die Rechnungslegung bezieht,

betreffen (vgl. Tz. 292)[310].

308 Zur Definition und den Merkmalen eines internen Kontrollsystems hatte das *Committee of Sponsoring Organizations of the Treadway Commission* (COSO) bereits 1992 ein *Framework* (***COSO Report***)[311] veröffentlicht, das stark auf die Finanzberichterstattung ausgerichtet ist. Die durch den *COSO Report* entwickelten Grundsätze zur Definition und zu den Komponenten eines rechnungslegungsbezogenen internen Kontrollsystems wurden durch das IAASB im Rahmen des ISA 315 sowie auch vom IDW in PS 261 übernommen[312]. Diese Grundsätze werden im Schrifttum und in der Praxis allgemein anerkannt und angewendet[313].

309 Da nach dem RegE BilMoG explizit auf das rechnungslegungsbezogene, interne Kontroll- und Risikomanagementsystem abgestellt wird, kann inhaltlich auf die durch den *COSO Report* zwischenzeitlich weiterentwickelten Grundsätze abgestellt werden. Die in 2004 veröffentlichte Überarbeitung der in dem ursprünglichen COSO-Modell aus 1992 entwickelten Grundsätze zielte schwerpunktmäßig auf Ergänzungen in dem Bereich des unternehmensinternen „*Risk Managements*" ab.

310 Danach bestehen das interne Kontrollsystem und das Risikomanagementsystem aus folgenden **Komponenten** (= Merkmale im Sinne von § 289 Abs. 5 HGB), die zueinander in wechselseitiger Beziehung stehen und die darüber hinaus durch Interdepen-

---

309 Vgl. Begr. RegE, BT-Drucks. 16/10067, S. 77; zum RefE BilMoG *Institut der Wirtschaftsprüfer*, FN-IDW 2008, S. 9 ff. zu Art. 2 Nr. 33.; *Strieder*, BB 2009, S. 1002 ff.
310 Vgl. Begr. RegE, BT-Drucks. 16/10067, S. 77.
311 Vgl. AICPA SAS 55.06-12; COSO, *Enterprise Risk Management – Integrated Framework*, executive Summary Framework and Enterprise Risk Management – Integrated Framework: Application Techniques; WPH[13], Bd. I, R Tz. 50; *Wich*, Internes Kontrollsystem und Management-Informationssystem, S. 127 ff.
312 Vgl. ISA 315.43; IDW PS 261 Tz. 29.
313 Vgl. zur Anlehnung weiterer Rahmenwerke an die Grundsätze des COSO-*Framework Withus*, DB 2009, Beil. 5, S. 82 ff.; *Wolf*, DStR 2009, S. 922.

denzen mit dem unternehmensindividuellen, organisatorischen und prozessualen Aufbau beeinflusst werden:

- Internes Kontrollumfeld
- Zielsetzung
- Ereignisidentifikation
- Risikobeurteilungen
- Risikoreaktion
- Kontrollaktivitäten
- Information und Kommunikation
- Überwachung des internen Kontrollsystems.

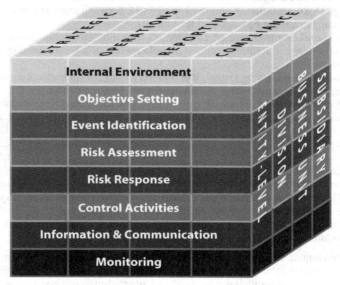

Abb. 17: Enterprise Risk Management – Integrated Framework

Es erscheint daher sachgerecht, wenn sich die nach § 289 Abs. 5 HGB geforderte Beschreibung der Merkmale der **Organisations- sowie Kontroll- und Überwachungsstrukturen und -prozesse**[314] grds. an den vorgenannten Komponenten des COSO-Modells orientiert. Dieses Modell umfasst – neben den in IDW PS 261[315] enthaltenen Erläuterungen – insb. Aussagen über die Ausgestaltung eines rechnungslegungsbezogenen internen Kontroll- und Risikomanagementsystems:

a) *Internes Kontrollumfeld* (= vorhandene Grundeinstellung, Problembewusstsein und Verhalten des Managements in Bezug auf das interne Kontroll- und Risikomanagementsystem. Es wird bestimmt durch Integrität und ethische Werte, der Bedeutung fachlicher Kompetenz, der Unternehmenskultur und dem Werteverständnis sowie von Führungsstil und -prinzipien als auch der Überwachungstätigkeit der Organe),

311

---

314 Vgl. so gefordert nach Begr. RegE, BT-Drucks. 16/10067, S. 76; *Melcher/Matheus*, DB 2008, Beil. 1, S. 52 f.; *Melcher/Matheus*, DB 2009, Beil. 5, S. 78.
315 Vgl. IDW PS 261 Tz. 29.

b) **Zielsetzung** (= Identifikation und Anpassung unternehmensinterner (strategischer) Ziele, die für die Ausrichtung des internen Risikomanagements erforderlich sind),

c) **Ereignisidentifikation** (= Ereignisse, die einen Einfluss auf das Unternehmen haben können, sind zu identifizieren und auf interne und externe Faktoren, die diese Ereignisse und ihre Wirkung (inkl. der Wechselwirkungen mit anderen Ereignissen) beeinflussen, zu untersuchen; dies bedeutet auch eine Kategorisierung dieser Ereignisse zum Erlangen eines unternehmensinternen einheitlichen Verständnisses),

d) **Risikobeurteilungen** (= Prozesse zur Identifikation, Analyse, Bewertung, Steuerung, Dokumentation, Kommunikation und Überwachung von Risiken mit Auswirkungen auf die Finanzberichterstattung),

e) **Risikoreaktion** (= Prozesse zur Identifikation und Beurteilung von möglichen Reaktionen zur Risikoabwehr, Risikoakzeptanz, Risikoreduzierung bzw. -teilung),

f) **Kontrollaktivitäten** (= Grundsätze und Verfahren zur Sicherstellung der Beachtung und Umsetzung der Entscheidungen des Managements),

g) **Information und Kommunikation** (= zeit- und sachgerechte Einholung, Aufbereitung/Analyse, Weitergabe und Dokumentation von notwendigen Informationen inkl. einer Risikobeurteilung zur Unterstützung unternehmerischer Entscheidungen des Managements; Aufbau, Wirksamkeit und Qualitätssicherung der rechnungslegungsbezogenen betrieblichen Informationssysteme und des dazugehörigen Berichtswesens (zB Finanzberichterstattung));

h) **Überwachung des internen Kontroll- und Risikomanagementsystems** (= Kontrolle der Wirksamkeit und der Funktionsweise des internen Kontrollsystems sowie die kontinuierliche Identifikation und Beseitigung von Mängeln durch prozessintegrierte und prozessunabhängige Kontrollen (Interne Revision, *High-Level-Controls* etc.)).

312 Die vorgenannten Merkmale eines rechnungslegungsbezogenen internen Kontroll- und Risikomanagementsystems (vgl. Tz. 311) werden in dieser umfangreichen und differenzierten Ausgestaltung nur bei **großen Unternehmen** mit komplexer Unternehmensstruktur vorgefunden werden. Die Orientierung an den nach dem COSO-*Framework* entwickelten Grundsätzen war auch bereits nach den ICFR durch den *Sarbanes-Oxley Act* (*Final-Rule* 33-8238) empfohlen worden[316].

313 Für **kleinere kapitalmarktorientierte Unternehmen** wurde durch das COSO in 2006 ein Leitfaden für kleine Unternehmen entwickelt, der 20 grundlegende Prinzipien enthält, welche die mit den fünf Komponenten des *COSO-Frameworks* zusammenhängenden und direkt davon abgeleiteten fundamentalen Konzepte wiedergeben[317]. Auch das IDW hat bezüglich der „Besonderheiten der Abschlussprüfung kleiner und mittelgroßer Unternehmen" in IDW PH 9.100.1 Hinweise zur Ausgestaltung des internen Kontrollsystems bei kleineren Unternehmen[318] gegeben, die unter anderem neben dem COSO-Leitfaden herangezogen werden können, um die nach § 289 Abs. 5 HGB geforderte Beschreibung der Merkmale der Organisations-, Kontroll- und Überwachungsstrukturen sowie der vorhandenen Prozesse im Lagebericht vorzunehmen.

---

316 Vgl.SEC *final Rule* 33-8238, Gliederungspunkt II.B.3; *Wolf*, DStR 2009, S. 923.
317 Vgl. COSO, *Internal Control over Financial Reporting – Guidance for Smaller Public Companies, Volume 1: Executive Summary*, 2006.
318 Vgl. IDW PH 9.100.1 Tz. 20ff.

Das Vorhandensein eines nach Art und Komplexität angemessenen internen Kontroll- und Risikomanagementsystems (zB nach dem COSO-Modell), gewährleistet nicht die Wirksamkeit und Sicherheit der danach eingerichteten Systeme bei ihrer **Anwendung.** Für die Sicherung der qualitativen Aspekte eines internen Kontroll- und Risikomanagementsystems bedarf es vielmehr der Einrichtung effizienter und den unternehmensinternen Prozessen und Steuerungsmaßnahmen angemessen Rechnung tragender Kontrollen und Überwachungsmaßnahmen. Hierüber ist aber nach § 289 Abs. 5 HGB nicht zu berichten. 314

4. Abgrenzung des internen Risikomanagementsystems zum Risikofrüherkennungs- und Überwachungssystem

Das rechnungslegungsbezogene interne Risikomanagementsystem ist nicht mit dem durch den Vorstand einer AG nach § 91 Abs. 2 AktG einzurichtenden **Risikofrüherkennungs- und Überwachungssystem** gleichzusetzen[319]. Nach § 289 Abs. 5 HGB werden nur Aussagen zum rechnungslegungsbezogenen internen Risikomanagementsystem gefordert, während ein Risikofrüherkennungs- und Überwachungssystem nach § 91 Abs. 2 AktG darüber hinaus auch nicht rechnungslegungsbezogene Bereiche umfasst[320]. 315

Die Beschränkung der Angabepflichten nach § 289 Abs. 5 HGB im Lagebericht auf den **Rechnungslegungsprozess** resultiert nach der Begründung des RegE BilMoG[321] daraus, dass den berechtigten, schutzwürdigen Geheimhaltungsinteressen des Unternehmens, bezogen auf die weiteren Teile des Risikomanagementsystems, Rechnung getragen wird. 316

IV. Inhalt der Berichterstattung

Nach dem Wortlaut des § 289 Abs. 5 HGB wird vom Gesetzgeber ausschließlich auf eine „**Beschreibung**" **der wesentlichen Merkmale** des „vorhandenen" internen Kontroll- und Risikomanagementsystems abgestellt. Dies wird in der Begründung zum RegE BilMoG bekräftigt, da ausdrücklich darauf verwiesen wird, dass die Berichterstattungspflichten sich in einer Beschreibung des gegenwärtigen Zustandes erschöpfen. Ausführungen zur Einschätzung der Wirtschaftlichkeit und der Effektivität des internen Kontroll- und Risikomanagementsystems werden indes bewusst nicht gefordert[322]. Damit wird sich die Berichtspflicht lediglich auf die sachliche Darstellung der Systembeschreibung (Strukturen und Prozesse, vgl. Tz. 311) beschränken. Wertende Elemente oder vergleichende Darstellungen mit Normzuständen (zB Analyse zu Schwachstellen und Optimierungsbedarf), die eine eigenständige Würdigung der gesetzlichen Vertreter enthalten, sind demgegenüber gerade nicht Gegenstand der Beschreibung im Lagebericht[323]. 317

Auch der **Umfang** der Beschreibung (zB Festlegung von Mindestinhalten) wurde in § 289 Abs. 5 HGB nicht geregelt, sondern ist in Abhängigkeit von den individuellen Gegebenheiten des jeweiligen Unternehmens (zB unter Beachtung von Branchenbesonderheiten, Größe und Komplexität des Unternehmens, regulatorischen Anforde- 318

---

319 Vgl. *ADS*⁶, ErgBd., § 91 AktG Tz. 7 ff.; *Hüffer*, AktG⁸, § 91 Rn. 9 ff.
320 Vgl. IDW PS 261 Tz. 24.
321 Vgl. Begr. RegE, BT-Drucks. 16/10067, S. 77.
322 Vgl. Begr. RegE, BT-Drucks. 16/10067, S. 76 f.
323 Vgl. *Melcher/Mattheus*, DB 2008, Beil. 1, S. 53; *Institut der Wirtschaftsprüfer*, FN-IDW 2008, S. 9 ff. zu Nr. 33; *Petersen/Zwirner*, KoR 2008, Beil. 1, S. 18 f.; *Wolf*, DStR 2009, S. 921; *Petersen/Zwirner*, KoR 2009, Beihefter 1, S. 25; *Waschbusch*, in Petersen/Zwirner, BilMoG S. 517 f.

rungen, spezifisch ausgestalteten Geschäftsmodellen etc.) auszugestalten. Dabei wurde in der Begründung zum RegE BilMoG allerdings darauf verwiesen, dass die Beschreibung so ausgestaltet sein muss, dass die Abschlussadressaten sich ein Bild von den wesentlichen Merkmalen des internen Kontroll- und Risikomanagementsystems im Hinblick auf den Rechnungslegungsprozess machen können[324].

319 Folglich gelten für die Beschreibung des internen Kontroll- und Risikomanagementsystems die **allgemeinen Berichtsgrundsätze** (Klarheit, Wahrheit, Übersichtlichkeit, Vollständigkeit und Verständlichkeit), die im Sinne einer gewissenhaften und getreuen Rechenschaft zum Zwecke der Informationsvermittlung unternehmensindividuell auszuüben sind[325]. Die Berichterstattung ist so zu gestalten, dass einem sachkundigen Dritten durch die Beschreibung der Ausgestaltung und Wirkungsweise des internen Kontroll- und Risikomanagementsystems ein Verständnis und ein ausreichender Überblick über die eingerichteten Prozesse und Strukturen vermittelt wird[326].

320 Der Umfang der vorzunehmenden Beschreibung soll sich dabei auf die **wesentlichen Merkmale** des internen Kontroll- und des internen Risikomanagementsystems konzentrieren. Der Abweichung im Wortlaut zu Art. 46a Abs. 1 lit. c der Bilanzrichtlinie idF der Abänderungsrichtlinie, wonach von „wichtigsten" Merkmalen gesprochen wird, sollte nach der Begründung des RegE BilMoG keine inhaltliche Bedeutung beigemessen werden[327]. Für die Unterscheidung, welche Merkmale für das vorhandene interne Kontroll- und das interne Risikomanagementsystem als wesentlich zu qualifizieren sind, ist auf die unternehmens- und branchenindividuell vorgefundenen charakteristischen Strukturen und Prozesse abzustellen, die unter Beachtung der allgemeinen Berichtsgrundsätze für die Information des Berichtsadressaten bedeutsam sind.

321 Als Bestandteile der **Berichterstattung** für die Beschreibung des Internen Kontroll- und Risikomanagementsystems kommen dabei insb. folgende Schwerpunkte in Frage:

- Angaben zur **methodischen Ausgestaltung** (Vorhandensein des Internen Kontroll- und Risikomanagementsystems sowie Aussagen über das zugrundeliegende *Framework* (zB COSO), an welchem sich das Unternehmen orientiert hat),
- Angaben zur **Struktur** und zum **organisatorischen Aufbau** (IT-Systemstruktur und deren Einbindung in Steuerung und Überwachung des Unternehmens, zentrale bzw. dezentrale Organisation des Rechnungswesens, Auslagerung von Funktionen/Teilbereichen des Rechnungswesens),
- Beschreibung **wesentlicher Kontroll- und Überwachungsprozesse** inkl. der Angaben zur prozessunabhängigen Überwachung durch das Interne Revisionssystem,
- Wesentliche Merkmale der **externen Rechnungslegung** (angewandte *Accounting Principles* (IFRS, HGB) und deren Ableitung aus dem Buchhaltungssystem, branchenspezifische Besonderheiten (zB regulatorische Vorschriften mit Auswirkung auf den Rechnungslegungsprozess), Struktur der Berichterstattung, Aggregation nicht finanzieller Informationen für die externe Berichterstattung.

Die Bestandteile der Berichterstattung sind im Sinne der Vergleichbarkeit, soweit nicht tatsächliche Gegebenheiten (zB veränderte Unternehmensstruktur etc.) entgegenstehen, **stetig** anzugeben (vgl. analoge Anwendung nach § 265 Abs. 1 HGB[328]).

---

324 Vgl. Begr. RegE, BT-Drucks. 16/10067, S. 77.
325 Vgl. *ADS*⁶, § 289 HGB Tz. 29 ff.; *Ellrott*, in Beck Bil-Komm.⁶, § 289 Anm. 8 ff.; *WPH*¹³, Bd. I, F Tz. 856 ff; DRS 15.9 ff. sowie Tz. 38 f.; DRS 5.28.
326 Vgl. *Strieder*, BB 2009, S. 1002 ff.; *Waschbusch*, in Petersen/Zwirner, BilMoG, S. 517 f.
327 Vgl. Begr. RegE, BT-Drucks. 16/10067, S. 77.
328 Vgl. *ADS*⁶, § 289 HGB Tz. 32; *Ellrott*, in Beck Bil-Komm.⁶, § 289 Anm. 13.

§ 289 HGB   Lagebericht   O

Die nach § 289 Abs. 5 HGB geforderte Beschreibung bezieht sich auf den gegenwärtigen Zustand des internen Kontroll- und Risikomanagementsystems. Damit sind keine Aussagen über Veränderungen innerhalb des abgelaufenen Geschäftsjahres erforderlich, sondern es soll auf den **zeitpunktbezogenen Ist-Zustand** abgestellt werden. Ob hierbei hingegen auf die Verhältnisse des Abschlussstichtages einzugehen ist oder ggf. auf demgegenüber veränderte Verhältnisse zum Zeitpunkt der Berichterstattung (zB zum Ende der Aufstellungsphase des Lageberichtes), ist aus der Begründung zum RegE BilMoG nicht ersichtlich. In der Praxis sollten zwischen diesen beiden Zeitpunkten regelmäßig nur geringe Veränderungen der vorhandenen Systeme anzutreffen sein.

322

Daher sollte in Ausnahmefällen im Sinne der Klarheit der Berichterstattung bei **wesentlichen Veränderungen** (zB bei Fusionen, Unternehmensübernahmen, Veränderungen durch Umwandlungen oder Stilllegung von Geschäftsbereichen etc.) zwischen dem Abschlussstichtag und dem Zeitpunkt der Berichterstattung der für die vorgenommene Beschreibung maßgebliche Zeitpunkt angegeben und auf zwischenzeitliche Veränderungen hingewiesen werden[329].

323

V. Zusammengefasste Berichterstattung in einem einheitlichen Teil des Risikoberichts

Die Begründung zum RegE führt aus, dass es auch ohne eine gesonderte gesetzliche Regelung zulässig ist, die Angaben zum internen Risikomanagementsystem nach § 289 Abs. 5 HGB mit den Angaben in Bezug auf die Verwendung von **Finanzinstrumenten** (Risikomanagementziele und -methoden der Gesellschaft einschl. der Methoden der Absicherung bei der Verwendung von Finanzinstrumenten nach § 289 Abs. 2 Nr. 2 lit. a) HGB) – sowie im Falle der Verlagerung von Anhangangaben zu **Bewertungseinheiten** nach § 285 Nr. 23 HGB in den Lagebericht – zusammenzufassen (vgl. Tz. 304 f.)[330].

324

Diese Zusammenfassung kann in einem einheitlichen Abschnitt des „**Risikoberichts**" erfolgen und wird damit ausgehend von der Berichterstattung über Chancen und Risiken nach § 289 Abs. 1 Satz 4 HGB auch die vorgenannten Berichtselemente zu Angaben nach § 289 Abs. 2 Nr. 2 HGB wie auch die Beschreibung zum internen Kontrollsystem und dem Risikomanagementsystem umfassen.

325

Eine geschlossene Darstellung der Risikoberichterstattung, die dabei auch eine **Beschreibung des Risikomanagements** (einschl. einer Beschreibung des Prozesses und der Organisation) enthalten soll, ist auch bereits nach den bislang geltenden Grundsätzen des DRS 5 im Sinne der Klarheit im Rahmen der Lageberichterstattung empfohlen worden[331]. Der bisher geforderte Umfang der Risikoberichterstattung wird durch die Vorschrift des § 289 Abs. 5 HGB nicht begrenzt, da hier auch weiterhin das gesamte Risikomanagementsystem[332] Gegenstand der Berichterstattung bleibt. Eine zusammengefasste Berichterstattung in einem einheitlichen Risikobericht als Bestandteil der Lageberichterstattung erleichtert insb. bei komplexen Risikomanagementsystemen dem Adressatenkreis die Einschätzung der Situation des Unternehmens[333].

326

---

329 Vgl. *ADS*[6], § 289 HGB Tz. 98 ff.; *Ellrott*, in Beck Bil-Komm.[6], § 289 Anm. 52 ff.
330 Vgl. IDW RH HFA 1.005 Tz. 33 ff.; *Ellrott*, in Beck Bil-Komm.[6], § 289 Anm. 65 ff.; *WPH*[13], Bd. I, F Tz. 890 ff.
331 Vgl. DRS 15.83 verweisend auf DRS 5.28 ff.
332 Vgl. DRS 5.28 f.
333 Vgl. DRS 5.1; *Wolf*, DStR 2009, S. 921.

VI. Negativberichterstattung

327 Soweit ein Unternehmen hingegen **kein internes Kontroll- bzw. Risikomanagementsystem** eingerichtet haben sollte, entfällt damit die Angabepflicht nach § 289 Abs. 5 HGB nicht ersatzlos, sondern es ist nach der Begründung des RegE BilMoG hierzu eine Angabe über das das nicht vorhandene interne Kontroll- und Risikomanagementsystem verpflichtend aufzunehmen[334]. Inweiweit eine derartige Negativberichterstattung bei kapitalmarktorientierten Unternehmen vor dem Hintergrund der bestehenden Sorgfaltspflichten der gesetzlichen Vertreter praktische Relevanz entfalten wird, bleibt abzuwarten[335].

VII. Anknüpfende aktienrechtliche Regelungen

328 Die **Verantwortung der gesetzlichen Vertreter** hinsichtlich der Ausgestaltung und der Wirksamkeit des internen Kontroll- und des Risikomanagementsystems wird durch § 289 Abs. 5 HGB grds. nicht verändert. Die geforderte Beschreibung der bestehenden Prozesse und Systeme für Zwecke der Lageberichterstattung verlangt aber, dass sich die gesetzlichen Vertreter unter Beachtung der bestehenden Sorgfaltspflichten mit dem rechnungslegungsbezogenen internen Kontroll- und Risikomanagementsystem auseinandersetzen müssen.

329 Darüber hinaus ist durch das BilMoG eine Konkretisierung der bestehenden Überwachungsfunktionen des Aufsichtsrats erfolgt. Nach § 107 Abs. 3 Satz 2 AktG hat sich der **Aufsichtsrat** insb. mit dem Rechnungslegungsprozess, dem internen Kontroll- und Risikomanagementsystem und dem internen Revisionssystem sowie der Abschlussprüfung zu beschäftigen (vgl. Abschn. Y Tz. 66 ff.)[336].

330 Diese **Konkretisierung der Überwachungsaufgaben** soll nach der Begründung des RegE BilMoG[337] dazu führen, dass die gesetzlichen Vertreter stringente Kontrollsysteme und Informationsabläufe installieren, um Schwachstellen abzubauen. Hierzu wird erwartet, dass die gesetzlichen Vertreter vor dem Hintergrund der ihnen obliegenden Sorgfaltspflichten auch Wirksamkeits- und Effizienzuntersuchungen (Systemprüfungen, interne/ externe Revision etc.) sowie die Überprüfung des systemischen Ansatzes (zB COSO-Modell) des internen Kontroll- und Risikomanagementsystems vornehmen werden. Hierzu wird auch die entsprechende Dokumentation der eingerichteten Prozesse und Strukturen erforderlich sein, um Sorgfaltspflichtverletzungen der Organmitglieder vorzubeugen (vgl. hierzu Tz. 291, 300 u. 311 ff.)[338].

331 Die Einrichtung, Kontrolle der Wirksamkeit und Dokumentation des internen Kontroll- und Risikomanagementsystems wird damit durch die Unternehmen zukünftig stärker zum Nachweis der **Erfüllung der Sorgfaltspflichten** der gesetzlichen Vertreter, der Kommunikation mit den Vertretern des Aufsichtsrats und zum Nachweis des Ist-Zustandes gegenüber dem Abschlussprüfer erfolgen müssen[339]. Die Bedeutung der in § 289 Abs. 5 HGB geforderten und offenzulegenden Beschreibung des internen Kontroll- und Risikomanagementsystems im Lagebericht wird folglich im Rahmen der

---

334 Vgl. Begr. RegE, BT-Drucks. 16/10067, S. 76.
335 Vgl. zur praktischen Relevanz einer derartigen Angabe auch *Wolf*, DStR 2009, S. 921 mwN.
336 Vgl. Begr. RegE, BT-Drucks. 16/10067, S. 76.
337 Vgl. Begr. RegE, BT-Drucks. 16/10067, S. 76.
338 Vgl. *Wolf*, DStR 2009, S. 924; *Lanfermann/Röhricht*, BB 2009, S. 887 ff.
339 Vgl. *Wolf*, DStR 2009, S. 924; *Eibelshäuser/Stein*, Der Konzern 2008, S. 486 ff.;

unternehmensinternen Ausgestaltung und Kommunikation mit Überwachungsorganen zukünftig mehr Gewicht erhalten[340].

VIII. Erstanwendungszeitpunkt und Übergangsvorschriften

Die Erweiterung der Berichterstattung beim Lagebericht von kapitalmarktorientierten Unternehmen hinsichtlich der Beschreibung der wesentlichen Merkmale des rechnungslegungsorientierten internen Kontroll- und des Risikomanagementsystems nach § 289 Abs. 5 HGB ist erstmals in einem **nach dem 31. Dezember 2008** beginnenden Geschäftsjahr anzuwenden (Art. 66 Abs. 2 Satz 1 EGHGB). Dies gilt auch für die geänderten Vorschriften zur Vermeidung von Doppelangaben in Anhang und Lagebericht nach § 289 Abs. 4 HGB (Art. 66 Abs. 2 Satz 1 EGHGB). Die bisherigen Vorschriften nach § 289 Abs. 4 HGB aF sind letztmals auf Jahresabschlüsse für vor dem 1. Januar 2009 beginnende Geschäftsjahre anzuwenden (Art. 66 Abs. 2 Satz 2 EGHGB). 332

Die zusätzlichen Angaben sind auch in den **Erläuterungsbericht des Vorstands** an die Hauptversammlung einzubeziehen; § 120 Abs. 3 Satz 2 AktG ist durch Art. 5 Nr. 5 BilMoG entsprechend ergänzt worden. Auch wenn für diese Ergänzung keine Übergangsvorschrift besteht, ist davon auszugehen, dass eine Erläuterung nur erforderlich ist, wenn der Lagebericht auch entsprechende Ausführungen enthält, so dass wegen der Übergangsvorschrift in Art. 66 Abs. 2 EGHGB der Erläuterungsbericht erst für die Hauptversammlungssaison 2010 entsprechende Ausführungen enthalten muss. 333

---

340 Vgl. Begr. RegE, BT-Drucks. 16/10067, S. 76 f.; *Wolf*, DStR 2009, S 924; *Lanfermann/Röhricht*, BB 2009, S. 887 ff.; *Eibelshäuser/Stein*, Der Konzern 2008, S. 486 ff.; *Melcher/Mattheus*, DB 2009, Beil. 5, S. 79; *Withus*, DB, 2009, Beil. 5, S. 82 ff.

P. Erklärung zur Unternehmensführung
(§ 289a HGB)

§ 289a HGB
Erklärung zur Unternehmensführung

(1) ¹Börsennotierte Aktiengesellschaften sowie Aktiengesellschaften, die ausschließlich andere Wertpapiere als Aktien zum Handel an einem organisierten Markt im Sinn des § 2 Abs. 5 des Wertpapierhandelsgesetzes ausgegeben haben und deren ausgegebene Aktien auf eigene Veranlassung über ein multilaterales Handelssystem im Sinn des § 2 Abs. 3 Satz 1 Nr. 8 des Wertpapierhandelsgesetzes gehandelt werden, haben eine Erklärung zur Unternehmensführung in ihren Lagebericht aufzunehmen, die dort einen gesonderten Abschnitt bildet. ²Sie kann auch auf der Internetseite der Gesellschaft öffentlich zugänglich gemacht werden. ³In diesem Fall ist in den Lagebericht eine Bezugnahme aufzunehmen, welche die Angabe der Internetseite enthält.

(2) In die Erklärung zur Unternehmensführung sind aufzunehmen

1. die Erklärung gemäß § 161 des Aktiengesetzes;
2. relevante Angaben zu Unternehmensführungspraktiken, die über die gesetzlichen Anforderungen hinaus angewandt werden, nebst Hinweis, wo sie öffentlich zugänglich sind;
3. eine Beschreibung der Arbeitsweise von Vorstand und Aufsichtsrat sowie der Zusammensetzung und Arbeitsweise von deren Ausschüssen; sind die Informationen auf der Internetseite der Gesellschaft öffentlich zugänglich, kann darauf verwiesen werden.

Inhaltsverzeichnis Tz.
I. Grundlagen .... 1 – 4
II. Anwendungsbereich (Abs. 1 Satz 1) .... 5 – 11
III. Form und Verfahren der Veröffentlichung (Abs. 1 Satz 1 und 2, Abs. 2 Nr. 3 zweiter Halbsatz)
    1. Ort der Veröffentlichung .... 12 – 19
    2. Pflicht zur Abgabe der Erklärung .... 20 – 26
    3. Zeitpunkt der Abgabe der Erklärung .... 27 – 32
    4. Prüfung der Erklärung im Rahmen der Abschlussprüfung .. 33 – 39
    5. Kritisches Lesen durch den Abschlussprüfer .... 40 – 42
IV. Inhalt der Erklärung zur Unternehmensführung (Abs. 2) .... 43 – 44
    1. Entsprechenserklärung zum Deutschen *Corporate Governance* Kodex (Abs. 2 Nr. 1) .... 45 – 49
    2. Angaben zu Unternehmensführungspraktiken .... 50 – 54
    3. Arbeitsweise und Zusammensetzung von Verwaltungsorganen und Ausschüssen .... 55 – 63
V. Erstanwendungszeitpunkt und Übergangsvorschriften .... 64 – 66

I. Grundlagen

Die durch das BilMoG neu eingeführte Vorschrift des § 289a HGB dient der Umsetzung bestimmter Anforderungen aus Art. 46a der Bilanzrichtlinie in der Fassung der

1

Abänderungsrichtlinie¹. Durch die neu geschaffene „Erklärung zur Unternehmensführung" (engl. „*Corporate Governance Statement*"²) sollen den Anteilseignern **kapitalmarktorientierter Kapitalgesellschaften** leicht zugängliche Schlüsselinformationen über die Befolgung von Unternehmensführungskodices (§ 289a Abs. 2 Nr. 1 HGB), über die tatsächlich angewandten **Unternehmensführungspraktiken** (§ 289a Abs. 2 Nr. 2 HGB) und über die **Arbeitsweise** und **Struktur der Geschäftsführungs- und Überwachungsorgane** der Gesellschaft (§ 289a Abs. 2 Nr. 3 HGB) gegeben werden.

2   Dieser Zwecksetzung entsprechend hat der deutsche Gesetzgeber die in § 161 AktG verlangte **Entsprechenserklärung** zur Beachtung des Deutschen *Corporate Governance* Kodex als Bestandteil in die Erklärung zur Unternehmensführung einbezogen. Dabei wurde der Anwendungsbereich des § 161 AktG durch das BilMoG parallel zur Regelung in § 289a Abs. 1 HGB erweitert (vgl. dazu auch Abschn. Y Tz. 90)³.

3   Systematisch ist die neue Verankerung sowohl der Entsprechenserklärung als auch der übrigen Teile der Erklärung zur Unternehmensführung als Teil des **Lageberichts** eher verwunderlich, weil diese Angaben mit der Rechnungslegung des Unternehmens und dessen Lageberichterstattung nichts zu tun haben. Der Deutsche *Corporate Governance* Kodex sieht denn auch einen gesonderten Corporate Governance Bericht vor, der wegen des Sachzusammenhangs besser geeignet wäre für die jetzt in § 298a geregelten Angabepflichten. Da es sich hierbei aber nicht um ein gesetzlich vorgeschriebenes Berichtsinstrument handelt, kam eine Einbeziehung der vom Gesetz geforderten Pflichtangaben in diesen Bericht nicht in Betracht. Außerdem schreibt Art. 46a Abs. 1 der Bilanzrichtlinie in der Fassung der Abänderungsrichtlinie die Einbeziehung in den Lagebericht ausdrücklich vor und lässt in Art. 46a Abs. 2 der Bilanzrichtlinie in der Fassung der Abänderungsrichtlinie als Mitgliedstaatenwahlrecht zu, dass die Angaben auch in einem gesonderten Bericht gemacht werden dürfen, der dann zusammen mit dem Lagebericht offenzulegen ist.

4   In Deutschland nicht umzusetzen war die Regelung in Art. 46a Abs. 1 lit. e der Bilanzrichtlinie in der Fassung der Abänderungsrichtlinie. Die danach verlangte Beschreibung der Art und Weise der **Durchführung der HV** und deren wesentlicher Befugnisse sowie der **Aktionärsrechte** und der Möglichkeit ihrer Ausübung konnte entfallen, weil sich diese Regelungen bereits ausführlich im deutschen Aktienrecht finden⁴.

II. Anwendungsbereich (Abs. 1 Satz 1)

5   Die gesetzliche Regelung nennt zwei Normadressaten. Dies sind zum einen **börsennotierte AG**. Hierunter sind AG iSd. § 3 Abs. 2 AktG zu verstehen, deren Aktien an einem geregelten Markt iSd. § 2 Abs. 5 WpHG zugelassen sind⁵.

6   Zum anderen unterfallen der Erklärungspflicht auch solche AG, deren Aktien selbst zwar nur über ein multilaterales Handelssystem gehandelt werden, die aber zusätzlich **andere Wertpapiere** (zB Schuldverschreibungen) zum Handel an einem **organisierten Markt** zugelassen haben⁶; die genannten Voraussetzungen müssen kumulativ erfüllt

---

1   Richtlinie 2006/46/EG des Europäischen Parlaments und des Rates vom 14. Juni 2006, ABl. EU v. 16.8.2006, Nr. L 224, S. 1 ff.
2   *Weber/Lenfter/Köster*, IRZ 2008, S. 36 halten diesen aus der englischen Version der Änderungs-Richtlinie stammenden Begriff, der nicht Gesetzesinhalt wurde, für vorzugswürdig. Dem ist inhaltlich entgegen zu halten, dass die Erklärung nicht alle Aspekte der Corporate Governance abdeckt.
3   Vgl. *Melcher/Mattheus*, DB 2009, Beilage 5, S. 80.
4   Vgl. Begr. RegE, BT-Drucks. 16/10067, S. 78.
5   Vgl. Begr. RegE, BT-Drucks. 16/10067, S. 77; *Melcher/Mattheus*, DB 2009, Beilage 5, S. 80.
6   Vgl. Begr. RegE, BT-Drucks. 16/10067, S. 77.

sein. Unter dem Begriff des „multilateralen Handelssystems" ist in Deutschland insbesondere auch der Freiverkehr zu verstehen[7]. Der deutsche Gesetzgeber hat hiermit ein in Art. 46a Abs. 3 der Bilanzrichtlinie in der Fassung der Abänderungsrichtlinie vorgesehenes Wahlrecht umgesetzt, wodurch die übrigen Gesellschaften, bei denen allein Aktien in einem multilateralen Handelssystem gehandelt werden, von der Normanwendung ausgenommen sind.

Als weitere Voraussetzung für die Erklärungspflicht nach § 289a HGB kommt dabei in der zweiten Anwendungsalternative hinzu, dass die Aktien **auf eigene Veranlassung** der Gesellschaft im multilateralen Handelssystem gehandelt werden müssen. Diese Einschränkung des Anwendungsbereichs ist aus Praktikabilitätsgründen vorgesehen worden, da ein Unternehmen, dessen Aktien im Freiverkehr gehandelt werden, hiervon nicht zwingend erfahren muss, da insoweit keine Informationspflicht der Marktteilnehmer gegenüber dem Unternehmen besteht[8]. 7

Unklar bleibt nach dem Gesetzeswortlaut, ob eine Erklärungspflicht des Unternehmens auch dann besteht, wenn dessen Aktien zwar nicht „auf Veranlassung" der Gesellschaft zB im Freiverkehr gehandelt werden, die Gesellschaft hierüber aber aus anderen Quellen **sichere Kenntnis** erlangt hat. Nach dem Sinn und Zweck der Regelung, die Informationsbasis für Anteilseigner und Kapitalmarkt zu erweitern, könnte eine Erklärungspflicht auch in diesem Fall anzunehmen sein. Da ein solches Wissen im Einzelfall jedoch schwer nachweisbar sein kann, sprechen die in der Regierungsbegründung genannten Praktikabilitätsgründe für eine Auslegung nach dem Wortlaut, so dass es auch bei Kenntnis auf die Veranlassung des Handels durch die Gesellschaft ankommt. 8

Auf die durch das BilMoG in § 264d HGB eingeführte Definition der **kapitalmarktorientierten Kapitalgesellschaft** (vgl. Abschn. K Tz. 32 ff.) nimmt § 289a Abs. 1 Satz 1 HGB keinen Bezug. Grund hierfür ist die Bestrebung des Gesetzgebers, Art. 46a der Bilanzrichtlinie in der Fassung der Abänderungsrichtlinie möglichst wortgetreu umzusetzen[9]. Da § 289a Abs. 1 Satz 1 HGB in beiden Alternativen die Inanspruchnahme eines organisierten Marktes iSv. § 2 Abs. 5 WpHG voraussetzt, handelt es sich in beiden Fällen zugleich um kapitalmarktorientierte Kapitalgesellschaften nach § 264d HGB. Der Anwendungsbereich des § 289a HGB ist dabei aufgrund der dargestellten zusätzlichen Anforderungen allerdings enger gesteckt als der Begriff der kapitalmarktorientierten Kapitalgesellschaft. 9

Nach dem Gesetzeswortlaut gelten die besonderen Erklärungspflichten nur für Gesellschaften in der Rechtsform der „AG". Gleichwohl ist davon auszugehen, dass die Vorschrift auch auf eine **Kommanditgesellschaft auf Aktien (KGaA)** oder eine **Europäische Aktiengesellschaft**[10] **(SE)** anzuwenden ist, wenn sie die übrigen Voraussetzungen des § 289a Abs. 1 Satz 1 HGB erfüllt. Für die SE ergibt sich dies bereits aus Art. 61 der SE-VO[11], wonach hinsichtlich der Aufstellung, Prüfung und Offenlegung des Jahresabschlusses nebst Lagebericht einer SE die nationalen Vorschriften für AG Anwendung finden. Für die Anwendung auf KGaA spricht der Regelungsbereich der Bilanzrichtlinie, der auch KGaA erfasst (Art. 1 Abs. 1 der Bilanzrichtlinie); die fehlende Erwähnung in § 289a HGB dürfte ein Formulierungsversehen sein[12]. Auf Gesellschaften anderer 10

---

7 Begr. RegE, BT-Drucks. 16/10067, S. 77.
8 Begr. RegE, BT-Drucks. 16/10067, S. 77.
9 *Melcher/Mattheus*, DB 2009, Beilage 5, S. 80.
10 Zu Einzelheiten dieser Rechtsform vgl. *WPH*[13], Bd. II, J Tz. 1 ff. mwN.
11 ABl. L 294 v. 10.11.2001, S. 1.
12 Vgl. auch Ergänzende Anmerkungen des IDW zum Referentenentwurf des BilMoG vom 14. März 2008, FN 2008, 133 (134), wo anderenfalls eine Herausnahme der KGaA aus der Pflicht zur Abgabe einer Entsprechenserklärung nach § 161 AktG angeregt wird.

Rechtsform (zB GmbH oder KG) ist die Vorschrift dagegen nicht anwendbar, da deren Anteile weder im geregelten Markt noch im Freiverkehr gehandelt werden können.

11 Fraglich ist, ob die Pflicht zur Abgabe der Erklärung auch während der **Insolvenz** einer Gesellschaft besteht. Grds. gelten die allgemeinen Rechnungslegungspflichten auch während der Insolvenz weiter; sie werden von dem Insolvenzverwalter erfüllt[13]. Auch führt die Verfahrenseröffnung nicht automatisch zu einem *Delisting*. Nachdem in der Insolvenz die allgemeinen Regelungen zur *Corporate Governance* und auch zu den Funktionen der Unternehmensorgane durch die Zuständigkeit der Insolvenzverwalters überlagert werden[14], ist davon auszugehen, dass für die Erklärung nach § 289a HGB – und ebenso für die Abgabe einer Entsprechenserklärung nach § 161 AktG – für Gesellschaften, die sich in der Insolvenz befinden, kein Raum mehr ist. Insoweit besteht ein Unterschied zum Bilanzeid, der die inhaltliche Richtigkeit des Abschlusses selbst betrifft und daher auch in der Insolvenz abzugeben ist, und zwar vom Insolvenzverwalter[15].

III. Form und Verfahren der Veröffentlichung
(Abs. 1 Satz 1 und 2, Abs. 2 Nr. 3 zweiter Halbsatz)

1. Ort der Veröffentlichung

12 Die Erklärung zur Unternehmensführung ist grds. in den **Lagebericht** aufzunehmen (§ 289a Abs. 1 Satz 1 HGB). Hierbei ist im Lagebericht ein **gesonderter Abschnitt** vorzusehen, in dem die Erklärung in abgeschlossener Form wiedergegeben wird (Gestaltungsmöglichkeit 1). Die Pflicht zur Aufnahme der Erklärung bezieht sich in Umsetzung des Art. 46a der Bilanzrichtlinie in der Fassung der Abänderungsrichtlinie allein auf den Lagebericht zum Jahresabschluss gem. § 289 HGB, da eine entsprechende Regelung in der Konzernabschlussrichtlinie nicht enthalten ist und die Vorschriften zum Konzernlagebericht in § 315 HGB durch das BilMoG keine entsprechende Erweiterung erfahren haben[16]. Dies ist folgerichtig, weil die Regelungen zur *Corporate Governance* an die einzelnen Rechtsträger anknüpfen; im Konzern ist dies das Mutterunternehmen.

13 Als Alternative zur Aufnahme der Erklärung in den Lagebericht selbst wird es den betroffenen Gesellschaften in § 289a Abs. 1 Satz 2 HGB erlaubt, die Erklärung in einem **gesonderten Dokument** abzugeben, das auf der **Internetseite** der Gesellschaft zu veröffentlichen ist (Gestaltungsmöglichkeit 2). Der unglücklich gewählte Gesetzeswortlaut („auch") darf nicht dahingehend missverstanden werden, dass es sich hierbei nur um eine zusätzliche Veröffentlichung des Erklärungstextes handeln könnte. Auch aus Art. 46a Abs. 2 der Bilanzrichtlinie wird deutlich, dass in diesem Fall die Erklärung auf der Internetseite an die Stelle der Erklärung im Lagebericht tritt[17]. Das gesonderte Dokument umfasst sämtliche Angaben nach § 289a Abs. 2 Nr. 1 bis 3 HGB und damit auch eine Wiedergabe der Entsprechenserklärung nach § 161 AktG.

14 Wird von dieser Möglichkeit Gebrauch gemacht, ist nach § 289a Abs. 1 Satz 3 HGB in den Lagebericht eine **Bezugnahme auf die Internetseite** der Gesellschaft aufzunehmen, auf der die Veröffentlichung der Erklärung erfolgt. Dies soll die Auffindbarkeit

---

13 § 155 InsO; vgl. dazu *WPH*[13], Bd. II, L Tz. 408 ff.
14 Vgl. *Hüffer*, AktG[8], § 264 Rdnr. 9 ff.
15 Vgl. dazu *WPH*[13], Bd. II, L Tz. 425.
16 Vgl. *Melcher/Mattheus*, DB 2009, Beilage 5, S. 81; *Bischof/Selch*, WPg 2008, S. 1026.
17 Vgl. auch Begr. RegE, BT-Drucks. 16/10067, S. 77: „entweder ... oder".

der Erklärung erleichtern. Im Schrifttum ist problematisiert worden, dass die in den Lagebericht aufgenommene „statische" Verweisung im Falle einer Umstrukturierung der Gesellschafts-Website ins Leere gehen könne[18]. Dieses Problem dürfte jedoch angesichts der hinreichenden Kennzeichnung der betreffenden Gesellschaft im Rahmen der Offenlegung des Lageberichts sowie im Hinblick auf die technischen Möglichkeiten moderner Internet-Suchmaschinen zu vernachlässigen sein.

Im Übrigen ist die Gesellschaft verpflichtet, die Erklärung nicht nur kurzfristig auf ihrer Internetseite zu veröffentlichen, sondern sie dort so lange **zugänglich zu halten**, bis sie durch die Einstellung der Folgeerklärung ins Internet (oder die Aufnahme der Folgeerklärung in den Lagebericht) überholt ist. Insoweit enthält der Gesetzesbegriff des „Zugänglichmachens" auch eine Zeitraumkomponente, auch wenn – anders als in § 161 Abs. 2 AktG – der Begriff „dauerhaft" fehlt[19]. 15

Eine weitere Gestaltungsmöglichkeit bietet die Regelung in § 289a Abs. 2 Nr. 3 zweiter Halbsatz HGB. Nach dieser Regelung, die aufgrund der Beschlussempfehlung des Rechtsausschusses in das Gesetz aufgenommen worden ist, genügt es, wenn die **Informationen auf der Internetseite der Gesellschaft** öffentlich zugänglich sind, hierauf (**im Lagebericht**) zu **verweisen** (Gestaltungsmöglichkeit 3). Im Unterschied zu der in Tz. 13 erläuterten Gestaltungsmöglichkeit 2 bedarf es hierbei keines gesonderten, in sich geschlossenen Dokuments mit dem Inhalt der Erklärung zur Unternehmensführung, wenn die hierin aufzunehmenden Informationen bereits (an anderer Stelle) auf der Internetseite zugänglich sind. Dann genügt im Lagebericht oder – bei Nutzung der Gestaltungsmöglichkeit 2 – in der gesonderten Erklärung zur Unternehmensführung die Verweisung auf diese Stelle. Die Verweisung muss natürlich so genau sein, dass sich die in Bezug genommene Darstellung unschwer auffinden lassen. Ist dies nach den Umständen des Einzelfalls erfüllt, tritt gegenüber der Zugänglichmachung als einheitliches Dokument kein relevanter Informationsverlust auf, so dass diese Erleichterung zugelassen werden konnte[20]. 16

Zum **Anwendungsbereich** der Gestaltungsmöglichkeit 3 ist nach dem Wortlaut der Regelung, die als zweiter Halbsatz der Regelung in § 289a Abs. 2 Nr. 3 HGB angefügt worden ist, davon auszugehen, dass sie sich nur auf die Angaben nach § 289a Abs. 2 Nr. 3 HGB (Beschreibung der Arbeitsweise von Vorstand und Aufsichtsrat und ihrer Ausschüsse) bezieht. Inhaltlich ist zwar nicht zu erkennen, warum Sinn und Zweck der Regelung, die Vermeidung von Doppelangaben, nur bei den Angaben nach § 289a Abs. 2 Nr. 3 HGB zutreffen sollte. Im Gegenteil wird gerade für die Entsprechenserklärung zu erwarten sein, dass diese nach § 161 AktG auf der *Homepage* zugänglich ist und daher ihre Aufnahme in den Lagebericht oder in einen gesonderten Bericht zu einer Verdoppelung der Angaben führen würde. In Anbetracht des Regelungsortes und der Bezugnahme in der Gesetzesbegründung nur auf die Angabe nach § 289a Abs. 2 Nr. 3 HGB[21] muss jedoch davon ausgegangen werden, dass für die Angaben nach § 289a Abs. 2 Nr. 1 HGB (Entsprechenserklärung nach § 161 AktG) und § 289a Abs. 2 Nr. 2 HGB (Angaben zu Unternehmensführungspraktiken) die Möglichkeit der Einzelverweisung nicht gilt, so dass diese Bestandteile immer im „Volltext" in der Erklärung zur Unternehmensführung enthalten sein müssen, sei es als Teil des Lageberichts (Gestal- 17

---
18 So *Melcher/Mattheus*, DB 2009, Beilage 5, S. 81.
19 Vgl. auch Art. 46a Abs. 2 der Bilanzrichtlinie, der voraussetzt, dass die Erklärung auf der Internetseite „öffentlich zugänglich ist".
20 Vgl. Begr. zur Beschlussempfehlung des Rechtsausschusses, BT-Drucks. 16/12407, S. 116, wonach die Ergänzung dazu dient, im Interesse der Wirtschaft Doppelangaben zu vermeiden.
21 Begr. zur Beschlussempfehlung des Rechtsausschusses, BT-Drucks. 16/12407, S. 116, die ausschließlich auf „Angaben nach § 289a Abs. 2 Nr. 3" abstellt.

tungsmöglichkeit 1), sei es in einer gesondert veröffentlichten Erklärung (Gestaltungsmöglichkeit 2).

18 Die Gestaltungsmöglichkeit 3 kann sowohl mit der Gestaltungsmöglichkeit 1 als auch mit der Gestaltungsmöglichkeit 2 **kombiniert** werden. Im ersten Fall ist die Verweisung auf die Internetfundstelle als Teil der Erklärung zur Unternehmensführung in den Lagebericht aufzunehmen, im zweiten Fall in die gesondert auf der Internetseite der Gesellschaft eingestellte Erklärung zur Unternehmensführung. Im Lagebericht genügt im zweiten Fall die Verweisung auf die Erklärung zur Unternehmensführung, so dass sich eine Verweisungskette ergibt.

19 An welcher **Stelle** sich die Angaben nach § 289a Abs. 2 Nr. 3 HGB auf der **Internetseite der Gesellschaft** befinden, ist freigestellt. Es können auch mehrere Stellen sein, solange die Übersichtlichkeit gewahrt bleibt. Denkbar wäre etwa, die Angaben zum Vorstand und zum Aufsichtsrat – jeweils unter Einbeziehung der Ausschüsse – zu trennen. Die Verweisung im Lagebericht oder in der Erklärung zur Unternehmensführung muss dabei immer die konkrete Fundstelle angeben.

2. Pflicht zur Abgabe der Erklärung

20 Die Pflicht zur Abgabe der Erklärung zur Unternehmensführung, die nach der gesetzlichen Grundkonzeption Teil des Lageberichts ist (Gestaltungsmöglichkeit 1), trifft den **Vorstand** der AG als für die Erstellung des Lageberichts zuständiges Organ[22]. In Bezug auf die Entsprechenserklärung nach § 161 AktG (§ 289a Abs. 2 Nr. 1 HGB) handelt es sich allerdings nur um eine wortidentische Wiedergabe dieser Erklärung, die aufgrund der Regelung in § 161 AktG von Vorstand und Aufsichtsrat gemeinsam abzugeben ist[23]. Für die Angaben und Beschreibungen nach § 289a Abs. 2 Nr. 2 HGB und § 289a Abs. 2 Nr. 3 HGB ist dagegen der Vorstand primär zuständig. Wenn diese Angaben in den Lagebericht aufgenommen werden, ergibt sich dies aus der Aufstellungskompetenz des Vorstands für den Lagebericht[24].

21 Der **Aufsichtsrat** hat sich im Rahmen seiner gesetzlich vorgeschriebenen Prüfung des Lageberichts (§ 171 Abs. 1 Satz 1 AktG) auch mit der Erklärung zur Unternehmensführung inhaltlich zu befassen. Wenn die Erklärung seiner Meinung nach unzutreffend ist oder sogar fehlt, hat er seine Bedenken mit dem Vorstand zu erörtern und auf Abhilfe zu dringen[25].

22 Sofern die Inhalte der Erklärung zur Unternehmensführung nicht im Lagebericht, sondern auf der Internetseite der Gesellschaft zugänglich gemacht werden, sei es als gesonderte umfassende Erklärung (Gestaltungsmöglichkeit 2), sei es als Einzelangabe mit dem Inhalt des § 289a Abs. 2 Nr. 3 HGB (Gestaltungsmöglichkeit 3), ergibt sich **die Zuständigkeit des Vorstands** für die Aufstellung und Abgabe der Erklärung daraus, dass es sich um eine Erklärung der Gesellschaft an die Öffentlichkeit handelt, die dem Bereich der Geschäftsführung zuzurechnen ist. Allerdings wird davon auszugehen sein, dass sich der **Aufsichtsrat** im Rahmen seiner allgemeinen Aufsichtsaufgabe, aber auch aufgrund der Verweisung im Lagebericht auch mit dem Vorhandensein und dem Inhalt der Angaben nach § 289a Abs. 2 Nr. 2 und 3 HGB befassen muss, so dass die Ausführungen in Tz. 20 f. entsprechend gelten.

---

22 Vgl. *DAV-Handelsrechtsausschuss*, NZG 2008, S. 616.
23 Vgl. zur Abgabe der Erklärung *Hüffer*, AktG[8], § 161 Rdnr. 10 ff.; IDW PS 345 Tz. 9 ff.
24 Vgl. *Kropff* in Arbeitshandbuch für Aufsichtsratsmitglieder, 3. Aufl. München 2009, § 8 Rdnr. 281.
25 Vgl. zur Prüfung des Lageberichts durch den Aufsichtsrat *Kropff* in Arbeitshandbuch für Aufsichtsratsmitglieder, 3. Aufl. München 2009, § 8 Rdnr. 314.

Im Hinblick auf den Inhalt der Erklärung, die die Grundlagen der Governance der Gesellschaft betrifft und sich in § 289a Abs. 2 Nr. 3 HGB auch ausdrücklich mit der Arbeitsweise des Aufsichtsrats und seiner Ausschüsse zu befassen hat, dürfte sich empfehlen, dass der Vorstand den **Inhalt** vor Veröffentlichung **mit dem Aufsichtsrat abstimmt**. Zulässig wäre auch eine gemeinsame Abgabe der Erklärung durch beide Organe[26]. 23

Das Gesetz enthält keine Regelung darüber, ob die Erklärung zur Unternehmensführung zu **unterzeichnen** ist und die Angabe von Ort und Datum enthalten muss. Wenn sie in Gestaltungsmöglichkeit 1 als Teil des Lageberichts abgegeben wird, unterliegt sie denselben Regelungen wie dieser. Danach ist eine gesonderte Unterzeichnung nicht vorgesehen[27]. Diese ist bei einem Lagebericht schon wegen seines Zusammenhangs mit dem Jahresabschluss – für diesen gilt § 245 HGB – auch nicht erforderlich[28]. 24

Wenn die Erklärung zur Unternehmensführung dagegen in Gestaltungsmöglichkeit 2 **gesondert auf der Internetseite** des Unternehmens eingestellt wird, muss sie durch Angabe eines Datums erkennen lassen, welchen Stand sie wiedergibt. Auch sollte die Erklärung von dem aufstellenden Organ – hier dem Vorstand – unterschrieben werden, schon um die Verantwortlichkeiten auch in Abgrenzung zur Entsprechenserklärung nach § 161 AktG[29] zu dokumentieren. Bei der Wiedergabe im Internet genügt die Angabe des Aufstellungsorgans und die Namenswiedergabe des Unterzeichners oder der Unterzeichner. Im Innenverhältnis der Gesellschaft ist – wie bei der Abgabe der Entsprechenserklärung – ein Beschluss des aufstellenden Organs erforderlich. 25

Bei **unterjähriger Aktualisierung** der Angaben (vgl. dazu Tz. 32) – dies kommt nur bei Abgabe einer gesonderten Erklärung zur Unternehmensführung (§ 289a Abs. 1 Satz 2 HGB, Gestaltungsmöglichkeit 2) oder bei gesonderter Angabe nach § 289a Abs. 2 Nr. 3 zweiter Halbsatz HGB (Gestaltungsmöglichkeit 3) in Betracht – muss auch die Datumsangabe aktualisiert werden. 26

3. Zeitpunkt der Abgabe der Erklärung

Wenn die Erklärung **im Lagebericht** enthalten ist, wird sie mit diesem zusammen durch den Vorstand aufgestellt, dem Aufsichtsrat (§ 170 Abs. 1 Satz 1 AktG) und später der ordentlichen HV vorgelegt (§ 175 Abs. 2 Satz 1, 176 Abs. 1 Satz 1 AktG) und schließlich zusammen mit dem Jahresabschluss offen gelegt (§ 325 Abs. 1 Satz 3 HGB). 27

Wenn die Erklärung dagegen als einheitliche gesondertes Dokument auf der **Internetseite der Gesellschaft** eingestellt wird (Gestaltungsmöglichkeit 2) oder wenn die Angaben nach § 289a Abs. 2 Nr. 3 HGB gesondert auf der Internetseite zugänglich gemacht werden (Gestaltungsmöglichkeit 3), stellt sich die Frage, bis zu welchem Zeitpunkt die Dokumente aufgestellt und im Internet zugänglich sein müssen. Im Gesetz ist diese Frage nicht ausdrücklich geregelt. 28

---

26 Vgl. *DAV-Handelsrechtsausschuss*, NZG 2008, S. 616; weitergehend *Weber/Lentfer/Köster*, IRZ 2007, S. 370, die in Analogie zu § 161 AktG eine gemeinsame Erklärung verlangen.
27 Vgl. *ADS*[6], § 245 HGB Tz. 3; *Ballwieser* in MünchKomm. HGB[2], § 245 Rdnr. 4.
28 Zur Platzierung des Lageberichts im Rahmen der jährlichen schriftlichen Rechnungslegung, die eine Zuordnung unschwer ermöglicht, vgl. *ADS*[6], § 289 HGB Tz. 36; *Ellrott* in Beck Bil-Komm.[6], § 289 Anm. 6.
29 Zur Unterzeichnung der Entsprechenserklärung durch Organvorsitzenden von Vorstand und Aufsichtsrat *Hüffer*, AktG[8], § 161 Rdnr. 22.

29 Da in diesen Fällen die eigenständige Zugänglichmachung nicht vorgeschrieben ist, ist die Frage dahin zu präzisieren, unter welchen Voraussetzungen die Veröffentlichung dieser Dokumente Befreiungswirkung für die Aufnahme der Angaben in den Lagebericht selbst entfaltet und sich die Gesellschaft im Lagebericht in zulässiger Weise auf eine entsprechende Verweisung beschränken darf. Nachdem die Erklärung an die Bereichsöffentlichkeit der Anteilseigner und der Kapitalmarktteilnehmer gerichtet ist, könnte davon auszugehen sein, dass es auf den regulären **Zeitpunkt der Offenlegung** des Jahresabschlusses einschließlich des Lageberichts (§ 325 Abs. 1 Satz 3 HGB) ankommt. Zu diesem Zeitpunkt stünde die Information auch dann zur Verfügung, wenn sie im Lagebericht selbst enthalten wäre.

30 Andererseits ist jedoch zu berücksichtigen, dass die Fundstelle der Veröffentlichung im Lagebericht selbst angegeben werden muss. Dies impliziert, dass sie bereits zu dem Zeitpunkt vorhanden sein muss, in dem der Lagebericht endgültig aufgestellt wird. Nachdem für den Zeitpunkt der Aufstellung des Lageberichts keine gesonderten Vorschriften bestehen, ist dies das Datum der endgültigen **Aufstellung des Jahresabschlusses**, das idR durch das Datum der Unterzeichnung des Abschlusses dokumentiert wird[30]. Nur so ist es dem Abschlussprüfer und dem Aufsichtsrat möglich, im Rahmen ihrer Prüfungspflichten in Bezug auf die Vollständigkeit des Lageberichts (vgl. dazu unten Tz. 36) zu beurteilen, ob die Befreiungswirkung gegeben ist. Die Ankündigung, die gesonderte Veröffentlichung nachzureichen, dürfte dafür nicht ausreichen. Auch besteht hierfür idR keine Notwendigkeit, weil die Entsprechenserklärung nach § 161 AktG ohnehin immer in ihrer aktuellen Fassung auf der Internetseite der Gesellschaft zugänglich sein muss und die anderen Teile der Erklärung zur Unternehmensführung auch dauerhaft zugänglich sein müssen (vgl. dazu oben Tz. 15), so dass es nach erstmaliger Veröffentlichung immer nur um die regelmäßige Aktualisierung geht.

31 Außerdem setzt die Befreiungswirkung voraus, dass die Angaben, auf die verwiesen wird, den inhaltlichen Anforderungen des § 289a Abs. 2 Nr. 1 bis 3 HGB genügen, dh. die hiernach erforderlichen Mindestangaben enthalten. Außerdem ist zu verlangen, dass die Angaben zumindest im **Zeitpunkt der Aufstellung** des Lageberichts aktuell sein müssen, so dass sich ein jährlicher Aktualisierungsturnus ergibt. Dies folgt aus dem Sachzusammenhang, nach dem sie an die Stelle einer Abgabe der Erklärung im Lagebericht selbst treten. Diese Erklärung würde immer bei Aufstellung des neuen Lageberichts mit aktuellem Inhalt abzugeben sein, so dass die anderweitig zugänglich gemachten Unterlagen denselben Aktualitätsgrad aufweisen müssen.

32 Allerdings ist es bei den Gestaltungsmöglichkeiten 2 und 3 ohne weiteres zulässig, auch während des Geschäftsjahrs **Aktualisierungen** der gesonderten Unterlagen vorzunehmen, ohne dass die Anforderungen an eine Änderung des Lageberichts eingehalten werden müssten. Dabei muss jedoch die jederzeitige Erreichbarkeit auf der im Lagebericht angegebenen Internetseite gewährleistet sein, so dass eine Verschiebung der Angaben auf eine andere Internetseite unterjährig nicht zulässig ist. Zur Aktualisierung des Datums der Erklärung vgl. oben Tz. 26.

4. Prüfung der Erklärung im Rahmen der Abschlussprüfung

33 Wird die Erklärung zur Unternehmensführung als **Teil des Lageberichts** abgegeben (Gestaltungsmöglichkeit 1), unterläge sie wie dieser nach den allgemeinen Regelungen der Prüfung durch den Abschlussprüfer (§§ 316 Abs. 1 Satz 1, 317 Abs. 2 HGB). Die

---

30 Vgl. dazu *ADS*⁶, § 245 HGB Tz. 8.

Prüfung würde sich nicht nur darauf beziehen, ob die Erklärung mit ihren Pflichtbestandteilen überhaupt vorhanden ist, sondern auch darauf, ob sie inhaltlich zutreffend ist.

In Bezug auf die **Entsprechenserklärung** nach § 161 AktG würde dies dazu führen, dass deren Inhalt, dh. die Aussage zur Beachtung oder partiellen Nichtbeachtung und zu den Gründen einer Nichtbeachtung, der inhaltlichen Prüfung durch den **Abschlussprüfer** unterläge. Bei Konzeption der Vorschriften zur Entsprechenserklärung durch das TransPuG bestand ein Regelungsziel aber gerade darin, die für schwer möglich gehaltene inhaltliche Prüfung der Erklärung durch den Abschlussprüfer zu vermeiden. Aus diesem Grund wurde durch § 285 Satz 1 Nr. 16 HGB idF des TransPuG gerade nicht vorgeschrieben, die Entsprechenserklärung selbst in den Anhang aufzunehmen, sondern nur die Aussage, dass die Erklärung abgegeben und den Aktionären zugänglich gemacht worden ist[31]. Der Abschlussprüfer hat hiernach grds. nur zu prüfen, ob die Angabe vorhanden ist und ob die vorgeschriebene Aussage zutrifft und die Erklärung nach § 161 AktG zugänglich gemacht worden ist. Eine Pflicht zur inhaltlichen Prüfung der Entsprechenserklärung hat der Abschlussprüfer dagegen nicht[32]. Die Schwierigkeiten, die einer Prüfung entgegenstehen, haben sich durch die neu in § 161 AktG aufgenommene Pflicht zur Angabe der Gründe für eine Nichtbeachtung (vgl. dazu Abschn. Y Tz. 87) noch verstärkt.

34

Um diese Konzeption bei Umsetzung der Angabepflicht für den Lagebericht durch § 289a HGB aufrecht zu erhalten, war es erforderlich, auch die Erklärung zur Unternehmensführung aus der Pflicht zur inhaltlichen Prüfung durch den Abschlussprüfer auszunehmen. Dem dient die ausdrückliche Regelung in § 317 Abs. 2 Satz 3 HGB, wonach die Angaben nach § 289a HGB **nicht in die Prüfung einzubeziehen** sind. Dies erfasst unmittelbar die Gestaltungsmöglichkeit 1, bei der die Erklärung als Teil in den Lagebericht aufgenommen wird, stellt zugleich aber auch für die Gestaltungsmöglichkeiten 2 und 3 klar, dass sich die Abschlussprüfung nicht auf die – gesondert im Internet vorgehaltene – Erklärung zur Unternehmensführung bzw. die gesonderten Angaben nach § 289a Abs. 2 Nr. 3 HGB bezieht. Grundlage für diese Ausnahme von der Prüfungspflicht ist die Regelung in Art. 46a Abs. 2 Satz 3 der Bilanzrichtlinie in der Fassung der Abänderungsrichtlinie, der eine Prüfung nur für die Angaben nach Art. 46a Abs. 1 lit. c und d verbindlich vorschreibt, nicht aber für die in der Erklärung nach § 289a HGB enthaltenen Angaben[33].

35

Auch wenn danach die Erklärung zur Unternehmensführung gem. § 289a HGB selbst nicht der Prüfung durch den Abschlussprüfer unterliegt, muss er gleichwohl die Erfüllung der Angabepflichten dem Grunde nach und damit das **Vorhandensein der Pflichtangaben** prüfen. Die Regelung in Art. 46a Abs. 2 Satz 4 der Bilanzrichtlinie in der Fassung der Abänderungsrichtlinie beschränkt die Nachprüfung der Angaben durch den Abschlussprüfer auf die Feststellung, ob die Erklärung zur Unternehmensführung erstellt worden ist. Der Wortlaut des § 317 Abs. 2 Satz 3 HGB ist in Bezug auf die Reichweite der Ausnahme nicht eindeutig[34], dürfte aber richtlinienkonform auszulegen sein.

36

---

31 Vgl. dazu Begr. RegE zum TransPuG, bei *Seibert*, TransPuG, München 2003, S. 90.
32 Vgl. dazu im Einzelnen IDW PS 345 Tz. 21 ff.; zur weitergehenden Berichterstattung über bei der Prüfung festgestellte Mängel bei Beauftragung nach Ziff. 7.2.3 DCGK ebendort Tz. 33 ff.
33 Vgl. dazu auch Begr. RegE zu § 289a HGB, BT-Drucks. 10/10067, S. 77, sowie zu § 317 HGB, ebenda S. 86.
34 Auch die Begr. RegE, BT-Drucks. 16/10067, S. 86, gibt keinen eindeutigen Aufschluss.

| P | Erklärung zur Unternehmensführung | § 289a HGB |

37 Dies betrifft bei der **Gestaltungsmöglichkeit 1** (vgl. Tz. 12) die Feststellung, dass der Lagebericht einen gesonderten Teil „Erklärung zur Unternehmensführung" enthält und dass hierin die geforderten Angaben iSd. § 289a Abs. 2 Nr. 1 bis 3 HGB enthalten sind. Bei Fehlen muss der Abschlussprüfer auch feststellen, ob es bei dem Unternehmen überhaupt angabepflichtige Sachverhalte gibt. Soweit das nicht der Fall ist, ist das Fehlen nicht zu beanstanden.

38 Bei den **Gestaltungsmöglichkeiten 2 und 3** (vgl. Tz. 13, 16) muss der Abschlussprüfer feststellen, ob der Lagebericht den erforderlichen Hinweis auf die Internetseite enthält, auf der die Informationen zugänglich sind (§ 289a Abs 1 Satz 3, Abs. 2 Nr. 3 zweiter Halbsatz HGB). Dies umfasst die Überprüfung, ob die Internetseite existiert, zugänglich ist und ob sie die gesonderte Erklärung zur Unternehmensführung mit dem erforderlichen Inhalt (Gestaltungsmöglichkeit 2) oder die erforderlichen Angaben nach § 289a Abs. 2 Nr. 3 HGB (Gestaltungsmöglichkeit 3) enthält. Für die Prüfung des Vorhandenseins kann auf die zur Prüfung der Anhangangabe bezüglich der Entsprechenserklärung entwickelten Grundsätze in IDW PS 345 Tz. 23 ff. zurückgegriffen werden. Dies führt dazu, dass die zur Inanspruchnahme der Befreiung erforderlichen Informationen spätestens bei Beendigung der Abschlussprüfung auf der angegebenen Internetseite zugänglich sein müssen (vgl. dazu schon oben Tz. 30).

39 Stellt der Abschlussprüfer fest, dass die Erklärung zur Unternehmensführung nach § 289a HGB erforderlich wäre, aber fehlt und auch die Anforderungen an die befreienden Gestaltungsmöglichkeiten 2 oder 3 nicht erfüllt sind, hat der Abschlussprüfer die Vollständigkeit des Lageberichts zu beanstanden und insoweit den **Bestätigungsvermerk** einzuschränken.

5. Kritisches Lesen durch den Abschlussprüfer

40 Die Herausnahme der Erklärung zur Unternehmensführung durch § 317 Abs. 2 Satz 3 HGB aus der Prüfungspflicht führt zwar dazu, dass der Abschlussprüfer keine Prüfungshandlungen zur gezielten Überprüfung der inhaltlichen Richtigkeit vornehmen muss. Nach den allgemeinen Grundsätzen ist er jedoch verpflichtet, auch solche Angaben im Lagebericht zu lesen, die keine Pflichtbestandteile sind[35]. Bei der **Gestaltungsmöglichkeit 1** (vgl. Tz. 12) ist die Erklärung zur Unternehmensführung – nicht prüfungspflichtiger – Teil des Lageberichts. Der Pflicht zum kritischen Lesen dürften auch solche Ausführungen unterliegen, die zwar Pflichtbestandteile des Lageberichts sind, aber aus der Pflicht zur inhaltlichen Prüfung ausgenommen sind.

41 Das **kritische Lesen** dient der Beurteilung, ob etwaige Unstimmigkeiten zwischen den zusätzlichen Informationen und dem geprüften Jahresabschluss oder Lagebericht die Glaubhaftigkeit von Jahresabschluss oder Lagebericht in Frage stellen können. Zwar ist dies in Bezug auf den Inhalt der Erklärung zur Unternehmensführung weniger zu besorgen; gleichwohl erscheint es sachgerecht, über beim Lesen festgestellte Sachverhalte nach den Grundsätzen zu informieren, die in IDW PS 345 für die Entsprechenserklärung nach § 161 AktG entwickelt worden sind (vgl. auch Erl. zu § 317 Abs. 2 Satz 3 HGB in Abschn. S Tz. 13)[36]. In diese Berichterstattung sind dann auch etwaige Feststellungen in Bezug auf die Angaben nach § 289a Abs. 2 Nr. 2 oder 3 HGB einzubeziehen.

---

35 Vgl. dazu IDW PS 202: Die Beurteilung von zusätzlichen Informationen, die von Unternehmen zusammen mit dem Jahresabschluss veröffentlicht werden.
36 Vgl. IDW PS 202 Tz. 10a idF vom 29. April 2009.

Für die **Gestaltungsmöglichkeiten 2 und 3** (vgl. Tz. 13, 16) gilt die Pflicht zum kritischen Lesen dagegen nicht, weil die Angaben in diesen Fällen nicht „zusammen mit dem Jahresabschluss" veröffentlicht werden, sondern gesondert auf der Internetseite der Gesellschaft. Der Hinweis im Lagebericht auf die Internetseite macht diese gesonderten Angaben nicht zu einem textlichen Bestandteil des Lageberichts. 42

IV. Inhalt der Erklärung zur Unternehmensführung (Abs. 2)

Die Erklärung zur Unternehmensführung hat **drei Bestandteile**. Sie umfasst die Entsprechenserklärung nach § 161 AktG (§ 289a Abs.2 Nr. 1 HGB), Angaben zu Unternehmensführungspraktiken (§ 289a Abs. 2 Nr. 2 HGB) sowie eine Beschreibung der Arbeitsweise von Vorstand und Aufsichtsrat und ihrer Ausschüsse (§ 289a Abs. 2 Nr. 3 HGB). 43

Während die Angaben nach § 289a Abs. 2 Nr. 1 und Nr. 3 HGB immer erforderlich sein werden, sind Angaben nach § 289a Abs. 2 Nr. 2 HGB nur dann erforderlich, wenn das einzelne Unternehmen besondere Unternehmensführungspraktiken auch tatsächlich anwendet. Ist das nicht der Fall, ist die Angabe nicht erforderlich. Eine ausdrückliche **Fehlanzeige** ist zur Beurteilung der Vollständigkeit der Erklärung nach § 289a HGB nützlich, aber nicht vorgeschrieben. 44

1. Entsprechenserklärung zum Deutschen *Corporate Governance* Kodex (Abs. 2 Nr. 1)

Nach § 289a Abs. 2 Nr. 1 HGB ist die **Erklärung zum *Corporate Governance* Kodex** nach § 161 AktG Pflichtbestandteil der Erklärung zur Unternehmensführung. Hierdurch wird eine regelungstechnische Verbindung zwischen der Erklärung zur Unternehmensführung und der Erklärung zum *Corporate Governance* Kodex hergestellt, die den Anforderungen des Art. 46a Abs. 1 lit. a) (i) und lit. b) der Bilanzrichtlinie in der Fassung der Abänderungsrichtlinie Rechnung trägt[37]. 45

Erforderlich ist, die Erklärung nach § 161 AktG **im vollen Wortlaut** in der Erklärung zur Unternehmensführung wiederzugeben; diese ist dann Bestandteil des Lageberichts. Von der konkreten Ausgestaltung ist abhängig, ob die Wiedergabe im Lagebericht zugleich auch der Pflicht zur dauerhaften Zugänglichmachung auf der Internetseite iSv. § 161 Absatz 2 AktG (zur Neufassung durch das BilMoG vgl. Erl. zu § 161 AktG in Abschn. Y Tz. 92) genügt. Insbesondere würde dies voraussetzen, dass der Lagebericht mit der Erklärung im Internet dauerhaft öffentlich zugänglich ist[38]. 46

Nahe läge die Überlegung, die Entsprechenserklärung wie bisher **gesondert auf der Internetseite** etwa unter der Rubrik *Corporate Governance* zugänglich zu machen und für den Bericht zur Unternehmensführung von einer Erleichterung wie in § 289a Abs. 2 Nr. 3 zweiter Halbsatz HGB (Gestaltungsmöglichkeit 3) Gebrauch zu machen. Hierbei wäre eine Aufnahme des Wortlauts der Entsprechenserklärung in die Erklärung zur Unternehmensführung im Lagebericht nicht erforderlich; ausreichend wäre eine Verweisung auf die Internetseite. Dies lässt die klare Regelung im Gesetz aber nicht zu; die Verweisungsmöglichkeit besteht nur für die Angaben nach § 289a Abs. 2 Nr. 3 HGB (vgl. dazu oben Tz. 17). Schließlich kann in der Gestaltungsmöglichkeit 2 die Entsprechenserklärung auch im Wortlaut in eine gesonderte auf der Internetseite der Gesellschaft zugängliche **Erklärung zur Unternehmensführung** aufgenommen 47

---

37 Begr. RegE, BT-Drucks. 10/0067, S. 77 f.
38 Vgl. auch IDW PS 345 Tz. 15.

P Erklärung zur Unternehmensführung § 289a HGB

werden (vgl. oben Tz. 13 f.)[39], die alle Bestandteile des § 289a Abs. 2 HGB enthält. Im Lagebericht ist dann gem. § 289a Abs. 1 Satz 3 HGB hierauf zu verweisen.

48 Unverändert bleibt die Pflicht, nach § 285 Satz 1 Nr. 16 HGB im **Anhang** anzugeben, dass die Erklärung nach § 161 AktG abgegeben und wo sie öffentlich zugänglich gemacht worden ist. Dieser bewährte Mechanismus ist beibehalten worden, auch wenn dies zur Überschneidung der Pflichten führt. Die Belastungen hieraus halten sich jedoch in engen Grenzen.

49 Als Folge der **Änderung des § 161 AktG** durch das BilMoG ist in der Entsprechenserklärung nunmehr auch anzugeben, in welchen Punkten und aus welchen Gründen die Kodex-Empfehlung nicht angewendet wird (vgl. dazu im Einzelnen Abschn. Y Tz. 87).

2. Angaben zu Unternehmensführungspraktiken

50 Weiterhin sind in der Erklärung zur Unternehmensführung Angaben zu allen wesentlichen **Unternehmensführungspraktiken** zu machen, soweit diese über die gesetzlichen Anforderungen des deutschen Rechts hinaus angewandt werden (§ 289a Abs. 2 Nr. 2 HGB). Hiermit wird Art. 46a Abs. 1 Satz 2 lit. a (iii) der Bilanzrichtlinie in der Fassung der Abänderungsrichtlinie umgesetzt.

51 Gegenstand der Angabe sind nur solche Unternehmensführungspraktiken, die über die Anforderungen des deutschen Rechts hinaus angewendet werden. Damit fallen die **gesetzlichen Vorschriften** zur *Corporate Governance* der Gesellschaft aus der Angabepflicht heraus.

52 Der Umfang der Angabepflicht wird dadurch erheblich eingeschränkt, dass sich Verpflichtung nur auf die Nennung der **relevanten** angewandten Unternehmensführungspraktiken bezieht[40]; diese müssen also eine gewisse Bedeutung für das gesamte Unternehmen haben. Das Unternehmen soll hingegen nicht dazu verpflichtet werden, über sämtliche vorhandenen organisatorischen Vorschriften und Regelungen zu berichten[41].

53 Eine weitere, dem Wortlaut der Vorschrift nicht unmittelbar zu entnehmende Einschränkung der Berichtspflicht ergibt sich daraus, dass die angabepflichtigen Unternehmensführungspraktiken mit dem **angewandten Unternehmensführungskodex im Zusammenhang** stehen müssen, indem sie diesen praktisch umsetzen oder zu diesem gehörende Regelungsbereiche betreffen[42]. Als Beispiel für angabepflichtige Unternehmensführungspraktiken werden in der Regierungsbegründung zum BilMoG unternehmensweit gültige ethische Standards sowie Arbeit- und Sozialstandards genannt[43].

54 In Umsetzung des Art. 46a Abs. 1 lit. a) der Bilanzrichtlinie in der Fassung der Abänderungsrichtlinie sind die näheren Angaben zu den angewandten Unternehmensführungspraktiken öffentlich zugänglich zu machen. Dies betrifft etwa unternehmensweit geltende Ethikstandards oä. Entsprechend muss in die Erklärung nach § 289a Abs. 2 Nr. 2 HGB ein **Hinweis** aufgenommen werden, **wo** diese **Angaben öffentlich zugäng-**

---

39 Vgl. dazu Begr. RegE, BT-Drucks. 16/10067, S. 78.
40 Vgl. Begr. RegE, BT-Drucks. 16/10067, S. 78.
41 So klarstellend Begr. RegE, BT-Drucks. 16/10067, S. 78.
42 Begr. RegE, BT-Drucks. 16/10067, S. 78.
43 Begr. RegE, BT-Drucks. 16/10067, S. 78; vgl. *Strieder*, BB 2009, S. 1005; einschränkend *Bischof/Selch*, WPg 2008, S. 1028.

lich sind. Dies enthält implizit auch die Pflicht zur Veröffentlichung solcher Standards.

3. Arbeitsweise und Zusammensetzung von Verwaltungsorganen und Ausschüssen

Schließlich sind nach § 289a Abs. 2 Nr. 3 HGB in der Erklärung zur Unternehmensführung Angaben zur **Arbeitsweise von Vorstand und Aufsichtsrat** und zur Zusammensetzung und Arbeitsweise von Ausschüssen der genannten Organe zu machen. 55

In diesem Zusammenhang ist zu beachten, dass bereits nach § 285 Satz 1 Nr. 10 HGB, der durch das BilMoG nicht verändert wurde, im Anhang ausführliche Angaben zu den Mitgliedern des Geschäftsführungsorgans und des Aufsichtsrats zu machen sind. Zur Vermeidung von Doppelangaben müssen daher in der Erklärung zur Unternehmensführung keine Angaben zur Zusammensetzung dieser Organe in ihrer Gesamtheit gemacht werden. Die Angabepflicht bezieht sich daher insoweit nur auf die **personelle Zusammensetzung der Ausschüsse** des Vorstands und des Aufsichtsrats. 56

Inhaltlich wird dabei eine Anlehnung an die **Angaben zur Person** empfohlen, die nach § 285 Satz 1 Nr. 10 HGB zu den einzelnen Organmitgliedern zu machen sind[44]. Anzugeben sind danach Familienname und Vorname der einzelnen Ausschussmitglieder, der ausgeübte Beruf, die Mitgliedschaft in anderen Ausschüssen oder anderen Aufsichtsräten sowie die Funktion als Vorsitzender oder stellvertretender Vorsitzender eines Ausschusses. 57

Wenig geklärt erscheint, welchen Inhalt die **Angaben zur Arbeitsweise** von Vorstand und Aufsichtsrat und deren Ausschüssen haben sollen. Die Regierungsbegründung[45] verweist insoweit auf die Empfehlungen der EU-Kommission vom 15. Februar 2005 zu den Aufgaben von nicht geschäftsführenden Direktoren/Aufsichtsratsmitgliedern börsennotierter Gesellschaften sowie zu den Ausschüssen des Verwaltungs-/Aufsichtsrats[46]. Diese relativ allgemein gehaltenen Empfehlungen zu den Aufsichtsratsaufgaben sehen insbesondere die Bildung von spezialisierten Ausschüssen sowie eine jährliche Selbstbeurteilung des Aufsichtsrats vor, die sich mit Organisation, Arbeitsweise, sowie der Kompetenz und Leistung der einzelnen Mitglieder befassen soll. Zur Herstellung der gebotenen Transparenz wird empfohlen, dass der Aufsichtsrat mindestens einmal jährlich Informationen über seine interne Organisation und Verfahren einschließlich eines Hinweises veröffentlichen solle, inwieweit die Selbstbeurteilung des Aufsichtsrats konkrete Änderungen zur Folge hatte[47]. 58

In diesem Zusammenhang dürfte es nicht Aufgabe der Erklärung sein, die geltenden **Vorschriften des AktG**, die die Arbeitsweise von Vorstand und Aufsichtsrat regeln, oder den Inhalt der für Vorstand und Aufsichtsrat geltenden Satzungsregelungen oder Geschäftsordnungen in einer Aufzählung zu wiederholen. 59

Einen weiteren inhaltlichen Anhaltspunkt[48] zur Beschreibung der Arbeitsweise des Aufsichtsrats bietet dessen **Bericht an der HV** nach § 171 Abs. 2 AktG, in deren Rahmen über Art und Umfang der Überwachung der Geschäftsführung, die Bildung von Ausschüssen und den Sitzungsturnus zu berichten ist. Allerdings kann der Bericht des 60

---
44 Begr. RegE, BT-Drucks. 16/10067, S. 78; *Melcher/Mattheus*, DB 2009, Beilage 5, S. 81.
45 Begr. RegE, BT-Drucks. 16/10067, S. 78.
46 EU-Amtsblatt vom 25.2.2005, L 52, S. 51 ff.; vgl. hierzu *Eibelshäuser/Stein*, Der Konzern 2008, S. 491 f.
47 ABl. EU vom 25.2.2005, L 52, S. 56 Anm. 9.1.
48 In diesem Sinne auch *Melcher/Mattheus*, DB 2009, Beilage 5, S. 81.

P Erklärung zur Unternehmensführung § 289a HGB

Aufsichtsrats in seiner gesetzlich vorgeschriebenen Form die Angaben nach § 289a Abs. 2 Nr. 3 HGB nicht ersetzen, weil insoweit nicht über die Arbeitsweise und Ausschüsse des Vorstands zu berichten ist.

61 Zu überlegen ist, ob **Doppelangaben** dadurch vermieden werden können, dass in der Erklärung zur Unternehmensführung in Ausnutzung des Gestaltungswahlrechts aus § 289a Abs. 2 Nr. 3 zweiter Halbsatz HGB für die Beschreibung der Arbeitsweise des Aufsichtsrats und seiner Ausschüsse auf den Bericht nach § 171 Abs. 2 AktG verwiesen wird (Gestaltungsmöglichkeit 3). Dies setzt voraus, dass dieser Bericht die nach § 289a Abs. 2 Nr. 3 HGB erforderlichen Angaben enthält und zudem auf der Internetseite zugänglich gehalten wird und im Lagebericht oder in der Erklärung zur Unternehmensführung auf die Fundstelle verwiesen wird.

62 Hinsichtlich der **Arbeitsweise des Vorstands** als Geschäftsführungs- und Vertretungsorgan einer AG (§§ 76 ff. AktG) ist der Hinweis auf die EU-Empfehlungen zu den Aufsichtsratsaufgaben schon vom Ansatz her nicht zielführend. Auch die interne Berichtspflicht des Vorstands gegenüber dem Aufsichtsrat gem. § 90 AktG ist als Maßstab ungeeignet, da sich diese auf nicht für die Öffentlichkeit bestimmten Angaben zur Geschäftspolitik und die wirtschaftliche Lage der Gesellschaft beziehen, hingegen keine Darlegung der konkreten Arbeitsweise des Vorstands im Sinne einer Prozessbeschreibung enthalten.

63 Auch insoweit wird eine Darstellung der allgemeinen Vorgaben des Gesetzes für die Arbeitsweise des Vorstands nicht erforderlich sein (vgl. in Bezug auf den Aufsichtsrat Tz. 59). Gegenstand der Darstellung können wesentliche **unternehmensspezifische Regelungen** der Satzung sowie vor allem einer Geschäftsordnung, daneben auch die innere Ordnung des Vorstands, die Ressortzuständigkeit und der Aufgabenbereich einzelner Vorstandsmitglieder oder Ausschüsse, das interne Informationsmanagement, interne Konsultationspflichten sowie der Sitzungsturnus des Vorstands und seiner Ausschüsse sein.

V. Erstanwendungszeitpunkt und Übergangsvorschriften

64 Nach Art. 66 Abs. 2 Satz 1 EGHGB ist die neu eingeführte Vorschrift des § 289a HGB erstmals auf Jahresabschlüsse für das **nach dem 31. Dezember 2008** beginnende Geschäftsjahr anzuwenden. Maßgebend ist hiernach allein der Beginn des betreffenden Geschäftsjahrs. Sonstige gesetzliche Übergangsvorschriften bestehen für § 289a HGB nicht.

65 Stimmt das **Geschäftsjahr** mit dem **Kalenderjahr** überein, ist die Vorschrift daher erstmals auf den Jahresabschluss und Lagebericht 2009 anzuwenden. Wird die Erklärung zur Unternehmensführung in den Lagebericht aufgenommen (Gestaltungsmöglichkeit 1 (vgl. oben Tz. 12)), müssen die Angaben also erstmals bei Aufstellung des Lageberichts im Frühjahr 2010 gemacht werden. Werden die Angaben gesondert auf der Internetseite der Gesellschaft zugänglich gemacht (Gestaltungsmöglichkeiten 2 (vgl. oben Tz. 13) und 3 (vgl. oben Tz. 16)), müssen sie ebenfalls erst bei Aufstellung des Lageberichts für das Geschäftsjahr 2009 verfügbar sein. Eine Pflicht zur vorzeitigen, unterjährigen Veröffentlichung dieser Unterlagen kann dem Gesetz nicht entnommen werden. Erst in den Folgejahren ist die Erklärung dann jeweils bis zur Veröffentlichung der Folgeangaben und damit auch unterjährig verfügbar zu halten (vgl. dazu oben Tz. 15).

Diese Regelung gilt auch für **Rumpfgeschäftsjahre**, die sich im Fall der Verlegung des Geschäftsjahrs ergeben. Besonderheiten könnten sich in dem denkbaren Ausnahmefall ergeben, dass ein nach dem 31. Dezember 2008 beginnendes Rumpfgeschäftsjahr noch vor dem Inkrafttreten des BilMoG am 29. Mai 2009 geendet hat. Zwar wäre für dieses Geschäftsjahr § 289a HGB bereits zu berücksichtigen. Nach allgemeinen Grundsätzen ist für die anzuwendenden Rechnungslegungsvorschriften die am Bilanzstichtag geltende Rechtslage maßgeblich[49]. Da dieser Bilanzstichtag im Beispielsfall vor dem Datum des Inkrafttretens des § 289a HGB liegen würde, kann eine rückwirkende Anwendung dieser Vorschrift nicht verlangt werden. Der Gesellschaft bleibt in diesem Fall allerdings unbenommen, die Erklärung zur Unternehmensführung freiwillig abzugeben.

66

---

[49] Allgemein zum Stichtagsprinzip *ADS*⁶, § 252 HGB Tz. 38 ff.

Q. Konzernabschluss
(§§ 290 bis 312 HGB, §§ 1 und 2 KonBefrV)

§ 290
Pflicht zur Aufstellung

(1) ¹Die gesetzlichen Vertreter einer Kapitalgesellschaft (Mutterunternehmen) mit Sitz im Inland haben in den ersten fünf Monaten des Konzerngeschäftsjahrs für das vergangene Konzerngeschäftsjahr einen Konzernabschluss und einen Konzernlagebericht aufzustellen, wenn diese auf ein anderes Unternehmen (Tochterunternehmen) unmittel- oder mittelbar einen beherrschenden Einfluss ausüben kann. ²Ist das Mutterunternehmen eine Kapitalgesellschaft im Sinn des § 325 Abs. 4 Satz 1, sind der Konzernabschluss sowie der Konzernlagebericht in den ersten vier Monaten des Konzerngeschäftsjahrs für das vergangene Konzerngeschäftsjahr aufzustellen.

(2) Beherrschender Einfluss eines Mutterunternehmens besteht stets, wenn

1. ihm bei einem anderen Unternehmen die Mehrheit der Stimmrechte der Gesellschafter zusteht;

2. ihm bei einem anderen Unternehmen das Recht zusteht, die Mehrheit der Mitglieder des die Finanz- und Geschäftspolitik bestimmenden Verwaltungs-, Leitungs- oder Aufsichtsorgans zu bestellen oder abzuberufen, und es gleichzeitig Gesellschafter ist;

3. ihm das Recht zusteht, die Finanz- und Geschäftspolitik aufgrund eines mit einem anderen Unternehmen geschlossenen Beherrschungsvertrages oder aufgrund einer Bestimmung in der Satzung des anderen Unternehmens zu bestimmen, oder

4. es bei wirtschaftlicher Betrachtung die Mehrheit der Risiken und Chancen eines Unternehmens trägt, das zur Erreichung eines eng begrenzten und genau definierten Ziels des Mutterunternehmens dient (Zweckgesellschaft). ²Neben Unternehmen können Zweckgesellschaften auch sonstige juristische Personen des Privatrechts oder unselbständige Sondervermögen des Privatrechts, ausgenommen Spezial-Sondervermögen im Sinn des § 2 Abs. 3 des Investmentgesetzes, sein.

(3) ¹Als Rechte, die einem Mutterunternehmen nach Absatz 2 zustehen, gelten auch die einem Tochterunternehmen zustehenden Rechte und die den für Rechnung des Mutterunternehmens oder von Tochterunternehmen handelnden Personen zustehenden Rechte. ²Den einem Mutterunternehmen an einem anderen Unternehmen zustehenden Rechten werden die Rechte hinzugerechnet, über die es oder ein Tochterunternehmen aufgrund einer Vereinbarung mit anderen Gesellschaftern dieses Unternehmens verfügen kann. ³Abzuziehen sind Rechte, die

1. mit Anteilen verbunden sind, die von dem Mutterunternehmen oder von Tochterunternehmen für Rechnung einer anderen Person gehalten werden, oder

2. mit Anteilen verbunden sind, die als Sicherheit gehalten werden, sofern diese Rechte nach Weisung des Sicherungsgebers oder, wenn ein Kreditinstitut die Anteile als Sicherheit für ein Darlehen hält, im Interesse des Sicherungsgebers ausgeübt werden.

(4) ¹Welcher Teil der Stimmrechte einem Unternehmen zusteht, bestimmt sich für die Berechnung der Mehrheit nach Absatz 2 Nr. 1 nach dem Verhältnis der Zahl der Stimmrechte, die es aus den ihm gehörenden Anteilen ausüben kann, zur Gesamtzahl aller Stimmrechte. ²Von der Gesamtzahl aller Stimmrechte sind die Stimmrechte aus eigenen Anteilen abzuziehen, die dem Tochterunternehmen selbst, einem seiner Tochterunternehmen oder einer anderen Person für Rechnung dieser Unternehmen gehören.

(5) **Ein Mutterunternehmen ist von der Pflicht, einen Konzernabschluss und einen Konzernlagebericht aufzustellen, befreit, wenn es nur Tochterunternehmen hat, die gemäß § 296 nicht in den Konzernabschluss einbezogen werden brauchen.**

Inhaltsverzeichnis Tz.

I. Mutter-/Tochterverhältnis als Voraussetzung einer Konzernrechnungslegungspflicht .... 1 – 6
II. Mögliche Beherrschung als Tatbestandsvoraussetzung (Abs. 1 Satz 1)
   1. Grundlagen .... 7 – 13
   2. Begriffsmerkmale des „beherrschenden Einflusses" .... 14 – 15
      a. Bestimmung der Geschäfts- und Finanzpolitik .... 16 – 17
      b. Dauerhaftigkeit des beherrschenden Einflusses .... 18 – 20
      c. Nutzenziehung .... 21 – 23
   3. Ausübungsmöglichkeit .... 24 – 26
   4. Beherrschungsmöglichkeit außerhalb der Typisierungstatbestände 27
      a. Präsenzmehrheit .... 28 – 34
      b. Kombinierte Beherrschung 35
      c. Potenzielle Stimmrechte .... 36 – 38
III. Unwiderlegbare Beherrschungsvermutungen (Abs. 2) 39
   1. Beibehaltung des „Control-Konzepts" (Abs. 2 Nr. 1 bis 3) ...... 40 – 50
   2. Zweckgesellschaften (Abs. 2 Nr. 4)
      a. Grundlagen .... 51 – 57
      b. Begriff der Zweckgesellschaft .... 58 – 65
      c. Mehrheit der Risiken und Chancen .... 66 – 80
      d. Unternehmenseigenschaft der Zweckgesellschaft
        (Abs. 2 Nr. 4 Satz 2) .... 81 – 90
      e. Ausnahme für Spezial-Sondervermögen iSv. § 2 Abs. 3 InvG
        (Abs. 2 Nr. 4 Satz 2) .... 91 – 93
IV. Verkürzte Aufstellungsfrist bei kapitalmarktorientierten Mutterunternehmen (Abs. 1 Satz 2) .... 94 – 95
V. Befreiung von der Konzernrechnungslegungspflicht (Abs. 5) .... 96 – 100
VI. Vollkonsolidierung ohne Kapitalbeteiligung des Mutterunternehmens . 101 – 104
VII. Erstanwendung und Übergangsvorschriften .... 105 – 110

I. Mutter-/Tochterverhältnis als Voraussetzung einer Konzernrechnungslegungspflicht

1 Eine Verpflichtung zur Konzernrechnungslegung nach den handelsrechtlichen Vorschriften (§§ 290 ff. HGB) setzt das Vorliegen eines Mutter-/Tochterverhältnisses zwischen zwei Unternehmen voraus. Bisher konnte ein Mutter-/Tochterverhältnis entweder nach § 290 Abs. 1 Satz 1 HGB aF durch die tatsächliche Ausübung von einheitlicher Leitung oder durch das Bestehen rechtlich gesicherter **Beherrschungsmöglich-**

keiten, insb. der Mehrheit der Stimmrechte, nach § 290 Abs. 2 HGB aF (sog. *Control*-Konzept) begründet werden. Mit der Neufassung von § 290 Abs. 1 und 2 HGB im Zuge des BilMoG wird das „Konzept der einheitlichen Leitung" aufgegeben (vgl. zu Konsequenzen für den Konsolidierungskreis Tz. 4f.; zur letztmaligen Anwendung vgl. Tz. 107).

Der praktisch bedeutendste Anwendungsfall für das Auseinanderfallen beider Konzepte, bei dem sich das Mutter-/Tochterverhältnis ausschließlich nach dem Konzept der einheitlichen Leitung (§ 290 Abs. 1 Satz 1 HGB aF) ergab, war bisher die nachhaltige Präsenzmehrheit eines Großaktionärs in der Hauptversammlung[1]. Dieser Sachverhalt wird jedoch auch künftig weiterhin unter dem Gesichtspunkt der möglichen Beherrschung erfasst (vgl. Tz. 28 ff). Es kann daher davon ausgegangen werden, dass sich aus dem **Wegfall des Konzepts der einheitlichen Leitung** nach § 290 Abs. 1 Satz 1 HGB aF bei erstmaliger Anwendung der durch das BilMoG geänderten Vorschriften (vgl. Tz. 105) keine nennenswerten Auswirkungen auf die Zusammensetzung des Konsolidierungskreises (§§ 294 Abs. 1, 296 HGB) ergeben werden. 2

Dagegen kann die neu eingefügte Regelung zur **Einbeziehung von Zweckgesellschaften** (§ 290 Abs. 2 Nr. 4 HGB; vgl. Tz. 51 ff.) bei Erstanwendung zu einer Erweiterung des Konsolidierungskreises führen, weil die Neuregelung auch auf bestehende (Alt-)Gestaltungen anzuwenden ist (vgl. dazu Tz. 106). 3

Das *Control*-Konzept, das von allen EU-Mitgliedsstaaten zwingend in nationales Recht umgesetzt werden musste (Art. 1 Abs. 1 lit. a bis c **Konzernbilanzrichtlinie**) bildete bereits bisher das Kernstück der Verpflichtung zur Konzernrechnungslegung. Die Verpflichtung zur Konzernrechnungslegung zusätzlich an das Konzept der einheitlichen Leitung zu knüpfen, beruhte auf dem Mitgliedsstaatenwahlrecht in Art. 1 Abs. 2 lit. b Konzernbilanzrichtlinie[2], von dem der deutsche Gesetzgeber Gebrauch gemacht hatte. Bislang wurde die Mindestregelung des *Control*-Konzepts somit durch das Konzept der einheitlichen Leitung ergänzt[3]. Das Konzept der einheitlichen Leitung knüpfte an die gesellschaftsrechtlichen Regelungen für Konzernstrukturen an und war durch die Verbindung von Abhängigkeits- und Konzernvermutung (§§ 17 Abs. 2, 18 Abs. 1 Satz 3 AktG) rechtssicher anwendbar. Beide Konzepte führten in der überwiegenden Zahl der Fälle allerdings zu den gleichen Ergebnissen[4]. 4

Ein **Mutter-/Tochterverhältnis** knüpft nunmehr ausschließlich an die Möglichkeit an, direkt oder indirekt einen beherrschenden Einfluss über ein (Tochter-)Unternehmen ausüben zu können (vgl. Tz. 7 ff.). Durch diese Beschränkung auf das international übliche Tatbestandsmerkmal der „möglichen Beherrschung" (*control*-Konzept) erfolgt eine Angleichung des § 290 HGB an die Regelungen in IAS 27 (amend. 2008) sowie SIC-12[5]. Um die Rechtsanwendung des Konzepts der möglichen Beherrschung zu erleichtern, werden die „typisierenden Tatbestände" nach § 290 Abs. 2 Nr. 1 bis 3 HGB aF redaktionell angepasst (vgl. Tz. 39 ff.)[6]. 5

Das die handelsrechtliche Konzernrechnungslegungspflicht begründende Merkmal eines Mutter-/Tochterverhältnisses knüpft damit unverändert an ein Unterordnungsverhältnis zwischen zwei Unternehmen an. Eine Verpflichtung zur Konzernrechnungsle- 6

---

1   Vgl. *ADS*[6], § 290 HGB Tz. 81.
2   Vgl. Richtlinie 83/349/EWG des Rates der Europäischen Gemeinschaften vom 13. Juni 1983, ABl. EG v. 18. Juli 1983, L 193, S. 1 ff.
3   Vgl. *Claussen/Scherrer* in: Kölner Komm.[2], Vorb. § 290 HGB Tz. 26 f.
4   Vgl. *ADS*[6], § 290 HGB Tz. 79.
5   Vgl. Begr. Beschlussempfehlung und Bericht des Rechtsausschusses, BT-Drucks. 16/12407, S. 89.
6   Vgl. Begr. Beschlussempfehlung und Bericht des Rechtsausschusses, BT-Drucks. 16/12407, S. 89.

gung nach den § 290 ff. HGB besteht damit nur für **Unterordnungskonzerne**[7]. Strukturen, bei denen rechtlich selbständige Unternehmen unter einer einheitlichen Leitung zusammengefasst sind, ohne dass zwischen diesen zugleich ein Abhängigkeits- bzw. Beherrschungsverhältnis besteht, (Gleichordnungskonzerne iSv. § 18 Abs. 2 AktG) unterliegen unverändert nicht den handelsrechtlichen Konzernrechnungslegungsvorschriften[8].

II. Mögliche Beherrschung als Tatbestandsvoraussetzung (Abs. 1 Satz 1)

1. Grundlagen

7   Die Neufassung des § 290 Abs. 1 Satz 1 HGB geht auf das Mitgliedsstaatenwahlrecht des Art. 1 Abs. 2 lit. a **Konzernbilanzrichtlinie** zurück. Danach können die Mitgliedsstaaten „... *jedem ihrem Recht* unterliegenden Unternehmen die Aufstellung eines konsolidierten Abschlusses ... *vorschreiben, wenn: a) dieses Unternehmen (Mutterunternehmen) einen beherrschenden Einfluss auf oder die Kontrolle über ein anderes Unternehmen (Tochterunternehmen) ausüben kann oder tatsächlich ausübt ...*".

8   Gegenüber der ursprünglichen Fassung der Konzernbilanzrichtlinie, die auch der Transformation in deutsches Recht im Rahmen des BiRiLiG zugrunde gelegen hat, haben sich durch Art. 2 Nr. 1 Modernisierungsrichtlinie[9] zwei Änderungen in Art. 1 Abs. 2 lit. a Konzernbilanzrichtlinie ergeben. Zum einen ist das Bestehen einer **Beteiligung** nicht mehr notwendige Voraussetzung für das Vorliegen eines Mutter-/Tochterverhältnisses. Dieses Tatbestandsmerkmal ist daher auch in der Neufassung des § 290 Abs. 1 Satz 1 HGB entfallen. Gleichwohl knüpfen die typisierenden Tatbestände in § 290 Abs. 2 Nr. 1 bis 3 HGB an Rechte an, die sich in aller Regel aus der Stellung als Gesellschafter ergeben.

9   Wesentliches Tatbestandsmerkmal zur Feststellung eines Mutter-/Tochterverhältnisses ist danach das Bestehen eines **beherrschenden Einflusses**. Allerdings kommt es nach der geänderten Konzernbilanzrichtlinie nicht mehr allein auf die tatsächliche Ausübung eines beherrschenden Einflusses an, sondern es reicht aus, wenn die **Möglichkeit** hierzu besteht[10]. Dies ist in die Regelung des § 290 Abs. 1 HGB übernommen worden. Die Gesetzesbegründung spricht in diesem Zusammenhang von dem Konsolidierungskonzept „mögliche Beherrschung"[11].

10 Art. 1 Abs. 2 lit. a Konzernbilanzrichtlinie nennt als alternativen Tatbestand die **Ausübung von Kontrolle** über ein Tochterunternehmen. Dieser Begriff wurde nicht in die Neufassung des § 290 Abs. 1 Satz 1 HGB im Rahmen des BilMoG übernommen, weil der Begriff Kontrolle von dem Begriff beherrschender Einfluss umfasst wird[12]. Wenn danach die Begriffe mögliche Kontrolle und mögliche Beherrschung weitgehend deckungsgleich sind, sollte der eingeführte Sprachgebrauch beibehalten und das nunmehr allein gültige Konzept nach wie vor als „*Control*-Konzept" bezeichnet werden.

---

7   Vgl. *Küting/Seel*, DStR 2009, Beil. zu Heft 26, S. 38*.
8   Vgl. *ADS*[6], § 290 HGB Tz. 85 ff.; *Claussen/Scherrer*, in Kölner Komm. AktG[2], § 290 HGB Tz. 28 ff.
9   Vgl. Richtlinie 2003/51/EG des Europäischen Parlaments und des Rates vom 18. Juni 2003, ABl. EU v. 17. Juli 2003, L 178, S. 16 ff.
10 Vgl. *Küting/Koch*, in Küting/Pfitzer/Weber, Das neue deutsche Bilanzrecht[2], S. 384.
11 Vgl. Begr. Beschlussempfehlung und Bericht des Rechtsausschusses, BT-Drucks. 16/12407, S. 89.
12 So ausdrücklich Begr. Beschlussempfehlung und Bericht des Rechtsausschusses, BT-Drucks. 16/12407, S. 89.

Darüber hinaus wird in § 290 Abs. 1 Satz 1 HGB klargestellt, dass es für das Vorliegen eines Mutter-/Tochterverhältnisses nicht darauf ankommt, ob dem Mutterunternehmen die Möglichkeit, einen beherrschenden Einfluss über das Tochterunternehmen auszuüben, **unmittelbar oder mittelbar** (zB über andere Tochterunternehmen) zusteht. Hiermit wird klargestellt, dass nicht nur eigene Rechte und sonstige Einflussmöglichkeiten zur Beherrschung führen, sondern auch Rechte und Einflussmöglichkeiten, die dem Mutterunternehmen zuzurechnen sind, weil es über ihre Ausübung bestimmen kann. 11

Für die Beurteilung, ob dem Mutterunternehmen Rechte oder Einflussmöglichkeiten zustehen, erscheint es sachgerecht, auf die **Zurechnungsvorschriften** des § 290 Abs. 3 Satz 1 und 2 HGB zurück zu greifen. Zwar gelten diese nach dem Gesetzeswortlaut zunächst nur für die Beurteilung der in § 290 Abs. 2 HGB geregelten typisierenden Tatbestände (vgl. Tz. 39 ff.). Nach Sinn und Zweck sind sie jedoch auch für die Feststellung heranzuziehen, ob andere Rechte oder Einflussmöglichkeiten einem Mutterunternehmen „mittelbar" iSd. § 290 Abs. 1 Satz 1 HGB zustehen. Nicht ausgeschlossen erscheint darüber hinaus, aus der Verwendung des Begriffs „mittelbar ausüben" in § 290 Abs. 1 Satz 1 HGB weitere Zurechnungskriterien abzuleiten, soweit sich die Zurechnungsvorschriften in § 290 Abs. 3 HGB als lückenhaft erweisen sollten. 12

Nach § 290 HGB werden ausschließlich Mutterunternehmen mit Sitz im Inland in der Rechtsform der **Kapitalgesellschaft** (AG, KGaA, SE und GmbH) sowie denen nach § 264a HGB gleichgestellte Personenhandelsgesellschaften zur Konzernrechnungslegung verpflichtet. Für Unternehmen anderer Rechtsform kann sich eine Konzernrechnungslegungspflicht aus den §§ 340i, 341i HGB sowie aus § 11 PublG ergeben. Insoweit haben sich keine Änderungen ergeben. 13

2. Begriffsmerkmale des „beherrschenden Einflusses"

Der Begriff des beherrschenden Einflusses wird in § 290 Abs. 1 Satz 1 HGB nicht ausdrücklich definiert. Stattdessen enthält § 290 Abs. 2 HGB eine Anzahl von typisierenden Tatbeständen, bei deren Vorliegen das Bestehen beherrschenden Einflusses stets festzustellen ist. Aus den Gemeinsamkeiten dieser Tatbestände kann eine allgemeine Definition abgeleitet werden. Nach der Gesetzesbegründung[13] liegt, in Anlehnung an IAS 27.4 (amend. 2008), ein beherrschender Einfluss vor, wenn das (Mutter-)Unternehmen die Möglichkeit hat, die **Finanz- und Geschäftspolitik** eines anderen (Tochter-)Unternehmen **dauerhaft** zu **bestimmen**, um aus dessen Tätigkeit Nutzen zu ziehen. Während die Art des Beherrschungsmittels ohne Bedeutung ist, muss sich die Einflussmöglichkeit 14

- zumindest auf die wirtschaftlich grundlegende Ausrichtung (Finanz- und Geschäftspolitik) des anderen Unternehmens beziehen,
- zur Durchsetzung der eigenen Interessen befähigen und
- auf Dauer gerichtet sein.

Die Eignung, aus der Tätigkeit des anderen Unternehmens Nutzen zu ziehen, ist dagegen nicht als Tatbestandsvoraussetzung anzusehen (vgl. Tz. 21).

Auch wenn der allgemeinen Definition des beherrschenden Einflusses wegen der weitreichenden typisierenden Tatbestände des § 290 Abs. 2 HGB nur **ergänzende Bedeutung** zukommt, werden diese Merkmale im Folgenden kurz analysiert. 15

---

13 Vgl. Begr. Beschlussempfehlung und Bericht des Rechtsausschusses, BT-Drucks. 16/12407, S. 89.

a. Bestimmung der Geschäfts- und Finanzpolitik

16 Die Geschäftspolitik umfasst die **Festlegung von (Grundsatz-)Entscheidungen** in allen wesentlichen Unternehmensbereichen (Produktion, Vertrieb, Investition, Forschung- und Entwicklung, Personal etc.). Die Finanzpolitik bzw. Finanzplanung, zu der insb. die Kapitalbedarfsplanung (benötigte Mittel zB für Investitionen oder Dividenden) sowie die Kapitaldeckungsplanung gehört, berührt sämtliche Unternehmensbereiche und ist somit ein integraler Bestandteil der Geschäftspolitik[14]. Der beherrschende Einfluss bedeutet dabei, dass das Mutterunternehmen in der Lage ist, die eigenen Interessen bei allen wesentlichen strategischen, operativen sowie finanziellen Entscheidungen auf Ebene des Tochterunternehmens auch gegen andere Gesellschafter durchsetzen zu können[15]. Ein wichtiges Indiz hierfür ist, ob das (Mutter-)Unternehmen in der Lage ist, die Budgetplanung für das Tochterunternehmen zu genehmigen[16].

17 Ein beherrschender Einfluss ist nicht bereits deshalb ausgeschlossen, weil nach Gesetz oder Satzung bei sog. Grundlagengeschäften, zB Satzungsänderungen, Kapitalerhöhungen, Liquidation sowie Aufgabe bzw. Aufnahme neuer Geschäftsfelder, Mehrheitserfordernisse gelten, die das Mutterunternehmen selbst oder mit zugerechneten Einflussmöglichkeiten nicht erfüllen kann, so dass es in diesen Fällen auf eine Zustimmung der Mitgesellschafter angewiesen ist. Derartige **Mitsprache- oder Vetorechte anderer Gesellschafter** dienen dem Schutz von deren Vermögensposition. Durch sie werden aber die vom Mutterunternehmen innerhalb des ordentlichen Geschäftsgangs beeinflussten geschäfts- und finanzpolitischen Entscheidungen nicht beeinträchtigt, weshalb zB auch die Inanspruchnahme des Einbeziehungswahlrechts nach § 296 Abs. 1 Nr. 1 HGB (Beschränkung der Geschäftsführungsrechte) in diesen Fällen nicht zulässig ist[17].

b. Dauerhaftigkeit des beherrschenden Einflusses

18 Im Unterschied zu den IFRS, wo für das Vorliegen eines Mutter-/Tochterverhältnisses auch ein vorübergehender Einfluss ausreicht (IAS 27.BC14)[18], muss der beherrschende Einfluss nach der Gesetzesbegründung für Zwecke des § 290 Abs. 1 Satz 1 HGB auf eine gewisse Dauer angelegt sein[19]. Diese Voraussetzung trägt zu einer **stetigen Abgrenzung des Konsolidierungskreises** bei, wodurch die Vergleichbarkeit des Vermögens- und Erfolgsausweises aufeinander folgender Konzernabschlüsse verbessert wird.

19 Die Einschätzung, ob der beherrschende Einfluss dauerhaft ist, erfolgt ausschließlich prospektiv. Allerdings sind dabei – soweit es auf tatsächliche Umstände ankommt – aus der Vergangenheit abgeleitete Erfahrungen zu berücksichtigen. Das Merkmal der **Dauerhaftigkeit** schließt allerdings nicht aus, dass ein Mutter-/Tochterverhältnisses auch dann zu bejahen sein kann, wenn bei seiner Begründung bereits das Ende der Möglichkeit, die Geschäftspolitik zu bestimmen, abzusehen ist, zB weil ein in der Satzung geregeltes Recht zur Bestimmung der Mehrheit der Mitglieder des Vorstands nur zeitlich

---

[14] Vgl. ADS⁶, § 311 HGB Tz. 19.
[15] Vgl. Küting/Koch, in Küting/Pfitzer/Weber, Das neue deutsche Bilanzrecht², S. 387.
[16] Vgl. dazu auch PwC (Hrsg.), Unstanding new IFRSs for 2009, Kingston-upon-Thames/Großbritannien 2008, Tz. 24A.27 ff.
[17] Vgl. dazu Förschle/Deubert, in Beck Bil-Komm.⁶, § 296 Anm. 11 (Stichwort: *substantive participating rights*); PwC (Hrsg.), Unstanding new IFRSs for 2009, Kingston-upon-Thames/Großbritannien 2008, Tz. 24A.31 f.
[18] Vgl. Küting/Koch, in Küting/Pfitzer/Weber, Das neue deutsche Bilanzrecht², S. 387.
[19] Vgl. Begr. Beschlussempfehlung und Bericht des Rechtsausschusses, BT-Drucks. 16/12407, S. 89.

befristet gilt und nicht (einseitig) verlängert werden kann. Hier würde nur ein sehr kurzer Zeitraum zur Verneinung des Mutter-/Tochterverhältnisses führen[20].

Ein einmal begründetes Mutter-/Tochterverhältnis endet deshalb nicht bereits, wenn absehbar ist, dass der **beherrschende Einfluss** voraussichtlich **enden** wird. Die Endkonsolidierung hat in diesen Fällen erst zu dem Zeitpunkt zu erfolgen, zu dem die Beherrschung und damit das Mutter-/Tochterverhältnis tatsächlich endet[21]. Bei Veräußerungsvorgängen führt daher nicht bereits die Veräußerungsabsicht zum Ausscheiden aus dem Konsolidierungskreis, sondern erst der Abgang der Beteiligung. 20

c. Nutzenziehung

Nach der Gesetzesbegründung soll ein beherrschender Einfluss iSv. § 290 Abs. 1 Satz 1 HGB nur dann vorliegen, wenn das Mutterunternehmen durch die Entscheidungsmacht über die Geschäftspolitik des Tochterunternehmens direkt oder indirekt, zB über andere Tochterunternehmen, **Nutzen aus dessen Tätigkeit** ziehen kann[22]. Dies entspricht der Regelung in IAS 27.4 (amend. 2008). 21

Die Gesetzesbegründung ist in diesem Zusammenhang insofern missverständlich, als die „Nutzenziehung" kein eigenständiges Tatbestandsmerkmal für das Vorliegen eines Mutter-/Tochterverhältnisses iSv. § 290 Abs. 1 Satz 1 HGB ist. Die Beurteilung der Nutzenziehung ist vielmehr entscheidend dafür, welchem Rechtsträger die **control-Rechte**, dh. die Rechte über die die Geschäfts- und Finanzpolitik eines Tochterunternehmens bestimmt werden können, nach § 290 Abs. 3 Satz 1 HGB **bei wirtschaftlicher Betrachtung zuzurechnen** sind[23]. Eine von den Beherrschungsrechten abweichende Zuordnung des aus der Geschäftstätigkeit des Tochterunternehmens resultierenden Nutzens führt dazu, dass die Beherrschungsrechte dem formalrechtlichen Inhaber nach § 290 Abs. 3 Satz 3 HGB „weggerechnet" werden, mit der Folge, dass dieser im Verhältnis zum beherrschten Unternehmen nicht als Mutterunternehmen iSv. § 290 Abs. 1 Satz 1 HGB zu qualifizieren ist (vgl. Tz. 48 ff.)[24]. 22

Gleiches gilt im Übrigen in den Fällen des § 290 Abs. 2 Nr. 4 HGB. Dort wird für die Beurteilung des Vorliegens eines Mutter-/Tochterverhältnisses bei Zweckgesellschaften ebenfalls nicht auf die formale Inhaberschaft von Rechtspositionen abgestellt, sondern ist im Rahmen einer wirtschaftlichen Gesamtbetrachtungsweise die **Mehrheit von Chancen und Risiken** für die Zuordnung eines beherrschenden Einflusses auf verschiedene Rechtsträger ausschlaggebend (vgl. Tz. 56). 23

3. Ausübungsmöglichkeit

Nach § 290 Abs. 1 Satz 1 HGB besteht ein Mutter-/Tochterverhältnis, wenn ein Mutterunternehmen einen beherrschenden Einfluss auf ein Tochterunternehmen „... *ausüben kann* ...". Damit wird nicht vorausgesetzt, dass ein solcher Einfluss tatsächlich auch genommen wird; dies wäre angesichts faktischer Rücksichtnahmen ggf. auch schwer nachweisbar. Schon die **Möglichkeit, die Geschäfts- und Finanzpolitik des Tochterunternehmens zu bestimmen**, genügt. Insofern besteht ein Unterschied zum 24

---

20 Vgl. auch *Künkele/Koss*, in Petersen/Zwirner, BilMoG, S. 522 f.: kurzfristiges Vorliegen eines beherrschenden Einflusses während des Geschäftsjahrs reicht aus, um eine Konsolidierungspflicht (Erst- und Endkonsolidierung) auszulösen.
21 Vgl. dazu auch: *Förschle/Deubert*, in Beck Bil-Komm.[6], § 301 Anm. 250 f.
22 Vgl. Begr. Beschlussempfehlung und Bericht des Rechtsausschusses, BT-Drucks. 16/12407, S. 89.
23 Vgl. auch *ADS*[6], § 290 HGB Tz. 133.
24 Vgl. ausführlich dazu *Gelhausen/Weiblen*, in HdJ, Abt. I/5 (2003), Tz. 195 ff.

bisherigen Konzept der einheitlichen Leitung nach § 290 Abs. 1 Satz 1 HGB aF, die tatsächlich ausgeübt werden musste, damit ein Mutter-/Tochterverhältnis begründet wurde[25].

25 Die Möglichkeit der beherrschenden Einflussnahme reicht auch für die Begründung eines Abhängigkeitsverhältnisses nach § 17 Abs. 1 AktG aus, so dass hinsichtlich der Ausübungsmöglichkeit auch auf die diesbezügliche aktienrechtliche Kommentierung verwiesen werden kann[26]. Anstelle der **aktienrechtlichen Abhängigkeitsvermutung** des § 17 Abs. 2 AktG sind hier allerdings die typisierenden Tatbestände des § 290 Abs. 2 HGB zu beachten, bei deren Vorliegen das Bestehen beherrschenden Einflusses unwiderlegbar vermutet wird (vgl. dazu Tz. 39 ff.).

26 Die bloße Beherrschungsmöglichkeit führt auch dann zur Bejahung eines Mutter-/Tochterverhältnisses, wenn das (Mutter-)Unternehmen nicht die Absicht hat, die Geschäfts- und Finanzpolitik des anderen (Tochter-)Unternehmens tatsächlich zu bestimmen. Dies gilt auch dann, wenn sich das Mutterunternehmen durch einen **Stimmbindungs- oder Entherrschungsvertrag** verpflichtet, von seinen Beherrschungsrechten, insb. den Stimmrechten in der Gesellschafterversammlung, keinen Gebrauch zu machen, weil die Möglichkeit der Stimmabgabe in der Gesellschafterversammlung durch schuldrechtliche Verträge nicht beseitigt werden kann[27]. Für die Feststellung, ob ein Mutter-/Tochterverhältnis besteht, kommt es allein auf die formalrechtliche Sichtweise an. Im zweiten Schritt ist jedoch zu prüfen, ob wegen der schuldrechtlichen Bindung vom Einbeziehungswahlrecht nach § 296 Abs. 1 Nr. 1 HGB (erhebliche und andauernde Beschränkung der Geschäftsführungsrechte) Gebrauch gemacht werden kann. Dies kommt etwa in Betracht, wenn sich das Mutterunternehmen im Rahmen eines Entherrschungsvertrags verpflichtet, auf die Ausübung seiner Stimmrechte in der Gesellschafterversammlung bei der Bestellung des Aufsichtsrats und damit indirekt bei der Besetzung des Vorstands zu verzichten[28].

4. Beherrschungsmöglichkeiten außerhalb der Typisierungstatbestände

27 § 290 Abs. 2 HGB enthält vier Tatbestände, die unwiderlegbar zur Annahme eines beherrschenden Einflusses führen (vgl. Tz. 39 ff.). Wie sich aus dem Wortlaut der **Aufzählung** „… besteht stets …" ergibt, ist diese **nicht abschließend**. Danach ist ein Mutter-/Tochterverhältnis auch dann festzustellen, wenn dem Mutterunternehmen durch sonstige Tatbestände Einwirkungsmöglichkeiten auf die Geschäfts- und Finanzpolitik des Tochterunternehmens eröffnet werden, die einen beherrschenden Einfluss iSv. § 290 Abs. 1 Satz 1 HGB begründen.

a. Präsenzmehrheit

28 Nach der Gesetzesbegründung[29] kann ein beherrschender Einfluss auch durch die Präsenzmehrheit in einer Hauptversammlung bestehen, dh. wenn einem Großaktionär zwar (direkt und indirekt, § 290 Abs. 3, 4 HGB) weniger als die Hälfte der Stimmrechte zustehen, er jedoch nachhaltig über die **Mehrheit** der in der Hauptversammlung anwesenden oder vertretenen Stimmen (**Präsenzstimmen**) verfügt. Dies kann sich

---

25 Vgl. zB *Hoyos/Ritter-Thiele*, in Beck Bil-Komm.[6], § 290 Anm. 21; ADS[6], § 18 AktG Tz. 17 mwN.
26 Vgl. ausführlich *ADS*[6], § 17 AktG Tz. 13 ff. mwN; so wohl auch *Lüdenbach/Freiberg*, BB 2009, S. 1230.
27 Vgl. *ADS*[6], § 290 HGB Tz. 38 mwN.
28 Vgl. *ADS*[6], § 296 HGB Tz. 12; *Förschle/Deubert*, in Beck Bil-Komm.[6], § 296 Anm. 11.
29 Vgl. Begr. Beschlussempfehlung und Bericht des Rechtsausschusses, BT-Drucks. 16/12407, S. 89.

insb. dann ergeben, wenn eine Gesellschaft zahlreiche Kleinaktionäre hat, die weder selbst an der Hauptversammlung teilnehmen noch durch Stimmrechtsvollmacht dort vertreten werden. Da Beschlüsse in der Regel mit der Mehrheit der abgegebenen Stimmen gefasst werden, nicht aber mit der Mehrheit der vorhandenen Stimmen (vgl. § 133 AktG), kann das Mutterunternehmen auch mit einer Präsenzmehrheit die Zusammensetzung des Aufsichtsrats bestimmen und so Einfluss auf die Berufung des Vorstands und damit die Geschäfts- und Finanzpolitik nehmen.

Nach dem Wortlaut des § 290 Abs. 2 Nr. 1 HGB könnte fraglich sein, ob in diesen Fällen nicht bereits das Typisierungsmerkmal „Mehrheit der Stimmrechte" erfüllt ist. Nach der ausdrücklichen Regelung in § 290 Abs. 4 HGB, die im Rahmen des BilMoG unverändert geblieben ist, muss zur Ermittlung im Rahmen des § 290 Abs. 2 Nr. 1 HGB jedoch auf die „Gesamtzahl aller Stimmrechte" abgestellt werden. Wie bisher ist davon auszugehen, dass die Präsenzmehrheit die Voraussetzungen des § 290 Abs. 2 Nr. 1 HGB nicht erfüllt[30]. Wenn sie jedoch nach den tatsächlichen Verhältnissen als gesichert angesehen werden kann, erfüllt sie nunmehr die Tatbestandsvoraussetzungen der **Beherrschungsmöglichkeit** nach § 290 Abs. 1 Satz 1 HGB und führt daher zur Feststellung eines Mutter-/Tochterverhältnisses nach dem *Control*-Prinzip in seiner modifizierten Fassung. Bisher wurde in den Fällen, dass bei einer nachhaltigen Präsenzmehrheit einheitliche Leitung ausgeübt wurde, ein Mutter-/Tochterverhältnis iSv. § 290 Abs. 1 Satz 1 HGB aF angenommen[31]. **29**

Beherrschung durch eine Präsenzmehrheit setzt voraus, dass mit einem hinreichenden Grad an **Sicherheit** erwartet werden kann, dass die Mehrheit auch in zukünftigen Hauptversammlungen gegeben sein wird. Außerdem muss sie „... für eine gewisse **Dauer** ..."[32] bestehen. Davon wird auszugehen sein, wenn aufgrund der bisherigen Erfahrungen, zB der drei letzten Jahre[33], keine signifikante Veränderung der Anwesenheitsquote in der Hauptversammlung zu erwarten ist. Hier sollte auf die Grundsätze zurückgegriffen werden, die im Aktienrecht für die Feststellung der Beherrschungsmöglichkeit entwickelt worden sind[34]. **30**

Die Präsenzmehrheit des Mutterunternehmens muss nicht erst für einen bestimmten Zeitraum in der Vergangenheit bestanden haben[35], damit ein beherrschender Einfluss iSv. § 290 Abs. 1 Satz 1 HGB angenommen werden kann. Vielmehr muss in dem Zeitpunkt, zu dem erstmals eine Präsenzmehrheit des Mutterunternehmens bestand bzw. gesichert ist (vgl. Tz. 34), in die Zukunft gerichtet beurteilt werden, ob unter Berücksichtigung der **Anwesenheitsquote der vergangenen Jahre** davon ausgegangen werden kann, dass das Mutterunternehmen mit dem ihm zustehenden Anteilen und den damit verbundenen Stimmrechten über eine Präsenzmehrheit verfügen wird. Dies kann bspw. bei einem Zukauf von Anteilen festzustellen sein, der nach den Präsenzen der Vergangenheit für die folgenden Hauptversammlungen eine Mehrheit erwarten lässt. **31**

Eine aufgrund besonderer Umstände, zB eines ungünstigen Datums der Hauptversammlung oder Witterungseinflüssen, einmal **zufällig zustande gekommene Präsenzmehrheit** führt dagegen noch nicht zu einem beherrschenden Einfluss. Etwas anderes könnte dann gelten, wenn mit der zufälligen Hauptversammlungsmehrheit für eine **32**

---

30 Vgl. *ADS*[6], § 290 HGB Tz. 34.
31 Vgl. hM *ADS*[6], § 290 HGB Tz. 81; *Hoyos/Ritter-Thiele*, in Beck Bil-Komm.[5], § 290 Anm. 41.
32 Begr. Beschlussempfehlung und Bericht des Rechtsausschusses, BT-Drucks. 16/12407, S. 89.
33 Vgl. *Küting*, DB 2009, S. 78.
34 Vgl. dazu *Hüffer*, AktG[8], § 17 Rn. 9.
35 AA *Küting/Koch*, in Küting/Pfitzer/Weber Das neue deutsche Bilanzrecht[2], S. 392: Mutterunternehmen muss die Präsenzmehrheit erst für einen gewissen Zeitraum inne haben.

Wahlperiode und damit für eine gewisse Dauer (vgl. Tz. 18 ff.) die Mehrheit im Aufsichtsrat herbeigeführt werden konnte. Dagegen spricht jedoch der Umstand, dass sich Aufsichtsratsmitglieder, die von der Hauptversammlung mit geänderten Mehrheitsverhältnissen vorzeitig wieder abberufen werden können[36] oder um ihre Wiederwahl besorgt sein müssen, im Zweifel nicht durchsetzen werden und daher keine ausreichende Einflussmöglichkeit vermitteln.

33 Kommt die Präsenzmehrheit nur deshalb zustande, weil **andere Aktionäre** mehr oder weniger **zufällig im gleichen Sinn** wie das Mutterunternehmen **abgestimmt** haben, reicht dies für eine faktische Beherrschung iSv. § 290 Abs. 1 Satz 1 HGB nicht aus, es sei denn, die Präsenzmehrheit ist durch entsprechende Stimmrechtsvereinbarungen[37] rechtlich abgesichert. Ergibt sich durch die Vereinbarungen mit anderen Gesellschaftern eine Stimmrechtsmehrheit (50% + 1 Stimme), folgt das Mutter-/Tochterverhältnis bereits aus der unwiderlegbaren Vermutung des § 290 Abs. 2 Nr. 1 iVm. Abs. 3 Satz 2 HGB.

34 Fraglich ist, ab welchem **Zeitpunkt** bei einer Präsenzmehrheit eine Beherrschung gegeben ist, dh. ein Mutter-/Tochterverhältnis iSv. § 290 Abs. 1 Satz 1 HGB vorliegt. Für die Begründung eines Mutter-/Tochterverhältnisses nach § 290 Abs. 1 Satz 1 HGB reicht es bereits aus, wenn die Möglichkeit besteht, einen beherrschenden Einfluss auszuüben (vgl. Tz. 24 f.). Dh. es kommt nicht darauf an, dass das Mutterunternehmen von seiner Präsenzmehrheit Gebrauch gemacht hat, sondern das Mutter-/Tochterverhältnis besteht bereits, sobald dem Mutterunternehmen eine für eine Präsenzmehrheit in der Hauptversammlung erforderliche Anzahl von Stimmrechten zusteht. Dies gilt auch dann, wenn die (ggf. erwartete) Präsenzmehrheit, zB wegen § 103 Abs. 1 AktG, nicht ausreicht, um die Mehrheit der Mitglieder des bisherigen Aufsichtsrats abzuberufen und durch Vertreter des neuen Mutterunternehmens zu ersetzen.

b. Kombinierte Beherrschung

35 Außer durch eine nachhaltig abgesicherte Präsenzmehrheit (vgl. Tz. 28 ff.) kann ein beherrschender Einfluss iSv. § 290 Abs. 1 Satz 1 HGB auch durch eine Kombination von mehreren (gesellschafts- und schuldrechtlichen) Tatbeständen zustande kommen[38], auch wenn bei einer isolierten Betrachtung die einzelnen Einflussmöglichkeiten nicht ausreichend sind, um die Geschäfts- und Finanzpolitik zu bestimmen. Dies kann zB der Fall sein, wenn einem wesentlich, aber nicht mehrheitlich beteiligten Gesellschafter ein beherrschender Einfluss auf das Tochterunternehmen dadurch verschafft wird, dass andere, nur vermögensverwaltende Gesellschafter ihm durch entsprechende **Nebenabreden**, zB Stimmbindungsvertrag, für eine gewisse Dauer die unternehmerische Führung überlassen[39]. Werden einem Minderheitsgesellschafter dagegen Sonderrechte, die die Bestimmung der Geschäfts- und Finanzpolitik ermöglichen, in der Satzung der Gesellschaft eingeräumt, ergibt sich das Mutter-/Tochterverhältnis aus § 290 Abs. 2 Nr. 3 HGB[40].

---

36 Dies setzt nach § 103 Abs. 1 AktG allerdings eine Dreiviertelmehrheit voraus.
37 Vgl. dazu zB *ADS*[6], § 290 HGB Tz. 140 ff.
38 GlA *Küting/Koch*, in Küting/Pfitzer/Weber Das neue deutsche Bilanzrecht[2], S. 392.
39 Vgl. dazu auch *ADS*[6], § 17 AktG Tz. 91 ff.
40 Vgl. dazu *ADS*[6], § 290 HGB Tz. 58 ff.

c. Potenzielle Stimmrechte

Nach IAS 27.14 f. (amend. 2008) sind bei der Abgrenzung des Konsolidierungskreises für Zwecke des IFRS-Konzernabschlusses auch am Abschlussstichtag ausübbare **Bezugsrechte und Kaufoptionen** auf Anteile des Tochterunternehmens (sog. potenzielle Stimmrechte) zu berücksichtigen[41]. Dies gilt unabhängig davon, ob das Management die Absicht oder das Mutterunternehmen überhaupt die finanziellen Möglichkeiten hat, die Optionsrechte auszuüben oder umzuwandeln (IAS 27.15 (amend. 2008)). 36

Ebenso wie nach IFRS kommt es auch für das Vorliegen eines Mutter-/Tochterverhältnisses iSv. § 290 HGB idF des BilMoG allein darauf an, dass das Mutterunternehmen die **Möglichkeit** hat, einen **beherrschenden Einfluss** auf die Geschäfts- und Finanzpolitik des Tochterunternehmens auszuüben. Dies könnte grds. dafür sprechen, potenzielle Stimmrechte auch bei der Beurteilung nach HGB zu berücksichtigen. Aus Sicht des handelsrechtlichen Konzernabschlusses handelt es sich dabei nicht um eine Auslegung des § 290 Abs. 2 Nr. 1 HGB, sondern um eine Zurechnungsfrage nach § 290 Abs. 3 Satz 1 HGB. 37

Die Rechtspositionen oder sonstigen Einflussmöglichkeiten, die dem Mutterunternehmen die Möglichkeit eines beherrschenden Einflusses iSv. § 290 Abs. 1 Satz 1 HGB eröffnen, müssen dem Mutterunternehmen zustehen (vgl. auch Tz. 12). Dies ergibt sich auch aus dem Wortlaut der Typisierungstatbestände des § 290 Abs. 2 Nr. 1 bis 3 HGB (vgl. Tz. 40 ff.). „Zustehen" bedeutet in diesem Zusammenhang, dass das Mutterunternehmen **wirtschaftliches Eigentum** (§ 246 Abs. 1 Satz 2 HGB; vgl. ausführlich Abschn. B Tz. 8 ff.) an den die Stimmrechte vermittelnden Anteilen besitzen muss. Dies ist aber allein auf der Grundlage des Innehabens einer isolierten Kaufoption regelmäßig nicht der Fall. Etwas anderes kann sich aber dann ergeben, wenn der gegenwärtige Anteilsinhaber zugleich eine gegenläufige Put-Option innehat, durch die im Ergebnis bei wirtschaftlicher Betrachtungsweise ein einem Treuhandverhältnis ähnliches Rechtsverhältnis begründet wird[42]. 38

III. Unwiderlegbare Beherrschungsvermutungen (Abs. 2)

Der abstrakte Begriff des „beherrschenden Einflusses" in § 290 Abs. 1 Satz 1 HGB soll durch vier in § 290 Abs. 2 HGB aufgeführte Tatbestände konkretisiert werden[43]. Dabei begründet bereits jeder der **vier** genannten **Tatbestände** für sich gesehen ein Mutter-/Tochterverhältnis iSv. § 290 HGB. Aufgrund des Wortlauts *„Beherrschender Einfluss ... besteht ..., wenn: ..."* führt das Vorliegen der jeweiligen Tatbestandsvoraussetzungen **unwiderlegbar** zu einem Mutter-/Tochterverhältnis[44]. Insb. in den Fällen des § 290 Abs. 2 Nr. 1 HGB kann die durch diese rein formal-rechtlich Betrachtungsweise weitgefasste Abgrenzung des Konsolidierungskreises ggf. durch die Ausübung von Einbeziehungswahlrechten nach § 296 HGB korrigiert werden[45]. 39

1. Beibehaltung des „Control – Konzepts" (Abs. 2 Nr. 1 bis 3)

Zur Konkretisierung des beherrschenden Einflusses iSv. § 290 Abs. 1 Satz 1 HGB werden zunächst die bislang in § 290 Abs. 2 HGB aF enthaltenen Kriterien – redaktionell 40

---

41 Vgl. dazu zB *Lüdenbach*, in Lüdenbach/Hoffmann IFRS[7], § 32 Rn. 48 ff.
42 Vgl. ERS HFA 13 nF, Tz.30; *ADS*[6], § 246 HGB Tz. 302.
43 Vgl. Begr. Beschlussempfehlung und Bericht des Rechtsausschusses, BT-Drucks. 16/12407, S. 89.
44 GlA *Küting/Koch*, in Küting/Pfitzer/Weber Das neue deutsche Bilanzrecht[2], S. 388.
45 Vgl. *Förschle/Deubert*, in Beck Bil-Komm.[6], § 296 Anm. 1.

angepasst – in § 290 Abs. 1 Nr. 1 bis 3 HGB beibehalten[46]. Die drei Tatbestände gehen auf Art. 1 Abs. 1 lit. a bis c **Konzernbilanzrichtlinie** zurück, der von den Mitgliedsstaaten zwingend in nationales Recht umzusetzen ist.

41 Ebenso wie bisher[47] wird für Zwecke des § 290 Abs. 2 Nr. 1 bis 3 HGB auf das Bestehen von **formalen Rechtsbeziehungen** abgestellt (zur Zu- und Abrechnung von Rechten nach § 290 Abs. 3 HGB vgl. Tz. 48 ff.). Danach besteht ein beherrschender Einfluss und damit ein Mutter-/Tochterverhältnis sowie die daraus – vorbehaltlich des Vorliegens von Befreiungstatbeständen (zB § 290 Abs. 5 HGB; vgl. Tz. 96 ff.) – resultierende Konzernrechnungslegungspflicht nach § 290 Abs. 1 Satz 1 HGB, wenn einer Kapitalgesellschaft oder der gleichgestellten Personenhandelsgesellschaft iSv. § 264a HGB (vgl. Tz. 13) im Verhältnis zu einem anderen Unternehmen beliebiger Rechtsform eine der folgenden Rechtspositionen zusteht:

- die Mehrheit der Stimmrechte der Gesellschaft (§ 290 Abs. 2 Nr. 1 HGB; vgl. Tz. 42 f.) oder
- das Recht, die Mehrheit der Mitglieder des die Finanz- und Geschäftspolitik bestimmenden Verwaltungs-, Leitungs- oder Aufsichtsorgans zu bestellen und abzuberufen, und sie gleichzeitig Gesellschafter ist (§ 290 Abs. 2 Nr. 2 HGB; vgl. Tz. 44 ff.) oder
- das Recht, einen beherrschenden Einfluss aufgrund eines mit diesem Unternehmen geschlossenen Beherrschungsvertrags oder aufgrund einer Satzungsbestimmung dieses Unternehmens auszuüben (§ 290 Abs. 2 Nr. 3 HGB; vgl. Tz. 47).

42 Nach § 290 Abs. 1 Satz 1 iVm. Abs. 2 Nr. 1 HGB besteht ein Mutter-/Tochterverhältnis somit dann, wenn dem Mutterunternehmen die **Mehrheit der Stimmrechte** (50% + 1 Stimme) zustehen und zwar auch dann, wenn damit die Geschäfts- und Finanzpolitik effektiv nicht bestimmt werden kann, zB weil zur Genehmigung des jährlichen Budgets (vgl. Tz. 16) die Zustimmung eines Minderheitsgesellschafters erforderlich ist. Für die Berechnung der Stimmenmehrheit gelten die unveränderten Regelungen in § 290 Abs. 4 HGB.

43 In diesen Fällen, wenn also die in § 290 Abs. 2 Nr. 1 HGB genannten (Stimm-)Rechte zwar formal gegeben sind, ihrer Ausübung aber rechtliche oder tatsächliche Gründe entgegenstehen und deshalb letztlich eine „Beherrschung" des Tochterunternehmens nicht möglich ist, kann eine Korrektur der unwiderlegbaren Bestimmung des Konsolidierungskreises insb. durch das **Einbeziehungswahlrecht** nach § 296 Abs. 1 Nr. 1 HGB erfolgen (erhebliche und andauernde Beschränkung der Rechte in Bezug auf die Geschäftsführung oder auf das Vermögen)[48]. Hierin besteht ein Unterschied zu IFRS, wo in diesen Fällen die Beherrschungsvermutung des IAS 27.13 (rev. 2008) als widerlegt gilt, mit der Folge, dass überhaupt kein Mutter-/Tochterverhältnis besteht[49]. Eine Anpassung des § 290 Abs. 2 Nr. 1 HGB in diesem Sinn würde eine vorherige Änderung des Art. 1 Abs. 1 Konzernbilanzrichtlinie voraussetzen, weshalb durch das BilMoG insoweit noch keine Annäherung an die IFRS-Konzernrechnungslegung möglich war[50].

44 In § 290 Abs. 2 Nr. 2 HGB wurde gegenüber der bisherigen Fassung ergänzt, dass ein Recht zur Besetzung der **Mehrheit des Verwaltungs-, Leitungs- oder Aufsichtsor-**

---

46 Vgl. Begr. Beschlussempfehlung und Bericht des Rechtsausschusses, BT-Drucks. 16/12407, S. 89.
47 Vgl. zB *ADS*[6], § 290 HGB Tz. 29; *Claussen/Scherrer* in: KölnerKomm.[2], § 290 HGB Rn. 53 f.
48 Vgl. ausführlich mit Bsp. *Förschle/Deubert* in: Beck Bil-Komm.[6], § 296 Anm. 5 ff.
49 Vgl. dazu *Förschle/Deubert* in: Beck Bil-Komm.[6], § 296 Anm. 55 mwN.
50 AA *Küting/Seel*, DStR 2009, Beil. zu Heft 26, S. 39*, die die Unstimmigkeit darauf zurückführen, dass „… im letzten Stadium des parlamentarischen Gesetzgebungsverfahrens … § 290 HGB n.F. durch einen notdürftigen und unreflektierten Rückgriff auf die IFRS zustande kam."

gans eines anderen Unternehmens nur dann einen beherrschenden Einfluss begründet, wenn dieses Organ auch die Geschäfts- oder Finanzpolitik dieses Unternehmens bestimmt[51]. Die Ergänzung, die keine Entsprechung in Art. 1 Abs. 1 lit. b Konzernbilanzrichtlinie hat, wurde vom deutschen Gesetzgeber ausweislich der Materialien als redaktionelle Anpassung im Hinblick auf das Konzept der möglichen Beherrschung vorgenommen[52].

Fraglich ist, ob die Ergänzung materielle Bedeutung hat. Bisher war davon auszugehen, dass sowohl das Besetzungsrecht in bezug auf das Verwaltungs- oder Leitungsorgan (Vorstand), als auch das Besetzungsrecht in bezug auf das Aufsichtsorgan (Aufsichtsrat) geeignet war, den Tatbestand zu erfüllen[53]. Auf die Frage der **konkreten Kompetenzzuordnung** im Rahmen der rechtlichen Vorschriften kam es nicht an. Zweifelhaft ist nun, ob aufgrund der Ergänzung „… die Finanz- und Geschäftspolitik bestimmendes …" Organ zusätzlich zu prüfen ist, welches Organ nach der konkreten Zuständigkeitsordnung hierzu berufen ist. Wenn etwa das vom Leitungsorgan umzusetzende und die laufende Geschäfts- und Finanzpolitik konkretisierende Budget (vgl. Tz. 17) vom Aufsichtsrat gebilligt werden muss, könnte dem Wortlaut der Vorschrift zu entnehmen sein, dass nur ein Besetzungsrecht in Bezug auf den Aufsichtsrat, nicht aber in bezug auf den Vorstand die Voraussetzungen des § 290 Abs. 2 Nr. 2 HGB erfüllt. 45

Da es sich aber nur um eine redaktionelle Ergänzung handeln soll, dürfte eine solche Auslegung zu weit gehen. Es genügt daher weiterhin die **Mitverantwortung für die Festlegung der Finanz- und Geschäftspolitik**, um ein Mutter-/Tochterverhältnis nach § 290 Abs. 2 Nr. 2 HGB zu begründen. Klargestellt wird durch die Regelung jedoch, dass ein Besetzungsrecht für ein Organ, das keinen bestimmenden, auch keinen mit bestimmenden Einfluss auf die Finanz- und Geschäftspolitik gewährt, den Tatbestand des § 290 Abs. 2 Nr. 2 HGB nicht erfüllt. Dies mag auf bloß beratende Beiräte zutreffen, nicht aber auf den Aufsichtsrat, dessen Überwachungsaufgabe (§ 111 Abs. 1 AktG) sich auch und gerade auf die Finanz- und Geschäftspolitik bezieht. 46

Auch in den Wortlaut des § 290 Abs. 2 Nr. 3 HGB ist die Ergänzung „… die Finanz- und Geschäftspolitik … zu bestimmen" aufgenommen worden. Da **Beherrschungsverträge** iSd. § 291 Abs. 1 AktG in der Regel umfassend ausgestaltet sind, gewähren sie auch regelmäßig den geforderten Einfluss auf die Finanz- und Geschäftspolitik. Schon bisher war anerkannt, dass **Satzungsbestimmungen** den Tatbestand des § 290 Abs. 2 Nr. 3 HGB nur dann erfüllen, wenn sie in ihrer Gesamtheit eine Beherrschung des Unternehmens gestatten und somit einem Beherrschungsvertrag gleichwertig sind[54]. 47

Bei der Frage, welche Rechtspositionen iSv. § 290 Abs. 2 HGB einem Mutterunternehmen in Bezug auf ein anderes Unternehmen zustehen, ist außerdem zu beachten, dass dem Mutterunternehmen neben eigenen Rechten auch solche **Rechte zuzurechnen** sind, die einem Tochterunternehmen sowie den für Rechnung des Mutterunternehmens handelnden Personen zustehen (§ 290 Abs. 3 Satz 1 HGB). Für Rechnung des Mutterunternehmens stehen Dritten Rechte dann zu, wenn – vergleichbar mit einem Treuhandverhältnis oder einem echten Pensionsgeschäft – die wirtschaftlichen Vorteile und Risiken aus diesen (Gesellschafts-)Rechten bei dem Mutterunternehmen liegen[55]. 48

---

51 Vgl. zu den unverändert gebliebenen Tatbestandsvoraussetzungen (Mehrheit der Besetzungsrechte und Gesellschafterstellung): ADS[6], § 290 HGB Tz. 44 ff.
52 Vgl. Begr. Beschlussempfehlung und Bericht des Rechtsausschusses, BT-Drucks. 16/12407, S. 89.
53 Vgl. ADS[6], § 290 HGB Tz. 45, wonach die Voraussetzung erfüllt ist, wenn das Besetzungsrecht für nur eines der genannten Organe besteht.
54 Vgl. ADS[6], § 290 HGB Tz. 59.
55 Vgl. ADS[6], § 290 HGB Tz. 139; *Claussen/Scherrer* in: KölnerKomm.[2], § 290 HGB Rn. 86.

49 Ferner kommt es nach § 290 Abs. 3 Satz 2 HGB zu einer Zurechnung von solchen Rechten, über die das Mutterunternehmen aufgrund einer **Vereinbarung** mit anderen Gesellschaftern (zB Stimmrechtsüberlassungsverträge, Poolverträge, Konsortialverträge etc.) verfügen kann[56]. Eine Zurechnung setzt voraus, dass die Rechte aus einer auf Dauer gerichteten vertraglichen Grundlage resultieren und ihre Ausübung nicht an Weisungen der übrigen Gesellschafter gebunden ist; denn nur diese Rechte stehen eigenen Rechten des Mutterunternehmens gleich[57].

50 **Abzuziehen** sind nach § 290 Abs. 3 Satz 3 HGB Rechte die vom Mutter- oder von Tochterunternehmen für fremde Rechnung oder nur als Sicherheit gehalten werden[58].

2. Zweckgesellschaften (Abs. 2 Nr. 4)

a. Grundlagen

51 Die Regelung des § 290 Abs. 2 Nr. 4 HGB wurde erst gegen Ende des Gesetzgebungsverfahrens vor dem Hintergrund der Finanzmarktkrise und der in diesem Zusammenhang intensiv diskutierten **Konsolidierungspflicht von Zweckgesellschaften** in das BilMoG aufgenommen. Damit hat der Gesetzgeber zugleich auch die einhellige Kritik zur im RefE und RegE[59] vorgesehenen Änderung des § 290 HGB aF aufgegriffen, die lediglich die Streichung des Beteiligungserfordernisses in § 290 Abs. 1 Satz 1 HGB aF vorsah.

52 Ziel für die Errichtung von Zweckgesellschaften ist es idR, durch die Auslagerung von Vermögensgegenständen sowie der mit ihnen verbundenen künftigen Aufwendungen die bilanziellen oder ergebnisorientierten Kennzahlen des Mutterunternehmens bzw. des Konzerns zu verbessern, damit sich dies vorteilhaft auf deren *Rating* und damit ihre Finanzierungskonditionen auswirkt[60]. Mit § 290 Abs. 2 Nr. 4 HGB soll der Konsolidierungskreis des handelsrechtlichen Konzernabschlusses um sog. Zweckgesellschaften (*special purpose entity* (SPE)) erweitert werden, um insb. der **Auslagerung von Risiken** der Mutterunternehmen in derartige Gesellschaften und der damit verbundenen Intransparenz der Vermögens-, Finanz- und Ertragslage des Konzerns wirksam zu begegnen[61]. In diesem Zusammenhang steht auch die Angabepflicht nach § 314 Abs. 1 Nr. 2 HGB zu nicht im Konzernabschluss enthaltenen Geschäften, wenn dies für die Beurteilung der Finanzlage des Konzerns notwendig ist (vgl. Abschn. R Tz. 13 ff.).

53 Nach der Begr. der Beschlussempfehlung und Berichts des Rechtsausschusses[62] soll durch die Regelung in § 290 Abs. 2 Nr. 4 HGB eine Angleichung an die IFRS erfolgen. Fraglich könnte daher sein, ob bzw. in welchem Umfang die **Kriterien des SIC-12** auch zur Interpretation des § 290 Abs. 2 Nr. 4 HGB heranzuziehen sind. Dafür könnte sprechen, dass die Fallgruppen des den IAS 27 (amend. 2008) interpretierenden SIC-12 in der Gesetzesbegründung wiedergegeben werden. Dies dient jedoch nur der Illustration der Reichweite der Vorschrift; gesetzesgleiche Tatbestandsvoraussetzungen sind darin nicht zu sehen. Die Subsumtion unter § 290 Abs. 2 Nr. 4 HGB hat daher

---

56 Vgl. *ADS*[6], § 290 HGB Tz. 140.
57 Vgl. *Hoyos/Ritter-Thiele* in: Beck Bil-Komm.[6], § 290 Anm. 75.
58 Vgl. ausführlich dazu: *ADS*[6], § 290 HGB Tz. 146 ff.
59 Vgl. zB *Busse von Colbe/Schurbohm-Ebneth*, BB 2008, S. 98; *Mujkanovic*, StuB 2008, S. 140 f.; *Petersen/Zwirner*, DB 2008, S. 2093 f.; *Stibi/Fuchs*, KoR 2008, S. 99 f.; IDW, Ergänzende Stellungnahme des IDW zum Regierungsentwurf eines Gesetzes zur Modernisierung des Bilanzrechts (Bilanzrechtsmodernisierungsgesetz – BilMoG); FN-IDW 2009, S. 2.
60 Vgl. zB *Köhler/Strauch*, WPg. 2008, S. 190.
61 Vgl. Begr. Beschlussempfehlung und Bericht des Rechtsausschusses, BT-Drucks. 16/12407, S. 89.
62 Vgl. Begr. Beschlussempfehlung und Bericht des Rechtsausschusses, BT-Drucks. 16/12407, S. 89.

immer an die in der Vorschrift genannten Tatbestandsmerkmale anzuknüpfen. Damit ergibt sich aus der Bezugnahme auf die Fallgruppen des SIC-12 keine völlige Deckungsgleichheit der Tatbestandsvoraussetzungen des § 290 Abs. 2 Nr. 4 HGB mit denjenigen nach SIC-12. Diese Sichtweise wird auch dadurch gestützt, dass das bewährte HGB-Bilanzrecht durch das BilMoG zu einer dauerhaften und im Verhältnis zu den IFRS vollwertigen, aber kostengünstigeren und einfacheren Alternative weiter entwickelt werden soll[63].

Sowohl die **Auslegung des *control*-Konzepts** nach § 290 Abs. 1 Satz 1 HGB (vgl. Tz. 7 ff.) als auch des § 290 Abs. 2 Nr. 4 HGB muss zunächst aus der Vorschrift selbst sowie aus Systematik und Zweck der ihr zugrunde liegenden Vorschriften der Konzernbilanzrichtlinie abgeleitet werden. Auf die Regelungen des IAS 27 (amend. 2008) sowie des SIC-12 kann zurückgegriffen werden, soweit diese damit nicht in Widerspruch stehen[64]. Nach dem gegenwärtigen, aber keineswegs abgeschlossenen Stand der Diskussion ist davon auszugehen, dass die Regelungen des SIC-12 insb. Bedeutung haben, wenn es um die Konkretisierung des Tragens der Mehrheit von Risiken und Chancen geht (vgl. Tz. 66 ff.).

54

Die Tatbestandvoraussetzungen in § 290 Abs. 2 Nr. 4 HGB unterscheiden sich von denjenigen in § 290 Abs. 2 Nr. 1 bis 3 HGB, die auf die Inhaberschaft von formalen Rechtspositionen abstellen (vgl. Tz. 40 ff.), insofern, als ihr Vorliegen nicht unmittelbar objektiv nachprüfbar ist, sondern sich aus einer **wirtschaftlichen Gesamtbetrachtung** aller Umstände ergibt. Mit Rücksicht auf den erklärten Willen des Gesetzgebers im „... Licht der Finanzkrise ... im weitest möglichen Umfang auch Zweckgesellschaften in den Konsolidierungskreis einzubeziehen ..."[65], um die Möglichkeit der Auslagerung von Risiken im handelsrechtlichen Konzernabschluss einzuschränken, ist der im Einzelnen bezogen auf die Tatbestandsvoraussetzungen „eng begrenztes und genau definiertes Ziel" (vgl. Tz. 58 ff.) und „Tragung der Mehrheit von Risiken und Chancen" (vgl. Tz. 66 ff.) bestehende Ermessensspielraum daher restriktiv zu handhaben[66].

55

Bei der Konkretisierung des Begriffs des beherrschenden Einflusses iSv. § 290 Abs. 1 Satz 1 HGB tritt durch § 290 Abs. 2 Nr. 4 HGB eine wirtschaftliche Betrachtung neben die auf formale Rechtspositionen abstellenden Tatbestände nach § 290 Abs. 2 Nr. 1 bis 3 HGB (vgl. Tz. 40 ff.). Die wirtschaftliche Betrachtungsweise bedeutet auch, dass zur Beurteilung der Voraussetzungen nach § 290 Abs. 2 Nr. 4 HGB auf das Gesamtbild aller Umstände des Einzelfalls abzustellen ist[67]. Das Abstellen auf die wirtschaftlichen Betrachtungsweise für Zwecke des § 290 Abs. 2 Nr. 4 HGB führt dazu, dass dem **Inhaber der Mehrheit von Risiken und Chancen** die Zweckgesellschaft zugerechnet wird, auch wenn die formalen Beherrschungsrechte einem anderen Rechtsträger zustehen. Dies bedeutet zugleich, dass die Beherrschungsrechte dem formellen Inhaber wie nach § 290 Abs. 3 Satz 3 HGB „weggerechnet" werden. Rechtssystematisch handelt es sich deshalb bei § 290 Abs. 2 Nr. 4 HGB eher um eine Zurechnungsvorschrift zur

56

---

63 Vgl. Begr. RegE BT-Drucks. 16/10067, S. 34 sowie Begr. Beschlussempfehlung und Bericht des Rechtsausschusses, BT-Drucks. 16/12407, S. 83 f.
64 Vgl. *Küting/Koch*, in Küting/Pfitzer/Weber Das neue deutsche Bilanzrecht², S. 382; *Küting/Seel*, DStR 2009, Beil. zu Heft 26, S. 40*.
65 Begr. Beschlussempfehlung und Bericht des Rechtsausschusses, BT-Drucks. 16/12407, S. 89.
66 GlA *Künkele/Koss*, in Petersen/Zwirner, BilMoG S. 527: Im Zweifel ist ... eine (konsolidierungspflichtige) Zweckgesellschaft anzunehmen.
67 Vgl. auch ERS HFA 13 nF Tz. 9.

Konkretisierung von § 290 Abs. 3 HGB[68] als um ein gesondertes Tatbestandsmerkmal zur Konkretisierung des *control*-Konzepts nach § 290 Abs. 1 HGB.

57 Aufgrund ihrer leichteren praktischen Überprüfbarkeit (vgl. Tz. 55) werden die in § 290 Abs. 2 Nr. 1 bis 3 HGB genannten typisierten Beherrschungsmöglichkeiten bei der Frage, ob ein Mutter-/Tochterverhältnis iSv. § 290 Abs. 1 HGB gegeben ist, jeweils vorrangig zu prüfen sein. Der Regelung des § 290 Abs. 2 Nr. 4 HGB kommt damit nur eine **lückenfüllende Funktion** für die Fälle zu, in denen sich das Mutter-/Tochterverhältnis nicht bereits aus § 290 Abs. 2 Nr. 1 bis 3 HGB (vgl. Tz. 40 ff.) oder bspw. bei einer nachhaltigen Präsenzmehrheit (vgl. Tz. 28 ff.) unmittelbar aus § 290 Abs. 1 Satz 1 HGB ergibt. Obwohl also eine Vertriebsgesellschaft, deren Anteile und damit verbundenen Stimmrechte im Alleineigentum des Mutterunternehmens stehen, iSd. der funktionalen Betrachtungsweise (vgl. Tz. 60) eindeutig den besonderen Zielen des Mutterunternehmens dient, brauchen die übrigen Tatbestandsvoraussetzungen des § 290 Abs. 2 Nr. 4 HGB nicht geprüft werden, weil sich das Mutter-/Tochterverhältnis bereits aus § 290 Abs. 2 Nr. 1 HGB ergibt.

b. Begriff der Zweckgesellschaft

58 Als Zweckgesellschaft ist ein Unternehmen nach § 290 Abs. 2 Nr. 4 HGB dann zu klassifizieren, wenn sein Geschäftsbetrieb „zur Erreichung eines eng begrenzten und genau definierten Ziels des Mutterunternehmens dient". Als **eng begrenzte und genau definierte Ziele** des Mutterunternehmens werden in den Gesetzesmaterialien beispielhaft genannt: Leasinggeschäfte, ausgelagerte Forschungs- und Entwicklungstätigkeiten oder Verbriefungsgeschäfte[69]. In Betracht kommen auch die Auslagerung von Funktions- oder Servicebereichen eines Unternehmens in eigene Gesellschaften, zB im Wege eines *Management buy-outs*, unabhängig davon, ob diese Zweckgesellschaften ihre Lieferungen und Leistungen ausschließlich für das übertragende (Mutter-)Unternehmen erbringen oder diese künftig auch aktiv gegenüber externen Kunden vermarkten wollen.

59 Die Voraussetzung entspricht damit der Regelung des SIC-12.10 (a), die auch in den Gesetzesmaterialien aufgeführt wird und darauf abstellt, dass die Geschäftstätigkeit der Zweckgesellschaft entsprechend den besonderen (Geschäfts-)**Bedürfnissen des Mutterunternehmens** geführt wird. Diese Voraussetzung wird bspw. als erfüllt angesehen, wenn die Geschäftstätigkeit:

- der Beschaffung langfristigen Kapitals oder von Mitteln zur Finanzierung der operativen Geschäftstätigkeit des Mutterunternehmens dient (Finanzierungfunktion) oder
- das Mutterunternehmen mit Gütern oder Dienstleistungen versorgt, die es sonst anderweitig selbst beschaffen müsste[70].

60 Diese Beispiele sprechen dafür, das Vorliegen des eng begrenzten und genau definierten Ziels bzw. Zwecks mittels einer **funktionalen Betrachtung** zu beurteilen. Die Zweckgesellschaft muss danach für das Mutterunternehmen eine bestimmte Funktion erfüllen. Dies setzt wirtschaftliche Beziehungen iwS zwischen dem Mutterunterneh-

---

68 Vgl. hierzu auch *ADS*[6], § 290 HGB Tz. 133 ff.
69 Vgl. Begr. Beschlussempfehlung und Bericht des Rechtsausschusses, BT-Drucks. 16/12407, S. 89.
70 Vgl. SIC–12, App. (a); IDW RS HFA 2 Tz. 61.

men oder anderen Tochterunternehmen und der Zweckgesellschaft voraus, wobei deren Rechtsgrundlage gesellschafts- oder schuldrechtlicher Natur sein kann[71].

Um zu erreichen, dass die Geschäftstätigkeit der Zweckgesellschaft zur Erfüllung des vom Mutterunternehmen definierten Ziels erfolgt, wird häufig, insb. beim Fehlen gesellschaftsrechtlicher Beziehungen zur Zweckgesellschaft, ein sog. **Autopilot**-Mechanismus eingerichtet[72]. Dies ist der Fall, wenn durch entsprechende Festlegungen in der Satzung, Regelungen in schuldrechtlichen Verträgen oder auf andere Weise die wesentlichen geschäftspolitischen Entscheidungen und die Tätigkeiten der Zweckgesellschaft vom Mutterunternehmen in seinem Sinn vorherbestimmt werden, so dass danach keine laufende Einflussnahme mehr erforderlich ist[73]. Dadurch wird idR zugleich abgesichert, dass die wirtschaftliche Beherrschung der Zweckgesellschaft auch auf eine gewisse Dauer angelegt ist (vgl. Tz. 18 ff.). 61

Teilweise[74] wird, ebenfalls in Anlehnung an IFRS, eine **Negativabgrenzung** des Kriteriums der engen Ziel- bzw. Zwecksetzung versucht. Danach soll kein Anwendungsfall des § 290 Abs. 2 Nr. 4 HGB vorliegen, wenn die Geschäftstätigkeit eines Unternehmens unternehmerischer Entscheidungen bedarf, wie sie für ein am Markt tätiges Unternehmen typisch sind, wofür im Einzelnen folgende Anhaltspunkte genannt werden[75]. 62

- das Unternehmen verfolgt eine allgemein formulierte Zwecksetzung und ist auf Dauer angelegt,
- die Geschäftstätigkeit umfasst die Herstellung von Gütern oder das Erbringen von Dienstleistungen,
- die Geschäftstätigkeit erfordert fortlaufende Entscheidungen über die Kombination der vom Unternehmen zur Leistungserbringung einzusetzenden Produktionsfaktoren,
- die Produkte oder Dienstleistungen werden aktiv vermarktet und nicht nur einem von vornherein feststehenden Abnehmerkreis angeboten.

Problematisch kann bei dieser Negativabgrenzung sein, dass bei der Etablierung einer Gestaltung vielfach nicht abzusehen sein wird, ob und in welchem Umfang die Geschäftstätigkeit tatsächlich **eigenständige unternehmerische Entscheidungen** erfordern wird. In solchen Fällen wird im Zweifel, wegen der restriktiven Handhabung von Ermessensspielräumen bei der Beurteilung der Tatbestandsvoraussetzungen (vgl. Tz. 55), zunächst davon auszugehen sein, dass derartige Entscheidungen nicht erforderlich sein werden. Für das Vorliegen einer Zweckgesellschaft nach § 290 Abs. 2 Nr. 4 HGB dürfte es jedenfalls sprechen, wenn formal erforderliche Geschäftsführungsentscheidungen über sonstige vertragliche Vereinbarungen, zB Betriebsführungsverträge, auf das Mutterunternehmen oder dessen Tochterunternehmen verlagert werden. Probleme können sich auch zB hinsichtlich der Einschätzung ergeben, ob und in welchem Umfang die künftig von dem Unternehmen zu erbringenden **Leistungen** tatsächlich auch Dritten angeboten bzw. **von Dritten nachgefragt** werden. Derartige künftige Entwicklungen sind im jeweiligen Beurteilungszeitpunkt nur zu berücksichtigen, wenn sie so gut wie sicher eintreten werden (vgl. dazu auch Tz. 77). 63

Fraglich ist auch, wie zu verfahren ist, wenn die Geschäftstätigkeit nicht eindeutig ausschließlich auf die Bedürfnisse nur einer Partei abgestimmt ist, sondern Folge eines 64

---

71 Vgl. *Küting/Koch*, in Küting/Pfitzer/Weber Das neue deutsche Bilanzrecht[2], S. 397; *Mujkanovic*, StuB 2009, S. 376.
72 Vgl. Begr. Beschlussempfehlung und Bericht des Rechtsausschusses, BT-Drucks. 16/12407, S. 89.
73 Vgl. zB *Watrin/Hoehne/Lammert*, in Münchener Komm. Bilanzrecht, IAS 27, Rn. 61.
74 Vgl. *Lüdenbach/Freiberg*, BB 2009, S. 1232.
75 Vgl. dazu zB IDW RS HFA 2 Tz. 55.

Interessenausgleichs zwischen verschiedenen an einer Transaktion beteiligten Parteien ist und die Ziele aller Beteiligten Berücksichtigung gefunden haben (vgl. zu Zebra-Gesellschaften Tz. 86). In dieser Konstellation darf die Entscheidung über das Vorliegen einer Zweckgesellschaft und damit einer Konsolidierungspflicht nicht im Belieben des Bilanzierenden stehen[76]. Vielmehr muss in einem solchen Fall geprüft werden, wessen **Parteiinteressen** überwiegen.

65 Dabei erscheint es, im Einklang mit der Vorgehensweise nach IFRS[77], sachgerecht, bereits bei dieser Beurteilung die **Risiko- und Chancenverteilung** (vgl. Tz. 66 ff.) zu berücksichtigen, weil letztlich davon auszugehen ist, dass die Geschäftstätigkeit eines Unternehmens zuerst den Interessen desjenigen dient, der bei wirtschaftlicher Betrachtung die Mehrheit der Risiken und Chancen daraus zu tragen hat[78]. Bei der Beurteilung einer Konsolidierungspflicht und der damit verbundenen Einbeziehung der Vermögensgegenstände und Schulden in den handelsrechtlichen Konzernabschluss den Risiken und Chancen stärkere Bedeutung beizumessen als der Tatbestandsvoraussetzung „Verfolgung von engbegrenzten Zielen", ist letztlich Ausdruck der von § 290 Abs. 2 Nr. 4 HGB geforderten wirtschaftlichen Betrachtungsweise[79].

c. Mehrheit der Risiken und Chancen

66 Eine Zweckgesellschaft ist nach § 290 Abs. 2 Nr. 4 HGB unwiderlegbar als Tochterunternehmen zu qualifizieren, wenn das Mutterunternehmen „... *bei wirtschaftlicher Betrachtung die Mehrheit der Risiken und Chancen* ..." aus dessen Geschäftstätigkeit trägt. Was in diesem Zusammenhang unter Risiken und Chancen zu verstehen ist, und wie beurteilt bzw. berechnet werden soll, ob einem (Mutter-)Unternehmen die Mehrheit daran zusteht, wird durch das Gesetz nicht näher konkretisiert[80]. Im Hinblick auf die vom Gesetzgeber beabsichtigte Annäherung an die internationalen Rechnungslegungsgrundsätze (vgl. Tz. 53) erscheint es naheliegend, sich zur **Konkretisierung des Begriffs** an den in Gesetzesmaterialien wiedergegeben Indikatoren des SIC-12.10 zu orientieren[81]. Allerdings betreffen diese auch die Frage, wann es sich um eine Zweckgesellschaft handelt, so dass sich hieraus eine trennscharfe Regelungssystematik nicht entnehmen lässt.

67 In Anlehnung an SIC-12.10 (c) und (d) sind als „**Risiken und Chancen**" zunächst solche Auswirkungen zu berücksichtigen, die typischerweise mit einer Eigentümerstellung an der Zweckgesellschaft verbunden sind[82]. Da der Wortlaut des § 290 Abs. 2 Nr. 4 HGB aber ausdrücklich eine wirtschaftliche Beurteilung verlangt, sind auch andere Mechanismen in die Beurteilung einzubeziehen, die Risiken und Chancen auf das potentielle Mutterunternehmen transferieren. Danach kommt es nicht darauf an, ob das Mutterunternehmen die Risiken und Chancen auf der Grundlage schuldrechtlicher oder gesellschafts-

---

76 Vgl. so wohl *Schurbohm/Ebneth/Zoeger*, DB 2009, Beil. 5, S. 54.
77 Vgl. zB IDW RS HFA 2 Tz. 65; *Watrin/Hoehne/Lammert*, in Münchener Komm. Bilanzrecht, IAS 27, Rn. 65; *Lüdenbach*, in Lüdenbach/Hoffmann IFRS[7], § 32 Rn. 76.
78 GlA *Küting/Koch*, in Küting/Pfitzer/Weber, Das neue deutsche Bilanzrecht[2], S. 397; *Mujkanovic*, StuB 2009, S. 377.
79 Vgl. Begr. Beschlussempfehlung und Bericht des Rechtsausschusses, BT-Drucks. 16/12407, S. 89: Zweckgesellschaften werden vom Mutterunternehmen zwar nicht bei rechtlicher Betrachtung, sehr wohl aber bei wirtschaftliche Betrachtungsweise beherrscht.
80 Vgl. *Küting/Koch*, in Küting/Pfitzer/Weber, Das neue deutsche Bilanzrecht[2], S. 391.
81 Vgl. Begr. Beschlussempfehlung und Bericht des Rechtsausschusses, BT-Drucks. 16/12407, S. 89.
82 GlA *Küting/Koch*, in Küting/Pfitzer/Weber, Das neue deutsche Bilanzrecht[2], S. 398, 400; IDW RS HFA 2 Tz. 66 (analog).

rechtlicher Beziehungen trägt. Insb. ist auch das Bestehen einer Beteiligung keine Voraussetzung für ein Mutter-/Tochterverhältnis iSv. § 290 Abs. 2 Nr. 4 HGB[83].

Aus der Geschäftstätigkeit der Zweckgesellschaft resultierende **Chancen** können zunächst aus gesellschaftsrechtlichen Beziehungen resultieren. Dabei kann es sich um Gewinnansprüche, die Beteiligung an Wertsteigerungen oder an einem Liquidationserlös handeln. Eine Chancenbeteiligung auf schuldrechtlicher Grundlage kann sich aus Entgelten für Dienstleistungen, zB dem Management von Forderungs- oder Wertpapierportfolien bei ABS- bzw. Verbriefungstransaktionen[84] oder anderen Vergütungsansprüchen, ergeben. Es kann sich aber auch um eine schuldrechtlich vereinbarte Beteiligung an Wertsteigerungschancen an Vermögensgegenständen handeln, zB bei Leasingverträgen mit einer Mehrerlösbeteiligung. 68

Residual- oder Eigentümerrisiken, die aus der Geschäftstätigkeit der Zweckgesellschaft resultieren, betreffen die Verwertung des Vermögens der Zweckgesellschaft. Hierbei kann es sich zB um ein Amortisations- bzw. Investitionsrisiko, Zinsänderungs-, Bonitätsrisiken oder das Risiko einer nicht erfolgreichen Forschungs- oder Entwicklungstätigkeit handeln[85]. Ob diese Risiken durch den Anspruch als Gesellschafter auf den Liquidationserlös oder durch gesonderte schuldrechtliche Vereinbarungen von dem potentiellen Mutterunternehmen zu tragen sind, ist für die Beurteilung nach § 290 Abs. 2 Nr. 4 HGB unerheblich. 69

Zweckgesellschaften sind vielfach dadurch gekennzeichnet, dass sie nur minimal mit Eigenkapital ausgestattet sind und sich überwiegend oder ausschließlich durch Fremdkapital finanzieren. In diesen Fällen erfolgt die **Risikoübernahme** durch das potentielle Mutterunternehmen häufig **auf indirektem Weg**, zB durch Bürgschaften oder Patronatserklärungen gegenüber den Kreditgebern[86] oder durch die Gewährung von nachrangigen oder nicht drittüblich besicherten (*first loss*) Darlehen[87]. Teilweise werden auch Werthaltigkeitsgarantien, zB in Form von Andienungsrechten, für das Vermögen der Zweckgesellschaft gegeben. 70

Bei Zweckgesellschaften, die über wesentliches, von Dritten aufgebrachtes Eigenkapital verfügen, kann das Tragen der Mehrheit der Risiken durch ein anderes (Mutter-)Unternehmen aus der Einräumung von **Andienungsrechten für die Anteile** resultieren, wenn die Konditionen im Ergebnis so ausgestaltet sind, dass bei Andienung das Entgelt dem Nominalbetrag der Einlage zzgl. einer marktüblichen Verzinsung entspricht. Gleiches gilt, wenn das von formellen Eigenkapitalgebern eingesetzte Kapital durch **Bonitäts- oder Ertragsgarantien** umfassend gegen Verluste abgesichert und zugleich weitestgehend von Gewinnmöglichkeiten ausgeschlossen wird[88]. In einem solchen Fall wird allerdings regelmäßig zu prüfen sein, ob die Voraussetzungen für eine Zurechnung der Beteiligung nach § 290 Abs. 3 Satz 1 HGB (Handeln für Rechnung des potentiellen Mutterunternehmens) in Betracht kommt[89]. Sind diese Voraussetzungen gegeben, kommt es auf die weiteren Erfordernisse des § 290 Abs. 2 Nr. 4 HGB – vor allem auf die Qualifizierung des Unternehmens als Zweckgesellschaft – nicht mehr an. 71

---

83 Vgl. *Küting/Seel*, DStR 2009, Beil. zu Heft 26, S. 40*.
84 Vgl. *Mujkanovic*, StuB 2009, S. 377; *Küting/Koch*, in Küting/Pfitzer/Weber, Das neue deutsche Bilanzrecht[2], S. 398.
85 Vgl. *Mujkanovic*, StuB 2009, S. 377.
86 Vgl. dazu auch IDW RH HFA 1.013.
87 Vgl. *Lüdenbach/Freiberg*, BB 2009, S. 1233.
88 Vgl. *Lüdenbach*, in Lüdenbach/Hoffmann IFRS[7], § 32 Rn. 84.
89 Vgl. *ADS*[6], § 290 HGB Tz. 133 ff.; *Hoyos/Ritter-Thiele* in: Beck Bil-Komm.[6], § 290 Anm. 70 ff.

72 Die Beurteilung der Risiko- und Chancenverteilung nach § 290 Abs. 2 Nr. 4 HGB hat auf der Grundlage einer **wirtschaftlichen Betrachtungsweise** zu erfolgen[90]. Dh. es darf kein rein quantitatives „Abzählen" und „Zusammenrechnen" der Risiken und Chancen erfolgen, sondern es ist auch eine qualitative Beurteilung auf der Grundlage sämtlicher Umstände des konkreten Einzelfalls vorzunehmen[91]. Hierbei ist eine Gesamtbetrachtung sämtlicher Risiken und Chancen geboten, und zwar unabhängig davon, ob sie sich aus gesellschaftsrechtlichen oder schuldrechtlichen Beziehungen ergeben. Weiterhin ist dabei auch zu berücksichtigen, welche Umweltzustände möglich und wie wahrscheinlich diese sind.

73 Bei der Beurteilung des Umfangs einer Risikotragung nach § 290 Abs. 2 Nr. 4 HGB ist auf die **konkrete Verteilung** der **(Verlust-)Risiken** abzustellen, wie sie sich aus den getroffenen Vereinbarungen und Gestaltungen ergibt. Deshalb kann zB nicht allein aus dem Umstand, dass sich eine Zweck-/Objektgesellschaft überwiegend durch Fremdkapital finanziert und die Fremdkapitalgeber „nur" durch das von ihnen finanzierte Objekt abgesichert werden, geschlossen werden, dass diese die Mehrheit der (Verlust-/Investitions-)Risiken tragen. Wenn sich der Fremdfinanzierungsteil zB nur in den üblichen Beleihungsgrenzen bewegt und der verbleibende Teil des Objekts zB durch Einlagen der Gesellschafter finanziert wird, die als *first loss* – Puffer wirken, kann das konkrete Risiko der Fremdkapitalgeber gegen Null tendieren und wäre damit im Vergleich zu den Verlustrisiken, die von dem Eigenkapitalgeber zu tragen sind, nicht relevant. Erforderlich ist dabei eine Risikogewichtung (vgl. dazu Tz. 75a).

74 Insofern besteht ein **Unterschied zur Zurechnung** von Stimm- und sonstigen (Geschäftsführungs-)Rechten wegen das Haltens der Beteiligung für fremde Rechnung **nach § 290 Abs. 3 Satz 1 HGB** (vgl. Tz. 48 ff.), wo eine bestimmte Erheblichkeitsgrenze übersteigende Darlehen von fremden Dritten nach hM[92] bei der Frage zu berücksichtigen sind, ob die dem Komplementär in einer GmbH & Co.KG-Konstruktion zustehenden Rechte ggf. dem Kommanditisten zuzurechnen sind. Der Unterschied zur Betrachtung nach § 290 Abs. 2 Nr. 4 HGB besteht in diesen Fällen darin, dass der Komplementär schon wegen des ihm drohenden Haftungsrisikos bei einer pflichtwidrigen Verletzung der Interessen der Darlehensgeber seine Rechte nicht ausschließlich nur für den Kommanditisten ausüben wird und dies unabhängig davon tut, ob die Darlehensgeber überhaupt ein konkretes oder gar überwiegendes Verlustrisiko haben.

75 Die **Mehrheit** der Risiken und Chancen bedeutet die absolute Mehrheit und nicht nur, dass – bei mehr als zwei Beteiligten – eine Partei mehr Risiken und Chancen als jede andere mit der Zweckgesellschaft in Beziehung stehende Partei innehat[93]. Sind die auf Ebene einer Zweckgesellschaft bestehenden Ausfall- oder Verlustrisiken auf mehrere Parteien, zB mehrere Fremdkapitalgeber, verteilt, kann zur Ermittlung der von den einzelnen Parteien zu tragenden anteiligen Risiken auf das Verhältnis der absoluten Höhe der jeweiligen Engagements abgestellt werden, wenn deren **Risikoteilnahme identisch** ist. Werden zB bei einer ABS-Transaktion die angekauften Forderungen von der Zweckgesellschaft, die ansonsten über kein oder zumindest kein nennenswertes Eigenkapital verfügt, ausschließlich durch identisch ausgestatete Schuldverschreibungen finanziert, dann trägt die Partei, die absolut die Mehrheit der Schuldverschreibungen erwirbt, auch die Mehrheit der dahinter stehenden Ausfall-/Bonitätsrisiken.

---

90 Vgl. auch *Küting/Koch*, in Küting/Pfitzer/Weber, Das neue deutsche Bilanzrecht[2], S. 396.
91 Vgl. *Mujkanovic*, StuB 2009, S. 377; *Lüdenbach/Freiberg*, BB 2009, S. 1233.
92 Vgl. zB *Gelhausen/Weiblen*, in HdJ, Abt. I/5 (2003), Tz. 199 f.
93 Vgl. IDW RS HFA 2 Tz. 67 (analog).

Dies hat zur Folge, dass ihr die Vermögensgegenstände und Schulden der Zweckgesellschaft iSd. § 290 Abs. 2 Nr. 4 HGB „zugerechnet" würden.

Tragen die Parteien die **Risiken** dagegen in **unterschiedlicher Gewichtung**, müssen die absoluten Beträge der vorrangig an Verlusten zu beteiligenden Tranchen im Vergleich zu den nachrangig an Verlusten teilnehmenden Tranchen stärker berücksichtigt werden. Die konkreten Zuschläge, die bei einer derartigen Umrechnung der Risikopositionen zugrunde zu legen sind, müssen sich zukünftig erst noch in der Praxis herausbilden. Grds. wird aber davon auszugehen sein, dass bspw. eine *first loss* - Position im Vergleich zu einer Position, die erst nachrangig und damit nur im *worst case* Verluste zu tragen hat, mit einem wesentlich höheren Faktor gewichtet werden muss. Ähnliche Probleme ergeben sich im Übrigen, wenn zB Ausfall- und Zinsänderungsrisiken auf unterschiedliche Parteien verteilt sind. Auch hier müssen, soweit dies möglich ist, die unterschiedlichen Risikopositionen quantifiziert werden, um zu ermitteln, wer die Mehrheit trägt. Hierbei sind auch die möglichen bzw. wahrscheinlichen künftigen Umweltzustände zu berücksichtigen (vgl. auch Tz. 72). Bei einer asymmetrischen Chancen- und Risikoverteilung, die zB auf Informationsdefiziten oder einer abweichenden Einschätzung der künftigen Entwicklung durch Parteien zurück zu führen sein kann[94], ist zur Beurteilung des Vorliegens eines Mutter-/Tochterunternehmens vorrangig auf die Risiken abzustellen[95]. 75a

Bei der Beurteilung, welche Risiken oder Chancen aus der Geschäftstätigkeit der Zweckgesellschaft das Mutterunternehmen trägt, sind auch die **Zurechnungsvorschriften** des § 290 Abs. 3 Satz 1 und 2 HGB zu beachten. Danach sind insb. auch Vor- und Nachteile, die anderen Tochterunternehmen entstehen, zB aufgrund sonstiger Lieferungs- und Leistungsbeziehungen mit der Zweckgesellschaft, mit in die wirtschaftliche Gesamtbetrachtung einzubeziehen[96] und dem potentiellen Mutterunternehmen zuzurechnen. 76

Die Beurteilung, ob das Mutterunternehmen die Mehrheit der Risiken und Chancen inne hat, hat unter Berücksichtigung **zukünftiger Entwicklungen** zu erfolgen, soweit diese am jeweiligen Bilanzstichtag so gut wie sicher sind[97]. Immobilienleasingverträge sehen zB häufig vor, dass der Leasingnehmer während der Laufzeit zusätzlich zu den Leasingraten ein sog. Mieterdarlehen aufbaut, das am Ende der Grundmietzeit der erwarteten Höhe des Restwerts des Leasinggegenstands entspricht[98]. In diesem Fall hat die Beurteilung der Risiken und Chancen nicht allein nach den Verhältnissen zu Beginn der Leasinggestaltung, sondern muss unter Einbeziehung des vom Leasingnehmer zu gewährenden Mieterdarlehens erfolgen. 77

In **Folgejahren** können sich auch **Änderungen** des Umfangs der vom Mutterunternehmen zu tragenden Chancen und Risiken ergeben. Dies kann zB der Fall sein, wenn nach der Auslagerung eines Servicebereichs im Wege eines *Management buy-outs* die neue Gesellschaft ihre Dienstleistungen nicht mehr ausschließlich nur für das Mutterunternehmen, sondern überwiegend für Konzernfremde erbringt. Daraus folgt, dass die Risiko- und Chancenverteilung an jedem Konzernabschlussstichtag (§ 299 Abs. 1 78

---

94 Vgl. *Küting/Seel*, DStR 2009, Beil. zu Heft 26, S. 40*; IDW RS HFA 2 Tz. 68.
95 Vgl. Begr. Beschlussempfehlung und Bericht des Rechtsausschusses, BT-Drucks. 16/12407, S. 89.
96 AA Vgl. *Küting/Koch*, in Küting/Pfitzer/Weber, Das neue deutsche Bilanzrecht[2], S. 398, 400: Chancen und Risiken, die nicht mit der Zweckgesellschaft selbst verbunden sind, sondern sich beim „Mutterunternehmen" selbst oder einem Tochterunternehmen ergeben, bleiben unberücksichtigt.
97 GlA *Lüdenbach/Freiberg*, BB 2009, S. 1233.
98 Vgl. *Gelhausen/Weiblen*, in HdJ, Abt. I/5 (2003), Tz. 104 f.

HGB) neu überprüft werden muss, dh. es ist zu beurteilen, ob sich für ihre Einschätzung wesentliche Parameter im Zeitablauf geändert haben.

79 Ebenso wie in § 290 Abs. 2 Nr. 4 HGB für die Beurteilung von Mutter-/Tochterverhältnissen bei Zweckgesellschaften wird auch für Zwecke der Zuordnung des **wirtschaftlichen Eigentums von Vermögensgegenständen** im Jahresabschluss nach § 246 Abs. 1 Satz 2 HGB (vgl. dazu Abschn. B Tz. 8 ff.), zB bei Leasingverträgen oder iZm. *sale buy back* – Gestaltungen[99], auf die Verteilung von Chancen und Risiken abgestellt. Dabei ist aber der für Zuordnung ausschlaggebende Umfang der Chancen- und Risikotragung nicht deckungsgleich mit demjenigen nach § 290 Abs. 2 Nr. 4 HGB. ZB wird bei Vorliegen von Leasingverträgen auch für Zwecke der handelsrechtlichen Bilanzierung die Zuordnung des wirtschaftlichen Eigentums weitestgehend anhand der steuerlichen Leasingerlasse entschieden[100].

80 Für die **Zurechnung eines Leasinggegenstands** zum Leasinggeber ist es zB bei Teilamortisationsverträgen[101] über bewegliche Wirtschaftsgüter „unschädlich", wenn der Leasingnehmer sämtliche Risiken trägt, solange der Leasinggeber nur in einem wirtschaftlich ins Gewicht fallenden Umfang (min. 25%), jedoch nicht mehrheitlich an etwaigen Wertsteigerungschancen beteiligt ist. Die Entscheidung über die Zurechnung des wirtschaftlichen Eigentums an Vermögensgegenständen nach § 246 Abs. 1 Satz 2 HGB erfolgt unabhängig von der Frage, ob uU der Leasinggeber eine Zweckgesellschaft iSv. § 290 Abs. 2 Nr. 4 HGB des Leasingnehmers ist und damit nach den Vorschriften über die Vollkonsolidierung (§§ 300 ff. HGB) in dessen handelsrechtlichen Konzernabschluss einzubeziehen ist. Dies entspricht auch der Vorgehensweise nach den internationalen Rechnungslegungsgrundsätzen[102].

d. Unternehmenseigenschaft der Zweckgesellschaft (Abs. 2 Nr. 4 Satz 2)

81 Nach dem Wortlaut des § 290 Abs. 2 Nr. 4 Satz 1 HGB können Unternehmen als Zweckgesellschaft zu qualifizieren sein. § 290 Abs. 2 Nr. 4 Satz 2 HGB erweitert den Kreis möglicher Organisationsformen, schließt aber bestimmte Sachverhalte aus. Fraglich ist, ob mit der Verwendung des **Begriffs „Unternehmen"** bestimmte Anforderungen an die rechtliche Ausgestaltung der wirtschaftenden Einheit gestellt werden, auf die beherrschender Einfluss ausgeübt werden soll. Nach der hM[103] gibt es keinen einheitlichen, für alle Bereiche des Handels- und Wirtschaftsrechts geltenden Unternehmensbegriff. Der Begriff ist vielmehr nach dem jeweiligen Zweck des Gesetzes und der Norm zu bestimmen, die ihn verwenden.

82 Der Unternehmensbegriff iSv. § 290 Abs. 2 Nr. 4 HGB entspricht dem in § 290 Abs. 1 und Abs. 2 Nr. 1 bis 3 HGB bereits bisher verwendeten Begriff, der sich wiederum mit dem **Begriff des Unternehmens iSd. § 271 HGB** deckt[104]. Die Gesetzesbegründung zu § 290 Abs. 2 Nr. 4 HGB definiert Unternehmen als *„Wirtschaftseinheiten, die eigenständige Interessen kaufmännischer oder wirtschaftlicher Art mittels einer nach außen*

---

99 Vgl. ERS HFA 13 Tz. 7 f., 10 ff.
100 Vgl. *WPH*[13], Bd. I, E Tz. 25 ff. Zur Fortgeltung der steuerlichen Leasingerlasse nach neuen Recht vgl. Begr. RegE, BT-Drucks. 16/10067, S. 47.
101 Vgl. BMF-Schreiben vom 22.12.1975, DB 1976, S. 172 f.
102 Vgl. IDW RS HFA 2 Tz. 69; *Weber*, in Wiley Komm. IFRS⁵ (2009), Abschn. 11 Rn. 127.; *Kümpel/Bekker*, Leasing nach IFRS, München 2006, S. 89 f.
103 Vgl. *Kindler*, in Ebenroth/Boujong/Jost/Strohn HGB², § 1 Rn. 12 mwN; WP-Handbuch[13], Bd. I, O Tz. 9 sowie T Tz. 339; ADS, 6. Aufl., § 271 HGB Tz. 10, § 11 PublG Tz. 9 mwN.
104 Vgl. ADS⁶, § 290 HGB Tz. 22.

in Erscheinung tretenden Organisation verfolgen"[105]. Wie bei der Auslegung des § 271 HGB anerkannt, gehören dazu Kapitalgesellschaften, Personenhandelsgesellschaften, sonstige juristische Personen (zB rechtsfähige privatrechtliche Stiftungen (§§ 80 ff. BGB), eingetragene Vereine (§ 21 BGB), wirtschaftliche Vereine iSv. § 22 BGB, Körperschaften und Anstalten des öffentlichen Rechts sowie Unternehmen ausländischen Rechts[106]). Auch Gesellschaften bürgerlichen Rechts (§§ 705 ff. BGB), die die vorgenannten Voraussetzungen erfüllen, gehören hierzu.

Bei ausschließlich vermögensverwaltenden Tätigkeiten könnte fraglich sein, ob sie den Unternehmensbegriff erfüllen. Um Umgehungen zu vermeiden und damit auch solche Einheiten als Zweckgesellschaften zu erfassen, die zwar nicht unter den Unternehmensbegriff fallen, deren wesentlichen Risiken aber bei dem potentiellen Mutterunternehmen liegen, bestimmt § 290 Abs. 2 Nr. 4 Satz 2 HGB, dass die **Unternehmenseigenschaft keine notwendige Voraussetzung** für das Vorliegen einer Zweckgesellschaft iSv. § 290 Abs. 2 Nr. 4 HGB ist. Dh. auch wenn bspw. bei der reinen Vermögensverwaltung keine „eigenständigen Interessen kaufmännischer oder wirtschaftlicher Art" verfolgt werden und deshalb kein Unternehmen vorliegt, kann es sich dennoch um eine konsolidierungspflichtige Zweckgesellschaft handeln. 83

Nach der Gesetzesbegründung[107] sollen dadurch Umgehungsversuche verhindert werden, bei denen die Definitionsmerkmale des Unternehmensbegriffs (vgl. Tz. 82) durch rechtsgestaltende Maßnahmen ausgeschlossen werden, um so eine Konsolidierungspflicht als Zweckgesellschaft gem. §§ 300 ff. HGB zu vermeiden. Die Einbeziehung von Einheiten, die nicht unter den Unternehmensbegriff fallen, deren Risiken und Chancen aber mehrheitlich beim Mutterunternehmen liegen, in den Anwendungsbereich des § 290 Abs. 2 Nr. 4 HGB und deren damit verbunden Vollkonsolidierung unterstreicht, dass bei der Beurteilung des Vorliegens einer Zweckgesellschaft nach dem Willen des Gesetzgebers die **wirtschaftliche Betrachtungsweise** ausschlaggebend sein soll[108]. 84

Die Erweiterung des Anwendungsbereichs durch § 290 Abs. Nr. 4 Satz 2 HGB betrifft zunächst (**sonstige**) **juristische Personen** des Privatrechts. Die hierunter fallenden Rechtsträger, zB eingetragene bzw. wirtschaftliche Vereine oder rechtsfähige Stiftungen, werden allerdings grds. bereits durch den in § 290 Abs. 2 Nr. 4 Satz 1 HGB verwendeten Unternehmensbegriff erfasst (s. oben Tz. 82). Daneben erwähnt das Gesetz **unselbständige Sondervermögen** des Privatrechts. Bei derartigen Vermögensmassen kann es sich grds. um Investmentgesellschaften (vgl. dazu aber Tz. 91 ff.) sowie um sog. Zebra-Gesellschaften (vgl. Tz. 86) handeln. 85

Nicht durch den Unternehmensbegriff (vgl. Tz. 82 f.) erfasst werden sog. **Zebra-Gesellschaften**[109], bei denen über eine Gesellschaft eine Mehrzahl von Transaktionen, zB Leasing- oder ABS-Transaktionen, abgewickelt werden, wobei aber die einzelnen Teil-Gesellschaftsvermögen (Portfolios) durch gesellschafts- oder schuldrechtliche Vereinbarungen, haftungs- und vermögensrechtlich voneinander isoliert und einem bestimm- 86

---

105 Vgl. Begr. Beschlussempfehlung und Bericht des Rechtsausschusses, BT-Drucks. 16/12407, S. 89; ähnlich: ADS[6], § 271 HGB Tz. 12; *Hoyos/Gutike*, in Beck Bil-Komm.[6], § 271 Anm. 11.
106 Vgl. ADS[6], § 271 HGB Tz. 12 f., § 11 PublG 8 ff.; *Hoyos/Gutike*, in Beck Bil-Komm.[6], § 271 Anm. 11 f.; *Küting/Koch*, in Küting/Pfitzer/Weber, Das neue deutsche Bilanzrecht[2], S. 390.
107 Vgl. Begr. Beschlussempfehlung und Bericht des Rechtsausschusses, BT-Drucks. 16/12407, S. 89.
108 GlA *Küting/Koch*, in Küting/Pfitzer/Weber, Das neue deutsche Bilanzrecht[2], S. 390.
109 Im Bereich der internationalen Rechnungslegungsvorschriften wird in diesem Zusammenhang auch von sog. Silo- bzw. Zellurären-Strukturen oder von Zellen gesprochen (vgl. IDW RS HFA 2, Tz. 59; *Lüdenbach*, in Lüdenbach/Hoffmann IFRS[7], § 32 Rn. 86; *Watrin/Hoehne/Lammert*, in Münchener Komm. Bilanzrecht, IAS 27, Rn. 70) gesprochen.

ten Gesellschafter zugeordnet werden. Die Risiken und Chancen aus den einzelnen Transaktionen stehen damit ausschließlich oder überwiegend dem an dieser Transaktion beteiligten Gesellschafter zu, so dass auf der Ebene der Zebra-Gesellschaft kein oder nur ein unbedeutender Risiko- und Chancenausgleich stattfindet[110].

87 Fraglich ist daher, ob die **einzelnen Portfolios** („Zebra-Streifen") jeweils eine Vermögensmasse iSv. § 290 Abs. 2 Nr. 4 Satz 2 HGB bilden, die bei Vorliegen der Voraussetzungen nach § 290 Abs. 2 Nr. 4 Satz 1 HGB als Tochterunternehmen in den Konzernabschluss einzubeziehen ist (vgl. Tz. 89). Bei Vorliegen von Zebra-Gesellschaften muss zunächst für Zwecke des handelsrechtlichen Jahresabschlusses des jeweiligen Gesellschafters geprüft werden, ob nach dem Gesamtbild der Verhältnisse überhaupt das wirtschaftliche Eigentum (§ 246 Abs. 1 Satz 2 HGB; vgl. Abschn. B Tz. 8 ff.) an den betreffenden Vermögensgegenständen etc. auf die Zweckgesellschaft übergegangen ist oder ob zB ein treuhandähnliches Rechtsverhältnis[111] vorliegt.

88 Da aber die Anforderungen an die Risiko- und Chancenverteilung für die Zuordnung des **wirtschaftlichen Eigentums** im Jahresabschluss und für Zwecke des § 290 Abs. 2 Nr. 4 HGB nicht deckungsgleich sind (vgl. Tz. 79), kann nicht ausgeschlossen werden, dass für Zwecke des Jahresabschlusses das wirtschaftliche Eigentum der Zebra-Gesellschaft zuzurechnen ist. Dies kann insb. dann der Fall sein, wenn die Zebra-Struktur mit entsprechenden Gewinnverteilungsabreden eingerichtet wird und die Vereinbarungen zur Übertragung der Vermögensgegenstände (zB Forderungsverkauf) keine „abgangsschädlichen" Regelungen enthalten[112].

89 In diesem Fall ist für Zwecke des Konzernabschlusses unabhängig davon zu prüfen, ob eine **Konsolidierungspflicht** als Zweckgesellschaft iSv. § 290 Abs. 2 Nr. 4 HGB besteht. Die mangelnde Unternehmenseigenschaft der einzelnen Portfolios steht der Qualifikation als Zweckgesellschaft nicht entgegen, weil das aus den einzelnen Transaktionen stammende (Rein-)Vermögen bei der Zebra-Gesellschaft bei wirtschaftlicher Betrachtungsweise ein Sondervermögen iSv. § 290 Abs. 2 Nr. 4 Satz 2 HGB bildet[113]. Sofern das Mutterunternehmen die Mehrheit der Chancen, insb. aber der Risiken des auf es entfallenden „Sondervermögens" der Zebra-Gesellschaft trägt, hat sie dieses (Rein-)Vermögen als Zweckgesellschaft nach den Vorschriften über die Vollkonsolidierung (§§ 300 ff. HGB) in ihren handelsrechtlichen Konzernabschluss einzubeziehen[114]. Da Gegenstand der Konsolidierung nur das jeweilige Teilvermögen und nicht die formale gesellschaftsrechtliche Hülle ist, handelt es sich nicht um eine Quotenkonsolidierung iSv. 310 HGB.

90 Die Ausdehnung des Unternehmensbegriffs durch § 290 Abs. 2 Nr. 4 Satz 2 HGB stellt schließlich auch klar, dass bei sog. **Autopilot**-Gestaltungen die Qualifizierung als Zweckgesellschaft nicht dadurch ausgeschlossen wird, dass der Autopilot kein selbständiger Träger unternehmerischer Planungs- und Entscheidungsgewalt iSd. funktionalen Unternehmensbegriffs[115] ist, sondern die Geschäftstätigkeit durch die abgeschlossenen Verträge bereits vollständig determiniert ist.

---

110 Vgl. IDW RS HFA 2, Tz. 59.
111 Vgl. IDW ERS HFA 13 Tz. 49 ff.
112 Vgl. IDW ERS HFA 13 Tz. 6 ff.; IDW RS HFA 8 Tz. 7 ff.
113 GlA *Mujkanovic*, StuB 2009, S. 376.
114 Zur Abgrenzung von Risiken und Chancen vgl. Tz. 66 ff.
115 Vgl. *Claussen/Scherrer*, in Kölner Komm. AktG², § 290 HGB Rn. 43 mwN.

*e. Ausnahme für Spezial-Sondervermögen iSv. § 2 Abs. 3 InvG
(Abs. 2 Nr. 4 Satz 2)*

Spezial-Sondervermögen iSv. § 2 Abs. 3 InvG, dh. **Spezialfonds**, die nicht für die Kapitalmarktöffentlichkeit konzipiert werden, sondern für spezielle institutionelle Anlegergruppen (nicht natürliche Personen) aufgelegt werden, sind nach § 290 Abs. 2 Nr. 4 Satz 2 HGB vom Anwendungsbereich des § 290 Abs. 2 Nr. 4 HGB ausgenommen. Der Informationsnachteil, der durch den Verzicht auf die Konsolidierung der Spezialfonds für die Adressaten des handelsrechtlichen Jahres- bzw. Konzernabschlusses entsteht, soll nach der Gesetzesbegründung durch die Anhangangaben nach § 285 Nr. 26 HGB (vgl. dazu Abschn. O Tz. 228 ff.) bzw. § 314 Abs. 1 Nr. 18 HGB (vgl. Abschn. R Tz. 69 ff.) kompensiert werden.

91

Nach dem Gesetzeswortlaut betrifft die Ausnahmeregelung ausdrücklich nur inländische Spezialfonds. Als Ausnahmevorschrift kann die Regelung nicht erweiternd ausgelegt werden. Anteile an **ausländischen Investmentvermögen** sind daher auch dann nicht von der Konsolidierungspflicht als Zweckgesellschaft ausgenommen, wenn sie in ihrer rechtlichen Ausgestaltung Spezialfonds iSd. § 2 Abs. 3 InvG entsprechen[116]. Auch auf inländische **Investmentaktiengesellschaften** (§§ 96 ff. InvG) und entsprechende ausländische Gestaltungen (SICAV) ist die Ausnahme daher nicht anwendbar[117]. Bei Investmentaktiengesellschaften ist zudem zu prüfen, ob sie nicht bereits nach § 290 Abs. 1, Abs. 2 Nr. 1 bis 3 HGB in den Konzernabschluss desjenigen Unternehmens einbezogen werden müssen, dem die entsprechenden Rechte zustehen.

92

Publikums-Sondervermögen sind in § 290 Abs. 2 Nr. 4 Satz 2 HGB nicht erwähnt. Im Regelfall sind sie nicht als Zweckgesellschaft zu qualifizieren, weil es wegen der offenen Beteiligungsstruktur, die auf einen großen Anlegerkreis zugeschnitten ist, an der Verfolgung eines eng begrenzten und genau definierten Ziels des potentiellen Mutterunternehmens fehlt. Wenn allerdings ein Publikums-Sondervermögen für einen eng begrenzten Anlegerkreis (idR institutionelle Investoren) aufgelegt wird, im Extremfall für ein einzelnes Unternehmen, handelt es sich um eine Zweckgesellschaft, so dass der Investor, der die Mehrheit der Risiken und Chancen trägt, das Sondervermögen zu konsolidieren hat[118]. Die Ausnahme in § 290 Abs. 2 Nr. 4 Satz 2 HGB gilt für diese Gestaltung nicht.

93

IV. Verkürzte Aufstellungsfrist bei kapitalmarktorientierten Mutterunternehmen (Abs. 1 Satz 2)

Die Offenlegungsfrist für den Konzernabschluss und Konzernlagebericht sowie weiterer Unterlagen beträgt bei kapitalmarktorientierten Mutterunternehmen nach § 325 Abs. 1 Satz 2 iVm. Abs. 4 Satz 1 HGB vier Monate. Spiegelbildlich dazu wird in § 290 Abs. 1 Satz 2 HGB[119] die **Verkürzung der Aufstellungsfrist** für den Konzernabschluss und Konzernlagebericht dieser Mutterunternehmen auf die ersten vier Monate des auf den Konzernabschlussstichtag (§ 299 Abs. 1 HGB) folgenden Geschäftsjahrs angeordnet.

94

---

116 Diesbezüglich noch unentschieden vgl. *Schurbohm-Ebneth/Zoeger*, DB 2009, Beil. 5, S. 54.
117 Ob aus systematischen Gründen eine Erstreckung der Ausnahmevorschrift auch auf ausländische Gestaltungen erfolgt, bleibt abzuwarten.
118 Zur Abgrenzung von Risiken und Chancen vgl. Tz. 66 ff.
119 Eingefügt durch „Gesetz über elektronische Handelsregister und Genossenschaftsregister sowie das Unternehmensregister" (EHUG), vom 15.11.2006, BGBl. I 2006, S. 2553 ff. Anzuwenden auf Konzernabschlüsse und Konzernlageberichte für die nach dem 31. Dezember 2005 beginnenden Geschäftsjahre (Art. 61 Abs. 5 Satz 1 EGHGB).

95 Diese Regelung wird durch das BilMoG nicht verändert. Es erfolgt lediglich eine **redaktionelle Anpassung**. Die bislang in § 290 Abs. 1 Satz 2 HGB aF enthaltene Einschränkung, dass die Verkürzung der Aufstellungsfrist nicht für kapitalmarktorientierte Mutterunternehmen iSv. § 327a HGB gilt, wurde inhaltlich identisch in § 325 Abs. 4 Satz 1 HGB übernommen und konnte daher in § 290 Abs. 1 Satz 2 HGB gestrichen werden. Nach § 327a HGB gilt die verkürzte Aufstellungs- und Offenlegungsfrist nicht, wenn das Mutterunternehmen ausschließlich Schuldtitel iSv. § 2 Abs. 1 Satz 1 Nr. 3 WpHG mit einer Mindeststückelung von € 50.000 oder dem am Ausgabetag entsprechenden Gegenwert in fremder Währung ausschließlich zum Handel an einem organisierten Markt begibt.

V. Befreiung von der Konzernrechnungslegungspflicht (Abs. 5)

96 Nach § 290 Abs. 5 HGB ist ein Mutterunternehmen von seiner Konzernrechnungslegungspflicht befreit, wenn es nur Tochterunternehmen hat, die nach § 296 HGB nicht im Wege der Vollkonsolidierung (§§ 300 ff. HGB) in den Konzernabschluss einzubeziehen sind. Bereits bisher entsprach es ganz hM[120], eine faktische Befreiung von der Konzernabschlusspflicht anzunehmen, wenn nach der zutreffenden Abgrenzung des Konsolidierungskreises (§§ 294 Abs. 1, 296 HGB) **kein voll konsolidierungspflichtiges Tochterunternehmen** des Mutterunternehmens verblieb. Die Neuregelung in § 290 Abs. 5 HGB hat damit klarstellenden Charakter.

97 § 290 Abs. 5 HGB ergänzt die beiden anderen Möglichkeiten zur Befreiung von der Konzernrechnungslegungspflicht durch Einbeziehung in einen übergeordneten Konzernabschluss und Konzernlagebericht (§ 291 HGB, § 292 HGB iVm. §§ 1 bis 3 KonBefrV; vgl. Tz. 111 ff.) bzw. die größenabhängige Befreiung nach § 293 HGB (vgl. Tz. 149 ff.). Während die Inanspruchnahme der vorgenannten Befreiungen nach § 291 Abs. 3 Nr. 1 HGB (vgl. Tz. 113) eingeschränkt ist, wenn das zu befreiende Mutterunternehmen einen **organisierten Kapitalmarkt** durch von ihm ausgegebene Wertpapiere iSv. § 2 Abs. 1 Satz 1 WpHG in Anspruch nimmt bzw. im Fall des § 293 Abs. 5 iVm. § 264d HGB bereits, wenn es diesen Status anstrebt (vgl. auch Abschn. K Tz. 53 ff.), ist die Befreiung nach § 290 Abs. 5 HGB nach der Gesetzesbegründung[121] ausdrücklich auch dann anwendbar, wenn das Mutterunternehmen kapitalmarktorientiert ist.

98 Bislang wurden bezüglich der Frage, ob eine faktische Befreiung von der Konzernabschlusspflicht auch für kapitalmarktorientierte Mutterunternehmen iSv. Art. 4 der IAS-VO gilt, unterschiedliche Auffassungen vertreten[122]. Da § 296 HGB mangels Verweises in § 315a Abs. 1 HGB im Fall der Kapitalmarktorientierung formal nicht anwendbar ist, wurde daraus zT[123] geschlossen, dass bei bestehender Kapitalmarktorientierung und Vorliegen eines Mutter-/Tochterverhältnisses iSv. § 290 HGB, auch wenn für das betreffende Tochterunternehmen in einem handelsrechtlichen Konzernabschluss ein Einbeziehungswahlrecht nach § 296 HGB in Anspruch genommen werden könnte, automatisch eine Verpflichtung zur **IFRS-Konzernrechnungslegung** bestünde, selbst dann, wenn nach IFRS kein voll konsolidierungspflichtiges Tochterunternehmen be-

---

120 Vgl. ADS⁶, § 296 HGB Tz. 34; *Förschle/Deubert*, in Beck Bil-Komm.⁶, § 294 Anm. 2; *Sahner/Sauermann*, in HdKR², § 294 Rn. 4; *Pfaff*, in Münchner Kommentar HGB², § 294 Tz. 7.
121 Vgl. Begr. Beschlussempfehlung und Bericht des Rechtsausschusses, BT-Drucks. 16/12407, S. 90 unter Hinweis auf einen entspr. Vorschlag der EU-Kommission zur klarstellenden Änderung der 7. EG-Richtl., der kurz vor der Verabschiedung steht.
122 Vgl. *Küting/Seel*, DStR 2009, Beil. zu Heft 25, S. 41*.
123 Vgl. *Knorr/Buchheim/Schmidt*, BB 2005, S. 2402.

steht. Mehrheitlich wurde jedoch die Auffassung vertreten, dass eine Verpflichtung zur Aufstellung eines IFRS-Konzernabschlusses nach § 315a HGB – ebenso wie nach HGB – voraussetzt, dass mindestens ein Tochterunternehmen voll konsolidiert wird[124]. Dahinter steht die Überlegung, dass ein Konzernabschluss ohne die Einbeziehung der Vermögensgegenstände und Schulden mindestens eines Tochterunternehmens im Vergleich zum handelsrechtlichen Jahresabschluss inhaltsleer wäre und deshalb keine zusätzlichen Informationen über die Vermögens-, Finanz- und Ertragslage vermittelt[125].

Unterschiedliche Auffassungen bestanden dabei aber, ob Frage nach dem Bestehen mindestens eines vollkonsolidierungspflichtigen Tochterunternehmens nach IFRS[126] oder nach HGB[127] zu beantworten ist. Durch § 290 Abs. 5 HGB wird nunmehr klargestellt, dass die Voraussetzungen für das Vorliegen einer faktischen Befreiung allein auf der Grundlage des **HGB-Konsolidierungskreises** zu beurteilen sind[128]. Allerdings dürfte sich der Unterschied gegenüber dem nach den IFRS (IAS 27 (amend. 2008), SIC-12) abgegrenzten Vollkonsolidierungskreis aufgrund der Änderungen des § 290 HGB durch das BilMoG, insb. aufgrund der Konsolidierungspflicht für Zweckgesellschaften nach § 290 Abs. 2 Nr. 4 HGB (vgl. Tz. 51 ff.), deutlich gegenüber dem bisherigen Recht verringern. **99**

Nach § 296 Abs. 3 HGB ist die Inanspruchnahme der Einbeziehungswahlrechte im Konzernanhang zu begründen. Auch wenn diese Regelung im Fall des § 290 Abs. 5 HGB mangels Konzernrechnungslegungspflicht nicht anwendbar ist, wird es sich empfehlen, wenn im **Anhang** des Mutterunternehmens zumindest auf das Bestehen der Befreiung nach § 290 Abs. 5 HGB hingewiesen wird[129]. **100**

VI. Vollkonsolidierung ohne Kapitalbeteiligung des Mutterunternehmens

Nach § 290 Abs. 1 Satz 1 HGB ist das Vorliegen einer (Kapital-)Beteiligung keine zwingende Voraussetzung mehr für das Bestehen eines Mutter-/Tochterverhältnisses (vgl. Tz. 8) und die damit – unbeschadet der Einbeziehungswahlrechte des § 296 HGB – grds. verbundene Verpflichtung zur Vollkonsolidierung des betreffenden Tochterunternehmens nach §§ 300 ff. HGB. Die Vermögensgegenstände, Schulden und Rechnungsabgrenzungsposten sowie die damit korrespondierenden Erträge und Aufwendungen eines Tochterunternehmens sind deshalb, auch beim **Fehlen einer Kapitalbeteiligung** des Mutterunternehmens, nach § 300 Abs. 2 Satz 1 HGB vollständig ab dem Zeitpunkt, von dem an ein Mutter-/Tochterverhältnis iSv. § 290 HGB besteht, in dessen handelsrechtlichen Konzernabschluss zu übernehmen. In Höhe des Gesamtbetrags (100%) des übernommenen Reinvermögens ist im Konzerneigenkapital ein Ausgleichsposten für andere Gesellschafter nach § 307 Abs. 1 HGB zu bilden (vgl. Tz. 340)[130]. **101**

---

124 Vgl. HFA, FN-IDW 2006, S. 368.
125 Vgl. *Förschle/Deubert*, in Beck Bil-Komm.[6], § 294 Anm. 2.
126 So zutreffend zB *Küting/Gattung*, DStR 2006, S. 582 f.
127 Vgl. *Engelmann/Zülch*, DB 2006, S. 294 f.; *Watrin/Lammert*, WPg. 2007, S. 373 f.
128 Vgl. Begr. Beschlussempfehlung und Bericht des Rechtsausschusses, BT-Drucks. 16/12407, S. 90 unter Hinweis auf einen entspr. Vorschlag der EU-Kommission zur klarstellenden Änderung der 7. EG-Richtl., der kurz vor der Verabschiedung steht.
129 Vgl. bereits bisher bei Inanspruchnahme der faktischen Befreiung: *Förschle/Deubert*, in Beck Bil-Komm.[6], § 294 Anm. 2.
130 AA *Künkele/Koss*, in Petersen/Zwirner, BilMoG, S. 521 f., die das nicht auf das Mutterunternehmen entfallende Eigenkapital als passiven Unterschiedsbetrag aus der Kapitalkonsolidierung ausweisen und diesen unverändert bis zum Verkauf oder der Auflösung des Tochterunternehmens fortführen wollen.

102 Fraglich ist, welche Wertansätze für die Einbeziehung der Vermögensgegenstände, Schulden und Rechnungsabgrenzungsposten des Tochterunternehmens im Konzernabschluss des Mutterunternehmens maßgeblich sind. Mangels einer Kapitalbeteiligung des Mutterunternehmens am Tochterunternehmen könnte nach dem Wortlaut der Vorschrift zweifelhaft sein, ob § 301 HGB anwendbar ist. Auch aus § 307 Abs. 1 HGB ergeben sich keine Anhaltspunkte, mit welchen Werten dessen Zugangsbewertung zu erfolgen hat. Dort wird lediglich bestimmt, dass sich die Höhe des Ausgleichspostens nach dem Anteil anderer Gesellschafter an dem im Konzernabschluss enthaltenen Reinvermögen richtet (vgl. Tz. 341). Dies könnte dafür sprechen, dass in der Konstellation ohne Kapitalbeteiligung des Mutterunternehmens die an die konzerneinheitlichen Bilanzierung- und Bewertungsvorschriften (§ 300 Abs. 2 Satz 2 HGB, § 308 HGB) angepassten **Buchwerte aus der Handelsbilanz II** des Tochterunternehmens die Konzernanschaffungskosten (§ 255 Abs. 1 iVm. § 298 Abs. 1 HGB) bilden und nach den allgemeinen Grundsätzen fortzuentwickeln sind.

103 Aufgrund der fehlenden Kapitalbeteiligung sind aber lediglich § 301 Abs. 1 Satz 1 HGB, der die Verrechnung der Anschaffungskosten der Beteiligung mit dem darauf (ggf. anteilig) entfallenden neubewerteten Eigenkapital des Tochterunternehmens anordnet (vgl. Tz. 193), sowie § 301 Abs. 3 HGB, der die Behandlung eines dabei entstehenden Unterschiedsbetrags betrifft (vgl. Tz. 245 ff.), nicht anwendbar. Die Vorschriften zur **Zeitwertbewertung** (§ 301 Abs. 1 Satz 2 und 3 HGB; vgl. Tz. 194 ff.), gelten ohne Einschränkung auch in den Fällen, in denen das Mutterunternehmen nicht vermögensmäßig am Tochterunternehmen beteiligt ist. Dafür spricht auch, dass bei einer nur geringfügigen Kapitalbeteiligung des Mutterunternehmens auf andere Gesellschafter entfallendes Reinvermögen unstrittig nach § 301 Abs. 1 Satz 2 und 3 HGB zum Zeitwert im Erstkonsolidierungszeitpunkt (vgl. Tz. 203 ff.) bewertet wird. Davon geht im Übrigen auch der Gesetzgeber aus, indem er die Festlegung des Zeitpunkts, zu dem ein Unternehmen Tochterunternehmen iSv. § 290 HGB geworden ist, als Erstkonsolidierungszeitpunkt (§ 301 Abs. 2 Satz 1 HGB; vgl. Tz. 235), ausdrücklich unter Hinweis auf den Wegfall des Beteiligungserfordernisses für das Bestehen eines Mutter-/Tochterverhältnisses iSv. § 290 HGB begründet hat[131].

104 Im Übrigen wird auch für Zwecke des § 301 HGB die Zeitwertbewertung des anteilig von anderen Gesellschaftern erworbenen Reinvermögens damit begründet, dass der Konzernabschluss nicht nur den Gesellschaftern des Mutterunternehmens, sondern auch den anderen Gesellschaftern eines Tochterunternehmens relevante Informationen vermitteln soll[132]. Dies ist Ausfluss des *economic entity concepts*, wonach die Gesellschafter des Mutterunternehmens und die (Minderheits-)Gesellschafter der Tochterunternehmen gemeinsam Gesellschafter eines fiktiv rechtlich einheitlichen Unternehmens sind (vgl. Tz. 212).

VII. Erstanwendung und Übergangvorschriften

105 Die Änderungen des § 290 HGB sind verpflichtend erstmals auf Konzernabschlüsse für die **nach dem 31. Dezember 2009** beginnenden Geschäftsjahre anzuwenden (Art. 66 Abs. 3 Satz 1 EGHGB). Nach Art. 66 Abs. 3 Satz 6 EGHGB kann § 290 HGB zusammen mit allen übrigen, durch das BilMoG geänderten Konzernvorschriften freiwillig vorzeitig bereits auf Konzernabschlüsse für die nach dem 31. Dezember 2008 beginnenden Geschäftsjahre angewandt werden (vgl. Abschn. W Tz. 3).

---

131 Vgl. Begr. RegE, BT-Drucks. 16/10067, S. 81.
132 Vgl. Begr. RegE, BT-Drucks. 16/10067, S. 80.

Die geänderten Tatbestandsmerkmale zur Beurteilung des Vorliegens eines Mutter-/ **106**
Tochterverhältnisses (vgl. Tz. 14 ff., 51 ff.) sind, mangels entgegenstehender Übergangsvorschrift, nicht nur auf neue, nach dem Zeitpunkt der Erstanwendung verwirklichte Sachverhalte, sondern retrospektiv auch auf alle bestehenden Sachverhalte anzuwenden. Das *control*-Konzept idF des BilMoG (Möglichkeit zur Ausübung eines beherrschenden Einflusses) gilt somit grds. für alle, im Zeitpunkt der erstmaligen Anwendung der geänderten Vorschriften (vgl. Tz. 105) bestehenden **(Alt-)Gestaltungen**, auch wenn diese bisher nach § 290 HGB aF nicht als Tochterunternehmen zu qualifizieren waren[133].

Die tatsächliche Ausübung von **einheitlicher Leitung** nach § 290 Abs. 1 Satz 1 HGB **107**
aF kommt zur Beurteilung des Vorliegens eines Mutter-/Tochterverhältnisses letztmals in Konzernabschlüssen für Geschäftsjahre, die vor dem 1. Januar 2010 beginnen, zur Anwendung (vgl. Art. 66 Abs. 5 EGHGB). Materielle Auswirkungen auf den Konsolidierungskreis sind aus dem Wegfall des Konzepts der einheitlichen Leitung allerdings kaum zu erwarten, weil die seltenen Anwendungsfälle, in denen sich das Mutter-/Tochterverhältnis ausschließlich aus § 290 Abs. 1 Satz 1 HGB aF ergab, zB nachhaltige Präsenzmehrheit, auch weiterhin vom *control*-Konzept umfasst sind (vgl. Tz. 28 ff.).

Für Tochterunternehmen, die diesen Status erstmals durch Anwendung des durch das **108**
BilMoG geänderten § 290 HGB erlangen, hat die erstmalige Kapitalkonsolidierung sowie die sich daran anschließende Vollkonsolidierung nach den §§ 300 ff. HGB auf den **Beginn des Konzerngeschäftsjahrs der Erstanwendung** (vgl. Tz. 105) zu erfolgen (Art. 66 Abs. 3 Satz 5 EGHGB). Auf diesen Stichtag hat nach § 301 Abs. 2 Satz 1 HGB auch die Zeitwertbewertung des Reinvermögens solcher Tochterunternehmen zu erfolgen (vgl. Tz. 203 ff.). Bei einem dem Kalenderjahr entsprechenden Geschäftsjahr und einem Verzicht auf die vorzeitige Erstanwendung ist dies der 1. Januar 2010[134].

In den Fällen, in denen in der Vergangenheit Vermögensgegenstände unter Gewinnre- **109**
alisierung auf bislang nicht konsolidierungspflichtige (Zweck-)Gesellschaften übertragen wurden, könnte fraglich sein, ob die betreffenden Vermögensgegenstände bei einer Vollkonsolidierung dieser Gesellschaften aufgrund der durch das BilMoG geänderten Vorschriften nur mit ihren (ggf. fortgeführten) Konzern-Anschaffungs-/Herstellungskosten (§ 255 iVm. § 298 Abs. 1 HGB) in den Konzernabschluss zu übernehmen sind. Danach wäre eine Zeitwertbewertung nach § 301 Abs. 1 Satz 2 und 3 iVm. Abs. 2 Satz 1 HGB durch eine **nachträgliche Zwischenergebniseliminierung** nach § 304 Abs. 1 HGB rückgängig zu machen. Dafür könnte der weit gefasste Wortlaut des § 304 Abs. 1 HGB sprechen, der nur darauf abstellt, ob der Wertansatz eines in den Konzernabschluss zu übernehmenden Vermögensgegenstands durch eine konzerninterne Transaktion verändert wurde, ohne zu differenzieren, ob zu dem Zeitpunkt, zu dem die betreffende Transaktion verwirklicht wurde, bereits eine Konzernbeziehung bestand oder nicht.

Aus der Übergangsregelung in Art. 66 Abs. 3 Satz 5 EGHGB ergibt sich aber, dass bei **110**
der Kapitalkonsolidierung der durch den geänderten § 290 HGB erstmals voll zu konsolidierenden Tochterunternehmen die aktuellen **Wertverhältnisse (Zeitwerte) im Zeitpunkt der erstmaligen Anwendung** der geänderten Vorschriften (idR Beginn des Konzerngeschäftsjahrs, das nach dem 31. Dezember 2009 beginnt) zugrunde gelegt werden sollen (vgl. Tz. 108). Eine nachträgliche Zwischenergebniseliminierung nach

---

133 GlA *Kirsch*, IRZ 2009, S. 239.
134 Vgl. IDW ERS HFA 28 Tz. 55; *Oser*, PiR 2009, S. 122; *Oser/Roß/Wader/Drögemüller*, WPg. 2008, S. 690

§ 304 HGB, die im Ergebnis die retrospektive Anwendung der allgemeinen Konsolidierungsvorschriften für den durch das BilMoG geänderten Konsolidierungskreis bedeuten würde, ist deshalb ausgeschlossen. Im Ergebnis unterliegen somit bei bestehenden Gestaltungen, die im Zeitpunkt der (prospektiven) Erstanwendung der durch das BilMoG geänderten Vorschriften den Status eines Tochterunternehmens erlangen, die Vermögensgegenstände aus Lieferungen und Leistungen vor diesem Erstkonsolidierungszeitpunkt keiner nachträglichen Zwischenergebniseliminierung nach § 304 HGB.

§ 291 HGB
Befreiende Wirkung von EU/EWR-Konzernabschlüssen

(1) ¹Ein Mutterunternehmen, das zugleich Tochterunternehmen eines Mutterunternehmens mit Sitz in einem Mitgliedstaat der Europäischen Union oder in einem anderen Vertragsstaat des Abkommens über den Europäischen Wirtschaftsraum ist, braucht einen Konzernabschluß und einen Konzernlagebericht nicht aufzustellen, wenn ein den Anforderungen des Absatzes 2 entsprechender Konzernabschluß und Konzernlagebericht seines Mutterunternehmens einschließlich des Bestätigungsvermerks oder des Vermerks über dessen Versagung nach den für den entfallenden Konzernabschluß und Konzernlagebericht maßgeblichen Vorschriften in deutscher Sprache offen gelegt wird. ²Ein befreiender Konzernabschluß und ein befreiender Konzernlagebericht können von jedem Unternehmen unabhängig von seiner Rechtsform und Größe aufgestellt werden, wenn das Unternehmen als Kapitalgesellschaft mit Sitz in einem Mitgliedstaat der Europäischen Union oder in einem anderen Vertragsstaat des Abkommens über den Europäischen Wirtschaftsraum zur Aufstellung eines Konzernabschlusses unter Einbeziehung des zu befreienden Mutterunternehmens und seiner Tochterunternehmen verpflichtet wäre.

(2) ¹Der Konzernabschluß und Konzernlagebericht eines Mutterunternehmens mit Sitz in einem Mitgliedstaat der Europäischen Union oder in einem anderen Vertragsstaat des Abkommens über den Europäischen Wirtschaftsraum haben befreiende Wirkung, wenn

1. das zu befreiende Mutterunternehmen und seine Tochterunternehmen in den befreienden Konzernabschluß unbeschadet des § 296 einbezogen worden sind,

2. der befreiende Konzernabschluß und der befreiende Konzernlagebericht im Einklang mit der Richtlinie 83/349/EWG des Rates vom 13. Juni 1983 über den konsolidierten Abschluß (ABl EG Nr. L 193 S. 1) und der Richtlinie 84/253/EWG des Rates vom 10. April 1984 über die Zulassung der mit der Pflichtprüfung der Rechnungslegungsunterlagen beauftragten Personen (ABl EG Nr. L 126 S. 20) in ihren jeweils geltenden Fassungen nach dem für das aufstellende Mutterunternehmen maßgeblichen Recht aufgestellt und von einem zugelassenen Abschlußprüfer geprüft worden sind,

3. der Anhang des Jahresabschlusses des zu befreienden Unternehmens folgende Angaben enthält:

   a) Name und Sitz des Mutterunternehmens, das den befreienden Konzernabschluß und Konzernlagebericht aufstellt,

   b) einen Hinweis auf die Befreiung von der Verpflichtung, einen Konzernabschluß und einen Konzernlagebericht aufzustellen, und

   c) eine Erläuterung der im befreienden Konzernabschluß vom deutschen Recht abweichend angewandten Bilanzierungs-, Bewertungs- und Konsolidierungsmethoden.

²Satz 1 gilt für Kreditinstitute und Versicherungsunternehmen entsprechend; unbeschadet der übrigen Voraussetzungen in Satz 1 hat die Aufstellung des befreienden Konzernabschlusses und des befreienden Konzernlageberichts bei Kreditinstituten im Einklang mit der Richtlinie 86/635/EWG des Rates vom 8. Dezember 1986 über den Jahresabschluß und den konsolidierten Abschluß von Banken und anderen Finanzinstituten (ABl EG Nr. L 372 S. 1) und bei Versicherungsunternehmen im Einklang mit der

Richtlinie 91/674/EWG des Rates vom 19. Dezember 1991 über den Jahresabschluß und den konsolidierten Jahresabschluß von Versicherungsunternehmen (ABl EG Nr. L 374 S. 7) in ihren jeweils geltenden Fassungen zu erfolgen.

(3) Die Befreiung nach Absatz 1 kann trotz Vorliegens der Voraussetzungen nach Absatz 2 von einem Mutterunternehmen nicht in Anspruch genommen werden, wenn

1. **das zu befreiende Mutterunternehmen einen organisierten Markt im Sinn des § 2 Abs. 5 des Wertpapierhandelsgesetzes durch von ihm ausgegebene Wertpapiere im Sinn des § 2 Abs. 1 Satz 1 des Wertpapierhandelsgesetzes in Anspruch nimmt,**

2. Gesellschafter, denen bei Aktiengesellschaften und Kommanditgesellschaften auf Aktien mindestens 10 vom Hundert und bei Gesellschaften mit beschränkter Haftung mindestens 20 vom Hundert der Anteile an dem zu befreienden Mutterunternehmen gehören, spätestens sechs Monate vor dem Ablauf des Konzerngeschäftsjahrs die Aufstellung eines Konzernabschlusses und eines Konzernlageberichts beantragt haben.

Inhaltsverzeichnis Tz.

I. Keine Befreiungsmöglichkeit für kapitalmarktorientierte untere Mutterunternehmen (Abs. 3 Nr. 1 HGB) .... 111 – 115
II. Geänderter Minderheitenschutz (Abs. 3 Nr. 2 HGB) .... 116 – 121
III. Erstanwendung .... 122 – 124

I. Keine Befreiungsmöglichkeit für kapitalmarktorientierte untere Mutterunternehmen (Abs. 3 Nr. 1 HGB)

111 Die Möglichkeit, ein inländisches, unteres Mutterunternehmen bei Vorliegen der Voraussetzungen nach § 291 Abs. 1 und Abs. 2 HGB[135] durch die Aufstellung, Prüfung und Offenlegung eines Konzernabschlusses und Konzernlageberichts eines übergeordneten EU- bzw. EWR-Mutterunternehmens von seiner Konzernrechnungslegungspflicht nach §§ 290 ff. HGB zu befreien, besteht nicht, wenn das untere Mutterunternehmen selbst kapitalmarktorientiert ist. Hintergrund für diese **Einschränkung der Befreiungsmöglichkeit** ist, dass aufgrund der Kapitalmarktorientierung des (unteren) Mutterunternehmens ein gesteigertes Interesse an dessen (Teil-)Konzernabschluss besteht und deshalb verlangt wird, dass diese Finanzinformationen, auch bei Vorliegen der Befreiungsvoraussetzungen der Öffentlichkeit zugänglich gemacht werden.

112 Die Begrenzung der Befreiungsmöglichkeit wurde ursprünglich durch das **TransPuG**[136] für nach dem 31. Dezember 2002 beginnende Geschäftsjahre (Art. 54 Abs. 1 Satz 1 EGHGB) eingefügt, wobei zunächst nicht alle kapitalmarktorientierten (unteren) Mutterunternehmen, sondern nur AG, deren Aktien zum Handel im amtlichen Markt zugelassen waren, erfasst wurden[137]. Für nach dem 31. Dezember 2004 beginnende Geschäftsjahre (Art. 58 Abs. 3 Satz 1 EGHGB) wurde sie durch das **BilReG**[138] auch auf

---
135 Vgl. im Einzelnen zu den Befreiungsvoraussetzungen *ADS*[6], § 291 HGB Tz. 6 ff. sowie § 291 HGB nF Tz. 6 ff.; *Hoyos/Ritter-Thiele*, in Beck Bil-Komm.[6], § 291 Anm. 6 ff.; *WPH*[13], Bd. I, M Tz. 81 ff.
136 TransPuG, vom 19. Juli 2002, BGBl. I, S. 2681 ff.
137 Vgl. dazu *Berger/Lütticke*, in Beck Bil-Komm.[5], § 291 Anm. 36: AG, deren Aktien im geregelten Markt, im Freiverkehr oder im „Neuen Markt" notiert waren, wurden von § 291 Abs. 3 Nr. 1 HGB idF des TransPuG nicht erfasst. Gleiches galt für (Teilkonzern-)Mutterunternehmen, die Schuldtitel emittiert hatten.
138 Bilanzrechtsreformgesetz, vom 4. Dezember 2004, BGBl. I, S. 3166 ff.

Emittenten von Schuldtiteln sowie auf geregelte Wertpapiermärkte außerhalb des amtlichen Handels ausgeweitet[139]. Damit wurden Vorgaben aus der Modernisierungsrichtlinie[140] umgesetzt[141]. Im Unterschied zu § 315a Abs. 2 HGB, wo der relevante Kapitalmarkt unter Verweis auf § 2 Abs. 5 WpHG definiert wird, stellte § 291 Abs. 3 Nr. 1 HGB aF auf den Begriff des geregelten Markts iSd. Wertpapierdienstleistungsrichtlinie ab[142]. Obwohl beide Begriffsdefinitionen nicht völlig deckungsgleich sind, kann davon ausgegangen werden, dass Unternehmen, deren Wertpapiere auf einem **organisierten Markt** iSd. § 2 Abs. 5 WpHG notiert sind, unter § 291 Abs. 3 Nr. 1 HGB aF fallen und damit von der Befreiungsmöglichkeit ausgeschlossen sind[143].

Vor diesem Hintergrund hat die Änderung des § 291 Abs. 3 Nr. 1 HGB im Rahmen des BilMoG nur redaktionellen Charakter[144]. Die Inanspruchnahme der Befreiungsmöglichkeit nach § 291 HGB ist danach unverändert ausgeschlossen, wenn ein unteres Mutterunternehmen **kapitalmarktorientiert** ist, dh. einen organisierten Markt iSd. § 2 Abs. 5 WpHG durch von ihm ausgegebene Wertpapiere iSd. § 2 Abs. 1 Satz 1 WpHG in Anspruch nimmt. 113

Inhaltlich entspricht die in § 291 Abs. 3 Nr. 1 HGB genannte Voraussetzung für das Befreiungsverbot grds. der Begriffsdefinition des § 264d HGB (vgl. Abschn. K Tz. 35 ff.). Ein einfacher Verweis auf diese Vorschrift war aber nicht möglich, weil deren Anwendungsbereich weiter gefasst ist und (Mutter-)Unternehmen bereits erfasst, wenn diese die Zulassung ihrer Wertpapiere zum Handel an einem organisierten Markt beantragt haben. Dagegen ist eine Befreiung nach § 291 Abs. 1 HGB nur ausgeschlossen, wenn das untere Mutterunternehmen einen solchen **Kapitalmarkt tatsächlich in Anspruch nimmt**[145]. 114

Das Vorliegen einer Verpflichtung zur Konzernrechnungslegung nach §§ 290 ff. HGB ggf. iVm. § 315a HGB wird jeweils zum **Abschlussstichtag** (§ 299 Abs. 1 HGB) beurteilt. Folglich ist dieser Zeitpunkt zugleich für die Beurteilung maßgeblich, ob ein unteres Mutterunternehmen iSd. § 291 Abs. 3 Nr. 1 HGB einen organisierten Kapitalmarkt in Anspruch nimmt und deshalb von der Befreiungsmöglichkeit nach § 291 HGB keinen Gebrauch machen darf. 115

II. Geänderter Minderheitenschutz (Abs. 3 Nr. 2 HGB)

Die **Aufhebung** von § 291 Abs. 3 Nr. 2 Satz 2 HGB aF dient der vollständigen Weitergabe des Mitgliedsstaatenwahlrechts in Art. 8 Abs. 1 Satz 1 Konzernbilanzrichtlinie[146]. Danach können die Mitgliedsstaaten untere Mutterunternehmen über die in Art. 7 Abs. 1 Konzernbilanzrichtlinie geregelte und zwingend von allen Mitgliedsstaaten umzusetzende Mindestbefreiungsregelung (vgl. Tz. 117) von der Konzernrechnungslegungspflicht befreien, wenn die in Art. 7 Abs. 2 Konzernbilanzrichtlinie genannten Voraussetzungen erfüllt sind und die anderen Gesellschafter, die einen Mindestpro- 116

---

139 Vgl. *Hoyos/Ritter-Thiele*, in Beck Bil-Komm.⁶, § 291 Anm. 36 f.; *WPH*[13], Bd. I, M Tz. 99.
140 Richtlinie 2003/51/EG des Europäischen Parlaments und des Rates vom 18. Juni 2003, ABl. EU v. 17. Juli 2003, L 178, S. 16 ff.
141 Änderung von Art. 7 Abs. 3 Konzernrichtlinie durch Art. 2 Nr. 4 lit. c) Modernisierungsrichtlinie; vgl. auch RegE. BilReG, BT-Drucks. 15/3419, S. 31.
142 Vgl. *Hoyos/Ritter-Thiele*, in Beck Bil-Komm.⁶, § 291 Anm. 37.
143 Vgl. *Pfitzer/Oser/Orth*, Reform des Aktien-, Bilanz- und Aufsichtsrechts – BilReG, BilKoG, APAG, AnSVG, UMAG sowie weitere Reformgesetze, S. 51.
144 Vgl. Begr. RegE, BT-Drucks. 16/10067, S. 79.
145 Vgl. Begr. RegE, BT-Drucks. 16/10067, S. 79.
146 Richtlinie 83/349/EWG des Rates der Europäischen Gemeinschaften vom 13. Juni 1983, ABl. EG v. 18. Juli 1983, L 193, S. 1 ff.

zentsatz am gezeichneten Kapital des unteren Mutterunternehmens besitzen, die Aufstellung eines (Teil-)Konzernabschlusses nicht aktiv verlangt haben.

117 **Art. 7 Abs. 1 lit. a und b Konzernbilanzrichtlinie** schreibt in folgenden Fällen eine Befreiung unterer Mutterunternehmen von der Konzernrechnungslegungspflicht vor:

 a) Dem oberen Mutterunternehmen gehören 100% Anteile am unteren Mutterunternehmen oder
 b) das obere Mutterunternehmen besitzt <u>90% oder mehr</u> der Anteile und die anderen Gesellschafter haben der Befreiung <u>zugestimmt</u>.

118 Das nicht widerspruchsfreie Verhältnis von Art. 7 Abs. 1 lit. b) und Art. 8 Abs. 1 Satz 1 Konzernbilanzrichtlinie war bereits im Zuge der Umsetzung der Art. 7 und 8 Konzernbilanzrichtlinie im Rahmen des BiRiLiG Gegenstand der Fachdiskussion[147]. Bereits damals wurde die Auffassung vertreten, dass folgende Fallkonstellationen von Art. 7 Abs. 1 Konzernbilanzrichtlinie nicht erfasst werden und damit unter die weitergehende Befreiungsmöglichkeit des **Art. 8 Abs. 1 Satz 1 Konzernbilanzrichtlinie** fallen:

 a) das obere Mutterunternehmen besitzt weniger als 90% der Anteile am Teilkonzern-Mutterunternehmen oder
 b) das obere Mutterunternehmen besitzt 90% oder mehr der Anteile am Teilkonzern-Mutterunternehmen und die anderen Gesellschafter haben der Befreiung nicht zugestimmt.

119 Der zuletzt genannte Fall führt dazu, dass bei einer vollständigen Umsetzung des Wahlrechts nach Art. 8 Abs. 1 Konzernbilanzrichtlinie die zwingend umzusetzende Befreiungsmöglichkeit des Art. 7 Abs. 1 lit. b) Konzernbilanzrichtlinie faktisch leer läuft. Teilweise wurde in § 291 Abs. 3 Nr. 2 Satz 2 HGB aF aber auch eine verfehlte Umsetzung von Art. 7 und 8 Konzernbilanzrichtlinie gesehen[148]. Indem der Gesetzgeber Art. 7 Abs. 1 lit. b) Konzernbilanzrichtlinie in § 291 Abs. 3 Nr. 2 Satz 2 HGB aF ausdrücklich umgesetzt hatte, wurden im Ergebnis die **weitergehenden Befreiungsmöglichkeiten** des Mitgliedsstaatenwahlrechts in Art. 8 Abs. 1 Konzernbilanzrichtlinie nicht in vollen Umfang an die Unternehmen weitergegeben.

120 Laut Begr. des RegE BilMoG[149] stützt sich der Gesetzgeber nunmehr auf die weite Auslegung des Art. 8 Abs. 1 Satz 1 Konzernbilanzrichtlinie (vgl. Tz. 118a), mit der Folge, dass § 291 Abs. 3 Nr. 2 **Satz 2** HGB aF **aufgehoben** werden konnte. Damit wird zugleich der bisher bestehende, rechtssystematisch unbefriedigende Effekt beseitigt, wonach kleinere Minderheiten einen weitergehenden Schutz als größere genossen[150]. Entscheidender aber ist, dass die bisherige Regelung eines als Individualrecht ausgestalteten Minderheitenschutzes in der Praxis eine erhebliche Hürde für die Inanspruchnahme der Befreiungsmöglichkeit darstellen konnte, zB wenn ein Gesellschafter nicht erreichbar war[151].

121 Dagegen überzeugt es nicht, wenn die Aufhebung damit begründet wird, dass insb. **börsennotierte Aktiengesellschaften** ihre Gesellschafter regelmäßig nicht kennen und eine ausdrückliche Zustimmung aller Minderheitsgesellschafter deshalb nicht zu erlangen sei bzw. das Unternehmen einseitig belaste[152]. Börsennotierte (Teilkonzern-)Mutterunternehmen (§ 5 Abs. 2 AktG) durften bereits bisher für Geschäftsjahre, die

---

147 Vgl. ausführlich *ADS*⁶, § 291 HGB Tz. 54 ff. mwN.
148 Vgl. *ADS*⁶, § 291 HGB Tz. 54 ff. mwN.
149 Vgl. Begr. RegE, BT-Drucks. 16/10067, S. 79.
150 Vgl. Begr. RegE, BT-Drucks. 16/10067, S. 79.
151 Vgl. *ADS*⁶, § 291 HGB Tz. 51 f.
152 Vgl. Begr. RegE, BT-Drucks. 16/10067, S. 79.

nach dem 31. Dezember 2002 begannen, nach § 291 Abs. 3 Satz 1 HGB aF (vgl. Tz. 112) nicht (mehr) von der Befreiungsmöglichkeit Gebrauch machen, unabhängig davon, ob etwaige Minderheitsgesellschafter der Inanspruchnahme zugestimmt haben oder nicht.

III. Erstanwendung

Die geänderte Fassung des § 291 Abs. 3 Nr. 1 HGB (**keine Befreiung** kapitalmarktorientierter, unterer Mutterunternehmen; vgl. Tz. 111 ff.) ist erstmals auf Konzernabschlüsse für die **nach dem 31. Dezember 2009** beginnenden Geschäftsjahre anzuwenden (Art. 66 Abs. 3 Satz 1 EGHGB). Die Änderung in § 291 Abs. 3 Nr. 1 HGB hat nur redaktionellen Charakter (vgl. Tz. 113), so dass sich auch im Fall einer vorzeitigen Anwendung aller durch das BilMoG geänderten Vorschriften bereit auf den Konzernabschluss für das nach dem 31. Dezember 2008 beginnende Geschäftsjahr nach Art. 66 Abs. 3 Satz 6 EGHGB (vgl. dazu Abschn. W Tz. 3) keine Auswirkungen ergeben. **122**

§ 291 Abs. 3 Nr. 2 Satz 2 HGB aF (**Minderheitenschutz**; vgl. Tz. 116 ff.) ist letztmals auf Konzernabschlüsse für das vor dem 1. Januar 2010 beginnende Geschäftsjahr anzuwenden (Art. 66 Abs. 5 EGHGB). Für Geschäftsjahre, die spätestens **nach dem 31. Dezember 2009** beginnen (Art. 66 Abs. 3 Satz 1 EGHGB), ist ein Verzicht auf die Aufstellung eines Teilkonzernabschlusses aufgrund der Einbeziehung in einen übergeordneten, befreienden Konzernabschluss – unbeschadet des § 291 Abs. 3 Nr. 1 HGB (vgl. Tz. 111 ff.) – somit nur dann ausgeschlossen, wenn bei AG/KGaA mindestens 10% der Aktionäre und bei GmbH mindestens 20% der Gesellschafter mindestens 6 Monate vor deren Ablauf die Aufstellung eines Teilkonzernabschlusses und Teilkonzernlageberichts verlangen (§ 291 Abs. 3 Nr. 2 HGB). Entsprechend der vorgenannten Übergangsvorschrift gilt die Aufhebung des § 291 Abs. 3 Nr. 2 Satz 2 HGB aF grds. **prospektiv**. **123**

Wird von der Möglichkeit des Art. 66 Abs. 3 Satz 6 EGHGB Gebrauch gemacht und werden sämtliche durch das BilMoG geänderten Vorschriften vorzeitig angewendet (vgl. Abschn. W Tz. 3), entfällt der „strengere Minderheitenschutz" iSd. § 291 Abs. 3 Nr. 2 HGB aF bereits für den (Teil-)Konzernabschluss für das nach dem 31. Dezember 2008 beginnende Geschäftsjahr. Unabhängig davon reichte bereits bisher nach hM[153] auch eine nachträgliche Genehmigung der Nichtaufstellung eines Teilkonzernabschlusses aus. Dies könnte dafür sprechen, dass ein unteres Mutterunternehmen, das die Aufstellung eines Teilkonzernabschlusses und Teilkonzernlageberichts nach §§ 290 ff. HGB – letztmals für ein vor dem 1. Januar 2010 beginnendes Geschäftsjahr (Art. 66 Abs. 5 EGHGB) – unterlassen hat, obwohl die Befreiungsvoraussetzung des § 291 Abs. 3 Nr. 2 Satz 2 HGB aF nicht vorlagen, **nachträglich** für diese zurückliegenden Geschäftsjahre durch einen übergeordneten Konzernabschluss von seiner Konzernrechnungslegungspflicht **befreit** werden kann, wenn im Übrigen die Voraussetzungen des § 291 Abs. 1 und Abs. 2 HGB vorliegen. **124**

---

153 Vgl. zB *ADS*⁶, § 291 HGB Tz. 53; *WPH*¹³, Bd. I, M Tz. 102.

§ 292 HGB
Rechtsverordnungsermächtigung für befreiende Konzernabschlüsse und Konzernlageberichte

(1) ¹Das Bundesministerium der Justiz wird ermächtigt, im Einvernehmen mit dem Bundesministerium der Finanzen und dem Bundesministerium für Wirtschaft und Technologie durch Rechtsverordnung, die nicht der Zustimmung des Bundesrates bedarf, zu bestimmen, dass § 291 auf Konzernabschlüsse und Konzernlageberichte von Mutterunternehmen mit Sitz in einem Staat, der nicht Mitglied der Europäischen Union und auch nicht Vertragsstaat des Abkommens über den Europäischen Wirtschaftsraum ist, mit der Maßgabe angewendet werden darf, daß der befreiende Konzernabschluß und der befreiende Konzernlagebericht nach dem mit den Anforderungen der Richtlinie 83/349/EWG übereinstimmenden Recht eines Mitgliedstaates der Europäischen Union oder eines anderen Vertragsstaates des Abkommens über den Europäischen Wirtschaftsraum aufgestellt worden oder einem nach diesem Recht eines Mitgliedstaates der Europäischen Union oder eines anderen Vertragsstaates des Abkommens über den Europäischen Wirtschaftsraum aufgestellten Konzernabschluß und Konzernlagebericht gleichwertig sein müssen. ²Das Recht eines anderen Mitgliedstaates der Europäischen Union oder Vertragsstaates des Abkommens über den Europäischen Wirtschaftsraum kann einem befreienden Konzernabschluß und einem befreienden Konzernlagebericht jedoch nur zugrunde gelegt oder für die Herstellung der Gleichwertigkeit herangezogen werden, wenn diese Unterlagen in dem anderen Mitgliedstaat oder Vertragsstaat anstelle eines sonst nach dem Recht dieses Mitgliedstaates oder Vertragsstaates vorgeschriebenen Konzernabschlusses und Konzernlageberichts offen gelegt werden. ³Die Anwendung dieser Vorschrift kann in der Rechtsverordnung nach Satz 1 davon abhängig gemacht werden, daß die nach diesem Unterabschnitt aufgestellten Konzernabschlüsse und Konzernlageberichte in dem Staat, in dem das Mutterunternehmen seinen Sitz hat, als gleichwertig mit den dort für Unternehmen mit entsprechender Rechtsform und entsprechendem Geschäftszweig vorgeschriebenen Konzernabschlüssen und Konzernlageberichten angesehen werden.

(2) ¹Ist ein nach Absatz 1 zugelassener Konzernabschluß nicht von einem in Übereinstimmung mit den Vorschriften der Richtlinie **2006/43/EG** zugelassenen Abschlußprüfer geprüft worden, so kommt ihm befreiende Wirkung nur zu, wenn der Abschlußprüfer eine den Anforderungen dieser Richtlinie gleichwertige Befähigung hat und der Konzernabschluß in einer den Anforderungen des Dritten Unterabschnitts entsprechenden Weise geprüft worden ist. ²**Nicht in Übereinstimmung mit den Vorschriften der Richtlinie 2006/43/EG zugelassene Abschlussprüfer von Unternehmen mit Sitz in einem Drittstaat im Sinn des § 3 Abs. 1 Satz 1 der Wirtschaftsprüferordnung, deren Wertpapiere im Sinn des § 2 Abs. 1 Satz 1 des Wertpapierhandelsgesetzes an einer inländischen Börse zum Handel am regulierten Markt zugelassen sind, haben nur dann eine den Anforderungen der Richtlinie gleichwertige Befähigung, wenn sie bei der Wirtschaftsprüferkammer gemäß § 134 Abs. 1 der Wirtschaftsprüferordnung eingetragen sind oder die Gleichwertigkeit gemäß § 134 Abs. 4 der Wirtschaftsprüferordnung anerkannt ist.** ³Satz 2 ist nicht anzuwenden, soweit ausschließlich Schuldtitel im Sinn des § 2 Abs. 1 Satz 1 Nr. 3 des Wertpapierhandelsgesetzes mit einer Mindeststückelung von 50 000 Euro oder einem entsprechenden Betrag anderer Währung an einer inländischen Börse zum Handel am regulierten Markt zugelassen sind.

(3) ¹In einer Rechtsverordnung nach Absatz 1 kann außerdem bestimmt werden, welche Voraussetzungen Konzernabschlüsse und Konzernlageberichte von Mutterunternehmen mit Sitz in einem Staat, der nicht Mitglied der Europäischen Union und auch nicht Vertragsstaat des Abkommens über den Europäischen Wirtschaftsraum ist, im einzelnen erfüllen müssen, um nach Absatz 1 gleichwertig zu sein, und wie die Befähigung von Abschlußprüfern beschaffen sein muss, um nach Absatz 2 gleichwertig zu sein. ²In der Rechtsverordnung können zusätzliche Angaben und Erläuterungen zum Konzernabschluß vorgeschrieben werden, soweit diese erforderlich sind, um die Gleichwertigkeit dieser Konzernabschlüsse und Konzernlageberichte mit solchen nach diesem Unterabschnitt oder dem Recht eines anderen Mitgliedstaates der Europäischen Union oder Vertragsstaates des Abkommens über den Europäischen Wirtschaftsraum herzustellen.

(4) ¹Die Rechtsverordnung ist vor Verkündung dem Bundestag zuzuleiten. ²Sie kann durch Beschluß des Bundestages geändert oder abgelehnt werden. ³Der Beschluß des Bundestages wird dem Bundesministerium der Justiz zugeleitet. ⁴Das Bundesministerium der Justiz ist bei der Verkündung der Rechtsverordnung an den Beschluß gebunden. ⁵Hat sich der Bundestag nach Ablauf von drei Sitzungswochen seit Eingang einer Rechtsverordnung nicht mit ihr befaßt, so wird die unveränderte Rechtsverordnung dem Bundesministerium der Justiz zur Verkündung zugeleitet. ⁶Der Bundestag befaßt sich mit der Rechtsverordnung auf Antrag von so vielen Mitgliedern des Bundestages, wie zur Bildung einer Fraktion erforderlich sind.

Verordnung über befreiende Konzernabschlüsse und Konzernlageberichte von Mutterunternehmen mit Sitz in einem Drittstaat (Konzernabschlussbefreiungsverordnung – KonBefrV)

§ 1 KonBefrV
Befreiender Konzernabschluß und -lagebericht, Voraussetzungen

¹Ein Mutterunternehmen, das zugleich Tochterunternehmen eines Mutterunternehmens mit Sitz in einem Staat ist, der nicht Mitglied der Europäischen Union oder eines anderen Vertragsstaates des Abkommens über den Europäischen Wirtschaftsraum ist, braucht einen Konzernabschluß und einen Konzernlagebericht nicht aufzustellen, wenn es einen den Anforderungen des § 2 entsprechenden Konzernabschluß und Konzernlagebericht seines Mutterunternehmens einschließlich des Bestätigungsvermerks oder des Vermerks über dessen Versagung nach den für den entfallenden Konzernabschluß und Konzernlagebericht maßgeblichen Vorschriften in deutscher Sprache offenlegt. ²**Sind Wertpapiere im Sinn des § 2 Abs. 1 Satz 1 des Wertpapierhandelsgesetzes des Mutterunternehmens an einer inländischen Börse zum Handel am regulierten Markt zugelassen, ist zudem eine Bescheinigung der Wirtschaftsprüferkammer gemäß § 134 Abs. 2a der Wirtschaftsprüferordnung über die Eintragung des Abschlussprüfers oder eine Bestätigung der Wirtschaftsprüferkammer gemäß § 134 Abs. 4 Satz 8 der Wirtschaftsprüferordnung über die Befreiung von der Eintragungsverpflichtung offen zu legen. ³Satz 2 findet keine Anwendung, soweit ausschließlich Schuldtitel im Sinn des § 2 Abs. 1 Satz 1 Nr. 3 des Wertpapierhandelsgesetzes mit einer Mindeststückelung von 50 000 Euro oder einem entsprechenden Betrag anderer Währung an einer inländischen Börse zum Handel am regulierten Markt zugelassen sind.** ⁴Ein befreiender Konzernabschluß und ein

befreiender Konzernlagebericht können von jedem Unternehmen unabhängig von seiner Rechtsform und Größe aufgestellt werden, wenn das Unternehmen als Kapitalgesellschaft mit Sitz in einem Mitgliedstaat der Europäischen Union oder in einem anderen Vertragsstaat des Abkommens über den Europäischen Wirtschaftsraum zur Aufstellung eines Konzernabschlusses unter Einbeziehung des zu befreienden Mutterunternehmens und seiner Tochterunternehmen verpflichtet wäre.

§ 2 KonBefrV
Weitere Voraussetzung der befreienden Wirkung, Prüfung, Angaben im Anhang

(1) Der Konzernabschluß und Konzernlagebericht eines Mutterunternehmens mit Sitz in einem Staat, der nicht Mitglied der Europäischen Union oder eines anderen Vertragsstaates des Abkommens über den Europäischen Wirtschaftsraum ist, haben befreiende Wirkung, wenn

1. das zu befreiende Mutterunternehmen und seine Tochterunternehmen in den befreienden Konzernabschluß unbeschadet des § 296 des Handelsgesetzbuchs einbezogen worden sind,

2. der befreiende Konzernabschluß und der befreiende Konzernlagebericht im Einklang mit der Richtlinie 83/349/EWG des Rates vom 13. Juni 1983 über den konsolidierten Abschluß (ABl. EG Nr. L 193 S. 1) in der jeweils geltenden Fassung nach dem Recht eines Mitgliedstaates der Europäischen Union oder eines anderen Vertragsstaates des Abkommens über den Europäischen Wirtschaftsraum aufgestellt worden sind oder einem nach diesem Recht aufgestellten Konzernabschluß und Konzernlagebericht gleichwertig sind,

3. der befreiende Konzernabschluss von einem in Übereinstimmung mit den Vorschriften der Richtlinie 2006/43/EG des Europäischen Parlaments und des Rates vom 17. Mai 2006 über Abschlussprüfungen von Jahresabschlüssen und konsolidierten Abschlüssen (ABl. EG Nr. L 157 S. 87) in der jeweils geltenden Fassung zugelassenen Abschlussprüfer geprüft worden ist oder der Abschlussprüfer zumindest eine den Anforderungen dieser Richtlinie gleichwertige Befähigung hat und der Konzernabschluss in einer den Anforderungen des Handelsgesetzbuchs entsprechenden Weise geprüft worden ist und

4. der Anhang des Jahresabschlusses des zu befreienden Unternehmens folgende Angaben enthält:

    a) Name und Sitz des Mutterunternehmens, das den befreienden Konzernabschluß aufstellt,

    b) einen Hinweis auf die Befreiung von der Verpflichtung, einen Konzernabschluß und einen Konzernlagebericht aufzustellen, und

    c) eine Erläuterung der im befreienden Konzernabschluß vom deutschen Recht abweichend angewandten Bilanzierungs-, Bewertungs- und Konsolidierungsmethoden.

²Nicht in Übereinstimmung mit den Vorschriften der Richtlinie 2006/43/EG zugelassene Abschlussprüfer von Mutterunternehmen, deren Wertpapiere im Sinn des § 2 Abs. 1 Satz 1 des Wertpapierhandelsgesetzes an einer inländischen Börse

zum Handel am regulierten Markt zugelassen, weisen nur dann eine den Anforderungen der Richtlinie gleichwertige Befähigung auf, wenn sie bei der Wirtschaftsprüferkammer gemäß § 134 Abs. 1 der Wirtschaftsprüferordnung eingetragen sind oder die Gleichwertigkeit nicht gemäß § 134 Abs. 4 der Wirtschaftsprüferordnung anerkannt ist. ³Satz 2 ist nicht anzuwenden, soweit ausschließlich Schuldtitel im Sinn des § 2 Abs. 1 Satz 1 Nr. 3 des Wertpapierhandelsgesetzes mit einer Mindeststückelung von 50 000 Euro oder einem entsprechenden Betrag anderer Währung an einer inländischen Börse zum Handel am regulierten Markt zugelassen sind. ⁴Die Sätze 1 bis 3 gelten für Kreditinstitute und Versicherungsunternehmen entsprechend; unbeschadet der übrigen Voraussetzungen in Satz 1 bis 3 hat die Aufstellung des befreienden Konzernabschlusses und des befreienden Konzernlageberichts bei Kreditinstituten im Einklang mit der Richtlinie 86/635/EWG des Rates vom 8. Dezember 1986 über den Jahresabschluß und den konsolidierten Abschluß von Banken und anderen Finanzinstituten (ABl. EG Nr. L 372 S. 1) und bei Versicherungsunternehmen im Einklang mit der Richtlinie 91/674/EWG des Rates vom 19. Dezember 1991 über den Jahresabschluß und den konsolidierten Jahresabschluß von Versicherungsunternehmen (ABl. EG Nr. L 374 S. 7) in ihren jeweils geltenden Fassungen zu erfolgen.

(2) § 291 Abs. 3 des Handelsgesetzbuchs ist entsprechend anzuwenden.

Inhaltsverzeichnis Tz.
I.   Überblick .... 125 – 126
II. Ergänzungen der Rechtsverordnungsermächtigung (§ 292 HGB)
     1. Aktualisierung eines Richtlinienverweises 127
     2. Besonderheiten für bestimmte Drittlandsabschlussprüfer .... 128 – 133
     3. Erstanwendung 134
III. Änderungen der Konzernabschlussbefreiungsverordnung
     1. Prüfung des befreienden Konzernabschlusses .... 135 – 136
     2. Gleichwertige Befähigung von Abschlussprüfern übergeordneter
        Mutterunternehmen aus Drittländern, deren Wertpapiere an einem
        inländischen geregelten Markt, zugelassen sind 137
     3. Offenlegung zusätzlicher Unterlagen (§ 1 Satz 2 und 3 KonBefrV) . 138 – 141
IV. Erstanwendung .... 142 – 148

I. Überblick

Unter welchen Voraussetzungen der Konzernabschluss und Konzernlagebericht eines **125** übergeordneten Mutterunternehmen, das seinen Sitz nicht in einem Mitgliedsstaat der EU bzw. einem EWR-Vertragsstaat[154] hat (Drittland), eine inländische (Teil-)Konzernmuttergesellschaft von ihrer Konzernrechnungslegungspflicht befreit, wird durch die Konzernabschlussbefreiungsverordnung (KonBefrV) geregelt, mit der zugleich ein in Art. 11 Konzernbilanzrichtlinie[155] enthaltenes Mitgliedstaatenwahlrecht in deutsches Recht umgesetzt wird. Nach der KonBefrV können **Mutterunternehmen aus Drittländern** grds. zu den gleichen Bedingungen einen befreienden Konzernabschluss und Konzernlagebericht aufstellen wie inländische Mutterunternehmen iSd. § 291 HGB (vgl. Tz. 111).

---
154 Derzeit Island, Norwegen und Liechtenstein.
155 Richtlinie 83/349/EWG des Rates der Europäischen Gemeinschaften vom 13. Juni 1983, ABl. EG v. 18. Juli 1983, L 193, S. 1 ff.

126 Die gesetzliche Grundlage für die KonBefrV bildet § 292 HGB, der zunächst eine Ermächtigung zum Erlass dieser **Rechtsverordnung** enthält und darüber hinaus die Voraussetzungen regelt, denen sie genügen muss. § 292 HGB entfaltet somit unmittelbar keine Rechtswirkung, sondern nur in Verbindung mit den Regelungen der KonBefrV. Dh. Änderungen der Befreiungsvoraussetzungen in § 292 HGB müssen in die KonBefrV übernommen werden, um wirksam zu werden.

II. Ergänzungen der Rechtsverordnungsermächtigung (§ 292 HGB)

1. Aktualisierung eines Richtlinienverweises

127 Damit der übergeordnete Konzernabschluss von Mutterunternehmen aus Drittländern befreiende Wirkung hat, muss er von einem Abschlussprüfer geprüft sein (§ 292 Abs. 2 Satz 1 HGB). Zu einer **befreienden Prüfung** des übergeordneten Konzernabschlusses befugt sind zunächst Abschlussprüfer, die in Übereinstimmung mit den Vorschriften der 8. EG-Richtlinie zugelassen sind. Diese Richtlinie wurde mit Wirkung vom 29. Juni 2006 aufgehoben und durch die Abschlussprüferrichtlinie[156] ersetzt (Art. 50 Satz 1 Abschlussprüferrichtlinie). Als Folge davon musste in § 292 Abs. 2 Satz 1 HGB der Verweis „82/253/EWG" durch die Angabe „2006/43/EG" ersetzt werden[157].

2. Besonderheiten für bestimmte Drittlandsabschlussprüfer

128 **Abschlussprüfer aus Drittländern** iSd. § 3 Abs. 1 Satz 1 WPO[158] sind nur dann befugt, den übergeordneten Konzernabschluss mit befreiender Wirkung zu prüfen, wenn sie eine den Anforderungen der Abschlussprüferrichtlinie gleichwertige Befähigung haben und der Konzernabschluss in einer den Anforderungen der §§ 316 ff. HGB entsprechenden Weise geprüft wird (§ 292 Abs. 2 Satz 1 HGB).

129 Für übergeordnete Mutterunternehmen aus einem Drittland, deren Wertpapiere iSv. § 2 Abs. 1 Satz 1 WpHG (vgl. Abschn. K Tz. 42 ff.) an einer inländischen Börse zum Handel im regulierten Markt (vgl. Abschn. K Tz. 36 f.) zugelassen sind, werden die Anforderungen, die an die **gleichwertige Befähigung** des zuständigen Abschlussprüfers gestellt werden, durch die Abschlussprüferrichtlinie verschärft. Die Abschlussprüfer müssen danach entweder in einem EU-Mitgliedsstaat oder dem Drittland Aufsichts-, Qualitätssicherungs- sowie Untersuchungs- und Sanktionssystemen unterliegen, die den Anforderungen der Abschlussprüferrichtlinie entsprechen oder denen zumindest gleichwertig sind.

130 Die diesbezüglichen Regelungen in Art. 45 und 46 Abschlussprüferrichtlinie wurden durch § 134 Abs. 1 und Abs. 4 WPO in deutsches Recht umgesetzt. Nach § 134 Abs. 1 WPO ist die **Wirtschaftsprüferkammer** grds. verpflichtet, die Drittlandsabschlussprüfer einzutragen (vgl. dazu Abschn. Z Tz. 125). Die Eintragung ist allerdings nicht erforderlich, wenn die Gleichwertigkeit der Abschlussprüfung des jeweiligen Drittlands mit den Vorgaben der Abschlussprüferrichtlinie von der EU-Kommission anerkannt ist (§ 134 Abs. 4 WPO; vgl. dazu Abschn. Z Tz. 129 ff.). Eine endgültige Beur-

---

156 Richtlinie 2006/43/EG des Europäischen Parlaments und des Rates vom 17. Mai 2006, ABl. EU v. 9.6.2006, L 157, S. 87 ff.
157 Die Aktualisierung des Verweises hat nur klarstellenden Charakter, weil bereits nach Art. 50 Satz 2 Abschlussprüferrichtlinie sämtliche Bezugnahmen auf die aufgehobene 8. EG-Richtlinie als Verweis auf die Abschlussprüferrichtlinie gelten (vgl. *Kirsch/Berentzen*, in Baetge/Kirsch/Thiele, Bilanzrecht, § 292 Rz. 26).
158 Nicht Mitgliedsstaat der Europäischen Union oder EWR-Vertragsstaat.

teilung der Gleichwertigkeit der in Drittländern vorhandenen Abschlussprüfungssysteme durch die EU-Kommission steht zZt. noch aus.

Von der Eintragung durch die Wirtschaftsprüferkammer kann nach § 134 Abs. 4 Satz 1 WPO auch abgesehen werden, wenn die EU-Kommission dies nach Art. 46 Abs. 2 Satz 3 Abschlussprüferrichtlinie für eine **Übergangsfrist** vorsieht. Von dieser Möglichkeit hat die EU-Kommission mit Entscheidung vom 29. Juli 2008[159] Gebrauch gemacht. Für Geschäftsjahre, die ab 29. Juli 2008 beginnen und bis 1. Juli 2010 enden, ist Abschlussprüfern aus den in der Entscheidung genannten Drittländern[160] gestattet, übergangsweise **ohne förmliche Registrierung** Abschlussprüfungen mit Bezug zu europäischen Kapitalmärkten zu erbringen. 131

Die Voraussetzung dafür ist, dass die Drittlandsprüfer den zuständigen Behörden, dh. in Deutschland der Abschlussprüferaufsichtskommission, bestimmte **Angaben** machen. Die für die Erfassung im Rahmen der Übergangsentscheidung erforderlichen Formulare und Erläuterungen sind in deutscher und englischer Sprache auf der Homepage der Abschlussprüferaufsichtskommission bereitgestellt. Im Antrag werden ua. Stammdaten des Abschlussprüfers bzw. der Prüfungsgesellschaft (Name bzw. Firma und Rechtsform, Anschrift) erfasst. Daneben müssen Angaben zur Mitgliedschaft in einem Netzwerk, zur Registrierung als Abschlussprüfer im Herkunftsstaat gemacht sowie das interne Qualitätssicherungssystem beschrieben werden. Ferner muss Auskunft über die (externen) Qualitätskontrollen, denen sich die Antragsteller in der Vergangenheit unterzogen haben, sowie die bei der Prüfung der Prüfungsmandanten iSv. Art. 45 Abs. 1 Abschlussprüferrichtlinie (vgl. Tz. 129) die verwendeten Prüfungsstandards und Unabhängigkeitsanforderungen gegeben werden. Die von der Abschlussprüferaufsichtskommission aufgenommenen Anträge werden von dieser an die Wirtschaftsprüferkammer zur Erfassung im öffentlichen Register weitergeleitet (vgl. Abschn. Z Tz. 126). 132

Um diese Registrierung der Abschlussprüfer aus Drittländern durchzusetzen, wird durch § 292 Abs. 2 Satz 2 HGB deren Befugnis zur Prüfung des befreienden Konzernabschlusses eines übergeordneten Mutterunternehmens, das den **regulierten (Kapital-)Markt im Inland** (vgl. Abschn. K Tz. 35 ff.) durch Wertpapiere in Anspruch nimmt, an die Eintragung bei der Wirtschaftsprüferkammer bzw. die Anerkennung der Gleichwertigkeit ihrer Befähigung angeknüpft[161] (vgl. auch Tz. 129). Eine Ausnahme hiervon gilt nach § 292 Abs. 2 Satz 3 HGB, wenn das übergeordnete Mutterunternehmen **nur mit Schuldtiteln** iSd. § 2 Abs. 1 Satz 1 Nr. 3 WpHG mit einer Mindeststückelung von € 50 000 oder einem entsprechenden Betrag anderer Währung zum Handel am regulierten Markt zugelassen ist. 133

3. Erstanwendung

Die Umsetzungsfrist für die aus der Abschlussprüferrichtlinie resultierenden Vorschriften, insb. die Besonderheiten für bestimmte Drittlandsabschlussprüfer (vgl. Tz. 128 ff.), endete am 29. Juli 2008 (Art. 53 Abs. 1 Satz 1 Abschlussprüferrichtlinie). 134

---

[159] Aktenzeichen K(2008) 3942, ABl. EG vom 31. Juli 2008, Nr. L 202, S. 70 ff
[160] Argentinien, Australien, Bahamas, Bermuda-Inseln, Brasilien, Kanada, Cayman-Inseln, Chile, China, Kroatien, Guernsey, Jersey, Isle of Man, Hongkong, Indien, Indonesien, Israel, Japan, Kasachstan, Malaysia, Mauritius, Mexiko, Marokko, Neuseeland, Pakistan, Russland, Singapur, Südafrika, Südkorea, Schweiz, Taiwan, Thailand, Türkei, Ukraine, Vereinigte Arabische Emirate, Vereinigte Staaten von Amerika.
[161] Vgl. Begr. RegE, BT-Drucks. 16/10067, S. 79 f.

Aus diesem Grund sah Art. 66 Abs. 6 Satz 1 EGHGB idF RegE BilMoG[162] die Anwendung der beiden Änderungen des § 292 HGB erstmals für nach dem 29. Juli 2008 beginnende Geschäftsjahre vor. Nachdem die Verabschiedung des BilMoG nicht bis zu diesem Stichtag erfolgte, wurde zur Vermeidung von Rückwirkungsproblemen[163] bestimmt, dass die Anpassung des Verweises auf die Abschlussprüferrichtlinie sowie die Ergänzung der Besonderheiten für bestimmte Drittlandsabschlussprüfer in § 292 Abs. 2 HGB erstmals für das **nach dem 31. Dezember 2008** beginnende Geschäftsjahr anzuwenden sind (Art. 66 Abs. 2 Satz 1 EGHGB).

III. Änderungen der Konzernabschlussbefreiungsverordnung

1. Prüfung des befreienden Konzernabschlusses

135 Im Zuge der Änderungen durch das BilMoG wurde in § 2 Abs. 1 Satz 1 Nr. 3 KonBefrV – ebenso wie in § 292 HGB – zum einen der **Verweis auf die Abschlussprüferrichtlinie** aktualisiert (vgl. Tz. 127).

136 Zum anderen wurde das Erfordernis einer gleichwertigen **Prüfung des übergeordneten Konzernlageberichts** für die Befreiung von der Aufstellungspflicht eines deutschen Teilkonzernabschlusses nach § 1 Satz 1 KonBefrV iVm. § 292 HGB wieder **gestrichen**. Durch die bisherige Anforderung, die durch das BilReG[164] eingefügt worden war, waren in der Vergangenheit insb. Zweifel an der Befreiungswirkung einer Konzernrechnungslegung nach US-GAAP hervorgerufen worden[165]. Hintergrund dafür war, dass die sog. *Management Discussion and Analysis* (MD&A), die auch solche Informationen enthält bzw. in die Angaben freiwillig aufgenommen werden könnten, die für den befreienden Konzernlagebericht erforderlich sind[166], nach den amerikanischen Regelungen keiner formalen Prüfungspflicht unterliegt und idR auch nicht geprüft wird.

2. Gleichwertige Befähigung von Abschlussprüfern übergeordneter Mutterunternehmen aus Drittländern, deren Wertpapiere an einem inländischen, geregelten Markt zugelassen sind

137 Die Einfügung des § 2 Abs. 1 Satz 2 und 3 KonBefrV übernimmt nahezu wörtlich die Ergänzung in § 292 Abs. 2 Satz 2 und 3 HGB, weshalb hier auf die diesbezüglichen Ausführungen verwiesen werden kann (vgl. Tz. 128 ff.).

3. Offenlegung zusätzlicher Unterlagen (§ 1 Satz 2 und 3 KonBefrV)

138 Nach § 1 Satz 1 KonBefrV sind wie bisher der befreiende Konzernabschluss und Konzernlagebericht einschl. des Bestätigungsvermerks oder des Vermerks über dessen Versagung nach den für den entfallenden inländischen (Teil-)Konzernabschluss und Konzernlagebericht maßgeblichen Vorschriften in deutscher Sprache offen zu legen. Sofern Wertpapiere iSd. § 2 Abs. 1 Satz 1 WpHG (vgl. Abschn. K Tz. 42 ff.) des übergeordneten Mutterunternehmens an einer inländischen Börse zum **Handel im regulierten Markt** zugelassen sind, ist künftig zusätzlich nach § 1 Satz 2 KonBefrV ein Nachweis

---

162 Vgl. Begr. RegE, BT-Drucks. 16/10067, S. 99.
163 Vgl. Begr. Beschlussempfehlung und Bericht des Rechtsausschusses, BT-Drucks. 16/12407, S. 94.
164 Bilanzrechtsreformgesetz, vom 4. Dezember 2004, BGBl. I, S. 3166 ff.
165 Vgl. dazu zB *Lotz*, KoR 2007, S. 686 ff.; bereits bisher *ADS*⁶, § 292 HGB Tz. 54.
166 Vgl. dazu *ADS* International, Abschn. 1 Tz. 289 ff.; *WPH*[13], Bd. I, M Tz. 110.

über die gleichwertige Befähigung des Abschlussprüfers des befreienden Konzernabschlusses offen zu legen. Eine Ausnahme hiervon gilt nach § 1 Abs. 1 Satz 3 KonBefrV, wenn **nur Schuldtitel** iSv. § 2 Abs. 1 Nr. 3 WpHG (zB Genussscheine, Inhaberschuldverschreibungen und Orderschuldverschreibungen) mit einer Mindeststückelung von € 50 000 oder einem entsprechend Betrag in Fremdwährung des übergeordneten Mutterunternehmens zum Handel am regulierten Markt zugelassen sind.

Als **Nachweis der gleichwertigen Befähigung** kommt eines der folgenden Dokumente in Betracht (vgl. auch Abschn. Z Tz. 115): 139

- Bescheinigung der Wirtschaftsprüferkammer nach § 134 Abs. 2a WPO über die erfolgte Eintragung des Drittlandsabschlussprüfers oder
- Bestätigung der Wirtschaftsprüferkammer nach § 134 Abs. 4 Satz 8 WPO, dass wegen festgestellter Gleichwertigkeit oder Einräumung einer Übergangsfrist keine Eintragungspflicht besteht.

Aufgrund der Entscheidung der EU-Kommission (vgl. Tz. 131) kann während der **Übergangsfrist** bis zum 1. Juli 2010 die befreiende Wirkung nur mit einer Bestätigung der Wirtschaftsprüferkammer nach § 134 Abs. 4 Satz 8 WPO erreicht werden. Diese Bestätigung wird dabei nur auf Antrag des Drittlandabschlussprüfers erteilt (vgl. auch Tz. 132). 140

Die **Bescheinigung bzw. Bestätigung der Wirtschaftsprüferkammer** ist im Wortlaut zusammen mit dem befreienden Konzernabschluss und Konzernlagebericht etc. offen zu legen. Dazu hat das die Befreiung von der Konzernrechnungslegungspflicht nach § 1 Abs. 1 Satz 1 KonBefrV iVm. § 292 HGB in Anspruch nehmende inländische (Teilkonzern-)Mutterunternehmen das offenzulegende Dokument in elektronischer Form beim Betreiber des elektronischen Bundesanzeigers einzureichen und von diesem im elektronischen Bundesanzeiger bekannt machen zu lassen (§ 325 Abs. 1 und Abs. 2 iVm. Abs. 4 HGB). Das elektronisch eingereichte Dokument muss mit dem Original übereinstimmen, eine Beglaubigung der Übereinstimmung mit dem Original ist nicht erforderlich. Die Bescheinigung bzw. Bestätigung der Wirtschaftsprüferkammer muss jährlich erneut zusammen mit dem befreienden Konzernabschluss etc. offengelegt werden. 141

IV. Erstanwendung

Die Änderungen der KonBefrV sind nach Art. 15 BilMoG[167] am 29. Mai 2009, dem Tag nach der Verkündung des Gesetzes, in Kraft getreten. Soweit die **Änderung der KonBefrV** auf eine gleichzeitige Änderung des § 292 HGB zurückgeht, tritt deren Wirksamkeit jedoch erst ein, wenn auch die Änderung der Ermächtigungsvorschrift rechtswirksam geworden ist. Die Änderungen des § 292 HGB, mit denen die Anforderungen der Abschlussprüferrichtlinie an die gleichwertige Befähigung von Drittlandsabschlussprüfern angepasst werden, sind erstmals für auf Konzernabschlüsse für die **nach dem 31. Dezember 2008** beginnenden Geschäftsjahre anzuwenden (vgl. Tz. 134). 142

Unter den Voraussetzungen des § 2 Abs. 1 Satz 2 KonBefrV iVm. § 292 HGB ist die Offenlegung der **Bescheinigung bzw. Bestätigung der Wirtschaftsprüferkammer** nach § 1 Satz 2 KonBefrV iVm. § 292 HGB für eine wirksame Befreiung des inländischen Teilkonzerns von seiner Verpflichtung zur Aufstellung, Prüfung und Offenle- 143

---

167 Bilanzrechtsmodernisierungsgesetz, vom 28. Mai 2009, BGBl. I, S. 1102 ff. (S. 1136).

gung eines Konzernabschlusses und Konzernlageberichts nach §§ 290 ff. HGB erst für Geschäftsjahre erforderlich, die **nach dem 31. Dezember 2008** beginnen.

144 Der **Wegfall des Prüfungserfordernisses** für den **Konzernlagebericht** in § 2 Abs. 1 Satz 1 Nr. 3 KonBefrV beruht dagegen auf keiner Änderung des § 292 HGB und ist deshalb unmittelbar am Tag nach der Verkündung des BilMoG, also dem 29. Mai 2009, geltendes Recht[168].

145 Eine wirksame Befreiung des Teilkonzern-Mutterunternehmens von der Verpflichtung zur Aufstellung, Prüfung und Offenlegung eines Konzernabschlusses und Konzernlageberichts nach §§ 290 ff. HGB liegt immer erst dann vor, wenn **sämtliche Befreiungsvoraussetzungen** nach §§ 1 und 2 KonBefrV **erfüllt** sind. Eine Frist, innerhalb derer die Befreiungsvoraussetzungen erfüllt sein müssen, ist aber nicht bestimmt. Regelmäßig wird der befreiende, übergeordnete Konzernabschluss und Konzernlagebericht etc. innerhalb der zwölfmonatigen Offenlegungsfrist (§ 325 Abs. 1 Satz 2 iVm. Abs. 3 HGB) für den sonst erforderlichen Konzernabschluss und Konzernlagebericht des Teilkonzern-Mutterunternehmens offen gelegt werden. Wird die Offenlegung innerhalb dieser Frist versäumt, führt dies bezogen auf den durch § 1 Satz 1 KonBefrV iVm. § 292 HGB ermöglichten Verzicht auf eine Teilkonzernrechnungslegung nicht zu einem Rechtsverlust, dh. hat dies nicht zur Folge, dass die Befreiung nicht mehr in Anspruch genommen werden kann.

146 Für den Fall, dass nach der **bis zum Inkrafttreten des BilMoG** geltenden Fassung des § 2 Abs. 1 Satz 1 Nr. 3 KonBefrV in Ermangelung einer Prüfung des übergeordneten, befreienden Konzernlageberichts die Inanspruchnahme der Befreiung ausgeschlossen war, sind grds. zwei Fallkonstellationen möglich:

a) Für Vorjahre wurde vom Teilkonzern-Mutterunternehmen ein Konzernabschluss und ein Konzernlagebericht nach §§ 290 ff. HGB aufgestellt und dieser nach erfolgter Prüfung und offen gelegt.

b) Eine Aufstellung, Prüfung und Offenlegung des Teil-Konzernabschlusses und Konzernlageberichts ist bis zum Inkrafttreten der Änderungen der KonBefrV noch nicht erfolgt.

147 Im ersten Fall wurde faktisch auf eine Inanspruchnahme der **Befreiungsmöglichkeit** nach §§ 1 bis 3 KonBefrV iVm. § 292 HGB **verzichtet**. In diesem Fall kann die Befreiung nicht nachträglich in Anspruch genommen werden[169].

148 Im zweiten Fall kann mit Rücksicht auf den geänderten Wortlaut des § 2 Abs. 1 Satz 1 Nr. 3 KonBefrV die **Befreiung nachträglich** auch für Vorjahre herbeigeführt werden, sofern auch die übrigen Befreiungsvoraussetzungen nach §§ 1 und 2 KonBefrV iVm. § 292 HGB erfüllt sind. Insb. ist erforderlich, dass im Anhang des zu befreienden Teilkonzern-Mutterunternehmens für das betreffende Geschäftsjahr auf die Befreiung hingewiesen wird (§ 2 Abs. 1 Satz 1 Nr. 4 lit. b) KonBefrV iVm. § 292 HGB und ggf. im befreienden Konzernabschluss vom deutschen Recht abweichend angewandte Bilanzierungs-, Bewertungs- und Konsolidierungsmethoden erläutert werden (§ 2 Abs. 1 Satz 1 Nr. 4 lit. c) KonBefrV iVm. § 292 HGB). Unabhängig davon ist in diesen Fällen im Prüfungsbericht zum Jahresabschluss des deutschen Teilkonzern-Mutterunternehmens über den Verstoß gegen die rechtzeitige Erfüllung der Aufstellungs- und Offenlegungspflichten zu berichten (§ 321 Abs. 1 Satz 3 HGB)[170].

---

168 Vgl. IDW ERS HFA 28 Tz. 62.
169 Vgl. IDW ERS HFA 28 Tz. 62.
170 Vgl. IDW ERS HFA 28 Tz. 62, sowie auch IDW PS 450 Tz. 50.

§ 293 HGB
Größenabhängige Befreiungen

(1) ¹Ein Mutterunternehmen ist von der Pflicht, einen Konzernabschluß und einen Konzernlagebericht aufzustellen, befreit, wenn

1. am Abschlußstichtag seines Jahresabschlusses und am vorhergehenden Abschlußstichtag mindestens zwei der drei nachstehenden Merkmale zutreffen:

    a) Die Bilanzsummen in den Bilanzen des Mutterunternehmens und der Tochterunternehmen, die in den Konzernabschluß einzubeziehen wären, übersteigen insgesamt nach Abzug von in den Bilanzen auf der Aktivseite ausgewiesenen Fehlbeträgen nicht **23 100 000 Euro**.

    b) Die Umsatzerlöse des Mutterunternehmens und der Tochterunternehmen, die in den Konzernabschluß einzubeziehen wären, übersteigen in den zwölf Monaten vor dem Abschlußstichtag insgesamt nicht **46 200 000 Euro**.

    c) Das Mutterunternehmen und die Tochterunternehmen, die in den Konzernabschluß einzubeziehen wären, haben in den zwölf Monaten vor dem Abschlußstichtag im Jahresdurchschnitt nicht mehr als 250 Arbeitnehmer beschäftigt; oder

2. am Abschlußstichtag eines von ihm aufzustellenden Konzernabschlusses und am vorhergehenden Abschlußstichtag mindestens zwei der drei nachstehenden Merkmale zutreffen:

    a) Die Bilanzsumme übersteigt nach Abzug eines auf der Aktivseite ausgewiesenen Fehlbetrags nicht **19 250 000 Euro**.

    b) Die Umsatzerlöse in den zwölf Monaten vor dem Abschlußstichtag übersteigen nicht **38 500 000 Euro**.

    c) Das Mutterunternehmen und die in den Konzernabschluß einbezogenen Tochterunternehmen haben in den zwölf Monaten vor dem Abschlußstichtag im Jahresdurchschnitt nicht mehr als 250 Arbeitnehmer beschäftigt.

²Auf die Ermittlung der durchschnittlichen Zahl der Arbeitnehmer ist § 267 Abs. 5 anzuwenden.

(2) *(aufgehoben)*

(3) *(aufgehoben)*

(4) ¹Außer in den Fällen des Absatzes 1 ist ein Mutterunternehmen von der Pflicht zur Aufstellung des Konzernabschlusses und des Konzernlageberichts befreit, wenn die Voraussetzungen des Absatzes 1 nur am Abschlußstichtag oder nur am vorhergehenden Abschlußstichtag erfüllt sind und das Mutterunternehmen am vorhergehenden Abschlußstichtag von der Pflicht zur Aufstellung des Konzernabschlusses und des Konzernlageberichts befreit war. ²**§ 267 Abs. 4 Satz 2 ist entsprechend anzuwenden.**

(5) Die Absätze 1 und 4 sind nicht anzuwenden, wenn das Mutterunternehmen oder ein **in dessen Konzernabschluß einbezogenes Tochterunternehmen am Abschlussstichtag kapitalmarktorientiert im Sinn des § 264d ist.**

Q Konzernabschluss § 293 HGB

Inhaltsverzeichnis Tz.
I. Erhöhung der Schwellenwerte (Abs. 1) .... 149 – 151
II. Besonderheiten bei Neugründung und Umwandlung (Abs. 4 Satz 2) .... 152 – 162
III. Keine größenabhängige Erleichterung für kapitalmarktorientierte
    Konzerne (Abs. 5) 163
IV. Erstanwendung .... 164 – 167

I. Erhöhung der Schwellenwerte (Abs. 1)

149 Die **Befreiung kleiner Konzerne** von der Konzernrechnungslegungspflicht nach § 293 Abs. 1 HGB beruht auf der Umsetzung des Mitgliedstaatenwahlrechts in Art. 6 Konzernbilanzrichtlinie[171] iVm. Art. 27 Abs. 1 und Art. 12 Bilanzrichtlinie[172]. Die Einstufung als kleiner Konzern hängt grds. vom Unterschreiten von zwei von drei Kriterien (Bilanzsumme, Umsatzerlöse und Arbeitnehmeranzahl) an zwei aufeinanderfolgenden Abschlussstichtagen ab[173]. Die Werte für die Bilanzsumme und die Umsatzerlöse können dabei entweder auf konsolidierter Basis oder auf Summenbasis ermittelt werden. Die summierten Werte dürfen um 20% über den konsolidierten Werten liegen (Art. 6 Abs. 2 Satz 2 Konzernbilanzrichtlinie). Durch die Änderungsrichtlinie wurden die in Art. 27 Abs. 1 der Bilanzrichtlinie definierten (konsolidierten) Schwellenwerte für die Bilanzsumme auf € 17,5 Mio. und für die Nettoumsatzerlöse auf € 35 Mio. erhöht.

150 Wie die folgende Tabelle zeigt, wurden die in § 293 Abs. 1 HGB enthaltenen **Schwellenwerte** gegenüber den entsprechenden Basiswerten in Art. 27 Bilanzrichtlinie jeweils um weitere 10% **erhöht**. Gestützt wird diese Erhöhung auf Art. 12 Abs. 2 Bilanzrichtlinie, der nach Art. 6 Abs. 3 Konzernbilanzrichtlinie auch auf die Schwellenwerte für den Konzernabschluss anwendbar ist. Danach darf bei der Umrechnung der in der Bilanzrichtlinie enthaltenen, in Europäischen Rechnungseinheiten ausgedrückten Basiswerte in die nationalen Währungen der Mitgliedsstaaten um höchstens 10% nach oben abgewichen werden (sog. Toleranzspanne)[174].

	aF	idF BilMoG	Art. 6 Konzernbilanzrichtlinie iVm. Art. 27 Bilanzrichtlinie idF der Änderungsrichtlinie
	T€	T€	T€
Konsolidierte Werte (§ 293 Abs. 1 Nr. 2 HGB)			
Bilanzsumme	16.060	**19.250**	17.500
Umsatzerlöse	32.120	**38.500**	35.000
Summierte Werte (§ 293 Abs. 1 Nr. 1 HG)			
Bilanzsumme	19.272	**23.100**	21.000
Umsatzerlöse	38.544	**46.200**	42.000

Abb. 18 Erhöhte Schwellenwerte

---
171 Vgl. Richtlinie 83/349/EWG des Rates der Europäischen Gemeinschaften vom 13. Juni 1983, ABl. EG v. 18. Juli 1983, L 193, S. 1 ff.
172 Vgl. Richtlinie 78/660/EWG des Rates der Europäischen Gemeinschaften vom 25. Juli 1978, ABl. EG v. 14. August 1978, L 222, S. 11 ff.
173 Vgl. zur Ermittlung im Einzelnen: ADS^6, § 293 HGB Tz. 23 ff.
174 Vgl. ADS^6, § 293 HGB Tz. 3.

Die Inanspruchnahme der **Toleranzspanne** für den deutschen Rechtsraum, die nach ihrem Wortlaut nur gilt, wenn die Währung des betreffenden Mitgliedsstaats noch nicht auf Euro umgestellt wurde, wird in der Begr. des RegE BilMoG zu § 267 HGB[175] unter Hinweis auf den allgemeinen Gleichbehandlungsgrundsatz gerechtfertigt. Ob diese im Zuge des BilMoG vorgenommene Anpassung der Schwellenwerte in § 293 Abs. 1 HGB möglicherweise nicht Art. 6 Abs. 1 Konzernbilanzrichtlinie iVm. Art. 27 Abs. 1 Bilanzrichtlinie entspricht, kann aus der Sicht deutscher Anwender dahingestellt bleiben. Da die Regelungen in den EU-Richtlinien in den Mitgliedsstaaten keine unmittelbare Gesetzeskraft haben, sind bis zu einer rechtskräftigen Änderung die in § 293 Abs. 1 HGB enthaltenen neuen Schwellenwerte bei der Beurteilung der Frage, ob eine größenabhängige Befreiung von der Konzernrechnungslegungspflicht besteht, zugrunde zu legen. Daher liegt für deutsche Mutterunternehmen bei einem Unterschreiten der uU aus EU-rechtlicher Sicht „überhöhten" Schwellenwerte eine wirksame Befreiung von der Konzernrechnungslegung vor (zur Erstanwendung vgl. Tz. 164).

151

II. Besonderheiten bei Neugründung und Umwandlung (Abs. 4 Satz 2)

Durch § 293 Abs. 4 Satz 2 HGB wird bestimmt, dass der für den Jahresabschluss geltende § 267 Abs. 4 Satz 2 HGB entsprechend auch für die Beurteilung des Vorliegens einer größenabhängigen Befreiung von der Konzernrechnungslegungspflicht nach § 293 HGB anzuwenden ist. Danach treten die Rechtsfolgen des Vorliegens der Größenklassenmerkmale in den Fällen der Umwandlung (vgl. Tz. 157 ff.) oder einer Neugründung (vgl. Tz. 155 f.) bereits **am ersten Abschlussstichtag nach der Umwandlung oder Neugründung** ein. Mit dem neuen § 293 Abs. 4 Satz 2 HGB wird eine seit langem bestehende Regelungslücke geschlossen (vgl. zur Erstanwendung auf Konzernabschlüsse für nach dem 31. Dezember 2009 beginnende Geschäftsjahre Tz. 165), die insb. bei erstmaliger Konzernbildung große praktische Bedeutung besaß (zu Unterschieden nach PublG vgl. Tz. 161).

152

Ein Konzern (Mutter- und Tochterunternehmen iSv. § 290 HGB), der am Bilanzstichtag und am vorhergehenden Stichtag zwei von drei Größenmerkmalen nach § 293 Abs. 1 HGB (Bilanzsumme, Umsatzerlöse, Arbeitnehmerzahl) nicht überschritten hat, ist von der Konzernrechnungslegungspflicht befreit (größenabhängige Befreiung). Darüber hinaus liegt nach § 293 Abs. 4 Satz 1 HGB eine Befreiung auch dann vor, wenn die Größenkriterien nach § 293 Abs. 1 HGB nur am Abschlussstichtag oder nur am vorübergehenden Abschlussstichtag unterschritten werden und das Mutterunternehmen am vorhergehenden Abschlussstichtag nach § 293 HGB befreit war (sog. Härteklausel). Bei **erstmaliger Konzernbildung** können weder die Voraussetzungen nach § 293 Abs. 1 HGB noch des § 293 Abs. 4 Satz 1 HGB erfüllt sein, weil im Vorjahr gerade noch kein Konzern bestand. Mithin lag nach bisher geltendem Recht bei erstmaliger Konzernbildung formal immer eine Verpflichtung zur Konzernrechnungslegung nach § 290 ff. HGB vor, sofern nicht aufgrund der Einbeziehung in einen übergeordneten (befreienden) Konzernabschluss nach § 291 HGB bzw. § 292 HGB iVm. §§ 1 bis 3 KonBefV hierauf verzichtet werden konnte.

153

Mit Rücksicht auf den Sinn und Zweck der Befreiungsregelung in § 293 HGB wurde jedoch bereits bisher allgemein eine erweiternde Auslegung der Befreiung nach § 293 Abs. 4 Satz 1 HGB für den Fall einer erstmaligen Konzernbildung befürwortet. Über-

154

---

175 Vgl. Begr. RegE, BT-Drucks. 16/10067, S. 63.

| Q | Konzernabschluss | § 293 HGB |

einstimmend wurde die Auffassung vertreten, dass eine Befreiung nach § 293 HGB auch dann gegeben sein sollte, wenn am (ersten) Konzernbilanzstichtag zwei der drei Größenkriterien nicht überschritten werden, dh. **im Erst- bzw. Entstehungsjahr** ein **kleiner Konzern** bestand[176]. Teilweise wurde darüber hinaus die Auffassung vertreten, dass das Nichtbestehen eines Mutter-Tochterverhältnisses mit einer „Befreiung" am vorherigen Abschlussstichtag iSd. § 293 Abs. 4 Satz 1 HGB gleichzusetzen sei, und deshalb nicht nur „kleine" Konzerne im Erstjahr (ggf. auch danach) von der Konzernrechnungslegungspflicht befreit seien, sondern gleiches auch für große Mutterunternehmen/Konzerne gelte, dh. damit im Jahr der erstmaligen Konzernbildung immer eine Befreiung von der Konzernrechnungslegungspflicht gegeben sei[177]. Durch die Gesetzesänderung im Rahmen des BilMoG wird ausschließlich die erstgenannte Auslegung für zulässig erklärt.

155 Der Begriff der **Neugründung** iSd. § 267 Abs. 4 Satz 2 HGB umfasst auf der Ebene einer einzelnen Gesellschaft zunächst die gesellschaftsrechtliche Errichtung eines Rechtsträgers (Kapitalgesellschaft oder Personenhandelsgesellschaft iSv. § 264a HGB). Konzerne werden jedoch nicht im Rechtssinn neu gegründet, sondern entstehen, sobald das (erste) **Mutter-Tochterverhältnis** iSv. § 290 HGB besteht und nicht gleichzeitig eine Befreiung nach § 290 Abs. 5 HGB vorliegt (Ausführlich zur Befreiung von der Konzernrechnungslegungspflicht nach § 290 Abs. 5 HGB s. Tz. 96 ff.). Eine Beteiligung an einem Gemeinschaftsunternehmen nach § 310 Abs. 1 HGB oder einem assoziierten Unternehmen nach § 311 HGB führt dagegen allein noch nicht zur Entstehung eines Konzerns. Insofern ist für Zwecke des § 293 Abs. 4 Satz 2 iVm. § 267 Abs. 4 Satz 2 HGB die Entstehung des Konzerns durch (ggf. auch sukzessiven) Erwerb des ersten, vorbehaltlich des § 296 HGB voll konsolidierungspflichtigen Tochterunternehmens iSv. § 290 HGB maßgeblich.

156 Von § 267 Abs. 4 Satz 2 HGB werden jedoch nicht nur die Fälle der rechtlichen, sondern auch der **wirtschaftlichen Neugründung** erfasst, dh. wenn eine Mantelgesellschaft einen wirtschaftlichen Geschäftsbetrieb erwirbt[178]. Eine wirtschaftliche Neugründung ist aus Konzernsicht dementsprechend dann gegeben, wenn zB ein „Vorratskonzern", bestehend aus zwei inaktiven Gesellschaften (Mutter- und Tochterunternehmen), das erste operative Tochterunternehmen bzw. einen operativ tätigen (Teil-)Konzern erwirbt.

157 Damit ein **Umwandlungsvorgang** (Verschmelzung, Spaltung, Vermögensübertragung) für Zwecke des § 293 Abs. 4 Satz 2 iVm. § 267 Abs. 4 Satz 2 HGB relevant sein kann, muss der **übernehmende Rechtsträger** dadurch den Status eines Mutterunternehmens erlangen, weil zu den übergehenden Vermögensgegenständen auch die Anteile an einem Tochterunternehmen iSv. § 290 HGB gehören oder aus Sicht des übertragenden Rechtsträgers die Gegenleistung für die übertragenen Vermögensgegenstände und Schulden aus Anteilen an einem Tochterunternehmen iSv. § 290 HGB bestehen (Ausgliederung). Die Einstufung als kleiner oder großer Konzern anhand der Kriterien des Geschäftsjahrs, in dem die Umwandlung wirksam wird, gilt nicht nur für den übernehmenden, sondern ebenso auch für den **übertragenden Rechtsträger**, wenn dieser nach der Vermögensübertragung als Mutterunternehmen iSv. § 290 HGB fortbesteht, zB bei Abspaltung.

---

176 Vgl. *ADS*[6], § 293 HGB Tz. 40; *Busse von Colbe*, in Münchner Kommentar, § 293 Tz. 19; *Heni*, in BoHdR, § 293 HGB Rn. 22
177 So zB *Ebeling*, in Beck HdR, C Anm. 50; HdKR[2], § 293 Rn. 38.
178 Vgl. *WPH*[13], Bd. I, F Tz. 66; *Winkeljohann/Lawall*, in Beck Bil-Komm.[6], § 267 Anm. 21 ff.

Sofern nach einem Umwandlungsvorgang kein vollkonsolidierungspflichtiges Tochterunternehmen bei dem bisherigen Mutterunternehmen (übertragender Rechtsträger) mehr verbleibt, ist die Regelung des § 293 Abs. 4 Satz 2 iVm. § 267 Abs. 4 Satz 2 HGB nicht einschlägig. In dieser Konstellation **endet die Konzernrechnungslegungspflicht** nach § 290 HGB automatisch, weil am ersten Abschlussstichtag des ehemaligen Mutterunternehmens nach dem Umwandlungsvorgang die hierfür erforderliche Tatbestandsvoraussetzung „Vorliegen eines Mutter-Tochterverhältnisses iSv. § 290 HGB" fehlt. Eine Verpflichtung zur Konzernrechnungslegung besteht immer nur zum Ende eines regulären (Rumpf-)Geschäftsjahres des Mutterunternehmens (§ 299 Abs. 1 HGB). Es besteht auch keine Verpflichtung zur Aufstellung einer „Konzernschlussbilanz" auf die logische Sekunde, bevor das (letzte) Mutter-Tochterverhältnis endet, weil zu diesem Zeitpunkt kein Geschäftsjahr des Mutterunternehmens endet. **158**

Der Begriff „Umwandlung" wird in § 267 Abs. 4 Satz 2 HGB nicht auf „(vermögens-)übertragende Umwandlungen" (Verschmelzung, Spaltung) begrenzt, sondern umfasst auch den **Formwechsel**, dh. den die Rechtsträgeridentität wahrenden Wechsel der Rechtsform[179]. Wird bspw. eine (Mutter-)Personenhandelsgesellschaft mit einer natürlichen Person als persönlich haftendem Gesellschafter in eine Kapitalgesellschaft oder Personengesellschaft iSv. § 264a HGB umgewandelt, sind für die Einstufung nach § 293 HGB die Schwellenwerte des Geschäftsjahrs maßgeblich, in dem der Formwechsel durch Eintragung in das Handelsregister rechtswirksam wird. **159**

Konzerne, für die bereits im Entstehungsjahr erstmals ein Konzernabschluss gem. §§ 290 ff. HGB aufgestellt wird, haben als **Vergleichszahlen** für das Vorjahr (§ 265 Abs. 2 Satz 1 iVm. § 298 Abs. 1 HGB) grds. diejenigen aus dem letzten handelsrechtlichen Jahresabschluss des Mutterunternehmens anzugeben[180]. **160**

Für die dem **PublG** unterliegenden **Mutterunternehmen** wurde dagegen keine entsprechende Anpassung vorgenommen. In § 12 Abs. 1 PublG, der Beginn und Dauer der Konzernrechnungslegungspflicht nach den §§ 11 ff. PublG regelt, fehlt auch nach den Anpassungen durch das BilMoG ein Verweis auf § 2 Abs. 2 Satz 2 PublG. Danach ist bereits für den ersten Abschlussstichtag nach den Vorschriften des PublG Rechnung zu legen, wenn das Vermögen eines Unternehmens aufgrund Umwandlung nach dem Umwandlungsgesetz oder in sonstiger Weise als Ganzes, zB Anwachsung, übergegangen ist. Eine Klarstellung, dass der Beteiligungserwerb an einem Tochterunternehmen („*share deal*") aus Konzernsicht dem Erwerb eines Unternehmens gleichsteht, ist ebenfalls nicht erfolgt[181]. **161**

Es ist daher davon auszugehen, dass für dem PublG unterliegende Mutterunternehmen bei Entstehen eines Konzerns durch Neugründung, Umwandlung oder Anwachsung im Erstjahr noch keine Verpflichtung zur Konzernrechnungslegung besteht, sondern erst **ab dem dritten Stichtag**, an dem zwei der drei Schwellenwerte des § 11 Abs. 1 PublG überschritten werden (§ 12 Abs. 1 iVm. § 2 Abs. 1 Satz 1 PublG). Dass es sich hierbei um ein redaktionelles Versehen des Gesetzgebers handelt, erscheint unwahrscheinlich, nachdem für die Mutterunternehmen iSv. § 290 HGB in § 293 Abs. 4 Satz 2 HGB durch das BilMoG ein ausdrücklicher Verweis auf die entsprechende Regelung für den Jahresabschluss aufgenommen wurde. **162**

---

179 Vgl. dazu *Förschle/Hoffmann*, in Sonderbilanzen[4], L Anm. 10 ff.
180 Vgl. *Winkeljohann/Lust*, in Beck Bil-Komm.[6], § 298 Anm. 26.
181 Vgl. dazu auch *ADS*[6], § 2 PublG Tz. 12.

III. Keine größenabhängige Erleichterung für kapitalmarktorientierte Konzerne (Abs. 5)

163 Eine größenabhängige Befreiung von der Konzernrechnungslegung ist – entsprechend der bisherigen Regelung – ausgeschlossen, wenn das **Mutterunternehmen** oder eines seiner **Tochterunternehmen kapitalmarktorientiert** sind. Weil der Begriff des kapitalmarktorientierten Unternehmens nun in § 264d HGB definiert wird (vgl. Abschn. K Tz. 35 ff.), kann in § 293 Abs. 5 HGB hierauf verwiesen werden. Im Ergebnis handelt es sich bei der Änderung somit nur um eine redaktionelle Anpassung.

IV. Erstanwendung

164 Die durch das BilMoG **erhöhten Schwellenwerte** sind erstmals für die Einstufung der Größenklasse für nach dem 31. Dezember 2007 beginnende (Konzern-)Geschäftsjahre anzuwenden (Art. 66 Abs. 1 EGHGB). Im Jahr der erstmaligen Anwendung der neuen Schwellenwerte (idR Geschäftsjahr 2008) sind die geänderten Schwellenwerte automatisch auch für die Einstufung des jeweiligen Vorjahres anzuwenden[182] (vgl. Abschn. K Tz. 68). Dh. die Einstufung als großer oder kleiner Konzern, wie sie sich nach dem am vorhergehenden Konzernbilanzstichtag geltenden Schwellenwerten ergab, wird im Erstjahr nicht aus dem Vorjahr übernommen, sondern es erfolgt eine neue Einstufung anhand der geänderten Schwellenwerte. Dies kann dazu führen, dass die Rechtsfolgen aus dem Unterschreiten von Schwellenwerten bereits bei Erstanwendung der geänderten Vorschriften eintreten[183].

165 Der Umstand, dass es sich bei dem Verweis in § 293 Abs. 4 Satz 2 HGB auf § 267 Abs. 4 Satz 2 HGB um die Schließung einer bisher bestehenden Regelungslücke hinsichtlich **Neugründung und Umwandlung** handelt, könnte dafür sprechen, dass die Neuregelung spätestens für Konzernabschlüsse für Geschäftsjahre, die nach dem Inkrafttreten des BilMoG enden, anzuwenden wäre. Nach Art. 66 Abs. 3 Satz 1 EGHGB ist die Regelung aber erstmals auf Konzernabschlüsse für die nach dem 31. Dezember 2009 beginnende Geschäftsjahre anzuwenden.

166 Der geänderte Wortlaut des § 293 Abs. 5 HGB im Hinblick auf **kapitalmarktorientierte Konzerne** ist erstmals auf Konzernabschlüsse für das nach dem 31. Dezember 2009 beginnende Geschäftsjahr anzuwenden (Art. 66 Abs. 3 Satz 1 EGHGB).

167 Bei einer **vorzeitigen Anwendung** aller durch das BilMoG geänderten Vorschriften nach Art. 66 Abs. 3 Satz 6 EGHGB sind die Neuregelungen in § 293 Abs. 4 Satz 2 und Abs. 5 HGB bereits auf Konzernabschlüsse für Geschäftsjahre die nach dem 31. Dezember 2008 anzuwenden (vgl. Abschn. W Tz. 1).

---

[182] Zu Konsequenzen aus der Anhebung der Schwellenwerte auf die Durchführung von Abschlussprüfungen und Prüfungsverträgen vgl. IDW ERS HFA 28 Tz. 63.
[183] GlA IDW ERS HFA 28 Tz. 63 iVm. Tz. 20.

§ 294 HGB
Einzubeziehende Unternehmen. Vorlage- und Auskunftspflichten

(1) In den Konzernabschluß sind das Mutterunternehmen und alle Tochterunternehmen ohne Rücksicht auf den Sitz der Tochterunternehmen einzubeziehen, sofern die Einbeziehung nicht nach § 296 unterbleibt.

(2) Hat sich die Zusammensetzung der in den Konzernabschluß einbezogenen Unternehmen im Laufe des Geschäftsjahrs wesentlich geändert, so sind in den Konzernabschluß Angaben aufzunehmen, die es ermöglichen, die aufeinander folgenden Konzernabschlüsse sinnvoll zu vergleichen.

(3) ¹Die Tochterunternehmen haben dem Mutterunternehmen ihre Jahresabschlüsse, Einzelabschlüsse nach § 325 Abs. 2a, Lageberichte, Konzernabschlüsse, Konzernlageberichte und, wenn eine Abschlussprüfung stattgefunden hat, die Prüfungsberichte sowie, wenn ein Zwischenabschluß aufzustellen ist, einen auf den Stichtag des Konzernabschlusses aufgestellten Abschluß unverzüglich einzureichen. ²Das Mutterunternehmen kann von jedem Tochterunternehmen alle Aufklärungen und Nachweise verlangen, welche die Aufstellung des Konzernabschlusses und des Konzernlageberichts erfordert.

Inhaltsverzeichnis   **Tz.**

I. Allgemeines 168
II. Möglichkeit zur Anpassung von Vorjahreszahlen bzw. Angabe von Pro-Forma-Zahlen .... 169 – 173

I. Allgemeines

Das bisher in § 294 Abs. 2 Satz 2 HGB aF enthaltene **Wahlrecht**, bei wesentlichen **Veränderungen des Konsolidierungskreises** die Vergleichbarkeit aufeinander folgender Konzernabschlüsse durch die Angabe angepasster Vorjahreszahlen herzustellen, wurde für Konzerngeschäftsjahre, die nach dem 31. Dezember 2009 beginnen (Art. 66 Abs. 5 EGHGB), **gestrichen**. Die Streichung des bisherigen Wahlrechts, das auf der Umsetzung des Mitgliedsstaatenwahlrechts in Art. 28 Satz 2 der Konzernbilanzrichtlinie[184] beruhte, wurde damit begründet, dass die Angabe angepasster Vorjahreszahlen in der Praxis nur selten erfolge und auch international nicht üblich sei[185].   **168**

II. Möglichkeit zur Anpassung von Vorjahreszahlen bzw. Angabe von Pro-Forma-Zahlen

Die Möglichkeit, Vorjahreszahlen nach § 265 Abs. 2 Satz 3 iVm. § 298 Abs. 1 HGB bei **mangelnder Vergleichbarkeit mit dem Vorjahr** anzupassen, wurde im Rahmen der Änderungen durch das BilMoG dagegen nicht aufgehoben. Eine Anpassung von Vorjahreszahlen kommt im handelsrechtlichen **Jahresabschluss** zB anlässlich der Vermögenszu- und -abgänge aufgrund von Umwandlungen (insb. Verschmelzungen oder Abspaltungen) in Betracht[186], wenngleich die Vergleichbarkeit regelmäßig einfacher durch die Erläuterung der durch den Umwandlungsvorgang betroffenen wesentlichen   **169**

---

184 Vgl. Richtlinie 83/349/EWG des Rates der Europäischen Gemeinschaften vom 13. Juni 1983, ABl. EG v. 18. Juli 1983, L 193, S. 1 ff.
185 Vgl. Begr. RegE, BT-Drucks. 16/10067, S. 80.
186 Vgl. zB *ADS*⁶, § 265 HGB Tz. 34 ff.

Abschussposten der Bilanz und der Gewinn- und Verlustrechnung im Anhang herstellt werden kann.

170 Aus Sicht der fiktiven handelsrechtlichen Berichtseinheit Konzern entsprechen die Vermögensänderungen in handelsrechtlichen Jahresabschlüssen iZm. Umwandlungsvorgängen letztlich denjenigen bei einer Erst- oder einer Endkonsolidierung[187]. Danach besteht auch nach der Aufhebung des § 294 Abs. 2 Satz 2 HGB aF die Möglichkeit, im handelsrechtlichen **Konzernabschluss** bei wesentlichen Änderungen des Konsolidierungskreises die Vorjahreszahlen nach § 265 Abs. 2 Satz 3 iVm. § 298 Abs. 1 HGB anzupassen, wobei dies insb. beim Ausscheiden eines Tochterunternehmens aus dem Vollkonsolidierungskreis sachgerecht erscheint[188].

171 Macht ein Konzern von dieser Möglichkeit zur Anpassung der Vorjahreszahlen Gebrauch, ist zu beachten, dass nach dem eindeutigen Wortlaut des § 294 Abs. 2 HGB zusätzlich die **Einflüsse** aus der Veränderung des Konsolidierungskreises **auf die Vermögens-, Finanz- und Ertragslage** des Konzerns im Konzernanhang zu erläutern sind.

172 Unabhängig davon besteht die Möglichkeit, auf freiwilliger Grundlage zusätzlich zu den angepassten Vorjahreszahlen nach § 265 Abs. 2 Satz 1 iVm. § 298 Abs. 1 HGB **Pro-Forma-Zahlen** anzugeben, bei deren Ableitung zB unterstellt wird, dass die Veränderung des Konsolidierungskreises sich bereits zu Beginn des Konzerngeschäftsjahrs ereignet hat. Ein Interesse an der Angabe von Pro-Forma-Zahlen besteht regelmäßig nur für den Ausweis in der **Konzern-GuV**. Die Erträge und Aufwendungen der betreffenden Tochterunternehmen dürfen nach § 300 Abs. 2 Satz 1 HGB erst ab dem Erwerbszeitpunkt bzw. nur bis zum Veräußerungszeitpunkt in den Konzernabschluss übernommen werden[189]. Demgegenüber werden in den sonstigen Informationen, die die Abschlussadressaten vor oder bei Veränderungen des Konsolidierungskreises (insb. Unternehmenserwerben) erhalten, die wichtigsten Stromgrößen (Umsatzerlöse, Material- und Personalaufwand etc.) idR nur auf Jahresbasis angegeben, damit der Einfluss der Veränderung auf die Ertragslage abgeschätzt werden kann. Die Angabe von Pro-Forma-Zahlen dient insofern dazu, die im Konzernabschluss enthaltenen Pflichtangaben zu ergänzen. Die Angaben können in diesen Fällen zB in eine dritte Spalte aufgenommen werden, die entsprechend zu bezeichnen ist.

173 Ferner muss im **Anhang** erläutert werden, dass es sich bei den Pro-Forma-Zahlen nicht um Vergleichszahlen iSv. § 265 Abs. 2 Satz 1 iVm. § 298 Abs. 1 HGB handelt, und wie die Pro-Forma-Zahlen ermittelt wurden, insb. ob die allgemeinen Grundsätze für die Erstellung von Pro-Forma-Finanzinformationen beachtet wurden, wie sie zB in IDW RH HFA 1.004[190] formuliert sind[191].

---

[187] So zB HFA 5/1988, WPg. 1989, S. 42 sowie 1998, S. 738 (Tz. 4).
[188] Vgl. ausführlich zur Vorgehensweise: *Förschle/Deubert*, in Beck Bil-Komm.⁶, § 294 Anm. 18 ff.
[189] Vgl. HFA 3/1995, WPg. 1995, S. 697 f. (Abschn. II.1.).
[190] Vgl. WPg. 2002, S. 980.
[191] Vgl. ausführlich *Förschle/Almeling*, in Sonderbilanzen⁴, F Anm. 17 ff. und 67 ff.

§ 297 HGB
Inhalt

(1) ¹Der Konzernabschluss besteht aus der Konzernbilanz, der Konzern-Gewinn- und Verlustrechnung, dem Konzernanhang, der Kapitalflussrechnung und dem Eigenkapitalspiegel. ²Er kann um eine Segmentberichterstattung erweitert werden.

(2) ¹Der Konzernabschluß ist klar und übersichtlich aufzustellen. ²Er hat unter Beachtung der Grundsätze ordnungsmäßiger Buchführung ein den tatsächlichen Verhältnissen entsprechendes Bild der Vermögens-, Finanz- und Ertragslage des Konzerns zu vermitteln. ³Führen besondere Umstände dazu, daß der Konzernabschluß ein den tatsächlichen Verhältnissen entsprechendes Bild im Sinne des Satzes 2 nicht vermittelt, so sind im Konzernanhang zusätzliche Angaben zu machen. ⁴Die gesetzlichen Vertreter eines Mutterunternehmens, das Inlandsemittent im Sinne des § 2 Abs. 7 des Wertpapierhandelsgesetzes und keine Kapitalgesellschaft im Sinne des § 327a ist, haben bei der Unterzeichnung schriftlich zu versichern, dass nach bestem Wissen der Konzernabschluss ein den tatsächlichen Verhältnissen entsprechendes Bild im Sinne des Satzes 2 vermittelt oder der Konzernanhang Angaben nach Satz 3 enthält.

(3) ¹Im Konzernabschluß ist die Vermögens-, Finanz- und Ertragslage der einbezogenen Unternehmen so darzustellen, als ob diese Unternehmen insgesamt ein einziges Unternehmen wären. ²Die auf den vorhergehenden Konzernabschluß angewandten Konsolidierungsmethoden **sind beizubehalten.** ³Abweichungen von Satz 2 sind in Ausnahmefällen zulässig. ⁴Sie sind im Konzernanhang anzugeben und zu begründen. ⁵Ihr Einfluß auf die Vermögens-, Finanz- und Ertragslage des Konzerns ist anzugeben.

Inhaltsverzeichnis Tz.
Bedeutung der Änderung .... 174 – 176

Bedeutung der Änderung

Nach § 297 Abs. 3 Satz 2 HGB sind die auf den vorhergehenden Konzernabschluss angewandten Konsolidierungsmethoden beizubehalten (**Konsolidierungsmethodenstetigkeit**). Bei den Konsolidierungsmethoden handelt es sich insb. um folgende Vorgehensweisen bei der Ableitung des Konzernabschlusses[192]: **174**

- Kapitalkonsolidierung (§ 301 HGB),
- Schuldenkonsolidierung (§ 303 HGB),
- Zwischenergebniseliminierung (§ 304 HGB),
- Aufwands- und Ertragskonsolidierung (§ 305 HGB) und
- Bewertung nach der Equity-Methode (§ 312 HGB).

Das Stetigkeitsgebot für die Konsolidierungsmethoden stellt eine aus Sicht des fiktiv rechtlich einheitlichen Unternehmens (§ 297 Abs. 3 Satz 1 HGB) notwendige **Ergänzung zur Stetigkeit** des Ansatzes, der Bewertung und der Gliederung dar, die auch für den handelsrechtlichen Konzernabschluss gelten (§ 246 Abs. 3 Satz 1 iVm. § 298 Abs. 1 HGB, § 252 Abs. 1 Nr. 6 iVm. § 298 Abs. 1 HGB und § 265 Abs. 1 Satz 1 iVm. § 298 Abs. 1 HGB). Zweck des Stetigkeitsgebots ist es, die Vergleichbarkeit aufeinander folgender Konzernabschlüsse zu verbessern[193]. **175**

---
192 Vgl. zum Begriff der Konsolidierungsmethoden: *ADS*⁶, § 297 HGB Tz. 49 ff.
193 Vgl. *ADS*⁶, § 297 HGB Tz. 46.

176 Die Änderung in § 297 Abs. 3 Satz 2 HGB dient der Anpassung an den geänderten Wortlaut der Parallelvorschrift des § 252 Abs. 1 Nr. 6 HGB **zur Bewertungsstetigkeit** (vgl. dazu ausführlich Abschn. G Tz. 13 ff.). Sie hat wie diese Änderung ausschließlich klarstellenden Charakter[194]. Im Übrigen ist zu beachten, dass im Zuge des BilMoG, insb. im Bereich der Kapitalkonsolidierung (vgl. Tz. 191 ff.) und der Equity-Methode (vgl. Tz. 441 ff.), zahlreiche Wahlrechte und Ermessensspielräume beseitigt wurden, wodurch der (verbleibende) Anwendungsbereich des Stetigkeitsgebots und damit dessen Bedeutung eingeschränkt wurde.

---

194 Begr. RegE, BT-Drucks. 16/10067, S. 52 iVm. Begr. Beschlussempfehlung und Bericht des Rechtsausschusses, BT-Drucks. 16/12407, S. 90.

§ 298 HGB
Anzuwendende Vorschriften. Erleichterungen

(1) Auf den Konzernabschluß sind, soweit seine Eigenart keine Abweichung bedingt oder in den folgenden Vorschriften nichts anderes bestimmt ist, die **§§ 244 bis 256a, 265, 266, 268 bis 275, 277 und 278** über den Jahresabschluß und die für die Rechtsform und den Geschäftszweig der in den Konzernabschluß einbezogenen Unternehmen mit Sitz im Geltungsbereich dieses Gesetzes geltenden Vorschriften, soweit sie für große Kapitalgesellschaften gelten, entsprechend anzuwenden.

(2) In der Gliederung der Konzernbilanz dürfen die Vorräte in einem Posten zusammengefaßt werden, wenn deren Aufgliederung wegen besonderer Umstände mit einem unverhältnismäßigen Aufwand verbunden wäre.

(3) ¹Der Konzernanhang und der Anhang des Jahresabschlusses des Mutterunternehmens dürfen zusammengefaßt werden. ²In diesem Falle müssen der Konzernabschluß und der Jahresabschluß des Mutterunternehmens gemeinsam offengelegt werden. ³Aus dem zusammengefassten Anhang muss hervorgehen, welche Angaben sich auf den Konzern und welche Angaben sich nur auf das Mutterunternehmen beziehen.

Inhaltsverzeichnis Tz.
Bedeutung der Änderung .... 177 – 179

Bedeutung der Änderung

Bei der Änderung handelt es sich lediglich um eine **redaktionelle Folgeänderung**, die insb. auf die Aufhebung der besonderen Bewertungsvorschriften für Kapitalgesellschaften (§§ 279 bis 283 HGB aF) zurück zu führen ist. Auf Konzernebene hat der Wegfall der Regelungen zur umgekehrten Maßgeblichkeit (§ 247 Abs. 3 iVm. § 273 Satz 1, § 254 iVm. § 279 Abs. 2 HGB aF) – anders als im handelsrechtlichen Jahresabschluss (vgl. Abschn. D Tz. 6) – keine Auswirkungen mehr, weil die Übernahme steuerlich motivierter Wertansätze in den handelsrechtlichen Konzernabschluss bereits für alle Geschäftsjahre, die nach dem 31. Dezember 2002 begonnen haben, unzulässig ist (Art. 54 Abs. 1 Satz 1 EGHGB)[195]. 177

Die in § 298 Abs. 1 HGB genannten Vorschriften für den handelsrechtlichen Jahresabschluss sind nur insoweit entsprechend anzuwenden, als die Eigenart des Konzernabschlusses keine Abweichung bedingt. Der handelsrechtliche Konzernabschluss dient ausschließlich der Informationsvermittlung (§ 297 Abs. 2 Satz 2 HGB) und hat keine Ausschüttungsbemessungsfunktion, weshalb zB die **Ausschüttungssperre** nach § 268 Abs. 8 HGB (vgl. dazu Abschn. N Tz. 4 ff.), die vom Verweis in § 298 Abs. 1 HGB formal umfasst wird, materiell keine Wirkung im Konzernabschluss entfaltet[196]. Insofern liegt also eine durch die Eigenart des Konzernabschlusses bedingte Abweichung vor (vgl. auch Tz. 187). 178

Nach dem eindeutigen Wortlaut des § 298 Abs. 1 HGB sind ausschließlich Vorschriften, die für große Kapitalgesellschaften gelten, im Konzernabschluss entsprechend anzuwenden. Trotzdem ist in den Verweisnormen § 274a HGB formal enthalten. Der Nichtausschluss des § 274a HGB (**größenabhängige Erleichterungen für kleine Kapitalgesellschaften**) in den Verweisen des § 298 Abs. 1 HGB ist aber als ein redaktionelles Versehen anzusehen. 179

---

195 Vgl. dazu im Einzelnen: *Deubert/Vogel*, KoR 2004, S. 142 ff.
196 GlA *Stibi/Fuchs*, KoR 2008, S. 99.

§ 300 HGB
Konsolidierungsgrundsätze. Vollständigkeitsgebot

(1) ¹In dem Konzernabschluß ist der Jahresabschluß des Mutterunternehmens mit den Jahresabschlüssen der Tochterunternehmen zusammenzufassen. ²An die Stelle der dem Mutterunternehmen gehörenden Anteile an den einbezogenen Tochterunternehmen treten die Vermögensgegenstände, Schulden, Rechnungsabgrenzungsposten und Sonderposten der Tochterunternehmen, soweit sie nach dem Recht des Mutterunternehmens bilanzierungsfähig sind und die Eigenart des Konzernabschlusses keine Abweichungen bedingt oder in den folgenden Vorschriften nichts anderes bestimmt ist.

(2) ¹Die Vermögensgegenstände, Schulden und Rechnungsabgrenzungsposten sowie die Erträge und Aufwendungen der in den Konzernabschluß einbezogenen Unternehmen sind unabhängig von ihrer Berücksichtigung in den Jahresabschlüssen dieser Unternehmen vollständig aufzunehmen, soweit nach dem Recht des Mutterunternehmens nicht ein Bilanzierungsverbot oder ein Bilanzierungswahlrecht besteht. ²Nach dem Recht des Mutterunternehmens zulässige Bilanzierungswahlrechte dürfen im Konzernabschluß unabhängig von ihrer Ausübung in den Jahresabschlüssen der in den Konzernabschluß einbezogenen Unternehmen ausgeübt werden. ³Ansätze, die auf der Anwendung von für Kreditinstitute oder Versicherungsunternehmen wegen der Besonderheiten des Geschäftszweigs geltenden Vorschriften beruhen, dürfen beibehalten werden; auf die Anwendung dieser Ausnahme ist im Konzernanhang hinzuweisen.

Inhaltsverzeichnis Tz.
I. Allgemeines .... 180 – 181
II. Nach dem Recht des Mutterunternehmens zulässige Bilanzierungs-
wahlrechte im Rahmen der Übergangsvorschriften zum BilMoG .... 182 – 190

I. Allgemeines

180 Bei der **Streichung des Worts „Bilanzierungshilfen"** in § 300 Abs. 1 Satz 2 HGB handelt es sich um eine Folgeänderung, die aus der Aufhebung des § 269 HGB aF resultiert (vgl. Abschn. F Tz. 40 ff.), der den Unternehmen bisher die Aktivierung von Aufwendungen für die Ingangsetzung oder Erweiterung des Geschäftsbetriebs gestattete[197]. Aktive latente Steuern, die bisher nach § 274 Abs. 2 Satz 1 HGB aF ebenfalls als Bilanzierungshilfe im handelsrechtlichen Jahresabschluss angesetzt werden konnten, sind von der Streichung in § 300 Abs. 1 Satz 2 HGB im Ergebnis nicht betroffen, weil diese nunmehr nach § 274 Abs. 1 Satz 1 und 2 HGB als Sonderposten eigener Art (§ 266 Abs. 2 lit. D HGB) im handelsrechtlichen Jahresabschluss anzusetzen sind soweit nicht vom Wahlrecht nach § 274 Abs. 1 Satz 2 HGB Gebrauch gemacht wird (vgl. Abschn. M Tz. 14 ff.). Soweit latente Steuern anzusetzen sind bzw. freiwillig angesetzt werden, sind sie auch in handelsrechtlichen Konzernabschluss zu übernehmen, weil sich § 300 Abs. 1 Satz 2 HGB ausdrücklich auch auf Sonderposten erstreckt (s. auch Tz. 288).

181 Der Wortlaut des § 300 Abs. 1 Satz 2 HGB aF ist **letztmals** auf Konzernabschlüsse für Geschäftsjahre, die vor dem 1. Januar 2010 beginnen, anzuwenden (Art. 66 Abs. 5 EGHGB). Bei einer **vorzeitigen Anwendung** aller durch das BilMoG geänderten Vorschriften nach Art. 66 Abs. 3 Satz 6 EGHGB ist die Neuregelung bereits auf Kon-

---

[197] Vgl. Begr. RegE, BT-Drucks. 16/10067, S. 80.

zernabschlüsse für Geschäftsjahre die nach dem 31. Dezember 2008 anzuwenden (vgl. Abschn. W Tz. 3).

II. Nach dem Recht des Mutterunternehmens zulässige Bilanzierungswahlrechte im Rahmen der Übergangsvorschriften zum BilMoG

Fraglich ist, wie mit Posten zu verfahren ist, die in einem der Geschäftsjahre, die vor dem 1. Januar 2010 (bei einer vorzeitigen Anwendung aller durch das BilMoG geänderten Vorschriften nach Art. 66 Abs. 3 Satz 6 EGHGB vgl. Abschn. W Tz. 3: Geschäftsjahre, die vor dem 1. Januar 2009 endeten) enden, in den handelsrechtlichen Jahresabschlüssen des Mutterunternehmens oder von Tochterunternehmen oder erst im Rahmen der konzerneinheitlichen Bilanzierung (Handelsbilanz II) in Ausübung von Ansatzwahlrechten gebildet und nach § 300 Abs. 2 Satz 2 HGB in den handelsrechtlichen Konzernabschluss übernommen wurden und deren Ansatz nach dem BilMoG nicht mehr zulässig ist. Dies betrifft bspw. 182

- **Aufwandsrückstellungen** nach § 249 Abs. 1 Satz 3, Abs. 2 iVm. § 298 Abs. 1 HGB aF,
- **Rechnungsabgrenzungsposten** nach § 250 Abs. 1 Satz 2 iVm. § 298 Abs. 1 HGB aF und
- **Aufwendungen für die Ingangsetzung oder Erweiterung des Geschäftsbetriebs** § 269 iVm. § 298 Abs. 1 HGB aF.

Ausdrückliche Übergangsvorschriften für diese Posten finden sich in Art. 67 Abs. 3 und Abs. 5 Satz 1 EGHGB, die sich allerdings ausdrücklich nur auf den handelsrechtlichen Jahresabschluss beziehen. Die dort geregelten **Wahlrechte zur Fortführung** der vorgenannten Posten sind jedoch nach § 300 Abs. 2 Satz 2 EGHGB auch im handelsrechtlichen **Konzernabschluss** anwendbar. Weil es sich um nach dem Recht des Mutterunternehmens zulässige Bilanzierungswahlrechte handelt, kann deren Ausübung für Konzernzwecke zudem neu und unabhängig von der Ausübung in den Jahresabschlüssen der einbezogenen Unternehmen (Mutter- und Tochterunternehmen) erfolgen. Dh. sofern zB Aufwandsrückstellungen nach § 249 Abs. 2 iVm. § 298 Abs. 1 HGB aF aus den handelsrechtlichen Jahresabschlüssen in den Konzernabschluss übernommen wurden, wird die Ausübung des Wahlrechts auf Konzernebene nicht durch dessen Behandlung für Zwecke des handelsrechtlichen Jahresabschlusses präjudiziert. 183

Die Ausübung der einzelnen (Fortführungs-)Wahlrechte auf Konzernebene hat aber unter Beachtung des Gebots der (sachlichen) **Ansatzstetigkeit** (§ 246 Abs. 3 Satz 1 iVm. § 298 Abs. 1 HGB; vgl. Abschn. G Tz. 6 ff.) zu erfolgen, dh. zB dass gleiche Sachverhalte bei verschiedenen Tochterunternehmen im Konzernabschluss nicht unterschiedlich behandelt werden dürfen. Dabei sind an die Ansatzstetigkeit allerdings keine strengeren Anforderungen zu stellen, als im handelsrechtlichen Jahresabschluss. Demnach dürfen die Wahlrechte grds. nur einheitlich für die jeweils betroffenen Posten ausgeübt werden. Eine Ausnahme gilt jedoch für Rückstellungen, die nach § 249 Abs. 1 Satz 3 bzw. Abs. 2 HGB aF gebildet wurden, weil diese nach Art. 67 Abs. 3 Satz 1 EGHGB auch teilweise beibehalten werden dürfen (vgl. ausführlich Abschn. F Tz. 20 ff.)[198]. Ebenso wie für Zwecke des handelsrechtlichen Jahresabschlusses ist eine 184

---

198 Vgl. auch IDW ERS HFA 28 Tz. 10.

Ausübung der einzelnen Beibehaltungs- bzw. Fortführungswahlrechte nur einmal möglich (zeitliche Ansatzstetigkeit), nämlich im Konzernabschluss für das erste nach dem 31. Dezember 2009 beginnende Geschäftsjahr[199] und bei einer **vorzeitigen Anwendung** aller durch das BilMoG geänderten Vorschriften nach Art. 66 Abs. 3 Satz 6 EGHGB im Konzernabschluss für das erste nach dem 31. Dezember 2008 beginnende Geschäftsjahr (vgl. Abschn. W Tz. 3).

185 Werden die Beibehaltungswahlrechte nach Art. 67 Abs. 3 und Abs. 5 Satz 1 EGHGB im Konzernabschluss ausgeübt, richtet sich die **Fortführung** der betreffenden Bestandswerte nach den allgemeinen Grundsätzen für den handelsrechtlichen Jahresabschluss, auf die hier insofern verwiesen wird:

- **Aufwandsrückstellungen** nach § 249 Abs. 1 Satz 3, Abs. 2 HGB aF (vgl. Abschn. F Tz. 20 ff.),
- **aktive Rechnungsabgrenzungsposten** (§ 250 Abs. 1 Satz 2 Nr. 1 und Nr. 2 HGB aF (vgl. Abschn. F Tz. 36 ff.) sowie
- Bilanzierungshilfe für Aufwendungen für die **Ingangsetzung oder Erweiterung des Geschäftsbetriebs** nach § 269 iVm. § 298 Abs. 1 HGB aF (vgl. Abschn. F Tz. 49).

186 Wird von dem **Beibehaltungswahlrecht** der nach BilMoG unzulässigen Posten, zB für Aufwandsrückstellungen (§ 249 Abs. 1 Satz 3, Abs. 2 HGB aF), **kein Gebrauch** gemacht, sind die sich aus dem Wegfall ergebenden Vermögenseffekte nach Art. 67 Abs. 3 Satz 2 EGHGB iVm. § 300 Abs. 2 Satz 2 HGB unmittelbar in die Gewinnrücklagen einzustellen (vgl. auch Tz. 187). Eine Ausnahme hiervon gilt im handelsrechtlichen **Jahresabschluss** jedoch für Beträge, die im letzten vor dem 1. Januar 2010 beginnenden Geschäftsjahr in die Aufwandsrückstellung eingestellt wurden (Art. 66 Abs. 3 Satz 2 zweiter Halbsatz EGHGB). Diese Beträge sind im handelsrechtlichen Jahresabschluss erfolgswirksam zu vereinnahmen. Damit soll verhindert werden, dass im letzten Geschäftsjahr vor Inkrafttreten des BilMoG Aufwandsrückstellungen ausschließlich deshalb gebildet werden, um diese im Folgejahr erfolgsneutral in die Gewinnrücklagen einzustellen[200], und dadurch indirekt die Gewinnverwendungskompetenz der Hauptversammlung zu beschneiden.

187 Der handelsrechtliche **Konzernabschluss** hat keine Ausschüttungsbemessungsfunktion[201]. Dies könnte dafür sprechen, dass die für Zwecke des handelsrechtlichen Jahresabschlusses erforderliche Differenzierung zwischen erfolgsneutraler und erfolgswirksamer Ausbuchung nach Art. 67 Abs. 3 Satz 2 EGHGB auf Ebene des Konzernabschlusses nicht erforderlich ist. Mit Rücksicht auf den Vorbehalt des § 298 Abs. 1 HGB, wonach die für den handelsrechtlichen Jahresabschluss geltenden Vorschriften entsprechend anzuwenden sind, soweit die Eigenart des Konzernabschlusses keine Abweichung bedingt, dürfen Aufwandsrückstellungen nach § 249 Abs. 1 Satz 3, Abs. 2 HGB aF unabhängig vom Geschäftsjahr ihrer Bildung grds. **erfolgsneutral umgebucht werden**, wenn das Mutterunternehmen im Konzernabschluss vom Beibehaltungswahlrecht nach Art. 67 Abs. 3 Satz 1 EGHGB iVm. § 300 Abs. 2 Satz 2 HGB für Aufwandsrückstellungen keinen Gebrauch macht.

188 Fraglich ist in diesem Zusammenhang weiter, ob es sachgerecht ist, die Vermögenseffekte, die sich aus dem Wegfall von **Aufwandsrückstellungen** (§ 249 Abs. 1 Satz 3, Abs. 2 HGB aF) ergeben, auch im Konzernabschluss immer unmittelbar in die Ge-

---

199 Vgl. IDW ERS HFA 28 Tz. 9 iVm. Tz. 45.
200 Vgl. Begr. Beschlussempfehlung und Bericht des Rechtsausschusses, BT-Drucks. 16/12407, S. 96.
201 Vgl. *Förschle/Kroner*, in Beck Bil-Komm.⁶, § 297 Anm. 1.

winnrücklagen einzustellen. Dies erscheint zutreffend, soweit die vorgenannten Posten im Konzernabschluss auch ergebniswirksam gebildet wurden, dh. letztlich das erwirtschaftete Konzerneigenkapital (zB Konzernergebnisvortrag) gemindert haben. Fraglich ist, ob dies auch dann gilt, wenn die **Posten** (vgl. Tz. 182) aus Konzernsicht **im Rahmen eines Unternehmenserwerbs angeschafft** wurden, dh. im Zuge einer (erfolgsneutralen) Anschaffungskostenbilanzierung zugegangen sind. Es erscheint nicht sachgerecht, zB Aufwandsrückstellungen, die im Rahmen der Erstkonsolidierung nach § 301 HGB als Schulden in den Konzernabschluss übernommen wurden, und damit zu einem entsprechend höheren Geschäfts- oder Firmenwert geführt haben, beim Übergang auf die Vorschriften des BilMoG in die Gewinnrücklagen einzustellen. Dies gilt zumindest dann, wenn für das betreffende Tochterunternehmen noch ein Geschäfts- oder Firmenwert aus der Erstkonsolidierung besteht. In diesem Fall wäre es im Hinblick auf die Verpflichtung des § 297 Abs. 2 Satz 2 HGB für den Vermögensausweis im Konzernabschluss zutreffender, wenn die entfallenden Aufwandsrückstellungen bis zu dessen Buchwert mit diesem verrechnet würden. Hierdurch würde im Ergebnis eine Korrektur der historischen Erstkonsolidierung vorgenommen.

Auch für Zwecke des handelsrechtlichen **Jahresabschlusses** ist nicht ausgeschlossen, dass Aufwandsrückstellungen im Rahmen von Anschaffungsvorgängen (zB Umwandlungsvorgängen) zugegangen sind, dh. nicht aufwandswirksam gebildet wurden. Dessen ungeachtet ordnet Art. 67 Abs. 3 Satz 2 EGHGB für den handelsrechtlichen Jahresabschluss, die Einstellung der aus der Auflösung resultierenden Posten in die Gewinnrücklagen unabhängig von ihrer Entstehungsursache an (vgl. Abschn. F Tz. 27). Mit Rücksicht darauf wird man eine davon abweichende Vorgehensweise im Konzernabschluss nicht begründen können. Dh. wenn im Konzernabschluss vom Beibehaltungswahlrecht nach Art. 67 Abs. 3 Satz 1 EGHGB iVm. § 300 Abs. 2 Satz 2 HGB für Aufwandsrückstellungen kein Gebrauch gemacht wird, sind die frei werdenden Beträge – unabhängig von ihrer Entstehungsursache – in die **(Konzern-)Gewinnrücklagen** einzustellen. 189

Zulässig erscheint es aber, **Aufwandsrückstellungen**, die **aus der Erstkonsolidierung** stammen und bei erstmaliger Anwendung des BilMoG noch vorhanden sind, im Konzernabschluss fortzuführen und nur die übrigen, während der Dauer der Konzernzugehörigkeit **aufwandswirksam** zu Lasten des Konzernergebnisses **gebildeten Rückstellungen** gegen die Gewinnrücklagen auszubuchen (Art 67 Abs. 3 Satz 1 EGHGB analog). Sofern ein Geschäfts- oder Firmenwert aus der Erstkonsolidierung jedoch bereits planmäßig oder pauschal abgeschrieben bzw. nach § 309 Abs. 1 Satz 3 HGB aF mit dem Konzernrücklagen verrechnet ist, bestehen gegen die Einstellung der Beträge aus der Auflösung im Rahmen von Unternehmenserwerben angesetzter Aufwandsrückstellungen in die Gewinnrücklagen keine Bedenken, weil dadurch eine vorangegangene „Belastung" des Konzerneigenkapitals ausgeglichen wird. 190

§ 301 HGB
Kapitalkonsolidierung

(1) ¹Der Wertansatz der dem Mutterunternehmen gehörenden Anteile an einem in den Konzernabschluß einbezogenen Tochterunternehmen wird mit dem auf diese Anteile entfallenden Betrag des Eigenkapitals des Tochterunternehmens verrechnet. ²Das Eigenkapital ist **mit dem Betrag anzusetzen, der dem Zeitwert der in den Konzernabschluss aufzunehmenden Vermögensgegenstände, Schulden, Rechnungsabgrenzungsposten und Sonderposten entspricht, der diesen an dem für die Verrechnung nach Absatz 2 maßgeblichen Zeitpunkt beizulegen ist.** ³Rückstellungen sind nach § 253 Abs. 1 Satz 2 und 3, Abs. 2 und latente Steuern nach § 274 Abs. 2 zu bewerten.

(2) ¹Die Verrechnung nach Absatz 1 ist auf Grundlage der Wertansätze zu dem Zeitpunkt durchzuführen, zu dem das Unternehmen Tochterunternehmen geworden ist. ²Können die Wertansätze zu diesem Zeitpunkt nicht endgültig ermittelt werden, sind sie innerhalb der darauf folgenden zwölf Monate anzupassen. ³Ist ein Mutterunternehmen erstmalig zur Aufstellung eines Konzernabschlusses verpflichtet, sind die Wertansätze zum Zeitpunkt der Einbeziehung des Tochterunternehmens in den Konzernabschluss zugrunde zu legen, soweit das Unternehmen nicht in dem Jahr Tochterunternehmen geworden ist, für das der Konzernabschluss aufgestellt wird. ⁴Das Gleiche gilt für die erstmalige Einbeziehung eines Tochterunternehmens, auf die bisher gemäß § 296 verzichtet wurde.

(3) ¹Ein **nach** der Verrechnung verbleibender Unterschiedsbetrag ist in der Konzernbilanz, wenn er auf der Aktivseite entsteht, als Geschäfts- oder Firmenwert und, wenn er auf der Passivseite entsteht, **unter dem Posten „Unterschiedsbetrag aus der Kapitalkonsolidierung" nach dem Eigenkapital auszuweisen.** ²Der Posten und wesentliche Änderungen gegenüber dem Vorjahr sind im Anhang zu erläutern.

(4) Anteile an dem Mutterunternehmen, die einem in den Konzernabschluss einbezogenen Tochterunternehmen gehören, sind in der Konzernbilanz als eigene Anteile des Mutterunternehmens mit ihrem Nennwert oder, falls ein solcher nicht vorhanden ist, mit ihrem rechnerischen Wert, in der Vorspalte offen von dem Posten „Gezeichnetes Kapital" abzusetzen.

Inhaltsverzeichnis   Tz.

I.   Grundlagen .... 191 – 192
II. Neubewertung des Reinvermögens (Eigenkapitals) nach Abs. 1
     Satz 2 und 3 193
     1. Anzusetzende Bilanzposten .... 194 – 202
     2. Bewertungsmaßstäbe
        a. Grundsatz „beizulegender Zeitwert" .... 203 – 206
        b. Ausnahmen: Bewertung von Rückstellungen und latenten
           Steuern .... 207 – 209
III. Konzeptionelle Konsequenzen für die Folgekonsolidierung .... 210 – 217
IV. Vorläufige Erwerbsbilanzierung (Abs. 2 Satz 2) .... 218 – 231
V.   Erstkonsolidierungszeitpunkt (Abs. 2)
     1. Grundsatz (Satz 1) .... 232 – 236
     2. Vereinfachungsmöglichkeiten (Satz 3 und 4) .... 237 – 244
VI. Ausweis verbleibender Unterschiedsbeträge (Abs. 3) .... 245 – 253

VII. Rückbeteiligungen am oberen Mutterunternehmen (Abs. 4) .... 254 – 269
VIII. Übergangsvorschriften .... 270 – 272

I. Grundlagen

Für die Kapitalkonsolidierung von Tochterunternehmen nach der Erwerbsmethode bestand bislang ein Wahlrecht zwischen der Buchwert- und der Neubewertungsmethode (§ 301 Abs. 1 Satz 2 HGB aF). Für Tochterunternehmen, die (spätestens) erstmals in einem Geschäftsjahr, das nach dem 31. Dezember 2009 beginnt (Art 66 Abs. 3 Satz 4 EGHGB), im Wege der Vollkonsolidierung (§§ 300 ff. HGB) in den Konzernabschluss einbezogen werden, hat die Kapitalkonsolidierung ausschließlich nach der **Neubewertungsmethode** zu erfolgen (§ 301 Abs. 1 HGB). Bei freiwilliger vorzeitiger Anwendung aller durch das BilMoG geänderten Vorschriften nach Art. 66 Abs. 3 Satz 6 EGHGB (vgl. Abschn. W Tz. 3) gilt dies bereits für Erstkonsolidierungen in dem nach dem 31. Dezember 2008 beginnenden Geschäftsjahr. Die ausschließliche Anwendung der Neubewertungsmethode entspricht den internationalen Rechnungslegungsstandards (IFRS 3 (rev. 2008))[202] sowie dem Vorschlag des DRSC in DRS 4.23[203]. Entsprechend der Neubewertungsmethode ist das Reinvermögen (Vermögensgegenstände abzgl. Schulden) des betreffenden Tochterunternehmens vollständig, einschließlich des ggf. auf andere Gesellschafter entfallenden Anteils, im Zugangszeitpunkt aus Konzernsicht (vgl. Tz. 235) zum beizulegenden Zeitwert (vgl. Tz. 203) zu bewerten.

191

Der **Anwendungsbereich** der in § 301 HGB geregelten Erwerbsbilanzierung erstreckt sich ausschließlich auf den handelsrechtlichen Konzernabschluss und setzt voraus, dass zum Konzernbilanzstichtag auch (konsolidierungspflichtige) Anteile an einem Tochterunternehmen bestehen (vgl. Tz. 7 ff.). Auf (Rein-)Vermögensübergänge, zB durch *asset-deal* oder aufgrund von Umwandlungsvorgängen, die sich im handelsrechtlichen Jahresabschluss eines einbezogenen Unternehmens ereignen (vgl. dazu Abschn. E Tz. 1 ff.) und die aus Konzernsicht wirtschaftlich dem im Zuge der Kapitalkonsolidierung fingierten Einzelerwerb von Vermögensgegenständen und Schulden etc. vergleichbar sind, ist § 301 HGB deshalb formal nicht anzuwenden. Eine dem § 301 HGB entsprechende Abbildung, dh. Aufdeckung stiller Reserven und Lasten, sowie Ansatz eines Geschäfts- oder Firmenwerts bzw. eines passiven Unterschiedsbetrags aus der Kapitalkonsolidierung im handelsrechtlichen Konzernabschluss, kann in diesen Fällen jedoch unter Anwendung der Grundsätze des DRS 4 erreicht werden, die ausdrücklich auch für diese Vorgänge gelten (DRS 4.1b), .1c))[204].

192

II. Neubewertung des Reinvermögens (Eigenkapitals) nach Abs. 1 Satz 2 und 3

Im Rahmen der Erstkonsolidierung nach der Neubewertungsmethode wird der Wertansatz der konsolidierungspflichtigen Anteile mit dem darauf entfallenden (neubewerteten) Eigenkapital des Tochterunternehmens verrechnet, das mit dem Betrag anzusetzen ist, der dem beizulegenden Zeitwert der Vermögensgegenstände, Schulden, Rechnungsabgrenzungsposten und Sonderposten im maßgeblichen Erstkonsolidierungszeitpunkt (vgl. Tz. 232 ff.) entspricht. Von der Zeitwertbewertung im Erstkonsolidierungszeitpunkt sind nach § 301 Abs. 1 Satz 3 HGB Rückstellungen und latente Steuern ausgenommen (vgl.

193

---

202 Vgl. Begr. RegE, BT-Drucks. 16/10067, S. 80.
203 Vgl. BAnz. vom 17.11.2000, S. 24 070 ff.
204 Zu Einzelheiten der Übernahmebilanzierung bei Umwandlungsvorgängen vgl. *Förschle/Hoffmann*, in Sonderbilanzen[4], K Anm. 15 ff.

Tz. 207 ff.). Die Neubewertung des aus Konzernsicht erworbenen Reinvermögens des Tochterunternehmens, einschließlich der ggf. auf andere Gesellschafter entfallenden Teile, erfolgt technisch idR durch die Aufstellung einer sog. **Neubewertungs- bzw. Erwerbsbilanz**, deren Ausgangsgrundlage eine auf den Erstkonsolidierungszeitpunkt aufgestellte, an die konzerneinheitlichen Bilanzierungs- und Bewertungsvorschriften angepasste Handelsbilanz II des Tochterunternehmens ist. Es ist allerdings auch möglich, die Zeitwertbewertung als Teil der Kapitalkonsolidierungsbuchungen vorzunehmen und fortzuführen[205].

1. Anzusetzende Bilanzposten

194 Das neu zu bewertende Reinvermögen umfasst nach § 301 Abs. 1 Satz 2 HGB sämtliche Vermögensgegenstände, Schulden, Rechnungsabgrenzungsposten und Sonderposten des Tochterunternehmens. In der Neubewertungs-/Erwerbsbilanz sind ausschließlich solche **Vermögensgegenstände und Schulden** etc. anzusetzen, die zum Reinvermögen **des Tochterunternehmens** gehören und im maßgeblichen Erstkonsolidierungszeitpunkt (§ 301 Abs. 2 HGB; vgl. Tz. 235) als solche (einzeln) bilanzierungsfähig und -pflichtig sind. Das Aktivierungsverbot des § 248 Abs. 2 Satz 2 HGB (vgl. Abschn. E Tz. 80 ff.) ist dabei für die Neubewertungs-/Erwerbsbilanz wegen des bei ihrer Aufstellung fingierten Einzelerwerbs der Vermögensgegenstände und Schulden des Tochterunternehmens – ebenso wie nach bisherigen Recht – nicht anwendbar[206].

195 Gegenüber der bisherigen Regelung für die Neubewertungsmethode in § 301 Abs. 1 Satz 2 Nr. 2 HGB aF ist die ausdrückliche Nennung der Bilanzierungshilfen weggefallen. Hierbei handelt es sich um eine Folgeänderung, die aus der Streichung des § 269 HGB aF resultiert, der die Bildung einer Bilanzierungshilfe für Kosten der **Ingangsetzung oder Erweiterung des Geschäftsbetriebs** gestattete (vgl. Abschn. F Tz. 40 ff.). Dadurch wird zugleich ein systematischer Fehler gegenüber der bisherigen Regelung behoben[207]. Ein Ansatz von Bilanzierungshilfen in einer Neubewertungs-/Erwerbsbilanz ist schon deshalb nicht zulässig, weil es sich hierbei nicht um selbstständig verwertbare Vermögensgegenstände handelt. Der Vorteil aus derartigen vorgeleisteten Ausgaben geht vielmehr in der Residualgröße nicht zuordenbarer Posten, dh. idR dem nach der Kapitalaufrechnung nach § 301 Abs. 3 HGB verbleibenden Geschäfts- oder Firmenwert, auf[208].

196 Die Berücksichtigung von **aktiven latente Steuern**, die bisher nach § 274 Abs. 2 Satz 1 HGB aF als Bilanzierungshilfe angesetzt werden konnten, ist von dieser Streichung nicht betroffen, weil sie zukünftig als Sonderposten (§ 274 Abs. 1 Satz 1 HGB; § 266 Abs. 2 lit. D HGB) anzusetzen sind und solche ausdrücklich in § 301 Abs. 1 Satz 2 HGB genannt werden.

197 Besteht bei einer Tochterkapitalgesellschaft im Erstkonsolidierungszeitpunkt ein **steuerlicher Verlustvortrag**, kommt die Aktivierung des damit verbundenen wirtschaftlichen Vorteils in Gestalt der künftigen Steuerersparnis in der Erwerbsbilanz nach § 274 Abs. 1 Satz 4 HGB (analog) iVm. § 298 Abs. 1 HGB nur unter Beachtung der

---

205 Vgl. *Förschle/Deubert*, in Beck Bil-Komm.[6], § 301 Anm. 60 mwN.
206 Bereits bisher hM *Förschle/Deubert*, in Beck Bil-Komm.[6], § 301 Anm. 66 mwN.
207 Vgl. *Förschle/Deubert*, in Beck Bil-Komm.[6], § 301 Anm. 74.
208 Vgl. *Förschle/Hoffmann*, in Sonderbilanzen[4], K Anm. 18.

den Verlustabzug beschränkenden Bestimmungen des § 8c KStG in Betracht[209]. Wurde das Mutter-Tochterverhältnis iSv. § 290 HGB durch einen zeitgleichen Erwerb der Mehrheit der Anteile am Tochterunternehmen oder einen vergleichbaren Sachverhalt[210] begründet, bewirkt dies – sofern es sich nicht um einen „begünstigten" Sanierungserwerb iSv. § 8c Abs. 1a KStG handelt – nach § 8c Abs. 1 Satz 2 KStG einen vollständigen Untergang vorhandener Verlustvorträge, so dass keine aktiven latenten Steuern auf den Verlustvortrag in der Erwerbsbilanz anzusetzen sind. Hat ein (Hinzu-)Erwerb zwischen 25% und 50% der Anteile innerhalb eines Fünf-Jahres-Zeitraums zum Mutter-Tochterverhältnis geführt, zieht dies einen quotalen Verlustuntergang beim Tochterunternehmen nach sich (§ 8c Abs. 1 Satz 1 KStG). Werden zB an einer Kapitalgesellschaft, an der das Mutterunternehmen seit mehr als fünf Jahren eine Kapitalbeteiligung von 20% hält, weitere 40% der Anteile erworben und wird die Kapitalgesellschaft damit zum Tochterunternehmen iSv. § 290 HGB, gehen 40% des Verlustvortrags verloren. Entsprechendes gilt für im Erstkonsolidierungszeitpunkt bestehende **Zinsvorträge** nach § 4h EStG iVm. § 8a KStG, auf die § 8c KStG entsprechend anzuwenden ist.

Verlustvorträge auf Ebene des Mutterunternehmen oder von anderen Tochterunternehmen, die erst aufgrund des Erwerbs des Tochterunternehmens und damit verbundener Gewinnerwartungen genutzt werden können, bleiben in der Neubewertungs-/Erwerbsbilanz unberücksichtigt, weil es sich hierbei um keinen Vorteil handelt, der zum Vermögen des erworbenen Tochterunternehmens gehört[211]. Die latenten Steuervorteile sind stattdessen nach § 274 Abs. 1 Satz 4 HGB erfolgswirksam bei der Steuerabgrenzung desjenigen Konzernunternehmens zu berücksichtigen, bei dem der Verlustvortrag besteht (vgl. dazu Abschn. M Tz. 28 ff.)[212].

198

Bisher durften nach DRS 4.19 unter den dort genannten, engen Voraussetzungen im Rahmen der Erstkonsolidierung sog. **Restrukturierungsrückstellungen** in der Neubewertungs-/Erwerbsbilanz angesetzt werden, obwohl die entsprechenden Vermögensbelastungen erst durch Maßnahmen und Entscheidungen des Erwerbers nach dem Erwerb des Tochterunternehmens als Außenverpflichtungen (rechtlich) begründet wurden[213]. Bei dieser Durchbrechung des Stichtagsprinzips (§ 252 Abs. 1 Nr. 3 iVm. § 298 Abs. 1 HGB) handelte es sich letztlich auch um eine Konsequenz der Bewertung des Reinvermögens im Erstkonsolidierungszeitpunkt aus der Sicht des Erwerbers[214] (vgl. Tz. 203). Die mit den Restrukturierungsmaßnahmen verbundenen Aufwendungen (zB Abfindungen im Personalbereich etc.)[215] stellen danach bei wirtschaftlicher Betrachtung einen Teil der Gegenleistung des Erwerbers für den Erwerb der Anteile am betreffenden Tochterunternehmen dar.

199

---

209 Vgl. zu den Verlustabzugsbeschränkungen nach § 8c KStG: *BMF*, vom 4.7.2008, Der Konzern 2008, S. 455 ff.; dazu auch *Sistermann/Brinkmann*, BB 2008, S. 1928 ff.; zur zeitlich befristeten Möglichkeit, durch Sanierung eine Nutzung der beim Erwerb des Tochterunternehmens vorhandenen Verlustvorträge zu erreichen vgl. *Pflüger*, Gestaltende Steuerberatung 2009, S. 313 ff.
210 ZB Stimmrechtsvereinbarungen, Stimmrechtsbindungen oder Erwerb eigener Anteile bzw. Kapitalherabsetzung, durch die sich die Beteiligungsquoten ändern (vgl. *BMF*, vom 4.7.2008, Der Konzern 2008, S. 455 ff. (Tz. 7)).
211 GlA *Oser/Reichart/Wirth*, in Küting/Pfitzer/Weber, Das neue deutsche Bilanzrecht², S. 427 unter Verweis auf die analoge Vorgehensweise nach IAS 12.67 (amend. 2008).
212 Vgl. Begr. RegE, BT-Drucks. 16/10067, S. 81; *Petersen/Zwirner*, in BilMoG, S. 542 f.; *Küting/Seel*, in Küting/Pfitzer/Weber, Das neue deutsche Bilanzrecht², S. 527.
213 Vgl. ausführlich: *Förschle/Deubert*, in Beck Bil-Komm.⁶, § 301 Anm. 68 ff.
214 GlA zB *Busse von Colbe*, in Münch-Komm. HGB², § 301 Rn. 52.
215 Soweit Vermögensgegenstände, zB Gebäude oder technische Anlagen etc., durch Restrukturierungsmaßnahmen betroffen waren, war dies ebenfalls bereits bei der Zugangsbewertung zu berücksichtigen (vgl. *Förschle/Deubert*, in Beck Bil-Komm.⁶, § 301 Anm. 71).

200 Bei der in der Neubewertungs-/Erwerbsbilanz gebildeten Restrukturierungsrückstellung handelte es sich zum Erstkonsolidierungszeitpunkts eigentlich um eine „Innenverpflichtung" des erwerbenden Mutterunternehmens und noch nicht um eine Schuld des erworbenen Tochterunternehmens. Die Passivierung von **Aufwandsrückstellungen** kommt aufgrund des Wegfalls des § 249 Abs. 2 HGB aF ab der Erstanwendung der durch BilMoG geänderten Vorschriften nicht mehr in Betracht (vgl. Abschn. F Tz. 8 ff.). Dies gilt auch für die Erwerbsbilanzierung, wodurch sich weitreichende Konsequenzen für die Berücksichtigung von Restrukturierungsmaßnahmen[216] im Rahmen der Erstkonsolidierung ergeben.

201 Spätestens für **nach dem 31. Dezember 2009** beginnende Geschäftsjahre[217] sind Restrukturierungsrückstellungen im Rahmen der Erstkonsolidierung nach § 301 Abs. 1 Satz 2 HGB – in Einklang mit den internationalen Rechnungslegungsgrundsätzen (IFRS 3.11 (rev. 2008))[218] – nur zu berücksichtigen, wenn hierfür bereits im Erstkonsolidierungszeitpunkt nach allgemeinen Grundsätzen[219] eine **Rückstellung** für Außenverpflichtungen nach § 249 Abs. 1 Satz 1 HGB in der Handelsbilanz II des erworbenen Tochterunternehmens zu bilden ist. Dies kann ausnahmsweise dann der Fall sein, wenn das Vermögen des Tochterunternehmens bereits im Erwerbszeitpunkt allgemein erkennbar mit der (faktischen) Verpflichtung zur Durchführung von Restrukturierungsmaßnahmen belastet ist, die jeder Erwerber als Minderung des Anteilskaufpreises geltend gemacht hätte.

202 Von den nur aus Sicht des Erwerbers erforderlichen Restrukturierungsrückstellungen zu unterscheiden sind Schulden, deren rechtliche (Voll-)Entstehung eine unmittelbare Folge des Unternehmenserwerbs selbst ist. Hierzu gehören insb. **Entschädigungsvereinbarungen**, die das Tochterunternehmen zeitlich bereits vor dem Erwerb durch das Mutterunternehmen und aufschiebend bedingt für den Fall einer Übernahme (*change-of-control*) rechtswirksam mit Mitgliedern des Geschäftsführungsorgans bzw. Arbeitnehmern getroffen hat. Für derartige Verpflichtungen sind bereits nach den allgemeinen Grundsätzen in einer auf den Erstkonsolidierungszeitpunkt, wenn dieser zugleich dem Erwerbszeitpunkt der Anteile entspricht, aufgestellten Handelsbilanz II des Tochterunternehmens entsprechende Rückstellungen nach § 249 Abs. 1 Satz 1 HGB zu bilden.

2. Bewertungsmaßstäbe

a. Grundsatz: „beizulegender Zeitwert"

203 Nach § 301 Abs. 1 Satz 2 Nr. 2 HGB aF waren die aus Konzernsicht erworbenen Vermögensgegenstände und Schulden bei ihrer Zugangsbewertung im Rahmen der Erstkonsolidierung bisher mit dem **„beizulegenden Wert"** anzusetzen. Bei der Ermittlung der Wertansätze war die beabsichtigte Verwendung aus Sicht des Erwerbers zu berücksichtigen (DRS 4.18). Aus Sicht des erwerbenden Konzerns betriebsnotwendige Vermögensgegenstände des Anlage- und Umlaufvermögens waren danach zu Wiederbeschaffungs-

---

216 Vgl. zum bisherigen Recht: *Meisel/Pejic*, WPg 2000, S. 1058 mwN; kritisch dazu bereits bisher: *ADS*[6], § 301 HGB Tz. 65, weil es sich bei Aufwandsrückstellungen nicht um Schulden im bilanzrechtlichen Sinn handelt.
217 Bei vorzeitiger Anwendung der durch das BilMoG geänderten Vorschriften nach Art. 66 Abs. 3 Satz 6 EGHGB gilt dies bereits für Konzernabschlüsse der nach dem 31. Dezember 2008 beginnenden Geschäftsjahre.
218 Vgl. *Förschle/Deubert*, in Beck Bil-Komm.[6], § 301 Anm. 339; *Schulze/Kanada/Tierische*, DStR 2008, S. 1351 f.
219 Vgl. zB *WPH*[13], Bd. I, E Tz. 149 mwN.

bzw. Reproduktionskosten zu bewerten[220]. Im Fall einer vom Erwerber beabsichtigten teilweisen oder vollständigen Einstellung des Geschäftsbetriebs des Tochterunternehmens waren die davon betroffenen Vermögensgegenstände mit Liquidationswerten, dh. idR mit Nettoveräußerungswerten (Veräußerungserlös abzüglich noch anfallender Kosten) zu bewerten. Entsprechendes galt auch für die Zugangsbewertung der aus Sicht des Erwerbers nicht betriebsnotwendigen Vermögensgegenstände[221].

Im Zuge der Änderungen durch das BilMoG wird nunmehr in § 301 Abs. 1 Satz 2 HGB bestimmt, dass die Vermögensgegenstände und Schulden mit Ausnahme von Rückstellungen (vgl. Tz. 207), des Tochterunternehmens zur Ermittlung des konsolidierungspflichtigen Eigenkapitals mit dem „**beizulegenden Zeitwert**" im Erstkonsolidierungszeitpunkt (vgl. Tz. 235) zu bewerten sind[222]. Dieser Zeitwert entspricht nach § 255 Abs. 4 HGB grds. dem Marktpreis, dh. dem Preis, der sich am betreffenden Bewertungsstichtag zwischen zwei unabhängigen Geschäftspartnern bei Vorliegen normaler Geschäftsbedingungen ergeben hätte. Mit dem Abstellen auf einen möglichst objektivierten Marktwert ist nach der Regierungsbegründung zum BilMoG[223] eine Annäherung an die entsprechenden internationalen Regelungen bezweckt[224]. **204**

In diesem Zusammenhang ist jedoch zu beachten, dass es für die aus Konzernsicht erworbenen Vermögensgegenstände und Schulden des Tochterunternehmens in der überwiegenden Zahl der Fälle keine „vollständig funktionierenden Märkte" gibt, weshalb „**objektivierte Marktpreise**" nicht existieren werden. Für die Zugangsbewertung muss deshalb vielfach auf Marktpreise für gleiche oder zumindest gleichartige Vermögensgegenstände zurück gegriffen werden. Falls auch dies nicht möglich ist, muss der beizulegende Zeitwert unter Rückgriff auf **sonstige Bewertungsverfahren**, zB aus den diskontierten Nettozahlungsströmen, soweit sie sich den betreffenden Vermögensgegenständen zurechnen lassen, ermittelt werden. Ermessensspielräume bei der Zugangsbewertung lassen sich deshalb nicht völlig vermeiden[225]. **205**

Die nach § 301 Abs. 1 Satz 2 HGB erforderliche Zugangsbewertung zum beizulegenden Zeitwert verhindert, dass Wertänderungen des aus Konzernsicht erworbenen Reinvermögens, die erst durch spätere **wertbegründende Entscheidungen des Erwerbers** herbeigeführt werden, bereits bei der Kaufpreisallokation im Rahmen der Erstkonsolidierung berücksichtigt werden. Es wäre nicht sachgerecht, dass auf diese Weise vorgezogene Wertminderungen von Vermögensgegenständen oder Werterhöhungen von Schulden bei der Erstkonsolidierung in der Residualgröße (vgl. Tz. 404) aufgehen und die spätere Vornahme von Maßnahmen dadurch ergebnisneutral bleibt bzw. indirekt erst über die Abschreibung des Geschäfts- oder Firmenwerts erfolgswirksam wird. Erwartete, wertbeeinflussende Maßnahmen der Folgezeit dürfen danach nicht als Indikatoren für die Wertverhältnisse im Erstkonsolidierungszeitpunkt verwendet werden. Geht bspw. mit dem Erwerb der Anteile ein vom Veräußerer genutztes Verwaltungsgebäude über, so ist im Rahmen der Erstkonsolidierung im Konzernabschluss des Erwerbers der Marktwert dieses Gebäudes anzusetzen. Ergeben sich nach erfolgter Erstkonsolidierung im neuen Nutzenzusammenhang aus vom neuen Erwerber initiierten, im Erwerbszeitpunkt objektiv noch nicht notwendigen Maßnahmen **206**

---

220 Vgl. zB *Förschle/Deubert*, in Beck Bil-Komm.[6], § 301 Anm. 79 mwN.
221 Vgl. *ADS*[6], § 301 HGB Tz. 70; *Förschle/Deubert*, in Beck Bil-Komm.[6], § 301 Anm. 78.
222 Vgl. *Schurbohm-Ebneth/Zoeger*, DB 2008, Beil. 1, S. 41; GlA *Oser/Reichart/Wirth*, in Küting/Pfitzer/Weber, Das neue deutsche Bilanzrecht[2], S. 426 f.
223 Vgl. Begr. RegE, BT-Drucks. 16/10067, S. 81.
224 Vgl. *Busse von Colbe/Schurbohm-Ebneth*, BB 2008, S. 99; s. auch *Förschle/Deubert*, in Beck Bil-Komm.[6], § 301 Anm. 329.
225 Vgl. *Busse von Colbe/Ordelheide/Gebhardt/Pellens*, Konzernabschlüsse[8], S. 219 f.

Wertänderungen des Gebäudes, sind diese nach allgemeinen Grundsätzen zu erfassen. Dies gilt auch, wenn solche Maßnahmen innerhalb des Zeitfensters nach § 301 Abs. 2 Satz 2 HGB (vgl. Tz. 218 ff.) vorgenommen werden.

b. Ausnahmen: Bewertung von Rückstellungen und latenten Steuern

207 Nach § 301 Abs. 1 Satz 3 HGB sind Rückstellungen und latente Steuern in der Neubewertungs-/Erwerbsbilanz nach den **für den handelsrechtlichen Jahresabschluss geltenden Bestimmungen** (§ 253 Abs. 1 Satz 2 und 3, Abs. 2 HGB bzw. § 274 Abs. 2 HGB) zu bewerten (vgl. ausführlich: Abschn. I Tz. 16 ff. sowie Abschn. M Tz. 43 ff.). Dadurch wird eine Vereinfachung der Wertermittlung für diese Posten sowohl im Erstkonsolidierungszeitpunkt als auch im Rahmen der Folgekonsolidierung bezweckt[226].

208 Auch wenn in § 301 Abs. 1 Satz 3 HGB ein Verweis auf § 274 Abs. 1 Satz 4 HGB fehlt, ist ein im Erstkonsolidierungszeitpunkt bestehender **steuerlicher Verlustvortrag**, der nicht unter die Verlustabzugsbeschränkungen des § 8c KStG fällt (vgl. Tz. 197), in der Neubewertungs-/Erwerbsbilanz mit dem Betrag anzusetzen und zu bewerten, der innerhalb der nächsten fünf Jahre realisiert werden kann. Soweit sich der Verlustvortrag innerhalb dieser Frist nicht vollständig realisieren lässt, geht der darüber hinaus gehende geldwerte Vorteil einer Steuerersparnis, wie bisher im Geschäfts- oder Firmenwert auf[227]. Würde stattdessen der gesamte Steuervorteil aus dem nach dem Unternehmenserwerb verbleibenden Verlustvortrag, dh. auch soweit er voraussichtlich erst in mehr als fünf Jahren realisiert werden kann, im Rahmen der Erstkonsolidierung als aktive latente Steuer angesetzt, würde sich wegen der zeitlichen Begrenzung in § 274 Abs. 1 Satz 4 iVm. § 298 Abs. 1 HGB in der logischen Sekunde danach ein außerordentlicher Steueraufwand ergeben. Diese Behandlung erscheint im Hinblick auf die Erfolgsneutralität des im Rahmen der Erstkonsolidierung unterstellten Anschaffungsvorgangs aber nicht zutreffend. Die vorstehenden Überlegungen gelten entsprechend für die Bewertung der ggf. nach dem Unternehmenserwerb beim Tochterunternehmen verbleibenden **Zinsvorträge**.

209 Fraglich ist, wie zu verfahren ist, wenn unter Beachtung des § 8c KStG verbliebene steuerliche Verlustvorträge, die bei der Erstkonsolidierung im Geschäfts- oder Firmenwert aufgegangen sind (vgl. Tz. 208), in den **folgenden Geschäftsjahren** wegen der sich nach vorne schiebenden Fünf-Jahresfrist (§ 274 Abs. 1 Satz 4 iVm. § 298 Abs. 1 HGB) sukzessive, dh. in Höhe der zusätzlich bei der Verlustverrechnung zu berücksichtigenden „Jahresscheibe", zB zu einer ergebniswirksamen Erhöhung einer aktiven Steuerabgrenzung führen. In diesem Fall ist der Geschäfts- oder Firmenwert in Höhe des „nachaktivierten" Steuervorteils außerplanmäßig abzuschreiben (§ 253 Abs. 3 Satz 3 iVm. § 309 Abs. 1 HGB). Dies gilt allerdings nur bis zu dem Betrag des Vorteils aus dem steuerlichen Verlustvortrag, der nach der Ergebnisplanung für das Tochterunternehmen im Erstkonsolidierungszeitpunkt bzw. innerhalb der Korrekturfrist des § 301 Abs. 2 Satz 2 HGB (vgl. Tz. 218 ff.) bereits mit hinreichender Sicherheit realisiert werden kann. Sofern Teile des erworbenen steuerlichen Verlustvortrags des Tochterunternehmens erst aufgrund von späteren (Restrukturierungs-)Maßnahmen des Mutterunternehmens genutzt werden können, sind diese Steuerersparnisse bei ihrer Realisierung in Folgejahren im handelsrechtlichen Konzernabschluss nicht durch (außerplanmäßige) Abschreibungen des Geschäfts- oder Firmenwerts zu kompensieren.

---

226 Vgl. Begr. Beschlussempfehlung und Bericht des Rechtsausschusses, BT-Drucks. 16/12407, S. 90.
227 Vgl. *Förschle/Deubert*, in Beck Bil-Komm.⁶, § 301 Anm. 75 mwN.

III. Konzeptionelle Konsequenzen für die Folgekonsolidierung

Die theoretische Grundlage für den Konzernabschluss bilden im Wesentlichen zwei **Konsolidierungskonzepte**. Einerseits das *parent company concept* (Interessentheorie mit Vollkonsolidierung; vgl. Tz. 211) und andererseits das *economic entity concept* (Einheitstheorie; vgl. Tz. 212), die sich beide insb. in der Behandlung des anteilig auf Fremdgesellschafter von Tochterunternehmen entfallenden Reinvermögens unterscheiden. 210

Bei der Konzernrechnungslegung nach der **Interessentheorie** (*parent company concept*) dominiert die Sichtweise der Gesellschafter des Mutterunternehmens die Abbildung der einzelnen Transaktionen im Konzernabschluss. Auch wenn eine vollständige Übernahme der Vermögensgegenstände und Schulden eines Tochterunternehmens, dh. einschließlich des ggf. auf andere Gesellschafter entfallenden Anteils erfolgt, steht nach diesem Konzept die Information der Gesellschafter des Mutterunternehmens über Wertänderungen des anteilig auf sie entfallenden Reinvermögens im Vordergrund. Aus diesem Grund wird zB nur das anteilig auf die Gesellschafter des Mutterunternehmens entfallende Reinvermögen im Rahmen der Erstkonsolidierung zum Zeitwert bewertet und das auf andere Gesellschafter entfallende Reinvermögen mit den Buchwerten aus dem Jahresabschluss des Tochterunternehmens in den Konzernabschluss übernommen[228]. Darüber hinaus werden bei Veränderungen der Beteiligungsquote des Mutterunternehmens an weiterhin vollkonsolidierten Tochterunternehmen jeweils eigene Erst- bzw. (teilweise) Entkonsolidierungen durchgeführt[229]. 211

Demgegenüber wird der Konzernabschluss nach der **Einheitstheorie** (*economic entity concept*) als Einzelabschluss des einheitlichen Unternehmens „Konzern" (§ 297 Abs. 3 Satz 1 HGB) aufgestellt und Mutter- und Tochterunternehmen wie unselbständige Betriebsstätten dieses einheitlichen Unternehmens behandelt. Danach ist die relative Vermögensbeteiligung der einzelnen Gesellschaftergruppen des einheitlichen Unternehmens (Gesellschafter des Mutterunternehmens und Minderheitsgesellschafter auf Ebene von Tochterunternehmen) für dessen Rechnungslegung unbeachtlich. Eine Zeitwertbewertung der Vermögensgegenstände und Schulden einer unselbständigen Betriebsstätte erfolgt, wenn deren Reinvermögen erstmals in den Konzernabschluss übernommen wird. Ändert sich später die Beteiligungsquote der Konzerngesellschafter an dem Reinvermögen einer Betriebsstätte, wird dies – wie im Übrigen auch in einem handelsrechtlichen Jahresabschluss[230] – im Vermögensausweis nicht abgebildet. Mehrpreise, die gegenüber dem zu Konzernbuchwerten bewerteten Reinvermögen, das durch die Transaktion der jeweils anderen Gruppe der Konzerngesellschafter (Gesellschafter des Mutterunternehmens bzw. Minderheitsgesellschafter) vermögensmäßig zugeordnet wird, zur Abgeltung darin enthaltener stiller Reserven etc. gezahlt werden, werden erfolgsneutral mit dem Konzerneigenkapital verrechnet. 212

---

[228] Vgl. *Baetge/Kirsch/Thiele*, Konzernbilanzen[7], S. 15; *Küting/Weber*, Der Konzernabschluss[11], S. 72 f.; *Falkenhahn*, S. 21.
[229] Vgl. dazu zB *Förschle/Deubert*, in Beck Bil-Komm.[6], § 301 Anm. 191 ff., 213 ff.
[230] So wird zB bei einer Kapitalerhöhung im handelsrechtlichen Jahresabschluss das von den neuen Gesellschaftern zur Abgeltung von stillen Reserven im vorhandenen Vermögen geleistete Aufgeld (Agio) in die Kapitalrücklage eingestellt und nicht als Ertrag vereinnahmt. Bei eine Einziehung von Aktien wird die Differenz zwischen dem Bilanzkurs und den tatsächlichen Anschaffungskosten der eingezogenen Anteile nur bei Personengesellschaftern zur Aufdeckung der damit abgegoltenen und nun auf die verbleibenden Gesellschafter entfallenden stillen Reserven verwandt (vgl. IDW RS HFA 7 Tz. 48). Bei Kapitalgesellschaften werden die eingezogenen Anteile dagegen mit dem Eigenkapital der Gesellschaft verrechnet (vgl. ausführlich zur Vorgehensweise: *Förschle/Heinz*, in Sonderbilanzen[4] Q Anm. 90 ff.).

213 **Bislang** wurde bei der Kapitalkonsolidierung im handelsrechtlichen Jahresabschluss in der Praxis überwiegend die **Buchwertmethode** (§ 301 Abs. 1 Satz 2 Nr. 1 HGB aF) angewandt. Weiter entsprach es der hM[231], den Hinzuerwerb oder eine teilweise Veräußerung von Anteilen an vollkonsolidierten Tochterunternehmen bzw. wirtschaftlich damit vergleichbare Vorgänge[232] – entsprechend ihrem wirtschaftlichen Gehalt aus der Sicht der Gesellschafter des Mutterunternehmens – als erfolgsneutrale Anschaffungs- oder erfolgswirksame Veräußerungsvorgänge abzubilden. Konzeptionell entspricht die Kapitalkonsolidierung im HGB-Konzernabschluss damit bisher weitgehend dem sog. *parent company concept*. Sofern bereits bislang die **Neubewertungsmethode** (§ 301 Abs. 1 Satz 2 Nr. 2 HGB aF) angewandt wurde, erfolgte zwar im Zeitpunkt der Erstkonsolidierung eine vollständige Zeitwertbewertung der Vermögensgegenstände und Schulden, dh. es wurde auch das ggf. auf andere Gesellschafter entfallende Reinvermögen „zutreffender" ausgewiesen. Spätere Änderungen der Beteiligungsquote des Mutterunternehmens wurden aber nach den gleichen Grundsätzen (DRS 4.47) wie bei Anwendung der Buchwertmethode abgebildet (sog. *parent company extention concept*)[233].

214 Im **IFRS-Konzernabschluss** werden Verschiebungen innerhalb der Gesellschafterstruktur eines Tochterunternehmens aufgrund der 2008 verabschiedeten Änderungen des IAS 27 sowie des IFRS 3 im Rahmen des *business combinations projects* (Phase II) nunmehr ausschließlich auf der Grundlage der Einheitstheorie abgebildet[234]. Die Gesellschafterstämme des Konzerns, bestehend aus den Gesellschaftern des Mutterunternehmens sowie den anderen, nicht beherrschenden Gesellschaftern („Minderheitsgesellschafter") auf der Ebene der Tochterunternehmen, werden danach gleich behandelt. Wahlweise steht den Unternehmen auch eine Umstellung auf den sogenannten *full goodwill approach* frei, bei dem bei einem Unternehmenszusammenschluss nicht nur ein auf das Mutterunternehmen entfallender (erworbener) *goodwill*, sondern auch der auf nicht beherrschende Gesellschafter entfallende Anteil aktiviert und deren Anteil am Konzerneigenkapital (*non-controlling interest*) erhöht wird.

215 Nach der Begründung des RegE BilMoG[235] soll der handelsrechtliche Konzernabschluss zukünftig durch die Anwendung der Neubewertungsmethode nicht nur der Information der Gesellschafter des Mutterunternehmens, sondern auch der Minderheitsgesellschafter dienen. Konzeptionell bedeutet dies eine Hinwendung zur Einheitstheorie[236]. Dies ist auch daran zu erkennen, dass die **Zeitwertbewertung** des Reinvermögens im Rahmen der Erstkonsolidierung zukünftig immer **zum Zugangszeitpunkt** (vgl. Tz. 235) zu erfolgen hat, dh. dem Zeitpunkt, von dem an ein Mutter-Tochterverhältnis iSv. § 290 HGB vorliegt und von dem an die betreffenden Vermögensgegenstände und Schulden sowie die damit korrespondierenden Erträge und Aufwendungen des Tochterunternehmens nach § 300 Abs. 2 Satz 1 HGB im Konzernabschluss ausgewiesen werden.

216 Eine Änderung im Vergleich zur bisherigen Praxis ergibt sich insb. für den Fall eines **sukzessiven Anteilserwerbs**. Für eine aus Sicht der Gesellschafter des Mutterunter-

---

[231] Vgl. *ADS*[6], § 301 HGB Tz. 176 ff., 180 f.; *Förschle/Deubert*, in Beck Bil-Komm.[6], § 301 Anm. 191 ff., 195 ff.; *WPH*[13], Bd. I, M Tz. 394.
[232] Zu nennen sind hier insb. nicht-verhältniswahrende Kapitalerhöhungen bei Tochterunternehmen (vgl. dazu *Förschle/Deubert*, in Beck Bil-Komm.[6], § 301 Anm. 213 ff.).
[233] Vgl. *Küting/Weber*, Der Konzernabschluss[11], S. 72 f.
[234] Vgl. *Förschle/Deubert*, in Beck Bil-Komm.[6], § 301 Anm. 360; *Pellens/Amshoff/Sellhorn*, BB 2008, S. 605.
[235] Vgl. Begr. RegE, BT-Drucks. 16/10067, S. 80; *Ernst/Seidler*, Der Konzern 2007, S. 825.
[236] Vgl. *Stibi/Fuchs*, KoR 2008, S. 102.

nehmens zutreffende Bewertung müsste in dieser Konstellation das anteilig hinter den einzelnen Tranchen stehende Reinvermögen zu ihrem jeweiligen Erwerbszeitpunkt dem dafür gezahlten Erwerbspreis gegenüber gestellt werden. Stattdessen ist aber nach § 301 Abs. 1 Satz 2 HGB das erworbene Reinvermögen einheitlich zum beizulegenden Zeitwert im Zugangszeitpunkt aus Konzernsicht zu bewerten, womit der Anschaffungsvorgang aus Sicht des fiktiv rechtlich einheitlichen Unternehmens betont wird.

Ein ausdrücklich genanntes Ziel der Modernisierung der handelsrechtlichen Konzernrechnungslegungsvorschriften im Rahmen des BilMoG besteht darin, die Vergleichbarkeit mit einem Konzernabschluss nach IFRS zu verbessern[237]. Vor diesem Hintergrund spricht einiges dafür, dass sich die im Zuge des BilMoG vollzogene konzeptionelle Hinwendung zur Einheitstheorie zukünftig auch auf andere Bereiche der Kapitalkonsolidierung auswirken wird. **Veränderungen der Beteiligungsstruktur bei einem Tochterunternehmen** nach erfolgter Erstkonsolidierung sollten daher auch im handelsrechtlichen Konzernabschluss nicht länger als Erwerbs- oder Veräußerungsvorgang, sondern zukünftig im Sinn der Einheitstheorie als eine Transaktion zwischen Konzerngesellschaftern behandelt werden. Dh. die geänderte Beteiligungsquote der Gesellschafter des Mutterunternehmens sowie der anderen Gesellschafter der Tochterunternehmen am Reinvermögen des einheitlichen Unternehmens „Konzern" sollte durch erfolgsneutrale Verschiebungen innerhalb des Konzerneigenkapitals abgebildet werden. Bis der Meinungsbildungsprozess in dieser Frage abgeschlossen ist, wird es jedoch nicht zu beanstanden sein, wenn entsprechend der bisherigen Handhabung verfahren wird[238].

217

IV. Vorläufige Erwerbsbilanzierung (Abs. 2 Satz 2)

Die **Ermittlung der beizulegenden Zeitwerte** der aus Konzernsicht erworbenen Vermögensgegenstände und Schulden hat grundsätzlich bezogen auf den Erstkonsolidierungszeitpunkt zu erfolgen (§ 301 Abs. 2 Satz 1 HGB). Unmittelbar **im Erstkonsolidierungszeitpunkt** selbst ist eine Vornahme dieser Wertermittlung praktisch nahezu unmöglich, zB weil nicht für alle Vermögensgegenstände und Schulden Marktpreise existieren. Hinzu kommt, dass der Erstkonsolidierungszeitpunkt, dh. der Zeitpunkt, zu dem das Unternehmen Tochterunternehmen geworden ist, häufig vom Wirksamwerden des jeweiligen Anteilserwerbs abhängt, was vielfach erst nach Eintritt der dafür maßgeblichen (aufschiebenden) Bedingungen, zB Gremienvorbehalten[239], bekannt wird. Die beizulegenden Zeitwerte des erworbenen Reinvermögens können deshalb zeitlich idR erst nach dem eigentlichen Erstkonsolidierungszeitpunkt ermittelt werden.

218

Um es „... den Unternehmen zu ermöglichen, die endgültigen Wertansätze mit hinreichender Sicherheit zu ermitteln ..."[240] sieht § 301 Abs. 2 Satz 2 HGB nunmehr ausdrücklich vor, dass die Wertansätze der aus Konzernsicht erworbenen Vermögensgegenstände und Schulden innerhalb eines Zeitraums von zwölf Monaten **nach dem Erstkonsolidierungszeitpunkt** anzupassen sind. Die Anpassung hat dabei grds. **erfolgsneutral** gegen die Residualgröße aus der Kapitalaufrechnung (Geschäfts- oder Firmenwert bzw. passiver Unterschiedsbetrag aus der Kapitalkonsolidierung) sowie ggf. gegen den (Konzern-)Ergebnisvortrag zu erfolgen (vgl. Tz. 225 ff.). Die Regelung gilt entsprechend, wenn im Erwerbszeitpunkt das Bestehen eines Vermögensgegen-

219

---
237 Vgl. Begr. RegE, BT-Drucks. 16/10067, S. 34.
238 Generell dafür: *Oser/Reichart/Wirth*, in Küting/Pfitzer/Weber, Das neue deutsche Bilanzrecht², S. 425 f.
239 Vgl. dazu auch *ADS*⁶, § 246 HGB Tz. 245 f.
240 Begr. RegE, BT-Drucks. 16/10067, S. 81.

Q   Konzernabschluss   § 301 HGB

stands oder einer Schuld dem Grunde nach nicht mit hinreichender Sicherheit bestimmt werden kann[241].

220 Nach der Formulierung des RegE[242] war es fraglich, ob die Anpassung nur in einer **Frist von zwölf Monaten**, gerechnet ab dem Erstkonsolidierungszeitpunkt, oder innerhalb des gesamten, auf das Jahr der Erstkonsolidierung folgenden Geschäftsjahres erfolgen durfte. Auf Vorschlag des Rechtsausschusses[243] wurde diese Unsicherheit über die Dauer der Anpassungsfrist beseitigt und eine Korrekturfrist von zwölf Monaten, gerechnet ab dem Erstkonsolidierungszeitpunkt festgeschrieben, was in Einklang mit den internationalen Rechnungslegungsgrundsätzen (IFRS 3.45 (rev. 2008)) steht[244]. Außerdem wurde die Regelung, die im RegE[245] noch als Wahlrecht vorgesehen war, als Pflicht („*... sind ... anzupassen ...*") ausgestaltet.

221 Nach dem Wortlaut des § 301 Abs. 2 Satz 2 HGB besteht eine (erfolgsneutrale) Anpassungspflicht nur für solche besseren Erkenntnisse über die Wertverhältnisse im Erwerbszeitpunkt, die innerhalb einer Frist von zwölf Monaten danach bekannt werden. Fraglich ist, wie zu verfahren ist, wenn **werterhellende Informationen nach dem Ende der Korrekturfrist** des § 301 Abs. 2 Satz 2 HGB aber vor dem Ende der Wertaufhellungsphase für den Konzernabschluss, in dem die Erstkonsolidierung erfolgt ist, bekannt werden. Nachdem für den Konzernabschluss nach § 290 Abs. 1 Satz 1 HGB eine Aufstellungsfrist von fünf Monaten gilt, wird dies bei einem Erstkonsolidierungszeitpunkt im ersten Quartal des abgelaufenen Geschäftsjahres regelmäßig der Fall sein.

222 Entsprechend allgemeiner Grundsätze (§ 252 Abs. 1 Nr. 3 ggf. iVm. § 298 Abs. 1 HGB) sind werterhellende Informationen bis zum Ende der Aufstellungsphase für den handelsrechtlichen Jahres- bzw. Konzernabschluss zu berücksichtigen[246]. Nach der Feststellung bzw. Billigung des Abschlusses durch das dafür zuständige Organ sind Änderungen der Bilanzierung und Bewertung nur noch aus wichtigem Grund möglich[247]. **Fehlerhafte Bewertungen** können dagegen immer korrigiert werden[248]. Entsprechend der allgemeinen Grundsätze sind somit bessere Erkenntnisse über das Mengen- und Wertgerüst eines Tochterunternehmens im Erstkonsolidierungszeitpunkt bis zum Ende der Aufstellungsphase für den handelsrechtlichen Konzernabschluss, in den das Tochterunternehmen erstmals auf dem Wege der Vollkonsolidierung (§§ 300 ff. HGB) einbezogen wird, dh. der damit verbundene Anschaffungsvorgang erstmals bilanziert wird, zu berücksichtigen[249].

223 Nach dem klaren Wortlaut des § 301 Abs. 2 Satz 2 HGB besteht eine Anpassungspflicht nur für bessere Erkenntnisse, die innerhalb der zwölfmonatigen Frist ab dem Erstkonsolidierungszeitpunkt bekannt werden. **Später zugehende werterhellende Informationen** verpflichten danach nicht mehr zu einer erfolgsneutralen Anpassung der Erstkonsolidierung, sondern können entsprechend allgemeiner Grundsätze in laufender Rechnung und damit idR **erfolgswirksam** erfasst werden. Es wird aber auch nicht zu

---

241 Begr. Beschlussempfehlung und Bericht des Rechtsausschusses, BT-Drucks. 16/12407, S. 90.
242 „... *kann innerhalb des folgenden Jahres* eine Anpassung vorgenommen werden." Begr. RegE, BT-Drucks. 16/10067, S. 12.
243 Vgl. Begr. Beschlussempfehlung und Bericht des Rechtsausschusses, BT-Drucks. 16/12407, S. 90.
244 Vgl. dazu auch *Förschle/Deubert*, in Beck Bil-Komm.[6], § 301 Anm. 356 ff.
245 „... *kann* innerhalb des folgenden Jahres *eine Anpassung vorgenommen werden*." Begr. RegE, BT-Drucks. 16/10067, S. 12.
246 Vgl. dazu *ADS*[6], § 252 HGB Tz. 78; *Winkeljohann/Geißler*, in Beck Bil-Komm.[6], § 252 Anm. 39.
247 Vgl. IDW RS HFA 6 Tz. 9 ff.
248 Vgl. IDW RS HFA 6 Tz. 14 ff.
249 So bereits bisher: *Förschle/Deubert*, in Beck Bil-Komm.[6], § 301 Anm. 77.

beanstanden sein, wenn auch auf solchen Informationen beruhende Änderungen im Konzernabschluss der Erstkonsolidierung noch erfolgsneutral vorgenommen werden. Dabei ist auch zu berücksichtigen, dass sich vielfach ohnehin nicht kalendergenau nachvollziehen lassen wird, wann dem Bilanzierenden eine werterhellende Information zugegangen ist.

Bei der Beurteilung, ob bessere Erkenntnisse über die Wertverhältnisse der Vermögensgegenstände und Schulden innerhalb der zwölfmonatigen Korrekturfrist des § 301 Abs. 2 Satz 2 HGB (vgl. Tz. 218 ff.) zu einer (erfolgsneutralen) Anpassung der Erstkonsolidierung führen, muss beachtet werden, dass bei der Ermittlung der beizulegenden Zeitwerte im Erstkonsolidierungszeitpunkt die beabsichtigte Verwendung der Vermögensgegenstände und Schulden aus Sicht des Erwerbers nicht (mehr) berücksichtigt werden darf (vgl. Tz. 204). Sofern ein im Rahmen der vorläufigen Zugangsbewertung mit einem (**objektiven**) **Marktwert** bewerteter Vermögensgegenstand in der Folge uU zu einen niedrigeren Wert veräußert wird, weil er aus Sicht des Erwerbers nicht (betriebs-)notwendig war, handelt es sich bei dem erzielten Veräußerungserlös um keine bessere Information über die Wertverhältnisse im Erwerbszeitpunkt. Der Verlust, der durch eine unternehmerische Entscheidung des Erwerbers nach dem Erstkonsolidierungszeitpunkt verursacht wird, ist vielmehr auch im Konzernabschluss zukünftig als solcher zu erfassen und darf nicht erfolgsneutral behandelt werden. 224

Die Erstkonsolidierung stellt aus Konzernsicht einen erfolgsneutralen Anschaffungsvorgang dar. Änderungen der beizulegenden Zeitwerte des erworbenen Reinvermögens führen deshalb grundsätzlich zu einer erfolgsneutralen Anpassung der Erstkonsolidierung[250], wobei die Auswirkungen im Einzelnen davon abhängen, ob die **Anschaffungskosten der konsolidierungspflichtigen Anteile** unverändert bleiben (vgl. Tz. 228 f.) oder sich, zB aufgrund von Kaufpreisanpassungsklauseln ändern (vgl. Tz. 231). Ein auf andere Gesellschafter entfallender Anteil an der Zeitwertänderung des Reinvermögens ist immer erfolgsneutral gegen den Ausgleichsposten zu erfassen. Bleiben die Anschaffungskosten der Anteile **unverändert**, wirkt sich die Änderung des Zeitwerts des erworbenen Reinvermögens ausschließlich auf die Residualgröße, dh. den Geschäfts- oder Firmenwert bzw. den (passiven) Unterschiedsbetrag aus der Kapitalkonsolidierung, aus. 225

Fraglich ist in diesem Zusammenhang, ob die (erfolgsneutrale) Anpassung retrospektiv oder prospektiv zu erfolgen hat. Da es sich um bessere Informationen über die Wertverhältnisse im Erstkonsolidierungszeitpunkt handelt, spricht dies dafür, die **Anpassungen** grds. **retrospektiv vorzunehmen**[251]. Dazu ist es erforderlich, dass die Wertänderungen bei den Vermögensgegenständen und Schulden sowie die spiegelbildliche Änderung des Geschäfts- oder Firmenwerts bzw. des passiven Unterschiedsbetrags jeweils bereits ab dem Erstkonsolidierungszeitpunkt erfasst und fortgeführt werden. Für bessere Erkenntnisse über die Wertverhältnisse im Erstkonsolidierungszeitpunkt, die bis zum Ende der Aufstellungsphase des Konzernabschlusses der erstmaligen Vollkonsolidierung des betreffenden Tochterunternehmens bekannt werden, ist dies ohne Probleme möglich (vgl. Tz. 220 ff.). 226

Endet die Anpassungsfrist nach § 301 Abs. 2 Satz 2 HGB dagegen erst, nachdem der Konzernabschluss, in dem die Erstkonsolidierung eines Tochterunternehmens erfolgt ist, bereits aufgestellt wurde, müssen die Wertanpassungen im **Konzernabschluss für das folgende Geschäftsjahr** vorgenommen werden. Dabei müssen dann die Ergebnis- 227

---
250 Vgl. Begr. RegE, BT-Drucks. 16/10067, S. 81.
251 Vgl. *Oser/Reichart/Wirth*, in Küting/Pfitzer/Weber, Das neue deutsche Bilanzrecht², S. 423.

Q Konzernabschluss § 301 HGB

effekte aus der Fortschreibung der geänderten Wertansätze ab dem Erstkonsolidierungszeitpunkt bis zum vorjährigen Konzernbilanzstichtag gegen den Konzernergebnisvortrag angepasst werden, damit die Anpassung im Folgejahr tatsächlich erfolgsneutral erfolgt. Die Anpassungsbuchung wird dabei technisch immer auf den Beginn des der Erstkonsolidierung folgenden Geschäftsjahres ermittelt, dh. als erfolgsneutrale Korrektur der Eröffnungsbilanzwerte vorgenommen. Hierbei wird es sich empfehlen, im Korrekturjahr die Vorjahreszahlen entsprechend anzupassen (§ 265 Abs. 2 Satz 3 iVm. § 298 Abs. 1 HGB).

228 **Beispiel**: Anpassung der Erstkonsolidierung im Folgejahr

Die A-AG erwirbt am 1. September 20x1 sämtliche Anteile an der B-GmbH zu einem Kaufpreis in Höhe von € 3 Mio. Das neubewertete Reinvermögen im Erstkonsolidierungszeitpunkt beläuft sich auf € 2,1 Mio. und der Ertragsteuersatz soll 30% betragen. Der Geschäfts- oder Firmenwert in Höhe von T€ 900 wird im Konzernabschluss der A-AG linear über eine Nutzungsdauer von 10 Jahren abgeschrieben, dh. im Erstjahr werden Abschreibungen in Höhe von T€ 30 (= T€ 900 x 4/120) verrechnet. Die Aufstellungsphase für den Konzernabschluss 20x1 endet am 15. April 20x2.

Im Juli 20x2 stellt sich heraus, dass der Zeitwert eines bislang mit T€ 500 bewerteten Grundstücks T€ 800 beträgt.

T€	1. September 20x1			31. Dezember 20x1		
	vorläufig	korrigiert	Veränderung	vorläufig	korrigiert	Veränderung
Grundstück (S)	500,0	800,0	300,0	500,0	800,0	300,0
Steuerabgrenzung (H)	-150,0	-240,0	-90,0	-150,0	-240,0	-90,0
Geschäfts- oder Firmenwert (S)	900,0	690,0	-210,0	870,0	667,0	-203,0
Saldo			0,0			7,0

Abb. 19 Erkenntnis über geänderten Zeitwert

Zum 1. Januar 20x2 ergibt sich folgende Korrekturbuchung:

T€	Bilanz	
	S	H
Geschäfts- oder Firmenwert (= T€ 870 – T€ 667)		203,0
Grundstück (= T€ 800 – T€ 500)	300,0	
Steuerabgrenzung (= T€ 240 – T€ 150)		90,0
Konzernergebnisvortrag (T€ 30 – T€ 23)		7,0
	300,0	300,0

Abb. 20 Anpassungsbuchung

229 Da sich aus der Regierungsbegründung nur ergibt, dass die Anpassung ergebnisneutral zu erfolgen hat[252], wäre es aber wohl auch nicht zu beanstanden, wenn die Korrektur und ihre Fortführung aus Vereinfachungsgründen ausschließlich **prospektiv** erfolgt. Führt die Zeitwertanpassung nach § 301 Abs. 2 Satz 2 HGB im auf die Erstkonsolidierung folgenden Konzerngeschäftsjahr zB dazu, dass sich der Geschäfts- oder Firmenwert verringert, dann wäre dieser verringerte Betrag lediglich über die verbleibende Restnutzungsdauer planmäßig bzw. ggf. außerplanmäßig abzuschreiben. Die im Jahr der Erstkonsolidierung zu viel verrechnete Abschreibung würde dann durch entspre-

---

252 Vgl. Begr. RegE, BT-Drucks. 16/10067, S. 81.

chend verringerte Abschreibungen über die Restnutzungsdauer des Geschäfts- oder Firmenwerts vereinnahmt werden.

Fortsetzung Beispiel Tz. 228: Prospektive Anpassung 230

Der zum Zeitpunkt der Erstkonsolidierung ermittelte Saldo der Anpassungen aus Erhöhung des Wertansatzes des Grundstücks sowie der damit korrespondierenden Erhöhung der (passiven) Steuerabgrenzung in Höhe von T€ 210 (= T€ 300 − T€ 90) würde im Folgejahr in voller Höhe gegen den Geschäfts- oder Firmenwert verrechnet, der dann T€ 660 gegenüber T€ 667 bei retrospektiver Korrektur betragen würde. Die Jahresabschreibung des Geschäfts- oder Firmenwerts würde sich dadurch auf T€ 73,33 gegenüber T€ 74,11 bei einer retrospektiven Korrektur verringern. Die Abschreibungsdifferenz in Höhe von T€ 0,78 (= T€ 74,11 − T€ 73,33) addiert sich über die Restnutzungsdauer von neun Jahren auf T€ 7 und gleicht so die Differenz gegenüber der retrospektiven Korrektur aus.

Häufig werden beim Erwerb der Anteile am Tochterunternehmen **Wertsicherungs-** 231
klauseln vereinbart, durch die der Verkäufer dem Erwerber entweder im Erwerbszeitpunkt allgemein ein bestimmtes bilanzielles Eigenkapital garantiert oder bestimmte Eigenschaften der verkauften Beteiligung, zB bezogen auf Risiken aus einem anhängigen Rechtsstreit oder steuerlichen Betriebsprüfungen, zusichert[253]. Dies hat zur Folge, dass bessere Erkenntnisse über den beizulegenden Zeitwert des erworbenen Reinvermögens bzw. des Vermögensgegenstands oder der Schuld, auf die sich die Garantie erstreckt, **Anpassungen des Anteilskaufpreises** auslösen. Häufig stehen sich die Wertänderungen und die Kaufpreisanpassung betragsgleich gegenüber, so dass sie im Konzernabschluss ohne GuV-Berührung miteinander verrechnet werden können. Ist dies nicht der Fall, zB weil der Verkäufer der Anteile den Erwerber nur bis zu einem bestimmten Betrag von den Risiken aus einem Rechtsstreit freistellt, sind übersteigende Beträge gegen die Residualgröße, dh. den Geschäfts- oder Firmenwert bzw. einen (passiven) Unterschiedsbetrag aus der Kapitalkonsolidierung nach § 301 Abs. 3 HGB zu erfassen (vgl. dazu Tz. 225 ff.).

V. Erstkonsolidierungszeitpunkt (Abs. 2)

1. Grundsatz (Satz 1)

Bei der erstmaligen Einbeziehung eines Tochterunternehmens im Wege der Vollkonso- 232
lidierung in den Konzernabschluss durften der Kapitalaufrechnung **bisher** alternativ folgende Zeitpunkte zugrunde gelegt werden (§ 301 Abs. 2 HGB aF):
– Zeitpunkt des Erwerbs der Anteile,
– Zeitpunkt, zu dem das Unternehmen Tochterunternehmen geworden ist oder
– Zeitpunkt der erstmaligen Einbeziehung des Tochterunternehmens.

Konzeptionell entspricht es dem im Rahmen der Erstkonsolidierung fingierten Einzel- 233
erwerb der Vermögensgegenstände und Schulden des Tochterunternehmen am ehesten, wenn die Kapitalaufrechnung auf der Grundlage der Wertverhältnisse im **Erwerbszeitpunkt der Anteile** erfolgt, weil nur zu diesem Zeitpunkt der Kaufpreis für die Anteile tatsächlich als ein Gesamtkaufpreis für das dahinter stehende (ggf. anteilige) Reinvermögen des Tochterunternehmens interpretiert werden kann[254]. Bei einem suk-

---

[253] Vgl. ausführlich dazu: *Förschle/Deubert*, in Beck Bil-Komm.[6], § 301 Anm. 209.
[254] Vgl. auch *Oser/Reichart/Wirth*, in Küting/Pfitzer/Weber, Das neue deutsche Bilanzrecht[2], S. 421.

zessiven Erwerb der Anteile hatte die Wahl des Erwerbszeitpunkts als Erstkonsolidierungszeitpunkt iSv. § 301 Abs. 2 HGB aF zur Folge, dass anlässlich der erstmaligen Vollkonsolidierung für jeden bedeutenden Teilerwerb vor dem Erreichen der Beherrschung eine gesonderte Kapitalaufrechnung nach den Wertverhältnissen im jeweiligen Erwerbszeitpunkt zu erfolgen hatte und damit auch jeweils ein gesonderter Geschäfts- oder Firmenwert bzw. passiver Unterschiedsbetrag aus der Kapitalkonsolidierung ermittelt wurde[255]. Dies machte ferner für jede Beteiligungstranche eine gesonderte Folgekonsolidierung erforderlich.

234 Dies entsprach grds. auch den **internationalen Rechnungslegungsgrundsätzen** (vgl. IFRS 3.58 (2004)). Nach IFRS 3.59 (2004) war in diesem Fall allerdings zusätzlich eine besondere Neubewertung des Reinvermögens des Tochterunternehmens zum Zeitpunkt der erstmaligen Vollkonsolidierung durchzuführen, die dazu führt, dass das Reinvermögen des Tochterunternehmens bei erstmaliger Einbeziehung vollständig zum beizulegenden Zeitwert angesetzt und Differenzen zwischen diesen Zeitwerten und den ausgehend von den Erwerbszeitpunkten der einzelnen Tranchen fortgeführten (anteiligen) Zeitwerten ergebnisneutral im Eigenkapital erfasst wurden[256]. Diese sehr aufwändige Vorgehensweise wird durch IFRS 3 (rev. 2008), der erstmals auf Unternehmenszusammenschlüsse anzuwenden ist, die am oder nach dem Beginn der ersten vollen Berichtsperiode stattfinden, die nach dem 1. Juli 2009 beginnt (IFRS 3.64 (rev. 2008), erheblich erleichtert. Nach IFRS 3.32 (rev. 2008) werden Anteile am Tochterunternehmen, die das Mutterunternehmen bereits vor dem Unternehmenszusammenschluss besaß, erfolgswirksam zu beizulegenden Zeitwert bewertet (IFRS 3.42 (rev. 2008)) und gelten als Teil der zur Erlangung der Beherrschung hingegeben Gegenleistung. Damit kann auf die differenzierte Berechnung der *goodwills* für die einzelnen Tranchen und die dazu erforderliche Ermittlung der beizulegenden Zeitwerte des Reinvermögens zu unterschiedlichen Zeitpunkten sowie schließlich die besondere Neubewertung zukünftig verzichtet werden[257].

235 Für Tochterunternehmen, die spätestens in einem nach dem 31. Dezember 2009 beginnenden Geschäftsjahr (Art. 66 Abs. 3 Satz 4 EGHGB) erstmals im Wege der Vollkonsolidierung (§§ 300 ff. HGB) in den Konzernabschluss einbezogen werden, ist die Kapitalkonsolidierung auf der Grundlage der Wertansätze zu dem Zeitpunkt durchzuführen, zu dem das Unternehmen Tochterunternehmen geworden ist (§ 301 Abs. 2 Satz 1 HGB). Bei vorzeitiger Anwendung der durch das BilMoG geänderten Vorschriften gilt dies bereits für Erstkonsolidierungen in dem nach dem 31. Dezember 2008 beginnenden Geschäftsjahr (Art. 66 Abs. 3 Satz 6 EGHGB; vgl. Abschn. W Tz. 3). Vorbehaltlich des § 301 Abs. 2 Satz 3 und 4 HGB (vgl. Tz. 237 ff.) ist der Erstkonsolidierungszeitpunkt der Zeitpunkt, zu dem das Mutter-Tochterverhältnis iSv. § 290 HGB, dh. die Möglichkeit der Beherrschung über die Geschäfts- und Finanzpolitik des Tochterunternehmens, begründet wird (vgl. Tz. 14 ff.) und von dem an auch die Vermögensgegenstände und Schulden des Tochterunternehmens sowie die damit korrespondierenden Erträge und Aufwendungen nach § 300 Abs. 2 Satz 1 HGB in den handelsrechtlichen Konzernabschluss zu übernehmen sind. Dh. die Zeitwertbewertung nach § 301 Abs. 1 Satz 2 HGB hat zukünftig immer auf den **Zugangszeitpunkt des Reinvermögens aus Konzernsicht** zu erfolgen (vgl. Tz. 215). Dies entspricht grds. der Regelung in IFRS 3.18 (rev. 2008). Damit wird zudem dem Umstand Rechnung getragen, dass nach den durch das BilMoG geänderten Vorschriften ein Mutter- Toch-

---

255 Vgl. *Förschle/Deubert*, in Beck Bil-Komm.⁶, § 301 Anm. 145.
256 Vgl. ausführlich dazu: *Förschle/Deubert*, in Beck Bil-Komm.⁶, § 301 Anm. 380 ff.; Anm. 382.
257 Vgl. *Hendler/Zülch*, WPg 2008, S. 491.

terverhältnis iSv. § 290 HGB auch ohne das Bestehen einer Kapitalbeteiligung gegeben sein kann (s. dazu ausführlich Tz. 8, 67 ff.)[258].

Wie bisher sollten keine Bedenken bestehen, wenn in der Praxis statt des exakten Zugangszeitpunkts ein **wenige Tage davor oder danach** liegender Zeitpunkt, zB der Stichtag eines Monats- oder Quartalsabschlusses, als Ausgangsgrundlage für die Ermittlung der beizulegenden Zeitwerte gewählt wird[259]. Voraussetzung für die Zulässigkeit einer solchen Abweichung ist allerdings, dass etwaige Mengen- und Wertänderungen zwischen diesem Zeitpunkt und dem eigentlichen Erstkonsolidierungszeitpunkt für die Darstellung der Vermögens- und Finanzlage des erworbenen Tochterunternehmens unwesentlich sind, oder dass Vorgänge von besonderer Bedeutung in der auf den vom Zugangszeitpunkt abweichenden Stichtag aufgestellten Erwerbsbilanz entsprechend berücksichtigt, dh. nachgebucht, werden. 236

2. Vereinfachungsmöglichkeiten (Satz 3 und 4)

Ist ein Mutterunternehmen **erstmals** zur **Aufstellung eines handelsrechtlichen Konzernabschlusses** verpflichtet, zB weil bisher die größenabhängige Befreiung nach § 293 HGB gegeben war, wäre eine Ermittlung der beizulegenden Zeitwerte der Vermögensgegenstände und Schulden zu dem Zeitpunkt, zu dem ein bereits zum Konzern gehörendes Unternehmen Tochterunternehmen geworden ist (§ 301 Abs. 2 Satz 1 HGB), sehr aufwändig, weil dieser Zeitpunkt weit in der Vergangenheit liegen kann. 237

Zur Vereinfachung der Erstkonsolidierung schreibt daher § 301 Abs. 2 Satz 3 HGB vor, dass die Zeitwertbewertung in diesen Fällen nicht auf den historischen Stichtag, zu dem das Mutter-Tochterverhältnis iSv. § 290 HGB entstanden ist, sondern auf den **Zeitpunkt der erstmaligen Einbeziehung** im Wege der Vollkonsolidierung nach §§ 300 ff. HGB vorzunehmen ist. Für alle Tochterunternehmen iSv. § 290 HGB, die bereits bisher zum Konzern des Mutterunternehmens gehört haben, ist dies der Beginn des Konzerngeschäftsjahres, für das erstmals ein Konzernabschluss nach §§ 294 ff. HGB aufgestellt wird[260]. 238

Für Tochterunternehmen, die diesen Status erst aufgrund der Änderungen des § 290 HGB durch das BilMoG erlangen (vgl. Tz. 108), dh. für die bisher kein Mutter-Tochterverhältnis iSv. § 290 HGB aF bestand, entspricht nach Art. 66 Abs. 3 Satz 5 EGHGB der Zeitpunkt der erstmaligen Einbeziehung dem Beginn des Geschäftsjahres, in dem die durch das BilMoG **geänderten Konzernrechnungslegungsvorschriften erstmals anzuwenden** sind (vgl. Tz. 105). Dies ist spätestens der Konzernabschluss für das nach dem 31. Dezember 2009 beginnende Geschäftsjahr (Art. 66 Abs. 3 Satz 1 EGHGB) bzw. bei einer vorzeitigen Anwendung aller durch das BilMoG geänderten Vorschriften der Konzernabschluss für das nach dem 31. Dezember 2008 beginnende Geschäftsjahr (Art. 66 Abs. 3 Satz 6 EGHGB). 239

Für **Tochterunternehmen**, die diesen Status **im Erstjahr der Konzernrechnungslegung** oder den darauf folgenden Konzerngeschäftsjahren erlangen, gilt die Vereinfachung nach § 301 Abs. 2 Satz 3 HGB dagegen nicht. Für diese Unternehmen verbleibt 240

---

[258] Vgl. *Schurbohm/Ebneth/Zoeger*, DB 2009, Beil. 5, S. 55.
[259] AA *Oser/Reichart/Wirth*, in Küting/Pfitzer/Weber, Das neue deutsche Bilanzrecht[2], S. 421: Aufstellung eines Zwischenabschlusses auf den Erwerbszeitpunkt bei unterjähriger Begründung eines Mutter-Tochterverhältnisses erforderlich.
[260] Vgl. Begr. RegE, BT-Drucks. 16/10067, S. 81; bereits bisher: *ADS*[6], § 301 HGB Tz. 120; *Förschle/Deubert*, in Beck Bil-Komm.[6], § 301 Anm. 152.

es bei der Wertermittlung zu dem Zeitpunkt, zu dem das Unternehmen Tochterunternehmen wurde (vgl. Tz. 235 f.).

241 § 301 Abs. 2 Satz 3 HGB knüpft an die erstmalige Konzernrechnungslegungspflicht des Mutterunternehmens an. Sofern ein Mutterunternehmen zunächst **freiwillig** handelsrechtliche **Konzernabschlüsse** aufstellt, zB damit seine Tochterunternehmen von den Erleichterungsmöglichkeiten nach § 264 Abs. 3 bzw. § 264b HGB Gebrauch machen können[261], und zeitlich später, zB durch Überschreiten der Schwellenwerte nach § 293 HGB, in die Konzernrechnungslegungspflicht kommt, wäre nach dem Wortlaut des § 301 Abs. 2 Satz 3 HGB eine erneute Zeitwertbewertung des Reinvermögens und Erstkonsolidierung auf den Beginn der Konzernabschlusspflicht erforderlich. Sinn und Zweck der Regelung besteht in der Vereinfachung der Erstkonsolidierung. Hierfür besteht aber in der beschriebenen Konstellation kein Bedürfnis, weil die Zeitwertbewertung zum historischen Erstkonsolidierungszeitpunkt erfolgt ist und die (historischen) Informationen somit bekannt sind. Die Regelung des § 301 Abs. 2 Satz 3 HGB ist insoweit als eine Kann-Vorschrift zu verstehen.

242 Es ist somit nicht zu beanstanden, wenn das Mutterunternehmen bei erstmaliger Aufstellungspflicht die Zeitwertbewertung auf den historischen Zeitpunkt, zu dem das Unternehmen Tochterunternehmen geworden ist (§ 301 Abs. 2 Satz 1 HGB), aus dem freiwillig aufgestellten handelsrechtlichen Konzernabschluss fortführt und keine neue Zeitwertbewertung auf den (späteren) Zeitpunkt der erstmaligen Einbeziehung vornimmt. Die vorstehenden Überlegungen gelten insb. auch für den Fall, dass ein Mutterunternehmen bisher unter den Voraussetzungen des § 291 HGB bzw. § 292 HGB iVm. §§ 1 bis 3 KonBefrV durch **Einbeziehung in einen übergeordneten Konzernabschluss** von der Verpflichtung zur Aufstellung eines (Teil-)Konzernabschlusses nach §§ 290 ff. HGB **befreit** war (vgl. Tz. 111), und erstmals, zB auf Verlangen von Minderheitsgesellschaftern (§ 291 Abs. 3 Nr. 2 HGB), zur Aufstellung eines handelsrechtlichen Konzernabschlusses verpflichtet ist. Vielfach wird zum Zweck der Einbeziehung in den übergeordneten, befreienden Konzernabschluss ein interner Teilkonzernabschluss aufgestellt, so dass die benötigten Informationen verfügbar sind. In dieser Konstellation eine neue Zeitwertbewertung zu verlangen, würde keine Vereinfachung der Erstkonsolidierung bedeuten. Im Übrigen würden zusätzliche Kosten verursacht, weil eine erneute Neubewertung auf den Erstkonsolidierungszeitpunkt aus Sicht des Teilkonzerns erforderlich wäre. Zusätzlich müssten die aufgedeckten Lasten und Reserven etc. in der Folge sowohl für die Einbeziehung in den Konzernabschluss des übergeordneten Mutterunternehmens als auch für Zwecke des Teilkonzernabschluss jeweils gesondert fortgeführt werden.

243 Sind die Voraussetzungen für die Inanspruchnahme eines **Einbeziehungswahlrechts nach § 296 HGB**[262] nicht länger erfüllt oder wird nicht länger davon Gebrauch gemacht, und ein Tochterunternehmen iSv. § 290 HGB deshalb erstmals im Wege der Vollkonsolidierung in den Konzernabschluss einbezogen, kann bei der Ermittlung des beizulegenden Zeitwerts der erstmals in den Konzernabschluss zu übernehmenden Vermögensgegenstände und Schulden des Tochterunternehmens nach § 301 Abs. 2 Satz 4 iVm. Satz 3 HGB aus Vereinfachungsgründen ebenfalls der Zeitpunkt der erstmaligen Einbeziehung (vgl. Tz. 244) zugrunde gelegt werden. Wurde das Tochterunternehmen, für das bislang ein Einbeziehungswahlrecht nach § 296 HGB in Anspruch

---

261 Vgl. zur Zulässigkeit *Förschle/Deubert*, in Beck Bil-Komm.[6], § 264 Anm. 96; § 264b Anm. 23 mwN; *WPH*[13], Bd. I, F Tz. 34.
262 Vgl. im Einzelnen: *ADS*[6], § 296 HGB Tz. 6 ff.; *Förschle/Deubert*, in Beck Bil-Komm.[6], § 296 Anm. 5 ff.

genommen wurde, unter den Voraussetzungen des § 311 HGB nach der Equity-Methode (§ 312 HGB) bewertet[263], kann auf die Zeitwertbewertung auf den Zeitpunkt der erstmaligen Einbeziehung verzichtet werden. Stattdessen sollten in diesem Fall die Restbuchwerte der stillen Lasten und Reserven aus der für Zwecke der Equity-Methode erforderlichen statistischen Nebenrechnung (vgl. Tz. 452) übernommen und fortgeführt werden[264]. Eine Zeitwertbewertung auf den Zeitpunkt der erstmaligen Einbeziehung nach § 301 Abs. 2 Satz 3 HGB ist allerdings immer dann erforderlich, wenn der Wegfall der Voraussetzungen nach § 296 HGB durch einen Erwerb von weiteren Anteilen am Tochterunternehmen ausgelöst wird, zB wenn ein Mitgesellschafter ausgekauft wird und als Folge dessen vertraglich abgesicherte Mitwirkungsrechte bei der Festlegung der Geschäfts- und Finanzpolitik entfallen (Wegfall von *substantive participating rights*[265]).

Zeitpunkt der erstmaligen Einbeziehung iSv. § 301 Abs. 2 Satz 4 HGB ist hier (spätestens) der Zeitpunkt während des Konzerngeschäftsjahres, von dem an die Voraussetzungen für die Inanspruchnahme des Einbeziehungswahlrechts nicht mehr vorlagen, dh. zB die Beschränkungen der Vermögens- bzw. Geschäftsführungsrechte iSv. § 296 Abs. 1 Nr. 1 HGB entfallen sind. Unabhängig davon besteht aber auch die Möglichkeit, den Beginn des jeweiligen Konzerngeschäftsjahres als Stichtag für die Ermittlung der Zeitwerte des Reinvermögens zugrunde zu legen, dh. bereits vor dem Wegfall der Anwendungsvoraussetzungen auf die Inanspruchnahme des Einbeziehungswahlrechts zu verzichten. **244**

VI. Ausweis verbleibender Unterschiedsbeträge (Abs. 3)

Die Änderungen in § 301 Abs. 3 Satz 1 HGB betrifft zunächst die Anpassung des bisherigen Wortlauts aufgrund der **Abschaffung der Buchwertmethode** nach § 301 Abs. 1 Satz 2 Nr. 1 HGB. Auch wenn der neue Wortlaut nicht ausdrücklich auf § 301 Abs. 1 HGB verweist, ist mit „Verrechnung" diejenige der Anschaffungskosten der Beteiligung mit dem darauf zum Erstkonsolidierungszeitpunkt entfallenden neubewerteten Eigenkapital nach § 301 Abs. 1 Satz 1 HGB gemeint. **245**

Gegenüber der bisherigen Fassung ergibt sich eine inhaltliche Änderung insofern, als nunmehr ausdrücklich vorgeschrieben wird, dass der **passive Unterschiedsbetrag** aus der Kapitalkonsolidierung in einem gesonderten Posten nach dem Eigenkapital auszuweisen ist (§ 301 Abs. 3 Satz 1 HGB)[266]. Bisher war nicht geregelt, wo ein passiver Unterschiedsbetrag in der Konzernbilanz auszuweisen war, weshalb es hM[267] entsprach, den passiven Unterschiedsbetrag entsprechend seinen Ursachen entweder als Schuld oder in Ausnahmefällen, zB bei Gewinnthesaurierungen bis zur erstmaligen Einbeziehung, auch im Eigenkapital auszuweisen[268]. Allerdings war es auch bisher zulässig, den passiven Unterschiedsbetrag als Sonderposten zwischen Eigen- und Fremdkapital auszuweisen[269] und nach allgemeinen Grundsätzen (§ 309 Abs. 2 HGB, ggf. iVm. DRS 4.40 f.) fortzuführen. **246**

---

263 Vgl. dazu *Förschle/Deubert*, in Beck Bil-Komm.[6], § 296 Anm. 46.
264 AA möglicherweise *Oser/Reichart/Wirth*, in Küting/Pfitzer/Weber, Das neue deutsche Bilanzrecht[2], S. 424: Stornierung der erfolgswirksamen Fortschreibung der Equity-Tranche und Einbeziehung von deren historischen Anschaffungskosten in die Kapitalaufrechnung nach § 301 HGB.
265 Vgl. dazu *Förschle/Deubert*, in Beck Bil-Komm.[6], § 296 Anm. 12.
266 Vgl. *Oser/Reichart/Wirth*, in Küting/Pfitzer/Weber, Das neue deutsche Bilanzrecht[2], S. 431.
267 Vgl. dazu ADS[6], § 301 HGB Tz. 129 ff.; *Förschle/Deubert*, in Beck Bil-Komm.[6], § 301 Anm. 162 f.
268 Vgl. *Oser/Reichart/Wirth*, in Küting/Pfitzer/Weber, Das neue deutsche Bilanzrecht[2], S. 424.
269 Vgl. zB *Förschle/Deubert*, in Beck Bil-Komm.[6], § 301 Anm. 164.

247 Mit dem einheitlichen Ausweis des passiven Unterschiedsbetrags als gesonderter Posten nach dem Konzerneigenkapital ist nach der Gesetzesbegründung[270] gegenüber dem bisherigen, differenzierten Ausweis eine übersichtlichere Darstellung bezweckt, durch die das Verständnis der Adressaten des Konzernabschlusses verbessert werden soll. Dies wird allerdings nur dann der Fall sein, wenn die durch den zusammengefassten Ausweis verbundenen Informationsdefizite über den wirtschaftlichen Charakter der im Posten enthaltenen Teilbeträge im Rahmen der **Erläuterungen im Konzernanhang** nach § 301 Abs. 3 Satz 2 HGB kompensiert werden. Bisher konnte auf eine inhaltliche Erläuterung verzichtet werden, wenn sich der Charakter des Postens bereits aus dem Ausweis in der Konzernbilanz ergab[271]. Nunmehr muss der Posten im Konzernanhang aufgegliedert werden. Dabei sind zumindest die (Teil-)Beträge zu nennen, die in der Folgezeit nach § 309 Abs. 2 Nr. 1 HGB vereinnahmt werden, dh. zur Kompensation erwarteter künftiger Aufwendungen und Verluste bestimmt sind. Werden (Teil-)Beträge nach § 309 Abs. 2 Nr. 2 HGB iVm. DRS 4.41a) über die gewichtete durchschnittliche Restnutzungsdauer der erworbenen abnutzbaren Vermögensgegenstände vereinnahmt, sind auch diese zu nennen.

248 Wurden passive Unterschiedsbeträge bisher ihrem wirtschaftlichen Charakter entsprechend unter den Rückstellungen oder im Eigenkapital ausgewiesen, sind die Bestandswerte zu Beginn des ersten **nach dem 31. Dezember 2009** beginnenden Geschäftsjahres im Konzernabschluss in den Sonderposten umzugliedern (Art. 66 Abs. 3 Satz 3 EGHGB)[272]. Bei vorzeitiger Anwendung aller durch das BilMoG geänderten Vorschriften gilt dies bereits für den Konzernabschluss des nach dem 31. Dezember 2008 beginnenden Geschäftsjahres (Art. 66 Abs. 3 Satz 6 EGHGB). Bei wesentlichen Beträgen ist hierfür aus Gründen der Klarheit und Übersichtlichkeit der Darstellung (§ 297 Abs. 2 Satz 1 HGB) im Rückstellungsspiegel eine gesonderte Spalte bzw. im Eigenkapitalspiegel (§ 297 Abs. 1 Satz 1 HGB) eine gesonderte Zeile für die Umgliederung einzufügen.

249 Erwirbt das Mutterunternehmen ein Tochterunternehmen im Weg einer **Sacheinlage,** bestimmen sich die Anschaffungskosten für die Anteile im handelsrechtlichen Jahresabschluss des Mutterunternehmens nach den allgemeinen Grundsätzen für die Bewertung von Sacheinlagen[273]. Wird der Ausgabebetrag (Nominalbetrag der Kapitalerhöhung, ggf. zzgl. Aufgeld) für die vom Mutterunternehmen ausgegebenen Anteile niedriger als der Zeitwert des darauf anteilig entfallenden Reinvermögens des Tochterunternehmens festgesetzt, so werden die Anteile am Tochterunternehmen im Jahresabschluss des Mutterunternehmens (zulässigerweise) unterbewertet.

250 Im Rahmen der Kapitalkonsolidierung muss das Reinvermögen des Tochterunternehmens zum Zeitwert bewertet werden (§ 301 Abs. 1 Satz 2 HGB; vgl. Tz. 204), so dass nach der Aufrechnung mit den niedrigeren Anschaffungskosten aus dem handelsrechtlichen Jahresabschluss ein passiver Unterschiedsbetrag resultiert. Dieser passive Unterschiedsbetrag hat seine Ursache damit in der Ausübung eines Gestaltungswahlrechts im handelsrechtlichen Jahresabschluss des Mutterunternehmens. Es erscheint deshalb sachgerecht, diesen „**technischen**" **passiven Unterschiedsbetrag** im Konzernabschluss als Kapitalrücklage im Konzerneigenkapital und nicht nach § 301 Abs. 3 Satz 1 HGB auszuweisen. Dafür spricht im Übrigen, dass die Entstehung des passiven Unterschiedsbetrags auch dadurch vermieden werden könnte, dass die Sacheinlagenbewer-

---
270 Vgl. Begr. RegE, BT-Drucks. 16/10067, S. 81 f.
271 Vgl. zB *ADS*[6], § 301 HGB Tz. 141.
272 AA *Oser/Reichart/Wirth*, in Küting/Pfitzer/Weber, Das neue deutsche Bilanzrecht[2], S. 431.
273 Vgl. zB HFA 2/1997, Abschn. 32211.

tung in der Handelsbilanz II des Mutterunternehmens an die Grundsätze des DRS 4 angepasst wird, dh. eine Bewertung zum Zeitwert (DRS 4.13) erfolgt[274]. In diesem Fall würde dann im Zuge der Kapitalkonsolidierung zusätzlich auch ein ggf. vorhandener Geschäfts- oder Firmenwert aufgedeckt.

Das **Ausweiswahlrecht** des § 301 Abs. 3 Satz 3 HGB aF, wonach die sich bei der Erstkonsolidierung ergebenden und nach der Folgekonsolidierung verschiedener Tochterunternehmen verbleibenden aktiven und passiven Unterschiedsbeträge in der Konzernbilanz saldiert ausgewiesen werden durften, wurde durch das BilMoG für die nach dem 31. Dezember 2009 beginnenden (Konzern-)Geschäftsjahre **aufgehoben** (vgl. Art. 66 Abs. 5 EGHGB). Der Wegfall der Saldierungsmöglichkeit bezieht sich nicht nur auf aktive und passive Unterschiedsbeträge aus Erwerbsvorgängen in Geschäftsjahren, die nach den 31. Dezember 2009 beginnen, sondern auch auf Altfälle[275]. Werden die durch das BilMoG geänderten Konzernrechnungslegungsvorschriften vorzeitig auf den Konzernabschluss für ein nach dem 31. Dezember 2008 beginnendes Geschäftsjahr (Art. 66 Abs. 3 Satz 6 EGHGB) angewandt, ist § 301 Abs. 3 Satz 3 HGB aF formal noch anwendbar. Die dort geregelte Saldierung der Geschäfts- oder Firmenwerte sowie der passiven Unterschiedsbeträge aus der Kapitalkonsolidierung kommt aber dennoch nicht mehr in Betracht. Art. 66 Abs. 3 Satz 6 EGHGB verlangt eine vollständige Anwendung der geänderten Vorschriften, was nach Sinn und Zweck eine punktuelle Beibehaltung solcher Vorschriften, die durch das BilMoG aufgehoben werden ausschließt, dh. es soll dadurch gerade verhindert werden, dass es zu einer schrittweisen Umstellung auf neuen Konzernrechnungslegungsvorschriften kommt. 251

Wurde in der Vergangenheit vom Ausweiswahlrecht nach § 301 Abs. 3 Satz 3 HGB aF Gebrauch gemacht und Geschäfts- oder Firmenwerte sowie passive Unterschiedsbeträge aus der Kapitalkonsolidierung in der Konzernbilanz saldiert ausgewiesen, resultieren aus seinem Wegfall keine Besonderheiten, weil die erfolgswirksamen Veränderungen dieser Posten im Rahmen der Folgekonsolidierung nach § 309 HGB ggf. iVm. DRS 4.40 f. jeweils gesondert zu erfassen und auch im Anhang unsaldiert anzugeben waren[276]. Die gesondert ermittelten und lediglich in der Konzernbilanz **saldierten Bestandswerte** für die Geschäfts- oder Firmenwerte bzw. (passive) Unterschiedsbeträge aus der Kapitalkonsolidierung sind im Erstanwendungsjahr lediglich in die entsprechenden Posten auf der Aktiv- bzw. Passivseite **umzugliedern**. Ungeachtet des Übergangswahlrechts nach Art. 67 Abs. 8 Satz 2 EGHGB, wonach auf eine Anpassung von Vorjahreszahlen bei erstmaliger Anwendung der durch das BilMoG geänderten Vorschriften nicht zu erfolgen braucht, wird es sich in diesen Fällen empfehlen, die Vorjahreszahlen anzupassen (§ 265 Abs. 2 Satz 3 iVm. § 298 Abs. 1 HGB), dh. die Verrechnung auch im Vorjahresausweis rückgängig zu machen. 252

Im **Konzernanlagengitter** (§ 268 Abs. 2 iVm. § 298 Abs. 1 HGB) ergeben sich aus dem Wegfall des Ausweiswahlrechts keine Änderungen, wenn der Geschäfts- und Firmenwert dort ungeachtet einer Saldierung mit passiven Unterschiedsbeträgen, dh. nicht nur für den Fall, dass sich nach der Verrechnung ein aktiver Saldo ergab, ausgewiesen und fortentwickelt wurde[277]. Wurden die saldiert ausgewiesenen Geschäftsoder Firmenwerte dagegen nicht im Konzernanlagengitter geführt, sind die historischen Anschaffungskosten der Geschäftswerte sowie die darauf seit dem historischen Erstkonsolidierungszeitpunkt bisher verrechneten kumulierten Abschreibungen im Jahr 253

---

274 Vgl. *Förschle/Deubert*, in Beck Bil-Komm.[6], § 301 Anm. 21.
275 Vgl. Begr. Beschlussempfehlung und Bericht des Rechtsausschusses, BT-Drucks. 16/12407, S. 95.
276 Vgl. *ADS*[6], § 301 HGB Tz. 137 f.
277 Vgl. *Förschle/Deubert*, in Beck Bil-Komm.[6], § 301 Anm. 165.

der erstmaligen Anwendung der geänderten Vorschriften (Art. 66 Abs. 3 Satz 1 EGHGB) entweder in einer gesonderten Spalte oder ggf. zusammen mit den Zugängen des Konzerngeschäftsjahres zu erfassen. Im letztgenannten Fall sollte der Betrag, der aus dem Wegfall der Saldierungsmöglichkeit nach § 301 Abs. 3 Satz 3 HGB aF resultiert, zur Klarheit und Übersichtlichkeit der Darstellung (§ 297 Abs. 2 Satz 1 HGB) entweder im Anlagengitter in einer Fußnote oder ansonsten im Konzernanhang angegeben werden.

VII. Rückbeteiligungen am oberen Mutterunternehmen (Abs. 4)

254 Von Tochterunternehmen gehaltene Anteile am Mutterunternehmen (sog. Rückbeteiligungen) waren **bisher** nach § 301 Abs. 4 Satz 2 HGB aF als solche in den Konzernabschluss zu übernehmen und in der Konzernbilanz als eigene Anteile zu ggf. fortgeführten Anschaffungskosten **gesondert im Umlaufvermögen** (§ 266 Abs. 2 Buchst. B.III.2. aF iVm. § 298 Abs. 1 HGB) auszuweisen. Gleiches galt in der Mehrzahl der Fälle auch für die vom Mutterunternehmen gehaltenen eigenen Anteile. Unter engen Voraussetzungen (§ 272 Abs. 1 Satz 4 und 5 HGB aF[278]; Erwerb mit Einziehungsabsicht) war allerdings bereits bisher für eigene Anteile des Mutterunternehmens ein Absetzen bzw. Verrechnen mit dem Eigenkapital vorzunehmen[279].

255 **Eigene Anteile des Mutterunternehmens** sind künftig nach § 272 Abs. 1a Satz 1 HGB in dessen handelsrechtlichen Jahresabschluss, unabhängig vom Erwerbszweck, **passivisch auszuweisen** (zu Rückbeteiligungen des Tochterunternehmens am Mutterunternehmen vgl. Tz. 256). Dabei ist der Nennbetrag bzw. rechnerische Wert der eigenen Anteile offen vom gezeichneten Kapital abzusetzen. Die danach verbleibende Differenz zum Anschaffungspreis ist mit den Gewinn- oder freien Kapitalrücklagen (ausführlich vgl. Abschn. L Tz. 18 ff.) zu verrechnen und etwaige Anschaffungsnebenkosten sind als Periodenaufwand zu behandeln (§ 272 Abs. 1a Satz 2 und 3 HGB). Dieser Ausweis ist nach § 272 Abs. 1a iVm. § 298 Abs. 1 HGB auch so in den handelsrechtlichen Konzernabschluss des Mutterunternehmens zu übernehmen (vgl. Tz. 261).

256 Aus Sicht des fiktiv rechtlich einheitlichen Unternehmenskonzern (§ 297 Abs. 3 Satz 1 HGB) besteht kein Unterschied, ob eigene Anteile der „Hauptniederlassung" (Mutterunternehmen) oder einer „Zweigniederlassung" (Tochterunternehmen) gehören. Dementsprechend wird in § 301 Abs. 4 HGB bestimmt, dass die **vom Tochterunternehmen gehaltenen Rückbeteiligungen** im Konzernabschluss wie eigene Anteile des Mutterunternehmens zu behandeln sind (zu Rückbeteiligungen an unteren Mutterunternehmen vgl. Tz. 257). Der auf diese Anteile entfallende Nominalbetrag oder ggf. der rechnerische Wert ist offen in einer Vorspalte, vom gezeichneten Kapital des Mutterunternehmens abzusetzen. Die Anwendung der in Konzernabschlüssen nach internationalen Rechnungslegungsvorschriften üblichen „*Cost-Method*", die nach DRS 7.11 ff.[280] bisher auch für den Ausweis im Eigenkapitalspiegel nach § 297 Abs. 1 Satz 1 HGB vorgesehen war, bei der die zu Anschaffungskosten bewerteten eigenen Anteile gesondert im Eigenkapital ausgewiesen werden[281], ist danach in einem HGB-Konzernabschluss nicht (mehr) zulässig.

257 Der beschriebene passivische Ausweis gilt nur für Rückbeteiligungen an dem den Konzernabschluss aufstellenden (oberen) Mutterunternehmen. Sofern in mehrstufigen

---

[278] Vgl. *Gelhausen*, in Festschrift Baetge, S. 189 ff.
[279] Vgl. *Förschle/Deubert*, in Beck Bil-Komm.⁶, § 301 Anm. 171.
[280] Vgl. dazu *ADS* International, Abschn. 22 Tz. 206c mwN.
[281] Vgl. ausführlich dazu *ADS* International, Abschn. 22 Tz. 103, 109, 112.

Konzernen **Rückbeteiligungen an unteren Mutterunternehmen** bestehen, die ebenfalls auf dem Wege der Vollkonsolidierung (§§ 300 ff. HGB) in den Konzernabschluss des oberen Mutterunternehmens einbezogen werden, sind diese an Zwischenstufen bestehenden Rückbeteiligungen nach allgemeinen Grundsätzen in die Kapitalkonsolidierung einzubeziehen[282].

In § 301 Abs. 4 HGB wird der passivische Ausweis des auf die Rückbeteiligung entfallenden Nennbetrags bzw. des rechnerischen Werts geregelt, nicht jedoch die Behandlung einer danach ggf. verbleibenden **Differenz zu den Anschaffungskosten der Rückbeteiligung**. § 272 Abs. 1a HGB gilt aufgrund des Verweises in § 298 Abs. 1 HGB auch für den handelsrechtlichen Konzernabschluss, sofern seine Eigenart keine Abweichung bedingt. Dies könnte zunächst dafür sprechen, mit den weiteren Anschaffungskosten der Rückbeteiligungen ebenso wie im handelsrechtlichen Jahresabschluss zu verfahren, dh. die Differenz zu den Anschaffungskosten auf Konzernebene mit nicht besonders gegen Ausschüttungen gesperrten Eigenkapitalteilen (Rücklagen) zu verrechnen und etwaige Anschaffungsnebenkosten als Periodenaufwand zu erfassen.

258

Anders als der handelsrechtliche Jahresabschluss hat ein Konzernabschluss aber keine Ausschüttungsbemessungsfunktion[283], sondern dient ausschließlich der Informationsvermittlung. Folge davon ist, dass eine Differenzierung zwischen den für Ausschüttungen gesperrten und frei verfügbaren Rücklagen, auch mit Rücksicht auf die Gläubiger des Konzerns, nicht erforderlich erscheint[284]. Daher bestehen keine Bedenken, wenn auf Konzernebene auch solche **Kapital- und/oder Gewinnrücklagen** zur Verrechnung herangezogen werden, für die aus Sicht des Mutterunternehmens aufgrund von gesetzlichen Regelungen, zB § 150 Abs. 3 AktG, oder Satzung eine **Ausschüttungssperre** besteht. Dh. es liegt insoweit eine durch die Eigenart des Konzernabschlusses bedingte Abweichung vor (§ 298 Abs. 1 HGB).

259

Aus dem gleichen Grund ist im Konzernabschluss auch keine erfolgswirksame Verrechnung der die Anschaffungskosten übersteigenden **Anschaffungsnebenkosten** der Rückbeteiligungen erforderlich, dh. die gesamte Differenz zwischen Anschaffungskosten und dem Nennbetrag bzw. dem rechnerischen Werte der Anteile kann ergebnisneutral mit den Konzernrücklagen verrechnet werden. Dies entspricht im Übrigen auch der Behandlung in einem IFRS-Konzernabschluss, wo aus dem Erwerb eigener Anteile grundsätzlich keine Erfolgswirkungen resultieren dürfen (IAS 32.33 (amend. 2008))[285].

260

Wurden die **Rücklagen**, die im handelsrechtlichen Jahresabschluss des **Mutterunternehmens** zur Verrechnung nach § 272 Abs. 1a Satz 2 HGB genutzt wurden, in Vorperioden auf Konzernebene zur Verrechnung von Geschäfts- oder Firmenwerten nach § 309 Abs. 1 Satz 3 HGB aF genutzt, ist die Verrechnung der Geschäfts- oder Firmenwerte (zur Zulässigkeit vgl. Tz. 437), ab dem Erwerb der eigenen Anteile durch das Mutterunternehmen, im Konzernabschluss entweder gegen andere, ebenfalls ausschüttungsgesperrte Eigenkapitalteile, mit Ausnahme des gezeichneten Kapitals, nachzuholen. Alternativ darf die Geschäftswertverrechnung auch gegen den Konzernergebnisvortrag nachgeholt werden[286].

261

---

282 Bereits bisher: vgl. *Förschle/Deubert*, in Beck Bil-Komm.⁶, § 301 Anm. 170.
283 HM vgl. zB *Förschle/Kroner*, in Beck Bil-Komm.⁶, § 297 Anm. 1.
284 Vgl. *Gelhausen/Gelhausen*, in Festschrift Forster S. 222 f.
285 Vgl. ausführlich *ADS* International, Abschn. 22 Tz. 103.
286 So bereits zum bisherigen Recht: *Förschle/Hoffmann*, in Beck Bil-Komm.⁶, § 309 Anm. 25 mwN.

262 Ergibt sich in der Konzernbilanz aufgrund des Ausweises der aus Rückbeteiligungen stammenden eigenen Anteile eine **Abweichung gegenüber dem Ausweis der ausschüttungsgesperrten Rücklagen** in der Jahresbilanz des Mutterunternehmens, ist deren Ursache im Konzernanhang im Hinblick auf die Klarheit und Übersichtlichkeit der Darstellung (§ 297 Abs. 2 Satz 1 HGB) zu erläutern. Darüber hinaus wird es sich ohnehin empfehlen, auf das Bestehen einer Rückbeteiligung hinzuweisen. Dies kann zB durch einen Davon-Vermerk beim offenen Absetzen des Nennbetrags bzw. rechnerischen Werts der eigenen Anteile vom gezeichneten Kapital des Mutterunternehmens („Davon aus von Tochterunternehmen gehaltenen Rückbeteiligungen") oder ansonsten im Konzernanhang erfolgen.

263 Besteht bereits bei unmittelbarer oder mittelbarer **Erlangung eines beherrschenden Einflusses** auf ein Tochterunternehmens dort eine **(Rück-)Beteiligung** am erwerbenden (oberen) Mutterunternehmen, sind die Anteile in der auf den Erstkonsolidierungszeitpunkt aufgestellten Neubewertungsbilanz nach § 301 Abs. 1 Satz 2 HGB zum beizulegenden Zeit-/Ertragswert anzusetzen (vgl. Tz. 204), auch wenn diese Anteile nach dem Erwerb uU aus der individuellen Sicht des erwerbenden Mutterunternehmens (künftig) dividendenlos sind[287] und nach § 301 Abs. 4 HGB mit dem Konzerneigenkapital „verrechnet" werden. Übersteigen die Konzernanschaffungskosten der Rückbeteiligung deren Wertansatz ((ggf. fortgeführte) Anschaffungskosten im Jahresabschluss des Tochterunternehmens), erscheint es sachgerecht, auch den übersteigenden Betrag aus Konzernsicht als Teil des Kaufpreises zu interpretieren. Dementsprechend ist dieser Betrag (beizulegender Zeit-/Ertragswert der Rückbeteiligung) im Konzernabschluss des oberen Mutterunternehmens erfolgsneutral vom gezeichneten Kapital (Nennbetrag bzw. rechnerischer Wert) abzusetzen sowie die danach verbleibende Differenz gegen Konzernrücklagen zu verrechnen.

264 Sind an dem die Rückbeteiligung haltenden Tochterunternehmen **fremde Gesellschafter** beteiligt, ist der rechnerisch auf die anderen Gesellschafter entfallende Nennbetrag bzw. rechnerische Wert der Anteile am Mutterunternehmen aufgrund des eindeutigen Wortlauts in § 301 Abs. 4 HGB im Konzernabschluss vom gezeichneten Kapital des Mutterunternehmens abzusetzen. Fraglich ist aber, ob eine Differenz zu den Konzernanschaffungskosten (vgl. Tz. 263) nur zu Lasten der Eigenkapitalteile der Gesellschafter des Mutterunternehmens oder auch zu Lasten des Ausgleichspostens für Anteile anderer Gesellschafter nach § 307 Abs. 1 HGB zu verrechnen ist. Die Höhe dieses Ausgleichspostens richtet sich grds. nach dem darauf entfallenden Reinvermögen, bewertet zu (ggf. fortgeführten) Konzern-Anschaffungs- oder Herstellungskosten. Dementsprechend muss auch der auf andere Gesellschafter entfallende Anteil an den (gesamten) (Konzern-)Anschaffungskosten der Rückbeteiligung gegen den Ausgleichsposten verrechnet werden. Damit der auf andere Gesellschafter entfallende Anteil am Nennbetrag bzw. rechnerischen Wert der Rückbeteiligung nicht doppelt am Konzerneigenkapital gekürzt wird, muss der (Rest-)Betrag der Anschaffungskosten, der gegen Eigenkapitalteile, die auf Gesellschafter des Mutterunternehmens entfallen, verrechnet wird, entsprechend verringert werden.

265 Fraglich ist, wie zu verfahren ist, wenn eine **Rückbeteiligung** am oberen Mutterunternehmen an Dritte außerhalb des Konzerns **veräußert** wird. § 272 Abs. 1b HGB gilt aufgrund des Verweises in § 298 Abs. 1 HGB auch für den handelsrechtlichen Konzernabschluss, soweit seine Eigenart keine Abweichung bedingt (vgl. Abschn. L Tz. 35 ff.). Danach entfällt zunächst die (offene) Absetzung des auf die verkauften eigenen Anteile

---

[287] Bei AG zB gemäß § 71b iVm. § 71d Satz 4 AktG.

entfallenden Nennbetrags bzw. rechnerischen Werts vom gezeichneten Kapital (§ 272 Abs. 1b Satz 1 iVm. § 298 Abs. 1 HGB). Ferner sind beim (ggf. teilweisen) Verkauf der Rückbeteiligung die bei deren Erwerb mit den Konzernrücklagen verrechneten Teile der Anschaffungskosten (Anschaffungspreis sowie ggf. Anschaffungsnebenkosten; vgl. Tz. 260) wieder in diese einzustellen (§ 272 Abs. 1b Satz 2 iVm. § 298 Abs. 1 HGB).

Fraglich ist danach, wie zu verfahren ist, wenn der **Erlös aus der Wiederveräußerung** der Rückbeteiligung **höher** ist als der Betrag, der ursprünglich mit den Rücklagen verrechnet wurde. Bei wirtschaftlicher Betrachtungsweise liegt auch aus Konzernsicht eine Kapitalerhöhung vor, was dafür sprechen würde, diesen Betrag im Konzernabschluss entsprechend § 272 Abs. 1b Satz 3 iVm. § 298 Abs. 1 HGB erfolgsneutral in die Kapitalrücklage nach § 272 Abs. 2 Nr. 1 HGB einzustellen. Diese Vorgehensweise würde auch internationalen Rechnungslegungsgrundsätzen (IAS 32.33 (amend. 2008)) entsprechen, wonach aus einem (Wieder-)Verkauf von eigenen Anteilen keine Erfolgswirkungen entstehen dürfen[288]. **266**

Dagegen könnte jedoch sprechen, dass Einstellungen in Kapitalrücklagen auch auf Konzernebene an die entsprechenden gesellschaftsrechtlichen Vorgänge auf Ebene des Mutterunternehmens anknüpfen. Wird eine von einem Tochterunternehmen gehaltene Rückbeteiligung verkauft, ergeben sich aus dieser Transaktion keine Auswirkungen auf Ebene des Mutterunternehmens. Zudem wird ein **Buchgewinn oder -verlust** aus dem Verkauf der Rückbeteiligung auch im handelsrechtlichen Jahresabschluss des betreffenden Tochterunternehmens ergebniswirksam behandelt, wenngleich der dort ausgewiesene Buchgewinn oder -verlust um im Erwerbszeitpunkt ggf. auf Konzernebene erfolgsneutral verrechnete Anschaffungsnebenkosten (vgl. Tz. 258) niedriger als aus Konzernsicht ist. Ausschlaggebend für die erfolgswirksame Vereinnahmung auf Jahresabschlussebene ist, dass diese Beträge nach den gesellschaftsrechtlichen Bestimmungen nicht der Gewinnverwendung durch die Gesellschafter entzogen sind. **267**

Weil der Konzernabschluss aber keine Ausschüttungsbemessungs-, sondern ausschließlich eine Informationsfunktion hat, erscheint es auch vertretbar, entsprechend dem wirtschaftlichen Gehalt der Transaktion und internationalen Rechnungsgrundsätzen vorzugehen und gestützt auf § 298 Abs. 1 HGB (durch die Eigenart des Konzernabschlusses bedingte Abweichung) einen **Buchgewinn oder -verlust** bei der Wiederveräußerung einer Rückbeteiligung erfolgsneutral zu behandeln. Weil eine Einstellung in Kapitalrücklagen nicht in Betracht kommt (vgl. Tz. 267), sollte die Anpassung gegen den Konzernergebnisvortrag vorgenommen werden. **268**

Die geänderten Vorschriften zum Ausweis von Rückbeteiligungen nach § 301 Abs. 4 HGB sind nach Art. 66 Abs. 3 Satz 1 EGHGB erstmals für das Konzerngeschäftsjahr anzuwenden, das **nach dem 31. Dezember 2009** beginnt. Bei vorzeitiger Anwendung aller durch das BilMoG geänderten Konzernrechnungslegungsvorschriften sind geänderte Ausweisvorschriften bereits im Konzernabschluss für das erste nach dem 31. Dezember 2008 beginnende Geschäftsjahr zu beachten (Art. 66 Abs. 3 Satz 6 EGHGB). Mangels ausdrücklicher Übergangsregelung ist eine im Erstanwendungszeitpunkt bestehende Rückbeteiligung am Mutterunternehmen entsprechend der oben beschriebenen Grundsätze (vgl. Tz. 258 ff.) zu behandeln. Dabei wird es sich empfehlen, den Vorjahresausweis entsprechend anzupassen (§ 265 Abs. 2 Satz 3 iVm. § 298 Abs. 1 HGB). Eine Verpflichtung hierzu besteht aber aufgrund von Art. 67 Abs. 8 Satz 2 **269**

---

[288] Vgl. dazu *ADS* International, Abschn. 22 Tz. 111.

EGHGB nicht[289]. Für Rückbeteiligungen am Mutterunternehmen konnte bisher im Konzernabschluss auf die Bildung einer Rücklage für eigene Anteile bzw. Anteile am herrschenden Unternehmen (§ 272 Abs. 4 HGB aF iVm. § 298 HGB) verzichtet werden, weil die damit im Jahresabschluss bezweckte Ausschüttungssperre auf Konzernebene nicht relevant ist[290]. Anschaffungsnebenkosten für die Rückbeteiligung sind in diesem Fall im Konzernabschluss des Erstanwendungsjahres erfolgsneutral gegen den Konzernergebnisvortrag zu verrechnen. Ist dennoch eine „Rücklage für eigene Anteile" im Konzernabschluss gebildet worden, ist diese im Jahr der Erstanwendung aufzulösen. In diesem Fall erscheint es sachgerecht etwaige Anschaffungsnebenkosten – entsprechend der Vorgehensweise im handelsrechtlichen Jahresabschluss (vgl. Abschn. L Tz. 70) – gegen den Ertrag aus der Auflösung der Rücklage zu verrechnen.

VIII. Übergangsvorschriften

270 Nach dem Wortlaut des Art. 66 Abs. 3 Satz 4 HGB ist die Neuregelung zur Kapitalkonsolidierung nach § 301 Abs. 1 Satz 2 und 3, Abs. 2 HGB ausschließlich auf **Erwerbsvorgänge** anzuwenden, die in einem **nach dem 31. Dezember 2009** beginnenden Geschäftsjahr erfolgen. Bei freiwilliger vorzeitiger Anwendung aller durch das BilMoG geänderten Vorschriften nach Art. 66 Abs. 3 Satz 6 EGHGB (vgl. Abschn. W Tz. 3) sind die Neuregelungen bereits auf Erwerbsvorgänge nach dem 31. Dezember 2008 anzuwenden. Erwerbsvorgänge sind zunächst alle Fälle, in denen sämtliche zu konsolidierenden Anteile vollständig nach dem maßgeblichen Erstanwendungsstichtag erworben werden. Weiter sind auch die Fälle erfasst, in denen bereits bis zum Inkrafttreten der Änderungen durch das BilMoG eine Beteiligung bestand und das zur Vollkonsolidierung gem. §§ 300 ff. HGB führende Mutter-Tochterverhältnis iSv. § 290 HGB erst durch einen Hinzuerwerb von Anteilen begründet wurde.

271 Vom Wortlaut des Art. 66 Abs. 3 Satz 4 EGHGB nicht ausdrücklich erfasst, sind die Fälle, in denen bei einer bereits bestehenden Beteiligung der beherrschende Einfluss auf die Geschäfts- und Finanzpolitik eines Tochterunternehmens (spätestens) in einem nach dem 31. Dezember 2009 beginnenden Geschäftsjahr nicht durch einen Erwerbsvorgang, sondern durch **Abschluss von vertraglichen Vereinbarungen** iSv. § 290 Abs. 2 Nr. 2 und Nr. 3 HGB (s. dort Tz. 44 ff.) begründet wird. Nach Sinn und Zweck der Neuregelung hat jedoch auch in diesen Fällen die Kapitalkonsolidierung ausschließlich nach der Neubewertungsmethode zu erfolgen. Gleiches gilt im Übrigen, wenn in einem (spätestens) nach dem 31. Dezember 2009 beginnenden Geschäftsjahr die Voraussetzungen für die Inanspruchnahme eines Einbeziehungswahlrechts nach § 296 HGB entfallen (s. dazu auch Tz. 243 f.).

272 Die Anwendung der **Buchwertmethode** nach § 301 Abs. 1 Satz 2 Nr. 1 HGB aF ist dagegen letztmals für die Erstkonsolidierung von Tochterunternehmen in dem vor dem 1. Januar 2010 beginnenden Geschäftsjahr gestattet (Art. 66 Abs. 5 EGHGB). Bei freiwilliger vorzeitiger Anwendung der durch das BilMoG geänderten Vorschriften nach Art. 66 Abs. 3 Satz 6 EGHGB (vgl. Abschn. W Tz. 3) endet die Anwendbarkeit der Buchwertmethode auf neue Erstkonsolidierungen in dem vor dem 1. Januar 2009 beginnenden Geschäftsjahr. Auch wenn dies nicht ausdrücklich bestimmt wird, sind Fälle, in denen in der Vergangenheit die Kapitalkonsolidierung nach der Buchwertmethode erfolgt ist, nach Inkrafttreten des BilMoG nicht nachträglich anzupassen, sondern

---

[289] Zur Zulässigkeit einer Anpassung der Vorjahreszahlen bei Ausweisänderungen aufgrund rechtlicher Änderungen s. *ADS*[6], § 265 HGB Tz. 34.
[290] Vgl. *Förschle/Deubert*, in Beck Bil-Komm.[6], § 301 Anm. 34 mwN.

kann die Buchwertmethode **für Altfälle fortgeführt** werden. Dies ergibt sich aus Art. 66 Abs. 3 Satz 4 EGHGB, wonach die ausschließliche Anwendung der Neubewertungsmethode nach § 301 Abs. 1 HGB nur für Erwerbsvorgänge nach dem 31. Dezember 2009 bzw. bei vorzeitiger Anwendung nach dem 31. Dezember 2008 vorgeschrieben ist (vgl. Tz. 270)[291].

---

291 Vgl. Begr. RegE, BT-Drucks. 16/10067, S. 99; IDW ERS HFA 28 Tz. 42; so auch *Ernst/Seidler*, BB 2009, S. 769.

§ 302 HGB
(aufgehoben)

Inhaltsverzeichnis **Tz.**

Bedeutung der Aufhebung .... 273 – 275

Bedeutung der Aufhebung

273 Unter bestimmten Voraussetzungen, insb. beim Anteilserwerb im Tauschweg (§ 302 Abs. 1 Nr. 2 HGB aF), konnte die Kapitalkonsolidierung bislang statt nach der Erwerbsmethode (§ 301 HGB) nach der **Interessenzusammenführungsmethode** (§ 302 HGB aF) erfolgen[292]. Bei Anwendung der Interessenzusammenführungsmethode wurde der Unternehmenszusammenschluss im Konzernabschluss so abgebildet, als ob zwischen den beteiligten Unternehmen bereits seit ihrer Gründung ein Konzernverhältnis bestanden hätte. Dementsprechend waren die Vermögensgegenstände und Schulden eines neuen Tochterunternehmens, abgesehen von Anpassungen an die konzerneinheitliche Bilanzierung und Bewertung (§§ 300 Abs. 2, 308 HGB), unverändert in den Konzernabschluss zu übernehmen[293]. Differenzen zwischen den Anschaffungskosten für die Anteile am Tochterunternehmen und dem darauf entfallenden bilanziellen Eigenkapital wurden mit dem Konzerneigenkapital verrechnet. Dadurch war bei Anwendung der Interessenzusammenführungsmethode sowohl die Erst- als auch die Folgekonsolidierung erfolgsneutral[294].

274 Das **Methodenwahlrecht** des § 302 HGB aF wurde im Rahmen des BilMoG **aufgehoben**. Begründet wurde dies zum einen mit der geringen praktischen Bedeutung dieser Methode für die Konsolidierungspraxis in Deutschland[295]. Zum anderen lautet die Begründung der Aufhebung, dass eine Einschränkung des Anwendungsbereichs auf die Fälle, für die die Methode ursprünglich entwickelt wurde, nämlich die Zusammenführung der Eigentumsinteressen der Anteilseigner voneinander unabhängiger, aber annähernd gleich großer Unternehmen/Konzerne[296], nach den in Art. 20 Konzernbilanzrichtlinie geregelten und fast wortgleich in § 302 HGB übernommenen Voraussetzungen nicht möglich sei[297].

275 Nach Art. 66 Abs. 5 EGHGB darf § 302 HGB aF letztmals auf Transaktionen im **vor dem 1. Januar 2010** beginnenden Geschäftsjahr angewendet werden. Werden die durch das BilMoG geänderten Vorschriften nach Art. 66 Abs. 5 Satz 6 EGHGB vorzeitig bereits auf den Konzernabschluss für das nach dem 31. Dezember 2008 beginnende Geschäftsjahr angewandt (vgl. Abschn. W Tz. 3), schließt dies nach Sinn und Zweck die Anwendung des Methodenwahlrechts nach § 302 HGB aF aus, auch wenn die Vorschrift des § 302 HGB aF selbst nicht in Art. 66 Abs. 3 Satz 1 EGHGB genannt wird. Sofern in der Vergangenheit die Kapitalkonsolidierung nach der Methode der Interessenzusammenführung erfolgt ist (Altfälle), darf diese unter Fortgeltung der Rege-

---

292 Vgl. ausführlich zu den Anwendungsvoraussetzungen: *Förschle/Deubert*, in Beck Bil-Komm.[6], § 302 Anm. 10 ff.
293 Vgl. *Förschle/Deubert*, in Beck Bil-Komm.[6], § 302 Anm. 5.
294 Vgl. *Förschle/Deubert*, in Beck Bil-Komm.[6], § 302 Anm. 30 ff.
295 Vgl. Begr. RegE, BT-Drucks. 16/10067, S. 82 f. Im Rahmen einer Auswertung von 100 HGB-Konzernabschlüssen für das Jahr 1995 konnte eine Anwendung der Interessenzusammenführungsmethode nicht festgestellt werden (vgl. C&L Deutsche Revision, Konzernabschlüsse '95, S. 378).
296 Vgl. *ADS*[6], § 302 HGB Tz. 7 ff.; *Förschle/Deubert*, in Beck Bil-Komm.[6], § 302 Anm. 4.
297 Vgl. Begr. RegE, BT-Drucks. 16/10067, S. 82 f.

lungen des § 302 HGB aF[298] auch in Konzernabschlüssen für nach dem 31. Dezember 2009 beginnende Geschäftsjahre **beibehalten** werden (Art. 67 Abs. 5 Satz 2 EGHGB).

---

298 Vgl. Begr. Beschlussempfehlung und Bericht des Rechtsausschusses, BT-Drucks. 16/12407, S. 96.

§ 306 HGB
Latente Steuern

¹Führen Maßnahmen, die nach den Vorschriften dieses Titels durchgeführt worden sind, zu Differenzen zwischen den handelsrechtlichen Wertansätzen der Vermögensgegenstände, Schulden oder Rechnungsabgrenzungsposten und deren steuerlichen Wertansätzen und bauen sich diese Differenz in späteren Geschäftsjahren voraussichtlich wieder ab, so ist eine sich insgesamt ergebende Steuerbelastung als passive latente Steuern und eine sich insgesamt ergebende Steuerentlastung als aktive latente Steuern in der Konzernbilanz anzusetzen. ²Die sich ergebende Steuerbe- und die sich ergebende Steuerentlastung können auch unverrechnet angesetzt werden. ³Differenzen aus dem erstmaligen Ansatz eines nach § 301 Abs. 3 verbleibenden Unterschiedsbetrages bleiben unberücksichtigt. ⁴Das Gleiche gilt für Differenzen, die sich zwischen dem steuerlichen Wertansatz einer Beteiligung an einem Tochterunternehmen, assoziierten Unternehmen oder einem Gemeinschaftsunternehmen im Sinn des § 310 Abs. 1 und dem handelsrechtlichen Wertansatz des im Konzernabschluss angesetzten Nettovermögens ergeben. ⁵§ 274 Abs. 2 ist entsprechend anzuwenden. ⁶Die Posten dürfen mit den Posten nach § 274 zusammengefasst werden.

Inhaltsverzeichnis

		Tz.
I.	Grundlagen	276 – 278
II.	Anwendungsbereich	279 – 287
III.	Abgrenzung latenter Steuern aus Konsolidierungsmaßnahmen	
	1. Ansatzpflicht (Satz 1)	288 – 305
	2. Ansatzverbote	
	a. Geschäfts- oder Firmenwert bzw. passiver Unterschiedsbetrag aus der Kapitalkonsolidierung (Satz 3)	306 – 309
	b. „Outside basis differences" (Satz 4)	310 – 318
	3. Bewertung (Satz 5)	319 – 323
	4. Ausweis (Satz 2 und Satz 6)	324 – 329
IV.	Erstanwendungszeitpunkt und Übergangsvorschriften	
	1. Grundsatz: Erfolgsneutrale Erfassung gegen die Konzern-Gewinnrücklagen	330 – 334
	2. Sonderfall: Erfolgsneutrale Anpassung historischer Erstkonsolidierung	335 – 339

I. Grundlagen

276 Durch das BilMoG wird, spätestens für Geschäftsjahre die nach dem 31. Dezember 2009 beginnen (vgl. Tz. 330 ff), bei der Abgrenzung latenter Steuern im handelsrechtlichen Konzernabschluss nach § 306 HGB, ebenso wie für Zwecke des handelsrechtlichen Jahresabschlusses in § 274 HGB (vgl. dazu Abschn. M Tz. 1 ff.), ein Wechsel vom GuV-orientierten Konzept (*timing* – **Konzept**) auf das auch international[299] übliche, bilanzorientierte Konzept (*temporary* – **Konzept**) vollzogen[300]. Damit gilt für den handelsrechtlichen Jahres- und Konzernabschluss – ebenso wie bisher – ein einheitliches Steuerabgrenzungskonzept.

---

[299] Vgl. zB *ADS* International, Abschn. 20 Tz. 50 ff.
[300] Vgl. Begr. RegE, BT-Drucks. 16/10067, S. 83.

Das bisherige Abgrenzungskonzept zielte darauf ab, einen „erklärbaren Zusammenhang" zwischen dem handelsrechtlichen Ergebnis vor Steuern und dem im handelsrechtlichen Abschluss ausgewiesenen Steueraufwand herzustellen (zutreffender Erfolgsausweis)[301]. Demgegenüber besteht die Zielsetzung des neuen Steuerabgrenzungskonzepts insb. in der zutreffenden **Darstellung der Vermögenslage**[302]. Latente Steuern sind danach abzugrenzen, wenn Abweichungen zwischen den steuerbilanziellen Wertansätzen von Vermögensgegenständen und Schulden gegenüber den entsprechenden Wertansätzen im handelsrechtlichen (Jahres- oder Konzern-)Abschluss bestehen und als Folge der Nutzung oder des Verkaufs dieser Vermögensgegenstände bzw. dem Ausgleich oder der Abwicklung der Schulden sowie ggf. einer Nutzung von Verlustvorträgen künftige Steuerminderungsansprüche oder Steuerverpflichtungen in ihrer Höhe beeinflusst werden.

Nach dem bilanzorientierten Konzept sind derartige Abweichungen nicht nur dann zu erfassen, wenn sie erfolgswirksam, sondern auch dann, wenn sie erfolgsneutral entstehen (vgl. dazu auch Abschn. M Tz. 17 ff.). Auch kommt es nicht darauf an, ob der Umkehrzeitpunkt bzw. -zeitraum der Differenz feststeht (*timing difference*) oder noch ungewiss ist, zB weil die Umkehr von einer erst noch zu treffenden unternehmerischen Entscheidung (Verkauf des betreffenden Vermögensgegenstands oder Liquidation des (Tochter-)Unternehmens) abhängt (**quasi-permanente Differenzen**; vgl. Abschn. M Tz. 8). Darüber hinaus sind auch weiterhin Aufwendungen und Erträge in die Steuerabgrenzung einzubeziehen, die erst in einer künftigen Periode steuerlich erfolgswirksam verbucht werden können (**Ergebnisdifferenzen**).

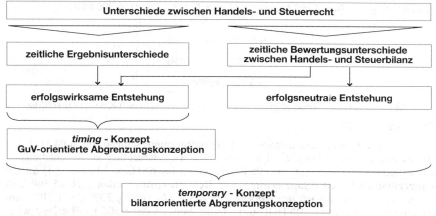

Abb. 21 Wechsel vom *timing* – Konzept zum *temporary* – Konzept

II. Anwendungsbereich

Rechtsgrundlagen für die Abgrenzung latenter Steuern im handelsrechtlichen Konzernabschluss sind § 274 iVm. § 298 Abs. 1 HGB sowie § 306 HGB. Sie gelten für **alle Konzernabschlüsse**.

---

301 Vgl. *ADS*[6], § 274 HGB Tz. 11 f.; *Hoyos/Fischer*, in Beck Bil-Komm.[6], § 306 Anm. 2.
302 Vgl. *Küting/Seel*, in Küting/Pfitzer/Weber, Das neue deutsche Bilanzrecht[2], S. 502.

280 Nach § 274a Nr. 5 HGB sind **kleine Kapitalgesellschaften** von der Anwendung des § 274 HGB befreit, mit der Folge, dass diese passive latente Steuern im Jahresabschluss nur zu berücksichtigen haben, wenn zugleich die Voraussetzungen für die Bildung einer Verbindlichkeitsrückstellung nach § 249 Abs. 1 Satz 1 HGB vorliegen (vgl. Abschn. M Tz. 55)[303]. Diese Vorschrift gilt nicht für die Steuerabgrenzung auf Konzernebene, weil auf den handelsrechtlichen Konzernabschluss – vorbehaltlich konzernspezifischer Regelungen – nach § 298 Abs. 1 HGB ausschließlich die für große Kapitalgesellschaften geltenden Vorschriften anzuwenden sind. Bei dem Nichtausschluss des Verweises auf § 274a HGB in § 298 Abs. 1 HGB handelt es sich somit um ein redaktionelles Versehen (vgl. auch Tz. 179).

281 Die **Steuerabgrenzung** im handelsrechtlichen Konzernabschluss hat damit – ebenso wie bisher[304] – folgende drei **Ursachen**[305]:

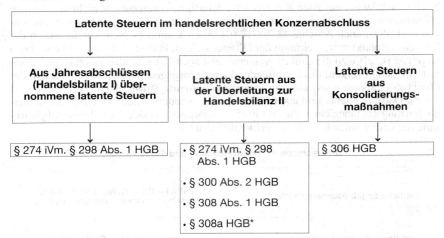

Abb. 22 Ursachen der Steuerabgrenzung im handelsrechtlichen Konzernabschluss
*) vgl. dazu Tz. 283.

282 Latente Steuern auf Bilanzierungs- und Bewertungsunterschiede, die anlässlich der Anpassung der nach den jeweiligen nationalen handelsrechtlichen Vorschriften der einbezogenen Unternehmen erstellten Jahresabschlüsse (Handelsbilanzen I) an die **konzerneinheitlichen Bilanzierungs- und Bewertungsmethoden** nach §§ 300, 308 HGB entstehen, sind nach den Vorschriften des § 274 iVm. § 298 Abs. 1 HGB abzugrenzen, auch wenn § 300 HGB formal vom Verweis des § 306 HGB erfasst wird. Dies entsprach bereits bisher hM[306]. Ausschlaggebend dafür ist, dass es sich in beiden Fällen um der Konsolidierung vorgelagerte Maßnahmen mit den gleichen materiellen Auswirkungen handelt, weshalb es sachgerecht erscheint, die Steuerabgrenzung auf daraus resultierende temporäre Differenzen nach den gleichen Regeln zu ermitteln[307].

---

303 Vgl. IDW ERS HFA 27 Tz. 19 f.
304 Vgl. zB *ADS*[6], § 306 HGB Tz. 25.
305 Vgl. Begr. RegE, BT-Drucks. 16/10067, S. 83.
306 Vgl. zB *ADS*[6], § 306 HGB Tz. 25; *WPH*[13], Bd. I, M Tz. 588; *Weißenberger*, in Münchener Komm.[2], § 306 Rn. 18 mwN zur hM.
307 GlA *Küting/Seel*, in Küting/Pfitzer/Weber, Das neue deutsche Bilanzrecht[2], S. 523.

Vom Verweis in § 306 HGB nicht erfasst ist § 308a HGB zur Umrechnung der auf fremde Währung lautenden Abschlüsse von Tochter- und Gemeinschaftsunternehmen (vgl. Tz. 344 ff.). Gesetzestechnisch gehört § 308a HGB zu den Vorschriften über die Vollkonsolidierung, was dafür sprechen könnte, Steuerabgrenzungen auf temporäre Differenzen, die ihre Ursache in der **Währungsumrechnung** haben (vgl. Tz. 282), nach § 306 HGB zu behandeln. Inhaltlich gehört § 308a HGB jedoch, ebenso wie die Anpassung an die konzerneinheitlichen, handelsrechtlichen Bilanzierungs- und Bewertungsunterschiede nach § 300 Abs. 2 und § 308 HGB, zu den Vorbereitungsmaßnahmen zur Aufstellung eines Konzernabschlusses (vgl. Tz. 349). Dies spricht dafür, temporäre Differenzen, die bei der Ableitung der Handelsbilanz II in Konzernwährung eines Tochterunternehmens entstehen, einheitlich nach § 274 iVm. § 298 Abs. 1 HGB zu erfassen[308].

283

Über die in der Handelsbilanz II in Fremdwährung gebildeten latenten Steuern (*inside basis differences*; vgl. Tz. 310) hinaus können durch die Währungsumrechnung nach § 308a HGB grds. keine zusätzlichen temporären Differenzen entstehen (zum Ansatzverbot für latente Steuern auf *outside basis differences* vgl. Tz. 311 ff.). Die Währungsumrechnung nach § 308a HGB hat nach der **modifizierten Stichtagskursmethode** zu erfolgen (vgl. Tz. 356 ff.). Dh. es erfolgt eine lineare Transformation sowohl der auf Fremdwährung lautenden Werte in der Handelsbilanz II und den davon ggf. abweichenden Werten in der Steuerbilanz, als auch der dafür in Fremdwährung gebildeten Steuerabgrenzungen[309]. Eine Notwendigkeit zur Steuerabgrenzung iZm. der Währungsumrechnung kann sich nur dann ergeben, wenn die Vermögens- oder Schuldposten für Zwecke des handelsrechtlichen Konzernabschlusses mit differenzierten Kursen umgerechnet werden, während die entsprechenden steuerlichen Wertansätze dessen ungeachtet einheitlich mit Stichtagskursen umgerechnet werden müssen.

284

Unterschiede zur Steuerabgrenzung im handelsrechtlichen **Jahresabschluss** bestehen insofern, als im Jahresabschluss für die Aktivierung eines Überhangs von latenten Steuern (Abgrenzungsspitze[310]) nach § 274 Abs. 1 Satz 2 HGB ein Wahlrecht besteht (vgl. Abschn. M Tz. 14), während § 306 Satz 1 HGB für die durch Konsolidierungsmaßnahmen verursachten latenten Steuern (vgl. Tz. 288 ff.) eine Ansatzpflicht bestimmt, unabhängig davon, ob es sich um aktive oder passive latente Steuern handelt. Das Ansatzwahlrecht des § 274 Abs. 1 Satz 2 HGB für einen Überhang aktiver latenter Steuern aus den Jahresabschlüssen bzw. den Handelsbilanzen II der einbezogenen Unternehmen (Mutter- und Tochterunternehmen sowie Gemeinschaftsunternehmen) kann nach § 300 Abs. 2 Satz 2 HGB für Zwecke des handelsrechtlichen **Konzernabschlusses** neu und unabhängig von der Ausübung im handelsrechtlichen Jahresabschluss des Mutterunternehmens ausgeübt werden. Dabei kommt ein Ansatz lediglich eines Teilbetrags der Abgrenzungsspitze nicht in Betracht (vgl. Abschn. M Tz. 15)[311].

285

Spätestens für die nach dem 31. Dezember 2009 beginnenden Geschäftsjahre (Art. 66 Abs. 3 Satz 1 EGHGB) ist zudem in zeitlicher und sachlicher Hinsicht das Gebot der **Ansatzstetigkeit** (§ 246 Abs. 3 Satz 1 iVm. § 298 Abs. 1 HGB; vgl. Abschn. G Tz. 6 ff.) zu beachten[312]. Bei einer vorzeitigen Anwendung aller durch das BilMoG geänderten Vorschriften nach Art. 66 Abs. 3 Satz 6 EGHGB ist das Ansatzstetigkeitsgebot bereits in Konzernabschlüssen für Geschäftsjahre die nach dem 31. Dezember 2008 beginnen zu beachten (vgl. Abschn. W Tz. 3).

286

---

308 So bereits zum bisherigen Recht: *Hoyos/Fischer*, in Beck Bil-Komm.⁶, § 306 Anm. 9.
309 GlA *Hoyos/Fischer*, in Beck Bil-Komm.⁶, § 306 Anm. 9.
310 Vgl. IDW ERS HFA 27 Tz. 11.
311 Vgl. IDW ERS HFA 27 Tz. 11.
312 Vgl. IDW ERS HFA 27 Tz. 12.

287 Ab der Erstanwendung des §§ 274, 306 HGB idF BilMoG (vgl. Tz. 333) werden die Regelungen des **DRS 10** „Latente Steuern im Konzernabschluss"[313], die bei der Bilanzierung latenter Steuern in Konzernabschlüssen für nach dem 31. Dezember 2002 beginnende Geschäftsjahre (DRS 10.45) als Konzern-GoB nach § 342 Abs. 2 HGB[314] zu beachten waren, teilweise außer Kraft gesetzt.

III. Abgrenzung latenter Steuern aus Konsolidierungsmaßnahmen

1. Ansatzpflicht (Satz 1)

288 Vorbehaltlich der Neuausübung von Ansatzwahlrechten nach § 300 Abs. 2 Satz 2 HGB sind aufgrund des Vollständigkeitsgebots (§ 300 Abs. 1 Satz 2 HGB) die in den **Jahresabschlüssen** bzw. **Handelsbilanzen II** der in den Konzernabschluss einbezogenen Tochterunternehmen nach § 274 iVm. § 298 Abs. 1 HGB enthaltenen aktiven und passiven Steuerabgrenzungsposten in den Konzernabschluss zu übernehmen.

289 Darüber hinaus sind im handelsrechtlichen **Konzernabschluss** nach § 306 Satz 1 HGB latente Steuern abzugrenzen, wenn:

- zwischen den Wertansätzen der Vermögensgegenstände, Schulden und Rechnungsabgrenzungsposten in der Konzernbilanz und deren steuerlichen Wertansätzen Differenzen bestehen,
- diese Differenzen auf Konsolidierungsmaßnahmen des Vierten Titels "Vollkonsolidierung" (§§ 300 bis 307 HGB) beruhen (vgl. Tz. 290) und
- sich diese Differenzen in Zukunft voraussichtlich wieder abbauen und daraus insgesamt eine Steuerbelastung (passive latente Steuer) oder eine Steuerentlastung (aktive latente Steuer) ergibt (vgl. Tz. 301 ff.).

290 Da sich die Steuerabgrenzung für temporäre Differenzen, die im Zuge der Anpassung der Handelsbilanzen II an die konzerneinheitlichen Bilanzierungsmethoden nach § 300 Abs. 2 HGB entstehen, nach § 274 iVm. § 298 Abs. 1 HGB richtet (vgl. Tz. 282), erstreckt sich der danach verbleibende Anwendungsbereich des § 306 HGB somit auf folgende **Konsolidierungsmaßnahmen**:

- Kapitalkonsolidierung (§ 301 HGB; vgl. Tz. 291 ff.),
- Schuldenkonsolidierung (§ 303 HGB; vgl. Tz. 297),
- Zwischenergebniseliminierung (§ 304 HGB; vgl. Tz. 297) sowie
- Aufwands- und Ertragskonsolidierung (§ 305 HGB; vgl. Tz. 298).

291 Die Abgrenzung latenter Steuern auf Ansatz- und Bewertungsunterschiede, die im Rahmen der **Erstkonsolidierung** nach § 301 HGB entstehen, war bislang umstritten[315]. Eine Steuerabgrenzung nach § 306 HGB aF wurde abgelehnt, weil es sich hierbei nicht um zeitlich begrenzte Ergebnisdifferenzen handelte[316]. Daneben wurde aber bereits bisher teilweise eine Steuerabgrenzung im Rahmen der Erstkonsolidierung ge-

---

313 DRS 10 „Latente Steuern im Konzernabschluss" idF vom 18. Januar 2002 wurde durch das BMJ am 9. April 2002 im BAnz. bekannt gemacht. Der DSR hat DRS 10 am 7. November 2003 und am 15. Juli 2005 geändert. Die Änderungen wurden vom BMJ am 2. Juli 2004 bzw. am 31. August 2005 im BAnz. bekannt gemacht.
314 Vgl. *Förschle*, in Beck Bil-Komm.[6], § 342 Anm. 9.
315 Vgl. *Küting/Seel*, in Küting/Pfitzer/Weber, Das neue deutsche Bilanzrecht[2], S. 523; dagegen zB *Claussen/Scherrer*, in Kölner Komm. AktG[2], § 306 HGB Rn. 26.
316 Vgl. zB *ADS*[6], § 306 HGB Tz. 26; *Baetge/Kirsch/Theile*, Konzernbilanzen[7], S. 490 ff.; *Busse von Colbe/Ordelheide*, Konzernabschlüsse[8], S. 286 f.; *Eberhartinger*, in Bilanzrecht, § 306 Rz. 40; *Weißenberger*, in Münchener Komm. HGB[2], § 306 Rn. 25 f.

fordert[317] bzw. zumindest überwiegend für zulässig erachtet[318], um die fehlende (steuerliche) Abzugsfähigkeit der im Zuge der Kapitalkonsolidierung aufgedeckten stillen Reserven und Lasten wirtschaftlich zutreffend bei der Aufteilung der Anschaffungskosten für die Beteiligung auf die aus Konzernsicht erworbenen Vermögensgegenstände und Schulden des Tochterunternehmens berücksichtigen zu können.

Aufgrund der Änderungen der Steuerabgrenzungskonzeption im Zuge des BilMoG (Wechsel zum *temporary* – Konzept; vgl. Tz. 276 ff.) sind künftig auch die erfolgsneutral durch die Aufdeckung von stillen Lasten und Reserven im Rahmen der Neubewertung des aus Konzernsicht erworbenen Reinvermögens eines Tochterunternehmens nach § 301 Abs. 1 Satz 2 und 3 HGB (vgl. Tz. 203 ff.) entstehenden **temporären Differenzen** in die Steuerabgrenzung nach § 306 HGB einzubeziehen[319]. Ausgehend von der Handelsbilanz II des Tochterunternehmens werden die aktiven und passiven Steuerabgrenzungsposten dabei – ebenso wie die ihnen zugrunde liegende Aufdeckung der stillen Lasten und Reserven im Vermögen des Tochterunternehmens – erfolgsneutral als Erhöhung oder Verminderung des konsolidierungspflichtigen Eigenkapitals erfasst. Für latente Steuern auf den **Geschäfts- oder Firmenwert** bzw. den passiven Unterschiedsbetrag aus der Kapitalkonsolidierung besteht nach § 306 Satz 3 HGB ein Ansatzverbot (vgl. Tz. 306 ff.). Zur Berücksichtigung von latenten Steuern auf Verlustvorträge im Rahmen der Erwerbsbilanzierung nach § 301 HGB vgl. Tz. 197 f.

292

Für den Fall, dass die anlässlich der Erstkonsolidierung nach § 301 Abs. 1 Satz 2 HGB im Reinvermögen aufgedeckten Reserven und Lasten auch steuerlich abzugsfähig sind, wie dies zB bei Erwerb eines Tochterunternehmens in der Rechtsform der Personenhandelsgesellschaft der Fall ist, können sich im Rahmen der handelsrechtlichen **Folgekonsolidierung** temporäre Differenzen zwischen den Konzernbilanzwerten und steuerlichen Wertansätzen ergeben, für die latente Steuern nach den allgemeinen Grundsätzen (§ 306 HGB) in die Steuerabgrenzung einzubeziehen. Ursache für die Entstehung solcher temporärer Differenzen können unterschiedliche handels- und steuerrechtliche Abschreibungen sein, zB weil stille Reserven in einem Gebäude in der steuerlichen Ergänzungsbilanz (vgl. Abschn. M Tz. 6) über die typisierende Nutzungsdauer nach § 7 Abs. 4 Satz 1 EStG abgeschrieben werden, die von der längeren handelsrechtlichen Nutzungsdauer, die durch den tatsächlichen Entwertungsverlauf bestimmt wird (vgl. Abschn. J Tz. 7), abweicht.

293

Endet das Mutter-Tochterverhältnis iSv. § 290 HGB (vgl. Tz. 7 ff.), dürfen die Vermögensgegenstände, Schulden und Rechnungsabgrenzungsposten des bisherigen Tochterunternehmens nicht länger im Wege der Vollkonsolidierung nach den §§ 300 ff. HGB in den handelsrechtlichen Konzernabschluss des Mutterunternehmens einbezogen werden, dh. es hat eine **Endkonsolidierung** zu erfolgen. Ebenso wie im handelsrechtlichen Jahresabschluss, wo aus dem Abgang der Beteiligung am Tochterunternehmen regelmäßig ein Erfolg resultiert, ergibt sich auch aus Konzernsicht aus der Endkonsolidierung des zu (ggf. fortgeführten) Konzern-Anschaffungs- oder Herstellungskosten bewerteten Reinvermögen des Tochterunternehmens ein Erfolg[320].

294

Fraglich ist in diesem Zusammenhang, ob noch vorhandene Steuerabgrenzungen, die im Zuge der Erstkonsolidierung erfolgsneutral gebildet wurden (vgl. Tz. 292), in die

295

---

317 Vgl. *ADS*[6], § 306 HGB Tz. 27 f.; DRS 10.16; *Förschle/Deubert*, in Beck Bil-Komm.[6], § 301 Anm. 81 f.; *WPH*[13], Bd. I, M Tz. 350.
318 Vgl. *Busse von Colbe/Ordelheide*, Konzernabschlüsse[8], S. 287; *Eberhartinger*, in Bilanzrecht, § 306 Rz. 40; *Weißenberger*, in Münchener Komm. HGB[2], § 306 Rn. 27.
319 Vgl. Begr. RegE, BT-Drucks. 16/10067, S. 83.
320 Zur Ermittlung vgl. *Förschle/Deubert*, in Beck Bil-Komm.[6], § 301 Anm. 244.

Ermittlung des Endkonsolidierungserfolgs einzubeziehen oder über den Posten Steuern vom Einkommen und Ertrag (§ 275 Abs. 2 Nr. 18 iVm. § 298 Abs. 1 HGB) abzuwickeln sind. Die **Steuerabgrenzungen aus der Erstkonsolidierung** stehen für steuerliche Effekte, die aus Sicht des Erwerbers bei einer Realisierung der betreffenden Vermögensgegenstände oder Schulden auf Ebene des Tochterunternehmens entstehen (vgl. Tz. 288). Zwar werden anlässlich der Endkonsolidierung die Vermögensgegenstände und Schulden auch „realisiert", allerdings treten dadurch keine steuerlichen Effekte auf Ebene des Tochterunternehmens ein. Im Ergebnis übernimmt der Erwerber des Tochterunternehmens bzw. der aus Konzernsicht dahinter stehenden Vermögensgegenstände und Schulden auch die damit aus Sicht des Mutterunternehmens verbundenen latenten Steueransprüche und Steuerschulden, was sich auch entsprechend im Kaufpreis, den das Mutterunternehmen für die Anteile am Tochterunternehmen erzielt, niederschlägt. Deshalb erscheint es sachgerecht ggf. noch aus der Erstkonsolidierung verbliebene Steuerabgrenzungen in die Ermittlung des **Abgangserfolgs** im Rahmen der Endkonsolidierung einzubeziehen und damit, in Abhängigkeit ob sich ein Gewinn oder ein Verlust aus der Endkonsolidierung ergibt, über den Posten sonstige betriebliche Erträge (§ 275 Abs. 2 Nr. 4 iVm. § 298 Abs. 1 HGB) oder sonstige betriebliche Aufwendungen (§ 275 Abs. 2 Nr. 4 iVm. § 298 Abs. 1 HGB) auszubuchen (DRS 10.31)[321].

296 **Steuerabgrenzungen** auf temporäre Differenzen, die **während der Konzernzugehörigkeit** aus erfolgswirksamen Konsolidierungsmaßnahmen, zB der Zwischenergebniseliminierung, entstanden sind, sind dagegen über den Posten Steuern vom Einkommen und Ertrag abzuwickeln[322].

297 Zeitliche Ergebnisunterschiede *(timing differences)*, die ihre Ursache in der **Schuldenkonsolidierung** nach § 303 HGB oder der **Zwischenergebniseliminierung** nach § 304 HGB haben, bilden bisher die Hauptanwendungsfälle für die Steuerabgrenzung nach § 306 HGB aF und unterliegen auch künftig der Steuerabgrenzung nach § 306 HGB (vgl. Tz. 277 f.). Darüber hinaus sind künftig insb. auch **quasi-permanente Differenzen**, zB aus Zwischenergebniseliminierungen, die das nicht abnutzbare Anlagevermögen (zB Grundstücke) betreffen, in die Steuerabgrenzung einzubeziehen, unabhängig davon, ob aus Konzernsicht mit deren Realisation, zB durch Verkauf zu einem erwarteten Zeitpunkt, zu rechnen ist. Zur Erfassung latenter Steuern auf quasipermanente Differenzen aus Konsolidierungsmaßnahmen bei erstmaliger Anwendung der durch das BilMoG geänderten Vorschriften zur Steuerabgrenzung vgl. Tz. 334.

298 Die **Aufwands- und Ertragskonsolidierung** nach § 305 HGB führt grds. nicht zur Entstehung von zeitlichen Ansatz- oder Bewertungsunterschieden im Vermögen der in den Konzernabschluss einbezogenen Unternehmen, weshalb sich im Allgemeinen – ebenso wie nach bisherigen Recht[323] – keine Notwendigkeit zur Steuerabgrenzung nach § 306 HGB ergibt. Zu Besonderheiten bei konzerninternen Ergebnisübernahmen vgl. Tz. 315 ff.

299 Die vorstehenden Überlegungen (Tz. 290 ff.) gelten entsprechend für **Gemeinschaftsunternehmen**, die nach § 310 HGB quotal konsolidiert werden, weil § 310 Abs. 2 HGB ausdrücklich auf § 306 HGB verweist.

---

321 GlA bereits bisher: *Förschle/Deubert*, in Beck Bil-Komm.[6], § 301 Anm. 247.
322 Für die generelle erfolgswirksame Abwicklung noch bestehender Steuerabgrenzungsposten anlässlich der Endkonsolidierung: *Weißenberger*, in Münchener Komm. HGB[2], § 306 Rn. 73.
323 Vgl. zB *ADS*[6], § 306 HGB Tz. 35.

Für **assoziierte Unternehmen** fehlt dagegen in § 312 HGB ein ausdrücklicher Verweis auf § 306 HGB. Sofern anlässlich der Aufstellung der statistischen Nebenrechnung nach § 312 Abs. 2 Satz 1 HGB durch die Aufdeckung stiller Lasten und stiller Reserven bei den Vermögensgegenständen, Schulden, Rechnungsabgrenzungsposten und Sonderposten temporäre Ansatz- oder Bewertungsunterschiede gegenüber den entsprechenden steuerlichen Wertansätzen entstehen, sind hierfür auch (erfolgsneutral) latente Steuern zu berücksichtigen (vgl. Tz 291 f.). Wenn zB im Fall der Realisierung einer in der statistischen Nebenrechnung angesetzten stillen Reserve auf Ebene des assoziierten Unternehmens eine Steuerbelastung resultiert, ist diese besonders stille Last (passive Steuerabgrenzung) auch bereits in der statistischen Nebenrechnung zu berücksichtigen. Dies ergibt sich aus den allgemeinen Grundsätzen für die Erwerbsbilanzierung[324], die auch für die Aufstellung der statistischen Nebenrechnung im Rahmen der Equity-Methode gelten, so dass es insofern keines ausdrücklichen Verweises auf § 306 HGB bedarf[325]. Entsprechendes gilt, wenn im Rahmen der statistischen Nebenrechnung bei einer Anpassung an die deutschen handelsrechtlichen Vorschriften oder an die konzerneinheitlichen Bilanzierungs- und Bewertungsvorschriften zusätzliche Differenzen gegenüber den entsprechenden steuerlichen Wertansätzen entstehen.

300

Latente Steuern auf temporäre Differenzen aus Konsolidierungsmaßnahmen sind nur anzusetzen, wenn sie sich in späteren Geschäftsjahren „voraussichtlich" wieder abbauen und daraus eine Steuerbe- oder -entlastung resultiert. Ebenso wie nach bisherigen Recht[326] hat sich an die rechnerische Ermittlung der temporären Ansatz- und Bewertungsunterschiede aus Konsolidierungsmaßnahmen somit eine **Prognose** anzuschließen, ob die daraus resultierenden latenten Steuern auch realisiert werden können (s. auch Abschn. M Tz. 10). Die Beurteilung hat dabei nicht auf Ebene des Konzerns, der kein eigenständiges Steuersubjekt ist, sondern **auf Ebene der Tochterunternehmen** zu erfolgen, zu deren Vermögen die Vermögensgegenstände und Schulden gehören, für die durch Konsolidierungsmaßnahmen, zB im Rahmen der Zwischenergebniseliminierung nach § 304 HGB, eine temporäre Differenz entsteht[327].

301

Zunächst sind somit hinsichtlich der **Realisierbarkeit der Steuereffekte** aus temporären Differenzen grds. die gleichen Einschätzungen maßgeblich, die auch der Steuerabgrenzung nach § 274 iVm. § 298 Abs. 1 HGB auf Ebene des handelsrechtlichen Jahresabschlusses bzw. der Handelsbilanz II des jeweiligen Tochterunternehmens zugrunde liegen. Dh. die Beurteilung ist anhand von Wahrscheinlichkeitsüberlegungen vorzunehmen, wobei das Vorsichtsprinzip (§ 252 Abs. 1 Nr. 4 HGB) zu beachten ist. Insb. wenn ein Tochterunternehmen in der Vergangenheit nicht über ausreichende nachhaltige steuerpflichtige Gewinne verfügte, sind an den Nachweis der voraussichtlichen Realisierung der Steuerminderung aus aktiven latenten Steuern (auf Ebene des handelsrechtlichen Jahresabschlusses bzw. der Handelsbilanz II gilt Gleiches auch für die Aktivierung von latenten Steuern auf Verlustvorträge (vgl. dazu Abschn. M Tz. 28 ff.)) hohe Anforderungen zu stellen (vgl. dazu auch Abschn. M Tz. 34 f.)[328].

302

---

324 Vgl. *ADS⁶*, § 306 HGB Tz. 27; *Förschle/Deubert*, in Beck Bil-Komm.⁶, § 301 Anm. 82 mwN; *Förschle/Hoffmann*, in Sonderbilanzen⁴, K Anm. 37; *WPH¹³*, Bd. I, F Tz. 342; *Oser*, Der Konzern 2008, S. 113.
325 AA *Küting/Seel*, in Küting/Pfitzer/Weber, Das neue deutsche Bilanzrecht², S. 526.
326 Vgl. *ADS⁶*, § 306 HGB Tz. 18 iVm. § 274 HGB Tz. 34.
327 Vgl. *Hoyos/Fischer*, in Beck Bil-Komm.⁶, § 306 Anm. 35.
328 Vgl. Begr. RegE, BT-Drucks. 16/10067, S. 67.

303 Für Zwecke der Konzernrechnungslegung werden diese Voraussetzungen durch DRS 10.12 konkretisiert, danach ist eine hinreichende **Wahrscheinlichkeit der Realisierung** aktiver latenter Steuern gegeben, wenn:
- zu versteuernde passive Differenzen derselben Steuerart in ausreichender Höhe gegenüber derselben Steuerbehörde bestehen, die sich in den entsprechenden Geschäftsjahren auflösen werden,
- gezeigt werden kann, dass in Zukunft zu versteuernde Ergebnisse in ausreichender Höhe anfallen werden (vgl. Tz. 304),
- durch steuerliche Gestaltungsmaßnahmen (vgl. Tz. 305) steuerpflichtige Gewinne in die betreffende Gesellschaft verlagert werden.

304 Der Nachweis ausreichender künftiger ertragsteuerpflichtiger Gewinne ist durch eine **Unternehmensplanung** zu belegen[329]. Anders als für die Aktivierung von latenten Steuern auf Verlustvorträge nach § 274 Abs. 1 Satz 4 HGB (vgl. dazu Abschn. M Tz. 28 ff.) gibt es für den Prognosezeitraum einer solchen Rechnung keine feste zeitliche Begrenzung.

305 Bei der Aktivierung von latenten Steuern auf Verlustvorträge im handelsrechtlichen Jahresabschluss nach § 274 Abs. 1 Satz 4 HGB sind die Auswirkungen von **steuerlichen Gestaltungsmaßnahmen** erst zu berücksichtigen, wenn deren Umsetzung seitens der zuständigen Organe des (Tochter-)Unternehmens spätestens innerhalb der Aufstellungsphase für den Jahresabschluss genehmigt wurde. Für Konzernzwecke kann ggf. auch schon vor der formalen Beschlussfassung auf Ebene des Tochterunternehmens eine Berücksichtigung in Betracht kommen, wenn die Willensbildung auf Ebene des Mutterunternehmens bereits vor diesem Zeitpunkt nachweislich abgeschlossen ist. Hierbei sind aber etwaige Gremienvorbehalte zu beachten[330].

2. Ansatzverbote

a. Geschäfts- oder Firmenwert bzw. passiver Unterschiedsbetrag aus der Kapitalkonsolidierung (Satz 3)

306 Nach § 306 Satz 3 HGB sind temporäre Differenzen aus dem Ansatz eines **Geschäfts- oder Firmenwerts** bzw. eines **passiven Unterschiedsbetrags** aus der Kapitalkonsolidierung, die im Zuge der Erstkonsolidierung eines Tochterunternehmens (*share deal*) entstehen (§ 301 Abs. 3 Satz 1 HGB; vgl. Tz. 245 ff.), nicht bei der Ermittlung latenter Steuern zu berücksichtigen. Entsprechendes gilt auch, soweit sich die Differenz in Folgejahren durch die Abschreibung des Geschäfts- oder Firmenwerts nach § 253 Abs. 3 iVm. § 309 Abs. 1 HGB sowie die Vereinnahmung des passiven Unterschiedsbetrags aus der Kapitalkonsolidierung nach § 309 Abs. 2 HGB abbaut (vgl. ausführlich Tz. 408 ff.)[331].

307 Begründen lässt sich das Ansatzverbot damit, dass es sich bei beiden Posten um **Saldogrößen** der nicht einzeln bilanzierungsfähigen und –pflichtigen Vorteile bzw. Nachteile des erworbenen (Tochter-)Unternehmens handelt. Hierfür gilt das Verrechnungsverbot des § 246 Abs. 2 iVm. § 298 Abs. 1 HGB naturgemäß nicht, mit der Folge, dass die Saldogröße ihre eigene Steuerabgrenzung mit umfasst[332]. Dies entspricht auch den

---

329 Vgl. zB *Herzig/Vossel*, BB 2009, S. 1176.
330 Vgl. *ADS* International, Abschn. 20 Tz. 94
331 GlA IDW ERS HFA 27 Tz. 40.
332 Vgl. Begr. RegE, BT-Drucks. 16/10067, S. 83; so bereits bisher: *ADS*[6], § 306 HGB Tz. 29; *Förschle/Deubert*, in Beck Bil-Komm.[6], § 301 Anm. 82; DRS 10.18.

internationalen Rechnungslegungsgrundsätzen, wo mit IAS 12.15(a) (*amend.* 2008) ebenfalls ein ausdrückliches Ansatzverbot für latente Steuern auf *goodwill* besteht[333]. Zudem werden Praktikabilitätsgesichtspunkte für die Nichtberücksichtigung der latenten Steuern auf diese Posten angeführt[334]. Ansonsten müsste ein aufwändiges Iterationsverfahren zur Ermittlung des Geschäfts- oder Firmenwerts bzw. des passiven Unterschiedsbetrag aus der Kapitalkonsolidierung angewandt werden, weil sich die beiden Größen durch die Berücksichtigung der latenten Steuern verändern, was wiederum eine Anpassung der Steuerabgrenzungen erfordern würde usw.[335].

Die Regelung des § 306 Satz 3 HGB gilt entsprechend für den Fall, dass zB ein Geschäfts- oder Firmenwert zwar steuerlich abzugsfähig ist, sich aber **steuerrechtlich ein anderer Betrag** für den Geschäfts- oder Firmenwert als in der Handelsbilanz ergibt[336]. Dies ist zB bei Erwerb eines Tochterunternehmens in der Rechtsform der Personenhandelsgesellschaft aufgrund der in der steuerlichen Ergänzungsbilanz (vgl. dazu auch Abschn. M. Tz. 26) zu beachtenden besonderen steuerlichen Bilanzierungs- und Bewertungsvorschriften der Fall, zB weil bei im Erstkonsolidierungszeitpunkt bestehenden Drohverlustrückstellungen das Ansatzverbot nach § 5 Abs. 4a Satz 1 EStG gilt. **308**

Ergeben sich für den (Teil-)Betrag des Geschäfts- oder Firmenwerts, der sowohl im handelsrechtlichen Konzernabschluss, als auch in der steuerlichen Ergänzungsbilanz ausgewiesen wird, in Folgejahren temporäre Differenzen aufgrund **unterschiedlicher handels- und steuerrechtlicher Abschreibungen**, sind diese nach den allgemeinen Grundsätzen (§ 306 HGB) in die Steuerabgrenzung einzubeziehen[337]. Derartige Abschreibungsunterschiede dürften insb. darauf zurückzuführen sein, dass die typisierende Nutzungsdauer des Geschäfts- oder Firmenwerts von 15 Jahren für steuerliche Zwecke (§ 7 Abs. 1 Satz 3 EStG) von der handelsrechtlichen, nach dem tatsächlichen Entwertungsverlauf der einzelnen geschäftswertbildenden Faktoren (vgl. Tz. 409 f. sowie Abschn. E Tz. 19 f.) bestimmten Nutzungsdauer abweicht. **309**

b. „Outside basis differences" (Satz 4)

Bei der Bilanzierung latenter Steuern im handelsrechtlichen Konzernabschluss ist – bezogen auf Tochterunternehmen – grds. zwischen *inside* und *outside basis differences* zu unterscheiden. **Inside basis differences** bestehen zwischen den handelsrechtlichen Wertansätzen der Vermögensgegenstände, Schulden und Rechnungsabgrenzungsposten der Tochterunternehmen und deren steuerlichen Wertansätzen. Dabei richtet sich die Steuerabgrenzung für Bewertungsunterschiede, die auf Ebene der Handelsbilanz I bzw. der Handelsbilanz II entstehen, nach § 274 iVm. § 298 Abs. 1 HGB (vgl. Abschn. M Tz. 5 ff.) und für Bewertungsunterschiede, die durch Konsolidierungsmaßnahmen (§§ 301 bis 307 HGB) entstehen, nach § 306 HGB (vgl. Tz. 288 ff.). **310**

Darüber hinaus können in einem handelsrechtlichen Konzernabschluss temporäre Differenzen zwischen dem zu (ggf. fortgeführten) handelsrechtlichen Konzern-Anschaf- **311**

---

[333] Vgl. dazu *ADS* International, Abschn. 20 Tz. 167.
[334] Vgl. Begr. Beschlussempfehlung und Bericht des Rechtsausschusses, BT-Drucks. 16/12407, S. 90.
[335] Vgl. *Wendholt/Wesemann*, DB 2009, Beil. 5, S. 74.
[336] GlA *Wendholt/Wesemann*, DB 2009, Beil. 5, S. 72 sowie IDW ERS HFA 27 Tz.17 für den aus Sicht des handelsrechtlichen Jahresabschluss vergleichbaren Fall, wenn im Zuge eines *asset deal* ein unterschiedlich hoher Geschäfts- oder Firmenwert in Handels- und Steuerbilanz entsteht.
[337] GlA *Wendholt/Wesemann*, DB 2009, Beil. 5, S. 72; *Schurbohm-Ebneth/Zoeger*, DB 2009, Beil. 5, S. 56; sowie IDW ERS HFA 27 Tz.17 für Differenzen Geschäfts- oder Firmenwert aus einem *asset deal* in Handels- und Steuerbilanz; aA *Küting/Seel*, in Küting/Pfitzer/Weber, Das neue deutsche Bilanzrecht², S. 526 f.

fungs- oder Herstellungskosten bewerteten Reinvermögen eines Tochterunternehmens und dem steuerlichen Beteiligungsbuchwert für das betreffende Tochterunternehmen beim Mutterunternehmen bestehen (sog. *outside basis differences*)[338]. Für Tochterunternehmen, die bereits im Erwerbsjahr voll konsolidiert werden, entsprechen sich der steuerliche Beteiligungsbuchwert beim Mutterunternehmen und das neubewertete Reinvermögen des Tochterunternehmens, einschl. eines Geschäfts- oder Firmenwerts und abzüglich eines passiven Unterschiedsbetrags aus der Kapitalkonsolidierung (§ 301 Abs. 3 Satz 1 HGB) im Erstkonsolidierungszeitpunkt (§ 301 Abs. 2 Satz 1 HGB; vgl. Tz. 232 ff.).

312 Abweichungen des im handelsrechtlichen Konzernabschluss ausgewiesenen **Reinvermögens** gegenüber dem steuerlichen **Beteiligungsbuchwert** können sich im Zuge der Folgekonsolidierung insb. aus folgenden Gründen ergeben:

- Während der Dauer der Konzernzugehörigkeit vom Tochterunternehmen erwirtschaftete Ergebnisse (Gewinne und Verluste).
- Effekte aus der Fortschreibung der im Zuge der Erstkonsolidierung aufgedeckten stillen Reserven und Lasten, einschl. des Geschäfts- oder Firmenwerts bzw. eines passiven Unterschiedsbetrags aus der Kapitalkonsolidierung, sowie Effekte aufgrund von sonstigen Konsolidierungsmaßnahmen (Schuldenkonsolidierung (§ 303 HGB) und Zwischenergebniseliminierung (§ 304 HGB)).
- Für Tochterunternehmen außerhalb der Euro-Zone ergeben sich zusätzliche Differenzen durch die Währungsumrechnung (vgl. Tz. 356 ff.)[339].

313 Bei Mutterunternehmen in der Rechtsform der Kapitalgesellschaft werden nach § 8b Abs. 3 bzw. Abs. 5 KStG jeweils 5% der Veräußerungsgewinne bzw. der Gewinnausschüttungen von Tochterunternehmen als nicht abzugsfähige Betriebsausgaben behandelt, was wirtschaftlich einer **Besteuerung** von 5% auf den **Veräußerungsgewinn** bzw. auf die **Ausschüttungen** entspricht. Wertdifferenzen zwischen dem im Konzernabschluss ausgewiesenen Nettovermögen und dem steuerlichen Beteiligungswertansatz sind ein Indiz dafür, dass es künftig auf Ebene des Mutterunternehmens in seiner Eigenschaft als Anteilseigner des betreffenden Tochterunternehmens zu einer Steuerbe- oder -entlastung kommen wird[340]. Entsprechend dem bilanzorientierten Konzept wäre diese Differenz grds. in die Steuerabgrenzung einzubeziehen[341]. Da die Ermittlung latenter Steuern auf *outside basis differences* aber sehr komplex ist[342], wurden mit Satz 4 „... unter Inkaufnahme konzeptioneller Unstimmigkeiten aus Praktikabilitätserwägungen ..."[343] *outside basis differences* aus dem Anwendungsbereich des § 306 HGB ausgeschlossen[344].

314 Nach dem ausdrücklichen Wortlaut des § 306 Satz 4 HGB gilt das Ansatzverbot nicht nur für *outside basis differences* auf Beteiligungen an Tochterunternehmen, sondern

---

338 Vgl. zB *Lienau*, Die Bilanzierung latenter Steuern bei der Währungsumrechnung nach IFRS, PiR 2008, S. 10; *Loitz*, Latente Steuern auf Outside Basis Differences nach IFRS, WPg 2008, S. 1111.
339 Vgl. dazu auch *Lienau*, S. 11.
340 Vgl. *Küting/Seel*, in Küting/Pfitzer/Weber, Das neue deutsche Bilanzrecht², S. 528; *Lienau*, S. 11.
341 So zB *Loitz*, DB 2008, S. 1392 zu § 306 HGB idF RegE BilMoG.
342 Vgl. ausführlich *Loitz*, WPg 2008, S. 1110 ff.
343 Begr. Beschlussempfehlung und Bericht des Rechtsausschusses, BT-Drucks. 16/12407, S. 90. Dort wird zwar ausdrücklich die Regelung des § 306 Satz 3 HGB (Nichtansatz von latenten Steuern auf den Geschäfts- oder Firmenwert bzw. den passiven Unterschiedsbetrag aus der Kapitalkonsolidierung) mit Praktikabilitätsgesichtspunkten gerechtfertigt. § 306 Satz 3 HGB war aber bereits im RegE BilMoG enthalten, weshalb von einem Schreibfehler auszugehen ist und damit der erst im Zuge der Beratungen im Rechtsausschuss neu eingefügte § 306 Satz 4 HGB mit Vereinfachungsgesichtspunkten gerechtfertigt wird.
344 Vgl. IDW ERS HFA 27 Tz. 41.

auch für solche bei **Gemeinschaftsunternehmen** iSv. § 310 HGB sowie bei **assoziierten Unternehmen** iSv. § 311 HGB.

Das Ansatzverbot des § 306 Satz 4 HGB gilt jedoch nicht für **phasenverschobene Ergebnisübernahmen**, dh. wenn das Mutterunternehmen in einem Folgejahr die Ausschüttung des vom Tochterunternehmen erzielten Ergebnisses ernsthaft beabsichtigt und als Folge davon der Anfall weiterer Ertragsteuern so gut wie sicher ist. Davon ist auszugehen, wenn auf Ebene des Tochterunternehmens zumindest ein diesbezüglicher Gewinnverwendungsvorschlag vorliegt und das Mutterunternehmen am Bilanzstichtag und im Zeitpunkt des voraussichtlichen Gewinnverwendungsbeschlusses über die nach Gesetz oder Gesellschaftsvertrag hierfür erforderlichen Stimmrechte verfügt oder das Mutterunternehmen innerhalb der Aufhellungsphase für den Konzernabschluss einen entsprechenden Ausschüttungsbeschluss gefasst hat. 315

Ist danach die konzerninterne Ausschüttung an das Mutterunternehmen ernsthaft beabsichtigt, muss aufgrund der phasengleichen Vereinnahmung der Ergebnisse des betreffenden Tochterunternehmens im handelsrechtlichen Konzernabschluss die zusätzliche Ertragsteuer aufgrund der „5%-Besteuerung" nach § 8b Abs. 1 iVm. Abs. 3 KStG für **konzerninterne Ausschüttungen** bereits als (latente) Steuerrückstellung nach § 249 Abs. 1 Satz 1 HGB erfasst werden, auch wenn die Ausschüttung noch nicht (phasengleich) im handelsrechtlichen Jahresabschluss des Mutterunternehmens vereinnahmt worden ist. Dies ergibt sich unmittelbar aus § 278 Satz 1 iVm. § 298 Abs. 1 HGB, wonach die Steuern vom Einkommen und Ertrag auf der Grundlage des Gewinnverwendungsvorschlages zu berechnen sind[345]. Auch wenn die Ausschüttung als Solche aus Sicht des fiktiv rechtlich einheitlichen Unternehmens (§ 297 Abs. 3 Satz 1 HGB) nur eine Vermögensverlagerung zwischen zwei rechtlich unselbständigen Betriebsstätten darstellt, entstehen hierdurch Drittverpflichtungen, die im Konzernabschluss nach den allgemeinen Grundsätzen bereits berücksichtigt werden müssen, wenn ernsthaft mit ihrer Entstehung zu rechnen ist. 316

Gleiches gilt auch für zusätzliche Steuern, zB **ausländische Quellensteuern**, die, abhängig von der Ausgestaltung der jeweiligen Doppelbesteuerungsabkommen, durch die beabsichtigte Ausschüttung in einem Folgejahr so gut wie sicher beim Tochterunternehmen entstehen werden[346]. Die Überlegungen gelten schließlich entsprechend, wenn die Ausschüttung nicht unmittelbar in dem auf die Entstehung folgenden, sondern einem späteren Geschäftsjahr abzusehen ist, dh. das Ergebnis des Tochterunternehmens bereits in Vorperioden das Konzerneigenkapital erhöht hat. Auch in diesem Fall ist die Steuerverpflichtung, die durch die Ausschüttung verursacht wird, ergebniswirksam zu passivieren, sobald sich die Ausschüttung abzeichnet und nicht erst, wenn die Ausschüttung im handelsrechtlichen Jahresabschluss des Mutterunternehmens vereinnahmt wird. 317

Erfolgt im handelsrechtlichen Jahresabschluss des Mutterunternehmens eine **phasengleiche Gewinnvereinnahmung**[347], ist der dort erfasste zusätzliche Steueraufwand nicht in die Eliminierung des Beteiligungsertrags nach § 305 HGB einzubeziehen, weil die dahinter stehende „Steuerverbindlichkeit" gegenüber einem fremden Dritten (Fiskus) besteht und deshalb nicht eliminiert werden darf. 318

---

345 Vgl. *Winkeljohann/Lust*, in Beck Bil-Komm.⁶, § 298 Anm. 17; GlA im Ergebnis: DRS 10.A6.
346 Vgl. zB *Weißenberger*, in Münchener Komm. HGB², § 306 Rn. 32.
347 Zu den Voraussetzungen vgl. zB *WPH*¹³, Bd. I, F Tz. 455 f.

3. Bewertung (Satz 5)

319 Für die Bewertung der latenten Steuern aus Konsolidierungsmaßnahmen ist der **unternehmensindividuelle Steuersatz**, der in den Konzernabschluss einbezogenen Tochterunternehmen, **im Zeitpunkt der voraussichtlichen Umkehr** der Differenz maßgeblich (§ 274 Abs. 2 Satz iVm. § 306 Satz 5 HGB; vgl. Abschn. M Tz. 43 ff.). Hintergrund dafür ist, dass nicht der Konzern als solcher, sondern jeweils die einbezogenen Unternehmen (Mutter- und Tochterunternehmen sowie Gemeinschaftsunternehmen) das Steuersubjekt sind (zu Ausnahmen bei einer steuerlichen Organschaft vgl. Abschn. M Tz. 38 ff.). Als Folge dessen muss für Zwecke der Steuerabgrenzung im Konzernabschluss die Fiktion der rechtlichen Einheit des Konzerns iSv. § 297 Abs. 3 Satz 1 HGB „... zugunsten einer ... an den tatsächlichen Verhältnissen orientierten Darstellung der Vermögens- ... und Ertragslage zurückgedrängt"[348] werden. Dies entspricht im Übrigen bereits der bisherigen Regelung in DRS 10.20.

320 Mit Rücksicht auf den ausdrücklichen Wortlaut des § 274 Abs. 2 Satz 1 iVm. § 306 Satz 5 HGB ist damit die Verwendung eines **konzerneinheitlichen Durchschnittssteuersatzes**, wie dies bisher für zulässig erachtet wurde[349], (spätestens) (bei vorzeitiger Anwendung der durch das BilMoG geänderten Vorschriften nach Art. 66 Abs. 3 Satz 6 EGHGB (vgl. Abschn. W Tz. 3) gilt dies bereits für Konzernabschlüsse der nach dem 31. Dezember 2008 beginnenden Geschäftsjahre) in Konzernabschlüssen für Geschäftsjahre die nach dem 31. Dezember 2009 beginnen, grds. nicht mehr zulässig[350]. Allerdings dürfte es, ebenso wie in Konzernabschlüssen nach internationalen Rechnungslegungsvorschriften[351], mit Rücksicht auf den Grundsatz der Wesentlichkeit sowie der Wirtschaftlichkeit der Konzernrechnungslegung[352] in multinationalen Konzernen zulässig sein, zB für die Tochterunternehmen eines Landes einheitliche Steuersätze zu verwenden[353]. Dies setzt jedoch voraus, dass etwaige lokale oder regionale Unterschiede in dem betreffenden Land ohne wesentliche Folgen für die Darstellung der Vermögens-, Finanz- und Ertragslage des Konzerns vernachlässigt werden können. Nach DRS 10.23 ist die Verwendung eines konzerneinheitlichen Steuersatzes nur in begründeten Ausnahmefällen unter Kosten-Nutzen-Abwägungen iZm. der Zwischenergebniseliminierung als zulässig anzusehen.

321 Die Verwendung unternehmensindividueller Steuersätze bedeutet, dass die Bilanzierungs- und Bewertungsunterschiede, die im Zuge der Neubewertung des Reinvermögens anlässlich der **Erstkonsolidierung** nach § 301 Abs. 1 Satz 2 HGB (vgl. Tz. 194 ff.) entstehen, mit dem Steuersatz des betreffenden Tochterunternehmens zu bewerten sind. Dies ergibt sich im Übrigen auch aus § 301 Abs. 1 Satz 3 HGB, der für die Bewertung latenter Steuern ausdrücklich auf § 274 Abs. 2 HGB verweist.

322 Bei der Bewertung der latenten Steuern auf Differenzen aus der **Zwischenergebniseliminierung** nach § 304 HGB ist der Steuersatz desjenigen Unternehmens maßgeblich, bei dem der von der Konsolidierungsmaßnahme betroffene Vermögensgegenstand bzw. die Schuld bilanziert wird[354]. Hintergrund dafür ist, dass die Steuerbe- bzw. -entlastung bei Beendigung der Zwischenergebniseliminierung, zB durch Verkauf des betreffenden Vermögensgegenstands an einen konzernfremden Dritten, bei diesem (Be-

---

348 Begr. RegE, BT-Drucks. 16/10067, S. 83.
349 Vgl. zB *ADS⁶*, § 306 HGB Tz. 40.
350 GlA *Wendholt/Wesemann*, DB 2009, Beil. 5, S. 74; bereits bisher DRS 10.22.
351 Vgl. dazu *ADS* International, Abschn. 20 Tz. 197.
352 Vgl. dazu zB *Förschle/Lust*, in Beck Bil-Komm.⁶, § 297 Anm. 196 f.
353 So im Ergebnis auch: Begr. RegE, BT-Drucks. 16/10067, S. 83.
354 GlA *Küting/Seel*, in Küting/Pfitzer/Weber, Das neue deutsche Bilanzrecht², S. 530; *Wendholt/Wesemann*, DB 2009, Beil. 5, S. 74.

sitz-)Unternehmen entsteht. Die Regelung in DRS 10.23, wonach der Steuersatz des Konzernunternehmens für die Zwischenergebniseliminierung maßgeblich sein soll, das die zugrunde liegende Lieferung oder Leistung erbracht hat, ist angesichts des Wechsels von der GuV-orientierten zur bilanzorientierten Betrachtungsweise (vgl. Tz. 276) nicht länger zutreffend[355].

Für latente Steuern aus Konsolidierungsmaßnahmen gilt aufgrund des Verweises in § 306 Satz 5 HGB das **Abzinsungsverbot** nach § 274 Abs. 2 Satz 1 HGB entsprechend[356]. 323

4. Ausweis (Satz 2 und Satz 6)

Nach § 306 Satz 2 HGB besteht im handelsrechtlichen Konzernabschluss – ebenso wie für Zwecke des handelsrechtlichen Jahresabschlusses (vgl. Abschn. M Tz. 48 ff.) – das Wahlrecht, an Stelle einer aktiven oder passiven Gesamtdifferenz (**saldierter Ausweis**; § 306 Satz 1 HGB) die aus der Steuerabgrenzung aus Konsolidierungsmaßnahmen resultierenden aktiven und passiven latenten Steuern unsaldiert auszuweisen (**Bruttoausweis**). 324

Insofern besteht ein **Unterschied zu DRS 10.36**, der grds. einen unsaldierten Ausweis verlangt. Eine Saldierung ist nach DRS 10.36, im Einklang mit den internationalen Rechnungslegungsgrundsätzen[357], nur dann zulässig, wenn die aktiven und passiven latenten Steuern gegenüber demselben Steuerschuldner/-gläubiger bestehen, dieselbe Steuerart betreffen und sich voraussichtlich im selben Geschäftsjahr umkehren werden. Obwohl DRS 10 die GoB-Vermutung des § 342 Abs. 2 HGB für sich hat, ergibt sich aber angesichts des ausdrücklichen Gesetzeswortlauts, wonach die Saldierung an keine zusätzlichen Bedingungen geknüpft ist, daraus faktisch keine Bindungswirkung[358]. Die Nichtbeachtung des DRS 10 kann daher insofern im Rahmen einer Konzernabschlussprüfung nicht beanstandet werden[359]. 325

Die Ausübung des Saldierungswahlrechts nach § 306 Satz 3 HGB unterliegt dem **Stetigkeitsgebot** nach § 246 Abs. 3 iVm. § 298 Abs. 1 HGB[360] (vgl. Abschn. G Tz. 7). 326

Nach § 306 Satz 6 HGB bleibt – ebenso wie bisher (§ 306 Satz 3 HGB aF)[361] – die **Zusammenfassung der latenten Steuern** aus Konsolidierungsmaßnahmen nach § 306 HGB, mit denjenigen, die auf der Grundlage des § 274 iVm. § 298 Abs. 1 HGB in den Jahresabschlüssen und Handelsbilanzen II der einbezogenen Unternehmen gebildet und nach § 300 Abs. 2 Satz 1 HGB in den Konzernabschluss übernommen werden, zulässig. Von diesem Wahlrecht wurde bislang[362] in der weitaus überwiegenden Zahl der Fälle auch Gebrauch gemacht. Über die Zusammenfassung als Solche braucht im Konzernanhang nicht berichtet werden[363], da sie über die Angaben nach § 314 Nr. 21 HGB im Konzernanhang (vgl. Abschn. R Tz. 80 ff.) erkennbar wird. 327

---

355 Vgl. dazu auch *Hoyos/Fischer*, in Beck Bil-Komm.[6], § 306 Anm. 48.
356 Bereits bisher: DRS 10.27.
357 Vgl. IAS 12.74 ff. (amend. 2008); *ADS* International, Abschn. 20 Tz. 216 f.
358 Vgl. *Förschle*, in Beck Bil-Komm.[6], § 342 Anm. 9.
359 Vgl. zB IDW PS 450 Tz. 134.
360 GlA *Küting/Seel*, in Küting/Pfitzer/Weber, Das neue deutsche Bilanzrecht[2], S. 520; IDW ERS HFA 27 Tz. 31 iVm. Tz. 45.
361 Vgl. *ADS*[6], § 306 HGB Tz. 50 f.
362 Vgl. C&L Deutsche Revision, Konzernabschlüsse '95, S. 87. Bei insgesamt 100 ausgewerteten Konzernabschlüssen wurde nur in drei Fällen ein getrennter Ausweis der Steuerabgrenzungsposten festgestellt.
363 Vgl. *ADS*[6], § 306 HGB Tz. 50.

328 Der Ausweis der latenten Steuern in der **Konzernbilanz** hat unter den dafür nach § 266 Abs. 2 D bzw. Abs. 3 E iVm. § 298 Abs. 1 HGB vorgesehenen Posten: „Aktive latente Steuern" oder „Passive latente Steuern" zu erfolgen. Wird auf die Zusammenfassung mit den latenten Steuern nach § 274 iVm. § 298 Abs. 1 HGB verzichtet, hat eine entsprechende Untergliederung der vorgenannten Posten nach § 265 Abs. 5 Satz 1 iVm. § 298 Abs. 1 HGB zu erfolgen.

329 Die aus Veränderungen der bilanzierten aktiven und passiven latenten Steuern resultierenden Erträge und Aufwendungen sind in der **Konzern-GuV** gesondert unter dem Posten „Steuern vom Einkommen und Ertrag" (§ 275 Abs. 2 Nr. 18 bzw. Abs. 3 Nr. 17 iVm. § 298 Abs. 1 HGB) zu erfassen (§ 274 Abs. 2 Satz 3 iVm. § 306 Satz 5 HGB). Dies kann entweder durch Einfügen einer gesonderten Zeile oder durch einen Vorspaltenausweis erfolgen. Ein „Davon-Vermerk" ist ebenfalls ausreichend[364]. Ein Ausweis als latenter Steueraufwand bzw. -ertrag setzt grds. voraus, dass der der Steuerabgrenzung zugrunde liegende Sachverhalt in der Konzern-GuV erfasst worden ist (DRS 10.29; zu Ausnahmen im Rahmen der Endkonsolidierung vgl. Tz. 294 ff.). In der Konzern-GuV dürfen der nach § 274 HGB und der nach § 306 HGB zu erfassende latente Steueraufwand bzw. -ertrag ebenfalls saldiert werden (§ 306 Satz 6 HGB)[365].

IV. Erstanwendungszeitpunkt und Übergangsvorschriften

1. Grundsatz: Erfolgsneutrale Erfassung gegen die Konzern-Gewinnrücklagen

330 In Ermangelung besonderer Übergangsregelungen ist das geänderte Steuerabgrenzungskonzept nach § 306 HGB nicht nur prospektiv auf temporäre Differenzen, die nach Beginn des Geschäftsjahrs der erstmaligen Anwendung der durch BilMoG geänderten Vorschriften (vgl. Tz. 333) neu durch Konsolidierungsmaßnahmen nach den §§ 301 bis 307 HGB (vgl. Tz. 288 ff.) entstehen, anzuwenden, sondern auch auf solche, insb. quasi-permanente Differenzen aus Konsolidierungsmaßnahmen, die nach dem bisherigen *timing* – Konzept nach § 306 HGB aF nicht zu berücksichtigen waren (**retrospektive Erstanwendung** (vgl. Tz. 334))[366].

331 Dafür spricht auch die Regelung in Art. 67 Abs. 6 Satz 1 EGHGB. Danach sind Aufwendungen und Erträge aus der erstmaligen Anwendung des geänderten Steuerabgrenzungskonzepts nach § 274 ggf. iVm. § 298 Abs. 1 HGB sowie nach § 306 HGB im handelsrechtlichen Konzernabschluss erfolgsneutral mit den **Gewinnrücklagen** zu verrechnen. Für die Verrechnung eines Überhangs passiver latenter Steuern kommen sämtliche Gewinnrücklagen des Konzerns in Betracht. Ggf. auf Ebene des handelsrechtlichen Jahresabschlusses bestehende Verwendungsbeschränkungen, zB nach § 150 AktG, stehen der Verrechnung auf Konzernebene nicht entgegen, weil der handelsrechtliche Konzernabschluss keine Ausschüttungsbemessungsfunktion hat (vgl. Tz. 178). Sind auf Konzernebene, zB wegen der Verrechnung von Geschäfts- oder Firmenwerten nach § 309 Abs. 1 Satz 3 HGB aF (vgl. Tz. 437), keine ausreichenden Gewinnrücklagen verfügbar, kann die Verrechnung auch gegen die **Kapitalrücklagen** des Mutterunternehmens erfolgen.

---

364 Vgl. IDW ERS HFA 27 Tz. 32 iVm. Tz. 45.
365 GlA *Küting/Seel*, in Küting/Pfitzer/Weber, Das neue deutsche Bilanzrecht², S. 530.
366 Vgl. IDW ERS HFA 28 Tz. 4 und 54.

Sofern **Minderheitsgesellschafter** an Tochterunternehmen beteiligt sind, sind die anteilig auf diese entfallenden und aus der erstmaligen Anwendung des durch das BilMoG geänderten Steuerabgrenzungskonzepts resultierenden Beträge gegen den Ausgleichsposten nach § 307 Abs. 1 HGB zu erfassen. Etwas anderes gilt nur, wenn die Ergebniseffekte aus den Konsolidierungsmaßnahmen nach den §§ 303, 304 HGB zuvor vollständig zu Gunsten oder zu Lasten des auf Gesellschafter des Mutterunternehmens[367] entfallenden Konzern-Eigenkapitals erfasst wurden[368]. 332

Die geänderten Vorschriften sind spätestens auf Konzernabschlüsse für die **nach dem 31. Dezember 2009** beginnenden Geschäftsjahre anzuwenden (Art. 66 Abs. 3 Satz 1 EGHGB). Nach Art. 66 Abs. 3 Satz 6 EGHGB besteht jedoch auch die Möglichkeit einer vorzeitigen Anwendung der geänderten Vorschriften bereits auf Konzernabschlüsse für die nach dem 31. Dezember 2009 beginnenden Geschäftsjahre (vgl. Abschn. W Tz. 3). 333

Aktive und passive latente Steuern, die aus der erstmaligen Anwendung des geänderten Steuerabgrenzungskonzepts nach § 306 HGB resultieren, werden insb. **quasi-permanente Differenzen** betreffen, die aufgrund von Maßnahmen der Schuldenkonsolidierung nach § 303 HGB, zB Abschreibung einer beteiligungsähnlichen, ggf. kapitalersetzenden Forderung gegen ein Tochterunternehmen, oder der Zwischenergebniseliminierung nach § 304 HGB, zB bei nicht abnutzbaren Anlagevermögen (vgl. Tz. 297), in Vorjahren entstanden sind (zu Effekten aus der Kapitalkonsolidierung vgl. Tz. 335 ff.). Da die Nachholung dieser in Vorperioden erfolgswirksamen Konsolidierungsmaßnahmen in den Folgeperioden, auch im Jahr der erstmaligen Anwendung der durch BilMoG geänderten Vorschriften (vgl. Tz. 333), erfolgsneutral gegen den Konzernergebnisvortrag erfolgt, ist die erfolgsneutrale „Nacherfassung" der Steuerabgrenzungen ebenfalls sachgerecht. Näher hätte es jedoch gelegen, die Anpassungsbeträge statt gegen die Konzern-Gewinnrücklagen auch gegen den Konzern-Ergebnisvortrag zu erfassen, damit die Effekte aus den betreffenden Konsolidierungsmaßnahmen auch nach Steuern in den Ergebnisvortrag eingehen. 334

2. Sonderfall: Erfolgsneutrale Anpassung historischer Erstkonsolidierung

Soweit bereits in der Vergangenheit im Rahmen der Kaufpreisallokation nach § 301 HGB Steuerabgrenzungen, insb. passive latente Steuern auf die aufgedeckten stillen Reserven in abnutzbaren Vermögensgegenständen, berücksichtigt wurden (vgl. Tz. 291), wirkte sich dies indirekt auf die Residualgröße der Kapitalkonsolidierung, dh. idR den Geschäfts- oder Firmenwert (§ 301 Abs. 3 Satz 1 HGB aF), aus. Die Erfolgsneutralität des im Zuge der Erstkonsolidierung aus Konzernsicht fingierten **Anschaffungs-/Erwerbsvorgangs** wurde somit durch die Berücksichtigung der Steuerabgrenzungen nicht berührt. Die „Periodisierung" der latenten Steuern erfolgte indirekt über die Abschreibung des Geschäfts- oder Firmenwerts bzw. ggf. die Vereinnahmung des passiven Unterschiedsbetrags nach § 309 HGB. 335

Umgekehrt bedeutet dies, dass in den Fällen, in denen bislang die Steuerabgrenzungen nicht gesondert im Rahmen der Kaufpreisallokation und damit in der Konzernbilanz angesetzt wurden, zB bei stillen Reserven, die im nicht abnutzbaren Anlagevermögen aufgedeckt wurden, diese latenten (Steuer-)Vor- bzw. -Nachteile in der Residualgröße aufgegangen sind, dh. saldiert wurden. Wenn nun aufgrund der durch das BilMoG ge- 336

---

367 Vgl. *ADS*[6], § 307 HGB Tz. 38 ff. mwN.
368 Ausführlich zur Beteiligung von Minderheiten an erfolgswirksamen Konsolidierungsmaßnahmen vgl. *Förschle/Hoffmann*, in Beck Bil-Komm.[6], § 307 Anm. 53 ff.

änderten Vorschriften die Steuerabgrenzungen nicht länger mit der Residualgröße saldiert werden dürfen, sondern gesondert angesetzt werden müssen, dann spricht der inhaltliche Bezug zu dem (historischen) Anschaffungsvorgang dafür, diese „Latenzen" im Erstjahr erfolgsneutral zu erfassen. Allerdings erscheint es sachgerecht, diese Steuerabgrenzung nicht erfolgsneutral gegen das (Konzern-)Eigenkapital, sondern gegen die Residualgröße, dh. den **Geschäfts- oder Firmenwert** bzw. einen passiven Unterschiedsbetrag aus der Kapitalkonsolidierung vorzunehmen[369]. Diese erfolgsneutrale Erfassung ergibt sich aus den allgemeinen Grundsätzen für die Bilanzierung von Anschaffungsvorgängen, so dass es auch insofern keiner besonderen Übergangsregelung bedurfte, wenn gleich dies wünschenswert gewesen wäre. Entsprechend sollte dann auch für vergleichbare (Anschaffungs-)Vorgänge im handelsrechtlichen Jahresabschluss, dh. insb. für Vermögensübergänge iZm. Umwandlungen, verfahren werden.

337 Die **Anpassung** des historischen Anschaffungsvorgangs (vgl. Tz. 335) hat grds. **retrospektiv** zu erfolgen. Dementsprechend sind zunächst die (aktiven und passiven) latenten Steuern auf die Bewertungsunterschiede im historischen Erstkonsolidierungszeitpunkt zu erfassen und in Höhe des Saldos der latenten Steuern die Residualgröße anzupassen. Anschließend wären in einer statistischen Nebenrechnung die Steuerabgrenzungen und die Residualgröße bis zum Beginn des Geschäftsjahrs, in dem erstmals die geänderten Vorschriften anzuwenden sind (vgl. Tz. 333), fortzuschreiben und die fortgeführten Werte (ggf. Residualgröße sowie Steuerabgrenzung) ergebnisneutral gegen den (Konzern-)**Ergebnisvortrag** einzubuchen.

338 Vereinfachend ist es auch zulässig, für alle im Übergangszeitpunkt noch bestehenden Restbuchwerte stiller Reserven (Lasten) passive (aktive) latente Steuern zu bilden[370]. Der Saldo der so ermittelten aktiven und passiven latenten Steuern darf dann allerdings nicht vollständig gegen die Residualgröße eingebucht werden, sondern muss zT auch gegen den (Konzern-)Ergebnisvortrag erfasst werden. Ergibt sich zB insgesamt eine Erhöhung des Geschäfts- oder Firmenwerts, bestimmt sich der Betrag, der gegen den (Konzern-)Ergebnisvortrag zu erfassen ist, nach dem Verhältnis der im Anpassungszeitpunkt verstrichenen zur gesamten Nutzungsdauer des Geschäfts- oder Firmenwerts.

339 Die Übergangsregelung in Art. 67 Abs. 6 Satz 1 EGHGB differenziert hinsichtlich der aus der Erstanwendung des durch BilMoG geänderten Steuerabgrenzungskonzepts resultierenden aktiven und passiven latenten Steuern nicht danach, ob die zugrunde liegenden temporären Differenzen vor Geltung des BilMoG durch erfolgswirksame oder erfolgsneutrale Konsolidierungsmaßnahmen entstanden sind. Daher ist es auch zulässig, die Nachholung von latenten Steuern auf historische Erstkonsolidierungen erfolgsneutral gegen die (Konzern-)**Gewinnrücklagen** zu erfassen[371].

---

369 Grds. glA *Küting/Seel*, in Küting/Pfitzer/Weber, Das neue deutsche Bilanzrecht², S. 531 sowie *Oser*, PiR 2009, S. 124, die sich im Ergebnis lediglich aus Praktikabilitätsgründen für eine Verrechnung mit den Konzern-Gewinnrücklagen aussprechen.
370 Vgl. *Oser*, PiR 2009, S. 124.
371 Im Ergebnis so auch *Küting/Seel*, in Küting/Pfitzer/Weber, Das neue deutsche Bilanzrecht², S. 531 sowie *Oser*, PiR 2009, S. 124.

§ 307 HGB
Anteile anderer Gesellschafter

(1) In der Konzernbilanz ist für nicht dem Mutterunternehmen gehörende Anteile an in den Konzernabschluß einbezogenen Tochterunternehmen ein Ausgleichsposten für die Anteile der anderen Gesellschafter in Höhe ihres Anteils am Eigenkapital unter entsprechender Bezeichnung innerhalb des Eigenkapitals gesondert auszuweisen.

(2) In der Konzern-Gewinn- und Verlustrechnung ist der im Jahresergebnis enthaltene, anderen Gesellschaftern zustehende Gewinn und der auf sie entfallende Verlust nach dem Posten „Jahresüberschuß/Jahresfehlbetrag" unter entsprechender Bezeichnung gesondert auszuweisen.

Inhaltsverzeichnis Tz.
Bedeutung der Aufhebung von § 307 Abs. 1 Satz 2 HGB aF .... 340 – 343

Bedeutung der Aufhebung von § 307 Abs. 1 Satz 2 HGB aF

Die Vermögensgegenstände, Schulden, Rechnungsabgrenzungsposten und Sonderposten der im Wege der Vollkonsolidierung einbezogenen Tochterunternehmen sind nach § 300 Abs. 1 Satz 2 HGB unabhängig von der Beteiligungsquote des Mutterunternehmens vollständig in den Konzernabschluss zu übernehmen. Für das anteilig auf andere Gesellschafter entfallende Reinvermögen/Eigenkapital des Tochterunternehmens ist nach § 307 Abs. 1 HGB innerhalb des Konzerneigenkapitals ein Ausgleichsposten auszuweisen. Die **Bemessung des Ausgleichspostens** wurde bisher durch die Erstkonsolidierungsmethode (Buchwert- oder Neubewertungsmethode) bestimmt. 340

Das Reinvermögen von Tochterunternehmen, die spätestens (zur vorzeitigen Anwendung aller durch das BilMoG geänderten Vorschriften auf Konzernabschlüsse für Geschäftsjahre, die nach dem 31. Dezember 2008 beginnen nach Art. 66 Abs. 3 Satz 6 EGHGB vgl. Abschn. W Tz. 3) **nach dem 31. Dezember 2009** erstmals im Wege der Vollkonsolidierung in einen handelsrechtlichen Konzernabschluss einbezogen werden, muss nach § 301 Abs. 1 Satz 2 HGB im Erstkonsolidierungszeitpunkt (vgl. Tz. 235) vollständig, dh. einschließlich des auf andere Gesellschafter entfallenden Anteils, zum beizulegenden Zeitwert (neu-)bewertet und nach den allgemeinen Grundsätzen fortentwickelt werden (Art. 66 Abs. 3 Satz 4 EGHGB). Dieses Reinvermögen bildet zukünftig die Bemessungsgrundlage für die Ermittlung des Ausgleichspostens nach § 307 Abs. 1 Satz 1 HGB. Weil nur noch die **Neubewertungsmethode** zulässig ist (vgl. Tz. 191), konnte der bisherige (klarstellende) Hinweis in § 307 Abs. 1 Satz 2 HGB aF darauf entfallen, dass bei Anwendung der Neubewertungsmethode auch die stillen Lasten und stillen Reserven, die auf die Anteile anderer Gesellschafter entfielen, aufzudecken und im Ausgleichsposten zu erfassen sind. Dies ergibt sich nunmehr bereits automatisch aus § 301 Abs. 1 Satz 2 HGB, wonach das (gesamte) Eigenkapital zum beizulegenden Zeitwert zu bewerten ist (vgl. Tz. 193). 341

Für Tochterunternehmen, deren **Erstkonsolidierung** letztmals in einem Konzernabschluss für das **vor dem 1. Januar 2010** beginnende Geschäftsjahr (Art. 66 Abs. 5 EGHB) nach der **Buchwertmethode** (§ 301 Abs. 1 Satz 2 Nr. 1 HGB aF) erfolgt ist, ist im Konzernabschluss für die nach dem 31. Dezember 2009 beginnenden Geschäftsjahre keine Überleitung bzw. Umstellung der Kapitalkonsolidierung auf die Neube- 342 wertungsmethode erforderlich (Art. 66 Abs. 3 Satz 4 EGHGB; vgl. Tz. 272)[372]. Sofern an den betreffenden Tochterunternehmen andere Gesellschafter beteiligt sind, ändert sich folglich auch die Bewertung des auf diese anteilig entfallenden Reinvermögens nicht.

343 Danach wird der **Ausgleichsposten für Anteile anderer Gesellschafter**, vorbehaltlich der auf andere Gesellschafter entfallenden Effekte aus erfolgswirksamen Konsolidierungsmaßnahmen[373], ausschließlich auf der Grundlage des bisher in der Handelsbilanz II, dh. nach der Anpassung an die konzerneinheitlichen Bilanzierungs- und Bewertungsvorschriften (§ 300 Abs. 2, § 308 HGB) sowie ggf. nach Umrechnung in Euro (§ 308a HGB), ausgewiesenen bilanziellen Eigenkapitals der betreffenden Tochterunternehmen ermittelt und nach § 307 Abs. 2 HGB fortentwickelt. Nach § 307 Abs. 1 HGB ist der Posten wie bisher gesondert innerhalb des Eigenkapitals auszuweisen und zwar auch dann, wenn er einen negativen Saldo ausweist.

---

372 Vgl. Begr. Beschlussempfehlung und Bericht des Rechtsausschusses, BT-Drucks. 16/12407, S. 95.
373 Vgl. dazu *Förschle/Hoffmann*, in Beck Bil-Komm.[6], § 307 Anm. 53 ff.

§ 308a HGB
Umrechnung von auf fremde Währung lautenden Abschlüssen

¹Die Aktiv- und Passivposten einer auf fremde Währung lautenden Bilanz sind, mit Ausnahme des Eigenkapitals, das zum historischen Kurs in Euro umzurechnen ist, zum Devisenkassamittelkurs am Abschlussstichtag in Euro umzurechnen. ²Die Posten der Gewinn- und Verlustrechnung sind zum Durchschnittskurs in Euro umzurechnen. ³Eine sich ergebende Umrechnungsdifferenz ist innerhalb des Konzerneigenkapitals nach den Rücklagen unter dem Posten „Eigenkapitaldifferenz aus Währungsumrechnung" auszuweisen. ⁴Bei teilweisem oder vollständigem Ausscheiden des Tochterunternehmens ist der Posten in entsprechender Höhe erfolgswirksam aufzulösen.

Inhaltsverzeichnis   Tz.

I. Grundlagen .... 344 – 348
II. Anwendungsbereich .... 349 – 355
III. Umrechnung von Fremdwährungsabschlüssen nach der modifizierten Stichtagskursmethode
    1. Konzeptionelle Grundlagen .... 356 – 358
    2. Umrechnung der Bilanz (Satz 1) .... 359 – 365
    3. Umrechnung der Gewinn- und Verlustrechnung (Satz 2) .... 366 – 369
    4. Erfolgsneutrale Behandlung von Umrechnungsdifferenzen (Satz 3) .... 370 – 373
    5. Ausscheiden des Tochterunternehmens aus dem Vollkonsolidierungskreis sowie wirtschaftlich vergleichbare Vorgänge (Satz 4)
       a. Vollständige Anteilsveräußerung .... 374 – 377
       b. Übergangskonsolidierung .... 378 – 381
    6. Konzernanhang .... 382 – 385
IV. Einzelfragen bei Anwendung der modifizierten Stichtagskursmethode
    1. Kapitalkonsolidierung .... 386 – 389
    2. Schuldenkonsolidierung .... 390 – 398
V. Erstanwendung und Übergang vom Konzept der funktionalen Währung zur Umrechnung nach der (modifizierten) Stichtagskursmethode .... 399 – 403

I. Grundlagen

Für den handelsrechtlichen Konzernabschluss gilt das **Weltabschlussprinzip** (§ 294 Abs. 1 HGB), dh. in ihn sind das Mutterunternehmen und – unbeschadet des § 296 HGB – grds. alle in- und ausländischen Tochterunternehmen einzubeziehen. Entsprechendes gilt für ausländische Gemeinschaftsunternehmen sowie assoziierte Unternehmen, auch wenn in § 310 und § 311 HGB ein ausdrücklicher Verweis auf das Weltabschlussprinzip fehlt. **344**

Nach § 244 iVm. § 298 Abs. 1 HGB ist der handelsrechtliche **Konzernabschluss in Euro** (€) aufzustellen (nachfolgend: Konzernwährung). Dies macht zum einen eine Umrechnung der aus Fremdwährungstransaktionen resultierenden Vermögens- und Schuldposten in den Abschlüssen der einbezogenen Unternehmen erforderlich (vgl. Abschn. J Tz. 69 ff.). Zum anderen ist für Tochterunternehmen mit Sitz in einem Staat außerhalb der Euro-Zone (nachfolgend: ausländische Tochterunternehmen) zusätzlich **345** eine Umrechnung des in der betreffenden Fremdwährung aufgestellten, an die konzerneinheitlichen Bilanzierungs- und Bewertungsmethoden (§§ 300 Abs. 2, § 308 HGB) angepassten Abschlusses (sog. Handelsbilanz II) erforderlich.

346 In Konzernabschlüssen für Geschäftsjahre, die nach dem 31. Dezember 2009 beginnen (Art. 66 Abs. 3 Satz 1 EGHGB), hat die Umrechnung der auf fremde Währung lautender Abschlüsse (Handelsbilanzen II) ausländischer Tochterunternehmen nach § 308a HGB ausschließlich nach der (**modifizierten**) **Stichtagskursmethode** (vgl. im Einzelnen Tz. 356 ff.) zu erfolgen (zu den Besonderheiten aus dem mit der Erstanwendung des § 308a HGB verbundenen Übergang vom Konzept der funktionalen Währung zur ausschließlichen Umrechnung nach der (modifizierten) Stichtagskursmethode vgl. Tz. 399 ff.). Wird vom Wahlrecht des Art. 66 Abs. 3 Satz 6 EGHGB Gebrauch gemacht (vgl. dazu Abschn. W Tz. 3), ist § 308a HGB bereits für Konzernabschlüsse, der nach dem 31. Dezember 2008 beginnende Geschäftsjahre anzuwenden.

347 Ab der Erstanwendung des § 308a HGB werden die in Einklang mit internationalen Vorschriften[374] stehenden Regelungen des DRS 14 „Währungsumrechnung"[375], die bei der Umrechnung von Fremdwährungsabschlüssen in Konzernabschlüssen für nach dem 31. Dezember 2003 beginnende Geschäftsjahre (DRS 14.40) als Konzern-GoB nach § 342 Abs. 2 HGB[376] zu beachten waren, in wesentlichen Teilen außer Kraft gesetzt. Die Grundsätze des DRS 14 zur Währungsumrechnung beruhen auf dem **Konzept der funktionalen Währung**, wonach die Währungsumrechnung in Abhängigkeit von der Art der Beziehungen zwischen dem ausländischen Tochterunternehmen und den anderen Konzerneinheiten (Integrationsgrad) entweder nach der Zeitbezugsmethode oder nach der (modifizierten) Stichtagskursmethode zu erfolgen hat.

348 Der Ermessensspielraum bei der Bestimmung der funktionalen Währung[377] wird nach der Begr. des RegE[378] in der Praxis idR dahingehend ausgenutzt, dass die jeweilige Landeswährung als funktionale Währung eines Tochterunternehmens „festgelegt" wird, um die technisch weniger aufwändige (modifizierte) Stichtagskursmethode bei der Fremdwährungsumrechnung anwenden zu können. Durch die Kodifizierung der (modifizierten) Stichtagskursmethode in § 308a HGB als dem alleinigen Verfahren zur Umrechnung von Fremdwährungsabschlüssen soll daher letztlich die bestehende Praxis gesetzlich verankert werden. Die damit verbundene Absage an das Konzept der funktionalen Währung steht im Widerspruch zur Zielsetzung des BilMoG, die Vergleichbarkeit des handelsrechtlichen Konzernabschlusses mit dem Konzernabschluss nach IFRS zu verbessern[379]. Der durch das BilMoG im Bereich der Fremdwährungsumrechnung herbeigeführte **Unterschied zur internationalen Konzernrechnungslegung** wiegt umso schwerer, als das Konzept der funktionalen Währung durch DRS 14

---

374 SSAP 20 „Foreign Currency Translation", des IAS 21 „The Effects of Changes in Foreign Exchange Rates" sowie SFAS 52 „Foreign Currency Translation".
375 DRS 14 „Währungsumrechnung" wurde durch das BMJ am 4. Juni 2004 im BAnz. bekannt gemacht.
376 Vgl. *Förschle*, in Beck Bil-Komm.⁶, § 342 Anm. 9.
377 Die funktionalen Währung wird als die Währung des Wirtschaftsraums definiert, in dem das Konzernunternehmen tätig ist, dh. in der das Unternehmen Zahlungen leistet und empfängt (zB SFAS 52.5; DRS 14.5). Die zur Bestimmung der funktionalen Währung erforderliche Einschätzung der Zusammenhänge zwischen den Zahlungsströmen des jeweiligen Konzernunternehmens und denen des Mutterunternehmens wird nach den verschiedenen nationalen und internationalen Rechnungslegungsstandards im Wesentlichen anhand von betriebswirtschaftlichen Indikatoren getroffen (Vgl. im Einzelnen: SFAS 52.5 – 8 sowie Appendix A; IAS 21.9 – 11 (rev. 2004); DRS 14.9 f.; Entwurf St HFA, Zur Währungsumrechnung im Konzernabschluß, WPg 1998, S. 550).
378 Vgl. Begr. RegE, BT-Drucks. 16/10067, S. 84.
379 Vgl. Begr. RegE, BT-Drucks. 16/10067, S. 34.

bereits als Grundsatz ordnungsmäßiger Buchführung Teil der handelsrechtlichen Konzernrechnungslegungsvorschriften war[380].

II. Anwendungsbereich

§ 308a HGB gehört zu den Vorschriften über die Vollkonsolidierung (§§ 300 bis 309 HGB), dh. sein Anwendungsbereich erstreckt sich zunächst auf die Umrechnung der Fremdwährungsabschlüsse der **voll konsolidierten ausländischen Tochterunternehmen**. Inhaltlich gehört die Währungsumrechnung dabei, ebenso wie die Anpassung an die konzerneinheitlichen, handelsrechtlichen Bilanzierungs- und Bewertungsmethoden nach § 300 Abs. 2 und § 308 HGB (Ableitung der sog. Handelsbilanz II), zu den Vorbereitungsmaßnahmen zur Aufstellung eines Konzernabschlusses. 349

Ferner gilt § 308a HGB nach § 13 Abs. 2 Satz 1 PublG sinngemäß für **Konzernabschlüsse**, die nach den §§ 11 ff. **PublG** aufgestellt werden. 350

Aufgrund des Verweises in § 310 Abs. 2 HGB ist die modifizierte Stichtagskursmethode nach § 308a HGB entsprechend bei der Umrechnung der auf fremde Währung lautenden Abschlüsse von quotal in den Konzernabschluss einbezogenen **Gemeinschaftsunternehmen** anzuwenden. 351

In Ermangelung eigenständiger Regelungen in § 312 HGB und eines Verweises auf § 308a HGB ist fraglich, ob und ggf. wie Wechselkurseffekte bei der Fortschreibung des *Equity*-Werts bei **assoziierten Unternehmen**, deren Abschlüsse auf fremde Währung lauten, zu berücksichtigen sind. Wird die *Equity*-Methode iSd. § 312 HGB als Konsolidierungsmethode (sog. „*one-line-consolidation*")[381] angesehen, ist die (modifizierte) Stichtagskursmethode entsprechend auch für assoziierte Unternehmen anzuwenden. Der *Equity*-Wertansatz im Konzernabschluss entspricht dann dem Betrag, der sich bei einer Umrechnung des anteiligen Eigenkapitals mit dem jeweiligen **Stichtagsmittelkurs** ergibt. Veränderungen des Eigenkapitals, die ausschließlich auf Änderungen des Umrechnungskurses zurück zu führen sind (unrealisierte Währungsgewinne und -verluste), werden bei dieser Vorgehensweise erfolgsneutral im Wertansatz der Beteiligung und im Konzerneigenkapital erfasst[382]. 352

Daneben wird es aber auch für zulässig erachtet, die „wechselkursbedingten Schwankungen" des anteiligen Eigenkapitals im Wertansatz der Beteiligung am assoziierten Unternehmen im Konzernabschluss des Gesellschafters unberücksichtigt zu lassen, was im Ergebnis bedeutet, dass die einzelnen Posten des Eigenkapitals zu **historischen Kursen** umgerechnet werden[383]. Dieser Vorgehensweise liegt das Verständnis zugrunde, dass es sich bei der *Equity*-Methode um eine besondere Methode zur Bewertung von Beteiligungen im Konzernabschluss handelt[384]. 353

Auf dem Nominalwertprinzip (Anschaffungskostenprinzip) beruhende Fremdwährungsabschlüsse von Tochterunternehmen aus **Hochinflationsländern** dürfen nicht ohne weiteres nach der (modifizierten) Stichtagskursmethode umgerechnet werden[385]. Mangels ausdrücklicher Regelung in § 308a HGB gelten für die Einstufung des Sitz- 354

---

380 Kritisch zur Abkehr vom international üblichen Konzept der funktionalen Währung: *Busse von Colbe/ Schurbohm-Ebneth*, BB 2008, S. 101; *Schurbohm-Ebneth/Zoeger*, DB 2008, Beil. 1, S. 43; *Stibi/Fuchs*, KoR 2008, S. 100.
381 Vgl. dazu *Busse von Colbe/Ordelheide* ua., Konzernabschlüsse[8], S. 525.
382 Vgl. DRS 8.25; *ADS*[6], § 312 HGB Tz. 228; *HdKR*[2], § 312 Rn. 200.
383 Vgl. dazu *Busse von Colbe/Ordelheide* ua., Konzernabschlüsse[8], S. 575 f.; *Hachmeister*, in Baetge/ Kirsch/Thiele, Bilanzrecht, § 312 Tz. 207; *HdKR*[2], § 312 Rn. 203.
384 Vgl. dazu *ADS*[6], § 312 HGB Tz. 2; *WPH*[13], Bd. I, M Tz. 439.
385 Vgl. Begr. RegE, BT-Drucks. 16/10067, S. 84.

lands eines Tochterunternehmens als Hochinflationsland sowie die Umrechnung von dessen Fremdwährungsabschluss die in DRS 14.35 - .38 geregelten Grundsätze, die insofern unverändert die Vermutung des § 342 Abs. 2 HGB als Konzern-GoB für sich haben.

355 DRS 14.35 schreibt für die Abschlussposten eines Tochterunternehmens in einem Hochinflationsland vor deren Einbeziehung in den handelsrechtlichen Konzernabschluss des Mutterunternehmens eine Inflationsbereinigung vor. Dies kann nach DRS 14.36 entweder durch die Aufstellung eines **Hartwährungsabschlusses** oder nach DRS 14.37 durch die **Indexierung** eines auf dem Nominalwertprinzip beruhenden und in der hochinflationären Fremdwährung aufgestellten Abschlusses erfolgen[386]. Das jeweils gewählte Verfahren ist nach § 313 Abs. 1 Satz 2 Nr. 2 HGB im Konzernanhang darzustellen[387].

III. Umrechnung von Fremdwährungsabschlüssen nach der modifizierten Stichtagskursmethode

1. Konzeptionelle Grundlagen

356 Die theoretische Grundlage für die Stichtagskursmethode bildet ein **Nettoinvestitionskonzept**. Danach bildet das (Rein-)Vermögen eines ausländischen (Tochter-)Unternehmens, in das das Mutterunternehmen investiert hat, eine selbständige Einheit (Auslandsinvestition), die jedoch nicht Teil der Geschäftstätigkeit des Mutterunternehmens ist, sondern im Ausland in ihrer jeweiligen ökonomischen, rechtlichen und politischen Umgebung Ergebnisse erzielt[388]. Die Auslandsinvestition wird deshalb – ungeachtet ihrer Vollkonsolidierung – zum Zweck der Umrechnung in die Konzernwährung nicht als Menge einzeln zu bewertender Vermögensgegenstände und Schulden, sondern als ein einheitlicher (Rein-)Vermögensgegenstand (Finanzanlage) behandelt[389].

357 Hintergrund dafür ist die Annahme, dass die im Ausland investierten Vermögensgegenstände überwiegend in Fremdwährung finanziert werden und aufgrund des Fremdwährungsumsatzpotenzials des Umlaufvermögens, insb. der Warenvorräte, Zahlungsströme hauptsächlich in der jeweiligen Fremdwährung erwirtschaftet werden, was aus Konzernsicht als eine effektive Absicherung gegen die Risiken aus Wechselkursänderungen hinsichtlich des **Fremdkapitals** wirkt. Effekte, die sich aus Veränderungen des Wechselkurses zwischen der Fremd- und der Konzernwährung ergeben, werden während des Bestehens der Netto-Auslandsinvestition erfolgsneutral behandelt (vgl. Tz. 370 ff.). Dies kann damit gerechtfertigt werden, dass etwaige Risiken aufgrund von Aufwertungen der Fremdwährung, in der sich die Auslandsinvestition abwickeln wird, gegenüber der Konzernwährung nur mit einer geringen Wahrscheinlichkeit bzw. zumindest einer nicht bestimmt vorhersehbaren Wahrscheinlichkeit tatsächlich auch in der Konzernwährung zahlungswirksam und damit realisiert werden. Erst bei der Beendigung der Auslandsinvestition steht fest, ob und in welchem Umfang ein etwaiger Verlust des Außenwerts der jeweiligen Fremdwährung uU durch gegenläufige Effekte aus sonstigen Zeit-/Ertragswertsteigerungen des investierten (Rein-)Vermögens, ggf. auch nur Inflationsgewinne, ausgeglichen wird[390].

---

386 Vgl. dazu Entwurf St HFA, Zur Währungsumrechnung im Konzernabschluß, WPg 1998, S. 553 f.
387 Vgl. *Ellrott*, in Beck Bil-Komm.[6], § 313 Anm. 95.
388 Vgl. *Busse von Colbe/Ordelheide* ua., Konzernabschlüsse[8], S. 188.
389 Vgl. *Gebhardt*, in Beck HdR, C 310, Tz. 152; *Oser*, Der Konzern 2008, S. 112.
390 Vgl. *Deubert*, DStR 2009, S. 340 f.

Der Effekt, der aus Wechselkursänderungen auf den in Konzernwährung im Ausland investierten Betrag resultiert, wird erst bei der endgültigen **Beendigung der Auslandsinvestition** ermittelt und im Konzernerfolg berücksichtigt (§ 308a Satz 4 HGB). Bis zu diesem Zeitpunkt werden die Beiträge der Auslandsinvestition zum Konzernerfolg nur in der Fremdwährung gemessen. Bspw. wird das Niederstwertprinzip (§ 253 Abs. 2 Satz 3 bzw. Abs. 3 iVm. § 298 Abs. 1 HGB) nur auf Basis der in Fremdwährung aufgestellten Handelsbilanz II des (Tochter-)Unternehmens beachtet[391]. Insb. vor diesem Hintergrund kommt der Frage, wann die Auslandsinvestition bzw. genauer der „Absicherungszusammenhang" des ausländischen Reinvermögens beendet und dementsprechend eine **Realisierung der Währungsdifferenzen** geboten ist, besondere Bedeutung zu. Unstrittig ist dies der Fall, wenn sämtliche der Anteile an dem ausländischen (Tochter-)Unternehmen verkauft werden (§ 308a Satz 4 HGB; vgl. Tz. 374). Gleiches gilt aber auch bei wirtschaftlich vergleichbaren Vorgängen, zu denen der Verkauf des ganzen Unternehmens oder von Teilbetrieben sowie die vollständige oder teilweise Liquidation des ausländischen Unternehmens gehören (vgl. Tz. 376)[392]. 358

2. Umrechnung der Bilanz (Satz 1)

Sämtliche Aktiv- und Passivposten des ausländischen Tochterunternehmens mit Ausnahme des Eigenkapitals (**Vermögensgegenstände, Schulden, Rechnungsabgrenzungsposten und Sonderposten**) werden, unabhängig davon, ob es sich um monetäre oder nicht-monetäre Posten handelt, mit dem Stichtagskurs in die Konzernwährung umgerechnet (§ 308a Satz 1 HGB). 359

Der **Stichtagskurs** entspricht dem Devisenkassamittelkurs am Konzernbilanzstichtag (§ 299 Abs. 1 HGB), der als arithmetischer Durchschnitt aus Brief- und Geldkurs[393] ermittelt wird. Die **Vorjahreszahlen** der Bilanz (§ 265 Abs. 2 Satz 1 iVm. § 298 Abs. 1 HGB) sind mit dem Durchschnittsmittelkurs am vorangegangenen Bilanzstichtag umzurechnen. 360

Die Posten des **Eigenkapitals** ausländischer Tochterunternehmen werden mit historischen Kursen umgerechnet (§ 308a Satz 1 HGB). Der historische Kurs ist dabei derjenige Stichtagskurs, der im Zeitpunkt des Zugangs der betreffenden Eigenkapitalkomponente aus Konzernsicht galt. Für die einzelnen Eigenkapitalposten gelten danach folgende **Umrechnungskurse**: 361

- Das **konsolidierungspflichtige Eigenkapital** ist mit dem im Erstkonsolidierungszeitpunkt (§ 301 Abs. 2 Satz 1 HGB; vgl. Tz. 235) geltenden Stichtagskurs umzurechnen.
- Während der Dauer der Einbeziehung in den Konzernabschluss (Vollkonsolidierung nach §§ 300 ff. HGB) erwirtschaftete **Jahresergebnisse** werden grds. mit dem Saldo der umgerechneten Gewinn- und Verlustrechnung des jeweiligen Tochterunternehmens in die umgerechnete Bilanz übernommen, was idR einer Umrechnung der Jahresergebnisse mit dem Periodendurchschnittskurs entspricht (vgl. Tz. 366 ff.).

---

391 Vgl. Entwurf St HFA, Zur Währungsumrechnung im Konzernabschluß, WPg 1998, S. 550; *Gebhardt*, in Beck HdR, C 310, Tz. 150.
392 Vgl. ausführlich dazu: *Deubert*, DStR 2009, S. 341 ff.
393 Seit dem 1. Januar 1999 erfolgt in der BRD bei Wechselkursen eine sog. Mengennotierung, diese gibt den Preis einer Einheit der inländischen Währung (Euro (€)) in Einheiten der ausländischen Währung (zB US-$) an. Der Geldkurs (Bid-Kurs) gibt dabei an, wie viele Fremdwährungs(mengen)einheiten man bei Zahlung von einem Euro (€) erhält. Umgekehrt gibt der Briefkurs (Offer-Kurs) an, wie viele Fremdwährungseinheiten man verkaufen muss, um einen Euro (€) zu erhalten.

- **Einlagen** der Gesellschafter im Rahmen von Kapitalerhöhungen oder aus sonstigen (Bar-)Zuzahlungen werden grds. mit dem Kurs bei Entstehung des entsprechenden (Geldleistungs-)Anspruchs des Tochterunternehmens umgerechnet, der spiegelbildlich auch für die Bestimmung der Anschaffungskosten der dadurch beim Gesellschafter geschaffenen, zusätzlichen Anteile maßgeblich ist. Bei stabilen Wechselkursen kann aus Vereinfachungsgründen auch der Kurs im Zeitpunkt der Leistung der Einlage verwandt werden.
- Soweit **Entnahmen** (Kapitalrückzahlungen) bzw. **Gewinnausschüttungen** (technisch) gesondert im Eigenkapital geführt werden, werden sie mit dem Kurs umgerechnet, zu dem nach den jeweiligen landesrechtlichen Bestimmungen die Auszahlungsverpflichtung auf Ebene des Tochterunternehmens entsteht.

362 **Ausstehende Einlagen** stellen, solange sie noch nicht eingefordert sind, einen Korrekturposten zum gezeichneten Kapital dar (vgl. Abschn. L Tz. 12 ff.). Die nicht eingeforderten ausstehenden Einlagen ausländischer Tochterunternehmen sind vor der Umrechnung mit dem Posten „Gezeichnetes Kapital" zu saldieren (§ 272 Abs. 1 Satz 3 iVm. § 298 Abs. 1 HGB). Eingeforderte ausstehende Einlagen stellen demgegenüber echte Forderungen dar und sind daher nach § 308a Satz 1 HGB mit dem jeweiligen Stichtagskurs umzurechnen. Sofern die Einlageforderungen gegen verbundene Unternehmen bestehen, sind etwaige Differenzen aus der Schuldenkonsolidierung erfolgsneutral im Unterschiedsbetrag aus der Währungsumrechnung (§ 308a Satz 3 HGB) zu erfassen (vgl. Tz. 370 ff.).

363 **Eigene Anteile** eines ausländischen (Tochter-)Unternehmens sind ebenfalls wie eine Eigenkapitalposition, dh. mit dem (historischen) Stichtagskurs im Erwerbszeitpunkt umzurechnen. Sind an einem bereits voll konsolidierten Tochterunternehmen auch andere Gesellschafter beteiligt, führt der Erwerb von eigenen Anteilen, sei es vom Mutterunternehmen oder von den Mitgesellschaftern, zu Änderungen der relativen Beteiligungsquote des Mutterunternehmens, woraus sich Anpassungen im Rahmen der Folgekonsolidierung ergeben[394]. Damit die eigenen Anteile konsolidiert werden können, wird es sich aus technischen Gründen empfehlen, sie als solche in der Handelsbilanz II bzw. der Summenbilanz auszuweisen, dh. auf die Verrechnung von Teilen der Anschaffungskosten nach § 272 Abs. 1a iVm. § 298 Abs. 1 HGB insoweit zu verzichten. Werden eigene Anteile eines Tochterunternehmens unverändert in den Konzernabschluss übernommen, dh. nicht konsolidiert, zB weil die Anteile in Weiterveräußerungsabsicht erworben wurden[395], sollte die Umrechnung in die Konzernwährung dagegen mit dem Stichtagskurs erfolgen, weil insofern kein Unterschied zu anderen Wertpapieren besteht.

364 Hält ein Tochterunternehmen eine **Rückbeteiligung am Mutterunternehmen**, sind diese Anteile nach § 301 Abs. 4 HGB wie eigene Anteile des Mutterunternehmens zu behandeln. Dh. der auf diese Anteile entfallende Nominalbetrag bzw. rechnerische Wert ist in der Konzernbilanz offen vom gezeichneten Kapital abzusetzen und die danach verbleibende Differenz zu den Anschaffungskosten mit dem übrigen Konzerneigenkapital zu verrechnen (vgl. Tz. 256 ff.). Als Vermögensgegenstände des ausländischen Tochterunternehmens wären die Anteile grds. mit dem jeweiligen Stichtagskurs umzurechnen, was aber wegen des offenen Absetzens bzw. der Verrechnung mit dem Eigenkapital in Folgejahren immer Anpassungen erforderlich machen würde. Die Wechselkurseffekte, die auf Rückbeteiligungen entfallen, werden jedoch regelmäßig

---
394 Vgl. *Förschle/Deubert*, in Beck Bil-Komm.⁶, § 301 Anm. 223.
395 Vgl. dazu *Förschle/Deubert*, in Beck Bil-Komm.⁶, § 301 Anm. 15 mwN.

von untergeordneter Bedeutung sein. Daher bestehen aus Vereinfachungsgründen keine Bedenken dagegen, Rückbeteiligungen beim Tochterunternehmen wie eine Eigenkapitalposition zu behandeln und diese mit historischen Kursen umzurechnen. Folge davon ist, dass die darauf entfallenden Währungsdifferenzen während des Bestehens der Rückbeteiligung in die Eigenkapitaldifferenz aus der Währungsumrechnung (§ 308a Satz 3 HGB) einbezogen werden.

Unter bestimmten Voraussetzungen (Nachrangigkeit, Verlustteilnahme bis zur vollen Höhe und erfolgsabhängige Vergütung sowie Dauerhaftigkeit der Kapitalüberlassung)[396] ist einem (Tochter-)Unternehmen von konzernfremden Dritten überlassenes **Genussrechtskapital** in dessen Handelsbilanz II und regelmäßig dann auch im Konzernabschluss innerhalb des Eigenkapitals auszuweisen. Der Ausweis im Eigenkapital ändert nichts daran, dass diese Mittel auf schuldrechtlicher Grundlage überlassen werden, weshalb die Umrechnung – wie bei den Schulden – nach § 308a Satz 1 HGB zum jeweiligen Stichtagskurs und nicht mit historischen Kursen zu erfolgen hat. 365

3. Umrechnung der Gewinn- und Verlustrechnung (Satz 2)

Nach der Konzeption der Stichtagskursmethode wären die Aufwendungen und Erträge des Geschäftsjahrs grds. mit dem (Mittel-)Kurs am jeweiligen Transaktionstag, dh. dem Tag, an dem der ihnen zugrunde liegende Geschäftsvorfall nach den deutschen handelsrechtlichen Vorschriften und den ggf. ergänzenden Regelungen des DSR bilanzierungsfähig bzw. -pflichtig wird, umzurechnen (DRS 14.28). § 308a Satz 2 HGB ordnet demgegenüber aus Vereinfachungsgründen an, die Posten der Gewinn- und Verlustrechnung mit **Durchschnittskursen** umzurechnen[397]. Diese Möglichkeit bestand bisher auch nach DRS 14.31, sofern dadurch das Gesamtbild der wirtschaftlichen Verhältnisse nicht beeinträchtigt wurde, dh. die damit verbundenen Effekte für die Ertragslage unwesentlich waren. 366

Zur Ermittlung des Durchschnittskurses enthält das Gesetz keine Bestimmungen. Ob zur Umrechnung der Gewinn- und Verlustrechnung eines ausländischen (Tochter-)Unternehmens **Monats-, Quartals- oder Jahresdurchschnittskurse**, ggf. unter Berücksichtigung einer Gewichtung (vgl. Tz. 368), in Betracht kommen, hängt vom jeweiligen Einzelfall ab. Dabei ist die Volatilität der Wechselkurse im jeweiligen Berichtsjahr ebenso zu berücksichtigen wie bspw. die Beeinflussung des Geschäftsverlaufs des betreffenden Tochterunternehmens durch saisonale Entwicklungen. Die Verwendung des Jahresdurchschnittskurses zur Umrechnung der Gewinn- und Verlustrechnung kommt dementsprechend nur bei stabilen Wechselkursen und einem annähernd gleichmäßigen Geschäftsverlauf in Betracht[398]. 367

Eine **Gewichtung** bei der Durchschnittskursermittlung erfolgt in der Praxis üblicherweise über die monatlichen Bewegungen des betragsmäßig größten Postens der Gewinn- und Verlustrechnung, dh. idR der Umsatzerlöse[399]. Zur Ermittlung eines gewichteten Jahresdurchschnittskurses werden somit die Monatsdurchschnittskurse zunächst jeweils mit dem Quotienten aus Monatsumsatz geteilt durch Jahresumsatz multipliziert und anschließend aufsummiert. Werden (umsatz-)gewichtete Durchschnittskurse verwendet, sind Aufwands- und Ertragsarten, die Fixkostencharakter haben und deshalb 368

---

396 Vgl. zu den Voraussetzungen im Einzelnen: HFA 1/1994, Abschn. 2.1.1.; *ADS*[6], § 266 HGB Tz. 195 ff.; *WPH*[13], Bd. I, F Tz. 277.
397 Vgl. Begr. RegE, BT-Drucks. 16/10067, S. 84.
398 Vgl. Entwurf St HFA, Zur Währungsumrechnung im Konzernabschluß, WPg 1998, S. 551
399 Vgl. *ADS*[6], § 308 HGB Tz. 17.

nur pro rata temporis verteilt werden können, insb. der Personalaufwand und die nicht leistungsbezogenen Abschreibungen, mit ungewichteten Kursen umzurechnen. Anpassungen des Bezugszeitraums zur Ermittlung des adäquaten Durchschnittskurses sind erforderlich, wenn die Konzernzugehörigkeit eines Tochterunternehmens im Geschäftsjahr begründet wurde oder endete.

369 Das **Jahresergebnis** aus der in Fremdwährung aufgestellten Gewinn- und Verlustrechnung des ausländischen Tochterunternehmens wird nicht als Solches umgerechnet, sondern ergibt sich als Saldo der nach § 308a Satz 2 HGB umgerechneten Erträge und Aufwendungen und wird mit diesem Betrag in die in die Konzernwährung umgerechnete Bilanz übernommen. Gleiches gilt für etwaige Zwischensummen der Gewinn- und Verlustrechnung[400]. Werden die Erträge und Aufwendungen nicht mit einem einheitlichen (Durchschnitts-)Kurs, sondern mit differenzierten Durchschnittskursen umgerechnet, bildet der Kurs, bei dessen Verwendung das Jahresergebnis in Fremdwährung gerade den Saldo der umgerechneten Gewinn- und Verlustrechnung ergibt, den „Entstehungskurs" des Jahresergebnisses. Dieser ist in Folgejahren bei der Umrechnung des Eigenkapitals als (historischer) Entstehungskurs (vgl. Tz. 361) für den Teil des Ergebnisvortrags, der auf das laufende Jahresergebnis entfällt, weiterhin zu verwenden.

4. Erfolgsneutrale Behandlung von Umrechnungsdifferenzen (Satz 3)

370 Die Umrechnung der Vermögens- und Schuldposten zum Kurs am Bilanzstichtag einerseits und die Umrechnung der Eigenkapitalkomponenten mit historischen (Entstehungs-)Kursen andererseits führen für jedes ausländische Tochterunternehmen zur Entstehung einer bilanziellen Umrechnungsdifferenz. Diese verkörpert die kumulierten, nicht realisierten Währungsgewinne (passivische Differenz) oder -verluste (aktivische Differenz) an dem im Ausland investierten Reinvermögen der jeweiligen Tochterunternehmen (vgl. Tz. 356). Die Eigenkapitaldifferenz aus Währungsumrechnung der ausländischen Unternehmen ist nach § 308a Satz 3 HGB in deren Handelsbilanz II in der Konzernwährung (erfolgsneutral) in einen Sonderposten „**Eigenkapitaldifferenz aus der Währungsumrechnung**" innerhalb des Eigenkapitals einzustellen, der unverändert in den Konzernabschluss übernommen wird. Die für die ausländischen Tochterunternehmen übernommenen aktiven und passiven Eigenkapitaldifferenzen werden für den Ausweis in der Konzernbilanz saldiert, dh. nach den gesetzlichen Anforderungen ist nur eine gesamte Eigenkapitaldifferenz (netto) auszuweisen.

371 Der Gesamtsaldo der Eigenkapitaldifferenzen aus der Währungsumrechnung ist, auch wenn er negativ ist, innerhalb des Eigenkapitals gesondert **nach dem Posten Konzern-(Gewinn-)Rücklagen** auszuweisen (§ 308a Satz 3 HGB)[401]. Unwesentliche Beträge dürfen mit diesen Rücklagen zusammengefasst werden, wenn dadurch die Klarheit und Übersichtlichkeit der Darstellung (§ 297 Abs. 2 Satz 1 HGB) nicht beeinträchtigt wird. Dies sollte dann aber durch einen Davon-Vermerk kenntlich gemacht werden. Alternativ kann auch eine Aufgliederung der Rücklagen im Konzernanhang erfolgen.

372 Sind an einem ausländischen Tochterunternehmen auch fremde Gesellschafter beteiligt, ist die Eigenkapitaldifferenz aus Währungsumrechnung, soweit sie auf **Anteile anderer Gesellschafter** entfällt (DRS 14.33), im Ausgleichsposten nach § 307 Abs. 1 HGB auszuweisen. In diesem Fall sollte – unabhängig von der Darstellung im Eigen-

---
400 Vgl. Begr. RegE, BT-Drucks. 16/10067, S. 84.
401 Vgl. Entwurf St HFA, Zur Währungsumrechnung im Konzernabschluß, WPg 1998, S. 550.

kapitalspiegel (DRS 7.5) – durch einen Davon-Vermerk oder eine Angabe im Konzernanhang kenntlich gemacht werden, welche Anteile die Eigenkapitaldifferenz am Ausgleichsposten hat.

In Übereinstimmung mit internationalen Rechnungslegungsgrundsätzen ist die Veränderung der Eigenkapitaldifferenz aus der Währungsumrechnung im **Eigenkapitalspiegel** nach § 297 Abs. 1 Satz 1 HGB iVm. DRS 7.5 als „übriges Konzernergebnis" auszuweisen und ergibt zusammen mit dem Konzernjahresergebnis das sog. „Konzerngesamtergebnis"[402]. Der Gesamtbetrag des Unterschiedsbetrags aus der Währungsumrechnung wird im Eigenkapital gesondert innerhalb des Postens „Kumuliertes übriges Konzernergebnis" ausgewiesen.

373

5. Ausscheiden des Tochterunternehmens aus dem Vollkonsolidierungskreis sowie wirtschaftlich vergleichbare Vorgänge (Satz 4)

a. Vollständige Anteilsveräußerung

Scheidet ein Tochterunternehmen aus dem Vollkonsolidierungskreis (§ 294 Abs. 1, §§ 300 ff. HGB) aus, dürfen dessen Vermögensgegenstände und Schulden sowie die damit korrespondierenden Erträge und Aufwendungen ab dem Zeitpunkt, zu dem das Mutter-/Tochterverhältnis nach § 290 HGB endet[403], nicht länger als solche in den handelsrechtlichen Konzernabschluss des Mutterunternehmens einbezogen werden. Regelmäßig wird dieser Vorgang durch eine **vollständige Veräußerung der Anteile** am betreffenden Tochterunternehmen ausgelöst. Im Konzernabschluss wird zur Ermittlung des Abgangserfolgs im Rahmen der Endkonsolidierung dem erzielten Veräußerungserlös das aus Konzernsicht abgehende Reinvermögen des betreffenden Tochterunternehmens, soweit es auf das Mutterunternehmen entfällt, bewertet zu (ggf. fortgeführten) Konzernbuchwerten gegenüber gestellt[404].

374

Sofern es sich um ein ausländisches Tochterunternehmen handelt, ist auch eine für dieses Unternehmen bestehende **Eigenkapitaldifferenz aus Währungsumrechnung** in den Abgangswert einzubeziehen, dh. zusammen mit den aus Konzernsicht (ggf. anteilig) abgehenden Vermögensgegenständen und Schulden erfolgswirksam auszubuchen. Dies war bereits bisher hM[405] und wird nunmehr durch § 308a Satz 4 HGB ausdrücklich klargestellt. Mit dem Verkauf der Beteiligung am Tochterunternehmen wird die Investition von Konzernwährung in Fremdwährung beendet, dh. es steht endgültig fest, welchen Einfluss die Wechselkursänderungen auf das ursprünglich im Ausland investierte (Rein-)Vermögen bewertet in der Konzernwährung hatten (vgl. Tz. 358). Um dies zu erreichen, müssen die bislang erfolgsneutral behandelten Währungsdifferenzen ergebniswirksam aufgelöst werden.

375

Eine (erfolgswirksame) Abwicklung der Eigenkapitaldifferenz aus Währungsumrechnung ist ferner dann geboten, wenn nicht die Anteile, sondern sämtliche Vermögensgegenstände und Schulden eines ausländischen Tochterunternehmens an nicht zum Konsolidierungskreis gehörende Dritte verkauft werden („*asset-deal*") oder ein bei wirt-

376

---

402 Vgl. *ADS* International, Abschn. 22 Tz. 206 d.; *Förschle/Kroner*, in Beck Bil-Komm.[6], § 297 Anm. 110.
403 Ausführlich zur Bestimmung des Endkonsolidierungszeitpunkts vgl. *Förschle/Deubert*, in Beck Bil-Komm.[6], § 301 Anm. 250 f.
404 Vgl. zur Ermittlung: *ADS*[6], § 301 HGB Tz. 272; *Förschle/Deubert*, in Beck Bil-Komm.[6], § 301 Anm. 247.
405 Vgl. zB *Förschle/Deubert*, in Beck Bil-Komm.[6], § 301 Anm. 247; DRS 14.34.

schaftlicher Betrachtungsweise entsprechender Vorgang erfolgt (zB eine Liquidation[406] des ausländischen Tochterunternehmens).

377 Dies gilt unabhängig davon, ob der in Fremdwährung erzielte Kaufpreis auch in die Berichtswährung konvertiert und tatsächlich an das Mutterunternehmen ausgeschüttet wird oder eine **sofortige Reinvestition** des in Fremdwährung erzielten Veräußerungserlöses stattfindet. Wenn das gesamte im Ausland investierte (Rein-)Vermögen ausschließlich aus monetären Posten besteht, steht fest, welchen Einfluss die Wechselkursentwicklung auf den ursprünglich in Konzernwährung investierten Betrag hatte und entfällt dementsprechend nach § 308a Satz 4 HGB die Berechtigung, Währungsdifferenzen erfolgsneutral zu behandeln (vgl. Tz. 370). Die Entscheidung zur Reinvestition bedeutet bei wirtschaftlicher Betrachtungsweise somit, dass eine neue Investition in Fremdwährung getätigt und nicht eine bestehende Investition fortgeführt wird[407].

b. Übergangskonsolidierung

378 Wird das Mutter-Tochterverhältnis iSv. § 290 HGB durch eine **teilweise Anteilsveräußerung** beendet, hat – in Abhängigkeit vom Status der danach verbleibenden Unternehmensbeziehung (Gemeinschaftsunternehmen nach § 310 HGB, assoziiertes Unternehmen iSv. § 311 HGB oder Beteiligung nach § 271 Abs. 1 iVm. § 298 Abs. 1 HGB) – eine Übergangskonsolidierung auf die Quoten- oder *Equity*-Konsolidierung oder die Anschaffungskostenbewertung für die verbleibende Beteiligung zu erfolgen. Entsprechendes gilt, wenn die Vollkonsolidierung nach §§ 300 ff. HGB durch die Ausübung eines Einbeziehungswahlrechts nach § 296 HGB endet[408]. Bei der Ermittlung des Erfolgs aus der teilweisen Anteilsveräußerung ist nach § 308a Satz 4 HGB – analog zur Vorgehensweise bei der Endkonsolidierung (vgl. Tz. 374) – auch der auf die verkauften Anteile entfallende Teil des Unterschiedsbetrags aus der Währungsumrechnung erfolgswirksam aufzulösen.

379 Sofern sich an die Vollkonsolidierung eine **Quoten- oder *Equity*-Konsolidierung** des ausländischen Unternehmens anschließt, kann die auf die verbleibenden Anteile entfallende Eigenkapitaldifferenz aus Währungsumrechnung fortgeführt werden, weil § 308a Satz 3 HGB in diesen Fällen entsprechend anzuwenden ist bzw. angewendet werden kann (vgl. Tz. 351)[409].

380 Findet dagegen ein Übergang auf die **Anschaffungskostenbewertung** statt, sind grds. die fortgeführten Anschaffungskosten (§ 255 Abs. 1 HGB) aus dem handelsrechtlichen Jahresabschluss des die Beteiligung haltenden Konzernunternehmens in den Konzernabschluss zu übernehmen. In Höhe der Differenz zwischen diesem Wert und dem Konzernbuchwert des abgehenden Reinvermögens des Tochterunternehmens, einschließlich einer darauf entfallenden Währungsdifferenz, ergibt sich dann ein **Übergangserfolg**. Obwohl die Auslandsinvestition noch nicht vollständig beendet wurde, dh. insofern eine Berücksichtigung der Wechselkurseffekte auf das weiterhin investierte Vermögen systematisch (noch) nicht geboten wäre, wird dadurch im Ergebnis der Ausweis demjenigen angeglichen, der sich ergeben hätte, wenn von Anfang an nur

---

406 So auch Begr. Beschlussempfehlung und Bericht des Rechtsausschusses, BT-Drucks. 16/12407, S. 90.
407 Vgl. *Deubert*, DStR 2009, S. 341.
408 Vgl. im Einzelnen dazu: *Förschle/Deubert*, in Beck Bil-Komm.⁶, § 296 Anm. 5 ff.
409 Ausführlich dazu vgl. *Deubert*, DStR 2009, S. 344 f.

eine „normale" Beteiligung (§ 271 Abs. 1 iVm. § 298 Abs. 1 HGB) an einem ausländischen Unternehmen bestanden hätte.

Nach DRS 4.49 besteht in diesen Fällen aber auch die Möglichkeit, das auf die im Konzern verbleibenden Anteile entfallende Reinvermögen des Tochterunternehmens bewertet zu fortgeführten Konzernbuchwerten unter Einbeziehung des darauf entfallenden Unterschiedsbetrags aus der Währungsumrechnung als „neue" Konzern-Anschaffungskosten der Beteiligung anzusetzen[410]. In diesem Fall bleibt die Übergangskonsolidierung auf die Anschaffungskostenbewertung **erfolgsneutral**, dh. es findet keine „Vorabrealisierung" der Wechselkurseffekte statt. Unabhängig davon, welche der beiden Alternativen iZm. der Übergangskonsolidierung gewählt wird, hat die Folgebewertung der im Konzern verbleibenden Anteile nach den allgemeinen Grundsätzen zu erfolgen[411]. 381

6. Konzernanhang

Im Konzernanhang sind nach § 313 Abs. 1 Satz 2 Nr. 2 HGB wie bisher die **Grundlagen für die Umrechnung in Euro** anzugeben, wenn der Konzernabschluss Posten enthält, die auf fremde Währung lauten oder ursprünglich auf fremde Währung lauteten[412]. Inhaltlich betrifft die Angabepflicht zunächst „Fremdwährungsposten", die aus den handelsrechtlichen Jahresabschlüssen des Mutterunternehmens und der in- und ausländischen Tochterunternehmen in den handelsrechtlichen Konzernabschluss übernommen werden. Aufgrund der durch das Weltabschlussprinzip (§ 294 Abs. 1 HGB) gebotenen Konsolidierung ausländischer Tochterunternehmen umfasst die Angabepflicht im Konzernanhang außerdem auch die Grundlagen für die Umrechnung der in eine Fremdwährung aufgestellten Abschlüsse (Handelsbilanzen II) ausländischer Tochterunternehmen in die Konzernberichtswährung. 382

Die Erläuterung der bei der Umrechnung der in den Konzernabschluss einbezogenen Abschlüsse ausländischer Tochterunternehmen angewandten Methoden war von besonderer Bedeutung, solange weder das Gesetz noch die deutschen Konzern-GoB eine bestimmte **Umrechnungsmethode** vorgaben. Durch die Kodifizierung der Währungsumrechnung in § 308a HGB im Rahmen des BilMoG wird spätestens für Konzerngeschäftsjahre, die nach dem 31. Dezember 2009 beginnen (Art. 66 Abs. 3 Satz 1 EGHGB), bestimmt, dass die Umrechnung der Abschlüsse ausländischer Tochterunternehmen ausschließlich nach der modifizierten Stichtagskursmethode zu erfolgen hat. 383

Dementsprechend beschränkt sich die Angabepflicht zukünftig auf eine **Beschreibung der modifizierten Stichtagskursmethode**, wozu letztlich eine Wiederholung des Gesetzeswortlauts ausreichend ist. Dh. es ist anzugeben, welche Kurse bei der Umrechnung der Bilanz- und der Posten der Gewinn- und Verlustrechnung verwandt wurden (§ 308a Satz 1 und 2 HGB) und wie die sich ergebende Umrechnungsdifferenz behandelt wurde (§ 308a Satz 3 HGB). Bei der Umrechnung der Posten der Gewinn- und Verlustrechnung ist dabei auch die Ermittlung der Durchschnittskurse (insb. Bezugszeitraum und Gewichtungen; vgl. Tz. 367 f.) zu erläutern. 384

Des Weiteren erstreckt sich die Angabepflicht nach § 313 Satz 2 Nr. 2 HGB auf die Behandlung von Währungseffekten im **Anlagengitter** nach § 268 Abs. 2 iVm. § 298 Abs. 1 HGB. Zunächst erscheint es grds. sachgerecht, die Anlagenzugänge wie auch 385

---

410 Vgl. *Förschle/Deubert*, in Beck Bil-Komm.[6], § 301 Anm. 263 mwN.
411 Vgl. IDW RS HFA 10 Tz. 3 iVm. IDW S 1 (idF 2008) Tz. 17 ff.
412 Ausführlich dazu vgl. ADS[6], § 285 HGB Tz. 94 ff.; *Ellrott*, in Beck Bil-Komm.[6], § 284 Anm. 135 ff.

die Periodenabschreibungen zum (Perioden-)Durchschnittskurs umzurechnen. Damit die Fortschreibung der Bestandswerte für die kumulierten Anschaffungs-/Herstellungskosten bzw. Abschreibungen per Saldo die zum Stichtagskurs umgerechneten Buchwerte der einzelnen Posten des Anlagevermögens ergibt, müssen im Anlagegitter zusätzliche Währungsdifferenzen berücksichtigt werden. Dies erfolgt idR jeweils in einer gesonderten Spalte für die kumulierten Anschaffungs-/Herstellungskosten sowie die kumulierten Abschreibungen[413]. Werden die Währungsdifferenzen mit den Zugängen der Periode zusammengefasst, ist dies im Anhang oder durch eine Fußnote im Anlagegitter kenntlich zu machen[414].

IV. Einzelfragen bei Anwendung der modifizierten Stichtagskursmethode

1. Kapitalkonsolidierung

386 Bei der Kapitalkonsolidierung nach § 301 HGB werden die Anschaffungskosten für die Beteiligung am Tochterunternehmen mit dem im Zeitpunkt der Erstkonsolidierung (§ 301 Abs. 2 Satz 1 HGB) darauf entfallenden, neu bewerteten Reinvermögen (= Eigenkapital) verrechnet (vgl. Tz. 193 ff.). Bei ausländischen Tochterunternehmen ist das in der Fremdwährung ermittelte, **konsolidierungspflichtige Eigenkapital** mit dem Devisenkassamittelkurs im Erstkonsolidierungszeitpunkt umzurechnen (§ 308a Satz 1 HGB). Dieser (historische) Kurs ist im Rahmen der Folgekonsolidierung bei der Umrechnung dieser Eigenkapitalpositionen beizubehalten (DRS 14.29; § 308a Satz 1 HGB; vgl. Tz. 361). Dadurch wird sichergestellt, dass sich Wechselkursänderungen im Zeitablauf nicht auf die Aufrechnung des konsolidierungspflichtigen Kapitals auswirken, sondern direkt in der Eigenkapitaldifferenz aus Währungsumrechnung innerhalb des Konzerneigenkapitals erfasst werden (§ 308a Satz 3 HGB).

387 Davon unabhängig ist die Frage, welche Währung für die Bewertung der bei der Erstkonsolidierung in den Vermögensgegenständen und Schulden aufgedeckten **stillen Reserven und Lasten** sowie eines Geschäfts- oder Firmenwerts bzw. eines negativen Unterschiedsbetrags aus der Kapitalkonsolidierung im Rahmen der Folgekonsolidierung maßgeblich sein soll. Weder die gesetzlichen Regelungen zur Kapitalkonsolidierung (§§ 301, 308a, 309 HGB) noch die hierfür einschlägigen Standards des DSR (DRS 4 bzw. DRS 14) enthalten diesbezüglich eine eindeutige Festlegung. Eine Bewertung in der Konzernwährung würde im Ergebnis dazu führen, dass die Wertänderungen des im Ausland investierten Reinvermögens im Rahmen der Folgekonsolidierung teilweise in dessen Fremdwährung und zum Teil in der Konzernwährung gemessen werden. Das würde aber eine Durchbrechung der Konzeption der Stichtagskursmethode (vgl. Tz. 356 ff.) bedeuten.

388 Dies wird nur vermieden, wenn – entsprechend internationalen Grundsätzen (vgl. IAS 21.47 (rev. 2004)) – auch die Bewertung der aufgedeckten Reserven und Lasten etc. in der **Fremdwährung des Tochterunternehmens** erfolgt. Die im Rahmen der Kapitalkonsolidierung aufzudeckenden stillen Reserven und Lasten sowie ein ggf. entstehender Geschäfts- oder Firmenwert bzw. passiver Unterschiedsbetrag aus der Kapitalkon-

---

[413] Zu einer alternativen Darstellung, die die Währungsdifferenzen in den (kumulierten) Anfangsbeständen der Anschaffungs-/Herstellungskosten und der Abschreibungen und in den Geschäftsjahresabschreibungen trennt, vgl. Entwurf St HFA, Zur Währungsumrechnung im Konzernabschluß, WPg 1998, S. 554.
[414] Vgl. *Winkeljohann/Lust*, in Beck Bil-Komm.[6], § 298 Anm. 31.

solidierung sind letztlich Teil eines einheitlichen im Ausland investierten Vermögens. Deshalb erscheint es auch sachgerecht, dieses einheitliche Vermögen im Rahmen der Folgekonsolidierung auch einheitlich in der Fremdwährung des betreffenden Tochterunternehmens zu bewerten[415]. Dem steht auch nicht entgegen, dass durch diese Vorgehensweise uU im Rahmen der Folgekonsolidierung gemessen in der Konzernwährung ein höherer oder niedrigerer Unterschiedsbetrag aus der Kapitalkonsolidierung erfolgswirksam wird, als er im Erstkonsolidierungszeitpunkt – ebenfalls in Konzernwährung – vorhanden war. Dies gilt für sämtliche Vermögensgegenstände und Schulden des ausländischen Tochterunternehmens, unabhängig davon, ob diese im Erstkonsolidierungszeitpunkt bereits vorhanden sind oder während der Dauer der Konzernzugehörigkeit angeschafft werden. In keinem Fall werden tatsächlich die Anschaffungskosten in Konzernwährung periodisiert. Dies ist ein der Stichtagskursmethode immanenter Effekt[416], der sich spätestens im Rahmen der Endkonsolidierung (erfolgswirksam) ausgleicht.

Auch wenn die (Folge-)Bewertung der „Zusatzbewertungen" aus der Erstkonsolidierung bei ausländischen Tochterunternehmen mit Rücksicht auf die Konzeption der Stichtagskursmethode aus den genannten Gründen jeweils in der Währung des betreffenden Tochterunternehmens erfolgen sollte, wird man die Bewertung in der **Konzernwährung** bis zu einer endgültigen Entscheidung dieser Frage durch den Gesetzgeber oder Standardsetter nicht beanstanden können.

2. Schuldenkonsolidierung

Konzerninterne Schuldverhältnisse dürfen sich wegen der der Konzernrechnungslegung zugrunde liegenden **Einheitstheorie** (§ 297 Abs. 3 Satz 1 HGB) nicht auf die Darstellung der Vermögens-, Finanz- und Ertragslage im Konzernabschluss auswirken. § 303 Abs. 1 HGB bestimmt deshalb, dass Forderungen und Verbindlichkeiten gegenüber den einbezogenen (Mutter- und Tochter-)Unternehmen im handelsrechtlichen Konzernabschluss wegzulassen sind.

Fraglich ist, welche Auswirkungen sich auf die Schuldenkonsolidierung ergeben, wenn das konzerninterne Schuldverhältnis aus der Sicht einer Partei ein **Fremdwährungsgeschäft** darstellt, dh. der Vermögens- oder Schuldposten aus der Sicht einer der Parteien auf eine von ihrer Landeswährung abweichende Fremdwährung lautet. In diesem Fall können sich Differenzen zunächst unmittelbar im Rahmen der Schuldenkonsolidierung ergeben, weil sich die aufzurechnenden konzerninternen Ansprüche und Verpflichtungen nach der Umrechnung der Fremdwährungsbeträge mit dem Stichtagskurs in der Berichtswährung des Konzernabschlusses nicht betragsgleich gegenüber stehen. Daneben können sich Differenzen auch deshalb ergeben, weil die imparitätische Bewertung (§ 252 Abs. 1 Nr. 4 HGB) des konzerninternen Kreditverhältnisses im Jahresabschluss einer der Parteien zu Erfolgsbeiträgen geführt hat, im Abschluss der anderen Partei aber nicht. In diesen Fällen ergibt sich dann zwar aus der eigentlichen Schuldenkonsolidierung keine Differenz mehr, ohne weitere Konsolidierungsmaßnahmen würde jedoch der Erfolgsbeitrag in das Konzernergebnis eingehen.

In beiden Fällen wird mehrheitlich in der Literatur[417] eine **erfolgsneutrale Behandlung** dieser Differenzen im handelsrechtlichen Konzernabschluss befürwortet. Dies

---

415 GlA *Oser/Mojadadr/Wirth*, KoR 2008, S. 576 f.
416 Vgl. *ADS⁶*, § 301 HGB Tz. 298.
417 Vgl. *ADS⁶*, § 303 HGB Tz. 37; *Ordelheide*, BB 1993, S. 1558 f.; Entwurf St HFA, Zur Währungsumrechnung im Konzernabschluß, WPg 1998, S. 552.

wird (technisch) dadurch erreicht, dass die Aufrechnungsunterschiede im Rahmen der Schuldenkonsolidierung in der Eigenkapitaldifferenz aus Währungsumrechnung (vgl. Tz. 370 f.) erfasst werden. Hintergrund hierfür ist, dass etwaige Aufrechnungsunterschiede nicht automatisch mit „echten Währungskursverlusten" gleichgesetzt werden können. Aus Sicht des fiktiv rechtlich einheitlichen Unternehmens Konzern (§ 297 Abs. 3 Satz 1 HGB) besteht das Schuldverhältnis zwischen den einbezogenen Unternehmen nicht. Dementsprechend können Währungsgewinne und -verluste nur aus dem im Ausland investierten Vermögen bzw. den zB zur Finanzierung der Auslandsinvestition in Fremdwährung aufgenommenen Schulden gegenüber konzernfremden Dritten entstehen.

393 Wenn ein ausländisches Tochterunternehmen, zB in den USA, mit den vom Mutterunternehmen in der Konzernwährung (€) gewährten Darlehensmitteln Sachwerte anschafft, ist bei der Abwertung der Auslandswährung (US-$) gegenüber der Konzernwährung ein **Verlust aus Konzernsicht** nur dann entstanden, wenn die Abwertung nicht bzw. nicht vollständig durch Preissteigerungen bei den im Ausland angeschafften Vermögensgegenständen kompensiert wird. Dagegen wäre ein Verlust auch aus Konzernsicht unstrittig dann realisiert, wenn mit der Darlehensforderung beim Tochterunternehmen nur auf dessen Währung lautende Zahlungsmittel bzw. Zahlungsmitteläquivalente oder sonstige monetäre Vermögensgegenstände, zB Lieferforderungen, korrespondieren. Regelmäßig wird sich aber nicht zweifelsfrei feststellen lassen, ob ein Verlust aus Konzernsicht entstanden ist.

394 Teilweise wird jedoch unter Hinweis auf IAS 21 (rev. 2004) die Auffassung vertreten, die og. **Differenzbeträge** bzw. die Veränderung derartiger Differenzen gegenüber dem Vorjahr **erfolgswirksam** zu erfassen[418]. Begründet wird dies damit, dass aus dem konzerninternen Schuldverhältnis die Verpflichtung resultiert, eine (Fremd-)Währung in eine andere (Fremd-)Währung zu konvertieren und das berichtende Unternehmen (Konzern) damit letztlich einem Wechselkursrisiko ausgesetzt wird, das spätestens bei der Rückzahlung des Darlehens auch aus Konzernsicht realisiert wird.

395 Sofern es sich bei den konzerninternen Darlehen um **beteiligungsähnliche Darlehen**[419] als Teil der sog. Nettoinvestition in einen ausländischen Geschäftsbetrieb handelt, deren Rückzahlung weder geplant noch wahrscheinlich ist, wird allerdings auch von den Vertretern einer grds. erfolgswirksamen Erfassung der Währungsdifferenzen – ebenso wie nach IAS 21.15, .32 f. (rev. 2004) – für den handelsrechtlichen Konzernabschluss eine erfolgsneutrale Behandlung der währungsbedingten Aufrechnungsunterschiede aus der Schuldenkonsolidierung befürwortet[420].

396 Der zuerst genannten Ansicht – **erfolgsneutrale Erfassung** der Differenzen (Tz. 392) – ist in der Theorie grds. zuzustimmen (vgl. zur Dauer Tz. 398). Bei Anwendung der **Stichtagskursmethode** wird der Beitrag eines ausländischen Tochterunternehmens zum Konzernerfolg ausschließlich auf Grundlage der Veränderung des in Fremdwährung bewerteten Reinvermögens dieses Tochterunternehmens bestimmt. Wechselkursbedingte Wertänderungen am (Rein-)Vermögen des Tochterunternehmens werden nach § 308a Satz 3 und 4 HGB bis zu einer teilweisen oder vollständigen Beendigung dieses „Investments" erfolgsneutral behandelt (vgl. Tz. 374 ff.). Würden die oben beschriebenen Differenzen im Rahmen der Schuldenkonsolidierung nicht in den Unter-

---

418 Vgl. *Winkeljohann/Beyersdorff*, in Beck Bil-Komm.⁶, § 303 Anm. 16.
419 Vgl. *ADS International*, Abschn. 5 Tz. 62 ff.
420 Vgl. *Winkeljohann/Beyersdorff*, in Beck Bil-Komm.⁶, § 303 Anm. 16.

schiedsbetrag aus der Währungsumrechnung einbezogen, sondern ergebniswirksam behandelt, würde die Konzeption der Stichtagskursmethode durchbrochen.

Insb. wenn sich konzerninterne Darlehen kontinuierlich aufbauen und wieder abwickeln, kann das Nachhalten der Differenzen, die (noch) erfolgsneutral zu behandeln und in die Eigenkapitaldifferenz aus Währungsumrechnung einzustellen sind und der Teile, die nach der Beendigung des Kreditverhältnisses erfolgswirksam zu erfassen sind, aber sehr aufwändig sein. Vor diesem Hintergrund ist es nicht zu beanstanden, wenn etwaige Differenzen aus der Schuldenkonsolidierung aus **Vereinfachungsgründen** bereits während der Laufzeit der Schuldverhältnisse nicht in die bilanzielle Umrechnungsdifferenz einbezogen, sondern **erfolgswirksam** erfasst werden. 397

Unabhängig von dieser konzeptionellen Frage ist aber zu fragen, wann Beträge, die im Rahmen der Schuldenkonsolidierung in der Eigenkapitaldifferenz aus der Währungsumrechnung erfasst wurden, im handelsrechtlichen Konzernabschluss erfolgswirksam werden. Nach § 308a Satz 4 HGB ist dies bei **vollständigem oder teilweisem Ausscheiden** des ausländischen Tochterunternehmens der Fall (vgl. Tz. 374). Darüber hinaus erscheint eine erfolgswirksame Erfassung der Währungseffekte aus der Schuldenkonsolidierung aber geboten, wenn das zugrunde liegende **Schuldverhältnis beendet** wurde. Wurde einem ausländischen Tochterunternehmen bspw. ein Darlehen in der Konzernwährung € gewährt, muss dieses – zum Zweck der Darlehenstilgung – Vermögen, dessen Wert aus Konzernsicht bislang – entsprechend den Grundsätzen der Stichtagskursmethode – in Fremdwährung gemessen wurde, in die Konzernwährung konvertiert werden. Bei wirtschaftlicher Betrachtungsweise entspricht dies einer Teilliquidation des ausländischen Investments, was die (erfolgswirksame) Abwicklung der damit korrespondierenden bilanziellen Umrechnungsdifferenz erfordert, weil endgültig feststeht, welcher Effekt aus der Änderung der Wechselkurse resultiert. 398

V. Erstanwendung und Übergang vom Konzept der funktionalen Währung zur Umrechnung nach der (modifizierten) Stichtagskursmethode

Die (modifizierte) Stichtagskursmethode nach § 308a HGB ist verpflichtend für Geschäftsjahre, die **nach dem 31. Dezember 2009** beginnen (Art. 66 Abs. 3 Satz 1 EGHGB), bei der Umrechnung der Abschlüsse (Handelsbilanzen II) ausländischer Tochterunternehmen anzuwenden. 399

Wurde der landesrechtliche Abschluss eines ausländischen Tochterunternehmens bisher bereits in dessen **funktionaler Währung** (vgl. Tz. 347), die häufig der Währung des Sitzlandes des betreffenden Unternehmens entsprochen haben wird, aufgestellt, war nach dem Konzept der funktionalen Währung für die Umrechnung dieses Abschlusses in die Berichtswährung des handelsrechtlichen Konzernabschlusses (Konzernwährung) nach DRS 14.28 ff. schon bisher die modifizierte Stichtagskursmethode anzuwenden. Dh. für diese Tochterunternehmen ergeben sich aus der erstmaligen Anwendung des § 308a HGB keine Änderungen. 400

Die Abschlüsse ausländischer Tochterunternehmen, deren Landeswährung von ihrer funktionalen Währung, die ggf. zugleich der Währung des Mutterunternehmens (= Konzernwährung) entspricht, abweicht, zB weil ihre Geschäftstätigkeit, wie bei einer reinen Vertriebsgesellschaft, in die des Mutterunternehmens integriert war (DRS 14.10a), waren dagegen bisher nach der **Zeitbezugsmethode** umzurechnen. Die Umrechnung der Vermögens- und Schuldposten des ausländischen Abschlusses sowie der 401

Q Konzernabschluss § 308a HGB

damit korrespondierenden Erträge und Aufwendungen hatte dabei so zu erfolgen, als ob sämtliche Geschäftsvorfälle des betreffenden Unternehmens unmittelbar in seiner funktionalen Währung erfasst worden wären. Anders als bei Anwendung der Stichtagskursmethode stellt die Währungsumrechnung in diesem Fall somit nicht nur einen wertneutralen Transformationsvorgang, sondern einen Bewertungsvorgang dar, der unmittelbar Einfluss auf die Entstehung des handelsrechtlichen Jahresergebnisses hat. Dementsprechend gibt es bei Anwendung der Zeitbezugsmethode keinen der Eigenkapitaldifferenz aus Währungsumrechnung vergleichbaren Sonderposten, in dem unrealisierte Währungsgewinne und -verluste (vgl. Tz. 370) bis zur Beendigung der Auslandsinvestition erfolgsneutral „geparkt" werden (vgl. Tz. 374 ff.).

402 Für den Übergang auf die Umrechnung nach der modifizierten Stichtagskursmethode bedeutet dies, dass die letzten Wertansätze der **Eigenkapitalposten** in der bisherigen funktionalen Währung, zB der Währung des Mutterunternehmens, nach Anpassung an die konzerneinheitliche Bilanzierung und Bewertung (§ 300 Abs. 2, § 308 HGB), als historische Werte zu übernehmen sind. Die Kurse, bei deren Verwendung die Eigenkapitalposten der Handelsbilanz II in Landeswährung gerade den Beträgen in der Konzernwährung entsprechen, die sich bei der letztmaligen Umrechnung nach der Zeitbezugsmethode ergeben, sind in der Folgezeit für die Anwendung der Stichtagskursmethode die maßgeblichen historischen Kurse (vgl. Tz. 403). Die Eigenkapitaldifferenz aus Währungsumrechnung nach § 308a Satz 3 HGB beträgt somit für die bislang nach der Zeitbezugsmethode umgerechneten Fremdwährungsabschlüsse im Übergangszeitpunkt gerade „Null". Dh. für das vorhandene Eigenkapital müssen nachträglich keine historischen Kurse ermittelt werden, sondern der Wechsel von der Zeitbezugs- zur Stichtagskursmethode erfolgt prospektiv.

403 Maßgeblicher Zeitpunkt für den **Methodenwechsel** ist der Beginn des Geschäftsjahres, in dem die geänderten Vorschriften erstmals anzuwenden sind, dh. bei einem Geschäftsjahr, das gleich dem Kalenderjahr ist, ist dies der **1. Januar 2010** (0.00 Uhr) (Art. 66 Abs. 3 Satz 1 EGHGB) bzw. bei einer freiwilligen vorzeitigen Anwendung der im Rahmen des BilMoG geänderten Vorschriften nach Art. 66 Abs. 3 Satz 6 EGHGB der **1. Januar 2009**.

§ 309 HGB
Behandlung des Unterschiedsbetrags

(1) Die **Abschreibung** eines nach § 301 Abs. 3 auszuweisenden Geschäfts- oder Firmenwertes bestimmt sich nach den Vorschriften des Ersten Abschnitts.

(2) Ein nach § 301 Abs. 3 auf der Passivseite auszuweisender Unterschiedsbetrag darf ergebniswirksam nur aufgelöst werden, soweit

1. eine zum Zeitpunkt des Erwerbs der Anteile oder der erstmaligen Konsolidierung erwartete ungünstige Entwicklung der künftigen Ertragslage des Unternehmens eingetreten ist oder zu diesem Zeitpunkt erwartete Aufwendungen zu berücksichtigen sind oder
2. am Abschlußstichtag feststeht, daß er einem realisierten Gewinn entspricht.

Inhaltsverzeichnis Tz.

I. Allgemeines .... 404 – 407
II. Behandlung des Geschäfts- oder Firmenwertes im Rahmen der Folgekonsolidierung
    1. Planmäßige Abschreibung .... 408 – 414
    2. Vorläufige Erwerbsbilanzierung .... 415 – 418
    3. Außerplanmäßige Abschreibung .... 419 – 430
    4. Wertaufholungsverbot .... 431 – 432
III. Übergangsvorschriften .... 433 – 438

I. Allgemeines

404 Der Geschäfts- oder Firmenwert aus der Konsolidierung ergibt sich als rechnerische Differenz zwischen den Anschaffungskosten der dem Mutterunternehmen gehörenden Anteile an einem Tochterunternehmen und dem darauf anteilig entfallenden Reinvermögen, bewertet zum beizulegenden Zeitwert im maßgeblichen Erstkonsolidierungszeitpunkt (§ 301 Abs. 2 HGB; vgl. Tz. 235). Für den Geschäfts- oder Firmenwert aus der Kapitalkonsolidierung besteht im Konzernabschluss nach § 301 Abs. 3 Satz 1 HGB Ansatzpflicht. Die Fiktion des § 246 Abs. 1 Satz 4 HGB, wonach der Geschäfts- oder Firmenwert als **zeitlich begrenzt abnutzbarer Vermögensgegenstand** gilt (vgl. Abschn. E Tz. 8), ist aufgrund des Verweises in § 298 Abs. 1 HGB auch für den Konzernabschluss anzuwenden[421].

405 Nach § 309 Abs. 1 HGB sind bei der **Folgebewertung** von Geschäfts- oder Firmenwerten aus der Kapitalkonsolidierung von Unternehmen, die aus Erwerbsvorgängen stammen, die in Geschäftsjahren erfolgt sind, die spätestens (zur vorzeitigen Anwendung aller durch das BilMoG geänderten Vorschriften auf Konzernabschlüsse für Geschäftsjahre, die nach dem 31. Dezember 2008 beginnen nach Art. 66 Abs. 3 Satz 6 EGHGB vgl. Abschn. W Tz. 3) **nach dem 31. Dezember 2009** begonnen haben (Art. 66 Abs. 3 Satz 4 EGHGB), die Vorschriften des ersten Abschnitts zu beachten (vgl. dazu Tz. 408 ff.). Diese Geschäfts- oder Firmenwerte sind nach § 253 Abs. 3 iVm. § 309 Abs. 1 HGB planmäßig über die individuelle Nutzungsdauer und ggf. außerplanmäßig abzuschreiben (vgl. auch Abschn. E Tz. 14 ff.). Eine Zuschreibung nach vorangegangener außerplanmäßiger Abschreibung ist ausgeschlossen (vgl. Tz. 431 f.; § 253 Abs. 5 Satz 2 iVm. § 309 Abs. 1 HGB).

---

421 Vgl. zB *Oser*, Der Konzern 2008, S. 109.

406 Im Ergebnis folgt der Gesetzgeber mit dem neuen § 309 Abs. 1 HGB zu Ansatz und Bewertung des Geschäfts- oder Firmenwerts den Empfehlungen in DRS 4.27 ff[422]. Diese Vorschläge hatten zwar bereits bisher die GoB-Vermutung des § 342 Abs. 2 HGB für sich, aber angesichts der ausdrücklichen gesetzlichen Wahlrechte (§ 309 Abs. 1 Satz 1 bzw. Satz 3 HGB aF) hatten sie faktisch keine Bindungswirkung[423], dh. ihre Nichtbeachtung konnte bisher im Rahmen einer Konzernabschlussprüfung nicht beanstandet werden[424]. Für Geschäfts- oder Firmenwerte aus der Erstkonsolidierung, die nach dem 31. Dezember 2009 entstehen, sind die **Grundsätze des DRS 4.27 ff.** künftig als Konkretisierung der gesetzlichen Regelungen zu beachten (Konzern-GoB).

407 Die bisher alternativ anwendbaren Möglichkeiten, den Geschäfts- oder Firmenwert pauschal in jedem folgenden Geschäftsjahr um mindestens ein Viertel zu tilgen (§ 309 Abs. 1 Satz 1 HGB aF) oder ihn offen mit den Rücklagen zu verrechnen (§ 309 Abs. 1 Satz 3 HGB aF), besteht nur für Geschäfts- oder Firmenwerte aus der Erstkonsolidierung fort, die in **vor dem 1. Januar 2010** beginnenden Geschäftsjahren entstanden sind (vgl. Tz. 433 ff.). Dies ergibt sich im Umkehrschluss zur ausschließlich prospektiven Anwendung der Neuregelung nach Art. 66 Abs. 3 Satz 4 EGHGB. Bei freiwilliger vorzeitiger Anwendung aller durch das BilMoG geänderten Vorschriften nach Art. 66 Abs. 3 Satz 6 EGHGB gelten die Regelungen des § 309 Abs. 1 HGB aF für Geschäfts- oder Firmenwerte, die vor dem 1. Januar 2009 entstanden sind (vgl. auch Abschn. W Tz. 3), fort.

II. Behandlung des Geschäfts- oder Firmenwertes im Rahmen der Folgekonsolidierung

1. Planmäßige Abschreibung

408 Der Geschäfts- oder Firmenwert aus der Kapitalkonsolidierung nach § 301 Abs. 3 HGB ist planmäßig über seine voraussichtliche Nutzungsdauer abzuschreiben (§ 253 Abs. 3 Satz 1 und 2 iVm. § 246 Abs. 1 Satz 4 iVm. § 309 Abs. 1 HGB). Eine planmäßige Abschreibung bedingt die Aufstellung eines **Abschreibungsplans**. Dazu müssen im Erstkonsolidierungszeitpunkt die Grundlagen für die Ermittlung der jährlichen planmäßigen Abschreibungsbeträge, dh. die Nutzungsdauer und die Abschreibungsmethode, die am besten geeignet ist, den tatsächlichen Entwertungsverlauf des Geschäfts- oder Firmenwerts abzubilden, festgelegt werden.

409 Zur Bestimmung der **Nutzungsdauer** des Geschäfts- oder Firmenwerts iSv. § 253 Abs. 3 Satz 2 HGB muss analysiert werden, welche Komponenten (Qualität der Belegschaft bzw. des Managements, Kundenstamm, *Image, Know-How* etc.) für seine Entstehung ursächlich waren und über welchen Zeitraum die daraus resultierenden wirtschaftlichen Vorteile voraussichtlich wirksam sind. Bei dieser Beurteilung sind die für das betreffende Tochterunternehmen geltenden rechtlichen, technischen und ökonomischen Rahmenbedingungen zu berücksichtigen (vgl. auch Abschn. E Tz. 19 ff.)[425].

---

422 Vgl. BAnz. vom 17.11.2000, S. 24 070 ff.
423 Vgl. *Förschle*, in Beck Bil-Komm.[6], § 342 Anm. 9.
424 Vgl. zB IDW PS 450, Tz. 134.
425 Vgl. *Schurbohm-Ebneth/Zoeger*, DB 2008, Beil. 1, S. 43.

Anhaltspunkte für die **Schätzung der Nutzungsdauer** können zB sein[426]: **410**

a) die Art und die voraussichtliche Bestandsdauer des erworbenen Unternehmens, einschließlich der gesetzlichen oder vertraglichen Regelungen, die sich auf seine Lebensdauer auswirken,
b) die Stabilität und die voraussichtliche Bestandsdauer der Branche des erworbenen Unternehmens,
c) der Lebenszyklus der Produkte des erworbenen Unternehmens,
d) die Auswirkungen von Veränderungen der Absatz- und Beschaffungsmärkte sowie der wirtschaftlichen Rahmenbedingungen auf das erworbene Unternehmen,
e) der Umfang von Erhaltungsaufwendungen, die erforderlich sind, um den erwarteten ökonomischen Nutzen des erworbenen Unternehmens zu realisieren, sowie die Fähigkeit des Unternehmens, diese Aufwendungen aufzubringen,
f) die Laufzeit wichtiger Absatz- und Beschaffungsverträge des erworbenen Unternehmens,
g) die voraussichtliche Dauer der Tätigkeit von wichtigen Mitarbeitern oder Mitarbeitergruppen für das erworbene Unternehmen,
h) das erwartete Verhalten von (potentiellen) Wettbewerbern des erworbenen Unternehmens sowie
i) die voraussichtliche Dauer der Beherrschung des erworbenen Unternehmens.

Die Vermutung des § 246 Abs. 1 Satz 4 iVm. § 298 Abs. 1 HGB, wonach der Geschäfts- oder Firmenwert aus der Konsolidierung ein „... zeitlich begrenzt nutzbarer Vermögensgegenstand ..." ist, wird durch DRS 4.31 konkretisiert. Danach darf nur in begründeten Ausnahmefällen eine **über zwanzig Jahre** hinausgehende Nutzungsdauer zugrunde gelegt werden. Die Nutzungsdauer der Geschäfts- oder Firmenwerte aus der Konsolidierung ist im Konzernanhang im Rahmen der Erläuterungen zu den Bewertungsmethoden nach § 313 Abs. 1 Nr. 1 HGB anzugeben. Wird der Abschreibung eines Geschäfts- oder Firmenwerts eine Nutzungsdauer von **mehr als fünf Jahren** zugrunde gelegt, sind die Gründe anzugeben, die diese Annahme rechtfertigen (§ 314 Abs. 1 Nr. 20 HGB; vgl. R Tz. 77 ff.). Eine Normierung der Nutzungsdauer des Geschäfts- oder Firmenwerts ist damit aber nicht verbunden[427]. **411**

Nach DRS 4.31 ist eine andere als die **lineare Abschreibungsmethode** nur zulässig, wenn überzeugende Gründe dafür vorliegen, dass diese (andere) Methode den Abnutzungsverlauf des Geschäfts- oder Firmenwerts auch zutreffend widerspiegelt[428]. Die Verrechnung von planmäßigen Abschreibungen ist ab dem Erstkonsolidierungszeitpunkt (vgl. Tz. 235), dh. im Jahr der Entstehung des Geschäfts- oder Firmenwerts zeitanteilig, vorzunehmen. **412**

Besteht das erworbene Tochterunternehmen aus mehreren (wesentlichen) Geschäftsfeldern (Segmenten), ist der im Rahmen der Erstkonsolidierung entstehende Geschäfts- oder Firmenwert nach DRS 4.30 iVm. .33 auf die betreffenden **Geschäftsfelder** aufzuteilen. Dies geschieht zunächst im Hinblick auf die Überprüfung der Werthaltigkeit der Geschäfts- oder Firmenwerte im Rahmen der Folgebewertung (vgl. Tz. 419 f.), weil sich die einzelnen Geschäftsfelder eines Tochterunternehmens unterschiedlich entwickeln können[429]. Insb. bei Erwerb von Teilkonzernen ist die Aufteilung darüber hinaus erforderlich, um bei einer späteren Endkonsolidierung einzelner Tochterunternehmen **413**

---

426 Vgl. Begr. RegE, BT-Drucks. 16/10067, S. 48, die die in DRS 4.33 genannten Kriterien wiederholt.
427 GlA *Oser/Reichart/Wirth*, in Küting/Pfitzer/Weber, Das neue deutsche Bilanzrecht², S. 430.
428 Vgl. *ADS*⁶, § 309 HGB Tz. 23.
429 Vgl. *Förschle/Deubert*, in Beck Bil-Komm.⁶, § 301 Anm. 161.

dieses Teilkonzerns, zB aufgrund eines Verkaufs, für die Geschäftsfelder, in denen das Tochterunternehmen tätig war, den Abgangswert des Geschäfts- oder Firmenwerts zutreffend bestimmen zu können. Dies ist notwendig für die korrekte Ermittlung des Endkonsolidierungserfolgs für das betreffende Tochterunternehmen[430].

414 Die Abgrenzung bzw. Bestimmung der einzelnen Geschäftsfelder, auf die der Geschäfts- oder Firmenwert aus der Konsolidierung aufzuteilen ist, richtet sich nach den allgemeinen **Grundsätzen zur Segmentierung** nach DRS 3. Wie bei dieser Aufteilung zu verfahren ist, ist nicht geregelt. Es erscheint aber auch hier sachgerecht, den auf das einzelne Geschäftsfeld entfallenden Geschäfts- oder Firmenwert als Differenz zwischen den auf das Geschäftsfeld entfallenden Anschaffungskosten der Beteiligung und dem Zeitwert des (ggf. anteiligen) Reinvermögens zu ermitteln[431]. Eine pauschale Aufteilung des Geschäfts- oder Firmenwerts im relativen Verhältnis des Reinvermögens oder der Umsatzerlöse der Geschäftsfelder zueinander[432], erscheint nicht zulässig, weil zwischen dem Geschäfts- oder Firmenwert und den genannten Bezugsgrößen idR kein kausaler Zusammenhang bestehen dürfte[433].

2. Vorläufige Erwerbsbilanzierung

415 Nach § 301 Abs. 2 Satz 2 HGB sind bessere Erkenntnisse über die Wertansätze (werterhellende Informationen) der aus Konzernsicht erworbenen Vermögensgegenstände und Schulden, die innerhalb von **zwölf Monaten nach dem Erstkonsolidierungszeitpunkt** iSv. § 301 Abs. 2 Satz 1 HGB bekannt werden, nachträglich bei der Erwerbsbilanzierung zu berücksichtigen (ausführlich dazu Tz. 218 ff.). In den Fällen, in denen Wertänderungen bei den erworbenen Vermögensgegenständen nicht gleichzeitig zu einer Anpassung der Anschaffungskosten der erworbenen Anteile führen, resultiert aus der nachträglichen Anpassung der Erwerbsbilanzierung eine Veränderung des Geschäfts- oder Firmenwerts (vgl. Tz. 225 ff.).

416 Auch wenn sich die Regelung des § 301 Abs. 2 Satz 2 HGB formal nur auf die in der Neubewertungsbilanz angesetzten Vermögensgegenstände und Schulden bezieht, gilt sie entsprechend für den **Geschäfts- oder Firmenwert**, auch wenn dieser technisch erst im Zuge der Kapitalaufrechnung entsteht. Dafür spricht, dass ein einmal im Zuge der Kapitalkonsolidierung entstandener Geschäfts- oder Firmenwert nach § 246 Abs. 1 Satz 4 iVm. § 298 Abs. 1 HGB als (zeitlich begrenzt nutzbarer) Vermögensgegenstand gilt und insofern den bereits in der Neubewertungsbilanz enthaltenen Vermögensgegenständen gleichgestellt wird. Wenn innerhalb der Frist von zwölf Monaten, gerechnet ab dem Erstkonsolidierungszeitpunkt (vgl. Tz. 220), nachträglich bessere Informationen über die geschäftswertbildenden Faktoren vorliegen, dann ist dies bei der Festlegung der Nutzungsdauer des Geschäfts- oder Firmenwerts bzw. der angemessenen Abschreibungsmethode zu berücksichtigen.

417 Sofern sich die aus der Kombination aller Faktoren abgeleitete **Nutzungsdauer** des Geschäfts- oder Firmenwerts dadurch **verkürzt**, dh. sich nachträglich die planmäßige Jahresabschreibung des Geschäfts- oder Firmenwerts (§ 253 Abs. 3 Satz 1 iVm. § 309 Abs. 1 HGB) erhöht, und die Korrektur erst in dem auf die Erstkonsolidierung folgenden Geschäftsjahr erfolgt, ist die Nachholung der Mehrabschreibung für das Jahr der Erstkonsolidierung im Folgejahr erfolgsneutral gegen den Ergebnisvortrag zu ver-

---

430 Vgl. dazu zB *Förschle/Deubert*, in Beck Bil-Komm.⁶, § 301 Anm. 244 ff.
431 Ebenso *Förschle/Deubert*, in Beck Bil-Komm.⁶, § 301 Anm. 161.
432 So zB *Hachmeister*, in Beck HdR, C Tz. 45.
433 GlA *Förschle/Deubert*, in Beck Bil-Komm.⁶, § 301 Anm. 161.

rechnen (vgl. Tz. 227). Wertminderungen des Geschäfts- oder Firmenwerts, die durch wertbegründende Ereignisse, zB vorzeitige Beendigung wichtiger Absatz- oder Beschaffungsverträge, ausgelöst werden, dürfen dagegen nicht erfolgsneutral behandelt werden, sondern sind in laufender Rechnung durch die Vornahme von außerplanmäßigen Abschreibungen nach § 253 Abs. 3 Satz 3 iVm. § 309 Abs. 1 HGB zu erfassen (vgl. dazu Tz. 419 ff.).

Kommt es dagegen aufgrund der besseren Erkenntnisse zu einer **Verlängerung** der **Nutzungsdauer** des Geschäfts- oder Firmenwerts, kommt ein Rückgängigmachen einer im Jahr der Erstkonsolidierung „zu viel" verrechneten Abschreibung durch die Vornahme einer Zuschreibung nicht in Betracht (§ 253 Abs. 5 Satz 2 iVm. § 309 Abs. 1 HGB analog). Die Anpassung hat hier prospektiv zu erfolgen, dh. der Restbuchwert ist planmäßig über die – aufgrund der neueren Erkenntnisse – längere Restnutzungsdauer abzuschreiben. 418

3. Außerplanmäßige Abschreibung

Nach § 253 Abs. 3 Satz 3 iVm. § 309 Abs. 1 HGB ist ein Geschäfts- oder Firmenwert aus der Konsolidierung bei einer **voraussichtlich dauernden Wertminderung** außerplanmäßig auf den niedrigeren beizulegenden Wert abzuschreiben (vgl. auch Abschn. E Tz. 23 ff.)[434]. Ursache dafür ist idR eine Abweichung des tatsächlichen Entwertungsverlaufs der geschäftswertbildenden Faktoren aus der Erstkonsolidierung (vgl. Tz. 409) von dem im Abschreibungsplan unterstellten Verlauf. Eine Abschreibung wird danach erforderlich, wenn sich nach Ablauf des Korrekturzeitraums von einem Jahr (vgl. Tz. 415) herausstellt, dass die mit einem im Erstkonsolidierungszeitpunkt identifizierten Vorteil verbundenen künftigen Gewinnchancen über einen kürzeren Zeitraum als erwartet wirksam sind oder dessen absoluter Umfang niedriger als erwartet ausfällt. 419

Beispiele für im Vergleich zum Anschaffungszeitpunkt des Unternehmens gesunkene Gewinnerwartungen sind: 420

- Durch unvorhergesehene technische Veränderungen, Veränderungen des rechtlichen Umfelds oder der Marktbedingungen verkürzt sich der Lebenszyklus erworbener Produkte oder Produktlinien.
- Wichtige Führungskräfte oder sonstige Know-How-Träger, zB im Forschungs- oder Vertriebsbereich, scheiden vorzeitig aus dem Unternehmen aus.
- Bemühungen zur Realisierung von Synergieeffekten scheitern.

Muss die **Beteiligung** am Tochterunternehmen im handelsrechtlichen Jahresabschluss des Mutterunternehmens aufgrund einer voraussichtlich dauerhaften Wertminderung außerplanmäßig nach § 253 Abs. 3 Satz 3 HGB auf den niedrigeren beizulegenden Zeit-/Ertragswert **abgewertet** werden[435], ist dies auf Konzernebene Anlass für die Überprüfung der Werthaltigkeit eines ggf. noch vorhandenen Geschäfts- oder Firmenwerts aus der Kapitalkonsolidierung. Hierbei ist zu berücksichtigen, ob die Wertminderungen, die im handelsrechtlichen Jahresabschluss zur außerplanmäßigen Abschreibung der Beteiligung geführt haben, im Konzernabschluss bereits enthalten sind, weil sich die Verluste in der Handelsbilanz II des betreffenden Tochterunternehmens bereits nieder geschlagen haben, zB als Abgangsverlust bei Verkauf eines defizitären Teilbetriebs oder als sonstige operative Verluste. Vor einer außerplanmäßigen Abschreibung 421

---
434 Vgl. hM *ADS*[6], § 309 HGB Tz. 24 f.; *Förschle/Hoffmann*, in Beck Bil-Komm.[6], § 309 Anm. 17.
435 Vgl. dazu IDW RS HFA 10 Tz. 3 iVm. IDW S 1 (idF 2008) Tz. 17 ff.

des Geschäfts- oder Firmenwerts sind zudem zunächst die Wertansätze der zu fortgeführten Konzernanschaffungs- oder -herstellungskosten bilanzierten Vermögensgegenstände und Schulden des Tochterunternehmens zu überprüfen, dh. ggf. vorab noch vorhandene Restbeträge der bei der Zeitwertbewertung im Erstkonsolidierungszeitpunkt aufgedeckten stillen Reserven außerplanmäßig abzuschreiben[436].

422 Fraglich ist in diesem Zusammenhang, wie der **niedrigere beizulegende Wert** des Geschäfts- oder Firmenwerts iSd. § 253 Abs. 3 Satz 3 iVm. § 309 Abs. 1 HGB zu ermitteln ist. Diese Frage stellt sich insb. vor dem Hintergrund, dass der Geschäfts- oder Firmenwert, ungeachtet der Fiktion des § 246 Abs. 1 Satz 4 iVm. § 298 Abs. 1 HGB, als solcher nicht selbständig bewertbar ist. Es ist zu untersuchen, ob zur Überprüfung der Werthaltigkeit des handelsrechtlichen Geschäfts- oder Firmenwerts auf die in IFRS 3.55 (2004) iVm. IAS 36.80 ff. (rev. 2004) genannte Vorgehensweise zurückgegriffen werden darf[437]. Danach wird im Rahmen des jährlich erfolgenden *impairment tests* der *goodwill* aus einem Unternehmenszusammenschluss nicht isoliert auf seinen niedrigeren beizulegenden Wert getestet, sondern er muss für Zwecke dieses Tests ab dem Erwerbszeitpunkt einer zahlungsmittelgenerierenden Einheit (*cash generating unit*), ggf. auch einer Gruppe solcher Einheiten, zugeordnet werden, die von den Synergien aus dem Unternehmenszusammenschluss Nutzen ziehen IAS 36.80 ff. (rev. 2004) [438].

423 Nach **internationalen Rechnungslegungsgrundsätzen** hat eine außerplanmäßige Abschreibung des einer *cash generating unit* zugeordneten *goodwills* zu erfolgen, wenn der erzielbare Betrag, dh. der höhere Wert aus *value in use* und *net selling price*, kleiner als die Summe der (Konzern-)Buchwerte des Reinvermögens, einschließlich des (Rest-)Buchwerts des *goodwills* dieser *cash generating unit*, ist IAS 36.80 ff. (rev. 2004)). Bei dieser Vorgehensweise kann nicht ausgeschlossen werden, dass stille Reserven im übrigen Vermögen einer *cash generating unit* einen im Wert geminderten *goodwill* gegen eine außerplanmäßige Abschreibung abschirmen[439]. Eine derart kompensatorische Bewertung ist für Zwecke des handelsrechtlichen Konzernabschlusses nicht zulässig, weil es sich dabei um einen Verstoß gegen den Einzelbewertungsgrundsatz (§ 252 Abs. 1 Nr. 3 iVm. § 298 Abs. 1 HGB) und das Saldierungsverbot (§ 246 Abs. 2 Satz 1 iVm. § 298 Abs. 1 HGB) handeln würde.

424 Im Übrigen kann sich die Zuordnung des *goodwills* zu *cash generating units* in einem IFRS-Konzernabschluss zwar an gesellschaftsrechtlichen Strukturen orientieren; dies ist aber nicht zwingend so. Im Unterschied dazu wird ein Geschäfts- oder Firmenwert nach HGB für Konzernzwecke immer im Hinblick auf **rechtliche Einheiten** (beteiligungsbezogen) ermittelt und – ungeachtet einer ggf. erforderlichen weiteren Aufteilung auf Geschäftsfelder (vgl. Tz. 413 f.) – je Tochterunternehmen fortgeführt. Insofern bestehen Bedenken, die IFRS-Systematik zur Ermittlung der außerplanmäßigen Abschreibung auf einen Geschäfts- oder Firmenwert in einen handelsrechtlichen Konzernabschluss zu übertragen.

425 Der Geschäfts- oder Firmenwert aus der Kapitalkonsolidierung wird in § 301 Abs. 3 HGB als **Residualgröße** aus dem Vergleich der Anschaffungskosten der vom Mutterunternehmen gehaltenen Anteile des Tochterunternehmens und dem darauf (anteilig) entfallenden Zeitwert des Reinvermögens im Erstkonsolidierungszeitpunkt nach § 301 Abs. 2 HGB definiert. Entsprechend ist zur Ermittlung des (niedrigeren) beizulegenden

---

[436] Vgl. dazu auch *ADS*[6], § 301 HGB Tz. 194; *Förschle/Deubert*, in Beck Bil-Komm.[6], § 301 Anm. 200.
[437] So zB Busse von Colbe/Schurbohm-Ebneth, BB 2008, S. 600.
[438] Vgl. *ADS* International, Abschn. 8 Tz. 221 ff.; *Senger/Brune/Elprana*, in Beck IFRS-Handbuch[2], § 33 Anm. 97.
[439] Vgl. *Förschle/Hoffmann*, in Beck Bil-Komm.[6], § 309 Anm. 83.

Zeitwerts eines Geschäfts- oder Firmenwerts vorzugehen. Zunächst ist somit der Geschäfts- oder Firmenwert, der sich als Differenz aus dem Zeit-/Ertragswert der Beteiligung[440] und dem Zeitwert des Reinvermögens zum jeweiligen Bilanzstichtag ergibt, zu ermitteln. Sofern dieser Betrag niedriger als der zu fortgeführten Anschaffungskosten (§ 253 Abs. 3 Satz 1 iVm. § 246 Abs. 1 Satz 4 iVm. § 309 Abs. 1 HGB) bewertete Geschäfts- oder Firmenwert ist, ist eine außerplanmäßige Abschreibung vorzunehmen (§ 253 Abs. 3 Satz 3 iVm. § 246 Abs. 1 Satz 4 iVm. § 309 Abs. 1 HGB)[441].

Unabhängig davon, ob der zum Bilanzstichtag ermittelte Geschäfts- oder Firmenwert den Restbuchwert des im Rahmen der Kapitalkonsolidierung entstandenen Geschäfts- oder Firmenwerts übersteigt oder nicht, könnte fraglich sein, ob zusätzlich auch ein „Niederstwerttest" bezogen auf die einzelnen geschäftswertbildenden Komponenten erforderlich ist, um zu verhindern, dass während der Dauer der Konzernzugehörigkeit originär entstandene geschäftswertbildende Komponenten den Restbuchwert des erworbenen Geschäfts- oder Firmenwert vor einer außerplanmäßigen Abschreibung nach § 253 Abs. 3 Satz 3 iVm. § 309 Abs. 1 HGB „abschirmen". Dies ist aber nicht der Fall. Der Geschäfts- oder Firmenwert ist ein Bündel einer Vielzahl geschäftswertbildender Faktoren und stellt nach der Fiktion des § 246 Abs. 1 Satz 4 iVm. § 298 Abs. 1 HGB einen einheitlichen (abnutzbaren) Vermögensgegenstand dar. 426

Der Geschäfts- oder Firmenwert wird somit weder im Zugangszeitpunkt (vgl. auch Tz. 408 ff.) noch für Zwecke der Folgebewertung weiter zerlegt[442], dh. betragsmäßig auf die einzelnen **wertbestimmenden Komponenten** „heruntergebrochen". Da es sich um einen einheitlichen „Vermögensgegenstand" handelt, stellt diese Gesamtbetrachtung der geschäftswertbildenden Faktoren im Rahmen der Folgebewertung des Geschäfts- oder Firmenwerts – im Unterschied zur Vorgehensweise nach IFRS (vgl. dazu Tz. 422) – auch keinen Verstoß gegen den Einzelbewertungsgrundsatz (§ 252 Abs. 1 Nr. 3 iVm. § 298 Abs. 1 HGB) dar. Im Ergebnis können also Wertminderungen der im Erstkonsolidierungszeitpunkt identifizierten geschäftswertbildenden Komponenten durch einen während der Dauer der Konzernzugehörigkeit neu geschaffenen (originären) Geschäfts- oder Firmenwert kompensiert werden, mit der Folge, dass eine außerplanmäßige Abschreibung nach § 253 Abs. 3 Satz 3 iVm. § 309 Abs. 1 HGB insoweit möglicherweise unterbleiben kann. 427

Ein vergleichbarer Effekt kann sich im Übrigen auch dann ergeben, wenn zwei **Tochterunternehmen**, die zu dem **selben Geschäftsfeld** gehören (vgl. Tz. 413), miteinander **verschmolzen** werden und als Folge davon der für die Überprüfung des Geschäfts- oder Firmenwerts auf eine außerplanmäßige Wertminderung auf Konzernebene erforderliche Zeit-/Ertragswert der Beteiligungen (vgl. Tz. 424) nicht mehr isoliert für die betreffenden Tochterunternehmen, sondern nur noch insgesamt für die verschmolzenen Unternehmen ermittelt werden kann. Nach der Verschmelzung können die bei den Tochterunternehmen bestehenden Geschäfts- oder Firmenwerte folglich nur noch zusammen auf ihre Werthaltigkeit hin überprüft werden. Es kann somit auch in dieser Konstellation letztlich nicht verhindert werden, dass ein bei einem der Tochterunternehmen entstandener originärer Geschäfts- oder Firmenwert die im Konzernabschluss bilanzierten entgeltlich erworbenen Geschäfts- oder Firmenwerte des anderen (ehemaligen) Tochterunternehmens im Konzernabschluss gegen eine außerplanmäßige Abschreibung nach § 253 Abs. 3 Satz 3 iVm. § 309 Abs. 1 HGB „abschirmt". Für den 428

---

440 Vgl. dazu IDW RS HFA 10 Tz. 3 iVm. IDW S 1 (idF 2008) Tz. 17 ff.
441 Vgl. *Förschle/Hoffmann*, in Beck Bil-Komm.[6], § 309 Anm. 18; *Küting/Weber*, Der Konzernabschluss[11], S. 325.
442 Vgl. dazu zB *Hoyos/F. Huber*, in Beck Bil-Komm.[6], § 247 Anm. 406 mwN.

Fall, dass die Verschmelzung des Tochterunternehmens auf das Mutterunternehmen erfolgt, ergeben sich für die Überprüfung des aus der Kapitalkonsolidierung des Tochterunternehmens stammenden Geschäfts- oder Firmenwerts auf Werthaltigkeit auf Konzernebene die gleichen Problem wie für einen im handelsrechtlichen Jahresabschluss bilanzierten Geschäfts- oder Firmenwert (vgl. dazu Abschn. E Tz. 23 ff.).

429 Der Ausgleichsposten nach § 307 Abs. 1 HGB bemisst sich ausschließlich nach dem auf Minderheiten entfallenden anteiligen Reinvermögen des Tochterunternehmens (vgl. Tz. 343), deshalb kann der auf Fremdanteile entfallende Geschäfts- oder Firmenwert bei der Werthaltigkeitsprüfung grds. unberücksichtigt bleiben. Sind an dem Tochterunternehmen auch andere Gesellschafter beteiligt, ist der auf diese **Minderheiten** entfallende Anteil daher sowohl am Zeit-/Ertragswert der Beteiligung als auch am Reinvermögen bei der Ermittlung des beizulegenden Zeitwerts des Geschäfts- oder Firmenwerts heraus zu rechnen. Etwas Anderes gilt nur für den Fall, dass nach einer teilweisen Veräußerung von Anteilen an einem weiterhin vollkonsolidierten Tochterunternehmen der auf die verkauften Anteile entfallende Restbuchwert des ursprünglich vom Mutterunternehmen entgeltlich erworbenen Geschäfts- oder Firmenwerts nach allgemeinen Grundsätzen (§ 253 Abs. 3 iVm. § 309 Abs. 1 HGB) im Ausgleichsposten für andere Gesellschafter fortgeführt wird[443]. In diesem Fall, muss auch für den anteilig auf die Minderheiten entfallenden Geschäfts- oder Firmenwert eine Werthaltigkeitsüberprüfung erfolgen, wobei auf die Ergebnisse aus der entsprechenden Ermittlung für den auf das Mutterunternehmen entfallenden Geschäfts- oder Firmenwert zurück gegriffen werden kann.

430 Sofern das Tochterunternehmen aus **mehreren Geschäftsfeldern** besteht und deshalb der Geschäfts- oder Firmenwert im Erstkonsolidierungszeitpunkt entsprechend aufgeteilt wurde (vgl. Tz. 413), ist auch dessen Werthaltigkeit, entsprechend der oben (Tz. 422 ff.) genannten Vorgehensweise, in der Folge auf der Grundlage dieser Geschäftsfelder zu überprüfen[444].

4. Wertaufholungsverbot

431 **Zuschreibungen** beim Geschäfts- oder Firmenwert aus der Kapitalkonsolidierung nach einer vorangegangenen außerplanmäßigen Abschreibung sind **nicht zulässig**. Dies ergibt sich spätestens für Konzerngeschäftsjahre, die nach dem 31. Dezember 2009 beginnen (Art. 66 Abs. 3 Satz 1 EGHGB), aus § 253 Abs. 5 Satz 2 iVm. § 298 Abs. 1 HGB und dem Sinn und Zweck des § 309 Abs. 1 HGB, dessen Wortlaut zwar nur im Hinblick auf Abschreibungen des Geschäfts- oder Firmenwertes eine Anwendung der allgemeinen Bewertungsvorschriften verlangt, nicht aber für Zuschreibungen[445]. Hierbei handelt es sich aber im Ergebnis um eine Klarstellung der geltenden Rechtslage, weil das Wertaufholungsverbot für den Geschäfts- oder Firmenwert bereits bisher der hM[446] entsprach.

432 Hintergrund dafür ist, dass regelmäßig nicht zweifelsfrei unterschieden werden kann, ob eine Werterholung tatsächlich auf dem Wegfall von Abschreibungsgründen iSv. § 253 Abs. 5 Satz 1 HGB oder nicht vielmehr auf der Schaffung von **originärem** und daher nicht aktivierbarem **Geschäfts- oder Firmenwert** beruht (vgl. Abschn. E

---

443 Vgl. dazu *Förschle/Hoffmann*, in Beck Bil-Komm.[6], § 307 Anm. 50.
444 Vgl. *Förschle/Hoffmann*, in Beck Bil-Komm.[6], § 309 Anm. 18.
445 Vgl. Begr. RegE BilMoG, BR-Drucks. 344/08, S. 124.
446 Vgl. hM zB *ADS*[6], § 309 HGB Tz. 27; *Förschle/Hoffmann*, in Beck Bil-Komm.[6], § 309 Anm. 19 mwN.

Tz. 26 f.). Damit ist auch einer Anwendung des DRS 4.36, wonach eine Zuschreibung beim Geschäfts- oder Firmenwert geboten ist, wenn die Gründe für eine außerplanmäßige Abschreibung nicht mehr bestehen, trotz dessen GoB-Vermutung (vgl. Tz. 406), die Grundlage entzogen.

III. Übergangsvorschriften

Grds. sind die durch das BilMoG geänderten Vorschriften spätestens (zur vorzeitigen Anwendung aller durch das BilMoG geänderten Vorschriften auf Konzernabschlüsse für Geschäftsjahre, die nach dem 31. Dezember 2008 beginnen nach Art. 66 Abs. 3 Satz 6 EGHGB vgl. Abschn. W Tz. 3) zum Bilanzstichtag des ersten **nach dem 31. Dezember 2009** beginnenden Geschäftsjahres (Erstjahr) auf die zu diesem Zeitpunkt im Konzernabschluss enthaltenen Abschlussposten anzuwenden (vgl. Art. 66 Abs. 3 Satz 1 EGHGB). Dies gilt auch für § 309 Abs. 1 HGB, der iVm. § 253 Abs. 3 HGB statt der bisherigen Wahlrechte nur noch die planmäßige und ggf. außerplanmäßige Abschreibung des Geschäfts- oder Firmenwerts aus der Kapitalkonsolidierung vorschreibt. **433**

Sofern in einem Konzernabschluss für ein vor dem 1. Januar 2010 beginnendes Geschäftsjahr für (Alt-)Geschäfts- oder Firmenwerte aus der Erstkonsolidierung das **pauschale Abschreibungsverfahren** nach § 309 Abs. 1 Satz 1 HGB aF gewählt wurde, könnte Art. 66 Abs. 3 Satz 1 EGHGB dafür sprechen, den zum Beginn des Erstjahres noch vorhandenen Bestandswert eines (Alt-)Geschäfts- oder Firmenwerts über dessen verbleibende Restnutzungsdauer abzuschreiben[447]. Nach Art. 66 Abs. 3 Satz 4 EGHGB ist § 309 Abs. 1 HGB aber nur auf (Neu-)Geschäfts- oder Firmenwerte aus Erwerbs-/Erstkonsolidierungsvorgängen in Geschäftsjahren, die ab dem 1.1.2010 beginnen, anzuwenden. Eine Anwendung auf Geschäfts- oder Firmenwerte, die vor dem 1.1.2010 entstanden sind, ist nach dem Wortlaut damit ausgeschlossen. Da die Regelung des § 309 Abs. 1 Satz 1 HGB aF formal nach Art. 66 Abs. 5 EGHGB nicht mehr und die Neuregelung noch nicht anwendbar ist, liegt insofern eine Regelungslücke vor. Es hätte einer ausdrücklichen Übergangsvorschrift bedurft, die die Beibehaltung des pauschalierten Abschreibungsverfahrens anordnet, wie dies zB in Art. 67 Abs. 5 Satz 1 EGHGB für im handelsrechtlichen Jahresabschluss aktivierte Bilanzierungshilfen nach § 269 HGB aF ausdrücklich angeordnet wird (vgl. Abschn. F Tz. 49). **434**

Nach der Begründung des RegE[448] sollen durch die Übergangsvorschrift Altfälle von den Änderungen in den §§ 301 und 309 Abs. 1 HGB unberührt bleiben, dh. bestehende Erstkonsolidierungen nicht angepasst werden müssen. Wenn das pauschalierte Abschreibungsverfahren nicht beibehalten werden darf, dann bleibt nur eine Abschreibung der bestehenden (Alt-)Geschäfts- oder Firmenwerte über deren Restnutzungsdauer. Dies setzt aber voraus, dass bezogen auf den historischen Erstkonsolidierungszeitpunkt die wesentlichen Komponenten dieser Geschäfts- oder Firmenwerte sowie deren Nutzungsdauer nachträglich ermittelt werden. Diese nachträgliche Ermittlung wäre mit einem erheblichen Ermittlungsaufwand verbunden und würde im Ergebnis einer Anpassung der historischen Kapitalkonsolidierung bedeuten, was aber nach dem erklärten Willen des Gesetzgebers gerade nicht gewollt ist. Daher erscheint eine **Fort- 435**

---

447 So wohl *Schurbohm-Ebneth/Zoeger*, DB 2008, S. 43.
448 Vgl. Begr. RegE, BT-Drucks. 16/10067, S. 99 zu Art. 66 Abs. 8 Satz 3 HGB; ähnlich auch Begr. Beschlussempfehlung und Bericht des Rechtsausschusses, BT-Drucks. 16/12407, S. 95, die sich ausdrücklich aber nur auf die Beibehaltung der Buchwertmethode bezieht.

führung der pauschalen Abschreibung der (Alt-)Geschäfts- oder Firmenwerte am ehesten im Einklang mit den übrigen Übergangsvorschriften des Art. 66 EGHGB[449].

436 Unabhängig davon besteht die Möglichkeit, die bilanzierten (Alt-)Geschäfts- oder Firmenwerte, die bislang nach § 309 Abs. 1 Satz 1 HGB aF pauschal abgeschriebenen wurden, nach Inkrafttreten den Änderungen des BilMoG (planmäßig) über die **verbleibende (Rest-)Nutzungsdauer** abzuschreiben, weil dieser Übergang auch bisher bereits zulässig war[450].

437 Für den Fall, dass Geschäfts- oder Firmenwerte aus der Erstkonsolidierung letztmals für das vor dem 1. Januar 2010 beginnende Geschäftsjahr nach § 309 Abs. 1 Satz 3 HGB aF erfolgsneutral **mit den Konzernrücklagen verrechnet** wurden, gelten die Überlegungen zu bisher pauschal abgeschriebenen (Alt-)Geschäfts- oder Firmenwerten (vgl. Tz. 433) entsprechend. Auch hier ist davon auszugehen, dass etwaige historische Rücklagenverrechnungen im Konzernabschluss für das erste nach dem 31. Dezember 2009 beginnende Geschäftsjahr nicht rückgängig gemacht werden müssen, weil dies eine Anpassung und Fortentwicklung der historischen Kapitalkonsolidierung bedeuten würde, die laut Regierungsbegründung nicht erfolgen muss[451]. Dementsprechend kann die Rücklagenverrechnung bis zur Endkonsolidierung des betreffenden Tochterunternehmens beibehalten werden[452].

438 Wurde der Geschäfts- oder Firmenwert bisher nach § 309 Abs. 1 Satz 3 HGB aF **ratierlich mit den Konzernrücklagen verrechnet**[453], kann diese Methode ebenfalls in den Konzernabschlüssen für Geschäftsjahre, die nach dem 31. Dezember 2009 beginnen, beibehalten werden[454]. Ausschlaggebend dafür ist, dass anderenfalls eine nachträgliche Bestimmung der (Rest-)Nutzungsdauer des noch nicht verrechneten Teils des Geschäfts- oder Firmenwerts erforderlich wäre (vgl. auch Tz. 434), weil der Zeitraum über den die ratierliche Verrechnung der Geschäfts- oder Firmenwerts bislang erfolgt ist, nicht notwendigerweise dessen Nutzungsdauer entspricht, sondern vielmehr idR kürzer ist. Hintergrund dafür ist, dass der nach Verrechnung verbleibende Betrag des Geschäfts- oder Firmenwerts nicht denjenigen Betrag, der sich nach Vornahme einer planmäßigen Abschreibung (§ 309 Abs. 1 Satz 2 HGB aF) ergeben würde, übersteigen darf, weil anderenfalls der Geschäfts- oder Firmenwert „überbewertet" wäre[455].

---

449 Ebenso im Ergebnis: IDW ERS HFA 28 Tz. 56.
450 Vgl. zB *Förschle/Hoffmann*, in Beck Bil-Komm.[6], § 309 Anm. 35.
451 GlA IDW ERS HFA 28 Tz. 56.
452 HM vgl. zB *Förschle/Deubert*, in Beck Bil-Komm.[6], § 301 Anm. 242 mwN. Nach aA stellt eine Rücklagenverrechnung eine endgültige Durchbrechung des pagatorischen Prinzips dar, die nicht rückgängig gemacht werden kann (vgl. dazu *Dusemond/Weber/Zündorf*, in HdKR[2], § 301 Rn. 372; *Oser*, WPg 1995, S. 275 mwN).
453 Vgl. dazu *ADS*[6], § 309 HGB Tz. 45 f. mwN.
454 Vgl. IDW ERS HFA 28 Tz. 56.
455 Vgl. dazu *Förschle/Hoffmann*, in Beck Bil-Komm.[6], § 309 Anm. 21.

§ 310 HGB
Anteilmäßige Konsolidierung

(1) Führt ein in einen Konzernabschluß einbezogenes Mutter- oder Tochterunternehmen ein anderes Unternehmen gemeinsam mit einem oder mehreren nicht in den Konzernabschluß einbezogenen Unternehmen, so darf das andere Unternehmen in den Konzernabschluß entsprechend den Anteilen am Kapital einbezogen werden, die dem Mutterunternehmen gehören.

(2) Auf die anteilmäßige Konsolidierung sind die §§ 297 bis 301, §§ 303 bis 306, 308, **308a**, 309 entsprechend anzuwenden.

Inhaltsverzeichnis Tz.
Bedeutung der Änderung .... 439 – 440

Bedeutung der Änderung

Der Verweis auf bei der Quotenkonsolidierung analog anzuwendende Vorschriften in § 310 Abs. 2 HGB wurde durch die Ergänzung um § 308a HGB lediglich vervollständigt. Ebenso wie bei voll konsolidierten Tochterunternehmen gehört die **Umrechnung der auf Fremdwährung lautenden Abschlüsse** auch bei den quotal konsolidierten Gemeinschaftsunternehmen zu den Vorbereitungsmaßnahmen zur Aufstellung eines Konzernabschlusses (Ableitung einer Handelsbilanz II) nach §§ 300, 308 HGB (vgl. Tz. 349)[456]. Bereits nach bisherigen Recht waren die Regelungen des DRS 14 auch für die Umrechnung der Fremdwährungsabschlüsse von Gemeinschaftsunternehmen zu beachten (DRS 14.5, 14.25 ff.; vgl. auch Tz. 347 f.). **439**

Die entsprechende Anwendung des § 308a HGB im Rahmen der Quotenkonsolidierung hat verpflichtend in Konzernabschlüssen der **nach dem 31. Dezember 2009** beginnenden Geschäftsjahre zu erfolgen (Art. 66 Abs. 3 Satz 1 EGHGB). Eine vorzeitige Erstanwendung sämtlicher durch das BilMoG geänderten Vorschriften (vgl. Abschn. W Tz. 3) auf das nach dem 31. Dezember 2008 beginnende Geschäftsjahr ist möglich (Art. 66 Abs. 3 Satz 6 EGHGB). Für den Übergang vom Konzept der funktionalen Währung zur Umrechnung nach der (modifizierten) Stichtagskursmethode gelten für Gemeinschaftsunternehmen die Ausführungen der Tz. 400 ff. entsprechend. **440**

---
[456] Vgl. auch *Deubert*, DStR 2009, S. 344.

§ 312 HGB
Wertansatz der Beteiligung und Behandlung des Unterschiedsbetrags

(1) ¹Eine Beteiligung an einem assoziierten Unternehmen ist in der Konzernbilanz mit dem Buchwert anzusetzen. ²Der Unterschiedsbetrag zwischen dem Buchwert und dem anteiligen Eigenkapital des assoziierten Unternehmens sowie ein darin enthaltener Geschäfts- oder Firmenwert oder passiver Unterschiedsbetrag sind im Konzernanhang anzugeben.

(2) ¹Der Unterschiedsbetrag nach Absatz 1 Satz 2 ist den Wertansätzen der Vermögensgegenstände, Schulden, Rechnungsabgrenzungsposten und Sonderposten des assoziierten Unternehmens insoweit zuzuordnen, als deren beizulegender Zeitwert höher oder niedriger ist als ihr Buchwert. ²Der nach Satz 1 zugeordnete Unterschiedsbetrag ist entsprechend der Behandlung der Wertansätze dieser Vermögensgegenstände, Schulden, Rechnungsabgrenzungsposten und Sonderposten im Jahresabschluß des assoziierten Unternehmens im Konzernabschluss fortzuführen, abzuschreiben oder aufzulösen. ³Auf einen nach Zuordnung nach Satz 1 verbleibenden Geschäfts- oder Firmenwert oder passiven Unterschiedsbetrag ist § 309 entsprechend anzuwenden. ⁴§ 301 Abs. 1 Satz 3 ist entsprechend anzuwenden.

(3) ¹Der Wertansatz der Beteiligung und der Unterschiedsbetrag sind auf der Grundlage der Wertansätze zu dem Zeitpunkt zu ermitteln, zu dem das Unternehmen assoziiertes Unternehmen geworden ist. ²Können die Wertansätze zu diesem Zeitpunkt nicht endgültig ermittelt werden, sind sie innerhalb der darauf folgenden zwölf Monate anzupassen.

(4) ¹Der nach Absatz 1 ermittelte Wertansatz einer Beteiligung ist in den Folgejahren um den Betrag der Eigenkapitalveränderungen, die den dem Mutterunternehmen gehörenden Anteilen am Kapital des assoziierten Unternehmens entsprechen, zu erhöhen oder zu vermindern; auf die Beteiligung entfallende Gewinnausschüttungen sind abzusetzen. ²In der Konzern-Gewinn- und Verlustrechnung ist das auf assoziierte Beteiligungen entfallende Ergebnis unter einem gesonderten Posten auszuweisen.

(5) ¹Wendet das assoziierte Unternehmen in seinem Jahresabschluß vom Konzernabschluß abweichende Bewertungsmethoden an, so können abweichend bewertete Vermögensgegenstände oder Schulden für die Zwecke der Absätze 1 bis 4 nach den auf den Konzernabschluß angewandten Bewertungsmethoden bewertet werden. ²Wird die Bewertung nicht angepaßt, so ist dies im Konzernanhang anzugeben. ³§ 304 über die Behandlung der Zwischenergebnisse ist entsprechend anzuwenden, soweit die für die Beurteilung maßgeblichen Sachverhalte bekannt oder zugänglich sind. ⁴Die Zwischenergebnisse dürfen auch anteilig entsprechend den dem Mutterunternehmen gehörenden Anteilen am Kapital des assoziierten Unternehmens weggelassen werden.

(6) ¹Es ist jeweils der letzte Jahresabschluß des assoziierten Unternehmens zugrunde zu legen. ²Stellt das assoziierte Unternehmen einen Konzernabschluß auf, so ist von diesem und nicht vom Jahresabschluß des assoziierten Unternehmens auszugehen.

Inhaltsverzeichnis Tz.
I. Verpflichtende Anwendung der Buchwertmethode (Abs. 1 Satz 1) .... 441 – 443
II. Angabe eines Unterschiedsbetrags im Konzernanhang (Abs. 1 Satz 2) 444 – 450
III. Anwendung der Equity-Methode (Abs. 2)
   1. Aufdeckung von anteiligen stillen Reserven und Lasten in einer statistischen Nebenrechnung (Satz 1) .... 451 – 457
   2. Bewertung von Rückstellungen und latenten Steuern (Satz 4) 458
   3. Fortschreibung eines Unterschiedsbetrags in Folgejahren (Satz 2 und 3) .... 459 – 463
IV. Bewertungsstichtag bei erstmaliger Anwendung der Equity-Methode (Abs. 3 Satz 1) .... 464 – 472
V. Vorläufige Wertermittlung (Abs. 3 Satz 2) .... 473 – 474
VI. Erstanwendung und Übergang von der Kapitalanteilsmethode auf die Buchwertmethode .... 475 – 476

I. Verpflichtende Anwendung der Buchwertmethode (Abs. 1 Satz 1)

Für die Bewertung von Beteiligungen an assoziierten Unternehmen iSd. unverändert gebliebenen § 311 Abs. 1 HGB im handelsrechtlichen Konzernabschluss bestand bislang ein Wahlrecht zwischen der Buchwert- und der Kapitalanteilsmethode (§ 312 Abs. 1 HGB aF). Zukünftig ist im Rahmen der Equity-Methode ausschließlich die Anwendung der **Buchwertmethode** zugelassen (vgl. Tz. 451 f.), die auch bereits bisher in der überwiegenden Zahl der Fälle in handelsrechtlichen Konzernabschlüssen angewandt wurde[457]. Dies entspricht den internationalen Rechnungslegungsgrundsätzen (IAS 28.11 (rev. 2008)) sowie im Übrigen der Empfehlung in DRS 8.17 f. **441**

Die beiden bisher zulässigen Varianten der Equity-Methode unterschieden sich nur im Ausweis bzw. der Zuordnung eines Geschäfts- oder Firmenwerts in der Konzernbilanz. Während bei der künftig einzig zulässigen Buchwertmethode der **Equity-Wert in einem Bilanzposten** („Beteiligungen an assoziierten Unternehmen"; § 311 Abs. 1 Satz 1 HGB) ausgewiesen wird, wurde bei der Kapitalanteilsmethode ein Geschäfts- oder Firmenwert getrennt vom Equity-Wert, der dann dem fortentwickelten anteiligen Eigenkapital entsprach, ausgewiesen, sofern nicht vom Wahlrecht nach § 309 Abs. 1 Satz 3 iVm. § 312 Abs. 2 Satz 3 HGB aF zur Verrechnung mit den Konzernrücklagen Gebrauch gemacht wurde (vgl. Tz. 462). **442**

Zusätzlich konnte sich bisher zwischen den beiden Varianten auch in der Konzern-Gewinn- und Verlustrechnung ein Ausweisunterschied ergeben, wenn bei Anwendung der Kapitalanteilsmethode die **Abschreibung auf einen Geschäfts- oder Firmenwert** einer Beteiligung an einem assoziierten Unternehmen nicht wie bei der künftig ausschließlich zulässigen Buchwertmethode im Posten „Ergebnis aus assoziierten Unternehmen", sondern bei Anwendung des Gesamtkostenverfahrens im Posten „Abschreibungen auf immaterielle Vermögensgegenstände" (§ 275 Abs. 2 Nr. 7 lit. a) iVm. § 298 Abs. 1 HGB) bzw. bei Anwendung des Umsatzkostenverfahrens, zB im Posten „sonstige betriebliche Aufwendungen" (§ 275 Abs. 3 Nr. 7 iVm. § 298 Abs. 1 HGB) ausgewiesen wurde[458]. **443**

---

[457] Vgl. C&L Deutsche Revision, Konzernabschlüsse '95, S. 99; Oser, Der Konzern 2008, S. 113.
[458] Vgl. zur Zulässigkeit: ADS⁶, § 312 HGB Tz. 95.

II. Angabe eines Unterschiedsbetrags im Konzernanhang (Abs. 1 Satz 2)

444 Bereits bisher (§ 312 Abs. 1 Satz 2 HGB aF) war bei Anwendung der Buchwertmethode der Unterschiedsbetrag zwischen dem Beteiligungsbuchwert (vgl. Tz. 445) und dem anteilig darauf entfallenden Eigenkapital (vgl. Tz. 447) entweder in der Konzernbilanz zu vermerken oder im Konzernanhang anzugeben. Bestehen mehrere Beteiligungen an assoziierten Unternehmen, können die Unterschiedsbeträge zusammengefasst angegeben werden, eine Saldierung von aktiven und passiven Unterschiedsbeträgen ist aber nicht zulässig[459]. Für Erwerbsvorgänge, die in Geschäftsjahren erfolgen, die nach dem 31. Dezember 2009 beginnen, hat diese **Angabe ausschließlich im Konzernanhang** zu erfolgen (Art. 66 Abs. 3 Satz 4 EGHGB) (wegen der Anwendung auf „Altfälle" vgl. Tz. 476). Dies entspricht der Empfehlung in DRS 8.47.

445 Der Unterschiedsbetrag ist für jedes assoziiertes Unternehmen nach § 312 Abs. 3 Satz 1 HGB jeweils zum Zeitpunkt, zu dem das Beteiligungsunternehmen assoziiertes Unternehmen geworden ist, zu ermitteln (vgl. Tz. 464). Zu diesem Zeitpunkt entspricht der **Beteiligungsbuchwert** (§ 312 Abs. 1 Satz 1 HGB) den fortgeführten (Konzern-)Anschaffungskosten der betreffenden Anteile (§ 255 Abs. 1 iVm. § 253 Abs. 2 iVm. § 298 Abs. 1 HGB) (für den Fall, dass die Anteile am assoziierten Unternehmen im Rahmen einer Sacheinlage erworben werden, gelten die Überlegungen in Tz. 249 f. entsprechend).

446 Daraus folgt auch, dass bei der erstmaligen Anwendung der Equity-Methode das **Anschaffungskostenprinzip** (§ 253 Abs. 1 Satz 1 iVm. § 298 Abs. 1 HGB) ohne Einschränkung gilt[460]. Ein über den fortgeführten (Konzern-)Anschaffungskosten für die Anteile am assoziierten Unternehmen liegender Wertansatz kann sich daher nicht bereits bei der erstmaligen Equity-Bewertung, sondern erst im Rahmen der **Folgebewertung** ergeben, zB durch die phasengleiche Vereinnahmung von (anteiligen) Beteiligungserträgen (§ 312 Abs. 5 Satz 1 HGB)[461] oder aus der Vereinnahmung eines in der statistischen Nebenrechnung geführten passiven Unterschiedsbetrags § 309 Abs. 2 iVm. § 312 Abs. 2 Satz 3 (vgl. Tz. 463).

447 Entgegen der Begr. im RegE BilMoG[462] ergibt sich der nach § 312 Abs. 1 Satz 2 HGB angabepflichtige Unterschiedsbetrag allerdings nicht aus der Differenz zwischen dem **Beteiligungsbuchwert** und dem anteilig zum Zeitwert bewerteten Reinvermögen. Vielmehr ist der Unterschiedsbetrag zwischen dem Beteiligungsbuchwert und dem anteiligen **bilanziellen Eigenkapital** (Saldo des Reinvermögens des assoziierten Unternehmens), ggf. nach Anpassung an die konzerneinheitlichen Bilanzierungs- und Bewertungsmethoden (§§ 300 Abs. 2, 308 iVm. § 312 Abs. 5 Satz 1 HGB),[463] im Kon-

---

459 Vgl. Winkeljohann/Böcker, in Beck Bil-Komm.⁶, § 312 Anm. 40.
460 Unklar insofern: Petersen/Zwirner, Die deutsche Rechnungslegung und Prüfung im Umbruch, KoR 2008, Beil. 3, S. 25 sowie Küting, DStR 2008, S. 1401, die von einer Aufhebung der Anschaffungskostenrestriktion ausgehen.
461 Vgl. dazu zB ADS⁶, § 312 HGB Tz. 103 ff.
462 Vgl. dazu Begr. RegE, BT-Drucks. 16/10067, S. 85.
463 Wendet das assoziierte Unternehmen im handelsrechtlichen Jahresabschluss Bewertungsmethoden an, die von denjenigen im handelsrechtlichen Konzernabschluss des Gesellschafters abweichen, können abweichend bewertete Vermögensgegenstände und Schulden im Rahmen einer Handelsbilanz II des assoziierten Unternehmens an die im Konzernabschluss angewandten Bewertungsmethoden angepasst werden (§ 312 Abs. 5 Satz 1 HGB). Gleiches gilt, auch ohne ausdrückliche Regelung für abweichend vom Konzernabschluss des Gesellschafters angewandte Ansatzwahlrechte (allgM). Von den handelsrechtlichen GoB abweichende Bilanzierungen und Bewertungen müssen dagegen angepasst werden (vgl. DRS 8.8; Winkeljohann/Böcker, in Beck Bil-Komm.⁶, § 312 Anm. 78 mwN). Werden Ansatz- und Bewertungsanpassungen in einer Handelsbilanz II des assoziierten Unternehmens vorgenommen, wir-

zernanhang anzugeben. Dies ergibt sich aus § 312 Abs. 2 Satz 1 HGB, wonach der Unterschiedsbetrag nach § 312 Abs. 1 Satz 2 HGB auch anteilig im Vermögen und den Schulden enthaltene stille Reserven und Lasten umfasst. Das wäre aber nicht der Fall, wenn der Zeitwert des anteiligen Eigenkapitals, der sich nach der „Aufdeckung" der stillen Reserven und Lasten ergibt, zur Ermittlung des Unterschiedsbetrags heranzuziehen wäre.

Zusätzlich ist nach § 312 Abs. 1 Satz 2 HGB anzugeben, ob im Unterschiedsbetrag ein **Geschäfts- oder Firmenwert** enthalten ist. Dies ist der Fall, wenn der (ggf. fortgeführte) Buchwert der Beteiligung den Zeitwert des anteilig darauf entfallenen Eigenkapitals übersteigt. Ferner ist anzugeben, wenn ein **passiver Unterschiedsbetrag** besteht, dh. das anteilige bilanzielle Eigenkapital des assoziierten Unternehmens, auch nach Abzug etwaiger stiller Lasten, höher als der fortgeführte Buchwert der Beteiligung ist. Bestehen mehrere Beteiligungen an assoziierten Unternehmen, können die Geschäfts- oder Firmenwerte bzw. passiven Unterschiedsbeträge zusammengefasst angegeben werden, eine Saldierung ist auch hier nicht zulässig (vgl. Tz. 445). **448**

Im Unterschied zu der bisherigen Angabepflicht in § 312 Abs. 1 Satz 2 HGB aF, die nach dem ausdrücklichen Wortlaut nur bei erstmaliger Anwendung der Equity-Methode bestand[464], sind die **Angaben** § 312 Abs. 1 Satz 2 HGB (vgl. Tz. 444 f.) künftig **in jedem Geschäftsjahr** zu machen. Dh. die Adressaten des Konzernabschlusses können künftig die Entwicklung der (ggf. summierten aktiven bzw. passiven) Unterschiedsbeträge sowie der ggf. darin enthaltenen Geschäfts- oder Firmenwerte bzw. passiven Unterschiedsbeträge im Zeitablauf nachvollziehen. **449**

Nach dem Wortlaut des Art. 66 Abs. 3 Satz 4 EGHGB ist § 312 HGB idF BilMoG nur auf assoziierte Unternehmen anzuwenden, die nach dem 31. Dezember 2009 erworben werden, (zur vorzeitigen Anwendung nach Art. 66 Abs. 3 Satz 6 EGHGB vgl. Abschn. W Tz. 3). Dies könnte dafür sprechen, dass die **Angabepflicht** in § 312 Abs. 1 Satz 2 HGB **für Altfälle**, dh. bereits bislang nach der Equity-Methode bewertete assoziierte Unternehmen nicht gilt. Auch wenn der Unterschiedsbetrag bislang nur im Erstjahr anzugeben war, bedeutet dies aber nicht, dass er aufgrund der Änderungen durch das BilMoG nachträglich ermittelt und fortgeschrieben werden müsste. Die für die Angabe benötigten Werte sind dem Mutterunternehmen bekannt und können den (statistischen) Nebenrechnungen (vgl. Tz. 452 ff.) entnommen werden, die auch bereits bisher für nach der Equity-Methode bewerteten assoziierten Unternehmen erforderlich sind. Da die für die Angabe erforderlichen Informationen den Konzernen vorliegen, spricht trotz des Wortlauts der Übergangsvorschrift viel dafür, dass die Angabepflichten zum Unterschiedsbetrag in Folgejahren für alle assoziierten Unternehmen gelten. **450**

III. Anwendung der Equity-Methode (Abs. 2)

1. Aufdeckung von anteiligen stillen Reserven und Lasten in einer statistischen Nebenrechnung (Satz 1)

Die Verfahren zur Konsolidierung assoziierter Unternehmen, die bei der Equity-Methode zur Anwendung kommen, folgen in allen wesentlichen Punkten denjenigen bei der Kapitalkonsolidierung nach der nun bei der Vollkonsolidierung nicht mehr zuläs- **451**

---

ken sich diese automatisch auf die Höhe des bilanziellen Eigenkapitals und damit des Unterschiedsbetrags nach § 312 Abs. 1 Satz 2 HGB aus.
464 Vgl. *ADS*⁶, § 312 HGB Tz. 14; DRS 8.47c).

sigen **Buchwertmethode** gem. § 301 Abs. 1 Satz 2 Nr. 1 HGB aF (vgl. Tz. 272), allerdings mit dem Unterschied, dass die Vermögensgegenstände und Schulden sowie die damit korrespondierenden Erträge und Aufwendungen des assoziierten Unternehmens nicht als solche (anteilig) in den Konzernabschluss einbezogen werden, sondern als Netto-Betrag der diese anteilig repräsentierende Beteiligungswert sowie dessen Veränderung in Geschäftsjahren, nachdem das Unternehmen assoziiertes Unternehmen geworden ist, in der Konzernbilanz bzw. Konzern-Gewinn- und Verlustrechnung ausgewiesen werden („*one-line-consolidation*")[465].

452 Wie bei einer erstmaligen Vollkonsolidierung wird bei der **erstmaligen Anwendung** der Equity-Methode ein Einzelerwerb der anteilig hinter den erworbenen Anteilen am assoziierten Unternehmen stehenden Vermögensgegenstände, Schulden, Rechnungsabgrenzungsposten und Sonderposten fingiert. Dh. die Anschaffungskosten der Anteile werden als ein Gesamtkaufpreis für das anteilige Reinvermögen, ggf. einschl. eines Geschäfts- oder Firmenwerts, angesehen. Dazu werden im Rahmen einer **statistischen Nebenrechnung** stille Reserven und stille Lasten anteilig den im Zeitpunkt der erstmaligen Anwendung der Equity-Methode bilanzierbaren und -pflichtigen Vermögensgegenständen und Schulden etc. zugeordnet, soweit deren jeweiliger Zeitwert über dem Buchwert liegt. Ebenso wie für Zwecke der Neubewertungs-/Erwerbsbilanz eines Tochterunternehmens (vgl. Tz. 193 ff.) ist das Aktivierungsverbot des § 248 Abs. 2 Satz 2 HGB wegen der Fiktion des Einzelerwerbs für die erstmalige Erstellung der statistischen Nebenrechnung nicht anwendbar.

453 Soweit durch die Aufdeckung stiller Lasten und stiller Reserven bei den Vermögensgegenständen, Schulden, Rechnungsabgrenzungsposten und Sonderposten im Rahmen der statistischen Nebenrechnung bei einer Anpassung an die deutschen handelsrechtlichen Vorschriften oder an die konzerneinheitlichen Bilanzierungs- und Bewertungsvorschriften zusätzliche Differenzen gegenüber den entsprechenden steuerlichen Wertansätzen entstehen, sind hierfür latente Steuern zu berücksichtigen[466]. Die Erfassung der **aktiven und passiven latenten Steuern** auf Ansatz- und Bewertungsunterschiede ist dabei ein integraler Bestandteil der Aufstellung der statistischen Nebenrechnung und Ausfluss allgemeiner Grundsätze (§ 274 HGB (analog); vgl. Tz. 335 ff.)[467].

454 Der nach § 312 Abs. 2 Satz 1 HGB zu ermittelnde **beizulegende Zeitwert** der Vermögensgegenstände und Schulden des assoziierten Unternehmens entspricht dabei grds. dem Betrag, zu dem ein Vermögensgegenstand im maßgeblichen Bewertungszeitpunkt (vgl. Tz. 464) getauscht oder eine Schuld beglichen werden kann (objektiver Marktwert; DRS 8.3), wie dies nunmehr auch bei der Kapitalkonsolidierung ausdrücklich vorgeschrieben ist (vgl. Tz. 203; zu Besonderheiten bei der Bewertung von Rückstellungen und latenten Steuern vgl. Tz. 458). Hierbei handelt es sich aber für Zwecke der Equity-Bewertung lediglich um eine Klarstellung. Eine Berücksichtigung der beabsichtigten Verwendung der Vermögensgegenstände und Schulden aus Sicht des erwerbenden Konzerns bei der Ermittlung des beizulegenden Werts war bereits bisher nicht zulässig, weil die Einflussmöglichkeiten des Gesellschafters eines assoziierten Unternehmens iSv. § 311 Abs. 1 Satz 2 HGB, im Unterschied zu denen eines Mutterunternehmens iSv. § 290 HGB, nicht ausreichen, um Verfügungen über die Vermögensgegenstände und Schulden zu veranlassen, dh. zB einen Verkauf von aus Konzernsicht überzähligen Vermögensgegenständen zu initiieren. Insofern waren individuelle

---
465 Vgl. *WPH*[13], Bd. I, M Tz. 439 f., 456.
466 GlA *Oser*, Der Konzern 2008, S. 113; aA *Küting*, DStR 2008, S. 1401: keine Pflicht, freiwillige Anwendung des § 306 HGB sinnvoll.
467 Vgl. dazu zB *Förschle/Hoffmann*, in Sonderbilanzen[4], K Anm. 37; *WPH*[13], Bd. I, F Tz. 342.

Wertansätze aus Sicht des erwerbenden Gesellschafters für die Kaufpreisallokation im Rahmen der statistischen Nebenrechnung schon bisher nicht von Bedeutung.

Der **Buchwert** der Vermögensgegenstände und Schulden etc. ergibt sich aus dem handelsrechtlichen Jahresabschluss bzw. bei Anpassung an die konzerneinheitliche Bilanzierungs- und Bewertungsvorschriften (§§ 300 Abs. 2, 308 iVm. § 312 Abs. 5 Satz 1 HGB) aus der Handelsbilanz II des assoziierten Unternehmens. **455**

Fraglich ist, wie im Rahmen der **Kaufpreisallokation** nach § 312 Abs. 2 Satz 1 HGB zu verfahren ist, wenn der Saldo der anteiligen stillen Reserven abzüglich der anteiligen stillen Lasten höher ist als die aktive Differenz zwischen dem Buchwert der Beteiligung im maßgeblichen Bewertungszeitpunkt (Begründung eines maßgeblichen Einflusses nach § 312 Abs. 3 Satz 1 iVm. § 311 Abs. 1 Satz 2 HGB) und dem darauf anteilig entfallenden bilanziellen Eigenkapital. Der Wortlaut des § 312 Abs. 2 Satz 1 HGB könnte dafür sprechen, dass eine Zuordnung nur bis zum Betrag eines aktiven Unterschiedsbetrags iSv. § 312 Abs. 1 Satz 2 HGB zu erfolgen hat, dh. in der vorliegenden Konstellation nicht sämtliche Reserven aufzudecken wären. Für den Fall, dass sich nach § 312 Abs. 1 Satz 2 HGB ein passiver Unterschiedsbetrag ergibt, wäre dementsprechend eine Aufdeckung stiller Reserven nur bis zum Betrag etwaiger stiller Lasten zulässig. **456**

Wie oben (vgl. Tz. 446) dargestellt, ist die Einhaltung des Anschaffungskostenprinzips (§ 253 Abs. 1 Satz 1 iVm. § 298 Abs. 1 HGB) bei der erstmaligen Anwendung der Equity-Methode gewährleistet. Eine Überschreitung der Anschaffungskosten der Beteiligung in der Folgezeit ist dagegen der Equity-Methode systemimmanent[468]. Bei der erstmaligen Anwendung der Equity-Methode erfolgt die Zuordnung der stillen Reserven nur in der statistischen Nebenrechnung, dh. für außerbilanzielle Zwecke, und wirkt sich nach § 312 Abs. 2 Satz 2 HGB erst im Rahmen der Fortschreibung des Equity-Wertansatzes in den Folgeperioden aus. Daher sind auch für den Fall, dass per saldo die aufzudeckenden Reserven abzüglich etwaiger Lasten den Unterschiedsbetrag übersteigen, die **stillen Reserven** – soweit sie bei der erstmaligen Anwendung der Equity-Methode auf die Anteile am assoziierten Unternehmen entfallen – **vollständig in der Nebenrechnung** zu erfassen. Dies gilt auch dann, wenn dadurch ein ursprünglich aktiver Unterschiedsbetrag iSv. § 312 Abs. 1 Satz 2 HGB in der Nebenrechnung in einen passiven Unterschiedsbetrag umschlägt oder sich ein ursprünglich passiver Unterschiedsbetrag weiter erhöht[469]. **457**

2. Bewertung von Rückstellungen und latenten Steuern (Satz 4)

Nach § 312 Abs. 2 Satz 4 HGB ist § 301 Abs. 1 Satz 3 HGB, wonach Rückstellungen und latente Steuern in der Neubewertungs-/Erwerbsbilanz eines Tochterunternehmens nach den für den handelsrechtlichen Jahresabschluss geltenden Bewertungsvorschriften (§ 253 Abs. 1 Satz 2 und 3, Abs. 2 HGB sowie § 274 Abs. 1 HGB), auch für die **Bewertung in der statistischen Nebenrechnung** anzuwenden (vgl. Tz. 452). Dies bedeutet – ebenso wie für Zwecke der Kapitalkonsolidierung – eine erhebliche Vereinfachung der Wertermittlung sowohl bei erstmaliger Anwendung der Equity-Methode als auch bei der Fortschreibung der Wertansätze aus der Nebenrechnung in Folgejahren[470]. **458**

---

468 Vgl. zB *ADS*⁶, § 312 HGB Tz. 86.
469 GlA *Winkeljohann/Böcker*, in Beck Bil-Komm.⁶, § 312 Anm. 30.
470 Vgl. Begr. Beschlussempfehlung und Bericht des Rechtsausschusses, BT-Drucks. 16/12407, S. 90 f.

3. Fortschreibung eines Unterschiedsbetrags in Folgejahren (Satz 2 und 3)

459 Die stillen Reserven und Lasten sind ab dem Zeitpunkt, zu dem das Unternehmen ein assoziiertes Unternehmen geworden ist (vgl. Tz. 465), korrespondierend mit den Vermögensgegenständen und Schulden etc., denen sie nach § 312 Abs. 2 Satz 1 HGB in der statistischen Nebenrechnung zugeordnet wurden, **fortzuführen, abzuschreiben oder aufzulösen** (§ 312 Abs. 2 Satz 2 HGB). Die daraus resultierende Veränderung des Unterschiedsbetrags (Aufwand oder Ertrag) ist nach § 312 Abs. 4 Satz 2 HGB in der Konzern-Gewinn- und Verlustrechnung im „Ergebnis aus assoziierten Unternehmen" zu erfassen[471].

460 Ein nach der Zuordnung der stillen Reserven und Lasten verbleibender **Geschäfts- oder Firmenwert** ist nach § 309 Abs. 1 iVm. § 312 Abs. 2 Satz 3 HGB planmäßig über die Nutzungsdauer abzuschreiben. Für die Bestimmung der Nutzungsdauer und der Abschreibungsmethode gelten die gleichen Grundsätze wie für Geschäfts- oder Firmenwert aus der Vollkonsolidierung (vgl. Tz. 408 ff.). Die planmäßige Abschreibung des Geschäfts- oder Firmenwerts gilt für Erwerbe von Anteilen an assoziierten Unternehmen in den Konzernabschlüssen für die nach dem 31. Dezember 2009 beginnenden Geschäftsjahre (Art. 66 Abs. 3 Satz 4 EGHGB). Zur vorzeitigen Anwendung der geänderten Vorschriften vgl. Abschn. W Tz. 3.

461 Ist im Konzernabschluss eine **außerplanmäßige Abschreibung** auf die Beteiligung am assoziierten Unternehmen nach § 253 Abs. 3 Satz 3 iVm. § 298 Abs. 1 HGB vorzunehmen, weil der nach § 312 Abs. 2 Satz 2 und 3 und Abs. 4 Satz 1 HGB fortgeführte Equity-Wert den Zeit-/Ertragswert der Beteiligung[472] übersteigt, mindert dies in der Nebenrechnung idR zunächst den Restbuchwert eines Geschäfts- oder Firmenwerts (DRS 8.19).

462 Nach § 309 Abs. 1 Satz 2 bzw. Satz 3 iVm. § 312 Abs. 2 Satz 3 HGB aF durften Geschäfts- oder Firmenwerte, die sich bei der erstmaligen Anwendung der Equity-Methode (Buchwert- und Kapitalanteilsmethode) ergaben, letztmals im Konzernabschluss für das vor dem 1. Januar 2010 beginnende Geschäftsjahr (Art. 66 Abs. 5 EGHGB), entweder pauschal in jedem folgenden Geschäftsjahr zu einem Viertel abgeschrieben oder mit den Konzernrücklagen verrechnet werden[473]. Ebenso, wie bei voll konsolidierten Tochterunternehmen (vgl. Tz. 434), darf auch bei Anwendung der Equity-Methode die vor der Erstanwendung des BilMoG vorgenommene **pauschale Abschreibung** eines Geschäfts- oder Firmenwerts oder dessen **Verrechnung mit Rücklagen** in Konzernabschlüssen für die nach dem 31. Dezember 2009 beginnenden Geschäftsjahre beibehalten werden (Art. 66 Abs. 3 Satz 4 EGHGB)[474].

463 Hinsichtlich der Behandlung **passiver Unterschiedsbeträge** bei der Fortschreibung der Equity-Wertansätze ergeben sich durch das BilMoG keine Änderungen[475]. Ein zunächst nur außerbilanziell erfasster Betrag ist somit ergebniswirksam zu vereinnahmen, wenn:

– im Erwerbszeitpunkt der Anteile erwartete künftige Aufwendungen zu einer ungünstigen Entwicklung der Ertragslage des assoziierten Unternehmens führen oder dort erwartete Verluste eintreten (§ 309 Abs. 2 Nr. 1 iVm. § 312 Abs. 2 Satz 3 HGB) oder

---

471 Vgl. *ADS*⁶, § 312 HGB Tz. 83 ff.; *WPH*¹³, Bd. I, F Tz. 462; DRS 8.21.
472 Vgl. IDW RS HFA 10 Tz. 3 iVm. IDW S 1 (idF 2008) Tz. 17 ff.
473 Vgl. dazu *ADS*⁶, § 312 HGB Tz. 46, 60.
474 Vgl. auch IDW ERS HFA 28, Tz. 56.
475 Vgl. ausführlich: *Winkeljohann/Böcker*, in Beck Bil-Komm.⁶, § 312 Anm. 30 ff.

– feststeht, dass der passive Unterschiedsbetrag einem realisierten Gewinn entspricht (§ 309 Abs. 2 Nr. 1 iVm. § 312 Abs. 2 Satz 3 HGB).

Dabei erscheint es grds. sachgerecht, die Auflösung des nicht auf erwartete Aufwendungen und Verluste entfallenden Teils des passiven Unterschiedsbetrags nach einem planmäßigen Verfahren vorzunehmen, wie dies auch DRS 8.24 vorsieht, der insofern eine Konkretisierung des Gesetzes darstellt[476].

IV. Bewertungsstichtag bei erstmaliger Anwendung der Equity-Methode (Abs. 3 Satz 1)

Bei der Ermittlung des Unterschiedsbetrags zwischen den ggf. fortgeführten Anschaffungskosten der Beteiligung und dem darauf anteilig entfallenden bilanziellen Eigenkapital des assoziierten Unternehmens anlässlich der erstmaligen Anwendung der Equity-Methode durften **bisher** wahlweise die Wertverhältnisse zu folgenden Zeitpunkten zugrunde gelegt werden: **464**

– Zeitpunkt des Erwerbs der Anteile,
– Zeitpunkt, der erstmaligen Einbeziehung des assoziierten Unternehmens in den Konzernabschluss oder
– Zeitpunkt, zu dem das Unternehmen den Status eines assoziierten Unternehmens iSd. § 311 HGB erlangt hat.

Für assoziierte Unternehmen, die in einem **nach dem 31. Dezember 2009** beginnenden Geschäftsjahr (Art. 66 Abs. 3 Satz 4 EGHGB), erstmals nach der Equity-Methode (§ 312 HGB) im Konzernabschluss bewertet werden, ist der Wertansatz der Beteiligung und der Unterschiedsbetrag ausschließlich zu dem **Zeitpunkt** zu ermitteln, zu dem das Unternehmen ein **assoziiertes Unternehmen geworden** ist (§ 312 Abs. 3 Satz 1 HGB; zur freiwilligen vorzeitigen Anwendung vgl. Abschn. W Tz. 3). Dies ist nach § 311 Abs. 1 HGB der Fall, ab dem Zeitpunkt, von dem an ein maßgeblicher Einfluss auf die Geschäfts- und Finanzpolitik des assoziierten Unternehmens tatsächlich ausgeübt wird[477]. **465**

Für die Ermittlung des nach § 312 Abs. 1 Satz 2 HGB angabepflichtigen **Unterschiedsbetrags** wird dem Wertansatz der Beteiligung das anteilig darauf entfallende bilanzielle Eigenkapital des assoziierten Unternehmens gegenüber gestellt. Damit sich der Unterschiedsbetrag auf den Zeitpunkt, zu dem das Unternehmen den Status eines assoziierten Unternehmens erlangt hat, beziehen kann, muss folglich auch das bilanzielle Eigenkapital zu diesem Zeitpunkt ermittelt werden. Dh. letztlich müssen die beiden Bezugszeitpunkte äquivalent sein (§ 312 Abs. 3 Satz 1 HGB). **466**

Weiter ergibt sich aus § 312 Abs. 3 Satz 1 HGB, dass der Zeitpunkt, zu dem das Unternehmen zum assoziierten Unternehmen geworden ist, zugleich auch der maßgebliche Bewertungszeitpunkt bei der Ermittlung und Zuordnung der **stillen Reserven und Lasten** im Reinvermögen des assoziierten Unternehmens im Rahmen der statistischen Nebenrechnung nach § 312 Abs. 2 Satz 1 HGB ist. **467**

Nach der Formulierung im RegE[478] war bei der erstmaligen Anwendung der Equity-Methode noch auf den **Erwerbszeitpunkt der Anteile** abzustellen, was im Ergebnis **468**

---
476 GlA *Winkeljohann/Böcker*, in Beck Bil-Komm.[6], § 312 Anm.31.
477 Vgl. dazu im Einzelnen: *ADS*[6], § 311 HGB Tz. 13 ff.; *Winkeljohann/Böcker*, in Beck Bil-Komm.[6], § 311 Anm. 15 ff.; DRS 8.3.
478 Vgl. Begr. RegE, BT-Drucks. 16/10067, S. 13.

eine strikte Umsetzung der sog. Einzelerwerbsfiktion im Rahmen der Equity-Methode bedeutet hätte. Der Kaufpreis der Anteile am assoziierten Unternehmen repräsentiert nur zu diesem Zeitpunkt tatsächlich einen Gesamtkaufpreis für das anteilig dahinter stehende Reinvermögen. Zugleich würde mit der Festlegung auf diesen Zeitpunkt erreicht, dass gekaufte und erwirtschaftete Ergebnisse des assoziierten Unternehmens aus Konzernsicht richtig voneinander abgegrenzt werden[479].

469 Dies hätte aber insb. bei einem **sukzessiven Erwerb** der Anteile am assoziierten Unternehmen einen erheblichen Ermittlungsaufwand bedeutet, weil für jede wesentliche Tranche und zum jeweiligen Erwerbszeitpunkt ein Unterschiedsbetrag zu ermitteln und nach allgemeinen Grundsätzen fortzuentwickeln gewesen wäre (zur Erfassung der Fortschreibungseffekte bei erstmaliger Equity-Bewertung vgl. Tz. 473). Zudem hätte ein Unterschied zur Umsetzung der Erwerbsmethode im Rahmen der Vollkonsolidierung nach § 301 HGB bestanden, wo der Einzelerwerb des Reinvermögens des Tochterunternehmens nicht tranchenweise, sondern einheitlich zum Zeitpunkt der erstmaligen Einbeziehung der Vermögensgegenstände und Schulden etc. im Wege der Vollkonsolidierung erfolgt (vgl. Tz. 235). Dieses Versehen des Gesetzgebers[480] wurde im Rahmen der endgültigen Beratungen des BilMoG auf Vorschlag des Rechtsausschusses beseitigt und so ein Gleichlauf des § 312 HGB mit der Regelung des § 301 HGB hergestellt[481].

470 Fraglich ist schließlich noch, ob der Zeitpunkt, zu dem der Status eines assoziierten Unternehmens erlangt wurde, für die Anwendung der Equity-Methode auch in den Fällen maßgeblich ist, in denen ein Mutterunternehmen erstmals zur Konzernrechnungslegung nach §§ 290 ff. HGB und damit zur Anwendung der Equity-Methode verpflichtet ist. Die gleiche Frage stellt sich, wenn bei bestehender Konzernabschlusspflicht ein **assoziiertes Unternehmen**, das **bislang von untergeordneter Bedeutung** für die für die Vermögens-, Finanz- und Ertragslage des Konzerns (§ 311 Abs. 2 HGB) war, erstmals nach der Equity-Methode bewertet wird.

471 Würde in diesen Fallkonstellationen für Bewertungszwecke auf den Zeitpunkt nach § 312 Abs. 3 Satz 1 HGB, dh. einen uU weit in der Vergangenheit liegenden Zeitpunkt abgestellt, wäre dies idR sehr aufwändig. Zudem wäre zu berücksichtigen, dass exakte Informationen über die Wertverhältnisse zu einem erheblich früheren Zeitpunkt nachträglich nur sehr schwer beschafft werden können und sich daraus häufig auch ein nicht unerheblicher Ermessenspielraum ergeben würde.

472 § 301 Abs. 2 Satz 3 und 4 HGB bestimmen im Zusammenhang mit der Vollkonsolidierung von Tochtergesellschaften in vergleichbaren Fällen, dass die Erstkonsolidierung auf der Basis der Wertverhältnisse im Zeitpunkt der erstmaligen Einbeziehung (**Beginn des Konzerngeschäftsjahrs**) und nicht im Zeitpunkt, zu dem das Mutter-/Tochterverhältnis begründet wurde, zu erfolgen hat, was eine erhebliche Vereinfachung der Wertermittlung bedeutet (vgl. dazu Tz. 237 ff.). Auch wenn in § 312 Abs. 3 HGB diesbezüglich eine ausdrückliche Regelung oder ein entsprechender Verweis auf § 301 HGB fehlt, erscheint es aber, auch im Hinblick auf den vom Gesetzgeber ausdrücklich angestrebten Gleichlauf der §§ 301 und 312 HGB[482] sachgerecht, in diesen Fällen die Bewertung auf den Beginn des Konzerngeschäftsjahres vorzunehmen, in dem das assoziierte Unternehmen erstmals nach der Equity-Methode bewertet wird.

---

479 Vgl. *Winkeljohann/Böcker*, in Beck Bil-Komm.⁶, § 312 Anm. 47.
480 Ebenso *Oser/Roß/Wader/Drögemüller*, WPg 2008, S. 693: „... Wertungswiderspruch zu § 301 Abs. 2 HGB-RegE, den der Gesetzgeber beseitigen sollte."
481 Vgl. Begr. Beschlussempfehlung und Bericht des Rechtsausschusses, BT-Drucks. 16/12407, S. 90.
482 Vgl. Begr. Beschlussempfehlung und Bericht des Rechtsausschusses, BT-Drucks. 16/12407, S. 90.

V. Vorläufige Wertermittlung (Abs. 3 Satz 2)

Die Regelung des § 312 Abs. 3 Satz 1 HGB entspricht derjenigen in § 301 Abs. 2 Satz 2 HGB (vgl. dazu Tz. 218 ff.). Danach besteht auch bei Anwendung der Equity-Methode eine **Anpassungspflicht** für die Wertansätze in der statistischen Nebenrechnung iSv. § 312 Abs. 2 Satz 1 HGB aufgrund von besseren Erkenntnissen, die innerhalb einer Frist von **zwölf Monaten** ab dem Zeitpunkt, zu dem das Unternehmen ein assoziiertes Unternehmen geworden ist (vgl. Tz. 465), bekannt werden. Darüber hinaus dürfen bessere Erkenntnisse über das Mengen- und/oder Wertgerüst der statistischen Nebenrechnung berücksichtigt werden, wenn diese nach Ablauf der zwölf Monatsfrist, aber bis zum Ende der Aufstellungsphase für den handelsrechtlichen Konzernabschluss, in dem das assoziierte Unternehmen erstmals nach der Equity-Methode bewertet wird, bekannt werden (vgl. Tz. 223).

473

Erfolgen die **Korrekturen der Wertansätze** in der statistischen Nebenrechnung nach § 312 Abs. 3 Satz 2 HGB erst in dem auf die erstmalige Anwendung der Equity-Methode folgenden Konzernabschluss, sind die damit verbundenen Änderungen des Equity-Werts **erfolgsneutral** gegen den Konzernergebnisvortrag einzubuchen (vgl. zur retrospektiven Anpassung bei voll konsolidierten Tochterunternehmen Tz. 226).

474

VI. Erstanwendung und Übergang von der Kapitalanteilsmethode auf die Buchwertmethode

Nach Art. 66 Abs. 3 Satz 4 EGHGB findet § 312 HGB (vgl. Tz. 441 ff.) nur auf **Erwerbsvorgänge**, in den **nach dem 31. Dezember 2009** beginnenden Geschäftsjahren Anwendung. Fraglich ist, ob mit Rücksicht darauf bei assoziierten Unternehmen, für die bislang die Kapitalanteilsmethode angewandt wurde, der gesonderte Ausweis eines Geschäfts- oder Firmenwerts auch nach dem Wegfall dieser Variante der Equity-Methode weiter beibehalten werden kann. Sinn und Zweck der vorgenannten Übergangsregelung ist es, nachträgliche Wertermittlungen und Anpassungen für die bereits bislang nach der Equity-Methode bewerteten Beteiligungen zu vermeiden[483]. Die Beibehaltung eines bloßen Ausweisunterschieds kann damit aber nicht gerechtfertigt werden[484].

475

Dementsprechend sind die Restbuchwerte der Geschäfts- oder Firmenwerte assoziierter Unternehmen, die sich zum Stichtag des Konzernabschlusses ergeben, in dem die Kapitalanteilsmethode letztmals angewendet werden darf[485], im darauf folgenden Konzernabschluss als Anpassung der Eröffnungsbilanzwerte ergebnisneutral in den Posten „Beteiligungen an assoziierten Unternehmen" um zu gliedern. Dh. letztlich ist der **Ausweis** nach der Kapitalanteilsmethode **auch für Altfälle** in denjenigen nach der **Buchwertmethode** (vgl. Tz. 441) zu überführen. Dafür spricht auch, dass die Abschreibungsmethode für den Geschäfts- oder Firmenwert nach § 309 Abs. 1 Satz 1 oder 2 iVm. § 312 Abs. 2 Satz 3 HGB aF, die bisher bei der Kapitalanteilsmethode angewendet wurde, bei der Fortführung des Equity-Wertansatzes nach der Buchwertmethode beibehalten werden darf (vgl. Tz. 459 ff.)[486], so dass sich aus der Umgliederung auch in der Folge keine Ergebnisunterschiede gegenüber der bisher angewandten

476

---

483 Vgl. Begr. RegE, BT-Drucks. 16/10067, S. 98.
484 Vgl. analog: Begr. Beschlussempfehlung und Bericht des Rechtsausschusses, BT-Drucks. 16/12407, S. 95 wonach die geänderten Ausweisvorschriften in § 301 Abs. 3 und Abs. 4 HGB auch für Altfälle Anwendung finden.
485 Konzernabschluss für das vor dem 1. Januar 2010 beginnende Geschäftsjahr (Art. 66 Abs. 5 EGHGB).
486 Vgl. analog IDW ERS HFA 28 Tz. 56, 29.

Q Konzernabschluss § 312 HGB

Fortschreibungsmethode ergeben werden. Sofern bei bisheriger Anwendung der Kapitalanteilsmethode noch passive Unterschiedsbeträge existieren, besteht beim Übergang auf die durch BilMoG geänderten Vorschriften kein Anpassungsbetrag, weil diese (passiven) Beträge nicht in der Konzernbilanz ausgewiesen, sondern nur in der statistischen Nebenrechnung geführt werden. Dh. in dieser Konstellation besteht bereits bisher kein (Ausweis-)Unterschied zwischen der Buchwert- und der Kapitalanteilsmethode.

R. Konzernanhang und Konzernlagebericht
(§§ 313, 314, 315 HGB)

§ 313 HGB
Erläuterung der Konzernbilanz und der Konzern-Gewinn- und Verlustrechnung. Angaben zum Beteiligungsbesitz

(1) ¹In den Konzernanhang sind diejenigen Angaben aufzunehmen, die zu einzelnen Posten der Konzernbilanz oder der Konzern-Gewinn- und Verlustrechnung vorgeschrieben oder die im Konzernanhang zu machen sind, weil sie in Ausübung eines Wahlrechts nicht in die Konzernbilanz oder in die Konzern-Gewinn- und Verlustrechnung aufgenommen wurden. ²Im Konzernanhang müssen

1. die auf die Posten der Konzernbilanz und der Konzern-Gewinn- und Verlustrechnung angewandten Bilanzierungs- und Bewertungsmethoden angegeben werden;

2. die Grundlagen für die Umrechnung in Euro angegeben werden, sofern der Konzernabschluß Posten enthält, denen Beträge zugrunde liegen, die auf fremde Währung lauten oder ursprünglich auf fremde Währung lauteten;

3. Abweichungen von Bilanzierungs-, Bewertungs- und Konsolidierungsmethoden angegeben und begründet werden; deren Einfluß auf die Vermögens-, Finanz- und Ertragslage des Konzerns ist gesondert darzustellen.

(2) Im Konzernanhang sind außerdem anzugeben:

1. ¹Name und Sitz der in den Konzernabschluß einbezogenen Unternehmen, der Anteil am Kapital der Tochterunternehmen, der dem Mutterunternehmen und den in den Konzernabschluß einbezogenen Tochterunternehmen gehört oder von einer für Rechnung dieser Unternehmen handelnden Person gehalten wird, sowie der zur Einbeziehung in den Konzernabschluß verpflichtende Sachverhalt, sofern die Einbeziehung nicht auf einer der Kapitalbeteiligung entsprechenden Mehrheit der Stimmrechte beruht. ²Diese Angaben sind auch für Tochterunternehmen zu machen, die nach den § 296 nicht einbezogen worden sind;

2. ¹Name und Sitz der assoziierten Unternehmen, der Anteil am Kapital der assoziierten Unternehmen, der dem Mutterunternehmen und den in den Konzernabschluß einbezogenen Tochterunternehmen gehört oder von einer für Rechnung dieser Unternehmen handelnden Person gehalten wird. ²Die Anwendung des § 311 Abs. 2 ist jeweils anzugeben und zu begründen;

3. ¹Name und Sitz der Unternehmen, die nach § 310 nur anteilmäßig in den Konzernabschluß einbezogen worden sind, der Tatbestand, aus dem sich die Anwendung dieser Vorschrift ergibt, sowie der Anteil am Kapital dieser Unternehmen, der dem Mutterunternehmen und den in den Konzernabschluß einbezogenen Tochterunternehmen gehört oder von einer für Rechnung dieser Unternehmen handelnden Person gehalten wird;

4. ¹Name und Sitz anderer als der unter den Nummern 1 bis 3 bezeichneten Unternehmen, bei denen das Mutterunternehmen, ein Tochterunternehmen oder eine für Rechnung eines dieser Unternehmen handelnde Person mindestens den fünften Teil der Anteile besitzt, unter Angabe des Anteils am Kapital sowie der Höhe des Eigenkapitals und des Ergebnisses des letzten Geschäftsjahrs, für das ein

Abschluss aufgestellt worden ist. ²Ferner sind anzugeben alle Beteiligungen an großen Kapitalgesellschaften, die andere als die in Nummern 1 bis 3 bezeichneten Unternehmen sind, wenn sie von einem börsennotierten Mutterunternehmen, einem börsennotierten Tochterunternehmen oder einer für Rechnung eines dieser Unternehmen handelnden Person gehalten werden und fünf vom Hundert der Stimmrechte überschreiten. ³Diese Angaben brauchen nicht gemacht zu werden, wenn sie für die Vermittlung eines den tatsächlichen Verhältnissen entsprechenden Bildes der Vermögens-, Finanz- und Ertragslage des Konzerns von untergeordneter Bedeutung sind. ⁴Das Eigenkapital und das Ergebnis brauchen nicht angegeben zu werden, wenn das in Anteilsbesitz stehende Unternehmen seinen Jahresabschluß nicht offenzulegen hat und das Mutterunternehmen, das Tochterunternehmen oder die Person weniger als die Hälfte der Anteile an diesem Unternehmen besitzt.

(3) ¹Die in Absatz 2 verlangten Angaben brauchen insoweit nicht gemacht zu werden, als nach vernünftiger kaufmännischer Beurteilung damit gerechnet werden muß, daß durch die Angaben dem Mutterunternehmen, einem Tochterunternehmen oder einem anderen in Absatz 2 bezeichneten Unternehmen erhebliche Nachteile entstehen können. ²Die Anwendung der Ausnahmeregelung ist im Konzernanhang anzugeben. ³**Satz 1 gilt nicht, wenn ein Mutterunternehmen oder eines seiner Tochterunternehmen kapitalmarktorientiert im Sinn des § 264d ist.**

(4) *(aufgehoben)*

Inhaltsverzeichnis Tz.

I. Änderung und Erstanwendungszeitpunkt .... 1 – 3

I. Änderungen und Erstanwendungszeitpunkt

1 Die Änderung des § 313 Abs. 3 Satz 3 HGB resultiert aus der Definition des Begriffs „**kapitalmarktorientiert**" in § 264d HGB (vgl. Abschn. K Tz. 32 ff.) und bezweckt eine Verkürzung und bessere Lesbarkeit der Vorschrift, ohne dass damit eine inhaltliche Änderung verbunden ist.¹

2 Bislang bestand nach § 313 Abs. 4 HGB die Möglichkeit zur Aufstellung einer **gesonderten Anteilsbesitzliste**, so dass die entsprechenden Angaben nicht im Anhang gemacht werden brauchten. Die Aufhebung dieser Vorschrift entspricht der Aufhebung von § 287 HGB (vgl. hierzu Abschn. O Tz. 274 ff.).

3 Die Vorschrift des § 313 Abs. 3 Satz 3 und Abs. 4 HGB aF ist **letztmals** auf Konzernabschlüsse für das vor dem 1. Januar 2010 beginnende Geschäftsjahr anzuwenden (Art. 66 Abs. 5 EGHGB).

---

1 Vgl. Begr. RegE, BT-Drucks. 16/10067, S. 85.

§ 314 HGB
Sonstige Pflichtangaben

(1) Im Konzernanhang sind ferner anzugeben:

1. der Gesamtbetrag der in der Konzernbilanz ausgewiesenen Verbindlichkeiten mit einer Restlaufzeit von mehr als fünf Jahren sowie der Gesamtbetrag der in der Konzernbilanz ausgewiesenen Verbindlichkeiten, die von in den Konzernabschluss einbezogenen Unternehmen durch Pfandrechte oder ähnliche Rechte gesichert sind, unter Angabe von Art und Form der Sicherheiten;

2. **Art und Zweck sowie Risiken und Vorteile von nicht in der Konzernbilanz enthaltenen Geschäften des Mutterunternehmens und der in den Konzernabschluss einbezogenen Tochterunternehmen, soweit dies für die Beurteilung der Finanzlage des Konzerns notwendig ist;**

2a. der Gesamtbetrag der sonstigen finanziellen Verpflichtungen, die nicht in der Konzernbilanz **enthalten und nicht nach § 298 Abs. 1 in Verbindung mit § 251 oder nach Nummer 2 anzugeben sind,** sofern diese Angabe für die Beurteilung der Finanzlage des Konzerns von Bedeutung ist; davon und von den Haftungsverhältnissen nach § 251 sind Verpflichtungen gegenüber Tochterunternehmen, die nicht in den Konzernabschluss einbezogen werden, jeweils gesondert anzugeben;

3. die Aufgliederung der Umsatzerlöse nach Tätigkeitsbereichen sowie nach geographisch bestimmten Märkten, soweit sich, unter Berücksichtigung der Organisation des Verkaufs von für die gewöhnliche Geschäftstätigkeit des Konzerns typischen Erzeugnissen und der für die gewöhnliche Geschäftstätigkeit des Konzerns typischen Dienstleistungen, die Tätigkeitsbereiche und geographisch bestimmten Märkte untereinander erheblich unterscheiden;

4. die durchschnittliche Zahl der Arbeitnehmer der in den Konzernabschluß einbezogenen Unternehmen während des Geschäftsjahrs, getrennt nach Gruppen, sowie der in dem Geschäftsjahr verursachte Personalaufwand, sofern er nicht gesondert in der Konzern-Gewinn- und Verlustrechnung ausgewiesen ist; die durchschnittliche Zahl der Arbeitnehmer von nach § 310 nur anteilmäßig einbezogenen Unternehmen ist gesondert anzugeben;

5. *(aufgehoben)*

6. für die Mitglieder des Geschäftsführungsorgans, eines Aufsichtsrats, eines Beirats oder einer ähnlichen Einrichtung des Mutterunternehmens, jeweils für jede Personengruppe:

    a) die für die Wahrnehmung ihrer Aufgaben im Mutterunternehmen und den Tochterunternehmen im Geschäftsjahr gewährten Gesamtbezüge (Gehälter, Gewinnbeteiligungen, Bezugsrechte und sonstige aktienbasierte Vergütungen, Aufwandsentschädigungen, Versicherungsentgelte, Provisionen und Nebenleistungen jeder Art). ²In die Gesamtbezüge sind auch Bezüge einzurechnen, die nicht ausgezahlt, sondern in Ansprüche anderer Art umgewandelt oder zur Erhöhung anderer Ansprüche verwendet werden. ³Außer den Bezügen für das Geschäftsjahr sind die weiteren Bezüge anzugeben, die im Geschäftsjahr gewährt, bisher aber in keinem Konzernabschluss angegeben worden sind. ⁴Bezugsrechte und sonstige aktienbasierte Vergütungen sind mit ihrer Anzahl und dem beizulegenden Zeitwert zum Zeitpunkt ihrer Gewährung anzugeben; spätere Wertänderungen, die auf einer Änderung der Ausübungsbedingungen beruhen, sind zu berücksichtigen. ⁵Ist das Mutterunternehmen eine börsennotierte Aktiengesellschaft, sind zusätzlich unter Namensnennung die Bezüge jedes einzelnen Vorstandsmitglieds, aufgeteilt nach erfolgsunabhängigen und erfolgsbezogenen Komponenten sowie Komponenten mit langfristiger Anreizwirkung, gesondert anzugeben.⁶**Dies gilt auch für:**

aa) **Leistungen, die dem Vorstandsmitglied für den Fall einer vorzeitigen Beendigung seiner Tätigkeit zugesagt worden sind;**

bb) **Leistungen, die dem Vorstandsmitglied für den Fall der regulären Beendigung seiner Tätigkeit zugesagt worden sind, mit ihrem Barwert, sowie den von der Gesellschaft während des Geschäftsjahres hierfür aufgewandten oder zurückgestellten Betrag;**

cc) **während des Geschäftsjahres vereinbarte Änderungen dieser Zusagen;**

dd) **Leistungen, die einem früheren Vorstandsmitglied, das seine Tätigkeit im Laufe des Geschäftsjahres beendet hat, in diesem Zusammenhang zugesagt und im Laufe des Geschäftsjahres gewährt worden sind.***

⁷Leistungen, die dem einzelnen Vorstandsmitglied von einem Dritten im Hinblick auf seine Tätigkeit als Vorstandmitglied zugesagt oder im Geschäftsjahr gewährt worden sind, sind ebenfalls anzugeben. ⁸Enthält der Konzernabschluss weitergehende Angaben zu bestimmten Bezügen, sind auch diese einzeln anzugeben;

b) die für die Wahrnehmung ihrer Aufgaben im Mutterunternehmen und den Tochterunternehmen gewährten Gesamtbezüge (Abfindungen, Ruhegehälter, Hinterbliebenenbezüge und Leistungen verwandter Art) der früheren Mitglieder der bezeichneten Organe und ihrer Hinterbliebenen; Buchstabe a Satz 2 und 3 ist entsprechend anzuwenden. ²Ferner ist der Betrag der für diese Personengruppe gebildeten Rückstellungen für laufende Pensionen und Anwartschaften auf Pensionen und der Betrag der für diese Verpflichtungen nicht gebildeten Rückstellungen anzugeben;

c) die vom Mutterunternehmen und den Tochterunternehmen gewährten Vorschüsse und Kredite unter Angabe der Zinssätze, der wesentlichen Bedingungen und der gegebenenfalls im Geschäftsjahr zurückgezahlten Beträge sowie die zugunsten dieser Personengruppen eingegangenen Haftungsverhältnisse;

7. der Bestand an Anteilen an dem Mutterunternehmen, die das Mutterunternehmen oder ein Tochterunternehmen oder ein anderer für Rechnung eines in den Konzernabschluß einbezogenen Unternehmens erworben oder als Pfand genommen hat; dabei sind die Zahl und der Nennbetrag oder rechnerische Wert dieser Anteile sowie deren Anteil am Kapital anzugeben;

8. für jedes in den Konzernabschluss einbezogene börsennotierte Unternehmen, dass die nach § 161 des Aktiengesetzes vorgeschriebene Erklärung abgegeben und **wo sie öffentlich** zugänglich gemacht worden ist;

9. das von dem Abschlussprüfer des Konzernabschlusses für das Geschäftsjahr berechnete Gesamthonorar, aufgeschlüsselt in das Honorar für

a) die Abschlussprüfungsleistungen,

b) andere Bestätigungsleistungen,

c) Steuerberatungsleistungen,

d) sonstige Leistungen;

10. für zu den Finanzanlagen (§ 266 Abs. 2 A. III.) gehörende Finanzinstrumente, die in der Konzernbilanz über ihrem beizulegenden Zeitwert ausgewiesen werden, da eine außerplanmäßige Abschreibung gemäß § 253 Abs. 3 Satz 4 unterblieben ist,

    a) der Buchwert und der beizulegende Zeitwert der einzelnen Vermögensgegenstände oder angemessener Gruppierungen sowie

    b) die Gründe für das Unterlassen der Abschreibung einschließlich der Anhaltspunkte, die darauf hindeuten, dass die Wertminderung voraussichtlich nicht von Dauer ist;

11. für jede Kategorie nicht zum beizulegenden Zeitwert bilanzierter derivativer Finanzinstrumente

    a) deren Art und Umfang,

    b) deren beizulegender Zeitwert, soweit er sich nach § 255 Abs. 4 verlässlich ermitteln lässt, unter Angabe der angewandten Bewertungsmethode,

    c) deren Buchwert und der Bilanzposten, in welchem der Buchwert, soweit vorhanden, erfasst ist, sowie

    d) die Gründe dafür, warum der beizulegende Zeitwert nicht bestimmt werden kann;

12. für gemäß § 340e Abs. 3 Satz 1 mit dem beizulegenden Zeitwert bewertete Finanzinstrumente

    a) die grundlegenden Annahmen, die der Bestimmung des beizulegenden Zeitwertes mit Hilfe allgemein anerkannter Bewertungsmethoden zugrunde gelegt wurden; sowie

    b) Umfang und Art jeder Kategorie derivativer Finanzinstrumente einschließlich der wesentlichen Bedingungen, welche die Höhe, den Zeitpunkt und die Sicherheit künftiger Zahlungsströme beeinflussen können;

13. zumindest die nicht zu marktüblichen Bedingungen zustande gekommenen Geschäfte des Mutterunternehmens und seiner Tochterunternehmen, soweit sie wesentlich sind, mit nahe stehenden Unternehmen und Personen, einschließlich Angaben zur Art der Beziehung, zum Wert der Geschäfte sowie weiterer Angaben, die für die Beurteilung der Finanzlage des Konzerns notwendig sind; ausgenommen sind Geschäfte mit und zwischen mittel- oder unmittelbar in 100-prozentigem Anteilsbesitz stehenden in einen Konzernabschluss einbezogenen Unternehmen; Angaben über Geschäfte können nach Geschäftsarten zusammengefasst werden, sofern die getrennte Angabe für die Beurteilung der Auswirkungen auf die Finanzlage des Konzerns nicht notwendig ist;

14. im Fall der Aktivierung nach § 248 Abs. 2 der Gesamtbetrag der Forschungs- und Entwicklungskosten des Geschäftsjahres der in den Konzernabschluss einbezogenen Unternehmen sowie der davon auf die selbst geschaffenen immateriellen Vermögensgegenstände des Anlagevermögens entfallende Betrag;

15. bei Anwendung des § 254 im Konzernabschluss,

    a) mit welchem Betrag jeweils Vermögensgegenstände, Schulden, schwebende Geschäfte und mit hoher Wahrscheinlichkeit vorgesehene Transaktionen zur Absicherung welcher Risiken in welche Arten von Bewertungseinheiten einbezogen sind sowie die Höhe der mit Bewertungseinheiten abgesicherten Risiken;

    b) für die jeweils abgesicherten Risiken, warum, in welchem Umfang und für welchen Zeitraum sich die gegenläufigen Wertänderungen oder Zahlungsströme künftig voraussichtlich ausgleichen einschließlich der Methode der Ermittlung;

    c) eine Erläuterung der mit hoher Wahrscheinlichkeit erwarteten Transaktionen, die in Bewertungseinheiten einbezogen wurden,

    soweit die Angaben nicht im Konzernlagebericht gemacht werden;

16. zu den in der Konzernbilanz ausgewiesenen Rückstellungen für Pensionen und ähnliche Verpflichtungen das angewandte versicherungsmathematische Berechnungsverfahren sowie die grundlegenden Annahmen der Berechnung, wie Zinssatz, erwartete Lohn- und Gehaltssteigerungen und zugrunde gelegte Sterbetafeln;

17. im Fall der Verrechnung von in der Konzernbilanz ausgewiesenen Vermögensgegenständen und Schulden nach § 246 Abs. 2 Satz 2 die Anschaffungskosten und der beizulegende Zeitwert der verrechneten Vermögensgegenstände, der Erfüllungsbetrag der verrechneten Schulden sowie die verrechneten Aufwendungen und Erträge; Nummer 12 Buchstabe a ist entsprechend anzuwenden;

18. zu den in der Konzernbilanz ausgewiesenen Anteilen oder Anlageaktien an inländischen Investmentvermögen im Sinn des § 1 des Investmentgesetzes oder vergleichbaren ausländischen Investmentanteilen im Sinn des § 2 Abs. 9 des Investmentgesetzes von mehr als dem zehnten Teil, aufgegliedert nach Anlagezielen, deren Wert im Sinn des § 36 des Investmentgesetzes oder vergleichbarer ausländischer Vorschriften über die Ermittlung des Marktwertes, die Differenz zum Buchwert und die für das Geschäftsjahr erfolgte Ausschüttung sowie Beschränkungen in der Möglichkeit der täglichen Rückgabe; darüber hinaus die Gründe dafür, dass eine Abschreibung gemäß § 253 Abs. 3 Satz 4 unterblieben ist, einschließlich der Anhaltspunkte, die darauf hindeuten, dass die Wertminderung voraussichtlich nicht von Dauer ist; Nummer 10 ist insoweit nicht anzuwenden;

19. für nach § 251 unter der Bilanz oder nach § 268 Abs. 7 Halbsatz 1 im Anhang ausgewiesene Verbindlichkeiten und Haftungsverhältnisse die Gründe der Einschätzung des Risikos der Inanspruchnahme;

20. die Gründe, welche die Annahme einer betrieblichen Nutzungsdauer eines in der Konzernbilanz ausgewiesenen entgeltlich erworbenen Geschäfts-

oder Firmenwertes aus der Kapitalkonsolidierung von mehr als fünf Jahren rechtfertigen;

21. auf welchen Differenzen oder steuerlichen Verlustvorträgen die latenten Steuern beruhen und mit welchen Steuersätzen die Bewertung erfolgt ist.

(2) [1]Mutterunternehmen, die den Konzernabschluss um eine Segmentberichterstattung erweitern (§ 297 Abs. 1 Satz 2), sind von der Angabepflicht gemäß Absatz 1 Nr. 3 befreit. [2]Für die Angabepflicht gemäß Absatz 1 Nr. 6 Buchstabe a **Satz 5 bis 8*** gilt § 286 Abs. 5 entsprechend.

* *Änderungen durch das VorstAG*

Inhaltsverzeichnis Tz.

I. Vorbemerkungen	4 – 10
II. Nicht in der Konzernbilanz enthaltene Geschäfte (Abs. 1 Nr. 2 und Nr. 2a)	
1. Grundlagen und erstmalige Anwendung	11 – 12
2. Angaben zu nicht in der Konzernbilanz enthaltenen Geschäften (Abs. 1 Nr. 2)	13 – 17
3. Gesamtbetrag der sonstigen finanziellen Verpflichtungen (Abs. 1 Nr. 2a)	18 – 19
III. Leistungen an Vorstandsmitglieder für den Fall der Beendigung ihrer Tätigkeit (Abs. 1 Nr. 6 lit. a Satz 6 HGB idF des VorstAG)	20 – 21
IV. Erklärung zum Deutschen *Corporate Governance* Kodex (Abs. 1 Nr. 8)	22 – 25
V. Honorar des Abschlussprüfers (Abs. 1 Nr. 9)	26 – 33
VI. Finanzinstrumente (Abs. 1 Nr. 10 bis 12)	
1. Grundlagen	34 – 35
2. Angaben zu Finanzanlagen, bei denen eine außerplanmäßige Abschreibung unterblieben ist (Abs. 1 Nr. 10)	36 – 39
3. Angaben zu derivativen Finanzinstrumenten, die nicht zum beizulegenden Zeitwert bilanziert sind (Abs. 1 Nr. 11)	40 – 43
4. Angaben zu Finanzinstrumenten, die zum beizulegenden Zeitwert bilanziert sind (Abs. 1 Nr. 12)	44 – 46
VII. Geschäfte mit nahe stehenden Unternehmen und Personen (Abs. 1 Nr. 13)	
1. Grundlagen	47 – 49
2. Erläuterungen zu den Angaben	50 – 52
3. Erstmalige Anwendung	53
VIII. Forschungs- und Entwicklungskosten (Abs. 1 Nr. 14)	54 – 56
IX. Bewertungseinheiten (Abs. 1 Nr. 15)	57 – 61
X. Pensionsrückstellungen und ähnliche Verpflichtungen (Abs. 1 Nr. 16)	62 – 64
XI. Verrechnung von Vermögensgegenständen des Deckungsvermögens und Schulden aus Altersversorgungsverpflichtungen (Abs. 1 Nr. 17)	65 – 68
XII. Investmentvermögen (Abs. 1 Nr. 18)	69 – 74
XIII. Einschätzung des Risikos der Inanspruchnahme aus Eventualverbindlichkeiten (Abs. 1 Nr. 19)	75 – 76
XIV. Nutzungsdauer des Geschäfts- oder Firmenwerts (Abs. 1 Nr. 20)	77 – 79
XV. Angaben zur Ermittlung latenter Steuern (Abs. 1 Nr. 21)	80 – 82
XVI. Überblick zu den Erstanwendungszeitpunkten	83 – 86

I. Vorbemerkungen

4 Das BilMoG sieht eine erhebliche Erweiterung des Umfangs der im Konzernanhang nach § 314 HGB angabepflichtigen Tatbestände vor. Dies folgt vor allem aus dem Ersatz der bisherigen Nr. 8 bis 11 durch die **neuen Nr. 8 bis 21**[2]. Die Ergänzungen und Erweiterungen der Angabepflichten im Konzernanhang entsprechen in weiten Teilen den Änderungen der Angabepflichten nach § 285 HGB (vgl. Abschn. O Tz. 1 ff.). Sie resultieren im Wesentlichen aus der Umsetzung von EU-Richtlinien[3], sind Folge neuer handelsrechtlicher Ansatz- und Bewertungsvorschriften oder zielen allgemein darauf ab, das Informationsniveau des handelsrechtlichen Konzernabschlusses anzuheben[4].

5 Die Umsetzung von Vorgaben der Konzernbilanzrichtlinie idF der **Abänderungsrichtlinie**[5] **betreffen Angaben über**

- Art, Zweck sowie Risiken und Chancen von nicht in der Konzernbilanz enthaltenen Geschäften (§ 314 Abs. 1 Nr. 2 HGB; vgl. Tz. 11 ff.) und
- Geschäfte des Mutterunternehmens und seiner Tochterunternehmen mit nahe stehenden Unternehmen und Personen (§ 314 Abs. 1 Nr. 13 HGB; vgl. Tz. 47 ff.).

6 Die Umsetzung sonstiger Vorgaben der Konzernbilanzrichtlinie (ua. idF der **Fair Value-Richtlinie**[6] und idF **der Abschlussprüferrichtlinie**[7]) betreffen Angaben zu

- dem Honorar des Konzernabschlussprüfers (§ 314 Abs. 1 Nr. 9 HGB; vgl. Tz. 26 ff.),
- den nach § 340e Abs. 3 Satz 1 HGB mit dem beizulegenden Zeitwert bewerteten Finanzinstrumenten des Handelsbestands (§ 314 Abs. 1 Nr. 12 HGB; vgl. Tz. 44 ff.) sowie
- den Gründen, die eine betriebliche Nutzungsdauer eines entgeltlich erworbenen Firmenwerts aus der Kapitalkonsolidierung von mehr als fünf Jahren rechtfertigen (§ 314 Abs. 1 Nr. 20 HGB; vgl. Tz. 77 ff.).

7 Schließlich ergeben sich aus der Bilanzrichtlinie idF der Abänderungsrichtlinie mittelbar auch Änderungen bei den im Konzernanhang erforderlichen Angaben zur Abgabe der **Entsprechenserklärung** nach § 161 AktG für jedes in den Konzernabschluss einbezogene börsennotierte Unternehmen (§ 314 Abs. 1 Nr. 8 HGB; vgl. Tz. 22 ff.)[8].

8 Im Zusammenhang mit **neuen Ansatz und Bewertungsvorschriften** sind künftig Angaben im Konzernanhang erforderlich zu

- nicht zum beizulegenden Zeitwert bilanzierten derivativen Finanzinstrumenten (§ 314 Abs. 1 Nr. 11 HGB; vgl. Tz. 40 ff.),
- dem Gesamtbetrag der Forschungs- und Entwicklungskosten des Geschäftsjahres (§ 314 Abs. 1 Nr. 14 HGB; vgl. Tz. 54 ff.),

---

2 Vgl. Begr. Beschlussempfehlung und Bericht des Rechtsausschusses, BT-Drucks. 16/12407, S. 24 ff.
3 Vgl. Begr. RegE, BT-Drucks. 16/10067, S. 36.
4 Vgl. Begr. RegE, BT-Drucks. 16/10067, S. 34.
5 Vgl. Richtlinie 2006/46/EG des Europäischen Parlaments und des Rates vom 14. Juni 2006, ABl. EU v. 16.8.2006, L 224, S. 1 ff.
6 Vgl. Richtlinie 2001/65/EG des Europäischen Parlaments und des Rates vom 27. September 2001, ABl. EU v. 27.10.2001, L 283 S. 28 ff.
7 Vgl. Richtlinie 2006/43/EG des Europäischen Parlaments und des Rates vom 17. Mai 2006, ABl. EU v. 9.6.2006, L 157, S. 87 ff.
8 Vgl. Begr. RegE, BT-Drucks. 16/10067, S. 39; Richtlinie 2006/46/EG des Europäischen Parlaments und des Rates vom 14. Juni 2006, ABl. EU v. 16.8.2006, L 224, S. 1 ff., Art. 1 Nr. 7 und Art. 2 Nr. 2 lit. f.

- Bewertungseinheiten bei Anwendung des § 254 HGB (§ 314 Abs. 1 Nr. 15 HGB; vgl. Tz. 57 ff.) sowie
- den nach § 246 Abs. 2 Satz 2 HGB verrechneten Vermögensgegenständen und Schulden sowie den verrechneten Aufwendungen und Erträgen (§ 314 Abs. 1 Nr. 17 HGB; vgl. Tz. 65 f.).

Zur **Erhöhung des Informationsniveaus** des handelsrechtlichen Konzernabschlusses[9] sind künftig im Konzernanhang Angaben zu machen zu

- Anteilen oder Anlageaktien an inländischen Investmentvermögen iSd. § 1 des InvG oder vergleichbaren ausländischen Investmentanteilen iSd. § 2 Abs. 9 des InvG (§ 314 Abs. 1 Nr. 18 HGB; vgl. Tz. 69 ff.),
- den Gründen der Einschätzung des Risikos der Inanspruchnahme aus nach § 251 HGB unter der Bilanz oder nach § 268 Abs. 7 erster Halbsatz HGB im Anhang ausgewiesenen Verbindlichkeiten und Haftungsverhältnissen (§ 314 Abs. 1 Nr. 19 HGB; vgl. Tz. 75 ff.) und
- den Differenzen oder steuerlichen Verlustvorträgen, auf denen die latenten Steuern beruhen, sowie den Steuersätzen, mit denen die Bewertung erfolgt ist (§ 314 Abs. 1 Nr. 21 HGB; vgl. Tz. 80 ff.).

Die Angabepflichten nach § 314 HGB gelten für alle **Kapitalgesellschaften**, die nach den §§ 290 ff. HGB zur Aufstellung eines Konzernabschlusses verpflichtet sind (vgl. Abschn. Q Tz. 1 ff.)[10]. Mutterunternehmen in der Form einer **Personenhandelsgesellschaft iSd. § 264a HGB** haben die §§ 290 ff. HGB nach § 264a Abs. 1 HGB anzuwenden. Die Verpflichtung zur Aufstellung eines Konzernabschlusses kann sich für Unternehmen anderer Rechtsformen aus den §§ 11 ff. PublG ergeben, sofern die in § 11 PublG genannten Größenmerkmale überschritten werden[11]. Zu Angaben im Konzernanhang sind Kreditinstitute und Versicherungsunternehmen nach § 340i Abs. 1 HGB bzw. § 341i Abs. 1 HGB iVm. §§ 290 bis 315 HGB (Aufstellung eines Konzernabschlusses) verpflichtet[12]. Erleichterungen bei der Aufstellung oder Offenlegung sind, anders als für den Anhang zum Jahresabschluss (vgl. Abschn. O Tz. 278), für den Konzernanhang grds. nicht vorgesehen[13].

II. Nicht in der Konzernbilanz enthaltene Geschäfte (Abs. 1 Nr. 2 und Nr. 2a)

1. Grundlagen und erstmalige Anwendung

Im Konzernanhang sind nach dem neu gefassten § 314 Abs. 1 Nr. 2 HGB Angaben zu wesentlichen **nicht in der Konzernbilanz enthaltenen Geschäften des Mutterunternehmens** und der in den Konzernabschluss **einbezogenen Tochterunternehmen** zu machen, sofern diese für die Beurteilung der Finanzlage von Bedeutung sind. Da sich die neuen Angabepflichten teilweise mit den Angaben nach Nr. 2 aF überschneiden, wurde diese als Auffangtatbestand in die neue Nr. 2a übergeleitet. Die Änderungen beruhen auf der Umsetzung des Art. 43 Nr. 7a der Konzernbilanzrichtlinie idF der Ab-

---

9 Vgl. Begr. RegE, BT-Drucks. 16/10067, S. 34.
10 Vgl. ADS[6], § 290 HGB Tz. 1 ff.; *Hoyos/Ritter-Thiele*, in Beck Bil-Komm.[6], § 290 Anm. 1 ff.
11 Vgl. ADS[6], § 290 HGB Tz. 1.
12 Vgl. ADS[6], § 290 HGB Tz. 2 f.
13 Vgl. auch *Ellrott*, in Beck Bil-Komm.[6], § 314 Anm. 5; *ADS*[6], § 314 HGB Tz. 3

änderungsrichtlinie[14]. Die Angabepflichten stimmen inhaltlich mit § 285 Nr. 3 und 3a HGB überein, so dass auf die Erläuterungen zu diesen Vorschriften (vgl. Abschn. O Tz. 12 ff. und 45 f.) verwiesen wird.

12 Die Vorschriften des § 314 Abs. 1 Nr. 2 und 2a HGB sind erstmals auf Konzernabschlüsse für das **nach dem 31. Dezember 2008** beginnende Geschäftsjahr anzuwenden (Art. 66 Abs. 2 Satz 1 EGHGB). Entsprechend ist § 314 Abs. 1 Nr. 2 HGB aF letztmals auf Konzernabschlüsse für vor dem 1. Januar 2009 beginnende Geschäftsjahre anzuwenden (Art. 66 Abs. 2 Satz 2 EGHGB).

2. Angaben zu nicht in der Konzernbilanz enthaltenen Geschäften (Abs. 1 Nr. 2)

13 Im Konzernanhang sind nach der neu gefassten Vorschrift des § 314 Abs.1 Nr. 2 HGB **Art und Zweck** sowie **Risiken und Vorteile** (vgl. dazu Abschn. O Tz. 39 f. u. 41 ff.) von nicht in der Konzernbilanz enthaltenen Geschäften des Mutterunternehmens und der in den Konzernabschluss einbezogenen Tochterunternehmen anzugeben, soweit dies für die Beurteilung der Finanzlage des Konzerns notwendig ist.

14 Als in den Konzernabschluss **einbezogene Tochterunternehmen** gelten alle Unternehmen, die im Wege der Vollkonsolidierung (§§ 300 ff. HGB) oder der Quotenkonsolidierung (§ 310 HGB), nicht jedoch als assoziierte Unternehmen nach der Equity-Methode (§§ 311 f. HGB) einbezogen werden[15]. Nicht in den Konzernabschluss einbezogen werden auch Tochterunternehmen iSd. § 290 HGB in Ausübung der Wahlrechte nach § 296 Abs. 1 und 2 HGB.

15 Im Konzernabschluss ist die Vermögens-, Finanz- und Ertragslage der einbezogenen Unternehmen so darzustellen, als ob diese Unternehmen insgesamt ein einziges Unternehmen wären (§ 297 Abs. 3 Satz 1 HGB)[16], so dass konzerninterne Geschäfte systembedingt von der Angabepflicht des § 314 Abs. 1 Nr. 2 HGB nicht erfasst werden (entsprechend zur Schuldenkonsolidierung nach § 303 Abs. 1 HGB). Angabepflichtig sind somit nur **Geschäfte mit Dritten**, zu denen aus Konzernsicht auch nicht einbezogene Tochterunternehmen zählen[17]. Risiken und Vorteile von nicht in der Konzernbilanz enthaltenen Geschäften, die nach § 310 HGB quotal die in den Konzernabschluss einbezogene Tochterunternehmen betreffen, sind quotal anzugeben[18].

16 Die Errichtung oder Nutzung einer **Zweckgesellschaft** kann aus der Sicht des Konzernabschlusses ein nicht in der Bilanz enthaltenes Geschäft sein. Voraussetzung hierfür ist, dass die Zweckgesellschaft nicht bereits nach § 290 Abs. 2 Nr. 1 bis 4 HGB zu konsolidieren ist, dh. auch nicht die Mehrheit der Risiken und Chancen iSd. § 290 Abs. 2 Nr. 4 HGB beim bilanzierenden Mutterunternehmen liegen (vgl. Abschn. Q Tz. 66 ff.)[19]. Im Konzernanhang sind in diesem Fall die Angaben nach § 314 Abs. 1 Nr. 2 HGB zu machen, sofern die beim Konzern verbleibenden Risiken und Vorteile für die Beurteilung der Finanzlage des Konzerns notwendig sind.

---

14 Vgl. Richtlinie 2006/46/EG des Europäischen Parlaments und des Rates vom 14. Juni 2006, ABl. EU v. 16.8.2006, L 224, S. 4.
15 Vgl. ADS[6], § 303 HGB Tz. 4.
16 Zur Fiktion der wirtschaftlichen Einheit des Konzerns vgl. ADS[6], § 297 HGB Tz. 39 ff.; *Hoyos/Ritter-Thiele*, in Beck Bil-Komm.[6], § 297 Anm. 190 ff.
17 Vgl. dazu *Ellrott*, in Beck Bil-Komm.[6], § 314 Anm. 15.
18 Vgl. dazu *Ellrott*, in Beck Bil-Komm.[6], § 314 Anm. 16.
19 Für die Frage, ob aus der Sicht des handelsbilanziellen Jahresabschlusses ein außerbilanzielles Geschäft vorliegt, genügt es nicht, wenn die Mehrheit der Chancen und Risiken bei fremden Dritten liegt. Vielmehr müssen diesbezüglich die wesentlichen Chancen und Risiken von fremden Dritten getragen werden, um zur Qualifizierung eines außerbilanziellen Geschäfts zu gelangen (vgl. Abschn. O Tz. 27).

Maßstab für die Beurteilung der **Notwendigkeit** der Geschäfte **für die Beurteilung** 17
der Finanzlage iSv. § 314 Abs. 1 Nr. 2 HGB ist der Konzern als wirtschaftliche Einheit. Die Angaben brauchen nur gemacht zu werden, wenn sie für die Beurteilung der wirtschaftlichen Lage des Konzerns für die Zukunft erheblich sind[20]. Aus der Sicht des Konzerns können nicht in der Bilanz enthaltene Geschäfte, die im Anhang eines einbezogenen Unternehmens angegeben werden, von geringerer Bedeutung sein, so dass die Angabepflicht im Konzernanhang ggf. entfallen kann[21]. Umgekehrt kann eine Vielzahl gleichartiger Geschäfte, die in den Anhängen der Jahresabschlüsse der einbezogenen Unternehmen wegen Unwesentlichkeit nicht angegeben werden mussten, zusammengefasst für die Beurteilung der Finanzlage des Konzerns gleichwohl notwendig sein und eine Angabepflicht auslösen[22].

3. Gesamtbetrag der sonstigen finanziellen Verpflichtungen (Abs. 1 Nr. 2a)

Im Konzernanhang ist nach § 314 Abs. 1 Nr. 2a erster Halbsatz HGB der **Gesamtbe-** 18
trag der sonstigen finanziellen Verpflichtungen anzugeben, die nicht in der Konzernbilanz enthalten und nicht nach § 298 Abs. 1 HGB in Verbindung mit § 251 HGB oder nach § 314 Abs. 1 Nr. 2 HGB anzugeben sind, sofern diese Angabe für die Beurteilung der Finanzlage des Konzerns von Bedeutung ist. Davon und von den Haftungsverhältnissen nach § 251 HGB sind Verpflichtungen gegenüber Tochterunternehmen, die nicht in den Konzernabschluss einbezogen werden, nach § 314 Abs. 1 Nr. 2a zweiter Halbsatz HGB jeweils gesondert anzugeben[23].

Der Wortlaut der bisherigen Nummer 2 wird nahezu unverändert in der neuen Nummer 19
2a fortgeführt. Die einzige Änderung besteht darin, dass die Angabepflicht nach dieser Vorschrift nunmehr erst zum Tragen kommt, wenn die Angaben nicht bereits nach Nummer 2 zu machen sind (**Auffangtatbestand**).

III. Leistungen an Vorstandsmitglieder für den Fall der Beendigung ihrer Tätigkeit (Abs. 1 Nr. 6 lit. a Satz 6 HGB idF des VorstAG)

Mit dem Gesetz zur Angemessenheit der Vorstandsvergütung vom 31. Juli 2009 20
(VorstAG)[24] werden die Angabepflichten des § 314 Abs. 1 Nr. 6 lit. a Satz 6 und 7 HGB aF klargestellt und erweitert (vgl. zum Inhalt und zur Erstanwendung nach Art. 68 EGHGB Abschn. O Tz. 50 ff.). Die an diese Stelle tretende Vorschrift des § 314 Abs. 1 Nr. 6 lit. a Satz 6 HGB idF des VorstAG verlangt auch detaillierte Angaben zu Leistungen für den Fall einer **vorzeitigen oder regulären Beendigung** der Vorstandstätigkeit[25].

Nach § 314 Abs. 1 Nr. 6 lit. a Satz 6 HGB sind folgende dem Vorstandsmitglied eines 21
börsennotierten Mutterunternehmens **zugesagte Leistungen** und damit zusammenhängende Vereinbarungen angabepflichtig:

- Leistungen, die dem Vorstandsmitglied für den Fall einer **vorzeitigen Beendigung** seiner Tätigkeit zugesagt worden sind (§ 314 Abs. 1 Nr. 6 lit. a Satz 6 lit. aa HGB);

---

[20] Vgl. dazu *ADS*[6], § 314 HGB Tz. 12.
[21] Vgl. *Ellrott*, in Beck Bil-Komm.[6], § 314 Anm. 17.
[22] Vgl. *Ellrott*, in Beck Bil-Komm.[6], § 314 Anm. 17; ADS[6], § 314 HGB Tz. 12.
[23] Vgl. hierzu zu § 314 Abs. 1 Nr. 2 HGB aF, ADS[6], § 314 HGB Tz. 11, *Ellrott*, in Beck Bil-Komm.[6], § 314 Anm. 16.
[24] Vgl. BGBl. 2009 I, S. 2510.
[25] Vgl. dazu auch Begr. VorstAG, BT-Drucks. 16/12278, S. 8 f.

- Leistungen, die dem Vorstandsmitglied für den Fall der **regulären Beendigung** seiner Tätigkeit zugesagt worden sind, mit ihrem Barwert, sowie der von der Gesellschaft während des Geschäftsjahres hierfür aufgewandte oder zurückgestellte Betrag (§ 314 Abs. 1 Nr. 6 lit. a Satz 6 lit. bb HGB);
- während des Geschäftsjahres vereinbarte **Änderungen dieser Zusagen** (§ 314 Abs. 1 Nr. 6 lit. a Satz 6 lit. cc HGB);
- Leistungen, die einem früheren Vorstandsmitglied, das seine **Tätigkeit im Laufe des Geschäftsjahres beendet** hat, in diesem Zusammenhang zugesagt und im Laufe des Geschäftsjahres gewährt worden sind (§ 314 Abs. 1 Nr. 6 lit. a Satz 6 lit. dd HGB).

IV. Erklärung zum Deutschen *Corporate Governance* Kodex (Abs. 1 Nr. 8)

22 Im Konzernanhang ist für jedes in den Konzernabschluss einbezogene börsennotierte Unternehmen anzugeben, dass die nach § 161 AktG vorgeschriebene Erklärung (vgl. dazu Abschn. Y Tz. 85 ff.) abgegeben und wo sie öffentlich zugänglich gemacht worden ist (§ 314 Abs. 1 Nr. 8 HGB). Die Vorschrift entspricht hinsichtlich der Angabepflichten wörtlich § 285 Nr. 16 HGB (vgl. im Einzelnen Abschn. O Tz. 66 ff.). Nach § 314 Abs. 1 Nr. 8 HGB sind die Angaben jedoch im Konzernanhang **für jedes** in den Konzernabschluss **einbezogene börsennotierte Unternehmen** gesondert zu machen[26]. Die Angaben sind nach § 315a Abs. 1 HGB iVm. § 314 Abs. 1 Nr. 8 HGB auch im Konzernanhang in einem IFRS-Konzernabschluss zu machen.

23 Als in den Konzernabschluss **einbezogene Tochterunternehmen** gelten alle Unternehmen, die im Wege der Vollkonsolidierung (§§ 300 ff. HGB) oder der Quotenkonsolidierung (§ 310 HGB), nicht jedoch als assoziierte Unternehmen nach der Equity-Methode (§§ 311 f. HGB) einbezogen werden[27]. Nicht in den Konzernabschluss einbezogene Unternehmen sind auch Tochterunternehmen iSd. § 290 HGB, die in Ausübung der Wahlrechte nach § 296 Abs. 1 und 2 HGB nicht einbezogen werden.

24 Zum Begriff der **börsennotierten** Unternehmen vgl. Abschn. O Tz. 66 u. Abschn. Y Tz. 89 ff.

25 Die Vorschrift des § 314 Abs. 1 Nr. 8 HGB ist erstmals auf Konzernabschlüsse für das **nach dem 31. Dezember 2008** beginnende Geschäftsjahr anzuwenden (Art. 66 Abs. 2 Satz 1 EGHGB). Entsprechend ist § 314 Abs. 1 Nr. 8 HGB aF letztmals auf Konzernabschlüsse für vor dem 1. Januar 2009 beginnende Geschäftsjahre anzuwenden (Art. 66 Abs. 2 Satz 2 EGHGB).

V. Honorar des Abschlussprüfers (Abs. 1 Nr. 9)

26 Mit der Neufassung von § 314 Abs. 1 Nr. 9 HGB werden Art. 34 Nr. 16 der Konzernbilanzrichtlinie idF der **Abschlussprüferrichtlinie** umgesetzt[28] und die bisherige Beschränkung, wonach lediglich kapitalmarktorientierte Mutterunternehmen entsprechende Angaben zu machen hatten (§ 314 Abs. 1 Nr. 9 HGB aF), aufgehoben. Die Angaben sind nach § 315a Abs. 1 HGB iVm. § 314 Abs. 1 Nr. 9 HGB auch im Konzernanhang in einem IFRS-Konzernabschluss zu machen. Im Konzernanhang ist nach

---

26 Vgl. IDW PS 345 Tz. 17.
27 Vgl. *ADS*[6], § 303 HGB Tz. 4.
28 Vgl. Richtlinie 2006/43/EG des Europäischen Parlaments und des Rates vom 17. Mai 2006, ABl. EU v. 9.6.2006, L 157, S. 87 ff. (107).

§ 314 Abs. 1 Nr. 9 HGB das von dem Abschlussprüfer des Konzernabschlusses für das Geschäftsjahr berechnete **Gesamthonorar** anzugeben, aufgeschlüsselt in das Honorar für

- die Abschlussprüfungsleistungen (§ 314 Abs. 1 Nr. 9 lit. a HGB),
- andere Bestätigungsleistungen (§ 314 Abs. 1 Nr. 9 lit. b HGB),
- Steuerberatungsleistungen (§ 314 Abs. 1 Nr. 9 lit. c HGB) und
- sonstige Leistungen (§ 314 Abs. 1 Nr. 9 lit. d HGB).

Zur Definition der vier Kategorien vgl. Abschn. O Tz. 78 ff.. Entsprechend der Regelung des § 285 Nr. 17 HGB ist auch im Konzernanhang nur das Honorar anzugeben, welches im Konzernabschluss des Berichtsjahres als **Aufwand** erfasst wurde (vgl. Abschn. O Tz. 76 f.)[29]. Honorare für Leistungen an nicht konsolidierte Tochter- und Gemeinschaftsunternehmen sowie assoziierte Unternehmen sind somit nicht anzugeben[30]. **27**

Nach § 314 Abs. 1 Nr. 9 lit. a bis d HGB ist das vom Konzernabschlussprüfer oder seinen verbundenen Unternehmen (vgl. Abschn. O Tz. 75) für das Geschäftsjahr berechnete Gesamthonorar für Leistungen der vier Kategorien anzugeben, die diese gegenüber dem Mutterunternehmen, gegenüber vollkonsolidierten Tochterunternehmen oder quotal konsolidierten Gemeinschaftsunternehmen erbracht haben[31]. Entgegen der Auffassung des Rechtsausschusses[32] ist nach Sinn und Zweck des § 314 Abs. 1 Nr. 9 lit. a HGB das vom Konzernabschlussprüfer für das Geschäftsjahr berechnete **Honorar für sämtliche Abschlussprüfungen** angabepflichtig, die er für in den Konsolidierungskreis einbezogene Unternehmen durchgeführt hat[33]. Bei quotal konsolidierten Gemeinschaftsunternehmen empfiehlt sich eine Einbeziehung der Honorare nur entsprechend der Beteiligungsquote[34]. **28**

Infolge der berichtigenden Auslegung des Gesetzestextes durch IDW ERS HFA 36 Tz. 18 sind neben dem Honorar für die Prüfung des Konzernabschlusses auch die Honorare für die Prüfung der Jahresabschlüsse der in den Konzernabschluss einbezogenen Unternehmen anzugeben. Hieraus folgt, dass in den Konzernabschluss einbezogene Unternehmen automatisch nach § 285 Nr. 17 dritter Teilsatz HGB **von den Angaben im Anhang** ihres Jahresabschlusses **befreit** sind (vgl. Abschn. O Tz. 82 ff.), wenn ihr Jahresabschluss vom Konzernabschlussprüfer oder seinen verbundenen Unternehmen geprüft wird. **29**

Werden zur Inanspruchnahme der Befreiung nach § 285 Nr. 17 dritter Teilsatz HGB zusätzlich auch Honorare für Leistungen der Kategorien a) bis d) im Konzernanhang angegeben, die **andere Abschlussprüfer** als der Konzernabschlussprüfer oder dessen verbundene Unternehmen gegenüber einem in den Konzernabschluss einbezogenen Tochter- oder Gemeinschaftsunternehmen erbracht haben, so ist für die Kategorien jeweils die Gesamtsumme der auf diese fremden Abschlussprüfer entfallenden Honorare gesondert oder in Form eines Davon-Vermerks anzugeben[35]. Die Angabe der Honorare der anderen Abschlussprüfer braucht weder nach einbezogenen Unternehmen noch nach verschiedenen Abschlussprüfern aufgegliedert zu werden (vgl. Abschn. O Tz. 85). **30**

---

29 Vgl. IDW ERS HFA 36 Tz. 20.
30 Vgl. ERS HFA 36 Tz. 20.
31 Vgl. IDW ERS HFA 36 Tz. 18.
32 Vgl. Beschlussempfehlung und Bericht des Rechtsausschusses, BT-Drucks. 16/12407, S. 91.
33 Vgl. IDW ERS HFA 36 Tz. 18.
34 Vgl. IDW ERS HFA 36 Tz. 18.
35 Vgl. IDW ERS HFA 36 Tz. 19.

R Konzernanhang § 314 HGB

31 Bei der Ermittlung des Kreises der zu berücksichtigenden Tochter- und Gemeinschaftsunternehmen sind die für den betreffenden Konzernabschluss angewandten Rechnungslegungsgrundsätze zugrunde zu legen. Dh. im Falle eines HGB-Konzernabschlusses sind die Angaben für den **Konsolidierungskreis** iSv. § 290 HGB, im Falle eines IFRS-Konzernabschlusses dagegen für den Konsolidierungskreis iSv. IAS 27.4 zu machen[36].

32 Innerhalb eines mehrstufigen Konzerns hat ein Teilkonzern-Mutterunternehmen nach § 314 Abs. 1 Nr. 9 HGB nur die Honorare für diesen **Teilkonzernabschluss** im Konzernanhang anzugeben, dh. jeder Teilkonzern ist isoliert zu betrachten[37]. Nach dem Gesetz sind Angaben in Bezug auf verbundene Unternehmen, die dem Teilkonzern-Mutterunternehmen über- oder gleichgeordnet sind, nicht erforderlich[38].

33 Die Vorschrift des § 314 Abs. 1 Nr. 9 HGB ist erstmals auf Konzernabschlüsse für das **nach dem 31. Dezember 2008** beginnende Geschäftsjahr anzuwenden (Art. 66 Abs. 2 Satz 1 EGHGB). Entsprechend ist § 314 Abs. 1 Nr. 9 HGB aF letztmals auf Konzernabschlüsse für vor dem 1. Januar 2009 beginnende Geschäftsjahre anzuwenden (Art. 66 Abs. 2 Satz 2 EGHGB).

VI. Finanzinstrumente (Abs. 1 Nr. 10 bis 12)

1. Grundlagen

34 Die Neufassung der Nummern 10, 11 und 12 des § 314 Abs. 1 HGB dient dazu, die Vorschriften in die systematisch **angemessene Reihenfolge** zu bringen[39]. Für weitere Angabepflichten für den Konzernanhang verwies § 314 Abs. 1 Nr. 11 HGB aF auf § 285 Satz 2 bis 6 HGB aF, die entsprechend anzuwenden waren. Aus dem Wegfallen des Verweises sowie der Aufhebung von § 285 Satz 2 bis 6 HGB aF ergeben sich für den Konzernanhang keine materiellen Konsequenzen (vgl. auch Abschn. O Tz. 267).

35 Die Angaben nach den § 314 Abs. 1 Nr. 10 bis 12 HGB sollen die **Bewertung von Finanzinstrumenten** erläutern. Zunächst verlangt Nummer 10 Angaben über die Beibehaltung eines über dem beizulegenden Zeitwert liegenden Wertansatzes von Finanzinstrumenten des Anlagevermögens bei nur vorübergehender Wertminderung (§ 253 Abs. 3 Satz 4 iVm. § 298 Abs. 1 HGB). Des Weiteren sind Angaben für jede Kategorie nicht zum beizulegenden Zeitwert bilanzierter derivativer Finanzinstrumente (§ 314 Abs. 1 Nr. 11 HGB) und Angaben zu mit dem beizulegenden Zeitwert bewerteten Finanzinstrumenten (§ 314 Abs. 1 Nr. 12 HGB) zu machen.

2. Angaben zu Finanzanlagen, bei denen eine außerplanmäßige Abschreibung unterblieben ist (Abs. 1 Nr. 10)

36 Die Vorschrift des § 314 Abs. 1 Nr. 11 HGB aF wurde unter Berücksichtigung der Neufassung des § 253 HGB in § 314 Abs. 1 Nr. 10 HGB übergeleitet[40]. Die Angaben betreffen unverändert zur bisherigen Rechtslage für zu den Finanzanlagen (§ 266 Abs. 2 A. III. iVm. § 298 Abs. 1 HGB) gehörende Finanzinstrumente[41], die in der Kon-

---

36 Vgl. IDW ERS HFA 36 Tz. 21.
37 Vgl. IDW ERS HFA 36 Tz. 22.
38 Vgl. IDW ERS HFA 36 Tz. 22.
39 Vgl. Begr. RegE, BT-Drucks. 16/10067, S. 85.
40 Vgl. analog Begr. RegE zu § 285 Nr. 18, BT-Drucks. 16/10067, S. 71.
41 Vgl. IDW RH HFA 1.005 Tz. 4.

zernbilanz über ihrem beizulegenden Zeitwert ausgewiesen werden, da eine außerplanmäßige Abschreibung nach § 253 Abs. 3 Satz 4 HGB aufgrund einer voraussichtlich **nicht dauernden Wertminderung** unterblieben ist (vgl. dazu Abschn. J Tz. 10 ff.).

Anzugeben sind nach § 314 Abs. 1 Nr. 10 HGB: 37

- der **Buchwert** und der beizulegende **Zeitwert** der einzelnen Vermögensgegenstände oder angemessener Gruppierungen sowie
- die **Gründe für das Unterlassen der Abschreibung** einschl. der Anhaltspunkte, die darauf hindeuten, dass die Wertminderung voraussichtlich nicht von Dauer ist[42].

Die Regelungen des § 314 Abs. 1 Nr. 10 HGB für den Konzernanhang entsprechen denen des § 285 Nr. 18 HGB für **den Anhang des Jahresabschlusses**, so dass auf die Erläuterungen zu dieser Vorschrift (vgl. Abschn. O Tz. 92 f.) verwiesen wird. 38

Die Vorschrift des § 314 Abs. 1 Nr. 10 HGB ist nach Art. 66 Abs. 3 Satz 1 EGHGB erstmals auf Konzernabschlüsse für das **nach dem 31. Dezember 2009** beginnende Geschäftsjahr anzuwenden. Entsprechend ist § 314 Abs. 1 Nr. 11 HGB aF nach Art. 66 Abs. 5 EGHGB letztmals auf Jahresabschlüsse für das vor dem 1. Januar 2010 beginnende Geschäftsjahr anzuwenden. Eine freiwillige frühere Anwendung der Vorschrift bereits für nach dem 31. Dezember 2008 beginnende Geschäftsjahre ist nach Art. 66 Abs. 3 Satz 6 EGHGB wahlweise, jedoch nur bei Anwendung der in Art. 66 Abs. 3 EGHGB genannten Vorschriften insgesamt möglich; dies ist im Konzernanhang anzugeben. 39

3. Angaben zu derivativen Finanzinstrumenten, die nicht zum beizulegenden Zeitwert bilanziert sind (Abs. 1 Nr. 11)

Die Vorschrift des neuen § 314 Abs. 1 Nr. 11 HGB umfasst die Regelungen der Nummer 10 aF unter Berücksichtigung der Neufassung des § 255 Abs. 4 HGB um die Vorschriften zur Ermittlung des beizulegenden Zeitwerts im Zusammenhang mit der Aufhebung von § 285 Satz 3 bis 5 HGB aF (Vgl. Abschn. C Tz. 55 ff.) sowie der Aufnahme von § 285 Satz 6 HGB aF in § 314 Abs. 1 Nr. 11 lit. d HGB. 40

Nach § 314 Abs. 1 Nr. 11 HGB sind im Konzernanhang für jede Kategorie[43] **nicht zum beizulegenden Zeitwert** bilanzierter **derivativer Finanzinstrumente** anzugeben: 41

- deren **Art und Umfang** (§ 311 Abs. 1 Nr. 11 lit. a HGB),
- deren **beizulegender Zeitwert**, soweit er sich nach § 255 Abs. 4 HGB verlässlich ermitteln lässt, unter Angabe der angewandten Bewertungsmethode (§ 314 Abs. 1 Nr. 11 lit. b HGB; vgl. Abschn. C Tz. 55 ff.),
- deren **Buchwert** und der Bilanzposten, in welchem der Buchwert, soweit vorhanden, erfasst ist (§ 314 Abs. 1 Nr. 11 lit. c HGB) sowie
- die **Gründe** dafür, warum der beizulegende Zeitwert nicht bestimmt werden kann (§ 314 Abs. 1 Nr. 11 lit. d HGB; vgl. Abschn. C Tz. 58).

Die Regelungen des § 314 Abs. 1 Nr. 11 HGB für den Konzernanhang entsprechen wörtlich denen des § 285 Nr. 19 HGB für den **Anhang des Jahresabschlusses**, so dass auf die Erläuterungen zu dieser Vorschrift (vgl. Abschn. O Tz. 94 ff.) verwiesen wird.

---

42 Vgl. IDW RH HFA 1.005 Tz. 22 ff.; *Ellrott*, in Beck Bil-Komm.[6], § 285 Anm. 302 ff. zu § 285 Satz 1 Nr. 19 aF HGB , *WPH*[13], Bd. I, F Tz. 686 ff. zu § 285 Satz 1 Nr. 19 aF HGB.
43 Vgl. dazu IDW RH HFA 1.005 Tz. 12 f.

42 Von den Angabepflichten des § 314 Abs. 1 Nr. 11 HGB werden Derivate des Mutterunternehmens, aller voll einbezogenen Tochterunternehmen sowie quotal einbezogenen Gemeinschaftsunternehmen, nicht jedoch von assoziierten Unternehmen umfasst[44]. Nach den **Konsolidierungsgrundsätzen** für Gemeinschaftsunternehmen sind die beizulegenden Zeitwerte und Buchwerte quotal in die Betragsangaben einzubeziehen[45]. Wurden Derivateverträge zwischen einbezogenen Unternehmen abgeschlossen, sind diese nach Konsolidierungsmaßnahmen (entsprechend § 303 Abs. 1 HGB) in die Angaben einzubeziehen[46].

43 Die Vorschrift des § 314 Abs. 1 Nr. 11 HGB ist erstmals auf Konzernabschlüsse für das **nach dem 31. Dezember 2009** beginnende Geschäftsjahr anzuwenden (Art. 66 Abs. 3 Satz 1 EGHGB). Entsprechend ist § 285 Satz 1 Nr. 10 aF nach Art. 66 Abs. 5 EGHGB letztmals auf Jahresabschlüsse für das vor dem 1. Januar 2010 beginnende Geschäftsjahr anzuwenden. Eine freiwillige frühere Anwendung der neuen Vorschrift ist bereits für nach dem 31. Dezember 2008 beginnende Geschäftsjahre möglich, jedoch nur bei Anwendung der in Art. 66 Abs. 3 EGHGB genannten Vorschriften insgesamt; dies ist im Konzernanhang anzugeben (Art. 66 Abs. 3 Satz 6 EGHGB).

4. Angaben zu Finanzinstrumenten, die zum beizulegenden Zeitwert bilanziert sind (Abs. 1 Nr. 12)

44 Für nach § 340e Abs. 3 Satz 1 HGB mit dem beizulegenden Zeitwert bewertete Finanzinstrumente (vgl. Abschn. V Tz. 101 ff.) sind nach § 314 Abs. 1 Nr. 12 lit. a HGB die **grundlegenden Annahmen** anzugeben, die der Bestimmung des beizulegenden Zeitwertes mit Hilfe allgemein anerkannter Bewertungsmethoden (§ 255 Abs. 4 Satz 2 HGB) zugrunde gelegt wurden (vgl. Abschn. C Tz. 57). Ferner sind zu diesen mit dem beizulegenden Zeitwert bewerteten Finanzinstrumenten nach § 285 Nr. 12 lit. b HGB **Umfang und Art jeder Kategorie** derivativer Finanzinstrumente anzugeben, einschl. der **wesentlichen Bedingungen**, welche die Höhe, den Zeitpunkt und die Sicherheit künftiger Zahlungsströme beeinflussen können.

45 Die Regelungen des § 314 Abs. 1 Nr. 12 HGB für den Konzernanhang entsprechen wörtlich denen des § 285 Nr. 20 HGB für den **Anhang des Jahresabschlusses**, so dass auf die Erläuterungen zu dieser Vorschrift (vgl. Abschn. O Tz. 115 ff.) verwiesen wird.

46 Die Vorschrift des § 314 Abs. 1 Nr. 12 HGB ist erstmals auf Konzernabschlüsse für das **nach dem 31. Dezember 2009** beginnende Geschäftsjahr anzuwenden (Art. 66 Abs. 3 Satz 1 EGHGB). Sie kann freiwillig bereits auf nach dem 31. Dezember 2008 beginnende Geschäftsjahre angewandt werden, dies jedoch nur bei Anwendung der in Art. 66 Abs. 3 EGHGB genannten Vorschriften insgesamt; dies ist im Konzernanhang anzugeben (Art. 66 Abs. 3 Satz 6 EGHGB).

---

[44] Vgl. *Ellrott*, in Beck Bil-Komm.[6] zu § 314 Abs. 1 Nr. 10 aF, § 314 Anm. 96.
[45] Vgl. *Ellrott*, in Beck Bil-Komm.[6] zu § 314 Abs. 1 Nr. 10 aF, § 314 Anm. 96.
[46] Vgl. *Ellrott*, in Beck Bil-Komm.[6] zu § 314 Abs. 1 Nr. 10 aF, § 314 Anm. 96.

VII. Geschäfte mit nahe stehenden Unternehmen und Personen (Abs. 1 Nr. 13)

1. Grundlagen

Während schon bislang nach DRS 11 im Konzernanhang über Beziehungen zu nahe stehenden Personen berichtet werden sollte (vgl. auch Abschn. O Tz. 126),[47] wird mit § 314 Abs. 1 Nr. 13 HGB nunmehr eine Berichtspflicht im Gesetz verankert, die der Umsetzung des Artikels 34 Nr. 7b der Konzernbilanzrichtlinie idF der **Abänderungsrichtlinie** dient[48].

Im Konzernanhang sind **zumindest die nicht zu marktüblichen Bedingungen zustande gekommenen Geschäfte** des Mutterunternehmens und seiner Tochterunternehmen, soweit sie wesentlich sind, **mit nahe stehenden Unternehmen und Personen** anzugeben. Dies schließt Angaben zur Art der Beziehung, zum Wert der Geschäfte sowie weitere Angaben ein, die für die Beurteilung der Finanzlage des Konzerns notwendig sind (§ 314 Abs. 1 Nr. 13 erster Teilsatz HGB). Geschäfte mit und zwischen mittel- oder unmittelbar in hundertprozentigem Anteilsbesitz stehenden und in einen Konzernabschluss einbezogenen Unternehmen sind nicht anzugeben (§ 314 Abs. 1 Nr. 13 zweiter Teilsatz HGB). Angaben zu Geschäften können nach Geschäftsarten zusammengefasst werden, sofern die getrennte Angabe für die Beurteilung der Auswirkungen auf die Finanzlage des Konzerns nicht notwendig ist (§ 314 Abs. 1 Nr. 13 dritter Teilsatz HGB).

Zum Inhalt der Angaben nach § 314 Abs. 1 Nr. 13 HGB im Konzernanhang vgl. die Ausführungen zu § 285 Nr. 21 HGB (**Anhang des Jahresabschlusses**; vgl. Abschn. O Tz. 122 ff.).

2. Erläuterungen zu den Angaben

Nach dem Wortlaut des § 314 Abs. 1 Nr. 13 HGB ist die Angabepflicht im Konzernanhang auf **Geschäfte des Mutterunternehmens und der Tochterunternehmen** iSd. § 290 HGB mit nahe stehenden Unternehmen und Personen beschränkt.[49] Damit sind Geschäfte, die Gemeinschaftsunternehmen und assoziierte Unternehmen mit zum Mutter- und zu Tochterunternehmen nahe stehenden Unternehmen und Personen tätigen, nicht von der Angabepflicht umfasst. Nicht zu marktüblichen Bedingungen abgeschlossene Geschäfte, die diese Unternehmen mit konzernfremden Dritten abschließen, sind daher im Konzernanhang nicht anzugeben. Da nach § 296 HGB nicht in den Konzernabschluss einbezogene Unternehmen nicht zum Konzern als wirtschaftliche Einheit iSd. § 297 Abs. 3 Satz 1 HGB gehören, erscheint es außerdem sachgerecht, die Angaben auf solche zu Geschäften von Mutterunternehmen und voll konsolidierten Tochterunternehmen mit nahe stehenden Unternehmen und Personen zu beschränken. Dies entspricht auch Art. 34 Nr. 7b der Konzernbilanzrichtlinie, der von „in den Konsolidierungskreis einbezogenen Unternehmen" spricht.

---

47 Vgl. DRS 11: Berichterstattung über Beziehungen zu nahe stehenden Personen; WPH[13], Bd. I, M Tz. 721 f. Hierbei handelte es sich bislang um eine über das Gesetz hinausgehende Anforderung, deren Nichtbeachtung zu keinen Konsequenzen für den Bestätigungsvermerk und den Prüfungsbericht geführt hat. Vgl. auch *Förschle*, in Beck Bil-Komm.[6], § 342 Anm. 9.
48 Vgl. Richtlinie 2006/46/EG des Europäischen Parlaments und des Rates vom 14. Juni 2006, ABl. EU v. 16.8.2006, L 224, S. 1 ff. (4).
49 Vgl. Begr. RegE, BT-Drucks. 16/10067, S. 86.

51 Angabepflichtig sind zumindest alle wesentlichen, zu marktunüblichen Bedingungen abgeschlossenen Geschäfte des Konzerns als wirtschaftlicher Einheit iSd. § 297 Abs. 3 Satz 1 HGB (Mutter- und voll konsolidierte Tochterunternehmen) mit zu ihm nahe stehenden Unternehmen und Personen. Wer **zum Konzern nahe stehend** ist, ist wie im Fall des Jahresabschlusses, grds. nach den Kriterien des IAS 24.9 zu beurteilen (vgl. Abschn. O Tz. 131 ff.), allerdings nicht aus Sicht des Mutterunternehmens als rechtlicher Einheit, sondern aus Sicht des Konzerns als wirtschaftlicher Einheit. Angabepflichtig sind insb. Geschäfte des Konzerns als wirtschaftlicher Einheit mit Gemeinschaftsunternehmen (soweit sie nicht quotal eliminiert worden sind), mit assoziierten Unternehmen, mit nicht voll konsolidierten Tochterunternehmen sowie mit nahe stehenden natürlichen Personen.

52 **Konzerninterne Geschäfte** werden systembedingt nicht von der Angabepflicht des § 314 Abs. 1 Nr. 13 HGB erfasst, da sie durch Konsolidierungsmaßnahmen zu eliminieren sind (analoge Anwendung des § 303 Abs. 1 HGB). Die Ausnahme nach § 314 Abs. 1 Nr. 13 zweiter Teilsatz HGB hinsichtlich der Geschäfte mit und zwischen mittel- oder unmittelbar in hundertprozentigem Anteilsbesitz stehenden, in einen Konzernabschluss einbezogenen Unternehmen geht daher nicht weit genug, weil auch bei einer Beteiligung von Minderheiten konzerninterne Geschäfte vollständig eliminiert werden (Vollkonsolidierung gem. §§ 300 ff. HGB).

3. Erstmalige Anwendung

53 Die Vorschrift des § 314 Abs. 1 Nr. 13 HGB ist erstmals auf Konzernabschlüsse für das **nach dem 31. Dezember 2008** beginnende Geschäftsjahr anzuwenden (Art. 66 Abs. 2 Satz 1 EGHGB).

VIII. Forschungs- und Entwicklungskosten (Abs. 1 Nr. 14)

54 Im Fall der Aktivierung von selbst erstellten immateriellen Vermögensgegenständen nach § 248 Abs. 2 Satz 1 HGB (vgl. Abschn. E Tz. 40 ff.) sind im Konzernanhang der **Gesamtbetrag der Forschungs- und Entwicklungskosten** (§ 255 Abs. 2 Satz 4 und Abs. 2a HGB) des Geschäftsjahres der in den Konzernabschluss einbezogenen Unternehmen (vgl. Tz. 14) sowie der davon auf die selbst geschaffenen immateriellen Vermögensgegenstände des Anlagevermögens entfallende Betrag anzugeben (§ 314 Abs. 1 Nr. 14 HGB).

55 Die im Anhang zum Jahresabschluss erforderlichen Angaben zu selbst geschaffenen immateriellen Vermögensgegenständen des Anlagevermögens nach § 285 Nr. 22 HGB sind im Konzernanhang kumuliert darzustellen[50], wobei auf konzerninterne Transaktionen entfallende **Zwischenergebnisse** nach § 304 HGB zu eliminieren sind. Im Übrigen wird auf die Ausführungen zu § 285 Nr. 22 HGB (vgl. Abschn. O Tz. 165 ff.) verwiesen.

56 Die Vorschrift des § 314 Abs. 1 Nr. 14 HGB ist erstmals auf Konzernabschlüsse für das **nach dem 31. Dezember 2009** beginnende Geschäftsjahr anzuwenden (Art. 66 Abs. 3 Satz 1 EGHGB). Sie kann freiwillig bereits auf nach dem 31. Dezember 2008 beginnende Geschäftsjahre angewandt werden, dies jedoch nur insgesamt mit den in Art. 66 EGHGB genannten neuen Vorschriften; dies ist im Konzernanhang anzugeben (Art. 66 Abs. 3 Satz 6 EGHGB).

---

50 Vgl. Begr. RegE, BT-Drucks. 16/10067, S. 86.

IX. Bewertungseinheiten (Abs. 1 Nr. 15)

Bei der Anwendung des § 254 HGB (vgl. dazu Abschn. H) im Konzernabschluss ist im Konzernanhang anzugeben, 57

- mit welchem Betrag jeweils Vermögensgegenstände, Schulden, schwebende Geschäfte und mit hoher Wahrscheinlichkeit vorgesehene Transaktionen zur Absicherung welcher Risiken in welche Arten von Bewertungseinheiten einbezogen sind sowie die Höhe der mit Bewertungseinheiten abgesicherten Risiken (§ 314 Abs. 1 Nr. 15 lit. a HGB),
- für die jeweils abgesicherten Risiken, warum, in welchem Umfang und für welchen Zeitraum sich die gegenläufigen Wertänderungen oder Zahlungsströme künftig voraussichtlich ausgleichen einschließlich der Methode der Ermittlung (§ 314 Abs. 1 Nr. 15 lit. b HGB) sowie
- eine Erläuterung der mit hoher Wahrscheinlichkeit erwarteten Transaktionen, die in Bewertungseinheiten einbezogen wurden (§ 314 Abs. 1 Nr. 15 lit. c HGB),

soweit die Angaben nicht im **Konzernlagebericht** gemacht werden. Die Angaben nach § 314 Abs. 1 Nr. 15 HGB können im Konzernlagebericht mit den Angaben nach § 315 Abs. 2 Nr. 2 HGB zusammengefasst werden[51].

Die Regelungen des § 314 Abs. 1 Nr. 15 HGB zu den Angaben im Konzernanhang entsprechen inhaltlich denen im **Anhang des Jahresabschlusses** nach § 285 Nr. 23 HGB, so dass auf die Erläuterungen zu dieser Vorschrift (vgl. Abschn. O Tz.170 ff.) verwiesen wird. 58

Die Angaben zu den Bewertungseinheiten der in den Konzernabschluss einbezogenen Unternehmen sind so darzustellen, als ob diese Unternehmen insgesamt ein einziges Unternehmen wären (§ 297 Abs. 3 Satz 1 HGB). Bewertungseinheiten, bei denen **Grund- und Sicherungsgeschäfte zwischen den in den Konzernabschluss einbezogenen Unternehmen** abgeschlossen worden sind, sind durch Konsolidierungsmaßnahmen (analog § 303 Abs. 1 HGB) zu eliminieren. 59

Dagegen sind Angaben zu Bewertungseinheiten, bei denen einbezogene Unternehmen **Grund- oder Sicherungsgeschäfte mit nicht in den Konzernabschluss einbezogenen Unternehmen** abgeschlossen haben, kumuliert darzustellen. Über die bereits in den Jahresabschlüssen der einbezogenen Konzernunternehmen gebildeten Bewertungseinheiten hinaus können Bewertungseinheiten nach den allgemeinen Grundsätzen des § 254 HGB (vgl. Abschn. H Tz. 3 ff.) auf Konzernebene gebildet werden, wenn Grund- und Sicherungsgeschäfte von verschiedenen einbezogenen Konzernunternehmen mit fremden Dritten kontrahiert wurden. 60

Die Vorschrift des § 314 Abs. 1 Nr. 15 HGB ist erstmals auf Konzernabschlüsse für das **nach dem 31. Dezember 2009** beginnende Geschäftsjahr anzuwenden (Art. 66 Abs. 3 Satz 1 EGHGB). Die neuen Vorschriften können freiwillig bereits auf nach dem 31. Dezember 2008 beginnende Geschäftsjahre angewandt werden, dies jedoch nur insgesamt; dies ist im Konzernanhang anzugeben (Art. 66 Abs. 3 Satz 6 EGHGB). 61

---

51 Vgl. Begr. RegE, BT-Drucks. 16/10067, S. 86.

X. Pensionsrückstellungen und ähnliche Verpflichtungen (Abs. 1 Nr. 16)

62 Im Konzernanhang sind zur **Bewertung** der in der Konzernbilanz ausgewiesenen Rückstellungen für Pensionen und ähnliche Verpflichtungen (vgl. dazu insb. Abschn. I Tz. 65 ff.)

- das angewandte versicherungsmathematische Berechnungsverfahren sowie
- die grundlegenden Annahmen der Berechnung, wie
  - der verwendete Zinssatz (§ 253 Abs. 2 HGB),
  - die erwarteten Lohn- und Gehaltssteigerungen (§ 253 Abs. 1 Satz 2 HGB) sowie
  - die zugrunde gelegten Sterbetafeln

anzugeben (§ 314 Abs. 1 Nr. 16).

63 Die Regelungen des § 314 Abs. 1 Nr. 16 HGB zu den Angaben im Konzernanhang entsprechen den Angaben im **Anhang des Jahresabschlusses** nach § 285 Nr. 24 HGB, so dass auf die Erläuterungen zu dieser Vorschrift (vgl. Abschn. O Tz. 207 ff.) verwiesen wird.

64 Die Vorschrift des § 314 Abs. 1 Nr. 16 HGB ist erstmals auf Konzernabschlüsse für das **nach dem 31. Dezember 2009** beginnende Geschäftsjahr anzuwenden (Art. 66 Abs. 3 Satz 1 EGHGB). Sie kann freiwillig bereits auf nach dem 31. Dezember 2008 beginnende Geschäftsjahre angewandt werden, dies jedoch nur bei Anwendung der in Art. 66 Abs. 3 EGHGB genannten neuen Vorschriften insgesamt; dies ist im Konzernanhang anzugeben (Art. 66 Abs. 3 Satz 6 EGHGB).

XI. Verrechnung von Vermögensgegenständen des Deckungsvermögens und Schulden aus Altersversorgungsverpflichtungen (Abs. 1 Nr. 17)

65 Im Konzernanhang sind nach § 314 Abs. 1 Nr. 17 erster Halbsatz HGB im Fall der Verrechnung von in der Konzernbilanz ausgewiesenen Vermögensgegenständen und Schulden nach § 246 Abs. 2 Satz 2 HGB (vgl. Abschn. C Tz. 1 ff.) anzugeben:

- die Anschaffungskosten (§ 255 Abs. 1 und 4 HGB),
- der beizulegende Zeitwert der verrechneten Vermögensgegenstände (§ 253 Abs. 1 Satz 4 iVm. Satz 3 HGB),
- der Erfüllungsbetrag der verrechneten Schulden (§ 253 Abs.1 Satz 2 HGB) und
- die im Berichtsjahr in der Konzern-Gewinn- und Verlustrechnung verrechneten Aufwendungen und Erträge, die aus den verrechneten Vermögensgegenständen und Schulden resultieren (§ 246 Abs. 2 Satz 2 zweiter Halbsatz HGB).

66 Die Vorschrift des § 314 Abs. 1 Nr. 12 lit. a HGB ist entsprechend anzuwenden (§ 314 Abs. 1 Nr. 17 zweiter Halbsatz HGB), so dass auch die grundlegenden Annahmen anzugeben sind, die der Bestimmung des beizulegenden Zeitwerts mit Hilfe allgemein anerkannter Bewertungsmethoden (§ 255 Abs. 4 Satz 2 HGB) zugrunde gelegt wurden (vgl. Tz. 44).

67 Die nach § 314 Abs. 1 Nr. 17 HGB im Konzernanhang anzugebenden Informationen entsprechen den Angaben im **Anhang des Jahresabschlusses** nach § 285 Nr. 25 HGB, so dass auf die Erläuterungen zu § 285 Nr. 25 HGB verwiesen wird (vgl. Abschn. O Tz. 221 ff.).

Die Vorschrift des § 314 Abs. 1 Nr. 17 HGB ist erstmals auf Konzernabschlüsse für das **68** **nach dem 31. Dezember 2009** beginnende Geschäftsjahr anzuwenden (Art. 66 Abs. 3 Satz 1 EGHGB). Die neuen Vorschriften können freiwillig bereits auf nach dem 31. Dezember 2008 beginnende Geschäftsjahre angewandt werden, dies jedoch nur insgesamt; dies ist im Konzernanhang anzugeben (Art. 66 Abs. 3 Satz 6 EGHGB).

XII. Investmentvermögen (Abs. 1 Nr. 18)

Die neu eingefügten Angabepflichten für den Konzernanhang nach § 314 Abs. 1 Nr. 18 **69** HGB sind bis auf den Hinweis, dass es sich um „in der Konzernbilanz ausgewiesene Anteile oder Anlageaktien" handeln muss, wortgleich mit der Vorschrift des § 285 Nr. 26 HGB für den **Jahresabschluss** (vgl. dazu Abschn. O Tz. 228 ff. und Abschn. V Tz. 217).

Nach § 314 Abs. 1 Nr. 18 erster Teilsatz HGB sind im Konzernanhang zu den in der **70** Konzernbilanz ausgewiesenen Anteilen oder Anlageaktien an inländischen Investmentvermögen im Sinn des § 1 des Investmentgesetzes oder vergleichbaren ausländischen Investmentanteilen im Sinn des § 2 Abs. 9 des Investmentgesetzes von mehr als dem zehnten Teil, aufgegliedert nach Anlagezielen, folgende **Angaben** erforderlich:

- deren Wert im Sinn des § 36 des Investmentgesetzes oder vergleichbarer ausländischer Vorschriften über die Ermittlung des Marktwertes,
- die Differenz zum Buchwert,
- die für das Geschäftsjahr erfolgte Ausschüttung sowie
- Beschränkungen in der Möglichkeit der täglichen Rückgabe.

Darüber hinaus sind ggf. die Gründe dafür, dass eine **Abschreibung** nach § 253 Abs. 3 **71** Satz 4 HGB **unterblieben** ist, einschl. der Anhaltspunkte, die darauf hindeuten, dass die Wertminderung voraussichtlich nicht von Dauer ist, anzugeben (§ 314 Abs. 1 Nr. 18 zweiter Teilsatz HGB). Deshalb ist § 314 Abs. 1 Nr. 10 HGB (vgl. Tz. 36 ff.) insoweit nicht anzuwenden (§ 314 Abs. 1 Nr. 18 dritter Teilsatz HGB).

Die Vorschrift des § 314 Abs. 1 Nr. 18 HGB dient nach der Gesetzesbegründung als **72** **Konsolidierungssurrogat** für Investmentvermögen iSd. § 2 Abs. 1 InvG[52], bei denen es sich um rechtlich unselbständige Vermögensmassen und nicht um Unternehmen iSd. §§ 290, 271 HGB handelt. Nach § 290 HGB sind künftig nicht nur Unternehmen konsolidierungspflichtig, sondern unter den Voraussetzungen des § 290 Abs. 2 Nr. 4 HGB auch unselbständige Sondervermögen des Privatrechts, ausgenommen Spezial-Sondervermögen iSd. § 2 Abs. 3 InvG (vgl. ausführlich Abschn. Q Tz. 51 ff.).

Im Fall der Einbeziehung des Investmentvermögens als Zweckgesellschaft im Wege **73** der **Vollkonsolidierung** entfällt die Angabepflicht, weil es wegen des daraus resultierenden Ansatzes der Vermögensgegenstände und Schulden am Ausweis von Anteilen am Investmentvermögen in der Konzernbilanz iSv. § 314 Abs. 1 Nr. 18 erster Teilsatz HGB fehlt[53]. Die Angaben sind daher im Konzernanhang für Anteile oder Anlageaktien an inländischen Investmentvermögen iSv. § 1 InvG oder vergleichbaren ausländischen Investmentanteilen zu machen, wenn bei diesen keine Konsolidierung erfolgt und die Anteilsquote über 10% liegt.

---

52 Vgl. Begr. RegE, BT-Drucks. 16/10067, S.74.
53 Zur Ausnahme vgl. Abschn. Q Tz. 91 ff.

74 Die Vorschrift des § 314 Abs. 1 Nr. 18 HGB ist erstmals auf Konzernabschlüsse für das **nach dem 31. Dezember 2009** beginnende Geschäftsjahr anzuwenden (Art. 66 Abs. 3 Satz 1 EGHGB). Die neuen Vorschriften können freiwillig bereits auf nach dem 31. Dezember 2008 beginnende Geschäftsjahre angewandt werden, dies jedoch nur insgesamt; dies ist im Konzernanhang anzugeben (Art. 66 Abs. 3 Satz 6 EGHGB).

XIII. Einschätzung des Risikos der Inanspruchnahme aus Eventualverbindlichkeiten (Abs. 1 Nr. 19)

75 Im Konzernanhang sind nach § 314 Abs. 1 Nr. 19 HGB für nach § 251 HGB unter der Bilanz oder nach § 268 Abs. 7 erster Halbsatz HGB im Anhang ausgewiesene Verbindlichkeiten und Haftungsverhältnisse die Gründe der Einschätzung des Risikos der Inanspruchnahme anzugeben. Die Vorschrift des § 314 Abs. 1 Nr. 19 HGB für den Konzernanhang entspricht wörtlich § 285 Nr. 27 HGB zum **Anhang des Jahresabschlusses**, so dass auf die Erläuterungen hierzu (vgl. Abschn. O Tz. 241 ff.) verwiesen wird. Eventualverbindlichkeiten zwischen Konzernunternehmen, die im Wege der Vollkonsolidierung in den Konzernabschluss einbezogen werden, sind nicht anzugeben (analog § 303 Abs. 1 HGB).

76 Die Vorschrift des § 314 Abs. 1 Nr. 19 HGB ist erstmals auf Konzernabschlüsse für das **nach dem 31. Dezember 2009** beginnende Geschäftsjahr anzuwenden (Art. 66 Abs. 3 Satz 1 EGHGB). Die neuen Vorschriften können freiwillig bereits auf nach dem 31. Dezember 2008 beginnende Geschäftsjahre angewandt werden, dies jedoch nur insgesamt; dies ist im Konzernanhang anzugeben (Art. 66 Abs. 3 Satz 6 EGHGB).

XIV. Nutzungsdauer des Geschäfts- oder Firmenwerts (Abs. 1 Nr. 20)

77 Im Konzernanhang sind nach § 314 Abs. 1 Nr. 20 HGB die Gründe anzugeben, welche die Annahme einer betrieblichen Nutzungsdauer eines in der Konzernbilanz ausgewiesenen entgeltlich erworbenen **Geschäfts- oder Firmenwerts aus der Kapitalkonsolidierung** von mehr als fünf Jahren rechtfertigen. Ein solcher Geschäfts- oder Firmenwert ergibt sich im Rahmen der Erstkonsolidierung als positive Restgröße aus der Aufrechnung des Wertansatzes der konsolidierungspflichtigen Anteile an einem Tochterunternehmen und dem Eigenkapital dieses Tochterunternehmens, nachdem stille Reserven und stille Lasten zugeordnet worden sind (vgl. Abschn. Q Tz. 404)[54].

78 Die Vorschrift des § 314 Abs. 1 Nr. 20 HGB ist § 285 Nr. 13 HGB nachgebildet, um einen Gleichlauf der Angaben im Konzernanhang mit den Angaben im **Anhang des Jahresabschlusses** zu erreichen[55]. Daher wird auf die Ausführungen zu § 285 Nr. 13 HGB verwiesen (vgl. Abschn. O Tz. 60 ff.).

79 Die Vorschrift des § 314 Abs. 1 Nr. 20 HGB ist erstmals auf Konzernabschlüsse für das **nach dem 31. Dezember 2009** beginnende Geschäftsjahr anzuwenden (Art. 66 Abs. 3 Satz 1 EGHGB). Die neuen Vorschriften können freiwillig bereits auf nach dem 31. Dezember 2008 beginnende Geschäftsjahre angewandt werden, dies jedoch nur insgesamt; dies ist im Konzernanhang anzugeben (Art. 66 Abs. 3 Satz 6 EGHGB).

---

54 Vgl. *ADS⁶*, § 309 HGB Tz. 7.
55 Vgl. Beschlussempfehlung und Bericht des Rechtsausschusses, BT-Drucks. 16/12407, S. 91.

XV. Angaben zur Ermittlung latenter Steuern (Abs. 1 Nr. 21)

Im Konzernanhang ist nach § 314 Abs. 1 Nr. 21 HGB anzugeben, auf welchen **Differenzen oder steuerlichen Verlustvorträgen** die latenten Steuern beruhen und mit welchen **Steuersätzen** die Bewertung erfolgt ist (vgl. hierzu Abschn. Q Tz. 319 ff.). 80

Die Vorschrift stimmt inhaltlich mit § 285 Nr. 29 HGB zum **Anhang des Jahresabschlusses** überein, so dass auf die Erläuterungen zu dieser Vorschrift (vgl. Abschn. O Tz. 260 ff.) verwiesen wird. 81

Erstmals ist § 314 Abs. 1 Nr. 21 HGB auf Konzernabschlüsse für das **nach dem 31. Dezember 2009** beginnende Geschäftsjahr anzuwenden (Art. 66 Abs. 3 Satz 1 EGHGB). Die neuen Vorschriften iSd. Art. 66 Abs. 3 Satz 1 EGHGB können freiwillig bereits auf nach dem 31. Dezember 2008 beginnende Geschäftsjahre angewandt werden, dies jedoch nur insgesamt; dies ist im Konzernanhang anzugeben (Art. 66 Abs. 3 Satz 6 EGHGB). 82

XVI. Überblick zu den Erstanwendungszeitpunkten

Nach Art. 66 Abs. 2 Satz 1 EGHGB sind § 314 Abs. 1 Nr. 2, 2a, 8, 9 und 13 HGB erstmals auf Konzernabschlüsse für das **nach dem 31. Dezember 2008** beginnende Geschäftsjahr anzuwenden (vgl. Abb. 23). Entsprechend sind § 314 Abs. 1 Nr. 2, 8 und 9 HGB aF letztmals auf Konzernabschlüsse für vor dem 1. Januar 2009 beginnende Geschäftsjahre anzuwenden (Art. 66 Abs. 2 Satz 2 EGHGB). 83

§ 314 Abs. 1 HGB	Angabepflichten	Vgl.
Nr. 2	Nicht in der Konzernbilanz enthaltene Geschäfte	Tz. 13 ff.
Nr. 2a	Sonstige finanzielle Verpflichtungen	Tz. 18 f.
Nr. 8	Erklärung zum Deutschen *Corporate Governance* Kodex	Tz. 22 ff.
Nr. 9	Gesamthonorar des Konzernabschlussprüfers	Tz. 26 ff.
Nr. 13	Zumindest die nicht zu marktüblichen Bedingungen zustande gekommenen Geschäfte	Tz. 47 ff.

Abb. 23: Erstanwendung für GJ, die nach dem 31. Dezember 2008 beginnen

84 Nach Art. 66 Abs. 3 Satz 1 EGHGB sind § 314 Abs. 1 Nr. 10 bis 12 und 14 bis 21 HGB erstmals auf Konzernabschlüsse für das **nach dem 31. Dezember 2009** beginnende Geschäftsjahr anzuwenden (vgl. Abb. 24).

§ 314 Abs. 1 HGB	Angabepflichten	Vgl.
Nr. 10	Finanzinstrumente des Finanzanlagevermögens, bei denen eine außerplanmäßige Abschreibung unterblieben ist	Tz. 36 ff.
Nr. 11	Derivative Finanzinstrumente, die nicht zum beizulegenden Zeitwert bilanziert sind	Tz. 40 ff.
Nr. 12	Finanzinstrumente, die zum beizulegenden Zeitwert bilanziert sind	Tz. 44 ff.
Nr. 14	Forschungs- und Entwicklungskosten	Tz. 54 ff.
Nr. 15	Bewertungseinheiten	Tz. 57 ff.
Nr. 16	Pensionsrückstellungen und ähnliche Verpflichtungen	Tz. 62 ff.
Nr. 17	Verrechnung von Vermögensgegenständen des Deckungsvermögens und Schulden aus Altersversorgungsverpflichtungen	Tz. 65 ff.
Nr. 18	Investmentvermögen	Tz. 69 ff.
Nr. 19	Risiko der Inanspruchnahme bei Eventualverbindlichkeiten	Tz. 75 f.
Nr. 20	Nutzungsdauer eines derivativen Geschäfts- oder Firmenwerts aus der Kapitalkonsolidierung	Tz. 77 ff.
Nr. 21	Latente Steuern	Tz. 80 ff.

Abb. 24: Erstanwendung für GJ, die nach dem 31. Dezember 2009 beginnen

85 Die in Art. 66 Abs. 3 EGHGB genannten Vorschriften können **insgesamt** bereits **freiwillig** auf Konzernabschlüsse für nach dem **nach dem 31. Dezember 2008** beginnende Geschäftsjahre angewandt werden (Art. 66 Abs. 3 Satz 6 erster Halbsatz EGHGB). Eine teilweise vorzeitige Anwendung ist somit ausgeschlossen[56]. Die Inanspruchnahme dieses Wahlrechts ist im Konzernanhang anzugeben (Art. 66 Abs. 3 Satz 6 zweiter Halbsatz EGHGB).

86 Ändern sich bei der erstmaligen Anwendung der durch das BilMoG geänderten Vorschriften die bisherige Form der Darstellung oder die bisher angewandten Bewertungsmethoden, brauchen diese **Stetigkeitsdurchbrechungen** bei der erstmaligen Aufstellung eines Konzernabschlusses nach den geänderten Vorschriften nach Art. 67 Abs. 8 Satz 1 EGHGB nicht nach § 313 Abs. 1 Nr. 3 HGB erläutert zu werden. Aus Vereinfachungsgründen brauchen die **Vorjahreszahlen** bei erstmaliger Anwendung **nicht angepasst** werden; hierauf ist im Konzernanhang hinzuweisen (Art. 67 Abs. 8 Satz 2 EGHGB). Die Vorjahreszahlen sind hiernach zwar anzugeben, aber bei der erstmaligen Anwendung der neuen Vorschriften nicht anzupassen oder im Konzernanhang zu erläutern[57].

---

56 Vgl. IDW ERS HFA 28 Tz. 5.
57 Vgl. Beschlussempfehlung und Bericht des Rechtsausschusses, BT-Drucks. 16/12407, S. 96.

§ 315 HGB
Konzernlagebericht

(1) ¹Im Konzernlagebericht sind der Geschäftsverlauf einschließlich des Geschäftsergebnisses und die Lage des Konzerns so darzustellen, dass ein den tatsächlichen Verhältnissen entsprechendes Bild vermittelt wird. ²Er hat eine ausgewogene und umfassende, dem Umfang und der Komplexität der Geschäftstätigkeit entsprechende Analyse des Geschäftsverlaufs und der Lage des Konzerns zu enthalten. ³In die Analyse sind die für die Geschäftstätigkeit bedeutsamsten finanziellen Leistungsindikatoren einzubeziehen und unter Bezugnahme auf die im Konzernabschluss ausgewiesenen Beträge und Angaben zu erläutern. ⁴Satz 3 gilt entsprechend für nichtfinanzielle Leistungsindikatoren, wie Informationen über Umwelt- und Arbeitnehmerbelange, soweit sie für das Verständnis des Geschäftsverlaufs oder der Lage von Bedeutung sind. ⁵Ferner ist im Konzernlagebericht die voraussichtliche Entwicklung mit ihren wesentlichen Chancen und Risiken zu beurteilen und zu erläutern; zugrunde liegende Annahmen sind anzugeben. ⁶Die gesetzlichen Vertreter eines Mutterunternehmens im Sinne des § 297 Abs. 2 Satz 4 haben zu versichern, dass nach bestem Wissen im Konzernlagebericht der Geschäftsverlauf einschließlich des Geschäftsergebnisses und die Lage des Konzerns so dargestellt sind, dass ein den tatsächlichen Verhältnissen entsprechendes Bild vermittelt wird, und dass die wesentlichen Chancen und Risiken im Sinne des Satzes 5 beschrieben sind.

(2) Der Konzernlagebericht soll auch eingehen auf:

1. Vorgänge von besonderer Bedeutung, die nach dem Schluss des Konzerngeschäftsjahrs eingetreten sind;

2. a) die Risikomanagementziele und -methoden des Konzerns einschließlich seiner Methoden zur Absicherung aller wichtigen Arten von Transaktionen, die im Rahmen der Bilanzierung von Sicherungsgeschäften erfasst werden, sowie

   b) die Preisänderungs-, Ausfall- und Liquiditätsrisiken sowie die Risiken aus Zahlungsstromschwankungen, denen der Konzern ausgesetzt ist, jeweils in Bezug auf die Verwendung von Finanzinstrumenten durch den Konzern und sofern dies für die Beurteilung der Lage oder der voraussichtlichen Entwicklung von Belang ist;

3. den Bereich Forschung und Entwicklung des Konzerns;

4. die Grundzüge des Vergütungssystems für die in § 314 Abs. 1 Nr. 6 genannten Gesamtbezüge, soweit das Mutterunternehmen eine börsennotierte Aktiengesellschaft ist. ²Werden dabei auch Angaben entsprechend § 314 Abs. 1 Nr. 6 Buchstabe a **Satz 5 bis 8*** gemacht, können diese im Konzernanhang unterbleiben;

5. **die wesentlichen Merkmale des internen Kontroll- und des Risikomanagementsystems im Hinblick auf den Konzernrechnungslegungsprozess, sofern eines der in den Konzernabschluss einbezogenen Tochterunternehmen oder das Mutterunternehmen kapitalmarktorientiert im Sinn des § 264d ist.**

(3) § 298 Abs. 3 über die Zusammenfassung von Konzernanhang und Anhang ist entsprechend anzuwenden.

(4) ¹Mutterunternehmen, die einen organisierten Markt im Sinne des § 2 Abs. 7 des Wertpapiererwerbs- und Übernahmegesetzes durch von ihnen ausgegebene stimmberechtigte Aktien in Anspruch nehmen, haben im Konzernlagebericht anzugeben:

R Konzernlagebericht § 315 HGB

1. die Zusammensetzung des gezeichneten Kapitals; bei verschiedenen Aktiengattungen sind für jede Gattung die damit verbundenen Rechte und Pflichten und der Anteil am Gesellschaftskapital anzugeben, **soweit die Angaben nicht im Konzernanhang zu machen sind**;
2. Beschränkungen, die Stimmrechte oder die Übertragung von Aktien betreffen, auch wenn sie sich aus Vereinbarungen zwischen Gesellschaftern ergeben können, soweit sie dem Vorstand des Mutterunternehmens bekannt sind;
3. direkte oder indirekte Beteiligungen am Kapital, die 10 vom Hundert der Stimmrechte überschreiten, **soweit die Angaben nicht im Konzernanhang zu machen sind**;
4. die Inhaber von Aktien mit Sonderrechten, die Kontrollbefugnisse verleihen; die Sonderrechte sind zu beschreiben;
5. die Art der Stimmrechtskontrolle, wenn Arbeitnehmer am Kapital beteiligt sind und ihre Kontrollrechte nicht unmittelbar ausüben;
6. die gesetzlichen Vorschriften und Bestimmungen der Satzung über die Ernennung und Abberufung der Mitglieder des Vorstands und über die Änderung der Satzung;
7. die Befugnisse des Vorstands insbesondere hinsichtlich der Möglichkeit, Aktien auszugeben oder zurückzukaufen;
8. wesentliche Vereinbarungen des Mutterunternehmens, die unter der Bedingung eines Kontrollwechsels infolge eines Übernahmeangebots stehen, **und die hieraus folgenden Wirkungen**; die Angabe kann unterbleiben, soweit sie geeignet ist, dem Mutterunternehmen einen erheblichen Nachteil zuzufügen; die Angabepflicht nach anderen gesetzlichen Vorschriften bleibt unberührt;
9. Entschädigungsvereinbarungen des Mutterunternehmens, die für den Fall eines Übernahmeangebots mit den Mitgliedern des Vorstands oder Arbeitnehmern getroffen sind, **soweit die Angaben nicht im Konzernanhang zu machen sind.**

²Sind Angaben nach Satz 1 im Konzernanhang zu machen, ist im Konzernlagebericht darauf zu verweisen.

* Änderung durch das VorstAG

Inhaltsverzeichnis Tz.
I. Anwendungsbereich und Ziel der Änderungen .... 87 – 91
II. Umfang der Berichterstattung .... 92 – 93
III. Erstanwendungszeitpunkt und Übergangsvorschriften 94

I. Anwendungsbereich und Ziel der Änderungen

87 In Umsetzung von Art. 36 Abs. 2 lit. f der Konzernbilanzrichtlinie idF der **Abänderungs-Richtlinie**[58] sieht das BilMoG idF des RegE vor, nach § 315 Abs. 2 Nr. 5 HGB im Konzernlagebericht eine Beschreibung des internen Kontroll- und des Risikomanagementsystems hinzuzufügen. Danach sind im Konzernlagebericht zu einem Konzernabschluss, bei dem das Mutterunternehmen oder wenigstens ein einbezogenes

---

58 Vgl. Richtlinie 2006/46/EG des Europäischen Parlaments und des Rates vom 14. Juni 2006, ABl. EU v. 16.8.2006, L 224, S. 1 ff.

Tochterunternehmen kapitalmarktorientiert iSd. § 264d HGB ist, die wesentlichen Merkmale des internen Kontroll- und des Risikomanagementsystems im Hinblick auf den Konzernrechnungslegungsprozess anzugeben. Hierdurch wird die Angabepflicht im Lagebericht eines handelsrechtlichen Jahresabschlusses nach § 289 Abs. 5 HGB (vgl. Abschn. O Tz. 290 ff.) in die Konzernlageberichterstattung übernommen.

Die Pflicht zur Aufnahme von Angaben zur Beschreibung der wesentlichen Merkmale des rechnungslegungsorientierten internen Kontroll- und des internen Risikomanagementsystems in den Konzernlagebericht besteht, wenn ein **Mutterunternehmen** oder ein einbezogenes **Tochterunternehmen** als **kapitalmarktorientiert** iSd. § 264d HGB zu qualifizieren ist (vgl. Abschn. K Tz. 32 ff.). Dies gilt sowohl für Mutterunternehmen, die ihren Konzernabschluss nach handelsrechtlichen Vorschriften (§ 290 ff. HGB) aufstellen, als auch für solche, die einen befreienden IFRS-Konzernabschluss nach § 315a HGB aufstellen. Auch dem PublG unterliegende kapitalmarktorientierte Mutterunternehmen (§ 11 PublG) haben im Rahmen der Konzernlageberichterstattung nach § 13 Abs. 2 Satz 3 PublG in sinngemäßer Anwendung des § 315 HGB diese Angaben zu machen (§ 315 Abs. 2 Nr. 5 HGB). 88

Die Pflicht zur Erweiterung der Konzernlageberichterstattung eines nicht kapitalmarktorientierten Mutterunternehmens greift auch dann, wenn ein **einbezogenes Tochterunternehmen** „kapitalmarktorientiert" ist. Damit ist zu beurteilen, ob ein Mutter-Tochterverhältnis nach § 290 Abs. 1 iVm. Abs. 2 HGB (bei einem handelsrechtlichen Konzernabschluss) oder iSv. IAS 27.4 (bei einem nach § 315a HGB aufgestellten IFRS-Konzernabschluss) mit einem kapitalmarktorientierten Tochterunternehmen besteht[59]. Ist dies der Fall, so sind die Angaben nach § 315 Abs. 2 Nr. 5 HGB in jeden Konzernlagebericht zu einem handelsrechtlichen oder IFRS-Konzernabschluss aufzunehmen, wenn mindestens eine im Rahmen einer Vollkonsolidierung einbezogene Tochtergesellschaft kapitalmarktorientiert iSv. § 264d HGB ist. 89

Die Änderungen des § 315 Abs. 4 Satz 1 Nr. 1, 3 und 9 sowie Satz 2 HGB dienen der **Vermeidung von Doppelangaben** in Konzernanhang und Konzernlagebericht. Damit werden Angaben vermieden, die bislang bereits nach § 160 AktG im Anhang des Mutterunternehmens bzw. nach DRS 15a im Konzernanhang[60] angabepflichtig waren und infolge EU-rechtlicher Vorgaben nach § 315 Abs. 4 Nr. 1 HGB aF im Konzernlagebericht zusätzlich anzugeben waren. Dies gilt auch im Hinblick auf Angaben nach § 315 Abs. 4 Satz 1 Nr. 9 HGB, die bereits Bestandteil der durch das Vorstandsvergütungs-Offenlegungsgesetz (VorstOG) geforderten Angaben nach § 314 Abs. 1 Nr. 6 lit. a HGB waren[61]. Soweit eine Verlagerung der vorgenannten Angaben in den Konzernanhang vorgenommen wird, ist nach § 315 Abs. 4 Satz 2 HGB jeweils ein entsprechender Verweis in den Konzernlagebericht aufzunehmen. Die Neuregelung führt allerdings nicht dazu, dass sämtliche Angaben nach § 315 Abs. 4 Satz 1 HGB in den Konzernanhang verlagert werden können, sondern nur die Angaben, für die dies nach § 315 Abs. 4 Nr. 1, 3 und 9 HGB ausdrücklich zugelassen wird. Eine Verlagerung der Angaben aus dem Konzernanhang in den Konzernlagebericht ist dagegen nicht zulässig[62]. 90

---

59 Vgl. *Institut der Wirtschaftsprüfer*, FN-IDW 2005, S. 583; *Hoyos/Ritter-Thiele*, in Beck Bil-Komm.[6], § 291 Anm. 18.
60 Vgl. DRS 15.10 sowie Begründung A8 zu Tz. 10.
61 Vgl. DRS 15a Begründung A6 zu Tz. 8 ff.
62 Vgl. so auch kritisch *Bischoff/Selch*, WPg 2008, S. 1022 f.; *IDW*, WPg 2006, S. 251 f.; *IDW*, WPg 2006, S. 747; *IDW*, WPg 2008, S. 9; *IDW*, WPg 2008, S. 133; *Waschbusch*, in Petersen/Zwirner, BilMoG, S. 568.

91 Aus der Begründung des RegE BilMoG ist ersichtlich, dass eine Angleichung des Wortlauts von § 315 Abs. 4 Satz 1 Nr. 8 HGB zu Vereinbarungen bei **Wechsel der Beherrschung** (*change of control*) an den Wortlaut des § 289 Abs. 4 Nr. 8 HGB vorgesehen war, um damit die einheitlichen Vorgaben nach Art. 10 Abs. 2 der Übernahmerichtlinie[63] umzusetzen[64]. Durch die Ergänzung um die Worte „und die hieraus folgenden Wirkungen" wird ein Redaktionsversehen aus der früheren Gesetzgebung korrigiert. Die Ergänzung des Wortlautes, der in Analogie zu dem Wortlaut nach Art. 10 Abs. 1 lit. j der Übernahmerichtlinie[65] zu übernehmen war, führt indes nicht zu einer Veränderung der bisherigen Auffassung zu erforderlichen Erläuterungen, da die entsprechenden Angaben über wirtschaftlichen Folgen derartiger Vereinbarungen bereits nach der Auffassung des DRSC geboten waren[66].

II. Umfang der Berichterstattung

92 Nach dem Wortlaut der Vorschrift und den Ausführungen in der Begründung zum RegE BilMoG[67] entspricht die nach § 315 Abs. 2 Nr. 5 HGB erforderliche Beschreibung der wesentlichen Merkmale des rechnungslegungsorientierten **internen Kontroll- und des Risikomanagementsystems** im Konzernlagebericht den Angaben im Lagebericht nach § 289 Abs. 5 HGB. Auch Art. 36 Abs. 2 lit. f der Konzernbilanzrichtlinie idF der Abänderungsrichtlinie enthält hierzu keine abweichenden Anforderungen. Inhaltlich kann daher grds. auf die für den Lagebericht beschriebenen Komponenten und die Berichtsgrundsätze zum rechnungslegungsorientierten internen Kontroll- und zum internen Risikomanagementsystem verwiesen werden (vgl. Abschn. O Tz. 306 ff.).

93 Zu beachten bleibt allerdings, dass für die nach § 315 Abs. 2 Nr. 5 HGB geforderten Angaben auf den **Konzernrechnungslegungsprozess** einzugehen ist und folglich das in der Konzerngruppe vorhandene interne Kontroll- und das Risikomanagementsystem Gegenstand der Beschreibung sind[68]. Damit sind die nach dem COSO-Modell beschriebenen Komponenten auf den Konzernrechnungslegungsprozess zu übertragen. Daher ist es erforderlich, die Beschreibung der Organisationsstruktur an der Konzernstruktur (zB auf Ebene von Geschäftseinheiten oder Segmenten) auszurichten.

III. Erstanwendungszeitpunkt und Übergangsvorschriften

94 Die Erweiterung der Berichterstattung im Lagebericht von Konzernen mit kapitalmarktorientierten Unternehmen hinsichtlich der Beschreibung der wesentlichen Merkmale des rechnungslegungsorientierten internen Kontroll- und des Risikomanagementsystems nach § 315 Abs. 2 Nr. 5 HGB ist erstmals für das **nach dem 31. Dezember 2008** beginnende Geschäftsjahr anzuwenden; dies gilt auch für die geänderten Vorschriften nach § 315 Abs. 4 HGB (Art. 66 Abs. 2 Satz 1 EGHGB). Die bisherigen Vorschriften nach § 315 Abs. 4 HGB aF sind letztmals auf Jahresabschlüsse für ein vor dem 1. Januar 2009 beginnendes Geschäftsjahr anzuwenden (Art. 66 Abs. 2 Satz 2 EGHGB).

---

63 Vgl. Richtlinie 2004/25/EG des Europäischen Parlaments und des Rates vom 21. April 2004 betreffend Übernahmeangebote, ABl. EU v. 30.4.2004, 142/12.
64 Vgl. Begr. Beschlussempfehlung und Bericht des Rechtsausschusses, BT-Drucks. 16/12407, S. 91.
65 Vgl. Richtlinie 2004/25/EG des Europäischen Parlaments und des Rates vom 21. April 2004 betreffend Übernahmeangebote ABl. EU v. 30.4.2004, L 142/12.
66 Vgl. DRS 15a Begründung A20 zu Tz. 31; *Waschbusch*, in Petersen/Zwirner, BilMoG, S. 568.
67 Vgl. Begr. RegE, BT-Drucks. 16/10067, S. 86.
68 Vgl. DRS 15.38 f.; DRS 5.28; *Ellrott*, in Beck Bil-Komm.⁶, § 315 Anm. 12; *Waschbusch*, in Petersen/ Zwirner, BilMoG, S. 568.

S. Abschlussprüfung
(§§ 317, 318, 320, 321 HGB, § 171 Abs. 1 Satz 2 und 3 AktG,
§ 51b Abs. 4 Satz 2 und Abs. 4a WPO)

§ 317 HGB
Gegenstand und Umfang der Prüfung

(1) [1]In die Prüfung des Jahresabschlusses ist die Buchführung einzubeziehen. [2]Die Prüfung des Jahresabschlusses und des Konzernabschlusses hat sich darauf zu erstrecken, ob die gesetzlichen Vorschriften und sie ergänzende Bestimmungen des Gesellschaftsvertrags oder der Satzung beachtet worden sind. [3]Die Prüfung ist so anzulegen, daß Unrichtigkeiten und Verstöße gegen die in Satz 2 aufgeführten Bestimmungen, die sich auf die Darstellung des sich nach § 264 Abs. 2 ergebenden Bildes der Vermögens-, Finanz- und Ertragslage des Unternehmens wesentlich auswirken, bei gewissenhafter Berufsausübung erkannt werden.

(2) [1]Der Lagebericht und der Konzernlagebericht sind darauf zu prüfen, ob der Lagebericht mit dem Jahresabschluß, gegebenenfalls auch mit dem Einzelabschluss nach § 325 Abs. 2a, und der Konzernlagebericht mit dem Konzernabschluß sowie mit den bei der Prüfung gewonnenen Erkenntnissen des Abschlußprüfers in Einklang stehen und ob der Lagebericht insgesamt eine zutreffende Vorstellung von der Lage des Unternehmens und der Konzernlagebericht insgesamt eine zutreffende Vorstellung von der Lage des Konzerns vermittelt. [2]Dabei ist auch zu prüfen, ob die Chancen und Risiken der künftigen Entwicklung zutreffend dargestellt sind. [3]**Die Angaben nach § 289a sind nicht in die Prüfung einzubeziehen.**

(3) [1]Der Abschlußprüfer des Konzernabschlusses hat auch die im Konzernabschluß zusammengefaßten Jahresabschlüsse, insbesondere die konsolidierungsbedingten Anpassungen, in entsprechender Anwendung des Absatzes 1 zu prüfen. [2]**Sind diese Jahresabschlüsse von einem anderen Abschlussprüfer geprüft worden, hat der Konzernabschlussprüfer dessen Arbeit zu überprüfen und dies zu dokumentieren.**

4) Bei einer börsennotierten Aktiengesellschaft ist außerdem im Rahmen der Prüfung zu beurteilen, ob der Vorstand die ihm nach § 91 Abs. 2 des Aktiengesetzes obliegenden Maßnahmen in einer geeigneten Form getroffen hat und ob das danach einzurichtende Überwachungssystem seine Aufgaben erfüllen kann

(5) **Bei der Durchführung einer Prüfung hat der Abschlussprüfer die internationalen Prüfungsstandards anzuwenden, die von der Europäischen Kommission in dem Verfahren nach Artikel 26 Abs. 1 der Richtlinie 2006/43/EG des Europäischen Parlaments und des Rates vom 17. Mai 2006 über Abschlussprüfungen von Jahresabschlüssen und konsolidierten Abschlüssen, zur Änderung der Richtlinien 78/660/EWG und 83/349/EWG des Rates und zur Aufhebung der Richtlinie 84/253/EWG des Rates (ABl. EU Nr. L 157 S. 87) angenommen worden sind.**

(6) **Das Bundesministerium der Justiz wird ermächtigt, im Einvernehmen mit dem Bundesministerium für Wirtschaft und Technologie durch Rechtsverordnung, die nicht der Zustimmung des Bundesrates bedarf, zusätzlich zu den bei der Durchführung der Abschlussprüfung nach Absatz 5 anzuwendenden internationalen Prüfungsstandards weitere Abschlussprüfungsanforderungen oder die Nichtanwendung von Teilen der internationalen Prüfungsstandards vorzuschrei-**

ben, wenn dies durch den Umfang der Abschlussprüfung bedingt ist und den in den Absätzen 1 bis 4 genannten Prüfungszielen dient.

Inhaltsverzeichnis Tz.

I. Grundlagen .... 1 – 4
II. Prüfungsgegenstand und -umfang
    1. Zusätzliche Rechnungslegungsbestandteile und erweiterte
       Angabepflichten .... 5 – 10
    2. Angaben zur Unternehmensführung (Abs. 2 Satz 3) .... 11 – 16
    3. Internationale Prüfungsstandards (Abs. 5 und 6) .... 17 – 32
    4. Konzernabschlussprüfung (Abs. 3 Satz 2) .... 33 – 37
III. Erstanwendungszeitpunkte 38

I. Grundlagen

1 Änderungen der für die Abschlussprüfung maßgeblichen Vorschriften ergeben sich aus der Umsetzung der R 2006/43/EG des Europäischen Parlaments und des Rates vom 17. Mai 2006 (**Abschlussprüferrichtlinie**)[1] sowie der R 2006/46/EG des Europäischen Parlaments und des Rates vom 14. Juni 2006 (Bilanz-R idF der Abänderungs-R)[2] in deutsches Recht. Die Änderungen betreffen gesetzliche Abschlussprüfungen sowie freiwillige Abschlussprüfungen, die aufgrund vertraglicher Vereinbarung nach §§ 317 ff. HGB durchgeführt werden.

2 Als wesentliche Änderung ist insb. die Einführung des § 317 Abs. 5 HGB zu nennen, durch den **internationale Prüfungsstandards** direkt bei der Durchführung von Abschlussprüfungen zu beachten sind. Weiterhin werden durch die neu eingeführten § 318 Abs. 8 HGB sowie § 320 Abs. 4 HGB sowohl die Pflichten des AP als auch der geprüften Gesellschaft im Falle eines **Prüferwechsels** erhöht.

3 Darüber hinaus haben die durch das BilMoG eingeführten **Änderungen der Rechnungslegungsvorschriften** zwangsläufig Auswirkungen auf Gegenstand und Umfang der Abschlussprüfung.

4 Hinsichtlich der Änderungen der für **Kreditinstitute** und **Versicherungen** bedeutsamen §§ 340k und 341k HGB wird auf Abschn. V Tz. 155 ff. und 227 ff. verwiesen.

II. Prüfungsgegenstand und -umfang

1. Zusätzliche Rechnungslegungsbestandteile und erweiterte Angabepflichten

5 Jahres- und KA sowie Lagebericht und Konzernlagebericht als Gegenstand der Abschlussprüfung bleiben durch das BilMoG grds. unangetastet. Mit der Erweiterung der in einen JA aufzunehmenden Rechnungslegungsbestandteile (**Kapitalflussrechnung, Eigenkapitalspiegel**) nach § 264 Abs. 1 Satz 2 HGB (vgl. hierzu Abschn. K Tz. 1 ff.) im Falle von kapitalmarktorientierten Kapitalgesellschaften iSd. § 264d HGB, die nicht zur Aufstellung eines KA verpflichtet sind, und mit der Ausdehnung der Berichtspflichten in (**Konzern-) Anhang** (§§ 285, 314 HGB) und (**Konzern-) Lagebericht** (§§ 289, 315 HGB) (vgl. hierzu Abschn. O und R) geht eine Erweiterung des

---

1 Vgl. ABl. EU v. 9.6.2006, L 157, S. 87 ff.
2 Vgl. ABl. EU v. 16.8.2006, L 224, S. 4 ff.

Prüfungsgegenstandes und -umfanges einher, da grds. alle Pflichtangaben in JA bzw. KA sowie Lagebericht bzw. Konzernlagebericht zu prüfen sind[3].

Durch § 289 Abs. 5 HGB bzw. § 315 Abs. 2 Nr. 5 HGB wird die Verpflichtung für Kapitalgesellschaften iSd. § 264d HGB eingeführt, im Lagebericht bzw. Konzernlagebericht die wesentlichen Merkmale des **rechnungslegungsbezogenen internen Kontroll- und Risikomanagementsystems** zu beschreiben (vgl. hierzu Abschn. O Tz. 284 ff. und Abschn. R Tz. 87 ff.). Die Beschreibung umfasst die Strukturen und Prozesse[4] und somit den Aufbau des Kontroll- und Risikomanagementsystems und ist als Pflichtbestandteil des Lageberichts zu prüfen. Nach §§ 317 Abs. 2, 321, 322 Abs. 6 HGB hat der AP im Rahmen der Prüfung des Lageberichts ua. zu beurteilen, ob die Beschreibung des rechnungslegungsbezogenen internen Kontroll- und Risikomanagementsystems in Einklang mit dem JA bzw. KA sowie mit den bei der Prüfung gewonnenen Erkenntnissen steht. 6

Darüber hinaus hat der AP zu beurteilen, ob der (Konzern-)Lagebericht insgesamt ein **zutreffendes Bild** von der Lage der Gesellschaft oder des Konzerns vermittelt. Nach IDW PS 350 Tz. 20 sind hierfür auch Informationen, die zwar nicht unmittelbar die Vermögens-, Finanz- und Ertragslage betreffen, jedoch für die Gesamtsituation des Unternehmens wesentlich sind, zu berücksichtigen. Hierzu zählt auch die Beschreibung des rechnungslegungsbezogenen internen Kontroll- und Risikomanagementsystems, nicht zuletzt aufgrund der ausdrücklichen Verpflichtung des § 289 Abs. 5 HGB bzw. § 315 Abs. 2 Nr. 5 HGB. Da der AP nach IDW PS 261 Tz. 18 für relevante Kontrollmaßnahmen bereits im Rahmen der Prüfung des JA bzw. KA eine umfassende Aufbauprüfung des rechnungslegungsbezogenen internen Kontrollsystems durchzuführen hat, ist zu erwarten, dass der AP für die oben dargestellten Beurteilungen im Wesentlichen auf seine im Rahmen der Prüfung des JA bzw. KA gewonnenen Erkenntnisse zurückgreifen kann. 7

Fraglich ist, in welchem Umfang der AP Prüfungshandlungen vornehmen muss, wenn in der Beschreibung des rechnungslegungsbezogenen internen Kontroll- und Risikomanagementsystems **freiwillig Aussagen** über dessen **Wirksamkeit** gemacht werden[5]. Im Rahmen der Einklangprüfung kann der AP die Erkenntnisse aus der Prüfung des JA bzw. KA heranzuziehen, soweit er nach IDW PS 261 Tz. 72 Funktionsprüfungen durchgeführt hat. Im Falle börsennotierter AG kann der AP auch auf seine Erkenntnisse aus der pflichtgemäßen[6] Prüfung der Wirksamkeit des Risikofrüherkennungssystems, welches Teil des Risikomanagementsystems ist[7], zurückgreifen. 8

Für die Teile des rechnungslegungsbezogenen internen Kontroll- und Risikomanagementsystems, für die **keine Funktionsprüfungen** durchgeführt wurden, über deren Wirksamkeit jedoch Aussagen im (Konzern-)Lagebericht enthalten sind, hat der AP im Rahmen der Beurteilung, ob der (Konzern-)Lagebericht ein zutreffendes Bild von der Lage des Unternehmens bzw. des Konzerns vermittelt, zusätzliche Prüfungshandlungen durchzuführen. Nach IDW PS 350 Tz. 20 hat sich der AP im Rahmen der Prüfung einen Eindruck davon zu verschaffen, ob die Quellen, aus denen die Aussagen zur Wirksamkeit des internen Kontroll- und Risikomanagementsystems stammen, glaubhaft sind. Dabei ist zu beurteilen, ob angemessene organisatorische Vorkehrungen ge- 9

---

3   Vgl. ADS^6, § 284 HGB Tz. 30 ff., § 289 HGB Tz. 10, 88.
4   Vgl. Begr. RegE, BT-Drucks. 16/10067, S. 76.
5   Nach der Gesetzesbegr. zum RegE (Begr. RegE, BT-Drucks. 16/10067, S. 76) sind Ausführungen zur Wirksamkeit nicht erforderlich.
6   Vgl. § 317 Abs. 4 HGB iVm. IDW PS 340 Tz. 19 und 31.
7   Vgl. IDW PS 340 Tz. 5.

troffen wurden, um die Zuverlässigkeit der Datenerfassung und -aufbereitung zu gewährleisten. Dies bedeutet aber nicht, dass eine umfassende, mit den Anforderungen der *Section* 404 des US-amerikanischen *Sarbanes-Oxley Act of 2002* vergleichbare Prüfung der Wirksamkeit des internen Kontroll- und Risikomanagementsystems erforderlich ist, auch wenn Aussagen hierüber in den Lagebericht aufgenommen werden.

10 Um freiwillige Informationen handelt es sich auch bei **Vorjahreszahlen**, die an die durch das BilMoG geänderten Rechnungslegungsmethoden angepasst wurden und zusätzlich zu den Vorjahreszahlen iSd. § 265 Abs. 2 Satz 1 HGB im JA angegeben werden[8]. In diesem Fall sind im Anhang Erl. nach § 265 Abs. 2 Satz 3 HGB vorzunehmen. Bei der Prüfung der Vorjahreszahlen sowie der Erl. ist zu beurteilen, ob angemessene Anpassungen der im JA des vorangegangenen GJ enthaltenen Angaben vorgenommen und entsprechend dargestellt wurden (vgl. Abschn. W Tz. 18)[9].

2. Angaben zur Unternehmensführung (Abs. 2 Satz 3)

11 Nach § 289a HGB ist in den Lagebericht eine sog. **Erklärung zur Unternehmensführung** aufzunehmen, welche nach § 289a Abs. 2 HGB die Erklärung nach § 161 AktG, relevante Angaben zu Unternehmenspraktiken und eine Beschreibung der Arbeitsweise von Vorstand und Aufsichtsrat sowie der Zusammensetzung und Arbeitsweise von deren Ausschüssen umfasst (vgl. Abschn. P Tz. 45 ff.). Nach § 289a Abs. 1 HGB haben die zur Angabe verpflichteten Unternehmen ein Wahlrecht[10], die Angaben in einen gesonderten Abschn. des Lageberichts in Form einer Erklärung zur Unternehmensführung (Gestaltungsmöglichkeit 1) aufzunehmen oder im Internet – entweder in einem gesonderten Dokument (Gestaltungsmöglichkeit 2) oder in einer nicht geschlossenen Form (Gestaltungsmöglichkeit 3) – unter Aufnahme eines Hinweises im Lagebericht öffentlich zugänglich zu machen (vgl. Abschn. P Tz. 12 ff.).

12 Nach § 317 Abs. 2 Satz 3 HGB[11] sind diese Angaben zur Unternehmensführung ausdrücklich nicht in die Prüfung einzubeziehen. Dies stellt eine Ausnahme von der Prüfungspflicht aller Pflichtangaben in JA und Lagebericht dar. Aus dem Wortlaut des § 317 Abs. 2 Satz 3 HGB geht nicht eindeutig hervor, ob die **Ausnahme von der Pflicht zur Prüfung** umfassend zu verstehen ist oder ob die Norm darauf abzielt, den AP nur von der inhaltlichen Überprüfung der Angaben zur Unternehmensführung zu befreien, ihn aber weiterhin verpflichtet zu prüfen, ob die vorgeschriebenen Angaben im Lagebericht enthalten oder im Internet zugänglich sind. Art. 46a Abs. 2 Satz 4 der Bilanz-R idF der Abänderungs-R verlangt, dass der AP nachzuprüfen hat, ob die Erklärung zur Unternehmensführung erstellt worden ist.

13 Bei richtlinienkonformer Auslegung des § 317 Abs. 2 Satz 3 HGB ergeben sich für den AP demnach folgende Pflichten: Sofern die Erklärung zur Unternehmensführung in den **Lagebericht** aufgenommen wird (Gestaltungsmöglichkeit 1), hat der AP zu beurteilen, ob der Lagebericht die nach § 289a Abs. 2 HGB geforderten Pflichtbestandteile enthält und ob diese in einem gesonderten Abschnitt zusammengefasst und somit klar von den zu prüfenden Informationen abgegrenzt sind (vgl. Abschn. P Tz. 37).

14 Sofern die Angaben zur Unternehmensführung nicht im Lagebericht, sondern im **Internet** zur Verfügung gestellt werden (Gestaltungsmöglichkeiten 2 und 3), ist das Vor-

---

8   Eine Pflicht zur Anpassung der Vorjahreszahlen besteht nach Art. 67 Abs. 8 Satz 2 EGHGB nicht.
9   Vgl. IDW PS 318 Tz. 16.
10 Vgl. Begr. RegE, BT-Drucks. 16/10067, S. 77.
11 Grundlage hierfür ist Art. 46a Abs. 2 Satz 3 der Bilanz-R idF der Abänderungs-R, der eine Prüfungspflicht nur für die Angaben nach Art. 46a Abs. 1 lit. c und d verbindlich vorschreibt.

handensein des nach § 289a Abs. 1 Satz 3 bzw. Abs. 2 Nr. 3 zweiter Halbsatz HGB erforderlichen Hinweises im Lagebericht zu überprüfen[12]. Fraglich ist, ob im Falle eines in den Lagebericht aufgenommenen Verweises auf das Internet (Gestaltungsmöglichkeiten 2 und 3) neben dessen Vorhandensein auch festzustellen ist, ob die nach § 289a HGB erforderlichen Pflichtbestandteile im Internet zugänglich und vollständig sind. Vor dem Hintergrund der Regelung des Art. 46a Abs. 2 Satz 4 der Bilanz-R idF der Abänderungs-R erscheint es sachgerecht, die Vollständigkeit der Erklärung zur Unternehmensführung auch bei Platzierung der Angaben außerhalb des Lageberichts zu überprüfen. Im Rahmen der Abschlussprüfung hat der AP ebenfalls festzustellen, ob die aktuelle Erklärung im Internet öffentlich zugänglich ist. Zu den Auswirkungen auf die Berichterstattung des AP vgl. Tz. 54 ff.

Obwohl von der inhaltlichen Prüfung ausgenommen, bleibt zu klären, ob der AP die Erklärung zur Unternehmensführung als Teil des Lageberichts wenigstens **kritisch** zu **lesen** hat[13]. Die in den Lagebericht aufgenommenen Angaben zur Unternehmensführung sind zwar Bestandteil des Lageberichts und würden somit nicht unter die Definition von zusätzlichen Informationen iSd IDW PS 202 Tz. 1 fallen. Da die Angaben zur Unternehmensführung jedoch nach § 317 Abs. 2 Satz 3 HGB nicht Gegenstand der Abschlussprüfung sind, sind sie dennoch als zusätzliche Informationen anzusehen[14] und daher nach den Grundsätzen des IDW PS 202 Tz. 6 ff. im Hinblick auf Unstimmigkeiten im Vergleich zu den geprüften Informationen in JA und Lagebericht kritisch zu lesen (vgl. Abschn. P Tz. 40 f.). Angaben zur Unternehmensführung, die im Internet zugänglich gemacht werden und auf die im Lagebericht verwiesen wird, werden nicht zusammen mit JA und Lagebericht veröffentlicht. Eine Pflicht zum kritischen Lesen dieser Informationen nach IDW PS 202 existiert somit nicht (vgl. Abschn. P Tz. 42). 15

Fraglich ist weiterhin, ob Angaben zur Unternehmensführung, die in den Lagebericht aufgenommen werden, dort mit einem Hinweis versehen werden müssen, dass sie nicht Gegenstand der Abschlussprüfung sind (**Kennzeichnung als ungeprüft**). Eine solche Kennzeichnung als ungeprüft kann nicht verlangt werden, da § 317 Abs. 2 Satz 3 HGB insoweit eine klare Regelung enthält, deren Kenntnis im deutschen Rechtsraum vorausgesetzt werden kann. Andererseits ist ein Hinweis auf die fehlende Prüfungspflicht – etwa als Fußnote – nicht unzulässig. Die Vorgehensweise der Kennzeichnung gesetzlicher Pflichtangaben als ungeprüft ist dabei nur auf den Ausnahmefall des § 317 Abs. 2 Satz 3 HGB beschränkt. 16

3. Internationale Prüfungsstandards (Abs. 5 und 6)

Bei der Durchführung gesetzlicher Abschlussprüfungen sowie freiwilliger Abschlussprüfungen, die aufgrund vertraglicher Vereinbarung nach §§ 317 ff. HGB durchgeführt werden, sind nach dem neu eingefügten § 317 Abs. 5 HGB[15] vom AP die internationalen Prüfungsstandards zu beachten, die von der Europäischen Kommission im sog. Komitologieverfahren angenommen worden sind. Bei den **internationalen Prüfungsstandards** handelt es sich um die *International Standards on Auditing (ISA)* und damit zusammenhängende Stellungnahmen und Standards, soweit sie für die Abschlussprü- 17

---

12 Ähnlich IDW Entw. zur Änderung von IDW Prüfungsstandards aufgrund des Bilanzrechtsmodernisierungsgesetzes (BilMoG) vom 29.04.2009 zu IDW PS 350.
13 Vgl. IDW PS 202 Tz. 7.
14 So auch IDW Entw. zur Änderung von IDW Prüfungsstandards aufgrund des Bilanzrechtsmodernisierungsgesetzes (BilMoG) vom 29.04.2009 zu IDW PS 202 und zu IDW PS 350.
15 Dieser setzt Art. 26 Abs. 1 Satz 1 der AP-R um.

fung relevant sind[16]. Während die gesetzlichen Anforderungen an den Umfang der Abschlussprüfung bisher durch die berufsständischen Verlautbarungen des IDW konkretisiert wurden, wird durch § 317 Abs. 5 HGB eine gesetzliche Pflicht zur Beachtung detaillierter Prüfungsstandards implementiert. Bislang waren die ISA im Rahmen gesetzlicher Abschlussprüfungen insoweit von Bedeutung, als diese bei der Erstellung der Prüfungsstandards des IDW (IDW PS) berücksichtigt wurden. Offen ist derzeit, ob die EU-Kommission neben den Zielen und Anforderungen eines ISA auch die darin enthaltenen Anwendungshinweise und sonstigen Erl. in gleicher Weise annehmen wird[17]. Obwohl die Anwendungshinweise und sonstigen Erl. Bestandteile eines ISA sind, wird auf EU-Ebene darüber diskutiert, diesen zur Vermeidung von Unklarheiten über die verpflichtenden Teile eines ISA einen besonderen Status einzuräumen[18].

18   Neben den ISA gehören zu den internationalen Prüfungsstandards nach Art. 2 Nr. 11 der AP-R auch damit zusammenhängende Stellungnahmen und Standards, soweit sie für die Abschlussprüfung relevant sind. Hierunter fallen die vom IAASB entwickelten *International Auditing Practice Statements (IAPS)*. Die ebenfalls vom IAASB entwickelten *International Standards on Review Engagements (ISRE)* und *International Standards on Assurance Engagements (ISAE)* sind umfassende Standards zur Durchführung von Aufträgen, die keine Abschlussprüfungen darstellen, und daher für Abschlussprüfungen nicht relevant.

19   Fraglich ist, ob auch übergeordnete Verlautbarungen des IAASB oder der IFAC, wie der **IFAC** *Code of Ethics*, die *International Standards on Quality Control (ISQC)* oder das *International Framework for Assurance Engagements,* als mit den ISA zusammenhängende Stellungnahmen und Standards zu betrachten sind und damit zu den internationalen Prüfungsstandards zählen, die im Falle der Übernahme durch die EU bei Abschlussprüfungen zu beachten wären[19].

20   Der *Code of Ethics* der IFAC legt die von WP (*professional accountants*[20]) im Rahmen ihrer Berufsausübung zu beachtenden Berufsgrundsätze fest. Der *International Standard on Quality Control 1* (ISQC1) „*Quality Control for Firms that Perform Audits and Reviews of Historical Financial Information, and Other Assurance and Related Services Engagements*" regelt die Pflichten von WP in Bezug auf ihr internes Qualitätssicherungssystem für Abschlussprüfungen, prüferische Durchsichten und andere Dienstleistungen und ist bei der Durchführung einer Abschlussprüfung nach den ISA zu beachten[21].

21   Das *International Framework for Assurance Engagements* legt keine Standards oder Anforderungen fest, definiert und beschreibt jedoch die Elemente und Ziele von *assurance engagements* – hierunter fallen auch Abschlussprüfungen – und identifiziert Aufträge, für die ISA, ISRE und ISAE Anwendung finden.

---

16   Vgl. Art. 2 Nr. 11 der AP-R.
17   Die Bestandteile „Ziele", „Anforderungen" sowie „Anwendungshinweise und sonstige Erläuterungen" sind in allen im Rahmen des „*Clarity Project*" (vgl. Tz. 24) überarbeiteten ISA enthalten.
18   Vgl. Konsultationspapier „*Consultation on the adoption of International Standards on Auditing*" der EU-Generaldirektion Binnenmarkt und Dienstleistungen, Juli 2009.
19   Vgl. IFAC *Handbook of International Standards on Auditing and Quality Control – 2009 edition*, Preface to the International Standards on Quality Control, Auditing, Review, Other Assurance and Related Services, Tz. 3 ff.
20   Vgl. IFAC *Code of Ethics*, Abschn. „Definitions".
21   Vgl. IFAC *Handbook of International Standards on Auditing and Quality Control – 2009 edition*, Preface to the International Standards on Quality Control, Auditing, Review, Other Assurance and Related Services, Tz. 9.

§ 317 HGB   Abschlussprüfung   S

Da die oben genannten Verlautbarungen (IFAC *Code of Ethics*, ISQC 1, *International Framework for Assurance Engagements*) ua. den Rahmen für Abschlussprüfungen setzen und zT konkrete **Anforderungen an die Durchführung von Abschlussprüfungen** stellen, hängen diese unmittelbar mit den ISA zusammen und fallen damit unter den Begriff „Internationale Prüfungsstandards" nach § 317 Abs. 5 HGB. Ob die EU-Kommission diese Prüfungsstandards übernehmen wird, ist zumindest für den IFAC *Code of Ethics* und ISQC 1 fraglich, da in der AP-R die Gesetzgebungskompetenz für die dort geregelten Bereiche ausdrücklich den Mitgliedstaaten zugeordnet wurde[22]. 22

Durch § 317 Abs. 5 HGB sind die internationalen Prüfungsstandards unmittelbar bei der Durchführung gesetzlicher Abschlussprüfungen zu beachten, soweit sie **von der EU-Kommission angenommen** sind und im EU-Amtsblatt eine verbindliche Übersetzung in der jeweiligen Amtssprache veröffentlicht worden ist[23]. Die Annahme (scg. „*adoption*") der ISA durch die EU-Kommission erfolgt per Komitologieverfahren. Bei dem Komitologieverfahren handelt es sich um ein Ausschussverfahren in Form des Regelungsverfahrens mit Kontrolle[24]. Wie dieses konkret ausgestaltet sein wird, ist derzeit noch offen. Nach Art. 26 Abs. 2 der AP-R nimmt die EU-Kommission internationale Prüfungsstandards zur Anwendung in der Gemeinschaft nur an, wenn sie in einem einwandfreien Verfahren mit angemessener öffentlicher Aufsicht und Transparenz erstellt wurden und international allg. anerkannt sind, beim JA und beim KA zu einem hohen Maß an Glaubwürdigkeit und Qualität beitragen und dem europäischen Gemeinwohl dienen. 23

Der **Zeitpunkt der Annahme** der einzelnen ISA durch die EU ist derzeit noch offen. Als eine Voraussetzung für die Annahme der ISA wurde von der EU-Kommission der Abschluss des vom IAASB durchgeführten „*Clarity Project*", im Rahmen dessen die Verständlichkeit der ISA erhöht und dabei insb. der Verbindlichkeitsgrad einzelner Regelungen klargestellt werden soll, genannt[25]. Das „*Clarity Project*" wurde am 27. Februar 2009 abgeschlossen. Sämtliche im Rahmen des Projekts überarbeiteten ISA sind für GJ anzuwenden, die am oder nach dem 15. Dezember 2009 beginnen[26]. Eine Anwendung der ISA als internationale Prüfungsstandards nach § 317 Abs. 5 HGB wird daher voraussichtlich frühestens für das GJ 2010 verpflichtend sein. 24

Inwieweit sich Gegenstand und Umfang der Abschlussprüfung in Zukunft verändern wird, hängt neben der Frage, welche einzelnen ISA von der EU angenommen werden, davon ab, inwieweit die im Rahmen des „*Clarity Project*" überarbeiteten ISA von den Regelungen der derzeit gültigen **Prüfungsstandards des IDW** (IDW PS) abweichen. Da, wie in Tz. 17 dargestellt, die ISA in der derzeit gültigen Fassung bei der Erstellung der IDW PS berücksichtigt wurden, bestehen momentan keine grundlegenden Abweichungen. Einzelne Abweichungen der IDW PS von den ISA, die ua. auf rechtliche Besonderheiten in Deutschland zurückgehen (zB Prüfungsbericht nach § 321 HGB, Lagebericht nach § 289 HGB, Erklärung nach § 161 AktG), werden am Ende eines jeden IDW PS dargestellt. Änderungen des Prüfungsumfangs, die sich aus überarbeiteten und noch nicht in IDW PS berücksichtigten ISA ergeben, zeichnen sich bspw. im Bereich der KAP (vgl. Tz. 36) ab. 25

---

22 Vgl. Art. 21 ff., 29, 42 und 43 der AP-R.
23 Vgl. *WPH*[13], Bd. I, Q Tz. 705.
24 Vgl. Begr. RegE, BT-Drucks. 16/10067, S. 87.
25 Vgl. Rede des EU-Kommissars für Binnenmarkt Charlie McCreevy vom 19. Dezember 2007, SPEECH/07/835.
26 Vgl. Pressemitteilung der IFAC „IAASB Completes Clarity Project; New Web Page Features Full Suite of Standards and Resources" vom 3. März 2009.

26 Weiterhin werden in ISA 260 (*rev. and redrafted*) **zusätzliche Anforderungen an die Kommunikation** mit den für die Unternehmensüberwachung verantwortlichen Personen (*those charged with governance*) gestellt, die nicht durch die Regelungen zum Prüfungsbericht (§ 321 HGB, IDW PS 450) oder zur mündlichen Berichterstattung an den Aufsichtsrat (§ 171 AktG, IDW PS 470) abgedeckt werden. Nach ISA 260 Tz. A20 kann die Berichterstattung über korrigierte wesentliche falsche Angaben, die im Laufe der Prüfung vom AP festgestellt und als wesentlich eingestuft wurden, erforderlich sein. Weiterhin wird in ISA 260 Tz. 21 eine zeitnahe Kommunikation berichterstattungspflichtiger Sachverhalte gefordert[27]. Daneben ist auch im Einzelfall zu beurteilen, ob die nach deutschen Grundsätzen ordnungsmäßiger Abschlussprüfung vorgesehenen Adressaten der Berichterstattung[28] vollständig die Definition des ISA 260 für *those charged with governance*[29] abdecken. Hierbei ist auch zu berücksichtigen, ob eine Kontaktaufnahme mit diesen Personen vor dem Hintergrund gesellschaftsrechtlicher oder sonstiger Regelungen (zB Verschwiegenheitspflichten) zulässig ist.

27 Fraglich ist, in welchem Verhältnis die von der EU angenommenen internationalen Prüfungsstandards zu **gesetzlichen Regelungen in Deutschland**, bspw. des HGB, des AktG oder der WPO, stehen, wenn sich der Anwendungsbereich dieser Regelungen überschneidet. Nach Art. 26 Abs. 1 Satz 2 der AP-R können die Mitgliedstaaten einen nationalen Prüfungsstandard so lange anwenden, wie die EU-Kommission keinen internationalen Prüfungsstandard, der für denselben Bereich gilt, angenommen hat. Hieraus kann geschlossen werden, dass der deutsche Gesetzgeber nach Annahme der internationalen Prüfungsstandards durch die EU verpflichtet ist, die entsprechenden gesetzlichen Regelungen außer Kraft zu setzen[30]. In der Gesetzesbegr.[31] wird angeführt, dass die Regelung des Art. 26 Abs. 1 Satz 2 der AP-R in Deutschland keinen Anwendungsbereich hat, da bisher keine gesetzlich niedergelegten nationalen, sondern nur vom deutschen Berufsstand sich selbst auferlegte Prüfungsstandards existieren.

28 Allerdings können auch bestimmte gesetzliche Regelungen als **nationale Prüfungsstandards** angesehen werden, sofern diese die Durchführung der Abschlussprüfung betreffen. Bspw. regeln die §§ 321, 322 HGB den Inhalt der schriftlichen Berichterstattung des AP als Teil der Abschlussprüfung. Sofern nach Annahme der internationalen Prüfungsstandards eine Anpassung des Gesetzes noch nicht erfolgt ist, ist fraglich, welche Regelungen beachtet werden müssen. Für den Fall, dass sich die Regelungen der internationalen Prüfungsstandards und die deutschen gesetzlichen Regelungen nicht widersprechen, sind sämtliche Anforderungen vollständig zu erfüllen.

29 Durch den **Prüfungsbericht** nach § 321 HGB werden zusammen mit der mündlichen Berichterstattung an den Aufsichtsrat die Anforderungen an die Kommunikation an die Aufsichts- und Führungsorgane nach dem *International Standard on Auditing* 260 abgedeckt[32]. ISA 260 schreibt grds. keine bestimmte Form der Berichterstattung vor[33], wohingegen § 321 Abs. 1 Satz 1 HGB die Schriftform sowie nach § 321 Abs. 5 HGB die Unterschrift des WP vorsieht. Weiterhin fordert § 321 HGB die Berichterstattung in geschlossener Form, also als einen Bericht. Diese Formerfordernisse sind in ISA 260 zwar nicht ausdrücklich geregelt. Einen Widerspruch zu ISA 260 stellen diese

---

27 Vgl. hierzu auch IDW PS 450 Tz. 18.
28 Vgl. § 321 Abs. 5 HGB IDW PS 450 Tz. 1, IDW PS 470 Tz. 1.
29 Vgl. insb. ISA 260 Tz. 10.
30 So auch IDW in der Stellungnahme zum Referentenentw. eines Gesetzes zur Modernisierung des Bilanzrechts (Bilanzrechtsmodernisierungsgesetz – BilMoG), FN-IDW 2008, S. 20.
31 Vgl. Begr. RegE, BT-Drucks. 16/10067, S. 87.
32 Vgl. IDW PS 450 Tz. 153.
33 Vgl. ISA 260 Tz. 19 f.

Anforderungen jedoch nicht dar, da die Schriftform bei der Berichterstattung schon aus Dokumentationszwecken geboten scheint und die Regelungen des § 321 HGB daher als Konkretisierungen des ISA 260 anzusehen sind[34]. Inhaltlich werden durch § 321 HGB keine zusätzlichen Anforderungen an die Kommunikation mit dem Aufsichtsorgan gestellt. Somit ist eine parallele Anwendung des § 321 HGB und des ISA 260 auch nach Übernahme des ISA 260 durch die EU erforderlich.

Fraglich ist weiterhin, in welchem Verhältnis die internationalen Prüfungsstandards zu den **Prüfungsstandards des Instituts der Wirtschaftsprüfer** als deutschen berufsständischen Prüfungsstandards stehen. Sofern eine Annahme einzelner internationaler Prüfungsstandards noch aussteht oder die internationalen Prüfungsstandards für bestimmte Bereiche der Abschlussprüfung, die auf nationale Besonderheiten (zB Prüfung des Risikofrüherkennungssystems gem. § 91 Abs. 2 AktG nach IDW PS 340) zurückgehen, keine Regelung enthalten, wird weiterhin die bisherige berufsständische Regelung zu beachten sein[35]. Somit ist neben der Beachtung der internationalen Prüfungsstandards nach § 317 Abs. 5 HGB eine ergänzende Beachtung der vom IDW festgestellten deutschen Prüfungsstandards erforderlich. Vgl. zur Darstellung im BV Tz. 60 ff. Ist für einen Bereich ein internationaler Prüfungsstandard von der EU angenommen worden, muss vom AP aufgrund der gesetzlichen Bindungswirkung der internationalen Prüfungsstandards nach § 317 Abs. 5 HGB der entsprechende IDW PS nicht mehr beachtet werden. Eine Ausnahme bilden diejenigen Regelungen eines IDW PS, die sich mit nationalen, deutschen Anforderungen beschäftigen.

30

Durch den neu eingeführten § 317 Abs. 6 HGB[36] wird das **BMJ** ermächtigt, durch Rechtsverordnung zusätzlich zu den bei der Durchführung der Abschlussprüfung nach § 317 Abs. 5 HGB anzuwendenden internationalen Prüfungsstandards **weitere Abschlussprüfungsanforderungen** oder die **Nichtanwendung** von Teilen der internationalen Prüfungsstandards vorzuschreiben, wenn dies durch den Umfang der Abschlussprüfung bedingt ist und den in § 317 Abs. 1 bis 4 HGB genannten Prüfungszielen dient. Nach Inkrafttreten des BilMoG kann nicht nur das BMJ per Rechtsverordnung, sondern auch der Gesetzgeber weiterhin zusätzliche Prüfungsanforderungen stellen.

31

Fraglich ist, was unter dem Begriff „Abschlussprüfungsanforderungen" zu verstehen ist. Erwägungsgrund 13 sowie Art. 26 Abs. 3 der AP-R unterscheiden Prüfungsanforderungen (*requirements*) von Prüfungsverfahren (*procedures*[37]) Unter **Prüfungsverfahren** sind sowohl einzelne Prüfungshandlungen als auch Prüfungsmethodiken zu verstehen. Der Gesetzgeber verzichtet darauf, den Ermächtigungsbereich des § 317 Abs. 6 HGB auf Prüfungsverfahren zu erstrecken mit der Begr., dass dies vom Berufsstand der WP geregelt werden soll[38]. Was unter **Prüfungsanforderungen** zu verstehen ist, erscheint unklar. Die in der AP-R zum Ausdruck gebrachte Absicht der EU scheint zu sein, den nationalen Gesetzgebern die Möglichkeit zu eröffnen, den Gegenstand der Abschlussprüfung und die darauf bezogene Berichterstattung auszuweiten.

32

4. Konzernabschlussprüfung (Abs. 3 Satz 2)

§ 317 Abs. 3 HGB legt den Umfang einer KAP fest. Der unveränderte Satz 1 des § 317 Abs. 3 HGB verdeutlicht, dass eine KAP nicht lediglich den Vorgang der Zusammen-

33

---

34 Vgl. § 51b WPO, IDW PS 460 Tz. 8 ff., ISA 230 Tz. 9 ff.
35 Ähnlich Begr. RegE, BT-Drucks. 16/10067, S. 87.
36 Dieser setzt Art. 26 Abs. 3 der AP-R um.
37 Vgl. englische Fassung der AP-R.
38 Vgl. Begr. RegE, BT-Drucks. 16/10067, S. 88.

fassung der in den KA einbezogenen Abschlüsse umfasst, sondern dass sich der Konzern-AP auch hinreichende Sicherheit über die einbezogenen Abschlüsse selbst verschaffen muss. Zielsetzung der KAP ist, ein **eigenverantwortliches Prüfungsurteil** zum KA als Ganzes abgeben zu können[39]. Dies gilt unabhängig davon, ob einzelne in den KA einbezogene Abschlüsse durch andere AP geprüft wurden oder nicht. Eine Aufteilung der Verantwortung für das Prüfungsurteil zum KA (sog. *„division of responsibility"*) ist nach wie vor nicht zulässig[40].

34 Änderungen ergeben sich bei den vom Konzern-AP zu erfüllenden **gesetzlichen** Anforderungen, um im Falle der **Prüfung** von in den KA einbezogenen Abschlüssen **durch andere Abschlussprüfer** ein eigenverantwortliches Prüfungsurteil zum KA abgeben zu können. Während der Konzern-AP bisher nach dem Gesetzeswortlaut lediglich die Einhaltung der gesetzlichen Voraussetzungen für die Übernahme der Prüfungsergebnisse des anderen AP prüfen musste (IDW PS 320 Tz. 28), regelt § 317 Abs. 3 Satz 2 HGB nun, dass der Konzern-AP in jedem Falle die Arbeit des anderen AP zu überprüfen und dies zu dokumentieren hat. Hierdurch soll bezweckt werden, die Qualität der KAP zu verbessern[41].

35 Bei der Beurteilung der Auswirkungen dieser Gesetzesänderung muss aber berücksichtigt werden, dass die **berufsständischen Verlautbarungen** bereits vor der Gesetzesänderung (IDW PS 320, insb. Tz. 29 f.) **über die gesetzlichen Anforderungen hinausgingen**. So hat der Konzern-AP nach IDW PS 320 Tz. 12 vor der Auftragsannahme sicherzustellen, dass die eigene Befassung mit der Prüfung ausreichen wird, um aufgrund eigener Erkenntnismöglichkeiten zu einem eigenverantwortlichen Urteil zu gelangen. Außerdem werden dem Konzern-AP durch IDW PS 320 Tz. 14 ff. Kommunikations- und Koordinationsverpflichtungen auferlegt. Darüber hinaus hat der Konzern-AP nach IDW PS 320 Tz. 22 ff. zusätzliche Prüfungshandlungen zur Beurteilung der Qualität der Arbeit des anderen AP vorzunehmen und nach IDW PS 320 Tz. 25 ff. dessen Prüfungsfeststellungen zu würdigen. Dies kann in der Praxis zur Folge haben, dass sich der Umfang einer KAP im Falle der Prüfung von in den KA einbezogenen Abschlüssen durch andere AP aufgrund der Neufassung des § 317 Abs. 3 Satz 2 HGB nicht wesentlich verändert[42].

36 Allerdings ist damit zu rechnen, dass sich durch die verpflichtende Anwendung der von der EU angenommenen ISA (vgl. Tz. 23) Auswirkungen auf den **Umfang der KAP** ergeben werden. Der für die KAP einschlägige ISA 600 stellt in der zurzeit gültigen Fassung zT erhöhte Anforderungen an den Umfang der Tätigkeiten des Konzern-AP (vgl. IDW PS 320 Tz. 36). Da wie in Tz. 24 dargestellt die Übernahme der ISA durch die EU voraussichtlich in der für GJ ab 2010 gültigen Fassung erfolgen wird, wird ggf. der überarbeitete und für GJ nach dem 15. Dezember 2009 gültige *International Standard on Auditing* 600 *"Special Considerations – Audits of Group Financial Statements (Including the Work of Component Auditors)"* anzuwenden sein. Während der zurzeit gültige ISA 600 wie auch der IDW PS 320 lediglich die Zusammenarbeit mit anderen AP von Teileinheiten zum Gegenstand hat, dehnt der überarbeitete ISA 600 den Anwendungsbereich auf die KAP insgesamt aus. Der überarbeitete ISA 600 stellt nunmehr einen umfassenden Standard für die Durchführung einer KAP dar, in dem der

---

39 Vgl. Erwägungsgrund 15 der AP-R.
40 Vgl. IDW PS 320 Tz. 36.
41 Vgl. Begr. RegE, BT-Drucks. 16/10067, S. 87.
42 So auch Begr. RegE, BT-Drucks. 16/10067, S. 87, und IDW in der Stellungnahme zum Referentenentw. eines Gesetzes zur Modernisierung des Bilanzrechts (Bilanzrechtsmodernisierungsgesetz – BilMoG), FN-IDW 2008, S. 20.

bereits in ISA 315 und ISA 330 manifestierte risikoorientierte Prüfungsansatz betont wird. Das bedeutet für eine KAP, dass der Prüfungsumfang (einschl. des Ausmaßes der Zusammenarbeit mit anderen AP) in Bezug auf einzelne Teileinheiten in Abhängigkeit des beurteilten Fehlerrisikos, welches aus der Teileinheit für den KA resultiert, variiert[43]. Insgesamt ist damit zu rechnen, dass sich der Umfang der KAP durch ausgedehnte Koordinations- und Kommunikationspflichten erhöhen wird[44].

Fraglich ist, ob die risikoorientierte Ausrichtung des *International Standard on Auditing* 600 (*rev. and redrafted*) im Widerspruch mit den Regelungen des § 317 Abs. 3 Satz 1 HGB steht, der verlangt, dass die **einbezogenen Jahresabschlüsse nach § 317 Abs. 1 HGB zu prüfen** sind. Sinn und Zweck der Regelung des § 317 Abs. 3 Satz 1 HGB ist, den AP dazu zu verpflichten, sich so mit der Prüfung der in den KA eingehenden wesentlichen Finanzinformationen – ggf. unter Verwertung der Arbeiten anderer WP – zu befassen, dass er zu einem eigenverantwortlichen Urteil über den KA kommen kann. Dies heißt jedoch nicht, dass die in den KA einbezogenen Abschlüsse in gleichem Umfang geprüft werden müssen, wie bei einer Prüfung, die den Abschluss einer Teilkomponente des Konzerns zum Gegenstand hat[45]. Ein Widerspruch zwischen ISA 600 (*rev. and redrafted*) und § 317 Abs. 3 Satz 1 HGB mit der Folge, dass § 317 Abs. 3 Satz 1 HGB aufgrund der erhöhten Anforderungen außer Kraft zu setzen wäre (vgl. Tz. 27), besteht somit nicht. 37

III. Erstanwendungszeitpunkte

Die Regelungen des § 317 Abs. 2 Satz 3 HGB (Angaben nach § 289a sind nicht in die Prüfung einzubeziehen) und des § 317 Abs. 3 Satz 2 HGB (Wegfall der Möglichkeit zur Übernahme der Arbeiten anderer AP im Rahmen der Konzernabschlussprüfung) sowie des § 317 Abs. 5 und 6 HGB (Pflicht zur Anwendung internationaler Prüfungsstandards und Ermächtigung zur Erlassung einer Rechtsverordnung) sind nach Art. 66 Abs. 2 Satz 1 EGHGB[46] erstmals auf die Prüfung von JA und KA für **nach dem 31. Dezember 2008** beginnende GJ anzuwenden. Da die Annahme der ISA durch die EU Voraussetzung für deren verpflichtende Beachtung ist, wird der geänderte § 317 Abs. 5 und 6 HGB voraussichtlich **frühestens für das GJ 2010** Wirkung entfalten (vgl. Tz. 24). 38

---

43 Vgl. ISA 600 (*rev. and redrafted*) Tz. 24 ff. und A47 ff.
44 Vgl. *Kämpfer/Schmidt*, WPg 2009, Heft 1, S. 51.
45 Vgl. *Förschle/Küster*, in Beck Bil-Komm.⁶, § 317 Anm. 38.
46 Bei der Bezugnahme auf § 317 Abs. 2 Satz 2 HGB statt auf § 317 Abs. 2 Satz 3 HGB handelt es sich offenbar um ein redaktionelles Versehen.

§ 318 HGB
Bestellung und Abberufung des Abschlussprüfers

(1) ¹Der Abschlußprüfer des Jahresabschlusses wird von den Gesellschaftern gewählt; den Abschlußprüfer des Konzernabschlusses wählen die Gesellschafter des Mutterunternehmens. ²Bei Gesellschaften mit beschränkter Haftung und bei offenen Handelsgesellschaften und Kommanditgesellschaften im Sinne des § 264a Abs. 1 kann der Gesellschaftsvertrag etwas anderes bestimmen. ³Der Abschlußprüfer soll jeweils vor Ablauf des Geschäftsjahrs gewählt werden, auf das sich seine Prüfungstätigkeit erstreckt. ⁴Die gesetzlichen Vertreter, bei Zuständigkeit des Aufsichtsrats dieser, haben unverzüglich nach der Wahl den Prüfungsauftrag zu erteilen. ⁵Der Prüfungsauftrag kann nur widerrufen werden, wenn nach Absatz 3 ein anderer Prüfer bestellt worden ist.

(2) ¹Als Abschlußprüfer des Konzernabschlußes gilt, wenn kein anderer Prüfer bestellt wird, der Prüfer als bestellt, der für die Prüfung des in den Konzernabschluß einbezogenen Jahresabschlusses des Mutterunternehmens bestellt worden ist. ²Erfolgt die Einbeziehung auf Grund eines Zwischenabschlusses, so gilt, wenn kein anderer Prüfer bestellt wird, der Prüfer als bestellt, der für die Prüfung des letzten vor dem Konzernabschlußstichtag aufgestellten Jahresabschlusses des Mutterunternehmens bestellt worden ist.

(3) ¹Auf Antrag der gesetzlichen Vertreter, des Aufsichtsrats oder von Gesellschaftern, bei Aktiengesellschaften und Kommanditgesellschaften auf Aktien jedoch nur, wenn die Anteile dieser Gesellschafter bei Antragstellung zusammen den zwanzigsten Teil des Grundkapitals oder einen Börsenwert von 500 000 Euro erreichen, hat das Gericht nach Anhörung der Beteiligten und des gewählten Prüfers einen anderen Abschlussprüfer zu bestellen, wenn dies aus einem in der Person des gewählten Prüfers liegenden Grund geboten erscheint, insbesondere wenn ein Ausschlussgrund nach § 319 Abs. 2 bis 5 **oder §§ 319a und 319b** besteht. ²Der Antrag ist binnen zwei Wochen nach dem Tag der Wahl des Abschlussprüfers zu stellen; Aktionäre können den Antrag nur stellen, wenn sie gegen die Wahl des Abschlussprüfers bei der Beschlussfassung Widerspruch erklärt haben. ³Wird ein Befangenheitsgrund erst nach der Wahl bekannt oder tritt ein Befangenheitsgrund erst nach der Wahl ein, ist der Antrag binnen zwei Wochen nach dem Tag zu stellen, an dem der Antragsberechtigte Kenntnis von den befangenheitsbegründenden Umständen erlangt hat oder ohne grobe Fahrlässigkeit hätte erlangen müssen. ⁴Stellen Aktionäre den Antrag, so haben sie glaubhaft zu machen, dass sie seit mindestens drei Monaten vor dem Tag der Wahl des Abschlussprüfers Inhaber der Aktien sind. ⁵Zur Glaubhaftmachung genügt eine eidesstattliche Versicherung vor einem Notar. ⁶Unterliegt die Gesellschaft einer staatlichen Aufsicht, so kann auch die Aufsichtsbehörde den Antrag stellen. ⁷Der Antrag kann nach Erteilung des Bestätigungsvermerks, im Fall einer Nachtragsprüfung nach § 316 Abs. 3 nach Ergänzung des Bestätigungsvermerks nicht mehr gestellt werden. ⁸Gegen die Entscheidung ist die Beschwerde zulässig.

(4) ¹Ist der Abschlußprüfer bis zum Ablauf des Geschäftsjahrs nicht gewählt worden, so hat das Gericht auf Antrag der gesetzlichen Vertreter, des Aufsichtsrats oder eines Gesellschafters den Abschlußprüfer zu bestellen. ²Gleiches gilt, wenn ein gewählter Abschlußprüfer die Annahme des Prüfungsauftrags abgelehnt hat, weggefallen ist oder am rechtzeitigen Abschluß der Prüfung verhindert ist und ein anderer Abschlußprüfer nicht gewählt worden ist. ³Die gesetzlichen Vertreter sind verpflichtet, den Antrag zu

stellen. ⁴Gegen die Entscheidung des Gerichts findet die Beschwerde statt; die Bestellung des Abschlußprüfers ist unanfechtbar.

(5) ¹Der vom Gericht bestellte Abschlußprüfer hat Anspruch auf Ersatz angemessener barer Auslagen und auf Vergütung für seine Tätigkeit. ²Die Auslagen und die Vergütung setzt das Gericht fest. ³Gegen die Entscheidung findet die Beschwerde statt; die Rechtsbeschwerde ist ausgeschlossen. ⁴Aus der rechtskräftigen Entscheidung findet die Zwangsvollstreckung nach der Zivilprozeßordnung statt.

(6) ¹Ein von dem Abschlußprüfer angenommener Prüfungsauftrag kann von dem Abschlußprüfer nur aus wichtigem Grund gekündigt werden. ²Als wichtiger Grund ist es nicht anzusehen, wenn Meinungsverschiedenheiten über den Inhalt des Bestätigungsvermerks, seine Einschränkung oder Versagung bestehen. ³Die Kündigung ist schriftlich zu begründen. ⁴Der Abschlußprüfer hat über das Ergebnis seiner bisherigen Prüfung zu berichten; § 321 ist entsprechend anzuwenden.

(7) ¹Kündigt der Abschlußprüfer den Prüfungsauftrag nach Absatz 6, so haben die gesetzlichen Vertreter die Kündigung dem Aufsichtsrat, der nächsten Hauptversammlung oder bei Gesellschaften mit beschränkter Haftung den Gesellschaftern mitzuteilen. ²Den Bericht des bisherigen Abschlußprüfers haben die gesetzlichen Vertreter unverzüglich dem Aufsichtsrat vorzulegen. ³Jedes Aufsichtsratsmitglied hat das Recht, von dem Bericht Kenntnis zu nehmen. ⁴Der Bericht ist auch jedem Aufsichtsratsmitglied oder, soweit der Aufsichtsrat dies beschlossen hat, den Mitgliedern eines Ausschusses auszuhändigen. ⁵Ist der Prüfungsauftrag vom Aufsichtsrat erteilt worden, obliegen die Pflichten der gesetzlichen Vertreter dem Aufsichtsrat einschließlich der Unterrichtung der gesetzlichen Vertreter.

(8) Die Wirtschaftsprüferkammer ist unverzüglich und schriftlich begründet durch den Abschlussprüfer und die gesetzlichen Vertreter der geprüften Gesellschaft von der Kündigung oder dem Widerruf des Prüfungsauftrages zu unterrichten.

§ 320 HGB
Vorlagepflicht. Auskunftsrecht

(1) ¹Die gesetzlichen Vertreter der Kapitalgesellschaft haben dem Abschlußprüfer den Jahresabschluß und den Lagebericht unverzüglich nach der Aufstellung vorzulegen. ²Sie haben ihm zu gestatten, die Bücher und Schriften der Kapitalgesellschaft sowie die Vermögensgegenstände und Schulden, namentlich die Kasse und die Bestände an Wertpapieren und Waren, zu prüfen.

(2) ¹Der Abschlußprüfer kann von den gesetzlichen Vertretern alle Aufklärungen und Nachweise verlangen, die für eine sorgfältige Prüfung notwendig sind. ²Soweit es die Vorbereitung der Abschlussprüfung erfordert, hat der Abschlußprüfer die Rechte nach Absatz 1 Satz 2 und nach Satz 1 auch schon vor Aufstellung des Jahresabschlusses. ³Soweit es für eine sorgfältige Prüfung notwendig ist, hat der Abschlußprüfer die Rechte nach den Sätzen 1 und 2 auch gegenüber Mutter- und Tochterunternehmen.

(3) ¹Die gesetzlichen Vertreter einer Kapitalgesellschaft, die einen Konzernabschluß aufzustellen hat, haben dem Abschlußprüfer des Konzernabschlusses den Konzernabschluß, den Konzernlagebericht, die Jahresabschlüsse, Lageberichte und, wenn eine Prüfung stattgefunden hat, die Prüfungsberichte des Mutterunternehmens und der Tochterunternehmen vorzulegen. ²Der Abschlussprüfer hat die Rechte nach Absatz 1

Satz 2 und nach Absatz 2 bei dem Mutterunternehmen und den Tochterunternehmen, die Rechte nach Absatz 2 auch gegenüber den Abschlußprüfern des Mutterunternehmens und der Tochterunternehmen.

(4) Der bisherige Abschlussprüfer hat dem neuen Abschlussprüfer auf schriftliche Anfrage über das Ergebnis der bisherigen Prüfung zu berichten; § 321 ist entsprechend anzuwenden.

Inhaltsverzeichnis Tz.
I. Berichterstattung bei Abschlussprüferwechsel
   1. Unterrichtung der Wirtschaftsprüferkammer (§ 318 Abs. 8) .... 39 – 42
   2. Informationsrecht des neuen Abschlussprüfers (§ 320 Abs. 4) .... 43 – 48
II. Erstanwendungszeitpunkt 49

I. Berichterstattung bei Abschlussprüferwechsel

1. Unterrichtung der Wirtschaftsprüferkammer (§ 318 Abs. 8)

39 Ein **Wechsel des Abschlussprüfers** kann sowohl nach der vollständigen Durchführung der Prüfungstätigkeit durch Bestellung eines anderen AP für das nächste GJ (regulärer AP-Wechsel) als auch vor Abschluss der Prüfungstätigkeit durch Kündigung (nach § 318 Abs. 6 HGB) oder Widerruf (nach § 318 Abs. 1 Satz 5, Abs. 3 HGB) des Prüfungsauftrags mit erneuter Bestellung eines anderen AP (vorzeitiger AP-Wechsel) erfolgen.

40 Für den Fall des **vorzeitigen Abschlussprüferwechsels** wird durch § 318 Abs. 8 HGB[47] im Rahmen gesetzlicher Abschlussprüfungen[48] eine zusätzliche Berichterstattungspflicht an die WPK eingeführt. § 318 Abs. 8 HGB verfolgt den Zweck, die Unabhängigkeit des AP zu stärken, indem zu den bereits bisher bestehenden hohen Hürden für die Kündigung oder den Widerruf eines Prüfungsauftrages nunmehr das Erfordernis hinzukommt, die WPK unverzüglich und schriftlich begründet über die Beendigung des Prüfungsauftrages zu unterrichten[49]. Diese Pflicht trifft sowohl den AP als auch die gesetzlichen Vertreter der zu prüfenden Gesellschaft.

41 Die **Unterrichtung der Wirtschaftsprüferkammer** hat schriftlich begründet und unverzüglich, dh. ohne schuldhaftes Verzögern, zu erfolgen (§ 121 Abs. 1 Satz 1 BGB). Die Verpflichtung zur Unterrichtung trifft auf Seiten der geprüften Gesellschaft deren gesetzliche Vertreter. Hat der Aufsichtsrat den Prüfungsauftrag erteilt, kann auch dieser die Unterrichtung der WPK vornehmen[50].

42 Der Gesetzeswortlaut lässt offen, mit welchem Inhalt die Unterrichtung der WPK zu erfolgen hat. Ziel ist, die WPK in die Lage zu versetzen, die Rechtmäßigkeit des AP-Wechsels vor Beendigung eines Prüfungsauftrages zu beurteilen[51]. Daher sind die **Gründe für die vorzeitige Beendigung** des Prüfungsauftrages detailliert darzulegen. Für den Fall der Kündigung des Prüfungsauftrages durch den AP kann dieser die nach § 318 Abs. 6 Satz 3 HGB geforderte und an die zu prüfende Gesellschaft gerichtete Begr. zu Grunde legen.

---

47 Dieser setzt Art. 38 Abs. 2 der AP-R um.
48 Vgl. *ADS⁶*, § 318 HGB Tz. 6.
49 Vgl. Begr. RegE, BT-Drucks. 16/10067, S. 88.
50 Analog *ADS⁶*, § 318 HGB Tz. 266.
51 Vgl. Begr. RegE, BT-Drucks. 16/10067, S. 88.

2. Informationsrecht des neuen Abschlussprüfers (§ 320 Abs. 4)

Sowohl für den Fall des regulären als auch des vorzeitigen AP-Wechsels wird durch § 320 Abs. 4 HGB[52] dem **bisherigen Abschlussprüfer** eine **Berichterstattungspflicht** gegenüber dem neuen AP auferlegt. Dieser Pflicht hat der bisherige AP allerdings nur dann nachzukommen, sofern der neue AP eine solche Berichterstattung schriftlich anfordert. Folglich steht dem neuen AP ein Informationsrecht gegenüber dem bisherigen AP zu. Fordert der neue AP die Berichterstattung nach § 320 Abs. 4 HGB an, hat der bisherige AP unverzüglich, d.h. ohne schuldhaftes Verzögern (§ 121 Abs. 1 Satz 1 BGB), Bericht zu erstatten. Eine Entbindung von der Verschwiegenheitspflicht (§ 323 Abs. 1 Satz 1 HGB) ist nicht erforderlich[53]. Das allg. Recht auf Auskunftsverweigerung bei Gefahr der Selbstbelastung bleibt unberührt[54].

43

Bereits vor Einführung des § 320 Abs. 4 HGB hatte der **neue Abschlussprüfer** nach § 320 Abs. 2 HGB aF das Recht und im Falle des vorzeitigen AP-Wechsels nach § 26 Abs. 2 BS WP/vBP die Pflicht, den **Prüfungsbericht** des bisherigen AP von der zu prüfenden Gesellschaft anzufordern. Nach § 26 Abs. 3 BS WP/vBP hat der bisherige AP im Falle des vorzeitigen AP-Wechsels die Pflicht, dem neuen AP auf Verlangen die Kündigung und den Prüfungsbericht zu erläutern. Nunmehr kann der neue AP sowohl für den Fall des vorzeitigen als auch des regulären AP-Wechsels den Prüfungsbericht direkt vom bisherigen AP anfordern.

44

Fraglich ist, ob mit dem Informationsrecht des neuen AP auch das Recht verbunden ist, konkrete Anforderungen an den Inhalt des Prüfungsberichts oder über diesen hinaus zu stellen. In der Gesetzesbegr.[55] wird angeführt, dass der Bericht nach § 320 Abs. 4 HGB kein neues Berichtsinstrument darstellt und inhaltlich nicht weiter gehen soll als der **Bericht nach § 318 Abs. 6 Satz 4 HGB**[56]. Demnach kommt der bisherige AP seiner Informationspflicht gegenüber dem neuen AP in vollem Umfang nach, wenn die Berichterstattung an den neuen AP inhaltlich dem an die geprüfte Gesellschaft gerichteten Bericht nach § 318 Abs. 6 Satz 4 HGB entspricht. Dies wird durch die Aussage in der Gesetzesbegr. verdeutlicht, dass eine Einsichtnahme in die Arbeitspapiere des bisherigen AP durch den neuen AP oder gar deren Überlassung an den neuen AP mit der Informationspflicht nicht einhergeht[57].

45

Fraglich ist, ob dem neuen AP lediglich eine **Kopie** des an die geprüfte Gesellschaft gerichteten Berichts nach § 320 Abs. 4 HGB oder eine eigene **Originalausfertigung** mit der Unterschrift des AP zur Verfügung zu stellen ist. Zu einer Aktualisierung der Ausführungen für den Fall, dass der Bericht nach § 320 Abs. 4 HGB vom neuen AP zu einem späteren Datum als dem Datum des Prüfungsberichts nach § 321 HGB angefordert wird, wird der bisherige AP nicht verpflichtet sein, da der Prüfungsauftrag mit Datum des Prüfungsberichts materiell abgeschlossen ist. Da eine Neuausfertigung des Prüfungsberichts mit einem in der Vergangenheit liegenden Datum nicht zulässig ist, erscheint es als die nach Sinn und Zweck der Vorschrift unter Berücksichtigung der Gesetzesbegr.[58] beabsichtigte Vorgehensweise, dem neuen AP eine Kopie des Prüfungsberichts nach § 321 HGB zur Verfügung zu stellen. Da der Bericht nach § 320 Abs. 4 HGB kein neues Berichtsinstrument darstellen soll (vgl. Tz. 45), ist der bishe-

46

---

52 Dieser setzt Art. 23 Abs. 3 der AP-R um.
53 Vgl. *Förschle/Heinz*, Beck Bil-Komm.[7], § 320 Anm. 41 (im Druck).
54 Vgl. Begr. RegE, BT-Drucks. 16/10067, S. 91.
55 Vgl. Begr. RegE, BT-Drucks. 16/10067, S. 91.
56 Vgl. hierzu *ADS*[6], § 318 HGB Tz. 449 ff.
57 Vgl. Begr. RegE, BT-Drucks. 16/10067, S. 91.
58 Vgl. Begr. RegE, BT-Drucks. 16/10067, S. 91.

rige AP nur dann zur Berichterstattung an den neuen AP verpflichtet, wenn gleichzeitig eine Berichtspflicht gegenüber der zu prüfenden Gesellschaft besteht.

47 Die Anforderung der Berichterstattung durch den neuen AP hat schriftlich zu erfolgen. Neben der Erfüllung der gesetzlichen **Schriftform** durch eigenhändige Namensunterschrift (§ 126 Abs. 1 BGB) oder durch elektronische Signatur (§ 126a BGB) erscheint nach dem Sinn und Zweck der Vorschrift auch eine Anforderung per Telefax oder Email zulässig, sofern keine Zweifel an der Identität des neuen AP bestehen[59]. Im Zweifelsfall kann es sachgerecht sein, dass sich der bisherige AP nachweisen lässt, dass es sich bei dem anfragenden WP um den neuen AP handelt.

48 In § 318 Abs. 3 Satz 1 HGB wurde der Verweis auf die ergänzten **Regelungen zur Unabhängigkeit** angepasst (vgl. Abschn. T).

II. Erstanwendungszeitpunkt

49 Die Regelungen des § 318 Abs. 3 Satz 1 HGB (Verweis auf ergänzte Regelungen zur Unabhängigkeit), des § 318 Abs. 8 HGB (Informationspflicht des AP und der geprüften Gesellschaft gegenüber der WPK bei vorzeitigem AP-Wechsel) und des § 320 Abs. 4 HGB (Informationsrecht des neuen AP gegenüber dem bisherigen AP bei vorzeitigem oder regulärem AP-Wechsel) sind nach Art. 66 Abs. 2 Satz 1 EGHGB erstmals auf die Prüfung von JA und KA für **nach dem 31. Dezember 2008** beginnende GJ anzuwenden.

---

[59] So auch *Förschle/Heinz*, in Beck Bil-Komm.[7], § 320 Anm. 41 (im Druck).

§ 321 HGB
Prüfungsbericht

(1) ¹Der Abschlußprüfer hat über Art und Umfang sowie über das Ergebnis der Prüfung schriftlich und mit der gebotenen Klarheit zu berichten. ²In dem Bericht ist vorweg zu der Beurteilung der Lage des Unternehmens oder Konzerns durch die gesetzlichen Vertreter Stellung zu nehmen, wobei insbesondere auf die Beurteilung des Fortbestandes und der künftigen Entwicklung des Unternehmens unter Berücksichtigung des Lageberichts und bei der Prüfung des Konzernabschlusses von Mutterunternehmen auch des Konzerns unter Berücksichtigung des Konzernlageberichts einzugehen ist, soweit die geprüften Unterlagen und der Lagebericht oder der Konzernlagebericht eine solche Beurteilung erlauben. ³Außerdem hat der Abschlussprüfer über bei Durchführung der Prüfung festgestellte Unrichtigkeiten oder Verstöße gegen gesetzliche Vorschriften sowie Tatsachen zu berichten, die den Bestand des geprüften Unternehmens oder des Konzerns gefährden oder seine Entwicklung wesentlich beeinträchtigen können oder die schwerwiegende Verstöße der gesetzlichen Vertreter oder von Arbeitnehmern gegen Gesetz, Gesellschaftsvertrag oder die Satzung erkennen lassen.

(2) ¹Im Hauptteil des Prüfungsberichts ist festzustellen, ob die Buchführung und die weiteren geprüften Unterlagen, der Jahresabschluss, der Lagebericht, der Konzernabschluss und der Konzernlagebericht den gesetzlichen Vorschriften und den ergänzenden Bestimmungen des Gesellschaftsvertrags oder der Satzung entsprechen. ²In diesem Rahmen ist auch über Beanstandungen zu berichten, die nicht zur Einschränkung oder Versagung des Bestätigungsvermerks geführt haben, soweit dies für die Überwachung der Geschäftsführung und des geprüften Unternehmens von Bedeutung ist. ³Es ist auch darauf einzugehen, ob der Abschluss insgesamt unter Beachtung der Grundsätze ordnungsmäßiger Buchführung oder sonstiger maßgeblicher Rechnungslegungsgrundsätze ein den tatsächlichen Verhältnissen entsprechendes Bild der Vermögens-, Finanz- und Ertragslage der Kapitalgesellschaft oder des Konzerns vermittelt. ⁴Dazu ist auch auf wesentliche Bewertungsgrundlagen sowie darauf einzugehen, welchen Einfluss Änderungen in den Bewertungsgrundlagen einschließlich der Ausübung von Bilanzierungs- und Bewertungswahlrechten und der Ausnutzung von Ermessensspielräumen sowie sachverhaltsgestaltende Maßnahmen insgesamt auf die Darstellung der Vermögens-, Finanz- und Ertragslage haben. ⁵Hierzu sind die Posten des Jahres- und des Konzernabschlusses aufzugliedern und ausreichend zu erläutern, soweit diese Angaben nicht im Anhang enthalten sind. ⁶Es ist darzustellen, ob die gesetzlichen Vertreter die verlangten Aufklärungen und Nachweise erbracht haben.

(3) ¹In einem besonderen Abschnitt des Prüfungsberichts sind Gegenstand, Art und Umfang der Prüfung zu erläutern. ²Dabei ist auch auf die angewandten Rechnungslegungs- und Prüfungsgrundsätze einzugehen.

(4) ¹Ist im Rahmen der Prüfung eine Beurteilung nach § 317 Abs. 4 abgegeben worden, so ist deren Ergebnis in einem besonderen Teil des Prüfungsberichts darzustellen. ²Es ist darauf einzugehen, ob Maßnahmen erforderlich sind, um das interne Überwachungssystem zu verbessern.

(4a) **Der Abschlussprüfer hat im Prüfungsbericht seine Unabhängigkeit zu bestätigen.**

(5) ¹Der Abschlussprüfer hat den Bericht zu unterzeichnen und den gesetzlichen Vertretern vorzulegen. ²Hat der Aufsichtsrat den Auftrag erteilt, so ist der Bericht ihm vorzulegen; dem Vorstand ist vor Zuleitung Gelegenheit zur Stellungnahme zu geben.

Inhaltsverzeichnis	Tz.
I. Bestätigungsvermerk und Prüfungsbericht	
1. Zusätzliche Rechnungslegungsbestandteile und erweiterte Angabepflichten	50 – 53
2. Angaben zur Unternehmensführung	54 – 59
3. Internationale Prüfungsstandards	60 – 63
4. Unabhängigkeitsbestätigung	64 – 69
II. Erstanwendungszeitpunkt	70

I. Bestätigungsvermerk und Prüfungsbericht

1. Zusätzliche Rechnungslegungsbestandteile und erweiterte Angabepflichten

50 Die reguläre schriftliche Berichterstattung des AP erfolgt unverändert nach §§ 321 und 322 HGB im Wesentlichen in Prüfungsbericht und BV. Obwohl bis auf das Erfordernis der Unabhängigkeitsbestätigung im Prüfungsbericht (§ 321 Abs. 4a HGB) durch das BilMoG keine Neuregelung der §§ 321 und 322 HGB vorgenommen wurde, werden sich **Änderungen in der schriftlichen Berichterstattung** ergeben. Neue Fragestellungen in Bezug auf den Inhalt der schriftlichen Berichterstattung ergeben sich ua. iZm. der

- Erweiterung des Prüfungsgegenstandes (vgl. Tz. 5 ff.),
- Aufnahme nicht zu prüfender Angaben in den Lagebericht (vgl. Tz. 11 ff.) und
- Anwendung der für die Berichterstattung einschlägigen *International Standards on Auditing* (vgl. Tz. 17 ff.).

51 Durch § 264 Abs. 1 Satz 2 iVm. § 316 Abs. 1 Satz 1 HGB wurde der Prüfungsgegenstand im Falle von kapitalmarktorientierten Kapitalgesellschaften iSd. § 264d HGB, die nicht zur Aufstellung eines KA verpflichtet sind, um eine **Kapitalflussrechnung** und einen **Eigenkapitalspiegel** erweitert (vgl. Abschn. K Tz. 1 ff.). Nach § 322 Abs. 1 Satz 2 HGB iVm. IDW PS 400 Tz. 24 sind diese zusätzlichen Rechnungslegungsbestandteile im einleitenden Abschnitt des BV zu nennen. Gleichzeitig können sich im Prüfungsbericht nach § 321 Abs. 2 Satz 5, Abs. 3 Satz 1 HGB zusätzliche Erläuterungspflichten insb. iZm. der Beschreibung des Prüfungsgegenstandes ergeben.

52 Mit dem BilMoG wird es Unternehmen durch Anpassung des § 285 Nr. 17 HGB ermöglicht, **Angaben zum Honorar des Abschlussprüfers** im Anhang zu unterlassen, soweit diese in einem das Unternehmen einbeziehenden KA enthalten sind (vgl. Abschn. O Tz. 82 ff.). Sofern zum Zeitpunkt der Beendigung der Prüfung des JA ein KA, in den das Unternehmen einbezogen werden soll, noch nicht aufgestellt wurde, kann die Rechtmäßigkeit der Inanspruchnahme dieser Befreiungsregelung nicht abschließend beurteilt werden. In entsprechender Anwendung des IDW PH 9.200.1 bietet sich für die **Ergänzung des Bestätigungsvermerks** nach IDW PS 400 Tz. 75 folgende Formulierung an:

„*Zum Zeitpunkt der Beendigung unserer Prüfung konnte nicht abschließend beurteilt werden, ob die Unterlassung der Angaben nach § 285 Nr. 17 HGB zu Recht erfolgte, weil die Befreiungsvoraussetzungen (Aufnahme der Angaben in einen das Unternehmen einbeziehenden Konzernabschluss) ihrer Art nach erst zu einem späteren Zeitpunkt erfüllt werden können.*"

Weitere Erläuterungspflichten im Prüfungsbericht können iZm. der **Ausdehnung der** **Berichtspflichten** in Anhang (§§ 285, 314 HGB) und Lagebericht (§§ 289, 315 HGB) entstehen (vgl. Tz. 5 sowie Abschn. O und R). 53

2. Angaben zur Unternehmensführung

Zweifelsfragen bei der schriftlichen Berichterstattung können sich iZm. der **Erklärung zur Unternehmensführung** nach § 289a HGB ergeben (vgl. Tz. 11 ff.). Da die Angaben zur Unternehmensführung nach § 317 Abs. 2 Satz 3 HGB nicht in die Prüfung einzubeziehen sind, ist fraglich, ob auf diese Tatsache im einleitenden Abschnitt des BV hinzuweisen ist. Da die Erklärung zur Unternehmensführung im Lagebericht durch die Art und Weise ihrer Darstellung und auch inhaltlich von den sonstigen, geprüften Angaben klar abgegrenzt und die fehlende Prüfungspflicht in § 317 Abs. 2 Satz 3 HGB ausdrücklich geregelt ist, erscheint ein Hinweis im BV nicht erforderlich. 54

Eine Pflicht zur Aufnahme eines Hinweises kann auch nicht aus den Grundsätzen über die **Prüfung der Entsprechenserklärung** nach § 161 AktG hergeleitet werden. Nach IDW PS 345 Tz. 22 idF vom 19.09.2007 ist durch Aufnahme eines Hinweises in den einleitenden Absatz des BV klarzustellen, dass die Entsprechenserklärung auch bei deren Aufnahme in den Anhang nicht Gegenstand der Abschlussprüfung ist. Dies beruht jedoch darauf, dass der Adressat ohne diesen ausdrücklichen Ausschluss nach allg. Prüfungsgrundsätzen darauf vertrauen kann, dass alle Angaben im Anhang geprüft sind. Dies ist jedoch auf die Erklärung zur Unternehmensführung nicht übertragbar, da das Gesetz in § 317 Abs. 2 Satz 3 HGB die Prüfung ausdrücklich ausschließt. 55

Sofern das Fehlen von Pflichtbestandteilen nach § 289a Abs. 2 HGB im Lagebericht festgestellt wird und die Voraussetzungen für die befreienden Gestaltungsmöglichkeiten (vgl. Abschn. P Tz. 14 ff.) nicht gegeben sind, ist der **Bestätigungsvermerk** wegen Einwendungen gegen die Vollständigkeit des Lageberichts einzuschränken[60]. Sofern in den Lagebericht Verweise auf Angaben zur Unternehmensführung im Internet aufgenommen werden (vgl. Abschn. P Tz. 13 ff.) und dort die erforderlichen Pflichtbestandteile nicht vollständig oder nicht öffentlich zugänglich sind oder sofern ein entsprechender Verweis im Lagebericht fehlt, ist der BV wegen unzutreffender Angabe im Lagebericht bzw. Unvollständigkeit des Lageberichts ebenfalls einzuschränken. 56

Wird im Rahmen der Abschlussprüfung trotz Befreiung von der Pflicht zur inhaltlichen Prüfung (vgl. Tz. 12 f.) festgestellt, dass Angaben zur Unternehmensführung – unabhängig von deren Platzierung – inhaltlich unzutreffend sind, ist hierüber nach den allg. Regelungen zur **Redepflicht**[61] und ggf. zur Kommunikation mit dem Aufsichtsrat zu berichten. 57

Fraglich ist darüber hinaus, ob vor dem Hintergrund des nach § 322 Abs. 6 HGB zu treffenden **Urteils zum Lagebericht** eine Klarstellung im Hinblick darauf erforderlich ist, dass die Angaben zur Unternehmensführung nicht in die Prüfung einbezogen waren. Da sich die nach § 289a HGB geforderten Angaben zur Unternehmensführung ihrer Art nach im Wesentlichen einer Beurteilung im Hinblick auf den Einklang mit dem JA entziehen und auch in keinem unmittelbaren Zusammenhang mit der Lage des 58

---

60 So auch IDW Entw. zur Änderung von IDW Prüfungsstandards aufgrund des Bilanzrechtsmodernisierungsgesetzes (BilMoG) vom 29.04.2009 zu IDW PS 350.
61 Vgl. § 321 Abs. 1 Satz 3 HGB.

59 Im **Prüfungsbericht** sollte im Abschnitt „Gegenstand, Art und Umfang der Prüfung" (vgl. IDW PS 450 Tz. 12) darauf hingewiesen werden, dass die in den Lagebericht aufgenommene Erklärung zur Unternehmensführung nach § 317 Abs. 2 Satz 3 HGB nicht Gegenstand der Abschlussprüfung war[62]. Sofern im Lagebericht lediglich ein Hinweis auf die gesondert im Internet zugänglich gemachte Erklärung zur Unternehmensführung enthalten ist, erübrigt sich ein solcher Hinweis im Prüfungsbericht.

3. Internationale Prüfungsstandards

60 Sobald die für die schriftliche Berichterstattung einschlägigen *International Standards on Auditing* von der EU angenommen worden sind (insb. ISA 700 bis 706), sind diese als maßgebliche Prüfungsstandards zwingend zu beachten. Die **schriftliche Berichterstattung** ist dann davon abhängig, inwieweit die entsprechenden handelsrechtlichen Regelungen in Kraft bleiben (vgl. Tz. 27) und ob nach Erwägungsgrund 16 und Art. 28 der AP-R von der EU weitere Vorgaben für die Berichterstattung gemacht werden. Im Folgenden wird davon ausgegangen, dass der zentrale ISA 700 von der EU angenommen wird und keine weiteren Vorgaben gemacht werden, sowie dass die derzeit gültigen §§ 321 und 322 HGB in Kraft bleiben. ISA 700 gibt die Elemente der schriftlichen[63] Berichterstattung über die Abschlussprüfung vor und stellt die Formulierung des *independent auditor's report* anhand eines illustrativen Bsp. dar. Für die Formulierung des BV iSd. § 322 HGB wird die offizielle Übersetzung des ISA 700 durch die EU heranzuziehen sein.

61 Fraglich ist, wie die zusätzlichen **gesetzlichen und berufsständischen Regelungen** in Deutschland bei der Formulierung des BV berücksichtigt werden. Hierbei ist der Fall, dass bei der Durchführung der Prüfung des JA zusätzlich nationale Prüfungsstandards zu beachten sind[64], von dem Fall zu unterscheiden, dass bei der Berichterstattung im Rahmen des BV durch nationale Prüfungsstandards zusätzliche Anforderungen zu erfüllen sind[65].

62 **Zusätzliche Anforderungen** an die **Durchführung der Prüfung** des JA aufgrund deutscher Besonderheiten, ohne dass hierauf im BV Bezug genommen wird, werden bspw. durch

- § 321 HGB iVm. IDW PS 450 (Grundsätze ordnungsmäßiger Berichterstattung bei Abschlussprüfungen),
- IDW PS 340 (Prüfung des Risikofrüherkennungssystems nach § 317 Abs. 4 HGB),
- IDW PS 345 (Auswirkungen des Deutschen Corporate Governance Kodex auf die Abschlussprüfung) sowie
- verschiedene IDW PH

gestellt.

---

62 So auch IDW Entw. zur Änderung von IDW Prüfungsstandards aufgrund des Bilanzrechtsmodernisierungsgesetzes (BilMoG) vom 29.04.2009 zu IDW PS 450.
63 Vgl. ISA 700 Tz. 20.
64 Vgl. ISA 700 Tz. 44 ff.
65 Vgl. ISA 700 Tz. 38 ff.

Voraussetzung für die Bezugnahme auf nationale Prüfungsstandards neben den ISA ist, dass die ISA vollständig beachtet und die nationalen Prüfungsstandards klar bezeichnet werden. Nach ISA 700 Tz. 45 kann sich für den die Verantwortung der AP beschreibenden Abschnitt folgende Formulierung empfehlen:

„Ich habe meine / Wir haben unsere Abschlussprüfung nach § 317 HGB unter Beachtung der International Standards on Auditing (ISA), wie sie in der EU anzuwenden sind, sowie unter ergänzender Beachtung der vom Institut der Wirtschaftsprüfer (IDW) festgestellten deutschen Prüfungsstandards durchgeführt."

Zusätzliche Anforderungen an die Berichterstattung im Rahmen des **Bestätigungsvermerks** aufgrund deutscher Besonderheiten werden bspw. durch 63

- § 322 Abs. 6 HGB (Urteil zum Lagebericht),
- § 10 Abs. 4 EnWG (Entflechtung der internen Rechnungslegung) sowie
- durch verschiedene Landesgesetze

gestellt. Die Berichterstattung über diese zusätzlichen Anforderungen erfolgt im Rahmen des BV nach ISA 700 Tz. 38 in einem separaten Abschnitt. Hierbei empfiehlt es sich, in einem ersten Teil die Prüfungspflichten (Prüfungsgegenstand, Prüfungsumfang), die Verantwortlichkeiten der gesetzlichen Vertreter und des AP sowie die bei der Prüfungsdurchführung beachteten Vorschriften und durchgeführten Tätigkeiten zu beschreiben. In einem zweiten Teil des Abschnitts sollte dann das Prüfungsurteil dargestellt werden.

4. Unabhängigkeitsbestätigung

Durch den neu eingeführten § 321 Abs. 4a HGB hat der AP bei gesetzlichen Abschlussprüfungen die Pflicht, im **Prüfungsbericht** seine Unabhängigkeit ausdrücklich zu bestätigen. Dies gilt ebenso für freiwillige Abschlussprüfungen, die aufgrund vertraglicher Vereinbarung nach §§ 317 ff. HGB durchgeführt werden. Mit dieser Regelung geht der Gesetzgeber über die Anforderung des Art. 42 Abs. 1 der AP-R hinaus, in dem eine solche Bestätigung lediglich für Unternehmen von öffentlichem Interesse gefordert wird. Die Regelung verfolgt das Ziel, dass der AP während der gesamten Dauer der Abschlussprüfung seine Unabhängigkeit sicherstellt und dies auch überwacht[66]. 64

Der Gesetzeswortlaut lässt offen, wie die Unabhängigkeitsbestätigung zu formulieren ist. Hierfür ist in einem ersten Schritt die Definition von **Unabhängigkeit** zu klären. Grds. sind die für deutsche WP im Rahmen der Abschlussprüfung zu beachtenden gesetzlichen Regelungen einschlägig (vgl. auch Abschn. T)[67]. Darüber hinaus können bei bestimmten Unternehmen (zB bei der Abschlussprüfung von Unternehmen, die der Aufsicht der SEC unterliegen) zusätzliche Regelungen zu beachten sein. Auch auf diese Regelungen sollte sich die geforderte Bestätigung beziehen. 65

In einem zweiten Schritt ist zu klären, welchen Inhalt die Unabhängigkeitsbestätigung zu enthalten hat. Als **Mindestinhalt** hat die Unabhängigkeitsbestätigung die Aussage zu umfassen, dass bei der Abschlussprüfung die gesetzlichen Anforderungen an die Unabhängigkeit gewahrt worden sind. Im Gegensatz zur Unabhängigkeitserklärung in Anlage 2 des IDW PS 345 ist es nicht erforderlich, die einzelnen anwendbaren Regelungen zur Unabhängigkeit zu nennen, da die Unabhängigkeitsbestätigung im Prüfungsbericht der Selbstvergewisserung des AP und nicht als Grundlage für die inhalt- 66

---

66 Vgl. Begr. RegE, BT-Drucks. 16/10067, S. 91.
67 Vgl. §§ 319 ff. HGB, §§ 43 und 49 WPO sowie §§ 20 ff. BS WP/vBP.

liche Überprüfung durch Dritte dient. Aus dem gleichen Grund ist es auch nicht erforderlich, den Personenkreis (WP, WPG, dessen Organmitglieder, Prüfungspartner, Prüfungsassistenten, Ehegatten und Lebenspartner solcher Personen, verbundene Unternehmen, Netzwerk), für den diese Regelungen erfüllt sein müssen, zu nennen oder darauf einzugehen, auf welchen Personenkreis auf Mandantenseite (geprüfte Gesellschaft, Konzerngesellschaften, Organe dieser Gesellschaften) sich die Bestätigung bezieht.

67 Die Unabhängigkeit des von der Bestätigung umfassten Personenkreises ist vom AP für den **gesamten Zeitraum der Abschlussprüfung** durch **geeignete Maßnahmen** sicherzustellen. Dies stellt jedoch keine neue Anforderung an den AP[68] dar. Durch die Einführung des § 321 Abs. 4a HGB wird der AP lediglich verpflichtet, die Einhaltung seiner gesetzlichen Pflichten in Bezug auf seine Unabhängigkeit ausdrücklich zu bestätigen.

68 Fraglich ist, an welcher **Stelle im Prüfungsbericht** die Bestätigung zur Unabhängigkeit zu platzieren ist. Da diese, wie oben dargestellt, der Selbstvergewisserung des AP und nicht als Grundlage für die inhaltliche Überprüfung durch Dritte dient, ist die Aufnahme der Unabhängigkeitsbestätigung als grds. Feststellung[69] in die vorangestellte Berichterstattung iSv. § 321 Abs. 1 Satz 1 HGB nicht erforderlich. Es bietet sich an, die Unabhängigkeitsbestätigung in den Abschnitt zum Prüfungsauftrag[70] aufzunehmen.

69 Da die gesetzlichen Anforderungen an die Unabhängigkeit während des gesamten Prüfungszeitraums eingehalten werden müssen, bezieht sich die Bestätigung nach § 321 Abs. 4a HGB ebenfalls auf die Beachtung während dieses Zeitraums. Aus diesem Grund stellt sich die Frage nach einer gesonderten **Datierung** oder **Unterzeichnung** nicht.

II. Erstanwendungszeitpunkt

70 Die Regelung des § 321 Abs. 4a HGB (Pflicht des AP zur Bestätigung seiner Unabhängigkeit im Prüfungsbericht) ist nach Art. 66 Abs. 2 Satz 1 EGHGB erstmals auf die Prüfung von JA und KA für **nach dem 31. Dezember 2008** beginnende GJ anzuwenden.

---

68 Vgl. VO 1/2006 Tz. 32 ff. und 86 ff.
69 Vgl. IDW PS 450 Tz. 26.
70 Vgl. IDW PS 450 Tz. 12.

§ 171 AktG
Prüfung durch den Aufsichtsrat

(1) ¹Der Aufsichtsrat hat den Jahresabschluß, den Lagebericht und den Vorschlag für die Verwendung des Bilanzgewinns zu prüfen, bei Mutterunternehmen (§ 290 Abs. 1, 2 des Handelsgesetzbuchs) auch den Konzernabschluß und den Konzernlagebericht. ²Ist der Jahresabschluss oder der Konzernabschluss durch einen Abschlussprüfers zu prüfen, so hat dieser an den Verhandlungen des Aufsichtsrats oder des Prüfungsausschusses über diese Vorlagen teilzunehmen und über die wesentliche Ergebnisse seiner Prüfung, insbesondere wesentliche Schwächen des internen Kontroll- und des Risikomanagementsystems bezogen auf den Rechnungslegungsprozess, zu berichten. ³Er informiert über Umstände, die seine Befangenheit besorgen lassen und über Leistungen, die er zusätzlich zu den Abschlussprüfungsleistungen erbracht hat.

(2) ¹Der Aufsichtsrat hat über das Ergebnis der Prüfung schriftlich an die Hauptversammlung zu berichten. ²In dem Bericht hat der Aufsichtsrat auch mitzuteilen, in welcher Art und in welchem Umfang er die Geschäftsführung der Gesellschaft während des Geschäftsjahrs geprüft hat; bei börsennotierten Gesellschaften hat er insbesondere anzugeben, welche Ausschüsse gebildet worden sind, sowie die Zahl seiner Sitzungen und die der Ausschüsse mitzuteilen. ³Ist der Jahresabschluß durch einen Abschlußprüfers zu prüfen, so hat der Aufsichtsrat ferner zu dem Ergebnis der Prüfung des Jahresabschlusses durch den Abschlußprüfers Stellung zu nehmen. ⁴Am Schluss des Berichts hat der Aufsichtsrat zu erklären, ob nach dem abschließenden Ergebnis seiner Prüfung Einwendungen zu erheben sind und ob er den vom Vorstand aufgestellten Jahresabschluß billigt. ⁵Bei Mutterunternehmen (§ 290 Abs. 1, 2 des Handelsgesetzbuchs) finden die Sätze 3 und 4 entsprechende Anwendung auf den Konzernabschluss.

(3) ¹Der Aufsichtsrat hat seinen Bericht innerhalb eines Monats, nachdem ihm die Vorlagen zugegangen sind, dem Vorstand zuzuleiten. ²Wird der Bericht dem Vorstand nicht innerhalb der Frist zugeleitet, hat der Vorstand dem Aufsichtsrat unverzüglich eine weitere Frist von nicht mehr als einem Monat zu setzen. ³Wird der Bericht dem Vorstand nicht vor Ablauf der weiteren Frist zugeleitet, gilt der Jahresabschluß als vom Aufsichtsrat nicht gebilligt; bei Mutterunternehmen (§ 290 Abs. 1, 2 des Handelsgesetzbuchs) gilt das Gleiche hinsichtlich des Konzernabschlusses.

(4) ¹Die Absätze 1 bis 3 gelten auch hinsichtlich eines Einzelabschlusses nach § 325 Abs. 2a des Handelsgesetzbuchs. ²Der Vorstand darf den in Satz 1 genannten Abschluss erst nach dessen Billigung durch den Aufsichtsrat offen legen.

Inhaltsverzeichnis   Tz.

I. Mündliche Berichterstattung .... 71 – 74
II. Erstanwendungszeitpunkt 75

I. Mündliche Berichterstattung

Mit dem durch das BilMoG angepassten § 171 Abs. 1 AktG[71] wird der AP verpflichtet, bei seiner mündlichen Berichterstattung gegenüber dem **Aufsichtsrat** bzw. dem **Prüfungsausschuss** im Rahmen der **Bilanzsitzung** auf wesentliche Schwächen des rechnungslegungsbezogenen internen Kontroll- und Risikomanagementsystems einzuge-

71

---
[71] Dieser gilt nach § 52 GmbHG entsprechend auch für GmbH.

hen (vgl. Abschn. Y Tz. 103 ff.). Weiterhin hat er über Umstände zu berichten, die Anlass zum Besorgnis der Befangenheit geben, sowie über zusätzlich von ihm erbrachte Leistungen. Die Änderungen setzen Art. 41 Abs. 4 und Art. 42 Abs. 1 lit. b und c der AP-R um, wobei der Anwendungsbereich auf alle AG ausgedehnt wird.

72 Die Pflichten des AP nach § 171 AktG wurden bereits vor der Änderung durch das BilMoG im IDW PS 470 konkretisiert. Dort ist in Tz. 26 die Verpflichtung enthalten, auf kritische Sachverhalte in Bezug auf das rechnungslegungsbezogene **interne Kontroll- und Risikomanagementsystem** hinzuweisen. Darüber hinaus ist der AP nach IDW PS 261 Tz. 89 verpflichtet, die Mitglieder des Aufsichtsorgans auf wesentliche Schwächen im Aufbau oder in der Wirksamkeit des internen Kontrollsystems aufmerksam zu machen. Die diesbzgl. Regelung des § 171 AktG führt somit nicht zu einer Erweiterung der Prüfungs- und Berichtspflichten des AP. Zu weiteren Details vgl. Abschn. Y Tz. 103 ff.

73 Nach § 171 Abs. 1 Satz 3 AktG[72] hat der AP den Aufsichtsrat bzw. den Prüfungsausschuss über Umstände zu informieren, die seine **Befangenheit** besorgen lassen. Hierbei geht es um Sachverhalte, die nach den anwendbaren Regelungen des Handelsrechts (§§ 319 ff. HGB) zum Ausschluss des AP von der Prüfungstätigkeit führen können. Sofern weitere Regelungen einschlägig sind (zB solche der SEC), sind auch diese mit umfasst. Bei wörtlicher Auslegung des § 171 Abs. 1 Satz 3 AktG wäre der AP verpflichtet, auch über tatsächliche Gründe zu informieren, nach denen die Besorgnis der Befangenheit besteht. In diesem Fall liefe die Regelung des § 171 Abs. 1 Satz 3 AktG allerdings ins Leere, da der AP aufgrund der Regelung des § 49 WPO den Prüfungsauftrag nicht annehmen dürfte oder diesen nach Kenntnis der Gründe niederlegen müsste (§ 319 Abs. 2 HGB). Gemeint sein kann daher nur die Berichterstattung über Sachverhalte, die zwar noch keine Besorgnis der Befangenheit begründen, die aber konkrete Risiken für die Unabhängigkeit erkennen lassen. Hierbei sind dann auch die vom AP ergriffenen Schutzmaßnahmen zu erörtern. Liegen solche konkreten Gefährdungen nicht vor, genügt der Hinweis hierauf[73]. Zu weiteren Details vgl. Abschn. Y Tz. 107 ff.

74 Mit der Verpflichtung des AP nach § 171 Abs. 1 Satz 3 AktG zur Berichterstattung über **zusätzlich** von ihm **erbrachte Leistungen** wird Art. 42 Abs. 1b der AP-R umgesetzt, der wie die beiden anderen in § 171 AktG umgesetzten Regelungen der Stärkung der Unabhängigkeit des AP dienen soll. Zu weiteren Details vgl. Abschn. Y Tz. 108 ff.

II. Erstanwendungszeitpunkt

75 Zum Erstanwendungszeitpunkt vgl. Abschn. Y Tz. 116 ff.

---

72 Dieser setzt Art. 42 Abs. 1c der AP-R um.
73 So auch IDW in der Stellungnahme zum Referentenentw. eines Gesetzes zur Modernisierung des Bilanzrechts (Bilanzrechtsmodernisierungsgesetz – BilMoG), FN-IDW 2008, S. 30.

§ 51b WPO
Handakten

(1) Der Wirtschaftsprüfer muß durch Anlegung von Handakten ein zutreffendes Bild über die von ihm entfaltete Tätigkeit geben können.

(2) ¹Der Wirtschaftsprüfer hat die Handakten auf die Dauer von zehn Jahren nach Beendigung des Auftrags aufzubewahren. ²Diese Verpflichtung erlischt jedoch schon vor Beendigung dieses Zeitraums, wenn der Wirtschaftsprüfer den Auftraggeber aufgefordert hat, die Handakten in Empfang zu nehmen, und der Auftraggeber dieser Aufforderung binnen sechs Monaten, nachdem er sie erhalten hat, nicht nachgekommen ist.

(3) ¹Der Wirtschaftsprüfer kann seinem Auftraggeber die Herausgabe der Handakten verweigern, bis er wegen seiner Vergütung und Auslagen befriedigt ist. ²Dies gilt nicht, soweit die Vorenthaltung der Handakten oder einzelner Schriftstücke nach den Umständen unangemessen wäre.

(4) ¹Handakten im Sinne der Absätze 2 und 3 sind nur die Schriftstücke, die der Wirtschaftsprüfer aus Anlaß seiner beruflichen Tätigkeit von dem Auftraggeber oder für ihn erhalten hat, nicht aber der Briefwechsel zwischen dem Wirtschaftsprüfer und seinem Auftraggeber, die Schriftstücke, die dieser bereits in Urschrift oder Abschrift erhalten hat, sowie die zu internen Zwecken gefertigten Arbeitspapiere. ²**Der Wirtschaftsprüfer hat in den Arbeitspapieren, die Abschlussprüfungen im Sinn des § 316 des Handelsgesetzbuchs betreffen, auch die zur Überprüfung seiner Unabhängigkeit im Sinn des § 319 Abs. 2 bis 5 und des § 319a des Handelsgesetzbuchs ergriffenen Maßnahmen, seine Unabhängigkeit gefährdende Umstände und ergriffene Schutzmaßnahmen schriftlich zu dokumentieren.**

(4a) ¹**Der Wirtschaftsprüfer, der eine Konzernabschlussprüfung durchführt, hat der Wirtschaftsprüferkammer auf deren schriftliche Aufforderung die Unterlagen über die Arbeit von Abschlussprüfern oder Abschlussprüfungsgesellschaften aus Drittstaaten im Sinn des § 3 Abs. 1 Satz 1, die in den Konzernabschluss einbezogene Tochterunternehmen prüfen, zu übergeben, soweit diese nicht gemäß § 134 Abs. 1 eingetragen sind oder eine Vereinbarung zur Zusammenarbeit gemäß § 57 Abs. 9 Satz 5 Nr. 3 nicht besteht. ²Erhält der Wirtschaftsprüfer keinen Zugang zu den Unterlagen über die Arbeit von Abschlussprüfern oder Abschlussprüfungsgesellschaften aus Drittländern, sind der Versuch ihrer Erlangung und die Hindernisse zu dokumentieren und der Wirtschaftsprüferkammer auf deren schriftliche Aufforderung die Gründe dafür mitzuteilen.**

(5) ¹Die Absätze 1 bis 4a gelten entsprechend, soweit sich der Wirtschaftsprüfer zum Führen von Handakten der elektronischen Datenverarbeitung bedient. ²In anderen Gesetzen getroffenen Regelungen über die Pflichten zur Aufbewahrung von Geschäftsunterlagen bleiben unberührt.

Inhaltsverzeichnis Tz.

I. Arbeitspapiere 76–78
II. Erstanwendungszeitpunkt 79

I. Arbeitspapiere

76 Der neu eingeführte § 51b Abs. 4 Satz 2 WPO[74] verpflichtet den AP, in seinen Arbeitspapieren

- die zur Überprüfung seiner **Unabhängigkeit** ergriffenen Maßnahmen,
- seine Unabhängigkeit gefährdende Umstände und
- ergriffene Schutzmaßnahmen

schriftlich zu dokumentieren. Bereits vor Einführung des BilMoG war der AP nach §§ 21 Abs. 5 Satz 2 und 22 Abs. 2 BS WP/vBP hierzu verpflichtet. Somit ergeben sich durch § 51b Abs. 4 Satz 2 WPO keine zusätzlichen Anforderungen an den AP[75]. Zu weiteren Details vgl. Abschn. Z Tz. 64 ff.

77 Durch den neu eingefügten § 51b Abs. 4a WPO[76] wird der WPK das Recht eingeräumt, im Rahmen ihrer Aufsichtstätigkeit von einem **Konzernabschlussprüfer** die Arbeitspapiere oder vergleichbare Unterlagen von AP aus Drittstaaten[77], die in den KA einbezogene Tochterunternehmen prüfen, anzufordern. Dieses Recht gilt allerdings nur für den Fall, dass der **AP aus Drittstaaten** nicht in das deutsche Berufsregister nach § 37 WPO eingetragen ist[78] und keine Vereinbarung zur Zusammenarbeit mit der zuständigen Aufsichtsstelle aus dem jeweiligen Drittstaat besteht[79], da sonst der ausländische AP direkt der Berufsaufsicht durch die WPK unterliegt[80] bzw. sich die WPK im Rahmen der Vereinbarung an die zuständige Aufsichtsstelle des ausländischen AP wenden kann (vgl. Abschn. Z Tz. 89).

78 Die Pflicht des Konzern-AP zur Übergabe der Arbeitspapiere besteht nur bei ausdrücklicher Aufforderung durch die WPK. Um diese Pflicht innerhalb einer angemessenen Frist erfüllen zu können, kann der Konzern-AP bspw. **Kopien der Arbeitspapiere** des ausländischen AP aufbewahren oder mit dem ausländischen AP den Zugriff auf dessen Arbeitspapiere im Drittstaat vereinbaren. Erhält der Konzern-AP keinen Zugang zu den Arbeitspapieren, sind der Versuch ihrer Erlangung und die Hindernisse zu dokumentieren und der WPK auf deren schriftliche Aufforderung die Gründe dafür mitzuteilen. Für die Kommunikation im Rahmen der KAP empfiehlt es sich, die Prüfer von Tochterunternehmen aus Drittstaaten im Rahmen der schriftlichen Prüfungsvorgaben (*audit instructions*[81]) über die oben dargestellten Anforderungen zu informieren. Zu weiteren Details vgl. Abschn. Z Tz. 91 f.

II. Erstanwendungszeitpunkt

79 Die Dokumentationspflicht des AP in Bezug auf Unabhängigkeitsfragen (§ 51b Abs. 4 Satz 2 WPO) sowie das Informationsrecht der WPK nach § 51b Abs. 4a WPO gegenüber dem Konzern-AP in Bezug auf Arbeitspapiere von Prüfern aus Drittstaaten, die in den KA einbezogene Tochterunternehmen prüfen, gelten nach Art. 15 des BilMoG für Jahres- und Konzernabschlüsse, deren Prüfung bei **Inkrafttreten des BilMoG** (29. Mai 2009) noch nicht abgeschlossen war.

---

74 Dieser setzt Art. 22 Abs. 3 der AP-R um.
75 So auch IDW in der Stellungnahme zum Referentenentw. eines Gesetzes zur Modernisierung des Bilanzrechts (Bilanzrechtsmodernisierungsgesetz – BilMoG), FN-IDW 2008, S. 25.
76 Dieser setzt Art. 27 c der AP-R um.
77 Dies sind nach § 3 Abs. 1 Satz 1 Halbsatz 2 WPO Staaten, die nicht Mitgliedstaat der Europäischen Union oder Vertragsstaat des Abkommens über den Europäischen Wirtschaftsraum sind.
78 Vgl. § 134 Abs. 1 WPO.
79 Vgl. § 57 Abs. 9 Satz 5 Nr. 3 WPO.
80 Vgl. § 134 Abs. 3 Satz 1 WPO.
81 Vgl. IDW PS 320 Tz. 22a, ISA 600 (*rev. and redrafted*) Tz. A58.

T. Unabhängigkeit des Abschlussprüfers (§§ 319a, 319b HGB)

§ 319a HGB
Besondere Ausschlussgründe bei Unternehmen von öffentlichem Interesse

(1) ¹Ein Wirtschaftsprüfer ist über die in § 319 Abs. 2 und 3 genannten Gründe hinaus auch dann von der Abschlussprüfung eines Unternehmens, **das kapitalmarktorientiert im Sinn des § 264d ist**, ausgeschlossen, wenn er

1. in den letzten fünf Jahren jeweils mehr als fünfzehn vom Hundert der Gesamteinnahmen aus seiner beruflichen Tätigkeit von der zu prüfenden Kapitalgesellschaft oder von Unternehmen, an denen die zu prüfende Kapitalgesellschaft mehr als zwanzig vom Hundert der Anteile besitzt, bezogen hat und dies auch im laufenden Geschäftsjahr zu erwarten ist,

2. in dem zu prüfenden Geschäftsjahr über die Prüfungstätigkeit hinaus Rechts- oder Steuerberatungsleistungen erbracht hat, die über das Aufzeigen von Gestaltungsalternativen hinausgehen und die sich auf die Darstellung der Vermögens-, Finanz- und Ertragslage in dem zu prüfenden Jahresabschluss unmittelbar und nicht nur unwesentlich auswirken,

3. über die Prüfungstätigkeit hinaus in dem zu prüfenden Geschäftsjahr an der Entwicklung, Einrichtung und Einführung von Rechnungslegungsinformationssystemen mitgewirkt hat, sofern diese Tätigkeit nicht von untergeordneter Bedeutung ist, oder

4. **für die Abschlussprüfung bei dem Unternehmen bereits in sieben oder mehr Fällen verantwortlich war**; dies gilt nicht, wenn seit seiner letzten Beteiligung an der Prüfung des Jahresabschlusses **zwei** oder mehr Jahre vergangen sind.

²§ 319 Abs. 3 Satz 1 Nr. 3 letzter Teilsatz, Satz 2 und Abs. 4 gilt für die in Satz 1 genannten Ausschlussgründe entsprechend. ³Satz 1 Nr. 1 bis 3 gilt auch, wenn Personen, mit denen der Wirtschaftsprüfer seinen Beruf gemeinsam ausübt, die dort genannten Ausschlussgründe erfüllen. ⁴Satz 1 Nr. 4 findet auf eine Wirtschaftsprüfungsgesellschaft mit der Maßgabe Anwendung, dass sie nicht Abschlussprüfer sein darf, wenn sie bei der Abschlussprüfung des Unternehmens einen Wirtschaftsprüfer beschäftigt, der **als verantwortlicher Prüfungspartner** nach Satz 1 Nr. 4 nicht Abschlussprüfer sein darf. ⁵**Verantwortlicher Prüfungspartner ist, wer den Bestätigungsvermerk nach § 322 unterzeichnet oder als Wirtschaftsprüfer von einer Wirtschaftsprüfungsgesellschaft als für die Durchführung einer Abschlussprüfung vorrangig verantwortlich bestimmt worden ist.**

(2) ¹Absatz 1 ist auf den Abschlussprüfer des Konzernabschlusses entsprechend anzuwenden. ²**Als verantwortlicher Prüfungspartner gilt auf Konzernebene auch, wer als Wirtschaftsprüfer auf der Ebene bedeutender Tochterunternehmen als für die Durchführung von deren Abschlussprüfung vorrangig verantwortlich bestimmt worden ist.**

Inhaltsverzeichnis   Tz.
I. Grundlagen 1– 5
II. Anwendung auf kapitalmarktorientierte Unternehmen im Sinne
   des § 264d .... 6 – 7
III. Pflicht zur internen Rotation bei der Jahresabschlussprüfung
   1. Entstehungsgeschichte, Zweck der Norm .... 8 – 9
   2. Pflicht zur Rotation bei Einzelwirtschaftsprüfern
      (Abs. 1 Satz 1 Nr. 4)
      a. Betroffener Personenkreis .... 10 – 19
      b. Sieben oder mehr Fälle .... 20 – 25
      c. Inhalt des Rotationsgebots .... 26 – 28
   3. Pflicht zur Rotation bei Prüfungsgesellschaften
      (Abs. 1 Satz 4 und 5)
      a. Betroffener Personenkreis .... 29 – 41
      b. Sieben oder mehr Fälle 42
      c. Inhalt des Rotationsgebots .... 43 – 46
   4. Zweijährige Auszeit (*Time-out*-Periode) .... 47 – 54
IV. Pflicht zur internen Rotation bei der Konzernabschlussprüfung
   1. Überblick – Erweiterung der bisherigen Regelung .... 55 – 60
   2. Bedeutende Tochterunternehmen .... 61 – 71
   3. Betroffener Personenkreis .... 72 – 79
   4. Sieben oder mehr Fälle .... 80 – 85
   5. Inhalt des Rotationsgebots .... 86 – 98
V. Rechtsfolgen eines Verstoßes .... 99 – 101
VI. Erstanwendungszeitpunkt .... 102 – 105

I. Grundlagen

1 Die Änderungen in § 319a HGB sind auf die Pflicht des deutschen Gesetzgebers zurückzuführen, die Vorgaben der „*Richtlinie 2006/43/EG des Europäischen Parlaments und des Rates vom 17. Mai 2006 über Abschlussprüfungen von Jahresabschlüssen und konsolidierten Abschlüssen*[1] (sog. **Abschlussprüferrichtlinie**) in nationales Recht umzusetzen. Eine Anpassung war bei § 319a HGB notwendig, da die bislang geltende Regelung zur sog. **internen Rotation** hinsichtlich ihres persönlichen Anwendungsbereichs nur solche Wirtschaftsprüfer erfasste, die den Bestätigungsvermerk gemäß § 322 HGB über die Prüfung des Jahresabschlusses eines Unternehmens iSd. § 264d HGB selbst gezeichnet hatten.

2 Art. 42 der Abschlussprüferrichtlinie sieht bei Durchführung der Prüfung durch eine Berufsgesellschaft aber vor, dass die für die Durchführung der Abschlussprüfung im Auftrag der Prüfungsgesellschaft **verantwortlichen Prüfungspartner** nach längstens siebenjähriger Tätigkeit für eine Übergangszeit das Mandat wechseln müssen. Auch wenn die Übernahme der Funktion als verantwortlicher Prüfungspartner bei Prüfungsgesellschaften in aller Regel dazu führt, dass dieser auch den Bestätigungsvermerk unterzeichnet[2], führt die Änderung des § 319a Abs. 1 Nr. 4 HGB sowie die Definition des verantwortlichen Prüfungspartners in § 319a Abs. 1 Satz 5 HGB zu einer Harmonisierung mit Art. 2 Nr. 16 der Abschlussprüferrichtlinie.

---

[1] Veröffentlicht im ABl. EG Nr. L 157, S. 87 ff.
[2] Vgl. § 27a Abs. 1 BS WP/vBP.

Das IDW hat in seiner Stellungnahme zum Referentenentwurf[3] vorgeschlagen, die **Auszeit** (*Time-out*-Periode), nach der die Rotationsfrist neu zu laufen beginnt, anstelle der im Entwurf vorgesehenen drei Jahre auf die europarechtlich geforderte Mindestfrist von zwei Jahren zu beschränken. Diese Anpassung lag nahe, weil die bisher geltende Frist von drei Jahren einer Vorversion der Abschlussprüferrichtlinie entnommen worden war, in der endgültigen Fassung dieser Richtlinie aber auf zwei Jahre beschränkt worden ist. Dem Vorschlag ist der Regierungsentwurf zum BilMoG nicht gefolgt; durch die Beschlussempfehlung des Rechtsausschusses[4] ist dann die *Time-out*-Periode in Übereinstimmung mit Art. 42 der Abschlussprüferrichtlinie auf zwei Jahre festgelegt worden. 3

Dem Grundsatz folgend, dass nicht nur die Unterzeichnung des Bestätigungsvermerks zur Auslösung des Rotationsgebots führt, sondern die Übernahme von Prüfungsverantwortung, ist der sachliche Anwendungsbereich bei **Konzernabschlussprüfungen** insoweit ausgeweitet worden, als nunmehr auch solche Wirtschaftsprüfer von der Rotationspflicht erfasst werden, die für die Abschlussprüfung auf der Ebene bedeutender Tochterunternehmen als vorrangig verantwortlich bestimmt worden sind. Dies gilt unabhängig davon, ob das Tochterunternehmen selbst börsennotiert ist; Auslöser ist die Funktion im Rahmen der Prüfung des Konzernabschlusses. Maßgeblich ist daher, ob das Mutterunternehmen eines iSd. § 264d HGB ist (vgl. Abschn. K Tz. 35 ff.). 4

Der Wortlaut des Abs. 2 stellt auf die Verantwortlichkeit für die Durchführung der Abschlussprüfung bei dem Tochterunternehmen ab. Damit kann die **Prüfung des Jahresabschlusses** gemeint sein[5]. Dies erscheint ohne weiteres sachgerecht, wenn der geprüfte Jahresabschluss die Grundlage für die Einbeziehung in den Konzernabschluss bildet. Wenn dagegen – insb. bei Konzernabschlüssen nach IFRS – ein *Reporting Package* als Grundlage für die Einbeziehung dient, läge es nahe, auf dessen Prüfung abzustellen. Da in aller Regel für den handelsrechtlichen Jahresabschluss und das *Reporting Package* derselbe verantwortliche Prüfer bestimmt wird, betrifft die Rotationspflicht regelmäßig beide Funktionen. Damit erfasst sie auch die **Jahresabschlussprüfung** eines solchen bedeutenden Tochterunternehmens, auch wenn dieses kein kapitalmarktorientiertes Unternehmen iSd. § 264d HGB ist und daher selbst vom Rotationsgebot nicht erfasst würde. 5

II. Anwendung auf kapitalmarktorientierte Unternehmen im Sinne des § 264d

§ 319a Abs. 1 HGB definierte bisher den Anwendungsbereich der dort geregelten Ausschlussgründe eigenständig; er bezog sich nach der Formulierung in Halbsatz 1 auf die Prüfung von Unternehmen, die einen organisierten Markt iSd. § 2 Abs. 5 WpHG in Anspruch nehmen. Diese eigenständige Definition ist durch einen Verweis auf die **allgemeine Definition kapitalmarktorientierter Unternehmen in § 264d HGB** ersetzt worden. Diese Norm definiert jetzt den Begriff der kapitalmarktorientierten Unternehmen, der in mehreren Vorschriften des Bilanzrechts in Bezug genommen wird (vgl. Abschn. K Tz. 35 ff.). 6

Damit beziehen sich die Ausschlussgründe in § 319a HGB nunmehr auf die Prüfung von Kapitalgesellschaften, die einen organisierten Markt iSd. § 2 Abs. 5 WpHG durch 7

---
3 IDW, Ergänzende Stellungnahme vom 9. April 2008, FN 2008, 193.
4 Begr. Beschlussempfehlung und Bericht des Rechtsausschusses, BT-Drucks. 16/12407, S. 91.
5 So Begr. Beschlussempfehlung und Bericht des Rechtsausschusses, BT-Drucks. 16/12407, S. 91.

von ihnen ausgegebene Wertpapiere iSd. § 2 Abs. 1 Satz 1 WpHG in Anspruch nehmen oder die die Zulassung solcher Wertpapiere zum Handel beantragt haben. Im Vergleich zur bisherigen Regelung in § 319a HGB aF wird der Anwendungsbereich hierdurch enger, weil nur noch Kapitalgesellschaften erfasst sind, die Aktien, andere mit Aktien vergleichbare Anteile oder Schuldtitel begeben haben. Andererseits erweitert sich der **Anwendungsbereich** auf solche Kapitalgesellschaften, deren vorstehende Wertpapiere noch nicht an einem organisierten Markt gehandelt werden, die aber die Zulassung solcher Wertpapiere zum Handel beantragt haben[6]. Einzelheiten zur Reichweite des § 264d HGB ergeben sich aus der Kommentierung zu dieser Vorschrift.

III. Pflicht zur internen Rotation bei der Jahresabschlussprüfung

1. Entstehungsgeschichte, Zweck der Norm

8   Die Pflicht zur **internen Prüferrotation** wurde 1998 mit dem KonTraG[7] in den damaligen § 319 HGB aufgenommen und bezog sich auf die Prüfung börsennotierter AG. Zweck der Norm ist die weitere Absicherung der Unabhängigkeit des Abschlussprüfers, die der Normgeber durch die langjährige Tätigkeit beim selben Unternehmen infolge einer möglicherweise einsetzenden „Betriebsblindheit"[8] gefährdet sieht. Da eine zu lange Verbindung zwischen dem Abschlussprüfer, der die Prüfung verantwortet, und dem zu prüfenden Unternehmen Zweifel an der Objektivität des Prüfers und damit an der anhaltenden Qualität der Abschlussprüfung aufkommen lassen, wurde das Rotationsgebot eingeführt[9].

9   Die ursprünglich diskutierte sog. **externe Rotation**, dh. der Wechsel der Prüfungsgesellschaft und nicht nur der natürlichen Person, die für die Prüfung verantwortlich ist, fand keine Zustimmung. Stattdessen wurde es für ausreichend erachtet, die Wirtschaftsprüfer, die den Bestätigungsvermerk unterzeichnen, nach Ablauf einer bestimmten Zeit nicht mehr bei der Prüfung des betreffenden Unternehmens einzusetzen. Um wieder bei der Prüfung tätig sein zu dürfen, muss eine gewisse Zeitspanne abgewartet werden. Das Regelungskonzept für diese Auszeit (*Time-out*-Periode) wurde dabei durch das BilReG[10] dahin geändert, dass eine Phase von drei Jahren ohne Beteiligung an der Prüfung eingehalten werden musste; diese Phase ist nunmehr durch das BilMoG in Anpassung an Art. 42 der Abschlussprüferrichtlinie auf zwei Jahre verkürzt worden (vgl. dazu im Einzelnen Tz. 47 ff.). Nach diesem Zeitraum verliert die frühere Tätigkeit ihre Bedeutung. Anzumerken ist, dass dieses Konzept bei kleinen und mittelständischen Wirtschaftsprüfungspraxen faktisch zu einer externen Rotation führen kann, wenn keine anderen Berufsträger zur Durchführung der Prüfung zur Verfügung stehen.

2. Pflicht zur Rotation bei Einzelwirtschaftsprüfern (Abs. 1 Satz 1 Nr. 4)

a. Betroffener Personenkreis

10 Bisher wurde die Pflicht zur Rotation dadurch ausgelöst, dass der Wirtschaftsprüfer den Bestätigungsvermerk für die Prüfung mehr als eine bestimmte Anzahl von Malen

---

6   Vgl. Begr. RegE, BT-Drucks. 16/10067, S. 88.
7   Vom 27. April 1998, BGBl. I S. 786.
8   Vgl. IDW (Hrsg.), *WPH*[13] 2006 Bd. I, Tz. 324.
9   Vgl. hierzu Begr. RegE, BT-Drucks. 15/3419, S. 10.
10 Vom 4. Dezember 2004, BGBl. I S. 3166.

unterzeichnet hat. Bereits kurz nach Einführung der Regelung wurden Zweifel laut, ob die Anknüpfung an den **Formalakt der Unterzeichnung** des Bestätigungsvermerks sachgerecht ist[11]. Allerdings ist ein Wirtschaftsprüfer in eigener Praxis, der selbst als Abschlussprüfer bestellt ist, immer verpflichtet, auch den Bestätigungsvermerk zu unterschreiben, so dass er von dem Rotationsgebot auch bisher bereits erfasst wurde.

Auch bei Einzelwirtschaftsprüfern ist es allerdings nicht ausgeschlossen, dass ein **anderer Wirtschaftsprüfer als verantwortlicher Prüfer** bestimmt wird. Daher hat der Gesetzgeber den Grundsatz, dass es auf die Verantwortlichkeit für die Prüfung ankommt, bereits in § 319a Abs. 1 Satz 1 Nr. 4 HGB und damit in den Regelungen für die Prüfung durch (Einzel-)Wirtschaftsprüfer verankert. Das erscheint sachgerecht, denn wenn hier der berufsrechtlich als verantwortlich bestimmte Wirtschaftsprüfer den Bestätigungsvermerk nicht unterzeichnet, ergeben sich gleichwohl dieselben Folgen für die Betriebsblindheit. Von diesen Bedenken betroffen ist nicht nur der Unterzeichner, sondern vor allem derjenige, der die Prüfung verantwortlich leitet. Mit dieser Funktion kann auch bei Einzelwirtschaftsprüfern – trotz deren höchstpersönlicher Bestellung zum Abschlussprüfer – ein anderer WP betraut werden[12], sei es als angestellter WP, sei es als freier Mitarbeiter. Aus berufsrechtlichen Gründen muss die Verantwortung immer bei einer Person liegen, die über die Berufsqualifikation als WP verfügt[13]. Nach § 24a Abs. 2 BS WP/vBP muss die Verantwortlichkeit für die Auftragsdurchführung im Rahmen der Prüfungsplanung festgelegt und dokumentiert werden.

Anderen Prüfungsgehilfen, die nicht über die Qualifikation als WP verfügen, darf die Stellung als verantwortlicher Prüfer nicht übertragen werden. Sie werden daher von der Pflicht zur Rotation nicht erfasst.

Fraglich könnte sein, ob diese Ausweitung für die Prüfung durch Einzelwirtschaftsprüfer durch die Abschlussprüferrichtlinie zwingend vorgegeben war. Art. 42 Abs. 2 der **Abschlussprüferrichtlinie** schreibt die interne Rotation für „den oder die für die Durchführung der Abschlussprüfung im Auftrag der Prüfungsgesellschaft verantwortlichen Prüfungspartner" vor. Damit bezieht sich die Regelung nach ihrem Wortlaut nur auf Prüfungsgesellschaften, nicht aber auf natürliche Personen als Einzelwirtschaftsprüfer oder gemeinschaftlich bestellte Prüfer. Nachdem aber auch bei Einzelwirtschaftsprüfern eine Delegation der Stellung als verantwortlicher WP iSd. § 24a Abs. 2 BS WP/vBP zulässig ist, erscheint die Einbeziehung in die Rotationspflicht folgerichtig.

Nach der Formulierung in § 319a Abs. 1 Satz 1 Nr. 4 HGB könnte nun allerdings fraglich sein, ob im Falle der Delegation neben dem zum verantwortlichen Prüfer bestimmten angestellten WP oder freien Mitarbeiter auch der **als Abschlussprüfer bestellte WP** selbst, der den **Bestätigungsvermerk unterschrieben** hat, von der Pflicht zur Rotation erfasst wird. Dies stand nach der alten Regelung außer Frage, weil der bestellte Abschlussprüfer wegen seiner Unterschrift unter den Bestätigungsvermerk von der formalen Anknüpfung erfasst war. Nunmehr regelt das Gesetz die formale Anknüpfung an die Unterschrift aber nur noch in § 319a Abs. 1 Satz 5 HGB im Rahmen der Definition des Begriffs „verantwortlicher Prüfungspartner". Dieser Begriff

---

11 Vgl. *ADS⁶*, § 319 HGB, Tz. 196
12 Vgl. dazu *Gelhausen*, WPK-Magazin 2007, S. 61.
13 Dazu näher *Gelhausen*, WPK-Magazin 2007, S. 59. Da Unternehmen im Sinne des § 264d nach § 267 Abs. 3 Satz 2 immer als große Kapitalgesellschaft gelten, muss die Prüfung nach § 319 Abs 1 Satz 1 durch WP oder durch WPG durchgeführt werden; vBP werden daher von den Regelungen zur internen Rotation nicht erfasst.

wird aber – wie auch in der Abschlussprüferrichtlinie – nur im Zusammenhang mit Prüfungsgesellschaften verwendet und definiert.

15 Allerdings ist davon auszugehen, dass der als Abschlussprüfer bestellte Einzelwirtschaftsprüfer auch dann, wenn er einen „verantwortlichen Prüfer" iSd. § 24a Abs. 2 BS WP/vBP einsetzt, selbst in bestimmtem Umfang für die Prüfung verantwortlich bleibt. Auch wenn es sich dabei um eine Art **Letztverantwortung** vergleichbar mit der Stellung eines Mitunterzeichners bei Berufsgesellschaften handelt[14], genügt dies für die Feststellung, dass er für die Prüfung „verantwortlich" iSd. § 319a Abs. 1 Satz 1 Nr. 4 HGB war. Eine Gewichtung der Verantwortlichkeit findet nicht statt. Der Begriff „vorrangig" wird an dieser Stelle nicht benutzt. Außerdem ergäbe sich ein Wertungswiderspruch, wollte man bei dem persönlich bestellten Abschlussprüfer die alleinige Unterzeichnung des Bestätigungsvermerks nicht als Anknüpfung für die Rotationspflicht ausreichen lassen.

16 Welche **Funktion** in den einzelnen Jahren ausgeübt worden ist, spielt für die Ermittlung der Auslöseschwelle von sieben Fällen keine Rolle. War also ein WP bei einem Prüfungsmandat zunächst drei Jahre als verantwortlicher Prüfer iSd. § 24a Abs. 2 BS WP/vBP tätig und wird er dann selbst als Abschlussprüfer bestellt und unterzeichnet den Bestätigungsvermerk, muss er nach dem vierten Jahr rotieren.

17 Der Betreffende muss für die Abschlussprüfung „**bei dem Unternehmen**" verantwortlich gewesen sein. Eine Tätigkeit bei der Prüfung von Tochter- oder Mutterunternehmen ist daher nicht zu berücksichtigen. Entsprechende Sachverhalte werden nunmehr aber im Rahmen der Vorschriften zur Konzernabschlussprüfung in § 319a Abs. 2 HGB berücksichtigt[15].

18 Allerdings fragt es sich, ob die Tätigkeit für rechtlich verschiedene Unternehmen zusammenzurechnen ist, wenn diese miteinander verschmolzen werden. Während hierzu im Schrifttum ein eher formaler Standpunkt vertreten worden ist[16], hat das OLG Düsseldorf[17] entschieden, dass jedenfalls bei **Verschmelzung** auf eine Vorratsgesellschaft die Tätigkeit als Abschlussprüfer bei einem oder mehreren übertragenden Rechtsträgern dem Übernehmer zugerechnet werden muss mit der Folge, dass die Pflicht zur Rotation früher oder sogar sofort einsetzt. War der WP nur bei einem von mehreren übertragenden Rechtsträgern tätig, kommt es darauf an, ob der von ihm geprüfte Bereich im Vergleich zu den Verhältnissen nach Verschmelzung bedeutsam ist. Zur Abgrenzung könnte die Schwelle von 20 % für bedeutende Tochtergesellschaften iSd. § 319a Abs. 2 Satz 2 HGB herangezogen werden (dazu unten Tz. 66). War er parallel bei mehreren übertragenden Rechtsträgern tätig, ist auf deren Bedeutung insgesamt abzustellen.

19 Nach dem Wortlaut der Regelung in § 319a Abs. 1 Satz 1 Nr. 4 HGB könnte davon auszugehen sein, dass nur die **Prüfung des Jahresabschlusses** zur Rotationspflicht nach § 319a Abs. 1 HGB führt, nicht aber die Prüfung des **Konzernabschlusses**, weil hier § 319a Abs. 2 Satz 1 und 2 HGB eine getrennte Regelung enthält. Wenn der Wirtschaftsprüfer zunächst in vier Fällen nur den Jahresabschluss geprüft hat und danach in drei Fällen nur den Konzernabschluss, stellt sich die Frage, ob er im achten Jahr Prüfer des Jahres- oder des Konzernabschlusses sein kann. Nach Sinn und Zweck der Vorschrift wird davon auszugehen sein, dass für die Ermittlung der Fallzahl im Rahmen

---

14 Vgl. dazu *Gelhausen*, WPK-Magazin 2007, S. 61.
15 Vgl. dazu im Einzelnen Tz. 55 ff.
16 Vgl. *ADS*[6], § 319 HGB Tz. 220.
17 Urt. v. 14.12.2006, 6 U 241/05, NZG 2007, 235 – Metro.

der Rotationsvorschriften in solchen **Mischfällen** die Tätigkeit in Bezug auf den Jahres- und auf den Konzernabschluss gleich zu behandeln ist, so dass im vorstehenden Beispiel eine Pflicht zur internen Rotation für den Jahresabschluss, aber auch für den Konzernabschluss besteht. Dies entspricht der Auslegung nach der früheren Regelung in § 319 Abs. 3 Nr. 6 HGB in der Fassung vor dem BilReG[18] und trägt dem Umstand Rechnung, dass die Beschäftigung mit dem Prüfungsstoff für die Prüfung des Jahres- und des Konzernabschlusses weitgehend parallel läuft und auch die Kontakte mit den Organmitgliedern des Unternehmens im wesentlichen dieselben sind.

b. Sieben oder mehr Fälle

Die Pflicht zur internen Rotation setzt ein, wenn der Wirtschaftsprüfer für die Abschlussprüfung bereits „**in sieben oder mehr Fällen**" verantwortlich" war. Damit entspricht die zeitliche Komponente der bisherigen Regelung, die auf die Zeichnung des Bestätigungsvermerks abgestellt hat. Das Gebot zur Rotation betrifft erstmalig die Prüfung, die den achten Fall bilden würde. 20

Nach der neuen Formulierung könnte fraglich sein, was mit dem Begriff „Fälle" gemeint ist. Aus dem Vergleich mit der bisherigen Regelung wird zu entnehmen sein, dass die Verantwortung für die Prüfung des Jahresabschlusses für vergangene **Geschäftsjahre** gemeint ist. Die Rotation für die Konzernabschlussprüfung ist gesondert in § 319a Abs. 2 HGB geregelt, so dass sich bei gleichzeitiger Prüfung von Jahres- und Konzernabschluss die Frage einer Doppelzählung nicht stellt[19]. Auch die Begründung zur Beschlussempfehlung des Rechtsausschusses[20] weist ausdrücklich darauf hin, dass bei paralleler Prüfungsverantwortung für Jahresabschluss, Einzelabschluss und Konzernabschluss eine **Mehrfachzählung** ausgeschlossen ist. Auch **Rumpfgeschäftsjahre** bilden unabhängig von ihrer Dauer einen „Fall", so dass der Zeitraum durchaus kürzer als 7 Jahre sein kann. 21

Zur Behandlung von **Mischfällen**, in denen in aufeinanderfolgenden Jahren nur der Jahres- oder der Konzernabschluss geprüft worden sind, vgl. Tz. 19. Hier sind die Fälle zusammenzurechnen. Wenn in sechs Jahren sowohl der Jahres- als auch der Konzernabschluss geprüft worden ist, im siebten Jahr aber nur noch der Konzernabschluss, ergeben sich bei isolierter Betracht zwar nur sechs Fälle, in denen der Jahresabschluss geprüft worden ist. Da nach Sinn und Zweck der Rotationsregelung aber die Prüfung von Jahres- und Konzernabschluss als gleichwertig anzusehen ist, zählt auch der siebte Fall (isolierte Prüfung des Konzernabschlusses) mit, sodass im achten Jahr auch für den Jahresabschluss die Pflicht zur Rotation besteht. 22

Die „Fälle" müssen **nicht lückenlos** aneinander anschließen. Wenn die Prüfungsverantwortung zB jedes zweite Geschäftsjahr übernommen worden ist, zählen alle Jahre mit, in denen geprüft wurde. 23

Ein Referenzzeitraum von zehn Jahren, wie er vor dem Inkrafttreten des BilReG galt, besteht nun nicht mehr, so dass auch **weiter zurückliegende Prüfungen** mitzählen. Frühere Prüfungen sind nur dann abgeschnitten, wenn ein Zeitraum von mindestens zwei Jahren dazwischen liegt, in dem der Betreffende nicht an der Prüfung beteiligt war (§ 319a Abs. 1 Satz 1 Nr. 4 zweiter Halbsatz HGB – *Time-out*-Periode, vgl. dazu Tz. 47 ff.). 24

---

18 Vgl. *ADS*[6], § 319 HGB Tz. 226.
19 Zu dieser Frage nach dem Rechtszustand vor dem BilReG vgl. *Ebke* in MünchKomm. HGB[2], § 319a HGB Rdnr. 29 ff.; zur Neuregelung ebd. Tz. 83.
20 Vgl. Begr. Beschlussempfehlung und Bericht des Rechtsausschusses, BT-Drucks. 16/12407, S. 91.

25 Mitzuzählen sind nicht nur Prüfungen in Jahren, in denen das Unternehmen bereits kapitalmarktorientiert war, sondern auch die **Tätigkeit als verantwortlicher Prüfer in den Jahren vor dem Beginn der Kapitalmarktorientierung**[21]. Die Vorschriften über die interne Rotation sind immer dann einzuhalten, wenn das geprüfte Unternehmen spätestens bis zur Beendigung der Prüfung als kapitalmarktorientiertes Unternehmen zu qualifizieren ist.

c. Inhalt des Rotationsgebots

26 Folge der Rotationspflicht bei einem Einzelwirtschaftsprüfer ist, dass er – für die *Time-out*-Periode – von der Abschlussprüfung des Unternehmens ausgeschlossen ist. Dies gilt nicht nur für die Prüfung des Jahresabschlusses, sondern unter Berücksichtigung des § 319a Abs. 2 S.1 HGB nach Sinn und Zweck der Vorschriften auch für die Prüfung des Konzernabschlusses[22]. Da die Bestellung höchstpersönlich ist, muss damit eine **andere Person als Abschlussprüfer bestellt** werden, wenn die Tatbestandsvoraussetzungen erfüllt sind.

27 Wird ein **Sozius** des ausgeschlossenen Wirtschaftsprüfers bestellt, ist dies ohne weiteres zulässig. Der Tatbestand der Rotationspflicht ist aus dem Anwendungsbereich der Sozietätsklausel, durch die Ausschlustatbestände bei gemeinsamer Berufsausübung zugerechnet werden, ausdrücklich ausgenommen (§ 319a Abs. 1 Satz 3 HGB).

28 Nicht zulässig wäre es, wenn der Ausgeschlossene für den nunmehr bestellten Wirtschaftsprüfer **bei der Abschlussprüfung tätig** wäre. Dies gilt nicht nur für die Übernahme der Stellung als verantwortlicher Wirtschaftsprüfer iSd. § 24a Abs. 2 BS WP/vBP, sondern für jede Art von Mitwirkung. Ein solches striktes Verbot ist nicht nur aus der Regelung für die *Time-out*-Periode zu entnehmen, während derer jede Beteiligung an der Prüfung zu unterbleiben hat, sondern entspricht auch der ausdrücklichen Regelung für Wirtschaftsprüfungsgesellschaften in § 319a Abs. 1 Satz 5 HGB, wonach ein vom Rotationsgebot betroffener Wirtschaftsprüfer nicht bei der Abschlussprüfung des Unternehmens beschäftigt werden darf (vgl. dazu unten Tz. 51). Hiernach wäre es auch nicht zulässig, wenn ein bei dem zur Rotation verpflichteten Wirtschaftsprüfer angestellter Prüfer als Abschlussprüfer bestellt würde, dieser den Auftrag dann aber im Rahmen der Praxis des Ausgeschlossenen unter dessen Mitwirkung abwickeln würde.

3. Pflicht zur Rotation bei Prüfungsgesellschaften (Abs. 1 Satz 4 und 5)

a. Betroffener Personenkreis

29 Nach der **bisherigen Regelung** in § 319a Abs. 1 Satz 4 HGB aF durfte eine Wirtschaftsprüfungsgesellschaft nicht Abschlussprüfer sein, wenn sie bei der Abschlussprüfung des Unternehmens einen Wirtschaftsprüfer beschäftigte, der nach § 319a Satz 1 Nr. 4 HGB nicht Abschlussprüfer sein darf. Damit knüpfte die Pflicht zur Rotation ebenfalls ausschließlich daran an, ob der Bestätigungsvermerk bereits sieben Mal unterzeichnet worden war.

30 Art. 42 Abs. 2 der **Abschlussprüferrichtlinie** knüpft die Rotationspflicht dagegen an die Funktion als „verantwortlicher Prüfungspartner". Nach der Legaldefinition in Art.

---

21 Ebenso *Gier/Müller/Müller* in Küting/Pfitzer/Weber (Hrsg.), Das neue deutsche Bilanzrecht, Stuttgart 2008, S. 635.
22 So bereits – wenn auch aufgrund des insoweit klareren Wortlauts der alten Regelung – *ADS*[6], § 319 HGB Tz. 240.

2 Nr. 16 der Abschlussprüferrichtlinie gilt als verantwortlicher Prüfungspartner auf Ebene der Einzelabschlussprüfung (a) „der/die Abschlussprüfer, der/die von einer Prüfungsgesellschaft für ein bestimmtes Prüfungsmandat als für die Durchführung der Abschlussprüfung im Auftrag der Prüfungsgesellschaft vorrangig verantwortlich bestimmt worden ist/sind" sowie (c) „der/die Abschlussprüfer, der/die den Bestätigungsvermerk unterzeichnet/unterzeichnen"[23] (dazu unten Tz. 56 ff.). Während die Alternative (c) bereits im alten Recht umgesetzt war, bestand für die Alternative (a) Regelungsbedarf.

Zur Umsetzung hat der **deutsche Gesetzgeber** auf den Begriff des verantwortlichen Prüfungspartners zurückgegriffen und die Definition der Richtlinie in § 319a Abs. 1 Satz 5 HGB übernommen. Damit wird die Pflicht zur internen Rotation nunmehr über den Kreis der Unterschriftsleistenden hinaus ausgedehnt auf Wirtschaftsprüfer, die für die Abschlussprüfung bei dem Unternehmen bereits in sieben oder mehr Fällen verantwortlich waren. 31

Im Falle der Prüfung durch eine Wirtschaftsprüfungsgesellschaft gilt die Regelung zur Rotationspflicht aus § 319a Satz 1 Nr. 4 HGB nunmehr mit der Maßgabe, dass die Wirtschaftsprüfungsgesellschaft ausgeschlossen ist, wenn sie bei der Prüfung einen Wirtschaftsprüfer beschäftigt, der als **verantwortlicher Prüfungspartner** nach § 319a Satz 1 Nr. 4 HGB nicht Abschlussprüfer sein darf. Nach § 319a Abs. 1 Satz 5 HGB ist verantwortlicher Prüfungspartner, 32

- wer den Bestätigungsvermerk gemäß § 322 HGB unterzeichnet oder
- wer als Wirtschaftsprüfer von einer Wirtschaftsprüfungsgesellschaft als für die Durchführung einer Abschlussprüfung vorrangig bestimmt worden ist.

Unzweifelhaft – und so ist es in Art. 2 Nr. 16 in Verbindung mit Art. 2 Nr. 2 der Abschlussprüferrichtlinie auch definiert – kann es sich bei dem verantwortlichen Prüfungspartner nur um eine **natürliche Person** handeln[24]. Diese muss von den zuständigen Stellen des Mitgliedstaates für die Durchführung von Abschlussprüfungen zugelassen worden sein. Nach § 319 Abs. 1 Satz 1 HGB können Abschlussprüfer einer großen Kapitalgesellschaft nur nach den Vorschriften der WPO zugelassene bzw. anerkannte **Wirtschaftsprüfer** und **Wirtschaftsprüfungsgesellschaften** sein. Da es im Rahmen von § 319a HGB ausschließlich um die Prüfung von kapitalmarktorientierten Gesellschaften iSd. § 264d HGB geht, die nach § 267 Abs. 1 Satz 2 HGB stets als große Kapitalgesellschaft gelten, scheidet eine Prüfung durch vereidigte Buchprüfer und Buchprüfungsgesellschaften (§ 319 Abs. 1 Satz 2 HGB) aus. 33

Fraglich könnte sein, ob sich aus dem Begriff „verantwortlicher Prüfungspartner" ableiten lässt, dass die Person bei der Wirtschaftsprüfungsgesellschaft die **Stellung eines Partners** haben muss. Dies ist trotz des Wortlauts zu verneinen. Der aus der Abschlussprüferrichtlinie übernommene Begriff ist – anders als etwa in § 28 Abs. 1 Satz 1 WPO – untechnisch zu verstehen und meint jeden Wirtschaftsprüfer, der die Tatbestandsvoraussetzungen des § 319a Abs. 1 Satz 5 HGB (Unterschrift unter den Bestätigungsvermerk oder vorrangige Prüfungsverantwortung) erfüllt. Ob es sich um den Partner einer Partnerschaftsgesellschaft handelt, ob eine gesellschaftsrechtliche Beteiligung an der Wirtschaftsprüfungsgesellschaft besteht (sog. *Equity*-Partner), ob jemand den Status eines sog. *Salary*-Partners innehat oder ob es sich „nur" um einen angestellten Wirtschaftsprüfer handelt, spielt keine Rolle. 34

---

23 Richtlinie 2006/43/EG des Europäischen Parlaments und des Rates vom 17. Mai 2006, ABl. EU v. 9.6.2006, L 157, S. 93; die Definition in lit. (b) betrifft die Konzernabschlussprüfung.
24 Vgl. auch Begr. RegE, BT-Drucks. 16/10067, S. 89.

35 Von der Rotationspflicht erfasst werden diejenigen natürlichen Personen (Wirtschaftsprüfer), die als verantwortlicher Prüfungspartner zu qualifizieren sind. Die **Einordnung als verantwortlicher Prüfungspartner** setzt voraus, dass diese Personen *entweder* den Bestätigungsvermerk unterzeichnet haben *oder* dass sie als für die Durchführung der Abschlussprüfung bei dem Unternehmen vorrangig verantwortlich bestimmt worden sind. Es genügt, wenn eines dieser Merkmale erfüllt ist. Unterzeichnet der für die Durchführung der Prüfung verantwortliche Wirtschaftsprüfer auch den Bestätigungsvermerk und erfüllt so kumulativ beide Merkmale, ist er natürlich auch als verantwortlicher Prüfungspartner zu qualifizieren.

36 Nach § 322 Abs. 7 HGB ist der **Bestätigungsvermerk** vom Abschlussprüfer zu unterzeichnen. Ist eine Wirtschaftsprüfungsgesellschaft zum Abschlussprüfer bestellt, muss die Unterschrift durch **zeichnungsberechtigte Wirtschaftsprüfer** geleistet werden (§§ 32, 43a Abs. 1 WPO). Diese unterliegen nach der Definition des § 319a Abs. 1 Satz 5 HGB bereits kraft des Formalakts der Unterzeichnung einer Rotationspflicht.

37 Gleiches gilt für Fälle, in denen zur Erfüllung einer gesellschaftsinternen Unterschriftenregelung („Vier-Augen-Prinzip") ein weiterer Wirtschaftsprüfer zeichnet, ohne an der Prüfungsdurchführung (wesentlich) beteiligt gewesen zu sein. Inwiefern ein solcher **Mitunterzeichner** eine inhaltliche Verantwortung für die Prüfungshandlungen und -ergebnisse übernimmt, ist für die Auslösung der Rotationspflicht ohne Bedeutung[25]; jedenfalls ist auch er kraft Unterzeichnung bei Vorliegen der übrigen Voraussetzungen des § 319a Abs. 1 Nr. 4 HGB von der Pflicht zur Rotation betroffen.

38 Durch die Änderungen werden nunmehr auch Berufsangehörige erfasst, die zwar **keine Unterschrift** unter den Bestätigungsvermerk leisten, gleichwohl aber als für die Durchführung der Prüfung vorrangig verantwortlich bestimmt worden sind. Diese aus der Abschlussprüferrichtlinie übernommene Definition meint in der deutschen berufsrechtlichen Terminologie den sog. verantwortlichen Prüfer. Diese Person, bei der die **berufsrechtliche Verantwortung** (Hauptverantwortung) für die Prüfung liegt, muss Wirtschaftsprüfer sein[26]. Wer für einen konkreten Prüfungsauftrag als verantwortlicher Prüfer bestimmt worden ist, ergibt sich aus den Arbeitspapieren[27], da Abschlussprüfer verpflichtet sind, die Verantwortlichkeit für die Auftragsdurchführung festzulegen und zu dokumentieren (§ 24a Abs. 2 BS WP/vBP).

39 Ob die Erstreckung der Rotationspflicht auf den verantwortlichen Prüfer eine erhebliche **Erweiterung des persönlichen Anwendungsbereichs** der Norm bedeutet, ist fraglich. Denn zumindest bei kleinen und mittelständischen WP-Praxen wird der verantwortliche Wirtschaftsprüfer im Regelfall auch den Bestätigungsvermerk (mit) unterzeichnen. Außerdem bestimmt § 27a Abs. 1 BS WP/vBP[28] in Umsetzung des Art. 28 Abs. 1 der Abschlussprüferrichtlinie, dass die von Wirtschaftsprüfungsgesellschaften erteilten gesetzlichen Bestätigungsvermerke und die dazugehörigen Prüfungsberichte „zumindest von dem für die Auftragsdurchführung Verantwortlichen unterzeichnet werden müssen". In diesen Fällen der Personenidentität ergeben sich keine Änderungen zur bisherigen Regelung.

40 Im Einzelfall können neben dem verantwortlichen Prüfer noch **andere Personen** – nicht zwingend Wirtschaftsprüfer – Prüfungsverantwortung übernehmen, insb. für de-

---

25 Vgl. hierzu *Gelhausen*, WPK-Magazin 2007, S. 60.
26 Vgl. *Gelhausen*, WPK-Magazin 2007, S. 59.
27 Vgl. Begr. RegE, BT-Drucks. 16/10067, S. 89.
28 Neu eingefügt im Rahmen der 6. Änderung der Berufssatzung, die am 28.02.2008 in Kraft getreten ist.

legierte Teilaufgaben. Jedoch muss der Verantwortliche die Prüfung so organisieren, dass er sich aufgrund der Arbeitsergebnisse dieser anderen Personen ein eigenes Urteil über die Ordnungsmäßigkeit der Prüfungshandlungen bilden kann. Berufsrechtlich trägt er damit nicht nur die Verantwortung für seine eigenen Prüfungsaktivitäten, sondern auch die Organisationsverantwortung für die (gesamte) Prüfung[29]. Auch wenn nicht von der Hand zu weisen ist, dass auch bei diesen anderen Personen eine sehr lange Beteiligung an einer Prüfung zu einer gewissen Betriebsblindheit und Vertrautheit mit dem geprüften Unternehmen führen kann, sehen weder die Abschlussprüferrichtlinie noch die Vorschriften des HGB zur internen Rotation verbindlich vor, dass auch diese Personen rotieren müssen. Die Rechtfertigung liegt darin, dass es für ausreichend angesehen wird, wenn der letztverantwortliche Wirtschaftsprüfer wechselt. Gleichwohl wird bei der Prüfungsplanung darauf zu achten sein, dass hieraus keine Prüfungsrisiken entstehen.

Die neue Anknüpfung für das Rotationsgebot berücksichtigt zwar die Vorgaben der Abschlussprüferrichtlinie, bleibt damit aber hinter den Bestimmungen des IFAC *Code of Ethics* insoweit zurück, als die dort verankerte Gleichstellung des verantwortlichen Prüfungspartners mit derjenigen Person, welche die **auftragsbegleitende Qualitätssicherung** durchführt, nicht umgesetzt worden ist. Nach sec. 290.154 des IFAC CoE sind beide zur Rotation verpflichtet, wenn sie in ihrer jeweiligen Funktion oder in einer Kombination beider Funktionen länger als sieben Jahre für ein Prüfungsmandat tätig waren[30]. Zwar sieht § 24d Abs. 2 Satz 5 BS WP/vBP bereits eine Rotationspflicht für den auftragsbegleitenden Qualitätssicherer bezogen auf diese Tätigkeit vor, wenn er in sieben oder mehr Fällen entweder den BV gezeichnet oder die auftragsbegleitende Qualitätssicherung durchgeführt hat. Umgekehrt könnte der Ausschluss bei einem Wechsel des Qualitätssicherers in die Prüfung als Verantwortlicher iSd. § 319a Abs. 1 Satz 5 HGB aus systematischen Gründen wohl nur dort geregelt werden. Nach der derzeitigen Fassung der Norm ist dieser Fall nicht erfasst. Auch über den Auffangtatbestand des § 319 Abs. 2 HGB (allgemeine Besorgnis der Befangenheit) wird wegen Spezialität der Regelung in § 319a Abs. 1 Satz 4 und 5 HGB keine Pflicht zur Rotation abzuleiten sein. 41

b. Sieben oder mehr Fälle

Auslöser für das Rotationsgebot bei Prüfungsgesellschaften ist die Feststellung, dass eine natürliche Person, die als verantwortlicher Prüfungspartner zu qualifizieren ist, „nach § 319a Satz 1 Nr. 4 HGB nicht Abschlussprüfer sein darf". Damit wird zunächst auf die **zeitliche Komponente** der Rotationspflicht verwiesen. Die Pflicht tritt ein, wenn die auslösende Funktion in sieben oder mehr Fällen ausgeübt worden ist. Zur Erläuterung kann daher auf die Ausführungen unter Tz. 20 ff. verwiesen werden. Hinzuweisen ist darauf, dass als Fälle nicht nur die Prüfung des Jahresabschlusses zu zählen sind, sondern dass Jahre, in denen die Funktion als verantwortlicher Prüfungspartner (nur) für die Prüfung des Konzernabschlusses ausgeübt worden ist, mitzuzählen sind und zur Rotationspflicht sowohl für den Jahres- als auch den Konzernabschluss führen (vgl. oben Tz. 22). 42

---

29 Vgl. dazu *Gelhausen*, WPK-Magazin 2007, S. 59.
30 IFAC CoE (2006), sec. 290.154 lautet: „The engagement partner and the individual responsible for the engagement quality control review should be rotated after serving in either capacity, or a combination thereof, for a pre-defined period, normally no more than seven years." Die Neufassung des IFAC CoE (2009) enthält in sec. 290.151 die Rotationspflicht des *„key audit partners"*, der nach der Definition auch u. a. den „engagement partner" und den „individual responsible for the engagement quality control review" umfaßt.

c. Inhalt des Rotationsgebots

43 Die Rechtsfolge aus § 319a Satz 1 Nr. 4 HGB, wonach eine Wirtschaftsprüfungsgesellschaft nicht Abschlussprüfer sein darf, tritt für sie nur dann ein, wenn sie bei der Abschlussprüfung einen Wirtschaftsprüfer beschäftigt, der selbst als verantwortlicher Prüfungspartner für die Prüfung bei dem Unternehmen in sieben oder mehr Fällen verantwortlich war. Hieraus ergibt sich der Inhalt des Rotationsgebots: Im Unterschied zum Einzelwirtschaftsprüfer, der selbst nicht mehr als Abschlussprüfer tätig werden darf (dazu oben Tz. 26), kann die Wirtschaftsprüfungsgesellschaft selbst durchaus weiterhin als Abschlussprüfer bestellt werden. Sie darf nur den oder die vom Rotationsgebot betroffenen Wirtschaftsprüfer **nicht mehr bei der Abschlussprüfung** dieses Unternehmens **beschäftigen**. Dieser Regelungsmechanismus ist durch das BilMoG nicht geändert worden.

44 Welche **Tätigkeiten** durch den Begriff „beschäftigt" im Einzelnen **ausgeschlossen** sind, ist nach Sinn und Zweck der Vorschrift abzugrenzen. Die Regelung soll sicherstellen, dass der ausgeschlossene Prüfer an der Prüfung nicht in einer Weise beteiligt ist, die es ihm erlaubt, das Ergebnis der Prüfung zu beeinflussen[31]. Dazu gehört nicht nur die Übernahme der Funktion als verantwortlicher Prüfer oder als Prüfer wesentlicher Teilbereiche, sondern – um auch die Besorgnis der Befangenheit zu vermeiden – jedwede Tätigkeit im Prüfungsteam oder die Übernahme der Funktion des auftragsbegleitenden Qualitätssicherers nach § 24d Abs. 2 BS WP/vBP[32]. Auch darf der ausgeschlossene Wirtschaftsprüfer die für die Prüfung erforderlichen Mandantenkontakte nicht selbst wahrnehmen. Er darf dem Prüfungsteam aber für Auskünfte zur Verfügung stehen[33].

45 Dagegen bestehen gegen eine Fortführung der Kontakte im Rahmen anderer Aufträge, zB im Rahmen der Steuer- oder sonstiger **Beratung** oder der Erstellung von Gutachten, keine Bedenken[34]. Jedoch wird man angesichts des die Rotation begründenden Befangenheitsaspekts der zu engen Vertrautheit mit dem zu prüfenden Unternehmen *(familiarity threat)* auch für derartige Leistungen eine entsprechende Zurückhaltung fordern müssen.

46 Fraglich ist, ob Prüfungstätigkeiten bezogen auf andere Finanzdaten außerhalb der Prüfung des Jahres- bzw. Konzernabschlusses, bspw. die prüferische Durchsicht des **Halbjahresfinanzberichts** nach § 37w WpHG, vom rotierenden Prüfungspartner in der Folgezeit verantwortlich durchgeführt werden dürfen. Gemäß § 37w Abs. 5 Satz 2 WpHG sind die Vorschriften über die Bestellung des Abschlussprüfers entsprechend anzuwenden. Daraus könnte gefolgert werden, dass die 7-Jahres-Frist – und zwar isoliert – auch für den Review der Halbjahresfinanzberichte gilt. Eine isolierte Betrachtung beider Prüfungen dürfte jedoch wenig sachgerecht sein. Vielmehr hat sich der verantwortliche Prüfungspartner nach Sinn und Zweck des § 319a Abs. 1 Satz 4, Abs. 2 HGB nach Auslösung der Rotationspflicht jeder nicht unbedeutenden Prüfungstätigkeit mit Auswirkung auf den Jahres- bzw. Konzernabschluss zu enthalten. Da die Finanzdaten des Halbjahresfinanzberichts aus dem Jahresabschluss bzw. aus dem Konzernabschluss abgeleitet sind, werden solche Auswirkungen nicht auszuschließen sein,

---

31 Vgl. *Ebke* in MünchKomm. HGB², § 319a HGB Rdnr. 37; *Förschle/Schmidt*, in Beck Bil-Komm.⁶, § 319a HGB Rdnr. 34.
32 Vgl. *ADS*⁶, § 319 HGB Tz. 228; *Ebke* in MünchKomm. HGB², § 319a HGB Rdnr. 37; *Förschle/Schmidt*, in Beck Bil-Komm.⁶, § 319a HGB Rdnr. 35.
33 Vgl. *Ebke* in MünchKomm. HGB², § 319a Rdnr. 37; *Förschle/Schmidt*, in Beck Bil-Komm.⁶, § 319a HGB Rdnr. 35.
34 Vgl. *Förschle/Schmidt*, in Beck Bil-Komm.⁶, § 319a HGB, Rdnr. 35

so dass zu fordern ist, dass der verantwortliche Prüfungspartner mit Beginn der Rotationspflicht für den Jahres- bzw. Konzernabschluss des Mutterunternehmens auch den Review der Halbjahresfinanzberichte unterlässt, auch wenn er die Bescheinigung hierüber noch nicht sieben Mal unterzeichnet hat.

4. Zweijährige Auszeit (*Time-out*-Periode)

Das durch die Rotationspflicht ausgelöste Verbot, sich an der Prüfung des Jahresabschlusses zu beteiligen, gilt nicht für unbegrenzte Zeit. Der Abschlussprüfer bzw. der verantwortliche Prüfungspartner einer Wirtschaftsprüfungsgesellschaft darf sich an der Prüfung des Unternehmens wieder beteiligen, wenn eine „Abkühlungsphase" verstrichen ist. Diese auch *Time-out*-Periode oder *Cooling-off*-Periode genannte Frist beträgt nach § 319a Satz 1 Nr. 4 HGB zweiter Halbsatz **mindestens zwei Jahre**. Diese Frist soll eine zunehmende Distanzierung von dem zu prüfenden Unternehmen und dem Prüfungsgegenstand bewirken. 47

Dieser Regelungsmechanismus, der bereits durch das BilReG eingeführt worden ist, ist an die Stelle der **früheren Regelung** getreten, nach der während des Zeitraums der dem zu prüfenden Geschäftsjahr vorangegangenen zehn Jahren der Bestätigungsvermerk nicht in mehr als sechs Fällen gezeichnet worden sein durfte. Hieraus ergaben sich eine Vielzahl von Auslegungsfragen, die an den Verlauf der Geschäftsjahre und die darin geleistete Zahl von Unterschriften anknüpften[35]. 48

Nunmehr ist die Regelung **wesentlich vereinfacht** worden, weil – ohne zeitliche Begrenzung – grundsätzlich die Zahl der Unterschriften bzw. der Fälle, in denen die Person zum verantwortlichen Prüfer bestimmt worden ist, zusammenzuzählen ist (dazu bereits oben Tz. 21 ff.). Allerdings sind zurückliegende Fälle der Tatbestandsverwirklichung bei der Subsumtion dann nicht mehr zu berücksichtigen, wenn danach eine *Time-out*-Periode von zwei Jahren eingehalten worden ist. In diesem Fall sind sämtliche Fälle der Tatbestandsverwirklichung vor der *Time-out*-Periode nicht mehr mitzurechnen. 49

Die Festlegung der Frist auf zwei Jahre könnte dafür sprechen, dass seit der letzten Prüfungshandlung in Bezug auf den letztmalig geprüften Abschluss zwei volle Zeitjahre verstrichen sein müssen. Allerdings bliebe bei einer solchen Auslegung unklar, welche konkrete Handlung den Beginn der neuen Prüfung darstellt. Vereinfachend dürfte davon ausgegangen werden können, dass es ausreicht, wenn das Mitwirkungsverbot für die Prüfung **zweier voller Geschäftsjahre** eingehalten wird, ohne dass darauf abzustellen ist, wann welche Mitwirkungshandlung erbracht worden ist. Rumpfgeschäftsjahre genügen dagegen nicht. Die Beteiligung an einer Nachtragsprüfung während der *Time-out*-Periode, die sich auf einen Abschluss bezieht, an dessen Prüfung er verantwortlich beteiligt war, ist allerdings unschädlich. 50

Während der *Time-out*-Periode von zwei Jahren muss die Pflicht zur Rotation beachtet worden sein (dazu bereits oben Tz. 43 ff.). Somit ist jede **nicht nur unwesentliche Beteiligung** an der Prüfung unzulässig und führt zu einer Unterbrechung der Karenzzeit. Es genügt nicht, lediglich die Testatsunterzeichnung zu unterlassen und/oder die vorrangige Verantwortlichkeit für die Durchführung der Abschlussprüfung auf einen anderen zu übertragen. Vielmehr dürfen auch andere Tätigkeiten für das Mandat nicht 51

---

35 Vgl. dazu etwa *ADS*⁶, § 319 HGB Tz. 215 ff.

erbracht werden, die zu einer Einflussnahme auf das Prüfungsergebnis führen können[36] (vgl. auch Tz. 43 ff).

52 Wenn eine ausgeschlossene Person während der *Time-out*-Periode an einer Prüfung teilnimmt, liegt hierin ein **Verstoß gegen das Rotationsgebot**, der die daran anknüpfenden allgemeinen Rechtsfolgen auslöst (vgl. zu den Folgen einer Verletzung des Rotationsgebots unten Tz. 86 ff.). In Bezug auf die *Time-out*-Periode heißt dies, dass die entlastende Wirkung aus § 319a Abs. 1 Satz 1 Nr. 4 HGB zweiter Halbsatz nicht eintritt. Die früheren Fälle der Tatbestandsverwirklichung werden nicht abgeschnitten. Damit verlängert sich die erforderliche Karenzzeit wieder auf die volle Anzahl von zwei Jahren. Auch wenn bereits ein Jahr erfüllt war und der Verstoß dann im zweiten Jahr eintritt, müssen nach dem Verstoß wieder zwei volle Jahre eingehalten werden.

53 Die zwei Jahre der *Time-out*-Periode müssen **direkt aufeinander folgen** und damit „am Stück" erfüllt werden. Eine Unterbrechung würde den angestrebten Effekt der Abkühlung nicht erreichen. Besonders deutlich wird das in Fallgestaltungen, in denen die Tätigkeit als verantwortlicher Prüfungspartner und die Nichtbeteiligung an der Prüfung jährlich wechseln.

54 Dagegen ist nicht zwingend, dass die Karenzzeit erst dann abgeleistet wird, wenn das **Rotationsgebot bereits greift**, weil die Tatbestandsmerkmale schon sieben Mal erfüllt waren. Wenn der betroffene Wirtschaftsprüfer bspw. nach vier Jahren, in denen er verantwortlicher Prüfer iSd. § 24a Abs. 2 BS WP/vBP war, zwei Jahre nicht an der Prüfung beteiligt ist, kann er in der Folgezeit wieder die volle Anzahl von sieben Jahren als verantwortlicher Prüfungspartner tätig sein. In diesem Beispielsfall dürfte der Betroffene in den Jahren fünf bis sieben an der Prüfung mitwirken, ohne gegen das Rotationsgebot zu verstoßen – dieses gilt ja erst nach sieben Jahren. Er dürfte daher zB die Funktion des auftragsbegleitenden Qualitätssicherers übernehmen, ohne Sanktionen auszulösen. Allerdings ginge dadurch die befreiende Wirkung der *Time-out*-Periode verloren.

IV. Pflicht zur internen Rotation bei der Konzernabschlussprüfung

1. Überblick – Erweiterung der bisherigen Regelung

55 Nach **bisherigen Regelungen** in § 319a Abs. 2 HGB aF waren die Regelungen zur internen Rotation für Jahresabschlüsse aus § 319a Abs. 1 Satz 1 Nr. 4, Satz 4 HGB auf den Abschlussprüfer des Konzernabschlusses entsprechend anzuwenden. Daraus ergab sich, dass zur Rotation nur derjenige verpflichtet war, der den Bestätigungsvermerk zum Konzernabschluss unterschrieben hatte[37]. Die Pflicht zur Rotation bestand nur auf der **Ebene des Mutterunternehmens**. Wirtschaftsprüfer, die auf der Ebene von einbezogenen Tochterunternehmen tätig waren, wurden dagegen von der Rotationspflicht nicht berührt. Auch die langjährige Prüfung bei Tochterunternehmen, die nicht selbst kapitalmarktorientiert waren und danach nicht selbst den Vorschriften zur internen Rotation unterlagen, war trotz ihrer Bedeutung für die Konzernabschlussprüfung nicht in die Rotationspflicht einbezogen.

56 Für Konzernabschlussprüfungen erfasst Art. 2 Nr. 16 lit. b der **Abschlussprüferrichtlinie** nicht nur die Personen, die von der Prüfungsgesellschaft als für die Durchführung

---

36 Vgl. *Förschle/Schmidt*, in Beck Bil-Komm.[6], § 319a HGB Rdnr. 32 ff.
37 Zur Frage, ob der zur Rotation verpflichtete Wirtschaftsprüfer bei der Prüfung einbezogener Tochterunternehmen tätig sein darf, vgl. *Förschle/Schmidt*, in Beck Bil-Komm.[6], § 319a HGB Rdnr. 36.

der Abschlussprüfung auf Konzernebene vorrangig bestimmt worden sind, sondern dehnt den Begriff des verantwortlichen Prüfungspartners auf Wirtschaftsprüfer aus, die für die Prüfung auf der Ebene **bedeutender Tochterunternehmen** verantwortlich sind.

Diese Vorgabe ist durch das **BilMoG** in § 319a Abs. 2 Satz 2 HGB umgesetzt worden. Hiernach gilt als verantwortlicher Prüfer auf Konzernebene auch, wer als Wirtschaftsprüfer auf der Ebene bedeutender Tochtergesellschaften als für die Durchführung von deren Abschlussprüfung vorrangig verantwortlich bestimmt worden ist. 57

Aus der Verwendung des Begriffs „auch" ist zu entnehmen, dass die Definition des **verantwortlichen Prüfungspartners** aus § 319a Abs. 1 Satz 5 HGB aufgrund der Verweisung in § 319a Abs. 2 Satz 1 HGB für die **Prüfung des Konzernabschlusses** ohne weiteres gilt. § 319a Absatz 2 Satz 2 HGB enthält nur eine Erweiterung. 58

Nach der Verweisung auf § 319a Abs. 1 Satz 5 HGB betrifft die Pflicht zur internen Rotation zunächst solche Wirtschaftsprüfer, die den **Bestätigungsvermerk zum Konzernabschluss** in sieben oder mehr Fällen unterschrieben haben, sowie auch solche, die als **„für die Durchführung einer Abschlussprüfung" vorrangig verantwortlich** bestimmt worden sind. Nach dem Zusammenhang ist mit dieser Abschlussprüfung diejenige des Konzernabschlusses gemeint. Dies entspricht der Regelung in Art. 2 Nr. 16 lit. b erster Satzteil der Abschlussprüferrichtlinie („für die Durchführung der Abschlussprüfung auf Konzernebene"). 59

Hätte der Gesetzgeber es hierbei belassen, wäre zumindest unklar geblieben, ob darüber hinaus auch solche Wirtschaftsprüfer erfasst sind, die organisatorisch nicht auf der Ebene des Mutterunternehmens, sondern auf der **Ebene einbezogener Tochterunternehmen** tätig sind, sei es als Prüfer des Jahresabschlusses, sei es als Prüfer des für Konzernabschlusszwecke erstellten *Reporting Packages*. 60

2. Bedeutende Tochterunternehmen

Die klarstellende **Erweiterung des Anwendungsbereichs** für das Rotationsgebot enthält nun § 319a Abs. 2 Satz 2 HGB. Danach sind von der Rotationspflicht auch solche WP erfasst, die zwar nicht für die Konzernabschlussprüfung (auf Ebene des Mutterunternehmens) verantwortlich sind, jedoch Teilbereiche dieser Prüfung, nämlich auf Ebene **bedeutender Tochterunternehmen**, verantworten. Diese Erweiterung erscheint sachgerecht, weil auch nach Aufhebung der Möglichkeit zur befreienden Prüfung des Jahresabschlusses einbezogener Tochterunternehmen (§ 317 Abs. 3 Satz 3 HGB aF) durch Art. 1 Nr. 56 lit. b bb des BilMoG der Prüfer des Konzernabschlusses auf Ebene des Mutterunternehmens trotz seiner Gesamtverantwortung (§ 317 Abs. 3 Satz 2 HGB aF) im Einzelnen weitgehend auf die Prüfung der einbezogenen Abschlüsse und des *Reporting Packages* der Tochterunternehmen aufsetzt. 61

Der **Begriff Tochterunternehmen** erfasst alle Unternehmen, bei denen das Mutterunternehmen beherrschenden Einfluss ausüben kann (§ 290 Abs. 1 und 2 HGB; vgl. Abschn. Q Tz. 7 ff.). Tochterunternehmen im Sinne der Vorschrift sind auch Unternehmen, auf die ein beherrschender Einfluss nur mittelbar ausgeübt werden kann (Enkelgesellschaften und Unternehmen tieferer Stufe). Nicht erfasst sind dagegen Gemeinschaftsunternehmen iSd. § 310 HGB sowie assoziierte Unternehmen nach § 311 HGB. 62

Nach dem Sinnzusammenhang müssen diese Tochterunternehmen in den Konzernabschluss **einbezogen** sein, weil sich sonst die Prüfung nicht auf die Konzernabschluss- 63 prüfung auswirken würde. Da es sich um bedeutende Tochterunternehmen handeln muss, wird diese Voraussetzung aber regelmäßig erfüllt sein.

64 Nach dem Sinnzusammenhang ist davon auszugehen, dass bei **Konzernabschlüssen**, die **unter Anwendung der IFRS** aufgestellt werden, darauf abzustellen ist, ob das Unternehmen nach den Regelungen der IFRS zur Abgrenzung des Konsolidierungskreises in den Konzernabschluss einzubeziehen ist. Danach dürften auch solche Fälle erfasst sein, die zwar nach § 290 HGB nicht als Tochterunternehmen zu qualifizieren wären, aber etwa nach SIC-12 in den IFRS-Konzernabschluss einzubeziehen sind.

65 Die Qualifizierung als in den Konzernabschluss einbezogenes Tochterunternehmen muss nur zum aktuellen Zeitpunkt (für die jeweils zu beurteilende Prüfung) gegeben sein. Wenn die Prüfungstätigkeit zu einem Zeitpunkt ausgeübt worden ist, bevor das jetzige Tochterunternehmen von dem Mutterunternehmen erworben worden ist und damit zum Konsolidierungskreis gehört, rechnen auch die Jahre der **Prüfungstätigkeit vor Beginn der Konzernzugehörigkeit** mit. Die Betriebsblindheit als Auslöser der Pflicht zur Rotation ist nicht davon abhängig, ob seinerzeit bereits eine Mutter-/Tochterbeziehung bestanden hat.

66 **Bedeutende Tochterunternehmen** sind nach der Gesetzesbegründung solche, deren Einbeziehung in den Konzernabschluss sich erheblich auf die Vermögens-, Finanz- und Ertragslage des Konzerns (und zwar kumulativ) auswirkt. Wenngleich diese Voraussetzung eine Prüfung im Einzelfall erfordert, soll dies regelmäßig dann angenommen werden, wenn das Tochterunternehmen **mehr als 20 % des Konzernvermögens** hält oder mit **mehr als 20 % zum Konzernumsatz** beiträgt[38]. Gemeint sind damit Vermögen und Umsatz vor Konsolidierung[39]. In der Begründung zum Referentenentwurf des BilMoG war noch von einer Schwelle von 10 % ausgegangen worden; dieser Wert wurde jedoch, auch im Hinblick auf entsprechende ausländische Regelungen[40], als zu niedrig angesehen[41].

67 Die in der Regierungsbegründung genannten Schwellenwerte haben zwar nur **indikative Funktion** und keine Rechtsverbindlichkeit, werden aber im Hinblick auf die Risiken eines Verstoßes in der Praxis regelmäßig Beachtung finden. Sie führen nicht immer zu einer entsprechenden Beeinflussung aller drei Lagen. So kann eine ertragsschwache Grundstücksgesellschaft mit einem Vermögensanteil von über 20 % zwar die Vermögens- und Finanzlage erheblich beeinflussen. Ob die schwache Ertragskraft aber bereits eine Beeinflussung der Ertragslage des Konzerns bedeutet, kann fraglich sein. Vorsorglich sollte aber auch in solchen Fällen von einer Einbeziehung in die Rotationspflicht ausgegangen werden.

68 Fraglich ist, ob sich die Rotationspflicht auch auf Fälle erstreckt, in denen der Prüfungspartner bei **zwei oder mehreren Tochterunternehmen** als vorrangig für die Abschlussprüfung verantwortlich bestimmt wurde, die für sich genommen jeweils als nicht bedeutend zu klassifizieren sind, die jedoch bei kumulativer Betrachtung insgesamt als bedeutend im Sinne der vorstehenden Ausführungen anzusehen sind[42]. Nach Sinn und Zweck der Regelung wird eine Zusammenrechnung erforderlich sein. Ob

---

38 Vgl. Begr. RegE, BT-Drucks. 16/10067, S. 89.
39 So Begr. Beschlussempfehlung und Bericht Rechtsausschuss, BT-Drucks. 12407, S. 91.
40 Vgl. Nach dem US-amerikanischen Public Company Accounting Oversight Board (PCAOB) gilt ein Tochterunternehmen für Zwecke der internen Rotation dann als wesentlich, wenn es einen Schwellenwert von 20% des Konzernvermögens oder -umsatzes überschreitet (Release No. 33-8183; 34-47265; 35-27642).
41 Vgl. WPK-Magazin 1/2008, S. 27; *Inwinkl/Kortebusch/Schneider*, Der Konzern 4/2008, S. 222.
42 Offen lassend vgl. *Oser/Roß/Wader/Drögemüller*, WPg 2008, S. 694.

dies allerdings nur dann gilt, wenn die **Organe der jeweiligen Tochterunternehmen personenidentisch besetzt** sind[43], erscheint fraglich. Da Auslöser für die Rotationspflicht nicht nur die persönliche Vertrautheit mit den Organmitgliedern der geprüften Unternehmen ist, sondern vor allem auch die Gefahr der Betriebsblindheit aufgrund längerer Befassung mit dem Prüfungsstoff, läge auch eine Zusammenrechnung ohne Personenidentität nahe. Allerdings wird sich der Prüfer in der Praxis auf die einschränkende Auslegung in der Beschlußempfehlung berufen können.

Bei der Einstufung als bedeutendes Tochterunternehmen spielt es keine Rolle, ob dieses selbst **kapitalmarktorientiert** iSd. § 264d HGB ist (vgl. Abschn. K Tz. 35 ff.). Ist dies allerdings der Fall, finden die Rotationsvorschriften nach § 319a Abs. 1 und Abs. 2 HGB nebeneinander Anwendung. Ist dies nicht der Fall, richtet sich die Frage der Rotation nur nach § 319a Abs. 2 HGB[44]. 69

Nach der Begr. RegE[45] betrifft das Rotationsgebot nur bedeutende **Tochterunternehmen mit Sitz in Deutschland**. Nachdem für die Abgrenzung des Konsolidierungskreises das Prinzip des Weltabschlusses gilt, erscheint diese Aussage überraschend. Grund für diese einschränkende Auslegung dürfte die Feststellung sein, dass bei Erstreckung auf die Prüfung ausländischer Unternehmen in die Gestaltungsfreiheit ausländischer Rechtsordnungen eingegriffen würde. Zwar führt die Pflicht zur Rotation in letzter Konsequenz dazu, dass der Prüfer des Konzernabschlusses auf Ebene des Mutterunternehmens dort nicht mehr Abschlussprüfer sein darf. Dies wäre eine Rechtsfolge, die in Deutschland eintritt und vom deutschen Gesetzgeber angeordnet werden kann. In erster Linie zielt das Rotationsgebot in Konzernsachverhalten aber darauf ab, dass derjenige Prüfer auf der Ebene der Tochtergesellschaft, der dort bereits sieben Mal tätig war, bei der nächsten Prüfung nicht wieder tätig sein soll. Offenbar war der Gesetzgeber unsicher, ob dies bei ausländischen Tochtergesellschaften durchgesetzt werden kann. Aus diesem Grund ist davon auszugehen, dass sich der Anwendungsbereich auf inländische Tochterunternehmen beschränkt. 70

Das **Mutterunternehmen** muss seinen **Sitz in Deutschland** haben, weil die deutsche Vorschrift des § 319a HGB nicht auf ausländische Mutterunternehmen Anwendung findet. Allerdings ist davon auszugehen, dass zumindest in den anderen EU-Mitgliedstaaten entsprechende Vorschriften bestehen. Ob und welche Ausstrahlungswirkungen sich in diesen Fällen für die Prüfung von Tochterunternehmen mit Sitz im Inland ergeben, muss nach den jeweiligen Vorschriften geprüft werden. 71

3. Betroffener Personenkreis

Das Rotationsgebot besteht für diejenigen Wirtschaftsprüfer, die „auf der Ebene bedeutender Tochterunternehmen als für die Durchführung von deren Abschlussprüfung vorrangig verantwortlich bestimmt worden" sind. Nach dem Wortlaut („Abschlussprüfung") betrifft das zunächst einmal die **Prüfung des Jahresabschlusses**. Wer für diese Prüfung die Funktion als verantwortlicher Prüfer iSd. § 24a Abs. 2 BS WP/vBP übernommen hat, wird von dem Rotationsgebot erfasst. Es kommt nicht darauf an, ob er auch die HB II bzw. das *Reporting Package* prüft, das die Grundlage für die Einbeziehung in den Konzernabschluss bildet. Im Regelfall wird sich die Verantwortlichkeit des für den Jahresabschluss tätigen Prüfers auch hierauf erstrecken. Sollte dies ausnahmsweise einmal nicht der Fall sein, bleibt es bei der Einbeziehung in die Rotations- 72

---

43 So Begr. Beschlussempfehlung und Bericht Rechtsausschuss, BT-Drucks. 12407, S. 91.
44 Vgl. Begr. Beschlussempfehlung und Bericht Rechtsausschuss, BT-Drucks. 16/12407, S. 91.
45 Vgl. Begr. RegE, BT-Drucks. 16/10067, S. 89.

pflicht, weil seine Prüfungstätigkeit im Rahmen des Jahresabschlusses auch in diesen Fällen eine wesentliche Grundlage für die Einbeziehung bildet.

73 Fraglich ist, ob auch diejenigen Wirtschaftsprüfer von der Rotationspflicht erfasst werden, die zwar nicht die Prüfung des Jahresabschlusses verantwortet haben, die Hauptprüfungsverantwortung als **verantwortlicher Prüfer** aber für die **HB II** oder vor allem das *Reporting Package* tragen. Vor allem dann, wenn dieses Package aus Zeitgründen bereits vor Beendigung der Jahresabschlussprüfung auszuliefern ist, kommt dessen Prüfung eine wesentliche Bedeutung zu, so dass nach Sinn und Zweck der Vorschrift eigentlich zu erwarten wäre, dass diese Fälle von der Pflicht zur Rotation erfasst werden.

74 Nachdem diese Frage in der Begründung zum Regierungsentwurf nicht angesprochen worden war, weist die **Begründung zur Beschlussempfehlung des Rechtsausschusses** – bei unverändertem Wortlaut der Vorschrift – auf die gewählte Formulierung (...als für die Durchführung *von deren Abschlussprüfung* vorrangig verantwortlich ...") hin und leitet daraus ab, dass denjenigen, der nur für die Prüfung des *Reporting Package* verantwortlich ist, **keine Rotationspflicht** trifft[46]. Diesem Wortlautargument ist entgegen zu halten, dass in Art. 2 Nr. 16 lit. b der Abschlussprüferrichtlinie in Bezug auf die Prüfung bei Tochterunternehmen der Begriff „Durchführung der Abschlussprüfung" nicht wiederholt wird. Auch ist bereits durch die Verwendung dieses Begriffs in Bezug auf das Mutterunternehmen klargestellt, dass es nicht um die Prüfung von dessen Jahresabschluss geht, sondern um die Prüfung des Konzernabschlusses; auch dessen Prüfung ist sprachlich als „Abschlussprüfung" zu bezeichnen.

75 Auch wenn das Wortlautargument danach nicht zwingend erscheint und nach Sinn und Zweck auch der verantwortliche Prüfer für das *Reporting Package* der Pflicht zur internen Rotation unterliegen müsste, kann einem Prüfer, der sich auf die Begründung des Rechtsausschusses beruft, eine Pflichtverletzung nicht vorgeworfen werden. In der Praxis kann sich diese Frage allerdings nur in den schon aus Kostengründen derzeit eher seltenen Fällen stellen, in denen die Verantwortung für die **Prüfung des Reporting Packages** und die Prüfung des Jahresabschlusses von **unterschiedlichen Personen** wahrgenommen wird und strikt getrennt ist. Ob diese Trennung auch dann möglich ist, wenn sie nur in Person des Verantwortlichen vorgenommen wird, während das Prüfungsteam bei beiden Prüfungen eingesetzt ist, kann fraglich sein. Jedenfalls wäre es nicht statthaft, wenn der nicht rotierende Prüfer des *Reporting Packages* den Großteil der Verantwortung für die Prüfung insgesamt trägt und der rotierende Prüfer des Jahresabschlusses eher formale Aufgaben wahrnimmt.

76 Nach dem Wortlaut kann ebenfalls fraglich sein, ob auch derjenige Wirtschaftsprüfer mit in die Rotationspflicht einbezogen ist, der den Bestätigungsvermerk zum Jahresabschluss des wesentlichen Tochterunternehmens oder die *Opinion* zum *Reporting Package* mit **unterschreibt**, ohne jedoch die Funktion des verantwortlichen Prüfers iSd. § 24a Abs. 2 BS WP/vBP innezuhaben. Die Vorschrift des § 319a Abs. 2 Satz 2 HGB, die die Rotationspflicht auf die Prüfung auf Ebene des Tochterunternehmens erweitert, enthält keine parallele Regelung zu § 319a Abs. 1 Satz 5 HGB, die auch den Unterzeichner als verantwortlichen Prüfungspartner definiert; sie enthält auch keine Verweisung. Auch wenn in diesen Fällen der formalen Anknüpfung das Gefährdungspotential als geringer einzustufen sein könnte, sollten die Vorschriften einheitlich ausgelegt werden, so dass die formale Unterzeichnung des Jahresabschlusses des bedeutenden Toch-

---

46 So Begr. Beschlussempfehlung und Bericht Rechtsausschuss, BT-Drucks. 16/12407, S. 91.

terunternehmens, nach der strengeren Auslegung (vgl. oben Tz. 74 f.) auch des *Reporting Packages*, zur Rotationspflicht führt.

Eine weitere Besonderheit ergibt sich daraus, dass in Konzernsachverhalten auf Ebene des Mutterunternehmens und der bedeutenden Tochterunternehmen **unterschiedliche Abschlussprüfer bzw. Prüfungsgesellschaften** betroffen sein können. Dabei ist es häufig anzutreffen, dass das Mutterunternehmen von einer Prüfungsgesellschaft, die Tochterunternehmen aber von einer anderen, demselben Prüfernetzwerk angehörenden Prüfungsgesellschaft geprüft werden. Daneben kommt es gerade im Falle eines externen Prüferwechsels auf Ebene des Mutterunternehmens auch vor, dass einzelne Konzernunternehmen von dem bisherigen Konzernabschlussprüfer geprüft werden, der dann nicht demselben Netzwerk angehört. 77

Wegen der **Struktur der Regelung**, die das Verbot der Tätigkeit als Prüfer auf Konzernebene ausspricht, damit aber in erster Linie einen Wechsel des langjährigen Prüfers bei dem Tochterunternehmen erreichen will (dazu schon oben Tz. 56), ist fraglich, ob diese Rechtsfolge angemessen ist, wenn der auslösende Prüfer bei dem Tochterunternehmen der Prüfungsgesellschaft oder dem Netzwerk A angehört, der Konzernabschlussprüfer aber der Prüfungsgesellschaft oder dem Netzwerk B. In der Begründung zum Regierungsentwurf des BilMoG[47] wird hierzu ausgeführt, zur internen Rotation seien Wirtschaftsprüfer der mit der Konzernabschlussprüfung beauftragten Wirtschaftsprüfungsgesellschaft verpflichtet, die mit der Abschlussprüfung des Jahresabschlusses bedeutender Tochterunternehmen befasst sind. Auch wenn sich dies nicht unmittelbar aus dem Wortlaut der Vorschrift ergibt, erscheint eine solche einschränkende Auslegung der Vorschrift sachgerecht. 78

Nachdem die Regelung voraussetzt, dass das Mutterunternehmen seinen Sitz in Deutschland hat (dazu oben Tz. 71), und ohnehin nur für Tochterunternehmen mit Sitz in Deutschland gelten soll (so oben Tz. 70), ist eine Ausweitung auf **Prüfer desselben Netzwerks** nicht erforderlich, da solche Netzwerke meist international agieren. Dass die Rotationspflicht auch besteht, wenn der Prüfer einer Prüfungsgesellschaft angehört, die **mit der Prüfungsgesellschaft des Mutterunternehmens gesellschaftsrechtlich verbunden** ist, dürfte dagegen selbstverständlich sein. 79

4. Sieben oder mehr Fälle

Auch im Falle der Prüfung bei bedeutenden Tochterunternehmen wird die Pflicht zur Rotation dann ausgelöst, wenn die Funktion als verantwortlicher Prüfer bereits in sieben oder mehr Fällen ausgeübt worden ist. Dabei sind Tätigkeiten als verantwortlicher Prüfer auf **Ebene des bedeutenden Tochterunternehmens** und auf **Konzernebene** (Unterschrift unter den Bestätigungsvermerk zum Konzernabschluss oder verantwortlicher Prüfer für den Konzernabschluss) in verschiedenen Jahren **zusammenzuzählen**. Für die Frage, ob bei einem bestimmten bedeutenden Tochterunternehmen Rotationspflicht besteht, schadet die Tätigkeit bei einem anderen bedeutenden Tochterunternehmen dagegen nicht, wird also nicht mitgezählt. Dies ergibt sich daraus, dass auch nach Auslösung des Rotationsgebots ein Wechsel in die Prüfung eines andern Konzernunternehmens (Schwesterunternehmen) unschädlich ist (dazu unten Tz. 96 ff.). 80

---

47 Begr. RegE, BT-Drucks. 16/10067, S. 89; ebenso Begr. Beschussempfehlung und Bericht Rechtsausschuss, BT-Drucks. 16/12407, S. 91, der in einem Beispielsfall darauf abstellt, dass ein „Wirtschaftsprüfer von der den Konzernabschluss des Mutterunternehmens prüfenden Wirtschaftsprüfungsgesellschaft als Abschlussprüfer des bedeutenden Tochterunternehmens tätig ist", und damit die Identität voraussetzt.

81 **Wechselt** beispielsweise der verantwortliche Prüfer auf Ebene des Mutterunternehmens vor Erreichen der 7-Jahres-Frist auf die Ebene der Prüfung eines bedeutenden Tochterunternehmens, läuft die Frist weiter mit der Folge, dass er nach Erreichen der 7-Jahres-Frist seine Tätigkeit als verantwortlicher Prüfer des Tochterunternehmens zu beenden hat. § 319a Abs. 2 HGB wirkt sich somit auch auf die Dauer der Prüfungen von ggf. nicht kapitalmarktorientierten (Tochter-) Unternehmen aus.

82 Fraglich könnte sein, ob die Tätigkeit als verantwortlicher Prüfer auf **Jahresabschlussebene des Mutterunternehmens** oder die Unterschrift unter den Bestätigungsvermerk zum Jahresabschluss Auswirkungen auf die Rotationspflicht in Bezug auf den **Konzernabschluss** (§ 319a Abs. 2 Satz 1 und 2 HGB) hat. Hiergegen spricht, dass die Regelungen zum Jahresabschluss in § 319a Abs. 1 Satz 1 Nr. 4, Satz 4 HGB einerseits und zum Konzernabschluss in § 319a Abs. 2 HGB andererseits gesondert nebeneinander stehen. Nach Sinn und Zweck der Rotationsvorschriften ist jedoch davon auszugehen, dass eine dauerhafte Beschäftigung als Prüfer des Mutterunternehmens über die Zahl von sieben Fällen hinaus auch dann nicht zugelassen werden kann, wenn in einzelnen oder in allen Jahren alternativ nur die Prüfung des Jahres- oder des Konzernabschlusses verantwortet wird (**Mischfälle**). Sowohl der Gesichtspunkt der Betriebsblindheit als auch die Vertrautheit mit dem Management sprechen dagegen (vgl. dazu bereits oben Tz. 19, 22 und 42). Zur Ermittlung der Zahl der Fälle nach § 319a Abs. 2 Satz 1 und 2 HGB sind daher auch solche Fälle mitzuzählen, in denen der Betroffene die Verantwortung (nur) für die Prüfung des Jahresabschlusses bei dem Mutterunternehmen getragen hat.

83 Die Frage nach einer „**Doppelzählung**" bei paralleler Prüfung von Jahres- und Konzernabschluss stellt sich dagegen nicht mehr[48]. Die gleichzeitige Prüfung von Jahres- und Konzernabschluss zählt zusammen als ein Fall.

84 Eine besondere Frage ergibt sich daraus, dass es sich um ein bedeutendes Tochterunternehmen handeln muss. Die **Qualifizierung als bedeutendes Tochterunternehmen** muss nicht nur bei dem (achten) Fall gegeben sein, bei dem die Rotationspflicht besteht, oder bei dem letzten (siebten) Fall davor, der die Rotationspflicht für die Folgeprüfung auslöst, sondern auch in allen (sechs) Fällen davor. Jahre, in denen die Größenkriterien als bedeutendes Tochterunternehmen nicht erreicht werden, werden nicht mitgezählt.

85 Nach der Regierungsbegründung zum BilMoG[49] müssen die Jahre als bedeutendes Unternehmen sogar **in unmittelbarer Folge** erfüllt sein. Ein Tochterunternehmen, das ursprünglich bedeutend war, dann unter die Schwelle gesunken ist und danach wieder die Schwelle überschritten hat, soll die Rotationspflicht nur dann auslösen, wenn die tatbestandliche Funktion nach dem erneuten Überschreiten der Schwelle in sieben oder mehr Fällen ausgeübt worden ist. Die Frist beginnt mit dem erneuten Überschreiten erneut zu laufen[50].

---

48 Klarstellend Begr. Beschlussempfehlung und Bericht Rechtsausschuss, BT-Drucks. 16/12407, S. 91; so auch *Ebke* in MünchKomm. HGB², § 319a Rdnr. 35. Zur Sonderfrage, wie im Fall zusammengefasster Bestätigungsvermerke zum Jahres- und zum Konzernabschluss zu verfahren ist, vgl. *Ebke* in MünchKomm. HGB², § 319a Rdnr. 38 f.
49 So. Begr. RegE, BT-Drucks. 16/10067, S. 89.
50 So auch *Gier/Müller/Müller* in Küting/Pfitzer/Weber (Hrsg.), Das neue deutsche Bilanzrecht, Stuttgart 2008, S. 635: „fresh start".

5. Inhalt des Rotationsgebots

Nach der Regelungssystematik kann eine Wirtschaftsprüfungsgesellschaft nicht Konzernabschlussprüfer sein, wenn sie bei der Konzernabschlussprüfung einen Wirtschaftsprüfer beschäftigt, der als verantwortlicher Prüfungspartner nach § 319a Abs. 1 Satz 1 Nr. 4 HGB nicht Abschlussprüfer sein darf. Die Folge des **Ausschlusses von der Prüfung** trifft danach den **Konzernabschlussprüfer**, auch wenn der auslösende Tatbestand auf Ebene eines Tochterunternehmens durch dessen Prüfer gesetzt wird und die Rotation hier stattfinden muss.

86

Zweck der Vorschrift ist aber gerade nicht die externe Rotation des Konzernabschlussprüfers, sondern die interne Rotation des Wirtschaftsprüfers, der als verantwortlicher Prüfungspartner das Rotationsgebot ausgelöst hat. Dieser darf **nicht mehr „... bei der Abschlussprüfung des Unternehmens ... beschäftigt"** werden. Gemeint ist hier zunächst die Prüfung des Konzernabschlusses, in den Fällen des § 319a Abs. 2 Satz 2 HGB aber auch die Tätigkeit als Abschlussprüfer des bedeutenden Tochterunternehmens.

87

Wie der Begriff „**beschäftigt**" auszulegen ist und welche Tätigkeiten danach nicht mehr ausgeübt werden dürfen, ist bereits oben erläutert worden (vgl. oben Tz. 44).

88

Die Anwendung dieser Vorschrift auf Wirtschaftsprüfer, die wegen ihrer Prüfungstätigkeit auf **Ebene des Mutterunternehmens** rotieren müssen, wirft dabei keine neuen Fragen auf. Klar ist, dass sie auf der Ebene der Konzernabschlussprüfung nicht weiter tätig sein dürfen. Dies gilt aber auch für die Prüfung des Jahresabschlusses des Mutterunternehmens (vgl. zum umgekehrten Fall – das durch die Prüfung des Jahresabschlusses ausgelöste Rotationsgebot fordert auch die Rotation in Bezug auf den Konzernabschluss – oben Tz. 26).

89

Bereits nach bisherigem Recht ist diskutiert worden, ob sich das Tätigkeitsverbot auch auf die **Prüfung bei einbezogenen Tochterunternehmen** bezieht. Dies wurde jedenfalls für nicht befreiende Prüfungen nach § 317 Abs. 3 Satz 2 HGB aF bejaht, bei bedeutenden Tochterunternehmen aber auch für den Fall der befreienden Prüfung[51].

90

Nachdem die Prüfer auf der Ebene bedeutender Tochterunternehmen nunmehr selbst in die Rotationspflicht einbezogen worden sind, dürfte zweifelsfrei sein, dass der wegen seiner Tätigkeit auf Ebene des Mutterunternehmens ausgeschlossene Prüfer nicht in andere Bereiche der Konzernabschlussprüfung und dabei auch nicht in die Prüfung von Tochterunternehmen wechseln darf. Dies dürfte nicht nur für bedeutende, sondern **für alle Tochterunternehmen** gelten, weil für das Beschäftigungsverbot als Folge der Rotationspflicht keine Wesentlichkeitsschwelle besteht, sondern jede Beschäftigung bei der Prüfung verboten ist (dazu oben Tz. 44).

91

Fraglich ist aber die **Reichweite des Rotationsgebots** für Prüfer nach Abs. 2 Satz 2, die auf der Ebene der **Prüfung bedeutender Tochterunternehmen** verantwortlich waren. Bei streng wörtlicher Auslegung könnte sich das Verbot darauf beschränken, dass sie nicht bei der Konzernabschlussprüfung auf Ebene des Mutterunternehmens tätig werden dürfen. Dies kann nach Sinn und Zweck der Norm aber nicht ausreichen, weil sie gerade in dem von ihnen bisher geprüften Bereich der Gefahr einer zu großen Vertrautheit und Betriebsblindheit ausgesetzt sind. Dem kann nur dadurch begegnet werden, dass sich die Rotationspflicht jedenfalls auf die Prüfung dieses bedeutenden Tochterunternehmens bezieht.

92

---

51 So *Förschle/Schmidt*, in Beck Bil-Komm.[6], § 319a HGB Rdnr. 36.

93 Ist dieses Tochterunternehmen seinerseits Mutterunternehmen eines **Teilkonzerns**, könnte die Übernahme der Prüfung von Unternehmen dieses Teilkonzerns zulässig sein, weil es sich eben nicht um „das bedeutende Tochterunternehmen" handelt[52]. Im Regelfall dürften in dieser Konstellation jedoch Bedenken bestehen, weil die Prüfungsergebnisse aus den Jahresabschlussprüfungen in den Teilkonzernabschluss einfließen und bei der früheren Tätigkeit auf Ebene der Teilkonzernmutter auch schon der Beurteilung durch den Prüfer unterlegen haben. Auch wenn auf Teilkonzernebene jetzt ein anderer „frischer" Prüfer tätig ist, hätte das Prüfungsurteil des in die untere Ebene rotierenden Prüfers nach wie vor für die Konzernabschlussprüfung Bedeutung, so dass fraglich wäre, ob diese Gestaltung mit dem Rotationsgebot („keine Beschäftigung bei der Prüfung") vereinbar wäre.

94 Unzulässig wäre der **Wechsel** eines sieben Jahre (oder länger, falls diese nicht kapitalmarktorientiert iSd. § 264d HGB ist) für die Prüfung eines bedeutenden Tochterunternehmens vorrangig verantwortlichen Prüfungspartners **in die gleiche Funktion auf Konzernebene**. Der Wortlaut erfasst diesen Fall ohne weiteres (bei der Konzernabschlussprüfung beschäftigt), und auch nach Sinn und Zweck ist ein Wechsel in die Konzernabschlussprüfung auf Ebene des Mutterunternehmens ausgeschlossen. Zwar umfasst die Konzernabschlussprüfung zusätzlich bedeutende Teile, die bisher nicht der Verantwortung des rotierenden Prüfers unterlegen haben. Zu vermeiden ist aber, dass er über die 7-Jahres-Frist hinaus für die Beurteilung des früher von ihm selbst geprüften Konzernbereichs verantwortlich bleibt. Erfolgt ein solcher Wechsel vor Erreichen der 7-Jahres-Frist, ist eine verantwortliche Prüfung des Konzernabschlusses nur noch für die verbleibende Zeit zulässig.

95 Die Pflicht zur Rotation wegen der Tätigkeit bei bedeutenden Tochterunternehmen steht dagegen einer Übernahme der Prüfungsverantwortung für den **Jahresabschluss des Mutterunternehmens** nicht entgegen, soweit in Bezug auf dieses Unternehmen noch keine Rotationspflicht besteht. Dies ergibt sich daraus, dass der Prüfungsstoff insoweit keine wesentlichen Überschneidungen aufweist.

96 Es bleibt die Frage, ob ein Wechsel in die Prüfung bei anderen Konzerngesellschaften (**Schwestergesellschaften** des bedeutenden Tochterunternehmens) zulässig ist, wenn der verantwortliche Wirtschaftsprüfer auf der Ebene eines bedeutenden Tochterunternehmens rotieren muss. Nachdem das Rotationsgebot eine Beschäftigung „bei der Konzernabschlussprüfung" ausschließt, kommt es darauf an, ob dies nur die Prüfung auf der Ebene des Mutterunternehmens oder auch anderer Tochterunternehmen betrifft.

97 Zwar mag man davon ausgehen, dass auch der Prüfungsstoff aus den anderen Tochterunternehmen letztlich in den Konzernabschuss einfließt und die Prüfung dieser Gesellschaften damit Bedeutung für die Konzernabschlussprüfung hat. Diese Überlegung hat zu der Erweiterung in § 319a Abs. 2 Satz 2 HGB geführt. Im Unterschied zu dem Wechsel von dem bisher geprüften Tochterunternehmen in die Prüfung des Konzernabschlusses auf der Ebene des Mutterunternehmens erstreckt sich die Prüfungsverantwortung nach dem Wechsel zu einem Schwesterunternehmen jedoch nur auf den **Prüfungsstoff dieses Unternehmens**. Insoweit besteht weder die Gefahr einer Betriebsblindheit, noch ist im Regelfall eine zu große Vertrautheit mit der Geschäftsführung dieses Unternehmens zu erwarten.

---

52 Vgl. Begr. Beschlussempfehlung und Bericht des Rechtsausschusses, BT-Drucks. 16/12407, S. 91, wonach sich die Regelung auf den Jahresabschluss des Tochterunternehmens bezieht.

Daher stellt die Begründung zum Regierungsentwurf des BilMoG[53] zu Recht fest, dass **98** keine Bedenken bestünden, wenn die für die Konzernabschlussprüfung auf der Ebene bedeutender Tochterunternehmen verantwortlichen Wirtschaftsprüfer im Wege der Rotation bei **anderen konzernangehörigen Tochterunternehmen** des geprüften (Mutter-) Unternehmens eingesetzt werden. Dies gilt unabhängig von deren Größe und Bedeutung.

V. Rechtsfolgen eines Verstoßes

Wird die Pflicht zur Rotation verletzt, indem ein von der Rotationspflicht betroffener **99** Abschlussprüfer selbst tätig wird oder bei einer Prüfungsgesellschaft in unzulässiger Weise bei der Prüfung beschäftigt wird, hat dies auf die **Wirksamkeit des betroffenen Jahresabschlusses** keine Auswirkungen; der Verstoß führt nach § 256 Abs. 1 Nr. 3 AktG nicht zur Nichtigkeit.

Fraglich ist, ob eine Wirtschaftsprüfungsgesellschaft wirksam zum Abschlussprüfer **100** **gewählt und beauftragt** werden kann (§ 318 HGB), wenn bei ihr ein verantwortlicher Prüfungspartner bei der letzten Prüfung den siebten Fall verwirklicht hat und damit für die neue Prüfung das Rotationsgebot besteht. Dies wird eindeutig zu bejahen sein, weil es die Gesellschaft – wie in aller Regel – in der Hand hat, das Rotationsgebot zu erfüllen, indem sie den betroffenen Wirtschaftsprüfer bei der neuen Prüfung nicht mehr einsetzt. Ob dann, wenn nachträglich erkannt wird, dass eine Pflicht zur Rotation schon bei der letzten Prüfung bestanden hätte, die Wahl nichtig ist[54], erscheint zweifelhaft. Dass der Verstoß nach Bekanntwerden der Umstände vorsätzlich perpetuiert wird, kann – entgegen der Auffassung des OLG Düsseldorf – nicht unterstellt werden.

Die Nichtbeachtung der Rotationsvorschrift durch den Abschlussprüfer stellt eine **Be-** **101** **rufspflichtverletzung**[55] sowie nach § 334 Abs. 2 HGB eine **Ordnungswidrigkeit** dar, die mit einer Geldbuße von bis zu EUR 50.000,-- geahndet werden kann.

VI. Erstanwendungszeitpunkt

Nach Art. 66 Abs. 2 Satz 1 EGHGB sind die Neuregelungen in § 319a HGB erstmals **102** auf Jahres- und Konzernabschlüsse für das **nach dem 31. Dezember 2008 beginnende Geschäftsjahr** anzuwenden. In ihrer alten Fassung sind die Vorschriften letztmalig für das vor dem 1. Januar 2009 beginnende Geschäftsjahr anzuwenden (Art. 66 Abs. 2 Satz 2 EGHGB).

Da das BilMoG erst am 29. Mai 2009 in Kraft getreten ist, stellt sich die Frage, ob sich **103** aus der Vorschrift eine **Rückwirkung** ergibt und ob diese zulässig ist. Wenn das Geschäftsjahr dem Kalenderjahr entspricht, ist der erweiterte Tatbestand der internen Rotation erstmals bei der Prüfung für das Geschäftsjahr 2009 anzuwenden. Wenn die Bestellung als Abschlussprüfer erst nach Inkrafttreten des BilMoG am 29. Mai 2009 vorgenommen wird, liegt kein Fall der Rückwirkung vor.

Selbst wenn die **Bestellung als Abschlussprüfer vor Inkrafttreten des BilMoG** vor- **104** genommen worden ist und die neuen Vorschriften gelten, weil ein Geschäftsjahr betroffen ist, das nach dem 31. Dezember 2008 begonnen hat – dies mag vereinzelt bei Einlegung eines Rumpfgeschäftsjahrs vorkommen -, liegt hierin keine unzulässige

---

53 Begr. RegE, BT-Drucks. 16/10067, S. 89.
54 So OLG Düsseldorf, Urt. v. 14.12.2006, NZG 207, S. 237.
55 Bzgl. ihrer berufsaufsichtsrechtlichen Folgen vgl. §§ 61a ff. WPO.

Rückwirkung, weil nicht in ein in der Vergangenheit abgeschlossenes Rechtsverhältnis eingegriffen wird. Wenn es sich um eine Wirtschaftsprüfungsgesellschaft handelt, kann diese dem Rotationsgebot durch Auswechslung des verantwortlichen Prüfungspartners nachkommen. Der nachfolgende verantwortliche Prüfer kann die bisherige Prüfungstätigkeit verwenden; ggf. sollten zusätzliche Sicherheitsmaßnahmen (zB Review der bisherigen Prüfungsergebnisse) erwogen werden.

105 Wenn dagegen die **Prüfung** für das Rumpfgeschäftsjahr (zB vom 1. Januar bis 28. Februar 2009) **vor Inkrafttreten des BilMoG bereits beendet** worden ist, können die neuen Vorschriften nachträglich nicht mehr Anwendung finden; hierbei würde es sich um eine verfassungsrechtlich unzulässige echte Rückwirkung handeln.

§ 319b HGB
Netzwerk

(1) ¹Ein Abschlussprüfer ist von der Abschlussprüfung ausgeschlossen, wenn ein Mitglied seines Netzwerks einen Ausschlussgrund nach § 319 Abs. 2, 3 Satz 1 Nr. 1, 2 oder Nr. 4, Abs. 3 Satz 2 oder Abs. 4 erfüllt, es sei denn, dass das Netzwerkmitglied auf das Ergebnis der Abschlussprüfung keinen Einfluss nehmen kann. ²Er ist ausgeschlossen, wenn ein Mitglied seines Netzwerks einen Ausschlussgrund nach § 319 Abs. 3 Satz 1 Nr. 3 oder § 319a Abs. 1 Satz 1 Nr. 2 oder 3 erfüllt. ³Ein Netzwerk liegt vor, wenn Personen bei ihrer Berufsausübung zur Verfolgung gemeinsamer wirtschaftlicher Interessen für eine gewisse Dauer zusammenwirken.

(2) Absatz 1 ist auf den Abschlussprüfer des Konzernabschlusses entsprechend anzuwenden.

Inhaltsverzeichnis
                                                                                                 Tz.

I. Grundlagen
    1. Vorgaben aus der Abschlussprüferrichtlinie .... 106 – 108
    2. Umsetzung in deutsches Recht durch § 319b HGB – Überblick ... 109 – 114
    3. Nicht von § 319b HGB erfasste Sachverhalte .... 115 – 119
    4. Verhältnis des § 319b HGB zu anderen Zurechnungsvorschriften 120 – 121

II. Begriff des „Netzwerks" .... 122 – 124
    1. Rechtliche Ausgestaltung des Netzwerks .... 125 – 129
    2. Mitglieder des Netzwerks .... 130 – 133
    3. Zusammenwirken „bei ihrer Berufsausübung" .... 134 – 138
    4. Verfolgung gemeinsamer wirtschaftlicher Interessen .... 139 – 143
    5. Gewisse Dauer 144

III. Zurechnung von Ausschlussgründen, die von einem Mitglied des Netzwerks verwirklicht werden
    1. Allgemeines .... 145 – 149
    2. Ausschlussgründe, die eine Einflussmöglichkeit auf das Ergebnis der Abschlussprüfung voraussetzen (Abs. 1 Satz 1) ...... 150 – 152
       a. § 319 Abs. 2 HGB – Allgemeine Besorgnis der Befangenheit ... 153 – 155
       b. § 319 Abs. 3 Satz 1 Nr. 1 HGB – Anteilsbesitz sowie wesentliche finanzielle Interessen .... 156 – 159
       c. § 319 Abs. 3 Satz 1 Nr. 2 HGB – Personelle Verflechtungen ..... 160 – 162
       d. § 319 Abs. 3 Satz 1 Nr. 4 HGB – Beschäftigung einer Person, die nicht Abschlussprüfer sein darf .... 163 – 167
       e. § 319 Abs. 3 Satz 2 HGB – Zurechnungstatbestände auf Seiten des anderen Netzwerkmitglieds .... 168 – 171
       f. § 319 Abs. 4 HGB – Befangenheitstatbestände für Prüfungsgesellschaften .... 172 – 180
       g. Einflussnahme auf das Ergebnis der Abschlussprüfung .... 181 – 194
    3. Ausschlussgründe, die eine Einflussmöglichkeit auf das Ergebnis der Abschlussprüfung nicht voraussetzen (Abs. 1 Satz 2) .... 195 – 197
       a. § 319 Abs. 3 Satz 1 Nr. 3 HGB – Mitwirkungsverbot .... 198 – 202
       b. § 319a Abs. 1 Satz 1 Nr. 2 HGB – Rechts- und Steuerberatung 203 – 204
       c. § 319a Abs. 1 Satz 1 Nr. 2 HGB – Rechnungslegungsinformationssysteme .... 205 – 207

IV. Anwendung auf den Konzernabschlussprüfer .... 208 – 210
V. Erstanwendungszeitpunkt .... 211 – 213

I. Grundlagen

1. Vorgaben aus der Abschlussprüferrichtlinie

106 Mit § 319b HGB erfüllt der Gesetzgeber seine Pflicht, Art. 22 Abs. 2 der **Abschlussprüferrichtlinie**[56] in deutsches Recht zu transformieren. Zwar enthält das deutsche Recht in §§ 319, 319a HGB seit langem Regelungen, wonach ein Abschlussprüfer oder eine Prüfungsgesellschaft von der Prüfung ausgeschlossen sind, wenn Gründe vorliegen, die die Besorgnis der Befangenheit auslösen. Dies gilt zunächst dann, wenn der Abschlussprüfer oder die Prüfungsgesellschaft selbst diese Tatbestände verwirklichen. Darüber hinaus enthält das deutsche Recht bereits bestimmte Erweiterungen auf andere Personen, insbesondere durch die Sozietätsklausel in § 319 Abs. 3 Satz 1 HGB (Eingangspassage), durch die Einbeziehung von Ehegatten und Lebenspartnern in § 319 Abs. 3 Satz 2 HGB, durch die Zurechnungsregelungen für Prüfungsgesellschaften in § 319 Abs. 4 HGB sowie durch die entsprechenden Zurechnungen für die Tatbestände nach § 319a in dessen Abs. 1 Satz 2 und 3 HGB.

107 Was die **Reichweite der Zurechnungen** anbetrifft, setzen die bisherigen Regelungen die Anforderungen der Richtlinie jedoch noch nicht in vollem Umfang um. Art. 22 Abs. 2 der Abschlussprüferrichtlinie sieht nämlich für den Fall, dass der Abschlussprüfer einem Netzwerk angehört, eine Ausdehnung der Unabhängigkeitsvorschriften dergestalt vor, dass ein Ausschluss des Abschlussprüfers unter bestimmten Umständen auch bei Erfüllung von Ausschlussgründen in einem Netzwerkmitglied gegeben ist. Danach ist sicherzustellen, dass Abschlussprüfer oder Prüfungsgesellschaften eine Abschlussprüfung nicht durchführen, „wenn zwischen ihnen oder ihrem Netzwerk und dem geprüften Unternehmen unmittelbar oder mittelbar eine finanzielle oder geschäftliche Beziehung .... oder eine sonstige Verbindung – wozu auch die Erbringung zusätzlicher Leistungen, die keine Prüfungsleistungen sind, zählt – besteht, aus der ein objektiver, verständiger und informierter Dritter den Schluss ziehen würde, dass ihre Unabhängigkeit gefährdet ist"[57].

108 Die allgemeinen Befangenheitsregelungen sind danach auch dann anzuwenden, wenn die auslösenden **Tatbestände von „dem Netzwerk"** verwirklicht werden, vorausgesetzt natürlich, dass dadurch für einen objektiven, verständigen und informierten Dritten die Besorgnis der Befangenheit begründet wird.

2. Umsetzung in deutsches Recht durch § 319b HGB – Überblick

109 Der deutsche Gesetzgeber hat diese Regelung im Rahmen des BilMoG in der Weise umgesetzt, dass er mit § 319b HGB eine **spezielle Zurechnungsvorschrift für Netzwerke** geschaffen hat. Diese beschränkt sich nicht auf eine generalklauselartige Regelung, wie sie Art. 22 Abs. 2 der Abschlussprüferrichtlinie enthält, sondern knüpft folgerichtig an die traditionelle Umsetzung der Befangenheitsvorschriften im deutschen Recht an, die absolute Ausschlussgründe in § 319 Abs. 3 bis 5, § 319a HGB sowie den

---

56 Richtlinie 2006/43/EG des Europäischen Parlaments und des Rates vom 17. Mai 2006, ABl. EU v. 9.6.2006, L 157, S. 87 ff.
57 Vgl. Art. 22 Abs. 2 der Richtlinie 2006/43/EG des Europäischen Parlaments und des Rates vom 17. Mai 2006, ABl. EU v. 9.6.2006, L 157, S. 97.

allgemeinen Tatbestand der Besorgnis der Befangenheit in § 319 Abs. 2 HGB unterscheidet[58].

Bei der Zurechnung der einzelnen befangenheitsbegründenden Tatbestände zwischen Netzwerkmitgliedern unterscheidet das Gesetz zwei Gruppen. Die Tatbestände aus § 319 Abs. 3 Satz 1 Nr. 3 HGB sowie aus § 319a Abs. 1 Satz 1 Nr. 2 und 3 HGB, auf die § 319b Abs. 1 Satz 2 HGB Bezug nimmt, betreffen jeweils das **Risiko der Selbstprüfung**, also die Gefahr, dass ein Sachverhalt nicht mehr unbefangen beurteilt wird, wenn der Prüfer selbst an dessen Zustandekommen mitgewirkt hat. Für diese erste Gruppe von Fällen stellt das Gesetz eine **unwiderlegliche Vermutung** auf, weil davon auszugehen ist, dass die Rücksichtnahmen im Netzwerk immer dazu führen, dass eine entsprechende Gefahrenlage auch dann besteht, wenn die Sachverhalte von einem anderen Mitglied des Netzwerks gestaltet oder beraten worden sind. Diese Sachverhalte schlagen sich ohne weiteres Zutun des Netzwerkmitglieds unmittelbar in dem zu prüfenden Jahres- oder Konzernabschluss nieder. Da in diesen Fällen ein informierter Dritter immer den Schluss ziehen wird, dass der Abschlussprüfer bei der Beurteilung der Leistung seines Netzwerkangehörigen befangen ist, werden diese Tatbestände ohne weitere Voraussetzung zugerechnet[59].

110

Die zweite Gruppe bilden der Tatbestand der **allgemeinen Besorgnis der Befangenheit** (§ 319 Abs. 2 HGB) sowie die übrigen absoluten Ausschlussgründe aus § 319 Abs. 3 HGB (Nr. 1, 2 und 4), auf die in § 319b Satz 1 HGB Bezug genommen wird. Diese Tatbestände werden ergänzt durch die Verweisung auf die Zurechnungsvorschriften in § 319 Abs. 3 Satz 2 HGB und – für Prüfungsgesellschaften – in § 319 Abs. 4 HGB. Für diese Befangenheitstatbestände setzt eine Zurechnung im Netzwerk nach § 319b Abs. 1 Satz 1 HGB voraus, dass das Netzwerkmitglied, das diese Tatbestände verwirklicht, auch **Einfluss auf das Ergebnis der Abschlussprüfung** durch den deutschen Wirtschaftsprüfer oder die Prüfungsgesellschaft nehmen kann. Ist dies nicht der Fall, wäre eine Zurechnung nicht gerechtfertigt, weil ein objektiver, verständiger und informierter Dritter ohne eine solche Beeinflussungsmöglichkeit nicht den Schluss ziehen würde, dass die Unabhängigkeit des deutschen Netzwerkmitglieds gefährdet ist. Mit dieser Differenzierung macht der deutsche Gesetzgeber von der durch die Abschlussprüferrichtlinie eingeräumten Möglichkeit Gebrauch, die Unabhängigkeitsvorschriften für die Verwirklichung durch den Prüfer selbst und durch Netzwerkmitglieder unterschiedlich zu regeln[60].

111

Indem das Gesetz die Tatbestandsvoraussetzung negativ formuliert, bringt es zum Ausdruck, dass aufgrund der Netzwerkzugehörigkeit zunächst **vermutet** wird, dass der Prüfer sich beeinflussen lässt. Der Prüfer kann diese Vermutung aber **widerlegen** und sich von der Zurechnung des Befangenheitstatbestands entlasten, wenn er darlegt, dass das andere Netzwerkmitglied keinen Einfluss auf das Ergebnis der Abschlussprüfung nehmen kann.

112

§ 319b Abs. 1 Satz 3 HGB enthält die **Definition des Begriffs „Netzwerk"**, der die Zurechnung auslöst. Dabei hat sich der deutsche Gesetzgeber von der Regelungstechnik der Abschlussprüferrichtlinie gelöst, die in Art. 2 Nr. 7 eine Liste von konkreten Merkmalen enthält, die zu der Qualifikation als Netzwerk führen. Entsprechend deutscher Regelungstradition hat der Gesetzgeber für die Definition eine allgemeine For-

113

---

58 Vgl. dazu *Ebke* in MünchKomm. HGB², § 319 Rdnr. 3 f.
59 Vgl. Begr. RegE, BT-Drucks. 16/10067, S. 90.
60 Vgl. Begr. RegE, BT-Drucks. 16/10067, S. 90.

mulierung gewählt, die die in der Richtlinie genannten Merkmale zusammenfasst. Der Gehalt der Definition sollte damit aber nicht verändert werden[61].

114 § 319b Abs. 2 HGB ordnet die entsprechende Geltung der Regelungen des Abs. 1 auf den **Abschlussprüfer des Konzernabschlusses** an. Mit dieser abstrakten Regelungstechnik, die die Einzelheiten der Auslegung überlässt, entspricht die Vorschrift der Regelung in § 319 Abs. 5 HGB und § 319a Abs. 2 HGB.

3. Nicht von § 319b HGB erfasste Sachverhalte

115 **Keine Zurechnung** sieht das Gesetz für den Tatbestand der **Umsatzabhängigkeit** vor, der in § 319 Abs. 3 Satz 1 Nr. 5 HGB und § 319a Abs. 1 Satz 1 Nr. 1 HGB geregelt ist. Dies wird mit Praktikabilitätserwägungen sowie der Einschätzung begründet, dass eine Berücksichtigung der Vorschriften innerhalb eines Netzwerks nicht zu angemessenen Ergebnissen führen würde[62]. Dies erscheint nicht nur wegen der praktischen Schwierigkeiten bei der Ermittlung des Gesamtumsatzes aller Mitglieder des Netzwerks sachgerecht. Eine Feststellung der Umsatzabhängigkeit auf zusammengerechneter Basis wäre sachlich auch nur dann gerechtfertigt, wenn die Ergebnisse oder wenigstens der Aufwand in dem Netzwerk gepoolt werden. Dies wird jedoch bei der weiten Definition des Netzwerkbegriffs nicht vorausgesetzt und ist in der Praxis auch kaum anzutreffen. Vielmehr ist ein Netzwerk gerade auch in Fällen rechtlicher und wirtschaftlicher Unabhängigkeit der Netzwerkgesellschaften gegeben, zB bei Verwendung einer gemeinsamen Marke.

116 Mangels besonderer Zurechnungsvorschriften im Netzwerk verbleibt es für die Feststellung der Umsatzabhängigkeit daher bei den bestehenden Regelungen, nach denen eine **Zusammenrechnung der Umsätze** zB aufgrund der Sozietätsklausel[63] sowie bei verbundenen Unternehmen einer Wirtschaftsprüfungsgesellschaft in Betracht kommt. Soweit hiernach eine Zurechnung nicht vorgesehen ist, können Umsätze anderer Netzwerkmitglieder mit dem Prüfungsmandanten auch nicht den Tatbestand der allgemeinen Besorgnis der Befangenheit (§ 319 Abs. 2 HGB) begründen.

117 Die Zurechnungsvorschriften für Netzwerkmitglieder in § 319b Abs. 1 HGB verweisen auch nicht auf den Ausschlusstatbestand bei Verletzung der Vorschriften für die **interne Rotation** (§ 319a Abs. 1 Satz 1 Nr. 4, Satz 4 und 5 HGB für die Jahresabschlussprüfung, § 319a Abs. 2 Satz 1 und 2 HGB für die Konzernabschlussprüfung). Dies erscheint sachlich zutreffend, weil die Befangenheit durch zu große Vertrautheit und Betriebsblindheit nur dann eintreten kann, wenn die befangene Person bei der jeweiligen Prüfung eingesetzt ist. Dann gelten die Vorschriften aber unmittelbar, ohne dass es einer Zurechnung im Netzwerk bedürfte. Bei der Jahresabschlussprüfung wird dies aber nur sehr selten anzutreffen sein, da der verantwortliche Prüfer immer Wirtschaftsprüfer nach deutschem Recht sein muss (vgl. dazu oben Tz. 33).

118 Bei der **Prüfung von Konzernabschlüssen** ist eine Zurechnung der Tätigkeit von Prüfern auf der Ebene bedeutender Tochterunternehmen und damit die Pflicht zur internen Rotation bereits in § 319a Abs. 2 Satz 2 HGB vorgesehen (dazu im Einzelnen Tz. 55 ff.). Nach der Regierungsbegründung zum BilMoG ist diese Zurechnung allerdings auf Fälle beschränkt, in denen der verantwortliche Prüfungspartner auf der Ebene des Tochterunternehmens derselben Prüfungsgesellschaft angehört, die auch die

---

61 Vgl. Begr. RegE, BT-Drucks. 16/10067, S. 90.
62 Vgl. Begr. RegE, BT-Drucks. 16/10067, S. 90.
63 Dazu *ADS*[6], § 319 HGB Tz. 161; *Ebke* in MünchKomm. HGB2, § 3219 Rdnr. 69; *Förschle/Schmidt*, in Beck Bil-Komm.[6], § 319 HGB Rdnr. 70.

Konzernabschlussprüfung durchführt[64] (vgl. dazu auch Tz. 77 ff.). Der tragende Grund hierfür – der Konzernabschlussprüfer kann die vom Gesetz angestrebte interne Rotation nicht umsetzen, wenn er selbst den verantwortlichen Prüfungspartner auf Ebene des Tochterunternehmens nicht auswechseln kann – wird in vielen Fällen auch gegenüber anderen Mitgliedern eines Netzwerks bestehen, so dass auch insoweit eine Zurechnung zu unterbleiben hat (vgl. dazu oben Tz. 77 ff.).

§ 319b Abs. 1 HGB lässt damit erkennen, dass die Bildung eines Netzwerks nicht per se für die Geschäftsbeziehungen der Netzwerkmitglieder zu dem geprüften Unternehmen einschränkend wirkt, sondern die Tätigkeit von Netzwerkmitgliedern nur insoweit sanktioniert, wie diese sich unmittelbar im Jahresabschluss widerspiegelt. Laut Gesetzesbegründung wurde damit bewusst eine Lösung gewählt, die es mittelständischen Abschlussprüfern weiterhin ermöglicht, sich im Rahmen eines Netzwerks mit Spezialisten auf dem Gebiet der Unternehmensberatung zusammenzuschließen und so eine breite Produktpalette anzubieten[65]. Insbesondere für international ausgerichtete Netzwerke dürfte die Regelung aber zumindest einen erheblichen Aufwand zur **Erfassung und Kontrolle der netzwerkweit angebotenen Leistungen** für deutsche Prüfungsmandanten zur Folge haben. 119

4. Verhältnis des § 319b HGB zu anderen Zurechnungsvorschriften

Als Zurechnungsvorschrift für Tatbestände, die die Besorgnis der Befangenheit auslösen können, tritt § 319b HGB **neben die unverändert gebliebenen Regelungen** der **Sozietätsklausel** in § 319 Abs. 3 Satz 1 HGB und § 319a Abs. 1 Satz 3 HGB, die einen Ausschluss auch bei Verwirklichung von Ausschlussgründen durch Personen normieren, mit denen der WP seinen Beruf gemeinsam ausübt. Während die gemeinsame Berufsausübung insb. mit sozietätsfähigen Freiberuflern aber überwiegend durch eine Gleichrichtung des wirtschaftlichen Interesses durch ganzes oder teilweises Pooling der Einnahmen und Ausgaben gekennzeichnet ist[66], setzt der Begriff des Netzwerks dies nicht voraus und geht damit weiter. 120

Die Vorschriften stehen damit zueinander im Verhältnis der **Spezialität**. Wenn die Tatbestandsvoraussetzungen der Sozietätsklausel erfüllt sind, kommt eine (ergänzende) Subsumtion unter § 319b HGB als **Auffangtatbestand** nicht in Betracht. Auch ist die Exkulpationsmöglichkeit aus § 319b Abs. 1 Satz 1 HGB auf Fälle, für die die Sozietätsklausel eingreift, nicht analog übertragbar. Gleiches gilt auch für die Zurechnung nach anderen spezielleren Vorschriften, wie für bestimmte Gesellschafter oder verbundene Unternehmen von Wirtschaftsprüfungsgesellschaften nach § 319 Abs. 4 Satz 1 HGB. 121

II. Begriff des „Netzwerks"

§ 319b HGB dehnt den Kreis derjenigen Personen, deren Verhalten bei Verwirklichung von Tatbeständen gemäß §§ 319, 319a HGB den Ausschluss eines Abschlussprüfers zur Folge haben kann, auf die Mitglieder des Netzwerks aus, dem der Abschlussprüfer angehört. 122

Eine **Definition des Begriffs Netzwerk** findet sich in § 319b Abs. 1 Satz 3 HGB: Danach sind unter Netzwerk alle Zusammenschlüsse von Personen erfasst, die bei ihrer 123

---

64   Vgl. Begr. RegE, BT-Drucks. 16/10067, S. 89.
65   Vgl. Begr. RegE, BT-Drucks. 16/10067, S. 90; *Fölsing*, ZCG 2/09, S. 77.
66   Vgl. *ADS*[6], § 319 HGB Tz. 58, 61; *Förschle/Schmidt*, in Beck Bil-Komm.[6], § 319 HGB Rdnr. 32 mwN.

Berufsausübung zur Verfolgung gemeinsamer wirtschaftlicher Interessen für eine gewisse Dauer zusammenwirken.

124 Mit dieser abstrakten, auf allgemeine Tatbestandsmerkmale gestützten Definition weicht das deutsche Recht regelungstechnisch von Art. 2 Nr. 7 der Abschlussprüferrichtlinie ab. Danach handelt es sich bei einem Netzwerk um eine auf Kooperation ausgerichtete breitere Struktur, die auf Gewinn- oder Kostenteilung abzielt oder bei der die Mitglieder durch gemeinsame Faktoren wie Eigentum, Kontrolle, Geschäftsführung, Qualitätssicherungsmaßnahmen oder -verfahren, Geschäftsstrategie, Marke oder wesentliche Teile der fachlichen Ressourcen miteinander verbunden sind. Die abweichende Regelungstechnik in § 319b Abs. 1 Satz 3 HGB resultiert ausweislich der Begründung zum Gesetzentwurf aus dem Wunsch, eine allgemeine Formulierung für die vorgenannten Kriterien zu finden; eine inhaltliche Änderung soll damit nicht verbunden sein[67].

1. Rechtliche Ausgestaltung des Netzwerks

125 Sowohl die Regelung in § 319b Abs. 1 Satz 3 HGB als auch die Definition der Abschlussprüferrichtlinie lassen keinen Zweifel daran, dass es auf die **rechtliche Ausgestaltung** des Netzwerks nicht ankommt. Entscheidend ist die Gleichrichtung der (wirtschaftlichen) Interessen der Netzwerkmitglieder. Diese ist regelmäßig Ursache für gegenseitige Rücksichtnahmen bzw. Vermeidung von Nachteilen für einzelne oder alle Netzwerkmitglieder und damit Anknüpfungspunkt für Handlungen oder Unterlassungen, die dem Unabhängigkeitsgebot zuwiderlaufen können.

126 Danach können **gesellschaftsrechtliche Verbindungen** ein Netzwerk begründen. Neben der Beteiligung an Kapitalgesellschaften kommt auch der Zusammenschluss zu einer Personengesellschaft in Betracht. Welcher Rechtsordnung die Gesellschaft unterliegt, spielt für die Qualifizierung als Netzwerk keine Rolle. Dabei wird zu beachten sein, ob für deutsche Prüfer, die einer solchen gesellschaftsrechtlichen Verbindung angehören, nicht bereits ein speziellerer Zurechnungstatbestand ausgelöst wird (dazu oben Tz. 120 f.). Solche gesellschaftsrechtlichen Verbindungen sind im Einzelfall daraufhin zu untersuchen, ob in ihnen die Tatbestandsmerkmale des § 319b Abs. 1 Satz 3 HGB erfüllt werden. Dies kann sich aus den gesellschaftsrechtlichen Statuten, aber auch aus anderen Regelungen ergeben.

127 Die **konzernrechtliche Verbindung** in Form eines Gleichordnungskonzerns (§ 18 Abs. 2 AktG) wird regelmäßig als Netzwerk zu qualifizieren sein, ebenso ein Unterordnungskonzern (§ 18 Abs. 1 AktG). Allerdings werden Unterordnungsverhältnisse aus gesellschafts- aber auch berufsrechtlichen Gründen idR nur zwischen Berufsgesellschaften bestehen, zwischen denen auch ein Beteiligungsverhältnis besteht, das aber bereits in § 319 Abs. 4 Satz 1 HGB erfasst wird.

128 Daneben kann das Zusammenwirken auf **vertraglicher (schuldrechtlicher) Grundlage** erfolgen. Allerdings werden solche Verträge im Hinblick auf das Merkmal „Verfolgung gemeinsamer wirtschaftlicher Interessen" immer auch gewisse gesellschaftsrechtliche Elemente enthalten. Für die Qualifizierung als Netzwerk ist eine genaue rechtliche Abgrenzung nicht erforderlich.

129 Fraglich könnte sein, ob ein Netzwerk auch **ohne vertragliche Bindungen** bestehen kann. Hier wird es darauf ankommen, ob ein rein tatsächliches Parallelverhalten noch die Tatbestandselemente „gewisse Dauer" und „zusammenwirken" erfüllen kann. Ist

---

67 Vgl. Begr. RegE, BT-Drucks. 16/10067, S. 90.

dies gegeben, kommt es auf das Vorliegen vertraglicher Bindungen nicht an. Auch ohne dass vertragliche Ansprüche begründet werden, kann die rein tatsächliche Zusammenarbeit, wenn sie nachhaltig erfolgt, zu Rücksichtnahmen oder auch wirtschaftlichen Abhängigkeiten führen, wie sie für die Zurechnung von Befangenheitstatbeständen im Netzwerk auslösend sind.

2. Mitglieder des Netzwerks

Um ein Netzwerk zu bilden, müssen „Personen" in bestimmter Weise zusammenwirken. Der Begriff **Personen** umfasst dabei in Anlehnung an die Terminologie des BGB[68] sowohl natürliche als auch juristische Personen (v.a. Kapitalgesellschaften) sowie teilrechtsfähige Personenvereinigungen[69]. Zu letzteren gehören die Personengesellschaften des Handelsrechts und die Gesellschaft bürgerlichen Rechts. Durch die Bezugnahme auf die deutsche Nomenklatur wird natürlich keine Beschränkung im Hinblick auf **ausländische Rechtssubjekte** zum Ausdruck gebracht. Auch diese werden damit ohne weiteres erfasst. 130

Die Personen, die das Netzwerk bilden, werden in § 319b Abs. 1 Satz 1 und 2 HGB als „**Mitglied**" **des Netzwerks** bezeichnet. Der Ausschluss wird begründet, wenn ein solches Mitglied einen der benannten Ausschlussgründe erfüllt. Bezogen etwa auf eine deutsche Wirtschaftsprüfungsgesellschaft in der Rechtsform der AG (W AG WPG) fragt sich, ob damit nur die juristische Person gemeint ist, die selbst rechtlich oder tatsächlich dem Netzwerk angehört, oder ob hier ein größerer Kreis von Personen erfasst wird, der in bestimmter Weise der juristischen Person als Mitglied zugeordnet ist. Dies könnten in dem Beispiel die Organmitglieder der AG sein, deren Gesellschafter, deren Tochterunternehmen, aber auch deren Mitarbeiter, sei es auf Partnerebene, sei es als leitender oder sonstiger Mitarbeiter. 131

Nach dem Regelungszusammenhang wird man davon auszugehen haben, dass mit „Person" und „Mitglied" unmittelbar nur dasjenige juristische Subjekt bezeichnet wird, **in dessen Person die Mitgliedschaft besteht**, bei Prüfungsgesellschaften in der Rechtsform einer juristischen Person also diese (im Beispiel die W AG WPG). Diese Auslegung ergibt sich daraus, dass in § 319b Abs. 1 Satz 1 HGB ua. auch auf die Regelung in § 319 Abs. 4 HGB verwiesen wird. Diese definiert, welcher Personenkreis bei einer Prüfungsgesellschaft durch sein eigenes Verhalten den Ausschluss wegen Befangenheit auslösen kann. Die Anwendung dieser Vorschrift auf ein „Mitglied seines Netzwerks" kann nur bedeuten, dass die Reichweite der Zurechnung bei diesem Netzwerkmitglied durch die Regelungen des § 319 Abs. 4 HGB und nicht durch eine erweiternde Auslegung der Begriffe „Person" oder „Mitglied" bestimmt werden soll. Gleiches gilt auch für die Sozietätsklausel, die durch die Verweisung auf § 319 Abs. 3 Satz 1 mit HGB erfasst ist. 132

Eine ähnliche Frage zur **Reichweite des Netzwerkbegriffs** stellt sich auf Seiten des Abschlussprüfers, dem der Tatbestand zugerechnet wird. Würde hier nur auf die Person dessen abgestellt, der selbst nach den getroffenen Vereinbarungen Mitglied des Netzwerks ist, wäre das Prüfungsverbot leicht zu umgehen. Daher ist davon auszugehen, dass jedenfalls die Unternehmen, die mit dem Abschlussprüfer gesellschaftsrechtlich verbunden sind, die Mitgliedschaft iSd. Gesetzes vermitteln. Welches der verbundenen Unternehmen des Abschlussprüfers formal Mitglied in dem Netzwerk ist, ist danach ohne Belang. Die **gesellschaftsrechtliche Beteiligung von Prüfungsgesell-** 133

---

68 Dazu Palandt-*Heinrichs*, BGB[66], Überblick vor § 1 Rdnr. 1.
69 Vgl. Begr. RegE, BT-Drucks. 16/10067, S. 91.

schaften untereinander, jedenfalls wenn sie als Unternehmensverbindung zu qualifizieren ist (vgl. § 319 Abs. 4 Satz 1 HGB), wird damit vom Zurechnungskreis des Netzwerks erfasst. Nichts anderes dürfte auch dann gelten, wenn zwischen dem Abschlussprüfer und der anderen Prüfungsgesellschaft, die dem Netzwerk formal angehört, ein **weiteres Netzwerk** besteht.

3. Zusammenwirken „bei ihrer Berufsausübung"

134 Die Personen müssen „**bei ihrer Berufsausübung**" zusammenwirken. Diese Formulierung greift eines der Tatbestandsmerkmale der in § 319 Abs. 3 Satz 1 HGB enthaltenen Sozietätsklausel auf. Die berufliche Tätigkeit muss daher prägendes Element der Zusammenarbeit sein. Nicht erfasst sind gemeinsame Aktivitäten außerhalb der Geschäftstätigkeit sowie zB Mitgliedschaften in Berufsverbänden oä., die zwar dauerhaft eingegangen werden, aber die Berufsausübung lediglich flankieren[70].

135 In Abgrenzung von der Sozietätsklausel wird eine „gemeinsame" Berufsausübung nicht gefordert. Aus dieser Formulierung wird dort abgeleitet, dass eine Gleichrichtung der (wirtschaftlichen) Interessen gegeben sein muss, wie sie etwa bei einer Sozietät anzunehmen ist[71]. Dies wird im Rahmen der Begriffsbestimmung des Netzwerks durch das Merkmal „zur Verfolgung gemeinsamer wirtschaftlicher Interessen" abgedeckt.

136 Wie bei der Auslegung der Sozietätsklausel wird die Zusammenarbeit mit **Angehörigen anderer Berufe**, soweit sie berufsrechtlich überhaupt zugelassen ist, in den Anwendungsbereich der Norm fallen[72]. „Berufsausübung" ist danach nicht nur die Ausübung des Berufs als Abschlussprüfer (oder in Deutschland als Wirtschaftsprüfer), sondern jede andere Berufsausübung, etwa die des Steuerberaters, aber auch die von Beratungsberufen. Soweit nach der jeweiligen Rechtsordnung auch die Zusammenarbeit mit gewerblich Tätigen erlaubt ist, fallen sie auch in den Anwendungsbereich der Definition.

137 **Bürogemeinschaften** fallen dagegen nicht in den Anwendungsbereich, wenn sich die gemeinsamen geschäftlichen Interessen auf die Nutzung der Miträume und der Infrastruktur beschränken[73]. Auch hier ist davon auszugehen, dass die Zusammenarbeit nur „gelegentlich der Berufsarbeit" erfolgt und die Berufsausübung lediglich flankiert.

138 Die **gemeinsame Beteiligung an einem Unternehmen**, zB an einem Kreditinstitut, einer Versicherung, einem gewerblichen Unternehmen, aber auch an einer Unternehmensberatungsgesellschaft oder an einem Unternehmen, das Fachpublikationen vertreibt oder Schulungen veranstaltet, erfüllt für sich genommen noch nicht das Merkmal „bei ihrer Berufsausübung". Wenn in der Gesellschaft jedoch **Aufgaben der Berufstätigkeit gemeinsam erledigt** werden, wie dies bei einer ausgelagerten gemeinsamen Gesellschaft zur Bearbeitung von Fachfragen oder bei einer Servicegesellschaft zur Unterstützung bei der Prüfungstätigkeit der Fall wäre, handelt es sich um einen Teil der Berufsausübung. Fraglich ist, ob dieses Merkmal bei einer gemeinsamen Beteiligung an einer Wirtschaftsprüfungsgesellschaft erfüllt ist, die für ihre Gesellschafter die Prüfung besonderer Mandate, etwa von Unternehmen iSd. § 319a HGB, übernimmt. Jedenfalls bei Verwendung einer gemeinsamen Firmierung oder Marke wird dies zu bejahen sein (vgl. dazu auch Tz. 141 f.).

---

70   Vgl. Begr. RegE, BT-Drucks. 16/10067, S. 91.
71   Vgl. dazu *ADS*[6], § 319 HGB Tz. 58; *Förschle/Schmidt*, in Beck Bil-Komm.[6], § 319 HGB Rdnr. 32.
72   Vgl. dazu *ADS*[6], § 319 HGB Tz. 60.
73   Vgl. zur Auslegung der Sozietätsklausel *ADS*[6], § 319 HGB Tz. 62; *Förschle/Schmidt*, in Beck Bil-Komm.[6], § 319 HGB Rdnr. 32.

4. Verfolgung gemeinsamer wirtschaftlicher Interessen

Weiteres Kriterium ist die Verfolgung gemeinsamer wirtschaftlicher Interessen. Diese werden bei Vorliegen eines oder mehrerer der in Art. 2 Nr. 7 der **Abschlussprüferrichtlinie** genannten Kriterien gegeben sein. Jedenfalls eine gemeinsame Gewinn- oder Kostenteilung, gemeinsames Eigentum sowie gemeinsame Kontrolle (im Sinne der Ausübung von *Control*-Rechten, wie sie etwa § 290 Abs. 2 HGB zugrunde liegen) oder gemeinsame Geschäftsführung bewirken regelmäßig eine derartige Gleichrichtung der Interessen. 139

Aber auch gemeinsame Qualitätssicherungsmaßnahmen oder -verfahren, eine **gemeinsame Geschäftsstrategie** sowie die gemeinsame Nutzung von **fachlichen Ressourcen** sind im Regelfall Maßnahmen zur Erzielung von Wettbewerbsvorteilen und damit zur Steigerung des Geschäftsergebnisses der Mitglieder des Netzwerks. 140

Gemeinsame wirtschaftliche Interessen werden in der Regel auch bei einem gleichgearteten Außenauftritt in Form der **Verwendung einer gemeinsamen Marke** erfüllt sein[74]. Dies insbesondere, als das gemeinsame Auftreten nach außen im Regelfall zumindest mit dem Gebot zur Einhaltung gleicher **Qualitätsstandards** und damit auch gemeinsamer Qualitätssicherungsverfahren einhergeht. Die Aufdeckung von Schwächen bei anderen Mitgliedern des Netzwerkes kann in diesen Fällen wenn nicht zu direkten finanziellen Konsequenzen durch Gewinn- oder Kostenteilung, so doch zumindest zu Reputationsrisiken führen. 141

Die Marke muss im **Außenauftritt** verwendet werden, sei es als Teil der Firmierung, sei es als Zusatzbezeichnung oder Hinweis etwa auf dem Geschäftspapier. Die Bezeichnung einer Zusammenarbeit als Netzwerk dürfte in aller Regel eine genauere Prüfung der Merkmale überflüssig machen, weil der verständige Dritte, auf den abzustellen ist, bei Verwendung des Begriffes Netzwerk darauf schließen wird, dass es sich auch um ein Netzwerk im Sinne der Zurechnungsvorschrift in § 319b Abs. 1 Satz 3 HGB handelt. Daher ist in solchen Fällen eine Zurechnung immer geboten[75]. 142

Keine Verfolgung gemeinsamer wirtschaftlicher Interessen liegt dann vor, wenn sich die Zusammenarbeit darauf beschränkt, sich im Rahmen des berufsrechtlich Zulässigen gegenseitig **Mandate zu vermitteln**, die der Empfehlende aus fachlichen Gründen (Spezialfragen, besondere Branchen) oder wegen geographischer Gegebenheiten nicht selbst übernehmen kann oder will. Internationale Kooperationen, die nur auf die gegenseitige Empfehlung gerichtet sind, aber auch entsprechende inländische Strukturen sind nicht als Netzwerk zu qualifizieren. Wird für eine solche Kooperation jedoch im Außenauftritt eine gemeinsame Bezeichnung verwendet, führt das gemeinsame Interesse an der Reputation dieses Verbundes zur Annahme eines Netzwerks. 143

5. Gewisse Dauer

Das Zusammenwirken muss schließlich **auf eine gewisse Dauer** angelegt sein, dh. eine einmalige oder nur gelegentliche Kooperation ist für die Annahme eines Netzwerks nicht ausreichend. Die Durchführung von Gemeinschaftsprüfungen *(joint audit)*, die gemeinschaftliche Erstellung von betriebswirtschaftlichen Gutachten oder gemeinsame Fortbildungsmaßnahmen genügen den Anforderungen an die Nachhaltigkeit der Zusammenarbeit nicht[76]. Dies gilt auch dann, wenn die Gemeinschaftsprüfung 144

---

74 Vgl. Begr. RegE, BT-Drucks. 16/10067, S. 90.
75 Vgl. Begr. RegE, BT-Drucks. 16/10067, S. 90 f.
76 Vgl. Begr. RegE, BT-Drucks. 16/10067, S. 90.

oder die gemeinsame Fortbildung über mehrere Jahre hinweg fortgesetzt wird und dadurch rein tatsächlich eine längere Dauer erhält.

III. Zurechnung von Ausschlussgründen, die von einem Mitglied des Netzwerks verwirklicht werden

1. Allgemeines

145 Nach § 319b Abs. 1 Satz 1 und 2 HGB werden Ausschlussgründe, die ein Netzwerkmitglied erfüllt, dem netzwerkangehörigen Abschlussprüfer zugerechnet. „Ein Abschlussprüfer" ist der nach den Vorschriften der §§ 316 HGB ff. mit der **Pflichtprüfung einer Kapitalgesellschaft** oder einer Personenhandelsgesellschaft iSd. § 264a HGB beauftragte Wirtschaftsprüfer oder vereidigte Buchprüfer bzw. eine Wirtschaftsprüfungs- oder Buchprüfungsgesellschaft (§ 319 Abs. 1 Satz 1 und 2 HGB).

146 Nach § 22a Abs. 1 Satz 2 BS WP/vBP ist die Tätigkeit auch bei gesetzlich nicht vorgeschriebenen **(freiwilligen) Abschlussprüfungen**, bei denen ein dem § 322 HGB nachgebildeter Bestätigungsvermerk erteilt wird, zu versagen, wenn der Prüfer Tatbestände iSd. § 319 Abs. 3 HGB verwirklicht. In diesem Rahmen dürfte auch die Zurechnung von Befangenheitstatbeständen im Netzwerk nach § 319b HGB zu berücksichtigen sein, auch wenn die berufsrechtliche Zurechnungsvorschrift in § 21 Abs. 4 BS WP/vBP den Netzwerkbegriff noch nicht enthält. Im Ansatz erfasst aber die Regelung in § 21 Abs. 4 Satz 1 Nr. 2 BS WP/vBP („... in einer für Dritte erkennbaren Weise kooperiert...") bereits auch die Netzwerktatbestände. Es ist zu erwarten, dass die Berufssatzung entsprechend ergänzt wird.

147 Der Tatbestand muss von einem Mitglied **„seines" Netzwerks** verwirklicht werden. Dieses Merkmal ist dann ohne weiteres erfüllt, wenn der (deutsche) Abschlussprüfer oder die Prüfungsgesellschaft selbst Mitglied des Netzwerks ist. Zur Erweiterung des Netzwerkbegriffs bei gesellschaftsrechtlichen Beteiligungsverhältnissen auf Seiten des Abschlussprüfers, dem ein Tatbestand zugerechnet werden soll, und bei dem Ineinandergreifen mehrerer Netzwerke vgl. bereits Tz. 126, 133.

148 Die Reichweite der **Zurechnung auf Seiten des anderen Netzwerkmitglieds** ergibt sich jeweils aus den einzelnen Befangenheitsvorschriften, auf die verwiesen wird, bei Prüfungsgesellschaften insb. aus § 319 Abs. 4 Satz 1 HGB (dazu bereits Tz. 132).

149 Die Regelung in § 319b Abs. 1 HGB unterscheidet zwischen Ausschlussgründen, die bei nachweislich fehlender Einflussnahmemöglichkeit des Netzwerkmitglieds auf das Prüfungsergebnis für den Abschlussprüfer folgenlos bleiben (Satz 1) und solchen Umständen, die zwingend zu seinem Ausschluss führen (Satz 2)[77].

2. Ausschlussgründe, die eine Einflussmöglichkeit auf das Ergebnis der Abschlussprüfung voraussetzen (Abs. 1 Satz 1)

150 Nach § 319b Abs. 1 Satz 1 HGB ist ein Abschlussprüfer von der Prüfung ausgeschlossen, wenn ein Mitglied seines Netzwerks einen **Ausschlussgrund nach § 319 Abs. 2, Abs. 3 Satz 1 Nr. 1, 2 oder Nr. 4, Abs. 3 Satz 2 oder Abs. 4 HGB erfüllt**. Die Vermutung der Befangenheit kann in diesen Fällen widerlegt werden, indem der Abschluss-

---

77 Vgl. zum Regelungskonzept bereits Tz. 109 ff.

prüfer darlegt und ggf. beweist, dass das Netzwerkmitglied auf das Ergebnis der Abschlussprüfung keinen Einfluss nehmen kann.

§ 319b Abs. 1 Satz 1 HGB verweist auf die einzelnen **Befangenheitstatbestände**, wie sie für Abschlussprüfer und Prüfungsgesellschaften in § 319 HGB geregelt sind. Er folgt dabei dem Aufbau der Vorschrift und nimmt nur solche Tatbestände aus, die entweder der schärferen Regelung in § 319b Abs. 1 Satz 2 HGB (keine Entlastung durch den Nachweis mangelnden Einflusses) unterworfen worden sind oder für die aus inhaltlichen Gründen eine Zurechnung im Netzwerk nicht in Betracht kam (dazu oben Tz. 115 ff.). Für die Erläuterung im Einzelnen kann daher weitgehend auf die Kommentierungen zu diesen Vorschriften verwiesen werden. 151

Die Verweisungen in § 319b Abs. 1 Satz 1 HGB auf die Tatbestände des § 319 HGB zielen auf folgende Gruppen von (widerlegbaren) Befangenheitstatbeständen ab[78]. Sie betreffen zunächst die Regelungen für **natürliche Personen** (§ 319 Abs. 2 und 3 HGB) und sodann die Regelungen für **Prüfungsgesellschaften** (§ 319 Abs. 4 HGB). 152

a. § 319 Abs. 2 HGB – Allgemeine Besorgnis der Befangenheit

Der Abschlussprüfer ist ausgeschlossen, wenn ein Mitglied seines Netzwerks iSd. § 319 Abs. 2 HGB **geschäftliche, finanzielle oder persönliche Beziehungen zu dem zu prüfenden Unternehmen** unterhält, welche die Besorgnis der Befangenheit begründen. Die Eignung, Besorgnis der Befangenheit zu begründen, muss dabei zunächst nach den Maßstäben geprüft werden, die gelten würden, wenn das den Befangenheitstatbestand auslösende Netzwerkmitglied die Prüfung selbst durchführen würde. Dabei ist auf die deutschen Befangenheitsvorschriften abzustellen. In einem zweiten Schritt ist dann zu prüfen, ob sich der deutsche Abschlussprüfer exkulpieren kann, weil das Netzwerkmitglied keinen Einfluss auf das Ergebnis der Abschlussprüfung nehmen kann. 153

Unter den Tatbestand der allgemeinen Besorgnis der Befangenheit werden zB Fälle zu subsumieren sein, in denen das Netzwerkmitglied **gemeinsame Geschäftsaktivitäten** (*joint venture* oä.) mit dem zu prüfenden Unternehmen betreibt, die nach Art und/oder Umfang aus Sicht eines objektiven Dritten zu einer Befangenheit des Abschlussprüfers führen. Auch **persönliche bzw. familiäre Beziehungen** bspw. zwischen einem Entscheidungsträger des Netzwerkmitglieds und einem beim Prüfungsmandanten für die Rechnungslegung Verantwortlichen können einen Ausschluss des Abschlussprüfers nach dieser Vorschrift zur Folge haben[79]. 154

Zu beachten ist, dass bei dem allgemeinen Ausschlussgrund die Besorgnis der Befangenheit dadurch ausgeräumt werden kann, dass **Schutzmaßnahmen** *(Safeguards)* getroffen werden, die die Besorgnis auf ein hinnehmbares Maß beschränken[80]. Dies gilt – unbeschadet der weiteren Exkulpationsmöglichkeit wegen fehlender Einflussmöglichkeit – auch im Rahmen der Zurechnung nach § 319b Abs. 1 Satz 2 HGB. 155

---

78 Vgl. insoweit auch *Inwinkel/Kortebusch/Schneider*, Der Konzern, 4/2008, S. 221.
79 Vgl. dazu auch § 24 BS WP/vBP.
80 Dazu § 22 Abs. 1 BS WP/vBP sowie *Ebke* in MünchKomm. HGB², § 319 Rdnr. 24; *Förschle/Schmidt* in Beck Bil-Komm.⁶, § 319 HGB Rdnr. 28 f.

b. § 319 Abs. 3 Satz 1 Nr. 1 HGB – Anteilsbesitz sowie wesentliche finanzielle Interessen

156 Ein Ausschlusstatbestand besteht ferner, wenn ein Mitglied des Netzwerks **Anteile oder andere wesentliche finanzielle Interessen an dem zu prüfenden Unternehmen** besitzt oder eine **Beteiligung** an **Unternehmen** hält, das **mit der zu prüfenden Gesellschaft** iSd. § 319 Abs. 3 Satz 1 Nr. 1 HGB **verbunden** ist. Unmittelbar einleuchtend ist dies bei Netzwerken, in denen eine Verteilung der Gewinne und damit auch der Beteiligungs- bzw. Kapitalerträge an die Mitglieder erfolgt. Denn damit wären auch unmittelbare finanzielle Interessen des Abschlussprüfers an der wirtschaftlichen Entwicklung des Prüfungsmandanten und folglich ein Befangenheitstatbestand gegeben. Aber auch in Fällen, in denen keine so enge Verknüpfung zwischen den Netzwerkmitgliedern vorliegt und wirtschaftliche Interessen bspw. nur über die Nutzung einer gemeinsamen Marke verfolgt werden, können kapitalmäßige Bindungen eines Netzwerkmitglieds an den Prüfungsmandanten auf Grund persönlicher Einflussnahme zu einem Befangenheitsrisiko führen, so dass die Übertragung des Ausschlussgrundes auf Netzwerksachverhalte sachgerecht ist.

157 Unzulässig ist danach das **Halten von Anteilen** an dem geprüften Unternehmen, ohne dass es auf die Höhe der Beteiligung ankommt. Bei anderen **finanziellen Interessen** (zB dem Bestehen von Darlehensforderungen) kommt es darauf an, ob diese nicht nur unwesentlich sind. Dies kann bei stillen Beteiligungen, dem Erwerb von Wertpapieren oder Finanzinstrumenten des Unternehmens oder auch bei betragsmäßig hohen Darlehensforderungen der Fall sein, insbesondere wenn sie nicht besichert oder in ihrer Ausgestaltung sonst nicht marktüblich sind[81]. Forderungen, die aus Verkehrsgeschäften des täglichen Lebens resultieren, begründen dagegen in der Regel keine wesentlichen finanziellen Interessen im Sinn des Gesetzes. Dies gilt auch für übliche, vom Einlagensicherungssystem erfasste Einlagen bei Kreditinstituten[82]. Erfasst wird nach dem Wortlaut des § 319 Abs. 3 Satz 1 Nr. 1 HGB auch die **Beteiligung** an einem Unternehmen, das mit der zu prüfenden Kapitalgesellschaft verbunden ist oder von dieser mehr als zwanzig vom Hundert der Anteile besitzt.

158 Die Zurechnung von Anteilen und wesentlichen finanziellen Interessen, die von **Partnern oder Mitarbeitern des Netzwerkmitglieds** gehalten werden, kommt nur dann in Betracht, wenn ein Zurechnungstatbestand greift. Bei Partnerschaften ist zu prüfen, ob der andere Partner selbst Mitglied des Netzwerks ist. Hierbei ist nicht nur auf die förmliche Vertragslage (Statuten des Netzwerks) abzustellen, sondern auch die Art der Zusammenarbeit zu berücksichtigen. Außerdem kommt eine Zurechnung unter Anwendung der **Sozietätsklausel** auf Seiten des Netzwerkmitglieds in Betracht, wenn die den Tatbestand verwirklichende Person zwar nicht selbst Mitglied des Netzwerks ist, aber mit dem Netzwerkmitglied seinen Beruf gemeinsam ausübt.

159 Die Verweisung in § 319b Satz 1 HGB auf § 319 Abs. 3 Satz 1 Nr. 1 HGB lässt den Umstand unberührt, dass es sich um einen **absoluten Ausschlussgrund** handelt. Bei Verwirklichung eines solchen Tatbestands ist also der Ausschluss immer zwingend geboten; Schutzmaßnahmen zur Verringerung des Risikos sind unbeachtlich[83]. Das gilt auch im Rahmen der Zurechnung im Netzwerk. Hier bleibt es aber bei der Exkulpationsmöglichkeit wegen fehlender Einflussmöglichkeit (vgl. dazu Tz. 181 ff.).

---

[81] Vgl. *Förschle/Schmidt* in Beck Bil-Komm.⁶, § 319 HGB Rdnr. 36.
[82] Vgl. *Ebke* in MünchKomm. HGB², § 319 Rdnr. 50.
[83] Vgl. *Ebke* in MünchKomm. HGB², § 319 Rdnr. 3. Zum Berufsrecht § 22a Abs. 2 BS WP/vBP.

c. § 319 Abs. 3 Satz 1 Nr. 2 HGB – Personelle Verflechtungen

Der Abschlussprüfer ist ausgeschlossen, wenn ein Netzwerkmitglied **gesetzlicher Vertreter, Mitglied des Aufsichtsrats oder Arbeitnehmer der zu prüfenden Gesellschaft** oder eines in § 319 Abs. 3 Nr. 2 HGB beschriebenen Unternehmens ist. Auch in diesen Fällen liegt der Zurechnungsgrund weniger in der Weiterleitung etwaiger finanzieller Auswirkungen, sondern vorrangig in einer möglichen Rücksichtnahme auf die Interessen des Netzwerkmitglieds, das die Funktion in dem Unternehmen ausübt. Dies allein genügt jedoch nicht für die Zurechnung. Hinzukommen muss wie bei allen Verweisungstatbeständen des § 319b Satz 1 HGB, dass dieses Netzwerkmitglied auf das Ergebnis der Prüfung Einfluss nehmen kann (vgl. dazu Tz. 181 ff.). 160

Während die Tätigkeit als gesetzlicher Vertreter oder als Arbeitnehmer der zu prüfenden Kapitalgesellschaft keine größere Rolle spielen wird, können Fälle durchaus vorkommen, in denen ein Netzwerkmitglied dem **Aufsichtsrat** der zu prüfenden Kapitalgesellschaft angehört. Dem gleichgestellt ist die Mitgliedschaft im Aufsichtsrat eines Unternehmens, das mit der zu prüfenden Kapitalgesellschaft verbunden ist oder von dieser mehr als zwanzig vom Hundert der Anteile besitzt. Die bei unmittelbarer Anwendung der Vorschrift diskutierte Frage, ob Besorgnis der Befangenheit auch dann bestehen kann, wenn die relevante Tätigkeit vor der Bestellung zum Abschlussprüfer aufgegeben worden ist[84], wird bei der Zurechnung im Netzwerk wegen der ohnehin mittelbaren Wirkung eher zu verneinen sein. 161

Auch die Tätigkeit bei der zu prüfenden Gesellschaft wird grundsätzlich nur dann zugerechnet, wenn sie durch das Netzwerkmitglied selbst verwirklicht wird. Zur Zurechnung der **Tätigkeit von Partnern oder Mitarbeitern** vgl. Tz. 158. Werden Tatbestände nach dieser Vorschrift zugerechnet, bilden sie einen **absoluten Ausschlussgrund**. Neben der Exkulpation, dass kein Einfluss auf das Ergebnis der Prüfung besteht, können Schutzmaßnahmen den Ausschluss von der Prüfung nicht abwenden. 162

d. § 319 Abs. 3 Satz 1 Nr. 4 HGB – Beschäftigung einer Person, die nicht Abschlussprüfer sein darf

Zu einem Ausschluss kann es ferner führen, wenn ein Netzwerkmitglied **eine Person beschäftigt**, die einen **Befangenheitstatbestand** nach § 319 Abs. 3 Satz 1 Nr. 1 oder 2 HGB **erfüllt**. Die Reichweite dieser Verweisung ist fraglich. Das Tatbestandsmerkmal „Beschäftigung bei der Prüfung" ist auf denjenigen zugeschnitten, der die Abschlussprüfung durchführt, und insoweit auf das Netzwerkmitglied nicht ohne weiteres übertragbar. Die Zurechnung von Befangenheitstatbeständen im Netzwerk setzt ja im Regelfall gerade nicht voraus, dass das andere Netzwerkmitglied „bei der Prüfung" durch den Abschlussprüfer tätig ist. Dann kann dies noch viel weniger für die von ihm beschäftigten Personen gelten. 163

Ob das aber bedeutet, dass eine Zurechnung von Tatbeständen, die durch **Mitarbeiter des anderen Netzwerkmitglieds** verwirklicht werden, in allen Fällen stattfindet, das Merkmal „Beschäftigung bei der Prüfung" also keine einschränkende Bedeutung hat, erscheint auch nur schwer vorstellbar. Das Tatbestandsmerkmal „Beschäftigung bei der Prüfung" setzt den Zurechnungsgrund, durch den die Tatbestandsverwirklichung durch andere Personen, insb. Arbeitnehmer oder freie Mitarbeiter des Prüfenden, überhaupt ihre Rechtfertigung erhält. Dies muss umso mehr gelten bei Personen, die in keinem Beschäftigungsverhältnis mit dem Abschlussprüfer stehen, sondern mit einem 164

---

84 Dazu *Förschle/Schmidt* in Beck Bil-Komm.[6], § 319 HGB Rdnr. 42.

seiner Netzwerkmitglieder in irgendeiner – im Gesetz nicht angesprochenen – Form zusammenarbeiten. Werden Mitarbeiter des Netzwerkmitglieds jedoch von dem Abschlussprüfer selbst (und nicht vom Netzwerkmitglied) bei seiner Prüfung beschäftigt, gilt § 319 Abs. 3 Satz 1 Nr. 4 HGB bereits unmittelbar, ohne dass es der Verweisung in § 319b Abs. 1 Satz 1 HGB bedarf.

165 Im Ergebnis wird davon auszugehen sein, dass eine Zurechnung von Ausschlusstatbeständen aufgrund der Verweisung auf § 319 Abs. 3 Satz 1 Nr. 4 HGB nur dann in Betracht kommt, wenn diese **bei der Abschlussprüfung (oder Konzernabschlussprüfung) beschäftigt** sind, dann aber bereits aufgrund unmittelbarer Geltung dieser Vorschrift.

166 Nach Sinn und Zweck könnten darüber hinaus auch diejenigen Fälle erfasst sein, in denen die Person, die den Tatbestand der § 319 Abs. 3 Satz 1 Nr. 1 oder Nr. 2 verwirklicht hat, **Einfluss auf die Prüfung** nehmen kann, sei es in eigener Person, sei es vermittelt über das Netzwerkmitglied. Dann müsste sie aber auf dieses hinreichenden Einfluss nehmen können, was bei der Beschäftigung als Mitarbeiter regelmäßig ausscheiden wird. Abzuwarten bleibt, welche Auslegung diese Verweisung in der Praxis erfährt. Letztlich dürfte ihr aber nur eine geringe Bedeutung zukommen.

167 Aufgrund des Verweises in § 319 Abs. 3 Satz 1 Nr. 4 HGB auch auf Nr. 3 könnte zudem die Beschäftigung einer Person schädlich sein, die im Rahmen der **Rechnungslegung** oder der **internen Revision** des Prüfungsmandanten in verantwortlicher Position mitgewirkt oder die **Unternehmensleitungs- oder Finanzdienstleistungen** sowie eigenständige **versicherungsmathematische oder Bewertungsleistungen** erbracht hat, die sich auf den zu prüfenden Abschluss nicht nur unwesentlich auswirken. Auf den ersten Blick könnte die Verweisung auf die Tatbestände des § 319 Abs. 3 Nr. 3 HGB neben dem zu einem zwingenden Ausschluss führenden gesonderten Verweis auf diese Tatbestände in § 319b Abs. 1 Satz 2 HGB systemwidrig erscheinen. Die Verweisung in § 319b Abs. 1 Satz 2 HGB erfasst aber nur Fallgestaltungen, in denen der Netzwerkpartner selbst den Tatbestand verwirklicht hat, der zum Selbstprüfungsrisiko führt. Daneben könnte durchaus noch Raum sein für eine Regelung in Bezug auf seine Mitarbeiter. Auch hier stellt sich aber wieder die Frage, wie das einschränkende Merkmal „Beschäftigung bei der Prüfung" auszulegen ist. Auch in diesem Fall wird es bei dem in Tz. 165 gefundenen Ergebnis verbleiben.

e. § 319 Abs. 3 Satz 2 HGB – Zurechnungstatbestände auf Seiten des anderen Netzwerkmitglieds

168 Der Kreis der Personen, deren befangenheitsbegründendes Verhalten dem Abschlussprüfer zugerechnet wird, wird durch die Verweisung auf § 319 Abs. 3 Satz 2 auf **Ehegatten oder Lebenspartner des Netzwerkmitglieds** erweitert. Der Grund für diese Zurechnung liegt darin, dass bei einem solch engen Näheverhältnis anzunehmen ist, dass das Netzwerkmitglied nicht nur seine eigenen, sondern in gleichem Maße auch die Interessen seines Ehegatten verfolgen wird. Dies gilt nicht nur für den deutschen Rechtsraum, sondern wird vom Gesetzgeber unabhängig vom Rechts- oder Kulturkreis vermutet. Nachdem der Gesetzgeber mit dem Netzwerkbegriff gerade auch internationale Netzwerke erfassen wollte, ist davon auszugehen, dass die Begriffe „Ehegatte" und Lebenspartner" nicht nur nach deutschem Recht[85], sondern nach dem jeweiligen

---

85 So für die unmittelbare Anwendung des Satz 2 *Ebke* in MünchKomm. HGB², § 319 Rdnr. 71 mwN.

Rechtssystem auszulegen sind. Verlobte, Verwandte, Verschwägerte oder Freunde sind von dieser Regelung nicht erfasst.

Auch bei diesem Zurechnungstatbestand muss hinzukommen, dass das Netzwerkmitglied **Einfluss auf die Prüfung** nehmen kann. 169

Unklar ist auch hier, ob die Miterfassung der **Tatbestände des Mitwirkungsverbots** aus § 319 Abs. 3 Satz 1 Nr. 3 HGB aus systematischen Gründen bedenklich ist. Für die Verwirklichung dieser Tatbestände durch das Netzwerkmitglied selbst enthält § 319b Satz 2 HGB eine unwiderlegliche Zurechnung, die nicht voraussetzt, dass der Netzwerkpartner auf die Prüfung Einfluss nehmen kann. Dass dies bei der Verwirklichung derselben befangenheitsbegründenden Tatbestände durch den Ehegatten anders geregelt wird, erscheint nicht ohne weiteres zwingend. Allerdings wird es in der Praxis nicht zu abweichenden Ergebnissen kommen, wenn das Netzwerkmitglied mit Rücksicht auf die Mitwirkung des Ehegatten bei der Gestaltung des zu prüfenden Sachverhalts Einfluss auf die Prüfung nehmen kann. Besteht eine solche Einflussmöglichkeit nicht, mag der Eindruck der Befangenheit bei einem objektiven, verständigen und informierten Dritten auch geringer sein[86], so dass die Einbeziehung in § 319b Abs. 1 Satz 1 HGB sachgerecht ist. 170

Neben der ausdrücklichen Verweisung auf § 319 Abs. 3 Satz 2 HGB ist bei der Zurechnung auf Seiten des Netzwerkmitglieds auch die **Sozietätsklausel** anwendbar. Diese ist in § 319 Abs. 3 Satz 1 HGB (Einleitungsteil) enthalten und daher bei den Verweisungen auf § 319 Abs. 3 Satz 1 Nr. 1, Nr. 2 und Nr. 4 HGB immer auch mitzulesen. Die Zurechnung nach § 319b Abs. 1 Satz 1 HGB findet daher auch dann statt, wenn der Sachverhalt nicht von dem Netzwerkmitglied verwirklicht wird, sondern von einer Person, mit der er seinen Beruf gemeinsam ausübt. Die Auslegung dieser Vorschrift kann an die Kommentierungen zu § 319 Abs. 1 Satz 1 HGB anknüpfen, muss jedoch auch etwaige Besonderheiten der Rechtsordnung berücksichtigen, der das andere Netzwerkmitglied unterworfen ist. Ehegatten und Lebenspartner von Personen, die von der Sozietätsklausel erfasst werden, fallen nicht in den Zurechnungsbereich[87]. 171

f. § 319 Abs. 4 HGB – Befangenheitstatbestände für Prüfungsgesellschaften

Die Verweisung auf § 319 Abs. 4 HGB betrifft die Fälle, in denen das andere Mitglied des Netzwerks keine natürliche Person, sondern eine **Prüfungsgesellschaft** ist. Darauf, ob der (deutsche) Abschlussprüfer eine natürliche Person oder eine Prüfungsgesellschaft ist, kommt es für die Anwendung dieser Verweisung nicht an. Sie betrifft alle Fälle, in denen die Sachverhalte, die eine Besorgnis der Befangenheit auslösen können, über eine netzwerkangehörige Prüfungsgesellschaft vermittelt werden. Für diese Fälle ist sie lex specialis, so dass die Verweisungen des § 319b Abs. 1 Satz 1 HGB auf die Tatbestände des § 319 Abs. 2 und 3 HGB nicht kumulativ anwendbar sind. 172

Allerdings verweist § 319 Abs. 4 Satz 1 HGB seinerseits auf die **Regelungen in § 319 Abs. 2 und Abs. 3 HGB**, so dass grds. auf die obigen Erläuterungen zu diesen Vorschriften verwiesen werden kann. 173

Nicht bedacht worden ist bei der Verweisungskette allerdings, dass die Tatbestände des **Mitwirkungsverbots** (§ 319 Abs. 3 Satz 1 Nr. 3 HGB) für Prüfungsgesellschaften über § 319 Abs. 4 HGB anwendbar sind. Nach dem Wortlaut sind sie daher durch die Verweisung in § 319b Abs. 1 Satz 1 HGB erfasst. Nach Sinn und Zweck liegt es jedoch 174

---

86 Vgl. zu dieser Erwägung Begr. RegE, BT-Drucks. 16/10067, S. 90.
87 *Ebke* in MünchKomm. HGB², § 319 Rdnr. 72.

näher, sie in die Verweisung des § 319b Abs. 1 Satz 2 HGB einzubeziehen (vgl. dazu Tz. 195 f.). Der Unterschied besteht darin, dass bei Anwendung der Verweisung aus Satz 1 die Zurechnung durch den Nachweis, dass das Netzwerkmitglied keinen Einfluss auf die Prüfung nehmen kann, vermieden werden könnte.

175 Nach § 319 Abs. 4 HGB werden dem Abschlussprüfer zunächst solche befangenheitsbegründenden Sachverhalte zugerechnet, die das **Netzwerkmitglied** (die Prüfungsgesellschaft) **selbst verwirklicht** hat.

176 Daneben wird ein Ausschlussgrund auch dann zugerechnet, wenn er von einer **anderen Person** verwirklicht worden ist, die zu der Prüfungsgesellschaft, die Mitglied in dem Netzwerk ist, in einer der in § 319 Abs. 4 HGB genannten Rechtsbeziehungen steht. Erfasst werden hierdurch nachfolgende Personen:

- gesetzliche Vertreter,
- mehr als 20% der Stimmrechte an der Prüfungsgesellschaft haltende Gesellschafter,
- mit der Prüfungsgesellschaft verbundene Unternehmen,
- bei der Prüfung in verantwortlicher Position beschäftigte Gesellschafter oder
- andere von der Prüfungsgesellschaft beschäftigte Personen, die das Ergebnis der Prüfung beeinflussen können,
- Mitglieder des Aufsichtsrats der Prüfungsgesellschaft, die wegen personeller Verflechtungen nach § 319 Abs. 3 Satz 1 Nr. 2 HGB ausgeschlossen sind (insb. Fall der Aufsichtsratsquerverbindungen), sowie
- mehrere Gesellschafter mit zusammen mehr als 20 vom Hundert der Stimmrechte, die jeweils einzeln oder zusammen nach § 319 Abs. 2 oder 3 HGB ausgeschlossen sind.

177 Da eine Zurechnung stattfindet, wenn eine der genannten Personen einen Tatbestand der § 319 Abs. 2 oder 3 HGB verwirklicht, ist auf der Ebene des § 319 Abs. 3 HGB auch die **Sozietätsklausel** anwendbar. Dies allerdings nicht auf der Ebene der Prüfungsgesellschaft – für diese regelt § 319 Abs. 4 HGB die Reichweite der Zurechnung abschließend –, sondern auf der Ebene der in Tz. 176 genannten Personen[88].

178 Auslegungsschwierigkeiten ergeben sich wiederum bei den Fallgestaltungen, die eine **Beschäftigung bei der Prüfung** oder die Möglichkeit voraussetzen, das **Ergebnis der Prüfung zu beeinflussen**. Da die Zurechnung im Netzwerk grundsätzlich nicht voraussetzt, dass das andere Netzwerkmitglied bei der Prüfung tätig ist, könnte dies auch für die von diesem beschäftigten Personen gelten. Allerdings fehlt es dann an einem Abgrenzungskriterium, welche der Gesellschafter mit weniger als 20 % Anteilsbesitz oder welche der von der Prüfungsgesellschaft beschäftigten Personen in den Anwendungsbereich der Vorschrift einbezogen sein sollen.

179 Wie schon bei der Auslegung der Verweisung auf § 319 Abs. 3 Satz 1 Nr. 4 HGB (vgl. dazu Tz. 163 f.) wird auch hier davon auszugehen sein, dass eine Zurechnung von Ausschlusstatbeständen aufgrund der Verweisung auf § 319 Abs. 3 Satz 1 Nr. 4 HGB nur dann in Betracht kommt, wenn diese **bei der Abschlussprüfung (oder Konzernabschlussprüfung) beschäftigt** sind, dann aber bereits aufgrund unmittelbarer Geltung dieser Vorschrift.

180 Nach Sinn und Zweck könnten darüber hinaus auch diejenigen Fälle erfasst sein, in denen die Person, die den Tatbestand verwirklicht hat, als Gesellschafter oder Mitar-

---

[88] So auch *Förschle/Schmidt* in Beck Bil-Komm⁶, § 319 HGB Rdnr. 82.

beiter des Netzwerkmitglied **Einfluss auf die Prüfung** nehmen kann, sei es in eigener Person, sei es vermittelt über die Prüfungsgesellschaft als Netzwerkmitglied. Dann müsste sie aber auf dieses hinreichenden Einfluss nehmen können, was bei Gesellschaftern mit einer Beteiligungshöhe unter der gesetzlichen Schwelle von 20 % und bei der Beschäftigung als Mitarbeiter regelmäßig ausscheiden wird. Abzuwarten bleibt, welche Auslegung diese Verweisung in der Praxis erfährt. Letztlich dürfte ihr aber nur eine geringe Bedeutung zukommen.

g. Einflussnahme auf das Ergebnis der Abschlussprüfung

In allen Fällen der Verweisung in § 319 Abs. 1 Satz 1 HGB besteht für den Abschlussprüfer die Möglichkeit, sich auf eine **fehlende Einflussnahmemöglichkeit des Netzwerkmitglieds auf das Prüfungsergebnis** zu berufen und damit einen Ausschluss abzuwenden. Die Möglichkeit, Einfluss auf das Prüfungsergebnis auszuüben, ist die sachliche Rechtfertigung für die Zurechnung. Fehlt es an der Einflussmöglichkeit, kommt eine Zurechnung des Ausschlussgrundes nicht in Betracht. Die Annahme, Netzwerkmitglieder könnten untereinander allgemein zu Rücksichtnahmen geneigt sein, reicht nicht aus. Auch finanzielle Beziehungen der Netzwerkmitglieder untereinander (zB Kosten- oder Ergebnisteilung) führen nicht automatisch zu einer Zurechnung von Ausschlusstatbeständen. Anders kann dies nur im Einzelfall sein, wenn besondere Umstände Gründe erkennen lassen, die für sich die Besorgnis der Befangenheit nach § 319 Abs. 2 HGB begründen. 181

Fraglich ist, welcher **Art und Intensität** die Möglichkeit zur Einflussnahme auf das Prüfungsergebnis sein muss. Die Gesetzesbegründung[89] nimmt an dieser Stelle auf § 340k Abs. 2 HGB Bezug, der für Aufsichtsratsmitglieder von genossenschaftlichen Prüfungsverbänden eine Ausnahme vom Verbot der personellen Querverbindung zum Prüfungsmandanten enthält. Diese Ausnahme setzt voraus, dass der Abschlussprüfer die Prüfung **unabhängig von den Weisungen** durch das Aufsichtsorgan durchführen kann. 182

Eine Einflussnahmemöglichkeit besteht daher in erster Linie bei einer gesetzlich oder (gesellschafts-)vertraglich normierten Befugnis des Netzwerkmitglieds, dem Abschlussprüfer bezogen auf die Durchführung des Geschäftsbetriebs – hier: der konkreten Prüfungstätigkeit – Weisungen erteilen zu dürfen. 183

Eine solche Möglichkeit der Einflussnahme wird allenfalls in solchen Fällen gegeben sein, in denen die Netzwerkmitglieder einer **Geschäftsführung mit entsprechender Leitungsmacht** unterstehen. Dies könnte sich beim Vorliegen einer gesellschaftsrechtlichen **Holdingstruktur** feststellen lassen, die einem übergeordneten Netzwerkmitglied auf Gesellschafterebene das Recht zur Erteilung von fachlichen Weisungen bezogen auf das operative Geschäft der übrigen Netzwerkgesellschaften einräumt. Vergleichbar wäre die Begründung eines **Unterordnungskonzerns** durch Unternehmensverträge, die entsprechende Weisungsrechte vorsehen. 184

Fraglich bleibt allerdings, ob eine allgemeine Einflussnahme auf die Prüfung ausreicht. Nach dem Wortlaut muss der **Einfluss auf das Ergebnis der Abschlussprüfung** gegeben sein. Dies dürfte im Hinblick auf den Grundsatz der Eigenverantwortlichkeit (§ 43 Abs. 1 WPO) eine hohe Hürde darstellen. Wenn sich das Weisungsrecht aber darauf bezieht, natürliche Personen und dabei auch die Prüfungsverantwortlichen von der 185

---

89 Vgl. Begr. RegE, BT-Drucks. 16/10067, S. 90.

Prüfung abzuziehen, dürfte hierin ein für die Zurechnung ausreichendes Einflusspotential zu sehen sein.

186 Die Einflussmöglichkeit muss gerade **dem anderen Netzwerkmitglied zustehen**, das die Befangenheitstatbestände selbst oder durch ihm zuzurechnende Personen verwirklicht. Hat das Netzwerk zwar Leistungsstrukturen, die einen Einfluss generell zulassen, steht dieser aber nur einem Gremium zu, in dem das Netzwerkmitglied keinen beherrschenden oder zumindest wesentlichen Einfluss hat, kommt die Zurechnung nicht in Betracht. Dies dürfte die Zurechnung auch in Gleichordnungskonzernen als Ausnahmefall erscheinen lassen.

187 Hingegen wird bei Bestehen eines **übergreifenden Kontrollgremiums** allein nicht ohne weiteres von einer Einflussnahmemöglichkeit ausgegangen werden können. In Anlehnung an § 323 Abs. 3 HGB und im Hinblick auf die berufsrechtliche Verschwiegenheitspflicht wird einem Aufsichtsorgan im Regelfall lediglich Mitbestimmungs- bzw. Zustimmungsrechte in Bezug auf Geschäftsstrategien des Netzwerks und unternehmerische Entscheidungen grundsätzlicher Art zustehen, nicht jedoch ein Weisungsrecht bezogen auf Durchführung konkreter Prüfungsaufträge.

188 Ebenso wenig wird – isoliert – die Vereinbarung einer vollständigen oder nur teilweisen **Gewinn- oder Kostenteilung**, von gemeinsamen Qualitätssicherungsmaßnahmen oder -verfahren oder das Bestehen von gemeinsamem Eigentum für die Annahme einer Einflussnahmemöglichkeit genügen. Erst recht nicht ausreichend sind die Fälle einer Zusammenarbeit von rechtlich und wirtschaftlich eigenständigen Prüfungsgesellschaften, die lediglich auf der Basis gemeinsamer Qualitätsstandards und ggf. unter Nutzung einer gemeinsamen Marke tätig sind.

189 Weitere Auslegungsgesichtspunkte sind der Regelung in § 319 Abs. 4 Satz 1 HGB zu entnehmen. Danach lösen solche bei der Prüfungsgesellschaft beschäftigte **Personen** die Zurechnung aus, **die das Ergebnis der Prüfung beeinflussen können**. Zur Auslegung dieser Vorschrift wird auf die Parallele zu § 319 Abs. 3 Satz 1 Nr. 4 HGB abgestellt, der bei der Prüfung beschäftigte Personen betrifft. Danach werden alle Personen erfasst, die bei der Prüfung in gewissem Umfang tätig werden, sei es als Mitglied im Prüfungsteam, sei es als Spezialisten für bestimmte Prüffelder oder bei Konsultationen und anderen Mitwirkungshandlungen, die über eine nur punktuelle Befassung hinausgehen.

190 Diese Grundsätze werden auch im vorliegenden Zusammenhang anzuwenden sein, so dass eine **Einbindung in die Prüfung selbst** den Entlastungsbeweis ausschließt. Dies gilt sicher für eine Einbindung des anderen Netzwerkmitglieds, wenn dieser eine natürliche Person ist und den Ausschlussgrund verwirklicht hat, und für solche Mitarbeiter, in deren Person der Ausschlussgrund erfüllt ist. In solchen Fällen dürfte allerdings bereits ein Ausschluss nach § 319 Abs. 3 Satz 1 Nr. 4 HGB oder nach § 319 Abs. 4 Satz 1 HGB – ohne Umweg über die Verweisung in § 319b Abs. 1 Satz 1 HGB – in Betracht kommen.

191 Fraglich ist, wann und in welchem **Verfahren** die Vermutung zu entkräften ist und welche Anforderungen an den Nachweis zu stellen sind. Wie der Abschlussprüfer die Freiheit von Weisungen zukünftig nachweisen soll, ergibt sich weder aus dem Gesetzestext noch aus der Gesetzesbegründung. Nach dem Zusammenhang kann danach unterschieden werden, ob ggf. zurechenbare Sachverhalte vorliegen oder nicht. Wenn in einem Netzwerk Vorkehrungen geschaffen werden, die eine Verwirklichung der Sachverhalte, die bei Zurechnung zu einem Ausschluss führen, mit ausreichender Sicherheit unterbinden, kommt es auf die Widerlegung der Vermutung nicht an. Dies wird aber nicht für alle Sachverhaltskonstellationen möglich sein. Üblich sind solche Erfassungssysteme für den Beteiligungsbesitz und finanzielle Interessen.

Lässt sich die Verwirklichung von Befangenheitstatbeständen nicht mit hinreichender Sicherheit unterbinden, sollte das dem § 319b HGB unterliegende Netzwerkmitglied die Funktionsweise seines Netzwerks analysieren und auf dieser Grundlage prüfen, ob danach eine Einflussnahme auf das Ergebnis der Prüfung möglich ist. Das Ergebnis dieser Überprüfung sollte zu Nachweiszwecken durch die Abschlussprüferpraxis **schriftlich dokumentiert** und für mögliche Anwendungsfälle in aktualisierter Form verfügbar gehalten werden. 192

Im Rahmen der Unabhängigkeitserklärung des Abschlussprüfers bei Abgabe des Angebots zur Prüfung (vgl. Ziff. 7.2.1 DCGK) und in seiner zukünftig abzugebenden Unabhängigkeitsbestätigung im Prüfungsbericht (§ 321 Abs. 4a HGB) ist es künftig nicht erforderlich, dass der Abschlussprüfer standardmäßig eine Aussage zur Widerlegung der Netzwerkvermutung nach § 319b Abs. 1 Satz 1 HGB aufnimmt. Nur dann, wenn **konkrete Befangenheitstatbestände** aufgetreten sind, deren Zurechnung unter § 319b Abs. 1 Satz 1 HGB geboten wäre, muss er konkretisieren, warum ein Einfluss des anderen Netzwerkmitglieds auf das Ergebnis der Prüfung ausgeschlossen ist. Gleiches gilt auf Nachfragen der Wirtschaftsprüferkammer, wenn diese im Zusammenhang mit einem Zurechnungssachverhalt aus § 319b HGB dem Verdacht einer Berufspflichtverletzung nachgeht. 193

Die bloße Berufung des Abschlussprüfers auf die fehlende Einflussnahmemöglichkeit anderer Netzwerkmitglieder oder der Hinweis auf unterbliebene Einflussnahmen in der Vergangenheit dürften bei dem Verdacht einer Berufspflichtverletzung allerdings kaum ausreichend sein. In jedem Fall wird bereits die bloße **Möglichkeit der Einflussnahme** zu einem Ausschluss führen müssen, auch wenn der Abschlussprüfer nachweist, dass eine Einflussnahme faktisch nicht ausgeübt wird. 194

3. Ausschlussgründe, die eine Einflussmöglichkeit auf das Ergebnis der Abschlussprüfung nicht voraussetzen (Abs. 1 Satz 2)

Nach § 319b Abs. 1 Satz 2 HGB ist der Abschlussprüfer ohne die Möglichkeit der Entlastung und damit **zwingend ausgeschlossen**, wenn ein Mitglied seines Netzwerks einen **Ausschlussgrund nach § 319 Abs. 3 Satz 1 Nr. 3 HGB oder § 319a Abs. 1 Satz 1 Nr. 2 oder 3 HGB** erfüllt. § 319a Abs. 1 Satz 1 Nr. 1 (Umsatzabhängigkeit) bleibt aus den gleichen Gründen unberücksichtigt wie § 319 Abs. 3 Satz 1 Nr. 5 HGB (vgl. Tz. 115 f.). Auch die Regelung zur internen Rotation gemäß § 319a Abs. 1 Satz 1 Nr. 4 HGB ist aus systematischen Gründen nicht in die Verweisung einbezogen worden (vgl. Tz. 117 f.). 195

Bei den Ausschlussgründen ohne Exkulpationsmöglichkeit handelt es sich um die **Fälle des Mitwirkungsverbots**. Solche Fälle sind für die Pflichtprüfung aller Kapitalgesellschaften in § 319 Abs. 3 Satz 1 Nr. 3 HGB geregelt. Für die Prüfung kapitalmarktorientierter Unternehmen sind zusätzliche Tatbestände in § 319a Abs. 1 Satz 1 Nr. 2 und 3 HGB enthalten. Inhaltlich geht es im Wesentlichen um Erstellungs-, Beratungs- oder Bewertungsleistungen, die sich auf den zu prüfenden Abschluss unmittelbar und nicht nur unwesentlich auswirken. 196

In diesen Fällen besteht die Besorgnis der Befangenheit des die Prüfung durchführenden Netzwerkmitglieds **stets und unwiderlegbar**, weil sich das Ergebnis dieser Leistungen letztlich unabhängig von einem weiteren Zutun des Netzwerkmitglieds un- 197 mittelbar in dem zu prüfenden Jahres- oder Konzernabschluss niederschlägt. In diesen Fällen, so die Gesetzesbegründung[90], werde ein objektiver, verständiger und informierter Dritter unabhängig von der genauen Ausgestaltung des Netzwerks den Schluss ziehen, dass der Abschlussprüfer bei der Beurteilung der Leistung seines Netzwerkangehörigen befangen ist. Diese Annahme wird in vielen Fällen sachlich gerechtfertigt sein, zB bei Netzwerken mit Kosten- oder Ergebnisteilung, bei Netzwerken mit gleichartigen Qualitätsstandards und auch bei bezeichnungsgleichen Netzwerken im Hinblick auf das Reputationsrisiko. Ob es auch Netzwerksachverhalte gibt, bei denen ein die **Zurechnung rechtfertigender Zusammenhang** nicht gegeben ist, kann aber dahinstehen, weil der Gesetzgeber die Regelung als unwiderlegliche Vermutung ausgestaltet hat. Selbst wenn der Nachweis möglich wäre, dass es einen nachvollziehbaren Grund für eine gegenseitige Rücksichtnahme nicht gibt, bliebe die Zurechnung unvermeidbar.

a. § 319 Abs. 3 Satz 1 Nr. 3 HGB – Mitwirkungsverbot

198 Aufgrund der Verweisung in § 319b Abs. 1 Satz 2 HGB auf § 319 Abs. 3 Satz 1 Nr. 3 HGB wird unwiderleglich vermutet, dass der Abschlussprüfer ausgeschlossen ist, wenn ein Netzwerkmitglied die bei der **Führung der Bücher, der Aufstellung des zu prüfenden Jahresabschlusses oder der Durchführung der internen Revision** in verantwortlicher Position mitgewirkt hat. Ein Ausschluss erfolgt ebenso bei der Erbringung von **Unternehmensleitungs- oder Finanzdienstleistungen** sowie von eigenständigen **versicherungsmathematischen oder Bewertungsleistungen**, die sich auf den zu prüfenden Abschluss nicht nur unwesentlich auswirken.

199 Für die Auslegung der Tatbestandsmerkmale und zur Reichweite der Vorschrift kann auf die Kommentierung zu § 319 Abs. 3 Satz 1 Nr. 3 HGB zurückgegriffen werden[91]. Als Teil der Verweisung ist auch in diesem Fall die **Sozietätsklausel** anwendbar (vgl. dazu oben Tz. 120, 158). Dagegen fehlt eine Bezugnahme auf die Zurechnungsvorschrift für **Ehegatten und Lebenspartner** (§ 319 Abs. 3 Satz 2 HGB). Auch wenn die Gesetzesbegründung hierzu keine Ausführungen enthält, könnte dies damit gerechtfertigt werden, dass für diesen Personenkreis eine automatische Rücksichtnahme nicht so gewiss erscheint wie für die Mitglieder des Netzwerks selbst, so dass bei Verwirklichung eines Tatbestands aus § 319 Abs. 3 Satz 1 Nr. 3 HGB durch Ehegatten oder Lebenspartner des anderen Netzwerkmitglieds die Verweisung in § 319b Abs. 1 Satz 1 HGB auf § 319 Abs. 3 Satz 2 greift HGB (vgl. dazu Tz. 168). Ergänzend muss in einem solchen Fall also hinzukommen, dass das Netzwerkmitglied auf das Ergebnis der Prüfung Einfluss nehmen kann.

200 Dagegen dürfte es sich bei der **Nichterwähnung des § 319 Abs. 4 HGB** um ein gesetzgeberisches Versehen handeln. Die ausdrücklich in der Verweisung aufgeführte Vorschrift des § 319 Abs. 1 Satz 1 Nr. 3 HGB bezieht sich nur auf den Fall, in dem das andere Netzwerkmitglied eine natürliche Person ist. Für **Prüfungsgesellschaften** enthält § 319 Abs. 4 HGB eine **eigene Zurechnungsvorschrift** (vgl. dazu Tz. 172). Nachdem es sich nur um eine versehentlich nicht aufgenommene Zurechnungsvorschrift handelt und die Zurechnung gerade bei Prüfungsgesellschaften in Netzwerken einen wichtigen Anwendungsfall der Norm darstellt, dürfte davon auszugehen sein, dass sich die Reichweite des Mitwirkungsverbots aufgrund der Verweisung nicht auf natürliche Personen beschränkt, sondern auch die Mitwirkungshandlungen durch Prü-

---

90 Vgl. Begr. RegE, BT-Drucks. 16/10067, S. 89.
91 Vgl. auch § 23a BS WP/vBP und die Erläuterungen hierzu.

fungsgesellschaften und andere Personen erfasst, die dem in § 319 Abs. 4 Satz 1 HGB umschriebenen Personenkreis angehören (vgl. dazu Tz. 176).

Wichtiger Anwendungsfall für den Ausschluss wegen des Mitwirkungsverbots dürfte die **Bewertung von abschlussrelevanten Vermögenswerten oder Schulden** des Prüfungsmandanten oder einer seiner (ausländischen) Tochterunternehmen oder Betriebstätten sein, daneben auch die Mitwirkung bei der **Führung der Bücher**. Die Mitwirkung bei der Aufstellung des Jahresabschlusses wird nur dann zu einem Ausschluss führen, wenn sich dies – insb. bei Konzernabschlussprüfungen – auf die deutsche Prüfung auswirkt. Für den jeweiligen Jahresabschluss nach nationalem Recht wird dies nur selten festzustellen sein. **201**

Die Verweisung auf § 319 Abs. 3 Satz 1 Nr. 3 HGB schließt auch die weiteren, für alle Teiltatbestände geltenden Regelungen ein. Die Befassung muss „über die Prüfungstätigkeit hinaus" gehen, sie muss in dem zu prüfenden Geschäftsjahr oder bis zur Erteilung des Bestätigungsvermerks stattgefunden haben und die **Tätigkeit** darf **nicht nur von untergeordneter Bedeutung** gewesen sein. Anwendbar ist auch die **Erweiterung des relevanten Personenkreises** im zweiten Halbsatz von § 319 Abs. 3 Satz 1 Nr. 3 HGB. Die dort beschriebene Verbindung des Unternehmens, das die Bewertungs- oder andere Mitwirkungsleistung erbracht hat, muss zu dem jeweiligen Netzwerkmitglied bestehen, das die Zurechnung auslöst. **202**

b. § 319a Abs. 1 Satz 1 Nr. 2 HGB – Rechts- und Steuerberatung

Der Abschlussprüfer eines kapitalmarktorientierten Unternehmens ist von der Prüfung ausgeschlossen, wenn das Netzwerkmitglied in dem zu prüfenden Geschäftsjahr **Rechts- oder Steuerberatungsleistungen** erbracht hat, die über das Aufzeigen von Gestaltungsalternativen hinausgehen und die sich auf die Vermögens-, Finanz- und Ertragslage unmittelbar und nicht unwesentlich auswirken. Zu erwähnen sind hier vor allem Beratungsleistungen mit dem Ziel, ein bestimmtes bilanzielles Ergebnis zu erreichen, bspw. die Beratung zur Auslagerung von Risiken von Zweckgesellschaften, die nicht in den Konzernabschluss einbezogen werden[92]. Dagegen ist ein Selbstprüfungsrisiko bei Steuerberatungsleistungen mit dem Ziel der Reduzierung der steuerrechtlichen Verbindlichkeiten ebenso wenig gegeben wie bei der Vertretung des Prüfungsmandanten in (steuer-)rechtlichen Verfahren. **203**

Es fehlt eine ausdrückliche Bezugnahme auf die Erweiterungsregelungen für den erfassten Personenkreis in § 319a Abs. 1 Satz 2 HGB, der vor allem auch die Anwendung der Zurechnungsvorschrift für **Prüfungsgesellschaften** aus § 319 Abs. 4 HGB bestimmt, und auf die **Sozietätsklausel** in § 319a Abs. 1 Satz 3 HGB. Da auch insoweit nicht zu erkennen ist, warum die Reichweite geringer sein soll als bei den anderen Verweisungen und insbesondere für eine Privilegierung von Prüfungsgesellschaften kein Raum ist, sollte davon auszugehen sein, dass diese Zurechnungsgrundsätze mit anzuwenden sind. **204**

c. § 319a Abs. 1 Satz 1 Nr. 2 HGB – Rechnungslegungsinformationssysteme

Schließlich ist der Prüfer eines kapitalmarktorientierten Unternehmens zwingend ausgeschlossen, wenn ein Netzwerkmitglied über die Prüfungstätigkeit hinaus in dem zu prüfenden Geschäftsjahr an der **Entwicklung, Einrichtung und Einführung von** **205**

---

92 Vgl. *Förschle/Schmidt,* in Beck Bil-Komm.⁶, § 319a HGB Rdnr. 15.

Rechnungslegungsinformationssystemen in nicht unwesentlichem Umfang mitgewirkt hat.

206 Unter einem **Rechnungslegungsinformationssystem** sind alle manuellen und automatisierten Verfahren zu verstehen, mit denen die Geschäftsvorfälle erfasst, verarbeitet und für Zwecke der Rechnungslegung verarbeitet werden[93]. Da dieser Begriff sehr weit reicht, wird man einschränkend verlangen müssen, dass nicht jede mechanische Unterstützungsleistung des Netzwerkmitglieds (zB Eingabe von vorgegebenen Daten, Zuordnung von Daten anhand vorgegebener Kennziffern etc.) zu einem Ausschluss des Abschlussprüfers führt. Vielmehr wird man eine nicht nur unwesentliche Mitwirkung an Systemen zur Gewinnung von Daten verlangen müssen, die in dieser Form in den zu prüfenden Abschluss eingehen.

207 Wegen der entsprechenden Anwendung der **Zurechnungsvorschriften** für Prüfungsgesellschaften und andere Konstellationen vgl. Tz. 172 ff.

IV. Anwendung auf den Konzernabschlussprüfer

208 Nach § 319b Abs. 2 ist Abs. 1 HGB auf den Abschlussprüfer des **Konzernabschlusses** entsprechend anzuwenden.

209 Vor allem für international ausgerichtete Netzwerke mit grenzüberschreitend tätigen Prüfungsmandanten dürfte diese Regelung zu **nicht unerheblichen Auswirkungen** führen. In der Praxis werden nicht selten Bewertungs- oder Beratungsleistungen durch Netzwerkmitglieder im Auftrag von in einen Konzernabschluss einbezogenen (ausländischen) Tochterunternehmen erbracht. Auch wenn solche Aufträge nach nationalem Berufs- und Prüfungsrecht zulässig sind, können sie für den Konzernabschlussprüfer gemäß §§ 319 HGB ff. zu einem *Independence*-Konflikt führen, wenn sich das Ergebnis der Leistungen auf den Konzernabschluss auswirkt.

210 Praktisch bedeutsam sind hier insb. Leistungen, die zu einem **Selbstprüfungsrisiko** führen können, bei denen eine Exkulpationsmöglichkeit also nicht besteht. Hervorzuheben sind die Mitwirkung bei der Buchführung und ggf. auch der Aufstellung des Jahresabschlusses bzw. des *Reporting Packages* der einbezogenen Tochtergesellschaft für Zwecke der Erstellung des Konzernabschlusses, Unternehmensbewertungen oder Bewertungen von einzelnen in den Konzernabschluss eingehenden Vermögenswerten oder Schulden oder die gestaltende Beratung mit unmittelbaren und nicht nur unwesentlichen Auswirkungen auf den Konzernabschluss.

V. Erstanwendungszeitpunkt

211 Nach § 66 Abs. 2 EGHGB ist § 319b HGB erstmals auf Jahres- und Konzernabschlüsse für das **nach dem 31. Dezember 2008 beginnende Geschäftsjahr** anzuwenden. Wenn das Geschäftsjahr dem Kalenderjahr entspricht, ist dies erstmals das Geschäftsjahr 2009. Da das BilMoG erst am 29. Mai 2009 und damit nach Beginn dieses Geschäftsjahrs in Kraft getreten ist, stellt sich die Frage, ob die Regelungen bereits für das laufende Jahr anwendbar sind oder ob dem das **Rückwirkungsverbot** entgegen steht. Da es sich allenfalls um einen Fall der unechten Rückwirkung handeln dürfte, wird von der Wirksamkeit auszugehen sein. Bedenken könnten allenfalls dann bestehen, wenn die Prüfung für ein Rumpfgeschäftsjahr, das am 1. Januar 2009 begonnen hat, bei Inkrafttreten der neuen Regelung bereits abgeschlossen war.

---

93 Vgl. *Förschle/Schmidt*, in Beck Bil-Komm.[6], § 319a HGB, Rdnr. 15.

Nach Inkrafttreten des Gesetzes ist die Zurechnungsnorm des § 319b HGB zu beachten, und zwar unabhängig davon, ob die Bestellung zum Abschlussprüfer vor oder nach Inkrafttreten erfolgt ist. Nach § 21 Abs. 5 Satz 1 BS WP/vBP ist nicht nur vor Annahme eines Auftrags, sondern auch während der gesamten Dauer der Auftragsdurchführung zu prüfen, ob die Unbefangenheit gefährdende Umstände vorliegen. Abschlussprüfer müssen daher **zeitnah beurteilen**, ob für die einzelnen Prüfungen solche Umstände erkennbar sind. Ist dies der Fall, müssen sie dafür Sorge tragen, dass der **Befangenheitsgrund unverzüglich abgestellt** wird. Wenn dies nicht möglich ist, können *Safeguards* angewendet werden, sofern kein absoluter Ausschlussgrund vorliegt (vgl. dazu Tz. 155). Ist eine Beseitigung dieser Umstände nicht möglich und kann im Anwendungsbereich des § 319b Satz 1 HGB auch nicht dargelegt werden, dass das Netzwerkmitglied auf das Ergebnis der Abschlussprüfung keinen Einfluss nehmen kann, muss der Abschlussprüfer den Prüfungsauftrag aus wichtigem Grund kündigen, wenn nicht das Ersetzungsverfahren nach § 318 Abs. 3 HGB betrieben wird.

212

Allerdings wird davon auszugehen sein, dass die jetzt durch die Zurechnungsvorschriften für Netzwerke ausdrücklich geregelten Sachverhalte auch bisher nicht völlig ohne Bedeutung, sondern im Rahmen des **allgemeinen Befangenheitstatbestands** zu beurteilen waren[94]. Daher sollten die wesentlichen Auswirkungen bereits analysiert und bekannt sein.

213

---

[94] Vgl. *Ebke* in MünchKomm. HGB², § 319 Rdnr. 48 f.; *Förschle/Schmidt* in Beck Bil-Komm⁶, § 319 HGB Rdnr. 78.

U. Offenlegung und Sanktionen
(§§ 325, 325a, 327, 334 und 335 HGB)

§ 325 HGB
Offenlegung

(1) ¹Die gesetzlichen Vertreter von Kapitalgesellschaften haben für diese den Jahresabschluss beim Betreiber des elektronischen Bundesanzeigers elektronisch einzureichen. ²Er ist unverzüglich nach seiner Vorlage an die Gesellschafter, jedoch spätestens vor Ablauf des zwölften Monats des dem Abschlussstichtag nachfolgenden Geschäftsjahrs, mit dem Bestätigungsvermerk oder dem Vermerk über dessen Versagung einzureichen. ³Gleichzeitig sind der Lagebericht, der Bericht des Aufsichtsrats, die nach § 161 des Aktiengesetzes vorgeschriebene Erklärung und, soweit sich dies aus dem eingereichten Jahresabschluss nicht ergibt, der Vorschlag für die Verwendung des Ergebnisses und der Beschluss über seine Verwendung unter Angabe des Jahresüberschusses oder Jahresfehlbetrags elektronisch einzureichen. ⁴Angaben über die Ergebnisverwendung brauchen von Gesellschaften mit beschränkter Haftung nicht gemacht zu werden, wenn sich anhand dieser Angaben die Gewinnanteile von natürlichen Personen feststellen lassen, die Gesellschafter sind. ⁵Werden zur Wahrung der Frist nach Satz 2 oder Absatz 4 Satz 1 der Jahresabschluss und der Lagebericht ohne die anderen Unterlagen eingereicht, sind der Bericht und der Vorschlag nach ihrem Vorliegen, die Beschlüsse nach der Beschlussfassung und der Vermerk nach der Erteilung unverzüglich einzureichen. ⁶Wird der Jahresabschluss bei nachträglicher Prüfung oder Feststellung geändert, ist auch die Änderung nach Satz 1 einzureichen. ⁷Die Rechnungslegungsunterlagen sind in einer Form einzureichen, die ihre Bekanntmachung nach Absatz 2 ermöglicht.

(2) Die gesetzlichen Vertreter der Kapitalgesellschaft haben für diese die in Absatz 1 bezeichneten Unterlagen jeweils unverzüglich nach der Einreichung im elektronischen Bundesanzeiger bekannt machen zu lassen.

(2a) ¹Bei der Offenlegung nach Absatz 2 kann an die Stelle des Jahresabschlusses ein Einzelabschluss treten, der nach den in § 315a Abs. 1 bezeichneten internationalen Rechnungslegungsstandards aufgestellt worden ist. ²Ein Unternehmen, das von diesem Wahlrecht Gebrauch macht, hat die dort genannten Standards vollständig zu befolgen. ³Auf einen solchen Abschluss sind § 243 Abs. 2, die §§ 244, 245, 257, § 264 Abs. 2 Satz 3, § 285 Nr. 7, 8 Buchstabe b, Nr. 9 bis 11a, 14 bis 17, § 286 Abs. 1, 3 und 5 sowie § 287 anzuwenden. ⁴Der Lagebericht nach § 289 muss in dem erforderlichen Umfang auch auf den Abschluss nach Satz 1 Bezug nehmen. ⁵Die übrigen Vorschriften des Zweiten Unterabschnitts des Ersten Abschnitts und des Ersten Unterabschnitts des Zweiten Abschnitts gelten insoweit nicht. ⁶Kann wegen der Anwendung des § 286 Abs. 1 auf den Anhang die in Satz 2 genannte Voraussetzung nicht eingehalten werden, entfällt das Wahlrecht nach Satz 1.

(2b) Die befreiende Wirkung der Offenlegung des Einzelabschlusses nach Absatz 2a tritt ein, wenn

1. statt des vom Abschlussprüfer zum Jahresabschluss erteilten Bestätigungsvermerks oder des Vermerks über dessen Versagung der entsprechende Vermerk zum Abschluss nach Absatz 2a in die Offenlegung nach Absatz 2 einbezogen wird,

2. der Vorschlag für die Verwendung des Ergebnisses und gegebenenfalls der Beschluss über seine Verwendung unter Angabe des Jahresüberschusses oder Jahresfehlbetrags in die Offenlegung nach Absatz 2 einbezogen werden und

3. der Jahresabschluss mit dem Bestätigungsvermerk oder dem Vermerk über dessen Versagung nach Absatz 1 Satz 1 bis 4 offengelegt wird.

(3) Die Absätze 1, 2 und 4 Satz 1 gelten entsprechend für die gesetzlichen Vertreter einer Kapitalgesellschaft, die einen Konzernabschluss und einen Konzernlagebericht aufzustellen haben.

(3a) Wird der Konzernabschluss zusammen mit dem Jahresabschluss des Mutterunternehmens oder mit einem von diesem aufgestellten Einzelabschluss nach Absatz 2a bekannt gemacht, können die Vermerke des Abschlussprüfers nach § 322 zu beiden Abschlüssen zusammengefasst werden; in diesem Fall können auch die jeweiligen Prüfungsberichte zusammengefasst werden.

(4) ¹Bei einer Kapitalgesellschaft **im Sinn des § 264d, die keine Kapitalgesellschaft im Sinn des § 327a ist, beträgt die Frist nach Absatz 1 Satz 2 längstens vier Monate.** ²Für die Wahrung der Fristen nach Satz 1 und Absatz 1 Satz 2 ist der Zeitpunkt der Einreichung der Unterlagen maßgebend.

(5) Auf Gesetz, Gesellschaftsvertrag oder Satzung beruhende Pflichten der Gesellschaft, den Jahresabschluss, den Einzelabschluss nach Absatz 2a, den Lagebericht, den Konzernabschluss oder den Konzernlagebericht in anderer Weise bekannt zu machen, einzureichen oder Personen zugänglich zu machen, bleiben unberührt.

(6) Die §§ 11 und 12 Abs. 2 gelten für die beim Betreiber des elektronischen Bundesanzeigers einzureichenden Unterlagen entsprechend; § 325a Abs. 1 Satz 3 und § 340l Abs. 2 Satz 4 bleiben unberührt.

Verweisung für kapitalmarktorientierte Unternehmen

1 Die **Änderungen** des BilMoG zu § 325 HGB beschränken sich auf die Streichung der Angabe „Satz 1" nach der Nennung von § 285 in § 325 Abs. 2a Satz 3 HGB und betreffen ferner § 325 Abs. 4 Satz 1 HGB. Die Streichung der Angabe „Satz 1" in § 325 Abs. 2a Satz 3 HGB trägt dem Umstand Rechnung, dass § 285 HGB nur noch einen Satz hat. Die Änderungen in § 325 Abs. 4 Satz 1 HGB betreffen die Abgrenzung derjenigen Unternehmen, bei denen die **Offenlegungsfrist** nach § 325 Abs. 1 Satz 2 HGB auf vier Monate verkürzt worden ist. Es sind dies kapitalmarktorientierte Unternehmen, die die Erleichterungen nach § 327a HGB nicht in Anspruch nehmen können.

2 § 325 Abs. 4 Satz 1 HGB verweist auf die Definition der **kapitalmarktorientierten Kapitalgesellschaften in § 264d HGB** (vgl. Abschn. K Tz. 32 ff.) und vermeidet so die Wiedergabe der Definition in der Vorschrift selbst. Das verbessert die Lesbarkeit der Vorschrift und erleichtert etwaige Änderungen der Definition. Eine inhaltliche Änderung ist damit nicht verbunden.

§ 325a HGB
Zweigniederlassungen von Kapitalgesellschaften mit Sitz im Ausland

(1) ¹Bei inländischen Zweigniederlassungen von Kapitalgesellschaften mit Sitz in einem anderen Mitgliedstaat der Europäischen Union oder Vertragsstaat des Abkommens über den Europäischen Wirtschaftsraum haben die in § 13e Abs. 2 Satz 4 Nr. 3 genannten Personen oder, wenn solche nicht angemeldet sind, die gesetzlichen Vertreter der Gesellschaft für diese die Unterlagen der Rechnungslegung der Hauptniederlassung, die nach dem für die Hauptniederlassung maßgeblichen Recht erstellt, geprüft und offengelegt worden sind, nach den §§ 325, 328, 329 Abs. 1 **und 4** offenzulegen. ²Die Unterlagen sind in deutscher Sprache einzureichen. ³Soweit dies nicht die Amtssprache am Sitz der Hauptniederlassung ist, können die Unterlagen der Hauptniederlassung auch

1. in englischer Sprache oder
2. in einer von dem Register der Hauptniederlassung beglaubigten Abschrift oder,
3. wenn eine dem Register vergleichbare Einrichtung nicht vorhanden oder diese nicht zur Beglaubigung befugt ist, in einer von einem Wirtschaftsprüfer bescheinigten Abschrift, verbunden mit der Erklärung, dass entweder eine dem Register vergleichbare Einrichtung nicht vorhanden oder diese nicht zur Beglaubigung befugt ist,

eingereicht werden; von der Beglaubigung des Registers ist eine beglaubigte Übersetzung in deutscher Sprache einzureichen.

(2) Diese Vorschrift gilt nicht für Zweigniederlassungen, die von Kreditinstituten im Sinne des § 340 oder von Versicherungsunternehmen im Sinne des § 341 errichtet werden.

Inhaltsverzeichnis   Tz.
I. Grundlagen 3
II. Bezugnahme auf § 329 Abs. 4 HGB (§ 325a Abs. 1 Satz 1 HGB) .... 4 – 7

I. Grundlagen

Kapitalgesellschaften mit dem Sitz in einem Mitgliedstaat der EU oder in einem Vertragsstaat des EWR (Island, Lichtenstein, Norwegen) haben ihre Unterlagen der Rechnungslegung, die sie nach dem für sie geltenden Landesrecht aufstellen, prüfen lassen und offenlegen müssen, auch in Deutschland offenzulegen, wenn sie **in Deutschland eine Niederlassung** haben. Für die **Offenlegung** dieser Unterlagen in Deutschland verweist § 325a Abs. 1 Satz 1 HGB aF auf die §§ 325, 328 und 329 Abs. 1 HGB. Durch das BilMoG wird diese Verweisung nun auch auf § 329 Abs. 4 HGB erstreckt. 3

II. Bezugnahme auf § 329 Abs. 4 HGB (§ 325a Abs. 1 Satz 1 HGB)

§ 329 Abs. 4 HGB, der wie die Bestimmung des § 329 HGB insgesamt durch das EHUG wesentlich geändert worden ist, bestimmt, dass der **Betreiber des elektronischen Bundesanzeigers** die zuständige **Verwaltungsbehörde** unterrichtet, wenn er bei seiner Prüfung nach § 329 Abs. 1 HGB feststellt, dass die offen zu legenden Unterlagen nicht oder unvollständig eingereicht wurden. Diese setzt dann ggf. ein Ordnungsgeld fest (§ 335 Abs. 1 HGB). 4

5   Bereits **vor Änderung durch das EHUG** war durch die Verweisung auf § 329 Abs. 1 HGB ausdrücklich geregelt worden, dass das Registergericht auch im Falle des § 325a HGB zu prüfen hat, ob die **Offenlegung** ordnungsgemäß erfolgt ist. Mitteilungspflichten bestanden damals nicht. Nach Änderung des § 329 HGB durch das EHUG oblag die Prüfungspflicht nach § 329 Abs. 1 HGB dann dem **Betreiber des elektronischen Bundesanzeigers**; dabei war dann aber versäumt worden, in § 325a Abs. 1 HGB die Bezugnahme auf § 329 Abs. 4 HGB und die darin geregelte Mitteilungspflicht des Betreibers des elektronischen Bundesanzeigers zu ergänzen. Dass dies eine planwidrige **Regelungslücke** sein musste, ergab sich daraus, dass die **Offenlegungspflicht** aus § 325a HGB in die Sanktionsnorm des § 335 Abs. 1 Satz 1 HGB durch dessen Nr. 2 ausdrücklich einbezogen worden war.

6   Die Regierungsbegründung zum BilMoG spricht daher von einer **klarstellenden Ergänzung** und verweist auf die gleichlautenden Ergänzungen durch das BilMoG in den §§ 340l Abs. 1 Satz 1 und Abs. 2 Satz 1 HGB sowie in § 341l Abs. 1 Satz 1 HGB[1]. In der Tat würde das in § 335 Abs. 1 Satz 1 Nr. 2 HGB vorgesehene Ordnungsgeldverfahren bei Verstößen gegen die **Offenlegungspflichten** nach § 325a HGB weitgehend leerlaufen, wenn etwaige Verstöße gegen § 325a HGB nicht vom **Betreiber des elektronischen Bundesanzeigers** an das **Bundesamt für Justiz** mitgeteilt würden.

7   Die Aufnahme von § 329 Abs. 4 HGB in die Verweisungskette von § 325a Abs. 1 Satz 1 HGB ist daher sachgerecht. Sie stellt nunmehr klar, dass der **Betreiber des elektronischen Bundesanzeigers** nicht nur die Prüfungspflicht nach § 329 Abs. 1 Satz 1 HGB auch im Hinblick auf Verstöße gegen die **Offenlegungspflichten** nach § 325a HGB hat, sondern festgestellte **Verstöße** auch nach § 329 Abs. 4 HGB **dem BfJ mitzuteilen** hat.

---

1   Begr. RegE, BT-Drucks. 16/10067, S. 94.

§ 327 HGB
Größenabhängige Erleichterungen für mittelgroße Kapitalgesellschaften bei der Offenlegung

¹Auf mittelgroße Kapitalgesellschaften (§ 267 Abs. 2) ist § 325 Abs. 1 mit der Maßgabe anzuwenden, dass die gesetzlichen Vertreter
1. die Bilanz nur in der für kleine Kapitalgesellschaften nach § 266 Abs. 1 Satz 3 vorgeschriebenen Form beim Betreiber des elektronischen Bundesanzeigers einreichen müssen. ²In der Bilanz oder im Anhang sind jedoch die folgenden Posten des § 266 Abs. 2 und 3 zusätzlich gesondert anzugeben:

Auf der Aktivseite

A I 1   Selbst geschaffene gewerbliche Schutzrechte und ähnliche Rechte und Werte;

A I 2   Geschäfts- oder Firmenwert;

A II 1   Grundstücke, grundstücksgleiche Rechte und Bauten einschließlich der Bauten auf fremden Grundstücken;

A II 2   technische Anlagen und Maschinen;

A II 3   andere Anlagen, Betriebs- und Geschäftsausstattung;

A II 4   geleistete Anzahlungen und Anlagen im Bau;

A III 1   Anteile an verbundenen Unternehmen;

A III 2   Ausleihungen an verbundene Unternehmen;

A III 3   Beteiligungen;

A III 4   Ausleihungen an Unternehmen, mit denen ein Beteiligungsverhältnis besteht;

B II 2   Forderungen gegen verbundene Unternehmen;

B II 3   Forderungen gegen Unternehmen, mit denen ein Beteiligungsverhältnis besteht;

B III 1   Anteile an verbundenen Unternehmen.

Auf der Passivseite

C 1   Anleihen,
       davon konvertibel;

C 2   Verbindlichkeiten gegenüber Kreditinstituten;

C 6   Verbindlichkeiten gegenüber verbundenen Unternehmen;

C 7   Verbindlichkeiten gegenüber Unternehmen, mit denen ein Beteiligungsverhältnis besteht;

2. den Anhang ohne die Angaben nach § 285 Nr. 2 und 8 Buchstabe a, Nr. 12 beim Betreiber des elektronischen Bundesanzeigers einreichen dürfen.

Inhaltsverzeichnis Tz.

I. Grundlagen ... 8 – 9
II. Veränderungen der gesondert anzugebenden Bilanzposten
 (§ 327 Satz 1 Nr. 1 HGB)
 1. Selbst geschaffene immaterielle Vermögensgegenstände des Anlagevermögens ... 10
 2. Eigene Anteile ... 11 – 12
III. Redaktionelle Änderung (§ 327 Satz 1 Nr. 2 HGB) ... 13 – 14
IV. Erstmalige Anwendung ... 15

I. Grundlagen

8 § 327 HGB eröffnet für mittelgroße Kapitalgesellschaften als **Offenlegungserleichterung** die Möglichkeit, die Bilanz in der für kleine Kapitalgesellschaften vorgeschriebenen Form beim elektronischen Bundesanzeiger einzureichen. Macht eine mittelgroße Kapitalgesellschaft hiervon Gebrauch, so hat sie allerdings die in § 327 Nr. 1 HGB genannten Bilanzposten entweder in der Bilanz oder im Anhang gesondert anzugeben.

9 In diesem Zusammenhang ergaben sich **Folgeänderungen** aus der Einfügung des Bilanzpostens „Selbst geschaffene gewerbliche Schutzrechte und ähnliche Rechte und Werte" (vgl. Abschn. E Tz. 119 - 122) in der allgemeinen Vorschrift des § 266 Abs. 2 HGB (dort nunmehr Posten A.I.1) und der Streichung des Postens Eigene Anteile (dort bisher B.III.2; vgl. Abschn. L Tz. 16).

II. Veränderungen der gesondert anzugebenden Bilanzposten (§ 327 Satz 1 Nr. 1 HGB)

1. Selbst geschaffene immaterielle Vermögensgegenstände des Anlagevermögens

10 Die bei Inanspruchnahme der Offenlegungserleichterungen durch mittelgroße Kapitalgesellschaften gesondert anzugebenden Bilanzposten werden nun durch das BilMoG um die **selbst geschaffenen immateriellen Vermögensgegenstände des Anlagevermögens** (§ 266 Abs. 2 A.I.1 HGB) erweitert. Das BilMoG schafft durch Aufhebung von § 248 Abs. 2 HGB aF die Verpflichtung zur Aktivierung selbst geschaffener immaterieller Vermögensgegenstände des Anlagevermögens (vgl. dazu ausführlich Abschn. E Tz. 33 ff.). Diesen Bilanzposten auch in dem zu Offenlegungszwecken zusammengefassten Jahresabschluss anzugeben entspricht der vom BilMoG „angestrebten höheren Transparenz"[2].

2. Eigene Anteile

11 Das BilMoG sieht in Abweichung zu der bisherigen Rechtslage vor, dass der Nennbetrag oder, falls ein solcher nicht vorhanden ist, der rechnerische Wert von erworbenen eigenen Anteilen in der Vorspalte von dem Posten „Gezeichnetes Kapital" offen abzusetzen ist (§ 272 Abs. 1a HGB). Damit wird die sog. **Nettomethode** für die Behandlung eigener Anteile, die bisher auf bestimmte Erwerbsfälle beschränkt war (§ 272

---

[2] Begr. RegE, BT-Drucks. 16/10067, S. 94.

Abs. 1 Satz 4-6 HGB aF), nunmehr generell vorgeschrieben (vgl. dazu ausführlich Abschn. L Tz. 18 ff.).

Hierdurch **entfällt der aktivische Ausweis von eigenen Anteilen**. Dementsprechend war der nach alter Rechtslage geforderte gesonderte Ausweis von eigenen Anteilen (bisher § 266 Abs. 2 B.III.2 HGB) bei der gesetzlich zugelassenen Zusammenfassung der Bilanz von mittelgroßen Kapitalgesellschaften für Zwecke der Offenlegung zu streichen. 12

III. Redaktionelle Änderung (§ 327 Satz 1 Nr. 2 HGB)

Nach § 327 Satz 1 Nr. 2 HGB dürfen bestimmte **Anhangangaben** von mittelgroßen Gesellschaften zu Zwecken der Offenlegung weggelassen werden. Es sind dies die Angaben zur Aufgliederung des Gesamtbetrags der Verbindlichkeiten (§ 285 Nr. 2 HGB), der Betrag des Materialaufwands und seine Aufgliederung bei Anwendung des Umsatzkostenverfahrens (§ 285 Nr. 8 lit. a HGB) sowie die Erläuterung nicht gesondert ausgewiesener sonstiger Rückstellungen (§ 285 Nr. 12 HGB). 13

In der Verweisung sind die **Angaben „Satz 1"** und die **Nr. „5" gestrichen** worden, weil das BilMoG § 285 Satz 1 Nr. 5 aF und die folgenden Sätze 2 bis 6 aF aufhebt. 14

IV. Erstmalige Anwendung

Die durch das BilMoG geänderte Fassung von § 327 Nr. 1 Satz 2 HGB ist nach Art. 66 Abs. 3 Satz 1 EGHGB erstmals auf Abschlüsse von Geschäftsjahren anzuwenden, die **nach dem 31. Dezember 2009** beginnen. Das gilt auch für die Änderungen in den §§ 325 Abs. 4 und 325a Abs. 1 Satz 1 HGB. Dementsprechend sind die Vorschriften in ihrer aF nach Art. 66 Abs.5 EGHGB letztmals auf Abschlüsse von Geschäftsjahren anwendbar, die vor dem 1. Januar 2010 beginnen. 15

§ 334 HGB
Bußgeldvorschriften

(1) Ordnungswidrig handelt, wer als Mitglied des vertretungsberechtigten Organs oder des Aufsichtsrats einer Kapitalgesellschaft

1. bei der Aufstellung oder Feststellung des Jahresabschlusses einer Vorschrift

    a) des § 243 Abs. 1 oder 2, der §§ 244, 245, 246, 247, 248, 249 Abs. 1 Satz 1 oder **Abs. 2, des § 250 Abs. 1 oder** 2, des § 251 oder des § 264 Abs. 2 über Form oder Inhalt,

    b) **des § 253 Abs. 1 Satz 1, 2, 3 oder Satz 4, Abs. 2 Satz 1, auch in Verbindung mit Satz 2, Abs. 3 Satz 1, 2 oder 3, Abs. 4 oder 5, des § 254 oder des § 256a über die Bewertung**,

    c) des § 265 Abs. 2, 3, 4 oder 6, der §§ 266, 268 Abs. 2, 3, 4, 5, 6 oder 7, der §§ 272, **274, 275** oder des § 277 über die Gliederung oder

    d) des § 284 oder des § 285 über die in der Bilanz oder im Anhang zu machenden Angaben,

2. bei der Aufstellung des Konzernabschlusses einer Vorschrift

    a) des § 294 Abs. 1 über den Konsolidierungskreis,

    b) des § 297 Abs. 2 oder 3 oder des § 298 Abs. 1 in Verbindung mit den §§ 244, 245, 246, 247, 248, 249 Abs. 1 Satz 1 oder **Abs. 2, dem § 250 Abs. 1** oder dem § 251 über Inhalt oder Form,

    c) des § 300 über die Konsolidierungsgrundsätze oder das Vollständigkeitsgebot,

    d) des § 308 Abs. 1 Satz 1 in Verbindung mit den in Nummer 1 Buchstabe b bezeichneten Vorschriften, **des § 308 Abs. 2 oder des § 308a über die Bewertung**,

    e) des § 311 Abs. 1 Satz 1 in Verbindung mit § 312 über die Behandlung assoziierter Unternehmen oder

    f) des § 308 Abs. 1 Satz 3, des § 313 oder des § 314 über die im Anhang zu machenden Angaben,

3. bei der Aufstellung des Lageberichts einer Vorschrift des **§ 289 Abs. 1, 4 oder Abs. 5 oder des § 289a** über den Inhalt des Lageberichts,

4. bei der Aufstellung des Konzernlageberichts einer Vorschrift des § 315 Abs. 1 oder 4 über den Inhalt des Konzernlageberichts,

5. bei der Offenlegung, Veröffentlichung oder Vervielfältigung einer Vorschrift des § 328 über Form oder Inhalt oder

6. einer aufgrund des § 330 Absatz 1 Satz 1 erlassenen Rechtsverordnung, soweit sie für einen bestimmten Tatbestand auf diese Bußgeldvorschrift verweist,

zuwiderhandelt.

(2) Ordnungswidrig handelt, wer zu einem Jahresabschluss, zu einem Einzelabschluss nach § 325 Abs. 2a oder zu einem Konzernabschluss, der aufgrund gesetzlicher Vorschriften zu prüfen ist, einen Vermerk nach § 322 Abs. 1 erteilt, obwohl nach § 319 Abs. 2, 3, 5, § 319a Abs. 1 Satz 1, **Abs. 2, § 319b Abs. 1 Satz 1 oder 2 er** oder nach

§ 319 Abs. 4, auch in Verbindung mit § 319a Abs. 1 Satz 2, oder § 319a **Abs. 1 Satz 4, 5, § 319b Abs. 1 die Wirtschaftsprüfungsgesellschaft** oder die Buchprüfungsgesellschaft, für die er tätig wird, nicht Abschlussprüfer sein darf.

(3) Die Ordnungswidrigkeit kann mit einer Geldbuße bis zu fünfzigtausend Euro geahndet werden.

(4) Die Verwaltungsbehörde im Sinn des § 36 Abs. 1 Nr. 1 des Gesetzes über Ordnungswidrigkeiten ist in den Fällen der Absätze 1 und 2 das Bundesamt für Justiz.

(5) Die Absätze 1 bis 4 sind auf Kreditinstitute im Sinn des § 340 und auf Versicherungsunternehmen im Sinn des § 341 Abs. 1 nicht anzuwenden.

Änderung von Verweisungen

§ 334 Abs. 1 HGB definiert ua. den **Verstoß gegen bestimmte Rechnungslegungsvorschriften** als **Ordnungswidrigkeit**. Entsprechend den Änderungen der Rechnungslegungsvorschriften durch das BilMoG war daher auch § 334 Abs. 1 HGB anzupassen. 16

§ 334 Abs. 2 HGB behandelt auch die Erteilung eines Vermerks nach § 322 HGB (Bestätigungsvermerk oder Versagungsvermerk) zu einem aufgrund gesetzlicher Vorschriften zu prüfenden Abschluss unter Außerachtlassung von bestimmten **Ausschlussgründen** durch den Abschlussprüfer als **Ordnungswidrigkeit**. Die angepasste Vorschrift berücksichtigt die Änderungen in § 319a HGB durch Anfügung von Satz 5 in § 319a Abs. 1 HGB und darüber hinaus die durch § 319b HGB erstmals geregelten Ausschlussgründe für Mitglieder eines Netzwerkes (vgl. Abschn. T Tz. 145 ff.). 17

Die neue Fassung der Vorschrift ist nach Art. 66 Abs. 3 Satz 1 EGHGB erstmals anzuwenden auf Jahres- und Konzernabschlüsse für das **nach dem 31. Dezember 2009** beginnende Geschäftsjahr. Es stellt sich damit die Frage, ob eine **Bußgeldsanktionierung** von Verstößen gegen Rechnungslegungsvorschriften, die im Zusammenhang mit Posten nach Art. 67 Abs. 3 Satz 1, Abs. 4 Satz 1, Abs. 5 Satz 1 EGHGB stehen und damit nach altem Recht gebildet oder bewertet worden sind und beibehalten bzw. fortgeführt werden, noch möglich ist. 18

Eine Sanktionierung kommt nur soweit in Betracht, wie sie nach aF schon möglich war. Fraglich ist aber zB, ob bei einem Verstoß gegen die Vorschriften für einen Sonderposten mit Rücklageanteil nach §§ 247 Abs. 3, 273 HGB aF, der in Geschäftsjahren, die nach dem 31. Dezember 2009 beginnen, beibehalten wird, eine Geldbuße noch verhängt werden kann. Der Verweis auf die für sie geltenden Vorschriften in der bis zum Inkrafttreten des BilMoG geltenden Fassung könnte auch die **Bußgeldsanktionierung** nach § 334 HGB aF umfassen. Dem könnte entgegengehalten werden, dass dieser Verweis zu unbestimmt ist und es daher für die Zeit nach dem 31. Dezember 2009 an einer Rechtsgrundlage für eine derartige Sanktionierung fehlt. 19

§ 335 HGB
Festsetzung von Ordnungsgeld

(1) ¹Gegen die Mitglieder des vertretungsberechtigten Organs einer Kapitalgesellschaft, die

1. § 325 über die Pflicht zur Offenlegung des Jahresabschlusses, des Lageberichts, des Konzernabschlusses, des Konzernlageberichts und anderer Unterlagen der Rechnungslegung oder
2. § 325a über die Pflicht zur Offenlegung der Rechnungslegungsunterlagen der Hauptniederlassung

nicht befolgen, ist wegen des pflichtwidrigen Unterlassens der rechtzeitigen Offenlegung vom Bundesamt für Justiz (Bundesamt) ein Ordnungsgeldverfahren nach den Absätzen 2 bis 6 durchzuführen; im Fall der Nummer 2 treten die in § 13e Abs. 2 Satz 4 Nr. 3 genannten Personen, sobald sie angemeldet sind, an die Stelle der Mitglieder des vertretungsberechtigten Organs der Kapitalgesellschaft. ²Das Ordnungsgeldverfahren kann auch gegen die Kapitalgesellschaft durchgeführt werden, für die die Mitglieder des vertretungsberechtigten Organs die in Satz 1 Nr. 1 und 2 genannten Pflichten zu erfüllen haben. ³Dem Verfahren steht nicht entgegen, dass eine der Offenlegung vorausgehende Pflicht, insbesondere die Aufstellung des Jahres- und Konzernabschlusses oder die unverzügliche Erteilung des Prüfauftrags, noch nicht erfüllt ist. ⁴Das Ordnungsgeld beträgt mindestens zweitausendfünfhundert und höchsten fünfundzwanzigtausend Euro. ⁵Eingenommene Ordnungsgelder fließen dem Bundesamt zu.

(2) ¹Auf das Verfahren sind die §§ 15 bis 19, § 40 Abs. 1, § 388 Abs. 1, § 389 Abs. 3, § 390 Abs. 2 bis 6 des Gesetzes über das Verfahren in Familiensachen und in den Angelegenheiten der freiwilligen Gerichtsbarkeit sowie im Übrigen § 11 Nr. 1 und 2, § 12 Abs. 1 Nr. 1 bis 3, Abs. 2 und 3, §§ 14,15, 20 Abs. 1 und 3, § 21 Abs. 1, §§ 23 und 26 des Verwaltungsverfahrensgesetzes nach Maßgabe der nachfolgenden Absätze entsprechend anzuwenden. ²Das Ordnungsgeldverfahren ist ein Justizverwaltungsverfahren. ³Zur Vertretung der Beteiligten sind auch Wirtschaftsprüfer und vereidigte Buchprüfer, Steuerberater, Steuerbevollmächtigte, Personen und Vereinigungen im Sinn des § 3 Nr. 4 des Steuerberatungsgesetztes sowie Gesellschaften im Sinn des § 3 Nr. 2 und 3 des Steuerberatungsgesetzes, die durch Personen im Sinn des § 3 Nr. 1 des Steuerberatungsgesetzes handeln, befugt.

(2a) ¹Für eine elektronische Aktenführung und Kommunikation sind § 110a Abs. 1, § 110b Abs. 1 Satz 1, Abs. 2 bis 4, § 110c Abs. 1 sowie § 110d des Gesetzes über die Ordnungswidrigkeiten entsprechend anzuwenden. ²§110a Abs. 2 Satz 1 und 3 sowie § 110b Abs. 1 Satz 2 und 4 des Gesetzes über Ordnungswidrigkeiten sind mit der Maßgabe entsprechend anzuwenden, dass das Bundesministerium der Justiz die Rechtsverordnung ohne Zustimmung des Bundesrates erlassen kann; es kann die Ermächtigung durch Rechtsverordnung auf das Bundesamt für Justiz übertragen.

(3) Den in Absatz 1 Satz 1 und 2 bezeichneten Beteiligten ist unter Androhung eines Ordnungsgeldes in bestimmter Höhe aufzugeben, innerhalb einer Frist von sechs Wochen vom Zugang der Androhung an ihrer gesetzlichen Verpflichtung nachzukommen oder die Unterlassung mittels Einspruchs gegen die Verfügung zu rechtfertigen. ²Mit der Androhung des Ordnungsgeldes sind den Beteiligten zugleich die Kosten des Verfahrens aufzuerlegen. ³Der Einspruch kann auf Einwendungen gegen die Entscheidung über die Kosten beschränkt werden. ⁴Wenn die Beteiligten nicht spätestens sechs Wochen nach dem Zugang der Androhung der gesetzlichen Pflicht entsprochen oder die

Unterlassung mittels Einspruchs gerechtfertigt haben, ist das Ordnungsgeld festzusetzen und zugleich die frühere Verfügung unter Androhung eines erneuten Ordnungsgeldes zu wiederholen. ⁵Wenn die Sechswochenfrist nur geringfügig überschritten wird, kann das Bundesamt das Ordnungsgeld herabsetzen. ⁶Der Einspruch gegen die Androhung des Ordnungsgeldes und gegen die Entscheidung über die Kosten hat keine aufschiebende Wirkung. ⁷Führt der Einspruch zu einer Einstellung des Verfahrens, ist zugleich auch die Kostenentscheidung nach Satz 2 aufzuheben.

(4) Gegen die Entscheidung, durch die das Ordnungsgeld festgesetzt oder der Einspruch oder der Antrag auf Wiedereinsetzung in den vorigen Stand verworfen wird, sowie gegen die Entscheidung nach Absatz 3 Satz 7 findet die Beschwerde nach den Vorschriften des Gesetzes über das Verfahren in Familiensachen und in den Angelegenheiten der freiwilligen Gerichtsbarkeit statt, soweit sich nicht aus Absatz 5 etwas anderes ergibt.

(5) ¹Die Beschwerde ist binnen einer Frist von zwei Wochen einzulegen; über sie entscheidet das für den Sitz des Bundesamts zuständige Landgericht. ²**Die Landesregierung des Landes, in dem das Bundesamt seinen Sitz unterhält, wird ermächtigt, zur Vermeidung von erheblichen Verfahrensrückständen oder zum Ausgleich einer übermäßigen Geschäftsbelastung durch Rechtsverordnung die Entscheidung über die Rechtsmittel nach Satz 1 einem anderen Landgericht oder weiteren Landgerichten zu übertragen.** ³**Die Landesregierung kann diese Ermächtigung auf die Landesjustizverwaltung übertragen.** ⁴Ist bei dem Landgericht eine Kammer für Handelssachen gebildet, so tritt diese Kammer an die Stelle der Zivilkammer. ⁵Entscheidet über die Beschwerde die Zivilkammer, so sind die §§ 348 und 348a der Zivilprozessordnung entsprechend anzuwenden; über eine bei der Kammer für Handelssachen anhängige Beschwerde entscheidet der Vorsitzende ⁶Die Rechtsbeschwerde findet nicht statt. ⁷Das Landgericht kann nach billigem Ermessen bestimmen, dass die außergerichtlichen Kosten der Beteiligten, die zur zweckentsprechenden Rechtsverfolgung notwendig waren, ganz oder teilweise aus der Staatskasse zu erstatten sind. ⁸**Satz 7 gilt entsprechend, wenn das Bundesamt der Beschwerde abhilft.** ⁹§ 91 Abs. 1 Satz 2 und die §§ 103 bis 107 der Zivilprozessordnung gelten entsprechend. ¹⁰Absatz 2 Satz 3 ist anzuwenden. ¹¹**Die sofortige Beschwerde ist bei dem Bundesamt einzulegen.** ¹²**Hält das Bundesamt die sofortige Beschwerde für begründet, hat es ihr abzuhelfen; anderenfalls ist die sofortige Beschwerde unverzüglich dem Beschwerdegericht vorzulegen.**

(5a) ¹**Für die elektronische Aktenführung des Gerichts und die Kommunikation mit dem Gericht nach Absatz 5 sind § 110a Abs. 1, § 110b Abs. 1 Satz 1, Abs. 2 bis 4, § 110c Abs. 1 sowie § 110d des Gesetztes über Ordnungswidrigkeiten entsprechend anzuwenden.** ²**§ 110a Abs. 2 Satz 1 und 3 sowie § 110b Abs. 1 Satz 2 und 4 des Gesetzes über Ordnungswidrigkeiten sind mit der Maßgabe anzuwenden, dass die Landesregierung des Landes, in dem das Bundesamt seinen Sitz unterhält, die Rechtsverordnung erlassen und die Ermächtigung durch Rechtsverordnung auf die Landesjustizverwaltung übertragen kann.**

(6) Liegen dem Bundesamt in einem Verfahren nach den Absätzen 1 bis 3 keine Anhaltspunkte über die Einstufung einer Gesellschaft im Sinn des § 267 Abs. 1, 2 oder Abs. 3 vor, ist den in Absatz 1 Satz 1 und 2 bezeichneten Beteiligten zugleich mit der Androhung des Ordnungsgeldes aufzugeben, im Fall des Einspruchs die Bilanzsumme nach Abzug eines auf der Aktivseite ausgewiesenen Fehlbetrags (§ 268 Abs. 3), die Umsatzerlöse in den ersten zwölf Monaten vor dem Abschlussstichtag (§ 277 Abs. 1)

und die durchschnittliche Zahl der Arbeitnehmer (§ 267 Abs. 5) für das betreffende Geschäftsjahr und für diejenigen vorausgehenden Geschäftsjahre, die für die Einstufung nach § 267 Abs. 1, 2 oder Abs. 3 erforderlich sind, anzugeben. [2]Unterbleiben die Angaben nach Satz 1, so wird für das weitere Verfahren vermutet, dass die Erleichterungen der §§ 326 und 327 nicht in Anspruch genommen werden können. [3]Die Sätze 1 und 2 gelten für den Konzernabschluss und Konzernlagebericht entsprechend mit der Maßgabe, dass an die Stelle der §§ 267, 326 und 327 der § 293 tritt.

Inhaltsverzeichnis Tz.
I. Grundlagen .... 20 – 21
II. Änderungen durch das FGG-RG .... 23 – 24
III. Änderungen durch das BilMoG
    1. Möglichkeiten der Änderung und Erweiterung der Zuständigkeit .... 25 – 26
    2. Abhilfe der Beschwerde durch das BfJ .... 27 – 32
    3. Elektronische Aktenführung und Kommunikation in
        Beschwerdeverfahren (§ 335 Abs. 5a HGB) 33

I. Grundlagen

20 § 335 HGB ist durch das Gesetz zur Reform des Verfahrens in Familiensachen und in den Angelegenheiten der freiwilligen Gerichtsbarkeit (**FGG-RG**) vom 17.12.2008 (BGBl. I S. 2586) geändert worden. Die Änderungen sind am 1. September 2009 in Kraft getreten.

21 Die Änderungen durch das FGG-RG betreffen das Verfahren bei der Festsetzung von Ordnungsgeld und für das Rechtsmittel der Beschwerde und der Rechtsbeschwerde gegen Entscheidungen des **BfJ**, soweit es bisher im Gesetz über die Angelegenheiten der freiwilligen Gerichtsbarkeit geregelt war. Dieses Gesetz ist grundlegend reformiert worden und durch das Gesetz über das Verfahren in Familiensachen und in den Angelegenheiten der freiwilligen Gerichtsbarkeit (FamFG) ersetzt worden.

22 § 335 HGB wird auch durch das **BilMoG** geändert. Für diese Änderungen ist in Art. 66 EGHGB keine ausdrückliche Regelung für ihr Inkrafttreten enthalten, so dass sie am Tag nach der Verkündung des Gesetzes im Bundesgesetzblatt am 28. Mai 2009 in Kraft getreten sind. Art. 66 Abs. 6 EGHGB bestimmt allerdings, dass die durch das BilMoG an § 335 Absatz 5 HGB angefügten Sätze 11 und 12 bis zum 31. August 2009 anzuwenden sind und am 1. September 2009 außer Kraft getreten sind. Das trägt dem Umstand Rechung, dass die Sätze 11 und 12 von § 335 Absatz 5 HGB nur bis zum **Inkrafttreten des FamFG** erforderlich waren. Danach ist § 68 Abs. 1 Satz 1 FamFG anzuwenden, der dem BfJ die Entscheidungsbefugnis einräumt, die Satz 12 von § 335 Abs. 5 HGB ihm bis Ende August 2009 verliehen hat.

II. Änderungen durch das FGG-RG

23 Die Änderungen in § 335 Abs. 1 HGB passen die Gesetzesverweise in das **FamFG** der völlig neuen Paragrafenreihenfolge an. Das einschlägige Rechtsmittel gegen Entscheidungen des **BfJ** ist nach dem **FamFG** nunmehr die Beschwerde und nicht mehr die sofortige Beschwerde. § 335 Abs. 4 HGB verweist im Hinblick auf die Beschwerde auf die Vorschriften des **FamFG**, also auf die §§ 58 bis 69 **FamFG**, soweit sich aus § 335 Abs. 5 HGB nichts anderes ergibt.

Nach § 335 Abs. 5 Satz 1 HGB ist die **Beschwerde** binnen einer Frist von zwei Wochen einzulegen. Das dient der Verfahrensbeschleunigung wie auch die Regelung, dass eine Rechtsbeschwerde gegen die Entscheidung des Landgerichts nicht stattfindet[3]. Entsprechend der Terminologie des FamFG ist die weitere Beschwerde durch die **Rechtsbeschwerde** ersetzt worden (§ 335 Abs. 5 Satz 6 HGB). 24

III. Änderungen durch das BilMoG

1. Möglichkeiten der Änderung und Erweiterung der Zuständigkeit

Nach **bisheriger Rechtslage** war ausschließlich das Landgericht für (sofortige) Beschwerden gegen Entscheidungen des BfJ zuständig, in dessen Bezirk das BfJ seinen Sitz hat. Da dieser in Bonn gelegen ist, war bisher ausschließlich das Landgericht Bonn für (sofortige) Beschwerden zuständig. In Folge dieser Zuständigkeitsbestimmung sind am Landgericht Bonn 10 neue Kammern für Handelssachen eingerichtet worden, um der Flut an (sofortigen) Beschwerden gegen Entscheidungen des BfJ in Offenlegungssachen gerecht zu werden[4]. 25

§ 335 Abs. 5 Satz 2 HGB ermächtigt nunmehr die Landesregierung von Nordrhein-Westfalen „zur Vermeidung von erheblichen Verfahrensrückständen oder zum Ausgleich einer übermäßigen Geschäftsbelastung durch Rechtsverordnung" die **Zuständigkeit einem anderen Landgericht** oder weiteren Landgerichten zu übertragen. Damit soll der Gefahr von Verfahrenstaus und übermäßig langen Bearbeitungszeiten begegnet werden, die aufgrund der hohen Anzahl von Beschwerden gegen Entscheidungen des BfJ in Verfahren zur Erzwingung der Offenlegung drohen[5]. Die Ermächtigung kann die Landesregierung nach § 335 Abs. 5 Satz 3 HGB auf die Landesjustizverwaltung übertragen. 26

2. Abhilfe der Beschwerde durch das BfJ

Das **BfJ** ist nach § 335 HGB zuständig für die Durchführung des Ordnungsgeldverfahrens zur Erzwingung der **Offenlegung**. Bei diesem Verfahren handelt es sich um ein **Justizverwaltungsverfahren**, auf das nach § 335 Abs. 2 HGB bestimmte Vorschriften des Gesetzes über die Angelegenheiten der freiwilligen Gerichtsbarkeit (FGG) und an dessen Stelle ab dem 1. September 2009 bestimmte Vorschriften nach FamFG sowie des Verwaltungsverfahrensgesetzes entsprechende Anwendung finden. 27

Zu den bis Ende August 2009 entsprechend anwendbaren Vorschriften gehört auch § 18 FGG, der regelt, unter welchen Voraussetzungen das Gericht eine von ihm erlassene **Verfügung nachträglich ändern** kann. Allerdings ist nach § 18 Abs. 2 FGG das Gericht nicht zu einer Änderung befugt, wenn die Verfügung der sofortigen Beschwerde unterliegt. An die Stelle des Gerichts tritt aufgrund der entsprechenden Anwendbarkeit im Ordnungsgeldverfahren nach § 335 HGB das BfJ. Dieses kann also nach bisheriger Rechtslage seine Entscheidung nicht mehr ändern, wenn sie durch die sofortige Beschwerde angegriffen werden kann. 28

§ 335 Abs. 4 HGB bestimmt die **(sofortige) Beschwerde** als den statthaften Rechtsbehelf gegen die folgenden Entscheidungen des BfJ: 29

---

3 Vgl. Begr. RegE, BR-Drucksache 309/07, S. 814
4 *Bourgon*, BB 2008, S. 1161
5 Vgl. Begr. Beschlussempfehlung und Bericht des Rechtsausschusses, BT-Drucks. 16/12407 S. 92

- Festsetzung des **Ordnungsgeldes**
- Verwerfung des Einspruch oder des Antrags auf Einsetzung in den vorigen Stand
- Kostenentscheidung im Falle der Einstellung des Verfahrens nach § 335 Abs. 3 Satz 7 HGB.

30 Damit ist das BfJ nach der vor dem BilMoG geltenden Rechtslage daran gehindert, der gegen die oben genannten Entscheidungen eingelegten sofortigen Beschwerde **selbst abzuhelfen**, wenn es diese für gerechtfertigt erachtet.

31 § 335 Abs. 5 Satz 11 und 12 HGB bestimmen nunmehr, dass die **sofortige Beschwerde beim BfJ** einzulegen ist und dieses nunmehr der sofortigen Beschwerde abzuhelfen hat, wenn es sie für begründet hält. Dies dient der Entlastung des Landgerichts[6], das für die sofortige Beschwerde gegen Entscheidungen des BfJ zuständig ist. Ab dem 1. September 2009 gilt die Verweisung auf die Vorschriften zur Beschwerde nach dem FamFG und damit auf die §§ 58 bis 69 FamFG. Nach § 64 Abs.1 FamFG ist die Beschwerde bei dem Gericht einzulegen, dessen Beschluss angefochten wird. Ferner hat das Gericht nach § 68 Abs. 1 Satz 1 FamFG der Beschwerde abzuhelfen, wenn es diese für begründet erachtet. Aufgrund der Verweisung in § 335 Abs. 4 HGB tritt an Stelle des Gerichts das BfJ, so dass für die dort genannten Fälle (siehe Tz. 29) die Beschwerde beim BfJ einzureichen ist und dieses der Beschwerde abhelfen muss, wenn es sie für begründet hält.

32 Hilft das BfJ der Beschwerde ab, stellt sich die Frage, wer die **Kosten der Beteiligten** trägt, die zur zweckentsprechenden Rechtsverfolgung bis dahin erforderlich waren. Für diesen Fall eröffnet der neue § 335 Abs. 5 Satz 8 HGB dem BfJ die Möglichkeit, diese Kosten ganz oder teilweise der Staatskasse aufzuerlegen. § 335 Abs. 5 Satz 8 HGB ordnet hierfür die entsprechende Anwendung von § 335 Abs. 5 Satz 7 HGB an.

3. Elektronische Aktenführung und Kommunikation in Beschwerdeverfahren (§ 335 Abs. 5a HGB)

33 Nach dem Vorbild des § 335 Abs. 2a HGB wird nunmehr auch für das Beschwerdeverfahren nach § 335 Abs. 5 HGB die **Landesregierung von Nordrhein-Westfalen** ermächtigt zu bestimmen, dass bestimmte Vorschriften des OWiG für die elektronische Kommunikation mit dem Gericht und dessen elektronische Aktenführung entsprechend anwendbar sind. Die Landesregierung kann die Ermächtigung durch Rechtsverordnung auf die **Landesjustizverwaltung** übertragen.

---

6 Begr. RegE, BT-Drucks. 16/10067, S. 94 f.

V. Rechnungslegung von Kreditinstituten und Versicherungen
(§§ 340a bis 341n HGB, §§ 7, 9, 13 bis 15, 20, 26, 29, 34, 35, 37 bis 39, Formblätter 1 und 3 RechKredV, §§ 6, 47, 51, 55, 59, 64 RechVersV)

§ 340a HGB
Anzuwendende Vorschriften

(1) Kreditinstitute, auch wenn sie nicht in der Rechtsform einer Kapitalgesellschaft betrieben werden, haben auf ihren Jahresabschluß die für große Kapitalgesellschaften geltenden Vorschriften des Ersten Unterabschnitts des Zweiten Abschnitts anzuwenden, soweit in den Vorschriften dieses Unterabschnitts nichts anderes bestimmt ist; Kreditinstitute haben außerdem einen Lagebericht nach den für große Kapitalgesellschaften geltenden Bestimmungen des § 289 aufzustellen.

(2) ¹§ 265 Abs. 6 und 7, §§ 267, 268 Abs. 4 Satz 1, Abs. 5 Satz 1 und 2, §§ 276, 277 Abs. 1, 2, 3 Satz 1, § 284 Abs. 2 Nr. 4, § 285 Nr. 8 und 12, § 288 sind nicht anzuwenden. ²An Stelle von § 247 Abs. 1, §§ 251, 266, 268 Abs. 2 und 7, §§ 275, 285 Nr. 1, 2, 4 und 9 Buchstabe c sind die durch Rechtsverordnung erlassenen Formblätter und anderen Vorschriften anzuwenden. ³§ 246 Abs. 2 ist nicht anzuwenden, soweit abweichende Vorschriften bestehen. ⁴§ 264 Abs. 3 und § 264b sind mit der Maßgabe anzuwenden, daß das Kreditinstitut unter den genannten Voraussetzungen die Vorschriften des Vierten Unterabschnitts des Zweiten Abschnitts nicht anzuwenden braucht.

(3) ¹Sofern Kreditinstitute einer prüferischen Durchsicht zu unterziehende Zwischenabschlüsse zur Ermittlung von Zwischenergebnissen im Sinne des § 10 Abs. 3 des Kreditwesengesetzes aufstellen, sind auf diese die für den Jahresabschluss geltenden Rechnungslegungsgrundsätze anzuwenden. ²Die Vorschriften über die Bestellung des Abschlussprüfers sind auf die prüferische Durchsicht entsprechend anzuwenden. ³Die prüferische Durchsicht ist so anzulegen, dass bei gewissenhafter Berufsausübung ausgeschlossen werden kann, dass der Zwischenabschluss in wesentlichen Belangen den anzuwendenden Rechnungslegungsgrundsätzen widerspricht. ⁴Der Abschlussprüfer hat das Ergebnis der prüferischen Durchsicht in einer Bescheinigung zusammenzufassen. ⁵§ 320 und § 323 gelten entsprechend.

(4) Zusätzlich haben Kreditinstitute im Anhang zum Jahresabschluß anzugeben:
1. alle Mandate in gesetzlich zu bildenden Aufsichtsgremien von großen Kapitalgesellschaften (§ 267 Abs. 3), die von gesetzlichen Vertretern oder anderen Mitarbeitern wahrgenommen werden;
2. alle Beteiligungen an großen Kapitalgesellschaften, die fünf vom Hundert der Stimmrechte überschreiten.

Inhaltsverzeichnis Tz.

I. Überblick der Besonderheiten bei Anwendung der allgemeinen Rechnungslegungsvorschriften von Kreditinstituten 1
II. Besonderheiten der Bilanzierung von Sicherungsbeziehungen nach § 340a Abs. 1 iVm. § 254 HGB bei Kreditinstituten
   1. Überblick .... 2 – 5
   2. Arten von Bewertungseinheiten .... 6 – 13
   3. Dokumentation der Bewertungseinheiten .... 14 – 19
   4. Feststellung der Wirksamkeit von Bewertungseinheiten .... 20 – 26

5. Darstellung in der Bilanz und der Gewinn- und Verlustrechnung ..... 27 – 41
6. Anhangangaben .... 42 – 47
7. Anwendungsfälle von Bewertungseinheiten bei Kreditinstituten ...... 48 – 55
8. Rückstellung für verlustfreie Bewertung (Zinsänderungsrisiken) im Bankbuch .... 56 – 63
III. Besonderheiten der Bilanzierung von latenten Steuern nach § 340a Abs. 1 iVm. § 274 HGB bei Kreditinstituten .... 64 – 67
 1. Latente Steuern auf Reserven nach § 340f HGB .... 68 – 71
 2. Latente Steuern auf Reserven nach §§ 340g und 340e HGB .... 72 – 74
 3. Fonds zur bausparttechnischen Absicherung .... 75 – 76
IV. Erstanwendungszeitpunkt und Übergangsvorschriften .... 77 – 78

I. Überblick der Besonderheiten bei Anwendung der allgemeinen Rechnungslegungsvorschriften von Kreditinstituten

1 Der Anwendungsbereich der §§ 340a ff. HGB betrifft **Kredit- und Finanzdienstleistungsinstitute** unabhängig von Rechtsform und/oder Kapitalmarktorientierung. § 340a Abs. 1 HGB nennt die von Kredit- und Finanzdienstleistungsinstituten anzuwendenden bzw. in Abs. 2 die nicht anzuwendenden Vorschriften des ersten und zweiten Abschnitts des Dritten Buches (Handelsbücher). Trotz des unveränderten Wortlautes von § 340a Abs. 1 HGB[1] ergeben sich große Auswirkungen auch für die Bilanzierung bei Kredit- und Finanzdienstleistungsinstituten aufgrund der Änderungen bei den allgemeinen Vorschriften. Wesentliche Änderungen durch das BilMoG, die trotz ihrer Regelungen unter den allgemeinen Vorschriften besondere Bedeutung für die Bilanzierung bei Kreditinstituten haben oder bei denen branchenspezifische Ergänzungen hinzukommen, sind:

– § 254 HGB (**Bewertungseinheiten**): Kodifizierung der bisher als Grundsätze ordnungsmäßiger Buchführung in der Praxis der Kreditinstitute etablierten Sicherungsbeziehungen (*Micro-Hedging*, Portfolio-*Hedging* und *Macro-Hedging*) als Bewertungseinheiten iSd. § 254 HGB (vgl. Abschn. H Tz. 3-9). Neben diesen Sicherungsbeziehungen ist noch die sog. Aktiv-/Passivsteuerung des Zinsänderungsrisikos im Bankbuch zu beachten, bei der es sich nicht um eine Bewertungseinheit, sondern um eine Bewertungskonvention handelt (vgl. Tz. 13 und 56).

– § 249 HGB (**Rückstellungen**): Bei den von Kreditinstituten gebildeten Rückstellungen für vereinbarte steigende Zinsen (*Step-up*-Produkte) und für Sparprämien (Boni) handelt es sich aufgrund der vertraglich eingegangenen Außenverpflichtung um Verbindlichkeitsrückstellungen[2].

– § 274 HGB (**Latente Steuern**): Im Interesse einer transparenten und umfassenden Darstellung der latenten Steuern ändert sich das Konzept der Darstellung latenter Steuern von dem bisherigen GuV-orientierten Konzept auf das bilanzorientierte Konzept (vgl. Abschn. M Tz. 1). Neben den allgemeinen Wesensmerkmalen dieser Änderung (Aktivierungswahlrecht für Aktivüberhang an latenten Steuern (auch auf steuerliche Verlustvorträge), Bildung von latenten Steuern auf quasi-permanente Differenzen, Saldierung von aktiven und passiven latenten Steuern) bestehen kreditinstitutsspezifische Besonderheiten für die Bildung latenter Steuern auf § 340f

---

1 Vgl. Begr. RegE, BT-Drucks. 16/10067, S. 92.
2 Dies gilt handelsrechtlich trotz eines hiervon abweichenden Urteils des BFH, der den Charakter der Verbindlichkeitsrückstellung abgelehnt hat – BFH 20.1.1993; BStBl II, S. 373.

HGB und § 340g HGB-Reserven (vgl. Tz. 68-74) sowie hinsichtlich des Fonds zur bauspartechnischen Absicherung (vgl. Tz. 75 f.).

II. Besonderheiten der Bilanzierung von Sicherungsbeziehungen nach § 340a Abs. 1 iVm. § 254 HGB bei Kreditinstituten

1. Überblick

Die bisher als Grundsätze ordnungsmäßiger Buchführung eingestufte Abbildung von **Bewertungseinheiten** bei Kreditinstituten[3] (Mikro-, Makro- und Portfolio-*Hedge*-Beziehungen) ist nunmehr kodifiziert worden, wobei in der Gesetzesbegründung betont wird, dass mit der Kodifizierung keine Änderung der bisherigen Bilanzierungspraxis einhergehen solle[4]. 2

Die Anforderungen des § 254 HGB werden durch die umfangreichen **Anhangangabepflichten** des § 285 Nr. 23 HGB bzw. § 314 Abs. 1 Nr. 15 HGB ergänzt (vgl. Abschn. H Tz. 147, Abschn. O Tz. 170-203 und Abschn. R Tz. 57-61), wobei keine Wiederholung von im Lagebericht gemachten Angaben erforderlich ist. 3

Unter einer **Bewertungseinheit** wird eine Zusammenfassung von Vermögensgegenständen, Schulden, schwebenden Geschäften oder mit hoher Wahrscheinlichkeit erwarteten Transaktionen (vgl. Abschn. H Tz. 17-20)[5] – sog. Grundgeschäfte – mit derivativen oder originären Finanzinstrumenten – sog. Sicherungsinstrumente – zum Ausgleich gegenläufiger Wertänderungen oder Zahlungsströme aus dem Eintritt vergleichbarer Risiken (wie bspw. Zins-, Währungs- oder Ausfallrisiken) für bilanzielle Zwecke verstanden (vgl. auch Abschn. H Tz. 3 ff. und 51-53). 4

Innerhalb einer Bewertungseinheit sollen die sich aus einem bestimmten Risiko ergebenden **Wertänderungen** des Grundgeschäfts mit den entsprechenden risikospezifischen Wertänderungen des Sicherungsinstruments im Jahresabschluss **neutralisiert** werden[6]. In dem Umfang und in dem Zeitraum, in dem sich die gegenläufigen Wertänderungen oder Zahlungsströme ausgleichen, sind deshalb der Grundsatz der Einzelbewertung (§ 252 Abs. 1 Nr. 3 HGB), das Realisations- und das Imparitätsprinzip (§ 252 Abs. 1 Nr. 4 HGB), das Anschaffungskostenprinzip (§ 253 Abs. 1 Satz 1 HGB) sowie die Vorschriften zur Rückstellungsbildung (§ 249 Abs. 1 HGB) und Währungsumrechnung (§ 256a HGB) nicht anzuwenden. 5

2. Arten von Bewertungseinheiten

Bei den Arten von Bewertungseinheiten bzw. Sicherungsbeziehungen[7] wurde bei Kreditinstituten bisher handelsrechtlich zwischen Mikro- und Makro-Bewertungseinheiten sowie Portfolio-*Hedges* differenziert. Der **Portfolio-*Hedge*** ist bisher insb. von Bedeutung bei der Bewertung der im Eigenhandel der Kreditinstitute zur einheitlichen Risikosteuerung und Absicherung unter einer Risikostrategie und unter einer einheitlichen Steuerungs- und Ergebnisverantwortung zusammengefassten Finanzinstrumente eines 6

---

3 Vgl. hierzu den grundlegenden Überblick zur bisherigen Praxis in *Kütter/Prahl*, WPg 2006, S. 9-20.
4 Vgl. Begr. RegE, BT-Drucks. 16/10067, S. 57.
5 Auf *antizipative hedges* wird bei den branchenspezifischen Besonderheiten für Kreditinstitute nicht weiter eingegangen, da ihnen in der Branche nur geringe Relevanz zukommt.
6 Vgl. Begr. RegE, BT-Drucks. 16/10067, S. 58.
7 Zur besseren Unterscheidung wird in diesem Abschn. der Begriff Bewertungseinheiten für die HGB-Bilanzierung (§ 254 HGB) und der Begriff Sicherungsbeziehungen für die IFRS-Bilanzierung (IAS 39.71-102) verwendet.

Handelsportfolios. Unter dem sogenannten **Makro-Ansatz** wurden bisher Geschäfte zur Absicherung von Nettopositionen (zB Zinsänderungsrisiken) subsumiert[8].

7 In Abgrenzung hierzu unterscheidet man nach **internationalen Rechnungslegungsgrundsätzen** IAS 39.86[9] zwischen

- *Fair value-Hedge* (*Micro fair value-Hedge*, *Portfolio fair value-Hedge* ieS und *Portfolio-Hedge of interest rate risk*),
- *Cashflow-Hedge* (*Micro-Cashflow-Hedge*, *Macro-Cashflow-Hedge*) und
- *Hedge of a net investment in a foreign entity*.

8 Die Gesetzesbegründung[10] unterscheidet hinsichtlich des § 254 HGB folgende Arten von Bewertungseinheiten (Vgl. Abschn. H Tz. 6-9).:

– **Mikro-***Hedge*: Unmittelbare Absicherung des aus einem einzelnen Grundgeschäft resultierenden Risikos durch ein einzelnes Sicherungsinstrument (1:1 Sicherungsbeziehung).
Beispiele: Absicherung des allgemeinen Zinsänderungsrisikos (risikolose Zinsstrukturkurve) durch den Emittenten einer fest verzinslichen EUR-Schuldverschreibung mittels eines *Receiver*-Zinsswaps; Absicherung des Fremdwährungsrisikos durch den Emittenten einer variabel verzinslichen USD-Schuldverschreibung mit einem USD-Devisentermingeschäft (soweit die Geschäfte nicht iSd. § 340h HGB besonders gedeckt sind).

– **Portfolio-***Hedge*: Absicherung der Risiken aus mehreren gleichartigen Grundgeschäften durch ein oder mehrere Sicherungsinstrumente (m:n-Sicherungsbeziehung). Es ist zu beachten, dass der Begriff nicht (mehr) deckungsgleich mit den Portfolio-Bewertungseinheiten des Handelsbestands in den Zeiten vor Verabschiedung des BilMoG ist, da sich im Handelsbestand durch das BilMoG keine Notwendigkeit zur Bildung von Bewertungseinheiten mehr ergibt.
Beispiel: Absicherung des allgemeinen Zinsänderungsrisikos (risikolose Zinsstrukturkurve) der im abgelaufenen Monat ausgereichten fest verzinslichen Baudarlehen an Privatpersonen mit einem oder mehreren *Payer*-Zinsswaps.

– **Makro-***Hedge*: Zusammenfassende Betrachtung der risikokompensierenden Wirkung ganzer Gruppen von Grundgeschäften (zB Kredite, Schuldscheindarlehen und Wertpapiere) oder die Absicherung von Nettopositionen, wobei die Grundgeschäfte und die Sicherungsinstrumente demselben Basisrisiko unterliegen.
Beispiel: Absicherung des allgemeinen Zinsänderungsrisikos aus Krediten und Wertpapieren sowie begebenen Schuldverschreibungen mit einem oder mehreren *Payer*- und/oder *Receiver*-Zinsswaps.

---

[8] Die verschiedenen Arten von Bewertungseinheiten wurden bisher in der Praxis und im Schrifttum nicht einheitlich abgegrenzt. Vgl. hierzu *Scharpf/Luz*, Risikomanagement, Bilanzierung und Aufsicht von Finanzderivaten², S. 296 ff.
[9] Vgl. wegen Einzelheiten *PricewaterhouseCoopers*, IFRS für Banken⁴, S. 498-570 mwN.
[10] Vgl. Begr. RegE, BT-Drucks. 16/10067, S. 58.

Abb. 25: Bewertungseinheiten und Sicherungsbeziehungen nach HGB und IFRS (im Vergleich).

Da bei Erfüllung der Voraussetzungen des § 254 HGB Bewertungseinheiten unabhängig von Typ und Bezeichnung zulässig sind (vgl. Abschn. H Tz. 6), hat an dieser Stelle die Aufzählung des Gesetzgebers beispielhaften und nicht abschließenden Charakter[11]. Auf Grund der unterschiedlichen **Auslegung der Begriffe** sollte der Bilanzierende sein Verständnis der Begriffe in der internen Dokumentation festlegen und im Anhang erläutern.

10 Für Geschäfte, die nach der tatsächlichen Steuerung der Risiken in einem engen wirtschaftlichen Sicherungszusammenhang stehen, könnte nach den Regelungen des § 254 Satz 1 HGB eine Pflicht zur Abbildung dieser Geschäfte als Bewertungseinheiten vermutet werden („...sind ... nicht anzuwenden"). Auch für diese „**maßgeschneiderten**" **Sicherungsbeziehungen** gilt jedoch die Tatbestandsvoraussetzung der Zusammenfassung („Werden ... zusammengefasst..."). Daher hängt die Bildung handelsrechtlicher Bewertungseinheiten immer von einer Bilanzierungsentscheidung des Unternehmens ab. Dies ist bspw. auch der Fall bei Abschluss eines perfekten Mikro-*Hedges* im Zeitpunkt des Zugangs des Grundgeschäfts (*Asset*- oder *Liability Swap*), vgl. Abschn. H, Tz. 4 f. Diese Bilanzierungsentscheidung wird bei Instituten durch Erfüllung der bankaufsichtsrechtlichen Vorschriften bereits im Zugangszeitpunkt getroffen (vgl. Tz. 15).

11 Bei der Abbildung eines Portfolio-*Hedges* und Makro-*Hedges* ist zu beachten, dass der Bilanzierende den Nachweis über ein funktionsfähiges **Risikomanagementsystem** zu erbringen hat[12].

12 Hinsichtlich der Sicherungsstrategie ist sowohl die Absicherung von **Wertänderungsrisiken** (*Fair Value Hedge*) als auch die Absicherung von **Zahlungsstromänderung**en (*Cashflow-Hedge*) nach § 254 HGB möglich (vgl. Abschn. H Tz. 3 ff. und 51-53). Bei der Bildung von Bewertungseinheiten ist die interne Risikosteuerung zu berücksichtigen.

13 Vom Makro-*Hedge* und Portfolio-*Hedge* iSd. BilMoG zu unterscheiden ist die sog. **Aktiv-/Passivsteuerung des allgemeinen Zinsänderungsrisikos im Bankbuch** bei Kreditinstituten, bei der es sich grds. nicht um eine Bewertungseinheit, sondern um eine Bewertungskonvention handelt, auf die im Gesetzgebungsverfahren zum BilMoG nicht explizit eingegangen wurde[13]. Unseres Erachtens sind die Kriterien für diese branchenspezifische Bewertungskonvention bzw. die Kriterien für die Ermittlung der **Rückstellung für die verlustfreie Bewertung im Bankbuch (Zinsänderungsrisiken)** weiterzuentwickeln und zu präzisieren (siehe Tz. 56-63).

3. Dokumentation der Bewertungseinheiten

14 Die Dokumentation ist nach dem Wortlaut der Begründung des Rechtsausschusses[14] kein Tatbestandsmerkmal. Deshalb enthält § 285 Nr. 23 HGB bzw. § 314 Abs. 1 Nr. 15 HGB umfangreiche Angabepflichten im Anhang, soweit die Angaben nicht im Lagebericht gemacht werden (vgl. Abschn. O Tz. 170-203 und Abschn. R Tz. 57-61)[15]. Hiermit ist aber nicht gemeint, dass auf jegliche Dokumentation verzichtet werden kann, ohne die ein geordnetes Nachvollziehen der Bilanzierungsentscheidung zur Bildung von Bewertungseinheiten und eine Belegfunktion im Sinne der **Grundsätze ord-**

---

11 Vgl. auch *Löw/Scharpf/Weigel*, Auswirkungen des Regierungsentwurfs zur Modernisierung des Bilanzrechts auf die Bilanzierung von Finanzinstrumenten, WPg 2008, S. 1017.
12 Vgl. Begr. RegE, BT-Drucks. 16/10067, S. 73.
13 Vgl. *Institut der Wirtschaftsprüfer*, FN-IDW 1986, S. 447 f. sowie auch *Scharpf*, in *Küting/Pfitzer/Weber*, Das neue deutsche Bilanzrecht[2] S. 204 ff.
14 Vgl. Begr. Beschlussempfehlung und Bericht des Rechtsausschusses, BT-Drucks. 16/12407, S. 86.
15 Vgl. Begr. RegE, BT-Drucks. 16/10067, S. 10.

nungsmäßiger Buchführung (§§ 238 ff. HGB) nicht gegeben ist (vgl. Abschn. H Tz. 3-93)[16].

Bei Kreditinstituten und Finanzdienstleistungsinstituten besteht bereits aus **bankaufsichtsrechtlichen Vorschriften** die Notwendigkeit zur Dokumentation im Zeitpunkt der Bildung und der Auflösung der Sicherungsbeziehung[17]. Dh. die Grundgeschäfte und die abgeschlossenen Sicherungsinstrumente (idR Derivate) müssen im Zugangszeitpunkt bzw. bei Eingehen der Bewertungseinheit dahingehend gekennzeichnet werden, ob es sich um eine Transaktion im Zusammenhang mit einer Bewertungseinheit nach § 254 HGB handelt oder nicht. Die Dokumentation kann ausdrücklich (zB schriftliche Darstellung) oder implizit durch die Kennzeichnung in einem IT-System oder in einer Datenbank (zB im bestandsführenden *Front-* oder *Backoffice*-System des Kreditinstituts) sowie durch die Zugehörigkeit zu einem bestimmten Portfolio oder über das Interne Kontrollsystem erfolgen. Auf ggf. vorhandene Dokumentationen bei Kreditinstituten für den IFRS-Konzernabschluss kann im Einzelfall zurückgegriffen bzw. aufgebaut werden.

15

Aus der Dokumentation müssen bei Kreditinstituten insb. die nachfolgenden **Informationen** (implizit oder explizit) ersichtlich sein (vgl. hierzu im einzelnen Abschn. H Tz. 10-81):

16

- Identifikation und Beschreibung von Grundgeschäft(en) und Sicherungsinstrument(en);
- Ziele und Strategie der Risikoabsicherung, dh. Art des abzusichernden Risikos, Art der Bewertungseinheit und Absicherungszeitraum;
- Angaben zur prospektiven Effektivität;
- Methode zur Bestimmung der Wirksamkeit (retrospektiven Effektivität) der Sicherungsbeziehung;
- Rechnerische Ermittlung der Ineffektivität bezogen auf das abgesicherte Risiko.

Der Umfang der Dokumentation hängt von der **Art der Bewertungseinheit** (Mikro-, Portfolio-, Makro-*Hedge*) ab. Bei Portfolio-*Hedges* ist der Nachweis über die Homogenität der Grundgeschäfte mit in die Dokumentation einzubeziehen. Bei Makro-*Hedges* ist für die Dokumentation insb. auf den Nachweis der abgesicherten Nettoposition abzustellen.

17

Nach § 254 HGB sind bei Bewertungseinheiten Wert- bzw. Zahlungsstromänderungen aus „**vergleichbaren Risiken**"[18] designationsfähig (vgl. Abschn. H Tz. 54-56). Hierunter sind uE insbesondere „Basisrisiken" in Form von „Zins-", „Aktien-" oder „Index-", „Währungs-", „Bonitäts-", „Edelmetall-" oder „Rohwarenrisiken" zu verstehen, die sich im Wesentlichen an den aufsichtsrechtlichen Vorgaben orientieren[19]. Durch die Bildung von Bewertungseinheiten können das Gesamtrisiko eines Finanzinstruments (zB die Absicherung des *full fair value* des Grundgeschäfts durch einen *Total Return Swap*), mehrere in einem Finanzinstrument enthaltene Risiken (zB Zins- und Währungsrisiko durch einen Zinswährungsswap) oder einzelne Risiken (zB das allgemeine

18

---

16 Vgl. auch *Scharpf*, in Küting,/Pfitzer/Weber, Das neue deutsche Bilanzrecht², S. 211 ff.
17 ZB bei Instituten aufsichtsrechtlich nach § 1a Abs. 4 KWG und gemäß AT 6 MaRisk sowie auch bisher schon gemäß IDW BFA 2/1995 Abschn. D.
18 Die Beschlussempfehlung des Rechtsausschusses spricht von „demselben" Risiko. Vgl. Begr. Beschlussempfehlung und Bericht des Rechtsausschusses, BT-Drucks. 16/12407, S. 84.
19 Die Voraussetzung der Vergleichbarkeit bzw. Identität der Risiken kann jedoch nur erreicht werden, indem diese Basisrisiken eng gefasst werden, um eine „bestmögliche Absicherung" zu erzielen; dh. „Zins" pro Währung; „Aktie" je Gattung; ein einzelner extern festgelegter „Index"; „Bonität" pro Schuldner und „Edelmetall" und „Rohware" je Art.

Zinsänderungsrisiko, dh. risikolose Zinsstrukturkurve[20]) abgesichert werden. Dabei wird die Eignung des Sicherungsinstruments von den Merkmalen des Grundgeschäfts bestimmt (Wirksamkeit der Bewertungseinheit).

19 Bei der **Sicherung mehrerer Grundgeschäfte** (zB mehrere Wertpapiere oder Aktien) ist eine hohe Homogenität der in den Portfolien abgesicherten Risiken aus Finanzinstrumenten zu fordern. Dies gilt nicht nur für mehrere gleichartige Grundgeschäfte, sondern auch für mehrere zum Einsatz kommende Sicherungsinstrumente.

4. Feststellung der Wirksamkeit von Bewertungseinheiten

20 Sowohl bei der Ermittlung der Wirksamkeit der Bewertungseinheit, als auch bei der handelsrechtlichen Abbildung der Bewertungseinheit ist beim Grundgeschäft und dem Sicherungsinstrument zwischen der **vollständigen Änderung des beizulegenden Zeitwerts** und der Änderung des beizulegenden Zeitwerts auf der Basis des gesicherten Risikos[21] (zB allgemeines Zinsänderungsrisiko, dh. *Benchmark*-Zinssatz) zu unterscheiden[22]. Bei der Bewertung eines Zinsswaps als Sicherungsinstrument ist bspw. der „Gesamtswap" zu bewerten, dh. unter Berücksichtigung der fixen und variablen Seite.

21 Grds. ist zwischen dem prospektiven **Effektivitätstest** und der retrospektiven Ermittlung der Ineffektivitäten am Bilanzstichtag zu unterscheiden. Die Betrachtung gegenläufiger Wertänderungen bzw. Zahlungsströmen nach § 254 HGB ist je Risikoart (je abgesichertem Risiko) durchzuführen[23]. Dabei ist die Wirksamkeit der Bewertungseinheit ua. nur bei einwandfreier Bonität des Schuldners beim Grundgeschäft und des Kontrahenten beim Sicherungsinstrument gegeben.

22 Während der **prospektive Effektivitätstest** große Ähnlichkeit zur Vorgehensweise im *Hedge Accounting* nach IAS 39 aufweist, unterscheidet sich das Vorgehen nach § 254 HGB bei der **retrospektiven Ermittlung** und Bilanzierung der Ineffektivität am Bilanzstichtag wesentlich vom *Hedge Accounting* nach IAS 39 (vgl. hierzu Abschn. H Tz. 57-67)[24]. Im Gegensatz zur Vorgehensweise nach IAS 39 werden Gewinnspitzen aus der kompensatorischen Bewertung von Grundgeschäft und Sicherungsinstrument bezogen auf das abgesicherte Risiko handelsrechtlich nicht erfolgswirksam berücksichtigt. Lediglich eine – aus ggf. ineffektiver Sicherung resultierende – Verlustspitze ist dem Vorsichts- und Imparitätsprinzip folgend als Aufwand in der GuV aufwandswirksam zu erfassen und idR als Drohverlustrückstellung auszuweisen. Ein positiver (ineffektiver) Überhang aus der Wert- oder Zahlungsstromänderung bleibt aufgrund des Realisationsprinzips unberücksichtigt. Der Gesetzgeber geht nach dem Wortlaut

---

20 Dh. eine Referenzzinskurve, wie beispielsweise der 6-Monats-Euribor. Im Folgenden wird vereinfachend der Begriff risikolose Zinsstrukturkurve verwendet, wobei zu beachten ist, dass es eine „risikolose" Zinskurve ieS faktisch nicht gibt.
21 In IAS 39 spricht man vom *full fair value* und vom *hedged fair value*.
22 Dies ergibt sich daraus, dass eine Bewertungseinheit iSd. § 254 HGB nur vorliegt, wenn sich die gegenläufigen Wertänderungen oder Zahlungsströme „in dem Umfang" und „für den Zeitraum" ausgleichen. Das ist zB dann nicht der Fall, wenn bonitätsinduzierten Wertänderungen aus dem Grundgeschäft Wertänderungen aus dem Zinsswap (allgemeines Zinsänderungsrisiko) gegenüberstehen. Eine vollständige Absicherung aller Risiken ergibt sich beim Einsatz eines *Total Return Swaps* als Sicherungsinstrument. Mit einem Zinswährungsswap werden das Zins- und das Währungsrisiko mit **einem** Sicherungsinstrument abgesichert. Sofern ein zinstragendes Grundgeschäft mit einem Zinsswap gegen das allgemeine Zinsänderungsrisiko und mit einem *Credit Default Swap* gegen das Ausfallrisiko abgesichert wird, ist für die retrospektive rechnerische Ermittlung der Wirksamkeit der Bewertungseinheit für das Grundgeschäft einerseits der beizulegende Zeitwert bezogen auf das allgemeine Zinsänderungsrisiko und andererseits der beizulegende Zeitwert bezogen auf das Bonitätsrisiko zu ermitteln.
23 Vgl. Begr. Beschlussempfehlung und Bericht des Rechtsausschusses, BT-Drucks. 16/12407, S. 86.
24 Vgl. hierzu nach IAS 39 *PricewaterhouseCoopers*, IFRS für Banken[4], S. 560-570.

des § 254 Satz 1 HGB („...in dem Umfang und für den Zeitraum...") davon aus, dass der ineffektive Teil einer Bewertungseinheit unter Berücksichtigung der allgemeinen Bewertungsgrundsätze zu berücksichtigen ist. Dh. für die sich aus dem nicht gesicherten Teil eines bestimmten Risikos (zB der *Spread* über einer risikolosen Zinsstrukturkurve) oder anderen Basisrisiken ergebenden Veränderungen des beizulegenden Zeitwerts sind die allgemeinen Bilanzierungsvorschriften zu beachten.

Im Zusammenhang mit der Feststellung der Wirksamkeit von Bewertungseinheiten und dem damit verbundenen Nachweis der Effektivität von Sicherungsbeziehungen stellt sich auch die Frage der Anwendbarkeit der sog. **Shortcut-Methode**. Bei der *Shortcut*-Methode handelt es sich um eine vereinfachte Methode zur Bestimmung der retrospektiven Effektivität von Sicherungsbeziehungen nach US-GAAP, die bei Vorliegen der in FAS 133.68 genannten Voraussetzungen bei einem „perfekten" *Hedge* zwischen einem zinsinduzierten Vermögensgegenstand bzw. einer Verbindlichkeit und einem Zinsswap angewendet werden kann[25]. Die in FAS 133.68 genannten Voraussetzungen stellen insb. auf den sog. *critical term match* ab. Hierbei müssen die wesentlichen Vertragsbestandteile zwischen dem abgesicherten Grundgeschäft und Sicherungsinstrument übereinstimmen. Im Fall eines mittels Zinsswaps abgesicherten festverzinslichen Vermögensgegenstands bzw. einer Verbindlichkeit müssen für die Abbildung von Bewertungseinheiten nach HGB folglich insb. Währung, Nominalbetrag, Laufzeit sowie Zinstermin übereinstimmen und auch der Festzinskupon zwischen dem Wertpapier und Zinsswap weitgehend identisch sein, damit die Anwendung der *Shortcut*-Methode zulässig ist[26]. 23

Für den Nachweis der prospektiven Effektivität der Sicherungsbeziehung ist die Methode des sog. ***critical term match*** nach unserer Auffassung geeignet, wenn die oben genannten Voraussetzungen erfüllt sind. Dagegen eignet sich die mit dem *critical term match* verbundene *Shortcut*-Methode uE insb. aus zwei Gründen nicht, die retrospektive Effektivität von Bewertungseinheiten nach HGB zu bestimmen. Erstens hat der Gesetzgeber in § 254 HGB geregelt, dass § 249 Abs. 1, § 252 Abs. 1 Nr. 3 und 4 sowie § 253 Abs. 1 Satz 1 und § 256a HGB nur in dem Umfang und für den Zeitraum nicht anzuwenden sind, in dem sich die gegenläufigen Wertänderungen oder Zahlungsströme ausgleichen. Hiermit ist uE beabsichtigt, grds. jegliche Ineffektivitäten GuV-wirksam zu behandeln, auch wenn der Gesetzgeber in seiner Gesetzesbegründung ausführt, dass keine bestimmten Vorgaben zum Effektivitätsnachweis gemacht werden. 24

Zweitens verbietet sich diese Methode insb. bei **Kreditinstituten** aus praktischen Gründen im Hinblick auf den mit bestimmten Grundgeschäften verbundenen Geschäftszweck. Zum einen steht beim Abschluss von *asset swaps* das Ziel im Vordergrund, von der Veränderung der *Spreads* über einer risikolosen Zinsstrukturkurve zu profitieren ((*credit-*) *spread-* oder *relative value*-Strategien)[27]. Zum anderen kommt es vor, dass aufgrund von individuellen Ausgestaltungsmöglichkeiten beim Grundgeschäft keine „passgenauen" (zB taggenaue Zinsanpassung) Konditionen mit dem *Swap*-Kontrahenten abgeschlossen werden und dadurch auch Ineffektivitäten beim ab- 25

---

25 Die Sicherungsbeziehung wird als effektiv eingestuft, so dass die Wertänderung des Sicherungsinstruments bei Erfüllung der Voraussetzungen mit gegenläufigem Effekt auch beim abgesicherten Grundgeschäft unterstellt wird.
26 Dabei ist die Wirksamkeit der Bewertungseinheit ua. nur bei einwandfreier Bonität des Schuldners beim Grundgeschäft und des Kontrahenten beim Sicherungsinstrument gegeben.
27 Unterschiedliche Kontrahenten- und Emittentenrisiken sowie Wertschwankungen aus dem variablen *Swap-Leg* führen dazu, dass auch bei identischen Nominalbeträgen, Fälligkeiten und abgesicherten (*Benchmark-*)Zinssätzen kein vollständiger Ausgleich von Wert- oder Zahlungsstromänderungen gegeben ist.

gesicherten Grundgeschäft entstehen. Bei strukturierten Emissionen kommt hinzu, dass diese Grundgeschäfte mit *Swaps* abgesichert werden, um von einer Marge zwischen zwei Marktsegmenten (zB Interbankenmarkt für die *Swap*-Vereinbarung und *Retail*-Markt für die strukturierte Emission) zu profitieren.

26 Für den Effektivitätstest macht das BilMoG im Gegensatz zur Erfassung der Wertänderungen bzw. Zahlungsströme keine Vorgaben: „Welche Methoden zur Feststellung der Wirksamkeit der Bewertungseinheit angewandt werden, bleibt den Unternehmen überlassen ..."[28]. Der Gesetzgeber stellt zudem klar, dass den Effektivitätsbandbreiten des IAS 39 handelsrechtlich auch bei Kreditinstituten für die Annahme einer wirksamen Bewertungseinheit grds. keine Bedeutung zukommt[29]. Beim Makro-*Hedge* und Portfolio-*Hedge* iSd. BilMoG kann bei hoher Komplexität und Zahl der Sicherungsgeschäfte der Nachweis der prospektiven Effektivität und der Wirksamkeit der Absicherung von Risiken am Bilanzstichtag auf Grundlage des **Risikomanagementsystems** (zB *Value-at-Risk*- oder Sensitivitäten) sachgerecht sein[30].

5. Darstellung in der Bilanz und der Gewinn- und Verlustrechnung

27 Mit der Bildung und Auflösung einer Bewertungseinheit entsteht ein **neues Bewertungsobjekt**, dh. in der logischen Sekunde vor der Bildung bzw. Auflösung der Bewertungseinheit ist letztmalig eine Bewertung für die *Stand-alone*-Produkte bzw. die Bewertungseinheit als Ganzes durchzuführen und im Rechenwerk zu erfassen (vgl. Abschn. H, Tz. 95 f.).

28 Nach § 254 Satz 1 HGB sind für den Zeitraum des Bestehens der Bewertungseinheit in dem Umfang, in dem sich gegenläufige Wertänderungen oder Zahlungsströme aus dem abgesicherten Risiko ausgleichen,

- der Grundsatz der **Einzelbewertung** (§ 252 Abs. 1 Nr. 3 HGB),
- das **Realisations- und Imparitätsprinzip** (§ 252 Abs. 1 Nr. 4 HGB),
- das **Anschaffungskostenprinzip** (§ 253 Abs. 1 Satz 1 HGB) sowie
- die Vorschriften zur **Rückstellungsbildung** (§ 249 Abs. 1 HGB)
- und zur **Währungsumrechnung** (§ 256a HGB)

nicht anzuwenden.

29 Demnach sind die **Ineffektivitäten** auf Basis des abgesicherten Risikos (zB allgemeines Zinsänderungsrisiko) stets imparitätisch in der Gewinn- und Verlustrechnung zu erfassen. Darüberhinaus ist auf Basis der allgemeinen Bilanzierungs- und Bewertungsvorschriften zu prüfen, inwieweit die sich aus der Veränderung der übrigen – nicht abgesicherten (zB Bonitätsrisiko oder Fremdwährungsrisiko) – wertbeeinflussenden Faktoren ergebenden Wertveränderungen bzw. Zahlungsveränderungen in der bilanziellen Abbildung der Bewertungseinheit als dem Bewertungsobjekt niederschlagen. Hierbei ist bei den abzusichernden Grundgeschäften zwischen dem Anlagevermögen (gemildertes Niederstwertprinzip) und dem Umlaufvermögen bzw. der Liquiditätsreserve (strenges Niederstwertprinzip) sowie den Verbindlichkeiten zu unterscheiden.

30 Weder der Gesetzestext noch die Begründung zum BilMoG idF des RegE und die des Rechtsausschusses enthalten erläuternde Ausführungen zur **bilanziellen Abbildung**

---

28 Vgl. Begr. Beschlussempfehlung und Bericht des Rechtsausschusses, BT-Drucks. 16/12407, S. 86.
29 Vgl. Begr. RegE, BT-Drucks. 16/10067, S. 80.
30 Vgl. Begr. RegE, BT-Drucks. 16/10067, S. 58.

von Bewertungseinheiten[31]. Für die Abbildung der Bewertungseinheiten in der Bilanz sowie der Gewinn- und Verlustrechnung bietet sich ein Vorgehen in zwei Schritten an. In einem ersten Schritt ist das abgesicherte Risiko zu bestimmen. In einem zweiten Schritt sind die Ineffektivitäten aus dem abgesicherten Risiko zu bestimmen und die Bewertungsfolgen aus den nicht abgesicherten Risiken (zB Änderungen des beizulegenden Zeitwerts aus Veränderungen des *Spreads* über einer risikolosen Zinsstrukturkurve) nach den allgemeinen Bewertungsgrundsätzen für das Anlage- und Umlaufvermögen sowie Verbindlichkeiten zu ermitteln.

In der Bilanzierungspraxis sind insb. drei Fragestellungen zu beachten: **31**

- Abbildung des **effektiven Teils der Bewertungseinheit** – bezogen auf das abgesicherte Risiko -, wobei für die Abbildung in der Bilanz zwischen der
    - o sog. Einfrierungsmethode (Festbewertungsmethode) und
    - o sog. Durchbuchungsmethode (vgl. Abschn. H, Tz. 98f.)

    unterschieden wird.

- Abbildung des **ineffektiven Teils der Bewertungseinheit (vgl. Abschn. H, Tz. 100.)**, wobei vier Grundfälle zu unterscheiden sind (vgl. Tz. 33 f. und Abschn. H, Tz. 101-128).

- Abbildung der **nicht abgesicherten Risiken** aus Grundgeschäften und Sicherungsinstrumenten, für die die allgemeinen Bilanzierungs- und Bewertungsgrundsätze gelten.

Die nachfolgende Übersicht erläutert beispielhaft **vier Grundfälle** zur Abbildung des ineffektiven Teils einer Bewertungseinheit: **32**

---

31 Demgegenüber wird in der Begründung zum RefE darauf hingewiesen, dass nach dem BilMoG – im Gegensatz zu IAS 39 – bei Vorliegen einer wirksamen Absicherung die abgesicherten Grundgeschäfte „bewertungstechnisch eingefroren" werden; vgl. RefE S. 117 f.

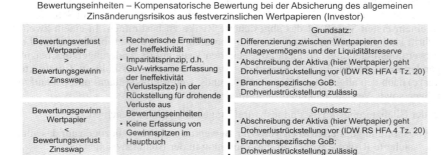

Abb. 26 Kompensatorische Bewertung bei der Absicherung des allgemeinen Zinsänderungsrisikos

33 Sofern der Bewertungsverlust des abgesicherten Vermögensgegenstands (zB Wertpapier, Kredit) beim **Investor** für das **abgesicherte Risiko** den Bewertungsgewinn aus dem Sicherungsinstrument (zB Zinsswap) übersteigt, ist eine Drohverlustrückstellung für die Bewertungseinheit zu bilden. Das Gleiche gilt auch für den Fall, dass beim abgesicherten Risiko der Bewertungsverlust aus dem Sicherungsinstrument den Bewertungsgewinn aus dem abgesicherten Vermögensgegenstand übersteigt. Alternativ ist uE bei der Absicherung des Zinsänderungsrisikos im ersten Fall auch eine Abschreibung auf das Wertpapier möglich[32]. Bei Anwendung der Durchbuchungsmethode wird durch die Vornahme einer Abschreibung erreicht, dass das Wertpapier zum *hedged fair value* (abgesicherten beizulegenden Zeitwert) ausgewiesen wird.

34 Sofern der Bewertungsverlust beim **Emittenten** (bzw. Schuldner) einer abgesicherten Verbindlichkeit (zB Wertpapier, Schuldscheindarlehen) in Bezug auf das **abgesicherte Risiko** den Bewertungsgewinn aus dem Sicherungsinstrument übersteigt, ist in Höhe der Ineffektivität (Verlustspitze) ebenfalls eine Drohverlustrückstellung zu bilden. Die Verbindlichkeit ist nach § 253 Abs. 1 Satz 2 HGB zum Erfüllungsbetrag auszuweisen (vgl. Abschn. I Tz. 2 und 33 ff.). Übersteigt der Bewertungsverlust des Sicherungsinstruments den Bewertungsgewinn bei der abgesicherten Verbindlichkeit, ist für den drohenden Verlust aus dem Zinsswap ebenfalls eine Drohverlustrückstellung zu bilden.

---

32 Vgl. IDW RS HFA 4 (Stand 17.11.2007), Tz. 20.

Für die Bewertungsänderungen der **nicht abgesicherten Risiken** von Vermögensgegenständen beim **Investor** (zB Änderung des beizulegenden Zeitwerts aus Veränderungen des *Spreads* über einer risikolosen Zinsstrukturkurve) sind die allgemeinen Bewertungsgrundsätze anzuwenden, dh. eine Abschreibung ist bei Wertpapieren des Anlagevermögens nach § 253 Abs. 3 Satz 4 HGB nur bei voraussichtlich dauernder Wertminderung erforderlich (gemildertes Niederstwertprinzip). Dies gilt, wenn der Bewertungsverlust des Wertpapiers den Bewertungsgewinn beim Zinsswap übersteigt. Bei Wertpapieren der Liquiditätsreserve ist nach § 253 Abs. 4 HGB zwingend eine Abschreibung vorzunehmen (strenges Niederstwertprinzip). Bei den Kreditinstituten hat sich allerdings in der Vergangenheit auch die Bildung einer Drohverlustrückstellung durchgesetzt. Die Beibehaltung dieser branchenspezifischen GoB bei Mikro-*Hedges* sollte uE auch mit dem BilMoG zulässig sein. Soweit bei nicht abgesicherten Risiko der Bewertungsverlust des Zinsswaps beim Investor den Bewertungsgewinn des Wertpapiers übersteigt, hat bilanztheoretisch ebenfalls die außerplanmäßige Abschreibung grds. Vorrang vor der Bildung einer Drohverlustrückstellung für die Bewertungseinheit. Allerdings sind auch hier die branchenspezifischen GoB für die Bildung einer Drohverlustrückstellung zu beachten (vgl. auch Tz. 33). 35

Für die Bewertungsänderungen der **nicht abgesicherten Risiken** von Verbindlichkeiten beim **Emittenten** (bzw. Schuldner; zB Änderung des beizulegenden Zeitwerts aus der Verbesserung der Eigenbonität des Emittenten bzw. Schuldners) sind die allgemeinen Bewertungsgrundsätze für Verbindlichkeiten anzuwenden, dh. es erfolgt keine „Zuschreibung"[33] des Erfüllungsbetrags der Verbindlichkeit und es ist auch keine Drohverlustrückstellung zu bilden. Die Verbindlichkeit wird nach § 253 Abs. 1 Satz 2 HGB grds. zum Erfüllungsbetrag ausgewiesen (vgl. Abschn. I Tz. 2 und 33 ff.)[34]. 36

Sofern nach Kompensation der abgesicherten Wert- bzw. Zahlungsstromänderungen aus Grundgeschäften und Sicherungsinstrumenten eine **Verlustspitze** (dh. Ineffektivität aus dem abgesicherten Risiko) verbleibt, ist diese aufwandswirksam zu erfassen. Aufgrund fehlender Vorgaben des Gesetzgebers kommen mehrere Möglichkeiten der **Darstellung in der GuV** in Betracht. Bei zinsinduzierten Bewertungseinheiten ist bevorzugt der Posten zu wählen, in dem auch die Wertänderungen ohne Anwendung des § 254 HGB abgebildet worden wären (Formblatt 2 RechKredV Aufwandsposten Nr. 7 oder 8 sowie Formblatt 3 RechKredV Aufwandsposten Nr. 13 oder Nr. 15)[35]. Darüber hinaus kommt uE für den Ausweis auch das Zinsergebnis über eine Erhöhung des Zinsaufwands oder Minderung des Zinsertrags[36] in Betracht. Ferner wird in der Literatur auch die Möglichkeit eines separaten GuV-Postens nach § 265 Abs. 5 Satz 2 HGB vorgeschlagen[37]. Schließlich bleibt auch die Möglichkeit, die Wertänderungen – insb. bei nicht zinsinduzierten Bewertungseinheiten – im sonstigen betrieblichen Aufwand auszuweisen. 37

Bilanziell ist hier zwischen der Durchbuchungsmethode und der sogenannten Einfrierungsmethode zu unterscheiden (vgl. Abschn. H, Tz. 103-128). Bei der sog. **Einfrierungsmethode** (Festbewertungsmethode) werden die Werte der Einzelbestandteile der 38

---

33 Nach dem sog. Höchstwertprinzip für die Passivseite werden Verbindlichkeiten zum Erfüllungsbetrag (Rückzahlungsbetrag) bilanziert. Dieser ändert sich durch die Veränderung der Eigenbonität des Emittenten bzw. Schuldners nicht.
34 Zu einer Erhöhung des Erfüllungsbetrages kann es zB dann kommen, wenn sich aus der Währungsumrechnung zum Devisenkassamittelkurs ein Bewertungsverlust ergibt.
35 Vgl. *Scharpf*, in Küting,/Pfitzer/Weber, Das neue Bilanzrecht[2], S. 221.
36 Bei abgesicherten zinsinduzierten Vermögensgegenständen.
37 Vgl. *Wiechens*, DB 2008, Beil. Nr. 1, S. 28 sowie auch für IFRS: *PricewaterhouseCoopers*, IFRS für Banken[4], S. 212.

Bewertungseinheit im Zeitpunkt des Entstehens des neuen Bewertungsobjekts „eingefroren". Das „Einfrieren" ist nunmehr nur noch bezogen auf den effektiven Teil des abgesicherten Risikos möglich. Entsprechend wird der beizulegende Zeitwert des Sicherungsinstruments bilanziell saldiert und damit nur die Nettogröße als Sonstiger Vermögensgegenstand oder Drohverlustrückstellung ausgewiesen. Aufgrund des Umfangs von Sicherungsbeziehungen bei Kreditinstituten ist die Einfrierungsmethode uE aus praktischen Erwägungen vorteilhaft, um eine Aufblähung der Bilanz zu vermeiden. Dies ist auch im Hinblick auf die umfangreichen Angaben im Anhang (§ 285 Nr. 23 HGB, § 314 Abs. 1 Nr. 15 HGB und § 35 Abs. 1 Nr. 4 RechKredV) sinnvoll[38].

39 Bei der sog. **Durchbuchungsmethode** wird der Buchwert des abgesicherten Vermögensgegenstands oder der abgesicherten Verbindlichkeit nicht „eingefroren". Die Wertänderungen des abgesicherten Risikos werden hierbei als „Vermögensgegenstand der besonderen Art" oder Drohverlustrückstellung bilanziell brutto abgebildet und unter den Posten „Sonstige Vermögensgegenstände" (Formblatt 1 RechKredV, Aktivposten Nr. 15) bzw. „Rückstellungen" (Formblatt 1 RechKredV, Passivposten Nr. 7 c)) ausgewiesen.

40 Durch den separaten Ausweis der Wertänderungen in Bezug auf das abgesicherte Risiko in dem Posten Sonstige Vermögensgegenstände bzw. Rückstellungen wird bei formeller Betrachtung auch dem **Anschaffungskostenprinzip** bzw. Höchstwertprinzip Rechnung getragen. Insofern kommt es nicht zu einer Überschreitung der Anschaffungskostenobergrenze bei den abgesicherten Vermögensgegenständen bzw. Unterschreitung des Erfüllungsbetrages (Rückzahlungsbetrages) bei den abgesicherten Verbindlichkeiten.

41 Sofern es zu einer vorzeitigen **Auflösung einer Bewertungseinheit** (zB durch Verkauf oder vorzeitige Tilgung des Vermögensgegenstands) kommt, ist im Zeitpunkt der Auflösung des Bewertungsobjekts letztmalig eine Bewertung nach § 254 HGB vorzunehmen. Danach sind das Grundgeschäft und Sicherungsinstrument nach den allgemeinen Bewertungsgrundsätzen abzubilden[39]. Durch die letztmalige Bewertung nach § 254 HGB wird ein bilanzpolitischer Missbrauch weitgehend eingeschränkt (vgl. Abschn. H Tz. 143)[40].

6. Anhangangaben

42 Bei der Bilanzierung von Bewertungseinheiten hat das Kreditinstitut die Anhangangaben nach § 285 Nr. 23 iVm. § 340a HGB (Jahresabschluss) bzw. § 314 Abs. 1 Nr. 15 iVm. § 340i HGB (Konzernabschluss) zu berücksichtigen (vgl. Abschn. O Tz. 170-203 und Abschn. R Tz. 57-61), wobei die Anhangangaben wahlweise auch in den (Konzern-)Lagebericht verlagert werden können (vgl. hierzu Abschn. O Tz. 198)[41].

43 Nach § 285 Nr. 23 lit. a HGB ist anzugeben,
- mit welchem Betrag Grundgeschäfte (Vermögensgegenstände, Schulden, schwebende Geschäfte und mit hoher Wahrscheinlichkeit vorgesehene Transaktionen)
- zur Absicherung welcher Risiken
- in welche Arten von Bewertungseinheiten einbezogen sind.

---

38 Vgl. RefE, Begründung zu Nr. 10 (§§ 253 und 254 HGB), S. 117 f.
39 Vgl. BT-Drucks. 16/12407, S. 86.
40 Vgl. *Löw/Scharpf/Weigel*, WPg 21/2008, S. 1017 sowie auch *Scharpf* in Küting/Pfitzer/Weber, Das neue deutsche Bilanzrecht[2], S. 221.
41 Vgl. Begr. Beschlussempfehlung und Bericht des Rechtsausschusses, BT-Drucks. 16/12407, S. 88.

Mit **Betrag** kann hier nur der in die Bewertungseinheiten (Mikro-*Hedge*, Portfolio-*Hedge*, Makro-*Hedge*) einbezogene Buchwert der abgesicherten Grundgeschäfte gemeint sein. Darüber hinaus sind die mit Bewertungseinheiten **abgesicherten Risiken** (zB das allgemeine Zinsänderungsrisiko, Währungsrisiko) anzugeben. Die Angabepflicht bezieht sich hier auf das Gesamtvolumen der am Bilanzstichtag abgesicherten Risiken. Hinsichtlich der Methode zur Quantifizierung der Risiken bestehen keine Vorgaben des Gesetzgebers. 44

Die Anhangangabe nach § 285 Nr. 23 lit. b HGB bzw. § 314 Abs. 1 Nr. 15 lit. b HGB fordert je Risikoart die Angabe, „… in welchem Umfang und für welchen Zeitraum sich die gegenläufigen Wertänderungen oder Zahlungsströme künftig voraussichtlich ausgleichen, einschließlich der Methode der Ermittlung". Diese Angabepflicht umfasst somit eine zukunftsbezogene **(prospektive) Analyse der abgesicherten Risiken**. Zur Ermittlung macht der Gesetzgeber keine Angaben. Eine Möglichkeit zur Quantifizierung können Sensitivitätsanalysen je abgesicherter Risikoart sein. Nach § 285 Nr. 23 lit. c HGB bzw. § 314 Abs. 1 Nr. 15 lit. c HGB sind Anhangangaben zu antizipativen Bewertungseinheiten erforderlich. 45

Entsprechend den Angabepflichten zu den Bilanzierungs- und Bewertungsmethoden nach § 284 Abs. 2 Nr. 1 HGB sind auch Angaben zur **Aktiv-/Passivsteuerung des Zinsänderungsrisikos im Bankbuch** im Anhang erforderlich. Die Angaben betreffen die Art der einbezogenen Geschäfte und die Art der abzusichernden bzw. zu steuernden Risiken. Die Quantifizierung der Effektivität der Bewertungseinheiten soll den Bilanzleser bei der Einschätzung der Qualität des Risikomanagements unterstützen. 46

Zusätzlich zu beachten sind die Angabepflichten des § 289 Abs. 2 Nr. 2 HGB bzw. § 315 Abs. 2 Nr. 5 HGB im (Konzern-)Lagebericht, die bei Kreditinstituten eine ausführliche Darstellung der **Risikomanagementziele und -methoden** der Gesellschaft bzw. des Konzerns erfordern, einschl. der Methoden zur Absicherung aller wichtigen Arten von Transaktionen, die im Rahmen der Bilanzierung von Sicherungszielen erfasst werden, sowie Angaben zu den Preisänderungs-, Ausfall- und Liquiditätsrisiken und den Risiken aus Zahlungsstromschwankungen. Bei Kreditinstituten kann es sich anbieten, die zu Bewertungseinheiten erforderlichen Angaben mit den umfangreichen Angabepflichten im Lagebericht zum Risikomanagement zu kombinieren, um Synergieeffekte bei der Darstellung zu erzielen und Doppelungen zu vermeiden. 47

7. Anwendungsfälle von Bewertungseinheiten bei Kreditinstituten

Bei Kreditinstituten ergeben sich im Zusammenhang mit den Vorschriften des § 254 HGB insb. Fragen zur 48

- Absicherung von Wertpapieren des Anlagebestands (Anlagevermögen) und der Liquiditätsreserve (Umlaufvermögen) sowie von Forderungen (vgl. Tz. 49 f.),
- Absicherung von Verbindlichkeiten sowie von strukturierten Verbindlichkeiten (vgl. Tz. 51 f.),
- Absicherung von trennungspflichtigen Derivaten bzw. dem Einsatz von trennungspflichtigen Derivaten als Sicherungsinstrumenten (vgl. Tz. 53 f.),
- Absicherung von Währungsrisiken (vgl. Tz. 55) und
- Absicherung des allgemeinen Zinsänderungsrisikos im Bankbuch im Rahmen der Aktiv-/Passivsteuerung (vgl. Tz. 56-63).

49 **Wertpapiere der Liquiditätsreserve** (teilweise auch Wertpapiere des Anlagevermögens)[42] werden bei Kreditinstituten regelmäßig – durch Abschluss von derivativen Sicherungsinstrumenten gegen Zinsänderungsrisiken im Rahmen eines Mikro- oder Portfolio-*Hedges* abgesichert.

50 Im folgenden **Beispiel** wird das allgemeine Zinsänderungsrisiko (abgesichertes Risiko) eines Wertpapiers mit einen Zinsswap[43] gesichert. Dabei werden die Wertänderungen des Grundgeschäfts (GG) und Sicherungsinstruments (SI) für die Bilanz (bei Anwendung der Einfrierungs- und Durchbuchungsmethode), (vgl. Tz. 35), sowie die Auswirkungen auf die GuV dargestellt. In Bezug auf das nicht abgesicherte Risiko (zB aus Veränderungen der *Spreads*) werden die allgemeinen Bilanzierungs- und Bewertungsvorschriften angewendet; daher ist nach Anlage- und Umlaufvermögen zu unterscheiden.

	positive Wertänderung des Zinsswaps		negative Wertänderung des Zinsswaps	
	GG Wert-papier	SI Zins-swap	GG Wert-papier	SI Zins-swap
Anschaffungskosten	100	0	100	0
Beizulegender Zeitwert am Abschlussstichtag	95	4	105	-6
Zinsinduzierte Änderung (abgesichertes Risiko) des beizulegenden Zeitwerts	-4	4	4	-4
Sonstige Wertänderung (nicht abgesichertes Risiko; zB aus Spreads)	-1	0	1	-2
Einfrierungsmethode				
Bilanz (Anlagevermögen): Ansatz	100	0	100	0
Bilanz (Umlaufvermögen): Ansatz	99	0	100	0
GuV (Anlagevermögen): Wertänderung	0	0	0	-2
GuV (Umlaufvermögen): Wertänderung	-1	0	0	-2
Durchbuchungsmethode				
Bilanz (Anlagevermögen): Ansatz	96	4	104	-4
Bilanz (Umlaufvermögen): Ansatz	95	4	104	-4
GuV (Anlagevermögen): Wertänderung	-4	4	4	-6
GuV (Umlaufvermögen): Wertänderung	-5	4	4	-6

Abb. 27 Absicherung des allgemeinen Zinsänderungsrisikos eines Wertpapiers

51 Zur Abbildung eines **Mikro-*Hedges*** im Zusammenhang mit der Absicherung von Verbindlichkeiten gegen Währungs- und Zinsänderungsrisiken vgl. Abschn. H Tz. 106.

52 Von Kreditinstituten emittierte **strukturierte Verbindlichkeiten**[44] werden von diesen in der Praxis häufig als abgesichertes Grundgeschäft in eine Bewertungseinheit einbezogen, um die hieraus resultierenden Wertänderungsrisiken abzusichern. Dies erfolgt regelmäßig durch den Abschluss eines „perfekten" *Hedges* zwischen der strukturierten Verbindlichkeit und einem (oder mehreren) derivativen Sicherungsinstrument(en), so

---

[42] Bei rein ökonomischer Betrachtung ergibt sich im Grunde keine Notwendigkeit einer Absicherung, wenn das Wertpapier bei Durchhalteabsicht und -fähigkeit bis zur Fälligkeit gehalten wird und seit Erwerb eingetretene Wertverluste bis zur Fälligkeit voraussichtlich nur vorübergehend sind (so auch IAS 39.79).
[43] Für den Zinsswap wird beispielhaft eine positive Änderung des beizulegenden Zeitwerts und eine negative Wertänderung unterstellt.
[44] Unter strukturierten Verbindlichkeiten werden Schuldverschreibungen verstanden, die hinsichtlich ihrer Verzinsung, ihrer Laufzeit und/oder ihrer Rückzahlung besondere Ausstattungsmerkmale aufweisen; vgl. detailliert IDW RS HFA 22 (Stand: 02.08.2008), Tz. 2.

dass bei einer zusammengefassten Betrachtung in der Regel nur ein variabel verzinsliches Zinsänderungsrisiko und die Marge des Emittenten (Unterschied zwischen den Konditionen aus dem Primärmarkt für die Emission und dem Interbankenmarkt für das Sicherungsgeschäft) verbleiben.

Es stellt sich die Frage nach der bilanziellen Abbildung der Geschäfte im Rahmen einer Bewertungseinheit. IDW RS HFA 22 regelt nicht die Bilanzierung (Trennung) von strukturierten Finanzinstrumenten, die in Bewertungseinheiten einbezogen sind[45]. Bei strukturierten Verbindlichkeiten, deren **eingebettetes Derivat nicht trennungspflichtig** ist, ist der Rückzahlungsbetrag (Erfüllungsbetrag) grds. variabel und nicht fest vereinbart. Verbindlichkeiten sind am Bilanzstichtag nach § 253 Abs. 1 Satz 2 HGB mit ihrem Erfüllungsbetrag anzusetzen. Der Erfüllungsbetrag ist der Betrag, der zur Erfüllung der Verbindlichkeit aufgebracht werden muss (sog. „Wegschaffungsbetrag"). Steht der Erfüllungsbetrag am Abschlussstichtag noch nicht fest, ist er vorsichtig zu schätzen[46]. Der Erfüllungsbetrag ist zum Bilanzstichtag durch eine Bewertung zu ermitteln. Soweit kein Börsen-/Marktpreis auf einem aktiven Markt existiert, ist eine anerkannte Bewertungsmethode zu verwenden[47]. Auch hier ist die Anwendung der *Shortcut*-Methode zur Ermittlung der retrospektiven Effektivität unseres Erachtens nicht zulässig (zur Begründung siehe Tz. 23-25). 53

Die **trennungspflichtigen eingebetteten Derivate** können bei Erfüllung der allgemeinen Voraussetzungen des § 254 HGB als Sicherungsinstrumente eingesetzt werden. Dabei kann ein trennungspflichtiges eingebettetes Derivat bei Erfüllung der allgemeinen Voraussetzungen (vgl. Abschn. H, Tz. 3ff.) auch ein absicherbares Grundgeschäft sein[48]. 54

Die **Absicherung von Währungsrisiken** im Rahmen von Bewertungseinheiten nach § 254 HGB dürfte bei Kreditinstituten uE eine eher geringe praktische Relevanz haben, soweit die Erträge aus der **Währungsumrechnung** beim Nachweis des Kriteriums „besondere Deckung in der selben Währung" nach § 340h HGB GuV-wirksam werden (siehe Tz. 151). 55

8. Rückstellung für verlustfreie Bewertung (Zinsänderungsrisiken) im Bankbuch

Bisher war es bei Kreditinstituten im Rahmen der branchenspezifischen Grundsätze ordnungsmäßiger Buchführung üblich, Zinsderivate, die zur **Aktiv-/Passiv-Steuerung des allgemeinen Zinsänderungsrisikos im Bankbuch**[49] **verwendet wurden, nicht zu bewerten. Hierbei wird darauf abgestellt, dass bspw. der Abschluss eines Zinsswaps (zB fix gegen variabel) die gleichen Zinsrisiken aufweist** wie eine fristeninkongruente Mittelaufnahme zum Zweck der Refinanzierung bestimmter Aktivposten[50]. Die – teilweise in der Literatur geforderte – Risikoreduktion als Kriteri- 56

---

45 Vgl. IDW RS HFA 22 (Stand: 02.08.2008), Tz. 3 e).
46 Vgl *ADS*[6], § 253 HGB Tz. 72 ff.
47 Ein niedrigerer beizulegender Zeitwert ist nur unter den Voraussetzungen des § 255 Abs. 4 HGB bewertungsrelevant. Ansonsten darf die Verbindlichkeit nicht „abgeschrieben" werden, dh. die „Anschaffungskosten" der Verbindlichkeiten dürfen nicht unterschritten werden.
48 Im Gegensatz zu IAS 39 gibt es nach HGB keine Regelung, dass Derivate zwingend als Handelsbestand gelten und nicht als absicherungsfähiges Grundgeschäft designiert werden können.
49 Die Steuerung des allgemeinen Zinsänderungsrisikos im Bankbuch erfolgt dynamisch auf Basis einer Nettoposition. Der in der Praxis von Kreditinstituten übliche Begriff „Bankbuch" entspricht dem Anlagebuch gemäß der aufsichtsrechtlichen Abgrenzung nach § 1a KWG sowie dem Anlagevermögen gemäß § 340e Abs. 1 Satz 3 HGB. Die Begriffe werden im Folgenden synonym verwendet.
50 Vgl. *Birck/Meyer*, in Die Bankbilanz[3], S. 367 und 475 ff.

um für die Bewertungskonvention ist uE bei der Zuordnung eines Zinsderivats zur Aktiv-/Passivsteuerung als Kriterium nicht relevant, da im Rahmen einer dynamischen Risikosteuerung nicht willkürfrei bestimmbar ist, welches einzelne Derivat risikoerhöhend oder -mindernd ist. Bei der Aktiv-/ Passivsteuerung handelt es sich grds. nicht um eine Bewertungseinheit iSd. § 254 HGB, sondern um eine **Bewertungskonvention**[51], auf die im Gesetzgebungsverfahren zum BilMoG nicht ausdrücklich eingegangen wurde.

57 Kreditinstitute setzen diese Zinsderivate (insb. Zinsswaps, aber auch Zinsoptionen) zur dynamischen Steuerung des mit Hilfe einer Zinsbindungs- oder Zinsablaufbilanz oder anderer Risikomaße (zB *Value-at-Risk*-Größen oder andere Sensitivitätsmaße) dargestellten allgemeinen Zinsänderungsrisikos ein. Dabei wird bisher handelsrechtlich für die Gesamtzinsposition (siehe Tz. 56) eine verlustfreie Bewertung durchgeführt und – sofern sich aus der Gesamtbewertung ein Verlust ergibt – imparitätisch eine **Rückstellung für verlustfreie Bewertung (Zinsänderungsrisiken)** gebildet[52]. Hierbei erfolgt weder eine zinsinduzierte Bewertung der Grundgeschäfte noch eine Bewertung der Sicherungsderivate.

58 Für die Beantwortung der Frage, ob und in welcher Höhe am Bilanzstichtag Verluste drohen, kommt es nicht auf das einzelne verzinsliche Geschäft oder bestimmte Gruppen verzinslicher Geschäfte an, sondern auf eine Gesamtbetrachtung, in die alle zinstragenden bilanziellen Vermögensgegenstände und Schulden sowie die Eigenmittel und außerbilanziellen Zinsderivate einzubeziehen sind (**Bewertung der Gesamtzinsposition**)[53]. Dabei sind auch die voraussichtlich noch entstehenden Kosten[54] einzubeziehen (Grundsatz der verlustfreien Bewertung)[55]. Ergibt diese Gesamtbewertung einen Verlust, ist hierfür nach § 249 Abs. 1 Satz 1 HGB eine Rückstellung für drohende Verluste aus schwebenden Geschäften zu bilden[56]. Für die Ermittlung der Höhe der Drohverlustrückstellung ist nach § 253 Abs. 1 Satz 2 und Abs. 2 HGB eine Abzinsung der den schwebenden Geschäften zuzurechnenden ertrags- bzw. aufwandswirksamen Ein- und Auszahlungen auf den Bilanzstichtag vorzunehmen[57].

59 Unter Berücksichtigung der sich insb. aus der Bewertung der Finanzinstrumente des Handelsbestands zum beizulegenden Zeitwert (§ 340e Abs. 3 HGB) und der Aufnahme des § 254 HGB (Bildung von Bewertungseinheiten) ergebenden Veränderungen im Handelsgesetzbuch sind die Anforderungen an die Beibehaltung dieser Bewertungskonvention weiter zu entwickeln und zu präzisieren. Aus unserer Sicht muss ein Kreditinstitut hierfür die nachfolgenden **Anforderungen** kumulativ erfüllen:

---

51 Vgl. *Institut der Wirtschaftsprüfer*, FN-IDW 1986, S. 447 f. und *Birck/Meyer*, in Die Bankbilanz³, S. 475 ff. sowie *Scharpf*, in *Küting/Pfitzer/Weber*, Das neue deutsche Bilanzrecht², S. 204 ff.
52 Vgl. *Birck,/Meyer*, Die Bankbilanz³, S. 347 ff. sowie *Scharpf/Luz*, Risikomanagement, Bilanzierung und Aufsicht von Finanzderivaten², S. 312; *Scharpf*, Handbuch Bankbilanz²,, S. 637-639 sowie *Krumnow*, Rechnungslegung der Kreditinstitute – Kommentar zum deutschen Bilanzrecht unter Berücksichtigung von IAS/IFRS², § 340e HGB, Rn. 385.
53 Vgl. *Birck/Meyer*, Die Bankbilanz³, S. 335 ff. sowie S. 350 ff.
54 Hierbei handelt es sich insb. um Personal- und Sachkosten sowie Risikokosten aufgrund der Risikovorsorge für Bonitätsrisiken im Kreditgeschäft.
55 Vgl. *Birck /Meyer*, in Die Bankbilanz³, S. 339-340.
56 Zum Vorgehen und zu den Methoden sowie dem Problem der willkürfreien Bemessung der Rückstellung für drohende Verluste aus Zinsänderungsrisiken vgl. insb. *Birck /Meyer*, in Die Bankbilanz³, S. 347 ff.
57 Vgl. IDW RS HFA 4 (Stand: 17.11.2007), Tz. 41.

Funktionsfähiges Risikomanagement zur Identifikation, Bewertung, Steuerung sowie Überwachung und Berichterstattung über die Steuerung des allgemeinen Zinsänderungsrisikos im Bankbuch MaRisk, Abschn. AT 4.3.2 und BTR 2	Abgrenzung der Zinsderivate • Handelsbestand (§ 340e Abs. 3 HGB) • Sicherungsderivat als Bestandteil einer Bewertungseinheit (§ 254 HGB) • Anlagevermögen (Restgröße für die sog. Bewertungskonvention im Bankbuch)
Externalisierungsnachweis gemäß „Stellvertretermodell" des IDW bei Abschluss von internen Geschäften zwischen Anlage- und Handelsbuch	Methodik zur Ermittlung einer **Rückstellung für verlustfreie Bewertung für die Zinsänderungsrisiken der Gesamtzinsposition** • Institutsspezifisch? – ja • Vorgaben der Bankaufsichtsbehörden? – zu erwarten • Vorgaben von Rechnungslegungsgremien (DRSC, IDW)? – zu erwarten

Abb. 28 Anforderungen an die Bewertungskonvention

- Funktionsfähiges Risikomanagement zur Identifikation, Bewertung, Steuerung sowie Überwachung und Berichterstattung über die Steuerung des allgemeinen Zinsänderungsrisikos im Bankbuch (vgl. Tz. 60)[58];
- Abgrenzung der Zinsderivate zwischen Handelsbestand (§ 340e Abs. 3 HGB), Sicherungsderivat als Bestandteil einer Bewertungseinheit (§ 254 HGB) und Anlagevermögen (Restgröße für die sog. Bewertungskonvention im Bankbuch; vgl. Tz. 61);
- Externalisierungsnachweis nach dem sog. „Stellvertretermodell" des IDW[59] bei Abschluss von internen Geschäften zwischen dem Anlage- und Handelsbuch (vgl. Tz. 62);
- Entwicklung einer stetigen Methodik zum Ansatz (dem Grunde und der Höhe nach) einer Drohverlustrückstellung für Zinsänderungsrisiken der Gesamtzinsposition (vgl. Tz. 63).

Ein **funktionsfähiges Risikomanagement**[60] umfasst insb. einen ordnungsmäßigen Risikomanagementprozess; hierzu gehören:

- **Identifikation** der in die Bankbuchsteuerung einbezogenen einzelnen Geschäfte (Forderungen und Verbindlichkeiten, verbriefte Verbindlichkeiten und Wertpapiere sowie die jeweiligen Zinsderivate): Die Netto-Zinsrisikoposition (offene Zinsposition im Anlagebuch) muss eindeutig über ein IT-System oder eine Zinsbindungs- bzw. Zinsablaufbilanz nachvollziehbar sein. Hierfür benötigt das Institut eine schriftlich dokumentierte Richtlinie über die Annahmen zur Identifizierung von Festzinslücken und –überhängen pro Währung und Laufzeitband. Die Annahmen beziehen sich auf „erwartete" – und nicht vertragliche – Größen.

---

58 Vgl. Rundschreiben Nr. 5/2007 der Bundesanstalt für Finanzdienstleistungsaufsicht „Mindestanforderungen an das Risikomanagement – MaRisk" vom 30. Oktober 2007. Dieses Rundschreiben wurde wenige Tage vor Redaktionsschluss durch das gleichnamige Rundschreiben Nr. 15/2009 (BA) vom 14. August 2009 ersetzt.
59 Vgl. *Institut der Wirtschaftsprüfer*, FN-IDW 1996, S. 529.
60 Vgl. wegen Einzelheiten insb. die Abschnitte AT 4 Allgemeine Anforderungen an das Risikomanagementsystem und BTR 2.3 Marktpreisrisiken des Anlagebuchs im Rundschreiben Nr. 5/2007 „Mindestanforderungen an das Risikomanagement – MaRisk" der Bundesanstalt für Finanzdienstleistungsaufsicht vom 30. Oktober 2007.

- **Bewertung:** Die Limitierung der Zinsänderungsrisiken im Anlagebuch erfolgt idR auf *Value-at-Risk*-Basis, denkbar sind jedoch auch andere Risikokennziffern wie zB *Basis-Point-Value*.
- **Steuerung:** Wesentliche Bausteine sind hierbei eine funktionsfähige Aufbau- und Ablauforganisation für das Bankbuch sowie eine schriftlich fixierte Geschäfts- und Risikostrategie unter Berücksichtigung der Risikotragfähigkeit des Instituts. Die Zuordnung der einzelnen Geschäfte erfolgt im Rahmen einer dokumentierten Strategie zur Steuerung der Gesamtzinsposition. Erforderlich ist insb. die Regelung der Aufbau- und Ablauforganisation der Aktiv-/Passiv-Steuerung. Hierzu gehören ua. Strategievorgaben des *Managements* bzw. eines Gremiums (zB *Treasury*, Dispositionsausschuss, *Asset-/Liability-Management Committee*) einschließlich der festgelegten und genehmigten Limits sowie Vorgaben zu den zulässigen Geschäften. Die im Rahmen der Bilanzierung abgebildeten Portfolien müssen den tatsächlichen wirtschaftlichen Gegebenheiten und der praktizierten Strategie auf Gesamtbankebene zur Steuerung des Zinsänderungsrisikos (definierte Geschäfts- und Risikostrategie gemäß MaRisk) entsprechen. Außerdem müssen Organisationsanweisungen für zu treffende Annahmen hinsichtlich Zinsabläufen und Fälligkeiten für Positionen mit nicht deterministischem Laufzeitprofil bestehen (Eigenkapital, Kündigungsrechte, Bodensatz, Prolongationen usw.).
- **Überwachung und Berichterstattung:** Gemäß BTR 2.3 der MaRisk sind die mit Marktpreisrisiken behafteten Positionen des Anlagebuchs mindestens vierteljährlich zu bewerten und ein Ergebnis für das Anlagebuch zu ermitteln. In Abhängigkeit von Art, Umfang, Komplexität und Risikogehalt hat die Bewertung, Ergebnisermittlung und Berichterstattung in kürzeren Zeiträumen (täglich, wöchentlich oder monatlich) zu erfolgen. Das Institut hat durch geeignete Maßnahmen sicherzustellen, dass Limitüberschreitungen in den Zeiträumen zwischen der Regelberichterstattung vermieden werden.

61 Die **Abgrenzung der Zinsderivate** zwischen Handelsbestand (§ 340e Abs. 3 HGB), Sicherungsderivat als Bestandteil einer Bewertungseinheit (§ 254 HGB) und Anlagevermögen (Restgröße für die sog. Bewertungskonvention im Bankbuch)[61] hat im Zugangszeitpunkt der einzelnen Geschäfte willkürfrei zu erfolgen. Umwidmungen vom Anlagevermögen in den Handelsbestand sind unzulässig und Umwidmungen vom Handelsbestand in das Anlagevermögen sind nur unter den im BilMoG genannten Voraussetzungen möglich[62]. Die Geschäfte sollten nicht-strukturierte (dh. *plain-vanilla*) Zinsderivate (Zinsswaps, *Swaptions*, *Caps*, *Floors*, Zinstermingeschäfte, *Forward Rate Agreements*) sein.

62 Für den **Externalisierungsnachweis** nach dem „Stellvertretermodell" bei Abschluss von internen Geschäften zwischen Anlage- und Handelsbuch hat das IDW Kriterien festgelegt. Die internen Geschäfte müssen demnach
  - mit dem Handelsbereich (Handelsbestand) kontrahiert werden ("Stellvertreterfunktion für den Markt");
  - ein gegenläufiges, identisches Risiko aufweisen;

---

61 Dh. keine (wirtschaftliche) Zuordnung der einbezogenen Instrumente zu einzelnen Forderungen oder Verbindlichkeiten im Sinne eines Mikro-*Hedges* und keine Verfolgung kurzfristiger Handels- oder Arbitrageabsichten.
62 Vgl. Begr. RegE, BT-Drucks. 16/10067, S. 95.

– im Hinblick auf Zustimmungserfordernisse, Dokumentation, Erfassung im Rechnungswesen, Überwachung und Offenlegungspflichten strengeren Anforderungen als Geschäfte mit externen Dritten genügen.

Um den Nachweis zu erbringen, dass die Risiken aus den internen Geschäften auch externalisiert[63] wurden, sind uE geeignete Kriterien festzulegen. Für diesen Nachweis können uE zB die Regeln der IFRS in IG F.2.15 und IG F.2.16 zum IAS 39 herangezogen werden.

Die Abbildung der Netto-Zinsrisikoposition hat nachvollziehbar über ein IT-System oder eine Zinsbindungs- bzw. Zinsablaufbilanz mit der Möglichkeit zur Ermittlung der **Rückstellung für die verlustfreie Bewertung im Bankbuch** (Zinsänderungsrisiken der Gesamtzinsposition) zu erfolgen. Für die Methodik zur Ermittlung der verlustfreien Bewertung sollte der Berufsstand nach unserer Auffassung unter Berücksichtigung bankaufsichtsrechtlicher Vorgaben[64] die zuvor genannten Leitlinien (siehe Tz. 56 ff.) weiter entwickeln. Bei der Operationalisierung der Methodik sind sowohl qualitative als auch quantitative Kriterien zu berücksichtigen.

63

III. Besonderheiten der Bilanzierung von latenten Steuern nach § 340a Abs. 1 iVm. § 274 HGB bei Kreditinstituten

Mit dem BilMoG[65] wird im Interesse einer transparenten und umfassenden Darstellung der Vermögenslage das Konzept der latenten Steuern von dem GuV-orientierten Konzept (*timing*-Konzept) auf das bilanzorientierte Konzept (*temporary*-Konzept) umgestellt. Nach § 274 Abs. 1 HGB besteht für den Jahresabschluss das Wahlrecht an Stelle einer aktiven oder passiven Gesamtdifferenz (**Nettoausweis**) die aus der Steuerabgrenzung resultierenden aktiven und passiven latenten Steuern unsaldiert auszuweisen (**Bruttoausweis**). Die Posten der aktiven und passiven latenten Steuern sind nach § 285 Nr. 29 HGB zu erläutern (vgl. Abschn. O Tz. 259-266).

64

Nach § 274 Abs. 1 Satz 1 und 2 HGB erfasst das bilanzorientierte Konzept nicht allein die sich in der Gewinn- und Verlustrechnung auswirkenden Abweichungen zwischen dem handelsrechtlichen Jahresüberschuss/-Jahresfehlbetrag und dem zu versteuernden Gewinn, sondern jede Bilanzierungs- oder Bewertungsabweichung (**temporäre Differenz**) zwischen der Handelsbilanz und der Steuerbilanz, also auch dann, wenn sie erfolgsneutral, zB im Rahmen eines Anschaffungsvorgangs, entstanden ist (vgl. dazu Abschn. M Tz. 19). Gleiches gilt für temporäre Differenzen, die iZm. Einbringungsvorgängen entstehen.

65

In die Ermittlung der abzugrenzenden Steuern sind – entsprechend der international üblichen Praxis – künftig auch die **quasi-permanenten Differenzen** einzubeziehen. (vgl. Abschn. M Tz. 8). Permanente Differenzen zwischen Wertansätzen in der Handels- und Steuerbilanz, zB nicht steuerpflichte Differenzen bei Anteilen an Kapitalgesellschaften nach § 8b Abs. 3 KStG, sind – ebenso wie nach § 274 HGB aF – nicht in die Steuerabgrenzung einzubeziehen (vgl. Abschn. M Tz. 9). Die Gesetzesbegründung[66] weist ausdrücklich darauf hin, dass die Gesamtdifferenzbetrachtung beibehalten wird.

66

---

63   Dh. der Handelsbereich muss die so intern übernommenen Risiken auch an den externen Markt weitergeben.
64   Vgl. BaFin Rundschreiben 7/2007 (BA) vom 6. November 2007: Zinsänderungsrisiken im Anlagebuch; Ermittlung der Auswirkungen einer plötzlichen und unerwarteten Zinsänderung.
65   Vgl. Begr. RegE, BT-Drucks. 16/10067, S. 67; sowie IDW ERS HFA 27 (Stand: 29.05.2009), Tz. 5.
66   Vgl. Begr. Beschlussempfehlung und Bericht des Rechtsausschusses, BT-Drucks. 16/12407, S. 87.

67 Fraglich ist, ob Kreditinstitute im Rahmen der Gesamtdifferenzenbetrachtung bei der Steuerabgrenzung auch folgende, **geschäftszweigspezifische Sonderposten** zu berücksichtigen haben

- nach § 340f HGB gebildete stille Reserven,
- nach § 340g HGB gebildete offene Reserven oder
- den Fonds zur bausspartechnischen Absicherung.

1. Latente Steuern auf Reserven nach § 340f HGB

68 Die stillen Reserven nach § 340f HGB haben ebenso wie der „Fonds für allgemeine Bankrisiken" nach der Entstehungsgeschichte des Bankbilanzrichtliniegesetzes Eigenkapitalcharakter[67]. Von ihrer theoretischen Fundamentierung sind die **Reserven nach § 340f HGB und § 340g HGB** daher inhaltlich deckungsgleich. Für den Eigenkapitalcharakter spricht, dass gemäß § 10 Abs. 2b Nr. 1 KWG die ungebundenen Vorsorgereserven nach § 340f HGB zum aufsichtsrechtlichen Ergänzungskapital gehören. Die gleiche Behandlung gilt auch für Vorsorgereserven nach § 26a KWG aF[68]. *Birck/Meyer* führen hierzu aus, dass diese Vorsorgerücklagen ihrem Wesen nach nur von den Forderungen und den Wertpapierbeständen des Umlaufvermögens abgesetzt werden, aber im Gegensatz zu den Einzel- und Sammelwertberichtigungen grds. weder im Ganzen, noch mit Teilbeträgen an bestimmte Einzelpositionen des Kreditgeschäftes oder an die Einzelpositionen des Wertpapiergesamtbestands gebunden sind.

69 Latente Steuern werden nach dem Wortlaut des § 274 Abs. 1 Satz 1 HGB nur auf Differenzen der handelsrechtlichen und steuerlichen Wertansätze von Vermögensgegenständen und Schulden gebildet, aber nicht auf Eigenkapitaldifferenzen.

Die Vorsorgereserven nach § 340f HGB werden aber in der Bilanz – anders als der „Fonds für allgemeine Bankrisiken" – nicht als Eigenkapitalposten, sondern **wie zusätzliche Abschreibungen** behandelt. Dies führt zu Differenzen zwischen Handelsbilanz und Steuerbilanz, da steuerlich keine dem § 340f HGB entsprechende Vorschrift besteht. Die Wertunterschiede, die sich zwischen der Handels- und der Steuerbilanz aus der Anwendung des § 340f HGB ergeben, sind nicht bestimmten Vermögensgegenständen zuzurechnen, so dass nach dem Wortlaut des § 274 HGB eine Bildung latenter Steuern nach dem bilanzorientierten Konzept nicht mehr zulässig wäre.

70 Dennoch erscheint hier die wörtliche Auslegung zu eng, da der Gesetzgeber im Zweifel nicht die branchenspezifischen Besonderheiten bei der Bildung von § 340f HGB bedacht hat. Deshalb ist nach der hier vertretenen Auslegung auch eine **bilanzpostenbezogene Differenzenbetrachtung** zwischen Handels- und Steuerbilanz zulässig. Auch sog. quasi-permanente Differenzen sind bei der Berechnung latenter Steuern nach dem bilanzorientierten Konzept zu berücksichtigen. Dabei handelt es sich um Unterschiedsbeträge, die zwar zeitlich begrenzt sind, deren Abbau jedoch von den Dispositionen des Unternehmens abhängig ist bzw. erst bei Liquidation des Unternehmens erfolgt[69]. Da sich die Differenzen zwischen Handels- und Steuerbilanz durch die Auflösung der von den Bilanzposten abgesetzten Beträge im Zeitablauf bzw. spätestens mit Liquidation wieder umkehren, ist die Bildung einer aktiven latenten Steuer auf § 340f HGB Reserven nach dem bilanzorientierten Konzept zulässig.

---

67 Vgl. Ausschuss für Bilanzierung des Bundesverbandes deutscher Banken, Bankbilanzrichtlinie-Gesetz, S. 102.
68 Vgl. *Birck/Meyer*, Die Bankbilanz³, S. 39.
69 IDW ERS HFA 27 (Stand: 29.05.2009), Tz. 5

Die **Anhangangaben** in § 285 Nr. 29 HGB sehen vor zu erläutern, „auf welchen Differenzen oder steuerlichen Verlustvorträgen die latenten Steuern beruhen und mit welchen Steuersätzen die Bewertung erfolgt ist" (vgl. Abschn. O Tz. 262). Da aus diesen Angaben zu den latenten Steuern Rückschlüsse auf die Höhe der § 340f HGB-Vorsorgebeträge gezogen werden könnten, ist diese Vorschrift nach Sinn und Zweck einschränkend auszulegen in der Weise, dass keine Angaben über die Höhe der latenten Steuern auf § 340f HGB Reserven gemacht werden müssen[70].

2. Latente Steuern auf Reserven nach §§ 340g und 340e HGB

Kreditinstitute dürfen auf der Passivseite ihrer Bilanz direkt vor dem Eigenkapital nach § 340g HGB zur Sicherung gegen allgemeine Bankrisiken einen Sonderposten „**Fonds für allgemeine Bankrisiken**" bilden, soweit dies nach vernünftiger kaufmännischer Beurteilung wegen der besonderen Risiken des Geschäftszweigs der Kreditinstitute notwendig ist. Die Zuführungen und Auflösungen sind gesondert in der GuV auszuweisen (§ 340g Abs. 2 HGB). Eine § 340g HGB entsprechende Vorschrift kennt das Steuerrecht nicht, dh. in der Steuerbilanz wird kein entsprechender (Sonder-)Posten gebildet[71]. Die Einstellungen in den Sonderposten „Fonds für allgemeine Bankrisiken" erfolgen damit aus handelsrechtlicher Sicht aus versteuerten Gewinnen.

Die Bildung des Fonds für allgemeine Bankrisiken nach § 340g HGB ist nicht an bestimmte Vermögensgegenstände gebunden[72]. Er hat vielmehr **Eigenkapitalcharakter**[73]. Nach § 274 Abs. 1 Satz 1 und 2 HGB ist die Steuerabgrenzung im handelsrechtlichen Jahresabschluss auf temporäre Differenzen zwischen handelsrechtlichen und steuerlichen Wertansätzen von Vermögensgegenständen und Schulden beschränkt und erstreckt sich nicht auf Eigenkapitaldifferenzen. Folglich ist eine Bildung latenter Steuern auf den „Fonds für allgemeine Bankrisiken" auch nach der Änderung des Steuerabgrenzungskonzepts durch das BilMoG nicht zulässig[74].

Dies gilt auch für den mit dem BilMoG eingeführten **gesonderten Topf** des Fonds für allgemeine Bankrisiken nach § 340e Abs. 4 HGB. Dieser sieht die Zuführung von **10% der jährlichen Nettoerträge** als Risikopuffer, der antizyklisch wirkt, vor (vgl. ausführlich Tz. 127-135). Die Bildung dieses gesondert auszuweisenden Teilbetrags erfolgt steuerneutral[75].

3. Fonds zur bauspartechnischen Absicherung

Bausparkassen müssen aufgrund von § 6 Abs. 1 BSpKG die Zinsdifferenz aus der Zwischenanlage der Zuteilungsmittel, die aufgrund von noch nicht erfüllten Mindestzuteilungsvoraussetzungen vorübergehend nicht zugeteilt werden können, dem „**Fonds zur bauspartechnischen Absicherung**" zuführen. Der Fond hat den Charakter einer zweckgebundenen Rücklage für besondere geschäftszweigspezifische Risiken[76]. Es handelt sich um die Passivierung von Erträgen als Vorsorge für künftige ungewisse Aufwendungen zur Wahrung der Interessen der Bausparer. Der Fond kann weder als

---

70 Vgl. *Scharpf* in Küting/Pfitzer/Weber, Das neue deutsche Bilanzrecht[2], S. 255.
71 Vgl. *Scharpf*, in Handbuch Bankbilanz[2], S. 288.
72 Ebenda, S. 284, 286.
73 Vgl. Ausschuss für Bilanzierung des Bundesverbandes deutscher Banken, Bankbilanzrichtlinie-Gesetz S. 102; *Krumnow,*, Rechnungslegung der Kreditinstitute – Kommentar zum deutschen Bilanzrecht unter Berücksichtigung von IAS/IFRS[2], § 340g HGB Tz. 5.
74 Zustimmend: *Scharpf* in Küting/Pfitzer/Weber, Das neue deutsche Bilanzrecht[2], S. 255.
75 Vgl. Begr. Beschlussempfehlung und Bericht des Rechtsausschusses, BT-Drucks. 16/12407, S. 93.
76 Vgl. IDW BFA 1/1995, WPg 1995, S.374 f.

Rückstellung für ungewisse Verbindlichkeiten, noch als Rückstellung für drohende Verluste aus schwebenden Geschäften nach § 249 Abs. 1 HGB angesehen werden, solange die Voraussetzungen für einen bestimmungsgemäßen Einsatz dieser Mittel des Fonds nicht vorliegen, da es an einer konkreten rechtlichen oder wirtschaftlichen Verpflichtung der Bausparkasse zum Einsatz der Mittel fehlt, dh. noch keine Außenverpflichtung gegenüber den Bausparkunden vorliegt.

76 Eine entsprechende steuerliche Vorschrift existiert nicht, so dass Bausparkassen den Posten „Fonds zur bauspartechnischen Absicherung" nicht in die Steuerbilanz übernehmen können. Nach § 274 Abs. 1 Satz 1 und 2 HGB sind latente Steuern zu bilden auf eine Differenz zwischen den handelsrechtlichen Wertansätzen der Vermögensgegenstände und Schulden und deren steuerlichen Wertansätzen, soweit sich die Differenz in späteren Geschäftsjahren voraussichtlich ausgleicht. Eine zweckgebundene Rücklage stellt keine Schuld dar, sondern hat **Eigenkapitalcharakter**, so dass auf den „Fonds zur bauspartechnischen Absicherung" keine latenten Steuern gebildet werden dürfen[77].

IV. Erstanwendungszeitpunkt und Übergangsvorschriften

77 Art. 66 Abs. 3 Satz 1 EGHGB sieht vor, dass § 340a HGB und § 274 HGB erstmals auf Jahresabschlüsse für **nach dem 31. Dezember 2009** beginnende Geschäftsjahre anzuwenden sind. § 274 HGB iVm. § 340a Abs. 2 Satz 1 HGB aF ist letztmals auf vor dem 1. Januar 2010 beginnende Geschäftsjahre anzuwenden, (Art. 66 Abs. 5 EGHGB). Die neuen Vorschriften können freiwillig bereits auf nach dem 31. Dezember 2008 beginnende Geschäftsjahre angewandt werden, dies jedoch nur insgesamt; dies ist im Anhang anzugeben, (vgl. Art. 66 Abs. 3 Satz 6 EGHGB).

78 Aufwendungen und Erträge aus der erstmaligen Anwendung des § 274 HGB in der Fassung des BilMoG sind **erfolgsneutral** unmittelbar mit den Gewinnrücklagen zu verrechnen (vgl. Art. 67 Abs. 6 Satz 1 EGHGB)[78].

---

77 GlA *Scharpf* in Küting/Pfitzer/Weber, Das neue deutsche Bilanzrecht[2], S. 255.
78 Vgl. Begr. Beschlussempfehlung und Bericht des Rechtsausschusses, BT-Drucks. 16/12407, S. 96.

§ 340c HGB
Vorschriften zur Gewinn- und Verlustrechnung und zum Anhang

(1) ¹Als Ertrag oder Aufwand des Handelsbestands ist der Unterschiedsbetrag aller Erträge und Aufwendungen aus Geschäften mit Finanzinstrumenten des Handelsbestands und dem Handel mit Edelmetallen sowie der zugehörigen Erträge aus Zuschreibungen und Aufwendungen aus Abschreibungen auszuweisen. ²In die Verrechnung sind außerdem die Aufwendungen für die Bildung von Rückstellungen für drohende Verluste aus den in Satz 1 bezeichneten Geschäften und die Erträge aus der Auflösung dieser Rückstellungen einzubeziehen.

(2) ¹Die Aufwendungen aus Abschreibungen auf Beteiligungen, Anteile an verbundenen Unternehmen und wie Anlagevermögen behandelte Wertpapiere dürfen mit den Erträgen aus Zuschreibungen zu solchen Vermögensgegenständen verrechnet und in einem Aufwand- oder Ertragsposten ausgewiesen werden. ²In die Verrechnung nach Satz 1 dürfen auch die Aufwendungen und Erträge aus Geschäften mit solchen Vermögensgegenständen einbezogen werden.

(3) Kreditinstitute, die dem haftenden Eigenkapital nicht realisierte Reserven nach § 10 Abs. 2b Satz 1 Nr. 6 oder 7 des Gesetzes über das Kreditwesen zurechnen, haben den Betrag, mit dem diese Reserven dem haftenden Eigenkapital zugerechnet werden, im Anhang zur Bilanz und zur Gewinn- und Verlustrechnung anzugeben.

Inhaltsverzeichnis Tz.
I. Bedeutung der Änderung 79
II. Erstanwendungszeitpunkt und Übergangsvorschriften 80

I. Bedeutung der Änderung

Die Änderung wurde erst im Rahmen der Rechtsausschussberatungen in das BilMoG aufgenommen. Sie dient der Klarstellung des Ausweises der dem Handelsbestand zuzuordnenden Aufwendungen und Erträge und ist im Zusammenhang mit den Änderungen in der Bilanz der Kreditinstitute, die künftig Handelsaktiva und Handelspassiva ausweisen, zu sehen (vgl. §§ 34 und 39 RechKredV und die Änderungen der Formblätter 2 und 3). Auszuweisen sind in diesem Posten künftig **alle Aufwendungen und Erträge aus dem Handelsbestand,** die mit der Absicht einer kurzfristigen Erzielung eines Eigenhandelserfolgs erworben und veräußert werden. Die Begründung[79] führt ausdrücklich an, dass auch Sicherungsgeschäfte einzubeziehen sind, auch wenn mit ihnen nicht unmittelbar ein Eigenhandelserfolg erzielt wird, sondern durch sie nur ein Eigenhandelserfolg gesichert wird (wegen Einzelheiten vgl. Tz. 204-207).

79

II. Erstanwendungszeitpunkt und Übergangsvorschriften

Art. 66 Abs. 3 Satz 1 EGHGB sieht vor, dass § 340c HGB erstmals auf Jahresabschlüsse für **nach dem 31. Dezember 2009** beginnende Geschäftsjahre anzuwenden ist. Die vor dem Inkrafttreten des Bilanzrechtsmodernisierungsgesetzes geltende Fassung des § 340c HGB ist letztmals auf vor dem 1. Januar 2010 beginnende Geschäftsjahre anzuwenden (Art. 66 Abs. 5 EGHGB). Die neuen Vorschriften können freiwillig bereits auf nach dem 31. Dezember 2008 beginnende Geschäftsjahre angewandt werden, dies je-

80

---

[79] Vgl. Begr. RegE, BT-Drucks. 16/12407, Begr. zu Art. 1 Nr. 72-neu (§ 340c Abs. 1 HGB), S. 92.

doch nur insgesamt; dies ist im Anhang und Konzernanhang anzugeben (Art. 66 Abs. 3 Satz 6 EGHGB).

§ 340e HGB
Bewertung von Vermögensgegenständen

(1) ¹Kreditinstitute haben Beteiligungen einschließlich der Anteile an verbundenen Unternehmen, Konzessionen, gewerbliche Schutzrechte und ähnliche Rechte und Werte sowie Lizenzen an solchen Rechten und Werten, Grundstücke, grundstücksgleiche Rechte und Bauten einschließlich der Bauten auf fremden Grundstücken, technische Anlagen und Maschinen, andere Anlagen, Betriebs- und Geschäftsausstattung sowie Anlagen im Bau nach den für das Anlagevermögen geltenden Vorschriften zu bewerten, es sei denn, daß sie nicht dazu bestimmt sind, dauernd dem Geschäftsbetrieb zu dienen; in diesem Falle sind sie nach Satz 2 zu bewerten. ²Andere Vermögensgegenstände, insbesondere Forderungen und Wertpapiere, sind nach den für das Umlaufvermögen geltenden Vorschriften zu bewerten, es sei denn, daß sie dazu bestimmt werden, dauernd dem Geschäftsbetrieb zu dienen; in diesem Falle sind sie nach Satz 1 zu bewerten. ³**§ 253 Abs. 3 Satz 4 ist nur auf Beteiligungen und Anteile an verbundenen Unternehmen im Sinn des Satzes 1 sowie Wertpapiere und Forderungen im Sinn des Satzes 2, die dauernd dem Geschäftsbetrieb zu dienen bestimmt sind, anzuwenden.**

(2) ¹Abweichend von § 253 Abs. 1 Satz 1 dürfen Hypothekendarlehen und andere Forderungen mit ihrem Nennbetrag angesetzt werden, soweit der Unterschiedsbetrag zwischen dem Nennbetrag und dem Auszahlungsbetrag oder den Anschaffungskosten Zinscharakter hat. ²Ist der Nennbetrag höher als der Auszahlungsbetrag oder die Anschaffungskosten, so ist der Unterschiedsbetrag in den Rechnungsabgrenzungsposten auf der Passivseite aufzunehmen; er ist planmäßig aufzulösen und in seiner jeweiligen Höhe in der Bilanz oder im Anhang gesondert anzugeben. ³Ist der Nennbetrag niedriger als der Auszahlungsbetrag oder die Anschaffungskosten, so darf der Unterschiedsbetrag in den Rechnungsabgrenzungsposten auf der Aktivseite aufgenommen werden; er ist planmäßig aufzulösen und in seiner jeweiligen Höhe in der Bilanz oder im Anhang gesondert anzugeben.

(3) ¹Finanzinstrumente des Handelsbestands sind zum beizulegenden Zeitwert abzüglich eines Risikoabschlags zu bewerten. ²Eine Umgliederung in den Handelsbestand ist ausgeschlossen. ³Das Gleiche gilt für eine Umgliederung aus dem Handelsbestand, es sei denn, außergewöhnliche Umstände, insbesondere schwerwiegende Beeinträchtigungen der Handelbarkeit der Finanzinstrumente, führen zu einer Aufgabe der Handelsabsicht durch das Kreditinstitut. ⁴Finanzinstrumente des Handelsbestands können nachträglich in eine Bewertungseinheit einbezogen werden; sie sind bei Beendigung der Bewertungseinheit wieder in den Handelsbestand umzugliedern.

(4) ¹In der Bilanz ist dem Sonderposten „Fonds für allgemeine Bankrisiken" nach § 340g in jedem Geschäftsjahr ein Betrag, der mindestens 10 vom Hundert der Nettoerträge des Handelsbestands entspricht, zuzuführen und dort gesondert auszuweisen. ²Dieser Posten darf nur aufgelöst werden

1. zum Ausgleich von Nettoaufwendungen des Handelsbestands oder
2. soweit er 50 vom Hundert des Durchschnitts der letzten fünf jährlichen Nettoerträge des Handelsbestands übersteigt.

Inhaltsverzeichnis

Tz.

I. Grundlagen .... 81 — 83
II. Die Änderungen des § 340e HGB im Einzelnen
   1. Überblick .... 84 – 85
   2. Zielsetzung des Gesetzgebers 86
   3. Begriffsbestimmungen, Abgrenzung Handelsbestand – Anlagebestand und Zulässigkeit von Umwidmungen .... 87 – 99
   4. Bewertung – Bestimmung des beizulegenden Zeitwerts .... 100 – 112
   5. Bestimmung des Risikoabschlags .... 113 – 116
   6. Anhangangaben .... 117 – 120
   7. Steuerrechtliche Behandlung 121
III. Erstanwendungszeitpunkt und Übergangsvorschriften .... 122 – 124

I. Grundlagen

81 § 340e HGB enthält branchenspezifische Bewertungsvorschriften für das Anlage- und Umlaufvermögen (§ 340e Abs. 1 HGB) sowie für die Nennbetragsbilanzierung von Hypothekendarlehen und anderen Forderungen (§ 340e Abs. 2 HGB). Neu eingefügt wird § 340e Abs. 3 HGB, der ausschließlich für Kreditinstitute und Finanzdienstleistungsinstitute die zwingende **Bewertung von Finanzinstrumenten des Handelsbestands** zum beizulegenden Zeitwert abzüglich eines Risikoabschlags vorsieht. In die gleiche Richtung wie der Risikoabschlag zielt der als Reaktion auf die Finanzmarktkrise erst in den Ausschussberatungen eingefügte § 340e Abs. 4 HGB, der in jedem Geschäftsjahr die Einstellung eines bestimmten Anteils der Nettoerträge des Handelsbestands in einen gesonderten **Topf des Fonds für allgemeine Bankrisiken** vorsieht.

82 Darüber hinaus wurde als weitere Reaktion auf die Finanzmarktkrise das zunächst vorgesehene strikte Umwidmungsverbot gelockert und in § 340e Abs. 3 Satz 2 bis 4 HGB Voraussetzungen für eine **Umgliederung** aus dem Handelsbestand in die Liquiditätsreserve oder den Anlagebestand genannt; dies betrifft auch die nachträgliche Einbeziehung von Finanzinstrumenten des Handelsbestandes in eine Bewertungseinheit. Eine Umgliederung in den Handelsbestand ist dagegen weiterhin – auch im Einklang mit den internationalen Rechnungslegungsvorschriften – ausgeschlossen.

83 Im Zusammenhang mit der Kodifizierung der Zeitwertbilanzierung für Finanzinstrumente des Handelsbestands sind auch die erweiterten **Anhangangaben** und die Änderung der Formblätter 1 bis 3 für die Bilanz sowie die GuV bzgl. des gesonderten Ausweises des Handelsbestands auf der Aktiv- (Handelsaktiva) und Passivseite (Handelspassiva) und das Nettoergebnis des Handelsbestands zu sehen.

II. Die Änderungen des § 340e HGB im Einzelnen

1. Überblick

84 Bei der Neufassung des § 340e Abs. 1 Satz 3 HGB handelt es sich um eine **Folgeänderung** aus der Änderung des § 253 HGB (vgl. Abschn. J Tz. 10), die keine materiellen Auswirkungen hat. Wie bisher können nur Beteiligungen und Anteile an verbundenen Unternehmen sowie Wertpapiere und Forderungen, die wegen der Dauerhalteabsicht und der Zweckbestimmung, dauernd dem Geschäftsbetrieb zu dienen, dem Anlagevermögen zuzuordnen sind, einer außerplanmäßigen Abschreibung bei einer voraussichtlich nicht dauerhaften Wertminderung unterzogen werden.

Nach § 34 Satz 1 RechKredV iVm § 285 Nr. 18 HGB sind für zu den Finanzanlagen gehörende Finanzinstrumente, die über ihrem beizulegenden Zeitwert ausgewiesen werden, weil eine außerplanmäßige Abschreibung nach § 253 Abs. 3 Satz 4 HGB unterblieben ist, folgende Angaben im **Anhang** zu machen (vgl. Abschn. O Tz. 91-93):

a) der Buchwert und der beizulegende Zeitwert der einzelnen Vermögensgegenstände oder angemessener Gruppierungen sowie
b) die Gründe für das Unterlassen der Abschreibung einschließlich der Anhaltspunkte, die darauf hindeuten, dass die Wertminderung voraussichtlich nicht von Dauer ist.

Diese Anhangangaben sind nicht neu (bisher Nr. 19), wurden aber zugunsten einer besseren Systematik im Gesetz neu geordnet. Erstmals anzuwenden ist die Vorschrift auf Jahresabschlüsse für **nach dem 31. Dezember 2008** beginnende Geschäftsjahre (Art. 66 Abs. 8 EGHGB).

2. Zielsetzung des Gesetzgebers

Entgegen der ursprünglichen Absicht des Gesetzgebers, für Nicht-Banken für genau bestimmte Finanzinstrumente des Handelsbestands eine **Zeitwertbilanzierung** iVm. einer Ausschüttungssperre (§ 253 Abs. 1 Satz 3 HGB und § 268 Abs. 8 HGB jeweils idF RegE)[80] und für Kreditinstitute eine Bewertung zum beizulegenden Zeitwert abzüglich eines Risikoabschlags einzuführen[81], hat er sich in den abschließenden Beratungen auf Grund der Finanzmarktkrise und seiner Auswirkungen auf die Realwirtschaft dafür entschieden, die Zeitwertbilanzierung auf den Handelsbestand von Instituten zu beschränken[82]. Mit dem neu eingefügten § 340e Abs. 3 HGB wird die bereits bisher praktizierte Zeitwertbilanzierung von Finanzinstrumenten des Handelsbestandes bei Kreditinstituten erstmals kodifiziert[83], wobei jedoch im Einzelfall zu prüfen ist, welche Formen der Zeitwertbilanzierung vom nunmehr verabschiedeten Gesetz gedeckt sind[84].

3. Begriffsbestimmungen, Abgrenzung Handelsbestand – Anlagebestand und Zulässigkeit von Umwidmungen

Finanzinstrumente des Handelsbestands sind nach der Begründung zum Gesetzesentwurf diejenigen Finanzinstrumente von Kreditinstituten und Finanzdienstleistungsinstituten, die weder zur Liquiditätsreserve[85], noch zum Anlagebestand zählen. Der Begriff des Finanzinstruments ist zwar nicht im HGB, jedoch in zwei anderen Gesetzen – dem Kreditwesengesetz und dem Wertpapierhandelsgesetz (§ 1a Abs. 3 KWG und § 2 WpHG) – definiert. Finanzinstrumente iSd. § 1a Abs. 3 KWG sind alle Verträge, die für eine der beiden beteiligten Seiten einen finanziellen Vermögenswert und für die andere

---

80 Vgl. Begr. RegE, BT-Drucks. 16/10067, S. 117.
81 Vgl. hierzu die detaillierte Darstellung von *Scharpf*, in Küting/Pfitzer/Weber, Das neue deutsche Bilanzrecht², hier S. 228-248.
82 Vgl. Begr. RegE, BT-Drucks. 16/10067, S. 5 f. Zur Unvereinbarkeit der Beschränkung der *Fair value*-Bewertung auf den Handelsbestand mit der *Fair value*-Richtlinie vgl. Stellungnahme des DSR zum „RefE eines Gesetzes zur Modernisierung des Bilanzrechts (Bilanzrechtsmodernisierungsgesetz– BilMoG) vom 08.11.2007" vom 21. Januar 2008, S. 10, *Mujkanovic*, StuB 2009, S. 329-335, und *Schmidt*, KoR 2008, S. 1-8.
83 Vgl. Begr. RegE, BT-Drucks. 16/10067, S. 23.
84 Vgl. *Scharpf*, in Küting/Pfitzer/Weber, Das neue deutsche Bilanzrecht², S. 235 ff. mit weiteren Literaturhinweisen, *Krumnow et al*, in Rechnungslegung der Kreditinstitute², Tz. 93-101 zu § 340c HGB, *Kütter/Prahl*, WPg 2006, S. 9-20.
85 Die Kategorie „Liquiditätsreserve" gibt es nur bei Wertpapieren (§ 340f Abs. 1 und 3 HGB), Begründung RegE, S. 207 f.

Seite eine finanzielle Verbindlichkeit oder ein Eigenkapitalinstrument schaffen. Diese Definition stimmt fast wörtlich mit der des Finanzinstruments in IAS 32.11 überein[86].

88 Finanzinstrumente können sowohl originären, als auch derivativen Charakter haben. **Derivate** sind in IAS 39.9 und in § 1 Abs. 11 KWG ähnlich definiert. Ein Derivat ist

- ein schwebendes Vertragsverhältnis,
- dessen Wert auf Änderungen des Wertes eines Basisobjektes – zB eines Zinssatzes, Wechselkurses, Rohstoffpreises, Preis- oder Zinsindexes, der Bonität, eines Kreditindexes oder einer anderen Variablen reagiert,
- bei dem Anschaffungskosten nicht oder nur in sehr geringem Umfang anfallen und
- das erst in der Zukunft erfüllt wird[87].

Eine differenzierte Betrachtungsweise ist bei Warentermin- und –optionsgeschäften erforderlich: Diese sind nach § 254 Satz 2 HGB für die Einbeziehung in eine Bewertungseinheit als Finanzinstrumente zu werten (vgl. Abschn. H Tz. 28), gelten aber nur dann als Derivate iSd. §§ 340c und 340e HGB, wenn sie die Voraussetzungen des § 285 Satz 2 HGB aF erfüllen[88].

89 Für Bilanzierungszwecke sind nunmehr Derivate des Handels- und des Anlagebuchs sowie Derivate die – idR als Sicherungsinstrumente – in Bewertungseinheiten einbezogen werden, zu unterscheiden. **Derivate des Handelsbuchs** sind nunmehr erstmals auch bei positivem Marktwert zu aktivieren, während **Derivate des Anlagebuchs** aufgrund des Prinzips der Nichtbilanzierung schwebender Geschäfte nur bei negativem Marktwert als Drohverlustrückstellung zu erfassen sind[89]. Zur bilanziellen Erfassung von Derivaten in Bewertungseinheiten vgl. Abschn. H Tz. 26-37.

90 Weder § 340e Abs. 3 Satz 3 HGB, noch die Gesetzesbegründung enthalten eine Definition des **Handelsbestands**. Aus dem Gesetzeswortlaut und der Entstehungsgeschichte des Bilanzrechtsmodernisierungsgesetzes ergibt sich jedoch, dass im Zugangszeitpunkt (§ 247 Abs. 2 HGB) eine Handelsabsicht für die Finanzinstrumente[90] vorliegen muss. Nach Ansicht des Rechtsausschusses sind dem Handelsbestand „alle Finanzinstrumente (einschl. Derivaten, Verbindlichkeiten, die kurzfristig ausgegeben und zurückerworben werden und Devisen) und Edelmetalle zuzurechnen, die mit der Absicht einer kurzfristigen Erzielung eines Eigenhandelserfolgs erworben und veräußert werden"[91]. Die Handelsabsicht bezieht sich damit sowohl auf den Investor als auch auf den Emittenten eines Finanzinstruments[92]. Hiervon zu trennen, ist die Refinanzierung der Handelsaktivitäten.

91 Sowohl der Referentenentwurf[93] als auch der Regierungsentwurf[94] beziehen sich bei der Abgrenzung des Handelsbestands und der Handelsabsicht auf das **Kreditwesengesetz** (KWG). Nach § 1a Abs. 1 KWG umfasst das Handelsbuch folgende Positionen:

---

86 Vgl. *Löw/Scharpf/Weigel*, WPg 2008, S. 1012.
87 Vgl. BT-Drucks. 16/10067, S. 53.
88 Vgl. *Löw/Scharpf/Weigel*, WPg 2008, S. 1014. Dagegen sind Waren keine Finanzinstrumente iSd. HGB, gehören aber zum bankaufsichtsrechtlich relevanten Handelsbuch.
89 Vgl. auch *Löw/Scharpf/Weigel*, WPg 2008, S. 1012.
90 Vgl. § 253 Abs. 1 Satz 3 HGB idF des Gesetzesentwurf.
91 Vgl. Begr. Beschlussempfehlung und Bericht des Rechtsausschusses, BT-Drucks. 16/12407, S. 92.
92 Vgl. *Löw*, Accounting I/2008, S. 12-15.
93 Vgl. Begründung RefE, S. 105, der auf § 1 Abs. 12 KWG aF (dh. § 1a KWG) und das BaFin-Rundschreiben 17/99 Bezug nimmt.
94 Vgl. BT-Drucks. 16/10067, S. 95.

– Finanzinstrumente und Waren, mit denen das Institut eine Handelsabsicht verfolgt;
– Finanzinstrumente und Waren zur Absicherung des Handelsbuchs und damit im Zusammenhang stehende Refinanzierungsgeschäfte;
– Pensions- und Darlehensgeschäfte auf Positionen des Handelsbuchs;
– Aufgabegeschäfte sowie
– Forderungen in Form von Gebühren, Provisionen, Zinsen, Dividenden und Einschüssen, die mit den Positionen des Handelsbuchs unmittelbar verknüpft sind.

Nach dem Rundschreiben 17/99 des BAKred ist ein „grundsätzlicher Gleichlauf der bankaufsichtsrechtlichen Abgrenzung des Handelsbuchs gegen das Anlagebuch mit der handelsrechtlichen Abgrenzung des Handelsbestands gegen Anlagevermögen und Liquiditätsreserve" gegeben[95].

Der angestrebte **Gleichlauf zwischen Handelsbuch und Handelsbestand** wird durch § 340e Abs. 3 Satz 2 HGB, der einen Wechsel in den Handelsbestand ausschließt und aus dem Handelsbestand heraus nur bei Vorliegen außergewöhnlicher Umstände zulässt, aufgehoben. Demgegenüber gestattet bzw. verlangt (§ 1a Abs. 4 Satz 3 KWG) das Bankaufsichtsrecht[96] in begründeten Ausnahmefällen eine Umwidmung. Demnach ist der Gleichklang zwischen Handels- und Aufsichtsrecht nur **im Zugangszeitpunkt** sichergestellt. Ein Auseinanderlaufen führt bei den betroffenen Instituten auch im Hinblick auf den bei der Bewertung von Finanzinstrumenten des Handelsbestands erforderlichen, unter Berücksichtigung bankaufsichtsrechtlicher Vorschriften zu ermittelnden Risikoabschlag zu einer unnötigen Erhöhung der Komplexität im Rechnungswesen. 92

Die Kriterien für die Abgrenzung des Handelsbuchs von den Beständen des **Anlagebuchs** und – bei Wertpapieren – der **Liquiditätsreserve** sind nach den Grundsätzen ordnungsmäßiger Bilanzierung institutsspezifisch festzulegen und zu dokumentieren. Die Dokumentation der Handelsabsicht erfolgt bei Geschäftsabschluss, bspw. durch Kennzeichnung auf dem Händlerticket. Eine buchhalterische Trennung der Bestände ist auch im Hinblick auf die unterschiedlichen Vorschriften zur Reservenbildung zwingend erforderlich. 93

§ 340e Abs. 3 Satz 2 HGB verbietet ausdrücklich die **Umgliederung** von Finanzinstrumenten des Anlagebestands und der Liquiditätsreserve **in den Handelsbestand**. Demgegenüber besteht nach § 340e Abs. 3 Satz 4 zweiter Halbsatz HGB für diejenigen Finanzinstrumente, die aus dem Handelsbestand in eine Bewertungseinheit einbezogen wurden, nach Beendigung der Bewertungseinheit die Verpflichtung zur Rückführung in den Handelsbestand. 94

Eine **Umgliederung aus dem Handelsbestand** in den Anlagebestand bzw. in die Liquiditätsreserve ist nach § 340e Abs. 3 Satz 3 HGB nur zulässig, wenn „außergewöhnliche Umstände, insb. schwerwiegende Beeinträchtigungen der Handelbarkeit der Finanzinstrumente, zu einer Aufgabe der Handelsabsicht durch das Kreditinstitut führen". Die Gesetzesbegründung spricht von einem grundsätzlichen Umgliederungsverbot mit Öffnungsklausel und nennt die derzeitige Finanzmarktkrise als Beispiel für grundlegende Marktstörungen. Demgegenüber beeinträchtigt ein Preisverfall allein nicht die Handelbarkeit der Finanzinstrumente. Ausdrücklich ausgeschlossen werden Umgliederungen, die „allein zur Gestaltung/Glättung des Jahresergebnisses vorgenommen werden"[97]. 95

---

95 BAKred-RS 17/99 v. 8. Dezember 1999, abgedr. in *Consbruch/Möller*, KWG, Nr. 4.323, S. 611.
96 Ebenda.
97 Vgl. Begr. Beschlussempfehlung und Bericht des Rechtsausschusses, BT-Drucks. 16/12407, Begründung zu Art. 1 Nr. 73-neu lit. b (§ 340e Abs. 3 und 4 HGB), S. 92.

96 Die Vorschriften des § 340e Abs. 3 HGB zur Umgliederung von Finanzinstrumenten lehnen sich an die im Oktober 2008 kurzfristig verabschiedeten und in der EU anerkannten **internationalen Rechnungslegungsgrundsätze** (IAS 39.50 ff.) an, die beim Vorliegen „seltener Umstände (*rare circumstances*)" von einem Wegfall der Handelsabsicht ausgehen und bei Erfüllung weiterer Voraussetzungen eine Umkategorisierung von der Kategorie *held for trading* in die Kategorien *available-for-sale* und *held-to-maturity* zulassen.

97 Die **Umgliederung aus dem Handelsbestand** in das Anlagevermögen oder die Liquiditätsreserve erfolgt nach § 254 Abs. 4 Satz 4 HGB – auch hier in Analogie zu IAS 39 – zum zuletzt nach Satz 1 oder 2 ermittelten **beizulegenden Zeitwert**, der als Anschaffungskosten gilt (vgl. auch Abschn. C Tz. 54-58). Die Umwidmung durchbricht nicht den Grundsatz der Bewertungsstetigkeit (§ 252 Abs. 1 Nr. 6 HGB), da mit der Umwidmung nicht die Bewertungsmethode, sondern der zugrundeliegende Sachverhalt, auf den eine bestimmte Bewertungsmethode anzuwenden ist, geändert wird[98].

98 Umgliederungen sind sowohl nach handels- als auch nach aufsichtsrechtlichen Vorschriften vollständig zu **dokumentieren**[99]. Hinzu kommt die Verpflichtung nach § 35 Abs. 1 Nr. 6b RechKredV, die Gründe, den Betrag – beizulegender Zeitwert – der umgegliederten Finanzinstrumente des Handelsbestands, die Auswirkungen der Umgliederungen auf den Jahresüberschuss/Jahresfehlbetrag sowie im Fall der Aufgabe der Handelstätigkeit die zu Grunde liegenden außergewöhnlichen Umstände im Anhang darzulegen.

99 Zusammenfassend lässt sich für die Umgliederungen festhalten, dass ein weitgehender, aber **nicht vollständiger Gleichlauf** von HGB, IAS 39 und Handelsbuch erreicht wurde[100].

4. Bewertung – Bestimmung des beizulegenden Zeitwerts

100 Eine Aktivierungspflicht besteht neben den originären Finanzinstrumenten auch für derivative Finanzinstrumente des Handelsbestands. Derivative Finanzinstrumente mit einem negativen Marktwert sind zu passivieren. Dabei erfolgt die **Erstbewertung** zu Anschaffungskosten, die Anschaffungsnebenkosten (zB *Broker*gebühren) werden direkt in der GuV (Nettoertrag oder Nettoaufwand des Handelsbestands) erfasst[101].

101 Finanzinstrumente des Handelsbestands sind bei der **Folgebewertung** mit dem beizulegenden Zeitwert abzüglich eines Risikoabschlages bei finanziellen Vermögensgegenständen (§ 340e Abs. 3 Satz 1 HGB) bzw. zuzüglich eines Risikozuschlages bei finanziellen Verpflichtungen anzusetzen.

102 Der Begriff des **beizulegenden Zeitwerts** wurde in das deutsche Handelsbilanzrecht mit der Umsetzung der *Fair Value*-Richtlinie[102] durch das Bilanzrechtsreformgesetz eingeführt. Nach der Legaldefinition in IAS 32.11 ist der beizulegende Zeitwert der „Betrag, zu dem zwischen sachverständigen, vertragswilligen und voneinander unab-

---

98 Vgl. IDW RH HFA 1.014 (Stand 09.01.2009), Tz. 17.
99 Vgl. Begr. Beschlussempfehlung und Bericht des Rechtsausschusses, BT-Drucks. 16/12407, S. 92 und IDW RH HFA 1.014 (Stand: 09.01.2009), Tz. 15 ff.
100 Vgl. *Löw/Scharpf/Weigel*, WPg 2008, S. 1012 f.
101 Vgl. *Löw/Scharpf/Weigel*, WPg 2008, S. 1012.
102 Richtlinie 2001/65/EG des Europäischen Parlaments und des Rates vom 27. September 2001 zur Änderung der Richtlinien 78/660/EWG, 83/349/EWG und 86/635/EWG im Hinblick auf die im Jahresabschluss bzw. im konsolidierten Abschluss von Gesellschaften bestimmter Rechtsformen und von Banken und anderen Finanzinstituten zulässigen Wertansätze (ABl L 283/28 vom 27.10.2001).

hängigen Geschäftspartnern ein Vermögenswert getauscht oder eine Verbindlichkeit beglichen werden könnte"[103].

Die *Fair Value*-Richtlinie definiert den beizulegenden Zeitwert in Art. 42b wie folgt: **103**

a) Bei Finanzinstrumenten, für die sich ein verlässlicher Markt ohne weiteres ermitteln lässt, entspricht er dem Marktwert[104]. Lässt sich der Marktwert für das Finanzinstrument als Ganzes nicht ohne weiteres bestimmen, wohl aber für seine einzelnen Bestandteile oder für ein gleichartiges Finanzinstrument, so kann der Marktwert des Instruments aus den jeweiligen Marktwerten seiner Bestandteile oder dem Marktwert des gleichartigen Finanzinstruments abgeleitet werden.

b) Bei Finanzinstrumenten, für die sich ein verlässlicher Markt nicht ohne weiteres ermitteln lässt, wird dieser Wert mit Hilfe allgemein anerkannter Bewertungsmodelle und -methoden bestimmt[105]. Diese Bewertungsmodelle und -methoden müssen eine angemessene Annäherung an den Marktwert gewährleisten.

Der beizulegende Zeitwert für Bewertungszwecke wurde zwar nicht wortgleich aus **104** der Definition des beizulegenden Zeitwerts für Anhangangaben nach § 285 Satz 3 bis 5 HGB aF[106] übernommen, materiell ergeben sich jedoch keine Änderungen[107]. Die Hierarchie zur **Ermittlung des beizulegenden Zeitwerts** nach § 255 Abs. 4 HGB stellt sich wie folgt dar (vgl. auch Abschn. C Tz. 56-58):

– 1. Stufe: Marktpreis aus einem aktiven Markt (§ 255 Abs. 4 Satz 1 HGB);
– 2. Stufe: Bestimmung mittels allgemein anerkannter Bewertungsmethoden (bei fehlendem aktiven Markt; § 255 Abs. 4 Satz 2 HGB)[108];
– 3. Stufe: Fortführung der Anschaffungskosten nach § 253 Abs. 4 HGB (bei fehlendem aktiven Markt und fehlender allgemein anerkannter Bewertungsmethoden; § 255 Abs. 4 Satz 3 HGB). Hierbei gilt der zuletzt nach § 255 Abs. 4 Satz 1 oder 2 HGB ermittelte beizulegende Zeitwert als Anschaffungskosten im Sinne des Satzes 3 (Satz 4).

Bei der Bewertung dürfen keine **Paketzu- oder -abschläge** berücksichtigt werden[109]. **105** Die Anwendung von Geld- und Brief- (*bid and offer price*) bzw. Mittelkursen (IAS 39. AG70) ergibt sich aus den GoB.

Die Hierarchie des § 255 Abs. 4 HGB lässt sich – wie die nachfolgende Darstellung **106** zeigt – auch auf die **fünfstufige Bewertungshierarchie**[110] nach IAS 39[111] überleiten. **Hierbei ist zu berücksichtigen, dass es mit Inkrafttreten der im März 2009 verab-**

---

103 Vgl. zur konzeptionellen Ableitung des *fair value* Mujkanovic, *Fair Value* im *Financial Statement* nach IFRS, S. 187 ff.
104 Vgl. auch den Wortlaut von § 255 Abs. 4 Satz 1 HGB.
105 Vgl. auch den Wortlaut von § 255 Abs. 4 Satz 2 HGB.
106 Vgl. hierzu auch IDW RH HFA 1.005 (Stand: 18.03.2005), und Beck Bil-Komm.⁶, Tz. 284-292 zu § 285 HGB.
107 Vgl. *Böcking/Torabian*, BB 2008, S. 266.
108 *Mujkanovic*, StuB, S. 331, weist zu Recht darauf hin, dass die *Fair value*-Richtlinie von einem dreistufigen Konzept (Marktpreis für das Finanzinstrument, Ableitung aus Preisen für Bestandteile des Finanzinstruments bzw. aus dem Preis für ein vergleichbares Instrument und sonstige Bewertungsmodelle wie zB DCF-Methode und Optionspreismodelle) ausgeht, welches jedoch auf die Hierarchie in § 255 Abs. 4 HGB überleitbar ist.
109 Vgl. IAS 39.IG. E2.2 und BT-Drucks. 16/10067, S. 61.
110 In IAS 39.48f. iVm. IAS 39.AG 71ff. ist die Anzahl der Hierarchiestufen für Zwecke der Bewertung zum *fair value* nicht explizit festgelegt. Im „Positionspapier des IDW zu Bilanzierungs- und Bewertungsfragen im Zusammenhang mit der *Subprime*-Krise" vom 10. Dezember 2007 wird von einer fünfstufigen Bewertungshierarchie ausgegangen. Das IASB geht in aktuellen Veröffentlichungen davon aus, dass IAS 39 implizit eine dreistufige Bewertungshierarchie enthält (IFRS 7.BC39C).
111 Die Abb. 5 und 6 auf der nachfolgenden Seite sind *PricewaterhouseCoopers*, IFRS für Banken⁴, S. 348 entnommen.

schiedeten Änderung zu IAS 39 „*Embedded Derivatives* (*Amendements to* IFRIC 9 *and* IAS 39)" nunmehr für Anhangangaben in IFRS 7.27A eine dreistufige *Fair value*-Hierarchie gibt[112].

Abb. 29 Bewertungshierarchie nach HGB

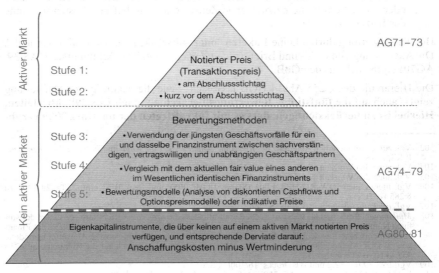

Abb. 30 Bewertungshierarchie nach IAS 39

---

112 Vgl. auch IDW ERS HFA 24 nF (Stand 29.05.2009), Tz. 40 ff.

Durch die Anwendung der Bewertung zum beizulegenden Zeitwert nach § 255 Abs. 4 HGB kommt es zur Modifikation bzw. zum **Durchbrechen von drei Grundsätzen** des HGB: 107

- Anschaffungskostenprinzip,
- Realisationsprinzip (GuV-wirksame Erfassung „realisierbarer" Gewinne)[113] und
- Grundsatz der Nichtbilanzierung schwebender Geschäfte (für Handelszwecke erworbene derivative Finanzinstrumente)[114].

Die in der Begründung zum Regierungsentwurf verwendete Definition des **aktiven Marktes** entspricht im Wortlaut derjenigen in IAS 39.AG71: Ein Finanzinstrument gilt als an einem aktiven Markt notiert, wenn 108

(1) notierte Preise an einer Börse, von einem Händler, von einem *Broker*, von einer Branchengruppe, einem Preisberechnungsservice oder von einer Aufsichtsbehörde
(2) leicht und regelmäßig erhältlich sind und
(3) auf aktuellen und regelmäßig auftretenden Markttransaktionen
(4) zwischen unabhängigen Dritten beruhen.

Die Beurteilung einzelner Definitionskriterien erfordert Ermessensentscheidungen des *Managements*.

Sowohl § 255 Abs. 4 Satz 2 HGB als auch IAS 39.AG71-81 differenzieren danach, ob ein aktiver Markt vorliegt. Für die **Abgrenzung** eines aktiven (liquiden) Marktes von einem nicht-aktiven (illiquiden) Markt gibt es keine klare Trennungslinie. Die Abgrenzung hat produkt- und marktabhängig unter Berücksichtigung der Gesamtlaufzeit des jeweiligen Finanzinstruments zu erfolgen[115]. Nach der Begründung zum Gesetzesentwurf kann von einem aktiven Markt nicht mehr ausgegangen werden, wenn aufgrund eines niedrigen *free floats* nur kleine Volumina gehandelt werden oder in einem engen Markt keine aktiven Marktpreise vorliegen[116]. 109

Vor dem Hintergrund der *Subprime-/*Finanzmarktkrise wurden von den Standardsettern weitere Kriterien für das Vorliegen eines **nicht-aktiven Marktes** zugelassen: 110

(1) signifikante Ausweitung der Geld-Brief-Spanne,
(2) signifikanter Rückgang des Handelsvolumens, insb. im Verhältnis zu historisch gehandelten Volumina,
(3) signifikante Preisschwankungen im Zeitablauf oder große Unterschiede bei Preisquotierungen verschiedener Marktteilnehmer und
(4) keine laufende Verfügbarkeit von Preisen[117].

Bei der Bestimmung des beizulegenden Zeitwerts an Hand **allgemein anerkannter Bewertungsmethoden** iSd. § 255 Abs. 4 Satz 2 HGB (zB *Discounted Cashflow-Modelle*, Optionspreismodelle) sind – soweit vorhanden – aktuelle Marktdaten zu verwenden[118]. Beim Einsatz von Bewertungsmodellen ist darauf zu achten, dass diese dem Marktstandard entsprechen. Die Schwankungsbreite der mit anerkannten Modellen er- 111

---

113 Vgl. BT-Drucks. 16/10067, S. 53.
114 Ebenda
115 Vgl. IDW RS HFA 9 (Stand: 12.04.2007), Tz. 63-112, hier Tz. 68.
116 Vgl. BT-Drucks. 16/10067, S. 61.
117 Vgl. SEC/FASB *release* 2008-234 „*SEC Office of the Chief Accountant* and *FASB Staff Clarifications on Fair Value Accounting*" vom 30.09.2008 und IASB *Expert Advisory Panel, "Measuring and disclosing the fair value of financial instruments in markets that are no longer active*," vom 31.10.2008. Vgl. hierzu auch die detaillierte Darstellung von *Goldschmidt/Weigel*, WPg 2009, S. 194 ff.
118 BT-Drucks. 16/10067, S. 61; vgl. zum bisherigen Recht IDW RH 1.005 (Stand: 18.03.2005), Tz. 18 ff.

mittelten beizulegenden Zeitwerte hängt von der Qualität der eingesetzten Bewertungsmodelle und der Schätzunsicherheiten bei den nicht am Markt beobachtbaren *Input*-Parametern ab[119]. Durch die Möglichkeit der Zeitwertbilanzierung auf nicht aktiven Märkten wird den branchenspezifischen Bedürfnissen der Kreditinstitute angemessen Rechnung getragen[120].

112 Sofern sich der beizulegende Zeitwert weder aus aktiven Märkten ableiten, noch mittels anerkannter Bewertungsmodelle ermitteln lässt, ist die Bewertung nach § 255 Abs. 4 Satz 3 HGB zu **Anschaffungskosten** nach dem strengen Niederstwertprinzip (§ 253 Abs. 4 HGB) fortzuführen, wobei der zuletzt nach einer der beiden Stufen (§ 255 Abs. 4 Satz 1 oder 2 HGB) ermittelte beizulegende Zeitwert als Anschaffungskosten gilt. Der umgekehrte Fall, dh. der Wechsel von der dritten auf die erste oder zweite Stufe der Bewertungshierarchie, ist im Gesetz nicht geregelt[121]. In diesem Fall ist die Umbewertungsdifferenz im Handelsergebnis zu erfassen.

5. Bestimmung des Risikoabschlags

113 Der nach den ersten beiden Stufen der Bewertungshierarchie § 255 Abs. 4 Satz 1 und 2 HGB ermittelte beizulegende Zeitwert ist nach § 340e Abs. 3 Satz 1 HGB um einen **Risikoabschlag** zu kürzen, der den „Ausfallwahrscheinlichkeiten der realisierbaren Gewinne Rechnung" trägt. Dabei geht der Gesetzgeber davon aus, dass die Bankenaufsicht die Angemessenheit der Berechnungsmethode und der verwendeten Parameter nach den Vorschriften des KWG beurteilt und überwacht[122]. Demnach kommen Risikoabschläge in Betracht, die sich an den Abschlägen für Volatilitäten bei Finanzinstrumenten im Rahmen des Aufsichtsrechts orientieren.

114 Dieser Risikoabschlag hatte sowohl im Referenten-[123] als auch im Regierungsentwurf[124] eine Surrogatfunktion[125] für die Ausschüttungssperre in § 268 Abs. 8 HGB und die Begrenzung der Gewinnabführung nach § 301 AktG (vgl. Abschn. N Tz. 2), welche sich auf von zu Handelszwecken erworbenen und zum beizulegenden Zeitwert erfassten Finanzinstrumenten bei Nicht-Banken bezog. Nunmehr wird der Risikoabschlag durch die Verpflichtung nach § 340e Abs. 4 Satz 1 HGB zur Zuführung von mindestens 10% der Nettoerträge des Handelsbestands in einen gesonderten Topf des Fonds für allgemeine Bankrisiken flankiert (vgl. Tz. 128 f.). Durch diesen zusätzlichen „**Risikopuffer**" soll nach der Ansicht des Rechtsausschusses den „aus der Zeitwertbilanzierung der Finanzinstrumente des Handelsbestands resultierenden Risiken" Rechnung getragen werden[126]. Diese faktische Ausschüttungssperre wurde in der Fachliteratur bereits als die Einführung des „Gürtel-Hosenträger-Prinzips"[127] charakterisiert.

115 Der Gesetzgeber gibt keine bestimmte Ermittlungsmethode für den Risikoabschlag vor. Zur Quantifizierung von Marktpreisrisiken kommen vor allem sog. *Value-at-Risk-*

---

119 Vgl. *Goldschmidt/Weigel*, WPg 2009, S. 196 ff.
120 Vgl. *Löw/Scharpf/Weigel*, WPg 2008, S. 1012 mit weiteren Nachweisen.
121 Vgl. *Scharpf*, in Küting/Pfitzer/Weber, Das neue deutsche Bilanzrecht², S. 239.
122 BT-Drucks. 16/10067, S. 95.
123 Vgl. RefE 2008, Begründung zu 4.b), S. 45 f.
124 Vgl. Gesetzesentwurf 2008, A.II.4.b)., S. 75 f. und B. Begründung zu Nummer 10 (§§ 253 und 254 HGB), S. 117.
125 Vgl. *Löw/Scharpf/Weigel*, WPg 2008, S. 1014.
126 Vgl. Begr. RegE, BT-Drucks. 16/10067, S. 93. Zutreffend weist *Mujkanovic*, StuB 2009, S. 332, darauf hin, dass Art. 42b der *Fair value*-Richtlinie einen derartigen Abschlag nicht vorsieht und dass die vom Markt erwarteten Risiken bei sachgerechter Ermittlung des beizulegenden Zeitwerts bereits eingepreist sind.
127 Vgl. *Scharpf*, in Küting/Pfitzer/Weber, Das neue deutsche Bilanzrecht², S. 243.

Abschläge in Betracht[128], wobei der „*Value at Risk* eine Schranke für potentielle Verluste eines Portfolios zwischen zwei vorgegebenen Zeitpunkten darstellt, die mit einer vorgegebenen Wahrscheinlichkeit nicht überschritten wird"[129]. Damit reflektiert ein *Value at Risk*-Abschlag „in sachlich zutreffender Weise den negativen Effekt aus Wertminderungsrisiken", womit „ein betriebswirtschaftliches Vorsichtsprinzip anstelle des transaktionsorientierten Realisationsprinzips zur Anwendung kommt"[130]. Hierdurch wird ein Gleichklang zwischen externer Rechnungslegung und interner Risikosteuerung erreicht.

Der Rechtsausschuss verlangt, dass der „Risikoabschlag auf Basis der internen Risikosteuerung gemäß den bankaufsichtsrechtlichen Vorgaben"[131] zu ermitteln ist. Da nicht alle Institute bankaufsichtsrechtlich gezwungen sind, nach der Solvabilitätsverordnung einen *Value-at-Risk* zu ermitteln, und dies auch nicht allein für handelsrechtliche Zwecke gefordert werden kann[132], sind auch **alternative Ermittlungsmethoden des Risikoabschlags** zulässig, sofern diese gemäß den MaRisk zur internen Risikosteuerung zum Einsatz kommen. Auf Einzelgeschäftsbasis entspricht dies der Begrenzung auf unrealisierte Bewertungsgewinne, auf der in der Praxis dominierenden Portfoliobetrachtung dem Überschuss der nicht realisierten Gewinne über die nicht realisierten Verluste[133]. Sofern ein Portfolio von demselben Risiko (zB Zinsänderungsrisiko) unterliegenden Finanzinstrumenten auf Basis des beizulegenden Zeitwerts gesteuert wird, wird es auch als sachgerecht angesehen, die Differenz zwischen den nicht realisierten Gewinnen und den nicht realisierten Verlusten aller im Portfolio befindlichen Finanzinstrumente als Risikoabschlag anzusetzen. Zudem wird es aus Vereinfachungsgründen als zulässig erachtet, den Risikoabschlag auf alle Finanzinstrumente – dh. auch auf solche, die keine Bewertungsgewinne enthalten – zu beziehen[134]. Das gewählte Verfahren ist im Anhang nach § 35 Abs. 1 Nr. 6a RechKredV zu erläutern; der Stetigkeitsgrundsatz ist zu beachten (vgl. Abschn. G Tz. 1 ff.).

6. Anhangangaben

§ 34 Abs. 1 Satz 1 RechKredV iVm. § 285 Nr. 20 lit. a und lit. b sowie Nr. 28 HGB fordern **Angaben** im Anhang zu

- den grundlegenden Annahmen, die der Bestimmung des beizulegenden Zeitwertes mit Hilfe allgemein anerkannter Bewertungsmethoden iSd. § 255 Abs. 4 Satz 2 HGB zugrunde gelegt wurden (Nr. 20 lit. a) sowie
- Umfang und Art jeder Kategorie derivativer Finanzinstrumente einschl. der wesentlichen Bedingungen, welche die Höhe, den Zeitpunkt und die Sicherheit künftiger Zahlungsströme beeinflussen können (Nr. 20 lit. b).

In der Begründung der Übernahme von Vorschriften aus der *Fair-Value*-Richtlinie wird betont, dass bei der Bewertung zum beizulegenden Zeitwert unter Verwendung

---

128 Vgl. *Scharpf/Luz*, Risikomanagement, Bilanzierung und Aufsicht von Finanzderivaten², S. 143.
129 *Luz/Scharpf*, Marktrisiken in der Bankenaufsicht, S. 105-108 sowie S. 322 f. Beispielsweise gibt ein *Value at Risk* von € 5 Mio mit einer Haltedauer von 10 Handelstagen und einem Konfidenzniveau von 99% an, dass der mögliche Verlust des betreffenden Finanzinstruments oder Portfolios bei einer Veräußerungsdauer von 10 Handelstagen mit einer Wahrscheinlichkeit von 99% nicht höher als € 5 Mio ausfällt.
130 *Scharpf*, in Küting/Pfitzer/Weber, Das neue deutsche Bilanzrecht², S. 242.
131 Begr. Beschlussempfehlung und Bericht des Rechtsausschusses, BT-Drucks. 16/12407, S. 92.
132 Vgl. *Löw/Scharpf/Weigel*, WPg 2008, S. 1014.
133 Vgl. *Löw/Scharpf/Weigel*, WPg 2008, S. 1014.
134 Vgl. *Löw/Scharpf/Weigel*, WPg 2008, S. 1014.

allgemein **anerkannter Bewertungsmethoden** „ausführlichere Angaben"[135] erforderlich sind; dies betrifft insb. die verwendeten Parameter. Die sich bei der Anwendung von Bewertungsmodellen ergebenden Ermessensspielräume sollen durch die Angaben nach § 285 Nr. 20 lit. a HGB transparenter gemacht werden (vgl. ausführlich Abschn. O Tz. 118).

119 § 285 Nr. 20 lit. b HGB fordert Angaben zu Umfang und Art jeder Kategorie **derivativer Finanzinstrumente**, die nach § 340e Abs. 3 Satz 1 HGB mit dem beizulegenden Zeitwert bewertet wurden (vgl. ausführlich Abschn. O Tz. 119). Grundlage für die Kategorisierung sind die den jeweiligen derivativen Finanzinstrumenten zugrunde liegenden Basiswerte bzw. abgesicherte Risiken[136]. Hier bietet sich bspw. eine Unterscheidung in zinsbezogene, währungsbezogene, aktienkursbezogene oder sonstige marktpreisbezogene Derivate an.

120 Die Angabepflicht des § 285 Nr. 28 HGB bezieht sich auf den Gesamtbetrag der **ausschüttungsgesperrten Beträge** (vgl. ausführlich Abschn. O Tz. 249 f.). Dieser Angabepflicht fehlt der systematische Zusammenhang, da es für Kreditinstitute keine Ausschüttungssperre gibt (§ 340a Abs. 2 Satz 1 HGB).

7. Steuerrechtliche Behandlung

121 Für Kredit- und Finanzdienstleistungsinstitute wird die Zeitwertbewertung abzüglich eines Risikoabschlages in die steuerliche Gewinnermittlung übernommen, vgl. § 6 Abs. 1 Nr. 2 lit. b EStG. Nach dieser Sondervorschrift werden die aus der Zeitwertbewertung der Finanzinstrumente resultierenden **realisierbaren Gewinne besteuert**. Die Gesetzesbegründung betont, dass dies der Praktikabilität dient und es sich nur um ein kurzfristiges Vorziehen des Besteuerungszeitpunktes handelt[137].

III. Erstanwendungszeitpunkt und Übergangsvorschriften

122 Art. 66 Abs. 3 Satz 1 EGHGB sieht vor, dass § 340e HGB erstmals auf Jahresabschlüsse für **nach dem 31. Dezember 2009** beginnende Geschäftsjahre anzuwenden ist. Die vor dem Inkrafttreten des BilMoG geltende Fassung des § 340e HGB ist letztmals auf vor dem 1. Januar 2010 beginnende Geschäftsjahre anzuwenden (Art. 66 Abs. 5 EGHGB). Die neuen Vorschriften können freiwillig bereits auf nach dem 31. Dezember 2008 beginnende Geschäftsjahre angewandt werden, dies jedoch nur insgesamt; dies ist im Anhang und Konzernanhang anzugeben (Art. 66 Abs. 3 Satz 6 EGHGB).

123 Derselbe Erstanwendungszeitpunkt gilt für die dazugehörigen **Anhangangaben** in § 285 Nr. 20 HGB (Art. 66 Abs. 3 Satz 1 EGHGB). Bei den Finanzinstrumenten des Handelsbestandes ist – sofern für diese nicht bereits bisher eine Marktbewertung (Portfoliobewertung mit Gewinnrealisierung bis zur Nulllinie)[138] erfolgte – zum 1. Januar 2009 eine GuV-wirksame **Zuschreibung** auf den Marktwert vorzunehmen, die im außerordentlichen Ergebnis ausgewiesen wird (Art. 67 Abs. 7 EGHGB).

124 Für die erstmalige Anwendung des neu eingefügten § 6 Abs. 1 Nr. 2b EStG ist derselbe Erstanwendungszeitpunkt vorgesehen (§ 52 Abs. 16 Satz 10 EStG); eine frühere Anwendung ist im Gleichklang mit den HGB-Erstanwendungsvorschriften zulässig. Für die Hälfte des Gewinns, der sich aus der erstmaligen Anwendung der **Steuervorschrift**

---
135 Begr. RegE, BT-Drucks. 16/10067, S. 71.
136 Ebenda.
137 Vgl. Begr. RegE, BT Drucks. 16/10067, S.100.
138 Vgl. *Krumnow et. al.* § 340c HGB Tz. 95 – 101, § 340e HGB, Tz. 345 ff.

ergibt, kann zum 31. Dezember 2010 eine den Gewinn mindernde Rücklage gebildet werden, die im folgenden Wirtschaftsjahr gewinnerhöhend aufzulösen ist[139]. Sofern das Wahlrecht zur Bildung dieser Rücklage für die Erstanwendung ausgeübt wird, sind in Höhe der Differenz zwischen dem handelsrechtlichen Buchwert der zum Jahresultimo 2010 noch vorhandenen Handelsaktiva aus dem Vorjahr und deren steuerlichem Wertansatz aufwandswirksam passive latente Steuern zu bilden.

---

139 Vgl. Begr. RegE, BT Drucks. 16/10067, S.100.

§ 340f HGB
Vorsorge für allgemeine Bankrisiken

(1) ¹Kreditinstitute dürfen Forderungen an Kreditinstitute und Kunden, Schuldverschreibungen und andere festverzinsliche Wertpapiere sowie Aktien und andere nicht festverzinsliche Wertpapiere, die weder wie Anlagevermögen behandelt werden noch Teil des Handelsbestands sind, mit einem niedrigeren als dem nach § 253 Abs. 1 Satz 1, **Abs. 4** vorgeschriebenen oder zugelassenen Wert ansetzen, soweit dies nach vernünftiger kaufmännischer Beurteilung zur Sicherung gegen die besonderen Risiken des Geschäftszweigs der Kreditinstitute notwendig ist. ²Der Betrag der auf diese Weise gebildeten Vorsorgereserven darf vier vom Hundert des Gesamtbetrags der in Satz 1 bezeichneten Vermögensgegenstände, der sich bei deren Bewertung nach § 253 Abs. 1 Satz 1, **Abs. 4** ergibt, nicht übersteigen. ³**Ein niedrigerer Wertansatz darf beibehalten werden.**

(2) *(aufgehoben)*

(3) Aufwendungen und Erträge aus der Anwendung von Absatz 1 und aus Geschäften mit in Absatz 1 bezeichneten Wertpapieren und Aufwendungen aus Abschreibungen sowie Erträge aus Zuschreibungen zu diesen Wertpapieren dürfen mit den Aufwendungen aus Abschreibungen auf Forderungen, Zuführungen zu Rückstellungen für Eventualverbindlichkeiten und für Kreditrisiken sowie mit den Erträgen aus Zuschreibungen zu Forderungen oder aus deren Eingang nach teilweiser oder vollständiger Abschreibung und aus Auflösungen von Rückstellungen für Eventualverbindlichkeiten und für Kreditrisiken verrechnet und in der Gewinn- und Verlustrechnung in einem Aufwand- oder Ertragsposten ausgewiesen werden.

(4) Angaben über die Bildung und Auflösung von Vorsorgereserven nach Absatz 1 sowie über vorgenommene Verrechnungen nach Absatz 3 brauchen im Jahresabschluß, Lagebericht, Konzernabschluß und Konzernlagebericht nicht gemacht zu werden.

Inhaltsverzeichnis Tz.
I. Bedeutung der Änderungen 125
II. Erstanwendungszeitpunkt und Übergangsvorschriften 126

I. Bedeutung der Änderungen

125 Die Änderungen des § 340f HGB ergeben sich aus der Neufassung des § 253 HGB und der Aufhebung der §§ 280 und 281 HGB. Materielle Änderungen sind nach der Regierungsbegründung[140] damit nicht verbunden. Nach Abs. 1 darf damit stille **Risikovorsorge** bei Forderungen und Wertpapieren betrieben werden, sofern diese nicht Anlagevermögen oder Handelsbestand sind. Von Finanzinstrumenten des Handelsbestands darf eine Vorsorge für allgemeine Bankrisiken dagegen nicht abgesetzt werden.

II. Erstanwendungszeitpunkt und Übergangsvorschriften

126 Art. 66 Abs. 3 Satz 1 EGHGB sieht vor, dass § 340f HGB erstmals auf Jahresabschlüsse für **nach dem 31. Dezember 2009** beginnende Geschäftsjahre anzuwenden ist. Die vor dem Inkrafttreten des BilMoG geltende Fassung des § 340f HGB ist letztmals auf vor dem 1. Januar 2010 beginnende Geschäftsjahre anzuwenden (Art. 66 Abs. 5

---

140 Vgl. Begr. RegE, BT-Drucks. 16/10067, S. 95.

EGHGB). Die neuen Vorschriften können freiwillig bereits auf nach dem 31. Dezember 2008 beginnende Geschäftsjahre angewandt werden, dies jedoch nur insgesamt; dies ist im Anhang und Konzernanhang anzugeben (vgl. Art. 66 Abs. 3 Satz 6 EGHGB).

§ 340g HGB
Sonderposten für allgemeine Bankrisiken

(1) Kreditinstitute dürfen auf der Passivseite ihrer Bilanz zur Sicherung gegen allgemeine Bankrisiken einen Sonderposten „Fonds für allgemeine Bankrisiken" bilden, soweit dies nach vernünftiger kaufmännischer Beurteilung wegen der besonderen Risiken des Geschäftszweigs der Kreditinstitute notwendig ist.

(2) Die Zuführungen zum Sonderposten oder die Erträge aus der Auflösung des Sonderpostens sind in der Gewinn- und Verlustrechnung gesondert auszuweisen.

Inhaltsverzeichnis Tz.
I. Bedeutung der Änderung .... 127 – 135
II. Erstanwendungszeitpunkt und Übergangsvorschriften 136

I. Bedeutung der Änderung

127 Obwohl der Wortlaut von § 340g HGB nicht geändert wurde, ergibt sich eine wesentliche materielle Änderung durch die Einfügung von § 340e Abs. 4 HGB, der die Zuführung und Auflösung zu einem **gesonderten Topf** des Fonds für allgemeine Bankrisiken in Abhängigkeit vom Nettoergebnis des Handelsbestands regelt (vgl. Tz. 81). Nach § 340e Abs. 4 Satz 1 HGB ist „in jedem Geschäftsjahr ein Betrag, der mindestens zehn vom Hundert der Nettoerträge des Handelsbestands entspricht", dem Fonds für allgemeine Bankrisiken zuzuführen und dort gesondert auszuweisen.

128 Demnach sind zukünftig im **Fonds für allgemeine Bankrisiken** zwei Töpfe (zwei unterschiedliche Bestände) zu unterscheiden:

- einer für die allgemeinen Risiken des Geschäftszweigs der Kreditinstitute (Vorsorge für allgemeine, geschäftszweigspezifische Risiken) und
- ein zweiter – neu hinzugekommener – für die besonderen Risiken aus der *Fair Value*-Bewertung von Finanzinstrumenten des Handelsbestands nach § 340e Abs. 3 HGB.

129 Dieser zusätzliche Risikopuffer – in Ergänzung zu dem Risikoabschlag nach § 340e Abs. 3 Satz 1 HGB – wurde vom Rechtsausschuss am Ende des Gesetzgebungsverfahrens eingeführt. Der Risikopuffer zählt nach § 10 Abs. 2a Nr. 7 KWG zum **bankaufsichtsrechtlichen Eigenkapital**. Die Zuführungen zu dem Topf für die besonderen Risiken aus der *Fair Value*-Bewertung von Finanzinstrumenten des Handelsbestands sind steuerneutral[141], die Zuführungen zur Vorsorge für allgemeine, geschäftszweigspezifische Risiken erfolgen aus den versteuerten Gewinnen.

130 Voraussetzung für die **Zuführung** zu dem gesonderten Topf des Fonds für allgemeine Bankrisiken ist nach § 340e Abs. 4 Satz 1 HGB der Ausweis eines Nettoertrags des Handelsbestands. Zu den bei der Zusammensetzung des Nettoergebnisses des Handelsbestands bestehenden Wahlrechten vgl. Tz. 205-207. Der maximale Zuführungsbetrag pro Geschäftsjahr ist der gesamte Nettoertrag des Handelsbestands. Eine Zuführung über den Mindestbetrag von 10 % des Nettoertrags des Handelsbestands hinaus ist in der Praxis nicht zu erwarten, da diese das Gewinndispositionsrecht der Organe der Gesellschaft einschränken würde.

---

141 Vgl. Begr. Beschlussempfehlung und Bericht des Rechtsausschusses, BT-Drucks. 16/12407, S. 93.

Da für den Topf für die besonderen Risiken aus der *Fair Value*-Bewertung von Finanzinstrumenten des Handelsbestands nur ein Wahlrecht zur Auflösung besteht (§ 340e Abs. 4 Satz 2 HGB), könnte man vermuten, dass eine Zuführung nur in den Jahren zwingend entfällt, in denen ein **Nettoaufwand des Handelsbestands** ausgewiesen wird. Allerdings ergibt sich aus der Gesetzesbegründung des Ausschusses, dass die Schwellenwerte, die das Wahlrecht zur Auflösung auslösen, zugleich eine Begrenzung der Zuführung zu dem gesonderten Topf enthalten[142]. 131

Der gesonderte Topf des Fonds für allgemeine Bankrisiken **darf** nach § 340e Abs. 4 Satz 2 HGB nur **aufgelöst** (Wahlrecht) werden 132

- zum Ausgleich von Nettoaufwendungen des Handelsbestands (§ 340e Abs. 4 Satz 2 Nr. 1 HGB), oder
- soweit er 50 vom Hundert des Durchschnitts der letzten fünf jährlichen Nettoerträge des Handelsbestands übersteigt (§ 340e Abs. 4 Satz 2 Nr. 2 HGB).

Unklar könnte sein, worauf sich die zweite Variante des Wahlrechts bezieht: 133

- auf den Durchschnitt der letzten fünf jährlichen Nettoerträge des Handelsbestands,
- auf die letzten fünf Geschäftsjahre – unabhängig vom Vorzeichen des Handelsergebnisses – oder
- auf die letzten fünf Geschäftsjahre, wobei nur diejenigen Jahre berücksichtigt werden, in denen das Institut einen Überschuss aus den Handelsaktivitäten ausgewiesen hat.

Nach dem Wortlaut des Gesetzestextes bezieht sich § 340e Abs. 4 Satz 2 Nr. 2 HGB auf den Durchschnitt der letzten fünf jährlichen **Nettoerträge** des Handelsbestands. Demnach bleiben Nettoaufwendungen unberücksichtigt und der Betrachtungszeitraum ist beim Vorliegen von Geschäftsjahren mit negativem Ergebnisbeitrag aus der Handelstätigkeit entsprechend auszudehnen[143].

Da mit dem gesonderten Topf für die besonderen Risiken aus der Fair Value-Bewertung von Finanzinstrumenten des Handelsbestands das Risiko aus Ausschüttungen aus nicht realisierten Bewertungsgewinnen einer Geschäftstätigkeit mit volatilen Ergebnisbeiträgen abgefedert werden soll, entspricht es dem Sinn und Zweck der Vorschrift, dass sich § 340e Abs. 4 Satz 2 Nr. 2 HGB auf den Saldo der letzten fünf Geschäftsjahre mit positivem Handelsergebnis bezieht.

---

142 Vgl. Begr. Beschlussempfehlung und Bericht des Rechtsausschusses, BT-Drucks. 16/12407, S. 93.
143 Vgl. *Scharpf* in Küting/Pfitzer/Weber, Das neue deutsche Bilanzrecht², S. 243.

Die Unterschiede der verschiedenen Auffassungen zeigt folgendes Beispiel:

Geschäftsjahr	Handelsergebnis des Geschäftsjahres	Saldo der letzten fünf jährlichen Nettoerträge des Handelsbestands	Saldo der letzten fünf Geschäftsjahre	Saldo der letzten fünf Geschäftsjahre mit positivem Handelsergebnis
1	–20		–20	
2	+40	+40	+40	+40
3	+10	+10	+10	+10
4	–40		–40	
5	+70	+70	+70	+70
6		+30		
7		+50		
Summe		+200	+60	+120

Folgt man dem Wortlaut des Gesetzes (vgl. Spalte 3), ergibt sich bei Berücksichtigung von sieben Jahren (keine Berücksichtigung der Verlustjahre 1 und 4) ein Schwellenwert von 20 GE (50 % von 200GE/5 Jahre).

Bezieht man sowohl die Gewinn- als auch die Verlustjahre in die Berechnung ein (vgl. Spalte 4), dann beträgt der Durchschnitt der letzten fünf Jahre 12 GE als Zuführung aus den jährlichen Nettoerträgen (Summe über die letzten fünf Jahre: 60 GE/5 Jahre ergibt 12 GE). Ist man dagegen der Ansicht, dass nur die Ergebnisbeiträge der letzten fünf Jahre mit positivem Ergebnissaldo zu berücksichtigen sind (vgl. Spalte 5), dann ergibt sich ein Zuführungsbetrag von 40 GE (Summe über die letzten fünf Jahre mit positivem Ergebnisbeitrag: 120 GE/3 Jahre ergibt 40 GE) Wir halten es für sachgerecht, in der Berechnung nur diejenigen Geschäftsjahre aus dem Fünfjahreszeitraum zu berücksichtigen, in denen sich aus dem Handel ein positiver Ergebnisbeitrag ergab. In den Sonderposten sind folglich Erträge einzustellen, bis er 50% von 40 GE, also 20 GE, erreicht hat.

Nach unserer Auffassung sind (nach dem Wortlaut; enge Auslegung) sowohl die erste als auch die dritte Alternative (nach Sinn und Zweck der Vorschrift; weite Auslegung) zulässig.

134 Die aufwandswirksamen Zuführungen zum Sonderposten und die Erträge aus der Auflösung des Sonderpostens sind nach § 340g Abs. 2 HGB in der Gewinn- und Verlustrechnung in einem **gesonderten Posten** auszuweisen, wobei der auf den gesonderten Topf iSd. § 340e Abs. 4 HGB entfallende Betrag mittels eines **Davon-Vermerks** zu kennzeichnen ist[144]. Folgt man dem Sinn und Zweck der Vorschrift, empfiehlt sich ein Ausweis im „Nettoaufwand bzw. Nettoertrag des Handelsbestands", da nur hierdurch im Verlustfall das Handelsergebnis durch die Auflösung des gesonderten Bestands des Fond ausgeglichen dargestellt werden kann.

135 Aufgrund der Volatilität des Handelsergebnisses kann die Zuführung bzw. Auflösung des gesonderten Topfes des Fonds für allgemeine Bankrisiken nur im **Zeitpunkt der Erstellung des Jahresabschlusses**, nicht aber bei der Erstellung eines Zwischenabschlusses erfolgen. In einem Geschäftsjahr kann es daher nur entweder Aufwendungen aus der Zuführung zum oder Erträge aus der Auflösung des gesonderten Topfes für die

---

144 Vgl. Begr. Beschlussempfehlung und Bericht des Rechtsausschusses, BT-Drucks. 16/12407, S. 93.

besonderen Risiken aus der *Fair Value*-Bewertung von Finanzinstrumenten des Handelsbestands geben.

II. Erstanwendungszeitpunkt und Übergangsvorschriften

Der Wortlaut von § 340g HGB wurde zwar nicht geändert, die Kommentierung zu § 340g HGB wurde aber deshalb eingefügt, weil sich implizit durch die Zeitwertbewertung von Finanzinstrumenten des Handelsbestands Zuführungen zu § 340g HGB ergeben, die es bisher nicht in dieser Form gab. Da aber am Wortlaut des § 340g HGB keine Änderung vorgenommen wurde, gibt es auch **keine** dazugehörige **Übergangs-/Erstanwendungsvorschrift**, die sich auf § 340g HGB bezieht.

136

§ 340h HGB
Währungsumrechnung

§ 256a gilt mit der Maßgabe, dass Erträge, die sich aus der Währungsumrechnung ergeben, in der Gewinn- und Verlustrechnung zu berücksichtigen sind, soweit die Vermögensgegenstände, Schulden oder Termingeschäfte durch Vermögensgegenstände, Schulden oder andere Termingeschäfte in derselben Währung besonders gedeckt sind.

Inhaltsverzeichnis
Tz.

I. Besonderheiten der Währungsumrechnung nach § 340h iVm. § 256a HGB bei Kreditinstituten
    1. Überblick .... 137 – 138
    2. Die Vorschriften zur Währungsumrechnung von Kreditinstituten im Einzelnen .... 139 – 153
II. Erstanwendungszeitpunkt und Übergangsvorschriften 154

I. Besonderheiten der Währungsumrechnung nach § 340h iVm. § 256a HGB bei Kreditinstituten

1. Überblick

137 Die bisher für die Währungsumrechnung von Kreditinstituten einschlägige Vorschrift des § 340h HGB aF ist durch das BilMoG wesentlich verändert worden. Der § 340h Abs. 2 HGB aF wurde aufgehoben. Weiterhin Gültigkeit hat jedoch das in § 340h Abs. 2 Satz 2 HGB aF kodifizierte Vorgehen zur **erfolgswirksamen Vereinnahmung von Erträgen** aus der Währungsumrechnung, soweit die Vermögensgegenstände, Schulden oder Termingeschäfte durch Vermögensgegenstände, Schulden oder andere Termingeschäfte in derselben Währung besonders gedeckt sind.

138 Darüber hinaus haben auch Kreditinstitute die **allgemeine Vorschrift** zur Währungsumrechnung für alle Kaufleute nach § 256a HGB zu beachten (vgl. Abschn. J Tz. 61 f.). Soweit Kreditinstitute **Bewertungseinheiten** iSd. § 254 HGB zur Absicherung von Fremdwährungsgeschäften gegen Währungsrisiken abbilden, sind die Vorschriften zur Währungsumrechnung nach § 256a HGB nicht anzuwenden (vgl. Abschn. H Tz. 96 und 106).

2. Die Vorschriften zur Währungsumrechnung von Kreditinstituten im Einzelnen

139 Die Währungsumrechnung nach § 340h HGB nach **altem und neuem Recht** stellt sich wie folgt dar:

§ 340h HGB   Rechnungslegung von Kreditinstituten   V

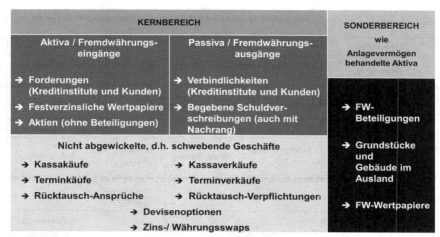

Abb. 31 Währungsumrechnung nach altem Recht

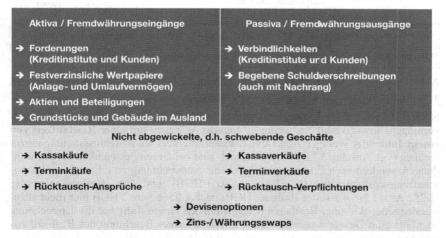

Abb. 32 Währungsumrechnung nach BilMoG

Bei der Währungsumrechnung ist zum einen die **Umrechnung** von Vermögensgegenständen und Verbindlichkeiten, die auf fremde Währung lauten, in EUR zu beachten und zum anderen die **Bewertung** von Vermögensgegenständen und Verbindlichkeiten, von schwebenden Geschäften sowie zum Bilanzstichtag nicht abgewickelten Kassageschäften in fremder Währung. Die nachfolgende Übersicht fasst die Vorschriften zur Währungsumrechnung (§§ 256a und 340h HGB) und Bewertung von bilanziellen und außerbilanziellen Geschäften in Fremdwährung zusammen:

140

Ebene	Aktiva und Passiva sowie außerbilanzielle bzw. schwebende Geschäfte in Fremdwährung	
Transaktion	Handelsbestand	Nicht-Handelsbestand[1]
Bewertung	beizulegender Zeitwert § 340e HGB	allgemeine Bewertungsgrundsätze §§ 249, 252, 253 HGB
Währungsumrechnung	Devisenkassamittelkurs § 256a HGB	

Restlaufzeit	≤ 1 Jahr	> 1 Jahr	≤ 1 Jahr	> 1 Jahr
GuV-Wirksamkeit der Umrechnung von Fremdwährung in EUR	Aufwendungen Erträge	Aufwendungen	Aufwendungen Erträge	Aufwendungen
Deckung	nicht relevant		besondere[2] § 340h HGB	keine[2]
GuV-Wirksamkeit der Bewertung in Fremdwährung	Aufwendungen und Erträge - Risikoabschlag - Zuführung / + Auflösung Fonds für allgemeine Bankrisiken		Aufwendungen Erträge	Aufwendungen Erträge nur soweit abgesichertes Risiko § 254 HGB

[1] Anlagevermögen: Anlagebestand; Umlaufvermögen: Liquiditätsreserve und Passiva ohne Handelsabsicht

[2] Der Begriff der Deckung ist unabhängig von der Laufzeit bzw. Fälligkeit

Abb. 33 Vorschriften zur Währungsumrechnung und Bewertung von bilanziellen und außerbilanziellen Geschäften in Fremdwährung

141 Nach § 256a Satz 2 HGB sind Vermögensgegenstände (Anlagevermögen und Umlaufvermögen) sowie Verbindlichkeiten in fremder Währung mit einer **Restlaufzeit von einem Jahr oder weniger** zum Devisenkassamittelkurs am Abschlussstichtag umzurechnen (vgl. Abschn. J Tz. 77 f.). Demnach sind bei diesen Posten nicht nur Aufwendungen, sondern auch Erträge aus der Währungsumrechnung zu erfassen, da das Anschaffungskostenprinzip (§ 253 Abs. 1 Satz 1 HGB) und das Realisationsprinzip (§ 252 Abs. 1 Nr. 4 zweiter Halbsatz HGB) nach § 256a Satz 2 HGB hier nicht anzuwenden sind. Bei einer Restlaufzeit von **mehr als einem Jahr** hat die Umrechnung ebenfalls zum Devisenkassamittelkurs, allerdings unter Beachtung des Realisations- und Anschaffungskostenprinzips zu erfolgen (§ 256a Satz 1 HGB).

142 Durch den Wortlaut des § 256a Satz 1 HGB wird klargestellt, dass es sich um einen **Mittelkurs** handelt; eine Umrechnung unter Berücksichtigung von Geld-/Briefkursen ist nicht erforderlich. Für 25 Fremdwährungen veröffentlicht die EZB (handels-)täglich Referenzkurse. Soweit für bestimmte Fremdwährungen keine EZB-Referenzkurse vorhanden sind, können bspw. im Interbankenmarkt quotierte Mittelkurse herangezogen werden.

143 Im Gegensatz zum § 340h Abs. 1 Satz 2 HGB aF ist die Umrechnung von am Abschlussstichtag **nicht abgewickelten Kassageschäften**[145] in Fremdwährung in den §§ 256a und 340h HGB nicht mehr ausdrücklich erwähnt. Diese Geschäfte sind jedoch auch wie bisher mit dem Devisenkassamittelkurs zum Abschlussstichtag umzurech-

---

[145] Die Valuta beträgt regelmäßig zwei Bankarbeitstage.

nen, da es sich mit Ansatz dieser Geschäfte in der Bilanz ebenso um Forderungen bzw. Verbindlichkeiten handelt, die auf fremde Währung lauten und nach § 256a HGB umzurechnen sind.

Zu den **schwebenden Geschäften** in fremder Währung gehören Währungsderivate in Form von Devisentermingeschäften und Devisenswaps, Devisenfutures und Devisenoptionen, Währungsswaps sowie Zins-/Währungsswaps. Für die Bewertung dieser Geschäfte ist zu unterscheiden, ob sie Bestandteil des Handelsbestands (Umlaufvermögen) sind, oder ob sie als Sicherungsinstrumente zum Nicht-Handelsbestand (Anlagevermögen) gehören und somit im Rahmen von Bewertungseinheiten nach § 254 HGB abgebildet werden (vgl. Abschn. H Tz. 26 f.). 144

Sofern die schwebenden Geschäfte in fremder Währung dem **Handelsbestand** zuzuordnen sind, erfolgt die Bewertung nach § 340e Abs. 3 HGB zum beizulegenden Zeitwert (vgl. Tz. 100-112). Währungsderivate, die nicht zum Handelsbestand gehören, sind bei Absicherung der Währungsrisiken nach § 254 HGB als Bewertungseinheit und ansonsten nach den allgemeinen Bewertungsgrundsätzen (§§ 249 Abs. 1 Satz 1, 252 HGB) zu behandeln. 145

Nicht abgewickelte **Devisentermingeschäfte** waren nach altem Recht (§ 340h Abs. 1 Satz 3 HGB aF) zum Terminkurs am Abschlussstichtag umzurechnen. In Abhängigkeit bestimmter Geschäftsarten waren bisher nach der IDW-Stellungnahme des BFA 3/1995 zwei Verfahren – der Terminkursvergleich und die Terminkursspaltung – als zulässig erachtet worden[146]. 146

Eine Umrechnung durch reinen **Terminkursvergleich** (dh. Vergleich des vereinbarten Terminkurses mit dem Terminkurs am Abschlussstichtag[147]) ist uE nicht mehr zulässig, da die Regelung des § 340h Abs. 1 Satz 3 HGB aF mit dem BilMoG gestrichen wurde[148]. Dabei ist zu beachten, dass der reine Terminkursvergleich nicht zu einem beizulegenden Zeitwert iSd. § 340e Abs. 3 Satz 1 iVm. § 255 Abs. 4 HGB führt. Dieser beizulegende Zeitwert in EUR ergibt sich für noch nicht abgewickelte Devisentermingeschäfte nur durch Terminkursvergleich mit einer währungsadäquaten Diskontierung der Zahlungsströme in Fremdwährung und Umrechnung zum aktuellen Devisenkassamittelkurs in EUR. 147

Bei der **Terminkursspaltung** wird der Terminkurs in seine beiden Elemente Kassakurs und Swapsatz (Deport oder Report) aufgespalten. Die vereinbarten Swapbeträge aus dem Deport oder Report sind – wie Zinszahlungen – laufzeitanteilig abzugrenzen[149]. Die Terminkursspaltung für Swapdepot-Geschäfte[150] erscheint weiterhin zulässig, da sie auch ohne Rückgriff auf den neuen § 340h HGB (bei besonderer Deckung) oder bei Darstellung als Bewertungseinheit (§ 254 HGB) zu wirtschaftlich sachgerechten Ergebnissen führt. Dagegen handelt es sich bei den *Swaparbitrage*-Geschäf- 148

---

146 Vgl. IDW BFA 3/1995 *Währungsumrechnung bei Kreditinstituten*, Abschn. D.II sowie *WPH*[13], Bd. I, J, Rdn. 308 ff.
147 Es ist stets der Terminkurs zu verwenden, der mit dem Fälligkeitsdatum des jeweils umzurechnenden Termingeschäfts korrespondiert.
148 Dieses Vorgehen führt insbesondere bei der Bewertung von nicht im Zusammenhang mit zinstragenden Bilanzposten oder Swaparbitrage-Transaktionen stehenden Termingeschäften zu sachgerechten Ergebnissen; vgl. IDW BFA 3/1995, Abschn. D.II. Dabei wird nach dem *WPH*[13] mittlerweile auch für die Swaparbitrage die Terminkursspaltung als sachgerecht erachtet; vgl. *WPH*[13], Bd. I, J, Rdn. 310.
149 Dieses Vorgehen führt bei Swapdepot- und *Swaparbitrage*-Geschäften zu sachgerechten Ergebnissen; vgl. *WPH*[13], Bd. I, J, Rdn. 310.
150 Bei Swapdepot-Geschäften werden zB verzinsliche und in EUR refinanzierte Ausleihungen in Fremdwährung durch Devisenterminverkäufe gegen Wechselkursänderungen abgesichert; vgl. *WPH*[13], Bd. I, J, Rdn. 311.

ten[151] aufgrund der damit verbundenen Zwecksetzung um Geschäfte des Handelsbestands (Handelsabsicht gemäß § 1a Abs. 1 Satz 1 Nr. 1 KWG iVm. § 340e Abs. 3 HGB). Hierfür gelten dann die Grundsätze zur Ermittlung des beizulegenden Zeitwerts nach § 340e Abs. 3 HGB.

149 Bei der Bewertung von Vermögensgegenständen und Schulden sowie schwebenden Geschäften in fremder Währung erfolgt die **Bewertung** wie auch bisher in einem ersten Schritt in der jeweiligen Fremdwährung nach den Bewertungsvorschriften für das Anlagevermögen oder Umlaufvermögen (zB für die Ermittlung des beizulegenden Zeitwerts im Handelsbestand, die Ermittlung von Abschreibungen oder Risikovorsorge). In einem zweiten Schritt wird der so **ermittelte Fremdwährungsbetrag in EUR umgerechnet**[152].

150 Die Behandlung der Aufwendungen und Erträge aus der Währungsumrechnung stellt sich wie folgt dar: Wie bisher sind sämtliche **Aufwendungen**, die sich aus der Währungsumrechnung ergeben, in der GuV zu berücksichtigen. Trotz Streichung des § 340h Abs. 2 Satz 1 HGB aF ergibt sich dies bereits aus dem Imparitäts- und Vorsichtsprinzip des § 252 Abs. 1 Nr. 4 HGB.

151 Auch ohne Vorliegen einer Restlaufzeit von bis zu einem Jahr (§ 256a HGB) kann das Kreditinstitut nach § 340h HGB bei Vermögensgegenständen, Schulden oder Termingeschäften eine vollständige erfolgswirksame Vereinnahmung der **Erträge** aus der Währungsumrechnung ohne Berücksichtigung des Anschaffungskosten- und Imparitätsprinzips erreichen, wenn diese durch Vermögensgegenstände, Schulden oder andere Vermögensgegenstände in derselben Währung besonders gedeckt sind (**besondere Deckung**). Für das Kriterium der besonderen Deckung gelten uE weiterhin die in der IDW-Stellungnahme des BFA 3/1995 dargelegten Ausführungen. Danach liegt das Kriterium der „besonderen Deckung" im subjektiven Zuordnungsbereich des jeweiligen Kreditinstituts. So ist bspw. denkbar, dass die Voraussetzungen der besonderen Deckung erfüllt sind, wenn das Währungsrisiko des Kreditinstituts über eine Währungsposition gesteuert wird und die einzelnen Posten je Währung in die Währungsposition des Instituts übernommen werden (zB Ermittlung der Währungsgesamtposition nach §§ 294 und 295 SolvV). Begründet wird die Vorgehensweise damit, dass es dem Kreditinstitut bei einer derartigen Gegenüberstellung der Ansprüche und Verpflichtungen in einer Währung, ohne Rücksicht auf die Fälligkeit der einzelnen Geschäfte, möglich ist, zeitliche Inkongruenzen durch entsprechende Anschlussgeschäfte zu beseitigen und dass es von dieser Möglichkeit auch Gebrauch machen wird. Dabei werden die Kosten derartiger Anschlussgeschäfte insb. durch das Zinsniveau für die betroffene Währung bestimmt. Das Währungsrisiko wird insoweit in ein Zinsänderungsrisiko überführt[153]. Da das Kriterium der „besonderen Deckung" jedoch im subjektiven Zuordnungsbereich liegt, kann als Kriterium auch die Identität der Fälligkeiten von Grundgeschäft und Sicherungsinstrument festgelegt werden.

152 Der **Ausweis von Aufwendungen und Erträgen** aus der Währungsumrechnung des Handelsbestands sowie damit verbundene Bewertungsergebnisse erfolgt grds. in dem Posten „Nettoaufwand oder Nettoertrag des Handelsbestands" (§ 340c Abs. 1 Satz 1 HGB). Darüber hinaus können die Aufwendungen und Erträge aus der Währungsum-

---

151 Bei einer *Swaparbitrage* schließt das Kreditinstitut in einer Währung längerfristige Devisentermingeschäfte und betragsgleiche, kürzerfristige, gegenläufige Devisentermingeschäfte in derselben Währung mit der Absicht ab, aus der erwarteten Veränderung der Swapsätze Gewinne zu erzielen; vgl. *WPH*[13], Bd. I, J, Rdn. 312.
152 Vgl. IDW BFA 3/1995 Abschn. D.I.1.
153 Vgl. IDW BFA 3/1995 Abschn. C.II.

rechnung auch bei dem Aufwands- oder Ertragsposten erfasst werden, bei dem die Bewertungseffekte aus der Anwendung des § 254 HGB abgebildet werden. Schließlich kommt auch ein Ausweis in den Posten „Sonstige betriebliche Aufwendungen" oder „Sonstige betriebliche Erträge" in Betracht. Für die Ausweisalternativen gilt das allgemeine Stetigkeitsprinzip.

Die Vorschriften zur erfolgswirksamen Umrechnung von Fremdwährungsgeschäften bei Vorlage der sog. **einfachen Deckung** (in derselben Währung) des § 340h Abs. 2 Satz 3 HGB aF sind durch das BilMoG nicht übernommen worden. Allerdings können diese Geschäfte zukünftig grds. unter Anwendung der Vorschriften zu den Bewertungseinheiten im Sinne des § 254 HGB abgebildet werden.   153

II. Erstanwendungszeitpunkt und Übergangsvorschriften

§ 340h HGB sowie der neue § 256a HGB sind erstmals auf Jahresabschlüsse anzuwenden, die **nach dem 31. Dezember 2009** beginnen (Art. 66 Abs. 3 Satz 1 EGHGB). Die vor dem Inkrafttreten des BilMoG geltende Fassung des § 340h HGB ist letztmals auf vor dem 1. Januar 2010 beginnende Geschäftsjahre anzuwenden (Art. 66 Abs. 5 EGHGB). Die neuen Vorschriften können freiwillig bereits auf nach dem 31. Dezember 2008 beginnende Geschäftsjahre angewandt werden, dies jedoch nur insgesamt; dies ist im Anhang und Konzernanhang anzugeben (vgl. Art. 66 Abs. 3 Satz 6 EGHGB).   154

§ 340k HGB
Prüfung

(1) ¹Kreditinstitute haben unabhängig von ihrer Größe ihren Jahresabschluß und Lagebericht sowie ihren Konzernabschluß und Konzernlagebericht unbeschadet der Vorschriften der §§ 28 und 29 des Gesetzes über das Kreditwesen nach den Vorschriften des Dritten Unterabschnitts des Zweiten Abschnitts über die Prüfung prüfen zu lassen; § 319 Abs. 1 Satz 2 ist nicht anzuwenden. ²Die Prüfung ist spätestens vor Ablauf des fünften Monats des dem Abschlußstichtag nachfolgenden Geschäftsjahrs vorzunehmen. ³Der Jahresabschluß ist nach der Prüfung unverzüglich festzustellen.

(2) ¹Ist das Kreditinstitut eine Genossenschaft oder ein rechtsfähiger wirtschaftlicher Verein, so ist die Prüfung abweichend von § 319 Abs. 1 Satz 1 von dem Prüfungsverband durchzuführen, dem das Kreditinstitut als Mitglied angehört, sofern mehr als die Hälfte der geschäftsführenden Mitglieder des Vorstands dieses Prüfungsverbands Wirtschaftsprüfer sind. ²Hat der Prüfungsverband nur zwei Vorstandsmitglieder, so muß einer von ihnen Wirtschaftsprüfer sein. ³§ 319 Abs. 2 und 3 sowie § 319a Abs. 1 sind auf die gesetzlichen Vertreter des Prüfungsverbandes und auf alle vom Prüfungsverband beschäftigten Personen, die das Ergebnis der Prüfung beeinflussen können, entsprechend anzuwenden; § 319 Abs. 3 Satz 1 Nr. 2 ist auf Mitglieder des Aufsichtsorgans des Prüfungsverbandes nicht anzuwenden, sofern sichergestellt ist, dass der Abschlussprüfer die Prüfung unabhängig von den Weisungen durch das Aufsichtsorgan durchführen kann. ⁴Ist das Mutterunternehmen eine Genossenschaft, so ist der Prüfungsverband, dem die Genossenschaft angehört, unter den Voraussetzungen der Sätze 1 bis 3 auch Abschlußprüfer des Konzernabschlusses und des Konzernlageberichts.

(2a) ¹**Bei der Prüfung des Jahresabschlusses der in Absatz 2 bezeichneten Kreditinstitute durch einen Prüfungsverband darf der gesetzlich vorgeschriebene Bestätigungsvermerk nur von Wirtschaftsprüfern unterzeichnet werden.** ²**Die im Prüfungsverband tätigen Wirtschaftsprüfer haben ihre Prüfungstätigkeit unabhängig, gewissenhaft, verschwiegen und eigenverantwortlich auszuüben.** ³**Sie haben sich insbesondere bei der Erstattung von Prüfungsberichten unparteiisch zu verhalten.** ⁴**Weisungen dürfen ihnen hinsichtlich ihrer Prüfungstätigkeit von Personen, die nicht Wirtschaftsprüfer sind, nicht erteilt werden.** ⁵**Die Zahl der im Verband tätigen Wirtschaftsprüfer muss so bemessen sein, dass die den Bestätigungsvermerk unterschreibenden Wirtschaftsprüfer die Prüfung verantwortlich durchführen können.**

(3) ¹Ist das Kreditinstitut eine Sparkasse, so dürfen die nach Absatz 1 vorgeschriebenen Prüfungen abweichend von § 319 Abs. 1 Satz 1 von der Prüfungsstelle eines Sparkassen- und Giroverbands durchgeführt werden. ²Die Prüfung darf von der Prüfungsstelle jedoch nur durchgeführt werden, wenn der Leiter der Prüfungsstelle die Voraussetzungen des § 319 Abs. 1 Satz 1 und 2 erfüllt; § 319 Abs. 2, 3 und 5 sowie § 319a sind auf alle vom Sparkassen- und Giroverband beschäftigten Personen, die das Ergebnis der Prüfung beeinflussen können, entsprechend anzuwenden. ³Außerdem muß sichergestellt sein, daß der Abschlußprüfer die Prüfung unabhängig von den Weisungen der Organe des Sparkassen- und Giroverbands durchführen kann. ⁴Soweit das Landesrecht nichts anderes vorsieht, findet § 319 Abs. 1 Satz 3 mit der Maßgabe Anwendung, dass die Bescheinigung der Prüfungsstelle erteilt worden sein muss.

(4) Finanzdienstleistungsinstitute, deren Bilanzsumme am Stichtag 150 Millionen Euro nicht übersteigt, dürfen auch von den in § 319 Abs. 1 Satz 2 genannten Personen geprüft werden.

(5) ¹**Kreditinstitute, auch wenn sie nicht in der Rechtsform einer Kapitalgesellschaft betrieben werden, haben § 324 anzuwenden, wenn sie kapitalmarktorientiert im Sinn des § 264d sind und keinen Aufsichts- oder Verwaltungsrat haben, der die Voraussetzungen des § 100 Abs. 5 des Aktiengesetzes erfüllen muss.** ²**Dies gilt für Sparkassen im Sinn des Absatzes 3 sowie sonstige landesrechtliche öffentlich-rechtliche Kreditinstitute nur, soweit das Landesrecht nichts anderes vorsieht.**

Inhaltsverzeichnis
Tz.
I. Bedeutung der Änderungen .... 155 – 156
II. Erstanwendungszeitpunkt und Übergangsvorschriften .... 157 – 158

I. Bedeutung der Änderungen

Die Einfügung von § 340k Abs. 2a HGB setzt eine Vorgabe der **Abschlussprüferrichtlinie**[154] um. Die neue Vorschrift stellt sicher, dass der gesetzlich vorgeschriebene Bestätigungsvermerk bei Kreditinstituten, die in der Rechtsform einer Genossenschaft oder eines rechtsfähigen wirtschaftlichen Vereins betrieben werden, **nur von Wirtschaftsprüfern unterzeichnet werden darf.** — 155

Zukünftig haben alle kapitalmarktorientierten Kreditinstitute, auch wenn sie nicht in der Rechtsform einer Kapitalgesellschaft betrieben werden und keinen Aufsichts- oder Verwaltungsrat haben, nach § 340k Abs. 5 HGB einen **Prüfungsausschuss** einzurichten, der die Voraussetzungen des § 324 HGB erfüllt (vgl. dazu Abschn. K Tz. 92 ff.). § 340k Abs. 5 Satz 2 HGB enthält bezüglich der Verpflichtung zur Einrichtung eines Prüfungsausschusses eine Öffnungsklausel für Sparkassen und sonstige landesrechtliche Kreditinstitute. Die Öffnungsklausel ist erforderlich, um einen Eingriff in die Gesetzgebungskompetenz der Länder im Bereich des Sparkassen-Organisationsrechts zu vermeiden. Dennoch müssen auch die landesrechtlichen Vorschriften den Anforderungen der EU-Abschlussprüferrichtlinie entsprechen. — 156

II. Erstanwendungszeitpunkt und Übergangsvorschriften

Art. 66 Abs. 2 Satz 1 EGHGB sieht vor, dass § 340k Abs. 2a HGB erstmals auf Jahresabschlüsse für das **nach dem 31. Dezember 2008** beginnende Geschäftsjahr anzuwenden ist. — 157

§ 340k Abs. 5 HGB ist erstmals **ab dem 1. Januar 2010** anzuwenden (Art. 66 Abs. 4 erster Halbsatz EGHGB)[155]. — 158

---

154 Er entspricht inhaltlich Art. 25 Abs. 2 EGHGB, vgl. Begr. RegE, BT-Drucks. 16/10067, S. 95.
155 Vgl. auch IDW ERS HFA 28 (Stand 29.05.2009), Tz. 2.

§ 340l HGB
Offenlegung

(1) ¹Kreditinstitute haben den Jahresabschluß und den Lagebericht sowie den Konzernabschluß und den Konzernlagebericht und die anderen in § 325 bezeichneten Unterlagen nach § 325 Abs. 2 bis 5, §§ 328, 329 Abs. 1 **und 4** offenzulegen. ²Kreditinstitute, die nicht Zweigniederlassungen sind, haben die in Satz 1 bezeichneten Unterlagen außerdem in jedem anderen Mitgliedstaat der Europäischen Gemeinschaft und in jedem anderen Vertragsstaat des Abkommens über den Europäischen Wirtschaftsraum offenzulegen, in dem sie eine Zweigniederlassung errichtet haben. ³Die Offenlegung richtet sich nach dem Recht des jeweiligen Mitgliedstaats oder Vertragsstaats.

(2) ¹Zweigniederlassungen im Geltungsbereich dieses Gesetzes von Unternehmen mit Sitz in einem anderen Staat haben die in Absatz 1 Satz 1 bezeichneten Unterlagen ihrer Hauptniederlassung, die nach deren Recht aufgestellt und geprüft worden sind, nach § 325 Abs. 2 bis 5, §§ 328, 329 Abs. 1, **3 und 4** offenzulegen. ²**Unternehmen mit Sitz in einem Drittstaat im Sinn des § 3 Abs. 1 Satz 1 der Wirtschaftsprüferordnung, deren Wertpapiere im Sinn des § 2 Abs. 1 Satz 1 des Wertpapierhandelsgesetzes an einer inländischen Börse zum Handel am regulierten Markt zugelassen sind, haben zudem eine Bescheinigung der Wirtschaftsprüferkammer gemäß § 134 Abs. 2a der Wirtschaftsprüferordnung über die Eintragung des Abschlussprüfers oder eine Bestätigung der Wirtschaftsprüferkammer gemäß § 134 Abs. 4 Satz 8 der Wirtschaftsprüferordnung über die Befreiung von der Eintragungsverpflichtung offenzulegen.** ³Satz 2 ist nicht anzuwenden, soweit ausschließlich Schuldtitel im Sinn des § 2 Abs. 1 Satz 1 Nr. 3 des Wertpapierhandelsgesetzes mit einer Mindeststückelung von 50 000 Euro oder einem entsprechenden Betrag anderer Währung an einer inländischen Börse zum Handel am regulierten Markt zugelassen sind. ⁴Zweigniederlassungen im Geltungsbereich dieses Gesetzes von Unternehmen mit Sitz in einem Staat, der nicht Mitglied der Europäischen Gemeinschaft und auch nicht Vertragsstaat des Abkommens über den Europäischen Wirtschaftsraum ist, brauchen auf ihre eigene Geschäftstätigkeit bezogene gesonderte Rechnungslegungsunterlagen nach Absatz 1 Satz 1 nicht offenzulegen, sofern **die nach den Sätzen 1 und 2** offenzulegenden Unterlagen nach einem an die Richtlinie 86/635/EWG angepaßten Recht aufgestellt und geprüft worden oder den nach einem dieser Rechte aufgestellten Unterlagen gleichwertig sind. ⁵Die Unterlagen sind in deutscher Sprache einzureichen. ⁶Soweit dies nicht die Amtssprache am Sitz der Hauptniederlassung ist, können die Unterlagen der Hauptniederlassung auch

1. in englischer Sprache oder
2. einer von dem Register der Hauptniederlassung beglaubigten Abschrift oder,
3. wenn eine dem Register vergleichbare Einrichtung nicht vorhanden oder diese nicht zur Beglaubigung befugt ist, in einer von einem Wirtschaftsprüfer bescheinigten Abschrift, verbunden mit der Erklärung, dass entweder eine dem Register vergleichbare Einrichtung nicht vorhanden oder diese nicht zur Beglaubigung befugt ist,

eingereicht werden; von der Beglaubigung des Registers ist eine beglaubigte Übersetzung in deutscher Sprache einzureichen.

(3) § 339 ist auf Kreditinstitute, die Genossenschaften sind, nicht anzuwenden.

(4) Soweit Absatz 1 Satz 1 auf § 325 Abs. 2a Satz 3 und 5 verweist, gelten die folgenden Maßgaben und ergänzenden Bestimmungen:
1. Die in § 325 Abs. 2a Satz 3 genannten Vorschriften des Ersten Unterabschnitts des Zweiten Abschnitts des Dritten Buchs sind auch auf Kreditinstitute anzuwenden, die nicht in der Rechtsform einer Kapitalgesellschaft betrieben werden.
2. ¹§ 285 Nr. 8 Buchstabe b findet keine Anwendung. ²Jedoch ist im Anhang zum Einzelabschluss nach § 325 Abs. 2a der Personalaufwand des Geschäftsjahrs in der Gliederung nach Formblatt 3 Posten 10 Buchstabe a der Kreditinstituts-Rechnungslegungsverordnung in der Fassung der Bekanntmachung vom 11. Dezember 1998 (BGBl. I S. 3658), die zuletzt durch Artikel 8 Abs. 11 Nr. 1 des Gesetzes vom 4. Dezember 2004 (BGBl. I S. 3166) geändert worden ist, anzugeben, sofern diese Angaben nicht gesondert in der Gewinn- und Verlustrechnung erscheinen.
3. An Stelle des § 285 Nr. 9 Buchstabe c gilt § 34 Abs. 2 Nr. 2 der Kreditinstituts-Rechnungslegungsverordnung in der Fassung der Bekanntmachung vom 11. Dezember 1998 (BGBl. I S. 3658), die zuletzt durch Artikel 8 Abs. 11 Nr. 1 des Gesetzes vom 4. Dezember 2004 (BGBl. I S. 3166) geändert worden ist.
4. Für den Anhang gilt zusätzlich die Vorschrift des § 340a Abs. 4.
5. Im Übrigen finden die Bestimmungen des Zweiten bis Vierten Titels dieses Unterabschnitts sowie der Kreditinstituts-Rechnungslegungsverordnung keine Anwendung.

Inhaltsverzeichnis Tz.
I. Bedeutung der Änderungen .... 159 – 161
II. Erstanwendungszeitpunkt und Übergangsvorschriften 162

I. Bedeutung der Änderungen

Mit dem geänderten Wortlaut des § 340l Abs. 1 Satz 1 HGB ist keine materielle Änderung verbunden. Vielmehr soll klargestellt werden, dass vor der Veröffentlichung der Jahresabschlussunterlagen im **elektronischen Bundesanzeiger** diese Unterlagen[156] nach § 325 Abs. 1 HGB auch noch beim Betreiber des elektronischen Bundesanzeigers einzureichen sind (vgl. auch Abschn. U). Mit dem Verweis auf § 329 Abs. 4 HGB soll die Anwendbarkeit der Vorschrift sichergestellt werden, die für Offenlegungsverstöße auf die Ordnungsgeldvorschriften in § 340o HGB verweist.

159

§ 340l Abs. 2 HGB enthält eine Offenlegungserleichterung für **Zweigniederlassungen** von Unternehmen **aus Drittstaaten**, weil diese in bestimmten Fällen keine eigenen Rechnungslegungsunterlagen für ihre Zweigstelle, sondern stattdessen die der Hauptniederlassung offen legen müssen. Diese Offenlegungserleichterung wird durch die Einfügung des neuen Satzes 2 dadurch eingeschränkt, dass die Prüfer des Jahresabschlusses einer in Deutschland kapitalmarktorientierten Hauptniederlassung aus Drittländern grds. nach § 134 WPO in das Berufsregister eingetragen sein müssen und die Bescheinigung der Wirtschaftsprüferkammer hierüber (oder die Bestätigung der Wirt-

160

---
156 Die Vorschrift gilt über den Verweis in § 340i Abs. 1 HGB auch für die Offenlegung von Konzernabschlüssen.

schaftsprüferkammer über die Befreiung von der Eintragungspflicht) mit offengelegt werden muss (vgl. hierzu Abschn. Z Tz. 105 ff.).

161 Die Verpflichtung zur **Offenlegung der Bescheinigung** bzw. Bestätigung der Wirtschaftsprüferkammer besteht nach § 340l Abs. 2 Satz 3 HGB nur dann ausnahmsweise nicht, wenn das kapitalmarktorientierte Unternehmen mit Hauptsitz in einem Drittland nur Schuldtitel mit einer Mindeststückelung von mindestens EUR 50.000 oder mehr in einem Mitgliedsstaat handelt. Sofern die Hauptniederlassung ihre durch einen nach § 134 WPO eingetragenen Wirtschaftsprüfer geprüften Unterlagen ordnungsgemäß offenlegt, müssen keine eigenen Unterlagen der Zweigniederlassung im elektronischen Bundesanzeiger offengelegt werden.

II. Erstanwendungszeitpunkt und Übergangsvorschriften

162 Art. 66 Abs. 2 Satz 1 EGHGB sieht vor, dass § 340l Abs. 2 Satz 2 bis 4 HGB erstmals auf Jahresabschlüsse für das **nach dem 31. Dezember 2008** beginnende Geschäftsjahr anzuwenden ist. Die Übergangsvorschrift resultiert aus der erforderlichen Umsetzung von EU-Richtlinien, die eine Anwendung auf Abschlüsse nach dem 31. Dezember 2008 erforderlich machen[157].

---

157 Vgl. IDW ERS HFA 28 (Stand: 29.05.2009), Tz. 2 und Anlage 1.

§ 340n HGB
Bußgeldvorschriften

(1) Ordnungswidrig handelt, wer als Geschäftsleiter im Sinne des § 1 Abs. 2 Satz 1 oder des § 53 Abs. 2 Nr. 1 des Kreditwesengesetzes oder als Inhaber eines in der Rechtsform des Einzelkaufmanns betriebenen Kreditinstituts oder Finanzdienstleistungsinstituts im Sinne des § 340 Abs. 4 Satz 1 oder als Mitglied des Aufsichtsrats

1. bei der Aufstellung oder Feststellung des Jahresabschlusses oder bei der Aufstellung des Zwischenabschlusses gemäß § 340a Abs. 3 einer Vorschrift

    a) des § 243 Abs. 1 oder 2, der §§ 244, 245, 246 Abs. 1 oder 2, dieser in Verbindung mit § 340a Abs. 2 Satz 3, des **§ 246 Abs. 3 Satz 1, des** § 247 Abs. 2 oder 3, der §§ 248, 249 Abs. 1 Satz 1 oder **Abs. 2, des § 250 Abs.** 1 oder Abs. 2, des § 264 Abs. 2, des § 340b Abs. 4 oder 5 oder des § 340c Abs. 1 über Form oder Inhalt,

    b) des § 253 Abs. 1 Satz 1, **2, 3 oder 4, Abs. 2 Satz 1, auch in Verbindung mit Satz 2, Abs. 3 Satz 1, 2 oder 3, Abs. 4 oder 5, der §§ 254, 256a, 340e Abs. 1 Satz 1 oder 2, Abs. 3 Satz 1, 2, 3 oder 4 Halbsatz 2, Abs. 4 Satz 1 oder 2,** des § 340f Abs. 1 Satz 2 oder des § 340g Abs. 2 über die Bewertung,

    c) des § 265 Abs. 2, 3 oder 4, des § 268 Abs. 3 oder 6, der §§ 272, 274 oder des § 277 Abs. 3 Satz 2 oder Abs. 4 über die Gliederung,

    d) des **§ 284 Abs. 1, 2 Nr. 1, 3 oder Nr. 5 oder des § 285 Nr. 3, 6, 7, 9 Buchstabe a oder Buchstabe b, Nr. 10, 11, 13, 14, 17 bis 29** über die im Anhang zu machenden Angaben,

2. bei der Aufstellung des Konzernabschlusses oder des Konzernzwischenabschlusses gemäß § 340i Abs. 4 einer Vorschrift

    a) des § 294 Abs. 1 über den Konsolidierungskreis,

    b) des § 297 Abs. 2 oder 3 oder des § 340i Abs. 2 Satz 1 in Verbindung mit einer der in Nummer 1 Buchstabe a bezeichneten Vorschriften über Form oder Inhalt,

    c) des § 300 über die Konsolidierungsgrundsätze oder das Vollständigkeitsgebot,

    d) des § 308 Abs. 1 Satz 1 in Verbindung mit den in Nummer 1 Buchstabe b bezeichneten Vorschriften, des § 308 Abs. 2 **oder des § 308a** über die Bewertung,

    e) des § 311 Abs. 1 Satz 1 in Verbindung mit § 312 über die Behandlung assoziierter Unternehmen oder

    f) des § 308 Abs. 1 Satz 3, des § 313 oder des § 314 über die im Anhang zu machenden Angaben,

3. bei der Aufstellung des Lageberichts einer Vorschrift des § 289 Abs. 1, **4 oder Abs. 5 oder des § 289a** über den Inhalt des Lageberichts,

4. bei der Aufstellung des Konzernlageberichts einer Vorschrift des § 315 Abs. 1 oder 4 über den Inhalt des Konzernlageberichts,

5. bei der Offenlegung, Veröffentlichung oder Vervielfältigung einer Vorschrift des § 328 über Form oder Inhalt oder

6. einer auf Grund des § 330 Abs. 2 in Verbindung mit Abs. 1 Satz 1 erlassenen Rechtsverordnung, soweit sie für einen bestimmten Tatbestand auf diese Bußgeldvorschrift verweist,

zuwiderhandelt.

(2) Ordnungswidrig handelt, wer zu einem Jahresabschluss, zu einem Einzelabschluss nach § 325 Abs. 2a oder zu einem Konzernabschluss, der aufgrund gesetzlicher Vorschriften zu prüfen ist, einen Vermerk nach § 322 Abs. 1 erteilt, obwohl nach § 319 Abs. 2, 3, 5, § 319a Abs. 1 Satz 1, **Abs. 2, § 319b Abs. 1 er** nach § 319 Abs. 4, auch in Verbindung mit § 319a Abs. 1 Satz 2, oder § 319a Abs. 1 **Satz 4, 5, § 319b Abs. 1** die Wirtschaftsprüfungsgesellschaft oder nach § 340k Abs. 2 oder Abs. 3 der Prüfungsverband oder die Prüfungsstelle, für die oder für den er tätig wird, nicht Abschlussprüfer sein darf.

(3) Die Ordnungswidrigkeit kann mit einer Geldbuße bis zu fünfzigtausend Euro geahndet werden.

(4) Verwaltungsbehörde im Sinn des § 36 Abs. 1 Nr. 1 des Gesetzes über Ordnungswidrigkeiten ist in den Fällen der Absätze 1 und 2 die Bundesanstalt für Finanzdienstleistungsaufsicht.

Inhaltsverzeichnis Tz.
I. Bedeutung der Änderungen 163
II. Erstanwendungszeitpunkt und Übergangsvorschriften 164

I. Bedeutung der Änderungen

163 Mit den geänderten Bußgeldvorschriften erfolgt lediglich eine **Anpassung** an die Änderungen des materiellen Rechts. Eine Ausdehnung oder Verschärfung der Vorschriften ist damit nicht verbunden.

II. Erstanwendungszeitpunkt und Übergangsvorschriften

164 Die Änderungen des § 340n HGB sind erstmals anzuwenden auf Jahresabschlüsse, deren Geschäftsjahr **nach dem 31. Dezember 2009** beginnt (Art. 66 Abs. 3 Satz 1 EGHGB). Die vor dem Inkrafttreten des BilMoG geltende Fassung des § 340n HGB ist letztmals auf vor dem 1. Januar 2010 beginnende Geschäftsjahre anzuwenden (Art. 66 Abs. 5 EGHGB).

§ 7 RechKredV
Wertpapiere

(1) ¹Als Wertpapiere sind Aktien, Zwischenscheine, Investmentanteile, Optionsscheine, Zins- und Gewinnanteilscheine, börsenfähige Inhaber- und Ordergenußscheine, börsenfähige Inhaberschuldverschreibungen auszuweisen, auch wenn sie vinkuliert sind, unabhängig davon, ob sie in Wertpapierurkunden verbrieft oder als Wertrechte ausgestaltet sind, börsenfähige Orderschuldverschreibungen, soweit sie Teile einer Gesamtemission sind, ferner andere festverzinsliche Inhaberpapiere, soweit sie börsenfähig sind, und andere nicht festverzinsliche Wertpapiere, soweit sie börsennotiert sind. ²Hierzu rechnen auch ausländische Geldmarktpapiere, die zwar auf den Namen lauten, aber wie Inhaberpapiere gehandelt werden.

(2) Als börsenfähig gelten Wertpapiere, die die Voraussetzungen einer Börsenzulassung erfüllen; bei Schuldverschreibungen genügt es, daß alle Stücke einer Emission hinsichtlich Verzinsung, Laufzeitbeginn und Fälligkeit einheitlich ausgestattet sind.

(3) Als börsennotiert gelten Wertpapiere, die an einer deutschen Börse **zum Handel im regulierten Markt** zugelassen sind, außerdem Wertpapiere, die an ausländischen Börsen zugelassen sind oder gehandelt werden.

Inhaltsverzeichnis Tz.
I. Bedeutung der Änderung .... 165 – 166
II. Erstanwendungszeitpunkt und Übergangsvorschriften 167

I. Bedeutung der Änderung

Die neue Formulierung des § 7 Abs. 3 RechKredV setzt eine durch das FRUG (Finanzmarktrichtlinie-Umsetzungsgesetz) notwendig gewordene Änderung um. Mit Inkrafttreten des FRUG wurden die Marktsegmente „Amtlicher Markt" und „Geregelter Markt" an den deutschen Wertpapierbörsen in ein einheitliches Marktsegment „**regulierter Markt**" zusammengeführt. Seit dem 1. November 2007 kann bspw. an der Frankfurter Wertpapierbörse eine Zulassung nur noch zum regulierten Markt (*General Standard*) bzw. zu einem Teilbereich des regulierten Marktes mit weiteren Zulassungsfolgepflichten[158] (*Prime Standard*) erfolgen. Der regulierte Markt ist ein organisierter Markt im Sinne von § 2 Abs. 5 des WpHG. Dagegen zählt der Freiverkehr nicht zu den organisierten Märkten iSd. § 2 Abs. 5 WpHG. 165

Fraglich ist, ob als Abgrenzung für die in § 7 Abs. 3 RechKredV genannten Wertpapiere eine Bezugnahme auf die **Kapitalmarktorientierung** iSd. Legaldefinition des § 264d HGB (vgl. Abschn. K Tz. 32) sinnvoller für den Anwendungsbereich ist als die Begrenzung auf börsennotierte Wertpapiere. 166

II. Erstanwendungszeitpunkt und Übergangsvorschriften

Die Änderungen der RechKredV sind am Tag nach der Verkündung des Gesetzes, also **am 29. Mai 2009**, in Kraft getreten (Art. 15 BilMoG). 167

---

[158] Zulassungsfolgepflichten des *Prime Standards* an der Frankfurter Wertpapierbörse sind bspw.: Quartalsweise Berichterstattung in deutscher und englischer Sprache, Veröffentlichung eines Unternehmenskalenders, jährliche Analystenkonferenz. Eine Zulassung im *Prime Standard* ist auch Voraussetzung für die Aufnahme in den DAX.

§ 9 RechKredV
Fristengliederung

(1) ¹Im Anhang sind gesondert die Beträge der folgenden Posten oder Unterposten des Formblattes 1 (Bilanz) nach Restlaufzeiten aufzugliedern:

1. andere Forderungen an Kreditinstitute mit Ausnahme der darin enthaltenen Bauspargutbaben aus abgeschlossenen Bausparverträgen (Aktivposten Nr. 3 Buchstabe b),
2. Forderungen an Kunden (Aktivposten Nr. 4),
3. Verbindlichkeiten gegenüber Kreditinstituten mit vereinbarter Laufzeit oder Kündigungsfrist (Passivposten Nr. 1 Buchstabe b),
4. Spareinlagen mit vereinbarter Kündigungsfrist von mehr als drei Monaten (Passivposten Nr. 2 Buchstabe a Doppelbuchstabe ab),
5. andere Verbindlichkeiten gegenüber Kunden mit vereinbarter Laufzeit oder Kündigungsfrist (Passivposten Nr. 2 Buchstabe b Doppelbuchstabe bb),
6. andere verbriefte Verbindlichkeiten (Passivposten Nr. 3 Buchstabe b).

²Auf **Pfandbriefbanken** und Bausparkassen ist Satz 1 entsprechend anzuwenden; Bausparkassen brauchen die Bauspareinlagen nicht nach Restlaufzeiten aufzugliedern.

(2) Für die Aufgliederung nach Absatz 1 sind folgende Restlaufzeiten maßgebend:

1. bis drei Monate,
2. mehr als drei Monate bis ein Jahr,
3. mehr als ein Jahr bis fünf Jahre,
4. mehr als fünf Jahre.

(3) Im Anhang sind ferner zu folgenden Posten der Bilanz anzugeben:

1. die im Posten „Forderungen an Kunden" (Aktivposten Nr. 4) enthaltenen Forderungen mit unbestimmter Laufzeit;
2. die im Posten „Schuldverschreibungen und andere festverzinsliche Wertpapiere" (Aktivposten Nr. 5) und im Unterposten „begebene Schuldverschreibungen" (Passivposten Nr. 3 Buchstabe a) enthaltenen Beträge, die in dem Jahr, das auf den Bilanzstichtag folgt, fällig werden.

Inhaltsverzeichnis   Tz.
I. Bedeutung der Änderung .... 168 – 169
II. Erstanwendungszeitpunkt und Übergangsvorschriften 170

I. Bedeutung der Änderung

168 Mit der Änderung in § 9 Abs. 1 Satz 2 RechKredV sowie im Formblatt (vgl. Fußnoten zu Formblatt 1) werden einheitliche Angabepflichten für alle das Pfandbriefgeschäft betreibenden Institute geschaffen. Bei der redaktionellen Änderung handelt es sich um eine Klarstellung, weil durch das Inkrafttreten des Pfandbriefgesetzes im Jahr 2005 der gesetzlich nicht definierte Begriff des „Realkreditinstituts" durch den der „**Pfandbriefbank**" ersetzt wurde.

Zu beachten ist allerdings, dass die von den Pfandbriefbanken anzuwendenden Formblattergänzungen bzw. -umgliederungen nach unserer Auffassung nicht auf alle das Pfandbriefgeschäft betreibenden Institute sinnvoll anwendbar sind, da bspw. eine **Universalbank**, die nur in geringem Umfang das Pfandbriefgeschäft betreibt, die allgemeine Gliederung anwenden sollte und ergänzend die Angaben für das (nicht schwerpunktmäßig betriebene) Pfandbriefgeschäft. **169**

II. Erstanwendungszeitpunkt und Übergangsvorschriften

Die Änderungen der RechKredV sind am Tag nach der Verkündung des Gesetzes, also am **29. Mai 2009**, in Kraft getreten (Art. 15 BilMoG). **170**

§ 13 RechKredV
Schuldtitel öffentlicher Stellen und Wechsel, die zur Refinanzierung bei Zentralnotenbanken zugelassen sind (Nr. 2)

(1) ¹Im Posten Nr. 2 sind Schatzwechsel und unverzinsliche Schatzanweisungen sowie ähnliche Schuldtitel öffentlicher Stellen und Wechsel auszuweisen, die unter Diskontabzug hereingenommen wurden und zur Refinanzierung bei den Zentralnotenbanken der Niederlassungsländer zugelassen sind. ²Schuldtitel öffentlicher Stellen, die die bezeichneten Voraussetzungen nicht erfüllen, sind im Unterposten „Geldmarktpapiere von öffentlichen Emittenten" (Aktivposten Nr. 5 Buchstabe a Doppelbuchstabe aa), gegebenenfalls im Unterposten „Anleihen und Schuldverschreibungen von öffentlichen Emittenten" (Aktivposten Nr. 5 Buchstabe b Doppelbuchstabe ba), auszuweisen, sofern sie börsenfähig sind, andernfalls im Posten „Forderungen an Kunden" (Aktivposten Nr. 4). ³Öffentliche Stellen im Sinne dieser Vorschrift sind öffentliche Haushalte einschließlich ihrer Sondervermögen.

(2) Im Vermerk zum Unterposten Buchstabe a „bei der Deutschen Bundesbank refinanzierbar" sind alle im Bestand befindlichen Schatzwechsel und unverzinslichen Schatzanweisungen und ähnliche Schuldtitel öffentlicher Stellen auszuweisen, die bei der Deutschen Bundesbank refinanzierungsfähig sind.

(3) ¹Der Bestand an eigenen Akzepten ist nicht auszuweisen. ²Den Kunden nicht abgerechnete Wechsel, Solawechsel und eigene Ziehungen, die beim bilanzierenden Institut hinterlegt sind (Depot- oder Kautionswechsel), sind nicht als Wechsel zu bilanzieren.

Inhaltsverzeichnis   **Tz.**
I. Bedeutung der Änderung 171
II. Erstanwendungszeitpunkt und Übergangsvorschriften 172

I. Bedeutung der Änderung

171 Die Aufhebung des bisherigen § 13 Abs. 3 RechKredV (**bei der Bundesbank refinanzierbare Wechsel**) ist erfolgt, weil die Bundesbank[159] keine Wechsel mehr ankauft und der Posten damit obsolet wurde. Infolgedessen wurde der bisherige Abs. 3 aufgehoben und der bisherige Abs. 4 zu Abs. 3. Auch für die in Abs. 2 genannten Schuldtitel öffentlicher Stellen, die bei der Bundesbank refinanzierbar sind, dürften damit kaum noch Anwendungsfälle bestehen. Es handelt sich um eine Gesetzesaktualisierung wegen der geänderten Vorschriften der Bundesbank.

II. Erstanwendungszeitpunkt und Übergangsvorschriften

172 Die Änderungen der RechKredV sind am Tag nach der Verkündung des Gesetzes, also am **29. Mai 2009**, in Kraft getreten (Art. 15 BilMoG).

---

[159] Rundschreiben Nr. 12/2006 der Deutschen Bundesbank vom 7. April 2006 zur Notenbankfähigkeit von Wechseln.

§ 14 RechKredV
Forderungen an Kreditinstitute (Nr. 3)

¹Im Posten „Forderungen an Kreditinstitute" sind alle Arten von Forderungen aus Bankgeschäften sowie alle Forderungen von Finanzdienstleistungsinstituten an in- und ausländische Kreditinstitute einschließlich der von Kreditinstituten eingereichten Wechsel auszuweisen, soweit es sich nicht um börsenfähige Schuldverschreibungen im Sinne des Postens „Schuldverschreibungen und andere festverzinsliche Wertpapiere" (Aktivposten Nr. 5) handelt. ²Von den à forfait eingereichten Wechseln sind diejenigen hier auszuweisen, die von Kreditinstituten akzeptiert sind, soweit sie nicht unter Aktivposten Nr. 2 Buchstabe b auszuweisen sind. ³Zu den Forderungen an Kreditinstitute gehören auch Namensschuldverschreibungen sowie nicht börsenfähige Inhaberschuldverschreibungen, Orderschuldverschreibungen, die nicht Teile einer Gesamtemission sind, sowie nicht börsenfähige Orderschuldverschreibungen, die Teile einer Gesamtemission sind, Namensgeldmarktpapiere und nicht börsenfähige Inhabergeldmarktpapiere, Namensgenußscheine, nicht börsenfähige Inhabergenußscheine und andere nicht in Wertpapieren verbriefte rückzahlbare Genußrechte. ⁴§ 7 bleibt unberührt. ⁵Ferner gehören hierzu Bausparguthaben aus abgeschlossenen Bausparverträgen und Soll-Salden aus Effektengeschäften und Verrechnungskonten.

Inhaltsverzeichnis Tz.

I. Bedeutung der Änderung 173
II. Erstanwendungszeitpunkt und Übergangsvorschriften 174

I. Bedeutung der Änderung

Die Streichung der **bei der Bundesbank refinanzierbaren Wechsel** in § 14 Satz 1 RechKredV ist eine Gesetzesaktualisierung, da die Bundesbank[160] keine Wechsel mehr ankauft und damit eine Abgrenzung zu § 13 nicht mehr getroffen werden muss. **173**

II. Erstanwendungszeitpunkt und Übergangsvorschriften

Die Änderungen der RechKredV sind am Tag nach der Verkündung des Gesetzes, also am **29. Mai 2009**, in Kraft getreten (Art. 15 BilMoG). **174**

---

160 Rundschreiben Nr. 12/2006 der Deutschen Bundesbank vom 7. April 2006 zur Notenbankfähigkeit von Wechseln.

§ 15 RechKredV
Forderungen an Kunden (Nr. 4)

(1) ¹Im Posten „Forderungen an Kunden" sind alle Arten von Vermögensgegenständen einschließlich der von Kunden eingereichten Wechsel auszuweisen, die Forderungen an in- und ausländische Nichtbanken (Kunden) darstellen, soweit es sich nicht um börsenfähige Schuldverschreibungen im Sinne des Postens „Schuldverschreibungen und andere festverzinsliche Wertpapiere" (Aktivposten Nr. 5) handelt. ²§ 7 bleibt unberührt. ³Von den à forfait eingereichten Wechseln sind diejenigen hier auszuweisen, die von Nichtbanken akzeptiert sind, soweit sie nicht unter Aktivposten Nr. 2 Buchstabe b auszuweisen sind. ⁴Zu den Forderungen an Kunden gehören auch Forderungen aus dem eigenen Warengeschäft und die in § 14 Satz 3 bezeichneten Papiere. ⁵Es darf nur die Summe der in Anspruch genommenen Kredite, nicht die Summe der Kreditzusagen, eingesetzt werden.

(2) ¹Als durch Grundpfandrechte gesichert sind nur Forderungen zu vermerken, für die dem bilanzierenden Institut Grundpfandrechte bestellt, verpfändet oder abgetreten worden sind und die den Erfordernissen des § 14 Abs. 1 und 2 des Pfandbriefgesetzes entsprechen, jedoch unabhängig davon, ob sie zur Deckung ausgegebener Schuldverschreibungen dienen oder nicht. ²Bausparkassen haben hier nur solche Baudarlehen zu vermerken, für die dem bilanzierenden Institut Grundpfandrechte bestellt, verpfändet oder abgetreten worden sind, die den Erfordernissen des § 7 Abs. 1 des Gesetzes über Bausparkassen entsprechen. ³Durch Grundpfandrechte gesicherte Forderungen, die in Höhe des die zulässige Beleihungsgrenze übersteigenden Betrages durch eine Bürgschaft oder Gewährleistung der öffentlichen Hand gesichert sind (I b-Hypothekendarlehen), sind ebenfalls hier zu vermerken.

(3) ¹Als Kommunalkredite sind alle Forderungen zu vermerken, die an inländische Körperschaften und Anstalten des öffentlichen Rechts gewährt wurden oder für die eine solche Körperschaft oder Anstalt die volle Gewährleistung übernommen hat, unabhängig davon, ob sie zur Deckung ausgegebener Schuldverschreibungen dienen oder nicht. ²Hier sind auch Kredite gemäß § 20 Abs. 1 Nr. 1 Buchstabe b bis e des Pfandbriefgesetzes auszuweisen.

(4) Schiffshypotheken dürfen unter der Bezeichnung „durch Schiffshypotheken gesichert" gesondert vermerkt werden, wenn sie den Erfordernissen des § 22 Abs. 1, 2 Satz 1 und Abs. 5 Satz 3, des § 23 Abs. 1 und 4 sowie des § 24 Abs. 2 in Verdingung mit Abs. 3 des Pfandbriefgesetzes entsprechen.

(5) *(aufgehoben)*

Inhaltsverzeichnis Tz.
I. Bedeutung der Änderung 175
II. Erstanwendungszeitpunkt und Übergangsvorschriften 176

I. Bedeutung der Änderung

175 Die Streichung der **bei der Bundesbank refinanzierbaren Wechsel** in § 15 Satz 1 RechKredV ist eine Gesetzesaktualisierung, da die Bundesbank[161] keine Wechsel mehr

---

161 Rundschreiben Nr. 12/2006 der Deutschen Bundesbank vom 7. April 2006 zur Notenbankfähigkeit von Wechseln.

ankauft und damit eine Abgrenzung zu § 13 RechKredV nicht mehr getroffen werden muss.

II. Erstanwendungszeitpunkt und Übergangsvorschriften

Die Änderungen der RechKredV sind am Tag nach der Verkündung des Gesetzes, also am **29. Mai 2009**, in Kraft getreten (Art. 15 BilMoG). **176**

§ 20 RechKredV
Sonstige Vermögensgegenstände (Nr. 14)

¹Im Posten „Sonstige Vermögensgegenstände" sind Forderungen und sonstige Vermögensgegenstände auszuweisen, die einem anderen Posten nicht zugeordnet werden können. ²Hierzu gehören auch Schecks, fällige Schuldverschreibungen, Zins- und Gewinnanteilscheine, Inkassowechsel und sonstige Inkassopapiere, soweit sie innerhalb von 30 Tagen ab Einreichung zur Vorlage bestimmt und dem Einreicher bereits gutgeschrieben worden sind. ³Dies gilt auch dann, wenn sie unter dem Vorbehalt des Eingangs gutgeschrieben worden sind. ⁴Hierzu zählen ferner nicht in Wertpapieren verbriefte Genußrechte, die nicht rückzahlbar sind. ⁵Zur Verhütung von Verlusten im Kreditgeschäft erworbene Grundstücke und Gebäude dürfen, soweit sie nicht im Posten Nr. 12 „Sachanlagen" ausgewiesen sind, im Posten Nr. 14 „Sonstige Vermögensgegenstände" nur ausgewiesen werden, wenn sie sich nicht länger als fünf Jahre im Bestand des bilanzierenden Instituts befinden.

Inhaltsverzeichnis Tz.
I. Bedeutung der Änderung 177
II. Erstanwendungszeitpunkt und Übergangsvorschriften 178

I. Bedeutung der Änderung

177 Die Änderung in § 20 Satz 5 RechKredV ergibt sich aus der Änderung des Formblattes, das keinen Posten mehr für **eigene Anteile** enthält (vgl. Abschn. L Tz. 4)[162], da diese künftig vom Posten gezeichnetes Kapital abgesetzt werden müssen (vgl. Abschn. L Tz. 4), wie es auch nach den IFRS üblich ist.

II. Erstanwendungszeitpunkt und Übergangsvorschriften

178 § 20 RechKredV ist erstmals auf Jahresabschlüsse anzuwenden, deren Geschäftsjahr **nach dem 31. Dezember 2009** beginnt (§ 39 Abs. 11 RechKredV). Da die Bestimmungen des Handelsgesetzbuchs in der Fassung des BilMoG auch bereits auf nach dem 31. Dezember 2008 beginnende Geschäftsjahre angewandt werden dürfen, sofern sie insgesamt angewandt werden und dies im Anhang zum Jahresabschluss angegeben wird, sieht § 39 Abs. 11 RechKredV unter Verweis auf Art. 66 Abs. 3 Satz 6 EGHGB ebenfalls die Möglichkeit einer früheren Anwendung vor.

---

162 Vgl. auch IDW ERS HFA 28 (Stand: 29.05.2009), Tz. 45 f.

§ 26 RechKredV
Eventualverbindlichkeiten (Nr. 1 unter dem Strich)

(1) ¹Im Unterposten Buchstabe a „Eventualverbindlichkeiten aus weitergegebenen abgerechneten Wechseln" sind nur Indossamentsverbindlichkeiten und andere wechselrechtliche Eventualverbindlichkeiten aus abgerechneten und weiterverkauften Wechseln (einschließlich eigenen Ziehungen) bis zu ihrem Verfalltag zu vermerken. ²Verbindlichkeiten aus umlaufenden eigenen Akzepten, Eventualverbindlichkeiten aus Schatzwechseln sind nicht einzubeziehen.

(2) ¹Im Unterposten Buchstabe b „Verbindlichkeiten aus Bürgschaften und Gewährleistungsverträgen" sind auch Ausbietungs- und andere Garantieverpflichtungen, verpflichtende Patronatserklärungen, unwiderrufliche Kreditbriefe einschließlich der dazugehörigen Nebenkosten zu vermerken, ferner Akkreditiveröffnungen und -bestätigungen. ²Die Verbindlichkeiten sind in voller Höhe zu vermerken, soweit für sie keine zweckgebundenen Deckungsguthaben unter dem Posten „Verbindlichkeiten gegenüber Kreditinstituten" (Passivposten Nr. 1) oder dem Posten „andere Verbindlichkeiten gegenüber Kunden" (Passivposten Nr. 2 Buchstabe b) ausgewiesen sind.

(3) ¹Im Unterposten Buchstabe c „Haftung aus der Bestellung von Sicherheiten für fremde Verbindlichkeiten" sind die Beträge mit dem Buchwert der bestellten Sicherheiten zu vermerken. ²Hierzu gehören Sicherungsabtretungen, Sicherungsübereignungen und Kautionen für fremde Verbindlichkeiten sowie Haftungen aus der Bestellung von Pfandrechten an beweglichen Sachen und Rechten wie auch aus Grundpfandrechten für fremde Verbindlichkeiten. ³Besteht außerdem eine Verbindlichkeit aus einer Bürgschaft oder aus einem Gewährleistungsvertrag, so ist nur diese zu vermerken, und zwar im Unterposten Buchstabe b „Verbindlichkeiten aus Bürgschaften und Gewährleistungsverträgen".

Inhaltsverzeichnis Tz.
I. Bedeutung der Änderung 179
II. Erstanwendungszeitpunkt und Übergangsvorschriften 180

I. Bedeutung der Änderung

Die Streichung der Vermerkpflicht für **an die Bundesbank verpfändete Wechsel** in § 26 Abs. 1 Satz 2 RechKredV ist eine Gesetzesaktualisierung, da die Bundesbank[163] keine Wechsel mehr als refinanzierungsfähige Sicherheit akzeptiert. — **179**

II. Erstanwendungszeitpunkt und Übergangsvorschriften

Die Änderungen der RechKredV sind am Tag nach der Verkündung des Gesetzes, also am **29. Mai 2009**, in Kraft getreten (Art. 15 BilMoG). — **180**

---

[163] Rundschreiben Nr. 12/2006 der Deutschen Bundesbank vom 7. April 2006 zur Notenbankfähigkeit von Wechseln.

§ 29 RechKredV
Zinsaufwendungen (Formblatt 2 Spalte Aufwendungen Nr. 1, Formblatt 3 Nr. 2)

¹Im Posten „Zinsaufwendungen" sind Zinsaufwendungen und ähnliche Aufwendungen aus dem Bankgeschäft einschließlich des Factoring-Geschäfts sowie alle Zinsaufwendungen und ähnliche Aufwendungen der Finanzdienstleistungsinstitute auszuweisen, insbesondere alle Aufwendungen für die in den Posten der Bilanz „Verbindlichkeiten gegenüber Kreditinstituten" (Passivposten Nr. 1), „Verbindlichkeiten gegenüber Kunden" (Passivposten Nr. 2), „Verbriefte Verbindlichkeiten" (Passivposten Nr. 3) und „Nachrangige Verbindlichkeiten" (Passivposten Nr. 9) bilanzierten Verbindlichkeiten ohne Rücksicht darauf, in welcher Form sie berechnet werden. ²Hierzu gehören auch Diskontabzüge, Ausschüttungen auf begebene Genußrechte und Gewinnschuldverschreibungen, Aufwendungen mit Zinscharakter, die im Zusammenhang mit der zeitlichen Verteilung des Unterschiedsbetrages bei unter dem **Erfüllungsbetrag** eingegangenen Verbindlichkeiten entstehen, Zuschreibungen aufgelaufener Zinsen zu begebenen Null-Kupon-Anleihen, die sich aus gedeckten Termingeschäften ergebenden, auf die tatsächliche Laufzeit des jeweiligen Geschäfts verteilten Aufwendungen mit Zinscharakter sowie Gebühren und Provisionen mit Zinscharakter, die nach dem Zeitablauf oder nach der Höhe der Verbindlichkeiten berechnet werden.

Inhaltsverzeichnis Tz.
I. Bedeutung der Änderung .... 181 – 182
II. Erstanwendungszeitpunkt und Übergangsvorschriften 183

I. Bedeutung der Änderung

181 Die Ersetzung des Wortes „Rückzahlungsbetrag" durch „Erfüllungsbetrag" in § 29 Satz 2 RechKredV ist wegen der Änderung in § 253 Abs. 1 Satz 2 HGB erforderlich. Dort wird gefordert, dass Schulden künftig zu ihrem **Erfüllungsbetrag** anzusetzen sind. Wegen Einzelheiten vgl. Abschn. I Tz. 2. Nach § 277 Abs. 5 HGB müssen Kapitalgesellschaften Erträge aus der Abzinsung (zB Pensionsrückstellungen oder sonstige Rückstellungen) in der Gewinn- und Verlustrechnung als Bestandteile des Finanzergebnisses unter dem Posten „Sonstige Zinsen und ähnliche Erträge" und Aufwendungen gesondert und dem Posten „Zinsen und ähnliche Aufwendungen" ausweisen. § 340a HGB nimmt diese Vorschrift für Kreditinstitute nicht aus.

182 Als Spezialvorschrift gehen für Kreditinstitute jedoch die § 28 und 29 RechKredV vor, die die **Abgrenzung des Zinsertrags und Zinsaufwands** regeln. Diese Vorschriften beschränken die Komponenten des Zinsergebnisses auf Erträge und Aufwendungen aus dem Bankgeschäft. Zinserträge und Zinsaufwendungen aus nicht banktypischen Geschäften sind bei Kreditinstituten unter den sonstigen betrieblichen Erträgen oder Aufwendungen zu zeigen. Da es sich bei den Zinserträgen und Zinsaufwendungen aus der Auf- und Abzinsung langfristiger Rückstellungen (zB Pensionsrückstellungen) nicht um solche aus dem Bankgeschäft handelt, sind diese saldiert unter den sonstigen betrieblichen Erträgen bzw. Aufwendungen auszuweisen. Da § 277 Abs. 5 HGB einen gesonderten Ausweis der Zinserträge und Zinsaufwendungen fordert, sind diese entweder gesondert auszuweisen oder im Anhang anzugeben.

II. Erstanwendungszeitpunkt und Übergangsvorschriften

§ 29 Satz 2 RechKredV ist erstmals auf Jahresabschlüsse anzuwenden, deren Geschäftsjahr **nach dem 31. Dezember 2009** beginnt (§ 39 Abs. 11 RechKredV). Da die Bestimmungen des Handelsgesetzbuchs in der Fassung des BilMoG auch bereits auf nach dem 31. Dezember 2008 beginnende Geschäftsjahre angewandt werden dürfen, sofern sie insgesamt angewandt werden und dies im Anhang zum Jahresabschluss angegeben wird, sieht § 39 Abs. 11 RechKredV unter Verweis auf Art. 66 Abs. 3 Satz 6 EGHGB ebenfalls die Möglichkeit einer früheren Anwendung vor.

§ 34 RechKredV
Zusätzliche Erläuterungen

(1) ¹In den Anhang sind neben den nach § 340a in Verbindung mit § 284 Abs. 1, 2 Nr. 1, 2, 3 und 5, **§ 285 Nr. 3, 3a, 6, 7, 9 Buchstabe a und b, Nr. 10, 11, 13, 14, 16 bis 26 und 29,** § 340b Abs. 4, § 340e Abs. 2 des Handelsgesetzbuchs und den in dieser Verordnung zu den einzelnen Posten der Bilanz oder der Gewinn- und Verlustrechnung vorgeschriebenen Angaben die in diesem Abschnitt vorgeschriebenen Angaben aufzunehmen. ²§ 285 **Nr. 3a** des Handelsgesetzbuchs braucht nicht angewendet zu werden, soweit diese Angaben in der Bilanz unter dem Strich gemacht werden.

(2) ¹An Stelle der in **§ 285 Nr. 4, 9 Buchstabe c, Nr. 27** des Handelsgesetzbuchs vorgeschriebenen Angaben sind die folgenden Angaben zu machen:

1. Der Gesamtbetrag der folgenden Posten der Gewinn- und Verlustrechnung ist nach geographischen Märkten aufzugliedern, soweit diese Märkte sich vom Standpunkt der Organisation des Instituts wesentlich voneinander unterscheiden:

    a) Zinserträge (Formblatt 2 Spalte Erträge Nr. 1, Formblatt 3 Nr. 1),

    b) laufende Erträge aus Aktien und anderen nicht festverzinslichen Wertpapieren, Beteiligungen, Anteilen an verbundenen Unternehmen (Formblatt 2 Spalte Erträge Nr. 2, Formblatt 3 Nr. 3),

    c) Provisionserträge (Formblatt 2 Spalte Erträge Nr. 4, Formblatt 3 Nr. 5),

    d) Nettoertrag **des Handelsbestands** (Formblatt 2 Spalte Erträge Nr. 5, Formblatt 3 Nr. 7),

    e) sonstige betriebliche Erträge (Formblatt 2 Spalte Erträge Nr. 8, Formblatt 3 Nr. 8).

    Die Aufgliederung kann unterbleiben, soweit sie nach vernünftiger kaufmännischer Beurteilung geeignet ist, dem Institut oder einem Unternehmen, von dem das Institut mindestens den fünften Teil der Anteile besitzt, einen erheblichen Nachteil zuzufügen.

2. Der Gesamtbetrag der den Mitgliedern des Geschäftsführungsorgans, eines Aufsichtsrats, eines Beirats oder einer ähnlichen Einrichtung gewährten Vorschüsse und Kredite sowie der zugunsten dieser Personen eingegangenen Haftungsverhältnisse ist jeweils für jede Personengruppe anzugeben.

3. Institute in der Rechtsform der eingetragenen Genossenschaft haben die im Passivposten Nr. 12 Unterposten Buchstabe a ausgewiesenen Geschäftsguthaben wie folgt aufzugliedern:

    a) Geschäftsguthaben der verbleibenden Mitglieder,

    b) Geschäftsguthaben der ausscheidenden Mitglieder,

    c) Geschäftsguthaben aus gekündigten Geschäftsanteilen.

4. **Die Gründe der Einschätzung des Risikos der Inanspruchnahme für gemäß der §§ 26 und 27 unter der Bilanz ausgewiesene Eventualverbindlichkeiten und andere Verpflichtungen.**

(3) ¹Die in § 268 Abs. 2 des Handelsgesetzbuchs verlangten Angaben sind für Vermögensgegenstände im Sinne des § 340e Abs. 1 des Handelsgesetzbuchs zu machen. ²Die

Zuschreibungen, Abschreibungen und Wertberichtigungen auf Beteiligungen, Anteile an verbundenen Unternehmen sowie auf andere Wertpapiere, die wie Anlagevermögen behandelt werden, können mit anderen Posten zusammengefaßt werden.

Inhaltsverzeichnis Tz.

I. Bedeutung der Änderungen .... 184 – 185
II. Erstanwendungszeitpunkt und Übergangsvorschriften 186

I. Bedeutung der Änderungen

Die Änderungen in § 34 Abs. 1 RechKredV sind Folgeänderungen zur Anwendung der **Anhangangabepflichten** nach dem durch das BilMoG geänderten § 285 HGB bei Instituten. Insoweit kann auf die Kommentierung zu § 285 HGB verwiesen werden (Abschn. O Tz. 1 ff.). 184

Die Anhangangabe nach § 34 Abs. 2 Nr. 4 RechKredV wurde neu eingefügt, um entsprechend § 285 Nr. 27 HGB das Risiko der Inanspruchnahme der unter dem Strich vermerkten **Eventualverpflichtungen** einschätzen zu können (vgl. dazu Abschn. O Tz. 239-248). Anzugeben ist, aus welchen Gründen – unter Würdigung der bekannten Risiken – Eventualverbindlichkeiten als solche unter der Bilanz und nicht schon als Rückstellung auf der Passivseite der Bilanz ausgewiesen werden. Damit sollen die Erwägungen des Bilanzierenden deutlich werden und eine höhere Transparenz erreicht werden. 185

II. Erstanwendungszeitpunkt und Übergangsvorschriften

§ 34 Abs. 2 Satz 1 Nr. 1 lit. d, Nr. 4 RechKredV sind erstmals auf Jahresabschlüsse anzuwenden, deren Geschäftsjahr **nach dem 31. Dezember 2009** beginnt, § 39 Abs. 11 RechKredV. Da die Bestimmungen des Handelsgesetzbuchs in der Fassung des Bil-MoG auch bereits auf nach dem 31. Dezember 2008 beginnende Geschäftsjahre angewandt werden dürfen, sofern sie insgesamt angewandt werden und dies im Anhang zum Jahresabschluss angegeben wird, sieht § 39 Abs. 11 RechKredV unter Verweis auf Art. 66 Abs. 3 Satz 6 EGHGB ebenfalls die Möglichkeit einer früheren Anwendung vor. 186

§ 35 RechKredV
Zusätzliche Pflichtangaben

(1) Zu den Posten der Bilanz und der Gewinn- und Verlustrechnung sind im Anhang anzugeben:

1. eine Aufgliederung der in den Bilanzposten „Schuldverschreibungen und andere festverzinsliche Wertpapiere" (Aktivposten Nr. 5), „Aktien und andere nicht festverzinsliche Wertpapiere" (Aktivposten Nr. 6), „Beteiligungen" (Aktivposten Nr. 7), „Anteile an verbundenen Unternehmen" (Aktivposten Nr. 8) enthaltenen börsenfähigen Wertpapiere nach börsennotierten und nicht börsennotierten Wertpapieren;

1a. **eine Aufgliederung des Bilanzpostens „Handelsbestand" (Aktivposten Nr. 6a) in derivative Finanzinstrumente, Forderungen, Schuldverschreibungen und andere festverzinsliche Wertpapiere, Aktien und andere nicht festverzinsliche Wertpapiere sowie sonstige Vermögensgegenstände und eine Aufgliederung des Bilanzpostens „Handelsbestand" (Passivposten Nr. 3a) in derivative Finanzinstrumente und Verbindlichkeiten.**

2. der Betrag der nicht mit dem Niederstwert bewerteten börsenfähigen Wertpapiere jeweils zu folgenden Posten der Bilanz: „Schuldverschreibungen und andere festverzinsliche Wertpapiere" (Aktivposten Nr. 5) sowie „Aktien und andere nicht festverzinsliche Wertpapiere" (Aktivposten Nr. 6); es ist anzugeben, in welcher Weise die so bewerteten Wertpapiere von den mit dem Niederstwert bewerteten börsenfähigen Wertpapieren abgegrenzt worden sind;

3. der auf das Leasing-Geschäft entfallende Betrag zu jedem davon betroffenen Posten der Bilanz, ferner die im Posten „Abschreibungen und Wertberichtigungen auf immaterielle Anlagewerte und Sachanlagen" (Formblatt 2 Spalte Aufwendungen Nr. 5, Formblatt 3 Nr. 11) enthaltenen Abschreibungen und Wertberichtigungen auf Leasinggegenstände sowie die im Posten „Sonstige betriebliche Erträge" (Formblatt 2 Spalte Erträge Nr. 8, Formblatt 3 Nr. 8) enthaltenen Erträge aus Leasinggeschäften;

4. die in den folgenden Posten enthaltenen wichtigsten Einzelbeträge, sofern sie für die Beurteilung des Jahresabschlusses nicht unwesentlich sind: „Sonstige Vermögensgegenstände" (Formblatt 1, Aktivposten **Nr. 14**), „Sonstige Verbindlichkeiten" (Formblatt 1, Passivposten Nr. 5), „Sonstige betriebliche Aufwendungen" (Formblatt 2 Spalte Aufwendungen Nr. 6, Formblatt 3 Nr. 12), „Sonstige betriebliche Erträge" (Formblatt 2 Spalte Erträge Nr. 8, Formblatt 3 Nr. 8), „Außerordentliche Aufwendungen" (Formblatt 2 Spalte Aufwendungen Nr. 11, Formblatt 3 Nr. 21) und „Außerordentliche Erträge" (Formblatt 2 Spalte Erträge Nr. 10, Formblatt 3 Nr. 20). Die Beträge und ihre Art sind zu erläutern;

5. die Dritten erbrachten Dienstleistungen für Verwaltung und Vermittlung, sofern ihr Umfang in bezug auf die Gesamttätigkeit des Instituts von wesentlicher Bedeutung ist;

6. der Gesamtbetrag der Vermögensgegenstände und der Gesamtbetrag der Schulden, die auf Fremdwährung lauten, jeweils in Euro;

6a. **bei Finanzinstrumenten des Handelsbestands die Methode der Ermittlung des Risikoabschlags nebst den wesentlichen Annahmen, insbesondere die**

Haltedauer, der Beobachtungszeitraum und das Konfidenzniveau sowie der absolute Betrag des Risikoabschlags;

6b. in den Fällen der Umgliederung deren Gründe, der Betrag der umgegliederten Finanzinstrumente des Handelsbestands und die Auswirkungen der Umgliederung auf den Jahresüberschuss/Jahresfehlbetrag sowie für den Fall der Umgliederung wegen Aufgabe der Handelsabsicht die außergewöhnlichen Umstände, die dies rechtfertigen;

6c. ob innerhalb des Geschäftsjahres die institutsinternen festgelegten Kriterien für die Einbeziehung von Finanzinstrumenten in den Handelsbestand geändert worden sind und welche Auswirkungen sich daraus auf den Jahresüberschuss/Jahresfehlbetrag ergeben;

7. von Pfandbriefbanken eine Deckungsrechnung getrennt nach Hypotheken-, Schiffshypotheken- und Kommunalkreditgeschäft nach Maßgabe des § 28 des Pfandbriefgesetzes, ferner zu den Posten der Aktivseite der Bilanz die zur Deckung begebener Schuldverschreibungen bestimmten Aktiva;

8. von Bausparkassen

   a) zu den Posten der Bilanz „Forderungen an Kreditinstitute" (Aktivposten Nr. 3) und „Forderungen an Kunden" (Aktivposten Nr. 4) rückständige Zins- und Tilgungsbeträge für Baudarlehen in einem Betrag sowie noch nicht ausgezahlte bereitgestellte Baudarlehen

   aa) aus Zuteilung,

   bb) zur Vor- und Zwischenfinanzierung und

   cc) sonstige;

   b) zu den Posten der Bilanz „Verbindlichkeiten gegenüber Kreditinstituten" (Passivposten Nr. 1) und „Verbindlichkeiten gegenüber Kunden" (Passivposten Nr. 2) die Bewegung des Bestandes an nicht zugeteilten und zugeteilten Bausparverträgen und vertraglichen Bausparsummen;

   c) zu den Posten der Bilanz „Verbindlichkeiten gegenüber Kreditinstituten" (Passivposten Nr. 1), „Verbindlichkeiten gegenüber Kunden" (Passivposten Nr. 2) und „Verbriefte Verbindlichkeiten" (Passivposten Nr. 3) die aufgenommenen Fremdgelder nach § 4 Abs. 1 Nr. 5 des Gesetzes über Bausparkassen und deren Verwendung;

   d) zu den Posten der Bilanz „Forderungen an Kreditinstitute" (Aktivposten Nr. 3), „Forderungen an Kunden" (Aktivposten Nr. 4), „Verbindlichkeiten gegenüber Kreditinstituten" (Passivposten Nr. 1) und „Verbindlichkeiten gegenüber Kunden" (Passivposten Nr. 2) die Bewegung der Zuteilungsmasse.

   Die Angaben zu den Buchstaben b und d können auch in einen statistischen Anhang zum Lagebericht aufgenommen werden, sofern der Lagebericht und der statistische Anhang im Geschäftsbericht der einzelnen Bausparkasse abgedruckt werden;

9. von Sparkassen

   a) zu dem Posten der Bilanz „Forderungen an Kreditinstitute" (Aktivposten Nr. 3) die im Gesamtbetrag enthaltenen Forderungen an die eigene Girozentrale,

b) zu dem Posten der Bilanz „Verbindlichkeiten gegenüber Kreditinstituten" (Passivposten Nr. 1) die im Gesamtbetrag enthaltenen Verbindlichkeiten gegenüber der eigenen Girozentrale;

10. von Girozentralen

a) zu dem Posten „Forderungen an Kreditinstitute" (Aktivposten Nr. 3) die im Gesamtbetrag enthaltenen Forderungen an angeschlossene Sparkassen,

b) zu dem Posten der Bilanz „Verbindlichkeiten gegenüber Kreditinstituten" (Passivposten Nr. 1) die im Gesamtbetrag enthaltenen Verbindlichkeiten gegenüber angeschlossenen Sparkassen;

11. von Kreditgenossenschaften

a) zu dem Posten der Bilanz „Forderungen an Kreditinstitute" (Aktivposten Nr. 3) die im Gesamtbetrag enthaltenen Forderungen an die zuständige genossenschaftliche Zentralbank,

b) zu dem Posten der Bilanz „Verbindlichkeiten gegenüber Kreditinstituten" (Passivposten Nr. 1) die im Gesamtbetrag enthaltenen Verbindlichkeiten gegenüber der zuständigen genossenschaftlichen Zentralbank;

12. von genossenschaftlichen Zentralbanken

a) zu dem Posten der Bilanz „Forderungen an Kreditinstitute" (Aktivposten Nr. 3) die im Gesamtbetrag enthaltenen

aa) Forderungen an die Deutsche Genossenschaftsbank,

bb) Forderungen an angeschlossene Kreditgenossenschaften,

b) zu dem Posten der Bilanz „Verbindlichkeiten gegenüber Kreditinstituten" (Passivposten Nr. 1) die im Gesamtbetrag enthaltenen

aa) Verbindlichkeiten gegenüber der Deutschen Genossenschaftsbank,

bb) Verbindlichkeiten gegenüber angeschlossenen Kreditgenossenschaften;

13. von der Deutschen Genossenschaftsbank

a) zu dem Posten der Bilanz „Forderungen an Kreditinstitute" (Aktivposten Nr. 3) die im Gesamtbetrag enthaltenen Forderungen an angeschlossene Kreditinstitute sowie die darin enthaltenen Forderungen an regionale genossenschaftliche Zentralbanken,

b) zu dem Posten der Bilanz „Verbindlichkeiten gegenüber Kreditinstituten" (Passivposten Nr. 1) die im Gesamtbetrag enthaltenen Verbindlichkeiten gegenüber angeschlossenen Kreditinstituten sowie die darin enthaltenen Verbindlichkeiten gegenüber regionalen genossenschaftlichen Zentralbanken.

(2) Zu dem Posten der Bilanz „Sachanlagen" (Aktivposten Nr. 12) sind im Anhang mit ihrem Gesamtbetrag anzugeben:

1. die vom Institut im Rahmen seiner eigenen Tätigkeit genutzten Grundstücke und Bauten,

2. die Betriebs- und Geschäftsausstattung.

(3) Zu dem Posten der Bilanz „Nachrangige Verbindlichkeiten" (Passivposten Nr. 9) sind im Anhang anzugeben:

1. der Betrag der für nachrangige Verbindlichkeiten angefallenen Aufwendungen,
2. zu jeder zehn vom Hundert des Gesamtbetrags der nachrangigen Verbindlichkeiten übersteigenden Mittelaufnahme:
   a) der Betrag, die Währung, auf die sie lautet, ihr Zinssatz und ihre Fälligkeit sowie, ob eine vorzeitige Rückzahlungsverpflichtung entstehen kann,
   b) die Bedingungen ihrer Nachrangigkeit und ihrer etwaigen Umwandlung in Kapital oder in eine andere Schuldform,
3. zu anderen Mittelaufnahmen die wesentlichen Bedingungen.

(4) Zu dem Posten der Bilanz „Eventualverbindlichkeiten" (Passivposten Nr. 1 unter dem Strich) sind im Anhang Art und Betrag jeder Eventualverbindlichkeit anzugeben, die in bezug auf die Gesamttätigkeit des Instituts von wesentlicher Bedeutung ist.

(5) Zu jedem Posten der in der Bilanz ausgewiesenen Verbindlichkeiten und der unter dem Strich vermerkten Eventualverbindlichkeiten ist im Anhang jeweils der Gesamtbetrag der als Sicherheit übertragenen Vermögensgegenstände anzugeben.

(6) Zu dem Posten der Bilanz „Andere Verpflichtungen" (Passivposten Nr. 2 unter dem Strich) sind im Anhang Art und Höhe jeder der in den Unterposten Buchstabe a bis c bezeichneten Verbindlichkeiten anzugeben, die in bezug auf die Gesamttätigkeit des Instituts von wesentlicher Bedeutung sind.

Inhaltsverzeichnis Tz.
I. Bedeutung der Änderungen .... 187 – 190
II. Erstanwendungszeitpunkt und Übergangsvorschriften 191

I. Bedeutung der Änderungen

Die Änderungen in § 35 RechKredV stehen teilweise in Zusammenhang mit den neuen Vorschriften zur Zeitwertbewertung von Finanzinstrumenten (§ 340e Abs. 2 bis 4 HGB (vgl. Tz. 86 und 100-112) sowie § 340c Abs. 1 Satz 1 HGB (vgl. Tz. 79)). Zusätzliche **Anhangangaben**, die auch als Reaktion des Gesetzgebers auf die Finanzmarktkrise angesehen werden können, werden für den Posten **Handelsbestand** mit den neu eingefügten Nr. 1 lit. a., 6 lit. a. bis 6 lit. c. gefordert. 187

Nr. 1 lit. a sieht jeweils eine Aufgliederung des Aktiv- und des Passivpostens Handelsbestand nach **derivativen und originären Finanzinstrumenten** im Anhang vor. Nach Nr. 6 lit. a ist nicht nur der absolute Betrag des **Risikoabschlags** zu nennen, sondern auch die Methode der Ermittlung nebst den wesentlichen Annahmen. Beispielhaft wird neben der Haltedauer und dem Beobachtungszeitraum auch das Konfidenzniveau genannt. 188

Die Anhangangabe nach Nr. 6 lit. b ist nur bei **Umwidmungsfällen** von Bedeutung (§ 340e Abs. 3 Satz 2 und 3 HGB; vgl. Tz. 95-98). Ist eine Umwidmung erfolgt, dann sind die Gründe, der Betrag der Finanzinstrumente und die Auswirkungen auf das Jahresergebnis zu nennen. Sofern der Grund für die Umgliederung die Aufgabe der Handelsabsicht ist, müssen auch die außergewöhnlichen Umstände angegeben werden, die diese Umgliederung rechtfertigen. 189

Die Änderung in § 35 Abs. 1 Nr. 7 RechKredV sieht vor, dass einheitliche Angabepflichten für alle das **Pfandbriefgeschäft** betreibenden Institute geschaffen werden. Der Verweis auf die Deckungsrechnung nach Maßgabe des § 28 PfandbriefG dient der 190

Vereinheitlichung. Die Angaben im Anhang sollen Transparenz schaffen, aber auch Doppelangaben bzw. die Anforderung identischer Angaben in verschiedenen Rechtsvorschriften vermeiden. Mit den übrigen Änderungen in § 35 RechKredV wird die **Neuordnung des Formblatts der Aktivposten** 14 bis 16 nachvollzogen.

II. Erstanwendungszeitpunkt und Übergangsvorschriften

191 § 35 Abs. 1 Nr. 1a, 6a bis 6c und 7 RechKredV sind erstmals auf Jahresabschlüsse anzuwenden, deren Geschäftsjahr **nach dem 31. Dezember 2009** beginnt (§ 39 Abs. 11 RechKredV). Da die Bestimmungen des Handelsgesetzbuchs in der Fassung des BilMoG auch bereits auf nach dem 31. Dezember 2008 beginnende Geschäftsjahre angewandt werden dürfen, sofern sie insgesamt angewandt werden und dies im Anhang zum Jahresabschluss angegeben wird, sieht § 39 Abs. 11 RechKredV unter Verweis auf Art. 66 Abs. 3 Satz 6 EGHGB ebenfalls die Möglichkeit einer früheren Anwendung vor.

§ 37 RechKredV
Konzernrechnungslegung

Auf den Konzernabschluß sind, soweit seine Eigenart keine Abweichung bedingt, die §§ 1 bis 36 entsprechend anzuwenden.

§ 38 RechKredV
Ordnungswidrigkeiten

(1) Ordnungswidrig im Sinne des § 340n Abs. 1 Nr. 6 des Handelsgesetzbuchs handelt, wer als Geschäftsleiter im Sinne des § 1 Abs. 2 Satz 1 oder des § 53 Abs. 2 Nr. 1 des Gesetzes über das Kreditwesen oder als Inhaber eines in der Rechtsform des Einzelkaufmanns betriebenen Instituts oder als Mitglied des Aufsichtsrat bei der Aufstellung oder Feststellung des Jahresabschlusses

1. entgegen § 2 Abs. 1 Satz 1 nicht das vorgeschriebene Formblatt anwendet,
2. entgegen §§ 3 bis 5, 6 Abs. 1 Satz 1 oder 2, Abs. 2 oder 4 die dort genannten Posten nicht, nicht in der vorgeschriebenen Weise oder nicht mit dem vorgeschriebenen Inhalt ausweist,
3. entgegen § 6 Abs. 3 dort genannte Vermögensgegenstände oder Schulden in seine Bilanz aufnimmt,
4. einer Vorschrift des § 9 über die Fristengliederung zuwiderhandelt,
5. entgegen § 10 Abs. 1 dort genannte Verbindlichkeiten nicht verrechnet,
6. entgegen § 10 Abs. 2 Forderungen oder Verbindlichkeiten verrechnet,
7. einer Vorschrift der §§ 12 bis 33 über die in einzelne Posten der Bilanz oder der Gewinn- und Verlustrechnung aufzunehmenden Angaben zuwiderhandelt,
8. einer Vorschrift der § 34 oder 35 über zusätzliche Erläuterungen oder Pflichtangaben zuwiderhandelt oder
9. einer Vorschrift des § 36 über Termingeschäfte zuwiderhandelt.

(2) Die Bestimmungen des Absatzes 1 gelten auch für den Konzernabschluß im Sinne des § 37.

§ 39 RechKredV
Übergangsvorschriften

(1) *(aufgehoben)*

(2) *(aufgehoben)*

(3) *(gestrichen)*

(4) *(aufgehoben)*

(5) *(aufgehoben)*

(6) Vor dem 1. Juli 1993 begründete Spareinlagen nach § 21 des Gesetzes über das Kreditwesen in der Fassung der Bekanntmachung vom 11. Juli 1985 (BGBl. I S. 1472) und dafür gutgeschriebene oder danach gutzuschreibende Zinsen gelten weiterhin als Spareinlagen, wenn für sie die Voraussetzungen des § 21 Abs. 4 Satz 1 Nr. 1 und 2, Satz 2 dieser Verordnung zutreffen und sie die Vorschriften des § 22 Abs. 1 Satz 1 und

Abs. 2 des Gesetzes über das Kreditwesen in der Fassung der Bekanntmachung vom 11. Juli 1985 (BGBl. I S. 1472) erfüllt haben.

(7) ¹Sofern für ein Geschäftsjahr, das nach dem 31. Dezember 1998 und spätestens im Jahre 2001 endet, der Jahresabschluß und der Konzernabschluß nach Artikel 42 Abs. 1 Satz 2 des Einführungsgesetzes zum Handelsgesetzbuch in Deutscher Mark aufgestellt werden, sind auch die in § 35 Abs. 1 Nr. 6 vorgeschriebenen und die in den Formblättern 1 bis 3 für die Bilanz und die Gewinn- und Verlustrechnung vorgesehenen Angaben in Deutscher Mark und unter der Bezeichnung „DM" zu machen. ²Für ein Geschäftsjahr, das spätestens am 31. Dezember 1998 endet, ist diese Verordnung in der an diesem Tage geltenden Fassung anzuwenden.

(8) ¹Sofern Kreditinstitute einen gesonderten Passivposten in Anwendung von Artikel 43 Abs. 1 und Satz 2, Abs. 2 des Einführungsgesetzes zum Handelsgesetzbuch bilden, haben sie diesen im Formblatt 1 als Passivposten 8a. nach dem Sonderposten mit Rücklageanteil auszuweisen. ²Sofern sie eine Bilanzierungshilfe in Anwendung von Artikel 44 Abs. 1 Satz 1 des Einführungsgesetzes zum Handelsgesetzbuch in ihre Bilanz aufnehmen, haben sie diese im Formblatt 1 als Aktivposten 11a. nach dem Posten Immaterielle Anlagewerte auszuweisen.

(9) ¹Die Vorschriften dieser Verordnung in der Fassung der Zweiten Verordnung zur Änderung der Verordnung über die Rechnungslegung der Kreditinstitute sind erstmals auf den Jahresabschluß und den Lagebericht sowie den Konzernabschluß und den Konzernlagebericht für das nach dem 31. Dezember 1997 beginnende Geschäftsjahr anzuwenden. ²§ 4 Abs. 1 Satz 1, § 12 Abs. 2, § 13 Abs. 2 und 3, § 16 Abs. 1 Satz 1, Abs. 3 Satz 1 und § 26 Abs. 1 Satz 2 in der Fassung der Zweiten Verordnung zur Änderung der Verordnung über die Rechnungslegung der Kreditinstitute sind erstmals auf den Jahresabschluß und den Lagebericht sowie den Konzernabschluß und den Konzernlagebericht für das nach dem 31. Dezember 1998 endende Geschäftsjahr anzuwenden.

(10) Institute, die Skontroführer im Sinne des **§ 27 Abs. 1** des Börsengesetzes und nicht Einlagenkreditinstitute im Sinne des § 1 Abs. 3d Satz 1 des Gesetzes über das Kreditwesen sind, brauchen die jeweils in Fußnote 7 Satz 2 des Formblatts 2 oder 3 für die Gewinn- und Verlustrechnung vorgeschriebenen Darunterposten mit dem Buchstaben a bis d beim Aufwand und Ertrag **des Handelsbestands** erstmals in einem Jahresabschluß für das nach dem 31. Dezember 1998 beginnende Geschäftsjahr aufzuführen.

(11) ¹**§§ 20, 29 Satz 2, § 34 Abs. 2 Satz 1 Nr. 1 Buchstabe d, Nr. 4, § 35 Abs. 1 Nr. 1a, 6a bis 6c und 7 sowie die Formblätter 1 bis 3 in der Fassung des Bilanzrechtsmodernisierungsgesetzes vom 25. Mai 2009 (BGBl. I S. 1102) sind erstmals auf Jahres- und Konzernabschlüsse für das nach dem 31. Dezember 2009 beginnende Geschäftsjahr anzuwenden.** ²Die Formblätter 1 bis 3 in der bis zum 28. Mai 2009 geltenden Fassung sind letztmals auf Jahres- und Konzernabschlüsse für das vor dem 1. Januar 2010 beginnende Geschäftsjahr anzuwenden. ³Soweit im Übrigen in dieser Verordnung auf Bestimmungen des Handelsgesetzbuchs in der Fassung des Bilanzrechtsmodernisierungsgesetzes verwiesen wird, gelten die in den Artikeln 66 und 67 des Einführungsgesetzes zum Handelsgesetzbuch enthaltenen Übergangsregelungen entsprechend. ⁴Artikel 66 Abs. 3 Satz 6 des Einführungsgesetzes zum Handelsgesetzbuch gilt entsprechend.

Inhaltsverzeichnis Tz.
I. Bedeutung der Änderungen 192
II. Erstanwendungszeitpunkt und Übergangsvorschriften 193

I. Bedeutung der Änderungen

Die Änderungen in § 37 und 38 RechKredV waren erforderlich, weil es sich um Bezugnahmen auf Vorschriften in § 39 RechKredV handelt, die aufgehoben wurden. Einige Übergangsvorschriften in § 39 RechKredV wurden durch Zeitablauf obsolet. **192**

II. Erstanwendungszeitpunkt und Übergangsvorschriften

Die Vorschriften sind erstmals auf Jahresabschlüsse anzuwenden, deren Geschäftsjahr nach dem **31. Dezember 2009** beginnt (§ 39 Abs. 11 RechKredV). Da die Bestimmungen des Handelsgesetzbuchs in der Fassung des BilMoG auch bereits auf nach dem 31. Dezember 2008 beginnende Geschäftsjahre angewandt werden dürfen, sofern sie insgesamt angewandt werden und dies im Anhang zum Jahresabschluss angegeben wird, sieht § 39 Abs. 11 RechKredV unter Verweis auf Art. 66 Abs. 3 Satz 6 EGHGB ebenfalls die Möglichkeit einer früheren Anwendung vor. **193**

RechKredV
Formblätter 1 und 3

Formblatt 1

Jahresbilanz zum ....
der ....

Aktivseite	
	Euro
1. Barreserve	
a) Kassenbestand	
b) Guthaben bei Zentralnotenbanken	
darunter: bei der Deutschen Bundesbank	
c) Guthaben bei Postgiroämtern	
2. Schuldtitel öffentlicher Stellen und Wechsel, die zur Refinanzierung bei Zentralnotenbanken zugelassen sind	
a) Schatzwechsel und unverzinsliche Schatzanweisungen sowie ähnliche Schuldtitel öffentlicher Stellen	
darunter: bei der Deutschen Bundesbank refinanzierbar	
b) Wechsel	
3. Forderungen an Kreditinstitute	
a) täglich fällig	
b) andere Forderungen	
4. Forderungen an Kunden	
darunter:	
durch Grundpfandrechte gesichert	
Kommunalkredite	
5. Schuldverschreibungen und andere festverzinsliche Wertpapiere	
a) Geldmarktpapiere	
aa) von öffentlichen Emittenten	
darunter: beleihbar bei der Deutschen Bundesbank	
ab) von anderen Emittenten	
darunter: beleihbar bei der Deutschen Bundesbank	
b) Anleihen und Schuldverschreibungen	
ba) von öffentlichen Emittenten	
darunter: beleihbar bei der Deutschen Bundesbank	
bb) von anderen Emittenten	
darunter: beleihbar bei der Deutschen Bundesbank	
c) eigene Schuldverschreibungen	
Nennbetrag	
6. Aktien und andere nicht festverzinsliche Wertpapiere	
6a. Handelsbestand	
7. Beteiligungen	
darunter: an Kreditinstituten	
darunter: an Finanzdienstleistungsinstituten	
8. Anteile an verbundenen Unternehmen	

	darunter: an Kreditinstituten	
	darunter: an Finanzdienstleistungsinstituten	
9.	Treuhandvermögen	
	darunter: Treuhandkredite	
10.	Ausgleichsforderungen gegen die öffentliche Hand einschließlich Schuldverschreibungen aus deren Umtausch	
11.	Immaterielle Anlagewerte	
	a) **Selbst geschaffene gewerbliche Schutzrechte und ähnliche Rechte und Werte**	
	b) **entgeltlich erworbene Konzessionen, gewerbliche Schutzrechte und ähnliche Rechte und Werte sowie Lizenzen an solchen Rechten und Werten**	
	c) **Geschäfts- oder Firmenwert**	
	d) **geleistete Anzahlungen**	
12.	Sachanlagen	
13.	Ausstehende Einlagen auf das gezeichnete Kapital	
	darunter: eingefordert:	
14.	Sonstige Vermögensgegenstände	
15.	Rechnungsabgrenzungsposten	
16.	Aktive latente Steuern	
17.	**Aktiver Unterschiedsbetrag aus der Vermögensverrechnung**	
18.	Nicht durch Eigenkapital gedeckter Fehlbetrag	
	Summe der Aktiva	

Passivseite		
		Euro
1.	Verbindlichkeiten gegenüber Kreditinstituten	
	a) täglich fällig	
	b) mit vereinbarter Laufzeit oder Kündigungsfrist	
2.	Verbindlichkeiten gegenüber Kunden	
	a) Spareinlagen	
	aa) mit vereinbarter Kündigungsfrist von drei Monaten	
	ab) mit vereinbarter Kündigungsfrist von mehr als drei Monaten	
	b) andere Verbindlichkeiten	
	ba) täglich fällig	
	bb) mit vereinbarter Laufzeit oder Kündigungsfrist	
3.	Verbriefte Verbindlichkeiten	
	a) begebene Schuldverschreibungen	
	b) andere verbriefte Verbindlichkeiten	
	darunter: Geldmarktpapiere eigene Akzepte und Solawechsel im Umlauf	
3a.	**Handelsbestand**	
4.	Treuhandverbindlichkeiten	
	darunter: Treuhandkredite	

5. Sonstige Verbindlichkeiten	
6. Rechnungsabgrenzungsposten	
6a. Passive latente Steuern	
7. Rückstellungen	
a) Rückstellungen für Pensionen und ähnliche Verpflichtungen	
b) Steuerrückstellungen	
c) Andere Rückstellungen	
8. *Sonderposten mit Rücklageanteil dieser Posten wird gestrichen, es sei denn, das Übergangswahlrecht wird ausgeübt. Die Nummerierung wird nicht angepasst,*	
9. Nachrangige Verbindlichkeiten	
10. Genußrechtskapital	
darunter: vor Ablauf von zwei Jahren fällig	
11. Fonds für allgemeine Bankrisiken	
12. Eigenkapital	
a) gezeichnetes Kapital	
b) Kapitalrücklage	
c) Gewinnrücklagen	
ca) gesetzliche Rücklage	
cb) Rücklage für Anteile **an einem herrschenden oder mehrheitlich beteiligten Unternehmen**	
cc) satzungsmäßige Rücklagen	
cd) andere Gewinnrücklagen	
d) Bilanzgewinn/Bilanzverlust	
Summe der Passiva	

Fußnoten zur Bilanz, die von Änderungen betroffen sind:

1 Folgende Arten von Instituten haben den Posten 3 Forderungen an Kreditinstitute in der Bilanz wie folgt zu untergliedern:
Pfandbriefbanken
    a) Hypothekendarlehen
    b) Kommunalkredite
    c) andere Forderungen
        darunter:
        täglich fällig
        gegen Beleihung von Wertpapieren

Bausparkassen
    a) Bauspardarlehen
    b) Vor- und Zwischenfinanzierungskredite
    c) sonstige Baudarlehen
    d) andere Forderungen
        darunter:
        täglich fällig

2 Folgende Arten von Instituten haben den Posten 4 Forderungen an Kunden in der Bilanz wie folgt zu untergliedern:
Pfandbriefbanken
    a) Hypothekendarlehen
    b) Kommunalkredite
    c) andere Forderungen
        darunter:
        täglich fällig
        gegen Beleihung von Wertpapieren

Bausparkassen
    a) Baudarlehen
        aa) aus Zuteilungen (Bauspardarlehen)
        ab) zur Vor- und Zwischenfinanzierung
        ac) sonstige
            darunter:
            durch Grundpfandrechte gesichert
    b) andere Forderungen

Finanzdienstleistungsinstitute sowie Kreditinstitute, sofern letztere Skontroführer im Sinne des **§ 27 Abs. 1** des Börsengesetzes und nicht Einlagenkreditinstitute im Sinne des § 1 Abs. 3d Satz 1 des Gesetzes über das Kreditwesen sind, haben den Posten 4 Forderungen an Kunden in der Bilanz wie folgt zu untergliedern:
    darunter:
    an Finanzdienstleistungsinstitute

5 **Pfandbriefbanken** haben den Posten **15** Rechnungsabgrenzungsposten in der Bilanz wie folgt zu untergliedern:
    a) aus Emissions- und Darlehensgeschäft
    b) andere

6 Folgende Arten von Instituten haben den Posten 1 Verbindlichkeiten gegenüber Kreditinstituten in der Bilanz wie folgt zu untergliedern
Pfandbriefbanken
    a) begebene Hypotheken-Namenspfandbriefe
    b) begebene öffentliche Namenspfandbriefe
    c) andere Verbindlichkeiten
        darunter:
        täglich fällig

Bausparkassen		zur Sicherstellung aufgenommener Darlehen an den Darlehensgeber ausgehändigte Hypotheken-Namenspfandbriefe und öffentliche Namenspfandbriefe
	a)	Bauspareinlagen darunter: auf gekündigte Verträge auf zugeteilte Verträge
	b)	andere Verbindlichkeiten darunter: täglich fällig

7 **Pfandbriefbanken** haben den Posten 2 Verbindlichkeiten gegenüber Kunden in der Bilanz wie folgt zu untergliedern:
    a) begebene Hypotheken-Namenspfandbriefe
    b) begebene öffentliche Namenspfandbriefe
    c) Spareinlagen
        ca) mit vereinbarter Kündigungsfrist von drei Monaten
        cb) mit vereinbarter Kündigungsfrist von mehr als drei Monaten
    d) andere Verbindlichkeiten
        darunter:
        täglich fällig
        zur Sicherstellung aufgenommener Darlehen an den Darlehensgeber ausgehändigte Hypotheken-Namenspfandbriefe
        und öffentliche Namenspfandbriefe

Bausparkassen haben statt des Unterpostens a Spareinlagen in der Bilanz folgenden Unterposten auszuweisen:
    a) Einlagen aus dem Bauspargeschäft und Spareinlagen
        aa) Bauspareinlagen
        darunter:
        auf gekündigte Verträge
        auf zugeteilte Verträge
        ab) Abschlußeinlagen
        ac) Spareinlagen mit vereinbarter Kündigungsfrist von drei Monaten
        ad) Spareinlagen mit vereinbarter Kündigungsfrist von mehr als drei Monaten

Finanzdienstleistungsinstitute sowie Kreditinstitute, sofern letztere Skontroführer im Sinne des **§ 27 Abs. 1** des Börsengesetzes und nicht Einlagenkreditinstitute im Sinne des § 1 Abs. 3d Satz 1 des Gesetzes über das Kreditwesen sind, haben den Posten 2 Verbindlichkeiten gegenüber Kunden in der Bilanz wie folgt zu untergliedern:

    darunter:
    gegenüber Finanzdienstleistungsinstituten

9 **Pfandbriefbanken** haben den Posten 3 Verbriefte Verbindlichkeiten in der Bilanz wie folgt zu untergliedern:
    a) begebene Schuldverschreibungen
        aa) Hypothekenpfandbriefe
        ab) öffentliche Pfandbriefe
        ac) sonstige Schuldverschreibungen
    b) andere verbriefte Verbindlichkeiten
       darunter:
       Geldmarktpapiere

Kreditgenossenschaften, die das Warengeschäft betreiben, haben im Posten 3 Verbriefte Verbindlichkeiten zu dem Darunterposten 3b) Eigene Akzepte und Solawechsel im Umlauf folgenden zusätzlichen Darunterposten einzufügen:
    aus dem Warengeschäft

10 **Pfandbriefbanken** haben den Posten 6 Rechnungsabgrenzungsposten in der Bilanz wie folgt zu untergliedern:
    a) aus dem Emissions- und Darlehensgeschäft
    b) andere

Formblatt 3 (Staffelform)
Gewinn- und Verlustrechnung
der ....
für die Zeit vom ....bis..

	Euro
1. Zinserträge aus	
a) Kredit- und Geldmarktgeschäften	
b) festverzinslichen Wertpapieren und Schuldbuchforderungen	
2. Zinsaufwendungen	
3. Laufende Erträge aus	
a) Aktien und anderen nicht festverzinslichen Wertpapieren	
b) Beteiligungen	
c) Anteilen an verbundenen Unternehmen	
4. Erträge aus Gewinngemeinschaften, Gewinnabführungs- oder Teilgewinnabführungsverträgen	
5. Provisionserträge	
6. Povisionsaufwendungen	
7. **Nettoertrag oder Nettoaufwand des Handelsbestands**	
8. Sonstige betriebliche Erträge	
9. *(gestrichen)*	
10. Allgemeine Verwaltungsaufwendungen	
a) Personalaufwand	
aa) Löhne und Gehälter	
ab) soziale Abgaben und Aufwendungen für Altersversorgung und Unterstützung	
darunter: für Altersversorgung	
b) andere Verwaltungsaufwendungen	
11. Abschreibungen und Wertberichtigungen auf immaterielle Anlagewerte und Sachanlagen	
12. Sonstige betriebliche Aufwendungen	
13. Abschreibungen und Wertberichtigungen auf Forderungen und bestimmte Wertpapiere sowie Zuführungen im Kreditgeschäft	
14. Erträge aus Zuschreibungen zu Forderungen und bestimmten Wertpapieren sowie aus der Auflösung von Rückstellungen im Kreditgeschäft	
15. Abschreibungen und Wertberichtigungen auf Beteiligungen, Anteile an verbundenen Unternehmen und wie Anlagevermögen behandelte Wertpapiere	
16. Erträge aus Zuschreibungen zu Beteiligungen, Anteilen an verbundenen Unternehmen und wie Anlagevermögen behandelten Wertpapiere	
17. Aufwendungen aus Verlustübernahme	
18. *(gestrichen)*	
19. Ergebnis der normalen Geschäftstätigkeit	
20. Außerordentliche Erträge	
21. Außerordentliche Aufwendungen	
22. Außerordentliches Ergebnis	
23. Steuern vom Einkommen und vom Ertrag	

	Euro
24. Sonstige Steuern, soweit nicht unter Posten 12 ausgewiesen	
25. Erträge aus Verlustübernahme	
26. Auf Grund einer Gewinngemeinschaft, eines Gewinnabführungs- oder eines Teilgewinnabführungsvertrags abgeführte Gewinne	
27. Jahresüberschuß/Jahresfehlbetrag	
28. Gewinnvortrag/Verlustvortrag aus dem Vorjahr	
29. Entnahmen aus der Kapitalrücklage	
30. Entnahmen aus Gewinnrücklagen	
a) aus der gesetzlichen Rücklage	
b) aus der Rücklage für eigene Anteile	
c) aus satzungsmäßigen Rücklagen	
d) aus anderen Gewinnrücklagen	
31. Entnahmen aus Genußrechtskapital	
32. Einstellungen in Gewinnrücklagen	
a) in die gesetzliche Rücklage	
b) in die Rücklage für eigene Anteile	
c) in die satzungsmäßigen Rücklagen	
d) in andere Gewinnrücklagen	
33. Wiederauffüllung des Genußrechtskapitals	
34. Bilanzgewinn/Bilanzverlust	

Inhaltsverzeichnis   **Tz.**

I.   Grundlagen 194
II. Neuer Aktivposten 6a. Handelsbestand (Handelsaktiva) .... 195 – 199
III. Neuer Passivposten 3a. Handelsbestand (Handelspassiva) .... 200 – 203
IV. Nettoaufwand oder Nettoertrag des Handelsbestands .... 204 – 209
V. Erstanwendungszeitpunkt und Übergangsvorschriften 210

I. Grundlagen

Die wesentliche Änderung in den Formblättern für Institute stellt die Einfügung des Bilanzpostens „**Handelsbestand**" auf der Aktiv- ((Aktivposten Nr. 6a); Handelsaktiva) und der Passivseite ((Passivposten Nr. 3a); Handelspassiva) der Bilanz sowie die Umbenennung des „Nettoaufwand bzw. Nettoertrag aus Finanzgeschäften" in „Nettoaufwand bzw. Nettoertrag des Handelsbestands" dar[164]. Dabei kommt es in der Bilanz zu einem Bruttoausweis und in der Gewinn- und Verlustrechnung zu einem Nettoausweis[165]. Die Änderungen sind auf die Kodifizierung der Bewertung der Finanzinstrumente des Handelsbestands bei Kreditinstituten zum beizulegenden Zeitwert zurückzuführen (vgl. Tz. 86) und dienen der Verbesserung der Transparenz und Aussagefähigkeit der Handelsaktivitäten[166]. Sie stellen zudem eine Annäherung an die IFRS dar[167]. Ergänzend zu den Ausweisvorschriften wurden auch die Anhangangaben erweitert.   **194**

---

164 Vgl. Begr. RegE, BT-Drucks. 16/10067, S. 95 und 100 sowie Begr. Beschlussempfehlung und Bericht des Rechtausschusses, BT-Drucks. 16/12407, S. 84 und 100.
165 Vgl. Begr. RegE, BT-Drucks. 16/12407, S. 100.
166 Vgl. Begr. RegE, BT-Drucks. 16/12407, S. 100.
167 Vgl. *PricewaterhouseCoopers*, IFRS für Banken⁴, S. 208-212.

II. Neuer Aktivposten 6a. Handelsbestand (Handelsaktiva)

195   Im Gegensatz zum Handelsergebnis, welches in § 340c Abs. 1 Satz 1 HGB definiert wurde, gibt es für den **Handelsbestand** weder auf der Aktivseite noch auf der Passivseite der Bilanz eine explizite Definition. Der Inhalt der beiden Bilanzposten ergibt sich jedoch aus der Definition des Handelsergebnisses im Zusammenhang mit den Anforderungen zur Aufgliederung des Bilanzpostens (§ 35 Abs. 1a RechKredV) und der institutsintern festgelegten Kriterien für die Einbeziehung von Finanzinstrumenten in den Handelsbestand. Nach der Gesetzesbegründung sind „dem Handelsbestand alle Finanzinstrumente (einschl. Derivaten, Verbindlichkeiten, die kurzfristig ausgegeben und zurückerworben werden und Devisen) und Edelmetalle zuzurechnen, die mit der Absicht einer kurzfristigen Erzielung eines Eigenhandelserfolgs erworben und veräußert werden"[168].

196   Dabei ist der Begriff „**kurzfristig**" – analog der Abgrenzung von Anlage- und Umlaufvermögen[169] – nicht im Sinne einer bestimmten Zeitdauer, sondern im Sinne einer Zweckbestimmung auszulegen, wobei auch Produkt- und Marktspezifika zu berücksichtigen sind. Eine Übernahme der aufsichtsrechtlichen Abgrenzung wird nicht gefordert. Die „kurzfristige Erzielung eines Eigenhandelserfolgs" umfasst auch die Erzielung oder Festschreibung einer Marge.

197   Nach § 35 Abs. 1 Nr. 1a RechKredV sind die **Handelsaktiva im Anhang** wie folgt aufzugliedern:

- Derivative Finanzinstrumente,
- Forderungen,
- Schuldverschreibungen und andere festverzinsliche Wertpapiere,
- Aktien und andere nicht festverzinsliche Wertpapiere sowie
- Sonstige Vermögensgegenstände.

Diese Unterteilung entspricht mit Ausnahme der nunmehr erstmals in der Bilanz zu erfassenden positiven Marktwerte von derivativen Finanzinstrumenten des Handelsbestands der Gliederung in dem bis zum 31. Dezember 2009 anzuwendenden Bilanzformblatt für Institute, wobei die Forderungen an Kreditinstitute und Forderungen an Kunden zusammengefasst wurden.

198   Bestandteil des Handelsbestands sind sowohl auf der Aktiv- als auch auf der Passivseite die nach § 11 RechKredV abzugrenzenden **Zinsen**. Nach der Begründung zum Gesetzesentwurf sind darüber hinaus **Sicherungsgeschäfte**[170] „einzubeziehen, auch wenn mit ihnen nicht unmittelbar ein Eigenhandelserfolg erzielt wird, sondern durch sie nur ein Eigenhandelserfolg gesichert wird"[171].

199   Es fällt auf, dass das BilMoG – im Gegensatz zu den detaillierten Anforderungen zur Angabe im Anhang (vgl. auch Abschn. O Tz. 170-203) – keine umfassenden Anforderungen zum Ausweis von **Bewertungseinheiten** in der Bilanz und der GuV vorschreibt (vgl. auch Abschn. H Tz. 98). Grds. bieten sich zwei Darstellungsformen in der Bilanz an:

- Ausweis der abzusichernden Grundgeschäfte in den originären Posten und der (überwiegend derivativen) Sicherungsinstrumente im Handelsbestand mit entsprechender Kennzeichnung im Anhang oder
- Hinzufügung eines neuen Postens nach § 265 Abs. 5 Satz 2 HGB.

---

168   Vgl. Begr. Beschlussempfehlung und Bericht des Rechtsausschusses, BT-Drucks. 16/12407, S. 92.
169   Vgl. *ADS*[6], § 247 HGB Tz. 107.
170   Sicherungsinstrumente.
171   Vgl. Begr. Beschlussempfehlung und Bericht des Rechtsausschusses, BT-Drucks. 16/12407, S. 92.

III. Neuer Passivposten 3a. Handelsbestand (Handelspassiva)

Aus der Gesetzesbegründung ergibt sich, dass unter den Handelspassiva neben den **negativen Marktwerten aus derivativen Finanzinstrumenten** des Handelsbestands zumindest auch „Verbindlichkeiten, die kurzfristig mit der Absicht einer kurzfristigen Erzielung eines Eigenhandelserfolgs ausgegeben und zurückerworben werden", auszuweisen sind[172]. Hierzu zählen bspw. **Verbindlichkeiten** aus der Erzielung eines Eigenhandelserfolgs dienenden Geldhandelsgeschäften[173] und die von einem Handelsbereich einer Bank emittierten Zertifikate, durch die im Zusammenhang mit dem Verkauf an Kunden ein kurzfristiger Eigenhandelserfolg erzielt werden soll. 200

Da im Handelsergebnis („Nettoergebnis des Handelsbestands") alle „Erträge und Aufwendungen aus Geschäften mit Finanzinstrumenten des Handelsbestands" auszuweisen sind" (§ 340c Abs. 1 Satz 1 HGB; vgl. Tz. 79), ist es uE auch zulässig, die **Refinanzierung der Handelsaktivitäten** den Handelspassiva zuzuordnen. Da in der Praxis idR keine direkte 1:1-Aufnahme der Refinanzierungsmittel vorliegt, ist in diesem Fall eine – **im Einklang mit der internen Steuerung** stehende – Schlüsselung der Refinanzierungsmittel vorzunehmen. Gesetzeswortlaut und Gesetzesbegründung können nen ggf. auch als Indikation für eine verpflichtende Zuordnung zum Handelsergebnis interpretiert werden. Darüber hinaus sind unter den Handelspassiva auch Lieferverpflichtungen aus Leerverkäufen auszuweisen. 201

Bei **strukturierten Emissionen** (zB Zertifikaten) ist beim Emittenten regelmäßig davon auszugehen, dass diese aufgrund des Geschäftszwecks (Erzielung einer Marge aus strukturierter Emission und strukturiertem/en Sicherungsderivat/en) bereits zum Handelsbestand gehören und entsprechend mit dem beizulegenden Zeitwert (§ 340e Abs. 3 Satz 1 HGB; vgl. Tz. 100 ff.) zu bewerten sind. Maßgeblich hierfür ist die „aktive Bewirtschaftung" des Portfolios bzw. der Geschäfte und die Tatsache, dass die Emissionen durch einen (aufbauorganisatorisch) dem Handel zugeordneten Bereich emittiert werden. 202

Nach § 35 Abs. 1 lit. a) RechkredV sind die Handelspassiva im **Anhang** in derivative Finanzinstrumente und Verbindlichkeiten aufzugliedern. 203

IV. Nettoaufwand oder Nettoertrag des Handelsbestands

Nach § 340c Abs. 1 Satz 1 HGB ist „als Ertrag oder Aufwand des Handelsbestands der Unterschiedsbetrag aller Erträge und Aufwendungen aus Geschäften mit Finanzinstrumenten des Handelsbestands und dem Handel mit Edelmetallen sowie der zugehörigen Erträge aus Zuschreibungen und Aufwendungen aus Abschreibungen auszuweisen". Nach dieser Definition umfasst das Handelsergebnis zumindest das **Abgangsergebnis** (realisierte Gewinne und Verluste) und das **Bewertungsergebnis** (unrealisierte Gewinne und Verluste) einschl. der Aufwendungen für den Risikoabschlag. 204

Strittig könnte die Einbeziehung 205

- der Zinsen und Dividenden aus den Handelsaktiva,
- der Refinanzierungsaufwendungen für die Handelsaktivitäten sowie
- der Provisionserträge und –aufwendungen im Zusammenhang mit dem Handelsbestand

---

172 Vgl. Begr. RegE, BT-Drucks. 16/10067, S. 92.
173 Diese Geldhandelsgeschäfte müssen bspw. Teil eines Portfolios (oder mehrerer Portfolien) eindeutig identifizierter und gemeinsam gemanagter Finanzinstrumente sein und es muss über einen längeren Zeitraum nachgewiesen werden, dass für das (die) Portfolio(s) kurzfristige Gewinnmitnahmen vorlagen.

sein, da die §§ 28 RechKredV „Zinserträge" und 29 RechKredV „Zinsaufwendungen" im Zusammenhang mit dem BilMoG nicht angepasst wurden und die Handelsaktivitäten zweifelsohne Bestandteil des Bankgeschäfts sind.

206 Legt man den Gesetzeswortlaut eng aus („Erträge und Aufwendungen aus *Geschäften* (Hervorhebung durch die Autoren) mit Finanzinstrumenten des Handelsbestands"), könnte man lediglich die **Provisionsaufwendungen** aus dem An- und Verkauf der Finanzinstrumente[174] in das Nettoergebnis des Handelsbestands einbeziehen. Da der Gesetzgeber mit dem BilMoG die Handelsaktivitäten transparenter[175] darstellen wollte, dürfte aber auch die Einbeziehung der **Zinsen und Dividenden** aus den Handelsaktiva und – sofern dies der **internen Steuerung** entspricht – der **Refinanzierungsaufwendungen** für die Handelsaktivitäten in das Handelsergebnis zumindest zulässig sein[176]. Diese betriebswirtschaftliche Betrachtungsweise entspricht zudem der Umsetzung von Forderungen aus der Fachliteratur[177].

207 Für die Zulässigkeit bzw. eine Verpflichtung zur Einbeziehung der **Zinserträge und -aufwendungen** aus Finanzinstrumenten des Handelsbestands (zB Zinsswap) sprechen zudem sowohl die Natur dieser Finanzinstrumente (der Marktwert eines Zinsswaps stellt den Barwert seiner Zahlungsströme dar), als auch die Ermittlung des beizulegenden Zeitwerts (*Clean-price*-Methode versus *Dirty-price*-Methode)[178]. Auch bei Einbeziehung der Zins- und Provisionsergebnisse in das Nettoergebnis des Handelsbestands besteht keine vollständige Übereinstimmung mit der Segmentberichterstattung, da auch zukünftig die Personalaufwendungen und die anderen Verwaltungsaufwendungen (zB Raumaufwendungen und IT-Aufwendungen) für die Handelsabteilung im Aufwandsposten 4 (Formblatt 2, Kontoform) bzw. 10 (Formblatt 3, Staffelform) auszuweisen sind.

208 Nach § 340g Abs. 2 HGB sind Zuführungen zum **Sonderposten für allgemeine Bankrisiken** und Erträge aus der Auflösung des Sonderpostens in der Gewinn- und Verlustrechnung gesondert auszuweisen. Die Bildung eines gesonderten Topfes für den Fonds für allgemeine Bankrisiken wurde nicht in § 340g HGB, sondern in § 340e Abs. 4 HGB gesetzlich kodifiziert. Aufgrund des Charakters dieses Postens ist der Betrag im Anhang anzugeben.

209 Eine einmal gewählte Art des Ausweises hat in Folgejahren **stetig** zu erfolgen und ist im Anhang zu erläutern. Eine Zuordnung ausschließlich der Zinserträge zum Zinsergebnis ist nicht zulässig. Bei den Refinanzierungsaufwendungen ist die Übereinstimmung mit der internen Steuerung zu beachten.

---

174 In diesem Fall würde man Geschäfte als Synonym für Transaktionen auslegen.
175 Vgl. Begr. Beschlussempfehlung und Bericht des Rechtsausschusses, BT-Drucks. 16/12407, S. 92 f.
176 *Scharpf* spricht sich für eine zwingende Einbeziehung aus vgl. *Scharpf,* in Küting/Pfitzer/Weber, Das neue deutsche Bilanzrecht², S. 246.
177 Vgl. *Löw/Scharpf/Weigel*, WPg 2008, S. 1015.
178 Der *clean price* ist der beizulegende Zeitwert ohne anteilige (abzugrenzende) Zinsen, der *dirty price* umfasst die anteiligen (abzugrenzenden) Zinsen. Erfolgt die Buchung auf *Dirty price*-Basis (angloamerikanische Buchungsweise), werden die Wertänderungen einschließlich der anteiligen Zinsen als ein Betrag in der Gewinn- und Verlust-Rechnung erfasst. Die laufenden Zinsen sind nicht im Zinsergebnis enthalten, sondern werden als Bestandteil des beizulegenden Zeitwerts des Zinsswaps gebucht. Wird die Wertänderung des Zinsswaps auf *Clean price*-Basis gebucht (kontinentaleuropäische Buchungssystematik), sind die laufenden Zinszahlungen und die Zinsabgrenzung zusätzlich zur Änderung des beizulegenden Zeitwerts zu erfassen. Vgl. hierzu die analoge Darstellung nach IFRS im IDW RH HFA 2.001 (Stand: 19.09.2007), Tz. 8 ff. Buchungsbeispiele hierzu enthält *Weigel/Kopatschek/Löw/Scharpf/Vietze*, Ausweis- und Angabepflichten sowie Bewertungsfragen für Zinsswaps in IFRS-Konzernabschlüssen von Kreditinstituten, WPg 2007, S. 1049 ff.

V. Erstanwendungszeitpunkt und Übergangsvorschriften

Die Formblätter in der Fassung des BilMoG sind erstmals auf Jahres- und Konzernabschlüsse für das **nach dem 31. Dezember 2009** beginnende Geschäftsjahr anzuwenden. In der bis zum 28. Mai 2009 geltenden Fassung sind die Formblätter letztmals auf Jahres- und Konzernabschlüsse anzuwenden, die vor dem 1. Januar 2010 beginnen (§ 39 Abs. 11 Satz 1 und 2 RechKredV).

210

§ 341a HGB
Anzuwendende Vorschriften

(1) ¹Versicherungsunternehmen haben einen Jahresabschluß und einen Lagebericht nach den für große Kapitalgesellschaften geltenden Vorschriften des Ersten Unterabschnitts des Zweiten Abschnitts in den ersten vier Monaten des Geschäftsjahres für das vergangene Geschäftsjahr aufzustellen und dem Abschlußprüfer zur Durchführung der Prüfung vorzulegen; die Frist des § 264 Abs. 1 **Satz 3** gilt nicht. ²Ist das Versicherungsunternehmen eine Kapitalgesellschaft im Sinn des § 325 Abs. 4 Satz 1 und nicht zugleich im Sinn des § 327a, beträgt die Frist nach Satz 1 vier Monate.

(2) ¹§ 265 Abs. 6, §§ 267, 268 Abs. 4 Satz 1, Abs. 5 Satz 1 und 2, §§ 276, 277 Abs. 1 und 2, § 285 Nr. 8 Buchstabe a und § 288 sind nicht anzuwenden. ²Anstelle von § 247 Abs. 1, §§ 251, 265 Abs. 7, §§ 266, 268 Abs. 2 und 7, §§ 275, 285 Nr. 4 und 8 Buchstabe b sowie § 286 Abs. 2 sind die durch Rechtsverordnung erlassenen Formblätter und anderen Vorschriften anzuwenden. ³§ 246 Abs. 2 ist nicht anzuwenden, soweit abweichende Vorschriften bestehen. ⁴§ 264 Abs. 3 und § 264b sind mit der Maßgabe anzuwenden, daß das Versicherungsunternehmen unter den genannten Voraussetzungen die Vorschriften des Vierten Unterabschnitts des Zweiten Abschnitts nicht anzuwenden braucht. ⁵§ 285 **Nr. 3a** gilt mit der Maßgabe, daß die Angaben für solche finanzielle Verpflichtungen nicht zu machen sind, die im Rahmen des Versicherungsgeschäfts entstehen.

(3) Auf Krankenversicherungsunternehmen, die das Krankenversicherungsgeschäft ausschließlich oder überwiegend nach Art der Lebensversicherung betreiben, sind die für die Rechnungslegung der Lebensversicherungsunternehmen geltenden Vorschriften entsprechend anzuwenden.

(4) Auf Versicherungsunternehmen, die nicht Aktiengesellschaften, Kommanditgesellschaften auf Aktien oder kleinere Vereine sind, sind § 152 Abs. 2 und 3 sowie die §§ 170 bis 176 des Aktiengesetzes entsprechend anzuwenden; § 160 des Aktiengesetzes ist entsprechend anzuwenden, soweit er sich auf Genußrechte bezieht.

(5) ¹Bei Versicherungsunternehmen, die ausschließlich die Rückversicherung betreiben oder deren Beiträge aus in Rückdeckung übernommenen Versicherungen die übrigen Beiträge übersteigen, verlängert sich die in Absatz 1 Satz 1 erster Halbsatz genannte Frist von vier Monaten auf zehn Monate, sofern das Geschäftsjahr mit dem Kalenderjahr übereinstimmt; die Hauptversammlung oder die Versammlung der obersten Vertretung, die den Jahresabschluß entgegennimmt oder festzustellen hat, muß abweichend von § 175 Abs. 1 Satz 2 des Aktiengesetzes spätestens 14 Monate nach dem Ende des vergangenen Geschäftsjahres stattfinden. ²Die Frist von vier Monaten nach Absatz 1 Satz 2 verlängert sich in den Fällen des Satzes 1 nicht.

Inhaltsverzeichnis Tz.

I. Grundlagen 211
II. Branchenspezifische Anwendung geänderter Ansatz- und Bewertungsvorschriften
    1. Saldierungsgebot für Deckungsvermögen (§ 246 Abs. 2 HGB) 212
    2. Aktivierungswahlrecht für selbst geschaffene immaterielle Vermögensgegenstände des Anlagevermögens (§ 248 Abs. 2 HGB) 213
    3. Abzinsung von Rückstellungen (§ 253 Abs. 2 Satz 1 HGB) 214

4. Bewertungseinheiten (§ 254 HGB) .... 215 – 216
5. Anhangangaben zu Spezialfonds (§ 285 Nr. 26 HGB) 217
III. Erstanwendungszeitpunkt und Übergangsvorschriften .... 218 – 219

I. Grundlagen

Aufgrund von Änderungen in Paragraphen, auf die der § 341a HGB Bezug nimmt, werden die **Verweise** entsprechend **angepasst**. Es entstehen keine inhaltlichen Auswirkungen. **211**

II. Branchenspezifische Anwendung geänderter Ansatz- und Bewertungsvorschriften

1. Saldierungsgebot für Deckungsvermögen (§ 246 Abs. 2 HGB)

Durch die Neufassung des § 246 Abs. 2 HGB müssen Vermögensgegenstände, die ausschließlich zur Erfüllung von Verbindlichkeiten aus Altersversorgungsverträgen gehalten werden, mit den zugehörigen Schulden saldiert werden (vgl. Abschn. C Tz. 47). Während im RefE der ausdrückliche Bezug auf Pensionsrückstellungen noch fehlte, wurde durch diesen Zusatz im Gesetz klargestellt, dass eine Saldierung von **Kapitalanlagen für Rechnung und Risiko von Inhabern von Lebensversicherungspolicen** mit den zugehörigen versicherungstechnischen Rückstellungen nicht vorgesehen ist. Diese Sichtweise wird so auch in der Gesetzesbegründung bestätigt[179]. **212**

2. Aktivierungswahlrecht für selbst geschaffene immaterielle Vermögensgegenstände des Anlagevermögens (§ 248 Abs. 2 HGB)

Das Aktivierungswahlrecht für selbst geschaffene immaterielle Vermögenswerte, das sich aus der Neuformulierung des § 248 Abs. 2 HGB ergibt (vgl. Abschn. E Tz. 34), gilt auch für Versicherungsunternehmen. Allerdings ist die Aktivierung von **Abschlusskosten für Versicherungsverträge** nach § 248 Abs. 1 Nr. 3 HGB auch weiterhin untersagt[180]. **213**

3. Abzinsung von Rückstellungen (§ 253 Abs. 2 Satz 1 HGB)

Die zukünftig vorgeschriebene Diskontierung von Rückstellungen mit einer Laufzeit von mehr als einem Jahr nach § 253 Abs. 2 Satz 1 HGB (vgl. Abschn. I Tz. 39) gilt nicht für **versicherungstechnische Rückstellungen** von Versicherungsunternehmen. Die Bewertung von versicherungstechnischen Rückstellungen bleibt gegenüber den bisherigen Regelungen unverändert; vgl. hierzu die Ausführungen zu § 341e HGB (Tz. 223). **214**

4. Bewertungseinheiten (§ 254 HGB)

Versicherungsunternehmen dürfen nach § 7 Abs. 2 Satz 2 VAG nur **Termingeschäfte oder Optionen** abschließen, die zur Absicherung von Kurs- oder Zinsrisiken, zur Vorbereitung eines späteren Erwerbs eines Finanzinstruments oder zur Ertragsmehrung von bereits im Bestand vorhandenen Wertpapieren dienen. Es dürfte unstrittig sein, **215**

---

179 Vgl. Begr. RegE, BT-Drucks. 16/10067, S. 49 zu § 249 Abs. 2 HGB.
180 Vgl. § 248 Abs. 1 Nr. 3 HGB.

dass Termingeschäfte oder Optionen, die Versicherer zur Absicherung von Risiken eingehen, zur Bildung einer Bewertungseinheit nach § 254 HGB (vgl. Abschn. H Tz. 26-37) verwendet werden dürfen.

216 Inwieweit **Erwerbsvorbereitungsgeschäfte** die Anforderungen des § 254 HGB erfüllen, muss im Einzelfall entschieden werden. Nach dem Regierungsentwurf[181] ist die Bildung einer Bewertungseinheit für solche Erwerbsvorbereitungsgeschäfte nur dann zulässig, wenn die vorgesehene Transaktion mit hoher Wahrscheinlichkeit eintritt (vgl. zu antizipativem *Hedging* Abschn. H Tz. 11-20). Erwerbsvorbereitungsgeschäfte liegen jedoch nach dem BAV R 3/2000 bereits vor, wenn sich der Versicherer die Möglichkeit zum zukünftigen Erwerb eines Wertpapiers verschafft; eine hohe Eintrittswahrscheinlichkeit ist nicht vorgeschrieben. Somit sind Situationen denkbar, in denen die Bildung einer Bewertungseinheit mit Erwerbsvorbereitungsgeschäften nicht zulässig ist.

5. Anhangangaben zu Spezialfonds (§ 285 Nr. 26 HGB)

217 Für Versicherungsunternehmen mit umfangreichen Investments in **Spezialfonds** werden die neu hinzugefügten Anhangangaben nach § 285 Nr. 26 HGB bzw. § 314 Abs. 1 Nr. 18 HGB zu umfangreichen Angabepflichten führen (vgl. Abschn. O Tz. 228-238 und Abschn. R Tz. 69-74). Während bisher nach § 54 Satz 1 RechVersV nur die Angabe des Zeitwerts für alle übrigen Kapitalanlagen in Summe verpflichtend war, muss nun der Buch- sowie der Zeitwert für jedes Anlageziel der Spezialfonds veröffentlicht werden.

III. Erstanwendungszeitpunkt und Übergangsvorschriften

218 Die Neuformulierung des § 341a HGB gilt grds. für alle Jahresabschlüsse, deren Geschäftsjahr **nach dem 31. Dezember 2009** beginnt (Art. 66 Abs. 3 Satz 1 EGHGB). Die Bestimmungen des Handelsgesetzbuchs in der Fassung des BilMoG können freiwillig bereits auf nach dem 31. Dezember 2008 beginnende Geschäftsjahre angewandt werden, sofern sie insgesamt angewandt werden und dies im Anhang zum Jahresabschluss angegeben wird (Art. 66 Abs. 3 Satz 6 EGHGB).

219 Abweichend hiervon ist die Änderung in § 341a Abs. 2 Satz 5 iVm. § 285 Nr. 3a HGB (vgl. Abschn. O Tz. 45 f.) bereits in Jahresabschlüssen, deren Geschäftsjahr **nach dem 31. Dezember 2008** beginnt, anzuwenden (vgl. Art. 66 Abs. 2 Satz 1 EGHGB).

---

181 Vgl. Begr. RegE, BT-Drucks. 16/10067, S. 58.

§ 341b HGB
Bewertung von Vermögensgegenständen

(1) ¹Versicherungsunternehmen haben immaterielle Vermögensgegenstände, soweit sie entgeltlich erworben wurden, Grundstücke, grundstücksgleiche Rechte und Bauten einschließlich der Bauten auf fremden Grundstücken, technische Anlagen und Maschinen, andere Anlagen, Betriebs- und Geschäftsausstattung, Anlagen im Bau und Vorräte nach den für das Anlagevermögen geltenden Vorschriften zu bewerten. ²Satz 1 ist vorbehaltlich Absatz 2 und § 341c auch auf Kapitalanlagen anzuwenden, soweit es sich hierbei um Beteiligungen, Anteile an verbundenen Unternehmen, Ausleihungen an verbundene Unternehmen oder an Unternehmen, mit denen ein Beteiligungsverhältnis besteht, Namensschuldverschreibungen, Hypothekendarlehen und andere Forderungen und Rechte, sonstige Ausleihungen und Depotforderungen aus dem in Rückdeckung übernommenen Versicherungsgeschäft handelt. ³**§ 253 Abs. 3 Satz 4 ist nur auf die in Satz 2 bezeichneten Vermögensgegenstände anzuwenden.**

(2) Auf Kapitalanlagen, soweit es sich hierbei um Aktien einschließlich der eigenen Anteile, Investmentanteile sowie sonstige festverzinsliche und nicht festverzinsliche Wertpapiere handelt, sind die für das Umlaufvermögen geltenden § 253 Abs. 1 Satz 1, **Abs. 4 und 5**, **§ 256** anzuwenden, es sei denn, dass sie dazu bestimmt werden, dauernd dem Geschäftsbetrieb zu dienen; in diesem Fall sind sie nach den für das Anlagevermögen geltenden Vorschriften zu bewerten.

(3) § 256 Satz 2 in Verbindung mit § 240 Abs. 3 über die Bewertung zum Festwert ist auf Grundstücke, Bauten und im Bau befindliche Anlagen nicht anzuwenden.

(4) **Verträge, die von Pensionsfonds bei Lebensversicherungsunternehmen zur Deckung von Verpflichtungen gegenüber Versorgungsberechtigten eingegangen werden, sind mit dem Zeitwert unter Berücksichtigung des Grundsatzes der Vorsicht zu bewerten; die Absätze 1 bis 3 sind insoweit nicht anzuwenden.**

Inhaltsverzeichnis

		Tz.
I.	Bedeutung der Änderungen	220 – 221
II.	Erstanwendungszeitpunkt und Übergangsvorschriften	222

I. Bedeutung der Änderungen

Die Änderungen in § 341b Abs. 1 und 2 HGB resultieren aus der Neufassung des § 253 HGB sowie der Aufhebung der §§ 279 und 280 HGB (vgl. Abschn. J Tz. 1 f.). Es ergeben sich keine inhaltlichen Änderungen. **220**

Durch die Aufnahme des § 341b Abs. 4 HGB wird klargestellt, dass **Pensionsfonds** Verträge mit Lebensversicherungsunternehmen, mit denen die Deckung von Verpflichtungen gegenüber Versorgungsberechtigten sichergestellt werden soll, mit dem Zeitwert bewerten müssen. Bereits bisher erfolgte in der Praxis die Bewertung dieser Kapitalisierungsprodukte analog zur Bewertung von Kapitalanlagen für Rechnung und Risiko von Inhabern von Lebensversicherungspolicen mit dem Zeitwert; eine explizite gesetzliche Regelung fehlte jedoch. Diese Rechtsunsicherheit wird somit behoben[182]. **221**

---

182 Vgl. Begr. RegE, BT-Drucks. 16/10067, S. 96 f.

II. Erstanwendungszeitpunkt und Übergangsvorschriften

222 Die Änderungen des § 341b HGB sind für alle Jahresabschlüsse anzuwenden, die **nach dem 31. Dezember 2009** beginnen (Art. 66 Abs. 3 Satz 1 EGHGB). Die Bestimmungen des Handelsgesetzbuchs in der Fassung des BilMoG können freiwillig bereits auf nach dem 31. Dezember 2008 beginnende Geschäftsjahre angewandt werden, sofern sie insgesamt angewandt werden und dies im Anhang zum Jahresabschluss angegeben wird (Art. 66 Abs. 3 Satz 6 EGHGB).

§ 341e HGB
Allgemeine Bilanzierungsgrundsätze

(1) ¹Versicherungsunternehmen haben versicherungstechnische Rückstellungen auch insoweit zu bilden, wie dies nach vernünftiger kaufmännischer Beurteilung notwendig ist, um die dauernde Erfüllbarkeit der Verpflichtungen aus den Versicherungsverträgen sicherzustellen. ²Dabei sind die im Interesse der Versicherten erlassenen aufsichtsrechtlichen Vorschriften über die bei der Berechnung der Rückstellungen zu verwendenden Rechnungsgrundlagen einschließlich des dafür anzusetzenden Rechnungszinsfußes und über die Zuweisung bestimmter Kapitalerträge zu den Rückstellungen zu berücksichtigen. ³**Die Rückstellungen sind nach den Wertverhältnissen am Abschlussstichtag zu bewerten und nicht nach § 253 Abs. 2 abzuzinsen.**

(2) Versicherungstechnische Rückstellungen sind außer in den Fällen der §§ 341f bis 341h insbesondere zu bilden

1. für den Teil der Beiträge, der Ertrag für eine bestimmte Zeit nach dem Abschlußstichtag darstellt (Beitragsüberträge);

2. für erfolgsabhängige und erfolgsunabhängige Beitragsrückerstattungen, soweit die ausschließliche Verwendung der Rückstellung zu diesem Zweck durch Gesetz, Satzung, geschäftsplanmäßige Erklärung oder vertragliche Vereinbarung gesichert ist (Rückstellung für Beitragsrückerstattung);

3. für Verluste, mit denen nach dem Abschlußstichtag aus bis zum Ende des Geschäftsjahres geschlossenen Verträgen zu rechnen ist (Rückstellung für drohende Verluste aus dem Versicherungsgeschäft).

(3) Soweit eine Bewertung nach § 252 Abs. 1 Nr. 3 oder § 240 Abs. 4 nicht möglich ist oder der damit verbundene Aufwand unverhältnismäßig wäre, können die Rückstellungen auf Grund von Näherungsverfahren geschätzt werden, wenn anzunehmen ist, daß diese zu annähernd gleichen Ergebnissen wie Einzelberechnungen führen.

Inhaltsverzeichnis Tz.
I. Bedeutung der Änderung 223
II. Erstanwendungszeitpunkt und Übergangsvorschriften 224

I. Bedeutung der Änderung

Durch die Aufnahme des neuen Satz 3 in § 341e Abs. 1 HGB wird geregelt, dass versicherungstechnische Rückstellungen „nach den Wertverhältnissen am Abschlussstichtag zu bewerten" sind und somit eine Diskontierung nach § 253 Abs. 2 HGB untersagt bleibt (vgl. dazu Abschn. I Tz. 39). Die Gesetzesbegründung zu § 341e HGB[183] stellt ausführlich klar, dass auch in Zukunft weder Kosten- und Preissteigerungen, noch Diskontierungen bei der Bewertung von versicherungstechnischen Rückstellungen zu berücksichtigen sind. Es ergeben sich somit für die Bilanzierung und Bewertung von versicherungstechnischen Rückstellungen zukünftig keine Veränderungen.

223

---

183 Vgl. Begr. RegE, BT-Drucks. 16/10067, S. 97.

II. Erstanwendungszeitpunkt und Übergangsvorschriften

224 § 341e Abs. 1 Satz 3 HGB ist wie der geänderte § 253 Abs. 2 HGB für alle Jahresabschlüsse anzuwenden, deren Geschäftsjahr **nach dem 31. Dezember 2009** beginnt (Art. 66 Abs. 3 Satz 1 EGHGB). Die Bestimmungen des Handelsgesetzbuchs in der Fassung des BilMoG können freiwillig bereits auf nach dem 31. Dezember 2008 beginnende Geschäftsjahre angewandt werden, sofern sie insgesamt angewandt werden und dies im Anhang zum Jahresabschluss angegeben wird (Art. 66 Abs. 3 Satz 6 EGHGB).

§ 341j HGB
Anzuwendende Vorschriften

(1) ¹Auf den Konzernabschluß und den Konzernlagebericht sind die Vorschriften des Zweiten Unterabschnitts des Zweiten Abschnitts über den Konzernabschluß und den Konzernlagebericht und, soweit die Eigenart des Konzernabschlusses keine Abweichungen bedingt, die §§ 341a bis 341h über den Jahresabschluß sowie die für die Rechtsform und den Geschäftszweig der in den Konzernabschluß einbezogenen Unternehmen mit Sitz im Geltungsbereich dieses Gesetzes geltenden Vorschriften entsprechend anzuwenden, soweit sie für große Kapitalgesellschaften gelten. ²Die §§ 293, 298 Abs. 1 und 2 sowie § 314 Abs. 1 Nr. 3 sind nicht anzuwenden. ³§ 314 Abs. 1 Nr. **2a** gilt mit der Maßgabe, daß die Angaben für solche finanzielle Verpflichtungen nicht zu machen sind, die im Rahmen des Versicherungsgeschäfts entstehen. ⁴In den Fällen des § 315a Abs. 1 finden abweichend von Satz 1 nur die §§ 290 bis 292, 315a Anwendung; die Sätze 2 und 3 dieses Absatzes und Absatz 2, § 341i Abs. 3 Satz 2 sowie die Bestimmungen der Versicherungsunternehmens-Rechnungslegungsverordnung vom 8. November 1994 (BGBl. I S. 3378) und der Pensionsfonds-Rechnungslegungsverordnung vom 25. Februar 2003 (BGBl. I S. 246) in ihren jeweils geltenden Fassungen sind nicht anzuwenden.

(2) § 304 Abs. 1 braucht nicht angewendet zu werden, wenn die Lieferungen oder Leistungen zu üblichen Marktbedingungen vorgenommen worden sind und Rechtsansprüche der Versicherungsnehmer begründet haben.

(3) Auf Versicherungsunternehmen, die nicht Aktiengesellschaften, Kommanditgesellschaften auf Aktien oder kleinere Vereine sind, ist § 170 Abs. 1 und 3 des Aktiengesetzes entsprechend anzuwenden.

Inhaltsverzeichnis Tz.
I. Bedeutung der Änderung 225
II. Erstanwendungszeitpunkt und Übergangsvorschriften 226

I. Bedeutung der Änderung

Die Änderung in § 341j Abs. 1 Satz 3 HGB resultiert aus einer **Folgeänderung** aufgrund der Überarbeitung des § 314 Abs. 1 HGB (vgl. Abschn. R Tz. 4). Inhaltlich ergeben sich keine Änderungen. 225

II. Erstanwendungszeitpunkt und Übergangsvorschriften

Die Änderung ist in Jahresabschlüssen, deren Geschäftsjahr **nach dem 31. Dezember 2008** beginnt, anzuwenden (Art. 66 Abs. 2 Satz 1 EGHGB). 226

§ 341k HGB
Prüfung

(1) ¹Versicherungsunternehmen haben unabhängig von ihrer Größe ihren Jahresabschluß und Lagebericht sowie ihren Konzernabschluß und Konzernlagebericht nach den Vorschriften des Dritten Unterabschnitts des Zweiten Abschnitts prüfen zu lassen. ²§ 319 Abs. 1 Satz 2 ist nicht anzuwenden. ³Hat keine Prüfung stattgefunden, so kann der Jahresabschluß nicht festgestellt werden.

(2) ¹§ 318 Abs. 1 Satz 1 ist mit der Maßgabe anzuwenden, daß der Abschlußprüfer des Jahresabschlusses und des Konzernabschlusses vom Aufsichtsrat bestimmt wird. ²§ 318 Abs. 1 Satz 3 und 4 gilt entsprechend.

(3) In den Fällen des § 321 Abs. 1 Satz 3 hat der Abschlußprüfer die Aufsichtsbehörde unverzüglich zu unterrichten.

(4) ¹**Versicherungsunternehmen, auch wenn sie nicht in der Rechtsform einer Kapitalgesellschaft betrieben werden, haben § 324 anzuwenden, wenn sie kapitalmarktorientiert im Sinn des § 264d sind und keinen Aufsichts- oder Verwaltungsrat haben, der die Voraussetzungen des § 100 Abs. 5 des Aktiengesetzes erfüllen muss.** ²**Dies gilt für landesrechtliche öffentlich-rechtliche Versicherungsunternehmen nur, soweit das Landesrecht nichts anderes vorsieht.**

Inhaltsverzeichnis

	Tz.
I. Bedeutung der Änderung	227–228
II. Erstanwendungszeitpunkt und Übergangsvorschriften	229

I. Bedeutung der Änderung

227 § 341k Abs. 4 HGB regelt, dass alle Versicherungsunternehmen, die kapitalmarktorientiert im Sinne des § 264d HGB sind, einen **Prüfungsausschuss** einrichten müssen (vgl. Abschn. K Tz. 79 f.). Dies gilt jedoch nicht für die Versicherungsunternehmen, die bereits einen Aufsichts- oder Verwaltungsrat eingerichtet haben, der die Anforderungen des § 100 Abs. 5 AktG erfüllt (vgl. Abschn. Y Tz. 18 f.). Von dieser Neuregelung sind insb. alle kapitalmarktorientierten Versicherungsunternehmen in der Rechtsform eines Versicherungsvereins auf Gegenseitigkeit betroffen.

228 Durch die Aufnahme des neuen Abs. 4 wird Art. 41 der **Abschlussprüferrichtlinie** umgesetzt, in der von allen Unternehmen von öffentlichem Interesse zumindest die Einrichtung eines Prüfungsausschusses gefordert wird. Da für öffentlich-rechtliche Versicherungsunternehmen die Gesetzgebungskompetenz im Bereich Organisationsrecht bei den Ländern liegt, können diese abweichende Regelungen erlassen. Nichtsdestotrotz müssen diese landesrechtlichen Vorschriften auch die Anforderungen der Abschlussprüferrichtlinie erfüllen.

II. Erstanwendungszeitpunkt und Übergangsvorschriften

229 Diese Änderung ist **ab dem 1. Januar 2010** anzuwenden (Art. 66 Abs. 4 EGHGB).

§ 341l HGB
Offenlegung

(1) ¹Versicherungsunternehmen haben den Jahresabschluß und den Lagebericht sowie den Konzernabschluß und den Konzernlagebericht und die anderen in § 325 bezeichneten Unterlagen nach § 325 Abs. 2 bis 5, §§ 328, 329 Abs. 1 **und 4** offenzulegen. ²Von den in § 341a Abs. 5 genannten Versicherungsunternehmen ist § 325 Abs. 1 mit der Maßgabe anzuwenden, dass die Frist für die Einreichung der Unterlagen beim Betreiber des elektronischen Bundesanzeigers 15 Monate, im Fall des § 325 Abs. 4 Satz 1 vier Monate beträgt; § 327a ist anzuwenden.

(2) Die gesetzlichen Vertreter eines Mutterunternehmens haben abweichend von § 325 Abs. 3 unverzüglich nach der Hauptversammlung oder der dieser entsprechenden Versammlung der obersten Vertretung, welcher der Konzernabschluß und der Konzernlagebericht vorzulegen sind, jedoch spätestens vor Ablauf des dieser Versammlung folgenden Monats den Konzernabschluß mit dem Bestätigungsvermerk oder dem Vermerk über dessen Versagung und den Konzernlagebericht mit Ausnahme der Aufstellung des Anteilsbesitzes beim Betreiber des elektronischen Bundesanzeigers elektronisch einzureichen.

(3) Soweit Absatz 1 Satz 1 auf § 325 Abs. 2a Satz 3 und 5 verweist, gelten die folgenden Maßgaben und ergänzenden Bestimmungen:

1. Die in § 325 Abs. 2a Satz 3 genannten Vorschriften des Ersten Unterabschnitts des Zweiten Abschnitts des Dritten Buchs sind auch auf Versicherungsunternehmen anzuwenden, die nicht in der Rechtsform einer Kapitalgesellschaft betrieben werden.
2. An Stelle des § 285 Nr. 8 Buchstabe b gilt die Vorschrift des § 51 Abs. 5 in Verbindung mit Muster 2 der Versicherungsunternehmens-Rechnungslegungsverordnung vom 8. November 1994 (BGBl. I S. 3378), die zuletzt durch Artikel 8 Abs. 11 Nr. 2 des Gesetzes vom 4. Dezember 2004 (BGBl. I S. 3166) geändert worden ist.
3. § 341a Abs. 4 ist anzuwenden, soweit er auf die Bestimmungen der §§ 170, 171 und 175 des Aktiengesetzes über den Einzelabschluss nach § 325 Abs. 2a dieses Gesetzes verweist.
4. Im Übrigen finden die Bestimmungen des Zweiten bis Vierten Titels dieses Unterabschnitts sowie der Versicherungsunternehmens-Rechnungslegungsverordnung keine Anwendung.

Inhaltsverzeichnis Tz.
I. Bedeutung der Änderung 230
II. Erstanwendungszeitpunkt und Übergangsvorschriften 231

I. Bedeutung der Änderung

230 Durch die Einfügung des Verweises auf § 329 Abs. 4 HGB wird klargestellt, dass für Versicherungsunternehmen auch diese Vorschriften anzuwenden sind (vgl. Abschn. U Tz. 2). Nach der alten Gesetzgebung war zwar in den Unterrichtspflichten des Betreibers des elektronischen Bundesanzeigers an die zuständige Verwaltungsbehörde über eine fehlende oder unzureichende Einreichung der entsprechenden Unterlagen im § 329 Abs. 4 HGB ein Verweis auf die speziellen Vorschriften für Versicherungsunternehmen enthalten; der umgekehrte Verweis von § 3411 HGB auf § 329 Abs. 4 HGB fehlte jedoch. Die somit entstandenen Unklarheiten werden durch den neuen Gesetzestext behoben.

II. Erstanwendungszeitpunkt und Übergangsvorschriften

231 Diese Neuformulierung gilt für alle Jahresabschlüsse, deren Geschäftsjahr **nach dem 31. Dezember 2009** beginnen (Art. 66 Abs. 3 Satz 1 EGHGB). Die Bestimmungen des Handelsgesetzbuchs in der Fassung des BilMoG können freiwillig bereits auf nach dem 31. Dezember 2008 beginnende Geschäftsjahre angewandt werden, sofern sie insgesamt angewandt werden und dies im Anhang zum Jahresabschluss angegeben wird (Art. 66 Abs. 3 Satz 6 EGHGB).

§ 341n HGB
Bußgeldvorschriften

(1) Ordnungswidrig handelt, wer als Mitglied des vertretungsberechtigten Organs oder des Aufsichtsrats eines Versicherungsunternehmens oder eines Pensionsfonds oder als Hauptbevollmächtigter (§ 106 Abs. 3 des Versicherungsaufsichtsgesetzes)

1. bei der Aufstellung oder Feststellung des Jahresabschlusses einer Vorschrift

    a) des § 243 Abs. 1 oder 2, der §§ 244, 245, 246 Abs. 1 oder 2, dieser in Verbindung mit § 341a Abs. 2 Satz 3, des **§ 246 Abs. 3 Satz 1, des** § 247 Abs. 3, der §§ 248, 249 Abs. 1 Satz 1 oder **Abs. 2, des § 250 Abs. 1** oder Abs. 2, des § 264 Abs. 2, des § 341e Abs. 1 oder 2 oder der §§ 341f, 341g oder 341h über Form oder Inhalt,

    b) des § 253 Abs. 1 Satz 1, **2, 3 oder Satz 4, Abs. 2 Satz 1, auch in Verbindung mit Satz 2, Abs. 3 Satz 1, 2 oder 3, Abs. 4, 5, der §§ 254, 256a,** 341b Abs. 1 Satz 1 oder des § 341d über die Bewertung,

    c) des § 265 Abs. 2, 3 oder 4, des § 268 Abs. 3 oder 6, der §§ 272, 274 oder des § 277 Abs. 3 Satz 2 oder Abs. 4 über die Gliederung,

    d) **der §§ 284, 285 Nr. 1, 2 oder Nr. 3, auch in Verbindung mit § 341a Abs. 2 Satz 5, oder des § 285 Nr. 6, 7, 9 bis 14, 17 bis 29 über die** im Anhang zu machenden Angaben,

2. bei der Aufstellung des Konzernabschlusses einer Vorschrift

    a) des § 294 Abs. 1 über den Konsolidierungskreis,

    b) des § 297 Abs. 2 oder 3 oder des § 341j Abs. 1 Satz 1 in Verbindung mit einer der in Nummer 1 Buchstabe a bezeichneten Vorschriften über Form oder Inhalt,

    c) des § 300 über die Konsolidierungsgrundsätze oder das Vollständigkeitsgebot,

    d) des § 308 Abs. 1 Satz 1 in Verbindung mit den in Nummer 1 Buchstabe b bezeichneten Vorschriften, des § 308 Abs. 2 **oder des § 308a** über die Bewertung,

    e) des § 311 Abs. 1 Satz 1 in Verbindung mit § 312 über die Behandlung assoziierter Unternehmen oder

    f) des § 308 Abs. 1 Satz 3, des § 313 oder des § 314 in Verbindung mit § 341j Abs. 1 Satz 2 oder 3 über die im Anhang zu machenden Angaben,

3. bei der Aufstellung des Lageberichts einer Vorschrift des § 289 Abs. 1, 4 **oder Abs. 5 oder des § 289a** über den Inhalt des Lageberichts,

4. bei der Aufstellung des Konzernlageberichts einer Vorschrift des § 315 Abs. 1 oder 4 über den Inhalt des Konzernlageberichts,

5. bei der Offenlegung, Veröffentlichung oder Vervielfältigung einer Vorschrift des § 328 über Form oder Inhalt oder

6. einer auf Grund des § 330 Abs. 3 und 4 in Verbindung mit Abs. 1 Satz 1 erlassenen Rechtsverordnung, soweit sie für einen bestimmten Tatbestand auf diese Bußgeldvorschrift verweist,

zuwiderhandelt.

(2) Ordnungswidrig handelt, wer zu einem Jahresabschluss, zu einem Einzelabschluss nach § 325 Abs. 2a oder zu einem Konzernabschluss, der aufgrund gesetzlicher Vorschriften zu prüfen ist, einen Vermerk nach § 322 Abs. 1 erteilt, obwohl nach § 319 Abs. 2, 3, 5, § 319a Abs. 1 Satz 1, **Abs. 2, § 319b Abs. 1 er** oder nach § 319 Abs. 4, auch in Verbindung mit § 319a Abs. 1 Satz 2, oder § 319a Abs. 1 Satz 4, **5, § 319b Abs. 1** die Wirtschaftsprüfungsgesellschaft, für die er tätig wird, nicht Abschlussprüfer sein darf.

(3) Die Ordnungswidrigkeit kann mit einer Geldbuße bis zu fünfzigtausend Euro geahndet werden.

(4) ¹Verwaltungsbehörde im Sinne des § 36 Abs. 1 Nr. 1 des Gesetzes über Ordnungswidrigkeiten ist in den Fällen der Absätze 1 und 2 die Bundesanstalt für Finanzdienstleistungsaufsicht für die ihrer Aufsicht unterliegenden Versicherungsunternehmen und Pensionsfonds. ²Unterliegt ein Versicherungsunternehmen und Pensionsfonds der Aufsicht einer Landesbehörde, so ist diese zuständig.

Inhaltsverzeichnis Tz.
I. Bedeutung der Änderungen 232
II. Erstanwendungszeitpunkt und Übergangsvorschriften 233

I. Bedeutung der Änderungen

232 Alle Änderungen des § 341n HGB resultieren aus den entsprechenden Änderungen des Ersten und Zweiten Abschnitts. Für das Vorliegen einer Ordnungswidrigkeit nach § 341n HGB ergeben sich inhaltlich keine Änderungen.

II. Erstanwendungszeitpunkt und Übergangsvorschriften

233 Diese Neuformulierung gilt für alle Jahresabschlüsse, deren Geschäftsjahr **nach dem 31. Dezember 2009** beginnen (Art. 66 Abs. 3 Satz 1 EGHGB). Die Bestimmungen des Handelsgesetzbuchs in der Fassung des BilMoG können freiwillig bereits auf nach dem 31. Dezember 2008 beginnende Geschäftsjahre angewandt werden, sofern sie insgesamt angewandt werden und dies im Anhang zum Jahresabschluss angegeben wird (Art. 66 Abs. 3 Satz 6 EGHGB).

§§ 6, 47, 51, 55, 59, 64 RechVersV

Inhaltsverzeichnis Tz.

Bedeutung der Änderungen .... 234 – 240

Bedeutung der Änderungen

Bei den Änderungen in der Verordnung über die Rechnungslegung von Versicherungsunternehmen (RechVersV) und den dazugehörigen Formblättern (§ 2 RechVersV) handelt es sich um Folgeänderungen aus den in vorangegangenen Abschnitten dieser Kurzkommentierung bzw. in Abschnitt V erläuterten Gesetzesänderungen. Die Änderungen betreffen insb. nachfolgende Sachverhalte: 234

§ 6 RechVersV: Immaterielle Vermögensgegenstände

Es handelt sich um eine Folgeänderung aus § 248 Abs. 2 HGB und § 266 Abs. 2 Posten A.I. HGB: Ergänzung der Aufzählung um "Selbst geschaffene gewerbliche Schutzrechte und ähnliche Rechte und Werte" (vgl. hierzu Abschn. E). 235

§ 47 RechVersV (Sonstige Erträge) und § 48 RechVersV (Sonstige Aufwendungen)

In den Aufzählungen der Posteninhalte wurde jeweils die Nr. 2 in Satz 2 gestrichen. Dies betrifft die Erträge aus der Auflösung des Sonderpostens mit Rücklageanteil, soweit er nicht aus Kapitalanlagen herrührt und die Aufwendungen aus den Einstellungen in den Sonderposten mit Rücklageanteil, soweit diese nicht aus Kapitalanlagen herrühren. Beide Änderungen sind auf den Wegfall der umgekehrten Maßgeblichkeit zurückzuführen (vgl. hierzu Abschn. D). 236

§ 51 RechVersV: Zusätzliche Erläuterungen zum Anhang

Hier erfolgten Anpassungen an die Anhangangaben, die aus einem Verweis auf § 285 HGB resultieren (vgl. hierzu Abschn. O). Zudem wird Absatz 6 aF aufgehoben, der bislang die Anhangangaben über Erträge aus der Auflösung und die Aufwendungen aus den Einstellungen in den Sonderposten mit Rücklageanteil enthielt. 237

§ 55 RechVersV: Zeitwert der Grundstücke, grundstücksgleichen Rechte und Bauten einschließlich der Bauten auf fremden Grundstücken

Es erfolgte eine Anpassung an die Neugliederung in § 253 HGB. In Absatz 3 Satz 2 wird der Verweis auf „Abs. 2" aF durch einen Verweis auf „Abs. 3" ersetzt. 238

§ 59 RechVersV: Konzernanhang

Hier wurden die Verweise auf die Änderungen in § 314 HGB (Sonstige Pflichtangaben im Anhang) angepasst (vgl. hierzu Abschn. R Tz. 4 ff.). 239

§ 64 RechVersV: Übergangsvorschriften

240 Es erfolgte eine Ergänzung hinsichtlich der Übergangsvorschriften für das BilMoG. Zudem wurden die Formblätter und Muster entsprechend der Änderungen in § 266 HGB angepasst.

W. Übergangsvorschriften
(Art. 66, 67 EGHGB)

Artikel 66 EGHGB
Übergangsvorschriften zum Bilanzrechtsmodernisierungsgesetz

(1) Die §§ 241a, 242 Abs. 4, § 267 Abs. 1 und 2 sowie § 293 Abs. 1 des Handelsgesetzbuchs in der Fassung des Bilanzrechtsmodernisierungsgesetzes vom 25. Mai 2009 (BGBl. I S. 1102) sind erstmals auf Jahres- und Konzernabschlüsse für das nach dem 31. Dezember 2007 beginnende Geschäftsjahr anzuwenden.

(2) ¹§ 285 Nr. 3, 3a, 16, 17 und 21, § 288 soweit auf § 285 Nr. 3, 3a, 17 und 21 Bezug genommen wird, § 289 Abs. 4 und 5, die §§ 289a, 292 Abs. 2, § 314 Abs. 1 Nr. 2, 2a, 8, 9 und 13, § 315 Abs. 2 und 4, § 317 Abs. 2 Satz 2, Abs. 3 Satz 2, Abs. 5 und 6, § 318 Abs. 3 und 8, § 319a Abs. 1 Satz 1 Nr. 4, Satz 4 und 5, Abs. 2 Satz 2, die §§ 319b, 320 Abs. 4, § 321 Abs. 4a, § 340k Abs. 2a, § 340l Abs. 2 Satz 2 bis 4, § 341a Abs. 2 Satz 5 und § 341j Abs. 1 Satz 3 des Handelsgesetzbuchs in der Fassung des Bilanzrechtsmodernisierungsgesetzes vom 25. Mai 2009 (BGBl. I S. 1102) sind erstmals auf Jahres- und Konzernabschlüsse für das nach dem 31. Dezember 2008 beginnende Geschäftsjahr anzuwenden. ²§ 285 Satz 1 Nr. 3, 16 und 17, § 288 soweit auf § 285 Nr. 3 und 17 Bezug genommen wird, § 289 Abs. 4, § 292 Abs. 2, § 314 Abs. 1 Nr. 2, 8 und 9, § 315 Abs. 4, § 317 Abs. 3 Satz 2 und 3, § 318 Abs. 3, § 319a Abs. 1 Satz 1 Nr. 4, Satz 4, § 341a Abs. 2 Satz 5 sowie § 341j Abs. 1 Satz 3 des Handelsgesetzbuchs in der bis zum 28. Mai 2009 geltenden Fassung sind letztmals auf Jahres- und Konzernabschlüsse für vor dem 1. Januar 2009 beginnende Geschäftsjahre anzuwenden.

(3) ¹§ 172 Abs. 4 Satz 3, die §§ 246, 248 bis 250, § 252 Abs. 1 Nr. 6, die §§ 253 bis 255 Abs. 2a und 4, § 256 Satz 1, die §§ 256a, 264 Abs. 1 Satz 2, die §§ 264d, 266, 267 Abs. 3 Satz 2, § 268 Abs. 2 und 8, § 272 Abs. 1, 1a, 1b und 4, die §§ 274, 274a Nr. 5, § 277 Abs. 3 Satz 1, Abs. 4 Satz 3, Abs. 5, § 285 Nr. 13, 18 bis 20, 22 bis 29, § 286 Abs. 3 Satz 3, § 288 soweit auf § 285 Nr. 19, 22 und 29 Bezug genommen wird, die §§ 290, 291 Abs. 3, § 293 Abs. 4 Satz 2, Abs. 5, § 297 Abs. 3 Satz 2, § 298 Abs. 1, § 300 Abs. 1 Satz 2, § 301 Abs. 3 Satz 1, Abs. 4, die §§ 306, 308a, 310 Abs. 2, § 313 Abs. 3 Satz 3, § 314 Abs. 1 Nr. 10 bis 12, 14 bis 21, § 315a Abs. 1, § 319a Abs. 1 Halbsatz 1, § 325 Abs. 4, § 325a Abs. 1 Satz 1, § 327 Nr. 1 Satz 2, §§ 334, 336 Abs. 2, die §§ 340a, 340c, 340e, 340f, 340h, 340n, 341a Abs. 1 Satz 1, Abs. 2 Satz 1 und 2, §§ 341b, 341e, 341l und 341n des Handelsgesetzbuchs in der Fassung des Bilanzrechtsmodernisierungsgesetzes vom 25. Mai 2009 (BGBl. I S. 1102) sind erstmals auf Jahres- und Konzernabschlüsse für das nach dem 31. Dezember 2009 beginnende Geschäftsjahr anzuwenden. ²§ 253 des Handelsgesetzbuchs in der Fassung des Bilanzrechtsmodernisierungsgesetzes findet erstmals auf Geschäfts- oder Firmenwerte im Sinn des § 246 Abs. 1 Satz 4 des Handelsgesetzbuchs in der Fassung des Bilanzrechtsmodernisierungsgesetzes Anwendung, die aus Erwerbsvorgängen herrühren, die in Geschäftsjahren erfolgt sind, die nach dem 31. Dezember 2009 begonnen haben. ³§ 255 Abs. 2 des Handelsgesetzbuchs in der Fassung des Bilanzrechtsmodernisierungsgesetzes findet erstmals auf Herstellungsvorgänge Anwendung, die in dem in Satz 1 bezeichneten Geschäftsjahr begonnen wurden. ⁴§ 294 Abs. 2, § 301 Abs. 1 Satz 2 und 3, Abs. 2, § 309 Abs. 1 und § 312 in der Fassung des Bilanzrechtsmodernisierungsgesetzes finden erstmals auf Erwerbsvorgänge Anwendung, die in Geschäftsjahren erfolgt sind, die

nach dem 31. Dezember 2009 begonnen haben. ⁵Für nach § 290 Abs. 1 und 2 des Handelsgesetzbuchs in der Fassung des Bilanzrechtsmodernisierungsgesetzes erstmals zu konsolidierende Tochterunternehmen oder bei erstmaliger Aufstellung eines Konzernabschlusses für nach dem 31. Dezember 2009 beginnende Geschäftsjahre finden § 301 Abs. 1 Satz 2 und 3, Abs. 2 und § 309 Abs. 1 des Handelsgesetzbuchs in der Fassung des Bilanzrechtsmodernisierungsgesetzes auf Konzernabschlüsse für nach dem 31. Dezember 2009 beginnende Geschäftsjahre Anwendung. ⁶Die neuen Vorschriften können bereits auf nach dem 31. Dezember 2008 beginnende Geschäftsjahre angewandt werden, dies jedoch nur insgesamt; dies ist im Anhang und Konzernanhang anzugeben.

(4) §§ 324, 340k Abs. 5 sowie § 341k Abs. 4 des Handelsgesetzbuchs in der Fassung des Bilanzrechtsmodernisierungsgesetzes vom 25. Mai 2009 (BGBl. I S. 1102) sind erstmals ab dem 1. Januar 2010 anzuwenden; § 12 Abs. 4 des Einführungsgesetzes zum Aktiengesetz ist entsprechend anzuwenden.

(5) § 246 Abs. 1 und 2, § 247 Abs. 3, die §§ 248 bis 250, § 252 Abs. 1 Nr. 6, die §§ 253, 254, 255 Abs. 2 und 4, § 256 Satz 1, § 264c Abs. 4 Satz 3, § 265 Abs. 3 Satz 2, die §§ 266, 267 Abs. 3 Satz 2, § 268 Abs. 2, die §§ 269, 270 Abs. 1 Satz 2, § 272 Abs. 1 und 4, die §§ 273, 274, 274a Nr. 5, § 275 Abs. 2 Nr. 7 Buchstabe a, § 277 Abs. 3 Satz 1, Abs. 4 Satz 3, die §§ 279 bis 283, 285 Satz 1 Nr. 2, 5, 13, 18 und 19, Sätze 2 bis 6, § 286 Abs. 3 Satz 3, §§ 287, 288 soweit auf § 285 Satz 1 Nr. 2, 5 und 18 Bezug genommen wird, §§ 290, 291 Abs. 3 Nr. 1 und 2 Satz 2, § 293 Abs. 4 Satz 2, Abs. 5, § 294 Abs. 2 Satz 2, § 297 Abs. 3 Satz 2, § 298 Abs. 1, § 300 Abs. 1 Satz 2, § 301 Abs. 1 Satz 2 bis 4, Abs. 2, 3 Satz 1 und 3, Abs. 4, die §§ 302, 306, 307 Abs. 1 Satz 2, § 309 Abs. 1, § 310 Abs. 2, § 312 Abs. 1 bis 3, § 313 Abs. 3 Satz 3, Abs. 4, § 314 Abs. 1 Nr. 10 und 11, § 315a Abs. 1, § 318 Abs. 3, § 319a Abs. 1 Satz 1 Halbsatz 1, § 325 Abs. 4, § 325a Abs. 1 Satz 1, § 327 Nr. 1 Satz 2, §§ 334, 336 Abs. 2, § 340a Abs. 2 Satz 1, die §§ 340c, 340e, 340f, 340h, 340n, 341a Abs. 1 und 2 Satz 1 und 2, § 341b Abs. 1 und 2, § 341e Abs. 1, § 341l Abs. 1 und 3 und § 341n des Handelsgesetzbuchs in der bis zum 28. Mai 2009 geltenden Fassung sind letztmals auf Jahres- und Konzernabschlüsse für das vor dem 1. Januar 2010 beginnende Geschäftsjahr anzuwenden.

(6) § 335 Abs. 5 Satz 11 und 12 des Handelsgesetzbuchs in der Fassung des Bilanzrechtsmodernisierungsgesetzes vom 25. Mai 2009 (BGBl. I S. 1102) ist nur vom 29. Mai 2009 bis zum 31. August 2009 anzuwenden und tritt am 1. September 2009 außer Kraft.

(7) § 248 Abs. 2 und § 255 Abs. 2a des Handelsgesetzbuchs in der Fassung des Bilanzrechtsmodernisierungsgesetzes vom 25. Mai 2009 (BGBl. I S. 1102) finden nur auf die selbst geschaffenen immateriellen Vermögensgegenstände des Anlagevermögens Anwendung, mit deren Entwicklung in Geschäftsjahren begonnen wird, die nach dem 31. Dezember 2009 beginnen.

Artikel 67 EGHGB
Übergangsvorschriften zum Bilanzrechtsmodernisierungsgesetz

(1) ¹Soweit auf Grund der geänderten Bewertung der laufenden Pensionen oder Anwartschaften auf Pensionen eine Zuführung zu den Rückstellungen erforderlich ist, ist dieser Betrag bis spätestens zum 31. Dezember 2024 in jedem Geschäftsjahr zu mindestens einem Fünfzehntel anzusammeln. ²Ist auf Grund der

geänderten Bewertung von Verpflichtungen, die die Bildung einer Rückstellung erfordern, eine Auflösung der Rückstellungen erforderlich, dürfen diese beibehalten werden, soweit der aufzulösende Betrag bis spätestens zum 31. Dezember 2024 wieder zugeführt werden müsste. ³Wird von dem Wahlrecht nach Satz 2 kein Gebrauch gemacht, sind die aus der Auflösung resultierenden Beträge unmittelbar in die Gewinnrücklagen einzustellen. ⁴Wird von dem Wahlrecht nach Satz 2 Gebrauch gemacht, ist der Betrag der Überdeckung jeweils im Anhang und im Konzernanhang anzugeben.

(2) Bei Anwendung des Absatzes 1 müssen Kapitalgesellschaften, Kreditinstitute und Finanzdienstleistungsinstitute im Sinn des § 340 des Handelsgesetzbuchs, Versicherungsunternehmen und Pensionsfonds im Sinn des § 341 des Handelsgesetzbuchs, eingetragene Genossenschaften und Personenhandelsgesellschaften im Sinn des § 264a des Handelsgesetzbuchs die in der Bilanz nicht ausgewiesenen Rückstellungen für laufende Pensionen, Anwartschaften auf Pensionen und ähnliche Verpflichtungen jeweils im Anhang und im Konzernanhang angeben.

(3) ¹Waren im Jahresabschluss für das letzte vor dem 1. Januar 2010 beginnende Geschäftsjahr Rückstellungen nach § 249 Abs. 1 Satz 3, Abs. 2 des Handelsgesetzbuchs, Sonderposten mit Rücklageanteil nach § 247 Abs. 3, § 273 des Handelsgesetzbuchs oder Rechnungsabgrenzungsposten nach § 250 Abs. 1 Satz 2 des Handelsgesetzbuchs in der bis zum 28. Mai 2009 geltenden Fassung enthalten, können diese Posten unter Anwendung der für sie geltenden Vorschriften in der bis zum 28. Mai 2009 geltenden Fassung, Rückstellungen nach § 249 Abs. 1 Satz 3, Abs. 2 des Handelsgesetzbuchs auch teilweise, beibehalten werden. ²Wird von dem Wahlrecht nach Satz 1 kein Gebrauch gemacht, ist der Betrag unmittelbar in die Gewinnrücklagen einzustellen; dies gilt nicht für Beträge, die der Rückstellung nach § 249 Abs. 1 Satz 3, Abs. 2 des Handelsgesetzbuchs in der bis zum 28. Mai 2009 geltenden Fassung im letzten vor dem 1. Januar 2010 beginnenden Geschäftsjahr zugeführt wurden.

(4) ¹Niedrigere Wertansätze von Vermögensgegenständen, die auf Abschreibungen nach § 253 Abs. 3 Satz 3, § 253 Abs. 4 des Handelsgesetzbuchs oder nach den §§ 254, 279 Abs. 2 des Handelsgesetzbuchs in der bis zum 28. Mai 2009 geltenden Fassung beruhen, die in Geschäftsjahren vorgenommen wurden, die vor dem 1. Januar 2010 begonnen haben, können unter Anwendung der für sie geltenden Vorschriften in der bis zum 28. Mai 2009 geltenden Fassung fortgeführt werden. ²Wird von dem Wahlrecht nach Satz 1 kein Gebrauch gemacht, sind die aus der Zuschreibung resultierenden Beträge unmittelbar in die Gewinnrücklagen einzustellen; dies gilt nicht für Abschreibungen, die im letzten vor dem 1. Januar 2010 beginnenden Geschäftsjahr vorgenommen worden sind.

(5) ¹Ist im Jahresabschluss für ein vor dem 1. Januar 2010 beginnendes Geschäftsjahr eine Bilanzierungshilfe für Aufwendungen für die Ingangsetzung und Erweiterung des Geschäftsbetriebs nach § 269 des Handelsgesetzbuchs in der bis zum 28. Mai 2009 geltenden Fassung gebildet worden, so darf diese unter Anwendung der für sie geltenden Vorschriften in der bis zum 28. Mai 2009 geltenden Fassung fortgeführt werden. ²Ist im Konzernabschluss für ein vor dem 1. Januar 2010 beginnendes Geschäftsjahr eine Kapitalkonsolidierung gemäß § 302 des Handelsgesetzbuchs in der bis zum 28. Mai 2009 geltenden Fassung vorgenommen worden, so darf diese unter Anwendung der für sie geltenden Vorschriften in der bis zum 28. Mai 2009 geltenden Fassung beibehalten werden.

(6) ¹Aufwendungen oder Erträge aus der erstmaligen Anwendung der §§ 274, 306 des Handelsgesetzbuchs in der Fassung des Bilanzrechtsmodernisierungsgesetzes vom 25. Mai 2009 (BGBl. I S. 1102) sind unmittelbar mit den Gewinnrücklagen zu verrechnen. ²Werden Beträge nach Absatz 1 Satz 3, nach Absatz 3 Satz 2 oder nach Absatz 4 Satz 2 unmittelbar mit den Gewinnrücklagen verrechnet, sind daraus nach den §§ 274, 306 des Handelsgesetzbuchs in der Fassung des Bilanzrechtsmodernisierungsgesetzes entstehende Aufwendungen und Erträge ebenfalls unmittelbar mit den Gewinnrücklagen zu verrechnen.

(7) Aufwendungen aus der Anwendung des Artikels 66 sowie der Absätze 1 bis 5 sind in der Gewinn- und Verlustrechnung gesondert unter dem Posten „außerordentliche Aufwendungen" und Erträge hieraus gesondert unter dem Posten „außerordentliche Erträge" anzugeben.

(8) ¹Ändern sich bei der erstmaligen Anwendung der durch die Artikel 1 bis 11 des Bilanzrechtsmodernisierungsgesetzes vom 25. Mai 2009 (BGBl. I S. 1102) geänderten Vorschriften die bisherige Form der Darstellung oder die bisher angewandten Bewertungsmethoden, so sind § 252 Abs. 1 Nr. 6, § 265 Abs. 1, § 284 Abs. 2 Nr. 3 und § 313 Abs. 1 Nr. 3 des Handelsgesetzbuchs bei der erstmaligen Aufstellung eines Jahres- oder Konzernabschlusses nach den geänderten Vorschriften nicht anzuwenden. ²Außerdem brauchen die Vorjahreszahlen bei erstmaliger Anwendung nicht angepasst werden; hierauf ist im Anhang und Konzernanhang hinzuweisen.

Inhaltsverzeichnis Tz.
I. Zeitliche und inhaltliche Erstanwendung der Vorschriften des BilMoG
   1. Anwendungszeitpunkte .... 1 – 4
   2. Anwendungsbereich .... 5 – 10
II. Erfolgswirksamkeit des Übergangs .... 11 – 15
III. Vereinfachung im Geschäftsjahr des Übergangs .... 16 – 18
IV. Veränderungen der beibehaltenen oder fortgeführten Bilanzposten .... 19 – 20
V. Umwandlungsvorgänge .... 21 – 23
VI. Übersicht der Erstanwendungszeitpunkte 24

I. Zeitliche und inhaltliche Erstanwendung der Vorschriften des BilMoG

1. Anwendungszeitpunkte

1   In Art. 66 Abs. 1, 2, 3, 4 und 5 EGHGB sind die Zeitpunkte des Übergangs vom alten auf das neue Recht geregelt. Nach Art. 66 Abs. 1 EGHGB sind die Vorschriften zur Befreiung von der Buchführungspflicht sowie zur Anhebung der Schwellenwerte der Größenklassen der §§ 267 Abs. 1 und 2 sowie 293 Abs. 1 HGB bereits auf Geschäftsjahre anzuwenden, die **nach dem 31. Dezember 2007** begonnen haben (Vgl. Abschn. A Tz. 17).

2   Demgegenüber ist nach Art. 66 Abs. 2 EGHGB ein Teil der neuen Regelungen, die sich aus der Umsetzung der EU-Richtlinien 2006/47/EG (Abänderungsrichtlinie) und 2006/43/EG (Abschlussprüferrichtlinie) ergeben (zB die Anhangangaben zu nicht in der Bilanz enthaltenen Geschäften (§ 285 Nr. 3 HGB) oder die Anhangangabe zur

Abgabe der Corporate Governance Erklärung (§ 285 Nr. 16 HGB), in Geschäftsjahren anzuwenden, die **nach dem 31. Dezember 2008** begonnen haben.

Der Übergang für die Mehrheit der neuen Vorschriften erfolgt nach Art. 66 Abs. 3 EGHGB regelmäßig erst in dem **nach dem 31. Dezember 2009** beginnenden Geschäftsjahr, wobei nach Art. 66 Abs. 3 Satz 6 EGHGB eine vorzeitige Anwendung der neuen Vorschriften in dem Geschäftsjahr, das nach dem 31. Dezember 2008 beginnt, möglich ist. In diesen Fällen sind die Regelungen vollständig anzuwenden. Eine selektive vorzeitige Anwendung einzelner Vorschriften ist nicht zulässig[1]. Art. 66 Abs. 5 EGHGB regelt den letztmaligen Anwendungszeitpunkt des alten Rechts. Darüber hinaus enthält Art. 66 in Abs. 3 und Abs. 7 Ausnahmen, nach denen die neuen Vorschriften erst auf Sachverhalte anzuwenden sind, die nach dem Übergang auf das neue Recht aufgetreten sind (zB wird § 253 HGB nach Art. 66 Abs. 3 Satz 2 EGHGB erst auf Geschäfts- oder Firmenwerte angewendet, die aus Erwerbsvorgängen nach dem 31. Dezember 2009 entstehen).

Art. 67 EGHGB enthält postenspezifische Regelungen sowie Erleichterungen für das Jahr des Übergangs auf die Vorschriften des BilMoG, also idR **nach dem 31. Dezember 2009** beginnende Geschäftsjahre. Übergangsregelungen, die nur den Übergang auf bestimmte Vorschriften regeln, werden im Rahmen der Kommentierung des jeweiligen Paragraphen behandelt. Zu einer Übersicht vgl. Tz. 24.

2. Anwendungsbereich

Im Rahmen des Übergangs auf das neue Recht stellt sich die Frage, ob die Vorschriften des BilMoG nur auf nach diesem Zeitpunkt entstandene Sachverhalte und vorgenommene Geschäftsvorfälle (**Neufälle**) oder bereits zu diesem Zeitpunkt im Bestand befindliche Bilanzposten, Sachverhalte und Rechtsfälle (**Altfälle**) anzuwenden sind. Art. 66 Abs. 5 EGHGB nimmt das alte Recht, nach dem die Altfälle bisher bilanziert worden sind, zurück. Da im EGHGB keine anders lautende Ausnahmeregelung enthalten ist, die generell für alle Altfälle eine Fortführung des alten Rechts bestimmt, ist davon auszugehen, dass auch die Bilanzierung und Bewertung von Altfällen grds. an die neue Rechtslage anzupassen ist[2].

Zu beachten sind jedoch die Ausnahmeregelungen der Art. 66 und 67 EGHGB, die für einen eingegrenzten Geltungsbereich eine **prospektive Anwendung** des neuen Rechts und somit eine temporäre Verlängerung des alten Rechts vorsehen, so dass nach altem Recht gebildete Posten beibehalten oder fortgeführt werden dürfen. Dies sind nach Art. 66 Abs. 3 Satz 2 EGHGB die Neuregelung der Bilanzierung des Geschäfts- oder Firmenwertes, nach Art. 66 Abs. 3 EGHGB die Neudefinition der Herstellungskosten sowie nach Art. 66 Abs. 3 Satz 4 und 5 EGHGB Neuregelungen, die den Konzernabschluss betreffen. Nach Art. 67 Abs. 1 EGHGB sind Pensionsrückstellungen und nach neuem Recht überdotierte Rückstellungen, nach Art. 67 Abs. 3 EGHGB Rückstellungen nach § 249 Abs. 1 Satz 3, Abs. 2 HGB aF, Sonderposten mit Rücklageanteil nach § 247 Abs. 3, § 273 HGB aF und Rechnungsabgrenzungsposten nach § 250 Abs. 1 Satz 2 HGB aF, nach Abs. 4 Abschreibungen nach § 253 Abs. 3 Satz 3, Abs. 2 HGB aF und nach §§ 254, 279 Abs. 2 HGB aF und nach Abs. 5 HGB die Bilanzierungshilfe für die Ingangsetzung und Erweiterung des Geschäftsbetriebs nach § 269 HGB aF sowie die Fortführung von Kapitalkonsolidierungen nach der Interessenzu-

---

1 Vgl. Begr. Beschlussempfehlung und Bericht des Rechtsausschusses, BT-Drucks. 16/12407, S. 94.
2 Vgl. IDW RS HFA 28 Tz. 4; Begr. Beschlussempfehlung und Bericht des Rechtsausschusses, BT-Drucks. 16/12407, S. 94.

sammenführungsmethode nach § 302 HGB aF von den allgemeinen Übergangsvorschriften ausgenommen.

7   Werden diese, nach altem Recht gebildeten **Posten beibehalten oder fortgeführt**, so gelten die damit bisher verbundenen Rechte und Pflichten nach Art. 67 Abs. 3 Satz 1, Abs. 4 Satz 1, Abs. 5 Satz 1 EGHGB fort. Eine Kombination mit Regelungen des BilMoG ist somit nicht zulässig. So dürfen zB Aufwandsrückstellungen, die nach § 249 Abs. 1 Satz 3, Abs. 2 HGB aF gebildet worden sind, nicht nach § 253 Abs. 2 Satz 1 HGB abgezinst werden[3]; ebenso darf eine Bilanzierungshilfe für die Ingangsetzung und Erweiterung des Geschäftsbetriebs nur in Kombination mit der Ausschüttungssperre nach § 269 Satz 2 HGB aF fortgeführt werden[4].

8   In Bezug auf die **Beibehaltungswahlrechte** des Art. 67 Abs. 3, 4 und 5 EGHGB stellt sich die Frage, ob sie stetig in Bezug auf **Posten** (zB Aufwandsrückstellungen oder Sonderposten mit Rücklageanteil) oder einzelne **Sachverhalte** auszuüben sind. Hierbei kann davon ausgegangen werden, dass die Wahlrechte grds. in Bezug auf die einzelnen Posten unterschiedlich ausgeübt werden können (zB können Aufwandsrückstellungen nach Art. 67 Abs. 3 EGHGB fortgeführt werden, während zB Sonderposten mit Rücklageanteil nach Art. 66 Abs. 3 EGHGB erfolgsneutral gegen die Gewinnrücklagen gebucht werden können). Dieses Wahlrecht ergibt sich einerseits aus dem Wortlaut des Art. 67 EGHGB, der von Posten und nicht von einzelnen Sachverhalten spricht, und andererseits aus der Pflicht zur Beachtung des Grundsatzes der sachlichen Stetigkeit (vgl. Abschn. G Tz. 1, 24).

9   **Innerhalb eines Postens** sind die Beibehaltungswahlrechte hingegen grundsätzlich einheitlich auszuüben[5]. Lediglich für **Aufwandsrückstellungen** nach § 249 Abs. 1 Satz 3, Abs. 2 HGB aF enthält Art. 67 Abs. 3 Satz 1 EGHGB eine Ausnahme, so dass Aufwandsrückstellungen auch sachverhaltsbezogen aufgelöst oder beibehalten werden dürfen[6].

10 Sind Posten nach Art. 67 Abs. 1, 3, 4 und 5 EGHGB im Erstanwendungsjahr nicht (gegen die Gewinnrücklagen oder erfolgswirksam) ausgebucht worden, so ist fraglich, ob die **Auflösung** jederzeit **nachgeholt** werden darf, oder ob die Posten bis zum Abschluss der zugrunde liegenden Sachverhalte beibehalten oder fortgeführt werden müssen. Hierbei kann davon ausgegangen werden, dass ein Übergang zum neuen Recht immer dann zulässig ist, wenn durch die Durchbrechung der Stetigkeit die Vermögens-, Finanz- und Ertragslage des Unternehmens besser dargestellt wird (§ 246 Abs. 3 Satz 2 und § 252 Abs. 1 Nr. 6 i.V.m. § 252 Abs. 2 HGB). Da eines der Ziele des BilMoG in der Erhöhung der Informationsfunktion des Jahresabschlusses besteht, kann hiervon grundsätzlich ausgegangen werden. Die Erleichterungen des Art. 67 Abs. 8 EGHGB beziehen sich aber nur auf den Zeitpunkt des erstmaligen Übergangs auf das BilMoG. Somit ist der Übergang auf das neue Recht in den Folgejahren **erfolgswirksam** vorzunehmen (vgl. Tz. 11). Des Weiteren sind die Auswirkungen der Durchbrechung der Bewertungsstetigkeit auf die Vermögens-, Finanz- und Ertragslage nach § 284 Abs. 2 Nr. 3, § 313 Abs. 1 Nr. 3 HGB im (Konzern-) Anhang darzustellen.

---

3   Vgl. IDW ERS HFA 28 Tz. 15, Anm. 21; Begr. Beschlussempfehlung und Bericht des Rechtsausschusses, BT-Drucks. 16/12407, S. 96.
4   Vgl. Begr. Beschlussempfehlung und Bericht des Rechtsausschusses, BT-Drucks. 16/12407, S. 96.
5   Vgl. IDW ERS HFA 28 Tz. 13.
6   Vgl. Begr. Beschlussempfehlung und Bericht des Rechtsausschusses, BT-Drucks. 16/12407, S. 96.

II. Erfolgswirksamkeit des Übergangs

Es stellt sich die Frage, ob der Übergang vom alten auf das neue Recht grds. erfolgsneutral oder erfolgswirksam vorgenommen werden muss. Sollte keine spezielle Übergangsregelung bestehen, ist davon auszugehen, dass die Umstellungsdifferenzen **erfolgswirksam** zu behandeln sind[7]. Dies ergibt sich aus allgemeinen handelsrechtlichen Grundsätzen, nach denen Änderungen im Ansatz und in der Bewertung generell erfolgswirksam vorzunehmen sind[8]. Nach Art. 67 Abs. 7 EGHGB sind diese Aufwendungen und Erträge als außerordentlich auszuweisen und nach § 277 Abs. 4 Satz 2 HGB im Anhang zu erläutern[9]. — 11

Ist für bestimmte Bilanzposten ein Wahlrecht zur erfolgsneutralen Einstellung von Umstellungsdifferenzen in die **Gewinnrücklagen** vorgesehen (Art. 67 Abs. 1 Satz 3, Abs. 3 Satz 2 und Abs. 4 Satz 2 EGHGB), so ist fraglich, ob dieses Wahlrecht nur im allgemeinen bzw. nach Art. 66 Abs. 3 EGHGB vorgezogenen Umstellungszeitpunkt, oder auch in einem später vollzogenen Übergang zum neuen Recht erfolgsneutral ausgeübt werden kann. Da Änderungen nach den handelsrechtlichen Grundsätzen generell erfolgswirksam vorzunehmen sind[10], hätte es hierzu jedoch einer ausdrücklichen Regelung bedurft. Für eine erfolgswirksame Behandlung in Folgejahren sprechen auch Aspekte des Gesellschafterschutzes, da bei einer unmittelbaren Erfassung der Erträge in der Gewinnrücklage bei Aktiengesellschaften den Gesellschaftern aufgrund der Vorschriften zur Gewinnverwendung dieses Ausschüttungspotential dauerhaft vorenthalten würde. — 12

Soweit die erstmalige Anwendung neuer Vorschriften zu einer erfolgsneutralen **Minderung der Gewinnrücklagen** führen würde (bspw. nach Art. 67 Abs. 6 Satz 1 EGHGB), aber eine solche Verrechnung mangels ausreichender Beträge nicht möglich ist, kommt nach dem Sinn und Zweck der Übergangsvorschriften, eine ergebniswirksame Belastung des Jahresergebnisses zu vermeiden, eine Verrechnung mit anderen frei verfügbaren Rücklagen zuzüglich eines Gewinnvortrages und abzüglich eines Verlustvortrages in Betracht. Reichen auch diese Beträge nicht aus, ist der Anpassungsbetrag aufwandswirksam zu erfassen. — 13

Rückstellungen nach § 249 Abs. 1 Satz 3, Abs. 2 HGB aF, Sonderposten mit Rücklageanteil nach § 247 Abs. 3, § 273 HGB aF, Rechnungsabgrenzungsposten nach § 250 Abs. 1 Satz 2 HGB aF sowie Abschreibungen nach § 253 Abs. 3 Satz 3, Abs. 4 HGB aF und nach §§ 254, 279 Abs. 2 HGB aF dürfen nur dann erfolgsneutral aufgelöst werden, soweit sie nicht erst **im letzten vor dem 1. Januar 2010 beginnenden Geschäftsjahr zugeführt** bzw. vorgenommen wurden (sog. Sperrjahr nach Art. 67 Abs. 3 Satz 2 zweiter Halbsatz und Abs. 4 Satz 2 zweiter Halbsatz EGHGB)[11]. — 14

Fraglich ist, ob die Rechtsfolgen des **Sperrjahres** auch bei einer **vorzeitigen Anwendung** des BilMoG nach Art. 66 Abs. 3 Satz 6 EGHGB bezogen auf den Jahresabschluss des vorhergehenden Geschäftsjahres eintreten. Dies ist nach dem Gesetzeswortlaut grundsätzlich zu bejahen. Nach dem Sinn und Zweck der Art. 67 Abs. 3 Satz 2 zweiter Halbsatz und Abs. 4 Satz 2 zweiter Halbsatz EGHGB ist aber davon auszugehen, dass dies bei zum Zeitpunkt der Verkündung des BilMoG (28. Mai 2009) bereits festgestellten Jahresabschlüssen nicht erforderlich ist. In diesen Fällen kann ohne ein Sperrjahr — 15

---

7 Vgl. Begr. Beschlussempfehlung und Bericht des Rechtsausschusses, BT-Drucks. 16/12407, S. 94.
8 Vgl. St. HFA 3/1997, Abschn. 4; IDW RS HFA 6 Tz. 27 f.; Begr. Beschlussempfehlung und Bericht des Rechtsausschusses, BT-Drucks. 16/12407, S. 94.
9 Vgl. IDW ERS HFA 28 Tz. 23.
10 Vgl. Begr. Beschlussempfehlung und Bericht des Rechtsausschusses, BT-Drucks. 16/12407, S. 194.
11 Vgl. IDW ERS HFA 28 Tz. 24.

verhindert werden, dass durch die bilanzpolitisch motivierte Ausübung der Wahlrechte des Art. 67 EGHGB Gewinnrücklagen gebildet werden, die der Verwendungskompetenz der Aktionäre entzogen sind.

III. Vereinfachungen im Geschäftsjahr des Übergangs

16 Nach Art. 67 Abs. 8 Satz 1 EGHGB brauchen Unternehmen für das Geschäftsjahr der erstmaligen Anwendung der neuen Vorschriften naturgemäß die Vorschriften zur **Bewertungsstetigkeit** (§ 252 Abs. 1 Nr. 6 HGB) und zur **Ausweisstetigkeit** (§ 265 Abs. 1 HGB), aber auch die **Erläuterungspflichten** zur Stetigkeitsdurchbrechung (§ 284 Abs. 2 Nr. 3 HGB) nicht anzuwenden. Fraglich ist hierbei, ob diese Vereinfachungen nur im Zeitpunkt der erstmaligen Anwendung des BilMoG oder auch bei der Auflösung beibehaltene oder fortgeführter Bilanzposten alten Rechts zu späteren Zeitpunkten gelten. Aufgrund des Wortlauts von Art. 67 Abs. 8 Satz 1 EGHGB, der nur vom Zeitpunkt der erstmaligen Anwendung spricht, ist davon auszugehen, dass die Erleichterungen bei einer Beibehaltung oder Fortführung von Bilanzposten und einem sukzessiven Übergang in den Folgeperioden nicht mehr angewendet werden dürfen[12]. Demzufolge müssen in Folgejahren die Stetigkeitsregeln der §§ 246 Abs. 3, 265 Abs. 1 Satz 1 sowie 284 Abs. 2 Nr. 3 HGB angewendet werden (vgl. auch Abschn. G Tz. 5). Nach § 265 Abs. 2 HGB müssen darüber hinaus Vorjahreszahlen angegeben, bzw. nicht vergleichbare Beträge im Anhang erläutert werden.

17 Darüber hinaus besteht im Übergangsjahr nach Art. 67 Abs. 8 Satz 2 erster Halbsatz EGHGB das Wahlrecht, auf die Anpassung von **Vorjahreszahlen** zu verzichten. Sollte ein Unternehmen dieses Wahlrecht ausüben, ist dies nach Art. 67 Abs. 8 Satz 2 zweiter Halbsatz EGHGB im Anhang anzugeben. Der Verzicht auf die Anpassung sollte mit der Umstellung auf das BilMoG begründet werden[13].

18 Fraglich ist darüber hinaus, welche Angaben gemacht werden müssen, wenn sich ein Unternehmen zur **freiwilligen Angabe** von angepassten Vorjahreszahlen entscheidet. In diesem Fall sind in Ermangelung einer anders lautenden Vorschrift die §§ 265 Abs. 2 Satz 3 HGB sowie 284 Abs. 2 Nr. 3 HGB einschlägig. Somit sind die angepassten Posten im Anhang anzugeben und zu erläutern[14]. Eine exakte Überleitung der alten auf die neuen Zahlen ist nicht erforderlich, kann jedoch auf freiwilliger Basis vorgenommen werden[15].

IV. Veränderungen der beibehaltenen oder fortgeführten Bilanzposten

19 Nach Art. 67 Abs. 3 EGHGB dürfen **Rückstellungen** nach § 249 Abs. 1 Satz 3, Abs. 2 HGB aF, **Sonderposten mit Rücklageanteil** nach § 247 Abs. 3, § 273 HGB aF und **Rechnungsabgrenzungsposten** nach § 250 Abs. 1 Satz 2 HGB aF beibehalten werden. Es stellt sich die Frage, ob diese Posten in Folgejahren bei einer Veränderung des Sachverhalts erhöht werden dürfen, oder ob die Übergangsregelungen lediglich die Auflösung vorsehen. Da der Wortlaut des Gesetzes nur von „beibehalten" spricht, ist eine Erhöhung dieser Posten nicht zulässig.

---

12 Vgl. IDW ERS HFA 28 Tz. 26.
13 Vgl. IDW ERS HFA 28 Tz. 27.
14 Vgl. St. HFA 3/1997 Abschn. 6.
15 Vgl. hierzu *ADS*[6], § 265 HGB Tz. 38.

20 Demgegenüber dürfen nach Art. 67 Abs. 4 EGHGB **Abschreibungen** nach § 253 Abs. 3 Satz 3, Abs. 4, § 254 sowie § 279 Abs. 2 HGB aF fortgeführt werden. Da der Wortlaut des Gesetzes in diesem Fall von „fortführen" spricht, könnte eine Erhöhung der Abschreibungen zulässig sein. Vor dem Sinn und Zweck der Übergangsregelungen ist dies jedoch zu verneinen, da die Übergangsregelungen lediglich dazu dienen, wesentliche Auswirkungen auf das Jahresergebnis oder das Eigenkapital zu vermeiden[16]. Darüber hinaus wird in der Gesetzesbegründung des RegE zu Art. 67 EGHGB sowohl im Zusammenhang mit Abs. 3, als auch mit Abs. 4 ohne Unterscheidung von „beibehalten" gesprochen[17].

V. Umwandlungsvorgänge

21 Nach § 17 Abs. 2 Satz 4 UmwG darf die Bilanz des übertragenden Rechtsträgers, die bei der Anmeldung der Verschmelzung beim Registergericht vorzulegen ist, höchstens auf einen acht Monate zurückliegenden Stichtag aufgestellt worden sein. Somit kann es zu Fällen kommen, in denen bei Verschmelzungen im Jahr 2010 ein wirtschaftlich **rückwirkender Verschmelzungsstichtag** gewährt wird, an dem noch das HGB aF gilt. Fraglich ist, wie nach neuem Recht nicht mehr zu bildende Bilanzposten des übertragenden Rechtsträgers beim übernehmenden Rechtsträger zu behandeln sind, wenn dieser vom Wahlrecht des § 24 UmwG (Buchwertfortführung) gebrauch macht.

22 Grundsätzlich sind im Fall der **Buchwertfortführung** alle Vermögensgegenstände und Schulden mit dem Buchwert der Schlussbilanz des übertragenden Rechtsträgers anzusetzen. Dies gilt auch dann, wenn dieser die Posten nach dem für ihn geltenden Recht nicht hätte bilden dürfen[18]. In Bezug auf die Bewertung der übernommenen Vermögensgegenstände und Schulden gelten die übernommenen Wertansätze als Anschaffungskosten der Vermögensgegenstände und Schulden beim übernehmenden Rechtsträger[19]. Für die Folgebewertung sind die allgemeinen handelsrechtlichen Grundsätze anzuwenden, so dass sich die Folgebewertung von nach neuem Recht nicht mehr zu bildenden Bilanzposten nach Art. 67 Abs. 3, 4 und 5 EGHGB richtet. Somit dürfen zB Aufwandsrückstellungen nach § 249 Abs. 1 Satz 3 bzw. Abs. 2 HGB aF beim aufnehmenden Rechtsträger entweder fortgeführt oder – ggf. unter Berücksichtigung des sog. Sperrjahres – erfolgsneutral gegen die Gewinnrücklagen aufgelöst werden.

23 Während die Übergangsregelungen des Art. 67 EGHGB grds. auch auf die übernommenen Vermögensgegenstände beim übernehmenden Rechtsträger Anwendung finden, ergibt sich eine Ausnahme in Bezug auf **Abschreibungen** nach § 253 Abs. 3 Satz 3, Abs. 4 HGB sowie nach § 254 HGB. Nach Art. 67 Abs. 4 Satz 2 EGHGB dürfen diese in früheren Geschäftsjahren vorgenommenen Abschreibungen erfolgsneutral rückgängig gemacht werden. Dies hieße, dass der Wert der Vermögensgegenstände und korrespondierend die Gewinnrücklagen erhöht würden. Da jedoch die übernommenen Werte der Vermögensgegenstände die Anschaffungskosten beim übernehmenden Rechtsträger darstellen[20], ist eine Wertaufholung über diesen Wertansatz hinaus nicht zulässig. Sollte der übernehmende Rechtsträger die Abschreibungen nach § 253 Abs. 3 Satz 3 und Abs. 4 HGB sowie nach § 254 HGB rückgängig machen wollen, so müssten die Abschreibungen in der **Schlussbilanz** des übertragenden Rechtsträgers korrigiert werden.

---

16 Vgl. IDW ERS HFA 28 Tz. 15-18.
17 Vgl. Begr. RegE, BT-Drucks. 16/10067, S. 98.
18 Vgl. St. HFA 2/1997, Abschn. 33.
19 Vgl. St. HFA 2/1997, Abschn. 33.
20 Vgl. *Förschle/Hoffmann*, in Budde/Förschle/Winkeljohann, Sonderbilanzen[4], Kap. K Anm. 70.

W Übergangsvorschriften   Art. 66, 67 EGHGB

Dies ist grds. zulässig, da die Abweichung von bestehenden Bewertungsmethoden in der Verschmelzungsschlussbilanz des übertragenden Rechtsträgers einen begründeten Ausnahmefall iSv. § 252 Abs. 2 HGB darstellt.[21]

VI. Übersicht der Erstanwendungszeitpunkte

24 Da sich die Übergangsregelungen für das am 28. Mai 2009 verkündete BilMoG auf **unterschiedliche Erstanwendungsgeschäftsjahre** beziehen, werden die einzelnen Bestimmungen in der folgenden chronologischen Übersicht dargestellt.

Erstmalige Anwendung der Vorschriften in der Fassung des Bilanzrechtsmodernisierungsgesetzes für Geschäftsjahre, die beginnen **ab** dem		Letztmalige Anwendung der Vorschriften in der bis zum 28. Mai 2009 geltenden Fassung für Geschäftsjahre, die beginnen **vor** dem		Siehe Abschnitt und Tz.
1.1.2008	§ 241a HGB			A, 17
	§ 242 Abs. 4 HGB			A, 17
	§ 267 Abs. 1 und 2 HGB			K, 68 ff.
	§ 293 Abs. 1 HGB			Q, 164 ff.
1.1.2009	§ 285 Nr. 3, 3a, 16, 17 u. 21 HGB	1.1.2009	§ 285 Satz 1 Nr. 3, 16 und 17 HGB aF	O, 268 ff.
	§ 288 iVm. § 285 Nr. 3, 3a, 17 u. 21 HGB		§ 288 iVm. § 285 Nr. 3 und 17 HGB aF	O, 281
	§ 289 Abs. 4 u. 5 HGB		§ 289 Abs. 4 HGB aF	O, 332 f.
	§ 289a HGB			P, 64 ff.
	§ 292 Abs. 2 HGB		§ 292 Abs. 2 HGB aF	Q, 142 ff.
	§ 314 Abs. 1 Nr. 2, 2a, 8, 9 und 13 HGB		§ 314 Abs. 1 Nr. 2, 8 und 9 HGB aF	R, 83
	§ 315 Abs. 2 und 4 HGB		§ 315 Abs. 4	R, 94
	§ 317 Abs. 2 Satz 2, Abs. 3 Satz 2, Abs. 5 und 6 HGB		§ 317 Abs. 3 Satz 2 und 3 HGB aF	S, 38
	§ 318 Abs. 3 und 8 HGB		§ 318 Abs. 3 HGB aF	S, 49
	§ 319a Abs. 1 Satz 1 Nr. 4, Satz 4 und 5, Abs. 2 Satz 2 HGB		§ 319a Abs. 1 Satz 1 Nr. 4, Satz 4 HGB aF	T, 102 ff.

---

21 Vgl. *Budde/Zerwas*, in Budde/Förschle/Winkeljohann, Sonderbilanzen[4], Kap. H Anm. 105.

Art. 66, 67 EGHGB				Übergangsvorschriften	**W**

Erstmalige Anwendung der Vorschriften in der Fassung des Bilanzrechtsmodernisierungsgesetzes für Geschäftsjahre, die beginnen **ab** dem		Letztmalige Anwendung der Vorschriften in der bis zum 28. Mai 2009 geltenden Fassung für Geschäftsjahre, die beginnen **vor** dem	Siehe Abschnitt und Tz.
	§ 319b HGB		T, 211 f.
	§ 320 Abs. 4 HGB		S, 49
	§ 321 Abs. 4a HGB		S, 70
	§ 340k Abs. 2a HGB		V, 157
	§ 340l Abs. 2 Satz 2 bis 4 HGB		V, 162
	§ 341a Abs. 2 Satz 5 HGB	§ 341a Abs. 2 Satz 5 HGB aF	V, 219
	§ 341j Abs. 1 Satz 3 HGB	§ 341j Abs. 1 Satz 3 HGB aF	V, 226
1.1.2010	§ 172 Abs. 4 Satz 3 HGB	1.1.2010	
	§ 246 HGB	§ 246 Abs. 1 und 2 HGB aF	B, 24 ff. C, 100 f. E, 29 f. G, 22 ff.
		§ 247 Abs. 3 HGB aF	
	§ 248 HGB	§ 248 HGB aF	E, 136 ff.
	§ 249 HGB	§ 249 HGB aF	F, 19 ff.
	§ 250 HGB	§ 250 HGB aF	F, 36 ff.
	§ 252 Abs. 1 Nr. 6 HGB	§ 252 Abs. 1 Nr. 6 HGB aF	G, 22 ff.
	§ 253 HGB	§ 253 HGB aF	E, 136 ff. J, 115 ff. J, 29 f.
	§ 254 HGB	§ 254 HGB aF	H, 148 f.
	§ 255 Abs. 2, 2a und 4 HGB	§ 255 Abs. 2 und 4 HGB aF	E, 136 ff. J, 49 ff.
	§ 256 Satz 1 HGB	§ 256 Satz 1 HGB aF	J, 59 f.

W Übergangsvorschriften Art. 66, 67 EGHGB

Erstmalige Anwendung der Vorschriften in der Fassung des Bilanzrechtsmodernisierungsgesetzes für Geschäftsjahre, die beginnen **ab** dem	Letztmalige Anwendung der Vorschriften in der bis zum 28. Mai 2009 geltenden Fassung für Geschäftsjahre, die beginnen **vor** dem	Siehe Abschnitt und Tz.
§ 256a HGB		J, 99 f.
§ 264 Abs. 1 Satz 2 HGB		K, 26 ff.
	§ 264c Abs. 4 Satz 3 HGB aF	
§ 264d HGB		K, 60
	§ 265 Abs. 3 Satz 2 HGB aF	L, 4
§ 266 HGB	§ 266 HGB aF	
§ 267 Abs. 3 Satz 2 HGB	§ 267 Abs. 3 Satz 2 HGB aF	K, 66 ff.
§ 268 Abs. 2 und 8 HGB	§ 268 Abs. 2 HGB aF	N, 98 ff.
	§ 269 HGB aF	F; 45 ff. N, 98 ff.
	§ 270 Abs. 1 Satz 2 HGB aF	D, 4
§ 272 Abs. 1, 1a, 1b und 4 HGB	§ 272 Abs. 1 und 4 HGB aF	L, 63 ff.
	§ 273 HGB aF	D, 19 ff.
§ 274 HGB	§ 274 HGB aF	M, 60 ff.
§ 274a Nr. 5 HGB	§ 274a Nr. 5 HGB aF	M, 52 ff.
	§ 275 Abs. 2 Nr. 7 lit. a HGB aF	F, 40
§ 277 Abs. 3 Satz 1, Abs. 4 Satz 3, Abs. 5 HGB	§ 277 Abs. 3 Satz 1, Abs. 4 Satz 3 HGB aF	J, 29 ff.
	§ 279 HGB aF	D, 19 ff.
	§ 280 HGB aF	D, 19 ff.
	§ 281 HGB aF	D, 19 ff.
	§ 282 HGB aF	F, 45 ff.
	§ 283 HGB aF	

Erstmalige Anwendung der Vorschriften in der Fassung des Bilanzrechtsmodernisierungsgesetzes für Geschäftsjahre, die beginnen **ab** dem	Letztmalige Anwendung der Vorschriften in der bis zum 28. Mai 2009 geltenden Fassung für Geschäftsjahre, die beginnen **vor** dem	Siehe Abschnitt und Tz.
§ 285 Nr. 13, 18 bis 20, 22 bis 29 HGB	§ 285 Satz 1 Nr. 2, 5, 13, 18 und 19, Sätze 2 bis 6 HGB aF	O, 269 ff.
§ 286 Abs. 3 Satz 3 HGB	§ 286 Abs. 3 Satz 3 HGB aF	O, 273
	§ 287 HGB aF	O, 277
§ 288 iVm. § 285 Nr. 19, 22 und 29 HGB	§ 288 iVm. § 285 Satz 1 Nr. 2, 5 und 18 HGB aF	O, 281
§ 290 HGB	§ 290 HGB aF	Q, 105 ff.
§ 291 Abs. 3 HGB	§ 291 Abs. 3 Nr. 1 und 2 Satz 2 HGB aF	Q, 122 ff.
§ 293 Abs. 4 Satz 2, Abs. 5 HGB	§ 293 Abs. 4 Satz 2, Abs. 5 HGB aF	Q, 164 ff.
	§ 294 Abs. 2 Satz 2 HGB aF	Q, 168
§ 297 Abs. 3 Satz 2 HGB	§ 297 Abs 3 Satz 2 HGB aF	Q, 174
§ 298 Abs. 1 HGB	§ 298 Abs. 1 HGB aF	Q, 177
§ 300 Abs. 1 Satz 2 HGB	§ 300 Abs. 1 Satz 2 HGB aF	Q, 181
§ 301 Abs. 3 Satz 1, Abs. 4 HGB	§ 301 Abs. 1 Satz 2 bis 4, Abs. 2, Abs. 3 Satz 1 und 3, Abs. 4 HGB aF	Q, 270 ff.
	§ 302 HGB aF	Q, 275
§ 306 HGB	§ 306 HGB aF	Q, 330 ff.
	§ 307 Abs. 1 Satz 2 HGB aF	Q, 341 ff.
§ 308a HGB		Q, 399 ff.
	§ 309 Abs. 1 HGB aF	Q, 433 ff.
§ 310 Abs. 2 HGB	§ 310 Abs. 2 HGB aF	Q, 440

Erstmalige Anwendung der Vorschriften in der Fassung des Bilanzrechtsmodernisierungsgesetzes für Geschäftsjahre, die beginnen **ab** dem	Letztmalige Anwendung der Vorschriften in der bis zum 28. Mai 2009 geltenden Fassung für Geschäftsjahre, die beginnen **vor** dem	Siehe Abschnitt und Tz.
	§ 312 Abs. 1 – 3 HGB aF	Q, 475 ff.
§ 313 Abs. 3 Satz 3	§ 313 Abs. 3 Satz 3, Abs. 4 HGB aF	R, 3
§ 314 Abs. 1 Nr. 10 bis 12, 14 bis 21 HGB	§ 314 Abs. 1 Nr. 10 und 11 HGB aF	R, 84
§ 315a Abs. 1 HGB	§ 315a Abs. 1 HGB aF	
	§ 318 Abs. 3 HGB aF	S, 49
§ 319a Abs. 1 Halbsatz 1 HGB	§ 319a Abs. 1 Satz 1 Halbsatz 1 HGB aF	T, 102 ff.
§ 324 HGB		K, 115 ff.
§ 325 Abs. 4 HGB	§ 325 Abs. 4 HGB aF	U, 1 ff.
§ 325a Abs. 1 Satz 1 HGB	§ 325a Abs. 1 Satz 1 HGB aF	U, 3 ff.
§ 327 Nr. 1 Satz 2 HGB	§ 327 Nr. 1 Satz 2 HGB aF	U, 15
§ 334 HGB	§ 334 HGB aF	U, 18 f.
§ 336 Abs. 2 HGB	§ 336 Abs. 2 HGB aF	
§ 340a HGB	§ 340a Abs. 2 Satz 1 HGB aF	V, 77 f.
§ 340c HGB	§ 340c HGB aF	V, 80
§ 340e HGB	§ 340e HGB aF	V, 122 ff.
§ 340f HGB	§ 340f HGB aF	V, 126
§ 340h HGB	§ 340h HGB aF	V, 154
§ 340k Abs. 5 HGB		V, 158
§ 340n HGB	§ 340n HGB aF	V, 164
§ 341a Abs. 1 Satz 1, Abs. 2 Satz 1 und 2 HGB	§ 341a Abs. 1 und 2 Satz 1 und 2 HGB aF	V, 218
§ 341b HGB	§ 341b Abs. 1 und 2 HGB aF	V, 222

Erstmalige Anwendung der Vorschriften in der Fassung des Bilanzrechtsmodernisierungsgesetzes für Geschäftsjahre, die beginnen **ab** dem	Letztmalige Anwendung der Vorschriften in der bis zum 28. Mai 2009 geltenden Fassung für Geschäftsjahre, die beginnen **vor** dem	Siehe Abschnitt und Tz.
§ 341e HGB	§ 341e Abs. 1 HGB aF	V, 224
§ 341 k Abs. 4 HGB		V, 229
§ 341l HGB	§ 341 l Abs. 1 und 3 HGB aF	V, 231
§ 341n HGB	§ 341n HGB aF	V, 233

Abb. 34 Anwendungszeitpunkte

Weitere Anmerkungen zu den Übergangsvorschriften einzelner Paragraphen:

§ 253 HGB	findet erstmals Anwendung auf Geschäfts- oder Firmenwerte iSd. § 246 Abs. 1 Satz 4, die aus Erwerbsvorgängen herrühren, die in Geschäftsjahren erfolgen, die nach dem 31.12.2009 beginnen
§ 255 Abs. 2 HGB	findet erstmals auf Herstellungsvorgänge Anwendung, die in Geschäftsjahren beginnen, die nach dem 31.12.2009 beginnen
§ 294 Abs. 2; § 301 Abs. 1 Satz 2 und 3, Abs. 2; § 309 Abs. 1 und § 312 HGB	finden erstmals auf Erwerbsvorgänge Anwendung, die in Geschäftsjahren erfolgen, die nach dem 31.12.2009 beginnen
§ 301 Abs. 1 Satz 2 und 3, Abs. 2; § 309 Abs. 1 HGB	Für nach § 290 Abs. 1 und 2 erstmals zu konsolidierende Tochterunternehmen oder bei erstmaliger Aufstellung eines Konzernabschluss für nach dem 31.12.2009 beginnende Geschäftsjahre finden die nebenstehenden Paragraphen auf Konzernabschlüsse für nach dem 31.12.2009 beginnende Geschäftsjahre Anwendung.
§ 335 Abs. 5 Satz 11 und 12 HGB	ist nur vom 29.05.2009 bis zum 31.08.2009 anzuwenden und tritt am 01.09.2009 außer Kraft
§ 248 Abs. 2 und § 255 Abs. 2a HGB	finden nur auf die selbst geschaffenen immateriellen Vermögensgegenstände des Anlagevermögens Anwendung, mit deren Entwicklung in Geschäftsjahren, die nach dem 31.12.2009 beginnen, begonnen wird

Abb. 35 Besondere Übergangsvorschriften

X. Publizitätsgesetz
(§§ 5, 6, 7, 11, 13, 20 PublG)

§ 5 PublG
Aufstellung von Jahresabschluß und Lagebericht

(1) ¹Die gesetzlichen Vertreter des Unternehmens haben den Jahresabschluß (§ 242 des Handelsgesetzbuchs) in den ersten drei Monaten des Geschäftsjahrs für das vergangene Geschäftsjahr aufzustellen. ²**Für den Inhalt des Jahresabschlusses, seine Gliederung und für die einzelnen Posten des Jahresabschlusses gelten die §§ 265, 266, 268 bis 275, 277 und 278 des Handelsgesetzbuchs sinngemäß.** ³Sonstige Vorschriften, die durch die Rechtsform oder den Geschäftszweig bedingt sind, bleiben unberührt.

(2) ¹Die gesetzlichen Vertreter eines Unternehmens, das nicht in der Rechtsform einer Personenhandelsgesellschaft oder des Einzelkaufmanns geführt wird, haben den Jahresabschluß um einen Anhang zu erweitern, der mit der Bilanz und der Gewinn- und Verlustrechnung eine Einheit bildet, sowie einen Lagebericht aufzustellen. ²Für den Anhang gelten die §§ 284, 285 Nr. 1 bis 4, 7 bis 13, 17 bis 29, § 286 des Handelsgesetzbuchs und für den Lagebericht § 289 des Handelsgesetzbuchs sinngemäß.

(2a) ¹Unternehmen im Sinn des § 264d des Handelsgesetzbuchs haben unabhängig von ihrer Rechtsform den Jahresabschluss um einen Anhang nach Absatz 2 zu ergänzen. ²§ 264 Abs. 1 Satz 2 des Handelsgesetzbuchs ist sinngemäß anzuwenden.

(3) § 330 des Handelsgesetzbuchs über den Erlaß von Rechtsverordnungen gilt auch für Unternehmen, auf die dieser Abschnitt nach § 3 Abs. 1 anzuwenden ist.

(4) Handelt es sich um das Unternehmen einer Personenhandelsgesellschaft oder eines Einzelkaufmanns, so dürfen das sonstige Vermögen des Einzelkaufmanns oder der Gesellschafter (Privatvermögen) nicht in die Bilanz und die auf das Privatvermögen entfallenden Aufwendungen und Erträge nicht in die Gewinn- und Verlustrechnung aufgenommen werden.

(5) ¹Personenhandelsgesellschaften und Einzelkaufleute können die Gewinn- und Verlustrechnung nach den für ihr Unternehmen geltenden Bestimmungen aufstellen. ²Bei Anwendung einer Gliederung nach § 275 des Handelsgesetzbuchs dürfen die Steuern, die Personenhandelsgesellschaften und Einzelkaufleute als Steuerschuldner zu entrichten haben, unter den sonstigen Aufwendungen ausgewiesen werden. ³Soll die Gewinn- und Verlustrechnung nicht nach § 9 offengelegt werden, sind außerdem in einer Anlage zur Bilanz folgende Angaben zu machen:

1. Die Umsatzerlöse im Sinne des § 277 Abs. 1 des Handelsgesetzbuchs,
2. die Erträge aus Beteiligungen,
3. die Löhne, Gehälter, sozialen Abgaben sowie Aufwendungen für Altersversorgung und Unterstützung,
4. die Bewertung- und Abschreibungsmethoden einschließlich wesentlicher Änderungen,
5. die Zahl der Beschäftigten.

(6) Unternehmen im Sinne des § 3 Abs. 1 sind von den Anforderungen dieses Gesetzes befreit, wenn sie in den Konzernabschluss eines Mutterunternehmens im Sinne des § 11 dieses Gesetzes oder des § 290 des Handelsgesetzbuchs einbezogen sind und sie im Übrigen die entsprechend geltenden Voraussetzungen des § 264 Abs. 3 des Handelsgesetzbuchs erfüllen.

Inhaltsverzeichnis **Tz.**

I. Anwendungsbereich und Ziel der Änderungen .... 1 – 2
II. Anwendung der für kapitalmarktorientierte Unternehmen geltenden Vorschriften (Abs. 2a) .... 3 – 9
III. Erstanwendungszeitpunkt und Übergangsvorschriften .... 10 – 11

I. Anwendungsbereich und Ziel der Änderungen

1 Nach dem RegE BilMoG werden die Rechnungslegungsvorschriften für **kapitalmarktorientierte, dem PublG unterworfene Unternehmen,** nach § 5 Abs. 2a PublG zur Gleichstellung mit anderen kapitalmarktorientierten Unternehmen angepasst (vgl. zur Kapitalmarktorientierung Abschn. K Tz. 35 ff.)[1]. Mit dieser Anpassung geht einher, dass diese Unternehmen den Regelungen nach § 264 Absatz 1 Satz 2 HGB unterworfen werden und folglich den Jahresabschluss um eine Kapitalflussrechnung und einen Eigenkapitalspiegel zu erweitern haben, soweit das jeweilige Unternehmen nicht zur Aufstellung eines Konzernabschlusses verpflichtet ist (vgl. hierzu Abschn. K Tz. 1 ff.)[2]. Die Erweiterung um eine Segmentberichterstattung ist indes analog zu den für KapG geltenden Vorschriften nicht verpflichtet (vgl. hierzu Abschn. K Tz. 21 ff.). Der Kreis der unter die Rechnungslegungspflichten nach dem PublG fallenden Unternehmen bleibt durch die Änderungen des BilMoG jedoch unverändert[3].

2 Weiterhin wurden infolge der Änderung der handelsrechtlichen Vorschriften zu **Anhangangaben** in § 285 HGB auch die Verweisvorschriften in § 5 Abs. 2 Satz 2 PublG angepasst. Hiervon sind die unter das PublG fallenden Unternehmen betroffen, soweit es sich nicht um Personenhandelsgesellschaften oder Einzelkaufleute handelt (§ 5 Abs. 2 Satz 1 PublG)[4].

II. Anwendung der für kapitalmarktorientierte Unternehmen geltenden Vorschriften (Abs. 2a)

3 Unter das PublG fallende kapitalmarktorientierte Unternehmen im Sinne des § 264d HGB haben bei der Aufstellung des Jahresabschlusses nach § 5 Abs. 2a Satz 1 PublG ihren Jahresabschluss um einen **Anhang** nach § 5 Abs. 2 PublG zu erweitern und nach § 5 Abs. 2a Satz 2 PublG bei der Aufstellung des Jahresabschlusses § 264 Abs. 1 Satz 2 HGB, der die Aufstellung von **Kapitalflussrechnung, Eigenkapitalspiegel** und Segmentberichterstattung regelt, sinngemäß zu beachten. Dabei wird in der Begründung des RegE BilMoG ausdrücklich darauf hingewiesen, dass nach dem Sinn und Zweck der Regelungen die Berichtspflichten bei kapitalmarktorientierten Unternehmen unabhängig von ihrer Rechtsform eine Gleichbehandlung erfahren müssen[5].

---

1   Vgl. Begr. RegE, BT-Drucks. 16/10067, S. 100.
2   Vgl. Begr. RegE, BT-Drucks. 16/10067, S. 100 und S. 62 f.
3   Vgl. *ADS*[6] einschl. ErgBd., § 3 PublG Tz. 1 ff., § 11 PublG Tz. 6 ff.; *Hoyos/Ritter-Thiele,* in Beck Bilkomm.[6], § 290 Anm. 100 ff.; *WPH*[13], Bd. I, H Tz. 1 ff. mwN; *Petersen/Zwirner,* in BilMoG, S. 609 f.
4   Vgl. Begr. RegE, BT-Drucks. 16/10067, S. 100.
5   Vgl. Begr. RegE, BT-Drucks. 16/10067, S. 100.

Dieser Verweis auf bestehende Berichtspflichten ersetzt allerdings nicht den noch im RegE in § 5 Abs. 1 Satz 2 HGB enthaltenen und in dem endgültigen Gesetzeswortlaut gestrichenen[6] Verweis auf § 264 Abs. 2 Satz 1 HGB als für Kapitalgesellschaften geltende Generalnorm[7]. Damit entspricht der Jahresabschluss nach dem PublG (unabhängig von dem Vorliegen einer Kapitalmarktorientierung im Sinne des § 264d HGB) zwar in seiner **äußeren Form** als Folge der sinngemäß in weiten Teilen anzuwendenden Vorschriften für Kapitalgesellschaften dem Jahresabschluss einer (großen) KapG, aber **inhaltlich** werden in weiten Teilen weiterhin lediglich Anforderungen wie an Abschlüsse von Personenhandelsgesellschaften und Einzelkaufleute gestellt[8].

Damit hat auch zukünftig ein nach den Regelungen des PublG aufgestellter Jahresabschluss nicht zwingend **ein den tatsächlichen Verhältnissen entsprechendes Bild der Vermögens-, Finanz- und Ertragslage** zu vermitteln, da die Beachtung der allgemeinen für Kaufleute geltenden Bilanzierungsgrundsätze nach § 243 Abs. 1 und Abs. 2 HGB (Beachtung der GoB und Vorschriften zur Klarheit und Übersichtlichkeit) weiterhin ausreicht. Für Kapitalgesellschaften wird darüber hinaus nach § 264 Abs. 2 Satz 2 HGB gefordert, dass zusätzliche Angaben und Erläuterungen im Anhang dann erforderlich sind, soweit „besondere Umstände" dazu führen, dass der Jahresabschluss ein den tatsächlichen Verhältnissen entsprechendes Bild nicht vermittelt[9]. Auch diese Angabe wird mangels Verweises in § 5 PublG nicht gefordert werden können.

Zur **Aufstellung eines Anhangs** nach § 5 Abs. 2a Satz 1 PublG, der die in § 5 Abs. 2 Satz 2 PublG genannten handelsrechtlichen Angaben in sinngemäßer Anwendung enthält, waren die unter das PublG fallenden Unternehmen bislang auch bereits verpflichtet, soweit es sich nicht um Personenhandelsgesellschaften oder Einzelkaufleute handelte. Diese mussten nach § 5 Abs. 2 Satz 1 PublG weder einen Anhang noch einen Lagebericht aufstellen, sind aber nunmehr rechtsformunabhängig hierzu verpflichtet, wenn sie kapitalmarktorientiert iSv. § 264d HGB sind[10]. Da nach dem Wortlaut diese Verpflichtung für Unternehmen „unabhängig von ihrer Rechtsform" gelten soll, wird durch den in Abs. 2a enthaltenen bloßen Verweis auf den Anhang nach § 5 Abs. 2 PublG klargestellt, dass hiervon zukünftig auch kapitalmarktorientierte Personenhandelsgesellschaften und Einzelkaufleute betroffen sind.

Durch die generelle Pflicht der Erstellung eines Anhangs für nach dem PublG rechnungslegungspflichtige kapitalmarktorientierte Unternehmen wird insoweit eine annähernde Gleichwertigkeit an die Anforderungen an Kapitalgesellschaften gewahrt. Die nach § 5 Abs. 2 Satz 2 PublG iVm. §§ 284, 285 HGB geforderten **Pflichtangaben** enthalten im Vergleich zu Kapitalgesellschaften lediglich die Angaben nach § 285 Nr. 6 HGB (Ausmaß des Einflusses der Steuern vom Einkommen und vom Ertrag auf das Ergebnis), § 285 Nr. 14 HGB (Angaben zum Mutterunternehmen) sowie rechtsformspezifische Angaben bei Personenhandelsgesellschaften nach § 264a HGB und für die AG nicht. Darüber hinaus sind auch die verpflichtenden oder wahlweise in Bilanz und GuV aufzunehmenden Angaben im Anhang bereits über die sinngemäße Anwendung der §§ 265 ff. HGB gefordert.

---

6 Vgl. Begr. RegE, BT-Drucks. 16/10067, S. 100; Begr. Beschlussempfehlung und Bericht des Rechtsausschusses, BT-Drucks. 16/12407, S. 96.
7 Vgl. *ADS*[6], § 5 PublG Tz. 26, § 264 HGB Tz. 7-9; *WPH*[13], Bd. I, H Tz. 47 mwN; *HdR*[5], § 5 PublG Rn. 7.
8 Vgl. *WPH*[13], Bd. I, H Tz. 47 mwN.
9 Vgl. *ADS*[6], § 264 HGB Tz. 92 ff.; *Winkeljohann/Schellhorn*, in Beck Bil-Komm.[6], § 264 Anm. 48 ff.; *HdR*[5], § 264 HGB Rn. 10.
10 Vgl. *Petersen/Zwirner*, in BilMoG, S. 609 f.

8 Auch die Erweiterung des Jahresabschlusses von Unternehmen, die keinen Konzernabschluss aufzustellen haben, um eine **Kapitalflussrechnung**[11] und einen **Eigenkapitalspiegel**[12] nach den für KapG geltenden Normen (§ 5 Abs. 2a Satz 2 PublG iVm. § 264 Abs. 1 Satz 2 erster Halbsatz HGB; vgl. hierzu Abschn. K Tz. 1 ff.) stärkt die äußere Gleichwertigkeit und Vergleichbarkeit des Jahresabschlusses der nach dem PublG rechnungslegungspflichtigen kapitalmarktorientierten Unternehmen[13]. Die Ergänzung des Jahresabschlusses durch eine **Segmentberichterstattung** ist analog zu den für Kapitalgesellschaften geltenden Vorschriften als Wahlrecht (§ 5 Abs. 2a Satz 2 PublG iVm. § 264 Abs. 2 Satz 2 zweiter Halbsatz HGB) ausgestaltet[14].

9 Nach der Begründung des RegE BilMoG[15] wird darauf verwiesen, dass die Einfügung des Wortes „**sinngemäß**" in § 5 Abs. 2a Satz 2 PublG der Tatsache Rechnung trägt, dass die spezifische Struktur der dem PublG unterworfenen Unternehmen hinsichtlich der Ausgestaltung des zusätzlichen Bestandteile des Jahresabschlusses nur eine sinngemäße Anwendung ermöglicht. Dabei ist auf die rechtsformspezifischen Besonderheiten (zB bei der Struktur des Eigenkapitals bei Personenhandelsgesellschaften[16]) abzustellen, um eine sinngemäße Berichterstattung (zB Anpassung der in DRS 7[17] genannten Elemente eines Eigenkapitalspiegels auf die unternehmensspezifischen Eigenkapitalposten) zu gewährleisten.

III. Erstanwendungszeitpunkt und Übergangsvorschriften

10 Die Erweiterung der Berichterstattung von kapitalmarktorientierten Unternehmen um eine **Kapitalflussrechnung** und einen **Eigenkapitalspiegel** bzw. die freiwillige Erweiterung um eine Segmentberichterstattung sind nach § 22 Abs. 3 Satz 1 PublG iVm. Art. 66 Abs. 3 Satz 1 EGHGB erstmals in einem **nach dem 31. Dezember 2009** beginnenden Geschäftsjahr anzuwenden. Eine frühere freiwillige Erstanwendung der gesetzlichen Vorschriften nach dem BilMoG ist nach § 22 Abs. 3 Satz 1 PublG iVm. Art. 66 Abs. 3 Satz 6 EGHGB in nach dem 31. Dezember 2008 beginnenden Geschäftsjahren bereits zulässig, soweit die neuen Vorschriften vollständig angewendet werden und dies im Anhang des Jahresabschlusses angegeben wird[18].

11 Hinsichtlich der erstmaligen Anwendung der in § 5 Abs. 2 Satz 2 PublG geänderten **Anhangangaben** wird durch § 22 Abs. 3 Satz 1 PublG auf die Erstanwendung der jeweiligen Anhangangabe (vgl. Abschn. O, Tz. 268 ff.) verwiesen.

---

11 Vgl. DRS 2; *ADS*[6] ErgBd., § 297 HGB Tz. 11 ff.; *Förschle/Kroner*, in Beck Bil-Komm.[6], § 297 Anm. 50 ff.; *WPH*[13], Bd. I, M Tz. 723 ff. mwN.
12 Vgl. DRS 7; *Förschle/Kroner*, in Beck Bil-Komm.[6], § 297 Anm. 100; *WPH*[13], Bd. I, M Tz. 771 ff. mwN.
13 Vgl. *Petersen/Zwirner*, in BilMoG, S. 609 f.
14 Vgl. DRS 3; *ADS*[6] ErgBd., § 297 HGB Tz. 36 ff.; *Förschle/Kroner*, in Beck Bil-Komm.[6], § 297 Anm. 150 ff.; *WPH*[13], Bd. I, M Tz. 775 ff. mwN; *Petersen/Zwirner*, in BilMoG, S. 609 f.
15 Vgl. Begr. RegE, BT-Drucks. 16/10067, S. 100.
16 Vgl. IDW RS HFA 7 Tz. 31 ff.; *ADS*[6] ErgBd., § 264c HGB Tz. 12 ff.; *Förschle/Kroner*, in Beck Bil-Komm.[6], § 264c Anm. 15 ff.
17 Vgl. so auch DRS 7.1b ff. verweisend auf die Eigenkapitalstruktur nach § 264c HGB.
18 Vgl. Begr. Beschlussempfehlung und Bericht des Rechtsausschusses, BT-Drucks. 16/12407, S. 96.

§ 6 PublG
Prüfung durch die Abschlußprüfer

(1) ¹Der Jahresabschluß und der Lagebericht sind durch einen Abschlußprüfer zu prüfen. ²Soweit in den Absätzen 2 bis 4 nichts anderes bestimmt ist, gelten § 316 Abs. 3, § 317 Abs. 1, 2, 5 und 6, § 318 Abs. 1, 3 bis 8, § 319 Abs. 1 bis 4, § 319a Abs. 1, § 319b Abs. 1, § 320 Abs. 1, 2 und 4 sowie die §§ 321 bis 324 des Handelsgesetzbuchs über die Prüfung des Jahresabschlusses sinngemäß.

(2) Handelt es sich um das Unternehmen einer Personenhandelsgesellschaft oder eines Einzelkaufmanns, so hat sich die Prüfung auch darauf zu erstrecken, ob § 5 Abs. 4 beachtet worden ist.

(3) ¹Der Abschlußprüfer wird bei Personenhandelsgesellschaften, soweit nicht das Gesetz, die Satzung oder der Gesellschaftsvertrag etwas anderes vorsehen, von den Gesellschaftern gewählt. ²Handelt es sich um das Unternehmen eines Einzelkaufmanns, so bestellt dieser den Abschlußprüfer. ³Bei anderen Unternehmen wird der Abschlußprüfer, sofern über seine Bestellung nichts anderes bestimmt ist, vom Aufsichtsrat gewählt; hat das Unternehmen keinen Aufsichtsrat, so bestellen die gesetzlichen Vertreter den Abschlußprüfer.

(4) *(aufgehoben)*

Inhaltsverzeichnis Tz.
I. Anwendungsbereich und Ziel der Änderungen .... 12 – 13
II. Erstanwendungszeitpunkt und Übergangsvorschriften 14

I. Anwendungsbereich und Ziel der Änderungen

Die für den Abschlussprüfer eines nach dem PublG rechnungslegungspflichtigen Unternehmens in sinngemäßer Anwendung geltenden Vorschriften werden durch Verweis auf die durch das BilMoG anlässlich der Umsetzung der Art. 26 Abs. 1 und 3, Art. 22 Abs. 2, Art. 23 Abs. 3 und Art. 38 Abs. 2 der **Abschlussprüferrichtlinie** (idF der Änderungsrichtlinie 2008/30/EG vom 11. März 2008, ABl. EU Nr. L 891, S. 53) geänderten handelsrechtlichen Vorschriften für Abschlussprüfer einer prüfungspflichtigen Kapitalgesellschaften angepasst. **12**

Dabei wurden insb. die durch das BilMoG geschaffenen oder geänderten **handelsrechtlichen Regelungen** bezüglich **13**

a) § 317 Abs. 5 und 6 HGB (Durchführung der Prüfung durch den AP nach internationalen Prüfungsstandards; vgl. hierzu Abschn. S Tz. 17 ff.),
b) § 318 Abs. 8 HGB (Pflicht zur Unterrichtung der Wirtschaftsprüferkammer über Kündigung oder Widerruf des Prüfungsauftrages; vgl. hierzu Abschn. S Tz. 39 ff.),
c) § 319b Abs. 1 HGB (Ausschlussgründe für Abschlussprüfer als Mitglied eines Netzwerkes; vgl. hierzu Abschn. T Tz. 145 ff.) und
d) § 320 Abs. 4 HGB (Pflicht des bisherigen AP auf Anfrage über das Ergebnis der bisherigen Prüfung zu berichten; vgl. hierzu Abschn. S Tz. 43 ff.) und § 324 HGB (Einrichtung eines Prüfungsausschusses; vgl. hierzu Abschn. K Tz. 73 ff.).

unverändert übernommen[19].

---
19 Vgl. *Petersen/Zwirner*, in BilMoG, S. 611.

II. Erstanwendungszeitpunkt und Übergangsvorschriften

14 Hinsichtlich der erstmaligen Anwendung der in § 6 Abs. 1 Satz 2 PublG geänderten Vorschriften über den Abschlussprüfer bzw. die Abschlussprüfung wird durch § 22 Abs. 3 Satz 1 PublG auf die **Erstanwendung der jeweiligen handelsrechtlichen Vorschriften** verwiesen (vgl. Abschn. K Tz. 115; Abschn. S Tz. 38 u. 49; Abschn. T Tz. 211 ff.).

§ 7 PublG
Prüfung durch den Aufsichtsrat

[1]Hat das Unternehmen einen Aufsichtsrat, so haben die gesetzlichen Vertreter unverzüglich nach Eingang des Prüfungsberichts der Abschlußprüfer den Jahresabschluß, den Lagebericht und den Prüfungsbericht der Abschlußprüfer dem Aufsichtsrat vorzulegen. [2]Der Aufsichtsrat hat den Jahresabschluß und den Lagebericht zu prüfen; er hat über das Ergebnis seiner Prüfung schriftlich zu berichten. [3]§ 170 Abs. 3, **§ 171 Abs. 1 Satz 2 und 3**, Abs. 2 Satz 2 bis 4, Abs. 3 des Aktiengesetzes gelten sinngemäß. [4]Die Sätze 1 bis 3 gelten auch für einen Einzelabschluss nach § 9 Abs. 1 Satz 1 dieses Gesetzes in Verbindung mit § 325 Abs. 2a des Handelsgesetzbuchs; für einen solchen Abschluss gilt ferner § 171 Abs. 4 Satz 1 des Aktiengesetzes sinngemäß.

Inhaltsverzeichnis   Tz.
I.   Anwendungsbereich und Ziel der Änderungen .... 15 – 16
II. Erstanwendungszeitpunkt und Übergangsvorschriften 17

I. Anwendungsbereich und Ziel der Änderungen

Der Aufsichtsrat und der Abschlussprüfer eines nach dem PublG rechnungslegungspflichtigen Unternehmens haben nunmehr auch die angepassten bzw. ergänzten aktienrechtlichen Vorschriften nach § 171 Abs. 1 Satz 2 und 3 AktG (Umsetzung von Art. 41 Abs. 4 und Art. 42 Abs. 1 b. und c. der **Abschlussprüferrichtlinie** (idF der Änderungsrichtlinie 2008/30/EG vom 11. März 2008, ABl. EU Nr. L 891, S. 53) zu beachten. **15**

Nach § 7 Satz 2 PublG iVm. § 171 Abs. 1 Satz 2 AktG hat der Abschlussprüfer an den Sitzungen des **Gesamtaufsichtsrates** oder des **Prüfungsausschusses** teilzunehmen und über im Rahmen der Prüfung identifizierte wesentliche Schwächen des rechnungslegungsbezogenen internen Kontroll- und Risikomanagementsystems zu berichten (vgl. hierzu Abschn. Y Tz. 101 ff.). Darüber hinaus hat er nach § 7 Satz 2 PublG iVm. § 171 Abs. 1 Satz 3 AktG über Gründe, die Befangenheit vermuten lassen, und über außerhalb der Abschlussprüfungsleistungen erbrachte Leistungen zu informieren (vgl. hierzu Abschn. Y Tz. 105 ff.)[20]. **16**

II. Erstanwendungszeitpunkt und Übergangsvorschriften

Hinsichtlich der erstmaligen Anwendung der in § 7 PublG geänderten Vorschriften über Prüfungspflichten des Aufsichtsrates enthält § 22 PublG für die Erstanwendung keine Angabe. Damit ist davon auszugehen, dass die Neuregelung ohne weitere Übergangszeit mit dem Inkrafttreten des BilMoG, also nach Art. 15 **am 29. Mai 2009,** sofort anzuwenden ist (vgl. zu den aktienrechtlichen Vorschriften Abschn. Y). **17**

---

20   Vgl. *Petersen/Zwirner*, in BilMoG, S. 611.

§ 11 PublG
Zur Rechnungslegung verpflichtete Mutterunternehmen

(1) **Kann ein Unternehmen mit Sitz (Hauptniederlassung) im Inland unmittelbar oder mittelbar einen beherrschenden Einfluss auf ein anderes Unternehmen ausüben**, so hat dieses Unternehmen (Mutterunternehmen) nach den folgenden Vorschriften Rechnung zu legen, wenn für drei aufeinander folgende Konzernabschlußstichtage jeweils mindestens zwei der drei folgenden Merkmale zutreffen:

1. Die Bilanzsumme einer auf den Konzernabschlußstichtag aufgestellten Konzernbilanz übersteigt 65 Millionen Euro.
2. Die Umsatzerlöse einer auf den Konzernabschlußstichtag aufgestellten Konzern-Gewinn- und Verlustrechnung in den zwölf Monaten vor dem Abschlußstichtag übersteigen 130 Millionen Euro.
3. Die Konzernunternehmen mit Sitz im Inland haben in den zwölf Monaten vor dem Konzernabschlußstichtag insgesamt durchschnittlich mehr als fünftausend Arbeitnehmer beschäftigt.

(2) [1]Bilanzsumme nach Absatz 1 Nr. 1 ist die Bilanzsumme einer nach § 13 Abs. 2 aufgestellten Konzernbilanz; § 1 Abs. 2 Satz 2 bis 5 gilt sinngemäß. [2]Braucht das Mutterunternehmen einen Jahresabschluß nicht aufzustellen, so ist der Abschlußstichtag des größten Unternehmens mit Sitz im Inland maßgebend.

(3) [1]**Kann ein Unternehmen mit Sitz (Hauptniederlassung) im Ausland unmittelbar oder mittelbar einen beherrschenden Einfluss auf ein anderes Unternehmen ausüben und beherrscht dieses Unternehmen über ein oder mehrere zum Konzern gehörende Unternehmen mit Sitz (Hauptniederlassung) im Inland andere Unternehmen,** so haben die Unternehmen mit Sitz im Inland, die der Konzernleitung am nächsten stehen (Mutterunternehmen), für ihren Konzernbereich (Teilkonzern) nach diesem Abschnitt Rechnung zu legen, wenn für drei aufeinander folgende Abschlußstichtage des Mutterunternehmens mindestens zwei der drei Merkmale des Absatzes 1 für den Teilkonzern zutreffen. [2]Absatz 2 gilt sinngemäß.

(4) *(aufgehoben)*

(5) [1]Dieser Abschnitt ist nicht anzuwenden, wenn das Mutterunternehmen eine Aktiengesellschaft, eine Kommanditgesellschaft auf Aktien, eine Gesellschaft mit beschränkter Haftung, ein Kreditinstitut im Sinne des § 340 des Handelsgesetzbuchs oder eine in § 2 Abs. 1 Nr. 1, 2 und 4 des Gesetzes über das Kreditwesen genannte Person oder ein Versicherungsunternehmen im Sinne des § 341 des Handelsgesetzbuchs ist oder als Personenhandelsgesellschaft nach § 3 Abs. 1 Satz 1 Nr. 1 den ersten Abschnitt nicht anzuwenden hat. [2]Weiterhin sind Personenhandelsgesellschaften und Einzelkaufleute zur Aufstellung eines Konzernabschlusses nach diesem Abschnitt nicht verpflichtet, wenn sich ihr Gewerbebetrieb auf die Vermögensverwaltung beschränkt und sie nicht die Aufgaben der Konzernleitung wahrnehmen.

(6) [1]Folgende Bestimmungen des Handelsgesetzbuchs gelten sinngemäß:

1. **§ 290 Abs. 2 bis 5 über die Pflicht zur Aufstellung sowie § 291 über befreiende Konzernabschlüsse und Konzernlageberichte;**
2. § 315a über den Konzernabschluss nach internationalen Rechnungslegungsstandards, Absatz 2 der Vorschrift jedoch nur, wenn das Mutterunternehmen seiner Rechtsform nach in den Anwendungsbereich der Verordnung (EG) Nr. 1606/2002

des Europäischen Parlaments und des Rates vom 19. Juli 2002 betreffend die Anwendung internationaler Rechnungslegungsstandards (ABl. EG Nr. L 243 S. 1) in ihrer jeweils geltenden Fassung fällt.

²Sind die Voraussetzungen des § 315a des Handelsgesetzbuchs erfüllt, so gilt § 13 Abs. 2 Satz 1 und 2, Abs. 3 Satz 1 und 2 in Verbindung mit § 5 Abs. 5 dieses Gesetzes nicht.

Inhaltsverzeichnis Tz.
I. Anwendungsbereich und Ziel der Änderungen .... 18 – 20
II. Erstanwendungszeitpunkt und Übergangsvorschriften .... 21 – 23

I. Anwendungsbereich und Ziel der Änderungen

Die Änderungen von § 11 Abs. 1 Satz 1 und Abs. 3 Satz 1 PublG stellen eine **Folgeänderung** der durch das BilMoG hervorgerufenen Änderungen in § 290 Abs. 1 und Abs. 2 HGB dar (vgl. dazu Abschn. Q Tz. 1 ff.)[21]. Die bisher bestehende alleinige Grundvoraussetzung für die Verpflichtung zur Konzernrechnungslegung nach dem PublG, dass in einem Konzern ein Konzernunternehmen unter einheitlicher Leitung eines Unternehmens steht (vgl. § 11 Abs. 1 Satz 1 PublG aF[22]), war formell durch die Streichung des Prinzips der einheitlichen Leitung in § 290 Abs. 1 HGB aF anzupassen[23]. Gleiches gilt durch die analoge Anpassung von § 11 Abs. 3 Satz 1 PublG für die Pflicht zur Aufstellung eines Teilkonzernabschlusses für inländische Konzernunternehmen, die von einem Mutterunternehmen mit Sitz im Ausland beherrscht werden[24]. **18**

Als Folge der vorgenommenen Änderung des § 290 Abs. 1 und 2 HGB wird damit auch die Konzernrechnungslegungspflicht nach § 11 Abs. 1 PublG auf das international übliche **Konzept der „möglichen Beherrschung"**[25] ausgerichtet (zu Einzelheiten vgl. Abschn. Q Tz. 7 ff.). Damit ist das Vorliegen der Konzernrechnungslegungspflicht für inländische Konzernunternehmen bzw. inländische Teilkonzerne nach § 11 Abs. 1 und Abs. 3 PublG auf den unterschiedlichen Konsolidierungsstufen (Anwendung des „Stufenkonzept" bzw. „Tannenbaumprinzips"[26] nach § 290 Abs. 1 und 2 HGB) und die mögliche Inanspruchnahme von Befreiungsvorschriften erneut zu prüfen, da sich als Folgewirkung der geänderten handelsrechtlichen Vorschriften Veränderungen hinsichtlich der Konzernrechnungslegungspflicht oder auch des Konsolidierungskreises ergeben haben können (vgl. Abschn. Q Tz. 106)[27]. **19**

Die Anpassung des auf die handelsrechtlichen Vorschriften verweisenden § 11 Abs. 6 Satz 1 Nr. 1 PublG stellt klar, dass § 290 Abs. 5 HGB für unter das PublG fallende Mutterunternehmen analog gilt und somit auch nach dem PublG die Pflicht zur Aufstellung eines Konzernabschlusses nicht besteht, wenn das Mutterunternehmen nur Tochterunternehmen hat, bei denen auf eine Einbeziehung nach § 296 HGB zulässigerweise verzichtet werden kann (vgl. Abschn. Q Tz. 96 ff.). Daraus folgt, dass in diesem Fall auch für kapitalmarktorientierte Mutterunternehmen nach dem PublG keine Pflicht **20**

---

21 Vgl. Begr. Beschlussempfehlung und Bericht des Rechtsausschusses, BT-Drucks. 16/12407, S. 96.
22 Vgl. *ADS⁶*, § 11 PublG Tz. 3 ff.; *Hoyos/Ritter-Thiele*, in Beck Bil-Komm.⁶, § 290 Anm. 101 ff.; *WPH¹³*, Bd. I, O Tz. 4 ff.
23 Vgl. Begr. Beschlussempfehlung und Bericht des Rechtsausschusses, BT-Drucks. 16/12407, S. 96.
24 Vgl. *ADS⁶*, § 11 PublG Tz. 24 ff.; *Hoyos/Ritter-Thiele*, in Beck Bil-Komm.⁶, § 290 Anm. 120; *WPH¹³*, Bd. I, M Tz. 35 ff.
25 Vgl. Begr. Beschlussempfehlung und Bericht des Rechtsausschusses, BT-Drucks. 16/12407, S. 88 f.
26 Vgl. *ADS⁶*, § 290 HGB Tz. 62 ff.; *Hoyos/Ritter-Thiele*, in Beck Bil-Komm.⁶, § 290 Anm. 2 ff.
27 Vgl. *Petersen/Zwirner*, in BilMoG, S. 611 f.

zur Aufstellung eines Konzernabschlusses nach der IAS-Verordnung und § 315a HGB besteht[28].

II. Erstanwendungszeitpunkt und Übergangsvorschriften

21   Hinsichtlich der erstmaligen Anwendung der in § 11 PublG geänderten Vorschriften zur Konzernrechnungslegungspflicht wird durch § 22 Abs. 3 Satz 2 PublG auf die Erstanwendung der jeweiligen handelsrechtlichen Vorschriften zu § 290 HGB und die speziellen Übergangsvorschriften nach Art. 66 Abs. 3 und Abs. 5 (vgl. Abschn. Q Tz. 105 ff.) verwiesen. Insoweit gilt, dass die geänderten Vorschriften nach § 11 PublG (Art. 66 Abs. 3 Satz 1 EGHGB) grds. erstmals für Konzernabschlüsse für **nach dem 31. Dezember 2009** beginnende Geschäftsjahre anzuwenden sind. Die bisherigen Vorschriften nach § 11 PublG aF sind letztmals auf Konzernabschlüsse für ein vor dem 1. Januar 2010 beginnendes Geschäftsjahr anzuwenden (§ 22 Abs. 3 Satz 2 PublG iVm. Art. 66 Abs. 5 Satz 1 EGHGB).

22   Für die in sinngemäßer Anwendung von § 290 Abs. 1 und Abs. 2 HGB erstmals zu konsolidierende Tochterunternehmen bzw. erstmals aufzustellende Konzernabschlüsse gelten die **geänderten Vorschriften zur Kapitalkonsolidierung** (§§ 301, 309 HGB) nach § 22 Abs. 3 Satz 2 PublG iVm. Art. 66 Abs. 3 Satz 5 EGHGB erstmals für Konzernabschlüsse für nach dem 31. Dezember 2009 beginnende Geschäftsjahre.

23   Eine **frühere freiwillige Erstanwendung** der gesetzlichen Vorschriften nach dem BilMoG ist nach § 22 Abs. 3 Satz 3 PublG iVm. Art. 66 Abs. 3 Satz 6 EGHGB bereits für nach dem 31. Dezember 2008 beginnende Geschäftsjahre zulässig, soweit dabei sämtliche durch das BilMoG geänderte Vorschriften insgesamt angewendet werden und die freiwillige vorzeitige Anwendung im Konzernanhang angegeben wird[29].

---

28   Vgl. Begr. Beschlussempfehlung und Bericht des Rechtsausschusses, BT-Drucks. 16/12407, S. 96; *Petersen/Zwirner*, in BilMoG, S. 611 f.
29   Vgl. Begr. Beschlussempfehlung und Bericht des Rechtsausschusses, BT-Drucks. 16/12407, S. 96.

§ 13 PublG
Aufstellung von Konzernabschluß und Konzernlagebericht

(1) ¹Die gesetzlichen Vertreter des Mutterunternehmens haben in den ersten fünf Monaten des Konzerngeschäftsjahrs für das vergangene Konzerngeschäftsjahr einen Konzernabschluss sowie einen Konzernlagebericht oder einen Teilkonzernabschluss oder einen Teilkonzernlagebericht aufzustellen. ²Ist das Mutterunternehmen kapitalmarktorientiert im Sinn des § 264d des Handelsgesetzbuchs, sind der Konzernabschluss sowie der Konzernlagebericht in den ersten vier Monaten des Konzerngeschäftsjahres für das vergangene Konzerngeschäftsjahr aufzustellen; dies gilt nicht, wenn es ausschließlich zum Handel an einem organisierten Markt zugelassene Schuldtitel im Sinn des § 2 Abs. 1 Satz 1 Nr. 3 des Wertpapierhandelsgesetzes mit einer Mindeststückelung von 50 000 Euro oder dem am Ausgabetag entsprechenden Gegenwert einer anderen Währung begibt.

(2) ¹Für den Konzernabschluß oder Teilkonzernabschluß gelten die §§ 294 bis 314 des Handelsgesetzbuchs sinngemäß; soweit eine abweichende Gliederung zulässig ist, kann diese auch für den Konzernabschluß oder den Teilkonzernabschluß verwendet werden. ²Sonstige Vorschriften, die durch die Rechtsform oder den Geschäftszweig bedingt sind, bleiben unberührt. ³Für den Konzernlagebericht oder den Teilkonzernlagebericht gilt § 315 des Handelsgesetzbuchs sinngemäß.

(3) ¹**Auf den Konzernabschluss oder den Teilkonzernabschluss braucht § 314 Abs. 1 Nr. 6 des Handelsgesetzbuchs nicht angewendet zu werden.** ²Ist das Mutterunternehmen eine Personenhandelsgesellschaft oder ein Einzelkaufmann, so gilt § 5 Abs. 4, 5 für den Konzernabschluß sinngemäß; dieser braucht Kapitalflussrechnung und Eigenkapitalspiegel nicht zu umfassen, **soweit das Mutterunternehmen nicht kapitalmarktorientiert im Sinn des § 264d des Handelsgesetzbuchs ist**. ³Bei Anwendung des Satzes 1 oder des § 5 Abs. 5 haben der Konzernabschluß oder der Teilkonzernabschluß befreiende Wirkung nach § 291 des Handelsgesetzbuchs oder einer nach Absatz 4 in Verbindung mit § 292 des Handelsgesetzbuchs erlassenen Rechtsverordnung nur, wenn das befreite Tochterunternehmen, das gleichzeitig Mutterunternehmen ist, diese Erleichterungen für seinen Konzernabschluß oder Teilkonzernabschluß hätte in Anspruch nehmen können.

(4) Die §§ 292, 330 des Handelsgesetzbuchs über den Erlaß von Rechtsverordnungen gelten auch für Konzernabschlüsse, Teilkonzernabschlüsse, Konzernlageberichte und Teilkonzernlageberichte nach diesem Abschnitt.

Inhaltsverzeichnis Tz.
I. Anwendungsbereich und Ziel der Änderungen ....24 – 27
II. Erstanwendungszeitpunkt und Übergangsvorschriften ....28 – 29

I. Anwendungsbereich und Ziel der Änderungen

Die durch das BilMoG vorgenommene Ergänzung des § 13 Abs. 1 durch einen Satz 2 PublG legt klarstellend fest, dass bei **kapitalmarktorientierten Mutterunternehmen** iSv. § 264d HGB (vgl. hierzu Abschn. K Tz. 32 ff.) die Aufstellung des Konzernabschlusses und des Konzernlageberichtes innerhalb der ersten vier Monate des folgenden Geschäftsjahres zu erfolgen hat, soweit das Unternehmen nicht Erleichterungen des § 13 Abs. 1 Satz 2 Halbsatz 2 PublG (Unternehmen, die ausschließlich zum Handel an einem organisierten Markt zugelassene Schuldtitel iSd. § 2 Abs. 1 Satz 1 Nr. 3

24

WpHG mit einer Mindeststückelung von 50.000 Euro oder am Ausgabestichtag einen entsprechenden Gegenwert in einer anderen Währung) beanspruchen kann.

25 Die Regelung führt grds. zu keiner anderen als der bisherigen Anwendung, da die **Offenlegungsvorschriften** für Konzernabschlüsse von Mutterunternehmen nach dem PublG durch das BilMoG unveränderten nach § 15 Abs. 1 PublG aF auf die handelsrechtlichen Offenlegungsvorschriften nach § 325 Abs. 3 bis 6 HGB verweisen und sich hierdurch die kürzere Frist zur Aufstellung für kapitalmarktorientierte Unternehmen ergab (vgl. Abschn. U Tz. 1)[30]. Hiernach waren die Offenlegungsfristen für sog. kapitalmarktorientierte Unternehmen, die einen organisierten Markt im Sinne des § 2 Abs. 5 WpHG in einem Mitgliedsstaat der EU oder des EWR in Anspruch nehmen, bereits auf längstens vier Monate gem. § 325 Abs. 4 HGB gesetzlich geregelt.

26 Ausgenommen hiervon waren auch bislang lediglich kapitalmarktorientierte Unternehmen, die ausschließlich zum Handel an einem organisierten Markt zugelassene **Schuldtitel** im Sinne des Art. 2 Abs. 1 lit. b der Transparenzrichtlinie mit einer **Mindeststückelung** von 50.000 Euro oder dem am Ausgabetag entsprechenden Gegenwert einer anderen Währung begeben (vgl. § 325 Abs. 4 Satz 1 iVm. § 327a HGB). Für diese Unternehmen (§ 13 Abs. 1 Satz 2 zweiter Halbsatz PublG) gelten die allgemeinen Pflichten zur Aufstellung des Konzernabschlusses und des Konzernlageberichtes nach § 13 Abs. 1 Satz 1 PublG, wonach ein Aufstellungszeitraum von fünf Monaten bestimmt ist. Die Offenlegungsfristen bestimmen sich insoweit nach § 15 Abs. 1 PublG iVm. § 325 Abs. 3 HGB nach den für Konzernabschlüsse geltenden handelsrechtlichen Vorschriften (Offenlegungsfrist von zwölf Monaten nach § 325 Abs. 1 HGB).

27 Die Ergänzung des § 13 Abs. 3 Satz 2 PublG, wonach der Konzernabschluss eines iSv. § 264d HGB kapitalmarktorientierten und nach PublG zur Aufstellung eines Konzernabschlusses verpflichteten Mutterunternehmens auch um einen **Eigenkapitalspiegel**[31] und eine **Kapitalflussrechnung**[32] zu ergänzen ist (vgl. Abschn. K Tz. 16 ff. u. 11 ff.), dient der Gleichstellung kapitalmarktorientierter Unternehmen und der damit verbundenen Rechnungslegungspflichten[33].

II. Erstanwendungszeitpunkt und Übergangsvorschriften

28 Hinsichtlich der erstmaligen Anwendung der in § 13 PublG geänderten Vorschriften zur Konzernrechnungslegungspflicht wird durch § 22 Abs. 3 Satz 1 PublG auf die Erstanwendung der jeweiligen **handelsrechtlichen Vorschriften** und die speziellen Übergangsvorschriften nach Art. 66 bzw. 67 EGHGB (vgl. Abschn. Q Tz. 105) verwiesen. Die Erweiterung der Berichtspflichten für kapitalmarktorientierte Mutterunternehmen nach § 13 Abs. 3 Satz 2 PublG folgt der Ergänzung von § 264 Abs. 1 Satz 2 HGB und ist nach Art. 66 Abs. 3 Satz 1 EGHGB grds. erstmals für Konzernabschlüsse für **nach dem 31. Dezember 2009** beginnende Geschäftsjahre anzuwenden. Die bisherigen Vorschriften nach § 13 Abs. 3 PublG aF sind damit letztmals auf Konzernabschlüsse für ein **vor dem 1. Januar 2010** beginnende Geschäftsjahr anzuwenden (Art. 66 Abs. 5 Satz 1 EGHGB).

---

30 Vgl. so auch Begr. RegE, BT-Drucks. 16/10567, S. 101.
31 Vgl. DRS 7; *Förschle/Kroner*, in Beck Bil-Komm.[6], § 297 Anm. 100; *WPH*[13], Bd. I, M Tz. 771 ff. mwN.
32 Vgl. DRS 2; *ADS*[6] ErgBd., § 297 HGB Tz. 11 ff.; *Förschle/Kroner*, in Beck Bil-Komm.[6], § 297 Anm. 50 ff.; *WPH*[13], Bd. I, M Tz. 723 ff. mwN.
33 Vgl. Begr. RegE, BT-Drucks. 16/10067, S. 101; *Petersen/Zwirner*, in BilMoG, S. 614 f.

Eine **frühere freiwillige Erstanwendung** der gesetzlichen Vorschriften nach dem BilMoG nach § 22 Abs. 3 Satz 1 PublG iVm. Art. 66 Abs. 3 Satz 6 EGHGB ist bereits für nach dem 31. Dezember 2008 beginnende Geschäftsjahre zulässig, soweit dabei sämtliche durch das BilMoG geänderte Vorschriften insgesamt angewendet werden und die freiwillige vorzeitige Anwendung im Konzernanhang angegeben wird[34].

---

34 Vgl. Begr. Beschlussempfehlung und Bericht des Rechtsausschusses, BT-Drucks. 16/12407, S. 76.

§ 20 PublG
Bußgeldvorschriften

(1) Ordnungswidrig handelt, wer als gesetzlicher Vertreter (§ 4 Abs. 1 Satz 1) eines Unternehmens oder eines Mutterunternehmens, beim Einzelkaufmann als Inhaber oder dessen gesetzlicher Vertreter,

1. bei der Aufstellung oder Feststellung des Jahresabschlusses einer Vorschrift

    a) des § 243 Abs. 1 oder 2, der §§ 244, 245, 246, 247, 248, 249 Abs. 1 Satz 1 oder **Abs. 2, des § 250 Abs.** 1 oder Abs. 2 oder des § 251 des Handelsgesetzbuchs über Form oder Inhalt,

    b) **des § 253 Abs. 1 Satz 1, 2, 3 oder Satz 4, Abs. 2 Satz 1, auch in Verbindung mit Satz 2, Abs. 3 Satz 1, 2 oder 3, Abs. 4 oder Abs. 5 des Handelsgesetzbuchs über die Bewertung,**

    c) *(aufgehoben)*

    d) des § 5 Abs. 1 Satz 2 in Verbindung mit einer Vorschrift des § 265 Abs. 2, 3, 4 oder 6, der §§ 266, 268 Abs. 2, 3, 4, 5, 6 oder 7, der §§ 272, **274 oder des § 275** oder des § 277 des Handelsgesetzbuchs über die Gliederung oder

    e) **des § 5 Abs. 2 Satz 2 in Verbindung mit § 284 oder des § 285 Nr. 1 bis 5, 7 bis 13, 17 bis 29** des Handelsgesetzbuchs über die im Anhang zu machenden Angaben,

2. bei der Aufstellung des Konzernabschlusses oder Teilkonzernabschlusses einer Vorschrift des § 13 Abs. 2 Satz 1 in Verbindung mit einer Vorschrift

    a) des § 294 Abs. 1 des Handelsgesetzbuchs über den Konsolidierungskreis,

    b) des § 297 Abs. 2 oder 3 oder des § 298 Abs. 1 in Verbindung mit den §§ 244, 245, 246, 247, 248, **249 Abs. 1 Satz 1 oder Abs. 2, des § 250 Abs. 1** oder Abs. 2 oder dem § 251 des Handelsgesetzbuchs über Inhalt oder Form des Konzernabschlusses,

    c) des § 300 des Handelsgesetzbuchs über die Konsolidierungsgrundsätze oder das Vollständigkeitsgebot,

    d) des § 308 Abs. 1 Satz 1 in Verbindung mit den in Nummer 1 Buchstabe b bezeichneten Vorschriften des Handelsgesetzbuchs **des § 308 Abs. 2 oder des § 308a** des Handelsgesetzbuchs über die Bewertung,

    e) des § 311 Abs. 1 Satz 1 in Verbindung mit § 312 des Handelsgesetzbuchs über die Behandlung assoziierter Unternehmen oder

    f) des § 308 Abs. 1 Satz 3, des § 313 oder des § 314 des Handelsgesetzbuchs über die im Anhang zu machenden Angaben,

3. bei der Aufstellung des Lageberichts der Vorschrift des § 5 Abs. 2 Satz 2 in Verbindung mit § 289 Abs. 1 des Handelsgesetzbuchs über den Inhalt des Lageberichts,

4. bei der Aufstellung des Konzernlageberichts oder des Teilkonzernlageberichts der Vorschrift des § 13 Abs. 2 Satz 3 in Verbindung mit § 315 Abs. 1 des Handelsgesetzbuchs über den Inhalt des Konzernlageberichts,

5. bei der Offenlegung, Veröffentlichung oder Vervielfältigung einer Vorschrift des § 9 Abs. 1 oder des § 15 Abs. 2, jeweils in Verbindung mit § 328 des Handelsgesetzbuchs über Form oder Inhalt, oder

6. einer auf Grund des § 5 Abs. 3 oder des § 13 Abs. 4, jeweils in Verbindung mit § 330 Satz 1 des Handelsgesetzbuchs, erlassenen Rechtsverordnung, soweit sie für einen bestimmten Tatbestand auf diese Bußgeldvorschrift verweist,

zuwiderhandelt.

(2) Ordnungswidrig handelt auch, wer entgegen § 2 Abs. 2 oder § 12 Abs. 2 die dort vorgeschriebene Erklärung beim Betreiber des elektronischen Bundesanzeigers oder der Aufsichtsbehörde nicht oder nicht rechtzeitig einreicht.

(3) Die Ordnungswidrigkeit kann mit einer Geldbuße bis zu fünfzigtausend Euro geahndet werden.

(4) Verwaltungsbehörde im Sinn des § 36 Abs. 1 Nr. 1 des Gesetzes über Ordnungswidrigkeiten ist in den Fällen der Absätze 1 und 2 das Bundesamt für Justiz.

Inhaltsverzeichnis Tz.

I. Anwendungsbereich und Ziel der Änderungen 30
II. Erstanwendungszeitpunkt und Übergangsvorschriften 31

I. Anwendungsbereich und Ziel der Änderungen

Die geänderten Bußgeldvorschriften in § 20 PublG wurden infolge **geänderter handelsrechtlicher Vorschriften** des Ersten Abschnitts und des Ersten bis Vierten Unterabschnitts des Zweiten Abschnitts des Dritten Buches des HGB erforderlich. Materielle Änderungen im Hinblick auf das Vorliegen einer Ordnungswidrigkeit waren damit nicht verbunden[35]. 30

II. Erstanwendungszeitpunkt und Übergangsvorschriften

Hinsichtlich der erstmaligen Anwendung der in § 20 PublG geänderten Bußgeldvorschriften wird durch § 22 Abs. 3 Satz 1 PublG auf die Erstanwendung der jeweiligen **handelsrechtlichen Vorschriften** und die speziellen Übergangsvorschriften nach Art. 66 bzw. 67 EGHGB verwiesen. 31

---

35 Vgl. Begr. RegE, BT-Drucks. 16/10067, S. 101; Begr. Beschlussempfehlung und Bericht des Rechtsausschusses, BT-Drucks. 16/12407, S. 76.

Y. AktG, GmbHG, SEAG
(§§ 71, 100, 107, 124, 161, 171 AktG; § 33 GmbHG; §§ 27, 34 SEAG)

Nachfolgend werden die wesentlichen Änderungen dargestellt, die sich durch das BilMoG bei den für AG, GmbH und SE geltenden rechtsformspezifischen Vorschriften ergeben haben. Auf eine Darstellung geringfügiger Änderungen, bloßer Folgeänderungen sowie von Anpassungen redaktioneller Art wird dabei verzichtet. Die Vorschrift des § 301 Satz 1 AktG, welche die Höhe der **Gewinnabführung bei Ergebnisabführungsverträgen** regelt, ist ebenfalls durch das BilMoG geändert worden. Die insoweit eingefügte Minderung der Gewinnabführung im Zusammenhang mit einer bestehenden **Ausschüttungssperre** wird bei der Kommentierung des § 268 Abs. 6 HGB berücksichtigt.

§ 71 AktG
Erwerb eigener Aktien

(1) ¹Die Gesellschaft darf eigene Aktien nur erwerben,

1. wenn der Erwerb notwendig ist, um einen schweren, unmittelbar bevorstehenden Schaden von der Gesellschaft abzuwenden,
2. wenn die Aktien Personen, die im Arbeitsverhältnis zu der Gesellschaft oder einem mit ihr verbundenen Unternehmen stehen oder standen, zum Erwerb angeboten werden sollen,
3. wenn der Erwerb geschieht, um Aktionäre nach § 305 Abs. 2, § 320b oder nach § 29 Abs. 1, § 125 Satz 1 in Verbindung mit § 29 Abs. 1, § 207 Abs. 1 Satz 1 des Umwandlungsgesetzes abzufinden,
4. wenn der Erwerb unentgeltlich geschieht oder ein Kreditinstitut mit dem Erwerb eine Einkaufskommission ausführt,
5. durch Gesamtrechtsnachfolge,
6. aufgrund eines Beschlusses der Hauptversammlung zur Einziehung nach den Vorschriften über die Herabsetzung des Grundkapitals,
7. wenn sie ein Kreditinstitut, Finanzdienstleistungsinstitut oder Finanzunternehmen ist, aufgrund eines Beschlusses der Hauptversammlung zum Zwecke des Wertpapierhandels. ²Der Beschluß muß bestimmen, daß der Handelsbestand der zu diesem Zweck zu erwerbenden Aktien fünf vom Hundert des Grundkapitals am Ende jeden Tages nicht übersteigen darf; er muß den niedrigsten und höchsten Gegenwert festlegen. ³Die Ermächtigung darf höchstens 18 Monate gelten; oder
8. aufgrund einer höchstens 18 Monate geltenden Ermächtigung der Hauptversammlung, die den niedrigsten und höchsten Gegenwert sowie den Anteil am Grundkapital, der zehn vom Hundert nicht übersteigen darf, festlegt. ²Als Zweck ist der Handel in eigenen Aktien ausgeschlossen. ³§ 53a ist auf Erwerb und Veräußerung anzuwenden. ⁴Erwerb und Veräußerung über die Börse genügen dem. ⁵Eine andere Veräußerung kann die Hauptversammlung beschließen; § 186 Abs. 3, 4 und § 193 Abs. 2 Nr. 4 sind in diesem Fall entsprechend anzuwenden. ⁶Die Hauptversammlung kann den Vorstand ermächtigen, die eigenen Aktien ohne weiteren Hauptversammlungsbeschluß einzuziehen.

(2) ¹Auf die zu den Zwecken nach Absatz 1 Nr. 1 bis 3, 7 und 8 erworbenen Aktien dürfen zusammen mit anderen Aktien der Gesellschaft, welche die Gesellschaft bereits erworben hat und noch besitzt, nicht mehr als zehn vom Hundert des Grundkapitals entfallen. ²**Dieser Erwerb ist ferner nur zulässig, wenn die Gesellschaft im Zeitpunkt des Erwerbs eine Rücklage in Höhe der Aufwendungen für den Erwerb bilden könnte, ohne das Grundkapital oder eine nach Gesetz oder Satzung zu bildende Rücklage zu mindern, die nicht zur Zahlung an die Aktionäre verwandt werden darf.** ³In den Fällen des Absatzes 1 Nr. 1, 2, 4, 7 und 8 ist der Erwerb nur zulässig, wenn auf die Aktien der Ausgabebetrag voll geleistet ist.

(3) ¹In den Fällen des Absatzes 1 Nr. 1 und 8 hat der Vorstand die nächste Hauptversammlung über die Gründe und den Zweck des Erwerbs, über die Zahl der erworbenen Aktien und den auf sie entfallenden Betrag des Grundkapitals, über deren Anteil am Grundkapital sowie über den Gegenwert der Aktien zu unterrichten. ²Im Falle des Absatzes 1 Nr. 2 sind die Aktien innerhalb eines Jahres nach ihrem Erwerb an die Arbeitnehmer auszugeben. ³Im Falle des Absatzes 1 Nr. 8 hat die Gesellschaft die Bundesanstalt für Finanzdienstleistungsaufsicht unverzüglich von der Ermächtigung zu unterrichten.

(4) ¹Ein Verstoß gegen die Absätze 1 oder 2 macht den Erwerb eigener Aktien nicht unwirksam. ²Ein schuldrechtliches Geschäft über den Erwerb eigener Aktien ist jedoch nichtig, soweit der Erwerb gegen die Absätze 1 oder 2 verstößt.

§ 33 GmbHG
Erwerb eigener Geschäftsanteile

(1) Die Gesellschaft kann eigene Geschäftsanteile, auf welche die Einlagen noch nicht vollständig geleistet sind, nicht erwerben oder als Pfand nehmen.

(2) ¹**Eigene Geschäftsanteile, auf welche die Einlage vollständig geleistet ist, darf sie nur erwerben, sofern sie im Zeitpunkt des Erwerbs eine Rücklage in Höhe der Aufwendungen für den Erwerb bilden könnte, ohne das Stammkapital oder eine nach dem Gesellschaftsvertrag zu bildende Rücklage zu mindern, die nicht zur Zahlung an die Gesellschafter verwandt werden darf.** ²Als Pfand nehmen darf sie solche Geschäftsanteile nur, soweit der Gesamtbetrag der durch Inpfandnahme eigener Geschäftsanteile gesicherten Forderungen oder, wenn der Wert der als Pfand genommenen Geschäftsanteile niedriger ist, dieser Betrag nicht höher ist als das über das Stammkapital hinaus vorhandene Vermögen. ³Ein Verstoß gegen die Sätze 1 und 2 macht den Erwerb oder die Inpfandnahme der Geschäftsanteile nicht unwirksam; jedoch ist das schuldrechtliche Geschäft über einen verbotswidrigen Erwerb oder eine verbotswidrige Inpfandnahme nichtig.

(3) **Der Erwerb eigener Geschäftsanteile ist ferner zulässig zur Abfindung von Gesellschaftern nach § 29 Abs. 1, § 122i Abs. 1 Satz 2, § 125 Satz 1 in Verbindung mit § 29 Abs. 1 und § 207 Abs. 1 des Umwandlungsgesetzes, sofern der Erwerb binnen sechs Monaten nach dem Wirksamwerden der Umwandlung oder nach der Rechtskraft der gerichtlichen Entscheidung erfolgt und die Gesellschaft im Zeitpunkt des Erwerbs eine Rücklage in Höhe der Aufwendungen für den Erwerb bilden könnte, ohne das Stammkapital oder eine nach dem Gesellschaftsvertrag zu bildende Rücklage zu mindern, die nicht zur Zahlung an die Gesellschafter verwandt werden darf.**

Inhaltsverzeichnis

	Tz.
I. Erwerb eigener Anteile	1 – 15
II. Erstanwendung	16

I. Erwerb eigener Anteile

Der Anwendungsbereich der Vorschriften betrifft den **derivativen Erwerb eigener Anteile** durch eine AG bzw. eine GmbH. Die aktienrechtliche Regelung gilt nach § 278 Abs. 3 AktG auch für eine KGaA. **1**

Da es sich wirtschaftlich um eine **Rückzahlung von Kapitalbeträgen** an den veräußernden Gesellschafter handelt und die eigenen Anteile, wenn man sie im Hinblick auf die Veräußerungsmöglichkeit als Vermögensgegenstände betrachtet, in besonderem Maße risikobehaftet sind, ist deren Erwerb gesellschaftsrechtlich nur unter bestimmten Voraussetzungen zulässig. **2**

Diese Voraussetzungen beschränken bei einer **AG/KGaA** die Gründe, aus denen ein Erwerb statthaft ist. Bei Gesellschaften dieser Rechtsformen ist ein Erwerb eigener Aktien grundsätzlich verboten, aber in den in § 71 Abs. 1 Nr. 1 bis 8 AktG abschließend genannten Fällen ausnahmsweise erlaubt. Diese Erwerbsgründe sind durch das BilMoG nicht geändert worden. **3**

Bei einer **GmbH** bedarf es dagegen keines besonderen Erwerbsgrundes; allerdings ist der Erwerb nach § 33 Abs. 2 Satz 1 GmbHG grundsätzlich auf voll eingezahlte Anteile beschränkt. **4**

Sowohl bei einer AG/KGaA als auch bei einer GmbH wird die Zulässigkeit des Erwerbs darüber hinaus davon abhängig gemacht, dass der **Erwerbspreis aus freiem Vermögen geleistet** werden kann, das auch für Ausschüttungen oder Entnahmen verwendet werden könnte. Für AG/KGaA wird dies in § 71 Abs. 2 Satz 2 AktG bestimmt, für GmbH in § 33 Abs. 2 Satz 1 und Abs. 3 GmbHG. Beide Vorschriften sind durch das BilMoG geändert worden. Mit dieser Regelung trägt das Gesetz dem Gesichtspunkt Rechnung, dass der Rückerwerb wirtschaftlich einer Kapitalherabsetzung gleichkommt, solange die Aktien nicht wieder in Umlauf gebracht werden. **5**

Diese Regelung hat für eine AG/KGaA nur dann Bedeutung, wenn die Aktien gegen **Zahlung eines Entgelts** erworben werden. Die Erwerbstatbestände der § 71 Abs. 1 Nr. 4 AktG (unentgeltlicher Erwerb; Einkaufskommission) und Nr. 5 (Gesamtrechtsnachfolge) werden daher von der Regelung nicht erfasst. Außerdem ist auch der Fall des § 71 Abs. 1 Nr. 6 AktG (beschlossene Einziehung) ausgenommen, weil hier der Gläubigerschutz durch die besonderen Anforderungen aus dem Einziehungsverfahren sichergestellt wird. Auch bei GmbH greift die Voraussetzung natürlich nur in Fällen, in denen ein Erwerbspreis zu zahlen ist. **6**

Nach **bisheriger Rechtslage** knüpfte die Zulässigkeitsvoraussetzung in § 71 Abs. 2 Satz 2 AktG aF und ebenso in § 33 Abs. 2 und 3 GmbHG aF an die bilanzrechtliche Behandlung eigener Aktien nach der sog. **Bruttomethode** an, die ursprünglich allein zulässig und durch das KonTraG nur für bestimmte Anwendungsfälle (§ 272 Abs. 1 Satz 4 bis 6 HGB aF) durch die jetzt generell vorgesehene Nettomethode ergänzt worden ist. Nach der Bruttomethode waren die eigenen Aktien zu fortgeführten Anschaffungskosten zu aktivieren. Um den Betrag zu neutralisieren, war die Bildung einer Rücklage für eigene Anteile in gleicher Höhe vorgeschrieben. Diese Regelung hatte **7** den Charakter einer Ausschüttungssperre[1]. Hierauf Bezug nehmend war nach bisherigem Recht bestimmt, dass der Rückerwerb voraussetzt, die erwerbende Gesellschaft die nach § 272 Abs. 4 HGB aF vorgeschriebene Rücklage für eigene Anteile bilden kann, ohne das Grundkapital oder eine nach Gesetz oder Satzung zu bildende Rücklage, die nicht zu Zahlungen an die Aktionäre verwandet werden darf, zu mindern. Diese Regelung ist nunmehr obsolet, nachdem eine Rücklage für eigene Anteile nicht mehr zu bilden ist (vgl. Abschnitt L Tz. 18).

8 Nach der Neuregelung in § 272 Abs. 1a HGB müssen erworbene eigene Anteile dagegen in Höhe des Nennbetrags immer auf der Passivseite vom gezeichneten Kapital offen abgesetzt werden. Der Mehrbetrag ist mit den Rücklagen zu verrechnen (**Nettomethode**). Eine Rücklage ist nur noch für Anteile an einem herrschenden oder mit Mehrheit beteiligten Unternehmen zu bilden (§ 272 Abs. 4 HGB); hierfür gilt die Erwerbsvoraussetzung aber nicht. Der Übergang vom Brutto- zum Nettoausweis für die eigenen Anteile in § 272 Abs. 1a und 4 HGB führte somit zu Anpassungsbedarf bei der Formulierung der weiteren Erwerbsvoraussetzung in § 71 Abs. 2 Satz 2 AktG[2] und in § 33 Abs. 2 Satz 1 sowie Abs. 3 GmbHG[3]. Nachdem die Bildung einer Rücklage für eigene Anteile nicht mehr vorgesehen ist, wäre zu erwarten gewesen, dass der Gesetzgeber einen Erwerb eigener Aktien nur dann zulässt, wenn die Gesellschaft über ausreichend freies Vermögen verfügt, zu dessen Lasten der Kaufpreis gezahlt werden kann.

9 Um jedoch an dem bisherigen Wortlaut so weit wie möglich festzuhalten, ist der Gesetzgeber bei der neuen Formulierung des § 71 Abs. 2 Satz 2 bei dem bisherigen Denkmodell geblieben[4]. Es wird nunmehr aber auf den **Betrag** abgestellt, der **hypothetisch** – wenn es denn vorgeschrieben wäre – **zur Bildung einer Rücklage** in Höhe der Aufwendungen für den Erwerb erforderlich wäre. Auch hätte es nahe gelegen, den Begriff der frei verfügbaren Rücklagen, wie er jetzt in § 272 Abs. 1a Satz 1 HGB verwendet wird, zu übernehmen. Der Gesetzgeber ist jedoch bei der alten, nicht ganz klaren Formulierung geblieben. Materielle Auswirkungen hat diese Frage angesichts des erreichten Auslegungsstandes jedoch nicht. Wie bisher hängt die Zulässigkeit des Erwerbs eigener Aktien auch nach dem neuen Wortlaut des § 71 Abs. 2 Satz 2 AktG von der Fähigkeit der Gesellschaft ab, eine Rücklage bilden zu können, ohne das Grundkapital oder eine gegen Ausschüttung an Aktionäre rechtlich geschützte Rücklage anzugreifen. Zu den geschützten Rücklagen gehören die Rücklagen iSd. § 272 Abs. 2 Nr. 1 bis 3 HGB sowie die gesetzliche Rücklage iSd. § 150 AktG, ferner etwaige satzungsmäßige Rücklagen iSd. § 272 Abs. 3 Satz 2 HGB.

10 Nachdem der Betrag, mit dem diese hypothetische Rücklage zu dotieren wäre, nicht mehr durch Verweisung auf die Höhe der Rücklage für eigene Anteile nach § 272 Abs. 4 HGB definiert werden kann, bestimmt die Regelung, dass die hypothetische Rücklage den „Aufwendungen für den Erwerb" entsprechen muss. Damit sind die **Anschaffungskosten der eigenen Anteile**, darüber hinaus aber auch etwaige Anschaffungsnebenkosten erfasst.

11 Nach dem neu gefassten Wortlaut ist darauf abzustellen, ob die Gesellschaft die hypothetische Rücklage im **„Zeitpunkt des Erwerbs"** bilden könnte. Dies dürfte der Zeitpunkt sein, zu dem der schuldrechtliche Vertrag abgeschlossen wird[5], da hiermit die

---

1 Vgl. *Hüffer*, AktG[8], § 71 Rdnr. 20.
2 Vgl. Begr. RegE, BT-Drucks. 16/10067, S. 101.
3 Vgl. Begr. RegE, BT-Drucks. 16/10067, S. 106.
4 Vgl. Begr. RegE, BT-Drucks. 16/10067, S. 101.
5 Ebenso *Oechsler* in Münchener Komm. AktG[3], § 71 Rdnr. 73.

Zahlungsverpflichtung mit Bindungswirkung gegen die Gesellschaft begründet wird. Gegenstand der Regelung ist die Zulässigkeit des Erwerbs, nicht dagegen die (zeitlich spätere) Bildung der Rücklage.

Nach bisheriger Rechtslage entsprach es allerdings einer im Schrifttum verbreiteten Auffassung, dass ein Erwerb eigener Aktien auch dann als zulässig anzusehen war, wenn zwar zum Erwerbszeitpunkt entsprechende freie Mittel fehlen, aber spätestens bis zum **folgenden Jahresabschlussstichtag** mit deren Entstehung gerechnet werden kann[6]. Dies nahm auf den bisherigen Regelungszusammenhang Bezug, wonach durch die Erwerbsvoraussetzung gesichert werden sollte, dass die Rücklage für eigene Anteile im nächsten Abschluss gebildet werden konnte. Nachdem nunmehr eine solche Rücklage nicht mehr zu bilden ist und die Vorschrift allein die Zulässigkeit der Kaufpreiszahlung betrifft, nicht aber die Möglichkeit zur Bildung der Rücklage für eigene Anteile sichern will, kann diese Auslegung nicht mehr aufrecht erhalten werden. **12**

Diese Verschärfung der Erwerbsvoraussetzungen gilt auch für den Erwerb von **Anteilen an einem herrschenden Unternehmen** durch eine abhängige AG (§ 71d Satz 2 AktG). Zwar ist in diesem Fall wie nach bisheriger Rechtslage bei der abhängigen AG erst im nächsten Jahresabschluss eine Rücklage für Anteile am herrschenden Unternehmen zu bilden (§ 272 Abs. 4 HGB). § 71d Satz 1 und 2 AktG verweisen jedoch hinsichtlich der Erwerbsvoraussetzungen auf den durch das BilMoG geänderten § 71 Abs. 2 AktG, so dass es auf die wirtschaftlichen Verhältnisse beim herrschenden Unternehmen ankommt[7], das selbst keine Rücklage zu bilden hat. Es ist daher davon auszugehen, dass auch in diesem Fall allein auf den „Zeitpunkt des Erwerbs" abgestellt werden darf. **13**

Parallel zur Änderung des § 71 Abs. 2 Satz 2 AktG ist auch die Vorschrift des § 71a AktG geändert worden. § 71a AktG erfasst mögliche **Umgehungsgeschäfte**, die das grundsätzliche Verbot des Erwerbs eigener Aktien unterlaufen könnten. Der durch das BilMoG geänderte Gesetzeswortlaut in § 71a Abs. 1 Satz 2 ist damit ebenfalls eine Folge der geänderten bilanziellen Erfassung erworbener eigener Anteile nach § 272 Abs. 1a HGB. **14**

§ 33 GmbHG verwendet den gleichen Wortlaut wie die Regelung in § 71 Abs. 2 Satz 2 AktG für die AG/KGaA. Damit kommt es auch nach § 33 Abs. 2 Satz 1 und Abs. 3 GmbHG für die Zulässigkeit des **Erwerbs eigener Anteile einer GmbH** darauf an, ob im Erwerbszeitpunkt die Fähigkeit zur Bildung einer hypothetischen Rücklage aus freien Eigenkapitalanteilen besteht. Auch insoweit handelt es sich um eine Folgeänderung der Neufassung des § 272 Abs.1a HGB. **15**

II. Erstanwendung

Das BilMoG enthält keine speziellen Übergangsvorschriften zum **Inkrafttreten** der genannten Vorschriften des AktG und GmbHG, die sich mit dem Erwerb eigener Anteile befassen. Nach Art. 15 BilMoG sind die dargestellten Änderungen damit am Tag nach der Verkündung des BilMoG, also am 29. Mai 2009, in Kraft getreten. **16**

---

6   Vgl. zB *ADS*[6], § 272 HGB Tz. 186 mwN; aA *Oechsler* in Münchener Komm. AktG[3], § 71 Rdnr. 320.
7   Vgl. *Hüffer*, AktG[8], § 71d Rdnr. 6; *Oechsler* in Münchener Komm. AktG[3], § 71d Rdnr. 47.

§ 100 AktG
Persönliche Voraussetzungen für Aufsichtsratsmitglieder

(1) ¹Mitglied des Aufsichtsrats kann nur eine natürliche, unbeschränkt geschäftsfähige Person sein. ²Ein Betreuer, der bei der Besorgung seiner Vermögensangelegenheiten ganz oder teilweise einem Einwilligungsvorbehalt (§ 1903 des Bürgerlichen Gesetzbuchs) unterliegt, kann nicht Mitglied des Aufsichtsrats sein.

(2) ¹Mitglied des Aufsichtsrats kann nicht sein, wer

1. bereits in zehn Handelsgesellschaften, die gesetzlich einen Aufsichtsrat zu bilden haben, Aufsichtsratsmitglied ist,
2. gesetzlicher Vertreter eines von der Gesellschaft abhängigen Unternehmens ist, oder
3. gesetzlicher Vertreter einer anderen Kapitalgesellschaft ist, deren Aufsichtsrat ein Vorstandsmitglied der Gesellschaft angehört.

²Auf die Höchstzahl nach Satz 1 Nr. 1 sind bis zu fünf Aufsichtsratssitze nicht anzurechnen, die ein gesetzlicher Vertreter (beim Einzelkaufmann der Inhaber) des herrschenden Unternehmens eines Konzerns in zum Konzern gehörenden Handelsgesellschaften, die gesetzlich einen Aufsichtsrat zu bilden haben, inne hat. ³Auf die Höchstzahl nach Satz 1 Nr. 1 sind Aufsichtsratsämter im Sinne der Nummer 1 doppelt anzurechnen, für die das Mitglied zum Vorsitzenden gewählt worden ist.

(3) Die anderen persönlichen Voraussetzungen der Aufsichtsratsmitglieder der Arbeitnehmer sowie der weiteren Mitglieder bestimmen sich nach dem Mitbestimmungsgesetz, dem Montan-Mitbestimmungsgesetz, dem Mitbestimmungsergänzungsgesetz, dem Drittelbeteiligungsgesetz und dem Gesetz über die Mitbestimmung der Arbeitnehmer bei einer grenzüberschreitenden Verschmelzung.

(4) Die Satzung kann persönliche Voraussetzungen nur für Aufsichtsratsmitglieder fordern, die von der Hauptversammlung ohne Bindung an Wahlvorschläge gewählt oder augrund der Satzung in den Aufsichtsrat entsandt werden.

(5) Bei Gesellschaften im Sinn des § 264d des Handelsgesetzbuchs muss mindestens ein unabhängiges Mitglied des Aufsichtsrats über Sachverstand auf den Gebieten Rechnungslegung oder Abschlussprüfung verfügen.

§ 27 SEAG
Persönliche Voraussetzungen der Mitglieder des Verwaltungsrats

(1) ¹Mitglied des Verwaltungsrats kann nicht sein, wer

1. bereits in zehn Handelsgesellschaften, die gesetzlich einen Aufsichtsrat oder einen Verwaltungsrat zu bilden haben, Mitglied des Aufsichtsrats oder des Verwaltungsrats ist,
2. gesetzlicher Vertreter eines von der Gesellschaft abhängigen Unternehmens ist oder
3. gesetzlicher Vertreter einer anderen Kapitalgesellschaft ist, deren Aufsichtsrat oder Verwaltungsrat ein Vorstandsmitglied oder ein geschäftsführender Direktor der Gesellschaft angehört.

²Auf die Höchstzahl nach Satz 1 Nr. 1 sind bis zu fünf Sitze in Aufsichts- oder Verwaltungsräten nicht anzurechnen, die ein gesetzlicher Vertreter (beim Einzelkaufmann der Inhaber) des herrschenden Unternehmens eines Konzerns in zum Konzern gehörenden Handelsgesellschaften, die gesetzlich einen Aufsichtsrat oder einen Verwaltungsrat zu bilden haben, inne hat. ³Auf die Höchstzahl nach Satz 1 Nr. 1 sind Aufsichtsrats- oder Verwaltungsratsämter im Sinne der Nummer 1 doppelt anzurechnen, für die das Mitglied zum Vorsitzenden gewählt worden ist. **⁴Bei einer SE im Sinn des § 264d des Handelsgesetzbuchs muss mindestens ein Mitglied des Verwaltungsrats die Voraussetzungen des § 100 Abs. 5 des Aktiengesetzes erfüllen.**

(2) § 36 Abs. 3 Satz 2 in Verbindung mit § 6 Abs. 2 bis 4 des SE-Beteiligungsgesetzes oder eine Vereinbarung nach § 21 des SE-Beteiligungsgesetzes über weitere persönliche Voraussetzungen der Mitglieder der Arbeitnehmer bleibt unberührt.

(3) Eine juristische Person kann nicht Mitglied des Verwaltungsrats sein.

Inhaltsverzeichnis Tz.

I. Unabhängiges sachverständiges Mitglied im Aufsichtsrat
und im Verwaltungsrat
 1. Anwendungsbereich der Vorschrift .... 17 – 23
 2. Unabhängigkeit des Mitglieds .... 24 – 33
 3. Sachverstand .... 34 – 40
 4. Verfahrensfragen .... 41 – 48
II. Übergangsvorschriften .... 49 – 52

I. Unabhängiges sachverständiges Mitglied im Aufsichtsrat und im Verwaltungsrat

1. Anwendungsbereich der Vorschrift

Die Vorschrift des § 100 Abs. 5 AktG betrifft nicht alle Aktiengesellschaften, sondern richtet sich ausschließlich an **kapitalmarktorientierte** Gesellschaften iSd. § 264d HGB (vgl. hierzu Abschn. K Tz. 32 ff.). Die im Aktienrecht bisher nicht gebräuchliche Differenzierung beruht darauf, dass die Vorschrift die Anforderungen aus Art. 41 Abs. 1 Satz 3 der Abschlussprüferrichtlinie[8] umsetzt, die dort nur für Unternehmen von öffentlichem Interesse, dabei allerdings rechtsformunabhängig, aufgestellt werden. 17

Unmittelbar ist diese aktienrechtliche Vorschrift auf Gesellschaften in der Rechtsform der **AG** und über die Verweisung in § 278 Abs. 3 AktG der **KGaA** anzuwenden. Diese Gesellschaften müssen kraft Rechtsform immer über einen **Aufsichtsrat** verfügen. Dieser ist zwingend für die Prüfung des Jahres- und des Konzernabschlusses zuständig (§ 171 AktG). Art. 41 Abs. 1 Satz 1 der Abschlussprüferrichtlinie schreibt demgegenüber nach seinem Wortlaut vor, dass ein – besonderer – **Prüfungsausschuss** gebildet werden muss. Hiernach könnte zweifelhaft sein, ob es stattdessen oder daneben bei der Zuständigkeit des Aufsichtsrats für die Prüfung des Jahres- und des Konzernabschlusses verbleiben kann. Diese Frage wird jedoch durch Art. 41 Abs. 5 der Abschlussprüferrichtlinie klargestellt. Hiernach können die Mitgliedstaaten festlegen, dass die Funktionen des Prüfungsausschusses durch den Aufsichtsrat wahrgenommen 18

---

8 Vgl. Richtlinie 2006/43/EG des Europäischen Parlaments und des Rates vom 17. Mai 2006, ABl. EU v. 9.6.2006, L 157, S. 103.

werden. Hiervon hat der deutsche Gesetzgeber Gebrauch gemacht, so dass die Pflicht zur Bildung eines gesonderten Prüfungsausschusses, wie sie in § 324 HGB enthalten ist, nicht auf Gesellschaften in der Rechtsform der AG und der KGaA anzuwenden ist.

19 Damit mussten die Anforderungen an die **Besetzung des Prüfungsausschusses** – Mitgliedschaft mindestens einer unabhängigen sachkundigen Person – für den Aufsichtsrat bestimmt werden. Dies ist in § 100 Abs. 5 AktG erfolgt. Zugleich musste sichergestellt werden, dass ein solches Mitglied auch in einem Prüfungsausschuss vertreten ist, der durch den Aufsichtsrat aus seiner Mitte gebildet wird. Diese Regelung ist in § 107 Abs. 4 AktG enthalten.

20 Aus diesem Zusammenhang ergibt sich, dass der **Aufsichtsrat als Gesamtorgan** die **Aufgaben eines Prüfungsausschusses** iSv. Art. 41 der Abschlussprüferrichtlinie wahrzunehmen hat. Welche dies sind, lässt sich aus der Auflistung der Funktionen übernehmen, die nach § 107 Abs. 3 Satz 2 AktG auf einen Prüfungsausschuss als (Unter-) Ausschuss des Aufsichtsrats übertragen werden können. Wird ein solcher Prüfungsausschuss nicht gebildet, obliegen diese Aufgaben dem Aufsichtsrat selbst. Um die erforderliche Sachkunde für diese Aufgaben in einem Mindestmaß sicherzustellen, bestimmt § 100 Abs. 5 AktG, dass dem Aufsichtsrat mindestens eine unabhängige sachkundige Person angehören muss. Zur Frage, in welchem Umfang die Aufgaben des Prüfungsausschusses auf einen Ausschuss des Aufsichtsrats übertragen werden können und welche Konsequenzen sich aus der unveränderten Vorbehaltsregelung in § 107 Abs. 3 Satz 3 AktG ergeben, vgl. Tz. 62.

21 Kraft Verweisung ist diese Vorschrift insbesondere auch von einer **mitbestimmten GmbH** sowie von einer **GmbH mit fakultativem Aufsichtsrat** zu beachten, für die aufgrund der Ergänzung durch das BilMoG in § 52 Abs. 1 GmbHG auch auf § 100 Abs. 5 AktG verwiesen wird. Im Unterschied zu Gesellschaften in der Rechtsform der AG kann bei solchen GmbH der Prüfungsausschuss als Ausschuss des Aufsichtsrats auch mit Entscheidungskompetenz ausgestattet werden, weil in § 52 Abs. 1 GmbHG auf die Regelung des § 107 Abs. 3 Satz 3 AktG mit dem Katalog der Ausschlusstatbestände nicht verwiesen wird. Allerdings kann die Geltung des § 100 Abs. 5 AktG für den fakultativen Aufsichtsrat der GmbH durch den Gesellschaftsvertrag abbedungen werden.

22 Allerdings sieht § 324 Abs. 2 Satz 2 HGB als **Auffangtatbestand** vor, dass alle Kapitalgesellschaften iSd. § 264d HGB, die nicht bereits über einen entsprechend besetzten Aufsichts- oder Verwaltungsrat verfügen, einen gesonderten eigenständigen **Prüfungsausschuss** bilden müssen, bei dem mindestens ein Mitglied die Voraussetzungen des § 100 Abs. 5 AktG erfüllt. Dies gilt dann grundsätzlich auch für GmbH, die die Verweisung auf § 100 Abs. 5 AktG abbedungen haben (vgl. Abschnitt K Tz 87).

23 Für Gesellschaften in der Rechtsform der **monistischen SE**, die iSd. § 264d HGB kapitalmarkorientiert sind, findet sich in § 27 Abs. 2 erster Halbsatz SEAG eine spezialgesetzliche Verweisung, wonach mindestens ein Mitglied des Verwaltungsrats die Anforderungen des § 100 Abs. 5 AktG erfüllen muss. Da der Verwaltungsrat der SE auch geschäftsführende Mitglieder umfasst, bestimmt § 27 Abs. 2 zweiter Halbsatz SEAG als weitere Vorgabe, dass der **Vorsitzende des Verwaltungsrats** kein geschäftsführender Direktor sein darf. Durch diese Einschränkung für den Vorsitzenden des Verwaltungsrats, der die Aufgaben eines Prüfungsausschusses wahrnimmt, wird die Parallelität zu den Restriktionen hergestellt, denen der Vorsitzende eines eigenständigen Prüfungsausschusses unterliegt (§ 324 Abs. 2 Satz 3 HGB). Mit den

genannten Regelungen werden ebenfalls die Anforderungen aus Art. 41 Abs. 1 der Abschlussprüferrichtlinie umgesetzt[9].

2. Unabhängigkeit des Mitglieds

Die inhaltliche Vorgabe des § 100 Abs. 5 AktG für die Zusammensetzung des Aufsichtsrats besteht darin, dass mindestens ein **unabhängiges** Mitglied des Aufsichtsrats über **Sachverstand** auf den Gebieten Rechnungslegung oder Abschlussprüfung verfügen muss. Diese Person wird bisweilen auch als „unabhängiger Finanzexperte" bezeichnet[10]. Die Funktion des „financial expert" geht auf eine entsprechende Regelung für das Audit Committee SEC-gelisteter Unternehmen in Sec. 407 des Sarbanes-Oxley Act zurück.

Der Begriff der „**Unabhängigkeit**" wird weder im Gesetz selbst, noch in der zu Grunde liegenden Abschlussprüferrichtlinie definiert. Durch die allgemeine aktienrechtliche Regelung in § 105 Abs. 1 AktG wird bereits gewährleistet, dass ein Aufsichtsratsmitglied nicht zugleich Mitglied des Vorstands sein kann. Ebenso darf er keine anderen leitenden Funktionen in dem Unternehmen ausüben. Insbesondere können Prokuristen oder zum gesamten Geschäftsbetrieb ermächtigte Handlungsbevollmächtigte nicht Mitglied des Aufsichtsrats sein. Diese Regelung ist Ausdruck der Funktionstrennung[11], die im dualistischen System für eine effiziente Überwachungstätigkeit vorausgesetzt wird. Eine Person, welche an der Unternehmensleitung mitwirkt, wäre sicher nicht unabhängig im Sinne der Anforderung des § 100 Abs. 5 AktG.

Darüber hinausgehend kann sich eine Besorgnis der Befangenheit, die einer Wahrnehmung der Überwachungsfunktion des Aufsichtsrats entgegenstehen könnte, auch dann ergeben, wenn sonstige unmittelbare oder mittelbare geschäftliche, finanzielle oder persönliche **Beziehungen zur Geschäftsführung** bestehen[12].

Daneben können sich **Befangenheitsgründe** aus den Beziehungen des Aufsichtsratsmitglieds zur Gesellschaft, aber auch aus seiner eigenen Interessenlage ergeben, wenn er zB als Aktionär vorrangig Anteilseignerinteressen verfolgt oder wenn er geschäftliche Interessen zB in Konkurrenzunternehmen hat, die mit der Aufsichtsratstätigkeit kollidieren können. Dem Aktienrecht ist für solche Fälle bisher ein generelles Tätigkeitsverbot fremd[13]. Vielmehr wird der Problemkreis durch analoge Anwendung des § 34 BGB adressiert, wonach eine Person von der Teilnahme an der Beschlussfassung ausgeschlossen ist, wenn die Beschlussfassung die Vornahme eines Rechtsgeschäfts mit ihr oder die Einleitung oder Erledigung eines Rechtsstreits zwischen ihr und der Gesellschaft betrifft[14]. Befangenheit oder Interessenkonflikte hindern danach im Regelfall nur die Mitwirkung an konkreten Beschlussfassungen, nicht aber die Mitgliedschaft im Aufsichtsrat insgesamt.

Die für das Aktienrecht neue Anforderung in § 100 Abs. 5 AktG geht demgegenüber auf die ausdrückliche Regelung dieses Erfordernisses in Art. 41 Abs. 1 Satz 3 der Ab-

---

9 Vgl. Richtlinie 2006/43/EG des Europäischen Parlaments und des Rates vom 17. Mai 2006, ABl. EU v. 9.6.2006, L 157, S. 103.
10 Vgl. zB *Gruber*, NZG 2008, S. 13; ähnlich *Habersack*, NZG 2008, S. 103.
11 Vgl. *Hüffer*, AktG[8], § 105 AktG Rdnr. 1.
12 Vgl. Begr. RegE, BT-Drucks. 16/10067, S. 101.
13 Vgl. aber die Pflicht zur Angabe des ausgeübten Berufs bei dem Vorschlag zur Wahl von Aufsichtsratsmitgliedern (§ 124 Abs. 3 Satz 3 AktG) und der Angabe weiterer Mitgliedschaften (§ 125 Abs. 1 Satz 3 AktG), die auch zur Offenlegung etwaiger Interessenkonflikte beitragen sollen; zur Frage der Mitgliedschaft von Wettbewerbern *Hüffer*, AktG[8], § 103 Rdnr. 13a f.
14 Vgl. dazu *Hüffer*, AktG[8], § 108 Rdnr. 9; ausführlich *Marsch-Barner* in Semler/v. Schenck, Arbeitshandbuch für Aufsichtsratsmitglieder, 3. Aufl. München 2009, § 12 Rdnr. 79 ff., 102.

schlussprüferrichtlinie zurück. Bezogen auf das sachkundige Mitglied des Prüfungsausschusses musste dieses Merkmal nunmehr auch im deutschen Recht verankert werden. Bisher war es nur – gestützt auf eine EU-Empfehlung[15] – als Empfehlung im **Deutschen Corporate Governance Kodex** (DCGK) enthalten. Nach Ziff. 5.4.2 Satz 1 DCGK soll dem Aufsichtsrat eine nach seiner Einschätzung ausreichende Zahl unabhängiger Mitglieder angehören.

29 Zur Bestimmung des Inhalts des Rechtsbegriffs „**Unabhängigkeit**" wird in der Gesetzesbegründung zum BilMoG auf die Begriffsbestimmung in Ziff. 5.4.2 Satz 2 DCGK verwiesen. Nach dieser Regelung, für deren Formulierung die Empfehlung der EU-Kommission zur Unabhängigkeit (s. sogleich) Modell gestanden hat[16], ist ein Aufsichtsratsmitglied als unabhängig anzusehen, „wenn es in keiner geschäftlichen oder persönlichen Beziehung zu der Gesellschaft oder deren Vorstand steht, die einen Interessenkonflikt begründet".

30 Insbesondere verweist die Regierungsbegründung[17] auf die **Empfehlungen der EU-Kommission** vom 15. Februar 2005 zu den Aufgaben von nicht geschäftsführenden Direktoren/Aufsichtsratsmitgliedern börsennotierter Gesellschaften sowie zu den Ausschüssen des Verwaltungs-/Aufsichtsrats[18]. Allerdings ist zu beachten, dass es sich insoweit nicht um zwingende Vorgaben handelt, sondern nur um Hinweise auf Beziehungen und Umstände, die für die Beurteilung der Unabhängigkeit relevant sein können[19]. Sofern bei einem Aufsichtsratsmitglied die in der Kommissionsempfehlung genannten Gesichtspunkte erfüllt sind, legt dies nur die Annahme nahe, dass ein Interessenkonflikt vorliegen könnte. Es bedarf jedoch stets einer Würdigung im jeweiligen konkreten Einzelfall, ob hieraus eine „Abhängigkeit" abgeleitet werden kann[20]. Dabei sollte inhaltlichen Aspekten der Vorrang vor formalen Kriterien gegeben werden. Während allgemein davon ausgegangen wird, dass **begründete Abweichungen** im Einzelfall möglich sind[21], sollte hiervon für das sachverständige Mitglied kein Gebrauch gemacht werden, da ohnehin nur dieses eine Mitglied unabhängig sein muss.

31 Nach Ziff. 13.1 der Kommissionsempfehlung gilt ein **Mitglied** als **unabhängig**, wenn „es in keiner geschäftlichen, familiären oder sonstigen Beziehung zu der Gesellschaft, ihrem Mehrheitsaktionär oder deren Geschäftsführung steht, die einen Interessenkonflikt begründet, der sein Urteilsvermögen beeinflussen könnte".

32 Darüber hinaus enthält Anhang II der Kommissionsempfehlung eine Auflistung von wesentlichen Gesichtspunkten, die ein **Risiko für die Unabhängigkeit** begründen können[22]. Hierzu zählen zB die Vorstandstätigkeit oder Ausübung einer wichtigen Führungsposition im Unternehmen oder einem verbundenen Unternehmen innerhalb der letzten fünf bzw. drei Jahre, die Eigenschaft als Anteilseigner mit Kontrollbeteiligung oder als dessen Vertreter, Geschäftsbeziehungen von bedeutendem Umfang oder die Rolle als bisheriger Partner oder Angestellter des externen Abschlussprüfers.

---

15 Vgl. dazu Tz. 30.
16 Vgl. dazu *Kremer* in Ringleb/Kremer/Lutter/v.Werder, DCGK, 3. Aufl. München 2008, Ziff. 5.4.2 Rdnr. 1037.
17 Vgl. Begr. RegE, BT-Drucks. 16/10067, S. 102.
18 Vgl. ABl. EU vom 25.2.2005, L 52, S. 51 ff.
19 Vgl. Begr. RegE, BT-Drucks. 16/10067, S. 102; zustimmend *DAV-Handelsrechtsausschuss*, NZG 2008, S. 618.
20 Vgl. *Gruber*, NZG 2008, S. 13; *DAV-Handelsrechtsausschuss*, NZG 2008, S. 618; *Lanfermann/Röhricht*, BB 2009, S. 888.
21 So Erwägungsgrund 18 und Ziff. 13.2 der Kommissionsempfehlung; vgl. auch Begr. RegE, BT-Drucks. 16/10067, S. 102.
22 Vgl. hierzu im Einzelnen *Erchinger/Melcher*, DB 2009, Beilage 5, S. 97; *Gruber*, NZG 2008, S. 13; *Habersack*, AG 2008, S. 105.

Bei der Prüfung, ob eine bestimmte Person die Unabhängigkeitsanforderung des § 100 **33**
Abs. 5 AktG erfüllt, ist auch die **Aufgabenstellung** als sachverständiges Mitglied in
Bezug auf die **Prüfung der Rechnungslegung und des internen Kontrollsystems** zu
beachten. Unter diesem Aspekt wäre es sicher nicht zulässig, dass die Funktion von
dem früher für diese Bereiche zuständigen ehemaligen Vorstandsmitglied übernommen wird[23]. Dagegen könnten etwaige Interessenkonflikte aus einer Tätigkeit für Konkurrenzunternehmen oder aus der Stellung als bedeutender Anteilseigner[24] für die konkrete Aufgabe weniger bedeutsam sein. Ob die Funktion des unabhängigen Sachverständigen auch von einem Arbeitnehmervertreter wahrgenommen werden kann, könnte
unter dem Gesichtspunkt der Unabhängigkeit fraglich sein. Da die nach dem Mitbestimmungsgesetz gewählten Arbeitnehmervertreter wegen ihrer durch Kündigungsschutzregeln abgesicherten Stellung jedoch nicht als abhängig im Sinne der EU-Empfehlung anzusehen sind[25], kommen sie auch als Finanzexperten in Betracht, wenn sie
über den erforderlichen Sachverstand verfügen[26].

3. Sachverstand

Wesentliches Eignungskriterium ist, dass das unabhängige Mitglied des Aufsichtsrats **34**
über Sachverstand auf den Gebieten **Rechnungslegung oder Abschlussprüfung** verfügt. Sofern der Aufsichtsrat aus seiner Mitte einen Prüfungsausschuss bildet, muss
nach § 107 Abs. 4 AktG eines der Ausschussmitglieder die Anforderungen des § 100
Abs. 5 AktG erfüllen und damit über einen besonderen Sachverstand verfügen.

Aufgrund der Aufgabenstellung des Prüfungsausschusses, wie er sich aus § 107 Abs. 3 **35**
Satz 2 AktG ergibt, wäre eigentlich zu erwarten, dass der vertiefte Sachverstand sowohl in Bereich der Rechnungslegungsvorschriften als auch im Bereich der Prüfung
besteht. Zur Beurteilung der Rechnungslegungsunterlagen ist die Kenntnis der materiellen Vorschriften unabdingbar. Zur fachkundigen Begleitung der Tätigkeit des Abschlussprüfers ist darüber hinaus auch eine vertiefte Kenntnis über das Prüfungsvorgehen angemessen[27].

Gleichwohl fordert das Gesetz als Mindestvorgabe nur Sachkenntnis auf einem dieser **36**
Gebiete. Die Ausgestaltung als **alternative Qualifikationsanforderung** („oder") wird
damit begründet, dass Art. 41 Abs. 1 Satz 3 der Abschlussprüferrichtlinie durch die
Formulierung „und/oder" diesen Spielraum eröffnet[28]. Da beide Themengebiete aufeinander aufbauen und miteinander verzahnt sind, werden Personen, die über vertiefte
Kenntnisse des einen Bereichs verfügen, auch über Kenntnisse des jeweils anderen
Bereichs in dem erforderlichen Umfang verfügen oder sich diese anzueignen haben.
Bei der Auswahl geeigneter Personen sollte dies beachtet werden.

Über den hiernach erforderlichen Sachverstand verfügt, wer **beruflich** mit Rechnungs- **37**
legung und/oder Abschlussprüfung **befasst** ist oder war[29]. Hiernach kommen insbeson-

---

23 Vgl. auch § 107 Abs. 3 Satz 5 AktG i.d.F. des VorstAG (BT-Drucks. 16/12278), nach dem nicht Mitglied des Prüfungsausschusses sein kann, wer in den letzten drei Jahren Vorstandsmitglied der Gesellschaft war. Dieser Personenkreis kommt damit als unabhängiges sachverständiges Mitglied des Aufsichtsrats auch dann nicht in Betracht, wenn der Aufsichtsrat keinen Prüfungsausschuss bildet und § 107 Abs. 3 AktG damit nicht anwendbar ist.
24 Insoweit ohne Differenzierung nach den Aufgaben kritisch *Gruber*, NZG 2008, S. 13.
25 Vgl. dazu *Kremer* in Ringleb/Kremer/Lutter/v.Werder, DCGK, 3. Aufl. München 2008, Ziff. 5.4.2 Rdnr. 1040.
26 Vgl. ebenso *Füser/Wader/Fischer* in Küting/Pfitzer/Weber, S. 592.
27 Vgl. auch Ziff. 5.3.2 DCGK, der Kenntnisse in beiden Bereichen voraussetzt.
28 Vgl. Begr. RegE, BT-Drucks. 16/10067, S. 102; kritisch *Habersack*, AG 2008, S. 103.
29 Vgl. Begr. RegE, BT-Drucks. 16/10067, S. 102; *Gruber*, NZG 2008, S. 13; *Erchinger/Melcher*, DB 2009, Beilage 5, S. 97.

dere Personen in Betracht, die die berufliche Qualifikation eines Wirtschaftsprüfers besitzen. Eine praktische Tätigkeit auf diesen Gebieten ist sicher wünschenswert, aber nicht zwingend erforderlich, so dass auch Wissenschaftler in Betracht kommen. Zudem dürften idR. Finanzvorstände oder erfahrene Praktiker aus den Bereichen Rechnungswesen oder Controlling den erforderlichen Sachverstand besitzen. Ferner kann auch eine langjährige, durch Weiterbildung flankierte Tätigkeit in einem Prüfungsausschuss die notwendige fachliche Expertise vermitteln[30], ebenso die Tätigkeit in einem Aufsichtsrat, dem die Aufgaben des § 171 AktG obliegen.

38   Bei Unternehmen bestimmter Branchen wie Kreditinstituten oder Versicherungsunternehmen kann es angeraten, uU auch erforderlich sein, dass der Finanzexperte auch über **Branchenerfahrungen** verfügt. Im Übrigen sieht das Gesetz qualitative Mindestanforderungen für die Expertise nicht vor. Sie wären auch kaum nachprüfbar.

39   Auch bisher war anerkannt, dass die Mitglieder des Aufsichtsrats zumindest in ihrer Gesamtheit über die Kenntnisse und Erfahrungen verfügen mussten, die für die Aufgaben des Aufsichtsrats erforderlich sind[31]. Hierzu gehören im Hinblick auf § 171 AktG auch Kenntnisse im Bereich Rechnungslegung und Prüfung. Danach könnte fraglich sein, ob sich in der Praxis für **bestehende Aufsichtsräte** überhaupt Handlungsbedarf für die Bestellung eines besonderen Finanzexperten ergibt, zumal die Regierungsbegründung selbst darauf hinweist, dass der erforderliche Sachverstand durch langjährige Mitgliedschaft in Prüfungsausschüssen oder Aufsichtsräten erworben werden kann.

40   Umgekehrt darf aus dem Erfordernis der unabhängigen sachverständigen Person nicht geschlossen werden, dass die **anderen Mitglieder** des Aufsichtsrats oder eines Prüfungsausschusses nicht mehr über Sachverstand auf dem Gebiet der Rechnungslegung und Prüfung verfügen müssten. Da die Prüfung der Abschlüsse eine Aufgabe des Gesamtgremiums bleibt, müssen auch die übrigen Mitglieder – wie bisher – über ein Mindestmaß an Kenntnissen und Erfahrungen auf diesen Gebieten verfügen[32].

4. Verfahrensfragen

41   Die **Beurteilung der fachlichen Qualifikation** des unabhängigen Finanzexperten ist zunächst Aufgabe der Mitglieder des (Gesamt-)Aufsichtsrats[33]. Dieser hat die Aufgabe, der Hauptversammlung Vorschläge für die Wahl von Aufsichtsratsmitgliedern zu unterbreiten. Dabei hat er nach Ziff. 5.4.1 DCGK darauf zu achten, dass die vorgeschlagenen Mitglieder über die erforderlichen Qualifikationen verfügen. Hierzu gehört auch die Erfüllung der Anforderungen des § 100 Abs. 5 AktG an den unabhängigen Finanzexperten, also sowohl dessen Unabhängigkeit als auch dessen Sachkunde. Hat der Aufsichtsrat einen Nominierungsausschuss gebildet (Ziff. 5.3.3 DCGK), obliegt die erste Beurteilung diesem.

42   Bei anstehenden Wahlen des Aufsichtsrates ist danach zu beurteilen, ob unter den (vorgeschlagenen) Kandidaten, oder bei Ergänzungswahlen unter den verbliebenen Mitgliedern, zumindest eine Person ist, die die Anforderungen an den unabhängigen Finanzexperten erfüllt. Fraglich könnte sein, ob diese Person oder diese Personen **namentlich identifiziert** und im dem Wahlvorschlag **als solche bezeichnet** werden müssen. Das Gesetz schreibt dies nicht vor. Welches Mitglied des Aufsichtsrats die

---

30 Vgl. Begr. RegE, BT-Drucks. 16/10067, S. 102; *Gruber*, NZG 2008, S. 13.
31 Vgl. *Hüffer*, AktG[8], § 116 AktG Rdnr. 2 mwN.
32 Vgl. *Kropff* in Semler/v. Schenck, Arbeitshandbuch für Aufsichtsratsmitglieder, 3. Aufl. München 2009, § 8 Rdnr. 261; zu den allgemein zu stellenden Anforderungen auch *ADS*[6], § 171 AktG Tz. 29 ff.
33 Vgl. *Erchinger/Melcher*, DB 2009, Beilage 5, S. 97.

erforderlichen Eigenschaften aufweist, muss nach außen nicht offen gelegt werden. Die Mitglieder des Aufsichtsrats oder des Nominierungsausschusses, die dies zu beurteilen haben, müssen hierzu aber individualisierte Überlegungen anstellen. Im Zweifel werden die Anforderungen durch mehrere Personen erfüllt, nachdem auch längere Tätigkeit im Prüfungsausschuss ausreicht.

Wird das unabhängige sachkundige Mitglied nicht nach außen bezeichnet, können **Dritte** – und auch die Teilnehmer der Hauptversammlung, die den Wahlbeschluss zu fassen haben – **nicht selbst beurteilen**, ob die Voraussetzungen des § 100 Abs. 5 AktG erfüllt sind. Dies ist aber auch nicht zwingend erforderlich. Sie können sich darauf verlassen, dass die Auswahl durch den Aufsichtsrat bei Aufstellung des Beschlussvorschlags unter Beachtung der gesetzlichen Anforderungen getroffen worden ist. Wird diese Pflicht verletzt, können daraus Schadensersatzpflichten der Aufsichtsratsmitglieder entstehen[34]. 43

Hieraus ergibt sich, dass der Aufsichtsrat auch bei **Ersatzbestellung** von Aufsichtsratsmitgliedern durch das Gericht nach § 104 Abs. 1 AktG einzubeziehen ist, um die Frage der erforderlichen Sachkunde zu beurteilen. Zwar ist das Gericht an Vorschläge nicht gebunden, gleichwohl entspricht es gängiger Praxis, dass solche Vorschläge gemacht und dabei auch die erforderlichen Auswahlkriterien beachtet werden[35]. 44

Fraglich ist, welche gesellschaftsrechtlichen Rechtsfolgen sich ergeben, wenn die gesetzlichen Vorgaben des § 100 Abs. 5 AktG nicht beachtet werden. Für **Verstöße** gegen § 105 Abs. 1 AktG (keine gleichzeitige Zugehörigkeit zum Vorstand) ist anerkannt, dass die Bestellung zum Mitglied des Aufsichtsrats nichtig ist[36]. Auch im Rahmen der Diskussion über die Frage, ob gravierende Interessenkonflikte eine Mandatsunfähigkeit auslösen, wird erwogen, dass der Wahlbeschluss nichtig sein kann. Allerdings wird hier auch eine Abberufung aus wichtigem Grund für denkbar gehalten[37]. Bei den Anforderungen des § 100 Abs. 5 AktG kommt erschwerend hinzu, dass sie nur von einem der Mitglieder des Aufsichtsrats erfüllt werden müssen, so dass sich im Zweifel nicht zuordnen lässt, wessen Wahl nichtig sein soll oder welches Mitglied aus wichtigem Grund abberufen werden sollte. Allerdings wird diese Frage wegen der Auswahlverantwortung des Aufsichtsrats (vgl. Tz. 41) nur selten praktisch werden. 45

Eine Lösung kann in einem solchen Fall nur darin liegen, die Wahl aller Mitglieder insgesamt für mangelbehaftet zu halten. Die Rechtsfolgen ergeben sich aus dem jeweiligen Beschlussmängelrecht. Im Aktienrecht könnte – wie für den Verstoß gegen § 105 Abs. 1 AktG – eine **Analogie zu den Nichtigkeitsgründen** des § 250 Abs. 1 AktG erwogen werden[38]. Wenn man dem nicht folgt, dürften Wahlbeschlüsse der Hauptversammlung, die eine dem § 100 Abs. 5 AktG widersprechende Zusammensetzung des Aufsichtsrats zur Folge haben, nach § 243 Abs. 1 AktG **anfechtbar** sein[39]. Die Nichtigkeit oder Anfechtbarkeit des Wahlbeschlusses setzt aber immer voraus, dass sämtliche zur Wahl gestellten Kandidaten (bei Ergänzungswahlen auch die übrigen amtierenden Mitglieder) die gesetzlichen Anforderungen an Unabhängigkeit und Sachverstand nicht erfüllen. 46

---

34 Vgl. *Kremer* in Ringleb/Kremer/Lutter/v.Werder, DCGK, 3. Aufl. München 2008, Ziff. 5.4.1 Rdnr. 1015 mwN in Fn. 168.
35 Vgl. *Hüffer*, AktG[8], § 104 Rdnr. 5 mwN.
36 Vgl. *Hüffer*, AktG[8], § 105 Rdnr. 6.
37 Vgl. *Hüffer*, AktG[8], § 103 AktG Rdnr. 13b.
38 Zu den Nichtigkeitsgründen gehört auch ein Verstoß gegen § 100 Abs. 1 und 2 AktG; für eine analoge Anwendung auf den Fall des § 105 Abs. 1 vgl. *Hüffer*, AktG[8], § 250 Rdnr. 11.
39 So *Habersack*, AG 2008, S. 106; vgl. *v. Falkenhausen/Kocher*, ZIP 2009, S. 1603; aA *Gruber*, NZG 2008, S. 14, der hierin nur eine interne Regelung zur Zusammensetzung des Aufsichtsrats sieht.

47 Sehr fraglich ist dagegen, ob dann, wenn die Anforderungen des § 100 Abs. 5 AktG nicht eingehalten werden, die Möglichkeit zur **gerichtlichen Abberufung** eines Aufsichtsratsmitglieds aus wichtigem Grund nach § 103 Abs. 3 AktG eröffnet ist und bei welchem der Aufsichtsratsmitglieder dieser Grund als verwirklicht anzusehen ist[40]. Eine Abberufung dürfte hier schon deshalb nicht in Betracht kommen, weil der Verstoß nicht in einem zurechenbaren Verhalten oder der Eigenschaft einer bestimmten Person liegt. Etwas anderes kann allerdings dann anzunehmen sein, wenn sich herausstellt, dass die Angaben eines gewählten Mitglieds über seine Unabhängigkeit oder seine Sachkunde unzutreffend sind.

48 Dagegen ergibt sich daraus, dass dem Aufsichtsrat ein unabhängiger Finanzexperte fehlt, **keine Verpflichtung**, neben dem Aufsichtsrat einen **Prüfungsausschuss** nach § 324 HGB zu etablieren[41]. Der Auffangtatbestand des § 324 HGB kommt nur zur dann zur Anwendung, wenn das Unternehmen keinen Aufsichtsrat haben muss, der die Anforderungen des § 100 Abs. 5 AktG erfüllen muss. Der noch im Referentenentwurf in der Begründung zu § 100 Abs. 5 AktG enthaltene missglückte Verweis auf § 324 HGB (vormals § 342f HGB-E) ist konsequenterweise im der Regierungsbegründung gestrichen worden.

II. Übergangsvorschriften

49 Nach der Übergangsregelung in § 12 Abs. 4 EGAktG findet die Neufassung des § 100 Abs. 5 AktG keine Anwendung, solange alle Mitglieder des Aufsichtsrats und des Prüfungsausschusses **vor dem Tag des Inkrafttretens** des BilMoG, dh. dem 29. Mai 2009, bestellt worden sind.

50 Für Fälle, in denen dem bei Inkrafttreten des BilMoG amtierenden Aufsichtsrat kein unabhängiges sachkundiges Mitglied angehört, besteht zwar eigentlich Handlungsbedarf, da es aber als kaum durchführbar angesehen wurde, wirksam bestellte Aufsichtsratsmitglieder vorzeitig auszutauschen, hat der Gesetzgeber eine **Anpassungsfrist bis zum Ende der laufenden Amtszeit**, längstens jedoch bis zum Freiwerden eines Aufsichtsratssitzes eingeräumt. Scheidet daher ein Mitglied vor Ende der allgemeinen Amtszeit aus, muss das als Ersatz vorgeschlagene Mitglied die Anforderungen an ein unabhängiges sachkundiges Mitglied erfüllen – vorausgesetzt natürlich, dass die Anforderungen nicht schon durch ein anderes vorhandenes Mitglied erfüllt werden.

51 Das Gesetz unterscheidet bei dieser Regelung nicht danach, ob der frei werdende Sitz der **Anteilseigner-** oder der **Arbeitnehmerseite** zuzuordnen ist. Ggf. müsste daher auch der Ersetzungsvorschlag für die Arbeitnehmerseite den Qualifikationsanforderungen genügen. Wenn für das entfallende Mitglied allerdings ein Ersatzmitglied bestimmt ist, muss nach Sinn und Zweck der Übergangsregelung angenommen werden, dass dieses automatisch auch dann nachfolgen kann, wenn es die Anforderungen nicht erfüllt.

52 Wenn dem Aufsichtsrat bereits **bei Inkrafttreten des BilMoG** ein oder mehrere Mitglieder angehören, die die **Voraussetzungen** der Unabhängigkeit und der Sachkunde **erfüllen**, stellt sich die Übergangsfrage nicht. Auch in diesem Fall sind die Anforderungen bei Neubestellungen zu beachten. Fällt das einzige unabhängige sachkundige Mitglied weg, muss das an seiner Stelle vorgeschlagene Mitglied die Anforderungen erfüllen.

---

40 Ablehnend zB *Gruber*, NZG 2008, S. 14; *v. Falkenhausen/Kocher*, ZIP 2009, S. 1602.
41 Vgl. *Gruber*, NZG 2008, S. 14.

§ 107 AktG
Innere Ordnung des Aufsichtsrats

(1) ¹Der Aufsichtsrat hat nach näherer Bestimmung der Satzung aus seiner Mitte einen Vorsitzenden und mindestens einen Stellvertreter zu wählen. ²Der Vorstand hat zum Handelsregister anzumelden, wer gewählt ist. ³Der Stellvertreter hat nur dann die Rechte und Pflichten des Vorsitzenden, wenn dieser verhindert ist.

(2) ¹Über die Sitzungen des Aufsichtsrats ist eine Niederschrift anzufertigen, die der Vorsitzende zu unterzeichnen hat. ²In der Niederschrift sind der Ort und der Tag der Sitzung, die Teilnehmer, die Gegenstände der Tagesordnung, der wesentliche Inhalt der Verhandlungen und die Beschlüsse des Aufsichtsrats anzugeben. ³Ein Verstoß gegen Satz 1 oder Satz 2 macht einen Beschluss nicht unwirksam. ⁴Jedem Mitglied des Aufsichtsrats ist auf Verlangen eine Abschrift der Sitzungsniederschrift auszuhändigen.

(3) ¹Der Aufsichtsrat kann aus seiner Mitte einen oder mehrere Ausschüsse bestellen, namentlich, um seine Verhandlungen und Beschlüsse vorzubereiten oder die Ausführung seiner Beschlüsse zu überwachen. ²**Er kann insbesondere einen Prüfungsausschuss bestellen, der sich mit der Überwachung des Rechnungslegungsprozesses, der Wirksamkeit des internen Kontrollsystems, des Risikomanagementsystems und des internen Revisionssystems sowie der Abschlussprüfung, hier insbesondere der Unabhängigkeit des Abschlussprüfers und der vom Abschlussprüfer zusätzlich erbrachten Leistungen, befasst.** ³Die Aufgaben nach Absatz 1 Satz 1, § 59 Abs. 3, § 77 Abs. 2 Satz 1, § 84 Abs. 1 Satz 1 und 3, Abs. 2 und Abs. 3 Satz 1, § 111 Abs. 3, §§ 171, 314 Abs. 2 und 3 sowie Beschlüsse, daß bestimmte Arten von Geschäften nur mit Zustimmung des Aufsichtrats vorgenommen werden dürfen, können einem Ausschuß nicht an Stelle des Aufsichtsrats zur Beschlußfassung überwiesen werden. ⁴Dem Aufsichtsrat ist regelmäßig über die Arbeit der Ausschüsse zu berichten.

(4) Richtet der Aufsichtsrat einer Gesellschaft im Sinn des § 264d des Handelsgesetzbuchs einen Prüfungsausschuss im Sinn des Absatzes 3 Satz 2 ein, so muss mindestens ein Mitglied die Voraussetzungen des § 100 Abs. 5 erfüllen.

§ 34 SEAG
Innere Ordnung des Verwaltungsrats

(1) ¹Der Verwaltungsrat hat neben dem Vorsitzenden nach näherer Bestimmung der Satzung aus seiner Mitte mindestens einen Stellvertreter zu wählen. ²Der Stellvertreter hat nur dann die Rechte und Pflichten des Vorsitzenden, wenn dieser verhindert ist. ³Besteht der Verwaltungsrat nur aus einer Person, nimmt diese die dem Vorsitzenden des Verwaltungsrats gesetzlich zugewiesenen Aufgaben wahr.

(2) ¹Der Verwaltungsrat kann sich eine Geschäftsordnung geben. ²Die Satzung kann Einzelfragen der Geschäftsordnung bindend regeln.

(3) ¹Über die Sitzungen des Verwaltungsrats ist eine Niederschrift anzufertigen, die der Vorsitzende zu unterzeichnen hat. ²In der Niederschrift sind der Ort und der Tag der Sitzung, die Teilnehmer, die Gegenstände der Tagesordnung, der wesentliche Inhalt der Verhandlungen und die Beschlüsse des Verwaltungsrats anzugeben. ³Ein Verstoß gegen Satz 1 oder Satz 2 macht einen Beschluss nicht unwirksam. ⁴Jedem Mitglied des Verwaltungsrats ist auf Verlangen eine Abschrift der Sitzungsniederschrift auszuhändigen. ⁵Die Sätze 1 bis 4 finden auf einen Verwaltungsrat, der nur aus einer Person besteht, keine Anwendung.

(4) ¹Der Verwaltungsrat kann aus seiner Mitte einen oder mehrere Ausschüsse bestellen, namentlich, um seine Verhandlungen und Beschlüsse vorzubereiten oder die Ausführung seiner Beschlüsse zu überwachen. ²Die Aufgaben nach Absatz 1 Satz 1 und nach § 22 Abs. 1 und 3, § 40 Abs. 1 Satz 1 und § 47 Abs. 3 dieses Gesetzes sowie nach § 68 Abs. 2 Satz 2, § 203 Abs. 2, § 204 Abs. 1 Satz 1, § 205 Abs. 2 Satz 1 und § 314 Abs. 2 und 3 des Aktiengesetzes können einem Ausschuss nicht an Stelle des Verwaltungsrats zur Beschlussfassung überwiesen werden. ³Dem Verwaltungsrat ist regelmäßig über die Arbeit der Ausschüsse zu berichten. **⁴Der Verwaltungsrat kann einen Prüfungsausschuss einrichten, dem insbesondere die Aufgaben nach § 107 Abs. 3 Satz 2 des Aktiengesetzes übertragen werden können. ⁵Er muss mehrheitlich mit nicht geschäftsführenden Mitgliedern besetzt werden. ⁶Richtet der Verwaltungsrat einer SE im Sinne des § 264d des Handelsgesetzbuchs einen Prüfungsausschuss ein, muss mindestens ein Mitglied des Prüfungsausschusses die Voraussetzungen des § 100 Abs. 5 des Aktiengesetzes erfüllen und darf der Vorsitzende des Prüfungsausschusses nicht geschäftsführender Direktor sein.**

§ 124 AktG
Bekanntmachung der Tagesordnung

(1) ¹Die Tagesordnung der Hauptversammlung ist bei der Einberufung in den Gesellschaftsblättern bekannt zu machen. ²Hat die Minderheit nach der Einberufung der Hauptversammlung die Bekanntmachung von Gegenständen zur Beschlußfassung der Hauptversammlung verlangt, so genügt es, wenn diese Gegenstände binnen zehn Tagen nach der Einberufung der Hauptversammlung bekannt gemacht werden. ³§ 121 Abs. 4 gilt sinngemäß.

(2) ¹Steht die Wahl von Aufsichtsratsmitgliedern auf der Tagesordnung, so ist in der Bekanntmachung anzugeben, nach welchen gesetzlichen Vorschriften sich der Aufsichtsrat zusammensetzt, und ob die Hauptversammlung an Wahlvorschläge gebunden ist. ²Soll die Hauptversammlung über eine Satzungsänderung oder über einen Vertrag beschließen, der nur mit Zustimmung der Hauptversammlung wirksam wird, so ist auch der Wortlaut der vorgeschlagenen Satzungsänderung oder der wesentliche Inhalt des Vertrags bekannt zu machen.

(3) ¹Zu jedem Gegenstand der Tagesordnung, über den die Hauptversammlung beschließen soll, haben der Vorstand und der Aufsichtsrat, zur Wahl von Aufsichtsratsmitgliedern und Prüfern nur der Aufsichtsrat, in der Bekanntmachung der Tagesordnung Vorschläge zur Beschlußfassung zu machen. **²Bei Gesellschaften im Sinn des § 264d des Handelsgesetzbuchs ist der Vorschlag des Aufsichtsrats zur Wahl des Abschlussprüfers auf die Empfehlung des Prüfungsausschusses zu stützen. ³Satz 1 findet keine Anwendung,** wenn die Hauptversammlung bei der Wahl von Aufsichtsratsmitgliedern nach § 6 des Montan-Mitbestimmungsgesetzes an Wahlvorschläge gebunden ist, oder wenn der Gegenstand der Beschlußfassung auf Verlangen einer Minderheit auf die Tagesordnung gesetzt worden ist. ⁴Der Vorschlag zur Wahl von Aufsichtsratsmitgliedern oder Prüfern hat deren Namen, ausgeübten Beruf und Wohnort anzugeben. ⁵Hat der Aufsichtsrat auch aus Aufsichtsratsmitgliedern der Arbeitnehmer zu bestehen, so bedürfen Beschlüsse des Aufsichtsrats über Vorschläge zur Wahl von Aufsichtsratsmitgliedern nur der Mehrheit der Stimmen der Aufsichtsratsmitglieder der Aktionäre; § 8 des Montan-Mitbestimmungsgesetzes bleibt unberührt.

(4) ¹Über Gegenstände der Tagesordnung, die nicht ordnungsgemäß bekannt gemacht sind, dürfen keine Beschlüsse gefasst werden. ²Zur Beschlußfassung über den in der

Versammlung gestellten Antrag auf Einberufung einer Hauptversammlung, zu Anträgen, die zu Gegenständen der Tagesordnung gestellt werden, und zu Verhandlungen ohne Beschlußfassung bedarf es keiner Bekanntmachung.

Inhaltsverzeichnis Tz.
I. Bildung und Aufgaben eines Prüfungsausschusses
   1. Grundlagen, Anwendungsbereich .... 53 – 59
   2. Bestellung eines Prüfungsausschusses .... 60 – 65
   3. Aufgaben des Prüfungsausschusses im Einzelnen .... 66 – 75
   4. Zusammensetzung des Prüfungsausschusses .... 76 – 79
II. Übergangsvorschriften .... 80 – 84

I. Bildung und Aufgaben eines Prüfungsausschusses

1. Grundlagen, Anwendungsbereich

Die Änderungen stehen in engem Zusammenhang mit der Regelung in § 324 HGB, der für kapitalmarktorientierte Unternehmen iSd. § 264d HGB (vgl. Abschn. K Tz. 32 ff.) die Einrichtung eines Prüfungsausschusses vorschreibt, dem mindestens ein unabhängiges und sachkundiges Mitglied iSd. § 100 Abs. 5 AktG angehören muss (vgl. Tz. 24). Die **Pflicht zur Bildung eines Prüfungsausschusses** setzt die Anforderungen des Art. 41 Abs. 1 der **Abschlussprüferrichtlinie**[42] um. Nach Art. 41 Abs. 5 der Abschlussprüferrichtlinie kann allerdings von der Einrichtung eines gesonderten Prüfungsausschusses abgesehen werden, wenn dessen Aufgaben von einem anderen Gremium wahrgenommen werden. Dies ist bei Aktiengesellschaften herkömmlich der Aufsichtsrat. 53

Allerdings bietet es sich gerade bei größeren Aufsichtsräten an, die Aufgaben einem kleineren Gremium zu übertragen, das diese idR. schneller, konzentrierter und professioneller erledigen kann als der Gesamtaufsichtsrat[43]. Dieser Gedanke liegt der Regelung in § 107 Abs. 3 Satz 2 AktG zugrunde, die eigentlich eine Selbstverständlichkeit enthält. Die Bildung eines **Aufsichtsratsausschusses**, der sich mit Fragen der Rechnungslegung und Prüfung und dem Risikomanagement befasst, war auch bisher zulässig und – insbesondere bei größeren Gesellschaften – auch gute Übung. Ziff. 5.3.2 DCGK empfiehlt die Bildung eines solchen Prüfungsausschusses (Audit Committee). Die Regelung ist damit als eine **Empfehlung des Gesetzgebers** zu verstehen, die darauf abzielt, Effizienz und Qualität der Aufsichtsratsarbeit in diesem Bereich zu erhöhen. Zugleich rücken Gesellschaften, die einen Prüfungsausschuss einrichten, auch näher an die regulatorischen Vorstellungen des europäischen Richtliniengebers. 54

Dabei beschränkt der Deutsche Gesetzgeber seine Empfehlung nicht auf kapitalmarktorientierte Gesellschaften iSd. § 264d HGB, sondern bezieht sie auf **alle Aktiengesellschaften**. Hierunter fällt auch die KGaA[44]. Gleichwohl wird nach der Größe und Zusammensetzung des Aufsichtsrats zu differenzieren sein, ob von der Einrichtung eines Prüfungsausschusses Effizienzgewinne zu erwarten sind. 55

---

42 Vgl. Richtlinie 2006/43/EG des Europäischen Parlaments und des Rates vom 17. Mai 2006, ABl. EU v. 9.6.2006, L 157, S. 103.
43 Vgl. Begr. RegE, BT-Drucks. 16/10067, S. 102.
44 Vgl. § 278 Abs. 3 AktG.

56 Zur Umsetzung der Abschlussprüferrichtlinie gehört auch die Anforderung, dass dem Prüfungsausschuss oder dem Gremium, das dessen Aufgaben wahrnimmt; mindestens eine **unabhängige sachkundige Person** angehören muss (Art. 41 Abs. 1 Satz 3 Abschlussprüferrichtlinie). Das Aktiengesetz bestimmt dies bereits in § 100 Abs. 5 AktG für den Aufsichtsrat insgesamt. Um sicherzustellen, dass diese Anforderung auch in Bezug auf einen vom Aufsichtsrat gebildeten Prüfungsausschuss erfüllt wird, ordnet § 107 Abs. 4 AktG dies klarstellend ausdrücklich an. Diese Anforderung ist allerdings – dem Geltungsbereich der Richtlinienbestimmung folgend – nur für Kapitalgesellschaften iSd. § 264d HGB verbindlich; sachgerecht ist sie natürlich für alle Gesellschaften.

57 Kraft Verweisung ist diese Vorschrift insbesondere auch von **GmbH mit mitbestimmtem Aufsichtsrat** (§ 25 Abs. 1 Satz 1 Nr. 2 MitbestG, § 1 Abs. 1 Satz 1 Nr. 3 DrittelbG) sowie von GmbH mit **fakultativem Aufsichtsrat** zu beachten. Nach der Ergänzung durch das BilMoG wird in § 52 Abs. 1 GmbHG auch auf § 107 Abs. 4 AktG verwiesen. Allerdings kann die Geltung des § 107 Abs. 4 AktG für den fakultativen Aufsichtsrat der GmbH durch den Gesellschaftsvertrag abbedungen werden. Auf die Regelung des § 107 Abs. 3 Satz 2 AktG wird nicht verwiesen. Da eine GmbH mit fakultativem Aufsichtsrat in der Frage, ob und für welche Themen sie Ausschüsse bilden, völlig frei sind[45], war eine solche Verweisung nicht erforderlich. Natürlich kann und sollte auch bei diesen GmbHs ein Prüfungsausschuss gebildet werden, soweit dies nach Größe und Besetzung des Aufsichtsrats sachgerecht erscheint; dies dürfte allerdings eher selten der Fall sein. Im Unterschied zu Gesellschaften in der Rechtsform der AG kann bei solchen GmbHs der Prüfungsausschuss als Ausschuss des Aufsichtsrats auch mit Entscheidungskompetenz ausgestaltet werden, weil in § 52 Abs. 1 GmbHG auf die Regelung des § 107 Abs. 3 Satz 3 AktG nicht verwiesen wird.

58 Parallel zur Regelung im Aktiengesetz ist durch das BilMoG auch § 34 Abs. 4 SEAG um einen Satz 4 ergänzt worden, der auf die Regelung in § 107 Abs. 3 Satz 2 AktG verweist. Hierdurch wird klargestellt, dass auch der **Verwaltungsrat** einer **monistischen SE** einen mit entsprechenden Aufgaben versehenen Prüfungsausschuss einrichten kann[46]. Für die kapitalmarktorientierte monistische SE sieht § 34 Abs. 4 Satz 6 SEAG außerdem vor, dass dem Prüfungsausschuss entsprechend den Voraussetzungen des § 100 Abs. 5 AktG mindestens ein unabhängiges sachkundiges Mitglied angehören muss. Zudem wird bestimmt, dass die Mehrheit der Mitglieder des Prüfungsausschusses nicht-geschäftsführende Mitglieder sein müssen und dass der Vorsitz in dem Prüfungsausschuss nicht einem geschäftsführenden Direktor übertragen werden darf (§ 34 Abs. 4 Satz 4 und 5 SEAG). Hierdurch wird eine weitgehende Gleichstellung zur AG geschaffen.

59 In Umsetzung des Art. 41 Abs. 3 der Abschlussprüferrichtlinie schreibt § 124 Abs. 3 Satz 2 AktG vor, dass der Prüfungsausschuss – wenn ein solcher eingerichtet wurde – dem Aufsichtsrat einen Vorschlag für dessen **Vorschlag an die Hauptversammlung zur Wahl des Abschlussprüfers** zu machen hat; der Aufsichtsrat hat sich hierauf zu stützen. Die Entscheidung über den Vorschlag trifft allerdings abschließend der Gesamtaufsichtsrat. Er ist in seiner Entscheidung frei und kann von dem Vorschlag des Prüfungsausschusses aus sachlichen Gründen abweichen[47]. Nach der Begr. RegE[48] hat er seine abweichende Entscheidung in seinem Vorschlag gegenüber der Hauptver-

---

45 Vgl. *Zöllner/Noack* in Baumbach/Hueck, GmbHG[18], § 52 Rdnr. 96.
46 Vgl. Begr. RegE, BT-Drucks. 16/10067, S. 106.
47 Die Begr. RegE, BT-Drucks. 16/10067, S. 103, spricht insoweit von „Ausnahmefällen".
48 Vgl. Begr. RegE, BT-Drucks. 16/10067, S. 103.

sammlung zu begründen. Dies kann allerdings nicht erforderlich machen, dass personenbezogene Kriterien im Einzelnen in den Beschlussvorschlag aufgenommen werden müssen. Es erscheint zudem fraglich, ob der Beschlussvorschlag gegenüber der Hauptversammlung für inhaltliche Darlegungen der richtige Ort ist.

2. Bestellung eines Prüfungsausschusses

§ 107 Abs. 3 Satz 2 AktG betritt Neuland, indem er erstmals Themen benennt, zu deren Behandlung der Aufsichtsrat einen Ausschuss bilden kann. Die Formulierung legt ein Wahlrecht nahe; nach dem Zusammenhang mit Art. 41 der Abschlussprüferrichtlinie (vgl. Tz. 53) ist allerdings davon auszugehen, dass es sich doch eher um eine Empfehlung handelt. Aktienrechtlich besteht allerdings **keine Verpflichtung zur Bildung eines Prüfungsausschusses**, wenngleich der Aufsichtsrat im Rahmen seiner Organisationsfreiheit mit der gebotenen Sorgfalt entscheiden muss, ob eine Bestellung wegen der damit verbundenen Effizienzvorteile nicht sachgerecht ist[49]. Für Unternehmen, die dem § 161 AktG unterfallen, besteht ohnehin die Empfehlung zur Einrichtung eines Prüfungsausschusses in Ziff. 5.3.2 DCGK. 60

In § 107 Abs. 3 Satz 2 AktG werden die **Aufgaben** genannt, die den **Kernbereich der Tätigkeit** eines Prüfungsausschusses ausmachen. Mit dieser Aufzählung, die einen entsprechenden Katalog aus Art. 41 Abs. 2 und 3 der Abschlussprüferrichtlinie umsetzt, stellt das Gesetz zugleich klar, dass diese Aufgaben zunächst dem Aufsichtsrat als Gesamtgremium obliegen. Nur unter dieser Voraussetzung können sie auf einen Ausschuss des Aufsichtsrats delegiert werden. In welchem Maße diese Aufgaben auf den Ausschuss übertragen werden können, bestimmt sich nach den allgemeinen Vorschriften. Nach § 107 Abs. 3 Satz 1 AktG können Ausschüsse namentlich dazu bestellt werden, um Verhandlungen und Beschlüsse des Aufsichtsrats vorzubereiten. 61

Ob Angelegenheiten auch zur **abschließenden Beschlussfassung** übertragen werden können, ergibt sich aus dem Katalog des § 107 Abs. 3 Satz 3 AktG. In diesem Katalog ist mit der – unveränderten – Verweisung auf § 171 AktG die Prüfung und Billigung des Jahresabschlusses und des Konzernabschlusses enthalten, so dass davon auszugehen ist, dass der Prüfungsausschuss insoweit nur vorbereitende Aufgaben wahrnehmen kann. Die Beschlussfassung liegt dann beim Gesamtaufsichtsrat. Dies setzt voraus, dass er sich in dem erforderlichen Mindestmaß auch mit der Prüfung der Unterlagen befassen muss[50]. 62

Dagegen sind die anderen Aufgaben des Prüfungsausschusses, die in § 107 Abs. 3 Satz 2 AktG aufgeführt werden, **keine Vorbehaltsaufgaben** des Gesamtgremiums und können daher dem Prüfungsausschuss zur Erledigung zugewiesen werden. Allerdings verbleibt für den Gesamtaufsichtsrat eine Überwachungspflicht und ein Informationsrecht[51]. Auch über den Vorschlag an die Hauptversammlung zur Wahl des Abschlussprüfers (§ 124 Abs. 3 Satz 1 AktG) kann der Prüfungsausschuss Mangels entgegenstehender Regelung in Abs. 3 Satz 3 verbindlich beschließen[52], wenn der Aufsichtsrat ihm diese Aufgabe zur abschließenden Erledigung übertragen hat. 63

---

49 Vgl. etwa *Kropff* in Semler/v. Schenck, Arbeitshandbuch für Aufsichtsratsmitglieder, 3. Aufl. München 2009, § 8 Rdnr. 254: „... unbedingt zu empfehlen".
50 Vgl. zur Abgrenzung *ADS*[6], § 171 AktG Tz. 16; *Kropff* in Semler/v. Schenck, Arbeitshandbuch für Aufsichtsratsmitglieder, 3. Aufl. München 2009, § 8 Rdnr. 255.
51 Vgl. dazu etwa *Gittermann* in Semler/v. Schenck, Arbeitshandbuch für Aufsichtsratsmitglieder, 3. Aufl. München 2009, § 6 Rdnr. 114 ff., 119 ff.; missverständlich Begr. RegE, BT-Drucks. 16/10067, S. 102, wonach der Aufsichtsrat auch bei Übertragung der Aufgaben „in vollem Umfang verantwortlich" bleiben soll.
52 Vgl. auch *Hüffer*, AktG[8], § 124 Rdnr. 12.

64 Auch eine **Übertragung von speziellen Teilbereichen** der in § 107 Abs. 3 Satz 2 AktG genannten Aufgaben auf den Prüfungsausschuss ist möglich[53]. Dabei ist natürlich zu berücksichtigen, dass die Aufgaben in einem engen Wirkungszusammenhang stehen, dessen Missachtung zu Effizienzverlusten führen könnte.

65 Soweit der Aufsichtsrat **keinen Prüfungsausschuss** eingerichtet hat oder die entsprechenden Bereiche nicht auf diesen übertragen hat, hat der Aufsichtsrat die angesprochenen Aufgaben selbst, d.h. im Plenum, wahrzunehmen[54].

3. Aufgaben des Prüfungsausschusses im Einzelnen

66 Zu den Aufgaben, die auf den Prüfungsausschuss übertragen werden können, gehört es zunächst, die Wirksamkeit

- des internen Kontrollsystems,
- des Risikomanagementsystems sowie
- des internen Revisionssystems

zu überwachen. In diesem Zusammenhang hat der Prüfungsausschuss auch die Aufgabe zu überprüfen, ob Ergänzungen, Erweiterungen oder Verbesserungen erforderlich sind[55]. Sofern eines der genannten Systeme gänzlich fehlen sollte, obliegt es dem Prüfungsausschuss zu untersuchen, ob dessen Einrichtung notwendig ist. Soweit erforderlich hat der Prüfungsausschuss – ggf. über den (Gesamt-)Aufsichtsrat – seinen Einfluss auf dem Vorstand geltend zu machen, um effiziente Kontrollsysteme einzurichten und ggf. bestehende Schwächen zu minimieren.

67 Hervorzuheben ist, dass durch Nennung der Aufgabenstellung des Prüfungsausschusses in § 107 Abs. 3 Satz 2 AktG keineswegs impliziert wird, dass und in welchem Umfang eine Aktiengesellschaft solche Systeme einzurichten hat. Die Befassung durch den Aufsichtsrat und den Prüfungsausschuss setzt vielmehr voraus, dass die Systeme vorhanden sind oder dass die Gesellschaft nach den Verhältnissen des Einzelfalls verpflichtet ist, solche Systeme einzurichten. Die Pflicht zur **Einrichtung eines Risikofrüherkennungssystems** ergibt sich daher nach wie vor aus § 91 Abs. 2 AktG und nicht aus § 107 Abs. 3 Satz 2[56]. Auch die Frage, ob und in welcher Ausgestaltung ein internes Kontrollsystem oder ein internes Revisionssystem einzurichten und zu unterhalten ist, ergibt sich als Ausfluss der Organisations- und Sorgfaltspflichten des Vorstands[57] (§ 93 AktG).

68 Die Überwachung des **Rechnungslegungsprozesses** geht idR bereits mit der Überwachung des internen Kontrollsystems und des internen Risikomanagementsystems einher[58]. Der Aufsichtsrat oder der Prüfungsausschuss muss sich von der Angemessenheit der Systeme überzeugen. Auf der Grundlage einer Darstellung durch den Vorstand kann es im Einzelfall angemessen sein, den Rat sachverständiger Dritter einzuholen oder die interne Revision einzuschalten[59]. Detaillierte Überprüfungen einzelner Be-

---

53 Vgl. Begr. RegE, BT-Drucks, 16/10067, S. 102.
54 Vgl. Begr. RegE, BT-Drucks. 10/10067, S. 102; *Preußner*, NZG 2008, S. 574.
55 Vgl. Begr. RegE, BT-Drucks. 10/10067, S. 103.
56 So auch ausdrücklich Begr. RegE, BT-Drucks. 16/10067, S. 102.
57 Vgl. *Peltzer* in Semler/Peltzer, Arbeitshandbuch für Vorstandsmitglieder, München 2005, § 9 Rdnr. 120, 126.
58 Vgl. Begr. RegE, BT-Drucks. 16/10067, S. 102; *Lanfermann/Röhricht*, BB 2009, 889.
59 Vgl. *Lanfermann/Röhricht*, BB 2009, S. 890; zur umstrittenen Frage der Zulässigkeit einer unmittelbaren Befragung von Angestellten des Unternehmens durch den Aufsichtsrat vgl. *v. Schenck* in Semler/v. Schenck, Arbeitshandbuch für Aufsichtsratsmitglieder, 3. Aufl. München 2009, § 7 Rdnr. 175; großzügiger *Habersack* in Münchener Komm. AktG³, § 111 Rdnr. 68.

standteile der Systeme sind erforderlich, wenn es Anhaltspunkte für Systemschwächen gibt.

Daneben hat sich der Aufsichtsrat bzw. der Prüfungsausschuss mit der **Abschlussprüfung** zu befassen, und zwar bezogen auf den Jahres- und den Konzernabschluss. Zur zeitlichen Reichweite dieser Aufgabe führt die Begründung zum Regierungsentwurf des BilMoG aus[60], die Überwachungstätigkeit reiche von der Auswahl des Abschlussprüfers bis zur Beendigung des Prüfungsauftrags einschließlich etwaiger Nachtrags- und Sonderprüfungen. Diese Formulierung könnte dahin missverstanden werden, dass sich der Prüfungsausschuss während der Abschlussprüfung detailliert mit der Tätigkeit des Abschlussprüfers zu befassen und ihn dabei fortwährend zu beobachten hätte. Dies ist natürlich nicht gemeint; es verbleibt bei den auch bisher anerkannten Grundsätzen, die insbesondere eine Abstimmung mit dem Abschlussprüfer über das Prüfungsvorgehen unter Vorgabe von Prüfungsschwerpunkten, einen Austausch über besondere Erkenntnisse im Rahmen der Prüfung und die Berichterstattung über das Prüfungsergebnis umfassen[61]. Für die Auswahl des Prüfers ist die Qualität der von ihm durchzuführenden Abschlussprüfung von maßgeblicher Bedeutung. Dies bedeutet jedoch nicht, dass das Gesetz den Prüfungsausschuss zu einem formalisierten Qualitätsüberwachungsverfahren oder etwa dazu verpflichtet, sich die Bescheinigung über den Peer Review vorlegen zu lassen[62]. Dies ist schon wegen der dem Abschlussprüfer handels- und berufsrechtlich zwingend obliegenden und gesondert überwachten Qualitätsanforderungen nicht erforderlich.

Zur Überwachung der Abschlussprüfung gehört die Aufgabe, die **Unabhängigkeit des Abschlussprüfers** zu überwachen (vgl. dazu auch Abschn. T Tz. 7 ff.). Die Überwachung umfasst auch die Überprüfung, die in Art. 41 Abs. 2 lit. d der Abschlussprüferrichtlinie zusätzlich genannt wird[63]. Zur Unterstützung bei dieser Aufgabe statuiert § 171 Abs. 1 Satz 3 AktG die Pflicht des Abschlussprüfers, mit dem Aufsichtsrat die für eine Besorgnis der Befangenheit relevanten Umstände zu erörtern und ihn über Leistungen zu informieren, die zusätzlich zur Abschlussprüfung erbracht wurden[64].

Hierzu ist anzumerken, dass die Sicherstellung der Unabhängigkeit eine Pflicht ist, die dem Abschlussprüfer selbst auch als Berufspflicht obliegt (§§ 43 Abs. 1, 51 Satz 1 WPO). Der Aufsichtsrat hat insoweit keine originäre Aufgabe, die nur ihm auferlegt wäre; vielmehr ist er auf Seiten der geprüften Gesellschaft derjenige, der die Einhaltung der die **Prüferunabhängigkeit** sichernden Vorschriften (§§ 319 ff. HGB) zu **überwachen** und in Zweifelsfällen zu entscheiden hat, ob Konsequenzen zu ziehen sind. Zu diesem Zweck sieht bereits Ziff. 7.2.1 DCGK vor, dass der Aufsichtsrat vor Entscheidung über den Wahlvorschlag eine Unabhängigkeitserklärung des vorzuschlagenden Abschlussprüfers einholen soll. Daneben soll er vertraglich vereinbaren, dass er während der Prüfung über mögliche Ausschluss- und Befangenheitsgründe unterrichtet wird, wenn diese nicht unverzüglich beseitigt werden. Diese Informationspflicht ist jetzt durch das BilMoG auch gesetzlich verankert worden (§ 171 Abs. 1 Satz 3 AktG).

Zu den Umständen, die möglicherweise eine Gefährdung der Unabhängigkeit des Abschlussprüfers mit sich bringen können, gehören auch **Leistungen des Abschlussprü-**

---

60 Vgl. Begr. RegE, BT-Drucks. 16/10067, S. 103.
61 Vgl. hierzu *Gelhausen*, Aufsichtsrat und Abschlussprüfer – eine Zweckgemeinschaft, BFuP 1999, S. 390.
62 So aber *Nonnenmacher/Pohle/v. Werder*, DB 2009, S. 1450.
63 Vgl. Begr. RegE, BT-Drucks. 16/0067, S. 103.
64 Vgl. dazu die Erl. Zu § 171 AktG.

fers für die geprüfte Gesellschaft, welche dieser **zusätzlich zur Abschlussprüfung** erbringt. Risiken können sich insbesondere aus dem Leistungsinhalt im Hinblick auf das Verbot der Selbstprüfung ergeben[65]. Dagegen wird die bloße Tatsache, dass solche Leistungen marktüblich honoriert werden, regelmäßig nicht zur Besorgnis der Befangenheit führen[66], solange keine Auftragsabhängigkeit[67] festzustellen ist. Derartige zusätzlich erbrachte Leistungen des Abschlussprüfers sind nach § 107 Abs. 3 Satz 2 AktG ebenfalls Gegenstand der Überwachungsaufgabe des Aufsichtsrats bzw. des Prüfungsausschusses. Dies bedeutet nicht, dass er solche Aufträge unterbinden oder ihre Ausführung inhaltlich überwachen müsste. Auch ist keine Notwendigkeit ersichtlich, die Erteilung von Aufträgen von einer vorherigen Zustimmung des Aufsichtsrats abhängig zu machen[68] (*preapproval*), wie dies nach dem Sarbanes-Oxley Act gefordert wird[69]. Vielmehr wird er sich auf fallweise Überprüfung des Inhalts solcher zusätzlicher Aufträge unter dem Gesichtspunkt des Selbstprüfungsverbots sowie auf die eigenständige Würdigung der ihm vom Abschlussprüfer unterbreiteten oder sonst bekannt werdenden Problemfälle[70] konzentrieren können.

73 Der Gesetzeswortlaut in § 107 Abs. 3 Satz 2 AktG bringt nicht deutlich zum Ausdruck, dass dem Prüfungsausschuss auch und insbesondere die Aufgabe übertragen werden kann, die **Prüfung des Jahresabschlusses und des Konzernabschlusses** für das Plenum vorzubereiten[71]. Diese Prüfung obliegt dem Aufsichtsrat nach § 171 AktG parallel zur externen Prüfung durch den Abschlussprüfer. Gerade auch die Aufgabe, den Rechnungslegungsprozess zu überwachen, führt zwangsläufig auch dazu, dem Prüfungsausschuss die Prüfung des Ergebnisses dieses Prozesses zu übertragen. Die abschließende Beschlussfassung über die Billigung liegt dann nach § 107 Abs. 3 Satz 3 AktG zwingend beim Plenum.

74 Handelt es sich um eine kapitalmarktorientierte Gesellschaft iSd. § 264d HGB, so besteht eine weitere, in § 107 AktG nicht erwähnte Aufgabe des Prüfungsausschusses darin, dem (Gesamt-) Aufsichtsrat eine **Empfehlung zur Wahl des Abschlussprüfers** zu geben. Nach § 124 Abs. 3 Satz 2 AktG ist im Rahmen der Bekanntmachung der Tagesordnung der Hauptversammlung der Vorschlag des Aufsichtsrats zur Wahl des Abschlussprüfers auf diese Empfehlung zu stützen. Bereits aus dieser Formulierung wird deutlich, dass der Aufsichtsrat an den Vorschlag des Prüfungsausschusses nicht gebunden ist. Da er sich jedoch auf die Empfehlung zu „stützen" hat, kann er sie aber auch nicht einfach unbeachtet lassen und ohne gewichtigen Grund darüber hinweggehen. Nach der Begründung zum Regierungsentwurf des BilMoG muss der **Aufsichtsrat** in seinem **Beschlussvorschlag gegenüber der Hauptversammlung** darlegen und begründen, wenn er im Ausnahmefall von der Empfehlung des Prüfungsausschusses abweicht[72].

---

65 Vgl. dazu § 23a BS WP/vBP.
66 Zur grundsätzlichen Vereinbarkeit von Prüfung und Beratung vgl. *ADS*[6], § 319 HGB Tz. 118 ff.; *Ebke* in Münchener Komm. HGB[2], § 319 Rdnr. 58 f.
67 Vgl. dazu §§ 319 Abs. 3 Satz 1 Nr. 5, 319a Abs. 1 Satz 1 Nr. 1 HGB.
68 So bereits Baums (Hrsg.), Bericht der Regierungskommission Corporate Governance, Köln 2001, R. 305.
69 Vgl. Sec. 10A (h) und (i) SEA 1934, eingefügt durch sec. 201 (a), 202 SOA; vgl. auch *Kropff* in Semler/v. Schenck, Arbeitshandbuch für Aufsichtsratsmitglieder, 3. Aufl. München 2009, § 8 Rdnr. 89; *Wilms* in Semler/v. Schenck, a.a.O., § 14 Rdnr. 97; *Menzies* (Hrsg.), Sarbanes-Oxley Act, Stuttgart 2004, S. 62.
70 Vgl. *Kropff* in Semler/v. Schenck, Arbeitshandbuch für Aufsichtsratsmitglieder, 3. Aufl. München 2009, § 8 Rdnr. 201.
71 Vgl. dazu etwa *Gittermann* in Semler/v. Schenck, Arbeitshandbuch für Aufsichtsratsmitglieder, 3. Aufl. München 2009, § 6 Rdnr. 153 ff.
72 Vgl. Begr. RegE, BT-Drucks. 10/10067, S. 103.

Da die Beschlussfassung über den Beschlussvorschlag zur Prüferwahl nach der Regelung in § 107 Abs. 3 Satz 3 AktG nicht zu den unentziehbaren Aufgaben des Plenums gehört, kann die Kompetenz zur **abschließenden Beschlussfassung** auch dem Prüfungsausschuss übertragen werden. Dann entfällt natürlich der Anwendungsbereich für § 124 Abs. 3 Satz 2 AktG. 75

4. Zusammensetzung des Prüfungsausschusses

Die Mitglieder des Prüfungsausschusses sind nach § 107 Abs. 3 Satz 1 AktG „aus der Mitte" des Aufsichtsrats zu wählen. In der **Zusammensetzung** ist der Aufsichtsrat frei; auch die **Größe** kann er frei bestimmen. Dabei sollte er sich jedoch von der Arbeitseffizienz kleinerer Gremien leiten lassen. Üblicherweise haben Prüfungsausschüsse bis zu sechs Mitglieder[73]. Arbeitnehmervertreter können, müssen aber nicht vertreten sein. Im Zweifel gibt die Sachkunde den Ausschlag. 76

Wird bei **kapitalmarktorientierten** Gesellschaften iSd. § 264d HGB ein Prüfungsausschuss eingerichtet, so muss nach § 100 Abs. 4 AktG mindestens eines seiner Mitglieder die Voraussetzungen des § 100 Abs. 5 AktG erfüllen, also ein **unabhängiges Mitglied** mit **Sachverstand** auf den Gebieten Rechnungslegung oder Abschlussprüfung sein. Hinsichtlich der Einzelheiten wird auf die Kommentierung zu § 100 Abs. 5 AktG verwiesen (vgl. Tz. 24 ff.). Wird diese Anforderung bei dem Beschluss über die Bildung des Prüfungsausschusses nicht beachtet, leidet der Beschluss insgesamt unter einem schwerwiegenden inhaltlichen Mangel und ist daher nichtig[74]. Die Aufgaben obliegen in diesem Fall unverändert dem Gesamtaufsichtsrat. 77

Diese Pflicht gilt unabhängig davon, ob sich der Ausschuss Prüfungsausschuss nennt oder ob er eine **andere Bezeichnung** (Bilanzausschuss, *Audit Committee*) trägt. Ausschlaggebend ist, ob er die in § 107 Abs. 3 Satz 2 AktG bezeichneten Funktionen vollständig oder in erheblichem Umfang übernommen hat. Auch ein reiner Bilanzausschuss, dem keine Fragen des *Controllings* übertragen sind, muss danach ein unabhängiges sachkundiges Mitglied haben. Sind die Aufgaben nach § 107 Abs. 3 Satz 2 AktG **zwei Ausschüssen** übertragen, gilt die Anforderung des § 107 Abs. 4 AktG für beide Ausschüsse. Es genügt natürlich, wenn die Voraussetzung durch die Mitgliedschaft ein und derselben Person in beiden Ausschüssen erfüllt wird. 78

Das Gesetz schreibt nicht vor, welche Rolle das unabhängige sachverständige Mitglied zu übernehmen hat. Insbesondere wird nicht vorausgesetzt, dass es den **Vorsitz des Prüfungsausschusses** übernimmt. Dies liegt jedoch nahe, wenn es nur ein solches Mitglied gibt und dieses benannt wird. Erforderlich ist dies jedoch nicht. Nach Ziff. 5.3.2 DCGK soll (Empfehlung) der Vorsitzende des Prüfungsausschusses über besondere Kenntnisse und Erfahrungen in der Anwendung von Rechnungslegungsgrundsätzen und internen Kontrollverfahren verfügen. Er sollte (Anregung) **kein ehemaliges Vorstandsmitglied** der Gesellschaft sein. Diese Anregung wird durch § 107 Abs. 3 Satz 5 AktG in der Fassung des VorstAG[75] dahin verschärft, dass Mitglied eines Prüfungsausschusses nicht sein kann, wer in den letzten drei Jahren Vorstandsmitglied der Gesellschaft war. Hiermit sollen mögliche Interessenkonflikte aufgrund vorheriger Vorstandstätigkeit vermieden werden und weiterhin verhindert werden, dass die Auf- 79

---

73   Vgl. *Kropff* in Semler/v. Schenck, Arbeitshandbuch für Aufsichtsratsmitglieder, 3. Aufl. München 2009, § 8 Rdnr. 257.
74   Vgl. *Semler* in Semler/v. Schenck, Arbeitshandbuch für Aufsichtsratsmitglieder, 3. Aufl. München 2009, § 1 Rdnr. 201 mwN; *WPH*[13], Bd. I, U Tz. 99.
75   Vgl. Entwurf eines Gesetzes zur Angemessenheit der Vorstandsvergütung, BT-Drucks. 16/12278.

deckung von Unstimmigkeiten in der Vergangenheit von dem ehemaligen Vorstandsmitglied unterbunden wird.

II. Übergangsvorschriften

80 § 12 Abs. 4 EGAktG sieht vor, dass § 107 Abs. 4 AktG keine Anwendung findet, solange alle Mitglieder des Aufsichtsrats und des Prüfungsausschusses vor dem Tag des Inkrafttretens des BilMoG, dh. dem 29. Mai 2009, bestellt worden sind. Wie bereits zu § 100 Abs. 5 AktG erläutert (vgl. Tz. 54), wird damit eine **Anpassungsfrist bis zur nächsten Bestellung eines Aufsichtsratsmitglieds**, idR. also bis zum Ende der Amtszeit der amtierenden Aufsichtsratsmitglieder, gewährt. Dem liegt der Gedanke zugrunde, dass kein Mitglied des Gremiums wegen der Pflicht zur Bestellung wenigstens eines unabhängigen sachkundigen Mitglieds vorzeitig abberufen werden soll.

81 Hat eine Gesellschaft einen Prüfungsausschuss und gehört diesem kein unabhängiges sachkundiges Mitglied an, ist ein solches aber im Gesamtaufsichtsrat vertreten, sollte die Besetzung des Prüfungsausschusses unbeschadet der Übergangsvorschrift kurzfristig an die neue Anforderung des § 107 Abs. 4 AktG angepasst werden, da dies auch durch **Zubestellung** ohne Abberufung oder Niederlegung möglich ist. Noch weitergehend als bei der Regelung des § 100 Abs. 5 AktG wird jedoch anzunehmen sein, dass einem bereits bei Inkrafttreten des neuen Rechts gebildeten Prüfungsausschuss die erforderliche sachkundige Person angehört; in vielen Fällen wird sie auch unabhängig sein.

82 Für die Regelung in § 107 Abs. 3 Satz 2 AktG zur **Bildung eines Prüfungsausschusses** und zu dessen Aufgaben enthält das Gesetz keine Übergangsregelung. Dies war auch nicht erforderlich, weil die Norm ohnehin keine Pflicht zur Bildung eines Prüfungsausschusses begründet. Die neu gefassten Regelungen zur Aufgabenstellung haben im Wesentlichen klarstellenden Charakter und waren im Grunde bereits nach alter Rechtslage zu beachten. Die Mitglieder des Prüfungsausschusses bzw. des Aufsichtsrats sind ab Inkrafttreten des BilMoG gehalten, auf die Einhaltung dieser konkretisierten gesetzlichen Vorgaben zu achten.

83 Für § 34 SEAG, der vorschreibt, dass dem Prüfungsausschuss einer **monistischen SE** ein unabhängiges sachkundiges Mitglied angehören muss und dass der Vorsitzende des Prüfungsausschusses nicht geschäftsführender Direktor sein darf, bestimmt § 54 SEAG ebenfalls eine Anpassungsfrist bis zur nächstmöglichen Aufsichtsratsbestellung, idR. also bis zum Ablauf der Amtszeit des gegenwärtigen Aufsichtsrats.

84 Zur Regelung in § 124 Abs. 3 Satz 2 AktG, wonach der Prüfungsausschuss dem Gesamtaufsichtsrat eine **Empfehlung** zu dessen Vorschlag an die Hauptversammlung zur **Wahl des Abschlussprüfers** zu machen hat, gibt es keine Übergangsregelung. Die Norm ist danach seit Inkrafttreten des BilMoG anzuwenden. Ihre Anwendung setzt voraus, dass es bereits einen Prüfungsausschuss gibt. Aus Praktikabilitätsgründen wird sie in solchen Fällen nicht anzuwenden sein, in denen zu der Sitzung des Aufsichtsrats, in der über die Beschlussvorschläge nach § 124 Abs. 3 AktG beschlossen werden soll, bereits eingeladen worden ist. In diesen Fällen käme eine Befassung des Prüfungsausschusses zu spät. Regelmäßig dürfte es aber bereits jetzt gute Übung sein, dass sich der Prüfungsausschuss mit dem Wahlvorschlag befasst. War dies der Fall, dürfte im Übergang auf das neue Recht ein formeller Vorschlag an den Aufsichtsrat entbehrlich sein, zumal der Aufsichtsrat ohnehin nicht gebunden ist.

§ 161 AktG
Erklärung zum Corporate Governance Kodex

(1) ¹Vorstand und Aufsichtsrat der börsennotierten Gesellschaft erklären jährlich, dass den vom Bundesministerium der Justiz im amtlichen Teil des elektronischen Bundesanzeigers bekannt gemachten Empfehlungen der „Regierungskommission Deutscher Corporate Governance Kodex" entsprochen wurde und wird oder welche Empfehlungen nicht angewendet wurden oder werden **und warum nicht**. ²Gleiches gilt für **Vorstand und Aufsichtsrat einer Gesellschaft, die ausschließlich andere Wertpapiere als Aktien zum Handel an einem organisierten Markt im Sinn des § 2 Abs. 5** des Wertpapierhandelsgesetzes ausgegeben hat und deren ausgegebene Aktien **auf eigene Veranlassung über ein multilaterales Handelssystem im Sinn des § 2 Abs. 3 Satz 1 Nr. 8 des Wertpapierhandelsgesetzes gehandelt** werden.

(2) **Die Erklärung ist auf der Internetseite der Gesellschaft dauerhaft öffentlich zugänglich zu machen.**

Inhaltsverzeichnis Tz.

I. Erklärung zum *Corporate Governance* Kodex
   1. Erläuterung von Abweichungen .... 85 – 88
   2. Anwendungsbereich der Vorschrift .... 89 – 91
   3. Art und Weise der Zugänglichmachung .... 92 – 94
II. Übergangsregelungen .... 95 – 97

I. Erklärung zum *Corporate Governance* Kodex

1. Erläuterung von Abweichungen

Der **Inhalt** der Entsprechenserklärung nach § 161 AktG ist durch das **BilMoG erweitert** worden. Nach § 161 Abs. 1 Satz 1 AktG muss in der Erklärung nunmehr neben der Angabe, welche Empfehlungen nicht angewandt wurden, auch angegeben werden, warum diese Empfehlungen nicht angewandt werden. Mit dieser Erweiterung wird zugleich die bisher geltende Empfehlung in Ziff. 3.10 DCGK in das Gesetz übernommen und damit verbindlich[76]. Diese Erweiterung des Inhalts der Entsprechenserklärung beruht auf der Vorgabe in Art. 46a Abs. 1 lit. b der Abschlussprüferrichtlinie in der Fassung der Abänderungsrichtlinie[77].   **85**

Im Unterschied zu der bisherigen Empfehlung im Kodex ist diese Angabe nicht mehr nur im *Corporate Governance* Bericht zu machen, sondern in die **Entsprechenserklärung** selbst aufzunehmen. Dies bedingt, dass es sich nur um kurzgefasste Angaben handeln kann und muss. Vertiefende Ausführungen[78] können nach wie vor in den *Corporate Governance* Bericht aufgenommen werden.   **86**

Die Erklärung darf sich nicht auf die Benennung der nicht befolgten Kodexempfehlungen beschränken, sondern muss die **Beweggründe** erkennen lassen, aus denen abgewichen worden ist und/oder zukünftig abgewichen werden soll. Erforderlich ist zwar   **87**

---

76 Vgl. *DAV-Handelsrechtsausschuss*, NZG 2008, 616.
77 Vgl. Richtlinie 2006/46/EG des Europäischen Parlaments und des Rates vom 14. Juni 2006, ABl. EU v. 16.8.2006, Nr. L 224, S. 4.
78 Vgl. *v. Werder* in Ringleb/Kremer/Lutter/v.Werder, DCGK, 3. Aufl. München 2008, Ziff. 3.10 Rdnr. 547: Die Darstellung soll eine solche Breite und Tiefe haben, dass die Adressaten hinreichend vom Sinn der Abweichungen überzeugt werden.

keine schlüssige Begründung; die Teilnehmer des Kapitalmarkts sollten jedoch erkennen können, aufgrund welcher Besonderheiten der Gesellschaft oder auch aufgrund welcher allgemeinen Überlegungen das Unternehmen die Empfehlungen nicht umsetzt. Allgemein gehaltene Phrasen („... ist für unser Haus unzweckmäßig") genügen den Anforderungen nicht[79]. Ggf. sollte erläutert werden, wie das Unternehmen stattdessen verfahren ist oder wird.

88 Wird die **Befolgung** aus grundsätzlichen Erwägungen **insgesamt abgelehnt**, muss dies begründet werden. Ein Eingehen auf die einzelnen Empfehlungen ist dann nicht erforderlich.

2. Anwendungsbereich der Vorschrift

89 Durch die Regelung in § 161 Abs. 1 Satz 2 AktG wird der Anwendungsbereich des § 161 AktG erweitert. Nach Satz 1 gilt die Pflicht, eine Entsprechenderklärung abzugeben, bisher nur für Gesellschaften, deren **Aktien börsennotiert** sind[80]. Gesellschaften, deren Aktien im Freiverkehr gehandelt werden, fallen nicht unter diese Regelungen.

90 Nach Art. 46a Abs. 3 der Abschlussprüferrichtlinie in der Fassung der Abänderungsrichtlinie war der Anwendungsbereich jedoch unter bestimmten Voraussetzungen auf Gesellschaften auszudehnen, deren Aktien nur im Freiverkehr gehandelt werden. Durch diese **Erweiterung des Kreises der Normadressaten** wird die Parallelität zur Verpflichtung hergestellt, nach § 289a HGB in den Lagebericht eine Erklärung zur Unternehmensführung aufzunehmen, die auch den Wortlaut der *Corporate Governance* Erklärung enthalten muss.

91 Die Pflicht zur Abgabe einer Entsprechenserklärung wird durch den neuen § 161 Abs. 1 Satz 2 AktG auf Vorstand und Aufsichtsrat solcher Aktiengesellschaften ausgedehnt, deren **Aktien** selbst zwar nur über ein **multilaterales Handelssystem** – zB im Freiverkehr – gehandelt werden, die aber zugleich **andere Wertpapiere** (zB Schuldverschreibungen) zum Handel an einem **organisierten Markt** zugelassen haben (vgl. Abschnitt P Tz. 6).

3. Art und Weise der Zugänglichmachung

92 Nach dem Wortlaut des § 161 Satz 2 AktG aF war die Erklärung den Aktionären **dauerhaft zugänglich** zu machen. Die Auswahl geeigneter Medien war der Gesellschaft überlassen. Der DCGK selbst sah in Ziff. 6.8 vor, dass von der Gesellschaft veröffentlichte Informationen über die Internetseite der Gesellschaft zugänglich sein sollten. Dies entsprach damit auch der allgemeinen Handhabung[81].

93 § 161 Abs. 2 AktG ordnet nunmehr ausdrücklich an, dass die Erklärung auf der **Internetseite** der Gesellschaft dauerhaft öffentlich zugänglich zu machen ist. Hierdurch wird zum einen die Art und Weise der Veröffentlichung klar festgelegt; eine Offenlegung nur in Papierform genügt den Anforderungen nicht mehr. Zum anderen wird der Adressatenkreis der Erklärung über die Aktionäre der Gesellschaft hinaus weiter ausgedehnt[82]. Diese aus deutscher Sicht eigentlich nicht erforderlichen Änderungen sind

---

[79] Vgl. *v. Werder* in Ringleb/Kremer/Lutter/v.Werder, DCGK, 3. Aufl. München 2008, Ziff. 3.10 Rdnr. 547.
[80] Vgl. *Hüffer*, AktG[8], § 161 Rdnr. 6.
[81] Vgl. *Hüffer*, AktG[8], § 161 Rdnr. 23; *Ringleb* in Ringleb/Kremer/Luttter/v. Werder, DCGK, 3. Aufl. München 2008, Rdnr. 1575; *Semler* in Münchener Komm. AktG[2], § 161 Rdnr. 161 f.
[82] Vgl. Begr. RegE, BT-Drucks. 16/10067, S. 104; *Boecker/Petersen/Zwirner*, in Petersen/Zwirner, BilMoG, S. 624.

der Umsetzung von Art. 46a Abs. 2 der Abschlussprüferrichtlinie in der Fassung der Abänderungsrichtlinie geschuldet.

Nach § 289a Abs. 2 Nr. 2 HGB ist die Entsprechenserklärung nicht nur im Internet zu veröffentlichen, sondern auch in die Erklärung zur Unternehmensführung aufzunehmen, die Bestandteil des Lageberichts ist (vgl Abschnitt P Tz. 12). Die Verpflichtung nach § 285 Satz 1 Nr. 16 HGB, im **Anhang** Angaben zur Abgabe der *Corporate Governance* Erklärung zu machen, wird durch das BilMoG im Grundsatz nicht berührt (vgl. Abschn. O Tz. 66 ff.). Der dort geänderte Gesetzeswortlaut trägt nur der oben dargestellten Erweiterung des Adressatenkreises Rechnung. 94

II. Übergangsregelungen

Für die Neufassung des § 161 AktG gibt es keine besonderen Übergangsregelungen, so dass sie mit **Inkrafttreten des BilMoG**, dh. am 29. Mai 2009, anwendbar geworden ist. 95

Für die praktische Umsetzung wird es nicht zu beanstanden sein, wenn der **zusätzliche Inhalt** (Erläuterung der Abweichungen) erstmals in solche Erklärungen aufgenommen wird, die von Vorstand und Aufsichtsrat **nach dem Inkrafttreten beschlossen** werden. Erklärungen, die schon durch Beschluss der Gremien verwirklicht sind, müssen nachträglich nicht mehr ergänzt werden[83]. Dies gilt umso eher, wenn die erforderliche Begründung wegen Ziff. 3.10 DCGK im *Corporate Governance* Bericht enthalten ist. 96

Die Pflicht zur **Offenlegung im Internet** besteht für solche Erklärungen, die nach Inkrafttreten neu veröffentlicht werden, nicht aber für früher veröffentlichte Erklärungen. 97

---

83 Vgl. *Ihrig*, ZIP 2009, S. 853; *Hoffmann-Becking/Krieger*, ZIP 2009, S. 904, aA *Mutter*, ZIP 2009, S. 751, der eine „umgehende Aktualisierung" der Erklärung für geboten hält.

§ 171 AktG
Prüfung durch den Aufsichtsrat

(1) ¹Der Aufsichtsrat hat den Jahresabschluß, den Lagebericht und den Vorschlag für die Verwendung des Bilanzgewinns zu prüfen, bei Mutterunternehmen (§ 290 Abs. 1, 2 des Handelsgesetzbuchs) auch den Konzernabschluß und den Konzernlagebericht. **²Ist der Jahresabschluss oder der Konzernabschluss durch einen Abschlussprüfer zu prüfen, so hat dieser an den Verhandlungen des Aufsichtsrats oder des Prüfungsausschusses über diese Vorlagen teilzunehmen und über die wesentliche Ergebnisse seiner Prüfung, insbesondere wesentliche Schwächen des internen Kontroll- und des Risikomanagementsystems bezogen auf den Rechnungslegungsprozess, zu berichten. ³Er informiert über Umstände, die seine Befangenheit besorgen lassen und über Leistungen, die er zusätzlich zu den Abschlussprüfungsleistungen erbracht hat.**

(2) ¹Der Aufsichtsrat hat über das Ergebnis der Prüfung schriftlich an die Hauptversammlung zu berichten. ²In dem Bericht hat der Aufsichtsrat auch mitzuteilen, in welcher Art und in welchem Umfang er die Geschäftsführung der Gesellschaft während des Geschäftsjahrs geprüft hat; bei börsennotierten Gesellschaften hat er insbesondere anzugeben, welche Ausschüsse gebildet worden sind, sowie die Zahl seiner Sitzungen und die der Ausschüsse mitzuteilen. ³Ist der Jahresabschluß durch einen Abschlußprüfer zu prüfen, so hat der Aufsichtsrat ferner zu dem Ergebnis der Prüfung des Jahresabschlusses durch den Abschlußprüfer Stellung zu nehmen. ⁴Am Schluß des Berichts hat der Aufsichtsrat zu erklären, ob nach dem abschließenden Ergebnis seiner Prüfung Einwendungen zu erheben sind und ob er dem vom Vorstand aufgestellten Jahresabschluß billigt. ⁵Bei Mutterunternehmen (§ 290 Abs. 1, 2 des Handelsgesetzbuchs) finden die Sätze 3 und 4 entsprechende Anwendung auf den Konzernabschluss.

(3) ¹Der Aufsichtsrat hat seinen Bericht innerhalb eines Monats, nachdem ihm die Vorlagen zugegangen sind, dem Vorstand zuzuleiten. ²Wird der Bericht dem Vorstand nicht innerhalb der Frist zugeleitet, hat der Vorstand dem Aufsichtsrat unverzüglich eine weitere Frist von nicht mehr als einem Monat zu setzen. ³Wird der Bericht dem Vorstand nicht vor Ablauf der weiteren Frist zugeleitet, gilt der Jahresabschluß als vom Aufsichtsrat nicht gebilligt; bei Mutterunternehmen (§ 290 Abs. 1, 2 des Handelsgesetzbuchs) gilt das Gleiche hinsichtlich des Konzernabschlusses.

(4) ¹Die Absätze 1 bis 3 gelten auch hinsichtlich eines Einzelabschlusses nach § 325 Abs. 2a des Handelsgesetzbuchs. ²Der Vorstand darf den in Satz 1 genannten Abschluss erst nach dessen Billigung durch den Aufsichtsrat offen legen.

Inhaltsverzeichnis
Tz.

I. Prüfung des Jahresabschlusses durch den Aufsichtsrat
 1. Überblick 98
 2. Teilnahme und Berichtspflicht gegenüber dem Prüfungsausschuss .... 99 – 100
 3. Berichterstattung über festgestellte wesentliche Schwächen des internen Kontroll- und Risikomanagementsystems (Abs. 1 Satz 2) .... 101 – 104
 4. Berichterstattung über befangenheitsrelevante Umstände (Abs. 1 Satz 3) .... 105 – 115

II. Übergangsregelungen .... 116 – 118

I. Prüfung des Jahresabschlusses durch den Aufsichtsrat

1. Überblick

Die Vorschrift des § 171 AktG, die sich mit der Prüfung des Jahres- oder Konzernabschlusses durch den Aufsichtsrat befasst, ist durch das BilMoG in drei Punkten **geändert** worden. Diese betreffen

- die Teilnahme des Abschlussprüfers an der Bilanzsitzung des Prüfungsausschusses,
- den Inhalt seiner Berichterstattung sowie
- die Ergänzung der Informationspflicht im Hinblick auf Umstände, die für die Unbefangenheit des Abschlussprüfers bedeutsam sein können.

98

2. Teilnahme- und Berichtspflicht gegenüber dem Prüfungsausschuss

Die **Nennung des Prüfungsausschusses** anstelle der bisherigen Bezeichnung „eines Ausschusses" stellt klar, dass es sich nach dem Sachzusammenhang um den Ausschuss handeln soll, der sich ua. mit der Prüfung des Jahres- und des Konzernabschlusses befasst. Diese Änderung steht im Zusammenhang mit der Neufassung der Regelungen über die innere Ordnung des Aufsichtsrats in § 107 AktG, die in Abs. 3 Satz 2 nunmehr ausdrücklich die Möglichkeit zu Einrichtung eines Prüfungsausschusses vorsehen, der dann mindestens einen unabhängigen Finanzexperten iSd. § 100 Abs. 5 AktG aufweisen muss (vgl. Tz 24).

99

Nach alter Rechtslage war der Abschlussprüfer verpflichtet, an den Verhandlungen des Aufsichtsrats oder „eines Ausschusses" teilzunehmen[84]. Der geänderte Wortlaut soll nach der Begründung zum Regierungsentwurf des BilMoG[85] zugleich den **Pflichtenkreis des Abschlussprüfers** einschränken. Dieser sei nur zur Berichterstattung gegenüber dem Prüfungsausschuss oder dem Gesamtaufsichtsrat verpflichtet, nicht aber gegenüber andern Ausschüssen. Dem ist insoweit zuzustimmen, als es um Ausschüsse mit anderen, rechnungslegungsfernen Themen geht. Wenn zu den Aufgaben anderer Ausschüsse jedoch Themen gehören, die entweder einem Prüfungsausschuss überwiesen werden könnten oder die einen engen Bezug zur Abschlussprüfung haben, wird davon auszugehen sein, dass der Abschlussprüfer auf vertraglicher Grundlage hinzugezogen werden kann und soll.

100

3. Berichterstattung über festgestellte wesentliche Schwächen des internen Kontroll- und Risikomanagementsystems (Abs. 1 Satz 2)

Die zweite Änderung des § 171 Abs. 1 AktG betrifft den **Umfang der Berichterstattungspflicht** des Abschlussprüfers. Wie bisher hat der Abschlussprüfer über die wesentlichen Ergebnisse seiner Prüfung zu berichten. Insoweit geht das deutsche Recht über die Abschlussprüferrichtlinie hinaus[86], was letztlich auf der eigenständigen Prüfungspflicht des Aufsichtsrats im Bezug auf den Jahres- und den Konzernabschluss beruht.

101

Durch den neu gefassten Gesetzeswortlaut wird die Berichtspflicht dahingehend ergänzt, dass er insbesondere auch über wesentliche **Schwächen** des internen Kontroll-

102

---

84 Zum Umfang der Teilnahmepflicht nach alter Rechtslage vgl. *ADS*[6] (ErgBd.) § 171 AktG Tz. 13 ff.; *Hüffer*, AktG[8], § 171 Anm. 11 ff.
85 Vgl. Begr. RegE, BT-Drucks. 16/10067, S. 104.
86 Vgl. Begr. RegE, BT-Drucks. 16/10067, S. 104.

und **Risikomanagementsystems** bezogen auf den **Rechnungslegungsprozess** zu berichten hat. Mit dieser Regelung wird die inhaltliche Vorgabe des Art. 41 Abs. 4 der Abschlussprüferrichtlinie umgesetzt. Mit der expliziten Nennung des Risikomanagementsystems geht der deutsche Gesetzgeber über die wörtliche Vorgabe der Abschlussprüferrichtlinie hinaus[87]. Da es jeweils auf die Berührungspunkte der internen Systeme mit dem Rechnungslegungsprozess ankommt, ist eine scharfe Abgrenzung der jeweiligen Teilbereiche ohnehin weder zweckmäßig noch erforderlich. Die entsprechende Erweiterung des Gesetzeswortlauts erscheint daher sinnvoll.

103 Die Berichterstattung über solche Schwächen, die bei der Abschlussprüfung festgestellt worden sind[88], war bereits bisher gute Übung. Teilweise wurde sie mündlich gegenüber dem Vorstand, in einem Management Letter oder aber im Prüfungsbericht ausgeübt. Auch wegen der **erweiterten Aufgabenstellung des Prüfungsausschusses**, der sich nach § 107 Abs. 3 Satz 2 AktG auch mit dem rechnungslegungsbezogenen internen Kontroll- und Risikomanagementsystem auseinandersetzen soll, erscheint es sachgerecht, dass dem Prüfungsausschuss einschlägige Feststellungen des Abschlussprüfers zur Kenntnis gebracht werden.

104 Die Regelung hindert natürlich nicht eine **schriftliche Berichterstattung**, wie sie in Deutschland durch den Prüfungsbericht erfolgt. Sie stellt nur klar, dass wesentliche Schwachpunkte zusätzlich auch in der **mündlichen Berichterstattung** gegenüber dem Prüfungsausschuss oder dem Aufsichtsrat angesprochen werden müssen. Schwerpunktmäßig sind solche Feststellungen in der Sitzung des Prüfungsausschusses zu thematisieren. Je nach den Verhältnissen des Einzelfalls ist zu entscheiden, ob sie vom Abschlussprüfer zusätzlich auch in der Sitzung des Gesamtaufsichtsrats angesprochen werden sollen, falls der Abschlussprüfer zu beiden Sitzungen eingeladen wird.

4. Berichterstattung über befangenheitsrelevante Umstände (Abs. 1 Satz 3)

105 Mit der Erweiterung der Berichtspflicht im neu eingefügten § 171 Abs. 1 Satz 3 AktG wird Art. 42 Abs. 1 lit. b und c der Abschlussprüferrichtlinie umgesetzt. Hierdurch wird der Aufsichtsrat bzw. Prüfungsausschuss dazu angehalten, sich mit der Frage der **Unabhängigkeit des Abschlussprüfers** zu beschäftigen. Durch die erweiterte Berichtspflicht soll die Transparenz im Verhältnis zwischen Abschlussprüfer und Aufsichtsrat erhöht werden[89].

106 Die Befassung des Aufsichtsrats tritt ergänzend neben die **Pflichten des Abschlussprüfers**, der schon aufgrund der berufsrechtlichen Vorschriften jederzeit sicherzustellen hat, dass etwaige Befangenheitsgründe nicht auftreten bzw. unverzüglich abgestellt werden, und der auch eigenständig verpflichtet ist, ggf. den Auftrag zu beenden, wenn eine eingetretenen Befangenheit nicht anders beseitigt werden kann.

107 Nach § 171 Abs. 1 Satz 3 erste Alt. AktG hat der Abschlussprüfer „über **Umstände**, die seine **Befangenheit** besorgen lassen", zu informieren. Der unglücklich gewählte Gesetzeswortlaut könnte den Eindruck erwecken, der Abschlussprüfer wäre im Rahmen einer Selbstbezichtigung angehalten, sämtliche erdenklichen belastenden Gesichts-

---

[87] Vgl. Begr. RegE, BT-Drucks. 16/10067, S. 104.
[88] Festzuhalten bleibt, dass der Umfang der Prüfungspflichten durch die Berichtspflicht nicht erweitert wird, so dass es nur um solche Schwächen geht, die der Abschlussprüfer bei seiner abschlussbezogenen Prüfungstätigkeit festgestellt hat. Diese werden insb. das rechnungslegungsbezogene interne Kontrollsystem betreffen.
[89] Vgl. Begr. RegE, BT-Drucks. 16/10067, S. 105.

punkte anzugeben, aus denen sich die Besorgnis seiner Befangenheit ergeben könnte. Die Regierungsbegründung[90] verweist dagegen auf den Wortlaut des Art. 42 Abs. 1lit. c der Abschlussprüferrichtlinie, wonach der Abschlussprüfer die Risiken für seine Unabhängigkeit sowie die von ihm ergriffenen Schutzmaßnahmen zur Minderung dieser Risiken mit dem Aufsichtsrat bzw. Prüfungsausschuss zu erörtern hat. Zu erwähnen sind danach nur bedeutsame Risiken.

Nach § 171 Abs. 1 Satz 3 zweite Alt. AktG hat der Abschlussprüfer den Aufsichtsrat bzw. den Prüfungsausschuss über die von ihm gegenüber dem geprüften Unternehmen erbrachten **zusätzlichen Leistungen** zu informieren. Hintergrund dieser Berichtspflicht sind zwei Wirkungszusammenhänge, die bei Erbringung sonstiger Leistungen die Besorgnis der Befangenheit begründen können. **108**

Dabei geht es zum einen – und in erster Linie – um die **Art der sonstigen Leistungen**. Hier muss sichergestellt sein, dass sie nicht zu einer Inhabilität wegen des Risikos der Selbstprüfung führen. Insbesondere die wesentliche Mitwirkung an der Führung der Bücher oder der Aufstellung des zu prüfenden Abschlusses sowie die Erbringung von Bewertungsleistungen (§ 319 Abs. 3 Satz 1 Nr. 3 lit. a, d HGB), bei Prüfung von Unternehmen iSd. § 264d HGB auch die Erbringung bestimmter Rechts- und Steuerberatungsleistungen und von Leistungen in Bezug die Entwicklung, Einrichtung und Einführung von Rechnungslegungsinformationssystemen (§ 319a Abs. 1 Satz 1 Nr. 2 und 3 HGB) sind hier von Bedeutung. Der Prüfungsausschuss bzw. der Aufsichtsrat soll sich bei solchen Aufträgen in Grenzbereichen selbst ein Bild machen können. **109**

Auch wenn zu erwarten ist, dass die Zulässigkeitsvoraussetzungen bereits bei der Auftragserteilung durch Vorstand und Abschlussprüfer sorgfältig geprüft und eigehalten worden sind, dient die Berichterstattung doch der **unternehmensinternen Offenlegung** solcher Aufträge und erhöht damit das Vertrauen in ein normgemäßes Verhalten. **110**

Wie sich der gesetzlichen Regelung entnehmen lässt, genügt schon wegen der rechtlichen Pflichten und der hieran anknüpfenden Sanktionen, die vor allem den Abschlussprüfer betreffen, die **nachträgliche Berichterstattung** gegenüber dem Prüfungsausschuss bzw. dem Aufsichtsrat. Einen generellen Genehmigungsvorbehalt (*preapproval*) für die Vereinbarung weiterer Leistungen mit dem Abschlussprüfer hat der deutsche Gesetzgeber nicht vorgesehen (vgl. Tz. 72). **111**

Der zweite Gesichtspunkt, aus dem die Information des Prüfungsausschusses bzw. des Aufsichtsrats über sonstige Leistungen des Abschlussprüfers vorgesehen worden ist, betrifft die Möglichkeit, dass die Erbringung sonstiger Leistungen wegen ihrer wirtschaftlichen Bedeutung für den Abschlussprüfer dessen Unabhängigkeit beeinträchtigen könnte. In diesem Zusammenhang ist allerdings zu berücksichtigen, dass der Gesichtspunkt der **Umsatzabhängigkeit** des Abschlussprüfers von bestimmten Prüfungsmandanten bereits durch die verbindlichen Regelungen in § 319 Abs. 3 Satz 1 Nr. 5 HGB (Grenze: 30 v.H.) und für die Prüfung von Unternehmen iSd. § 264d HGB in § 319a Abs. 1 Satz 1 Nr. 1 HGB (Grenze: 15 v.H.) adressiert worden ist. Auch legen signifikante Umsätze für andere Leistungen nicht per se eine Befangenheit nahe, wenn für diese Leistungen eine angemessene marktübliche Vergütung vereinbart worden ist. **112**

Wie sich aus dem Regelungsort in § 171 Abs. 1 AktG ergibt, ist die Information des Prüfungsausschusses bzw. des Aufsichtsrats **jährlich** im Zusammenhang mit der Bi- **113**

---

90 Vgl. Begr. RegE, BT-Drucks. 16/10067, S. 105.

lanzsitzung dieser Gremien vorzunehmen. Sie ist in **mündlicher Form** zu geben. Auf vertraglicher Grundlage (zB aufgrund der Empfehlung in Ziff. 7.2.3 DCGK) kann daneben auch eine frühere Information geboten sein.

114 Die Berichtspflicht nach § 171 Abs. 1 Satz 3 AktG ist im Zusammenhang mit anderen gesetzlichen Regelungen zu sehen. Nach dem ebenfalls durch das BilMoG neu eingeführten § 321 Abs. 4a HGB hat der Abschlussprüfer in einem **besonderen Abschnitt des Prüfungsberichts** schriftlich seine Unabhängigkeit zu erklären (vgl. Abschn. S Tz. 64 ff.). Ferner ist zu beachten, dass der Abschlussprüfer nach der berufsrechtlichen Regelung in § 49 WPO seine **Tätigkeit zu versagen** hätte, wenn eine Besorgnis der Befangenheit besteht. Der Vorstand müsste das Ersetzungsverfahren nach § 318 Abs. 3 HGB betreiben, wenn er von einem Befangenheitsgrund Kenntnis erhält und der Abschlussprüfer den Auftrag nicht von sich aus beendet.

115 Hieraus folgt, dass es zu einer Berichterstattung an den Aufsichtsrat nach § 171 Abs. 1 Satz 3 AktG, die an die vorherige Durchführung der Abschlussprüfung anknüpft, überhaupt nur kommen kann, wenn zumindest nach der Einschätzung von Vorstand und Abschlussprüfer keine Besorgnis der Befangenheit vorliegt. Die entsprechende Informationsweitergabe – auch die Information über sonstige Leistungen des Abschlussprüfers – hat damit in aller Regel den Charakter einer **begründeten Fehlanzeige** für das Vorliegen von Befangenheitsgründen. Für den Prüfungsausschuss bzw. den Aufsichtsrat von Interesse kann daher nur die Darlegung sein, welche bei vernünftiger Betrachtungsweise ernsthaft in Betracht kommenden Risiken für die Unabhängigkeit bestanden und auf welche Weise (zB mit welchen Schutzmaßnahmen iSd. § 22 BS WP/vBP) diesen Risiken begegnet wurde.

II. Übergangsregelungen

116 Für die Neufassung des § 171 AktG gibt es keine besonderen Übergangsregelungen, so dass sie mit **Inkrafttreten des BilMoG**, dh. am 29. Mai 2009, anwendbar geworden ist.

117 Für die praktische Umsetzung bedeutet dies, dass auch die Teilnahme an Sitzungen des Prüfungsausschusses für den Abschlussprüfer verpflichtend ist. Ob dieser bereits nach bisherigem Recht gebildet worden ist, spielt dabei keine Rolle. In die Berichterstattung des Abschlussprüfers müssen die **zusätzlichen Berichtspunkte einbezogen** werden.

118 Unerheblich ist, auf welches **Geschäftsjahr** sich der Abschluss bezieht. Handelt es sich allerdings um ein weiter zurückliegendes Geschäftsjahr, wie dies insbesondere bei Nachtragsprüfungen der Fall sein kann, ist für die Berichterstattung zum internen Kontrollsystem schon aus Aktualitätsgründen idR. kein Raum, während über Befangenheitsgründe auch in diesem Fall zu informieren ist.

Z. Wirtschaftsprüferordnung
(§§ 40a, 43, 51b, 133a, 134 WPO)

Durch das BilMoG werden auch einige Vorschriften der Wirtschaftsprüferordnung (WPO) geändert bzw. neue Regelungen eingefügt. Grundlage hierfür ist in erster Linie das Erfordernis, Vorgaben der Richtlinie 2006/43/EG (sog. Abschlussprüferrichtlinie) in nationales Recht zu transformieren. Nachfolgend werden die wesentlichen Neuerungen betreffend die WPO erläutert. Auf eine Kommentierung von weniger bedeutsamen Änderungen, bloßen Folgeänderungen sowie Anpassungen redaktioneller Art wird verzichtet.

§ 40a WPO
Register für genossenschaftliche Prüfungsverbände und Prüfungsstellen der Sparkassen- und Giroverbände

(1) ¹Bei der Wirtschaftsprüferkammer werden auch die genossenschaftlichen Prüfungsverbände registriert, die Abschlussprüfungen im Sinn des § 340k Abs. 2 Satz 1 des Handelsgesetzbuchs oder des Artikels 25 Abs. 1 Satz 1 des Einführungsgesetzes zum Handelsgesetzbuch durchführen, sowie die Prüfungsstellen der Sparkassen- und Giroverbände. ²§ 37 Abs. 1 gilt entsprechend.

(2) In das Register sind im Einzelnen neben der jeweiligen Registernummer einzutragen:

1. Name und Rechtsform des Prüfungsverbands oder Name der Prüfungsstelle sowie Name und Rechtsform des Trägers der Prüfungsstelle;
2. Tag der Verleihung des Prüfungsrechts und die Behörde, die das Recht verliehen hat, oder gesetzliche Ermächtigung der Prüfungsstelle;
3. Anschrift des Hauptbüros sowie Kontaktmöglichkeiten einschließlich einer Kontaktperson, Internetadresse und, sofern der Prüfungsverband oder die Prüfungsstelle Mitglied in einem Netzwerk ist, Namen und Anschriften aller Mitglieder des Netzwerkes und ihrer verbundenen Unternehmen oder ein Hinweis darauf, wo diese Informationen öffentlich zugänglich sind;
4. Anschriften von weiteren Büros in Deutschland;
5. Namen und Geschäftsadressen aller Mitglieder des Vorstands des Prüfungsverbands oder des Leiters der Prüfungsstelle;
6. Namen und Registernummern der im Namen des Prüfungsverbands oder der Prüfungsstelle tätigen Wirtschaftsprüfer;
7. alle anderen Registrierungen bei zuständigen Stellen anderer Staaten unter Angabe des Namens der Registerstelle sowie der Registernummer;
8. Name und Anschrift der zuständigen Aufsichtsbehörde.

(3) ¹Die in Absatz 1 genannten Prüfungsverbände und Prüfungsstellen sind verpflichtet, der Wirtschaftsprüferkammer die in Absatz 2 genannten Tatsachen sowie jede Änderung dieser Tatsachen mitzuteilen. ²Die Wirtschaftsprüferkammer hat die mitgeteilten Tatsachen sowie Änderungen einzutragen.

(4) ¹Die in Absatz 1 genannten genossenschaftlichen Prüfungsverbände sind verpflichtet, der Wirtschaftsprüferkammer Mitteilung zu machen, wenn sie keine

Abschlussprüfungen im Sinn des § 340k Abs. 2 Satz 1 des Handelsgesetzbuchs oder des Artikels 25 Abs. 1 Satz 1 des Einführungsgesetzes zum Handelsgesetzbuch mehr durchführen oder wenn ihr Prüfungsrecht unanfechtbar entzogen worden ist. ²Die in Absatz 1 genannten Prüfungsstellen der Sparkassen- und Giroverbände sind verpflichtet der Wirtschaftsprüferkammer mitzuteilen, wenn ihr Prüfungsrecht unanfechtbar entzogen worden ist. ³In diesen Fällen hat die Wirtschaftsprüferkammer die Eintragung zu löschen.

Inhalt der Neuregelung

1 Art. 15 der Abschlussprüferrichtlinie[1] fordert, dass zugelassene Abschlussprüfer und Prüfungsgesellschaften in ein **öffentliches Register** einzutragen sind. Die eintragungspflichtigen Informationen, die in § 40a Abs. 2 WPO in Umsetzung von Art. 16 und 17 der Abschlussprüferrichtlinie spezifiziert werden, sind der Öffentlichkeit elektronisch zugänglich zu machen, sofern von der Offenlegung nicht ausnahmsweise abzusehen ist; entbehrlich ist die Offenlegung nach Art. 15 Abs. 1 der Anschlussprüferrichtlinie allerdings nur im Falle einer absehbaren und ernst zu nehmenden Gefahr für die persönliche Sicherheit einer Person. Es sind im Register ferner diejenigen Stellen anzugeben, die für die Zulassung, die Qualitätssicherung, die Untersuchungen und Sanktionen und die öffentliche Aufsicht über die zugelassenen Abschlussprüfer und Prüfungsgesellschaften verantwortlich sind.

2 Genossenschaftliche **Prüfungsverbände** sowie die **Prüfungsstellen** der Sparkassen- und Giroverbände sind nach § 340k Abs. 2 und 3 HGB und Art. 25 EGHGB unter den dort genannten Voraussetzungen befugt, gesetzliche Abschlussprüfungen durchzuführen. Diese Voraussetzungen knüpfen zum einen an die Rechtsform als Genossenschaft oder Sparkasse sowie an die Mitgliedschaft des zu prüfenden Kreditinstituts im Prüfungsverband und zum anderen an persönliche Voraussetzungen der Geschäftsführung der jeweiligen Verbände an.

3 Trotz der Berechtigung, Abschlussprüfungen im Sinne der Abschlussprüferrichtlinie durchführen zu dürfen, gab es **bislang keine gesetzliche Pflicht** zur Registrierung der genossenschaftlichen Prüfungsverbände und Prüfungsstellen der Sparkassen- und Giroverbände in einem öffentlichen Register und folglich auch keine Entscheidung darüber, welche Stelle für die Registerführung verantwortlich ist. Sowohl Bundesrat als auch der Rechtsausschuss haben sich für eine **Registrierung durch die WPK** ausgesprochen[2]. Unberührt hiervon bleibt der Umstand, dass die WPK ansonsten für die Tätigkeit dieser Verbände und Prüfungsstellen keine Zuständigkeiten besitzt.

4 Zukünftig werden daher in dem von der WPK geführten **Berufsregister** (§§ 37 ff. WPO) die in Abs. 2 des neu eingefügten § 40a WPO genannten Angaben zu genossenschaftlichen Prüfungsverbänden und den Prüfungsstellen der Sparkassen- und Giroverbände enthalten sein. Die Angaben entsprechen im Wesentlichen denjenigen Informationen, die bislang bereits gem. § 38 Nr. 2 WPO von allen WPG dem Register zu melden sind.

5 Hinzu kommt nach § 40a Abs. 2 Nr. 8 WPO die Pflicht zur Angabe von Name und Anschrift der zuständigen **Aufsichtsbehörde**, da im Unterschied zu den WPG nicht die WPK, sondern die Länder die Aufsicht über die Prüfungsstellen und -verbände

---

1 Richtlinie 2006/43/EG des Europäischen Parlaments und des Rates vom 17. Mai 2006, ABl. EU v. 9.6.2006, L 157, S. 87 ff.
2 Vgl. Begr. Beschlussempfehlung und Bericht des Rechtsausschusses, BT-Drucks. 16/12407, S. 98.

führen. Die WPK nimmt insoweit eine Servicefunktion wahr und wird die von den betroffenen Prüfungsstellen und -verbänden mitgeteilten Daten eintragen, deren Vollständigkeit und Richtigkeit von den Aufsichtsbehörden der Länder überwacht wird[3].

Die WPK nimmt nach § 40a Abs. 4 WPO auch die **Löschung der Eintragungen** vor, wenn genossenschaftliche Prüfungsverbände keine Abschlussprüfungen iSd. § 340k Abs. 2 Satz 1 HGB oder des Art. 25 Abs. 1 Satz 1 EGHGB mehr durchführen oder wenn ihnen oder den Prüfungsstellen der Sparkassen- und Giroverbände das Prüfungsrecht unanfechtbar entzogen worden ist.

---

3 Vgl. Begr. Beschlussempfehlung und Bericht des Rechtsausschusses, BT-Drucks. 16/12407, S. 98.

§ 43 WPO
Allgemeine Berufspflichten

(1) ¹Der Wirtschaftsprüfer hat seinen Beruf unabhängig, gewissenhaft, verschwiegen und eigenverantwortlich auszuüben. ²Er hat sich insbesondere bei der Erstattung von Prüfungsberichten und Gutachten unparteiisch zu verhalten.

(2) ¹Der Wirtschaftsprüfer hat sich jeder Tätigkeit zu enthalten, die mit seinem Beruf oder mit dem Ansehen des Berufs unvereinbar ist. ²Er hat sich der besonderen Berufspflichten bewußt zu sein, die ihm aus der Befugnis erwachsen, gesetzlich vorgeschriebene Bestätigungsvermerke zu erteilen. ³Er hat sich auch außerhalb der Berufstätigkeit des Vertrauens und der Achtung würdig zu erweisen, die der Beruf erfordert. ⁴Er ist verpflichtet, sich fortzubilden.

(3) **Wer Abschlussprüfer eines Unternehmens im Sinn des § 319a Abs. 1 Satz 1 des Handelsgesetzbuchs war oder wer als verantwortlicher Prüfungspartner im Sinn des § 319a Abs. 1 Satz 5, Abs. 2 Satz 2 des Handelsgesetzbuchs bei der Abschlussprüfung eines solchen Unternehmens tätig war, darf dort innerhalb von zwei Jahren nach der Beendigung der Prüfungstätigkeit keine wichtige Führungstätigkeit ausüben.**

Inhaltsverzeichnis   Tz.

I. Grundlagen
   1. Vorgaben aus der Abschlussprüferrichtlinie 7
   2. Umsetzung in deutsches Recht durch § 43 Abs. 3 WPO – Überblick .... 8 – 14
   3. Auswirkungen für die Prüfungsgesellschaft .... 15 – 18
   4. Eingriff in die Berufsfreiheit 19
II. Persönlicher und sachlicher Anwendungsbereich 20
   1. Unternehmen iSd. § 319a Abs. 1 Satz 1 HGB .... 21 – 23
   2. Tätigkeit als Abschlussprüfer oder als verantwortlicher Prüfungspartner .... 24 – 33
III. Vom Tätigkeitsverbot betroffene Unternehmen .... 34 – 36
IV. Zweijährige *Cooling-off*-Periode .... 37 – 43
V. Inhalt des Verbots
   1. Ausübung einer Tätigkeit für das Unternehmen .... 44 – 47
   2. Art der Tätigkeit – Wichtige Führungstätigkeit .... 48 – 58
VI. Erstanwendungszeitpunkt .... 59 – 63

I. Grundlagen

1. Vorgaben aus der Abschlussprüferrichtlinie

7   Mit der Ergänzung des § 43 WPO um den neu eingefügten § 43 Abs. 3 WPO wird Art. 42 Abs. 3 der **Abschlussprüferrichtlinie** umgesetzt. Da Art. 42 in Kapitel X der Abschlussprüferrichtlinie enthalten ist, handelt es sich um eine besondere Bestimmung für die Abschlussprüfung von Unternehmen im öffentlichen Interesse; daher hat der deutsche Gesetzgeber die Regelung auch nur für Unternehmen iSd. § 319a HGB getroffen. Dabei handelt es sich um kapitalmarktorientierte Unternehmen; die Begriffsbestimmung findet sich seit der Änderung durch das BilMoG in § 264d HGB (vgl. dazu Abschn. K Tz. 35 ff. und Abschn. T Tz. 5 f.).

2. Umsetzung in deutsches Recht durch § 43 Abs. 3 WPO – Überblick

Die Vorschrift untersagt natürlichen Personen, die bei der Abschlussprüfung eines kapitalmarktorientierten Unternehmens in bestimmter Funktion tätig waren, für eine Übergangsphase von zwei Jahren die **Ausübung einer wichtigen Führungsfunktion** für das geprüfte Unternehmen. Der Verstoß gegen dieses Verbot wird als Ordnungswidrigkeit nach § 133a WPO geahndet. Während die Abschlussprüferrichtlinie die Übernahme einer solchen Führungsposition untersagt, sanktioniert § 43 Abs. 3 WPO die Ausübung einer solchen Tätigkeit und verleiht dem Regelungsinhalt somit den Charakter einer Dauerordnungswidrigkeit[4]. Im Ergebnis liegt hierin aber kein Unterschied, weil auch der Richtlinie die Vorstellung zugrunde liegt, dass die Tätigkeit bei der Zielgesellschaft in der Übergangsphase nicht ausgeübt werden darf.

Die Vorschrift zielt darauf ab, die **Unabhängigkeit des Abschlussprüfers** zu sichern. Verhindert werden soll, dass infolge der persönlichen Vertrautheit des neuerdings in leitender Position für den Prüfungsmandanten tätigen ehemals verantwortlichen Prüfungspartners zum Prüfungsteam die Besorgnis der Befangenheit besteht. Zudem soll vermieden werden, dass der WP im Zusammenhang mit seinem Wechsel zum Mandanten die Möglichkeit erhält, eigene Fehler im Rahmen der Abschlussprüfung zu verschleiern. Hinzu kommt, dass der verantwortliche Prüfungspartner mit der Prüfungsplanung und damit dem konkreten Vorgehen des Abschlussprüfers in besonderem Maße vertraut ist. Zwar treffen diese Gesichtspunkte – mehr oder weniger – auch für andere Mitglieder des Prüfungsteams zu. Richtlinien- und Gesetzgeber werten diese aber nur für den Abschlussprüfer oder den verantwortlichen Prüfungspartner selbst als so gewichtig, dass ein genereller temporärer Ausschluss von der Übernahme wichtiger Führungsfunktionen erforderlich ist.

Die Einhaltung der Übergangsphase, die auch als *Cooling-off*-**Periode** bezeichnet wird, soll die Befangenheitsrisiken, vor allem die persönliche Vertrautheit, durch Zeitablauf mindern.

Die systematische Einordnung der Vorschrift bei den allgemeinen Berufspflichten für WP, die aufgrund der Verweisung in § 56 WPO ua. auf § 43 WPO auch für WPG anwendbar sind, überrascht nur auf den ersten Blick. Da es um einen Sachverhalt geht, der die **Besorgnis der Befangenheit** begründet, wäre es naheliegend gewesen, einen entsprechenden Ausschlussgrund in § 319a HGB zu regeln. Dies hätte handels- wie auch berufsrechtlich jedoch einen absoluten Ausschluss der Prüfungsgesellschaft bedeutet, dem sie sich auch durch Schutzmaßnahmen nicht hätte entziehen können (vgl. § 22a Abs. 2 Satz 2 iVm. Abs. 4 BS WP/vBP). Da der Wechsel des verantwortlichen Prüfungspartners aber in dessen freier Entscheidung liegt, wäre eine Sanktionierung gegenüber der Prüfungsgesellschaft nicht angemessen gewesen. Auch wäre ein genereller Ausschluss von der Prüfung bezogen auf den Grad einer möglicherweise durch den Wechsel entstehenden Besorgnis der Befangenheit nicht sachgerecht. Hinzu kommt, dass auch Art. 42 Abs. 3 der Abschlussprüferrichtlinie gerade nicht die Durchführung der Prüfung untersagt, sondern lediglich die Übernahme der wichtigen Führungsposition in dem geprüften Unternehmen.

Denkbar wäre gewesen, die kapitalmarktorientierten Unternehmen über eine entsprechende **gesellschaftsrechtliche Verbotsnorm** mit einem Einstellungsverbot zu belegen[5]. Hiervon wurde jedoch Abstand genommen, zumal eine solche Verbotsnorm gesetzessystematisch allenfalls im Rahmen der persönlichen Voraussetzungen für Vor-

---

4 Vgl. Begr. RegE, BT-Drucks. 16/10067, S. 109.
5 Vgl. Begr. RegE, BT-Drucks. 16/10067, S. 109.

stands- und Aufsichtsratsmitglieder (§§ 76 Abs. 3, 100 Abs. 1 AktG, § 6 Abs. 2 GmbHG) hätte geregelt werden können. Damit wäre aber der Reichweite des neuen § 43 Abs. 3 WPO nicht Genüge getan, der nicht nur Organtätigkeiten während der *Cooling-off*-Periode untersagt, sondern allgemeiner von „wichtigen Führungstätigkeiten" spricht und damit auch Funktionen unterhalb der Vorstandsebene erfasst. Auch liegt der Schwerpunkt der Regelung nicht im Gesellschaftsrecht.

13 Fraglich könnte sein, ob die Regelung als **Berufspflicht** und die zu ihrer Durchsetzung neu eingeführte **Sanktion** in § 133a WPO ausreicht, um die Gefährdung zu beseitigen. Da der Abschlussprüfer wirksam bestellt werden kann, wenn gegen das Verbot verstoßen wird, und auch der Bestätigungsvermerk wirksam erteilt werden kann, könnte theoretisch der Fall eintreten, dass sich der wechselnde Prüfungspartner nicht an das Verbot hält und die Geldbuße hinnimmt. Zum einen ist jedoch zu beachten, dass die Geldbuße auch mehrfach verhängt werden kann (dazu unten Tz. 101). Zum anderen wird der Abschlussprüfer in solchen Fällen verpflichtet sein, ausreichende Schutzmaßnahmen vorzusehen, durch die der Besorgnis der Befangenheit entgegen gewirkt werden kann (dazu unten Tz. 16).

14 Die Regelung als Berufspflicht droht – wiederum nur auf den ersten Blick – leer zu laufen, weil die Betroffenen mit ihrem Wechsel zu dem geprüften Unternehmen in vielen Fällen die **Zulassung als Wirtschaftsprüfer** verlieren. Jedoch wird die Sanktionierung eines Verstoßes gegen § 43 Abs. 3 WPO in § 133a WPO geregelt, der als Ordnungswidrigkeitentatbestand ausgestaltet ist und damit auch **Verstöße ehemaliger Berufsangehöriger** gegen § 43 Abs. 3 WPO sanktioniert (vgl. dazu auch Tz. 96)[6].

3. Auswirkungen für die Prüfungsgesellschaft

15 Nachdem die Befangenheitsproblematik bei Wechsel des verantwortlichen Prüfungspartners zum Mandanten durch ein befristetes Tätigkeitsverbot für den wechselnden Prüfungspartner gelöst worden ist, fragt sich, ob und welche Auswirkungen sich für die **Prüfungsgesellschaft** bei einer Wiederbestellung zum Abschlussprüfer ergeben, wenn der ehemalige Prüfungspartner die *Cooling-off*-Periode nicht einhält.

16 Nach **bisherigem Recht** wird dem aus persönlichen Beziehungen der Prüfungsgesellschaft bzw. des Prüfungsteams zum Prüfungsmandanten entstehenden Befangenheitsrisiko durch Anwendung des § 319 Abs. 2 iVm. Abs. 4 HGB und des § 24 BS WP/vBP Rechnung getragen. Da § 319 Abs. 2 HGB die relativen Ausschlussgründe regelt, kann einer durch den Wechsel aus Sicht eines objektiven Dritten entstehenden Besorgnis der Befangenheit durch **Schutzmaßnahmen** begegnet werden. Als Schutzmaßnahme kommt insbesondere in Betracht, dass die Prüfungsgesellschaft solche Mitglieder des Prüfungsteams für eine Übergangszeit auf einem anderen Mandat einsetzt, die besonders enge Beziehungen zum bislang verantwortlichen Prüfungspartner hatten. Auch kann eine Nachschau der Prüfungsergebnisse des Wechselnden angezeigt sein[7].

17 Solche Schutzmaßnahmen können je nach den Umständen des Einzelfalls auch künftig erforderlich – und ausreichend – sein, wenn **andere Personen** als der verantwortliche Prüfungspartner (zB Mitglieder des Prüfungsteams) zu dem geprüften Unternehmen wechseln oder wenn der verantwortliche Prüfungspartner nicht in eine wichtige Führungstätigkeit, sondern in eine weniger herausgehobene Position wechselt.

---

6   Vgl. Begr. RegE, BT-Drucks. 16/10067, S. 110.
7   Vgl. dazu Erläuterungen zu § 24 BS WP/vBP.

Im **Anwendungsbereich** des § 43 Abs. 3 WPO ist dagegen davon auszugehen, dass 18
die Einhaltung der *Cooling-off*-Periode ausreicht, um etwaige Befangenheitsbedenken
zu beseitigen. Daneben sind ergänzende Schutzmaßnahmen idR nicht erforderlich.
Wenn der vormals verantwortliche Prüfungspartner dagegen gegen die Vorschrift des
§ 43 Abs. 3 WPO verstößt und ungeachtet der Sanktionen eine wichtige Führungstätigkeit übernimmt, muss die Prüfungsgesellschaft den Befangenheitsbedenken durch angemessene Schutzmaßnahmen entgegenwirken.

4. Eingriff in die Berufsfreiheit

Die Vorschrift führt für den Betroffenen zu einem befristeten Tätigkeitsverbot. Dies ist 19
eine gravierende **Beschränkung der Freiheit der Berufsausübung** (nicht der Berufswahl). Angesichts dessen, dass der betroffene WP im Regelfall nur die Prüfung eines
§ 319a HGB-Mandats, in Ausnahmefällen weniger § 319a HGB-Mandate, bis dato
verantwortlich geleitet haben wird, ist der Kreis der innerhalb der Frist nicht in Frage
kommenden Arbeitgeber und damit auch die Intensität des Eingriffs in die Berufsfreiheit jedoch sehr eingeschränkt. Die Norm ist daher mit Art. 12 GG vereinbar[8].

II. Persönlicher und sachlicher Anwendungsbereich

§ 43 Abs. 3 WPO verbietet Abschlussprüfern von Unternehmen iSd. § 319a Abs. 1 20
HGB oder verantwortlichen Prüfungspartnern iSd. § 319a Abs. 1 Satz 5, Abs. 2 Satz 2
HGB den unmittelbaren Wechsel in eine wichtige Führungsposition bei dem geprüften
Unternehmen.

1. Unternehmen iSd. § 319a Abs. 1 Satz 1 HGB

Der Anwendungsbereich der Vorschrift beschränkt sich auf Unternehmen, die gem. 21
§ 319a Abs. 1 Satz 1 HGB **kapitalmarktorientiert** iSd. § 264d HGB sind. Während
der Kreis der betroffenen Unternehmen bisher in § 319a Abs. 1 HGB aF selbst definiert
war, verweist die Vorschrift in der durch das BilMoG geänderten Fassung auf die allgemeine Definition der kapitalmarktorientierten Unternehmen in § 264d HGB.

Mit dem Verweis auf § 264d HGB erstreckt sich der Anwendungsbereich nun auf **Ka-** 22
pitalgesellschaften, die einen **organisierten Markt** iSd. § 2 Abs. 5 WpHG durch von
ihr ausgegebene Wertpapiere iSd. § 2 Abs. 1 Satz 1 WpHG in Anspruch nehmen oder
die Zulassung solcher Wertpapiere zum Handel an einem organisierten Markt beantragt haben. Damit wird der Anwendungsbereich zum Teil enger, weil nur noch Kapitalgesellschaften erfasst sind, die Aktien, andere mit Aktien vergleichbare Anteile oder
Schuldtitel begeben haben. Andererseits erweitert sich der Anwendungsbereich auf
solche Kapitalgesellschaften, deren vorstehende Wertpapiere noch nicht an einem organisierten Markt gehandelt werden, die aber die Zulassung solcher Wertpapiere zum
Handel beantragt haben; diese Erweiterung ist von geringer praktischer Bedeutung[9].

Für Einzelheiten zur Reichweite des § 264d HGB vgl. die Kommentierung in Abschn. K 23
Tz. 35 ff.

---

8 Vgl. Begr. RegE, BT-Drucks. 16/10067, S. 109.
9 Vgl. Begr. RegE, BT-Drucks. 16/10067, S. 88.

2. Tätigkeit als Abschlussprüfer oder als verantwortlicher Prüfungspartner

24 In den persönlichen Anwendungsbereich der Vorschrift fallen zunächst Personen, die **Abschlussprüfer** eines kapitalmarktorientierten Unternehmens waren. Nach der neutralen Formulierung könnten damit theoretisch natürliche oder juristische Personen gemeint sein[10]. Da die Verbotsnorm die Übernahme wichtiger Führungstätigkeiten für das geprüfte Unternehmen untersagt, ist sie jedoch auf **natürliche Personen** zugeschnitten. Abschlussprüfer sind solche natürlichen Personen, die selbst allein oder im Rahmen einer Gemeinschaftsprüfung zum Abschlussprüfer bestellt waren.

25 Nach dem Regelungszusammenhang bezieht sich die Vorschrift dabei nur auf die gesetzliche Abschlussprüfung solcher Unternehmen. Ob es sich um die **Prüfung des Jahresabschlusses und/oder des Konzernabschlusses** gehandelt hat, ist dabei ohne Bedeutung. Jede dieser Prüfungen löst die Pflicht zur Einhaltung der *Cooling-off*-Regelung aus.

26 Fraglich könnte sein, ob die Einhaltung einer Abkühlphase für den – seltenen – Fall der Prüfung eines kapitalmarktorientierten Unternehmens durch einen **(Einzel-)Abschlussprüfer erforderlich** ist. Denn wenn der Einzelabschlussprüfer unter Aufgabe seiner bisherigen Tätigkeit zum Prüfungsmandanten wechselt, ist der Prüfungsmandant ohnehin gezwungen, einen anderen Abschlussprüfer mit der Durchführung der Abschlussprüfung zu beauftragen. Damit kommt es immer zu einer **externen Rotation**. Befangenheitsbegründende persönliche Beziehungen zum Prüfungsteam sind in derartigen Fällen nicht gegeben; damit besteht auch keine Besorgnis der Einflussnahme auf dessen Ergebnis. In diesen Fällen könnte die Abkühlphase allein vor dem Hintergrund gerechtfertigt sein, dass der Einzelabschlussprüfer in seiner neuen Funktion die Möglichkeit erhalten könnte, vergangenes Fehlverhalten zu verschleiern. Nachdem Art. 42 Abs. 3 der Abschlussprüferrichtlinie für diese Fälle keine Einschränkung enthält, sah sich der deutsche Gesetzgeber wohl zu einer Umsetzung auch für diese Fälle verpflichtet, obwohl die WPK in ihrer Stellungnahme zum Referentenentwurf angeregt hatte, die Regelung zu beschränken[11].

27 In den persönlichen Anwendungsbereich des § 43 Abs. 3 WPO fallen ferner **verantwortliche Prüfungspartner** iSd. § 319a Abs. 1 Satz 5, Abs. 2 Satz 2 HGB. Die Definition des verantwortlichen Prüfungspartners, die durch das BilMoG im Zusammenhang mit den Regelungen zur internen Rotation in § 319a Abs. 1 Satz 5 HGB eingefügt worden ist, setzt die Definition aus Art. 2 Nr. 16 der Abschlussprüferrichtlinie um. Zur Auslegung der Vorschrift im Einzelnen wird auf die Kommentierung in Abschn. T zu § 319a HGB verwiesen.

28 Vom Verbot des unmittelbaren Wechsels zum Prüfungsmandanten erfasst ist nach § 319a Abs. 1 Satz 5 HGB derjenige Prüfungspartner, der (1) den **Bestätigungsvermerk unterzeichnet** hat oder (2) als WP von einer WPG als für die **Durchführung der Abschlussprüfung** bei dem Unternehmen **vorrangig verantwortlich bestimmt** worden ist. Dabei ist zu beachten, dass im Regelfall eine Identität zwischen Testatsunterzeichner und Prüfungsleiter gegeben sein wird (vgl. § 27a Abs. 1 BS WP/vBP). Beim verantwortlichen Prüfungspartner handelt es sich um denjenigen WP, dem die berufsrechtliche Hauptverantwortung für die Prüfung übertragen wurde (vgl. Abschn. T Tz. 31 ff.). Nach § 24a Abs. 2 BS WP/vBP muss die Verantwortlichkeit für die Auftragsdurchführung im Rahmen der Prüfungsplanung festgelegt und dokumentiert werden.

---

10 Vgl. auch die Formulierung in § 319b Abs. 1 HGB.
11 Stellungnahme vom 14. Januar 2008, S. 12 f., abrufbar auf der Homepage des WPK.

Nachdem § 43 Abs. 3 WPO nur auf § 319a Abs. 1 Satz 5 HGB verweist, der eine De- 29
finition enthält, die in § 319a Abs. 1 Satz 4 HGB im Zusammenhang mit Prüfungsgesellschaften verwendet wird, könnte fraglich sein, ob sich die Anwendung der *Cooling-off*-Regelung auf Prüfungspartner beschränkt, die für eine **Prüfungsgesellschaft** tätig waren. Sicher wird dies der Hauptanwendungsbereich der Vorschrift sein. In Ausnahmefällen kann aber auch bei der Prüfung durch einen Einzelwirtschaftsprüfer ein anderer WP mit der Verantwortung für die Durchführung der Prüfung betraut werden (vgl. dazu Abschn. T Tz. 10). Wenn dies der Fall ist, wird auch dieser Prüfer von dem Verbot des unmittelbaren Wechsels zum Prüfungsmandanten erfasst.

Die Verweisung auf § 319a Abs. 1 Satz 5 HGB erfasst nicht nur diejenigen Personen, 30
die den Bestätigungsvermerk für den **Jahresabschluss** unterzeichnet haben oder für dessen Prüfung verantwortlich waren, sondern auch die verantwortliche Tätigkeit bei der Prüfung des **Konzernabschlusses** auf Ebene des Mutterunternehmens.

Für die Pflicht zur internen Rotation bestimmt § 319a Abs. 2 Satz 2 HGB, dass als 31
verantwortlicher Prüfungspartner auf Konzernebene auch gilt, wer als WP auf der Ebene bedeutender Tochtergesellschaften als für die Durchführung von deren Abschlussprüfung vorrangig verantwortlich bestimmt worden ist. Indem § 43 Abs. 3 WPO auch auf diese Bestimmung verweist, dehnt er den Anwendungsbereich der *Cooling-off*-Regelung auf solche Prüfer aus, die auf **Ebene bedeutender Tochterunternehmen** tätig sind. Während dies dem Wortlaut der Regelung eindeutig zu entnehmen ist, muss durch Auslegung ermittelt werden, auf welches Unternehmen sich das Tätigkeitsverbot bezieht (dazu unten Tz. 34 ff.).

Fällt die Zeichnungsverantwortlichkeit und/oder Durchführungsverantwortlichkeit in 32
Bezug auf **Jahres- und Konzernabschluss** auseinander, sind alle unterzeichnenden oder vorrangig verantwortlichen Prüfungspartner auf Einzel- und Konzernabschlussebene vom Tätigkeitsverbot gem. § 43 Abs. 3 WPO erfasst.

Auf die **Dauer der Tätigkeit** als Abschlussprüfer oder verantwortlicher Prüfungspart- 33
ner kommt es im Unterschied zur Regelung der internen Rotation (§ 319a Abs. 1 Nr. 4, Satz 4 HGB: sieben oder mehr Fälle) nicht an. Auch die einmalige Übernahme der Funktion löst das Tätigkeitsverbot bei einem Wechsel zum Prüfungsmandanten aus. Allerdings wird vorauszusetzen sein, dass die Prüfung in dieser Funktion auch abgeschlossen worden ist oder die Funktion zumindest eine gewisse Zeit ausgeübt worden ist. Wer als verantwortlicher Prüfungspartner benannt worden ist, dann aber bereits zu Beginn der (ersten) Prüfung zum geprüften Unternehmen wechselt, begründet unter dem Gesichtspunkt der Vertrautheit keine so große Gefährdung wie derjenige, der die Prüfung beendet hat und dabei auch prüferische Entscheidungen getroffen hat.

III. Vom Tätigkeitsverbot betroffene Unternehmen

Im Regelfall steht eindeutig fest, für welches Unternehmen das befristete Tätigkeits- 34
verbot besteht. Dies ist dasjenige Unternehmen, bei dem zuvor die Funktion als Abschlussprüfer oder verantwortlicher Prüfungspartner ausgeübt worden ist. Das Gesetz verwendet dazu den Begriff „dort". Tochterunternehmen, Mutterunternehmen oder Schwestergesellschaften sind von dem Verbot nicht betroffen.

Soweit ein verantwortlicher Prüfungspartner von der *Cooling-off*-Regelung auf Grund 35
der Verweisung auf § 319a Abs. 2 Satz 2 HGB erfasst wird, weil er als verantwortlicher **Prüfungspartner auf der Ebene bedeutender Tochterunternehmen** tätig war, ist fraglich, auf welches Unternehmen sich das Tätigkeitsverbot bezieht. In Bezug auf das

geprüfte Tochterunternehmen ergibt sich ein Tätigkeitsverbot wohl nur dann, wenn dieses selbst kapitalmarktorientiert ist, dann jedoch bereits auf Grund der Verweisung auf § 319a Abs. 1 Satz 5 HGB. Damit beschränkt sich der Anwendungsbereich der Vorschrift auf den Wechsel eines solchen Prüfungspartners in das Management des Mutterunternehmens. Eine Erstreckung des Verbots auf andere Unternehmen des Konzernkreises kommt nicht in Betracht.

36 Fraglich könnte sein, ob das Tätigkeitsverbot auch dann gerechtfertigt ist, wenn das Unternehmen im Wege der **externen Rotation** seinen Abschlussprüfer gewechselt hat. In einem solchen Fall wirkt sich die Vertrautheit des bisher tätigen Abschlussprüfers oder verantwortlichen Prüfungspartners auf die Folgeprüfung nicht mehr aus. Nachdem der Gesetzgeber aber für den Einzelprüfer keine entsprechende Ausnahme zugelassen hat, kann auch für den verantwortlichen Prüfungspartner einer Prüfungsgesellschaft nichts anderes gelten (vgl. dazu bereits oben Tz. 26).

IV. Zweijährige *Cooling-off*-Periode

37 Das Verbot der Ausübung einer wichtigen Führungstätigkeit beim Prüfungsmandanten ist **zeitlich befristet**. Ein unbefristetes Verbot wäre unverhältnismäßig und damit von Art. 12 GG nicht mehr gedeckt.

38 Ein Hinderungsgrund für die Übernahme einer solchen Tätigkeit besteht für den Abschlussprüfer bzw. verantwortlichen Prüfungspartner nicht mehr, wenn zwischen der Beendigung der Prüfungstätigkeit und dem Beginn der wichtigen Führungstätigkeit für den Prüfungsmandanten eine „Abkühlphase" von zwei Jahren vergangen ist. Ziel ist in erster Linie eine zunehmende Distanzierung vom Prüfungsmandanten und dem Prüfungsgegenstand und damit eine Stärkung der Unabhängigkeit des Abschlussprüfers von dem zu prüfenden Unternehmen.

39 Fraglich ist, wann die 2-Jahres-Frist zu laufen beginnt. Nach dem Wortlaut ist dies mit **Beendigung der Prüfungstätigkeit** der Fall. Bezogen auf einen (Einzel-) Abschlussprüfer geht dies regelmäßig mit der Beendigung sämtlicher Prüfungshandlungen einher. Im Zweifel wird auf den Zeitpunkt der Erteilung des Bestätigungsvermerks abzustellen sein. Etwaige Nacharbeiten, die Archivierung der Arbeitspapiere oder die Befassung mit der Prüfung anlässlich einer Nachschau schieben den Fristbeginn nicht hinaus.

40 Die **Frist von zwei Jahren** ist nach § 188 Abs. 2 BGB zu bestimmen. Da der Tag, an dem der Bestätigungsvermerk erteilt worden ist, nicht mitgezählt wird (§ 187 Abs. 1 BGB), endet sie mit Ablauf desjenigen Tages, welcher durch seine Benennung oder seine Zahl dem Tage entspricht, in den das Ereignis fällt, das den Fristlauf auslöst. Bei Erteilung des Bestätigungsvermerks am 5. März 2009 endet sie somit mit dem Ablauf des 5. März 2011.

41 Bezogen auf den verantwortlichen Prüfungspartner bei einer Prüfungsgesellschaft könnte aber fraglich sein, ob bereits die **Unterlassung der Testatsunterzeichnung** und/oder die **Übertragung der Verantwortlichkeit** für die Durchführung der Abschlussprüfung auf einen anderen WP für die Ingangsetzung der Frist ausreicht. Orientiert man sich am Wortlaut der Vorschrift, könnte dies zu verneinen sein, weil nicht auf die Beendigung der Funktion als verantwortlicher Prüfungspartner, sondern auf die Beendigung der Prüfungstätigkeit ohne Bezugnahme auf eine bestimmte Rolle abgestellt wird.

Nachdem das Gesetz den besonderen Gefährdungstatbestand nur in einer Beteiligung 42
an der Prüfung als Abschlussprüfer oder verantwortlicher Prüfungspartner, nicht aber
in anderen Funktionen sieht, wird davon auszugehen sein, dass die *Cooling-off*-Periode immer schon dann zu laufen beginnt, wenn die **kritischen Funktionen nicht mehr ausgeübt** werden. Ob der Betroffene noch für die Prüfungsgesellschaft tätig ist und ob
er bei der Abschlussprüfung des betroffenen Unternehmens eingesetzt wird, wenn auch
in einer anderen – nicht mehr verantwortlichen – Rolle, hat dabei keine Bedeutung.
Diese Auslegung steht auch mit dem Wortlaut des § 43 Abs. 3 WPO in Einklang, weil
mit der Formulierung „Beendigung der Prüfungstätigkeit" auf die zu Beginn des Satzes
genannte schädliche Tätigkeit als Abschlussprüfer oder verantwortlicher Prüfungspartner Bezug genommen wird. Anders als in § 319a Abs. 1 Satz 1 Nr. 4 HGB ist gerade
nicht von einer „Beteiligung an der Prüfung" die Rede. Die *Cooling-off*-Periode kann
daher entweder als Mitarbeiter bei der WPG – dann aber ohne Verantwortung für die
Prüfung dieses Mandanten – oder bei dem Mandanten – dann aber nicht in verantwortlicher Führungsposition – überbrückt werden.

War jemand in **vorangegangenen Geschäftsjahren** als Abschlussprüfer bestellt oder 43
als verantwortlicher Prüfungspartner benannt, wird das zeitweise Tätigkeitsverbot aus
§ 43 Abs. 3 WPO zwar auch dann ausgelöst, wenn er diese Funktion zuletzt, dh. bei der
letzten Prüfung vor dem beabsichtigten Wechsel, nicht mehr ausgeübt hat. Der Wechsel ist aber dann zulässig, wenn seit der Übertragung der Verantwortlichkeit mindestens zwei Jahre vergangen sind. Wenn in einem dieser Jahre eine Nachtragsprüfung
durchzuführen ist und der Betroffene für diese als verantwortlicher Prüfungspartner
tätig wird, löst diese Tätigkeit unabhängig von dem Umfang der zu prüfenden Änderungen die *Cooling-off*-Periode erneut aus.

V. Inhalt des Verbots

1. Ausübung einer Tätigkeit für das Unternehmen

Ein Verstoß gegen § 43 Abs. 3 WPO liegt vor, wenn der Abschlussprüfer bzw. verant- 44
wortliche Prüfungspartner vor Ablauf der 2-Jahres-Frist beim Prüfungsmandanten eine
wichtige Führungstätigkeit **ausübt**. Dagegen wird die Übernahme der Tätigkeit – anders als in Art. 42 Abs. 3 der Abschlussprüferrichtlinie – nicht erwähnt. Auch wenn
damit nur bezweckt wird, dem Verstoß den Charakter als Dauerordnungswidrigkeit zu
geben, fragt sich, ob sich hieraus Folgewirkungen ergeben[12].

Nicht zweifelsfrei geregelt ist, ob das Verbot die **rechtliche Bindung** gegenüber dem 45
betroffenen Unternehmen betrifft oder ob, wie es die Formulierung in § 43 Abs. 3
WPO nahelegt, auf das **tatsächliche Tätigwerden** für den Prüfungsmandanten in dieser Funktion abzustellen ist. Da die Vorschrift darauf abzielt, eine etwaige Einflussnahme aus der Führungsposition heraus zu unterbinden, kann es nicht auf den bloßen
Vertragsschluss ankommen. Entscheidend ist danach weder der Zeitpunkt der Kündigung bzw. des Wirksamwerdens der Kündigung des bestehenden Dienstverhältnisses
noch der Zeitpunkt der Unterzeichnung des Dienstvertrags bei dem betroffenen Unternehmen. Vielmehr ist davon auszugehen, dass der entscheidende Akt, an den die Verbotsnorm und folglich auch die zugehörige Bußgeldvorschrift anknüpfen, der Beginn
der wichtigen Führungstätigkeit ist.

---

12 Vgl. Begr. RegE, BT-Drucks. 16/10067, S. 109.

46 Der Abschluss eines (**aufschiebend befristeten**) **Dienstvertrags**, der auf die Aufnahme einer wichtigen Führungstätigkeit nach Ablauf von zwei Jahren nach Beendigung der Prüfungstätigkeit abzielt, verstößt daher nicht gegen § 43 Abs. 3 WPO und ist zulässig. Wird ein solcher Vertrag allerdings vor Beendigung der Tätigkeit für den Abschlussprüfer abgeschlossen, muss dieser entsprechende Schutzmaßnahmen ergreifen, um die Besorgnis der Befangenheit auszuräumen. In dieser Phase dürfte eine Beschäftigung des Betroffenen bei der Abschlussprüfung für das Unternehmen nicht mehr in Betracht kommen.

47 § 43 Abs. 3 WPO untersagt nur die Aufnahme bestimmter Tätigkeiten für das Unternehmen, nämlich wichtiger Führungstätigkeiten. **Andere Tätigkeiten** verstoßen dagegen nicht gegen das Tätigkeitsverbot aus § 43 Abs. 3 WPO. Denkbar sind danach Fälle, in denen der Wechselnde zunächst eine Funktion beim Prüfungsmandanten ausübt, die die Kriterien einer wichtigen Führungstätigkeit nicht erfüllt. Dies ist unkritisch, solange es innerhalb der *Cooling-off*-Periode zu keiner Erweiterung seiner Funktionen oder Entscheidungsmacht dergestalt kommt, dass eine wichtige Führungstätigkeit bejaht werden muss. Natürlich setzt die Aufnahme auch solcher Tätigkeiten voraus, dass zuvor das Anstellungsverhältnis bei der Prüfungsgesellschaft aufgegeben wird.

2. Art der Tätigkeit – Wichtige Führungstätigkeit

48 Der Abschlussprüfer oder der verantwortliche Prüfungspartner darf keine "wichtige Führungstätigkeit" beim Prüfungsmandanten ausüben. Was hierunter zu verstehen ist, wird in Art. 42 Abs. 3 Abschlussprüferrichtlinie oder in § 43 Abs. 3 WPO nicht näher spezifiziert. Die Verwendung des Begriffs "**Führungstätigkeit**" könnte eine Anknüpfung an die Hierarchiestufen des Unternehmens nahelegen, und die Eingrenzung auf "**wichtige**" Tätigkeiten könnte untere Führungsebenen aus dem Anwendungsbereich ausschließen. Andererseits ist nicht ohne weiteres ersichtlich, welche Führungstätigkeiten als „unwichtig" angesehen werden können. Maßstab dürfte insoweit nicht der Funktionszusammenhang des Unternehmens sein – für das Unternehmen sind alle Führungstätigkeiten wichtig -, sondern der Zusammenhang mit der Abschlussprüfung als Auslöser der Besorgnis der Befangenheit.

49 Nach der **Regierungsbegründung** zum BilMoG knüpft das Tatbestandsmerkmal der „wichtigen Führungstätigkeit" an zwei verschiedene Gesichtspunkte an, die nicht zwingend kumulativ vorliegen müssen[13]. Da die *Cooling-off*-Periode ebenso wie auch die interne Rotation der Wahrung der Unabhängigkeit des aktuellen Abschlussprüfers dient, übe der vormalige Prüfer dann eine wichtige Führungstätigkeit aus, wenn er – wohl aufgrund seiner neuen Tätigkeit –

a. entweder auf den aktuellen Abschlussprüfer Einfluss nehmen oder
b. vergangenes (eigenes) Fehlverhalten verschleiern kann.

Dagegen wäre eine Beschränkung des Anwendungsbereichs auf die erste und zweite Führungsebene des Unternehmens zu statisch; sie würde Umgehungen geradezu herausfordern[14].

50 Unklar bleibt, welche **Art der Einflussnahme** in den Fällen nach Tz. 49 lit. a durch die Verbotsnorm erfasst sein soll. Dazu muss genauer betrachtet werden, welche Einflussnahmemöglichkeiten auf den Abschlussprüfer nach der Lebenserfahrung denkbar sind. Da der Abschlussprüfer auf Basis des Vorschlags des Aufsichtsrats durch die Haupt-

---

13 Vgl. Begr. RegE, BT-Drucks. 16/10067, S. 109.
14 Vgl. *Ernst/Seidler*, BB 2007, S. 2564.

versammlung gewählt wird, kann eine Einflussnahme auf den Willen des Abschlussprüfers unter Hinweis auf seine Wiederwahl nicht gemeint sein. In Betracht käme eine Einflussnahme durch Inaussichtstellung von Zusatzaufträgen, über deren Erteilung der Wechselnde aufgrund seiner Führungstätigkeit in dem Unternehmen entscheiden kann. Diese Möglichkeit besteht aber in allen Fällen unabhängig von der vorangehenden Tätigkeit als verantwortlicher Prüfungspartner und kann auch durch das Erfordernis einer zweijährigen Abkühlphase nicht beseitigt werden.

Eine denkbare Einflussmöglichkeit, über die der wechselnde ehemalige verantwortliche Prüfungspartner verfügt, beruht auf der **persönlichen Vertrautheit** zu einem oder mehreren ehemaligen Kollegen im Prüfungsteam, denen nach dem Ausscheiden des Wechselnden ggf. weitergehende Einflussnahmemöglichkeiten auf das Ergebnis der Prüfung eingeräumt wurden, und ggf. auch zu weiteren Entscheidungsträgern der Prüfungsgesellschaft. Diese Einflussmöglichkeit kann durch Einhaltung einer *Cooling-off*-Periode verringert werden. Die Möglichkeit der Beeinflussung infolge früherer beruflicher Verbindungen des Wechselnden mit dem oder den jetzigen Prüfern ist aber nicht unmittelbar abhängig davon, in welche Führungsebene der Betroffene wechselt und welche sachliche Aufgabe er in dem Unternehmen übernommen hat. Entscheidendes Kriterium für die Bereitschaft des jetzigen Prüfungsteams zu etwaigen Rücksichtnahmen wird allein die Autorität und Akzeptanz sein, die sich der Wechselnde während seiner Tätigkeit für die WPG erworben hat. 51

Wenn die auf persönlicher Vertrautheit beruhende Einflussmöglichkeit aber auf Seiten der aktuellen Prüfer unabhängig davon besteht, welche Funktion der Betroffene in dem Unternehmen ausübt, muss die Abgrenzung auf Seiten des Wechselnden gefunden werden. Hier wird davon auszugehen sein, dass die **Bereitschaft, die persönliche Vertrautheit zu Einflussnahmen zu nutzen**, nicht nur von der nicht messbaren Persönlichkeit des Betroffenen, sondern auch von seiner Stellung in dem Unternehmen abhängt. Je mehr er sich mit den Zielen des Unternehmens identifiziert oder sich diese Ziele aufgrund eigener fachlicher Verantwortung zu eigen macht, umso eher besteht die Gefahr, dass er während der Zeit unmittelbar nach dem Wechsel (*Cooling-off*-Periode) von seinen – vermuteten – Einflussmöglichkeiten Gebrauch macht. 52

Das zweite Risiko, dem mit einer Abkühlphase begegnet werden soll (oben Tz. 49 lit. b), betrifft Fälle, in denen der Wechselnde **Fehler**, die er bei der vorangegangenen Prüfung nicht erkannt oder ignoriert hat, in seiner neuen Funktion von sich aus **nicht aufdeckt** oder die Aufdeckung durch den Prüfer erschwert. Dies setzt eine Tätigkeit voraus, die es dem Wechselnden ermöglicht, derartige Entdeckungen zu verschleiern. Dieser Gesichtspunkt dürfte sich nur auf solche Fälle beziehen, in denen der Abschlussprüfer bzw. verantwortliche Prüfungspartner in den Bereich Rechnungswesen beim Prüfungsmandanten wechselt und sodann, zB als Verantwortlicher für die Aufstellung des Jahresabschlusses, in der Lage ist, Maßnahmen zur Verdeckung ggf. entdeckter eigener Fehler zu ergreifen. 53

Beide Risiken werden dann bestehen, wenn der Wechselnde eine **leitende Funktion im Rechnungswesen** des Unternehmens übernimmt. Dies betrifft sicher die Funktion als fachlich zuständiges Mitglied des Vorstands oder der Geschäftsführung auf der ersten Führungsebene, aber wegen der fachlichen Nähe auch die Tätigkeit auf nachgeordneten Führungsebenen. Dabei muss die Tätigkeit aber immer mit einer übergreifenden Verantwortung verbunden sein; die Zuständigkeit für kleinere Teilbereiche (zB Debitoren- oder Kreditorenmanagement) oder die Übernahme einer Sachbearbeitertätigkeit ohne Führungsverantwortung ist danach zulässig. Ein bisher für die Konzernab- 54 schlussprüfung verantwortlicher Prüfungspartner wäre danach zwar daran gehindert, vor Ablauf der *Cooling-off*-Periode die Verantwortung für das Rechnungswesen bei dem Mutterunternehmen zu übernehmen; einer Tätigkeit bei einzelnen Konzernunternehmen dürfte dabei aber nichts im Wege stehen, soweit deren Buchungsstoff nicht den wesentlichen Inhalt des Konzernabschlusses bildet.

55 Fraglich ist dagegen, inwieweit eine **Übernahme von Führungsverantwortung in anderen Tätigkeitsbereichen** unzulässig ist. Zwar wird die neue Tätigkeit wegen der besonderen Fachkompetenz des bisherigen Prüfers meist einen Zusammenhang mit der Rechnungslegung aufweisen. Daneben ist aber die Übernahme anderer Aufgaben insbesondere betriebswirtschaftlicher Art durchaus denkbar. Bei solchen Funktionen wird das Risiko, Fehler zu verdecken, regelmäßig nicht gegeben sein, so dass darauf abzustellen ist, unter welchen Voraussetzungen die neue Verantwortlichkeit zu einer solchen Identifizierung mit den Interessen des Unternehmens führen kann, dass von der Einflussmöglichkeit auf den Prüfer Gebrauch gemacht werden könnte. Dies wird man bei Übernahme von **unternehmerischer Gesamtverantwortung** in kollegialen Führungsorganen und damit auf der ersten Führungsebene von Unternehmen im Regelfall nicht ausschließen können, so dass eine solche Tätigkeit als Vorstand oder Geschäftsführer des Unternehmens in der *Cooling-off*-Periode unabhängig von der konkreten Zuständigkeit unzulässig wäre.

56 **Tätigkeiten auf der zweiten Führungsebene** oder unterhalb sind dagegen nur dann schädlich, wenn sie aufgrund der konkreten Funktion zu der Gefährdungslage führen, die in Tz. 49 beschrieben ist. Dies dürfte im Wesentlichen auf den Bereich Rechnungslegung beschränkt sein.

57 Da eine „Führungstätigkeit" vorausgesetzt wird, ist hierunter die Übernahme eines Vorstands- bzw. Geschäftsführungsmandats oder einer hierarchisch gleich eingestuften Leitungsfunktion (zB als Generalbevollmächtigter) zu verstehen. Da einem Aufsichtsrat demgegenüber eine Überwachungs- und keine Leitungsfunktion zukommt, ist der Wechsel des verantwortlichen Prüfungspartners in den **Aufsichtsrat** des bisher geprüften Unternehmens nicht unter § 43 Abs. 3 WPO zu subsumieren. Etwaigen Befangenheitsbedenken ist nach allgemeinen Grundsätzen Rechnung zu tragen (dazu oben Tz. 16).

58 Der Begriff „wichtige Führungstätigkeit" impliziert, dass der Betroffene eine Funktion ausüben muss, die in der Hierarchie des Unternehmens verankert ist. Dies wird im Regelfall voraussetzen, dass der Tätigkeit ein Anstellungsverhältnis als Organmitglied oder leitender Mitarbeiter zugrunde liegt. Nicht erfasst ist dagegen eine Tätigkeit für das Unternehmen als **selbständiger Berater** oder auch als **freier Mitarbeiter**. In solchen Fällen wird es typischerweise an der besonderen Identifizierung mit den Interessen des Unternehmens fehlen, die einen Missbrauch der Einflussmöglichkeiten hervorrufen könnte. Dabei ist jedoch darauf zu achten, dass Aufgaben und Verantwortlichkeiten tatsächlich denen eines Beraters entsprechen müssen und nicht an die Stellung eines Organmitglieds angenähert sein dürfen.

VI. Erstanwendungszeitpunkt

59 Eine spezielle Vorschrift, wann die Regelung des § 43 Abs. 3 WPO in Kraft tritt, enthält Art. 12 BilMoG (Änderungen der Wirtschaftsprüferordnung) nicht. Demgemäß findet die allgemeine Vorschrift des Art. 15 BilMoG (Inkrafttreten) Anwendung, wonach die Regelung **am Tag nach der Verkündung** des BilMoG, mithin am 29. Mai 2009, in Kraft tritt.

Aufgrund des Zeitablaufs werden damit solche **Altfälle** nicht mehr erfasst, in denen der Wechsel zwei Jahre oder länger vor Inkrafttreten des § 43 Abs. 3 WPO stattgefunden hat, weil in diesen Fällen die verlangte *Cooling-off*-Periode bereits abgelaufen ist. 60

Für Fälle, in denen der **Wechsel innerhalb der letzten zwei Jahre** stattgefunden hat, könnte dagegen nach dem Wortlaut des neuen § 43 Abs. 3 WPO fraglich sein, ob hier für den Rest der Zweijahresperiode das Tätigkeitsverbot zu beachten ist. 61

Für diese Fälle enthält der neu eingefügte § 140 WPO jedoch eine **Übergangsregelung**. Danach gelten die §§ 43 Abs. 3, 133a WPO nicht für solche Personen, die ihre Prüfungstätigkeit bei den Unternehmen vor dem Inkrafttreten des BilMoG aufgegeben haben. Die Zwei-Jahres-Frist ist daher von solchen Einzelabschlussprüfern oder verantwortlichen Prüfungspartnern einer Prüfungsgesellschaft nicht einzuhalten, die vor dem 29. Mai 2009 die Prüfungstätigkeit bei dem betroffenen Unternehmen beendet haben. 62

Fraglich ist, ob es dabei ausreichend ist, dass lediglich die Testatsunterzeichnung unterlassen oder die Verantwortlichkeit für die Prüfungsdurchführung auf einen anderen WP übertragen wird. Der Wortlaut des § 140 WPO fordert die **Aufgabe „ihrer Prüfungstätigkeit"**; offen bleibt, ob damit auf die nach § 43 Abs. 3 WPO auslösende Funktion als verantwortlicher Prüfungspartner oder auf die Tätigkeit schlechthin abzustellen ist. Jedenfalls werden danach durch die Übergangsvorschrift solche Einzelabschlussprüfer oder verantwortlichen Prüfungspartner freigestellt sein, die vor dem Inkrafttreten des Gesetzes sämtliche Prüfungshandlungen bei dem betroffenen Unternehmen beendet haben. 63

§ 51b WPO
Handakten

(1) Der Wirtschaftsprüfer muß durch Anlegung von Handakten ein zutreffendes Bild über die von ihm entfaltete Tätigkeit geben können.

(2) ¹Der Wirtschaftsprüfer hat die Handakten auf die Dauer von zehn Jahren nach Beendigung des Auftrags aufzubewahren. ²Diese Verpflichtung erlischt jedoch schon vor Beendigung dieses Zeitraums, wenn der Wirtschaftsprüfer den Auftraggeber aufgefordert hat, die Handakten in Empfang zu nehmen, und der Auftraggeber dieser Aufforderung binnen sechs Monaten, nachdem er sie erhalten hat, nicht nachgekommen ist.

(3) ¹Der Wirtschaftsprüfer kann seinem Auftraggeber die Herausgabe der Handakten verweigern, bis er wegen seiner Vergütung und Auslagen befriedigt ist. ²Dies gilt nicht, soweit die Vorenthaltung der Handakten oder einzelner Schriftstücke nach den Umständen unangemessen wäre.

(4) ¹Handakten im Sinne der Absätze 2 und 3 sind nur die Schriftstücke, die der Wirtschaftsprüfer aus Anlaß seiner beruflichen Tätigkeit von dem Auftraggeber oder für ihn erhalten hat, nicht aber der Briefwechsel zwischen dem Wirtschaftsprüfer und seinem Auftraggeber, die Schriftstücke, die dieser bereits in Urschrift oder Abschrift erhalten hat, sowie die zu internen Zwecken gefertigten Arbeitspapiere. ²**Der Wirtschaftsprüfer hat in den Arbeitspapieren, die Abschlussprüfungen im Sinn des § 316 des Handelsgesetzbuchs betreffen, auch die zur Überprüfung seiner Unabhängigkeit im Sinn des § 319 Abs. 2 bis 5 und des § 319a des Handelsgesetzbuchs ergriffenen Maßnahmen, seine Unabhängigkeit gefährdende Umstände und ergriffene Schutzmaßnahmen schriftlich zu dokumentieren.**

(4a) ¹**Der Wirtschaftsprüfer, der eine Konzernabschlussprüfung durchführt, hat der Wirtschaftsprüferkammer auf deren schriftliche Aufforderung die Unterlagen über die Arbeit von Abschlussprüfern oder Abschlussprüfungsgesellschaften aus Drittstaaten im Sinn des § 3 Abs. 1 Satz 1, die in den Konzernabschluss einbezogene Tochterunternehmen prüfen, zu übergeben, soweit diese nicht gemäß § 134 Abs. 1 eingetragen sind oder eine Vereinbarung zur Zusammenarbeit gemäß § 57 Abs. 9 Satz 5 Nr. 3 nicht besteht. ²Erhält der Wirtschaftsprüfer keinen Zugang zu den Unterlagen über die Arbeit von Abschlussprüfern oder Abschlussprüfungsgesellschaften aus Drittländern, sind der Versuch ihrer Erlangung und die Hindernisse zu dokumentieren und der Wirtschaftsprüferkammer auf deren schriftliche Aufforderung die Gründe dafür mitzuteilen.**

(5) ¹Die Absätze 1 bis **4a** gelten entsprechend, soweit sich der Wirtschaftsprüfer zum Führen von Handakten der elektronischen Datenverarbeitung bedient. ²In anderen Gesetzen getroffene Regelungen über die Pflichten zur Aufbewahrung von Geschäftsunterlagen bleiben unberührt.

Inhaltsverzeichnis   Tz.

    I.   Dokumentation der Unabhängigkeitsprüfung, § 51b Abs. 4 WPO
        1.   Grundlagen .... 64 – 68
        2.   Anwendungsbereich .... 69 – 72
        3.   Dokumentationspflichten .... 73 – 83
        4.   Rechtsfolgen bei Verstoß gegen die Dokumentationspflicht 84
    II. Übergabe von Unterlagen von Drittstaatenprüfern an die WPK, § 51b Abs. 4a WPO

1. Grundlagen .... 85 – 86
2. Anwendungsbereich .... 87 – 92
III. Erweiterung der Verweisung, § 51b Abs. 5 WPO .... 93 – 94

I. Dokumentation der Unabhängigkeitsprüfung, § 51b Abs. 4 WPO

1. Grundlagen

§ 51b WPO normiert die berufsrechtliche Pflicht des WP zur Anlegung von **Handakten**. Zu den Handakten iwS gehören gem. § 51b Abs. 4 Satz 1 WPO auch die zu internen Zwecken des Prüfers gefertigten Arbeitspapiere[15]. 64

Der durch das BilMoG neu eingefügte § 51b Abs. 4 Satz 2 WPO bestimmt, dass in den Arbeitspapieren bestimmte Maßnahmen und Feststellungen im Zusammenhang mit der Überprüfung der **Unabhängigkeit des Abschlussprüfers dokumentiert** werden müssen. Hiermit wird Art. 22 Abs. 3 der Abschlussprüferrichtlinie umgesetzt[16]. 65

Die durch diese Ergänzung des § 51b Abs. 4 WPO gesetzlich angeordneten Dokumentationsanforderungen im Zusammenhang mit der Überprüfung der Unabhängigkeit des Abschlussprüfers bestanden als **Berufspflicht** für WP inhaltlich bereits bisher nach Maßgabe von §§ 21, 22 BS WP/vBP. § 21 Abs. 5 BS WP/vBP normiert für Prüfungen und Erstattung von Gutachten die Pflicht, vor Annahme eines Auftrages sowie während der gesamten Dauer der Auftragsdurchführung zu prüfen, ob die Unbefangenheit gefährdende Umstände vorliegen, wobei die zur Überprüfung getroffenen Maßnahmen und dabei festgestellte kritische Sachverhalte in den Arbeitspapieren zu dokumentieren sind. Nach § 22 Abs. 2 BS WP/vBP sind im Einzelfall ergriffene Schutzmaßnahmen ebenfalls zu dokumentieren. 66

Auch wenn damit der Sache nach den Anforderungen der Abschlussprüferrichtlinie bereits bisher Genüge getan wurde, hat der Gesetzgeber eine gesetzliche Regelung im Rahmen des § 51b WPO für erforderlich erachtet. Auch wenn die Feststellung in der Regierungsbegründung zutreffend ist, dass mit der Regelung kein Neuland betreten werde (und damit auch keine zusätzlichen Belastungen für die Abschlussprüfer verbunden sind), bleibt gleichwohl fraglich, warum es nicht bei der bisherigen Regelung in der BS WP/vBP sein Bewenden haben konnte, da auch diese Teil der rechtlichen Vorschriften ist, die von Berufsangehörigen bei ihrer Tätigkeit zu beachten sind[17]. Unter rechtlichen Gesichtspunkten ist **ein zusätzlicher Regelungsbedarf nicht zu erkennen**. 67

Der besondere Stellenwert, der von der Abschlussprüferrichtlinie und in Umsetzung dem deutschen Gesetz der Einhaltung der Anforderungen an die berufliche Unabhängigkeit und Unbefangenheit beigemessen wird, ergibt sich auch aus der gleichzeitig durch das BilMoG eingefügten Regelung in § 321 Abs. 4a HGB. Danach muss der Abschlussprüfer im Prüfungsbericht seine **Unabhängigkeit** bestätigen (vgl. hierzu Abschnitt S, Tz. 60 ff.). Hierzu wird er ua. auch durch die in den Arbeitspapieren dokumentierten Maßnahmen in die Lage versetzt. 68

---

15 Siehe zu Funktion, Inhalt, Umfang und Form von Arbeitspapieren: IDW PS 460 nF, Arbeitspapiere sind danach „... alle Aufzeichnungen und Unterlagen, die der Abschlussprüfer im Zusammenhang mit der Abschlussprüfung selbst erstellt, sowie alle Schriftstücke und Unterlagen, die er von dem geprüften Unternehmen oder von Dritten als Ergänzung seiner eigenen Unterlagen zum Verbleib erhält".
16 Richtlinie 2006/43/EG des Europäischen Parlaments und des Rates vom 17. Mai 2006, ABl. EU v. 9.6.2006, Nr. L 157, S. 87 ff.
17 Vgl. Begr. RegE, BT-Drucks. 16/10067, S. 110.

2. Anwendungsbereich

69 Der Adressatenkreis des § 51b Abs. 4 Satz 2 WPO umfasst WP und – über die Verweisungsnorm des § 56 Abs. 1 WPO – WPG, soweit sie eine **gesetzliche Abschlussprüfung** iSd. § 316 HGB durchführen. Daneben gilt die Regelung über die Verweisung in § 130 Abs. 1 und 2 WPO auch für vBP und Buchprüfungsgesellschaften, soweit sie solche Pflichtprüfungen nach Maßgabe des § 319 Abs. 1 Satz 2 HGB durchführen. Für diesen Adressatenkreis gelten zugleich die gesetzlichen Ausschlussgründe gem. §§ 319 ff HGB, die das Erfordernis der Unabhängigkeit des Abschlussprüfers zum Gegenstand haben.

70 Ob die Dokumentationspflicht auch für **Prüfungen** gilt, **auf die §§ 316 ff. HGB kraft Verweisung Anwendung** finden, ist fraglich. Nach dem Wortlaut, aber auch aufgrund der Reichweite der Abschlussprüferrichtlinie wird anzunehmen sein, dass sich der Anwendungsbereich auf die Pflichtprüfung von Kapitalgesellschaften und Personenhandelsgesellschaften iSd. § 264a HGB beschränkt, Prüfungen zB nach §§ 6, 14 PublG aber nicht erfasst.

71 Für alle **sonstigen nach § 2 WPO zulässigen Tätigkeiten** eines WP besteht zwar nach § 51b WPO die Pflicht, Handakten anzulegen. Die gesetzliche Dokumentationspflicht in Bezug auf die Unabhängigkeitsvorschriften aus der neuen Regelung in § 51b Abs. 4 Satz 2 WPO besteht in diesem Bereich aber nicht.

72 Die Berufspflichten aus §§ 21 Abs. 5 Satz 2, 22 Abs. 2 BS WP/vBP gelten dagegen für die Durchführung von **Prüfungen aller Art** und darüber hinaus auch für die **Erstattung von Gutachten**; deren Anwendungsbereich geht somit über den der neuen gesetzlichen Vorschriften hinaus. Grund hierfür ist, dass sich der Gesetzgeber mit seiner Regelung auf den Anwendungsbereich der Abschlussprüferrichtlinie beschränkt hat.

3. Dokumentationspflichten

73 Der Inhalt der Regelung besteht in der Verpflichtung des WP oder der WPG, in den **Arbeitspapieren** die zur Überprüfung seiner Unabhängigkeit iSd. § 319 Abs. 2 bis 5 und des § 319a HGB ergriffenen Maßnahmen, seine Unabhängigkeit gefährdenden Umstände und ergriffenen Schutzmaßnahmen schriftlich zu dokumentieren.

74 Im Hinblick auf die in den §§ 319 ff. HGB geregelten gesetzlichen Ausschlussgründe und die berufsrechtliche Anforderung des § 49 WPO ist der als gesetzlicher Abschlussprüfer bestellte WP ohnehin verpflichtet, seine Unabhängigkeit zu überprüfen und im Falle bestehender Unabhängigkeitsrisiken geeignete Schutzvorkehrungen zu treffen, wenn relative Befangenheitsgründe vorliegen, bzw. seine Tätigkeit zu versagen, wenn absolute Ausschlussgründe vorliegen.

75 Die **materiellen Anforderungen** an die Unabhängigkeit, die erforderlichen Maßnahmen, um Sachverhalte zu erkennen, die zu einer Beeinträchtigung der Unabhängigkeit führen können, und die Maßstäbe für die Beurteilung dieser Risiken werden von der neuen Regelung nicht berührt. Die diesbezüglichen Anforderungen sind in Abschn. 4.1.1 der VO 1/2006 dargestellt.

76 Die Erweiterung der gesetzlichen Anforderungen durch § 51b Abs. 4 Satz 2 WPO besteht nunmehr darin, dass der Abschlussprüfer über die zur Überprüfung seiner Unabhängigkeit vorgenommenen Schritte, die Würdigungen etwaiger Risiken und die getroffenen Gegenmaßnahmen eine **schriftliche Dokumentation** anfertigen muss.

Diese Dokumentation ist, wie sich aus dem Regelungsort in § 51b Abs. 4 Satz 2 WPO ergibt, **Bestandteil der Arbeitspapiere** und damit der Handakten iwS, so dass sich die Pflichten aus § 51b Abs. 2 und 3 WPO nicht hierauf beziehen. Herausgabepflichten gegenüber dem Auftraggeber bestehen nicht; es steht im Ermessen des Prüfers, ob er Teile oder Auszüge aus den Arbeitspapieren dem geprüften Unternehmen zur Verfügung stellt[18]. Die WPK kann dagegen nach § 62 Abs. 1 Satz 2 WPO die Vorlage der Handakten und damit auch der Dokumentation zu Fragen der Prüferunabhängigkeit verlangen; bei Pflichtprüfungen, um die es hier geht, kann die Vorlage auch nicht unter Verweis auf die Verschwiegenheitspflicht verweigert werden (§ 62 Abs. 3 WPO). 77

Die Dokumentation muss einen **nachvollziehbaren** und **angemessenen** Inhalt haben[19]. Hiernach müssen die tragenden Erwägungen in Art und Umfang so aufgezeichnet werden, dass sich im Falle einer Nachprüfung ein bislang nicht mit dem Vorgang befasster Dritter allein anhand dieser Unterlagen ein Urteil zur Frage der Unabhängigkeit des Abschlussprüfers bilden kann. Dies entspricht den allgemeinen Anforderungen an den Inhalt einer Dokumentation. 78

Inhaltlich bezieht sich die Dokumentation zunächst auf die zur **Überprüfung der Unabhängigkeit** ergriffenen Maßnahmen. Hierzu können sowohl allgemeine, die gesamte Praxis des Abschlussprüfers oder der Prüfungsgesellschaft betreffende Maßnahmen als auch die besonderen Maßnahmen gehören, die in Bezug auf einen konkreten Prüfungsauftrag durchgeführt werden. Letztere, wie zB die Einholung ausdrücklicher Unabhängigkeitsbestätigungen von den Mitgliedern des Prüfungsteams, sind in den Arbeitspapieren des jeweiligen Prüfungsauftrags zu dokumentieren. Bei allgemeinen Maßnahmen, zB Sicherstellung der Unabhängigkeit von finanziellen Interessen durch ein praxisweites EDV-gestütztes System, genügt eine Bezugnahme hierauf, wenn das System und seine Anwendung an anderer Stelle hinreichend dokumentiert sind. 79

Die **Unabhängigkeit gefährdende Umstände** sind nur dann zu dokumentieren, wenn sich bei der konkreten Prüfung tatsächlich ernsthafte Bedenken ergeben haben. Bloß abstrakte Gefährdungen wie zB persönliche Beziehungen allgemeiner Art (Vereinsmitgliedschaften, freundschaftliche Beziehungen) müssen dagegen nicht rein vorsorglich erhoben und dokumentiert werden. Der Zweck der Regelung, bei späteren Vorwürfen nachweisen zu können, dass die Problematik erkannt und vertretbar gelöst worden ist, legt es allerdings nahe, im Zweifel die erkannten Umstände und ihre Beurteilung zu dokumentieren. 80

Die Dokumentation ergriffener **Schutzmaßnahmen** muss neben der Darstellung der Maßnahmen auch die Einschätzung umfassen, warum gerade die ergriffenen Maßnahmen ausreichen, um das Befangenheitsrisiko auf ein vertretbares Maß zu vermindern. 81

Der Umfang der Dokumentationspflichten hängt dabei auch wesentlich von der **Größe und Komplexität** des jeweiligen Prüfungsmandats ab. So erfordert zB die Konzernabschlussprüfung bei einem multinationalen Konzern durch eine in einem weltweiten Netzwerk eingebundene WPG eine gründlichere Dokumentation als die Jahresabschlussprüfung einer nur lokal tätigen Kapitalgesellschaft durch einen WP in Einzelpraxis[20]. 82

Dem Erfordernis der **Schriftform** der Dokumentation genügt im Zweifel auch eine Erfassung im Weg der elektronischen Datenverarbeitung, sofern die entsprechenden 83

---

18   Vgl. IDW PS 460 nF Tz. 33, FN-IDW 2008, S. 183.
19   Vgl. Begr. RegE, BT-Drucks. 16/10067, S. 110.
20   Vgl. Begr. RegE, BT-Drucks. 16/10067, S. 110.

Dateien jederzeit lesbar gemacht werden können und gegen unbemerkte willkürliche Abänderung geschützt sind. Werden die Unterlagen teils in Papierform und teils elektronisch aufbewahrt, sind Querhinweise erforderlich[21].

4. Rechtsfolgen bei Verstoß gegen die Dokumentationspflicht

84 Die Verletzung der Pflicht zur Handaktenführung kann ebenso wie die Verletzung der anderen sich aus § 51b WPO ergebenen Pflichten als **Berufspflichtverletzung** im Rahmen der Berufsaufsicht geahndet werden[22].

II. Übergabe von Unterlagen von Drittstaatenprüfern an die WPK, § 51b Abs. 4a WPO

1. Grundlagen

85 Mit der Regelung in § 51b Abs. 4a WPO wird Art. 27 lit. c **der Abschlussprüferrichtlinie** umgesetzt.

86 Die Vorschrift begründet für den Abschlussprüfer eines Konzernabschlusses die **Verpflichtung**, der WPK auf Verlangen bestimmte **Unterlagen** über die Arbeit von Abschlussprüfern oder Abschlussprüfungsgesellschaften aus Drittstaaten iSd. § 3 Abs. 1 Satz 1 WPO, die in den Konzernabschluss einbezogene Tochterunternehmen prüfen, zu übergeben.

2. Anwendungsbereich

87 Der **Adressatenkreis** umfasst deutsche Abschlussprüfer, die einen Konzernabschluss prüfen, in den Tochtergesellschaften einbezogen worden sind, die von Abschlussprüfern oder Abschlussprüfungsgesellschaften aus sog. Drittstaaten geprüft worden sind. **Drittstaaten** sind nach der Legaldefinition des § 3 Abs. 1 Satz 1 WPO solche Staaten, die nicht Mitgliedstaat der Europäischen Union oder Vertragsstaat des Abkommens über den europäischen Wirtschaftsraum sind. Die Schweiz, die in § 3 Abs. 1 WPO aF noch als Drittstaat qualifiziert ist, wurde mit der Neuregelung von dieser Definition ausgenommen.

88 Gegenstand der Herausgabepflicht nach § 51b Abs. 4a Satz 1 WPO sind die Unterlagen über die Arbeit der Abschlussprüfer oder Abschlussprüfungsgesellschaften aus Drittstatten, die die in den Konzernabschluss einbezogenen Tochtergesellschaften prüfen. Diese Unterlagen umfassen in erster Linie die **Arbeitspapiere** oder vergleichbaren Dokumente, die der Abschlussprüfer aus dem Drittstaat im Rahmen seiner Abschlussprüfung erstellt hat und die eine Beurteilung seiner Arbeit erlauben[23]. Das Gesetz begründet keinen Herausgabeanspruch des deutschen Konzernabschlussprüfers gegen den Prüfer des Tochterunternehmens, sondern bezieht sich nur auf solche Unterlagen, die der deutsche Prüfer erhalten hat oder deren Aushändigung er aufgrund anderweitiger rechtlicher (insb. vertraglicher) Regelungen verlangen kann.

89 Die Vorschrift dient der Beaufsichtigung der Drittstaatenprüfer durch die zuständigen deutschen Stellen. Negative **Anwendungsvoraussetzung** des § 51b Abs. 4a Satz 1 WPO ist daher, dass die Abschlussprüfer aus Drittstaaten nicht gem. § 134 Abs. 1 WPO

---

21 Vgl. *Krauß* in Hense/Ulrich, WPO-Kommentar, § 51b Rdnr. 11.
22 Vgl. *Krauß* in Hense/Ulrich, WPO-Kommentar, § 51b Rdnr. 10.
23 Vgl. Begr. RegE, BT-Drucks. 16/10067, S. 110.

in das bei der WPK geführte Berufsregister eingetragen sind[24] oder eine Vereinbarung zur Zusammenarbeit gem. § 57 Abs. 9 Satz 5 Nr. 3 WPO nicht besteht. In diesen Fällen ist es nicht erforderlich, den Konzernabschlussprüfer zur Verschaffung der Arbeitspapiere von anderen im Konzern tätigen Abschlussprüfern in die Pflicht zu nehmen. Ist ein Drittstaatenprüfer in das Berufsregister eingetragen, unterliegt er nach § 134 Abs. 3 WPO der Berufsaufsicht durch die WPK. Diese kann dann die Vorlage von dessen Arbeitspapieren unmittelbar verlangen (§ 62 WPO), so dass eine Herausgabe der Unterlagen durch den Konzernabschlussprüfer nach § 51b Abs. 4a WPO nicht erforderlich ist. Wenn eine Vereinbarung zur Zusammenarbeit mit einer ausländischen Prüferaufsicht gem. § 57 Abs. 9 Satz 5 Nr. 3 WPO getroffen worden ist, kann die deutsche Prüferaufsicht die Unterlagen über die ausländische Aufsichtsstelle anfordern, so dass der Umweg über den Konzernabschlussprüfer ebenfalls nicht erforderlich ist. Im Regelfall wird sich die deutsche Prüferaufsicht in diesen Fällen bei festgestellter Gleichwertigkeit der Aufsichtssysteme (§ 134 Abs. 4 WPO) allerdings auf die Tätigkeit der Aufsicht des Drittstaats (*home country control*) verlassen können, so dass sich die Anforderungen der Unterlagen erübrigt.

Die Pflicht zur Übergabe der Unterlagen besteht nur bei **ausdrücklicher schriftlicher Aufforderung durch die WPK**. Durch diese Einschränkung soll erreicht werden, dass weder die WPK noch die Abschlussprüfer des Konzernabschlusses in einem unnötigen Umfang Arbeitspapiere „vorsorglich" aufbewahren müssen[25]. 90

Die gesetzliche Regelung überlässt es dem Konzernabschlussprüfer, auf welche Weise er seiner Verpflichtung nachkommt, der WPK auf Anforderung entsprechende Unterlagen zu übermitteln. Zum einen kann er vorsorglich **Kopien** der Unterlagen bei sich aufbewahren, die der Drittstaatenprüfer bei seiner Arbeit erstellt hat. Zum anderen kann er sich zB über eine entsprechende vertragliche **Vereinbarung** mit dem Abschlussprüfer aus dem Drittstaat den Zugang zu diesen Unterlagen innerhalb angemessener Frist sichern[26]. Auch wenn dies in den deutschen Vorschriften nicht ausdrücklich geregelt ist, muss nach dem Wortlaut des Art. 27 lit. c der Abschlussprüferrichtlinie („der Konzernabschlussprüfer ... dafür verantwortlich ist sicherzustellen, ...") davon ausgegangen werden, dass der Konzernabschlussprüfer verpflichtet ist, sich Kopien der Arbeitspapiere geben zu lassen oder eine Vereinbarung über den Zugang zu den Unterlagen zu treffen. Eine solche Vereinbarung wird bereits zu Beginn der Prüfungstätigkeit zB im Zusammenhang mit dem Versand des *Instruction Letter* zu treffen sein. Allerdings hat der deutsche Konzernabschlussprüfer keine Handhabe, den Abschluss einer solchen Vereinbarung gegen den Willen des anderen Abschlussprüfers durchzusetzen, zumal der Prüfungsauftrag in aller Regel nicht durch den Konzernabschlussprüfer, sondern auf Ebene des ausländischen Konzernunternehmens oder ggf. des Mutterunternehmens vereinbart wird. Auch wenn eine solche Vereinbarung nicht zustande kommt, hindert dies die wirksame Durchführung der Konzernabschlussprüfung nicht. Die Berufspflicht aus § 51b Abs. 4a WPO wäre nur dann verletzt, wenn der Konzernabschlussprüfer sich nicht um den Abschluss einer entsprechenden Vereinbarung bemüht. 91

In § 51b Abs. 4a Satz 2 WPO wird eine **Sonderregelung** für den Fall getroffen, dass der Konzernabschlussprüfer **keinen Zugang** zu den Unterlagen über die Arbeit von Abschlussprüfern aus Drittstaaten erhält. In diesem Fall sind der **Versuch** der Erlangung dieser Unterlagen und die bestehenden **Hindernisse** zu dokumentieren. Der WPK sind auf deren schriftliche Aufforderung die **Gründe** für die Nichterlangung der 92

---

[24] Vgl. zu Einzelheiten die Kommentierung zu § 134 WPO, Tz 106 ff.
[25] Vgl. Begr. RegE, BT-Drucks. 16/10067, S. 110.
[26] Vgl. Begr. RegE, BT-Drucks. 16/10067, S. 110.

Unterlagen mitzuteilen. Eine Übergabe der Dokumentation des Erlangungsversuchs an die WPK wird zwar nach dem Gesetzeswortlaut nicht ausdrücklich verlangt, doch dürfte sich in der Praxis anbieten, die Darlegung der Gründe für die Informationsverweigerung mit entsprechenden Belegen zu untermauern. Ziel der Regelung in § 51b Abs. 4a Satz 2 WPO ist es, eine Umgehung der Verpflichtung nach § 51b Abs. 4a Satz 1 WPO zu vermeiden[27].

III. Erweiterung der Verweisung, § 51b Abs. 5 WPO

93 Nach § 51b Abs. 5 Satz 1 WPO gelten die zu den Handakten getroffenen Regelungen entsprechend, wenn sich der WP zum Führen von Handakten der elektronischen Datenverarbeitung bedient. Die bisher vorgesehene Verweisung umfasste nur die § 51b Abs. 1 bis 4 WPO. Als Folge der Einfügung des § 51b Abs. 4a WPO war es daher erforderlich, den Wortlaut des § 51b Abs. 5 Satz 1 WPO entsprechend anzupassen und den § 51b Abs. 4a WPO mit einzubeziehen.

94 Damit wird klargestellt, dass die Unterlagen über die Arbeit von Drittstaatenprüfern auch in **elektronischer Form** geführt und aufbewahrt werden können; die Herausgabe an die WPK bezieht sich in diesem Fall nach dem Wortlaut auf die Unterlagen, so wie sie geführt werden, also die elektronische Form. Die Übergabe in dieser Form wird allerdings voraussetzen, dass es sich um ein Datenformat handelt, das durch die WPK ohne weiteres ausgewertet werden kann. Ist dies nicht der Fall, dürfte eine Pflicht zur Lesbarmachung bestehen.

---

27 Vgl. Begr. RegE, BT-Drucks. 16/10067, S. 110.

§ 133a WPO
Unbefugte Ausübung einer Führungsposition bei dem geprüften Unternehmen

(1) Ordnungswidrig handelt, wer entgegen § 43 Abs. 3 eine wichtige Führungsposition ausübt.

(2) ¹Die Ordnungswidrigkeit kann mit einer Geldbuße bis zu fünfzigtausend Euro geahndet werden. ²§ 132 Abs. 4 Satz 2 findet Anwendung.

Inhaltsverzeichnis Tz.
I. Grundlagen .... 95 – 97
II. Tatbestand .... 98 – 99
III. Tatfolgen .... 100 – 101
IV. Zuständigkeit .... 102 – 103

I. Grundlagen

Der neu eingefügte § 133a Abs. 1 WPO dient der **Sanktionierung** eines Verstoßes gegen § 43 Abs. 3 WPO. Nach dieser Vorschrift darf ein Abschlussprüfer oder ein verantwortlicher Prüfungspartner keine wichtige Führungstätigkeit bei dem bisher geprüften Unternehmen ausüben, wenn er nicht vorher einen Zeitraum von zwei Jahren (sog. *Cooling-off*-Periode) abgewartet hat. 95

Die Vorschrift ist als **Ordnungswidrigkeitstatbestand** ausgestaltet und erfasst damit – anders als die übrigen Regelungen in der WPO außerhalb des Zehnten Teils – nicht nur Berufsangehörige iSd. § 1 Abs. 1 WPO[28]. Sie erfasst vielmehr auch solche Personen, die im Zuge ihres Wechsels zum Prüfungsmandanten auf ihre Zulassung als WP verzichtet haben oder bei denen diese nach § 20 Abs. 2 Nr. 1 WPO von der WPK wegen Verstoßes gegen § 43a Abs. 3 WPO widerrufen wurde. 96

Für Berufsangehörige, die zum Zweck der Aufnahme einer Tätigkeit iSd. § 43a Abs. 3 WPO gem. § 46 WPO **zeitlich befristet beurlaubt** wurden, hätte es einer Ausgestaltung als Ordnungswidrigkeitstatbestand nicht bedurft; diese unterfallen nach wie vor der Berufsgerichtsbarkeit und dem Rügerecht der WPK, da sie noch als WP zugelassen sind, wenngleich sie diese Berufsbezeichnung während ihrer Beurlaubung nicht führen dürfen. Gleichwohl ist § 133a WPO auch auf diesen Personenkreis anwendbar. 97

II. Tatbestand

Die **Tathandlung** der Ordnungswidrigkeit ergibt sich aus dem in § 43 Abs. 3 WPO geregelten Verbot. Täter kann nur sein, wer vor dem Wechsel als Abschlussprüfer bestellt oder verantwortlicher Prüfungspartner war. Unzulässig ist nur die Ausübung einer „wichtigen Führungstätigkeit", nicht aber sonstiger Tätigkeiten. Ausübung ist nicht nur die erstmalige Aufnahme der Tätigkeit, sondern auch ihre Fortführung während des befristeten Verbots[29]. Nach Ablauf eines Zeitraums von zwei Jahren (*Cooling-off*-Periode) ist der Wechsel statthaft. Maßgeblich ist nicht der Vertragsschluss, sondern die tatsächliche Aufnahme der Tätigkeit. 98

Zur Auslegung im Einzelnen wird auf die Erläuterungen in Tz. 20 ff. verwiesen. 99

---
28 Vgl. Begr. RegE, BT-Drucks. 16/10067, S. 110.
29 Zu den Auswirkungen auf die Bußgeldsanktion vgl. unten Tz. 101.

III. Tatfolgen

100 Gem. § 133a Abs. 2 WPO kann der Verstoß gegen § 43 Abs. 3 WPO mit einer **Geldbuße bis zu EUR 50.000** geahndet werden. Der Bußgeldrahmen orientiert sich an dem Betrag, den die WPK für Berufspflichtverletzungen max. verhängen kann (§ 63 Abs. 1 Satz 3 WPO)[30]. Damit ist hinsichtlich der Höhe der Geldbuße eine Gleichbehandlung ehemaliger Berufsangehöriger mit bestellten Berufsangehörigen gewährleistet. Während für ehemalige Berufsangehörige die Geldbuße das einzige Sanktionsmittel darstellt, unterliegen die (beurlaubten) WP darüber hinaus noch der Berufsaufsicht, im Rahmen derer die WPK weitere Maßnahmen verhängen kann. In Betracht kommt insbesondere die Erteilung einer Rüge gem. § 63 Abs. 1 Satz 1 WPO, verbunden mit einer Geldauflage.

101 Da der Tatbestand des § 43 Abs. 3 WPO nicht nur die Übernahme der verbotenen Tätigkeit erfasst, sondern an die Ausübung der Tätigkeit vor Ablauf einer *Cooling-off*-Periode anknüpft und damit ein Dauerdelikt darstellt, kann die Geldbuße gem. § 133a Abs. 2 WPO **mehrfach verhängt** werden. Die erneute Verhängung kommt aber nur dann in Betracht, wenn der Betroffene nach der Bestandskraft des Bußgeldbescheids oder eines in Rechtskraft erwachsenen Urteils weiterhin eine wichtige Führungsposition ausübt[31].

IV. Zuständigkeit

102 Aufgrund der Verweisung in § 133a Abs. 2 Satz 2 WPO findet § 132 Abs. 4 Satz 2 WPO Anwendung. Danach ist die **Verwaltungsbehörde** iSd. § 36 Abs. 1 Nr. 1 OWiG für die Festsetzung der Geldbuße die WPK.

103 Durch Ergänzung der Verweisung in § 133d Abs. 1 WPO um den neuen § 133a WPO wird bestimmt, dass die **Bußgelder** der Verwaltungsbehörde zufließen, die den Bußgeldbescheid erlassen hat[32].

---

30 Vgl. Begr. RegE, BT-Drucks. 16/10067, S. 110 f.
31 Vgl. Begr. RegE, BT-Drucks. 16/10067, S. 111.
32 Vgl. Begr. RegE, BT-Drucks. 16/10067, S. 26 (Art. 10 Nr. 13).

§ 134 WPO
Anwendung von Vorschriften dieses Gesetzes auf Abschlussprüfer, Abschlussprüferinnen und Abschlussprüfungsgesellschaften aus Drittstaaten

(1) [1]Abschlussprüfer, Abschlussprüferinnen und Abschlussprüfungsgesellschaften aus Drittstaaten sind verpflichtet, auch wenn keine Bestellung oder Anerkennung nach diesem Gesetz vorliegt, sich nach den Vorschriften des Siebten Abschnitts des Zweiten Teils eintragen zu lassen, wenn sie beabsichtigen, den Bestätigungsvermerk für einen gesetzlich vorgeschriebenen Jahresabschluss oder Konzernabschluss einer Gesellschaft mit Sitz außerhalb der Gemeinschaft, deren übertragbare Wertpapiere zum Handel an einem geregelten Markt im Sinne von Artikel 4 Abs. 1 Nr. 14 der Richtlinie 2004/39/EG in Deutschland zugelassen sind, zu erteilen. [2]Dies gilt nicht bei Bestätigungsvermerken für Gesellschaften, die ausschließlich zum Handel an einem geregelten Markt eines Mitgliedstaats der Europäischen Union zugelassene Schuldtitel im Sinne des Artikels 2 Abs. 1 Buchstabe b der Richtlinie 2004/109/EG des Europäischen Parlaments und des Rates vom 15. Dezember 2004 zur Harmonisierung der Transparenzanforderungen in Bezug auf Informationen über Emittenten, deren Wertpapiere zum Handel auf einem geregelten Markt zugelassen sind, und zur Änderung der Richtlinie 2001/34/EG (ABl. EU Nr. L 390 S. 38) mit einer Mindeststückelung von 50.000 Euro oder – bei Schuldtiteln, die auf eine andere Währung als Euro lauten – mit einer Mindeststückelung, deren Wert am Ausgabetag mindestens 50.000 Euro entspricht, begeben.

(2) Prüfungsgesellschaften nach Absatz 1 Satz 1 können nur eingetragen werden, wenn

1. sie die Voraussetzungen erfüllen, die denen des Fünften Abschnitts des Zweiten Teils gleichwertig sind,
2. die Person, welche die Prüfung im Namen der Drittstaatsprüfungsgesellschaft durchführt, diejenigen Voraussetzungen erfüllt, die denen des Ersten Abschnitts des Zweiten Teils gleichwertig sind,
3. die Prüfungen nach den internationalen Prüfungsstandards und den Anforderungen an die Unabhängigkeit oder nach gleichwertigen Standards und Anforderungen durchgeführt werden und
4. sie auf ihrer Website einen jährlichen Transparenzbericht veröffentlichen, der die in § 55c genannten Informationen enthält, oder sie gleichwertige Bekanntmachungsanforderungen erfüllen.

(2a) Liegen die Voraussetzungen des Absatzes 1 und 2 vor, erteilt die Wirtschaftsprüferkammer dem eingetragenen Abschlussprüfer, der Abschlussprüferin oder der Abschlussprüfungsgesellschaft eine Eintragungsbescheinigung.

(3) [1]Die nach den Absätzen 1 und 2 eingetragenen Personen und Gesellschaften unterliegen im Hinblick auf ihre Tätigkeit nach Absatz 1 den Vorschriften der Berufsaufsicht nach den §§ 61a bis 66b, den Vorschriften der Berufsgerichtsbarkeit nach den §§ 67 bis 127 sowie den Vorschriften der Qualitätskontrolle nach den §§ 57a bis 57g. [2]Von der Durchführung einer Qualitätskontrolle kann abgesehen werden, wenn in einem anderen Mitgliedstaat der Europäischen Union in den vorausgegangenen drei Jahren bereits eine Qualitätskontrolle bei der eingetragenen Person oder bei der Gesellschaft durchgeführt worden ist. [3]Satz 2 gilt entsprechend, wenn in einem Drittstaat in

den vorangegangenen drei Jahren bereits eine Qualitätskontrolle bei der eingetragenen Person oder bei der Gesellschaft durchgeführt worden ist, wenn die dortige Qualitätskontrolle aufgrund der Bewertung gemäß Absatz 4 als gleichwertig anerkannt wurde.

(4) ¹Von der Eintragung und deren Folgen nach Absatz 3 ist auf der Grundlage der Gegenseitigkeit abzusehen, wenn die in Absatz 1 Satz 1 genannten Personen und Gesellschaften in ihrem jeweiligen Drittstaat einer öffentlichen Aufsicht, einer Qualitätskontrolle sowie einer Berufsaufsicht unterliegen, die Anforderungen erfüllen, welche denen der in Absatz 3 genannten Vorschriften gleichwertig sind, oder wenn die Europäische Kommission dies für eine Übergangsfrist nach Artikel 46 Abs. 2 Satz 3 der Richtlinie 2006/43/EG des Europäischen Parlaments und des Rates vom 17. Mai 2006 über Abschlussprüfungen von Jahresabschlüssen und konsolidierten Abschlüssen (ABl. EU Nr. L 157 S. 87) vorsieht. ²Die in Satz 1 genannte Gleichwertigkeit wird von der Kommission der Europäischen Gemeinschaften in Zusammenarbeit mit den Mitgliedstaaten bewertet und festgestellt. ³Solange die Kommission der Europäischen Gemeinschaften noch keine Übergangsentscheidung nach Satz 1 oder Feststellung nach Satz 2 getroffen hat, kann das Bundesministerium für Wirtschaft und Technologie die Gleichwertigkeit selbst bewerten und feststellen. ⁴Es wird bei der Bewertung die Bewertungen und Feststellungen anderer Mitgliedstaaten berücksichtigen. ⁵Trifft das Bundesministerium für Wirtschaft und Technologie eine solche Feststellung, macht es diese durch Veröffentlichung im Bundesanzeiger bekannt. ⁶Lehnt das Bundesministerium für Wirtschaft und Technologie die Gleichwertigkeit im Sinne des Satzes 1 ab, kann es den in Absatz 1 Satz 1 genannten Personen und Gesellschaften für einen angemessenen Übergangszeitraum die Fortführung ihrer Prüfungstätigkeit in Einklang mit den einschlägigen deutschen Vorschriften gestatten. ⁷Die Feststellung und die Ablehnung der Gleichwertigkeit wird der Abschlussprüferaufsichtskommission mitgeteilt, damit sie diese Entscheidung gemäß § 66a Abs. 11 berücksichtigen kann. ⁸Erfolgt nach Maßgabe dieses Absatzes keine Eintragung gemäß Absatz 1, so bestätigt die Wirtschaftsprüferkammer dies dem Abschlussprüfer, der Abschlussprüferin oder der Abschlussprüfungsgesellschaft auf Antrag schriftlich.

(5) Liegen die Voraussetzungen einer Eintragung im Sinne der Absätze 1 und 2 nicht mehr vor, erfolgt eine Löschung der Eintragung von Amts wegen.

Inhaltsverzeichnis

		Tz.
I.	Grundlagen	104 – 108
II.	Sachstand bezüglich der Feststellung der Gleichwertigkeit	109 – 112
III.	Inhalt der EU-Kommissionsentscheidung	113 – 118
IV.	Wirkung der EU-Kommissionsentscheidung	119 – 122
V.	Änderungen durch das BilMoG	123 – 135
VI.	Erstanwendungszeitpunkt	136 – 138

I. Grundlagen

104 § 134 WPO wurde im Rahmen der 7. WPO-Novelle 2007 neu in die WPO aufgenommen[33]. Mit dieser Norm wurden Art. 45 und 46 der **Abschlussprüferrichtlinie** umgesetzt. Die Registrierungspflicht stellt das Gegenstück zur Registrierungsverpflichtung

---

[33] Vgl. Berufsaufsichtsreformgesetz (BARefG) vom 03.09.2007, BGBl. I S. 2178.

deutscher Abschlussprüfer und Abschlussprüfer anderer europäischer Staaten im Ausland (zB beim *PCAOB* in den USA gem. § 102 des *Sarbanes-Oxley-Act*) dar[34].

§ 134 WPO regelt die Anwendung bestimmter nationaler berufsrechtlicher Vorschriften auf **Abschlussprüfer und Abschlussprüfungsgesellschaften aus Drittstaaten**, dh. aus Staaten, die nicht Mitgliedstaaten der EU oder Vertragsstaaten des Abkommens über den Europäischen Wirtschaftsraum sind (vgl. § 3 WPO). Die Anwendung der Norm auf die sog. Drittstaatenprüfer erfolgt dann, wenn diese Prüfungen von Jahres- oder Konzernabschlüssen von Unternehmen durchführen, die der deutschen Kapitalmarkt in Anspruch nehmen, sofern nicht die Ausnahme des § 134 Abs. 1 Satz 2 WPO vorliegt. 105

Nach § 134 Abs. 1 und 2 WPO, auf die der neu eingefügte § 134 Abs. 2a WPO verweist, hat die WPK als zuständige Aufsichtsbehörde diejenigen Prüfer bzw. Prüfungsgesellschaften aus Drittstaaten in ihr **Berufsregister** aufzunehmen, die Bestätigungsvermerke für Jahres- und/oder Konzernabschlüsse von außerhalb der Gemeinschaft ansässigen, aber an einer deutschen Börse gelisteten Unternehmen erteilen. Zu diesem Zweck haben die betreffenden Drittstaatenprüfer der WPK Angaben über ihre Anerkennungsvoraussetzungen bzw. Zulassungsvoraussetzungen als Prüfer, über die Prüfungsdurchführung nach internationalen oder gleichwertigen Standards sowie über die jährliche Veröffentlichung eines Transparenzberichts mit einem § 55c WPO vergleichbaren Informationsgehalt zu machen. 106

Die dann **registrierten Drittstaatenprüfer** sind nach § 134 Abs. 3 WPO dem deutschen Aufsichtssystem, dem Qualitätssicherungssystem sowie den nach der WPO geltenden Untersuchungen und Sanktionen zu unterwerfen. 107

Ein anderes Regelungskonzept für Drittstaatenprüfer, die Jahresabschlussprüfungen oder Konzernabschlussprüfungen von Unternehmen durchführen, die den deutschen Kapitalmarkt in Anspruch nehmen, enthält § 134 Abs. 4 WPO. Dieser regelt eine **Ausnahme von der Registrierungspflicht**, wenn das Aufsichtssystem in den Drittländern von der EU-Kommission als den in Art. 29, 30 und 32 der Abschlussprüferrichtlinie genannten Anforderungen gleichwertig anerkannt wird. Solange die EU-Kommission keine derartige Feststellung getroffen hat, soll es danach dem BMWT obliegen, die Gleichwertigkeit zu bewerten und festzustellen. Wenn hiernach von der Eintragung abgesehen wird, treten auch die Folgen der Eintragung – Aufsicht über die Drittstaatenprüfer durch die deutschen Aufsichtsstellen – nicht ein. In diesen Fällen bleibt es bei der als gleichwertig anerkannten Aufsicht im Herkunftsland (*home country control*). 108

II. Sachstand bezüglich der Feststellung der Gleichwertigkeit

Eine Feststellung der Gleichwertigkeit der Aufsichtssysteme in den betroffenen Drittstaaten durch die EU-Kommission ist bislang nicht erfolgt und wird auch nach derzeitigen Erkenntnissen noch einige Zeit in Anspruch nehmen. Die national zuständigen Stellen (in Deutschland das BMWT, § 134 Abs. 4 Satz 3 WPO) haben auf Bitten der EU-Kommission[35] noch keine Entscheidung über die Gleichwertigkeit getroffen, um die Gefahr uneinheitlicher Entscheidungen auszuschließen. 109

Bei diesem Sachstand hat die EU-Kommission am 29.07.2008 eine Entscheidung betreffend eine **Übergangsfrist** für Abschlussprüfungstätigkeiten bestimmter Dritt- 110

---

34 Vgl. *Hense/Ulrich*, WPO-Kommentar, § 134 Rdnr. 1.
35 Vgl. Erwägungsgrund 4 letzter Satz der Entscheidung der EU-Kommission 2008/627/EG vom 29.07.2008, ABl. EU Nr. L 202 S. 70.

landabschlussprüfer und -abschlussprüfungsgesellschaften veröffentlicht[36]. Damit wird die korrekte Umsetzung von Art. 46 der Abschlussprüferrichtlinie gewährleistet, der es den Mitgliedstaaten gestattet, die Registrierungsanforderungen für Drittlandprüfungsgesellschaften iSv. Art. 45 der Abschlussprüferrichtlinie nur dann zu ändern oder nicht anzuwenden, wenn die Drittstaatenprüfer bestimmte Bedingungen erfüllen[37]. Mit der EU-Kommissionsentscheidung wird es Prüfern aus den in der Anlage der Kommissionsentscheidung aufgelisteten **Drittstaaten**[38] gestattet, ihre Prüfungstätigkeiten im Hinblick auf an europäischen Märkten notierten Drittunternehmen zunächst ohne Registrierung fortzusetzen, indem den Drittstaatenprüfern eine Übergangsfrist eingeräumt wird. Diese Übergangsfrist wird allerdings nur dann gewährt, wenn die Drittstaatenprüfer bestimmte Mindestanforderungen für die Information der Anleger in Europa erfüllen[39].

111 Nach Art. 1 der EU-Kommissionsentscheidung ist die Registrierung der Drittstaatenprüfer bzw. -prüfungsgesellschaften durch die Mitgliedstaaten zunächst auszusetzen. Dies gilt für die Prüfung von Abschlüssen für Geschäftsjahre, die am oder nach dem 29. Juni 2008 (=Ablauf der Frist für die Umsetzung der Abschlussprüferrichtlinie in nationales Recht) beginnen und die spätestens am **01. Juli 2010** enden.

112 Die Übergangsregelung ist für die in den genannten Drittstaaten (vgl. Fn. 38) registrierten Prüfer anwendbar. Prüfungsgesellschaften, die nicht unter die Übergangsregelung fallen, unterliegen dagegen der vollen Registrierungspflicht und der Kontrolle durch den jeweiligen EU-Mitgliedstaat. Für Deutschland dürfte dies nicht relevant werden, da nach Recherche der WPK für das Jahr 2007 diejenigen Drittstaatenprüfungsgesellschaften, welche die an deutschen Börsen gelistete Drittstaatenunternehmen prüfen, ausnahmslos aus Ländern stammen, die von der Entscheidung der EU-Kommission erfasst sind.

III. Inhalt der EU-Kommissionsentscheidung

113 In der EU-Kommissionsentscheidung wird zunächst ausgeführt, dass die EU-Kommission zusammen mit den *European Group of Auditors Oversight Bodies* begonnen hat, die betroffenen Drittstaaten einer **Gleichwertigkeitsbeurteilung** zu unterziehen. Dies vermittelte zwar einen ersten Einblick in den aktuellen Stand der Abschlussprüfungsvorschriften in den betreffenden Ländern; eine abschließende Entscheidung steht angabegemäß jedoch noch aus.

114 Angesichts der Notwendigkeit, die Anleger in den Mitgliedstaaten zu schützen, an deren Börsen in Drittstaaten ansässige Unternehmen ihre Wertpapiere handeln, können Drittstaatenprüfer bzw. -prüfungsgesellschaften dieser Unternehmen ihre Prüfungstätigkeit nach Art. 1 der EU-Kommissionsentscheidung nur dann ohne Registrierung fortsetzen, wenn sie **bestimmte Informationen** über sich sowie über die von ihnen angewandten Prüfungsstandards und Unabhängigkeitsanforderungen an die jeweiligen Mitgliedstaaten übermitteln.

---

36 Vgl. Entscheidung der EU-Kommission 2008/627/EG vom 29.07.2008, ABl.EU Nr. L 202 S. 70.
37 Vgl. Presseerklärung der EU-Kommission vom 04.08.2008, IP/08/1238.
38 Genannt sind: Argentinien, Australien, Bahamas, Bermuda-Inseln, Brasilien, Kanada, Cayman-Inseln, Chile, China, Kroatien, Guernsey, Jersey, Isle of Man, Hongkong, Indien, Indonesien, Israel, Japan, Kasachstan, Malaysia, Mauritius, Mexico, Marokko, Neuseeland, Pakistan, Russland, Singapur, Südafrika, Südkorea, Schweiz, Taiwan, Thailand, Türkei, Ukraine, Vereinigte Arabische Emirate und Vereinigte Staaten von Amerika.
39 Vgl. Presseerklärung der EU-Kommission vom 04.08.2008, IP/08/1239

Die EU-Kommissionsentscheidung bestimmt, dass die Mitgliedstaaten die aus Art. 45 **115**
der Abschlussprüferrichtlinie resultierende (und in § 134 Abs. 1 bis 3 WPO übernommene) Registrierung der Prüfer und Prüfungsgesellschaften der im Anhang der EU-Kommissionsentscheidung aufgeführten Drittstaaten für eine Übergangsfrist bis zum 01. Juli 2010 nicht vorzunehmen haben, wenn diese Drittstaatenprüfer den zuständigen Aufsichtsbehörden der Mitgliedstaaten **Angaben** machen über:

a. Name und Adresse sowie Angaben über die rechtliche Struktur,
b. sofern die Einbindung in ein Netzwerk vorliegt, eine Beschreibung dieses Netzwerks,
c. die Prüfungsstandards und Unabhängigkeitsanforderungen, die bei den Prüfungen angewandt bzw. beachtet werden,
d. eine Beschreibung des internen Qualitätssicherungssystems und
e. Angaben darüber, ob und wann die letzte Qualitätskontrollprüfung stattfand und mit welchem Ergebnis.

Die Mitgliedstaaten haben sodann für eine **Veröffentlichung der Namen und Adressen** der betroffenen Drittstaatenprüfer und -prüfungsgesellschaften zu sorgen, verbunden mit dem Hinweis, dass eine Anerkennung der im Anhang genannten Drittstaaten als gleichwertig zurzeit noch nicht erfolgt ist. **116**

Da eine Registrierung nach § 134 Abs. 1 WPO während der Übergangszeit nicht vorzunehmen ist, entfällt auch die daran anknüpfende Rechtsfolge nach § 134 Abs. 3 WPO, wonach die registrierten Drittstaatenprüfer den Vorschriften über die Berufsaufsicht (§§ 61a bis 66b WPO), der Berufsgerichtsbarkeit (§§ 67 bis 127 WPO) sowie der Qualitätskontrolle (§§ 57a bis 57g WPO) unterliegen. Aus diesem Grund stellt es die EU-Kommissionsentscheidung den Mitgliedstaaten ausdrücklich frei, ihr **Untersuchungs- und Sanktionssystem** gegenüber den betroffenen Prüfern und Prüfungsgesellschaften aus den angegebenen Drittstaaten während der Übergangsfrist anzuwenden (Art. 1 Abs. 3 EU-Kommissionsentscheidung). **117**

Die EU-Kommission wird bis zum Ablauf der Übergangsfrist am 01. Juli 2010 die berufsrechtlichen Rahmenbedingungen der angegebenen Drittstaaten zum Zweck der Beurteilung der Gleichwertigkeit prüfen. Von der nach Art. 46 der Abschlussprüferrichtlinie und inzwischen in nationales Recht (§ 134 Abs. 4 Satz 4 WPO) transformierten Rechtsfolge – nämlich einer Entscheidung darüber durch die Mitgliedstaaten selbst – soll während der Übergangszeit abgesehen werden (Ziff. 4 der Präambel der EU-Kommissionsentscheidung). **118**

IV. Wirkung der EU-Kommissionsentscheidung

Nach Art. 249 EGV ist eine Rechtsnorm in Form einer Entscheidung "in allen ihren Teilen verbindlich" und zwar für diejenigen, "die sie bezeichnet". Im vorliegenden Fall ist die EU-Kommissionsentscheidung nach Art. 3 an **alle Mitgliedstaaten** adressiert. **119**

Aus dem Wortlaut des Art. 249 EGV ergibt sich keine unmittelbare Geltung der Entscheidung. Es ist allerdings ständige Rechtsprechung des EuGH, aus dem Umstand, dass die Entscheidung in allen ihren Teilen verbindlich ist, zu folgern, dass sie auch geeignet sein muss, **unmittelbare Wirkung** zu erzeugen. Dies gilt zumindest dann, wenn sich die Entscheidung ihrem Inhalt nach unmittelbar an die EU-Bürger richtet. Ist sie an Mitgliedstaaten adressiert, gilt dies regelmäßig nur dann, wenn die den Mit- **120** gliedstaaten auferlegte Verpflichtung klar und eindeutig ist, von keiner Bedingung abhängt und insbesondere dem Adressaten keinen Ermessensspielraum zu seiner Umsetzung lässt[40].

121 Die EU-Kommissionsentscheidung lässt den Mitgliedstaaten im Hinblick auf das Verfahren während der Übergangsfrist bis zum 01. Juli 2010 zumindest insoweit keinen nennenswerten Ermessensspielraum, als die Mitgliedstaaten bis dahin **von einer Registrierung** der dort ansässigen Prüfer und Prüfungsgesellschaften nach nationalem Recht **abzusehen** haben, wenn diese Prüfer/Prüfungsgesellschaften den zuständigen Aufsichtsbehörden der Mitgliedstaaten bestimmte Angaben machen.

122 Da zudem der Kreis der Adressaten genau bezeichnet ist, kommt der EU-Kommissionsentscheidung hinsichtlich der Verbindlichkeit somit die gleiche Rechtswirkung zu wie einer Verordnung. Die EU-Kommissionsentscheidung wirkt insoweit für alle Mitgliedstaaten unmittelbar und ohne dass ein Umsetzungsakt in nationales Recht erforderlich ist.

V. Änderungen durch das BilMoG

123 § 134 WPO regelt die Vorgehensweise im Hinblick auf die **Registrierung von Drittstaatenprüfern**, die nunmehr nach Veröffentlichung der EU-Kommissionsentscheidung frühestens Mitte 2010 nach dieser Vorschrift erfolgen kann. Bis dahin ist sowohl die Eintragung im Berufsregister nach den Vorschriften der § 134 Abs. 1 bis 3 WPO, als auch die Anerkennung der Gleichwertigkeit der Aufsichtssysteme in den Drittstaaten ausgesetzt.

124 Unabhängig davon regelt der neu eingefügte § 134 Abs. 2a WPO, dass die WPK dem eingetragenen Drittstaatenprüfer oder der Drittstaatenprüfungsgesellschaft eine **Eintragungsbescheinigung** erteilt, wenn die Voraussetzungen des § 134 Abs. 1 und 2 WPO vorliegen.

125 Nach § 134 Abs. 1 WPO sind von der Regelung solche Abschlussprüfer und Abschlussprüfungsgesellschaften betroffen, die beabsichtigen, den Bestätigungsvermerk für einen gesetzlich vorgeschriebenen Jahres- oder Konzernabschluss einer außerhalb der EU ansässigen Gesellschaft zu erteilen, deren übertragbare **Wertpapiere zum Handel an einem geregelten Markt in Deutschland** zugelassen sind[41]. Eine Ausnahme gilt nach § 134 Abs. 1 Satz 2 WPO für Prüfungen von Gesellschaften, die ausschließlich zum Handel an einem geregelten Markt eines EU-Mitgliedstaates zugelassene Schuldtitel mit einer Mindeststückelung von EUR 50.000 oder – falls die Schuldtitel auf eine andere Währung lauten – einem am Ausgabetag entsprechenden Wert begeben[42].

126 Die Drittstaatenprüfer haben nach § 134 Abs. 2 WPO **Angaben** über die im Drittstaat geltenden Regelungen betreffend die

---

40 vgl. *Grabitz/Hilf*, Das Recht der EU, Art. 249 EGV, Rdnr. 202, mwN.
41 Art. 4 Abs. 1 Nr. 14 der Richtlinie 2004/39/EG: „Geregelter Markt: ein von einem Marktbetreiber betriebenes und/oder verwaltetes multilaterales System, das die Interessen einer Vielzahl Dritter am Kauf und Verkauf von Finanzinstrumenten innerhalb des Systems und nach seinen nichtdiskretionären Regeln in einer Weise zusammenführt oder das Zusammenführen fördert, die zu einem Vertrag in Bezug auf Finanzinstrumente führt, die gemäß den Regeln und/oder den Systemen des Marktes zum Handel zugelassen wurden, sowie eine Zulassung erhalten hat und ordnungsgemäß und gemäß den Bestimmungen des Titels III funktioniert."
42 Art. 2 Abs. 1 lit. b der Richtlinie 2004/109/EG: „Schuldtitel" sind Schuldverschreibungen oder andere übertragbare Forderungen in verbriefter Form, mit Ausnahme von Wertpapieren, die Aktien gleichzustellen sind oder die bei Umwandlung oder Ausübung der durch sie verbrieften Rechte zum Erwerb von Aktien oder Aktien gleichzustellenden Wertpapieren berechtigen.

a. Anerkennung als Prüfungsgesellschaft,
b. die Zulassung als Prüfer,
c. die Durchführung der Prüfung nach internationalen Prüfungsstandards,
d. die Einhaltung der Unabhängigkeitsanforderungen und
e. die Veröffentlichung eines Berichts, der dem Transparenzbericht gem. § 55c WPO entspricht,

zu machen. Die Angaben sind der WPK als zuständiger Aufsichtsbehörde zu erteilen. Die WPK prüft sodann, ob die Angaben den deutschen Vorschriften vergleichbar sind bzw. den Anforderungen nach deutschem Recht entsprechen. Ist dies der Fall, trägt sie den Abschlussprüfer bzw. die Abschlussprüfungsgesellschaft in das Berufsregister (§§ 37 – 40 WPO) ein. Hierüber hat die WPK dem Drittstaatenprüfer nach der Neuregelung in § 134 Abs. 2a WPO nunmehr eine Eintragungsbescheinigung zu erteilen.

Hintergrund für die Erteilung der Eintragungsbescheinigung ist, dass zur Durchsetzung des § 134 WPO in der Praxis die §§ 292, 340l HGB, die §§ 1, 2 KonBefrV sowie die §§ 37v, 37y und 39 WpHG im Rahmen des BilMoG geändert werden. Kern der Änderung der genannten Vorschriften ist eine ergänzende **Offenlegung der WPK-Bescheinigung über die Eintragung** eines Abschlussprüfers oder -prüfungsgesellschaft aus einem Drittstaat. Demgemäß wird die WPK mit dem neuen § 134 Abs. 2a WPO zur Ausstellung einer derartigen Bescheinigung verpflichtet[43]. 127

In § 134 Abs. 4 Satz 1 WPO werden zwei Ergänzungen vorgenommen. Die erste Ergänzung stellt lediglich klar, dass sich die Rechtsfolgen einer Eintragung nach § 134 Abs. 1 bis 2a WPO, nämlich die Anwendbarkeit der Vorschriften über die **Berufsaufsicht, die Berufsgerichtsbarkeit und die Qualitätskontrolle** auf die Drittstaatenprüfer, aus § 134 Abs. 3 WPO ergeben. 128

Die zweite Ergänzung erweitert die **Ausnahmetatbestände**, bei deren Vorliegen von einer Eintragung im Berufsregister abzusehen ist. Nach dem bisherigen § 134 Abs. 4 Satz 1 WPO ist von der Eintragung und deren Folgen (nur) abzusehen, wenn die Abschlussprüfer und -prüfungsgesellschaften in ihrem jeweiligen Drittstaat einer öffentlichen Aufsicht, einer Qualitätskontrolle sowie einer Berufsaufsicht unterliegen, die den deutschen Anforderungen gleichwertig sind. Mit der Ergänzung wird nun im Hinblick auf die bislang noch nicht abgeschlossene Gleichwertigkeitsfeststellung ein weiterer Ausnahmetatbestand eingefügt, nämlich der Umstand, dass die EU-Kommission eine **Übergangsentscheidung** nach Art. 46 Abs. 2 Satz 2 der Abschlussprüferrichtlinie trifft, dh. für bestimmte Drittstaaten im Hinblick auf die Anerkennung ihres Aufsichtsystems als gleichwertig eine Übergangsvorschrift vorsieht. Dies ist zwischenzeitlich mit der og. EU-Kommissionsentscheidung geschehen (zum Inhalt oben Tz. 113 ff.). Auch in diesen Fällen findet § 134 Abs. 3 WPO (= Anwendung des nationalen Aufsichts- und Sanktionssystems auf den Drittstaatenprüfer) damit unmittelbar keine Anwendung[44]. 129

Zu beachten ist allerdings, dass die EU-Kommission es in Art. 1 Abs. 3 der EU-Kommissionsentscheidung den **Mitgliedstaaten freistellt**, ihr Untersuchungs- und Sanktionssystem gegenüber den betroffenen Prüfern aus den im Anhang aufgelisteten Drittstaaten während der Übergangsfrist dennoch anzuwenden. Daneben ist es möglich, dass Kooperationsvereinbarungen über Qualitätskontrollen zwischen den zuständigen Behörden eines Mitgliedstaates und des Drittlands geschlossen werden (Abs. 7 der 130

---

43 Vgl. Begr. RegE, BT-Drucks. 16/10067, S. 111.
44 Vgl. Begr. RegE, BT-Drucks. 16/10067, S. 111.

Präambel der EU-Kommissionsentscheidung). Ob und wie dies in der Praxis umgesetzt werden sollte, bleibt abzuwarten.

131 Eine Folgeänderung enthält § 134 Abs. 4 Satz 3 WPO. Die Vorschrift erlaubt bisher dem BMWT, die Gleichwertigkeit selbst zu bewerten und festzustellen, solange noch keine Feststellung der Gleichwertigkeit von der EU-Kommission getroffen ist. Als weitere Voraussetzung für die **Zuständigkeit des BMWT** wird nunmehr aufgenommen, dass die EU-Kommission bzgl. der Gleichwertigkeit noch keine Übergangsentscheidung getroffen hat. Diese liegt aber vor und enthält in Abs. 4 Satz 2 der Präambel der EU-Kommissionsentscheidung den ausdrücklichen Hinweis darauf, dass die Mitgliedstaaten auf nationaler Ebene während der Übergangsfrist keine Entscheidungen über die Gleichwertigkeit treffen sollen.

132 In § 134 Abs. 4 WPO wird zudem ein neuer Satz 5 eingefügt. Danach hat das BMWT eine von ihm getroffene Feststellung über die Gleichwertigkeit des Aufsichtssystems eines Drittstaats im **Bundesanzeiger** zu veröffentlichen.

133 Parallel zum neu eingefügten § 134 Abs. 2a WPO, der die Erteilung einer Bescheinigung bei Vorliegen der Voraussetzungen nach § 134 Abs. 1 und 2 WPO regelt, wird § 134 Abs. 4 WPO um einen Satz 8 ergänzt, der die gleiche Pflicht bei **Feststellung der Gleichwertigkeit** normiert. Danach kann sich der Drittstaatenprüfer von der WPK auf Antrag schriftlich bestätigen lassen, dass eine Eintragung nach § 134 Abs. 1 WPO wegen festgestellter Gleichwertigkeit nicht erforderlich ist. Da die Neuregelung darauf abstellt, dass „nach Maßgabe dieses Absatzes" keine Eintragung nicht erfolgt, ist eine Bescheinigung auch dann zu erteilen, wenn die Eintragung nicht erfolgt, weil die EU-Kommission entsprechend der Ergänzung in § 134 Abs. 4 Satz 1 WPO eine Übergangsfrist betreffend die Feststellung der Gleichwertigkeit gem. Art. 46 der Abschlussprüferrichtlinie eingeräumt hat.

134 Nach Maßgabe der EU-Kommissionsentscheidung hat die **WPK** während der Übergangsfrist den betroffenen Drittstaatenprüfern somit auf Antrag **schriftlich zu bestätigen**, dass eine Eintragung ins Berufsregister gem. § 134 Abs. 1 WPO nach Maßgabe des § 134 Abs. 4 WPO bislang nicht erfolgt ist.

135 Die EU-Kommissionsentscheidung knüpft die Aussetzung der Eintragungspflicht an die Bedingung, dass die Drittstaatenprüfer die in Art. 1 Abs. 1 lit. a bis e EU-Kommissionsentscheidung beschriebenen **Angaben** machen (vgl. dazu oben Tz. 115). Um das Verfahren hinsichtlich der Übermittlung der Angaben zu erleichtern, hat die *European Group of Auditors' Oversight Bodies* unter Beteiligung der APAK ein Formular entwickelt, das auf der Homepage der EU-Kommission abrufbar ist.

VI. Erstanwendungszeitpunkt

136 Eine spezielle Vorschrift, wann die Neuregelungen des § 134 WPO in Kraft treten, enthält Art. 12 BilMoG (Änderungen der Wirtschaftsprüferordnung) nicht. Somit findet grds. die allgemeine Vorschrift des Art. 15 BilMoG (Inkrafttreten) Anwendung, wonach die Regelung am **Tag nach der Verkündung des BilMoG**, also am 29. Mai 2009, in Kraft tritt.

137 Zur Durchsetzung des § 134 WPO in der Praxis werden die §§ 292, 340l HGB, die §§ 1, 2 der KonBefrV sowie die §§ 37v, 37y und 39 WpHG im Rahmen des BilMoG geändert. Dabei sind die **Änderungen der §§ 292, 340l HGB** erstmals auf Jahres- oder Konzernabschlüsse für das nach dem 31. Dezember 2008 beginnende Geschäftsjahr

anzuwenden (Art. 66 Abs. 2 Satz 1 EGHGB), während die übrigen vorgenannten Regelungen unmittelbar am Tag nach Verkündung des BilMoG in Kraft treten.

Für die **Änderungen des WpHG** bedeutet dies bspw., dass der **Jahresfinanzbericht** eines Unternehmens, das als Inlandsemittent Wertpapiere begibt und das von einem Drittstaatenprüfer geprüft wird, gem. § 37v Abs. 2 WpHG ab Inkrafttreten des BilMoG zusätzlich eine **Bescheinigung der WPK** nach § 134 Abs. 2a WPO über die Eintragung nach § 134 Abs. 1 und 2 WPO oder eine Bestätigung über die Befreiung von der Eintragungspflicht (wegen Gleichwertigkeit) gem. § 134 Abs. 4 Satz 8 WPO zu enthalten hat. Gleiches gilt aufgrund der geplanten Änderung des § 37y Nr. 1 WpHG auch für den Jahresfinanzbericht auf Konzernebene. Im Versäumensfall droht ein Bußgeld gem. § 39 Abs. 2 WpHG, der insoweit ergänzt wird. **138**

Literaturverzeichnis

H. Adler/W. Düring/K. Schmaltz, Rechnungslegung und Prüfung der Unternehmen, 6. Aufl., Stuttgart ab 1994.

H. Adler/W. Düring/K. Schmaltz, Rechnungslegung nach internationalen Standards, Stuttgart ab 2002.

B. J. Andresen/W. Förster/N. Rößler/J. Rührmann, Arbeitsrecht der betrieblichen Altersversorgung mit sozialrechtlicher Grundlegung, Köln 1999.

Arbeitskreis Bilanzrecht der Hochschullehrer Rechtswissenschaft, Stellungnahme zu dem Entwurf eines BilMoG: Grundkonzept und Aktivierungsfragen, BB 2008, S. 152 ff.

Arbeitskreis Bilanzrecht der Hochschullehrer Rechtswissenschaft, Stellungnahme zu dem Entwurf eines BilMoG: Einzelfragen zum materiellen Bilanzrecht, BB 2008, S. 209 ff.

Arbeitskreis „Externe Unternehmensrechnung" der Schmalenbach-Gesellschaft für Betriebswirtschaft, Bilanzierung von Finanzinstrumenten im Währungs- und Zinsbereich auf der Grundlage des HGB, DB 1997, S. 637 ff.

Arbeitskreis „Externe Unternehmensrechnung" der Schmalenbach-Gesellschaft für Betriebswirtschaft, Stellungnahme zu dem Referentenentwurf eines Bilanzrechtsmodernisierungsgesetzes, BB 2008, S. 994 ff.

Arbeitskreis „Immaterielle Werte im Rechnungswesen" der Schmalenbach-Gesellschaft für Betriebswirtschaft, Kategorisierung und bilanzielle Erfassung immaterieller Werte, DB 2001, S. 989 ff.

Arbeitskreis „Immaterielle Werte im Rechnungswesen" der Schmalenbach-Gesellschaft für Betriebswirtschaft, Leitlinien zur Bilanzierung selbstgeschaffener immaterieller Vermögensgegenstände des Anlagevermögens nach dem Regierungsentwurf des BilMoG, DB 2008, S. 1813 ff.

Arbeitskreis „Steuern und Revision" im Bund der Wirtschaftsakademiker, Abkehr vom Gläubigerschutz im BilMoG – nur einjährige Ausschüttungssperre, DStR 2008, S. 1299 f.

H.-D. Assmann/U.-H. Schneider, Wertpapierhandelsgesetz, 5. Aufl., München 2008.

J. Baetge/H.-J. Kirsch/S. Thiele, Bilanzen, 9. Aufl., Düsseldorf 2007.

J. Baetge/H.-J. Kirsch/S. Thiele, Bilanzrecht, Bonn ab 2002.

J. Baetge/H.-J. Kirsch/S. Thiele, Konzernbilanzen, 7. Aufl., Düsseldorf 2004.

I.L. Bähre/M. Schneider/J. Consbruch (Hrsg.), Kreditwesengesetz, 3. Aufl., München ab 1986.

W. Ballwieser, Zur Passivierung von Verpflichtungen zum Schutz und zur Wiederherstellung der Umwelt, Fachtagung des IDW, Düsseldorf 1992, S. 131 ff.

W. Ballwieser/A. G. Coenenberg/K. von Wysocki, Handwörterbuch der Rechnungslegung und Prüfung, 3. Aufl., Stuttgart 2002.

W. Ballwieser/F. Beine/S. Hayn/V. Peemöller/L. Schruff/C.-P. Weber, Kommentar zur Internationalen Rechnungslegung nach IFRS 2009, 5. Aufl., Weinheim 2009.

A. Baumbach/K.J. Hopt, Handelsgesetzbuch, 33. Aufl., München 2008.

A. Baumbach/A. Hueck, Gesetz betreffend die Gesellschaften mit beschränkter Haftung, 19. Aufl., München 2009.

T. Baums, Bericht der Regierungskommission Corporate Governance, Köln 2001.

O. Beyhs/W. Melcher, Zum Referentenentwurf des Bilanzrechtsmodernisierungsgesetzes (BilMoG): Vom Niederstwert- zum Impairment-Test?, Die wesentlichen BilMoG-Änderungen bei außerplanmäßigen Abschreibungen und Wertaufholungen, DB 2008, Beil. 1, S. 19 ff.

H. Birk/H. Meyer, Die Bankbilanz; Aufstellung, Struktur, Gliederung und Bewertung in den Jahresabschlüssen der Kreditinstitute nach Handels- und Steuerrecht einschließlich Bilanz- und Reservepolitik, 3. Aufl., Wiesbaden 1991.

S. Bischoff/B. Selch, Neuerungen für den Lagebericht nach dem Regierungsentwurf eines Bilanzrechtsmodernisierungsgesetzes (BilMoG), WPg 2008, S. 1021 ff.

Literaturverzeichnis

S. Blumenberg/S. Roßner, Steuerliche Auswirkungen der durch das BilMoG geplanten Änderungen der Bilanzierung von eigenen Anteilen, GmbHR 2008, S. 1079 ff.

BMF, Betriebsstätten-Verwaltungsgrundsätze, Schreiben vom 24.12.1999, IV B4 – S 1300 – 111/99, BStBl. I 1999, S. 1076.

BMF, Verlustabzugsbeschränkung für Körperschaften (§ 8c KStG), Schreiben vom 04.07.2008, IV C7 – S 2745-a/08/10001-2008/0349554, Der Konzern 2008, S. 455 ff.

K.H. Boos/R. Fischer/H. Schulte-Mattler (Hrsg.), Kreditwesengesetz: Kommentar zur KWG und Ausführungsvorschriften, 3. Aufl., München 2008.

C. Bode/V. Bergt/T. Obenberger, Doppelseitige Treuhand als Instrument der privatrechtlichen Insolvenzsicherung im Bereich der betrieblichen Altersversorgung, DB 2000, S. 1864 ff.

H.-J. Böcking/F. Torabian, Zeitwertbilanzierung von Finanzinstrumenten des Handelsbestandes nach dem Entwurf eines BilMoG, BB 2008, S. 265 ff.

G. Bourgon, Im Blickpunkt, BB 2008, S. 1161.

W. D. Budde/G. Förschle, Sonderbilanzen, 4. Aufl., München 2008.

Bundesanstalt für Finanzdienstleistungsaufsicht, Mindestanforderungen an das Risikomanagement – MaRisk, Rundschreiben 2007, S. 1 ff.

W. Busse von Colbe/D. Ordelheide/G. Gebhardt/B. Pellens, Konzernabschlüsse, 8. Aufl., Wiesbaden 2006.

W. Busse von Colbe/A. Schurbohm-Ebneth, Neue Vorschriften für den Konzernabschluss nach dem Entwurf für ein BilMoG, BB 2008, S. 98 ff.

C&L Deutsche Revision, Konzernabschlüsse 95, Düsseldorf 1996.

C. Canaris/M. Habersack/C. Schäfer, Handelsgesetzbuch Großkommentar, 4. Aufl., Berlin 2002.

E. Castan/H.-J. Böcking/G. Heymann/N. Pfitzer/E. Scheffler, Beck'sches Handbuch der Rechnungslegung, München ab 1986.

T. Cisch/M. Ulbrich, Flexi-Gesetz II: Licht und Schatten, BB 2009, S. 550 ff.

Committee of Sponsoring Organizations, Interne Überwachung der Finanzberichterstattung – Leitfaden für kleine Aktiengesellschaften, Band I: Zusammenfassung, Jersey City/Frankfurt am Main 2006.

J. Dahlke, Bilanzierung latenter Steuern bei Organschaften nach dem BilMoG, BB 2009, S. 878 ff.

M. Dernberger, Pensionsrückstellungen nach dem BilMoG: Diskussion der möglichen Bewertungsverfahren und Prämissen, BetrAV 2008, S. 571 ff.

M. Deubert, Auflösung der Eigenkapitaldifferenzen aus Währungsumrechnung nach § 308a Satz 4 HGB i.d.F. des RegE BilMoG, DStR 2009, S. 340 ff.

M. Deubert/S. Vogel, Aufhebung des § 308 Abs. 3 HGB durch das TransPuG: Auswirkungen des Verbots zur Übernahme nur nach Steuerrecht zulässiger Wertansätze in den handelsrechtlichen Abschluss, KoR 2004, S. 142 ff.

Deutsches Rechnungslegungs Standards Committee, Deutsche Rechnungslegungsstandards, Berlin 2008.

M. Dobler/G. Kurz, Aktivierungspflicht für immaterielle Vermögensgegenstände in der Entstehung nach dem RegE eines BilMoG – Kritische Würdigung der F&E-Bilanzierung im HGB-Abschluss de lege ferenda, KoR 2008, S. 485 ff.

O. Dörfler/G. Adrian, Zur Umsetzung der HGB-Modernisierung durch das BilMoG: steuerbilanzrechtliche Auswirkungen, DB 2009, Beil. 5, S. 58 ff.

H.-J. Dörner, BetrAVG: Kommentar zum Betriebsrentengesetz, 3. Aufl., Darmstadt 2007.

A. Dörner/B. Neubert, Praktische Bilanzierung von Entwicklungskosten nach dem Regierungsentwurf zum BilMoG – Eine Fallstudie zu Unterschieden zwischen Steuerrecht, BilMoG und IAS 38, IRZ 2008, S. 449 ff.

A. Drinhausen/I. Dehmel, Zum Referentenentwurf des Bilanzrechtsmodernisierungsgesetzes (BilMoG): Ansatz und Bewertung von Rückstellungen, DB 2008, Beil. 1, S. 35 ff.

Literaturverzeichnis

A. Drinhausen/J. Ramsauer, Zur Umsetzung der HGB-Modernisierung durch das BilMoG: Ansatz und Bewertung von Rückstellungen, DB 2009, Beil. 5, S. 46 ff.

C. Ebenroth/K. Boujong/D. Joost/L.Strohn, Handelsgesetzbuch, 2. Aufl., München 2008.

B. Eibelshäuser/T. Stein, Modifikatin der Zusammenarbeit des Prüfungsausschusses mit dem Abschlussprüfer durch den Gesetzentwurf des BilMoG, Der Konzern 2008, S. 485 ff.

H. Ellrott/G. Förschle/M. Hoyos/N Winkeljohann, Beck'scher Bilanzkommentar, 6. Aufl., München 2006.

V. Emmerich/M. Habersack, Aktien- und GmbH-Konzernrecht – Kommentar, 5. Aufl., München 2008.

H. Engbroks, BilMoG aus aktuarieller Sicht – erste Überlegung der Fachvereinigung Mathematische Sachverständige zur Bewertung von Pensionsverpflichtungen, BetrAV 2008, S. 568 ff.

A. Engelmann/H. Zülch, Pflicht zur Aufstellung eines Konzernabschlusses trotz nach HGB unwesentlicher Tochterunternehmen?, DB 2006, S. 293 ff.

H. Erchinger/W. Melcher, Zum Referentenentwurf des Bilanzrechtsmodernisierungsgesetzes (BilMoG): Neuerungen im Hinblick auf die Abschlussprüfung und die Einrichtung eines Prüfungsausschusses, DB 2008, Beil. 1, S. 56 ff.

H. Erchinger/W. Melcher, Zur Umsetzung der HGB-Modernisierung durch das BilMoG: Neuerungen im Hinblick auf die Abschlussprüfung und die Einrichtung eines Prüfungsausschusses, DB 2009, Beil. 5, S. 91 ff.

C. Ernst/H. Seidler, Die Kernpunkte des Referentenentwurfs eines Gesetzes zur Modernisierung des Bilanzrechts im Überblick, Der Konzern 2007, S. 822 ff.

C. Ernst/H. Seidler, Kernpunkte des Referentenentwurfs eines Bilanzrechtsmodernisierungsgesetzes, BB 2007, S. 2557 ff.

C. Ernst/H. Seidler, Gesetz zur Modernisierung des Bilanzrechts nach Verabschiedung durch den Bundestag, BB 2009, S. 766 ff.

G. Falkenhahn, Änderung der Beteiligungsstruktur an Tochterunternehmen im Konzernabschluss, Düsseldorf 2006.

D. Fey, Imparitätsprinzip und GoB-System im Bilanzrecht 1986, Berlin 1987.

G. Fey, Bilanzierung der Schulden nach dem Referentenentwurf zum Bilanzrechtsmodernisierungsgesetz (BilMoG), in Baetge/Kirsch (Hrsg.), BilMoG und 7. WPO-Novelle – Aktuelle Herausforderungen an Bilanzierung und Prüfung -, Düsseldorf 2008.

G. Fey/R. Mujkanovic, Außerplanmäßige Abschreibungen auf das Finanzanlagevermögen, WPg 2003, S. 212 ff.

G. Fischer, Insolvenzsicherung für Altersteilzeit, Arbeitszeitkonten und Altersversorgung – Vermögensdeckung mit doppelseitiger Treuhand in der Praxis, DB 2001, S. 21 ff.

G. Fischer/D. Thoms-Meyer, Privatrechtlicher Insolvenzschutz für Arbeitnehmeransprüche aus deferred compensation: Mögliche Gestaltungsformen, insbesondere das neue Modell der doppelseitigen Treuhand, DB 2000, S. 1861 ff.

C.-C. Freidank/P. Altes, Das Gesetz zur Modernisierung des Bilanzrechts, Berlin 2009.

P. Fölsing, Unabhängigkeit in Prüfungs- und Beratungsnetzwerken: Wie wird sich § 319b HGB in der Prüfungspraxis auswirken?, Zeitschrift für Corporate Governance, 2009, S. 76 ff.

W. Förster/J. Rühmann/T. Cisch, Betriebsrentengesetz: Gesetz zur Verbesserung der betrieblichen Altersversorgung mit zivilrechtlichen, arbeitsrechtlichen und steuerrechtlichen Vorschriften, München 2009.

G. Frotscher/E. Maas, Kommentar zum Körperschafts- und Umwandlungssteuergesetz, Freiburg 2004.

C.-B. Funnemann/O.-F. Graf Kerssenbrock, Ausschüttungssperren im BilMoG-RegE, BB 2008, S. 2674 ff.

R. U. Fülbier/J. Gassen, Das Bilanzrechtsmodernisierungsgesetz (BilMoG): Handelsrechtliche GoB vor der Neuinterpretation, DB 2007, S. 2605 ff.

Literaturverzeichnis

G. Gebhardt/ N. Breker, Bilanzierung von Fremdwährungstransaktionen im handelsrechtlichen Einzelabschluss – unter Berücksichtigung von §340h HGB, DB 1991, S. 1529 ff.

H.F. Gelhausen/F. Althoff, Die Bilanzierung ausschüttungs- und abführungsgesperrter Beträge im handelsrechtlichen Jahresabschluss nach dem BilMoG, WPg 2009, S. 584 ff. und 629 ff.

H.F. Gelhausen/H. Hönsch, Bilanzierung aktienkursabhängiger Entlohnungsformen, WPg 2001, S. 69 ff.

H.F. Gelhausen/D. Rimmelspacher, Wandel- und Optionsanleihen in den handelsrechtlichen Jahresabschlüssen des Emittenten und des Inhabers, AG 2006, S. 729 ff.

H.F. Gelhausen, Organisation der Abschlussprüfung, Unterzeichnung von Bestätigungsvermerken und berufsrechtliche Verantwortung, WPK-Magazin 2007, S. 58 ff.

H.F. Gelhausen, Aufsichtsrat und Abschlussprüfer – eine Zweckgemeinschaft, BFuP 1999, S. 390.

W. Gelhausen/G. Fey, Rückstellungen für ungewisse Verbindlichkeiten und Zukunftsbezogenheit von Aufwendungen, DB 1993, S. 593 ff.

W. Gelhausen/H.F. Gelhausen, Gedanken zur Behandlung des Eigenkapitals im Konzernabschluss, in: A. Moxter/H-P. Müller/R. Windmöller/K. v. Wysocki (Hrsg.), Rechnungslegung, Festschrift K.-H. Forster, Düsseldorf 1992, S. 215 ff.

W. Goette/M. Habersack, Münchener Kommentar zum Aktiengesetz, 3. Aufl., München 2008.

P. Goldschmidt/W. Weigel, Die Bewertung von Finanzinstrumenten bei Kreditinstituten in illiquiden Märkten nach IAS 39 und HGB, WPg 2009, S. 192 ff.

E. Grabitz/ M. Hilf, Das Recht der Europäischen Union, München 2009.

M. Groß, Bilanzrechtsmodernisierungsgesetz und Annäherung an die IFRS: Auswirkungen auf Publizität, Ausschüttungsbemessung und steuerliche Gewinnermittlung, Der Konzern 2008, S. 466 ff.

J. Gruber, Der unabhängige Finanzexperte im Aufsichtsrat nach dem Referentenentwurf des Bilanzrechtsmodernisierungsgesetzes, NZG 2008, S. 12 ff.

A. Haaker, Keine (weitere) Abkehr vom Gläubigerschutz im BilMoG – keine nur einjährige Ausschüttungssperre! Erwiderung zur Stellungnahme des Arbeitskreises „Steuern und Revision" im Bund der Wirtschaftsakademiker e.V., DStR 2008, S. 1750 ff.

M. Habersack, Aufsichtsrat und Prüfungsausschuss nach dem BilMoG, AG 2008, S. 98 ff.

Handelsrechtsausschuss des Deutschen Anwaltsvereins, Stellungnahme zum Regierungsentwurf eines Gesetzes zur Modernisierung des Bilanzrechts (BilMoG), NZG 2008, S. 612 ff.

C. Hasenburg/R. Hausen, Zum Referentenentwurf des Bilanzrechtsmodernisierungsgesetzes (BilMoG): Pflicht zur Verrechnung von bestimmten Vermögensgegenständen mit Schulden – Einfügung von § 246 Abs. 2 Satz 2 und 3 HGB-E, DB 2008, Beil. 1, S. 29 ff.

C. Hasenburg/R. Hausen, Zur Umsetzung der HGB-Modernisierung durch das BilMoG: Bilanzierung von Altersversorgungsverpflichtungen (insbesondere aus Pensionszusagen) und vergleichbaren langfristig fälligen Verpflichtungen unter Einbeziehung der Verrechnung mit Planvermögen, DB 2009, Beil. 5, S. 38 ff.

U. Harnacke, Währungskursprobleme bei ausländischen Tochter-Kapitalgesellschaften mit unbeschränkter Steuerpflicht, DB 1998, S. 1436 ff.

M. Helios/C. Schmies, Ausländische Investmentanteile i.S.d. § 2 Abs. 9 InvG: investmentrechtiche Zweifelsfragen des BaFin Rundschreibens 14/2008 (WA) vom 22.12.2008 und steuerrechtliche (Fern-)Wirkungen, BB 2009, S. 1100 ff.

M. Hendler/H. Zülch, Unternehmenszusammenschlüsse und Änderungen von Beteiligungsverhältnissen bei Tochterunternehmen – die neue Regelungen des IFRS 3 und IAS 27, WPg 2008, S. 484 ff.

J. Hennrichs, Immaterielle Vermögensgegenstände nach dem Entwurf des Bilanzrechtsmodernisierungsgesetzes (BilMoG), DB 2008, S. 537 ff.

J. Hennrichs, Prinzipien vs. Regeln - Quo vadis BilMoG?, DB Status: Recht 2008, S. 64 ff.

J. Hennrichs/D. Kleindiek/C. Watrin, Münchener Kommentar zum Bilanzrecht, Band II, München 2008

B. Hense/D. Ulrich, Kommentar zum Berufsrecht der Wirtschaftsprüfer und vereidigter Buchprüfer, Düsseldorf 2008.

N. Herzig, Rückstellungen nach dem HGB, insbesondere für ungewisse Verbindlichkeiten, BFuP 1987, S. 365 ff.

N. Herzig, Modernisierung des Bilanzrechts und Besteuerung, DB 2008, S. 1 ff.

N. Herzig, Steuerliche Konsequenzen des Regierungsentwurfs zum BilMoG, DB 2008, S. 1339 ff.

N. Herzig/I. Breckheimer, Bewertungseinheiten in der Steuerbilanz: Neuerungen in § 5 Abs. 1a EStG, DB 2006, S. 1451 ff.

N. Herzig/S. Briesemeister, Das Ende der Einheitsbilanz: Abweichungen zwischen Handels- und Steuerbilanz nach BilMoG-RegE, DB 2009, S. 1 ff.

N. Herzig/S. Briesemeister, Steuerliche Konsequenzen des BilMoG – Deregulierung und Maßgeblichkeit, DB 2009, S. 926 ff.

N. Herzig/S. Vossel, Paradigmenwechsel bei latenten Steuern nach dem BilMoG, BB 2009, S. 1174 ff.

P. Heuser/C. Theile, IFRS-Handbuch: Einzel- und Konzernabschluss, 4. Aufl., Köln 2009.

H. Hirte/T. J. M. Möllers, Kölner Kommentar zum WpHG, Köln 2007.

M.A. Hofbauer/W. Grewe/W. Albrecht/P. Kupsch/G. Scherrer, Bonner Handbuch der Rechnungslegung, Bonn ab 1986.

W.-D. Hoffmann, Der Anhang vor und nach dem BilMoG, BRZ 2009, S. 259 ff.

W.-D. Hoffmann/N. Lüdenbach, Inhaltliche Schwerpunkte des BilMoG-Regierungsentwurfs, DStR 2008, Beihefter zu Heft 30/2008, S. 49 ff.

R. Höfer, Gesetz zur Verbesserung der betrieblichen Altersversorgung, Band I, Arbeitsrecht, 10. Aufl., München 2008.

R. Höfer/R. Rhiel/A. Veit, Die Rechnungslegung für betriebliche Altersversorgung im Bilanzrechtsmodernisierungsgesetz (BilMoG), DB 2009, S. 1605 ff.

M. Hommel/S. Laas, Währungsumrechnung im Einzelabschluss: die Vorschläge des BilMoG-RegE, BB 2008, S. 1666 ff.

K. Hopt/H. Wiedemann, Aktiengesetz Großkommentar, 4. Aufl., Berlin 2004.

A. Hornung/T. Albrecht/N. Janke, Rolle der internen Revision für das interne Risikomanagementsystem - Unterstützung des Aufsichtsrats, Der Aufsichtsrat 2008, S. 53 ff.

U. Hüffer, Aktiengesetz, 8. Aufl., München 2008.

T. Hüttche, Bilanzierung selbst erstellter immaterieller Vermögensgegenstände des Anlagevermögen im Lichte des BilMoG, StuB 2008, S. 163 ff.

W. Husemann/H. Hofer, Die Abschaffung der Aufwandsrückstellungen nach dem BilMoG-RegE: Ist der Component Approach der IFRS auch eine Alternative im HGB-Abschluss?, DB 2008, S. 2661 ff.

H. Ihrig, Pflicht zur umgehenden Angabe einer Entsprechenserklärung mit Inkrafttreten des BilMoG?: Entgegnung auf Mutter, ZIP 2009, S. 853.

Institut der Wirtschaftsprüfer, Bankenfachausschuss – Berichterstattung über die 111. bis 118. Sitzung, FN-IDW 1986, S. 447 f.

Institut der Wirtschaftsprüfer, Pensionsverpflichtungen im Jahresabschluß, WPg 1988, S. 405 f.

Institut der Wirtschaftsprüfer, E-DRS 12 „Latente Steuern im Konzernabschluß", FN-IDW 2001, S. 489 f.

Institut der Wirtschaftsprüfer, Anwendung von DRS 10: Latente Steuern im Konzernabschluss, FN-IDW 2003, S. 22.

Institut der Wirtschaftsprüfer, Vorziehen von Erträgen durch close-outs von Zins-Swaps, FN-IDW 2004, S. 697 f.

Institut der Wirtschaftsprüfer, Befreiender übergeordneter IFRS-Konzernabschluss, FN-IDW 2005, S. 583 f.

Literaturverzeichnis

Institut der Wirtschaftsprüfer, Gemeinsame Stellungnahme der WPK und des IDW: Anforderungen an die Qualitätssicherung in der Wirtschaftsprüferpraxis, WPg 2006, S. 629 ff.

Institut der Wirtschaftsprüfer, Wirtschaftsprüfer Handbuch 2006, Bd. I, 13. Aufl., Düsseldorf 2006.

Institut der Wirtschaftsprüfer, IDW zum Referentenentwurf des Bilanzrechtsmodernisierungsgesetzes, FN-IDW 2008, S. 9 ff.

Institut der Wirtschaftsprüfer, Ergänzende Stellungnahme des IDW zum Referentenentwurf eines Gesetzes zur Modernisierung des Bilanzrechts (Bilanzrechtsmodernisierungsgesetz - BilMoG), FN-IDW 2008, S. 193.

Institut der Wirtschaftsprüfer, IDW zum Regierungsentwurf des Bilanzrechtsmodernisierungsgesetz, FN-IDW 2008, S. 465 ff.

Institut der Wirtschaftsprüfer, Wirtschaftsprüfer Handbuch 2008, Bd. II 13. Aufl., Düsseldorf 2008.

Institut der Wirtschaftsprüfer, IDW zu steuerrechtlichen Regelungen des Bilanzrechtsmodernisierungsgesetzes, FN-IDW 2009, S. 334 f.

P. Inwinkl/D. Kortebusch/G. Schneider, Die Abschlussprüferrichtlinie: Rechtliche Umsetzung in deutsches Recht, Der Konzern, 2008, S. 215 ff.

S. Kaiser, Rückstellungsbilanzierung: Ansatz- und Bewertungskonzeptionen für Rückstellungen nach HGB, IFRS und US-GAAP am Beispiel von Stilllegungsverpflichtungen, Wiesbaden 2009.

P. Kajüter/D. Bath, Segmentberichterstattung nach IFRS 8: Übernahme des Management Approach, BB 2007, S. 428 ff.

J. van Kann/A. Keiluweit, Das neue Gesetz zur Angemessenheit der Vorstandsvergütung, DStR 2009, S. 1587 ff.

G. Kämpfer/G. Fey, Die Sicherung von Auslandsbeteiligungen gegen Währungsverluste im handelsrechtlichen Jahresabschluss, in: F.W. Wagner/T. Schildbach/D. Schneider (Hrsg.), Private und öffentliche Rechnungslegung, Festschrift H. Streim, Wiesbaden 2008.

G. Kämpfer/S. Schmidt, Die Auswirkungen der neueren Prüfungsstandards auf die Durchführung der Abschlussprüfungen, WPg 2009, S. 47 ff.

A. Kempf, Novellierung des Investmentrechts 2007, Frankfurt am Main 2008.

H. Kessler/M. Leinen/M. Strickmann, Handbuch Bilanzrechtsmodernisierungsgesetz, Freiburg 2009.

H. Kirsch, Geplante Übergangsvorschriften zum Jahresabschluss nach dem Regierungsentwurf des BilMoG, DStR 2008, S. 1202 ff.

H. Kirsch, Moderate Annäherung des HGB-Konzernabschlusses i.d.F. des BilMoG an den IFRS-Konzernabschluss?, IZG 2009, S. 237 ff.

H. Kirsch/S. Thiele, Rechnungslegung und Wirtschaftsprüfung: Festschrift Jörg Baetge, Düsseldorf 2007.

H. Kirsch, Übergangsvorschriften zum Jahresabschluss nach dem Bilanzrechtsmodernisierungsgesetz, DStR 2009, S. 1048 ff.

B. Klemm, Contractual Trust Arrangements; neue bilanzielle und lohnsteuerrechtliche Entwicklungen, DStR 2005, S. 1291 ff.

L. Knorr/R. Buchheim/M. Schmidt, Konzernrechnungslegungspflicht und Konsolidierungskreis – Wechselwirkungen und Folgen für die Verpflichtung zur Anwendung der IFRS, BB 2005, S. 2399 ff.

A. G. Köhler, Kosten-Nutzen-Aspekte der Vereinfachungsvorschläge der EU-Kommission in den Bereichen Rechnungslegung und Wirtschaftsprüfung, WPg 2008, S. 9.

A. G. Köhler/B. Strauch, Behandlung von Special Purpose Entities im Konzernabschluss – aktuelle Entwicklungen, WPg 2008, S. 189 ff.

P. Kolvenbach/J. Sartoris, Bilanzielle Auslagerung von Pensionsverpflichtungen: Praxishandbuch unter Berücksichtigung arbeits- und steuerrechtlicher sowie bilanzieller und betriebswirtschaftlicher Aspekte, Stuttgart 2004.

S. Kögel, Der nach Art und Umfang in kaufmännischer Weise eingerichtete Geschäftsbetrieb – eine unbekannte Größe, DB 1998, S. 1802 ff.

O. Köster, Niederstwerttest und Bewertungseinheiten beim Anlagevermögen im Entwurf des BilMoG, BB 2007, S. 2791 ff.

M. Kreher/P. S. Sailer/M. Rothenburger/H. Spang, Zur Umsetzung der HGB-Modernisierung durch das BilMoG: Ausgewählte Anwendungsfragen zu aktienbasierter Mitarbeitervergütung, selbst geschaffenen immateriellen Vermögensgegenständen und der Bilanzierung von sonstigen Rückstellungen, DB 2009, Beil. 5, S. 99 ff.

J. Krumnow/W. Sprißler et al., Rechnungslegung der Kreditinstitute, 2. Aufl., Stuttgart 2004.

T. Kümpel/M. Becker, Leasing nach IFRS: Beurteilung, Bilanzierung und Berichtspflichten, München 2006.

C. Küppers/C. Louven, Outsourcing und Insolvenzsicherung von Pensionsverpflichtungen durch Contractual „Trust" Arrangements (CTA's), BB 2004, S. 337 ff.

C. Küppers/C. Louven/J. Schröder, Contractual Trust Arrangements: Insolvenzsicherung und Bilanzverkürzung, BB 2005, S. 763 ff.

H.-U. Küpper/A. Wagenhofer (Hrsg.), Handwörterbuch Unternehmensrechnung und Controlling, Bd. 3, 4. Aufl., Stuttgart 2002.

K. Küting, Geplante Neuregelung der Kapitalkonsolidierung durch das Bilanzmodernisierungsgesetz: die Kapitalkonsolidierung wird grundlegend verändert, DStR 2008, S. 1396 ff.

K. Küting, Nachhaltige Präsenzmehrheit als hinreichendes Kriterium zur Begründung eines Konzerntatbestandes?, DB 2009, S. 773 ff.

K. Küting/J. Cassel, Bilanzierung von Bewertungseinheiten nach dem Entwurf des BilMoG, KoR 2008, S. 769 ff.

K. Küting/D. Ellmann, Bilanzierung eigener Anteile nach dem BilMoG-RegE, StuB 2008, S. 495 ff.

K. Küting/A. Gattung/M. Keßler, Zweifelsfragen zur Konzernrechnungslegungspflicht in Deutschland, DStR 2006, S. 529 ff. und 579 ff.

K. Küting/H. Kessler/M. Keßler, Das Bilanzrechtsmodernisierungsgesetz (BilMoG): Moderne Bilanzierungsvorschriften für die betriebliche Altersversorgung?: Auswirkungen auf die bilanzielle Abbildung von Pensionsverpflichtungen deutscher Unternehmen, WPg 2008, S. 494 ff.

K. Küting/H. Kessler/M. Keßler, Der Regierungsentwurf des Bilanzrechtsmodernisierungsgesetzes (BilMoG-ReGE): zwei Schritte vor, ein Schritt zurück bei der bilanziellen Abbildung der betrieblichen Altersversorgung, WPg 2008, S. 748 ff.

K. Küting/M. Mojadadr, Währungsumrechnung im Einzel- und Konzernabschluss nach dem RegE zum BilMoG, DB 2008, S. 1869 ff.

K. Küting/N. Pfitzer/C.-P. Weber, Das neue deutsche Bilanzrecht: Handbuch zur Anwendung des Bilanzrechtsmodernisierungsgesetzes (BilMoG), 2. Aufl., Stuttgart 2009.

K. Küting/M. Reuter, Abbildung von eigenen Anteilen nach dem Entwurf des BilMoG - Auswirkungen in der Bilanzierungs- und Bilanzanalysepraxis, BB 2008, S. 658 ff.

K. Küting/C. Seel, Das neue deutsche Konzernbilanzrecht – Änderungen der Konzernrechnungslegung durch das Bilanzrechtsmodernisierungsgesetz, DStR 2009, Beil. Heft 26, S. 37.

K. Küting/T. Tesche, Änderungen der bilanziellen Zurechnung von Vermögensgegenständen nach dem BilMoG i.d.F. des Regierungsentwurfs, GmbHR 2008, S. 953 ff.

K. Küting/H. Trappmann/D. Ranker, Gegenüberstellung der Bewertungskonzeption von beizulegendem Wert und Fair Value im Sachanlagevermögen, DB 2007, S. 1706 ff.

K. Küting/C.-P. Weber, Handbuch der Konzernrechnungslegung, 2. Aufl., Stuttgart 1998.

K. Küting/C.-P. Weber (Hrsg.), Handbuch der Rechnungslegung, 5. Aufl., Stuttgart ab 2002.

K. Küting/C.-P. Weber, Der Konzernabschluss: Praxis der Konzernrechnungslegung nach HGB und IFRS, 11. Aufl., Stuttgart 2008.

G. Kütter/R. Prahl, Die handelsrechtliche Bilanzierung der Eigenhandelsaktivitäten von Kreditinstituten: Reformstau des deutschen Handelsrechts, WPg 2006, S. 9 ff.

G. Lanfermann/V. Röhricht, Pflichten des Prüfungsausschusses nach dem BilMoG, BB 2009, S. 887 ff.

Literaturverzeichnis

W. Laubach/S. Kraus/M. C. Bornhofen, Zur Durchführung der HGB-Modernisierung durch das BilMoG: Die Bilanzierung selbst geschaffener immaterieller Vermögensgegenstände, DB 2009, Beil. 5, S. 19 ff.

U. Leffson, Grundsätze ordnungsmäßiger Buchführung, 7. Aufl., Düsseldorf 1987.

A. Lienau, Die Bilanzierung latenter Steuern bei der Währungsumrechnung nach IFRS, PiR, Bd. 4, 2008, S. 7 ff.

R. Loitz, Latente Steuern auf Outside Basis Differences nach IFRS, WPg 2008, S. 1110 ff.

R. Loitz, Latente Steuern nach dem Bilanzrechtsmodernisierungsgesetz (BilMoG) – Nachbesserungen als Verbesserungen?, DB 2008, S. 1389 ff.

R. Loitz, Latente Steuern nach dem Bilanzrechtsmodernisierungsgesetz (BilMoG) – ein Wahlrecht als Mogelpackung?, DB 2009, S. 913 ff.

R. Loitz/L. Klevermann, Bilanzierung von Ertragsteuern in deutschen Organschaften nach IFRS und BilMoG, DB 2009, S.409 ff.

W. Lotz, Die befreiende Prüfung der MD&A als Voraussetzung zur Erfüllung der qualitativen Gleichwertigkeit eines US-Konzernabschlusses, KoR 2007, S. 682 ff.

E. Löw, Verlustfreie Bewertung antizipativer Sicherungsgeschäfte nach HGB: Anlehnung an internationale Rechnungslegungsvorschriften, WPg 2004, S. 1109 ff.

E. Löw/P. Scharpf/W. Weigel, Auswirkungen des Regierungsentwurfs zur Modernisierung des Bilanzrechts auf die Bilanzierung von Finanzinstrumenten, WPg 2008, S. 1011 ff.

E. Löw/F. Torabian, Auswirkungen des Entwurfs des BilMoG auf die Bilanzierung von Finanzinstrumenten, ZKW 2008, S. 608 ff.

N. Lüdenbach/W.-D. Hoffmann, Die langen Schatten der IFRS über der HGB-Rechnungslegung, DStR 2007, Beihefter zu Heft 50, S. 3 ff.

N. Lüdenbach/W.D. Hoffmann, Die wichtigsten Änderungen der HGB-Rechnungslegung durch das BilMoG, StuB 2009, S. 287 ff.

N. Lüdenbach/W.D. Hoffmann, IFRS-Kommentar, 7. Aufl., Freiburg 2009.

N. Lüdenbach/J. Freiberg, Mutter-Tochter-Verhältnisse durch beherrschenden Einfluss nach dem BilMoG, BB 2009, S. 1230 ff.

H. Mansch, Finanzierungsrechnung im Konzern: Empfehlungen des Arbeitskreises „Finanzierungsrechnung" der Schmalenbach-Gesellschaft , Deutsche Gesellschaft für Betriebswirtschaft e.V., ZfbF 1996, Sonderheft 37, S. 6 f.

K. Meier, Bilanzierung betrieblicher Versorgungsverpflichtungen nach dem BilMoG, BB 2009, S. 998 ff.

P. Meiisel/P. Petric, Goodwill durch Sanierungsrückstellungen? Beurteilung nach HGB, US-GAAP und IAS, WPg 2000, S. 1055 ff.

W. Melcher/D. Mattheus, Zum Referentenentwurf des Bilanzrechtsmodernisierungsgesetzes (BilMoG): Lageberichterstattung, Risikomanagement-Bericht und Corporate Governance-Statement, DB 2008, Beil. 1, S. 52 ff.

W. Melcher/D. Mattheus, Zur Umsetzung der HGB-Modernisierung durch das BilMoG: neue Offenlegungspflichten zur Corporate Governance, DB 2009, Beil. 5, S. 77 ff.

Memento/Mazars et al., Bilanzrecht für die Praxis 2009, 3. Aufl., Freiburg 2008.

C. Menzies, Sarbanes-Oxley Act: Professionelles Management interner Kontrollen, Stuttgart 2004.

I. Meurer, Der Maßgeblichkeitsgrundsatz im BilMoG, FR 2009, S. 117 ff.

T. Meyer-Schell/J. Zimmermann, Die Neuregelung der Rückstellungsbilanzierung im Spiegel der betrieblichen Altersversorgung, StuB 2008, S. 18 ff.

T. Mindermann, Zur Aktivierung selbst erstellter immaterieller Vermögensgegenstände nach dem Entwurf eines Bilanzrechtsmodernisierungsgesetzes (BilMoG), WPg 2008, S. 273 ff.

C. Mittermaier/T. Böhme, Auslagerung von Pensionsverpflichtungen im Rahmen eines CTA: Bilanzverkürzung unter Verwendung alternativer Vermögenswerte, BB 2006, S. 203 ff.

A. Moxter, Grundsätze ordnungsgemäßer Rechnungslegung, Düsseldorf 2003.

Literaturverzeichnis

A. Moxter, Bilanzrechtsprechung, 6. Aufl., Tübingen 2007.

R. Mujkanovic, Fair Value im Financial Statement nach International Accounting Standards, Stuttgart 2002.

R. Mujkanovic, Die Konsolidierung von Zweckgesellschaften nach IFRS und HGB vor dem Hintergrund der Subprime-Krise und des BilMoG, StuB 2008, S. 136 ff.

R. Mujkanovic, Einzelbewertung bei bebauten Grundstücken nach HGB vor dem Hintergrund des BilMoG und nach IFRS, DB 2008, S. 649 ff.

R. Mujkanovic, Die Bewertung von Finanzinstrumenten zum fair value nach BilMoG, StuB 2009, S. 329 ff.

R. Mujkanovic, Zweckgesellschaften nach BilMoG, StuB 2009, S. 376.

R. Mujkanovic/P. Raatz, Der Component Approach nach IAS 16 im HGB-Abschluss?, KoR 2008, S. 245 ff.

S. Mutter, Pflicht zur umgehenden Angabe einer Entsprechenserklärung mit Inkrafttreten des BilMoG, ZIP 2009, S. 750 f.

M. Mühlberger/R. Schwinger, Betriebliche Altersversorgung und sonstige Leistungen an Arbeitnehmer nach IFRS: Bilanzierung und Bewertung von Employee Benefits, München 2006.

R. J. Niehus, Berichterstattung über Geschäfte mit nahe stehenden natürlichen Personen nach dem BilMoG und dem Deutschen Corporate Governance Kodex, DB 2008, S. 2493 ff.

D. Ordelheide, Zur Schuldenkonsolidierung von Fremdwährungsforderungen und -verbindlichkeiten, BB 1993, S. 1558.

M. Ortmann-Babel/A. Bolik/P. Gageur, Ausgewählte steuerliche Chancen und Risiken des BilMoG, DStR 2009, S. 934 ff.

P. Oser, Erfolgsneutral verrechnete Geschäfts- oder Firmenwerte aus der Kapitalkonsolidierung im Lichte der Entkonsolidierung, WPg 1995, S. 266 ff.

P. Oser, Konzernrechnungslegung nach dem HGB i.d.F. des BilMoG - auf Augenhöhe mit den IFRS, Der Konzern 2008, S. 106 ff.

P. Oser, Der Konzernabschluss nach dem BilMoG mit internationalem Antlitz, PiR, Bd. 5, 2009, S. 121 ff.

P. Oser/M. Mojadadr/J. Wirth, Kapitalkonsolidierung von Fremdwährungsabschlüssen: eine Fallstudie zur Bilanzierung nach HGB unter Beachtung des BilMoG, KoR 2008, S. 575 ff.

P. Oser/N. Roß/D. Wader/S. Drögemüller, Ausgewählte Neuregelungen des Bilanzrechtsmodernisierungsgesetzes (BilMoG), WPg 2008, S. 49 ff. und 105 ff.

P. Oser/N. Roß/D. Wader/S. Drögemüller, Eckpunkte des Regierungsentwurfs zum Bilanzrechtsmodernisierungsgesetz (BilMoG), WPg 2008, S. 675 ff.

o.V., BMJ: Regierungsentwurf des BilMoG, WPg 2008, S. 474 f.

o.V., Beschränkung des Regelungsbereichs des § 5 Abs. 1 Satz 2 EStG 1997, DB, 2008, S. 2113.

o.V., Zusätzliche Angabepflichten im Lagebericht durch das Übernahmerichtlinie-Umsetzungsgesetz, WPg 2008, S. 134.

O. Palandt/H. Heinrichs, Bürgerliches Gesetzbuch, 68. Aufl., München 2009.

M. Passarge, Aktuelle Fragen zur Auslagerung von Pensionsverpflichtungen mittels Contractual Trust Agreements, DB 2005, S. 2746 ff.

G. Patek, Bewertungseinheiten nach dem Referentenentwurf des Bilanzrechtsmodernisierungsgesetzes: Darstellung und kritische Analyse der geplanten handelsrechtlichen Normierung, KoR 2008, S. 364 ff.

G. Patek, Bewertungseinheiten nach dem Regierungsentwurf des Bilanzrechtsmodernisierungsgesetztes, KoR 2008, S. 524 ff.

B. Pellens/H. Amshoff/T. Sellhorn, IFRS 3 (rev. 2008): Einheitstheorie in der M&A-Bilanzierung, BB 2008, S. 602 ff.

J. Petersen, Rechnungslegung für Pensionsverpflichtungen nach HGB, US-GAAP und IAS, Düsseldorf 2002.

Literaturverzeichnis

K. Petersen/C. Zwirner, Die Unternehmensberichterstattung im Lichte des BilMoG – Veränderte Publizitätsregelungen, StuB 2007, S. 889 ff.

K. Petersen/C. Zwirner, Die deutsche Rechnungslegung und Prüfung im Umbruch, KoR 2008 Beil. 1 zu Heft 2, S. 1 ff.

K. Petersen/C. Zwirner, Die deutsche Rechnungslegung und Prüfung im Umbruch, KoR 2008, Beil. 3 zu Heft 7/8, S. 1 ff.

K. Petersen/C. Zwirner, Neuerungen in der Konzernrechnungslegung nach HGB – Geplante Änderungen gemäß dem Regierungsentwurf zum BilMoG, DB 2008, S. 2093 ff.

K. Petersen/C. Zwirner, Bilanzrechtsmodernisierungsgesetz, München 2009.

K. Petersen/C. Zwirner, Rechnungslegung und Prüfung im Umbruch: Überblick über das neue deutsche Bilanzrecht, KoR 2009, Beil. 1 zu Heft 5, S. 1 ff.

N. Pfitzer/P. Oser/C. Orth, Reform des Aktien-, Bilanz-, und Aufsichtsrechts – BilReG, BilKoG, APAG, AnSVG, UMAG sowie weitere Reformgesetze, Stuttgart 2005.

N. Pfitzer/P. Scharpf/M. Schaber, Voraussetzungen für die Bildung von Bewertungseinheiten und Plädoyer für die Anerkennung antizipativer Hedges, WPg 2007, S. 675 ff. und S. 721 ff.

H. Pflüger, Endlich neue Sanierungsklausel beim Mantelkauf, Gestaltende Steuerberatung 2009, S. 313 ff.

W. Pohl/J. Riese/J. Schlüter, Beck'sches IFRS-Handbuch, 2. Aufl., München 2006.

R. Prahl, Bilanzierung und Prüfung von Financial Instruments in Industrie- und Handelsunternehmen, WPg, 1996, S. 836 ff..

U. Prinz/C. Hick, Der neue § 5 Abs. 1a EStG: gelungene gesetzliche Verankerung der steuerbilanziellen Bildung von Bewertungseinheiten, DStR 2006, S. 771 ff.

PwC, Understanding new IFRSs for 2009 - A guide to IAS 1 (revised), IAS 27 (revised), IFRS 3 (revised) and IFRS 8, London 2008.

PwC, Derivative Finanzinstrumente in Industrieunternehmen, 4. Aufl., Frankfurt am Main 2008.

PwC, IFRS für Banken, 4. Aufl., Frankfurt am Main 2008.

PwC, IFRS Manual of Accounting 2009, London 2009.

PwC/Deutsche Rentenversicherung, Altersvorsorge, Düsseldorf/Berlin 2009.

K. Rade/T. Stobbe, Auswirkungen des Bilanzrechtsmodernisierungsgesetzes auf die Bilanzierung von Fußballspielerwerten in der Handelsbilanz, DStR 2009, S. 1109 ff.

D. Ranker, Immobilienbewertung nach HGB und IFRS: Auslegung, Konzeption und Einzelfragen der Bilanzierung des Anlagevermögens, Berlin 2006.

R. Rhiel/O. Hirsch/A. Veit, Bilanzierung von Rückdeckungsversicherungen für Pensionsverpflichtungen in Handels- und Steuerbilanz, StuB 2007, S. 333 ff.

R. Rhiel/A. Veit, Bilanzierung von Entgeltumwandlungszusagen nach Steuer- und Handelsrecht sowie IFRS, StuB 2008, S. 506 ff.

R. Rhiel/A. Veit, Auswirkungen des Gesetzes zur Modernisierung des Bilanzrechts (BilMoG) auf Pensionsverpflichtungen, DB 2008, S. 193 ff.

R. Rhiel/A. Veit, Auswirkungen des Gesetzes zur Modernisierung des Bilanzrechts (BilMoG) auf Pensionsverpflichtungen: Änderungen des Regierungsentwurfs gegenüber dem Referentenentwurf, DB 2008, S. 1509 ff.

R. Rhiel/A. Veit, Auswirkungen des BilMoG bei der Bilanzierung von Pensionsrückstellungen – Annäherung an die internationalen Rechnungslegungsstandards, PiR 2009, S. 167 ff.

L. Richter, BilMoG: Befreiung von der handelsrechtlichen Buchführungspflicht gem. § 241a HGB, FR 2009, S. 804 ff.

H. Ringleb/T. Kremer /M. Lutter/A. v. Werder, Kommentar zum Deutschen Corporate Governance Kodex, 3. Aufl., München 2008.

J. Rodewald/M. Pohl, Neuregelungen des Erwerbs von eigenen Anteilen durch die GmbH im Bilanzrechtsmodernisierungsgesetz (BilMoG): Möglichkeit von „vereinfachten" Kapitalherabsetzungen oder (nur) verminderte Aussagekraft der Bilanz?, GmbHR 2009, S. 32 ff.

J. Sartoris/C. Nöcker, Sonderdruck „Auswirkungen des BilMoG auf Pensionsverpflichtungen", Gestaltende Steuerberatung 2009, S. 17.

P. Scharpf/G. Luz, Marktrisiken in der Bankenaufsicht, Stuttgart 1998.

P. Scharpf/G. Luz, Risikomanagement, Bilanzierung und Aufsicht von Finanzderivaten, Stuttgart 2000.

P. Scharpf/M. Schaber, Handbuch Bankbilanz, 3. Aufl., Düsseldorf 2009.

P. Scharpf/M. Schaber, Bilanzierung von Bewertungseinheiten nach § 254 HGB-E (BilMoG), KoR 2008, S. 532 ff.

G. Schaub, Arbeitsrechts-Handbuch, 12. Aufl., München 2007.

E. Scheffler, Was der DPR aufgefallen ist; die vernachlässigte Kapitalflussrechnung, DB 2007, S. 2045 ff.

R. Schick/A. Indenkämpen, Entwurf des § 5 Abs. 1a EStG zur Bilanzierung von Bewertungseinheiten in der Steuerbilanz: Renaissance des Maßgeblichkeitsgrundsatzes, BB 2006, S.650 ff.

R. Schmidbauer, Immaterielle Vermögenswerte in der Unternehmensrechnung: Abbildung im Jahresabschluss und Ansätze zur Besteuerung, DStR 2004, S. 1442 ff.

K. Schmidt, Münchener Kommentar zum Handelsgesetzbuch, 2. Aufl., München 2008.

K. Schmidt/ M. Lutter, Aktiengesetz, Band II, Köln 2008.

L. Schmidt, Einkommensteuergesetz, 28. Aufl., München 2009.

M. Schmidt, Die BilMoG-Vorschläge zur Bilanzierung von Finanzinstrumenten, KoR 2008, S. 1 ff.

M. Schmidt, Bewertungseinheiten nach dem BilMoG, BB 2009, S. 882 ff.

F. Scholz, GmbHG, 10. Aufl., Band I, Köln 2006.

J. Schulze-Osterloh, Ausgewählte Änderungen des Jahresabschlusses nach dem Referentenentwurf eines Bilanzrechtsmodernisierungsgesetzes, DStR 2008, S. 63 ff.

W. Schultze/K. Kafadar /S. Thiericke, Die Kaufpreisallokation bei Unternehmenszusammenschlüssen nach IFRS 3 (a.F.) und IFRS 3 (rev. 2008), DStR 2008, S. 1348 ff.

A. Schurbohm-Ebneth/O. Zoeger, Zum Referentenentwurf des Bilanzrechtsmodernisierungsgesetzes (BilMoG): Internationalisierung des handelsrechtlichen Konzernabschlusses, DB 2008, Beil. 1, S. 40 ff.

A. Schurbohm-Ebneth/O. Zoeger, Zur Umsetzung der HGB-Modernisierung durch das BilMoG: Internationalisierung des handelsrechtlichen Konzernabschlusses, DB 2009, Beil. 5, S. 53 ff.

U. Seibert, Das Transparenz- und Publizitätsgesetz, München 2002.

J. Semler/K. v. Schenk, Arbeitshandbuch für Aufsichtsratsmitglieder, 3. Aufl., München 2009.

C. Sistermann/J. Brinkmann, Verlustabzugsbeschränkungen nach § 8c KStG: Anmerkungen zum BMF-Schreiben vom 4.7.2008, BB 2008, S. 1928 ff.

G. Spindler/E. Stilz, Kommentar zum Aktiengesetz, Band II,, München 2007.

T. Strieder, Erweiterung der Lageberichterstattung nach dem BilMoG, EB 2009, S. 1002 ff.

G. Söffing, Der Geschäfts- oder Firmenwert, in: B. Knobbe-Keuk/F. Klein/A. Moxter (Hrsg.), Handelsrecht und Steuerrecht, Festschrift G. Döllerer, Düsseldorf, 1988, S. 593 ff.

B. Stibi/M. Fuchs, Die handelsrechtliche Konzernrechnungslegung nach dem Referentenentwurf des BilMoG, KoR 2008, S. 97 ff.

T. Stobbe, Überlegungen zum Verhältnis von Handels- und Steuerbilanz nach dem (geplanten) Bilanzrechtsmodernisierungsgesetz: Ausschüttbarkeit von Gewinnen ohne vorherige Gesellschaftsbesteuerung?, DStR 2008, S. 2432 ff.

J. Tanski, Bilanzrechtsmodernisierungsgesetz - Erste Überlegungen, SteuerConsultant 12/2007, S. 36 ff.

J. Tanski, Sachanlagen nach IFRS - Bewertung, Bilanzierung und Berichterstattung, München 2005.

C. Theile, Die Auswirkungen des Referentenentwurfs zum Bilanzrechtsmodernisierungsgesetz auf die Rechnungslegung der GmbH, GmbHR 2007, S. 1296 ff.

Literaturverzeichnis

C. Theile, Bilanzrechtsmodernisierungsgesetz, 2. Aufl., Herne 2008.

C. Theile, Der neue Jahresabschluss nach dem BilMoG, DStR 2009, Beihefter zu Heft 18, S. 21 ff.

C. Theile/A. Hartmann, BilMoG: Zur Unmaßgeblichkeit der Handels- für die Steuerbilanz, DStR 2008, S. 2031 ff.

C. Theile/M. Stahnke, Bilanzierung sonstiger Rückstellungen nach dem BilMoG-Regierungsentwurf, DB 2008, S. 1757 ff.

S. Thiele/I. von Keitz/M. Brücks, Internationales Bilanzrecht, Bonn/Berlin 2008.

D. Thoms-Meyer, Grundsätze ordnungsmäßiger Bilanzierung für Pensionsrückstellungen: unter Berücksichtigung von SFAS 87 und SFAS 106, Düsseldorf 1996.

G. Thumes/G. Hainz, Pensionsrückstellungen nach dem geplanten Bilanzrechtsmodernisierungsgesetz, Bilanzbuchhalter und Controller 2008, S. 5 ff.

G. Thüsing, Das Gesetz zur Angemessenheit der Vorstandsvergütung, AG 2009, S. 517 ff.

S. Uckermann, Änderung der gesetzlichen Rahmenbedingungen von Zeitwertkonten: Zusammenfassung und kritische Würdigung der aktuellen Vorhaben des Gesetzgebers, BB 2008, S. 1281 ff.

P. Ulmer/M. Habersack/M. Winter, Gesetz betreffend die Gesellschaften mit beschränkter Haftung - Großkommentar, Band II, Tübingen 2006.

Vereinigung zur Mitwirkung an der Entwicklung des Bilanzrechts für Familiengesellschaften (VMEBF), Kritische Auseinandersetzung mit dem Reg-E eines BilMoG aus der Sicht von Familienunternehmen, KoR 2008, S. 357 ff.

F. Wagner/T. Schildbach/D. Schneider (Hrsg), Private und öffentliche Rechnungslegung: Festschrift H. Streim, Wiesbaden 2008.

A. Wandtke/W. Bullinger, Praxiskommentar zum Urheberrecht, 3. Aufl., München 2009.

C. Watrin/J. Lammert, Konzernrechnungslegungspflicht deutscher Unternehmen bei obligatorischer Anwendung der IFRS - Zulässigkeit der faktischen Befreiung aufgrund von § 296 HGB, WPg 2007, S. 871 ff.

C. Weber/T. Lentfer/M. Köster, Externes Corporate Governance Reporting – Kritische Würdigung der Umsetzung europäischer Vorgaben im Referentenentwurf eines Bilanzrechtsmodernisierungsgesetzes (BilMoG RefE), IRZ 2007, S. 367 ff.

C. Weber/T. Lentfer/M. Köster, Externes Corporate Governance Reporting – Kritische Würdigung der Umsetzung europäischer Vorgaben im Referentenentwurf eines Bilanzrechtsmodernisierungsgesetzes (BilMoG RefE), IRZ 2008, S. 35 ff.

K. Weber, Creifelds Rechtswörterbuch, 19. Aufl., München 2007.

M. Wehrheim/D. Rupp, Zum Geltungsbereich der Ausschüttungssperre des § 268 Abs. 8 HGB im Regierungsentwurf des BilMoG, DB 2009, S. 356 ff.

R. Weigl/H. Weber/M. Costa, Bilanzierung von Rückstellungen nach dem BilMoG, BB 2009, S. 1062 ff.

W. Weigel/M. Kopatschek/E. Löw/P. Scharpf/M. Vietze, Ausweis- und Angabepflichten sowie Bewertungsfragen für Zinsswaps in IFRS-Konzernabschlüssen von Kreditinstituten, WPg 2007, S. 1049 ff.

W. Wendholt/M. Wesemann, Zur Umsetzung der HGB-Modernisierung durch das BilMoG: Bilanzierung von latenten Steuern im Einzel- und Konzernabschluss, DB 2009, Beil. 5, S. 64 ff.

H. Wich, Internes Kontrollsystem und Management- Informationssystem: Analyse der Systembedeutung für Unternehmensleitung und Abschlussprüfung, Frankfurt am Main 2008.

G. Wiechens/I. Helke, Zum Referentenentwurf des Bilanzrechtsmodernisierungsgesetzes (BilMoG): Bilanzielle Abbildung von Bewertungseinheiten, DB 2008, Beil. 1, S. 26 ff.

G. Wiechens/I. Helke, Die Bilanzierung von Finanzinstrumenten nach dem Regierungsentwurf des BilMoG, DB 2008, S. 1333 ff.

H. Wiedmann, Bilanzrecht, 2. Aufl., München 2003.

N. Winkeljohann/F. Reuther, Bilanzrecht in Familienunternehmen, Berlin 2009.

R. Winnefeld, Bilanz-Handbuch, 4. Aufl., München 2006.

Wirtschaftsprüferkammer, Stellungnahme zu dem Entwurf eines Gesetzes zur Modernisierung des Bilanzrechts (Bilanzrechtsmodernisierungsgesetz - BilMoG), WPK-Magazin 2008, S. 27 ff.

K.H. Withus, Zur Umsetzung der HGB-Modernisierung durch das BilMoG: Wirksamkeitsüberwachung interner Kontroll- und Risikomanagementsysteme durch Aufsichtsrechtsorgane kapitalmarktorientierter Gesellschaften, DB 2009, Beil. 5, S. 82 ff.

K.H. Withus, Neue Anforderungen nach BilMoG zur Beschreibung der wesentlichen Merkmale des Internen Kontroll- und Risikomanagementsystems im Lagebericht kapitalmarktorientierter Unternehmen, KoR 2009, S. 440 ff.

K. Wolf, Zur Anforderung eines internen Kontroll- und Risikomanagementsystems im Hinblick auf den (Konzern-) Rechnungslegungsprozess gemäß BilMoG, DStR 2009, S. 920f.

K. v. Wysocki/J. Schulze-Osterloh/J. Hennrichs/C. Kuhner, Handbuch des Jahresabschlusses, Köln ab 1984.

J. Zimmermann, Die Behandlung von Fremdwährungsgeschäften und Fremdwährungsabschlüssen nach DRS 14 „Währungsumrechnung", StuB 2004, S. 766 ff.

W. Zöllner/U. Noack/M. Lutter, Kölner Kommentar zum Aktiengesetz, 3. Aufl., Köln et al. ab 2004.

H. Zülch/S. Hoffmann, Zahlungsmittelgenerierende Einheiten im deutschen Handelsrecht und die Bedeutung des Einzelbewertungsgrundsatzes, StuB 2008, S. 45 ff.

C. Zwirner/K.P. Künkele, Übergangsvorschriften zur Anwendung der geänderten Regelungen des BilMoG: bilanzpolitische Implikationen des Übergangs auf das neue Bilanzrecht, DB 2009, S. 1081 ff.

Stichwortverzeichnis

A
Abführungssperre
- Abführungsverbindlichkeit **N** 74
- aktive latente Steuern **N** 66 f.
- Anhangangaben **N** 95
- Anwenderkreis **N** 2, 60
- Ausschüttungssperre **N** 72, 79 ff.
- Ausweis **N** 74 ff.
- Begriff **N** 2
- Berechnungsschema **N** 62, 64
- Bilanzgewinn **N** 76
- Erstanwendungszeitpunkt **N** 99, 105
- frei gewordene Beträge **N** 75, 77
- frei verfügbare Rücklagen **N** 64, 68 ff.
- Gesamtbetrag der Beträge iSd. § 268 Abs. 8 HGB **N** 65 ff.
- Gewinnabführungsvertrag **N** 60, 78
- Gewinnausschüttung **N** 72
- Gewinnrücklagen **N** 70 f., 75, 77, 81
- Gewinnverwendung **N** 75 ff.
- Gewinnvortrag **N** 71, 75, 77, 81
- Gläubigerschutz **N** 1, 74
- Höchstbetrag der Gewinnabführung **N** 62 f.
- Ingangsetzungsaufwendungen **N** 102
- Kapitalrücklagen **N** 69
- Nebenrechnung **N** 80
- Organschaft **N** 66, 75, 78
- passive latente Steuern **N** 66 f.
- steuerliche Risiken **N** 75, 78
- Thesaurierung **N** 75 ff.
- Unternehmensverträge **N** 60
- Verlustübernahme **N** 61
- Vertragsbeginn **N** 79
- Vertragsende **N** 78

Abhängigkeitsvermutung Q 25

Abschlusskosten
- Versicherungsverträge **V** 213

Abschlussprüfer
- Ausschlussgründe **T** 1 ff., 106 ff., **U** 17
- Berichterstattung über Unabhängigkeit **Y** 105 ff.
- Berichterstattungspflicht **Y** 101
- Cooling-off-Periode **Z** 8 f.
- Empfehlung des Prüfungsausschusses **Y** 74
- Führungstätigkeit bei Mandanten **Z** 8, 48 ff.
- interne Rotation **T** 8 ff.
- Kontroll- und Risikomanagementsystem **Y** 102
- Netzwerk **T** 106 ff.
- Teilnahmepflicht beim Prüfungsausschuss **Y** 99
- Unabhängigkeit **T** 1 ff., 106 ff.

Abschlussprüferhonorar
- Anhangangaben **O** 71 ff.
- *siehe auch Honorar des Abschlussprüfers*

Abschlussprüferrichtlinie V 155, 228
- Berufsregister **Z** 106
- Cooling-off-Periode **Z** 8
- interne Rotation **T** 1
- Registrierung Drittstaatenprüfer **Z** 104

Abschlussprüferwechsel
- Informationspflicht **S** 43
- Prüfungsbericht **S** 44 ff.
- regulär **S** 43
- vorzeitig **S** 38, 43
- Wirtschaftsprüferkammer **S** 39 ff.

Abschlussprüfung
- Arbeitspapiere **S** 76 ff.
- Berichterstattung bei Prüferwechsel **S** 39 ff.
- Bestätigungsvermerk und Prüfungsbericht **S** 50 ff.
- Mündliche Berichterstattung **S** 71 ff.
- Prüfungsausschuss **Y** 69
- Prüfungsgegenstand und -umfang **S** 5 ff.

Abschreibung, außerplanmäßige
- *siehe außerplanmäßige Abschreibung*

Abschreibungen
- degressiv **D** 10, 11
- erhöhte Absetzungen **D** 10
- linear **D** 12
- nur steuerlich zulässig **D** 13 ff., 31 ff.
- Sonderabschreibungen **D** 10
- Sonderposten mit Rücklageanteil **D** 10
- Sperrjahr **D** 20 f.
- zusätzlich **V** 69

Abschreibungsmethode
- Geschäfts- oder Firmenwert **E** 22
- Immaterielle Vermögensgegenstände **E** 109
- komponentenweise planmäßige **F** 10 ff.

941

Stichwortverzeichnis

Abschreibungsplan
- Geschäfts- oder Firmenwert aus Konsolidierung **Q** 408 ff.
- Geschäfts- oder Firmenwert **E** 15
- Immaterielle Vermögensgegenstände **E** 103 ff.

Abzinsung
- latente Steuern, Jahresabschluss **M** 46

Abzinsungsverbot
- latente Steuern, Konzernabschluss **Q** 323

Aktive latente Steuern
- *siehe latente Steuern*

Aktiver Markt
- Definition **V** 108

Aktivierungsverbot
- Forschungskosten **J** 47
- Immaterielle Vermögensgegenstände **E** 38, 43, 72, 80 ff.
- Vertriebskosten **J** 46

Altersversorgungsverpflichtungen
- Begriff **C** 11 f., **I** 65
- Bewertung, allgemein **C** 52
- Bewertungseinheiten **C** 69 ff.
- Einzelbewertung **C** 52
- Erfüllungsbetrag **C** 53
- Sachleistungsverpflichtungen **C** 69, 72
- Zinssatzermittlung **I** 47 ff.
- *siehe auch Pensionsrückstellungen*

Altersversorgungsverpflichtungen, mittelbare
- Passivierungswahlrecht **I** 108
- Unterdeckung **I** 110 f.
- Verpflichtungsüberhang **I** 109

Altersversorgungsverpflichtungen, vergleichbare
- Begriff **C** 13 ff., 15, **I** 66
- *siehe auch Pensionsrückstellungen*

Altersversorgungszusage, wertpapiergebundene
- Anwendungsbereich **I** 97, 102 ff.,
- Begriff **I** 95
- Bewertung **I** 95 ff.
- Bewertungseinheiten **I** 106
- Bewertungsvereinfachungen **I** 99 ff.,
- Deckungsvermögen **I** 107
- Mindestgarantie **I** 96

- Rückstellungsabzinsung **I** 100 f.,
- Wertpapierbegriff **I** 98
- Zeitwertbewertung **I** 105

Anhangangaben O 1 ff.
- Arten derivativer Finanzinstrumente **O** 105
- Aufgliederung der Umsatzerlöse **K** 24
- Aufhebung § 285 Satz 2 bis 6 HGB aF **O** 267
- Ausschüttungssperre **O** 249 ff.
- außerbilanzielle Geschäfte **O** 11 ff.
- beizulegender Zeitwert **V** 117
- Bewertungseinheiten **O** 170 ff.
- Deutscher Corporate Governance Kodex **O** 66 ff.
- Entfallen von Pflichtangaben **O** 47 ff.
- Entsprechenserklärung **O** 66 ff.
- Erklärung zu Finanzinstrumenten **O** 89 ff.
- Erstanwendungszeitpunkte **O** 268 ff.
- EU-Richtlinien **O** 1
- Finanzinstrumente des Handelsbestands **V** 123
- Finanzinstrumente zum beizulegenden Zeitwert **V** 83, 85
- Forschungs- und Entwicklungskosten **O** 164 ff.
- Fremdwährungsgeschäfte **J** 88 ff.
- Geschäfts- oder Firmenwert **O** 58 ff.
- Größenabhängige Erleichterungen **O** 278 ff.
- Handelsaktiva **V** 197
- Handelspassiva **V** 203
- Honorar des Abschlussprüfers **O** 71 ff.
- Inanspruchnahmerisiko, Eventualverbindlichkeiten **O** 239 ff.
- Investmentvermögen **O** 228
- latente Steuern **O** 259 ff.
- latente Steuern Jahresabschluss **M** 17
- Leistungen an Vorstandsmitglieder **O** 50 ff.
- nahe stehende Personen, Geschäfte **O** 131 ff., **V** 71
- Pensionsrückstellungen **O** 204 ff.
- Saldierung, Deckungsvermögen **C** 6
- sonstige finanzielle Verpflichtungen **O** 239 ff.
- Übergangsvorschriften **O** 271
- Umfang derivativer Finanzinstrumente **O** 105
- Umgekehrte Maßgeblichkeit **D** 24, 39

Stichwortverzeichnis

- Umrechnungsmethoden **J** 90
- Unterlassen von Angaben **O** 272 f.
- Verbindlichkeitenspiegel **O** 9
- Verrechnung, Deckungsvermögen **O** 218 ff.
- Zeitwertbewertung **C** 6

Anlagengitter
- Unterschiedsbetrag, Kapitalkonsolidierung **Q** 253

Anlagevermögen
- selbstgeschaffenes immaterielles **U** 10

Ansammlungsrückstellung
- Bewertung **I** 24

Ansatzmethode
- Begriff **G** 6

Ansatzstetigkeit
- aktive latente Steuern **G** 11
- Ansatzwahlrechte **G** 7
- Anwendungsbereich **G** 6
- Durchbrechungen **G** 8
- Ermessensspielräume **G** 12
- Erstanwendungszeitpunkt **G** 22
- Immaterielle Vermögensgegenstände **E** 41, 71, 79, 87
- Konzernabschluss **Q** 184
- latente Steuern **Q** 286

Ansatzwahlrechte G 7

Anschaffungs-/Herstellungskosten
- Fremdwährung **J** 70

Anschaffungskosten
- Verrechnung, Deckungsvermögen **O** 221

Anschaffungskostenprinzip V 40
- Equity-Methode **Q** 445

Anteile
- *siehe eigene Anteile*

Anteile am herrschenden Unternehmen
- Erwerbsvoraussetzungen **Y** 13
- Rücklage **L** 58 ff.

Anteile anderer Gesellschafter Q 340 ff.
- Währungsdifferenz **Q** 372

Anteilsbesitzliste O 274 ff.
- *siehe auch Aufstellung des Anteilsbesitzes*

Antrag auf Zulassung
- Kapitalmarkt **K** 53 ff., 55

Arbeitspapiere
- Dokumentation Unabhängigkeitsprüfung **Z** 64 ff.
- Konzernabschlussprüfung **S** 77 f.
- Unabhängigkeit **S** 76

Asset deal
- latente Steuern Jahresabschluss **M** 19

Assoziierte Unternehmen
- *siehe Equity-Methode*

Aufsichtsrat
- Internes Kontroll- und Risikomanagementsystem **O** 329 ff.
- Prüfung des Jahresabschlusses **Y** 98
- Prüfungsausschuss **X** 16, **Y** 53 ff.
- Übergangsvorschriften **X** 17
- unabhängiger Finanzexperte **Y** 17 ff.

Aufsichtsratsmitglied
- persönliche Voraussetzungen **Y** 17 ff.
- Sachverstand **Y** 34 f.
- Unabhängigkeit **Y** 24 ff.

Aufstellung des Anteilsbesitzes O 274 ff.

Aufstellungsfrist
- Konzernabschluss **Q** 1, 94 f.

Aufstellungspflicht Konzernabschluss
- Einbeziehungsverzicht **X** 20
- Konsolidierungskreis **X** 19

Aufwandsrückstellungen
- aktive latente Steuern **F** 25
- Beibehaltungs-/Fortführungswahlrecht **F** 20 ff.
- Bewertungsgrundsätze **F** 24
- Einstellung in Gewinnrücklagen **F** 27 f.
- Erstkonsolidierung **Q** 188 ff.
- Generalüberholungen **F** 8
- Großreparaturen **F** 8
- Komponentenansatz **F** 9 ff.
- Neubewertungsbilanz **Q** 200
- Übergangsvorschriften **F** 19 ff.

Aufwendungen und Erträge
- Handelsbestand **V** 79

Ausschlussgründe
- Anteilsbesitz **T** 156 ff.
- Beschäftigung inhabiler Personen **T** 163 ff.
- Besorgnis der Befangenheit **T** 153 ff.

943

Stichwortverzeichnis

- Einflussnahme auf das Prüfungsergebnis **T** 181 ff.
- Erstellung des Jahresabschlusses **T** 198 ff.
- für Abschlussprüfer **T** 1 ff., 106 ff.
- für Prüfungsgesellschaften **T** 172 ff.
- kapitalmarktorientierte Unternehmen **T** 6 ff.
- Mitwirkung an der internen Revision **T** 198 ff.
- Mitwirkung an Rechnungslegungsinformationssystemen **T** 205 ff.
- ohne Einflussmöglichkeit auf Prüfungsergebnis **T** 195 ff.
- personelle Verflechtungen **T** 160 ff.
- Rechts- und Steuerberatung **T** 203 ff.
- Verstoß gegen Rotationspflicht **T** 26 ff., 43 ff., 86 ff., 99 ff.
- Zurechnung im Netzwerk **T** 145 ff.

Ausschüttungssperre V 120, **O** 249 ff.

- Abgang von Vermögensgegenständen **N** 27, 37
- abführungsgesperrter Betrag **O** 254
- Abschreibungen **N** 26
- aktive latente Steuern **N** 3, 18, 46 ff.
- Aktivierung latenter Steuern **O** 253
- Angabepflichten **O** 250
- angesetzter Betrag **N** 17, 19, 21
- Anhangangaben **N** 93 ff., 102, **O** 249 ff.
- Anschaffungskosten im Deckungsvermögen **N** 33 ff.
- Anwenderkreis **N** 2, 4 ff.
- Anwendungsbereich **N** 1, 23
- Ausweis **N** 55 ff.
- Berechnungsschema **N** 10
- Bestandsfortführung **N** 21, 26 f., 28, 37, 51 ff.
- Deckungsrechnung **N** 94
- Deckungsvermögen **N** 21, 28 ff., 40 ff.
- Einzelbewertungsgrundsatz **N** 32
- Entnahmesperre **N** 3
- Entwicklungskosten **N** 24
- ergebnisneutrale latente Steuern **N** 18, 46 ff.
- Ermittlung der Beträge **O** 252
- Erstanwendungszeitpunkt **N** 98, 104
- Erwerb laufender Forschungs- und Entwicklungsarbeiten **N** 35

- Fortführung des gesperrten Betrags **N** 20, 26 f., 28, 37, 44 f., 51 ff.
- frei gewordene Beträge **N** 21, 26 f., 37, 51 f., 58
- frei verfügbare Rücklagen **N** 12 ff.
- frei verwendbare Eigenkapitalbestandteile **O** 255 f.
- Gesamtbetrag **O** 251
- Gesamtdifferenzenbetrachtung **O** 252
- gesperrter Betrag **N** 17 ff.
- Gewinnrücklagen **N** 12, 14, 56 ff.
- Gewinnverwendung **N** 55 ff.
- Gewinnverwendungsvorschlag **O** 257
- Gewinnvortrag **N** 14, 59
- Gläubigerschutz **N** 1
- hypothetische Abschreibungen **N** 33 ff.
- immaterielle Vermögensgegenstände **E** 91, 134, **N** 24 ff., 39
- Ingangsetzungs- und Erweiterungsaufwendungen **F** 43 f., **N** 3, 9
- Jahresergebnis **N** 11
- Jahresfehlbetrag **N** 15 f., 22
- Kapitalgesellschaften **N** 2
- Kapitalrücklagen **N** 13
- Kommanditistenhaftung **N** 2, 5
- Konzernabschluss **Q** 177 ff.
- latente Steuern Jahresabschluss **M** 3
- maximaler Ausschüttungsbetrag **N** 10, 11 ff., 54
- Nebenrechnung **N** 20, 26 f., 28, 37, 44 f., 51 ff.
- passive latente Steuern **N** 23, 38 ff., 53, 101, **O** 252
- Personenhandelsgesellschaften **N** 15
- Sinn und Zweck **N** 1, 9
- Sonderposten **N** 3
- stille Reserven, gehobene **C** 5
- Thesaurierung **N** 55 ff.
- Tochterunternehmen **N** 6 ff.
- Übergangsvorschriften **N** 101 f.
- Unternehmensverträge **N** 60 ff.
- Verlustvortrag **N** 14
- Verrechnung aktiver latenter Steuern **N** 49 f.
- Verrechnung des Deckungsvermögens **N** 30 ff.
- Wertaufholungen **N** 26

- Zeitwert des Deckungsvermögens **N** 29
- Zeitwertänderungen im Deckungsvermögen **N** 37

Außerbilanzielle Geschäfte
- Abgrenzung der Angabepflichten **O** 21 ff.
- Absatzgeschäfte **O** 29
- andere Maßnahme **O** 16, 137
- Anhangangaben **O** 11 ff.
- Art und Zweck **O** 39, **R** 13
- Begriff des Geschäfts **O** 14 ff., 137
- Beispiele **O** 32 f.
- Beschaffungsgeschäfte **O** 29
- Dauerschuldverhältnisse **O** 30
- Definition **O** 25
- Erleichterungen für bestimmte Kapitalgesellschaften **O** 12
- Fallgruppen **O** 20
- Fehlen wirtschaftlichen Eigentums **O** 26
- Finanzlage **O** 35
- Gleichartige Geschäfte **O** 37
- Konzernanhang **R** 11 ff.
- Rechtsgeschäftliche Vereinbarung **O** 15, 137
- Risiken und Vorteile **O** 41 ff., **R** 13
- Sachverhaltsgestaltende Maßnahme **O** 19
- Schulden **O** 31
- Zeitpunkt der Angabepflicht **O** 38
- Zweckgesellschaften **O** 40, **R** 16

Außerplanmäßige Abschreibung
- Geschäfts- oder Firmenwert im Jahresabschluss **E** 5, 23 ff.
- Geschäfts- oder Firmenwert aus Konsolidierung **Q** 419 ff.
- immaterielle Vermögensgegenstände **E** 110 f.
- währungsbedingte **J** 85

Ausstehende Einlagen
- Nettoausweis **L** 12 ff.
- Währungsumrechnung **Q** 362

Ausweisstetigkeit
- latente Steuern Jahresabschluss **M** 50

Autopilotmechanismus Q 61

B

Bankaufsichtsrechtliche Vorschriften V 15

Befreiung
- Konzernabschluss **Q** 96 ff.

Befreiung, größenabhängige
- Formwechsel **Q** 159
- Neugründung **Q** 155 f.
- Schwellenwerte, Erhöhung **Q** 149 ff.
- Umwandlung **Q** 157 f

Beherrschender Einfluss
- Abhängigkeitsvermutung, aktienrechtliche **Q** 25
- Anwendungsbereich **Q** 12
- Beendigung **Q** 20
- Begriffsmerkmale **Q** 14 ff.
- Beherrschungsvertrag **Q** 47
- Beteiligungserfordernis **Q** 8
- Control-Konzept **Q** 40 ff.
- Dauerhaftigkeit **Q** 18 ff.
- Erstanwendung **Q** 105 f.
- Erstkonsolidierungszeitpunkt **Q** 235
- Geschäfts- und Finanzpolitik **Q** 16 f.
- Möglichkeit **Q** 9, 24
- Nutzenziehung **Q** 21 ff.
- Organbestellungsrechte **Q** 45 f.
- Potenzielle Stimmrechte **Q** 36 ff.
- Präsenzmehrheit **Q** 28 ff.
- Stimmbindungs-/Entherrschungsvertrag **Q** 26
- Stimmrechtsmehrheit **Q** 42
- Vermutungen, unwiderlegbar **Q** 39 ff.
- Vetorechte Dritter **Q** 17
- wirtschaftliche Betrachtung **Q** 22
- Zurechnung von Rechten **Q** 11 f., 48 ff.

Beherrschungsmöglichkeiten
- sonstige **Q** 27 ff.
- typisierte **Q** 39 ff.

Beherrschungsvermutungen Q 39 ff.

Beizulegender Zeitwert V 97, 102
- Angaben zu Finanzinstrumenten **O** 106 ff.
- Begriff **C** 55
- Bewertung **C** 4
- Ermittlung **C** 56 ff., 58
- Verrechnung, Deckungsvermögen **O** 223, **V** 104

Berichterstattung
- Abschlussprüferwechsel **S** 39 ff.
- Aufsichtsrat **S** 71 ff.
- Bestätigungsvermerk **S** 50 ff., 60 ff.

945

Stichwortverzeichnis

- Folgeprüfer **S** 43 ff.
- internationale Prüfungsstandards **S** 60 ff.
- mündlich **S** 71 ff.
- Prüfungsbericht **S** 26, 29 f., 44 ff., 46, 51, 53, 59, 64 ff.
- schriftlich **S** 39 ff., 50 ff.
- Wirtschaftsprüferkammer **S** 39 ff.

Bescheinigung
- Offenlegung **V** 161

Beschreibung IKS/RMS
- Merkmale **O** 317 ff., 320
- Umfang **O** 318 ff.

Beschwerde U 25, 26, 29, 30

Bestätigungsvermerk S 50 ff., 60 ff.
- Erklärung zur Unternehmensführung **S** 54 ff.
- Einschränkung **S** 56
- Honorar des Abschlussprüfers **S** 52
- internationale Prüfungsstandards **S** 60 ff.
- zusätzliche Rechnungslegungsbestandteile **S** 50 ff.

Beteiligungs- und Anlagetitel
- Wertpapiere **K** 46 ff.

Betreiber des elektronischen Bundesanzeigers U 4 ff.

Bewertung
- fremde Währung **V** 149
- gezeichnetes Kapital **L** 9 ff.
- IAS 39 Hierarchie **V** 106
- latente Steuern Jahresabschluss **M** 43 ff.
- Neubewertungsbilanz **Q** 203 ff.
- objektive Marktpreise **Q** 205
- Paketzuschläge Paketabschläge **V** 105
- Versorgungszusage, wertpapiergebundene **C** 66 f.
- *siehe auch Schuldenbewertung*

Bewertungseinheit
- abgesicherte Risikoarten **O** 179 f.
- Altersversorgungsverpflichtungen **C** 69 ff.
- Angaben im Lagebericht **O** 198 ff.
- Anhangangaben **H** 9, 62, 90 ff., 99, 147, **O** 170 ff.
- Anschaffungskostenprinzip **H** 1, 96, **V** 28
- Anschlussgeschäft **H** 43 f., 85, 142
- antizipative **H** 11, 17 ff., 47, 85, 131 ff., **O** 194 ff.
- Arten **H** 6 ff., **O** 181, 17

- Auflösung **H** 5, 45, 136, 140 ff., **V** 41
- Ausweis **V** 199
- Beendigung **H** 5, 45, 136, 140 ff.
- Beginn **H** 4, 109
- Begriff **V** 4
- Beschaffungsgeschäft **H** 116 ff., 135
- Betragsidentität **H** 82 f.
- Bewertungsobjekt **H** 95, 112, 115, 118, 124, 134
- Bewertungswahlrecht **H** 86 f., 94
- bilanzielle Abbildung **V** 30
- Designation **H** 86 f.
- Dokumentation **H** 67, 88 ff.
- Durchbuchungsmethode **H** 98, 121 ff., 139, **C** 70
- Durchhalteabsicht **H** 21, 41 ff.
- Durchhaltefähigkeit **H** 44
- effektiver Teil **H** 98 ff., 103, 123, **V** 31
- Effektivität **H** 57 ff., 101 f.
- Effektivitätstest **H** 60 ff.
- Einfrierungsmethode **H** 98, 103 ff., **C** 70, 71
- Einzelbewertungsgrundsatz **H** 1, 96
- ergänzende Aufgliederungen **O** 177
- Erstanwendung **H** 148 ff.
- erwartete Transaktion **H** 17 ff.
- Erwerbszeitpunkt **H** 4
- EU-Recht **H** 2
- Finanzinstrument **H** 23 ff.
- Fristenidentität **H** 84 f.
- Gegenläufigkeit **H** 75
- Geschäfts- oder Firmenwert **H** 14
- Grundgeschäft **H** 10 ff., **O** 173, 176
- Grundsatz der Einzelbewertung **V** 28
- Höhe der abgesicherten Risiken **O** 182
- IFRS **H** 23, 33, 48, 59 ff., 93
- Imparitätsprinzip **H** 1, 96
- ineffektiver Teil **H** 100, 111 ff., **V** 22, 31
- kompensatorische Bewertung **H** 103
- Konzernanhang **R** 57 ff.
- latente Steuern **H** 146
- Makro-Hedge **H** 6 ff., 49, 76, 79 ff., 92, 137 ff., 144, **V** 8
- Mikro-Hedge **H** 6 ff., **V** 8
- Portfolio-Hedge **H** 6 ff., 49, 73, 79 ff., 92, 137 ff., 144, **V** 8

- prospektive Effektivität **H** 64
- Realisationsprinzip **H** 1, 96
- Risikomanagementsystem **H** 9, 79 ff.
- Rückstellungsbewertung **I** 33 ff.,
- Schuld **H** 15
- schwebendes Geschäft **H** 16
- Sicherungsabsicht **H** 40 ff., 72, 85
- Sicherungsinstrument **H** 22 ff., **O** 173
- Stetigkeit **H** 68, 99, 132, 149
- Stichtagsprinzip **H** 97
- Termingeschäft **H** 29
- vergleichbare Risiken **H** 54 ff., **V** 18
- Vermögensgegenstand **H** 13
- vollständige Festbewertung **H** 104
- Voraussetzungen **H** 3 ff.
- Währungsumrechnung **V** 28, 138
- Warentermingeschäft **H** 28 ff.
- Wertaufhellungsprinzip **H** 97
- Widmung **H** 86 f.
- Wirksamkeit **H** 50 ff., **O** 182a ff.
- Zusammenfassung von Geschäften **O** 178

Bewertungskonvention Anforderungen
- Abgrenzung der Zinsderivate **V** 59
- Drohverlustrückstellung für Zinsänderungsrisiken der Gesamtzinsposition **V** 59
- Externalisierungsnachweis **V** 59

Bewertungsmethode
- anerkannt **V** 111, 118
- Begriff **G** 15

Bewertungsparameter
- Pensionsrückstellungen **I** 70 ff.,

Bewertungsstetigkeit
- Bewertungsverfahren **G** 18
- Bewertungswahlrechte **G** 16
- Durchbrechungen **G** 14
- Ermessensspielräume **G** 20
- Übergangsvorschrift **G** 23
- Verfahrenswahlrechte **G** 17

Bewertungsvereinfachungsverfahren
- Festwerte **J** 58
- Fifo **J** 57
- Gruppenbewertung **J** 58
- Lifo **J** 57
- Verbrauchsfolgeverfahren **J** 54, 56

Bewertungsverfahren
- Bewertungsstetigkeit **G** 18

Bewertungswahlrechte G 16

Bilanzierung
- rechtliches Eigentum **B** 12
- Schulden **B** 20 ff.
- wirtschaftliches Eigentum **B** 15 ff.

Bilanzierungshilfe
- Abschreibung/Ausbuchung **F** 46 ff.
- Abschreibungsdauer **F** 49

Bilanzierungswahlrechte
- Konzernabschluss **Q** 182 ff.

Buchwertmethode
- Altfälle **Q** 272

Bundesamt für Justiz U 7, 21, 23, 25, 27 - 32

Bundesbank
- refinanzierbare Wechsel **V** 171, 173, 175
- verpfändete Wechsel **V** 179

Bußgeldvorschriften U 18 f.
- Übergangsvorschriften **X** 31
- Unternehmen PublG **X** 30 f.

C

Cash Flow-Risiko
- *siehe Zahlungsstrommänderungsrisiko*

Change of Control
- Neubewertungsbilanz **Q** 202

Contractual Trust Agreement C 29

Control-Konzept Q 4

Cooling-off-Periode
- Art der Tätigkeit **Z** 48 ff.
- betroffene Unternehmen **Z** 34 ff.
- Dauer **Z** 37 ff.
- Einzelabschlussprüfer **Z** 26
- Erstanwendungszeitpunkt **Z** 59 ff.
- Fristberechnung **Z** 39 ff.
- Führungstätigkeit **Z** 48 ff.
- Funktion im Rechnungswesen **Z** 54
- Geldbuße **Z** 100 f.
- Grundlagen **Z** 3 ff.
- Inhalt **Z** 44 ff.
- kapitalmarktorientierte Unternehmen **Z** 21 ff.
- persönliche Vertrautheit **Z** 51 ff.
- persönlicher Anwendungsbereich **Z** 24 ff.
- Prüfungsgesellschaft **Z** 29

947

Stichwortverzeichnis

- sachlicher Anwendungsbereich **Z** 20 ff.
- Sanktionen **Z** 95 ff.
- Schutzmaßnahmen **Z** 15 ff.
- systematische Einordnung **Z** 11 ff.

COSO-Modell
- Definition **O** 308 ff.
- Komponenten **O** 310 ff., **R** 93
- Konzernstruktur **R** 93

Critical term match H 64
- Methode **V** 24

CTA- Konstruktion C 29 ff., **C** 42

D

Deckungsvermögen
- Anhang **O** 221 f.
- Anlageform **C** 22
- Ausschüttungssperre **N** 21, 28 ff., 40 ff.
- Ausweis **C** 4
- Begriff **C** 2
- Bewertung **C** 54
- Bilanzierung **C** 2
- Einzelbewertung **C** 4
- Entwidmung **C** 63 f.
- Erstanwendung u. Übergangsvorschriften **C** 100 f.
- Erträge, Mittelanlage **C** 23
- Gläubigerzugriff **C** 19, 34
- IFRS, Auslegung **C** 9
- IFRS, Unterschied **C** 8
- IFRS, Vergleich **C** 8
- Insolvenzfestigkeit **C** 19, 24, 38,
- Rückübertragung **C** 33
- Treuhandvereinbarung **C** 25
- Vermögen, betriebsnotwendiges **C** 46
- Vermögensgegenstände, aktivierbare **C** 18, 21
- Vermögenstrennung **C** 19, 23
- Verpfändung **C** 25
- Verwertbarkeit, jederzeitige **C** 44 ff.,
- Voraussetzungen **C** 18 ff.,
- Zeitwertbewertung **C** 4, 54
- Zweckexklusivität **C** 20
- Zweckgebundenheit **C** 34

- *siehe auch Vermögen, zweckgebundenes*

Derivate V 88
- Anlagebuch **V** 89
- Begriff **H** 26 f.
- eingebettet nicht trennungspflichtig **V** 53
- eingebettet trennungspflichtig **V** 54
- Handelsbuch **V** 89

Deutscher Corporate Governance Kodex
- Anhangangaben **O** 66 ff.
- Konzernanhang **R** 22 ff.

Devisentermingeschäfte V 146

Dokumentation
- Bewertungseinheit **H** 88 ff.

Dokumentationspflicht
- Handakten des Wirtschaftsprüfers **Z** 73 ff.
- Unabhängigkeitsprüfung **Z** 73 ff.

Drittlandsabschlussprüfer Q 128 ff.
- Angaben **Q** 132
- Angabepflichten ggü. WPK **Z** 126
- Anwendung Wirtschaftsprüferordnung **Z** 104 ff.
- Befähigung, gleichwertige **Q** 129
- Berufsregister **Z** 89, 106 ff.
- Erstanwendungszeitpunkt **Z** 136 ff.
- EU-Kommissionsentscheidung **Z** 110, 113 ff.
- Gleichwertigkeit **Z** 109 ff.
- Registrierung **Q** 130 f.
- Unterlagen für Wirtschaftsprüferkammer **Z** 85 ff.
- Vereinbarung mit ausländischer Prüferaufsicht **Z** 89

Drucktitel
- Ansatzverbot **E** 80, 92

Durchbuchungsmethode
- Ausweis **H** 126 ff., 131 ff., 139
- Begriff **H** 121
- Bilanzierungsbeispiele **H** 129 f.
- Wertänderungsrisiken **H** 123
- Zahlungsstromänderungsrisiken **H** 123
- Zulässigkeit **H** 122, **V** 39

Durchhalteabsicht
- Bewertungseinheit **H** 41
- Zeitraum **H** 42 f.

Durchhaltefähigkeit
- Bewertungseinheit **H** 44

Durchschnittssteuersatz
- latente Steuern, Konzernabschluss **Q** 320

E
Economic entity Konzept Q 104, 212 f.
Effektivitätstest
- Methoden **H** 60
- prospektiv **H** 61 f., 64, **V** 21, 22
- retrospektiv **H** 61, 63, **V** 21, 22
- Short Cut-Methode **H** 65 f.
- Stetigkeit **H** 68
- Zeitpunkt **H** 67

Eigene Anteile U 12, **V** 177
- Anschaffungsnebenkosten **L** 34
- Ausweis GuV **L** 29
- Bilanzierung **L** 18 ff.
- Einziehung **L** 55 ff.
- Erstanwendung der Neuregelung **L** 63
- Erwerb **L** 18 ff.
- Erwerb unter pari **L** 31
- Erwerbsvoraussetzungen **Y** 3, 10 ff.
- herrschendes Unternehmen **L** 58 ff.
- Konzernabschluss **Q** 254 ff.
- Nennbetrag **L** 20 ff.
- Nettomethode **L** 18 ff.
- offene Absetzung **L** 18 ff.
- Rücklagendotierung **L** 42 ff.
- Saldierung **L** 30
- Übergangsbilanzierung **L** 64
- Unterschiedsbetrag **L** 25 ff.
- Veräußerung **L** 35 ff.
- Veräußerung im selben Gj **L** 52 ff.
- verwendbare Rücklagen **L** 25 ff.
- Währungsumrechnung **Q** 363

Eigenkapital
- ausstehende Einlagen **L** 12 ff.
- bankaufsichtsrechtlich **V** 129
- eigene Anteile **L** 16 ff.
- gezeichnetes Kapital **L** 9 ff.

Eigenkapitalspiegel
- Ausgestaltung **K** 6, 19 ff.
- ausstehende Einlagen **K** 19
- eigene Anteile **K** 19
- Einstellungen in die Gewinnrücklage nach Art. 67 EGHGB **K** 28

- Ergebnisverwendungsrechnung **K** 18
- erläuternde Angaben **K** 10, 19
- Kapitalmarktorientierung **K** 1 ff.
- Personenhandelsgesellschaften iSd. § 264 a HGB **K** 20
- Vorjahreszahlen **K** 8

Eigentum, wirtschaftliches
- siehe wirtschaftliches Eigentum

Einbeziehungswahlrecht Q 43
- Erstkonsolidierungszeitpunkt **Q** 243

Einfache Deckung
- Währungsumrechnung **V** 153

Einfrierungsmethode V 38
- Begriff **H** 103
- Bilanzierungsbeispiel **H** 129 f.
- Schulden **H** 105 ff.
- Wertänderungsrisiken **H** 108
- Zahlungsstromänderungsrisiken **H** 108

Eingefordertes Kapital
- Ausweis **L** 14

Einheitliche Leitung
- Wegfall **Q** 2, 107

Einheitstheorie Q 212

Einzelbewertung
- Schulden **C** 4, 49, 65
- Vermögen, zweckgebundenes **C** 4, 49

Einzelverwertbarkeit
- abstrakte **E** 61
- Entwicklungsphase **E** 37
- Zwischenprodukt **E** 63

Einziehung
- eigene Anteile **L** 55 ff.

Elektronischer Bundesanzeiger
- Veröffentlichung Jahresabschlussunterlagen **V** 159

Emissionen
- strukturiert **V** 202

Entherrschungsvertrag Q 26

Entsprechenserklärung
- Erklärung zur Unternehmensführung **S** 11, 55

Entwicklung
- immaterielle Vermögensgegenstände **E** 75 f.

Equity-Methode
- Angabe Unterschiedsbetrag **Q** 444

949

- Anschaffungskostenprinzip **Q** 445
- Bewertung **Q** 458
- Bewertungsstichtag **Q** 464 ff.
- Buchwertmethode **Q** 441
- Kaufpreisallokation **Q** 456
- latente Steuern **Q** 453
- Nebenrechnung, statistische **Q** 451 ff.
- Wertermittlung, vorläufige **Q** 473 f.
- Zeitwertbewertung **Q** 454

Equitywert, Fortschreibung
- Geschäfts- oder Firmenwert **Q** 460 ff.
- Unterschiedsbetrag, passiver **Q** 463

Erfüllungsbetrag
- Fremdwährung **J** 80
- Geldleistungsverpflichtungen **I** 8
- Pensionsrückstellungen **I** 68 ff.
- Rückstellungsauflösung **I** 21 ff.,
- Schulden **V** 181
- Verrechnung, Deckungsvermögen **O** 224

Ergänzungsbilanzen, steuerliche
- latente Steuern Jahresabschluss **M** 27

Erklärung zum Corporate Governance Kodex
- Abweichungen **Y** 85 ff.
- Anwendungsbereich **Y** 89
- Erläuterungspflicht **Y** 85 ff.
- Erstanwendung der Neuregelung **Y** 96
- Veröffentlichung **Y** 92
- Zugänglichmachung **Y** 92

Erklärung zur Unternehmensführung
- Abschlussprüfung **P** 33, 40 ff.
- Adressat der Verpflichtung **P** 20 ff.
- Anwendungsbereich **P** 5 ff.
- Arbeitsweise von Ausschüssen **P** 58
- Arbeitsweise von Verwaltungsorganen **P** 55 ff.
- Bestätigungsvermerk **S** 54 ff.
- DCGK-Erklärung **P** 45 ff.
- erfasste Rechtsformen **P** 10
- Erstanwendung der Neuregelung **P** 64 ff.
- Grundlagen **P** 1 ff.
- Inhalt **P** 43 ff.
- Internetseite **P** 16
- kritisches Lesen **S** 15
- Lagebericht **P** 12
- Ort der Veröffentlichung **P** 12 ff.
- Pflichten des Aufsichtsrats **P** 21
- Pflichten des Vorstands **P** 20
- Prüfungsbefreiung **P** 35
- Prüfungsbericht **S** 59
- Prüfungspflicht **S** 11 ff.
- Unternehmensführungspraktiken **P** 50 ff.
- Zeitpunkt der Abgabe **P** 27 ff.
- Zusammensetzung von Ausschüssen **P** 56

Erleichterungen, größenabhängige
- Anhangangaben **O** 278 ff.

Erstanwendung
- beherrschender Einfluss **Q** 105 f.
- Beibehaltungs- und Ansammlungswahlrechte **I** 118 f., 120 ff.,
- Drittlandsabschlussprüfer **Q** 134
- eigene Anteile **L** 63
- Fremdwährungsgeschäfte, Umrechnung **J** 99 f.
- Geschäfts- oder Firmenwert **E** 29, 32
- Immaterielle Vermögensgegenstände **E** 136, 138
- latente Steuern, Jahresabschluss **M** 60
- latente Steuern, Konzernabschluss **Q** 330 ff.
- Minderheitenschutz **Q** 123 f.
- Rückstellungsveränderungen **I** 116 f.
- Rückbeteiligung am Mutterunternehmen **Q** 269
- Schwellenwerte, Konzern **Q** 164 f.
- Umstellungsaufwand **I** 116
- Währungsumrechnung **Q** 399 ff.
- Wegfall Prüfung Konzernlagebericht **Q** 144 ff.
- *siehe auch Übergangsvorschriften*

Erstkonsolidierung
- Aufwandsrückstellungen **Q** 188 ff.
- Nacherfassung latenter Steuern **Q** 335 ff.

Erstkonsolidierungszeitpunkt
- Erlangung Beherrschung **Q** 235
- Erwerbszeitpunkt **Q** 233
- Vereinfachungsmöglichkeiten **Q** 237 ff.
- Zwischenabschluss **Q** 236

Erwerbsbilanzierung, vorläufige
- Anpassung, erfolgsneutrale **Q** 218 f.
- Equity-Methode **Q** 473 f.

- Geschäfts- oder Firmenwert aus Konsolidierung **Q** 415 ff.
- Korrektur, prospektive **Q** 229
- Korrektur, retrospektive **Q** 226 ff.
- Korrekturzeitraum **Q** 220 f.
- Wertsicherungsklausel **Q** 231

Erwerbsvoraussetzungen
- Anteile am herrschenden Unternehmen **Y** 13
- eigene Anteile **Y** 3, 10 ff.

Erwerbsvorbereitungsgeschäfte V 216

Erwerbszeitpunkt
- Abänderungsrichtlinie **O** 2, **R** 5

EU-Richtlinien
- Abänderungsrichtlinie **R** 5
- Abschlussprüferrichtlinie **O** 3
- Bilanzrichtlinie **O** 2 f.
- Fair-Value-Richtlinie **O** 3, **R** 6
- Konzernbilanzrichtlinie **R** 5 f.

Eventualverbindlichkeiten V 185
- Anhangangaben **O** 239 ff.
- Gründe der Risikoeinschätzung **O** 243
- Konzernanhang **R** 75 ff.
- Risiko der Inanspruchnahme **O** 241 f.

Externalisierungshinweis V 62

F

Fair Value-Richtlinie V 103

Fair Value-Risiko
- *siehe Wertänderungsrisiken*

Fehlerkorrektur
- Erwerbsbilanzierung, vorläufige **Q** 222

Finanzlage O 35

Finanzinstrument
- Angaben zu Bewertungseinheiten **O** 97
- Angaben zu Derivaten mit Barausgleich **O** 101
- Angaben zu derivativen Finanzinstrumenten **O** 94 ff., 99
- Angaben zu Finanzanlagen **O** 91 ff.
- Angaben zu Finanzinstrumenten des Handelsbestands **O** 116
- Angaben zu Kategorien derivativer Finanzinstrumente **O** 104, 119
- Angaben zu Sicherungsinstrumenten **O** 98
- Angaben zu Warentermingeschäften **O** 100

- Angaben zur Bestimmung des beizulegenden Zeitwerts **O** 113 f.
- Angaben zur Bewertungsmethode **O** 110 f., 118
- Begriff **H** 23 f.
- beizulegender Zeitwert **V** 97
- Bewertungseinheiten **O** 302 ff., 304 f.
- derivativ **H** 36, **V** 119, 188, 200
- Eigenkapitalinstrument **H** 24
- Neuordnung der Angabepflichten **O** 89
- originär **H** 35, **V** 188
- Risikoabschlag **V** 188
- Risikomanagementziele und -methoden **O** 303
- Stillhalterposition **H** 37
- Warentermingeschäft **H** 28 ff.

Finanzinstrumente, derivative
- Angaben zu Art **O** 105, 119
- Angaben zu Umfang **O** 105, 119

Finanzinstrumente, Konzernanhang R 34 ff.

Folgebewertung
- Fremdwährungsbeträge **J** 73 ff.

Fonds für allgemeine Bankrisiken V 72
- gesonderter Topf **V** 74, 81, 127
- gesonderter Topf Auflösung **V** 132, 135
- Zuführung **V** 130

Fonds für bauspartechnische Absicherung V 75

Formblatt
- Aktivposten **V** 190

Forschung
- immaterielle Vermögensgegenstände **E** 73 f.

Forschungs- und Entwicklungskosten
- Anhangangaben **O** 164 ff.
- Konzernanhang **R** 54 ff.
- Vertriebskosten **O** 167

Fremdwährungsbeträge
- Restlaufzeit **J** 76 ff.

Fremdwährungsgeschäfte
- Anhangangaben **J** 88 ff.
- DRS 14 **J** 63
- Erstanwendung **J** 99 f.
- Erstverbuchungszeitpunkt **J** 69 ff.
- Grundlagen der Umrechnung **J** 62
- Steuerabgrenzung **J** 86 f.

951

Stichwortverzeichnis

- Vereinfachung **J** 72, 78
- Wechselkurse **J** 65 ff.
- Zugangsbewertung **J** 70 f.
Fristenidentität
- Bewertungseinheit **H** 84 f.
- Herstellbarkeit der **H** 85

G

Geldwertschulden, ungewisse
- Bewertung **I** 32

Gemeinkosten
- angemessene Teile **J** 42
- unechte **J** 44
- variable **J** 34
- Werteverzehr des Anlagevermögens **J** 43

Gemeinschaftsunternehmen Q 439 f.

Genussrechtskapital
- Währungsumrechnung **Q** 365

Gesamtdifferenzenbetrachtung
- latente Steuern Jahresabschluss **M** 12, 57

Gesamtzinsposition
- Bewertung **V** 58
- Drohverlustrückstellung für Zinsänderungsrisiken **V** 63

Geschäfts- oder Firmenwert
- Abschreibungsmethode **E** 22
- Abschreibungsplan **E** 15
- Anhangangaben **E** 28, **O** 58 ff.
- Ansatzpflicht **E** 2, 10
- Aufteilung **E** 12 f.
- außerplanmäßige Abschreibung **E** 5, 23 ff.
- dauernde Wertminderung **E** 23 ff.
- Definition **E** 7
- Entstehungsgrund **E** 1
- Equity-Methode **Q** 460 ff.
- Erstanwendungszeitpunkt **E** 29, 32
- Impairment-only-Approach **E** 27
- Konzernabschluss **Q** 404 ff.
- Konzernanhang **R** 77 ff.
- latente Steuern **E** 18, **Q** 306 ff.
- Nachaktivierung **E** 31
- negativer **E** 3
- Niederstwerttest nach IFRS **E** 25
- Nutzungsdauer **E** 16 ff., 21
- originärer **E** 3, 8, 39

- Pauschalabschreibung **E** 14, 30
- planmäßige Abschreibung **E** 4, 14 ff.
- Schätzung der Nutzungsdauer **O** 64
- selbst geschaffener **E** 3, 8, 39
- Steuerabgrenzung **M** 20 ff.
- steuerrechtliche Abschreibung **E** 17
- Übergangsvorschriften **E** 30 ff.
- unentgeltlich erworbener **E** 9
- Wertaufholung **E** 26 f.
- Wertaufholungsverbot **E** 26
- Zugangsbewertung **E** 11 ff.

Geschäfts- oder Firmenwert aus Konsolidierung
- Abschreibung, außerplanmäßige **Q** 419 ff.
- Abschreibungsplan **Q** 408
- Erwerbsbilanzierung, vorläufige **Q** 415 ff.
- Geschäftsfelder, Aufteilung **Q** 413 f.
- Nutzungsdauer **Q** 409 ff.
- Nutzungsdauerverkürzung **Q** 417
- Rücklagenverrechnung **Q** 437 f.
- Vermögensgegenstand, abnutzbarer **Q** 404
- Wertaufholungsverbot **Q** 431 f.

Geschäftsfelder
- Geschäfts- oder Firmenwert aus Konsolidierung **Q** 413 f.

„Gesetz zur Reform des Verfahrens in Familiensachen und in den Angelegenheiten der freiwilligen Gerichtsbarkeit" **U** 20 ff.

Gewerbliche Schutzrechte
- immaterielle Vermögensgegenstände **E** 83, 119

Gewinn- und Verlustrechnung
- Darstellung **V** 37
- Währungsumrechnung **J** 83 ff.

Gewinnabführungsvertrag
- Abführungssperre **N** 60, 78

Gezeichnetes Kapital
- Bewertung **L** 9 ff.
- Nennbetrag **L** 9 ff.

Grundgeschäft
- Bruchteil **H** 12
- erwartete Transaktion **H** 17 ff.
- Schuld **H** 15
- schwebendes Geschäft **H** 16
- Vermögensgegenstand **H** 13

Stichwortverzeichnis

H
Handakten
- *siehe Arbeitspapiere*

Handelsbestand V 90
- Abgrenzung V 93
- Anhangangaben V 187
- Bewertung Finanzinstrumente V 81
- Definition V 195
- Erstbewertung V 100
- Finanzinstrumente V 87
- Folgebewertung V 101
- Formblatt V 194
- Handelsbuch V 92
- kurzfristig V 196
- Nettoaufwand V 131
- Umgliederung V 82, 94, 95, 97
- Zinsen V 198

Handelsergebnis V 133, 204 ff.

Hedge
- *siehe Bewertungseinheit*

Hedge-Effektivität
- Begriff H 57
- Mindest- H 59

Herstellungskosten
- Aktivierungspflicht J 41
- Aktivierungsverbot J 36
- Aktivierungswahlrecht J 35, 45
- Beginn der Herstellung J 50
- Erstanwendungszeitpunkt J 49, 53, 59, 60
- Erweiterung J 51
- finales Verständnis J 38
- Geltungsbereich J 37
- immaterielle Vermögensgegenstände E 55, 65, 93 ff., 94 ff., 102
- komponentenweise Abschreibung J 40
- Maßgeblichkeitsprinzip J 48
- unfertige Erzeugnisse J 52
- Umfang J 33
- wesentliche Verbesserung J 51

Hochinflation Q 354 f.

Honorar des Abschlussprüfers
- Abschlussprüfungsleistungen O 78
- andere Bestätigungsleistungen O 80
- Aufschlüsselung nach Leistungen O 73, R 26
- Befreiung von der Angabepflicht O 82 ff., R 31 f.
- Begriff des Abschlussprüfers O 75
- Bestätigungsvermerk S 52
- Gesamthonorar O 76
- Konsolidierungskreis R 31
- Konzernanhang R 26 ff.
- Mehraufwendungen O 77
- sonstige Leistungen O 81
- Steuerberatungsleistungen O 80
- Teilkonzernabschluss R 32

I
Immaterielle Vermögensgegenstände
- Abgrenzung Forschung und Entwicklung E 72 ff., 98
- Abschreibungsbeginn E 104
- Abschreibungsmethode E 109
- abstrakte Verwertbarkeit E 61
- Aktivierungsverbot E 38, 43, 72, 80 ff.
- Aktivierungsvoraussetzungen E 42, 88
- Aktivierungsvoraussetzungen nach IFRS E 45 ff., 68, 84
- alternierender Projektverlauf E 77, 99
- Anhangangaben E 132 f., O 58 ff.
- Anpassung des Abschreibungsplans E 108
- Ansatzstetigkeit E 41, 71, 79, 87
- Ansatzwahlrecht E 38, 40 f., 91
- Anwendungsbereich E 33 f.
- Ausbuchung E 112
- ausgelagerte Forschungs- und Entwicklungsarbeiten E 49
- Ausschüttungssperre E 91, 134, N 24 ff., 39
- außerplanmäßige Abschreibung E 110 f.
- Ausweis E 119
- Bewertung E 93 ff.
- Davon-Vermerk E 125
- Definition E 35
- Dokumentation E 43, 58, 85 ff.
- Drucktitel E 80, 92
- eigene Herstellung E 42, 49 ff.
- Einzelverwertbarkeit E 36, 58 ff.
- entgeltlich erworbene E 120
- Entwicklung E 75 f.
- Entwicklungsphase E 37
- Erhaltungsaufwand E 56

953

Stichwortverzeichnis

- Erstanwendungszeitpunkt **E** 136, 138
- Erweiterung **E** 53, 55, 108
- Erwerb laufender Forschungs- und Entwicklungsarbeiten **E** 50 f., 127
- Folgebewertung **E** 101 ff., 118
- Forschung **E** 73 f.
- Geschäfts- oder Firmenwert **E** 1 ff.
- gewerbliche Schutzrechte **E** 83, 119
- Gewinn- und Verlustrechnung **E** 129
- Herstellungskostenaufteilung **E** 97 ff.
- Herstellungskostenumfang **E** 65, 93 ff.
- Impairment-only-Approach **E** 106
- in Entwicklung befindliche **E** 37, 123
- Konzernanhang **R** 77 ff.
- Konzernrechnungslegung **E** 130 f., 133
- Kostenrechnungssystem **E** 78, 99
- Kundenlisten **E** 80, 92
- latente Steuern **E** 48
- Marken **E** 80, 92
- Nachaktivierung **E** 96
- nachträgliche Herstellungskosten **E** 55, 102
- niedriger beizulegender Wert **E** 114 f.
- Nutzungsdauer **E** 105 ff.
- Offenlegung Jahresabschluss in verkürzter Form **E** 121
- planmäßige Abschreibung **E** 103 ff.
- Postenbezeichnung **E** 124, 126
- Reproduktionswert **E** 115
- Sachzuschüsse **E** 89
- Sachzuzahlungen **E** 89
- Schenkungen **E** 89
- Übergangsvorschriften **E** 137
- unentgeltlich erworbene **E** 89 ff., 116 ff., 119, 128, 135
- ungeschütztes Recht **E** 62
- unternehmensspezifische Werte **E** 59 f.
- Vergleich zu IFRS **E** 47, 68, 84
- Verlagsrechte **E** 80, 92
- Vertriebskosten **E** 95
- Vorprodukt **E** 52, 57
- Wahrscheinlichkeit des Entstehens **E** 46 f., 64 ff., 100, 111
- Wertaufholung **E** 115
- Wesensänderung **E** 52
- wesentliche Verbesserung **E** 54 f., 108
- Zugangsbewertung **E** 93 ff., 116 f.
- Zugangszeitpunkt **E** 44, 65, 72, 96, 100
- Zwischenprodukt **E** 63

Impairment-only-Approach
- Geschäfts- oder Firmenwert **E** 27
- immaterielle Vermögensgegenstände **E** 106

Inanspruchnahme Kapitalmarkt
- Antrag Handelsteilnehmer **K** 58
- Widerruf Zulassung **K** 56

Inanspruchnahmerisiko O 241 f.
- *siehe Eventualverbindlichkeiten*

Ineffektivität H 101 ff.
- abgesichertes Risiko **V** 29

Ingangsetzungs-/Erweiterungsaufwendungen
- Ausschüttungssperre **F** 43 f., **N** 3, 9, 101 f.
- Beibehaltungs-/Fortführungswahlrecht **F** 45 f.
- Bilanzierungshilfe **F** 40 ff.
- Konzernabschluss **Q** 185 ff.
- latente Steuern **F** 42
- Neubewertungsbilanz **Q** 195
- Übergangsvorschriften **F** 45 ff.

Inside basis differences J 86

Insolvenzfestigkeit
- Aussonderungsrecht **C** 35 ff., 39, 41
- Deckungsvermögen **C** 19
- *siehe auch Insolvenzsicherheit*

Insolvenzsicherheit
- Absonderungsrecht **C** 35 ff., 40, 41

Instandhaltungsrückstellungen
- Abraumbeseitigung **F** 7
- Dreimonatsfrist **F** 7
- Nachholung im folgenden Geschäftsjahr **F** 6

Interessentheorie Q 211

Interessenzusammenführungsmethode Q 273 ff.

Internationale Prüfungsstandards
- Annahme durch die EU **S** 23 f.
- Bestätigungsvermerk **S** 60 ff.
- Clarity Project **S** 24 f.
- IAPS **S** 18
- IFAC Code of Ethics **S** 19, 22
- International Framework for Assurance Engagements **S** 19, 21 ff.
- ISA **S** 17

Stichwortverzeichnis

- ISAE **S** 18, 21
- ISQC **S** 19 f., 22
- ISRE **S** 18, 21
- Prüfungsbericht **S** 26 ff.
- Verhältnis zu berufsständischen Regelungen **S** 25, 30
- Verhältnis zu gesetzlichen Vorschriften **S** 27 ff.

Interne Rotation
- Anzahl zulässiger Prüfungen **T** 20 ff., 42, 80 ff.
- bedeutende Tochterunternehmen **T** 61 ff., 84 f.
- des Abschlussprüfers **T** 8 ff.
- Einzelwirtschaftsprüfer **T** 10 ff.
- Erstanwendungszeitpunkt **T** 101 ff.
- Inhalt der Verpflichtung **T** 26 ff., 43 ff., 86 ff.
- Konzernabschlussprüfung **T** 55 ff.
- persönlicher Anwendungsbereich **T** 10 ff., 29 ff.
- Prüfungsgesellschaften **T** 29 ff.
- Reporting Package **T** 5, 73 ff.
- sachliche Voraussetzungen **T** 20 ff., 42
- Sanktionen **T** 99 ff.
- Time-out-Periode **T** 47 ff.
- verantwortlicher Prüfer **T** 10 ff., 29 ff., 72 ff.

Internes Kontroll- und Risikomanagementsystem
- Aktienrechtliche Vorschriften **O** 328 ff.
- Begriff und Inhalt **O** 290 ff.
- Berichterstattung **O** 87 ff., 317 ff., 321 f.
- Corporate Governance **O** 300
- kapitalmarktorientierte KapG **O** 284, 286
- kleine Unternehmen **O** 313
- Komponenten **O** 310 f.
- Lagebericht **O** 284 ff.
- Merkmale **O** 311 ff.
- Negativberichterstattung **O** 327
- Pflichtangabe **O** 288 ff.
- Sarbanes-Oxley Act **O** 285
- Übergangsvorschriften **O** 332 ff.
- Zusammengefasster Risikobericht **O** 324 f.

Internes Kontrollsystem
- Berichterstattung **R** 92 ff., **S** 71 f.
- Beschreibung **R** 87 ff.
- Definition **O** 292 ff.

- Funktionsprüfungen **S** 8 f.
- internes Risikomanagementsystem **O** 299 ff.
- internes Steuerungssystem **O** 293
- internes Überwachungssystem **O** 293
- Merkmale **O** 311 f.
- Prüfungsumfang **S** 6 ff.
- Rechnungslegungsprozess **O** 295

Internes Risikomanagementsystem
- Angaben zu Finanzinstrumenten **O** 302 ff.
- Berichterstattung **R** 92 ff.
- Beschreibung **R** 87 ff.
- COSO-Modell **O** 308 ff.
- Internes Kontrollsystem **O** 299 ff.
- Risikomanagement **O** 297 ff.

Investitionszulage
- latente Steuern Jahresabschluss **M** 24 f.

Investmentvermögen
- Anhangangaben **O** 228 ff.
- Anlageziele **O** 232
- Ausschüttungen **O** 235
- Differenz zum Buchwert **O** 234
- Konzernanhang **R** 69 ff.
- unterbliebene Abschreibungen **O** 236
- Wert der Anteile iSd. § 36 InvG **O** 233

ISA
- siehe Internationale Prüfungsstandards

J

Jahresabschluss
- Eigenkapitalspiegel **X** 3, 8, 10
- Kapitalflussrechnung **X** 3, 8, 10
- Segmentberichterstattung **X** 3, 8, 11

Justizverwaltungsverfahren U 27

K

Kapital
- eingefordertes **L** 14

Kapitalerhaltung
- Ausschüttungssperre **N** 8

Kapitalflussrechnung
- Ausgestaltung **K** 6, 11 ff.
- Cash Pooling **K** 12
- Erläuternde Angaben **K** 10, 14 f.
- Kapitalmarktorientierung **K** 1 ff.
- Lagebericht **K** 15

955

Stichwortverzeichnis

- Mindestgliederung **K** 11
- Vorjahreszahlen **K** 8

Kapitalgesellschaft
- kapitalmarktorientiert **K** 32 ff., **U** 2

Kapitalkonsolidierung
- Beteiligungsquote, Veränderung **Q** 217
- Erwerbsbilanzierung, vorläufige **Q** 218 ff.
- Kapitalbeteiligung, fehlende **Q** 101 ff.
- Neubewertungmethode **Q** 191
- Rückbeteiligung am Mutterunternehmen **Q** 263
- Unterschiedsbetrag, passiver **Q** 246 f.
- Währungsumrechnung **Q** 386 ff.

Kapitalmarktorientierte Unternehmen
- Aufstellungsfrist **X** 24
- Cooling-off-Periode **Z** 21 ff.
- interne Rotation **T** 6 f.
- ohne Aufsichtsrat **K** 80
- Prüfungsausschuss **K** 79

Kapitalmarktorientierung
- Anhang **X** 2, 3, 6,
- Antrag auf Zulassung **K** 53 ff.
- Aufstellungsfrist, Konzernabschluss **Q** 94 f.
- Definition **K** 32 ff.
- einbezogenes Tochterunternehmen **R** 88 f.
- Inanspruchnahme Kapitalmarkt **K** 53 ff.
- internes Kontrollsystem **R** 87 ff.
- internes Risikomanagementsystem **R** 87 ff.
- Jahresabschluss **X** 1, 3 ff.
- Kapitalgesellschaften **K** 32 ff.
- Konzernabschlussbefreiung **Q** 111 f.
- Mutter-Tochterverhältnis **R** 89
- Mutterunternehmen **R** 88
- organisierter Markt **K** 36 ff.
- Übergangsvorschriften **K** 60, **X** 10 ff.
- Übersicht Vorschriften **K** 59
- Unternehmen **K** 33
- Unternehmen PublG **X** 1 ff.
- Voraussetzungen **K** 35 ff.
- Wertpapiere **K** 42 ff.

Kassageschäft
- nicht abgewickelt **V** 143

Kategorien derivativer Finanzinstrumente O 104, **R** 44 f.

Kommanditgesellschaft
- Anhangangaben **N** 91, 97
- Ausschüttungssperre **N** 82
- Einlageforderung **N** 84, 89 f.
- Kapitalanteil **N** 83, 85 ff.
- negatives Kapitalkonto **N** 89 f.
- Sonderposten **N** 92, 103
- Wiederaufleben der Außenhaftung **N** 83, 85 ff., 100, 105

Kommanditistenhaftung
- Ausschüttungssperre **N** 82 f.

Komponentenweise Abschreibung
- Anhang **F** 15
- außerplanmäßige Abschreibung **F** 14
- Einzelbewertung **F** 11
- Komponenten **F** 90
- Nutzungsdauer **F** 10, 12
- wesentliche Komponente **F** 12

Konsolidierungskonzepte Q 210 ff.

Konsolidierungskreis
- Abgrenzung, stetig **Q** 18
- Veränderungen **Q** 168

Konsolidierungskreisänderung
- Pro-Forma-Angaben **Q** 169 ff.

Konsolidierungsmethoden
- Stetigkeitsgebot **Q** 174 ff.

Konzept der funktionalen Währung Q 347 f.

Konzernabschluss
- Ansatzstetigkeit **Q** 184
- Anteile, eigene **Q** 255
- Aufstellungsfrist **Q** 94 f.
- Aufstellungspflicht **Q** 1
- Aufwandsrückstellungen **Q** 185 ff.
- Ausschüttungssperre **Q** 177 ff.
- Befreiung **Q** 96 ff.
- Befreiung, größenabhängig **Q** 149 ff.
- Bilanzierungswahlrechte **Q** 182 ff.
- Geschäfts- oder Firmenwert **Q** 404 ff.
- Ingangsetzungskosten **Q** 185 ff.
- latente Steuern **Q** 276 ff.
- Konzernanhang **R** 1 ff.
- Rückbeteiligung am Mutterunternehmen **Q** 256
- Rückbeteiligung, Verkauf **Q** 265 ff.
- Schwellenwerte, Erhöhung **Q** 149 ff.

Stichwortverzeichnis

- Unterordnungskonzern **Q** 6
- Währungsumrechnung **Q** 344 ff.
- Wegfall Beteiligungserfordernis **Q** 8

Konzernabschluss, befreiender
- Drittlandsabschlussprüfer **Q** 128 ff.
- Drittlandsabschlussprüfer, Nachweise **Q** 138 ff.
- Einschränkungen **Q** 111 f.
- Konzernlagebericht, Wegfall Prüfungspflicht **Q** 135 f.
- Minderheitenschutz **Q** 116 ff.

Konzernabschlussprüfung
- Arbeitspapiere **S** 77 f.
- Drittstaatenprüfer **S** 77 f.
- interne Rotation **T** 55 ff.
- ISA 600 **S** 36 f.
- Netzwerk **T** 208 ff.
- Prüfungsumfang **S** 33 ff.

Konzernanhang
- Außerbilanzielle Geschäfte **R** 11 ff.
- Bewertungseinheiten **R** 57 ff.
- Deutscher Corporate Governance Kodex **R** 22 ff.
- einbezogene Tochterunternehmen **R** 14, 23
- Entsprechenserklärung nach § 161 AktG **R** 7
- Erstanwendung **R** 83 ff.
- EU-Richtlinien **R** 4
- Finanzinstrumente **R** 34 ff.
- Forschungs- und Entwicklungskosten **R** 54 ff.
- Geschäfts- oder Firmenwert **R** 77 ff.
- Honorar des Konzernabschlussprüfers **R** 26 ff.
- Inanspruchnahmerisiko, Eventualverbindlichkeiten **R** 75 ff.
- Investmentvermögen **R** 69 ff.
- latente Steuern **R** 80 ff.
- Leistungen an Vorstandsmitglieder **R** 20 f.
- nahe stehende Personen, Geschäfte **R** 47 ff.
- Pensionsrückstellungen **R** 62 ff.
- Pro-Forma-Angaben **Q** 173
- sonstige finanzielle Verpflichtungen **R** 18 f.
- Umrechnungsgrundlagen **Q** 382 ff.
- Verrechnung, Vermögensgegenstände und Schulden **R** 65 ff.

Konzernbilanz
- latente Steuern, Ausweis **Q** 324 ff.

Konzernlagebericht
- Change of Control **R** 91
- Konzernrechnungslegungsprozess **R** 93

Konzernrechnungslegung
- einheitliche Leitung **X** 18
- inländischer Teilkonzern **X** 18 ff.
- Kapitalkonsolidierung **X** 21, 22
- mögliche Beherrschung **X** 19
- Übergangsvorschriften **X** 21 ff.
- *siehe auch Konzernabschluss*

Kosten- und Preisermäßigungen
- Rückstellungsauflösung **I** 21 ff.,

Kosten- und Preissteigerungen
- Rückstellungen **I** 4, 17, 19,
- Verbindlichkeiten **I** 12

Kreditwesengesetz
- Handelsbuch **V** 91

Kundenlisten
- Ansatzverbot **E** 80, 92

L

Lagebericht
- börsennotierte AG **O** 287
- Erklärung zur Unternehmensführung **P** 12
- Internes Kontroll- und Risikomanagementsystem **O** 284 ff.
- Verlagerung von Angaben **O** 287

Latente Steuern
- Abführungssperre **N** 60 f.
- Anhangangaben **O** 259 ff.
- Ausschüttungssperre **N** 3, 18, 23, 38 ff., 46 ff., 53, 101, **O** 264
- Bruttoausweis **V** 64
- Geschäfts- oder Firmenwert **E** 18
- immaterielle Vermögensgegenstände **E** 48
- Konzernanhang **R** 80 ff.
- Neubewertungsbilanz, Ansatz **Q** 196 ff.
- Neubewertungsbilanz, Bewertung **Q** 208 f.
- nur steuerlich zulässige Abschreibungen **D** 11
- quasi-permanente Differenzen **V** 66
- saldierter Ausweis **V** 64
- Sonderposten mit Rücklageanteil **D** 9

957

- steuerliche Organschaft **O** 265
- steuerliche Verlustvorträge **O** 262
- temporäre Differenzen **O** 262, **V** 65
- Überleitungsrechnung **O** 260 f.

Latente Steuern Jahresabschluss
- Abzinsung **M** 46, 56
- Aktivüberhang **M** 14 f.
- Anhang **M** 17
- Anschaffungsvorgänge **M** 18 ff.
- asset deal **M** 19
- Ausschüttungssperre **M** 3
- Ausweisstetigkeit **M** 50
- Bewertung **M** 43 ff.
- Bilanzausweis **M** 51
- Ergänzungsbilanz, steuerliche **M** 26
- Erstanwendung **M** 60
- Gesamtdifferenzenbetrachtung **M** 12
- Geschäfts- oder Firmenwert **M** 20 ff.
- GuV-Ausweis **M** 52
- Investitionszulage **M** 24 f.
- Kapitalgesellschaft, kleine **M** 53 ff.
- Organschaft **M** 38 ff.
- Passivierungspflicht **M** 12
- Passivüberhang **M** 13
- permanente Differenz **M** 9
- quasi-permanente Differenz **M** 8
- Realisierbarkeit **M** 10
- Sacheinlage **M** 18
- Saldierungswahlrecht **M** 48 ff.
- Sonderbilanz, steuerliche **M** 27
- Stetigkeit **M** 16
- Steuersatz **M** 43 f., 56
- Steuersatzänderung **M** 45
- temporary Konzept **M** 1
- timing Konzept **M** 54 f.
- Übergangsvorschriften **M** 61 f.
- Umwandlung **M** 18
- Unternehmensplanung **M** 11
- Verlustvortrag **M** 28 ff.
- Vorjahreszahlen **M** 63
- zeitliche Differenz **M** 5 ff.
- Zinsvortrag **M** 37

Latente Steuern, Konzernabschluss
- Abzinsungsverbot **Q** 323
- Ansatzstetigkeit **Q** 286
- Ansatzverbote **Q** 306 ff.
- Ansatzwahlrecht **Q** 285
- Anwendungsbereich **Q** 279 f.
- assoziierte Unternehmen **Q** 300
- Aufwands- und Ertragskonsolidierung **Q** 298
- Ausweis **Q** 324 ff.
- Bewertung **Q** 319 ff.
- Differenzen, quasi-permanente **Q** 297
- Endkonsolidierung **Q** 294 f.
- Ergebnisübernahme, phasenverschobene **Q** 325 f.
- Erstanwendung **Q** 330 ff.
- Erstkonsolidierung **Q** 291
- Folgekonsolidierung **Q** 293
- Gemeinschaftsunternehmen **Q** 299
- Geschäfts- oder Firmenwert **Q** 292
- Outside basis differences **Q** 310 ff.
- Prognose **Q** 301 ff.
- Quellensteuer, ausländische **Q** 317
- Schuldenkonsolidierung **Q** 297
- Ursachen **Q** 281 f.
- Währungsumrechnung **Q** 283 f.

Lebensversicherungspolicen V 212

Leistungen an Vorstandsmitglieder
- Anhangangaben **O** 50 ff.
- Konzernanhang **R** 20 f.

M

Makro-Hedge
- Begriff **H** 7 f.
- Bilanzierung **H** 137 ff., 144
- Dokumentation **H** 92
- Durchhalteabsicht **H** 49
- Risikomanagementsystem **H** 79 ff.

Marken
- Ansatzverbot **E** 80, 92

Markt
- reguliert **V** 165

Marktpreis
- Neubewertungsbilanz **Q** 205
- Wertaufhellung **Q** 224

Maßgeblichkeit
- steuerrechtliche Wahlrechte **D** 4

Maßgeblichkeit, umgekehrte
- siehe umgekehrte Maßgeblichkeit

Mikro-Hedge
- Begriff **H** 7 f.
- Bewertungseinheit **V** 6

Minderheitenschutz
- Erstanwendung **Q** 123 f.
- Konzernabschlusspflicht **Q** 116 ff.

Mutter-/Tochterverhältnis
- beherrschender Einfluss **Q** 7 ff.
- Wegfall Beteiligungserfordernis **Q** 8

Mutterunternehmen
- kapitalmarktorientiertes **Q** 94 f.

N

Nahe stehende Personen
- Angaben zu den Geschäften **O** 123, 137 ff, 149 ff.
- Anstellungsverträge mit Organmitgliedern **O** 142
- Art der Beziehung **O** 150
- Befreiung von der Angabepflicht **O** 157 ff.
- Erstmalige Anwendung **O** 163
- Größenabhängige Erleichterungen **O** 127 ff.
- Konzernanhang **O** 126, **R** 47 ff.
- konzerninterne Geschäfte **R** 52
- marktunübliche Bedingungen **O** 143 ff.
- nahe stehende Unternehmen und Personen **O** 131 ff.
- Rahmenverträge **O** 141
- unterlassene Rechtsgeschäfte und Maßnahmen **O** 138
- Verpflichtungsgeschäfte **O** 139 f.
- Wert der Geschäfte **O** 151 ff.
- Wesentlichkeit von Geschäften **O** 147 f.
- Zeitpunkt des Nahestehens **O** 136
- Zusammenfassung nach Geschäftsarten **O** 160 ff.
- Zusammenschlüsse natürlicher Personen **O** 134

Nettoausweis
- ausstehende Einlagen **L** 12 ff.

Nettomethode U 11
- eigene Anteile **L** 18

Netzwerk
- Abschlussprüferrichtlinie **T** 106 ff.
- Art des Zusammenwirkens **T** 134 ff.
- Begriff **T** 122 ff.
- Einflussnahme auf das Prüfungsergebnis **T** 181 ff.
- Erstanwendungszeitpunkt **T** 211 ff.
- gemeinsame wirtschaftliche Interessen **T** 139 ff.
- Konzernabschlussprüfung **T** 208 ff.
- Mitglieder **T** 130 ff.
- rechtliche Ausgestaltung **T** 125 ff.
- Sozietätsklausel **T** 120, 171
- Zurechnung von Ausschlussgründen **T** 145 ff.

Neubewertungsbilanz
- Ansatz **Q** 194 ff.
- Aufwandsrückstellungen **Q** 200
- Bewertungsmaßstäbe **Q** 203 ff.
- Change of Control **Q** 202
- Entscheidungen, wertbegründende **Q** 206
- latente Steuern **Q** 208 f., 291 f.
- objektive Marktpreise **Q** 205
- Restrukturierungsrückstellung **Q** 199
- Rückbeteiligung am Mutterunternehmen **Q** 263
- Rückstellungen **Q** 207
- Verlustvortrag, steuerlicher **Q** 197 f.
- Zinsvortrag **Q** 197

Neubewertungsmethode
- Anteile anderer Gesellschafter **Q** 340 ff.
- Anwendungsbereich **Q** 192

Neugründung
- Befreiung, größenabhängige **Q** 152 ff.

Nicht-aktiver Markt
- Abgrenzung **V** 109, 110

Niederlassung U 3

Nutzungsdauer
- Geschäfts- oder Firmenwert **E** 16 ff.
- immaterielle Vermögensgegenstände **E** 105 ff.

O

Offenlegung
- Konzernabschluss MU iSv. § 264d **X** 25 f.
- Offenlegungsfrist **U** 1
- Offenlegungspflicht **U** 5, 7
- Übergangsvorschriften **X** 28 ff.

Stichwortverzeichnis

Offenlegungserleichterungen U 8
Optionen
- Versicherungsunternehmen **V** 215

Optionsscheine
- Wertpapiere **K** 52

Ordnungsgeld U 21, 29
Ordnungswidrigkeit U 16 f.
- Verstoß gegen Cooling-off-Periode **Z** 95 ff.

Organisierter Markt
- Definition **K** 36
- Drittstaaten **K** 41
- Geregelter Markt **K** 37
- Märkte im Inland, EU, EWR **K** 39 f.

Organschaft
- latente Steuern **M** 38 ff.
- Umlagevereinbarung **M** 41

Outside basis differences
- latente Steuern **Q** 310 ff.

P
Passive latente Steuern
- *siehe latente Steuern*

Passiver Unterschiedsbetrag
- *siehe Unterschiedsbetrag Kapitalkonsolidierung*

Pensionsfonds
- Lebensversicherungsunternehmen **V** 221

Pensionsrückstellungen
- Abzinsung **I** 85 ff.
- Allgemeines **I** 67
- Angabepflichten **O** 206, **R** 62 ff.
- Annahmen der Berechnung **O** 209
- Bewertungsparameter **I** 70 ff.
- Bewertungsverfahren **I** 81 ff.
- Erfüllungsbetrag **I** 70 ff.
- Fluktuation **I** 77 ff., **O** 215
- Gutachten, versicherungsmathematisches **I** 93 f.,
- individuelle Restlaufzeiten **O** 211
- Karrieretrends **I** 76
- Konzernanhang **R** 62 ff.
- Lohn- und Gehaltsentwicklung **I** 73, **O** 213
- pauschale Restlaufzeit **O** 212
- Rechnungsgrundlagen, biometrische **O** 214
- Rechnungszinssatz **I** 88, **O** 210

- Rentendynamik **I** 74
- Rententrend **O** 213
- versicherungsmathematisches Berechnungsverfahren **O** 207 f.
- Zuführungsaufwand **I** 90 ff.,
- Zugangsbewertung **I** 89
- *siehe auch Altersversorgungsverpflichtungen*

Permanente Differenz M 9
Personenhandelsgesellschaften
- Ausschüttungssperre **N** 2, 3, 4 f., 82 f.

Pfandbriefbank V 168
Pfandbriefgeschäft V 190
Pfandrechtsbestellung
- Dauerhaftigkeit **C** 29

Portfolio-Hedge
- Begriff **H** 7 f.
- Bewertungseinheit **V** 6
- Bilanzierung **H** 137 ff., 144
- Dokumentation **H** 92
- Durchhalteabsicht **H** 49
- Risikomanagementsystem **H** 79 ff.

Potenzielle Stimmrechte Q 36 ff.
Präsenzmehrheit
- beherrschender Einfluss **Q** 28 ff.
- gesicherte **Q** 30 f.
- Möglichkeit **Q** 29
- Zeitpunkt **Q** 34
- zufällige **Q** 32

Pro-Forma-Zahlen Q 169 ff.
Provisionsaufwendungen
- Finanzinstrumente **V** 206

Prüferwahl
- Beschlussempfehlung **K** 100

Prüferwechsel
- *siehe interne Rotation*
- *siehe Abschlussprüferwechsel*

Prüfungsanforderungen
- Internationale Prüfungsstandards **S** 31 ff.

Prüfungsausschuss V 156
- Abschlussprüfung **Y** 69
- Aufgaben **K** 98 ff., **Y** 66 ff.
- befreite Unternehmen **K** 88
- Befugnisse **K** 104 ff.
- Bestellung **Y** 60 ff.

Stichwortverzeichnis

- Empfehlung zur Prüferwahl **Y** 74
- erfasste Rechtsformen **K** 79 ff.
- Erstanwendungszeitpunkt **K** 115 ff.
- im Aufsichtsrat **Y** 53 ff.
- Informationsrechte **K** 105
- interne Kontrollsysteme **Y** 66
- kapitalmarktorientierte Unternehmen **K** 79
- keine Feststellungskompetenz **K** 102
- Mitgliederzahl **K** 113
- Organisation **K** 109 ff.
- Organstellung **K** 93 f.
- Prüferwahlempfehlung **K** 100
- Prüfung des Jahresabschlusses **Y** 98
- Prüfung Jahresabschluss **K** 101
- Rechnungslegungsprozess **Y** 68
- Stellung **K** 92 ff.
- Teilnahmepflicht des Abschlussprüfers **Y** 99
- Übergangsvorschriften **K** 115 ff., **Y** 80 ff.
- Versicherungsunternehmen **V** 227
- Wahl **K** 107 ff.
- Zusammensetzung **K** 109 ff., **Y** 76 ff.

Prüfungsbericht S 26, 29 f., 44 ff., 46, 51, 53, 59, 64 ff.
- Redepflicht **S** 57
- Unabhängigkeitsbestätigung **S** 64 ff.

Prüfungsgegenstand S 5 ff., 11 ff.
- Bestätigungsvermerk **S** 50 ff., 54 ff.
- Erklärung zur Unternehmensführung **S** 11 ff.
- Prüfungsbericht **S** 50 f., 51, 53, 59
- Vorjahreszahlen **S** 10
- Zusätzliche Rechnungslegungsbestandteile **S** 5 ff.

Prüfungsgesellschaften
- interne Rotation **T** 29 ff.

Prüfungspflicht
- Erklärung zur Unternehmensführung **S** 11 ff.
- Ausnahme **S** 11 ff.

Prüfungsumfang
- internationale Prüfungsstandards **S** 17 ff.
- internes Kontrollsystem **S** 6 ff.
- Konzernabschlussprüfung **S** 33 ff.
- Vorjahreszahlen **S** 10, 11 ff. , 17 ff., 33 ff.

Prüfungsverfahren
- internationale Prüfungsstandards **S** 31 ff.

Q

Quasi-permanente Differenzen M 8, **Q** 297

R

Rechnungsabgrenzungsposten
- Beibehaltungs-/Fortführungswahlrecht **F** 37
- Gewinnrücklagen **F** 38
- Steuerabgrenzung **F** 39
- Übergangsvorschriften **F** 36 ff.
- Umsatzsteuer **F** 34 f.
- Wahlrechtsaufhebung **F** 29 ff.
- Währungsumrechnung **J** 81
- Zölle und Verbrauchsteuern **F** 32 f.

Rechnungslegungsprozess
- Aufsichtsrat **O** 329 f.
- internes Kontrollsystem **O** 295
- internes Risikomanagementsystem **O** 311 ff.
- zusammengefasster Risikobericht **O** 324 f.

Rechnungszinssatz
- Durchschnittsbildung **I** 50
- Ermittlung **I** 46 ff.

Rechtliche Zuordnung
- Schulden **B** 20 ff.
- Vermögen **B** 12

Rechtsbeschwerde U 24

Refinanzierung
- Handelsaktivität **V** 201

Rentenverpflichtungen
- Abzinsungspflicht **I** 14

Reporting Package
- interne Rotation **T** 5, 73 ff.

Restrukturierungsrückstellung
- Neubewertungsbilanz **Q** 199

Risiko
- Ausfall- **H** 52, 78
- abgesichert **V** 44
- abgesichert (prospektive) Analyse **V** 45
- abgesichert Emittent **V** 34
- abgesichert Investor **V** 33
- Geschäfts- **H** 53
- nicht abgesichert Emittent **V** 36
- nicht abgesichert Investor **V** 35
- Preisänderungs- **H** 52
- vergleichbar **H** 54 ff.
- Währungs- **H** 52

Stichwortverzeichnis

- Wertänderungs- **H** 51
- Zahlungsstromänderungs- **H** 51
- Zinsänderungs- **H** 52

Risiko der Inanspruchnahme O 241 f.
- siehe Inanspruchnahmerisiko
- siehe Eventualverbindlichkeiten

Risikoabschlag
- alternative Ermittlungsmethoden **V** 116
- Bestimmung **V** 113
- Risikopuffer **V** 114
- Value-at-Risk-Abschläge **V** 115

Risikobericht
- Angaben zu Finanzinstrumenten **O** 324 f.
- Bewertungseinheiten **O** 324 f.
- Internes Kontroll- und Risikomanagementsystem **O** 324 f.

Risikofrüherkennungssystem
- Abgrenzung **O** 315 f.
- Lagebericht **O** 296, 315 f.

Risikomanagement V 26
- Bewertungseinheit **H** 9, 79 ff.
- funktionsfähig **V** 11, 60
- siehe auch internes Risikomanagementsystem

Rotation
- siehe interne Rotation

Rückbeteiligung
- Ausschüttungssperre **Q** 259
- Kapitalkonsolidierung **Q** 263
- Konzernabschluss **Q** 256
- Mutterunternehmen, unteres **Q** 257
- Neubewertungsbilanz **Q** 263
- Rücklagenverrechnung **Q** 258 f.
- Währungsumrechnung **Q** 364

Rückbeteiligung, Verkauf
- Konzernabschluss **Q** 265 ff.

Rücklage
- Anteile am herrschenden Unternehmen **L** 58 ff.
- verwendbare für eigene Anteile **L** 25
- siehe auch Sonderposten mit Rücklageanteil

Rücklagen, gesperrte
- Konzernabschluss **N** 55 ff., **Q** 262

Rücklagendotierung
- Veräußerung eigener Anteile **L** 42 ff.

Rücklagenverrechnung
- Geschäfts- oder Firmenwert aus Konsolidierung **Q** 437 f.
- Rückbeteiligung am Mutterunternehmen **Q** 258 f.

Rückstellungen
- Abzinsungspflicht **I** 5, 39 ff.
- Altzusagen **F** 4
- Ansatzwahlrechte **F** 4
- Aufwandsrückstellungen **F** 5 ff.
- Erfüllungsbetrag **I** 3, 16, 18
- Kosten- und Preisermäßigungen **I** 20
- Kosten- und Preissteigerungen **I** 4, 17, 19
- mittelbare Pensionsverpflichtungen **F** 4
- Neubewertungsbilanz **Q** 207
- Schuldbegriff **F** 3
- Übergangsvorschriften **F** 19 ff.
- Übergangszeitpunkt **F** 16 ff.
- Verbindlichkeitsrückstellung **F** 16 ff.
- versicherungstechnische **V** 214
- Währungsumrechnung **J** 79 f.
- wertpapiergebundene Versorgungszusagen **I** 6
- siehe auch Altersversorgungsverpflichtungen
- siehe auch Rückstellungsabzinsung

Rückstellungsabzinsung
- Anhangangabe **I** 113 f., **O** 210 f.
- Abzinsungspflicht **I** 39 ff.
- Abzinsungswahlrecht **I** 44 f.
- Bewertungseinheit **I** 33 ff.
- Brutto- bzw. Nettodarstellung **I** 61 ff.
- Fristenkongruenz **I** 53
- Gewinn- und Verlustrechnung **C** 79 ff., **I** 58 ff.
- Konzernanhang **R** 62 f.
- latente Steuern **I** 112
- Vereinfachungen **I** 54 ff.
- Zinssatzermittlung **I** 46 ff.

Rückübertragung
- Deckungsvermögen **C** 33

S

Sacheinlage
- latente Steuern Jahresabschluss **M** 18
- Unterschiedsbetrag, passiver **Q** 249 f.

Sachleistungsverbindlichkeiten
- Bewertung **I** 9 f.,

Sachleistungsverpflichtung, ungewisse
- Abzinsung **I** 30 f.,
- Bewertung **I** 26 ff., 38,
- Grundlagen **I** 25, 33,

Saldierung
- latente Steuern, Ausweis **M** 48 ff.
- *siehe auch Schutzmaßnahmen*

Saldierungsgebot
- Bilanz **C** 47 ff.
- Gewinn- und Verlustrechnung **C** 78 ff., 85 ff.
- *siehe auch Verrechnungsgebot*

Saldierungsverbot
- Anwendungsbereich **C** 17
- Ausnahme **C** 1

Schuldbeitritt
- Bilanzierung **C** 43

Schulden
- Bilanzierung **B** 20 ff.
- rechtliche Zuordnung **B** 20 ff.

Schulden, gegenüber Mitarbeitern
- Begriff **C** 10
- Passivierung **C** 16

Schuldenbewertung
- Erstanwendungszeitpunkt **I** 115
- *siehe auch Rückstellungen, Verbindlichkeiten*

Schuldenkonsolidierung
- latente Steuern **Q** 297
- Währungsumrechnung **Q** 390 ff.

Schuldtitel
- Wertpapiere **K** 50 ff.

Schutzmaßnahmen
- Cooling-off-Periode **Z** 15 ff.
- Dokumentationspflicht **Z** 65, 81

Schwellenwerte
- Anhebung **K** 61 ff.
- Bilanzsumme **K** 63 f.
- Erstanwendung **Q** 164 f.
- Kapitalmarktorientierung **K** 65, 69
- Konzernabschluss **Q** 149 ff,
- Mitarbeiter **K** 63
- PublG **Q** 161 f.
- Umsatzerlöse **K** 63

Segmentberichterstattung
- Ausgestaltung **K** 6, 22
- Erläuternde Angaben **K** 10, 23
- Lagebericht **K** 25
- Vorjahreszahlen **K** 8

Shortcut-Methode H 65 f., **V** 23

SIC 12 Q 53

Sicherungsbeziehung
- Ermittlung der Effektivität, Methoden **O** 192
- maßgeschneidert **H** 87, **V** 10
- Risikomanagementsystem **O** 193
- Zeitraum der Sicherungsbeziehung **O** 189 ff.
- *siehe auch Bewertungseinheiten*

Sicherungsinstrument
- Bruchteil **H** 39
- Finanzinstrument **H** 22 ff.

Silo-Struktur
- *siehe Zebra-Gesellschaften*

Sonderbilanzen
- latente Steuern Jahresabschluss **M** 26

Sonderposten
- Kommanditgesellschaft **N** 3, 92, 103

Sonderposten für allgemeine Bankrisiken V 208

Sonderposten mit Rücklageanteil
- Auflösung **D** 40
- Beibehaltung **D** 23 f., 34
- direkte Ausweismethode **D** 23, 34 ff., 38 f.
- Entfallen von Pflichtangaben **O** 49
- Folgejahre **D** 34 ff.
- Indirekte Ausweismethode **D** 25, 35 ff.
- Investitionsabzugsbeträge **D** 7
- Investitionszulagen/-zuschüsse **D** 8
- Kompensationsrücklage **D** 7
- Latente Steuern **D** 9
- Reinvestitionsrücklage **D** 7
- Rücklage für Ersatzbeschaffung **D** 7
- Rücklage für Zuschüsse **D** 7

Sondervermögen, unselbständige
- Zweckgesellschaften **Q** 85

Sonstige finanzielle Verpflichtungen
- Konzernanhang **R** 18 f.

963

SPE
- *siehe Zweckgesellschaften*

Special purpose entity
- *siehe Zweckgesellschaften*

Spezialfonds
- Versicherungsunternehmen **V** 217

Spezial-Sondervermögen
- Zweckgesellschaften **Q** 91 ff.

Stetigkeitsgebot G 1
- Konsolidierungsmethoden **Q** 174 ff.
- *siehe auch Ansatzstetigkeit, Bewertungsstetigkeit*

Stetigkeitsgrundsatz
- Anhangangaben **G** 5

Steuerabgrenzung
- Ansatzstetigkeit **G** 11
- Fremdwährungsgeschäfte **J** 86 f.

Steuersatz
- latente Steuern, Konzernabschluss **Q** 320

Steuersatzänderung
- latente Steuern Jahresabschluss **M** 45

Steuervorschrift V 124

Stichtagskursmethode
- Anwendungsbereich **Q** 349 ff.
- Nettoinvestitionskonzept **Q** 357 ff.

Stimmbindungsvertrag Q 26

T

Termingeschäft
- Begriff **H** 29
- Versicherungsunternehmen **V** 215

Terminkurs
- -vergleich **V** 147
- -spaltung **V** 148

Thesaurierung
- Abführungssperre **N** 75 ff.
- Ausschüttungssperre **N** 55 ff.

Time-out-Periode
- bei interner Rotation **T** 47 ff.

Treuhandmodell
- Außenfinanzierung **C** 25
- doppelseitiges **C** 32
- Eigentum, wirtschaftliches **C** 29
- einseitiges **C** 31
- Insolvenzfestigkeit **C** 42

- Sicherungstreuhand **C** 32
- Varianten **C** 30
- Verwaltungstreuhand **C** 32
- *siehe auch: CTA-Konstruktion*

Treuhandvereinbarung
- Deckungsvermögen **C** 25
- *siehe auch: Treuhandmodell*

Treuhandverhältnis
- Pensionsfonds **C** 29

U

Übergangsvorschriften
- Anwendungsbereich **W** 5 ff.
- Anwendungszeitpunkte **W** 1 ff.
- Aufwandsrückstellungen **F** 19 f.
- Beibehaltungswahlrecht **I** 120 ff.
- Buchwertmethode, Beibehaltung **Q** 272
- eigene Anteile **L** 63
- Eigenkapitalspiegel **K** 26, 28
- Equity-Methode **Q** 475
- Erfolgswirksamkeit **W** 11 ff.
- Geschäfts- oder Firmenwert **E** 30 ff.
- Geschäfts- oder Firmenwert aus Konsolidierung **Q** 433 ff.
- immaterielle Vermögensgegenstände **E** 137
- Ingangsetzungsaufwendungen **F** 45 ff.
- Interessenmethode, Beibehaltung **Q** 273 ff.
- Kapitalflussrechnung **K** 26
- latente Steuern Jahresabschluss **M** 61 f.
- Pensionsrückstellungen **I** 127 ff.
- Prüfungsausschuss **K** 115 ff.
- Prüfungsausschuss **Y** 80 ff.
- Rechnungsabgrenzungsposten **F** 36 ff.
- Rückstellungen, allgemein **I** 120 ff.
- Schwellenwerte **K** 67 ff.
- Sperrjahr **W** 14 f.
- Übersicht **W** 24
- Umgekehrte Maßgeblichkeit **D** 19
- Umwandlungsvorgänge **W** 21 ff.
- unabhängiger Finanzexperte **Y** 49
- Veränderungen der Bilanzposten **W** 19 ff.
- Vereinfachungen im Übergangsjahr **W** 16 ff.

Umgekehrte Maßgeblichkeit
- Aufhebung **D** 2 f., 27 f.
- Abschreibungsmethode **D** 13 ff.

Stichwortverzeichnis

- Anhang **D** 24, 39
- geringwertige Wirtschaftsgüter **D** 17
- handelsrechtliche Öffnungsklauseln **D** 2
- Sperrjahr **D** 20
- Übergangsvorschriften **D** 19 ff.
- Wegfall **M** 2

Umrechnungsdifferenzen
- GuV-Ausweis **J** 83, 98

Umwandlung
- Befreiung, größenabhängige **Q** 152 ff.

Umwandlungsvorgang
- latente Steuern Jahresabschluss **M** 18

Unabhängiger Finanzexperte
- Aufsichtsrat **Y** 19
- Bestellungsverfahren **Y** 41 ff.
- Übergangsvorschriften **Y** 49

Unabhängigkeit
- Arbeitspapiere **S** 76
- Berichterstattung **S** 64 ff., 73 f.
- des Abschlussprüfers **T** 1 ff., 106 ff.
- Unabhängigkeitsbestätigung **S** 64 ff.

Unabhängigkeitsprüfung
- Anwendungsbereich **Z** 69 ff.
- Dokumentation in WP-Handakten **Z** 64 ff.
- Dokumentationspflicht **Z** 73 ff.
- Inhalt und Umfang **Z** 79 ff.

Universalbank V 169

Unternehmenseigenschaft
- Zweckgesellschaften **Q** 81 ff.

Unternehmensverträge
- Abführungssperre **N** 60 ff.E76
- Ausschüttungssperre **N** 60 ff.

Unterordnungskonzern Q 6

Unterschiedsbetrag Equity-Methode
- Fortschreibung **Q** 459 ff.

Unterschiedsbetrag Kapitalkonsolidierung
- Anlagengitter **Q** 252
- Ausweis **Q** 246 f.
- Sacheinlage **Q** 249 f.
- Saldierung **Q** 252

Unterschiedsbetrag, aktiver aus Vermögensverrechnung
- Ausnahmen **C** 75 f.
- Ausschüttungssperre **C** 74 f.

- Ausweis **C** 74
- Begriff **C** 3

V

Verantwortlicher Prüfungspartner
- Cooling-off-Periode **Z** 26 ff., 43 ff., 86 ff.
- interne Rotation **T** 10 ff., 29 ff., 72 ff.

Veräußerung
- eigene Anteile **L** 35 ff.

Verbindlichkeiten
- Abzinsungsverbot **I** 13
- Aufgliederung des Gesamtbetrags **O** 8
- Erfüllungsbetrag **I** 2, 7,
- fremde Rechnung **B** 21
- Fremdwährung **I** 15
- Geldleistungsverbindlichkeiten **I** 8
- Geldwertschulden **I** 11
- Kosten- und Preissteigerungen **I** 12
- Restlaufzeit von mehr als fünf Jahren **O** 8
- Sachleistungsverbindlichkeiten **I** 9 f.,
- strukturierte **V** 52

Verbindlichkeitenspiegel
- Anhangangabe **O** 9

Verlagsrechte
- Ansatzverbot **E** 80, 92

Verlustvortrag
- latente Steuern Jahresabschluss **M** 28 ff.
- Mindestbesteuerung **M** 36

Verlustvortrag, steuerlicher
- Neubewertungsbilanz **Q** 197 f.

Vermögen, zweckgebundenes
- Saldierung **C** 4

Vermögensgegenstände
- Aktivierung **C** 21
- Eigentum, wirtschaftliches **C** 21
- immaterielle **E** 33 ff.
- *siehe auch Folgebewertung*

Verpfändung
- Absonderungsrecht **C** 42
- Deckungsvermögen **C** 25
- Rückdeckungsversicherung **C** 27
- *siehe auch Pfandrechtsbestellung*

Verpflichtungen, pensionsähnliche
- Abgrenzung **C** 15

965

Stichwortverzeichnis

Verrechnung, Deckungsvermögen
- Anhangangaben **O** 218 ff.
- Anschaffungskosten **O** 221
- Auflösen des Zusammenhangs **O** 222
- Aufwendungen und Erträge **O** 226
- beizulegender Zeitwert **O** 223
- Erfüllungsbetrag **O** 224

Verrechnung, Vermögensgegenstände und Schulden
- Anhang **O** 218 ff.
- Konzernanhang **R** 65 ff.

Verrechnungsgebot
- Begründung **C** 7
- Bilanzrichtlinie **C** 7
- Inhalt **C** 2, 7
- Lage, wirtschaftliche **C** 7
- Schulden, ggü. Mitarbeitern **C** 10
- Voraussetzungen **C** 10 ff.,
- *siehe auch Saldierungsgebot*

Versorgungszusage, wertpapiergebundene
- Begriff **C** 66
- Bewertung **C** 66 f.

Verteilungsrückstellung
- Bewertung **I** 24

Vertriebskosten
- Anhangangaben **O** 167

Verwaltungsbehörde U 4

W

Währungsdifferenz
- Anteile anderer Gesellschafter **Q** 372
- Anteilsveräußerung, vollständige **Q** 375
- Ausweis **Q** 371

Währungsgewinne/-verluste
- GuV-Ausweis **J** 83 ff.

Währungsrisiken
- Absicherung **V** 55

Währungsumrechnung
- allgemeine Vorschrift **V** 138
- Anteilsveräußerung, vollständige **Q** 374 ff.
- assoziierte Unternehmen **Q** 352 f.
- Aufwendungen und Erträge **V** 150, 151, 152
- ausstehende Einlagen **Q** 362
- Bewertung **V** 140
- Bilanz, Umrechnung **Q** 359 f.

- Durchschnittskurs **Q** 366 ff.
- eigene Anteile **Q** 363
- Eigenkapital, Umrechnung **Q** 361 ff.
- Eigenkapitaldifferenz **Q** 370 ff.
- Erträge erfolgswirksamen Vereinnahmung **V** 137
- Genussrechtskapital **Q** 365
- Gewinn- und Verlustrechnung **Q** 366 ff.
- Hochinflationsländer **Q** 354 f.
- Jahresergebnis **Q** 369
- Kapitalkonsolidierung **Q** 386 ff.
- Konzernanhang **Q** 382 ff.
- latente Steuern **Q** 283 f.
- Mittelkurs **V** 142
- Rechnungsabgrenzungsposten **J** 81
- Rückbeteiligung am Mutterunternehmen **Q** 364
- Rückstellungen **J** 79 f.
- Schuldenkonsolidierung **Q** 390 ff.
- schwebende Geschäfte **V** 144
- Übergangskonsolidierung **Q** 378 ff.
- Umrechnung **V** 140
- Wechsel von Zeitbezugs- zu Stichtagskursmethode **Q** 401 ff.
- Weltabschlussprinzip **Q** 344
- Zweigniederlassungen, ausländische **J** 92 ff.

Warentermingeschäft
- Abgrenzung **H** 28 ff.

Wechselkurse
- Fremdwährungsgeschäfte **J** 65 ff.

Wegfall Beteiligungserfordernis Q 8

Wertänderungsrisiken
- Absicherung **V** 12
- Begriff **H** 51

Wertaufhellung
- Erwerbsbilanzierung, vorläufige **Q** 221, 223
- objektive Marktpreise **Q** 224

Wertaufholung
- Geschäfts- oder Firmenwert **E** 26

Wertaufholungsverbot
- Geschäfts- oder Firmenwert aus Konsolidierung **Q** 431 f.

Wertpapierbestände
- des Umlaufvermögens **V** 68

Stichwortverzeichnis

Wertpapiere
- Beteiligungs- und Anlagetitel **K** 46 ff.
- Definition **K** 42
- Kriterien allgemein **K** 44 f.
- Liquiditätsreserve **V** 49, 93
- Optionsscheine **K** 52
- Schuldtitel **K** 50 ff.

Wirtschaftliche Zurechnung
- Begriff **B** 12 ff.

Wirtschaftliches Eigentum B 15 ff., **O** 27
- Bilanzierung **B** 15 ff.
- Chancen und Risiken **B** 19
- Grundlagen **B** 8 ff.
- Leasinggegenstände **Q** 79 f.
- Übergangsvorschriften **B** 24 ff.
- Zweckgesellschaften **Q** 79

Wirtschaftsprüferkammer
- Anwendung auf Drittstaaten **Z** 104 ff.
- Arbeitspapiere des WP **Z** 64 ff., 76 ff.
- Berichterstattung **S** 39 ff.
- Berufsregister **Z** 3 f.
- Cooling-off-Periode **Z** 8 ff.
- Dokumentation der Unabhängigkeitsprüfung **Z** 65 ff.
- Eintragungsbescheinigung Drittstaatenprüfer **Z** 124 ff.
- Register für Prüfungsverbände und Prüfstellen **Z** 1 ff.
- Unterlagen von Drittstaatenprüfern **Z** 85 ff.
- Verstoß gegen Cooling-off-Periode **Z** 95 ff.

Z

Zahlungsstromänderungsrisiko
- Begriff **H** 51

Zebra-Gesellschaften Q 86 f.

Zeitwert, beizulegender
- *siehe beizulegender Zeitwert, Zeitwertbewertung*

Zeitwertbewertung
- Anschaffungs- bzw. Herstellungskosten **C** 58 ff.
- Ausnahmen **C** 4
- Ausschüttungssperre **C** 5, 88 ff.
- Ausweis, GuV **C** 5
- Bewertungsmethoden, anerkannte **C** 57
- Deckungsvermögen **C** 4, 54

- latente Steuern **C** 94 ff.
- Markt, aktiver **C** 56
- Niederstwertprinzip, strenges **C** 60 ff.

Zellulare Struktur
- *siehe Zebra-Gesellschaften*

Zinsänderungsrisiko
- Aktiv-/Passivsteuerung im Bankbuch **V** 3, 13, 46, 56
- Rückstellung **V** 13, 57

Zinsderivate
- Abgrenzung **V** 61

Zinsergebnis
- Rückstellungsabzinsung **I** 59 f.,

Zinsvortrag
- latente Steuern Jahresabschluss **M** 37
- Neubewertungsbilanz **Q** 197

Zurechnung von Rechten Q 11 f., 48 ff.

Zweckexklusivität
- CTA-Konstruktionen **C** 29
- Deckungsvermögen **C** 20, 23
- Pfandrechtsbestellung **C** 26 f.,
- Rückübertragung **C** 33

Zweckgesellschaften
- Andienungsrechte **Q** 71
- Auffangtatbestand **Q** 57
- Auslagerung von Risiken **Q** 53
- Autopilot **Q** 61, 90
- Begriff **Q** 58 ff.
- Betrachtungsweise, funktionale **Q** 60
- Eigentümerrisiken **Q** 69
- Entscheidungen, unternehmerische **Q** 63
- Entwicklungen, künftige **Q** 77 f.
- Garantien **Q** 71
- Gesamtbetrachtung, wirtschaftliche **Q** 55
- Mehrheit der Risiken **Q** 75
- Negativabgrenzung **Q** 62 f.
- Residualrisiken **Q** 69
- Risiken und Chancen **Q** 66 ff.
- Risikoübernahme, indirekte **Q** 70 f.
- SIC 12 **Q** 53
- Sondervermögen, unselbständige **Q** 85
- Spezial-Sondervermögen **Q** 91 ff.
- Unternehmenseigenschaft **Q** 81 ff.
- Zebra-Gesellschaften **Q** 86 f.

Stichwortverzeichnis

- Ziele des Mutterunternehmens **Q** 58 f.

Zweigniederlassungen
- Drittstaaten **V** 160
- Währungsumrechnung **J** 92 ff.

Zwischenergebniseliminierung
- nachträgliche **Q** 109 f.
- Steuersatz **Q** 322